爾雅詁林

朱祖延 主編

卷中

周祖謨題

長江出版傳媒
湖北教育出版社

釋宮第五

釋曰、易繫辭云、上古穴居而野處、後世聖人易之以宮室、上棟下宇、以待風雨、蓋取諸大壯、此其始也。白虎通云、黃帝作宮室。世本曰、禹作宮室。其臺榭樓閣之異、門墉行步之名、皆自於宮、故以釋宮揔之也。

邢疏

釋宮第五　世本云、禹作宮室。呂氏春秋云、高元作宮室。尚書云、王祖桐宮。左傳云、虢公爲王宮于玤。又云作王宮于踐土。又云季平子立煬宮。詩云、作于楚宮。又云作于楚室。傳曰、室猶宮也。禮云、由命士以上、父子皆異宮。又云杜氏葬入季武子宮、不敢哭。此文云、宮謂之室、室謂之宮。郭云皆所以通古今之語、明同實而兩名。案古者貴賤同稱宮、秦漢已來、惟王者所居稱宮焉。

陸音義

釋宮第五　〇舊桐宮作同宮、又宮謂之室作或謂之室、皆譌。官本皆已正之。

音義攷證

釋宮第五　凡棟宇之屬皆以釋宮總之。白虎通云、黃帝作宮室、世本曰、禹作宮室。

鄭樵注

鄭樵曰、凡棟宇之屬皆以釋宮總之。白虎通云黃帝作宮室、世本曰禹作宮室。

古注合存

釋宮第五　疏曰、易繫辭云、上古穴居野處、後世聖人易之以宮室。蓋取諸大壯。白虎通云、黃帝始作宮室是也。凡臺榭樓閣門牖行步之名、皆自於宮、故以釋宮總之。

注疏參義

釋宮第五

正義

史記索隱引元命包云、宮之言中也。廣韻引白虎通亦云、宮之言中也。易繫辭傳云、上古穴居而野處、後世聖人易之以宮室。上棟下宇以待風雨。蓋取諸大壯。九家易云、坎爲宮。禮運云、昔者先王未有宮室、冬則居營窟、夏則居橧巢、後聖有作以爲臺榭宮室牖戶、是既營宮室卽有臺榭戶牖也。初學記引白虎通云、黃帝作宮室以避寒溫。釋文引世本云、禹作宮室。呂氏春秋云、高元作宮室。案論語言禹卑宮室、則禹之前已有宮室、以爲始於黃帝者是也。大司徒以本俗六安萬民、一曰媺宮室、鄭注媺、善也。謂約椓攻堅、風雨攸除、各有攸宇。是宮室之作、所以安上下也。此篇所釋上則爲梁棁桴橑之屬、下則爲瓴甋黝地之屬、連則爲簃、旁則爲墉、別內外則爲扆爲宇、故墨子辭過篇述聖王爲宮室之法曰、高足以辟潤濕、邊足以以圉風寒、上足以待雪霜雨露、宮牆之高足以別男女之禮也。古者祭祀朝聘燕饗之禮各有定位、故內而奧窔、外而門闕、以及鄉位宁樹俱爲釋其所在、俾行禮者不至失位也。途路之異名、趨走之處、以及於梁徛、又因其類而分釋之。

正義

釋宮第五　釋名云、宮、穹也、屋見於垣上穹隆然也。室、實也、人物實滿其中也。易繫辭云、上古穴居而野處、後世聖人易之以宮室、上棟下宇、以待風雨。此篇所釋、上至梁桴、下窮瓴甋、旁及連簃、別爲臺榭、以至扆序位宁、途路隄梁、靡不依類而釋之、事繫於宮、故總曰釋宮。

義疏

禮必明宮室之制、故釋宮爲首。

集解

釋宮第五　宮室之制、治禮者所當習、故列專篇以釋之。

義證

釋宮第五　繫傳、上古穴居野處、後世聖人易之以宮室、上棟下宇、以待風雨。是宮室之作所以安上下也。此篇自上下內外以及路途趨走、各因其類而釋之。

啓蒙

釋文此文云、宮謂之室、室謂之宮、郭云皆所以通古今之語、明同實而兩名。

證異

釋宮第五〇釋曰　注疏本刪。

門墉行步之名　元本同。閩本監本毛本墉改牖、非。經云牆謂之墉。

校勘記

爾雅詁林　五　釋宮

釋宮第五

易繫辭云、上古穴居而野處、後世聖人易之以宮室、上棟下宇、以待風雨、蓋取諸大壯、此其始也。白虎通云、黃帝作宮室、其臺門牖行步之名、皆自於宮、故以釋宮總之。世本曰、禹作宮室、其臺榭樓閣之異、名皆自於宮之。

楊氏音訓

音圖・圖

宮謂之室室謂之宮

宮謂之室室謂之宮。皆所以通古今之異語明同實而兩名。

郭注

宮謂之室室謂之宮　釋曰、別二名也。郭云皆所以通古今之異語明同實而兩名。釋名云宮、穹也。言屋見於垣上穹崇然也。室、實也。言人物實滿於其中也。是所從言之異耳。詩言作于楚宮、又曰入此室處是也。古者貴賤所居皆得稱宮、故禮記曰由命士以上父子皆異宮、又喪服傳繼父爲其妻前夫之子築宮廟、是士庶人皆有宮稱也。至秦漢以來乃定爲至尊所居之稱。

邢疏

宮謂之室室謂之宮以下釋宮

所以古今通語、明實同而兩名。書正義十一　郭同。

李注

首句作皆所以通古今之異語。

黃輯古義

宮謂之室室謂之宮

所以古今通語、明實同而兩名。書泰誓上正義

李注

玉函山房輯佚

宮謂之室室謂之宮

所以古今通語、明實同而兩名。李注　書疏十一

鈎沉

宮謂之室室謂之宮

李曰、所以古今通語、明實同而兩名。書正義十一　郭同。案古今通語當作通古今語。

漢注

宮謂之室室謂之宮

李巡云、所以古今通語、明實同而兩名。書正義十一卷　郭璞云、皆所以通古今之異語、明同實而兩名。

一切注音

宮謂之室室謂之宮　李巡曰、所以通古今之語、明實同而異名。書泰誓正義

古注斠

宮謂之室室謂之宮

所謂有虞氏之宮、湯武之室。如此、故曰揖讓征誅、其義一也。

新義

宮謂之室室謂之宮也。互名

鄭樵注

宮謂之室室謂之宮
李巡曰、所以古今通語、明實同而兩名。
郭璞曰、皆所以通古今之異語、明同實而兩名。
鄭樵曰、互名也。

古注合存

爾雅詁林　五　釋宮

宮謂之室室謂之宮。此首釋宮室之總名也。疏曰。釋名云。宮。穹也。言屋見於垣外穹窿然也。室。實也。言人物實滿其中也。詩定之方中云。作于楚宮。作于楚室。記云。由命士以上。父子皆異宮。古者貴賤皆稱宮也。秦以後乃爲至尊所居之稱。愚按。室外總名宮。宮內別名室。對文本異。散文則通。

宮謂之室室謂之宮。范氏寧云。其實一也。鄭云。互名也。

注疏參義

宮謂之室室謂之宮 **註** 皆所以通古今之異語。明同實而兩名。

正義 說文云。宮。室也。室。實也。从宀从至。至。所止也。釋名云。宮。穹也。屋見於垣上。穹隆然也。室。實也。人物實滿其中也。考工記匠人云。室中度以几。宮中度以尋。此對文言之也。散文言之。則古者宮室爲通名。春秋隱五年。考仲子之宮。公羊傳云。考宮者何。考猶入室也。穀梁文十三年傳云。伯禽曰大室。羣公曰宮。明堂位云。魯公之廟。文世室也。武公之廟。武世室也。是宗廟通稱宮室也。左氏莊二十一年傳云。虢公爲王宮于玤。詩序云。斯干。宣王考室也。鄘風定之方中云。作于楚宮。又云。作于楚室。毛傳。室猶宮也。孟子曰。爲巨室。趙岐註。巨室。大宮也。是天子諸侯所居。通稱宮室也。左氏僖二十八年傳云。令無入僖負羈之宮。檀弓云。季武子成寢。杜氏之葬在西階之下。請合葬焉。許之。入宮而不敢哭。內則云。由命士以上。父子皆異宮。是大夫通稱宮室也。士昏禮云。請吾子之就宮。喪服傳云。所適者以其貨財爲之築宮廟。大戴禮千乘篇云。百姓不安其居。不樂其宮。豳風七月云。入此室處。是士庶人通稱宮室也。釋文云。古者貴賤同稱宮。秦漢以來唯王者所居稱宮焉。**註** 皆所至兩名。○**正義** 書疏引李巡云。所以古今通語。明實同而異名。郭註本李巡。

正義

宮謂之室室謂之宮 皆所以通古今之異語明同實而兩名

說文云。宮。室也。室。實也。从宀从至。至。所止也。考工記匠人云。室中度以几。宮中度以尋。此是對文。至於散文則通。故詩定之方中傳。室猶宮也。楚辭招魂篇注。宮猶室也。古者宗廟亦稱宮室。公羊文十三年傳。魯公稱世室。羣公稱宮。詩云。公侯之宮。又云。宗室牖下。皆宗廟也。貴賤皆稱宮室。故詩斯干序云。宣王考室也。內則云。由命士以上。父子皆異宮。詩云。入此室處。又云。上入執宮功。爾雅釋文。古者貴賤同稱宮。秦漢以來惟王者所居稱宮焉。書泰誓正義引李巡與郭同。

義疏

宮謂之室室謂之宮 李注。皆所以通古今之異語。明同實而兩名。郭注同。

凡云謂之者。本非正名。因而通之。宮。从宀、呂。入門而鞠躬。故从背呂。後乃以爲闈垣之名。反以謂之室。爲假借矣。室。从宀至。至塞無所通。春秋傳魯公稱世室。羣公稱宮。是室即宮。詩築室百堵。以宮爲室。

集解

宮謂之室室謂之宮 宮。从宀躳省。謂人入門鞠躬而居也。乃王者所居而言。室。實也。从宀从至。至。所止也。民間屋狹。止入而物亦實其中。故偁爲室。禮家活視本訓。宮室互用。無上下之別。故不云爲而云謂之也。謂之云者。通偁詞也。春秋隱五傳考仲子之宮。公羊傳謂猶入室。是宮即室。穀梁文十三傳伯禽曰大室。羣公曰宮。以室爲宮。

義證

宮謂之室室謂之宮

註 皆所以通古今之異語。明同實而兩名。**補正** 邢疏。詩云作于楚宮。又曰入此室處是也。古者貴賤所居皆得稱宮。故禮記曰。由命士以上。父子皆異宮。又喪服傳。繼父爲其妻前夫之子築宮廟。是士庶人皆有宮稱也。至秦漢以來。乃定爲至尊所居之稱。

郭注補正

宮謂之室室謂之宮

說文云。宮。室也。室。實也。從宀從至。至。所止也。鄘風定之方中作於楚宮。毛傳云。楚宮。楚丘之宮也。鄭

爾雅詁林　五　釋宮

箋云楚宮謂宗廟也。作於楚室，傳云室猶宮也。箋云楚室居室也。君子將營宮室，宗廟爲先，廄庫爲次，居室爲後。正義云釋宮以宮室爲一，謂通而言之，其對文則異，故上箋楚宮謂廟，此楚室謂居室，別其文以明二者不同也。釋宮釋文古者貴賤同稱宮，秦漢以來唯王者所居稱宮焉。毛傳尙用爾雅宮室同名，鄭則據後世之稱分別言之也。小雅斯干序云宣王考室也，鄭云宣王於是築宮廟羣寢，旣成而釁之，歌斯干之詩以落之。正義云入之所居曰室，宮寢稱室，是其正也。鄭以爲亦修宗廟，室是揔稱。毛傳不言廟，王肅云宣王修先祖宮室，儉而得禮。孫毓云此宣王考室之詩，無作宗廟之言。孫王竝云述毛。案室即宮室，毛鄭均無分別，是宮即室也。召南采蘋宗室牖下，傳云宗室大宗之廟也。是廟亦稱室也。采蘩公侯之宮，傳云宮廟也。是廟亦稱宮也。大雅緜俾立室家，築室於茲，室蓋通上下言之，宮廟皆在其內也。豳風七月宮與室始分別言之。上入執宮功，謂公家之事。箋云可以上入都邑之宅，治宮中之事矣。宮是何宮，事是何事，義殊未了。竊謂宮功是役力之事，周語所謂清風至而修城郭宮室也。朱子云可以上入都邑而執治宮室之事是也。入此室處，就民之居室言之。正義云夏秋以來亦在此室，非是別有室也。今案後世之制，宮可以言室，室不可以稱宮，分別甚明。

說詩

宮謂之室節疏言屋見于垣上穹隆然也 隆誤崇。

注疏正字

宮謂之室，室謂之宮 說文宮室也，从宀躳省聲。室實也，从宀从至，至所止也。鄘風作于楚宮，作于楚室。釋文古者貴賤同稱宮，秦漢以來惟王者所居稱宮焉。

啓蒙

宮謂之室。室謂之宮。皆所以通古今之異語，明同實而兩名。郭注本於李巡。此二言總爲此下諸篇盡釋畜而發。

黃侃音訓

宮謂之室室謂之宮○釋曰 注疏本刪。

言屋見於垣上穹崇然也 注疏本同。浦鏜依釋名改作穹隆，非。崇亦高也。

校勘記

由士命以上 毛本湘本作命士，是。此誤倒。

注疏校勘札記

牖戶之間謂之扆 其內謂之家 東西牆謂之序

牖戶之間謂之扆 窻東戶西也。禮云斧扆者，以其所在處名之。 其內謂之

爾雅詁林 五 釋宮

郭注

家。今人稱家、義出於此。東西牆謂之序。所以序別內外。

牖戶至之家　釋曰、牖者、戶西窻也。此牖東戶西爲牖戶之間、其處名扆。云其內者、其扆內也。自此扆內卽謂之家。說文云、家居也。禮記云、已受命君言不宿於家。郭云今人稱家義出於此、言其稱家之義本出於此也。注禮云至名之　釋曰、云禮云斧扆者、案覲禮云、天子設斧依於戶牖之間左右几。鄭注云、依如今綈素屛風也。有繡斧文、所以示威也。斧謂之黼是也。云以其所在處名之者、言本牖戶之間名扆。覲禮天子設屛風之狀於牖戶之間、因名此屛風爲扆。是以其在扆處卽名之曰扆也。東西牆謂之序　釋曰、此謂室前堂上東廂西廂之牆也。所以次序分別內外親疏、故謂之序也。尚書顧命云、西序東嚮敷重底席。東序西嚮敷重豐席。及禮經每云東序西序者、皆謂此也。

邢疏

犍爲注

東西牆謂之序　已下釋宮

殿東西堂序尊卑處。御覽一百八十五

牖戶之間謂之扆

謂牖之東戶之西爲扆。書正義十八

其內謂之家

謂門以內也。詩正義十六之二

東北隅謂之宧

東北者、陽氣始起、育養萬物、故曰宧。宧、養也。釋文　邢疏

李注

東西牆謂之序　以下釋宮

堂西牆所以別序內外也。書正義十八

牖戶之間謂之扆　以下釋宮

孫音注

郭音義

扆、音依、又意尾反。釋文

衆家注

東西牆謂之序　已下釋宮

東西牆、書正義及文選後漢書注御覽並引爾雅作東西廂。郝氏義疏

黃輯古義

東西廂謂之序　今注疏本作東西牆。案太平御覽引舍人爾雅作廂。

犍爲注

殿東西堂序尊卑處。太平御覽卷一百八十五

牖户之間謂之扆

謂牖之東户之西爲扆。書顧命正義

其內謂之家

謂門以內也。詩大雅緜正義

李注

東西牆謂之序

堂東西牆所以別序內外也。書顧命正義

孫音注

謂之扆。扆音依、又意尾反。釋文

郭音義

玉函山房輯佚

東西牆謂之序

東西堂敘尊卑處也。[illegible]

犍爲注

玉函山房輯佚續編

牖戶之間謂之扆

謂牖之東戶之西爲扆。同書疏十八

其內謂之家

謂門以內也。同詩疏十六之三

東西墻謂之序

殿東西堂序尊卑處。舍人注宋本御覽百八十五 堂東西墻所以别序內外也孫注書疏十八

鈎沉

牖戶之閒謂之扆

李曰、謂牖之東戶之西爲扆。書正義十八

其內謂之家

李曰、謂門以內也。詩正義十六之二

東西牆謂之序書正義十八後漢書注五十七文選注十一御覽一百八十五俱作東西廂。案孫郭皆作牆御覽引舍人爾雅作廂則作廂疑卽舍人本郭從孫不從舍人。

舍人曰、殿東西堂序尊卑處。太平御覽一百八十五

孫曰、堂東西牆所以别序內外也。書正義十八

漢注

牖戶之間謂之扆

李巡云、謂牖之東戶之西爲扆。書正義十八卷 郭璞云、窗東戶西也。禮云斧扆者、以其所在處名之。郭璞音義云、禮有斧扆者、形如屏風、畫爲斧文、置於扆也、因名爲斧扆。詩正義十七之三卷

其內謂之家

李巡云、謂門以內也。詩正義十六之二卷 郭璞云、今人稱家、義出於此。

東西牆謂之序

舍人云、殿東西堂序尊卑處。太平御覽一百十五卷 孫炎云、堂東西牆、所以别序內外也。書正義十八卷 郭璞云、所以序别內外。

一切注音

牖戶之間謂之扆 李巡云、謂牖之東戶之西爲扆。書顧命正義 郭音衣、又意尾反。釋文 郭音義云、禮有斧扆者、形如屏風、畫爲斧文、置於扆也、因名爲扆。詩公劉正義

蕙心案、屏風之名、不聞於古、春官司几筵鄭注依、其制如屏風然。覲禮鄭注依、如今綈素屏風也。曲禮鄭注云、斧扆爲斧文屏風於戶牖之間。魏書李謐明堂制度論引鄭氏三禮圖云、扆從廣八尺、畫斧文於其上、今之屏風也。鄭屢以屏風況依者、據漢制言也。扆依古通用。

其內謂之家 李巡云、謂門以內也。詩緜正義

東西牆謂之序 孫炎曰、堂東西牆所以别序內外也。書顧命正義 舍人曰、殿東西堂序尊卑處。御覽一百八十五

蕙心案、書顧命正義引爾雅作東西廂謂之序。舍人之東西堂、卽東西廂。說文序、東西牆也。釋名序、次序也。堂兩旁爲東西夾室中有牆以隔之、謂之東西序。

古注斠

牖羊九反。扆於豈反、郭音依、又意尾反。窻楚江反。[illegible]彼列另反。

陸音義

窻○毛本作窗。案說文作囱、或從穴作窗、又作牕。陸多從俗。官本改牕、亦或體。

音義攷證

牖戶之閒謂之扆

吾依焉以于閒暇、明其政刑、晝斧則其孰敢侮我。

爾雅詁林 五 釋宮

其內謂之家　見此以爲歸、智在宀下矣。

東西墻謂之序　序堂上之事。莊子曰、倒道而言、迕道而說、人之所治也、安能治人。

新義

牖戶之間謂之扆　牖東戶西也、以其設斧扆於其處、故名之曰扆。覲禮云、天子設斧扆於戶牖之間。　其內謂之家　自扆以內明所居也　東西牆謂之序　牆、今謂之壁、此則室前・堂上東西廂之牆也。

鄭樵注

牖戶之間謂之扆　扆、郭音依。
李巡曰、謂牖之東、戶之西爲扆。
郭璞曰、窗東戶西也。禮云斧扆者以其所在處名之。
鄭樵曰、牖東戶西也。以其設斧扆於其處、故名之曰扆。覲禮云、天子設斧扆於戶牖之間。
其內謂之家
李巡曰、謂門以內也。
郭璞曰、今人稱家義出於此。
鄭樵曰、自扆以內明所居也。
東西牆謂之序
舍人曰、殿東西堂序尊卑處。此見太平御覽室字疑是牆字之訛
孫炎曰、堂東西牆所以別序內外也。
郭璞曰、所以序別內外。
鄭樵曰、牆今謂之壁、此則室前堂上東西廂之牆也。

古注合存

牖戶之間謂之扆其內謂之家東西牆謂之序　扆音依○此釋宮室之間扆家序之異名也。註曰、扆在牖東戶西。覲禮天子設斧扆於戶牖之間、以其所在處名爲扆也。序以序別內外。疏曰、鄭註云扆如今綈素屏風、有繡斧文、故名斧扆。覲禮天子設此屏風於戶牖間之扆、因名此屏風爲扆。其內謂扆內也。東西牆謂東西廂之牆。其地序分內外親疏、故謂之序。書顧命云西序敷重底席、東序敷重豐席、及凡云東序西序之屬、皆此也

注疏參義

禮書云、扆亦作依、欲其有所依。荀卿曰、居則張容負扆。容之爲物、蓋若唱射之容。爾雅容謂之防、郭璞謂如曲屏風。觀此則天子張容之制可知矣。然禮言負黼扆、則張容不畫黼矣。按牖戶、一作戶牖。

東西牆。鄭云今謂之壁、陸氏隴其云序廂通在堂上、近牆曰序、統言曰廂、非如今人指堂下廊廡爲廂也。

補注

牖戶之間謂之扆 **註** 窗東戶西也。禮云斧扆者以其所在處名之。其內謂之家 **註** 今人稱家義出於此。東西牆謂之序 **註** 所以序別內外。 **正義** 古者君室南鄉、戶東而牖西、其間南鄉以臨外者、爲扆、扆以內爲家室、前堂上東箱西箱之牆爲序。內則云爲宮室、辨內外、故先釋之也。○牖戶之間謂之扆。○說文云、牖、穿壁以木爲交窗也。戶、護也。半門曰戶。釋名云、戶、護也、所以謹護閉塞也。扆設於戶牖之間。顧命云、狄設黼扆綴衣、牖間南嚮。春官司凡筵云、凡大朝覲大饗射、凡封國命諸侯、王位設黼依、依前南鄉。鄭註依、其制如屏風然。覲禮云天子設斧依於戶牖之間、鄭註依、如今綈素屏風也。曲禮云、天子當依而立、諸侯北面而見天子、曰覲。明堂位云天子負斧依南鄉而立、鄭註斧依、爲斧文屏風於戶牖之間。案顧命所云牖間、即戶牖之間、舉牖以該戶、故孔疏云、間者、窗東戶西、戶牖之間也。鄭屢以屏風況依者、據漢制言之。釋名云、扆、倚也、在後所依倚也。屏風言可以屏障風也。大雅公劉云、既登乃依、鄭箋公劉既登堂負扆而立。士虞禮記云、佐食無事則出戶負依南面、鄭註戶牖之間謂之依。是天子諸侯以及士皆設依、天子唯畫斧文爲異、其在戶牖之間、則上下皆同。詩疏迺云斧者、屏風之名、扆則戶牖之間地。殊未考扆卽屏風、斧扆特畫斧文於屏風耳。斧謂之黼、見下文釋器。扆與依通。○其內謂之家。○說文云、家、居也。易釋文云、人所居稱家。夏小正云、操泥而就家、入人內也。是內爲家也。曲禮云、凡爲君使者、已而

爾雅詁林　五　釋宮

受命君、言不宿於家。宿於家猶言夜居於內也。○東西牆謂之序。○說文云序、東西牆也。釋名云序、次序也。堂兩旁爲東西夾室、中有牆以隔之、謂之東西序。顧命言西序東序、孔疏謂序者牆之別名是也。鄭註儀禮云堂東東西牆謂之序、是序之外卽爲堂矣。士冠禮主人直東序西面、賓直西序東面、是東西牆爲賓主次叙分立之處、序之前卽爲階、故上階則立於序端。仲尼燕居云立則有序、故叙立之處謂之序。**註**窗東至名之○**正義**說文云窗通孔也。釋名云窗聰也、於內窺外爲聰明也。是窗卽牖也。書疏引李巡云謂牖之東戶之西爲扆。郭註本李巡。郭又引禮云斧扆者、詩疏引郭氏音義云禮有斧扆者、形如屛風、畫爲斧文、置於扆處也、因名爲斧扆是也。魏書李謐明堂制度論引鄭康成三禮圖云、扆從廣八尺、畫斧文於其上、今之屛風也。郭云以其所在處名之者、設扆之處謂之扆、猶今人設屛風之處謂之屛風也。○今人至於此○**正義**詩疏引李巡云謂門以內也。郭云今人稱家、今北方語猶然。○所以至內外○**正義**詩疏引孫炎云、堂東西牆所以別序內外也。郭註本孫炎。太平御覽引舍人云、殿東西堂序尊卑處。案以序爲東西堂於禮不合、疑傳寫有誤字。

正義

牖戶之間謂之扆　說文繫傳曰、爾雅戶牖之間謂之扆、其內謂之家。古者爲堂、自半以前虛之謂之堂、半以後實之謂之室。東爲戶西爲牖、中爲壁、尊者在室、居牖下、謂之隩。東南隅謂之宧、開戶聲也。在室則人君當陽而坐、在戶牖之間、故曰負斧扆也。　公劉詩疏引郭氏音義云、禮有斧扆者、形如屛風、畫如斧文、置于扆也、因名爲斧扆。

校議

牖戶之閒謂之扆窗東戶西也。禮云斧扆者、以其所在處名之。**其內謂之家**今人稱家、義出於此。**東西牆謂之序**所以序別內外。

釋名云扆、倚也、在後所依倚也。書設黼扆綴衣、牖閒南嚮。不言戶者、省文耳。牖閒卽牖戶之閒、故正義引李巡曰謂牖之東戶之西爲扆。覲禮云天子設斧依于戶牖之閒、鄭注依如今綈素屛風也。明堂位注斧依爲斧文屛風於戶牖之閒。釋器云斧謂之黼、是黼與斧、扆與依、竝音同字通也。石經尚書殘碑作黼衣、卽扆字之省。魏書李謐明堂制度論引鄭氏禮圖說扆制曰縱廣八尺、畫斧文於其上、今之屛風也。然則屛風與扆形制同、但屛風不畫爲異。古者屛風通名爲依、故詩旣登乃依、鄭箋公劉旣登堂負依而立。士虞禮記云佐食無事則出戶負依南面、是皆屛風稱依、依卽扆也、唯天子畫斧文於上、故獨名黼扆耳。○家者、說文云居也、居處也。其內謂之家者、內謂牖戶以內也。詩緜正義引李巡曰謂門以內也、門卽戶、不言牖者、亦省文也。○序者、說文云東西牆也。書顧命正義引孫炎曰、堂東西牆所以別序內外也。御覽一百八十五引舍人曰殿東西堂序尊卑處。按東西堂卽東西廂、義見下文、舍人本牆蓋作廂、故書正義及文選後漢書注御覽竝引爾雅作東西廂、從舍人本也。郭從孫炎本作牆、與說文合。

義疏

牖戶之閒謂之扆依衣**其內謂之家**李注、謂牖之東戶之西爲扆、其內謂門以內也。郭注、窗東戶西也、禮云負扆者、以其所在處名之。今人稱家、義出於此。牖上云、進光所入也。戶、室戶、在窔西、牖在奧、其閒設屛風、堂上坐依以安身、故謂之依。書佮衣、禮佮依、詩記亦佮依、依从戶、者以所在加之。士虞記出戶負依、覲天子設斧依、是上下同。有扆、家从豭省、家必假雄來孳孕、女之待夫如之、以非美名、因加內去段耳。書浚明有家。易子克家。詩宜其家人。**東西牆謂之序**舍人注、殿東西堂序尊卑處。孫注、堂東西牆所以別序內外也。郭注同孫。東西牆所以隔東西堂、其內正堂階上爲序。

集解

牖户之閒謂之扆

其內謂之家　牖、穿壁以木爲交窻也。戶、護也。半門曰戶。其間設位而坐、樹屏風於後、人依之以安身、故偁爲依。周禮王位設黼依、依前南鄉。覲禮天子設斧依于戶牖之間。曲禮天子當依而立。明堂位天子負斧依南鄉而立、均是也。此以戶著、以所在地言之。顧命狄設黼扆綴衣。字亦作扆、義取此也。詩公劉既登乃依、士虞記佐食無事則出戶負依南面、是設依上下均同。天子唯畫斧文爲異。家、居也。从宀、豭省聲。豭、牡豕也。牝豕段以生子、亦猶女之於夫也。或謂家與牢同意、其說亦通。曲禮凡爲君使者已受命、君言不宿於家。夏小正操泥而就家、入人內也。

東西牆謂之序　正堂兩旁爲東西夾室、各隔以牆、其階上即爲序。序、敘也、賓主分立次敘之處。士冠、主人直東序西面、賓直西序東面。是書疏以序爲牆之別名、則序不得敘立矣。

義證

牖戶之間謂之扆

註窓東戶西也。禮云斧扆者以其所在處名之。補正邢疏、案覲禮天子設斧依于戶牖之間左右几。鄭註云依、如今綈素屏風也、有繡斧文所以示威也。斧謂之黼是也。臣鎣按、明堂位註云扆狀如屏風、以絳爲質、高八尺、東西當戶牖之間、繡爲斧文、亦曰斧扆。天子見諸侯則依而立、負之而南面以對諸侯。又說文云牖、穿壁以木爲交窓、所以見日也。在牆曰牖、在屋曰窓。

其內謂之家

註今人稱家義出於此。補正鄭樵云自扆以內明所居也。

東西牆謂之序

註所以序別內外。補正邢疏、此謂室前堂上東西廂之牆也。所以次序分別內外親疏、故謂之序也。尚書顧命云西序東嚮、敷重底席。東序西嚮、敷重豐席。及禮經每云東序西序、皆謂此也。

郭注補正

牖戶之間謂之扆

扆、窓東戶西也。禮有斧扆、形如屏風、畫爲斧文、置於扆地、以其所在處名之耳。

今本作窓東戶西也。禮云斧扆者、以其所在處名之。樹枏案、詩公劉正義引郭璞云、扆、窓東戶西也。禮有斧扆、形如屏風、畫爲斧文、置於扆地、因名爲斧扆是也。太平御覽一百八十五卷居處部引爾雅曰、戶牖之間謂之扆。郭璞注曰、牕東戶西也。禮云斧扆形如屏風、畫爲斧文、置扆地、以其所名之耳。據此則今本蓋經刪節、所引覲禮非原文、則云字亦誤、今爲參互補訂。窓、閩本監本改窻、毛本改窗。

郭注佚存補訂

牖戶之間謂之扆

扆與依同。曲禮、天子當依而立。大雅公劉既登乃依、鄭箋云、公劉既登堂、負扆而立。正義云、明堂位天子負斧依南嚮而立。此云既登乃依、事與彼同。明堂位注

云、負之言背也、斧依爲斧文屏風於戶牖之間。然
則斧者、是屏風之名、扆則戶牖之間也。李巡云、牖
之東戶之西爲扆。

其內謂之家
說文云家、居也。大雅緜未有家室、正義引李巡云
謂門以內也。凡詩之言室家、家人者、皆謂門以內
常語也。 **說詩**

其內謂之家 案大雅緜疏引李巡云謂門以內也。
東西牆謂之序 疏敷重底席底、誤底。 **汪疏正字**

牖
在牆曰牖、在屋曰窗。 **小箋**

牖戶之間謂之扆 說文同、牖戶作戶牖。儀禮注士虞記戶牖
之間謂之依。疏曰、云戶牖之間謂之依、此爾雅文。案扆依皆
从衣聲、古字通借。
東西牆謂之序 尚書傳顧命東西廂謂之序、正義曰釋宮文。後
漢書注五十七 文選注十一 引皆作廂、臧氏鏞堂曰、鄉飲酒禮注
東西牆謂之序、疏曰云東西牆謂之序者爾雅釋宮文、但彼
云東西廂、廂卽牆也、故變言之耳。是孔本亦作廂。元照案、說
文广部無廂字、當作箱。臧氏鏞堂曰史記索隱張丞相列傳云、小顏
云正寢之東西室皆號曰箱、言似箱篋之形。 說文序、東西
牆也。 **匡名**

牖戶之間謂之扆其內謂之家東西牆謂之序 此釋宮室
內外之名。 說文牖、穿壁以木爲交窗也、从片戶
甫。譚長以爲甫上日也、非戶也。牖所以見日。戶、護
也、半門曰戶、象形。扆、義同爾雅。覲禮、天子設斧依
於戶牖之間。曲禮、天子當依而立。扆卽屏風、扆與
依通。內、入也、从冂自外而入也。家、居也、从宀豭
省聲。曲禮、君言不宿於家。 牆、垣蔽也。序、東西牆
也。顧命、東序西序。郭
註序所以別內外。 **啓蒙**

牖戶之間謂之扆 東西牆謂之序
儀禮、天子設斧依於戶牖之間。扆作依。覲禮 釋名、扆、倚也。在後所依倚也。釋牀帳 說文作戶牖間之謂之扆。戶部扆 儀禮注作堂東西牆謂
之序。士冠禮注 文選注作東西廂謂之序。靈光殿賦注
謂之扆、儀禮禮記皆作依。按扆古通作依。 **證異**

牖戶之間謂之扆。曲禮、天子當依而立。
明堂位、天子負斧扆。依扆字通。 **考異摘要**

牖戶之間謂之扆
錦燧謹案、說文戶部云戶牖之間謂之扆、經典中或
假依字爲之。周禮司几筵王位設黼依、禮記明堂位
天子負斧依皆是。詩公劉篇既登乃依、毛傳云、賓已
登席坐矣、乃依几矣。是如字讀之。鄭箋云、公劉既登
堂負扆而立。是說與毛異、以依爲扆之假借。鄭君先

治三家詩、必三家異文有作扆者、爾雅之扆亦即釋此。竊謂字當作扆爲長、考全詩之例、有義同而字變者、阮氏揅經室文集曰進退維谷、谷乃穀之假借字、以其近在不胥以穀之下、嫌其二穀相並爲韻、即改一假借之谷字當之、此詩人義同字變之例也。就阮說推之、君子于役篇羊牛下括之括、即曷其有佸之佸、故韓詩於佸訓至、毛詩於括亦訓至、乃上用本字爲括、下則假借佸字矣。兔爰篇逢此百罹、罹即羅之別體、故說文無罹字、乃上言雉離于羅、下即改用罹字矣。正月篇褒姒威之、威即滅字、故毛傳說文並曰威、滅也。乃上言甯或滅之、下即改用威字矣。皇矣篇此維與宅、宅度古通用、書五流有宅、史記作度、詩宅是鎬京、禮記引作度可證。詩意蓋言天始維四國是圖度、今乃西顧我周、維此是度也。乃上言爰究爰度、下即借宅作度矣、此皆上用本字而下改用假借字者也。又如草蟲篇喓喓草蟲、即爾雅草螽負蠜也、乃下言趯趯阜螽、上即借蟲爲螽矣。蓼莪篇母兮鞠我、鞠即育字之假借、乃下言長我育我、上即假鞠爲育矣。信南山篇維禹甸之、据鄭注甸祝云甸之言田、說文田、陳也。陳、治也。是甸即田也。乃下言曾孫田之、上即改用甸矣。行葦篇舍矢既鈞、謂均齊也、乃下言既均、上言四鍭既鈞、即改用鈞矣。抑篇四方其訓之、與四國順之句法一類、釋爲訓敎、則不詞。据書是訓是行、史記作是順、知訓即順之假借、因下言四國順之、上乃假訓爲順耳。此皆上用假借字而下用本字者也。今經云于京斯依、下云既登乃扆、與義同字異之例合、若作依字、不嫌於二依相並乎。**陸錦燧日記**

窻東戶西也 雪牕本元本同。單疏本亦作窻、閩本監本窻改窗、毛本改窗。

牖戶至之家○釋曰 注疏本刪。

○注禮云至名之○釋曰云禮云斧扆者 元本刪上八字、閩本監本毛本僅存一注字、今統稱注疏本刪云。下準此。

東西牆謂之序○釋曰 注疏本刪。

敷重厎席 注疏本厎誤底。按書釋文作厎、鄭注厎致也。

校勘記

釋宮　東西牆謂之序

補　儀禮鄉飲酒注、東西牆謂之序。疏云東西牆謂之序者、爾雅釋宮文、但彼云東西廂、廂即牆、故變言之。是賈氏所見本作東西廂也。

校勘記識語

扆倚 雪牕本扆音倚。案南昌本失○隔別、誤并入郭注其內謂之家句下。

校勘記訂補

牖戶之閒謂之扆。釋文扆於宜反、郭音依、又意尾反。今本扆音倚、非是。廣韻扆於豈切、在七尾。倚於綺切、在四紙。二字不同音也、當作音依。

注疏本正誤

義出於此扆倚 案此下脫○。明監本毛本湘本有。

天子設屏風之扆與戶牖之閒 明監本毛本湘本扆作狀。案此以屏

爾雅詁林　五　釋宮

爾雅詁林　五　釋宮

風之狀釋扆形、故下云因名此屏風爲扆也。若作設屏風之扆則已謂之扆矣。下文又曰因名此屏風爲扆也、豈不贅乎、作狀是。

注疏校勘札記

八行(注)窻東戶西也禮云斧扆者以其所在處名之○《詩·公劉》《正義》引郭璞云：「扆，窗東戶西也。禮有斧扆，形如屏風，畫爲斧文，置於扆地，因名爲斧扆。」《御覽》卷一百八十五引郭注曰：「牕東戶西也。禮云斧扆，形如屏風，畫爲斧文，置扆地，以其所名之耳。」與今本不同。《正義》蓋本郭氏《音義》也。

一下（六〇）

一行(注)所以序別內外○原本《玉篇》广部「序」字下引「外」下有「也」字。

宋監本校箋

牖戶之間謂之扆窻東戶西也。禮云斧扆者以其所在處名之。扆音倚。

音圖·音

友牖戶之間謂之扆。倚依

孫侶直音

其內謂之家東西牆謂之序

直音校正

友牖戶之間謂之扆。倚

楊氏音訓

牖戶之間謂之扆窗東戶西也。扆以其所在處名之。倚其內謂之家東西牆謂之序。所以序別內外。

干氏音釋

扆衣、又音倚。

西南隅謂之奧西北隅謂之屋漏東北隅謂之宧東南隅謂之窔

郭注

西南隅謂之奧、室中隱奧之處。西北隅謂之屋漏、詩曰尚不媿於屋漏、其義未詳。東北隅謂之宧、宧見禮、亦未詳。東南隅謂之窔。禮曰埽室聚窔。窔亦隱闇。

邢疏

西南至之窔　釋曰、此別室中四隅之異名也。云奧者、孫炎云室中隱奧之處也。古者爲室、戶不當中而近東、則西南隅最爲深隱、故謂之奧、而祭祀及尊者常處焉。曲禮云凡爲人子者、居不主奧是也。西北隅名屋漏、東北隅名宧、東南隅名窔、窔亦隱闇之義也、與奧相類、故郭云亦也。注詩曰至未詳　釋曰、云詩曰尚不媿於屋漏者、大雅抑篇文也。鄭箋云尚無肅敬之心、不慙媿於屋漏、有神見人之爲也。屋小帳也。漏隱也。禮祭於奧、既畢、改設饌於西北隅而厞隱之處、此祭之末也。孫炎云屋漏者、當室之白、日光所漏入。郭云其義未詳者、以孫、鄭之說皆無所據、故不取也。注宧見禮亦未詳　釋曰、李巡云東北者陽始起、育養萬物、故曰宧。宧養也。說文亦云。郭云亦未詳者、以頤養之字作頤、又室中四隅無取陰陽之義、與屋漏意同、故云亦未詳也。注禮曰埽室聚窔　釋曰、案既夕記云、朔月童子執帚、卻之、左手奉之、從徹者而入、比奠、舉席埽室、聚諸窔、布席如初。卒奠、埽者執帚、垂末內鬣、從執燭者而東。是其事也。

西北隅謂之屋漏

古者徹屋西北扉以炊浴汲者訖而復之、古謂之屋漏也。御覽一百八十八

東北隅謂之宧

東北陽氣始起、萬物所養、故謂之宧。御覽同上

東南隅謂之窔

東南萬物生、蟄蟲必出、無不由戶突。御覽同上　犍爲注

西南隅謂之奧

室中隱奧之處也。書正義二　邢疏　郭同

西北隅謂之屋漏

屋漏者、當室之白日光所漏入也。詩正義十八　禮記正義一　公羊疏十七　邢疏引白上有所字

東北隅謂之宧

日側之明。禮記正義一　孫音注

東南隅謂之窔

窔音杳。釋文　郭音義

黃輯古義

西北隅謂之屋漏

古者徹屋西北扉以炊浴汲者訖而復之、故謂之屋漏。太平御覽卷一百八十八

東北隅謂之宧

東北隱氣始起、萬物所養、故謂之宧也。

東南隅謂之窔

東南萬物生、蟄蟲必出、無不由戶突。犍爲注

東北隅謂之宧

東北者陽氣始起、育養萬物、故曰宧。宧、養也。釋文　邢疏　李注

西南隅謂之奧

室中隱奧之處也。邢疏　書堯典正義

西北隅謂之屋漏

屋漏者、當室之所白日光所漏入也。邢疏　詩大雅抑正義　禮記曲禮上正義引作白日所漏入。春秋公羊傳成三年徐彥疏引作當室之日光所漏入也。

東北隅謂之宧

日側之明。禮記曲禮上正義　孫音注

東南隅謂之窔。烏叫反、又音杳。郭音義

玉函山房輯佚

東北隅謂之宧

養萬物也。補行記　按麻不知何時人、注與李巡合。麻注

玉函山房輯佚續編

西北隅謂之屋漏

當室之日光所漏入也。同　公羊疏十七　古者徹屋西北扉以炊浴汲者訖而復之、古謂之屋漏也。舍人注　宋本御覽百八十八

東北隅謂之宧

日側之明。孫注　朱校宋本禮記疏一

東北陽氣始起、萬物所養、故謂之宧。舍人注

東南隅謂之窔　宎

東南萬物生、蟄蟲必出、無不由戶突。舍人注 宋本御覽百八十八

鈎沉

西南隅謂之奧

孫曰、室中隱奧之處也。書正義二 邢疏 郭同

西北隅謂之屋漏

舍人曰、古者徹屋西北扉以炊浴汲者訖而復之故謂之屋漏也。太平御覽一百八十八 抑箋云、屋小帳也。漏隱也。禮祭於奧、既畢、改設饌於西北隅扉隱之處、此祭之末也。舍人蓋亦訓漏為扉隱、與鄭同也。

孫曰、屋漏者、當室之白日光所漏入也。詩正義十八 禮記正義一 公羊疏十七 邢疏

東北隅謂之宧

舍人曰、東北陽氣始起、萬物所養、故謂之宧也。御覽一百八十八

李曰、東北者陽氣始起、育養萬物、故曰宧。宧、養也。釋文 邢疏

孫曰、日側之明。禮記正義一

東南隅謂之窔

舍人曰、東南萬物生、蟄蟲必出、無不由戶突。御覽一百八十八 按必與畢通、禮月令寢廟畢備、呂紀作必備。

漢注

西南隅謂之奧

孫炎云、室中隱奧之處也。書正義二卷 郭璞云、室中隱奧之處。

西北隅謂之屋漏

舍人云、古者徹屋西北扉以炊浴汲者訖而復之故謂之屋漏也。太平御覽一百八十八卷 孫炎云、當室之白日光所漏入也。詩正義十八之一卷 公羊疏十七卷 郭璞云、詩曰尚不愧於屋漏、其義未詳。

東北隅謂之宧

舍人云、東北陽氣始起、萬物所養、故謂之宧。太平御覽一百八十八卷 李巡云、東北者陽氣始起、育養萬物、故曰宧。宧、養也。釋文二十九卷 孫炎云、日側之明。禮記正義一卷 郭璞云、宧見禮、亦未詳。

東南隅謂之窔

舍人云、東南萬物生、蟄蟲必出、無不由戶突。太平御覽一百八十八卷 按突當作宎、或作窅、宎窔並通。或云舍人本作突。 郭璞云、禮曰埽室聚窔。窔亦隱闇。

一切注音

西南隅謂之奧　孫炎云、室中隱奧之處也。書堯典正義

西北隅謂之屋漏　舍人曰、古者徹屋西北扉以炊浴汲者訖而復之、故謂之屋漏也。御覽一百八十八 孫炎曰、屋漏者、當室之白日光所漏入。詩抑正義

東北隅謂之宧　舍人曰、東北陽氣始起、萬物所養、故謂之宧。御覽一百八十八 李巡曰、東北者陽氣始起、育養萬物、故曰宧。宧、養也。釋文 孫炎曰、宧、日側之明。曲禮正義

東南隅謂之窔　舍人曰、東方萬物生、蟄蟲必出、無不由戶突。御覽 郭又音杳。釋文

蕙心案，據舍人注窔作窔，釋文云又作窔同，可知古本有从穴作窔。窔者、窔之譌。釋名云東南隅曰窔，正用爾雅文。漢書敘傳應劭注引爾雅東南隅謂之窔，亦疑窔字之譌。

古注斠

陸音義

奧 本或作墺同。於報反。尚書并說文皆云奧室也。孔注論語云內也。鄭注禮記云主也。廣雅云藏也。媿 居位反。宧 音怡。李云東北者陽氣始起，育養萬物，故曰宧。宧、養也。說文訓同。與周易頤卦養義同。見禮 賢遍反。他皆放此。窔 烏叫反。字林同。郭又音杳。說文云深皃、本或作窅、又作宎同。埽 素老反。

音義攷證

媿 ○耶本作愧。

窔 說文云深皃。本或作宎、又作窔同。○案說文宎、冥也。窅窔、深也。宎、戶樞聲，室之東南隅。則此正文當作宎。從宀不從穴。作窅、窔、陛皆失之。

新義

西南隅謂之奧

面缺西南，則以不知背故也。禮曰偝藏奧是歟。

西北隅謂之屋漏

君子不欺暗，而詩冀不愧屋漏，望之以其次也。

東北隅謂之宧

震乘之下動上止。

東南隅謂之窔

交物則宜受垢焉，務光稱伊尹強力忍垢如此。

鄭樵注

古者室戶不當中而近東，則西南隅最爲隱奧之處，祭祀及尊者所居。西北隅謂之屋漏 抑云、尚不媿於屋漏。東北隅謂之宧 飲食之所。音夷。東南隅謂之窔 既夕禮云、埽室聚諸窔。音要。

古注合存

西南隅謂之奧

孫炎曰、室中隱奧之處也。

郭璞曰、室中隱奧之處。

鄭樵曰、古者室戶不當中而近東，則西南隅最爲隱奧之處，祭祀及尊者所居。

西北隅謂之屋漏

舍人曰、古者徹屋西北扉以炊浴汲者就而復之，古謂之屋漏也。

孫炎曰、屋漏者，當室之白，日光所漏入。邢疏引此白上有所字、成三年公羊傳疏又脫白字、並誤。今依詩大雅抑篇疏改正。當室之白句見禮記曾子問。

郭璞曰、詩曰尚不愧於屋漏，其義未詳。

鄭樵曰、抑云尚不愧于屋漏。

東北隅謂之宧

舍人曰、東北陽氣始起，萬物所養，故謂之宧。

李巡曰、東北者陽氣始起，育養萬物，故曰宧。宧、養也。

孫炎曰、日側之明。

郭璞曰、宧見禮，亦未詳。

鄭樵曰、飲食之所，音夷。

東南隅謂之窔 窔郭音杳。

舍人曰、東南萬物生、蟄蟲必出、無不由戶突。此見太平御覽似舍人本窔作突、或誤字也。

郭璞曰、禮曰埽室聚窔、窔亦隱闇。

鄭樵曰、既夕禮云埽室聚諸窔。音要。

西南隅謂之奧，西北隅謂之屋漏，東北隅謂之宧，東南隅謂之窔

宧音頤，窔音要。○此又釋其間奧窔之屬之異名也。註曰，奧者室中隱奧之處也。詩抑篇云，尚不愧於屋漏。宧名見禮，未詳。記云，埽

室聚窔。窔亦隱闇。疏曰：古者室戶不當中而近東，則西南隅最隱奧，故名奧，而祭祀及尊者皆處之。曲禮云：人子居不主奧，是也。孫炎云：屋漏，當室之所，白日光所漏入。李巡云：宧者，東北隅，陽始育養萬物，宧之言頤也，養也。

注疏參義

奧與隩通，書厥民隩，正義引之。宧，鄭云：飲食之所。窔，說文：戶樞聲也。玉篇於弔、於鳥二切，引爾雅東南隅謂之窔。窔亦隱闇。一作窔。

補注

西南隅謂之奧【注】室中隱奧之處。西北隅謂之屋漏【注】詩曰：尚不愧於屋漏。其義未詳。東北隅謂之宧【注】宧見禮，亦未詳。東南隅謂之窔【注】禮曰：埽室聚窔。窔亦隱闇。【正義】此釋室中四隅之名也。西南隅謂之奧○說文云：奧，宛也，室之西南隅。釋名云：室中西南隅曰奧，不見戶明，所在秘奧也。曲禮云：為人子者居不主奧。鄭註謂與父同宮者也，不當其尊處。孔安國論語註云：奧，內也。皇侃疏云：謂室中西南角，室向東南開戶，西南安牖，牖內隱奧無事，恒尊者所居之處也。是奧為少左開牖也。仲尼燕居云：目巧之室，則有奧阼。又云：室而無奧阼，則亂於室也。鄭註以奧阼為賓主之處也。奧為尊者所恒居，故以為主之處也。少牢饋食禮云：司官筵于奧。是祭時布神坐就其尊處也。○西北隅謂之屋漏○太平御覽引舍人云：古者徹屋西北扉，以炊浴汲者，訖而復之，古謂之屋漏也。釋名云：西北隅曰屋漏，禮每有親死者，輒撤屋之西北隅薪，以爨竈煮沐，供諸喪用，時若值雨則漏，遂以名之也。必取是隅者，禮既祭，改設饌於西北隅，令撤毀之，示不復用也。案士虞禮云：祝反入徹，設于西北隅。喪大記云：甸人取所徹廟之西北厞，薪用爨之。是劉熙所引之禮也。劉熙、舍人同義，惟以雨漏訓屋漏，為增成其義耳。詩疏引孫炎云：屋漏者，當室之所白日光所漏入。案有司徹云：有司官徹饋饌于室中西北隅。鄭註云：此於尸謖改饌當室之白。曾子問說陽厭之事云：當室之白。鄭註云：得戶明者也。蓋西北隅為幽隱之地，漏見日光，故為當室之白。孫炎義本康成也。○東北隅謂之宧○說文云：宧，養也，室之東北隅，食所居。釋名云：東北隅曰宧，宧，養也，東北陽氣始出，布養物也。太平御覽引舍人云：東北陽氣始起，萬物所養，故謂之宧。釋文引李巡云：東北者，陽氣始起，育養萬物，故曰宧。宧，養也。案宧與頤通。君子之居恒當戶，戶在東南，則東北隅為當戶飲食之處在焉。故釋詁云：頤，養也。○東南隅謂之窔○釋名云：東南隅曰窔，窔，幽也，亦取幽冥也。說文作官，云：戶樞聲也，室之東南隅。又云：窅窔，深也。案窔為稍右開戶，以其近戶，故以戶樞聲為名，以其在室之隅，故兼取幽深為義。荀子非十二子云：奧窔之間，簟席之上。淮南主術訓云：責之以閨閣之禮，奧窔之間。是奧窔為幽深之地也。窔字又作宎，莊子徐無鬼篇：鶉生於宎。司馬彪云：東南隅，鶉火地，生鶉也。太平御覽引舍人云：東方萬物生，蟄蟲必出，無不由戶突。是舍人本窔作突。【注】室中至之處。【正義】廣雅云：奧，藏也。是奧為隱奧之處。奧本或作隩，書疏引孫炎云：室中隱隩之處也。○詩曰至屋漏。【正義】大雅抑文。鄭箋云：屋，小帳也。漏，隱也。禮，祭於奧，既畢，改設饌於西北隅而厞隱之處，此祭之末也。案釋言云：厞，陋，隱也。陋、漏音義同。隱蔽之處時見日光，謂之當室之白。○宧見禮。【正義】曲禮疏引孫炎云：日側之明。孔穎達以宧為明也。宧見禮者，宧通作頤，東北隅謂之頤，中央謂之中霤。玉藻云：足如履齊，頤霤蓋以屋之下垂假借為裳下垂之勢也。又云：端行頤霤如矢。言端行則裳之下垂正直也。○禮曰至聚窔。【正義】既夕禮記云：埽室聚諸窔。鄭註：室東西隅謂之窔。是窔與窔通。

正義

西南隅謂之奧室中隱奧之處西北隅謂之屋漏詩曰尚不媿于屋漏其義未詳東北隅謂之宧宧見禮亦未詳東南隅謂之窔禮曰埽室聚窔窔亦隱闇

奧者，說文云：宛也。繫傳也。宛，室之西南隅。釋名云：室中西南隅曰奧，不見戶明，所在祕奧也。論語皇侃疏云奥、内也、謂室中西南角。室向東南開戶、西南安牖、牖內隱奥、無事恒尊者所居之處也。書堯典正義引孫炎云、室中隱奥之處也。郭注同。釋文奥本或作隩。○屋漏者、釋名云、西北隅曰屋漏、禮每有親死者、輒撤屋之西北隅薪以爨竈煮沐、供諸喪用、時若值雨則漏、遂以名之也。御覽一百八十八引舍人曰、古者徹屋西北扉以炊浴汲者、訖而復之、故謂之屋漏也。詩抑箋云、屋、小帳也。漏、隱也。禮祭於奥、既畢、改設饌於西北隅而扉隱之處、此祭之末也。按釋言云、扉、陋、隱也、陋漏聲同、是鄭所本。正義引孫炎曰、屋漏者、當室之白、日光所漏入。然則諸家之說、劉熙孫炎以漏射爲義、鄭君、舍人主扉隱爲言。金鶚屋漏解云、屋之西北隅有向、向北出牖也、日光自牖中漏入、故名屋漏。不得如鄭破屋爲幄、及偕釋言漏隱爲說。余按、偕漏爲陋、鄭義爲長。○宧者、說文云、養也、室之東北隅、食所居。按宧與頤同。釋詁頤訓養也、云食所居者、古人庖廚食閣皆在室之東北隅、以迎養氣、故御覽引舍人曰、東北陽氣始起、萬物所養、故謂之宧。釋文引李巡義與舍人同。郭云、宧見禮者、今未聞。曲禮正義引孫炎云、宧、日側之明。蓋日在西南爲昃、反照東北隅而益明、是孫義乃謂宧之所在正當日昃之明、非卽以明訓宧、正義誤會而便以宧爲明、則謬矣。○窔者、說文作窅、云戶樞聲也、室之東南隅。穴部窔云、窅窔深也。是窅爾雅段借作窔、故釋名云東南隅曰窔。窔幽也、亦取幽冥也、與說文合。爾雅釋文从宀作宎、誤矣。郭引既夕禮云埽室聚諸窔、釋文誤與爾雅同、別作突、漢書敘傳云守突奥之熒燭、應劭註引爾雅東南隅謂之突、又或作突。御覽引舍人曰、東方萬物生、蟄蟲必出、颰畢無不出戶突。是舍人本窔作突、據突突二字俱从穴、可知窔古本正作窔。

義疏

西南隅謂之奥、西北隅謂之屋漏、東北隅謂之宧、東南隅謂之窔

釋名云、東南隅曰窔。窔、幽也。亦取幽冥也、與說文合。爾雅釋文从宀作宎、誤矣。郭引既夕禮云埽室聚諸窔、釋文誤與爾雅同。別作突。漢書敘傳云守突奥之熒燭、應劭注引爾雅東南隅謂之突。又或作突。御覽引舍人曰東方萬物生、蟄蟲必出、必畢（必同）無不由戶突。是舍人本窔作突。

念孫案、突乃突之譌。

郝注刊誤

東南隅謂之窔　經文

按窔、諸本俱作宎。釋文亦作宎、云又作窔、同。今據說文訂作窔。

經注集證

西南隅謂之奥 孫注、室中隱奥之處也。郭注同。西南上當有室字。室中分四隅者、各施版壁開之。奥、㬇也、隈也。禮布席于奥。**西北隅謂之屋漏** 舍人注、古者徹屋西北扉以炊浴汲、訖而復之、故謂之屋漏也。孫注、屋漏者、當室之白、日光所漏入。郭注、詩曰、尚不愧于屋漏。其義未詳。屚从尸、雨。尸卽屋也。不當明、故作天窗防雨、故扉之如屋。**東北隅謂之宧** 舍人注、東北陽氣始起、萬物所養、故謂之宧。孫注、宧、日側之明。郭注、宧見禮、亦未詳。說文宧、食所居。謂庋閣之處、所以自養。**東南隅謂之窔** 舍人注、東方萬物生、蟄蟲必出、無不由戶突。說文窅、室之東南隅。禮、埽室聚諸窔。當戶光皎然。劉熙反以窔幽說之、非也。

集解

西南隅謂之奥 亦室言耳。室中區分四隅、閣之以壁、若今所謂間壁者、然非大同而爲一室也。奥、深也、暖也、言深而且煖之處、以南方之當陽故。曲禮、居不主奥。仲尼燕居、室無奥阼。**西北隅謂之屋漏** 屋、居也、从尸。尸所主也。一曰尸象屋形。从至。至、人所至止。漏、以銅受水刻節、晝夜百節。與屚通用。屚、屋穿水下也。室不

爾雅詁林　五　釋宮

當明、特穿天窗以漏光、恐雨下則屋之。詩抑尚不愧于屋漏。以迎養氣。禮記作頤。玉藻足如履齊頤霤是。宎當戶而光入皎然、且時有樞聲。說者謂取此明義失之。

東北隅謂之宧 宧養也、食所居謂庋閣之處、所

東南隅謂之窔 窔說文作宎、戶樞聲也、室之東南隅。既夕、埽室聚諸

義證

西北隅謂之屋漏　劉氏釋名曰、禮每有親死者、輒撤屋之西北隅薪以爨竈煮沐、供諸喪用、若值雨則漏、故以名之也。必取是隅者、禮既祭、改設饌于西北隅、今撤毀之、示不復用也。按禮記喪大記管人受沐煮之甸人取所徹廟之西北厞用爨之。疏曰、取復魄人所徹正寢西北厞以然竈煮沐也、謂正寢爲廟神之也。熊安生曰、取此薪而用者、示主人已死、此堂無復用、故取之也。與劉氏說大略相同。鄭康成孫叔然皆嘗說屋漏名義、郭云未詳、邢謂二家說皆無據、故不取、而劉氏此說有據、較鄭孫爲長、堪以取易。下東北隅謂之宧、邢疏引李巡宧養之說、釋名與之正同、今不贅述。

補郭

西南隅謂之奧

註室中隱奧之處 補正 邢疏、孫炎云古者爲室、戶不當中而近東、則西南隅最爲深隱、故謂之奧。而祭祀及尊者常處焉。曲禮云凡爲人子居不主奧是也。臣鎣按、釋文引尚書并說文皆云奧、室也。孔註論語云內也。鄭註禮記云主也。廣雅云藏也。又釋名云奧、不見戶明所在秘奧也。義互相發。

西北隅謂之屋漏

註詩曰尚不媿於屋漏其義未詳 補正 邢疏、孫炎云屋漏者、當室之白日光所漏入。臣鎣按、曾子問祭殤與無後者、於宗子之家、當室之白、尊于東房、是謂陽厭。孔穎達謂當室之明白顯露處。特牲饋食禮佐食徹尸薦俎、敦設于西北隅、鄭康成謂尸謖之後改設饌于西北隅、是謂陽厭。萬斯大謂當室之白、以其在室西北隅屋漏、故曰陽厭。以此證之、則屋漏爲日光所漏入處。若詩所云尚不媿于屋漏、謂人處室幽隱不明之處爲不善、雖無人見、豈能不媿日光漏入乎。論語所謂內省不疚、中庸所謂慎獨、皆此意也。

東北隅謂之宧 宧音怡。

註宧見禮亦未詳 補正 邢疏、李巡云東北者陽始起、育養萬物、故曰宧。宧、養也。臣鎣按、說文云、宧、養也、室之東北隅食所居。陸德明謂與周易頤卦養義同。蓋古人取育養發生之義爲食飲之所、理可信也。

東南隅謂之窔 窔音杳。

註禮曰埽室聚窔窔亦隱闇 補正 臣鎣按、說文云、窔、深貌。

郭注補正

錢氏古義

東南隅謂之窔、釋名作窔。按古有窔字、無宎字、似當从釋名、然亦非正。說文解字有宎窔、云室之東南隅、是應作宎矣。

東南隅謂之窔　注禮曰埽室聚窔窔亦隱闇

正曰、儀禮既夕禮記埽室聚諸窔、言室東南隅開戶埽塵垢呂聚窔、則塵垢可繇戶而出也。御覽一百八十八引舍人注東方萬物生、蟄蟲必出、無不繇戶矣。是卽既夕記埽室聚窔之誼也。窔或作窔、釋名釋宮室窔、幽也、亦取幽冥也。乃指戶後樞開爲窔、開戶則戶後幽冥、與埽室聚窔不同誼也。郭注乃呂隱闇釋既夕記之窔、疏矣。

正郭

西南隅謂之奧

室中隱奧之處也

元應優婆塞五戒經音義、慧琳妙法蓮花經譬喻品音義、大唐三藏元奘法師本傳八卷音義、俱引爾雅西南隅謂之奧、郭璞曰室中隱奧之處也。今據補也字。慧琳續高僧傳一卷音義引郭注爾雅云隩、隱曲處也。

西北隅謂之屋漏

詩曰尚不媿於屋漏其義未詳

仿宋本單疏本元本作於、雪牕本作于、明注疏本作愧於。

東南隅謂之窔

禮曰埽室聚窔窔亦隱闇

漢書敘傳應劭注引爾雅東南隅謂之穾、蕭該曰郭璞穾、音突。樹枏案、釋文窔、烏叫反、郭又音杳。陸氏不引突字一音作穾者、乃舍人本。引見御覽。

郭注佚存補訂

東西牆謂之序西南隅謂之奧

序者、孫炎云堂東西牆、所以別序內外也。奧者、孫炎云室中隱奧之處也。郭注本之。義詳訂經。

西北隅謂之屋漏

大雅抑尚不愧於屋漏、毛傳云、西北隅謂之屋漏。鄭箋云屋、小帳也。漏、隱也。禮祭於奧、既畢、改設饌於西北隅而厞隱之處、此祭之末也。正義云雜記諸侯行而死於道、緇布裳帷、素錦以爲幄而行。幄在帷幕之內、帷幕是大帳、則幄爲小帳也。禮之有帷幕、皆於野張之、以代宮室、其宮內不張幕也。幄則室內亦有之。屋漏者、室內處所之名、可以施小帳、而漏隱之處、正謂西北隅也。言不媿屋漏、則屋漏之處有神居之矣、故言祭時於屋漏有事之節。禮、祭於奧中、既畢、尸主乃改設饌食西北隅厞隱之處、此祭末之時事也。孫炎解屋漏云當室之白、日光所漏入。非鄭義也。今案有司徹鄭注云、此於尸謖改饌當室之白。曾子問注云、當室之白、得戶明者也。孫蓋本鄭爲說。舍人云、古者徹室西北扉以炊浴汲者訖而復之、古謂之屋漏也。

東北隅謂之宧東南隅謂之宎

說詩

說詳訂經。

西南隅謂之奧 尚書疏引作隩。

西北隅謂之屋漏 宋劉熙釋名云、禮每有親死者、輒撤屋之西北隅薪以爨竈煮沐、供諸喪用、時若值雨則漏、遂以名之也。必取是隅者、禮既祭、改設饌于西北隅、今撤毀之、示不復用也。

東南隅節音宎要 釋文云、郭又音杳。

疏屋漏者當室之白 之下誤衍所字。從徹者而入 徹、監本誤撤。

注疏正字

東南隅謂之宎

說文㝔、戶樞聲也、室之東南隅。此二句二義也。本訓爲戶樞聲、又訓爲室東南隅。既夕禮埽室聚諸宎、鄭注東南隅謂之宎。㝔通作窔。說文窔、窔也。㝔窔、窔古字通用。莊子徐無鬼篇鶉生於宎、司馬彪注、東南隅。鶉火地、生鶉也。宎乃窔字之誤。或曰、古者戶東牖西、故以戶樞聲名東南隅。此乃肌度之言、不可爲訓。窔爲幽窔、如奧之委宛、何取於樞聲哉、況奧爲隱奧、屋漏爲當白、宧爲頤養、窔爲隱闇、古義具在、又何必爲此異說耶。

小箋

西南隅謂之奧 奧、釋文云本或作隩。尚書正義堯典引作隩。案隩、通借字。

西北隅謂之屋漏 釋名云、西北隅曰屋漏、禮每親歿者、輒徹屋之西北隅、薪以爨竈煮沐、供諸喪用、時若直雨則漏、遂以名之也。孫炎注曰、屋漏者、當室之所白、日光所漏入。元照案、說文雨部屚、屋穿水下也、从雨在尸下。尸者、屋也。又水部漏、以銅受水刻節、晝夜百刻、从水屚聲。據義則當作屚、經典通用漏。

東北隅謂之宧

東南隅謂之宎 釋文云宎、說文云深皃、本或作㝔、又作窔。盧學士曰、案說文穴部㝔、冥也、从穴皀聲。窔、窔也、从穴交聲。又宀部㝔、戶樞聲、室之東南隅、从宀皀聲。則此當作㝔。元照案、玉篇宀部引作㝔、云本亦作宎。五經文字宀部云㝔宎二同。元照案、說文宀部無宎字。 漢書注上一百應劭引東南隅謂之宎、師古曰宎音烏了反、其字从穴夭聲也。案說文穴部無宎字。

匡名

西南隅謂之奧西北隅謂之屋漏東北隅謂之宧 音怡 東南隅謂之宎 音杳

此釋室中四隅之名。說文隅詳釋地。奧、宛也、室之西南隅。曲禮、居不主奧。奧爲尊者所恒居也。屋、居也。从尸、尸所主也。一曰尸象屋形。从至、至所至止。室屋皆从至。大雅、尚不愧於屋漏。宧養也、室之東北隅、食所居。李巡云、東北者陽氣始起、育養萬物、故曰宧。宧與頤通。釋詁頤、養也。宎、說文作宦、戶樞聲也、室之東南隅。荀子、奧宎之間。又作窔。禮記、掃室聚諸窔。又作宎。莊子、鷃生於宎。

啓蒙

窔　宧　釋文窔。說文云。深皃。本或作窅。又作窔。同。盧氏文弨曰、案說文窅窔。深也。宦。戶樞聲。室之東南隅。則此正文當作宦。从宀。不从穴。作窅窔。陸皆失之。窔。譌文也。作窔則宦之叚借。

黃侃評本正名

西南隅謂之奧。室中隱奧之處。　奧之言幽也、廣雅奧藏也、故孫郭並云隱奧。韓詩外傳窺其戶不入其中、安知其奧藏之所在。字與墺通、蕪城賦注引倉頡篇墺藏也。

東北隅謂之宧。　臣在口兩旁、故訓為側、猶以宧為隅也。孫炎云、宧日側之明、曲禮正義誤會孫意、以宧為明、非矣。

東南隅謂之宎。　宎譌文也、正當作宦。

黃侃音訓

釋宮、西北隅謂之屋漏。屋漏有三說、一雨漏、一日光漏、一扉陋也。

讀雅筆記

西南隅謂之奧　西北隅謂之屋漏　東北隅謂之宧東南隅謂之窔

釋文、奧本或作隩。釋宮釋文 書正義作西南隅謂之隩。堯典正義 說文漏作屚。云屋穿水下也、從雨在尸下。尸者、屋也。雨部屚 釋文說文宧養也。與周易頤卦養義同。釋宮釋文 釋名、東北隅曰宧。云宧養也。釋宮室 釋文、宎本或作宧、釋宮釋文 又作窔、同。釋宮釋文 儀禮注作東南隅謂之窔。既夕注 釋名、東南隅曰窔。云窔、幽也。釋宮室 說文宧、室之東南隅。從宀皀聲。宀部宦

西北隅謂之屋漏、說文漏作屚。按說文水部漏云、以銅受水刻節、晝夜百刻、從水屚聲。雨部屚云屋穿水下也、從雨在尸下。尸者、屋也。二字義殊、當從說文作屚、然經典相承皆從水作漏矣。東南隅謂之窔、說文窔作宧、云戶樞聲也、室之東南隅。從宀皀聲。又穴部窅云、冥也、從穴皀聲。窔云、窅窔、深也。從穴交聲。皆不訓東南隅。則字本作宧或體作窔、然儀禮注及釋名皆作窔、故陸氏云窔本或作窅、又作窔。

證異

東南隅謂之宎。說文宎作宧。

考異摘要

東北隅謂之宧　釋宮

樾謹按、說文宀部宧、養也、室之東北隅、食所居。此蓋從頤字取義、其實非也。士昏禮、媵布席于奧、夫入于室、即席。是古人飲食亦即在奧、故祭亦如之。乃以東北隅為食所居、於禮無徵矣。今按東北與西南兩隅相對、西南隅謂之奧、奧取其隱、則宧必取其明。曲禮正義引孫炎云、宧日側之明。日側之義雖從東北附會、而其訓宧為明、實古義也。蓋東北隅與戶相當、最為明顯、故東北隅謂之宧、猶西北隅謂之屋漏。詩抑篇正義引孫炎曰、屋漏者、當室之白、日光所漏入。然則宧也屋漏也、皆以受戶之光而言。光自戶入、正當東北隅、而西北隅亦得受之、其西南隅與戶絕遠、則為奧矣。其東南隅雖與戶近、而適為戶扉所掩、則為窔矣。郭注曰、窔亦隱闇。是室中四隅之名、皆以明闇為義、兩明兩闇、義適相當。釋詁曰、熙、光也。宧之與熙、蓋聲近而義通矣。

平議

爾雅詁林　五　釋宮

西北隅謂之屋漏

漏當作扇、說文扇、屋穿水下也。又通作霤。說文霤、屋水流也。扇在四部、霤在三部、兩部最相近。莊子達生有沈有漏、釋文引司馬注、神名、蓋西北隅之神名漏、猶西南隅爲奧、奧亦神名。

東北隅謂之宧

唐湛然輔行記引經東北隅謂之宧、麻杲云養萬物也、與李巡注合。臧氏庸輯漢注、未及麻杲、不知何時人、與廣韻麻下所引注論語之麻達、皆罕聞之士。

東南隅謂之窔

儀禮既夕記聚諸窔注、荀子非十二子奧窔之間注、皆用雅義。說文窔、窅窔也。窅、冥也。與釋名窔、幽也、取幽冥也義合。然究爲叚字、其本字當作宧、戶樞聲也、室之東南隅。許於宧窔下皆不用雅義、獨於宧下用之、疑許所見本作宧、釋文引說文作窅、段氏謂誤以窅爲宧、是也。

王仁俊日記

西北隅謂之屋漏

錦燧謹案、此釋詩抑篇尚不愧于屋漏也、鄭箋云屋、小帳也。漏、隱也。禮祭於奧、既畢、改設饌於西北隅而厞隱之處、此祭之末也。据鄭說是以屋爲楃之假借、漏爲陋之假借矣。毛傳同雅訓、未釋屋漏二字之義、故鄭箋補之、乃孫炎曰當室之白日光所漏入、是以屋漏爲日漏矣。劉熙釋名曰、禮每有親死者、輒撤屋之西北隅、薪以爨竈煑沐供諸喪用、時者值雨則漏、遂以名之也。是以屋漏爲雨漏矣。御覽一百八十八引舍人曰、古者徹屋西北厞以炊浴汲者訖而復之、故謂之屋漏也。是雖以厞隱爲說、與鄭君同、而屋則亦如字讀之、說亦與劉熙畧同。蒙謂諸說皆望文生訓、俱不可從。何以言之、曰孫叔然當室之白四字本諸曾子問、曾子問以當室之白爲陽厭、蓋謂室中當戶明處、並未以當室之白爲室之西北隅也、此孫炎之說之不足信也。又据喪大記云甸人取所徹廟之西北厞薪用焚之、厞在屋內不在屋上、雖撤席爲薪不至雨漏、此劉熙之說之不足信也。惟鄭箋之說則確不可易。何以證之、曰詩之下文云無曰不顯、不顯二字即承上屋漏言之、是屋漏爲隱蔽之義、此一證也。本經上文云西南隅謂之奧、下文云東南隅謂之窔、四隅爲厞隱之處、故以奧窔屋漏名之、義皆相近、是屋漏爲隱蔽之義又一證也。而蒙謂鄭意屋爲楃之假借、漏爲陋之假借者、据許書言之、說文尸部云屋、居也。此屋之本義。木部云楃、木帳也、从木屋聲。楃卽从屋得聲、故得假屋爲之。又水部云漏、以銅受水刻節、晝夜百刻、此漏之本義也。詩抑篇正義曰漏隱。釋言文。今釋言作陋、漏可通陋、即漏可通陋之證。說文匸部云陋、側陋也。段氏注云、各本作側逃也、今依玉篇逃作匿。玉篇曰又作陋、是知側陋即堯典之側陋、謂隱藏不出者也。蒙謂段說良是。凡从匸得義者、其六字皆有隱藏義、匸篆列於匿匽之間、匿云亡也、匽云匿也、則陋之義訓隱可知矣。

陸錦燧日記

尚不媿於屋漏單疏本元本同。雪牕本改媿于、閩本監本毛本改愧於。按釋文作媿。

東南隅謂之窔按說文窔作𡨋。

埽室聚窔單疏本雪牕本注疏本埽皆作掃、當據以訂正。此從手旁者俗字。

西南至之窔○釋曰注疏本刪。

故郭云亦也○注詩曰至未詳○釋曰注疏本刪下八字。

不慙媿於屋漏元本閩本監本同。毛本改愧于。

當室之白注疏本衍作當室之所白。按當室之白、見禮記曾子問。

以孫鄭之說注疏本脫以。

○注宧見禮亦未詳○釋曰注疏本注改云、詳下增者、刪釋日。

與屋漏意同注疏本脫意。

○注禮曰埽室聚窔○釋曰注疏本改作云禮記曰埽室聚窔者。元本無注字。

校勘記

亦亦隱闇十行本雪牕本吳本並窔亦、南昌本誤。案下宧夷窔要四字亦音釋誤連注。

校勘記訂補

東北隅謂之宧、釋文宧音怡。今本音夷、非是。廣韻夷以脂切、在六脂。宧、與之切、在七之。二字不同音也。東南隅謂之窔、釋文窔烏叫反、郭又音杳。本或作𡨋同。今本音要、非是。廣韻上聲杳、烏晈切、在二十九篠。去聲窔、烏叫切、在三十四嘯。要、於笑切、在三十五笑。是窔不可以要音也。

此別宮中四隅之異名也明監本毛本湘本宮作室、是。此誤。

注疏本正誤

東南隅謂之窔阮校、窔說文作𡨋。案郝義疏𡨋、爾雅段借作窔、作窔誤。古本正作窔。𡨋、說文从穴从㝵。作𡨋是。

窔亦隱闇之義也明監本毛本湘本窔作窔、是。案此釋上文也。窔字譌。

尙不魏於屋漏者魏、明監本毛本湘本作愧、此因改從宋本作媿而誤。

從散者而入明監本同。毛本湘本散作徹是。

注疏校勘札記

二行（注）室中隱奥之處○玄應《音義》卷六「深奥」條引「處」下有「也」字。

三行東南隅謂之窔○「窔」，《漢書·敘傳》應劭注引作「突」。《漢書·楊雄傳》殘卷中日人引姚察《訓纂》所引《爾雅》亦作「突」。（注）詩曰尚不媿於屋漏○李誡《營造法式》卷一引「於」作「于」。《字林》音一弔反，又一了反。《釋文》字作「突」，云：「烏叫反，《字林》同，郭又音杳。《說文》云：深貌。本或作窔，又作突，同。」《營造法式》卷一引此文即從「穴」作「窔」。案：依音此字當從「穴」從「夭」。

宋監本校箋

東南隅謂之窔禮曰婦室聚窔。窔亦隱闇、窔音要。

音圖・音

窔烏叫翻、音要字林同。郭又音杳、本或作𡨋同。五經文字𡨋窔二同、一弔翻。儀禮釋文、突本又作窔。玉篇𡨋、於鳥音杳於弔音要二翻、亦作窔。廣雅俗作窔。韻會依平水韻增牛召翻、堯去聲、非。

音略

西南隅謂

夷

之奥。西北隅謂之屋漏。東北隅謂之宧。

東南隅謂之窔 要杳

孫侶直音

東北隅謂之宧。怡

直音校正

西南隅謂之奧 室中隱奧之處。西北隅謂之屋漏東北隅謂之宧 宧見 頤 樞未詳。東南隅謂之窔 要 窔亦隱闇。

楊氏音訓

宧怡 窔杳

干氏音釋

柣謂之閾 棖謂之楔 楣謂之梁 樞謂之椳 樞達北方謂之落時 落時謂之戺

柣謂之閾 閾門限。棖謂之楔 門兩旁木。楣謂之梁 門戶上橫梁。樞謂之椳 門戶扉樞。樞達北方謂之落時、門持樞者或達北檼以爲固也。落時謂之戺 道二名也。

郭注

柣謂至之戺 釋曰此別門戶上下及兩旁之木名也。柣者、孫炎云門限也。經傳諸注皆以閾爲門限、謂門下橫木爲內外之限也、俗謂之地柣、一名閾、曲禮云不履閾是也。棖者門兩旁長木、一名楔。李巡曰棖謂梱上兩旁木。禮記玉藻云君入門士介拂棖、鄭注云棖門楔也。楣卽梁也。呂伯雍云門樞之橫梁也。郭云門戶上橫梁。鄉射記云堂則物當楣是也。樞者門扉開閡之所由也、一名椳、易曰樞機之發是也。其持樞之木或達北檼以爲牢固者名落時、檼卽棟也。落時又名戺、是持樞一木有此二名也。

邢疏

棖謂之楔

棖謂梱上兩旁木。釋文 邢疏 詩正義四之四

李注

柣謂之閾

柣、門限也。詩正義四之四 五 邢疏 春秋正義十

樞謂之椳

門戶扇樞開可依、蔽爲椳也。御覽一百八十四

孫音注

柣謂之閾

柣、于結反。釋文 柣音切。匡謬正俗

樞謂之椳

椳、吾回反。釋文

郭音義

柣謂之閾以下釋宮

柣、丈乙反。釋文

顧音

楣謂之梁

呂伯雍云、門樞之橫梁。釋文

落時謂之戺

玉篇引爾雅曰、落時謂之戺。

衆家注

黃輯古義

棖謂之楔

棖謂梱上兩旁木。釋文 詩鄭風丰正義 邢疏。

李注

柣謂之閾

柣、門限也。邢疏 詩鄭風丰正義 春秋僖二十二年正義

樞謂之椳

門戶扇樞開可依、蔽爲椳也。太平御覽卷一百八十四

孫音注

爾雅詁林 五 釋宮

柣謂之閾。柣，千結反。

樞謂之椳。烏回反，又吾回反。

郭音義

樞謂之椳

椳，一罪反。釋文引呂沈

沈集注

柣謂之閾。柣，丈乙反。釋文

顧音

玉函山房輯佚

柣謂之閾

門限也。孫注　詩疏四之四

棖謂之楔

謂梱上兩旁木。李注　同前

樞謂之椳

門戶扇樞開可依蔽爲椳也。孫注　御覽百八十四

鉤沈

柣謂之閾

孫曰：柣，門限也。詩正義四之四　春秋正義十五　邢疏

棖謂之楔

李曰：棖謂梱上兩旁木。釋文　詩正義四之四　邢疏

樞謂之椳

孫曰：門戶扇樞開可依蔽爲椳也。御覽一百八十四

漢注

柣謂之閾

孫炎云：柣，門限也。詩正義四之四卷　郭璞云：閾，門限。

棖謂之楔

李巡云：棖謂梱上兩旁木。詩正義四之四卷　郭璞云：門兩旁木。

楣謂之梁

郭璞云：門戶上橫梁。一切經正義六引無戶字

樞謂之椳

孫炎云：門戶扇樞開可依蔽爲椳也。太平御覽一百八十四卷

郭璞云：門戶扉樞。一切經音義六引無戶字

樞達北方謂之落時

郭璞云：門持樞者或達北檼以爲固也。

落時謂之戹

郭璞云：道二名也。

一切注音

柣謂之閾　孫炎曰：柣，門限也。詩丰正義　郭千結反。釋文

蕙心案：匡謬正俗云：問曰俗謂門限爲門蒨，何也？答曰：案爾雅柣謂之閾，郭景純注曰門限也，音切蒨反。限蒨一聲之轉耳。

棖謂之楔　李巡曰：棖謂梱上兩旁木。詩俟我正義

樞謂之椳　孫炎曰：門戶扇樞開可依蔽爲椳也。郭云：扇樞者，即戶扉也。御覽一百八十四　郭音吾回反。釋文

蕙心案：孫注爲椳，余蕭客經解鉤沈引作爲根，根疑椳之譌。又今本郭注作門戶扉樞，正承用孫語，扉又疑扇之誤。

古注斠

柣郭千結反，顧丈乙反，呂伯雍大一反。廣雅云：砌也。閾域洫二音。棖直庚反。楔古黠反。李謂闑上兩旁木。旁步郎反。楣亡悲反，或作揖，亡報反。埤蒼云：梁也。呂伯雍云：門樞之橫梁。說文云：秦名屋櫋聯也，齊謂之檐，楚謂之梠。樞昌朱反。椳

烏回反。郭又吾回反。呂沈一罪反。達大末反。㮲於靳反。字林云棼也。廣雅云棟也。下同。戹本或作阨，同音俟。廣雅云兩砌也。本或作扈，同音戶。

陸音義

楣 說文云：楣，秦名屋櫋聯也。○舊引說文無楣字，易與上楣字混，今從段氏玉裁增。

音義攷證

柣謂之閾

其失也以有域也，楚人亡弓未能亡楚是已。

棖謂之楔

其棖也乃所以爲契也。

楣謂之梁

其爲楣也乃所以爲梁也。

樞謂之椳

甚隱也其可畏甚顯也。

樞達北方謂之落時

今戶樞鑿北方爲溝以落門闔是也。

新義

柣謂之閾棖謂之楔楣謂之梁樞謂之椳樞達北方謂之落時落時謂之戹 閾，門限。楔，苦黠反，門兩旁長木。楣，門戶上橫木，所以跨楔者。樞，門闔戶扉開闔之機也。其持樞之窠臼必連北棟以爲固。戹音士，落時之别名。

鄭樵注

柣謂之閾 柣，郭千結反。

孫炎曰：閾，門限也。

郭璞曰：閾，門限。

鄭樵曰：閾，門限。

棖謂之楔

李巡曰：棖謂梱上兩傍木。

郭璞曰：門兩旁木。

鄭樵曰：楔，苦黠反，門兩旁長木。

楣謂之梁

郭璞曰：門戶上橫梁。

鄭樵曰：楣，門戶上橫木，所以跨楔者。

樞謂之椳 椳，郭吾回反。

孫炎曰：門戶扇樞開可依，蔽爲椳也。

郭璞曰：門戶扉樞。

鄭樵曰：樞，門闔戶扉開闔之機也。

樞達北方謂之落時

郭璞曰：門持樞者，或達北檼以爲固也。

鄭樵曰：其持樞之窠臼必連北棟以爲固。

落時謂之戹

郭璞曰：道二名也。

鄭樵曰：戹，音士，落時之别名。

古注合存

柣謂之閾，棖謂之楔，楣謂之梁，樞謂之椳，樞達北方謂之落時，落時謂之戹。柣音姪，楔音屑，楣音枚，椳音威，戹音士。○此釋宮室之上棖閾之屬之異名也。註曰：閾，門限也。楔，門兩旁木也。梁謂門上橫梁。椳謂門扉之樞。其持樞之戹或達於北檼以爲固也。疏曰：柣一名閾，經傳註皆以閾爲門限，謂門下橫木以限內外。曲禮云不履閾是也。棖一名楔，謂門兩旁長木。玉藻云：君入門，介拂棖也。楣一名梁，鄉射記云：堂則物當楣也。樞一名椳，謂門扉所以開闔，易所謂樞機之發。檼即棟也。

注疏參義

柣謂之閾 **註** 閾，門限。棖謂之楔 **註** 門兩旁木。楣謂之梁 **註** 門戶上橫梁。樞謂之椳 **註** 門戶扉樞。樞達北方謂之落時 **註** 門持樞者，或達北檼以爲固也。落時謂之戹 **註** 道二名也。

正義 此釋門上下兩旁之名也。柣、謂之閾。○柣，說文作榍，云限也。閾、戺、

爾雅詁林 五 釋宮

榍也。繫傳云榍所以爲限閡。左氏僖二十二年傳云不踰閾。孔疏云謂門下横木爲外內之限也。曲禮云不踐閾。是士大夫出入君門之恒禮也。玉藻云賓入不中門不履閾。論語云行不履閾。此言朝聘之禮也。鄭註閾門限也。閾亦名梱。士冠禮云布席于門中闑西閾外。鄭註閾閫也。曲禮云外言不入於梱。鄭註梱門限也。○棖謂之楔。○旁於門者爲棖。亦名爲楔。皇侃云門左右兩楗邊各豎一木名之爲棖。棖以禦車過恐觸門也。玉藻云君入門介拂闑。大夫中棖與闑之間。士介拂棖。鄭註棖門楔也。孔疏以爲門之兩旁長木也。○楣謂之梁。○說文繫傳云楣謂門上桂梁也。眉猶際也。案門上横木爲楣。亦名爲梁。與下文杗廇謂之梁名同而實異。公食大夫禮云公當楣北面。鄭註楣謂之梁。是據此文爲釋也。又梠亦謂之楣。鄉飲酒禮云主人作階上當楣北面再拜。鄭註楣前梁也。此言梁縱而楣横。故言前梁也。鄉射禮記云序則物當棟。堂則物當楣。鄭註正中曰棟。次曰楣。此言楣與棟相近也。皆即下文所云檐謂之樀也。與門上之楣異。○樞謂之椳。○說文云樞戶樞也。門樞謂之椳。廣雅云樞本也。繫辭傳云樞機之發。鄭註云樞戶樞也。戶樞之發或明或闇。翟元云樞主開閉。開閉有明暗。是樞爲制動之主。椳其別名也。○樞達至之扂。○戶在東南。其持樞之木或達於北方者名落時。亦名爲扂。釋文云扂本作戺。案戺古巸字。說文云巸廣𦣝也。本又作扂。扂亦訓爲廣也。【註】閾門限。○【正義】詩疏引孫炎云閾門限也。郭註本孫炎。匡謬正俗云問曰。俗謂門限爲門蒨何也。答曰。案爾雅柣謂之閾。郭景純註曰門限也。音切。今言門蒨是柣聲之轉耳。字宜爲柣而作切音。○門兩旁木。○【正義】詩疏引李巡云謂梱上兩旁木。是棖在梱之上也。○門戶上横梁。○【正義】釋文云楣本或作楣。埤蒼云梁也。呂伯雍云門樞之横梁。案說文云楣門樞之横木。繫傳云門楣横木門上樞鼻所附。或亦連兩鼻爲之以冒門。楣也。据說文以楣爲梠。則門上横梁之名當爲楣也。衆經音義引郭註無戶字。○門戶扉樞。○【正義】太平御覽引孫炎云門戶扇樞開可依蔽爲根也。郭云扉樞者即扇樞也。衆經音義引郭註無戶字。

正義

柣謂之閾閾門限　**棖謂之楔**門兩旁木　**楣謂之梁**門戶上横梁　**樞謂之椳**門戶扉樞　**樞達北方謂之落時**門持樞者或達北檼以爲固也　**落時謂之扂**道二名也

閾者。說文云門榍也。榍限也。經典榍通作柣。詩丰正義引孫炎曰柣門限也。按榍从屑聲。古音同切。爾雅釋文柣郭千結反。即切字之音。古謂門限爲切。故考工記輪人鄭衆注眼讀如限切之限。限切即門限也。漢書外戚傳云切皆銅沓黃金塗。集注以切爲門限。切通作砌。廣雅云柣砌也。匡謬正俗云俗謂門限爲門儙。儙是柣聲之轉耳。然則柣切聲同。切儙聲轉。今登萊人亦有門儙之言矣。○棖者。釋文及詩正義引李巡曰棖謂梱上兩旁木。玉藻云大夫中棖與闑之閒。鄭注棖門楔也。論語皇侃疏云門左右兩楗邊各豎一木名之爲棖。棖以禦車過恐觸門也。然則棖訓爲觸。文選祭古冢文注南人以物觸物爲棖。是其義也。楔者。說文櫼楔互訓。繫傳引爾雅而申之云即今府署大門脫限者兩旁斜柱兩木於檿之耑是也。據繫傳說是楔訓爲柱。其音當先結切。如禮家之楔齒讀而義亦如之。釋文楔古黠反。讀如楔荆桃之楔。恐非矣。○楣者。說文作楣云門樞之横梁。繫傳云門楣横木門上樞鼻所附。或亦連兩鼻爲之以冒門。楣也。按說文以楣爲梠。即下文檐謂之樀。其門上之楣横木爲孔以貫樞。楣之言冒。冒在門上。今登萊謂之門梁。江浙謂之門龍。皆是此物。經典楣俱作楣。故公食大夫禮云公當楣北鄉。喪服四制云高宗諒闇。雄[illegible]梁鄭注並云楣謂之梁。是許鄭義異。釋文兩存其字。故云楣亡悲反。又云或作楣。亡報反。楣聲亦相轉。○樞者。說文云戶樞也。又云門樞謂之椳。淮南原道篇注樞本也。御覽一百八十四引孫炎曰門戶扇樞開可依蔽爲椳也。然則椳之言偎。偎薆亦依隱之義。○樞達北方者。戶在東南。其持樞之木或達於北方者名落時。落之言絡。連綴之意。郭云達北檼以爲固者。檼復屋棟也。○扂者。說文扂本或作戺。同音俟。玉篇戺牀巳切。砌也。引爾雅曰落時謂之戺。戺亦作扂。按戺訓砌。蓋別一義。釋文扂或作戺。扂。

義疏

柣楣砌**謂之閾** 郭注閾、門限。說文閾亦作閾、門溝也。門內霤有溝承霤、上施木石楣之使平、以防水泆、故有柣、砌、楣之名。禮、入不中門不履閾。以兩旁皆有閾、嫌側避中門或踐閾也。門閾爲左右之限、履閾仍似從中、故戒之。**棖謂之楔** 李注棖、謂梱上兩旁木。郭注門兩旁木。棖、堂、撐古今字。中門四扇。記、大夫中棖與闑之閒、士介拂棖。闑在地、棖長木、在旁、立柱以界二扇、其用與楔同、故謂之楔。皇侃以爲禦車觸、則非。**楣謂之梁** 郭注門戶上橫梁。階前楹通檐橫木、升階望之如眉、非戶上梁也。禮、堂則物當楣。又公當楣、楣中爲堂。**樞謂之椳** 孫注、門戶、扇樞開可依蔽爲椳也。郭注、門戶扉樞。樞區也。門扇後餘地可隱者、故謂之椳、隈內也。後專謂轉軸爲樞。**樞達北方謂之落時落時謂之扂** 扂一作㞙。郭注門持樞者、或達北隱以爲固。道二名也。樞不通北方、達卽闔也。樞爲室戶門堂內隈、達則門戶後微地、禮以門內闔爲兩地、此總門房室爲一名、皆謂之北方、對庭東方西方而名也。鑿垣爲時、時承也。承門與承垣同、故亦名時。落、露也。人君內屏塞門、士大夫無屏則顯露也。扂卽戶也、在門曰落時、在室曰戶、在戶後也。字又作㞙、古文㞙、廣㞙卽階㞙、階下兩旁地、如人兩頤。顧命夾兩階㞙、謂門內北方至階處。

集解

柣謂之閾 柣、字本作榍、限也。閾、从門或、亦限也。若邦國之有界限然。禮記玉藻賓入不中門、不履閾。士冠禮闑西閾外。左僖二二傳見兄弟不踰閾。均作柣言。**棖謂之楔** 棖、杖也、从木長聲。引申爲門兩旁木之偁。古者一門分爲三處、兩臬之中爲中門、東爲闑東、西爲闑西。棖則以夫持乎門在闑東西之端、猶人之有杖也。與楔同用。攷工楔通作槷、所謂置槷以縣是。禮記玉藻大夫中棖與闑之間、士介拂棖。注棖、門楔也。**楣謂之梁** 說文所謂楣也、門樞之橫梁。此偁楣者、以眉形亦橫也。禮家言楣、均斥前楹通檐橫木而言。聘禮公當楣再拜、鄉飲酒禮主人作階上當楣北面再拜、鄉射記序則物當棟、堂則物當楣、皆非此經義也。**樞謂之椳** 樞、戶樞也、从木區聲。區、匿也。偁椳者、言樞鳴而令人畏。故犬吠聲爲猥。易繫辭、樞機之發。**樞達北方謂之落時** 謂樞鼻也、說文謂之門樞臼。戶爲東西、其上樞必向北、亦猶居中國而地軸之向北極也。偁落時者、因啟閉而木時有所落也。諺語謂繩鋸木斷、水滴石穿、信然。**落時謂之扂** 扂、从戶占。樞鼻所以止樞、若占爲人所居然。許愼謂爲國名、借偁爲耳。扂一作㞙者、疑字从戶己、與階㞙異字、言其樞之圯毀。

義證

柣謂之閾 柣千結反

〔註〕閾門限〔補正〕邢疏、經傳諸註皆以閾爲門限、謂門下橫木爲內外之限、俗謂之地柣、一名閾。曲禮云不履閾是也。臣鋆按、今亦謂之門檻、顏師古匡謬正俗云、俗謂門限爲門檻。何也。答曰、按爾雅曰柣謂之閾、郭景純註曰門限也、音切。今言門檻是柣聲之轉耳。今宜爲柣而作切者、是俗謂門檻、唐時已然矣。

棖謂之楔

〔註〕門兩旁木〔補正〕邢疏、棖者門兩旁長木、一名楔。李巡曰、棖謂梱上兩旁木。禮記玉藻云君入門、士介拂棖、鄭箋云棖、門楔。

楣謂之梁

〔註〕門戶上橫梁〔補正〕邢疏、楣卽梁也。呂伯雍云門樞

之橫梁也、郭云門戶上橫梁、鄉射記堂則物當楣是也。臣鑒按、楣有二、一爲門上橫梁、郭註所云是也、一爲棟下次梁、邢昺所引鄉射記是也。彼鄭註云是制五架之屋也、正中曰棟、次曰楣、前曰庪、賈公彥謂中脊爲棟、棟前一架爲楣、楣前接檐爲庪。此楣與柣棖連類而言、蓋指門上橫梁也。又按說文於楣字下註云、門樞之橫梁也。於梠字下註云、秦名屋櫋聯也、齊謂之檐、楚謂之梠。皆指棟下次梁而言。二字不同、豈爾雅楣當作梠、傳寫之譌歟。

樞謂之椳

〔註〕門戶扉樞〔補正〕邢疏、樞者、門扉開闔之所由也、一名椳、易曰樞機之發是也。

落時謂之戹 戹、本或作𡰪、音俟。

〔註〕道二名也

郭注補正

柣謂之閾　注閾門限

正曰、詩鄭丰俟我乎堂兮、鄭箋堂當爲棖、棖門梱上木近邊者。正義、釋宮柣謂之閾、棖謂之楔、孫炎曰柣門限也、李巡曰棖謂梱上兩傍木、李注梱字指門限言、孫注門限夾指梱言、與郭注所偁門限不同。詳後橛謂之闑下。

正郭

柣謂之閾

閾門限也柣音千結反

元應阿含經廿二卷音義引爾雅云柣謂之閾、郭璞曰門限也、柣音千結反。十住斷結經五卷音義引爾雅柣謂之閾、郭璞曰即門限也、柣音千結反。尊婆須密所集論三卷音義、法句經下卷音義、鶡鵠經音義引俱同。四分律九卷音義引爾雅柣謂之閾、郭璞曰門限也。論語不履閾是也。柣音千結反。樹枏案釋文云、柣、郭千結反。據此則柣音千結反爲郭注原文、而今本脫之、據補。元應所引論語不履閾、當是元應之語、觀邢疏引曲禮不履閾、則邢所據郭注無此句。

棖謂之楔

棖謂門兩旁木也

慧琳念佛三昧經一卷音義引郭注云、棖謂門兩旁木也。今據補棖謂也三字。

楣謂之梁

楣謂門戶上橫梁也

慧琳念佛三昧經一卷音義引郭璞云、楣謂門上橫梁也。後漢書班固傳注引爾雅曰楣謂之梁、郭璞曰門戶上橫梁也。今據補楣謂也三字。

樞謂之椳

謂門戶扉樞也椳音吾迴反

慧琳念佛三昧經一卷音義引郭注爾雅、謂門戶扉樞也。金剛頂瑜伽修習毗盧遮那王摩地法音義引郭注爾雅云、門戶扉樞也。元應阿毗曇毗婆沙論三十二卷音義引爾雅樞謂之椳、郭璞曰謂扉樞也、椳音吾迴反。樹枏案、釋文云椳、郭吾回反。與元應所引合、今據補謂也及音五字。竊謂此扉字當爲扇、廣韻十虞樞下引爾雅曰樞謂之椳、郭注云門戶扇樞也。慧琳阿毗達磨大毗婆沙論五十九卷音義引郭注爾雅云門戶扇樞也。所引俱作扇字。御覽引孫炎云門戶扇樞、郭盇本孫注。希麟瑜伽蓮華部念誦法一卷音義引爾雅曰樞謂之椳郭璞曰門扉樞機。

郭注佚存補訂

柣謂之閾

說詳訂經。

棖謂之楔

鄭風丰俟我乎堂兮、鄭箋云堂當爲棖。棖門梱上木近邊者。正義云棖是門梱上豎木近門之兩旁者也。李巡曰、棖謂梱上兩旁木。說文云楔、櫼也。繫傳引爾雅而云卽今府署大門脫限者、兩旁斜柱兩木於橛之耑是也。

說詳訂經。

說詩

楣謂之梁樞謂之椳樞達北方謂之落時落時謂之戹

柣謂之閾

郭注門限。柣、說文作榍、限也。閾下云門榍也。論語行不履閾。柏年案今俗謂門檻、閒有謂門旁木者、不知與論語相違、門旁之木、人不得履之、覿說文之不涉及槷袟可證也。

樞謂之椳

說文門樞謂之椳、段注謂樞所隱謂之椳也、椳猶淵也。宛中爲樞所居也。柏年案今門臼子是也。

樞達北方謂之落時

郭注持門樞者或達北檼以爲固。柏年案、檼說文複屋棟也、持樞之物何能達于北方複屋之棟、說殊難通。今謂樞達當爲句、北方謂之落時爲句、樞達卽下所云上扉之閣、于兩旁門豎兩木、長其兩耑、上達于楣、下貫于椳、今搖梗是也。名達者、以有夾義、禮刮楹達鄉、注每室八窗爲四達。天子之廟飾也。周禮攷工記匠人四旁兩夾窗、注窗助戶爲明、每室四戶八窗。禮內則天子之閣左達五右達五、注達、夾室也。各有五閣以庋食物也。然

爾雅詁林　五　釋宮

則樞達者、以其夾于上下故得名達也。北方謂之落時者、釋方俗之殊語、猶雉北方曰鵗之類是也。駢雅釋宮云、落時、樞達也。蓋直以樞達二字連屬、以爲即落時。數百年來諸儒悉未得其通解、至此始得大明、惜不著所出、爲觖望耳。

補釋

柣謂之閾節疏曲禮云不踐閾是也。（踐誤履。）士介拂棖（士、毛本誤上。）

鄭註云棖門楔（註誤箋。）

注疏正字

柣謂之閾

柣、說文作榍、限也。古通作切。漢書外戚傳切皆銅黃金塗、師古曰切、門限也。亦作砌。文選西都賦、元墀釦砌。

楣謂之梁

楣之名有三、公食大夫禮曰公當楣北面、鄭注楣謂之梁。鄉飲酒禮曰賓西階上當楣北面答拜、鄭注楣、前梁也。宮室之制、東西爲棟、南北爲梁、南面之梁謂之楣、則北面之梁亦謂之楣矣。門戶上橫梁亦謂之楣、前梁後梁門梁、是楣有三名也。釋名楣、眉也、近前若面之有眉。此指門梁而言、所以古人有門眉之語矣。楣說文作㮘、云門樞之橫梁。以楣爲梠、與康成諸家之說不同。釋文楣、忘悲反、或作㮘、亡報反、埤蒼云梁也。呂伯雍云、門樞之橫梁。說文秦名屋櫋聯也、齊謂之戸、楚謂之梠。據此則呂氏所見本作㮘、郭氏所見本作楣、而許叔重所見本與呂本同、郭本與康成所見本同、二說互異、疑不能明也。公食大夫禮公當楣、乃前楣非門楣也。

小箋

柣謂之閾　類篇（六中）引棖謂之閾、云或作榍。案說文（木部）榍、限也。（門部閾、門限也。）作榍是也。木部無柣字。

棖謂之楔　說文（木部）棖、杖也、从木長聲、一曰法也。非此義。又楔、櫼也。櫼、楔也。此棖字其本作櫼歟。

楣謂之梁　釋文云楣、或作㮘。案說文（木部）㮘、門樞之橫梁、从木冒聲。則作㮘亦通。

落時謂之戺　釋文云戺、本或作𡰣、本或作扈。案說文（𦣝部）𡰣乃古文巸字、恐非此義。當以扈爲正。

匡名

柣（音秩）謂之閾、棖謂之楔（音屑）、楣謂之梁、樞（音姝）謂之椳（音威）。樞達北方謂之落時、落時謂之戺（音俟）。

此釋門上下兩旁之名。柣、說文作榍、限也。閾、門榍。引論語行不履閾。古从洫。又名梱、曲禮外言不入於梱、鄭註梱、門限也。玉藻君入門介拂闑、大夫中棖與闑之間、士介拂棖、鄭註棖、門楔也。孔疏以爲門之兩旁長木。棖、杖也、一曰法也。門兩旁木亦法之一端也。楣、秦名屋櫋聯也、齊謂之檐、楚謂之梠。繫傳楣謂門上橫木。郭註門戶上橫梁。鄉飲酒禮主人阼階上當楣、鄭註楣、前梁也。又作㮘、㮘門樞之橫木。樞、戶樞也。椳、門樞謂之椳。郭註門戶扉樞。翟元云樞主開閉。郭註門持樞者、或達北檼以爲固也。樞達北方者、名落時、亦名爲戺。釋文戺本作𡰣。𡰣、古巸字。巸、廣𦣝也、从𦣝己聲。

啓蒙

爾雅詁林 五 釋宮

楣　楣　釋文。楣或作帽。亡報反。錢氏荅問云。楣卽楣謂之梁之楣。案說文。楣門樞之橫梁。楣。秦名屋櫋聯也。齊謂之檐。楚謂之梠。當作楣。楣楣傳本不同、經典皆作楣、而許君所據爾雅作楣、此未可輒定爾。

黃侃評本正名

根謂之楔。　方言根、法也、注救傾之法、說文根、杖也、一曰法也。又與棠近、考工記工人維角棠之、鄭司農云、棠讀如牚距之牚、車棠之棠、疏牚距、車棠皆取其正也。楣謂之梁。此有三義、一曰楣、前梁也、見鄉飲酒禮注、卽南面之梁、釋名楣眉也、近前若面之有眉、卽此也。一曰楣、門樞之橫梁、說文作楣、呂伯雍說同。三曰楣、秦名屋櫋聯也、齊謂之产、楚謂之梠、江藩說呂氏許君所見爾雅同作楣謂之梁、鄭、郭所見同作楣謂之梁。段玉裁說此楣字誤、金鶚說禮鄭注楣字亦誤、不知師讀不同、未可專信說文。落時謂之戹。釋文戹本或作扈、案落時施於戶上、扈之言戶也、又護也、作扈亦非誤耳、嚴元照云、當作扈。

黃侃音訓

柣謂之閾　楣謂之梁　落時謂之戹　垝謂之坫

說文柣作榍、限也、從木屑聲。木部榍　釋文楣或作帽。亡報反、埤蒼云梁也。釋宮釋文

說文作楣、云門樞之橫梁、從木眉聲。木部楣　釋文戹本或作戺、同。音侯。釋宮釋文　本或作扈、同。音戶。釋宮釋文　說文作戺、云廣臣也、從臣已聲。臣部戺　釋文垝本又作庋、同。釋宮釋文

楣謂之梁、釋文、楣或作楣、亡報反。埤蒼云梁也、呂伯雍云門樞之橫梁。按說文作楣、云門樞之橫梁、與郭注門戶上橫梁正合、又別出楣字、云秦名屋櫋聯也、齊謂之檐、楚謂之梠。此卽下文所云檐謂之樀也、與門上之楣梁異、此楣字當從說文作楣。

證異

釋宮落時謂之戹。釋文戹本作戺同、音侯、廣雅云砌也。承珙案、廣雅云、柣戺橉砌也。文選西京賦金戺玉階、李善注引廣雅戺、砌也。砌與切同、謂門限也。廣雅柣卽柣謂之閾之柣。釋文於柣下亦引廣雅。戺與扈同。落時與扈、蓋皆門限之名。上文楣謂之梁、楣當从說文作楣、楣在門上、扈在門下、皆爲樞鼻所附、故與樞謂之椳句上下相屬。樞達北方者、蓋謂東西向戶、其承樞之限有達於北方者耳。釋文又云本或作扈、扈有止義、亦於門限合也。

胡氏古義

楣謂之梁、說文作楣、門樞之橫梁也。聘禮公當楣再拜、鄉飲酒禮主人阼階上當楣北面再拜、鄉射記堂則物當楣、楣並當為楣。

古義補

落時謂之戹。廣韻韻會引爾雅竝作戺。

考異摘要

樞達北方謂之落時

注曰門持樞者或達北檼以爲固也。　疏曰、其持樞之木或達北檼以爲牢固者名落時。檼卽棟也。樾謹按、樞者、門扉開闔之所由也、安得復有木以持之、且所謂達北方者、不知達於何地、郭以爲北檼、則專以室戶言矣、且北檼之名亦於古無徵。釋名釋宮室曰棟、中也、居室之中也。然則安得有北檼乎。今按此當以樞達二字爲句、北方謂之落時、乃釋方俗之殊語、與釋獸篇秦人謂之小驢其語一律。樞達者受樞之達也、門扉所由開闔者謂之樞、而其上下設木鑿孔以受樞謂之達。達者、通也、穿也。廣雅釋詁達、通

也。高誘注淮南子脩務篇曰、達、穿也。是其義也。受樞之達其名曰戹、而北方則有落時之名、故曰樞達、句北方謂之落時、落時謂之戹。郭失其讀、斯失其解矣。

平議

釋宮　樞達北方謂之落時落時謂之戹

郝氏義疏云、樞達北方者、戶在東南、其持樞之本或達於北方者、名落時、落之言絡、達緻之意。字吉按、義疏是也。落絡音近字通。說文系部、𦅻、落也。革部、勒、馬頭落銜也。网部、羈、馬落頭也。以義求之、落皆當作絡、而作落者古字通也。樞達北方謂之落時、與屧連跟謂之絡鞮義正相同、皆連綴之意也。說文革部、鞮、革屧也。胡人屧連跟謂之絡鞮。時、止也。下文室中謂之時、玉篇時作跱、引爾雅曰、室中謂之跱。跱、止也。是時與止通、止有安止之義、又有止守之義、郭所謂達北隱以爲固者也。落時謂之戹者、戹亦止也。釋文戹或作戹。左昭十七年傳九戹爲九農正、戹民無淫者也。杜注戹止也。戹亦省作戶、說文戶、護也。護、救視也。救、止也。左宣十二年傳屈蕩戶之、杜注戶、止也。補正曰、古人以守戶之人謂之戶者、取其能止人也。漢書樊噲傳、詔戶者毋得入羣臣、王嘉傳、坐戶殿門失闌、唐書李紳傳、擊大毬戶官道、皆此意也。然則落時與戹、名異義同。釋文又云、戹本或作戺、同音俟。按玉篇戺、牀巳切、砌也。引爾雅曰、落時謂之戺。戺訓砌、盍別一義、與雅義殊。

爾雅詁

樞達北方謂之落時、落時謂之戹。郭云、門持樞者或達北檼以爲固也。陸佃爾雅新義云、今戶樞鑿北方爲溝以落門闔是也。俞樾云、樞達者、受樞之達也。門扉所由開闔者謂之樞、而其上下設木鑿孔以受樞謂之達、達者通也、穿也。受樞之達其名曰戹、而北方則有落時之名、故曰樞達。北方謂之落時、落時謂之戹。楷案、俞本陸說是也。陸書本無足觀、惟此條可取。皇侃論語義疏云、門左右兩㯳邊各豎一木、名之爲棖。㯳與達同、兩㯳卽兩樞之達也。是達之名至梁時而猶存、今人謂其在下者曰門臼云。

稗疏

釋宮　樞達。北方謂之落時。

逌案。樞達者樞之達也。樞之達猶車之軑。軑諧大聲。達諧羍聲。羍亦諧大聲。說文辵部或體作达。則達亦有省作大聲者矣。同聲之字例得通借。然則樞達卽謂之樞軑。亦無不可也。說文車部云。軑、車輨也。車輨者謂管束車軸左右兩頭者。卽車鼻也。樞者門之榦也。樞達者謂管束門榦上下兩頭者。卽門鼻也。俗亦呼門臼。車軑亦稱車轄。亦稱車䡰。轄諧害聲。䡰諧萬省聲。亦與大聲同部。軑、轄、䡰三字實止一字而異其形耳。然則樞達卽謂之樞轄、樞䡰。亦無不可也。此達字之義當以聲求得之。俞蔭甫太史平議謂樞達二字爲句。北方謂之落時。乃釋方俗之殊語。其說至確。獨其解達字以爲取通穿之義。則猶有憾。通穿之義但可指門之上鼻。不得指門之下鼻。下鼻不可通穿也。故復爲此說以易之。漢書樊噲傳云。噲迺排闥入。顏注云。闥、宮中小門也。案顏說非是。闥卽達字。彼上文云。詔戶者無得入羣臣。是戶閉矣。戶閉故噲排開其樞達而入也。說文無闥字。則古但作達。此樞達卽門鼻之一證也。文選西京賦薛綜注云。飛闥、突出方木也。彼解賦文上飛闥而仰眺之語。義似未洽。然薛氏突出方木之訓。必當有本。門鼻之形非突出方木乎。此又一證也。又論語鄉黨篇皇侃義疏云。門左右兩㯳邊。卽謂左右兩門鼻邊也。說文亦無㯳字。

校書

柣謂之閾〇釋曰　注疏本刪。

及兩旁之木名也　元本閩本同。監本毛本旁改傍。

曲禮云不履閾是也　注疏本同。浦鏜云踐誤履。

士介拂棖鄭注云棖門楔也監本亦作士、元本閩本毛本士誤上、注誤箋、又並脫也。

校勘記

柣千結切明監本永懷堂本毛本釋文同。湘本千誤丁。

注疏校勘札記

四行(注)閾門限○玄應《音義》卷十四「閾內」條引「限」下有「也」字。《營造法式》卷二引同。

五行(注)門戶上橫梁○《後漢書·班固傳》注引「梁」下有「也」字。

(注)門戶扉樞○慧琳《音義》卷十九「樞闔」條引「樞」下有「也」字、

樞達北方謂之落時○「時」，故宮舊藏項跋本《刊謬補缺切韻》之韻「塒」下引作「塒」。蓋後起字。

宋監本校箋

柣音直謂之閾閾、門限。閾音域。棖謂之楔門兩旁木。楔音甲。楣謂之梁門戶上橫梁。樞謂之椳門戶扉樞。椳音煨。樞達北方謂之落時門持樞者，或達北檼以為固也。落時謂之戹道二名也。戹音士。

音圖·音

楣直音音迷　𥶾眉支迷齊韻非

直音正誤

柣、郭千結翻，音切。顧丈乙翻，音秩。呂伯雍大一翻。此定澄隔標出切，亦音秩也。後人誤會，遂有徒結翻音迭，案伯雍疑即呂忱字。　匡謬正俗云、俗謂門限為門蒨、案爾雅柣謂之閾，郭注曰門限也，音切。今言門蒨，是柣聲之轉耳、宜為柣而作切音。蒨，即切之去聲。椳、烏回翻，音隈。郭又吾回翻、音鬼。呂沈一罪翻，音猥。

音略

柣姪竊謂之閾域溢橙棖謂之楔屑楣迷

謂之梁樞謂之椳。姝樞達北方謂之落時。威

落時謂之戹。俟

孫偘直音

樞謂之椳。姝隈

直音校正

柣姪謂之閾、棖謂之楔、屑楣枚閾門限。棖門兩旁木。

門戶上橫梁。謂之梁樞謂之椳、威門戶扉樞。樞達北方謂之落時、落時謂之戹、士樞達門持樞者。持樞一木有此二名也。

楊氏音訓

柣秩楔屑楣眉椳烏回切戹士

干氏音釋

垝謂之坫　牆謂之墉

垝謂之坫、在堂隅坫端也。牆謂之墉。書曰既勤垣墉。

郭注

牆謂之墉

謂垣牆也。詩正義一之四　邢疏

李注

黃輯古義

牆謂之墉

謂垣牆也。邢疏　詩召南行露正義

李注

玉函山房輯佚

爾雅詁林　五　釋宮

墻謂之墉

謂垣墻也。李注 詩疏一之四

鉤沉

牆謂之墉

李曰、謂垣牆也。詩正義一之四 邢疏

漢注

垝謂之坫

郭璞云、在堂隅坫端也。

牆謂之墉

李巡云、謂垣牆也。詩正義一之四卷

郭璞云、書曰既勤垣墉。

一切注音

牆謂之墉　李巡曰謂垣牆也。詩行露正義

古注斠

墆 達結、達計二反、高貌也。或作端、丁果反、本或作端。 墉 音容。李或作牗同。 垣 音袁。 垝 居毀反。本又作庋同。 坫 丁念反。說文云屏牆。

陸音義

垝本又作庋同○庋、舊作度、因形近而譌。邵本作庋是也。

音義攷證

垝謂之坫

垝毀也。有坫乃可毀焉。

墻謂之墉

艱難積累無非民事者、據大版謂之業。

新義

垝謂之坫

坫有二、明堂位及論語所謂反坫者在兩楹之間、以土爲之。此所謂坫者、在堂之隅、其東南隅爲東坫、西南爲西坫、故郭氏云在堂隅坫端也。端卽堂角端。

牆謂之墉也。露牆

鄭樵注

垝謂之坫

郭璞曰、在堂隅坫端也。

鄭樵曰、坫有二、明堂位及論語所謂反坫者在兩楹之間、以土爲之。此所謂坫者、在堂之隅、其東南隅爲東坫、西南隅爲西坫、故郭氏云在堂隅坫端也。端卽堂角端。

牆謂之墉

李巡曰、謂垣牆也。

郭璞曰、書曰既勤垣墉。

鄭樵曰、露牆也。

古注合存

禮書云、儀禮于房室言墉、于堂下言壁、牆之卑者也。牆其總名。

補注

垝謂之坫 **註** 在堂隅坫墆也 牆謂之墉 **註** 書曰既勤垣墉

正義 此釋堂隅及垣牆之名也。垝謂之坫者、垝一名坫、士冠禮云、爵弁皮弁緇布冠、各一匴、執以待于西坫南。既夕禮云、設棜于東堂下、南順齊于坫、饌于其上。士虞禮云、饌於西坫上。鄭註云、坫在堂角。賈疏云、坫有二、若明堂位云崇坫亢圭及論語云兩君之好有反坫之等、在廟中有之以亢圭反爵之屬。此言坫者、皆據堂上角爲名、故云堂角也。牆謂之墉者、詩疏引李巡云、謂垣牆也。說文云、牆垣蔽也。釋名云、牆障也、所以自障蔽也。墉容也、所以蔽隱形容也。士冠禮云陳服于房中西墉下、士昏禮云尊于室中北墉下、鄭註以墉爲牆也。**註** 在堂至墆也○ **正義** 郭云堂隅猶鄭云堂角、說文云坫、屏也。亦言其屏翳也。墆者、釋文云、高貌也、或作端、本或作端。案坫爲堂角、與端義相近、作端者是也。○書曰、既勤垣墉。○ **正義** 周書梓材文。馬融云、卑曰垣、高曰墉。釋名云、垣援也、人所依阻以爲援衛也。案城亦謂之牆、亦謂之墉、說文云、墉、城垣也。大雅皇矣云以伐崇墉是也。

正義

垝謂之坫注在堂隅墆也　玉案、玉篇云垝、毀垣也。作陒陒、毀也。二字并訓毀、故其字从危。玉篇又云陒危

爾雅詁林　五　釋宮

也。說文云阽、壁危也。古文从土从阜之字多相通。坫、依土冠及既夕禮經註、蓋在堂隅近邊之處、亦有危象焉。故爾雅云垝謂之坫。竊疑此語蓋釋乘彼垝垣之垝、故下文卽云墻謂之墉、郭註云堂隅坫墆、猶未免失之拘矣。

校議

垝謂之坫 在堂隅坫端也 **牆謂之墉** 書曰既勤垣墉

垝者、說文云毀垣也、是垣亦名垝。釋文垝本又作庋。按庋、閣也、置也。音義與祭山曰庪縣之庪同。坫者說文云屏也。屏猶障也、累土以爲障蔽也。禮坫有五、明堂位云反坫出尊、此反爵之坫也。又云崇坫康圭、此亢圭之坫也。二坫皆在廟中兩楹之間。既夕記云設棜于東堂下、南順、齊于坫、士冠禮云執以待于西坫南、鄭注坫在堂角、此二坫皆在堂之東西隅。內則說閣之制云士于坫一、此庋食之坫、近於庖廚、當在室之東北隅。爾雅垝謂之坫、實兼諸義而言、郭氏但主堂隅之坫、疏矣。云坫端也者、釋文端作墆、達結達計二反。云高貌也。或作端、丁果反、本或作端。○說文云牆、垣蔽也。墉、城垣也。以城爲墉者、易之高墉、詩之崇墉、義皆訓城、故詩皇矣良耜傳竝云墉、城也。省作庸、崧高傳庸、城也。按城雖墉之一訓、但墉實牆之通名、故詩行露傳及士冠士昏禮注竝云墉、牆也。書既勤垣墉、詩何以穿我墉、俱汎說牆垣、不指城垣而言、故釋名云牆、障也、所以自障蔽也。墉、容也、所以蔽隱形容也。書大傳云天子賁庸、鄭注牆謂之庸、庸亦墉矣。

義疏

垝謂之坫 垝一佹庋。郭注在堂隅坫端也。坫在堂角、詩乘彼垝垣、謂垣角如坫、可升以望外者。禮西坫則有東可知。又天子之閣、左達五、右達五、士于坫一、則房室內亦有坫。反坫、崇坫、又在兩楹閒。坫、占也。垝、危也。又佹、庋、庋、支也、穊土高之可以支物。上云垝、毀也、

危故易毀。牆謂之墉 郭注、書曰既勤垣墉。牆从爿嗇、上有蔽、蓋令不可踰、說文以爲垣蔽是也。禮爲墍于西牆下、又陳服用于房中西墉下、則外謂之牆、內謂之墉。墉、也。詩實庸實壑、又崇墉言言、皆專言城垣、故釋其同。

集解

垝謂之坫 垝、毀也、垣墉圮壞皆曰垝。

坫、屏也、从土占聲。或曰卽坪也。坫在堂隅、詩乘彼垝垣、亦謂垣角如坫而可遠望者、高於凡垣、較他處爲易毀。儀禮士冠執以待于西坫南、大射儀皆東坫之東南、既夕記齊于坫、此自天子至庶人皆有之。禮記內則士于坫一、則以坫庋食、當在室之東北隅近庖廚。大夫以上則有閣。明堂位崇坫康圭、則以坫尊圭、當在兩楹間、天子受諸侯朝覲乃有之。又明堂位反坫出尊、禮記旅樹而反坫、論語有反坫、則以坫反爵、亦在兩楹間、天子饗諸侯或諸侯相饗燕乃用之。

牆謂之墉 牆、垣蔽也。引申爲凡垣之偁。詩無踰我牆、兄弟鬩于牆、均是。墉、城垣也、从土庸聲。牆偁墉者、以牆亦墉形也。詩行露何以穿我墉、禮記郊特牲君南鄉於北墉下、皆墉也。尚書大傳天子賁庸、鄭注牆謂之墉。以庸爲之。儀禮士喪爲垼于西牆下、又陳服于房中西墉下、蓋外爲牆而內爲墉云。

義證

垝謂之坫 垝、居毀反。坫、丁念反。

【註】在堂隅坫端也【補正】邢疏、坫者、堂角也、一名垝。坫名見於經傳者三。案禮記明堂位云反坫、出尊、崇坫亢圭、及論語、邦君爲兩君之好、有反坫、此二者在兩楹之間、以土爲之、非此經所謂也。案既夕記云、設棜于東堂下、南順、齊于坫。士冠禮云、爵弁皮弁緇布冠、各一匴、執以待于西坫南。則此經所謂也。鄭註云坫在堂角、然則堂之東南角爲東坫、西南角爲西坫、故

郭云在堂隅坫端也。端則端也。言坫是堂角端也。

牆謂之墉

〔註〕書曰既勤垣墉〔補正〕邢疏、牆者室之防也。一名墉、李巡曰謂垣牆也。郊特牲曰君南鄉於北墉下、註云在內北牆是也。臣鍌按士冠禮陳服于房中西墉下、士昏禮尊于室中北墉下、註云墉牆也。蓋牆者、墉壁之通稱。

郭注補正

垝謂之坫　注在堂隅坫墕

評曰、說文垝、毀垣也。故釋詁云垝、毀也。蓋从土危會意、不得爲坫之異名。郝氏歷引明堂位反坫崇坫在廟中兩楹間、既夕齊于坫、士冠禮西坫在堂之東西隅、內則士于坫一在室之東北隅、以注專指堂隅爲疏、不知釋文云本又作庪、垝直爲庪之叚。內則庪食物之閣、士名坫、故士于坫一、此正以坫釋庪、注以堂隅釋之猶未爲失。惟釋文端作墕、云高貌也、案廣雅釋訓墕、障蔽也。故以爲高貌、仍與崇坫等無別、不知別爲庪食物之坫、乃其失之著也。

靜郭

垝謂之坫

在堂隅坫墕也

釋文云墕、或作端本或作端。案仿宋本單疏本雪牕本閩本作墕、監本毛本作端。

郭注佚存補訂

垝謂之坫

說文云垝、毀垣也。衛風氓乘彼垝垣、毛傳云垝、毀也。坫、說文云屛牆。蓋垣之類、以爲屛蔽者也。郭注云坫、墆也。釋文云墆、高貌。或作端。

牆謂之墉

說文云牆、垣蔽也。鄭風將仲子無踰我牆、毛傳云牆、垣也。小雅常棣兄弟鬩於牆、傳云內鬩謂牆以內也。小雅十月之交徹我牆屋、蓋外爲牆而內爲屋也。　墉者、說文云城垣也。凡牆皆謂之墉、不專指城垣而言。召南行露何以穿我墉、傳云墉牆也。疏云李巡曰謂垣牆也。亦爲城、王制注云小城曰墉。皇矣以伐崇墉、義得兩通也。案傳云墉、城也。大雅韓奕實墉實壑、傳云言高其城、深其壑也。崧高以作爾庸、傳云庸、城也。庸爲墉之省文、此皆專指城而言。

說詩

垝謂之坫註在堂隅坫端也端、釋文作墆、云達結達計二切、高貌也。或作端、丁果切本或作端。案疏作端、則此註本作端字也。

注疏正字

垝謂之坫

注坫、墆也。墆、釋文高貌。坫通作阽、垝通作危。阽、說文壁危也。漢書文帝紀詔曰或阽於死亾。如淳曰阽近邊欲墮之意。蓋四隅之坫近四邊而高、高則危而欲墮、故名垝也。

小箋

垝謂之坫　釋文云，垝本又作庋。案說文广部無庋字。

牆謂之墉　釋文云，墉或作𨻍。案說文𨸏部無𨻍字。

名匡

垝謂之坫

注曰在堂隅坫端也

樾謹按，說文土部垝，毀垣也。堂隅之坫，經傳從無垝名，疑坫乃阽之叚字。說文𨸏部阽，壁危也。垣毀壁危，義正相近，故垝謂之阽矣。釋文曰垝本又作庋，則因阽字叚作坫，故改垝爲庋以合之，非爾雅之舊也。其下云牆謂之墉，可知此文亦以牆垣言矣。

平議

垝謂之坫。郭云在堂隅坫端也。俞樾云，說文垝，毀垣也。堂隅之坫，經傳從無垝名，坫乃阽之假字。說文阽，壁危也。垣毀壁危，義正相近，故垝謂之坫矣。釋文曰垝本又作庋，則因阽字假作坫，故改垝爲庋以合之，非爾雅之舊也。楷案，俞說亦是也。詩氓乘彼垝垣，傳垝，毀也。謂毀垣也。此正釋其名，郭注失之。郝疏廣徵禮坫有四，謂實兼諸義，更疏。

稗疏

坫端也　單疏本閩本同。雪牕本舊本端訛瑞。監本毛本作端。按釋文墆，達結達計二反，或作端，丁果反，本或作端。

垝謂之坫，釋文垝，居毀反，本又作庋，同。按庋當爲庪字之誤，玉篇庪，居毀切。附正於此。

校勘記

垝謂之坫　注，在堂隅坫墆也。今本墆作端。釋文墆，達結達計二反，高貌也，或作端，丁果反，本或作端。

牆謂之墉，疏，君南鄉於北墉下，注云社內北牆。今本社誤作杜。

注疏本正誤

此三者在兩楹之閒　明監本毛本湘本三作二。案作二是。

惟其塗墍茨　明監本毛本湘本墍作塈。案書酒誥正作墍。此誤。

注疏校勘札記

七行（注）在堂隅坫端也〇《釋文》「端」作「墆」，云：「達結、達計二反，高貌也。或作端，丁果反，本或作端。」邵氏《正義》云：「坫爲堂角，與端義相近，作端者是也。」

宋監本校箋

垝謂之坫　有堂隅。坫、端也。坫，音店。

音圖・音

垝媯謂之坫　牆謂之墉容

孫偘直音

垝詭謂之坫。

直音校正

垝鬼謂之坫在堂隅。坫端也。牆謂之墉書既勤垣墉。

楊氏音訓

垝媯

干氏音釋

鏝謂之杇，椹謂之榩，地謂之黝，牆謂之堊。

鏝謂之杇，泥鏝。

椹謂之榩、斫木櫍也。地謂之黝、黑飾地也。牆謂之堊。白飾牆也。

郭注

垝謂至之堊　釋曰此別宮室垣墉及脩飾之名也。坫者、堂角也、一名垝。牆者、室之防也、一名墉。李巡曰謂垣牆也。郊特牲曰君南鄉於北墉下、注云社內北牆是也。亦爲城、王制注云小城曰附庸、大雅皇矣云以伐崇墉、義得兩通也。鏝者、泥鏝也、一名杇、塗土之作具也。論語曰糞土之牆不可杇是也。椹者、斫木所用以藉者之木名也、一名榩。孫炎云斲木質也。詩商頌云方斲是虔是也。又名櫍、穀梁傳曰葛纆櫍以爲梟是也。以黑飾地謂之黝、以白飾牆謂之堊。周禮守祧職云其祧則守祧黝堊之是也。　注在堂隅坫端也　釋曰坫名見於經傳者有三、案禮記明堂位云反坫出尊、崇坫元圭、及論語邦君爲兩君之好有反坫、此二者在兩楹之間、以土爲之、非此經所謂也。案既夕記云設棜于東堂下南順齊于坫、士冠禮云爵弁皮弁緇布冠各一匴、執以待于西坫南、則此經所謂也。鄭注云坫在堂角、然則堂之東南角爲東坫、西南角爲西坫、故郭云在堂隅坫端也。端則端也、言坫是堂角端也。　注書曰既勤垣墉　釋曰此周書梓材篇文也。案彼云若作室家既勤垣墉惟其塗塈茨。孔傳云如人爲室家已勤立垣墉、惟其當塗塈茨蓋之。此喻教化也。

邢疏

鏝謂之杇

泥鏝一名杇、塗工之作具。釋文　春秋正義四十

李注

椹謂之榩

椹、斲材質也。詩正義二十之四　邢疏

孫音注

碪謂之榩

榩音虔。郭注御覽七百六十二

地謂之黝

黝、殃柳反。釋文

郭音義

椹謂之榩

文選擣衣詩注引爾雅作砧謂之虔。

眾家注

黃輯古義

鏝謂之杇

泥鏝、一名杇、塗工之作具。釋文　春秋襄三十一年正義引無泥字之字。

論語公冶長篇邢疏引云塗一名杇。

李注

椹謂之榩

椹、斲材質也。邢疏　詩商頌殷武正義

孫音注

地謂之黝

黝、殃柳反。並同上

郭音義

玉函山房輯佚

鏝謂之杇

鏝一名杇、塗工作具也。李注　宋本春秋疏二十五　塗一名杇、塗土之作具也。同論語疏五

鉤沉

鏝謂之杇

李曰、鏝一名杇、塗工之作具。釋文　春秋正義四十

椹謂之榩

孫曰、椹、斲材質也。詩正義二十之四　邢疏

漢注

鏝謂之杇

李巡云、鏝一名杇、塗工之作具也。左傳正義二十五卷　論語疏五卷

郭璞云、泥鏝。

椹謂之榩

孫炎云、椹、斲材質也。詩正義二十之四卷　郭璞云、斫木櫍也。

地謂之黝

郭璞云、黑飾地也。

牆謂之堊

郭璞云、白飾牆也。

一切注音

鏝謂之杇　李巡曰、泥鏝一名杇、塗工作具。釋文郭云泥鏝、言用泥以鏝也。左襄三十一年傳正義

椹謂之㯳　孫炎曰、椹、斲材質也。詩殷武正義

蕙心案、文選擣衣詩注引爾雅作砧謂之虔。砧者、椹之俗體。㯳亦俗體。詩方斲是虔、用正字。

黝　郭㹌柳反。釋文

古注斠

鏝本或作槾、又作墁、同。亡旦、武安二反。說文云、鐵杇也。杇音烏、又音胡。李云、泥鏝一名杇、塗工之作具。說文云、所以塗也。秦謂之杇、關東謂之槾。椹本或作砧、同。張林反。㯳音虔。本亦作虔。詩云方斲是虔。斫音灼。櫍音質。黝於糾反、郭㹌柳反。飾音式。堊於故反、又於各反。

陸音義

鏝謂之杇椹謂之㯳

椹甚爲之、爲虔焉、墁謾爲之而已、雖飾猶汙。

地謂之黝

黝、幼也。施于卑宜。

牆謂之堊

堊亦或謂之墻、言可與爲堊、亦可與爲善。墨子悲絲以此卽面墻有惡而已。

新義

鏝謂之杇泥牆之鏝。椹謂之㯳今亦謂之椹、郭云、斫木櫍也。地謂之黝黑飾地也。牆謂之堊白飾牆也。於故反。

鄭樵注

鏝謂之杇

李巡曰、泥鏝一名杇塗工之作具。

郭璞曰、泥鏝。

鄭樵曰、泥牆之鏝。

椹謂之㯳

孫炎曰、斲材質也。此見詩商頌疏、邢疏引此材作木、與郭注同。

郭璞曰、斫木櫍也。

鄭樵曰、今亦謂之椹、郭云斫木櫍也。

地謂之黝 黝、郭㹌柳反。

郭璞曰、黑飾地也。

鄭樵曰、黑飾地也、於糾反。

牆謂之堊

郭璞曰、白飾牆也。

鄭樵曰、白飾牆也、於故反。

古注合存

垝謂之坫、牆謂之墉、鏝謂之杇、椹謂之㯳、地謂之黝、牆謂之堊音垝鬼。椹音碪。㯳音虔。堊音惡。○此釋垣墉之屬、與其修飾之名也。註曰垝在堂隅。坫端也。墉者、書云既勤垣墉、是也。杇、泥鏝也。㯳者、斫木櫍也。黝者黑飾地。堊者白飾牆也。疏曰、鏝一名杇、語云、糞土之牆不可杇也、是也。椹一名㯳、又名櫍。詩殷武云、方斲是虔、穀梁云衺纏櫍以爲臬、是也。坫名見於經傳有三。記明堂云、反坫出尊、崇坫亢圭。語云、有反坫、其云坫皆在兩楹之間、以土爲之、非此所謂坫也。旣夕禮云、設棜於東堂下、南順、齊於坫。士冠禮執以待於西坫南。則此所謂坫也。鄭註云、坫在堂角。蓋堂之東南角爲東坫、西南角爲西坫、故註云在堂隅坫端也。言坫是堂角端也。愚按垝謂之坫、亦牆之屬。詩氓篇云、乘彼垝垣、以望復關。緣在堂隅而卑、故可乘以爲望、而此文釋之耳。詩傳舊釋爲毀垣、與此文似不合。又疏所稱三坫、謂兩楹之坫、西南角之坫、東南角之坫也。而內則有云士於坫、則北堂邊之庋物者亦坫也、蓋不止三矣。椹謂之虔、因斲木爲室而及之也。如穀梁義、其亦門之類與。并參之。

注疏參義

杇、御覽引此作圬。說文鏝、鐵圬也。

椹、文選注作砧。

爾雅詁林　五　釋宮

周禮疏云、爾雅地謂之黝、牆謂之堊。黝、黑也。堊、白也。又云黝、先鄭讀爲幽、幽是北方、其色黑、取黑義也。知堊是白者、以與幽黑白相對、故知是白。按古用蜃灰飾牆、所謂白盛是也。

【補注】

鏝謂之杇【註】泥鏝。椹謂之榩【註】斫木櫍也。地謂之黝【註】黑飾地也。牆謂之堊【註】白飾牆也。【正義】此釋修飾塗墍之名也。○鏝謂之杇。○說文云、鏝、鐵杇也。或作槾、杇也。杇、所以涂也、秦謂之杇、關東謂之槾。左氏襄三十一年傳云、圬人以時塓館宮室。杜註、杇人、塗者。孔疏云、圬是塗之所用、因謂泥牆屋之人爲圬人。論語云、糞土之牆不可圬也。王肅云、圬、墁也。圬與杇通用。○椹謂之榩。○椹一名榩、斫木時所藉之木也。通作虔。商頌殷武云、方斲是虔。鄭箋云、正斲於椹上。穀梁昭九年傳云、以葛覆質以爲槷。范註、質、椹也。是榩又名質也。○地謂之黝。牆謂之堊。春官守祧云、其祧則守祧黝堊之。穀梁莊二十三年傳云、天子諸侯黝堊。喪大記云、既禪黝堊。是黝堊爲塗墍之事也。釋器云、黑謂之黝。說文云、黝、微青黑色。此言以黑色塗地也。其以赤色塗地、所謂天子赤墀也。鄭司農云、黝讀爲幽。賈疏云、幽是北方、北方其色黑、欲見地謂之幽、取黑義也。案小雅隰桑云、其葉有幽。毛傳、幽、黑色也。是黝幽古字通用。堊者、說文云、白涂也。地官掌蜃云、共白盛之蜃。鄭註云、謂飾牆使白之蜃也。賈疏云、白盛主於宗廟堊牆也。是宗廟之牆以白盛之、蜃爲堊。其以白土飾牆者、統謂之堊。釋名云、堊、亞也、次也。先泥之、次以白灰飾之也。【註】泥鏝。○【正義】左傳疏引李巡云、鏝一名杇、塗工作具也。郭云、泥鏝、言用泥以鏝也。釋名云、泥、邇也。邇、近也。以水沃土、使相黏近也。塗、杜也。杜、塞孔穴也。○斫木櫍也。○【正義】詩疏引孫炎云、斲材質也。郭註本孫炎。○黑飾地也。白飾牆也。○【正義】鄭司農周禮註、黝、黑也。堊、白也。與郭註同。徐邈穀梁註云、黝黑柱也。堊白壁也。范甯云、黝堊、黑色也。案徐邈以黝爲黑柱、與爾雅異。范以黝堊爲一色、非也。穀梁釋文云、堊白土也。

【正義】

鏝謂之杇泥鏝 **椹謂之榩**斫木櫍也 **地謂之黝**黑飾地也 **牆謂之堊**白飾牆也

鏝者、說文云、鐵杇也。或从木作槾、云杇也。杇、所以涂也、秦謂之杇、關東謂之槾。按鏝古蓋用木、後世以鐵、今謂之泥匙。釋文引李巡云、泥鏝一名杇、塗工之作具是也。杇本作圬、釋文又音胡、然則鏝杇猶言模餬、亦言漫畫、俱一聲之轉。釋文鏝又作墁、經典杇或作圬。左氏襄卅一年傳云、圬人以時塓館宮室。塓墁亦聲相轉。○椹者、斫木櫍也。榩者、詩云方斲是虔、鄭箋用爾雅、正義引孫炎曰、椹、斲材質也。郭與孫同。文選擣衣詩注引爾雅作砧、謂之虔。砧榩俱俗體字、質作櫍亦俗體也。○黝者、說文云、微青黑色。引爾雅文。聲借作幽。見釋器黑謂之黝下。○堊者、說文云、白涂也。釋名云、堊、亞（音惡）也、次也。先泥之、次以白灰飾之也。一切經音義十一引蒼頡篇云、堊、白土也。按飾牆古用白土、或用白灰、宗廟用蜃灰、故掌蜃注謂飾牆使白之蜃也。賈疏白盛主於宗廟堊牆也。

【義疏】

鏝謂之杇李注、泥鏝一名杇、塗工之作具是也。郭注、泥鏝。鏝、从冒、又以金或木承土泥壁。語、不可杇也。杅、从亏象丂有所平。春秋傳杅不穷、以杇爲盂、此又同污。**椹**砧磓**謂之榩**虔。孫注、椹、斲材質也。郭注斫木櫍也。椹从甚、砧从占、皆無質義、但以甚質同聲借用之、皆說文所無也。虔、上云固。詩方斲是虔。**地謂之黝牆謂之堊**郭注、黝、黑飾地也。堊、白飾牆也。禮、既祥黝堊、謂塗去堊室牆基之迹、非常飾也。堊室積壂於庭、爲牆、踰年撤去、地有牆迹、故必塗黑其地、非對文也。堊者、惡也。喪室無塗墍、故牆惡舊、乃以堊爲白塗、誤矣。

【集解】

爾雅詁林　五　釋宮

鏝謂之杇　鏝、鐵杇也。或从木作槾。今謂之泥是。偁杇者、以鏝涂涂污器耳。杇、所以涂也。从于者、謂其平。論語不可杇也、孟子毀瓦畫鏝、蓋鏝為金而杇為木云。**椹謂之榩**　椹、字本作甚、桑實也。與戗通用。戗、殺也。因以為斫木櫍之偁。榩、說文作虔、虎行皃。正字為梏。梏、樀也。斲木即所以樀木也。詩殷武方斲是虔、鄭箋用此。**地謂之黝**　黝、微青黑色。从黑幼聲。與幽通用。喪大記、既練居堊室、既祥黝堊。堊室積墼於庭而為牆。大祥毀堊、地有基迹、所以黝之而平治其地令黑也。禫則復寢而從御。舊謂黝為堊室之飾、則以為堊室猶存而飾堊、不當云地。**牆謂之堊**　堊、白涂也。从土亞聲。正字為惡、貫為亞。亞、醜也。禮堊而塗廬不於顯者、既練乃塗顯、所謂當室之白也。以泥塗故云堊、言其牆醜。禮記襍記、廬堊室之中。

義證

鏝謂之杇　鏝、釋文云本或作槾、武安反。杇音烏。

註 泥鏝。補正 邢疏、鏝者、泥鏝也、一名杇、塗工之作具也。論語糞土之牆不可杇是也。

椹謂之榩　椹、釋文云本或作砧、張林反。榩音虔、本亦作虔。

註 斫木櫍也。補正 邢疏、椹者、斫木所用以藉者之木名也、一名榩。孫炎云斲木質也。詩商頌云方斲是虔。又名櫍、穀梁傳曰裘纏櫍以為臬是也。

地謂之黝

註 黑飾地也。補正 邢疏、周禮守祧職云其祧則守祧黝堊之是也。

牆謂之堊　堊、於各反。

註 白飾牆也。補正 臣鋆按、今人燒石為灰、謂之白堊。劉熙釋名云、堊者、亞也、次也、先泥之、以白灰飾之也。

郭注補正

椹謂之榩、詩方斲是虔、卽此。古無榩字。

錢氏古義

鏝謂之杇

泥鏝也　杇音烏

元應五分律廿五卷音義引爾雅鏝謂之杇、郭璞曰泥鏝也、杇音烏。今據補。

椹謂之榩

斫木櫍也

慧琳根本毗奈耶雜事律十九卷音義、法顯傳一卷音義俱引郭注爾雅云斫木質也。文選謝惠連擣衣詩注亦引郭注曰砧木質也。樹枬案詩疏引孫炎云斲材質也。蓋郭注作櫍、孫注作質。

牆謂之堊

以白土飾牆也

元應五百弟子自說本起經音義、中阿含經一卷音義俱引爾雅牆謂之堊、郭璞曰以白土飾牆也。正法華經一卷音義亦引爾雅郭璞云白土飾牆也。今據補以土二字。

鏝謂之杇

說詳訂經。

郭注佚存補訂

爾雅詁林　五　釋宮

椹謂之榩
孫炎云、椹、斲木質也。郭義本孫炎。榩通作虔、商頌殷武方斲是虔。鄭箋云椹謂之虔。虔爲榩之古文省。釋文云、椹本或作砧。文選擣衣詩注正引爾雅作砧謂之虔。砧、俗字也。

地謂之黝
曹風候人毛傳、緼芾黝衡。小雅大田鄭箋陰祀用黝牲。彼釋文竝云黝、黑色。黝通作幽。鄭注玉藻云幽讀爲黝。小雅隰桑其葉有幽、傳云黑色也。

牆謂之堊
義詳訂經。

說詩

鏝謂之杇
說文、鏝、鐵杇。或從木作槾。云杇也。杇所以涂也。柏年案、鏝有鐵製木製者、故分鏝槾爲二字、今匠人謂鐵者爲鐵板、木者爲灰板、所以塗灰沙者一也。

椹謂之榩
郭注斫木櫍也。柏年案、即今梓人之木馬、以三木爲之、架木于上以施斧斤者。

補釋

鏝謂之杇註泥鏝 鏝、監本誤鏝。
地謂之黝音黝於糾切 釋文云、郭𦤎柳切。

疏社内兆牆是也 社誤杜。詩商頌云方斲是虔 商頌下當有殷武二字。穀梁傳曰汞纏楯以為臬是也 案傳作葛覆質以為槷。汞纏質三字見小雅車攻傳。崇坫亢圭 亢、禮記作康、註讀為亢龍之亢。

注疏正字

鏝謂之杇 釋文云、鏝本或作槾、又作墁。案說文金部鏝、鐵杇也、从金曼聲、或从木作槾。又木部槾、杇也、从木曼聲。土部無墁字。

椹謂之榩 釋文云、椹本或作砧。榩本或作虔。文選注卅引爾雅砧謂之虔。案椹砧榩三字皆不見於說文。詩商頌殷武方斲是虔、箋云椹謂之虔。

地謂之黝 說文引㬎部 周禮注春官守祧引此二句。

匡名

垝音詭謂之坫 牆謂之墉 鏝謂之杇 椹音砧謂之榩 地謂之黝音有 牆謂之堊音惡

此釋堂隅及垣牆與修飾之名。說文坫、屏也。垝一名坫。論語、兩君之好有反坫。郭註在堂隅坫墆也。梓材既勤垣墉。馬融云卑曰垣、高曰墉。墉、城垣也。大雅以伐崇墉。牆謂之墉、言其高大也。鏝、鐵杇也。或作槾杇。杇、所以涂也。引秦謂之杇、關東謂之槾。論語、不可圬也。圬與杇通用。郭註泥鏝。椹一名榩、斫木時所藉之木、郭註斫木櫍也。通作虔、商頌方斲是虔。黝、微青黑色、引爾雅文、言以黑色塗地也。堊、白涂也、凡以白土飾牆皆謂之堊。

啓蒙

椹 甚 周禮司弓矢。以授射甲革椹質者。說文弓字下引作以射甲革甚質。不从木。椹之言抌也抌深擊也又言椹下擊上也。質从所聲所二斤也即古櫍字

榩 虔 釋文。榩。本亦作虔。詩云。方斲是虔。案文選謝惠連擣衣詩注引作虔。

黃侃評本正名

爾雅詁林 五 釋宮

椹謂之榩。斫木櫍也。　椹即枕之變，猶媅又作妉、諶與訦、黮與黕為轉注也。　椹之言枕也、深摯也、亦言椹下摯上也。虔讀若斤、斤、斫木也，質讀若所、質从所聲、所即古櫍也。　椹質同訓虔、一聲之轉。猶諶質同訓誠也、椹之言枕也、易坎虞注枕、止也。又凡横者皆可云枕、素問骨空論頭横骨為枕、小爾雅軫謂之枕。虔者、方言殺也、椹質之用甚多、不止斫木、詳見廣雅疏證。而其形皆横、椹字亦作鍖、櫍字亦作鑕。廣雅杭櫍椹也、杭之言刓、虔之言斷也。」

黃侃音訓

地謂之黝

釋宮地謂之黝，郭注黑飾地也。頤煊案，黝當作坳。莊子逍遙遊篇覆杯水於坳堂之上，釋文、崔云堂道謂之坳，司馬云塗地令平。說文坳、地不平也，从土幼聲。地不平謂塗之令平，皆義本於爾雅，黝坳同聲字。

讀爾雅録

椹謂之榩

錦燧謹案，詩中無榩字，殷武篇方斵是虔，鄭箋引爾雅云椹謂之虔，正斵於椹上，疑鄭所見古本爾雅作虔。今作榩者，涉上文椹字而誤加木旁也。說文無榩字，可以爲證。又案以椹謂之虔釋方斵是虔，蓋三家義也。毛傳云虔敬也，與鄭義異，蓋箋以三家易傳說也。

陸錦燧日記

垝謂至之垔〇釋曰　注疏本刪。

社內北牆是也　閩本同，舊本監本毛本社誤杜。

方斵是虔是也　注疏本脫是也。

穀梁傳曰㚇纏櫍以爲臬是也　注疏本同。浦鏜云，穀梁傳車攻傳作㚇纏質以爲槸，質櫍槸臬皆古今字，槷與槸一也。邢氏引毛詩傳誤記爲穀梁耳。

〇注在堂隅坫端也〇釋曰坫名見於經傳者　注疏本刪下九字。

〇注書曰既勤垣墉〇釋曰　注疏本刪注書曰釋曰。

校勘記

墻謂之堊，釋文堊於故反，又於各反。今本僅一音，宜補。

注疏本正誤

（注）泥鏝〇玄應《音義》卷十五「泥鏝」條引「鏝」下有「也」字。《營造法式》卷二引同。

八行墻謂之堊（注）白飾墻也〇玄應《音義》卷十三「堊飾」條引注文作「以白土飾墻也。」卷七「堊飾」條引作「白土飾墻也。」案：堊爲白土，今本「白」下蓋脫「土」字。

宋監本校箋

鏝謂之杇　泥鏝　杇音烏

椹謂之榩　斫木櫍也　榩音虔

墻謂之堊　白飾墻也　堊音惡

地謂之黝　黑飾地也　黝音悠

音圖・音

鏝亡旦武安二翻，微明輕重交互出切，上音慢，下音瞞。杇音烏，又音乎。說文作圬、太平御覽引此亦作圬。案泥掌以鐵爲之，其柄則木，用以塗土，故从金从木从土竝通。

椹本或作砧、同。張林翻侵，韻知母字與斟微別。文選注引文字集略梁文貞處士阮孝緒撰曰砧、猪金翻，同。又曹憲文字指歸曰，俗用桑椹字。憲廣雅注曰櫍椹也。知今翻。今人以爲桑葚，失之。

音略

鏝（滿平聲）謂之杇（烏胡沾）。椹謂之椳（虔）。地謂之黝（有幽）。牆謂之堊（惡污）。

孫偘直音

地謂之黝（有）。牆謂之堊（惡）

直音校正

鏝謂之杇（鏝，泥鏝。）烏椹碪（椹，所木所用以藉者之木名也。）謂之椳虔。地謂之黝（黝，黑飾地也。）於糾切。牆謂之堊惡（堊，白飾牆也。）

楊氏音訓

鏝母官切　杇烏　椹諸深切　椳虔　堊惡

干氏音釋

樴謂之杙，在牆者謂之楎，在地者謂之臬，大者謂之栱，長者謂之閣

樴謂之杙、（橜也。）在牆者謂之楎，（禮記曰：不敢縣於夫之楎箷。）在地者謂之臬、（即門橜也。）大者謂之栱、長者謂之閣。（別杙所在長短之名。）

郭注

樴謂至之閣　釋曰：此別杙所在長短之名也。杙即橜也，一名樴。置杙在牆者名楎，在地及門中者名臬。王藻云：公事自闑西，私事自闑東，是也。大者名栱，長者名閣也。注禮記曰不敢縣於夫之楎椸　釋曰：此內則文也。鄭注云：竿謂之椸。楎，杙也。

邢疏

樴謂之杙

杙謂橛也。詩正義一之二十八　毛詩音義上　禮記正義二　郭同

李注

大者謂之栱

栱音卬。釋文

郭音義

在牆者謂之楎

考工記匠人注引爾雅作在牆者謂之杙。

大者謂之栱

帝範審官篇注引爾雅注曰：栱，杙也，大者謂之栱，枓也。

衆家注

黃輯古義

樴謂之杙

杙謂橛也。詩周南兔罝正義　詩釋文。禮記內則正義引作謂橛杙也。

李注

樴謂之杙，羊北反。詩釋文

大者謂之栱，九勇反，又音卬。釋文

郭音義

玉函山房輯佚

樴謂之杙

杙謂橜也。詩疏一之三　同

李注

鉤沉

樴謂之杙

李曰：杙謂橜也。詩正義一之二十八　毛詩音義上　禮記正義二　郭同

大者謂之栱

注曰：栱，杙也，大者謂之栱，枓也。帝範審官篇注

漢注

樴謂之杙

李巡云：杙謂橜也。詩正義一之三卷　郭璞云橜也。

在牆者謂之楎

郭璞云：禮記曰不敢縣於夫之楎箷。

在地者謂之臬

郭璞云即門橜也。

大者謂之栱長者謂之閣
郭璞云、別杙所在長短之名。

一切注音

樴謂之杙　李巡曰杙謂橜也詩兔罝于役正義
蕙心案、禮內則正義引李巡曰、樴謂橜杙也。今合詩禮二疏所引、疑李注當作樴謂杙、杙謂橜也。禮疏疑衍一橜字。

在牆者謂之楎
蕙心案、考工記匠人引爾雅在牆者謂之杙、杙卽楎矣。

大者謂之栱
蕙心案、帝範審官篇注引爾雅注曰、栱、杙也、大者謂之栱科也。

古注斠

樴音特、又之力反。杙羊式、羊特二反。下句雞捿於弋音同。橜其厥反。後注同。揮許韋反。縣音玄。萉羊支反。字林云竿也。本或作椸、音同。字林云榻前机也。臬魚列反。栱九勇反、郭又音卭。閣音各。

陸音義

樴謂之杙
椓杙者有數墮數矣。有職者也、周官所謂職人是已。故孔子嘗爲乘田矣、曰牛羊茁壯長而已矣。

在牆者謂之楎
發而揮之救面牆之失。

在地者謂之臬
效法之謂坤。

大者謂之栱
與人共之其斯以爲大。孟子曰大舜有大焉。

長者謂之閣
物各有長、在因任之而已。

新義

樴謂之杙在牆者謂之楎在地者謂之臬大者謂之棋長者謂之閣此別杙所在長短之名。杙、橛也、音弋。樴、徒得反。

鄭樵注

樴謂之杙
李巡曰、杙謂橜也。
郭璞曰、橜也。
在牆者謂之楎
郭璞曰、禮記曰不敢縣於夫之楎箷。
在地者謂之臬
郭璞曰、卽門橜也。
大者謂之栱長者謂之閣栱郭音卭。
郭璞曰、別杙所在長短之名。總釋上文
鄭樵曰、此別杙所在長短之名、杙、橜也、音弋。樴、徒得反。
總釋上文

古注合存

樴謂之杙、在牆者謂之楎、在地者謂之臬、大者謂之栱、長者謂之閣。樴音炙、杙音弋、楎音灰。○此釋樴杙之屬之名也。註曰、卽門橛也。疏曰、在門旁牆者名楎、在門中地者名臬、玉藻云、公事自闑西、私事自闑東、是也。

注疏參義

周禮注云樴謂之杙、可以繫牛。疏云充人置樴入地之時、樴樴然作聲，故以聲名其官曰樴人。職樴聲相近，誤爲職。

補注

樴謂之杙【註】橜也。**在牆者謂之榫**【註】禮記曰：不敢縣於夫之榫箷。**在地者謂之臬**【註】即門橜也。**大者謂之栱長者謂之閣**【註】別杙所在長短之名。【正義】此釋杙所在長短之異名也。○樴謂之杙。○詩疏引李巡云、杙謂橜也。說文云、樴、弋也。弋、橜也。象折木銳衺著形、丿象物挂之也。橜、弋也。地官牛人云、以授職人。後鄭云、職讀爲樴、樴謂之杙、可以繫牛。樴人者、謂牧人充人與。賈疏、充人置樴入地之時、樴樴然作聲、故以聲名其官也。此言杙置於地、可以繫挂也。左氏襄十七年傳云、以杙抉其傷、此杙之銳者也。凡木采於山、去其枝條以待用者、俗稱爲木料、古謂之橜、又謂之樴、又謂之杙、其狀不一、或衺而銳、或大而長、其用至廣、雖棲雞、置兔亦皆用之、其在室中者、各隨所在而異其名。○在牆至之榫。○杙之在牆者名榫、孔穎達云、植曰榫、橫曰椸、同類之物。是榫爲傳近於牆者也。○在地至之臬。○此言杙之短者也。說文云、闑、門梱也。橜一曰門梱也。孔穎達以爲門中所豎短木在地者也。下文云橜謂之闑、詳見下。○大者至之閣。○此言杙之長大者、所以別於銳衺者也。大者名栱、以其可爲斗栱也、長者名閣、即所以止扉者也。詳見下。【註】禮記至榫箷。○【正義】內則文、今本作榫椸、鄭註云、榫、杙也。

正義

樴謂之杙橜也**在牆者謂之榫**禮記曰不敢縣於夫之榫箷**在地者謂之臬**即門橜也**大者謂之栱長者謂之閣**別杙所在長短之名

杙當作弋、說文弋、橜互訓、詩兔罝正義引李巡云杙謂橜也、是郭所本。樴者、說文云弋也、周禮牛人注職讀爲樴、樴謂之杙、可以繫牛。左氏襄十七年傳云以杙抉其傷。按說文云弋象析木衺銳箸形、故傳言抉傷、禮言繫牛、皆以其形銳可椓於地。爾雅以爲木橜之通名、故內則正義引李巡曰樴謂橜杙也。釋文樴音特、又之力反。玉篇亦兼二音。○榫者、郭引內則云不敢縣於夫之榫箷、鄭注榫、杙也。正義曰植曰榫、橫曰椸。然則榫植於牆、即杙之別名、故考工記匠人注引爾雅作在牆者謂之杙、杙即榫矣。○臬者、說文以爲射準的、是臬植於地、與爾雅合。郭以爲門橜、則與闑同。胡培翬曰臬與匠人之槷同、[illegible]娃[illegible]謂於平地之中樹八尺之臬、以規識日景、非門中之闑、鄭氏考工記注甚明。爾雅既云在地者謂之臬、又云橜謂之闑、是臬與闑殊。郭氏以門橜釋臬、則謬矣。○栱者、御覽三百卌七引埤蒼云栱、大弋也。文選景福殿賦云欒栱夭蟜而交結、李善注栱、欒類而曲也。夭蟜、欒栱長壯之貌。然則栱之言拱、柱上枓栱、所以拱持梁棟、故廣韵云枓、柱上方木也。帝範審官篇注引爾雅注曰栱、杙也。大者謂之栱、枓也。○閣者、即下文云所以止扉者也。又內則注閣以板爲之、庋食物也。是庋物之閣與止扉之閣皆長木、故二者同名。

義疏

樴謂之杙李注、樴謂橜、杙也。杙、橜也。郭注橜也。周官有職人、上云職主立木爲物主也。弋象析木形。**在牆者謂之榫**郭注、禮記曰不敢縣於夫之榫箷。榫从軍、蓋與揮同。揮、振去塵。故縣於牆以攴之。**在地者謂之臬**郭注、即門橜也。臬从木、自、射準的也。因以爲凡豎木。匠人置槷以縣。**大者謂之栱長者謂之閣**郭注、別杙所在長短之名。栱、拱共通用字、後以爲斗栱字、非此拱也。此文承在地、未聞所用。長即高也。閣格架通用字。長木枝格爲架、蓋以曝衣。禮記有椸架。

集解

樴謂之杙樴、與職同。上經云主言立木以主物。周禮牛人注職讀爲樴、樴謂之杙、可以繫牛。杙、劉劉也。與弋通用。弋、橜也。象析木衺銳若形。尚書大傳、椓杙者有數。墨子備城門、一寸一涿弋。**在牆**

者謂之楎 下經所謂連也。楎，六叉犂也，一曰犂上曲木犂轅也。引申爲牆杙之偁。禮記內則不敢縣于夫之楎椸，注：楎，杙也。

在地者謂之臬 臬，射準的也。从木从自，會意。自者，鼻於面居中持出之形，凡豎木似之。周禮作槷。攷工匠人置槷以縣是。

大者謂之栱 栱字一作拲，兩手同械也。从手从共，會意。引申爲大杙之偁。經傳多以拱爲之。尚書大傳桑穀七日大拱，左僖三二傳爾墓之木拱矣，皆謂大也。文選景福殿賦欒栱夭蟜而交結，則今柱上斗栱冒名焉耳。

長者謂之閣 閣所以止扉也。从門各聲，與格通用。格，木長皃。杙之長者同名之。禮記檀弓其餘閣也，與疏架棧之屬，亦此言耳。

義證

樴謂之杙 樴，之力反。杙，羊特反。

註 橜也。補正 臣鍌按，植木埋地，半出地面，今謂之椿。說文云：椿，橛杙也。左傳臧堅以杙抉其傷而死是也。又或作職，周官大祭祀展犧牲繫于牽頒于職，鄭註職讀作樴。

在牆者謂之楎 楎，許韋反。

註 禮記曰：不敢縣於夫之楎箷

大者謂之栱 栱音卬。

註 別杙所在長短之名

郭注補正

大者謂之栱

郭氏於栱無注。帝範審官篇注引尒疋注曰：栱，杙也。大者謂之栱，科也。廣韵云：科，柱上方木也。太平御覽三百三十七引埤蒼云：栱，大弋也。義相合。帝範所引，塙爲舊注無疑。郭氏二句合注，云別杙所在長短之名，實胎息於此。

舊注攷證

在地者謂之臬　注即門橜也

正曰：周禮考工記匠人置槷以縣，眡以景。鄭注：槷，古文臬叚借字，於所平之地中央樹八尺之臬，以縣正之，眡之以其景。爾雅曰：在地謂之臬。鄭意以爾雅在地之臬爲規識日景，而設於門橜名闑者無與也。胡主事研六室襍箸云：爾雅既云在地者謂之臬，又云橜謂之闑，是臬與闑殊明矣。郭以門橜釋臬誤。

正郭

在地者謂之臬　注即門橜也

諍曰：郝氏據胡培翬說臬與匠人之槷同，謂於平地之中樹八尺之臬，以規識日影，非門中之闑，以注爲謬。按楎在牆，栱爲柱上科栱，閣以止扉，皆指宮室，說臬不應別爲測日之表。竊謂此指闑之所在，下文又別橛之謂闑，觀下文所以止扉謂之閎，釋文本亦作閣，此節亦云長者謂閣，兩節正互相發明，故注曰即言即下文橜謂之闑之橛也，不得爲謬。

諍郭

樴謂之杙

杙橜也 樴音徒得反

元應四分律二卷音義引爾雅樴謂之杙，郭璞云：杙，橛也。樴音徒得反。俱舍論十九卷音義、僧祇律三卷音義、大莊嚴法門經上卷音義引同。今據補。

在牆者謂之楎

禮記曰不敢縣於夫之楎箷

爾雅詁林　五　釋宮

釋文云箷、羊支反、字林云竿也、本或作椸、音同。字林云榻前机也。段玉裁云、禮記注竿謂之箷、則從竹者是、今禮記作椸、非。案單疏本作椸。

在地者謂之臬

䦱門橜也

慧琳辯正論四卷音義引郭注爾雅云、闑、門中橛也。

郭注佚存補訂

樴謂之杙

說文云、弋、橜也、樴、弋也。周南兔罝椓之丁丁、毛傳云、丁丁、椓杙聲也。彼釋文云、杙本又作弋。爾雅樴謂之杙、李巡云、杙謂橛也。弋爲正字。王風君子於役雞棲於桀、傳云、棲於杙爲桀。桀爲榤之省文、義與杙同。罝兔椓雞繫牛皆用杙也。棲雞則植杙而橫架焉。

在牆者謂之楎

義詳訂經。

在地者謂之臬

說文云、臬、射準的也。臬通作槷、鄭康成謂槷古文臬（見考工記匠人注）。又通作埶、大雅行葦舍矢既均、毛傳云、已均中埶、鄭箋云、埶、質也。

大者謂之栱長者謂之閣

義詳訂經。

說詩

在牆節註不敢縣於夫之楎箷（箷、禮記作椸、疏引此註有直曰楎橫曰椸六字。）

大者謂之栱（釋文云、栱、九勇切、郭又音卭。）

注疏正字

樴謂之杙　一切經音義（八）引橜謂之杙。（卷九引作樴。）案說文（木部）杙、劉劉杙。非此義。此當作弋、說文（木部）樴、弋也、从木戠聲。又（厂部）弋、橜也。又（木部）橜、弋也、一曰門梱也。

在牆者謂之楎　攷工記注（匠人）引此二句、楎作杙。

在地者謂之臬　說文（門部）闑、門梱也、从門臬聲。又（木部）臬、躲準的也、从木从自。據義則此當作闑、今作臬、省文。

大者謂之栱　說文（木部）無栱字。集韻（三鍾）云或省作共。

匡名

樴（音特）謂之杙在牆者謂之楎（音暉）在地者謂之臬大者謂之栱長者謂之閣（此釋杙所用之名。說文樴、弋也。弋、橜也。古謂之橜、今謂之木料。杙在牆名楎、孔疏植曰楎、橫曰椸。郭註引禮記不敢縣於夫之楎箷。闑、門梱也、與臬通。橜一曰門梱也、孔疏以爲門中所豎短木在地者。杙大者名栱、以其可爲斗栱也。長者名閣、所以止扉者也。）

啓蒙

杙 弋 郭注。杙橜也。案說文。弋橜也。

栱 𣓏 郝氏義疏云。栱之言拱。所以拱峙梁棟。說文𣓏或从木。別一義。當借拱。正當作杠、牀前橫木也、引申訓弋。

黃侃評本正名

樴謂之杙。原也。樴之言直也、植也、弋之言𠂆也、故言衺銳然、通言與樴亦無別。

在地者謂之臬。即門原也。臬者闑之段借、說文闑、門閫也、闑閫原皆有橫直兩用、直闑即下文橛謂之闑、橫臬即此、亦即上文之柣、郭注通謂門橛、猶曲禮鄭注臬謂梱為門限也、並不誤。穀梁以葛覆質以為槷、即此臬也。

大者謂之栱。栱正當作杠、牀前橫木也、引申為大弋、有木者謂之榭。禮記鄉飲酒義疏無室謂之序、此及下無室曰榭、皆當作序字、此文四方之臺而起屋其上、亦必不容室矣。

黃侃音訓

在牆者謂之楎

錦燧謹案、郭氏引禮記曰不敢縣於夫之楎箷、鄭注曰楎、杙也。孔正義曰植曰楎、橫曰箷。然則楎即杙也、特以在牆而別其名耳。考工記匠人注引爾雅作在牆者謂之杙、此非鄭君所見本有作杙者、蓋以楎即訓杙、鄭以訓詁字代經也。此例古書多有之、如書肆類于上帝、漢書引之肆作遂。烝民乃粒、史記引之粒作定。班馬書中引經類此者甚多、非別有一本作遂作定也。高密以楎訓杙、故以杙代楎、其例正與之同、惟楎之本義不訓爲杙、說文木部云楎、六叉犂也、一曰犂上曲木犂轅也。是楎爲農器、今訓杙者、以杙之異名與楎同聲、因即借犂名之楎名之、所謂本無其字依聲託事也、此假借之正例也。

在地者謂之臬

錦燧謹案、郭注云即門橜也、其說非是。門橜之臬、下文云橛謂之闑是也。近在一篇中、不當複出、蒙謂景純讀臬爲闑、而義嫌複出、不若如字讀之而義自明曉矣。說文木部云臬、射準的也。是臬植於地、與爾雅合、經典中或假槷爲之。小爾雅廣器云正中者謂之槷、槷方六寸。考工記匠人置槷以縣、謂於平地之中央樹八尺之臬以規識日景也、其義皆與爾雅在地之說相蒙、是臬不必讀爲闑、而槷則當讀爲臬也。埶聲臬聲古同部、故甈从臬聲、重文作𤭛、又从埶聲、此其明證也。

陸錦燧日記

長者謂之閣。

邕案。此閣乃泛言杙之長者。非止扉之閣。則其字不當從門作閣。當從木作格。說文木部云。格、木長皃。與雅義合。然則許所據爾雅本正是格字。上文云。在牆者謂之楎。在地者謂之臬。大者謂之栱。楎、臬、栱皆從木。則閣亦當從木作格可知。其從門作閣者。實因止扉之木而易木爲門。猶從車作輅者實因車前之木而易木爲車也。下文云。所以止扉謂之閣。今閣誤閎。阮元校勘記、邵晉涵正義、郝懿行義疏、錢大昕答問、王引之述聞、鄭獻甫愚一錄、段玉裁說文注及葉蕙心爾雅古注斠皆訂正。彼閣字宜從門。此言長者謂之閣不屬於門。則於義當從木。不當從門。若以此長者謂之閣亦爲止扉之閣。則下又出所以止扉謂之閣。不太複乎。上文在地者謂之臬。郭注云。即門橜也。胡培翬研六室新著云。臬與匠人之槷同。鄭注云。槷、古文臬。非門中之闑。鄭氏考工記注甚明。爾雅既云在地者謂之臬。又云橜謂之闑。是臬與闑殊。郭氏以門橜釋臬。謬矣。所辨甚當。彼臬非門橜之闑、則此閣非止扉之閣。益明矣。非門橜、故其字不加門作闑。非止扉、故其字亦不從門作閣也。然則許所據爾雅作格者正本也。後人因格字爲別義所專。遂改格爲閣。論以同聲假借。固無不通。而自來解此者遂與止扉之閣不復分別。雖郝氏既據胡說知臬非門闑。亦仍以此閣爲止扉之閣。惟又兼庋食之閣言之。則因閣字之從門而遂失爾雅之義矣。上文大者謂之栱。栱即俗所謂桊。長者謂之格。格即俗所謂柵。俗以粗大者爲桊。細長者爲柵。正與爾雅合。方俗語言。多半可證雅義也。栱桊疊韻。格柵音變。廣韻講韻云。桂、杖也。又出桊字云。上同。廣雅釋室云。柵、杙也。

校書

不敢縣於夫之楎箷 箷、雪窻本注疏本同。單疏本箷作椸、釋文箷字林云竿也、本或作椸、字林云榻前杙也。段玉裁云禮記注竿謂之箷，則從竹者是，今禮記作椸，非。

樴謂至之閣○釋曰 注疏本刪。

○注禮記曰不敢縣於夫之楎椸○釋曰 注疏本刪釋曰。

校勘記

樴謂之杙、釋文杙羊式、羊特二反。今本音亦非是。廣韻杙與職切在二十四職、亦羊益切在二十二昔。二字不同音也。

注疏本正誤

二上（六一）

一行樴謂之栈○「栈」，當從《釋文》作「杙」，宋刻小字本不誤。

宋監本校箋

樴音得。謂之杙 橜也。杙音亦。在牆者謂之楎 禮記曰不敢懸於夫之楎箷。楎音暉。在地者謂之臬 臬即門橜也。臬音業。

音圖·音

樴音得 案樴特定職照兩音今音得端誤

直音正誤

樴音特、周禮釋文戚音特。羣經音義徒得翻。又之力翻音職。之式翻同杙、羊式餘式餘則翻同。羊特二翻。同音弋不必重出。詩釋文羊職翻、郭羊北翻。同音弋、亦不必重出。楎、許韋翻音暉。

音略

樴特 杙亦 楎暉 臬孽

樴謂之杙。扗牆者謂之楎。扗地者謂之臬。

大者謂之栱 栱郭音印 長者謂之閣。

孫偘直音

樴特 杙弋 栱拱

樴謂之杙。大者謂之栱。

直音校正

樴炙謂之杙弋 杙橜也。在牆者謂之楎灰 禮不敢縣於夫之楎椸。

楊氏音訓

在地者謂之臬魚列切 臬即門橜也。大者謂之栱 別杙所在長短之名。長者謂之閣。

樴職 杙弋 楎暉 栱拱

干氏音釋

闍謂之臺有木者謂之榭

闍謂之臺、積土四方。有木者謂之榭、臺上起屋。

郭注

闍謂至之榭 釋曰、別臺榭之制也。積土四方而高者名臺、即下云四方而高者也。一名闍、李巡云積土為之所以觀望。詩云出其闉闍、彼以闍為城臺、於此臺上有木起屋者名榭、月令仲夏云可以處臺榭、謂此也。

邢疏

闍謂之臺有木者謂之榭

臺、積土為之、所以觀望也。臺上有屋謂之榭。書正義十一 禮記正義十六 春秋正義二十四又四十又五十七 邢疏引至觀望

李注

闍謂之臺 釋宮

積土如堵、所以望氣祥也。韻會七虞

孫音注

闍謂之臺

闍音都。詩鄭風出其東門釋文

郭音義

黃輯古義

闍謂之臺有木者謂之榭

臺、積土爲之、所以觀望也。臺上有屋謂之榭。書泰誓上正義　春秋宣十六年正義　邢疏禮記月令正義並引積土二句無也字。春秋襄三十三年正義哀元年正義並引末句。

李注

玉函山房輯佚

闍謂之臺

臺、積土爲之、所以觀望。同

李注

有木者謂之榭

臺上有屋謂之榭。同並宋本春秋疏十七　榭但有堂也。孫注　書疏十一

鈎沉

闍謂之臺有木者謂之榭

李曰、臺積土爲之、所以觀望也。臺上有屋謂之榭。書正義十一　禮記正義十六　春秋正義二十四又四十又五十七　邢疏

漢注

闍謂之臺

李巡云、臺積土爲之、所以觀望。書正義十一卷　禮記正二十三卷

孫炎云、闍積土如水渚、可以望氣祥也。釋文五卷　郭璞云、積土四方。

有木者謂之榭

李巡云、臺上有屋謂之榭。左傳正義十七卷　孫炎云、榭但有堂也。書正義十一卷　郭璞云、臺上起屋。屋今本誤作土。從宋本校正。

一切注音

闍謂之臺　孫炎曰、積土如水渚、所以望氛祥也。詩東門正義　李巡曰、積土爲之、所以觀望。禮月令正義

有木者謂之榭　孫炎曰、榭別有臺也。書泰誓正義　李巡云、臺上有屋謂之榭。春秋宣十六年正義

古注斠

闍音都、徐特遮反。榭音謝。

陸音義

闍謂之臺

美成在久、積累而成之。

有木者謂之榭

此有植木爾然、猶如此、所謂林下一宿知是矣。

新義

闍謂之臺有木者謂之榭　闍音都、臺積土爲之。榭加屋焉。

鄭樵注

闍謂之臺

李巡曰、積土爲之、所以觀望。

孫炎曰、積土如水渚、所以望氣祥也。

郭璞曰、積土四方。

鄭樵曰、闍音都、臺積土爲之。

有木者謂之榭

李巡曰、臺上有屋謂之榭。

郭璞曰、臺上起屋。監本屋作土。此從宋本。

鄭樵曰、榭加屋焉。

古注合存

闍者謂之臺有木者謂之榭。闍音都。○此釋臺榭之名也。註曰、積土四方爲臺。臺上起屋爲榭。疏曰、李巡云、積土爲臺以觀望。一名闍。詩出其東門云、出其闉闍。闍者、城臺也。月令仲夏云、可以處臺榭。

注疏參義

闍謂之臺**註**積土四方有木者謂之榭**註**臺上起屋**正義**釋言云、闍、臺也。此申擇其義、兼別臺榭之異名也。○闍謂之臺○鄭風出其東門云、出其闉闍、毛傳闉、曲

爾雅詁林　五　釋宮

城也。闍、城臺也。說文云闉、城内重門也。闍、闉闍也。詩釋文引孫炎云闍、積土如水渚、所以望氣祥也。是城臺爲闍也。禮器云天子諸侯臺門、鄭註闍者謂之臺。左氏定四年傳云邾子在門臺、杜註門上有臺。是門臺亦名闍也。以其在城門宮門故謂之闍、若苑囿之臺則不名爲闍。下文云四方而高曰臺、此乃臺之通稱也。城臺門臺其形亦四方、故又稱爲隅。考工記云宮隅之制七雉、城隅之制九雉、戴震補註云門臺謂之宮隅、城臺謂之城隅、亦謂之闍是也。○有木者謂之榭○此因臺而兼詳榭之制也。月令云可以處臺榭、鄭註闍者謂之臺、有木者謂之榭。高誘呂氏春秋註云積土四方而高曰臺、臺加木之爲榭。是臺上架木爲屋、名之爲榭。故鄭註禮運云榭、器之所藏也。下文無室曰榭與此異。**註**積土四方○**正義**月令疏引李巡云、積土爲之所以觀望。禮器疏云兩邊築闍爲基、是其形四方也。○臺上起屋○**正義**左傳疏引李巡云臺上有屋謂之榭。郭註本李巡。監本誤作臺上起土、今從宋本改正。

正義

有木者謂之榭注臺上起屋　鄭樵云、臺積土謂之榭、加屋焉。

校議

闍謂之臺積土四方**有木者謂之榭**臺上起屋

釋言云闍、臺也。臺有城臺門臺、詩出其東門傳云闍、城臺也。禮器云天子諸侯臺門、鄭注闍者謂之臺。是門臺城臺俱名闍矣。詩釋文引孫炎云、積土如水渚、所以望氣祥也。月令及禮器注竝闍下有者字、疑此脫去之。○榭者、謂臺上架木爲屋、名之爲榭。古無榭字、僭謝爲之。左氏宣十六年經、成周宣榭火、釋文榭正作謝。穀梁及禮運釋文竝云榭本作謝、皆其證也。書泰誓正義引李巡曰臺積土爲之、所以觀望也。臺上有屋謂之榭。郭注本李巡。其云積土四方者、據下文云四方而高曰臺也。又云無室曰榭、彼榭謂堂堭、此謂臺上起屋、所以不同。

義疏

闍謂之臺孫注、積土如水渚、所以望氣祥也。郭注、積土四方。上闍、臺。此加謂之者。上謂城臺、此謂凡堵築者所謂城實中。**有木者謂之榭**李注、臺、積土爲之、所以觀望也。臺上有屋謂之榭。郭注、臺上起屋。有木非有屋也、木中爲臺、則積木加土、取無室曰榭之義名之。春秋、成周宣謝災。

集解

闍謂之臺上經云闍、臺。釋宮加謂之者。上斥城臺、此斥門臺耳。闍字所以從門也。禮記禮器天子諸侯臺門、又云家不臺門。郊特牲臺門而旅樹、大夫之僭禮也。

有木者謂之榭禮記郊特牲正義、兩邊起土爲臺、臺上架屋曰臺門。然則臺門者乃以木架屋耳。其制不備四壁、與無室曰榭同、故亦曰榭。榭字本作射、或作謝、與豫序同。禮記月令、可以處臺榭。公羊宣十六成周宣謝火、左傳經作榭。

義證

闍謂之臺　闍音都。

〔註〕積土四方〔補正〕邢疏、李巡云積土爲之所以觀望。臣鍌按、月令可以處臺榭、鄭註云、闍者謂之臺。

有木者謂之榭

〔註〕臺上起屋〔補正〕臣鍌按、春秋疏引李註云、臺上有屋謂之榭。說文亦云臺有屋也。書泰誓宮室臺榭、傳云土高曰臺、有木曰榭。

郭注補正

有木者謂之榭

榭　臺上起屋也

文選月賦注、七命注、俱引郭璞爾雅曰、榭、臺上起屋也。今據補。元應月燈三昧經八卷音義引爾雅有木謂之榭、郭璞曰臺上起屋也。慧苑華嚴經音義卷上引爾雅有木謂之榭、郭璞注云謂臺上起屋者也。明注疏本屋誤土。

郭注佚存補訂

闍謂之臺

鄭風出其東門出其闉闍、毛傳云闉、曲城也。闍、城臺也。說文闉下云闉闍、城曲重門也、引詩出其闉闍。又闍下云闉闍也。臺在城門之上、故闉闍二字許君并釋天子諸侯臺門。見禮器城上有臺則下必有門、有重門則必有曲城、出其闉闍謂出此曲城重門、後世每城門外別築副城謂之甕城、所謂闉也。毛傳雖闉闍分釋、其實一也。鄭讀闍爲都、與毛許異義。孫炎云闍積土如水渚、可以望氣祥也。

有木者謂之榭

說詳訂經。

說詩

闍謂之臺 案、鄭風出其東門篇音義引孫炎云積土如水渚、所以望氣祥也。

有木者謂之榭 註臺上起屋。屋誤土。

注疏正字

闍謂之臺 禮記注禮器堵者謂之臺。釋文曰、堵本又作闍。

有木者謂之榭 一切經音義四華嚴經音義上引皆無者字。

榭、說文木部新附字、當作謝。春秋宣十六年宣謝火、左公羊皆作謝、穀梁作榭、彼釋文云本或作謝。左傳襄卅年無觀臺榭、釋文云本亦作謝。尚書泰誓宮室臺榭、釋文云本又作謝。禮記禮運臺榭宮室、釋文云榭本亦作謝。荀子王霸臺謝甚高、楊倞注謝與榭同。

匡名

闍謂之臺有木者謂之榭 說文闍、闉闍也。鄭風、出其闉闍。臺、觀四方而高者、从至从之从高省、與室屋同意。郭註積土四方。禮器天子諸侯臺門。榭、臺有屋也。月令、可以處臺榭。

李巡云、臺上有屋謂之榭。

啓蒙

榭 𣟴 左氏宣十六年經釋文。宣謝。本又作榭。公羊釋文。宣謝災。左氏作宣榭火。說文有謝無榭。

禮記鄉飲酒義疏、無室謂之序。此及下無室曰榭皆當作序字。此文四方之臺而起屋其上亦必不容室矣。

黃侃評本正名

牆謂之墉　鏝謂之杇　椹謂之榩　樴謂之杙

釋文墉、或作鄘。同。釋宮釋文 鏝本或作槾、釋宮釋文 又作墁。同。釋宮釋文 左傳杇作圬。襄卅一年傳 釋文椹、本或作砧。同。釋宮釋文 榩、本亦作虔、引詩云方斲是虔。釋宮釋文 文選注作砧謂之虔。謝惠連擣衣詩注 說文樴、弋也。从木戠聲。木部樴 周禮作職。地官牛人以授職人。

在牆者之謂幬　在地者謂之臬　闍謂之臺　有木者謂之

榭

周禮注作在牆者謂之杙。考工記匠人注 說文闑、門梱也。門部 禮記注作闍者謂之臺。月令注 禮器注同 禮記釋文作堵者謂之臺。禮器釋文 李巡注臺上有屋謂之榭。引見左傳哀元年正義

證異

闍謂之臺

錦燧謹案、此釋詩出其東門篇出其闉闍也、毛傳云闍、城臺也。卽本爾雅爲說。說文門部云闍、闉闍也。則卽本詩爲說解。實則曲城曰闉、城臺曰闍、義各有別。惟是闍訓城臺、可以言升言陟、而不可以言出、今詩言出其闉闍則何也、曰此古書因彼及此之例也、如曲禮云大夫不得造車馬言大夫不得造車也、以車馬連文、遂因車而及馬、文王世子云反養老幼於東序言養老於東序也、以老幼連文、遂因老以及幼。此詩言出、乃出東門之闉耳、以闉闍連文、遂因闉而及闍矣。

陸錦燧日記

臺上起屋 雪牕本同。注疏本屋誤土。

闍謂至之榭○釋曰 注疏本刪。

校勘記

有木者謂之榭注臺上起屋。今本屋誤作土、疏於此臺上有木起屋者名榭。

注疏本正誤

闍謂之臺各本同。郝義疏云闍下疑脫者字、月令及禮器注並有者字。

注疏校勘札記

四行（注）臺上起屋○《文選》《月賦》注引此注「屋」下有「也」字。

宋監本校箋

闍音都謂之臺

音圖・音

闍都謂之臺。有木者謂之榭。謝

孫偘直音

闍者謂之臺積土而高者。有木者謂之榭臺上起屋。

楊氏音訓

闍都　榭謝

干氏音釋

雞棲於弋爲榤鑿垣而棲爲塒

雞棲於弋爲榤鑿垣而棲爲塒。今寒鄉穿牆棲雞。皆見詩。

郭注

雞棲至爲塒　釋曰、李巡曰、別雞所棲之名也。弋、橜也。鑿牆爲雞作棲曰塒。注今寒至見詩　釋曰、云今寒鄉穿牆棲雞者、謂苦寒之鄉也、避寒、故穿牆以棲雞。云皆見詩者、案王風君子于役云雞棲于塒、又曰雞棲于桀是也。

邢疏

雞棲於弋爲榤鑿垣而棲爲塒

別雞所棲之名也。弋、橜也。寒鄉鑿牆爲雞所棲曰塒。詩正義四之一 邢疏無寒鄉二字。

李注

雞棲於弋爲榤鑿垣而棲爲塒

黄輯古義

別雞所棲之名也。弋、橜也。詩正義引無此句及上也字。寒鄉鑿牆爲雞所棲曰塒。詩王風君子于役正義 邢疏引上二句

李注

玉函山房輯佚

雞棲於弋爲桀 鑿垣而棲爲塒

別雞所棲之名。寒、鄉鑿墻爲雞作棲曰塒。李注 詩疏四之一

鉤沉

雞棲於弋爲榤鑿垣而棲爲塒

李曰、別雞所棲之名也。弋、橜也。寒鄉鑿牆爲雞所棲曰塒。詩正義四之一 邢疏

漢注

雞棲於弋爲榤鑿垣而棲爲塒

李巡云、別雞所棲之名、寒鄉鑿牆爲雞作棲曰塒。詩正義四之一卷

郭璞云、今寒鄉穿牆棲雞、皆見詩。

一切注音

鑿垣而棲爲塒 李巡曰、別雞所棲之名。寒、鄉鑿牆爲雞作棲曰塒。詩君子于役正義

古注斠

栖音西、下同。又作棲。 榤巨列反。字林云弋也。 鑿在各反。 塒音時。 穿音川。

陸音義

栖○邢本作棲。

音義攷證

雞棲於弋爲榤

榤進于檝矣、所謂傑俊在位如此、傑以能立爲傑俊以能行爲俊、非知時者莫能御也。易曰、時乘六龍。

鑿垣而棲爲塒

雞知時、又棲以時、亦時以爲期焉。

新義

雞棲於弋爲榤

鑿垣而棲爲塒 此釋君子于役之詩也。

鄭樵注

雞棲於弋爲榤鑿垣而棲爲塒

李巡曰、別雞所棲之名也。弋、橜也、鑿牆爲雞作棲曰塒。此從邢疏。詩王風疏引此無弋、橜也句。鑿牆上有寒鄉二字、爲小異耳。郭璞曰、今寒鄉穿牆棲雞、皆見詩。鄭樵曰、此釋君子于役之詩也。

古注合存

雞棲於弋爲榤、鑿垣而棲爲塒、棲音西、弋杙同、榤音桀、塒音時。○此釋宮室中榤塒之名也、註曰、榤塒皆見詩、今寒鄉多穿牆棲雞、疏曰、弋、橛也、苦寒之鄉避寒、故鑿牆棲之、詩君子于役云、雞棲于塒、雞棲于榤。

注疏參義

雞栖於弋爲榤鑿垣而栖爲塒 註 今寒鄉穿牆栖雞皆見詩 正義 王風君子于役云、雞棲于塒、又云、雞棲于栔、此釋之也。弋、毛傳引作杙、即上文所謂檝也。兔罝毛傳云、丁丁椓杙聲、是杙可爲兔罟也。莊子人間世云、其拱把而上者、求狙猴之杙者斬之、李頤註所以栖戲狙猴也。是杙可以栖狙猴也。銳衰之杙爲雞所栖、名之爲榤也。塒者、說文云、雞棲垣爲塒。垣、牆也。註 今寒至栖雞。○ 正義 詩疏引李巡云、別雞所棲之名、寒鄉鑿牆爲雞作棲曰塒。郭註本李巡。穿牆以栖雞、今北方猶然。

正義

雞棲於弋爲榤鑿垣而棲爲塒 今寒鄉穿牆棲雞皆見詩

榤當作桀、弋即檝也。今田家村落、或椓弋於壁、或聚柴於庭。齊民要術云、雞棲據地爲籠、籠內作棧、是其象也。塒者、說文及詩君子于役傳俱用爾雅、正義引李巡曰、別雞所棲之名、寒鄉鑿牆爲雞作棲曰塒。按今人家棲雞亦爾。

義疏

雞

棲於弋爲桀鑿垣而棲爲塒時 李注、別雞所棲之名。郭注、今寒鄉穿牆棲雞。皆見詩。異冬夏也。桀象乘木、時承垣。

集解

雞棲

於弋爲櫟鑿垣而棲爲塒 別冬夏也。弋即杙、樴也。木籠亦名之。暑時所用。櫟字本作桀、磔也、从舛在木上。引申為雞棲弋之偁、以舛象雞足故也。垣、牆也、从土亘聲、籒文从𩫖。塒从土時。時、司也、主也。言鑿土以主物、與樴義同。詩君子于役雞棲于弋。又曰雞棲于塒。

義證

雞棲於弋爲櫟鑿垣而棲爲塒 櫟、巨列反。塒音時。

[註]今寒、鄉穿牆棲雞皆見詩[補正]邢疏、李巡曰、別雞所棲之名。弋、橜也。鑿牆爲雞作棲曰塒。臣鋆按、釋文引字林云櫟、弋也。

郭注補正

雞棲於弋爲櫟鑿垣而棲爲塒

此釋王風君子於役文也。雞棲於桀、桀者、櫟之古文。毛傳云雞棲於杙爲桀。弋亦省文也。雞棲於塒、傳云鑿牆而棲曰塒。說文同毛皆用爾雅也。李巡云、別雞所棲之名、寒鄉鑿牆爲雞所棲曰塒。

說詩

雞棲於弋爲櫟 弋、王風君子于役傳作杙。

註今塞鄉穿牆棲雞 棲、釋文作栖。

注疏正字

雞栖於弋爲櫟 釋文云、栖又作棲。石經作棲、集韻十七薛類篇六中引作棲。案說文、十二上𠧧、鳥在巢上、象形。日在𠧧方而鳥棲、故因以爲東𠧧之𠧧。或从木妻作棲。櫟、詩作桀、說文木部無櫟字。詩正義四之一引雞棲于杙爲桀。

鑿垣而栖爲塒 石經作棲。說文同。

匡名

櫟 桀 櫟詩作桀。當作楬、說文楬、桀也。以聲爲訓也。

黃侃評本正名

雞棲於弋爲櫟。 櫟當作楬、說文楬、桀也、以聲爲訓也。廣雅楬、杙也、楬與桀通。

鑿垣而棲爲塒。 詩君子于役、釋文塒作時、云本亦作塒、爾雅同。案時猶待也、時也、止也、與室中謂之時同意。今謂之雞塒猶時躇作躊躇也。

黃侃音訓

雞棲於弋爲櫟。釋文栖、音西、又作棲。說文、日在西方而鳥栖、故因以爲東西之西。然則陸本作栖是也。櫟、毛詩作桀。

考異摘要

鑿垣而棲爲塒

塒之言止也、王風君子於役釋文塒作時、下文室中謂之時、玉篇作跱、云止也。是時與止通。小雅緜曰止曰時、時亦止也。莊子逍遥游云猶時女也、司馬彪注、時女猶處女也。處亦止也、居止謂之時、棲止亦謂之時、一也。

爾雅詁

雞棲於弋爲櫟 唐石經雪牕本同。單疏本標起止、云雞棲至爲塒。釋文栖音西、下同、又作棲。按說文西、鳥在巢上、日在西方而鳥西、故因以爲東西之西。棲西或从木妻。然則陸本作栖是也。

校勘記

雞棲至爲塒○釋曰（注疏本刪。）○注今寒至見詩○釋曰云今寒鄉穿牆棲雞者（注疏本刪上八字。閩本毛本監本云上增郭。元本闕。）

音圖・音

雞棲於弋爲橛（音竭）鑿垣（音袁）而棲爲塒（今寒鄉穿牆棲雞皆見詩。塒音時。）

孫侶直音

雞棲（西）於弋爲橛（竭）鑿垣（袁）而棲爲塒（時）

楊氏音訓

雞棲於弋爲橛（竭）鑿垣（袁）而棲爲塒（時）（今寒鄉穿牆棲雞皆見詩。）

干氏音釋

橛（傑）塒（時）

植謂之傳傳謂之突

郭注

植謂之傳傳謂之突（戶持鏁植也。見埤蒼。）

邢疏

植謂之傳傳謂之突 釋曰、植謂戶之維持鏁者也、植木爲之因名云。又名傳、又名突也。文見埤蒼。

一切注音

植謂之傳傳謂之突

郭璞云、戶持鎖植也。見埤蒼。鎖、今本誤作鎮。茲依說文繫傳校正。

陸音義

植（音殖）傳（音椽。下同）突（本又作揬、徒忽反。）鏁（本又作瑣。桑果反。）埤（課移反。）

音義攷證

鏁（邪）○本作鎖、玉篇、鎖俗作鏁。

新義

植謂之傳 蓋未有能守者也。

傳謂之突 其代之者突如也。

鄭樵注

植謂之傳傳謂之突（植者、立木）於門中、所以鍵固管鑰。

古注合存

植謂之傳傳謂之突

郭璞曰、戶持鎖植也。見埤蒼。

鄭樵曰、植者立木於門中、所以鍵固管鑰。

注疏參義

植謂之傳傳謂之突 此釋傳突之名也。註曰、戶持鎖之植也、見埤蒼。疏曰、戶之維持鎖者、植木爲之、因名也。

補注

植、鄭云立木於門中、所以鍵固管鑰。

正義

植謂之傳傳謂之突 **註** 戶持鏁植也見埤蒼 **正義** 說文云、植、戶植也。繫傳云、植卽門戶之橫鍵所穿木也、鏁所附焉、故謂之棙。棙者、爲橫杠所唐突也。案墨子非儒篇云、爭門關抉植、是植爲鍵門持鏁之木也。淮南本經訓云、縣聯房植、高誘註、植、戶植也。又主術訓云、橋直植立而不動。是植當爲直立之木、又卽爲橫鍵所穿之木也。釋文云、突本或作棙。 **註** 戶持至埤蒼○ **正義** 說文繫傳引郭註戶持鎖植也。監本鏁誤作鎮。衆經音義引三蒼云、戶旁柱曰植、植亦縣薄柱也。

正義

植謂之傳傳謂之突、註戶持鎮植也。 說文繫傳引爾

爾雅詁林 五 釋宮

雅云植謂之傳、傳謂之挨。註謂戶持鎖植也。疏亦作鏁今作鎮、誤。

校議

植謂之傳傳謂之突 戶持鎖植也見埤蒼

植者、說文云戶植也。淮南本經篇云縣聯房植、高誘注植、戶植也。墨子非儒篇云爭門關抉植。然則植爲立木所以鍵門持鎖、古人門外閉訖、中植一木、加鎖其上、所以歫兩邊、固其鍵閉其木植、故謂之植。又可傳移、故謂之傳、傳之言轉也。又謂之突、釋文本或作挨、蓋或體字、依義當作突、謂其突然立也。其制如今置櫝中閒立木、及官署門閒皆有之。一切經音義引三蒼云、戶旁柱曰植。說文繫傳以爲橫鍵所穿木、是矣。

義疏

植謂之傳傳謂之突 郭注、戶持鎖植也、見埤蒼。傳、轉也。突謂以防出入唐突。置郵亦謂之傳。突則未聞。

集解

植謂之傳傳謂之突 植、戶植也。从木直聲。或从置聲。古門外閉中竪直木、以鐵了鳥關之可加鎖者。傳、遽也。从人專聲。正字爲轉。轉、運也。言可運移。突、犬从穴中暫出也。與室通用。室、塞也。戶植所以塞門、故又名突。淮南本經、縣聯房植。墨子非儒、爭門關決植。

義證

植謂之傳傳謂之突 傳音椽。突、徒忽反。

註戶持鎖植也見埤蒼補正邢疏植謂戶之維持鏁者也。植木爲之、因名云。又名傳、又名突。

郭注補正

植謂之傳傳謂之突

戶持鏁植也見埤蒼

釋文云、鏁本又作瑣。案仿宋本單疏本作鏁、雪牕本元本閩本作鎖、監本毛本誤鎮。元應佛般泥洹經下卷音義引爾雅郭璞云、戶持鏁植也。

郭注佚存補訂

植謂之傳

郭注戶持鎖植也。柏年案、門閉後中竪直木以鐵了鳥搭之可以加鎖植、取義直立。徐鍇以爲橫鍵、蓋誤。

補釋

植謂之傳註戶持鏁植也 鏁誤鎮。

注疏正字

植謂之傳

釋名椽、傳也、相傳次而布列也。

小箋

植謂之傳傳謂之突 釋文云突本又作挨。案、說文木部無挨字。

匡名

雞棲於弋爲榤鑿垣而棲爲塒植謂之傳 音椽 傳謂之突

王風、雞棲于塒、雞棲于桀。弋、毛詩引作杙。說文、雞棲垣爲塒。垣、牆也。郭註穿牆栖雞。植、戶植也。郭註戶持鏁植也。釋文、突或作挨。

啓蒙

雞栖於弋爲榤 鑿垣而栖爲塒 傳謂之突

釋文、栖又作棲、下同。釋宮釋文 說文、雞棲垣爲塒。塒土部 釋文、突本又作挨。徒忽反。釋宮釋文

證異

傳謂之突。釋文突、本又作楔。案五經文字木部楔、音突、云見爾雅。

考異摘要

傳謂之突唐石經單疏本雪牕本同。釋文突本又作楔徒忽反。按五經文字木部楔音突、見爾雅。戶持鐷植也單疏本亦作鐷、雪牕本元本閩本作鎖、監本毛本誤鎮。釋文鎖本又作瑣。按一切經音義卷十三引作瑣。瑣鎖古今字。

植謂之傳傳謂之突○釋曰注疏本刪。

校勘記

植謂之傳傳謂之突、注戶持鐷植也。今本鐷誤作鎮。釋文鐷本又作瑣、桑果反。疏、植謂戶之維持鐷者也。

注疏本正誤

突、直音吞入聲。案突、徒忽翻、音奪。定集韻雖有他括音脫卽吞入聲透一音、不必從。

直音正誤

植殖謂之傳。椽傳謂之突。吞入聲

孫偘直音

植戶之維持鐷者。見埤蒼。

植謂之傳傳謂之突

楊氏音訓

宊廇謂之梁 其上楹謂之梲 閞謂之槉 栭謂之楶 棟謂之桴 桷謂之榱 桷直而遂謂之閱 直不受檐謂之交 檐謂之樀

宊廇謂之梁、屋大梁也。其上楹謂之梲、侏儒柱也。閞謂之槉、柱上欂也。亦名枅、又曰楮。栭謂之楶、卽櫨也。棟謂之桴、屋檼。桷謂之榱、屋椽。桷直而遂謂之閱、謂五架屋際椽正相當。直不受檐謂之交、謂五架屋際椽不直上檐、交於檼上。檐謂之樀。屋梠。

郭注

宊廇至之樀 釋曰、此別梁柱棟榱之名也。梁卽屋大梁也、一名宊廇。楹、柱也。其梁上短柱名梲。禮器云藻梲者、謂畫梁上柱爲藻文也。一名侏儒柱、以其短小故也。閞者、柱上木名也、又謂之槉、又名欂、亦名枅。字林云枅、柱上方木是也。又曰楮。是一物五名也。栭一名楶、卽櫨也、皆謂斗栱也。禮器云管仲山節者、謂刻柱頭爲斗栱、形如山也。棟、屋檼也、一名桴、今屋脊也。易曰棟隆吉是也。桷、屋椽也、一名榱。呂沈云齊魯名桷、周人名榱。易曰鴻漸于木、或得其桷。左傳子產曰棟折榱崩、僑將壓焉是也。屋椽長直而遂達五架屋際者名閱。郭云謂五架屋際椽正相當。若其椽直不上於檐者名交、言相交於檼上也。郭云謂五架屋際椽不直上檐、交於檼上。屋檐一名樀、一名屋梠、又名宇、皆屋之四垂也。故士喪禮曰爲銘置于宇西階上、鄭注云宇梠是也。

邢疏

閞謂之槉

侏儒下小方木。御覽同上

揵爲注

其上楹謂之梲

梁上短柱也。禮記正義三十一

栭謂之楶

栭謂欂櫨也、一名節、卽今之斗栱。禮記正義二十三又三十一

李注

爾雅詁林 五 釋宮

其上楹謂之棁

梁上侏儒柱。禮記正義二十三

栭謂之楶。釋文楶音節。　案禮記正義引孫炎爾雅作節。

檐謂之樀

謂室梠，周人謂之梠，齊人謂之檐。儀禮疏十五

孫音注

棟謂之桴

桴音浮，又音孚。釋文

桷謂之榱

郭璞曰，即椽也，亦名桷，亦名撩。一切經音義十五

檐謂之樀

樀他亦反。釋文

郭音義

桷謂之榱釋宮

齊魯名桷，周人名榱。邢疏

沈集注

桷謂之榱以下釋宮

桷椽也，一曰屋角斜枋，一曰梠也。帝範審官篇注

閍謂之槉

御覽一百八十八引爾雅作笄謂之疾。案笄字誤。

檐謂之樀

說文引爾雅檐謂之樀，讀若滴。衆經音義引舊注云樀亦楣也。

衆家注

黃輯古義

閍謂之疾今注疏本作槉，御覽引舍人爾雅作疾。

朱儒下小方木。並同上。

犍爲注

其上楹謂之棁

梁上短柱也。禮記明堂位正義

栭謂之楶

栭，今欂櫨也。禮記明堂位正義　欂櫨一名節，皆謂斗栱也。禮記禮器正義

李注

其上楹謂之棁

梁上侏儒柱。禮記禮器正義

栭謂之節。釋文楶，舊本及論語禮記皆作節。臧氏琳曰，案禮記正義引孫炎爾雅作節。

檐謂之樀

謂室梠，周人謂之梠，齊人謂之檐，謂承檐行材。儀禮特牲饋食禮賈公彥疏

孫音注

棟謂之桴，音浮，又音孚。

檐謂之樀，丁狄反，又他赤反，字合手旁作摘。並同上

郭音義

桷謂之榱

齊魯名桷，周人名榱，易曰鴻漸于木，或得其桷，左傳子産曰棟折榱崩，僑將壓焉是也。邢昺疏

沈集注

玉函山房輯佚

其上楹謂之梲

梁上侏儒柱。孫注　朱校宋本禮記疏三十二

閞謂之槉

朱儒下小方木。舍人注　朱本御覽百八十八

栭謂之楶　節

栭、今欂櫨也。李注　朱校宋本禮記疏四十一　欂櫨一名節、皆

謂斗栱也。同　朱校宋本禮記疏二十三

㮰謂之㰃

齊魯名㮰、周人名㰃。沈旋集注　疏四

檐謂之樀

謂室梠、周人謂之梠、齊人謂之檐、謂承檐行材。孫注　儀禮疏十五

鉤沉

其上楹謂之梲

李曰、梁上短柱也。禮記正義三十一

孫曰、梁上侏儒柱。禮記正義二十三

閞謂之槉　御覽引作疾

舍人曰、朱儒下小方木。御覽一百八十八

栭謂之楶　釋文楶音節、舊本及論語禮記皆作節。楶禮記正義引孫炎爾雅作節、又云李巡本節作楶、今郭本作楶、則郭從李也。

李曰、栭謂欂櫨也、一名楶、即今之斗栱。禮記正義二十三又三十一

㮰謂之㰃

注曰、㮰、椽也、一曰屋角斜枋、一曰梠也。帝範審官篇注

檐謂之樀

漢注

孫曰、謂室梠、周人謂之梠、齊人謂之檐。賈公彥儀禮疏十五

宋廇謂之梁

郭璞云、屋大梁也。

其上楹謂之椵　椵、今本作梲、茲依釋文本。

李巡云、梁上短柱也。禮記正義四十一卷　孫炎云、梁上侏儒柱上。同

郭璞云、侏儒柱也。

閞謂之槉

舍人云、朱儒下小方木。太平御覽一百八十三卷　郭璞云、柱上欂也、亦名枅、又曰楷。

栭謂之楶

李巡云、栭、今欂櫨也。禮記正義四十一卷　欂櫨一名節。禮記正義三十三卷　郭璞云、即櫨也。

棟謂之桴

郭璞云、屋穩。

㮰謂之㰃

郭璞云、屋椽。　沈旋集註云、齊魯名㮰、周人名㰃。邢昺疏四卷

㮰直而遂謂之閱

郭璞云、謂五架屋際椽正相當。

直不受檐謂之交

郭璞云、謂五架屋際椽不直上檐、交於穩上。

檐謂之樀

舊註云、樀亦楣也。一切經音義四　孫炎云、謂室梠、周人謂

之梠齊人謂之檐謂承檐行材。儀禮疏十五卷　郭璞云屋梠。

一切注音

其上楹謂之梲　李巡曰梁上短柱也。明堂位正義　孫炎云梁上侏儒柱。禮器正義

開謂之槉　舍人曰侏儒下小小方木。御覽百八十八

葸心案玉篇作拚云亦作開說文門部開門欂櫨也。今本誤作開。御覽一百八十八引爾雅作笄謂之疾。笄與枅聲通。

栭謂之楶　李巡曰栭謂欂櫨也一名楶皆謂斗栱也。禮記明堂位正義　孫炎作節。禮器正義

桴　郭音浮又音孚。釋文

桷謂之榱　舊注曰桷椽也一曰屋角斜枋一曰梠也。帝範審官篇注　沈旋注齊魯名桷周人名榱。邢疏

檐謂之樀　舊注云樀亦楣也。一切經音義　孫炎曰謂室梠周人謂之梠齊人謂之檐。特牲饋食禮疏　郭音他赤反字从手旁。釋文

古注斠

宊音亡。廇力又反。棳之劣反、本或作梲、音同。侏音朱。儒日朱反。閞皮彥反、本亦作弁、同。槉音疾。欂皮麥反、字林云櫨也。又平各反。枅音雞、字林音肩、云柱上方木也。搭達合反。栭音而。楶作截反、又音節、本或作楶同。字林云欂櫨也、舊本及論語禮記皆作節。櫨力奴反、即欂也。字林云柱上枅也。棟多洞反。桴郭音浮、又音孚。字林云極也、棟也。檼於靳反。桷音角。榱踈追反、說文云秦名屋椽也、周謂之榱、齊魯謂之桷。字林云、周人名椽曰榱、齊魯名榱曰桷。椽專

反。閲音悅。檐餘占反下同。樀丁狄反字從木旁作商、郭又他赤反字合手旁作適。梠音呂。

陸音義

樧本或作梲、○邢本作棁。　樀郭又他赤反。○他舊作也今從邵校改。

音義攷證

宊廇謂之梁

所謂不得其死者邪。若曲梁爲霤、無亡道也。

其上楹謂之梲

虛空以立故謂之楹盈而在上可謂拙矣短而在上亦可謂拙矣。

閞謂之槉

今俗呼枅詩曰突而弁兮。

栭謂之楶

栭綏也以口承上于其綏時咨之有事而後咨之或不及矣。

棟謂之桴

桴孚而保焉春秋傳曰夷伯者季氏之孚也。

桷謂之欀一本作壞

言自極襄之亦其制有襄焉爲其角之也故襄之。

桷直而遂謂之閲

今下椺棲閲將以有角也直宜如之春秋傳曰師直爲壯。

直不受檐謂之交

今上架椽以上交下、下亦上交焉。

檐謂之樀
　八所瞻承、若庶以見广覆爲光焉。

新義

宋廇謂之梁其上楹謂之梲閞謂之槉栭謂之楶棟謂之桴桷謂之榱桷直而遂謂之閱直不受檐謂之交檐謂之樀

此別梁棟之屬。宋音亡。廇力又反。梁、屋大梁也。楹、柱也。上楹、梁上短柱、一名梲、一名侏儒柱。閞亦作枅、一名枅、一名楮、一名欂、一名槉、柱上方木是也。栭卽櫨也。欂櫨謂斗栱也。棟、屋檼也。今謂之桁。桴音浮。桷、椽也。椽長直而遂達五架屋際者曰閱、若五架屋際椽不直上於檐而交於櫋上者曰交。檐、一名屋梠、一名宇、皆屋之四垂也。

鄭樵注

宋廇謂之梁
　郭璞曰、屋大梁也。
其上楹謂之梲
　李巡曰、梁上短柱也。
　孫炎曰、梁上侏儒柱。
　郭璞曰、侏儒柱也。
閞謂之槉
　舍人曰、朱儒下小方木。
　郭璞曰、柱上欂也、亦名枅、又曰楮。
栭謂之楶
　李巡曰、謂欂櫨、一名節、皆斗栱也。
　郭璞曰、卽櫨也。
棟謂之桴 桴郭音浮
　郭璞曰、屋檼。
桷謂之榱
　郭璞曰、屋椽。
桷直而遂謂之閱

　郭璞曰、謂五架屋際椽正相當。
直不受檐謂之交
　郭璞曰、謂五架屋際椽不直上檐、交於櫋上。
檐謂之樀 樀、郭也赤反。
　孫炎曰、謂室梠。周人謂之梠、齊人謂之檐、謂承檐行材。
　此見儀禮特牲禮記疏、又衆經音義引舊注有云、樀亦檐也。名氏未詳。
　郭璞曰屋梠。
鄭樵曰、此別梁棟之屬。宋音亡。廇力又反。梁、屋大梁也。楹、柱也。上楹、梁上短柱、一名梲、一名侏儒柱。閞亦作枅、一名枅、一名楮、一名欂、一名槉、柱上方木是也。栭卽櫨也。欂櫨謂斗栱也。棟、屋檼也。今謂之桁。桴音浮。桷、椽也。椽長直而遂達五架屋際者曰閱、若五架屋際椽不直上于檐而交於櫋上者曰交。檐、一名屋梠、一名宇、皆屋之四垂也。自上文宋廇至此、總釋之也。

古注合存

宋廇謂之梁．其上楹謂之梲．閞謂之槉．栭謂之楶．棟謂之桴．桷謂之榱．桷直而遂謂之閱．直不受檐謂之交．檐謂之樀．

宋音亡．廇音溜．閞音弁．槉音疾．栭音而．楶音節．檐音簷．樀音滴．○此釋梁柱棟榱之屬之名也．宋廇一名梁．卽屋大梁也．楹柱也．梲梁上短柱．一名侏儒柱．禮器藻梲是也．閞名槉．一名欂．一名枅．又名楮．一物五名．柱上方木是也．栭名楶．柱頭斗栱．一名盧．一名節．禮器山節是也．棟名桴．一名檼．易曰棟隆吉是也．桷．一名榱．沈云齊魯名桷．周人名榱．左傳棟折榱崩是也．屋椽長直而遂達五架屋際者．名閱．若其椽直不上於簷．而但交於櫋上者．名交．檐名樀．一名屋梠．又名宇．乃屋之四垂．士喪禮云爲銘置於宇西階上是也．

注疏參義

禮記正義云、栭謂之節、卽山節之節。李巡本節作楶。禮書云、橑末謂之宇、疆境亦謂之土宇、又謂之邊垂。則宇與垂皆檐之窮也、故橑末疆境取名焉。自屋言之曰檐、自堂言之曰垂。按檐、說文作閻。

補注

宋廇謂之梁 **註** 屋大梁也其上楹謂之棳 **註** 侏儒柱也

爾雅詁林　五　釋宮

開謂之槉【註】柱上構也亦名枅又曰楮栭謂之楶【註】卽櫨也棟謂之桴【註】屋檼桷謂之榱【註】屋椽桷直而遂謂之閱【註】謂五架屋際椽正相當直不受檐謂之交【註】謂五架屋際椽不直上檐交於檼上檐謂之樀【註】屋梠

【正義】此釋梁柱棟桷之異名也。○宋廟謂之梁。○釋名云梁彊梁也。梁一名宋廟者以其大而居中也。此爲堂上之梁、其前橫列者爲楣、承之者爲楹柱。○其上楹謂之棳。○說文云楹柱也。繫傳云楹之言盈盈對立之狀。釋名云楹亭也亭亭然孤立旁無所依也。齊魯讀曰輕輕勝也。孤立獨處能勝任上重也。李如圭云堂之上東西有楹楹之設蓋於前楣之下是也。梁上短柱名棳。釋名云棳儒梁上短柱也。棳儒猶侏儒短故以名之也。釋文云棳本或作棁。禮記疏引李巡云梁上短柱也。包咸論語註云梁上楹也。○明堂位云山節藻梲。鄭註藻梲畫侏儒柱爲藻文也。○開謂之槉。○開一名槉。太平御覽引舍人云朱儒下小方木案開在侏儒上。說文云開門構櫨也。繫傳云斗上承棟者橫之似笄也。柱端交牾之處置方木爲使相接合故謂之槉。○栭謂之楶。○說文云栭屋枅上標。格構櫨也。繫傳云謂梁上短柱上承屋脊者。管仲山楶藻梲。盖刻此柱爲山形畫兩旁枝梧木爲水藻之文。今尚謂此短柱爲屋山也。梧音直立之意。楶論語禮記俱作節。包咸云節者栭也。鄭註明堂位云山節刻構櫨爲山也。疏引李巡云栭構櫨一名節皆謂斗栱也。釋名云斗在欒兩頭如斗也。斗負上員檼也。○棟謂之桴。○說文云棟極也。桴眉棟名。繫傳云極屋脊之棟也。亦謂之危。春秋後語魏入將殺范痤范痤登危而說是也。桴謂屋前後檐橫棟也。眉楣同也。案釋名云棟中也。居室之中也。極亦訓爲中也。棟一名桴、是桴者中棟也。檐之橫梁爲楣、從中棟之名而亦稱爲桴耳。大過九四云棟隆吉。象傳云棟隆之吉、不撓乎下也。是棟在屋中至高之處也。○桷謂之榱。○說文云桷榱也。秦名爲屋椽、周謂之榱、齊魯謂之桷。釋名云桷确也。其形細而踈确也。或謂之椽椽傳也相傳次而布列也。或謂之榱在檼旁下列衰衰然垂也。舊疏引沈旋集註云齊魯名桷周人名榱。本於說文也。漸六四云或得其桷。虞翻云桷椽也。方者謂之桷。春秋莊二十四年刻桓宮桷。穀梁釋文云方曰桷圓曰椽。是桷與椽有方圓之異總名之爲椽也。左氏桓十四年傳云以大宮之椽歸爲盧門之椽。襄二十八年傳云子尾抽桷擊扉三。又云猶援廟桷動於甍。襄三十一年傳云棟折榱崩。是椽從榱而分列也。○桷直而遂謂之閱。○此別屋椽長短之異也。椽之修長而達於檐者名閱。其不直達於檐者名交、以其交於檐上也。○檐謂之樀。○說文云檐㮰也。檐樀也。衆經音義引舊註云樀亦楣也。說文云楣秦名屋櫋也。齊謂之檐楚謂之梠。釋名云楣眉也。近前若面之有眉也。是楣在檐端也。說文又云闔謂之樀樀廟門也。此許君以廣異義。疑卽下文閍謂之門之異文也。釋名云檐接也接屋前後也。徐鍇云俗別作簷非是。【註】屋大梁也。○【正義】郭謂之屋大梁所以別於門上之橫梁也。○侏儒柱也。○【正義】禮器疏引孫炎云梁上侏儒柱。郭註本孫炎。淮南主術訓云短者以爲朱儒栟櫨。高誘註云朱儒梁上戴蹲跪人也。○柱上至曰楮。○【正義】淮南本經訓云標株欂櫨。高誘註構枅也。說文云枅屋櫨也。衆經音義引三蒼云柱上方木曰枅。一名楮。山東河南皆曰枅自陝以西曰楮。顏師古漢書註云薄櫨柱上枅也。今所謂楮也。○卽櫨也。○【正義】說文云櫨柱上枅也。高誘淮南註云櫨柱上枅卽梁上短柱也。釋名云盧在柱端都盧負屋之重也。○屋檼。○【正義】說文云檼棼也。釋名云檼隱也所以隱桷也。或謂之望言高可望也。或謂之棟。是檼卽棟也。○又謂之阿。士昏禮云賓升階當阿致命。鄭註阿棟也。○屋椽。○【正義】說文云椽榱也。椽榱也。是椽一名榱。○謂五至檼上。○【正義】鄭註鄉射記云是制五架之屋也。正中曰棟次曰楣前曰庪。賈疏云中脊爲棟棟前一架爲楣楣前接檐爲庪。又云凡屋皆五架。李如圭云堂之屋南北五架中脊之架曰棟次棟之架曰楣。五架之制通乎上下而其廣狹則異爾。案堂有廣狹故椽亦有長短。郭以正訓直椽之長者與屋際正相當其短者不直上於檐則爲交於棟上也。○屋梠。○【正義】儀禮疏引孫炎云謂室梠周人謂之梠齊人謂之樀謂承檐行材。郭註本孫炎爲義也。說文云梠楣也。釋名云梠旅也連旅旅也。或謂之

爾雅詁林　五　釋宮

櫋。櫋、緜也、緜連榱頭使齊平也。上入曰爵頭、形似爵頭也。案梠又謂之宇、士喪禮云置於宇西、鄭注宇、梠也。說文云宇、屋邊也。釋名云宇、羽也、如鳥羽翼自覆蔽也。是梠者言其相連宇者、屋檐下垂之勢也。

正義

其上楹謂之梲　徐鍇云、楹之言盈也、盈盈對立之狀。古詩、盈盈一水間、脈脈不得語。

栭謂之楶註卽櫨也　論語疏引郭註云、櫨、株儒柱也。楶卽櫨也。

校議

杗廇謂之梁（屋大梁也）**其上楹謂之梲**（侏儒柱也）**閞謂之槉**（柱上欂也亦名枅又曰楷）**栭謂之楶**（卽櫨也）**棟謂之桴**（屋檼）**桷謂之榱**（屋椽）**桷直而遂謂之閱**（謂五架屋際椽正相當）**直不受檐謂之交**（謂五架屋際椽不直上檐交於檼上）**檐謂之樀**（屋梠）

梁者、屋之大梁。杗者、說文云棟也、引爾雅文。又云廇、中庭也。玉篇云屋廇也。又作霤、釋名云中央曰中霤。古者寝穴後室之霤、當今之棟下直室之中、然則廇爲中央之名。杗本棟名、杗廇中央斯謂之梁、說文以棟訓杗、非以杗爲梁也。又釋名云檼或謂之望、言高可望也。或謂之棟、是棟一名望、望杗聲同、望卽杗矣。○楹者、柱也。梲者、明堂位正義引李巡曰梁上短柱也。一作棳、玉篇云棳、梁上楹也。梲同棳。釋名云棳儒、梁上短柱也。棳儒猶侏儒、短故以名之也。淮南主術篇注、侏儒、梁上戴蹲跪人也。禮器注用爾雅。正義引孫炎云、梁上侏儒柱、郭義同。○閞者、說文云門欂櫨也。玉篇作枅、云門柱上欂櫨也。亦作閞。是說文門下脫柱上二字、當以玉篇訂正之。槉者、玉篇云枅也、御覽一百八十八引爾雅作筓、謂之疾、蓋栟枅形近、枅筓聲同、所以致譌。疾亦槉耳。又引舍人曰、朱儒下小方木。今按下當作上、字之誤也。說文繫傳云、斗上承棟者、横之似筓、然則筓卽枅也。郭又曰楷者、本三蒼。楷亦沓也、柱頭交處横小方木令上下合、故謂之沓、作楷亦或體也。○栭者、說文云屋枅上標也、引爾雅曰栭謂之格。又云格、欂櫨也。禮器及明堂位正義引李巡云栭謂欂櫨也、一名楶、皆謂斗栱也。然則楶與槉本一物而兩名、楶言其標、則槉言其本、謂之斗栱者、言方木似斗形而拱承屋棟。故釋名云斗在欒兩頭如斗也、斗負上員檼也。爾雅釋文、楶音節、舊本及論語禮記皆作節。禮器正義引孫炎作節、李巡作楶、郭本从李巡。○棟者、說文云極也。極、棟也。釋名云棟、中也、居屋之中也。按極亦訓中、故棟極二字說文互訓。桴者、說文棟名。郭云屋檼者、今人名棟曰檼、或曰脊檼。釋名云檼、隱也、所以隱桷也。然則檼之言隱、郎知桴之言浮、浮高出在上之言也。○桷者、說文云榱也、椽方曰桷。引春秋莊廿四年傳曰刻桓宮之桷。穀梁釋文、方曰桷、圓曰椽。釋名云桷、确也、其形細而疏确也。或謂之椽、椽、傳也、相傳次而布列也。或謂之榱、在檼旁下列、衰衰然垂也。說文云、秦名爲屋椽、周謂之榱、齊魯謂之桷。帝範審官篇注引爾雅注曰、桷、椽也、一曰屋角斜枋、一曰梠也。所引蓋舊注之文、與孫郭巽梠又檐名、以爲桷非也。○閱交者、別椽長短之名也。椽之長而直達於檐者名閱、閱、歷也、言歷於檐前也。其短而不直達於檐者名交、交、接也、言接於棟上也。郭云五架屋者、鄉射記注云是制五架之屋也。正中曰棟、次曰楣、前曰庡。今按五架之制、適乎上下唯堂有廣狹、椽有長短、爾雅因別其名耳。○檐者、說文云梍也。梍、梠也。梠、楣也。楣、秦名屋櫋聯也、齊謂之檐、楚謂之梠。特牲饋食禮疏引孫炎云、謂室梠、周人謂之梠、齊人謂之檐。淮南本經篇云、縣聯房植、橑檐榱題。高誘注、縣聯、聯受雀頭著桷者、一曰辟帶也、椽檐、橑也。檐、屋垂也。釋名云、檐、接也、接屋前後也。梠、旅也、連旅旅也。或謂之櫋、櫋、緜也、緜連榱頭使齊平也。上入曰爵頭、形似爵頭也。楣、眉也、近前各兩若面之有眉也。然則楣、梍、梠、榱、櫋、聯、爵頭皆檐也、但隨所在而異名耳。樀者、說文云戶樀也、引爾雅曰檐謂之樀、讀若讁。門部又云、闕謂之樀、樀、廟門也。段氏注據徐錯本、檐謂之樀下有闕朝門三字、謂檐闕形異而義別。今按闕檐異文、徐本之樀朝門三字當有脫誤。邵氏正義疑以下文閤謂之門之異文、非也。

義疏

爾雅詁林　五　釋宮

杗廇謂之梁郭注、屋大梁也。承上梠梁言之、梠承簷、故有梁名。梁从刅木、度水兩頭低中央高、廡廇分水似之、故有梁名、與梠同也。杗廡通用字。廡覆也。廇溜也。古謂之棟、有橋梁、後因名梁。

其上楹謂之梲李注、梁上短柱也。孫注、梁上侏儒柱。郭注、侏儒柱也。記山節藻梲、梲亦作棳、梲短棒。因爲短柱。棳、綴也。

閞謂之槉御覽引、笄謂之疾。閞形如弁上笄、故亦作枅。舍人注、朱儒下小方木。郭注、柱上欂也、亦名枅、又曰楮。柱閒橫木相牽、又謂之薄盧、亦謂之欒、取車前胡名、故曰疾。

栭謂之格節李注、栭謂欂櫨也、一名楶、皆謂斗拱也。郭注、卽櫨也。栭从而、而象口上毛。記山節、爲山形。節亦夊也。列夊如而、則總謂梲疾。

棟謂之桴郭注、屋檼。棟从東、日在木中、因以在中。大木爲棟、上古始爲屋中立大木、四旁垂艸、木葉覆之、後改爲四阿兩覆、因以梁爲棟。古直後橫、皆爲羣材所依、故謂之桴、桴抱捊同用。

桷謂之榱舊注、桷、椽也、一曰屋角斜方、一曰梠也。桷从木角、象獸角。檐際橫木椽以盛茅瓦、因與桷接、通名之耳。蓑蓑下垂、故謂之榱。

桷直而遂謂之閱郭注、謂五架屋際椽正相當。直而遂、無承霤、卽以桷爲宇也。閱、數也、入門見榱一一可數。不與架相涉。

直不受檐謂之交郭注、謂五架屋際椽不直上檐、交於檼上。於檐際更接一檐、今捲棚也。

檐謂之樀孫注、謂室梠、周人謂之梠、齊人謂之檐。檐、瞻也。接宇爲檐、美觀瞻也。字一作闇。說文兩引云、樀、廟門也。又云戶樀。蓋初時唯門作檐、後因通施於屋霤。禮有襜檐、皆象檐爲名。樀、滴也。雨滴不流下也。

集解

杗廇謂之梁今階前楹通檐橫木是也。杗、棟也。廇、中庭也。與望霤通用。霤、屋水流也。升階可以望之。梁、水橋也、从木从水、刅聲。通檐之木水流其端、與橋下有水相似、禮家謂之爲楣。

其上楹謂之梲梁上之短柱也。梲、木杖也、从木兑聲。引申爲短楹之偁。釋名所謂棳儒是也。禮記明堂位、山節藻梲。字亦作棳。

閞謂之槉閞、門欂櫨也、从門弁聲。引申爲柱上欂櫨之偁。形如弁上笄、故亦名枅。槉、字本作疾、病也。閞負屋重、有似病然。

栭謂之楶所謂節也。栭、屋枅上標也、从木而聲。引申爲毛形、益較梲小耳。栭與枅接則有節、故又名節。楶、欂櫨也、从木咨聲。謂次於枅、以枅木而栭標也。詩則謂之栵、如皇矣其灌其栵是。

棟謂之桴棟、極也、从木東聲。東、从日在木中。加木因爲屋正中之中。上古之棟、屋中直立而四垂、後改爲四阿重屋。阿亦棟也、但形橫耳。棟爲屋上諸物之所附、故又名桴。桴、附雙聲。

桷謂之榱桷、从木角。屋角斜枋也。檐際橫木椽與枋相接、因名之耳。榱、蓑也。謂蓑蓑然下垂。詩閟宮、松桷有舄。左襄二八傳、子尾抽桷擊扉。荀子、哀公仰視榱棟。

桷直而遂謂之閱直而遂者、無承霤、卽以桷爲屋邊也。閱、具數於門中也、入門見榱、可以具數、不取歷義。

直不受檐謂之交於檐下更接一檐、以避風雨、所謂板簷是也。記明堂位、複廟重檐、謂檐下更有交耳。

檐謂之樀檐、梠也、从木詹。詹、檐也。言其接檐屋之前後。字亦作閻。說文、閻謂之樀。樀、廟門也。又云戶樀。蓋古唯門作檐、後乃通施於屋邊、所謂梠也。樀、滴也。言在雨滴下流之處。

義證

杗廇謂之梁杗音亡、廇力又反。

註屋大梁也補正臣鋆按、韓愈進學解云、大木爲杗。

其上楹謂之梲

註侏儒柱也補正邢疏、楹柱也。其梁短柱名梲。禮器云藻棁者，謂畫梁上柱爲藻文也。一名侏儒柱，以其短小故也。臣鎏按，釋名云，棳儒也，梁上短柱也。棳儒猶侏儒短，故以名之。

開謂之槉。開，皮彥反。釋文云本亦作弁。

註柱上欂也，亦名枅，又曰楮。補正臣鎏按，說文云，枅，屋櫨也。徐鍇繫傳云，柱上横木承棟者，横之似笄也。

栭謂之楶。栭音而，楶音節。釋文云舊本及論語禮記皆作節。

註即櫨也。補正邢疏，皆謂斗栱也。禮器云，管仲山節者，謂刻柱頭爲斗栱，形如山也。臣鎏按，禮記疏引李註云，欂櫨一名節，皆謂斗栱也。

棟謂之桴

註屋檼。補正邢疏，今屋脊也。易曰棟隆吉是也。臣鎏按，棟，脊上横梁。說文謂之極，以其在屋極高處也。桴即棟之別名。班固西都賦荷棟桴而高驤是也。

桷謂之榱。桷音角。榱，疎追反。

註屋椽。補正邢疏，桷，屋椽也。一名榱，梠。沇云齊魯名桷，周人名榱。左傳子產曰棟折榱崩，僑將壓焉是也。臣鎏按，說文云，桷，榱也。椽方曰桷。釋名云，桷，确也。其形細而疎确也。或謂之椽，椽，傳也，相傳次而布列也。或謂之榱，在檼旁下列衰衰然垂也。

桷直而遂謂之閱

註謂五架屋際椽正相當。補正邢疏，屋椽長直而遂達五架屋際者名閱。

檐謂之樀。樀，赤反。

註屋梠。補正邢疏，檐，一名樀，一名屋梠，又名宇，皆屋之四垂也。故士喪禮曰爲銘置于宇西階上。鄭註云宇梠是也。臣鎏按，釋名云，梠或謂之櫋。櫋，縣也。縣連榱頭使齊平也。又儀禮疏引孫註云，謂室梠，周人謂之梠，齊人謂之檐，謂承檐行材。

郭注補正

栭謂之楶

滋然謹按，郭注即櫨也。日本源順著和名類聚抄抄本俗字今从原本十卷，引用小學古書甚多，狩谷氏爲之箋注，一一致其出處，甚爲精審，其居處部栭下引尒疋注云梁上謂之栭，欂櫨也。狩谷氏謂所引爲尒疋舊注。

桷謂之榱

郭注屋椽。帝範審官篇注引尒疋注曰，桷，椽也，一曰梠也。與郭異。郝氏義疏謂所引蓋舊注之文，郭氏亦本舊注也。

滋然謹按，日本狩谷望之箋注和名類聚抄，桷下引尒疋注云，桷，屋四阿大榱也。與郭注及帝範審官篇注所引均不同。狩谷氏箋注亦云蓋尒疋舊注，郭氏敘云雖注者十餘，蓋舊注不止一家，各本不同也。

檐謂之樀

郭注屋梠。邵氏尒疋正義云，衆經音義引舊注云槁亦楣也。與郭注異。說文檐，梍也。梍，梠也。梠，楣也。楣，秦名屋櫋聯也，齊謂之檐，楚謂之梠。特牲饋食𠃞疏引孫炎云，謂室梠，周人謂之梠，齊人謂之檐。是滴楣梠三字均訓檐，郭氏折衷舊注，雖有異文無異義也。

舊注攷證

杗廇謂之梁

屋大梁也 亦通語耳

慧琳妙法蓮華經譬喻品音義引爾雅杗廇謂之梁，郭璞云屋大梁也，亦通語耳。今本脫末句，據補。

栭謂之楶

卽櫨也 楶與節同

文選魯靈光殿賦注引爾雅曰栭謂之節，郭璞曰節，櫨也，楶與節同。樹枏案，楶與節同四字蓋亦郭注原文，而今本脫之，據補。

棟謂之桴

棟 屋檼也檼卽屋脊

慧苑華嚴經音義卷上引郭注爾雅曰棟，屋檼也，檼卽脊也。卷下亦引爾雅棟，屋檼也，檼卽屋脊。案檼卽屋脊四字當爲郭注原文，而今本刪之，據補。

慧琳廣宏明集二卷音義引爾雅云棟謂之桴，郭注云桴謂檼也。

桷謂之榱

榱 屋椽也亦名桷亦名橑

慧琳廣宏明集二卷音義引爾雅云桷謂之榱，郭注云榱，屋椽也。元應僧祇經廿卷音義引爾雅桷謂之榱，郭注曰，卽椽也，亦名桷，亦名橑。案此當爲郭注原文，而今本刪之，據補。

郭注佚存補訂

棟謂之桴

說文云棟，極也。極，棟也。桴，棟名。大雅江漢王國來極，周頌思文莫匪爾極，商頌殷武四方之極，傳箋竝云極，中也，卽取棟居中義。

桷謂之榱，桷直而遂謂之閱，直不受檐謂之交

桷者，釋文引說文云秦名屋椽也，周謂之榱，齊魯謂之桷。商頌殷武松桷有梴，疏云，以松爲屋之榱桷，有梴然而長。此卽桷之名閱者也。長可直達於檐。帝範審官篇引爾雅注云桷，椽也。一曰屋桷斜枋，一曰梠也。當是舊注。日本狩谷望之箋注和名

類聚抄、桷下引爾雅注云桷屋回阿大榱也。蓋亦舊注之文。餘詳訂經。

說詩

宊㽱謂之梁
說文宊、棟也。柏年案此非以宊爲梁者、蓋東西曰棟、南北曰梁、義自別不相混。下云其上楹謂之棁、自指南北之梁而言、蓋棟居最高處、旁架兩梁、梁上短柱爲棁。宊㽱謂之梁者、謂所以定宊之中庭者爲梁、然則兩梁之間謂之中庭矣。㽱、說文中庭也。

其上楹謂之棁
孫炎云、梁上侏儒柱。郭同。柏年案、侏儒本訓短也、其上謂梁上也。楹、柱也、今梁上短柱也。

檐謂之樀
郭注屋梠。說文檐、㮰也。柏年案、橫木于衆椽之耑使齊平也、椽之耑即檐、俗作簷。樀、說文讀若滴、檐前爲雨水所滴處、故名樀、今稱檐瓦爲滴水。

補釋

其上楹謂之棁　棁、釋文作棳。

閞謂之槉注又曰楷　楷旁誤從皆。

檐謂之樀　案禮記特牲疏引孫氏云、周人謂之梠、齊人謂之檐也。

疏桷屋椽也一名榱梠　梠當衍字。

注疏正字

閞謂之槉
閞、說文門欂櫨也。楹上有欂櫨、門梁亦有欂櫨也。槉疑是疾之俗體。

檐謂之樀
當從說文作闍、云闍謂之樀。樀、廟門也。屋㮰謂之檐、門樀謂之闍也。

小箋

宊㽱謂之梁　說文引木部

其上楹謂之棳　釋文云、棳本或作棁。石經雪囱本作棁、禮記正義卅三又卅一引皆作棁。

閞謂之槉　釋文云、閞本亦作弁。說文木部無槉字。

栭謂之楶　說文引　釋文云、楶本或作楮。案說文作楮。又云、舊本及論語禮記皆作節、元照案文選注十一引爾雅作節、然說文引爾雅已作楮、應劭注王命論亦作楶、禮記注禮器栭謂之節、正義曰李巡本節作楶、據此則舊本非盡作節也。

檐謂之樀　說文引　說文於樀字下引此文。又門部闍字下云、闍謂之樀。樀、廟門也。从門詹聲。葢古本爾雅又有作闍者。
釋文云樀、丁狄反、字從木旁作啇、郭又他赤反、字合手旁作適。元照案、無論擿字之俗不可施於經典、以義言之於此亦何所取、且即以擿字論之、當从適聲、適亦从啇聲、丁狄他赤一聲之轉耳、何煩區別、其說亦陋甚矣。

匡名

宊音亡㽱音柳謂之梁其上楹謂之棁閞音弁謂之槉栭謂之楶音節棟謂之桴音浮桷謂之榱桷直而遂謂之閱音悅直不受檐謂之交檐謂之樀音滴。
此釋梁柱棟桷之名。
說文宊、棟也。㽱、

爾雅詁林　五　釋宮

中庭也。梁堂上之梁一名宗廇者、以其大而居中也。若橫列於前者爲楣。楹、柱也。設於楣下也。棳、木杖也。註經典用爲梁上短柱之棳。明堂位、山節藻棁。閞、門欂櫨也。繫傳斗上承棟者、橫之似笄也。柱、端支梧之處置方木焉、使相接合、故謂之槉。栭、屋枅上標、引爾雅文。枅、欂櫨也。繫傳謂梁上短柱、上承屋脊者。李巡云欂櫨一名節、皆謂斗拱也。楶論語禮記俱作節、註節、栭也。棟、極也。桴、棟名、屋之中棟也。大過、棟隆吉。桷、榱也。榱、秦名爲屋椽、周謂之榱、齊魯謂之桷。漸卦、或得其桷。左襄三十一年傳、棟折榱崩、是榱又从棟而分列也。閎、具數於門中也。椽長而達于檐者名閎、不直達於檐者名交。郭註謂五架屋際椽正相當、五架屋際椽不直上檐、交於檼上。樀、戶樀也。引爾雅文。郭註屋梠言屋檐下相垂之勢也。檐、槐也。俗作簷、非是。

啓蒙

棳　棁　釋文。棳本或作棁。案郭注。棁、侏儒柱也。邢疏。楹柱也。其梁上短柱名棁。禮器注云、藻棁者。謂畫梁上杗爲藻文也。據此則當作棁。說文。棳。木也。棁。木杖也。均非本義。段氏玉裁云。棁。經典用爲梁上短柱之棳。急就篇注棁小梧也故引申爲短柱矣

槉　疾　槉。御覽一百八十八引作疾。槉與枅一字、散言有別、通言不殊●

黃侃評本正名

其上楹謂之棁。侏儒柱也。　棁、釋文作棳、云本或作棁、掇。棁與侏儒一聲之轉、與𨁏、方言𨁏短也。　掇莊子秋水注掇猶短也。　叕淮南人間注叕短也。　窭說文短面也。　掇應音四引聲類掇短氣貌。　並有短義、猶蜘蛛亦有蝃及蝃蝥及朱儒之三名矣。　急就篇注棁、小梧也、故引申為短柱矣。

開謂之槉。柱上欂也、亦名枅、又曰楷。　枅字又作槅、見曹憲博雅音、云枅亦有本作槅、魏都賦注引說文、欂櫨柱上枅也、字亦作溥櫨、欂盧。說文枅、屋櫨也。淮南主術短者以為朱儒枅櫨。是枅櫨又可連言。此爾雅文有作開作笄二本、而義俱通。槉與枅聲小變、與楶益一字、散言小別、通言不殊矣。　廣雅釋山薄落謂之幵頭、案漢志作幵頭、史記五帝紀正義引括地志作笄頭。薄落謂之笄頭、猶欂櫨謂之枅也。說文幵、上平也、象二干對構上平也、然則柱也山也皆有似之矣。

栭謂之楶。即櫨也。　櫨聲轉為欒、廣雅曲枅謂之欒、西京賦薛注、欒柱上曲木兩頭受櫨者。

檐謂之樀。　檐之言广也、佔也、樀之言滴也。

黃侃音訓

宗廇謂之梁　其上楹謂之棁　開謂之槉

釋名、梁、彊梁也。釋宮　釋文棁作棳。云本或作棁。釋宮釋文　禮記作棁。明堂位篇　論語同　釋名、棳儒、梁上短柱也。釋宮　釋文、開本亦作幵、同。釋宮釋文

棁、釋文作棳。釋名作棳儒、云梁上短柱也。棳儒猶侏儒短、故以名之也。按侏與棳聲之轉。

栭謂之楶　檐謂之樀　容謂之防　連謂之簃

釋文、楶本或作楶、同。釋宮釋文　說文作楶。云欂櫨也。從木咨聲。木部楶　禮記作節。明堂位篇　論語同　文選注作栭謂之節。靈光殿注　釋文樀字從木旁作商。丁狄反　郭音義樀字合手旁作適。他赤反。釋宮釋文　儀禮注、容謂之乏。鄉射禮注　通俗文云、連閣曰簃。引見太平御覽　廣雅、樓、簃也。先韻玉篇同

證異

開謂之槉

說文無槉字、案開謂之槉與下栭謂之楶、實即一物、

爾雅詁林　五　釋宮

郝云楶㮷一物兩名是也。㮷卽楶字、說文榕、欂櫨也。與㮷下注柱上欂也義同、釋文通志本楶下引字林欂櫨也、欂卽欂異文、古从艸从竹多通。榕㮷同聲、說文垐、古文堲、堲卽疾字、可證。

王仁俊日記

閍謂之㮷栭謂之楶

錦燧謹案、釋文云、閍本亦作弁。說文兒部云弁、冠也。非此義。又門部云閍、門欂櫨也。蓋朱儒上之小方木是也。是作弁者乃閍之省文、假借字。說文木部無㮷字、御覽一百八十八引作笄謂之疾、可知古祇作疾、當据御覽以訂正之。其作笄者、乃弁之形譌也。疾次一聲之轉、故茨字長言之則爲蒺蔾、此疾字卽下句栭謂之楶之楶字假借也。楶當作榕、說文木部云榕、欂櫨也。與閍同訓栭者、說文云屋枅上標也。然則曰閍曰榕曰栭、乃一物而異名、曰疾則榕之聲轉也。禮記禮器注引此楶作節、節亦榕之音近通假也。

陸錦燧日記

杗廇謂之梁、郭云屋大梁也。邵晉涵云梁一名杗廇者、以其大而居中也。此謂堂上之梁、其前橫列者爲楣。王引之云、杗者、棟之一名。杗廇者、梁之一名也。謂之杗廇者、言梁上承棟、棟之所留止也。郝懿行云杗者、說文云棟也、引爾雅文。廇爲中央之名、杗本棟名、杗廇中央斯謂之梁、說文以棟訓杗、非以杗爲梁也。楷案、下文云其上楹謂之棁、棁爲梁上短柱、其字正承梁言。如郝說以杗廇爲棟之中央、則棁豈爲棟上之短柱乎、其說誤矣。邵王從郭說甚是、但其解廇字則皆非。黃先生云、杗之言大木之大者謂之杗、猶川之大者謂之巟也。棟梁皆屋材之大者、故棟謂之杗而梁亦有杗名、梁如橋梁。毛詩傳罶、曲梁也。廇與罶聲相近。屋之大梁曲而如罶、故名杗廇。班固西都賦抗應龍之虹梁、李注形似龍而曲如虹是也。

桷直而遂謂之閱直不受檐謂之交、郭云閱謂五架屋際椽相當直不受交謂五架屋際椽不直上檐交於穩上。郝懿行云閱、歷也、言歷於檐前也。交、接也、言接於棟上也。楷案、閱與交皆直之稱也。閱之言兌也、詩皇矣松柏斯兌、傳兌、易直也。交之言較也、釋詁較、直也。記祭統執校、鄭注、校豆中央直者也。竝音義相同字。

稗疏

其上楹謂之棁唐石經雪牕本同。單疏本亦作脫、釋文掇之劣反、本或作棁音同。

杗廇至之楠○釋曰注疏本刪。

字林云枅柱上方木是也注疏本脫字林云枅四字。

一名㮰呂沈云齊魯名桷周人名㮰注疏本呂誤梠。按沈當作忱。釋文引字林云周人名椽曰㮰、齊魯名㮰曰桷、卽此文。浦鏜讀一名㮰梠、當衍誤也。

校勘記

爾雅詁林　五　釋宮

又曰栭雪牕本、吳本作栭，盧刻同。開謂之槉注又曰栭。今本栭下誤从口。

校勘記訂補

又曰栭明監本毛本同，湘本栭作楮。案類篇柱斗謂之楮，作楮是。此及監本毛本誤，後同。

檐謂之樀注屋梠各本同。說文檐，㮰也；㮰，梠也；樀，戶樀也。小雅檐謂之樀。程瑤田曰檐乃闇字之誤。說文闇下云闇謂之樀。段注云爾雅檐當作闇，㮰與闇門義異。郭注以屋梠釋樀，非。

注疏本正誤

注疏校勘札記

六行（注）屋大梁也〇慧琳《音義》卷二十七「梁棟」條引郭注作「屋大梁也，亦通語耳。」

七行（注）屋檼〇慧苑《華嚴經音義》卷上引此注作「棟，屋檼也。」《營造法式》卷二引「檼」下亦有「也」字。

八行（注）屋椽〇玄應《音義》卷七、卷十五「榱棟」條兩引作「即椽」。

二下（六二）

二行（注）屋梠〇「梠」當作「梠」。《營造法式》卷二引「梠」下有「也」字。

宋監本校箋

宋音忙㝩音溜謂之梁　其上楹謂之棁侏儒柱也棁音拙　開音卞謂之槉柱上欂也亦名枅又曰楮槉音疾　栭謂之䆉即櫨也䆉音節　棟謂之桴屋檼桴音浮　桷謂之榱屋椽榱音衰　直不受檐謂之交檐音簷　檐謂之樀屋梠樀音滴

音圖·音

宋音亡。㝩音溜。棁本作棳之劣翻，音拙。開音弁。䆉作截翻、今本釋文此下有又字誤增音節。精母本或作榕，同。廣韻子結翻同。樀說文讀若滴，郭又他也訛作赤翻，音近笛。陌錫韻異。集韻亭鬲翻、音笛。

音略

亡雷宋㝩謂之梁。其上楹盈謂之棁拙。開弁謂之槉疾，栭而謂之䆉節。棟謂之桴浮。桷角謂之榱崔。桷直而遂謂之閱悅。直不受檐簷謂之交。檐謂之樀滴。

孫侶直音

芒忘溜宋㝩謂之梁。

直音校正

宋亡㝩溜謂之梁。屋大梁也。其上楹謂之棁拙，棁侏儒柱也。開弁謂之槉疾，開柱上木名也。栭而謂之䆉節，䆉即櫨也，謂斗栱也。棟謂之桴浮，棟屋檼，今屋脊也。桷謂之榱衰，桷屋椽也。桷直而遂謂之閱，謂五架屋際椽正相當。直不受檐簷謂之交，謂五架屋際椽不直上檐，交於檼上。檐謂之樀滴，檐屋檐，屋之四垂也。

楊氏音訓

宋亡㝩力救切　開卞　槉疾　栭而　䆉節　桴浮　檐鹽　樀的

干氏音釋

容謂之防

容謂之防。形如今牀頭小曲屏風，唱射者所以自防隱。見周禮。

郭注

容謂之防　釋曰、容者、射禮唱獲者蔽身之物也、一名防、言所以容身防矢也。一名乏、鄉射禮云乏參侯道、居侯黨之一、西五步、鄭注云容謂之乏、所以爲獲者御矢也。謂之乏者、言矢至此力乏也。郭云形如今牀頭小曲屏風、唱射者所以自防隱、見周禮者、案夏官射人職云以射灋治射儀、王以六耦射三侯、三獲三容、鄭司農云容者乏也、待獲者所蔽也是矣。

邢疏

容謂之防

郭璞云、形如今牀頭小曲屏風、唱射者所以自防隱、見周禮。

一切注音

牀助良反。屏步形反。

陸音義

容謂之防

大爲之防、必有容焉、若商君之法潰矣。

新義

容謂之防　射時唱獲者所以蔽身之具、一名乏、郭云形如今牀頭小曲屏風也。

鄭樵注

容謂之防

郭璞曰、形如今牀頭小曲屏風、唱射者所以自防隱。見周禮。

鄭樵曰、射時唱獲者所以蔽身之具、一名乏、郭云形如今牀頭小曲屏風也。

古注合存

容謂之防　此因射位在室中而釋其名也。註曰、容一名防、狀如屏風、唱射者所以自防隱也。疏曰、言所以容身防矢也。夏宮射人職云、三獲三容。鄉射禮又謂容爲乏者、言矢至此力乏也。

注疏參義

容謂之防　**註**　形如今牀頭小曲屏風、唱射者所以自防隱、見周禮　**正義**　容一名防、荀子正論篇云居則設張容負依而坐、楊倞註、容如今小曲屏風、施此於戶牖、負之而坐。是居亦有容也。其用之於射則一名乏。鄉射禮云乏參侯道、鄭註容謂之乏、所以爲獲者禦矢也。賈疏云容者以革爲之、可以容身、故云容也。乏者謂矢於此匱乏不去、故云乏之也。**註**　形如至周禮。○**正義**　此言容與扆異、扆如屏風、容則如後世所謂小曲屏風施於牀頭者、此其異也。唱射者即唱獲者、鄉射禮云獲者執旌許諾、聲不絕以至于乏是也。因其自防隱、故謂之防。云見周禮者、夏官射人治射儀、王三獲三容、諸侯二獲二容、卿大夫一獲一容、士一獲一容、鄭司農云容者乏之也、待獲者所蔽也。

正義

容謂之防　形如今牀頭小曲屏風、唱射者所以自防隱、見周禮

郭云容見周禮者、射人云王三獲三容、鄭衆注容者、乏也、待獲者所蔽也。鄉射禮云乏參侯道、鄭注容謂之乏、所以爲獲者御矢也。是皆郭義所本。但爾雅方釋宮室、與射無關、荀子正論篇云居則設張容負依而坐、楊倞注引此文及郭注而申之云、言施此容於戶牖閒負之而坐也、是容與扆同、扆爲屏風、容唯小曲爲異、爾雅容謂之防正指此言。古人坐處皆有容飾、故車有童容、所以障蔽其車、居設張容、所以防衞其室、張與帳同、容即今之圍屏、其形小曲、射者之容蓋亦放此。鄉射禮注容謂之乏、此云容謂之防、防乏異名、始非同物、郭不據荀子而援周禮、蓋爲失矣。

義疏

容謂之防　郭注、形如今牀頭小曲屏風、唱射者所以自防隱、見周禮。禮經乏參侯道、鄭注引容謂之乏。周官、王三獲三容。荀子、張容負依而坐。

集解

容謂之防　此別容與扆之異耳。荀子正論居則設張容負依而坐、注如今小曲屏風、施此於戶牖負之而坐。容所以蔽身、故一名防、其用之於射則名曰乏。鄉射禮乏參侯道、周禮射人王三獲三容、皆非宮室中之所用、非此義也。

義證

容之謂防

【註】形如今牀頭小曲屏風唱射者所以自防隱見周禮【補正】邢疏、容者、射禮唱獲者蔽身之物也、一名防、言所以容身防矢也。一名乏、鄉射禮云乏三侯道、居侯黨之一、西五步、鄭註云、容謂之乏、乏所以爲獲者御矢也。謂之乏者、言矢至此力乏也。周禮射人職云以射法治射儀、王以六耦射三侯、三獲三容、鄭司農云容者、乏也、待獲者所蔽是矣。

郭注補正

容謂之防。　容與𤸃同聲、義亦近、皆所以爲容隱也、容㡯亦一聲之轉。又與隱聲通、左襄二十三傳踰隱而待之、杜注隱、短垣也。

黃侃音訓

容謂之防○釋曰注疏本刪。

以射灋治射儀注疏本灋改法。

待獲者所蔽也是矣注疏本也誤者。

校勘記

（注）形如今牀頭小曲屏風唱射者所以自防隱○原本《玉篇》「防」下引此注作「形如今小屏風，唱躲者所以自防隱者。」

宋監本校箋

容射禮唱獲者蔽身之物也。

容謂之防。

楊氏音訓

連謂之簃

連謂之簃。堂樓閣邊小屋、今呼之簃廚連觀也。

郭注

連謂之簃　釋曰、簃樓閣邊相連小屋名也、郭云堂樓閣邊小屋、今呼之簃廚連觀也。

邢疏

連謂之簃

郭璞云、堂樓閣邊小屋今呼之簃廚連觀也。

一切注音

簃文知反。廚本或作𢊍、丈誅反。

陸音義

簃丈知反○丈、舊譌文、今從宋本改。下丈誅同。　廚本或作𨇽、丈誅反○官本𨇽作躕、非。

音義攷證

連謂之簃

連未有不移者、列子曰、造化密移疇覺之哉。

新義

連謂之簃郭氏謂堂樓閣邊小屋、今呼之簃廚連觀也。丈知反。

鄭樵注

連謂之簃

郭璞曰、堂樓閣邊小屋今呼之簃廚連觀也。

鄭樵曰、郭氏謂堂樓閣邊小屋今呼之簃廚連觀也。丈知反。

古注合存

連謂之簃【註】堂樓閣邊小屋今呼之簃廚連觀也【正義】太平御覽引通俗文云、連閣曰簃。簃通作誃。說文云周景王作洛陽誃臺、繫傳云誃臺猶別館也。爾雅註堂樓邊小屋爲簃、今云簃廚連觀、此益小屋連接大屋、觀其表則連於大屋體、其實則別爲一區處也。趙策云出誃門也、高誘註誃、別也。是小室連於大屋別爲門也。連通作聯。西京賦云聯以昆德是也。廣韻云槤、簃也。槤與連通。

正義

連謂之簃注堂樓閣邊小屋。　御覽卷百八十四連閣謂之簃、引郭註邊作連。

校議

連謂之簃堂樓閣邊小屋今呼之簃廚連觀也

簃當作移、說文云禾相倚移也。按倚移猶延施、皆相連及之意。逸周書作雒篇云設移旅楹、孔晁注承屋

爾雅詁林　五　釋宮

曰移。然則爾雅古本作移，魏晉以後始加竹爲簃。故御覽一百八十四引通俗文云連閣曰簃。郭云簃，廚連觀，並據時驗而言，知魏晉人始有簃字也。釋文簃丈知反，則與誃同。說文誃，離別也，周景王作洛陽誃臺。徐鍇繫傳卽引爾雅此注爲釋，但離別與連義差遠，簃字古本作移，當讀如字。

義疏

連謂之簃

郭注，堂樓閣邊小屋，今呼之簃廚連觀也。通俗文連閣曰簃。說文引周景王誃臺，非此誃也。連當作運，卽上樿也。簃卽褫也。杝，籬也。記不敢藏於夫之樿褫。

集解

連謂之簃 上經所謂樿也。簃卽褫，說文作杝，落也。引申爲架之偁。或者字本作移與。逸周書作雒設移旅楹，孔晁注承屋曰移。

義證

連謂之簃 簃文知反。

注堂樓閣邊小屋今呼之簃厨連觀也。補正邢疏簃樓閣邊相連小屋名也。臣鑒按，說文亦云簃，閣邊小屋也。

郭注補正

連謂之簃，簃當作誃，周景王作洛陽誃臺者卽是已。連者遱嘍。淮南有連嘍列埒，高誘注云猶離嘍，與說文解字所稱屋麗廔者，自是同物。古文連麗離皆通用。連麗通見士喪禮注，麗離通康成易注有之。簃之爲誃，字分正俗，連之爲麗，音通叚借，古義古聲合，三書見之矣。中庭之左右謂之位，此是朝位。凡朝者必於庭位，在庭左右，論語所稱過位，過此位也。曲禮所稱下卿位，下此位也。內朝之位在路門內與。

錢氏古義

連謂之簃

堂樓閣邊小屋今謼之簃廚連觀也

釋文云廚本或作𨈆。案說文廚，庖屋也，从广尌聲。仿宋本單疏本作厨，雪牕本明注疏本作㕑，皆俗體。

郭注佚存補訂

簃

說文新附字，當作誃。說文云周景王作洛陽誃臺。

小箋

連謂之簃

郭曰堂樓閣邊小屋今呼之簃廚連觀也。家大人曰，簃之言移也。移以豉反大傳正義曰，在旁而及曰移。逸周書作雒篇設移旅楹，孔晁曰承屋曰移。移與簃古字通。

述聞

連謂之簃　說文竹部無簃字。正義云，說文言部誃，離別也，从言多聲，讀若論語跢予之足。周景王作洛陽誃臺。繫傳云誃臺，別館也。文選東京賦，誃門曲榭。

匡名

簃　說文新坿簃字注云，說文通用誃。案逸周書作雒解，設移旅楹。孔晁注，承屋曰移。

盧氏文弨曰。移卽簃也。

說文誃，離別也，周景王作洛陽誃臺。案猶後世所謂離宮別館也。此文郭注云堂樓閣邊小屋，蓋自其屬于堂言則曰連，自其別于堂言則曰誃，二義異而實同，當作誃。

黃侃評本正名

連謂之簃。堂樓閣邊小屋今呼之簃廚連觀也。　簃當作誃，說文誃，離別也。周景王作洛陽誃臺，案猶後世所謂離宮別館也。此文郭注

爾雅詁林　五　釋宮

爾雅詁林 五 釋宮

云堂樓閣邊小屋、葢自其屬於堂言則曰連、自其別於堂言則曰誃、二義異而實同。

黃侃音訓

連謂之簃

錦燧謹案、說文竹部無簃字、言部云誃、離別也、周景王作洛陽誃臺。小徐繫傳即引爾雅此注爲釋、似簃當作誃矣、但離別與連義差遠、郝氏義疏謂簃當作移、其說甚是。說文禾部云移、禾相倚移也。倚移猶云延施、乃雙聲形況字互相連及之詞也。逸周書作雒解云設移旅楹、孔晁注承屋曰移。此簃當作移之證。

陸錦燧日記

今呼之簃廚連觀也 單疏本同。雪牕本注疏本廚作厨、釋文廚本或作蹰。按說文广部廚庖屋也、从广尌聲。五經文字云廚俗作厨、非。此當從釋文。广、厂不同部。

校勘記

連謂之簃○釋曰 注疏本删。

今呼之簃廚 十行本義廚。

校勘記訂補

連謂之簃 堂樓閣邊小屋、今呼之簃。廚連觀也、簃音移。

音・圖音

簃、弋訛作丈支翻、音移。說文通用誃、尺氏翻音侈。集韻因弋字訛支、遂有陳知一音、音池、又因通用作誃、復別出丈爾一音、音豸、宋時音學失傳、遂愈出而愈淆也。

音略

連謂之簃 池移

孫偘直音

連謂之簃。移池

直音校正

連謂之簃 移 簃、樓閣邊相連小屋名也。

楊氏音訓

簃 池

干氏音釋

屋上薄謂之筄

屋上薄謂之筄。屋笮。

郭注

屋上薄謂之筄 釋曰、屋上薄一名筄、今謂之屋笮也。

邢疏

屋上薄謂之筄

郭璞云屋笮。

一切注音

筄 音曜、又羊昭反。笮 阻格反、本或作笮。

陸音義

笮○邢本經文作笮。

音義攷證

屋上薄謂之筄

言上薄、則木之事終、瓦之事始矣。

新義

屋上薄謂之筄 音曜、即屋笮。

鄭樵注

屋上薄謂之筄 薄、鄭本作簿。

郭璞曰、屋笮。

鄭樵曰、音曜、即屋笮。

古注合存

連謂之簃屋上薄謂之筄 簃音移筄音曜。○此釋宮室旁之簃與其上之筄之名也。註曰簃者樓閣旁小屋、今之簃廚連觀也。筄屋笮也。

注疏參義

屋上薄謂之筄 **註** 屋笮 **正義** 在椽上而傳於瓦者名筄。玉篇云筄、危也。以其當屋之高處也。今南方多以竹爲之、亦有用木者、則謂之軒版。 **註** 屋笮。 **正義** 說文云笮、迫也。在瓦之下棼上。釋名云笮、迮也。編竹相連迫迮也。是屋皆有笮也。其用諸重屋則用複笮。鄭註考工記云、重屋複笮也。逸周書作雒解云常累復格、復格其卽所云複笮、與廣雅云格謂之笮、張揖以櫨爲笮、與郭義殊。

正義

屋上薄謂之筄 屋笮 薄卽簾也、以葦爲之、或以竹、屋上薄亦然。謂之筄者、玉篇云筄、屋危也。屋棟爲危、以至高而得名。郭云屋笮者、說文笮、迫也、在瓦之下棼上。釋名云笮、迮也、編竹相連迫迮也。匠人注云重屋複笮也。蓋凡屋皆有笮、重屋故複笮矣。

義疏

屋上薄謂之筄 郭注屋笮。 屋上薄若今涼篷。笮在瓦下、非屋上也。筄、眺也。望則見之。玉篇筄、屋危也。

集解

屋上薄謂之筄 薄簾也、以葦爲之或以竹。屋上薄者、禮所謂重屋是也。又偁爲通天屋、上覆茅簾、故云薄。筄、眺也、重屋四面無壁、可以遠眺。或曰、薄欂也。屋棣之之偁。玉篇筄、屋危也。屋棟爲危、取超義。

義證

屋上薄謂之筄 筄音曜

[註]屋笮[補正]臣鋆按、筄今椽上版所以承瓦者。說文云在瓦之下棼之上。

郭注補正

屋上薄謂之筄

屋䇥 釋文云、䇥本或作笮。案各本皆作笮。

郭注佚存補訂

屋上薄謂之筄

郭注屋笮。笮者、說文云在瓦之下棼上。棼、複屋棟也。柏年案複屋今之翻軒、屋上空復覆以瓦、其間施以簾薄、至今猶然。

補釋

屋上薄謂之筄註屋笮 笮、釋文作䇥、同。阻格切。

注疏正字

屋上薄謂之筄 薄、石經从竹、俗體也。釋文此字無音、知必作薄。單疏本作薄、集韻十八九類篇五上引亦作薄。案孟子先薄正祭器、孫氏奭音義曰本多作薄、誤。是知今之簿字古皆从艸。宣公疏於小學、故反斥正體爲誤耳。 說文竹部無筄字。

匡名

容謂之防連謂之簃屋上薄謂之筄 音曜 郭註容如小曲屏風、與扆異、其用之於射則一名乏。賈疏、容者以革爲之、可以容身。乏者、謂矢於此匱乏不去。因自防隱、故謂之防。 說文簃、閣邊小屋。郭註堂樓閣邊小屋、今呼之簃廚連觀也。通作誃。周景王作洛陽誃臺、繫傳猶別館也。此言小室連於大屋、謰、圓連也。通作聯。西京賦、聯以昆德。 玉篇筄、危也。屋之高處也。今謂之軒版。郭註屋笮。笮、迫也。在瓦之下棼上。

啓蒙

筄 窕 郭注。屋笮也。說文。笮迫也。段氏注云。屋笮者本義。引伸爲逼窄字。楊氏峴曰。案荀

爾雅詁林　五　釋宮

子。充盈大宇而不窕。入郤穴而不逼。淮南兵略訓。入小而不偪。處大而不窕。齊物訓。大則塞而不入。小則窕而不周。是窕亦有迫義。說文無筄。筄窕同从兆得聲。當借窕。峴說繆。此三窕皆由肆義引申。說文敫字注云、考事㒳笮邀遮其辭得實曰敫。是笮邀義同、正作徼循也。

黃侃評本正名

屋上薄謂之筄。屋笮。　薄者迫也、迫笮同義、說文敫下云、考事㒳笮邀遮其辭得實曰敫、是笮邀義同。邀正作徼、循也後出字作筄、廣雅作朓、曹憲音兆、疑取兆圻之義、簿版皆有文飾也。廣雅又云、梠謂之笮、梠者說文欂櫨也、此屋上薄為笮、猶彼柱上欂櫨為笮也、笮之言迫也、疾也、筄之為言躍也、釋訓躍躍迅也、注盛疾之貌、屋上薄謂之筄、又曰楶一曰疾、同意。又言超也、超高也。楶在柱上欂下、筄在棼上瓦下、皆處二物之間、故皆有笮名。筄笮蓋竹木皆可為之、即今之天花板、北京之頂棚則多以竹葦為之。釋訓釋文注薄蒲博反本今作簿、釋器注謂以簿為魚笱、釋文亦作薄、比知此屋上薄、釋文亦从卄也。

黃侃音訓

屋上薄謂之筄。唐石經薄作簿。

考異摘要

屋上薄謂之筄

說文無筄字、當讀爲笮。笮、迫也、在瓦之下棼上。與雅義合。注屋笮。集均笮、筄也。此筄笮義同之證。史記梁太后爭門措指、漢書文三王傳同、晉灼引許君曰措置字借以爲笮耳。案說文措、置也。蓋彼文叚笮爲措、此則叚筄爲笮耳。詳拙著漢書許注輯證。

王仁俊日記

屋上薄謂之筄單疏本注疏本同。唐石經雪牕本薄作簿。按廣韻三十五笑筄、屋上薄也。字亦從艹。

屋笮單疏本雪牕本同。釋文筵本或作笮。

屋上薄謂之筄○釋曰注疏本刪。

校勘記

屋上薄謂之筄音屋笮。筄、音曜。

筄音曜。廣韻弋照翻。又羊昭翻、音遥。

音略

音圖·音

屋上薄謂之筄。曜

孫偘直音

屋上薄謂之筄屋上薄今謂之屋笮也。曜

楊氏音訓

筄燿

干氏音釋

兩階間謂之鄉　中庭之左右謂之位　門屏之間謂之宁　屏謂之樹

兩階間謂之鄉、人君南鄉當階間。中庭之左右謂之位、羣臣之列位也。門屏之間謂之宁、人君視朝所宁立處。屏謂之樹。小牆當門中。

郭注

兩階閒至屏謂之樹　釋曰此別君臣之位處也。人君南面鄉明而治、其位在兩階閒、因名鄉也。云中庭之左右謂之位者、左右猶東西也、位羣臣之列位也。案明堂位云、三公中階之前北面東上。諸侯之位阼階之東、西面北上。諸伯之國、西階之西、東面北上。諸子之國門東、北面東上。諸男之國門西、北面東上是也。云門屏之閒謂之宁者、謂路門之外屏樹之內、人君視朝宁立之處、因名爲宁。李巡云、正門內兩塾閒曰宁。曲禮曰、天子當宁而立、諸公東面、諸侯西面曰朝是也。云屏謂之樹者、屏、蔽也。樹、立也。立牆當門以自蔽也。李巡曰、垣當門自蔽名曰樹。郭云、小牆當門中。禮緯云、天子外屏、諸侯內屏。郊特牲云、旅樹。鄭注云、旅道也、屏謂之樹、樹所以蔽行道。以此推之、則諸侯內屏在路門之內、天子外屏在路門之外而近應門者矣。

邢疏

屏謂之樹

以垣當門蔽爲樹。御覽一百八十五

犍爲注

門屏之間謂之宁

門屏之間謂正門內兩塾間名曰宁。詩正義五之一　禮記正義五　邢疏無門屏之間謂五字。

屏謂之樹

垣當門自蔽名曰樹。禮記正義五　邢疏

李注

門屏之間謂之宁　註見韻會六語

門內屏外、人君視朝所宁立處也。詩正義五之一

孫音注

兩階間謂之鄉

文選魏都賦注引爾雅曰、兩階間曰鄉、許亮反。

屏謂之樹

淮南主術訓天子外屏所以自障、高誘注屏猶垣也、門內之垣謂之樹。邵氏正義云、案高誘所引、舉其義而言之、其注呂氏春秋引爾雅屏謂之樹與今本同。

衆家注

黃輯古義

屏謂之樹

以垣當門蔽爲樹。太平御覽卷一百八十五

犍爲注

門屏之間謂之宁

門屏之間謂正門內兩塾間名宁。詩齊風著正義邢疏禮記曲禮下正義引無上五字。胡三省通鑑音義卷百六十七引云正門外。

屏謂之樹

垣當門自蔽名曰樹。邢疏禮記曲禮下正義

李注

門屏之間謂之宁

門內屏外、人君視朝所宁立處也。詩齊風著正義

孫音注

玉函山房輯佚

門屏之間謂之宁

正門內兩塾間曰宁。李注朱校宋本禮記疏七　正門外。同通鑑音注百六十七

門內屏外、人君視朝所宁立處也。孫注詩疏五之一

屏謂之樹

以垣當門蔽爲樹。舍人注宋本御覽百八十五　恒當門自蔽名曰樹。李注朱校宋本禮記疏七

鉤沉

門屏之閒謂之宁

李曰、門屏之閒謂正門內兩塾閒名曰宁。詩正義五之一　禮記正義五　邢疏

孫曰、門內屏外、人君視朝所宁立處也。詩正義五之一

屏謂之樹

舍人曰、以垣當門蔽爲樹。御覽一百八十五

李曰、垣當門自蔽名曰樹。禮記正義五　邢疏

漢注

兩階間謂之鄉

郭璞云、人居南鄉當階間。

中庭之左右謂之位

郭璞云、羣臣之列位也。列今本作側，茲依宋本改

門屏之間謂之宁

李巡云、正門內兩塾間名曰宁。禮記正義七卷、通鑑一百六十七卷音註引云正門外兩塾間曰宁。　孫炎云、門內屏外、人君視朝所宁立處也。詩正義五之一卷　郭璞云、人君視朝所宁立處。

屏謂之樹

舍人云、以垣當門蔽爲樹。太平御覽一百八十五卷　李巡云、垣當門自蔽名曰樹。禮記正義七卷　郭璞云、小牆當門中。

一切注音

兩階間謂之鄉　爾雅曰、兩階間曰鄉、許亮反。文選魏都賦註

門屏之間謂之宁　李巡曰、門屏之間謂正門內兩邊塾間名曰宁。曲禮正義　孫炎曰、門內屏外、人君視朝所宁立處也。曲禮正義

屏謂之樹　舍人曰、以垣當門蔽爲樹。御覽百八十五　李巡曰、垣當門自蔽名曰樹。曲禮正義

惠心案、呂氏春秋高誘注引爾雅屏謂之樹、今同。淮南主術訓高誘注引爾雅門內之垣謂之樹、是約注文言也。

古注斠

鄉本又作鄉、許亮反。注同。　屏卑井反。　朝直遙反。　宁音佇。

陸音義

兩階間謂之鄉

兩與皆焉無所偏系、鄉宜如此。

中庭之左右謂之位

所謂陟降庭止是也。

門屏之間謂之宁

宁字或用著、在宁則著矣。據如堂者密、詩曰俟我於著乎而、乎而、緩詞也。言雖俟于此、猶不得已焉。宁、今門所謂龜頭、字象龜形、以龜延宁者。

屏謂之樹

有所屏也、故有所樹也、若州吁者、既不能屏、又不能樹。

新義

兩階間謂之鄉中庭之左右謂之位　此別君臣位之所也。鄉、南鄉。位、列位。宁、門內兩塾之間也。實人君視朝所宁立之處。樹、立小牆當門中以自蔽。

門屏之間謂之宁屏謂之樹

鄭樵注

兩階間謂之鄉

郭璞曰、人君南鄉當階間。

中庭之左右謂之位

郭璞曰、羣臣之列位也。列、監本作側、此從宋本。

門屏之間謂之宁

李巡曰、正門內兩塾間曰宁。

孫炎曰、門內屏外、人君視朝所宁立處也。

郭璞曰、人君視朝所宁立處。

屏謂之樹

舍人曰、以垣當門蔽爲樹。

李巡曰、垣當門自蔽名曰樹。

郭璞曰、小牆當門中。鄭樵曰、此别君臣位之所也。鄉、南鄉。位、列位。宁、門內兩塾之間也。宁、人君視朝所宁立之處。樹、立小牆當門中以自蔽。自兩階間至此、總釋之也。

古注合存

兩階間謂之鄉、中庭之左右謂之位、門屏之間謂之宁、屏謂之樹。鄉去聲。屏音丙。○此釋位宁之屬之名也。疏曰、人君南面鄉明而治、其位在兩階間、因名鄉。左右猶東西也。位如明堂位之位、謂羣臣之列位。路門之外、屏之內、人君視朝宁立之處、因名爲宁。李巡云、正門內兩塾間曰宁。曲禮天子當宁而立是也。屏、蔽也。樹、立也。立牆當門以自蔽也。禮緯云、天子外屏、諸侯內屏。

注疏參義

文選注引兩階閒曰[門+鄉]、許亮反。廣韻作嚮。禮書云、爾雅門屏之閒謂之宁、詩俟我於著、著宁一也。西陽雜俎云、今人多呼殿榱桷護雀網爲罘罳、誤也。禮記明堂位疏、屏、天子之廟飾也。注云、屏謂之樹、今罘罳也、刻之爲雲氣蟲獸、如今闕上爲之矣。按釋名廣雅古今注諸書皆謂屏爲罘罳、蓋有屏之狀而實則小牆也。

補注

兩階間謂之鄉 **註** 人君南鄉當階間 中庭之左右謂之位 **註** 羣臣之列位也 門屏之間謂之宁 **註** 人君視朝所宁立處 屏謂之樹 **註** 小牆當門中 **正義** 此釋朝事儀之所在、由內以達外也。○兩階間謂之鄉。○堂有兩階、其東階曰阼階、其西階曰賓階、人君嚮明而治、其兩階間謂之鄉。曲禮云、天子當依而立、諸侯北面而見天子曰覲、鄭註、秋見曰覲。郊特牲云、覲禮不下堂而見諸侯。案覲禮云、天子袞冕負斧依、鄭註、南鄉而立以俟諸侯見。即曲禮所云當依而立也。秋覲主義以别等威、故與春朝之在廷者不同。○中庭之左右謂之位。○聘禮云、公揖入立于中庭、又云揖者進中庭、又云宰夫受幣于中庭、又曰大夫降中庭、舉中以見左右也。庭、通作廷。說文云、廷、朝中也。江永曰、治朝外朝皆平地、爲庭、無堂無階、故謂之朝廷。廷者、庭中也。曾子問、諸侯旅見天子、雨霑服失容則廢。明在庭中也。案、位古通作立。論語束帶立于朝、即左傳所謂有位於朝也。○門屏之間謂之宁。○曲禮曰、天子當宁而立、諸公東面、諸侯西面、曰朝。孔疏云、天子受朝於路門外之朝、於門外而宁立、以待諸侯之至、故曰當宁而立也。案、天子外屏、屏在路門之外、是門以外屏以內其間謂之宁。諸侯未集、天子佇立於此、設屏以蔽內外也。諸侯既集、則出至屏外負屏而立。曲禮以負屏爲當宁、猶以負依爲當依也。宁通作著。左氏昭十一年傳云、朝有著定。周語云、大夫士日恪位著、以儆其官。○屏謂之樹。○太平御覽引舍人云、以垣當門蔽爲樹。禮記疏引李巡云、垣當門自蔽名曰樹。荀子大畧篇、天子外屏、諸侯內屏、禮也。外屏不欲見內、內屏不欲見外也。淮南主術訓、天子外屏所以自障。高誘註、屏、樹垣也。爾雅曰、門內之垣謂之樹。諸侯在內、天子在外、故曰所以自障也。案高誘所引爾雅、舉其義而言之、其註呂氏春秋引爾雅屏謂之樹、與今本同。郊特牲云、臺門而旅樹、鄭註、旅道也。屏謂之樹、樹所以蔽行道。孔疏云、以此推之、則諸侯內屏在路門之內、天子外屏在路門之外而近應門者矣。**註** 人君至階間 **正義** 儀禮言階間者、皆言兩階之間、如特牲饋食禮云、執事之俎陳于階間、士虞禮云、饌黍稷兩敦于階間是也。郭云當階間者、言其南鄉而居中也。○羣臣至位也。○ **正義** 康王之誥云、太保率西方諸侯入應門左、畢公率東方諸侯入應門右。是朝位分左右也。舊疏引明堂位云、三公中階之前、北面東上。諸侯之位、阼階之東、西面北上。諸伯之國、西階之西、東面北上。諸子之國、門東、北面東上。諸男之國、門西、北面東上。此以朝於明堂之列位借以證位有左右耳。凡治朝外朝、羣臣皆以庭之左右爲列位也。列位蓋本誤作側位、今從宋本。○人君至立處。 **正義** 詩疏引孫炎云、門內屏外、人君視朝所宁立處也。孫意以爲宁在應門之內也。禮記疏引李巡云、正門內兩塾間曰宁。李亦以在應門之內、正門即應門、門側之堂爲塾、故以爲在兩塾。此皆以宁爲視朝之處也。今知不爲然者、宁爲將視朝佇立之處、設屏以蔽內外、故釋名云、宁、佇也、將見君所佇立定氣之處也。蓋有屏以蔽之。則人臣見君者、亦可稍立以定氣、要以屏之內爲宁也、旣出視朝、則屏在天子之後矣、故郭氏不取門內屏外之說也。○小牆當門中。○**正義**鄭註論語云、人君有別內外於門樹屏以蔽之。皇侃義疏云、今黃閤用板爲郭、古者未必用板、或用土、今太廟中門內作屏郭之也。案鄭註玉藻云、屏謂之樹、今桴思也。釋名云屏自障屏也。罘罳在門外、罘復也、罳思也、臣將入請事於此復重思之也。是鄭言罘罳卽外屏也、屏以牆爲之、郭與李孫義同。

正義

中庭之左右謂之位、註羣臣之側位也。　玉案、說文云列中庭之左右謂之位。註中側字當作列。邵氏正義亦云宋本作列。

校議

兩階閒謂之鄉人君南鄉當階閒**中庭之左右謂之位**羣臣之列位也

門屏之閒謂之宁人君視朝所宁立處**屏謂之樹**小牆當門中

兩階者、堂之東西階也。人君嚮明而治、當兩階閒而南鄉、因謂之鄉。郊特牲云、君之南鄉、荅陽之義也。文選魏都賦云、肅肅階闞、李善注引爾雅曰兩階閒曰闞、許亮反。是闞鄉同。○中庭者、聘禮云、公揖入立于中庭、又云擯者退中庭、皆舉中以表左右也。位者、說文云列中庭之左右謂之位、本爾雅文、增一列字、其義尤明也。左右猶東西、羣臣列位處、位卽所立之位。古者君臣皆立、論語束帶立於朝、曲禮天子當依而立。小宗伯注、古者立位同字。古文春秋經公卽位爲公卽立也。金鶚求古錄云、三朝惟內朝有堂階、則庭爲指內朝路寢庭也。凡言庭皆廟寢堂下、聘禮中庭、謂廟堂下之庭。燕禮中庭、謂路寢堂下之庭。若治朝外朝皆無堂、則亦無庭、而名之曰廷、所謂朝廷也。庭與廷有別、治朝外朝旣無庭、則所謂中庭之左右曰位者必內朝矣。○宁者、釋名云、宁、佇也、將見君所佇立定氣之處也。曲禮云天子當宁而立、正義引李巡曰、

門屏之閒謂正門內兩塾閒名曰宁。孫炎曰、門內屏外人君視朝所宁立處也。正義又云、諸侯內屏在路門之內、天子外屏在路門之外而近應門。金鶚駁之云、天子外屏、此言出於禮緯、鄭注禮記引其說、未可信也。太微垣有屏四星在端門內、此天子內屏之象也。又云凡門皆有屏、惟皋門無之、應門內有屏、故宁在門屏之閒、門卽應門也。今按外屏之說、亦見淮南書、金氏駁之是矣。又應人臣朝位、古亦名宁、詩云俟我于箸、左氏昭十一年傳云、朝有箸定、周語云大夫士日恪位箸、毛傳及韋昭注俱用爾雅。是箸宁通。○屏者、說文云屏蔽也。釋名云屏自障屏也。一切經音義廿引蒼頡篇云屏牆也。是屏以土爲牆、卽今之照壁、故論語皇侃疏云、今黃閤用板爲郭、古者未必用板、或用土。御覽一百八十五引舍人曰、以垣當門蔽爲樹。曲禮正義引李巡云、垣當門自蔽名曰樹。郊特牲云、臺門而旅樹、鄭注樹所以蔽行道。又引管氏樹塞門、塞猶蔽也。淮南主術篇云天子外屏所以自障、高誘注屏樹垣也。引爾雅曰門內之垣謂之樹、此所引非本文、蓋亦駁外屏之說耳。明堂位注用爾雅而云今桴思也。按釋名云罘罳在門外、又云蕭牆在門內、蕭、肅也、臣將入於此、自肅敬之處也。是蕭牆卽屏、劉熙以爲非、卽罘罳、與鄭異也。吳語云越王入命夫人、王背屏、是寢門內亦有屏矣。

義疏

羣臣之列位也　注文

列、宋十行本作側、邵本郝本竝作列、本說文列中庭之左右曰位。又邢疏云位、羣臣之列位也。今從之。潘澤農刺史云、按坐立皆曰位、訓坐則宜作列、訓立則宜作側、古庭見君臣皆立、茲曰羣臣之位、故郭注作側與。

經注集證

兩階閒謂之鄉郭注、人君南鄉當階閒。記、望鄉而哭、鄉在里門。詩、塞向是也。因爲寢門之名。**中庭之左右謂之位**

爾雅詁林　五　釋宮

郭注羣臣之列位也。位立同用字。**門屏之間謂之宁**李注、門屏之門謂正門、內兩塾門名曰宁。孫注、門內屏外、人君視朝所宁立處也。宁象屏形、詩、俟我於著乎而。羣臣待命之處、人君不宁立也。**屏謂之樹**舍人注以垣當門蔽爲樹。李注、垣當門自蔽名曰樹。郭注、小牆當門中。記、臺門而旅樹。高誘引爾雅門內之垣謂之樹。

集解

兩階間謂之鄉鄉、國離邑民所封鄉也、與向通用。向、北出牖也、引申爲凡牖及寢門之偁。禮記明堂位刮楹達鄉、謂夾戶牖。奔喪望鄉而哭、則偁里門。**中庭之左右謂之位**羣臣之列位也。中庭、內朝也。禮唯內朝乃有庭。**門屏之間謂之宁**宁、辨積物也。與貯通用。貯、張目也。引申爲見君見臣或臣見君、其立處均謂爲貯。俗作佇、作竚。說者謂取義於佇、非也。禮記曲禮天子當宁而立、謂君見臣。詩俟我於著乎而、著、宁也。取睹之義、則謂臣見君耳。門、路門也。禮天子宁在路門外屏內、諸侯宁在路門內屏外。此云門屏之門、諸侯蓋据雉門言耳。**屏謂之樹**廣屏義也。禮凡門皆有屏、非僅路門已也。禮記郊特牲、臺門而旅樹。禮緯、天子外屏、諸侯內屏。

義證

兩階間謂之鄉鄉許亮反

註人君南鄉當階間補正邢疏、人君南面嚮明而治、其位在兩階間、因名云。

中庭之左右謂之位

註羣臣之列位也補正邢疏、中庭之左右謂之位者、左右猶東西也、位、羣臣之列位也。案明堂位云、三公中階之前、北面東上。諸侯之位、阼階之東、西面北上。諸伯之國、西階之西、東面北上。諸子之國、門東、北面東上。諸男之國、門西、北面東上是也。

門屏之間謂之宁宁音佇。

註人君視朝所宁立處補正邢疏、謂路門之外、屏樹之內、人君視朝宁立之處、因名爲宁。曲禮曰天子當宁而立、諸公東面、諸侯西面而朝是也。

屏謂之樹

註小牆當門中補正邢疏、屏、蔽也。樹、立也。立牆當門以自蔽也。李巡曰、垣當門自蔽名曰樹。禮緯云天子外屏、諸侯內屏。郊特牲云旅樹、鄭註云旅、道也。屏謂之樹、樹所以蔽行道。以此推之、則諸侯內屏在路門之內、天子外屏在路門之外而近應門者矣。

郭注補正

門屏之間謂之宁。詩、俟我於著。作著者、古字通。

錢氏古義

兩階閒謂之鄉

人君南鄉當階閒

明注疏本君誤居。

門屏之閒謂之宁

人君視朝所宁立處也

希麟根本說一切有部毘奈耶出家事三卷音義

爾雅詁林　五　釋宮

引爾雅門屏之間謂之宁、郭注云人君視朝所宁立處也。今據補也字。

郭注佚存補訂

兩階間謂之鄉

堂有兩階、東曰阼階、西曰賓階、天子鄉明而治、在兩階之間、所謂當依而立。大雅公劉既登乃依、鄭箋謂公劉既登堂負依而立、蓋在兩階之間也。

中庭之左右謂之位

說文云中庭之左右謂之位。金氏鶚云、三朝惟內朝有堂階、庭指內朝路寢庭也、治朝外朝皆無堂庭。小雅采菽序謂諸侯來朝、平平左右、亦是率從左右、即朝見人君之位。鄭箋謂連屬之國、非也。大雅韓奕亦來朝之、詩虔共爾位、亦謂在中庭之位以受天子之命也。假樂不解於位、謂百辟卿士皆在位不怠也。此亦內朝之燕、傳云朋友羣臣也。

門屏之間謂之宁

李巡曰、門屏之間謂正門內兩塾間名曰宁。孫炎曰、門內屏外人君視朝所宁立處也。下文云正門謂之應門、大雅緜迺立皐門、皐門有伉、迺立應門、應門將將。此門者應門也。宁在門屏之間。金氏鶚云、凡門皆有屏、惟皐門無之。宁通作著。齊風著俟我於著乎而、毛傳云門屏之間曰著。

屏謂之樹

說詳訂經。

說詩

屏謂之樹

郭注小牆當門中。柏年案、蓋即今照牆。

補釋

兩階間謂之鄉註人君南鄉當階間（君誤居。）

中庭之左右節註羣臣之列位也（列誤側。）

疏阼階之東西面北上（面、毛本誤南。）諸公東面諸侯西面曰朝是也（曰誤而。）

注疏正字

兩階間謂之鄉　釋文云、鄉本又作𨞬。文選注（六）說文繫傳（卄三）集韻（四十一漾）類篇（十二上）引作䦲、廣韻（三十六養）引作嚮。案䦲、正文。𨞬通借、鄉省文、嚮別體。（嚮字無所从、在說文無部可歸、此有聲無形之字、然其流傳已遠矣。）

兩當作网（見釋親）

門屏之間謂之宁　屏通庰、說文（尸部）屏、蔽也、从尸并聲。又（广部）庰、蔽也、从广并聲。詩（齊風著）俟我于著乎而、傳云門屏之間曰著。即此文也。著當作箸、箸即𥳑箸字、（據說文）𥳑箸俗作躊躇、𨑨、立有𥳑箸之意、故謂之箸也。經典相承以著代箸。宁通借字。（見釋詁）

屏謂之樹　高誘注呂覽季秋紀引爾雅同、而於淮南時則訓

爾雅詁林　五　釋宮

注云屏、樹垣也、爾雅曰門內之垣謂之樹。垣者也則又大異。又主術訓注云屏、樹垣也、門內之垣謂之樹。不曰爾雅、疑時則注中爾雅曰三字係後人妄加。邵氏正義引高注多誤。　說文木部樹、生植之總名、从木尌聲。又豈部尌、立也、从豈从寸持之也。讀若駐。此當作尌、通借樹字。

匡名

兩階間謂之鄉音向　中庭之左右謂之位　門屏之間謂之宁　屏謂之樹

兩階、東階阼階、西階賓階也。郭註人君南鄉當階間。　說文位、列中庭之左右謂之位。郭註羣臣之列位也。通作立、論語束帶立于朝、即左傳所謂有位於朝也。門、聞也、从二戶象形。宁、辨積物也、象形。郭註人君視朝所宁立處。曲禮天子當宁而立、宁立以待諸侯之至、故曰當宁而立也。屏、屏蔽也、設屏以蔽內外。諸侯既集、出至屏外負屏而立、負屏、當宁也。　郭註小牆當門中。荀子、天子外屏、諸侯內屏。論語邦君樹塞門、註設屏于門以蔽內外也。

啓蒙

門屏之間謂之宁。人君視朝所宁立處。　宁說文辨積物也、故有明辨義。視朝立處、故有明視義。通作著、昭十一左傳注著定朝內列位常處、謂之表著。又通作署、魯語署、位之表也。著署之言睹曙也、說文睹、且明也、後出字作曙。又言睹也、說文睹、見也、从宁聲者有眝、正與睹義近。

屏謂之樹。小牆當門中。　廣雅罦罳謂之屏、罦罳即罘罳字、又作桴思、浮思、覆思、復思。明堂位疏則云、桴思屏上為屋、以覆屏牆、故稱屏曰桴思。漢書文紀未央宮東闕罘罳災、顏注罘罳謂連闕曲閣以覆重刻、垣墉之處、其形罘罳然、一曰屏也、古今注云、漢西京罘罳合版為之、亦築土為之、案晰言則屏為牆、罘罳則所以覆屏而有雕刻、通言則罘罳亦為屏、用木用土則自漢已兼有之、古用土、當如皇侃論語疏所說、故倉頡以牆釋屏。

黃侃音訓

兩階間謂之鄉　中庭之左右謂之位　門屏之間謂之宁

釋文、鄉本又作鄕。釋宮釋文　文選注引作兩階間曰闞。魏都賦注　說文闞、嚮也。門部闞　廷、朝中也。从廴壬聲。廴部廷　周禮注、故書位作立、鄭司農云立讀為位、古者立位同字。春官小宗伯注　毛詩傳作門屏之間曰著。齊風著詩傳　宁、毛傳作著。按宁通作著、左傳昭十一年朝有著定、周語大夫士日恪位著、以儆其官、義皆作宁。

證異

屏謂之樹

錦燧謹案、說文尸部云屏、蔽也。釋名云屏、自障屏也。一切經音義廿引蒼頡篇云屏、牆也。是今之屏風照壁皆得稱之曰屏。屏謂之樹者、取樹立之義。說文木部云樹、生植之總名、从木尌聲。又豈部云尌、立也、从豈从寸持之也。然則樹猶假借字、尌乃本字。

陸錦燧日記

人君南鄉當階間　雪牕本同。注疏本君誤居。

兩階間至屏謂之樹〇釋曰　注疏本刪。

鄉明而治　元本同。閩本監本毛本鄉改嚮。

西面北上　元本閩本監本同。毛本面誤南。

諸侯西面曰朝是也　元本同。閩本監本毛本曰誤而。

校勘記

爾雅詁林　五　釋宮

羣臣之側位也 十行本雪𠞰本吳本並列位。

兩階閒謂之鄉注人君南鄉當階閒。今本君誤作𡰥。疏人君南面嚮明而治，其位在兩階閒。中庭之左右謂之位，注羣臣之列位也。今本列誤作側。

中庭之左右謂之位，疏西面北上。今本面誤作南。

校勘記訂補

西面北上 毛本作西南，誤。明監本湘本及明堂位正作西面。

注疏本正誤

羣臣之側位也 明監本毛本湘本同。邵正義本郝義疏本注側均作列。案說文列中庭之左右謂之位，實郭注所本。下邢疏亦作列，此作側誤。

注疏校勘札記

兩階閒謂之鄉 人君南鄉當階閒。鄉，音向。門屏音并之閒謂之宁 人君視朝所宁立處。宁，音佇。

音・圖音

兩階閒謂之鄉 向 中庭之左右謂之位。門屏 併 之閒謂之宁。佇 屏謂之樹。平併

孫品直音

門屏 併 之閒謂之宁。佇

直音校正

兩階閒謂之鄉 去聲 中庭之左右謂之位 門屏之閒謂之宁 宁，人君視朝所宁立處。屏 丙 謂之樹 屏，蔽也。樹，立也，立牆當門以自蔽也。

楊氏音訓

鄉 許亮切 閍謂之門

干氏音釋

閍謂之門。詩曰，祝祭於祊。

郭注

閍謂之門

閍故廟中門名也。詩正義十一之二 春秋正義三十五 邢疏

引閍廟門也

李注

閍謂之門

祊謂廟門也。詩云祝祭於祊。詩正義十三 禮記正義二十五 春秋正義三十五 韻會八庚

引閍在廟門外

孫音注

閍謂之門

禮記郊特牲索祭祝於祊，注云廟門曰祊。正義以爲釋宮文。禮器正義亦引釋宮廟門謂之祊。郊特牲祊之於東方，正義又引釋宮云門謂之祊。郝氏義疏

衆家注

黃輯古義

閍謂之門 春秋正義引經注並作祊

閍故廟中門名也。春秋襄二十四年正義 邢疏 詩小雅楚茨正義並引云閍廟門名。

李注

祊謂之門 今注疏本作閍，詩禮春秋正義引孫炎爾雅並作祊。

祊謂廟門也。詩云祝祭于祊。禮記郊特牲正義引孫炎云謂廟門外、又引詩云云。詩小雅楚茨正義、春秋襄二十四年正義引謂廟門下有也字、並在引詩下。

玉函山房輯佚

閍祊謂之門 **孫音注**

祊故廟中門名也。同 詩云祝祭於祊、謂廟門也。孫注並宋本春秋疏二十三

謂廟門外。同 朱校宋本禮記疏三十五

鈎沉

閍謂之門

李曰閍故廟中門名也。詩正義十三之二春秋正義三十五 邢疏

孫曰、祊謂廟門也。詩云祝祭於祊。詩正義十三禮記正義二十五春秋正義三十五

漢注

閍謂之門

李巡云祊、故廟中門名也。孫炎云、詩曰祝祭於祊、謂廟門也。並左傳正義二十三卷禮記正義三十五卷引孫炎云謂廟門外。郭璞云詩曰祝祭於祊。

一切注音

閍謂之門 李巡曰、祊故廟中門名也。孫炎曰、祝祭于祊謂廟門也。左襄二十四年傳正義

蕙心案郝氏義疏曰、郊特牲索祭祝于祊、注云廟門曰祊。正義以爲釋宮文。禮器正義亦引釋宮廟門謂之祊。郊特牲祊之于東方、正義又引釋宮云門謂之祊、脫廟字。參以孫李注、并以廟門釋祊、疑爾雅古本當作廟門謂之祊。左傳正義引爾雅與今本同。

古注斠

閍 補耕反。說文作鬃、云或作祊、門內祭先祖所彷徨也。祊音同閍。

陸音義

閍謂之門

有方則不能應矣。凡廟門曰閍、其外曰應門、又其外曰庫門。

正門謂之應門

應若二五正也、上九上窮有蚪而已。廣雅曰、有翼曰應龍、有角曰蚪龍。

新義

閍謂之門

李巡曰閍、廟門名。

孫炎曰、詩云祝祭于祊。祊、謂廟門也。按郊特牲疏引孫炎云謂廟門外、恐非。此從詩疏。

郭璞曰、詩曰祝祭於祊。

古注合存

閍亦作祊、蓋祊祭於此、故卽以爲門名。

補注

閍謂之門 詩曰祝祭于祊

門、廟門也。閍、說文作鬃、或作祊、云門內祭先祖所以彷徨。詩楚茨傳祊、門內也。箋云、孝子不知神之所在、故使祝博求之平生門內之旁待賓客之處。然則祊在門內。禮器云爲祊乎外、蓋以門內對廟中爲外耳。鄭以祊爲繹祭、郊特牲注遂謂祊之禮宜於廟門外之西堂。此二注似皆失之。祊與繹本二祭、祊又不在廟門外也。左氏襄廿四年正義引李巡曰祊故廟門名也。孫炎曰、祝祭于祊、謂廟門也。按郊特牲索祭祝于祊、注云廟門曰祊、正義以爲釋宮文。禮器正義亦引釋宮廟門謂之祊。郊特牲祊之於東方、正義又引釋宮云門謂之祊、脫廟字。參以李孫二注、並以廟門釋祊、疑爾雅古本當作廟門謂之祊、賴有注疏可證、

爾雅詁林 五 釋宮

惟左傳正義引爾雅與今本同或後人據今本改耳。

于祊。**義疏**

閍謂之門　李注，祊，故廟門名也。孫注，祝祭于祊，謂廟門也。郭注，詩曰祝祭于祊。祊，卽方也。上云北方。禮有東方西方，因祝祭加示耳。廟門寢門皆不名方，郝欲改此爲廟門謂之閍，說文有鬃字云門內祭，竝非。**集解**

閍謂之門　閍字本作方，併船也。因通爲門名，而加門耳。門从二戶，二戶相併，則謂爲門。與方義近。禮記禮器爲祊乎外，詩楚茨祝祭于鬃，均斥門內之祭而言，非此閍也。**義證**

閍謂之門　閍補耕反

註詩曰祝祭於祊**補正**邢疏，李巡曰閍，廟門名。案祊本廟門之名，設祭於廟門，因名其祭亦名祊。凡祊有二種，一是正祭之時，既設於廟，又求神於廟門之內，郊特牲云索祭祝於祊，及詩云祝祭於祊，註祊，平生門內之旁待賓客之處，與祭同日也。一是明日繹祭之時，設饌於廟門外西室，亦謂之祊，卽郊特牲註云祊之禮宜於廟門外之西室，及禮器云爲祊乎外是也。然則廟門內外皆有祊稱。**郭注補正**

閍謂之門

小雅楚茨祝祭於祊，毛傳云祊，門內也。鄭箋云孝子不知神之所在，故使祝博求之平生門內之旁待賓客之處。正義云，釋宮閍謂之門，李巡曰閍，廟門名。孫炎曰詩云祝祭於祊，祊謂廟門也。彼直言門，知門內者，以正祭之禮不宜出廟門也。而郊特牲曰索祭祝於祊，注云廟門外曰祊。又注，祊之禮宜於廟門之西室。與此不同者，以彼祊對正祭，是明日之名，又彼記文稱祊之於東方爲失，明在西方，與繹俱在門外，故禮器曰爲祊於外，祭統曰而出於祊，對設祭於堂爲正，是以明日之繹，故皆在門外，與此不同，以廟門謂之祊，知內外皆有祊稱也。阮氏元云，此文疑倒，郊特牲祊之於東方，正義曰釋宮云門謂之閍，孫炎謂廟門外，是孫本作門謂之閍也。郊特牲索祭祝於祊，注云廟門曰祊，正義曰爾雅釋宮文。又禮器爲祊於外，正義引釋宮云廟門謂之祊，皆閍字在下，可互證。今案襄廿四年左氏傳正義引李巡曰祊，故廟門名也。是李亦以門爲廟門也。據鄭注廟門謂之祊，則鄭本門上宜有廟字，今本脫耳。周語今將大泯其宗祊，韋昭注云廟門謂之祊，蓋亦用爾雅。說文閍作鬃，云或作祊。今經典皆作祊。**說詩**

閍謂之門　閍，說文作鬃，云或作祊。補耕切。**注疏正字**

爾雅詁林　五　釋宮

閍謂之門　說文（示部）：鬃，門內祭先祖所以旁皇，（今本二字皆从彳誤）从示彭聲。詩曰祝祭于鬃。或从方作祊。　春秋正義（卅五）引作祊。禮記正義（卅四）引作廟門謂之祊。又（卅五）云釋宮云門謂之祊，孫炎云謂廟門外。又引詩云祝祭于祊，故知廟門。又郊特牲注云廟門曰祊，正義曰：廟門曰祊，爾雅釋宮文。　說文門部無閍字。

匡名

閍　祊　釋文：閍，說文作鬃，或作祊，門內祭先祖所彷徨也。

黃侃評本正名

閍謂之門。　郊特牲疏：凡祊有二種，一是正祭之時，既設祭于廟，又求神于廟門之內；一是明日繹祭之時，設饌于廟門外。案無論門內門外，而祊祭必近門，故即名門曰祊矣。

黃侃音訓

閍謂之門有脫誤

禮記禮器為祊乎外，正義引釋宮作廟門謂之祊。祊與閍同。今本爾疋閍謂之門，文義不順不備，似脫誤。

讀雅筆記

屏謂之樹閍謂之門

舍人注：以垣當門蔽為樹。（引見太平御覽）淮南子注引作門內之垣謂之樹。（主術訓注）小雅閍作祊。（楚茨詩引見郭注）說文作鬃，（云門內祭先祖所以徬徨。）

示部　鬃

閍謂之門，注云：詩曰祝祭於祊。釋文：閍，補耕反。說文作鬃，云或作祊，門內祭先祖所彷徨也。祊音同閍。按小雅楚茨詩祝祭于祊，傳云：門內也。孝子不知神之所在，使祝博求之門內之旁，待賓客處也。禮記禮器設祭於堂，為祊乎外，注：祊，明日繹祭也。謂之祊者，於廟門之旁，因名焉。正義：祊二有義，一正祭時，祭神於廟，復求神於廟門內；一明日繹祭時設饌於廟門外西室。據正義閍一于門內，一于門外，郭氏引詩門內之祊，舉內以該外也。

證異

閍謂之門。禮記禮器為祊乎外，正義引釋宮云廟門謂之祊。又郊特牲祊之于東方，正義引釋宮云門謂之祊。此門上當脫廟字。又索祭祝于祊，注云廟門曰祊。正義曰：廟門曰祊，爾雅釋宮文。據此知今本爾雅文有脫誤。詩楚茨正義、春秋襄二十五年正義引爾雅與今本同，疑傳寫者誤用今本改之，不及禮記疏之可據也。或謂詩春秋疏引孫炎曰祊謂廟門也，若爾雅本作廟門謂之祊，叔然無煩此釋。承珙案：郊特牲疏引孫炎曰謂廟門外，詩云祝祭于祊。孫叔因爾雅但言廟門，故以外增成其義，詩春秋疏所引脫外字，亦不及此引之可據也。郭注但本孫炎，引詩祝祭于祊，更不言何門，此必所見本作廟門謂之祊故耳。若如今本，將不知為何處之門，郭氏豈得略之乎。韋昭國語注云廟門謂之祊，此卽用爾雅文也。

胡氏古義

閍謂之門。按勘記，此文疑倒。禮記郊特牲祊之於東方，正義曰，釋宮云門謂之閍。孫炎云謂廟門外。是孫叔註本作門謂閍也。

考異摘要

閍謂之門　唐石經雪牕本同。單疏本標起止云閍謂至之閍。按，此文疑倒。禮記郊特牲祊之於東方，正義曰釋宮云門謂之閍，孫炎云謂廟門外。是孫叔然注本作門謂之閍也。郊特牲索祭祝于祊，注廟門曰祊，正義曰爾雅釋宮文。又禮器為祊乎外，正義曰以釋宮云廟門謂之祊，皆閍字在下，可互證。鄭孔俱言廟者，以義增加，非爾雅本文。

祝祭於祊　單疏本雪牕本注疏本同。釋文祊，音同閍。此經注異文之明證。郊特牲正義引孫炎注亦引詩祝祭於祊。

校勘記

閍謂至之閎○釋曰注疏本刪。

○注詩曰祝祭於祊○釋曰注疏本刪注詩曰釋曰。

六行閍謂之門○阮氏《校勘記》云：「按此文疑倒。《禮記·郊特牲》：祊之於東方，《正義》曰：《釋宮》云：門謂之閍，孫炎云：謂廟門外。是孫叔然注本作門謂之閍也。《郊特牲》：索祭祝于祊，注：廟門曰祊。《正義》曰：《爾雅·釋宮》文。又《禮器》：為祊乎外，《正義》曰：以《釋宮》云廟門謂之祊，皆閍字在下，可互證。鄭、孔俱言廟者，以義增加，非《爾雅》本文。」

宋監本校箋

音圖·音

閍音崩謂之門

孫侶直音

祊 閍謂之門。

直音校正

祊 閍謂之門

楊氏音訓

閍祊謂之門 閍廟門名。

干氏音釋

閍晡橫切

正門謂之應門

郭注

正門謂之應門。朝門。

李注

正門謂之應門

宮中南嚮大門應門也。禮記正義三十一

黃輯古義

正門謂之應門

謂廟門也。詩正義十六之二 郭同

孫音注

玉函山房輯佚

正門謂之應門

宮中南嚮大門、應門也。禮記明堂位正義

李注

正門謂之應門

謂廟門也。詩大雅緜正義

孫音注

鉤沉

正門謂之應門

宮中南嚮大門、應門也。李注 朱校宋本禮記疏四十一

漢注

正門謂之應門

李曰、宮中南嚮大門、應門也。禮記正義三十一

孫曰、謂廟門也。詩正義十六之二 郭同

一切注音

正門謂之應門

李巡云、宮中南嚮大門、應門也。禮記正義四十一卷 孫炎云、

謂朝門也。詩正義十六之二卷 郭璞云朝門。

古注斠

正門謂之應門

孫炎曰、宮中南嚮大門、應門也。詩緜正義

古注合存

正門謂之應門

李巡曰、宮中南嚮大門、應門也。

孫炎曰、謂朝門也。

郭璞曰、朝門。

正門謂之應門朝門

應門者、詩緜傳云王之正門曰應門。毛知惟王曰應門者、以書言康王朝諸侯於應門之內、而明堂位言

爾雅詁林 五 釋宮

庫門天子皋門。雉門天子應門。明天子曰皋應、諸侯曰庫雉也。正門者正猶中也。言應門居內外之中、明皋門爲外門、路門爲內門也。知應門爲朝門者、以君每日視朝在應門內路門外、其地爲正朝、故匠人注應門謂朝門也。詩緜正義引孫炎與鄭注同、箋云諸侯門曰皋應、天子加以庫雉。明堂位注又云天子五門皋庫雉應路、魯有庫雉路、則諸侯三門與。今按鄭旣於箋注說已不同、參以諸家說又互異、諸侯三門無成文、天子五門亦無明證、故戴氏震考工記補注據明堂位及詩緜傳、斷以天子之門不聞有庫雉、諸侯之門不聞有皋應、又云天子諸侯皆三朝三門。其說甚的、可以匡鄭之失矣。

義疏

正門謂之應門 孫注、應門謂朝門也。書、王出在應門之內。外朝在應門內也。應、膺也。正當路門外庫門內。

集解

正門謂之應門 書顧命王出在應門之內、謂外朝也。應對當也、王者應接諸侯對當意也。偁正門者、以其在中。禮天子五門皋庫應雉路、而已皋爲宮之郭門、庫爲止車門、雉爲宮中城門、諸侯軒城缺南面、又無應接諸侯之事、皋應所以從闕與。

義證

正門謂之應門

〔註〕朝門〔補正〕臣鋆按、天子諸侯皆三朝三門、三朝、外朝、內朝、燕朝是也。三門、制不同而稱亦異、天子皋門、應門、路門、諸侯庫門、雉門、路門是也。禮明堂位云、庫門、天子皋門。雉門、天子應門。詩廼立皋門毛傳云王之郭門曰皋門、王之正門曰應門。明諸侯之庫門則天子之皋門、諸侯之雉門則天子之應門也。陳祥道云、諸侯之外門曰庫門、魯以周公之故、猶不稱皋門、應門、特爲皋應之制而已。朱子曰、書天子有應門、春秋書魯有雉門、禮記云魯有庫門、家語云衛有庫門、皆無云諸侯有皋應者、則皋應爲天子之門明矣。自鄭氏箋詩謂天子五門皋庫雉應路、諸侯三門庫雉路、說禮者因之、滋惑焉。又按、臣族兄臣震有三朝三門考、亦足相證發。其言曰天子諸侯皆三朝、則天子諸侯皆三門、與禮說曰天子五門皋庫雉應路、諸侯三門皋應路、失其傳也。天子之宮有皋門有應門有路門、路門一曰虎門一曰畢門、不聞天子庫門雉門也。郊特牲曰獻命庫門之內、此亦據魯之事記者以魯用天子之禮樂、故推魯事合於天子、所稱多傅會失寔。諸侯之宮有庫門有雉門有路門、不聞諸侯皋門應門也。皋門者、天子之外門。庫門者、諸侯之外門。應門、天子之中門。雉門、諸侯之中門。異其名、殊其制、辨等威也。天子三朝、諸侯三朝、天子三門、諸侯三門、其數同、君國之事侔體合也。朝與門無虛設也。君臣日見之朝謂之內朝、豪人及玉藻之內朝是也。或謂之治朝、或謂之正朝、在路門外庭、司士正其位。記或謂之外朝、與路寢庭之朝連文爲外內也。文王世子曰、內朝則東面北上、臣有貴者以齒。其在外朝則以官。註云內朝路寢庭、外朝路寢之門外庭。斷獄蔽訟及詢非常之朝謂之外朝、在中門外庭。小司寇掌其政、朝士掌其灋。以燕以射及圖宗人嘉事之朝謂之燕朝、在路寢庭。太僕正其位、若射則射人掌其位。聘禮曰、公出送賓及大門內、周官司儀曰出及中門之外、廟在中門內明矣。記曰、昔者仲尼與於蜡賓、

爾雅詁林　五　釋宮

事畢出遊於觀之上。蜡之饗亦祭宗廟、廟在雉門內、故出而至觀也。春秋桓宮僖宮災、火自司鐸踰公宮至桓僖二廟。廟邇公宮也。季桓子至、御公立於象魏之外。立當遠火也。春秋穀梁氏傳曰、禮送女、父不下堂、母不出祭門、諸母兄弟不出闕門。廟門謂之祭門、觀謂之闕、亦謂之象魏。諸侯設於雉門、是以雉門謂之闕門。天子蓋設於應門、闕門在外、祭門在內、不出闕門者、得出祭門者也。以臣震之說證之、正朝在路門外應門內、然則爾雅謂應門爲正門、郭氏謂之朝門、皆可通矣。

郭注補正

正門謂之應門

大雅緜、迺立皋門、皋門有伉、迺立應門、應門將將。毛傳云、王之郭門曰皋門、王之正門曰應門。鄭箋云、諸侯之宮外門曰皋門、朝門曰應門、內有路門、天子之宮加以庫雉。戴氏震以天子諸侯皆三朝三門、據明堂位云、庫門、天子皋門、雉門、天子應門。及毛傳斷以天子之門、不聞有庫雉、諸侯之門不應有皋應。今案諸侯之門名曰庫雉、其制則如皋應。襄十七年左氏傳宋人稱皋門之皙、是諸侯亦稱皋門也。太王時爲諸侯、而亦爲天子之門、可知皋應即諸侯之庫雉、可以通稱。緜正義謂傳言美大王作郭門以致皋門、作正門以致應門、言大王本作郭門、正門、在後文王之興、以爲皋門、應門、雖遷都於豐、用岐周舊制、故云致得爲之也。案大王當日所立之皋門應門、自是諸侯之制、後周定制、遂專以爲天子之門、實則諸侯之庫雉、即天子之皋應、故亦有閒稱皋應者。孫炎云、應門爲朝門也、與鄭箋同。

說詩

正門謂之應門　案禮記明堂位疏引李巡云、宮中南鄉大門、應門也。應是當也、以當朝正門、故謂之應門。

注疏正字

○注朝門○釋曰　注疏本刪注釋曰。

案鄭元注周禮　注疏本周誤問。

校勘記

乃立應門　明監本毛本湘本乃俱作迺。據上句迺立皋門、則迺字是。

注疏校勘札記

正門謂之應門。朝門。

楊氏音訓

觀謂之闕

觀謂之闕。宮門雙闕。

郭注

觀謂之闕　一切經音義十六引孫炎曰、宮門雙觀也。又二十四引門雙觀也。

宮門雙闕者、舊縣法象、使民觀之處、因謂

之觀。禮記正義二十一　詩正義四之四　韻會十五翰引無末四字。

孫音注

黃輯古義

觀謂之闕

宮門雙闕者、一懸法象、詩正義引無一字作舊章懸焉謂使民觀之處、詩正義無謂及處字因謂之闕。禮記禮運正義　詩鄭風子衿正義　一切經音義卷六又卷二十四

孫音注

玉函山房輯佚

觀謂之闕

宮門雙闕者、舊懸法象使民觀之處、因謂之闕。孫注並宋本春秋注疏二十三

鉤沉

觀謂之闕

孫曰、宮門雙闕者、舊縣法象使民觀之處、因謂之觀。禮記正義二十一　詩正義四之四　一切經音義六又二十四

漢注

觀謂之闕

孫炎云、宮門雙闕者、舊縣法象使民觀之處、因謂之觀。禮記正義二十九卷　詩正義四之四卷　郭璞云宮門雙闕。

一切注音

觀謂之闕　孫炎曰、宮門雙闕、舊章懸焉使民觀之、因謂之觀。詩子衿正義

古注斠

觀古玩反。

陸音義

觀謂之闕

人得而觀之闕矣。

新義

觀謂之闕

孫炎曰、宮門雙闕舊章懸焉、使民觀之、因謂之觀。此見詩鄭風疏、又禮記禮運疏引孫炎云舊懸法象魏使民觀之處、因謂之闕。與此小異。

郭璞曰、宮門雙闕。

古注合存

禮書云、爾雅觀謂之闕。禮器云、天子諸侯臺門、謂之闕、以其闕中也。謂之魏、以其巍巍也。謂之象、以其懸法象也。臺門以其高於垣墉、若臺然也、又謂是蕭牆。漢志未央宮東闕罘罳災、先儒謂爲屏罘罳。罘罳小樓也、城隅闕上皆有之、屏上亦然、故稱屏曰罘罳、然則先王觀闕之制宜如此。按屏謂之樹、觀謂之闕、舊說相沿爲一、非是。蓋屏卽上文扆畫斧形者、若今屏風然。闕則所謂罘罳也、不得誤混。孫炎曰、宮門雙闕舊章懸焉、使民觀之、故謂之觀。

補注

閍謂之門 註 詩曰、祝祭於祊。正門謂之應門 註 朝門。觀謂之闕 註 宮門雙闕也。

正義 此釋祭門、中門、闕門之名。○閍謂之門。○釋名云、門、捫也、在外爲人所捫摸也。左傳疏引李巡云、祊、故廟中門名也。禮器云、爲祊乎外。鄭註云、謂之祊者、於廟門之旁、因名焉。是祊爲廟門也。閍本或作祊。○正門謂之應門。○康王之誥云、王出在應門之內。爲朝諸侯之處、卽左傳所謂康有酆宮之朝也。考工記匠人云、應門二徹參个。鄭註云、正門謂之應門、謂朝門也。二徹之內八尺、三个二丈四尺。是鄭康成以正門卽朝門也。考工記補註云、禮說天子五門、皋、庫、雉、應、路。諸侯三門、皋、應、路。失其傳也。天子之宮、有皋門、有應門、有路門、路門一曰虎門、一曰畢門、不聞天子庫門雉門也。諸侯之宮、有庫門、有雉門、有路門、不聞諸侯皋門應門也。皋門天子之外門、庫門諸侯之外門、應門天子之中門、雉門諸侯之中門、異其名、殊其等、辨等威也。天子三朝、諸侯三朝、天子三門、諸侯三門、其數同、君國之事、伴體合也。朝與門無虛設也。君臣日見之朝、謂之內朝、或謂之治朝、或謂之正朝、在路門外

爾雅詁林 五 釋宮

庭、記或謂之外朝、與路寢庭之朝連文、爲外內也。斷獄蔽訟及詢非常之朝謂之外朝、在中門外庭。以燕以射及圖宗人嘉事之朝謂之燕朝、在路寢庭。聘禮曰、公出送賓及大門內。周官司儀曰、出及中門之外。廟在中門內明矣。○觀謂之闕○說文云、闕、門觀也。釋名云、闕在門兩旁、中央闕然爲道也。禮記疏引白虎通云、闕者何、闕疑也。闕者所以飾門別尊卑也。天官太宰云、縣治象之法于象魏、鄭司農云象魏、闕也。詩疏引孫炎云、宮門雙闕、舊章懸焉、使民觀之、因謂之觀。太平御覽引頴容云、闕者上有所失下得書之於闕、所以求論譽於人、故謂之闕矣。考工記補註云、記曰昔者仲尼與於蜡賓、事畢出遊於觀之上、蜡之饗亦祭宗廟、廟在雉門內、故出而至觀也。春秋桓宮僖宮災、火自司鐸踰公宮至桓僖二廟、廟迺公宮也、季桓子至、御公立於象魏之外、立當遠火也。春秋穀梁氏傳曰、禮送女、父不下堂、母不出祭門、諸母兄弟不出闕門。廟門謂之祭門。觀謂之闕、亦謂之象魏、諸侯設於雉門、是以雉門謂之闕門、天子蓋設於應門。闕門在外、祭門在內、不出闕門者得出祭門者也。**註**詩曰、室於祊。○**正義**小雅楚茨文。左傳疏引孫炎云、詩云、祝祭於祊、謂廟門也。郭註本孫炎。說文云、鬃、門內祭先祖所以徬徨。詩曰、祝祭于鬃。或作祊。毛傳云、祊、門內也。鄭箋云、孝子不知神之所在、故使祝博求之平生門內之旁、待賓客之處。是祊在門內也。孔疏云、郊特牲曰、索祭祝於祊、註云、廟門外曰祊。又註祊之禮宜於廟門外之西室、於此不同者、以彼祊對正祭是明日之名、與繹俱在門外、以廟門謂之祊、知內外皆有祊稱也。○朝門○**正義**禮記疏引李巡云、宮中南嚮大門、應門也。大雅緜云、迺立應門、毛傳云、王之正門曰應門。孔疏云、殷代尚質、未必曲有等級、文王因其制度增而長之、以爲天子之制。是周以應門爲天子之朝門也。明堂位云、雉門天子應門、言魯之雉門比於應門也。○宮門雙闕○**正義**公羊昭二十五年傳云、設兩觀、何休註云、禮天子外闕兩觀、諸侯內闕一觀。疏以爲禮緯之文也。水經註云、孔廟東南五百步有雙石闕、是兩觀爲雙闕也。

觀謂之闕 宮門雙闕

正義

闕者、說文云門觀也。觀者、釋名云觀、觀也、於上觀望也。闕、闕也、在門兩旁、中央闕然爲道也。詩子衿正義引孫炎曰、宮門雙闕、舊章懸焉、使民觀之、因謂之觀。今按詩言城闕、孫必知此闕在宮門者、以城闕無觀。宮闕有觀、是爲異耳。故禮運言蜡事畢、仲尼出遊於觀之上、鄭注觀闕也。蓋蜡饗之禮兼祭宗廟、廟在雉門內、觀設門兩旁、故出遊其上。春秋定二年雉門及兩觀災、雉門卽宮門、觀在門旁、故災及之。然則諸侯之闕在雉門、卽知天子之闕在應門矣。穀梁桓三年傳云、禮送女、母不出祭門、諸母兄弟不出闕門。祭門謂廟門、則闕門謂宮門也。

義疏

觀謂之闕 孫注、宮門雙闕、舊章懸焉、使民觀之、因謂之觀。郭注、宮門雙闕。雉門上觀也。宮城故有闕、與城門同、城上無觀耳。

集解

觀謂之闕 雉門上觀也。宮中城有闕、同於城門、所異者、城闕無觀耳。春秋定二、雉門及兩觀災。禮記禮運、出遊於觀之上。穀梁桓三傳、禮送諸母兄弟不出闕門。

義證

觀謂之闕 觀、古玩反。

註宮門雙闕 補正 邢疏、周禮正月之吉、懸治象之灋於象魏、使萬民觀治象。鄭衆云象魏、闕也。劉熙釋名云、闕在門兩旁、中央闕然爲道也。白虎通云、闕是闕疑、義又相兼、然則其上懸法象、其狀巍巍然高大、謂之象魏、使人觀之、謂之觀也。是觀與象魏闕一物而三名也。以門之兩旁相對爲雙、故名雙闕。臣鎣按、闕當在雉門兩旁、春秋雉門及兩觀災、又新作雉門及兩觀。鄭樵亦謂雉門之旁雙闕曰觀。

郭注補正

觀謂之闕

說文云闕門觀也。孫炎云宮門雙闕舊章縣焉使民觀之因謂之觀。鄭風子衿在城闕兮、毛傳云乘城而見闕。鄭箋云但登高見於城闕、以候望爲樂。正義云闕是人君宮門、非城上之所有且宮門觀闕不宜乘之候望此言在城闕兮、謂城之上別有高闕、非宮闕也。案傳云乘城而見闕蓋亦以闕不可登故言見闕箋所謂以候望爲樂也。案象魏懸書使人觀讀、非不可至之地。在城闕謂在其地往來挑達非必乘其上也。

【說詩】

觀謂之闕 案鄭風子衿疏引孫炎云、宮門雙闕、舊章懸焉使民觀之、因謂之觀。

【注疏正字】

閍謂之門正門謂之應門觀謂之闕 此釋祭門中門闕門之名。

說文作鬃、門內祭先祖、所以彷徨。引詩祝祭于鬃、或从方。 應門、郭註朝門。康王之誥、王出在應門之內。 闕、門觀也。郭註宮門雙闕。禮運、出遊於觀之上。公羊昭二十五年傳設兩觀、註天子外闕兩觀、諸侯內闕一觀。

【啓蒙】

○注宮門雙闕○釋曰注疏本作云宮門雙闕者。義亦相兼注疏本亦誤又。

其狀魏魏然高大注疏本魏改巍。

【校勘記】

故云雙闕 明監本毛本湘本云作名。

【注疏校勘札記】

七行(注)宮門雙闕○《營造法式》卷一引「闕」下有「也」字。

【宋監本校箋】

觀音貫謂之闕

【音圖・音】

觀貫謂之闕。

【孫侶直音】

觀去聲謂之闕。宮門雙闕。

【楊氏音訓】

宮中之門謂之闈其小者謂之閨小閨謂之閤衖門謂之閎

宮中之門謂之闈、謂相通小門也。其小者謂之閨、小閨謂之閤。大小異名。衖門謂之閎。左傳曰、盟諸僖閎。閎、衖頭門。

【郭注】

閍謂至謂之閎　釋曰此別門闕之異名也。李巡曰閍、廟門名。其路門之外受朝正門、一名應門。應門之外門曰雉門。雉門之旁名觀、又名闕。宮中相通小門名闈、闈之小者名閨、閨之小者名閤。衖頭之門名閎。門側之堂夾門東西者名塾。門中之橛名闑、一名閫。闔、門扇也、一名扉。於門辟旁樹長橛所以止扉者名閎。　注詩曰祝祭於祊　釋曰、小雅楚茨篇文也。案祊本廟門之名、設祭於廟門、因名其祭亦名祊。凡祊有二種、是正祭之時、既設於廟又求神於廟門之內、郊特牲云索祭祝于祊、及詩云祝祭于祊、注云祊、平生門內之旁待賓客之處、與祭同日也。二是明日繹祭之時、設饌於廟門外西室亦謂之祊、即郊特牲注云祊之禮宜於廟門外之西室、及禮器云爲祊乎外是也。然則廟門內外皆有祊稱。　注朝門　釋曰案詩大雅云迺立皋門皋門有伉、迺立應門應門將將、鄭箋云諸侯之宮外門曰皋門、朝門曰應門、內有路門、天子之宮加以庫雉。案鄭玄注周禮秋官朝士職、王五門、皋庫雉應路也。又曰天子諸侯皆有三朝、外朝一、內朝二、其天子外朝一者、在皋門之內、庫門之外、大詢衆庶之朝也、朝士掌之。內朝二者、正朝在路門外、司士掌之。燕朝在路門內、大僕掌之。諸侯之外朝一者、在皋門內應門外、內朝二者、亦在路寢門之外內。以正朝在應門內、故謂應門爲朝門也。 注宮門雙闕 釋曰周禮大宰、正月之吉、縣治象之法于象魏、使萬民觀治象。鄭衆云象魏、闕也。劉熙釋名云闕在門兩旁、中央闕然爲道也。白虎通云闕是闕疑、義亦相兼、然則其上縣法象、其狀魏魏然高大、謂之象魏、使人觀之、謂之觀也。是觀與象魏闕一物而三名也。以門之兩旁相對爲雙、故名雙闕。 注左傳曰盟諸僖閎 釋曰襄十一年傳文也。案彼云季武子將作三軍、叔孫穆子曰然則盟諸、乃盟諸僖閎。杜注云僖公之門是也。 **邢疏**

其小者謂之閨小閨謂之閤

皆門戶大小之異。公羊疏十五

衖門謂之閎

衖、巷頭門也。春秋正義三十一又四十 李注

宮中之門謂之闈

闈、宮中相通小門也。春秋正義五十九 公羊疏十五 郭同。 孫音注

宮中之門謂之闈

後漢書陰皇后紀宦者傳注引爾雅之門竝作小門。郝氏義疏

門謂之閎

文選魏都賦注引爾雅曰閎、巷門也。一曰閎、門中所從出入也。郝氏義疏曰蓋本爾雅舊注。 衆家注

黃輯古義

其小者謂之閨小閨謂之閤

皆門戶大小之異。春秋公羊傳宣六年疏

衖門謂之閎

衖、巷頭門也。春秋襄十一年正義又襄三十一年正義無巷字。 李注

宮中之門謂之闈

闈、宮中相通小門也。春秋哀十四年正義 春秋公羊傳宣六年疏 孫音注

宮中之門謂之闈、其小者謂之閨、小閨謂之閤、

玉函山房輯佚

皆門戶大小之異。李注公羊疏十五

衖門謂之閎

衖頭門也。李注宋本春秋疏二十五

鉤沉

宮中之門謂之闈

孫曰、闈宮中相通小門也。春秋正義五十九公羊疏十五 郭同

其小者謂之閨小閨謂之閤

李曰、皆門戶大小之異。公羊疏十五

衖門謂之閎

李曰、衖、巷頭門也。春秋正義三十一又四十

漢注

宮中之門謂之闈

孫炎云、闈者、宮中相通小門也。公羊疏十五卷 郭璞云、謂相通小門也。

其小者謂之閨小閨謂之閤

李巡云、皆門戶大小之異。公羊疏十五卷 郭璞云、大小異

爾雅詁林 五 釋宮

名。

衖門謂之閎

李巡云衖頭門也。孫炎云衖間道也。並左傳正義二十五卷

郭璞云左傳曰盟諸僖閎。閎衖頭門。

一切注音

宮中之門謂之闈　孫炎曰宮中相通小門也。左傳哀公十四年正義

蕙心案後漢書陰皇后紀宦者傳注引爾雅宮門小門謂之闈。

其小者謂之閨小閨謂之閤　李巡曰皆門戶大小之異言於小之中又分大小焉。公羊宣六年傳疏

衖門謂之閎　孫炎曰衖舍間道也。　李巡曰閎衖頭之門也。並左成十七年傳正義　爾雅曰閎巷門也。一曰閎門中所從出入也。文選魏都賦注

蕙心案文選注引蓋爾雅舊注文。

古注斠

闈音韋，劉昌宗儀禮音揮。衖戶絳反。廣雅云道也。聲類猶以爲巷字。謂之閎獲耕反。左傳云高其閈閎。僖許其反。

陸音義

宮中之門謂之闈

闈旁出則韋門之正。

其小者謂之閨

燕私所由欲其圭潔。

小閨謂之閤

小知合而已大乃能韋之。

衖門謂之閎

與人共之宏矣。

新義

宮中之門謂之闈
孫炎曰宮中相通小門也。
郭璞曰謂相通小門也。
其小者謂之閨小閨謂之閤
李巡曰皆門戶大小之異。
郭璞曰大小異名。
衖門謂之閎
李巡曰閎衖頭門也。
郭璞曰左傳曰盟諸僖閎。閎衖頭門。

古注合存

周禮注廟中之門謂之闈按疏以爲爾雅文蓋廟制與宮通也。

補注

宮中之門謂之闈註謂相通小門也其小者謂之閨小閨謂之閤註大小異名衖門謂之閎註左傳曰盟諸僖閎閎衖頭門

正義　此別門所在之異名也。○宮中至之闈。○說文云闈宮中門也。考工記匠人云闈門容小扃參个。鄭註小扃長二尺參个六尺。劉昭續漢志注云禮記古大明堂之禮曰膳夫是相禮日中出南闈見九侯門子日側出西闈視五國之事日闇出北闈視帝節猶爾雅曰宮中之門謂之闈。王居明堂之禮又別陰陽門南門稱門西門稱闈。故周官有門闈之學師氏教以三德守王門保氏教以六藝守王闈然則師氏居東門南門保氏居西門北門也。案劉昭所述以門與闈散文言之耳對文言之則闈爲小門故後漢書註引爾雅作宮中小門謂之闈。左氏哀十四年傳云攻闈與大門是闈爲小門別於大門也。又鄭註考工記云廟中之門謂之闈士冠禮云冠者降適東壁見于母。鄭註云適東壁者出闈門也。時母在闈門之外婦人入廟由闈門。士虞禮云賓出主人送主婦亦拜賓鄭註云女賓也不言

出不言送拜之於闈門之內是宮中廟中俱有闈門也。○其小至之閤。○說文云闈特立之戶上圜下方有似圭。閤門旁戶也。公羊宣六年傳云自闈而出者何休註云宮中之門謂之闈其小者謂之闈。從內朝出亡乎外朝見出闈者知外朝在外內朝在闈內可知。是闈爲閤之小者閤又閨之小者也。公羊傳又云入其大門則無人門焉者入其閨則無人閨焉者。是卿大夫之家大門內卽爲閨門也。○衖門謂之閎。說文云䢼里中道从䢼从共皆在邑中所共也。篆文作巷。閎巷門也。左氏成十七年傳云蒙衣乘輦而入於閎。昭二十年傳云及閎中。疏引孫炎云衖閒道也。釋文引廣雅云衖道也。聲類猶以爲巷字。按離騷云五子用失乎家巷。衖卽巷也。註謂相至門也。○**正義** 公羊疏引孫炎云闈者宮中相通小門也。郭註本孫炎。○六小異名。**正義** 公羊疏引李巡云皆門戶大小之異。郭註本李巡。○左傳至頭門。**正義** 襄十一年傳文。疏引李巡云衖頭門也。郭註本李巡。

正義

宮中之門謂之闈謂相通小門也**其小者謂之閨小閨謂之閤**大小異名**衖門謂之閎**左傳曰盟諸僖閎閎衖頭門

闈者說文云宮中之門也。周禮保氏注闈宮中之巷門。左氏閔二年傳賊公於武闈杜預注宮中小門謂之闈。哀十四年正義引孫炎曰宮中相通小門也。後漢書陰皇后紀宦者傳注引爾雅之門並作小門。必知闈爲小門者以哀十四年左傳攻闈與大門對大門言知闈爲小門也。士虞禮記注闈門如今東西掖門。是漢掖門卽古闈門矣。匠人注廟中之門曰闈。士冠禮注婦人入廟由闈門。雜記云夫人至入自闈門。是闈門便婦人出入。因知宮中廟中俱有闈門也。○闈者說文云特立之戶上圜下方有似圭。儒行云篳門圭窬。鄭注圭窬門旁窬也。穿牆爲之如圭矣。是圭閨同。公羊宣六年傳有人荷畚自閨而出者。又云入其大門入其閨。是閨爲小門也。閣當作閤。說文云門旁戶也。按閨爲特立之戶不在門旁。其閤必云門旁不特立者以閤又小於閨耳。公羊宣六年疏引李巡曰皆門戶大小之異。言於小之中又分大小也。古者

閨閤連言多不分別故楚辭逢尤篇注閨閤也。漢書汲黯傳臥閨閤內不出。嶫嫿嫵謂字文翁傳教令出入閨閤。公孫宏傳開東閤以延賢人集注閤者小門也東向開之。是則閤有東西隨所在以爲名。後世輔臣延登謂之入閤或稱閤下義本於此。作閣非。○衖者說文作䢼云里中道从䢼从共皆在邑中所共也。篆文作巷。閎巷門也。按下云宮中衖謂之壼郭注巷閤閒道。是閨閤旁有道通名閎不獨里中爲然故左氏成十七年傳云蒙衣乘輦而入於閎。正義引孫炎曰衖舍閒道也。李巡曰閎衖頭門也。是宮中衖亦名閎因而廟中門亦名閎。左氏襄十一年傳盟諸僖閎杜預注僖宮之門。逸周書皇門篇云周公格左閎門孔晁注路寢左門也。是宮廟門皆名閎。又左氏昭廿年傳及閎中杜注閎曲門中。據上文言郭門是郭門亦名閎。文選魏都賦注引爾雅曰閎巷門也一曰閎門中所從出入也。蓋本爾雅舊注。

義疏

宮中之門謂之闈孫注宮中相通小門也。闈、達也。離于正門別作一門、便婦女出入也。言宮中者、在大門內寢門旁也。鄭說以漢掖門、今官寺竝列三門於大門內、其一闈門、婦女所出入、其一下門、臣僕水艸所出入。鄭以入廟由闈門、似專通廟、殆非也。**其小者謂之閨小閨謂之閤**李注皆門戶大小之異言於小之中又分大小也。郭注大小異名。說文闈特立之戶上圜下方有似圭。閤門旁戶也。宮中別院界牆則爲門相通今猶多爲圭形。閤、各也。門旁佀小戶便出入。則門堂嚴靜、故通以尊者所居爲閤下、皆與閤異、而此同之、故鄭遂以閤爲閨異於按門制**衖門謂之閎**孫注衖舍閒道也。李注閎巷頭門也。舊注閎巷中所從出入也。郭注左傳曰盟諸僖閎。閎巷頭門。衖从䢼共。兩邑中道人所共行也。閎从厷、厷大也、橫也。大於大門而東西出、故曰橫。

集解

爾雅詁林 五 釋宮

爾雅詁林 五 釋宮

宮中之門謂之闈 雉門內路門旁門也、所以便婦女之出入。宮謂路門，中謂雉門，諸侯之制也。若天子則以應門為中門。闈，違也。旁門離於正門，故云闈。周禮保氏使其屬守王闈，禮記雜記夫人入自闈門，均斥宮中之門言耳。其小者謂之閨 閨，特立之戶，上圜下方，有似圭，然閨形蓋亦猶是也。或者正字為娃與。閨為婦女所出入之門，故偁之。公羊宣四傳使諸大夫皆內朝，趙盾已朝而出，與諸大夫立于朝，有人荷畚自閨而出者。斥雉門內之治朝而言。上經所以云宮中也。小閨謂之閤 閤，所以止扉也，从門各聲。與各通用，物合為一則大，各則小矣。故以為小閨之偁。說文別作閤字，釋為門旁戶，義與此別。衖門謂之閎 所謂郭門是也，一偁巷門。衖，說文作䢐，里中道，从𨛜从共，皆在邑中所共也。篆文作巷。閎，宏也，大也，言其門大。郭亦大也。左襄十一傳乃盟諸僖閎，逸周書皇門，周公格左閎門，通偁焉耳。

義證

宮中門謂之闈

〔註〕謂相通小門也〔補正〕臣鋈按，闈門當在宮之東北隅。禮雜記夫人至入自闈門，升自側階，側階在北堂下，婦人由之乃便也。又士冠禮冠者降自西階，適東壁，北面見于母。註適東壁者，出闈門也，時母在闈門之外，婦人入廟由闈門。是亦在東北隅可知矣。而鄭註士喪禮又謂闈門如今東西掖門。

其小者謂之閨小閨謂之閤

〔註〕大小異名〔補正〕臣鋈按，說文云特立之戶，上圜下方，有似圭。

衖門謂之閎 衖，戶絳反。閎，獲耕反。

〔註〕左傳曰盟諸僖閎。閎，閧頭門〔補正〕臣鋈按，閧閧同、

巷也。釋文云廣雅云道也，聲類猶以為巷字。說文作䢐，註云里中道也。閎，說文巷門也。然則巷門謂之閎，春秋左氏傳云乘輦而入于閎，註云閎，巷門。

郭注補正

衖門謂之閎

左傳曰盟諸僖閎閎衖頭門

毛本衖譌閧。

郭注佚存補訂

宮中之門謂之闈其小者謂之閨小閨謂之閤衖門謂之閎

衖，說文作䢐，云里中道，从𨛜从共，皆在邑中所共也。篆文作巷。閎，巷門也。鄭風叔于田巷無居人，毛傳云巷，里塗也。正義云丰曰俟我乎巷，謂待我於門外，知巷是里內之塗道也。孫炎云衖，舍間道也。李巡云閎，衖頭門也。文選魏都賦注引爾雅曰閎，巷門也。一曰閎門中所從出入也。蓋爾雅舊注。餘詳訂經。

說詩

衖門謂之閎 案，周禮秋官修閭氏序官及士師職疏引此文云巷門謂之閭。案衖，戶絳切，釋文云聲類以為巷字，是衖巷字同也。而周禮疏引之以証閭字不容有誤，豈閎字古本亦有作閭者耶，姑存之以俟知者。

注疏正字

宮中之門謂之闈 杜預注左傳閔二年引作宮中小門。正義引作之

後漢書注七十八引亦作小門。哀十四年傳注云闈、宮中小門。攷工記匠人闈門注、廟中之門曰闈。疏曰、云廟中之門曰闈門者、爾雅文。又雜記下注、宮中之門曰闈門。正義曰、云宮中之門曰闈門者、釋宮文也。一切經音義十九、集韻八微引宮中下無之字。

小閨謂之閤　華嚴音義入法界品十四引宮中門謂之闈小者曰閨、小閨曰閤。閤字釋文無音、石經作閤、公羊疏十五、廣韻二十七合引同、左傳正義十一引作閤。案說文閨閤二字相屬、則以閤爲正、閣非此義。後漢書注七十八引作閤、案闔、說文門部新附字。

衖門謂之閎　說文、𨛜部䢽、从𨛜从共、篆文省作䢼、隸省作巷、又變从行作衖。臧氏鏞堂曰、秋官士師縣于門閭、疏引爾雅云巷門謂之閎。脩閭氏序官疏

匡名

宮中之門謂之闈其小者謂之閨小閨謂之閤音蛤衖音巷門謂之閎　此釋內門之名。說文闈、宮中門也。左襄十四年傳、攻闈與大門、是闈爲小門、別於大門也。鄭註考工記、廟中之門謂之闈。是宮中廟中俱有闈門。閨、特立之戶、上圜下方、有似圭。閤、門旁戶也。公羊傳、入其大門、入其閨、閨門在大門內也。是閨爲闈之小者、閤又閨之小者也。閎、巷門也。左成十七年傳、蒙衣乘輦而入於閎。又襄十一年傳、盟諸僖閎。李巡云、衖頭門也。

啓蒙

宮中之門謂之闈。謂相通小門也。　考工記匠人廟門容大扃七个、闈門容小扃參个、是闈為小門有明文。後漢書桓帝紀注引廣雅闈謂之閨、今本作閨謂之門、薛綜注西京賦云、宮中之門小者曰閨、是闈又名閨。闈之言口也、與畵从口同意。閨之言達也。畵巷閒道也。

衖門謂之閎

黃侃音訓

閎者、高大之稱、通作宏。月令其器閎以奄、呂覽孟冬紀作其器宏以奄。釋詁、宏、大也。故郭門有謂之閎者。左昭廿年傳及閎中、杜注、閎、曲門中。據上文言郭門、是閎即郭門也。郭亦大也。意林引風俗通、郭、大也。郭與廓通、釋詁、廓、大也。路寢門有謂之閎者。逸周書皇門篇、周公格左閎門、孔晁注、路寢左門也。路亦大也。此爲宮中巷門、釋名、宮、穹也、釋詁、穹、大也。是宮亦高大之名、故巷門有閎稱。

爾雅詁

小閨謂之閤　唐石經注疏本同。疏云閨之小者名閤、雪牕本閤作閣、誤。

閎衖頭門　雪牕本元本閩本監本同。毛本衖作閧、訛。

○注左傳曰盟諸僖閎○釋曰　注疏本刪注左傳曰釋曰。

校勘記

案說文云閈門也　各本同。案說文閈、閭也。段注爾雅釋文左傳正義蕪城賦注皆引作閭也。爾雅疏譌爲門。

注疏校勘札記

衖音巷門謂之閎　左傳曰、盟諸僖閎。閎、衖頭門。閎音宏。

音圖・音

闈、音韋。劉昌宗儀禮音揮。左傳釋文一音暉、與劉同。

衖、釋文戶絳翻。聲類以爲猶巷字。玉篇爾雅衖亦作巷。顧氏唐韻正云、衖古音胡貢翻、今京師呼巷同衖爲衚衕、乃二合之音。楊氏慎謂南方曰弄、北方曰衚衕。案衖字今音盧貢

爾雅詁林　五　釋宮

翻弄通與衖衖無涉、不必牽合。至巷字與衖字古人通叶、如詩俟我乎巷、離騷家巷竝叶音弄、今南音則巷戶絳翻與衖盧貢翻迥別、杭人呼巷爲項去聲。餘亮翻又匣轉爲喩要之巷衖兩字義同音異也。顧氏所云古音胡貢翻又混於鬨、非。

音略

宮中之門謂之闈。韋攜其小者謂之閨。小閨謂之閤。合衖門謂之閎。巷宏

孫佁直音

宮中之門謂之闈。韋

小閨謂之閤。蛤

直音校正

宮中之門謂之闈、其小宮中相通小門名闈者謂之閨、大小異名。小閨謂之閤、衖巷門謂之閎。閎衖頭之門。横

楊氏音訓

閤合　衖巷　閎宏

干氏音釋

門側之堂謂之塾

門側之堂謂之塾。夾門堂也。

郭注

門側之堂謂之塾

夾門堂也。同書正義十八　韻會一屋　郭

孫音注

黃輯古義

門側之堂謂之塾

夾門堂也。書顧命正義

孫音注

玉函山房輯佚

門側之堂

夾門堂也。孫注　詩疏十九之四

鉤沉

門側之堂謂之塾

孫曰、夾門堂也。書正義十八　郭同

漢注

門側之堂謂之塾

孫炎云、夾門堂也。詩正義十九之四卷　郭璞云、夾門堂也。

一切注音

門側謂之塾　孫炎曰、夾門堂也。詩緇衣正義

古注斠

塾音熟。劉儀禮又音育。夾古合反。

陸音義

門側之堂謂之塾

造雖未深也、居雖未安也、亦熟之而已。

新義

門側之堂謂之塾

孫炎曰、夾門堂也。

郭璞曰、夾門堂也。

古注合存

按考工記明堂之制、門堂之室注門側較堂修廣得三分之二、其餘左右塾可類推矣。

補注

門側之堂謂之塾**註**夾門堂也**正義**詩疏引白虎通云、所以必有塾何、欲以飾門、因取其名也、明臣下當見於君、必先熟思其事也。考工記云門堂三之一、鄭註以爲門側之堂也。李如圭云、門之內外其東西皆有塾、門一而塾四、其外塾南鄉。案士虞禮陳鼎門外之右匕俎在西塾之西、註

曰塾有西者，是室南鄉。又士冠禮擯者負東塾，註曰：東塾，門內東堂，負之北面，則內塾北鄉也。【註】夾門堂也。【正義】詩疏引孫炎云：夾門堂。郭註本孫炎。

【正義】

門側之堂謂之塾夾門堂也

塾者，詩絲衣正義引白虎通云：所以必有塾何？欲以飾門，因取其名，明臣下當見於君，必熟思其事也。學記云：古之敎者家有塾。書大傳云：上老平明坐於右塾，庶老坐於左塾。書顧命有左右塾。士冠禮有東西塾。絲衣傳云：基，門塾之基。匠人注云：門堂，門側之堂。是自天子以至士庶皆有塾也。一門凡四塾，外塾皆南鄉，內塾皆北鄉。夾門東西堂，故絲衣正義引孫炎曰：夾門堂也。錢氏荅問以說文無塾字，而云𡋫卽塾也。但埻爲射臬之名，塾是門堂之號，施用既異，名義亦然，且塾字由來已久，或者經典塾字古止作孰，取孰思其事之義，如白虎通所云，後人加土作塾耳。

【義疏】

門側之堂謂之塾孫注，夾門堂也。郭同。塾有內外，字从𦎧、𦏧牲之地也，因爲射𡋫，堂上射侯，道必在塾內也。

【集解】

門側之堂謂之塾夾路門之堂也。書分左右塾，禮分東西塾，均具內外而爲四。門閑之學，卽在茲，學記所謂家有塾是也。塾字本作埻，射臬也。學必習射，故名之，與序釋射義同。或曰塾卽孰也，烹飪之地。士冠筮與席所卦者具饌于西塾是。

【義證】

門側之堂謂之塾

【註】夾門堂也。【補正】臣鑒按：朱子儀禮釋宮云：門之內外，其東西皆有塾，門一而塾四，其塾南鄉。案士虞禮陳鼎門外之右，七俎在西塾之西，註曰：塾有西者，是室南鄉。又士冠禮擯者負東塾，註曰：東塾，門內東堂，負之北面，則內塾北鄉也。

【郭注補正】

門側之堂謂之塾

周頌絲衣自堂徂基，毛傳云：基，門塾之基。正義云：釋宮門側之堂謂之塾，孫炎云：夾門堂也。冬官匠人云：門堂三之二，注云：以爲塾也。白虎通云：所以必有塾何？欲以飾門，因取其名，明臣下當見於君，必熟思其事。是塾爲堂之門也。鄭風丰：俟我乎堂兮，疏引孫毓云：禮門側之堂謂之塾。

【說詩】

門側之堂謂之塾　說文無塾字。錢少詹曰：後漢書齊武王傳：王莽使長安中官署及天下鄉亭皆畫伯升像于塾，旦起射之。章懷注曰：東觀記、續漢書竝作埻，且引說文云：射臬也。又引廣雅云：埻，的也，音之允反。據此則凡經典塾字皆當作埻。蓋門側之堂習射之所，故有埻名。說文𡋫，从土𦎧聲，讀若準。孰从丮，亦𦎧聲，聲本同而讀者異，其音遂有从土从丮之變易，且或移𡋫之土於下，而加孰於其上矣。徐養原曰：說文土部垛，堂塾也。玉篇云：射垛也。蓋堂埻與射臬二物同名，故垛與埻二字互訓。說文無塾字，垛注塾字，明係後人妄改，當爲埻無疑。攷工記注引匠人。

【匡名】

門側之堂謂之塾　說文𦏧，門側堂也。李如圭云：門之內外，其東西皆有塾，門一而塾四，其外塾南鄉。鄭註士冠禮：內塾北鄉也。郭註夾門堂也。

【啓蒙】

爾雅詁林　五　釋宮

墊鋭　江氏聲尚書音注集證，先路在左塾之前。次路在右塾之前。注。俗書又加土。說文所无。當止作孰。段氏玉裁曰。白虎通云。所以必有塾何。欲以飾門。因取其名。明臣下當見於君。必孰思其事。是知古但作孰而已。後乃加之土也。

依說文當作堨，保也，高土也，堂殿也。檀弓注堂形四方而高。

黃侃評本正名

門側之堂謂之塾。塾依說文當作堨，保也，高土也，堂殿也，檀弓注堂形四方而高。

黃侃音訓

門側之堂謂之塾　夾門堂也。塾音孰。

音圖·音

門側之堂謂之塾　孰育

孫偘直音

門側之堂謂之塾　孰

直音校正

門側之堂謂之塾　孰

門側之堂夾門東西者名塾。

楊氏音訓

塾　孰

干氏音釋

椳謂之闑，闑謂之扉。所以止扉謂之閎

椳謂之闑　門閫。闑謂之扉　公羊傳曰，齒著于門闔。所以止扉謂之閎　門辟旁長橛也。左傳曰，高其閈閎。閎，長杙，即門橛也。

郭注

注公羊傳曰齒著于門闔　釋曰：莊十二年傳文也。案彼云：宋萬搏閔公，絕其脰。仇牧聞君弒，趨而至，遇之于門，手劍而叱之。萬臂摋仇牧，碎其首，齒著乎門闔。何休云：闔，扇也。是矣。注左傳曰高其閈閎　釋曰：襄三十一年傳云：子產相鄭伯以如晉，晉侯以我喪故，未之見也。子產使盡壞其館之垣，而納車馬焉。士文伯讓之曰：敝邑以政刑之不脩，寇盜充斥，無若諸侯之屬辱在寡君者何，是以令吏人完客所館，高其閈閎。是也。案說文云：閈，門也。汝南平輿里門曰閈。閎既為門，故郭氏以閎為長杙，即門橛也。杜預云閎門也，非郭義也。

邢疏

橛謂之闑

郭璞云，門閫。

闔謂之扉

郭璞云，公羊傳曰齒著于門闔。

所以止扉謂之閣　閣舊本並誤作閎，茲依郭註及說文繫傳改正。

郭璞云，門辟旁長橛也。左傳曰高其閈閣。閣，長杙，即門橛也。

一切注音

所以止扉謂之閣

蕙心案，玉篇引爾雅作閣，廣韻引爾雅作閎，釋文本作閎，蓋據誤本。當作閣。

古注斠

橛　其月反。闑　魚列反。閫　說文作梱，同。苦本反。鄭注禮記云：閫，門限也。闔　胡臘反。扉　音非。著乎　直略反。所以止扉謂之閎　音宏。本亦作閣，音各。郭注本無此字。辟　匹亦反。閈　戶旦反。說文云：閭也。汝南平輿里門曰閈。

陸音義

著乎　○各本乎俱作于。所以止扉謂之閎　本亦作閣。○案，閣字是，閎非也。引左傳高其閈閎，彼釋文云本或作閣，是郭氏所據本也。今邵本已俱改正。

音義攷證

橛謂之闑

若此不患越也，患蹷而已。

闔謂之扉

爾雅詁林　五　釋宮

闔明而廢閉暗而用。
所以止扉謂之閎
校而人益非之以狹客故也。

新義

閍謂之門正門謂之應門觀謂之闕宮中之門謂之闈其小者謂之閨小閨謂之閤衖門謂之閎門側之堂謂之塾橛謂之闑闔謂之扉所以止扉謂之閎 此別門闕之異也。閍亦作祊、楚茨云祝祭于祊、卽廟門也。其路門之外、受朝正門一名應門、應門之外門曰雉門、雉門之旁雙闕曰觀、一名象魏。闕卽宮中相通之小門名也、闈之小者曰閨、閨之小者曰閤。衖首之門曰閎。門側之堂夾門東西者曰塾。門中之橛名闑、短橛也、所以止闔向外。闔門扇也。於門兩旁立長橛所以止扉自奄者、亦曰閎。

鄭樵注

橛謂之闑
郭璞曰、門閫。
闔謂之扉
郭璞曰、公羊傳曰齒著于門闔。
所以止扉謂之閎 閎本亦作閣、郭注本無此字。
郭璞曰、門辟旁長橛也。左傳曰、高其閈閎。閎、長杙卽門橛也。據釋文則郭注閎本作閣。
鄭樵曰、此別門闕之異也。閍亦作祊、楚茨云祝祭于祊、卽廟門也。其路門之外受朝正門一名應門、應門之外門曰雉門、雉門之旁雙闕曰觀、一名象魏。闕卽宮中相通之小門名也、闈之小者曰閨、閨之小者曰閤。衖首之門曰閎。門側之堂夾門東西者曰塾。門中之橛名闑、短橛也、所以止闔向外。闔門扇也。於門兩旁立長橛所以止扉自奄者、亦曰閎。自閍謂之門至此總釋之也。

古注合存

閍謂之門正門謂之應門觀謂之闕宮中之門謂之闈其小者謂之閨小閨謂之閤衖門謂之閎門側之堂謂之塾橛謂之闑闔謂之扉所以止扉謂之閎 閍祊同音崩。觀去聲。衖巷同。閎音橫。塾音孰。橛音掘。○此釋門闕之屬之名也。註曰、閍、詩楚茨云、祝祭于祊、是也。應門者、朝門。闕者、宮門之雙闕。闈者、謂相通小門也。閎、左傳云、盟諸僖閎、謂衖頭門也。塾者、夾門堂。闑者、門梱。闔者、公羊傳齒著於門闔、是也。閎者、門辟旁之長橛。疏曰、祊本廟門之名、設祭於廟內、因名其祭爲祊。凡祊有二、一是正祭之時、旣設於廟、又求神於廟門之內、平生待賓客之處、郊特牲云、索祭祝於祊、及詩云、祝祭于祊、是也。一是祭之明日繹祭、設饌於廟門外之西室、禮器云、爲祊乎外、是也。應門之外曰雉門。雉門之旁名觀、又名闕。闕在門兩旁、中央闕然、其上懸法象、狀魏魏然、謂之象魏、使人觀之、謂之觀。是觀與象魏闕一物而三名也。

注疏參義

槷謂之闑 **註** 門閫。闔謂之扉 **註** 公羊傳曰齒著于門闔
所以止扉謂之閣 **註** 門辟旁長槷也左傳曰高其閈閎閣長杙卽門槷也 **正義** 此申釋上文槷閣之義、因釋闑扉之名也。○槷謂之闑。○上云在地者謂之臬、臬卽闑也。士冠禮云、席於門中闑西閾外、鄭註云、闑、橛也。曲禮云、由闑右、李如圭云、闑者、門中所竪短木在地者也。其東曰闑東、其西曰闑西。○闔謂之扉。○說文云、闔、門扇也。扉、戶扇也。玉藻云、閏月則闔門左扉、吳語云、乃闔左闔、是闔卽扉也。月令仲春之月乃修闔扇、鄭註云、用木曰闔、用竹葦曰扇。左氏襄十八年傳云、以枚數闔、荀子儒效篇外闔不閉、皆言門扉也。○所以止扉謂之閣。○說文云、閣、所以止扉者。繫傳云、爾雅弋長者謂之閣、所以止扉、卽今云門頰扇所附著也。此申釋上文之閣、義陸本誤作謂之閎、諸本俱沿其誤、今據郭註改正。**註** 門闑。○**正義** 說文云、梱、門橛也。繫傳云、謂門兩旁挾門短限、今人亦謂門限、可以施其兩旁、謂之檮限。古者多乘車、故門限必去之也。古者君命將出師曰閫以外者將軍制之、是也。梱猶歫也、歫、扣也、謂人物出入多觸扣之也。○公羊至門闔。○**正義** 莊十二年傳文。○閎左傳至槷也。○**正義** 襄三十一年傳文。今本誤作閈閎。左傳釋文云、本或作閣、是郭氏所據本也。說文云、閈、門也。汝南平輿里門曰閈、閈旣爲門、閎亦爲門、不當重見、作閣者是也。郭又云、閣長杙卽門槷者、嫌

人不了、故重言之。

正義

所以止扉謂之閣原作閎。釋文云閎、音宏、本亦作閣、音各。郭註本無此字。據此是郭本作閣、故易之、但郭氏改左傳以証爾雅未可爲訓。余别有説辨之。

校議

樴謂之闑門閫。闔謂之扉公羊傳曰齒著於門闔。所以止扉謂之閣門辟旁長橛也。左傳曰高其閈閣。閣長杙、即門橛也。

闑者、曲禮云由闑右、士冠禮云布席於門中闑西、鄭注竝以門橛爲釋。橛是豎木、設於門中、其旁曰棖、其中曰闑。玉藻云大夫中棖與闑之閒、蓋門中閒豎一短木、東曰闑東、西曰闑西。闑古文作槷。覲注臬所以門。必設棖與闑者、以爲尊卑出入中閒及兩旁之節制。知槷爲豎木者、莊子達生篇云吾處身也若厥株拘、釋文引李云厥、豎也。厥即橛之省文。知橛爲豎木矣。說文以橛爲門梱、廣雅亦云橛、闑柣也。柣與梱同。是皆郭注所本。循文考義、胥失之矣。梱是門限、横木爲之。闑是門橛、豎木爲之。說者多誤、惟禮鄭注得之。○闔謂之扉者、說文云闔、門扉也。扇、扉也。扉、戶扇也。左氏襄十七年傳云以枚數闔。廿八年傳云子尾抽桷擊扉三、杜預注扉、門闔也。是闔扉皆謂門扇。月令注云、用木曰闔、用竹葦曰扇。蓋對文則別、散則通也。○閣者、說文云所以止扉也。上云杙長者謂之閣、此以長木爲之、各施於門扇兩旁、以止其走扇、故郭云門辟旁長橛也。釋文閣作閎、云本亦作閣。又云郭注本無此字、蓋陸德明據誤本作閎、反以作閣爲非。郭引襄卅一年傳云高其閈閣、釋文亦據誤本作閎、而反議作閣者爲穿鑿、此皆謬也。玉篇引爾雅作閣、廣韻引作閎、與陸本同。

義疏

樴謂之闑郭注、門閫。上云杙在地謂之臬、因以門中立木爲臬也。厥、臬同字、臬木本故爲豎木名。闔謂之扉郭注、公羊傳曰齒著於門闔。月令、乃脩闔扇。闔、雙門。扇、單戶。亦通名也。扉、从非、門旁戶。所以止扉謂之閣郭注、門辟旁長橛也。左傳曰高其閈閣。閣、長杙、即門橛也。閣、格也。扉開時防風施木定之、因竝以楗爲閣。釋文閣作閎。

集解

樴謂之闑橛、弋也。从木、厥聲。闑爲橛弋之一耑、故一名闑。闑即上經所謂臬。臬、射準的也。門豎直木、形與相似、因以爲橛之名。說文謂爲門梱、誤矣。禮記曲禮由闑右、士冠禮布席于門中闑西、鄭注均以爲門橛、義本此也。闔謂之扉闔、門扇也。从木盇聲。今楗門是也。扉、从户非、象飛下翅。單户耳。通名之亦可混稱。禮記月令、乃修闔扇。左襄二八傳子尾抽桷擊扉三、注扉、門闔也。所以止扉謂之閣閣、各也。門開防其自闔、用木撐之、所以使門各而不合也。左襄三一傳高其閈閣、則謂兩扉中之闑、引申義耳。

義證

樴謂之闑

註門閫補正臣鑒按、闑、門中植木。凡出入只就一扉內取中、君出則除闑中行。玉藻云君入門介拂闑、謂拂除其闑也。賓入不中門、謂不敢與君並由之、敬也。曲禮、大夫士出入君門由闑右。玉藻又云公事自闑西、私事自闑東。士冠禮布席於門中闑西閾外、皆謂此也。

闔謂之扉

註公羊傳曰齒著于門闔補正臣鑒按、說文云闔、門扇。扉、戶扇也。禮月令仲春之月乃修闔扉、註云、用木曰闔。黃公紹謂雙曰闔、闔、門也。單曰扇、扇、戶也。

爾雅詁林　五　釋宮

所以止扉謂之閎

注門辟旁長橛也左傳曰高其閈閎閎長杙卽門橛也補正臣鋆按閎有二義一爲巷門則前衖門謂之閎是也一爲門辟旁長橛則此註是也郭註引左傳高其閈閎閈垣也閎橛也彼顔師古匡謬正俗云襄三十一年高其閈閎杜元凱註云閎門也門庭之內廹迮又有牆垣之限按若館門實高而直庭內廹迮又有牆垣之限不應云門也又高爲門戸非關止盜之方文伯不應云以無憂客使若門得車入則子產止須引車入門致堂室之下何勞壞垣云不可踰越蓋是門既不大而止扉又高以牢固扞禦寇賊子產爲其不容車入故壞垣耳尋文究理郭說得之 郭注補正

橛謂之闑 注門閫

正曰胡主事研六室襍箸云說文解槷闑倶云門梱而鄭解闑爲橛解梱閾爲一物試㠯鄭說求之於經經曰公事自闑西私事自闑東闑有東西左右之偁則闑爲中央豎木無疑矣經曰不踐閾不履閾言踐言履則閾爲門下横木無疑矣爾雅橛謂之闑則橛與闑爲一物夬無疑矣惟梱之名經無明徵然曲禮外言不入於梱內言不出於梱言不出不入則有門限之誼鄭故解梱爲門限也是鄭誼與經合也謹按說文用今文說誼諸史書與說文合漢世古文盛行故也鄭注用古文說證諸經傳與鄭注合漢世古文家據經誼㠯改今文故也郭注㠯橛闑爲門閫誼宗說文無甚違失但景純得見鄭注猶未解鄭誼與爾雅合耳

所㠯止扉謂之閎 注左傳曰高其閈閎

正曰釋文閎音宏本夬作閣音谷郭注本無此字言郭注本無此閣字也左襄三十一季傳高其閈閎釋文爾雅所㠯止扉謂之閎然本或作閣字言本或作閣卽知郭注本作閎不作閣也說文門部閣所㠯止扉說文所見爾雅本作閣與上文杙長者謂之閣同可據㠯訂郭本之誤 正郭

橛謂之闑

門閫也

慧琳佛說諸法本無經中卷音義引郭注爾雅云門梱也元應十誦律十八卷音義引爾雅橛謂之臬注云門閫也謂門限也 樹梱 案謂門限也四字當爲元應之文今據補也字

闔謂之扉

公羊傳曰齒著乎門闔

諸本皆作著于釋文作著乎與公羊傳同

所以止扉謂之閎

門辟旁長橛也左傳曰高其閈閎閎長杙卽門橛也釋文云閎音宏本亦作閣音各郭注本無此字陸盖謂郭本作閎無閣字也左傳高其閈閎釋文亦引爾雅作閎云爾雅本止扉之名或作閣字讀者因改左傳皆作各音是陸所據爾雅左傳皆作閎而以作閣者爲誤今治爾雅者乃據上文長者謂之閣定此經注爲閣字若然則閣字已見上文郭氏無待於此經反復釋之矣今本匡謬正俗引爾雅經注俱作閎段氏玉裁反以此爲俗本不知閣訓長橛閎亦訓長橛必欲執一以改此經孟子所謂固哉高叟也。

郭注佚存補訂

闔謂之扉註齒著乎門闔（乎誤于、疏同。）

所以止扉謂之閎（音宏。釋文云本亦作閣。郭註本無此字。）疏按詩大雅云迺立臯門（大雅下當脫緜篇二字。）周禮秋官朝士職（周誤問）手劒而叱之萬臂撥仇牧（叱誤撥。撥誤刺。）

注疏正字

所以止扉謂之閣

郭注曰門辟旁長橜也左傳曰高其閈閎閎長杙卽門橜也引之謹案辟與闢同（經傳多以辟爲闢）開也謂門之既開其旁有長橜以止之使不搖動今時城門既開插木橜於旁以止之是其遺法也或於門旁置斷木以止扉今人宮室多有之謂之門墩亦有代以石者閣之言格止也（見漢書張晏梁孝王傳注）橜以止扉因謂之閣矣一名閭玉篇廣韻並云閭（他但切）闌也門旁橜所以止扉也郭不直云門旁長橜而云門闢旁長橜則閣以止既開之扉非以固既闔之扉明甚而顏師古匡謬正俗乃謂止扉以牢固扞禦寇賊則是以爲關楗之屬矣關楗以固既闔之扉閣以止既開之扉不可比而同之也良由讀郭注未審以致斯誤耳（段氏說文注謂閣閉門乃用之誤與顏同）徐鍇說文繫傳又云閣今云門頰扇所附著也亦與止扉之義不合至左傳高其閈閎當依杜預作閈閎郭所據本作閣乃當時傳寫之誤止扉之閣自作閣閈閎之閎自作閎也辨見左傳高其閈閎下胡竹邨主政聞余說而韙之曰閣自是止既開之扉若止既闔之扉則當在門中不當在門旁上云橛謂之闑闑門中所豎短木也郭注旁長橛三字蓋對闑之爲中央短橛言之

門闢旁長橜圖

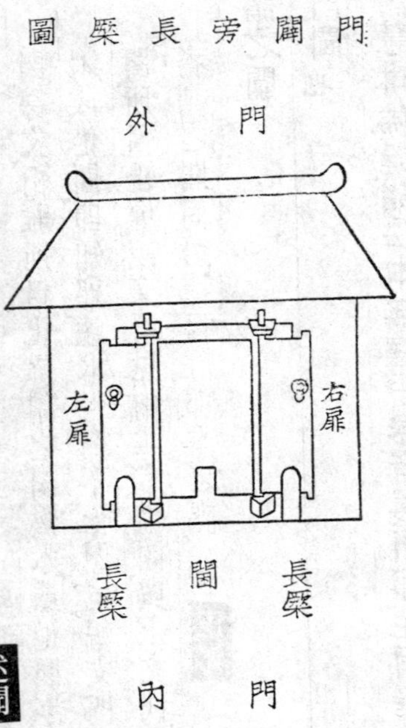

述聞

橛謂之闑　橛一切經音義七引作橜案說文作橜　闑一切經音義十五引作臬案臬省文（見前）

所以止扉謂之閎　釋文云閎音宏本亦作閣郭注本無此字案說文（門部）閣所以止扉者从門各聲正用此訓當定作閣廣雅（釋詁）訓閣爲止止扉之物名之曰閣蓋取閣止之義也郭

本誤閎、故其注引左傳高其閈閎。不知閈閎皆謂門也、故可云高、止扉之物何高之有、移此文以釋上文衖門謂之閎則可耳。邵氏正義定經注皆作閣、云高其閈閣、今本誤作閈閎、左傳釋文云本或作閣、是郭氏所據本也。元照案、左傳釋文云閎、獲耕反、杜云門也。爾雅云衖門謂之閎是也。爾雅又云所以止扉謂之閎、然爾雅本止扉之名、或作閣字、讀者因改左傳皆作各音。案下文云門不容車、此云高其閈閎、俱謂門耳。於義自通、無為穿鑿。據此則左傳本無作閣者、特出於讀者私改耳。陸氏於左傳盍嘗有本或作閣之語乎、且陸氏明言郭注本無此字、無此字者、承本亦作閣而言、言郭注本無作閣字者也。左傳正義引衖門而不引止扉、洵不謬也。

匡名

橜謂之闑闔謂之扉所以止扉謂之閎 說文樴、弋也。闑詳上。士冠禮席于門中闑西閾外、註闑、橜也。曲禮由闑右。郭註門閫也。闔門扇也、一曰閉也。扉戶扇也。月令仲春之月乃修闔扇、註用木曰闔、用竹曰扇。玉藻閏月則闔門左扉。郭註門辟旁長橜也。引左傳曰高其閈閎。閎即長杙、即門橜也。釋文本或作閣。

啓蒙

閎
閣 釋文。閎本亦作閣。案說文閣所以止扉也。當作閣。

黃侃評本正名

橛謂之闑。門閫。 橛與氒義近、說文木本也。與跙近、方言跙、短也。與蹶近、方言注蹶跙、短小貌也。又上文樴謂之杙、注橜也、此橛直、彼杙橫、通言不別爾。 橛聲轉為機、廣雅機、杙也、呂覽本生注慶機、門內之位也。毛詩薄送我畿、傳畿門內也。機、畿字通。

閾亦有橫直兩用、直者此文是也、橫者杙在地者謂之臬是也。昭八穀梁傳以葛覆質以為槷、此則槷即柣矣。 梱、鄭注曲禮云、閫門限也、橫者曰門限、即前柣謂之閾也、直者亦曰門限、即此橛謂之闑也、橫直不同、其為限則同。

闔謂之扉。 闔之言合也、聲轉為閉、說文閉、門扇也、閉之言介也、扉之言棐也、釋詁棐、輔也。玉藻闔門左扉、是則門扇有左右、故閉扉皆由此取義、兩謂之扉、猶兩驂謂之騑矣。

所以止扉謂之閣。門辟旁長橛也。左傳曰高其閈閣。閣長杙即門橛也。 閣从各聲、說文各、異詞也、从口夂。夂者、有行而止之不相聽意、是各有止義、故閣亦有止義。小徐曰、門扇所附箸也。其度閣食物亦謂之閣、內則大夫七十而有閣是也。閣又通作格、漢書梁孝王傳太后議格、蘇林音閣、張晏曰格、止也。 釋文閣作閎、石經同。云本亦作閣、校者云、郭注本無此字、謂無閣字也。案如陸說、則郭經注皆作閎、其引襄三十一年傳亦當作高其閈閎、而訓為所以止扉者、與衖門謂之閎同名異物也。左傳釋文閎、獲耕反、杜云、門也。爾雅云、衖門謂之閎、是也。爾雅又云、所以止扉謂之閎、然爾雅本止扉之名、或作閣字、讀者因改左傳皆作各音、據此、是爾雅作閣者乃或本耳。案以閣長杙證之、郭自當作閣、其所見左傳作閣、所據舊解亦作止扉解、陸氏本以作閎為正、而又不見左傳作閣之本、故有此岐互矣。

黃侃音訓

衖門謂之閎　橛謂之闑所以止扉謂之閎

釋文衖、戶絳反。廣雅云道也。釋宮釋文 聲類猶以為巷字。釋宮釋文 說文作䢽、云里中道、从𨛜从共、皆在邑中所共也。胡絳切。𨛜部 篆文作𨞒、从𨛜省。𨛜部 儀禮注闑、橛也。士冠禮注 釋文所以止扉謂之閎、本亦作閣。釋宮釋文所以止扉謂之閎。注疏本及釋文皆作閎、釋文云本亦作閣。按作閣者是也。注引左傳襄三十二年高其閈閎、今本作閈閎。左傳釋文云本或作閣。是郭所據本也。今郭本定作閣。**證異**

所以止扉謂之閎。釋文閎音宏、本亦作閣音各。**考異摘要**

所以止扉謂之閎　錦燧謹案、閎當作閣、釋文云閎音宏、本亦作閣。是知古本爾雅有作閣者。以郭本作閎推之、殆樊孫本則作閣。據說文門部云閣所以止扉者、知許君說解卽本爾雅、許君所見之爾雅作閣不作閎矣。景純以左傳高其閈閎爲證、失之。**陸錦燧日記**

概謂之閾。

㮰案。閾者乃所以止扉之木也。論語鄉黨篇皇疏云。門中央有闑。闑以硋門。兩扇之交處也。其說爲得。蓋古人門限上不鑿門溝。則門闔無著。苟從內推之。門必反開於外矣。故爲闑以止之。不然。儻虛設此一木於兩門之中。礙於行者。古人何以創此制乎。儀禮聘禮賈公彥釋有東闑西闑之說。是闑有二。焦循羣經宮室圖及禮記補疏從之。㮰謂兩闑一闑。古制當並有之。焦據小戴玉藻記言君入門。介拂闑。大夫中棖與闑之間。士介拂棖。則確是兩闑之證。而儀禮冠禮云。布席於門中闑西閾外。又是一闑之證。彼言士廟。玉藻記所言指諸侯。豈士制一闑、諸侯乃兩闑與。蓋士之門狹。故止須一闑已足硋門兩扇矣。諸侯之門廣。一闑之力不足硋之。故須兩闑。每扇闑也。要其爲止扉同。郝懿行義疏云。所以門必設棖與闑者。以爲尊卑出入中閭及兩旁之節制。此不知古人門限上無門溝以爲虛設此闑而生此解。　夫古人因棖闑而定尊卑入出之制。豈因尊卑出入之制而特設此棖闑乎。　如爲尊卑出入之制而特設此棖闑。則如荀子大略篇言井里之厥。史記循吏孫叔敖傳言教閭里使高其梱。厥梱並閾也。說見王引之儀禮述聞。　彼爲里門。既非行禮之地。何爲亦有閾乎。故其物既依門而立。必其因門而設。則爲所以止扉之木。無可疑矣。後人以其礙於行者。卽於門限上鑿爲門溝。則門闔而自有著。無慮反開於外。此後人巧勝前人之一端。而闑遂廢不用。乃視此闑眞若虛設者然。而不知在古實必不可少之物也。下文云。所以止扉謂之閣。閣者卽俗謂門柵也。閣與闑並所以止扉。而闑在門外。閣在門內。闑短而閣長。闑靜而閣動。闑在地不可搖動。故門雖闢仍在也。閣則動移之物。門闔而用之。門闢卽舍之。江永儀禮釋宮增注謂闑可去。其說非是。　闑直而閣橫也。閣爲門之橫柵。橫柵則有閣起之義。直柵則謂之植。上文云植謂之傳。傳謂之突。是也。突傳當讀爲摕。說文手部云。摕、貫也。字又作欂。史記賈生傳司馬貞索隱引說文云。欂、大木柵也。突當讀爲窒。窒、塞也。此本朱駿聲說文通訓說。　郭注解止扉之閣爲門辟旁長橛。非是。門闑旁木卽棖也。非閣也。上文棖謂之楔。郭注云。門兩旁木。鄉黨篇皇疏云。門左右兩楗邊各豎一木。名之爲棖。是也。又云。棖以禦車過恐觸門。此亦附會之說。棖卽所以止既闢之扉。亦爲門設。非爲車設。蓋門既左右闢。豎兩木以止之。弗使自闔。所謂棖也。棖之言堂也。說文止部云。堂、歫也。然則門闢既有棖止之。安復用此閣乎。　棖、闑、閣三者皆止扉之木。而棖所以止既闢之扉。闑與閣則所以止既闔之扉耳。　王引之述聞極取郭注。而轉議顏師古匡謬正俗止扉以牢固扞禦寇賊之說。其不然乎。

又案。有閾以止扉。則門固。不至無著而反開於外矣。然閾在地但可以止扉之下端。竊疑既有閾以止扉之下端。亦必有木以止扉之上端。不然。雖不至反開於外。而上端終嫌無著也。門限之上既不知爲溝。則門楣之下亦不知爲溝可知矣。其止扉之上端者。殆閈也乎。左襄三十一年傳云。高其閈閎。匡謬正俗稱郭注引左傳作高其閈閣。今小學彙函本閣字改爲閎。又一處閣誤爲門。大謬。謂郭說得之云云。惠棟左傳補注采載顏說。段玉裁說文門部注亦謂閣爲是。惟王引之左傳述聞極辨之。殊覺詞費。然則閈閣連文。閣爲止扉之物。則閈亦必爲止扉之物矣。閈在楣所以止扉之上端。故曰高也。閣爲橫柵。亦離地之物。故亦可言高閈。閎高則門高可知。高其閈閣。實不過言門之高大耳。而從來說閈者專以門訓之。則失其義矣。左傳陸釋於閈下引沈云。閈也。閈之義與止扉之義略相近。然不了。或閈字上下有脫字。則不可知。善夫段玉裁之說。曰。閈閣猶禮記之扞格也。則閈爲止扉之名。有不繁言而喻者矣。

校書

齒著于門闔　單疏本雪牎本注疏本同。釋文作著乎。按公羊傳作乎。邢疏載郭注作于、引公羊傳作乎。

所以止扉謂之閎　唐石經單疏本雪牎本同。釋文所以止扉謂之閎、音宏、本亦作閣音各。郭注本無此字。文左傳釋文云、爾雅本止扉之名、或作閣字。讀者因改左傳皆作各音。惠棟云說文閣、所以止扉也、是古本如此。段玉裁云、郭注上文大者謂之栱、小者謂之閣、云別杙所在長短之名、注此云長杙卽門橜也、前後皆訓爲長杙、則前後皆作閣字。其所據左傳作閈閣、門既高則門旁杙亦高。盟諸僖閎、閎訓門。高其閈閣、閣訓長橜。郭氏分引畫然。匡謬正俗引左傳高其閈閣、引爾雅所以止扉謂之閣、及郭注高其閈閣、顏氏所據左傳爾雅尚未誤、而俗刻匡謬正俗皆改作閎矣。廣韻十九鐸閣字注引急就章閣并訢顏師古注云閣所以止扉今之門柣是也。

〇注公羊傳曰齒著于門闔〇釋曰　注疏本注改云、刪釋曰。

手劒而叱之萬臂摋仇牧　閩本監本毛本叱誤摋、摋誤剌。元本摋字不誤、萬作万。

齒著乎門闔　元本同。閩本監本毛本乎誤于。

闔扇也是矣　注疏本矣改也。

〇注左傳曰高其閈閎〇釋曰　閩本監本毛本注改云、刪釋曰。

杜預云　注疏本預改注。

校勘記

所以止扉謂之閎。按閎當作閣。釋文閎音宏、本亦作閣音各。左氏襄三十一年傳釋文、爾雅本是止扉之名、或作閣字、讀者因考左傳皆作各音。案下文云門不

爾雅詁林　五　釋宮

容東、此云高其閈閎、俱謂門耳、於義自通、無爲穿鑿。
據陸氏此言、則當是時轉因爾雅而讀爲閈閣、故郭
得引傳爲注、而復云閣長杙即門橜也、以申言之。說
文亦云閣、所以止扉也。

注疏本正誤

三上（六三）

二行（注）門閭〇玄應《音義》卷十五「門閭」條引作「門閭也」。

（注）公羊傳曰齒著于門闔〇「著于」《釋文》作「著乎」。今《公羊傳》莊公十二年同。

所以止扉謂之閎〇《釋文》云：「閎音宏。本亦作閣，音各。郭注本無此字。」案《說文》云：「閣，所以止扉也。」是「閎」當作「閣」。閎爲巷門，非止扉者也。段玉裁《說文解字注》云：「郭注上文大者謂之栱、小者謂之閣云：別杙所在長短之名，注此云：長杙即門橜也，前後皆訓爲長杙，則前後皆作閣字。」考《玉篇》引《爾雅》此文字亦作「閣」。邵氏《正義》及郝氏《義疏》均改爲「閣」字，是也。王樹枏以爲不當作「閣」，是非善讀郭書者。

三行（注）左傳曰高其閈閎長杙即門橜也〇「閈」，當作「閈」；「閎」並當作「閣」。今《左傳》襄公三十二年作「高其閈閎」，《釋文》云：「本或作閣」。郭氏所據與今本不同。

宋監本校箋

櫙音厥謂之闑門閫音槷

音圖・音

止扉之閎當作閣。左傳釋文云、爾雅或作閣字、讀者因考左傳皆作各音。

音略

櫙厥謂之闑臬闑謂之扅合所以止扉非謂之閎。

孫偘直音

櫙掘謂之闑、闑門閫也。闑謂之扅、扅門扇也。所以止扉謂之閎。閎門辟旁長橛也。

楊氏音訓

櫙厥闑魚列切扉非

干氏音釋

瓴甋謂之甓

瓴甋謂之甓。甋甂也。今江東呼瓴甓。

郭注

瓴甋謂之甓　釋曰、瓴甋一名甓、郭云甋甂也、今江東呼瓴甓。詩陳風云中唐有甓是也。

邢疏

瓴甋謂之甓

瓴甋一名甓。詩正義七之一

李注

瓴甋謂之甓

甓、蒲歷切。郭注御覽七百六十七

郭音義

黃輯古義

瓴甋謂之甓

瓴甋一名甓。詩陳風防有鵲巢正義

李注

玉函山房輯佚

瓴甋謂之甓

瓴甋一名甓。李注之一　詩疏七

鈎沉

瓴甋謂之甓

李曰、瓴甋一名甓。詩正義七之一

漢注

瓴甋謂之甓

李巡云、瓴甋一名甓。詩正義七之一卷　郭璞云、甋甂也、今江東呼瓴甓。

一切注音

瓴甋謂之甓。李巡曰、瓴甋一名甓。孫炎云、詩云中唐有甓。詩防有鵲巢正義

古注斠

瓴力丁反。詩傳作令、音名。甋丁歷反。詩傳作適、音同。甓蒲覓反。㼾力解反。甎章沇反。字林作摶、同。

陸音義

㼾力解反。○宋本作力解反、解乃斛之譌。舊作力竹非。

音義攷證

瓴甋謂之甓　令有不適、愧于辟矣。

新義

瓴甋謂之甓也。甎

鄭樵注

瓴甋謂之甓　李巡曰、瓴甋一名甓。郭璞曰、㼾甎也、今江東呼瓴甓。鄭樵曰、甎也。

古注合存

瓴甋謂之甓。瓴音令。甋甓音闢。○此因宮室用瓴甋而釋其名也。註曰、㼾甎也、今江東呼瓴甓。詩防有鵲巢云、中唐有甓。

注疏參義

瓴甋謂之甓　**註** 㼾甎也、今江東呼瓴甓。**正義** 詩疏引李巡云、瓴甋一名甓。陳風云、中唐有甓是也。鄭註考工記云、堂涂謂階前、若今令甓裓矣。賈疏云、漢時名堂涂爲令甓裓也。令甓則今之塼也、裓則塼道也。說文作甓、瓴適也。**註** 㼾甎至瓴甓。○ **正義** 禮記疏云、燒土爲之、是甓即甎也。鄭註禮運云、瓦瓴甓、是鄭亦呼爲瓴甓、甃堂涂及廟中路皆以磚甃之也。

正義

瓴甋謂之甓　㼾甎也、今江東呼瓴甓。

甓者、說文云、令甓也。引詩中唐有甓。防有鵲巢正義引李巡曰、瓴甋一名甓。爾雅釋文引詩傳作令適。按說文亦作令適、見土部墼字解、與詩傳同。後人傳寫作瓴、瓴、瓶名。非瓦名也。墼與甓皆今之甎、但墼未燒爲異耳。匠人注云、堂涂謂階前、若今令甓裓也。賈疏、漢時名堂涂爲令甓裓。令甓則今之甎也、裓則甎道也。

義疏

瓴甋謂之甓　李注、令適。

一名甓。郭注、㼾甎也、今江東呼瓴甓。詩中唐有甓。甓、辟也、筒瓦也、以行水。瓴甋、毛詩傳作令適、令水適去也。

集解

瓴甋謂之甓　甓从瓦辟。辟、壁。

也。其形圓令之筒瓦是也、所以行水。瓴甋、詩傳作令適、說文作令甓。令適令甓均與零滴通用、謂雨水滴而下之。墨子備水有令耳、即此。詩中唐有甓。莊子知北遊、在瓦甓。廣雅則以爲瓴。

義證

瓴甋謂之甓　瓴力丁反。甋音適。

註 㼾甎也、今江東呼瓴甓。**補正** 臣鋆按、詩陳風中唐有甓、傳云、甓、瓴甋也。博雅云、甓、甎也。

郭注補正

瓴甋謂之甓

甓謂　㼾甎也、今江東評爲瓴甓

慧琳廣弘明集十三卷音義引郭注爾雅、甓謂墼塼也。詩防有鵲巢正義引郭璞曰、㼾甎也、今江東呼爲瓴甓。今據補訂。文選長門賦注引爾雅郭璞注曰、今江東呼甓爲㼾甎、善蓋誤引。

郭注佚存補訂

爾雅詁林　五　釋宮

瓴甋謂之甓

陳風防有鵲巢中唐有甓、毛傳云、令適也。說文同。

令適爲瓴甋之古文。

說詩

瓴甋節音甓蒲覓切 蒲誤滿。

疏詩陳風云中唐有甓是也 陳風下當脫防有鵲巢四字。

注疏正字

瓴甋謂之甓 釋文云瓴、詩傳作令。甋、詩傳作適。正義本作甋瓴 案說文瓦部瓴、瓮似缾也、从瓦令聲。又甓、瓴甓也、从瓦辟聲、詩曰中唐有甓。又土部墼、瓴適也。瓦部無甋字。

匡名

瓴音零 甋音的 謂之甓 說文瓴、瓮似瓶也。甓、瓴甓也。引詩中唐有甓。郭註甗甎也、今江東呼瓴甓。

啓蒙

瓴甋 令適。 釋文。瓴甋。詩傳作令適。

正當作秝適、說文秝下云稀疏適也、對轉爲令適。說文墼下亦作令適也。

黃侃評本正名

瓴甋謂之甓。甗甎也。今江東呼瓴甓。

瓴甋說文作令適、爾雅釋文引詩傳亦作令適、正當作秝適、令與甋聲轉、令之言零也、適之言適歷也、甗之言彔彔也、甓之言襞積也。廣雅云、瓴甋、甎也、瓴甋亦通作瓴甓、長門賦緻錯石之瓴甓兮。又作令辟、漢書尹賞傳致令辟是也。

黃侃音訓

瓴甋謂之甓 宮中衖謂之壼

釋文瓴甋、詩傳作令適。釋宮釋文 說文作瓴適。土部墼 釋文、壼作壸。

云本或作壼。釋宮釋文 或作韋。釋宮釋文 說文作壼。云壼、宮中道、从囗、象宮垣道上之形。囗部壼

說異

瓴甋謂之甓

錦燧謹案、此釋詩陳風防有鵲巢篇中唐有甓也、毛傳云、甓、令適也。蓋卽本諸爾雅、故與雅訓合。疑毛公所見古本爾雅有作令適者、今作瓴甋乃後出之增益偏旁字也。據說文瓦部云、瓴、瓮似缾也。是瓴乃缾名、非瓦名、而瓦部又無甋字、以是知古祇作令適不作瓴甋。甓爲令適者、兩字合音也、疾言之曰甓、徐言之曰令適、猶詩牆有茨、茨、蒺藜也。疾言之曰茨、徐言之曰蒺藜。隰有游龍、游龍、葒也。疾言之曰葒、徐言之曰游龍。與甓名令適正同。故令適二字之本義不訓爲甓、而假爲甓名者、此所謂本無其字依聲託事、乃六書中假借之正例也。甓乃今之長方磚耳、何以知之、曰郭注謂爲甗甎、而通俗文云狹長者謂之甗甎、吳語韋昭注員曰囷方曰鹿、鹿與甗通、甓卽甗甎、則甓非長方磚乎。

陸錦燧日記

今江東呼瓴甓 單疏本雪牕本同。詩正義引作今江東呼爲瓴甓。按爲字當有。

瓴甋謂之甓〇釋曰 注疏本刪。

校勘記

甓滿覓切 雪牕本蒲覓反。盧刻同。

校勘記訂補

瓴甋謂之甓、釋文甓蒲覓切。今本蒲誤作滿。

注疏本正誤

四行(注)今江東呼瓴甓〇《詩·防有鵲巢》《正義》引「呼」下有「爲」字。

宋監本校箋

爾雅詁林 五 釋宮

音圖・音

瓴音令甋音的謂之甓。瓴甋也、今江東呼瓴甓。甓、音擗。

孫偘直音

瓴靈甋的謂之甓平入聲

楊氏音訓

瓴令甋闢謂之甓闢　瓴甋也今江東呼瓴甓。

干氏音釋

瓴陵甋的

郭注

宮中衖謂之壼廟中路謂之唐堂途謂之陳

宮中衖謂之壼、巷閤間道。廟中路謂之唐、詩曰中唐有甓。堂途謂之陳。堂下至門徑也。

李注

廟中路謂之唐

唐、廟中路名。詩正義七之一

宮中衖謂之壼

巷舍間道也。詩正義十二之三　春秋正義三十又三十二　邢疏

孫音注

廟中路謂之唐

詩云中唐有甓。詩正義七之一

堂途謂之陳

堂途、堂下至門之徑也。詩正義七之一又十二之三　郭同

宮中衖謂之壼

黃輯古義

壼、立屯反。釋文

郭音義

廟中路謂之唐

唐、廟中路名。同上

李注

宮中衖謂之壼

巷舍間道也。詩小雅巷伯正義　春秋襄九年正義又襄十一年正義

廟中路謂之唐

詩云中唐有甓。詩陳風防有鵲巢正義

堂途謂之陳

堂途、堂下至門之徑也。同上又小雅何人斯正義

孫音注

宮中衖謂之壼。立屯反、或作韋。釋文引郭呂

郭音義

玉函山房輯佚

宮中衖謂之壼

巷舍間道也。孫注　宋本春秋疏二十一

廟中路謂之唐

唐、廟中路名。李注　詩云中唐有甓。孫注　並詩疏七之一

鈎沉

宮中衖謂之壼

孫曰、巷舍間道也。詩正義十二之三　春秋正義三十又三十一　邢疏

廟中路謂之唐

李曰、唐、廟中路名。詩正義七之一

孫曰、詩云中堂有甓。詩正義七之一

堂途謂之陳

爾雅詁林　五　釋宮

孫曰、堂途、堂下至門之徑也。詩正義七之一 又十二之三 郭同。

漢注

宮中衖謂之壼

孫炎云、巷舍間道也。左傳正義二十一卷 郭璞云、巷閤間道。

廟中路謂之唐

李巡云、唐、廟中路名。孫炎云、詩曰中唐有甓。並詩正義七之一卷 郭璞云、詩曰中唐有甓。

堂途謂之陳

孫炎云、堂下至門之徑。詩正義七之一卷 郭璞云、堂下至門徑也。

一切注音

宮中衖謂之壼 孫炎云、巷舍間道也。詩巷伯正義

廟中路謂之唐 李巡曰、唐、廟中路名。詩防有鵲巢正義

堂途謂之陳 孫炎曰、堂途、堂下至門之徑也。詩何人斯正義

蕙心案、何人斯傳作堂塗、考工記匠人作堂涂、鄭注引爾雅亦作堂涂。

古注斠

宮中衖謂之壼。

一切經音義卷八十三大唐三藏玄奘法師本傳第八「壼奧」下引無之字、據海印寺本、白蓮社本及大正藏本頻伽藏本竝同。

森案、今本謂下有之字、據下文「廟中路謂之唐、堂途謂之陳、」則此謂下自當有之字、今據補。

壼、巷舍間道也。」

一切經音義卷八十三大唐三藏玄奘法師本傳第八「壼奧」下引、據同前。

森案、孔頴達毛詩小雅巷伯疏引孫炎曰、「巷舍間道也」、是孫炎註雅、正用鄭義、郭璞註云、「巷閤間道」、與鄭微異。

鄭玄注稽存

壼 本或作壺、苦本反。郭呂並丘屯反、或作韋。 隚 音唐、本今作唐。 徑 古定反。

陸音義

壼 本或作壺或作韋○字當作壼、此譌。邢本作壺。又韋字從閫省。

隚○邢本作唐。

音義攷證

宮中衖謂之壼

閫內所由、欲推而廣之、孝經曰、事親孝、故忠可移於君。

廟中路謂之唐

道不常行、蕩矣。

堂途謂之陳

陳于此、亦過而陳焉。

新義

宮中衖謂之壼 壼、郭立屯反。

孫炎曰、衖舍間道也。郭璞曰、巷閤間道。

廟中路謂之唐

李巡曰、唐、廟中路名。孫炎曰、詩云中唐有甓。郭璞曰、詩曰中唐有甓。

爾雅詁林 五 釋宮

堂途謂之陳
孫炎曰堂下至門之徑。
郭璞曰堂下至門徑也。

古注合存

宮中衕謂之壼廟中路謂之唐堂途謂之陳。壼音閫。○此釋衕道之名也。註曰壼者宮中衕閤間道也。唐即詩中唐有甓之唐。陳者堂下至門之徑也。疏曰王肅云今後宮稱永巷是宮內道名也。愚按陳詩何人斯云胡逝我陳。

注疏參義

衕音弄、與巷通。巷胡絳切、亦音弄。詩俟我乎巷、離騷家巷是也。

補注

堂途、周禮注作堂涂、謂若今令甓祴也。疏云、令甓今之塼、祴則塼道也。祴音階。

宮中衕謂之壼巷閤間道**廟中路謂之唐**詩曰中唐有甓**堂途謂之陳**堂下至門徑也

壼者、說文作壼、云宮中道、引詩室家之壼。巷伯正義引孫炎曰、巷舍間道也。毛傳云壼廣、鄭箋云梱緻、並與爾雅不合。爾雅釋文壼、郭呂並立屯反、或作韋。按作韋及立屯之讀俱不可解、或有誤字。○唐者、詩防有鵲巢傳、堂塗也。正義引李巡曰、唐廟中路名。逸周書作雒篇云、隄唐山廧。孔晁注、唐中庭道。文選西都賦注引如淳曰、唐庭也。甘泉賦云、平原唐其壇曼。李善注引鄧展曰、唐道也。是原野之道亦通名唐矣。又周語云、陂唐汙庳。晏子問下篇云、治唐園。是唐又爲蓄水之名、㴗蜐土、與爾雅異也。○陳者、詩何人斯傳、堂塗也。釋名云、言賓主相迎陳列之處也。詩正義引孫炎曰、堂塗、堂下至門之徑也。鄉飲酒禮注云、三揖者、將進揖、當陳揖、當碑揖。是陳在堂下、因有下陳之名。晏子諫上篇云、辟拂三千、謝於下陳。蓋言屏退之謝於堂下而去也。古者狗馬之屬以爲庭實、故曰充下陳。嬶妾卑賤、與庭實同、故亦曰充下陳。俱本爾雅也。堂途者、詩傳作堂塗、考工記匠人作堂涂、鄭注引爾雅亦作堂涂、並叚借字。途或體字也。

義疏

宮中衕謂之壼孫注、巷舍間道也。郭注、巷閤間道。詩、室家之壼。从吉、卝象分道四出。說文誤入口部。或作閫。**廟中路謂之唐**李注、唐廟中路名。郭注、詩曰中唐有甓。廟中堂途也。神之、故名唐。唐、大也、空也。無人行。異於陳。**堂途謂之陳**孫注、堂塗、堂下至門之徑也。郭同。途、从余辵、余舍中路也。因爲凡途之名。或作峹、山路也。涂、水路也。塗、加土、塗飾也。說文但以涂該之。陳、上云旅列也。廝役行不由階、但循庭途至堂、庭實亦陳焉。詩、胡逝我陳。

集解

宮中衕謂之壼壼說文作壼、宮中道。从囗、象宮垣。卝象道四出之形。詩既醉室家之壼、傳壼廣、箋梱緻。均象壼形。

廟中路謂之唐唐、大言也、从口庚聲。引申爲大廟中路因名之。詩中唐有甓、傳堂塗也。以堂爲朝廟道偁耳。

堂途謂之陳途字本作徐、安行也、从彳余聲。引申爲道路之偁、猶徑釋爲步道意也。經傳多通作涂、借涂以爲徐也。俗或作塗。陳、國名、與敶通用。敶、列也。謂賓主相迎而陳列之處、庭實亦在焉。詩、胡逝我陳。

義證

宮中衕謂之壼壼、釋文云本或作壼、苦本反。

註巷閤間道補正邢疏、孫炎曰、巷舍間道也。

堂途謂之陳

註堂下至門徑也補正　臣鋆按、朱子謂北自堂階、其南接門內霤。考工記堂涂十有二分、註云、謂階前若今令甓祴也。分其督旁之脩、以一分爲峻也。疏云、名中央爲督。假令兩旁上下尺二寸、則取一寸於中央爲峻。據此則堂涂盖稍隆起、如今俗稱甬道。

郭注補正

宮中衖謂之壼　補

滋然謹按：郭璞云巷閤閒道。慧琳一切經音義八十三壼與注引尔疋宮中衖謂之壼。鄭注巷舍閒道也。詩小疋巷伯正義引孫炎曰壼、巷舍閒道也。孫炎受學鄭元之門，注經多用師說。郭注巷閤閒道，卽采用鄭孫之說而偶異其詞耳。

舊注攷證

宮中衖謂之壼

衖閤閒道

各本俱作巷。據上注閤衖頭門，則此字亦當作衖、後人據俗本改之也。今訂正。

廟中路謂之隚

詩曰中唐有甓

釋文釋經隚字云音唐、舊校云本今作唐、不言經注異同，則注文當亦作隚、蓋三家本。

郭注佚存補訂

宮中衖謂之壼

說文云壼、宮中道也。從口、象宮垣道上之形。詩曰家室之壼。慧琳一切經音義八十三引爾雅鄭注云巷舍閒道也。小雅巷伯正義引孫炎云壼、巷舍閒道也。案大雅既醉毛傳云壼、廣也。鄭箋云壼之言梱也。正義云以宮中巷路之廣，故以壼為廣。周語單靖路之老送叔向，叔向告其老而美單子。引此章乃云壼也老廣裕民人之謂也。

廟中路謂之唐堂途謂之陳

陳風防有鵲巢中唐有甓。毛傳云唐、堂塗也。陳者、小雅何人斯胡逝我陳。傳云陳、堂塗也。鄭箋云堂塗者、公館之堂塗也。正義云、禮有公館私館。公館者、公家築為別館以舍客也。李巡云唐、廟中路名。孫炎云堂途、堂下至門之徑也。唐之與陳、廟庭之異名耳，其實一也。

說詩

廟中路謂之唐堂途謂之陳

詩陳風傳中中庭也。唐、堂途也。李巡注唐、廟中路名。孫炎注堂途、堂下至門之徑也。柏年案：然則唐之與陳，因廟庭而異其名，其實一也。莊子甚求唐子也而未始出域，注唐子者、堂途給使令之人，是唐卽堂途也。

補釋

宮中衖謂之壼　衖、亦作巷。壼、釋文作壼、云郭呂丑立也切。

廟中路謂之唐　唐、釋文作隚。

注疏正字

宮中衖謂之壼　衖當从𨙸見上　釋文云壼、本或作壼、或作𡈼。

盧學士曰壼、字當作壼、此譌體也。𡈼卽闈之省文。　單疏本作壼。石經闕。單疏字體與石經同，則石經亦必作壼。案說文、口部壼、宮中道。从口、象宮

爾雅詁林　五　釋宮

垣道上之形。詩曰室家之壼。隸變作壼。

廟中路謂之陼　陼、釋文云本今作唐。詩正義十七之一、史記索隱孝武本紀引作唐。案詩作唐。說文𨸏部無陼字。

堂途謂之陳　攷工記注匠人引作涂、詩正義十二之二引作塗。案途塗二字皆不見於說文、古以涂水之字爲之。釋名曰陳、堂塗也。謂賓主相迎陳列之處也。元照案、據此則字當作敶。說文攴部、敶、列也、从攴陳聲。見釋詁

匡名

壼　壼　壼說文作壼。今本作壼

陼　唐　釋文陼本今作唐。案詩中唐有甓。毛傳、唐、堂塗也。正作敓平治高土可以遠望也。

途　涂　阮氏校勘記、周禮匠人爲溝洫注引爾雅堂涂謂之陳。案說文有涂無途塗。爾雅釋丘當涂梧丘亦作涂。涂正當作除、殿陛也、引申爲道路。廣雅釋室除、道也。

黃侃評本正名

廟中路謂之唐。唐正作敓、平治高土、可以遠望也。堂途謂之陳。堂下至門徑也。陳與墀聲轉、說文墀、涂地也、禮天子赤墀。又通作坻、廣雅坻、除也。殿上之涂爲墀、堂下之涂爲陳、聲變而義同。涂正當作除、殿陛也。引中爲道路、廣雅釋宮除、道也。

黃侃音訓

宮中衖謂之壼。經作衖、註疏作巷。說文引此壼或作𡈽。廟中路謂之唐。釋文陼、音唐、本今作唐。則釋文原作陼矣。堂途謂之陳。按周禮匠人註引爾雅堂涂謂之陳。說文有涂無途。

考異摘要

宮中衖謂之壼

錦燧謹案、此釋詩大雅既醉篇室家之壼也。毛傳云壼、廣也。與雅訓異、而實則相成。說文口部壼下云宮中道、从口、象宮垣道上之形、詩曰室家之壼。今隸變作壼。是宮中衖乃壼之本義。毛易雅訓而云廣者、以詩中壼字乃實字虛用、若逕作宮中衖解經文、猶云室家之衖矣、義可通乎。然則壼何爲而可訓廣也、曰壼廣聲近、其取名之初、卽因宮中之衖最廣、故名之曰壼。是以引申之、壼卽有廣義。廣與永音義俱近、邢疏引王肅曰今後宮稱永巷、知壼卽今之永巷也。據此則壼以廣得名、猶宮之言穹、室之言實、可無疑義。廣之言擴充也、孟子云、苟能充之、足以保四海、苟不充之、不足以事父母。與詩之言廣義合。詩正義引王肅云其善道施於室家而廣及天下。周語單靖公之老送叔向、叔向告其老而美單子、引此章乃云壼也者、廣裕民人之謂也。王肅據彼文以述毛傳、最得毛恉。乃鄭康成箋云壼之言梱也、室家先以相梱緻、已乃及於天下。夫曰及於天下、亦本廣裕民人義、而以壼爲梱、必云室家先相梱緻、則經文但有梱義而無及於天下意、不且增字釋經乎。鄭君先從馬融治三家詩、後乃箋毛、其易毛者、皆三家詩說、疑梱緻亦三家說也。但既用三家說以易毛、而又參用毛說、斯兩歧矣。

陸錦燧日記

宮中衖謂之壼注疏本同。單疏本雪牕本壼作壼。五經文字云壼見爾雅。唐石經闕。

巷閤閒道雪牕本注疏本同。按此經作衖，注作巷，聲類以衖爲巷字，是也。

廟中路謂之唐雪牕本注疏本同。唐石經闕。釋文陳，音庚，本今作唐。

堂途謂之陳唐石經雪牕本同。周禮匠人爲溝洫注引爾雅堂涂謂之陳。按說文有涂無途塗，爾雅釋丘當涂梧丘，亦作涂。

宮中至之達○釋曰注疏本刪。

宮中衖閤閒道名壼注疏本壼改壺。

○注詩曰中唐有甓○釋曰此詩陳風防有鵲巢篇文也閩本監本毛本刪詩曰釋曰此五字。元本刪注字，下同。

校勘記

宮中衖謂之壼。今本壼上誤从士而下从亞，非是。說文壼从口，象宮垣道上之形，而上从市，又與橐橐等字同，當又从橐省得聲，故玉篇壼在橐部，與說文異。釋文作壸壺，竝非。二達謂之歧旁。今本歧誤作岐。按玉篇山部嶅，巨支切，山名，古如字。岐同上。止部歧，翹移切，歧路。是二字不獨所从異而音亦不同，惟廣韻則均巨支切，而亦分山名歧路。釋文亦作歧，云郭如字。樊本作技，音支。

注疏本正誤

廟中路謂之唐○「唐」，《釋文》作「[阝唐]」，原《玉篇》阜部「[阝唐]」下引同。

五行堂途謂之陳○「途」，《周禮·匠人》注引作「涂」。案：「涂」、「途」字通，古作「涂」，今作「途」。《說文》有「涂」無「途」。《詩》「胡逝我陳」，《毛傳》曰：「陳，堂塗也」，「途」作「塗」。

宋監本校箋

宮中衖巷閤閒道。謂之壼壼，音閫。

音圖·音

釋文壼本或作壼苦本翻，音捆。郭呂竝邱立訛作屯翻音坤，或作㚇。

音略

宮中衖謂之壼梱廟

中路謂之唐堂途謂之陳

孫偘直音

宮中衖巷謂之壼壼閤閒道。閫廟中路謂之唐詩中唐有甓。堂途謂之陳堂下至門徑名陳。

楊氏音訓

壼悃

干氏音釋

路旅途也路場猷行道也

路、旅，途也。途即道也。路、場、猷、行，道也。博說道之異名。

郭注

路旅途也

郭璞云：途卽道也。

路場猷行道也

郭璞云：博說道之異名。

一切注音

旅音呂。場直良反，字從昜，昜音陽。

陸音義

路場猷行道也

路莫不由之、場有不由焉、猶可以已、行不可以已也。詩曰克壯其猶、老矣而猶如此。

新義

路旅途也
郭璞曰、途、即道也。
路場猷行道也
郭璞曰、博說道之異名。

古注合存

路旅途也、路場猷行道也。此及下節、因宮室間之道而類釋凡道之名也。疏曰、路旅皆途之別名、路場猷行、復是道之別名、途即道也。愚按周禮徑畛途道路五者、對文本異、散文則通。旅謂衆所行之途也。場者界也。猷若行者、以由其道名之也。

注疏參義

宮中衖謂之壼 **註** 巷閤間道 廟中路謂之唐 **註** 詩曰中唐有甓 堂途謂之陳 **註** 堂下至門徑也 路旅途也 **註** 途即道也 路場猷行道也 **註** 博說道之異名

正義 此釋道路之名也。○宮中衖謂之壼。○說文云、壼、宮中道、从口、象宮垣道上之形。詩曰、室家之壼。案大雅既醉毛傳、壼、廣也。孔疏以宮中巷路之廣、故以壼為廣也。○廟中路謂之唐。○詩疏引李巡云、唐、廟中路名。逸周書作雒解云、堤唐山廧。孔晁註云、唐、中庭道也。文選註引如淳云、唐、庭也。○堂途謂之陳。○釋名云、陳、堂塗也、謂賓主相迎陳列之處也。小雅何人斯云、胡逝我陳。毛傳、陳、堂塗也。鄭箋、堂塗、公館之堂塗也。考工記匠人云、堂涂十有二分。鄭註、分其督旁之脩、以一分為峻也。賈疏云、名中央為督、假令兩旁上下尺二寸、則取一寸於中央為峻、恭甓以甎甎、中央稍高起也。○路旅途也。○釋名云、涂、度也、人所由得通度也。路謂之塗、古今通語也。旅者、左氏莊二十三年傳云、羇旅之臣。鄭註地官旅師云、旅猶處也。孟子云、行旅皆欲出於王之塗。旅訓為途、猶賈訓為市、賈、市也。孟子云、商賈皆欲藏於王之市、是其義相通也。○路場猷行道也。○說文云、道、所行道也。路、道也。場者、鄭註地官場人云、場、築地為墠、季秋除圃中為之。詩云、九月築場圃。是場與墠義同。鄭註祭法云、封土曰壇、除地曰墠。是築治平地為場也。說文云、場、祭神道也、一曰治穀田也。是場即道也。猷者、說文作𨘋、云行𨘋徑也。通作繇。釋詁云、繇、道也。詳見釋詁。行訓為道、亦通語也。**註** 巷閤間道。○**正義** 小雅鄭箋云奄官、掌王后之命、於宮中為近、故謂之巷伯。疏引孫炎云、巷、舍間道也。王肅云、今後宮稱永巷、是宮內道名也。郭以為閤間道、以閤為宮中小門也。○詩曰至有甓。○**正義** 陳風防有鵲巢文。疏引孫炎云、詩云中唐有甓。郭註與孫炎同。漢宮室有唐中、亦取庭之廣直為義、故西京賦云、前開唐中、彌望廣潒。○堂下至徑也。○**正義** 詩疏引孫炎云、堂下至門之徑。郭註本孫炎、鄭註鄉飲酒禮三揖云、將進揖、當陳揖、當碑揖。是陳在堂下。李如圭以為揖其北屬階、其南接門內霤是也。

正義

路旅途也 途即道也 路場猷行道也 博說道之異名

途者、釋名云、涂、度也、人所由得通度也。旅者、郊特牲云、旅樹、鄭注、旅、道也。按釋詁、旅、陳也。此以堂途為陳、陳既為途、故旅亦為途矣。○路場者、說文云、道、所行道也。路、道也。場、祭神道也。詩町畽鹿場、說文云、田踐處曰町、畽、禽獸所踐處也。然則鹿場即鹿之蹊徑、方言六、有蟥場及蚍蜉犁鼠之場、皆謂其所居途徑耳。猷者、說文作𨘋、云行𨘋徑也。通作繇。釋詁云、繇、道也。又通作猶。詩采芑傳、猶、道也。猶與猷同。行者、詩行露周行之類、傳箋並訓道。書云、日月之行、則日月之道也。詩云、有夷之行、即有夷之道也。本以行道為行、因而道亦為行也。

義疏

路旅途也 郭注、途謂道也。詩、遵大路兮。又于時廬旅。路場猷行道也 郭注、博說道之異名。此以行道連文。路、途也。人行途中、亦謂之路。詩、串夷載路。又、町畽鹿場。鹿行也。記、民共由之。共行道也。猶、繇、由、遂、通用。

集解

路旅途也

路道也、从足从各。引申為途。上經旅陳也。堂塗曰陳。故旅可轉訓為途。或者旅之正字為路與。周禮遂人、川上有路。詩遵大路兮。又于時廬旅。禮記郊特牲臺門而旅樹。

路場猷行道也

路、上釋為道。此又釋為途。明道途可通偁也。場、祭神道也、从土昜聲。字亦作場。猷字本作猶、玃屬。與繇通用。繇、隨從也。引申為道。經傳多以由為之。行、人之步趨也。人所步趨者、道也。故行亦釋為道。易說卦艮為經路。詩東山町畽鹿場、賓之初筵匪由勿語、大東行彼周行、天作有夷之行、均作道言。

義證

路場猷行道也（場直良反。）

註博說道之異名

郭注補正

路旅涂也

涂卽道也

今各本經注皆作途。案說文有涂無途、據釋丘當涂梧丘注涂、道。釋文云涂字又作途。以彼證此、則此途字非陸本之舊也。

郭注佚存補訂

路旅途也

途與塗同。小雅出車雨雪載塗、毛傳云塗、凍釋也。鄭風遵大路兮、毛傳云路、道也。卽途也。　旅者、釋詁云旅、陳也。上云堂途謂之陳、則旅亦途也。

路場猷行道也

說文云道、所行道也。　場者、豳風東山町畽鹿場、說文云田踐處曰町疃、禽獸所踐處也。踐處卽行徑也。小雅白駒、食我場苗、食我場藿。場字傳箋皆無文、若正義所謂築地爲墠之場、必無苗與藿、則場爲道路與空谷當無異也。　猷、道。見釋詁。猷與繇同。小雅巧言秩秩大猷、角弓君子有徽猷、箋並云猷、道也。此別是一義說詳前。　行者、召南行露厭浥行露、邶風泉水女子有行、北風攜手同行、鄘風蝃蝀女子有行、載馳亦各有行、王風黍離行邁靡靡、小雅鹿鳴示我周行、小弁行有死人、大雅行葦敦彼行葦、周頌天作有夷之行、傳箋並云行、道也。豳風七月遵彼微行、傳云微行、牆下徑也。徑亦道也、謂小道也。小雅大東行彼周行、周行、大道也。與示我周行同義。傳謂周之行列、非是。

說詩

路場猷行道也　釋文云場字從昜、昜音陽。　猷通繇、釋詁繇、道也。（見釋詁。）

匡名

宮中衖謂之壼、廟中路謂之唐、堂途謂之陳、路旅途也、路場猷行道也　說文、壼、宮中道、从囗象宮垣道上之形、引詩室家之壼。郭註巷閤間道。李巡云唐、廟中路名。釋名陳、堂途也。小雅、胡逝我陳。郭註堂下至門徑也。孟子、行旅皆欲出於王之塗。蹈、所行道也。一達謂之道。場、祭神道也、一曰治穀田也。是場即道也。猷通作由。論語、行不由徑。

啓蒙

路場猷、行、道也。猷與釋詁繇於也之繇異體。

黄侃音訓

廟中路謂之唐　堂途謂之陳　路場猷行道也

釋文唐作隚。云本今作唐。釋宮釋文 毛詩傳、陳、堂塗也。小雅何人斯傳 周禮作堂涂。考工記匠人 說文邎、行邎徑也。辵部邎 釋詁繇、道也。猷通邎繇。

證異

路、旅、途、也。路長

場猷、行道也。

孫偘直音

路旅途也路場猷行道也 路場猷行四者傅說道之異名。

楊氏音訓

一達謂之道路 二達謂之岐旁 三達謂之劇旁 四達謂之衢 五達謂之康 六達謂之莊 七達謂之劇驂 八達謂之崇期 九達謂之逵

一達謂之道路、長道。二達謂之岐旁、岐道旁出也。三達謂之劇旁、今南陽冠軍樂鄉數道交錯、俗呼之五劇鄉。四達謂之衢、交道四出。五達謂之康、史記所謂康莊之衢。六達謂之莊、左傳曰得慶氏之木百車於莊。七達謂之劇驂、三道交復有一岐出者。今北海劇縣有此道。八達謂之崇期、四道交出。九達謂之逵。四道交出、復有旁通。

郭注

宮中至之逵　釋曰此別衖道之異名也。宮中衖閭閒道名壼。孫炎曰巷舍閒道也。王肅曰今後宮稱永巷、是宮內道名也。廟中之路名唐、堂下至門徑名陳。路旅皆途之別名也。途即道也。路場猷行四者、復是道之異名也。一達長道謂之道路。岐分二達者謂之岐旁、言岐道旁出也。岐分三達者謂之劇旁。孫炎云旁出岐多故曰劇。交道四旁謂之衢。交道四出復有一旁達謂之康。孫炎云康樂也、交會樂道也。交道六出謂之莊。孫炎云莊、盛也。道煩盛。三道交出復有岐出者謂之劇驂。四道交出謂之崇期。四道交復有一岐出者謂之逵。　注史記所謂康莊之衢　釋曰案史記列傳云騶奭者、齊諸騶子、亦頗采騶衍之術以紀文。於是齊王嘉之、自如淳于髡以下皆命曰列大夫、爲開第康莊之衢是也。　注左傳曰得慶氏之木百車於莊　釋曰、案襄二十八年、齊慶封謀殺子雅子尾、陳文子謂桓子曰、禍將作矣、吾其何得。對曰、得慶氏之木百車於莊。杜注云慶封時有此木積於六軌之道是也。　注四道交出復有旁通　釋曰詩周南云施于中逵。毛傳云逵、九達之道是也。案左傳隱十一年云及大逵。桓十四年焚渠門入及大逵。莊二十八年衆車入自純門及逵市。宣十二年入自皇門至于逵路。杜預皆以爲道並九軌。案周禮經涂九軌、不名曰逵、杜意蓋以鄭之城內不應有九出之道、故以爲並九軌。於此則不合也。

邢疏

二達謂之岐旁　釋文岐樊本作歧。釋宮

歧音支。釋文

樊注

四達謂之衢
四達各有所至曰衢。公羊疏二十六
九達謂之逵
並容九軌。春秋正義四約李義 案左氏隱十一年傳及大逵、杜注逵道方九軌也。正義云、並容九軌皆得前達。李巡注爾雅亦取並容九軌之義。
李注
二達謂之岐旁
岐道旁出也。初學記二十四 案初學記載九達注、不詳誰氏。詩正義邢疏文選注有作孫炎者、初學記下復引一條亦作孫炎、今定爲孫注。此條與郭同。
三達謂之劇旁
旁出岐多、故曰劇。詩正義一之三 初學記二十四 邢疏
四達謂之衢
衢、交通四出是也。公羊疏二十六 荀子勸學篇注
五達謂之康
康、樂也。交會樂道也。詩正義一之二 初學記二十四 邢疏
六達謂之莊
莊、盛也。道繁盛。詩正義一之二 初學記二十四 邢疏
七達謂之劇驂
三道交、復有一岐出者、驂馬有四、今此有七、比之方驂劇。初學記二十四 詩正義一之三
八達謂之崇期

崇、多也。多道會期於此。初學記二十四 文選左太沖蜀都賦注
九達謂之逵
逵、一曰馗、言似龜背、故曰馗。見說文。初學記二十四
孫音注
六達謂之莊
六道旁出。春秋正義三十八注爾雅者皆以爲六道旁出。四十五引舊說同。
九達謂之逵
四道交出、復有旁通。春秋正義四
衆家注

黃輯古義

二達謂之岐旁 釋文岐旁樊本作歧。
歧音支。釋文
樊注
四達謂之衢
四達各有所至曰衢。春秋公羊傳定八年疏
九達謂之逵
逵、並容九軌。春秋隱十一年正義
李注
二達謂之岐旁
岐道旁出也。徐堅初學記卷二十四 臧氏琳曰 案初學記載九達注、不詳誰氏。詩正義邢疏文選注有作孫炎者、初學記下復引一條亦作孫炎、今定爲孫注。此條與郭同。

爾雅詁林　五　釋宮

三達謂之劇旁

旁出岐多故曰劇。邢疏詩周南兔罝正義 初學記卷二十四

四達謂之衢

衢、交通四出是也。春秋公羊傳定八年疏 荀子勸學篇楊倞注

五達謂之康

康、樂也。交會樂道也。邢疏詩周南兔罝正義 初學記卷二十四

六達謂之莊

莊、盛也。道煩盛。同上

七達謂之劇驂

三道交復有一岐出者、驂馬有四、今此有七、比之方驂劇。初學記卷二十四 詩周南兔罝正義引上二句。

八達謂之崇期

崇、多也。多道會期於此。初學記卷二十四 文選左太沖蜀都賦李善注。

九達謂之逵

逵一曰馗、言似龜背、故曰馗。見說文。初學記卷二十四

二達謂之歧旁。歧、如字。釋文

郭音義

孫音注

玉函山房輯佚

三達謂之劇旁

旁出岐多故曰劇。同詩疏一之三

四達謂之衢

四達各有所至曰衢。李注 交、通四出。孫注 並公羊疏二十六

五達謂之康

康、樂也。交會樂道也。同初學記二十四

六達謂之莊

莊、盛也。道煩盛。同

七達謂之劇驂

三道交復有一岐出者。同並詩疏一之三

八達謂之崇期

崇、多也。多道會期於此。同文選注四

鈎沉

二達謂之岐旁 釋文岐旁樊本作技、音支。

孫曰、歧、道旁出也。徐堅初學記二十四郭同。案初學記載九達注、不詳誰氏、詩正義邢疏文選注有作孫炎者、初學記下復引一條亦作孫炎、今定爲孫注。此條與郭同。

三達謂之劇旁

孫曰、旁出岐多故曰劇。詩正義一之三 初學記二十四 邢疏

四達謂之衢

李曰、四達各有所至曰衢。公羊疏二十六

孫曰、衢、交通四出是也。公羊疏二十六 荀子勸學篇楊倞注

五達謂之康

孫曰、康、樂也。交會樂道也。詩正義一之二 初學記二十四 邢疏

六達謂之莊

孫曰、莊、盛也。道繁盛。詩正義一之二 初學記二十四 邢疏

注曰、六道旁出。春秋正義三十八。注爾雅者皆以爲六道旁出、四十五引舊說同。

七達謂之劇驂

爾雅詁林　五　釋宮

孫曰、三道交復有一岐出者、驂馬有四、今此有七、比之方驂劇。初學記二十四 詩正義一之三

八達謂之崇期

孫曰、崇、多也。多道會期於此。初學記二十四 文選四左太沖蜀都賦李善注

九達謂之逵

李曰、逵、竝容九軌。春秋正義四 約李義 案左氏隱十一年傳及大逵杜注逵道方九軌也。正義云言竝容九軌皆得前達。李巡注爾雅亦取竝容九軌之義。

孫曰、逵一曰馗、言似龜背、故曰馗。見說文。初學記二十四

注曰、四道交出、復有旁通。春秋正義四 郭同

漢注

一達謂之道路

郭璞云、長道。

二達謂之岐旁

郭璞云、岐道旁出也。

三達謂之劇旁

孫炎云、旁出岐多、故曰劇。詩正義一之三卷 郭璞云、今南陽冠軍樂鄉數道交錯、俗呼之五劇鄉。

四達謂之衢

李巡云、四達各有所至曰衢。孫炎云、衢、交通四出也。竝公羊疏二十六卷 荀子卷一註 郭璞云、交道四出。

五達謂之康

孫炎云、康、樂也。交會樂道也。初學記二十四卷 郭璞云、史記所謂康莊之衢。

六達謂之莊

孫炎云、莊、盛也。道煩盛。初學記二十四卷 郭璞云、左傳曰得慶氏之木百車於莊。

七達謂之劇驂

孫炎云、三道交復有一歧出者。詩正義一之三卷 郭璞云三道交復有一歧出者、今北海劇縣有此道。

八達謂之崇期

孫炎云、崇、多也。多道會期於此。文選註四卷 郭璞云、四道交出。

九達謂之逵

李巡云、取竝軌之義。左傳正義四卷 郭璞云、四道交出復有旁通。

一切注音

二達謂之岐旁　樊本作技、音支。郭如字。竝釋文

三達謂之劇旁　孫炎云、旁出歧多、故曰劇。詩兔罝正義

四達謂之衢　李巡曰、四達各有所至曰衢。孫炎曰、交通四出。竝公羊定八年傳疏

五達謂之康　孫炎云、康、樂也。交會樂道也。詩兔罝正義 初學記

六達謂之莊　孫炎云、莊、盛也。道煩盛。初學記

七達謂之劇驂　孫炎云、三道交復有一歧出者。詩兔罝正義 孫炎云、驂馬有四、今此有七、比之方驂劇。初學記

蕙心案、初學記引孫注與釋名同。

八達謂之崇期　孫炎曰，崇，多也，多道會期於此。初學記

九達謂之逵　李巡曰，逵道方九軌。左隱十一年傳正義

古注斠

二達謂之歧旁　孫炎曰，歧道旁出也。初學記二十四

按初學記載九達，不詳誰氏，今據詩正義、邢疏定為孫炎。

四達謂之衢　舊注，四道交出，或有旁通。春秋正義

九達謂之逵　孫炎曰，逵，一曰馗，言似龜背，故曰馗。初學記二十四

古注斠補

岐旁　郭如字。樊本作技，音支。劇　巨戟反。冠軍　古亂反。樂鄉　音岳，又音各。數道　色主反。康　苦郎反。莊　側良反。車　昌蛇反。驂　七南反。復有　扶又反，下同。逵　求追反。本或作馗字，林云隱也，與逵同。

陸音義

歧旁　○案歧同企，此當從邢本作岐，是。

音義攷證

一達謂之道路

道一而已。

二達謂之歧旁三達謂之劇旁

列子曰，歧路之中又有歧也。

四達謂之衢五達謂之康六達謂之莊

交道四出，莫知所之，瞿矣。五達見者衆，康而色可也。六達見者益衆，又當莊矣。詩曰，肅肅兔罝，施于中逵。

七達謂之劇驂

雖窮其馬不能至矣。荀子曰，行衢道者不至。

八達謂之崇期

期而後可。

九達謂之逵

九，九龍也，九龜而已。馗，龜也，似龜背，故謂之馗。

新義

宮中衖謂之壼，廟中路謂之唐，堂途謂之陳。路、旅，途也。路、場、猷、行，道也。一達謂之道路，二達謂之歧旁，三達謂之劇旁，四達謂之衢，五達謂之康，六達謂之莊，七達謂之劇驂，八達謂之崇期，九達謂之逵。此別途路之異也。衖，宮中道名，故後宮稱永巷。陳者，自堂至門所行之處也。路、旅二者，途之異名。路、場、猷、行四者，道之異名也。劇旁，郭云今南陽冠軍樂鄉數道交錯，俗呼五劇鄉。劇驂云三道交，復有一歧出者，今北海劇縣有此道。

鄭樵注

一達謂之道路

郭璞曰，長道。

二達謂之歧旁　岐，樊本作歧。

郭璞曰，歧，道旁出也。

三達謂之劇旁

孫炎曰，旁出歧多，故曰劇。

郭璞曰，今南陽冠軍樂鄉，數道交錯，俗呼之五劇鄉。

四達謂之衢

李巡曰，四達各有所至，曰衢。

孫炎曰，交通四出。

郭璞曰，交道四出。

爾雅詁林　五　釋宮

五達謂之康
孫炎曰、康、樂也、交會樂道也。
郭璞曰、史記所謂康莊之衢。
六達謂之莊
孫炎曰、莊、盛也、道煩盛。按左傳襄二十八年疏引釋宮六達謂之莊云、注爾雅者皆以爲六道旁出、書謂樊李輩也。

郭璞曰、左傳曰、得慶氏之木百車於莊。
七達謂之劇驂
孫炎曰、三道交復有一岐出者。
郭璞曰、三道交、復有一岐出者、今北海劇縣有此道。
八達謂之崇期
孫炎曰、崇、多也、多道會期於此。
郭璞曰、四道交出。
九達謂之逵
郭璞曰、四道交出、復有旁通。按隱十一年左傳杜氏注逵道方九軌也。正義曰、李巡注爾雅亦取並軌之義。今李注未聞。

鄭樵曰、此別途路之異也。術、宮中道名、故後宮稱永巷。陳者、自堂至門所行之處也。路旅二者、途之異名。路場猷行四者、復是道之異名也。劇旁、郭云今南陽冠軍樂鄉數道交錯、俗呼五劇鄉。劇驂云三道交復有一岐出者、今北海劇縣有此道。自宮中術至此總釋之也。

古注合存

一達謂之道路、二達謂之岐旁、三達謂之劇旁、四達謂之衢、五達謂之康、六達謂之莊、七達謂之劇驂、八達謂之崇期、九達謂之逵

劇音極。○註曰、康莊、史記騶奭列傳所謂康莊之衢。襄二十八年左傳云、得慶氏之木百里於莊是也。劇旁、劇驂、如今北海劇縣之道、及南陽五劇鄉之類。疏曰、一達長道謂之路、岐分二達謂之岐旁、岐分三達謂之劇旁。孫炎云、旁岐多、故云劇也。交道四達謂之衢、交道四達、復有一旁達、謂之康、康、樂也、交會樂道也。交道六達謂之莊、莊、盛也、道煩盛也。三道交、復有岐達、謂之劇驂。四道交、謂之崇期。四道交、復有岐達、謂之逵。得慶氏之木百里於莊、註云、慶封積木於六軌之道。詩兔罝云、施于中逵。毛傳云、九達之道也。

注疏參義

初學記引注云、旁出岐多故曰劇。康、樂也。莊、盛也。言交道康樂繁盛。崇、多也。多道會期在此。按此蓋孫氏注而疏采之不全。

左傳疏云、釋宮九達謂之逵、說爾雅者皆以爲四道交出、復有旁通、故劉氏規過以逵爲九道交出也。按四達謂之衢、衢逵音同、故說者因之而誤。

左傳釋文、爾雅逵、說文作馗、云九達道、似龜背、故謂之馗。

補注

一達謂之道路【註】長道 二達謂之岐旁【註】岐道旁出也 三達謂之劇旁【註】今南陽冠軍樂鄉數道交錯、俗呼之五劇鄉 四達謂之衢【註】交道四出 五達謂之康【註】史記所謂康莊之衢 六達謂之莊【註】左傳曰、得慶氏之木百車於莊 七達謂之劇驂【註】三道交、復有一岐出者、今北海劇縣有此道 八達謂之崇期【註】四道交出 九達謂之逵【註】四道交出、復有旁通

【正義】此釋九達之途之異名也。○一達至道路。○說文作一達謂之道。釋名云、道、蹈也。路、露也。人所踐蹈而露見也。○二達至岐旁。○釋名云、二達曰岐旁、物兩爲岐、在邊曰旁。此道并通出似之也。○三達至劇旁。○詩疏引孫炎云、旁出岐多、故曰劇。釋名云、三達曰劇旁。古者列樹以表道、道有夾溝以通水潦、恒見修治、此道旁轉用功劇也。○四達謂之衢。○公羊疏引李巡云、四達各有所至曰衢。釋名云、四達曰衢、齊魯間謂四齒杷爲欋、欋杷地則有四處、此道似之也。左氏定八年傳云、及衢而騁。大戴禮記子張問入官篇、六馬之離

爾雅詁林 五 釋宮

必於四面之衢。太元達之次五云、達於中衢、大小無迷、測曰達於中衢道四通也。○五達謂之康。○初學記引孫炎云康、樂也。交會樂道也。釋名云、五達曰康、康、昌也。昌、盛也。車步併列並用之言充盛也。○六達謂之莊。○初學記引孫炎云莊、盛也。道煩盛。釋名云、六達曰莊、莊、裝也、裝其上使高也。○七達曰劇驂。○釋名云、七達曰劇驂、驂馬有四耳、今此道有七、比於劇也。○八達至崇期。○文選註引孫炎云崇、多也、多道會期於此。釋名云、八達曰崇期、崇、充也。道多所通人充滿其上如共期也。○九達謂之逵。○說文云馗、九達道也。似龜背故謂之馗。馗、高也、或作逵。釋名云九達曰逵、齊魯謂道多爲逵師、此形然也。文選註引韓詩施于中馗、薛君云中馗、馗中九交之道也。淮南說林訓楊子見逵路而哭之爲其可以南可以北、高誘註九達曰逵。【註】今南王劇鄉。○【正義】晉書地理志荆州南陽國冠軍縣今南陽府鄧州西北四十里有冠軍故城。○交道四出。○【正義】荀子註引孫炎云衢、交通四出也。郭註本孫炎。○史記至之衢。○【正義】史記孟荀列傳云爲開第康莊之衢、集解引爾雅。○左傳至於莊。○【正義】襄二十八年傳文。又昭十年傳云又敗諸莊、杜註並以莊爲六軌之道、非也。孟子云引而置之莊嶽之間數年、趙註云莊嶽、齊街里名也、蓋因爾雅以爲名。莊嶽今在青州府臨淄縣北。○三道至此道。○【正義】詩疏引孫炎云、三道旁出、復有一岐出者。郭註本孫炎。漢書地理志北海郡劇侯國。晉書地理志齊國景帝以爲北海郡無劇縣、蓋晉志之疎舛也。今青州府昌樂縣有廢劇縣在縣西五十五里。○四道至旁通。○【正義】免罝毛傳逵九逵之道。左氏隱十一年傳云及大逵、桓十四年傳焚東門及大逵、莊二十八年傳入自純門及逵市、宣十二年傳入自皇門至于逵路、杜註皆以爲逵道方九軌也。詩疏謂周禮經涂九軌、不名曰逵、杜註於爾雅不合、是也。左傳疏又云、九出之道、世俗所希、不應城內得有此道、以記有九軌、故以逵當之、言並容九軌、皆得前達、亦是九達之義、故李巡註爾雅亦取並軌之義。又涂方九軌、天子之制、諸侯之國不得皆有、唯鄭城之內獨有其涂、故傳於鄭國每言之也。案孔氏於詩疏則從毛傳、左氏疏則申杜義。五經正義多有自相矛盾者、王於以逵爲九軌、雖中杜義、實未喻杜氏之意、杜氏以莊爲六軌之道、以逵爲九達之道、其意蓋以爾雅所謂六達九達者、猶言六軌九軌、云爾。孔氏廼謂鄭城之內獨有逵路、然則左氏於齊國多言莊、將以莊爲齊國所獨有乎、於魯國多言衢、將以衢爲魯國所獨有乎、三百篇言周道魯道、將以道路爲周魯所獨有乎。在杜氏固未嘗以逵爲鄭國獨有之名也、然杜氏以軌訓達、實有不可從者。考工記匠人營國、國中九經九緯、經涂九軌、鄭註經緯之涂皆容方九軌。是言王城之制。又云經涂九軌、環涂七軌、野涂五軌。環涂以爲諸侯經涂、野涂以爲都經涂、是言上下之等差。杜氏欲以匠人之九軌傅合於爾雅之九達、則爾雅所謂一達二達者、將何以分其等級乎、況夫道路者、天下之通言也、故郭氏釋爲長道、若如杜氏以軌訓達、則一達之道路僅容一軌、豈天下之道路俱若是其陜且長哉。劉炫據爾雅以達爲九道交出、用規杜過其言誠有依据矣。左傳疏又謂說爾雅者皆以爲四道交出復有旁通、是諸家之說、唯李巡爲異義、餘皆與郭註同。

【正義】

一達謂之道路道長　**二達謂之歧旁**歧道旁出也　**三達謂之劇旁**今南陽冠軍樂鄉數道交錯俗呼之五劇鄉　**四達謂之衢**交道四出　**五達謂之康**史記所謂康莊之衢　**六達謂之莊**左傳曰得慶氏之木百車於莊　**七達謂之劇驂**三道交復有一歧出者今北海劇縣有此道　**八達謂之崇期**四道交出　**九達謂之逵**四道交出復有旁通

達者、徹也、通也、出也、至也。道路者、說文云一達謂之道、無路字。道路一也。釋名云道一達曰道路、道、蹈也。路、露也、言人所踐蹈而露見也。按遂人云澮上有道、川上有路、鄭注道容二軌、路容三軌、是路大於道、蓋對文則別、散則通也。又彼注言其廣、此云長者、以一達言、旁無歧出、故直云長矣。○歧旁者、釋名云物兩爲歧、在邊曰旁、此道並出似之也。按歧猶枝也、木別生曰枝、道別出曰歧、歧與枝俱在旁、故曰歧旁也。釋文云歧、樊本作技、音支。是技枝音義同。○劇旁者、釋名云、古者列樹以表道、道有夾溝以通水潦、恆見修治、此道旁轉多用功稍劇也。詩兔罝正義引孫炎云、旁出歧多故曰劇。按劇者、甚也。言此道歧多、旁出轉甚也、卽列子說符篇云歧路之中又有歧焉。○衢者、說文用爾雅。釋名云、齊魯閒謂四齒杷爲欋、欋杷地則有四處、此道似之也。公羊定八年疏引李巡云、四達各有所至曰衢。孫氏曰交通四出是也。按衢爲四道交錯、故周禮保氏說五馭云舞交衢、大戴禮子張問入官篇云、六馬之離、必於四面之衢。郭氏注中山經云言樹枝交錯相重五出、有象衢路也。楚辭天問篇注、九交道曰衢。淮南繆稱篇注云、道六通謂之衢。荀子勸學篇注衢道、兩道也。今秦俗猶以兩爲衢。然則衢無定名、據楚辭淮南注是道四達以上通謂之衢、荀子注又以兩道爲衢。衢與歧聲轉、疑秦人讀歧如衢、因而以兩爲衢耳。楚辭九衢蓋直以衢爲道之通名、非爾雅義也。○康者、釋名云、康、昌也。昌盛也。車步併列竝用之言充盛也。詩正義引孫炎云康、樂也。交會樂道也。按康有廣大之義、故五穀竝登謂之康年、五達竝出謂之康衢。列子仲尼篇云堯遊康衢。晏子諫上篇云、公驅及之康內、皆與爾雅合。○莊者、釋名云莊、裝也、裝其上使高也。孫炎云莊盛也、道煩盛。[illegible]引按莊之言壯、壯亦大也。史記云開第康莊之衢、亦言其衢路之大耳。郭引襄廿八年左傳文杜預注以莊爲六軌之道、非也。○正義曰、注爾雅者皆以爲六道旁出、此蓋舊注之文。○劇驂者、釋名云、驂馬有四耳、今此道有七比於劇也。孫炎云、三道交、復有一歧出者。初學記廿四引云、驂、馬有四、今此有七、比之方驂劇、所引亦孫炎注、與釋名同。方驂劇者、方、併也。劇甚也。言比之併驂尤甚也。○崇期者、釋名云崇、充也、道多所通、人充滿其上如共期也。初學記引孫炎曰崇、多也。多道會期於此。按崇亦高也、與逵同義。期猶其也、崇其猶逵師矣。○逵者、說文作馗、云九達道也、似龜背、故謂之馗。馗、高也。或作逵。釋名云、齊魯謂道多爲逵師、此形然也。左氏隱十一年注云逵道方九軌也。正義引李巡注爾雅亦取竝軌之義、是杜注本李巡。今按、經涂九軌、雖出考工記、然九軌言其廣、九逵則以縱橫交午爲言、義各不同。文選注引韓詩章句以中馗爲九交之道、可知李巡注非也。左傳於鄭國每言逵、蓋其國多此道爾。

義疏

一達謂之道路、二達謂之歧旁、三達謂之劇旁、四達謂之衢、五達謂之康、六達謂之莊、七達謂之劇驂、八達謂之崇期、九達謂之逵。 李注、四達各有所至曰衢。九達竝軌也。孫注、旁出歧多故曰劇。衢、交通四出。康、樂也。交會樂道也。莊、盛也、道煩盛。驂馬有四、今此有七、比之方驂劇也。崇、多也、多道會期於此。郭注、長道歧旁。歧道旁出也。今南陽冠軍樂鄉數道交錯、俗呼之五劇鄉。衢交道四出。康莊史記所謂康莊之衢。左傳曰、得慶氏之木百車於莊。劇驂三道交、出復有一歧出者。今北海劇縣有此道。崇期四道交出。逵四道交出、復有旁通。凡言達者、容車之數也。記曰、道路男子由右、女子由左、車從中央。非此則曰巷、徑矣。一達容二車、一往一來。二達則容三車、故曰歧旁。劇猶加也。容四車、旁加一達也。衢、瞿也、如茉亩旁四中一也。康、寬也。莊、大也。劇、旁各參之、容八車也。期、會也。兩車兩相會、一車充其中、容九車也。逵本作馗、从九道、方九軌、容十車、寬八丈、併左右過十丈、道廣極於此。

集解

一達謂之道路 斥車軌言耳。達、通也。轍卽徹、亦通也。禮記王制、道路男子由右、女子由左、車從中央。則道路有車軌明矣。一達謂二軌、便車之往來不窒耳。周禮遂人注、道容二軌、路容三軌。以道路爲對文也。

二達謂之歧旁 歧、字本作跂、足多指也。歧旁者、謂旁多一軌、葢三軌也。或曰歧卽枝也。木別生曰枝、道別

爾雅詁林　五　釋宮

出曰岐。**三達謂之劇旁**劇字本作勮，務也，猶加也。道本二軌，劇旁者，謂旁加一達則四軌矣。列子說符岐路之中又有岐焉，亦此言耳。**四達謂之衢**衢，从行瞿。瞿，襄也，衆由也。軌象衆由中央，一而旁四也，即攷工記所謂之野涂。易大畜何天之衢。荀子王霸楊朱哭衢涂。**五達謂之康**容六軌也。康，穀皮也，與廣通用。廣，大也，多也。或者正字為昌與。列子仲尼堯遊康衢。晏子諫上篇公驅及之康內。**六達謂之莊**容七軌也。莊同奘，大也，與環涂同。左昭十傳又敗諸莊。注謂為六軌之道，失之。**七達謂之劇驂**驂，參也。道本二軌，兩旁各加三軌，容八軌也。詩大叔于田兩驂如舞，箋在旁曰驂。**八達謂之崇期**所謂經涂九軌是也。崇，重也。期猶會也。道本二軌，重相會一軌，當其中，容九軌也。乘六尺六寸，旁加七寸，凡八，尺是謂轍廣，九軌，積七十二尺，併左右過百尺，道之極廣。**九達謂之逵**逵字本作馗，从九首。首，始也，一也。九而加一，則十軌矣。九達謂通九車，九車而十軌，往來可以自便耳。詩兔罝施于中馗。左傳於鄭國每言逵，鄭在河南地，以其平而多，是道他處則少，攷工故僅言九軌也。或謂馗从九道，道各二軌，九道則十八軌，約廣一百四十四尺，與地可以容之，與王制疏益同一謬說矣。

義證

三達謂之劇旁

註今南陽冠軍樂鄉數道交錯，俗呼之五劇鄉。補正 邢疏孫炎曰：旁出歧多，故曰劇。

四達謂之衢

註交道四出。補正 臣鍌按：公羊傳疏引李註云：四達各有所至曰衢。

五達謂之康

註史記所謂康莊之衢。補正 邢疏孫炎云：康，樂也。交會樂道也。

六達謂之莊

註左傳曰：得慶氏之木百車於莊。補正 邢疏孫炎云：莊，盛也，道煩盛。

八達謂之崇期

註四道交出。補正 臣鍌按：文選註引孫註云：崇，多也，多道會期於此。

九達謂之逵

註四道交出，復有旁通。補正 邢疏詩周南施于中逵、毛傳云：逵，九達之道也。

郭注補正

二達謂之歧旁

歧道旁出者也

慧琳大佛頂經十卷音義引郭璞云：歧道旁出者也。元應大智度論十九卷音義引爾雅郭璞曰：歧道直出者也。禪法要解上卷音義引爾雅郭璞曰：歧枝道旁出者也。今據補者字。文選舞鶴賦注引作歧道傍出。

四達謂之衢

交道四出者也

慧琳妙法蓮華經譬喻品音義引爾雅：路四達謂之衢。郭璞云：交道四出者也。今據補者也二字。後

漢書李固傳注引爾雅郭璞作交通四出者也。樹柎

案、楊倞荀子注引孫炎作交通四出。

九達謂之逵

四道交出復有旁通 者也

元應達磨多羅禪經上卷音義引爾雅九達謂之逵、郭璞曰、四道交出復有旁通者也今據補者也二字。慧琳大乘大集地藏十輪經序音義引爾雅郭注作交道四出復有旁通曰逵。

郭注佚存補訂

一達謂之道路二達謂之歧旁三達謂之劇旁四達謂之衢五達謂之康六達謂之莊七達謂之劇驂八達謂之崇期

義詳訂經。

九達謂之逵

逵者、說文作馗、云九達道也、似龜背、故謂之馗。馗、高也。兔罝施於中逵、彼釋文引杜預注春秋云逵方九軌。正義引李巡注爾雅亦取並九軌之義。兔罝正義以並九軌於爾雅不合。韓詩章句云中馗、馗中九達之道也。韓詩蓋作馗、許所本也。

說詩

二達謂之歧旁 岐、釋文作歧。

疏是巷者宮內道名也 脫巷者二字。 交道四達謂之衢 達字當作出。

注疏正字

三達謂之劇旁

郭曰今南陽冠軍樂鄉數道交錯俗呼之五劇鄉。家大人曰、史記酈生傳曰、陳留者天下之據衝也。據與劇同。劇與撠聲相近、劇之為撠、猶撠之為據也。史記呂后紀見物如蒼犬據高后掖、徐廣曰據音戟。漢書五行志作撠。

五達謂之康

郭曰史記所謂康莊之衢。家大人曰、晏子諫篇曰、公趨駕追晏子及之康莊。問篇曰、桓公過于康莊、聞甯戚歌。管子輕重丁篇曰、決瓁落之水、通之杭莊之閒。杭與康同。

述聞

一達謂之道路 釋名釋道皆同。

二達謂之歧旁 釋文云、歧、樊本作技。案說文止部無歧字、土部無技字、當作跂。說文足部跂、足多指也、从足支聲。古字足止偏旁通借、故又作歧。石經作岐。案說文邑部𨙸从邑支聲、或从山作岐、古文作𡵝、亦非此義。一切經音義九又十七又廿二文選注十四引無旁字、廣韻唐十一文選注廿八引有。

三達謂之劇旁 說文刀部無劇字、畢氏沅曰當作勮。說文力部勮、務也、从力豦聲。釋名釋此義曰用功轉劇。據此則从力何疑。

四達謂之衢 說文同。

七達謂之劇驂 劇當作勮。見上。

九達謂之逵　釋文云、逵本或作馗。案說文九部馗、九達道也、似龜背、故謂之馗。馗、高也、从九从首。或从辵从坴作逵。

匡名

一達謂之道路二達謂之岐旁三達謂之劇音極旁四達謂之衢五達謂之康六達謂之莊七達謂之劇驂八達謂之崇期九達謂之逵

此釋途之異名也。釋名路、露也、人所踐蹈而露見也。又物兩爲岐、在邊曰旁。說文㫄、溥也、从二闕方聲。郭註岐道旁出也。劇、尤甚也。孫炎云旁出歧多故曰劇。釋名古者列樹以表道、道有夾溝以通水潦、恒見修治、此道旁用功轉劇也。衢義同爾雅。左定八年傳、及衢而騁。郭註交道四出。初學記、康、樂也、交會樂道也。史記、康莊之衢。孫炎云莊、盛也、謂道煩盛。左昭十年傳、又敗諸莊。釋名、劇驂者、驂馬有四、今道有七、比於劇也。釋名崇、充也、道多所通、人充滿其上、如共期也。馗、九達道也、从九从首。或作逵。左隱十一年傳、及大逵。淮南子、揚子見逵路而哭之、爲其可以南可以北也。

啓蒙

歧　岐　盧氏文弨曰、案岐同企。此當從邢本作歧是。

說文歧爲郊或體

劇　勮　鈕氏樹玉曰、劇卽勮之俗體。據說文勞訓劇。下卽劇篆。訓務也。釋名。劇、巨也。事功巨也。是古讀劇若巨。隸釋載唐扶頌、察能治勮。其字尙从力。但誤𠨔爲處耳。案段氏玉裁嚴氏可均皆謂劇卽勮字。

黃侃評本正名

三達謂之劇旁。　劇通作遽、公羊宣六釋文劇、其據反、本亦作遽。周語注遽猶疾也、晉語注遽疾也、說文力部勮務也、務趣也、是勮本有疾義、引申爲甚。

黃侃音訓

一達謂之道路　二達謂之岐旁

說文作一達謂之道。辵部道　釋文岐旁作歧旁。郭如字。釋宮釋文　樊光本岐作攴。音支。釋宮釋文　文選注作二達謂之岐。舞鶴賦注

二達謂之岐旁、注云岐道旁出也。釋文作歧、郭如字、樊本作攴、音支。按丁度集韻、歧與跂同、足多指也、或作枝。岐當從山、依邢本作岐。禹貢、導岍及岐、一統志云山有兩岐故名、是其義也。樊光本作攴、檢說文土部無攴字。

四達謂之衢　九達謂之逵

釋名、四達曰衢、齊魯間謂四齒杷爲欋、欋杷地則有四處、此道似之。釋道　釋文、逵本或作馗。與逵同。釋宮釋文　說文、馗、九達道也。似龜背、故謂之馗。馗、高也。從九從首。九從首九部馗。　馗或從辵從坴、作逵。九部馗　釋名、九達曰逵、齊魯謂道多爲逵。釋道篇　薛君韓詩章句、馗、九交之道。引見文選卷十一注。

九達謂之逵、注云四道交出復有旁通。釋文、逵本或作馗。字林云與逵同。詩施于中逵、傳云逵九達之道。正義曰、莊二十八年左傳、楚伐鄭、入自純門、及逵市、杜預云、逵、並九軌。按周禮經塗九軌、不名曰逵。杜意鄭城內不應有逵、九出之道、故以爲並九軌、於爾雅則不合也。臧氏琳曰、春秋傳隱十一年正義云、說爾雅者皆以爲四道交出復有旁通是可驗。舍人樊光孫炎之徒皆同斯說、故郭氏本之。說文九部馗、九達道也、似龜背、故謂之馗。從九從首。馗或從辵從坴作逵。釋名釋道、九達曰逵、齊魯謂道多爲逵師、此形然也。又文選十一及二十二二十七注並引韓詩施于中馗、薛君章句曰、中馗、馗中九交之道也。諸儒義皆用爾雅。左傳隱十一年、桓十四年、及大逵、莊二十八年、及逵市、宣十二年至于逵路、杜注皆以爲道方九軌、用周禮以易爾雅、與先儒相乖。劉光伯規杜以逵爲九道交出、謂國國皆有逵道、其說當矣。孔仲達言李巡注爾雅亦取並軌之義、單文未足據也。依說文則正作馗、重文作逵、韓詩作馗爲正字、據釋宮釋文知爾雅亦作馗、初學記載爾雅注逵一曰馗、與許書合。

證異

三達謂之劇旁。釋名、三達曰劇旁、此道旁出轉多用功稍

劇也、太公陰謀、馬不可極、民不可劇、馬極則蹶、人劇則敗、四達謂之衢、大戴禮子張問入官篇、六馬之離、必於四面之衢、盧辯注衢、四達道。孫子九辨變篇衢地合交、注四通之地。易大畜何天之衢、馬云四達謂之衢。宣十二年公羊傳放乎路衢、何注同。又至於孟衢、何云、孟氏衢、四達四可以橫去。**古義補**

九達謂之逵

注曰四道交出復有旁通。疏曰、按左傳隱十一年云及大逵、桓十四年焚渠門入及大逵、莊二十八年衆車入自純門及逵市、宣十二年入自皇門至于逵路、杜預皆以爲道竝九軌。按周禮經途九軌不名曰逵、杜意葢以鄭之城内不應有九出之道、故以爲竝九軌、於此則不合也。

樾謹按、爾雅之逵與左傳之逵、同字異義、爾雅之逵乃九道交出之名、自一達至九達義皆一律、淮南子說林篇楊子見逵路而哭之、爲其可以南可以北、此爾雅義也。左傳之逵則爲道路之通稱、傳於魯國多言衢、於齊國多言莊、於鄭國多言逵、葢方俗之殊語、左氏就其國史原文而載之、非魯之道必四達、齊之道必六達、鄭之道必九達也、各取大名以命之耳。執爾雅以說左傳、則疑城内不應有九出之道、而附會于周禮之經涂九軌、於是傳義失而雅訓亦違矣。**平議**

九達謂之逵

案自一達至九達、郭氏皆以爲道路歧出之名、杜注左傳云逵道方九軌也。隱十一年正義云李巡注爾雅亦取竝軌之誼、是此經李郭說異。竊謂爾雅之逵與左傳之逵不同、爾雅之逵乃九道交出之名、自一達至九達、誼皆一律。淮南子說林篇、楊子見逵路而哭之、爲其可以南可以北。此爾雅誼也。左傳之逵是道路之通稱、魯之道必四達、齊之道必六達、鄭之道必九達、傳於魯國多言衢、於齊國多言莊、於鄭國多言逵、命名取義絕然不同、如執爾雅以釋左傳、則雅訓失而傳義亦不明矣。**王頌清日記**

三達謂之劇旁　七達謂之劇驂

錦燧謹案、此釋詩周南兔罝篇施於中逵句、曰九達謂之逵而因連類及之者也。郭注據五劇鄉劇縣爲說、而劇字之所以命名曾未道及、近邵氏正義郝氏義疏俱據釋名爲言、劉熙云古者列樹以表道、道有夾溝以通水潦、恒見修治、此道旁轉多用功稍劇也。又云驂、馬有四耳、今此道有七、比於劇也。竊謂劉說轉輾牽合、不若依孫炎注爲碻。孫云旁出歧多故曰劇、是以多詁劇、其義直截了當。劇本有多義、荀子非十二子篇猶然而材劇志大、楊倞注云劇、繁多也。是其證。上文云二達謂之歧旁、謂一達之外有旁出者、旁出之外又有旁出、則不止一旁矣、故曰劇旁。劉云馬有四曰驂者、其說亦非、九達之名、俱以一達爲率、驂參古通、參古三字。一達而有三歧者二是不止一

爾雅詁林　五　釋宮

騶矣、故七逵謂劇驂也。郭云五劇鄉、當是五達之途以歧路多至有五而名、至劇縣之稱、則因有劇驂而名。

陸錦燧日記

一達謂之道路。二達謂之歧旁。三達謂之劇旁。四達謂之衢。五達謂之康。六達謂之莊。七達謂之劇驂。八達謂之崇期。九達謂之逵。

燮案。此蓋因詩兔罝篇毛傳逵九達之道一語而附益之。古人稱道路有此歧旁、文選舞鶴賦李善注引無旁字。玄應大智度論及阿毗曇毗婆沙論及瑜伽師地論音義三引亦皆無旁字。玩郭注云歧、道旁出也。似其本亦無旁字。故以道旁出釋歧字。劇旁、衢、康、莊、劇驂、崇期、逵諸名。乃毛公以逵爲九達。遂并取諸名以分配八達耳。非古義也。左隱十一年傳孔義謂李巡注爾雅取並軌之義。此非爾雅之義。實深得毛傳之義。毛謂逵九達之道者。正謂逵道可並九軌而行也。爾雅誤解毛傳以爲九道交出。則有九達之道。必當有一達至八達之道矣。遂附益如是。夫路至於四道交出止矣。豈有五道至九道交出之路。五達至九達皆不可解。若夫二達之路則無理尤甚。二達卽一達。雖有轉彎仍是一達。苟增一達卽成三達。非二達矣。如卽以東西爲二達。則又無一達之路矣。其不可通如此。曾古義而有是乎。徵之古籍。魯路則多曰衢。小戴檀弓記及左定六年傳、八年傳皆言五父之衢。八年傳又云林楚怒馬及衢而騁。哀二十七年傳言孟氏之衢。齊路則多曰莊。左襄二十八年傳云。得慶氏之木百車於莊。昭十年傳云。又敗諸莊。哀六年傳云。戰于莊。管子輕重丁篇言杭莊之問。孟子滕文公篇言莊嶽之間。鄭路則多曰逵。左隱十一年傳、桓十四年傳並言大逵。莊二十八年傳言逵市。宣十二年傳言逵路。豈魯路皆四達、齊路皆六達、鄭路皆九達邪。是知道路異名。古人有此稱謂。而爾雅强爲配合。正如古有來、昆、仍、雲諸孫之稱。而强爲某孫之定名。彼固疑其後人羼入。見釋親校。則此一達至八達之文。亦後人羼入者與。或謂爾雅出於毛傳。如此等處正復可疑。然許君撰說文。劉熙著釋名。以傳至於今。皆承其說而不悟。則未免有被人蒙蔽者矣。楊衒之洛陽伽藍記云。洛陽有三門。一門有三道。所謂九逵。燮案。如此說則一逵爲一道。二逵則並二道。以至九逵別九道。非謂一道有九出。亦非並九軌之謂。又別一說。今案。道路之爲通稱。尤人所共曉。一達謂之道路。實最不可通。道路豈得專屬之一達邪。竊疑一達謂之四字誤依下文而衍。道路以下猶雅文所原有。道路二字承上文而卽爲領句也。此又一說。

校書

二達謂之岐旁 唐石經單疏本雪牕本注疏本同。釋文作歧旁、字從止。一切經音義卷二十歧路下引爾雅二達謂之歧旁。五經文字云、俗以岐爲山名、別作歧路字、字書無。按玉篇止部歧、翹移切。歧、路也。廣韻五支岐、山名。歧、歧路。是六朝以來歧路字多從止矣。

校勘記

○注史記所謂康莊之衢○釋曰 閩本監本毛本注改云刪釋曰。

○注左傳曰得慶氏之木百車於莊○釋曰 閩本監本毛本注改云、刪釋曰。

校勘記訂補

四達謂之逵 十行本雪牕本吳本並四達謂之衢。南昌本誤。

三達謂之劇旁。釋文、劇、巨戟反。今本劇音極、非是。廣韻極、渠力切、在二十四職。劇、奇逆切、在二十陌、二字不同音也。

注疏本正誤

復有一歧出者 明監本毛本緗本均少一字。案據上下文句法例之、有一字者是。

注疏校勘札記

七行 二達謂之岐旁○「岐」、《釋文》從「止」作「歧」。原本《玉篇》山部「歧」下引與今本同。

(注)歧道旁出也○原本《玉篇》「歧」下引此注作「⿱枝山，道旁出者也」。「⿱枝山」即岐山字。玄應《音義》卷二十「歧路」條引「出」下亦有「者」字。

八行 (注)交道四出○玄應《音義》卷六「四衢」條引作「交道四出者也」。

三下（六四）

一行 (注)史記所謂康莊之衢○原本《玉篇》「康」下引此注「衢」下有「也」字。

三行 (注)四道交出○原本《玉篇》「崇」下引此注作「四道交出者也」。

(注)四道交出復有旁通○玄應《音義》卷十二「分達」條引作「四道交出，復有旁通者也」。

宋監本校箋

三達謂之劇音極旁

音・圖音

一達謂之道路。二達謂之上聲岐如字又音支旁。三達謂之劇極旁。四達謂之衢。五達

爾雅詁林　五　釋宮

謂之康六達謂之莊七達謂之劇驂八（參）達謂之崇期九達謂之逵。（騤）

孫侶直音

一達謂之道路（長道也）二達謂之歧旁（歧旁歧道旁出也）三達謂之劇（極）旁（旁出歧多故曰劇）四達謂之衢（衢交道四出也）五達謂之康（康樂也交會樂道也）六達謂之莊（莊盛也道煩盛也）七達謂之劇驂（三道交出復有歧出者謂之劇驂）八達謂之崇期（崇期四道交出也）九達謂之逵（四道交出復有旁通者謂之逵）

楊氏音訓

岐（巨支切）劇（竭戟切）驂（參）

干氏音釋

室中謂之時堂上謂之行堂下謂之步門外謂之趨中庭謂之走大路謂之奔

室中謂之時堂上謂之行堂下謂之步門外謂之趨中庭謂之走大路謂之奔。此皆人行步趨走之處因以名云。

郭注

室中至之奔　釋曰此皆人行步趨走之處因以名云。室中名時時然後動。堂上曰行謂平行也。堂下曰步白虎通云人踐三尺法天地人再舉足曰步備陰陽也。門外曰趨鄭玄云行而張拱曰趨。中庭曰走走疾趨也。大路曰奔奔大走也。書曰駿奔走。案此經所釋謂祭祀之禮知者以召誥云王朝步自周則至于豐注云告文王廟告文王則告武王可知出廟入廟不以遠為文是也。若迎賓則樂師云行以肆夏趨以采薺。行謂大寢之庭至路門趨謂路門至應門。

邢疏

室中謂之時

時玉篇引爾雅作跱。

衆家注

室中謂之時堂上謂之行堂下謂之步門外謂之趨中庭謂之走大路謂之奔

郭璞云此皆人行步趨走之處因以名云。

黃輯古義

趨（七朱反）走（祖口反）

一切注音

室中謂之時

陸音義

時行則行時止則止。

堂上謂之行

以行為主。

堂下謂之步

以止為主不足與言去就之義大夫執雁進于是矣。

門外謂之趨

宜有所趨焉。

中庭謂之走

位在是焉雖不忘走可矣故孔子復其位踧踖如也。

故曰危者安其位者也。

大路謂之奔

春秋傳曰奔者有外之詞。

新義

室中謂之時，堂上謂之行，堂下謂之步，門外謂之趨，中庭謂之走，大路謂之奔

此皆人之行步緩急之所因以名云。

鄭樵注

室中謂之時，堂上謂之行，堂下謂之步，門外謂之趨，中庭謂之走，大路謂之奔

郭璞曰：此皆人行步趨走之處，因以名云。鄭樵曰：此皆人之行步緩急之所因以名云。

古注合存

室中謂之時，堂上謂之行，堂下謂之步，門外謂之趨，中庭謂之走，大路謂之奔。此釋宮室內外行步趨走之名也。疏曰：時者，時然後動也。行，謂平行。行而張拱曰趨。走，疾走。奔，大奔也。

注疏參義

按室中謂之時。玉篇時作跱，徐氏切，上也。注引爾雅。觀此可知爾雅本作跱，後誤作時。疏因曲爲之解時然後動，尤無義理。

補注

室中謂之時，堂上謂之行，堂下謂之步，門外謂之趨，中庭謂之走，大路謂之奔 **註** 此皆人行步趨走之處，因以名云

正義 人舉足而行，有步趨奔走之異，此因其在之處以爲名也。舊疏引白虎通云：人踐三尺，法天地人。說文云：行，人之步趨也。步，行也。趨，走也。走，趨也。奔，走也。此散文言之，其義相通也。釋名云：兩脚進曰行。行，抗也，抗足而前也。徐行曰步。步，捕也，如有所伺捕，務安詳也。疾行曰趨。趨，赴也，赴所至也。疾趨曰走。走，奏也，促有所奏至也。奔，變也，有急變奔赴之也。此對文言之，各有其義也。至於賓祭燕饗，又各因所在以爲容也。室中謂之時，玉篇引作室中謂之跱、時，上也。案曲禮云：室中不翔。是室中之容也。堂上謂之行者，玉藻云：行以肆夏。鄭註云：登堂之樂節也。案韓詩外傳載晏子聘魯，所謂君行一，臣行二者，指堂上而言。曲禮云：堂上接武。鄭註云：武，迹也。迹相接，每移足半躡之，中人之迹尺二寸。是堂上之行容也。堂下謂之步者，召誥云：王朝步自周，則至于豐。詩疏引鄭註云：步，行也。堂下謂之步。豐鎬異邑，而言步者，告武王廟，卽行出廟入廟，不以遠爲文，恭也。是步爲堂下之容，書所言則致其恭也。曲禮云：堂下布武。鄭註云：武謂每移足各自成迹，不相躡，所謂步也。門外謂之趨者，玉藻云：趨以采齊。鄭註云：路門之樂節，至應門謂之趨。孔疏以爲步迎賓客之事也。曲禮云：帷簿之外不趨，堂上不趨。鄭註：行而張足曰趨。是趨在門外矣。中庭謂之走，大路謂之奔者，大傳云：遂奔走。周禮疏云：庭中走，大路奔，指助祭者而言。又鄭註樂師云：行者謂於大寢之中，趨謂於朝廷。此亦散文言之，與爾雅異。

正義

室中謂之時　時，玉篇引作跱，云：跱，上也。

校議

室中謂之時，堂上謂之行，堂下謂之步，門外謂之趨，中庭謂之走，大路謂之奔 此皆人行步趨走之處，因以名云

時者，玉篇作峙，引爾雅曰：室中謂之峙。峙，止也。說文峙云：躇也。玉篇云：止不前也。是峙跱同，與時聲近，其字可通。蓋室中迫陿，行宓安舒，故曲禮云：室中不翔。卽峙躇不前之意。峙躇與踟躕同。○行者，釋名云：兩脚進曰行。行，抗也，抗足而前也。說文云：行，人之步趨也。按行步趨走四者異名而同實，其義互訓，散文俱通。爾雅對文，故隨在異稱也。曲禮云：堂上接武。鄭注：武，迹也。迹相接，謂每移足半躡之，中人之迹尺二寸。○按堂上地稍闊，可容舉足而行，接武卽行容之度也。○步者，說文云：行也。釋名云：徐行曰步。步，捕也，如有所司捕，務安詳也。爾雅邢疏引白虎通云：人踐三尺，法天地人，再舉足曰步，備陰陽也。曲禮云：堂下布武。鄭注：布武謂每移足各自成迹，不相躡。按堂下地又益闊，可容舉足徐行，步武卽行步之節也。淮南人閒篇云：夫走者人之所以爲疾也，步者人之所以爲遲也。是步爲徐行。韓詩外傳云：齊桓公出遊，遇一丈夫裒衣應步。然則步之名非獨施於堂下矣。○趨者，說文云：走也。釋名云：疾行曰趨。趨，赴也，赴所期也。左氏

成十六年傳云、免冑而趨風、言疾行之容也。故曲禮云、帷薄之外不趨、鄭注、行而張足曰趨。按張開其足、爲便於疾趨。樂師注云、趨謂於朝廷、是朝廷以趨爲敬。又公羊僖十年傳云、吾夜者夢夫人趨而來、然則趨之名亦非獨施於門外矣。○奔走者、說文云、走、趨也。奔、走也。是皆互訓、亦散文通也。釋名云、疾趨曰走、走、奏也、促有所奏至也。奔、變也、有急變奔赴之也。按禮唯親喪言奔、日行百里、見星止舍、明其速疾、至於中庭言走、則左氏襄卅年傳云、使走問諸朝、釋文以爲走速疾之意、其說是也。然經典多奔走連文、詩駿奔走在廟、廟中非大路、亦可言奔矣。

義疏

室中謂之時 跱記、山立時行。詩、搔首峙蹃。又作峙。時、承也、承文而行不容回翔大步。**堂上謂之行** 記、行容愓愓。**堂下謂之步** 步从止𣥂、後足踐前迹也。一步六尺。書、步自周。**門外謂之趨** 趨从芻。騶、驟也。本馬行、因爲人行之稱。記、一節以趨。不乘車而步行趨事也。**中庭謂之走** 記不爲容進退走中庭執事之節。**大路謂之奔** 郭注、此皆人行步趨走之處、因以名云。詩、畏子不奔。大路徒行是奔赴之禮。

集解

室中謂之時 時、四時也、从日寺聲。與峙通用。峙、峙躇也。記謂室中不翔、即峙躇意也。字亦作踟。詩靜女搔首踟蹰、韓詩作躊躇。**堂上謂之行** 行、人之步趨也。引申爲堂上之偁、亦上經行釋道意也。禮記曲禮、堂上接武。玉藻、行容惕惕。月令、冬祀行。**堂下謂之步** 步、从止𣥂、後足踐前足迹也。古者一步六尺。書召誥、王朝步自周。禮記曲禮、步路馬。**門外謂之趨** 趨、疾行也、从走芻聲。禮記玉藻、走而不趨。又一節以趨。曲禮、帷薄之外不趨。**中庭謂之走** 走、疾

趨也、从夭止、夭止者、屈也。周書作雒、堤唐、孔注、唐、中庭道。堤謂高爲之也。此云走者、以道唐大而可疾趨也。詩緜、來朝走馬。儀禮士相見、某將走見。禮記大傳、遂奔走。**大路謂之奔** 奔、疾走也、从夭賁省聲。禮唯親喪言奔、日行百里、見星止舍、則奔者乃謂奔喪耳。大路可奔、因以爲名。詩、遵大路兮。又畏子不奔。許愼說、步、行也。趨、走也。走、趨也。奔、走也。是皆互訓、亦散文通也。

義證

室中謂之時堂上謂之行堂下謂之步門外謂之趨中庭謂之走大路謂之奔

註此皆人行步趨走之處因以名云補正邢疏、堂中名時、時應後動。堂上曰行、謂平行也。堂下曰步。白虎通、人踐三尺法天地人、再舉足曰步、備陰陽也。門外曰趨、鄭元云行而張拱曰趨。中庭曰走、走、疾趨也。大路曰奔、奔、大走也。書曰駿奔走。案此經所釋、謂祭祀之禮、若迎賓則樂師云行以肆夏、趨以采薺。

郭注補正

室中謂之時堂上謂之行堂下謂之步門外謂之趨中庭謂之走大路謂之奔

此皆人行步趨走之處因以名云

慧琳順權方便經上卷音義引爾雅郭注云、謂人行走趨步之處、因以爲名也。文選歸去來辭注引與今本同、仿宋本脫此注。

郭注佚存補訂

室中謂之時

爾雅詁林　五　釋宮

時、玉篇作跱、引爾雅曰室中謂之跱。跱、止也。室中不翔、故取止義。大雅緜曰止曰時、時亦止也、猶爰居爰處、處亦居也。時爲峙之古文、鄭箋訓時爲是、非也。既醉威儀孔時、時亦安止之象。

堂上謂之行堂下謂之步門外謂之趨中庭謂之走大路謂之奔

說文云、行、人之步趨也。步、行也。趨、走也。走、趨也。奔、走也。五者皆互訓、單言則各自爲義也。　步者、小雅白華天步艱難、大雅桑柔國步斯頻、毛傳並云步、行也。奔走二字多連文、周頌清廟駿奔走在廟、箋云俱奔走而來在廟中助祭、謂諸侯與衆士皆奔走而來、非如邵所云在廟中奔走也。大雅緜予曰有奔奏、彼釋文云、奏本亦作走。正義云、令天下皆奔走而歸趨之、故曰奔走也。王風大車畏子不奔。

說詩

室中謂之時　禮記正義卅引作宮中。　正義云時、玉篇足部引作跱、跱、上也。元照案、說文足部無跱字、當作峙。說文止部峙、踞也、从止寺聲。此記行步自遲而速之節、室中之行、峙踞安徐可也、故謂之峙。

堂上謂之行　周禮注引春官樂師。

堂下謂之步　一切經音義十四引作趨、恐誤。

門外謂之趨　周禮注引樂師。

匡名

室中謂之時堂上謂之行堂下謂之步門外謂之趨中庭謂之走大路謂之奔　曲禮、室中不翔。　說文、堂、殿也。行、人之步趨也。曲禮、堂上接武。玉藻、行以肆夏。曲禮、堂下布武。步、行也、从止𣥂相背。召誥、王朝步自周。趨、走也。玉藻、趨以采齊。庭、宮中也。走、趨也、从夭止。夭止者、屈也。奔、走也。大傳、遂奔走。

啓蒙

室中謂之時。　時亦止也、上文鑿垣而棲曰塒、詩釋文塒作時、莊子逍遥遊猶時女也、司馬注時女猶處女、處亦止也。

黃侃音訓

○注四道交出復有旁通○釋曰　閩本監本毛本注改云、通下增者、刪釋曰。

室中至之奔○釋曰　注疏本刪。

室中名時　元本閩本同、監本毛本室誤堂。

鄭元云　注疏本脫云。

校勘記

此皆人行步趨走之處因以名云　大路謂之奔下注、十行本雪牎本吳本並有。南昌本闕。

校勘記訂補

大路謂之奔　永懷堂本此下有郭注此皆人行步趨走之處因以名云十三字。案各本俱無、蓋誤疏作注。

鄭玄云　明監本毛本湘本脫玄字。

行以肆夏趨以采齊　明監本毛本湘本齊作薺。周禮正作薺。廣韻齊與薺通。說

爾雅詁林　五　釋宮

文薺又通茨。案熊朋來曰、行以采茨趨以肆夏、大戴保傅兩言之、小戴、玉藻、周禮樂師大馭皆誤作趨以采茨行以肆夏、康成雖改正於大戴而周禮玉藻之文未及改、然則疏引樂師云云行趨二字當顛倒、改正可也。

注疏校勘札記

室中謂之時。玉篇引爾雅室中謂之跱、徐氏翻、音兒上也。與今本不同。

音略

室中謂之此皆人行步趨走之名。時、堂上謂之行、堂下謂之步、門外謂之趨、中庭謂之走、大路謂之奔。

楊氏音訓

隄謂之梁石杠謂之徛

隄謂之梁、即橋也。或曰、石絕水者爲梁。見詩傳。石杠謂之徛。聚石水中以爲步渡彴也。孟子曰、歲十月徒杠成。或曰今之石橋。

郭注

隄謂至之徛　釋曰此別橋彴之名也隄一名梁郭氏兩解、一云即橋也以木爲之。一云以石絕水。石杠一名徛郭氏亦兩解、一云聚石水中以爲步渡彴也廣雅云彴步橋也。一云或曰今之石橋。　注或曰石絕水者爲梁見詩傳。　釋曰案衞風云有狐綏綏在彼淇梁傳云石絕水曰梁是也。　注孟子曰歲十月徒杠成　釋曰案孟子云、子產聽鄭國之政以其乘輿濟人於溱洧孟子曰惠而不知爲政歲十一月徒杠成十二月輿梁成民未病涉也趙岐注云以爲子產有惠民之心不知爲政當以時脩橋梁民何由病苦涉水乎是也引之以證石杠爲步橋也此注作十月誤脫或所見本異。

邢疏

隄謂之梁

隄、防也、障也。一切經音義二又十四又十八又二十四

李注

石杠謂之徛

徛、居義反。同釋文又云案今關西呼徛與郭同

郭音義

石杠謂之徛

徛、邱奇反。釋文

顧音

隄謂之梁

或曰、石絕水者爲梁。郭注

石杠謂之徛

或曰今之石橋。郭注

衆家注

黃輯古義

隄謂之梁

隄、防也、障也。一切經音義卷二又卷十四又卷十八又卷二十四

李注

石杠謂之徛、居義反。同上

郭音義

石杠謂之徛

郭注、聚石水中以爲步渡彴也。彴、徒的反。

沈集注

石杠謂之徛邱奇反同上

顧音

玉函山房輯佚

隄謂之梁

李曰、隄、防也、障也。一切經音義二又十四又十八又二十四

隄謂之梁

郭璞云、即橋也、或曰石絕水者爲梁。見詩傳。

漢注

石杠謂之徛 郭璞云、聚石水中以爲步渡彴也。孟子曰、歲十一月徒杠成。或曰今之石橋。

一切注音

隄謂之梁 李巡曰、隄、防也、障也。一切經音義二一 孫炎曰、梁、水橋也。釋地郭注

古注斠

隄都奚、徒雜二反。橋音喬。杠音江。徛郭居義反。顧丘奇反、說文云、舉脚有度也。廣雅云步橋也。案今關西呼徛。與郭同。彴音酌。廣雅云步橋也。案今江東呼彴音約。沈徒的反。

陸音義

彴廣雅云獨梁也。○舊作步橋也、係沿上文而誤、今據本書改正。

音義攷證

隄謂之梁 能勝柔弱、柔弱亦能勝焉、是故謂之梁。

新義

隄謂之梁石杠謂之徛 梁徛皆渡水之道、梁以木或以石橫絕水上也。徛音寄、彴也、置石於水中以爲步渡。

鄭樵注

隄謂之梁 郭璞曰、即橋也、或曰、石絕水者爲梁、見詩傳。
石杠謂之徛徛、郭居義反。 郭璞曰、聚石水中以爲步渡彴也。孟子曰、歲十一月徒杠成、或曰今之石橋。
鄭樵曰、梁徛皆渡水之道、梁以木或以石橫絕水上也。徛音寄、彴也、置石于水中以爲步渡。總釋上句。

古注合存

隄謂之梁、石杠謂之徛。隄音低、杠音江、徛音寄。○此又因釋橋梁之名也。註曰、梁、即橋也。徛、聚石水中以爲步渡彴也。疏冂、廣雅云、徛、步橋也。愚按梁徛、或云用石、或云用木、諸說不一。今考孟子云、歲十一月徒杠成、十二月輿梁成。蓋言所成之有大小、所濟之有衆寡也。若其或用木、或用石、又或石木兼用、蓋各因其便用之耳、何紛紛乎。

注疏參義

隄謂之梁 **註** 即橋也或曰石絕水者爲梁見詩傳 石杠謂之徛 **註** 聚石水中以爲步渡彴也孟子曰歲十一月徒杠成或曰今之石橋

正義 此別梁與徛之名也。隄謂之梁者、說文云、梁、水橋也。穀梁定九年傳云、得之隄下。周語引夏令曰、十月成梁。唐會要引王居明堂禮云、罝梁除道是也。石杠謂之徛者、說文云、徛、舉脛有渡也。管子輕重甲篇、桀冬不爲杠、夏不束泭、以觀凍溺。淮南本經訓云、積牒旋石以純修碕、高誘註、修碕、曲中水所當處也。碕與徛通。**註** 即橋至詩傳。○**正義** 郭云即橋者、以木爲之、左氏莊四年傳云、除道梁溠。襄二十八年傳云、朕舟發梁。淮南繆稱訓云、若行獨梁。高誘註、獨梁、一木橋。是皆言以木爲梁也。見詩傳者、衛風有狐云、在彼淇梁、毛傳、石絕水曰梁。○聚石至石橋。○**正義** 郭云聚石水中、謂履石以渡水也。彴者、漢書註引韋昭云、以木渡水曰榷、顏師古云、榷者、步渡橋。爾雅謂之石矼、今之畧彴也。孟子曰、歲十一月徒杠成者、離婁篇文。舊疏所据爾雅本作十月、疑爲脫文、今本俱作十一月、與孟子同。或曰今之石橋者、郭氏兩解之。

正義

隄謂之梁 即橋也或曰石絕水者爲梁見詩傳 石杠謂之徛 聚石水中以爲步渡彴也孟子曰歲十月徒杠成或曰今之石橋

隄者、說文云、唐也。俗作塘。玉篇云、隄、塘也、橋也。一切經音義二引李巡曰、隄、防也、障也。按隄本積土防水之名、梁亦爲隄、以偃水、故周語云、川不梁。又云、十月成梁、說文、梁、水橋也。橋、水梁也。郭知隄即橋者、釋地注、梁、隄也。孫炎曰、梁、水橋也。義本說文。又曰、石絕水爲梁者、詩有狐傳文。因知隄梁無論土石、皆可爲矣。○徛者、說文云、舉脛有渡也。釋文引作舉脚有度。玉篇、舉足以渡也。廣雅云、徛、步橋也。是徛本渡水之名、

因以爲步橋名。說文権字解云水上横木以渡、徐鍇繫傳此卽今所謂水彴橋也。爾雅謂之石杠、亦曰略彴。漢書武帝紀注同。今按、権以木爲之、與石杠別。徐鍇誤矣。郭引孟子徒杠、又曰今石橋者、孫奭疏引說文云石矼、石橋也。是郭所本。今本說文脫去矼字矣。馬瑞辰說石杠今南方謂之石步。

義疏

隄謂之梁石杠謂之徛

郭引孟子徒杠、又曰今石橋者、孫奭疏引說文云石矼、石橋也。是郭所本。今本說文脫去矼字矣。

念孫案、孟子僞疏乃淺學人所爲、不可援以爲據。

郝注刊誤

隄謂之梁 李注、隄、防也。障也。孫注、梁、水橋也。郭注、卽橋也。或曰石絕水者爲梁。隄从是。古者是氏同、氏卽抵也、所以當水、梁所以渡水、因通名耳。春秋、盟于溴梁。石杠謂之徛 郭注、聚石水中以爲步渡彴也。孟子曰、歲十月徒杠成。或曰今之石橋。杠、横木支石上以渡淺水。徛、奇也。單梁通步渡者。

集解

隄謂之梁 隄、唐也、从阜是聲。是、直也。名梁者、以隄値水而梁亦可絕水耳。穀梁定九傳、得之隄下。詩有狐在彼淇梁。左襄十六傳、會于溴梁。石杠謂之徛 杠、牀前横木也、从木工聲。横木支於石上以渡淺水、亦杠類也。徛、舉脛有渡也。謂其步渡、因以爲步橋之偁。字一作碕。孟子、歲十一月徒杠成。淮南本經、積牒旋石以純脩碕。

義證

石杠謂之徛 徛居義反。

註聚石水中以爲步渡彴也。孟子曰歲十月 按、疏謂此註作十月、誤脫。或所是本異。 徒杠成。或曰今之石橋。

郭注補正

石杠謂之徛

聚石水中以爲步渡彴也孟子曰歲十月徒杠成或曰今之石橋 音江

釋文云、彴音斫、今江東呼彴音約、沈徒的反。案說文有仢無彴、雪牕本作仢、仿宋本單疏本明注疏本作彴。仿宋本單疏本雪牕本作十月、邢疏云此注十月、誤脫、或所見本異。明注疏本據孟子改十一月。文選魏都賦注引爾雅石杠謂之徛、郭璞曰石橋。音江。今據補音。

郭注佚存補訂

隄謂之梁石杠謂之徛

詩言梁者不一、衛風有狐在彼淇梁、毛傳云石絕水曰梁。邶風谷風毋逝我梁、傳云梁魚梁。曹風候人維鵜在梁、傳云梁水中之梁。小雅鴛鴦在梁箋云石絕水之梁。白華有鶖在梁、鴛鴦在梁、傳箋無文、當與白華箋同。說文繫傳云爲隄入水邊遏魚爲梁。據此則所謂隄者亦魚梁。隄所以障水、故取此爲義。秦風五楘梁輈、車上之梁也。傳云輈上句衡謂衡、横於輈下如梁形、亦取隄梁之義。小雅甫田如茨如梁、傳云梁車梁也。正義云梁謂水上横橋。孫炎云梁、水橋也。郎此義。郭注本孫炎。餘詳訂經。

說詩

石杠節註聚石水中以為步渡彴也彴、監本誤扌旁作犳。歲十一月徒杠成案疏原註無一字、當是後人增入。疏以為子產有惠民之心而不知為政脫而字。

注疏正字

石杠謂之徛　文選注六引作倚、類篇中二於平聲引作荷於去聲引作徛。集韻五寘云、徛或从寄。案徛、俗體。

匡名

隄謂之梁石杠謂之徛音寄。　說文隄、唐也。梁、水橋也。穀梁定九年、得之隄下。周語、十月成梁。孟子、十一月徒杠成。　郭註、聚石水中以爲步渡彴也。或曰今之石橋。徛、舉脛有渡也。

啓蒙

石杠謂之徛。聚石水中以為步渡彴也、孟子曰、歲十月徒杠成。或曰今之石橋。　廣雅、椎椎彴、獨梁也、徛步橋也。淮南繆稱注、獨梁、一木之水榷也。是廣雅以彴與徛別、彴則橫木為梁、徛則聚石以渡也。郭前義同廣雅、後義則彴徛不分。

黃侃音訓

聚石水中以爲步渡彴也單疏本注疏本同。雪牕本彴作彴。釋文、彴音斫、今江東呼彴音約。按說文彴、約也。無彴字。當從雪牕本。釋天奔星爲彴約、郎此字、星之奔流如人之渡彴也。釋文前後皆作彴。玉篇廣韻分釋宮字從彳、釋天字從亻、益非。

歲十月徒杠成單疏本雪牕本同。注疏本作十一月、係淺人據今本孟子改。按郭注所據孟子作十月、邢疏所據孟子作十一月。

隄謂至之徛○釋曰注疏本刪。

郭氏亦兩解一云注疏本云誤名。

彴步橋也元本同。閩本監本毛本彴誤徛。

○注或曰石絕水爲梁見詩傳○釋曰注疏本刪、作一石絕水者爲梁。毛本石誤名。

○注孟子曰歲十月徒杠成○釋曰注疏本刪注、釋曰、十月作十一月。閩本一字空闕。

校勘記

以爲步渡彴也十行本作步橋。

歲十月十行本歲十一月、疏辨十月。

校勘記訂補

石杠謂之徛、注孟子曰歲十一月徒杠成。案疏云、此注作十月、誤脫、或所見本異。則是注不得有一字矣、今本注有一字、當是刻者未考邢疏而据孟子以補之耳。

注疏本正誤

七行(注)孟子曰歲十月徒杠成○「十月」今《孟子》作「十一月」。

宋監本校箋

隄音低謂之梁石杠音江謂之徛聚石水中以爲步渡彴也、孟子曰歲十月徒杠成、或曰今之石橋。徛、音寄。

音・圖音

徛、郭居義翻音寄。顧邱奇翻音欺。五經文字用顧音

音略

隄低謂之梁。石杠岡謂之徛寄。

孫品直音

爾雅詁林　五　釋宮

梁即橋也。徛聚石水中以爲步渡彴也。

隄(低)謂之梁，石杠(江)謂之徛(寄)。

楊氏音訓

徛(寄)

干氏音釋

室有東西廂曰廟，無東西廂有室曰寢，無室曰榭，四方而高曰臺，陝而脩曲曰樓。

室有東西廂曰廟，(夾室前堂。)無東西廂有室曰寢，(但有大室。)無室曰榭，(榭即今堂堭。)四方而高曰臺，陝而脩曲曰樓。(脩，長也。)

郭注

室有東西廂曰廟至曰樓　釋曰：此明寢廟樓臺之制也。凡太室有東西廂、夾室及前堂有序牆者曰廟，但有大室者曰寢。月令仲春云「寢廟畢備」，鄭注云「前曰廟，後曰寢」。以廟是接神之處，其處尊，故在前；寢，衣冠所藏之處，對廟爲卑，故在後。無室者名榭。春秋宣十六年「夏，成周宣榭火」，杜預云「宣榭，講武屋」，引此文「無室曰榭」，謂屋歇前。然則榭有二義：一者臺上構木曰榭，上云「有木曰榭」及月令云「可以處臺榭」是也；二屋歇前無壁者名榭，其制如今廳事也。春秋云「成周宣榭」，公羊以爲宣宮之榭，及鄉射禮云「榭則鉤楹內」是也。郭云「榭即今堂堭」者，堂堭即今殿也，殿亦無室，故云即今堂堭。四方而高者名臺，即上闍也。脩，長也。凡臺上有屋狹長而屈曲者曰樓。

邢疏

室有東西廂曰廟

殿有東西小堂也。文選潘安仁爲賈謐贈陸機詩注

犍爲注

室有東西廂曰廟

室有東西廂謂宗廟。殿有東西小堂也。公羊疏十六

無室曰榭

無室曰榭者，但有大殿無室內名曰榭。禮記正義十六　公羊疏十六

李注

室有東西廂曰廟

廂夾室前堂也。公羊疏十六　文選司馬長卿上林賦注

無室曰榭

榭但有堂也。書正義十一

孫音注

室有東西廂曰廟

廟、文選爲賈謐作贈陸機詩注引爾雅作廊。

衆家注

室有東西廂曰廊。今注疏本作廟，文選注引舍人爾雅作廊。

黃輯古義

殿有東西小堂也。文選潘安仁爲賈謐作贈陸機詩注

犍爲注

室有東西廂曰廟

室有東西廂謂宗廟。殿有東西小堂也。春秋公羊傳宣十六年正義

無室曰榭

無室曰榭者，但有大殿無室內名曰榭。同上　禮記月令正

爾雅詁林　五　釋宮

義引無首句、名土無內字。

李注

室有東西廂曰廟

廂夾室前堂也。春秋公羊傳宣十六年正義　文選司馬相如上林賦注

無室曰榭

榭但有堂也。書泰誓上正義

孫音注

玉函山房輯佚

室有東西廂曰廟

謂宗廟殿有東西小堂也。李注　夾室前堂。孫注　並公羊疏十六

無室曰榭

但有大殿無室名曰榭。李注　朱校宋本禮記疏二十三

鈎沉

室有東西廂曰廟文選注引舍人爾雅廟字作廊。

舍人曰、殿有東西小堂也。文選二十四潘安仁爲賈謐作贈陸機一首注

李曰、室有東西廂謂宗廟殿有東西小堂也。公羊疏十六

孫曰、廂夾室前堂也。公羊疏十六　文選八司馬長卿上林賦注

無室曰榭

李曰、無室曰榭者、但有大殿無室內名曰榭。禮記正義十六

孫曰、榭但有堂也。書正義十一　公羊疏十六

漢注

室有東西廂曰廟

李巡云、謂宗廟殿有東西小堂也。孫炎云、夾室前堂。並公羊疏十六卷　郭璞云、夾室前堂。

無東西廂有室曰寢

郭璞云、但有大室。

無室曰榭

李巡云、但有大殿無室名曰榭。禮記正義二十三卷　孫炎云、榭但有堂也。書正義十一卷　郭璞云、榭卽今堂堭。

四方而高曰臺陝而修曲曰樓

郭璞云、修長也。

一切注音

室有東西廂曰廟　李巡曰、室有東西廟謂宗廟有東西堂也。公羊宣十六年疏　孫炎曰、夾室前堂。同上　舍人曰、殿有東西小堂也。文選爲賈謐作贈陸機詩注

蕙心案、文選贈陸機詩注引爾雅作室有東西廂曰廊。廊恐字誤。

無室曰榭　李巡曰、但有大殿無室名曰榭。月令正義

孫炎云、榭但有堂也。書泰誓正義

古注斠

廂音相　寢七甚反。堭音皇。陝戶夾反。說文云隘也、從𨸏夾聲。俗作狹、或作陿字、下甲反。今人以陝弘農縣字書陝之字音失冉反。狹代陝行之久矣。

陸音義

陝今人以陝、弘農縣字書陝之字音失冉反。狹代陝行之久矣。○陝本陝隘字。宏農之陝本從夾、與從夾者元不相同。陸氏不細別、言今人以陝爲宏農縣之字、而陝之本義爲陝隘者皆以狹代之、故今諸經中凡涉陝隘俱作陝矣。以陝舊亦作以陝、非。今改正。

音義攷證

室有東西廂曰廟無東西廂有室曰寢

廟貌也。寢、寢尖。

無室曰榭

廟有代焉、榭有謝而已。

四方而高曰臺

所謂僕臣臺、至公臣大夫凡九層、苟為之不已、雖高可累而至。

陝而修曲曰樓

樓、婁木為之、臺若今臺門、樓若今曲城樓矣。

新義

室有東西廂曰廟無東西廂有室曰寢無室曰榭四方而高曰臺陝而修曲曰樓

鄭樵注

凡太室有東西廂夾室及前堂有序牆者曰廟、但有太室者曰寢、廟居前、寢居後。榭有二、臺上架木曰榭、屋歇前亦曰榭。築土曰臺、臺上有屋曰樓。陝、狹也、音狹。狹、修長也。

室有東西廂曰廟

舍人曰、殿有東西小堂也。

李巡曰、室有東西廂謂宗廟殿有東西小堂也。

孫炎曰、夾室前堂。

郭璞曰、夾室前堂。

鄭樵曰、凡太室有東西廂夾室及前堂有序牆者曰廟。

無東西廂有室曰寢

郭璞曰、但有大寢。

鄭樵曰、但有太室者曰寢、廟居前、寢居後。

無室曰榭

李巡曰、但有大殿無室名曰榭。

孫炎曰、榭但有堂也。

郭璞曰、榭即今堂堭。

鄭樵曰、榭有二、臺上架木曰榭、屋歇前下曰榭。

四方而高曰臺陝而脩曲曰樓

郭璞曰、脩、長也。

鄭樵曰、築土曰臺、臺上有屋曰樓。陝、狹也。音狹。狹、脩長也。

古注合存

室有東西廂曰廟無東西廂有室曰寢無室曰榭四方而高曰臺陝而修曲曰樓 陝狹同。○此釋寢廟樓臺榭之名也。註曰、東西廂謂夾室前堂也。寢則但有太室耳。榭即今堂堭也。修、長也。疏曰、春秋宣十年夏成周宣榭火。杜註云、宣榭、講武屋也。無室、其制如今廳事。註云、即今堂堭。堂堭者、即今殿、亦無室也。凡臺上有屋陝長而屈曲名樓。

注疏參義

無室曰榭、爾雅有此文。楊氏穀梁傳疏云、或以為爾雅無此文、惟云有木者謂之榭、有之者本或誤也。按此說大謬可笑、因看前不看後、故以為無此文。楊氏不知駁正反証其有室無室、豈未之深考耶。

補注

室有東西廂曰廟 **註** 夾室前堂 無東西廂有室曰寢 **註** 但有大寢 無室曰榭 **註** 榭即今堂堭 四方而高曰臺 陝而修曲曰樓 **註** 修長也

正義 此釋廟寢榭之制併及於臺樓也。○室有王曰廟。○說文云、廟、尊先祖皃也。釋名云、廟、貌也、先祖形貌所在也。廟之制、序牆之外為夾室、夾室之前有東西廂、廂當作箱。鄭註公食大夫禮以箱為待事之處也。箱有東西者、覲禮記註云、東箱東夾之前、特牲饋食禮註云、西堂、西夾之前。賈疏以為即西箱也。公羊疏引李巡云、謂宗廟殿有東西小堂也、故東箱西箱亦謂之東堂西堂。○無東至曰寢。○此言廟之寢也。月令云、寢廟畢備。鄭註、凡廟前曰廟、後曰寢。孔疏云、廟是接神之處、其處尊、故在前。寢衣冠所藏之處、對廟為卑、故在後。寢之制有正室而無東西箱也。○無室曰榭。○禮記疏引李巡云、但有大殿無室名曰榭。書疏引孫炎云、榭但有堂也。左氏宣十六年傳云、成周宣榭火、杜註、宣榭、講武屋。爾雅曰、無室曰榭、謂屋歇前。孔疏云、歇前者無壁也、如今廳事也。上文云有

爾雅詁林 五 釋宮

木者謂之榭、爲臺上起屋、屋中可以藏物、與此異也。○四方至曰臺。○說文云臺、觀四方而高者。釋名云臺、持也、築土堅高能自勝持也。何休公羊註引禮說云、天子有靈臺以候天地、諸侯有時臺以候四時。初學記引五經異義云、天子有三臺、靈臺以觀天文、時臺以觀四時施化、囿臺以觀鳥獸魚鼈。諸侯卑、不得觀天文、無靈臺、但有時臺囿臺也。詩疏引服虔左傳註云、天子曰靈臺、諸侯曰觀臺。是皆爲四方而高者也、與上文闍謂之臺有別。○陝而至曰樓。○說文云樓、重屋也。釋名云、樓謂牖戶之間有射孔慺慺然也。月令云可以居高明、鄭註高明謂樓觀也。樓之制陝而長曲、說文云陝、隘也。釋文云俗作狹。【註】夾室前堂○【正義】公羊疏引孫炎云、夾室前堂。郭註本孫炎、謂夾室之前東西有堂也。○但有大寢。○【正義】郭意以爲大寢無旁室也。或云爾雅祇言無東西廂則仍當有夾室。○修長也。○【正義】方言云修、長也。陳楚之間曰修。

【正義】

無室曰榭　鄉射記曰序則物當棟、堂則物當楣、註曰序無室可以深也。案序即榭也、故云無室曰榭。

【校議】

室有東西廂曰廟夾室前堂**無東西廂有室曰寢**但有大室**無室曰榭**榭即今堂堭**四方而高曰臺陝而脩曲曰樓**脩長也

廂當作箱、後漢書虞詡傳注引埤蒼云箱、序也。字或作廂。廟者、說文云尊先祖貌也。釋名云廟、貌也、先祖形貌所在也。按廟之制、中爲大室、東西序之外爲夾室、夾室之前小堂爲東西廂、亦謂之東西堂。公羊宣十六年疏引李巡曰、室有東西廂謂宗廟殿有東西小堂也。孫炎云夾室前堂。是郭注所本。廟所以有箱者、箱之言相、相謂左右助勴也。故公食大夫禮注箱、俟事之處。覲禮記注東箱、東夾之前、相翔待事之處。文選爲賈謐作贈陸機詩注引爾雅廟作廟、蓋字形之誤。又引舍人曰殿有東西小堂也、與李巡同。○寢者、說文作寑、云臥也。釋名云寢、寢也、所寢息也。按寢本臥息之名、又以爲室名、故隸僕注云五寢、五廟之寢也。前曰廟、後曰寢。月令正義云、廟是接神之處、其處尊、故在前。寢衣冠所藏之處、對廟爲卑、故在後。按寢之制但有大室而無左右夾室、故無東西廂。○榭者、月令正義引李巡云、但有大殿無室名曰榭。書大誓正義引孫炎曰、榭但有堂也。宣十六年左傳注以榭爲屋歇前、正義云歇前者無壁也、如今廳事也。按廳事即堂皇、漢書胡建傳云列坐堂皇上、集注室無四壁曰皇。然則無四壁是無室但有堂、故杜預謂屋歇前矣。上文云有木者謂之榭、謂臺上起屋、與此異也。○臺者、說文云觀四方而高者。於爾雅上增一觀字、觀即闕也。臺觀同類、但觀缺中央、臺如削成而四方、以是爲異。其高則相等。故說文高字解云象臺觀高之形、是臺觀俱稱高、故釋名云臺、持也、築土堅高能自勝持也。淮南本經篇注、積土高丈曰臺、然則臺之高不過一丈矣。○樓者、說文云重屋也。釋名云、樓言牖戶之間諸射孔婁婁然也。按婁、空也、射孔婁婁即說文廔云屋麗廔也。玉篇廲云廲廔綺窗。然則樓之言婁、又言廔也、門戶洞達、窗牖交通、足資登眺、故月令云可以居高明、鄭注高明謂樓觀也。孟子館於上宮、注云上宮、樓也。是樓最高而在上。爾雅不言高者、蒙臺文也。云陝而脩曲者、言屋之形勢陝隘脩長而迴曲、異於臺之四方也。類聚六十三引陝作俠、蓋叚借字、或陝俗作狹、缺脫其旁、因作俠耳。

【義疏】

室有東西廂曰廟李注、謂宗廟殿有東西小堂也。孫注、夾室前堂。郭同。箱廂通用字。箱、大車牝服、房前小房似之。上云相視相助相導、在序內兼此數義也。埤蒼云箱、序。禮公揖退于箱、不言降、明在堂上。不言入、明無門戶。夾室在堂下、前無堂非箱也。古者一堂五室、皆不相連。**無東西廂有室曰寢**郭注、但有大室。無箱更有室、是以箱地爲室也。此則諸儒之所謂夾室、非經之夾記之夾室也。行禮之寢與廟制無異、此寢則婦人之寢、故多一二室。**無**

爾雅詁林　五　釋宮

室曰榭李注，但有大殿無室名曰榭。孫注，榭但有堂也。郭注，榭即今堂堭。榭當作射，加木猶愈於加言，近反以謝爲是，誤也。射堂故並無正室，然猶有左右房，以備行禮。取東西牆名其堂爲序。禮鄉射序則物當棟，堂則物當楣。序無室，故入堂深也。四方而高曰臺陜而脩曲曰樓郭注，脩，長也。臺从高室，上中門，兩旁平土高出，可以眺守者，無門。臺謂大夫以下則作樓，連於二夾，三方向堂，其形狹長，環曲，葢亦內寢制耳。今猶然。

集解

室有東西廂曰廟夾室暨東西堂之統偁也。廂字本作箱，大車牝服，與相通用。上經相，助也。夾室小而東西堂大，同在一處，亦猶小大相助意也。儀禮公食大夫賓將食公退于箱，覲禮記凡俟于東箱，大戴記君就東箱西面，祝就西箱東面，鄭注賈疏以為專指堂言，則毋解於埤倉箱序之說矣。無東西廂有室曰寢路寢之制與宗廟同，此寢亦燕寢言耳。燕寢旁各二室，名曰側室，所謂王小寢五是也。周禮宮人掌王六寢之修，謂路寢一小寢五耳。王后六宮亦然。無室曰榭所謂序是也。字亦作豫，其屋歇前惟有東西牆及後壁而已。儀禮鄉射禮豫則鉤楹內，注序無室可以深也。今言豫者謂州學也，讀如成周宣榭災之榭。周禮作序，凡屋無室曰榭，周禮黨正云正齒位飲酒於榭，州長春秋習射亦於榭，榭字所以从射耳。四方而高曰臺所謂臺門是也。禮天子外闕兩觀，諸侯內闕一觀，此云四方而高者，謂兩旁高而中央闕也。兩旁高可以觀望，故名觀，中央闕，故名闕。周禮又偁為象魏，以臺外懸法象，高巍巍然也。禮記禮器天子諸侯臺門，又曰家不臺門。陜而修曲曰樓此謂無臺門者耳。樓，重屋也。門無臺而有重屋隘且長曲，以無宮中城故也。大夫以下之制。禮記月令可以居高明，注樓觀之屬。葢天子諸侯觀，而大夫樓也。

義證

室有東西廂曰廟

註夾室前堂補正臣鍫按，朱子儀禮釋宮曰，覲禮記註東箱，東夾之前，相翔待事之處。特牲註西堂，西夾之前近南。爾賈氏曰，即西箱也。釋宮室有東西箱曰廟，郭氏曰夾室前堂，是東箱亦曰東堂，西箱亦曰西堂也。

無東西廂有室曰寢

註但有大寢補正臣鍫按，朱子曰，案顧命疏寢有東夾西夾，士喪死于適寢，主人降，襲經于序東，註曰序東，東夾前，則正寢亦有夾與箱矣。釋宮所謂無東西廂者，或者謂廟之寢也與。

無室曰榭

註榭即今堂堭補正邢疏，榭有二義，一者臺上構木曰榭，上云有木曰榭及月令云可以處臺榭是也。一屋歇前無屋者名榭，其制如今廳事也。春秋云成周宣榭，公羊以為宣宮之榭，及鄉射禮云榭則鉤楹內是也。郭云榭即今堂堭者，堂堭即今殿也。殿亦無室，故云即今堂堭。臣鍫按，公羊傳亦云廟有室曰寢，無室曰榭。

四方而高曰臺陜而脩曰樓陜，戸夾反。

註脩長也

郭注補正

室有東西廂曰廟　注夾室前堂

正曰，文選潘安仁爲賈謐作贈陸機詩廊廟惟清，

爾雅詁林　五　釋宮

爾雅詁林　五　釋宮

李注、室有東西廂曰廊。舍人曰、殿有東西堂也。是舍人本作廊不作廟也。公羊宣十六年傳疏、李氏曰室有東西廂謂宗廟、殿有東西小堂也。既已宗廟與殿兼言之、是李本亦作廊不作廟也。說文新坿广部廊、東西序也。有序然後有廟。與爾雅舍人及李注適合。蓋廟有東西廂、殿亦有東西廂、言廊則廟與殿皆可兼、郭本誤廊為廟、單言廟則詖不可通矣。　**正郭**

室有東西廂曰廟

夾室前堂也

慧琳佛說安宅神咒經音義引爾雅云、有東西廂曰廟、無曰寢。郭璞注云、夾室客堂也。案客字誤、夾室前堂本孫炎、今據補也字。

無東西廂有室曰寢

但有大室

明注疏本室誤寢。　**郭注佚存補訂**

室有東西廂曰廟無東西廂有室曰寢

廟者、說文云尊先祖皃也。庿、古文。周頌清廟於穆清廟、鄭箋云廟之言貌也。彼釋文云廟本又作庿。一切經音義十四引韓詩云、鬼神所居曰廟。大雅緜作廟翼翼、毛傳云、君子將營宮室、宗廟為先。李巡云、謂宗廟殿有東西小堂、東西小堂即東西廂。舍人同。孫炎曰夾室前堂。郭注本孫炎。　寢者、魯頌閟宮路寢孔碩、傳云路寢、正寢也。下接之曰新廟奕奕、蓋寢廟一時所作也。商頌殷武寢成孔安、傳云寢、路寢也。箋云路寢既成、王居之甚安。疏云、路寢是寢之尊者、美其能修治寢朝復故法也。小雅巧言奕奕寢廟、正義云、連言寢廟者、周禮注云、前曰廟後曰寢、則廟寢一物。大雅崧高寢廟既成、箋云寢廟定其人神所處。正義云寢、人所處。廟、神所處。神亦有寢。案無東西廂有室、為廟中之寢。

無室曰榭四方而高曰臺陝而脩曲曰樓

臺者、說文云觀四方而高者。大雅靈臺經始靈臺、傳云、四方而高曰臺。說文增一觀字。箋云、觀臺而曰靈者、文王化行似神之精明、故以名焉。是鄭亦稱觀臺也。正義云、服虔左傳注云、天子曰靈臺、諸侯曰觀臺。靈臺序疏云、天子有靈臺、所以觀祲象、察氣之妖祥故也。四方而高曰臺、以天象在上、須登臺望之、故作臺以觀天也。餘詳訂經。　**說詩**

室有東西廂曰廟

郭注夾室前堂。柏年案、廂正字當作箱。儀禮公食大夫禮公揖退于箱、又覲禮几俟于東箱、注東夾之前相翔待事之處。漢書鼂錯傳趨避東箱、楊敞傳敞夫人遽從東箱、周昌傳呂后側耳于東箱聽、皆是。

補釋

無東西廂節註但有大室室誤寢。

無室曰榭案禮記月令疏引李巡云、但有殿無室名曰榭。書泰誓疏引孫炎云、榭但有堂也。

疏故在後無室者名榭無、毛本誤爲。春秋宣十六年脫六字。榭

則鉤楹內是也榭、鄉射禮作豫、注豫、謂州學也、讀如成周宣榭災之榭。

注疏正字

室有東西廂曰廟　說文广部無廂字、當作箱。見上漢書注賈誼傳有此二語、廂作箱。

無室曰榭　榭當作謝。見上

范甯穀梁傳注宣十六年云、爾雅曰室有東西廂曰廟、無東西廂有室曰寢、無室曰榭。楊士勛疏云、無室曰榭、爾雅正文。或以爲爾雅無此文。又云爾雅有之者本或誤也。元照案、釋文無此語、楊所據者不知何本。

四方而高曰臺　說文、十二下匸、受物之器、象形、讀若方。經典相承以方代匸。

陝而脩曲曰樓　釋文云、陝、戶夾反。說文云、隘也、從𨸏夾聲。俗作狹、或作狎字、下甲反、今人以陝宏農縣字書陝之字音失冉反、狹代陝行之久矣。盧學士曰、陜本陝隘字、宏農之陝本從夾、二字元不相同。　脩當作修、見前。

匡名

室有東西廂曰廟無東西廂有室曰寢無室曰榭四方而高曰臺陝而修曲曰樓　說文、廟、尊先祖皃也。廂、廊也。郭註夾室前堂。寢、臥也。郭註但有大寢。月令、寢廟畢備。郭註榭卽今堂堭。左宣十六年傳、成周宣榭火。　臺、詳上文。陝、隘也。徐鉉曰、俗从山、非是。郭註修、長也。樓、重屋也。

啓蒙

廂　箱　錢氏大昕云、公食大夫禮、公揖退於箱。作箱字。鈕氏樹玉云、漢書周昌傳呂后側耳於東箱聽。師古曰、正寢之東西室皆曰箱、言似箱篋之形。則義當从竹。案玉篇、廂、序也。後漢書虞詡傳、趨就東箱。注、埤蒼云、箱、序也。字或作廂。是廂卽箱之俗字。箱序對轉、說文箱、大車牝服也。案車有兩服、故引申以目兩序爾。

黃侃評本正名

室有東西廂曰廟。　廂當作箱、錢大昕說。　箱、大車牝服也、車有兩服、故引車以目兩序。箱序亦對轉。　廟有室有廂、寢有室無廂、榭無室無廂。

黃侃音訓

石杠謂之徛　室有東西廂曰廟　陝而修曲曰樓

淮南子碕作踦。積牒旋石以純修碕。本經訓　儀禮注廂作箱。覲禮注　漢書作室有東西箱曰廟賈誼傳注　說文陜、隘也、從阜陝聲。阜部陝　釋文陝俗作狹、或作狎字。下甲反釋宮釋文

石杠謂之徛、注云、聚石水中以爲步渡彴也。孟子曰、歲十一月、徒杠成。或曰今之石𥗮。釋文、徛、郭居義反、顧邸奇反。說文云、舉脚有度也。廣雅云、步橋也。按今關西呼徛與郭同。希槐按、今本說文作徛、舉脛有渡也。淮南子徛作碕。說文石部無碕字。陝而修曲曰樓、釋文、陝、戶夾反、俗作狹。按說文阜部陝云隘也、從阜夾聲。徐氏鉉曰、今俗從山、非是。侯夾切。又阜部陝云宏農縣也、從阜夾聲、失冉切。二字偏旁及音義俱別、自唐以來陝狹相亂、以狹代陝隘之陝矣。

證異

陝而修曲曰樓

陝而修曲曰樓、郭注修、長也。顥煊案、此非重屋之樓。說文廔、屋麗廔也。淮南原道訓、運枯形于連嶁列埒之門。麗廔連嶁皆卽屋之修長者。

讀爾雅録

室有東西廂曰廟

樾謹按、古制堂東西牆爲序、序以外爲夾室、夾室之前爲東堂西堂、亦曰東廂西廂、是廂繫堂不繫室也。乃云室有東西廂、於義難通、疑室乃堂字之誤。宣十六年公羊傳疏引李巡曰、室有東西廂謂宗廟、殿有東西小堂也。按說文土部、堂殿也。是殿者堂之訓。經文是堂字、故李巡以殿字釋之。若是室字、安得以爲殿乎。下文無室曰榭、尚書大誓正義引孫炎曰、榭但有堂也。禮記月令正義引李巡曰、但有大殿無室名曰榭、以彼證此、可知李巡以殿字解堂字、其所據經文必作堂矣。文選潘安仁爲賈謐作贈陸機詩注引舍人曰、殿有東西小堂也。與李巡同、是古本爾雅皆作堂有東西廂也。且合下文讀之、曰堂有東西廂曰廟、無東西廂有室曰寢、無室曰榭。是堂之一字冒下三句而言、均是堂也。其有東西廂者曰廟、其無東西廂而有室者曰寢、無室者曰榭。今堂字誤作室、則合下文讀之而不可通矣。所宜訂正也。

陝而脩曲曰樓

樾謹按、邵郝二疏竝引說文樓重屋也爲證、此失其義也。古重屋之樓與今所謂樓者相似、皆於屋上爲屋、但古以取明、故其下無版、今以居人、故其下施版、此爲異耳。若陝而脩曲之樓與今所謂樓者絕異、葢承上文四方而高曰臺言之、樓與臺同、皆是絫土而成、其四方者曰臺、其陝而脩曲者曰樓、非重屋也。方言曰、冢自關而東謂之丘、小者謂之塿。塿雖非此經樓字之義、然同是絫土爲之、較重屋之樓、其義稍近矣。

平議

陝而脩曲曰樓。郭云、脩、長也。金鶚求古錄禮說云、古所謂樓、卽攷工記宮隅城隅是也。鄭注宮隅城隅謂角浮思也。禮器云、天子諸侯臺門、基上起屋曰臺門、城門兩旁亦有臺、爾雅陝而脩曲曰樓、文與四方而高曰臺相連、則樓在臺上可知、門與城皆陝而長、則兩旁之臺必不爲正方而爲長方、故其臺上之屋亦長方陝而脩曲。楷案、樓制金說甚明、樓从婁、故其義爲陝爲曲。詩苑柳箋、婁、斂也。物斂必陝、故士喪禮握手廣五寸、牢中旁寸、鄭注、牢讀爲樓、樓謂削約握之中央以安手也。賈疏謂讀從樓者、義取樓斂挾少之義、卽樓爲陝之說也。開元占經分野略例釋降婁云婁、曲也。說文罶、曲梁也。或作𦌾。廣雅傴僂、曲也。𦌾僂皆从婁、與樓同、此樓爲曲之說也。釋名樓言牖戶之閒諸射孔婁婁然也、非其義。

稗疏

爾雅詁林　五　釋宮

但有大室　單疏本雪牕本同。注疏本室誤寑。

陝而修曲曰樓　毛本同。唐石經單疏本雪牕本元本閩本監本修作脩。疏中準此。按古修長修飾多用脩脯字、此改修非。

室有至曰樓○釋曰　注疏本删。

無室者名榭　元本閩本監本同。毛本無誤爲。

春秋宣十六年　注疏本脱六。

二屋歇前無壁者　元本同。閩本監本毛本二改一、壁改屋。

校勘記

但有大室　十行本但有太寑。

校勘記訂補

有室曰寢注但有大室。今本室誤作寢。疏但有大室者曰寢。

注疏本正誤

(注)夾室前堂○原本《玉篇》广部「廂」下引「堂」下有「也」字。

宋監本校箋

陝音狹而修曲曰樓

音・圖音

左傳釋文廂又作葙。上林賦東葙注引孫炎犍為舍人之說。案廂一作葙、竝息良翻。王楙野客叢書云、前漢書東廂率用竹頭、爾雅及他書東西廂竝从序頭、其實可通。

音略

室有東西廂曰廟。無東西廂

有室曰寢無室曰榭。四方而高曰臺。陝而修曲曰樓。

孫侶直音

無室曰榭。謝

陝狹而修曲曰樓。

直音校正

室有東西廂曰廟無東西廂有室曰寢無室曰榭四方而高曰臺陝狹同而修長也。修曲曰樓。

楊氏音訓

廂箱　陝洽

干氏音釋

釋器第六

釋曰、案說文云、器、皿也、從犬、犬所以守之。以此篇釋諸器之名、故曰釋器。

邢疏

釋器第六　祛記反。說文云、器、血也。飲食之器、從犬從㗊聲也。㗊、莊立反、衆口也。

陸音義

釋器第六　器服一體、故釋器而該服焉。因器而又及飲食之屬。

鄭樵注

鄭樵曰、器服一體、故釋器而該服焉。因器而又及飲食之屬。

古注合存

釋器第六　疏曰、說文云、器從㗊從犬、㗊皿也、犬所以守器。此篇釋諸器之名、故曰釋器。愚按篇中衣服飲食金玉羽毛之類、不皆爲器、與篇名頗不相合、故知篇題率也。或疑器謂凡器用之屬也。篇中雖不皆器、而亦所資以爲用者、故得與凡禮樂農工佃漁輿馬諸器並列爲釋器也。其說亦畧通、姑存之。

注疏參義

釋器第六　正義　易繫辭傳云、以制器者、尚其象。荀爽註、結繩爲网罟、蓋取諸離、此類是也。又云、形乃謂之器。荀爽註、萬物生長在地、成形可以爲器用者也。又云、備物致用、立成器以爲天下利、莫大乎聖人。虞翻註、神農黃帝堯舜也。考工記云、審曲面埶、以飭五材、以辨民器、謂之百工。又云、知者創物、巧者述之守之、世謂之工。百工之事、皆聖人之作也。爍金以爲刃、凝土以爲器、作車以行陸、作舟以行水、此皆聖人之所作也。聖人制用利民、辨形爲度、因事命名。禮器云、器皿之度。考工記所述、言其度也。此篇所釋、正其名也。器用所尚、累代不同。禮器疏云、舜質素、初則陶於河濱、後制禮則尚質素、故考工記云、有虞氏上陶是也。禹則治水、始立溝洫、後制禮則尚工匠之事、夏后氏上匠是也。湯則以桀荒淫、器物失所、湯以制禮樂之器而得民心、殷人上梓是也。周武王以紂昏淫、尊卑無敘、故尚文物車旂之屬而得民心、周人上輿是也。此篇先言禮器、次及用器。禮以定民志、而後可以利用出入、民咸用之也。豆籩登缶、與夫輿之輮箙、皆摶埴之工、攻木之工所治也。因鼎鼐而及鈑鋗、因璧瑗而及璆球、攻金之工、刮摩之工所治也。染纁染赬、設色之工所治也。爲辨爲韏、攻皮之工所治也。兼及於鏤刻琢磨治器之名者、鄭註禮器云、器所以操事、器利則事成、故治器欲其善也。飲食衣服、互見於釋器者、制器尚象、所以裕衣食之原、重其本也。併及於苫薦筓簀者、日用所資也。說文云、器、皿也、象器之口、犬所以守之。凡切於民用、雖纖細不能遺也。旌旗亦爲器、因屬於講武、故附見釋天。鐘磬之屬、皆器也、因樂器衆多、故别爲釋樂。至木謂之虡、旄謂之藣、仍見於此篇。

正義

釋器第六　器者、說文云、皿也。械字解云、一曰器之總名、一曰有盛爲械、無盛爲器。按器械通名耳。故禮大傳云、異器械、鄭注、器械、禮樂之器及甲兵也。少儀云、不度民械、不訾重器、鄭注、民械、民家之器用。是器械古通名、今但以兵仗爲械矣。此篇所釋、皆正名辨物、依類象形、至於豆籩旄虡禮樂之事而略載於篇者、以皆器皿之屬也。若乃衣服飲食、非可以器言。而雜見茲篇者、以本器用之原也。禮器云、宮室之量、器皿之度。故釋器次於釋宮。

義疏

行禮重器及禮典名物、皆總而釋之。

集解

釋器第六　禮器名物、備於禮經。釋之者、所以辨其同異、非泛說也。

義證

釋器第六〇疏說文云器皿也從犬犬所以守之　從犬。今說文作象气之口。

注疏正字

釋器第六　釋文云、說文云、器、皿也、飲食之器、從犬從㗊聲也。案說文、㗊部器、皿也、象器之口、犬所以守之。若从㗊聲、則當入

爾雅詁林　六　釋器

犬部。陸氏熟於字林，其引用說文多不足据。

匡名

釋器第六 說文、器，皿也，象器之口，犬所以守之。易繫辭以制器者尚其象，又形乃謂之器，又備物致用，立成器，以爲天下利，禮器、器皿之度。夫器用之所尚者，累代不同，上自宗廟，以迄民用，皆有其制，有其名也，雖纖細不能遺。此篇所以分別釋之。

啓蒙

邢疏、按說文器、皿也，從犬、犬所以守之，以此篇釋諸器之名，故曰釋器。

證異

釋器第六○釋曰 注疏本刪。

校勘記

木豆謂之豆，竹豆謂之籩，瓦豆謂之登

木豆謂之豆（豆，禮器也。）竹豆謂之籩（籩亦禮器。）瓦豆謂之登（即膏登也。）

郭注

木豆謂之豆注豆禮器也 釋曰、案周禮旊人爲豆實三而成觳崇尺，鄭注云崇高也，豆實四升。又祭統云夫人薦豆執校執醴授之執鐙，鄭注云校、豆中央直者也，鐙、豆下跗也。又禮圖云、口圓徑尺黑漆飾 中大夫以上畫以雲氣，諸侯以象，天子以玉，皆謂飾其豆口也。然則豆者以木爲之，高一尺，口圓徑一尺，其足名鐙，中央直豎者名校，校徑二寸。摠而言之名豆，豆實四升，用薦葅醢，周禮醢人掌四豆之實，朝事之豆其實韭葅醓醢之類是也。其飾則三代不同，明堂位曰夏后氏以楬豆，殷玉豆，周獻豆，注云楬、無異物之飾也，獻、疏刻之是也。以供祭祀燕饗，故云禮器也。 竹豆謂之籩注籩亦禮器 釋曰、案鄭注籩人及士虞禮云，籩以竹爲之，口有縢緣，形制如豆，亦受四升，盛棗栗桃梅蔆芡脯脩膴鮑糗餌之屬是也。亦祭祀享燕所用，故云亦禮器。 瓦豆謂之登 釋曰、對文則木曰豆，瓦曰登，散則皆名豆，故云瓦豆謂之登。冬官旊人掌爲瓦器，而

云豆中縣，鄭云縣繩正豆之柄，是瓦亦名豆也。詩大雅生民云于豆于登，毛傳云豆薦葅醢，登大羹也。公食大夫禮云，大羹湆不和，實於登。湆者肉汁，大古之羹也。不調以鹽菜，以其質，故以瓦器盛之。郭云、即膏登也。

邢疏

木豆謂之豆

郭璞云、豆，禮器也。

竹豆謂之籩

郭璞云、籩亦禮器。

瓦豆謂之登

郭璞云、即膏登也。

一切注音

豆（如字。本又作梪。）籩（音邊。）瓦（五寡反。）登（本又作鐙。）膏（音高。）

陸音義

豋 本又作鐙○豋上從月，從又，右手持肉，乃于豆于豋之豋。注同。舊從登涉之登，誤，今改正。

音義攷證

木豆謂之豆

主豆以首，登以足。據執醴授之執鐙，亦言鐙，善言豆也。書曰若陟遐必自邇。

竹豆謂之籩

設之在外，籩也。又籩無蓋，籩非所蓋，故父之讎弗與共戴天，而避諸四海之外。

瓦豆謂之登

以盛大羹，故登而進之。夫豆，頭也，所容宜受海焉。若籩有籩節小矣。

新義

木豆謂之豆，竹豆謂之籩，瓦豆謂之登（木豆薦葅醢，竹豆薦棗栗蔆芡脯脩糗餌之屬，瓦豆薦羹，皆祭祀燕享所用。）

鄭樵注

木豆謂之豆
郭璞曰、豆、禮器也。
竹豆謂之籩
郭璞曰、籩亦禮器。
瓦豆謂之登
郭璞曰、卽膏登也。
鄭樵曰、木豆薦菹醢、竹豆薦棗栗菱芡脯脩糗餌之屬、瓦豆薦羹、皆祭祀燕享所用。總釋上兩句

古注合存

注疏參義

木豆謂之豆竹豆謂之籩瓦豆謂之登 此釋禮器之名也。疏曰、豆實四升。祭統云、夫人薦豆執校、執醴授之、執鐙。鄭註云、校、豆中央直者。鐙、其下跗也。豆高一尺、口若跗徑各一尺。校徑二寸。籩登形如豆。對文則木曰豆、竹曰籩、瓦曰登。散文則通名爲豆。周禮醢人掌四豆之實、盛菹醢之屬。籩人掌四籩之實、盛棗栗之屬。詩生民云、于豆于登。毛傳云、登薦大羹。公食大夫禮云、大羹湆不和、實於登。

鄭云、木豆薦菹醢、竹豆薦棗栗菱芡脯脩糗餌之屬、瓦豆薦羹、皆祭祀燕享所用。按陳氏祥道云、登、儀禮作鐙、則亦金爲之。

補注

木豆謂之豆 【註】豆、禮器也。**竹豆謂之籩** 【註】籩亦禮器。**瓦豆謂之登** 【註】卽膏登也。【正義】說文云、豆、古食肉器也。从口象形。凡豆之屬皆从豆。考工記梓人云、食一豆肉、中人之食也。坊記云、觴酒豆肉。韓非外儲說云、取一豆肉。是豆者食器之名。其用以行禮、則籩豆之豆、當作梪。說文云、木器謂之梪、从木豆。釋文云、豆本又作梪、是也。竹器則謂之籩。說文云、籩、竹豆也。瓦器謂之登、當作豋。說文云、豋、禮器。讀若鐙、同。今通作豆登。孔穎達云、對文則木曰豆、瓦曰登、散則皆名豆、故木器、竹器、瓦器皆有豆之名也。大雅旣醉云、籩豆靜嘉。生民云、于豆于登。郊特牲云、籩豆之實、水土之品也、不敢用褻味而貴多品、所以交於神明之義也。故先釋之。○木豆謂之豆。○明堂位云、夏后氏以楬豆、殷玉豆、周獻豆。鄭註、楬、無異物之飾也。獻、疏刻之。此三代之異制也。春官外宗云、佐王后薦玉豆。明堂位又云、薦用玉豆。是周亦用玉豆也。玉豆者以玉飾豆。三禮圖云、口圓徑尺、髹漆飾朱、中大夫以上畫以雲氣、諸侯以象、天子以玉、豆之飾各有等差、其質則皆用木。祭統云、夫人薦豆執校、執醴授之執鐙。鄭註云、校、豆中央直者也、鐙、足下跗也。又鄭註考工記云、豆實四升。是豆能容四升、通蓋高一尺、其直柄謂之校、足跗謂之鐙也。何休公羊註云、豆、祭器名、狀如鐙。此言豆之狀如瓦豆之鐙、至於豆之足跗雖亦名鐙、總而言之爲豆。○竹豆謂之籩。○鄭註敘官云、竹曰籩。又籩人註云、籩、竹器如豆者、其容實皆四升。賈疏云、鄭知籩是竹器者、依漢禮器制度而知也。云如豆者、皆面徑尺、柄尺、亦依漢禮知之也。云其容實皆四升者、據其籩之所受、則曰容、據其所實、體蕡等、則曰實、故曰容實皆四升、亦約與豆四升同也。案古者籩豆或有飾或無飾、用各有宜。士喪禮大斂用兩楬豆兩籩、無縢、是無飾者也。士虞禮則豆不髹、籩有縢、是有飾者也。明堂位云、雕篹。鄭註云、篹、籩屬也、以竹爲之、雕刻飾其直者也。孔疏云、篹、籩也、以竹爲之、形似筥、雕鏤其柄。○瓦豆謂之登。○考工記旊人云、豆實三而成觳、崇尺。又云、豆中縣。鄭註云、崇、高也。豆實四升。縣、縣繩正豆之柄。登本或作鐙。公食大夫禮云、太羹湆不和、實于鐙。鄭註、太羹湆、煮肉汁也。太古之羹不和、無鹽菜。瓦豆謂之鐙。生民毛傳云、木曰豆、瓦曰登。豆薦菹醢也、登太羹也。孔疏云、太古之羹以質、故以瓦器盛之。【註】豆、禮器也。○【正義】天官醢人掌四豆之實、有朝事之豆、饋食之豆、加豆之實、羞豆之實。盛於豆者宜濡物、與登同用。若籩則宜乾物矣。禮器云、天子之豆二十有六、諸公十有六、諸侯十有二、上大夫八、下大夫六。鄭註云、豆之數謂天子朔食、諸侯相食及食大夫。疏引皇侃云、天子庶羞百二十品、籩豆各六十、今云二十六者、說堂上數也。是籩亦可稱豆也。周語云、品其百籩、是豆亦稱籩也。故木豆竹豆統謂之禮器。○籩亦禮器。○【正義】天官籩人掌四籩之實、有朝事之籩、饋食之籩、加籩之實、羞籩之實。後鄭云、朝事、謂祭宗廟薦血腥之事。饋食、薦孰也。今吉禮存者、特牲少牢、諸侯之大夫士祭禮也。加籩、謂尸旣食后、亞獻尸所加之籩。羞籩、謂若少牢主人酬尸、宰夫羞房中之羞于尸侑主人主

爾雅詁林 六 釋器

婦皆右之者。是籩與豆同爲禮器也。○卽膏登也。

正義 郭以膏鐙形狀畧似禮器之登、故以膏登釋之也。說文云、鐙、錠也。徐鉉云、錠中置燭、故謂之鐙、今俗別作燈、非是。槃傳云、案爾雅瓦豆謂之鐙、此楚辭所謂蘭膏明燭華鐙錯些。槃傳又云、古刻以人執燭、後易之以鐙。今北方瓦鐙猶畧存禮器遺制。

正義

瓦豆謂之登註卽膏登也　古今韻會引註曰膏鐙也。又云、郭璞曰古以人執燭、後易之以鐙。

校議

木豆謂之豆豆禮器也**竹豆謂之籩**籩亦禮器**瓦豆謂之登**卽膏登也

豆者、說文云、古食肉器也。梓人云、食一豆肉、中人之食也。是豆爲肉器。此文豆當作梪。說文云、木豆謂之梪。釋文豆、本又作梪、是也。其形則三禮圖云、口圓徑尺、墨漆飾朱中、大夫以上畫以雲氣、諸侯以象、天子以玉、皆謂飾其口也。其質則皆用木。其高通蓋一尺。其受實則旊人注云、豆實四升是也。其中柄謂之校、其足跗謂之鐙。祭統云、夫人薦豆執校、執醴授之執鐙。鄭注校、豆中央直者也、鐙、豆下跗也。其飾則明堂位云、夏后氏以楬豆、殷玉豆、周獻豆。鄭注楬、無異物之飾也、獻、疏刻之。按、周禮外宗云、佐王后薦玉豆、是則周亦玉豆也。○籩者、說文云、竹豆也。籩人注云、籩竹器如豆者、其容實皆四升。按、籩口有緣、故士喪禮云、毼豆兩、兩籩無縢、鄭注縢、緣也。士虞禮記注豆不楬、籩有縢、是則豆籩之用、吉凶異施也。籩豆同類、用不單行、故單言豆者卽可統籩、詩楚茨云、爲豆孔庶、是也。其單言籩者亦可槪豆、周語云、品其百籩是也。○登者、叚俗字也。俗作登、說文作𢍏、或云無是字、經典俱作登、通作鐙、故釋文云、登本又作鐙。公食大夫禮云、大羹湆不和、實于鐙。鄭注瓦豆謂之鐙、是卽爾雅作鐙之本也。詩生民傳木曰豆、瓦曰登、豆薦菹醢也、登大羹也。正義曰、太古之羹以質、故以瓦器盛之。郭云卽膏登也者、蓋特舉類以曉人、非禮器之登卽然膏之登也。今北方瓦登猶存禮器遺象。登之容實亦與豆同。豆是大名、分別言之爲木竹瓦、總統言之俱曰豆。

義疏

木豆謂之梪豆**竹豆謂之籩瓦豆謂之鐙**登

郭注、豆、禮器也。籩亦禮器。鐙、卽膏登也。似俎而小、从豆象下有跗。跗謂之鐙。記、夫人薦豆執校、執醴授之執鐙。上一象蓋、後別以盛乾肉果餌者爲籩、以豆爲之而分竹木、又以瓦盛羹而取登名、登从豆二足寫者置虵於上耳。或改从夕収、說文乃分三字、以登爲象登車形。車既不似豆、又令二字相亂、非也。䀠蓋象竹豆之形、加自者、取芬芳也。說文以爲宮不見、不見豈闗鼻乎。䀠實後薦、因爲籩外之名。登盛大羹、最古器也。禮、大羹湆不和、實于鐙。又、大羹湆在爨、自門入。然則陳饌無登、蓋以太質。或加金、非。

集解

木豆謂之豆 禮記明堂位、夏后氏以楬豆、殷玉豆、周獻豆。然則木豆者、謂楬豆而無飾也。殷則加玉飾而名玉豆、周則疏刻之而名獻豆。其質均木豆也。豆、古食肉器也、从口象形。攷工梓人食一豆肉、中人之食也。坊記觴酒豆肉、則豆爲食肉器明矣。詩既醉籩豆靜嘉、生民于豆于登、郊特牲籩豆之實、水土之品也。明堂位薦用玉豆、周禮醢人掌四豆之實、外宗佐王后薦玉豆、是豆又爲祭器之通偁矣。祭統夫人薦豆執校執醴授之執鐙。鄭注校、豆中央直者也。鐙、足下跗也。豆上一象巾、下一象跗、丩象校、下口則象豆口形也。其實四升。說文別出梪字、益爲或體、非謂古豆以瓦而後世易以木也。

竹豆謂之籩 儀禮特牲少牢設籩、皆在薦豆羞豆後。然則籩从竹者以其質竹、从𨘢者以其設在豆後也。周禮籩人掌四籩之實、謂祭祀所用。又云賓客之事共其籩、則謂食籩。儀禮祝贊籩祭、注棗栗之祭。周禮朝事饋食等籩多用乾物、棗栗亦在其中、則木豆盛濡物、竹豆乃盛乾物耳。士喪禮大斂用兩甒豆、兩籩無縢。士虞禮則豆不甒、籩有縢。明堂位雕篹、謂刻鏤其籩柄、是籩有有飾無飾之別、而其爲竹質則一也。

瓦豆謂之登 攷工瓬人爲簋、實一觳、崇尺。厚半寸、豆實三而成觳、崇尺。又曰豆中縣、則豆之有瓦豆明矣。登从肉在豆上廾持之、謂登大羹。大羹爲太古之羹、尚質、故以瓦器盛之。儀禮公食大夫、大羹湆不和、實于鐙。鐙、登也。鐙爲豆下跗之偁。瓦豆以爲名、因瓦豆亦有跗也。許慎訓鐙爲錠、取豆有跗而鎮定之意。或以鐙爲登之重文、登豋形既不類、瓦豆高質、又不宜范金、其說謬矣。

義證

木豆謂之豆

〔註〕豆禮器也〔補正〕邢疏案周禮旊人爲豆實三而成

㲉、祟尺、鄭註祟高也、豆實四升。又祭統云夫人薦豆

執校、執醴授之執鐙、鄭註云校豆中央直者也、鐙豆

下跗也。又禮圖云、口圓徑尺、黑漆飾朱、中大夫以上

畫以雲氣、諸侯以象、天子以玉、皆謂飾其豆口也。然

則豆者以木爲之、高一尺、口足徑一尺。其足名鐙。中

央直豎者名校、校徑二寸。其實四升、用薦葅醢。其飾

則三代不同、明堂位曰夏后氏以楬豆、殷玉豆、周獻

豆註云楬、無異物之飾也、獻疏刻之是也。臣鍌按、博

古圖有銅豆、考工記有瓦豆、不專以木也。

竹豆謂之籩

〔註〕籩亦禮器〔補正〕邢疏案鄭註籩人及士虞禮云籩

以竹爲之、口有籐緣、形制如豆、亦受四升、盛棗栗桃

梅蔆芡脯修膴鮑糗餌之屬是也。

瓦豆謂之登

〔註〕卽膏登也〔補正〕邢疏、對文則木曰豆、瓦曰登、散則

皆名豆、故云瓦豆謂之登。冬官旊人掌爲瓦器而云

豆中縣、鄭云縣繩正豆之柄、是瓦亦名豆也。詩大雅

生民云、于豆于登。毛詩云、豆薦葅醢、登大羹也。公食

大夫禮云、大羹湆不和、實於登。湆者、肉汁、大古之羹

也。不調以鹽菜、以其質、故以瓦器盛之。

郭注補正

爾雅詁林 六 釋器

瓦豆謂之登古作豋、从豆从肉从𠬞、與升登之登異。隸作登、㚇

省𠬞爲又、移肉夕旁耳。俗或溷於登、不可不辨。按、詩于豆于登、

儀禮實于登、諸登字皆當用此。

錢氏古義

瓦豆謂之登　注卽膏登也

正曰、詩大雅生民于豆于登、毛傳木曰豆、瓦曰登。

豆薦葅醢、登太羹也。登或作鐙。儀禮公食禮太羹

湆不和、實于鐙、鄭注瓦豆謂之鐙。毛鄭皆用爾雅

文。瓦豆之登、卽實太羹之禮器也。郭注乃曰膏登

當之、誤矣。

正郭

瓦豆謂之登　注卽膏登也

譯曰、詩卬盛于豆、于豆于登、登亦禮器。邵氏謂膏登形狀略似禮器之登、故

以膏登釋之。當云形似膏登。今直曰卽是登、卽爲膏登、非豆名矣。阮氏非之、

是也。邢疏據公食大夫禮大羹湆不和實於登、謂湆者、肉汁、肉汁卽爲膏。不

知膏卽脂也、非肉汁之謂。并未得注意。

靜郭

木豆謂之豆

豆　謂禮器也

慧琳廣弘明集廿四卷音義引郭注爾雅云、梪謂

禮器也。今據補謂字。

瓦豆謂之登

登　卽膏登也

慧琳三刧三千佛名上卷音義引郭璞注爾雅云、

鐙卽膏鐙也。樹柟案、膏鐙字當从金作鐙。蓋經作登注作鐙。釋文所謂又本乃援注以改經也。**郭注佚存補訂**

木豆謂之豆竹豆謂之籩瓦豆謂之登

說文以豆爲古食肉器又云木器謂之梪是以禮器之豆爲梪。故釋云豆本又作梪也。今經典通以豆爲之。小雅楚茨爲豆孔庶、毛傳云謂肉羞庶羞也。 籩者、說文云竹豆也。賓之初筵籩豆有楚殽核維旅傳云殽、豆實也、核加籩也。鄭箋云、豆實菹醢也、籩實有桃梅之屬。正義云、殽則實之於豆、核則加之於籩。天官醢人掌四豆之實、韭菹醓醢之等皆實之於豆。籩人云饋食之籩、其實棗栗桃乾䕩、注云䕩、乾梅也。郝云、籩豆同類、用不單行、故單言豆者卽可統籩、詩楚茨云爲豆孔庶是也。楚茨箋云后夫人主供籩豆。疏云、有司徹云宰克羞房中之羞於尸侑、主人主婦皆右之、司士羞庶羞於尸侑、主人主婦皆左之。二羞所以盡歡心。房中之羞其籩則糗餌粉餈、其豆則酏食糝食。庶羞羊臐豕膮皆有胾醢。房中之羞、內羞也。內羞在右陰也。庶羞在左陽也。是有二羞之事也。大雅旣醉籩豆靜嘉傳云恒豆之菹、水草之和也、其醢陸產之物也、加豆陸產也、其醢水物也、籩豆之薦、水土之品也。此皆郊特牲文、引以證之。 登者、說文作豋。今經典通作登。釋文云、登本又作鐙。鄭注公食大夫禮引作孔豆謂之鐙。大雅生民於豆於登、傳云木曰豆、瓦曰登、豆薦菹醢也、登大羹也。箋云我后稷盛菹醢之屬當於豆者、於登者其馨始上行祀天、用瓦豆陶器質也。正義云、木曰豆瓦曰登、對文則瓦木異名、散則皆名豆、故云瓦豆謂之登。冬官旊人旁瓦器而云豆中縣、鄭云縣繩正豆之柄、瓦亦名豆也。天官醢人掌四豆之實、皆有菹醢、是豆爲薦羞菹醢也。公食大夫禮云大羹湆不和、實於登、是登爲大羹。湆者肉汁、大古之羹也。不調以鹽菜、以質、故以瓦器盛之。**說詩**

木豆謂之豆

郭注、豆禮器也。栢年案、下豆字當依說文作梪。韓敕碑爵鹿柤梪張納碑旣脩柤梪皆是。**補釋**

木豆節疏黑漆飾朱中（漆、監本誤。）皆謂飾豆口足也（豆口足、誤其豆）

爾雅詁林　六　釋器

口。從三禮圖校。其實韭菹醓醢醓誤醢。瓦豆節疏大羹湆不和實於登湆監本旁誤從音、後湆並同。登、儀禮作鐙。湆煮肉汁煮誤者。

注疏正字

木豆謂之豆　釋文云、豆本又作梪。案說文、豆部梪、木豆謂之梪、从豆木。

瓦豆謂之登　釋文云、登本又作鐙。案、當作䀎。說文、豆部䀎、禮器也、从廾持肉在豆上、讀若鐙、同。此與生民詩于豆于登、皆當作䀎。隸變與豋陟字相溷。又說文、金部鐙、錠也、从金豋聲。儀禮通借用之。見公食大夫禮。盧學士校刻釋文改登爲豋、鐙爲鐙、不可遵也。金旁著登、無此字。

匡名

木豆謂之豆竹豆謂之籩瓦豆謂之登　此釋禮器之名。說文、豆、古食肉器也、从口象形。又、木器謂之梪。釋文、豆本作梪。明堂位、薦用玉豆。三禮圖、墨漆飾朱、各有等差、其質則皆用木。䈞、竹豆也。明堂位、雕篹。鄭註、篹、籩屬也。孔疏、以竹爲之、形似筥、雕鏤其柄。瓦、土器已燒之總名、象形。登、當作䀎、䀎、禮器也、从廾持豆在肉上。生民毛傳、登、太羹也。孔疏、太古之羹、以質、故以瓦器盛之。

啓蒙

豆梪　釋文。豆如字。本又作梪。案說文。木豆謂之梪。从木豆。

登䀎　釋文。登本又作鐙。公食大夫禮。實于鐙。鄭注云。瓦豆謂之鐙。錢氏荅問云。䀎卽于豆于登之登。案說文。䀎禮器也。从収持肉在豆上。讀若鐙同。是䀎正字。登鐙皆叚借字。邢本作登。係俗字。

黃侃評本正名

爾雅詁林　六　釋器

瓦豆謂之登。即膏登也。　古盛羹盛膏通用瓦器、其後盛膏者別作鐙字。又中施釘、又別名有柎曰錠、郭注膏登、益舉其朔耳、非謂禮之登皆膏登也。

黃侃音訓

瓦豆謂之登。釋文、登、本又作鐙。按勘記、公食大夫禮註瓦豆謂之鐙、祭統註鐙豆跗也、然則鐙本豆跗、因通名瓦豆爲鐙。詩于豆于登、毛傳曰瓦曰登。蓋古文作登、今文作鐙。

考異摘要

木豆謂之豆竹豆謂之籩瓦豆謂之登

錦燧謹案、造字之初、當先有豆字。說文云、古食肉器也、从口象形、口者象器之容、口上之一乃巾也。特牲禮云籩巾以綌纁裏、士昏禮云醯醬二豆菹醢四豆、兼巾之、士喪禮云籩豆用布巾、是知古豆籩上皆有巾以覆之、豆字口上之一乃象巾之形也。口下之〢象其骹也、祭統曰夫人薦豆執校、校當讀爲骹。骹下之一、則其底也。古文作㝵、則豆之有覆者。不論是木是竹是瓦、統可名之曰豆。後以木豆較多、遂又製一梪字、以別於竹瓦二豆。說文收入豆部、說解云、木豆謂之梪。郝義疏因以爲木豆之豆、當从木作梪、據許書以改爾雅。豈知木豆可作梪、卽竹豆亦可作笠、瓦豆亦可作瓨、特古無笠瓨二字、許書因亦無之、安得以後出之梪字強改爾雅乎。爾雅之木豆謂之豆、仍當以無木旁者爲是。登當作豋、今惟汲古閣本作登。若單疏本雪牕本元本閩本監本俱作登、據阮氏校勘記云云。乃阮氏郝氏反以豋爲俗字、是亦見許書無豋字而云然也。蒙謂登卽說文𢍏之或體。𢍏下說解云、禮器也、从肉在豆上、廾持之會意、讀若鐙。是𢍏下之廾乃兩手形、登字之又、又亦手也、與祭之从肉从又同。以𢍏下之兩手爲登旁之一手、正無或異。登𢍏形近易譌、而聲亦相同。故經典中多以登爲之、或又假作鐙。說文云𢍏、讀若鐙。許書之例、凡讀若之字、卽經傳中通假之字。禮記祭統執醴授之執鐙、鄭注豆下跗也。鐙之本訓爲錠。廣雅、釋器錠謂之鐙是也。鐙𢍏以聲同通假。鄭云足下跗者、以𢍏下之兩手、象持足下跗之形、故以足下跗釋之。又儀禮公食禮大羹湆不和、實於鐙、亦假鐙爲之。鄭注瓦豆謂之鐙、疑卽據爾雅爲說。然鐙不定是瓦豆、別乎竹木言之、故曰瓦豆耳。

陸錦燧日記

木豆謂之豆注禮器也○釋曰注疏本刪。

豆實四升用薦菹醢注疏本豆誤其菹改葅。

其實韭菹醓醢注疏本醓誤醯。

竹豆謂之籩注籩亦禮器○釋曰注疏本刪。

亦祭祀享燕所用元本同。閩本監本毛本享作饗。

瓦豆謂之登單疏本雪牕本元本閩本監本同。唐石經闕。毛本登改登。釋文登本又作鐙。按公食大夫禮注、瓦豆謂之鐙。公羊傳桓四年一曰乾豆、何注豆、祭器名、狀如鐙。禮記祭統夫人薦豆執校執醴授之執鐙、注鐙豆下跗也。然則鐙本豆跗之名、因通名瓦豆爲鐙矣。又說文、鐙錠也、从金登聲。徐鉉曰、今俗別作燈、非是。合之郭注云卽膏登、知漢以來爾雅字皆作鐙。詩生民于豆于登、毛傳瓦曰登。薦大羹、蓋古文作登、今文作鐙。郭云膏登字、必當從金膏鐙卽油燈、此說非。又說文豆部有𢍏字、云禮器也、从廾持肉在豆上、讀若鐙、同。說者因謂詩爾雅豆登字皆當從肉作𢍏、此臆說也。○按詩于豆于登、用假借字、俗改爲登。

校勘記

瓦豆謂之登○釋曰注疏本刪。

音圖·音

竹豆謂之籩籩亦禮器。籩音邊。

孫侶直音

竹豆謂之籩邊

直音校正

竹豆謂之籩邊

楊氏音訓

木豆謂之豆豆禮器也。竹豆謂之籩籩亦禮器。瓦豆謂之登卽膏登也。

音圖·圖

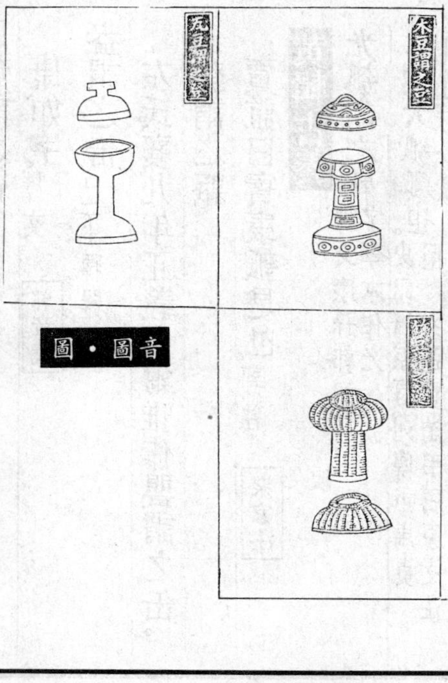

盎謂之缶甌瓿謂之瓵康瓠謂之甈

郭注

盎謂之缶。盆也。甌瓿謂之瓵。瓿、㼽。小甖。長沙謂之瓵。康瓠謂之甈。瓠、壺也。賈誼曰、寶康瓠是也。

爾雅詁林　六　釋器

爾雅詁林　六　釋器

盎謂之缶　釋曰、孫炎云缶瓦器。郭云盆也。詩陳風云坎其擊缶。則缶是樂器。易離卦九三不鼓缶而歌則大耋之嗟。注云艮爻也。位近丑。丑上值弁星。似缶。詩云坎其擊缶。則樂器亦有缶。又史記藺相如使秦王擊缶。是樂器爲缶也。案坎卦六四。樽酒簋貳。用缶。注云爻辰在丑。丑上值斗。可以斟之。象斗上有建星。建星之形似簋。貳副也。建星上有弁星。弁星之形又如缶。天子大臣以王命出會諸侯。主國尊於簋副設玄酒以缶。則缶又是酒器也。比卦初六爻有孚盈缶。注云爻辰在未上值東井。井之水。人所汲。用缶。缶汲器。襄九年宋災。左傳曰具綆缶備水器。則又是汲水之器也。然則缶是瓦器。可以節樂。若今擊甌。又可以盛水盛酒。卽今之瓦盆也。　甌瓿謂之瓵　釋曰、甌一名瓿甊。一名瓵。郭云甌甊。小甖。長沙謂之瓵。方言云。瓬音瓦都感同冗切甒音武䍃音由甄音鄭甇音仕江切甀度睡切瓮瓿甊瓿音部甊落口切。甖牛志切也。靈桂之郊謂之瓬。其小者謂之瓭。周魏之間謂之甒。秦之舊都謂之甄。淮汝之間謂之㼢。江湖之間謂之䍃。自關而西晉之舊都河汾之間。其大者謂之甄。其中者謂之瓿甊。自關而東趙魏之郊謂之瓮。或謂之甖。東齊海岱之間謂之甔。甖其通語也。甇陳魏宋楚之間曰甂音臾。或曰𤭛音侏。燕之東北朝鮮洌水之間謂之瓺音暢亦音陽。齊之東北海岱之間謂之甔音儋。周洛韓鄭之間謂之甄。或謂之甇。甇謂之甈。甈謂之甋。缶謂之瓿甌音偶。其小者謂之瓶。甇甄謂之盎。自關而西或謂之盆。或謂之盎。其小者謂之升甌音邊。陳魏宋楚之間謂之題杜啓自關而西謂之甂。其大者謂之甌。是其方俗之異名也。　康瓠謂之甈　釋曰、康瓠一名甈瓠。卽壺也。說文云破罌也。方言云甈謂之盎。皆非郭義也。　注賈誼說曰寶康瓠是也　釋曰、案漢書云賈誼洛陽人也。年十八以誦詩屬文。漢文帝召爲博士。爲絳灌之屬害之。天子疏誼爲長沙王傅。以謫去。意不自得。及渡湘水。爲賦以弔屈原。其詞曰斡棄周鼎寶康瓠兮。是也。

邢疏

康瓠謂之甈　釋文、康李本作光。　以下釋器

康謂大瓠瓢也。史記屈賈列傳索隱　文選賈誼弔屈原文注

李注

盎謂之缶　以下釋器

缶、瓦器。詩正義七之一　邢疏

甌瓿謂之瓵

瓵瓦器、受斗六升。史記貨殖傳集解

孫音注

甌瓿謂之瓵　以下釋器

瓵音移。郭注御覽七百五十八

康瓠謂之甈

康如字。釋文

郭音義

盎謂之缶　已下釋器

左氏襄九年正義引爾雅作甖謂之缶。

康瓠謂之甈

賈誼曰寶康瓠是也。郭注

衆家注

黃輯古義

光瓠謂之甈　釋文康孫郭如字李本作光

謂大瓠瓢也。史記屈原賈列傳司馬貞隱　文選賈誼弔屈原文注

李注

盎謂之缶

缶、瓦器。邢疏詩陳風宛丘正義

甌瓿謂之瓵

瓵瓦器、受斗六升。史記貨殖傳裴駰集解

康瓠。康、如字。釋文引孫郭

孫音注

康瓠。康、如字。釋文引孫郭

郭音義

玉函山房輯佚

瓵瓦器受斗六升合爲瓵史記貨殖傳集解
後按，集解引孫叔敖，疑要曰：當是孫叔然之誤。

孫音注

玉函山房輯佚續編

盎謂之缶

缶，瓦器。孫注 詩疏七之一

康瓠謂之甈

大瓠瓢也。李注 文選注六十

鈎沉

盎謂之缶

孫曰：缶，瓦器。詩正義七之一 邢疏

甌瓿謂之瓵

孫曰：瓵，瓦器，受斗六升。史記貨殖傳集解

康瓠謂之甈 釋文：康，孫、郭如字，李本作光。

李曰：康謂大瓠瓢也。司馬貞史記屈原賈生列傳索隱 文選六十賈誼弔屈原文注

漢注

盎謂之缶 左傳襄九年正義引作罌謂之缶。詩正義七之一卷

孫炎云：缶，瓦器。 郭璞云：盎也。

甌瓿謂之瓵

郭璞云：瓿甊，小罌，長沙謂之瓵。

康瓠謂之甈 釋文二十九卷 康李巡本作光

李巡云：康瓠，大瓠也。康，空也。史記索隱二十卷 大瓠瓢也。文選注六十卷

郭璞云：瓠，壺也。賈誼曰：寶康瓠是也。

一切注音

盎謂之缶 孫炎曰：缶，瓦器。詩宛邱正義

蕙心案：左傳襄九年正義引爾雅作罌謂之缶。說文，罌，缶也。

瓵 孫叔然云：瓵，瓦器，受斗六升。史記貨殖傳集解

蕙心案：魏書，孫炎字叔然。

康瓠謂之甈 李巡云：大瓠瓢也。文選弔屈原文注 孫郭如字，李本作光。釋文

蕙心案：康，李本作光。說文，光，廣也，大也。故李以康瓠爲大瓢。郭注方言引爾雅，甈，康壺。案，瓠壺字通。

古注斠

陸音義

盎 烏浪反。

缶 方九反。甌 烏侯反。瓿 步口反，步侯二反。瓵 弋之反。甊 路口反，方言云：瓽也。

甖 乙耕反，字亦作罃。康 孫、郭如字。李本作光。字書埤蒼作甈，音同。字林作㼹，口光反。

瓠 音護。甈 丘例反。壺 音胡。

新義

盎謂之缶

盎者，中也。缶从午，以此。易曰：日昃之離，不鼓缶而歌，則大耋之嗟，凶。耋昃象也，嗟亦昃象也。

甌瓿謂之瓵

區部雖小，亦自怡焉。缶讀从否，則君子所取在此。

康瓠謂之甈

完或丌之，不得康矣，據在地者謂之臬。

鄭樵注

盎謂之缶 缶，瓦盎也。甌瓿謂之瓵 郭云：瓿甊，小罌，長沙謂之瓵。瓿，蒲口反。瓵，音移。康瓠謂之甈 瓠，壺也。甈，音契。

盎謂之缶
孫炎曰、缶、瓦器。
郭璞曰、盆也。
鄭樵曰缶、瓦盆也。

甌瓿謂之瓵
郭璞曰、瓿甊、小甖。長沙謂之瓵。
鄭樵曰、郭云瓿甊小甖、長沙謂之瓵。瓿、蒲口反。瓵、音移。

康瓠謂之甈（康李本作光、瓠郭並如字）
李巡曰、大瓠瓠也。（此見文選賈誼弔屈原文注、又史記索隱引李巡云、康瓠、大瓠也、康空也。與此稍異。康本當作光。）
郭璞曰、瓠壺也。賈誼曰寶康瓠是也。
鄭樵曰、瓠壺也。甈音契。

古注合存

盎謂之缶。甌瓿謂之瓵。康瓠謂之甈。（瓿音剖。瓵音移。甈音契。○此釋用器之名也。註曰缶盆也。甌瓿小甖長沙謂之瓵。瓠壺也。賈誼云寶康瓠是也。疏曰、詩宛丘云、坎其擊缶。缶樂器也。易坎卦云、樽酒簋貳用缶。又酒器。襄九年左傳云、具綆缶。又汲器也。缶用不一。即今瓦盆也。甌瓿名瓿甊。一名瓵。方言云、甖也。關以西晉之舊都河汾之間大者謂之甀、中者謂之瓿甊。關以東趙魏之郊謂之瓮、或謂之甖。）

注疏參義

康瓠、李巡作光瓠。文選注、李巡曰大瓠瓢也。又史記注、如淳曰大瓠也。應劭曰康空也。按陳氏祥道云、壺之爲器、其體有大小、其制有方圓、非必皆瓠爲之。特取名於瓠壺而已。

補注

盎謂之缶 註 盆也 甌瓿謂之瓵 註 瓿甊小甖長沙謂之瓵 康瓠謂之甈 註 瓠壺也賈誼曰寶康瓠是也 正義 此因瓦豆而分釋瓦器之名也。○盎謂之缶。○詩疏引孫炎云、缶、瓦器。說文云、缶、瓦器、所以盛酒漿、秦人鼓之以節謌。坎卦六四云、樽酒簋貳、用缶。禮器云五獻之尊、門外缶、門內壺、君尊瓦甒。鄭註云缶大小未聞。壺大一石、瓦甒五斗。孔疏、缶、尊名、列尊之法、缶盛酒在門外。禮有以小爲貴者、近者小則遠者大、缶在門外、則大於壺矣。是缶爲酒器。韓非外儲說云、瓦器至賤也、不漏可以盛酒。是也。比卦初六云、有孚盈缶。詩疏引鄭註云、爻辰在未、上值東井、井之水、人所汲、用缶。缶、汲器。左氏襄九年傳云、具綆缶、杜註綆汲索、缶汲器。是缶爲汲器也。離卦九三云、不鼓缶而歌、詩宛丘云坎其擊缶。史記李斯列傳擊甕叩缻、眞秦之聲也、是缶爲樂器也。缶有大小、唯人所用之、其名則同。左傳疏引爾雅作罌謂之缶。○甌瓿謂之瓵。○荀子大略篇、流丸止於甌臾。楚詞九歎云、甂甌登於明堂兮。甌瓿一名瓵。說文云、鋗、小缶也、淮南泰族訓甂甌有堤、言其治小也。○康瓠謂之甈。○方言云、罃甈謂之盎、自關而西或謂之盆、或謂之盎、其小者謂之升甌。郭氏彼註云、案爾雅甈康壺、而方言以爲盆、未詳也。郭氏以瓠爲壺、故不從方言。案說文云、甈、康瓠、破罌也、與方言同義。釋文云、康、埤蒼作甈、音同、李本作光、字林作甈、口光反。註 盆也。○ 正義 說文云、盎、盆也。考工記陶人云、盆實二鬴、厚半寸、脣寸。士喪禮云、新盆槃瓶、鄭註盆以盛水、瓶以汲水也。禮器云夫奧者、老婦之祭也、盛於盆、尊於瓶、鄭註盆瓶炊器也。荀子富國篇上之生五穀也、人善治之、則畝數盆、楊倞註盆當爲量。墨子曰、侍女以千盆、授我五百盎、是皆盆之用也。方言云、缶謂之瓿甊、其小者謂之瓶。郭氏彼註云、即盆也。○瓿甊至之瓵。○ 正義 方言云、瓿甊、甖也、自關而西晉之舊都河汾之間、其大者謂之甀、其中者謂之瓿甊、自關而東趙魏之郊謂之瓮、或謂之甖。甖、其通語也。又云、甂陳魏宋楚之閒謂之題、自關而西謂之甂、其大者謂之甌。郭氏據方言爲義、兼取時驗也。○瓠壺至是也。○ 正義 郭氏註下篇釋木云、瓠猶壺也。史記索隱引李巡云、康瓠、大瓠也、康、空也。文選註引李巡云、大瓠瓢也。郭註本李巡以瓠爲浮瓠也。史記賈生列傳弔屈原賦云、斡棄周鼎兮而寶康瓠、集解云大瓠也、應劭云康、容也、一曰康、空也。與郭義同。漢書音義、鄭氏云康瓠、瓦盆底。非郭義也。

正義

盎謂之缶　詩宛邱疏引註云、盎盆也。

康瓠謂之甈　案、漢書賈誼傳寶康瓠、注鄭氏曰、康瓠、瓦盆底也。今郭氏引賈說而釋瓠爲壺、義同李巡大

爾雅詁林　六　釋器

瓠之說。然方言云甇甈謂之盎、說文云甈康瓠破罌也、俱不以爲壺。

校議

盎謂之缶盆也**甌瓿謂之瓵**瓿甊小甖長沙謂之瓵**康瓠謂之甈**瓠壺也賈誼曰寶康瓠是也

缶者、詩宛丘正義引孫炎曰、缶、瓦器。說文云、瓦器所以盛酒漿、秦人鼓之以節謌、象形。按、缶盛酒者、易樽酒簋貳、用缶是也。以節謌者、易不鼓缶而歌、詩坎其擊缶是也。左氏襄九年宋災傳云、具綆缶、備水器。是缶又汲水之器也。其受實、則禮器云、五獻之尊、門外缶。鄭注、缶大小未聞。韋昭魯語注云、缶、庾也。按陶人云、庾實二觳。卽是缶爲二斛。賈疏引聘禮記云十六斗曰籔、注云、今文籔爲逾、逾卽庾也。是缶又爲十六斗。小爾雅云、籔二有半謂之缶、宋咸注缶四斛也。是又爲四十斗。然則缶之大小迄無定論、故鄭云未聞矣。盎者、說文云、盆也。盆、盎也。急就篇以缶盆盎竝稱、實一物。其形、則急就篇注大腹而斂口。按缶象篆文缶之形、口微斂而腹大、正如今之汲水罐也。左氏襄九年正義引爾雅作罌謂之缶。說文、罌、缶也。是爾雅盎一作罌、疑許君所見卽作罌矣。○甌瓿者、說文云、甌、小盆也。瓿、甂也。甂、似小瓿、大口而卑、用食。然則甌瓿蓋盆盎之小者、其形微庳、其口甚大、其名亦謂之缶。故方言云、缶謂之瓿甌、餾罃甈謂之盎、其小者謂之升甌。說文云、鎋、小缶也。玉篇、鎋亦作瓿。是瓿鎋同、甌瓿盆盎聲俱相轉、故古通名矣。瓵者、說文云、甌瓿謂之瓵、本爾雅。玉篇云、瓵、小甖也、本郭注。其瓵之大小、則史記貨殖傳集解引孫叔然云、瓵、瓦器、受斗六升。○甈者、說文云、康瓠破罌。許知爲破罌者、廣雅云、甈、裂也。法言先知篇云、甄陶天下者、其在和乎、剛則甈、柔則坯。是甈爲破裂之名。周禮牧人注、故書毀爲甈、杜子春云甈當爲毀。皆說文所本也。釋文云、康、埤蒼作甗、字林作㼹、口光反。李本作光。按光猶廣也、大也。李巡蓋以光瓠爲大瓠、故史記索隱引李巡云、康、謂大瓠也。文選弔屈原文注引李巡曰、大瓠、瓢也。郭云瓠、壺、與李義異。故注方言遂云、爾雅甈、康壺。而方言以爲盆、未詳也。爾雅此文皆言瓦器、李巡以康瓠謂大瓢、失之。當以郭義爲長。

義疏

盎罌罃罌**謂之缶甌瓿**鎋**謂之瓵康瓠謂之甈**孫注、缶、瓦器、瓵、瓦器、受斗六升。李注、大瓠、瓢也。郭注、缶、盆也、瓿甊、小甖、長沙謂之瓵、瓠、壺也、賈誼曰、寶康瓠是也。　盎罌聲轉通用。左傳正義引此作罌。秦伯罃、又作罌。周官盎齊、易用缶、謂酒器也。記門外缶、門內壺。韋昭說缶、庾也、庾實二觳。甌从區、葢藏之器。瓿、說文、鎋、小缶也。从杏。杏、唾而不受。密葢氣泄則杏、葢亦藏酒之器。瓵从台。台、㠯用也。今長沙謂藏酒器曰瓵。合音如荅。台合隸書之誤。與从合爲長。康、李本作光、大也。周官外祭甈事、謂用甈之事。瓠壺通用。康瓠卽瓦大。說文以爲破罌、亦失之。

集解

盎謂之缶盎、盆也、从皿央聲。或从瓦。與罌缶通用。左傳正義故引此作罌。許慎說罌、缶也。是卽缶乃盎之正文耳。或者罌本名缶、盎質以瓦、與罌缶同類通偁之、亦可名缶與。缶、瓦器所以盛酒漿、秦人鼓之以節謌。周禮酒正三曰盎齊、易坎樽酒簋貳用缶、禮記禮器門外缶、門內壺、謂盛酒器也。詩宛丘坎其擊缶、易離不鼓缶而歌、則樂器耳。周禮所謂土鼓是也。盎缶有二種、盎其一種、非通名也。**甌瓿謂之瓵**甌、小盆也、从瓦區聲。區、藏匿也、謂小盆以藏物者。瓿、甂也、从瓦音。音、相與語唾而不受。盎小盆之藏物易滿、別加以物、則不受也。瓵、小甖也、受斗六升。韋昭魯語注、缶、庾、庾實二觳。瓵爲小甖、實不及缶、則較上經之盎爲小矣。瓵从瓦台、台从㠯口、謂以瓶封口、毋令气泄、亦藏酒器也。今長沙呼之爲瓵、與台音異、其傳寫者之誤與。荀子大略流丸止于甌臾、國策夫鼎者、非效壺醯醬瓿耳。**康瓠謂之甈**所謂壺是也。康、穀皮也、與虛通用。康壺、大壺也、壺大一石、瓦器之頗能容物者。李本康作光、以光亦大也。甈、从瓦臬、臬、隉也、危也、謂其高大。周禮牧人凡外祭毀事、疏謂爲非常之祭、亦大事也。許慎釋爲破罌、取毀義也。凡物大則易毀、不必真破。史記屈賈傳斡棄周鼎兮而寶康瓠、斥此甈言耳。

義證

盎謂之缶

註盆也補正邢疏、孫炎云缶、瓦器。詩陳風坎其擊缶、易離卦不鼓缶而歌、史記藺相如使秦王擊缶、是樂器爲缶也。坎卦尊酒簋貳用缶則缶又是酒器也。比卦有孚盈缶、註人所汲用缶、左傳其綆缶備水器、則缶是汲水之器。然則缶是瓦器、可以節樂、如今擊甈、又可以盛水盛酒、卽今之瓦盆也。臣鍌按、顏師古註急就篇云、缶卽盎也、大腹而斂口。

甈謂之甈甈式之反。

註甈數小甖長沙謂之甈

康瓠謂之甈甈、邪例反。

註瓠壺也賈誼曰寶康瓠是也臣鍌按、說文云、康瓠、破甖也。博雅云、甈、裂也。揚子法言云剛則甈、註云甈、破瓦、又破甖也。賈誼傷絳灌之讒已、因弔屈原而爲賦、言棄周鼎而寶破甖、謂漢文之棄賢信佞也。

郭注補正

康瓠謂之甈　注瓠壺也賈誼曰寶康瓠是也

正曰、史記屈原賈生傳、斡棄周鼎而寶康瓠。集解、如湻曰爾雅康瓠謂之甈、大瓠也。索隱李巡云謂大瓠瓢也。李注瓠訓瓢、讀如字、甈爲瓦器、形佀大瓠、故一名康瓠也。郭注讀瓠爲壺、卽爲盛酒之壺、及注方言五甈謂之盎、又云爾雅甈康壺、而方言以爲盆、未詳。其詞矛盾。

正郭

康瓠謂之甈　注瓠壺也

諍曰、邵氏引方言甇甈謂之盎、自關而西或謂之盆。郭彼注謂爾雅甈康壺、而方言以爲盆、未詳也。郭以瓠爲壺、故不从方言。攷說文甈、康瓠、破罌也、與方言合。說文及史記皆作康瓠。康當訓空、以形似空瓠故名。不得因屬瓦器以瓠爲壺之叚字也。

諍郭

盎謂之缶

盎卽盆也

慧琳禪秘要法經上卷音義引爾雅云盎謂之缶、郭璞曰盎卽盆也。元應雜寶經五卷音義引爾雅盎謂之缶、郭璞曰卽盆也。今據補盎卽二字。

甌瓿謂之甈

瓿甊小甖長沙謂之甈

釋文云、甖字亦作罃。

康瓠謂之甈

瓠壺也賈誼曰寶康瓠是也

單疏本作賈誼說曰。元本疏亦引作賈誼說。

盎謂之缶

說文云缶、瓦器、所以盛酒漿、秦人鼓之以節謌、象

郭注佚存補訂

爾雅詁林 六 釋器

形。盎盆也。陳風宛丘坎其擊缶毛傳云盎謂之缶。正義云、孫炎曰缶、瓦器、此云擊缶、則缶是樂器。易離不鼓缶而歌、注云爻辰值弁星似缶、又史記藺相如使秦王鼓缶、是樂器爲缶也。坎樽酒簋貳用缶、注云爻辰弁星之形如缶、天子大臣以王命出會諸侯主國尊於簋副、設玄酒以缶、則缶又是酒器也。比有孚盈缶、注云爻辰值東井、井之水、人所汲、用缶、是缶汲水之器。然則缶是瓦器、可以節樂、盛水盛酒、即今之瓦盆也。

說詩

盎謂之缶疏詩陳風云坎其擊缶陳風下當有宛丘二字。九三艮爻也位近丑丑上值弁星似缶脫九三及弁星四字。案坎卦六四案、毛本誤。主國尊桪簋副桪誤於。比卦初六下衍爻字。爻辰在未未誤木。

甌瓿節疏其小者謂之㼜㼜、陸本誤。周魏之間謂之甗甗誤斷、下同。或謂之罃罃謂之甈鼓䡵罃罃下誤衍一罃字。案、鼓䡵二字爲甈字、音當在後。

瓺音暢亦腸甈音儋腸誤腸、儋誤擔。

康瓠節疏以誦詩屬文脫稱于郎中四字。及渡湘水及誤乃。

甌瓿謂之瓵

注疏正字

郭曰瓿甊、小罌長沙謂之瓵。引之謹案、史記貨殖傳蘖麴鹽豉千荅、徐廣曰荅或作台、今本台作合、乃後人依漢書改之。器名有瓵、孫叔然云今本作孫叔敖、敖字亦後人所改。瓵瓦器、受斗六升、台當爲瓵、音貽。案徐所引即叔然爾雅注也。列女傳仁智傳斂小器投諸台、台亦與瓵同。

述聞

盎謂之缶　正義云、左傳疏卅引盎作罌。

甌瓿謂之瓵　說文同。

康瓠謂之甈　釋文云、康字書埤蒼作㼹、李本作光、字林作瓶。

案說文、瓦部甈、康瓠、破罌。無㼹瓶二文。

匡名

盎謂之缶甌瓿音剖謂之瓵音移康瓠謂之甈音憩此釋瓦器之名。說文、缶、瓦器、所以盛酒漿、秦人鼓之以節謌、象形。盎盆也、或从瓦。比卦、有孚盈缶。左傳引爾雅作罌謂之缶。𤮊、甂也。㼜、義同爾雅。楚詞甂甌登于明堂兮。郭註、瓿甊、小罌、長沙謂之瓵。甈、康瓠、破罌。郭註、瓠、壺也。弔屈原賦、斡棄周鼎兮而寶康瓠。

啓蒙

盎謂之缶。盆也。缶之爲言阜也、盎之爲言決也、盆之爲言墳也。方言缶謂之瓿甌、注即盆也、瓿甌即甌瓿、而亦爲缶盆通言不別耳。·廣雅盎謂之盆、方言甂謂之盎、自關而西或謂之盆、或謂之盎、急就篇缶甒盆盎甕罃壺注、缶盆盎一類耳、缶即盎也、大腹而斂口、盆則斂底而寬上、考工記陶人爲盆、實二鬴、厚半寸、脣寸、據此是缶盎與盆小異、郭注通言之耳。

甌瓿謂之瓵。瓿甊、小罌、長沙謂之瓵。甌之爲言區也、廣雅區、小也、昭三左傳豆區釜鍾注、區斗六升、管子輕重甲作鏂、小量曰區、小罌曰甌、義亦相近。瓿與缶聲轉、瓿之言部也、風俗通云、部者阜之類也、今齊魯之間田中少高印者名之爲部、然則瓿亦缶也、長言曰瓿甊、猶部長言之曰部婁矣。襄二十四左傳注、部婁、小阜也。

瓴之為言汢也小渚曰汢。

黄侃音訓

木豆謂之豆　瓦豆謂之登　盎謂之缶　甌瓿謂之瓵

釋文、豆、本又作梪。釋器釋文說文作木豆謂之梪。木部梪釋文、登、本又作鐙。釋器釋文儀禮注作瓦豆謂之鐙、公食大夫禮實於鐙注說文作䒳。云、禮器也、從廾持肉在豆上、讀若鐙、同。豆部䒳、滕切。左傳正義引作罌謂之缶。襄九年具綆缶正義說文缻作𦉥。云、小缶也、從缶音聲。缶部𦉥又作甌瓿謂之甂。瓦部甂

證異

釋器康瓠謂之甈。說文甈康瓠破罌也、徐鍇繫傳曰、康之言空也。案破則空也、謂之甈者、甈有破義。廣雅、甈、裂也。周禮牧人凡外祭毀事、注云故書毀爲甈。法言先知篇甄陶天下者、其在和乎、剛則甈、柔則坯、宋咸注云甈、破也、太剛則破裂也。史記賈生列傳斡棄周鼎兮寶康瓠、集解引應劭云、康、空也。漢書音義鄭氏云康瓠、瓦盆底。亦取破義。郭用李巡說以瓠爲瓠瓢、失之。方言、甇甈謂之盎。廣雅、甈、甂也。廣韻、甂、罌屬。罌、與甇同。皆不以爲瓠瓢。

胡氏古義

康瓠謂之甈。康、字書埤蒼作㼒。法言先知篇甄陶天下者其在和乎、剛則甈、柔則壞、注甈、破瓦、又破罌。

古義補

盎謂之缶

錦燧謹案、缶類有三。其一爲樂器、易離卦云不鼓缶而歌詩陳風宛邱云坎其擊缶、說文缶部缶下云秦人鼓之以節謌、史記李斯傳云擊甕叩缶是也。其一爲汲器、易比卦云有孚盈缶、釋文引鄭注、缶、汲器也。左氏襄公九年傳云宋災具綆缶備水器是也。其一爲飲器、易坎卦云貳用缶、禮記禮器云門外缶、鄭注云缶、盛也。說文缶部缶下云所以盛酒漿、風俗通聲音云缶者瓦器所以盛漿是也。雅訓乃釋詩坎其擊缶句、則雅訓之缶爲樂器無疑矣。盎謂之缶、左氏襄九年正義引作罌謂之缶。案謂作盎者爲是。據方言五云、自關而東趙魏之郊、瓮或謂之罌。穆天子傳黄金之罌、注罌即盂也。徐州謂之罌。廣雅釋器云、罌、瓶也。左傳正義謂罌可以汲水。見襄公九年漢書趙廣漢傳推破盧罌、顏注謂罌所以盛酒也。然則古無以罌爲樂器者。爾雅之缶既爲樂器、則不以罌釋缶可知。說文瓦部則云、罌缶也。孔沖遠殆誤憶說文爲爾雅、致有此譌與。然則盎爲樂器乎。曰說文於盎盆二字互相爲訓、知盎卽盆矣。揚子方言云自關而西盆或謂之盎、是盎盆異名、以方音而別。史記藺相如傳云、竊聞秦王善爲秦聲、請奉盆缻以相娛樂。缻卽缶之然則盎盆之可爲樂器、此其證矣。爾雅不入釋樂篇者、以缶本飲器、借爲樂器故也。

陸錦燧日記

釋器　甌瓿謂之瓵。

案。甌瓿二字連名。爾雅不曰甌謂之瓿、瓿謂之瓵。但云甌瓿謂之瓵。則甌瓿爲連文甚明。甌瓿倒言之。卽是瓿甊。甊與甌異韻也。郭注云。瓿甊小罌。不於甌字詮解。甚是。而邢釋云。甌一名瓿甊。是誤分甌瓿爲二矣。下句云。康瓠謂之甈。康瓠亦二字連名。可以比觀。郭亦但謂壺而不於康字詮解也。文選弔屈原文李注引李巡曰。大瓠瓢也。此泥於字義　凡古人雙聲字不可以義求　康瓠實卽昆吾　說見說文壺部校　故此不複著

校書

盎謂之缶○釋曰　注疏本删。

樽酒簋　元本閩本監本同、與周易合。毛本樽改尊、非。

主國尊於簋副　浦鏜云、楸誤於。按、許正義作楸、單疏本此頁係補刻多譌。

有孚盈缶注云　注疏本云譌六。

爾雅詁林　六　釋器

爻辰在木浦鏜云朩誤木。

若今擊甌注疏本若改如。

甌瓿謂之瓵〇釋曰注疏本刪。

瓵音都感反陁賄切　甈音武缶切甈苦浪切又音五計切　此條似有脱誤

瓶音都感切　甂音武　缶音由瓴鄭甆　仕江甀度睡　甃瓿甎甑音部甎

落口甈切牛志　罌也注疏本但有罌也二字，改以上爲音切，移於是其方俗之異名也之後。因瓮字無音，無所附麗，遂刪之。都感仕江二切字作反，睡作甀，牛作年，皆誤。甈字元本同，閩本監本毛本作甀，下同。

陳魏宋楚之閒曰甗音或曰瓬音殊〇注疏本音切改大字，移於後，下準此。

謂之瓺音暢亦腸〇注疏本腸誤暘。

海岱之閒謂之儋音檐〇元本同，閩本監本毛本儋作甔。

甇謂之甈鼓甈〇注疏本複甇字，鼓甈改大字，不移於後者，不知爲甈作音也。

缶謂之瓿甂音隅〇注疏本隅誤偶。

或謂之盆注疏本脱或。

甂音邊陳魏宋楚之閒謂之題杜啟切〇注疏本切作反。

賈誼曰雪牕本注疏本同，單疏本作賈誼說曰，元本疏亦引作賈誼說。

康瓠謂之甈〇釋曰注疏本刪。

瓠甈壺也元本閩本監本同，毛本壺改壺。

〇注賈誼説曰寶康瓠是也〇釋曰閩本監本毛本作注云賈誼曰者，元本作云賈誼説者，餘皆刪。

及渡湘水元本閩本監本同，毛本及誤乃。

寶康瓠兮是也元本閩本同，監本毛本脱兮。

校勘記

釋器　主國尊於籩副　浦鏜云褫，誤於，案詩正義作褫。

案，詩正義各本未見有作褫者，詩校勘記曰，浦鏜云褫，誤於，從玉海校，非也。禮器正義引亦作於，玉海作褫者當是誤涉禮器下文。

校勘記識語

缶方九反雪牕本有，盧刻同。

康瓠謂之甈釋文瓠音護，今本誤音胡。甈邱例反，今本誤音契。

校勘記訂補

盎謂之缶疏，六爻辰在未，上値東井，今本未誤作木。

甌瓿謂之瓵疏，周魏之閒謂之甗，今本甗誤从匚，後甗音武同。或謂之甇，甇謂之甈，今本二甇字中衍一甇字。甀度睡切，今本睡字誤从月。甈牛志切，今本牛誤作年。瓺音暢，亦腸，今本腸誤作暘。甗音儋，今本儋誤作檐。

注疏本正誤

上値東井之水明監本毛本湘本重井字，周易集解引鄭注正重井字，此脱。

缶謂之瓿甂音隅湘本同，明監本毛本作音偶，方言亦作偶。案，唐韻五口切，集韻語口切，皆偶音，則作偶是。阮校從音隅，誤。

注疏校勘札記

四行（注）盆也〇慧琳《音義》卷五十五引此注作「𣏾盆也」。

宋監本校箋

盎音快謂之缶盆也。缶、甌瓿音部謂之瓵瓿甑、小甖、長沙謂之瓵。音移。康瓠音胡謂之甈瓠、壺也。賈誼曰寶康瓠是也。甈音契。

音圖・音

盎直音、又昂去聲。案盎烏浪翻。影今昂去聲、疑俗音謬。

直音正誤

瓿步口薄口同。步侯二翻步口翻音部、裒上聲。步侯翻音裒。漢書揚雄傳顏注音部爲正。又防無翻音扶。普厚翻音剖、竝通。至蒲字一音、乃正韻後出者也。甈邱例翻音憩。史記索隱文選注引李巡同。方言郄罽翻同。說文魚例翻音劓。

音略

盎昂樣畚卯去聲謂之缶。甌謳瓿剖謂之瓵移。康瓠胡護謂之甈憩

孫侶直音

盎卯去聲謂之缶。甌否瓿謳一讀剖謂之瓵移。康瓠胡護謂之甈憩。

直音校正

盎謂之缶。缶、瓦器、盆也。甌歐瓿剖謂之瓵移甌瓿、小甖、長沙謂之瓵。康瓠胡謂之甈契瓠、壺也。賈誼曰寶康瓠是也。

楊氏音訓

甌謳瓿蒲口切瓵移瓠胡又音護甈去例切

干氏音釋

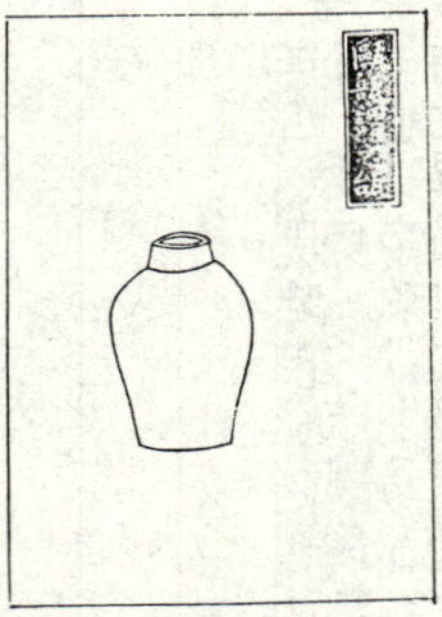

斪斸謂之定斫謂之鐯斛謂之疀

斪斸謂之定。鋤屬。斫謂之鐯。钁也。斛謂之疀。皆古鍬鍤字。

郭注

斪斸謂之定　釋曰、斪斸一名定。郭云、鋤屬。李巡曰、鋤、別名也。廣雅云定謂之耨。世本云垂作耨。呂氏春秋云耨柄尺、此其度也。其耨六寸、所以間稼也。高誘注云耨、芸苗也。六寸所以入苗間。詩頌臣工云庤乃錢鎛。毛傳云鎛、耨也。鎛耨及定當是一器。但先儒或卽云鋤、或云鋤屬、古器變易、未能識之。斫謂之鐯　釋曰、斫一名鐯。郭云、钁也。說文云、钁大鋤也。　斛謂之疀　釋曰、郭云、皆古鍬鍤字。方言云、燕之東北朝鮮洌水之間謂之斛、宋魏之間謂之鏵、或謂之鍏、音韋江淮南楚之間謂之臿、趙魏之間謂之喿。音鍪是皆謂今鍬也。

邢疏

斪斸謂之定已下釋器

斪斸、鉏也。一名定。齊民要術一　御覽八百二十三引斪斸名定。

犍爲注

斪斸謂之定

斪斸、鋤也。定、鋤別名。釋文　詩正義十九之二　春秋正義十六　邢疏引鋤、別名也。

李注

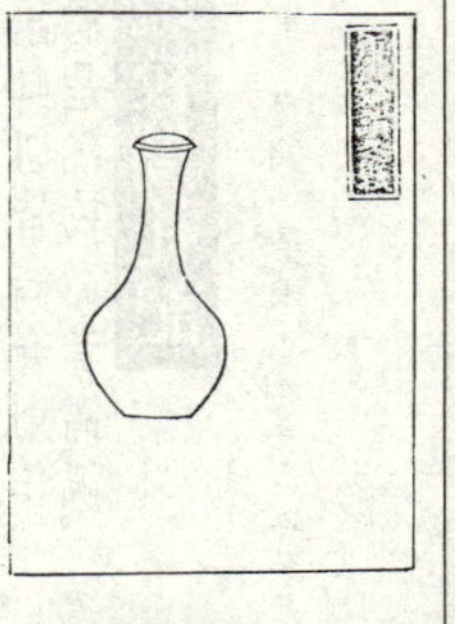

音圖・圖

爾雅詁林　六　釋器

斪斸謂之定
斪、巨俱反。釋文
㔉謂之疀
㔉、郭云古鍬字、七遙反。疀、古鍤字、楚洽反。釋文

郭音義

斪斸謂之定 以下釋器
斪、古侯、鳩于二反。釋文

謝音

斪斸謂之定
廣韻四覺引爾雅斪斸作拘斸。
斫謂之鐯
衆經音義引爾雅、斫謂之櫡。邵氏正義
㪺謂之疀
說文引爾雅曰、㪺謂之疀古田器也。文選祭古冢文注引爾雅作鍬謂之鍤。

黃輯古義

衆家注

斪斸謂之定
斪斸、鉏也、一名定。賈思勰齊民要術卷一 太平御覽卷八百二十二

犍爲注

斪斸謂之定
斪斸、鋤也。詩周頌臣工正義 春秋僖三十三年正義 定、鋤別名。釋文 邢疏

李注

斪斸。斪、巨俱反。釋文
㔉謂之疀。㔉、古鍬字、並七遙反。

郭音義

㔉謂之疀
疀、千結切。丁度集韻入聲十六屑疀字注引爾雅沈旋讀。

沈集注

斪斸謂之定。斪、古侯、鳩于二反。釋文

謝音

玉函山房輯佚

斪斸謂之定
斪斸、鉏也、一名定。舍人注 齊民要術一 鋤也。李注 詩疏十九之二

鉤沈

斪斸謂之定
舍人曰、斪斸、鉏也、一名定。齊民要術一 御覽八百二十三
李曰、斪斸、鋤也。定、鋤別名。釋文 詩正義十九之二 春秋正義十六 邢疏

漢注

斪斸謂之定。鄭註周禮考工記車人引作句欘謂之定
犍爲舍人云、斪斸、鉏也、一名定。齊民要術一卷 李巡云、斪斸、鋤也。定、鋤別名。釋文二十九卷 郭璞云、鋤屬。
斫謂之鐯
郭璞云、钁也
㪺謂之疀 㪺、今本作㔉。茲依釋文本。
郭璞云、皆古鍬鍤字。

一切注音

斪斸謂之定　犍爲舍人云、斪斸、鉏也、一名定。齊民要

衎 李巡曰：斪斸，鉏也。定，鉏別名。斪，郭巨俱反。並釋文

蕙心案：考工記車人引爾雅曰：句欘謂之定。斪作句。

斫謂之鐯

蕙心案：一切經音義引爾雅云：斫謂之櫡。說文石部亦云：斫謂之櫡。又作鐯，云斫也。皆不从金。

斛謂之疀 斛，郭七遥反。疀，郭楚洽反。並釋文

蕙心案：文選祭古冢文注引爾雅作鍬謂之鍤。斛、鍬、疀、鍤古今字，故郭注云古鍬鍤字。

古注斠

斪 郭巨俱反，謝古侯、鳩于二反。本或作拘，非。斸 本或作欘，同丁錄反。說文云：齊謂之茲萁，一曰斤柄自曲。李云：斪斸，鋤也。定 多佞反，或作錠。郭云：鋤屬。李云：鋤別名。鋤 士魚反。屬 音蜀。斫 音灼。鐯 字又作櫡，直略反，字林竹略反。郭云：钁也。钁 九縛反，字林云：大鋤也。斛 郭七遥反。疀 本或作𨮘。郭云：古鍤字。並楚洽反。

陸音義

斸 本或作欘 ○欘當從木，說已見郭序中。

斛 ○注疏本作剫，今據宋本正。五經文字云：斛，古鍬字。

疀 本或作𨮘 郭云：古鍤字。○那本作𨮘，鍤譌作插。

音義攷證

斪斸謂之定

斪而斸不見異物而遷焉者也。

斫謂之鐯

為其著也，故斫之。亦相值焉著也。若斤不犯所墨，是已。

斛謂之疀

斛，广斗焉，量兆于此。疀，于甾畚為捷。詩曰：奄觀銍艾。

新義

斪斸謂之定 廣雅云：定謂之耨，亦謂之鎛，芸器也，類鉏，其柄長尺，耨六寸，所以間稼芸苗。斪，音衢。定，多佞反。斫謂之鐯 張畧反。钁也，實大鉏。斛謂之疀 斛，音鍬。疀，音揷，即鍤也，亦謂之鍬。

鄭樵注

斪斸謂之定 斪，郭巨俱反。舍人曰：斪斸，鉏也，一名定。李巡曰：斪斸，鋤也。定，鋤別名。郭璞曰：鋤屬。鄭樵曰：廣雅云定謂之耨，亦謂之鎛，芸器也，類鉏，其柄長尺，耨六寸，所以間稼芸苗。斪音衢。定，多佞反。斫謂之鐯 郭璞曰：钁也。鄭樵曰：張畧反。钁也，實大鉏。斛謂之疀 郭璞曰：皆古鍬鍤字。鄭樵曰：斛音鍬。疀音揷，即鍤也，亦謂之鍬。

古注合存

斪斸謂之定，斫謂之鐯，斛謂之疀。斪音衢。斸音竹。定音訂。鐯，斫同。斛，鍬同。疀，揷同。○此釋田器之名也。註曰：斪斸為定，鋤屬也。斫為鐯，钁也。斛疀，古鍬揷字。疏曰：廣雅云：定謂之耨。世本云：垂作耨。呂氏春秋云：耨柄尺，其耨六寸，所以間稼也。高誘註云：六寸，以入苗間也。詩臣工云：庤乃錢鎛。毛傳云：鎛，耨也。鎛耨定蓋一器也。钁，說文云：大鋤也。斛疀為鍬揷者，方言云：燕之東北謂之斛，宋魏間謂之鏵，或謂之鍏。江淮南楚之間謂之臿，趙魏之間謂之桒，皆謂今鍬也。

注疏參義

揵為文學云：斪斸，鉏也，一名定。郭從之。李巡云：鋤別名也。

廣韻作拘欘。

補注

斪斸謂之定 **註** 鋤屬 斫謂之鐯 **註** 钁也 斛謂之疀 **註** 皆古鍬鍤字

正義 考工記云：段氏為鎛器。鄭註：鎛器，田器。此分釋田器之名也。○斪斸謂之定。

齊民要術引犍爲舍人云、斪斸、鉏也、一名定。說文云、斸、斫也。又云、欘、斫也、齊謂之兹錤、一曰斤柄性自曲者。考工記車人云、一宣有半謂之欘。鄭註欘斵斤柄長二尺、爾雅曰句欘謂之定。是斪斸當作句欘也。廣雅云、定謂之耨。是句欘一名定、又名耨也。釋名云、耨以耡、嫗薅禾也。周頌良耜云、其鎛斯趙、以薅荼蓼。毛傳以鎛爲鎒。本或作耨。呂氏春秋任地篇、耨柄尺、此其度也。其耨六寸、所以間稼也。高誘註耨所以芸苗也。刃廣六寸、所以入苗間也。莊子外物篇春雨日時、草木怒生、銚鎒於是乎始脩。是耨所以入地去草、以植其苗。故易云、耒耨之利也。○斫謂之鐯。○說文云、斫謂之櫡、衆經音義引爾雅亦作斫謂之櫡、是鐯當作櫡也。說文又云、斪、斫也。徐鉉云、㽄器也、斤以斵之、斵與欘義同。○斛謂之疀。○說文云、疀、斛也、古田器也。又曰、斛、利也。爾雅曰、斛謂之疀、古田器也。周頌臣工云、庤乃錢鎛。毛傳、錢、銚也。銚卽斛也。釋文引世本云、乖作銚鎛。管子輕重乙篇、一農之事、必有一耜一銚。方言云、臿、燕之東北朝鮮洌水之間謂之斛、宋魏之間謂之鏵、或謂之鍏、江淮南楚之間謂之臿、沅湘之間謂之畚、趙魏之間謂之喿、東齊謂之梩。是斛謂之臿也。說文斛、从斗庣聲。釋文本作斛、監本訛作劇。

【註】鋤屬也。○【正義】釋文引李巡云、斪斸、鋤也。定、鋤別名。郭以爲鋤之屬也。趙岐孟子註云、兹基、田器、耒耜之屬。釋名云、鋤、助也、去穢助苗長也。齊人謂其柄曰櫑、櫑然正直也。頭曰鶴、似鶴頭也。○鑁也。○【正義】淮南兵畧訓奮儋鑁。高誘註、鑁、斫也。說文云、鑁、大鉏也。鉏、立薅所用也。○皆古鍬鍤字。○【正義】文選註引爾雅作鍬謂之鍤、是斛爲古鍬字、疀爲古鍤字也。釋名云、鍤、插也、插地起土也。或曰銷、銷、削也、能有所穿削也。或曰鏵、鏵、刳地爲坎也。其板曰葉、象木葉也。監本鍤作插。

【正義】

斫謂之鐯　案說文、欘、斫也、徐鍇曰爾雅注、掘、鑁也。據此則註中脫一掘字。說文欘下又作櫡、云斫謂之櫡。

是櫡爲欘之重文、今作鐯似誤。

斪斸謂之定　考工記音義引爾雅云、句欘謂之定、註云斫也。

【校議】

斪斸謂之定鋤屬**斫謂之鐯**鑁也**斛謂之疀**皆古鍬鍤字

說文云、斪斸、斫也。又云、欘、斫也、齊謂之鎡其。車人注引爾雅作句欘謂之定。是句欘卽斪斸矣。定者、釋文引李巡云、斪斸、鋤也、定、鋤別名。御覽八百廿三引舍人注同。釋名云、鋤、助也、去穢助苗長也。齊人謂其柄曰櫑、櫑然正直也。頭曰鶴、似鶴頭也。又云、槈、似鋤、偃薅禾也。鎛亦鋤田器也、鎛、迫也、迫地去草也。然則鎛槈皆鋤之異名。故呂覽任地篇云、槈柄尺、此其度也。其槈六寸、所以間稼也。高誘注、槈所以芸苗也、刃廣六寸、所以入苗間也。廣雅云、定謂之槈。○斫者、與斸聲轉、其義則同。鐯者、櫡之或體也。說文本爾雅作斫謂之櫡、又作磭、云斫也。釋文、鐯字又作櫡。郭云、鑁也者、淮南精神篇注、鑁、斫也、音矍。廣雅云、櫡謂之鑁。說文云、鑁、大鉏也。鉏、立薅所用也。然則櫡與定皆鉏名。但定傴薅所用、故其柄短、櫡立薅所用、其柄長。故云鑁大鉏矣。○斛者、說文云利也、引爾雅曰斛謂之疀、古田器也。又云、疀、斛也。郭云、皆古鍬鍤字。可知鍬鍤今字。文選祭古冢文注引爾雅作鍬謂之鍤矣。鍬蓋俗字、鍤亦俗聲。故釋名云、鍤、插也、插地起土也。或曰銷、銷、削也、能有所穿削也。按銷卽鍬之聲轉叚俗字也。鍤當作臿。故方言云、臿、燕之東北朝鮮洌水之間謂之斛。然則斛疀本雙聲字。郭注方言、斛、湯料反、非矣。今燕齊間以插地起土者爲鐵鍬、與方言合。登萊間謂之鑁頭、蓋古今異名耳。又按有司徹注、挑謂之歃、疑斛疀之異文、而義又別。

【義疏】

斪斸謂之定斫謂之鐯斛趙鍬**謂之**疀鍤**歃**舍人注、斪斸、鉏也、定、鉏別名。李注同。郭注、斪斸、鉏屬、斫、鑁也、斛疀皆古鍬鍤字。周官注引句欘謂之定。攷工記、一宣有半謂之欘。句、鉤也。欘、連也。斫、擊也。斛、挑也。佝僂相屬、媷艸刀也。謂之定者、取去屋中艸、當先正庭也。說文云、欘齊謂之鎡其。茲荄亦取艸蔓名之。廣雅云、定謂之耨。耨乃鉏耳、非欘用也。斫从斤石、著於石、以斤之鈇鑕之用也。鐯从著、著質也。廣雅以為钁、大鉏、亦誤也。說文、斛、利也。鄭禮注引銚謂之畝、从兆者、挑分之也。臿从干入臼、非挑義、作疌是也。詩其鎛斯趙、謂或鎛或鍬。

集解

斪斸謂之定 攷工車人一宣有半謂之欘、注欘斲斤、柄長二尺。爾雅曰句欘謂之定。是斪斸亦作句欘矣。墨子則作居屬。斪、句也、曲也。斸即屬、連也。柄句而與刃連、今鐮刀也。所以薅草定安也。與正同用。正、是也、平也。周禮薙人掌殺艸、故書薙或為夷。夷亦平也。廣雅定謂之耨、斤組言耳。字借為杔、非此定也。

斫謂之鐯 斫擊也、从斤石聲。用斤擊石、今石工所用之鐵鐯是也。鐯字本作櫡、从木著。箸、飯攲也。箸必傾側而用、故云飯攲。石工用鐵鐯亦然。說文櫡下引爾雅、而石部別出䃴字、釋云斫也、可知鐯䃴一字。以金質而名鐯、以可擊石而又名䃴耳。廣雅鐯謂之钁、則大鉏也。其說誤矣。

斛謂之疀 說文所謂銚是也。斛在斛旁、从斗兆聲。與銚通用。銚、田器、字亦作鍬、今大鋤也。銚、挑也、刺也。鉏去穢甚利、故以名之。疀从臿疌。疌、疾也、亦利也。儀禮鄭注引作挑謂之畝。方言臿謂之斛。又云臿、趙魏之間謂之喿。喿、銚聲轉。臿、畝、疀亦聲轉也。詩臣工庤乃錢鎛、傳錢、銚也。良耜其鎛斯趙、謂或鎛而或銚。管子海王耕者必有一耒一耜一銚、均作疀言耳。

義證

斪斸謂之定 斪巨俱反。斸釋文云本或作欘、丁錄反。

〔註〕鋤屬〔補正〕臣鍌按、釋文云、斸本或作欘。說文云、齊謂之茲箕。李巡云、斪斸、鋤也。玉篇云、鎡錤、鋤也。

斫謂之鐯 斫音灼。鐯、直畧反。

〔註〕钁也〔補正〕邢疏、說文云、钁、大鋤也。臣鍌按、淮南鴻烈云、負钁臿、註云、钁、斫也。

剮謂之疀 剮七遙反。疀楚治反。

〔註〕皆古鍬插字〔補正〕臣鍌按、說文於斛字下註引爾雅云、斛謂之疀、古田器也。於疀字下註、斛也、古田器。蓋斛即銚、斛即臿也。方言、臿、燕之東北朝鮮洌水之間謂之斛、宋魏之間謂之鏵、或謂之鍏、江淮南楚之間謂之臿、趙魏之間謂之喿、喿或作鍫。詩庤乃錢鎛、毛傳錢、銚也。蓋此器似鍫非鍫、體用畧與錢同、用以起土剗草也。

郭注補正

斪斸謂之定

定鋤屬也

慧琳大哀經一卷音義引郭注爾雅云、錠、鋤屬也。今據補定也二字。

斫謂之鐯

钁也。

斛謂之疀

皆古鍬鍤字。

明注疏本鍤譌插。釋文引郭云、疀、古鍤字。

郭注佚存補訂

斛謂之疀

斛者、說文云、斛旁有斛、一曰突也、一曰利也。引爾雅曰、斛謂之疀、古田器也。疀、斛也。釋文云、斛、郭云古鍬字。疀、郭云古鍤字。疀、本或作鍵。疀正字。文選祭古冢文注引爾雅作鍬謂之鍤、蓋從今字也。周頌臣工庤乃錢鎛、傳云、錢、銚也。銚即斛、錢銚音轉

爾雅詁林　六　釋器

字。釋文云斛七遙反。讀如趙。今北人猶謂之鐵鍬。音與趙同。

說詩

斪斸節疏周頌臣工云詩(周誤。)但先儒或以為耨即鋤或云鋤屬耒器變易未能審之(脫以為耨及鋤或五字。審誤識。)

斫謂之鐯疏钁大鋤也(鋤、說文作鉏。)

斛謂之疀(疀、釋文作䟡。)

註皆古鍬鍤字(鍤誤插、下同。)

疏江淮南楚之間謂之臿(臿、監本誤申。)

注疏正字

斪斸謂之定

考工記車人之事。半矩謂之宣。一宣有半謂之欘。鄭注矩法也。半矩尺三寸三分寸之一。欘、斲木柄長二尺。爾雅曰句欘謂之定。此乃車人為耒尺寸之法。宣、非器也。凡田器之頭皆以半矩為法也。句欘亦非器也。凡田器之柄皆以句欘為法也。下文云一欘有半謂之柯。一柯有半謂之磬折。此乃車人為車柯尺寸之法。故記于為耒為柯之上。李巡以句斸為鉏。郭云鉏屬。皆非也。又有以茲其為斫地欘者、亦非也。茲其乃田器之總名。說文欘為茲其。乃齊語。是他所不以斸為茲其矣。月令、修耒耜具田器。耒耜乃田家之所必不可無者。故特揭之田器。如斧斤鍬鍤之類。可以不必求備者。是以鄭注曰田器鎡錤之屬耳。田器有用金者、有不用金者。概謂之茲其。從金乃後人所加。宣如人之頭、低則如磬之折、句股之句也。半矩一尺三寸三分。欘長二尺。股也。所謂句於矩也。斪當從鄭注作句。非斫之謂也。車人制耒以一宣有半為定法。故名定。爾耕耨之器莫不有柄。斸與柯、柄也。柯之度出于斸。所以斸亦訓為茲其之屬。舉斸則見柯。舉柯則不見斸。柯但為斧柄及車人之柯。故不訓為茲其之屬矣。

斫謂之鐯

鐯當從說文從木、斫地之櫡也。

斛謂之疀

說文斛、斛旁有斛。從斗庣聲。一曰突也。一曰利也。爾雅曰斛謂之疀。古田器也。疀、斛也。古田器也。漢書律志斛作庣。其言嘉量之制云、其法用銅、方尺而圜其外、旁有庣焉。注、鄭氏曰庣音條、過也。算方一尺所受一斛過九氂五豪然後成斛。郭注云、斛疀皆古鍬鍤字。李善文選注引爾雅作斛謂之鍤。是別本斛疀作鍬鍤矣。然斛一名疀乃田家量米之器。意者斛可通作鍬、條音之轉、疀鍤亦音近通段與。說文一曰突也、一曰利也、蓋指鍬鍤用鐵去草甚利、起土能成土突。別一義也。故引爾雅以證突利二訓耳。

小箋

斪斸謂之定　釋文云斪、本或作拘。斸、本或作擉。廣韻(四覺)引作拘擉。說文、(斤部)斪、斫也。从斤句聲。斸、斫也。从斤屬聲。其作拘者、古文通用、未可謂非。斸又通欘。說文、(木部)欘、斫也。齊謂之茲箕。(今本作鎡錤、此從釋文引。)一曰斤柄性自曲者。从木屬聲。說文手部無擉字、而陸轉不以為非、何也。攷工記(車人)注引作句欘、釋文引亦同。此眞古本也。釋文云定、或作錠。

斫謂之鐯 釋文云、鐯字又作櫡。一切經音義十四引作櫡。案、說文、木部櫡、斫謂之櫡、从木箸聲。又通礑。說文、石部礑、斫也、从石箸聲。金部無鐯字。

斛謂之疀 五經文字、斗部斛、見爾雅。釋文云從斤。案今本釋文从斗、石經亦作斛。 釋文云、疀本或作鍤。案石經單疏本作疀、廣韻二蕭三十一洽集韻四宵引亦作疀。 說文、斗部𣂑、斛旁有庣、从斗庣聲、一曰突也、一曰利也、爾雅曰斛謂之疀、古田器也。臣鉉等曰、說文無庣字、疑厂象形兆聲、今俗別作鍫非是。又、甾部疀、斛也、古田器也、从甾疌聲。从疌者譌。 郭注曰、皆古鍬鍤字。案說文疀鍤不同、其說未詳。正義云、監本斛作𠜧、譌。

匡名

斪音其斸音竹謂之定斫音灼謂之鐯音灼𠜧音秋謂之疀音插 此釋田器之名。說文、斪、斪斸、所以斫也。斸、斫斸也。所擊也。舍人云、斪斸、鉏也、一名定。廣雅、定謂之耨。耨、所以芸苗也。 又斫謂之櫡、櫡、𠜧也、古田器也。郭註、钁也。博雅、櫡謂之钁。钁、大鉏也。鉏、立薅所用也。𣂑、斛旁有庣也、一曰突也、一曰斛利也。引爾雅文。疀、斛也、古田器也。周頌錢鎛、毛傳錢、銚也。銚、斛也。管子、一農之事必有一耜一銚。文選引爾雅作鍬謂之鍤。是斛即古鍬字、疀即古插字也。

啓蒙

斪斸 句欘 考工記車人之事注引爾雅曰句欘謂之定。
斪斸皆說文所有、又有欘字此條遥删。

鐯 櫡 說文櫡斫謂之櫡。釋文鐯本亦作櫡。案箸字隸變从艸。

斛疀 𣂑𨃲 釋文斛郭云古鍬字。疀本或作鍤。郭云古鍤字。案說文斛、斛旁有斗。从斗、庣聲。一曰突也。一曰利也。爾雅、斛謂之疀。疀、古田器也。𨃲、斛也。古田器也。由即甾字。說文由、東楚名缶曰甾。

黃侃評本正名

斪斸謂之定。鋤屬。 斪之為言句也、斸之為言殺、椓殺也、定之為言打也、打、橦也。

斛謂之疀。皆古鍬鍤字。 說文斛、从兆聲、無庣字。漢書律歷志旁有庣焉、鄭氏曰、庣音條桑之條、庣過也。師古曰庣、不滿之處也、音吐彫反。類篇甾部引此文作庣、金部引作銚。 齊策立則杖插、是插與鍤通、新序剌奢魏王將起中天臺、許綰負操鍤入、是操與斛亦通。有司徹注二匕皆有淺斗、狀如飯操、然則操又為飯操之名、注又云挑謂之畝、有淺平狀如飯操、此義即本爾雅、蓋此文本有田器挑匕二義、挑以插取食、斛以插取土、用殊而義同矣。 方言臿燕之東北朝鮮洌水之間謂之斛、趙魏之間謂之喿、廣雅喿臿也、喿與斛亦聲轉、方言注又云、喿字亦作鍫、然則喿亦古鍫字耳。挑匕之義即由斛旁有斛引申。斛旁之斛、漢書作庣。

黃侃音訓

康瓠謂之甈 斪斸謂之定 斫謂之鐯 𠜧謂之疀

釋文、埤蒼康作㼜、釋器釋文 李巡本作光、釋器釋文 字林作甈。釋器釋文 郭氏方言注引作甈康壺。方言卷五注 釋文、斪𠜧本或作拘欘、釋器釋文 周禮注作句欘謂之定。考工記車人注 舍人注、斪斸、鉏也、一名定。引見齊民要術 釋文、鐯字又作櫡。釋器釋文 說文作斫謂之櫡。從木箸聲。木部櫡 釋文疀作𨃲。云、本或作鍤。釋器釋文 郭注、𠜧疀皆古鍬鍤字。釋器注 五經文字斛從斗。斗部斛 說文引作𣂑謂之疀。斗部𣂑 文選注引作鍬謂之鍤。文選注

康瓠、郭注瓠、壺也。方言注作康壺。按瓠、正字。壺、同聲假借字。 𠜧、說文從斗作斛、刀部無𠜧字。

證異

爾雅詁林 六 釋器

斫斸謂之定。斫音衢。斸丁錄切。釋文、斫斸本或作拘斸。按、廣韻引爾雅作拘斸、考工記車人註引爾雅作句斸。

斫謂之鐯。鐯張畧切。釋文、鐯字又作櫡。按、一切經音義引爾雅斫謂之櫡、說文亦云斫謂之櫡。

斛謂之鏈。按、斛今釋文作㓹、从刀、字書所無。說文斗部引爾雅作斛、廣韻三蕭引爾雅亦作斛。釋文、鏈本或作鏈。

考異摘要

斫斸謂之定唐石經雪牕本同。釋文斫斸本或作拘欘。廣韻四覺欘下云、爾雅拘欘謂之定、本亦作斫斸。說文斤部斫斸二字注皆云斫也、即陸本所從出。考工記車人之事注引爾雅、句欘謂之定。按、說文木部、欘斫也、一曰斤柄性自曲者。斸即欘之變。古從木字往往改作手旁。然則此經本作句欘、字書始作斫斸矣。

斫斸謂之定〇釋曰注疏本刪。

耨及定當是一器注疏本耨上有鎛字。按自引廣雅定謂之耨至毛傳鎛耨也、皆言耨以釋經之定、故云、耨及定當是一器。詩正義則釋毛傳、不釋爾雅、故云鎛耨當是一器。淺者據此增鎛於耨上、誤甚。此本舊有鎛字、係剜擠、今刪正。

但先儒或即云鋤或云鋤屬注疏本脫或云鋤三字。

斫謂之鐯唐石經單疏本雪牕本同。釋文、鐯字又作櫡。按、一切經音義卷十四引爾雅、斫謂之櫡。嚴元照云、說文木部櫡下云、斫謂之櫡。知舊本從木爲正。

斫謂之鐯〇釋曰注疏本刪。又此節疏後、元本閩本分四卷下。

斛謂之鏈唐石經單疏本雪牕本元本同。閩本監本毛本斛作斛、訛。五經文字云、斛見爾雅。釋文云從斤。按玉篇斤部、斸、斫也。今釋文作㓹、從刀、字書所無。說文斗部斛下引爾雅作斛、廣韻三蕭亦引作斛。釋文、鏈本或作鏈。〇按、釋文作鏈。

皆古鍬鍤字單疏本雪牕本元本同。閩本監本毛本鍤作插、訛。

斛謂之鏈〇釋曰注疏本刪。

朝鮮洌水之閒謂之斛閩本監本毛本斛作㓹、元本實闕。

或謂之鍏音韋〇注疏本音改大字。

趙魏之閒謂之喿音鍫〇注疏本脫音鍫。

校勘記

斛謂之鏈今本斛誤从广、釋文同。說文、斛从斗厎聲。臣鉉等曰說文無厎字、疑厂象形兆聲。

斛謂之鏈注皆古鍬鍤字。今本鍤誤作插。釋文、鏈本或作鏈、郭云古鍤字、並楚洽反、鍬七遙反。今疏末音秋、誤。

注疏本正誤

耨耘苗也六寸所以入苗閒明監本毛本湘本耘均作芸。集韻通作芸。

郝義疏引高誘注也下有刃廣二字、此疑脫。

注疏校勘札記

五行斫斸謂之定〇《周禮·考工記·車人》鄭玄注引「斫斸」作「句欘」。

六行斫謂之鐯〇玄應《音義》卷十四引「鐯」作「櫡」。案：《說文》「櫡」下云：「斫謂之櫡」。《爾雅》舊本蓋作「櫡」。

斛謂之鏈〇「斛」，《說文》斗部「斛」下引《爾雅》作「斛」。《五經文字》斗部「斛」下云：「見《爾雅》。」字作「斛」，與今本同。

宋監本校箋

斫音勄斸音竹斫謂之鐯钁也。鐯、音著。斛音鍬謂之鏈皆古鍬鍤字。鏈、音揷。

音圖·音

鐯直音音灼　案、鐯、直略翻、長入聲。今音灼、誤。

直音正誤

爾雅詁林 六 釋器

斪，郭巨俱翻，音衢。謝古侯（音句）、鳩于（音拘）二翻。斸，本或作欘，从木，誤。同丁錄翻，端知隔標出切，音瘃。（廣韻陟玉翻，同；禮釋文張玉翻，从手。）五經文字知綠翻，並本母字出切。

鐯，字又作櫡，（廣韻，𨪐，同鐯。）直略翻，長入聲。（澄母）字林竹略翻，株入聲。（知母）

斛，郭云古鍬字，七遙翻。（清母）案儀禮有司徹注引挑謂之插，當即斛謂之疀，則挑與斛通，但義各不同。儀禮挑，七、挹湆器也。（今人呼盛飯者。七遙翻，𫏃平聲。）爾雅之斛，古田器也。（今人呼治土者。敕宵翻，音超。）五經文字云，斛，他幺翻，見爾雅。案他幺以透母隔標出切，以徹母出切，同音超。至七遙、敕宵、他幺、湯堯同音義不同。今儀禮音湯堯，爾雅音七遙，似互易而誤。豈古人於此兩音尚未細辨耶。

音略

斪（衢）劚（竹斸）謂之定（訂）。斫（灼）謂之鐯（灼）。斛（鍬）謂之疀（插）。

孫侶直音

斪（斪斸，鉏屬。衢）斸（竹）謂之定（訂）。斫謂之鐯（鐯，钁也，大鉏也。同斫，張略切）。斛（皆古鍬插字。鍬）謂之疀（插）。

楊氏音訓

斪（劬）斸（株玉切）斫（灼）鐯（灼）斛（鍬）疀（插）

干氏音釋

緵罟謂之九罭，九罭，魚罔也。嫠婦之笱謂之罶。罺謂之汕。篧謂之罩。槮謂之涔。

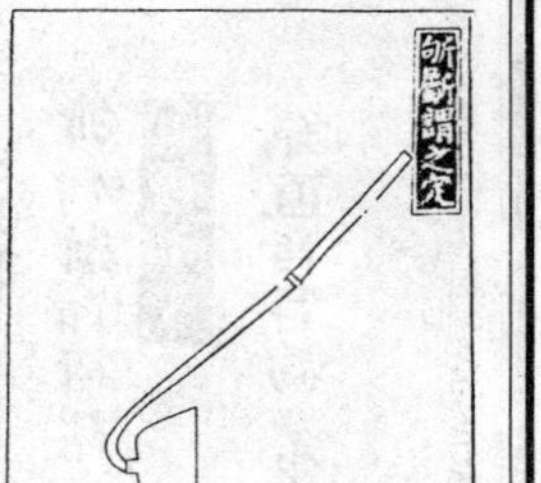

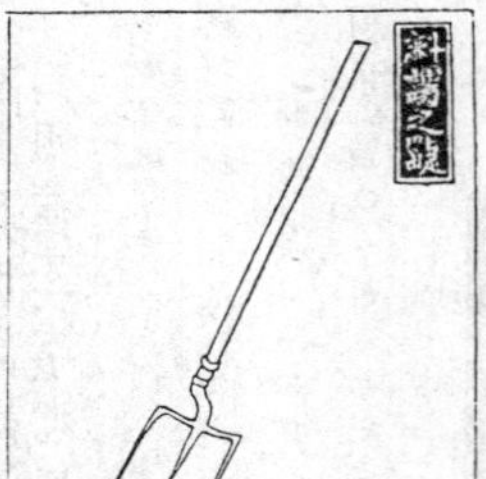

音圖・圖

緵罟謂之九罭，九罭，魚罔也。（今之百囊罟。是亦謂之罽，今江東呼為緵。）嫠婦之笱謂之罶。（毛詩傳曰：罶，曲梁也。謂以簿為魚笱。）罺謂之汕。（今之撩罟。）篧謂之罩。（捕魚籠也。）槮謂之涔。（今之作槮者，聚積柴木於水中，魚得寒入其裏藏隱，因以簿圍捕取之。）

郭注

罺謂之汕

以薄汕魚曰罺。御覽八百三十四

槮謂之涔

以米投水中養魚爲涔也。御覽同上

犍爲注

罺謂之汕

汕，以薄汕魚也。詩正義十之一 邢疏

篧謂之罩 韻會十九效引李巡編細竹以爲罩無竹則以荆謂之楚篧

篧，編細竹以爲罩捕魚也。詩正義十之一 邢疏

槮謂之涔

以木投水中養魚曰涔。詩正義十九之三 邢疏

李注

緵罟謂之九罭

九罭，謂魚之所入有九囊也。詩正義八之三 邢疏 六書故三十一

嫠婦之笱謂之罶

罶，曲梁，其功易，故謂之寡婦之笱。詩正義九之四 邢疏

罺謂之汕

今之撩罟。詩正義十之一 郭同

爾雅詁林 六 釋器

篧謂之罩

今楚篧也。詩正義十之一 邢疏

槮謂之涔

積柴養魚曰槮。詩正義十九之三 邢疏

孫音注

篧謂之罩

篧，七角反，又捉廓二音。釋文

槮謂之涔

槮，霜甚、疏廕二反。涔，岑、潛二音。爾雅舊文并詩傳并米旁作。小爾雅木旁作，其文云，魚之所息謂之橬。橬，槮也。積柴水中而魚舍焉。郭因改米從木。釋文 涔音潛，又音岑。詩周頌潛序釋文 舊詩傳及爾雅本並作米旁參，郭景純因改爾雅從小爾雅作木旁參，音霜甚反，又疏廕反，又心稟反。詩周頌潛有多魚傳釋文

郭音義

罺謂之汕 以下釋器

汕，郭注今之撩罟。釋文，撩，沈力到反。

槮謂之涔

槮，桑感反。釋文

沈集注

槮謂之涔

槮，胥寢反。釋文

謝音

篧謂之罩

篧，一切經音義十九引作藋。

衆家注

黄輯古義

罺謂之汕

以簿罺魚曰汕者也。太平御覽卷八百三十四

槮謂之涔今注疏本作槮。案，御覽引舍人作糝。

以米投水中養魚爲涔也。同上

犍爲注

罺謂之汕

汕，以簿汕魚也。邢疏 詩小雅南有嘉魚正義

篧謂之罩

篧，編細竹以爲罩捕魚也。同上

槮謂之涔

今以木投水中養魚曰涔。邢疏 詩周頌潛正義

李注

緵罟謂之九罭

九罭，謂魚之所入有九囊也。邢疏 詩豳風九罭正義

嫠婦之笱謂之罶

罶，曲梁，其功易，故謂之寡婦之笱。邢疏 詩小雅魚麗正義

罺謂之汕

今之撩罟。詩小雅南有嘉魚正義

篧謂之罩

今楚篧也。同上 邢疏

槮謂之涔

積柴養魚曰槮。邢疏 詩周頌潛正義

孫音注

罺謂之汕。注，今之撩罟。撩，力堯反，取也。又力弔反。

篧謂之罩。篧，七角反，又捉廓二音。

槮謂之涔。槮，霜甚、疎廕二反，涔，岑、潛二音。

郭音義

罺謂之汕

郭注，今之撩綱。撩，力到反。釋文

槮謂之涔

槮，桑感反。同上

沈集注

槮謂之涔。槮，胥寢反。

謝音

玉函山房輯佚

九罭魚罔也

魚所入有九囊也。孫注 六書故三十一

嫠婦之笱謂之罶

爾雅詁林　六　釋器

罶、曲梁也。其功易、故謂之寡婦之笱。同 詩疏九之四

雚謂之罩

雚、編細竹以爲罩捕魚也。李注 詩疏十之一

槮謂之涔

以米投水中養魚爲涔也。舍人注 御覽八百三十四

鈎沉

緵罟謂之九罭

孫曰、九罭謂魚之所入有九囊也。詩正義八之三 邢疏

嫠婦之笱謂之罶

孫曰、罶、曲梁。其功易、故謂之寡婦之笱。詩正義九之四 邢疏

罺謂之汕

舍人曰、以薄罺魚曰罺者也。御覽八百三十四

李曰、汕以薄汕魚也。詩正義十之一 邢疏

孫曰、今之橑魚。詩正義十之一 郭同。

雚謂之罩

李曰、雚編細竹以爲罩捕魚也。詩正義十之一 邢疏

孫曰、今楚雚也。詩正義十之一 邢疏

槮謂之涔 釋文槮爾雅舊本并詩傳並米旁作槮案太平御覽所引尙作米旁

舍人曰、以米投水中養魚爲涔也。太平御覽八百三十四

李曰、以木投水中養魚曰涔。詩正義十九之三 邢疏 案木字疑米字之訛

孫曰、積柴養魚曰槮。詩正義十九之三 邢疏

漢注

緵罟謂之九罭九罭魚罔也

孫炎云、九罭謂魚之所入有九囊也。詩正義八之三卷 六書故三十一卷 郭璞云、今之百囊罟。是亦謂之罶。今江東謂之緵。

嫠婦之笱謂之罶

孫炎云、罶、曲梁也、其功易、故謂之寡婦之笱。詩正義九之四卷 郭璞云、毛詩傳曰罶、曲梁也、謂以薄爲魚笱。

罺謂之汕

李巡云、汕、以薄汕魚。 孫炎云、今之撩罟。並詩正義十之一卷 郭璞云、今之撩罟。

雚謂之罩

李巡云、雚、編細竹以爲罩捕魚也。 孫炎云、今楚雚也。並詩正義十之一卷 郭璞云、捕魚籠也。

槮謂之涔 釋文二十九卷、槮、爾雅舊文並米旁作糝、郭從小爾雅改米從木。按舍人李巡本正作糝、故註云以米。

舍人云、以米投水中養魚爲涔也。太平御覽八百三十四卷 李巡云、今以米投水中養魚曰涔。 孫炎云、積柴養魚曰槮。並詩正義十九之三卷 郭璞云、今之作槮者聚積柴木於水中、魚得寒入其裏藏隱、因以薄圍捕取之。

一切注音

九罭　孫炎曰、九罭、謂魚之所入有九囊也。詩九罭正義

嫠婦之笱謂之罶　孫炎曰、罶、曲梁。其功易、故謂之寡婦之笱。詩魚麗正義

罺謂之汕　舍人曰、以薄罺魚曰罺者也。御覽 李巡曰、

爾雅詁林　六　釋器

汕，以薄汕魚。孫炎曰，今之撩魚。並詩嘉魚正義。撩，郭力充反，取也。釋文

篧謂之罩　李巡曰，篧，編細竹以爲罩捕魚也。孫炎曰，今楚罩也。並詩南有嘉魚正義　篧，郭七角反，又捉廓二音。釋文

槮謂之涔　舍人曰，以米投水中養魚爲涔也。御覽八百三十四　李巡曰，以木投水中養魚爲涔也。孫炎曰，積柴養魚爲涔。詩潛正義　郭霜甚疏蔭二反。爾雅舊文並云詩傳並米旁作糝，郭改米从木。涔，郭岑潛二音。並釋文

蕙心案，槮，舍人本从米，李孫郭本皆从木。釋文據詩毛傳潛，糝也，亦以字當从米。不知从米从木皆無關本義。說文罧字，許云積柴水中以取魚也。此乃槮之本字，謂象形也。郝氏義疏謂罧字非爾雅本義，爾雅自是作糝。無得拘於字之形似。

古注斠

緵子弄子公二反。緵，罟也。罟音古。罭音域。囊乃當反。罍力回反。嫠字亦作釐，力其反。杜注左傳云，寡婦爲嫠。笱音狗。罶力九反。字書作罶。薄步各反。罺側交反。汕所諫反。撩郭力堯反，取也，又力弔反，沈力到反。篧郭士角反，又捉廓二音。罩陟孝陟角二反。字林云，竹卓反。字又作罩。捕魚音步。槮沈桑感反，謝胥寖反，郭霜甚疏蔭二反。爾雅舊文并詩傳並米旁作。小爾雅木旁作，其文云，魚之所息謂之槽。槽，槮也。積柴水中而魚舍焉。郭因改米從木。字林作罧，山沁反，其義同。涔郭岑潛二音。詩作潛字，小爾雅作槽字，亦音潛，又時占反，猶取積柴之義。

陸音義

緵罟謂之九罭

盡九域而籠之，則魚無所逃焉。故湯以庖人籠伊尹。

九罭魚罔也

網以追魚之亡者也。

嫠婦之笱謂之罶

苟罶之，而罶其爲魚可知也。故孟子去齊，有欲爲王畱行者，臥而不應。

罺謂之汕，篧謂之罩

罺以其巢也，爲其上出也。故罩之求賢如此。于是爲盡。淮南子曰，罾者舉之，罩者抑之。雖然若周公者，又當有九罭之網焉。

槮謂之涔

槮或作罧。槮以其飢也，槮爲其寒焉。如是而至愧於嘉魚矣。取之如此，愧于山矣。據山大而高，崧小而高岑。

新義

緵罟謂之九罭九罭魚罔也
孫炎曰，九罭，謂魚之所入有九囊也。
郭璞曰，今之百囊罟，是亦謂之罽。今江東謂之緵。
嫠婦之笱謂之罶
孫炎曰，罶，曲梁。其功易，故謂之寡婦之笱。
郭璞曰，毛詩傳曰，罶，曲梁也，謂以薄爲魚笱。
罺謂之汕
李巡曰，汕，以薄汕魚也。
孫炎曰，今之撩罟。

郭璞曰、今之撩罟。

篧謂之罩。篧，郭七角反。

李巡曰、篧、編細竹以爲罩捕魚也。

孫炎曰、今楚篧也。

郭璞曰、捕魚籠也。

槮謂之涔。槮，郭霜甚、疏蔭二反。舊从米參，郭改从木參。涔，郭岑、潛二音。

舍人曰、以米投水養魚爲涔也。

李巡曰、今以米投水中養魚曰涔。按、詩疏及邢疏本米或作木、非。

孫炎曰、積柴養魚曰槮。見詩疏及邢疏。按此則孫本已从木作槮字解矣。

郭璞曰、今之作槮者聚積柴木於水中、魚得寒入其裏藏隱、因以薄圍捕取之。

古注合存

詩釋文、槮、舊詩傳及爾雅並作米旁參。郭景純改爾雅從小爾雅作木旁。孔氏曰、槮字諸家本作米邊、積柴之義也。然則槮用木不用米、當從木爲正。

補注

緵罟謂之九罭九罭魚罔也【註】今之百囊罟是亦謂之罿今江東謂之緵

嫠婦之笱謂之罶【註】毛詩傳曰罶曲梁也謂以薄爲魚笱

罺謂之汕【註】今之撩罟

篧謂之罩【註】捕魚籠也

槮謂之涔【註】今之作槮者聚積柴木於水中魚得寒入其裏藏隱因以薄圍捕取之

【正義】此釋取魚之制也。豳風云、九罭之魚。小雅云、魚麗于罶。又云、南有嘉魚、烝然汕汕。又云、烝然罩罩。周頌云、潛有多魚。此分釋其名也。○緵罟至罔也。○說文云、网、庖犧氏所結繩以漁。网或作罔。此言魚罔有九罭之名。九罭卽緵罟也。毛傳云、九罭、緵罟、小魚之網也。詩疏引孫炎云、九罭、謂魚之所入有九囊也。緵、本或作總。說文云、總、聚束也。總罟言其細密、卽數罟也。毛傳云、古者庶人不數罟、罟必四寸、然後入澤梁。趙岐孟子註云、數罟、密網也。密細之網、所以捕小魚鼈者也。太平御覽引韓詩云、九罭、取蝦芘也。○嫠婦至之罶。○詩疏引孫炎云、罶、曲梁、其功易、故謂之寡婦之笱。說文云、罶、曲梁、寡婦之笱、魚所留也。又云、笱、曲竹捕魚。繫傳云、爲隄入水、遏魚爲梁、此以竹爲梁、曲之也。孔疏云、曲簿也、以簿爲魚笱、其功易、故號之寡婦笱耳。非寡婦所作也。案、今南方排竹水中、疎節相維、謂之魚簿、設門焉、隨潮爲啓閉。故淮南兵畧訓云、發笱門。高誘註云、笱、竹笱、所以捕魚、其門可入而不得出。是其制也。釋文云、罶、字書作罜。○罺謂之汕。○詩疏引李巡云、汕、以薄汕魚。毛傳云、汕汕、樔也。是毛傳罺作樔。鄭箋與毛傳同。說文云、樔、澤中守艸樓。是壅艸澤畔、蓄魚其中、名爲罺。說文以汕爲魚遊水貌。汕又爲罺之別名也。○篧謂之罩。○詩疏引李巡云、篧、編細竹以爲罩捕魚也。孫炎云、今楚篧也。說文云、籗、罩魚者也。或省作籗。罩、捕魚器也。孔疏云、罩以竹爲之、無竹則以荆、故謂之楚籗。淮南說林訓云、罩者抑之。○槮謂之涔。○詩疏引孫炎云、積柴養魚曰涔。槮、字又作罧。淮南說林訓云、罧者扣舟、高誘註云、罧者、以柴積水中以取魚、魚聞擊舟聲、藏柴下、壅而取之也。罧讀沙槮。今沇州人積柴水中捕魚爲罧、幽州名之爲槮也。槮又謂之筌。莊子外物篇筌者、所以在魚之。釋文云、積柴水中、使魚依而食焉。是槮卽筌也。【註】今之至之緵。○【正義】後世謂緵罟爲百囊罟者、以其網之密也。張衡所謂布九罭、摷鯤鮞、言其盡小魚取之也。亦謂之罿者、玉篇云、罿、罾也。說文云、罾、魚罔也。江東謂之緵者、據時驗也。○毛詩至魚笱。○【正義】釋訓云、凡曲者爲罶。註亦引毛傳。後世以魚簿爲魚梁、本於毛傳也。○今之撩罟。○【正義】詩疏引孫炎云、今之撩罟。郭註本孫炎。釋文云、撩、取也。○捕魚籠也。○【正義】劉逵吳都賦註、罩、籗也、籠竹捕魚者也、與郭註義同。○今之至取之。○【正義】毛傳云、潛、槮也。釋文云、潛、爾雅作涔、郭音潛、又音岑。槮、素感反。舊詩傳及爾雅本並作米傍參、小爾雅云、魚之所息謂之橬、橬、槮也、謂積柴水中、令魚依之止息、因而取之也。郭景純因改爾雅從小爾雅作木傍參、字林作罧。案、太平御覽引舍人云、以米投水養魚爲涔也。詩疏引李巡云、今以米投水中養魚曰涔。是舍人李巡本俱作米傍參。又釋文引韓詩云、涔、小池。俱與郭異。

【正義】

槮謂之涔　詩釋文云、糝、爾雅本作米旁參、郭改爾雅从小爾雅作木旁參、音霜甚反。

校議

緵罟謂之九罭九罭魚罔也今之百囊罟是亦謂之罭、今江東謂之緵。**嫠婦之笱謂之罶**毛詩傳曰、罶、曲梁也。謂以薄爲魚笱。**罺謂之汕**今之撩罟。**篧謂之罩**捕魚籠也。**槮謂之涔**今之作槮者、聚積柴木於水中、魚得寒入其裏藏隱、因以薄圍捕取之。

罔者、說文云、庖犧所結繩以漁。九罭者、詩毛傳云、九罭、緵罟、小魚之網也。正義引孫炎曰、九罭、謂魚之所入有九囊也。按、囊所以持魚、卽今之網口。罭之言域也、所以囊括爲界域。緵之言總也。孟子所謂數罟、言其網目細密、故毛以爲小魚之網。御覽八百卅四引韓詩曰、九罭、取蝦芘也。文選西京賦云、布九罭、攞鯤鮞、與韓毛義合。李善注、罭與緎古字通。按、罭緎俱非古字、蓋文選本作緎、今從詩改作罭矣。○笱者、說文云、曲竹捕魚笱也。罶、曲梁、寡婦之笱、魚所留也。釋訓云、凡曲者爲罶。詩魚麗正義引孫炎曰、罶、曲梁、其功易、故謂之寡婦之笱。今按、孫義未免望文生訓。蓋寡婦二字合聲爲笱、嫠婦二字合聲爲罶、正如不來爲貍、終葵爲椎、古人作反語往往如此。孫炎以義求之、鑿矣。今河上人曲竹爲笱、其口可入而不可出。故淮南兵略篇云、發笱門、是其制也。○罺者、欂之或體也。詩南有嘉魚傳、汕汕、欂也。箋云、欂者、今之撩罟也。是罺古作欂、或作罺。御覽引舍人曰、以薄罺魚曰罺者也。詩正義引李巡曰、汕、以薄汕魚。孫炎曰、今之撩罟。按、撩罟、今謂之抄網也。汕者、說文以爲魚游水皃、引詩烝然汕汕、與爾雅異也。○篧者、籗之或體也。說文作籱、或省作籗、云罩魚者也。罩、捕魚器也。詩傳云、罩罩、篧也。正義引李巡曰、篧、編細竹以爲罩、捕魚也。孫炎曰、今楚罩也。然則罩以竹爲之、無竹則以荆、故謂之楚罩。今按、此義亦非、蓋楚罩二字合聲爲篧也。今魚罩皆以竹、形似雞罩、漁人以手抑按於水中以取魚、故淮南說林篇云、罩者抑之。抑卽按也。○槮者、糝之誤字也。釋文、糝、爾雅舊文幷詩傳並米旁作、小爾雅木旁作、郭因改米從木。詩潛釋文大意同。按、毛傳、潛、糝也。然則槮古本作糝、故御覽引舍人曰、以米投水中養魚爲涔也。詩正義引李巡同、唯米作木爲異。今萊陽人編楚爲箔笓、沈之水底、投米其中、倏魚入食、擧而取之、是卽爾雅所謂糝也。後人不知糝字之義、改米從木、因生積柴之說。故詩正義引孫炎曰、積柴養魚曰槮。是郭注本孫炎、特暢其說。陸德明謂郭始改米从木、非也。槮乃罧之叚音。說文云、罧、積柴水中以聚魚也。淮南說林篇云、罧者扣舟、高誘注、罧者、以柴積水中以取魚、魚聞擊舟聲藏柴下、壅而取之。然則說文罧字義本淮南、而非爾雅之義。爾雅自以作糝爲是矣。涔者、潛之叚音也。毛詩作潛、韓詩作涔、故釋文引韓詩云、涔、魚池。小爾雅作橬、云橬、槮也。今亦改作潛矣、釋文可證。

義疏

緵罟謂之九罭九罭魚罔也嫠婦之笱謂之罶

釋訓云、凡曲者爲罶。詩魚麗正義引孫炎曰、罶、曲梁、其功易、故謂之寡婦之笱。今按、孫炎義未免望文生訓。蓋寡婦二字合聲爲笱、嫠婦二字合聲爲罶、正如不來爲貍、終葵爲椎、古人作反語往往如此。孫炎以義求之、鑿矣。

念孫案、爾雅謂嫠婦之笱爲罶、非謂嫠婦爲罶也。今以寡婦之合聲爲笱、嫠婦之合聲爲罶、則是寡婦謂之笱、嫠婦謂之罶矣、豈其然乎。

郝注刊誤

緵罟謂之九罭九罭魚網也孫注、九罭、謂魚之所入有九囊也。郭注、今之百囊罟是亦謂之罭、今江東謂之緵。㚇、从兇夊、懼而行遲也。因以爲急遽之詞。罟、从古网、象獸胡下垂、今撩罟也。初作网時、唯有罟、因以爲凡网之名。九之言多也。象罟形而多其目、各有分域、故曰九罭、唯可施之水中耳。**嫠婦之笱謂之罶**孫注、罶、曲梁、其功易、故謂之寡婦之笱。郭注、毛詩傳曰、罶、曲梁也、謂以薄爲魚笱。嫠婦不能守待、則施竹薄水口、待魚自句罶其中、夜施曉取、朝施暮取也。**罺謂之汕** 舍人注、以薄罺魚曰罺。李注、汕、以薄汕魚。孫注、今之撩罟。郭同。詩烝然汕汕、汕卽槮也。字亦作罧。積材如鳥巢、非抄撩也。說文汕、魚游水皃、似是而非。舊注皆誤。**篧謂之罩** 李注、編細竹以爲罩捕魚也。孫注、今楚罩也。郭注、捕魚籠也。篧、从隺、隹出冂也。隺罩通用。网隹使不得出也。此本鳥羅、用爲魚網、因改竹从网。**槮謂之涔** 舍人注、以米投水中養魚爲涔也。李注、以木投水中。孫注、積柴養魚曰槮。郭注、今之作槮者、聚積柴木於水中、魚得寒入其裏藏隱、因以薄圍捕取之。以米養魚、以木取魚、二事也。養魚者於岸旁漉子、蓄水養之、以雞子黃和米飤之。取者積柴、不得爲養也。詩潛有多魚、在漆沮間。下、又數所有六種、則取子之事。

集解

緵罟謂之九罭九罭魚罔也 緵字本作緫、聚束也。字亦誤作總、作揔。罟、从网古。古、十口也。初作网時僅一面、腳處分爲多口、今俗呼扯网是也。引申爲凡网之偁。九、數之究也。罭、域也。腳處用繩結爲口、不一而足、各有分域、因名九罭。或者謂結繩之界與。詩九罭之魚、傳緵罟、小魚之網也。罔字一作网。庖犧所結繩以田以漁者也、从冂、中象网交。易大壯、君子用罔。晉罔孚裕、虞注、離爲罔。**嫠婦之笱謂之罶** 笱曲、竹捕魚笱也、今所謂杠是也。許慎故釋罶爲曲梁、杠亦梁也。嫠婦不可久待、施杠於水口而令魚自句罶於其中、以爲不必久待之計。詩魚麗于罶。魯語水虞于是乎講罛罶。或曰笱、卽今漏子。外敷香藥而置泥中、所以止鮪、暮施而朝取之。淮南兵畧發笱門、注笱、竹笱、所以捕魚、其門可入而不可出。殆亦此言與。**罺謂之汕** 罺字本作橾、澤中守艸樓。與巢通用。巢、鳥在木上也、从木象形。汕、魚游水皃。其以爲罺偁者、正字爲罧耳。罧、積柴水中以聚魚也、若鳥巢然。字或以槮爲之。詩南有嘉魚烝然汕汕、傳汕汕、橾也、卽罧也。鄭箋謂爲撩罟、誤矣。**篧謂之罩** 今捕魚之竹、籠是也。篧、說文作籗、罩魚者也、从竹靃聲。或省作篧。編細竹以爲之、施用而霍然有聲、字故从靃。罩、从网卓。卓、高也。网象竹之相交、卓則狀其豎立之形耳。詩南有嘉魚、烝然罩罩。**槮謂之涔** 槮、字本作糂、以米和羹也、从米甚聲。籀文从朁聲、古文从參聲。養魚者於岸旁漉子、蓄水養之、以雞子黃和米而食之、卽此所謂槮也。或若謂借爲罧、乃聚魚而非養魚也。涔、漬也、从水岑聲。投木水中、日久則變爲漬、與清水異。詩潛有多魚、韓詩潛作涔、毛傳槮也。下數鱣鮪鰷鱨鰋鯉、則謂所蓄魚之名。

義證

緵罟謂之九罭九罭魚罔也 緵子公反罟音古罭音域

〔註〕今之百囊罟是亦謂之罽今江東謂之緵〔補正〕臣鍪按、罟、罔也、九罭亦罔也。詩豳風九罭之魚、傳云九罭、緵罟、亦魚之網也。

嫠婦之笱謂之罶 笱、音狗。罶、力九反。

〔註〕毛詩傳曰罶曲梁也謂以薄爲魚笱〔補正〕邢疏、孫炎云罶曲、梁其功易、故謂之寡婦之笱、然則曲薄也、嫠寡也、以薄爲魚笱、其功易、號之寡婦之笱耳、非寡婦所作也。

罺謂之汕 罺、側交反。汕、所諫反。

〔註〕今之撩罟〔補正〕邢疏、李巡云汕、以簿汕魚也。詩南有嘉魚烝然汕汕、傳云橾也、箋云橾今之撩罟也。

篧謂之罩 篧、七角反。罩、竹卓反。

〔註〕捕魚籠也〔補正〕邢疏、李巡云篧、編細竹以爲罩捕魚也、詩烝然罩罩是也。

槮謂之涔 槮、霜甚反。涔、音潛。

註今之作槮者聚積柴木於水中魚得寒入其裏藏隱因以薄圍捕取之【補正】邢疏小爾雅曰魚之所息謂之潛、潛、槮也、積柴水中魚舍也、詩周頌云潛有多魚是也、槮、罧、潛、涔古今字云。

郭注補正

罧謂之汕。按詩烝然汕汕、毛傳汕、樔也。當依毛氏作樔。但毛以汕爲樔、而許氏說文解字訓爲魚遊水。二氏異義者、許不用雅文故也。

篧謂之罩。詩烝然罩罩、毛傳罩、篧也。說文解字引作鯙鯙、許君說韓詩、此與毛氏顯異。今說文云說詩、毛氏本之誤也、不得合爲一。篧字正作籗省作篧。俗作篧者非也。

槮謂之涔。詩潛有多魚、毛傳潛、槮也、以涔爲潛、以槮爲糝、與本書異。按涔亦非也、應作罧。說文解字、罧、積柴水中以聚魚也。淮南子罧者叩舟、高誘注罧以柴積水中取魚、舟人扣擊、魚聞擊舟聲藏柴下、壅而取之、沇州人謂之罧、幽州人謂之罧。罧涔本一字、誘別之者、誤矣。小雅又謂之橬、又潛之別字。糝應作槮、不从米字爲正。

錢氏古義

槮謂之涔　注今之作槮者聚積柴木於水中魚得寒入其裏藏隱因㠯薄圍捕取之

正曰、釋文、槮、爾雅舊文幷詩傳竝米旁作、小爾雅木旁作、郭因改米从木、字林作罧、義同。詩周頌潛有多魚、毛傳潛糝也、釋文糝舊詩傳及爾雅本竝作米旁參、郭景純改爾雅從小爾雅作木旁參、字林作罧、義同。正義、釋器槮謂之涔、李巡曰今㠯木投水中養魚曰涔、孫炎曰積柴養魚曰槮、郭璞曰云云。槮字諸家本作米邊、當从木爲正。孔正義既云諸家本作米邊、據御覽八百三十四引爾雅作糝謂之涔、又引舍人注㠯米投水中養魚爲涔、則知正義引李注今㠯木投水中養魚曰涔當作今㠯米投水中養魚曰涔。其引爾雅李注孫注糝作槮者、乃鄦正義誤信郭本而改也。毛詩傳及爾雅舍人李孫諸家本、糝皆从米旁、不从木旁、而爾雅舍人注李注又與孫注讀法不同、舍人注李注糝讀如字。說文米部、糂、㠯米和羹、糝、古文糂從參。毛詩古文學、故字作糝、糝訓㠯米和羹。與舍人注李注㠯米投水中誼近。孫注本字雖作糝、而讀糝爲罧。說文网部罧、積柴水中㠯聚魚、與孫注積柴養魚誼合。郭注承用孫注積柴之誼、而不破糝爲罧、乃反從小爾雅僞本改糝爲槮。小爾雅廣獸、魚之所息謂之潛、潛、槮也、積柴水中而魚舍焉。釋文引作魚之所息謂之橬、橬、槮也、積柴水中而魚舍焉。詩釋文引作魚之所息謂之橬、橬、槮也、謂積柴水中令魚依之止息、因而取之也。與郭注云云恰合。漢書埶文志孝經家小爾雅一篇、東漢許鄭諸儒已不得而見。今郭注所見小爾雅爲王肅僞作、見於僞孔叢子弟十一篇者。幸有釋文及詩釋文

剖析詳明、故郭注之改從僞本及今猶得知也。正郭

椮謂之涔　注今之作椮者聚積柴木於水中魚得寒入其裹藏隱因以薄圍捕取之

詳曰、郝氏據釋文爾雅舊書幷詩傳並米旁作、御覽引舍人曰以米投水中養魚爲涔、後人不知糝字之義、改米从木、因生積柴之說、故詩正義引孫炎曰積柴養魚曰椮、注因沿其誤也。靜郭

緵罟謂之九罭九罭魚罔也

緵　今之百囊罟是也　亦謂之罽今江東評爲緵

詩九罭正義唐殘本玉篇糸部緵下俱引郭璞曰、緵今之百囊網也。今據補緵也二字。雪牕本明注疏本作今江東謂之緵。

嫠婦之笱謂之罶

毛詩傳曰罶曲梁也謂以薄爲魚笱

釋文云、薄、步各反、仿宋本單疏本作簿。

罺謂之汕

今之撩罟

初學記廿二卷武部引爾雅云罺謂之汕、郭璞注云今之柴撩罟。樹枏案、詩箋云欑者、今之撩罟也、孫炎曰今之撩罟、皆無柴字。郭葢本孫炎。

篧謂之罩

捕魚籠也　今魚罩

詩南有嘉魚正義引釋器云篧謂之罩、郭璞曰今魚罩。今本脫此三字、據補。

椮謂之涔

今之作椮者叢積柴木於水中魚得寒入其裹藏隱因以薄圍捕取之也

文選江賦注引爾雅曰椮謂之涔、郭璞曰今作椮、叢木於水中、魚得寒入其裹、以薄捕取之也。唐殘本玉篇水部涔下引爾雅郭璞曰、今作椮、藂柴木於水中、魚得寒入其裏、因以簿捕取之也。慧琳廣弘明集八卷音義引爾雅郭注云、今之作椮、叢積柴於水中、魚得而入其裏藏、因捕取之。樹枏案、諸所引注文皆作椮、阮氏謂玉篇廣韻皆引爾雅作椮、郭注作罧、爲經注異文之證。今攷殘本玉篇亦部之文、殊爲不然。則木部所引不應有異。葢今玉篇據誤本改之。釋文祇出椮字、不言注之異同、其所云字林作罧者、明罧爲椮之異體、非謂郭注作罧也。廣韻五十二沁引今之作今人、亦與諸本異。叢積今本作聚積、廣韻及詩潛正義所引與今本

爾雅詁林　六　釋器

同。案叢或作藂、與聚形近、故譌。據顧野王李善慧琳所引改正。薄、仿宋本單疏本及詩正義玉篇廣韻所引皆誤作簿。釋文不出薄字、已見前、故畧之也。取之下脫也字。據文選注玉篇引補。

郭注佚存補訂

緵罟謂之九罭九罭魚罔也

此釋豳風九罭之魚鱒魴。毛傳云、罭、緵罟、小魚之網也。正義引孫炎曰、九罭、謂之魚所入有九囊也。郭璞曰、今之百囊網也。樊光引此詩韓詩云、九罭取蝦芘也。

嫠婦之笱謂之罶

說文云、笱、曲竹捕魚。繫傳云、爲隄入水邊、遏魚爲梁、此以竹爲梁曲之也。小雅苕之華、三星在罶、魚麗魚麗於罶鱨鯊、毛傳竝云罶曲梁也、寡婦之笱也。又云、庶人不數罟、罟必四寸、然後入澤梁。邶風谷風毋逝我梁、毋發我笱、傳云梁魚梁、笱所以捕魚也。彼釋文云、笱、捕魚器。正義云、此與小弁及敝笱在梁皆云笱、笱者捕魚之器。

槑謂之汕篧謂之罩

此釋小雅南有嘉魚文也。烝然汕汕、毛傳云汕汕、樔也。箋云、樔者、今之撩罟也。孫炎與鄭同義。舍人云、以薄槑魚曰槑者也。李巡云、汕以薄汕魚也。詩釋文云、樔字或作罺。烝然罩罩、傳云罩罩、篧也。彼釋文云罩、捕魚器也。李巡云、篧、編細竹以爲罩捕魚也。孫炎云今楚篧也。正義云、罩以竹爲之、無竹則以荊、故謂楚篧。重云罩罩者、非一也。

槮謂之涔

釋文云、槮、爾雅舊文并詩傳竝米旁作、小爾雅木旁作。其文云、魚之所息謂之橬。橬、槮也、積柴水中而魚舍焉。郭因改米從木。字林作罧、山沁反。其義同。涔、郭岑潛二音。詩作潛字、小爾雅作橬字、亦音潛。又時占反、猶取積柴之義。周頌潛有多魚、彼釋文與爾雅說同。毛傳云、潛、槮也。疏云、李巡曰、今以米投水中養魚曰涔。孫炎曰、積柴養魚曰槮。郭璞曰、今之作槮者聚積木於水中、魚得寒入其裏藏隱、因以薄圍捕取之。槮字諸家本作米邊、爾雅作木邊、積柴之義也。然則槮用木不用米、當從木爲正也。今案舍人云、以米投水中養魚爲涔、御覽引。與

爾雅詁林　六　釋器

李巡本同米旁作。惟孫炎作槮，與郭注同。毛詩作潛，韓詩作涔，詩正義云涔潛古今字耳。說文作罧，云積柴水中以聚魚也。罧與槮音義皆同，亦取積柴之義。小雅正月潛雖伏矣，潛義亦當與周頌同。

說詩

緵罟節註令江東謂之緵（謂之一本作呼為。）

罺謂之汕註令之撩罟（撩，釋文云，郭力堯切，取也。）

槮謂之涔（釋文云，涔，郭岑潛二音。）

注疏正字

九罭

罭當作緎。

小箋

緵罟謂之九罭　說文糸部無緵字。毛詩傳（豳風九罭）有緵罟字，釋文云字又作緫，此正文也。　罭，网部新附字。

九罭魚罔也　詩正義引作網，案網俗字。

嫠婦之笱謂之罶　釋文云，嫠字亦作釐。一切經音義（十三）引作釐。案嫠，說文女部新附字。釐亦通借，非正文，當作𠩺。說文（攴部）𠩺，坼（坼俗作坼，坼裂也。）也。从攴从厂，厂之性坼，果孰有味亦坼，故謂之𠩺，从未聲。寡婦謂之𠩺者，義取乎坼裂也。　又云，罶字書作罜。（見釋訓。）

罺謂之汕　說文网部無罺字。正義云，詩烝然汕汕，傳汕汕，樔也。疏引爾雅亦作樔。

篧謂之罩　說文（竹部）籗，罩魚也。从竹霍聲。或省作篧，从隺者譌。（魏晉人書霍隺多溷，如鶴亦作鸖是也。）一切經音義（十一十九）引作藿，傳寫誤从艸耳。　釋文云，罩字又作箌。案說文（竹部）無箌字。　罩通䭾，說文（魚部）䭾，烝然䭾䭾，从魚卓聲。

槮謂之涔　釋文云，槮，爾雅舊文并詩傳並米旁作，小爾雅木旁作。其文云，魚之所息謂之橬。橬，槮也。積柴水中而魚舍焉。郭因改米從木，字林作罧。又詩（周頌）潛有多魚，傳潛，糝也。釋文云，舊詩傳及爾雅本並作米旁參，郭景純改爾雅从小爾雅作木旁參。元照案，說文（米部）糂，以米和羹也。一曰粒也。从米甚聲。籀文作糣，古文作糝。又（水部）涔，漬也。从水岑聲。涔與潛通，故詩作潛。（禹貢荊州沱潛既道，史記引作沱涔。索隱云，涔亦作潛。集解引鄭康成云，水出江為沱，漢為潛。）潛之訓糝，亦取此訓。改而為槮，非此義矣。然案詩正義引孫炎曰，積柴養魚曰槮，則孫本已从木，孫在郭前。說文网部罧，積柴水中以養魚也。从网林聲。小爾雅取此義。　臧氏琳曰，太平御覽（八百三十四）引舍人曰，以米投水中養魚為涔，此糝字從米之證。若從木，則當言積柴水中，不得云投米水中也。詩正義引李巡注，今以木投水中養魚曰涔，木字誤也。元照案，御覽所引舍人注，恐是李巡之譌。舍人注，釋文序錄云闕中卷，此正中卷也。宋人安得見其注乎。

匡名

緵罟謂之九罭九罭魚罔也嫠婦之笱謂之罶罺（音招）謂之汕篧（音捉）謂之罩槮謂之涔（此釋取魚之制。說文、网、庖犧氏所結繩

爾雅詁林　六　釋器

以漁。或作罔。罔、网也。又罔魚網也。孟子、數罟不入汙池。豳風、九罭之魚。 罶、曲竹捕魚笱也。罶、曲梁、寡婦之笱、魚所留也。淮南子發笱門、高誘註笱、竹笱、所以捕魚、其門可入而不得出。是其制也。釋文、罶又作罞。 毛傳罺作樔。樔、澤中守草樓。是壅草澤畔、蓄魚其中、名爲罺。汕、魚遊水兒。引詩烝然汕汕。毛傳、汕、樔也。 䉁、罩魚者也。或省作隹。罩、捕魚器也。李巡云、籗、編細竹以爲罩捕魚也。 槮、長木也。舊作槮、又作罧。罧、積柴水中以聚魚也。涔、潰也、一曰渚也。孫炎云、積柴養魚曰涔。是積聚柴木于水中、使魚聚之捕而取也。又槮卽筌也。

啓蒙

緵 緵 說文。布之八十縷爲稯。聘禮。十筥曰稯。鄭注。古文稯作緵。與稯通。

罭 䍡 文選西京賦。布九罭。李注。罭與緎通。案說文作䍡。羔裘之縫也。段氏玉裁云。詩釋文。罭本又作䍡或今本或作罭。非也。或古域字。九域言域之多。謂网目也。據段說罭當作或。李注之緎蓋亦域之譌。

段說緵。仍當作緵。緵罟謂之九罭。猶詩言素絲五緎。素絲五總矣。

嫠 釐 釋文。嫠字又作釐。鈕氏樹玉曰。毛詩恭伯傳及韓詩外傳竝作釐婦。左襄二十五年傳。嫠也何害。釋文云。嫠本又作釐。昭十九年傳己爲嫠婦。釋文作嫠婦。注云。依字作嫠。李善注文選七命引此文亦作釐。

正當作悝或慈。

罺 樔 詩南有嘉魚傳。汕汕。樔也。箋云。樔者今之撩罟也。當作樔。

當作㯔。拘擊也。廣雅。樔、取也。通俗文。浮取曰樔。沈取曰撈。撈卽撩也。通言不別。故詩箋以樔爲撩罟。

槮 糝 釋文。槮。爾雅舊文并詩傳並米旁作。小爾雅木旁作。其文云。魚之所息謂之櫓。櫓。槮也。積柴水中而魚舍焉。郭因改米从木。臧氏琳曰。御覽八百卅四引犍爲舍人曰。以米投水中養魚爲涔。此糝字从米之證。

投米積木二義俱通。其實涔潛槮罧梣聲皆可轉。卽義可互通。不必从米獨是。从木獨非。此等師說不同。不宜輒定。

黃侃評本正名

緵罟謂之九罭 緵从爰聲、爰有聚義、廣雅爰聚也。亦與總叢、駿詩箋總也。義近、其本字當作稯、說文布之八十縷也。西京雜記五絲為繡、倍繡為升、倍升為緎、倍緎為紀、倍紀為緵、緵即稯也、緎即罭也、特積算小殊耳。 罭正作䍿、緵罭同訓、猶詩連言五緎五總。

嫠婦之笱謂之罶。 嫠字亦作釐、七命注引此作釐一切經音義十三同。御覽資產部十四引作嫠。 正當作悝或慈。罶字書作罞、說文罶或作䍡、詩笱之華釋文罶本又作霤。 詩魚麗正義引孫炎曰、罶曲梁其功易、故謂之寡婦之笱、案寡婦嫠婦巧合笱罶之切音、然古音婦與負同、不與笱罶同部、固知寡婦取義當如孫說。詩大田云、彼有不穫穉、此有不斂穧、彼有遺秉、此有滯穗、伊寡婦之利、此言不自耕穫而得之、亦明其易、寡婦之笱正與此意同。凡捕魚無不勞身手以取之、惟此以笱承梁、而魚自入、取之之易、亦與据拾他人所收刈同矣。

罺謂之汕。今之撩罟。 罺段借作樔、詩南有嘉魚傳汕汕樔也。箋云、樔者今之撩罟也、說文有樔、云拘擊也、廣雅樔取也、通俗文浮取曰樔、沈取曰撈、一切經音義四。 撈即撩也、通言不別、故詩箋以為撩罟。案即今之撈網。 汕者、說文云、魚游水兒、引詩烝然汕汕、廣雅漨漨衆也、並與爾雅異而義亦相因。蓋汕汕者即魚在汕中之狀也。

籗謂之罩。捕魚籠也。 廣雅篧籗罩也、罩即罩也、篧與籗聲轉。說文、翟、覆鳥令不飛走也、亦與罩同意、籗之為言捉也、罩之為言到也。 詩烝然罩罩傳罩罩、籗也、箋云、言南方水中有善魚、人將久如而俱罩之、是兩言罩有俱義、故廣雅淖淖衆也、說文云烝然鯙鯙、罩為捕魚器、罩罩即為魚在罩中之狀、猶汕為捕魚器、汕汕即為魚在汕中之狀也。罩聲又與濯通、詩麀鹿濯濯、傳濯濯、娛遊也。

槮謂之涔。今之作槮者、聚積柴木於水中、魚得寒入其裏藏隱、因以簿圍捕

爾雅詁林 六 釋器

取之。　椮之言叢也、亦言椮差也。涔之言潛也。說文涔、潰也。涔潛字通、猶書沱潛、史記作沱涔。　亦言濈也、濈、積也。　詩潛正義云、椮字諸家本作米邊、爾雅作木邊、積柴之義。然則椮從木不從米、當從木為正也。案此說非、投米積木二義皆通。其書積木者、說文栫以柴木雝水也、廣雅涔、栫也、郭景純江賦栫澱為涔、此皆積木之義、亦本於古。其實涔、潛、椮、罧、糝、栫聲皆相轉、即義皆可通、不必從米獨是、從木獨非、此等但宜分疏各說、而不必有所取舍、有所取舍則固矣。

黃侃音訓

緵罟謂之九罭。九罭、魚罔也。　嫠婦之笱謂之罶。　罺謂之汕。

說文緵作總、聚、束也。無緵字。糸部總　罔作网、庖犧氏所結繩以漁、從冂、下象网交文。网部网　或從亡作罔。网部罔　釋文、嫠、字亦作釐。釋器釋文　孫炎本寡婦之笱。引見小雅魚麗正義。　釋文罶、字書作⿱罒夗。釋器釋文　說文罶、曲梁、寡婦之笱。魚所留也。网部罶　毛詩傳、汕汕、樔也。小雅嘉魚詩傳鄭箋同　說文罶或作𦊕。引魯語作溝罛𦊕。网部𦊕

嫠婦之笱、釋文、嫠、字亦作釐。按、釐與嫠通。韓詩外傳、鄭之釐婦。後漢書西羌傳、納其釐嫂。

證異

問、釋器嫠婦之笱、嫠、說文所無、當作何字。曰、宋氏翔鳳曰、詩巷伯傳、鄭之釐婦。音義釐婦、寡婦也。後漢西羌傳兄亡則納釐嫂、章懷注寡婦曰釐。昭十九年左傳已爲釐婦。竝即嫠婦也。

問、釋器椮謂之涔、釋文云、尒疋舊文與詩傳竝从米傍、小尒疋改从木旁、云魚之所息謂之槽、槽、椮也、積柴水中而魚舍焉、郭因改米从木。盧氏文弨以旁木爲非、何也。曰、文選長笛賦注引薛君章句、涔、魚池也。蓋韓詩涔有多魚之文。涔潛、詩正義所謂古今字也。太平御覽八百三十四引尒疋作糝、幷引犍爲舍人曰、以米投水中養魚爲涔也。盧氏謂糝之義益明。案舍人說詩疏及尒疋釋文與疏皆不載。余案淮南子說林罧者扣舟、高注罧者、以柴積水中以取魚。今兗州人積柴水中捕魚爲罧、幽州則名之曰涔。小尒疋作槽、則作椮爲是。今吳人捕魚亦用木投水爲池、未見以米養魚也。

詁答問

椮謂之涔。詩周頌潛有多魚、傳潛糝也。

古義補

嫠婦之笱謂之罶　釋器

注曰、毛詩傳曰罶曲梁也、謂以簿爲魚笱。　疏曰、孫炎云罶曲梁、其功易、故謂之寡婦之笱。

樾謹按孫謂寡婦之笱以功易得名、此說非也。詩云、彼有遺秉、此有不斂穧、伊寡婦之利。所謂嫠婦之笱者、疑亦同此。蓋於水中設簿取魚、使寡婦得以取之而食其利、故有是名。邵氏正義曰、今南方排竹水中、疎節相維、謂之魚簿、設門焉、隨潮爲啓閉。引淮南子兵略篇發笱門爲證。此說笱字之義極得。寡婦之笱、殆是笱之小者、故異其名曰罶矣。

平議

椮謂之涔

郭注以聚積材木釋椮字、疑引李巡曰、今以木投水中養魚曰涔。孫炎曰、積柴養魚曰椮。小爾雅、魚之所息謂之潛、潛、椮也、積柴水中而魚舍也。陸釋文、椮、尒疋舊文并詩傳俱米旁作、小尒疋木旁作、郭因改米从木、字林作罧。　元慶按、椮當从米作糝、辨者夥矣。竊謂椮字自从米、而郭注積柴之說、究亦不誤。糝係叚借字、非漁器之

本字。詩潛章潛有多魚、毛傳潛、糝也、義本尒疋、塙从米。孔正義則曰糝从木不从米、當从木爲正、是沖遠拘泥郭說矣。糝乃糂之重文。說文糂、以米和羹也。糝古文糂、从參。其訓與養魚無涉。郎謂以米養魚曰糝、亦祇廣糝之異義、非釋糝爲器名也。安得羼之釋器乎。釋文糝、字林作罧。按說文有罧字、則糝斷係罧之借字。且淮南罧者扣舟、高誘讀罧爲糝、尤其明證。罧讀山沁反、糝、郭讀疏㾕反、音相近、例得叚借。段懋堂謂陸引字林、不引說文、疑許書古無罧篆。自蒙覩之、安知陸非失檢說文乎。至積柴之說、於義甚古。許君曰罧、積柴水中以取魚也。高注淮南曰罧者以柴積水中以取魚。小尒疋暨孫炎尒疋注皆曰積柴、其說盡在郭前。獨太平御覽引舍人注以米投水中養魚爲涔。嚴氏匡名指舍人爲李巡之譌、謂舍人注闕中卷、其說甚是。蓋舍人果有此注、邢疋及穎達詩疋何不引及乎。且此注與李巡注同、獨以木以米爲異。蒙謂李巡注木字、原本當是米字、邢疋欲牽合郭注、乃改爲木、未可知。以米投水、獨舍人注爲然、治經者偏信御覽之引舍人、而反遺諸家之說、可乎。糝係罧之借義、不取乎米粒、因其字从米而郎曰以米養魚、是爲望文生義。拘泥積柴之說、而必易米旁爲木旁、并毛傳而不从、則又輕改古書矣。孫叔然在郭前、改糝爲槮从叔然始。阮文達毛詩校勘記斷糝从木爲景純所改、似猶未究其原也。　**蔣元慶日記**

緵罟謂之九罭。九罭、魚罔也

錦燧謹案、此釋詩豳風九罭篇九罭之魚鱒魴也。毛傳云九罭、緵罟、小魚之網也。郎本爾雅爲說。緵本或作總、緵數一聲之轉。緵、𢕟古通。玉篇云𢕟、數也。郎以聲爲訓。然則爾雅之緵罟郎孟子之數罟、可知趙岐注以數罟爲密網、與郭注百囊罟之說合。百囊者、亦極言其密耳。是知九罭非謂九囊。蓋以九者、數之究極、如九天九地九原九澤之例。廣雅云、九、究也、是也。罭云九者、極言其密且小。邢疏引叔然說謂魚之所入有九囊、失其義矣。

槮謂之涔

錦燧謹案、叔明謂潛涔古今字、引詩周頌潛有多魚。陸釋文引韓詩作涔、釋云魚池。文選長笛賦注引薛君韓詩章句同。然則雅訓乃釋韓詩之涔有多魚也。說文水部云、涔、漬也、从水岑聲、一曰涔陽渚在郢中。又云、潛、涉水也、从水朁聲。二字截然義異、則涔潛非古今字、邢說誤、以假借字爲古今字矣。據段氏六書音均表岑聲朁聲同在第七部、古多通假。如書沱潛旣道、史記夏本紀引作沱涔已道。春秋隱公二年公會戎于潛、公羊作岑、俱二字通用之證。惟其本義並不訓槮。雅訓槮者、乃罧之借假字也。說文网部云、罧、積柴水中以聚魚也、从网林聲。林聲與岑聲朁聲同部、故罧或假涔假潛爲之。參聲亦同部、槮从參聲、其本訓爲木長皃。本經槮字亦罧之假借。槮謂之涔、乃以假字詁假字之例。或據舍人注云以米投水養魚爲涔、詩疏引李巡注同、謂當從米作糝。据說文米部

爾雅詁林　六　釋器

糂字、籀文作糣古文作糝、其本義謂以米和羹。爾雅卽本從米旁作糝、亦祇爲罧之假字耳。豈是以米投水而從米旁耶。卽今本從木作椮、以其義爲木長皃而从木、不得以積聚柴木之說、附會于椮之從木也。

陸錦燧日記

今江東呼爲緵單疏本同。雪牕本注疏本呼爲作謂之。

謂以簿爲魚笱單疏本同。雪牕本注疏本簿作薄。釋文作步各反。

今之作椮者雪牕本注疏本同。單疏本作今之作罧者、而云罧下及初學記卷二十八皆引爾雅作椮、引郭注作罧、此經注異文之明證。今本援經改注、非也。釋文云、字林作罧。是晉時用罧字、故郭注本之。

因以簿圍捕取之單疏本同。雪牕本注疏本簿作薄。按、詩潛蓋相傳舊本如是。今本作薄、係近人改從古字耳。正義及廣韻五十二沁引此注皆作簿圍、

緵罟至覆車也〇釋曰注疏本刪。

皆謂覆車也〇注今之至爲緵〇釋曰注疏本刪下八字。

鯞鮪是也〇注毛詩至魚笱〇釋曰注疏本刪下八字。

魚麗于罶傳云元本同。閩本監本毛本云作曰。

〇注今之撩罟〇釋曰閩本監本毛本作云今之撩罟者、元本無云字。

〇注捕魚籠也〇釋曰注疏本刪作云捕魚籠也者。

皆謂捕魚籠也注疏本籠改是。

〇注今之至取之〇釋曰注疏本刪作云今之作椮者。

聚積柴木於水中注疏本脫木。

校勘記

校勘記訂補

椮謂之涔雪牕本作涔。

嫠婦之笱謂之罶嫠上从未今本誤从牙

籗謂之罩籗竹下从隺今本誤从宀下隹

嫠婦之笱謂之罶釋文嫠字亦作釐、力其反。今本誤音離。廣韻離、呂支切、在五支。嫠、釐里之切、在七之。二字不同音也。罺謂之汕釋文罺、側交反。今本誤音朝。廣韻朝、直遙陟遙二切、在三蕭。罺切與釋文同、在五肴。二字亦不同音。籗謂之罩釋文籗、郭七角反、又捉廓二音。今本七誤作主。

注疏本正誤

椮謂之涔各本同。郝義疏曰、椮、糝字之誤、古本本作糝。御覽引舍人曰、以米投水中養魚爲涔。詩正義引孫炎曰積柴養魚曰槮。郭注引伸其說、非改糝爲椮也。釋文及正義均謂郭氏改米從木、是唐時爾雅本已誤矣。然御覽引舍人說、不改米爲木、則宋時從米之本尚有存者、非郭改也。蓋投米水中、四圍必積柴、否則魚不能久聚、卽不能以米養。故郭氏爲積柴之說。郝氏非改字之說當信。

注疏校勘札記

七行　九罭魚罔也(注)今之百囊罟是〇原本《玉篇》糸部「緵」下引「魚罔」作「魚網」，注文作「今之百囊網也」。

八行(注)謂以薄爲魚笱〇「薄」，《釋文》同，音步各反。宋刻小字本作「簿」，邢疏同。

四下(六六)

一行　籗謂之罩〇「籗」，《釋文》同。《說文》字作「篧」，或省作「籗」。

椮謂之涔〇「椮」，《釋文》謂《爾雅》舊文米旁作，《小爾雅》木旁作，郭因改「米」從「木」，《字林》作「罧」。案：《唐韻》

沁韻「罧」下引《爾雅》作「罧」。

（注）今之作槮者聚積柴木於水中魚得寒入其裏藏隱因以簿圍捕取之○

原本《玉篇》水部「涔」下引此注作「今作槮，聚柴木於水中，魚得寒，入其裏，因以簿捕取之也。」《文選·江賦》注引作「今作槮，叢木於水中，魚得寒，入其裏，以簿捕取之也。」慧琳《音義》卷六十六引作「今之作槮，叢積柴於水中，魚得而入其裏藏，因捕取之。」卷九十九引又作「今之作槮者，聚柴木於水中，魚得寒，入其裏，因捕取之。」「簿」當依上文「嫠婦之笱謂之罶」下注文作「薄」。

宋監本校箋

緵音宗罟謂之九罭音域

嫠音離婦之笱音狗謂之罶毛詩傳曰、罶，曲梁也，謂以薄為魚笱。罶、音柳。

罺音嘲謂之汕謂之撩罟。汕、音訕。

篧音卓謂之罩

槮音慘謂之涔

音圖·音

篧音卓　案篧、浞牀、捉照、廓溪三音。今音卓知非。

槮音慘　案槮、音糝。心今音慘清非。

罺側交翻，肴韻字，音近蕭韻之昭。　篧士角翻，士訛作七。音浞、詩釋文助角翻，同牀母。又捉照母、廓溪母二音。詩釋文沈音穫，又音護。

直音正誤

槮沈桑感翻，音糝。謝胥寖翻，心上聲。郭霜甚音沈、疏廕音滲二翻。字林作罧，山沁翻，音滲，義同。爾雅皆文及詩傳竝作米旁，小爾雅作木旁，郭從之。

涔郭岑鉏針翻、潛慈鹽翻二音，從母。又寺時訛作占翻，音燖。邪母。

音略

宗　重古　域　離　苟

緵罟謂之九罭。九罭魚罔也。嫠婦之笱

謂之罶柳　罺抓招謂之汕。訕　篧捉捉謂之罩。潮去聲　槮森槮謂之涔。岑潛

孫偘直音

罺讀招謂之汕。訕　篧捉浞謂之罩。昭去聲三上聲　槮謂之涔。岑

直音校正

緵宗罟古謂之九罭域。罟罔也。九罭魚罔也。嫠離婦之笱苟謂之罶。柳　罶曲梁也謂以薄為魚笱。罺嘲謂之汕。山上聲　罺撩罟汕以簿汕魚也。篧浞謂之罩。笊　篧編細竹以為罩捕魚也。槮森謂之涔。岑　積柴養魚曰槮。

楊氏音訓

緵子紅切又作弄切　罭域　嫠釐　笱苟　罶柳　罺側交切　汕訕　篧士角切　罩都教切　槮桑感切　涔岑

干氏音釋

音圖·圖

鳥罟謂之羅　兔罟謂之罝　麋罟謂之罞
彘罟謂之羉　魚罟謂之罛　繴謂之罿
罿罬也罬謂之罦罦覆車也

鳥罟謂之羅。謂羅絡之。兔罟謂之罝。罝猶遮也。見詩。麋罟謂之罞。冒其頭也。彘罟謂之羉。羉、幕也。魚罟謂之罛。最大罟也。今江東云。繴謂之罿。罿、罬也。罬謂之罦。罦、覆車也。今之翻車也。有兩轅、中施罥以捕鳥。展轉相解、廣異語。

郭注

繴罟至覆車也　釋曰、此別羅網之異名也。罟、网也。繴罟一名九罭、即魚网也。嫠婦之笱取魚器也、一名罶。罺、一名汕。罩、捕魚籠、一名篧、積柴水中取魚名槮、又名涔。鳥网名羅、兔网名罝、麋网名罞。罞、冒也。言冒覆其頭也。彘、豬也。其网名羉。羉、幕也。言幕絡其身也。魚之大网名罛。翻車小网捕鳥者名繴也、罿也、罬也、罦也、皆謂覆車也。　注今之至為罬　釋曰、云今之百囊罟是亦謂之罭、今江東呼為罬者、以時驗而言也。孫炎云、九罭、謂魚之所入有九囊也。詩豳風云九罭之魚鱒魴是也。　注毛詩至魚笱　釋曰、云毛詩傳曰罶曲梁也者、小雅云魚麗于罶、傳云罶曲梁也是矣。云謂以薄為魚笱者、孫炎云、罶、曲梁、其功易、故謂之寡婦之笱、然則曲薄也。嫠、寡也。以薄為魚笱、其功易、號之寡婦之笱耳、非寡婦所作也。　注今之撩罟　釋曰、李巡云、汕、以薄汕魚也。案詩小雅云南有嘉魚、烝然汕汕、傳云樔也、箋云樔、今之撩罟也。皆以今曉古。　注捕魚籠也　釋曰、李巡云、篧、編細竹以為罩捕魚也。孫炎云、今楚篧也。然則罩以竹為之、無竹則以荊、故謂之楚篧、皆謂捕魚籠也。詩小雅云南有嘉魚、烝然罩罩是也。　注今之至取之　釋曰、李巡曰、今以木投水中養魚曰涔。孫炎曰、積柴養魚曰槮。郭云、今之作罧者聚積柴木於水中、魚得寒入其裏藏隱、因以薄圍捕取之。小爾雅曰、魚之所息謂之潛、潛、槮也、積柴水中魚舍也。詩周頌云潛有多魚是也。槮罧潛涔古今字。　注謂羅絡之　釋曰、李巡云、鳥飛張網以羅之。然則張網以羅絡飛鳥、詩王風云雉離于羅是也。　注罝猶遮也見詩　釋曰、詩周南云肅肅兔罝是也。李巡云、兔自作徑路、張罝捕之也。然則張网遮兔、因名曰罝。　注最大罟也今江東云　釋曰、李巡曰、魚罟、捕魚具也。然則捕魚之具、最大者名罛。詩衛風云施罛濊濊是也。　注今之至異語　釋曰、孫炎曰、覆車網可以掩兔者也。一物五名、方言異也。郭云、今之翻車也、有兩轅、中施罥以捕鳥、展轉相解、廣異語。廣雅云、罥、罟也。案詩王風云雉離于罦。又曰、雉離于罿。然則捕鳥之具也。孫氏云掩兔非也。

邢疏

爾雅詁林　六　釋器

兔罟謂之罝

兔自作徑路、張罝以捕之。御覽八百三十二

麋罟謂之罞

麋有難制、張罞也。御覽八百三十二

彘罟謂之羉

彘剛惡戲人、故張網以羅之也。御覽八百三十二

犍爲注

鳥罟謂之羅

鳥飛張網以羅之。詩正義四之一　邢疏

兔罟謂之罝

兔自作徑路、張罝捕之也。詩正義一之二　一切經音義二十三　邢疏

魚罟謂之罛

魚罟、捕魚具也。詩正義三之二　邢疏

李注

繴謂之罿罿罬也罬謂之罦罦覆車也

繴、芳麥反。釋文　覆車是兩轅網、可以掩兔者。一物五名、方言異也。詩正義四之一　禮記正義十五　邢疏引覆車網可以掩兔者也、以下同。

孫音注

兔罟謂之罝

衆經音義引郭注云、罝、遮也、遮取兔也。邵氏爾雅正義云與今本異。

繴謂之罿罿罬也

繴、卑覓反、罬、姜悅反、或九劣反。釋文　罬、姜雪、姜穴二反。詩王風釋文　今翻車也、有兩轅、中施羅捕鳥。郭注御覽八百三十二

罬謂之罦

罦、今之翻車大罔也。詩兔爰釋文　案今本無大罔二字。

郭音義

罿罬也

罬、丁劣反。釋文

謝音

彘罟謂之羉

文選張協七命云布飛羉、張修罠。李注引爾雅、云羉或作罠、又云羉或爲羅。

衆家注

黃輯古義

兔罟謂之罝

兔自作徑路、張罝以捕之。太平御覽卷八百三十二

麋罟謂之罞

麋有難制張罞也。

彘罟謂之羉

彘剛惡齕人，故張網而羅之也。並同上 犍爲注

鳥罟謂之羅

鳥飛，張網以羅之。邢疏 詩王風兔爰正義

兔罟謂之罝

兔自作徑路，張罝捕之也。邢疏 詩周南兔罝正義 一切經音義卷二十三

魚罟謂之罛

魚罟，捕魚具也。邢疏 詩衛風碩人正義 李注

繴謂之罿罿罬也罬謂之罦罦覆車也

覆車是兩轅網，禮記月令正義 邢疏 詩正義並引作覆車網。可以掩兔者也。一物五名，方言異也。邢疏 詩王風兔爰正義

繴謂之罿。繴，芳麥反。釋文 孫音注

繴謂之罿。繴，卑覓反。並同上

罿，罬也，姜悅反。釋文 姜雪、姜穴反。詩釋文 郭音義

鳥罟謂之羅

鳥飛，張網以羅之。李注 詩疏四之一 玉函山房輯佚

兔罟謂之罝

兔自作徑路，張罝捕之也。同 詩疏一之三 舍人注 御覽八百三十二

彘罟謂之羉

彘剛惡齕人，故張網以羅之也。舍人注 同前

覆車也

覆車是兩轅網。孫注 朱校宋本禮記疏二十三 鉤沉

鳥罟謂之羅

李曰：鳥飛，張網以羅之。詩正義四之一 邢疏

兔罟謂之罝

舍人曰：兔自作徑路，張罝以捕之。御覽八百三十二

李曰：兔自作徑路，張罝捕之也。詩正義一之三 邢疏 一切經音義二十三

麋罟謂之罞

舍人曰：麋有難制，張罞也。御覽八百三十二

彘罟謂之羉

舍人曰：彘剛惡齕人，故張網而羅之也。御覽八百三十二

魚罟謂之罛

李曰：魚罟，捕魚具也。詩正義三之一 邢疏

繴謂之罿罿罬也罬謂之罦罦覆車也

孫曰：繴，芳麥反。覆車是兩轅網，可以掩兔者也。一物五名，方言異也。詩正義四之一 禮記正義十五 釋文 邢疏

漢注

鳥罟謂之羅

李巡云、鳥飛張網以羅之。詩正義四之一卷　郭璞云、謂羅絡之。

兔罟謂之罝

舍人云、兔自作徑路、張罝取之也。太平御覽八百三十二卷　李巡云、兔自作徑路、張罝捕之也。詩正義一之三卷　郭璞云、罝遮也、遮取兔也、見詩。舊本作罝猶遮也、無遮取兔也四字。茲依一切經音義九卷引刪增。

麋罟謂之罞

郭璞云、冒其頭也。

彘罟謂之羉

舍人云、彘剛惡齕人、故張網以羅之也。太平御覽八百三十二卷

郭璞云、羉幕也。

魚罟謂之罛

李巡云、魚罟、捕魚具也。詩正義三之二卷　郭璞云、最大罟也今江東云。

繴謂之罿罿罬也罬謂之罦罦覆車也

孫炎云、覆車是兩轅網。禮記正義二十三卷　覆網、可以掩兔者也。一物五名、方言異也。詩正義四之一卷　郭璞云、今之翻車也。有兩轅、中施罥以捕鳥。展轉相解、廣異語。

一切注音

鳥罟謂之羅　李巡曰、鳥飛張網以羅之。詩兔爰正義

兔罟謂之罝　李巡曰、兔自作徑路、張罝捕之也。詩兔爰正義　舍人云、兔自作徑路張罝捕之也。御覽八百三十二　郭注云、罝遮也、罝取兔也。一切經音義

薑心案、李與舍人注同。郭注當出音義。

麋罟謂之罞　舍人曰、麋有雖制、張罞也。御覽八百三十二

彘罟謂之羉　舍人曰、彘剛惡齕人、故張網而羅之也。御覽八百三十二　爾雅曰、彘罟謂之羉。羉或爲罠、又云、羉或爲羅。文選七命注

薑心案、文選注引爾雅、當皆爾雅舊注。舍人以羅易羉、是舍人本作羅矣。

魚罟謂之罛　李巡曰、魚罟、捕魚具也。詩碩人正義

繴謂之罿　郭卑覓反。孫芳麥反。釋文

罬謂之罦罦覆車也　孫炎曰、覆車網、可以掩兔者也。詩兔爰正義　孫炎曰、覆車是兩轅網。月令正義　罬、郭姜悅反。釋文

古注斠

絡音洛。兔又作莬、同。士故反。罝子邪反、說文子余反。遮之蛇反。麋亡悲反。罞本或作茅、同。亡包反、又音蒙。冒莫報反。彘直例反。羉力端反、又莫滿反、本或作罠、亡巾反。字林云、罠、釣也。幕音莫。罛工胡反。繴卑覓反。孫芳麥反、或彼麥反。罿昌凶反。字林上凶反。罬謝丁劣反。郭姜悅反、或九劣反。罦浮、孚二音。覆音副、又孚福反。車也尺蛇反。翻孚袁反。罥古縣反、又古犬反。廣雅云、罥罟也。解古買反。

陸音義

鳥罟謂之羅

維之乃可執焉飛者也。詩曰、鴛鴦于飛、畢之羅之。

兔罟謂之罝

詩曰肅肅兔罝方且而肅于是爲敬亦狡兔三穴宜取之以且而已。

麋罟謂之罦

矛所以討迷者面傷不獻以其向我焉。

彘罟謂之羉

羉使勿進焉易曰繫于金柅柔道牽也。

魚罟謂之罛

能特行矣乃取之。

罬謂之罿罿罬也罬謂之罦

辟使無知孚我而綴焉。

罦覆車也

罦不信以覆孚者亦自覆焉。

新義

緵罟謂之九罭九罭魚罔也嫠婦之笱謂之罶罺謂之汕篧謂之罩槮謂之涔鳥罟謂之羅兔罟謂之罝麋罟謂之罦彘罟謂之羉魚罟謂之罛罬謂之罿罿罬也罬謂之罦罦覆車也

此別網罟之異也。緵、子弄反、罟網也。九罭、九囊之網、以簿爲魚笱、其功易、故號寡婦之笱也。罺、撩罟也、謂撩取之也。篧、士角反。罩、捕魚籠。槮、桑感反、聚柴木於水中以棲魚。羅、覆張之網也。罝罦羉、皆遮截之網。罦、音茅。羉、音鸞。罛、最大之網。覆車、翻車也、有兩轅、中施罥以掩鳥、一名罬、音壁、一名罿、音衝、一名罬、音拙、一名罦、音浮。

鄭樵注

鳥罟謂之羅

李巡曰、鳥飛、張網以羅之。

郭璞曰、謂羅絡之。

兔罟謂之罝

舍人曰、兔自作徑路、張罝捕之也。此見太平御覽、詩疏及邢疏引李巡注、與此同。

郭璞曰、罝猶遮也、見詩。

麋罟謂之罦

郭璞曰、冒其頭也。

彘罟謂之羉

舍人曰、彘剛惡亂人、故張網以羅之也。

郭璞曰、羉、幕也。

魚罟謂之罛

李巡曰、魚罟、捕魚具也。

郭璞曰、最大罟也、今江東云。

罬謂之罿罿罬也罬謂之罦罦覆車也罬、孫苦麥反、郭罕見反。罿、郭姜悅反。

孫炎曰、覆車網、可以掩兔者也。一物五名、方言異也。此見詩疏及邢疏。又左傳疏引孫炎云、覆車是兩轅網。與此小異。

郭璞曰、今之翻車也。有兩轅、中施罥以捕鳥。展轉相釋、廣異語。

鄭樵曰、此別網罟之異也。緵、子弄反。罟、網也。九罭、九囊之網、以簿爲魚笱、其功易、故號寡婦之笱也。罺、撩罟也、謂撩取之也。篧、士角反。罩、捕魚籠。槮、桑感反、聚柴木於水中以棲魚。羅、覆張之網也。罝罦羉、皆遮截之網。罦、音茅。羉、音鸞。罛、最大之網。覆車、翻車也、有兩轅、中施罥以掩鳥、一名罬、音壁、一名罿、音衝、一名罬、音拙、一名罦、音浮。自緵罟至此總釋之也。

古注合存

緵罟謂之九罭九罭魚罔也嫠婦之笱謂之罶罺謂之汕篧謂之罩槮謂之涔鳥罟謂之羅兔罟謂之罝麋罟謂之罦彘罟謂之羉

魚罟謂之罛，繴謂之罿。罿，罬也。罬謂之罦。罦，覆車也。緵音宗。罭音域。篗音離。笱音苟。罶音柳。罺音巢。汕，山上聲。篧音浞。罩音笊。槮音森。涔音岑。罝音嗟。罞音茅。羉音鸞。罛音孤。繴音璧。罿音衝。罬音拙。罦音桴。○此釋罟網之屬之名也。註曰：緵罟，今之百囊罟也，亦謂之罽，江東謂之緵。罶，毛傳云：曲梁也。謂以薄為魚笱也。汕，今之撩罟。罩者，捕魚籠也。槮者，積柴水中以藏魚，因以薄圍取之也。羅者，羅絡之。謂罝猶遮也。罞者，冒其頭也。羉者，幕也。罛者，最大罟也。繴、罿、罬、罦四者，轉相解。今之翻車，有兩轅，施罥以捕鳥也。疏曰：九罭，謂網有九囊也。詩豳風云：九罭之魚。又魚麗云：魚麗于罶。孫炎云：罶，曲梁也。其功易，故號之寡婦之笱，非寡婦所作也。南有嘉魚云：烝然汕汕。又云：烝然罩罩。李巡云：篧，編細竹為罩也。孫炎云：今楚篧也。無竹則以荊，故謂之楚篧。小爾雅云：魚之所息謂之㯯。㯯，槮也。周頌云：潛有多魚。潛、涔，古今字。罞言覆冒其頭，羉言幕絡其身也。罝以遮兔，周南云：肅肅兔罝。罛為大罟，詩碩人云：施罛濊濊，是也。愚按：王風云：有兔爰爰，雉離于羅。又云：雉離于罦。雉離于罿。罿、罬、罦三物相似，轉以相釋，或作一物者，非。又詩本謂張羅罿之屬以取兔，而雉反離之，此乃詩魚網之設，鴻則離之之義，故孫氏謂為掩兔之具，而註疏皆云用以捕鳥，亦失之矣。

注疏參義

王風雉離于羅。又云：雉離于罦。雉離于罿。三物相似，轉以相釋。或作一物者，非。又詩本謂張以取兔，而雉反離之，此卽魚網之設，鴻則離之之義，故孫氏謂為掩兔之具。而注疏皆云用以捕鳥，亦失之矣。姜上均說。

兔罟謂之罝，坊本上罟誤作罝，從禮記疏校。

罞，疏云：冒也。較注更明晰。

文選注：爾雅：䍡罟謂之羉。羉或作罠，音旻。

補注

鳥罟謂之羅【註】謂羅絡之。兔罟謂之罝【註】罝猶遮也。見詩。麋罟謂之罞【註】冒其頭也。彘罟謂之羉【註】羉，幕也。魚罟謂之罛【註】最大罟也。今江東云。繴謂之罿。罿，罬也。罬謂之罦。罦，覆車也。【註】今之翻車也。有兩轅，中施罥以捕鳥。展轉相解，廣異語也。

【正義】此釋羅網之異名。○王風云：雉離于羅。疏引李巡云：鳥飛張網以羅之。鄭註月令云：鳥罟曰羅網。高誘季春紀註云：羅，鳥網也。詩云：鴛鴦在梁，畢之羅之。說文云：羅以絲罟鳥也。古者芒氏初作羅。○兔罟謂之罝。太平御覽引舍人云：兔自作徑路，張罝捕之也。詩疏引李巡註與舍人同。鄭註月令云：獸罟曰罝罘。說文云：罝，兔网也。莊子外物篇：蹄者所以在兔。釋文云：蹄，兔罥也。又云：兔弶也，係其脚，故曰蹄也。○麋罟謂之罞。○麋為鹿之屬，捕鹿者或執其角，或掎其足，其用网者謂之罞。○彘罟謂之羉。○太平御覽引舍人云：彘，剛惡，人故張網以羅之也。羉本或作罠，說文云：罠，釣也。孟子云：又從而招之。趙岐註：招，罥也。孫奭音義云：罥謂羂其足也。是則說文以罠為釣，亦言維繫之也。○魚罟謂之罛。○上文已釋魚罟之異名，此又言其大者為罛也。說文云：罛，魚罟也。衛風碩人云：施罛濊濊。疏引李巡云：魚罟，捕魚具也。魯語云：水虞於是乎講罛罶。說文引作溝罛罿。○繴謂至車也。○罿者，王風兔爰云：雉離于罿。釋文引韓詩云：施羅于車上曰罿。罦者，說文云：䍖，覆車也。詩曰：雉離于䍖。䍖或作罦。說文又云：罬，捕鳥覆車也。罬或作輟。繴謂之罿，罿謂之罬，罬謂之罦，捕鳥覆車也。左傳疏引孫炎云：覆車，是兩轅網。詩疏引孫炎云：覆車網，可以掩兔者也。一物五名，方言異也。【註】謂羅絡之。○【正義】謂以網維絡之，若今人用小網張機以掩鳥也。說文云：䍐，覆鳥令不飛走也，讀若到。是其類也。○罝猶至見詩。○【正義】眾經音義引郭註云：罝，遮也。遮取兔也。與今本異。云見詩者，周南云：肅肅兔罝，是也。說文以罘為兔罟。○云最大至東云。【正義】詩釋文引馬融云：大魚網目大豁也。鱣鮪發發，魚著網，尾發發然。是罛為大網也。今南方以沉網為下罛也。○今之至異語。○【正義】兩轅可以網鳥，非但網鳥，亦可網獸。廣雅云：網謂之罟。罘，兔罟也。是獸罟曰罝罘，罘與罦一也。

正義

䍡罟謂之羉。後漢書馬融傳：罦罝羅羉。註：羉，䍡罔也。

校議

爾雅詁林　六　釋器

鳥罟謂之羅 謂羅絡之 兔罟謂之罝 罝猶遮也見詩 麋罟謂之罞 冒其頭也 彘罟謂之羉 羉幕也 魚罟謂之罛 最大罟也今江東云 繴謂之罿 罿罬也罬謂之罦罦覆車也 今之翻車也有兩轅中施罥以捕鳥展轉相解廣異語

說文云、罟、网也。羅、以絲罟鳥也。古者芒氏初作羅。詩兔爰傳鳥網爲羅、正義引李巡曰、鳥飛、張網以羅之。按、方言云、羅謂之離、離謂之羅。是羅離聲轉義同。故詩魚網之設、鴻則離之、離卽羅矣。○罝者、說文云、兔网也。詩兔罝正義引李巡曰、兔自作徑路、張罝捕之也。按、罝之言阻也。兔性狡而善逸、張者必於要路阻之也。說文、䍌、兔罟也。是罝又名䍌。䍌省作罘。月令注獸罟曰罝罘是也。顧氏炎武日知錄云、得兔忘蹏、蹏古罘字通、秸、蝙、騾、騠、兔罥也。然則罘又罝之異名矣。○罞者、冒也。郭云冒其頭、蓋網麋者必罥其角也。御覽八百卅二引舍人曰、麋有難制、張罞也。釋文、罞本或作茅、又音蒙。蓋茅叚借、蒙聲轉也。○羉者、郭云幕也、謂幕絡之。釋文、羉、又莫潘反。此音是也。羉幕一聲之轉。釋文又云、羉、本或作罠、亾巾反。罠羉亦聲轉也。網彘者必罥其足。孟子云、又從而招之、趙岐注、招、罥也。亦謂罥其足也。文選吳都賦云、罠蹏連網、劉逵注罠、麋網。廣雅云、罠、兔罟。說文又云、罠、釣也。其不同如此。張協七命云、布飛羉、張修罠。李善注引爾雅云、羉或作罠。又云、羉或爲羅。按、羉音力端反、則與羅聲轉。御覽引舍人曰、彘剛惡齕人、故張網而羅之也。然則舍人本羉蓋作羅矣。○罛者、魯語云、講罛罶。說文云、魚罟也。詩碩人正義引李巡曰、魚罟、捕魚具也。郭云、最大罟者。以上云緵罟是其小者、此罛最大、故別言之。○繴者、說文用爾雅。又云、罿、罬也。罬、捕鳥覆車也。俱本爾雅。罿罬讀若衝拙、亦聲相轉也。詩兔爰釋文引韓詩云、施羅於車上曰罿。罦者、說文作䍖、或作罦、云覆車也。引詩雉離于䍖。詩正義引孫炎曰、覆車網可以掩兔者也。一物五名、方言異也。郭云、今翻車有兩轅、中施罥者。月令正義引孫炎云、覆車是兩轅網。

義疏

鳥罟謂之羅 李注、鳥飛、張網以羅之。郭注、謂羅絡之。詩、雉離于羅。絲网鳥也。兔罟謂之罝 李注、兔自作徑路、張罝捕之也。郭注、罝猶遮也、見詩。罝、組也。絲麤于羅、必合紹爲之。麋罟謂之罞 舍人注、麋有難制、張罞也。郭注、冒其頭也。矛、蒙、冃、冢、冒、聲轉通用字。彘罟謂之羉 罠 舍人注、彘剛惡齕人、故張網而羅之也。郭注、羉幕也。彘、野豕、不可罟制、必羉其足也。羉从言絲、語不絕也。因謂挂罥爲羉、作罠者、仍罞之轉。魚罟謂之罛 李注、罛、捕魚具也。郭注、最大罟也、今江東云。詩施罛濊濊。瓜、孤也。大网絕江抓取之、不爲古形。繴謂之罿罿罬也罬謂之罦 䍖 罦覆車也 孫注、覆車网、可以掩兔者也、一物五名、方言異也。郭注、今之翻車也、有兩轅、中施罥以捕鳥、展轉相解、廣異語。繴、从辟、開也。罿、衝也。罬、綴也。罦、包也。詩、雉離于罿、雉離于罦、本二物、此明其通稱實異也。辟罿因其飛起而掩之、綴罦覆之、使不得飛。覆車若今鼠砣、繴則羅之異制。

集解

鳥罟謂之羅 羅从网維、謂以絲而維鳥也。詩兔爰雉離于羅、周禮大司馬羅弊致禽以祀祊、均指网鳥而言。兔罟謂之罝 罝、祖也、謂祖於羅。詩、肅肅兔罝。禮記月令、田獵罝罘羅網。麋罟謂之罞 罞、字本作茅、菅也。與霧通用。霧、天气下、地不應曰霧。霧、晦也。罞冒其頭、晦而不明、亦猶霧也。或若罞之正字即冒與。彘罟謂之羉 彘、豕也。後蹏廢謂之彘、引申爲野豕之偁。羉、字本作䜌、亂也。與孿通用。孿、係也、謂係其足、孟子所謂招之是也。野豕力大、非鳥兔可比、孿之即所以罟之也。或作罛者，與芀聲轉。吳都賦罛䍡連綱，字益借聯。**魚罟謂之罛**罛，大網也，从网瓜聲。瓜形圜而縢蔓亦網狀也。詩碩人施罛濊濊。魯語水虞于是乎講罛罶。或曰罛，呱也。說林罛者扣舟，則今之拍網是。**䍡謂之罿罿罬也**詩兔爰雉離于罿，又雉離于罦。此釋之也。䍡，辟也，開也。罿，通也。罬，綴也。罦，包也。䍡罿半網，罬罦全網，形狀各異，概言亦可通偁耳。**罬謂之罦罦覆車也**覆車謂如車覆，所謂車網是也。䍡則如綫緘之制。覆罦罿綫均疊韻。

義證

鳥罟謂之羅

註謂羅絡之[補正]邢疏李巡云鳥飛張網以羅之，詩王風云雉離于羅是也。

兔罟謂之罝 罝子余反

註罝猶遮也，見詩[補正]邢疏詩肅肅兔罝是也。李巡云兔自作徑路，張罝捕之也。

麋罟謂之罞 罞音蒙。

註冒其頭也

彘罟謂之羉 羉力端反。

註羉幕也[補正]臣鍌按後漢馬融傳罦罝羅羉，章懷太子註云羉，彘罔也。又太平御覽引舍人註云彘剛惡齕人，故張網以羅之。

魚罟謂之罛 罛工胡反。

註最大罟也，今江東云[補正]臣鍌按詩衛風施罛濊濊。魯語水虞於是乎溝罛罶，取名魚。

䍡謂之罿，罿罬也，罬謂之罦，罦覆車也 䍡卑覓反。罿昌凶反。罬姜悅反。罦音孚。

註今之翻車也，有兩轅，中施罥以捕鳥，展轉相解，廣異語[補正]臣鍌按說文云䍡謂之罿，罿謂之罬，罬謂之罦，捕魚覆車也。

郭注補正

彘罟謂之羉　注羉幕也

正曰，文選張景陽七命布飛羉張脩罠，李注爾雅彘罟謂之羉，羉或爲羅。御覽八百三十二引舍人注，彘剛惡齕人，故張网而羅之也。然則舍人注彼羉爲羅矣。郭注訓羉爲幕，無所取證。

正郭

兔罟謂之罝

罝猶遮也 遮取兔也 見詩

元應阿毗達磨俱舍論十五卷音義引爾雅兔罟謂之罝，郭璞曰罝，遮取兔也。出曜經三卷音義、中阿含經四十七卷音義、慧琳入楞伽經八卷音義俱引爾雅兔罟謂之罝，郭璞曰罝，遮也，遮取兔也。今本脫末四字，據補。

魚罟謂之罛

最大罟也今江東云

元應六度集經五卷音義引爾雅魚罟謂之罛，郭注曰罛，大網也。與今本異。

爾雅詁林　六　釋器

罬謂之罿罿罬也罬謂之罦罦覆車也

罿謂今之翻車也有兩轅中施罥以捕鳥展轉相解

廣異語罬音壁

慧琳廣弘明集十九卷音義引郭注爾雅云、罿謂今之翻車也。今據補罿謂二字。 文選西都賦注引爾雅罬謂之罿、郭璞曰罬音壁。今據補音。

郭注佚存補訂

鳥罟謂之羅兔罟謂之罝

說文云、羅以絲罟鳥也。古者芒氏初作羅。王風兔爰雉離於羅。正義引李巡云鳥飛張網以羅之。小雅鴛鴦畢之羅之。毛傳云於其飛乃畢掩而羅之。正義云、釋器云鳥罟謂之羅。月令云羅網畢翳羅則張以待鳥。畢則執以掩物。 罝者、說文云兔网也。周南兔罝肅肅兔罝。毛傳云兔罝、兔罟也。正義引李巡云、兔自作徑路、張罝捕之也。一切經音義引郭注云罝、遮也。遮取獸也、與今本異。

麋罟謂之罞彘罟謂之羉

說詳訂經。

魚罟謂之罛罬謂之罿罿罬也罬謂之罦罦覆車也

說文云、罛魚罟也。衛風碩人施罛濊濊。毛傳云罛魚罟。彼釋文云罛音孤、馬云大魚網目大豁豁也。正義引李巡曰罛、魚罟、捕魚具也。 罿者、王風兔爰雉離於罿。傳云罿罬也。韓詩云施羅於車上曰罿。 罦、說文作罬、云覆車也。詩曰雉離於罬。罬或作罦。罬、捕鳥覆車也。兔爰雉離於罦。傳云罦覆車也。孫炎云、覆車網、可以掩兔者也。一物五名、方言異也。

說詩

麋罟節註冒其頭也 也、監本誤此。 音榛桑感切 釋文云、郭霜甚疏蔭二切。

罞茅 茅誤茆。

疏孫炎云九罭 云、監本誤去。 云謂以薄為魚笱者 薄誤簿、下同。 故號之寡婦笱耳 脫故字。婦下誤衍之字。 皆謂捕魚是也 是、當具字誤。 聚積柴木於水中 脫木字。 積柴水中而魚舍焉 脫而字。焉誤也。 詩周頌云潛有多魚是也 周頌下當有潛篇二字。 王風云雉離于羅 王風下當有兔爰二字。 詩衛風云施罛濊濊 衛風下當有碩人二字。 云今之覆車者 今之二字當衍文。 雉離于罦 雉、監本誤難。

注疏正字

麋罟謂之罞

罞、釋文本或作茅。文選吳都賦注曰、罠、麋網也。或曰罞、罠之誤。予謂釋文音蒙、蒙、茅聲之轉也。若作罠、則下文之䍡又作罠，漫無區別矣。且張景陽七命布飛䍡，張條罠，明是二物，豈可合爲一耶。

彘罟謂之䍡 釋文，或作罠。罠與䍡合音相近，似可通叚。文選七命注䍡或云飛羅。鳥罟謂之羅，彘罟亦可謂之羅。然無明文可證。孟子又從而招之，趙注招，罥也。孫奭音義曰罥其足也。予謂䍡疑是羉字之誤，謂羉彘之足也。罥，羉之俗體。

小箋

兔罟謂之罝 釋文云兔又作菟。案菟俗兔字。

麋罟謂之罞 釋文云罞本或作茅。案說文网部無罞字，作茅是也。

彘罟謂之䍡 釋文云䍡本或作罠。案說文网部無䍡字。罠，說文訓釣，亦非此義。疑當作羉。說文羉，网也，从网从䜌，䜌亦聲。一曰綰也。孟子又從而招之，趙岐曰招，罥也。罥即羉字。說文所無。狂狷字亦作獧。

魚罟謂之罛

繴謂之罿，罿，罬也 說文糸部繴，謂之罿，罿謂之罬，罬謂之雹，捕鳥覆車也。

罬謂之罦，罦，覆車也 說文网部雹，覆車也，从网包聲。或从孚作罦。

匡名

鳥罟謂之羅 兔罟謂之罝 麋罟謂之罞音茆 彘罟謂之䍡音鑾 魚罟謂之罛 繴音璧謂之罿，罿，罬也 罬音拙 罬謂之罦，罦，覆車也 此釋羅網之名。說文，羅以絲罟鳥也，古者芒氏初作羅。小雅，畢之羅之。罝，兔网也。周南，肅肅兔罝。罞，郭註冒其頭也。捕鹿者或執其角，或掎其足，其用罔者謂之罞。䍡，或作罠。罠，釣也，謂維繫之也。罛，魚罟也。引詩施罛濊濊。魯語水虞於是乎講罛罶。罿義同爾雅。罬，罬也。罦，捕鳥覆車也。罦，覆車也。引詩雉離于雹，或从孚。釋文施羅于車上曰罿。孫炎云，覆車是兩轅網。

啓蒙

罞 茅 釋文，罞本或作茅。

當作冒或冢

䍡 羅 文選七命布飛䍡，李注引爾雅曰，彘罟謂之䍡。䍡或作罠。又云，劉逵吳都賦注曰，罠，麋網也。然張氏之意，蓋同劉說，䍡或爲羅也。案御覽八百三十二引舍人曰，彘剛惡，人故張網而羅之，則舍人本當作羅。

說文訓罠爲釣，而無䍡，則所見爾雅亦同舍人本。

黃侃評本正名

麋罟謂之罞。冒其頭也。 罞當作冒或冢。

彘罟謂之䍡。 孟子又從而招之，注招，罥也。音義曰罥其足也。罥，說文作羉。然則䍡即招罥之類。

魚罟謂之罛。最大罟也。今江東云。 罛之為言夵也，故云最大。說文夵，大也。字亦通孤。周禮冥氏掌設弧張，注弧張，罿罦之屬，所以扃絹禽獸，是則捕禽獸亦可名罛。

黃侃音訓

篧謂之罩 槮謂之涔 兔罟謂之罝 麋罟謂之罞

李巡本篧作籗，云，編細竹以爲羅，捕魚也。孫炎云，今楚篧。引見小雅嘉魚詩正義。說文作籱。竹部籱或省作籗。竹部籗 釋文，罩字又作䈇。釋器釋文 毛詩傳，潛，槮也，米旁參。周頌潛詩傳 小爾雅作櫓槮也、木旁槮。廣歟 字林作罧、山沁反。釋器釋文 說文作罧。云積柴水中以聚魚也、所今切。网部罧 周頌涔作潛、周頌潛 釋文小爾雅作櫓。亦音潛。釋器釋文 兔叉作菟。同、土故反。釋器釋文 說文、罟兔罟也。罝兔网也。网部罟罝 釋文、罙本或作苿。釋器釋文

槮謂之涔。注云、今之作槮者聚積柴木於水中、魚得寒入其裏藏隱、因以薄圍捕取之。釋文、槮、沈桑感反、謝背䠊反、郭霜甚疏蔭二反、爾雅舊文及詩傳並作米旁、小爾雅並作木旁、其文云、魚之所息謂之櫓、櫓、槮也、積柴水中而魚舍焉、郭因改米從木、字林作罧、山沁反、其義同。周頌潛詩傳云、潛、槮也。按、詩正義引釋器槮謂之涔、李巡曰、今以木投水中養魚曰涔、孫炎曰、積柴養魚曰槮。此槮從木之義。太平御覽八百三十四引犍爲舍人曰、以米投水中爲涔、此槮從米之義。考說文作罧、网部罧云、積柴水中以聚魚也、從网林聲、所今切。米部糂云、以米和羹也、一曰粒也、從米甚聲、桑感切。籀文從朁作糣。古文從參作糝。蓋積柴水中、以米撒之、故字從米。郭據小爾雅改糝爲槮、說文槮訓木長貌、非其義也。涔周頌作潛、正義云涔潛古今字。

彘罟謂之羉　魚罟謂之罛　罬謂之罦　罦覆車也

釋文、羉本或作罠。亡巾反。釋器釋文 說文、罠、釣也。网部罠 李巡注、罛魚罟。捕魚具也。引見衛風碩人疏。 說文、罬、捕鳥覆車也。网部罬 罬或作輟。网部輟 䍖、覆車也。引詩雉離于䍖。网部䍖 䍖或作罦。网部罦

證異

彘罟謂之羉

釋器彘罟謂之羉、釋文羉本或作罠。頤煊案、文選張景陽七命張修罠、李善注、爾雅曰、彘罟謂之羉、羉或作罠。說文、罠、釣也。義與爾雅合。說文無羉字。

讀爾雅録

兔罟謂之罝

輔行記引爾雅云、兔罟曰第、亦曰罝。案此必樊孫本。故玉篇罤下云兔網、蓋即本爾雅。日知錄、得兔忘蹏、謂蹏古罤字通。郝氏疑罤爲罝之異名、不知古本爾雅正作兔罟曰第也。罤第一字、兔罟多竹所爲、因而又从竹耳。邵郝皆未引輔行記、惜哉。

王仁俊日記

麋罟謂之罞

郭注、冒其頭也。邢疏無釋。陸釋文、罞、或作茅。元慶按、罞之作茅、爲叚借字、不待辨矣。然即作罞、亦非正字、以說文無罞篆也。竊謂尒疋之罞即說文之䍏。說文网部、䍏、网也。段若膺注篇韻皆曰、雉网。蒙按、此非雉网。詩兔爰章雉離于羅、雉離于罦、雉離于罿。羅爲鳥网、罦爲覆車、罿爲罬、皆非雉网。然指此爲雉网猶之可也、至謂䍏爲雉网、經典罕見有䍏字、果何所據而云然乎。䍏讀莫桮切、罞讀亡包切、塙係一聲之轉。麋罟爲罞義、取雙聲。麋罞爲雙聲字、麋䍏亦爲雙聲字、景純以冒其頭釋罞字、就从矛取義。釋名、矛、冒也、爲郭義之所本。不知䍏从每、每亦有冒義、史記伯夷傳索隱每者、冒也、非其據乎。然以此爲辨、猶恐未塙、今更就尒疋說文文義之連屬而互攷之。本文麋罟謂之罞、下即云彘罟謂之羉、是罞羉連文、羉字亦說文所無。嚴氏尒疋匡名曰羉或作罠、非是、疑當作䍝。今按、說文䍝篆下即列䍏字。䍝䍏連文、䍝訓网也、䍏亦曰网也。䍝爲彘罟、則䍏爲麋罟、益信說文之䍏䍝字、即尒疋罞羉二字。兩相印證、義無可疑。嚴氏

元照辨羉爲䍡，而於罦字不得其字，反以釋文作罞爲是，恐係一時失檢。邵正義、郝疏皆伸冒頭之訓，謂罔麋者當罥其角，而未辨罦爲俗字，其說恐有遺屚。蒙故證及罦字，聊備一說，以俟參攷焉。

蔣元慶日記

○注謂羅絡之○釋曰　注疏本刪作云謂羅絡之者。

○注罝猶遮也見詩○釋曰詩周南云　注疏本注改云，刪釋曰詩三字。

然則張罔遮兔　元本同。閩本監本毛本罔改網。

○注最大罟也今江東云○釋曰　注疏本注誤罛，云下增者，刪釋曰。

○注今之至異語○釋曰　注疏本改作云今之覆車者。

校勘記

嫠婦之笱謂之罶　毛本同。永懷堂本嫠作𡠾。案，說文嫠，从女，𠩺聲。𡠾嫠均誤。

兔罟謂之罝　永懷堂本毛本湘本同。明監本罟誤罝。

罺嘲　各本嘲作朝。釋文，罺側交反，作嘲是。

罟網也　明監本毛本湘本網作罔。案，下均作罔。罔字是。

今以木投水中　各本同。案，此說見詩潛正義，與此同。然投木於水，斷不能養魚，臧氏謂以木爲以米之誤，宜從。

其罔名羅羉幕也　明監本毛本湘本羅作羉，是。此誤。

孫炎云掩兔非也　明監本毛本湘本孫炎作孫氏，誤。

注疏校勘札記

二行（注）謂羅絡之○依郭注文例，今本「之」下蓋脫「也」字。

三行（注）罝猶遮也見詩○玄應《音義》卷七引注文有「遮取兔也」四字。《字鏡》「罝」下云：「菟罟謂之罝，罝即遮也，遮取菟也」。與玄應所引郭注同。

五行（注）今之翻車也有兩轅中施罥以捕鳥○原本《玉篇》糸部「䍧」下引此文作「今幡車也，有兩轅，中施罔以捕鳥也」。

宋監本校箋

兔罟謂之罝　罝猶遮也，見詩。罝，音嗟。麋罟謂之罞　冒其頭也。罞，音茆。彘音滯罟謂之羉　羉，幕也。羉，音欒。魚罟謂之罛　最大罟也，今江東云。罛，音孤。繴音壁謂之罿音衝　罿，罬音拙也。罬謂之罦音孚

音圖・音

羉，郭力端翻，音鑾。又莫潘翻，音近蠻。寒刪微別。本或作罠，亡巾翻，音民。互切。文選張協七命注引爾雅羉或作罠，音旻天。

繴，郭卑覓翻，音璧。陌錫韻微別。孫芳麥翻，敷滂輕重交互出切，音僻。又彼麥翻，音璧。此即改正卑覓翻也。罿，昌鍾翻，音衝。字林丑訛作上。凶翻，音近衝，而穿徹微別。罬，謝丁劣翻，端知隔標出切，音綴。詩釋文張劣翻，本母出切。郭姜悅九劣同。翻，音決。詩釋文姜雪翻同。又九劣翻，音決。不必重出。

音略

鳥罟謂之羅。兔罟謂之罝嗟。麋罟謂之罞茆。彘濛滯罟謂之羉鑾。魚罟謂之罛孤。繴壁謂之罿衝。罿罬拙也。罬謂之罦浮。罦覆副伏車也。

孫侶直音

麋罟謂之罞。茆懞

鳥罟謂之羅。謂羅絡之。兔罟謂之罝。罝猶遮也。嗟 麋

罞冒其頭也。罟謂之罦。茅 彘罟謂之羉。彘猶也羉幕也言幕絡其身也。鸞 魚罟謂之罛。罛最大罟也。孤 繴璧 謂之罿

衝 罿罬。拙 也。罬謂之罦。捊 罦覆車也。皆翻車小罔捕鳥者。

直音校正

罝 嗟 罞 茅又音蒙 羉 鸞 罛 姑

楊氏音訓

繴 璧 罿 衝 罬 輟 罦 敷又音浮

干氏音釋

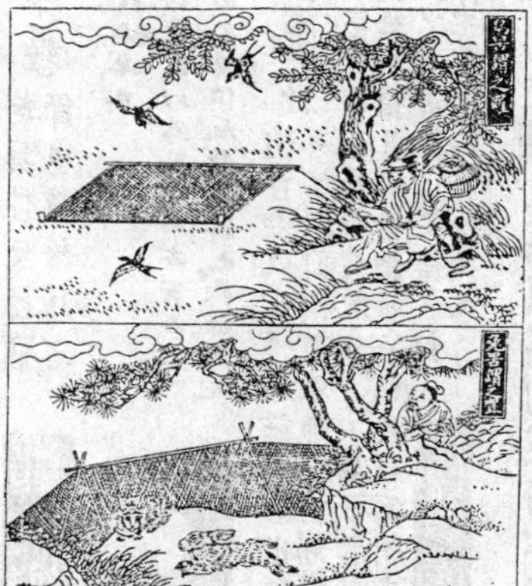

音圖·圖

絇謂之救

絇謂之救。救絲以爲絇。或曰亦罥名。

郭注

絇謂之救 釋曰、郭氏兩解、一云救絲以爲絇。絇、屨頭飾也。士冠禮曰玄端黑屨青絇、鄭注云絇之言拘也、以爲行戒、狀如刀衣鼻在屨頭。是也。或曰絇屨屬、小爾雅曰、舄而今絇也。一云亦罥名者、言此經絇亦罥罟之別名也。義疑故兩存焉。

邢疏

絇謂之救 絇、九遇反。釋文

孫音注

絇謂之救 絇、其俱反。釋文

謝音

絇謂之救以下釋器 絇、苦侯反。釋文

施音

衆家注

絇謂之救。或曰亦罥名。郭注 或曰絇、屨屬。邢疏

黃輯古義

絇謂之救。絇、九遇反。

孫音注

絇謂之救。絇、其俱反。

謝音

絇謂之救。絇、苦侯反。釋文

施音

玉函山房輯佚

絇謂之救 孫曰絇、九遇反。釋文

漢注

絇謂之救 郭璞云、救絲以爲絇、或曰亦罥名。

一切注音

絇謂之救 孫九遇反。釋文

蕙心案、郭注救絲以爲絇、或曰亦罥名。郭引或說、必爾雅舊注。

古注斠

絇 謝其俱反、孫九遇反、施苦侯反。

陸音義

絇○此下毛本有分音粉、官本從之。案、律謂之分、依注當讀如字、此又邢氏之妄增也。

音義攷證

絇謂之救

絇爲行戒、宜在動前。失而後救之、或不及矣。

新義

絇謂之救 絇、具位反、屨頭飾也。救絲爲之。

鄭樵注

絇謂之救 絇、孫九遇反。

郭璞曰、救絲以爲絇。或曰亦胃名。

鄭樵曰、絇具位反、屨頭飾也。救絲爲之。

古注合存

絇謂之救、絇音渠。○此釋屨飾之名也。註曰、救絲以爲絇、或曰亦胃名。疏曰、絇屨頭飾也。士冠禮云、黑屨青絇。鄭註云、絇之言拘也、以爲行戒、狀如刀衣鼻在屨頭是也。愚按、絇爲胃罟之名無所據。其爲屨飾所矣、但救絲爲絇之義、註亦未楚。味救乃救戒之意、當以行戒得名。救絲二字不知何所據也。

注疏參義

絇謂之救 註 救絲以爲絇、或曰亦胃名 正義 天官屨人云、青句。鄭註絇謂之拘、著舃屨之頭、以爲行戒也。士冠禮云、元端黑屨青絇繶純。鄭註絇之言拘也、以爲行戒、狀如刀衣鼻在屨頭。玉藻云、不屨絇。鄭註絇、履頭飾也。穀梁襄二十八年傳云、織絇邯鄲。小爾雅云、尊者曰達履、謂之金舃而金絇也。註 救絲至胃名。○ 正義 說文云、絇纑繩絇也、讀若鳩。釋文引施音苦侯反、故謂之救。釋文又引謝音其俱反、故鄭註作謂之拘。皆以聲爲義、聲又轉相通也。郭引或說以絇爲胃名、未詳。

正義

絇謂之救 救絲以爲絇或曰亦胃名

絇者、說文云、纑繩絇也、讀若鳩。玉篇云、又音衢。履頭飾也。周禮屨人青句注云、絇謂之拘、著舃屨之頭、以爲行戒。士冠禮青絇注云、絇之言拘也、以爲行戒、狀如刀衣、鼻在屨頭。然則鄭本爾雅作絇謂之拘。拘救聲轉。郭本作絇謂之救。救蓋俗聲。救之言糾也、糾繚斂聚之意。穀梁襄廿七年傳云、織絇邯鄲、是絇織絲爲之也。爾雅釋文、絇苦侯其俱二音。郭蓋苦侯反、與救相韵。絇拘竝从句聲、古讀句若鉤。此皆以聲爲義也。郭引或說亦胃名、蓋舊注之文。

義疏

救 今欄網也。絇纑繩絇也、與拘通用。拘、止也。救亦止也。欄網絕流、求止魚亦從而止。易隨拘係之、乃從維之。維、即羅係、即界拘、即絇也。

絇謂之

義證

絇謂之救 絇其俱反。

註 救絲以爲絇或曰亦胃名

郭注補正

絇謂之救 注救絲以爲絇或曰亦胃名

譯曰、王氏據廣雅於釋羅網之後、即云軥謂之輗、軥亦羅之屬、即以絇爲軥之借字。救與絇一聲之轉、謂从或說爲長。邵氏郝氏从注說屨頭飾、究無救名、況以救爲救絲、不得爲絇之別名、不可從也。

諍郭

絇謂之救

郭注救絲以爲絇或曰亦胃名。柏年案、蓋亦羅網之屬。救之爲言糾也、網之成糾合聚繚爲之。郝氏以糾繚爲屨頭飾則誤。救通作捄。漢書董仲舒傳將以捄溢扶衰、注捄古救字。詩有捄天畢、傳捄畢貌。畢所以掩兔者也。

補釋

絇謂之救音絇其俱切 俱誤具。

疏玄端黑屨青絇 屨誤履。 舃而金絇也 而、如也。案、小爾雅云屨謂之金舃云云。

注疏正字

絢謂之救〔救絲以爲絢，或曰亦罥名。〕　救讀若鳩，釋詁聚也，與拘爲聲轉。郭引或說者，廣雅釋器諸罔名下有軥謂之軦，音兒。一條。其釋詁篇云，軥軦，牽引也。絢之言鉤言拘，故有牽引之義。救、絲罥名，二說俱通，猶斛謂之鼪，田器挑匕二說俱通也。

黃侃音訓

絢謂之救，郭注云救絲以爲絢，或曰亦罥名。承珙案，廣雅其罥謂之欙、軥謂之軦，皆羅网取鳥獸之物。軥與絢同。謂之救者，大東有捄天畢，傳云畢所以掩兔。捄、畢貌。禮記大學注不能捄之，釋文捄本又作救。絢謂之救，或亦從其狀名之。史記天官書曰，畢曰罕車，主弋獵。廣雅軥从車，蓋罥施於車上者。釋天濁謂之畢，詩正義引孫炎作噣，云掩兔之畢或謂之噣。案噣救音亦相近。

胡氏古義

絢謂之救

絢謂之救，郭注救絲以爲絢，或曰亦罥名。邵氏正義、郭引或說以絢爲罥，未詳。頤煊案，救通作絿。說文、絿急也。郭注救絲卽急絲也。救又通作捄。詩大東有捄天畢，毛傳捄畢貌。畢所以掩兎，故或說以絢爲罥也。

讀爾雅録

絢謂之救。

邑案。絢當讀爲鉤。鉤絢同句聲。莊子胠篋篇云。鉤餌網罟罾笱之知多。則魚亂於下矣。陸釋云。鉤、釣鉤也。今本在笱字下云。笱、釣。釣鉤也。蓋音字下脫一字。彼下文又引爾雅嫠婦之笱。則必不以釣鉤釋笱。此絢正謂釣鉤。上文言捕魚之具未及釣鉤。故於此又言之。救諧求聲。凡諧求聲之字多鉤義。詩良耜篇云有捄其角、謂兩角之鉤也。泮水篇云。角弓其觩。觩卽狀角弓之貌。亦鉤意也。參見彼校。又如玉磬名球磬。亦鉤而不直。賕、以財枉法相謝。則亦不直之意也。然則釣鉤有救名。不亦宜乎。且求救亦通用。書盤庚篇器非求舊。漢石經求作救。救卽救字。古攴與攵。偏旁多通用。周禮大司徒職鄭注云。故書求爲救。急就三十一章賴救求解貶秩祿。顏師古注本求作救。然則絢謂之救。卽猶曰鉤謂之求。亦無不可。孟子梁惠王篇云猶緣木而求魚也。猶言猶緣木而鉤魚也。說文金部云。釣、鉤魚也。以靜字作動字用耳。郭注謂救絲以爲絢。則殆非。下文云。律謂之分。律當讀爲率。見王引之述聞。說文率部云。率、捕鳥畢也。則彼屬鳥言。卽此屬魚言。可知矣。郭又云。或曰亦罥名。則義近而猶未確。

校書

絢謂之救〔釋曰〕　注疏本删。

元端黑屨青絢　注疏本同。浦鏜云屨誤履。按義疏之文屨履往往相亂，無庸盡改。下文絢屨屬此本亦作履屬矣。

烏而今絢也　注疏本同。浦鏜云而、如也。

校勘記

絢謂之救　釋文絢、謝其俱反，孫九遇反，施苦侯反，今本俱、誤作具。

注疏本正誤

六行（注）救絲以爲絢或曰亦罥名○原本《玉篇》糸部「絢」下引此注「絢」下、「名」下均有「也」字。

宋監本校箋

絢〔音句〕謂之救

音圖・音

絢、謝其俱、翻音劬。孫九遇、翻音句。施苦侯、翻音摳。

音略

絢〔劬屨〕謂之救。

孫偘直音

絢〔渠〕謂之救〔絢屨頭飾也，或曰亦罥名。〕

楊氏音訓

絢〔劬〕

干氏音釋

律謂之分

律謂之分。〔律管可以分氣。〕

郭注

律謂之分　釋曰，律一名分。鄭注月令云，律、候氣之管也，以銅爲之。律歷志云，黃帝使伶倫氏自大夏之西、崐崘之陰，取竹之解谷，斷兩節間

爾雅詁林　六　釋器

爾雅詁林　六　釋器

而吹之以爲黃鍾之宮、制十二筩以聽鳳皇之鳴、其雄鳴則爲六律、雌鳴則爲六呂。陽管爲律、律、法也、言陽氣與陰氣爲法。鄭云律、述也、述氣之管、陰管爲呂。律歷志云呂、助也、言助陽宣氣。又云呂、拒也、言與陽相承、更迭而至。又陰律稱同、言與陽同也。揔而言之、陰陽皆稱律、故月令十二月皆云律中是也。以其分候十二月氣、故又名分。郭云律管可以分氣是也。

邢疏

律謂之分

孫炎云、作樂器大小稱十二律也。史記索隱八卷　郭璞云、律管可以分氣。

一切注音

律謂之分

律分輕重、麗于刑矣。

新義

律謂之分 律管可以分候。

鄭樵注

律謂之分　郭璞曰、律管可以分氣。鄭樵曰、律管可以分候。

古注合存

分當如字、不當音粉。言律管可以平分氣候。

補注

律謂之分 **註** 律管可以分氣 **正義** 春官典同掌六律六同之和、先鄭云、陽律以竹爲管、陰律以銅爲管、竹、陽也、銅、陰也、各順其性。後鄭云、律、述氣者也、同、助陽宣氣與之同、皆以銅爲之。又鄭註月令云、律、候氣之管、以銅爲之。初學記引蔡邕月令章句云、律、率也、截竹爲管謂之律、律者清濁之率法也、聲之清濁、以律長短爲度、律謂之分、言其長短有分度也、律之用銅用竹、先後鄭及蔡氏三說不同。孔穎達云、案律歷志量者、龠合升斗斛、本起黃鍾之龠、而五量加之、其法皆用銅、聲中黃鍾、以此準之、故此用銅也。**註** 律管至分氣○**正義** 鄭註月令云、凡律空九分。孔疏云、陰律稱同、言與陽同也、總而言之陰陽皆稱律、故十二月皆云律中也。中者應也。律管可以分氣、言律管可以分十二月之氣也、故後人謂

正義

律謂之分 律管可以分氣

王氏紹蘭爲余言律謂之分、此與上句皆胥名也。律乃率之偕音、分蓋紛之省文。律率古字通。說文云率、捕鳥畢也。分與紛、其音同。羽獵賦青雲爲紛、內則云左佩紛帨、是則紛亦通名。率謂之紛、蓋省文作分耳。

郭注望文生訓、其義非也。

義疏

絇謂之救律謂之分 經文

郝云、王氏紹蘭云絇謂之救、律謂之分、此二句皆胥名也、律乃率之借音、分蓋紛之省文、律率古字通、說文云率、捕鳥畢也、分與紛、其音同、羽獵賦青雲爲紛、內則云左佩紛帨、是則紛亦通名、率謂之紛、蓋省文作分耳、郭注望文生訓、其義非也。

按率、廣韻所律切、當讀如辰戌之戌、今轉音讀如索。或讀如所類切之帥、而通律者竟讀如律、皆非也。王氏謂律率古字通、又謂律乃率之借音、其說精矣。

經注集證

絇謂之救 絿糾 律 率帥 謂之分 紛帉

郭注、救絲以爲絇、或曰亦胥名。律管可以分氣。周官鄭注引拘謂之絇、屨頭飾也。詩、糾糾葛屨。又、不競不絿。絿、急也。絇狀如刀衣、鼻在前、糾糾然。司救糾通用字。書誕無我責、收收糾又同也。司馬相如賦青雲爲紛。率、捕鳥畢也。王紹蘭說律分卽率紛。律率通用。率帥又通用。帥本作帨、佩巾也。帉、大巾。詩、無感我帨兮。記、左佩紛帨。

集解

律謂之分　律，均布也。从彳，聿聲。與率通用。率，捕鳥畢也。象絲網，上下其竿柄也。分，爲也。鳥聚皃。捕鳥即所以聚鳥也。或曰分字借爲紛，馬尾韜也。形與率近，故通偁之。詩「悉率左右」，文選東京賦「悉率百禽」，均謂羅致。

義證

律謂之分

注律管可以分氣。補正邢疏以其分候十二月氣，故又名分。

郭注補正

律謂之分　注律管可㠯分气

正曰：漢書律厤志：「度者，本起黃鐘之長，一爲一分，十分爲寸，十寸爲尺，十尺爲丈，十丈爲引，而五度審矣。」黃鐘律數始於分，故云律謂之分。郭注於分字下沾一气字，謂律管可㠯分气，其說佀恐未碻也。

正郭

律謂之分　注律管可以分氣

諍曰：分氣者，乃言其用，非以分爲律之異名矣。不合書理。說者亦以爲罥名是也。孔氏經學卮言據唐高郢律筒賦「碧鮮之竹，採而爲筒，定名以律，式成厥功。厥功伊何，所指必捷，下彼高鳥，紛如墜葉」，是捕鳥器直名律。又據集韻有篳字，云竹管以射鳥，乃後人別加竹爲之，蓋以竹筒射鳥，筒形似律，故亦謂之律。王氏讀律爲率，以說文率爲捕鳥畢爲證，不知率之爲畢，象絲網，上下其竿柄，與律迥異，不足爲證。惟據說文紛，馬尾韜，讀分爲紛，蓋韜馬尾形，必似筒，爲律之異名，當可信也。

諍郭

絇謂之救律謂之分

說文云：「絇，纑絇也。讀若鴝。」今案：救之言糾也。魏風「葛屨糾糾」，葛屨毛傳云：「糾糾，猶繚繞也。」正義云：「天官屨人說屨舄之飾，有絇、繶、純。絇，織絲爲之。」糾繚，斂聚之意。律義詳訂經。

說詩

律謂之分音分音粉三字當衍文。

疏黃帝使伶倫氏自大夏之西崑崙之陰漢志無氏字。伶倫作泠綸。崑崙作昆侖。以聽鳳皇之鳴漢志無皇字。其雄鳴則爲六律，雌鳴則爲六呂志作其雄鳴爲六，雌鳴亦六。

注疏正字

絇謂之救律謂之分

郭釋上句曰：「救絲以爲絇，或曰亦罥名。」釋下句曰：「律管可以分氣。」家大人曰：爾雅言律謂之分，而郭云律管可以分氣，則迂回而失其本指。且如郭說，則此文當入釋樂，不當入釋器矣。今案：爾雅於釋罟之後，即云「絇謂之救，律謂之分」，二者蓋亦羅罔之屬。廣雅於釋羅罔之後，即云「軥謂之輗」，軥，曹憲音衢。輗，音皃。則軥亦羅罔之屬。軥之言鉤也，拘也。廣雅釋詁曰：「軥、輗，引也。」作絇者，借字耳。救與絇一聲之轉，或說以此爲罥名，是也。律讀爲率。說文曰：「率，捕鳥畢也。」玉篇山律、力出二切。畢，田罔也。畢或作罼。廣雅曰：「罼，率也。」是率亦羅罔之屬。作律者，借字耳。說詳廣雅疏證。

述聞

律謂之分。律管可以分氣。　郝疏用王氏紹蘭說：律謂之分，此與上句皆罥名也，律乃率之借音，分蓋紛之省文云云，因譏郭注爲望文生訓。王念孫說略同，引說文「紛，馬尾韜也」，釋名「紛，放也，防其放馳以拘之也」，紛與分義相近，郭注律管可以分氣，則義近於鑿，且於文不類。案：馬尾韜與捕鳥畢絶不相涉，青雲爲紛則旗旒也、左佩紛帨、則佩巾也、紛爲鳥畢、竟無明驗、而誣訾郭注、謂爲望文、毋乃鹵莽乎。必欲異郭、何不云律通作帥、分通作帉、皆佩巾也。

黃侃音訓

律謂之分。

𢘓案。此分字無義。疑爲必字之誤。必從八。分亦從八。篆文二字之形相類。因誤必爲分。必之言畢也。畢必二字古通用甚多。管子版法解往事畢登。宋本畢作必。戰國秦策四國必從。盧見曾刻本必作畢。說文八部云。爾、詞之必也。玉篇八部云。爾、詞之畢也。詞之必即詞之畢。畢者盡也。謂詞盡也。今本說文必下有然字。後人不知必即畢。誤以必然解之。遂妄增之。不知爾字爲語詞。正是盡意。無必然之意。又考工玉人記天子圭中必。鄭注云。必讀如鹿車縪之縪。縪蓋即畢之後出字。說文糸部云。縪、止也。訓縪爲止。是即畢盡之義矣。然則讀必爲縪。即讀必爲畢也。畢之本義爲田罔。說文華部云、畢、田罔也。然則縪之從糸。當亦以田罔爲義。此律謂之畢。正是田罔之畢。王引之述聞讀律爲率。甚是。特無解於分字之義。廣雅疏證據說文釋名紛字之說。說文。紛、馬尾韜也。釋名。紛、放也。防其放弛以拘之也。謂紛與分義近。郝懿行義疏稱王紹蘭說亦謂律乃率字之借音。分蓋紛之省文。則據羽獵賦及內則之紛字爲說。羽獵賦。青雲分紛。內則。左佩紛帨。胥爲牽湊。鄭獻甫愚一録遂因此而欲仍從舊說。郭注律管可以分氣。𢘓以分爲必字之誤。則此句乃無賸義矣。說文率部云。率、捕鳥畢也。廣雅釋器云。罼、率也。罼即畢字。然則畢即率。率即畢。故曰律謂之必。律謂之必。即率謂之畢也。必誤爲分。實無義可說。書盤庚篇云。汝分猷念以相從。彼分字亦不可解。疑亦必字之誤。則可以相例。未知然否。

又案。說文八部云。必、分極也。從八弋。分極之義與弋義遠。必字何以從弋。竊疑必之從弋。正是畢弋之弋。八象二鳥形。非八字也。果爾。則必之爲畢。直是必字之本義。律謂之必。律是率字之借。必初非借字也。率亦當以率爲象形。𠔁象罼鳥形。說見說文率部校。率與必。其取象正類。

校書

律謂之分○釋曰　注疏本删。

崐崘之陰　閩本監本毛本改崑崙。元本作崑侖。

校勘記

律謂之分注律管可以分氣。釋文於兩分字俱無音。今本分音紛、誤。

注疏本正誤

律謂之分注律管可以分氣　王念孫曰、律古通率字。說文、率、捕鳥畢也。郝義疏分與紛通、省文作分。羽獵賦青雲爲紛。蓋此句與上句皆胥名也。郭注非。

以聽鳳凰之鳴　明監本同。毛本湘本凰作皇。漢書律歷志鳳下無凰字。

注疏校勘札記

律謂之分　律管可以分氣。分、音粉。

音圖・音

律謂之分。粉

孫侃直音

律謂之分。律候氣之管可以分氣。

楊氏音訓

大版謂之業、繩之謂之縮之

大版謂之業、築牆版也。繩之謂之縮之。縮者、絢束之。詩曰、縮版以載。

郭注

大版至縮之　釋曰、此解詩云縮版以載也。大版名業、以繩束版謂之縮。注築牆版也　釋曰、孫炎曰、業所以飾栒、刻版捷業如鋸齒也。毛詩傳云、業大版也。所以飾栒爲縣也。捷業如鋸齒、或曰畫之。然則業者是樂縣之飾。郭必以爲築牆版者、以此文與縮之相連。詩云縮版以載、作者以類相從。縮既築牆所用之繩、則業是築牆之版明矣。散而言之、則業亦樂縣之飾、故詩大雅云虡業維樅、周頌云設業設虡、而毛鄭皆以爲大版所以飾栒爲縣也。注縮者至以載　釋曰、孫炎云、繩束築版謂之縮。然則縮者束物之名。用繩束版、故謂之縮。復言縮之、明用繩束之也。故云縮者約束之。云詩曰縮版以載者、大雅緜篇文也。

邢疏

大版謂之業

業所以飾栒、刻板捷業如鋸齒也。詩正義十六之五　邢疏

繩之謂之縮之

繩束築版謂之縮。詩正義十六之二　邢疏

孫音注

黃輯古義

大版謂之業

業所以飾栒、刻板捷業如鋸齒也。邢疏 詩大雅靈臺正義

繩之謂之縮之

繩束築版謂之縮。邢疏 詩大雅緜正義

孫音注

玉函山房輯佚

大版謂之業

業所以飾栒、刻版捷業如鋸齒也。同詩疏十六之五

繩之謂之縮之

繩束築板謂之縮。同詩疏十六之二

鉤沉

大版謂之業

孫曰、業所以飾栒、刻版捷業如鋸齒也。詩正義十六之五 邢疏

繩之謂之縮之

孫曰、繩束築版謂之縮。詩正義十六之二 邢疏

漢注

大版謂之業

孫炎云、業所以飾栒、刻版捷業如鋸齒也。詩正義十六之五卷

郭璞云、築牆版也。

繩謂之縮舊本作繩之謂之縮之。茲依詩正義十六之二卷引刪二之字。

孫炎云、繩束築版謂之縮。詩正義十六之二卷

郭璞云、縮者、約束之。詩曰、縮版以載。

一切注音

大版謂之業　孫炎曰、業所以飾栒、刻板捷業如鋸齒也。詩有瞽靈臺正義

繩之謂之縮之　孫炎曰、繩束築板謂之縮。詩緜正義

蕙心案緜詩毛傳、乘謂之縮。鄭箋、乘當爲繩。語正用爾雅。正義引作繩謂之縮、蓋古本如此。今本衍二之字。

古注斠

版布綰反。牒音業。本或作業。繩音乘。縮所六反。

陸音義

牒本或作業。邢本作業。○

音義攷證

大版謂之業

室家之好、宗廟之美、百官之富、自此始也。

繩之謂之縮之

巽爲繩直、繩直可伸亦可縮也。若矢直、不能矣。詩曰、其繩則直、縮版以載。所謂大器先自治者、此歟。

新義

大版謂之業繩之謂之縮之 業、築牆版。繩以縮之。

鄭樵注

大版謂之業

孫炎曰、業所以飾栒、刻版捷業如鋸齒也。

郭璞曰、築牆版也。

鄭樵曰、業、築牆版。

繩之謂之縮之

孫炎曰、繩束築版謂之縮。

郭璞曰、縮者、約束之。詩曰、縮版以載。

鄭樵曰、繩以縮之。

古注合存

律謂之分人版謂之業此釋樂器之名也。註曰、律管以分氣也。疏曰、以其分候十二月氣、又名分也。孫炎云業以飾栒刻版捷業如鋸齒也。詩靈臺云、虡業維樅。繩之謂之縮之。此釋版築之名也。註曰、縮者約束之也。詩緜篇云、縮版以載。疏曰、孫炎云繩束築版謂之縮

注疏參義

大版謂之業。孫炎以業爲所以飾栒乃樂懸之飾，不與下文繩之相連也。郭因詩有縮版以載，遂以爲築牆之版，要之。樂懸之飾，元有大版，則名業，而築牆亦有大版，名同義異，可以並存也。【補注】

大版謂之業【註】築牆版也。繩之謂之縮之【註】縮者約束之詩曰縮版以載【正義】業者，周頌有瞽云，設業設虡。大雅靈臺云，虡業維樅，毛傳，業，大板也，所以飾栒爲縣也，捷業如鋸齒，或曰畫之。鄭箋云，設大版於上，刻畫以爲飾。說文云，業，大版也，所以飾縣鍾鼓，捷業如鋸齒，以白畫之，象其鉏鋙相承也。繫傳云，謂筍虡上橫板也。釋名云，簨上之板曰業，刻爲牙，捷業如鋸齒也。詩疏引孫炎云，業所以飾栒，刻版捷業如鋸齒也。是孫註與毛詩義同也。縮者，詩疏引孫炎云，繩束築板謂之縮，毛傳作乘謂之縮，鄭箋以爲乘、聲之誤，當爲繩也。縮者，營其廣輪方制之正也，既正則以索縮其築板上下相承。說文云，繩，索也。大戴禮記四代篇云，巧匠輔繩而斵，此又言繩之懸也。詩疏引爾雅作繩謂之縮，與今本異。【註】築牆版也○【正義】文選註引郭氏三蒼解詁云，版，牆上下版，築杵頭鐵沓也。說文云，牏，築牆短版。是則短版謂之牏，大版謂之業矣。業本或作牃○縮者至以載○【正義】縮版以載。大雅緜文。孔疏云，縮者束物之名，用繩束板，故謂之縮。【正義】

大版謂之業繩之謂之縮之　史記趙世家城不浸者三版，註八尺曰版，管子寅合篇修業不息版，并謂築墻版也。　緜詩疏云，釋器繩謂之縮，據此今本多二之字。【校議】

大版謂之業築牆版也繩之謂之縮之縮者約束之詩曰縮版以載

說文云，版，判也。業，大版也，所以飾縣鍾鼓，捷業如鋸齒，以白畫之，象其鉏鋙相承也。釋名云，筍上之板曰業，刻爲牙，捷業如鋸齒也。詩靈臺及有瞽傳並云，業，大版也。正義引孫炎曰，業所以飾栒，刻版捷業如鋸

齒也。明堂位注，簨以大版爲之，謂之業。是鄭許孫劉諸家俱本毛傳，以爾雅之業爲樂縣之飾。築牆版，經典皆無業名。郭以下句相連，定爲築牆版，失其義矣。○繩者，說文云，索也。縮者，釋詁云，貉縮，綸也。是綸卽繩，繩卽縮也。詩緜正義引孫炎曰，繩束築版謂之縮。檀弓注，斬版謂斷其縮也，引詩縮版以載。蓋斬斷其束版之縮，故曰斷其縮也。詩緜傳用爾雅，作乘謂之縮，鄭箋、繂。正義引作繩謂之縮，是爾雅古本蓋如此。今本爾之字衍，宜據以訂正。汪氏中知新記云，注訓縮爲約束，非也。古人謂縮爲直，禮記古者冠縮縫，孟子書自反而縮是也。縮所以爲直，故謂之縮。【義疏】

大版謂之業　孫注，業所以飾栒，刻版捷業如鋸齒也。郭注，築牆版也。版从反，象平阪形。業从丵，象版上丵嶽，以縣鐘磬。繩之謂之縮之　詩傳作乘謂之縮。孫注，繩束築版謂之縮。詩縮版以載，其繩則直。縮猶進也。記縮二橫三，因爲直名繩。又爲戒穾乘，故危也。【集解】

大版謂之業　上經云，業，大。此則以爲大版名，縣鍾鼓者。詩有瞽，設業設虡。靈臺，虡業維樅。管子宙合，退身不舍端，修業不息版，則又以版爲習書備者。繩之謂之縮之　繩縮均釋爲直，故通偁之。繩，索也，所以直物者。縮，亂也，謂治絲而成繩也。易說卦，巽爲繩直。詩，其繩則直，縮版以載。儀禮士喪，絞橫三縮一，縮對橫言，則縮亦直也。詩傳引乘謂之縮，以乘爲繩之借字耳。【義證】

大版謂之業釋文云，本或作牃。

【註】築牆版也【補正】邢疏，孫炎曰，業所以飾栒，刻板捷業如鋸齒也。毛詩傳云，業，大版也，所以飾栒爲縣也。

爾雅詁林　六　釋器

繩之謂之縮之

注縮者約束之詩曰縮版以載補正邢疏以繩束版謂之縮縮既築牆所用繩則業是築牆所用之版。

郭注補正

繩之謂之縮之。詩其乘則直縮版以載毛傳乘謂之縮鄭箋乘聲之誤當爲繩是以爾雅改正詩文也然毛亦據爾雅不言字異是古乘繩字通按今詩直作其繩者非。

錢氏古義

大版謂之業　注築牆版也

正曰郝戶部義疏云說文丵部業大版也所吕飾縣鐘鼓捷業如鋸齒吕白畫之象其鉏鋙相承也詩曰巨業維樅詩大雅靈臺虡業維樅毛傳業大版也鄭箋設大版於上刻畫吕爲飾正義釋器大版謂之業孫炎曰業所吕飾栒刻版捷業如鋸齒也周頌有瞽設業設虡毛傳業大版也所吕飾栒爲縣捷業如鋸齒也禮記明堂位夏后氏之龍簨虡鄭注簨吕大版爲之謂之業釋名釋樂器筍上之版曰業刻爲牙捷業如鋸齒也文選張平子西京賦負筍業而餘怒薛注當筍下爲飛獸吕背負又吕板置上名爲業東京賦設業設虡薛注業栒上板刻爲牙齒捷業然許鄭孫劉薛諸家悉本毛傳吕爾雅大版之業爲樂縣之飾經典中未見有築牆版名業者郭注失其義矣。

繩之謂之縮之　注縮者約束之詩曰縮版吕載

正曰詩大雅緜其繩則直縮版吕載毛傳乘謂之縮鄭箋乘當爲繩正義釋器繩謂之縮孫炎曰繩束築版謂之縮爾雅孫注本無爾之字但繩謂之縮與毛鄭所見本合蓋爾雅此句爲釋詩而設詩止云繩不云繩之止云縮不云縮之則孫注本無爾之字是也郭注本誤衍爾之字。

正郭

繩之謂之縮之

縮者約束之也詩曰縮版以載

詩緜正義引釋器云繩謂之縮郭璞曰縮者縛束之也今據補也字。

郭注佚存補訂

大版謂之業

說文云版判也業大版也所以飾縣鐘鼓捷業如鋸齒以白畫之象其鉏鋙相承也大雅靈臺虡業維樅毛傳云業大版也箋云虡也栒也所以縣鐘鼓也設大版於上刻畫以爲飾正義云孫炎曰虡栒之植所以縣鐘磬也郭璞曰縣鐘磬之木植也名爲虡謂橫牽者爲栒栒上加之大版爲之飾孫炎又云業所以飾栒刻板捷業如鋸齒也其縣鐘磬之處又以彩色爲大牙其狀隆然謂之崇牙言崇牙之狀樅樅然周頌有瞽設業設虡崇牙樹羽

傳云業、大版也、所以飾栒為縣也、捷業如鋸齒、或曰畫之、植者為虡、衡者為栒、崇牙上飾卷然、可以縣也。郭注謂業為築牆版、與此異義。

繩之謂之縮之

此釋大雅緜文也。其繩則直、縮版以載、毛傳云乘謂之縮。鄭箋云繩者、營其廣輪方制之正也、既正則以索縮其築版、上下相承而起、乘聲之誤、當為繩也。彼釋文云繩如字、本或作乘、案經作繩、傳作乘、箋云、傳破之乘字、後人遂改經文。正義云孫炎曰繩束築版謂之縮、郭璞曰縮者、縛束之也、然則縮者束物之名、用繩束築版、故謂之縮、爾雅復言縮之、明縮用繩束之也。今案正義引爾雅繩謂之縮、無兩之字。

說詩

大版謂之業

郭注、築牆版也。各家皆以為所以飾縣鐘鼓、捷業如鋸齒、引詩巨業維樅為證。柏年案物不嫌同名、捷業名版、築牆者、亦得名版也。下云繩謂之縮、則明釋詩縮版以載句、自當訓為築牆版。至于飾縣鐘鼓、當為釋樂文、不應見于釋器也。

補釋

大版謂之業　業、釋文作牒。

疏以繩束版謂之縮　束、監本誤東。　故詩大雅云虡業維樅　大雅下當脫臺二字。虡、監本誤。　周頌云設業設虡　周頌下當脫有瞽二字。　用繩束版故謂之縮　繩誤縮。從詩疏挍。

注疏正字

大版謂之牒　釋文云牒本或作業。石經單疏本作業。詩正義十六之五、十九之三、廣韻三十三業引作業。案說文片部無牒字。詩作業。徐養原曰、說文丵部業、大版也、所以飾縣鐘鼓、捷業如鋸齒、以白畫之、象其鉏鋙相承也、从丵从巾、巾象版、詩曰巨業維樅、然則業為大版、乃其正訓、今人以事業學業為業、乃加片作牒、以為大版、謬之甚也。此與上律謂之分、皆當入釋樂篇、錯出於此。郭以大版為築牆版、亦非。　詩正義十九之三引作板。

繩之謂之縮之　正義云詩疏十六之二引作繩謂之縮。元照案、詩疏既引爾雅及孫郭注、又云爾雅復言縮之、明縮用繩束之也。

匡名

絇音鳩謂之救律謂之分大版謂之業繩之謂之縮之

說文、絇、纑繩也。郭註、救絲以為絇。玉藻不屨絇、註、絇、屨頭飾也。律詳釋言。鄭云、陽律以竹為管、陰律以銅為管、竹、陽也、銅、陰也、各順其性。蔡邕云、律、率也、截竹為管謂之律、律者清濁之率法也、聲之清濁長短以律為度、律謂之分、言其長短有分度也。郭註、律管可以分氣、言可以分十二月之氣也。

版、判也。郭註、築墻版也。大雅虡業維樅、傳、業、大版也。繩詳釋訓。縮、亂也、一曰蹴也。註、物不申曰縮、縮則亂、不申者申之則直、故治縮曰縮也。

大雅、縮版以載。詩疏引爾雅作繩謂之縮。

啓蒙

爾雅詁林　六　釋器

牃 業 釋文。牃本或作業。案詩傳。業。大版也。牃蓋涉版而譌。今本作業。

黃侃評本正名

絇謂之救 大版謂之業 繩之謂之縮之

周禮注作絇謂之拘。天官屨人注 釋文業作牃。云、本或作業。毛詩傳、業、大板也。周頌有瞽詩傳 詩正義引作繩謂之縮。大雅緜詩正義 孫炎注、繩束築板謂之縮。引見緜詩正義。毛詩傳作乘謂之縮。緜詩傳

絇謂之救、注云救絲以爲絇。釋文、絇、謝其俱反、孫九遇反、施苦侯反。邵氏曰、說文絇、纑繩絇也、讀若鳩、釋文載施乾音苦侯反、故謂之救、釋文又載謝嶠音其俱反、故鄭氏周禮注作謂之拘、皆以聲爲義、聲又轉相通也。希槐按、尙書共工方鳩僝功、說文引虞書曰旁逑僝功、又作旁救僝功。救與鳩通、故說文絇讀若鳩。絇救同物同音。

證異

大版至縮之○釋曰 注疏本刪。

○注築牆版也○釋曰 注疏本刪釋曰。

然則業者 元本者誤之。閩本改作乃、監本毛本承之。

○注縮者至以載○釋曰 注疏本但有注縮者三字。

用繩束版 元本同。閩本監本毛本繩誤縮。

云詩曰縮版以載者 元本同。閩本監本毛本云改注。

校勘記

繩之謂之縮之注約束之 案、詩緜傳引爾雅乘謂之縮、鄭箋乘、當作繩。正義引作繩謂之縮。郝義疏、今本兩之字疑衍。約束之、正義引作縛束之。

注疏校勘札記

七行繩之謂之縮之○《詩・緜》《正義》引作「繩謂之縮」，原本《玉篇》「縮」下引作「繩之謂之縮・」案《詩・緜》「其繩則直，縮版以載」，《毛傳》曰：「言不失繩直也．乘之謂之縮．」（今本乘下無之字，此據原本《玉篇》繩下引）《鄭箋》云：「乘，聲之誤也，當爲繩．」《爾雅》與《毛傳》語相同．今本「縮」下衍「之」字，當據原本《玉篇》改正．

八行(注)縮者約束之詩曰縮版以載○《詩・緜》《正義》引作「縮者縛束之也．」原本《玉篇》糸部「縮」下引作「縮者約束之名也．《詩》云：縮板以載 是也．」

宋監本校箋

乘

大版謂之業。繩之謂之縮之。

孫侶直音

大版謂之業。業築牆版也。繩之謂之縮之。以繩束版謂之縮。

楊氏音訓

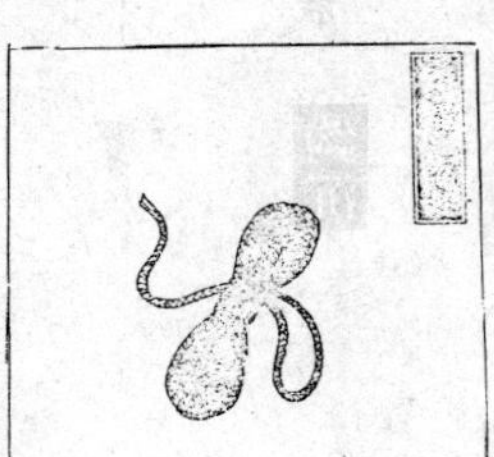

音圖・圖

彝卣罍器也小罍謂之坎

彝、卣、罍、器也。皆盛酒尊。彝其總名。小罍

謂之坎。罍形似壺、大者受一斛。

郭注

彝卣罍之坎　釋曰、別酒尊大小之異名也。彝、其揔名。彝者、法也、與諸尊爲法。司尊彝云雞彝鳥彝斝彝黃彝虎彝蜼彝是也。卣者、下云卣、中尊也。孫炎云尊彝爲上、罍爲下、卣居中。郭云不大不小者、是在罍彝之閒、卽周禮犧象壺著大山等六尊是也。罍者、尊之大者也、卽周禮司尊彝云皆有罍諸臣之所酢是也。案禮圖云六彝爲上、受三斗、六尊爲中、受五斗、六罍爲下、受一斛。故異義罍制、韓詩說金罍大夫器也、天子以玉、諸侯大夫皆以金、士以梓。毛詩說金罍酒器也、諸臣之所酢、人君以黃金飾尊、大一碩、金飾龜目、蓋刻爲雲雷之象。謹案韓詩說天子以玉、經無明文。謂之罍者、取象雲雷博施、如人君下及諸臣。又司尊彝云皆有罍諸臣之所酢、注云罍亦刻而畫之、爲山雲之形。言刻畫則用木矣。故禮圖依制度云刻木爲之。韓說言士以梓、士無飾、言其木體、則以上同用梓而加飾耳。毛說言大一碩、禮圖亦云大一斛、則大小之制尊卑同也。雖尊卑飾異、皆得畫雲雷之形、以其云罍取於雲雷故也。是彝卣罍三者、皆爲盛酒器也。其罍之小者別名坎。

邢疏

彝卣罍器也

卣、皀之罇也。春秋正義十六

李注

彝卣罍器也

尊、彝爲上、罍爲下、卣居中也。書正義二十 春秋正義十六　邢疏

小罍謂之坎

酒罇也。詩正義十三之一

孫音注

黃輯古義

彝卣罍器也

卣、皀之罇也。春秋僖十八年正義

李注

彝卣罍器也

尊、彝爲上、罍爲下、卣居中也。邢疏 書文侯之命正義 春秋僖二十八年正義

小罍謂之坎

酒罇也。詩小雅蓼莪正義

孫音注

玉函山房輯佚

小罍謂之坎

酒罇也。孫注 詩疏十三之一

卣

皀之罇也。李注 宋本春秋疏十三

鉤沉

彝卣罍器也

李曰、卣、皀之罇也。春秋正義十六

孫曰、尊、彝爲上、罍爲下、卣居中也。書正義二十 春秋正義十六 邢疏

小罍謂之坎

孫曰、酒罇也。詩正義十三之一

漢注

彝卣罍器也

李巡云、卣、皀之尊也。左傳正義十二卷　孫炎云、罍、酒罇也。詩正義十三之一卷　郭璞云、皆盛酒尊、彝其總名。

小罍謂之坎

郭璞云、罍形如壺大者受一斛。

一切注音

彝卣罍器也　李巡曰、卣、皀之器也。左僖二十八年傳正義　孫炎曰、尊、彝爲上、罍爲下、卣居乎中也。詩卷耳

爾雅詁林　六　釋器

小罍謂之坎　孫炎曰、酒尊也。詩蓼莪正義 **古注斠**

卣 由酉二音、下同。罍 音雷。盛 音成。尊 本又作罇、酒器也。又作樽、同。案曹憲文字指歸檢字無此從缶從木者。說文云字從酋寸、酒官法度也。今之尊卑從此得名、故尊亦爲君父之稱。揔 尊董反。坎 口感反。斛 平卜反。 **陸音義**

揔○邢本作總、是正體。 **音義攷證**

彝卣罍器也

斯可以謂之器矣。孔子曰、女器也。

小罍謂之坎

大罍、震也。小罍爲坎、而已。小罍無蓋、以施爲事。 **新義**

彝卣罍器也小罍謂之坎　皆盛酒之尊、彝爲上尊、卣爲中尊、罍爲下尊。坎、其小者耳。 **鄭樵注**

彝卣罍器也

李巡曰、卣、鬯之罇也。

孫炎曰、罇、彝爲上、罍爲下、卣居中也。阮邢疏此注、疑在下。然據左傳二十八年傳疏、則當在此。

郭璞曰、皆盛酒尊、彝其總名。

鄭樵曰、皆盛酒之尊、彝爲上尊、卣爲中尊、罍爲下尊。

小罍謂之坎

孫炎曰、酒罇也。

郭璞曰、罍形似壺、大者受一斛。

鄭樵曰、坎、其小者耳。 **古注合存**

彝卣罍器也小罍謂之坎　卣音酉、又音由○此亦釋禮器之名也。註曰、罍形似壺、大者受一斛。疏曰、卣、下文云中尊也。周禮司尊彝云、掌六彝六尊之名物。又云、皆有罍。禮圖云、六彝爲上、受三斗、六尊爲中、受五斗、六罍爲下、受一斛 **注疏參義**

周禮疏云、彝爲上、卣卽犧象之屬、爲中、罍爲下。司尊彝與爾雅同。按左傳正義引孫炎曰、罇、彝爲上、罍爲下、卣居中、卽此說也。 **補注**

彝卣罍器也 **註** 皆盛酒尊彝其總名 小罍謂之坎 **註** 罍形似壺大者受一斛 **正義** 此別酒尊大小之異名也。下文云、卣、中尊也。左傳疏引孫炎云、尊彝爲上、罍爲下、卣居中。周禮疏亦云、彝爲上、卣卽犧象之屬、居中、罍爲下也。坎爲小罍之名也。○彝卣罍器也○彝者、春官小宗伯辨六彝之名物、以待果將、後鄭註云、六彝、雞彝鳥彝斝彝黃彝虎彝蜼彝。又鄭註尚書云、虞夏以上、虎蜼而已。明堂位云、夏以雞彝、殷以斝、周以黃目。賈公彥云、虎蜼當是有虞氏之尊、雞彝是夏法、斝彝是殷法、黃彝是周法。司尊彝謂彝皆有舟。禮象云、彝有舟以盛鬯、猶尊有罍以盛酒。舟宜若後世酒船、稍加大爾。三禮圖云、雞彝受三斗、斝彝畫嘉禾、虎彝畫虎於尊、盛明水、鳥彝黃、彝蜼彝盛鬯。禮記疏云、彝法也、與餘尊爲法也。卣者、大雅江漢云、秬鬯一卣、毛傳卣器也。孔疏云、春官鬱人掌和鬱鬯、以實彝而陳之、則鬯當在彝、而詩及尚書左傳皆云秬鬯一卣者、當祭之時乃在彝、未祭則在卣、賜時未祭、故卣盛之。案、鄭註鬯人云、卣、中尊、謂犧象屬、是犧尊象尊皆爲卣也。博古圖云、犧尊象牛、鑿背爲尊、象尊全體作象形、而開背爲尊。周語云奉其犧象是也。罍者、鬯人云社壝用大罍、鄭註大罍、瓦罍。明堂位云、山罍、夏后氏之尊也。周南卷耳云我姑酌彼金罍、毛傳人君黃金罍。孔疏引許愼五經異義云、罍制、韓詩說金罍、大夫器也、天子以玉、諸侯大夫皆以金、士以梓、毛詩說金罍、酒器也、諸臣之所酢、人君以黃金飾、尊大一碩、金飾龜目、蓋刻爲雲雷之象。謹案、韓詩說天子以玉、經無明文。謂之罍者、取象雲雷博施、如人君下及諸臣。又司尊彝云皆有罍、諸臣之所酢、註云罍亦刻而畫之、爲山雲之形。言刻畫則用木矣。故禮圖依制度云刻木爲之。韓詩說言士以梓、士無飾、言其本體、則以上同用梓而加飾耳。毛說言大一碩、禮圖亦云大一斛、則大小之制、尊卑同也。雖尊卑飾異、皆得畫雲雷之形、以其名罍、取於雲雷故也。○小罍謂之坎○坎卦爻詞云、尊酒簋貳、用缶。

爾雅詁林　六　釋器

詩疏引鄭注云、爻辰在丑、丑上值斗、可以斟之、象斗上有建星、建星之形似簋、貳副也、建星上有弁星、弁星之形又如缶、天子大臣以王命出會諸侯、主國尊於簋、副設元酒以缶。是坎卦爻辰有酒器之象、故小罍爲坎。【注】皆盛至總名。○【正義】詩疏引孫炎云、罍、酒罇也。郭注本孫炎。說文云、櫑、龜目酒尊、刻木作雲雷象、象施不窮也。櫑或作罍。左傳疏引李巡云、卣、鬯之尊也。案、犧尊象尊皆爲卣、可以盛酒、故云皆盛酒尊也。彝其總名者、說文云、彝、宗廟常器也、與爵相似。書序云、武王邦諸侯、班宗彝、作分器。左氏昭十五年傳云、能薦彝器於王。是其總名也。○罍形至一斛。○【正義】此以大罍證小罍之制也。鄭注儀禮云、以壺爲尊、罍亦謂之尊、其形相似也、罍之大者、受一斛。與三禮圖同。

【正義】

彝卣罍器也 皆盛酒尊彝其總名 **小罍謂之坎** 罍形似壺大者受一斛

器者、當篇之總名。獨於此言器者、尊彝、禮器莫尚、故獨擅器名也。彝者、說文云、宗廟常器也。小宗伯辨六彝之名物以待果將。餜饋。六彝者、雞彝鳥彝斝彝黃彝虎彝蜼彝也。序官司尊彝注、鬱鬯曰彝、賈疏云同是酒器、但盛鬱鬯與酒不同、故異其名。然則尊彝爲祼神之器、故專器名。明堂位正義云、彝、法也、與餘尊爲法、故稱彝。是其義也。○卣者、詩秬鬯一卣、毛傳卣、器。左氏僖廿八年正義引李巡曰、卣、鬯之器也。然則卣亦鬯器、以非祼時所用、故次於彝。鬯人云廟用修、鄭注修讀曰卣、卣、中尊、謂獻象之屬。司尊彝釋文、卣、本亦作攸。然則攸與修皆卣之通俗矣。○罍者、詩泂酌傳、祭器也。說文作櫑、云龜目酒尊、刻木作雲雷象、象施不窮也。或从缶作罍。按櫑从木、則以木爲之。故詩卷耳正義曰、禮圖依制度云刻木爲之。韓詩說言士以梓是也。罍从缶、則以瓦爲之。故鬯人云社壝用大罍、鄭注大罍瓦罍是也。然亦有金玉爲之者。卷耳正義引異義罍制、韓詩說金罍大夫器也、天子以玉、諸侯大夫皆以金、士以梓。毛詩說金罍酒器也、諸臣之所酢、人君以黃金飾尊、大一碩、金飾龜目、蓋刻爲雲雷之象。又云、雖尊卑飾異、皆得畫雲雷之形、以其名罍、取於雲雷故也。又云、毛說言大一碩、禮圖亦云大一斛、則大小之制、尊卑同也。邢疏引禮圖云、六彝爲上、受三斗、六尊爲中、受五斗、六罍爲下、受一斛。左傳正義引孫炎曰、尊彝爲上、罍爲下、卣居中也。按此篇下云卣中尊也、卣旣居中、故知彝爲上、罍爲下。○坎者坑也、猶言空也。樂器有空篌、一曰坎侯、一曰空侯。名罍之意、蓋亦取中空爲義也。易坎云、尊酒簋貳用缶。是坎有酒器之象。詩蓼莪正義引孫炎曰、酒罇也、是坎爲酒罇。言小於罍、則受實不及一斛。

【義疏】

彝卣罍器也 李注卣、鬯之器也。郭注皆盛酒尊、彝其總名。

罍器、當配櫑之器也。彝以盛祼鬯、卣以盛賜鬯、榮賜則竝卣陳之、不易尊也。有鬯則必設罍、象施不窮、異於尊之有禁、故云櫑器。郭注、罍形似壺、大者受一斛。

小罍謂之坎 詩坎坎鼓我、謂因祭而燕也。蓋不畫雲雷而畫水、亦象不窮。

【集解】

彝卣罍器也 彝、宗廟常器也。引申爲盛祼鬯器之偁。周禮小宗伯辨六彝之名物以待果將是也。卣、字本作卣、草木實垂卣卣然、象形、與舟通用。舟、船也、亦祼器也。諸侯用以盛賜鬯。禮記王制諸侯賜圭瓚然後爲鬯。書文侯之命、用賚爾秬鬯一卣。詩江漢、秬鬯一卣。是卣爲盛賜鬯明矣。周禮或以脩爲之、鬯人廟用脩、脩即卣舟也。罍、字一作櫑、龜目酒尊、刻木作雲雷象、象施不窮也。或从缶作罍。周禮大罍瓦爲者也。毛詩金罍木爲者也。罍尊並設、與彝舟並設同。司尊彝故云皆有舟。又云、皆有罍、彝卣罍施用各別、而此云彝卣爲罍器者、通偁之也。儀禮鄭注以壺爲尊、意與此同。

小罍謂之坎 詩宛丘坎其擊缶、斥缶聲言罍、亦缶也。云坎者、因聲而命名也。或曰、坎、陷也。禮祭月于坎、祭寒祭山谷均于坎、蓋皆用小罍、故以名之。周禮鬯人社壝用大罍、反之則爲坎云。

【義證】

彝卣罍器也

〔注〕皆盛酒尊彝其總名也〔補正〕臣鑾按、周官小宗伯、辨六彝之名物、以待果將、辨六尊之名物、以待祭祀賓客。鄭康成云、六彝、雞彝鳥彝斝彝黃彝虎彝蜼彝。

爾雅詁林 六 釋器

鄭司農云、六尊獻尊象尊壺尊著尊大尊山尊。又鬯人凡祭祀社壝用大罍、廟用脩、註云大罍、瓦罍脩讀曰卣卣中尊、謂獻象之屬。禮器云、廟堂之上、罍尊在阼、犧尊在西。明堂位、泰有虞氏之尊也、山罍夏后氏之尊也、著殷尊也、犧象周尊也。是以郭氏謂彝其總名。陳祥道謂尊亦謂之彝、彝亦謂之尊。鄭康成又云、尊者彝爲上、罍爲下。聶崇義云、彝受三斗、尊受五斗、罍受一斛。賈公彥云、祼用彝、朝踐饋獻用尊、罍則諸臣所酢。是彝爲上、罍爲下、尊爲中也。盖周官有大罍、爾雅有小罍、盖所以辨其等威、非謂其容受也。

小罍謂之坎

註罍形似壺大者受一斛。補正 臣鑒按、說文云櫑或从缶作罍、龜目酒尊、刻木爲雲雷象、施不窮也。又按、罍亦盛水。大射禮設洗于阼階東南、罍水在東是也。

郭注補正

彝卣罍器也　注皆盛酒尊彝其總名

正曰、左僖二十八年傳、秬鬯一卣。正義、釋器彝卣罍器也、孫炎曰、鐏彝爲上、罍爲下、卣居中。與下文卣中尊也句合。彝與卣與罍、有大中小之分、無所謂總名也。郭注乃云彝其總名、則周禮春官小宗伯辨六彝之名物、何以卣罍不在數中邪。

正郭

彝卣罍器也

皆盛酒尊彝其摠名

釋文云、尊本又作鐏、又作樽。案曹憲文字指歸檢字無此從缶從木者。釋文云、摠尊蓳反。仿宋本雪牕本元本同、單疏本作揔、明注疏本作總。

郭注佚存補訂

彝卣罍器也小罍謂之坎

彝者、說文云宗廟常器也。孫炎云、尊彝爲上、罍爲下、卣居中也。卣者、大雅江漢秬鬯一卣、毛傳云卣器也。彼釋文云、卣中尊也。本或作攸。鬯人云廟用修、鄭注云修讀曰卣。鄭義云、案春官鬱人掌和鬱鬯、以實彝而陳之、則鬯當在彝、而此及尚書左傳皆云秬鬯一卣者、當祭之時乃在彝、未祭則在卣、賜時未祭、故卣盛之。罍者、說文作櫑、云龜目酒尊、刻木作雲雷象、象施不窮也。或從缶作罍。周南卷耳、我姑酌彼金罍。彼釋文云、罍酒鐏也。韓詩云、天子以玉飾、諸侯大夫皆以金、黃飾、士以梓。禮記云、夏曰山罍、其形似壺、容一斛、刻而畫之爲雲雷之形。正義云、韓詩說天子以玉、經無明文、謂之罍者、取象雲雷博施、如人君下及諸臣、又司尊彝云皆有罍、諸侯之所酢、注云罍亦刻而畫之爲山雲之形、言刻畫則用木矣、故禮圖依制度云刻木爲之、韓詩說言士以梓、士無飾、言其木體、則以上同用梓、而加飾耳、毛說言大一碩、禮圖亦云大一斛、則大小之制、尊卑同也、雖尊卑飾異、皆得畫雲雷之形、以其名罍、取於雲雷故也。小雅蓼莪維罍之恥、傳云瓶小而罍大。孫炎云罍、酒尊也。大雅泂酌可以濯罍、傳云罍、祭器。正義云春官司尊彝四時之祭皆有罍、卷耳我姑酌彼金罍、則饗燕亦有罍。　坎者、陳風宛丘坎其擊缶。疏云坎、卦六四樽酒簋貳用缶、鄭注云爻辰在丑、丑上值斗、可以斟之象、斗上有建星、建星上有弁星、弁星之形如缶、天子大臣以王命出會諸侯、主國尊於簋、副設玄酒以缶。則缶是酒器也。坎之爻辰有酒器之象、故曰小罍謂之坎。

說詩

彝卣節疏諸臣之所酢是也 酢、周禮作昨、註昨讀爲酢、字之誤也。 六罍爲下受一斛 斛誤斗。從三禮圖校。 金飾口目 口誤龜。從續通解校。 言刻畫則用木矣 畫、監本誤盡。 韓詩說言士以梓 脫詩字。從詩疏校。 以其名罍云云 名誤云。

注疏正字

彝卣罍器也　說文無卣字。近長洲江氏聲撰尚書今注以篆書寫定、校栞其於洛誥秬鬯二卣寫作卣。元照案說文、七上卣、艸木實垂卣卣然、象形、讀若調。與此義無涉。又案、卣有二音、不過由酉之異。攷江漢之詩、卣與人田命年爲韻、若如今讀、則不諧矣。以愚見揆之、此字僅存其義、而形與聲皆失其傳。徐養原曰、卣當作𠧪。說文乃部𠧪从乃卤聲、讀若攸。牧敦有𠧪字、即𠧪也。諸家皆讀爲卣。江漢詩卣字可不入韻、不必泥也。　說文木部櫑或从缶作罍。　周禮注引春官司尊彝。

小罍謂之坎　說文、匚部⿷匚贛、小桮也、从匚贛聲。或从木作⿰木贛。元照案、坎即⿷匚贛也。說文夊部引詩竷竷舞我、今詩竷作坎、是其例也。

匡名

彝卣罍器也小罍謂之坎　此釋酒尊之名。說文、彝、宗廟常器也、从糸、糸、綦也、廾持米、器中寶也、彑聲、此與爵相似、周禮六彝、以待祼將之禮。明堂位、夏以雞彝。　孫炎云、尊彝爲上、罍爲下、卣居中。大雅、秬鬯一卣。櫑、龜目酒尊、刻木作雲雷象、象施不窮也。或从缶、或从皿。周南、我姑酌彼金罍。　坎卦、尊酒簋貳、用缶。坎卦爻辰有酒器之象、故小罍爲坎。

啓蒙

彝卣罍器也。皆盛酒尊、彝其總名。　卣、卤之變體、酉之叚借。嚴元照說此字形聲皆失傳、徐養原說卣當作𠧪、皆非。

黃侃音訓

小罍謂之坎　坎當讀爲⿷匚贛。說文、小桮也、从匚贛聲。桮、⿷匚贛桮也。此轉相訓。贛聲坎聲在八部。方言、盂、椷、盞、温、閜、㮎、盪、桮也、自關而東趙魏之間曰椷、或曰盞、或曰温。段氏謂椷

爾雅詁林　六　釋器

即釃音、同字。俊案咸聲在七部。七部多與八部字合、均見段表。

王仁俊日記

小罍謂之坎

案鼎卦下巽上離、象鼎、故以名鼎。初陰爲足、二三四陽爲腹、五陰爲耳、上陽爲鉉也。坎卦上下皆坎、而小罍以此名者、初陰爲足、二陽爲底、三四陰爲腹、五陽爲頸、六陰爲口、與罍之形亦相類也。鼎以陽爲腹而坎以陰爲腹者、鼎就外充言之、坎則就其內虛言耳。必以名小罍者、說文坎陷也。蓋平中微陷者謂之坎。平中之陷、其不大且深可知、故後漢杜篤傳彼埳井之潢汙、固不容夫吞舟、章懷注埳井喩小也。埳與坎同、見晉書音義下。

董瑞椿日記

小罍謂之坎。孫云、罍、酒罇也。郭云、罍形似壺、大者受一斛。邵晉涵云、坎卦爻辰有酒器之象、故小罍爲坎。楷案坎者、釃字之假音也。說文釃小栝也。栝、釃也。廣韻釃音感、即本音與坎音近、故相借。說文引詩竷竷舞我、今詩伐木作坎坎鼓我、釃之通作坎、即其例。方言槭栝也。段玉裁云、槭即許之釃、音同字異。然則釃又通作槭矣。邵說附會。

稗疏

彝其揔名 雪牕本元本同。釋文亦作揔。單疏本作摠。與揔同。閩本監本毛本改總。

彝卣至之坎○釋曰 注疏本删。

受一斛 注疏本斛作斗。

金飾龜目 注疏本同。浦鏜云、續通解作口目。

校勘記

彝卣罍器也釋文卣、由酉二音、下同。今本僅取一音、非是。

注疏本正誤

故異議罍制 明監本毛本湘本議作義。案此引許氏五經異義文也。作義是。

毛詩言大一碩 明監本毛本湘本詩作說。案說承上、毛詩以上韓說證之。作說是。詩誤。

注疏校勘札記

彝卣音由 罍器也

音圖・音

彝卣酉由 罍雷 器也。

孫侶直音

彝皆盛酒尊。彝其總名。卣酉 罍器也。小罍謂之坎。罍形似壺。小者別名坎。

楊氏音訓

卣酉又音由 罍雷

干氏音釋

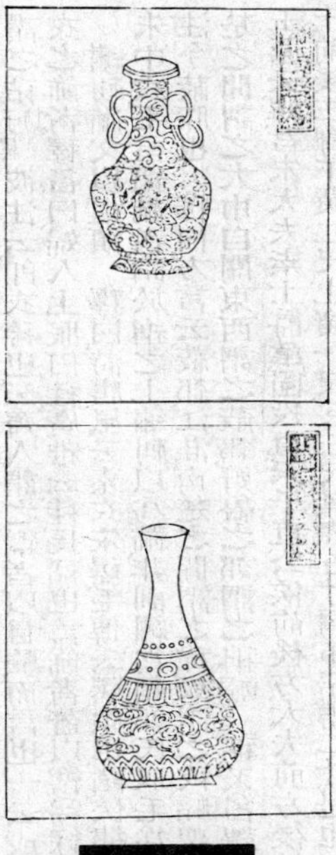

音圖・圖

爾雅詁林 六 釋器

衣裗謂之䙹黼領謂之襮緣謂之純袕謂之褮衣眥謂之襟衱謂之裾衿謂之袸佩衿謂之褑執衽謂之袺扱衽謂之襭衣蔽前謂之襜婦人之褘謂之縭縭緌也裳削幅謂之纀

衣裗謂之䙹。衣縷也。齊人謂之攣。或曰袿衣之飾。黼領謂之襮。繡刺黼文以褗領。緣謂之純。衣緣飾也。袕謂之褮。衣開孔也。衣眥謂之襟。交領。衱謂之裾。衣後裾也。衿謂之袸。衣小帶。佩衿謂之褑。佩玉之帶上屬。執衽謂之袺。持衣上衽。扱衽謂之襭。扱衣上衽於帶。衣蔽前謂之襜。今蔽膝也。婦人之褘謂之縭，縭，緌也。即今之香纓也。褘邪交落帶繫於體，因名爲褘。緌，繫也。裳削幅謂之纀。削殺其幅，深衣之裳。

郭注

衣裗至謂之纀　釋曰、此別衣服之異、名也。云衣者、目之也。裗、一名䙹。刺繡黼文於衣領名襮。衣之緣飾名純。禮記深衣云、衣純以繢、衣純以青之類是也。袕、衣開孔也、名褮。說文云、褮、鬼衣也。衣眥名襟、謂交領也。方言云、衿謂之交是也。衱一名裾、即衣後裾也。衿、衣小帶也、一名袸。士昏禮曰、施衿結帨是也。佩下之帶名褑。衽、裳際也。手執持其衽名袺、扱衽於帶名襭。詩周南云、薄言袺之、薄言襭之是也。衣之蔽前者名襜。婦人之香纓名褘、又謂之縭。縭、緌也。緌猶繫也、取繫屬之義。衣下曰裳。削、殺也。裳削殺其幅者名纀、謂深衣之裳也。　注衣縷至之飾　釋曰、此郭氏兩解。一云衣縷也、本或作褸。（音縷）方言云、褸謂之衽。又謂之袺。（子侯切）彼注云、即衣衿也。云齊人謂之攣者、以目驗而言也。一云或曰袿衣之飾者。釋名曰、婦人上服曰袿。廣雅云、袿、長襦也。言飾者、蓋以繒爲緣飾耳。　繡刺黼文以褗領　釋曰、詩唐風云、素衣朱襮、毛傳云、襮、領也、諸侯繡黼丹朱中衣。毛言繡黼者、謂於繒之上繡刺以爲黼、非訓繡爲黼。郭氏取毛爲說也。　注今蔽膝也　釋曰、方言云、蔽厀、江淮南楚之間謂之褘、或謂之祓、（音沸）魏宋南楚之間謂之大巾、自關東西謂之蔽厀、齊魯之郊謂之衻。（昌詹切）襦又名韠。禮記玉藻云、韠、君朱、大夫素、士爵韋。圜殺直、天子直、公侯前後方、大夫前方後挫角、士前後正。韠下廣二尺、上廣一尺、長三尺、其頸五寸、肩革帶博二寸是也。　注即今至繫也　釋曰、孫炎云、褘、帨巾也。郭云、即今之香纓也。褘交絡帶繫於體、因名爲褘。緌、繫也。此女子既嫁之所著、示繫屬於人、義見禮記。曲禮云、女子許嫁纓。及內則云、衿纓是也。詩云、親結其縭、謂母送女、重結其所繫著、以申戒之。孫炎以褘爲帨巾、失之也。　注削殺其幅深衣之裳　釋曰、案深衣目錄云、稱深衣者、以餘服則上衣下裳不相連、此深衣衣裳相連、被體深邃、故謂之深衣。案深衣篇云、制十有二幅、以應十有二月。鄭注云、裳六幅、幅分之、以爲上下之殺。故云削殺其幅、深衣之裳也。其深衣製度、禮記具焉。

邢疏

衣眥謂之襟

衣眥、衣領之襟。詩正義四之四

扱衽謂之襭

扱衣上衽於帶。詩正義一之三　郭同。

衣蔽前謂之襜

衣蔽前、衣蔽膝也。詩正義十五之二　郭云、今蔽膝也。

李注

黼領謂之襮

繡刺黼文以褗領。詩正義六之一　毛詩李黃集解十二　郭同。

衣眥謂之襟

爾雅詁林　六　釋器

襟、交領也。詩正義四之四 顏氏家訓書證篇 讀詩記八 六書故三十一

衿謂之袸

袸音荐。釋文

執衽謂之袺

持衣上衽。詩正義一之三 郭同。

婦人之褘謂之縭

褘、帨巾也。詩正義八之二 邢疏

孫音注

黼領謂之襮

襮音博。郭注 御覽六百八十九

袕謂之褮

袕音穴。褮音營。郭注 御覽六百八十九

衱謂之裾

裾居、渠二音。釋文

衿謂之袸

衿、又音紟，郭同今鉗二音。袸、辭見反。釋文

執衽謂之袺

袺、居黠反。釋文

衣蔽前謂之襜

襜、方言作裨、郭同、昌占反。釋文

郭音義

衿謂之袸

袸、徂悶反。釋文

謝音

衿謂之袸以下釋器

衿、渠鴆渠金二反。釋文

顧音

衣梳謂之裞

或曰袿衣之飾。郭注 梳音旒。裞音霓。御覽六百八十九

衱謂之裾

衱、居業切。御覽六百八十九

扱衽謂之襭

襭音頡。御覽六百八十九

婦人之褘謂之縭

文選思玄賦及琴賦注竝引爾雅作婦人之徽謂之縭。

衆家注

黃輯古義

衣眥謂之襟

衣眥衣領之襟。詩鄭風子衿正義

扱衽謂之襭

扱衣上衽於帶。詩周南芣苢正義

衣蔽前謂之襜

衣蔽前、衣蔽膝也。詩小雅采菽正義

李注

衿謂之袸、音荐。

婦人之褘謂之縭

褘、帨巾也。邢疏、詩豳風東山正義

黼領謂之襮

繡刺黼文以褗領。詩唐風揚之水正義

衣眥謂之襟

襟、交領也。詩鄭風子衿正義、顏之推顏氏家訓書證篇

執衽謂之袺

持衣上衽。詩周南芣苢正義

孫音注

衱謂之裾、居渠二音。釋文

衿謂之袸。衿又作紟、同、今鉗二音。袸、辭見反。

執衽謂之袺、居結反。

衣蔽前謂之襜、昌占反。釋文、幨本或作襜、作袡、郭同。

郭音義

衿謂之袸、徂悶反。

謝音

衿謂之袸。衿、渠鴆渠金二反。釋文

顧音

玉函山房輯佚

黼領謂之襮

繡刺黼文以褗領。同毛詩李黃集解十二

衣蔽前

衣蔽膝也。同詩疏十五之二

婦人之褘

褘、帨巾也。孫注詩疏八之二

衣眥謂之襟

衣眥、衣領之襟。李注詩疏四之四

襟、交領也。孫注讀詩記八六書故三十一

執衽謂之袺

持衣上衽。同

扱衽謂之襭

扱衣上衽於帶。李注蓋詩疏一之三

鉤沉

黼領謂之襮

孫曰、繡刺黼文以褗領。詩正義六之一郭同

衣眥謂之襟

李曰、衣眥、衣領之襟。詩正義四之四

孫曰、襟交領也。詩正義四之四、顏之推家訓書證篇

衿謂之袸

孫曰、袸音荐。釋文

執衽謂之袺

孫曰、持衣上衽。詩正義一之三郭同。

扱衽謂之襭

李曰、扱衣上衽於帶。詩正義一之三郭疏

衣蔽前謂之襜

李曰、衣蔽前、今蔽膝也。詩正義十五之二郭同。案、今舊訛作衣。茲從郭注校正。

婦人之褘謂之縭

孫曰、褘、帨巾也。詩正義八之二 邢疏

漢注

衣裗謂之視

郭璞云、衣縷也、齊人謂之攣。或曰袿衣之飾。

黼領謂之襮

孫炎云、繡刺黼文以爲襮領。詩正義六之一卷 李黄集解十二卷 詩

郭璞云繡刺黼文以襮領。

緣謂之純

郭璞云、衣緣飾也。

袕謂之褮

郭璞云、衣開孔也。

衣眥謂之襟

李巡云、衣眥衣領之襟。詩正義四之四卷 孫炎云、襟交領也。讀禮記八卷 六書故三十一卷 郭璞云交領。

袸謂之裾

郭璞云衣後裾也。

衿謂之袸

郭璞云衣小帶。

佩衿謂之褑

郭璞云、佩玉之帶上屬。

執衽謂之袺

孫炎云、持衣上衽。詩正義一之三卷 郭璞云、持衣上衽。

扱衽謂之襭

李巡云、扱衣上衽於帶。詩正義一之三卷 郭璞云、扱衣上衽於帶。

衣蔽前謂之襜

李巡云、衣蔽前衣蔽膝也。孫炎云衣蔽膝也。並詩正義十五之二卷 郭璞云、卽今蔽膝也、言襜襜然前後出也。今本但作今蔽膝也。據一切經音義六引增九字。

婦人之褘謂之縭縭緌也

孫炎云、褘帨巾也。詩正義八之二卷 郭璞云、卽今之香纓也。褘邪交落帶繫於體因名爲褘。緌繫也。

裳削幅謂之纀

郭璞云、削殺其幅、深衣之裳。

一切注音

黼領謂之襮　孫炎曰、繡刺黼文以爲襮領。詩素衣正義

衣眥謂之襟　李巡曰、衣眥衣領之襟。　孫炎曰、襟交領也。並詩子衿正義

衿謂之袸　衿孫今鉗二音　袸郭辭見反孫音荐釋文

執衽謂之袺　孫炎曰持衣上衽。詩芣苢正義　郭居黠反。釋文

扱衽謂之襭　李巡曰扱衣上衽於帶。詩芣苢正義

衣蔽前謂之襜　李巡曰、衣蔽前衣蔽膝也。詩采綠正義　孫炎曰衣蔽膝也。

婦人之褘謂之縭　孫炎曰褘帨巾也　詩東山正義

蕙心案、文選思玄賦琴賦注竝引爾雅作婦人之徽謂之縭。徽者、褘之借字。

古注斠

衣蔽前謂之襜。

襜即今之蔽膝也。

一切經音義卷九十八廣弘明集十三「蔽襜」下引據頻伽藏本海印寺本及白蓮社本大正藏本並作「郭註」。

森案毛詩小雅采綠「不盈一襜」，孔疏引李巡曰「衣蔽前、衣蔽膝也」，是鄭氏此註義本李巡，郭璞註云「今蔽膝也」，又本鄭註。

鄭玄注稽存

裗力求反。本又作旒。視五兮反、又五啓反、又五結反、俱謂襟也。褸又作蔞、落侯反。攣力專反。袿音圭。重繒為飾。飾音式。黼音甫。袊本又作領、音同。襮音捕、又方沃反。刺七亦反。褗音偃、又作𧜞、衣領也。緣悅絹反、注同。純之閏反、又章允反。袕胡決反、又一音術。褮胡扃反、又於營反。眥子細反、又子兮反。衱居怯反。裾郭居、渠二音。衿謂又作紟、郭同、今鉗二音。顧渠鳩、渠金二反。袸郭辭見反、孫音薦、謝徂悶反。褑子眷反。埤蒼云、佩紟也。上襡音蜀、後注同。上、持掌反。執至入反。衽而甚反、杜預云、裳際。袺音結。郭居黠反。扱楚洽反。襭胡結反、廣雅云、懷也。蔽必袂反。襜本或作襝。方言作𧝙、郭同、昌占反。膝音悉。幃本或作褘、又作徽、同。暉、韋二音。縭力知反。緌汝誰反。邪字亦作衺、似嗟反。削息略反。幅甫服反。纀音卜。殺所例反、又色戒反。

陸音義

褸又作褸。○褸舊譌僂、今改正。衿○邢本作領。襜○邢本作襝。幃○邢本作褘。

音義攷證

黼領謂之襮

上見威斷、愧于冕矣、若冕在扆、在裳、在席。

緣謂之純

莊子曰、純也者、謂其不虧其神也。若羔裘豹飾而羔之神故在。

袕謂之褮

若捉衿而肘見。天子不得臣、諸侯不得友、是褮也、非恥也。

衣眥謂之襟

眥無見焉、于是時禁預矣。

衱謂之裾

思及前焉、方來也。

衿謂之袸、佩衿謂之褑

今急詞也。見存為今。佩背矣。故詩言子衿先子佩。

執衽謂之袺

扱衽謂之襭

芣苢以樂有子、雖凶猶無忌、據扱衽不入公門。

衣蔽前謂之襜

有為而至、易曰、求而往明也。

婦人之褘謂之縭

韋之也、乃以麗之。宋共姬女而不婦、失是矣。

縭緌也

緌委蛻之名、所謂纓緌。纓有屬也、緌蛻之。

裳削幅謂之纀

裳削幅、臣道不備矣。

新義

衣裗謂之視，黼領謂之襮，緣謂之純，衱謂之褮，衣眥謂之襟，衱謂之裾，衿謂之袸，佩衿謂之褑，執衽謂之袺，扱衽謂之襭，衣蔽前謂之襜，婦人之褘謂之縭，縭緌也，裳削幅謂之纀。

鄭樵注

此別衣服之異也。裗音流。視音倪，衣縷也，謂縫也。黼領，刺繡斧文於衣領。襮音博。緣余絹反，邊際緣飾也。衱音穴，衣開孔也，謂鬼衣也。褮音營，襟交領也。衱音劫。裾衣後裾也。衿衣小帶也。袸音荐。褑音院，佩玉之帶也。衽、裳際也。執謂執於手。扱謂扱於帶間。襜、蔽膝也，一名韠。褘、婦人香纓也，邪交絡帶繫於體。緌、繫也。纀音卜，深衣之裳削殺其幅。

衣裗謂之視

郭璞曰、衣縷也，齊人謂之攣。或曰衣之飾。

黼領謂之襮

孫炎曰、繡刺黼文以褗領。

郭璞曰繡刺黼文以褗領。

緣謂之純

郭璞曰、衣緣飾也。

衱謂之褮

郭璞曰、衣開孔也。

衣眥謂之襟

李巡曰、衣眥、衣領之襟。

孫炎曰、襟、交領也。

郭璞曰、交領。

衱謂之裾 裾、郭居、渠二音。

郭璞曰、衣後裾也。

衿謂之袸 衿、郭今、鉗二音。袸、孫昔荐，郭辭見反。

郭璞曰、衣小帶。

佩衿謂之褑

郭璞曰、佩玉之帶上屬。

執衽謂之袺 袺、郭居黠反。

孫炎曰、持衣上衽。

郭璞曰、持衣上衽。

扱衽謂之襭

李巡曰、扱衣上衽。

郭璞曰、扱衣上衽於帶。

衣蔽前謂之襜 襜、郭昌占反。

李巡曰、衣蔽前、衣蔽膝也。

郭璞曰、今蔽膝也。

婦人之褘謂之縭縭緌也

孫炎曰、褘、帨巾也。

郭璞曰、即今之香纓也。褘、邪交落帶繫于體，因名爲褘。緌、繫也。

裳削幅謂之纀

郭璞曰、削殺其幅，深衣之裳。

鄭樵曰、此別衣服之異也。裗音流。視音倪，衣縷也，謂縫也。黼領刺繡斧文於衣領。襮音博。緣余絹反，邊際緣飾也。衱音穴，衣開孔也，謂鬼衣也。褮音營，襟交領也。衱音劫。裾、衣後裾也。衿、衣小帶也。袸音荐。褑音院，佩玉之帶也。衽、裳際也。執謂執于手。扱謂扱於帶間。襜、蔽膝也，一名韠。褘、婦人香纓也，邪交絡帶繫於體。緌、繫也。纀音卜，深衣之裳，削殺其幅。自衣裗至此總釋之也。

古注合存

衣裗謂之視，黼領謂之襮，緣謂之純，衱謂之褮，衣眥謂之襟，衱謂之裾，衿謂之袸，佩衿謂之褑，執衽謂之袺，扱衽謂之襭，衣蔽前謂之襜，婦人之褘謂之縭，縭緌也，裳削幅謂之纀。裗音流，視音倪，襮音博，緣音□，純音準，衱音穴，褮音營，眥音才細反，衱音劫，袸音賤，褑音院，衽音任，袺音結，扱音揷，襭音挈，褘音暈，縭音離，緌音蕤，纀音卜。○此釋衣服之異名也。註曰。視衣縷也。齊人謂之攣。或云袿衣之飾也。襮者。繡文。以襮領也。純者。衣緣也。褮者。衣開孔也。襟者。衣交領。裾者。衣後裾也。袸者。衣之小帶。褑者。佩玉之帶下屬也。掎衣之上衽曰袺。扱衣上衽於帶曰襭。襜者。蔽膝也。褘者。香囊也。邪交落帶繫於體因名爲褘。緌之言繫也。纀者。深衣之裳削殺其幅也。疏曰。方言云。縷謂之衽。又謂之袺。即衣衿也。或云袿衣之飾者。釋名云。婦人上服曰袿。廣雅云。袿長襦也。云飾者。蓋以繒爲緣飾耳。詩揚之水云。素衣朱襮。毛傳云。領也。衣緣名純。記深衣云。衣純以繢。衣純以青之類是也。褮說文云。鬼衣也。衿上昏禮所謂施衿結帨。袺襭詩芣苢云。薄言袺之。薄言襭之。是也。襜江淮南楚之間謂之褘。或謂之黻。關東西謂之蔽膝。又名韠。記玉藻云。韠君朱大夫素上爵韋是也。褘香囊也。緌繫也。女子許嫁示繫屬於人。曲禮云。許嫁纓。內則云。衿纓是也。詩東山云。親結其縭。謂母送嫁重結其所繫以申戒之。孫炎以褘爲帨巾。非也。記深衣篇云。制十有二幅以應十有二月。鄭云。裳六幅。幅分之以爲上下之殺。是削幅也。愚按衣裗謂之視或釋爲袿衣之飾者得之。蓋婦人上服曰袿。其下垂者上廣下狹如刀圭故名袿。又纖袿婦人長帶義亦畧同。又襦爲短衣而袿爲長襦。亦此意。裗視縷攣之稱。疑皆以此方言所云。恐非。

注疏參義

衣裗、鄭云、衣縷、謂縫也。

屢緣亦曰純、見儀禮。

袸、廣韻賤存二音。

禮書云衿、衣之小帶也。褑、佩之衿也。鄭氏謂凡佩繫于革帶、則革帶者褑也。

文選注云、今之香囊、在男曰幃、在女曰縭。又云、婦人之褘謂之縭。

纀、一作襥。

補注

衣裗謂之視 註 衣縷也齊人謂之攣或曰袿衣之飾 黼領謂之襮 註 繡刺黼文以襮領 緣謂之純 註 衣緣飾也 袕謂之褮 註 衣開孔也 衣眥謂之襟 註 交領 衱謂之裾 註 衣後裾也 衿謂之袸 註 衣小帶 佩衿謂之褑 註 佩玉之帶上屬 執衽謂之袺 註 掎衣上衽 扱衽謂之襭 註 扱衣上衽於帶 衣蔽前謂之襜 註 今蔽膝也 婦人之褘謂之縭 縭緌也 註 即今之香纓也褘邪交落帶繫于體因名爲褘緌繫也 裳削幅謂之纀 註 削殺其幅深衣之裳

正義 說文云、衣、依也、上曰衣、下曰裳。釋名云、凡服上曰衣、衣、依也、人所依以芘寒暑也、下曰裳、裳、障也、所以自障蔽也。此分釋衣服之異名也。○衣裗謂之視。○裗一名視、即衣之衽也。釋名云、衽、襜也、在旁襜襜然也。案、旒、垂下垂之象。衽之屬於衣者、則垂而放之、故謂之裗、亦謂之衣褸、皆因其下垂之象以爲名也。又玉藻云、衽當旁、鄭註云、衽謂裳幅所交裂也、深衣云、續衽鉤邊、鄭註云、續猶屬也、衽在裳旁者也、屬連之、不殊裳前後也。是裳亦有衽、唯削其幅爲異耳。○黼領謂之襮。○此釋領之別名也。唐風揚之水云、素衣朱襮、毛傳、襮、領也。諸侯繡黼丹朱中衣。說文云、襮、黼領也。鄭註昏禮及郊特牲俱引魯詩云、素衣朱綃。詩疏云、綃上是綃綺別名、於此綃上刺爲繡文、故謂之綃、綃黼也、綃刺黼以爲衣領、然後名之爲襮、故爾雅黼領謂之襮。襮爲領之別名也。○緣謂之純。○此釋衣緣飾之名也。深衣云、具父母大父母、衣純以繢、具父母、衣純以青、如孤子、衣純以素。曲禮云、爲人子者、父母存、冠衣不純素、孤子當室、冠衣不純采。鄭註云、尊者存以多飾爲孝、繢畫文也。郊特牲云、丹朱中衣、鄭以爲丹朱爲中衣之緣也。深衣又云、純袂緣、純邊、廣各寸半、鄭註、純謂緣之也、緣袂謂其口也、緣、裼也、緣邊、衣裳之側、廣各寸半、則表裏共三寸矣。玉藻云、緣廣寸、鄭註、緣飾邊也。○袕謂之褮。○玉篇廣韻俱云、褮衣開孔也、本郭註爲義。說文云、褮、鬼衣、玉篇又云、袕、鬼衣也、與郭義殊。○衣眥謂之襟。○詩疏引李巡云、衣眥、衣領之襟。釋名云、襟、禁也、交於前、所以禁禦風寒也。鄭風云、青青子衿、毛傳、青衿、青領也。顏氏家訓書證篇云、古者斜領下連於衿、故謂領爲衿。案、子衿之衿當從漢石經作裧。玉篇云、裧、交裧衣領也、與襟同。○衱謂之裾○方言云、袿謂之裾。郭氏彼註云、衣後裾也。或作袪。釋名云、裾、倨也、倨倨然直、亦言在後常見踞也。左氏僖五年傳云、踰垣而走、披斬其袪、謂斬其衣後裾也。說文云、裔、衣裾也、亦言衣之邊也。方言又云、衱謂之褸、與雅義異。○衿謂之袸○釋名云、衿亦禁也、禁使不得解散也。士昏禮云、施衿結褵。又云、視諸衿鞶。說文作紟、衣系也。玉篇云、衿亦作紟、結帶也。應劭漢書注云、衿、帶也。○佩衿謂之褑○方言云、佩衿謂之裎。郭氏彼註云、所以系玉佩帶也。紟與衿通用、裎即褑之異名也。釋名云、佩、倍也、言其非一物、有倍貳也、有珠、有玉、有容刀、有帨巾、有觿之屬也。玉篇云、褑、佩衿也。○執衽謂之袺○周南芣苢云、薄言袺之、又云、薄言襭之、此釋之之也。毛傳、袺、執衽也、扱衽曰襭。說文云、以衣衽扱物謂之襭、襭或作擷、俱本爾雅為義。詩疏云、衽者裳之下也、袺謂手執之、襭則扱於帶中矣。曲禮云、扱衽不入公門、問喪云、扱上衽、皆言扱於帶也。說文又云、趿、進足有所擷取也、爾雅曰、趿謂之擷。蓋所見爾雅異本。○衣蔽前謂之襜○小雅采綠云、不盈一襜。疏引李巡云、衣蔽前、衣蔽膝也。說文云、襜、衣蔽前。是巨巾為襜也。禮謂之韠、又謂之韍。玉藻云、韠、君朱、大夫素、士爵韋。鄭註云、此元端服之韠也、韠之言蔽也。又云、一命緼韍幽衡、再命赤韍幽衡、三命赤韍葱衡。鄭註此元冕爵弁服之韠、尊祭服異其名耳。韍之言亦蔽也。孔疏云、他服稱韠、祭服稱韍、是異其名、韠韍皆言為蔽、取蔽障之義也、知祭服稱韍者、以易困卦九二朱韍方來利用享祀、是祭服稱韍也。按詩毛傳、天子純朱、諸侯黃朱、黃朱色淺、則亦名赤韍也、則大夫赤韍、色又淺耳。有虞氏以前直用皮為之、後王漸加飾焉、故明堂位云、有虞氏服韍、夏后氏山、殷火、周龍章、彼註云、天子備焉、諸侯火而下、卿大夫山、士韎韋而已。雜記云、韠長三尺、下廣二尺、上廣一尺、會去上五寸、紕以爵韋六寸、不至下五寸、純以素、紃以五采、是其制也。○婦人至緌也○豳風東山云、親結其縭、毛傳、縭、婦人之褘也。疏引孫炎云、褘、帨巾也。案褘說文作幃、云囊也、則非帨巾矣。縭殺也。江永云、深衣者聖賢之法服、衣用正幅、故裳之正幅亦以正裁、惟衽在裳旁、始用斜裁、古者布幅濶

緌也。又見下文釋水。○裳削幅謂之纀○說文云、常、下帬也、或作裳。幅、布帛廣也。裳削幅謂之纀。深衣云、制十有二幅、以應十有二月。鄭註云、裳六幅、幅分之、以為上下之殺。又鄭註玉藻云、衽謂裳幅所交裂也。凡衽者或殺而下、或殺而上、是以小要取名焉。衽屬衣則垂而放之、裳則縫之以合前後、上下相變。孔疏云、裳幅下廣尺二寸、上闊六寸、狹頭嚮上、交裂一幅而為之。【註】衣褸至之飾。○【正義】方言云、褸謂之衽。說文云、褸、衽也。方言又云、褸謂之袩。郭氏彼註云、即衣衽也。釋文云、褸本又作褸。齊人謂之攣者、據時驗而云然也。或曰袿衣之飾者、釋名云、婦人上服曰袿、其下垂者上廣下狹如刀圭也。廣雅云、袿、長襦也。○繡刺至襦領。○【正義】詩疏引孫炎云、繡刺黼文以為襮領。郭註本孫炎。方言云、衱謂之褗。郭氏彼註云、即衣領也。釋名云、領、頸也、以壅頸也、亦言總領衣體為端首也。○交領○【正義】六書故引孫炎云、襟、交領也。郭註本孫炎。方言云、衿謂之交。郭氏彼註云、衣交領也。文選註引聲類云、衿、衣交領也。○扱衣至於帶。○【正義】詩疏引孫炎云、扱衣上衽。李巡云、扱衣上衽於帶、是郭註所本也。○今蔽膝也。○【正義】詩疏引孫炎云、衣蔽膝也。衆經音義引郭註云、即今蔽膝也、言襜襜然前後出也。方言云、蔽膝江淮之間謂之褘、或謂之袚。魏宋南楚之間謂之大巾、自關東西謂之蔽厀、齊魯之郊謂之袡。又云、絜襦謂之蔽厀。小爾雅云、蔽厀謂之袡。釋名云、韠、蔽也、所以蔽膝前也、婦人蔽膝亦如之、齊人謂之巨巾、田家婦女出至田野、以覆其頭、故因以為名也。又曰跪襜、跪時襜襜然張也。方言廣蔽膝之異名、劉熙所釋又推廣其制也。○即今至繫也。○【正義】曲禮云、女子許嫁纓。士昏禮云、主人入親說婦之纓。鄭註云、婦人十五許嫁、笄而禮之、因著纓、明有繫也。蓋以五采為之。孔頴達云、婦人必有繫屬、故恒繫纓、纓有二時、一是少時常佩香纓、一是許嫁時繫纓。內則云、男女未冠笄、衿纓。鄭以為佩香纓也、又內則云、婦事舅姑、衿纓。鄭云、婦人有纓、示繫屬也、以此而言、故知有二纓也。郭氏不從孫炎帨巾之說、以為香纓、是常佩之纓矣。離騷云、蘇糞壤以充幃兮、王逸註、幃謂之幐、幐、香囊也。又云、盛香之囊也。以香囊為幃、與郭氏義同。郭註釋言云、縭、緌也、故緌亦為繫也。○削殺至之裳。○【正義】此言深衣之裳育削

二尺二寸。深衣裳用布六幅、裁爲十二幅、其裳之前後正處者、以布四幅、正裁爲八幅、上下皆廣一尺一寸、各邊去一寸爲縫、一幅上下皆正得九寸、八幅七尺二寸、其在上者、既足要中之數矣、下齊當倍於要、又以布二幅斜裁爲四幅、狹頭二寸、寬頭二尺、各去一寸爲縫、狹頭成角、寬頭得一尺八寸、皆以成角者向上、以廣一尺八寸者向下、則四幅下廣亦得七尺二寸、合於齊、得一丈四尺四寸、此四幅連屬於裳之兩旁、別名爲衽。下文衽當旁是也。

正義

衣裗謂之視　玉案、漢書注交輸謂之衣圭、割正幅使一頭狹若燕尾垂之兩旁、見於後、蘇林曰如今新婦袍上袿、全幅繒角割。釋名曰、婦人上服曰袿、其下垂者、上廣下狹如刀圭也。是所謂袿衣也。禮襍記褒衣註曰、如今袿襈重繒矣。釋名曰、襈、僎也、青絳爲之緣也。玉篇、襈、緣襈也。是所謂袿衣之飾也。釋文亦云袿、重繒爲飾。

校議

衣裗謂之視衣縷也。齊人謂之攣、或曰袿衣之飾。黼領謂之襮繡刺黼文以褗領。緣謂之純衣緣飾也。袕謂之褮衣開孔也。衣眥謂之襟交領。衱謂之裾衣後裾也。衿謂之袸衣小帶。佩衿謂之褑佩玉之帶上屬。執衽謂之袺持衣上衽。扱衽謂之襭扱衣上衽於帶。衣蔽前謂之襜今蔽膝也。婦人之褘謂之縭、縭、緌也卽今之香纓也。褘邪交落帶繫於體、因名爲褘。緌、繫也。裳削幅謂之纀削殺其幅、深衣之裳。

此釋衣裳之制。裗者、流之或體也。釋文、裗本又作流。玉藻云、齊如流。鄭注、衣之齊如水之流。是也。視者、郭云衣縷。釋文、縷、又作褸。方言云、褸謂之衽。衽卽衣襟。釋名云、衽、襜也、在旁襜襜然也。然則裗視猶言流曳、皆謂衣衽下垂流移搖曳之貌、故云衽旁襜襜然也。云齊人謂之攣者、攣裗聲相轉。○襮者、說文云黼領也、引詩素衣朱襮。揚之水傳、襮、領也。正義引孫炎曰、繡刺黼文以褗領。郊特牲注、繡黼丹朱以爲中衣領緣也、是中衣領以黼文爲緣。褗卽緣也。孫炎以繡爲刺。詩箋及郊特牲注竝以繡爲綃、綃綺屬也。以綃爲領、義本魯詩、見士昏禮宵衣注。○緣者、說文云衣純也。純者、曲禮注純緣也。玉藻注、緣飾邊也。按飾邊者、深衣云純袂緣純邊、廣各寸半、鄭注純謂緣之也、緣緆也、緣邊衣裳之側廣各寸半。釋文引鄭注旣夕禮云、飾衣領袂口曰純、裳邊側曰綼、下曰緆也。是則衣裳皆有純、但言衣純足以包之。又冠屨亦有純。玉藻云、縞冠素紕、鄭注紕緣邊也。士冠禮云黑屨青絇繶純、鄭注純緣也。是則冠屨之緣亦皆曰純。爾雅所言主謂衣純耳。○袕者、郭讀與穴同、故云衣開孔。釋文一音術、則與郭異。褮者、說文云鬼衣。又鬼部魌云鬼服也、引韓詩傳曰、鄭交甫逢二女魌服、是魌卽褮矣。玉篇、褮、衣開孔、又鬼衣也。袕、鬼衣也。按雜書言鬼衣無縫、爾雅方釋人衣、何故此句忽言鬼服。許郭所言二文、又無旁證、其義疑也。○眥者、說文云目匡也。衣有眥者、淮南齊俗篇云隅眥之削、蓋削殺衣領以爲斜形、下屬於襟若目眥然也。洪頤煊云、經典無衣眥之名、眥疑前字形譌、以說文前作歬與眥相近、又據釋名襟交於前及公羊哀十四年傳涕沾袍注袍衣前襟也、而爲說、義亦可通。襟者、說文作裣、云交衽也。玉篇云、交裣、衣領也。通作襟。釋名云、襟、禁也、交於前、所以禁禦風寒也。又通作衿。方言云、衿謂之交。郭注、衣交領也。詩子衿傳、青衿、青領也。正義引李巡曰、衣眥、衣領之襟。孫炎曰、襟、交領也。顏氏家訓書證篇云、古者斜領下連於衿、故謂領爲衿。然則此當言衣眥謂之領、以領屬於襟、因言襟矣。○衱者、玉篇云裾也。裾、衣袌也。袌、徐鍇說、袌衣前襟也。說文、袌、褱也。衣之前裣可懷抱物、故謂之裾。裾言物可居也。裾名衱者、方言衱謂之褗、郭注卽衣領也。融䜩戴氏震疏證云、衱袷古通用。禮玉藻注袷曲領也、深衣注交領也、今按玉篇、衱、又衣領、然則衱爲本字、袷爲通俗。領屬於裣、裣裾同物、廣異名耳。裾裣袷衱俱聲相轉也。方言又云、袿謂之裾。袿裾聲亦相轉。郭注與此注竝云衣後裾也。釋名：裾，倨也，倨倨然直，亦言在後常見踞也。此蓋郭注所本，其說非矣，當據玉篇訂正之。○衿者，當作紟。說文云：紟，衣系也。籀文作絵。玉篇衿亦作紟，結帶也。按：經典紟、衿通用，故詩東山傳施衿結帨，內則衿纓注：衿猶結也。漢書楊雄傳注：衿音衿，系之衿，皆借衿爲紟也。紟、衿義又相通，故釋名云：衿，亦禁也，禁使不得解散也。褵者，郭云：衣小帶。玉篇云：褰縍衣。廣韵與郭同。釋文：褵，郭辭見反，孫音荐。○褑者，釋文引埤蒼云：佩，綬也。玉篇云：佩，裣也。[illegible]方言云：佩紟謂之裎，郭注所以系玉佩帶也。按：凡佩皆有系，不獨玉佩。故釋名云：佩，倍也，言其非一物，有倍貳也，有珠、有玉、有容刀、有帨巾、有觿之屬也。說文：綎，系綬也。然則綎即裎也，裎、綎俱褑之異名。○袺、襭者，詩芣苢傳：袺，執衽也；扱衽曰襭。正義引孫炎曰：持衣上衽，李巡曰：扱衣上衽於帶。郭注同孫、李。說文云：以衣衽扱物謂之襭。襭或从手作擷。然則扱衽者，謂以衽收取物，故龍龕手鑑一云：襭，以衣衽盛物，是也。扱訓收，曲禮云：以箕自鄉而扱之。鄭注以扱爲收。云扱讀曰吸，此音是也。爾雅釋文：扱，楚洽反，失之矣。說文：𨀳，進足有所拾取也。此拾从[illegible]作[illegible]誤。引爾雅曰：𨀳謂之襭，疑爾雅上脫讀若二字。𨀳當作扱，形之誤也。扱从及聲，扱襭聲轉，楚洽音非。○襜者，詩采綠傳用爾雅，正義引李巡曰：衣蔽前，衣蔽鄰也。方言云：蔽鄰，江淮之間謂之褘，或謂之祓，魏宋南楚之閒謂之大巾，自關東西謂之蔽鄰，齊魯之郊謂之袡。袡、[illegible]、袡即襜之或體也。[illegible]亦釋名云：韠，蔽膝也，又曰跪襜，襜跪時襜襜然張也。方言又云：絜襦謂之蔽鄰，是皆襜之異名也。其形制，則說文云：韠，韍也，所以蔽前以韋，下廣二尺，上廣一尺，其頸五寸，一命縕韠，再命赤韠，皆本玉藻文。○褘者，說文以爲蔽鄰，方言以爲褘，即襜也，婦人有襜者，詩不盈一襜，釋名云：韠所以蔽膝前也，婦人蔽膝亦如之，是婦人之褘，即蔽膝，郭以爲香纓，誤矣。[illegible]縭者，詩東山傳：縭，婦人之褘也，母戒女施衿結帨。士婚禮。正義引孫炎曰：褘，帨巾也，是孫毛同以結帨即結縭，知帨爲巾者，以內則云左佩紛帨，然蔽鄰亦名巾者，方言以蔽鄰爲大巾，釋名亦云婦人蔽膝，齊人謂之巨巾，田家婦女出至田野，以覆其頭，故因以爲名也。然則婦人之褘既以蔽鄰，又以覆頭。今青州婦人以巾覆者，其遺象也。登州婦人絡頭用首帕，其女子嫁時以絡巾覆首，謂之袱子，此即古所謂巿。敷巿與韍同。說文：巿，从巾，象連帶之形。蔽鄰名巾，此亦其證。然則詩言結縭，即結其蔽鄰之系也。今田家嫁女，母爲施妝，名曰上頭，即繫袱於首，至壻家解下，與釋名之義又合矣。文選思玄賦及琴賦注竝引爾雅作婦人之徽謂之縭。爾雅釋文：褘，本或作褘，又作徽。徽、幃皆褘之叚音耳。○纀者，說文用爾雅。輻，布帛廣也。按：布幅廣二尺二寸，帛幅廣二尺四寸。削猶殺也。深衣云：制十有二幅，以應十有二月。鄭注：裳六幅，幅分之以爲上下之殺。玉藻：衽當旁。注：衽謂裳幅所交裂也。凡衽者，或殺而下，或殺而上，是以小要取名焉。江氏永鄉黨圖考云：深衣等裳無辟積，其當旁之衽須斜裁，謂之殺。朝服、祭服、喪服皆用帷裳，有辟積，則前三幅後四幅皆以正裁，無辟積，故有殺。按：裳削幅，唯深衣則然，故郭云深衣之裳。

義疏

衣裗謂之裞

裗者，流之或體也。釋文：裗本又作流。玉藻云：齊如流，鄭注：衣之齊如水之流是也。裞者，郭云：衣縷。釋文：縷，又作褸。方言云：褸謂之衽。衽即衣襟。釋名云：衽，襜也，在旁襜襜然也。然則裗裞猶言流曳，皆謂衣衽下垂流移搖曳之貌，故云在旁襜襜然也。

念孫案：玉藻謂圈豚行不舉足，則衣之齊如水之流。此衣裗乃是衣衽，非齊如水流之謂，裞亦非搖曳之謂。

郝注刊誤

衣流裗**謂之倪**裞　郭注：衣褸也，齊人謂之攣，或曰袿衣之飾。郭讀流如婁柳，今端罩也。今謂流衣邊所謂裔也。倪裔通用，倪，際也。玉藻曰：齊如流，流不齊。**黼領謂之襮**　孫注：繡刺黼文以褗領。詩：素衣朱襮。**緣謂之純**　郭注：衣緣飾也。緣从彖，彖古斷字。純从屯，凡衣裳外邊以帛寸半飾之謂之爲純，又以在外盡處爲純，旁直斜處不在盡邊爲緣。深衣曰：純袂、緣、純邊。袂口直爲純，不爲緣，邊則有緣有純。故䙝唯曰純、而邊兼純緣也。彖本𢇍絕、以𢇍處又與他處連屬、故又爲緣。延因緣之稱。屯止則𢇍絕矣。聲亦相轉也。

袕謂之褮 郭注、衣開孔也。說文、褮、鬼衣也。褮絅褧䌟潁景、經記各異字、皆紵衣也。冋耿同景、皆光明之義。以覆錦帛端衣對襟於縫中見美、故謂之穴。男有袒裼、女無袒、而穴之、嫁時行服。斂則男女同襲、襲有左衽、亦中開口。斂用袕、則竝無衽、同於絅也。

衣眥謂之襟 李注、衣眦、衣領之襟。孫注、襟交領也。郭同。眥、目匡也、上下相交。衣衽左右相交似之、故以名。襟非領也。衽所以禁禦風塵、領何禁乎。詩青佩青衿字當作紟、亦非此襟。

衱謂之裾 郭注、衣後襟也。後無襟。郭又以領爲襟、領不能扱。竝非也。禮扱地坐、謂以裾藉地而坐。記扱上衽、謂不曳裾而扱之帶。裾从尸古。踞坐則前襟垂如胡。

衿謂之袸 郭注、衣小帶。衿紟通用、紟結聲轉。說文、紟、衣系也。詩禮皆作衿。詩青青子衿、禮母施衿、內則衿纓、皆佩結也。袸藉通用字。玉有藻藉、以藉玉結而垂之。

佩衿謂之褑 郭注、佩玉之帶上屬。褑瑗援通用字。以圓玉承上引下、佩乃可結。字亦作環。玉藻紳韠結三齊、直以衿爲結。

執衽謂之袺 孫注、持衣上衽。郭同。持則不必結、假以名之。

扱衽謂之襭 李注、扱衣上衽於帶。郭同。扱面前故从袺加頁。

衣蔽前謂之襜 李注、衣蔽膝也。郭注、今蔽厀也。詩不盈一襜。有前無後、今犢鼻帬、婦女執事之服、施之自領下及厀。

婦人之褘謂之縭縭緌也 孫注、褘、帨巾也。郭注、郎今之香囊也、褘、裒交絡帶繫於體、因名爲褘、緌、繫也。褘幃通用字。說文、幃、囊也。男女通佩、唯婦人因離母、嫁時庶母結之、又謂之縭耳。詩、親結其縭。禮所謂施般下有流蘇、故又曰緌。緌、委也。

裳削幅謂之纀 郭注、削殺其幅、深衣之裳。經記無纀字。

集解

衣裗謂之䘸 所謂裔是也。裗字本作流、水行也、引申爲末、謂水流之就下也。禮記射義不從流俗、謂末俗也。䘸、即倪、俾也、與裔通用。裔、衣末邊也。禮記玉藻齊如流、作衣裗言耳。

黼領謂之襮 襮从衣暴。暴、晞也、引申爲章露之詞。黼領在頸、因以名之。詩揚之水素衣朱襮傳、領也。禮記郊特牲、繡黼丹朱中衣。盖諸侯中衣之制、領繡黼文、丹朱爲純。

緣謂之純 緣从糸彖。彖、豕走也。或曰纏也。純、絲也。與緣通用。衣裳之邊用帛寸半以爲飾、謂之爲純。玉藻所謂緣廣寸半是也。又有外邊之直處爲純、旁斜之處、邊爲純。內又加緣、則緣不在盡邊耳。深衣純袂純、緣邊廣各寸半、謂袂口直而爲純邊、則純緣兼施矣。玉藻縞冠素紕、注紕、緣邊也。士冠黑屨青絇繶純、亦冠屨之緣而言耳。

袕謂之褮 袕字本作穴。穴、土室也。引申爲孔。褮、鬼衣也。與縈通用。葬屬合而成衣謂之絅衣。冂、遠也、外也、言加於錦衣之外。詩作褧、士昏作景、均取光明之義。因縈可禦塵而使衣鮮也。縈衣覆錦、對襟縫中而美可見、故謂之袕。男袒裼以見美、女無袒裼、則穴之。嫁之行服、喪禮襲衣三稱、左衽不紐、則中開口。斂用袕而無衽、直同於絅衣。

衣眥謂之襟 眥、目匡也、从目此聲。襟、字本作裣、交衽也。深衣之袷左右相交、亦猶目匡之相比次也。禮家又稱爲內外襟、續衽鉤邊均在裳旁、所以屬連而使前後之不殊。非襟禦風寒之用、不得名襟。朝服祭服唯端衣對襟、餘多外襟向左、而內襟下垂。字或作衿。陸士衡詩言樹背與衿、以襟在前故耳。

衱謂之裾 今所謂大襟是也。衱、字本作扱、收也。對襟中有小孔、上所謂袕、大襟則收斂而無孔矣。裾、衣裒也、謂其在前亦取蹲踞、則必扱裾也。儀禮士昏婦拜扱地、謂裾至地、非扱及也。

衿謂之袸 衿、字本作紟、衣系也、从糸今聲。與結通用。結、締也、謂約餘也。袸、字本作荐、爲席也。與藉通用。藉、祭藉也。引申爲藉玉之偁。周禮繅藉、亦謂系絲、或者袸之正字爲組與。少儀甲不組縢、注組縢以組飾之、及紟帶。是衿組之爲一類也。玉藻紳韠結三齊、疏謂爲以物穿紐、約結其帶組餘三尺、與帶垂者齊、則直

爾雅詁林　六　釋器

以結為衿耳。**佩衿謂之褑**褑、字本作緩、綽也。引申為佩衿之偁、謂綏綽下垂而不收斂。玉藻所謂設佩是也。詩青青子衿、士昏母施衿結帨、內則衿纓、均謂佩衿。穀梁文十八傳三人緩帶、莊子田子方緩佩玦者事至而斷、蓋即此經之褑也。或曰褑字本作瑗、大孔璧也。承上引下、佩乃可結、其說亦通。**執袵謂之袺**袵、衣衿也、謂衣兩旁掩裳際處。其不殊裳之衣則袵在裳旁、深衣所謂續袵鉤邊是也。袺、結也、斂也。手而執袵、中可斂物、亦取收而不下垂意也。詩芣苢、薄言袺之。**扱袵謂之襭**袵垂向足、袵扱向頭。襭從衣頡、頡從吉頁。頁、頭也。袵扱而上、則袵向頭。禮記曲禮、扱袵不入公門。問喪扱上袵。詩芣苢、薄言襭之。說文趿、進足有所擷取也。引此經趿謂之擷。蓋擷為襭異文耳。**衣蔽前謂之襜**今如帬也。施於身前自領至膝而止、所以蔽厀、婦人執事則服之。詩采綠、不盈一襜。**婦人之褘謂之縭縭緌也**褘、蔽厀也、从衣韋聲。與幃通用。幃、橐也。男革女絲。婦人離母而嫁、然母及門內施之、因名曰縭耳。詩東山親結其縭、士昏禮記施鞶、穀梁桓三傳諸母般申之曰、均作此褘言也。穀梁注改褘般為囊緌、系袵緌也。縭佩下垂如纓狀然、故以名之。或者正字為誤與。**裳削幅謂之纀**纀、促也。深衣旁袵、削殺幅而促矣。制詳禮記。

義證

衣裗謂之視 裗力求反 視五今反

註衣縷也。齊人謂之攣。或曰袿衣之飾。補正邢疏、方言云、縷謂之袵。彼註云、衣衿也。云齊人謂之攣者、以目驗而言也。臣鍌按、玉藻袵當旁、註云、袵謂裳幅所交裂也。凡袵者、或殺而下、或殺而上。袵屬衣則垂而放之、屬裳則縫之、以合前後、上下相變。

黼領謂之襮 襮音博。

註繡刺黼文以偃領。補正邢疏、詩唐風素衣朱襮、毛傳云、襮、領也。諸侯繡黼、丹朱中衣。

緣謂之純 純之閏反。

註衣緣飾也。補正臣鍌按、純、緣也。緣、純也。謂衣邊際、今人謂之鑲邊。禮深衣純袂緣、純邊廣各寸半是也。

袕謂之褮 袕胡決反。褮胡肩反。

註衣開孔也。補正臣鍌按、邢疏引說文說鬼衣也、未詳。

衣背謂之襟

註交領。補正臣鍌按、說文云、交袵也。釋名、襟、禁也。交於前、所以禁禦風寒也。方言云、襟謂之交。

衱謂之裾 衱居怯反。

註衣後裾也。補正臣鍌按、釋名云、裾、倨也、倨倨然直、亦言在後常見踞也。

衿謂之袸 衿音給。袸、辭見反。

註衣小帶。補正臣鍌按、士昏禮、施衿結帨。漢書楊雄傳衿芰茄之緣衣兮。註引應劭曰、衿音衿系之衿、衿帶也。

佩衿謂之褑 褑于眷反。

註佩玉之帶上屬。補正邢疏、佩、下之帶名褑。臣鍌按、方言佩紟謂之裎。註所以系玉佩也。與此字異而義同。

扱袵謂之襭 扱楚洽反。襭胡結反。

註扱衣上於帶。補正邢疏、詩周南薄言襭之。臣鍌按、廣雅云、襭、懷也。然則扱於帶在懷間也。

衣蔽前謂之襜

[註]今蔽膝也[補正]邢疏方言云蔽厀、江淮南楚之間謂之褘、或謂之祓、魏宋南楚之間謂之大巾、自關東西謂之蔽厀、齊魯之間謂之袡。臣鑒按、釋文云襜本或作襜。方言作袡。戰國策云百姓理襜蔽、詩小雅終朝采藍、不盈一襜、皆謂此也。

婦人之褘謂之縭縭緌也（褘、音韋。縭、力知反。緌、汝誰反。）

[註]今之香纓也褘邪交落帶繫于體因名爲褘緌繫也[補正]邢疏此、女子既嫁之所著、示繫屬於人、曲禮云女子許嫁纓、及內則云衿纓是也、詩云親結其縭、謂母送女、重結其所繫著、以申戒之。

裳削幅謂之纀（纀音卜。）

[註]削散其幅深衣之裳[補正]邢疏、深衣篇云制十有二幅、以應十有二月、註云裳六幅、幅分之以爲上下之散、故云削散其幅。

郭注補正

裳削幅謂之纀。此是深衣之裳、非帷裳也。古深衣之制、裳十二幅、襟裾各四幅、正旁二幅。則削之所謂續衽。是深衣之袂丈四尺四寸、纀其下廣一尺六寸與。

錢氏古義

衣統謂之梲　注衣縷也齊人謂之攣或曰袿衣之飾

正曰、文選司馬長卿子虛賦、蜚纖垂髾。郭注、司馬彪曰纖袿飾髾燕尾。漢書江充傳、後垂交輸。注、如淳曰交輸割正幅、使一頭狹若燕尾垂之兩旁、見於後。是禮深衣續衽鉤邊、賈逵謂之衣圭。方言四、褸謂之衽、褸謂之祜。祜即上林賦之襳。祜襳、褸、縷聲相近、即郭注所謂衣縷也。婦人之衣如深衣制、祜襳、即衣褸、亦即袿飾、皆是深衣之衽也。郭注於衣縷下又引或曰袿衣之飾、則誤分爲二矣。

衣眥謂之襟　注交領

正曰、詩鄭子衿正義、釋器衣皆謂之襟、李巡曰衣皆衣領之襟。阮相國校勘記段云皆字不誤、皆猶交也。衣皆謂衣領之交處、此當是李注舊本。郭據誤本、皆作眥、謬不可解。

婦人之褘謂之縭縭緌也　注即今之香纓也褘邪交落帶繫于體因名爲褘緌繫也

正曰、詩豳東山親結其縭、毛傳縭、婦人之褘也、母戒女施衿結帨。正義、釋器婦人之褘謂之縭、縭、緌也。孫炎曰褘、帨巾也。儀禮士昏記母施衿結帨、鄭注帨佩巾。孫注依毛鄭、以結縭比結帨、褘縭即帨巾、是爾雅舊詁。然也。郭注云云、顧佀王肅詩注、則誤之又誤矣。

正郭

衱謂之裾　注衣後裾也

靜曰、郝氏據玉篇裾、衣褏也、褏、衣前襟也、以注說爲非。俞氏平議謂自衣領至腋下謂之襟、而自腋下直垂至末謂之裾、襟惟前有之、而裾則前後皆有之。玉篇指前裾而言、釋名裾、倨也、倨倨然直、亦言在後常見裾也、指後裾而言。是注說未爲誤、特專指後裾、說意未備耳。

衣蔽前謂之襜　注今蔽膝也

靜曰、說文韠、蔽膝也、許釋韠市皆云、所以蔽前。初不言蔽膝衣、不言衣而解襜云衣蔽前。襜謂即今之圍身裙也。故詩云終朝采藍、不盈一襜、謂挈此衣以盛之也。是禕不徒蔽膝，蔽膝乃禕之專名。注說誤矣。

婦人之禕謂之縭縭綏也　注卽今之香纓也禕邪交落帶繫於體因名爲禕綏繫也

詡曰：說文「禕，蔽膝。」釋名「婦人蔽膝亦如之，齊人謂之巨巾。」詩東山傳「縭，婦人之禕也。母戒女施衿結帨。」正義引孫炎曰：「禕，帨巾也。」與齊人謂巨巾合。是孫毛皆以結帨爲結縭。內則「左佩紛帨。」蓋帨垂蔽膝，形似冠纓之垂，故云縭，綏也。注以爲香纓。說文「幃，囊也。」釋文云「幃本作禕。」蓋從作幃之本，與毛傳不合，非也。

靜郭

黼領謂之襮

繡刺黼文以褗領

釋文云：褗音偃，又作偃。雪牕本作偃。

衣眥謂之襟

衽也亦交領也

慧琳中論序音義引爾雅云「衣眥前謂之襟」，郭注云「衽也，亦交領也。」今本刪，脫，據補。

衱謂之裾

衣後裾也　衱音劫

文選藉田賦注引爾雅曰「衱謂之裾。」郭璞曰「衣後裾也。衱音劫。」今本脫音，據補。仿宋本裾誤襟。

佩衿謂之褑

佩玉之帶上屬

明注疏本上誤二。

執衽謂之袺

持衣上衽

明注疏本持誤掎。

衣蔽前謂之襜

卽今蔽膝也　言襜襜然，前後出也

元應大愛道比丘尼經上卷音義引爾雅「衣蔽前謂之襜。」郭璞云：「卽今蔽膝也。言襜襜然，前後出也。」今本刪，脫，據補。其作襜者，元應蓋從或本，今依經文訂之。詩采綠釋文引郭璞云「今之蔽膝。」

婦人之幃謂之縭縭綏也

卽今之香纓也幃邪交落帶繫於體因名爲幃綏繫也　此女子既嫁之所著，示繫屬於人，義見禮記，詩云親結其縭，謂母送女，重結其所繫著，以申戒之，說者以幃爲帨巾，失之也

各本作禕，邪交落帶繫於體，單疏本脫邪字，落作絡。阮氏云：說文交部「𡴘，邪也。」郭用𡴘邪爲重疊字，交落者，交絡也，帶繫連文。郭用同音之字以爲訓也。樹枏案：釋文云「幃本或作禕，又作徽。」不言注有異，則注文亦作幃也。諸本皆從或作，今依經訂之。釋文云「邪字亦作衺。」詩東山正義、希麟念誦法一卷音義俱引落作絡。詩東山正義引釋器「婦人之禕謂之縭，縭，綏也。」郭璞曰「卽今之香纓也，禕邪交絡帶繫於體，因名爲禕。綏，繫也。此女子既嫁之所著，示繫屬於人，義見禮記。詩云親結其縭，謂母送女，重結其所繫著，以申戒之。說者以禕爲帨巾，失之也。」阮氏云：自此女子以下四十七字，當爲郭注，正義有申難之辭，未知何時逸去。釋文於著字、重字皆無音，未詳也。案：既嫁當爲未嫁，或作許嫁。士昏禮注云：「婦人十五許嫁，笄而禮之，因著纓，明

有繫也。郭注上云此女子未嫁之所著、示繫屬於人故下云毋送女重結其所繫著、以申戒之。郭注佚存補訂

衣裗謂之視黼領謂之襮

裗者、釋文云本又作流、取其下垂之象。裗之爲流猶旒之爲流也。　襮者說文云黼領也、引詩素衣朱襮。唐風揚之水、毛傳云襮、領也、諸侯繡黼丹中朱衣、鄭箋云繡當爲綃、綃黼丹朱中衣、中衣以綃黼爲領、丹朱爲純也。彼釋文云、鄭改爲宵、本作綃。　正義云、孫炎曰繡刺黼文以褗領、是襮爲領也、郊特牲云繡黼丹朱中衣、大夫之僭禮也、大夫爲僭、知諸侯當服之也、中衣者、朝服祭服之裏衣也、其制如深衣。大夫以上、祭服中衣用素。詩云素衣朱襮。繡黼爲領、唯諸侯乃得服之。又云、郊特牲繡黼丹朱以爲中衣領緣也、繡讀爲綃、綃繒名、引詩素衣朱綃、彼注此箋皆破繡爲綃者、以其黼之與繡共作中衣之領、士昏禮注云素衣朱綃、魯詩以綃爲綺屬、然則綃是繒綺別名、於此綃上刺爲繡文、故謂之綃黼也、綃上刺黼以爲衣領、然後名之爲襮、襮爲領之別名也、下章素衣朱繡、郊特牲及士昏禮二注引詩皆作素衣朱綃、鄭蓋從魯詩爲義也。孫炎取毛繡黼爲義、不與箋同。

緣謂之純袕謂之褮

緣者說文云衣純也。緣卽純。鄭注玉藻云紕、緣邊也。鄘風干旄素絲紕之、鄭箋云素絲者以爲縷、以縫紕旌旗之旒緣。縫之爲紕、亦猶緣之爲紕、皆所以爲飾也。　褮者說文云鬼衣。褮下引韓詩傳曰、鄭交甫逢二女魅服、魅與褮同、與此義別。說文又云褮一曰若靜女其袾之袾。廣韻引字林朱衣曰袾。

衣眥謂之襟

襟者、說文作裣、云交衽也。通作衿。鄭風子衿靑靑子衿、毛傳云靑衿、靑領也。彼釋文云、衿本亦作襟、學子以靑爲衣領緣衿也。正義引李巡曰衣眥、衣領之襟。孫炎曰襟、交領也。衿與襟音義同。衿是領之別名。

衱謂之裾

說文云裾、衣褎也。今誤作袍。玉篇云裾衣褎也本說文。裾通作袪。方言

注云、裾、或作祛。唐風羔裘豹祛、鄭風遵大路摻執子之祛兮、毛傳竝云祛、袂也。說文云祛衣袂也、一曰祛裹也。裹者、褏也。衣之前襟可裹抱物、故謂之裾。經典多借抱爲褏。大雅抑亦既抱子。抱卽褏也。郭注云裾衣後襟、另是一義。

衿謂之袸佩衿謂之褑

衿說文作紟、云衣系也。籀文作絵。衿紟聲義皆同。豳風東山傳云施衿結褵。正義云母戒女施衿結帨、內則云婦事舅姑衿纓綦屨、注云衿先不在身、故言施帨、則先以佩訖、故結之而已。餘詳訂經。

執衽謂之袺扱衽謂之襭

周南芣苢薄言袺之、薄言襭之、毛傳云袺、執衽也、扱衽曰襭。說文義同。孫炎云袺、持衣上衽。李巡云襭扱衣上衽於帶。衽者、裳之下也。直袺謂手執之而不扱、襭則扱於帶中矣。

衣蔽前謂之襜

小雅采綠不盈一襜、毛傳云衣蔽前謂之襜。襜作襝、與說文同、蓋用或本也。李巡云衣蔽前、衣蔽厀也。一切經音義引郭注云、卽今蔽膝也。言襜襜前後出也。與今本異。襜爲蔽厀、亦謂之韍、與芾同。小雅采芑釋文云芾、本作茀、或作紱。斯干朱芾斯皇、箋云芾者、天子純朱、諸侯黃朱。正義云芾從裳色、祭時服纁裳、故芾用朱赤、但芾所以明尊卑、雖同色而有差降、乾鑿度以爲天子之朝朱芾、諸侯之朝赤芾。困卦注云朱深於赤、是矣。采菽赤芾在股、邪幅在下、傳云諸侯赤芾邪幅。幅逼也、所以自逼束也。箋云芾太古蔽膝之象也。冕服謂之芾、其他服謂之韠、以韋爲之。其制上廣一尺、下廣二尺、長三尺、其頸五寸、肩革帶博二寸。邪幅如今行滕也、偪束其脛自足至膝、故曰在下。正義云韍韠、俱是蔽膝之象、其制則同、俱尊祭服、異其名耳。

婦人之褘謂之縭縭緌也裳削幅謂之纀

豳風東山親結其縭、毛傳云縭婦人之褘也。正義云孫炎曰褘帨巾也。褘邪交絡帶繫於體、因名爲褘、緌繫也。此女子旣嫁之所著、示繫屬於人。說文以褘爲蔽厀。褘卽襜也。襜爲婦人之蔽膝、結縭卽結其蔽膝之系、所謂緌也。釋文云幃、本或作褘、又作嶶。文選琴賦注引作婦人之嶶謂之縭、蓋據又本也。纀詳訂經

說詩

緣謂之純

柏年案緣與沿聲同。今謂滚邊爲緣邊。

衸謂之褮

郭以衸從穴故云衣開孔。說文䆒衣也讀若詩葛藟縈之一說絕異。郝氏疑許郭所言無旁證但許以此字列于襚裞之下必爲鬼衣無疑。柏年案士喪禮幎目用緇鄭讀幎爲葛藟縈之之縈。幎目覆面之衣小斂所用故爲鬼衣也。然郭氏之說亦必有據。尋漢書地理志云儋耳珠崖郡民皆服布如單被穿中央爲貫頭。注著時從頭貫之。其說與衣開孔相近今汗衫之屬正如此疑郎此類也。

衣眥謂之襟

郭注交領不誤。柏年案詩青青子衿傳青衿青領也。顏氏家訓古者斜領下連于衿故謂領爲衿今謂僧道衣爲斜衿衣。

衱謂之裾

郭注衣後裾蓋誤。玉篇裾衣袌也袌衣前襟也。柏年案今大襟是也。

衿謂之袸

郭注衣小帶。郝疏衿當作紟說文衣系也。柏年案蓋用以聯合衣衿之帶如後世之用銅鈕及線鈕是也。

執衽謂之袺

說文執衽謂之袺以衣衽扱物謂之襭。柏年案執衽亦可以盛物如芣苢薄言袺之是也。扱衽不必有物如曲禮扱衽不入公門問喪親始死扱上衽是也。今總稱之爲兜兜其實以手執者爲袺扱于帶間爲襭俗則不別也。

補釋

黼領節註繡刺黼文以褊領 褊、毛本誤。

衣眥謂之襟 眥、監本下誤從月。

佩衿節註佩玉之帶上屬 上誤二。

執衽節註持衣上衽 持誤掎。

衣蔽前謂之襜 襜、釋文從巾旁作。

婦人之褘謂之縭 褘、釋文從巾旁作。

註褘邪交落帶繫于體 案、落古通絡。

疏詩周南云薄言襭之 周南下當有芣苢二字。 婦人之香纓名褘香、監本 本或作褸 褸誤從糸。下褸謂之衽同。 詩唐風云素衣朱襮 唐風誤齊。下當有揚之水三字。 蔽郄江淮之間謂之褘 郄、從阝誤、下同。江淮下衍南楚二字。 齊魯之郊謂之袩 下脫褔袩二字。 昌詹切 下褔字衍。 士前後正 監本士誤立。下韠下廣二尺、二誤一。其頸誤其徑。

注疏正字

衣裗謂之視

裗當從釋文本又作流。從衣者後人易水爲衣耳。轉聲爲褸。說文褸、衽也。視褸雙聲也。考褸褸通用字。褸有二名。一爲衣衽。方言褸謂之衽郭注衣襟也。一爲襜褕。方言曰、襜褕、江淮南楚謂之褈容、自關而卥謂

爾雅詁林　六　釋器

之襜褕其短者謂之裋褕以布而無緣敝而紩之謂之襤褸又曰褸謂之緻裯謂之襤注祇裯弊衣又曰無緣之衣謂之襤襤說文亦曰無緣也裯流褸同音通段景純不以裗爲衣衽之褸爲無緣之褸故不曰衣衽曰衣褸也爾雅釋詁三篇爲故言古訓餘多漢儒之語裗視皆當時之方言俗字爾後人不達斯義以深衣之衽釋衣裗誤矣注或曰袿衣之飾者別一名也方言袿謂之裾注衣後裾也或作袪此亦當時之俗語耳

袕謂之褮

袕古無此字予謂當作宂說文褮鬼衣也鬼衣猶魂衣明器之屬不爲交領但宂一孔而已亦如明器之竹不成用瓦不成沬也

衣眥謂之襟

衣眥不見于經傳豈交領象閉眥耶

袸

于義未聞注衣小帶禮內則衿纓注衿猶結也蓋帶長結于身故衿亦謂之帶漢書楊雄傳注衿帶也儀禮士昏禮庶母施衿者解帶之結也

佩衿謂之褑

褑當爲袁通作爰如袁盎亦作爰盎王風有兔爰爰傳爰爰緩意佩玉則宜緩行矣衿有四一爲衣衽一爲交領一爲小帶一爲佩玉之帶衿帶女子之飾佩玉帶男子之飾衿本作裣衿與衿皆別體也衿又爲衾之別體

褋

當從衣說文襢字下引爾雅曰襢襢襀襀或云郎釋訓僔僔洄洄之異文予謂乃爾雅之缺文附識於此以俟考

小箋

衣裗謂之視　釋文云裗本又作流案說文衣部無裗視二字

郭注曰衣縷也釋文云縷又作褸案說文褸衽也从衣婁聲疑正文裗字或褸之譌音相同耳

黼衿謂之襮　釋文云衿本又作領石經單疏作領詩正義六之一禮記正義廿五儀禮疏士昏集韻沃二類篇中八引作領案說文襮黼領也衣部無衿字　儀禮注士昏引作領

袕謂之褮　說文無袕字案注云衣開孔也孔宂義同或郭本無衣旁

衣眥謂之襟　說文無襟字當作裣說文裣交衽也从衣金聲交衽之義與郭注交領合　詩鄭風正義云衿與襟音義同說文亦無衿字

衱謂之裾　說文無衱字當作裔說文裔衣裾也从衣㕯聲㕯女滑切既从㕯聲則音與衱相近故譌作衱大徐疑㕯非聲蓋不知裔字古不讀余制切耳

衿謂之袸　說文衣部有衾字乃枕衾之衾今作衾非此字也當作紟說文系部紟衣系也从系今聲或从金作䋭　說文無袸字

佩衿謂之褑　說文無褑字。

執衽謂之袺　說文同。

扱衽謂之襭　說文、足部趿進足有所擷取也、从足及聲、爾雅曰趿謂之擷。又、衣部襭以衣衽扱物謂之襭从衣頡聲。或从手作擷。

衣蔽前謂之襜　釋文云幨本或作襜石經作襜一切經音義十六引作襜案說文衣部襜衣蔽前从衣詹聲巾部無幨字

婦人之褘謂之縭　釋文云、幃本或作褘、又作徽、縭本或作褵。石經單疏本作褘。詩正義幽風東山引作褘。文選注十五引婦人之褘謂之褵、又引婦人之徽謂之縭、又十八引婦人之徽謂之縭。後漢書注、張衡傳婦人之徽謂之褵。案說文、巾部幃、囊也、从巾韋聲。又、衣部褘、蔽厀也、从衣韋聲。郭訓幃爲香纓、則从巾者爲正。衣巾偏旁通借、故又作褘耳。徽與幃通。見釋詁。說文衣部無褵字。

裳削幅謂之纀　說文同。說文、巾部常、下帬也、从巾尚聲。或从衣作裳。纀、單疏本作襆。玉篇糸部云、纀、裳削幅也。葢纀之省文。

匡名

衣裗謂之視音倪黼領謂之襮緣謂之純袕謂之褮衣眥音劌謂之襟衱音扱謂之裾衿謂之袸音賤佩衿謂之褑執衽音稔謂之袺扱音插衽謂之襭衣蔽前謂之襜婦人之褘謂之縭縭緌也裳削幅謂之纀　此釋衣服之名。

說文、衣、依也。上曰衣、下曰裳、象覆二人之形。裗、郭註衣縷、類篇裗衣之飾。襮、黼領、引詩素衣朱襮。傳、襮、領也。郭註、繡刺黼文以褗領。緣、衣純也。純、絲也、引論語今也純。曲禮、父母存、冠衣不純素。郭註衣緣飾也。玉篇、袕、鬼衣也。褮、鬼衣也、一曰若靜女其袾之袾。而郭註則以爲衣開孔也。李巡云、衣眥衣領之襟。襟本作衿、交衽也。釋名、襟、禁也、交於前所以禁禦風寒也。鄭風青青子衿。玉篇、衱、裾也。裾、衣袍也。郭註、衣後裾。左僖五年傳遂斬其袪、註袪、衣後裾也。衿、說文作紟、衣系也。郭註、衣小帶。士昏禮、施衿結褵。袸、類篇衣帶。佩、大帶佩也、从人从凡从巾、佩必有巾、巾謂之飾。徐鉉曰、今別珮非是。褑、玉篇、佩衿也。又方言佩衿謂之裎、註所以系玉佩帶也。衽、衣衿也。袺、義同爾雅。郭註、持衣上衽。扱、收也。襭、以衣衽扱物謂之襭、或从手。郭註、扱衣上衽於帶。周南、薄言袺之。薄言襭之。曲禮、扱衽不入公門。襜、衣蔽前。李巡云衣蔽膝也。小雅、不盈一襜。褘、蔽厀也、引周禮王后之服褘衣謂畫袍。縭、以絲介履也。緌、系冠纓也。豳風親結其縭、傳婦人之褘也。鄭註、婦人有纓、示繫屬也。常、下帬也。詳釋詁。今作裳。韍、韠也。幅、布帛廣也、一曰析也。纀、引爾雅文。江永云、深衣者、聖賢之法服、衣用正幅、故裳之正幅亦以正裁。

啓蒙

裗　裗　釋文、裗本又作流。
裗卽褸之別字。其義當訓流爾。

視　視　邵氏正義。視卽衣之裗也。楊氏峴曰。案衽者。江氏永云。謂以布二幅。斜裁爲四幅。

狹頭二尺在上。寬頭二尺在下。連屬于裳之兩旁者也。廣雅釋詁。倪袤也。袤與斜通。當借倪。

衿 頷 釋文。衿本又作頷。阮氏校勘記曰。案說文毛傳皆云。襮。領也。唐石經亦作黼領。蓋經作領。注中假領字作衿。

此校繆。經注皆有領衿二本。

袕 内 郭注。袕衣開孔也。蓋古作穴。

襟 裣 郭注。襟交領。說文。裣。交衽也。玉篇。裣。交裣衣領也。襟同上。

衱 袷 戴氏震云。衱袷古通用。

帛爲袷緜爲袍裾訓袷猶裾訓袍也與袪亦聲轉袪一曰褎也褎者袌也又與俠聲轉

說文褎、俠也。俠交義亦近。

衿 紟 釋文。衿又音紟。說文有紟無衿。内則釋文。衿纓。本又作紟。是紟與衿通。

說文紟、衣系也。

袸 荐 釋文。袸。孫音荐。案薦荐古通用。有承藉之義。當借荐。

當作幞、一曰帗也、帗、一幅巾也。引申爲衣小帶。

褑 援 郭注。佩玉之帶上屬。案說文。帶象繫佩之形。援有繫屬之義。詩釋文。邦之媛也。韓詩作援。則褑亦可借援。

褑卽援之後出字。

襜 幨 釋文。幨本或作襜。案說文。襜衣蔽前。當作襜。

今本作襜。

幃 幃 釋文。幃本或作褘。又作徽。阮氏校勘記曰。說文。褘蔽厀也。幃。囊也。孫炎注以褘爲帨巾。郭注以爲香纓義並當从巾。李善注文選思元賦云爾雅曰。婦人之幃謂之縭。今之香囊。在男曰幃。在女曰縭。與陸本正合。知舊本爾雅从巾不从衣也。思元賦注又引爾雅婦人之徽謂之縭。與陸云又作本合。

今本作褘依說文及孫義作褘依郭義則字作徽、衺幅也。皆不作幃。

黃侃評本 正名

衣裗謂之裞。衣褸也齊人謂之攣。或曰袿衣之飾。 裗即褸之別字、其義爲流。裞之言俛也、俛衰也、讀从兌聲、則與衽相轉。說文褸衽也。

襜褕亦有褸名、方言襜褕、以布而無緣、敝而紩之爲襤褸、又曰褸謂之緻、此褸亦主衣衽言、郭言衣褸、足以包之矣。注引或曰袿衣之飾者、方言袿謂之裾、注衣後裾也、或作袪、此謂裗爲有後裾衣之飾、非謂裗即袿也。

袕謂之𧜾。衣開孔也。 袕者、穴之後出字、衣開孔謂之袕、猶幝無襠謂之㡓矣。廣雅。 袕音術、則古音正與㡓同、亦與袾聲轉。

衣眥謂之襟。交領。 衿有四、一衣衽、二交領、三小帶、四佩玉帶。

衱謂之裾。 衱正作袷、帛為袷、緜為袍、裾訓袷猶裾訓袍也。裾與袪亦聲轉、袪、一曰褎也、褎者袌也。又與俠聲轉、說文褎、俠也、俠交義亦近。

衿謂之袸。衣小帶。 袸之言孱也、孱小也、亦言纘也、纘繼也、繼系也。小帶謂之袸、猶小栝謂之盞、小鍾謂之棧耳。然則此字正當作帴也、說文帴、一曰帗也、帗、一幅巾也、故引申為衣小帶。

佩衿謂之褑。佩玉之帶上飾。 褑即援之後出字、褑之言援也、援、引也。江藩說以免爰傳、爰爰緩意、佩玉則宜緩行、此說亦可從。

執衽謂之袺。扱衽謂之襭。 廣雅袺謂之𧝣、襭謂之褱、列女傳蔡人之妻曰、采采芣苢之草、雖甚臭惡、猶始於捋采之、終於懷襭之、管子輕重戊丁壯者胡丸操彈、胡與𧝣通、與懷亦聲轉、袺襭𧝣褱其事相因、故音亦相近、廣雅之訓亦即爾雅之訓也。扱、說文收也、䟣、云進足有所擷取也。爾雅曰、䟣謂之擷、是扱䟣通、皆有取義。

衣蔽前謂之襜。今蔽膝也。 說文直裾謂之襜褕、又車帷亦謂之襜、字又作幨、牀前帷亦謂之襜、龜甲邊謂之䗲、屋前楣謂之檐、是同此聲者皆有蔽義、前義、襜之言占也、占隱也、釋名曰襜襜然垂、則與貼聸義近、貼、小耳垂也、聸、垂耳也。

婦人之褘謂之縭。縭、綾也。即今之香纓也、褘邪交落帶繫於體因名為褘、綾繫也。 依郭義云褘邪、則與敧、𧝓、韋義近、敧、說文戾也、廣雅衺也、𧝓、說文衺也、韋、說文相背也。又文選注引褘作徽、說文徽衺幅也、

爾雅詁林 六 釋器

又云、三糾繩也。廣雅、徽束也、然則褘者邪帶於體、故名褘矣。縭讀爲華離之離、亦謂佽邪、邪不正也、緌讀爲委移之委、亦有衺義、然則徽褘縭緌四者皆以邪帶於體得名矣。

黃侃音訓

衣裗謂之䘨　䙕領謂之襮　衣眥謂之襟　衱謂之裾

釋文、裗本又作流。釋器釋文 䙕領作䙕袊、云、本又作領。釋器釋文 玉篇襟作衿。交衿、衣領也、與襟通。衣部衿 方言作袿謂之裾。注云、衣後裾也、或作袪。方言四

衿謂之袸　佩衿謂之褑　執衽謂之袺　扱衽謂之襭

說文衿作紟。云、衣系也。糸部紟 玉篇作紟。云、結帶也。糸部紟 方言作佩紟謂之裎。注云、所以係玉佩帶也。方言四 毛詩傳、袺、執衽也、周南芣苢詩傳 扱衽曰襭。芣苢詩傳 說文作以衣衽扱物謂之襭、衣部襭 引爾雅作䟸謂之擷。云、䟸、進足有所擷取也。足部䟸 襭或從手作擷。衣部襭

衣蔽前謂之襜　婦人之褘謂之縭　裳削幅謂之纀

釋文襜作幨、云、本或作襜。釋器釋文 郭注衣蔽前謂之襜今蔽膝也。釋器注 方言作袡、郭同昌占反。釋器釋文 釋文褘作幃、云、本或作褘。釋器釋文 又作徽。釋器釋文 說文作幃。囊也。巾部幃 釋文、縭本或作褵。釋器釋文 豳風作褵。東山詩 文選注作婦人之徽謂之縭。思玄賦注 後漢書注作婦人之徽謂之縭。張衡傳注 說文裳作常。云、下帬也、從巾尚聲。巾部常 常或從衣作裳。巾部裳

衣蔽前謂之襜、注云今蔽膝也。按、玉藻韠君朱、注云韠之言蔽也。又、縕韍幽衡、注云韍之言蔽也。孔疏云、他服稱韠、祭服稱韍。方言云、蔽厀、江淮之間謂之褘、或謂之祓、魏宋南楚之間謂之大巾、自關東西謂之蔽厀、齊魯之郊謂之袡。襦、西南屬漢謂之曲領、或謂之襦。裈、陳楚江淮之間謂之袐。

證異

衣眥謂之襟

衣眥謂之襟。郭注交領。頤煊案、眥當是前字之譌。前、說文作歬、與眥字形相近。釋名釋衣服、襟、禁也、交於前所以禁禦風寒也。公羊哀十四年傳反袂拭面涕沾袍、何注袍、衣前襟也、疏袍亦有作衿字者、衿與襟同。皆是衣前之證。

婦人之褘

婦人之褘謂之縭、縭、緌也。郭注、即今之香纓也。褘邪交落帶繫于體、因名爲褘、緌、繫也。頤煊案、後漢書張衡傳李賢注文選思玄賦李善注引爾雅、皆作婦人之徽謂之縭。三糾繩曰徽、字異而音義並同

讀爾雅錄

衣蔽前謂之襜。釋文作幨云本或作襜

方言作袡

婦人之褘謂之縭。釋文作幃、云本或作褘、又作徽。按、文選思元賦註引爾雅曰婦人之幃謂之縭、今之香囊、與陸本合。思元賦註又引爾雅婦人之徽謂之縭、與陸云又作本合。按、類篇褘與幃同。

裳削幅謂之纀。釋文亦作纀、玉篇作襆。

考異摘要

衱謂之裾

注曰衣後裾也

樾謹按、此經衣眥謂之襟、衱謂之裾、襟裾連文。郭以

爾雅詁林 六 釋器

裾爲衣後裾、則與襟迥別。而玉篇衣部曰被、裾也。裾、衣裛也。裛、衣前衿也、衿卽古襟字。然則襟裾同物矣。戴氏震作方言疏證、據此以訂郭注之誤。今按郭注固未覈、然竟謂襟裾同物而異名、則亦失之。蓋自衣領至腋下謂之襟、而自腋下直垂至末謂之裾、故襟惟前有之、而裾則前後皆有之。玉篇以裾爲裛、裛爲衣前衿、此指前裾而言也。釋名釋衣服曰、裾、倨也、倨倨然直、亦言在後常見踞也。此指後裾而言也。各成一義、似皆未備。然云倨倨然直、則可知其與襟異矣。襟必斜掩至右、不得倨倨然直也。**平議**

衣裗謂之𧙊

說文無裗。𧙊當讀爲褸褽。說文褸褽皆訓衽也。方言褸謂之衽、注衣襟也。此注衣褸也。从衣从糸字多通。據方言知郭讀衣裗爲衣褸矣。褽亦訓衽、故知𧙊爲褽。裗在五部、褸在四部、二部多通。𧙊从兒聲在十六部、褽从尉聲、據段本在十五部、二部多合均。

䘸謂之褮

說文褮、鬼衣也。又魃、鬼服也。玉篇褮、衣開孔、又鬼衣也。䘸、鬼衣也。案郭訓開孔、知讀䘸如穴。說文穴、土室也。詩王風大車、死則同穴。蓋鬼衣从葬、因加衣旁爲䘸。爾雅多俗字、故說文無䘸。郭訓穴爲開孔、與說文異、玉篇又掍而一之。郝氏乃疑爾雅方釋人衣、何及鬼服。然說文厠褮於襚⿰衤弔裞之下、其爲鬼衣何疑。穴中之衣爲褮、猶棺中縑裏爲⿰衤弔矣。

佩衿謂之褑

褑當讀爲緩。說文、⿰糸呈緩也。方言、佩衿謂之裎。裎卽⿰糸呈字。从衣从糸字多通用。褑緩从爰聲、猶裎⿰糸呈同从呈聲、故通。**王仁俊日記**

婦人之褘謂之縭縭緌也

案景純以褘爲香纓、孫炎又以爲帨巾。考陸釋文褘、本或作禕、諒孫郭所見之本、必從巾作幃、故云然。其實非也。幃、說文囊也。褘、說文蔽厀也。此經承上文衣蔽前謂之襜言之、似褘與襜同類。第襜者、男子之蔽厀、而婦人之蔽厀則謂之褘、字或作幃、猶裳之可通常、帗之可作袚耳。復謂之縭者、詩東山親結其縭、韓傳帶也。蓋以縭爲蔽厀之帶、是以經更進訓之曰縭緌也。緌之爲言系也。說文緌、系冠纓也。**董瑞椿日記**

衣眥謂之襟

錦燧謹案、此釋詩鄭風子衿篇青青子衿也。毛傳云、青衿、青領也。漢石經子衿之衿作⿰衤金。說文無衿字、亦無襟字。衣部云、⿰衤金、交衽也、从衣金聲。交衽之義與郭注交領合。是則字當作⿰衤金、襟衿皆俗體耳。所謂衣眥者、阮氏校勘記云、唐石經雪聰本閩本毛本同、元本眥作眥、監本作眥、眥誤。是阮氏以爲作眥矣。郝義疏謂眥者、說文云目匡也、衣有眥者、淮南齊俗篇云隅眥之削、蓋削殺衣領以爲斜形、下屬於襟、若目眥然也。蒙謂衣眥二字、祇此經一見。衣眥爲襟、尤無明證。如郝氏說、亦必援淮南文以爲牽合、未免失諸穿鑿。

爾雅詁林　六　釋器

爾雅詁林　六　釋器

惟洪頤烜云、背乃前字之譌、說文前作歬、與背形近、故誤。案、洪說是也。釋名云、襟、禁也、交於前所以禁禦風寒也。以交於前、故曰衣前。此可補洪說所未及、而爲背當作前之證。其誤當在唐以前、故詩子衿正義引李巡曰、衣背衣領之襟。此非李巡本之作背、乃孔所見已誤之本作背也。

婦人之褘謂之縭縭緌也

錦燧謹案、釋文云縭本作褵、此釋詩豳風東山篇親結其褵也。毛傳云褵、婦人之褘、母戒女施衿結帨、引士昏禮結帨爲證。其意葢以結褵卽結帨也、與郭注謂香纓說異。孫炎注云褘、帨巾也、與毛傳同。邢疏是郭而非孫、孔氏詩疏又是毛而非郭。蒙謂、孫說是也。攷列女傳云母醮房之中結其衿褵、後漢書馬融傳云施衿結褵、申父母之戒、張華女史箴曰施衿結褵、虔恭中饋、注、離與褵古字通。此皆用士昏禮文、而以褵字代帨者。然則褵之爲帨、洵古義之碻有可證者。景純香纓云云、乃臆說也。【陸錦燧日記】

衣背謂之襟

郝氏義疏云、背者、說文云目匡也、衣有背者、淮南齊俗篇隅背之削、葢削殺衣領以爲邪形、下屬於襟、若目背然也。孚吉按、衣背謂之襟、經典無明文可證。郝氏曲成其義、亦失之鑿。衣背必衣前之譌、前誤爲背、猶前誤爲首也。釋畜四蹢皆白前、宋雪牕本作騚、類聚及初學記俱引作首。邵氏正義曰、爾雅舊本作前、後人增加馬字、又因字形相涉、故前誤爲首也。洪頤烜云、說文前作歬、與背字形相似、故誤。釋名襟、禁也、交於前所以禁禦風寒也、公羊哀十四年傳反袂拭面涕沾袍、何注袍、衣前襟也、此皆作衣前之證。【爾雅詁】

緣謂之純、郭云衣緣飾也。楷案、鄭注士喪禮褖衣云、黑衣裳赤緣謂之褖、褖之言緣也、所以表袍者也。賈疏、亦緣謂之褖者、爾雅文、彼釋婦人嫁時褖衣、此引之者、證此褖衣雖不赤緣、其名同、故引爲證也。據賈所言、是爾雅本作赤緣謂之褖。郭本脫赤字、而褖誤爲純、遂以衣緣飾解之、葢失其恉也。士昏禮女次純衣纁袡、鄭注袡亦緣也、袡之言任也、以纁緣其衣、象陰氣上任也。纁爲淺赤色、是纁袡卽赤緣、故賈以爲釋婦人嫁時褖衣也。【稗疏】

衱謂之裗。

皀案。衱字諧穴聲。聲當兼義。衣之穴則惟有兩袖可當之。然則此謂衣袖也。袖之言岫也。釋山云。山有穴爲岫。義可借證。郭注云。衣開孔也。玉篇衣部、廣韻術韻並承之。此亦於從穴生義。但衣何以開孔。開孔之衣。其制無考。將謂如今人開跨翦衣。則但開前後裾爲四幅。亦不切於穴字之義。況古必未有翦衣之制也。說文衣部云。裗、鬼衣也。玉篇裗下亦云。又鬼衣也。廣韻術韻同。衱下亦云。鬼衣也。鬼衣二字更不可解。錢大昕說文答問、錢坫說文斠詮並謂裗卽幎。亦殊牽湊。幎所以覆死人之面。既不合謂之衣。且死人是屍也。非鬼也。皀竊謂鬼衣者卽是褎。褎從鬼衣。故亦稱鬼衣也。衣部云。褎、袖也。則鬼衣亦袖矣。鬼衣爲袖。則裗衱皆袖之名矣。故曰衱謂之裗。且上下文言衣之制不及袖。則此句屬袖言。爲義甚協也。【校書】

衣背謂之襟 監本譌衣背。今从諸本。【石經考文提要】

繡刺黼文以褗領 單疏本注疏本同。雪牕本褗作偃。釋文褗音偃、又作偃。按、偃領者、謂黼文偃伏衣領上也。字不當從衣。又釋文音經、袊本又作領、音同。按、說文毛詩傳皆云、褗、領也。唐石經亦作黼領、葢經作領、注中偃領字作袊。玉篇衣部、袊、力井切、衣袊也。

衣眥謂之襟唐石經雪牕本閩本毛本同。元本眥作呰，監本作背，皆誤。

佩玉之帶上屬雪牕本同。注疏本上誤二。釋文上屬，上持掌反。

持衣上衽雪牕本同。注疏本持誤掎。邢疏云：手執持其衽名袺。

衣蔽前謂之襜唐石經雪牕本同。單疏本亦作襜。釋文襜本或作襝，方言作袡。

婦人之褘謂之縭唐石經單疏本雪牕本同。釋文褘本或作禕，又作徽，同。按說文禕蔽厀也，幃囊也。孫炎注以褘爲帨巾，郭注以爲香纓，義並當從巾。李善注文選思元賦云爾雅曰：婦人之幃謂之縭。今之香囊，在男曰幃，在女曰縭。與陸本正合。知舊本爾雅從巾不從衣也。思元賦注又引爾雅婦人之幑謂之縭，與陸云又作本合。

褘邪交落帶繫於體雪牕本注疏本同。單疏本作褘交絡帶繫於體。按褘當作衺。釋文邪字亦作衺，是也。今本作褘邪，褘蓋衍字。下云因名爲褘，則上不當言褘矣。繫絡字本從糸旁，作落蓋古通。詩東山正義引作絡，與單疏本合。○按說文交部曰：衺，衺也。郭用衺邪爲重疊字。交落者，交絡也。帶繫連文，郭用同音之字以爲訓也。

緌繫也雪牕本注疏本同。單疏本標起止云注即今至繫也。詩正義引郭注，此下有此女子既嫁之所著示繫屬於人，義見禮記詩云親結其縭，謂母送女重結其所繫著以申戒之。說者以褘爲帨巾，失之也，共四十七字，寀爲郭注。正義有申難之辭，未知何時逸去。釋文於著字、重字皆無音，未詳也。按既嫁當爲未嫁，或作許嫁。士昏禮注云：婦人十五許嫁，笄而禮之，因著纓，明有繫也。郭注上云此女子未嫁之所著，示繫屬於人，故下云母送女重結其所繫著，以申戒之。

裳削幅謂之纀唐石經雪牕本注疏本同。釋文亦作纀。單疏本作纀，按玉篇纀布木切，裳削幅也，亦作襆。

衣裗至謂襆○釋曰注疏本刪。

裳削殺其幅者名纀注疏本纀作襆。

○注衣縷至之飾○釋曰注疏本刪作一云衣縷者。

本或作褸音婁。○注疏本音婁作大字。褸，元本閩本同，監本毛本誤縷。下引方言同。釋文縷又作褸，褸即褸之訛。

又謂之袩子俠切。○注疏本作丁狹切。

○注繡刺黼文以褗領○釋曰注疏本領下衍者，刪釋曰。

○注今蔽膝也○釋曰注疏本也改者，刪釋曰。

或謂之袚音弗。○注疏本弗改大字。

齊魯之郊謂之袡昌詹切。○注疏本音切改大字。

○注即今至繫也○釋曰孫炎云注疏本刪上八字。

○注削殺其幅深衣之裳○釋曰注疏本注改云，刪釋曰。

制十有二幅元本同。閩本監本毛本十有倒。

其深衣製度注疏本製作制，此非。

校勘記

衣後襟也十行本雪牕本吴本並作衣後裾也。

校勘記訂補

衣裗謂之視注衣縷也。釋文縷又作樓，洛侯反。疏本或作褸，音婁。據此則釋文當作褸，今作樓，誤也。

佩衿謂之褑注佩玉之帶上屬。今本上誤作二。釋文上，持掌反。

執衽謂之袺注持衣上衽。今本持誤作掎。按說文掎，偏引也，義亦相近。然釋文無音，又此句疏作手執持其衽名袺，詩芣苢疏引孫炎注亦云持衣上衽，則非掎字審矣。

衣裗謂之視疏方言云褸謂之衽。褸今本誤作縷，又即衣衽也。今本衽誤作衿。

衣蔽前謂之襜注今蔽膝也。疏江淮之間謂之褘。今本淮下衍南楚二字。齊魯之郊謂之袡，昌詹切下，今本衍襜字。按方言襜，西南蜀漢謂之曲領，或謂之襦，則此自別章，不與襏襫相屬也。裳削幅謂之纀，注深衣之裳，疏制十有二幅，今本有誤在十上。

衱謂之𧝓，釋文𧝓，胡扃反，又於營反，今本𧝓音營，非。當作螢縈。廣韻十五青，𧝓螢俱戶扃切，十四清，𧝓縈切與釋文同，營，余傾切，𧝓不得音營也。衿謂之袸，釋文郭辭見反，孫音薦，謝徂悶反，今本袸音賤，非。廣韻，袸在甸切，在三十二霰，賤，才見切，在三十三線，二字不同音也。

執衽謂之袺，釋文衽，而甚反，今本衽音稔，俱非。按廣韻上聲四十七寑，衽，如甚切，與稔同音，臥席也。去聲五十二沁，衽，七鴆切，衣衿。蓋誤以衽爲衽，宜正之。

注疏本正誤

衣背謂之襟 洪頤煊曰，經典無衣背之名，背疑前字形譌，說文前作歬，與背相近。

衣後襟也 明監本、永懷堂本、毛本、湘本襟作裾。案疏云，即衣後裾也，作裾是。

蔽鄰江淮南楚之閒謂之褘 各本同，方言無南楚二字。彼注云，爾雅釋器疏江淮下有南楚二字，係誤衍，或據以增入，非也。且下文既云魏宋南楚之閒謂之大巾，則此爲衍文明矣。

轉下廣一尺 明監本同，毛本、湘本一作二，是。案玉藻正作二。

注疏校勘札記

五上（六七）

一行（注）衣縷也○「縷」，《釋文》云：「又作褸。」案：字當作「褸」。《方言》云：「褸謂之衽」。

二行（注）繡刺黼文以褗領○「褗」，衣領也。《釋文》云：「褗又作偃。」案此處以作「偃」為是。阮元《校勘記》云：「偃領者，謂黼文偃伏衣領上也。字不當從衣。」

三行衣背謂之襟（注）交領○洪頤煊《讀書脞錄》云：「經典無衣背之名，背疑前字形譌。《說文》前作歬，與背相近。」案：《詩·子衿》《正義》引李巡曰：「衣背，衣領之襟。」是李巡本已作「背」。慧琳《音義》卷四十七引《爾雅》云：「衣背前謂之裣。」郭注云：「衽也，亦交領也。」與今本不同。

四行佩衿謂之褑○「佩衿」宋刻小字本作「佩衿」是也。《玉篇》云：「褑，佩裣也。」「裣」即「衿」之或體。

六行（注）今蔽膝也○玄應《音義》卷十六引此注作「即今蔽膝也，言襜襜然前後出也。」《字鏡》「襜」下云：「衣蔽前謂之襜。蔽膝也。言襜襜然前後出。」與玄應所引《爾雅》郭注同。

婦人之褘謂之縭○《釋文》「褘」作「幃」，云：「本或作褘，又作幑，同。」案原本《玉篇》「幑」下引作「徽」，「縭」下引作「褘」，《文選·思玄賦》注引作「幃」，是舊本傳寫各有不同。阮元《校勘記》云：「《說文》：褘，蔽厀也，幃囊也。孫炎注以褘為帨巾，郭注以為香纓，義並當從巾。」案：從「巾」從「衣」義實相通，「幃」或作「褘」，猶「幨」或作「襜」，阮氏但憑《說文》，未免拘泥。《詩·豳風·東山》曰：「親結其縭」，《毛傳》曰：「縭，婦人之褘也。」字即作「褘」。

（注）即今之香纓也褘邪交落帶繫於體因名為褘緌繫也○原本《玉篇》「幑」下引「落」作「絡」，「繫於體」作「繫之於體」，「縭」下所引相同。（惟「絡」傳鈔誤作「結」。）《詩·東山》《正義》引「落」亦作「絡」。今本有脫誤，當據《玉篇》改正。《詩》《正義》引郭注「緌，繫也」下復有「此女子既嫁之所著，示繫屬於人，義見《禮記》。《詩》云：親結其縭，謂母送女，重結其所繫著以申戒之。說者以褘為帨巾，失之也。」共四十七字。阮元《校勘記》謂此文「當為郭注，正義有申難之辭，未知何時逸去。《釋文》於著字、重字，皆無音，未詳也。」又謂：「既嫁

爾雅詁林　六　釋器

當作木嫁，或作許嫁。《士昏禮》注云：婦人十五許嫁，笄而禮之，因著纓，明有繫也。」案原本《玉篇》「縭」下亦引此文，「既嫁」一作「既許嫁」，但題為「《音義》曰」，與注文不相混。是此數語乃出自郭氏《爾雅音義》，非注文也。王樹枏曾引用原本《玉篇》以校《爾雅》，獨於此無說，仍援引阮氏《校勘記》，恐非由於疏忽，蓋有意避去，以維護其所謂今本《爾雅》郭注已有刪節之說耳。

七行（注）深衣之裳○原本《玉篇》「纀」字下引「裳」下有「也」字。

宋監本校箋

衣裗音流謂之梲衣縷也，齊人謂之攣，或曰袿衣之飾。梲，音倪。黼領謂之襮繡刺黼文以褗領。襮，音博。袕音穴謂之褮衣開孔也。褮，音營。衱音劫謂之裾衿謂之袸衣小帶。袸，音賤。佩衿謂之褑佩玉之帶上屬。褑，音院。執衽音稔謂之袺持衣上衽。袺，音結。扱音插衽謂之襭扱衣上衽於帶。襭，音擷。衣蔽前謂之襜今蔽膝也。襜，音占。婦人之褘音韋謂之縭縭音離緌音蕤也裳削幅謂之纀削殺其幅，深衣之裳。纀，音卜。

音圖・音

直音正誤

襭直音音結　案襭音頡，匣；今音結，見，大謬。

梲，五；今翻音倪，又五啓翻音蟻，又五結翻音臬。　襮音博，布各翻，又方沃翻，非、幫輕重交互出切，音不兩音相同，沃藥韻別。　純之閏翻，諄去聲，又章允翻音準。陳氏禮書云，古者衣裳冠帶韠屨席有緣，而純、袘、紕、綼、緆、緣、襈、攝皆緣名也，特其所施者異耳。　袕穴、術兩音。褮，胡扃翻音螢，又於營翻音縈。九經字樣本說文。　庚青匣喻微別。　眥，才細翻音劑，齊去聲。從母字，又子移翻音貲，精母字。集韻又鉏佳翻音柴，牀母字。　裾居、渠二音，今人罕讀渠音。

衿，又作紟，郭同，今鉗二音。顧渠、鵮音嗛、渠、金音琴二翻。袸，郭餞見翻音賤。孫音薦。謝徂悶翻，存去聲。廣韻賤、存兩音。　袺，音結。郭居黠翻音戛。戛與結、黠屑微別。　幃本或作褘，又作𦅾，同。暉、韋二音。

音略

衣裗流謂之梲倪黼甫領謂之襮博緣願謂之純準袕穴術謂之褮營衣眥劑恣切謂之襟衱謂之裾居徐今衿謂之袸賤佩衿謂之褑院執衽稔謂之袺結扱插衽謂之襭結衣蔽前謂之襜詺平聲婦人之褘暉韋謂之縭離縭雖緌也裳常削幅福謂之纀卜

孫偘直音

緣去聲謂之純準袕穴術謂之褮營衣眥劑謂之襟衱劫謂之裾居裳常削幅編謂之纀卜

直音校正

衣裗流謂之梲倪衣裗，衣縷也。或曰袿衣之飾。黼甫領謂之襮博刺黼繡文於衣領名襮。緣願謂之純準衣之緣飾名純。袕穴袕，衣開孔也。謂之褮營衣眥才細切謂之襟襟謂交領也。衱劫謂之裾裾，衣後裾也。衿謂之袸賤衿，衣小帶也。佩佩之帶名褑。
衿謂之褑院　手執持其衽名袺。執衽任謂之袺結　扱衽於帶名襭。扱插衽謂之襭挈　衣之蔽前者名衣蔽前謂之襜昌占切襜。婦人之褘韋　婦人之香纓名褘。謂之縭離　緌猶繫也縭緌蕤也　衣下曰裳削殺也削殺裳削幅謂之纀卜其幅深衣之裳

楊氏音訓

裗畱　䘽倪　襮博　緣願　純準　袕術又音穴　褮縈　皆剳　衱劫　裾居　袸存　褑于眷切　衽稔　袺結　扱插
襭胡結切　襜處占切　褘韋　緌如隹切　幅福　纀卜

干氏音釋

輿革前謂之鞎後謂之笰竹前謂之禦後謂之蔽環謂之捐鑣謂之钀載轡謂之轙轡首謂之革

郭注

輿革前謂之鞎、以韋靶車軾。後謂之笰、以韋靶後戶。竹前謂之禦、以簟衣軾。後謂之蔽。以簟衣後戶。環謂之捐。著車衆環。鑣謂之钀。馬勒旁鐵。載轡謂之轙。車軛上環，轡所貫也。轡首謂之革。轡靶勒，見詩。

輿革至之革　釋曰此辨車馬之飾名也。云輿革前謂之鞎者李巡曰輿革前謂輿前以革爲車飾曰鞎。郭云以韋靶車軾。靶謂鞔也。軾車上橫木。毛詩傳云諸侯之路車有朱革之質而羽飾。謂以皮革爲本質，其上又以翟羽爲之飾。詩齊風云簟笰朱鞹是也。後謂之笰者李巡曰笰車後戶名也。郭云以韋靶後戶。云竹前謂之禦者李巡曰竹前謂編竹當車前以擁蔽名之曰禦。禦止也。孫炎曰禦以簟爲車飾也。郭云以簟衣軾。詩傳云簟方文席也。云後謂之蔽者郭云以簟衣後戶、即詩所謂簟笰也。云環謂之捐、謂著車衆環名捐。云鑣謂之钀者、鑣者馬勒旁鐵、一名钀。云載轡謂之轙者、轡者御馬之具也。古者乘車駕駟馬、凡八轡。軾端之木名衡、衡即軛。軛上著環以貫轡、此即載轡之環名轙。故郭云車軛上環轡所貫也。云轡首謂之革者、轡首名革也。詩大雅云鞗革金厄是也。郭云轡靶勒、見詩。字林云靶轡革也。

邢疏

輿革前謂之鞎
輿革前、謂輿前以革爲車飾曰鞎。詩正義五之二　邢疏

後謂之笰
笰、車後戶名也。詩正義五之二　邢疏

竹前謂之禦
竹前、謂編竹當車前以擁蔽、名之曰禦。禦、止也。詩正義五之二　邢疏

李注

竹前謂之禦
禦、以簟爲車飾也。詩正義五之二　邢疏

孫音注

環謂之捐
捐、與專反。釋文

鑣謂之钀
钀、魚謁反。釋文　許揭切、又魚列切。御覽三百五十八

爾雅詁林　六　釋器

載轡謂之轙
轙、音儀。釋文
[郭音義]

環謂之捐鑣謂之钀
捐因絹反。钀魚桀反。釋文
[沈集注]

環謂之捐
捐、辭玄反。釋文
[顧音]

載轡謂之轙
轙音蟻。釋文
[施音]

游環謂之捐今本環上無游字。
捐、徐員切。御覽七百七十六
[衆家注]

黃輯古義

輿革前謂之報
輿革前、謂輿前以革爲車飾曰報。詩齊風載驅正義邢疏
後謂之茀
第車後戶名也。
竹前謂之禦
竹前謂編竹當車前以擁蔽名之曰禦。禦止也。並同上
[李注]

竹前謂之禦
禦、以簟爲車飾也。詩齊風載驅正義
[孫音注]

環謂之捐與專反。釋文
鑣謂之钀魚謁反。
載轡謂之轙音儀。
[郭音義]

環謂之捐
捐因絹反。釋文引呂沈
鑣謂之钀
钀魚桀反。釋文
[沈集注]

環謂之捐辭玄反。
[顧音]

載轡謂之轙音蟻。同上
[施音]

輿革前謂之報後謂之第
謂輿前以革爲車飾曰報茀車後戶名也。李注

玉函山房輯佚

竹前謂之禦
竹前謂編竹當車前以擁蔽名之曰禦。禦止也。同
禦以簟爲車飾也。孫注 並詩疏五之二
鉤沉

輿革前謂之報
李曰輿革前謂輿前以革爲車飾曰報。詩正義五之二邢疏
後謂之第
李曰第車後戶名也。詩正義五之二邢疏
竹前謂之禦
李曰竹前謂編竹當車前以擁蔽名之曰禦。禦止也。詩正義五之二邢疏
孫曰禦以簟爲車飾也。詩正義五之二邢疏
漢注

爾雅詁林　六　釋器

輿革前謂之鞎

李巡云、輿革前、謂輿前以革爲車飾曰鞎。詩正義五之二卷

郭璞云、以韋靶車軾。

後謂之第

李巡云、第車後戸名也。詩正義五之二卷 郭璞云、以韋靶後戸。

竹前謂之禦

李巡云、竹前、謂編竹當車前以擁蔽名之曰禦。禦、止也。孫炎云、禦以簟爲車飾也。並詩正義五之二卷 郭璞云、以簟衣軾。

後謂之蔽

郭璞云、以簟衣後戸。

環謂之捐

郭璞云、著車衆環。

鑣謂之钀

郭璞云、馬勒旁鐵。

載轡謂之轙

郭璞云、車軛上環轡所貫也。

轡首謂之革

郭璞云、轡、靶勒、見詩。

一切注音

輿革前謂之鞎 李巡曰、輿革前、謂輿前以革爲車飾曰鞎。詩載馳正義

後謂之第 李巡曰、第車後戸名也。詩載馳正義

竹前謂之禦 李巡曰、竹前、謂編竹當車前以擁蔽、名之曰禦。禦、止也。孫炎曰、禦以簟爲車飾也。並詩小戎正義

載轡謂之轙 郭音儀。釋文

古注斠

輿音余。革姑麥反。鞎胡根反。靶音霸。字林云、轡革也。本或作鞔、亡安反、次句同。車音居。軾音式。第音弗。禦魚呂反。簟衣於既反、下皆同。捐呂沇因絹反、顧辭玄反、郭與專反。著直略反。鑣表驕反。钀郭魚謁反、沇魚桀反。旁鐵他結反。轡音祕。轙郭音儀、施音蟻。軛於革反。首本或作古晉字

陸音義

輿革前謂之鞎

軾受塵垢鞎、塵垢之痕。

後謂之第

爲其有痕也、故拂之。

竹前謂之禦

虛而有節、塵垢不止。

後謂之蔽

第弗外蔽、蔽內所謂簟。第以弗爲言、若齊子豈弟、不復弗外也。

環謂之捐

秉捐所愛、捐棄圓焉。

鑣謂之钀載轡謂之轙

钀以钀之、轙、議焉。

轡首謂之革

易所謂革面。詩曰、鞗革忡忡、和鸞雝雝。此四海諸侯

也。卽吾諸侯鞗革在下、和鈴央央、鞗革有鶬、是已。且言忡忡央央、亦不同忡忡雝雝、以言燕故。

新義

輿革前謂之䩨後謂之第竹前謂之禦後謂之蔽環謂之捐鑣謂之钀載轡謂之轙轡首謂之革 此別車馬所飾之異也。以韋靶車軾曰䩨、以韋靶後戶曰第、以簟衣軾曰禦、以簟衣後戶曰蔽。捐、著車衆環也。钀、魚列反、馬勒旁鐵。轙、音儀、車軶上環、所以貫轡也。革、以革爲轡也。

鄭樵注

輿革前謂之䩨
李巡曰、輿革前謂輿前以革爲車飾曰䩨。
郭璞曰、以韋靶車軾。
後謂之第
李巡曰、第、車後戶名也。
郭璞曰、以韋靶後戶。
竹前謂之禦
李巡曰、竹前、謂編竹當車前以擁蔽、名之曰禦。禦、止也。
孫炎曰、禦、以簟爲車飾也。
郭璞曰、以簟衣軾。
後謂之蔽
郭璞曰、以簟衣後戶。
環謂之捐捐、郭與專反。
郭璞曰著車衆環。
鑣謂之钀钀、郭魚竭反。
郭璞曰、馬勒旁鐵。
載轡謂之轙轙、郭音儀。
郭璞曰、車軶上環轡所貫也。
轡首謂之革
郭璞曰、轡、靶勒、見詩。
鄭樵曰、此別車馬所飾之異也。以韋靶車軾曰䩨、以韋

輿革前謂之䩨後謂之第竹前謂之禦後謂之蔽環謂之捐鑣謂之钀載轡謂之轙轡首謂之革 第音弗。捐音員。鑣音標。钀音孽。轙音儀。○此釋車馬之飾之異名也。

靶後戶曰第、以簟衣軾曰禦、以簟衣後戶曰蔽。捐、著車衆環也。钀、魚列反、馬勒旁鐵。轙、音儀、車軶上環、所以貫轡也。革、以革爲轡也。自輿革前至此、總釋之也。

古注合存

詁曰、䩨者、以韋靶前軾。第者、以韋靶後戶也。禦者、以簟衣前軾。蔽者、以簟蔽後戶也。捐者、著車之環。钀者、馬勒旁之鐵。轙者、車軶上貫轡之環也。革者、轡之靶勒也。疏曰、靶謂挽也。詩載驅云簟第朱鞹、毛傳云、諸侯之路車、朱革爲質。簟、方文席也。轙、端之木名、衡亦名軶、其上著環者、以貫駟馬之八轡、卽轙也。轡首名革、詩韓奕云鞗革金厄。愚按、第、李巡謂車後戶名也。本以竹爲之、而云革後謂之第者、蓋革挽竹第、通名爲第與。

注疏參義

䩨、音痕。釋文缺。

補注

輿革前謂之䩨 **註** 以韋靶車軾後謂之第 **註** 以韋靶後戶竹前謂之禦 **註** 以簟衣軾後謂之蔽 **註** 以簟衣後戶環謂之捐 **註** 著車衆環鑣謂之钀 **註** 馬勒旁鐵載轡謂之轙 **註** 車軶上環轡所貫也轡首謂之革 **註** 轡靶勒見詩 **正義** 此釋車馬之飾名也。○輿革至之蔽○釋名云、輿、舉也。車式較內謂之輿。輿之前後以革簟爲飾、此別其名也。䩨者、詩疏引李巡曰、輿革前以革爲車飾曰䩨。說文云、車革前曰䩨。鞶傳云、䩨猶垠、以革緣之爲垠堮也。以革飾輿後曰第。詩疏引李巡云、第、車後戶名也。大雅韓奕篇謂之鞹鞃、毛傳鞹、革也。鞃、軾中也。齊風載驅篇謂之朱鞹、毛傳諸侯之路車、有朱革之質而羽飾。孔疏云、以去毛之皮施於軾之中央、持車使牢固也。朱鞹則以朱色之革爲之。此以革爲飾也。以簟飾輿前曰禦。詩疏引李巡云、竹前、謂編竹當車前以擁蔽、名之曰禦。禦、止也。孫炎云、禦以簟爲車飾也。其以簟飾輿後曰蔽、言其

爲障蔽也。以簟飾之、是其常行者也。至於喪禮用物雖異、而其名則同。春官巾車云、王之喪車五乘、木車蒲蔽、素車棼蔽、藻車藻蔽、駹車雚蔽、漆車藩蔽。又士喪禮記云、主人乘惡車、白狗幦、蒲蔽。鄭註以惡車爲即木車。葢喪車貴賤同等、其蔽亦同。以蒲爲蔽、所以去飾。吉車則飾以漆簟。詩謂之簟笰。載驅毛傳云、簟笰方文席也、車之蔽曰笰。韓奕鄭箋云、簟笰、漆簟以爲車蔽、今之藩也。碩人毛傳云、笰、蔽也。孔疏云、爾雅以革與竹別而異其文耳。其實革竹同飾、後戶俱後車之蔽塞、故傳通言之。○環謂之捐○秦風小戎云、游環脅驅。毛傳、游環、靷環也、游在背上、所以禦出也。鄭箋、游環在背上、無常處、貫驂之外轡、以禁其出。釋名云、游環在服馬背上、驂馬之外轡貫之、游移前卻無定處也。著車衆環名爲捐。○鑣謂之钀○說文云、鑣、馬銜也。幘馬纏鑣扇汗也。釋名云、鑣、苞也、所以在旁苞斂其口也。案、衛風碩人毛傳云、人君以朱纏鑣扇汗、且以爲飾。釋文云、鑣、馬銜外鐵也、一曰扇汗、又曰排沫。續漢書輿服志云、乘輿象鑣、用象牙、赤扇汗、王公列侯以朱鑣絳扇汗、卿以下有騑者緹扇汗。鑣一名钀。說文以钀爲轙字之或體、徐鍇以爲钀與轙異、疑說文本有脫誤也。○載轡謂之轙○說文云、轙、車衡載轡者、軶轅前也。釋名云、轡、咈也、牽引咈戾以制馬也。轡之爲飾、有銜有勒、鑣羈韁鞚、以成其用也。衡橫也、衡即爲軶。故小爾雅云、衡扼也、是轅前橫木爲軶、軶上著環以載轡者名轙。○轡首謂之革○蓼蕭毛傳云、革、轡首也。轡首飾銅以皮爲勒者謂之革。孔疏、馬轡所靶之外、有餘而垂者謂之革。**註** 以韋靶車軾○**正義** 說文云、軾、車前也。獸皮之韋可以束、故借以爲皮韋。釋名云、軾、式也、所伏以式敬者也。郭以軾在輿前、革以韋爲之、故云以韋靶車軾。○轡靶勒見詩○**正義** 郭氏以勒訓革也。錢詹事曰、詩如鳥斯革、韓詩作勒、勒即革也、古器銘多用鋚勒、石鼓文及寅簋文作鋚勒、伯姬鼎則作攸勒、宰辟父敦又作攸革。葢古文之鋚勒、鋚勒即詩所云鞗革也。說文無鞗字、而有鋚字、訓爲轡首銅。鋚即鞗也。謹案、說文云、靶、轡革也。繫傳云、御人所把處也。釋名云、勒、絡也、絡其頭而行之也。葢鞗爲金飾、亦作鋚。革爲皮絡、亦作勒。周頌載見云、鞗革有鶬、小雅蓼蕭云、鞗革冲冲、皆言下垂之飾也。下云革中絕謂之辨。玉篇云、辨、車轡勒也。是勒用皮之證也。詩疏引郭註無勒字。**正義**

輿革前謂之報　玉案、說文云、車前革曰報、从革艮聲。徐鍇曰、案爾雅註以韋報車前也、臣以爲報猶垠、以革緣之爲垠堮也、輿車底也、侯恩反云云。據此則注靶當作報、軾當作前。

鑣謂之钀　案、說文繫傳曰、表雙立爲桓。周禮執桓圭、鄭氏以爲若宮室之雙植者爲桓。桓又作瓛、亦音钀。钀爲馬口吻旁雙鐵。蓋亦如瓛爲桓圭、取雙植之形耳。

校議

輿革前謂之報以韋靶車軾　**後謂之笰**以韋靶後戶　**竹前謂之禦**以簟衣軾　**後謂之蔽**以簟衣後戶　**環謂之捐**著車衆環　**鑣謂之钀**馬勒旁鐵　**載轡謂之轙**車軶上環、轡所貫也　**轡首謂之革**轡靶勒見詩

輿者、釋名云、舉也。玉篇云、車乘也。葢言所以乘載人物、與舉義同也。報者、說文云、車革前曰報。詩載驅正義引李巡曰、輿革前謂輿前以革爲車飾曰報。郭云以韋靶車。軾者、說文、軾、車前也。詩韓奕傳、鞹、革也。鞃、軾中也。是鞹鞃即革前、郭葢本此爲說。但軾中名鞃不名報、恐非也。郭注靶當爲鞔字之誤。○笰者、玉篇廣韵並云、輿後笰也。詩正義引李巡曰、笰、車後戶名也。按、笰當作茀、碩人傳、茀、蔽也。載驅傳、車之蔽曰茀。是茀取蔽爲義。車後戶者、車自後入、故以後爲茀戶也。○竹者、簟也。說文、簟、竹席也。禦者、詩正義引李巡曰、竹前、謂編竹當車前、以擁蔽、名之曰禦、禦、止也。孫炎曰、禦、以簟爲車飾也。毛傳、簟、方文席也。○蔽者、巾車注引詩翟蔽、以朝、是蔽猶茀也。巾車云、王之喪車五乘、木車蒲蔽、素車棼蔽、藻車藻蔽、駹車雚蔽、漆車藩蔽。按、五蔽皆不用竹者。喪車去飾也。其吉車則飾以簟。故韓奕箋、簟茀、漆簟以爲車蔽、今之藩也。○

爾雅詁林　六　釋器

環者、詩小戎傳、游環、靷環也、游在背上、所以禦出也。釋名云、游環在服馬背上、驂馬之外轡貫之、游移前卻無定處也。然則游環所以制驂馬、車有兩服兩驂是有二環。郭云衆環者、以車衡輗上復有環以貫轡、故云衆環也。捐者、釋文云、呂沈因絹反、顧蠲玄反、郭與專反。按捐與肙音義同。肙、空也、環中空以貫轡、故謂之捐。○鑣者、說文云、馬銜也。釋名云、銜、在口中之言也。鑣、苞也、在旁苞斂其口也。詩碩人傳、幩飾也、人君以朱纏鑣扇汗、且以爲飾。釋文、鑣、馬銜外鐵也、一名扇汗、又曰排沫。是皆鑣之異名也。钀者、玉篇云、鑣也、魚傑切。說文以钀爲轙之或體、今所未詳。○轡者、釋名云、拂也、牽引拂戾以制馬也。轙者、說文云、車衡載轡者。淮南說山篇云、遺人車而脫其轙、高誘注、轙、所以縛衡也。是轙在衡上。衡、橫也、轅耑著橫木以戹馬領、使不得出也。衡亦曰軶、故論語包咸注、衡、軶也、軶上施環以貫轡、謂之轙。文選東京賦注引此注作在軾上、環轡所貫也、與今本異。軾上環即詩云鋈以觼軜是矣。○革者、詩蓼蕭傳、鞗、轡也、革、轡首也。采芑箋、鞗革、轡首垂也。按轡首垂即靶也、以革爲之、因名革。韓奕箋、鞗革謂轡也、以金爲小環、往往纏搤之。說文鞗作鋚、云轡首銅。然則轡首有革有銅。爾雅單言革者、轡以革爲主、銅爲飾耳。郭云轡靶勒者、勒字衍也。張聰咸曰、說文云勒、馬頭絡銜也、靶、轡革也、是轡勒異物、自東晉時後趙避石勒名、呼馬勒爲轡、幌諱於是溷轡與勒爲一物。郭注本無勒字、蓼蕭正義所引甚明、爾雅釋文於靶字下亦無勒音、今本多勒字、遂與鑣銜之訓相溷。

義疏

輿革 革、車制也。以禦矢石、婦車以爲蔽。**前謂之鞎** 李注、輿革前、謂輿前以革爲車飾曰鞎。郭注、以韋靶車軾。鞎、限也、以革蔽前有限制、非把手、亦非飾也。**後謂之第** 李注、第、車後戶名也。郭注、以韋靶後戶。第茀蔽通用字。在車後、無取於限。**竹前謂之禦** 李注、竹前謂編竹當車前以擁蔽、名之曰禦。禦、止也。孫注、禦、以簟爲車飾也。郭注、以簟衣軾。**後謂之蔽** 郭注、以簟衣後戶。鄭注

周官引詩、翟蔽以朝。又簟茀朱鞹、簟茀魚服、今皆作茀。**環謂之捐** 郭注、著車衆環。詩鞙鞙佩璲、施玉環以墜佩也。轡首及靷皆施銀鐵。環从玉、从革互通。**鑣謂之钀載轡謂之轙** 郭注、钀、馬勒旁鐵、轙、車輗上環、轡所貫也。說文轙或作钀、檥从木、即梍也、所以繫馬。因通爲馬銜之名。又以衡輗爲轙義。威儀本字取其定止、故上云儀榦也。**轡首謂之革** 郭注、轡、靶勒、見詩。革、官禮皆作勒。詩有革無勒、轡以絲絡首、以革垂之、又飾金也。

集解

輿革前謂之鞎 斥革路言耳。革路即戎、前後有蔽、所以當矢石禦風塵也。鞎、限也、謂其阻蔽。婦車革面則示別意。**後謂之第** 第字本作茀、艸多也。與蔽通用。革在車後、但蔽風塵、不取限義。詩碩人翟茀以朝、周禮注引作翟蔽、即厭翟、而前後均以革蔽者。**竹前謂之禦** 詩所謂簟是也。周禮喪車均用艸編席以為蔽。此云竹者、蓋吉車也。禦、祀也、从示、御聲。與御通用。御、使馬也。使馬有塵、故用竹席。或曰禦、禁也、若衣襟然、謂其在前。**後謂之蔽** 蔽、蔽蔽、小艸也、从艸、敝聲。引申為車蔽之偁。周禮蒲蔽、棼蔽、藻蔽、翟蔽、藩蔽、皆艸也。竹云蔽者、通偁耳。詩載驅簟茀朱鞹、采芑簟茀魚服、韓奕簟茀錯衡、皆斥竹編之蔽言。今通作茀。**環謂之捐** 環、璧也、中有孔者。引申為金鐵環之偁。車有靷環、馬有轡環、均繫繩者。捐、棄也、从手肙聲。與圓通用。圓、規也、今所謂圈是也。環中有孔、亦圈也。詩小戎游環脅驅、大東鞙鞙佩璲、蓋謂玉環。或者捐之正字為觼與。觼、環之有舌者。字一作鐍。詩鋈以觼軜、箋、軜之觼以白金為飾也。莊子胠篋固扃鐍。李注紐也、崔注環舌也。**鑣謂之钀** 鑣、馬銜也、从金麃聲。今俗呼為嚼口。钀、鑣也、馬銜在於齒中、亦缺齒意也。許慎以钀為轙之或體、因義獻聲轉故也。實則轙钀用別、不得同字。楚辭九歎、齧鑣銜以馳騖兮、文選舞賦揚鑣飛沫、均謂钀也。詩駟鐵輶車鸞鑣、則斥

鞶鈴。

載轡謂之轙。轙、車衡載轡者。从車義聲。衡上大環、中貫六轡。其軾前之軜、則以貫兩驂之內轡者耳。淮南說山、遺人車而稅其轙。晉書輿服志、龍輈華轙。轙謂車橫上環、受轡者也。轡首謂之革。禮所謂勒是也。說文則謂為靶轡、以絲絡首、有餘而垂。用革為之、又飾金也。詩蓼蕭、鞗革沖沖。采芑、鉤膺鞗革。韓奕、鞗革金厄。說云鞗作鋚。云轡首銅、則轡首銅革均備、非僅絲也。

義證

輿革前謂之鞎 鞎、胡根反

〔註〕以韋靶車軾〔補正〕邢疏、李巡曰、輿革前謂輿前以革爲車飾曰鞎。郭云韋靶車軾、靶謂鞔也。軾、上橫木。毛詩傳云、諸侯之路車、有朱革之質而羽飾、謂以皮革爲衣質、其上又以翟羽爲之飾。詩齊風簟笰朱鞹是也。

後謂之笰 笰音弗

〔註〕以韋靶後戶〔補正〕邢疏、李巡曰、笰車後戶也。

竹前謂之禦

〔註〕以簟衣軾〔補正〕邢疏、李巡曰、竹前、謂編竹當車前以擁蔽、名之曰禦。禦、止也。孫炎曰、禦以簟爲車飾也。詩傳云、簟、方文席也。

後謂之蔽

〔註〕以簟衣後戶

環謂之捐

〔註〕著車衆環〔補正〕臣鑒按、捐、集韻作梋、從木、云車環謂之梋。

鑣謂之钀 钀、魚謁反。

〔註〕馬勒旁鐵〔補正〕臣鑒按、說文云、鑣、馬銜也。釋名云鑣、苞也、所以在旁苞斂其口也。

載轡謂之轙 轙音儀。

〔註〕車軛上環、轡所貫也〔補正〕邢疏、轙者、御馬之具也。古者乘馬駕駟馬、凡八轡、轅端之木名衡、衡即軛、軛上著環以貫轡。

轡首謂之革

〔註〕轡靶勒、見詩〔補正〕邢疏、詩大雅云、鞗革金厄是也。字林云靶、轡革也。

郭注補正

環謂之捐。古睘與肙聲同、故狂狷亦作狂獧、方圜或作方圓。環謂之捐者、蓋依聲而別其名、無所取義。以詩秦風竷之、環其鋈以觼軜之觼與。

錢氏古義

輿革前謂之鞎

郭注、呂韋靶車軾。說文鞶傳鞎下引尔疋注、呂韋鞎輿前也。與郭注文義小異、葢舊注也。詩載驅正義引李巡曰、輿革前、謂輿前呂革爲車飾曰鞎。義亦略同。

舊注攷證

鑣謂之钀　注馬勒旁鐵

載轡謂之轙　注車軛上環轡所貫也

諍曰、說文钀爲钀之或體、二字不應異物。王氏據說文鑣、馬銜也、謂許氏所見本鑣謂之銜、以郭氏所據爲誤本。竊謂釋文钀、郭魚謁反、當作鑣謂之鉣。說文鉣次鑣下、云組帶鐵也、讀若劫、與郭音合。勒爲馬頭落銜也、鑣爲馬銜、落銜用組帶。是組帶鐵即勒旁鐵。經誤、注固未誤也。

靜郭

輿革前謂之䩷

以韋靶車軾

釋文云、靶音霸、本或作鞔、亡安反、次句同。

鑣謂之钀

鑣馬勒旁鐵也

後漢書輿服志注引爾雅注曰、鑣馬勒旁鐵也。詩蓼蕭正義引同。今據補鑣也二字。慧琳續高僧傳十卷音義引爾雅云鑣謂之钀、郭注云钀馬勒之鐵也。

載轡謂之轙

轙車軛上環轡所貫也

文選思元賦後漢書張衡傳注俱引爾雅曰載轡謂之轙、郭璞曰轙車軛上環轡所貫也。今據補轙字。文選東京賦注引郭璞曰、在軾上環轡所貫也。與今本異。

轡首謂之革

轡靶也見詩

今本作轡靶勒。樹相案說文勒馬頭絡銜也。靶轡革也。二物不同、勒當爲也字之誤。詩蓼蕭正義引釋器云轡首謂之革、郭璞曰轡靶也。今據訂正。

郭注佚存補訂

輿革前謂之䩷後謂之茀

說文云車革前曰䩷。齊風載驅簟茀朱鞹、毛傳云車之蔽曰茀、諸侯之路車有朱革之質而羽飾。正義云說文鞹、革也。獸皮治去毛曰革、鞹是革之別名。車之蔽曰茀、謂車之後戶也。李巡云輿革前謂輿前。案朱鞹以革爲車飾曰䩷、茀車後戶名也。王氏引之云䩷與茀皆謂車篕、䩷前篕、茀後篕也。輿前禦後蔽同義車篕也。郭云謂以韋靶車軾非也。案王說是也。茀與蔽同在輿後、其所異者革與竹耳。此革統前後言之、革前爲䩷、革後爲茀、猶竹前爲禦、竹後爲蔽也。正義云、革竹同飾後戶、俱爲車之蔽塞、故毛傳茀蔽通言之。大雅韓奕鞹鞃淺幭、傳云鞹革也、鞃軾中也。正義云、鞹者去毛之皮也、軾者兩較之間有橫木可憑者也、鞃爲軾中、言鞹鞃者、蓋以去毛之皮施於軾之中央、持車使牢固也。衞風碩人翟茀以朝、傳云夫人以翟羽飾車茀蔽也。正義云、婦人乘車不露見車之前後設障以自隱蔽謂之茀、因以翟羽爲之飾、蓋車後同謂之茀也。

爾雅詁林　六　釋器

竹前謂之禦後謂之蔽

載驅簟茀朱鞹、毛傳云簟、方文席也。簟即竹也。說文云簟、竹席也。李巡云竹前、謂編竹當車前以擁蔽之、名之曰禦。禦止也。孫炎云禦、以簟爲車飾也、郭注曰禦、以簟衣軾、非也。茀蔽同義、故碩人翟茀以朝、巾車注引作翟蔽以朝。韓奕箋云簟茀、漆簟以爲車蔽、今之藩也。正義云、茀者車之蔽、簟者席之名、言簟茀正是用席爲蔽、而知漆簟以爲車蔽者、以巾車云王之喪車五乘、皆有蔽是也。小雅采芑簟茀魚服、箋云茀之言蔽也、車之蔽飾象席文也。正義云、以方文竹簟之席爲之、蔽飾其上。

環謂之捐

秦風小戎游環脅驅、毛傳云游環、靷環也、游在背上所以禦出也。鄭箋云游環在背上無常處、貫驂之外轡以禁其出。正義云、游環者、以環貫靷游在背上、故謂之靷環也、貫兩驂馬之外轡、引轡爲環所束、驂馬欲出、比環牽之、故所以禦出也。環謂之捐者、捐取肙之義。說文云肙、小蟲也。即蜎之古文。首尾相接、其形如環、故名。釋魚蜎蠉即此義也。環捐以疊韻爲義。

鑣謂之钀

說文云、鑣、馬銜也。衛風碩人朱幩鑣鑣、毛傳云幩飾也、人君以朱纏鑣扇汗、且以爲飾。彼釋文云、鑣、馬銜外鐵也、一名扇汗、又曰排沫。秦風駟驖輶車鸞鑣、傳云置鸞於鑣、異於乘車也。正義云夏官大馭及玉藻經解之注、皆云鸞在衡和、在軾謂乘車之鸞也、此云鸞在於鑣、故異於乘車、鸞和所在、經無明文、經解注引韓詩內傳云鸞在衡、和在軾、又大戴禮文與韓詩說同、故鄭依用之、蓼蕭傳曰在軾曰和、在鑣曰鸞、箋不易之。商頌烈祖箋云鸞在鑣、以經無明文、且殷周或異、故鄭爲兩解也。說文以钀爲轙之或體、不知所云。

載轡謂之轙

說文云轡、馬轡也、引詩云六轡如絲。轙、車衡載轡者。轙或從金從獻。钀當爲轙之或體。東京賦注引郭注云、在軾上環、轡所貫也。案軾當作軶、在軾上環、所謂軜也。秦風小戎鋈以觼軜、箋云繫軜於軾前。說文云、軜、驂馬內轡、繫軾前者。革者小雅蓼蕭鞗革忡忡、傳云鞗、轡也、革、轡首也。正義云、郭璞云轡、靶也。然則馬轡所靶之外有餘而垂者謂之鞗、革皮爲之、故曰鞗革、轡首垂也。采芑鉤膺鞗革、鞗卽鞗之省文、箋云、鞗革、轡首垂也。周頌載見肇革有鶬、傳云言有法度也。正義云、轡用皮革而云有鶬、鶬爲金飾貌、卽韓奕所云肇革金厄是也。彼釋文云、鶬、本亦作鎗。說文云、肇、轡首銅。蓋轡以革而飾以銅也。

說詩

輿革節音捐因絹切 釋文云、郭與專切。 疏齊風云簟笰朱鞹是也 齊風下當有載驅二字。 詩大雅云肇革金厄 大雅下當有韓奕二字。肇、經作鞗。

注疏正字

輿革前謂之䩕　竹前謂之禦

輿革前謂之䩕、胡根反 郭注曰以韋靶車軾。後謂之茀、注曰以韋靶後戶。竹前謂之禦、注曰以簟衣軾。後謂之蔽、注曰以簟衣後戶。引之謹案、以韋靶車軾、詩所謂鞹鞃也、不謂之䩕。郭注非也。曰前曰後、皆車簹也。玉篇、簹、都郎切、車簹。以革爲簹、則在前者謂之䩕、在後者謂之茀。以竹爲簹、則在前者謂之禦、在後者謂之蔽。李曰、竹前謂編竹當車前以擁蔽、名之曰禦。禦、止也。是竹前爲車簹之在前者。革前不當異義。䩕之言限也、限隔內外、使塵不得入也。釋名說車云、立、人象人立也、或曰陽門、在前曰陽、兩旁似門也。廣雅曰、陽門、蔽簹也。是車簹亦有在前者、不得以車軾當之。

環謂之捐

郭曰著車衆環。家大人曰、環與捐皆圓貌也。捐之言圓也。說文、圓、音旋 規也。規亦圓也。釋魚曰蜎、蠉、郭彼注曰井中小蛣蟩赤蟲、蛣蟩猶詰屈也。此蟲行於水中則掉尾至首、左右回環、其狀曲而且圓。蠉謂之蜎、猶環謂之捐矣。

鑣謂之钀載轡謂之轙

郭釋上句曰馬勒旁鐵、釋下句曰車軛上環、轡所貫也。釋文、钀、郭魚謁反、轙、郭音儀。引之謹案、說文、鑣、馬銜也、从金麃聲。轙、車衡載轡者、从車義聲。重文作钀、云轙或从金獻。是钀爲轙之或體、而非鑣之別名。蓋許氏所見本作鑣謂之銜、載轡謂之轙、轙字本又作钀也。古聲儀與獻相近、故大誥民獻有十夫、尚書大傳獻作儀。周官司尊彝鬱齊獻酌、鄭仲師讀獻爲儀、轙咸作钀、正古聲之相近而通者也。钀從金者、車軛上環以金爲之也。不得云鑣謂之钀。偏考漢以前書亦無謂鑣爲钀者、蓋載轡謂之轙、別本轙作钀、上與鑣謂之銜相連、學者記覽錯亂、因誤以钀爲鑣、而易銜以钀。郭氏所據殆誤本也。

述聞

輿革前謂之䩕　說文同。

後謂之笰　詩正義載驅引作茀。案、詩載驅、采芑、韓奕皆有簟茀之文、釋文於載驅从竹、於采芑、韓奕从艸。易婦喪其茀、鄭云車蔽也。詩衛風碩人翟茀以朝、傳云茀、蔽也。釋文皆从艸。从艸者當是也。

鑣謂之钀　說文、車部轙、車衡載轡者、从車義聲。或从金从獻作钀。臣鍇案、爾雅鑣謂之钀、載轡謂之轙。然則钀與轙異、疑此說文本脫誤。元照案、此恐爾雅誤也。

轡首謂之革　釋文云、首本或作古𩠐字。

匡名

輿革前謂之䩕音痕　後謂之笰　竹前謂之禦　後謂之蔽

環謂之捐，鑣謂之钀（音臬），載轡謂之轙，轡首謂之革。

此釋車馬之飾。釋名、輿，舉也。車式較內謂之輿，輿之前後以革簟爲飾。說文、革，獸皮治去其毛，革更之象。又車革前曰鞎，以革飾輿，後曰第。大雅簟第錯衡，今作茀。以簟飾輿前曰禦，以簟飾輿後曰蔽。秦風游環脅驅，傳游環，靷環也。郭註、著車衆環其名爲捐也。钀馬銜也。釋文鑣馬銜外鐵也。衛風朱幩鑣鑣，鑣一曰扇汗也。轡馬轡也。轙車衡載轡者。釋名、轡，咈也，牽引以制馬也。轡飾有銜勒鑣羈韁鞚之用。小爾雅、衡，扼也。轅前橫木爲軛，軛上著環以載轡者名轙。毛傳、革，轡首也。轡首飾銅、以皮爲勒者謂之革。

啓蒙

笰　茀　詩載驅毛傳車之蔽曰茀。从艸。茀、草多也。引申訓蔽可也。

钀　[illegible]　王氏經義述聞說文鑣馬銜也。从金麃聲。轙車衡載轡者。从車義聲。重文作钀。云轙或从金獻。是钀爲轙之或體而非鑣之別名。蓋許氏所見本作鑣謂之銜、載轡謂之轙。轙字本又作钀也。師讀不同，未可輒定。

黃侃評本正名

輿革前謂之報。（以韋鞎車軾。）後謂之第。（以韋鞎後户。）竹前謂之禦、以箄衣軾。後謂之蔽。（以箄衣後户。）第蔽聲通訓近。巾車注引詩翟蔽以朝，今詩作茀，傳蔽也。疏車之前後設障以自隱蔽謂之茀，是蔽與茀通言不別。又詩正義引李巡曰，竹前謂編竹當車前以擁蔽，名之曰禦，如李注言，則禦亦蔽也。

環謂之捐。捐讀帷音，則與圜、圓、棄、規義近，說文圜，全也。廣雅棄，圓也。規之為圓，常訓也。又與梋義近，方言梡謂之梋，梡梡亦圓器也。捐讀盎音，則與圓旋義近，莊子達生司馬注，旋，圓也。說文圜，規也。又與棞、鏇、匜義近，說文棞，圜案也。鏇，圜鑪也。方言次箕謂之匜，案匜亦圓器。

鑣謂之钀。（馬勒旁鐵。）載轡謂之轙。（車軛上環轡所貫也。）钀轙同字並見。說文以钀為轙之或體，小徐執爾雅而疑說文，嚴元照則恐爾雅誤，案此一語兩詁，為用略同，說文爾雅並不誤。

轡首謂之革。（轡靶勒見詩。）說文靶，轡革也。是靶即轡矣。廣雅靶謂之綏，此亦通言。說文綏，車中靶也。是綏非即靶。詩蓼蕭正義引郭注無勒字，案馬轡所靶之外有餘而垂者謂之革，偉皮為之，故云偉，轡首垂也。今郭注作轡靶勒，說文勒，馬頭絡銜也。廣雅鞦，勒也。玉篇鞦，古核切，勒也。亦作革鞦。廣韻鞦轡首也。錢大昕據古器銘鋚革字作鋚勒或作攸勒，或作鞗，云勒與鞦革古通。勒棘革音又同。案如錢說，則郭注之有勒字不誤。轡即靶，轡靶之首即勒。疏引郭注但云轡靶，是傳鈔脫之。其云轡所靶之外為革，明革非即轡矣。郝引張聰咸不知尋繹文義，率然以郭注之勒為衍文，而謂轡勒異物，由於避石勒之名而涸，抑思轡勒固異物，而轡首與勒非異物乎，馬銜以金為之，以轡連之，垂之以為飾，銜在口中，勒在兩旁，轡之耑在此，故曰轡首也。如革即靶，則不當云轡首矣。

黃侃音訓

輿革前謂之鞎　後謂之第　轡首謂之革

說文作車革前謂之鞎、（革部）繫傳、鞎猶垠，以革緣之爲垠堮也。（鞎下繫傳）郭注後謂之第、以韋靶後戶。（釋器注）釋文首、或作古眢字。（釋器釋文）郭注革作勒。（云、勒見詩。釋器注）

轡首謂之革郭注云、勒見詩。邵氏曰、錢詹事云詩如鳥斯革、韓詩作勒、勒即革也、古器銘多用鋚勒、石鼓文及寅簋文作鋚勒、伯姬鼎則作攸勒、宰辟父敦又作攸革、蓋古文之鋚勒、即詩所云鞗革也。說文無鞗字而有鋚字、訓爲轡首銅。鋈即鋈也、蓋鋈爲金飾、亦作鋈。革爲皮絡、亦作勒。下云革中絕謂之辨、玉篇云車轡勒也、是勒用皮之證。

證異

載轡謂之轙。淮南說山訓遺人車而稅其轙。高注所以縛衡也。晉書輿服志、龍舟華轙。轙謂車橫上環、受轡者也。

古義補

環謂之捐

說文捐、棄也、與環之義不合。竊謂此捐字當是䖃之誤。文廣雅釋詁三、䖃、圓也。通俗文、規模曰䖃。在說文則爲圓規也。

鑣謂之钀

說文以钀爲轙之或體、是車衡載轡之名、而非鑣之名矣。钀與轙雙聲、與銜疊韻。疑此經鑣謂之钀、爲銜之叚字。銜、說文馬勒口中也、正合鑣之訓馬銜。本說文。文選楚辭靈懷斷鑣銜以馳騖兮、鑣銜竝舉、益信銜之即爲鑣。鑣之可稱銜、而非以钀之本詁爲訓也。

董瑞椿日記

校勘記

輿革至之革〇釋曰注疏本刪。

此辨車馬之飾名也元本同、閩本監本毛本辨作別。

轡者御馬之具也注疏本轡誤轙。

古者乘車駕駟馬、元本閩本同、監本毛本作乘馬、非。

前謂之鞎雪牕本作鞎。

校勘記訂補

環謂之捐釋文、捐、呂沈因絹反、顧辭諱（廟）反、郭與專反。今本因絹反是用呂音、非郭義。鑣謂之钀釋文钀、郭魚謁反、沈魚桀反。今本謁誤作列。

注疏本正誤

車軏上環轡所貫也案文選東京賦李善注引此軏上作軾上。

轡靶勒案詩蓼蕭正義引此注無勒字。郝義疏轡勒本二物、勒字衍。

注疏校勘札記

五下（六八）

二行（注）馬勒旁鐵〇《後漢書·輿服志》注引作「鑣，馬勒旁鐵也。」

三行（注）轡靶勒〇《詩蓼蕭》《正義》引作「轡靶也」。案《說文》「靶，轡革也」，是此處不當有「勒」字。

宋監本校箋

輿革前謂之鞎以韋靶車軾。鞎音痕。後謂之第以韋靶後戶。第音弗。環謂之捐著車衆環。捐音絹。鑣音標謂之钀馬勒旁鐵。钀音業。載轡謂之轙車上環轡所貫軛也。轙音儀。

音圖·音

鞎戶根翻、音痕、一音魂、或戶本翻、音很。李音艮、一音居言翻、音艱、又音狠。郎戶本翻見周禮釋文。第周易作茀、荀子作拂。楊倞注引爾雅。捐呂沈因絹翻、淵去聲、影母。顧辭縣翻、旋去聲、邪母。郭與專翻、音沿、喻母。钀郭魚謁翻、原入聲、沈魚桀翻、音臬、疑同韻月屑別。說文轙或从金獻作钀。案爾雅兩字異義、疑說文誤。爾雅釋文轙、郭音儀、施音蟻。

音略

輿（余）

革前謂之鞎（痕）。後謂之第（弗）。竹前謂之禦。後謂之蔽。環謂之捐（沿員濂）。鑣謂之钀（臬）（秘）。載轡謂之

儀蟻
轙鑾首謂之革

孫侶直音

輿余革前謂之鞎。痕環謂之捐緣

直音校正

輿革前謂之鞎痕輿前以革爲車飾曰鞎。後謂之第弗第車後戶名也。竹前謂之禦後謂之蔽編竹當車前以擁蔽曰禦。以韋衣後戶曰蔽。環謂之捐著車衆環名捐。鑣標謂之钀孼馬勒旁鐵名钀。載轡謂之轙儀轙者軛上著環以貫轡。轡首謂之革轡靶勒。靶轡革也。

楊氏音訓

鞎痕　第拂　鑣補嬌切　钀魚列切　轡祕　轙魚倚切又音宜

干氏音釋

餀謂之餯食饐謂之餲摶者謂之糷米者謂之糪肉謂之敗魚謂之餒

餀謂之餯。說物臭也。食饐謂之餲。飯饖臭。見論語。摶者謂之糷。飯相著。米者謂之糪飯中有腥。肉謂之敗臭壞。魚謂之餒。肉爛。

郭注

餀謂至之餒　釋曰、此別物臭惡之異名也。李巡云、餀餯、皆穢臭也。食、飯也。饐、飯臭也。一名餲、飯摶相著者名糷。李巡云、糷、飯淖糜相著也。飯中有腥米者名糪。李巡曰、米飯半腥半熟名糪、即論語云失飪不食。肉臭壞曰敗、魚肉爛曰餒、即論語云魚餒而肉敗不食是也。　注飯饖臭見論語　釋曰、說文云、饖、飯傷熱。蒼頡篇云、食臭敗也。云見論語者、鄉黨篇云、食饐而餲。孔曰、饐餲、臭味變是也。　注內爛　釋曰、案春秋僖十九年云、梁亡。公羊傳曰、此未有伐者、其言梁亡何、自亡也。其自亡奈何、魚爛而亡也。何休云、梁君隆刑峻法、百姓一旦相率俱去、狀若魚爛、魚爛從內發、故云爾。然則魚之敗壞先自內始、故云內爛。是郭用公羊爲說。今本內作肉、恐誤。

邢疏

餀謂之餯
餀餯皆穢臭也。釋文　邢疏

食饐謂之餲
皆飲食壞敗之名也。皇侃論語義疏五　舊誤作李充注

摶者謂之糷
糷、飯淖糜相著也。釋文　邢疏

米者謂之糪
米飯半腥半熟名糪。釋文　邢疏

肉謂之敗魚謂之餒
肉敗久則臭魚餒內爛。論語義疏五

李注

餀謂之餯
餀、呼帶反。釋文

摶者謂之糷
糷音輦。釋文

米者謂之糪
糪普厄反。釋文

郭音義

摶者謂之糷

糷、力且反。釋文

沈集注

摶者謂之糷

糷、力丹反。釋文

謝音

米者謂之糱

糱、字八反。釋文　普八切、餅半孰也。類篇米部云、施乾讀。

施音

黄輯古義

餀謂之餘

餀餘皆穢臭也。釋文　邢疏

食饐謂之餲

皆飲食壞敗之名也。皇侃論語義疏卷五

摶者謂之糷

糷、飯淖糜相著也。釋文　邢疏

米者謂之糱

米飯半腥半熟名糱。同上

肉謂之敗魚謂之餒

肉敗久則臰、魚餒肉爛。皇侃論語義疏卷五、皇侃作肉爛。臧氏琳據論語邢疏訂、今依之。

李注

餀謂之餘。餀、呼帶反。

摶者謂之糷、音輦。

米者謂之糱、普厄反。並同上

郭音義

摶者謂之糷

糷、力且反。

沈集注

摶者謂之糷、力丹反。並同上

謝音

米者謂之糱、字八反。釋文　普八切、餅半熟也。集韻入聲十四黠糱

字注

施音

玉函山房輯佚

餀謂之餘

李曰、餀餘皆穢臭也。釋文　邢疏

食饐謂之餲

李曰、皆飲食壞敗之名也。皇侃論語義疏五、舊誤作李充注。

摶者謂之糷

李曰、糷、飯淖糜相著也。釋文　邢疏

米者謂之糱

李曰、米飯半腥半熟名糱。釋文　邢疏

肉謂之敗魚謂之餒

李曰、肉敗久則臰、魚餒肉爛。皇侃論語義疏五。郭同、作肉爛。邢疏云內爛、是郭用公羊爲說。本內作肉、恐誤。案、邢疏云魚內爛曰餒。又邢疏論語引郭注作內爛。然則皇引作肉、究誤也。今據改。

漢注

餀謂之餘

李巡云、餀餘皆穢臭也。釋文二十九卷　郭璞云、說物臭也。

食饐謂之餲　郭璞云、飯饖臭、見論語。

摶者謂之糷　李巡云、糷、飯淖糜相著也。釋文二十九卷　郭璞云、飯相著。

米者謂之糪　李巡云、米飯半腥半熟名糪。釋文二十九卷　郭璞云、飯中有腥。

肉謂之敗　李巡云、肉敗久則臭。皇侃論語義疏五卷　郭璞云、臭壞。

魚謂之餒　李巡云、魚爛曰餒。論語義疏五卷　李充云、皆飲食壞敗之名也。見同上。案充當作巡、傳寫誤也。姑仍之。　郭璞云、肉爛。

一切注音

餀謂之餯　李巡曰、餀餯皆穢臭也。釋文　餀、郭呼帶反。

同上

蕙心案、說文、餀、食臭也。引爾雅餀謂之喙。

摶者謂之糷　李巡曰、糷、飯淖糜相著也。郭音輦。釋文

米謂之糪　李巡曰、米飯半腥半熟名糪。釋文

肉謂之敗　李巡曰、肉敗久則臭、魚餒肉爛。　李充爾雅注云、皆飲食敗壞之名也。並論語皇侃義疏

蕙心案、邢疏魚謂之餒、郭注云內爛。公羊僖十九年何休注、魚爛自內發。此郭注所本。李巡注肉爛、邢疏作內爛。李充、充字疑巡之譌。

古注斠

餀呼蓋、苦蓋二反。字林火刈反、郭呼帶反。餯許穢反。李云、餀餯皆穢臭也。臭昌又反。饐於器反。葛洪音懿、釋云饐、餲臭也、餿色畱反。字林云、飯傷熱濕也。央例、央異二反。餲於介反。字林乙例反、一音於葛反、食敗也。飯扶萬反。饖於吠反。說文云、飯傷熱也。字林乙大反。蒼頡篇云、食臭敗也。摶徒端反。糷郭音輦、謝力丹反、沈力旦反。字林力但反。李云、糷飯淖糜相著也。著直略反。糪郭普厄反、施孚八反。李云、米飯半腥半熟名糪。腥音星。餒奴罪反。說文云、魚敗曰餒。字書作鮾、同。

陸音義

餀謂之餯

發之而臭喙如是也。書曰、惟口起羞。

食饐謂之餲

壹之而臭餯若般臂、漏餲若沙鳴鬱。

摶者謂之糷

粘著有時而闌。

米者謂之糪

聚常患闢若生又不能合也。

肉謂之敗魚謂之餒

目外以敗主內以餒。春秋傳曰、內不言敗、言戰乃敗矣。又曰、梁亡、魚爛而亡也。

新義

餀謂之餯食饐謂之餲摶者謂之糷

米者謂之糪肉謂之敗魚謂之餒此別食物臭敗之名也。餀、呼蓋反。餯、許穢反、猶然也、謂其自烝敗也。食、飯也。饐、敗臭也。摶、謂飯巳涎黏成摶。糷、音爛。糪、飯半腥半熟也、音壁

鄭樵注

爾雅詁林　六　釋器

餀謂之餯。餀、郭呼帶反。

李巡曰、餀餯皆穢臭也。按皇侃論語義疏引李充爾雅注云、皆飲食壞敗之名也。李充注無考、或是李巡之訛。

郭璞曰、說物臭也。

食饐謂之餲

郭璞曰、飯饖臭、見論語。

摶者謂之欄 欄、郭音擘。

李巡曰、欄、飯淖糜相著也。

郭璞曰、飯相著。

米者謂之糪 糪、郭普厄反。

李巡曰、米飯半腥半熟名糪。

郭璞曰、飯中有腥。

肉謂之敗

李巡曰、肉敗久則臭。

郭璞曰、臭壞。

魚謂之餒

李巡曰、魚餒肉爛。此見論語、義疏。郭注本此。邢疏誤肉字、是內字之訛。

郭璞曰、內爛。

鄭樵曰、此別食物臭敗之名也。餀、呼蓋反。餯、許穢反、猶然也、謂其自然敗也。食、飯也。饐、敗臭也。摶謂飯已涎黏成摶。欄、音爛。糪、飯半腥半熟也、音璧。自餀謂之餯至此、總釋之也。

古注合存

餀謂之餯、食饐謂之餲、摶者謂之欄、米者謂之糪、肉謂之敗、魚謂之餒。餀海去聲。餯音誨。饐音意。餲音隘。欄爛同。糪音栢。餒奴罪反。○此以下、釋飲食之物之異名、而此節釋物之敗惡者之名也。註曰、餀餯、物臭也。饐餲、飯饖臭也、見論語。欄者、飯相著也。糪者、飯中有腥也。敗壞、餒爛也。疏曰、饖、飯傷熱也。李巡云、欄、飯淖糜相著也。飯半腥半熟曰糪、即論語失飪不食。敗餒、即論語魚餒而肉敗不食也。

注疏參義

糪、鄭云飯半腥半熟也、本李巡。

補注

餀謂之餯 註 說物臭也 食饐謂之餲 註 飯饖臭見論語 摶者謂之欄 註 飯相著 米者謂之糪 註 飯中有腥 肉謂之敗 註 臭壞 魚謂之餒 註 肉爛 正義 皇侃論語義疏引李充爾雅註云、皆飲食壞敗之名也。疑即李巡之註、傳寫誤也。○餀謂之餯○釋文引李巡云、餀餯皆穢臭也。說文云、餀、食臭也。○食饐謂之餲○說文云、饐、飯傷熱也。餲、飯餲也。釋文引葛洪字苑云、饐、餿臭也、字林云、饐、飯傷熱溼也、餲、食敗也。墨子辭過篇夏則飾饐是也。○摶者謂之欄○釋文引李巡云、欄、飯淖糜相著也。呂氏春秋本味篇熟而不爛、高誘註爛、失飪也。○米者謂之糪○釋文引李巡云、米飯半腥半熟曰糪。說文云、炊米者謂之糪。按、欄與糪皆失飪也。論語集解孔安國云、失飪、失生熟之節也。○肉謂之敗○論語義疏引李巡云、肉敗久則臭。皇侃云、肉臭壞也。○魚謂之餒○論語義疏引李巡云、魚餒肉爛。說文云、魚敗曰餧。釋文云、餧、字書作餒。皇侃云、餒謂魚臭壞也、魚敗而餒餒然也。註 飯饖至論語○ 正義 說文云、饖、飯傷熱也。釋文引倉頡篇云、食臭敗也。見論語者、鄉黨篇云、食饐而餲。孔安國云、饐餲、臭味變也。皇侃云、饐謂飲食經久而腐臭也、餲謂經久而味惡也、如乾魚乾肉久而味惡也。按、論語以饐與餲分言之、故皇氏分析其義。据爾雅則饐餲義同。○飯中有腥○ 正義 此因米半生熟、故爲腥也。說文繫傳云、今謂豆不爛爲糪豆。論衡量知篇云、蒸之於甑、爨之以火、成熟爲飯、乃甘可食、可食而食之、味生肌腴成也、粟未爲米、米未成飯、飯氣腥、未熟食之傷人。○肉爛○ 正義 論語云、魚餒而肉敗、孔安國云、魚敗曰餒也。公羊僖十九年傳云、魚爛而亡也、何休云、魚爛從內發。郭云內爛、義本何休。今本作肉爛、蓋傳寫之譌。

正義

米者謂之糪註飯中有腥。　說文炊米者謂之糪、徐鍇曰、爾雅飯中有胜米曰糪。胜、先定反、米胜定不變也、今謂豆不爛爲糪豆。據此註腥當作胜。

校議

餀謂之餘說物臭也食饐謂之餲飯饖臭見論語摶者謂之糷飯相著米者謂之糪飯中有腥肉謂之敗臭壞魚謂之餒肉爛

餀者、說文云、食臭也。引爾雅曰、餀謂之喙。釋文引李巡云、餀餘皆穢臭也。○饐者、說文云、飯傷溼也。又云、饖飯傷熱也。按、熱溼同類、故釋文引字林云、饐飯傷熱溼也。又引葛洪字苑云、饐餿臭也。按、今亦謂飯熱臭爲餿矣。餲者、說文云、飯餲也。引論語曰、食饐而餲。孔安國注、饐餲臭味變也。皇侃疏、饐謂飲食經久而腐臭也、餲謂經久而味惡也。又引李巡云、饐餲皆飲食壞敗之名也。○糷者、釋文引李巡云、飯淖糜相箸也。按、糷郭音輦、非。糷音義當作爛。孟子云、糜爛。今語云爛熟、皆是。呂覽本味篇云、熟而不爛。高誘注、爛失飪也。蓋爛謂過熟、故言失飪。說文亘云、飯剛柔不調相箸、讀若適。然則亘與爛皆飯相箸之名。摶者、飯爛則黏箸而不解、故謂之摶。曲禮云、毋摶飯。義亦近之。○糪者、說文云、炊米者謂之糪。炊字衍也。釋文引李巡云、米飯半腥半熟名糪。郭云、飯中有腥。腥俱當作胜、而讀若生、亦通作生。故玉篇云、糪謂半生也。生即胜字之省。說文、胜不熟也。禮運云、飯腥而苴熟䱜醆。腥亦胜字之俗。生對熟言、糷傷於熟、糪傷於生、皆爲失飪。故論語孔注、失飪失生熟之節也。○敗者、壞也。餒者、說文云、魚敗曰餒。論語皇疏、餒謂魚臭壞也。魚敗而餒餒然也。肉敗者、肉臭壞也。又引李巡云、肉敗久則臭、魚餒肉爛。按、郭亦云肉爛、蓋皆內爛字形之誤。公羊僖十九年傳、魚爛而亾也。何休注、魚爛從內發。是此注所本。惟邢疏作內爛、不誤。

義疏

餀謂之餘食饐謂之餲郭注、說物臭也。餲、飯饖臭、見論語。李注、餀餘皆穢臭也。饐餲皆飯食壞敗之名也。

說文引餘作喙。詩、維其喙矣。艾麻久故聞之氣逆。喙喘一字也。壹塞、曷竭。葛洪說餿臭。據論語饐餲二事。謂之云者、散文通稱。摶者謂之糷米者謂之糪李注、糷飯淖糜相著也。米飯半腥半熟名糪。

郭注、糷飯相著、糪飯中有腥。此說餲有二種也。郭音義讀糷爲輦、則从蘭聲。闌今黏字。蹂闇相黏、若摶捻也。糪、㚖米。說文分糪糪爲二。辟从中白、辟从口冂。从辟者近之。以麴糪皆从辟、無作糪、因以米糪爲別字、經記所不用。肉謂之敗魚謂之餒李注、肉敗久則臭、魚餒內爛。郭注、敗臭壞。餒、內爛。餒餧古今字。委者如葉萎枯消縮自委於地、與肉見於外異形。此皆釋論語。

集解

餀謂之餘餀、食臭也。从食艾聲。艾、歷也。謂食歷久乃臭耳。餘字本作喙。口也。與咽通用。咽、息也。人聞食臭則气节而息、所謂喘也。晉語、余病喙。食饐謂之餲論語、食饐而餲、則饐餲似二事。云謂之者、通俑焉耳。饐、飯傷溼也。與噎通用。噎、飯窒也。餲、渴也、亦謂飯窒。墨子辭過、夏則飾饐。摶者謂之糷米者謂之糪承上而釋餲之二種耳。摶、圜也、从手專聲。與圜通用。糷字本作爤、孰也。或从間聲。字亦作爛。凡飯孰、傷溼而爛則成圜矣。呂覽本味、熟而不爛、謂未傷溼者耳。米、粟實也。象禾實之形。米對摶言、則摶合米散也。前漢書黃霸傳、米鹽靡密、謂雜且細。糪、炊米半生半孰也。从米辟聲。今俗呼爲夾生飯。許慎僕釋爲炊米、概言之耳。肉謂之敗魚謂之餒敗、毀也。从攴貝。引申爲肉壞之偁。穀梁成十六傳、四體偏斷曰敗。體有骨亦有肉也。餒字本作餧、飢也。與矮通用。矮、病也。魚病則壞矣。禮記內則注、今益州有鹿矮者、謂鹿肉蓄之而矮爛耳。詩谷風、無草木萎。檀弓、哲人其萎乎。均借義焉耳。

義證

餀謂之餘餀、呼芾反。餘、許穢反。

注說物臭也。補正邢疏、李巡曰、餀餘皆穢臭也。

食饐謂之餲饐音懿。餲、於介反。

【註】飯饖臭見論語【補正】臣鍌按、釋文引字林云、饐飯傷熱濕也。

摶者謂之糷摶、徒端反。糷、音輦。

【註】飯相著【補正】邢疏、李巡云糷飯淖糜相著也。

米者謂之糪糪、普厄反。

【註】飯中有腥【補正】邢疏、飯中有腥米者名糪。李巡曰米飯半腥半熟名糪、卽論語云失飪不食。臣鍌按、米者本或作米生。註疏及鄭樵本皆作米者。臣謂當作米腥。陸德明釋文載腥字在糪字下、則其悞已久矣。周官內饔豕盲視而交睫腥、註云肉有如米者似星。盖飯中之生米、亦得謂之腥也。

魚謂之餒

【註】肉爛【補正】邢疏、春秋梁亡、公羊傳曰梁何自亡、內爛而亡也。何休云魚爛從內發、故云內爛。郭用公羊為說、今本內作肉恐誤。

郭注補正

餀謂之餘　注說物臭也

正曰、說文食部、餀、食臭也。爾雅曰餀謂之喙。釋文、李云、餀餘皆穢臭也。餀餘皆从食、當是食之穢臭、不得概指為物臭。郭注未允。

食饐謂之餲　注飯饖臭見論語

正曰、說文食部、饐、飯傷溼也。餲、飯餲也。論語曰食饐而餲。釋文、饐、字林云飯傷熱溼也。說文字林竝謂飯傷溼、飯傷熱溼、與餀餘訓食臭者不同。郭注乃云飯饖臭者、論語鄉黨食饐而餲、集解孔曰饐餲臭味變也。論語孔傳為何晏偽作、是卽郭注所據也。

正郭

魚謂之餒　注內爛

諍曰、邢疏謂公羊傳魚爛而亡也。何休云梁君隆刑峻法、百姓一旦相率俱去、狀若魚爛、魚爛從內發、故云內爛。今本內作肉恐誤。此蓋傳寫之誤、非注本作肉也。

諍郭

魚謂之餒

內爤

今本作肉爛。單疏本作內爤。疏云魚之敗壞先自內始、故云內爤、郭用公羊為說、今本內作肉、誤。樹柟案論語正義亦引作肉爛。今從邢疏訂正。

郭注佚存補訂

餀謂之餘

郭注、說物臭也。說文食臭也。柏年案、郭注文義不順、此當專指食臭、不應汎言物。說食聲近、當為食字之誤。

米者謂之糪

郭注飯中有腥。郝疏以為腥當作胜而讀若生、亦通作生。柏年案、郝說不誤、惟米者當作米生、各本皆誤、當依宋雪窗本改正。

補釋

魚謂之餧註内爛内誤肉。音糷爛釋文云、郭音輦。

疏饑飯傷熱也脫也字。孔氏曰饐餲臭味變氏誤字。

魚曰餒之註謂削鱗餒、釋文作餧。

注疏正字

餘

當從說文引爾雅作喙。廠沙本及繫傳五音韻譜皆作喙。惟汲古閣本作餘。乃毛氏所改。廣韻餘、飯臭。集韻作餌、非古字也。

餒

當從說文作餧。

小箋

餀謂之餘 說文、食部餀、食臭也。从食艾聲。爾雅曰餀謂之餘。段氏玉裁曰食部無餘字。說文宋槧本葉氏趙氏兩影鈔宋本五音韻譜宋槧本及集韻類篇皆作喙。小徐繫傳作餘、乃傳寫之譌。汲古閣本初作喙、後改作餘、非也。

摶者謂之糷 糷、單疏本作爤。類篇七中引作糷。案說文、火部爤、䵒俗作熟也。从火蘭聲。或从閒作燗。米部無糷爛二字。

米者謂之檗 雪窗本者作生。說文、米部炊米者謂之檗。

魚謂之餒 釋文云、說文云魚敗曰餒字書作餧、同。案說文、食部餧、飢也、从食委聲、一曰魚敗曰餧。俗書餧从妥、猶捼之作挼也。陸引說文而不辨別字體、疏甚。

匡名

餀謂之餘音喙食饐謂之餲摶者謂之糷米者謂之檗音柏肉謂之敗魚謂之餒 此釋飲食壞敗之名。餀、食臭也、引爾雅文。說文、饐、飯傷濕也、引論語食饐而餲。李巡云、糷飯淖糜相著也。米、粟實也、象禾食之形。檗、炊米者謂之檗。糷與檗皆失飪也、言失生熟之節。[illegible]、胾肉、象形。餒、飢也、一曰魚敗曰餧。論語、魚餒而肉敗。

啓蒙

餘 喙 說文。餀。食臭也。从食。艾聲。爾雅曰。餀謂之喙。

正當作饑、飯傷熱也。

糷 爤 釋文。李云。糷。飯淖糜相著也。案說文。爤。孰也。糜。爛也。糜爛孟子作糜爛。與淖糜義合。

餒 餧 釋文。餒。奴罪反。說文云。魚敗曰餒。字書作餧。同。案今說文有餧無餒。餧。飢也。从食。委聲。一曰魚敗曰餧。奴罪切。玉篇餧字注亦云一曰魚敗曰餧。其餒字注但曰飢也則餒當作餧。釋文餒餧字蓋轉寫互譌耳。

釋文所據說文不盡與今本同。

黃侃評本正名

餀謂之餘。 說文饑飯傷熱也、廣雅饑臭也、案饑餘音同、餀饑音同義近、與饐聲亦轉、正當作饑

食饐謂之餲。 釋文餲又音遏、故音轉字又作胺、廣雅胺、敗也音烏曷反、玉篇胺、肉敗也、胺餲正同音、猶言遏矣、壅遏不通、所以敗也。廣雅餲、臭也、廣韻以為餀之或字、與上文餀通言不別。

米者謂之檗。 檗之言襞也、襞拳也、拳革中辨也、又言劈也、劈破也。 郝疏云、說文炊米者謂之檗、炊字衍、案炊字句、言炊之為事、中有米者謂之檗也。

魚謂之餒。 餒說文作餧。廣雅餧、敗也、音諾每反、玉篇餧、魚敗也、此餧之別字、廣雅又云、餧、臭也。

黃侃音訓

摶者謂之糷 米者謂之檗 魚謂之餧

李巡云、糷、飯淖糜相著也。釋器釋文 說文作爤。熟也。火部爤 呂氏春秋

作爛。本味篇孰而不爛、注爛、失飪也。李巡云米飯半腥半熟名糜。釋器釋文說文作炊米者謂之糜。米部糜釋文餒、字書作餧。同。釋器釋文說文作魚敗曰餧。食部餧

證異

餀謂之餯

古玉篇餀下引餯作喙、與說文所引同、必爲相傳古本。又引說文餀、食而臭也、校今本多而字、知餯當以作喙爲正。

王仁俊日記

魚謂之餒唐石經、雪牕本同。單疏本亦作餒。釋文本作餧、奴罪反、引說文魚敗曰餧、云字書作餒、同。按玉篇餒、魚敗也。是也。今釋文委妥偏旁互易。論語音義同。五經文字云、餧、奴罪反、飢也。經典相承別作餒爲飢餧字、以此字爲餧餉之餧字書無文。然則張參所見經典已有作餒者矣。特其所據釋文尚是餧字。

肉爛雪牕本注疏本同、誤也。單疏本作內爛、論語正義引此注同此。疏云、魚內爛曰餒。按說文爤、孰也、从火蘭聲。無爛字。今本從閑、非。爾雅糷爤灡字皆從蘭。

餀謂至之餒○釋曰注疏本刪。

飯摶相著者名爤元本同、誤也。閩本監本毛本爤作糷、當據以訂正。

魚內爤曰餒注疏本內誤肉。爤字、元本同、閩本監本毛本改爛、非。

○注飯饖臭見論語○釋曰注疏本刪作一云飯饖臭者。

○注內爤○釋曰閩本監本毛本作一云內爤者。元本無一字。

故云爾然則魚之敗壞先自內始故云內爤注疏本脫爾然以下十三字。

校勘記

食饐謂之餲疏孔曰饐餲臭味變。孔下衍子字。

食饐謂之餲釋文饐、於器反、葛洪音懿、字林央例央冀二反。今本音意誤。廣韻饐乙冀切、在六至。意於記切、在七志。二字不得同音。餲於介反、字林乙例反、一音於葛反。今本音監誤。廣韻監烏懈切、在十五卦。餲於犗切、在十七夬、又於罽切、在十三祭、又於葛切、在十二曷。二字亦不同音也。摶者謂之糷釋文糷音韓、謝力丹反、沈力旦反、字林力但反。今本音爛、是用沈音。

注疏本正誤

李巡云糷飯淖糜相著也案、正韻、糷、飯米相著也。說文糜下、段注引釋名、糜煮米使糜爛、粥淖於糜、粥粥然也。是糜本作糜、此及各本誤糜。

孔曰饐餲臭味變是也明監本毛本湘本孔曰作孔子曰。案、何晏論語集解有孔安國包咸馬融王肅諸家說、其引某人說、即標以某曰。此孔曰、即孔安國說也。各本孔下衍子字、誤甚。

注疏校勘札記

（注）說物臭也○原本《玉篇》食部「餀」下引作「餀，物臭也。」《字鏡》餀下云：「諸食物臭也。」《說文》云：「餀，食臭也。」疑郭注本作「謂食物臭也」，今本有脫誤。

四行（注）飯饖臭○原本《玉篇》食部「餲」下引「臭」下有「也」字。

五行魚謂之餒○「餒」《說文》作「餧」，云：「餧，飢也．從食委聲．一曰魚敗曰餧．」原本《玉篇》食部「餧」奴猥反，引《論語》「魚餧而肉敗」，孔安國曰：「魚敗曰餧也」，《字書》或「鮾」字，在魚部．別無「餒」字．《五經文字》食部「餧」下云：「奴罪反，飢也．經典相承別作餒爲飢餒字，以此字爲餧餉之餧．字書無文．」陸氏《爾雅釋文》通志堂本作「餒」，云：「《說文》云：魚敗曰餒．《字書》作餧，同．」蓋《釋文》原本亦作「餧」，作「餒」者乃後人所改．

（注）內爛○「內」，邢昺疏作「內」。邢引《公羊傳》僖公十九年何休注「魚爛從內發」之說，謂：「魚之敗壞，先自內始，故云內爛，是郭用《公羊》爲說，今本內作肉恐誤。」

宋監本校箋

餀音亥謂之餯說物臭也。餯音惠。食饐音意謂之餲飯饐臭，見論語。餲音隘。摶者謂之䊮飯相著。䊮音輦。米者謂之檗飯中有腥。檗音拍。

音圖·音

餀音亥　案餀音艾。疑今音亥、匣大謬。直音亥去聲亦謬。

直音正誤

餀呼蓋音劇苦蓋音嘅二翻、字林火刈翻、音晦郭呼帶翻。呼蓋同。餯許穢翻、音喙。說文引爾雅餀謂之喙、从口不从食。饐䔢洪音懿、字林央例翻音翳央冀音懿二翻、寘霽韻別。餲於介翻、音隘字林乙例翻、音翳一音於葛翻。音遏　䊮郭音輦謝力丹翻、音蘭。沈力旦翻、音爛。　檗郭普厄翻、音魄。施孚八翻、敷滂輕重交互出切、音近潑。黠韻、潑音。

音略

餀孩去聲謂之餯誨食饐意謂之餲隘愛　摶團者謂之䊮爛輦米者謂之檗柏肉謂之敗魚謂之餒。內上聲

孫佁直音

餀孩去聲謂之餯。喙食饐去聲讀意謂之餲。讀隘

直音校正

餀海去聲餀餯皆穢臭也。謂之餯誨食饐意食飯也饐飯臭也。謂之餲隘摶者謂之䊮同爛飯摶相著者名䊮。米米飯半腥半熟名檗。者謂之檗柏肉謂之敗魚謂之餒奴罪切

楊氏音訓

餀呼艾切　餯許濊切　饐懿　餲於例切又音遏又乙界切　䊮爛　檗博厄切

干氏音釋

肉曰脫之魚曰斮之冰脂也肉謂之羹魚謂之鮨肉謂之醢有骨者謂之臡

肉曰脫之。剝其皮也。今江東呼麋鹿之屬通爲肉。魚曰斮之。謂削鱗也。冰脂也。莊子云肌膚若冰雪。冰雪脂膏也。肉謂之羹。肉臛也。廣雅曰湆。見左傳。魚謂之鮨。鮨，鮓屬也。見公食大夫禮。肉謂之醢。肉醬。有骨者謂之臡。雜骨醬。見周禮。

郭注

肉曰脫之魚曰斮之　釋曰此論治擇魚肉之名也。肉剝去其皮、因名脫之。李巡云、肉去其骨曰脫。皇侃云、治肉除其筋膜、取好者。郭氏以與魚曰斮之文連、斮謂斬削其鱗、則脫是脫剝其皮也。嫌羊豕有不剝其皮者、故又云今江東呼麋鹿之屬通爲肉。案禮記內則及李巡爾雅本皆云、魚曰作之。皇侃云、作謂搖動也、凡取魚搖動之、視其鮮餒、餒者不食。李巡云、作之、魚骨小、無所去。今本作斮。郭云、謂削鱗也。　冰脂也　釋曰、脂、膏也、一名冰。　注莊子至膏也　釋曰、云莊子云肌膚若冰雪者、此內篇

逍遥之言也。案彼云藐姑射之山有神人居焉、肌膚若冰雪、綽約若處子。引之者證冰爲脂也。云脂膏也者、孫炎曰、膏凝曰脂。則似脂與膏異。而云脂膏者、以脂有凝有釋對、例卽內則注云脂肥凝者、釋者曰膏。散文則脂膏皆揔名也。

肉謂之羹至之鬵　釋曰、此辨魚肉所作食味之名也。肉之所作臛名羹。魚所作鮓名鮨、以肉作醬名醢、有骨相雜者名鬵。　注肉臛至左傳　釋曰、云肉臛也者、儀禮所謂膷臐膮是也。云廣雅曰湆者、則彼云羹謂之湆是也。云見左傳者、案隱元年鄭伯寘其母姜氏于城潁、而誓之曰不及黃泉無相見也。既而悔之、潁考叔爲潁谷封人、聞之有獻於公。公賜之食、食舍肉。公問之、對曰小人有母、皆嘗小人之食矣、未嘗君之羹、請以遺之。是謂肉爲羹也。　注鮨鮓至夫禮　釋曰、案公食大夫禮云牛炙南醢以西、牛胾醢牛鮨。鄭注云內則謂鮨爲膾、然則膾用鮨是也。　注雜骨醬見周禮　釋曰、案醢人職云掌四豆之實、朝事之豆、其實韭菹醓醢昌本麋臡、鄭注云作醢及臡者、必先膊乾其肉、乃後莝之、雜以粱麴及鹽、漬以美酒、塗置甀中百日則成矣。是也。

邢疏

魚曰斮之　釋器

斮、斫也。公羊疏十一

樊注

肉曰脫之

肉去其骨曰脫。禮記正義二十八　邢疏

魚曰斮之　禮記正義引李巡爾雅作作之。

作之、魚骨小、無所去。禮記正義二十八　邢疏

肉謂之醢

以肉作醬曰醢。詩正義十七之二

李注

冰脂也　釋文、冰、孫本作凝。

凝、牛烝反。膏凝曰脂。詩正義一之二　邢疏引下四字。釋文

魚謂之脂　以下釋器

孫音注

蜀人取魚以爲鮨。書鈔一百四十六　案以爲舊譌作不去今改正。

肉謂之羹

舊說肉有汁曰羹。孫氏以爲肉作羹之物、因以名云。御覽八百六十一

衆家注

黃輯古義

魚曰斮之

斮、斫也。書泰誓下正義　春秋公羊傳成二年疏

樊注

肉曰脫之

肉去其骨曰脫。邢疏　禮記內則正義

魚曰作之　今注疏本作斮之。禮記正義引李巡爾雅作作之

作之、魚骨小、無所去。同上

肉謂之醢

以肉作醬曰醢。詩大雅行葦正義

李注

凝脂也。凝、牛蒸反。釋文、冰、孫作凝云云。

凝脂也　釋文、冰、孫本作凝。

膏凝曰脂。釋文　邢疏　詩衛風碩人正義

孫音注

玉函山房輯佚

肉曰脫之

肉去其骨曰脫。李注　朱校宋本禮記疏三十八

魚曰斮作之

斮、斫也。樊注 書疏十一 公羊疏十七　作之、魚骨小、無所去。李注 朱校宋本禮記疏三十八

肉謂之醢

以肉作醬曰醢。李注 詩疏十七之二

鉤沉

肉曰脫之

李曰、肉去其骨曰脫。禮記正義二十八 邢疏

魚曰斮之 光爾雅作斮之、是郭從樊也。公羊疏引樊近。禮記正義引李巡爾雅作作之。案作斮聲相

樊曰、斮、斫也。公羊疏十七 案正義十一

李曰、作之、魚骨小、無所去。禮記正義二十八 邢疏

冰脂也 釋文冰、孫本作凝。

孫曰、凝牛烝反、膏凝曰脂。詩正義一之二 釋文 邢疏

魚謂之鮨

注曰、蜀人取魚以爲鮨。書鈔一百四十六 舊訛作不去、今校正。案、以爲部、鮨魚醬也、出蜀中。義正合。郭璞以爲鮓屬、非是。說文魚

肉謂之醢

李曰、以肉作醬曰醢。詩正義十七之二

漢注

肉曰脫之

李巡云、肉去其骨曰脫。禮記正義三十八卷　郭璞云、剝其皮也。今江東呼麋鹿之屬通爲肉。

魚曰斮之 本作魚曰作之。邢昺疏四卷李巡

李巡云、作之、魚骨小、無所去。禮記正義三十八卷　樊光云、斮、斫也。書正義十一卷 公羊疏十七卷　郭璞云、謂削鱗也。鱗今本作鱗。茲依釋文本。

冰脂也 釋文二十九卷 冰、孫炎本作凝。

孫炎云、膏凝曰脂。釋文二十九卷　郭璞云、莊子云肌膚若冰雪。冰雪、脂膏也。

肉謂之羹

郭璞云、肉、臛也。廣雅曰涪、見左傳。

魚謂之鮨

郭璞云、鮨、鮓屬也、見公食大夫禮。

肉謂之醢

李巡云、以肉作醬曰醢。詩正義十七之二卷　郭璞云、肉醬。

有骨者謂之臡

郭璞云、雜骨醬、見周禮。

一切注音

肉曰脫之　李巡曰、肉去其骨曰脫。內則正義

魚曰斮之　李巡曰、魚曰作之、魚骨小、無所去。內則正義　樊光云、斮、斫也。公羊成二年疏

蕙心案、內則魚曰作之。李本所從也。爾雅作斮、樊本所從也。

冰脂也　冰、孫本作凝、牛烝反。膏凝曰脂。釋文

魚謂之鮨　舊注云、蜀人取魚以爲鮨。書鈔一百六十

肉謂之醢　李巡曰、以肉作醬曰醢。詩行葦正義

古注斠

脫吐奪反 麋音眉 斮莊略、林略二反。字林云斬也。 鰭巨夷反。子虛賦云揵鰭掉尾是也。或作鬐。 冰彼凌反。說文云水堅也。孫本作凝，牛烝反。膏凝曰脂。 羹又作䑋，同。古衡、下庚二反。 臛火各、火沃二反。字林云肉羹也。 湆丘及反。汁也。 鮨巨伊反。字林止尸反。 鮓側下反。 公食音嗣。又作飤，音同。 醢虎改反。 臡本又作䐪，同。奴黎反。字林作腝，音人兮反。謂有骨醢也。

陸音義

鰭○邢本作鱗

冰孫本作凝○說文仌乃冰字 冰乃凝字 孫以冰爲凝是也

湆○字當從肉作湆 今經典皆作泣下

日

音義攷證

肉曰脫之

求脫焉可也。所謂尸假如此。

魚曰斮之

沉淪燮答、斷之可也。

冰脂也

散釋爲膏、高者見之脂凝結、見旨而已。是非所謂冰解凍釋者也。

肉謂之羹魚謂之鮨

羹或不和、鮨有旨而已。故禮君用鱠、大夫以鮨鱠、于此有稽焉。疑于有尤、又疑于有旨也。

肉謂之醢有骨者謂之臡

醢、海也、無所不可。臡、泥也、有不可焉。

新義

肉曰脫之魚曰斮之脫、謂脫皮毛。斮、削也、謂削鱗鬣。冰脂也謂肌膚脂澤若冰雪。然此釋莊子所謂肌膚若冰雪也。肉謂之羹魚謂之鮨肉謂之醢有骨者謂之臡此別以魚肉食爲之異也。羹、肉臛也。據公食大夫禮、鮨則鮓也、音祁。觀此文勢、上下相敵、則鮨又類於湆屬。醢、臡皆醬也。臡、音泥。

鄭樵注

肉曰脫之

李巡曰、肉去其骨曰脫。

郭璞曰、剝其皮也。今江東呼麋鹿之屬通爲肉。

鄭樵曰、脫謂脫皮毛。

魚曰斮之斮、李本作作。

樊光曰、斮、斫也。

李巡曰、作之、魚骨小、無所去。

郭璞曰、謂削鱗也。

鄭樵曰、斮、削也、謂削鱗鬣。

冰脂也冰、孫本作凝。

孫炎曰、膏凝曰脂。

郭璞曰、莊子云、肌膚若冰雪。冰雪、脂膏也。

鄭樵曰、謂肌膚脂澤若冰雪。然此釋莊子所謂肌膚若冰雪也。

肉謂之羹

郭璞曰、肉、臛也。廣雅曰湆、見左傳。

魚謂之鮨

郭璞曰、鮨、鮓屬也、見公食大夫禮。

肉謂之醢

李巡曰、以肉作醬曰醢。

郭璞曰、肉醬。

有骨者謂之臡

郭璞曰、雜骨醬、見周禮。

鄭樵曰、此別以魚、肉食爲之異也。羹、肉臛也。據公食大夫禮、鮨則鮓也、音祁。觀此文勢、上下相敵、則鮨又類於湆屬。醢臡皆醬也。臡音泥。總釋上三句。

古注合存

肉曰脫之、魚曰斮之。斮音捉。○此兩節、釋治魚肉及其所成之名也。註曰、脫者、剝其皮也。麋鹿之屬通爲肉。斮謂削其鱗也。疏曰、李巡云、去其骨曰脫。皇侃云、除其筋膜曰脫。註以魚曰斮之連文、斮爲削其鱗、則脫爲剝其皮。又以羊豕有不剝者、故云麋鹿通爲肉也。斮、內則及李巡本皆云作。李巡云、魚骨小、無所去、但作之也。皇侃云、作、謂搖動之、視其鮮餒也。愚按脫謂去其皮毛也。作當從斮、謂削鱗。

冰脂也。肉謂之羹、魚謂之鮨、肉謂之醢、有骨者謂之臡。鮨音支。臡音泥。○註曰、脂、膏也。羹、肉臛也。鮨、鮓屬也。醢、肉醬。臡、雜骨醬也。疏曰、脂、一名冰脂。肉臛名羹。儀禮所謂膷臐膮是也。廣雅云、羹謂之湆。鮨見儀禮公食大夫。醢、臡見周禮醢人。

【注疏參義】

李巡本魚曰作之、正與內則合。郭依樊光本作斮、見禮記正義及公羊傳疏。斮謂削鱗、樊光曰、斫也。解誤。緣欲與上文脫字一例耳。鄭云、據公食大夫禮、鮨則鮓也、音祈、觀此文勢、上下相敵、則鮨又疑於湆屬。

【補注】

肉曰脫之【註】剝其皮也今江東呼麋鹿之屬通爲肉魚曰斮之【註】謂削鱔也冰脂也【註】莊子云肌膚若冰雪冰雪脂膏也肉謂之羹【註】肉臛也廣雅曰湆見左傳魚謂之鮨【註】鮨鮓屬也見公食大夫禮肉謂之醢【註】肉醬有骨者謂之臡【註】雜骨醬見周禮【正義】此別魚肉之異名也。○肉曰至斮之。○內則云、肉曰脫之、魚曰作之。疏引李巡云、肉去其骨曰脫、魚骨小、無所去。皇侃云、治肉除其筋膜、取好處、作謂動搖也、凡取魚搖動之、視其鮮餒、餒者不食。是李巡本爲魚曰作之、與內則同也。公羊疏引樊光云、斮、斫也。是樊光本作斮、郭氏用樊光本。廣雅云、斮、絕也。○冰脂也。○內則云、脂膏以膏之。釋文云、冰、孫炎本作凝、膏凝曰脂。○肉謂之羹。○釋名云、羹、汪也、汁汪郎也。鄉飲酒禮云、羹定、鄭註云、肉謂之羹、定猶孰也。特牲饋食禮云羹飪、鄭註云、肉謂之羹、飪熟也。是羹爲肉湆也。○魚謂之鮨。○說文云、鮨、魚胳醬也、出蜀中。此言魚謂之鮨、則爲魚鮓之屬。釋名云、鮓、菹也、以鹽米釀魚而爲菹也。○肉謂之醢。○釋名云、醢、海也、封塗使密冥乃成也。醢多汁者曰醓、醓、瀋也、宋魯人皆謂汁爲瀋。○有骨者謂之臡。○說文云、腝、有骨醢也、腝或作臡。釋名云、醢有骨者曰臡、臡、胒也、骨肉相搏胒無汁也。【註】剝其至爲肉。○【正義】郭意以脫爲去其皮、故不從李巡去骨之註。說文解膮字云、豕肉羹也、解膷字云、豕肉醬也。其通稱爲肉者、皆不僅指羊豕而言。故郭引江東呼麋鹿之屬通爲肉、皆剝其皮也。○謂削鱔也。○【正義】鱔、釋文引子虛賦云、揵鱔掉尾是也。或作鱗。說文云、鱗、魚甲也。郭氏不從李巡本作作之者、以特牲饋食禮有作豕之文、鄭註謂以策動作豕、視聲氣、是豕亦言作、不專屬於魚也、故定爲削鱔。○莊子至膏也。○【正義】郭引莊子逍遙遊文、以證冰爲膏也。墨子辭過篇云、冬則凝冰是也。內則云、脂用葱、膏用韰、鄭註、脂、肥凝者、釋者曰膏。說文云、戴角者脂、無角者膏。是脂與膏有別、合而言之、則脂即膏也。○肉臛至左傳。○【正義】說文云、臛、肉羹也。廣雅云、羹謂之湆。鄭註儀禮云、湆、肉汁也。今文湆爲汁、又謂之醓。鄭註醢人云、醓、肉汁也。見左傳者、隱元年傳云、公賜之食、食舍肉。又云、未嘗君之羹。是謂肉爲羹也。○見公食大夫禮。○【正義】公食大夫禮有牛鮨、有魚膾、鄭註云、內則謂鮨爲膾、然則膾用鮨、今文鮨作鱔。○肉醬。○【正義】詩疏引李巡云、以肉作醬曰醢。郭註本李巡。說文亦云、醢、肉醬也。○見周禮。○【正義】天官醢人、朝事之豆、有麋臡鹿臡麋臡、後鄭云、作醢及臡者、必先膊乾其肉、乃後莝之、雜以梁麴及鹽、漬以美酒、塗置甁中、百日則成矣。鄭司農云、麋臡、麋肝髓醢、或曰麋臡醬也。有骨爲臡、無骨爲醢。

【正義】

魚謂之鮨　北堂書鈔引鮨註云、蜀人取魚不去鮐、鮨音其、又鱔屬。繫傳引作鰲屬、云俗作鮓。

【校議】

肉曰脫之剝其皮也今江東呼麋鹿之屬通爲肉魚曰斮之謂削鱗也冰脂也

莊子云肌膚若冰雪冰雪脂膏也**肉謂之羹**肉臛也廣雅曰湆見左傳**魚謂之鮨**鮨鮓屬也見公食大夫禮**肉謂之醢**肉醬**有骨者謂之臡**雜骨醬見周禮

脫者、解也。內則正義引李巡云、肉去其骨曰脫、皇氏云治肉除其筋膜取好處、今按、皇侃之說與郭義近、皆卽內則所謂去其皽也。鄭注、皽謂皮肉之上魄莫、也。○斮之內則作作之、正義引李巡云、作之魚骨小、無所去、皇氏云作謂動搖也、凡取魚搖動之視其鮮餒、餒者不食。公羊成二年疏引樊光云、斮、斫也、駁醢按、斫訓擊、蓋謂敲擊其鱗甲、與內則作之、皇侃以爲動搖之義近、郭以爲削鱗、非樊意也。○冰者、說文以爲凝之本字。故釋文冰、孫本作凝、云、膏凝曰脂、按、內則注、脂肥凝者、釋者曰膏、是脂膏散文則通、對文則別。鄭君孫炎俱本爾雅爲訓也。詩碩人傳如脂之凝、淮南原道篇注凝如脂凝也、竝與爾雅合。郭引莊子逍遙游篇文、以冰雪爲脂膏、冰亦音凝也、釋文乃云冰、彼凌反、聲義俱舛矣。○羹者、說文作䰞、云五味盉羹也、引詩亦有和䰞、小篆作羹、釋名云、羹汪也、汁汪郎也。按、古讀羹若岡、與汪郎韵。儀禮每言羹定羹飪、鄭注竝云、肉謂之羹。古者名肉汁爲羹、故士虞禮注、湆、肉汁也。士昏禮注、今文湆皆作汁。廣雅云、膷謂之湆。臐膷㸑、郭云肉臛也者、說文臛、肉羹也、又云、見左傳者、襄廿八年傳云、則去其肉、而以其洎饋、洎卽湆也、字異而義同。又隱元年傳食舍肉、下云未嘗君之羹。然則羹卽肉矣。○鮨者、說文魚胳醬也、䱜䲖、疑出蜀中。書鈔一百四十六引爾雅舊注云、蜀人取魚以爲鮨、與說文合。郭以鮨爲鮓屬、非也、鮓乃以鹽藏魚。鮨是以魚作醬、爾雅方釋諸醬之名。說文甚允、郭既誤注、玉篇廣韵又承郭注而誤也。云見公食大夫禮者、鄭注牛鮨云、內則謂鮨爲膾、今按、內則有牛膾與儀禮之牛鮨非卽一物、郭又誤引矣。鮨从旨聲、釋文引字林止尸反、此音是也、音巨伊反亦非。○醢者、說文云、肉醬也。釋名云、醢、晦也、晦、冥也、封塗使密冥乃成也。醢多汁者曰醓、醓、瀋也、宋魯人皆謂汁爲瀋。按、醓、說文作肬、云肉汁滓也。詩行葦作醓、毛傳以肉曰醓醢。正義引李巡曰、以肉作醬曰醢。○臡者、說文作腝、云有骨醢也。或从難作臡。釋名云、宍有骨者曰臡。臡、胒也、骨肉相傅胒無汁也。郭云見周禮者、醢人云、朝事之豆有麋臡鹿臡麇臡、鄭注作醢及臡者、必先膊乾其肉、乃後莝之、雜以粱麴及鹽、漬以美酒、塗置瓶中、百日則成矣。是臡醢同物、唯有骨無骨爲異耳。

義疏

湆 經文

盧云、字當從肉作滴、今經典皆作泣下曰。按盧說本於張參五經文字。段茂堂氏謂說文有湆無滴、肉之精液如幽溼生水也。疑段說是。湆、說文訓幽溼也、從水音聲。

雜骨醬 注文

骨、宋十行本作肉、邵本郝本及他本竝作骨。按文義當是雜骨、今從之。

經注集證

肉曰脫之魚曰斮作**之**樊注、斮、斫也。李注、肉去其骨曰脫、作之魚骨小、無所去。郭注、脫、剝其皮也、今江東呼麋鹿之屬通爲肉、斮謂削鱗也。**冰脂也**郭注、莊子云、肌膚若冰雪、冰雪、脂膏也。此當作冰、脂凝脂也。注當云、冰雪、凝脂也。鈔者改之、遂不可通。**肉謂之羹魚謂之鮨**郭注、羹、肉臛也。廣雅曰湆、見左傳。鮨、鮓屬也、見公食大夫禮。舊注、蜀人取魚以爲鮨。此專釋公食牛鮨、以羹䏧鮨、與俗說魚脂醬異。**肉謂之醢有骨者謂之臡**李注、以肉作醬曰醢。郭注、醢、肉醬、臡、雜骨醬、見周禮。此又一說、以鮨醢同類、兼別二醢異製也。野獸唯麋鹿麇併骨醢之、謂之三臡。說文从肉耎、或从難、蓋取脃骨及筋腱。

集解

肉曰脫之魚曰斮之 均治澤之名。脫、消肉臞也。肉而去皮亦消肉也。斮、斬也、謂去其鱗。禮記內則作作、以作為斮之借字耳。冰脂也 承上而明脫斮為治澤、非大切細切名也。冰、水堅也。俗字作凝。脂、戴角者脂、無角者膏。脂、尼也、即凝也。蓋脂為凝者、而膏為釋者辭耳。詩碩人膚如凝脂、謂其光澤。說者以脂釋冰、誤矣。肉謂之羹 羹字本作䰞 五味盉羹也 禮記內則有雉羹雞羹犬羹兔羹等、均禽獸肉類也。儀禮鄉飲酒羹定、特牲饋食羹飪、鄭注均云肉謂之羹。本雅訓也。魚謂之鮨 鮨、魚䏿醬也。从魚、旨。旨、美也。儀禮公食大夫醢牛鮨、則借魚為肉膾之偁。此釋其正名耳。肉謂之醢 醢、肉醬也、从肉盍聲。周禮醢人七醢、醓蠃䗩蚳魚兔雁、均肉類、內則亦然。有骨者謂之臡 周禮醢人三臡、麋鹿麇是也。臡字一作腝、从肉耎、或从難。難、膜也、即乾也。骨與肉較則肉溼而骨乾矣。从耎者、蓋取脆骨。

義證

肉曰脫之

【注】剝其皮也今江東呼麋鹿之屬通爲肉【補正】邢疏、李巡云肉去其骨曰脫、皇侃云肉除其筋膜、取好者。

魚曰斮之 斮莊畧反。

【注】謂削鱗也【補正】邢疏、禮內則及李巡爾雅本皆云魚曰作之。

肉謂之羹

【注】肉臛也廣雅曰湆見左傳【補正】邢疏、廣雅曰羹謂之湆。

魚謂之鮨 鮨巨伊反。

【注】鮨鮓屬也見公食大夫禮

有骨者謂之臡 臡人兮反。

【注】雜骨醬見周禮【補正】邢疏、按醢人職云掌四豆之實、韭菹醓醢昌本麋臡、注云作醢及臡者、必先膊其肉、乃後莝之、雜以粱麴及鹽、漬以美酒、塗置瓶中百日則成矣。

郭注補正

肉謂之羹

郭注、肉臛也。廣疋曰湆、見左傳。按廣疋膷謂之脏、王念孫疏證云、尒疋肉謂之羹、太平御覽引舊注云肉有汁曰羹。釋名云羹、汪也。汁汪郎也。古讀羹如岡、與汪郎韵。爪經羹定羹飪、鄭注竝云肉謂之羹。士昏爪大羹湆在爨、鄭注大羹湆煑肉汁也。今文湆作汁、與尒疋舊注同。

魚謂之鮨

郭注、鮨、鮓屬也、見公食大夫爪。按說文鮨魚䏿醬也、出蜀中。書鈔一百四十六引尒疋舊注云蜀人取魚、吕爲鮨、與說文合。郭吕鮨爲鮓屬者、非也。鮓乃吕鹽藏魚、鮨是吕魚作醬。尒疋方釋諸醬之名。說文甚允。郭既誤注尒疋、篇韵又承郭注而誤。

舊注攷證

肉曰脫之 注剝其皮也今江東呼麋鹿之屬通爲肉

正曰、禮記內則肉曰脫之。正義李巡注爾雅釋器云肉去其骨曰脫。未聞有剝其皮者。詩小雅楚茨或剝或亨、毛傳解剝其皮、正義是解剝其肉也。古者牛羊豕之屬、去其毛不剝其皮、故也。郭注誤矣。

魚曰斮之　注謂削鱗也

正曰、禮記內則、魚曰作之。正義李巡注爾雅云作之、魚骨小、无所去。郭本作斮之。書泰誓下正義釋器魚曰斮之、樊光云斮、斫也、言魚骨小、無所去、但斫之而已。是樊李同訓也。郭氏改訓爲削鱗、於古無徵。

冰脂也　注莊子云肌膚若冰雪。冰雪、脂膏也

正曰、釋文、冰、孫本作凝、膏。凝曰脂、詩衛碩人膚如凝脂、毛傳如脂之凝。正義釋器冰、脂也、孫炎曰膏凝曰脂。禮記內則脂用蔥、鄭注脂、肥凝者。說文已冰爲凝之本字。毛鄭皆用爾雅文、是即孫注所本也。郭注引莊子逍遙遊作冰雪之冰、夫思冰雪何與於脂膏邪。

正郭

魚謂之鮨　注鮨鮓屬也見公食大夫禮

諍曰、下文俱說醬。郝氏據說文魚腤醬也、出蜀中。書鈔引爾雅舊注蜀人取魚以爲鮨、與說文合。鮓乃以鹽藏魚。注以鮨爲鮓屬者、蓋據公食大夫禮牛鮨、鄭注云內則謂鮨爲膾。上文有魚腊、下文有魚膾、遂疑膾即爲鮨、而以爲鮓屬、其說非也。

諍郭

魚曰斮之

謂削鱔也

各本皆作鱗、釋文云、鱔、或作鱗。

魚謂之鮨

鮨鮓屬也見公食大夫禮

釋文云、公食音嗣、又作飤。

肉謂之醢

醢　肉醬　也音海

慧琳集古今佛道論衡二卷音義引郭注爾雅云、醢、肉醬也。文選謝惠連祭古冢文注引爾雅肉謂之醢、郭璞曰肉醬也、音海。今據補。元應六度集經四卷音義引爾雅肉謂之醢、郭注曰即肉醬。是也。

郭注佚存補訂

肉曰脫之魚曰斮之冰脂也肉謂之羹魚謂之鮨肉謂之醢有骨者謂之臡

冰、孫本作凝、云膏凝曰脂。說文以冰爲凝。衛風碩人膚如凝脂、毛傳云如脂之凝。　羹者、商頌烈祖亦有和羹、鄭箋云和羹者、五味調、腥熟得節、食之於人性安和。正義云、昭二十年左傳晏子曰和如羹焉、水火醯醢鹽梅以亨魚肉、燀之以薪、宰夫和之齊之以味、濟其不及、以泄其過、君子食之以平其心、故曰亦有和羹、既戒既平。魯頌閟宮毛炰胾

羹、傳云毛炰、豚也、胾、肉也、羹、大羹、鉶羹也。據此則羹爲肉。故郭注云、羹、肉臛也。太平御覽引舊注云、肉有汁曰羹。說文羹作鬻、云五味盉羹也、引詩亦有和鬻。小篆作羹。　醢者、說文云肉醬也。大雅行葦醓醢以薦。李巡云以肉作醬曰醢。正義云、天官醢人注云、醓、肉汁也、蓋用肉爲醢特有多汁、故以醓爲名、其無汁者、自以所用之肉魚雁之屬爲之名也。餘詳訂經。

說詩

肉曰脫之

郭注、剝其皮也。李巡注、去其骨曰脫。柏年案李說是也。豚豕之屬不須去皮也。

補釋

冰脂也疏綽約若處子（綽莊子作淖。）

肉謂之羹節疏鄭伯寘其母姜氏于城潁（潁從水。從禾下作者誤、下同。）牛炙炙南醢（脫一炙字。）其實韭菹醓醢（醓誤醢。）必先膊乾其肉（膊誤從專旁作。）雜以粱麴及鹽（粱誤梁。）

注疏正字

魚曰斮之　禮記正義（內則）云、李巡注爾雅曰作之。郭氏爾雅今本作斮之。又尚書正義（泰誓下）公羊疏（十七）引作斮、幷引樊光曰、斮、斫也。則郭本是從樊也。

冰脂也　釋文云、冰、彼凌反。說文云、水堅也。孫本作凝、牛烝反。

案說文、仌部、冰、水堅也、从仌从水。俗冰从疑作凝。据此則凝卽冰字、後以冰代仌凍字、（說文、仌、凍也、象水冰之形。）而以冰凝判爲兩字。郭氏誤於時俗、以冰爲仌、故引莊子肌膚若冰雪。不知莊子冰雪字本當作仌、與此義不相涉也。

肉謂之羹　釋文云、羹、又作臛、同。案說文、䰜部、鬻、五味盉鬻也、从䰜从美、詩曰亦有和鬻。或从美从䰜省作鬻。小篆从羔从美作羹。經典相承用小篆。从肉者譌。

有骨者謂之臡　釋文云、臡、本又作臡。（點畫小異、如此字尤其極微者、瑣瑣分別、反足滋疑。）字林作腝。案說文、肉部、腝、有骨醢也、从肉耎聲。或从難作臡。

匡名

肉曰脫之魚曰斮之冰脂也肉謂之羹魚謂之鮨（音祁）

肉謂之醢有骨者謂之臡（音泥）

此釋魚肉之名。說文、脫、消肉臞也。斮、斬也。內則、肉曰脫之、魚曰作之。李巡云、肉去骨曰脫、魚削鱗曰斮。冰、水堅也、从仌从水。脂、戴角者脂、無角者膏。內則、脂膏以膏之。鬻、五味盉羹也、从䰜从羔、引詩亦有和羹。小篆从羔美。郭註、肉臛。臛、肉羹也。左隱元年傳食舍肉、又未嘗君之羹、是謂肉爲羹也。醓、肉醬也。鮨、魚胳醬也、出蜀中。鄭註內則謂鮨爲膾。醢、肉醬也。李巡云、以肉作醬曰醢。臡、有骨醢也、或从䪞。或曰有骨爲臡、無骨爲醢。

啓蒙

肉謂之羹。肉臛也、廣雅曰湆、見左傳。　羹之言盲也。與臛聲轉、亦言香也。字又通臐、公食大夫禮注臐、今時臛也。

魚謂之鮨。鮨鮓屬也、見公食大夫禮。　廣雅鮨、鮺也、說文鮺、藏魚也。釋名鮓、菹也、以鹽米釀之、如菹熟而食之也。是鮨與鮓作法略同、故郭云鮨鮓屬。公食大夫禮有牛鮨、下文有魚膾、鄭注牛鮨云、內則謂鮨為膾、然則膾同鮨、今文鮨為鰭。郭見牛鮨魚膾、內則作牛膾魚膾、意魚膾亦可云魚鮨、故云見公食大夫禮、非以牛鮨當此也。少儀曰牛與羊魚之腥聶而切之為膾、然則膾之作法與鮨同、特鮨為藏醬、膾則腥食耳、通言不別、故禮經亦錯其文、鄭君之意、則以鮨為脊肉也。

黃侃音訓

魚曰斮之　冰脂也　肉謂之羹　有骨者謂之臡

禮記作魚曰作之。內則篇 孫炎本冰作凝。云、膏凝曰脂、牛烝反。釋器釋文 釋文、羹又作臇。同釋器釋文 臡本又作䐪。釋器釋文 說文作腝。云、有骨醢也。肉部腝 釋名、醢有骨者曰臡。臡、胒也、骨肉相傳、胒無汁也。釋飲食

冰、脂也。注云、肌膚若冰雪、冰雪、脂膏也。釋文、冰、孫本作凝。按、說文仌乃冰字、云凍也、象水凝之形。冰乃凝字、云、水堅也、從仌從水、魚陵切。俗本從疑作凝。孫炎本以冰為凝、從俗也。有骨者謂之臡。說文臡作腝、云有骨醢也、從肉耎聲、人移切。腝或從臡。則腝正字、臡或體字也。

證異

魚曰斮之、禮記正義引李巡本作作之。公羊疏引樊光本作斮之。郭注本與樊同。承珙案、公羊疏引樊光曰、斮、斫也。禮記正義邢昺爾雅疏竝引李巡曰、作之、魚骨小、無所去。李意蓋謂治魚者幷骨斫之。字雖爲作、義仍與斮同。作斮聲近、故借。禮記正義又引皇侃云、作謂動搖也。凡取魚搖動之、視其鮮餧、餧者不食。是皇氏始就作字爲說、非樊李義也。

胡氏古義

謂削鱗也 單疏本雪牕本同。釋文、鰭、巨夷反。子虛賦云揵鰭掉尾是也。或作鱗。按、上林賦揵鰭掉尾、郭注鰭背上鬣也。子虛賦無文。江賦云、揚鰭掉尾。經曰斮、注當言鰭。作鱗蓋非。

肉曰脫之魚曰斮之○釋曰 注疏本刪。

此論治擇魚肉之名也 元本同。閩本監本毛本論下衍辨。

肉剝去其皮 注疏本脫去。

斮謂斬削其鱗 元本閩本監本同。毛本謂誤爲。

冰脂也○釋曰 注疏本刪。

一名冰 元本同。閩本監本毛本下衍脂。

○注莊子至膏也○釋曰云莊子云 注疏本刪作莊子云者莊子云。

肉謂之羹至之臡○釋曰 注疏本刪。

○注肉臛至左傳○釋曰云肉臛也者 注疏本刪上八字。

○注鮨鮓至夫禮○釋曰 注疏本刪作云鮨鮓屬也。

○注雜骨醬見周禮○釋曰 注疏本注改云刪釋曰。

其實韭菹醓醢 注疏本誤作韭菹醓醢。

校勘記

肉臛也 雪牕本作臛。

雜肉醬 十行本雪牕本吳本並雜骨醬。

校勘記訂補

魚曰斮之注、謂削鰭也。今本鰭作鱗。釋文鰭、巨夷反或作鱗。按此則當以鰭爲正、而旁注鱗字方是。

肉謂之羹注見左傳、疏城潁潁考叔、潁谷封人。今本潁半匕、下皆誤从示。有骨者謂之臡注見周禮、疏其實韭菹醓醢。今本菹下誤从俎、醓誤作醢。

注疏本正誤

雜肉醬 明監本永懷堂本毛本肉作骨。是此誤。

廣雅曰湆者則彼云羹謂之湆是也 案、廣雅羹作朥、湆作肬。王念孫云、朥經傳皆作羹、爾雅肉謂之羹、太平御覽引舊注云、肉有汁曰羹、釋名云羹、汪也、汁汪郎也、肬之言汁也、字亦作湆。

漬以美酒塗置甀中 周禮注甀作瓶。案、甀、博雅云卽瓶也。則是甀瓶同義。

注疏校勘札記

六行(注)謂削鱗也○「鱗」、《釋文》作「鰭」，云：「或作鱗。」

冰脂也○《釋文》云：「冰，彼凌反。孫本作凝，牛烝反。膏凝曰脂。」案：此當讀為「凝」。

八行(注)肉醬○《文選》謝惠連《祭古冢文》注引「醬」下有「也」字。

宋監本校箋

魚曰斮音卓之魚謂之鮨鮨、鮓屬也、見公食大夫禮。鮨、音祁。肉謂之醢肉醬。醢、音海有骨者謂之臡雜骨醬、見周禮。臡、音泥。

音圖・音

李巡本魚曰作之。郭依樊光本作斮。見禮記正義及公羊傳疏。莊略音斫。集韻職略側略翻同。牀略讀近澄母之著。二翻。卽詩釋文側略士略二翻。集韻又陟略翻、知照不分、乃後出之音、非。冰彼凌翻、音砯。孫本作凝、牛烝翻。羣經音辨云、當音牛烝翻、不音彼凌翻。冰、尙書古文凝字。鮨巨伊翻、音祈。儀禮釋文同。字林止尸翻、音支。臡本又作䐪、同奴黎翻、音泥。字林作腝、人兮翻、音近而。錢文敏公云、泥字母不易辨、若能以讀難字之法讀泥字、自當悟入所以臡字从難音泥。

音略

肉曰脫之奪。魚曰斮之卓灼。冰、脂也文。肉謂之羹。魚謂之鮨祁。肉謂之醢海。有骨者謂之臡泥。

孫侶直音

肉曰脫之脫之、剝其皮也。魚曰斮斮之、之謂削鱗也。莊子云、肌膚若冰雪。冰雪、脂膏也。肉所作臛名羹。魚所作鮓名鮨。捉之。冰、脂也。肉謂之羹。魚謂之鮨祁。肉謂之醢海以肉作醬名醢。有骨者有骨相雜名臡。謂之臡泥。

楊氏音訓

斮灼　鮨祁　臡泥

干氏音釋

康謂之蠱

郭注

康謂之蠱。米皮。

康謂之蠱　郭璞云、米皮。

一切注音

康說文作穅、或省禾。口郎反。蠱音古。

陸音義

康謂之蠱

凡物有壞蠱得其膚而已、亦蠱之生以安故也。春秋傳曰、宴安酖毒。

新義

康謂之蠱 郭璞曰、米皮。鄭樵曰、康今作糠。

古注合存

康疏云米皮也。鄭云今作糠。

補注

康謂之蠱【註】米皮【正義】說文云、穅、穀皮也、或省作康。生民毛傳云、或簸康者。呂氏春秋審時篇、得時之禾、其粟圓而薄糠、後時者、短穗而厚糠小米。是米皮爲康也。康謂之蠱者、左氏昭元年傳云穀之飛亦爲蠱、杜註穀久積則變飛蟲名曰蠱。論衡商蟲篇、穀蟲曰蠱、蠱若蛾矣、粟米饐熱生蠱。案爾雅以蠱爲康之異名。說文又云、檜、穅也。是穅又名檜也。

正義

康謂之蠱 米皮

康者、說文作穅、云穀皮也、或省作康。又云、檜、穅也。是穅亦名檜。檜、古外切、與康雙聲。若依此爲訓、當言康謂之檜、便爲明白易曉。而云康謂之蠱、蠱訓疑也。康爲穀皮有何可疑。左氏昭元年傳穀之飛爲蠱、杜預注穀久積則變飛蟲名曰蠱。論衡商蟲篇云、穀蟲曰蠱、蠱若蛾矣、粟米饐熱生蠱。按、今麥腐生小白蛾、粟生小黑甲蟲、卽蚌子也。若依左傳穀飛爲蠱、參以論衡所言、然則爾雅當云穀謂之蠱。蓋穀能爲飛蟲、康不能爲飛蟲矣。

義疏

康謂之蠱

康者、說文作穅、云穀皮也、或省作康。又云、檜、穅也。是穅亦名檜。檜、古外切、與康雙聲。若依此爲訓、當言康謂之檜、便爲明白易曉。而云康謂之蠱、蠱訓疑也。康爲穀皮有何可疑。左氏昭元年傳穀之飛爲蠱、杜預注穀久積則變飛蟲名曰蠱。論衡商蟲篇云、穀蟲曰蠱、蠱若蛾矣、粟米饐熱生蠱。按、今麥腐生小白蛾、粟生小黑甲蟲即蚌子也。若依左傳穀飛爲蠱、參以論衡所言、然則爾雅當云穀謂之蠱。蓋穀能爲飛蟲、康不能爲飛蟲矣。念孫案、以康檜雙聲、而謂爾雅當作康謂之檜、然則康蠱獨非雙聲邪。蠱訓爲疑別是一義、與康謂之蠱何涉、乃引之以駁爾雅可乎。左傳穀之飛爲蠱、乃指穀蟲而言、非指穀而言、不得言穀謂之蠱也。既云爾雅當言康謂之檜、又云爾雅當云穀謂之蠱、則將何所適從耶。

郝注刊誤

康謂之蠱 郭注、米皮。此釋蠱卦鼓動播太之義、取康象也。康、空也。字又作穅、禾穀有皮無實者。鼓槖太之異於春後簸之也。蠱从蟲皿、蟲蝕皿亦內空。康阬通用字。山下有風、蠱謂空阬來風也。鼓蠱亦通用字。

集解

康謂之蠱 康、穀皮也。穀僅有皮而無實、今葉殼也。其形中空。蠱腹中蟲也。周易蠱卦取山下有風之象。昔云空谷生風、今云風爲空氣之流動、是蠱有空義。字亦與鼓通用、鼓亦中空也。或者康廣通用、蠱故亦通用。康、大也。蠱、事也。有事而後可大、此康所以釋蠱與。

義證

康謂之蠱

康 米皮也

慧琳大方廣如來藏經音義引郭注爾雅、穅、米皮也。今據補康也二字。

郭注佚存補訂

康謂之蠱

通作糠。春秋昭元年傳曰、穀之飛亦爲蠱。穀生蠱、蠱實空而爲米㞋。康、空也。

小箋

爾雅詁林 六 釋器

康謂之蠱　釋文云、康說文作穅、或省禾。案說文穅、穀皮也、从禾从米康聲、㡿、或省。元照謂康聲之康當作㡿。隸變爲庚。正文大書當作穅、其省文當作粟。今本皆譌。　正義云說文稽穅也、是穅又名稽也。元照案蠱稽一聲之轉。

匡名

康謂之蠱。米皮。　釋詁漮虛也、一作康虛也、廣雅穅謂之䅌、穅、稽蠱䅌聲轉。蠱之言兆也、兆、靡蔽也、又言鼓也、釋名鼓郭也、張皮以冒之、其中空也。其穀蟲爲蠱、字亦借蛄。釋蟲之蛄蠶強蛘是也。康謂之蠱者、穀既化蟲、徒留皮在、故穅亦謂之蠱矣。

黃侃音訓

康謂之蠱

康謂之蠱、郭注米皮。頤、煊案、說文、穅、穀、皮也。康卽穅字之省。蠱與䀌通。詩四牡毛傳䀌不堅固也、左氏昭元年傳穀之飛亦爲蠱、皆義本爾雅。杜預注穀久積則變飛蟲、名曰蠱。論衡商蟲篇穀蟲曰蠱、望文生義、失雅訓矣。

讀爾雅録

康謂之蠱

錦燧謹案、蠱乃稽之假借字。蠱古音讀如裹。說文云、稽、穅也、从禾會聲、讀若裹。其明證也。故玉篇稽下有公卧公外二切。小徐注、說文蠱爲公戶切、是稽蠱音同可知。嚴氏匡名謂蠱稽一聲之轉。蒙以爲非聲轉、直聲同耳。左傳云穀之飛亦爲蠱、論衡云穀蟲曰蠱、自取義於飛蟲、與爾雅之蠱不得并爲一談。邢引左傳、邵引論衡以爲證、胥失之。一切經音義引通俗文云、米皮曰稽。而郭注以米皮釋之、是景純亦知蠱當讀稽也。

陸錦燧日記

六上（六九）

一行康謂之蠱（注）米皮○《字鏡》「糠」下云：「糠謂之蠱，米皮也。」即本《爾雅》郭注。今本「米皮」下當有「也」字

宋監本校箋

康謂之蠱　鼓

孫侃直音

澱謂之垽

澱謂之垽。滓、澱也。今江東呼垽。

郭注

康謂之蠱澱謂之垽

釋曰、康米皮也、一名蠱。左傳曰穀之飛亦名蠱是也。澱滓泥也、一名垽。郭云今江東呼垽。

邢疏

澱徒薦反。垽魚靳反。滓側里反。

陸音義

澱謂之垽

至道之精、初無彼此、至其塵滓、乃有界辨。

新義

康謂之蠱澱謂之垽　康今作糠。澱卽澄泔之澤、音殿。垽、魚靳反。

鄭樵注

澱謂之垽

郭璞曰、滓、澱也。今江東呼垽。

鄭樵曰、澱卽澄泔之澤、音殿。垽、魚靳反。

古注合存

康謂之蠱、澱謂之垽。澱音殿、垽銀去聲。○此釋治穀米之名也。註曰、蠱、米皮也。垽、滓澱也。今江東呼垽。疏曰、康一名蠱。左傳云、穀之飛亦名蠱是也。

注疏參義

澱謂之垽　**註**　滓澱也。今江東呼垽　**正義**　說文云、㙈謂之垽也。垽、澱也。又云、澱、滓也。垽、滓也。滓、澱也。澱、滓、濁泥。繫傳云、今之靑澱、澄澱所出也。釋名云、泥之黑者曰滓。廣雅云、澱謂之滓。顏師古

爾雅詁林　六　釋器

云、滓、澱也。急就篇註

正義

澱謂之垽　滓澱也。今江東呼垽

澱者、說文作⿰黑屍、云⿰黑屍謂之垽。垽、滓也。又云、澱、滓垽也。滓、澱也。垽、澱也。是澱、⿰黑屍同。廣雅、澱謂之滓。釋名云、緇、滓也、泥之黑者曰滓。按、澱今之滓泥、是也。滓泥卽涅。說文、涅、黑土在水中也。淮南俶眞篇云、以涅染緇、則黑於涅。是滓卽涅也。今日照人以滓泥染緇、與俶眞義合。說文繫傳乃云、今之靑澱、澄澱所出。誤矣。靑澱是藍所出以染靑者、非爾雅之義。

義疏

澱謂之垽　郭注、滓、澱也。今江東呼垽。

此釋車不彫幾。幾謂圻鄂、因漆改从水也。說文引澱作⿰黑屍字、从屍、卽臀也。臀肉厚有圻鄂、因以積漆爲屍。今謂停水爲淀、亦謂之泿。泿沂隸通用、本此爲稱。

集解

澱謂之垽　禮記少儀、車不雕幾。鄭特牲、丹漆雕幾之美。此釋之也。垽、沂鄂也、卽幾也。與圻堮通用。澱从水殿。殿、擊聲也。字亦作⿰黑屍。⿰黑屍从黑、屍。屍、髀也。髀、高厚而有殿還者也。凡漆器擊之有聲、色黑、而有垽鄂、亦如屍之形狀。然許愼釋澱爲滓垽、引申義耳。或曰澱垽、器飾。康、蠱亦器飾也。康、廣通用、康光又通用也。光、明也。蠱、事也。引申爲整治之詞。凡物整治則光矣。蓋釋易襍卦蠱則飭也之語。禮云康圭、詩云康爵、其均斥器飾言與。

義證

澱謂之垽

澱、滓也。今江東評爲垽。　垽音魚靳反

唐殘本玉篇水部澱下引爾雅澱謂之垽、郭璞曰澱滓、江東呼垽。元應僧祇經十八卷音義引爾雅

澱謂之垽。郭璞曰、澱滓也、江東呼爲垽。垽音魚靳反。十誦律十七卷音義引爾雅注云、澱、滓也。垽音魚靳反。大智度論九卷音義引爾雅郭璞曰、澱、滓也。江東呼爲垽。慧苑華嚴經上卷音義引爾雅郭注、澱、滓也、江東呼爲垽也。元應佛性論二卷慧琳續高僧傳廿一卷陀羅尼集九卷各音義俱引爾雅郭注、澱、滓也。今本皆作滓、澱也。蓋誤倒。垽音魚靳反與釋文合、亦郭注原文、而今本脫之。謹據補訂。

郭注佚存補訂

康謂之蠱　澱謂之垽

康。說文作穅、云穀皮也。康爲穅之省。大雅生民或簸或蹂、毛傳云或簸康者。小雅大東不可以簸揚、正義云不可以簸揚粟米、謂粟米之穅也。故朱子易之云不可以簸穅粃。穀蟲曰蠱。見左傳。　垽、詳訂經。

說詩

澱謂之垽　說文、水部、澱、垽也、从水殿聲。又通⿰黑屍。說文、𦉫部、⿰黑屍、⿰黑屍謂之垽。垽、滓也、从𦉫殿省聲。　垽通涅。說文、水部、涅、𦉫土在水中也、从水从土日聲。論語涅而不緇。漢費鳳別碑作涅而不滓、涅卽垽也、皆涅聲之轉。

匡名

爾雅詁林　六　釋器

康謂之蠱瀱謂之垽說文、穅、穀皮也、省作康。左昭元年傳、穀之飛亦爲蠱。䵝謂之垽、滓也。郭注、滓、瀱也、今江東呼垽。釋名、泥之黑者曰滓。

啓蒙

瀱謂之垽。瀱之名定也、垽之言堇也、堇、黏土也、亦言墐也、墐、拭也。

黃侃音訓

康謂之蠱 瀱謂之垽

郭注、康、米皮。釋器注 說文作穅。云、穀、皮也。禾部穅 呂氏春秋作糠。粟圓而薄糠。審時篇 說文作䵝謂之垽。云、垽、滓也、從黑殿省聲。黑部䵝 廣雅作瀱謂之滓。釋器二

證異

滓瀱也今江東呼垽雪牕本注疏本同、單疏本引下句同。按、所據郭注蓋未誤。一切經音義卷九卷十五兩引此注云、瀱、滓也、江東呼爲垽。華嚴經音義卷上所引同。瀱滓皆未誤倒、爲字亦當據以補正。

康謂之蠱瀱謂之垽〇釋曰注疏本刪。

校勘記

瀱謂之垽(注)滓瀱也今江東呼垽〇原本《玉篇》水部「瀱」下引郭注作「瀱、滓也，江東呼垽」。玄應《音義》卷九卷十五兩引均作「瀱滓也，江東呼爲垽」。叅本注文「滓瀱也」當作「瀱滓也」。

宋監本校箋

瀱謂之垽滓、瀱也、今江東呼垽。垽、音印。

音圖・音

垽音印 案垽、魚靳翻、銀去聲。疑今音印、影大謬。

直音正誤

垽魚靳翻、音憖、銀去聲 震問韻微別、故廣韻改魚僅翻、顧氏唐韻正云、爾雅魚勤翻、音銀誤。

音略

瀱 電 謂之垽。銀去聲

孫偘直音

瀱殿 謂之垽銀去聲 瀱滓泥也。

楊氏音訓

瀱電 垽五靳切

干氏音釋

鼎絕大謂之鼐鼎圜弇上謂之鼒鼎附耳外謂之釴款足者謂之鬲

鼎絕大謂之鼐最大者。圜弇上謂之鼒、鼎斂上而小口。附耳外謂之釴鼎耳在表。款足者謂之鬲。鼎曲脚也。

郭注

鼎絕至之鬲 釋曰此別鼎名也。鼎最大者名鼐、體圓斂上而小口者名鼒。詩周頌云、鼐鼎及鼒。附耳在鼎表者名釴。款、闊也、謂鼎足相去疏闊者名鬲。

邢疏

款足者謂之鬲

鼎足相去疏閒曰鬲也。御覽七百五十七

犍爲注

圜弇上謂之鼒

鼎斂上而小口者。詩正義十九之四 郭同。

孫音注

爾雅詁林 六 釋器

鼏絶大謂之鼐

鼐音乃。釋文　詩周頌絲衣釋文

圜弇上謂之鼒

鼒音才。釋文　詩周頌絲衣釋文

郭音義

鼎已下釋器

九牧貢金，鼎出夏后，和味養賢，以無化有，赫赫三事，鑒於覆餗。藝文九十九

圖贊

鼏絶大謂之鼐

鼐，奴戴反。釋文

沈集注

圜弇上謂之鼒

鼒音災。釋文

施音

圜弇謂之鼒

鼒，子鼎。藝文類聚七十三

衆家注

黃輯古義

欵足者謂之鬲

鼎足相去疏閒曰鬲也。太平御覽卷七百五十七

犍爲注

圜弇上謂之鼒

鼎斂上而小口者。詩周頌絲衣正義

孫音注

鼏絶大者謂之鼐，音乃。釋文　詩釋文

圜弇上謂之鼒，鼒音才。同上

郭音義

鼎讚

九牧貢金，鼎出夏后，和味養賢，以無化有，赫赫三事，鑒于覆餗。歐陽詢藝文類聚卷十九

圖贊

鼏絶大謂之鼐

鼐，奴戴反。

沈集注

圜弇上謂之鼒，鼒音災。釋文

施音

玉函山房輯佚

鼎釋器，鼎絶大謂之鼐。

贊曰，九牧貢金，鼎出夏后，和味養賢，以無化有，赫赫三事，鑒於覆餗。

王輯圖贊

鼎

九牧貢金，鼎出夏后，和味養賢，以無化有，赫赫三事，鑒於覆餗。藝文類聚九十九

嚴輯圖贊

鼎

九牧貢金，鼎出夏后，和味養賢，以無化有，赫赫三事，鑒于覆餗。同餗。○藝文九十九

錢輯圖贊

圜弇上謂之鼒

鼎斂上而小口者。孫注　詩疏十九之四

鈎沉

圜弇上謂之鼒

爾雅詁林　六　釋器

孫曰、鼎斂上而小口者。詩正義十九之四　邢疏
注曰、鼐小鼎。藝文類聚七十三
款足者謂之鬲
舍人曰、鼎足相去疏闊曰鬲也。御覽七百五十七

漢注

鼎絕大謂之鼐
郭璞云、最大者。說文繫傳十三卷引作最大圜者也。
圜弇上謂之鼒
舊註云、弇上小上也。說文繫傳十三卷　孫炎云、鼎斂上而小口者。詩正義十九之四卷　郭璞云、鼎斂上而小口。
附耳外謂之釴
郭璞云、鼎耳在表。
款足者謂之鬲
郭璞云、鼎曲脚也。

一切注音

圜弇上謂之鼒　孫炎曰、鼎斂上而小口者。詩緜衣正義　舊注、鼒小鼎。類聚七十三　舊注、弇上小上也。說文繫傳　郭音才。釋文
款足者謂之鬲　舍人曰、鼎足相去疏閒曰鬲。御覽七百五十七　郭氏讚曰、九牧貢金、鼎出夏后、和味養賢、以無化有、赫赫三事、鑒於覆餗。藝文類聚

古注斠

鼐沈奴戴反。郭音乃。　圜音員。　弇古奄字。於檢反。　鼒音咨。施音災、郭音才、字林音載。　釴音弋。　款本或作欵、苦管反、闊也。　鬲力的反。　脚居略反。

陸音義

鼎絕大謂之鼐
以絕大故難達。
圜弇上謂之鼒
能轉氣出之、難爲易飪、可謂才矣。
附耳外謂之釴
耳受鉉而附外、以聽小宾養命者見鼎、了性者見鉉。
款足者謂之鬲
足中空隔而通也。

新義

鼎絕大謂之鼐圜弇上謂之鼒附耳外謂之釴款足者謂之鬲　弇上、歛口也。附耳在鼎表者曰釴、音亦。款足、張足也。

鄭樵注

鼎絕大謂之鼐　鼐、郭音乃。
郭璞曰、最大者。
圜弇上謂之鼒　鼒、郭音才。
孫炎曰、鼎斂上而小口者。
郭璞曰、鼎斂上而小口。
鄭樵曰、弇上、斂口也。
附耳外謂之釴
郭璞曰、鼎耳在表。
鄭樵曰、附耳在鼎表者曰釴、音亦。
款足者謂之鬲　鄭本脱者字。
郭璞曰、鼎曲脚也。
鄭樵曰、款足謂張足也。

古注合存

弇上、鄭云、歛口也。款足、郭云曲脚、鄭云張足也。按陳氏祥道云、先儒皆以款爲空、太史公自序曰實中其聲者謂之

爾雅詁林　六　釋器

端實不中其聲者謂之窾，則款非曲也。鬲亦作鬲，此下或多舉鼎具，謂之鉉一句注貫耳以舉鼎者，未知何本。 **補注**

鼎絕大謂之鼐 **註** 最大者 圜弇上謂之鼒 **註** 鼎斂上而小口 附耳外謂之釴 **註** 鼎耳在表 款足者謂之鬲 **註** 鼎曲腳也 **正義** 說文云，鼎，三足兩耳，和五味之寶器也，昔禹收九牧之金，鑄鼎荊山之下，入山林川澤，螭魅蝄蜽莫能逢之，以協承天休，易卦巽木於下者爲鼎，象析木以炊也。周頌絲衣云，鼐鼎及鼒。此分析其名狀也。○鼎絕大謂之鼐○說文云，鼐鼎，之絕大者。考工記云，六分其金而錫居一，謂之鍾鼎之齊。士虞禮有上鼎中鼎下鼎。有司徹云，司馬舉羊鼎，司士舉豕鼎魚鼎，則鼎體有別，其用亦殊。天子諸侯有牛鼎、大夫有羊鼎、士豕鼎魚鼎而已。上得兼下，下不得兼上。毛傳云，大鼎謂之鼐，是絕大之鼎，特王有之也。說文引魯詩說，以鼐爲小鼎，非雅義也。○圜弇上謂之鼒○毛傳云，小鼎謂之鼒。說文云，鼒，鼎之圜掩上者。掩與弇通。上掩則口小，宜於食鼎。董逌云受食爲食鼎，是鼒之屬也。○附耳外謂之釴○鼎之附耳於外者名釴，即易所謂鉉也。易云，鼎黃耳金鉉。釋文引馬融云，鉉，扛鼎而舉之也。說文云，鉉，舉鼎具也。易謂之鉉，禮謂之鼏。又云，鼏，以木橫貫鼎耳而舉之。周禮廟門容大鼏七箇，即易玉鉉大吉也。儀禮云，設扃鼏。鄭康成士冠禮註云，今文扃爲鉉，古文鼏爲密。昏禮註云，扃所以扛鼎，鼏覆之。今文扃作鉉，鼏皆作密。案，鉉爲鼎耳，故可飾以金玉。耳附於外，故說文以鉉爲扛鼎之具。鉉聲轉作扃，又通作鼏。古者物相附麗者，其名多同，後世因聲制字，分析其用。故鄭註之釋扃鼏不同。於說文易所謂金鉉玉鉉，專指鼎耳而言也。士喪禮所謂抽扃，專指橫貫之木而言也。以聲求之，其事相聯，其義相貫。釴即爲鉉，扃鼏皆其轉聲也。○款足者謂之鬲○說文云，鬲，鼎屬，實五觳，斗二升曰觳，象腹交文三足。考工記陶人云，鬲實五觳厚半寸，脣寸。是陶人所爲量器亦名爲鬲。故說文以爲鼎屬，爾雅所釋則鼎之曲足者爲鬲也。太平御覽引鄭註周易云，無事曰趾，陳設曰足。博古圖載仲父鬲銘云，仲父作尊鬲。 **註** 最大者○ **正義** 說文繫傳引爾雅註云，最大圜者也，與今本微異。鼎之用不同。聘禮，飧饔之鼎，陳鼎也。王日一舉之鼎，食鼎也。少牢特牲之鼎，庸禮也。士喪既夕之鼎，斯須禮也。禮圖，天子之鼎，飾以黃金，諸侯飾以白金，容一斛，大夫羊鼎飾以銅，容五斗，士豕鼎飾以鐵，容三斗，而牛羊豕鼎各象其首於足上。鼎之最大者，是受一斛之鼎也。○鼎斂上而小口○ **正義** 詩疏引孫炎云，鼎斂上而小口者。郭註本孫炎。說文繫傳引舊註云，弇上小上也。○鼎曲腳也○ **正義** 史記封禪書云，其空足曰鬲。索隱云，款者空也，言其足中空也。漢書蘇林註云，足中空不實者名爲鬲也。釋文云，款字作窾，濶也。按古鬲鼎今有存者，其足皆曲，郭氏葢據目驗也。中空而外濶，與郭註之義相成。 **正義**

鼎絕大謂之鼐註最大者　案，說文繫傳引註，最大圜者也，似今本脫一圜字。

款足者謂之鬲　玉案，漢書郊祀志云，九鼎象九州，其空足曰鬲，以象三德。蘇林曰，足空中不實者名曰鬲也。史記索隱亦云，款，空也。當以訓空爲是。 **校議**

鼎絕大謂之鼐 最大者 圜弇上謂之鼒 鼎斂上而小口 附耳外謂之釴 鼎耳在表 款足者謂之鬲 鼎曲腳也 鼎者，說文云，三足兩耳，和五味之寶器也。鼐者，詩絲衣傳，大鼎謂之鼐。說文，鼎之絕大者。又引魯詩說鼐小鼎，與爾雅異也。禮圖言天子諸侯之鼎容一斛，大夫羊鼎容五斗，士豕鼎容三斗。然則天子諸侯之鼎，即牛鼎也。容一斛，爲最大，是即爾雅所謂鼐矣。○鼒者，絲衣傳，小鼎謂之鼒。箋用爾雅。正義引孫炎曰，鼎斂上而小口者。說文云、鼎之圜掩上者。又云、掩、斂也、小上曰掩。是爾雅弇當作掩。今作弇、叚借字也。類聚七十三引舊注云、鼒、子鼎。然則鼒之言子也、子亦幼小之稱也。○附耳外者、言近於耳而在外之處、謂之釴。釴猶翼也。史記楚世家云、吞三翮六翼。索隱曰、謂九鼎也。六翼卽六耳、翼近耳傍。事具爾雅。是翼卽釴聲借字也。○款者、釋文云、本或作窾、苦管反、闊也。按玉篇、窾、空也。漢書郊祀志說鼎云、其空足曰鬲。空卽窾也。司馬遷傳、其實中其聲者謂之端、實不中其聲者謂之款、款言不聽、姦迺不生。楊王孫傳、窾本爲匱、服虔注竝云、款、空也。是款窾同。鼎款足謂足中空也。足中實者必直、空者必曲、故郭云、鼎曲脚也。曲脚者、外必闊、故釋文以款爲闊。闊疏義近、故御覽七百五十七引舍人曰、鼎足相去疏閒曰鬲也。鬲者、說文云、鼎屬、實五觳、斗二升曰觳、象腹交文三足。史記吞三翮、索隱曰、翮亦作㽁、同音厤。按、說文㽁卽鬲之或體。

義疏

鼎絕大謂之鼐。圜弇上謂之鼒。附耳外謂之釴。翮翼款足者謂之鬲。舍人注、鼎足相去疏閒曰鬲。孫注、鼒、鼎斂上而小口者。舊注、鼒、子鼎。郭注、絕、大、最大者。弇、鼎斂上而小口、附耳外、鼎足在表。款足、鼎曲脚也。說文、鬲、實五觳、斗二升曰觳。五觳、六斗也。然則鼎鬲同。禮圖言羊鼎五斗、豕鼎三斗、諸侯天子牛鼎一斛、皆金器。詩、鼐鼎及鼒。攷工記、鬲實五觳陶器。史記說九鼎爲三翮六翼。

集解

鼎絕大謂之鼐 鼎三足兩耳、和五味之寶器也。鼐、从鼎乃、乃象气之出。亦與仍通、謂其爲寶器而形且高大。詩絲衣、鼐鼎及鼒。傳、大鼎謂之鼐。禮圖、天子諸侯牛鼎、容一斛、大夫羊鼎、容五斗、士豕鼎、容三斗。然則此經之鼐、卽牛鼎也。晉詩說鼐爲小鼎、誤矣。

圜弇上謂之鼒 圜、天體也、从口瞏聲。與圓通用。禮記月令、其器圜以閎、是也。弇、蓋也、从廾从合、會意。正字爲揜。揜、斂也。小上曰揜。鼒、鼎从才、才、草木之初也。艸木初生者形小。類聚引舊注云、鼒、子鼎。子亦幼小偁也。俗鼒从金、兹作鎡、以兹才聲近耳、爲金器故耳。

附耳外謂之釴 釴、字本作翼。翼、翄也。鼎之耳傍有物如翼、因其爲金屬而似翄字、故改爲釴耳。史記楚世家、吞三翮六翼、翮卽鬲、釴卽翼也。

款足者謂之鬲 款、意有所欲也。與空通用。空、窾也。經傳亦以孔爲之。莊子養生主、導大窾。達生、窾啟寡聞之民。淮南說山、見窾木浮而知爲舟。原道、窾者主浮。皆謂空也。鬲、鼎屬、實五觳、斗二升曰觳、象腹交文三足、亦中空也。史記封禪書、其款足曰鬲、斥此而言耳。攷工記、陶人、鬲實五觳、厚半寸、脣寸、乃陶器名耳、非金屬。

義證

圜弇上謂之鼒 鼒、音咨。

註 鼎斂上而小口

附耳外謂之釴 釴、音弋。

註 鼎耳在表

款足者謂之鬲 款、苦管反。

註 鼎曲脚 補正 臣鍌按、鬲款而三足、無足則釜也。方言、江南陳楚之間謂之錡。前漢郊祀志云、鼎空足曰鬲。註引蘇林云、足中空不實者名曰鬲也。考工記云、鬲實五觳、厚半寸、脣寸。

郭注補正

鼎絕大謂之鼐

最大圜者也

徐鍇說文繫傳十三卷鼎部引爾雅鼎絕大者爲鼐注曰最大圜者也。樹枏案、繫傳所引爾雅注皆

爾雅詁林 六 釋器

本郭璞。今本脫圜字。據補。

圜弇上謂之鼒

鼎斂上而小口

說文繫傳鼎部引爾雅注云、弇上小口也。

郭注佚存補訂

鼎絕大謂之鼐圜弇上謂之鼒附耳外謂之釴款足者謂之鬲

鼐者、說文云鼐之絕大者。周頌絲衣鼐鼎及鼒、毛傳云大鼎謂之鼐。鼒者、說文云鼎之圜掩上者。繫傳引舊注云、弇上小上也。絲衣傳云小鼎謂之鼒、正義云鼐既絕大、鼒自然小。魯詩說鼐小鼎、與爾雅異義。孫炎云、鼎斂上而小口者。說文云俗鼒從金作鎡。　餘詳訂經。

說詩

鼎絕大節音鼐耐 釋文云、郭音乃。鼒咨 釋文云、郭音才。

疏詩周頌云鼐鼎及鼒 周頌下當有絲衣二字。

注疏正字

款足者謂之鬲

家大人曰、款足謂空足也。漢書司馬遷傳實不中其聲者謂之款、服虔曰款、空也。字或作窾。莊子養生主篇批大郤道大窾、淮南原道篇窾者主浮、漢書楊王孫傳窾木爲匱、服虔高誘崔譔注並曰、窾、空也。管子國蓄篇曰、大國內款、小國用盡。內款、內空也。漢書郊祀志鼎空足曰鬲、蘇林曰鬲音歷、足中空不實者名曰鬲。卽此所云款足者謂之鬲也。太平御覽器物部二引舍人注曰、鼎足相去疏閒曰鬲。義與蘇注同。疏閒蓋疏闊之譌。此是釋款字之義、故釋文亦云、款、闊也。邢疏曰鼎足相去疏闊者名鬲、蓋承用舊疏、而舊疏又本於舍人也。鬲之言歷也、鼎足疏闊歷歷然也。說文、秝、稀疏適秝也。玉篇、秝、稀疏秝秝然也。廣雅曰、秝、疏也。字通作歷。文選登徒子好色賦、齞脣歷齒、李善注歷猶疏也。古詩曰、衆星何歷歷。郭以款足爲曲脚、失之。

述聞

圜弇上謂之鼒　釋文云、弇、古奄字。案弇、奄二字音義皆同。然非古今字也。

附耳外謂之釴　附當作坿。見釋言。　說文金部無釴字、當作翼。史記楚世家三翮六翼、索隱云翮、亦作甌、同音歷、空足曰翮、六翼卽六耳、翼近耳傍、事具爾雅。

款足者謂之鬲　釋文云、款、本或作窾。案說文宂部無窾字。据史記索隱空足曰翮。案、莊子養生主導大窾、釋文云窾、向秀讀爲空。

匡名

鼎絕大謂之鼐圜弇上謂之鼒附耳外謂之釴款足者謂之鬲也。音歷　說文、鼎、三足兩耳、和五味之寶器也。鼐、鼎之絕大者。鼒、鼎之圜掩上者。引詩鼐鼎及鼒。釴、通作鉉。鉉、所以舉鼎也。易謂之鉉、禮謂之鼏。儀禮、設扃鼏。郭註鼎耳在表。鬲、鼎屬、實五觳、斗二升曰觳、象腹交文。史記封禪書其空足曰鬲、索隱款、空也、言其足空也。郭註、鼎曲脚也。

啓蒙

附　坿　說文。附、附婁小山也。坿、益也。當作坿。

釴　翼　史記楚世家。吞三翮六翼。索隱云。三翮六翼、亦謂九鼎也。六翼卽六耳。翼近耳旁。

據此則鈛當作翼。

黄侃評本正名

鼎絕大謂之鼐。鼎之言孕也，孕，大腹也，故字亦作䑄。亦言壬也，壬，大也。聲轉為戎，戎亦大也。說文訪，厚也；釋詁仍，厚也，厚亦大也。讀從哈韻則與耎通，稍有益大也。鼐聲轉為鬻，音辱，廣雅鼎也，玉篇大鼎也。

圜弇上謂之鼒。鼒與鼐對轉，又聲轉為鬻，說文一曰鼎大上小下若甑曰鬻。又轉為岑，呂覽審己齊攻魯求岑鼎，韓非說林作讒。釋山山小而高曰岑，鼒有小義，鬻岑亦有小義也。

款足者謂之鬲。鼎曲脚也。款與卷同聲，故亦有曲義，聲轉為窾，說文窾，空也。養生主導大窾，釋文窾向秀讀為空，案窾與寬聲同。注云曲脚者，讀款為屈、為卷，以款為曲也，恒言亦云款曲矣。

黄侃音訓

鼎絕大謂之鼐。魯詩說以鼐為小鼎，非。

讀雅筆記

鼎款足者謂之鬲。款，空也。史記封禪書其款足曰鬲，索隱款，空也，其足中空也。莊子達生篇款啓寡聞之夫，注款，空也。說文，鬲，鼎屬，實五觳，斗二升曰觳，象腹交文三足。

古義補

附耳外謂之鈛

鈛字不見說文，當作弋。說文弋橜互訓，弋象析木衺銳著形，鼎耳之形似之，故謂之鈛。作弋者，猶樴謂之杙，說文樴，弋也。釋文太歲在壬曰廟諱默，俞氏樾謂可作弋，即其例。

王仁俊日記

附耳外謂之鈛

說文無鈛，郝懿行謂鈛猶翼也，以史記楚世家吞三翮六翼之翼為鈛聲借字。案翼乃鈛之本字，非借字也。說文翼，翄也，引申之則魚腮邊兩鬣亦曰翼，見文選高唐賦振鱗奮翼注。而鼎之兩耳與翼亦相類，故此經象形而名以翼也。翼之或體為𩙪，見下釋地南方有比翼鳥焉釋文。後人以其言鼎，改从羽之𩙪从金，遂作鈛耳。

董瑞椿日記

鼎絕至之鬲〇釋曰 注疏本刪。

款闊也 元本同。閩本監本毛本闊改濶。

圜弇上謂之鼒 釋文，圜音員，今本音袁，非，是廣韻圜，王權切，在二仙；袁，雨元切，在二十二元，二字不同音。

附耳外謂之鈛 釋文鈛音弋，今本音亦，非，是廣韻鈛，與職切，在二十四職；亦，羊益切，在二十二昔，二字亦不同音也。

款足者謂之鬲 釋文，鬲力的反，今本音力，非。

校勘記

注疏本正誤

鼎絕大謂之鼐（最大者。鼐音耐）圜（音袁）弇上謂之鼒（鼎斂上而小口。鼒音咨）附耳外謂之鈛（鼎耳在表。鈛音亦）款（音款）足者謂之鬲（鼎曲脚也。鬲音力）

音圖·音

鼐音洊，詩釋文音茲同。施音災，徐音災同。郭音才，字林音載。

音略

鼎絕大謂之鼐（耐、乃）。圜（員）弇（奄）上謂之鼒（咨、財）。附耳外謂之鈛（逸）。款（寬上聲）足者謂之鬲（栗）。

孫侶直音

爾雅詁林 六 釋器

鼎絕大謂之鼐耐乃附耳外謂之釴弋寔上聲款足者謂之鬲歷

直音校正

鼎絕大謂之鼐。圜體圓弇袁上謂之鼒咨斂上而小口者名鼒。附耳外謂之釴。附耳在鼎表者名釴。亦款苦管切足者謂之鬲。款濶也鼎足相去疏濶者名鬲。

力

楊氏音訓

鼐音乃耐又鼒茲釴弋款苦管切鬲歷

干氏音釋

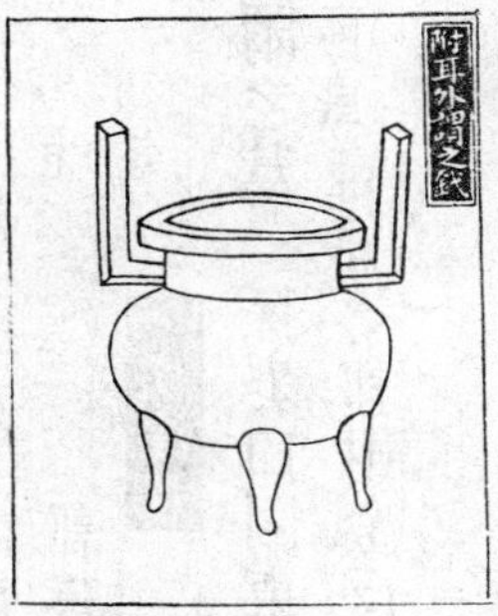

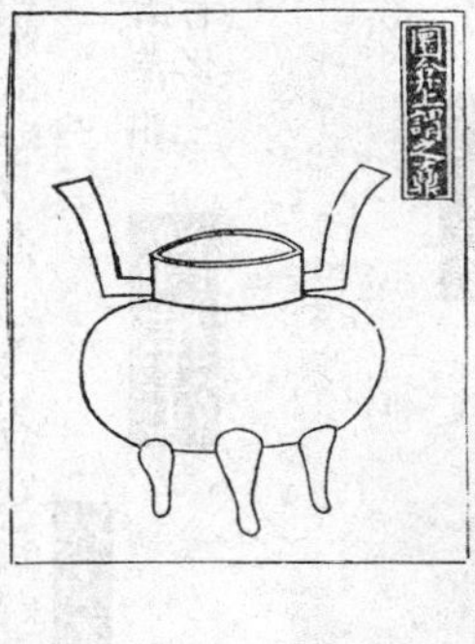

音圖·圖

䰝謂之鬵鬵鉹也

䰝謂之鬵、詩曰、溉之釜鬵。鬵、鉹也。涼州呼鉹。

郭注

䰝謂之鬵鬵鉹也　釋曰、䰝一名鬵、涼州名鉹。方言云、甑自關而東或謂之甗、或謂之鬵、或謂之酢餾。是也。注詩曰溉之釜鬵　釋曰詩檜風匪風篇文也。

邢疏

䰝謂之鬵鬵鉹也䰝、詩正義引孫作甑。

關東謂甑爲鬵、梁州謂甑爲鉹。詩正義七之二

孫音注

䰝謂之鬵鬵鉹也

鬵、財金反。釋文鉹、音移。郭注御覽七百五十七

郭音義

黃輯古義

甑謂之鬵鬵鉹也釋文、䰝本或作甑。詩正義引孫炎作甑。案、

關東謂甑爲鬵、梁州謂甑爲鉹。詩檜風正義

孫音注

鬵鉹也鬵財金反釋文

郭音義

玉函山房輯佚

鬵鉹也

關東人謂甑爲鬵、涼州人謂甑爲鉹。同通鑑音注五十五

鈎沉

䰝謂之鬵鬵鉹也釋文、䰝本或作甑。案、

孫曰、關東謂甑爲鬵、梁州謂甑爲鉹。詩正義七之二

漢注

䰝謂之鬵

郭璞云詩曰溉之釜鬵。

鬵鉹也 孫炎云、關東人謂甑爲鬵、涼州人謂甑爲鉹。詩正義七之二卷 通鑑五十五卷音註 郭璞云涼州呼鉹。說文繫傳二十七卷引作涼州呼曰鉹。

一切注音

𩰫謂之鬵 孫炎曰、關東謂甑爲鬵、涼州謂甑爲鉹。詩匪風正義 鬵、郭財金反。釋文

古注斠

𩰫本或作甑、即凌反、又子孕反。鬵徐林反、又嗣廉反。郭財金反。溉古代反。釜音父。鉹昌紙反。

陸音義

𩰫謂之鬵鬵鉹也 鬵音尋。郭云涼州呼𩰫曰鉹、音侈。

鄭樵注

𩰫謂之鬵鬵鉹也 鬵郭財金反。孫炎曰、關東謂甑爲鬵、涼州謂甑爲鉹。郭璞曰詩曰溉之釜鬵、涼州呼鉹。鄭樵曰、鬵音尋。郭云涼州呼𩰫曰鉹、音侈。

古注合存

鼎絕大謂之鼐。圜弇上謂之鼒。附耳外謂之釴。款足者謂之鬲。𩰫謂之鬵。鬵、鉹也。鼐音耐。圜音袁。鼒音咨。釴音亦。鬲音力。𩰫增去聲。鬵音尋。鉹音移。〇此釋鼎𩰫之名也。圜弇上者斂上而小口也。附耳外者、耳在表也。款足者、曲脚也。詩匪風云、溉之釜鬵。今涼州呼鉹。疏曰、詩絲衣云、鼐鼎及鼒。款、闊也。謂鼎足相去款闊也。方言云、𩰫、自關而東或謂之甗、或謂之鬵、或謂之酢餾。

注疏參義

𩰫謂之鬵 註 詩曰溉之釜鬵鬵鉹也 註 涼州呼鉹 正義 此釋𩰫之異名也。考工記陶人云、甑實二鬴、厚半寸、脣寸、七穿。少牢饋食禮云、廩人溉甑。方言云、甑、自關而東謂之甗、或謂之鬵、或謂之酢餾。說文云、𩰫、鬵屬。鬵、大釜也、一曰鼎大上小下、若甑曰鬵。鉹、曲鉹也、一曰鬵鼎。繫傳云、𩰫、今俗作甑、無底曰甑。劉向九歎云、爨土鬵於中宇兮、王逸註、鬵、釜也。註 詩曰至釜鬵〇 正義 檜風匪風文。毛傳、鬵、釜屬也。〇涼州呼鉹〇 正義 詩疏引孫炎云、關東謂甑爲鬵、涼州謂甑爲鉹。郭註本孫炎。方言註亦云、涼州呼鉹。說文繫傳引郭註作涼州呼曰鉹。

正義

𩰫謂之鬵 詩曰溉之釜鬵鬵鉹也 涼州呼鉹 說文云、𩰫、鬵屬。鬵、大釜也、一曰鼎大上小下若𩰫曰鬵。方言云、甑、自關而東謂之甗、或謂之鬵。詩匪風傳、鬵、釜屬。按、鬵與甑異、甑有七穿、規。陶釜鬵烹魚、必非有穿。毛以爲釜屬是矣。〇鉹者、說文云、曲鉹也、一曰鬵鼎。匪風正義引孫炎曰、關東謂甑爲鬵、涼州謂甑爲鉹。方言注亦云涼州呼鉹。

義疏

𩰫 甑 謂之鬵鬵鉹也 孫注、關東曰甑爲鬵涼州謂甑爲鉹。郭注、詩曰溉之釜鬵、涼州呼鉹。𩰫、層也、禮所謂重鬲用以烝者。鉹、蓋錡之或體、今字作鍋、用以煎煮者。詩維錡及釜。又謂之鑊。

集解

𩰫謂之鬵鬵鉹也 𩰫从曾。曾、重也、與層通用、禮所謂重鬲是也。用以烝者、攷工陶人甑實二鬴、厚半寸、脣寸、七穿、斤丸器之重者言耳。鬵、鼎也、大上小下形若甑者。與岑通用。岑、高也、亦重也。許慎謂鬵爲大釜、蓋因詩匪風釜鬵連文故也。鉹、从金多、多重也、與𩰫義近、亦金爲之。

義證

𩰫謂之鬵 𩰫、叩凌反、或作甑。鬵、財金反。釋文云、本

註 詩曰溉之釜鬵 補正 臣鑒 按、說文云、大釜也、一曰鼎大上小下若甑曰鬵。方言、甑、自關而東謂之甗、或

謂之鬲。考工記陶人為甗，實二鬴，厚半寸，脣寸。甑實二鬴，厚半寸，脣寸，七穿。註，鄭司農云，甗，無底甑。臣鋈按，臣族兄臣震云，甗上體如甑，無底，施箅其中，容十二斗八升，下體如鬲，以承水陞氣於上，古銅甗有存者大勢類此。

郭注補正

䰛謂之鬵鬵鉹也

說文云，䰛，鬵屬。鬵，大釜也，一曰鼎大上小下若䰛曰鬵。檜風匪風溉之釜鬵，毛傳云鬵釜屬。正義云，孫炎曰關東謂甑為鬵，涼州謂甑為鉹。郭璞引詩云，溉之釜鬵。然則鬵是甑，非釜類。亨魚用釜不用甑。雙舉者以其俱是食器，故連言耳。今案，甑有穿，不可以亨。孫所云甑，當是䰛字之誤。繫傳云，䰛，俗作甑。

鉹者說文云曲鉹也，一曰鬵鼎。

說詩

䰛謂節音鉹音侈 侈誤移。

注疏正字

䰛謂之鬵 釋文云，䰛本或作甑。案，說文，鬲部，䰛，鬵屬，从鬲曾聲。又，瓦部，甑，甗也，从瓦曾聲。

鬵鉹也 類篇上十四云，鉹或作𨥙。

匡名

䰛謂之鬵鬵鉹也 說文，䰛，鬵屬。鬵，大釜也，一曰鼎大上小下若甑曰鬵。鉹，曲鉹也，一曰鬵鼎。檜風，溉之釜鬵。孫炎云，關東謂甑為鬵，涼州謂甑為鉹。

啓蒙

圜弇上謂之鼒 款足者謂之鬲 䰛謂之鬵

釋文，弇，古奄字。釋器釋文 說文，鼒，鼎之圜掩上者。鼎部鼒 毛詩傳，小鼎謂之鼒。周頌絲衣詩傳 釋文，款本或作窾。闊也。釋器釋文 韋昭引作圜奄上謂之鼒。史記封禪書集解 史記作其空足曰鬲。索隱，款者，空也，言其足中空也。史記封禪書索隱 釋文，䰛本或作甑。釋器釋文 考工記作甗。陶人甗實二鬴

證異

䰛謂之鬵鬵鉹也

樾謹按，古本當作若䰛謂之鬵，蓋與上連為一條，皆釋鼎之異名也。說文鬲部，鬵，大釜也，一曰鼎大上小下若甑曰鬵，大釜之訓，釋鬵字之本義，其鼎大上小下之說，卽本爾雅文，而又詳其形狀也。甑䰛古字通。釋文曰，䰛本作甑。許君所見本蓋正作甑矣。其鬵鉹也之文，亦以鼎言。蓋鼎之若甑者謂之鬵，而鬵又謂之鉹也。何以明之，說文金部，鉹，曲鉹也，一曰鬵鼎。曲鉹之訓，釋鉹字之本義，一曰鬵鼎則亦本爾雅文。爾雅止言鬵，而許君增其文曰鬵鼎，正以此條是說鼎事也。然則古本爾雅作若䰛謂之鬵，固無疑矣。

平議

䰛謂之鬵鬵鉹也○釋曰 注疏本刪。

○注詩曰溉之釜鬵○釋曰詩檜風匪風篇文也 注疏本刪釋曰詩三字。

鬵鉹也釋文，鉹，昌紙反，今本音移，誤，移當作侈。

校勘記

旄謂之藣釋文，藣，方皮方賜二反。今本音卑，誤，當作碑。

廣韻，碑，藣同彼為切，在五支。卑，府移切，不同音也。

注疏本正誤

四行注）詩曰跣之釜鬵〇「跣」當依《詩·檜風·匪風》作「溉」，宋刻小字本不誤

宋監本校箋

鬵音淨謂之鬵詩曰溉之釜鬵。鬵音尋。鬵鉹音侈也

音圖·音

鬵音淨　案、鬵卽凌音子孕曾去聲兩翻。今音淨、精從之別、非。

甑平卽凌去子孕二音。鬵徐林翻音蕁。邪母又𩰫廉翻音燖。邪母

直音正誤

郭財金翻、音如岑。牀母而讀從母、侵韻無從母字也。鉹、昌紙翻、音齒。

音略

甑　尋　移

甑謂之鬵鬵鉹也。

孫偘直音

甑增去聲謂之鬵尋鬵鉹移也。甑、一名鬵、涼州呼鉹。

楊氏音訓

甑甑鬵尋鉹尺里切又音移

干氏音釋

璲瑞也玉十謂之區

璲瑞也詩曰鞙鞙佩璲。璲者、玉瑞。玉十謂之區雙玉曰瑴、五瑴爲區。

郭注

璲瑞也玉十謂之區　釋曰：璲者、瑞玉名也。玉十名區。注詩曰至玉瑞　釋曰：云詩曰鞙鞙佩璲者、小雅大東篇文也。毛傳云、鞙鞙、玉貌。璲、瑞也。鄭箋云、佩璲者、以瑞玉爲佩、佩之鞙鞙然是也。注雙玉曰瑴五瑴爲區　釋曰：襄十八年左傳云、晉侯伐齊、將濟河、獻子以朱絲係玉二瑴。杜注云、雙玉曰瑴。是先儒相傳爲然也。五瑴則十玉也。

邢疏

璲瑞也

郭璞云、詩曰鞙鞙佩璲、璲者、玉瑞。

玉十謂之區

郭璞云、雙玉曰瑴、五瑴爲區。

一切注音

璲音遂。鞙鞙胡犬反、又作琄、同。區羌于反、又烏侯反。瑴本或作珏、同學反。說文云、二玉相合爲珏。

陸音義

瑴說文云二玉相合爲珏〇案、說文珏與玨本無點、傳寫失之。

音義攷證

璲瑞也

以能遂之爲稱、故詩刺佩璲不以其長。莊子曰、緩佩玦者、事至而斷。

玉十謂之區

兩故可較其精粗、十故宜別其淑慝。十在玉下、玉不可以數計、據十羽謂之縛。

新義

璲瑞也大東云鞙鞙佩璲、箋云佩璲者、以瑞玉爲佩。玉十謂之區雙玉曰瑴、五瑴爲區。

鄭樵注

璲瑞也

郭璞曰、詩曰鞙鞙佩璲。璲者、玉瑞。

鄭樵曰、大東云鞙鞙佩璲、箋云佩璲者以瑞玉爲佩。

玉十謂之區

郭璞曰、雙玉曰瑴、五瑴爲區。

鄭樵曰、雙玉曰瑴、五瑴爲區。

古注合存

璲瑞也玉十謂之區 璲音遂。此釋璲玉之名也。註曰、詩大東云、琄琄佩璲。璲者、玉瑞也。雙玉曰瑴、五瑴爲區。疏曰、毛傳云、琄琄、玉皃。璲、瑞也。箋云、以瑞玉爲佩。佩之琄琄然也。

注疏參義

璲瑞也 註 詩曰、鞙鞙佩璲。璲者玉瑞 玉十謂之區 註 雙玉曰瑴、五瑴爲區 正義 說文云、瑞、以玉爲信也。玉篇云、玉璲、以玉爲佩也。春官大宗伯以玉作六瑞。典瑞掌玉瑞之藏。鄭註云、人執以見曰瑞。璲訓爲瑞、以聲近爲義也。區者、左氏莊十八年傳云、皆賜玉五瑴。僖三十年傳云、納玉於王與晉侯、皆十瑴。襄十八年傳、獻子以朱絲係玉二瑴。魯語云、行玉二十瑴。古者用玉多取盈數、故釋玉十之名爲區。註 詩曰至玉瑞。正義 詩小雅大東文。毛傳用爾雅。鄭箋、佩璲者、以瑞玉爲佩。孔疏云、禮以玉爲瑞信、其官謂之典瑞、此瑞正謂所佩之玉。玉藻云、古之君子必佩玉是也。○雙玉至爲區。正義 說文云、二玉相合爲一珏。珏、或作瑴。韋昭杜預倶云、雙玉曰瑴、是五瑴爲玉十也。

正義

玉十謂之區註雙玉曰瑴五瑴爲區　玉案、雙玉曰珏、半珏曰隻、十隻曰區、倍之曰十瑴。僖二十八年、晉人執衛侯。三十年、公爲之請、納玉于王與晉侯、皆十瑴、王許之、乃釋衛侯。瑴之言穀、卽周禮典瑞和難之穀圭也。

校議

璲瑞也 詩曰鞙鞙佩璲璲者玉瑞 玉十謂之區 雙玉曰瑴五瑴爲區 瑞者、說文云以玉爲信也。璲者、詩大東傳用爾雅。箋云、佩璲者、以瑞玉爲佩。按、璲瑞區瑴皆以聲爲義也。璲瑞聲近、區瑴聲轉。○區者、瑴之異名。說文云、二玉相合爲一珏。珏、或作瑴。杜預左傳注、雙玉爲瑴。郭氏西山經注、雙玉爲瑴、半瑴爲隻。此云五瑴爲區者、五瑴爲玉十也。初學記引逸論語曰、玉十謂之區、治玉謂之琢、亦謂之雕。所引葢論語問玉篇。

義疏

璲瑞也者、郭注、詩曰鞙鞙佩璲、璲、玉瑞。瑞者、圭璧王侯所執以爲信、不可佩也。璲墜通用字、今謂之穗、彩絲流蘇。禮謂之繅、字亦作璪藻。瑞玉佩玉皆有之、故明其同。

集解

璲 璲字本作遂、亾也。與隊通用。隊、從高隕也、謂下垂者、禮所謂繅是也。瑞也 字亦通惴。易頤京房本觀我惴頤、亦朶頤也。瑞以玉爲信也。虞書五瑞、周禮六瑞、均人所執、不可佩也。唯繅下垂同於佩玉、璲所以釋爲瑞與。詩大東鞙鞙佩璲、芄蘭容兮遂兮、均垂也。傳箋直訓爲瑞、誤矣。或曰瑞惴通用。惴、量也、彖之借字。下經繸釋爲綬、其彖之引申義乎。玉十謂之區 區踦區藏匿也、从品在匸中、會意。品、衆也。引申爲十玉之佩、以十玉亦衆意也。左昭三傳豆區釜鐘、則量名耳。

義證

璲瑞也 註 詩曰鞙鞙佩璲璲者玉瑞 補正 邢疏、璲者、瑞玉名也。詩箋云、佩璲者、以瑞玉爲佩。

玉十謂之區 註 雙玉曰瑴五瑴爲區 補正 臣鋆按、說文云、二玉相合爲珏。

郭注補正

璲瑞也 詩曰鞙鞙佩璲璲者玉瑞也 釋文云、鞙鞙、又作琄、同。 詩大東正義引郭璞曰、玉瑞也。今據補也字。

爾雅詁林　六　釋器

玉十謂之區

雙玉曰瑴五瑴爲區

釋文云瑴本或作玨。慧琳大集賢護菩薩經二卷音義引爾雅玉十謂之區、郭璞注云雙玉爲瑴瑴五爲區。

郭注佚存補訂

璲瑞也玉十謂之區

說文云瑞以玉爲信也。小雅大東鞙鞙佩璲、毛傳云璲瑞也。鄭箋云佩璲者、以瑞玉爲佩。疏云禮以玉爲瑞信其官謂之典瑞。此瑞正謂所佩之玉。故箋云佩璲者以瑞玉爲佩、玉藻云古之君子必佩玉是也。

說詩

璲瑞也　說文玉部無璲字當作遂。詩衞風芄蘭容兮遂兮、箋遂瑞也。郎用此訓。是古本不从王旁。詩正義以爾雅作璲故不曰釋器文耳。

匡名

璲音遂　瑞也玉十謂之區　說文、瑞以玉爲信也。玉、石之美也。小雅、鞙鞙珮璲。春官以玉作六瑞。郭註、雙玉曰瑴、五瑴爲區。左僖三十年傳納玉於王與晉侯皆十瑴。

啓蒙

璲　璲　詩。容兮遂兮。鄭箋。遂瑞也。說文無璲。蓋古止作遂。

璲者璽璽之變。漢書百官表注、璽之言信也。

黄侃評本正名

璲、瑞也。　璲正作璽、漢書百官表注璽之言信也。

黄侃音訓

璲瑞也玉十謂之區〇釋曰注疏本刪。

〇注詩曰至玉瑞〇釋曰云詩曰鞙鞙佩璲者注疏本刪上九字。

鄭箋云　注疏本脫鄭。

〇注雙玉曰瑴五瑴爲區〇釋曰注疏本注改云刪釋曰。

獻子以朱絲係玉二瑴　注疏本係改繫今左傳作係。

五瑴則十玉也　注疏本十下衍雙。

校勘記

是先儒之相傳爲然也　明監本毛本湘本皆無之字。

注疏校勘札記

（注）詩曰鞙鞙佩璲璲者玉瑞〇《詩·大東》《正義》引作「璲者玉瑞也」。案：《詩大東》《鄭箋》云：「佩璲者，以瑞玉爲佩。」郭即本《鄭箋》爲說，此注「玉瑞」疑爲「瑞玉」之誤。下文「綏，綬也」，注云：「即佩玉之組，所以連繫瑞玉者，因通謂之綏。」是郭注本作「瑞玉」甚明。

宋監本校箋

璲音遂　瑞也

音圖·音

遂　璲瑞也。玉十謂之區。驅甌

孫侶直音

璲遂　璲者玉瑞。　瑞也玉十謂之區　雙玉曰瑴五瑴爲區。

楊氏音訓

璲遂

干氏音釋

羽本謂之翮一羽謂之箴十羽謂之縳

百羽謂之緷

爾雅古林　六　釋器

羽本謂之翢。鳥羽根也。一羽謂之箴，十羽謂之縳，百羽謂之緷。别羽數多少之名。

郭注

羽本至之緷　釋曰：此别羽數多少之名也。本，根也。鳥羽根名翢，一羽名箴，十羽名縳，百羽名緷。案周禮地官羽人職云：掌以時徵羽翮之政于山澤之農，以當邦賦之政令。凡受羽，十羽爲審，百羽爲摶，十摶爲縳。鄭注云：審、摶、縳，羽數束名也。爾雅云：一羽謂之箴，十羽謂之縳，百羽謂之緷。其名音相近也。一羽則有名，蓋失之矣。鄭意以爲箴與審、縳與摶、緷與縳，名數聲音皆相近也。一羽不合有名，爾雅一羽則有名，疑一羽當爲十羽也。郭意以爲凡物無不從一爲始，以爾雅不失，周官未爲得也。

邢疏

一羽謂之箴十羽謂之縳百羽謂之緷

蓋誤。釋文　案周禮羽人職，十羽爲審，百羽爲摶，十摶爲縳。鄭注引爾雅，又云一羽則有名，蓋失之矣。釋文孫、鄭同意，云蓋誤。

孫音注

一羽謂之箴

凡物數無不從一爲始，以爾雅不失，周官未爲得也。釋文　殿本無，盧文弨校刻本有。案，郭義亦見邢疏。

郭音義

一羽謂之箴十羽謂之縳百羽謂之緷

周禮羽人，凡受羽，十羽爲審，百羽爲摶，十摶爲縳。鄭注：審、摶、縳，羽數束名也。引爾雅曰：一羽謂之箴，十羽謂之縳，百羽謂之緷，其名音相近也。一羽有名，蓋失之矣。

衆家注

黃輯古義

一羽謂之箴十羽謂之縳百羽謂之緷

周禮羽人職云：十羽爲審，百羽爲摶，十摶爲縳。爾雅一羽云云蓋誤。釋文引周禮羽人職及鄭注引爾雅，云孫同鄭意，云蓋誤。據補。

孫音注

一羽謂之箴，凡物數無不從一爲始，爾雅不失，周官未爲得也。釋文　邢疏

郭音義

玉函山房輯佚

一羽謂之箴

蓋誤。同　凡物數無不從一爲始，以爾雅不失，周官未爲得也。郭璞音義　並釋文二十九

鈎沉

一羽謂之箴十羽謂之縳百羽謂之緷

孫曰：蓋誤。釋文　案，周禮羽人職，十羽爲審，百羽爲摶，十摶爲縳。鄭注引爾雅，又云一羽則有名，蓋失之矣。釋文孫、鄭同意，云蓋誤。

漢注

羽本謂之翢

郭璞云：鳥羽根也。

羽謂之箴

孫炎云：蓋誤。郭璞云：凡物數無不從一爲始。並釋文二十九卷　案，孫意以一羽不當别爲制名，故云誤也。鄭註周禮地官引爾雅文，亦謂一羽則有名，蓋失之矣。郭註九字今本無，依釋文本。

十羽謂之縳百羽謂之緷

郭璞云：别羽數多少之名。

一切注音

一羽謂之箴　郭云：凡物數無不從爲一始。釋文

蕙心案：郭氏音義文。

古注斠

爾雅詁林　六　釋器

一羽謂之箴十羽謂之縳百羽謂之緷　孫炎曰、蓋誤。釋文

古注斠補

翮戶革反。羽本。箴章諶反。案、周禮羽人職云、爲縳、鄭注云、審摶縳、羽數束名也、爾雅曰一羽謂之箴、十羽謂之縳、百羽謂之緷、其名音相近也、一羽則有名、蓋失之矣。孫同鄭意、云蓋誤。郭云凡物數無不從一爲始、以爾雅不失、周官未爲得也。縳音篆、又竹眷反。緷古本反、又戶本昔本二反。埤蒼云、大束也。別羽彼列反。

陸音義

一羽謂之箴十羽謂之縳百羽謂之緷

十羽、十摶羽也。知然者、以十摶爲縳知之也。一羽謂之箴、言匡救當于其小。縳、言不可箴矣、尚可轉也。緷、不可轉也、軍之事用焉。傳曰、積羽沈舟、有是哉。周官曰十羽爲審、言事雖小、思慮當審。百羽爲摶、言當熟慮焉。十摶爲縳、言慮有不及、有轉而已。

新義

羽本謂之翮鳥羽之根。一羽謂之箴十羽謂之縳百羽謂之緷別羽數多少之名。周官羽人所言與此小異。縳、音篆。緷、音袞。

鄭樵注

羽本謂之翮　郭璞曰、鳥羽根也。鄭樵曰、鳥羽之根。

一羽謂之箴十羽謂之縳百羽謂之緷　郭璞曰、別羽數多少之名。按、釋文引周禮羽人職鄭注云、一羽有名、蓋失之矣、孫同鄭意、云蓋誤。然則孫炎注當云、一羽有名、蓋誤也。鄭樵曰、別羽數多少之名。周官羽人所言與此小異。縳、音篆。緷、音袞。

古注合存

羽本謂之翮、一羽謂之箴、十羽謂之縳、百羽謂之緷。縳音篆。緷音袞。○此釋羽數之名也。註曰、羽本、謂羽根也。疏曰、周禮羽人職、掌以時徵羽翮于山澤之農、令凡受羽、十羽爲審、百羽爲摶、十摶爲縳。鄭註云、審摶縳、羽數束名也。爾雅箴縳緷、其名聲相近也。一羽有名、蓋失之矣。鄭意以箴與審、縳與摶、緷與縳、名數聲音皆相近、但一羽不合有名、欽一當爲十也。愚按箴與審音誤也。縳與摶緷與縳文誤也。一十百則一之起數誤、而其下皆誤與。

注疏參義

羽本謂之翮**註**鳥羽根也一羽謂之箴十羽謂之縳百羽謂之緷**註**別羽數多少之名

正義　說文云、翮、羽莖也。是鳥羽之根爲翮。鄭註地官亦云、翮、羽本也。一羽名箴、數起於一也。十羽名縳、說文云縳、束也、十羽可以束也。百羽爲緷、說文云緷、緯也、百羽宜相緯也。地官羽人云、凡受羽、十羽爲審、百羽爲摶、十摶爲縳。鄭註云、審摶縳、羽數束名也、爾雅曰一羽謂之箴、十羽謂之縳、百羽謂之緷、其名音相近也、一羽有名、蓋失之矣。釋文云、孫同鄭意、云蓋誤。是鄭孫皆以爲一羽不當別爲制名也。釋文又引郭氏音義云、凡物數無不從一爲始、以爾雅不失、周官未爲得也。案、周官計受羽之成數、故始於十。爾雅別多少之定名、則當始於一、其命名亦殊也。

正義

羽本謂之翮鳥羽根也一羽謂之箴十羽謂之縳百羽謂之緷別羽數多少之名

說文云、羽、鳥長毛也。翮、羽莖也。周禮羽人注、翮羽本也。爾雅釋文引埤蒼云、緷、大束也。羽人云、凡受羽、十羽爲審、百羽爲摶、十摶爲縳。鄭注、審摶縳、羽數束名也、引爾雅曰一羽謂之箴、十羽謂之縳、百羽謂之緷、其名音相近也、一羽有名、蓋失之矣。是鄭意一羽不當別立名。爾雅釋文孫同鄭意、云蓋誤、郭云凡物數無不從一爲始、以爾雅不失、周官未爲得也。按、此引郭音義之文。若準周禮、則此一羽句當屬衍文。但箴審摶縳緷音皆相近、且竝出古書、爾雅未必誤也。羽人釋文、緷、李又基遠反。然則李巡注蓋讀緷爲絹矣。

義疏

羽本謂之翮革翺 郭注、鳥羽根也。詩如鳥斯革。一羽謂之箴審十羽謂之縛摶百羽謂之緷縛 郭注、別羽數多少之名。周官、十羽爲審、百羽爲摶、十摶爲縛。彼以十羽爲束、故此云一羽。鄭云一羽有名失之、蓋未審也。

集解

羽本謂之翮 翮、羽莖也、从羽鬲聲。羽本中空、亦如鬲之空足也。周禮羽人、掌以時徵羽翮之政于山澤之農。詩斯干如鳥斯革、以革爲之。一羽謂之箴十羽謂之縛百羽謂之緷 承上而別羽數多少之束名也。周禮羽人、凡受羽、十羽爲審、百羽爲縛、十摶爲縛。此經云一箴十縛百緷者、蓋周禮十羽爲一束、此則以一束爲一羽耳。箴、綴衣箴也、所以聯之使不散。十羽一束亦猶是也。周禮作審、以審箴音近借用故耳。非羽一而可名箴也。縛白鮮色也、一曰束也。百羽十束而爲一束、即縛束也。與摶通用、亦取結聚之意。緷、緷也、从糸軍聲。正字爲捆、捆、絭束也。千羽百束、合爲大束。字林、緷、大束也、借捆義也。周禮作縛。縛摶疊韻、縛緷則雙聲也。或曰縛、束也、緷亦束也、十羽百羽均可爲名、其說亦通。

義證

一羽謂之箴十羽謂之縛百羽謂之緷縛音篆。緷、古本反。

註別羽數多少之名補正邢疏、周禮羽人職云凡受羽十羽爲審、百羽爲摶、千羽爲縛。註、審摶縛、羽數束名也。爾雅云一羽謂之箴、十羽謂之摶、百羽謂之緷、其名音相近也。一羽謂之箴、十羽謂之摶、意以爲箴與審、縛與摶、緷與縛名數聲音皆相近也。一羽不合有名。爾雅一羽則有名、疑一羽當爲十羽也。郭意以爲凡物無不從一爲始、以爲爾雅不失、周官未爲得也。

郭注補正

一羽謂之箴十羽謂之縛百羽謂之緷 注別羽數多少之名

正曰、周禮地官羽人凡受羽、十羽爲審、百羽爲摶、十摶爲縛。鄭注、審摶縛、羽數束名也。爾雅曰一羽謂之箴、十羽謂之縛、百羽謂之緷、其名音相近也、一羽有名、蓋失之矣。爾雅釋文、周禮羽人職云云、鄭注云云、孫同鄭意、云蓋誤。是孫注恪守鄭氏師說也。馬盧鄭家法、凡遇羣經所偁名物、有與周禮違異者、悉據周禮訂正、曰折衷一是、郭注猶未解此例。

正郭

一羽謂之箴十羽謂之縛百羽謂之緷

別羽數多少之名凡物數無不從一爲始

釋文引郭云、凡物數無不從一爲始、以爾雅不失、周官未爲得也。樹枏案、凡物數無不從一爲始、此係郭注之文。以爾雅不失二句、乃陸氏申明郭注之意、非郭注文也。今據補。

郭注佚存補訂

百羽謂之緷

家大人引穆天子傳曰、天子於是載羽百緷。今本緷譌作軍。據郭注改。

述聞

一羽謂之箴 釋文云案周禮羽人職云十羽爲審、百羽爲摶、十摶爲縛、鄭注云、審摶縛羽數束名也、爾雅曰一羽謂之箴、十羽謂之縛、百羽謂之緷、其名音相近也、一羽則有名、蓋失之矣、孫同鄭意、云蓋誤、郭云凡物數無不從一爲始、以爾雅爲失、周官未爲得也。

十羽謂之縛　玉篇、糸部縳、直轉切、爾雅曰十羽謂之縳也。案、縳省文、說文所無。正義云、說文縳、束也、十羽可以束也。案、縳从專、說文曰白鮮色也。縛从專、說文曰束也。邵所引誤矣。徐養原曰、按廣雅三縳緷皆訓束、邵意本引廣雅、而反偶說文、殆筆誤耳。又云、按此節與周禮不惟羽數參差、而名目亦互相齟齬、深有可疑。偶閱廣韻上聲二十八獮摶字注引周禮百羽爲摶、十摶爲緷、又云緷、上同、亦作縳。乃知周禮縳字古本亦作緷、其緷與縳即摶之異文。攷工記鮑人卷而摶之、先鄭讀摶爲縳一如瑱之縳、此摶縳通用之明証。爾雅之縳、周禮作摶、正與攷工字例相合。更云十摶爲縳、則不辭之甚、明係後人妄改。廣韻本之孫愐、所据蓋唐以前之本。釋文摶、劉徒端反、縳、劉古本反、沈除轉反。按劉於摶字不依爾雅改讀、使緷果作縳、亦必不改讀。是知劉昌宗本尚不誤、誤蓋始於沈重也。

匡名

羽本謂之翮音核　一羽謂之箴　十羽謂之縛　百羽謂之緷音袞　說文、翮、鳥長毛也、象形。郭註、鳥羽根也。翮、羽莖也。鄭註地官、翮、羽本也。箴、綴衣箴也。借爲一羽之名。縳、束也。十羽可以束也。緷、緯也、百羽宜相緯也。

啓蒙

一羽謂之箴、十羽謂之縳、百羽謂之緷。別羽數多少之名。　縳緷聲通義近、廣雅縳緷皆訓束。縳者、襄二十五左傳閭丘嬰以帷縳其妻而載之、昭二十六傳以幣錦二兩縛一如瑱、注縛、卷也。周禮摶縛雖異名、而音義實無大異、故考工記鮑人卷而摶之、鄭司農曰、摶讀如縛一如瑱之縛、是則二字同義矣。釋文縛音篆、義亦相近。輪人陳篆必正、注篆、轂約也。緷又與卷通、卷古音亦古本切。又與稛、㨬、團、麇近。說文稛、絭束也。齊語稛載而歸、管子小匡作㨬。廣雅團、束也。哀二年左傳羅無勇麇之、注麇、束縛也。又與槖通、說文槖、囊也。又與掍通、漢書楊雄傳掍申椒與菌桂兮、顏注掍、大束也。　周禮羽人凡受羽、十羽爲審、百羽爲摶、十摶爲縳、穆天子傳注引周禮十羽爲箴、百羽爲縳、十縳爲緷、數與今周禮同、字及次第與今爾雅同。周官爾雅傳說不同、自不當縛守一說。惟箴審似皆由綢轉、縳則本有束義、緷則聲與卷通、細案經名三名皆言束數則鄭玄孫炎必無誤理耳。

黃侃音訓

羽本謂之翮　一羽謂之箴　十羽謂之縛　百羽謂之緷　說文、翮、羽莖也。羽部翮　周禮作十羽爲審、地官羽人　百羽爲摶、地官羽人　十摶爲縛。地官羽人

地官羽人職、凡受羽、十羽爲審、百羽爲摶、十摶爲縛。鄭注云、審、摶、縛、羽數束名也。爾雅曰一羽謂之箴、十羽謂之縳、百羽謂之緷、其名音相近也、一羽有名、蓋失之矣。釋文謂孫同鄭意、云蓋誤、郭云凡物數無不從一爲始、爾雅不失、周官未爲得也。

證異

百羽謂之緷

樾謹按、緷通作揮、故鄭公孫揮字子羽也。地官羽人十摶爲縛、縛即緷字之誤、說詳周禮。

平議

羽本至之緷○釋曰注疏本删。

校勘記

掌以時徵羽翮之材　明監本毛本湘本材作政、周禮亦作政。

注疏校勘札記

七行(注)別羽數多少之名○原本《玉篇》「緷」下引「名」字下有「也」字。《釋文》引郭云：「凡物數無不從一爲始」，蓋出於郭氏《爾雅音義》，王樹枏以爲係郭之注文，非是。

(注)縣鍾磬之木○慧琳《音義》卷九十七引「木」下有「也」字。

宋監本校箋

羽本謂之翮鳥羽根也、翮音黑。　十羽謂之縛音篆　百羽謂之緷別羽數多少之名。緷音袞。

音圖・音

縳音篆。玉篇直轉翻。又竹眷翻音轉、去聲。緷古本翻、音袞、又戶本音混苦本音閫二翻。周禮釋文李又基遠翻音捲。

音略

羽本謂之翮。核 一羽謂之箴。十羽謂之縳。篆 百羽謂之緷。袞綑

孫侃直音

羽本根 本謂之翮。鳥羽根名翮也。 一羽謂之箴。十羽謂之縳。篆 百羽謂之緷。袞 此別羽數多少之名。

楊氏音訓

翮翾 縳篆 緷袞

干氏音釋

木謂之虡旄謂之藣

木謂之虡。縣鐘磬之木植者名虡。 旄謂之藣。旄牛尾也。

郭注

木謂之虡 釋曰：郭云縣鐘磬之木植者名虡。考工記云梓人爲筍虡，鄭注云樂器所縣橫曰筍，植曰虡。然則縣鐘磬者兩端有植木，其上有橫木，謂直立者爲虡，謂橫牽者爲栒。栒上加大版爲之飾，名業。詩大雅云虡業維樅。 旄謂之藣 釋曰：郭云旄牛尾，一名藣。舞者所執也。

邢疏

木謂之虡 虡栒之植，所以懸鐘磬也。詩正義十六之五

孫音注

旄謂之藣 類聚引爾雅作髦謂之藣。

衆家注

黃輯古義

木謂之虡 虡栒之植，所以懸鐘磬也。詩大雅靈臺正義

孫音注

玉函山房輯佚

木謂之虡 虡栒之植，所以懸鐘磬也。孫注 詩疏十六之五

鈎沉

木謂之虡 孫曰：虡栒之植，所以懸鐘磬也。詩正義十六之五

漢注

木謂之虡 孫炎云：虡栒之植，所以縣鐘磬也。詩正義十六之五卷 郭璞云：縣鐘磬之木植者名虡。 旄謂之藣 旄類篇一卷引爾雅作髦。 郭璞云：旄牛尾也。

一切注音

木謂之虡 孫炎曰：虡栒之植，所以懸鐘磬。詩靈臺正義 旄謂之藣 蕙心案：集韵、類篇竝引爾雅作髦謂之藣。

古注斠

虡音巨。縣鍾音玄。植直吏反。旄音毛。藣方皮、方賜二反。

陸音義

木謂之虡 言於此有虎伏焉。 旄謂之藣 凡載軍旅之旄爲藣，藣未有不罷者也。正言旄者，雖受尾者猶如此，夫力豈可恃也哉。蓋熊雄也、羆罷矣。

書曰如熊如羆，如羆在下爲是焉。

新義

木謂之虡 縣鐘磬之木，横曰筍，植曰虡。旄謂之蘢 旄牛尾也，舞者所執。蘢，音卑。

鄭樵注

木謂之虡 孫炎曰：虡，栒之植，所以懸鐘磬也。郭璞曰：縣鐘磬之木，植者名虡。鄭樵曰：縣鐘磬之木，横曰筍，植曰虡。

旄謂之蘢（蘢，阮本作罷） 郭璞曰：旄牛尾也。鄭樵曰：旄牛尾也，舞者所執。蘢，音卑。

古注合存

木謂之虡 旄謂之蘢 虡音巨，蘢音卑。○此亦釋樂器之名也。註曰：懸鐘磬之木名虡，旄牛尾也。疏曰：考工記云梓人爲筍虡，鄭註云：植曰虡，横曰筍，謂懸鐘磬者兩端植木爲虡，其上横木爲筍，筍上大版爲業。詩靈臺云虡業維樅是也。蘢，舞者所持。

注疏參義

禮書云：爾雅旄謂之蘢。山海經有牛獸如牛，四節有旄，此旄牛也。荀卿書曰：西海有文旄。班固地理志：秦西近邛筰有旄，西方之產也。其尾可以飾旗，亦可以飾舞。

補注

木謂之虡 **註** 縣鐘磬之木，植者名虡。旄謂之蘢 **註** 旄牛尾也。**正義** 樂器總釋於下篇，此釋其懸樂之器及舞器也。木謂之虡者，說文云：虡，鐘鼓之柎也，飾爲猛獸。大雅靈臺云虡業維樅，毛傳：植者爲虡，横者爲栒。考工記云梓人爲筍虡，鄭註樂器所懸，横曰筍，植曰虡。詩疏云：縣鐘磬者，兩端有植木，其上有横木，謂直立者爲虡，謂横牽者爲栒，是也。旄謂之蘢者，說文云：蘢，艸也。繫傳云：蓋旄似此草也。類篇引爾雅作髳。謂之蘢。

註 縣鐘至名虡。○**正義** 詩疏引孫炎云：虡，栒之植，所以懸鐘磬也。宋書引蔡邕月令章句云：寫鳥獸之形，大聲有力者以爲鐘虡，清聲無力者以爲磬虡，擊其所縣，知由其虡鳴焉。是鐘磬皆有虡也。釋名云：所以縣鼓者，横曰簨，簨，峻也，在上高峻也。從曰虡，虡，舉也，在旁舉簨也。案，劉熙專以簴爲縣鼓之器，非通義也。

註 旄牛尾也。○**正義** 書釋文引馬融云：白旄，旄牛尾也。春官旄人後鄭註云：旄，旄牛尾，舞者所持以指麾也。又樂師有旄舞，先鄭云旄舞者，氂牛之尾。

正義

旄謂之蘢 說文：蘢，艸也。徐鍇曰：爾雅旄謂之蘢，注旄牛尾也，蓋似此草也。玉案：集韻云：蘢，筍虡飾。

校議

木謂之虡 縣鐘磬之木，植者名虡。旄謂之蘢 旄牛尾也

虡者，說文作虡，云鐘鼓之柎也。篆文省作虡。釋名云：所以懸鐘鼓者，横曰筍，筍，峻也，在上高峻也。從曰虡，虡，舉也，在旁舉筍也。詩靈臺傳：植者曰虡，横者曰栒。正義引孫炎曰：虡，栒之植，所以懸鐘磬也。郭義與孫同。○旄者，氂之叚借也。說文云：氂，犛牛尾也。周禮樂師有旄舞，鄭衆注：旄舞者，犛牛之尾。是旄即氂也。故序官旄人注：旄，旄牛尾，舞者所持以指麾也。是旄即氂。氂从犛省，當讀若釐，與蘢相韵，亦以聲爲義也。釋文旄，音毛。蓋失之矣。樂師釋文亦云：氂，舊音毛，劉音來，沈音狸。按狸、來古同聲，沈、劉二音是也。蘢者，說文訓艸，繫傳云：蓋旄似此艸也。望文生義，亦失之鑿。

義疏

木謂之虡 旄謂之蘢

旄者，氂之假借也。說文云：氂，犛牛尾也。周禮樂師有旄舞，鄭衆注：旄舞者，氂牛之尾。是旄即氂也。故序官旄人注：旄，旄牛尾，舞者所持以指麾也。是旄即氂。氂从犛省，當讀若釐，與蘢相韻，亦以聲爲義也。釋文旄，音毛。蓋失之矣。樂師釋文亦云：氂，舊音毛，劉音來，沈音狸。案狸、來古同聲，沈、劉二音是也。蘢者，說文訓艸，繫傳云：蓋旄似此艸也。望文生義，亦失之鑿。

念孫案：氂可讀爲犛，旄不可讀爲犛。鄭仲師以旄爲氂牛尾，非讀旄爲氂也。何得以旄爲氂之假借。至蘢字，則

从罷聲、今音在支部、古音在歌部。而𧆛字自在之部、音𧆛、與旄龍二字之音絶不相涉、何得謂𧆛與龍相韻。

郝注刊誤

木謂之虡旄謂之龍

孫注、虡、栒之植、所以縣鍾磬也。郭注、縣鍾磬之木、植者名虡、旄牛尾也。此別栒飾有木、有旄也。詩、設業設虡。虡从虍異、亦从虍共、共、拱也。彪虎以拱承木柱上、加旄如旌。虡在上、龍在下也。罷从网能、與共虍同意。朝祭會厺龍則樂罷、因以爲師罷之名。龍麾聲近通用。郝以麾釋龍、非。

集解

木謂之虡旄謂之龍

別集縣有木、亦有旄也。虡字一作虡、鍾鼓之柎也。飾以猛獸、从虍从異、象其下足。或作鐻。虡之足用金、爲虡形、上亦植木、兩端皆有之、橫牽以栒。詩靈臺虡業維樅、攷工梓人爲筍虡、均禾爲也。旄幢也、从㫃从毛會意、毛亦聲。字亦作𣃘。旄緌本用犛牛尾注於旗之竿首、故曰旄。後又用羽、或兼用犛與羽也。幢、即舞者所持之翿旌旗之細也。樂縣植木上注以旄、亦猶竿首之飾也。漢書禮樂志庶旄翠旌、注鍾之旄也、斥樂縣言也。龍、龍艸也、从艸罷聲。與披通用。披從旁持之、備引申爲張、謂張飾也。或者正字爲旇與旇、旌旗披靡也、斥旄之飾。

義證

木謂之虡、虡音巨

註縣鍾磬之木植者名虡。補正邢疏、考工記梓人爲筍虡、註云樂器所縣、橫木曰筍、植曰虡、然則縣鍾磬者、兩端有植木、其上有橫文、謂直立者爲虡、謂橫牽者爲栒、栒上加大板爲之飾名業。

旄謂之龍、龍方皮反。

註旄牛尾也。補正邢疏、舞者所執也。

郭注補正

木謂之虡

縣鍾磬之木植者名虡

慧琳廣弘明集三卷音義引爾雅木謂之虡、郭注云懸鍾磬之木也。

郭注佚存補訂

木謂之虡

說文虡是篆文虡、云鐘鼓之柎也。大雅靈臺虡業爲樅、毛傳云植者曰虡、橫者曰栒。孫炎云虡栒之植、所以縣鐘鼓也。周頌有瞽設業設虡、傳云植者爲虡、衡者爲栒。正義云、春官典庸器冬官梓人及明堂位檀弓、皆言栒虡而不言業、此及靈臺言虡業而無栒、文皆與虡相配。栒業互見、明一事也。

旄謂之龍

說文云、龍草也。繫傳云、蓋旄似此草也。旄者、犛牛尾也。鄘風干旄子子干旄、毛傳云注旄於干首、以旄爲旌旗之屬。邶風二子乘舟正義云、衛世家云壽盜其白旄而先。以白旄爲旌節之屬。又旄爲舞者所執。見春官旄人注。王氏引之云、旄所以飾虡。周頌有瞽設業設虡、崇牙樹羽、傳云樹羽、置羽也。正義云置之於栒虡之上角、引漢禮器制度云、爲龍頭及頷口銜璧、璧下有旄牛尾、是也。故旄謂之龍、次於木謂之虡下。邢說非也。集韻龍、班糜切、筍虡飾、引爾雅髦謂之蘢、蓋出孫炎高璉二家義疏也。今案、是說爲長。

說詩

旄謂之蘢

郭注、旄牛尾也。蘢字經典所無。說文、蘢草也。王紹蘭說文段注訂補力辨段以蘢爲麾字之非、從吳氏穎芳說以蘢爲芭之正字。引楚辭傳芭兮代舞注芭巫所持香草名、以爲周官持旄而舞、與楚巫持芭而舞其事正同。蘢、正字、芭巴、假借字。以此知蘢是香草、其狀如旄、故爾雅以之釋旄、其正用爲栒簴之飾、非假借爲麾字。然周頌設業設虡崇牙樹羽、傳明言樹羽爲置羽、則安得云以草爲飾、又安得以草似牛尾、遂以釋旄。柏年案、蘢麾古音同、在十七部、故得通假。旄謂之麾、猶書右秉白旄以麾是也。又集韻麾謂之旇、以旇爲蘢、旇說文旌旗披靡也、義相近。

補釋

木謂之虡疏詩大雅云虡業惟樅（大雅下當脫靈臺二字。）

注疏正字

旄謂之蘢（音卑）

郭曰、旄牛尾也。邢曰、舞者所執也。引之謹案、旄所以飾虡。周頌有瞽篇設業設虡崇牙樹羽、傳曰樹羽、置羽也。正義曰、置之於栒虡之上角。引漢禮器制度云、爲龍頭及頷口銜璧、璧下有旄牛尾是也。故旄謂之蘢、次於木謂之虡之下。邢說非也（段氏說文注引此以釋旄字、則又誤以爲旌旗之屬矣。）集韻、蘢、班糜切、筍虡飾。引爾雅髦謂之蘢、較邢說爲長。蓋出孫炎高璉二家義疏也。

述聞

木謂之虡　說文（虍部）虡、鐘鼓之柎也。飾以猛獸、从虍、从異、象其下足。或作鐻、从金豦聲。篆文省作虡。

旄謂之蘢　集韻（四支）類篇（中一）引旄作髦。

匡名

木謂之虡旄謂之蘢（音卑）說文、虡鐘鼓之柎也、飾爲猛獸、从虍異、象其下足。或从豦、或省作𠀠。郭註、縣鐘磬之木、植者名虡。傳、植者爲虡、橫者爲栒。大雅、虡業維樅。郭註、旄牛尾也。蘢草也。繫傳、蓋旄似此草也。類篇引作髦謂之蘢。

啓蒙

旄謂之蘢

注曰、旄牛尾也　疏曰、舞者所執也

樾謹按、集韻、蘢、班糜切、筍虡飾。引爾雅曰髦謂之蘢。王氏引之據此訂邢疏之誤、且引周頌有瞽篇設業設虡崇牙樹羽爲證、其說是也。惟未及蘢字之義。蘢者、擺之叚字。釋名釋喪制曰、披、擺也。各于一旁引擺之、備傾倚也。據有瞽篇正義謂置之於栒虡之上角、則亦有在旁引擺之義、故謂之擺矣。擺字說文所無、然已見釋名、則漢世固有擺字。玉篇謂擺與捭同、當即捭之或體也。說文草部、蘢、草也。徐鍇引此文而說之曰、蓋似此草也。則未達叚借之例而臆爲之說矣。

平議

木謂之虡〇釋曰　注疏本刪。

栒上加大版爲之飾　注疏本版作板。

旄謂之蘢〇釋曰　注疏本刪。

校勘記

木謂之虡（縣鐘磬之木植者名虡。虡、音巨。）旄謂之蘢（旄牛尾也。蘢、音卑。）

音圖・音

蘢、方皮（音碑）方賜（音祕）二翻、非幫輕重交互出切。

音略

爾雅詁林 六 釋器

孫侶直音

木謂之虡巨。旄毛謂之龍。早賁

楊氏音訓

木謂之虡巨懸鐘磬之木植者名虡。旄謂之龍卑旄牛尾舞者所執。

菜謂之蔌

郭注

菜謂之蔌蔌者、菜茹之揔名。見詩。

邢疏

菜謂之蔌 釋曰：菜茹名蔌。郭云：蔌者菜茹之揔名。見詩者，案大雅韓奕云、其蔌維何、維筍及蒲。毛傳云：蔌，菜殽也。是矣。

一切注音

菜謂之蔌 郭璞云、蔌者、菜茹之總名。見詩。

陸音義

蔌 速、藪二音。詩云、其蔌維何、維筍及蒲。茹 如庶反。

新義

菜謂之蔌 詩曰、其蔌維何、維筍及蒲。筍可以為竹、蒲可以為席、而以為菜是見速爾。

鄭樵注

菜謂之蔌 蔌、音速。菜茹之總名。

古注合存

菜謂之蔌 郭璞曰、蔌者菜茹之總名。見詩。鄭樵曰、蔌、音速。菜茹之總名。

菜謂之蔌 註 蔌者菜茹之總名見詩 正義 說文云、鬻、鼎實惟葦及蒲、陳留謂鍵為鬻、字或作餗、易鼎卦云覆公餗、餗亦作蔌。詩疏引鄭註云、菜為八珍所用。博古圖有宋公欒餗鼎。董逌云、糝有菜之鼎也。註 蔌者至見詩 ○ 正義 鄭司農春官大胥註云、古者士見於君以雉為贄、見於師以菜為贄。是菜為行禮所用、蔌其總名也。見詩者、大雅韓奕云、其蔌維何、維筍及蒲。毛傳、蔌、菜殽也。

正義

菜謂之蔌 蔌者菜茹之總名見詩

蔌者、餗之段音也。說文作鬻、云鼎實惟葦及蒲、陳留謂鍵為鬻。或从食束聲作餗。按易鼎釋文引馬云、餗、鍵也。鄭云、菜也。詩韓奕傳、蔌、菜殽也。是蔌、餗通。說文兼包二義。從詩則蔌為菜殽、故云惟葦及蒲。愇[illegible]從易則餗為糜饘、故云謂鍵為鬻。郭但言見詩、義未備也。周禮醢人鄭衆注、糝、食、菜餗蒸。賈疏引易覆公餗、鄭注云、糝謂之餗、震為竹、竹萌曰筍、筍者餗之為菜也。說文、糝、以米和羹也。然則餗兼菜米。郭唯以蔌為菜茹之名、疏矣。鄭云、糝謂之餗、糝餗聲轉、疑爾雅別本作糝謂之餗、故醢人及易注二鄭依以為說也。郭本作蔌、故但言菜、遂失蔌餗通俗之義。

義疏

菜謂之蔌蔬疏 郭注、蔌者、菜茹之總名、見詩。周官疏材、謂艸可食以佐穀者。論語疏食菜羹。詩其蔌維何、彼蔌當作餗。鬻乃八珍、湆熬、編筍蒲以苴鼎、非食蒲也。郭誤引詩。

集解

菜謂之蔌

蔌乃菜艸之可食者、从艸來聲。禮記學記皮弁祭菜、月令習舞釋菜、儀禮士昏乃奠菜、周禮大胥舍采、均艸類也。蔌字本作疏、通也。引申為菜食之偁、以菜性清而通耳。周禮大宰八曰臣妾、聚斂疏材、注百艸根實可食者。論語飯疏食、孔注菜食也。字亦作蔬。詩韓奕其蔌維何。與鬻通用。鬻用筍蒲所以編之而藉八珍之鼎、非菜殽也。

義證

菜謂之蔌 說文、鬻、鼎實惟筍及蒲、陳留謂鍵為鬻、字或作餗。

大雅韓奕「其蔌維何維筍及蒲」皆蔌也。毛傳云蔌、菜殽也。案蔌爲菜不可以言殽毛傳非也。**說詩**

藗　易覆公餗鄭注、一作藗。說文作𩰫。**小箋**

菜謂之蔌　說文艸部無蔌字、當作𩰫。說文、𩰫部𩰫鼎實惟葦及蒲、从𩰫速聲或作餗从食束聲。錢少詹曰、其云鼎實、即易之覆餗、其云惟葦及蒲、即詩之維筍及蒲。元照案、易覆公餗鄭注、菜也、即用此訓。**匡名**

蔌　𩰫　說文。𩰫鼎實惟葦及蒲。从𩰫。速聲。重文餗。从食。束聲。易覆公餗。鄭云。餗菜也。當作𩰫。**黃侃評本正名**

菜謂之蔌

蔌在說文爲𩰫或爲餗。易鼎九四覆公餗、釋文馬本餗作粥。即𩰫之省。𩰫糜也見上釋言文。糜糝也。見說文米部。糝與菜聲相轉。疑此經菜字爲糝之叚借。周禮醢人羞豆之實酏食糝食。鄭衆注糝食菜餗蒸。賈疏引易鼎覆公餗鄭注云糝謂之餗。郭璞拘於菜字以蔌爲菜茹總名、失之。蓋蔌兼菜米、不得專指菜。且菜之名皆在釋草、不當此句獨載在釋器也。**董瑞椿日記**

菜謂之蔌　單疏本雪䆀本元本同。閩本監本毛本蔌作蔌、非。釋文亦作蔌。唐石經闕。

菜謂之蔌○釋曰　注疏本刪。

毛傳云　元本閩本同。監本毛本傳上衍詩。**校勘記**

菜謂之蔌　蔌者、菜茹之總名、見詩。蔌、音速。**音圖·音**

菜謂之蔌。速蔌　**孫侶直音**

菜謂之蔌。速　蔌者菜茹之總名。**楊氏音訓**

蔌　速　**于氏音釋**

白蓋謂之苫

白蓋謂之苫　白茅苫也、今江東呼爲蓋。**郭注**

白蓋謂之苫　釋曰、孫炎云、白蓋茅苫也。郭云、白茅苫也。今江東呼爲蓋、然則蓋即苫也。以白茅爲之、故曰白蓋。襄十四年左傳晉將執戎子駒支、范宣子親數諸朝曰、乃祖吾離被苫蓋、杜注云、蓋苫之別名是也。**邢疏**

白蓋謂之苫

編菅茅以覆屋曰苫也。春秋正義五十二　左氏音義六　一切經音義六又十四又十六　**李注**

白蓋謂之苫

白蓋茅苫也。春秋正義三十二　**孫音注**

白蓋謂之苫　**黃輯古義**

編菅茅以覆屋曰苫也。春秋昭二十七年正義　春秋釋文　一切經音義卷六又卷十四又卷十六　**李注**

爾雅詁林 六 釋器

白蓋謂之苫

白蓋茅苫也。邢疏春秋襄十四年正義 孫音注

玉函山房輯佚

白蓋謂之苫

編菅茅以覆屋曰苫。李注經典釋文二十

白蓋茅苫也 孫注宋本春秋疏二十二

鉤沉

白蓋謂之苫

李曰、編菅茅以覆屋曰苫也。春秋正義五十二左氏音義六一切經音義六又十四又十六

孫曰、白蓋茅苫也。春秋正義三十二邢疏

漢注

白蓋謂之苫

李巡云、編菅茅以蓋屋曰苫。孫炎云白蓋茅苫也。並左傳正義三十二卷

郭璞云、白茅苫也今江東呼爲蓋。

一切注音

白蓋謂之苫 李巡曰、編菅茅以覆屋曰苫。左昭二十七年傳正義 孫炎曰、白蓋茅苫也。左襄十四年傳正義

古注斠

蓋音蓋。苫失占反。

陸音義

白蓋謂之苫

卽以爲藉、雖無占、可也。孔子曰苟錯諸地可矣。藉之用茅、何咎之有。愼斯術也以往、其無所失矣。

新義

白蓋謂之苫 白茅苫也。茅之蓋屋、必爲苫故曰白蓋。

鄭樵注

白蓋謂之苫

李巡曰、編菅茅以覆屋曰苫。左昭二十七年傳疏引此無茅字釋文有之。

孫炎曰、白蓋茅苫也。

郭璞曰、白茅苫、今江東呼爲蓋。

鄭樵曰、白茅苫也。茅之蓋屋必爲苫、故曰白蓋。

古注合存

菜謂之蔌白蓋謂之苫 蔌音速、蓋音合。○此類釋蔬菜草苫之名也。註曰、蔌者、菜茹之總名。白謂白茅也。苫今江東呼爲蓋。疏曰、詩韓奕云其蔌維何維筍及蒲、毛傳云、蔌菜殽也。蓋卽苫也、以白茅爲之。襄十四年左傳云、被苫蓋、杜註云蓋者、苫之別名也。

注疏參義

白蓋之蓋音闔、鄭如字。

補注

白蓋謂之苫 註 白茅苫今江東呼爲蓋 正義 說文云、蓋苫也。苫、蓋也。繫傳云、編茅也。說文又云、茨、以茅葦蓋屋。左傳疏引李巡云、編菅茅以蓋屋曰苫。是蓋卽茨也。夏官圉師云茨墻則翦闔、鄭註茨、蓋也、闔、苫也。穀梁文三年傳云茅茨盡矣、疏引徐邈說以爲屋上之茅茨。成二年傳云焚雍門之茨、范註茨、蓋也。左氏昭二十七年傳云或取一編菅焉、謂屋上之編茅也。是皆以蓋爲茅茨也。註 白茅至爲蓋。○ 正義 左傳疏引孫炎云白蓋茅苫也。是郭註所本也。今江東呼爲蓋者、郭意以被苫爲蓋也。左氏襄十四年傳云被苫蓋、杜註蓋、苫之別名也。

正義

白蓋謂之苫 白茅苫也今江東呼爲蓋

苫者、說文睒字解云讀若白蓋謂之苫。又云、苫、蓋也。蓋、苫也。左氏昭廿七年正義及釋文竝引李巡曰、編菅茅以覆屋曰苫。襄十四年正義引孫炎曰白蓋茅苫也。按說文云、茨以茅葦蓋屋。是蓋屋亦用葦、但不白。白、唯茅耳。周禮圉師云茨牆則翦闔、鄭注茨、蓋也、闔、苫也。然則闔蓋聲同、古字叚借通用。左傳云被苫蓋。今四方人語通名苫爲蓋。

義疏

白葢謂之苫 李注、編菅茅以覆屋曰苫。孫注、白葢、茅苫也。郭注、白茅苫也。今江東呼爲葢。禮有寢苫。此釋之、非謂葢屋也。茅有白葢之名、下棺以白茅藉之、故人子寢苫不寢草。苫今塾字。

集解

白葢謂之苫 葢、以艸盇。盇、合也。謂合艸以覆屋也。與茨畧同。覆屋用茅若葦、葦不白而茅白、白茅覆屋即白葢也。苫、兼也、亦合艸也。周禮圉師茨牆則翦闔、謂翦白葢。儀禮既夕記寢苫、注編藁也。

義證

白葢謂之苫 苫失占

［註］白茅苫今江東呼爲葢［補正］ 臣鎣按、釋文引李註云、編菅茅以覆屋曰苫。

郭注補正

白葢謂之苫

白茅苫也今江東評爲葢 音胡臘反

希麟根本說一切有部毘奈耶破僧事十一卷音義引爾雅云、白葢謂之苫、郭注云白茅苫也。今江東呼爲葢、音胡臘反。今本脫音、據補。明注疏本脫也字。

郭注佚存補訂

白葢謂之苫

說文云、苫、葢也。葢、苫也。李巡云、編菅茅以覆屋曰苫。孫炎云、白葢、茅苫也。槀傳云、編茅也。豳風七月晝爾於茅、宵爾索綯、爲乘屋之具、即此所謂苫也。

小雅白華、白華菅兮、白茅東兮。傳云、白華、野菅也、已漚爲菅。箋云、白華於野、已漚名之爲菅、更取白茅收束之。菅茅、即白葢。孫炎曰、白葢、茅苫也。

說詩

白葢節註白茅苫也 脫也字。音葢盍 盍誤合。

注疏正字

白葢謂之苫 文選注六十一切經音義十四引無白字。

匡名

茦謂之蔌白葢謂之苫 郭註、蔌者菜茹之總名。說文、茦、草之可食者。大雅其蔌維何、傳蔌、菜殺也。葢、苫也。苫、葢也。李巡云、編菅茅以葢屋曰苫。

啓蒙

旄謂之藣 白葢謂之苫

類篇引作髦謂之藣。草部藣 李巡注、編菅茅以葢屋曰苫。引見左傳昭廿七年正義。

證異

白茅苫也 單疏本雪牕本同。注疏本脫也。

白葢謂之苫○釋曰 注疏本刪。

孫炎云 注疏本云改曰。

葢苫之別名是也 閩本監本毛本脫是。正德本此字實闕

校勘記

白葢謂之苫注今江東呼爲葢。今本今誤作合。白葢謂之苫釋文葢音盍。今本音合、誤。廣韻合、侯閤切、韻第二十七。又音閤。盍、胡臘切、韻第二十八。二字不同音也。

注疏本正誤

八行白蓋謂之苫（注）白茅苫也也今江東呼為蓋○「苫」字當作「苫」、「也」字亦重，當刪去一「也」字．宋刻小字本不誤．希麟《續音義》卷九引此注蓋下有「音胡臘反」四字．

宋監本校箋

白蓋音合謂之苫

音圖・音

蓋音盍、又音閤。苫失、左傳釋文作式、同。占翻、閃平聲。舒鹽翻同。說文、睒、舒冉翻讀若白蓋謂之苫相似。相似者、平上之別也。其時未有四聲、而其理已具矣。

音略

白蓋盍謂之苫。痁氈

孫偘直音

白蓋盍謂之苫、讀氈

直音校正

白蓋合謂之苫。白蓋茅苫也。

楊氏音訓

蓋盍

干氏音釋

黃金謂之𨯳、其美者謂之鏐。白金謂之銀、其美者謂之鐐。鉼金謂之鈑。錫謂之釗。

黃金謂之𨯳、其美者謂之鏐。白金謂之銀、其美者謂之鐐。此皆道金銀之別名及精者。鏐即紫磨金。鉼金謂之鈑。周禮曰祭五帝即供金鈑是也。錫謂之釗。白鑞。

郭注

黃金至之釗　釋曰、此別金錫之異名也。黃金一名𨯳、其精美者名鏐。白金名銀、其精美者名鐐。郭云此皆道金銀之別名及精者、鏐即紫磨金。詩傳云、天子玉琫而珧珌、諸侯璗琫而鏐珌、大夫鐐琫而鏐珌、士珕琫而珕珌。鉼金名鈑。錫今白鑞也、一名釗。周禮職方氏云揚州其利金錫是也。　注周禮至是也　釋曰、云周禮曰祭五帝即供金鈑者、案秋官司金職云、旅于上帝則共其金版。此云祭五帝者、旅則祭也、上帝則五帝也。郭氏以義言之、故文異爾。彼注云鉼金謂之版、此版所施未聞。

邢疏

白金謂之銀、其美者謂之鐐、鐐音遼。郭注御覽八百十二

郭音義

黃金謂之𨯳、白金謂之銀

惟金三品、揚越作貢、五材之珍、是謂國用、務經軍農、爰及彫弄。藝文八十三　初學記二十七

圖贊

鉼金謂之鈑

初學記寶器部引爾雅鉼金作餠金。邵氏引藝文鉼作餠。

衆家注

黃輯古義

金銀讚

惟金三品、揚越作貢、五材之珍、是謂國用、務經軍農、爰及雕弄。藝文類聚卷八十三　徐堅初學記卷二十一

圖贊

金銀黃金謂之𨯳、白金謂之銀

玉函山房輯佚

贊曰、惟金三品揚越作貢、五材所珍、是謂國用、務經軍農、爰及彫弄。

王輯圖贊

金銀

惟金三品、揚越作貢、五材所珍、是謂國用、務經軍農、爰及雕弄。藝文類聚八十三 初學記二十七

嚴輯圖贊

金銀

惟金三品、揚越作貢、五材之珍、是謂國用、務經軍農、爰及雕弄。○初學記二十七 藝文八十三

錢輯圖贊

黃金謂之璗其美者謂之鏐白金爲之銀其美者謂之鐐

郭璞云、此皆道金銀之別名及精者、鏐卽紫磨金。

鉼金謂之鈑鉼藝文類聚八十三卷引作餅。鈑釋文二十九卷作版。

郭璞云、周禮曰祭五帝卽供金鈑是也。

錫謂之釟

郭璞云、白鑞。 郭璞圖讚云、惟金三品、揚越作貢、五材之珍、是謂國用、務經軍農、爰及雕弄。初學記二十一卷

一切注音

鉼金謂之鈑 郭氏金銀讚云、惟金三品、揚越作貢、五材所珍、是謂國用、務經軍農、爰及雕弄。初學記

蕙心案藝文類聚引爾雅鉼作餅。案、从金是也。

古注斠

璗徒黨反。說文云、金與玉同色也。鏐力幽、其幽、力幼三反。鐐力彫反。說文云、白金也。字林力召反、云美金也。磨莫佐反。鉼必頃反。鈑音版。本亦作版。釟常刃、余緊、弋刃三反。鑞力盍反。周禮職方氏揚州之利金錫、鄭注云錫、鑞也。字或作蠟。

陸音義

黃金謂之璗

金自西之北之東爲鈆、又之中央璗矣。所謂以英蕩輔之者此歟。凡飾欲短、又惡促也。且曰英則以與玉同色。

其美者謂之鏐

鏐彼飾有綱紀文章者也。

白金謂之銀

正金也。爲止其所、土于此終、水於此始、故謂之垠。

其美者謂之鐐

銀止其所以能有同爲美。

鉼金謂之鈑

祀上帝供金鈑、惡或蕩也。詩曰蕩蕩上帝、失是矣。

錫謂之釟

軟不自立、惟所引焉。若金則知反。

新義

黃金謂之璗、其美者謂之鏐、白金謂之銀、其美者謂之鐐、鉼金謂之鈑、錫謂之釟。此別金錫之異名也。璗音蕩。鏐音留。鐐音遼。鉼音餅。鈑卽供金鈑、謂旅于上帝則供金鈑。鈑音版。釟音丈引之引。

鄭樵注

爾雅詁林 六 釋器

黃金謂之璗其美者謂之鏐白金謂之銀其美者謂之鐐

郭璞曰、此皆道金銀之別名及精者。鏐即紫磨金。

鉼金謂之鈑

郭璞曰、周禮曰祭五帝即供金鈑是也。

錫謂之釿

郭璞曰、白鑞。

鄭樵曰、此別金錫之異名也。璗音蕩。鏐、音留。鐐音遼。鉼、音餅。鈑即供金鈑、謂旅于上帝則供金鈑、音版。釿音丈引之引。白黃金至此總釋之也。

古注合存

黃金謂之璗其美者謂之鏐白金謂之銀其美者謂之鐐鉼金謂之鈑錫謂之釿。璗音蕩。鏐音流。鐐音遼。鉼音餅。鈑音板。釿音引。○此釋金銀之屬之名也。註曰、鏐紫磨金也。鉼金、周禮旅上帝則供金鈑是也。釿白鑞也。疏曰、詩毛傳云、天子玉琫而珧珌、諸侯璗琫而鏐珌、大夫鐐琫而璆珌、士珕琫而珕珌。

注疏參義

錫、疏云今白鑞也。錫曰白鑞、鉛曰青鑞。此俗鑞字所出。鍰、詩釋文所引爾雅乃小爾雅也。故今本爾雅無此文。

補注

黃金謂之璗其美者謂之鏐白金謂之銀其美者謂之鐐 **註** 此皆道金銀之別名及精者鏐即紫磨金鉼金謂之鈑 **註** 周禮曰祭五帝即供金鈑是也錫謂之釿 **註** 白鑞。

正義 此別金之品、廣其異名也。○黃金至之鐐。說文云、金、五色金也、黃爲之長、久薶不生衣、百鍊不輕、從革不違。洪範云、金曰從革。史記集解引馬融云、金之性從人而更可銷鑠。禮器云內金示和也。鄭註、金從革、性和也。璗者、說文云、金之美者與玉同色。鏐者、禹貢、梁州貢璆鐵銀鏤。史記集解引鄭註云、黃金之美者謂之鏐。書釋文引韋昭云、紫磨金。是梁州所貢。鄭韋本俱作鏐、今本作璆、所据本異也。銀者、說文云、白金也。漢書地理志、犍爲郡朱提縣、山出銀。食貨志云、朱提銀重八兩爲一流、直一千五百八十、它銀一流直千、是爲銀貨二品。銀之美者亦在梁州、故以爲貢焉。鐐、說文作鐐、云白金也。小雅瞻彼洛矣、毛傳云、諸侯璗琫而璆珌、大夫鐐琫而鏐珌。說文引以爲禮文、蓋禮家之舊說。故璗鏐鐐之名見於爾雅。○鉼金謂之鈑。○藝文類聚引爾雅鉼作餅。釋文云、鈑、字亦作版。○錫謂之釿。○說文云、錫、銀鉛之間也。釿、錫也。禹貢、揚州錫貢。史記集解引鄭註、有錫則貢之、或時乏則不貢。錫所以柔金也。考工記攻金之工、金有六齊、鄭註、金有六齊、多錫爲下齊、大刃削殺矢鑒燧也、少錫爲上齊、鍾鼎斧斤戈戟也。**註** 此皆至磨金。○**正義** 璗鏐及鐐皆金銀之別名及精者也。初學記引郭氏讚云、惟金三品、揚越作貢、五材之珍、是謂國用、務經軍農、爰及雕弄。鏐即紫磨金者、水經註云、華俗謂上金爲紫磨金。○周禮至是也。○**正義** 秋官職金云、旅于上帝、則共其金版。鄭註云、鉼金謂之版、此版所施未聞。賈疏云、旅上帝、謂祭五帝於四郊及明堂。郭氏据周禮之義言之也。○白鑞。○**正義** 夏官職方揚州其利金錫、鄭註錫鑞也。郭註與鄭氏同。顏師古急就篇註云、錫在銀鉛之間、即今白鑞也。

正義

黃金謂之璗其美者謂之鏐白金謂之銀其美者謂之鐐 此皆道金銀之別名及精者鏐即紫磨金 鉼金謂之鈑 周禮曰祭五帝即供金鈑是也 錫謂之釿 白鑞

銀錫銅鐵皆金也。黃金爲之長。璗者、說文云、金之美者、與玉同色。引禮佩刀諸侯璗琫而璆珌。鏐者、說文云、黃金之美者。書、梁州貢璆鐵銀鏤。史記夏紀集解引鄭注云、黃金之美者謂之鏐。禹貢釋文引韋昭云、紫磨金。水經溫水注、華俗謂上金謂紫磨金、夷俗謂上金爲陽邁金也。銀者、說文云、白金也。北山經云、少陽之山多赤銀。是銀有赤者。要以白爲多、故稱白耳。鐐者、說文云白金也。釋文引字林云、美金也。漢書食貨志云、朱提銀重八兩爲一流、直一千五百八十、它銀一流直千。然則梁州所貢當即朱提銀、此鐐是也。詩瞻彼洛矣傳、諸侯璗琫而璆珌、大夫鐐琫而鏐珌。按、說文引上句作禮文、蓋禮家舊說也。○鉼金者、說文釘字解云鍊鉼黃金。然則鉼金蓋鍊冶而成。類聚寶玉部引鄅原別傳曰金三鉼、與原初學記寶器部引爾雅鉼金作餅金、蓋段借字也。錢氏荅問云鉼當作幷。孟子王餽兼金、兼金者幷金也。今按說文注既有鉼字、又云金百鍊不輕、是不必改鉼爲幷矣。鈑者、釋文云本亦作版、是也。周禮職金云旅于上帝則共其金版、鄭注鉼金謂之版、此版所施未聞。○錫者、說文云銀鉛之閒也、鑠鏈鏈錗。禹貢揚州錫貢、史記集解引鄭注云有錫則貢之、或時乏則不貢、錫所以柔金也。釟者、說文云錫也。周禮卝人注錫、釟也。郭云白鑞者、職方氏注錫、鑞也。中山經謹山多白錫、郭注今白鑞也。按經又云嬰矦之山多赤錫、是錫非一色、但白者多耳。

義疏

黃金謂之璗其美者謂之鏐白金謂之銀其美者謂之鐐 郭注、此皆道金銀之別名及精者。鏐卽紫磨金。金从今、亼象𠦒、厂象茁後加土、以八象𠦒。黃爲之長、故𠦒字又从石黃、璗从玉。說文云金之美者、與玉同色、則从湯無義。湯昜皆映日光、因玉名湯而借名耳。鏐从翏亦無義、字當作璆、與球同用。亦借玉名也。銀从𥃩、亦取光燿目、賁亦火也。禮說諸侯璗琫、大夫鐐琫。**餅**鉼**金謂之鈑**版 郭注周禮曰祭五帝卽供金鈑是也。金鈑、蓋神主也。餅金、鍊金爲餅、亦或作版耳。餅不必特制名。**錫謂之釟** 郭注、白鑞。錫、柔金。故从昜。今黑鉛也。今以銀鉛之閒爲錫、性脃能敗五金、曰白鉛。——

集解

黃金謂之璗其美者謂之鏐 黃金五色金之長者。可以百鍊、非銀銅鐵等之比也。璗、从玉湯、蓋瑒圭名也。黃金與之同光因以名之。鏐从金翏。翏、璆也。黃金美者以爲名、亦因與玉同光耳。書堯典金作贖刑、馬注黃金也。禹貢梁州貢璆鐵銀鏤。禮說諸侯璗琫而璆珌、大夫鐐琫而璆珌。**白金謂之銀其美者謂之鐐** 銀、从金艮。艮、止也、亦堅也。今有白金較金尤堅、學術實驗多用之。其銀之本種乎。鐐、燎也、謂美而與火同光也。玉類有琅有璙、義蓋類是。詩傳大夫鐐琫、釋文本作璙。**鉼金謂之鈑** 鉼、字本作鈃、孟子所謂兼金是也。與餅通用。鈑、釋文本作版。版、反也。金欲其純、反覆而鍊、或餅形或版形耳。周禮職金旅于上帝、則供其金版、蓋斥神主。說文釘字解鍊餅黃金。**錫謂之釟** 今黑鉛也。柔金使易、字故从易。釟、引也、長也。錫在金類、性頗富於延展、卽引長也、所以能爲錫箔。白鉛性脃、說文所謂銀鉛之閒也、不可名釟。詩、如金如錫。

義證

黃金謂之璗其美者謂之鏐白金謂之銀其美者謂之鐐 璗、徒黨反。鐐、力彫反。

〔註〕此皆道金銀之別名及精者。鏐卽紫磨金。補正 臣鋆按、說文云璗、金之美者、與玉同色。

鉼金謂之鈑 鈑音版。

〔註〕周禮曰祭五帝卽供金鈑是也

郭注補正

黃金謂之璗其美者謂之鏐白金謂之銀其美者謂之鐐

此皆道金銀之別名及精者鏐卽紫磨金 鐐音遼

文選景福殿賦注引爾雅美者謂之鐐、郭璞曰音遼。太平御覽八百十二卷珍寶部引爾雅其美者謂之鐐、郭璞曰音遼。今本脫音、據補。

錫謂之鈏

今之白鑞也

釋文云、鑞字或作鑞。慧琳十輪經三卷音義引爾雅錫謂之鈏、郭璞注云今之白鑞也。據補。

郭注佚存補訂

黃金謂之璗其美者謂之鏐白金謂之銀其美者謂之鐐鉼金謂之鈑錫謂之鈏

此皆別金之異名也。說文云、金、五色也、黃爲之長。璗者、說文云金之美者、與玉同色。鏐、黃金之美者。銀者、說文云白金也。鐐、說文作鐐、云白金也。小雅瞻彼洛矣毛傳云諸侯璗琫而璆珌、大夫鐐琫而鏐珌。彼釋文云、璗字又作瑒、爾雅云黃金謂之璗。鏐、音遼、爾雅云白金謂之銀、其美者謂之鐐。鐐、本又作璙。正義云傳因琫珌、歷道尊卑所用、似有成文、未知出何書也。餘詳訂經。

說詩

黃金節疏錫令白鑞也 令毛本誤金。

注疏正字

黃金謂之璗其美者謂之鏐 說文義同。

鉼金謂之鈑 說文金部無鉼字。錢少詹曰當作幷。孟子、王餽兼金。兼金者幷金也。說文釘訓鍊鉼黃金、鉼亦幷之譌。正義云藝文類聚引作餠。釋文云、鈑本亦作版。案郭注引周禮供其金鈑、今攷秋官職金共其金版、注曰鉼金謂之版。經注皆不作鈑、鈑字說文所無。

匡名

黃金謂之璗其美者謂之鏐音留白金謂之銀其美者謂之鐐鉼金謂之鈑錫謂之鈏 此釋金之品也。說文金、五色金也。洪範、金曰从革。璗、金之美者、與玉同色。鏐、弩眉也。一曰黃金之美者。禹貢、璆鐵銀鏤。銀、白金也。鐐、白金也。寶藏論銀有十七種。山海經黃銀出蜀中、與金無異、但上石則色白。何晏賦、鐐質輪菌。鉼金版也。正字通、傾金銀似餠者、通雅、鉼亦謂之笏、猶今之謂錠也。正韻、鉼金曰鈑。周禮、祭五帝供金鈑。賀知章詩、鈑鏤銀盤薦蛤蜊。錫、銀鉛之間也。鈏、錫也。衛風如金如錫。

啓蒙

鉼 鉼 初學記引作餠。類聚亦引作餠。鉼字見說文注而無正篆。

鈑 版 釋文、鈑本亦作版。案周禮職金注曰鉼金謂之版。

黃侃評本正名

白金謂之銀。其美者謂之鐐。 鐐爲美金、猶嫽爲好、方言釥、錯眇反。嫽、好也、玉篇釥、美金也、是釥嫽與釥鐐通矣。

鉼金謂之鈑。 鉼字見說文釘字注、而無正篆。初學記寶器部、御覽珍寶部八引作餠。

黃侃音訓

其美者謂之鏐 其美者謂之鐐 鉼金謂之鈑

夏書鏐作璆。禹貢梁州 說文鐐作鐐。云、白金也。金部鐐 釋文、鈑本亦作版。

釋器釋文 周禮注作鉼金謂之版。秋官職金注 藝文類聚作餠金謂之

爾雅詁林 六 釋器

鈑。從食。餅

證異

其美者謂之鐐。楷案、鐐者、美好之稱也。說文、僚、好也。方言、釥、嫽、好也。靑徐海岱之閒曰釥、或謂之嫽、好凡通語也。僚嫽皆與鐐音同。玉篇、釥、美金也。人之好者謂之鐐、或謂之釥、金之美者謂之鐐、或謂之釥、其義一也。

稗疏

鏐卽紫磨金 單疏本雪牕本元本閩本監本同。毛本磨改䃺。

黃金至之鉚〇釋曰 注疏本刪。

錫今白鑞也 正德本閩本監本同。毛本今誤金。

〇注周禮至是也〇釋曰云周禮曰 注疏本刪上九字。

則共其金版 注疏本作供其金鈑、係依郭注改。正德本亦作共其、單疏本引爾雅注作卽供金鈑、引周禮作共其金版。各依本文、不彼此互改、故足貴。

故文異爾 注疏本爾改耳。

校勘記

鉼金謂之鈑 注祭五帝則供金鈑。今本則誤作卽、疏同。

注疏本正誤

此皆道金錫之別名及精者 明監本毛本湘本作金銀。案下疏引郭云正作銀、此涉下疏總題而誤也、作銀是。

司金職云 案周禮秋官有職金、此疑倒置。

注疏校勘札記

六下（七〇）

二行其美者謂之鐐（注）此皆道金銀之別名及精者鏐卽紫磨金〇《文選·景福殿賦》注及《御覽》卷八百十二引《爾雅》「其美者謂之鐐，郭璞曰音遼」。是注文本有「鐐音遼」三字。

三行錫謂之鈏（注）白鑞〇慧琳《音義》卷十八引此注作「今之白鑞也」。

宋監本校箋

黃金謂之璗音蕩其美者謂之鏐音留 白金謂之銀其美者謂之鐐此皆道金銀之別名及精者。鏐卽紫磨金。鐐音遼。鉼音餅金謂之鈑周禮曰祭五帝卽共金鈑是也。鈑、音板。錫謂之鈏白鑞。鈏音引。

音圖・音

鏐力訛作方。幽音劉其幽音求力幼劉去聲三翻。鐐力彫翻音遼。字林力召翻音料。詩釋文云、鐐音遼、徐何盧倒翻音潦。又力弔翻。卽力召本又作璙、亦音遼、又力小翻音了。字書力召翻。鈏余緊音引弋刃音孕常刃音愼三翻。

音略

黃金謂之璗。蕩其美者謂之鏐。留蟉白金謂之銀。其美者謂之鐐。遼鉼餅金謂之鈑。板錫謂之鈏。引

孫偘直音

黃金謂之璗。蕩儻

直音校正

黃金此皆謂之璗蕩其美者謂之鏐流白金謂之銀其美者謂之鐐遒金銀之別名及精者。遼鉼丙金謂之鈑版周禮祭五帝卽供金鈑是也。錫謂之鈏引鈏白鑞也。

楊氏音訓

爾雅詁林 六 釋器

瑬徒朗切 鏐力幽切 鐐洛蕭切 鉼餅 鈑版 釕引

干氏音釋

象謂之鵠、角謂之觷、犀謂之剒、木謂之剫、玉謂之雕

象謂之鵠、角謂之觷、犀謂之剒、木謂之剫、玉謂之雕。左傳曰、山有木、工則剫之。五者皆治樸之名。

郭注

象謂至之雕 釋曰、郭云五者皆治樸之名、謂治其樸、俱未成器、有此五名也。注左傳曰山有木工則剫之 釋曰、隱十一年傳文也。

邢疏

角謂之觷

觷、音學。釋文

沈集注

犀謂之剒

玉篇引爾雅、犀謂之剒。亦作錯。

木謂之剫

玉篇木部引爾雅作木謂之椕。今江東斫木爲椕。末七字當是爾雅舊注。

玉謂之雕

文選思玄賦注引爾雅作玉謂之琱。

木謂之剫

今江東斫木爲椋。玉篇十二

黃輯古義

衆家注

角謂之觷

觷、音學。

沈集注

木謂之剫玉篇木部作木謂之椕。

注曰、今江東斫木爲椋。玉篇十二

玉函山房輯佚

象謂之鵠、角謂之觷、犀謂之剒、木謂之剫、玉謂之雕。玉篇十二卷引爾雅作木謂之椕。

郭璞云、左傳曰、山有木、工則剫之。五者皆治樸之名。

漢注

犀謂之剒

蕙心案、陸氏釋文字作剒。案、玉篇、廣韵竝引爾雅作犀謂之厝。厝乃剒之或體。

木謂之剫

爾雅、木謂之椕、今江東斫木爲椕。玉篇

蕙心案、玉篇木部引爾雅、必舊注文也。

玉謂之雕

蕙心案、文選思玄賦注引爾雅作玉謂之琱。琱、正字。

一切注音

鵠胡酷、古毒二反、白也。本亦作鵠、同。廣雅作鵠。觷五角反。沈音學。犀蘇齎反。剒本或作厝、同、七各反。剫徒各反。雕丁要周反。璞

古注斠

字又作樸、丕角反。

陸音義

斮本或作䂌○案、說文、斮、絕也。䂌、厲石也。犀、先絕斷而後加磨厲。兩義俱通。注疏本作斮乃俗字。說文所無。　雕○案、說文王部、琱、治王也。今經典、諸書皆借用雕字。　璞字又作樸○邢本作樸。案、說文無璞字。木部樸云木素也、則作樸字爲是。

音義攷證

象謂之鵠

鵠也者、直也。若磋、告之有頑焉。

角謂之觷

觷、學而已。斮自修之道。

犀謂之斮

角上窮、犀或通焉。

木謂之剫

木、仁也。度以義焉。記曰、仁有數、義有長短小大。

玉謂之雕

玉質不美、加人功焉。

新義

象謂之鵠角謂之觷犀謂之斮木謂之剫玉謂之雕 此別其治樸之名。樸、未成器也。觷音岳。斮音錯。剫音鐸。

鄭樵注

象謂之鵠角謂之觷犀謂之斮木謂之剫玉謂之雕　郭璞曰、左傳曰山有木、工則剫之。五者皆治樸之名。鄭樵曰、此別其治樸之名。樸、未成器也。觷音岳。斮音錯。剫音鐸。

古注合存

觷、廣韻或作礐。斮、玉篇或作錯。義並同。

鄂州云、釋器象謂之鵠、角謂之鷽、犀謂之鵲、玉謂之鵰、取四鳥之名、不知其故。按、觷从角、斮从刀、玉從佳、惟鵠亦音斛、並非从鳥。鄂州何以穿鑿若此。況尚有木謂之剫一句耶。

補注

象謂之鵠角謂之觷犀謂之斮木謂之剫玉謂之雕

註

左傳曰山有木工則剫之五者皆治樸之名

正義

此釋治樸之名也。象謂之鵠者、象以齒骨爲用、詩謂之象弭、內則謂之鱅、禮器註又用以飾簋。鵠與礐通。廣雅云、礐、分也。角謂之觷者、說文云、䚢、觷也。繫傳云、理角也。今人以解開猪羊頭爲䚢也。犀謂之斮者、犀皮以爲甲、又作鼓鞞。廣雅云、斮、絕也。鄭司農考工記註云、合甲、削革裏肉、但取其表、合以爲甲。詳見下文釋獸。木謂之剫者、說文云、剫、判也。廣雅云、剫、分也。通作度。魯頌閟宮云、是斷是度。玉篇引爾雅作木謂之檖、今江東斫木爲檖、所見本與郭異也。玉謂之雕者、考工記刮摩之工有雕人、今闕。說文云、䂮、剝也。左氏昭十二年傳云、命剝圭以爲鏚柲。是雕玉之事也。

註 左傳至剫之。○

正義 隱十一年傳文。今本作度之。

木謂之剫　剫、玉篇作檖、云今江東斫木爲檖。

正義

象謂之鵠角謂之觷犀謂之劄木謂之剫玉謂之雕　左傳曰山有木工則剫之五者皆治樸之名

校議

鵠者、釋文云、白也。本亦作齰。廣雅作觟、云治象牙也。是鵠乃叚借字。古無正體、从齒从角、各以意爲之耳。觷者、說文云、治角也。玉篇廣韵竝云、或作礐。又音學。亦叚借字也。劄者、玉篇廣韵竝引爾雅作犀謂之劄。文選長笛賦注引亦同。是古本皆作劄。唯陸德明本作𣂔。云本或作㕡。按說文云、㕡、厲石也。𣂔、同。引詩他山之石、可以爲㕡。今俗作錯。故玉篇引爾雅剒亦作錯。然則犀角堅緻、治之用錯。因謂之錯矣。剫者、說文云、判也。判、分也。詩小弁傳、伐木者椅其巓、析薪者隨其理。此卽剫之之事。玉篇木部引爾雅作木謂之𣗥。今江東斫木爲𣗥。此所引蓋爾雅別本。其云今江東斫木爲𣗥、當卽舊注之文也。雕者、琱之叚借也。說文云、琱、治玉也。文選思玄賦注引爾雅正作玉謂之琱。通作雕、又作彫。孟子趙岐注、彫琢治飾玉也。引詩云彫琢其章、又敦琢其旅。正義曰、雕琢皆治玉之名。敦雕古今字。按雕敦聲相轉、非古今字。

義疏

象謂之鵠 觡 齰 角謂之觷 嚳 犀謂之剒 𣂔 磨 木謂之剫 析 玉謂之雕 彫 琱

舊注、今斫木爲析。郭注、左傳曰、山有木、工則剫之。五者皆治樸之名。

鵠皓通用字。象白故曰鵠。觷、學也、爻也。治角當順其文理、交通成文。剒、𣂔古今字。𣂔、斬也。凡鱗甲相次曰𣂔。犀多橫理、當㕡解之。木有尺寸可度、用玉不能切、當以器周轉治之、故謂之琱。

集解

象謂之鵠 釋治樸之

名也。鵠、鴻鵠也。與皓通用。皓、日出皃、引申爲素也、光也。象齒以白素爲貴。周禮巾車鵠纓、謂白纓也。釋文、本亦作齰。廣雅作觡。以齒以角、以意爲變耳。

角謂之觷 觷字本作覺。覺、寤也。引申爲明。謂治角者貴明耳。或者正字爲皎與。說文、䏿、觷也。蓋取推義。攷工弓人、角欲青白而豐末。

犀謂之剒 剒字本作斮、斬也。犀皮以爲甲、又作鼓鞞、治之當除革裹之肉、衰斮之也。或者正字爲厝、與䃺、厲石也。與錯通用。

木謂之剫 剫、判也、分也。謂以尺寸度木、而判分各當其用。詩閟宮是斷是度。左隱十一傳、山有木、工則剫之。今均省作度。

玉謂之雕 雕、鵰也、从隹、周聲。與琱通用。琱、治玉也。治玉必由四周、以其堅也。周禮攷工、刮摩之工有雕人。左昭十二傳命剝圭以爲鍼柲、卽此經之雕也。

義證

象謂之鵠角謂之觷犀謂之剒木謂之剫玉謂之雕 鵠、胡酷反。釋文云、本亦作齰、同。觷、音學。剒、七各反。剫、徒各反。

註左傳曰山有木工則剫之五者皆治樸之名〔補正〕

邢疏、謂治其樸、俱未成器。

郭注補正

象謂之鵠角謂之觷犀謂之𣂔木謂之剫玉謂之雕

左傳曰山有木工則剫之五者皆治璞之名也

今本璞字皆作樸。釋文云、璞、字又作樸。樹相案、元應毗尼律五卷音義引爾雅木謂之刻、注云治璞之名也。慧琳佛說長者子制經一卷音義引爾雅金謂之鏤、木謂之刻、郭璞注曰皆謂治璞之名也。所引璞字與釋文合。今據補也字。

郭注佚存補訂

象謂之鵠角謂之觷犀謂之𣂔木謂之剫

鵠者、釋文云白也、本亦作齰、同。廣雅作觡、云治象牙也。小雅采薇象弭魚服、毛傳云象弭弓反末也、所以解紒也。鄭箋云、以象骨爲之。此用象骨之一也。衛風淇澳傳云、象曰磋。觷者、說文云䏿、觷也。繫傳云、理角也。淇澳傳云治骨曰切者、此與下文骨謂之切義相成也。𣂔、釋文云本或作㕡。諸本皆作剒。文選長笛賦注及廣韵引爾雅皆亦作剒、犀謂之剒。說文、厝、厲石也。引詩他山之石可以爲厝。今小雅鶴鳴作可以爲錯。玉篇引爾雅作錯。斲者說文云判也。魯頌閟宮是斲是度。度爲斲之古文。玉篇引爾雅作木謂之槏、蓋據爾雅別本。小雅小弁傳云、伐木者掎其巔析薪者隨其理。此斲之義也。

說詩

象謂節註工則斲之（斲、左傳作度。）五者皆治樸之名（樸、釋文作璞。）

注疏正字

象謂之鵠　釋文云、鵠、本亦作鵠。廣雅作鵠。案、鵠鵠二字皆不見於說文。

角謂之觷　說文角部有觷字、云治角也。案、此大徐所增十九字之一、非元本也。集韻（二沃）云或从石作礐。　錢少詹曰、觷、當是玉部瑴字之譌。

犀謂之斮　釋文云、斮、本或作厝。石經作剒。玉篇（刀部）、文選注（十八）、集韻（十九鐸）、類篇（刀部）引皆作剒。案、說文刀部無剒字。玉篇云亦作錯。案錯字是也。　臧氏鏞堂曰、葉石君萬影鈔宋本釋文作剒、通志堂本从斤誤。

木謂之剫　正義云、玉篇（木部）引爾雅木謂之槏、今江東斫木爲槏。　剫、省作度。詩（魯頌閟宮）是斷是度。又郭注所引左傳工則剫之、今本亦作度。

玉謂之雕　盧學士曰、案、說文王部琱、治玉也、从王周聲、今經典皆借用雕字。元照案、文選注四引（四又九又十五又十八）皆作琱。唯第一卷引作雕、蓋後人所改。琱與彫通。說文（彡部）彫、琢文也、从彡周聲。詩正義（十六之三）引作彫。

匡名

象謂之鵠角謂之觷犀謂之剒（音錯）木謂之剫玉謂之雕

此釋治樸之名。　象以齒爲用、詩曰象弭、內則曰觿。左襄二十四年傳、象有齒。鵠與礐通。廣雅、礐、分也。　說文、𧢲、獸角也、从力从肉。觷、治角也。　廣雅、斮、絕也。凡用犀皮、削去裏肉、但取其表也。通作錯。　剫、判也。通作度。魯頌、是斷是度。　琱、治玉也。又通剢。左昭十二年傳、命剢圭以爲鏚柲。

啓蒙

觷　礐　鈕氏樹玉云。玉篇。觷口角切。治角也。或作礐。廣韻觷引爾雅角謂之觷。治角也。或作礐。類篇集韻並同。據此則觷通作礐。

說文、㲉、一曰素也。爾雅郭注、觷、治樸之名。樸卽素。此字正當作㲉無疑。觷見新修字義、非說文本有。

斮　厝　釋文。斮本或作厝。同。案說文。厝厲石也。詩曰。他山之石可以爲厝。玉篇刀部剒引爾雅曰。犀謂之剒。亦作錯。詩傳。錯石也。說文。錯金涂也。是厝正字。錯借字。當作厝。

雕　琱　說文。琱治玉也。文選思元賦注引作琱。

黃侃評本正名

象謂之鵠。角謂之觷。　鵠、今廣雅作礐、云分也、曹憲音口角反、案玉篇觷亦音口角反、是鵠觷同音同義、字小殊耳。（玉篇引作象謂之鵠、廣韻沃亦作鵠。）　說文㲉、一曰素也、素即樸、此觷鵠之本字。

黃侃音訓

象謂之鵠　犀謂之剒　木謂之剫　玉謂之雕

廣雅鵠作礐。分也。釋詁一 釋文廣雅作觷。釋器 釋文 玉篇引作象謂之觷。云治象牙也。角部觷 釋文本亦作𪘏。釋器 釋文 廣韻作𪘏。云治象牙。沃韻 釋文剒作斮、從斤。本或作厝。釋器 釋文 左傳剫作度。隱十一年傳 閟宮詩同 玉篇引作木謂之㮕。木部㮕 說文雕作琱、云治玉也。玉部琱 文選注引作玉謂之琱。楊子雲長楊賦注 南都賦注同。

犀謂之剒、釋文、剒作斮、云本或作厝。按、說文、斷、絕也。厝、厲石也。犀、絕斷而後加厲石。二義俱通。說文無剒字。玉謂之雕。文選注引爾雅作玉謂之琱。按、說文玉部琱云、治玉也。隹部雕云、鷻也。雕爲鳥類、於治玉義無涉。當從玉旁作琱、經典承用皆假借作雕字。

證異

犀謂之剒

錦燧謹案、釋文出斮字、云斮本或作厝。石經作剒。玉篇刀部、文選長笛賦注、集韻十九鐸、類篇刀部引皆作剒。而說文刀部無剒字、厂部云厝、厲石也、引詩他山之石可以爲厝。是以義求之、當作厝爲長。今詩厝作錯、玉篇引爾雅作犀謂之錯、然則顧所見本有作錯者。此經當據玉篇訂正作錯。錯乃假借字、而毛詩作錯、此毛爲古文家多假借字之證也。許書引作厝、當是三家異文。厝爲本字、此三家爲今文家多用本字之證也。

木謂之剫

錦燧謹案、玉篇木部引爾雅作木謂之㮕、今江東斫木爲㮕。其所引云云不知何本。剫㮕聲近而誤、當作剫爲是。說文刀部云剫、判也、謂以刀判分木也。惟剫字罕見、經典中多假度爲之。郭引左傳工則剫之、今通行本卽作度。詩魯頌閟宮篇是斷是度、亦不作剫。此卽釋詩是斷是度句、殆三家異文有作剫者。毛用假字、三家用本字也。

玉謂之雕

錦燧謹案、文選思□賦注引此經作玉謂之琱。竊謂作琱者良是、當據以訂正。說文玉部云、琱、治玉也。與爾雅義合、可据爲證。至雕之本義、則說文隹部訓爲鷻、是雕爲鳥名。今云玉謂之雕、以雕琱同从周聲、通假字耳。又說文彡部有彫字、云琢文也。蓋琢玉則曰琱、而所琢之文則曰彫、兩字義近而有別。孟子必使玉人彫琢之、趙岐注云彫琢治飾玉也、引詩曰彫琢其章、此彫字當爲琱之假借。又詩追琢其章、敦琢其旅、追敦琱一聲之轉、亦琱之假字。雅訓蓋卽釋此二句。

陸錦燧日記

犀謂之剒　唐石經雪牕本同。葉鈔釋文剒本或作厝、同七各反。通志堂本誤斮。玉篇刀部剒、且落切、爾雅曰犀謂之剒、亦作錯。

五者皆治樸之名　雪牕本注疏本同。單疏本樸作撲、誤。釋文璞字又作樸。按一切經音義卷十六引此注云治璞之名也、所據本與釋文合。注當本用璞玉字、木旁後人所改。據郭氏名璞字景純可見。

象謂至之雕○釋曰　注疏本刪。

○注左傳曰山有木工則剫之○釋曰　注疏本刪注曰釋曰。

校勘記

象謂之鵠釋文鵠、胡酷古毒二反白也本亦作𪘏、同廣雅作䑩。今本音斛、誤。廣韻鵠、胡沃反、𪘏古沃切治象牙也、在二沃。斛、胡谷切、又𪘏切、音同齒聲、在一屋。然則鵠不與斛同音。屋韻雖有𪘏字、與斛同音、而爲齒聲、與沃韻者不同、則鵠不可以斛音矣。

注疏本正誤

四行　角謂之觷○「觷」原本《玉篇》石部「礐」下引作「礐」．

犀謂之剒○「剒」，唐石經同．通志堂本《釋文》作「斮」，誤．

「剒」今通作「錯」．

五行　木謂之剫○《玉篇》木部「𣘯」下引「剫」作「𣘯」．

(注)左傳曰山有木工則剫之○「剫」今《左傳》隱公十一年作「度」．

(注)五者皆治樸之名○「樸」《釋文》作「璞」，云：「字又作樸．」案：璞者未成器之稱．原本《玉篇》石部「磋」下引此注作「謂治璞之名也」，玄應《音義》卷十六引作「治璞之名也．」「樸」並作「璞」．「名」字下均有「也」字．

宋監本校箋

象謂之鵠音斛角謂之觷音岳犀謂之剒音錯木謂之剫音鐸

音圖・音

觷、五角翻、音嶽。沈音學。或作礐。案字向有口角音確、烏酷音沃、乎谷音斛三翻。

音略

象謂之鵠斛䑩角謂之觷嶽學犀謂之剒措木謂之剫鐸玉謂之雕。

孫侶直音

象謂之鵠斛。犀謂之剒錯。

直音校正

象謂之鵠斛角謂之觷嶽犀謂之剒錯木謂之剫鐸玉謂之雕。五者皆治樸之名。

楊氏音訓

觷學　剒錯　剫鐸

干氏音釋

金謂之鏤木謂之刻骨謂之切象謂之磋玉謂之琢石謂之磨

金謂之鏤、木謂之刻、骨謂之切、象謂之磋、玉謂之琢、石謂之磨。六者皆治器之名。

郭注

金謂至之磨　釋曰、郭云六者皆治器之名也、則此謂治器加功而成之名也。故論語注云、切磋琢磨以成寶器是也。

邢疏

金謂之鏤木謂之刻骨謂之切象謂之磋玉謂之琢石謂之磨治器之名。詩正義三之二　郭同。

孫音注

石謂之磨

爾雅石謂之摩、郭璞曰玉石被摩、猶人自

爾雅詁林　六　釋器

修飾也。一切經音義十

郭音義

骨謂之切

周禮太宰鄭衆注、珠曰切。賈疏、爾雅云骨曰切。蓋鄭讀爾雅本作珠也。郝氏義疏

衆家注

骨謂之切象謂之磋玉謂之琢石謂之磨

治骨曰切治象曰磋治玉曰琢治石曰磨。皇侃論語疏一引爾雅

黃輯古義

金謂之鏤木謂之刻骨謂之切象謂之磋玉謂之琢石謂之磨

孫音注

治器之名。詩衞風淇奧正義

玉函山房輯佚

金謂之鏤木謂之刻骨謂之切象謂之磋玉謂之琢石謂之磨

孫曰治器之名。詩正義三之二 郭同。

注曰、治骨曰切、治象曰磋、治玉曰琢、治石曰磨。皇侃論語疏一引爾雅

漢注

金謂之鏤木謂之刻骨謂之切象謂之磋玉謂之琢石謂之磨鄭注周禮太宰云、珠曰切。賈疏云蓋司農讀爾雅本骨作珠也。論衡量知篇引爾雅作象曰瑳。

郭璞云、六者皆治器之名。

一切注音

金謂之鏤　孫炎曰、治器之名。詩淇澳正義

蕙心案、詩淇奧篇毛傳、治骨曰切、象曰瑳、玉曰琢、石曰磨。義本爾雅。增一治字、詞義顯白、孫注所本也。

古注斠

骨謂之切象謂之磋玉謂之琢石謂之磨　舊注曰、治骨曰切、治象曰磋治玉曰琢治石曰磨。皇侃論語疏

按皇侃引爾雅如此、乃爾雅舊注也、非特多一治字、爲孫炎所本。

古注斠補

鏤字又作鎦、音漏。切本或作䶫、同千結反。磋七何反。琢丁角反。

陸音義

金謂之鏤

鏤而空之、惡鈑也。詩曰靡聖管管、失是矣。

木謂之刻

仁進矣故宜以刻制爲言。

骨謂之切象謂之磋

骨賤雖切可也若象尊矣婉而成之、亦至于骨切矣。

玉謂之琢

玉質美琢之而已。

石謂之磨

相卽而善。

新義

金謂之鏤木謂之刻骨謂之切象謂之磋玉謂之琢石謂之磨

此皆治而爲器之别名。

鄭樵注

金謂之鏤木謂之刻骨謂之切象謂之磋玉謂之琢石謂之磨

孫炎曰、治器之名。

郭璞曰六者皆治器之名。

鄭樵曰此皆治而爲器之別名。

古注合存

象謂之鵠角謂之觷犀謂之剒木謂之剫玉謂之雕金謂之鏤木謂之刻骨謂之切象謂之磋玉謂之琢后謂之磨 觷音學剒音錯剫音鐸○此釋治骨角金玉木石之物之名也註曰鵠以下五者治樸之名鏤以下六者治器之名也隱十一年左傳云山有木工則剫之疏曰治樸謂未成器也治器則加工而成之論語註云切磋琢磨以成器是也

注疏參義

文選注引玉謂之雕、雕作琱、注琱與彫古字通。

補注

金謂之鏤木謂之刻骨謂之切象謂之磋玉謂之琢石謂之磨 **註** 六者皆治器之名 **正義** 此釋治器之名也。金謂之鏤者、大雅韓奕云鉤膺鏤鍚、鄭箋刻金飾之。秦風小戎云虎韔鏤膺、鄭箋鏤膺有刻金飾也。又剛鐵亦名鏤、禹貢梁州貢鏤、史記集解引鄭註剛鐵可以刻鏤、是也。木謂之刻者、說文云、刻、鏤也。哀公問云器不刻鏤、是刻鏤又爲治器之總名也。骨謂之切者、說文云、切、刌也。鄭司農註天官太宰云、珠曰切。賈疏今爾雅本云骨曰切者、蓋司農讀爾雅本作珠也。論衡量知篇作骨曰切、與今本同。象謂之磋者、論衡引作象曰瑳、瑳字从玉、言治之使其色鮮潔也。鄭司農註作象曰磋、與今本同。玉謂之琢者、學記云、玉不琢、不成器。荀子大略篇和之璧、井里之厥也、玉人琢之、爲天下寶。孟子云必使玉人雕琢之、言既雕復琢也。石謂之磨者、方言云、鑴、琢也、晉趙謂之鑴。說文云、鑴、琢石也。文子上德篇、璧瑗之器、礛諸之功也。淮南說山訓玉待礛諸而成器、高誘註云礛諸、攻玉之石。**註** 六者至之名。○

正義

正義 詩疏引孫炎云、治器之名。郭註本孫炎。

骨謂之切 玉案周禮百工飭化八材、鄭司農云珠曰切、疏以爲爾雅文。然則今本骨字本作珠也。司農又云革曰剝、羽曰析。今本無。

校議

金謂之鏤木謂之刻骨謂之切象謂之磋玉謂之琢石謂之磨 六者皆治器之名

鏤者、說文云剛鐵可以刻鏤、引夏書曰梁州貢鏤。然則鏤可以刻金、因名治金爲鏤。詩小戎鏤膺、韓奕鏤鍚、鄭箋竝云刻金飾。棫樸傳金曰彫、彫卽鏤也。此篇下云鏤、鋄也、鋄亦彫矣。刻者、說文云鏤也、是刻鏤通名。爾雅對文、故別耳。春秋莊廿四年經云刻桓公桷、是其例也。切者、說文云刌也。玉篇云治骨也。大宰鄭衆注、珠曰切。賈疏以爾雅云骨曰切、蓋鄭讀爾雅本作珠也。今按、珠質堅滑、非可切之物、恐誤耳。然骨亦難切斷。釋文、切、本或作⿰骨肖。說文、⿰齒屑、齒差也、从齒屑聲、讀若切。玉篇、⿰骨肖治骨也。是⿰骨肖切同。玉篇竝云治骨、是其字通。臧氏經義雜記十七云、⿰齒屑是齒之參差、治骨者、因其差參而治之、俾齊一。故切磋字以⿰齒屑爲正。今爾雅作切、後人改也。磋者、玉篇云治象也。論衡量知篇作象曰瑳、說文瑳、玉色鮮白、蓋治象齒令其鮮白如玉。上云象謂之鵠、亦訓爲白。是爾雅磋字當依論衡作瑳矣。琢者、說文云治玉也。詩追琢其章、箋云追琢玉使成文章。是鄭以追琢皆治玉之名、追卽雕也。以此上云玉謂之雕、下云雕謂之琢、是雕琢通名。箋義本爾雅也。磨者、說文作䃺、䃺、礱也、礪也、以礪石礱磨之。論語磨而不磷、言石堅難治也。詩淇奧傳治骨曰切、象曰磋、玉曰琢、石曰磨、於爾雅上加一治字、卽文義了然矣。故正義引孫炎曰治器之名。郭與孫同。

義疏

金謂之鏤木謂之刻骨謂之切 ⿰齒屑 象謂之瑳 磋 玉謂之琢石謂之磨 注孫注、六者皆治器之名。郭同。周官注引鄭衆引珠謂之切、是也。珠、實骨耳。切砌古今字。砌猶積也。治六者用之、加文澤焉、則有鏤磨諸法。

集解

金謂之鏤 釋飾器之名也。鏤、剛鐵可以刻鏤、从金婁聲。引申為治金之偁、以鏤處而金空也。詩韓奕鉤膺鏤鍚。左哀元傳器不彫鏤。

木謂之刻 刻、从刀亥。亥、荄也、艸根也。以刀刻木、而形深如艸根之在土。然許慎釋為鏤者、因刻木之用剛鐵耳。春秋莊二十四年刻桓宮桷。儀禮特牲禮記棘心匕刻。

骨謂之切 切、刌也、从刀七聲。與脣通用。脣、絜也。骨取其滑、滑則澤而絜矣。周禮大宰鄭衆注、珠曰切。珠質堅滑亦骨也。或者切之正字為齺歟。

象謂之磋 磋、字本作瑳、玉色鮮白。治象齒者令其鮮白如玉、即上經所謂齺也。詩如切如磋。

玉謂之琢 琢、从玉豖。豖、豕豖、絆足行。豖[illegible]、从豕繫二足。玉質甚堅、鐫鑿之需時、亦如豕絆足行之遲也。詩棫樸追琢其章。禮記學記玉不琢不成器。禮器大圭不琢。

石謂之磨 磨、字本作䃺石磑也。與摩通用。摩、研也。攷工記刮摩之工、玉人磬人均在其中、則摩為治石也。詩如琢如磨。論語磨而不磷。

義證

金謂之鏤木謂之刻骨謂之切象謂之磋玉謂之琢石謂之磨

註六者皆治器之名補正邢疏此謂治器加工而成之名也。

郭注補正

木謂之刻補

滋然謹按、慧琳一切經音義六十五刻鏤注引尒疋木謂之刻注云治璞之名也。按郭注金謂之鏤六句云皆治器之名、不云治璞、各句亦無分注、是必尒疋舊注分句爲解。郭注渾而言之皆治器之名、故慧琳引之不稱郭注。慧琳音義引尒疋注通例、舍人、劉歆、樊光、李巡、鄭元、孫炎、郭璞等均明標姓氏、惟舊注止單言注。

舊注攷證

金謂之鏤木謂之刻骨謂之切象謂之磋玉謂之琢石謂之磨

六者皆治器之名也

文選長笛賦注引爾雅金謂之鏤木謂之刻、郭璞曰治器之名也。今據補也字。

郭注佚存補訂

玉謂之雕金謂之鏤木謂之刻

雕、說文作琱、云治玉也。文選思玄賦注引爾雅正作琱。琱、正字。雕、假借也。周頌有客敦琢其旅、鄭箋云敦琢者以賢美之、故玉言之。正義云、謂以治玉之事、言擇人也。敦、雕古今字。大雅棫樸追琢其章、孟子趙岐注引作彫琢其章。雕與敦追一聲之轉、彫與雕同。毛傳云追彫也。鄭箋云追琢玉使成文章。鏤者、說文云刻鏤也。秦風小戎虎韔鏤膺、箋云鏤膺、有刻金飾也。正義云、用金爲膺飾、取其堅牢、金者銅鐵皆是、不必要黃金也。大雅韓奕鉤膺鏤鍚、傳云鏤鍚、有金鏤其鍚也。棫樸傳云、金曰彫。

爾雅詁林　六　釋器

爾雅詁林　六　釋器

彫與鏤同義、可互訓也。刻者、說文云鏤也。雕鏤刻三字古多通用。慧琳一切經音義引爾雅木謂之刻、注云治璞之名也。蓋舊注也。

骨謂之切象謂之磋玉謂之琢石謂之磨　此釋衛風淇澳如切如磋如琢如磨文也。毛傳云、治骨曰切、象曰磋、玉曰琢、石曰磨。釋訓引之爲釋其義、此引之爲解其詁也。孫炎云、治器之名。正義云、白圭之玷尚可磨、則玉亦得稱磨也。故下箋云、圭璧亦琢磨。蓋散文皆得相通也。論衡引作象曰瑳、瑳、磋同字。

說詩

金謂節疏則此謂治器加工而成之名也（上也字當衍文。工、疑作功。）

注疏正字

金謂之鏤　釋文云、鏤字又作鎒。案、說文金部無鎒字。

骨謂之切　釋文云、切本或作齭。臧氏琳曰、說文切、刌也。刌、切也。展轉相訓、則切是刌斷之義、骨性堅質、非可以刌斷成器者、說文齭、齒差也、从齒屑聲、讀若切。案、齭是齒之參差、治骨者、因其參差而治之、俾齊一也。史記索隱（呂不韋列傳）引治骨曰切。周禮天官大宰注、鄭司農曰珠曰切、象曰磋、玉曰琢、石曰磨、木曰刻、金曰鏤、革曰剝、羽曰析。疏云、珠曰切之下竝爾雅文。然今爾雅云骨曰切者、蓋司農讀爾雅本作珠也。元照案、司農竝不云爾雅、何從確指曰竝爾雅文乎。且革羽爾雅無文、將謂司農讀爾雅本有而今本脫乎。賈說誤已。

象謂之磋　磋當从玉作瑳。（見釋訓。）

玉謂之琢　文選注（四）引理玉曰琢、又（九）引治玉曰琢。（唐人避諱改治爲理。其作治者、後人所改。）

石謂之磨　一切經音義（十）引作摩。案、从手者是。（見釋訓。）皇氏侃論語義疏引爾雅治骨曰切治象曰磋治玉曰琢治石曰磨四句、合諸司馬貞李善所引治骨曰切治玉曰琢二句、知木謂之刻以下五句、舊本作治△曰△、以別於△謂之△、後來傳譌作一例文法耳。

匡名

金謂之鏤木謂之刻骨謂之切象謂之磋玉謂之琢石謂之磨　此釋治器之名。說文、鏤、剛鐵可以刻鏤。大雅鈎膺鏤錫、鄭箋刻金飾之。[illegible]鏤也。禮記器不刻鏤、刻鏤又爲治器之總名也。[illegible]也。衛風、如切如磋。鄭註作象曰磋、與玉同功也。琢、治玉也。學記、玉不琢、不成器。衛風、如琢如磨。說文以䃺爲琢石。小雅、他山之石、可以攻玉。

啓蒙

磋（詳釋訓。）

磨（詳釋訓。）

黃侃評本正名

金謂之鏤。洞簫賦鎪鏤離灑、廣雅鏤謂之錯、錯鏤蓋通言不別。

骨謂之切。象謂之磋。玉謂之琢。石謂之磨。切字亦作㓤。集韻引字林㓤，摩也。鄭注學記，摩，相切磋也。是此四字散文皆通。

黄侃音訓

骨謂之切

釋地，西方之美者，有霍山之多珠玉焉。珠玉多連言。此篇下玉謂之琢，不應遺珠不言，疑古本骨當作珠。周禮太宰司農注珠曰切，疏以為爾雅文，是也。說文，切，刌也。郝氏疑珠非可切，謂其字誤，是蓋不知切為刺之叚也。近吳氏承志詁經精舍四集亦以切為刺，字聲相近，謂猶譏刺為譏切，風刺為風切，刺者穹治也。俊案，切从七聲，刺从朿聲，音最相近，故玉篇刺，七亦切，廣均七迹切，穹珠謂刺，猶石鍼謂柴矣。後人不知切當作刺，疑珠非可切之物，遂改爾雅，并疑毛傳之作骨，亦淺人據譌本爾雅改之也。論衡量知篇亦然。岳氏珂九經三傳沿革例謂舊本自是珠字，今从古珠字，可偁有識，惜未及切之訓耳。吳氏不知古爾雅即司農所述於珠曰切下，謂刺之叚於骨謂之切下，據釋文為齵之借，歧而二之，則與郝氏同蔽也。

王仁俊日記

骨謂之切，象謂之磋，玉謂之琢，石謂之磨。臧琳經義雜記云，說文切，刌也。刌，切也。輾轉相訓，則切是刌斷之意。骨性堅質，非可以刌斷成器者。爾雅釋文云，切，本作齵，同。千結反。攷說文齵，齒差也。讀若切。然則爾雅本作齵。齵是齒之參差，治骨者因其參差而治之俾齊一，故切磋字以齵為正。今爾雅作切，後人以毛詩改也。郝懿行云，磋者，玉篇云治象也。論衡量知篇作象曰瑳。說文瑳，玉色鮮白。蓋治象齒令其鮮白如玉，是爾雅磋字當從論衡作瑳矣。段玉裁說文注云，琢，治玉也。琱，治玉也。理，治玉也。琢琱字謂鐫鑿之事，理字謂分析之事。攷工記刮摩五工，玉人記玉之用，楖人雕人闕。楖人蓋理之，如楖之梳髮；雕人蓋琢之，如鳥之啄物。左思賦水鳥曰雕琢蔓藻，是其意。楷案，臧釋切義，郝釋磋義，段釋琢義，三說皆非也。切也，磋也，琢也，皆磨也。切字通作㓤，廣雅，㓤，磨也。集韻引字林云，㓤，摩也。摩與磨同。又通作沏，文選海賦激勢相沏，李善注沏，摩也。古無㓤沏字，故祇作切。史記刺客傳此臣之日夜切齒腐心也，索隱云切齒，齒相磨切也。即引爾雅曰治骨曰切。然則骨質粗厲，磨治之使細，不必致疑於不可刌斷也。磋亦為磨者，廣雅，差，磨也。磋从差，故為磨。廣雅亦云，磋，磨也。說文，䃺，䴾麥也。䃺即磨字，䴾亦从差字也。㓤磋二字廣雅同訓磨，又與礲礪錯鑢字類厠，可見正釋治骨治象之義也。鄭注記學記亦云，摩，相切磋也。愈可證二字之義矣。象質本細，亦磨治之使滑耳。而令其鮮白之誤，固不必辨矣。琢亦為磨者、詩淇澳如琢如磨、御覽引韓詩作如錯如磨、是琢錯同義之證。廣雅、錯磨也。詩鶴鳴可以爲錯、傳錯石也。可以琢玉。以琢釋錯、則錯爲磨、琢亦爲磨明矣。段氏以琢爲說、更屬附會。古人命名自有字異義同之例、以一隅之見求之斯固矣。 稗疏

金謂至之磨○釋曰 注疏本刪。 校勘記

故論語注云切磋琢磨以成寶器是也 案今本論語何注無此語。 注疏校勘札記

七行(注)六者皆治器之名○《文選・長笛賦》注引此注「名」下有「也」字 宋監本校箋

周禮注、珠曰切。疏云、今爾雅骨曰切、司農讀爾雅本作珠。相臺書塾刊正九經三傳沿革例云、骨曰切爲通俗、珠曰切爲駭俗、今存古只從珠字。 王充論衡、象曰瑳。瑳與磋通。 音略

金謂之鏤 漏 孫侶直音

金謂之鏤木謂之 六者皆治器之名。刻骨謂之切象謂之磋玉謂之琢石謂之磨 楊氏音訓

鏤 漏 干氏音釋

璆琳玉也

璆琳玉也。璆琳美玉名。 郭注

璆琳玉也 釋曰郭云璆琳美玉名、禹貢梁州云厥貢璆鐵銀鏤、又雍州云球琳琅玕是也。 邢疏

璆琳玉也

郭璞云璆琳美玉名。 一切注音

璆 音虯本或作球字渠周反。 陸音義

璆琳玉也

言若此而後無石。故笏天子以球玉。玉人云、天子用全。又云、天子圭中必。天子取必于玉、不中則弗用也。若公用龍以下、雖不中、有不必焉。龍、四玉一石。瓚、三玉二石。將、玉石相埒也。言瓚則知龍者其首、將其柄也。據此、凡禮器大者、多非一玉成。蓋上公用龍、用瓚、首之玉、伯用將、用其柄玉。璆或作球。球有求而無與、璵有與而已。 新義

璆琳玉也 二者美玉之名。 鄭樵注

璆琳玉也
郭璞曰璆琳美玉名。
鄭樵曰二者美玉之名。 古注合存

爾雅詁林　六　釋器

璆琳玉也、璆音求。○此特釋璆琳之名也。註曰、璆琳、美玉名。疏曰、禹貢梁州云、厥貢璆鐵銀鏤、雍州云、球琳琅玕是也。

注疏參義

璆琳玉也 註 璆琳美玉名 正義 白虎通義引禮王度記曰、玉者有象君子之德、燥不輕、溼不重、薄不橈、廉不傷、疵不掩。此釋其美者也。說文云、球、玉磬也、或作璆。又云、琳、美玉也。益稷云、戛擊鳴球。周禮疏引鄭註云、鳴球卽玉磬也。魯語云、文仲以鬯圭與玉磬如齊告糴、韋註玉磬、鳴璆也。皆以璆爲玉磬之名也。商頌長發云受小球大球、毛傳球、玉也。鄭箋、受小玉、謂尺二寸圭也、受大玉、謂珽也、長三尺。顧命云天球在東序、疏引鄭註云、天球、雍州所貢之玉、色如天者。玉藻云笏天子以球玉、鄭註球美玉也。是球爲美玉之名、不專指玉磬也。琳者、上林賦云玫瑰碧琳、西都賦云琳珉青熒、胡渭謂琳乃玉之青碧色者也。禹貢雍州貢球琳琅玕、下文釋地云、有崑崙虛之球琳琅玕焉。是球琳皆美玉之名。

正義

璆琳玉也 璆琳美玉也

璆者、釋文云本或作球。說文球或作璆、以爲玉磬、與爾雅異也。詩長發傳、球、玉也。箋云、受小玉、謂尺二寸圭也、受大玉謂珽也、長三尺。按珽卽玉藻云笏天子以球玉、鄭注、球、美玉也。書顧命正義引鄭注、天球、雍州所貢之玉、色如天者。然則璆蓋青色玉矣。琳者、說文云美玉也。書禹貢鄭注以爲美石。石卽玉也。西都賦云琳珉青熒、上林賦云玫瑰碧琳、是琳爲碧青玉、與天璆同色。爾雅以其珍貴異於它玉、故特釋之耳。

義疏

璆球**琳玉也** 郭注、璆琳、美玉名。書球琳琅玕、琅玕、石類。嫌璆琳亦佩玉、故明之也。說文、球、玉磬、或作璆、翏聲也。記天子球笏、蓋亦取璆空名之。林霝通用字、霝亦空也。今字作玲。鄭以球色如天。

集解

璆琳玉也 璆字一作

球、玉磬也、从玉求聲、或从翏聲。引申爲美玉之偁。書禹貢球琳琅玕、顧命天球、詩長發受小球大球、禮記玉藻笏天子以球玉、均美玉也。琳从玉林、謂美玉之如林色耳。文選西都賦琳珉青熒、上林賦玫瑰碧琳、林亦青色、或碧色也。禹貢球琳、亦此言也。鄭注云美石、謂借琳爲玲、失之。玉石之美者、象三玉之連、丨其毌也。

義證

璆琳玉也 璆音虯、釋文云本或作球。

註璆琳美玉名

郭注補正

璆琳玉也

說文云、球、玉磬也、或從翏作璆。案徐鍇本作玉也、無磬字。商頌長發受小球大球、毛傳云球、玉也。小雅瞻彼洛矣傳云諸侯璗琫而璆珌。琳者、說文云美玉也。大雅韓奕箋引書黑水西河、其貢璆琳琅玕。彼釋文云、琳字又作玲、音林。孔安國云、璆、玲、美玉也。鄭注尚書云、璆、美玉、玲、美石。說文、玲、石之次玉者。案孔鄭許皆本爾雅爲說、或以藝文類聚所引爾雅璆玉也、無琳字、又釋文琳字無音、遂定爲衍一琳字。

說詩

璆琳節疏璆琳美玉名琳誤即。又雍州云球琳琅玕球監本誤求。

注疏正字

璆琳玉也 釋文云、璆本或作球。案說文、球从王求聲。或从翏作璆。 段氏玉裁曰、藝文類聚八十三引作璆、美玉也。案釋文無琳字之音、後於釋地篇崐崘虛之璆琳琅玕乃音琳爲林、可證此琳字爲衍。鄭注禹貢璆、美玉、正用此訓。元照案、郭注曰、璆琳、美玉名。經文果如類聚所引、則此注贅甚矣。尙書正義益稷引球、玉也、又禹貢引璆、球玉也、恐不宜偏据類聚。陸不於此作音、自係偶爾失檢。

匡名

璆琳玉也 說文、球、玉聲也、或从翏。琳、美玉石也。禹貢、厥貢球琳琅玕。是球亦美玉之名。

啓蒙

金謂之鏤 骨謂之切 象謂之磋 璆琳玉也

釋文鏤、字又作⿰金屚。音漏。釋器釋文 周禮注作珠曰切。天官太宰注 論衡作骨曰切。量知篇 釋文、切本或作⿰齒肖。同。釋器釋文 玉篇作⿰齒肖。云、治骨也。齒部⿰齒肖 說文作齹。云、齒差也。齒部齹 周禮注作象曰磋。天官太宰注 論衡作象曰瑳。從玉量知篇 釋文璆本或作球。釋器釋文 說文球、玉磬也、或作璆。玉部球

證異

骨、周禮注作珠。按、相臺書塾經傳沿革例、鄭司農注周禮太宰云、珠曰切、賈疏珠曰切之下皆爾雅文、蓋司農讀爾雅本作珠也。如此則舊本自是珠字。切、釋文本或作⿰齒肖、同。說文作齹、云齒差也。玉篇作⿰齒肖、云治骨也。按衛風淇奧詩如切如磋、三家詩必有作如⿰齒肖如瑳者、故陸引之。

璆琳玉也、郭云璆琳美玉也。楷案、黃金其美者謂之鏐、璆與鏐音義同。釋詁、綝、善也。玉篇諃、善言也。琳與綝諃亦音義同。

稗疏

璆琳玉也 唐石經單疏本雪牕本同。段玉裁云本作璆、美玉也。藝文類聚所引不誤。釋文琳字無音、後崐崘虛之璆琳琅玕乃音林。詩韓奕釋文曰、琳、字又作玪。音林。鄭注尙書云、璆、美玉也。玪、美石也。鄭與說文合。今郭注琳亦衍字。按說文玪、玪塾、石之次玉者、从玉今聲。又、琳、美玉也、从玉林聲。然則尙書之璆玪、與爾雅之璆琳、異字異訓。琳爲美玉、爾雅與說文亦合、非衍字也。釋地注云、璆琳、美玉名。

璆琳玉也〇釋曰 注疏本刪。

郭云璆琳美玉名 正德本同。閩本監本毛本琳誤郎。

校勘記

美玉名 雪牕本美玉也。

校勘記訂補

璆音留琳玉也

音圖・音

璆本或作球、同。渠周翻、音虯。書釋文徐又居虯翻、音鳩。又閭幼翻、音漏。馬同。孔氏書正義與前鏐字相混、非。釋地同。

音略

球 零 璆琳玉也。

孫偘直音

球 林 璆琳玉也。

直音校正

璆琳美玉名 璆求琳玉也

楊氏音訓

璆求琳林

干氏音釋

簡謂之畢不律謂之筆滅謂之點

簡謂之畢。今簡札也。不律謂之筆。蜀人呼筆爲不律也，語之變轉。滅謂之點。以筆滅字爲點。

郭注

簡謂之畢 釋曰：簡，竹簡也。古未有紙，載文於簡，謂之簡札，一名畢。禮記學記云：呻其佔畢。謂但吟誦所視簡之文。是謂簡爲畢也。不律謂之筆 釋曰：筆，一名不律。許慎云：楚謂之聿，吳人謂之不律，燕謂之弗，秦謂之筆。郭云：蜀人呼筆爲不律也，語之變轉。滅謂之點 釋曰：郭云以筆滅字爲點，今猶然。

邢疏

簡謂之畢 釋文：畢，李本作篳，同。

滅謂之點 釋文：點，李本作沾。

李注

滅謂之點 釋文點，孫本作玷。

孫音注

不律謂之筆 書筆名四方之異言也。禮記疏引郭氏。邵氏爾雅正義云：蓋郭氏音義之文。

郭音義

不律謂之筆 上古結繩，易以書契，經緯天地，錯綜羣藝，日用不知，功蓋萬世。藝文五十八

圖贊

黃輯古義

簡謂之篳 釋文：畢，李本作篳。

滅謂之沾 釋文：點，李本作沾。

李注

滅謂之玷 釋文：點，孫本作玷。案今本釋文作坫，據宋本正義。

孫音注

筆讚

上古結繩，易以書契，經緯天地，錯綜羣藝，日用不知，功蓋萬世。藝文類聚卷五十八

圖贊

玉函山房輯佚

筆 不律謂之筆

贊曰：上古結繩，易以書契，經緯天地，錯綜羣藝，日用不知，功蓋萬世。

王輯圖贊

筆

上古結繩，易以書契，經緯天地，錯綜羣蓺，日用不知，功蓋萬世。蓺文類聚五十八 初學記二十一

嚴輯圖贊

筆

上古結繩，易以書契，經緯天地，錯綜羣藝，日用不知，功蓋萬世。○初學記二十一 藝文五十八

錢輯圖贊

簡謂之畢 釋文：畢，李本作篳，同。

滅謂之點 本釋文，點，李本作沾，孫、宋本作玷。

漢注

簡謂之畢

郭璞云、今簡札也。

不律謂之筆

郭璞云、書筆名四方之異言也、蜀人呼筆爲不律也、語之變轉。書筆下九字據禮記正義四卷引增

滅謂之點

郭璞云以筆滅字爲點。

一切注音

不律謂之筆　郭氏云、書筆名四方之異言也。曲禮正義

義郭氏讚曰、上古結繩、易以書契、經緯天地、錯綜羣藝、日用不知、功葢萬世。藝文類聚

簡謂之畢　李本作簞。釋文

滅謂之典、李本作沾、孫本作坫。釋文

蕙心案坫當爲玷之譌。

古注斠

畢 如字。禮記云呻其佔畢、謂呻吟佔視簡畢之文也。李本作簞、同。

不律 說文云、吳謂筆爲不律。

點 丁簟丁念二反。李本作沾、孫本作坫。

陸音義

簡謂之畢

畢、掩兔也。兔雖三穴、吾掩之以一而已、凡畢如之。易曰、易簡而天下之理得矣。

不律謂之筆

筆、所述也。故楚謂之聿。述而已、則是刑在鼎矣、故吳謂之不律、亦筆之所能載言意爾。自此以往有不能也、故燕謂之弗。

滅謂之點

筆之矣、雖滅不能無點也。如欲無點、有洗之而已。故下文云、且點玷也。如鏡有痕、玉之有玷。夫欲無玷、遠離文字可矣。

新義

簡謂之畢　簡、札也。古未有紙、載文於竹簡。不律謂之筆　緩聲爲不律、急聲爲筆。郭云、蜀人呼筆爲不律。許愼云、吳人謂之不律。觀作爾雅者多用江南音命物、恐許氏之言是矣。滅謂之點　以筆滅字也。

鄭樵注

簡謂之畢 畢、李本作簞。

郭璞曰、今簡札也。

鄭樵曰、簡札也。古未有紙、載文於竹簡。

不律謂之筆

郭璞曰蜀人呼筆爲不律也語之變轉

鄭樵曰、緩聲爲不律、急聲爲筆。郭云、蜀人呼筆爲不律。許愼云、吳人謂之不律。觀作爾雅者多用江南音命物、恐許氏之言是矣。

滅謂之點 點、李本作沾、孫本作坫。

郭璞曰、以筆滅字爲點。

鄭樵曰、以筆滅字也。

古注合存

簡謂之畢不律謂之筆滅謂之點　此釋簡畢之屬之名也。註曰、畢謂簡札。蜀呼筆爲不律、語之轉也。以筆滅字爲點。疏曰、簡、竹簡也。古未有紙、載文於簡、謂之簡札、一名畢。學記云、呻其佔畢是也。許愼云、楚謂之聿、吳謂之不律、燕謂之弗、秦謂之筆。愚按稱不律之地、許愼與郭註異、豈吳蜀二地同稱與。

注疏參義

廣韻畢、俗从金作鏎。

鄭云緩聲爲不律、急聲爲筆、郭云蜀人呼筆爲不律、許叔重云吳人謂之不律、觀作爾雅者多用江南音命物、恐許

爾雅詁林　六　釋器

氏之言是矣。【補注】

簡謂之畢【註】今簡札也不律謂之筆【註】蜀人呼筆爲不律也語之變轉滅謂之點【註】以筆滅字爲點【正義】此釋書契所用也。簡謂之畢者，說文云，簡，牒也。釋名云，簡，間也，編之篇篇有間也。王制云太史典禮執簡記，鄭注簡記，策書也。左氏襄二十五年傳云執簡而往，謂簡記也。學記云呻其佔畢，鄭註吟誦其所視簡之文。是畢爲簡也。不律謂之筆者，釋名云，筆，述也，述事而書之也。曲禮云史載筆，孔疏云不言簡牘而云筆者，筆是書之主，則餘載可知。魯語云臣以死奮筆，晉語云進秉筆，又云臣以秉筆事君，齊策云取筆牘受言，是書契用筆，其來舊矣。筆彄謂之管，見內則註。滅謂之點者，說文云，點，小黑也。以筆加小黑以滅其字也。【註】今簡札也。○【正義】釋名云，札，櫛也，編之如櫛齒相比也。是札卽簡也。聘禮記云百名以上書於策，不及百名書于方，鄭註策，簡也，方，版也。論衡量知篇云，截竹爲简，破以爲牒，加筆墨之跡，乃成文字，斷木爲槧，析之爲板，力加刮削，乃成奏牘。古者重方策，簡卽策也。左傳疏云，簡札牒畢，同物而異名。單執一札謂之簡，連編諸簡謂之策。故於文，策或作册，連其編簡之形。以其連簡爲策，故言策者簡也。○蜀人至變轉。○【正義】說文云，聿，所以書也，楚謂之聿，吳謂之不律，燕謂之弗，秦謂之筆。郭云，蜀人呼筆爲不律，各據時驗而言也。禮記疏引郭氏云書筆名四方之異言也，蓋郭氏音義之文。【正義】

不聿謂之筆　曲禮史載筆，疏引爾雅郭註書筆名四方之異言也。玉案，說文云聿所以書，故書筆二字並从聿。【校議】

簡謂之畢今簡札也不律謂之筆蜀人呼筆爲不律也語之變轉滅謂之點以筆滅字爲點

簡者，說文云，牒也。釋名云，簡，間也，編之篇篇有間也。內則注，簡謂所書篇數也。畢者，學記云呻其佔畢，鄭注引爾雅而云吟誦其所視簡之文，是畢卽簡矣。釋文，畢，李本作篳。按，畢用竹，故李巡从竹。至用木，則曰牘。牘謂之業，故曲禮云請業則起，鄭注業謂篇卷，是也。○筆者，釋名云，述也，述事而書之也。不律者，蓋筆之合聲。說文云，聿，所以書也，楚謂之聿，吳謂之不律，燕謂之弗，秦謂之筆。郭云蜀人呼筆爲不律，可知此皆方俗語音輕重，其義卽存乎聲也。曲禮云史載筆，晉語云臣以秉筆事君，是則書之用筆由來舊矣。韜筆謂之管，內則注，管，筆彄也。詩云貽我彤管。○滅者，沒也，除也。點者，說文，點，黑也。釋文，李本作沾，孫本作坫。按，坫宋本作玷，玷，俗字也。說文作㓠，云缺也，引詩白圭之㓠。沾卽添之本字，說文，沾，益也。然則滅除其字，故爲玷缺，重復補書，故爲添益。李孫作沾，作玷，其義兩通。郭本作點，當屬叚借，而云以筆滅字爲點，蓋失之矣。古人書於簡牘，誤則用書刀滅除之。說文作㓠爲是，非如後世誤書用筆加點也。郭氏習於今而忘於古耳。【義疏】

簡謂之畢不律謂之筆滅謂之點

滅者，沒也，除也。點者，說文，點，小黑也。釋文，李本作沾，孫本作玷。案，坫，宋本作玷。玷，俗字也。說文作㓠，云缺也，引詩白圭之㓠。沾卽添之本字。說文，沾，益也。然則滅除其字，故為玷缺，重復補書，故為添益。李孫作沾作玷，其義兩通。郭本作點，當屬假借，而云以筆滅字為點，蓋失之矣。古人書於簡牘，誤則用書刀滅除之。說文作㓠為是，非如後世誤書用筆加點也。郭氏習於今而忘於古耳」。念孫案，既云滅除其字，故為玷缺，又云重復補書，故為添益，然則點字將訓為玷缺乎，抑訓為添益乎。添益與玷缺義正相反，何云其義兩通邪。且滅除其字，亦非玷缺之謂。

說文，㓠，缺也，從刀占聲。此謂刀有缺耳，非謂簡牘有誤字、須用刀滅除之也。不聿謂之筆、與滅謂之點連文、則點者正謂以筆滅字也。既云書之用筆由來舊矣、則以筆滅字亦非始於後世。何云郭氏習於今而忘於古乎。

郝注刊誤

簡謂之畢 篳郭注、今簡札也。記、呻其佔畢。又笏畢用也、言以笏代簡。**不律謂之筆** 聿郭注、蜀人呼筆爲不律也、語之變轉。說文分聿筆爲二字。聿、所以書也。秦謂之筆、則秦始用竹也。聿从又持半竹以畫、蓋古以刀畫、後以竹點漆、至秦乃用竹管束豪點墨也。說文楚謂之聿、吳謂之不律、此用吳語、疑子游弟子傳之。**滅謂之點** 郭注、以筆滅字爲點。詩白圭之玷。玷、缺也。點亦从占。口卜爲占。因爲占據之名。小兒所書寫爲笘。記呻其佔畢、謂學子簡冊摩滅、非點太公字也。郭注誤。

集解

簡謂之畢 簡、牒也、从竹閒聲。畢、田网也。與篇通用、篇、書也。牒、亦書也。禮記內則、請肆簡諒。玉藻、笏畢用也、言以笏代畢。莊子列禦寇、不離苞苴竿牘。司馬注、謂竹簡爲書、以相問遺。則簡又以竿爲之矣。**不律謂之筆** 說文所謂聿是也。聿、所以書也。楚謂之聿、吳謂之不律、燕謂之弗。不律云者、謂不法也。執筆有法、嫺習則可自如矣。筆从竹聿、謂聿而以竹爲者。禮記史載筆、則筆之書字、由來舊矣。古書用刀、後乃用竹點漆、至秦則以竹爲管、束毛爲毫、點墨以書。許慎所以云秦謂之筆、非秦前無筆名也。近今鋼筆鉛筆、人頗僃便、其文明促進之機乎。**滅謂之點** 滅、盡也、从水威聲。與默墨通用。古墨用漆、後乃易以膠和烟耳。點、黑也、从黑占。周禮史古墨、蓋此經所謂滅也。禮記學記呻其佔畢、佔即點、言吟墨簡。

義證

簡謂之畢

註 今簡札也。補正 邢疏、簡、竹簡也、古未有紙、載文於簡、謂之簡札、一名畢。禮學記云、呻其佔畢、謂但呻誦所視簡之文、是謂簡爲畢也。

不律謂之筆

註 蜀人呼筆爲不律也、語之變轉。補正 邢疏、許慎云、楚謂之聿、吳人謂之不律、燕謂之弗、秦謂之筆。臣鎣按、鄭樵註云、緩聲爲不律、急聲爲筆。

滅謂之點

註 以筆滅字爲點

郭注補正

不律謂之筆

蜀人評筆爲不律也語之變轉

禮記曲禮正義引爾雅云、不律謂之筆、郭云、書筆名四方之異言也。所引與今本異、或是郭音義之文。

郭注佚存補訂

簡謂之畢不律謂之筆滅謂之點

簡者、說文云、牒也。小雅出車畏此簡書、毛傳云、簡書、戒命也。蓋簡所以書戒命也。學記呻其佔畢、鄭注引爾雅、云吟諷其所簡之文、是以簡爲畢。李本畢從竹作篳、蓋竹簡也。 筆者、說文作聿、云所以書也。楚謂之聿、吳謂之不律、燕謂之弗、秦謂之筆。不律即筆之合聲也。邶風靜女貽我彤管、箋云、彤管、筆赤管也。彼釋文云、管、筆管。 點者、說文云、小黑也。卽郭注以筆滅字爲點也。點從黑，故云小黑。今時謂塗抹字猶然。釋文云：點，李本作沾，孫本作坫。坫當爲玷字之誤。沾污謂之點，玷亦污玷之義。玷與點通。文選補亡詩注云：點與玷古字通。大雅抑白圭之玷，召旻曾不知其玷，傳並云：玷，缺也。今謂玷卽污點也。　餘詳訂經。

說詩

不律節疏吳人謂之不律　人衍字。

注疏正字

不律謂之筆

郭曰：蜀人呼筆爲不律也，語之變轉。引之謹案：不者，發聲，猶滑謂之不滑，見釋邱。類謂之不類，若謂之不若也。見釋魚。說文曰：楚謂之聿，吳謂之不律，燕謂之弗，秦謂之筆。聿、律聲相近，弗、筆聲相近，不，發聲也。不律謂之筆，猶言律謂之筆耳。鄭樵注曰：緩聲爲不律，急聲爲筆。其說似是而非。

述聞

簡謂之畢　釋文云：畢，李本作篳。案此經師增益之字，與說文竹部訓爲藩落之篳字又異。

不律謂之筆　說文三下：聿，所以書也。楚謂之聿，吳謂之不律，燕謂之弗，从聿一聲。又筆，秦謂之筆，从聿从竹。

滅謂之點　釋文云：點，李本作沾，孫本作坫。案皆占聲也。其音同沾，非沾益之沾；坫亦非屏坫之坫也。

匡名

簡謂之畢不律謂之筆滅謂之點　此釋書契之所用。說文：簡，牒也。左襄二十五年傳：執簡而往。學記：呻其佔畢。聿，所以書也。楚謂之聿，吳謂之不律，燕謂之弗，从聿一聲。筆，秦謂之筆，从聿从竹。徐鍇曰：筆尙便疌，故从聿。曲禮：史載筆。黖，小黑也。以筆加小黑，以滅其字也。

啓蒙

簡謂之畢。　釋文畢，李本作篳。篳本藩落之名，而以爲簡，猶冊本書冊之名，而字孳乳爲柵。柵，編樹木也。同義異物。凡名物之字多有此例，或以畢爲筴之借字，聲韻兩乖，不達詞言之情者也。畢與篇籍皆聲轉，廣韻：籍，篇也。

不律謂之筆。蜀人呼筆爲不律也，語之變轉。　說文：聿，所以書也。楚謂之聿，吳謂之不律，燕謂之弗，秦謂之筆。郭云：蜀人呼筆爲不律，蜀之不卽燕之弗也。筆从聿聲，律亦从聿聲，弗者撟也。以撟正爲義，與筆亦雙聲。不律，筆之長言也。

黃侃音訓

不律謂之筆。許氏云：吳謂之不律。郭云：蜀人呼筆爲不律。觀作爾疋者多用江南音命物，郭氏恐誤。

讀雅筆記

不律

釋器：不律謂之筆。郭注：蜀人呼筆爲不律也，語之變轉。邢疏：筆，一名不律。許愼云：楚謂之聿，吳人謂之不律，燕謂之弗，秦謂之筆。芹按：此卽切音之法也。郭以爲語之變轉，蓋不識切音之法耳。

滅謂之點

釋器：滅謂之點。郭注：以筆滅字爲點。芹按：禰衡鸚鵡賦序：筆不停綴，文不加點，卽此義。蓋點卽今之所謂塗抹也。

札記

爾雅詁林　六　釋器

滅謂之點

滅謂之點郭注以筆滅字爲點頤烜案禮記曲禮上毋不敬釋文毋字與父母字不同俗本多亂讀者皆朱點毋字以作無音史記梁孝王世家李太后亦私與食宮長及郎中尹霸等士通亂正義張先生舊本有士字先生疑是衍文又不敢除故以朱大點其字中心

讀爾雅録

不律謂之筆不律猶令丁爲鈴終葵爲錐俾倪爲陴不疑爲丕

古義補

簡謂之畢○釋曰注疏本刪

不律謂之筆○釋曰注疏本刪

滅謂之點○釋曰注疏本刪

校勘記

今簡札也　明監本同汲懷堂本毛本湘本札作札說文無扎字唐韻扎音札拔也與札義異此及明監本誤

注疏校勘札記

八行（注）以筆滅字爲點○日本《羣書類從》第六輯《令抄》「軍防令」引此注「點」下有「也」字。

宋監本校箋

鄭夾漈云緩聲爲不律急聲爲筆顧亭林云爾雅不律正切筆字大祭正切禘字蒺藜正切茨字蕉蕪正切須字　案爾雅蛾蠓之爲蠓燕燕之爲乙亦是緩聲急聲之別此類甚多又北史之自翻及梵書之切身皆即此理也

音略

滅謂之點　玷

孫偘直音

簡謂之畢。簡，簡札也。不律謂之筆。蜀人呼筆爲不律。滅謂之點。以筆滅字爲點。

楊氏音訓

絕澤謂之銑

絕澤謂之銑銑即美金言最有光澤也國語曰玦之以金銑者謂此也。

郭注

絕澤謂之銑　釋曰金之最有光澤者名銑。注國語曰玦之以金銑　釋曰案晉語獻公使太子申生伐東山佩之金玦狐突歎曰以尨衣純而玦之以金者銑寒甚矣說國語者以銑下屬與郭異也。

邢疏

絕澤謂之銑

郭璞云銑即美金言最有光澤也國語曰玦之以金銑者謂此也。

一切注音

銑蘇典反。沈作珗反。

陸音義

絕澤謂之銑

滅之洗之期于如金凫氏爲鐘兩欒謂之銑以據六分其金而錫居一謂之鐘鼎之齊銑閒謂之于于上謂之鼓鼓上謂之鉦鉦上謂之舞于錞也鉦鐲也錞以和之鐲以節之鼓以鼓之舞以舞之故君子見鐘而樂之義得矣然則舞上謂之甬甬上謂之衡可知也已甬踊也衡品而平之禮曰舞斯慍慍斯戚戚斯歎歎斯辟辟斯踊矣品節斯斯之謂禮。

新義

爾雅詁林 六 釋器

絕澤謂之銑銑、金之最有光澤者。

鄭樵注

絕澤謂之銑 郭璞曰、銑即美金、言最有光澤也。國語曰玦之以金銑者、謂此也。鄭樵曰、銑、金之最有光澤者。

古注合存

絕澤謂之銑**註**銑即美金言最有光澤也國語曰玦之以金銑者謂此也

正義說文云、銑、金之澤者、義本爾雅。下文言弓之飾、云以金者謂之銑、是銑即金之別名也。**註**國語至此也。○**正義**晉語云玦之以金、銑者寒甚矣、韋註銑猶灑也、灑灑寒貌。案、灑灑亦言其光之寒也。

正義

絕澤謂之銑銑即美金言最有光澤也國語曰玦之以金銑者謂此也

此覆說金事、句上當脫金字也。銑者、說文云金之澤者。下文說弓、云以金者謂之銑、是銑爲美金之名也。晉語云玦之以金、銑者寒之甚矣、韋昭注銑猶灑灑、寒也。然則銑之爲言灑也。灑掃與洒滌俱與光澤義近。

義疏

絕澤謂之銑 郭注、銑即美金、言最有光澤也。國語曰玦之以金銑者謂此也。攷工記鳧氏爲鐘、兩欒謂之銑。古者洗洒通、謂光澤如洗也。

集解

絕澤謂之銑 斥滅言耳。滅而絕澤、謂滌也。銑、金之澤者。與洗洒通用。洒滌也、謂滌光之如滌耳。攷工記鳧氏兩欒謂之銑、亦以其絕澤故。

義證

絕澤謂之銑銑、蘇典反。

註銑即美金言最有光澤也國語曰玦之以金銑者謂此也

郭注補正

絕澤謂之銑

銑即美金言最有光澤也國語曰決之以金銑者謂此也

各本皆作玦、釋文作決。單疏本無者字。

郭注佚存補訂

絕澤節註玦之以金銑 玦、釋文作決。

疏以厖衣純 厖、國語作尨。

注疏正字

絕澤謂之銑 說文銑金之澤者澤光潤也郭註銑即美金言最有光澤也

玦之以金銑者 雪牕本注疏本同。釋文玦作決、單疏本作玦之以金銑、無者字。按韋氏注此云、玦猶決也。郭注以決爲玦、與韋義同。今本仍作玉旁、非。又國語而玦之以金銑者寒甚矣、單疏本引作而玦之以金者銑寒甚矣、余謂古本國語當無者字、故韋注云銑猶灑也、灑灑寒貌、讀銑寒、甚矣句絕。爾雅下文以金者謂之銑、郭此注云銑即美金。國語曰玦之以金銑、是讀而玦之以金銑句絕。

啓蒙

絕澤謂之銑○釋曰 注疏本刪。

○注國語曰玦之以金銑○釋曰案晉語 注疏本刪上十一字。

以尨衣純而玦之以金者銑寒甚矣 元本同。閩本剜改尨作厖、者銑作銑者、監本毛本承之。

以銑下屬 注疏本下誤玉。

校勘記

絕澤謂之銑 郝義疏曰、此覆說金事、句上疑脫金字。

釋曰使太子申生伐東山 案、釋日下明監本毛本湘本均有晉語獻公四字、此脫。

注疏校勘札記

七上（七一）一行(注)國語曰玦之以金銑者○「玦」宋刻小字本及邢昺疏均作「玦」與《國語·晉語》合，當據正。

宋監本校箋

李巡云、金鏃以金爲箭鏑。史記索隱十六卷 鍭以金爲箭鏑也。文選五十一卷註 孫炎云、金鏑斷羽、使前重也。詩正義十七之二卷 郭璞云、今之錍箭是也。

骨鏃不翦羽謂之志

郭璞云、今之骨骲是也。

一切注音

金鏃翦羽謂之鏃　孫炎云、金鏑斷羽、使前重也。詩行葦正義 李巡云、以金爲箭鏃。史記索隱

骨鏃不翦羽謂之志　舊注云、不翦、謂以鳥羽自然淺狹、不復口也。御覽三百卅九

古注斠

鏃作木反。鍭侯候二音。錍匹迷反。方言云、箭廣長而薄鎌者謂之錍。骲火交反。埤蒼云、骨鏃也。沈五爪反、顧蒲交反。

陸音義

金鏃翦羽謂之鍭

凡爲王禦侮、于家則族先焉、于國則侯先焉。周官所謂六弓、往多反少唐也、若大往反若一。然則唐大雖曰往體來體若一、唐愧于大矣。唐大如此、則王愧于弧、夾愧于庾可知。且夾而後立弱也、所謂夾弓如此。庾十六斗、庾弓謂斗力歟。古者量小、則庾弓若今八九斗弓矣。王弓、王所射也。弧弓、象弧矢、象枉矢。記曰弧旌枉矢、以象弧也。據此枉矢絜矢蓋王弓弧弓之矢、鍭矢鏃矢蓋夾庾之矢。絜矢以絜爲在我、枉矢以枉爲在彼。矰矢用諸高曠、茀矢用諸叢密。恆矢、常用之矢。庳矢、庳矣。散射雖以習射、非禮射也。若習射于澤、不得謂之散。鄭氏謂近射用弱弓、則射大侯者用王弧、射參侯者用唐大矣。然則尊者射强弓、以有德者宜有力故也。據大侯九十弓、參侯七十弓、豻侯五十弓。

骨鏃不翦羽謂之志

以爲戲而已、雖謂之志可也。若鍭豈予所欲哉。老子曰若美必樂之。樂之者、是樂殺人也。

新義

金鏃翦羽謂之鍭骨鏃不翦羽謂之志 鏃、箭頭也。

鄭樵注

金鏃翦羽謂之鍭

李巡曰、鏃以金爲箭鏑也。史記五宗世家注引此鏃作矢。此從文選賈誼過秦論注。

孫炎曰、金鏃斷羽、使前重也。

郭璞曰、今之錍箭是也。

骨鏃不翦羽謂之志

郭璞曰、今之骨骲是也。

鄭樵曰、鏃箭頭也。此釋上句。

古注合存

李巡注云鏃以金爲箭鏑也

金錢翦羽謂之鍭坊本鍭亦誤鏃

補注

金鏃翦羽謂之鍭 **註** 今之錍箭是也骨鏃不翦羽謂之志 **註** 今之骨骲是也 **正義** 此别矢之名也。鏃者、說文云、族、矢鋒也。鏃、利也。今人謂鏃爲鏑。以鐵爲鏑翦其羽者謂之鍭、射物之矢也。詩疏引孫炎云、金鏃斷羽、使前重也。文選註引李巡云、鍭以金爲箭鏑也。大雅行葦云四鍭既鈞、毛傳云鍭、矢參亭。考工記矢人爲矢、鍭矢參分、一在前、二在後、鄭

金鏃翦羽謂之鍭骨鏃不翦羽謂之志

金鏃翦羽謂之鍭。今之錍箭是也。骨鏃不翦羽謂之志。今之骨骲是也。

郭注

金鏃翦羽謂之鍭

金鏃以金爲箭鏑也。史記五宗世家索隱文選賈誼過秦論注

李注

金鏃翦羽謂之鍭

金鏑斷羽使前重也。方言云關西曰箭，江淮謂之鍭。詩正義十七之二 邢疏引首八字。

孫音注

骨鏃不翦羽謂之志郭注今之骨骲是也。釋文骲沈五爪反。

沈集注

骨鏃不翦羽謂之志郭注今之骨骲是也。釋文骲顧蒲交反。

顧音

骨鏃不翦羽謂之志

不翦，謂以鳥羽自然淺狹，不復口也。御覽三百四十九

衆家注

黄輯古義

金鏃翦羽謂之鍭

金鏃以金爲箭鏑也。史記五宗世家索隱文選賈誼過秦論注

李注

金鏃翦羽謂之鍭

金鏑斷羽使前重也。方言云關西曰箭，江淮謂之鍭。詩大雅行葦正義 邢疏引上二句，別引方言云箭自關而東謂之矢，江淮之間謂之鍭，關西曰箭。

孫音注

骨鏃不翦羽謂之志

郭注今之骨骲是也。骲，五爪反。並同上

沈集注

骨鏃不翦羽謂之志郭注今之骨骲是也。骲蒲交反。並同上

顧音

玉函山房輯佚

金鏃

以金爲箭鏃。李注 史記索隱十六

鈎沉

金鏃翦羽謂之鍭

李曰：金鏃以金爲箭鏑也。史記五宗世家索隱文選五十一賈誼過秦論注

孫曰：金鏑斷羽使前重也。方言云關西曰箭，江淮謂之鍭。詩正義十七之二 邢疏

骨鏃不翦羽謂之志

注曰：不翦，謂以鳥羽自然淺狹，不復翦也。御覽三百四十九

金鏃翦羽謂之鍭

漢注

註云參訂之而平者前有鐵重也。穀梁隱二年傳云聘弓鍭矢不出竟場是也。以骨爲鏑而不斷羽者謂之志、禮射之矢也。盤庚云、若射之有志是也。夏官司弓矢掌八矢之灋、鍭矢用諸近射田獵、恒矢用諸散射。鄭註云、鍭之言候也、可以司候射敵之近者及禽獸、前尤重、中深、而不可遠也。恒矢、安居之矢也、可以散射、謂禮射及習射也。恒矢之屬、軒輖中所謂志也、是恒矢卽志矢也。司弓矢有八矢、而爾雅祇釋其二者、以鍭矢居前最重、志矢居後最輕、故舉以例其餘也。其用諸喪禮、則其鏃稍變。旣夕禮云、翭矢一乘、骨鏃短衛、志矢一乘、軒輖中亦短衛。鄭註云、翭猶候也、候物而射之矢也、骨鏃短衛亦示不用也、生時翭矢金鏃、凡爲矢五分笴長而羽其一、志猶擬也、習射之矢、無鏃、短衛亦示不用、生時志矢骨鏃、凡爲矢前重後輕也。賈疏云、短衛卽翦羽也、謂之衛者、羽所以防衛其矢、故名爲衛。**註**今之至是也。○**正義**郭以今名釋古器也。方言云、箭、自關而東謂之矢、江淮之間謂之鍭、關西曰箭。又云、凡箭鏃、其廣長而薄鎌謂之錍、或謂之鈀、箭其小而長中穿二孔者謂之鉀鑪。郭氏彼註云、今箭鉀鑿空兩頭也。釋名云、矢、指也、言其有所指而迅疾也。又謂之箭、箭、進也。其本曰足、矢形似木、木以下爲本、以根爲足也。又謂之鏑、鏑、敵也、可以禦敵也。齊人謂之鏃、鏃、族也、言其所中皆族滅也。其旁曰羽、如鳥羽也、鳥須羽而飛、矢須羽而前也。齊人曰衛、所以導衛矢也。郭云骨骲者、釋文引埤蒼云、骨鏃也。案今骲箭以寸木空中、簇竅發則受風而鳴、又謂之響箭。鏃上加骨角小哨者曰鳴鏑。

正義

金鏃翦謂之鍭　御覽三百四十七引郭註云金鏃今鞞箭也、骨鏃今骨骲也、不翦謂以鳥羽自然淺狹、不復翦也。

校議

金鏃翦羽謂之鍭今之錍箭是也**骨鏃不翦羽謂之志**今之骨骲是也

鏃者、說文作族、云矢鋒也、束之族族也。翦作歬、云齊斷也。鍭云、矢金鏃翦羽謂之鍭。詩行葦正義引孫炎

曰金鏑斷羽使前重也。司弓矢云、鍭矢用諸近射田獵。鄭注、前尤重、中深、而不可遠也。旣夕記云、翭矢一乘、骨鏃短衛。鄭注、翭猶候也、候物而射之矢也。四矢曰乘。骨鏃短衛亦示不用也、生時翭矢金鏃。賈疏云、短衛卽翦羽也、謂之衛者、羽所以防衛其矢、故名羽爲衛。淮南兵略篇云、疾如錐矢。高誘注以錐爲金族翦羽之矢。郭云、錍箭也者、方言云、凡箭鏃廣長而薄鎌謂之錍。○骨鏃不翦羽者、以骨爲鏑、而不斷、齊其羽令前後輕重適均也。御覽三百四十九引舊注云、不翦、謂以鳥羽自然淺狹、不復口也。志者、書云、若射之有志。司弓矢云、恆矢用諸散射。鄭注散射謂禮射及習射也。恆矢之屬、軒輖中所謂志也。旣夕記云、志矢一乘、軒輖中亦短衛。鄭注、志猶擬也、習射之矢、無鏃、短衛亦示不用、生時志矢骨鏃。然則骨鏃不翦羽卽不短衛矣。郭云骨骲也者、釋文引埤蒼云、骨鏃也。按、骲箭古用骨、今亦用木、仍曰骲頭。

義疏

金鏃翦羽謂之鍭翭孫注、金鏑斷羽使前重也。郭注、今之錍箭是也。**骨鏃不翦羽謂之志**舊注、不翦謂以鳥羽自然淺狹、不復翦也。郭注、今之骨骲是也。

禮記、翭矢一乘、骨鏃。又志矢一乘、不言鏃、以生時用。翭矢是金族、志矢本骨鏃也。射侯蓋本用骨鏃、以射質用金、因加金於侯。从羽者是也。射者各繹已志、故射侯之矢曰志。書曰、若射之有志。周官鏃矢用諸近射田獵、䴊不以射侯也。澤射椹質、選士之始、因假侯名耳。詩敦弓旣堅、四鍭旣均、敦弓、王弓。與金鏑前重、故翦羽均之。骨鏃直用苛、不飾羽。翦、齊也、非斷也。不翦羽、不用羽劑之、非因鳥羽自然。孫注不知矢制。

集解

金鏃翦羽謂之鍭儀禮旣夕記翭矢一乘、骨鏃、明生時翭矢金鏃也。鏃、利也、从金族聲。與族通用。族、矢鋒也、束之族族也。鍭从金侯。射侯本用骨鏃、此金鏃名而从侯者、以射以射侯為夭也。字亦與翭通用。翭、

羽本也。因其翦羽、故鏃又名為翭。周禮司弓矢鍭矢用諸近射田獵、謂金質重而鏃利。詩行葦四鍭既鈞、則謂翦羽而使參亭耳。儀禮謂為短衛、說者謂翦羽使前重。其說殊為誤矣。

骨鏃不翦羽謂之志　儀禮既夕記志矢一乘、軒輖中亦短衛。則矢用骨鏃、與生時同。唯翦羽與生時異耳。志、識之古文。其以為骨矢名者、以射為人之志也。書盤庚若射之有志。禮記射義射者繹也、各繹己之志也。骨鏃所以名志、與不翦羽者、言不用羽也。骨鏃直用笴、與金鏃殊。既夕記之言志矢、蓋特明言短衛。周禮司弓矢恆矢用諸散射、斥志言也、非嵩借字也。　義證

金鏃翦羽謂之鍭　鍭音侯。

【註】今之錍箭是也【補正】邢疏、鏃、箭頭也。翦、齊也。以金為鏃、齊羽者名鍭。孫炎曰金鏃斷羽使前重也。臣鍌按方言云箭廣長而薄廉者謂之錍。

骨鏃不剪羽謂之志

【註】今之骨骲是也【補正】臣鍌按、骲箭不能傷人、故謂之志。釋文引埤蒼云、骲、骨鏃也。　郭注補正

骨鏃不翦羽謂之志

郭注今之骨骲也。太平御覽三百四十九引舊注云、不翦、謂呂鳥羽自然淺狹、不復口也。與郭注異。　舊注攷證

骨鏃不翦謂之志

今之骨骲是也　不翦謂以鳥羽自然淺深不復翦也

骲音雹

御覽三百四十九卷兵部引爾雅骨鏃不翦謂之志、郭璞注骨鏃今骨骲、不翦、謂以鳥羽自然淺深、不復翦也。骲音雹。樹枏案、自不翦以下十七字今本刪脫、據補。　郭注佚存補訂

金鏃翦羽謂之鍭骨鏃不翦謂之志

說文鏃作族、云矢鏠也。翦作莿、云齊斷也。大雅行葦四鍭既均、毛傳云鍭、矢參亭。正義云、參亭謂三分矢、一在前二在後、輕重鈞亭。冬官矢人為鍭矢參分、一在前二在後。注云三訂之而平者前有鐵重也。矢而謂之鍭者、釋器云金鏃翦羽謂之鍭。孫炎曰金鏑斷羽使前重也。鍭者、鐵鏃之矢名也。李巡云、鏃以金為箭鏑也。　志詳訂經。　說詩

金鏃翦羽謂之鍭　說文羽部翦、羽生也。一曰矢羽。从羽歬聲。又刀部莿、齊斷也。从刀歬聲。此文乃刀部之莿也。　說文同。　文選注一引作箭羽。一切經音義二引作金族箭羽。詩正義十七之一引作剪羽。案、說文㫃部族、矢鋒也。从㫃从矢。又金部鏃、利也。从金族聲。則作族較勝。箭字似誤。　儀禮疏既夕引鍭作猴。集韻五十侯引爾雅與今本同、云或作猴。

骨鏃不翦羽謂之志　說文心部志字乃大徐所補十九字之一、古文作識、近儒論之詳矣。　匡名

金鏃翦羽謂之鍭骨鏃不翦羽謂之志 此別矢之名。說文、鍭利也。鍭引爾雅文。大雅、四鍭既鈞。盤庚若射之有志。方言箭自關東謂之矢、江淮之間謂之鍭、關西曰箭。

啓蒙

鏃 鍭 說文作族。

志 㞢 志大徐所補十九文之一。段氏玉裁云。周禮保章氏注曰。志古文識。許書心部無志者。蓋以其即古文識而識下失載也。此是說文挩之。許鄭說未必同。

黃侃評本正名

簡謂之畢　滅謂之點　金鏃翦羽謂之鍭

釋文、畢、李巡本作箄。釋器釋文 點、李巡本作沾、釋器釋文 孫炎本作坫。

釋器釋文 鍭、儀禮作翭。既夕禮

證異

骨鏃不翦羽謂之志

案、說文無志字、志爲大徐補入十九文之一。而此經之志、則又爲翓之叚借。羽部翓、飛盛皃、鍇本作羽盛皃。蓋不翦羽之骨鏃、即周禮司弓矢之恒矢、用於習射及禮射。以自然羽施之而不斷齊令前後輕重適均。則散射之時、其飛盛、其羽亦盛、故从羽㞢聲。考儀禮既夕記、志矢一乘、軒輖中短衞。賈疏短衞即翦羽也 是骨鏃有翦羽而仍謂之志者。

董瑞椿日記

金鏃翦羽謂之鍭骨鏃不翦羽謂之志。孫云金鏃斷羽使前重也。李云鍭、以金爲箭鏑也。郭云鍭今之錍箭是也。志、今之骨骲是也。楷案鍭與志、其名義皆取於羽、不取於鏃也。鍭當爲翭。說文、翭、羽本也。一曰羽初生。翭矢斷其羽、如初生、故名曰翭。儀禮既夕記正作翭。賈疏引爾雅亦作翭、是也。說文鍇本無鍭字。鉉本有之、云矢金鏃翦羽謂之鍭。段氏注云、儀禮記作翭。矢羽部翭、羽本也、一曰羽初生、翦羽生也、一曰矢羽、然則翭矢以翦羽得名、不以金鏃爲義、小徐本是、大徐非也。案段說是也。鍭、俗字、後人即因矢金鏃而制。詩行葦周禮司弓矢與此今皆作鍭者、皆係後人所改。證以既夕記、古皆當作翭也。志者、翓字之假音也。說文翓、羽盛貌也。集韻、翓翓、羽翼盛。蓋翓矢不翦羽、故羽盛、即取羽盛義名曰翓也。鄭注既夕記云翭猶候也、候物而射之矢也。志猶擬也、習射之矢也、亦皆非其義。

稗疏

金鏃至之珪〇釋曰 注疏本删。

辨弓箭之名也 閩本監本毛本辨改辯。

金鏑斷羽 注疏本鏑改鏃。

以骨爲鏃 注疏本骨誤金。

江淮之間謂之鍭 注疏本鍭誤鏃。

或謂之鈀 音葩〇注疏本音葩改大字。

謂之鉀鑪 嗑盧二音 亦謂鉀箭也 注疏本鉀誤鉀、嗑誤溘、亦誤皆。音切改大字。

校勘記

今之錍翦 十行本吳本今之錍箭。

校勘記訂補

金鏃翦羽謂之鍭疏今錍箭是也。今本今誤作金。中穿二孔者謂之錍鑪嗑嚧兩音。今本錍誤作鉀，嗑誤作溘，鑪誤作慮。

注疏本正誤

二行骨鏃不翦羽謂之志(注)今之骨骲是也○《御覽》卷三百四十九引《爾雅》郭璞注：「骨鏃，今骨骲。不翦謂以鳥羽自然淺深不復翦也。骲音雹」。王樹枏以爲「不翦」以下十七字亦爲郭注，今本刪脫。案：此或爲《音義》中語。

宋監本校箋

金鏃音族翦羽謂之鍭今之鉀箭是也。鍭，音侯。

音圖·㖞

金鏃族翦羽謂之鍭侯候

孫侶直音

金鏃族翦羽謂之鍭侯

直音校正

鏃箭頭也。翦齊也。以金爲鏃齊羽者名鍭。

金鏃作木切翦羽謂之鍭骨鏃不翦羽謂之志

楊氏音訓

鏃作木切鍭侯

干氏音釋

弓有緣者謂之弓無緣者謂之弭以金者謂之銑以蜃者謂之珧以玉者謂之珪

弓有緣者謂之弓、緣者，繳纏之，即今宛轉也。無緣者謂之弭、今之角弓也。左傳曰：左執鞭弭。以金者謂之銑以蜃者謂之珧以玉者謂之珪。用金蚌玉飾弓兩頭，因取其類以爲名。珧，小蚌。

郭注

金鏃至之珪　釋曰：辨弓箭之名也。鏃，箭頭也。翦，齊也。以金爲鏃，齊羽者名鍭。孫炎曰：金鏑斷羽使前重也。郭云：今鉀箭是也。以骨爲鏃不齊其羽者名志。郭云：今之骨骲是也。此二者郭氏皆以今曉古。案方言云：箭自關而東謂之矢，江淮之閒謂之鍭，關西曰箭。鏃，胡合嬴者四鐮。　曰拘腸三鐮者謂之羊頭，其廣長而薄鐮謂之鉀，或謂之鈀。音葩其小而長中穿二孔者謂之鉀鑪。嗑盧二音亦謂鉀箭也。弓者，說文云：以近窮遠，象形，古者倕作弓。周禮六弓：王弓、弧弓以射甲革椹質，夾弓、庾弓以射豻侯鳥獸，唐弓、大弓以授學射者。此弓之類有緣者名弓，無緣者名弭。李巡曰：骨飾兩頭曰弓，不以骨飾兩頭曰弭。孫炎曰：緣謂繳束而漆之，弭謂不以繳束骨飾兩頭者也。郭云：緣者，繳纏之，即今宛轉也。弭，今之角弓也。然則郭意與孫同也。當時謂繳束爲宛轉，若飾弓兩頭以金者名銑，以蜃者名珧，以玉者名珪也。　注左傳曰左執鞭弭　釋曰：此僖二十三年傳文也。案彼晉公子重耳及楚，楚子饗之曰：公子若反晉國，何以報我？對曰：其左執鞭弭，右屬櫜鞬，以與君周旋是也。　注用金至小蚌　釋曰：云用金蚌飾弓兩頭者，以與上弭連文，故知然也。蚌即蜃也。月令孟冬雉入大水爲蜃是也。銑即金絕澤者，珧即蜃小者，珪即玉成器者。以此名弓，故云因取其類以爲名也。云珧小蚌者，即釋魚云蜃小者珧是也。—

邢疏

弓有緣者謂之弓無緣者謂之弭

骨飾兩頭曰弓，不以骨飾兩頭曰弭。春秋正義十五　邢疏　韻會四紙

李注

弓有緣者謂之弓無緣者謂之弭

緣謂繳束而漆之，無緣謂不以繳束骨飾兩頭者也。詩正義九之三　春秋正義十五　儀禮疏十三　邢疏無緣二字作弭。　韻會四紙引首七字。

孫音注

以玉者謂之珪

玉作五瑞，辯章有國，君子鳴佩，亦以表德，永觀厥祭，時惟文則。藝文八十三　圖贊

黄輯古義

弓有緣者謂之弓無緣者謂之弭

骨飾兩頭曰弓，不以骨飾兩頭曰弭。邢疏 春秋僖二十三年正義　李注

弓有緣者謂之弓無緣者謂之弭

緣謂繳，詩正義引作繫下同。束而漆之。無緣謂不繳束骨飾兩頭者也。邢疏 詩小雅采薇正義 春秋僖二十三年正義　孫音注

玉函山房輯佚

弓有緣者謂之弓無緣者謂之弭

骨飾兩頭曰弓，不以骨飾兩頭曰弭。同宋本春秋疏十二

緣謂繳束而漆之，弭謂不以繳束骨飾兩頭者也。孫注 詩疏九之三

鈎沉

弓有緣者謂之弓無緣者謂之弭

李曰，骨飾兩頭曰弓，不以骨飾兩頭曰弭。春秋正義十五 邢疏

孫曰，緣謂繳束而漆之。無緣謂不以繳束骨飾兩頭者也。詩正義九之三 儀禮疏十三 春秋正義十五 邢疏

漢注

弓有緣者謂之弓

李巡云，骨飾兩頭曰弓。左傳正義十二卷　孫炎云，緣謂繳束而漆之。詩正義九之三卷 儀禮疏十三卷　郭璞云，緣者，繳纏之，即今宛轉也。

無緣者謂之弭

李巡云，不以骨飾兩頭曰弭。左傳正義十二卷　孫炎云，無緣謂不以繳束骨飾兩頭者也。詩正義九之三卷 儀禮疏十三卷

郭璞云，今之角弓也。左傳曰，左執鞭弭。

以金者謂之銑以蜃者謂之珧以玉者謂之珪

郭璞云，用金蚌玉飾弓兩頭，因取其類以爲名。珧，小蚌。

一切注音

弓有緣者謂之弓無緣者謂之引　李巡曰，骨飾兩頭曰弓，不以骨飾兩頭曰弭。左僖廿三年傳正義　孫炎曰，緣謂繳束而漆之，無緣謂不以繳束骨飾兩頭者也。

蕙心案，儀禮賈疏引孫注二繳字皆作繫。

古注斠

有緣 悅絹反，下同。繳 章弱反。字林云，生絲縷也。纏 直連反。宛 於阮反。弭 亡婢反。鞭 卑綿反。銑 蘇典反。蜃 市忍反。珧 余招反，蜯屬也。案，以蜯飾弓弭。蚌 本又作蜯，蒲項反。

陸音義

弓有緣者謂之弓

爲緣所纏，未有不屈者，佛氏斷緣以此。

無緣者謂之弭

弭，弓所聽也。

以金者謂之銑以蜃者謂之珧以玉者謂之珪

玉性有質，金鍊而精，蜃生珠者，其所養可知也。凡德惟有質爲上，養次之，鍊而後精又次之。

新義

弓

有緣者謂之弓，無緣者謂之弭，以金者謂之銑，以蜃者謂之珧，以玉者謂之珪。緣，纏也。有以纏束而漆之者，有不用纏束而不漆者。金、蜃、玉三者皆可飾弓兩頭，因取其類以爲名耳。蜃，蚌也。珧音姚。

鄭樵注

弓有緣者謂之弓

李巡曰，骨飾兩頭曰弓。

孫炎曰，緣謂繳束而漆之。按儀禮既夕記疏引此文繳束作絷約，下同，與諸經疏異。

郭璞曰，緣者，繳纏之，卽今宛轉也。

無緣者謂之弭

李巡曰，不以骨飾兩頭曰弭。

孫炎曰，不以繳束骨飾兩頭者也。

郭璞曰，今之角弓也。左傳曰，左執鞭弭。

鄭樵曰，緣，纏也，有以纏束而漆之者，有不用纏束而不漆者。總釋上句。

以金者謂之銑以蜃者謂之珧以玉者謂之珪

郭璞曰，用金蚌玉飾弓兩頭，因取其類以爲名。珧，小蚌。

鄭樵曰，金蜃玉三者，皆可飾弓兩頭，因取其類以爲名耳。蜃，蚌也。珧音姚。

古注合存

絕澤謂之銑，金鏃翦羽謂之鍭，骨鏃不翦羽謂之志。弓有緣者謂之弓，無緣者謂之弭，以金者謂之銑，以蜃者謂之珧，以玉者謂之珪。銑先上聲。緣音椽。弭音米。蜃音腎。珧音姚。○此釋弓矢之名也。註曰，銑，卽美金，言最有光澤也。鏃，今之錍箭。志，今之骨骲。緣者，繳纏之，卽今宛轉也。弭，今之角弓。左傳云，左執鞭弭。金、蜃、玉各以飾弓兩頭，因取其類以爲名也。珧，小蚌。疏曰，鏃，箭頭也。方言云，關以東謂之矢，江淮間謂之鍭，關西曰箭。孫炎云，緣者，繳束而漆之。弭謂不以繳束，而骨飾兩頭也。當時謂繳束爲宛轉。釋魚云，蜃小者珧。

注疏參義

左傳正義云，李巡、孫炎二說雖反，皆以弭爲弓末。按郭從孫說。

補注

弓有緣者謂之弓 註 緣者繳纏之，卽今宛轉也。無緣者謂之弭 註 今之角弓也。左傳曰，左執鞭弭。以金者謂之銑，以蜃者謂之珧，以玉者謂之珪 註 用金蚌玉飾弓兩頭，因取其類以爲名。珧，小蚌。

正義 此別弓緣有無之異名也。說文云，弓以近窮遠，象形，古者揮作弓。釋名云，弓，穹也，張之穹隆然也。其末曰簫，言簫梢也，又謂之弭，以骨爲之，滑弭弭也。蓋弓末亦名弭，故禮稱獻弓者執弭。左傳釋文云，弭，弓末也。對文言之，則有緣者爲弓，無緣者爲弭。說文云，弭，弓無緣，可以解轡紛者。既夕禮云，有弭飾焉。鄭註，弓無緣者謂之弭，弭以骨角爲飾。左傳疏引李巡云，骨飾兩頭曰弓，不以骨飾兩頭曰弭。儀禮疏引孫炎云，緣謂繫約而漆之，無緣謂不以繫約骨飾兩頭者也。飾弓者，金謂之銑，蜃謂之珧，玉謂之珪，名因其本質以爲名也。註 緣者至轉也。○正義 賈疏緣訓爲繳纏者，既夕禮謂之依，鄭註，依，纏弦也。云，依者，謂以韋依纏其弦，卽今時弓𢐀是也。弓用繳纏，故列女傳言造弓之法，纏以荊麋之筋也。今宛轉者，據當時語也。釋名云，簫弣之間曰淵，淵，宛也，言曲宛也。○今之至鞭弭。○正義 說文云，弲，角弓也。郭氏則以弭爲角弓也。左執鞭弭，左氏僖二十二年傳文。太平御覽引郭氏毛詩拾遺云，象弭，魚服，毛云弭弓反末以象骨爲之，蓋俗說之誤也。按左傳曰，左執鞭弭，弭者，弓之別名，謂以象牙爲弓。今西方有以犀角及鹿角爲弓者，是郭云角弓，言以角爲弓也。○用金至小蚌。○正義 弓兩頭有飾。淮南兵略訓云，淇衛箘簵，載以金錫，是以金爲弓矢之飾。以蜃以玉，又各以其類爲名也。說文云，珧，蜃甲，所以飾物也。珧爲小蚌，詳見釋魚。

正義

註因取其類以爲名珧小蚌　詩瞻彼洛矣疏引註小作似。

校議

弓有緣者謂之弓緣者繳纏之卽今宛轉也無緣者謂之弭今之角弓也左傳曰左執鞭弭以金者謂之銑以蜃者謂之珧以玉者謂之珪用金蚌玉飾弓兩頭因取其類以爲名珧小蚌

弓者以近窮遠之器。此別其所飾之異名也。緣者上云緣謂之純此以爲弓飾之名。旣夕記云有弭飾焉鄭注弓無緣者謂之弭弭以骨角爲飾左氏僖廿三年正義引李巡曰骨飾兩頭曰弓不以骨飾兩頭曰弭孫炎曰緣謂繳束而漆之無緣謂不以繳束骨飾兩頭者也。無緣二字本作弭、弛。從臧氏爾雅漢注攷。二說不同孫及鄭義爲長云繳束者繳生絲也。郭云今宛轉者宛轉纏也。又云弭今角弓者斯言失矣。詩采薇箋弭弓反末彎者以象骨爲之以助御者解轡紛宜骨也。說文弭弓無緣可以解轡紛者。曲禮注簫弭頭也。釋名云其末曰簫言簫梢也又謂之弭以骨爲之滑弭弭也。然則弭是弓末之名非卽弓名。弭之言已也止也言弓體於此止已也。爾雅以無緣爲弭蓋因其無飾故從本名卽謂之弭非以弭爲弓名也。鄭旣夕注弭以骨角爲飾正謂飾弭以骨或以角以骨則象弭是也。以角者經典雖無文要爲弭頭施角。郭氏誤會鄭義以弭爲角弓之名則謬矣。詩言角弓有二、卧義難謏之。鱛頌非此之謂。爾雅弓弭對言止別有緣無緣之異名耳。今弓有絲纏弭者亦有骨飾弭者以今證古鄭孫二義蓋不誣矣。○銑者卽金之絕澤者也。珧者楚辭天問篇云馮珧利決王逸注珧弓名也。釋文珧以蜯飾弓弭。然則銑與珪亦以金玉飾弭之名。推是而言有緣無緣亦皆謂弭可知。

義疏

有緣者謂之弓無緣者謂之弭以金者謂之　弓　題下事。

銑以蜃者謂之珧以玉者謂之珪李注骨飾兩頭曰弓、不以骨飾兩頭曰弭。孫注緣謂繳束而漆之無緣謂不以繳束骨飾兩頭者也。郭注緣者繳纏之、卽今宛轉也、弭今之角弓也、左傳曰左執鞭弭、用金蚌玉飾弓兩頭、因取其類以爲名、珧小蚌。銑珧玉三等、蓋大夫諸侯天子之分也。珪當爲雕。玉謂之雕、詩倠敦。

集解

弓有緣者謂之弓緣衣純也、以糸彖聲。引申爲弓飾之偁。弓人所謂緣也者以爲固也是也。在弓末處。弓以近窮遠、象形。周禮有夾弓庾弓王弓唐弓大弓等、均弓類也。無緣者謂之弭弭、弓末也。與弭通用。弓末而無飾、故仍曰弭、存本名也。詩象弭魚服、飾以象也。儀禮旣夕有弭飾焉、義與此異。許愼謂弭爲可以轡紛者、亦有象飾等言耳。以金者謂之銑謂以金飾弭耳。銑金之澤者、上經云絶澤。以蜃者謂之珧蜃、雉入水所化、謂大蛤也。周禮有掌蜃一職。珧、蜃中也、所以飾物。楚辭天問馮珧利決、亦以蜃飾弭之弓而言。以玉者謂之珪珪字一作圭、瑞玉也。禮有圭瓚、則謂以玉爲柄。

義證

弓有緣者謂之弓

註緣者繳纏之卽今宛轉也補正邢疏孫炎曰緣謂繳束而漆之。

無緣者謂之弭弭弋婢反。

註今之角弓也左傳曰左執鞭弭補正邢疏李巡曰

骨飾兩頭曰弓，不以骨飾兩頭曰弭。孫炎曰弭，謂不以繳束骨飾兩頭者也。

以金者謂之銑以蜃者謂之珧以玉者謂之珪 珧，余招反。

注 用金蚌玉飾弓兩頭因取其類以為名珧小蚌

郭注補正

以金者謂之銑以蜃者謂之珧以玉者謂之珪

用金蚌玉飾弓兩頭因取其類以為名珧小蚌

釋文云，蚌，本作蜯。

郭注佚存補訂

弓有緣謂之弓無緣者謂之弭

說文云，弓以近窮遠象形。弭，弓無緣可以解轡紛者。李巡云，骨飾兩頭曰弓，不以骨飾兩頭曰弭。孫炎云，緣，謂繫約而漆之，無緣，謂不以繫束骨飾兩頭者也。小雅采薇象弭魚服，毛傳云象弭，弓反末也，所以解紒也。鄭箋云弭，弓反末彆者，以象骨為之，以助御者，解轡紒宜滑也。正義云，弭者，弓稍之名，以象骨為之，是弓之末弭弛之則反曲，故云象弭為弓反末也。角弓騂騂角弓，而下云翩其反矣，魯頌泮水角弓其觩，疏云角弓其觩，然弛而不張，皆反末之義。故郭注謂今之角弓也。有緣之弓，郭謂今之宛轉。案，宛轉乃無緣之弭。御覽引淮南云宛轉弓，今之弭弓也。

說詩

金鏃翦羽謂之鍭 鍭，監本誤鏃，疏二本誤並同。案，既夕記疏引作鏃。 音悅絹切 誤掾。

疏令之鉀箭是也 脫之字。令誤金。 江淮之間謂之鍭 鍭誤鏃。 古者揮作弓 揮誤俥。 夾弓庾弓以射豻侯鳥獸 侯誤猴。 唐弓大弓以授學射者 唐，監本誤廣。 此僖二十三年傳文也 二十誤三十。 公子若反晉國何以報我 何以報我，左傳作則何以報不穀。 孟冬雉入大水為蜃是也 上當有月令二字。 銑即令絕澤者 令，當金字誤。

注疏正字

以蜃者謂之珧

引之謹案，楚辭天問曰馮珧利決，封矢是射，王注曰珧，弓名也，決，射韝也。

述聞

弓有緣者謂之弓無緣者謂之弭 儀禮疏既夕引無兩者字。

以玉者謂之珪 說文土部圭或从王作珪。

匡名

弓有緣者謂之弓無緣者謂之弭以金者謂之銑以蜃者謂之珧以玉者謂之珪 此釋弓之異名。 說文，弓以近窮遠，象形，古者揮作弓。周禮有六弓，以授學射者。 弭弓無緣，可以解轡紛者。左僖二十二年傳，左執鞭弭。李巡云，骨飾兩頭曰弓、不以骨飾兩頭曰弭。郭註謂角弓。疏以弭爲弓之別名、謂有以象牙爲弓、犀角及鹿角爲弓者。曲禮獻弓者執弭、是弭爲弓末也。用飾者、有以金以蜃以玉之別、各用其質以爲名也。

啓蒙

弓以蜃者謂之珧。楚詞天問馮珧利決、封狶是射、注珧珧、弓名。

古義補

古者倕作弓監本同。毛本倕作垂、閩本作㩎、正德本實闕。○按㩎作弓、同說文。

以射豻侯鳥獸元本同。閩本監本毛本侯誤猴。

○注左傳曰左執鞭弭○釋曰注疏本刪曰釋曰。元本無注字。

此僖二十三年傳文也注疏本三誤二。

以與君周旋是也○注用金至小蚌○釋曰注疏本刪下八字。

蚌即蜃也月令孟冬、注疏本蚌誤珧、脫月令。

銑即金絕澤者元本閩本同。監本毛本金誤令。

校勘記

古者倕作弓 閩本作揮。案、揮作弓、同說文。

案、倕作弓、亦見荀子。世人習聞揮作弓、遂以所知改所不知矣。

校勘記識語

弓有緣者謂之弓釋文緣、悅絹反。今本音椽、非是。當爲掾字之誤。廣韻三十三線、緣掾皆以絹切。無緣者謂之弭釋文弭、亡婢反。今本音尾、非是。廣韻弭、綿婢切、在四紙。尾、無匪切、在第七。二字不同音。

注疏本正誤

無緣者謂之弭今之角弓也、左傳曰左執鞭弭。弭音尾。以金者謂之銑音尠以蜃音腎者謂之珧音姚

音圖・音

弓有緣願椽者謂之弓。無緣者謂之弭。米尾以金者謂之銑。先上聲以蜃者謂之珧。姚

孫侶直音

弓有緣去聲者謂之弓。無緣者謂之弭。米以蜃慎上聲者謂之珧。姚

直音校正

弓有緣願者謂之緣者繳束之。弓無緣者謂之弭米弭角弓也。以金者謂之銑用金蚌玉飾弓兩頭因取其類以爲名。以蜃腎者謂之珧姚珧小蚌。以玉者謂之珪

楊氏音訓

緣願 弭莫禮切 蜃腎 珧遙

于氏音釋

珪大尺二寸謂之玠 璋大八寸謂之琡 璧大六寸謂之宣 肉倍好謂之璧 好倍肉謂之瑗 肉好若一謂之環

珪大尺二寸謂之玠。詩曰、錫爾玠珪。璋大八寸謂

之瑑。璋、半珪也。璧大六寸謂之宣。漢書所云瑄玉是也。肉倍好謂之璧、肉、邊。好、孔。好倍肉謂之瑗、孔大而邊小。肉好若一謂之環。邊孔適等。

郭注

珪大至之環 釋曰、此別珪璧之屬也。圭者、玉器、執以爲瑞者也。大、長也。珪長尺二寸者名玠。璋、半珪也。大八寸者名瑑。璧亦玉器、子男所執者也。大六寸者名宣。因說璧之制。肉、邊也。好、孔也。邊大倍於孔者名璧。孔大而邊小者名瑗。邊孔適等若一者名環。左傳昭十六年宣子有環、其一在鄭商是也。 注詩曰錫爾玠珪 釋曰此大雅崧高篇文也。 注璋半珪也 釋曰、知者以典瑞云四圭有邸以祀天、兩圭有邸以祀地、圭璧以祀日月、璋邸射以祀山川、自上而下降殺以半、故知璋半珪也。 注漢書所云瑄玉是也 釋曰郊祀志云公卿言皇帝始郊見泰一、雲陽有司奉瑄玉嘉牲薦饗是也。

邢疏

肉倍好謂之璧好倍肉謂之瑗肉好若一謂之環

好、孔也。肉倍好、邊肉大其孔小也。好倍肉、其孔大邊肉小也。肉好若一、其孔及邊肉大小適等曰環。春秋正義四十七又五十三

李注

肉倍好謂之璧

肉、身也。好、孔也。身大而孔小。詩正義一十之三

孫音注

黃輯古義

肉倍好謂之璧好倍肉謂之瑗肉好若一謂之環

好、孔也。肉倍好、邊肉大其孔小也。好倍肉、其孔大邊肉小也。肉好若一、其孔及邊肉大小適等曰環。春秋昭十六年正義 又昭三十二年引無好孔也句及好倍肉十字。

李注

肉倍好謂之璧

肉、身也。好、孔也。身大而孔小。詩魯頌泮水正義

孫音注

珪讚

玉作五瑞、辯章有國、君子鳴佩、亦以表德、永觀厥祭、時維文則。藝文類聚卷八十二

圖贊

玉函山房輯佚

珪 以玉者謂之珪、珪大尺二寸謂之玠。上並釋器

贊曰、玉作五瑞、辯章有國、君子鳴佩、亦以表德、永觀厥祭、時惟文則。

王輯圖贊

珪

玉作五瑞、辨章有國、君子鳴佩、亦以表德、永觀厥祭、時唯文則。藝文類聚八十三

嚴輯圖贊

珪

玉作五瑞、辯章有國、君子鳴佩、亦以表德、永觀厥祭、時惟文則。○藝文八十三

錢輯圖贊

肉倍好

邊肉大其孔小也。李注 宋本春秋疏三十二

好倍肉

其孔大邊肉小也。同宋本春秋疏二十九

肉好若一謂之環

其孔及邊肉大小適等曰環。同宋本春秋疏三十二

鉤沉

肉倍好謂之璧、好倍肉謂之瑗、肉好若一謂之環、

李曰、好、孔也。肉倍好、邊肉大其孔小也。好倍肉、其孔大邊肉小也。肉好若一、其孔及邊肉大小適等曰環。春秋正義四十七、又五十三

孫曰、肉、身也。好、孔也。身大而孔小。詩正義二十之三

漢注

珪大尺二寸謂之玠

郭璞云、詩曰、錫爾玠珪。

璋大八寸謂之瑕

郭璞云、璋、半珪也。

璧大六寸謂之宣

郭璞云、漢書所云瑄玉是也。

肉倍好謂之璧

李巡云、邊肉大其孔小也。左傳正義三十二卷　孫炎云、肉、身也。好、孔也。身大而孔小。詩正義二十之一卷　郭璞云、肉、邊。好、孔。

好倍肉謂之瑗

李巡云、其孔大邊肉小也。左傳正義二十九卷　郭璞云、孔大而邊小。

肉好若一謂之環

李巡云、其孔及邊肉大小適等曰環。左傳正義三十二卷　郭璞云、邊孔適等。

一切注音

璧大六寸謂之宣

慧心案、藝文類聚引爾雅、璧大六寸謂之瑄。說文無瑄字。漢書郊祀志有司奉瑄玉、孟康注璧大者謂之瑄、正用爾雅文。故郭注亦作瑄玉。

肉倍好謂之璧、好倍肉謂之瑗、肉好若一謂之環　李巡云、好、孔也。肉倍好、邊肉大其孔小也。好倍肉、其孔大邊肉小也。肉好若一、孔及邊肉大小適等曰環也。左昭十六年傳正義

肉倍好謂之璧　孫炎曰、肉、身也。好、孔也。身大而孔小也。詩泮水正義　郭氏讚曰、玉作五瑞、辨章有國、君子鳴佩、亦以表德、永觀厥祭、時惟文則。藝文類聚

古注斠

玠音介。瑕昌育、當育二反。宣如字。本或作瑄、音同。肉倍如字。又如投反。璧邊也。注及下同。好如字。又音耗。璧孔也。注及下同。瑗爲眷反。蒼頡篇云、玉瑗名。

陸音義

珪大尺二寸謂之玠

王以所執鎮圭爲正、其副介也。詩曰、以其介圭入覲于王。

璋大八寸謂之瑕

非伯也、非仲也、亦非季也。據大璋、中璋九寸、邊璋七寸。凡道在邊小矣。道不在邊亦不在中、苟有所在、雖

大亦得半焉爾。

璧大六寸謂之宣

宣半矩之名。矩、尺有二寸、圜三徑一。則六寸其圜之徑也。考工記曰、磬氏爲磬、倨句一矩有半。磬倨一尺、句八寸、則矩蓋一尺二寸。古者璧羨袤一尺、廣八寸。八寸、小尺也。今曲尺亦倨尺句咫。然則半矩謂之宣、宣六寸。一宣有半謂之欘。欘九寸。一欘有半謂之柯。一柯有半謂之磬折。磬折二尺。欘、耨柄。呂氏春秋曰、耨柄尺。今欘九寸、磬折二尺、舉成數也。鄭氏謂欘長二尺、柯長三尺。按、斧柯無三尺者。記曰、周還中規、折還中矩。周還、璧是也。折還、磬是也。詩曰、宣哲維人。宣、宣也。哲、折是也。

肉倍好謂之璧好倍肉謂之瑗

其肉如此、君子辟人以之。其好如此、君子援人以之。蓋辟人以法、援人以道。且謂之好、則以其示人以象不可惡也。肉無實相。君子求脫焉。肉曰脫之、亦以此。佛氏言色、老氏言徼、猶此所謂肉。佛氏言空、老氏言妙、猶此所謂好。荀子曰、召人以瑗。其召之也、故將援之也。卽援不在我、其能召之乎。所謂問士以璧、如此夫道無問、問辟而已。

肉好若一謂之環

苟偏有勝、不能無窮。肉好若一、卽所謂此兩者同、卽寄又立、以遣之捐是已。

新義

珪大尺二寸謂之玠璋大八寸謂之琡璧大六寸謂之宣肉倍好謂之璧好倍肉謂之瑗肉好若一謂之環

此別珪璧之屬也。珪璧皆所執之玉。珪、類笏。璋、半珪也。璧狀如大環。宣卽漢郊祀志所謂有司奉瑄玉是也。肉、邊也。好、呼報反、孔也。執璧必手挐其孔。

鄭樵注

珪大尺二寸謂之玠

郭璞曰、詩曰錫爾玠珪。

璋大八寸謂之琡

郭璞曰、璋、半珪也。

璧大六寸謂之宣

郭璞曰、漢書所云瑄玉是也。

肉倍好謂之璧

李巡曰、好、孔也。肉倍好、邊肉大其孔小也。

孫炎曰、肉、身也。好、孔也。身大而孔小。

郭璞曰、肉、邊也。好、孔也。

好倍肉謂之瑗

李巡曰、好倍肉、其孔大邊肉小也。

郭璞曰、孔大於邊也。

肉好若一謂之環

李巡曰、肉好若一、其孔及邊肉大小適等曰環。

郭璞曰、邊孔適等。

鄭樵曰、此別珪璧之屬也。珪璧皆所執之玉。珪、類笏。璋、半珪也。璧狀如大環。宣卽漢郊祀志所謂有司奉瑄玉是也。肉、邊也。好、呼報反、孔也。執璧必手挐其孔。(總釋六句。)

古注合存

珪大尺二寸謂之玠璋大八寸謂之琡璧大六寸謂之宣肉倍好

謂之璧，好倍肉謂之瑗，肉好若一謂之環。瑕音假，肉柔去聲，好去聲，瑗音院。○此釋珪璧之屬之名也。註曰：玠，詩崧高云錫爾介圭。璋，半圭也。宣，漢書郊祀志所云瑄玉也。肉，謂邊。好，謂孔也。疏曰：周禮典瑞云：四圭有邸，以祀天旅上帝；兩圭有邸，以祀地旅四望；圭璧以祀日月星辰；璋邸射以祀山川，造贈賓客。蓋自上而下，降殺以半也。【注疏參義】

鄭云：好，孔也。執璧必手拏其孔。周禮典瑞：璧羨以起度。司農謂羨，長也。康成謂羨，不圜之貌。疏云：按爾雅肉倍好謂之璧，則璧體圜矣。今云璧羨，羨是引伸而言，是爲長意，故先鄭後鄭皆爲不圜也。【補注】

珪大尺二寸謂之玠【註】詩曰：錫爾玠珪。

璋大八寸謂之琡【註】璋，半珪也。

璧大六寸謂之宣【註】漢書所云瑄玉是也。

肉倍好謂之璧【註】肉，邊也；好，孔也。

好倍肉謂之瑗【註】孔大於邊也。

肉好若一謂之環【註】邊孔適等。

【正義】此釋玉之器有異名也。覲禮云：設六玉，上圭下璧，南方璋，西方琥，北方璜，東方圭。白虎通義文質篇以珪璧琮璜璋爲五瑞。爾雅不盡釋者，舉珪璋璧以起度也。○珪大尺二寸謂之玠。○珪有大圭、冒圭之殊，其長尺有二寸者名玠。白虎通義云：珪以爲信者何？珪者兌上，象物始生見於上也。信莫著于作見，故以珪爲信，而見萬物之始莫不自潔。珪之爲言潔也。上兌，陽也；下方，陰也。陽尊，故其禮順備也。位在東方，陽見義於上也。說文云：圭，瑞玉也。上圜下方。古文作珪。又云：剡上爲圭。玠，大圭也。周書曰：稱奉介圭。案考工記玉人之事：鎮圭尺有二寸，天子守之。是鎮圭即玠珪也。玠亦作介。釋詁云：介，大也。聘禮記云：所以朝天子，圭與繅皆九寸，剡上寸半，厚半寸，博三寸。疏云：凡圭，天子鎮圭，公桓圭，侯信圭，皆博三寸，厚半寸，剡上左右各寸半，唯長短依命數不同。○璋大八寸謂之琡。○春官典瑞云：牙璋以起軍旅，以治兵守。白虎通義云：璋以發兵何？璋半珪，位在南方，南方陽極而陰始起，兵亦陰也，故以發兵也。不象其陰何？陰始起物，

尚疑未可象也。璋之爲言明也。賞罰之道，使臣之禮，當章明也。南方之時，萬物莫不章，故謂之璋。案考工記玉人云：牙璋中璋七寸，射二寸，厚寸，瑑圭璋八寸。璋大八寸者名琡，即瑑璋也。琡，說文作瑒。○璧大六寸謂之宣。○聘禮云：受享束帛加璧。白虎通義云：璧以聘問何？璧者方中圜外，象地，地道安寧而出財物，故以璧聘問也。方中，陰德方也；圜外，陰繫於陽也。陰德盛於內，故見象於內，位在中央。璧之言積也，中央故有天地之象，所以據用也。內方象地，外方象天也。說文云：璧，瑞玉圜也。璧徑五寸，其大六寸者則名宣。○肉倍好謂之璧。○此別璧與瑗環之異也。肉倍好者，詩疏引孫炎云：肉，身也；好，孔也。身大而孔小。左傳疏引李巡云：邊肉大，其孔小也。好倍肉謂之瑗者，左傳疏引李巡云：其孔大，邊肉小也。說文云：瑗，大孔璧，人君上除陛以相引。肉好若一謂之環者，左傳疏引李巡云：其孔及邊肉大小適等，曰環。荀子大略篇：問士以璧，召人以瑗，反絕以環，是也。【註】詩曰至玠珪。○【正義】大雅崧高文。鄭箋：圭長尺二寸謂之介，非諸侯之圭，故以爲寶。又韓奕云：以其介圭入覲于王。是命圭亦得通稱介圭，其正名則尺二寸者爲玠也。○璋半珪也。○【正義】說文云：半圭爲璋。鄭註周禮亦云：半圭曰璋。與郭註同。高誘淮南註云：半圭曰璜。案璜，半璧也，與璋異。○漢書至是也。○【正義】郊祀志云：有司奉瑄玉。孟康云：璧大六寸謂之瑄是也。○肉邊至適等。○【正義】郭氏本李孫爲義也。程瑤田曰：据經及註，皆謂若璧孔一寸，則邊二寸，合兩邊及孔，其徑五寸也。瑗孔二寸半，則邊一寸又四分寸之一，合兩邊及孔，其徑亦五寸也。環孔一寸又三分寸之二，則邊亦一寸又三分寸之二，合兩邊及孔，其徑亦五寸也。肉好度法甚明矣。而鄭氏不知典瑞及玉人所載璧羨之度與此璧度法不同，乃於玉人職据先鄭說引爾雅以證璧羨之肉好，謂袤一尺而廣狹焉。於典瑞則曰：廣徑八寸，袤一尺。賈氏於是誤釋之，以增成其說，曰：此璧好三寸，肉各三寸，兩畔共六寸，是肉倍好也。造此璧時應圜九寸，今減廣一寸以益上下之袤，則上下一尺，廣八寸。自鄭賈二氏之說出，而爾雅肉好或倍或一之度法，學者不明其義矣。【正義】

肉倍好謂之璧　玉案：說文曰：人君上除陛以璧，玉瑗相引。荀子大略篇云：召人以瑗。然則瑗者，援引之義也。其用又在引以上陛，故好必倍肉，乃可援也。

校議

珪大尺二寸謂之玠詩曰：錫爾玠珪。**璋大八寸謂之琡**璋，半珪也。**璧大六寸謂之宣**漢書所云瑄玉是也。**肉倍好謂之璧**肉，邊；好，孔。**好倍肉謂之瑗**孔大而邊小。**肉好若一謂之環**邊孔適等。

此釋玉器之名。覲禮云：設六玉。白虎通以珪、璧、琮、璜、璋爲五瑞。爾雅止釋珪、璋、璧三者，所以起度也。珪者，說文作圭，古文作珪，云：瑞玉也，上圜下方。白虎通云：珪之言潔也。玠者，說文云：大圭也。引周書曰：稱奉介圭。按：釋詁：介，大也。介與玠通。詩崧高箋：圭長尺二寸謂之介，非諸侯之圭，故以爲寶。據考工記玉人：鎮圭尺有二寸，天子守之，是玠圭即鎮圭，故鄭云非諸侯之圭。然韓奕云：以其介圭入覲于王，則命圭亦稱介圭。故長發箋：受小玉，謂尺二寸圭也；彼對珽玉長三尺言，故以介圭爲小，此對璋玉大八寸言，故謂之大矣。○璋者，說文云：剡上爲圭，半圭爲璋。白虎通云：璋之爲言明也。玉人云：牙璋七寸，射二寸，厚寸，以起軍旅，以治兵守。瑑圭璋八寸以覜聘。是彼瑑璋即此所謂琡也。琡者，說文作璹，云：玉器也，讀若淑。○璧者，說文云：瑞玉圜也。白虎通云：璧之爲言積也。宣者，釋文云：宣，如字，本或作瑄，音同。郭引漢書郊祀志云：有司奉瑄玉。孟康注：璧大六寸謂之瑄，類聚引爾雅正作瑄。瑄，俗字也。臧氏經義雜記廿八云：說文無瑄字，有珣字，云：玉器，讀若宣。知爾雅宣字當作珣。洪頤煊云：說文旬古文旬，汗簡引石經旬作宣，宣字形本相近。爾雅宣璧，說文珣玉，詛楚文宣璧，皆一字。○因釋璧而兼及瑗環，又明三者之度也。說文瑗、環注，及玉人鄭衆注，俱連引爾雅三句。荀子大略篇云：問士以璧，召人以瑗，反絕以環。又兼釋三者之用也。瑗者，釋文引蒼頡篇云：玉佩名。說文：瑗，大孔璧，人君上除陛以相引。肉、好者，玉人云：璧好三寸。鄭衆注：好，璧孔也。詩泮水正義引孫炎曰：肉，身也；好，孔也。身大而孔小。左氏昭十六年正義引李巡云：好，孔也；肉倍好，邊肉大，其孔小也。好倍肉，其孔大，邊肉小也。肉好若一，其孔及邊肉大小適等，曰環也。

義疏

珪大尺二寸謂之玠郭注：詩曰：錫爾玠珪。玉人：鎮圭尺有二寸，天子守之。以賜二伯，爲寶也。珪玠皆後加玉耳。許慎引古文作珪，則周時字。**璋大八寸謂之琡**郭注：璋，半珪也。璋，后夫人瑞玉，出境行軍亦用焉，陰事也。典瑞：璋邸射以祀山川，牙璋以起軍旅，駔璋以斂。玉人更有大璋、中璋、邊璋，有勺以巡守。大璋亦有勺，以聘女。瑑璋以覜聘。又有勺璋之中璋。唯瑑璋八寸，餘皆九寸、七寸，而邸射者不言寸數。此琡言大，則本不能八寸，蓋亦二伯夫人之瑞，特制其名也。**璧大六寸謂之宣**珣　郭注：漢書所云瑄玉是也。玉人：璧九寸，圭璧五寸，瑑璧八寸，穀璧、蒲璧不言寸數。鄭云：五寸，此六寸，蓋以子男爲二伯，依王官命數，故六也。宣、旬通用字。東方有珣玗琪。**肉倍好謂之璧好倍肉謂之瑗肉好若一謂之環**李注：好，孔也。肉倍好，邊肉大，其孔小也。好倍肉，其孔大，邊肉小也。肉好若一，其孔及邊肉大小適等，曰環也。孫注：肉，身也；好，孔也。身大而孔小，肉倍好。郭注：肉，邊；好，孔。瑗孔大而邊小，環邊孔適等。好紐通用字。荀子說問士以璧，召人以瑗，反絕以環。許慎說瑗大孔璧，人君上除陛以相引。璧，辟也。瑗，爰也。環，還也。瑗環爲佩，取援引循環爲名。

集解

珪大尺二寸謂之玠　攷工玉人：鎮圭尺有二寸，天子守之，有時用賜二伯焉。典瑞謂之珍圭。玠从玉介。介，大也，謂大圭也。與介通用。不直云大圭、因別有大圭、長三尺、王晉所用也。書顧命大保承介圭、玉珪也。詩崧高錫爾介圭、以作爾寶、韓奕以其介圭入覲于王、則介二伯言耳、非命圭也。**璋大八寸謂之琡** 璋、后夫人之瑞玉、出疆治兵亦用焉、均取章明之義。許慎釋爲半圭、對大圭言也。周禮典瑞緣圭璋璧琮繅皆二采一就以覜聘、璋邸射以祀山川、以造贈賓客、牙璋以起軍旅以治兵守、駔璋以斂尸。玉人大璋中璋九寸、邊璋七寸、射四寸、厚寸、黃金勺、青金外、朱中、鼻寸、衡四寸、有繅、天子以巡守、宗祝以前馬。大璋亦如之、諸侯以聘女。緣圭璋八寸、璧琮八寸、以覜聘。牙璋中璋七寸、射二寸、以起軍旅、以治兵守。此云八寸、亦緣璋也。琡、字本作瑒、玉器也、从玉曷聲。與淑俶通用。詩關雎窈窕淑女、是女之名淑也。玉之名琡、其謂三夫人瑞玉、而亦取淑義乎。**璧大六寸謂之宣** 周禮子執穀璧、男執蒲璧、玉人均闕而不言其寸數、未由而致。杜子春云七寸、鄭玄云五寸、今謂寸依命數、子男五命、則五寸之說是也。此云大六寸、謂子男入爲王卿者耳。周禮所謂六命賜官是也。宣、天子宣室也。**肉倍好謂之璧** 玉人、周禮與珣通用。下經有醫無閭之珣玗琪焉。璧羨度尺、好三寸以爲度、兩畔肉各三寸、共爲六寸、合孔凡有九寸。減廣一寸以益上下之衰一寸、所謂羨也、則上下一尺、廣凡八寸、均肉倍好也。此則亦九寸而圜者言也。璧、玉環也、从玉辟聲。辟、君也、以其爲子男瑞玉耳。**好倍肉謂之瑗** 瑗、大孔璧也。人君上除陛以相引。亦璧類也。管子輕重丁環中五百。**肉好若一謂之環** 孔及邊肉大小適等、則形圜矣。故偁爲環。許慎說環、璧也、別類言耳、所以佩者。禮記經解行步則有環佩之聲、玉藻孔子佩象環五寸、荀子大略問士以璧、召人以瑗、反對以環。

義證

珪大尺二寸謂之玠

〔註〕詩曰錫爾玠珪〔補正〕臣鋆按、臣族兄臣震考工記圖云、鎮圭命圭通謂之介圭。介者、大也。禮器大圭不琢、以素爲貴、亦謂此也。爾雅珪大尺二寸謂之玠、據鎮圭言也。詩錫爾玠圭以作爾寶、以其介圭入覲于王、據命圭言也。

璋大八寸謂之琡 琡昌育反。

〔註〕璋半圭也

璧大六寸謂之宣 釋文云、宣本或作瑄。

〔註〕漢書所云瑄玉是也〔補正〕邢疏漢書郊祀志云有司奉瑄玉是也。

好倍肉謂之瑗

〔註〕孔大於邊也〔補正〕臣鋆按、說文云瑗大孔璧、人君上除陛以璧瑗相引。

郭注補正

璋大八寸謂之琡。琡說文作瑒。按古者叔曷聲近故通。

錢氏古義

肉倍好謂之璧

肉邊也好孔也 倍大也

各本無也字、明注疏本有。樹枬案、希麟續開元釋教錄上卷音義引爾雅云肉倍好謂之璧、郭注肉邊也、好孔也、與注疏本合。慧琳大般若波羅蜜多經四十九卷音義引爾雅云肉倍好謂之璧、郭璞云肉、邊也、好、孔也、倍、大也。今本脫倍大也三字、據補。

好倍肉謂之瑗

孔大而邊小

明注疏本作孔大於邊也。

肉好若一謂之環

謂邊孔適等也

希麟新華嚴經廿六卷音義引爾雅肉好若一謂之環、郭注云謂邊孔適等也。善住祕密陀羅尼經下卷音義引同。今據補。 **郭注佚存補訂**

珪大尺二寸謂之玠璋大八寸謂之琡璧大六寸謂之宣

說文云、圭瑞圭也上圜下方。古文作珪。玠大珪也。大雅崧高錫爾介圭、鄭箋云圭長尺二寸謂之介、非諸侯之圭、諸侯之瑞圭自九寸而下。郭注引作錫爾玠珪。韓奕以其介圭。正義云、毛於崧高以介圭爲所執之瑞、則此言介圭亦爲瑞也、西河之地法當貢玉、韓在西河之西、故以介珪入覲、介圭當是奇異之大玉、可以爲圭璧也、介珪即天子之鎮圭。商頌長發受小球大球、箋云受小玉謂尺有二寸圭也、受大玉謂珽長三尺執圭搢以與諸侯會同。疏云受小球玉謂尺有二寸之鎮圭也、大球玉謂三尺之珽也、此二玉非天子不得執用。 餘詳

爾雅詁林 六 釋器

訂經。 **說詩**

珪大節註錫爾玠珪 詩作介圭。

肉倍好節註肉邊也好孔也 本或無二也字。

疏有司奉瑄玉 玉、監本誤王。 **注疏正字**

珪大尺二寸謂之玠 詩正義十八之三引作介。

璋大八寸謂之琡 錢少詹曰、說文王部無琡字、有璹字、云玉器也、从王𠷎聲、讀若淑、即此字也。

璧大六寸謂之宣 釋文云、宣本或作瑄。臧氏琳曰、案漢書郊祀志有司奉瑄玉、孟康注用爾雅作瑄、藝文類聚 八十四 引亦作瑄、攷說文王部無瑄字、有珣字、云醫無閭之珣玗琪、今本誤璂。周書所謂夷王也、从王旬聲、一曰王器、讀若宣、知爾雅此宣字本當作珣。許云一曰王器者、以與珣玗璂字同義異、故讀若宣、大徐新附瑄字、蓋不知即珣字也。

肉倍好謂之璧 攷工記注玉人引此三句。 說文引此二句、此句在下。

肉好若一謂之環 說文引不偁爾雅曰。

匡名

琡 璹 說文。璹。玉器也。讀若淑。繫傳璹下有臣鍇案爾雅璋大八寸謂之琡。說文有璹無琡。宜同也。韻會。璹。或作琡。

宣 珣 臧氏琳云。釋文。宣如字。本或作瑄。音同。郭注。漢書所云瑄玉是也。說文玉部無瑄字。有珣字。云。醫無閭之珣玗琪。周書所謂夷玉也。一日玉器。讀若宣。知宣字當作珣。許云

一曰玉器者。以與珣玗琪字同義異。故讀若宣。後人用其同聲者已非正義。又於宣旁加玉。則誤甚矣。

黃侃評本正名

珪大尺二寸謂之玠　璋大八寸謂之琡　璧大六寸謂之宣

說文珪、瑞玉也。古文作珪。土部圭大雅作介。崧高詩說文琡作璹。郊祀志注云、玉器也、從玉𠷎聲、讀若淑。玉部璹孟康漢書注作璧大六寸謂之瑄。說文宣作珣。云、珣、一曰玉器、讀若宣。玉部珣

璋大八寸謂之琡。說文作璹、讀若淑、是本作璹、或作琡也。新附又出琡字、重。璧大六寸謂之宣。說文作珣、云醫無閭之珣玗琪、周書所謂夷玉也、從玉旬聲、一曰玉器、讀若宣。是珣卽璧大六寸之宣也。新附又出宣字、重。

證異

璧大六寸謂之宣

璧大六寸謂之宣、郭注漢書所云瑄玉是也。頤煊案、說文無瑄字。玉部珣字注、醫無閭之珣玗琪、周書所謂夷玉也、从玉旬聲、一曰玉器、讀若宣。勹部旬、古文㫬、汗簡引石經旬作宣、字形本相近。爾雅宣璧、說文珣玉、漢書郊祀志瑄玉、詛楚文亶璧、皆是一字。

讀爾雅録

璋大八寸謂之琡。說文作璹、玉器、讀若淑。	璧大六寸謂之宣。秦詛楚文有秦嗣王用吉玉宣璧。

古義補

璧大六寸謂之宣。經義雜記曰、漢書郊祀志有司奉瑄玉、孟康註用爾雅、字作瑄、藝文類聚引此亦作瑄、今郭註引漢書亦作瑄。

考異摘要

珪大尺二寸謂之玠璋大八寸謂之琡璧大六寸謂之宣

按此釋玉器至大者之名。玠也、琡也、宣也、皆大也。玠與介通。釋詁、介、大也。琡與淑通。琡、說文作璹、云玉器也、讀若淑。釋詁、淑、善也。善大義相近。淑謂之善、又謂之大、猶介謂之大、又謂之善也。釋詁、介、大也。又云、善也。宣者、侈大之意。左昭二十九年傳、廣而不宣。宣與廣義相因。易林需之萃曰、大口宣舌、大有之蠱曰、大口宣脣。又井之恆曰、方喙宣口、小畜之噬嗑作方喙廣口。是宣亦侈大之意也。

臧氏經義雜記廿八云、說文無瑄字、有珣字、云玉器、讀若宣、知爾雅宣字當作珣。孚吉又按、宣字在糸部、珣字在眞部、古韻眞、糸同部、故得假借通用。珣與宣通、猶眴與眩通。一切經音義卷十一、眩、古文迿眴二形。文選劇秦美新、臣嘗有顛眴疾、李善注、眴與眩古字通。此亦同部假借之證。

爾雅詁

璧大六寸謂之宣唐石經單疏本雪牕本同。經義雜記曰、漢書郊祀志有司奉瑄玉、孟康注用爾雅、字作瑄、藝文類聚引此作瑄、說文玉部云、珣、醫無閭之珣玗琪、周書所謂夷玉也、从玉旬聲、一曰玉器、讀若宣。知爾雅宣當作珣、今作宣、是借用同聲字、本或宣旁加玉、誤甚。按、注引漢書瑄玉以證經之宣璧、是經作宣、注作瑄也。釋文云、宣本或作瑄。是有援注以改經者。

肉邊好孔雪牕本同。注疏本作肉邊也好孔也、蓋依疏語增。

孔大而邊小雪牕本同。邢疏亦云、孔大而邊小名瑗。注疏本誤作孔大於邊也。

珪大至之環○釋曰注疏本删。

○注詩曰錫爾玠珪○釋曰注疏本删詩曰釋曰、元本無注字。

○注璋半珪也○釋曰注疏本注改云、删釋曰。

○注漢書所云瑄玉是也○釋曰閩本監本毛本但有案漢書三字。元本并無案字。

校勘記

爾雅詁林　六　釋器

邊孔適等十行本吳本孔邊適等。

校勘記訂補

肉倍好謂之璧釋文好、如字、又音秏。今本僅收一音。又秏字誤从耒、釋文本亦誤。

注疏本正誤

有司奉璋玉嘉牲薦饗明監本毛本湘本璋作瑄。漢書亦作瑄。此璋字因涉上文而誤。

注疏校勘札記

八行（注）肉邊好孔○希麟《續音義》卷三、卷十引此注並作「肉，邊也，好，孔也」。案：此分訓「肉」「好」二字，依例當有「也」字。

七下（七二）一行（注）邊孔適等○希麟《續音義》卷三、卷六兩引此注並作「謂邊孔適等也。」

宋監本校箋

璋大八寸謂之琡璋半珪也。琡，音俶。

肉倍好音耗謂之璧肉邊好孔好倍肉謂之瑗大孔而邊小。瑗，音院。

音圖・音

琡、昌育音俶常育音淑二翻，穿、禪二母。干祿字書，瑒、正。琡，別。肉、如字，又如授救。當作翻。而救翻同。好、如字，又音耗。郎報翻。樂記肉好、肉訓肥，或爲潤，與此異義。

音略

珪大尺二寸謂之玠。介璋大八寸謂之琡。俶

肉倍好謂之璧。䂓字，音耗，下同好倍肉謂之瑗。院

孫侶直音

肉倍好謂之璧。音耗下同

直音校正

珪大尺二寸謂之玠。圭者玉器，說以爲瑞者大長也。璋大八寸謂之琡。璋半珪也。璧大六寸謂之宣。璧亦玉器，子男所執者。肉柔去聲倍好去聲謂之璧。肉，邊也，好，孔也，邊大倍于孔者名璧。好倍肉謂之瑗。孔大於邊者名瑗。肉好若一謂之環。邊孔適等者名環。

楊氏音訓

玠戒 琡俶 瑗于眷切

干氏音釋

繸綬也

繸綬也。即佩玉之組，所以連繫瑞玉者，因通謂之繸。

郭注

繸綬也 釋曰：所佩之玉名璲，繫玉之組名綬，以其連繫璲玉，因名其綬曰繸。故郭云：即佩玉組，所以連繫瑞玉者，因通謂之繸也。

邢疏

繸綬也 郭璞云：即佩玉之組，所以連繫瑞玉者，因通謂之繸。

一切注音

繸音遂。綬音受。組音祖。

陸音義

繸綬也 所謂不遂其媾，無功而受者也。

新義

繸綬也。即佩玉之組，所以連繫瑞玉者，因通謂之繸。以其所佩之玉曰璲，故云然。

鄭樵注

繸綬也 郭璞曰：即佩玉之組，所以連繫瑞玉者，因通謂之繸。

鄭樵曰、郎佩玉之組。所以連繫瑞玉者、因通謂之繸。以其所佩之玉曰璲、故云然。

古注合存

繸綬也。繸音遂。○此特釋繸之名也。註曰、繸郎佩玉之組所以連繫璲玉者也。疏曰、佩玉名璲。其繫玉之組名綬。以其繫璲玉、故因名爲繸也。

注疏參義

繸綬也 註 郎佩玉之組所以連繫瑞玉者因通謂之繸

正義 說文云、綬、韍維也。玉藻云、天子佩白玉而元組綬、公侯佩山元玉而朱組綬、大夫佩水蒼玉而純組綬、世子佩瑜玉而綦組綬、士佩瓀玫而縕組綬、孔子佩象環五寸而綦組綬。鄭註、綬者、所以貫佩玉相承受者也。說文又云、縌、綬維也。是繸本或作縌。註郎佩至之繸。○ 正義 郭以上文云璲瑞也、璲繸音同、故以爲佩玉之組通謂之繸。說文云、組、綬屬。顏師古急就篇註云、綬者、受也、所以承受環印也、亦謂之繸。

正義

繸綬也 郎佩玉之組所以連繫瑞玉者因通謂之繸

綬者、說文云、韍維也。韍郎蔽厀。維訓爲繫、是綬爲蔽厀之系。又佩玉亦有系、故玉藻天子佩玉以下皆有組綬。鄭注、綬者所以貫佩玉相承受者也。然則綬之言受、取承受爲義也。繸者當作縌。說文云、縌、綬維也。蓋綬韍維是韍之系、縌綬維是綬之系。系施於綬以貫所佩之玉也。縌之言逆、逆猶迎也、言與佩綬相迎受。故後漢輿服志云、縌者古佩璲也。佩綬相迎受、故曰縌。然則縌綬相連、故志又云縌綬之閒、郎本爾雅縌綬爲說也。縌綬繫璲、故劉昭注引徐廣曰、今名璲爲縌也。旣以璲爲縌、因而變縌爲繸、郭本郎作繸、故此注依上文璲瑞注、而云因通謂之繸也。蓋繸璲聲誤、繸縌形誤矣。宜據說文及輿服志以訂正。

義疏

繸璲璲**綬也** 郭注郎佩玉之組。所以連繫瑞玉者、因通謂之繸也。 上

云璲瑞、嫌瑞玉名璲、故明其與綬同。鄭注玉藻云、綬者、所以貫佩玉相承受。綬爲大組、繸爲流蘇。整繖不同、皆隊佩玉下。漢因名綬維爲繸。

集解

繸綬也 上云璲瑞、此云繸綬、明璲本非瑞名、通名瑞耳。綬、紱維也。引申爲組帶之偁、與繸迥別。因同爲佩玉之飾、繸所以釋爲綬與。禮記玉藻天子佩白玉而玄組綬、鄭注所以貫佩玉相承受者也。漢循綬維爲繸、則取逆上之義、非繸之形近字也。

義證

繸綬也

註郎佩玉之組所以連繫瑞玉者因通謂之璲 補正

臣鋆按、經典無璲字、璲當作縌、音逆。說文云、綬、維也。漢書翟方進傳、赤韍縌註引服虔云、縌今之綬也。師古曰、縌者系也、謂逆受之也。後漢輿服志云、自青綬已上、縌長三尺二寸、與綬同采而首半之。縌者古佩璲也、佩璲相迎受、故曰縌。紫綬已上縌綬之間得施玉環璚云。崔豹古今註及初學記引董巴輿服志皆同。自郭氏誤作繸、邢昺因之皮傳云。

郭注補正

繸綬也

郎佩玉之組所以連繫瑞玉者因通謂之繸也

明注疏本脫也字。

郭注佚存補訂

繸綬也註所以連繫璲玉者 璲誤瑞、從疏校。

注疏正字

繸綬也 說文糸部無繸字。案郭注曰郎佩玉之組所以連繫

爾雅詁林　六　釋器

瑞玉者,因通謂之繸。据此,郎前璲瑞之瑞,正文亦當作遂。从王从糸,皆後人增加字也。

匡名

珪大尺二寸謂之玠,璋大八寸謂之琡,璧大六寸謂之宣,肉倍好謂之璧,好倍肉謂之瑗,肉好若一謂之環。繸,綬也。

此釋玉器之名。說文、玠、大圭也。尺、十寸也、从尸一。寸、十分也、从又一。郭註引詩錫爾玠珪、今作介圭。白虎通義、珪以爲信也。璋、剡上爲圭、半圭爲璋。琡、玉也。白虎通義、璋以發兵也。璧、瑞玉圜也。聘禮、受享束帛加璧。白虎通義、璧以聘問。漢書郊祀志、有司奉瑄玉。瑄通作宣。郭註、肉、邊也。好、孔也。孔小者名璧、孔大者名瑗。瑗、大孔璧、引爾雅文。邊孔等者名環。環、璧也。綬、韍維也。組、綬屬。縌、綬維也。玉藻、天子佩白玉而元組綬。註、綬者所以貫佩玉相承受者也。

啓蒙

繸　縌　說文。縌綬維也。無繸字。繸縌蓋形近而譌。

此說繆。據郭注、疑爾雅此文本作璲、亦璽之別字。

黃侃評本　正、名

繸、綬也。即佩玉之組、所以連繫瑞玉者、因通謂之繸。

綬、說文韍維也、韍字或作紱、西都賦注引倉頡篇云、紱、綬也、諸侯年表作韍、丙吉傳作紼、續漢輿服志、古者君臣佩玉、所以章德、上有韍、所以便事、五伯迭興、戰兵不息、於是解去韍佩、留其係璲、以為章表、韍佩既廢、秦乃以采組連結於璲、光明章表、轉相結受、故謂之綬、然則古綬以維玉、秦漢則無玉而徒設綬也。玉藻、君在不佩玉、左結佩、右設佩、居則設佩、朝則結佩、齊則綪結佩、注、結者、結其綬不使鳴也、綪、屈也、結又屈之、據此、是綬可解可結、結以便事、漢志所謂韍即此也。又云、解去韍佩、留其係璲、是韍在下而璲在上、璲即前文佩衿謂之褑、說文綎、系綬也、以其與綬相連、亦通名為綬、如郭注意、則繸即以系璲得名矣。繸綬通名、猶組綬通耳、釋草直云組綬也。

詳繹注文、疑郭本作璲綬也、與上文璲瑞也同字、注亦同。邢疏釋注亦未當、不悟繸綬本異物、而郭注但釋繸之得名由於璲、未辨繸綬為二物也。

繸以系璲得名、非誤字。郝氏謂繸當作縌、據說文縌綬維也之訓、余謂繸一名縌、非繸即縌之誤。

黃侃音訓

繸綬也

繸,綬也。郭注:即佩玉之組,所以連繫瑞玉者,因通謂之繸。頤煊案:繸本作縌。說文:縌,綬維也。後漢輿服志:縌者,古佩璲也。佩綬相迎受,故曰縌。釋草:虉,綬。郭注:小草有雜色,似綬。虉、縌同聲字,當作縌爲是。

所以連繫瑞玉者　單疏本注疏本同。今本疏中誤作璲玉。浦鏜反據以改注,誤甚。

讀爾雅録

繸綬也○釋曰　注疏本刪。

所佩之玉名璲　元本同。閩本剜改璲爲繸,監本毛本承之。

所以連繫瑞玉者　元本同。閩本監本毛本瑞改璲。

因通謂之繸也　元本閩本監本同。毛本繸誤璲。按經注皆作繸。此與上文所佩之玉名璲,璲繸字正互誤。

校勘記

因通謂之繸也　十行本雪牕本吳本皆無也字。

校勘記訂補

(注)因通謂之繸○原本《玉篇》「綬」下引「繸」下有「也」字。

宋監本校箋

遂 繸綬也。

直音校正

繸綬也 所佩之玉名繸，繫玉之組名綬。

楊氏音訓

繸 遂

干氏音釋

一染謂之縓再染謂之赬三染謂之纁

青謂之葱黑謂之黝斧謂之黼

一染謂之縓，今之紅也。再染謂之赬，淺赤。三染謂之纁，纁，絳也。青謂之葱，淺青。黑謂之黝，黝，黑貌。周禮曰：陰祀用黝牲。斧謂之黼。黼文畫斧形，因名云。

郭注

一染至之黼　釋曰：別衆色之名也。一染謂之縓者，此述染絳法也。一染一入色名縓，今之紅也。說文云：帛黃赤色。喪服記云：公子爲其母練冠麻衣縓緣是也。再染名赬，即淺赤也。三染名纁，李巡云：三染其色已成爲絳，纁絳一名也。考工記云：三入爲纁。鄭玄云：染纁者，三入而成。禹貢云：厥篚玄纁是也。淺青一名葱，玉藻云：三命赤韍葱衡是也。黑色名黝，以白黑二色畫之爲斧形名黼。考工記云：白與黑謂之黼。書云：黼黻絺繡是也。　注周禮曰陰祀用黝牲　釋曰：此地官牧人職文也。鄭注云：陰祀，祭地北郊及社稷也。

邢疏

三染謂之纁

三染其色已成爲絳。纁絳一名也。書正義六、邢疏

李注

青謂之葱黑謂之黝

黝、青黑，葱則青之異色。禮記正義二十

斧謂之黼

黼文如斧形。書正義五

孫音注

再染謂之赬

考工記鍾氏注引爾雅作再染謂之竀。

黃輯古義

衆家注

三染謂之纁

三染其色已成爲絳。纁絳一名也。邢疏 書禹貢正義

李注

青謂之葱黑謂之黝

黝、青黑，葱則青之異色。禮記玉藻正義

斧謂之黼

黼文如斧形。書益稷正義

孫音注

玉函山房輯佚

三染謂之纁

三染其色已成爲絳。絳纁一名也。李注 書疏六

青謂之葱黑謂之黝

黝、青黑，葱則青之異色。孫注 並宋校宋本禮記疏四十

三染謂之纁

李曰：三染其色已成爲絳，纁絳一名也。書正義六 邢疏

鉤沉

爾雅詁林　六　釋器

青謂之葱黑謂之黝
孫曰、黝青黑。葱則青之異色。禮記正義三十
斧謂之黼
孫曰、黼文如斧形。書正義五

漢注

一染謂之縓
郭璞云今之紅也。
再染謂之赬 赬、鄭註考工記引作竀、說文引作䞓。
郭璞云、淺赤也。淺、舊本作染、無也字。茲依詩正義一之三卷引增改。
三染謂之纁
李巡云三染其色已成爲絳。纁絳一名也。書正義六卷
郭璞云纁絳也。
青謂之葱
郭璞云淺青。
黑謂之黝
孫炎云、黝青黑色。葱則青之異色。禮記正義四十卷 郭璞云黝黑貌。周禮曰陰祀用黝牲。
斧謂之黼
郭璞云黼文畫斧形因名云。

一切注音

再染謂之赬
蕙心案考工記鍾氏注引爾雅再染謂之竀。左氏哀十七年傳如魚竀尾。蓋竀爲赬之異文。䞓乃赬之正字

三染謂之纁 李巡曰、三染其色已成爲絳。纁絳一名也。書禹貢正義
青謂之葱黑謂之黝 孫炎云、黝青黑色、葱則青之異色。禮玉藻正義
斧謂之黼 孫炎云、黼文如斧形。蓋半白半黑、似斧、刃白而身黑。書益稷正義

古注斠

染 如琰反、下同。縓 七絹反、說文云、帛黃赤色。赬 恥貞反。纁 詩云反。說文云、淺絳也。字林同。葱 七公反。黝 於糾反。

陸音義

纁 許云反○許舊作詩譌、今依通例改。

音義攷證

一染謂之縓
凡赤原焉。
再染謂之赬
赬、正也、紅閒色。
三染謂之纁
堯曰放勛降矣。
青謂之葱黑謂之黝
青達而爲葱。黝黑尙幼、所謂緼黻、幽珩赤緼而未發、黑尙幽也。
斧謂之黼
黼有父用斧、示體而已。所謂黼黻、雖尙威斷、猶有可否焉。

新義

一染謂之縓再染謂之赬三染謂之纁青謂之蔥黑謂之黝斧謂之黼此別色之異也。縓、七戀反、紅色。赬、赤色。纁、絳色。蔥、淺青色。黝、黑色。黼畫斧形。

鄭樵注

一染謂之縓
郭璞曰、今之紅也。
再染謂之赬
郭璞曰、染赤。按詩疏及邢疏、染似當作淺。
三染謂之纁
李巡曰、三染其色已成爲絳。纁絳一名也。
郭璞曰、纁、絳也。
青謂之葱
郭璞曰、淺青。
黑謂之黝
孫炎曰、黝、青黑。
郭璞曰、黝、黑貌。周禮曰、陰祀用黝牲。
斧謂之黼
孫炎曰、黼、文如斧形。
郭璞曰、黼、文畫斧形、因名云。
鄭樵曰、此別色之異也。縓七戀反、紅色。赬、赤色。纁、絳色。葱、淺青色。黝、黑色。黼畫斧形。總釋六句。

古注合存

一染謂之縓再染謂之赬三染謂之纁青謂之葱黑謂之黝斧謂之黼。縓音縈。赬音稱。纁音勳。○此釋采色之名也。註曰、縓今之紅也。赬淺赤也。纁絳也。葱淺青也。黝黑貌。周禮云、陰祀用黝牲。黼文畫斧形、因名云。疏曰、說文云、縓、帛赤黃色也。喪服記練冠麻衣縓緣是也。李巡云、三染爲絳、絳纁一也。考工記、三入爲纁。禹貢厥篚玄纁是也。淺青一名葱。玉藻三命赤芾葱珩是也。白黑二色畫爲斧形、因名爲黼。書云黼黻絺繡是也。

注疏參義

按爾雅所言、言染赤也。周禮所言、言染黑也。蓋染黑亦必由赤耳。

赬、周禮注作竀。
文選注青謂之葱樹木茂盛之貌。
禮記鄭注引爾雅赤緣謂之祿。今本無此文、疑是一染謂之縓之注。

補注

一染謂之縓 **註** 今之紅也 再染謂之赬 **註** 淺赤 三染謂之纁 **註** 纁絳也 青謂之葱 **註** 淺青 黑謂之黝 **註** 黝黑貌周禮曰陰祀用黝牲 斧謂之黼 **註** 黼文畫斧形因名云

正義 此別衆色之名也。○一染至之纁。○鄭註三入謂之纁、朱則四入與、凡染黑、五入爲紺、七入爲緇、元則六入與。賈疏云、爾雅所染縓赬纁三者、是染赤法。周官鍾氏染鳥羽、是染黑法也。縓者、說文云、帛赤黃色。喪服云、練冠麻衣縓緣。縓又謂之縕。鄭註玉藻云、縕赤黃之間色、所謂韎也。瞻彼洛矣、毛傳云、一入曰韎韐。左傳疏引賈逵云、一染曰韎。蓋用蒨草染之也。赬者、說文作再染謂之䞓。鄭註考工記引爾雅作再染謂之竀。左氏哀十七年傳如魚竀尾、謂魚尾赤也。䞓字或作赬。纁者、說文云、纁淺絳也。禹貢云厥篚元纁璣組。疏引李巡云、三染其色已成爲絳、絳纁一名也。考工記鍾氏染羽、三入爲纁。鄭註云、染纁者三入而成。○青謂至之黝。○釋名云、青生也、象物生時色也。黑晦也、如晦冥時色也。禮記疏引孫炎云、黝青黑色。葱則青之異色。玉藻云、一命縕韍幽衡、再命赤韍幽衡、三命赤韍葱衡。鄭註云、幽讀爲黝。黑謂之黝、青謂之葱。○斧謂之黼。○覲禮云、天子設斧依於戶牖之間。鄭註有繡斧文、所以示威也。顧命作黼扆。黼即斧也。釋言云、黼黻彰也。**註** 今之紅也。**正義** 鄭註既夕禮亦以縓爲紅也。說文云、紅帛赤白色。釋名云、紅白色之似絳者也。蓋初染絳而未成者、故其色在絳黃白之間。○淺赤。○**正義** 監本作染赤、今從詩疏所引郭註改正。再染爲淺赤、三染則爲大赤矣。說文云、經赤色也。蓋色雖淺而已成爲赤也。○纁絳也。○

爾雅詁林　六　釋器

爾雅詁林　六　釋器

正義 說文云、絳、大赤也。釋名云、絳、工也、染之難得色、以得色爲工也。○黝黑至黝牲。○正義 說文云、黝、微青黑色。周禮曰、陰祀用黝牲。地官牧人文。○黼文至名云。○正義 考工記、畫繢之事、白與黑謂之黼。詳見釋言。釋名云、斧、甫也、甫、始也、凡將制器始用斧伐木、已乃制之也。賈公彥云、據繡次言之、白與黑謂之黼、據文體形質言之、刄白而銎黑、是黼斧字異而義同也。天官典絲共黼畫之物、鄭註以爲給衣服及依盬巾之屬。秦、小雅元袞及黼、王藻謂君有黼裘、是衣服用黼也。冪人云凡王巾皆黼、是王之巾用黼也。檀弓言天子之殯加斧于椁上、是椁亦用黼、不獨設之於扆、繡之於領矣。鄭君謂畫黼周尚武、賈疏以爲周以武得天下、作斧文取斷割之義。

正義

一染謂之縓　士虞記縓緶緆、疏云一入謂之縓、謂一入赤汁染之、卽漢時紅。再染謂之赬、註淺赤。宋孫案此據邢疏改。

校議

一染謂之縓今之紅也再染謂之赬淺赤三染謂之纁纁、絳也青謂之蔥淺青黑謂之黝黝、黑貌。周禮曰、陰祀用黝牲斧謂之黼黼文畫斧形、因名云

縓者、說文云帛赤黃色、一染謂之縓。士冠禮注、凡染絳、一入謂之縓、再入謂之赬、三入謂之纁。旣夕記注、一染謂之縓、今紅也。喪服記注、縓、淺絳也。按說文、絳、大赤也、紅、帛赤白色。然則縓色在白赤黃之閒、縓與縕同。故玉藻注縕赤黃之閒色、所謂韎也。詩瞻彼洛矣傳韐韎者、茅蒐染韋也、一入曰韎韐、韎䩍、韎鞈是縓以茜草染之。故經典縓字、釋文竝七絹反、意蓋爲此。但縓从原聲、則音七絹非矣。○赬者、說文作䞓、云赤色也。䞓或作赬。考工記鍾氏注引爾雅作再染謂之竀。左氏哀十七年傳、如魚竀尾。竀蓋赬之別體耳。○纁者、說文云淺絳也。按淺字誤。鄭注以縓爲淺絳、以一染色猶淺、至纁三染色成。故鍾氏云三入爲纁、五入爲緅、是纁已成大赤、若再染則爲黑矣。故禹貢

正義引李巡云、三染其色已成爲絳、纁絳一名也。然則纁卽爲絳可知。許君誤矣。○蔥者、繱之叚借也。說文、繱、帛青色。玉篇云、青白色也。經典省作蔥。詩有瑲蔥珩、傳蔥蒼也。玉藻云三命赤韍蔥衡、鄭注青謂之蔥。荀子性惡篇云桓公之蔥、楊倞注蔥青色也。○黝者、說文云微青黑色。按鍾氏云三入爲纁、五入爲緅、七入爲緇、是從赤入黑法。此云青謂之蔥、黑謂之黝、是從青入黑法。故說文以爲微青黑色也。玉藻正義引孫炎曰黝青黑。蔥則青之異色。與說文合。周禮序官掌染草注、染草藍蒨象斗之屬。賈疏、藍以染青、象斗染黑。是矣。黝古通借作幽。玉藻云一命縕韍幽衡、再命赤韍幽衡。鄭注幽讀爲黝、黑謂之黝。周禮牧人守祧鄭衆注竝云、幽讀爲黝、黝黑也。黝䵥䵭幽按詩其葉有幽傳、幽黑色也、是幽卽黝矣。○黼者、說文云白與黑相次文。考工記畫繢之事云、白與黑謂之黼。書益稷正義引孫炎曰、黼、文如斧形、又申之云、蓋半白半黑、似斧、刃白而身黑、是其義也。按覲禮云天子設斧依、書顧命作黼扆、是黼卽斧也。斧黼以聲爲義。

義疏

一染謂之縓再染謂之赬三染謂之纁郭注、縓、今之紅也。赬、淺赤。纁、絳也。染从水、杭。杭、繫梅、今蘇木、專以染紅。紅色難鮮、故須再三乃成。禮有縓緣、赬裏、纁緶。縓、始也、始一染赤。赬、或作竀、正赤色。纁、如火餤明赤色。許愼以爲淺絳、則絳正赤、當四染以爲軍幟、故不列此。青謂之蔥郭注、淺青。詩有瑲蔥珩。黑謂之黝幽孫注、黝、青黑色。郭注、黝、黑貌。周禮曰、陰祀用黝牲。記、縕韍幽衡。斧謂之黼孫注、黼、文如斧形。郭注、黼、文畫斧形、因名云。禮、天子設斧依。記、白與黑謂之黼。

集解

一染謂之縓　釋木　杂、檕梅。染从水、杂、謂以檕梅和水而染者、今蘇木水也、所以染紅。縓、帛赤黃色也、从

糸原。原，始也。謂始一染而色赤黃，因紅色之難鮮故耳。儀禮喪服記麻衣縓緣，既夕記縓綼緆，禮記檀弓練衣黃裏縓緣，均謂一染。**再染謂之赬** 赬字一作䞓，赤色也，深於紅者。儀禮士喪禮䞓裏䞓本，禮記喪大記大夫以玄赬緇冒赬，均斥再染言耳。**三染謂之纁** 纁，淺絳也，从糸熏。熏，火煙上出也。謂似火燄，但較絳爲淺耳。書禹貢厥篚玄纁璣組。周禮染人夏纁玄。攷工記鍾氏染羽三入爲纁。儀禮士冠禮爵弁服纁裳。禮記襍記纁袖爲一。**青謂之蔥** 青，東方色也，木生火，从生丹，會意。蔥，宋本作葱，葱，菜也，青色似之，故名。詩采芑有瑲蔥珩。禮記玉藻三命赤韍蔥衡。或者蔥之正字爲䆗與。總，帛青色也。**黑謂之黝** 許慎說黝，微青黑色，从黑幼聲，幼，小也。此直釋黑者，大概詞耳。周禮牧人幽牲，禮記玉藻幽衡，均以幽爲之。**斧謂之黼** 斧，斫也，从斤父聲。黼文之形似之，故名。黼，白與黑相次文，从黹甫聲。甫，从用父。父象斧形者。儀禮覲禮天子設斧依。攷工記畫繢之事，白與黑謂之黼。

義證

一染謂之縓

註今之紅也【補正】臣鍪按儀禮喪服云公子爲其母練冠麻衣縓緣，註云淺絳也。沈括云今之茜也，色小赤。

再染謂之赬 赬，耻貞反。

註染者【補正】臣鍪按詩周南魴魚赬尾，毛傳赬，赤也。

三染謂之纁

註纁絳也【補正】邢疏、李巡云三染其色已成爲絳，纁絳一名也。考工記云三入爲纁，註云染纁者三入而成。臣鍪按說文謂縓，黃赤色；赬，赤色；纁，淺絳也。絳爲大赤。蓋由淺而深也。

郭注補正

再染謂之赬

淺赤

明注疏本淺誤染。

黑謂之黝

黝黑貌也 周禮曰陰祀用黝牲

文選魏都賦注引爾雅曰黑謂之黝，郭璞注黝，黑貌也。今據補也字。

斧謂之黼

黼文畫爲斧形因名云

元應諫王經音義引爾雅斧謂之黼，郭璞曰黼文畫爲斧形。慧琳佛本行讚傳一卷音義引同。今據補爲字。

郭注佚存補訂

一染謂之縓再染謂之赬三染謂之纁

縓者，說文云帛赤黃色。一染謂之縓。此染絳也。小雅瞻彼洛矣韎韐有奭，毛傳云韎韐者，茅蒐染草也，一曰韎韐所以代韠也。正義云韎韐者，衣服之名，奭者，赤貌，傳解奭之由，以其用茅蒐之草染之，其草色赤故也。一曰韎韐所以代韠者，案爾雅云一染謂之縓，此曰韎韐，即一入曰韎韐，是縓也。此以韎韐代他服之韠、蓋縓以茅蒐染之也。　赬者、說文作䞓、云赤色也。或作赬。周南汝墳魴魚赬尾、傳云赬、赤也。正義引爾雅、再染謂之赬。赬亦作竀。哀十七年左氏傳引作魴魚竀尾。考工記鍾氏注引爾雅作再染謂之竀、彼釋文云、竀本又作䞓。王風大車毳衣如璊、傳云璊、赬也。說文云、璊、玉䞓色也。禾之赤苗謂之虋、詩釋文引作穈。玉色如之。　纁義說詳訂經。

青謂之蔥、黑謂之黝、斧謂之黼

蔥、說文作繱、云帛青色。經典皆以蔥爲之。小雅采芑有瑲蔥珩、毛傳云蔥、蒼也。三命蔥珩。正義引玉藻云、三命赤韍蔥珩、三命以上皆蔥珩也。孫炎云、蔥則青之異色。　黝者、說文云微青黑色。采芑正義引玉藻云、一命緼韍黝珩、再命赤韍黝珩、今玉藻作幽。鄭注云、幽讀爲黝。是據諸侯而言。孫炎云、黝、青黑色。此是由青入黑、自淺而深也。小雅隰桑其葉有幽、傳云幽、黑色也。幽卽黝也。　黼者、說文云白與黑相次文。詳見釋言、黼黻彰也。 **說詩**

再染節註淺赤誤染赤。

疏公子爲其母練冠麻、麻衣縓緣 脫一麻字。 **注疏正字**

一染謂之縓　此三句說文同。攷工記注、鍾人引此三句。左傳正義八引作二染。一切經音義三引作再染。周禮疏廿五引一入赤汁謂之縓、再入謂之赬。

再染謂之赬　攷工記注引作竀、彼釋文云、竀本又作䞓、亦作赬。案說文、赤部䞓、赤色也。从赤巠聲。詩曰魴魚䞓尾。或从貞作赬、或从丁作䞎、或从水作浾、或从水从正作泟。　竀字見左傳、不知所從。

黑謂之黝　說文引。 **匡名**

一染謂之縓、再染謂之赬、音檉。三染謂之纁、青謂之蔥、黑謂之黝、斧謂之黼　此釋眾色之名。說文、縓、帛赤黃色。引爾雅文。又瞻彼洛矣傳、一入曰韎韐。左傳疏、一染曰韎。郭註、今之紅也。纁、䞓、赤色也。引詩魴魚䞓尾、或从貞。郭註、淺赤。纁、淺絳也。禹貢厥篚元纁璣組。釋名、青、生也、象物生時色也。玉藻、三命赤韍蔥衡。郭註、蔥、淺青也。釋名、黑、晦也、如晦冥時色也。黝、詳釋宮。覲禮天子設斧依於戶牖之間、顧命作黼扆。詳釋言。 **啓蒙**

一染謂之縓。今之紅也。　縓之言茜也、茅蒐可以染韋也。說文、縓、赤繒也。以茜染故謂之縓。又縉、帛赤色也。禮有縉緣、縉緣卽既夕記之縓緣、是縓縉皆與緣通。檀弓周人尚赤、戎事乘騵、騵與縓聲義亦近、原之言始也。縓一染、故从原聲。　檀弓練衣黃裏縓緣、注縓、纁之類、說文紅帛赤白色也、釋名紅、絳也、白色之似絳者也、然則紅、縓、纁、絳四者散言有別、通言不殊、故或以紅釋縓、或以纁釋縓。

再染謂之赬。淺赤。　赬、說文作䞓、釋木檉、河柳、注今河旁赤莖小楊、是檉與䞓聲義同。

三染謂之纁。纁絳也。　纁、說文淺絳也、絳大赤也、絑純赤也、士冠禮注三入謂之纁、朱則四入歟、故說文以纁為淺絳矣。

青謂之蔥。淺青。　蔥、說文作總、廣雅總青也、總即總、說文驄馬青白雜毛也、聲義亦與總同。

黃侃音訓

一染謂之縓　再染謂之赬　三染謂之纁

儀禮注作一入謂之縓。士冠禮注　說文赬作䞓、云、赤色也。赤部䞓　䞓或作赬。赤部赬　儀禮注作再入謂之赬。士冠禮注　周禮注作作再染謂之䆪。考工記鍾氏注　儀禮注作三入謂之纁。士冠禮注

證異

再染謂之赬。考工記鍾氏註引爾雅再染謂之䆪。

考異摘要

再染謂之赬唐石經雪牕本同。釋文赬、恥貞反。說文赤部云、䞓、赤色也、引詩魴魚䞓尾。又赬䞓或从貞。考工記鍾氏注、鄭司農引爾雅再染謂之䆪、勑貞反。本又作䞓、亦作赬。按、赬䞓正字、䆪假借字、正與貞至聲相近、左氏哀十七年傳如魚䆪尾、杜注䆪赤色、魚勞則尾赤。亦用假借字。

淺赤雪牕本同。注疏本作染赤誤。

一染至之䋎○釋曰 注疏本刪。

帛黃赤色 元本同。閩本監本毛本帛誤縓。今說文云帛赤黃色。

書云黼黻絺繡是也 元本同。閩本監本毛本云改曰。

○注周禮曰陰祀用黝牲○釋曰 注疏本刪周禮曰釋曰。元本注改云。

校勘記

再染謂之赬注淺赤。今本淺誤作染。疏赬即淺赤也。

注疏本正誤

三行（注）黝黑貌○《文選·魏都賦》注引「貌」下有「也」字。

四行（注）䋎文畫斧形因名云○原本《玉篇》「䋎」下引此注「畫」下有「為」字，慧琳《音義》卷八十八引同，當據補。

宋監本校箋

一染謂之縓　今之紅也。縓、音茜。　再染謂之赬　淺赤。赬、音稱。　三染謂之纁　纁、絳也。纁、音勳。　黑謂之黝　黝、黑貌。周禮曰陰祀用黝牲禮。黝、音悠。

音圖·音

縓七絹翻音倩。廣韻此緣音倩采選音淺二翻。儀禮釋文縓范宣倉亂翻音爨。母同韻異。赬考工記注作䆪。說文作䞓。纁、周禮注作纁。

音略

一染謂之縓。詮　再染謂之赬。檉　三染謂之纁。勳　黑謂之黝。有幽

孫佃直音

一染謂之縓。補　再染謂之赬。檉　勳　黑謂之黝。有

直音校正

爾雅詁林　六　釋器

一染謂之縓（一染一入也。縓紅也。）此縓切　再染謂之赬（赬淺赤也。）稱　三染謂之纁（纁絳也。）勳　青謂之葱（淺青一名葱。）黑謂之黝（黝黑貌。）於糾切　斧謂之黼（白黑二色畫斧形名黼。）

楊氏音訓

縓詮　赬丑貞切　纁熏

干氏音釋

邸謂之柢

邸謂之柢根柢、

「皆物之邸。邸即底通語也。」

郭注

邸謂之柢　釋曰、根柢名邸。邸、本也。郭云、根柢皆物之邸、邸即底通語也。言凡物之柢、必在底下、因名云也。案周禮典瑞云、四圭有邸以祀天、兩圭有邸以祀地。皆謂邸爲本柢也。

邢疏

邸謂之柢　郭璞云、根柢皆物之邸。邸即底、通語也。

一切注音

邸丁以反　柢丁計反

陸音義

邸謂之柢　斧依受朝、邸宿以朝焉。柢从氏、爲是故也。

新義

邸謂之柢　邸、人之所止也。柢、乃木之根本、是亦其所止也。故邸可謂之柢。

鄭樵注

邸謂之柢　郭璞曰、根柢、皆物之邸。邸即底、通語也。

鄭樵曰、邸、人之所止也。柢乃木之根本、是亦其所止也。故邸可謂之柢。

古注合存

邸謂之柢　根柢皆物之邸、邸即底通語也

柢者、說文云、木根也。釋言云、柢、本也。邸者本爲邸舍、經典假爲根柢、故此釋之也。典瑞云、四圭有邸、弁師云、象邸、玉人云、兩圭五寸有邸、皆以邸爲柢。故鄭於典瑞注引爾雅曰、邸、本也。弁師注、邸、下柢也。玉人注、邸謂之柢、有邸、僢共本也。俱本爾雅爲訓也。柢省作氐。周語云、天根見而水涸、本見而草木節解、韋昭注、天根、亢氐之閒、本、氐也。是氐柢同。

義疏

邸謂之柢　郭注、根柢、皆物之邸。邸即底、通語也。當作柢謂之邸、釋周官有邸。邸、射也。柢、木根。

集解

邸謂之柢　邸屬國舍也、从邑氏聲。此釋柢者正字爲柢耳。周禮典瑞四圭有邸。攷工玉人兩圭五寸有邸以祀地。弁師象邸玉笄。柢、本根也、从木氐聲。氐、至也、亦本也。

義證

邸謂之柢　註根柢皆物之邸邸即底通語補正邢疏、周禮四圭有邸、謂邸爲本柢也。

郭注補正

邸謂之柢　說文邑部無邸字。

匡名

邸謂之柢〇釋曰　注疏本刪。

校勘記

五行（注）邸即底〇「底」宋刻小字本作「底」是也。當據正。

宋監本校箋

邸音氐謂之柢根柢、皆物之邸。邸即底、通語也。柢、音弟。

音圖・音

爾雅詁林　六　釋器

抵

邸謂之柢 抵帝 **孫侃直音**

邸謂之柢 根柢皆物之邸，邸即底，通語也。 **楊氏音訓**

邸底 柢典禮切，又丁計切 **干氏音釋**

雕謂之琢

雕謂之琢 治玉名也。 **郭注**

雕謂之琢 釋曰：案上文治玉璞名雕，治玉器名琢，彼對例耳。散文則雕琢通謂治玉名，不分璞與器也。 **邢疏**

雕謂之琢 郭璞云：治玉名也。 **一切注音**

雕謂之琢 所謂大圭不琢，讀从此字。 **新義**

雕謂之琢 治玉之名。 **鄭樵注**

雕謂之琢 郭璞曰：治玉名也。 鄭樵曰：治玉之名。 **古注合存**

邸謂之柢，雕謂之琢。邸音氐。○此因上治玉而釋之也。註曰：根柢皆物之邸，邸即底，通語也。琢，治玉名。疏曰：凡物之柢，必在底下，因名云。典瑞云，四圭有邸，兩圭有邸，皆謂邸為本柢也。上文治玉樸名雕，治玉器名琢，對例耳，散文則通。 **注疏參義**

文選注引爾雅理玉曰琢。蓋即雕謂之琢，注云治玉名也。唐人避諱治爲理。 **補注**

邸謂之柢 **註** 根柢皆物之邸，邸即底，通語也。雕謂之琢 **註** 治玉名也。 **正義** 釋言云：柢，本也。柢與邸通。上文云玉謂之雕，又云玉謂之琢，此申釋之也。考工記玉人云：兩圭五寸有邸。鄭註引邸謂之柢，有邸，僢共本也。大雅棫樸云：追琢其章。毛傳：追，雕也；金曰雕，玉曰琢。以雕爲治金，因下文金玉而分屬之耳。鄭箋云：追琢玉使成文章，則專屬玉而言。雕通作琱。說文云：琱，治玉也。琢，治玉也。是皆爲治玉之名也。 **正義**

雕謂之琢 治玉名也 上云玉謂之雕，又云玉謂之琢，此申釋之。 **義疏**

雕謂之琢 郭注治玉名也。琢當爲瑑，釋瑑圭。 **集解**

雕謂之琢 禮記禮器大圭不琢，釋文本作瑑。此琢蓋瑑也。釋礼瑑圭非泛說也。 **義證**

邸謂之柢，雕謂之琢 說文云：柢，木根也。周禮典瑞注引爾雅曰：邸，本也。玉人注云：邸謂之柢，俱本爾雅。柢通作氐。小雅節南山：維周之氐。毛傳云：氐，本也。正義云：毛讀從邸，若四圭爲邸，故爲本，言是根本之臣也。雕謂之琢者，說已詳上。上文云玉謂之雕，而大雅棫樸傳云：金曰雕，玉曰琢。雕琢二字蓋通名也。 **說詩**

雕謂之琢註治玉名下行也字。**注疏正字**

雕謂之琢　雕當作琱，或作彫。見上。**匡名**

邸謂之柢雕謂之琢釋言柢本也。柢與邸通。上文玉謂之雕，玉謂之琢，此申釋之也。**啓蒙**

雕謂之琢〇釋曰注疏本刪。**校勘記**

蓐謂之茲竿謂之箷簀謂之笫

蓐謂之茲。公羊傳曰屬負茲。茲者，蓐席也。竿謂之箷。衣架。簀謂之笫。牀版。**郭注**

蓐謂之茲　釋曰：蓐，一名茲。注公羊傳曰屬負茲　釋曰：此桓十六年傳文也。案彼衛侯朔出奔齊，傳云：何以名？絕。曷爲絕之？得罪于天子也。其得罪于天子奈何？見使守衛朔，而不能使衛小衆，越在岱陰齊，屬負茲，舍，不即罪爾。何休云：屬，託也。天子有疾稱不豫，諸侯稱負茲，大夫稱犬馬，士稱負薪。舍，止也。託疾止不就罪是也。引之以證茲爲蓐也。郭云茲者蓐席也，言草蓐之席也。宣十二年左傳，軍行右轅，左追蓐。竿謂之箷　釋曰：凡以竿爲衣架者名箷。曲禮曰男女不同椸枷，謂此也。簀謂之笫　釋曰：簀，牀版也，一名笫。檀弓曰華而睆，大夫之簀與？左傳曰牀笫之言不踰閾。方言云齊魯之間謂之簀，陳楚之間或謂之笫是也。**邢疏**

竿謂之箷釋文箷，李本作篡，同。篡羊支反。釋文　**李注**

簀謂之笫

牀也。春秋正義三十八　**孫音注**　**黃輯古義**

竿謂之篡本作篡。釋文箷，李

篡羊支反。釋文　**李注**

簀謂之笫

牀也。春秋襄二十八年正義　**孫音注**　**玉函山房輯佚**

簀謂之笫

牀也。孫注宋本春秋疏二十四　**鈎沉**

竿謂之箷釋文箷，李本作篡，同羊支反。

簀謂之笫

孫曰：牀也。春秋正義三十八　**漢注**

蓐謂之茲

郭璞云：公羊傳曰屬負茲。茲者，蓐席也。

竿謂之箷釋文二十九卷，箷李巡本作篡。

郭璞云：即衣架也。今本作衣架，無即也二字。茲依一切經音義四引改增。

簀謂之笫

孫炎云：笫，牀也。左傳正義二十四卷

郭璞云：即牀版也。即也二字依一切經音義四引增。**一切注音**

竿謂之箷　李本作篡。釋文

簀謂之笫　孫炎曰：牀也。左襄二十七年傳正義　**古注斠**

蓐音辱。茲子斯反。屬之欲反。竿乾幹二音。箷李本作篡，同羊支反。字林上支反。架音駕。簀音責。笫側士反。**陸音義**

第側士反○舊作側子反。今從宋本改。

音義攷證

蓐謂之茲

蓐、以白受黑。茲、黑也。禮、疾、諸侯稱負茲、大夫稱犬馬。諸侯死社稷、以蓐爲病。大夫有去就之義、以畜于人爲病。

竿謂之箷簀謂之第

疏之也、故施之、親之、斯責之矣。詩曰、出宿于泲、飲餞于禰。雖曰地也、亦有義焉。故曰、問我諸姑、遂及伯姊。謂其姊親而先姑也。二章曰、出宿于干、飲餞于言。夫待干而後與、言而後知之疏矣。

新義

蓐謂之茲 茲、蓐席也。桓十六年公羊傳曰、屬負茲。 竿謂之箷 以竿爲衣架曰箷、音移。 簀謂之第 簀、薦下竹簿。第、側使反。

鄭樵注

蓐謂之茲
郭璞曰、公羊傳曰屬負茲。茲者、蓐席也。
鄭樵曰、茲、蓐席也。桓十六年公羊傳曰、屬負茲。
竿謂之箷 箷李本作篡。
郭璞曰、木架。木似當作衣。衆經音義引此注作衣。
鄭樵曰、以竿爲衣架曰箷、音移。
簀謂之第
孫炎曰、牀也。
郭璞曰、牀版。
鄭樵曰、簀、薦下竹簿。第、側使反。

古注合存

蓐謂之茲竿謂之箷簀謂之第。此釋牀蓐之名也。注曰、茲者、蓐席也。公羊云、屬負茲。箷者、衣架。第者、牀版。疏曰、桓十六年公羊云、衛侯朔得罪於天子、越在岱陰齊。屬負茲、舍不卽罪爾。何休註云、屬託也。天子有疾稱不豫、諸侯稱負茲、大夫稱犬馬、士稱負薪。舍止也。託疾止不就罪也。曲禮云、男女不同箷枷。檀弓云、華而睆、大夫之簀與。左傳云、牀第之言不踰閾。

注疏參義

箷、李巡作篡、音時。

左傳正義云、釋器簀謂之第、孫炎曰、牀也。郭璞曰、牀版也。然則牀是大名、簀是牀版。檀弓云、大夫之簀與。簀名亦得統牀、故孫炎以爲牀也。

補注

蓐謂之茲 **註** 公羊傳曰、屬負茲。茲者、蓐席也。竿謂之箷 **註** 衣架。簀謂之第 **註** 牀版。○ **正義** 此釋居處之用器也。○蓐謂之茲。○蓐者、席也。亦名爲茲。左氏文七年傳云、秣馬蓐食。杜註、早食於寢蓐中。宣十二年傳云、軍行、右轅、左追蓐。杜注、在左者追求草蓐爲宿備。案、說文云、蓐、陳艸復生也。一曰蔟也。玉篇云、蓐、艸蓐也。言以草爲席也。說文又云、茲、艸木多益。故蔟爲艸蓐、亦謂之茲。史記周本紀云、衛康叔封布茲。徐廣曰、茲者、藉席之名。齊太公世家作衛康叔布采席。索隱云、茲是席、故亦云采席也。其以龍鬚草爲之者謂之龍茲。荀子正論篇所云龍茲也。其以薦藉馬謂之馬茲。夏官圉師云春除蓐。鄭註云、蓐、馬茲也。○竿謂之箷。○說文云、竿、竹挺也。曲禮云、不同椸枷。鄭註、椸可以枷衣者。葢衣枷之在墻者。釋宮謂之椸、其以竹木橫列者謂之箷。鄭註內則引作竿謂之椸。釋文云、箷、李巡本作篡。○簀謂之第。○小爾雅云、簀、牀第也。說文云、簀、牀棧也。第、牀簀也。檀弓云、大夫之簀與。鄭註、簀謂牀第也。左氏襄二十七年傳云、牀第之言不踰閾。杜註、第、簀也。**註** 公羊至負茲 ○ **正義** 桓十六年傳文。何休註、諸侯稱負茲、大夫稱犬馬、士稱負薪。此以茲爲席、故以疾病爲負茲也。○衣架。○ **正義** 衆經音義引郭註云、卽衣架也。禮記釋文云、椸、衣架也。枷、本又作架。案、監本作木架、疑傳寫之訛。○牀版。○正義 左傳疏引孫炎云、第、牀也。方言云牀、齊魯之間謂之簀、陳楚之間或謂之第。故孫氏以第爲牀也。衆經音義引郭註云、卽牀板也。或以史記范雎列傳云卷以簀、疑簀非牀板。案士喪禮及喪大記篇凡浴尸於牀及置氷牀下皆禮第。鄭註皆以第爲簀。禮第爲去席。孔疏云、浴時無席、爲漏水也。設氷無席、爲通寒氣也。是第爲牀版。郭與鄭同義。

正義

蓐謂之茲 茲公羊傳曰屬負茲、茲者蓐席也 **竿謂之箷** 衣架 **簀謂之第** 牀版

蓐者、席蓐之名。一切經音義引三蒼及華嚴經音義引聲類竝云、蓐、薦也。左氏文七年傳秣馬蓐食、宣十二年傳軍行右轅左追蓐、皆以蓐爲草薦也。其有著者則謂之茵。少儀云茵席、鄭注茵、箸蓐也。茲者、草也。素問五藏生成篇云、色見靑如草茲者、死。蓋以茲爲草席也。郭引公羊桓十六年傳云屬負茲。史記周本紀云、衞康叔封布茲。集解徐廣曰茲者、藉席之名、諸侯病曰負茲。其以龍鬚草爲席者謂之龍茲、荀子正論篇注、龍茲、卽今之龍鬚席。其以草薦馬者謂之馬茲、周禮圉師春除蓐、鄭注蓐、馬茲也。○竿者、說文云竹挺也。箷者、曲禮云不同椸枷、鄭注椸可以枷衣者。內則云夫之楎椸、鄭注竿謂之椸。曲禮釋文椸作杝。內則釋文、杝本又作椸。爾雅釋文箷、李本作箟、同羊支反。字林上支反。然則此字古無正體、亦無正音。說文檹云木檹施、玉篇云檹椸不正皃、是椸當作施。施者、延移之義。竹竿椸衣、横貫檣內、施然而長。疑禮記爾雅古本俱止作施。施从也聲、則音羊支反是矣。玉篇雖有椸箷二字、竝云衣架、當由後人增入之。李巡本作箟、鑯歐。箟、亦段借字耳。○簀者、說文云牀棧也。檀弓注、簀、牀第也。第者、說文云簀也。按、簀以竹爲之、許云牀棧、郭云牀版、皆謂分析竹片施於牀榦之上、故易剝牀以辨、釋文引黃云辨、牀簀也。蓋辨爲分析之名、施於牀上辨辨然、其義與許郭合矣。本以竹片爲簀、因而竹席亦名簀。故史記范雎傳云、卷以簀、置廁中。蓋謂竹席耳。索隱以簀爲葦荻之薄、非也。旣以牀薦爲簀、因而牀亦名簀。故方言云牀、齊魯之閒謂之簀、陳楚之閒或謂之第。左氏襄廿七年傳牀第之言、正義引孫炎曰牀也。蓋直以第爲牀之通名、雖義本方言而非於雅訓。何以明之。喪大記云設牀禮第、鄭注禮第、袒簀也。旣言牀、又言第、可知以第爲牀非也。周禮玉府云、衽席牀第。旣言席、又言第、可知以簀爲席亦非矣。

義疏

蓐謂之茲 郭注、公羊傳曰屬負茲。茲者蓐席也。蓐、記作衽。內則請衽何趾。

竿謂之箷 椸桅杝箟栘郭注、衣架。記不同杝枷。詩籊籊竹竿。說文、竿、竹梃。

簀謂之第 孫注、牀、牀也。郭注、牀版。禮、設牀禮第。周官、衽席牀第。第、牀上墊席、上又加席。記曰華而睆、大夫之簀。則以上席爲簀。蓋欲別坐席而假簀稱。

集解

蓐謂之茲 蓐、陳艸復生也。从艸辱聲。引申爲褥席之偁、以褥席多以艸爲耳。禮記作衽。內則請衽何趾。衽蓐雙聲。周禮圉師春除蓐、鄭注謂爲馬茲。殆本此而爲說與。茲、艸木多盛也。从艸絲省聲。席用艸用絲、因以爲名。史記周本紀衞康叔布茲、集解藉艸之名。荀子正論琅玕龍茲華覲以爲寶、注卽今之龍鬚席。**竿謂之箷** 竿、竹梃也。从竹干聲。引申爲衣架之偁、詩籊籊竹竿是也。箷、字本作杝、落也。其以之釋竿者、亦引申義也。禮記曲禮不同椸枷、注可以加衣者。**簀謂之第** 簀、牀棧也。从竹責聲。今稟䅵也。上又加席、亦謂之簀。禮記檀弓華而睆、大夫之簀與是也。詩綠竹如簀、傳積也。因簀由艸而積耳。第、牀簀也。从竹𠂔聲。𠂔、止也。儀禮士喪禮牀第夷衾、旣夕記設牀第、周禮玉府衽席牀第、凡褻器。禮記喪大記設牀禮第、均謂簀也。易噬嗑乾胏、鄭謂以胏爲之。

義證

蓐謂之茲

註公羊傳曰屬負茲茲者蓐席也補正邢疏何休云天子有疾稱不豫、諸侯稱負茲、大夫稱犬馬、士稱負薪。

郭注補正

竿謂之箷

卽衣架也箷音移

元應四分律二卷音義引爾雅竿謂之箷、郭璞曰卽衣架也、箷音移。今據補。慧琳根本說一切有部毗奈耶律二卷音義引郭注爾雅、搭衣杆也、與今本異。明注疏本衣誤木。

簀謂之笫

卽牀版也

元應五分律六卷音義引爾雅簀謂之笫、郭璞曰卽牀版也。今據補。

郭注佚存補訂

竿謂之箷註衣架。衣誤木。

疏凡以竿為衣架者名箷。名誤多。

簀謂之笫疏華而睆大夫之簀與。睆誤從白旁作。

注疏正字

竿謂之箷　釋文云、箷李本作箟。一切經音義十六引作椸。案曲禮內則皆有男女不同椸枷之文。內則注曰竿謂之椸、卽用此訓。正義不云釋器文、疏也。箷椸皆俗字、今禮記亦作椸、當作㭨。箟、未詳、殆以音相近耶。

匡名

蓐謂之茲竿謂之箷音移簀謂之笫音姊　此釋居處之用器也。說文、蓐、陳草復生也、一曰蔟也。茲、草木多益。故蔟為草

蓐亦謂之茲。徐廣曰、茲者、藉席之名。郭註引公羊傳、負茲。茲者、蓐席也。竿、竹梃也。曲禮、不同椸枷。鄭註內則引作竿謂之椸。又李巡云、本作箟。簀、牀棧也。笫、牀簀也。檀弓大夫之簀與。左襄二十七年傳牀笫之言不踰閾、註笫、簀也。

啓蒙

箷箟　釋文。箷李本作箟。同。集韻箷下云爾雅。竿謂之箷。所以架衣者。通作箟。與李本合。正作㭨、落也。引申為竿為衣枷。

黃侃評本正名

蓐謂之茲。　茲聲轉為蔇、廣雅蓐謂之蔇、說文蔇、蓐也。　蓐、御覽服用部引作褥、說文蓐、陳艸復生也、一曰蔟也。

竿謂之椸。衣架。　應音十二引倉頡篇椸、格也、廣雅箷謂之枷、竿、格、架、枷聲轉義同、箷、椸、㭨、箟字並通、字正作㭨、說文㭨、落也、引申之則編竹有橫直之形者皆曰㭨、爾雅竿謂之㭨、方言槅前几謂之椸、廣雅作㸬、鹽鐵論散不足作移、此二物者同狀而異所、語原於離、麗與㸚與㭨無涉。

簀謂之笫。牀版。　簀、說文云、牀棧也、廣雅亦云簀笫、卽本爾雅。棧笫簀皆一聲之轉、笫之言𠂔也、𠂔、止也、𠂔从𣎵盛而一橫止之也。簀之言嫧也、嫧、齊也、齒相值謂之䶦、敕使整蹟謂之冊。棧、棚也、莊子馬蹄編之以皁棧、是馬牀亦名棧、皆編木為之、故引申訓笫簀。郭云牀版者、易剝牀以辨、釋文引黃云、辨、牀簀也、辨與版通。

黃侃音訓

蓐謂之茲　郭注引公羊傳曰、屬負茲、茲、蓐席也。案、茲字从艸从丝、與玄部之兹字聲義俱別。兹从二玄會意、廣韻瑚涓切、說文黑也。茲从絲省聲、唐韻子之切、說文草木多益也、與蓐之訓為陳草復生者義正相合。故蓐茲同訓。周禮圉師春除蓐、鄭注馬茲也。史周本紀康叔封布茲、徐廣曰茲、藉草之名。皆此茲

字。至荀子正論篇琅玕龍茲之茲，則爲髭之叚借，見楊倞注。素問五藏生成論色見青如草茲之茲，則爲茲之形訛，而邵正義郝義疏並引以爲證，失之。

董瑞椿日記

蓐謂之茲○釋曰　注疏本刪。

○注公羊傳曰屬負茲○釋曰　注疏本刪釋曰。元本并無注字。

衣架　單疏本雪牕本同。注疏本誤作木架。

竿謂之箷○釋曰　注疏本刪。

凡以竿爲衣架者名箷　元本閩本同。監本毛本名誤多。

簀謂之笫　注疏本同。葉鈔釋文唐石經單疏本雪牕本笫作第。

簀謂之笫○釋曰　注疏本刪。

牀笫之言不踰閾　元本同。閩本監本毛本踰誤喻。

齊魯之閒謂之簀　注疏本簀作簣。

校勘記

竿謂之箷注衣架。今本衣誤作木。疏凡以竿爲衣架者名箷。今本名亦誤作多。

注疏本正誤

六行竿謂之箷○玄應《音義》卷十六引「箷」作「椸」.

宋監本校箋

蓐音辱謂之茲　竿謂之箷衣架。箷音移。　簀謂之笫牀版。笫音止。

音圖・音

箷，李本作箟，同羊支翻，音移。字林上支翻，音匙。禮記內則作椸。

音略

蓐辱謂之茲竿干斡謂之箷移簀責謂之笫姊。

孫侶直音

蓐辱謂之茲茲者蓐席也。竿謂之箷箷衣架也。移簀責謂之笫簀牀版也。子

楊氏音訓

蓐辱竿干箷施簀責笫壯仕切

干氏音釋

革中絕謂之辨革中辨謂之韏

革中絕謂之辨。中斷皮也。革中辨謂之韏。復分半也。

郭注

革中至之韏

釋曰：皮去毛曰革。此別分斷之名也。中斷之名辨，復中分其辨名韏也。

邢疏

革中絕謂之辨革中辨謂之韏

辨，普遍反。釋文

郭音義

革中絕謂之辨

玉篇辨部及廣韻卅二霰並引爾雅作革中絕謂之辨。

衆家注

黃輯古義

革中絶謂之辨

辨、半分也。釋文

革中絶謂之辨、蒲見反。釋文

革中絶謂之辨、普遍反。釋文

孫音注

郭音義

玉函山房輯佚

革中絶謂之辨

孫曰、辨、蒲莧反、半分也。釋文

漢注

革中絶謂之辨

孫炎云、辨、半分也。釋文二十九卷

郭璞云、中斷皮也。

革中辨謂之鞶

郭璞云、復分半也。

一切注音

革中絶謂之辨　郭、普遍反。孫、蒲莧反、釋云、辨半分也。

釋文

蕙心案、玉篇辨部、廣韻三十一霰注引爾雅作革中絶謂之辨。革、車勒轡也。

古注斠

辨郭普遍反、下同。孫蒲莧反、釋云、辨、半分也。斷都管反。鞶音眷、又九萬反。復扶又反。分

陸音義

辨郭普遍反孫蒲莧反。○郭以辨爲辨治之辨。孫所音當是。說文辨宲判也、從刀辡聲。

音義攷證

革中絶謂之辨

革、韋編是歟。中絶如此、義當辨矣。

革中辨謂之鞶

言及絶矣、雖卷可也。以孔子讀易至于三絶卷、尙中人之事。

新義

革中絶謂之辨革中辨謂之鞶皮去毛曰革。中斷之曰辨。復中分其辨則曰鞶、音眷。

鄭樵注

革中絶謂之辨辨、郭普遍反、孫蒲莧反、

孫炎曰、辨、半分也。

郭璞曰、中斷皮也。

鄭樵曰、皮去毛曰革。中斷之曰辨。

革中辨謂之鞶

郭璞曰、復分半也。

鄭樵曰、復中分其辨則曰鞶、音眷。

古注合存

韋中絶謂之辨韋中辨謂之鞶辨音片、鞶音眷。○此特釋皮韋分斷之名也。疏曰、中斷之名爲辨、復中分其辨則名鞶也。

注疏參義

革中絶謂之辨 註 中斷皮也革中辨謂之鞶 註 復分平也

正義 上文云、轡首謂之革。玉篇云、辨、車轡勒也。廣韻云、鞶、車上所用皮也。是轡首之革、中分之謂之辨、又中分之謂之鞶也。說文云、鞶、鞶衣也、徐鍇云鞶、革中辨也、衣襞積如辨也。是辨與鞶又爲皮中分之總名。孫星衍曰、晏子春秋雜篇景公病疽在背、問隓者何如、曰如屨辨。下又云、如珪。据此則屨辨形如珪而中空耳。案、釋名云、齊人謂韋屨曰扉、扉、皮也、以皮作之。蓋齊人多以皮作屨、故以皮中裂者爲屨辨。中分則下陷、故言隓者如屨辨也。註 中斷皮也 正義 鄭註秋官云、故書辨爲判。釋文引孫炎云、辨、半分也。

革中辨謂之鞶注復分半也　說文繫傳引註作分半、

正義

今據改。

校議

革中絕謂之辨（中斷皮也）革中辨謂之韏（復分半也）革者，郎上云：「轡首謂之革。」辨者，說文作辦，云「判也」。釋文：辨，孫蒲莧反。釋云：辨，半分也。是孫炎讀辨爲片。玉篇辨部及廣韻卅二霰並引爾雅作革中絕謂之辦，革，車勒轡也。𨛦、𤥖、辭、𩋊、韉、𩐨，是爾雅別本有作辦者，蓋因辨有片音，故作此字。證以釋木云：桑辨有葚。辨者，亦音片。今本作辦，皆淺人妄加之耳。孫氏星衍曰：晏子春秋雜篇下云：景公病疽在背，問墮者何如。曰如履辨。下。又曰：如珪。據此則履辨形如珪而中空耳。

義疏

韏者，說文云：「革中辨謂之韏。」廣韻廿八獮引爾雅同，而申之云：車上所用皮也。玉篇云：韏，革中片也。片，郎辨字缺脫其旁，然則轡首之革中分之謂之辨，又中分之謂之韏。說文䙽字解云：韏，衣也。繫傳云：韏，革中辨也。然則辨韏皆分判之名。說文韏衣，晏子春秋履辨，其義皆與爾雅合。

革中絕謂之辨，革中辨謂之韏（孫注：辨，半分也。郭注：絕，中斷皮也。辨，復分半也。舊注、中字注、制字注）

集解

辨、采一字也。加㕡爲𢍜，今作侶。圓冠卷圍束之意。辨分之，仍圓合之，故二名也。凡以革束物，必絕之，而以䪅固之。既合則可圈矣。易剝牀以辨。韏則未之聞。許慎以劵爲攘臂繩。

義證

革中絕謂之辨　辨，判也。从刀辡聲。束物之革，其兩端即辨，所謂中絕者，此也。今俗花辨亦取分絕之義。易剝牀以辨，崔謂在第足之閒，則是牀梐。

革中辨謂之韏　韏，圜也。革辨有圜，所以束物，分則以環爲之矣。禮記玉藻母沒而杯圈不能飲焉，借圈爲之。

革中絕謂之辨（辨，普遍反。）

註：中斷皮也。（補正）臣鎣按：顧野王玉篇引爾雅革中絕謂之辨作辦，云車轡勒也。

革中辨謂之韏（韏音眷）

註：復分平也。（補正）邢疏：皮去毛曰革，此別分斷之名也。中斷之名辨，復中分其辨名韏也。臣鎣按：廣韻云：韏，車上所用皮也。

郭注補正

革中辨謂之韏

復分半也

明注疏本半誤平。

郭注佚存補訂

革中辨節註復分半也（半誤平。）

注疏正字

革中絕謂之辨革中辨謂之韏

引之謹案：革中辨之辨當爲辟字，形相近（漢書蕭何傳：秦御史監郡者與從事辨之。張晏曰：何與從事共辨，此作辨字解。蘇林曰：辟何與從事也。此作辟字解。然則張所見本作辨，蘇所見本作辟也。）又涉上句辨字而誤也。辟與韏皆屈也。辟字或作襞。說文曰：詘，詰詘也。一曰屈襞。又曰：襞，韏衣也。徐鍇曰：韏猶卷也。廣雅曰：韏，詘曲也。又曰：襞韏，詘也。鄭注士喪禮曰：以席覆重辟屈而反，兩端交於後。高注西周策曰：山形屈辟，狀如羊腸。辟之言辟屈，韏之言卷曲也。鄭注大射儀曰：爲冪蓋卷辟綴於篠。莊子田子方篇曰：口辟焉而不能言。司馬彪注曰：辟，卷不開也。是辟與卷同義，故革中辟謂之韏也。不然辨乃中分之名，與韏屈之義何涉乎。孫注上句曰：辨，半分。是也。郭注下句曰：復分半，則仍與上句無異。且如郭所言，則正文當云辨中絕，不當云革中辨矣。說文韏字解曰：革中辨謂之韏。辨字恐是後人以誤本爾雅改之也。段氏說文注欲改辨爲辦（音班）而以爲皮之𦆀文𡑅𡑅者，引說文辦，駁文也爲證。不知辬乃駁文，非縐文也，仍與韏字之義無涉。

述聞

革中絶謂之辨　玉篇辨部、廣韻三十一霰引作辦，玉篇刀部又引作辨

案說文辡部片部無辦字

革中辨謂之韏　說文同

匡名

革中絶謂之辨。中斷皮也。　革中辨謂之韏。復分半也。　韏辨亦一語之變。韏从𢍏聲，𢍏从釆聲，說文釆，古文辨字。　辨與辟襞音轉。說文襞，韏衣也。銛曰：韏猶卷也。襞，摺疊衣，通作辟。士喪禮記裳不辟，注不辟積也。廣雅襞韏同訓詘。然則革折而斷之爲辨，爲辟，更折而斷之爲韏。對言有別，通言則不分。王伯申欲改革中辨爲革中辟，又疑說文辨字後人以誤本爾雅改之，皆非也。辨辟聲轉，猶便辟、盤辟聲轉也。又辨之言判也，辟之言劈也，判劈義亦同。韏之言券，券亦判矣。俞蔭甫說辨爲辮之譌，非是。或說下辨字爲辦之段音。案說文辦交也，與韏衣之義不合，亦非是。此義當斷從郭。

黃侃音訓

革中絶謂之辨

革中絶謂之辨，郭注：中斷皮也。革中辨謂之韏，郭注：復分平也。頤煊案：辨當作辦。說文：辦，憂也。一曰急也。謂皮中斷者謂之急，皮中急者謂之韏。說文：襞，韏衣也。韏如襞積，則如今之言縐紋矣。說文韏字承鞹鞎裹也下，此亦當指鞎裹而言。玉篇引爾雅作革中絶謂之辦，郭注分平當是分半之譌。

讀爾雅録

革中辨謂之韏。淮南道應訓：璧之猶廓，革者也，廓之大則大矣，裂之道也。易剝牀以辨，正義：牀足之上、身之下分辨

處。周禮朝士：凡有責者，有判書以治則聽。注：判，分半而合者。故書判爲辨。釋文、桒辨有甚、施。郭注：辨，半也。

古義補

革中絶謂之辨。玉篇引此作辦。

考異摘要

革中絶謂之辨革中辨謂之韏

注於上句曰中斷皮也，下句曰復分半也。

樾謹按：革中絶謂之辨，則革中辨即是革中絶耳，豈得分爲二義。若如注義，當云辨中絶謂之韏，於義方明，不當仍云革中辨也。疑經文下辨字乃辮字之誤。說文糸部：辮，交也。中絶中辮兩文相對，中絶謂之辨，辨者，判也。中辮謂之韏，韏者，曲也。廣雅釋詁曰：韏，曲也。是其義也。相交則有曲義，故中辮謂之韏矣。辮辨形似，又涉上句辨字而誤耳。說文韏篆說解，即用爾雅文，而亦作革中辮，蓋後人依既誤之爾雅改之也。

平議

革中絶謂之辨。革中辨謂之韏。

㮾案。此革蓋謂革編也。中絶者中分之也。一書而中分之則謂之辨。辨讀爲辯。玉篇辡部、廣韻霰韻引爾雅正作革中絶謂之辯。辯爲專字。辨爲借字。似不得因說文無辯字疑之。辯即篇也。本當爲片。故字從片。玉篇革部云。韏、革中片也。竟作片字。竹簡爲篇。故字從竹。析言則異。通言從同。今則篇行而辯廢矣。韏即書卷之卷。卷亦借字。韏卻正字。從革即取革編之義。今則卷行而韏廢矣。一卷即一篇也。篇與卷無異。故曰革中絶謂之辨。革中辨謂之韏。猶言革編中分謂之篇。篇謂之卷也。其下句辨上複著革中二字。疑於重複。然說文革部韏下亦云。革中辨謂之韏。則未可遽刪。古人文字。自不病其複也。或者謂說文者稱。此文其云革中辨謂之韏者。即此革中絶謂之辨。辨謂之韏。彼書中引書多有此例。且此句上不明標爾雅。則後人誤依說文以補爾雅。亦未可知矣。然不必執。乃因此二字遂多誤解。郭上句注云。中斷皮也。下句注云。復分半也。如此則下句合云辨中絶。不當云革中辨矣。王引之述聞謂中辨之辨當爲辯字。洪頤煊讀書叢録謂辨當作辦。朱駿聲說文通訓又謂疑辨爲辯字。見乾部韏下。俞蔭甫太史平議案同。似失檢朱書。異議實多。且不明乎革字之

當訓韋編。胥無當也。惟陸佃爾雅新義有疑革是韋編之説。可謂獨得義蘊。惜其解辨𢍜二字不能明瞭。又其書乃學人所薄。不甚顯於世耳。史記孔子世家云。讀易韋編三絶。三絶者一部周易三分編之也。猶三篇三卷云爾。而非謂韋編三次斷也。後人誤解遂有至於韋編三絶之語。至於二字不太可笑乎。越絶之名書亦猶是也。越絶者猶越篇越卷云爾。越絶下後人又添一書字。亦不太可笑乎。

校書

復分半也雪牕本同。注疏本半誤平。

革中至之㩁○釋曰注疏本刪。

校勘記

此別分斷之名也明監本毛本同。湘本斷作別。

注疏校勘札記

革中絶謂之辨中斷皮也。辨音片。革中辨謂之㩁復分半也。㩁音眷。

音圖・音

辨廣韻作辧。郭普遍翻、音片。孫蒲莧翻、音弁。㩁音眷、又九萬翻、音近、眷而韻顧嚴別。

音略

革中絶謂之辨便革中辨謂之㩁。眷

孫侶直音

革中絶謂之辨片中斷皮也。革中辨謂之㩁眷復分半也。

楊氏音訓

㩁眷

干氏音釋

鏤鎪也

鏤鎪也。刻鏤物爲鎪。

郭注

鏤鎪也。釋曰別二名也。郭云刻鏤物爲鎪。詩云鉤膺鏤鍚。

邢疏

鏤鎪也

郭璞云、刻鏤物爲鎪。

一切注音

鏤音漏。鎪字又作鎪、同、蘇婁反、又色留反。字書云、鎪、鏉也。鏉音速。

陸音義

鏤鎪也

更事閱理鏤、而空之子夏曰、刳心去智、商未之能也。

新義

鏤鎪也刻鏤物爲鎪、蘇婁反。

鄭樵注

鏤鎪也

郭璞曰、刻鏤物爲鎪。

鄭樵曰、刻鏤物爲鎪、蘇婁反。

古注合存

鏤鎪也鎪音蒐。○此因治器而釋之也。疏曰、刻鏤物爲鎪。詩韓奕云鉤膺鏤鍚。

注疏參義

鏤鎪也註刻鏤物爲鎪正義廣其名、以鏤即鎪也。玉篇云鏤、鎓也。釋文引字書云、鎪、鏉也。廣韻云、鎪、馬金耳飾也。上文已云金謂之鏤。此又

正義

鏤鎪也刻鏤物爲鎪已見上文金謂之鏤下。

義疏

鏤鎪也郭注、刻鏤物爲鎪。釋詩鏤鍚。鎪、當爲叜鎪。張衡賦金叜鏤鍚。

集解

鏤

鋑也 鋑鏤可爲剛鐵或釜名也。詩鉤膺鏤鍚、禮記禮器管仲鏤簋朱紘、均謂搜刻。鋑字本作搜、取意也、一曰求也。引申爲鏤物之偁。文選琴賦鋑會裛厠、注謂鋑鏤其縫會。或者搜鏤雙聲、鋑爲剛鐵之名、鋑即其別號與。

義證

鏤鋑也 鋑蘇妻反。

註刻鏤物爲鋑

郭注補正

鏤鋑也

已見上文。此句當在金謂之鏤之上、錯簡於此。或金謂之鏤、舊注文。

說詩

鏤鋑也疏詩云鉤膺鏤鍚 詩下當有韓奕二字。鍚、監本誤錫。

注疏正字

鏤鋑也 釋文云鋑字又作鎪。見前。案說文金部無鋑字、古殆作捘。

匡名

鋑 捘 說文金部無鋑。鋑捘音同義近。可借捘。

說文、捘一曰求也。

黃侃評本正名

鏤、鋑也。 鋑之言廋、疏也、馬融傳廋疏要領、注猶搜索也。廋即搜字、說文搜、一曰求也、琴賦鋑會裛厠、注謂鋑鏤其縫會也。然則鋑者細彫之名、周禮廋人注廋之言數也、然則鏤亦數矣、與鏤一聲之變。

黃侃音訓

竿謂之箷　革中絕謂之辨　鏤鋑也

釋文、李巡本箷作篗。釋器釋文 禮記注引作竿謂之椸。從木。內則注 郭

音辨普遍反。釋器釋文 孫音辨蒲莧反。云、辨半分也。釋器釋文 玉篇鏤作鍽、云鋑鍽也。金部 釋文鋑字又作鎪。釋器釋文

證異

鏤鋑也〇釋曰 注疏本刪。

校勘記

詩云鉤膺鏤錫 明監本毛本湘本錫作鍚、是。此誤。

注疏校勘札記

七行鏤鋑也〇「鋑」當作「鋑」，注同。

八上（七三）

宋監本校箋

鏤鋑 音搜 也

音圖・音

鋑字又作鎪、同蘇樓翻、音脩。心母 又色留翻、音收。審母

音略

溲 搜

鏤鋑也。

孫侶直音

鏤鋑搜也 刻鏤物爲鋑。

楊氏音訓

鋑 搜

干氏音釋

卣中尊也

卣、中尊也。不大不小者。

郭注

卣中尊也。釋在上。

邢疏

卣中尊也

罇、彝爲上、罍爲下、卣居中也。同 宋本春秋疏十三

鉤沉

卣中尊也 孫炎云、罇彝爲上、罍爲下、卣居中也。左傳正義十三卷 郭璞云、不大不小者。 **一切注音**

卣 酉由二音。 **陸音義**

卣中尊也 卣秬鬯之尊、和而不流、中立而不倚、備矣。禮九命作伯、賜秬鬯。伯、長也。主器莫若長子、亦中能中而已、和乃能下上焉。莊子曰、一下一上、以和爲量。 **新義**

卣中尊也 不大不小者。 **鄭樵注**

卣中尊也 郭璞曰、不大不小者。鄭樵曰、不大不小者。 **古注合存**

卣中尊也 卣見上。 **注疏參義**

卣中尊也 **註** 不大不小者 **正義** 上文云彝卣罍、器也。此又申釋之也。說文云、尊、酒器也。或作尊。廣韻云、樽有三品、上曰彝、中曰卣、下曰罍。詳見上。 **正義**

卣中尊也註不大不小者 文侯之命引郭注云在罍彝之間、卽犧象壺著太山是也。 **校議**

卣中尊也 不大不小者 已見上文卣器也下。 **義疏**

卣中尊也 孫注、尊彝爲上、罍爲下、卣居中也。郭注、不大不小者。上云、卣罍器。凡賜鬯、則以卣卑於彝、貴於尊、亦大於彝、小於尊。

卣中尊也 上云卣罍器、形大於彝小於尊故云 **集解**

中尊。禮、諸侯賜鬯、盛之以卣。則卣亦卑於彝而上於尊者。 **義證**

卣中尊也 此句當在小罍謂之坎之上。或舊注卣器也之文誤錯於此。 **說詩**

卣中尊也 說文無卣字。見上。 **匡名**

革中絕謂之辨、革中辨謂之韏 音眷 鏤鋑 音捜 也、卣中尊也 上文、轡首謂之革。玉篇、辨、車轡勒也。廣韻、韏、車上所用皮也。是轡首之革中分之謂辨、又中分之謂韏也。[illegible]、韏衣也。徐鉉曰、韏革中辨也、衣襞積如辨也。是辨與韏又爲皮中分之總名。鏤已詳上文、又訓爲鋑、廣其名也。郭註、刻鏤物爲鋑。 卣、詳上文。 尊、詳釋天。 **啓蒙**

卣中尊也釋在上 注疏本刪上四字。 **校勘記**

卣音酉中尊也 **音圖・音** 卣酉由二音。案詩釋文本或作攸。周禮釋文本亦作攸。但說文有𠧪字無卣字、玉篇因之。𠧪讀若條、別爲一義。

故夾漈云、酉即卣也、卣、中尊也。邑人鄭注脩讀曰卣、疑脩爲攸字之訛。然蕢字攸卣同紐、其來舊矣。 **音略**

酉由 卣、中尊也。 **孫侶直音**

卣、酉 中尊也。不大不小者。 **楊氏音訓**

釋樂第七

釋曰、案樂記云、樂者樂也。君子樂得其道、小人樂得其欲也。說文云、樂、五聲八音之惣名、象鼓鞞之形、木虡也。曰、謂也。又象鍾磬也。五聲者、商角宮徵羽也。律歷志云、商之爲言章也、物成熟可章度。角、觸也、物觸地而出戴芒角也。宮、中也、居中央暢四方、唱始施生爲四聲綱也。徵、祉也、物盛大而繁祉也。羽、宇也、物聚藏宇覆之也。又云、八音、土曰塤、匏曰笙、皮曰鼓、竹曰管、絲曰絃、石曰磬、金曰鍾、木曰柷。此篇惣釋五聲之名及八音之器、故名釋樂也。 **邢疏**

古注斠

釋樂第七 孫炎云、作樂器小大稱十二律也。史記索隱

釋樂第七 五角反。說文云、揔五聲八音之名、像鼓鞞之形、木其虡也。周禮有大司樂職、掌六代之樂。尚書云、帝曰、夔、命汝典樂是也。 **陸音義**

釋樂第七 疏曰、樂者、五聲八音之總名。此篇釋五聲之名及八音之器、故名釋樂也。 **注疏參義**

釋樂第七 **正義** 舜典云、命女典樂。春官大司樂掌六代之樂。樂記云、樂者樂也。說文云、樂、五聲八音總名、象鼓鞞、木虡也。此篇所釋五聲別名及八音之器大小之異名。後儒昧其制器之方、或失其命名之義。蓋自周衰禮壞、樂尤微耶、重經秦火、遺法失傳。漢河間獻王作樂記、劉向校書得二十三篇、著於別錄、其第十三爲樂器篇。今取入禮記者、自樂本至魏文侯十一篇、合爲一篇而已、其餘篇第俱佚、古樂遺法寖以益微、三代樂器名不盡隱者、尚賴此篇之存、而究莫能盡復其器也。道寓乎器、無其器則末由得其音以通其義。春官典同掌六律六同之和、以辨天地四方陰陽之聲、以爲樂器。樂記云、金石絲竹、樂之器也。史記索隱引孫炎云、作樂器小大稱十二律也。故郭註於器之長廣尺寸釋之特詳。白虎通義引樂記云、土曰壎、竹曰管、皮曰鼓、匏曰笙、絲曰弦、石曰磬、金曰鍾、木曰柷敔。又引樂記云、壎坎音也。管艮音也。鼓震音也。弦、離音也。鍾、兌音也。柷敔、乾音也。風俗通義所引樂記亦多言樂器、孟康漢書註引作禮樂器篇、其即別錄樂器篇之佚文與。 **正義**

釋樂第七 樂者、釋文引說文云、總五聲八音之名、象鼓鞞之形、木其虡也。訢引櫎一切經音義引世本云、伶倫作樂。周衰樂壞、遭秦絕學、古樂淪亾。漢興、武帝時、河間獻王作樂記、劉向所校廿三篇、樂器第十三。今禮記所取才止十一、合爲一篇、其餘十二篇、別錄存其名、其文則闕焉。白虎通引樂記曰、土曰塤、竹曰管、皮曰鼓、匏曰笙、絲曰弦、石曰磬、金曰鍾、木曰柷敔。又引樂記曰、塤坎音也。管艮音也。鼓震音也。弦離音也。鍾兌音也。柷敔乾音也。所引當即樂器篇文。史記樂書索隱引孫炎釋廉直經正云、經、法也。類小大之稱云、作樂器小大稱十二律也。奮至德之光云、至德之光、天地之道也。動四氣之和云、四時之化。樂主其反云、反謂曲終還更始也。所引孫注於爾雅文無所附、疑古本在篇內、今缺脫矣。此篇首舉五聲之別號、次及八音大小之異名、皆言其器、未論其義、其篇末將有闕文歟。 **義疏**

釋樂第七 史記樂書索隱引孫炎釋廉直經正云、經、法也。類小大之稱云、作樂器小大稱十二律也。奮至德之光云、至德之光、天地之道也。動四氣之和、云四時之化。樂主其反、云反謂曲終還更始也。所引孫注於爾雅文無所附、疑古本在篇內、今缺脫矣。此篇首舉五音之別號、次及八音大小之異名、皆言其器、未論其義、其篇末將有闕文歟。

念孫案、索隱所引乃孫炎禮記注、非爾雅注也。孫有禮記注二十九卷、見釋文序錄。 **郝注刊誤**

釋樂第七 樂禮器之大、故別爲一篇。 **集解**

釋樂第七

此篇所釋專謂樂器。別爲一篇、以樂爲禮器中之大端故耳。今禮記有樂記篇、而劉向所校之樂器篇今所不見。

釋樂第七○疏樂五聲八音之總名象鼓鞞之形。案說文無之字形及之形二字。物成孰可章度也。脫也字。孰、漢志作熟。物盛大而緐祉也。緐、漢志作緐。物聚藏宇覆之也。藏、漢志作臧。

義證

釋樂第七 說文、樂、五聲八音之總名。易豫卦、先王作樂崇德殷薦之上帝、以配祖考。孝經、移風易俗、莫善於樂。禮、樂記、大樂與天地同和。又鐘鼓羽籥干戚、樂之器也、屈伸俯仰、綴兆舒疾、樂之文也。自周衰禮壞樂失、重經秦火、遺法無存。漢河間獻王作樂記、劉向校書得二十三篇、著於別錄、其第十三爲樂器篇、今取入禮記者、自樂本至魏文侯十一篇合爲一篇而已、其餘篇第俱佚、古樂遺法寖以益微、三代樂器名不盡隱者尙賴此篇之存、而究莫能盡復其器也。道寓乎器、無其器則末由得其音以通其義。

注疏正字

啓蒙

宋書樂志引爾疋

琴二十七絃者曰灑。大琴曰離、二十絃、磬形、似犁、以玉爲之。大曰馨。笙十九簧者曰巢。篪大者尺四寸圍三寸曰沂。塤大者曰嘂。大鐘曰鏞、中者曰剽、小者曰棧。懸鐘磬者曰筍簴、橫曰筍、縱曰簴。簫編二十三管、尺四寸者曰言。十六管長尺二寸者筊。管長尺圍寸并漆之有底、大者曰簥、中者曰篞、小者曰篎。籥如笛、三孔而短小、七孔大者曰產、中者曰仲、小者曰箹。與今文詳略不同。

讀雅筆記

釋樂

邢疏、此篇總釋五聲名及八音之器、故名釋樂。

釋樂第七○釋曰注疏本删。

白謂也又象鍾磬也元本象誤家、鍾字空闕、閩本剜改作又云石磬也、監本毛本承之、謬甚。按此八字亦誤。說文釋樂字之言、今本無之、當據以補正。白即鼻字、詞言之气由鼻出、故從白、取詞義也。下從木、兩8象鍾磬懸虡之形。

證異

物成孰可章度注疏本孰改熟。

此篇揔釋五聲之名注疏本脫之。

校勘記

宮謂之重商謂之敏角謂之經徵謂之迭羽謂之柳

宮謂之重、商謂之敏、角謂之經、徵謂之迭、羽謂之柳。皆五音之別名、其義未詳。

郭注

宮謂至之柳 釋曰案此文則宮一名重、商一名敏、角一名經、徵一名迭、羽一名柳、但未見義所出也。注皆五至未詳 釋曰云皆五音者、案鄭玄注樂記云雜比曰音、謂宮商角徵羽清濁相雜和比謂之音。單出曰聲、謂五聲之內唯單有一聲、更無餘聲相雜也。然則初發口單出者謂之聲、眾聲和合成章謂之音、金石干戚羽旄謂之樂則聲爲初音爲中樂爲末此云五音者舉中而言也云之別名者謂重敏經迭柳是宮商角徵羽之別名也云其義未詳者以爾雅之作以釋六藝今經典之中無此五名或在亡逸中不可得知其義故云未詳案孫叔然云宮濁而遲故曰重也孫氏雖有此說更無經據故不取也。邢疏

宮謂之重商謂之敏角謂之經徵謂之迭羽謂之柳 釋樂

宮者中也君也爲四音之綱其聲重厚如君之德而爲重商者章也臣也其聲敏疾如臣之節而爲敏角者觸也民也其聲圓長經貫清濁如民之象而爲經徵者祉也事也其聲抑揚遞續其音如事之緒而爲迭羽者宇也物也其聲低平掩映自高而下五音備成如物之聚而爲柳。唐徐景安樂書引劉歆

宮中也居中央暢四方唱始施生爲四聲綱也商章也物成熟可章度也角觸也物觸地而出戴芒角也徵祉也物盛大而蘩祉也羽宇也物聚藏宇覆之也。釋文 案釋文所引本漢志上樂書所注蓋是爾雅注。劉注

宮謂之重以下釋樂

宮音濁而遲故曰重也。釋文 邢疏 孫音注

黃輯古義

宮謂之重

宮中也居中央暢四方唱始施生爲四聲綱也。陸德明釋文引劉歆 宮爲四音之綱其聲重厚如君之德而爲重。唐徐景安樂書引劉歆

商謂之敏

商章也物成孰可章度也。釋文 商聲敏疾如臣之節而爲敏。樂書

角謂之經

角觸也物觸地而出戴芒角也。釋文 角聲圓長經貫清濁如民之象而爲經。樂書

徵謂之迭

徵祉也物盛大而蘩祉也。釋文 徵聲抑揚遞續其音如事之緒而爲迭。樂書

羽謂之柳

羽宇也物聚藏宇覆之也。釋文 羽聲低平掩映自高而下五音備成如物之聚而爲柳。樂書 案陸氏釋文徐氏樂書並引劉歆。余蕭客古經解鉤沉取釋文。臧鏞爾雅漢注取樂書。云釋文所引本漢志。考班固作漢律歷志實本劉歆鐘律。釋文序錄爾雅列劉歆一家。則爾雅釋文引劉歆當是其注。合徐氏樂書所引觀之。一釋宮商角徵羽之義。一釋重敏經迭柳之義。顯爲一節文。今並採錄。文義始備。劉注

宮謂之重

宮音濁而遲故曰重也。釋文 邢疏 孫音注

玉函山房輯佚

宮 中也居中央暢四方唱始施生爲四聲綱也。劉歆

商 章也物成熟可章度也。同

角 觸也物觸地而出戴芒角也。同

徵 祉也物盛大而繁祉也。同

羽 宇也物聚藏宇覆之也。同 並釋文二十九

鈎沉

宮謂之重商謂之敏角謂之經徵謂之迭羽謂之柳

劉曰宮爲四音之綱其聲重厚如君之德而爲重。商聲敏疾如臣之節而爲敏。角聲圓長經貫清濁如民之象而爲經。徵聲抑揚遞續其音如事之緒而爲迭。羽聲低平掩映自高而下五音備成如物之聚而爲柳。唐徐景安樂書引劉歆 所引本漢志此所引或爾雅注。案釋文

孫曰宮音濁而遲故曰重也。釋文 邢疏

漢注

宮謂之重商謂之敏角謂之經徵謂之迭羽謂之柳

劉歆云宮中也居中央暢四方唱始施聲爲四聲綱也。商章也物成就可章度也。角觸也物觸地而出戴芒角也。徵祉也物盛大而繁祉也。羽宇也物聚藏宇覆之也。釋文二十九卷 歆云宮者中也君也爲四音之綱其聲重厚如君之德而爲重。商者章也臣也其聲敏疾如臣之節而爲敏。角者觸也民也其聲圓長經貫清濁如民之象而爲經。徵者祉也事也其聲抑揚遞續其音如事之緒而爲迭。羽者宇也物也其聲低平掩映自高而下五音備成如物之聚而爲柳也。玉海載徐景安樂書引劉 案劉歆之說漢書律歷志取之與釋文文同而玉海所載尤爲詳備故倂錄之。孫炎云宮音濁而遲故曰重也。釋文二十九卷 作樂器大小稱十二律也。史記索隱八卷 郭璞云皆五音之別名其義未詳。

一切注音

宮謂之重商謂之敏角謂之經徵謂之迭羽謂之柳

劉歆云宮者中也君也爲四音之綱其聲重厚如君之德而爲重。商者章也臣也其聲敏疾如臣之節而爲敏。角者觸也民也其聲圓長經貫清濁如民之象而爲經。徵者祉也事也其聲抑揚遞續其音如事之緒而爲迭。羽者宇也物也其聲低平掩映自高而下五音備成如物之聚而爲柳。玉海 孫炎云宮音濁而遲故曰重也。釋文

蕙心案玉海載徐景安樂書引劉歆爾雅注如此邢疏亦采之當有所據。釋文亦有歆注云宮中也居中央暢四方唱始施生爲四聲綱也。商章也成就可章度也。角觸也物觸地而出戴芒角也。徵祉也物盛大而繁祉也。羽宇也物聚藏宇覆之也。注與漢書律厤志同據以爲爾雅注恐誤。

古注斠

宮謂之重（直冢反。劉歆云：宮，中也，居中央，暢四方，唱始施生，爲四聲綱也。孫云：宮音濁而遲，故曰重也。）商謂之敏（亡謹反。疾也，成也，審也，達也。劉歆云：商，章也，物成孰可章度也。白虎通云：商，彊也。案商爲臣而佐君成政，故曰敏。敏，成也。）角謂之經（經，常也。劉歆云：角，觸也，物觸地而出戴芒角也。）徵（知里反。）謂之迭（大結反。劉歆云：徵，祉也，物盛大而繁祉也。白虎通云：徵，止也。）羽謂之柳（劉歆云：羽，宇也，物聚藏宇覆之也。白虎通云：羽，紓也。鄭注禮云：柳，聚也。）

陸音義

宮謂之重，商謂之敏，敏，金性也。重，土性。

角謂之經，徵謂之迭，事言變，民稱經而已。

羽謂之柳，凡物不堅皆柳類。

新義

宮謂之重，商謂之敏，角謂之經，徵謂之迭，羽謂之柳。此釋五音之異名也。

鄭樵注

宮謂之重，商謂之敏，角謂之經，徵謂之迭，羽謂之柳。

劉歆曰：宮，中也，居中央，暢四方，唱始施生，爲四聲綱也。商，章也，物成孰可章度也。角，觸也，物觸地而出，戴芒角也。徵，祉也，物盛大而繁祉也。羽，宇也，物聚藏宇覆之也。（此見釋文，蓋劉氏之注，但有存者。又按玉海載徐景安樂書引劉歆云：宮者，中也，君也，爲四音之綱，其聲重厚，如君之德而爲重。商者，章也，臣也，其聲敏疾，如臣之節而爲敏。角者，觸也，民也，其聲圓長，經貫清濁，如民之象而爲經。徵者，祉也，事也，其聲抑揚遞續，其音如事之緒而爲迭。羽者，宇也，物也，其聲低平掩映，自下而高，五音備成，如物之聚而爲柳也。與此小異而解尤詳明。）

孫炎曰：宮音濁而遲，故曰重也。（此見釋文，下四句舊亦有注，今無攷矣。）

郭璞曰：皆五音之別名，其義未詳。

鄭樵曰：此釋五音之異名也。

古注合存

宮謂之重，商謂之敏，角謂之經，徵謂之迭，羽謂之柳。此釋五音之名也。注曰：五音之別名，其義未詳。疏曰：鄭注樂記云：單出曰聲，謂五聲之內，惟單有一聲，更無餘聲相雜也。雜比曰音，謂五聲清濁相和比也。爾雅以釋六藝，而六藝中無此五名，故注云未詳。孫叔然云：宮濁而遲，故云重，此其類也。愚按：敏與重義相對，五聲角居中，當爲經。律歷志訓徵爲繁盛之意，羽爲藏聚之意，則迭亦爲繁，柳亦爲聚也與。

注疏參義

按禮書先儒謂宮音重而尊，商音明而敏，角音約而易制，徵音泛而不畱，羽音渙散而抑。按此蓋經一作約，迭一作畱，柳一作抑也。敏與重義相對，五聲角居中，當爲經。漢志訓徵爲繁盛之意，羽爲藏聚之意，則迭亦爲繁，柳亦爲聚也歟。（姜上均說）

補注

宮謂之重，商謂之敏，角謂之經，徵謂之迭，羽謂之柳。【註】皆五音之別名，其義未詳。【正義】益稷云：予欲聞六律、五聲、八音。五聲謂宮商角徵羽。管子地員篇：凡聽宮如牛鳴窌中，凡聽商如離羣羊，凡聽角如雉登木以鳴，音疾以清，凡聽徵如負猪豕覺而駭，凡聽羽如鳴馬在野。是宮商角徵羽皆因聲以爲名也。又謂之重、敏、經、迭、柳者，玉海載徐景安樂書引劉歆云：宮者，中也，君也，爲四音之綱，其聲重厚，如君之德而爲重。商者，章也，臣也，其聲敏疾，如臣之節而爲敏。角者，觸也，民也，其聲圓長，經貫清濁，如民之象而爲經。徵者，祉也，事也，其聲抑揚遞續，其音如事之緒而爲迭。羽者，宇也，物也，其聲低平掩映，自下而高，五音備成，如物之聚而爲柳也。釋文引孫炎云：宮聲濁而遲，故曰重也。釋文又云：商爲臣而佐君成政，故曰敏。敏，成也。【註】皆五至未詳。○【正義】春官大師云：文之以五聲，宮商角徵羽；播之以八音，金石土革絲木匏竹。是聲與音有別也。樂記云：聲成文謂之音。比音而樂之謂之樂。鄭註：雜比曰音，謂宮商角徵羽清濁和比謂之音；單出曰聲，謂五聲之內唯單有一聲，更無餘聲相雜也。孔疏：初發口單出者謂之聲，衆和合成章謂之音，金石干戚羽旄謂之樂，則聲為初、音為中、樂為末也。尚書大傳云、五聲、天音也。是散文言之、聲音相通、故郭氏以為五音。郭又云其義未詳、蓋不取劉歆之說。案劉歆所釋宮中也、商章也諸義、漢書律歷志取之。白虎通義云、角者、躍也、陽氣動躍。徵者止也、陽氣止。商者張也、陰氣開張、陽氣始降也。羽者紆也、陰氣在上、陽氣在下。宮者容也、含也、含容四時者也。與劉氏所釋之義大指相通。宮商角徵羽既各有其義、則先儒所釋重敏經迭柳之義亦不容廢矣。

正義

宮謂之重商謂之敏角謂之經徵謂之迭羽謂之柳 皆五音之別名、其義未詳

宮商角徵羽者、五聲也。聲之起、由人心之感於物也、故管子地員篇云、凡聽宮如牛鳴窌中、凡聽商如離羣羊、凡聽角如雉登木以鳴、音疾以清、凡聽徵如負豬豕覺而駭、凡聽羽如鳴馬在野。是五聲象五物之鳴、清濁高下由斯生焉。重敏經迭柳者、唐徐景安樂書引劉歆云、宮者、中也、君也、為四音之綱、其聲重厚如君之德而為重。商者、章也、臣也、其聲敏疾如臣之節而為敏。角者、觸也、民也、其聲圓長、經貫清濁如民之象而為經。徵者、祉也、事也、其聲抑揚遞續、其音如事之緒而為迭。羽者、宇也、物也、其聲低平掩映、自高而下、五音備成、如物之聚而為柳。爾雅釋文引孫炎云、宮音濁而遲、故曰重也。按孫炎與劉歆義同、樂書所引卽其爾雅注也。釋文引劉歆乃漢書律厤志之文、臧氏爾雅漢注說是。

義疏

宮謂之重商謂之敏角謂之經徵謂之迭羽謂之柳 孫注、宮者、中也、君也、為四音之綱、其聲重厚如君之德而為重。商者、章也、臣也、其聲敏疾如臣之節而為敏。角者、觸也、民也、其聲圓長、經貫清濁如民之象而為經。徵者、祉也、事也、其聲抑揚遞續、其音如事之緒而為迭。羽者、宇也、物也、其聲低平掩映、自高而下、五音備成、如物之聚而為柳。郭注、皆五音之別名、其義未詳。五音不必別制名、

集解

此樂工辨聲、別以字分其音輕重、若今工尺四上六上合以記起調高下。

宮謂之重 周禮大師、掌六律六同以合陰陽之聲。陽聲黃鍾、大蔟、姑洗、蕤賓、夷則、無射。陰聲大呂、應鍾、南呂、函鍾、小呂、夾鍾。皆文之以五聲、播之以八音。大司樂、圜鍾為宮、黃鍾為角、大蔟為徵、姑洗為羽、以降天神。函鍾為宮、大蔟為角、姑洗為徵、南呂為羽、以出地示。黃鍾為宮、大呂為角、大蔟為徵、應鍾為羽、以禮人鬼。史記律書律法九九八十一以為宮。三分去一、五十四以為徵。三分益一、七十二以為商。三分去一、四十八以為羽。三分益一、六十四以為角。黃鍾長八寸十分一、宮。大呂長七寸五分三分一。大蔟長七寸七分二、角。夾鍾長六寸一分三分一。姑洗長六寸七分四、羽。仲呂長五寸九分三分二、徵。蕤賓長五寸六分三分一。林鍾長五寸七分四、角。夷則長五寸四分三分二、商。南呂長四寸七分八、徵。無射長四寸四分三分二。應鍾長四寸二分三分二、羽。然則五聲之器、以律呂為準、此篇故不明言律呂耳。史記樂書索隱、宮絃最大、用八十一絲、商絃用七十二絲、角絃用六十四絲、徵絲用五十四絲、羽絃用四十八絲。周禮大師正義、此卽八十一絲為宮、七十二絲為商之等。則五聲似就琴瑟而言、殆依律法而變通為之與。宮、室也、與公通用。樂記所以謂宮為君也。宮公疊韻、宮君則雙聲也。律長絃大、聲高而重、如牛之鳴窌中、故又名重。重、厚也。或曰尊也。**商謂之敏** 商從外知內也、从冏章省聲。其以為五聲之一者、因商人之識而命名也。禮記樂記、商者、五帝之遺聲也、商人識之、故謂之商。其確證也。敏、疾也、从攴每聲。商聲敏疾如臣之節、亦取臣為君謀事義也。禮記樂記、商為臣。管子、凡聽商如離羣羊。**角謂之經** 角、獸角也、象形、與交通用。樂記、角為民。交者、民象也。小爾雅所謂交俱是也。經、識也、从糸巠聲。正字為清。清、腹也。管子謂角音疾以清、故又名經。或者正字為勁與。**徵謂之迭** 徵、召也、从微省、从壬會意。與懲通用。懲、忩也、恐也。管子謂聽徵如負豬豕覺而駭、卽懲意也。迭、更遞也、从辵失聲。徵聲更變、如事之象。樂記徵為事、其取事多義與。**羽謂之柳** 羽、鳥長毛也、象形。與紆通用。紆、緩也、所以狀聲之低。管子謂凡聽羽如鳴馬在野、亦聲低也。許慎別

作霸字、謂爲水音、俗矣。柳、小楊也、从木丣聲。正字爲揂。揂、聚也。五音備成、如物之聚、故又名柳。禮記樂記羽爲物、王肅以爲冬物聚。

義證

宮謂之重商謂之敏角謂之經徵謂之迭羽謂之柳

孫叔然說此五名字義、郭氏亦以無經據不用。陸氏釋文述其略云、宮音濁而遲、故曰重。商爲臣而佐君成政、故曰敏。以下三名未備述、今遂不得聞矣。孫氏外、成說可詳者惟唐徐景安樂書引劉歆曰、宮爲四音之綱、其聲重厚、如君之德而爲重。商聲敏疾、如臣之節而爲敏。角聲圓長、經貫清濁、如民之象而爲經。徵聲抑揚遞續、其音如事之緒而爲迭。羽聲低平掩映、自高而下、五音備成、如物之聚而爲柳。

補郭

宮謂之重商謂之敏角謂之經徵謂之迭羽謂之柳

皆五音之別名其義未詳

雪牕本皆作謂。釋文引郭云、皆五音別名。

郭注佚存補訂

商謂之敏　案陸氏德明云、白虎通云、商、彊也。案商爲臣而佐君成政、故曰敏。敏、成也。

羽謂之柳　案陸氏德明云、白虎通云羽、舒也。鄭註禮云柳、聚也。

注疏正字

宮謂之重商謂之敏角謂之經徵謂之迭羽謂之柳

益稷、予欲聞六律五聲八音。周禮春官、文之以五聲宮商角徵羽、播之以八音金石土革絲木匏竹。樂記、聲成文謂之音、比音而樂之謂之樂。蓋一聲單出謂之聲、衆和合成謂之音、金石干戚羽旄謂之樂。徐景安樂書引劉歆云、宮者、中也、君也、爲四聲之綱、其聲重厚、如君之德而爲重。商者、章也、臣也、其聲敏疾、如臣之節而爲敏。角者、觸也、民也、其聲圓長、經貫清濁、如民之象而爲經。徵者、祉也、事也、物也、其聲抑揚遞續、其音如事之緒而爲迭。羽者、宇也、物也、其聲低平掩映、自下而高、五音備成、如物之聚而爲柳也。

啓蒙

重敏經迭柳

釋樂、宮謂之重、商謂之敏、角謂之經、徵謂之迭、羽謂之柳。郭注、皆五音之別名、其義未詳。邢疏、案孫叔然云、宮濁而遲、故曰重也。孫氏雖有此說、更無經据、故不取也。芹按、劉歆云、宮者、中也、君也、爲四音之綱、其聲重厚、如君之德而爲重。商者、章也、臣也、其聲敏疾、如臣之節而爲敏。角者、觸也、民也、其聲圓長、經貫清濁、如民之象而爲經。徵者、祉也、事也、其聲抑揚遞續、其音如事之緒而爲迭。羽者、宇也、物也、其聲低平掩映、自下而高、五音備成、如物之聚而爲柳也。据此則五者皆有義矣。

札記

羽謂之柳

說文、羽、鳥長毛也、象形。五音之羽當讀爲霧。說文、霧、水音也。禮月令孟冬之月、其音羽。是月盛德在水、是羽於五音屬水。春秋繁露五行五事篇、雨者、水氣也、其音水也。素問金匱眞言論其音羽，注羽，水聲也。而字皆不作霧，霧止見於說文，羽者叚字，霧者本字，今羽行而霧廢，卽以雨部言之，猶陰陽之陰不知有作霧者矣。謂之柳者，風俗通聲音引劉歆律書訓柳爲聚，注此經同釋文所引，卽是，而邵郝多未證明。案周禮縫人衣翣柳之，注柳之言聚，喪祝疏柳者，諸飾所聚。儀禮既夕疏，柳之言聚也。書大傳度西曰柳穀，注，五色聚爲柳。秋祀柳穀華山，注，柳，聚也。釋名釋喪制漢書季布傳注引晉灼同。本經釋天咮謂之柳，孫注柳，其星聚也。尤爲近據。素問陰陽應大象論注，水音沈而深也。此羽音爲聚之義也。柳說文古文酉，丣聲。同在第三部，與第五部羽聲相近，三部五部多合均，字見音均表。故不謂之聚而謂之柳，猶宮謂之重，宮重疊均字也。但柳之本義爲小楊也，訓聚之柳究是叚字，其本字當作揫，說文揫聚也。卽此經釋詁揫聚也之音義相同字，酋聲與丣聲同在三部，秋聲亦在三部，例得叚喈。近時管以柳爲抑，引左傳陳侯柳，釋君禮耕文本作抑爲據，究屬孤證。

王仁俊日記

皆五音之別名 單疏本監本毛本同。雪牕本元本皆作謂，閩本剜改作皆。釋文引郭云皆五音別名。

宮謂至之柳○釋曰 注疏本刪。

○注皆五至未詳○釋曰云皆五音者 注疏本刪上八字。

清濁相雜和比謂之音 注疏本脫相雜。按禮記注但云雜比曰音。

衆聲和合成章 注疏本脫聲。

校勘記

皆五音之別名 雪牕本皆作謂。

校勘記訂補

徵謂之迭，釋文徵，知里反。今本誤作之矢反。廣韻矢在五旨，徵在六止，矢不可以切徵也。

注疏本正誤

不可得而知其義故未詳 明監本毛本湘本得下無而字，故下有云字。案故云未詳者，釋注文也。有者是，此脫。

注疏校勘札記

徵音止謂之迭

音・圖音

徵直音音紫。 案徵音祉。知今音紫，精誤。

直音正誤

宮謂之重。衆 商謂之敏。角謂之經。覺古音祿 徵謂之迭 紫 羽謂之柳。

孫佁直音

宮謂之重，衆 徵謂之迭 紫

直音校正

此皆五音之別名。宮謂之重，商謂之敏，角謂之經，徵之矢切謂之迭，羽謂之柳。

楊氏音訓

徵陟里切

干氏音釋

大瑟謂之灑

大瑟謂之灑。長八尺一寸廣一尺八寸二十七絃。

郭注

大瑟謂之灑注長八尺一寸廣一尺八寸二十七絃　釋曰、瑟者登歌所用之樂器也。故先釋之。世本曰庖犧作五十絃、黃帝使素女鼓瑟、哀不自勝、乃破爲二十五絃、具二均聲。禮圖舊云雅瑟長八尺一寸、廣一尺八寸、二十三絃、其常用者十九絃、其餘四絃謂之番。番、嬴也。頌瑟長七尺二寸、廣尺八寸、二十五絃、盡用之。熊氏云、瑟兩頭有孔、其在底下者名越。鄉飲酒禮云、二人皆左何瑟、後首挎越。注云、越、瑟下孔也。燕禮云、小臣左何瑟、面鼓、執越。注云、越、瑟下孔也。若用之祭祀、則練其絃、踈其越。樂記云、清廟之瑟、朱絃而踈越。鄭注云、朱弦、練朱弦、練則聲濁。越、瑟底孔也。畫踈之使聲遲也。以其不練則體勁而聲清、練則絲孰而聲濁也。踈、通孔也。使兩頭孔相連而通也。孔小則聲急、孔大則聲遲故也。其大者別名灑。孫叔然云、音多變布如灑出也。郭云二十七絃、未見所出。

邢疏

大瑟謂之灑

音之布告如埽灑也。禮記正義十六按邢疏作音多變布如灑出也。釋文作出如灑也。

孫音注

黃輯古義

大瑟謂之灑

音多變布出如灑也。釋文　邢疏引作如灑出也。禮記月令正義多作之、無也字。

孫音注

玉函山房輯佚

大瑟謂之灑

音之布告如埽灑。孫注　朱按宋本禮記疏二十三　音之變布如灑出。同禮疏十六

鈎沉

大瑟謂之灑

孫曰、音之布告如埽灑也。禮記正義十六案邢疏作音多變布如灑出也。釋文作出如灑也。

漢注

大瑟謂之灑

孫炎云、音多變布出如灑也。釋文二十九卷禮記正義十六卷引作音之變布如灑出。二十三卷引作音之布告如埽灑。邢昺疏引作音多變布如灑出也。　郭璞云、長八尺一寸、廣一尺八寸、二十七絃。

一切注音

大瑟謂之灑　孫炎云、音多變布出如灑也。釋文

蕙心案、禮月令正義引作音之布告如埽灑也。文畧異。

古注斠

大瑟字林云、庖羲作瑟。灑所蟹、所綺二反、又所買反。孫云音多變布出如灑也。長八尺丈亮反、又如字。下放此。廣一尺古曠反。

陸音義

灑音多變布出如灑也○案邢疏引下句作如灑出也。

音義攷證

大瑟謂之灑

瑟簫類、風而靜爲簫、雨而靜爲灑。

新義

大瑟謂之灑瑟、登歌所用之樂。郭云長八尺一寸、廣一尺八寸、二十七絃。

鄭樵注

大瑟謂之灑

孫炎曰、音多變布出如灑也。

郭璞曰、長八尺一寸、廣一尺八寸、二十七絃。

鄭樵曰、琵登歌所用之樂。郭云長八尺一寸、廣一尺八寸二十七絃。

古注合存

大瑟謂之灑　註　長八尺一寸廣一尺八寸二十七弦　正義　琴瑟爲堂上之樂、貴清聲也、故先釋之。白虎通義云瑟者嗇也閑也、所以懲忿窒欲、正人之德也、故曰瑟有君父之節、臣子之法。君父有節、臣子有義、然後四時和、四時和然後萬物生、故謂之瑟也。釋樂器云、瑟、施弦張之瑟瑟然也。鄉飲酒禮云、工四人二瑟、瑟先相者二人皆左何瑟、後首挎越。燕禮云小臣左何瑟、面鼓執越。鄭註越瑟下孔也。樂記云清廟之瑟朱弦而疏越、鄭註朱弦練朱弦、練則聲濁、越瑟底孔也。畫疏之使聲遲也。孔穎達云、不練則體勁而聲清、練則絲熟而聲濁。熊氏云、瑟兩頭有孔、畫疏之。疏通也、使兩頭孔相連而通。孔小則聲急、孔大則聲遲、故云使聲遲也。瑟之大者別名灑、明堂位所謂大瑟也。釋文引孫炎云、音多變布出如灑也。禮記疏引作音之布告如埽灑。註　長八至七弦。正義　說文云瑟庖犧所作弦樂也。禮記疏引世本云、包犧氏作五十弦、黃帝使素女鼓瑟、哀不自勝、乃破爲二十五弦、其二均聲。禮圖云雅瑟長八尺一寸廣一尺八寸二十三弦其常用者十九弦、其餘四弦謂之番。番、嬴也。頌瑟長七尺二寸、廣尺八寸、二十五弦盡用之。太平御覽引白虎通云、大瑟謂之灑、長八尺一寸、廣一尺八寸、二十七弦、與郭註同。宋書樂志引爾雅云瑟二十七弦者灑。今無其器。隋書樂志以二十七弦爲伏羲所作、未之詳也。風俗通義云、今瑟長五尺五寸、非正器也。

正義

大瑟謂之灑長八尺一寸廣一尺八寸二十七弦。

瑟者、說文云庖犧所作弦樂也。釋名云瑟、施弦張之瑟瑟然也。玉海引世本云瑟潔也、使人精潔於心、淳一於行。白虎通云瑟者嗇也閑也、所以懲忿窒欲、正人心之德也。大瑟者明堂位有大瑟小瑟、風俗通云、今瑟長五尺五寸非正器也。應劭所說蓋小瑟、郭注所言乃大瑟也。邢疏引世本曰庖犧氏作五十弦、黃帝使素女鼓瑟、哀不自勝、乃破爲二十五弦、其二均聲。禮圖舊云、雅瑟長八尺一寸、廣一尺八寸、二十三弦、其常用者十九弦。頌瑟長七尺二寸、廣尺八寸、二十五弦、盡用之。通典引同。郭云二十七弦、未見所出。謂之灑者、釋文引孫炎云音多變布出如埽灑也。釋文灑所蟹所綺二反。按灑从麗聲、所蟹非古音。灑瑟以聲轉爲義。

義疏

大瑟謂之灑

釋文引孫炎曰、音多變布出如灑也。月令正義引作音之布告如埽灑也。灑所蟹所綺二反。按灑从麗聲、所蟹非古音、灑瑟以聲轉爲義。念孫案、灑者、大瑟之名、故孫之音多變布出如灑也。若云灑、灑瑟以聲轉爲義、則當云瑟謂之灑、而大字可刪矣。後解大磬謂之毊、云喬磬一聲之轉、誤與此同。

郝注刊誤

大瑟謂之灑　孫注、音多變布出如灑也。郭注、長八尺一寸、廣一尺八寸、二十五弦。明堂位有大瑟、四代之樂器也。世本庖犧氏五十弦、黃帝破爲二十五弦。禮圖頌瑟二十五弦、雅瑟二十三弦、常用者十九弦。今瑟率依圖長七八尺、弦長無音、非也。瑟蓋今洋琴之制、高下五級、級十弦、故可破爲五弦、五五廿五弦、乃可鼓也。鼓叩爲聲、亦非手彈。瑟、密也、聲緜於琴、故在堂下。

集解

大瑟謂之灑　明堂位有大瑟小瑟。風俗通今瑟長五尺五寸、蓋小瑟也。世本、庖犧氏作五十弦、黃帝使素女鼓瑟、哀不自勝、乃破爲二十五弦、其二均聲。禮圖雅瑟長八尺一寸、廣一尺八寸、二十三弦、其常用者十九絃、

爾雅詁林　七　釋樂

其餘四弦謂之番。番、巘也。頌瑟長七尺二寸、廣尺八寸、二十五弦盡用之。大瑟、其頌瑟與灑卽瑟也、瑟灑雙聲。禮記樂記清廟之瑟朱弦而疏越、灑卽疏越謂也。孫炎說音多變布出如灑、其義亦通。

義證

大瑟謂之灑

註長八尺一寸廣一尺八寸二十七絃 補正 邢疏瑟者、登歌所用之樂器也。禮圖云、雅瑟長八尺一寸、廣一尺八寸、二十三絃、其用者十九絃、其餘四絃謂之番。番、巘也。頌瑟七尺二寸、廣尺八寸、二十五絃盡用之。熊氏云、瑟兩頭有孔、其在底下者名越。樂記云、清廟之瑟朱絃而疏越、註云朱絃練朱絃、練則聲濁。越、瑟底孔也。蓋練之使聲遲也、以其不練則體勁而聲清、練則絃熟而聲濁也。疏、通也、使兩頭孔相連而通也。孔小則聲急、孔大則聲遲故也。其大者別名灑。孫叔然云音多變布如灑出也。臣鑾按、呂氏春秋云、朱襄氏作五十絃之瑟、瞽瞍拌五絃之瑟作十五絃、舜益之八絃爲二十三絃。陳暘樂書云、五十絃大瑟也。二十五絃、中瑟卽頌瑟也。五絃、十五絃小瑟也。

郭注補正

大瑟謂之灑

長八尺一寸廣一尺八寸二十七弦

郝氏懿行云、郭注云二十七弦、未見所出。樹枏案、御覽五百七十六卷樂部引白虎通云、大瑟謂之洒、長八尺一寸、廣一尺八寸、二十七弦。此郭注所本也。慧琳大般涅盤經十一卷音義引郭注與今本同。宋書樂志引爾雅云瑟二十七弦者灑、蓋卽引郭注。

郭注佚存補訂

大瑟節疏清廟之瑟 瑟、監本誤琴。 練則聲濁 脫練字。 畫疏之使聲遲也 畫、毛本誤蓋。 音多變布出如灑也 出字誤在如灑下、從釋文校。

注疏正字

大瑟謂之灑。長八尺一寸、廣一尺八寸、二十七弦。 郝疏云、郭云二十七弦、未見所出、案文選笙賦注引廣雅琴長三尺六寸六分、五弦、瑟二十七弦、隋書音樂志瑟二十七弦、伏犧所作者也。急就篇注瑟庖犧氏所作也、長七尺二寸、二十七弦、此二十七弦所本也、烏得云未見所出。

黃侃音訓

大瑟謂之灑注長八尺一寸廣一尺八寸二十七絃〇釋曰 注疏本刪。

庖犧作五十絃 注疏本犧下有氏。

朱弦練朱弦練則聲濁 注疏本弦改絃、下練脫。按上引樂記朱絃而疏越、亦當改弦。

畫疏之 監本同。元本閩本毛本畫誤蓋。

如灑出也 注疏本同。釋文引作出如灑也、此誤倒。

校勘記

具二均聲 各本同。郝義疏具作其、誤。

番巘也 明監本毛本湘本同。禮圖巘作巘。

注疏校勘札記

大瑟謂之灑 長八尺一寸、廣一尺八寸、二十七絃。灑、音節上聲。

音圖・音

灑所蟹音酾所綺音史二翻，又所買翻，卽所蟹翻，不必重出。

音略

大瑟謂之灑。洒

孫侶直音

大瑟謂之灑。大瑟長八尺一寸，廣一尺八寸，二十七絃。

楊氏音訓

灑 洒

干氏音釋

大琴謂之離

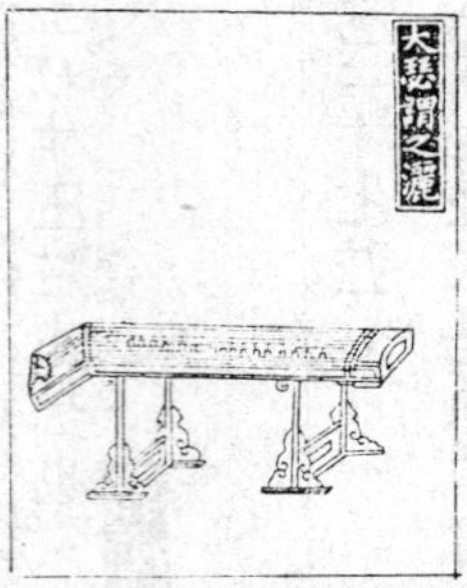

音圖・圖

大琴謂之離。或曰琴大者二十七絃，未詳長短。廣雅曰琴長三尺六寸六分，五絃。

郭注

大琴謂之離注或曰至五絃　釋曰：琴操曰伏犧作琴，世本云神農作琴，白虎通曰琴者禁也，禁止於邪，以正人心也。琴之大者別名離也。孫叔然云音多變聲流離也。云或曰琴大者二十七絃，未詳長短者，或人言琴有二十七絃是琴之大者也，但未詳其長短耳。云廣雅曰琴長三尺六寸六分五絃者，此常用之琴也。象三百六十六日，五絃象五行，大絃為君，小絃為臣，文王武王加二絃，以合君臣之恩也。又五絃第一絃為宮，其次商角徵羽，文武二絃為少宮少商。又琴操曰廣六寸，象六合也。文上曰池，言其平。下曰濱，言其服。前廣後狹，象尊卑。上圓下方，法天地。然琴為樂器，通見詩書，故此釋之也。

邢疏

大琴謂之離

音多變，聲流離也。禮記正義十六　邢疏

孫音注

大琴謂之離以下釋樂二十七絃　郭注或曰琴大者

大琴曰離，二十絃，或傳此是伏犧所制。御覽五百七十七　宋書引爾雅大琴曰離二十弦。玉海引爾雅亦作二十弦。

衆家注

黃輯古義

大琴謂之離

音多變，聲流離也。邢疏禮記月令正義引下句作留離。

孫音注

玉函山房輯佚

大琴謂之離

聲留離。同宋校宋本禮記疏二十三

鉤沉

大琴謂之離

注曰：大琴曰離，二十絃，或傳此是伏犧所制。御覽五百七十七

孫曰：音多變，聲流離也。禮記正義十六　邢疏

漢注

大琴謂之離

孫炎云：音多變，聲畱離也。禮記正義二十三卷　郭璞云：或曰琴大者二十七絃，未詳長短。廣雅曰琴長三尺六寸六分，五絃。

一切注音

大琴謂之離　孫炎云：聲留離也。禮月令正義

蕙心案：邢疏引作音多變，聲流離也。

古注斠

琴字林云神農作琴。

陸音義

大琴謂之離 **新義** 所謂絲聲正在是也。據小罍謂之坎。

大琴謂之離 **鄭樵注** 廣雅云，琴長三尺六寸六分，五絃。此古制也。後人加少宮少商二絃，是爲七絃也。大琴之制未聞。或曰二十七絃。

大琴謂之離

孫炎曰：音多變，聲流離也。

郭璞曰：或曰琴大者二十七絃，未詳長短。廣雅曰：琴長三尺六寸六分，五絃。

鄭樵曰：廣雅云琴長三尺六寸六分，五絃，此古制也。後人加少宮少商二絃，是爲七絃也。大琴之制未聞。或曰二十七絃。

古注合存

御覽云：離，二十絃，或傳此是伏羲所制。

厚齋云：爾雅小罍謂之坎，大琴謂之離。萬物之象，無非易也。又閻潛丘云：更有彎首，謂之革；康，謂之蠱；和樂謂之節。按此俱偶與易卦同名，未必取象，說殊鑿也。 **補注**

大琴謂之離 **註** 或曰琴大者二十七弦，未詳長短。廣雅曰：琴長三尺六寸六分，五弦。

正義 白虎通義云：琴者，禁也，所以禁止淫邪，正人心也。風俗通義云：詩云"我有嘉賓，鼓瑟鼓琴"。雅琴者，樂之統也，與八音並行。然君子所常御者，琴最親密，不離於身，非必陳設於宗廟鄉黨，非若鍾鼓羅列於虡懸也。雖在窮閻陋巷，深山幽谷，猶不失琴，以爲琴之大小得中，而聲音和，大聲不讙人而流漫，小聲不湮滅而不聞，適足以和人意氣，感人善心，故琴之言禁，雅之言正也，言君子守正以自禁也。琴之大者別名離，明堂位所謂大琴也。禮器疏引孫炎云：聲留離也。**註** 或曰至五弦。

正義 郭氏引或說，疑未能定也。宋書引爾雅大琴曰離，二十弦，初學記引樂錄云：大琴二十弦，今無其器。玉海引爾雅亦作二十弦，今本作二十七弦，疑因上文大瑟而誤也。通典作二十七弦，與今本同。禮記疏引世本云：神農作琴。說文云：琴，禁也，神農所作，洞越，練朱五弦，周加二弦。文選註引桓譚新論云：神農始斲桐爲琴，練絲爲弦。琴操又云：伏羲作琴。古制茫昧，大琴之長短莫可考矣。廣雅云琴長三尺六寸六分，五弦者，此言常用之琴也。通典引揚雄清英云：舜彈五弦之琴而天下化，堯加二弦以合君臣之思。桓譚新論云：五弦第一弦爲宮，其次商角徵羽，文王武王各加一弦，以少宮少商。風俗通義云：今琴長四尺五寸，法四時五行也。七弦者，法七星也。案應劭所言長短與張揖異，今琴製俱從張揖，琴操以爲象三百六十六日也。

正義

大琴謂之離 注或曰琴大者二十七絃。 初學記云：郭璞曰大者二十弦，樂錄曰大者二十弦，宋書及玉海並引爾雅作二十弦，今本蓋多一七字。 **校議**

大琴謂之離 或曰琴大者二十七弦，未詳長短。廣雅曰：琴長三尺六寸六分，五弦。

琴者，說文云：禁也。神農所作，洞越，練朱五弦，周加二弦。[illegible]籀文[illegible]各 白虎通云：琴者，禁也，所以禁止淫邪，正人心也。風俗通云：今琴長四尺五寸，法四時五行也。七弦者，法七星也。琴操云：長三尺六寸六分，象三百六十六日；廣六寸，象六合也。按此是常用之琴。明堂位有中琴，豈是歟？又有大琴，則此大琴是也。初學記引樂錄曰：大琴二十弦，今無此器。御覽五百七十七引爾雅注云：大琴曰離，二十弦，此是伏羲所制。郭注作二十七弦，疑與大瑟相涉而誤也。汪氏中據宋書樂志校七字衍，去之，是矣。然通典已引作二十七弦，則自唐本已然。謂之離者，離猶羅也。眾音分散羅羅然，與灑義同也。月令正義引孫炎云：聲留離也。邢疏引作音多變，聲流離也。流離與留離同。 **義疏**

大琴謂之離 孫注、聲留離也。郭注、或曰琴大者二十七弦、未詳長短。廣雅曰琴長三尺六寸六分、五弦。凡云大小中者、人有長短大小、故分三等、其合樂則樂器有常度、唯王者得備三等也。明堂位叔之離磬、磬合大琴者與。舊注大琴曰離、二十弦。

集解

大琴謂之離 明堂位、大琴大瑟中琴小瑟、四代之樂器也。然則樂器之備大中小、唯王者乃有之耳。世本神農作琴。說文琴禁也、神農所作、洞越練朱五弦、周加二弦。琴操琴長三尺六寸六分、廣六寸、文上曰池下曰濱、前廣後狹、象尊卑也、上圜下方法天地也、五弦象五行、大弦為君小弦為臣、文王武王加二弦以合君臣之恩。三禮圖琴第一弦為宮、次為商、次為角、次為羽、次為徵、次為少宮、次為少商。宋書引爾雅大琴曰離、二十弦。初學記引樂錄大琴二十弦、今無其器。蓋中琴五弦、大琴七弦、無小琴也。離謂聲留離、明堂位叔之離磬、其磬合大琴者與。

義證

大琴謂之離

註 或曰琴大者二十七絃未詳長短廣雅曰琴長三尺六寸六分五絃 補正 臣鑾按、禮明堂位有大琴大瑟中琴小瑟之文、然未明其制度。陳暘樂書云長三尺六寸六分者、中琴之度也。長八尺一寸者、大琴之度也。大琴二十絃、中琴十絃、小琴五絃。

郭注補正

大琴謂之離

郭注、或曰琴大者二十七弦、未詳長短。廣疋曰琴長三尺六寸六分、五弦。初學記引樂錄曰、大琴二十弦、今無此器。太平御覽五百七十七引尔疋注云大琴曰離、二十弦、此係伏羲所制。蓋舊注也。郭注作二十七弦、疑與大瑟相涉而誤。上文大瑟謂之灑郭注二十七弦、當吕舊注爲是。

舊注攷證

大琴謂之離 注或曰琴大者二十七弦

正曰、邵編修正義云、宋書樂志爾雅大琴曰離、二十弦。初學記琴部樂錄曰大琴二十弦。御覽五百七十七爾雅注云大琴曰離、二十弦。郭注作二十七弦、疑與大瑟相涉而誤。

正郭

大琴謂之離

大者十弦樂錄曰大琴二十弦 或曰琴大者二十七弦今無此器 未詳長短廣雅曰琴長三尺六寸六分五弦

初學記十六卷樂部引爾雅云大琴謂之離、郭璞曰、大者十弦、樂錄曰大琴二十弦、今無此器。今本脫大者以下十六字。樹柟案、宋書玉海俱引爾雅作二十弦、御覽五百七十七卷引爾雅注亦云大琴曰離二十弦、汪氏中邵氏晉涵郝氏懿行據今刪脫本皆謂七字衍文、不知二十弦亦郭注所有也。通典一百四十四卷引爾雅曰、大琴謂之離、二十七弦、今無其器。竊謂今無此器宜從通典所引在二十七弦之下、謹據補訂。

郭注佚存補訂

大瑟謂之灑大琴謂之離

說文云瑟庖犧所作弦樂也。詩之言瑟琴者屢矣、傳箋皆不言大小之制。郭注云大瑟長八尺一寸、廣一尺八寸、二十七絃。邢疏云世本曰庖犧作五十絃、黃帝使素女鼓瑟哀不自勝破爲二十五絃、具二均聲。禮圖舊云雅瑟長八尺一寸、廣一尺八寸、二十三絃其常用者十九絃其餘四絃謂之番。番贏也。頌瑟長七尺二寸廣尺八寸、二十五絃盡用之。郭云二十七絃未見所出。宋書樂志引爾雅云瑟二十七絃者今無其器蓋引爾雅注也。大琴謂之離者說文云琴禁也神農所作、洞越練朱五絃。郭注云或曰琴大者二十七絃未詳長短廣雅琴長三尺六寸六分五絃。御覽五百七十七引爾雅注云大琴曰離、二十絃。宋書及玉海引同。邵云疑因上文大瑟而誤也。通典作二十七絃、與今本同。

說詩

大琴節疏廣雅曰琴長三尺云云 廣誤爾。

注疏正字

大琴謂之離

太平御覽引爾雅大琴謂之離。此句下有離二十絃、或傳此是伏羲所制二語、疑是舊注。

小箋

大瑟謂之灑大琴謂之離 說文瑟庖犧所作弦樂也。徐註黃帝使素女鼓之黃帝悲、乃分爲二十五絃。禮圖雅瑟八尺一寸、廣一尺八寸、二十三絃。郭註二十七弦。其常用者十九絃、頌瑟七尺二寸、廣同、二十五絃盡用。白虎通瑟者嗇也閑也所以懲忿窒欲正人之德也。瑟有君父之節、臣子之法君父有節臣子有義然後四時和、四時和然後萬物生故謂之瑟也。樂記淸廟之瑟朱弦而疏越。孫炎云音多變布出如灑也。灑汎也。琴、禁也。琴論伏羲削桐爲琴面圓法天底方象地龍池八寸通八風鳳沼四寸合四氣長三尺六寸象三百六十日廣六寸象六合前廣後狹象尊卑上圓下方法天地五絃象五行。白虎通禁止淫邪正人心也。昔帝操五絃之琴而天下化文王武王各加一弦以合君臣之恩。韓詩外傳治國者譬若乎張琴大者別名離。孫炎云聲留離也。

啓蒙

大琴謂之離注或曰至五絃○釋曰 注疏本刪。

伏羲作琴 元本閩本監本同、毛本犧改羲。

校勘記

大琴謂之離注大者二十七弦。弦从弓今本从糸誤按宋書樂志爾雅曰大琴曰離、二十弦。則今本衍七字。

琴大者二十七弦 郝義疏曰、御覽五百七十七引爾雅注云大琴曰離、二十弦。今注作二十七弦、疑與大瑟相涉而誤也。

注疏本正誤

廣雅曰湘本同。明監本毛本作爾雅非也。

注疏校勘札記

四行大琴謂之離(注)或曰琴大者二十七絃未詳長短〇《宋書·樂志》引《爾雅》：「大琴曰離，二十絃。」《初學記》卷十六引「郭璞曰：大者十絃。《樂錄》曰：大琴二十絃。今無其器。」《御覽》卷五百七十七引亦作「二十絃」。與今本不同。

宋監本校箋

大琴謂之離大琴或曰二十七絃。廣雅曰長三尺六寸六分五絃。

楊氏音訓

音圖○圖

大鼓謂之鼖小者謂之應

大鼓謂之鼖鼖長八尺。小者謂之應。詩曰應朄縣鼓。在大鼓側。

郭注

大鼓謂之鼖小者謂之應。釋曰別鼓大小之名也。鼓之大者名鼖。周禮鼓人職曰以鼖鼓鼓軍事是也。其小者名應。應言聲應於大鼓也。李巡云小者音聲相承故曰應也。孫炎云和應大鼓也。　注鼖長八尺　釋曰知者案考工記韗爲皷長八尺鼓四尺中圍加三之一謂之鼖。後鄭注云中圍加三之一者加於面之圍以三分之一也。面四尺其圍十二尺加以三分一四尺則中圍十六尺徑五尺三寸三分寸之一也。今亦合二十版則版六寸三分寸之二耳。大皷謂之鼖以鼖鼓鼓軍事。鄭司農云鼓四尺謂革所蒙者廣四尺。注詩曰至鼓側　釋曰應朄縣鼓周頌有瞽篇文也。鄭箋云朄小鼓在大鼓旁。應鞞之屬也。案朄引也謂擊小皷引樂聲。

邢疏

大鼓謂之鼖小者謂之應以下釋樂

小者音聲相承故曰應應承也。釋文邢疏無應承二字。

李注

大鼓謂之鼖小者謂之應

和應大鼓也。釋文　邢疏

孫音注

黃輯古義

大鼓謂之鼖小者謂之應

小者音聲相承故曰應應承也。釋文　邢疏無下句作故曰應也。

李注

小者謂之應

和應大鼓也。釋文邢疏

孫音注

玉函山房輯佚

小者謂之應

李曰小者音聲相承故曰應應承也。釋文邢疏

孫曰和應大鼓也。釋文邢疏

漢注

大鼓謂之鼖

郭璞云鼖長八尺。

小者謂之應

李巡云小者音聲相承故曰應應承也。　孫炎云和應大鼓也。並釋文二十九卷　郭璞云詩曰應朄縣鼓在大鼓側。

一切注音

小者謂之應　李巡曰小者聲音相承故曰應應承也。

孫炎曰和應大鼓也。並釋文

古注斠

鼖扶云反 應音應。注同。李云、小者音聲相承、故曰應。應、承也。孫云、和應大鼓也。輮本亦作輮、余刃反。詩云應輮縣鼓是也。案輮、引也、謂擊小鼓引樂聲。縣音玄。

陸音義

輮本亦作輮○案說文本作輮、從巾東聲。則當以輮爲正、此從車東者乃譌體。

音義攷證

大鼓謂之鼖小者謂之應鼖長八尺、革四尺。應、小鼓。蓋鼙之屬、在大鼓側。

鄭樵注

大鼓謂之鼖

郭璞曰、鼖長八尺。

鄭樵曰、鼖長八尺、革四尺。

小者謂之應

李巡曰、小者音聲相承、故曰應。應、承也。

孫炎曰、和應大鼓也。

郭璞曰、詩曰應輮縣鼓、在大鼓側。

鄭樵曰、應、小鼓。蓋鼙之屬、在大鼓側。

古注合存

大鼓謂之鼖 註 鼖長八尺 小者謂之應 註 詩曰應輮縣鼓在大鼓側 正義 九家易云、震爲鼓。考工記云、凡冒鼓必以啓蟄之日。白虎通義云、鼓、震音、煩氣也。萬物憤懣震動而出。說文云、鼓、郭也。春分之音、萬物郭皮甲而出、故謂之鼓。釋名云、鼓、廓也、張皮以冒之、其中空也。學記云、鼓無當於五聲、五聲弗得不和。是樂之所成在於鼓、故荀子樂論云、鼓其樂之君邪。考工記云、鼓大而短、則其聲疾而短聞、鼓小而長、則其聲舒而遠聞。此言鼓之大小失所也。鼓之大者名鼖。大司馬云、諸侯執賁鼓。鼓人云、以鼖鼓鼓軍事。鼖與賁通。其小者名應、釋文引李巡云、小者聲音相承、故曰應。應、承也。孫炎云、和應大鼓也。註 鼖長八尺。正義 考工記云、韗人爲皐陶、鼓長八尺、鼓四尺、中圍加三之一、謂之鼖鼓。後鄭云、中圍加三之一者、加於面之圍以三分之一也。面四尺、其圍十二尺、加以三分之四尺、則中圍十六尺、徑五尺三寸三分寸之一也。今亦合二十版、則版穹六寸三分寸之二耳。大鼓謂之鼖、以鼖鼓鼓軍事。鄭司農云、鼓四尺、謂革所蒙者廣四尺。說文云、鼖八尺、兩面。○應輮至鼓側○正義 應輮縣鼓、周頌有瞽文。鄭箋、輮、小鼓、在大鼓旁、應鼙之屬也。春官大師云、令奏鼓輮。鄭司農云、輮、小鼓也。先擊小鼓、乃擊大鼓、小鼓爲大鼓先引、故曰輮。輮讀爲道引之引。後鄭以爲鼓輮猶言擊輮也。小師云、擊應鼓。後鄭云、應、鼙也。應與輮及朔皆小鼓也。釋名云、鼙在前曰朔、朔、始也。在後曰應、應大鼓也。禮器云、縣鼓在西、應鼓在東。是在大鼓之旁。

正義

大鼓謂之鼖鼖長八尺小者謂之應詩曰應輮縣鼓在大鼓側 鼓者、說文云、郭也。春分之音、萬物郭皮甲而出、故謂之鼓。繫傳、郭者、覆冒之意。釋名云、鼓、郭也、張皮以冒之、其中空也。白虎通云、鼓、震音、煩氣也、萬物憤懣震動而出。荀子樂論篇云、鼓其樂之君邪。鼖者、說文云、大鼓謂之鼖。鼖八尺而兩面、以鼓軍事。本鼓人及韗人文也。鼖从賁省聲。詩賁鼓維鏞、賁卽鼖也。釋詁、墳、大也。墳、鼖音義同。應者、以應和爲義也。釋文引李巡云、小者音聲相承、故曰應、應、承也。孫炎云、和應大鼓也。釋名云、在後曰應、應大鼓也。郭引詩應輮縣鼓、毛傳、應、小鞞也。鄭箋、輮、小鼓、在大鼓旁。應、鼙之屬也。

義疏

大鼓謂之鼖小者謂之應李注、小者音聲相承、應、承也。孫注、和應大鼓也。郭注、鼖長八尺、詩曰應輮縣鼓、在大鼓側。鼖、詩作賁、皆从卉、勃發之意。文王始作賁鼓、禮建鼓蓋楹鼓、賁則縣鼓與。因賁大、故見應小、非小於輮。輮則小鼓、又謂之鼙。

集解

大鼓謂之鼖小者謂之應明堂位、夏后氏之鼓足、殷楹鼓、周縣鼓。詩、應田縣鼓。鼖謂縣鼓、應則楹鼓也。鼖从賁、大也。詩借作賁、鼖賁疊韵、楹應亦一聲之轉也。周禮鼓人以鼖鼓鼓軍事。攷工記韗人鼓長八尺、鼓四尺、中圍加三之一、謂之鼖鼓。書顧命鼖鼓在西房。肉大鼓也。應謂應大鼓、蓋植立者。詩故謂植我鼗鼓、而形則較鼗小耳。鼙鼓則為小鼓、又曰朄鼓、與應不同。

義證

大鼓謂之鼖鼖音墳

註鼖長八尺補正邢疏、考工記云韗人為鼓、長八尺、鼓四尺、中圍加三之一、謂之鼖。註云鼖鼓鼓軍事。

小者謂之應應音膺。

註詩曰應朄縣鼓在大鼓側補正邢疏、李巡云小者音聲相承、故曰應也。孫炎云和應大鼓也。案朄、引也。謂擊小鼓引樂聲。

郭注補正

小者謂之應

詩曰應朄縣鼓在大鼓側

各本皆作𨎮、釋文云𨎮本亦作𨎮。樹枏案、釋文𨎮字當是朄字之譌、說文朄从申柬聲、傳寫者乃誤為從車柬耳。今為訂正。

郭注佚存補訂

大鼓謂之鼖小者謂之應

郭注鼖長八尺。說文云、大鼓謂之鼖。鼖八尺而兩面、以鼓軍事。大雅靈臺賁鼓維鏞、毛傳云賁、大鼓也。彼釋文云賁字亦作鼖。正義云、冬官韗人云鼓長八尺、鼓四尺、中圍加三之一、謂之鼖鼓。注亦云大鼓謂之鼖是也。今案、小雅鼓鐘伐鼛、傳云鼛大鼓也。正義云、鼛即臯也。韗人云臯鼓尋有四尺、長丈二、是鼛較鼖為尤大也。　應者、郭注引詩曰應朄縣鼓在大鼓側。此周頌有瞽文也。朄詩作田。傳云應、小鞞也。鄭箋云田當作朄。朄、小鼓在大鼓旁、應鞞之屬。傳云田、大鼓也。釋文云朄、引也。謂擊小鼓引樂聲。案鄭以朄為小鼓、與毛異義。正義云、田與應連文、皆在縣鼓之上。應者應大鼓、則田亦應之類。太師職云、下管播樂合奏鼓朄、注云為大鼓先引、是古有名朄引導鼓。故知朄為應鞞之屬。陸從鄭義、較毛說為長。說文朄作𪔐、云擊小鼓引樂聲也。與鄭說同。李巡云、小者聲音相承、故曰應。應、承也。孫炎云、和應大鼓也。

說詩

小者謂之應註應朄縣鼓朄、釋文作轃、毛詩作田。音膺誤膺。疏故曰應應承也脫應承二字。謂之鼖鼓脫鼓字。則版穹六寸三分寸之二耳脫穹字。

注疏正字

鼓

艮庭先生曰、說文鼓本作鼓、段氏玉裁云當作豈旁支。弓部弢字、說文云從弓支。支、垂飾、與鼓同意。則鼓從支可知。據此則鼖字瞽字皆不從支矣。經典鼓鐘與鍾鼓之鼓无異、說文攴部鼓字說云擊鼓也、從攴豈豈亦聲蕢若屬是與鼓異文異音乃別爲一字大徐刪去蕢若屬句而加公戶切遂誤以鼓爲鼓矣。

小箋

大鼓謂之鼖 說文同。

匡名

大鼓謂之鼖音墳小者謂之應音膺 說文鼖郭也引鼓軍事九家易震爲鼓學記鼓無當於五聲五聲不得不和鼖八尺引爾雅文古通作賁大雅賁鼓維鏞樂書小鼙曰應鼓郭註詩應𨍭縣鼓在大鼓側鄭箋𨍭小鼓李巡云小者聲音相承故曰應孫炎云和應大鼓也禮器縣鼓在東應鼓在西。

啓蒙

大鼓謂之鼖書顧命大貝鼖鼓鄭注大鼓此前代物與周鼖同名故獨寶守非攷工記長八尺之鼖鼓也。

古義補

應𨍭縣鼓單疏本雪牕本元本閩本監本同毛本𨍭改𨍭。○按說文作朄。

大鼓謂之鼖小者謂之應○釋曰注疏本刪按疏文每行行剜擠三十三字巷邢疏標經起止本作大鼓至之應猶下標大笙謂之巢二句云大笙至之和標大籥謂之言二句云大籥至之笈淺人剜補全句故釋曰上側空一格者亦連文矣。

○注鼖長八尺○釋曰知者注疏本刪注釋曰知四字。

則版六寸三分寸之二耳 浦鏜云則版下脫穹字。

以鼖鼓鼓軍事注疏本脫以鼖。

○注詩曰至鼓側○釋曰應𨍭縣鼓注疏本刪上八字。

校勘記

鼖長八寸誤。十行本雪牕本吳本並作八尺。南昌本

校勘記訂補

小者謂之應注詩曰應𨍭縣鼓今本𨍭半誤从東。

注疏本正誤

鼖長八寸 明監本汞懷堂本毛本湘本作八尺。案下疏亦作八尺則尺字是此誤。

小者聲音相承 明監本毛本湘本作音聲此倒。

中圍加三之一謂之鼖後鄭注云 明監本毛本湘本同。案後疑鼓字之誤周禮正作謂之鼖鼓。

今以合二十版則版六寸三分寸之二耳 明監本毛本以作亦湘本無以字則字考工記注作亦有則字。

注疏校勘札記

五行(注)詩曰應𨍭縣鼓○「𨍭」當作「𨍭」,《釋文》余刃反,《說文》作朄,從中柬聲。

宋監本校箋

大鼓謂之鼖鼖長八尺。鼖音墳。小者謂之應詩曰應𨍭縣鼓在大鼓側。應音膺。

音圖·音

大鼓謂之鼖墳 小者謂之應鼙郭音膺

孫侶直音

小者謂之應膺

正校音直

大鼓謂之鼖墳小者謂之應膺 鼖長八尺應𨍭縣鼓在大鼓側。

楊氏音訓

鼖汾 干氏音釋

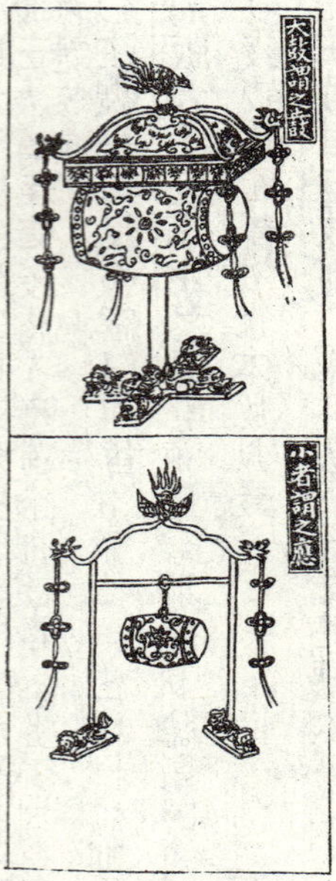

音圖·圖

大磬謂之毊

大磬謂之毊。毊形似犂錧、以玉石爲之。 郭注

一大磬謂之毊一釋曰、磬樂器名也以玉石爲之世本曰無句作磬釋名云磬罄也聲堅罄罄然考工記曰磬氏爲磬倨句一矩有半其博爲一股爲二鼓爲三參分其股博去一以爲鼓博參分其鼓博以其一爲之厚已上則磨其旁已下則磨其耑是其制也大者名毊孫炎云毊喬也喬高也謂其聲高也李巡云大磬聲清燥也故曰毊毊燥也 注毊形至爲之 釋曰字林云錧田器也自江而南呼犂刃爲錧此毊形似犂錧但大爾云以玉石爲之者左傳云玉磬紀甗又八音謂磬爲石故知以玉石爲之也。 邢疏

大磬謂之毊
大磬聲清燥也故曰毊。毊燥也。釋文 李注

大磬謂之毊
毊喬也、喬高也、謂其聲高也。釋文 邢疏 孫音注

大磬謂之毊 以下釋樂

毊音囂。郭注御覽五百七十六 郭音義

大磬謂之毊 郭注、毊形似犂錧。釋文、錧、沈古亂反。 釋樂 沈集注 黃輯古義

大磬謂之毊
大磬聲清燥也故曰毊。毊燥也。釋文 邢疏 李注

大磬謂之毊
毊喬也、喬高也。謂其聲高也。同上 孫音注

大磬謂之毊
郭注、毊形似犂錧。古亂反。釋文 沈集注 玉函山房輯佚

大磬謂之毊
李曰、大磬聲清燥也故曰毊。毊燥也。釋文 邢疏
孫曰、毊喬也、喬高也、謂其聲高也。釋文 邢疏 漢注

大磬謂之毊
李巡云、大磬聲清燥也故曰毊。毊燥也。孫炎云、毊喬也、喬高也、謂其聲高也。並釋文二十九卷 郭璞云、毊形似犂錧以玉石爲之。 一切注音

大磬謂之毊 李巡曰、大磬聲清燥故曰毊。毊燥也。
孫炎云、毊喬也。喬高謂其聲高也。並釋文 古注斠

磬口定反。毊虛嬌反、又音喬。犂郭奚反。錧古緩孫云、毊喬也。喬高也。謂其聲高也。李云、大磬聲清燥也、故曰毊。毊燥也。錧、沈古亂反。字林云、田器也、江南人呼犂刃爲錧。本亦作貫同。 陸音義

犂錧江南人呼犂刃爲錧。○刃、舊作刀、譌、今改正。說文無錧字。初學記十六引作犂瑄。瑄與管同。

音義攷證

大磬謂之毊

生必有毊、故笙立而磬繼之。天屈西北爲无磬爲折形、又音爲乾、以此毊堂下之磬、璆堂上之磬。

新義

大磬謂之毊郭云毊形似犂錧、以玉石爲之。錧、犂曲刃也。毊、虛驕反。

鄭樵注

大磬謂之毊

李巡曰、大磬聲清燥也、故曰毊。毊、燥也。

孫炎曰毊喬也。喬、高也。謂其聲高也。

郭璞曰、毊形似犂錧、以玉石爲之。

鄭樵曰、郭云毊形似犂錧、以玉石爲之。錧、犂曲刃也。毊、虛驕反。

古注合存

鄭云犂錧、曲刃也。

補注

大磬謂之毊【註】毊形似犂錧以玉石爲之【正義】明堂位云叔之離磬、鄭註引世本云無句作磬、皇侃以爲叔之別名也。白虎通義云、磬者、夷則之氣也、象萬物之成也、其氣磬、故曰磬。說文云磬、樂石也、象縣虡之形、殳擊之也。釋名云磬、磬也、其聲磬磬然堅緻也。磬大者名毊、釋文引孫炎云毊、喬也。喬、高也。謂其聲高也。李巡云大磬聲清燥也。故曰毊。毊、燥也。商頌那云依我磬聲、毛傳磬、聲之清者、以象萬物之成。鄭箋磬、玉磬也。堂下諸縣與玉磬之聲相依、玉磬尊、故異言之。孔疏云此異於常磬、非石磬也。淮南說山訓鍾與磬也、近之則鍾聲充、遠之則磬聲章。物固有近不若遠、遠不若近者。是大磬之聲可以章遠也。【註】毊形至爲之。○【正義】考工記云、磬氏爲磬、倨句一矩有半、其博爲一、股爲二、鼓爲三、參分其股博、去一以爲鼓博、參分其鼓博、以其一爲之厚。已上則摩其旁、已下則摩其耑。是其制也。郭云形似犂錧者、釋文引字林云、田器也。江南人呼犂刃爲錧。鄭註考工記云、中地之耒其庛與直者如磬折。言耒之刺如磬之折、可以互相證也。三禮圖舊圖引樂經云、黃鍾磬前長三律二尺七寸、後長二律一尺八寸。此謂特縣大磬配鎛鍾者也。云以玉石爲之者、益稷云戛擊鳴球、疏引鄭註云磬懸也、而以合堂上之樂、玉磬和尊之也。左氏成二年傳云路以紀甗玉磬、魯語云以鬯圭與玉磬如齊告糴、郊特牲謂諸侯之宮縣擊玉磬、諸侯之僭禮也。舜典云子擊石拊石、周禮疏引鄭註云、磬有大小、擊大石磬拊小石磬。禹貢云泗濱浮磬、通典云泗濱石可爲磬、近代出華原。

正義

大磬謂之毊毊形似犂錧以玉石爲之

磬者、說文云樂石也、从石殸、象縣虡之形、殳擊之也。古者毋句氏作磬。釋名云磬、磬也、其聲磬磬然堅緻也。白虎通云、磬者、夷則之器、象萬物之成也。其氣清故曰磬。樂記云石聲磬、磬皆以磬爲磬、磬有堅成之義也。說文磬古文作硁、論語鄙哉硁硁乎、疑即硁之或體耳。郭知磬玉石爲之者、詩那箋云磬玉磬也。通典云、泗濱石可爲磬、近代出自華原。大磬者、玉海載三禮圖舊圖引樂經云、黃鍾磬前長三律二尺七寸、後長二律一尺八寸。此謂特縣大磬配鎛鐘者也。爾雅大磬蓋即此謂之毊者。釋文引李巡云大磬聲清燥也、故曰毊。毊燥也。孫炎云毊喬也。喬、高也。謂其聲高也。按孫讀毊爲喬、釋文虛嬌反非、音喬是也。喬磬一聲之轉。郭云形似犂錧者、釋文江南人呼犂刃爲錧。說文瑁字解云似犂冠、繫傳云犂冠郎犂鑱也。廣韵鑱吳人云犂鐵、按今登萊人謂犂鐵爲鑱頭、形不似磬。磬之形則磬氏云倨句一矩有半是也。

義疏

大磬謂之毊李注、大磬聲清燥、故曰喬。喬、燥也。孫注、毊、喬也。喬、高也。謂其聲高也。郭注、毊形似犂錧、以玉石爲之。李讀喬爲槁。記、止如槀木、聲不掉也。樂經說此特縣、以配鏄鐘者。

集解

大磬謂之馨 說文磬、樂石也、从石殸、象縣虡之形、殳擊之也。古者毋句氏作磬。樂記云石聲磬。攷工記、磬氏為磬、倨句一矩有半、其博為一、股為二、鼓為三、參分其股博、去一以為鼓博、參分其股博以其一為之厚、已上則摩其旁、已下則摩其耑。白虎通云磬者夷則之氣、象萬物之成也、其氣磬、故曰磬。樂經、黄鐘磬前長三律二尺七寸、後長二律一尺八寸、此謂特縣、大磬配鏄鐘者。然則大磬謂黄鐘磬也。馨字本作喬、高而曲也。與墧通用。易文言確乎其不可拔、謂堅高也。周禮眡瞭頌磬笙磬、則以縣之東西而名、非別大小。

義證

大磬謂之馨 馨、虛驕反。

註 馨形似犂錧以玉石爲之 補正 邢疏、孫炎云馨喬也、喬高也。謂其聲高也。

郭注補正

大磬謂之馨 馨音囂 形似犂錧以玉石爲之

御覽五百七十六卷樂部引爾雅大磬謂之馨、郭璞曰、馨音囂以玉飾之。今本脫音囂二字、據補。初學記十六卷樂部引爾雅大磬謂之馨、郭璞曰磬形似犂琯、以玉石爲之。樹枏案、說文有琯無錧、錧字蓋出字林、釋文云錧本亦作貫同。

郭注佚存補訂

大磬謂之馨

說文云磬、樂石也、從石殸、象縣虡之形、殳擊之也。古者毋句氏作磬。商頌那依我磬聲、毛傳云磬聲之清者也、以象萬物之成。周尚臭、殷尚聲。鄭箋云磬、玉磬也。堂下諸縣與諸管、聲皆和平、不相奪倫、又與玉磬之聲相依、亦謂和平也。玉磬尊、故異言之。詩之言磬者、傳箋惟此有說。李巡云、大磬聲清燥也、故曰馨。馨、燥也。孫炎云馨、喬也。喬、高也、謂其聲高也。

說詩

大磬節疏釋名云磬罄也聲堅罄罄然 磬字監本誤。聲堅罄罄然、釋名作其聲罄罄然堅緻也。 已上則磨其旁已下則磨其耑 監本二磨字當依記文作摩。 自江而南呼犂刀為錧 刀誤刀。

注疏正字

馨 通作喬、孫炎云馨、喬也。

小箋

大磬謂之馨 案說文磬在石部、籀文省作殸。罄磬聲馨等字皆从殸聲、故說文無殸部。今殸下著喬而讀虛嬌反、則是从殸喬聲矣、此俗字之無理者也。玉篇則有殸部。

匡名

大磬謂之馨 說文磬、樂石也、从石殸、象縣虍之形、殳擊之也。古者毋句氏作磬。明堂位、叔之離磬。白虎通義、磬、夷則之气、象萬物之成也。郭註馨形似犂錧以玉石爲之。孫炎云馨、喬也。喬、高也。

謂其聲高可以章遠也。舜典予擊石拊石、鄭註、擊大石磬、拊小石磬。禹貢、泗濱浮磬。

啓蒙

毊 喬 釋文孫云毊喬也喬高也謂其聲高也下文巢孫亦云言其聲高玉篇竹部籅大笙有十九簧即此巢茲巢不从竹蓋古本如是則毊當亦不从殸。李巡注毊燥也則讀毊爲熇孫炎注讀爲喬郭璞音讀爲囂義並通。

黃侃評本正名

大磬謂之毊。李巡注毊燥也、則讀毊為熇、孫炎注讀為喬、郭璞音讀為囂、義並通。

黃侃音訓

釋樂大磬謂之毊、釋文引李巡云、大磬聲清燥也、故曰毊、毊燥也。邢疏引同。承珙案、李意似當讀毊爲燆。燆與槁同、莊子槁項黃馘、釋文槁本作燆。槁、乾也。義與燥近。說文燥、乾也。凡聲乾則清、故云聲清燥也。釋名磬、罄也、其聲罄罄然堅緻也。堅緻義亦與清燥爲近。

胡氏古義

大磬謂之毊、李云大磬聲清燥也、故曰毊。毊、燥也。孫云毊、喬也。喬、高也。謂其聲高也。楷案、孫說是也。毊之言喬、高大之稱也。釋詁喬、高也。釋山銳而高嶠。說文僑、高也。蹻、舉足行高也。大戴禮將軍文子篇其橋大人也、盧辨注橋、高也、高大之人也。莊子達生篇方虛憍而恃氣、釋文引司馬彪注憍、高仰頭也。史記仲尼弟子傳、顏高字子驕。是凡言喬者皆高大之義也。下文大管謂之簥、簥亦喬也。故舍人云大管聲高大故曰簥、簥者高也是也。大磬謂之毊、大管謂之簥、其義一也。鄭公孫僑字子產、產亦高大之義、故下又云大籥謂之產。

稗疏

大磬謂之毊○釋曰 注疏本刪。

磬樂器名也 元本閩本同。監本毛本磬誤毊。

已上則磨其旁 元本閩本監本同。毛本磨改摩、下同。

○注毊形至爲之○釋曰字林云 注疏本刪上八字。

校勘記

磬毊也聲堅毊毊然 明監本毛本湘本同。釋名毊俱作罄。案二字古通用。魯語室如懸罄、左傳作罄。說文云罄古文磬字。

故曰毊毊操也 明監本毛本湘本操均作燥、此誤。

注疏校勘札記

六行大磬謂之毊○《御覽》卷五百七十六引「郭璞曰：毊音囂。」今本注文無音。原本《玉篇》毊音渠驕反。

宋監本校箋

大磬謂之毊 毊形似犂錧、以玉石為之。毊音喬。

音圖·音

毊、虛嬌翻、音枵。沈約宋書樂志音囂、同。又音喬。

音略

大磬謂之毊 囂 喬

孫侶直音

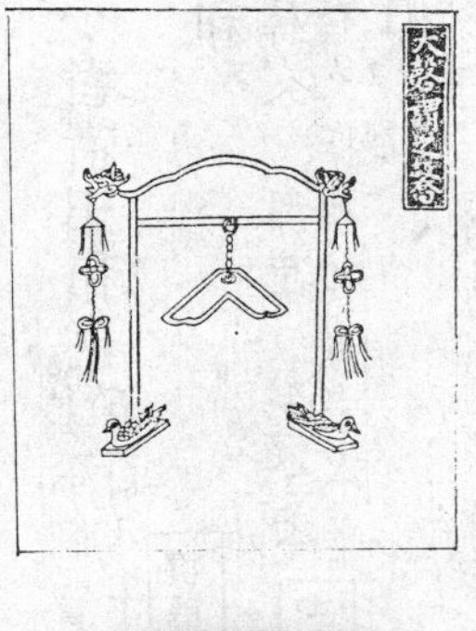

音圖·圖

大磬謂之毊 鴞 磬樂器以玉石爲之。

楊氏音訓

毊 囂

干氏音釋

大笙謂之巢、列管瓠中、施簧管端。大者十九簧。小者謂之和。十三簧者。鄉射記曰三笙一和而成聲。

郭注

大笙至之和　釋曰、世本云隨作笙。禮記曰女媧之笙簧。釋名曰、笙生也、象物貫地而生。說文云笙、正月之音、物生故謂之笙。有十三簧、象鳳之身、其大者名巢、巢高也、言其聲高。小者名和、李巡云小者聲少音出和也。孫炎云應和於笙。　注列管至九簧　釋曰、瓠匏也。以匏爲底、故八音謂笙爲匏。簧者、笙管之中金薄鐷也。笙管必有簧、故或謂笙爲簧。詩王風云左執簧是也。大者十九簧、以時驗而言也。　注十三至成聲　釋曰、云十三簧者、鄭司農注周禮亦云十三簧、相傳爲然。云鄉射記曰三笙一和而成聲者、彼鄭注云、三人吹笙、一人吹和是也。

邢疏

大笙謂之巢小者謂之和　已下釋樂

大笙音聲衆而高也、小者音相和也。御覽五百八十一

犍爲注

大笙謂之巢小者謂之和

小者聲少音相和也。釋文　邢疏

李注

大笙謂之巢小者謂之和

巢、仕交、莊交二反、又徂交反。巢、高也、言其聲高。和、應和於笙。釋文　邢疏引應和於笙　儀禮疏五引巢高大和小笙。

孫音注

大笙謂之巢　釋樂

巢、仕交、莊交二反。釋文

顧音

黃輯古義

大笙謂之巢小者謂之和

大笙音聲衆而高也、小者音相和也。太平御覽卷五百八十一

犍爲注

大笙謂之巢小者謂之和

小者聲少音出和也。釋文　邢疏　案今本釋文作相和。據宋本正。

李注

大笙謂之巢小者謂之和

巢高也。高其聲高。釋文　應和於笙。邢疏　巢高大。和、小笙。儀禮鄉射禮賈公彥疏

大笙謂之巢。仕交、莊交二反。釋文引孫顧　又徂交反。同上引孫

孫音注

大笙謂之巢。仕交、莊交二反。釋文引孫顧

顧音

玉函山房輯佚

大笙謂之巢小者謂之和

大笙音聲衆而高也、小者音相和也。舍人注　御覽五百八十一

巢高大。和、小笙。孫注　儀禮疏五

鈎沉

大笙謂之巢小者謂之和

舍人曰、大笙音聲衆而高也、小者音相和也。御覽五百八十一

孫曰、巢、仕交、莊交二反、又徂交反。巢、高也、言其聲高。和、應和於聲。儀禮疏五　釋文　邢疏

李曰、小者聲少音出和也。釋文　邢疏　出從宋本

漢注

大笙謂之巢

舍人云、大笙音聲衆而高也。太平御覽五百八十一卷　孫炎云、巢高大也。儀禮疏五卷　郭璞云、列管瓠中、施簧管端、大者十九簧。

小者謂之和

舍人云、小者聲相和也。太平御覽五百八十一卷　李巡云、小者聲相和少音也。孫炎云、應和於笙。並釋文二十九卷　郭璞云、十三簧者、鄉射記曰三笙一和而成聲。

一切注音

大笙謂之巢小者謂之和　舍人云、大笙音聲衆而高也、小者聲相和也。御覽五百八十一　李巡云、小者聲少音相和也　孫炎云、巢高大、並儀禮鄉射正義　應和於笙。孫仕交莊交二反。孫又徂交反、巢高也、言其聲高。並釋文　舊注云、和小笙。儀禮鄉射正義

古注斠

笙世本云隨作笙。巢孫顧並仕交莊交二反。孫又徂交反。巢、高也、言其聲高。瓠胡故反。簧音黃。和胡戈反、下同。李云、小者聲少音相和也。郭引儀禮云、三笙一和而成聲。鄭注云、三人吹笙一人吹和。又胡卧反。孫云應和於笙。

陸音義

大笙謂之巢

積累成生、大者之事。

小者謂之和

和小君之事。

新義

大笙謂之巢小者謂之和　笙、斬匏爲底、其中列管、施簧於管端、故謂笙爲匏、亦謂之簧也。大者十九簧、小者十三簧。簧、管中之金薄鐷也。

鄭樵注

大笙謂之巢巢、孫仕交莊交徂交三反。

舍人曰、大笙音聲衆而高也。

孫炎曰、巢高大。

郭璞曰、列管瓠中、施簧管端、大者十九簧。

小者謂之和

舍人曰、小者聲相和也。

李巡曰、小者聲少音相和也。

孫炎曰、應和於笙。又按儀禮鄉射記疏引孫氏注云和小笙。此從釋文所改。

郭璞曰、十三簧者、鄉射記曰三笙一和而成聲。

鄭樵曰、笙、斬匏爲底、其中列管、施簧於管端、故謂笙爲匏、亦謂之簧也。大者十九簧、小者十三簧。簧、管中之金薄鐷也。總釋上句。

古注合存

大笙謂之巢　註　列管瓠中施簧管端大者十九簧小者謂之和　註　十三簧者鄉射記曰三笙一和而成聲　正義　明堂位云、女媧之笙簧。白虎通義云、笙者太蔟之氣、象萬物之生、故曰笙。說文云、笙、十三簧、象鳳之身也。笙、正月之音、物生故謂之笙。大者謂之巢、小者謂之和。古者隨作笙。釋名云、笙、生也、象物貫地而生也。太平御覽引舍人云、大笙音聲衆而高也、小者聲相和也。儀禮疏引孫炎云、巢高大也。釋文引李巡云、小者聲少音相和也。孫炎云應和於笙。註　列管至九簧。○　正義　白虎通義云、匏之爲言施也、牙也、在十二月、萬物始施而牙。風俗通義云、世本女媧作簧。簧、笙中簧也。詩云吹笙鼓簧、承筐是將。孔疏云、瓠、匏也。以匏爲底、故八音謂笙爲匏。簧者笙管之中金薄鐷也。笙管必有簧、故或謂笙爲簧。王風君子陽陽云左執簧、是也。通典云大笙十九簧、蓋本郭註。○　十三至成聲。○　正義　鄭司農云、笙十三簧者、是郭註本於舊說也。凮俗通義云長四寸、十二簧、未聞其審。鄉射禮記云三笙一和而成聲、鄭註三人吹笙、一人吹和。是和爲笙之小者也。

正義

大笙謂之巢列管匏中施簧管端大者十九簧　小者謂之和十三簧者鄉射記曰

三笙一和而成聲。

笙者、說文云、十三簧、象鳳之身也。笙、正月之音、物生、故謂之笙。大者謂之巢、小者謂之和。古者隨作笙。又簧云、笙中簧也。古者女媧作簧。釋名云、笙、生也。竹之貫匏、象物貫地而生也。以匏爲之、故曰匏也。按匏卽笙、或單言簧、亦卽笙。故詩左執簧、毛傳以簧爲笙。正義曰、簧者、笙管之中金薄鐷也。郭云十九簧者、未見所出。云十三簧者、本笙師注鄭衆說也。風俗通云、長四尺、十三簧、象鳳之身。孟子疏引禮圖云、笙長四尺、諸管參差、亦如鳥翼、皆其形狀也。謂之巢與和者、御覽五百八十一引舍人云、大笙音聲衆而高也。小者音相和也。釋文引孫炎云、巢、高也。言其聲高。和、應和於笙。李巡云、小者聲少、音出和也。郭引鄉射記文、鄭注、三人吹笙、一人吹和、是也。釋文、巢、孫顧竝仕交、莊交二反、孫又徂交反。今按巢讀若繅、與笙雙聲。和與小鼓名應義同。

義疏

大笙謂之巢小者謂之和

簧

舍人注、大笙音聲衆而高也。小者音相和也。李注、小者聲少、音出和也。孫注、巢、高也、言其聲高。和、應和於笙。郭注、列管匏中、施簧管端。大者十九簧、和十三簧者。鄉射記曰、三笙一和而成聲。劉熙說、笙、生也。竹之貫匏、象物貫地而生。說文、簧、笙中簧也。古者女媧作簧。孔穎達說、簧爲金薄鐷。詩左執簧、無有知爲和者。說文亦云、笙十三簧。豈女媧以前笙無簧乎。今以禮定詩、詩之簧卽禮之和、簧和皆笙名、非金葉也。十三管亦不得云十三簧。簧當云中笙。對此大小而有中、其實簧卽和、對巢而小耳。記垂之和、女媧之簧、與笙爲三。此中笙巢所由名。他無見焉。巢、蔟也。笙、正月之音。此蓋聲轉。律有大蔟、大蔟孟春律、足以證之。

集解

大笙謂之巢小者謂之和

說文、笙十三簧、象鳳之身也。笙、正月之音、物生、故謂之笙。古者隨作笙。簧、笙中簧也。古者女媧作簧。釋名、笙、生也。竹之貫匏、象物貫地而生也。以匏爲之、故曰匏也。詩左執簧、又吹笙鼓簧、毛傳均以爲笙。明堂位、垂之和鐘、女媧之笙簧。則笙有大中小之別、簧爲中笙名耳。許慎謂爲笙中、蓋倒語也。鄉射記三笙一和而成聲、不言及簧、因簧可通偁和也。詩所以或單言簧、禮所以或僅言笙和也。孔穎達以簧爲金薄鐷、致後世有簧爲一種金屬彈挂帶之誤、不知詩簧卽禮和之說也。鳥在木上曰巢、與蔟通用。呂覽求人周唯巢于林、注、巢、蔟也、是也。孟春律中大蔟、笙爲正月之音、故名曰巢。或者取高義、與和相應也。謂應和於笙。論語而後和之、卽此小笙、所以合歌。周禮笙師共其鐘笙之樂、鄭注、謂與鐘聲相應之笙、亦卽和也。

義證

大笙謂之巢

註列管瓠中施簧管端大者十九簧補正邢疏、說文云、笙、正月之音、物生、故謂之笙。有十三簧、象鳳之身、其大者名巢。巢、高也、言其聲高。八音爲笙、爲匏。簧者、笙管之中金薄鐷也。笙管必有簧、故或謂笙爲簧。

小者謂之和

註十三簧者。鄉射記曰、三笙一和而成聲。補正邢疏、李巡云、小者聲少、音相和也。孫炎云、應和於笙。

郭注補正

大笙謂之巢　注大者十九簧

小者謂之和　注十三簧者

正曰、周禮春官笙師鄭注、鄭司農云、笙十三簧。儀禮鄉射記三笙一和、鄭注爾雅曰、笙小者謂之和。說文竹部、笙十三簧、大者謂之巢、小者謂之和。許鄭皆用爾雅文而不言簧有異數則凡大者名巢、小者名和皆十三簧也。宋陳暘樂書一百二十三、阮逸謂竽笙起第四管爲黄鍾巢笙起中音管爲黄鍾和笙起平調爲黄鍾各十九簧。阮逸變古制竽三十六簧笙十三簧爲各十九簧則凡竽與笙之名巢名和者皆十九簧也。郭注用阮説十九簧以釋巢又用許鄭舊説十三簧已釋和、襍亂極矣。

正郭

大笙謂之巢

列管瓠中施簧管端大者十九簧

文選笙賦注引爾雅郭璞注作列管匏中。

郭注佚存補訂

大笙謂之巢小者謂之和

説文云笙十三簧象鳳之身也。簧正月之音物生、故謂之笙。大者謂之巢小者謂之和古者隨作笙。舍人云大笙音聲衆而高也小者聲相和也。孫炎云巢高也大也言其聲高。和應和於笙。李巡云小者笙少音相和也。郭注云列管匏中施簧管端大者十九簧。十三簧者鄉射記曰三笙一和而成聲。小雅鹿鳴吹笙鼓簧毛傳云簧笙也。秦風車鄰並坐鼓簧、王風君子陽陽左執簧傳並云簧笙也。正義云簧者笙管之中金薄鍱也。春官笙師注鄭司農云笙十三簧笙必有簧故以簧表笙。傳以笙簧一器、故云簧笙也。

説詩

大笙節疏故八音謂笙爲匏（謂、毛本誤爲。）

注疏正字

大笙謂之巢　説文同。文選注十八引爾雅大笙謂之簧。案説文訓簧爲笙中簧非器名也。攷詩王風君子陽陽左執簧、又秦風車鄰吹笙鼓簧、毛傳皆曰簧笙也。則選注所引未必非爾雅古本也。又案月令調竽笙箎簧明列爲四。

小者謂之和　説文龠部龢、調也从龠禾聲。讀與和同。經典相承用和。　儀禮注引鄉射禮。

匡名

大笙謂之巢小者謂之和　説文笙十三簧象鳳之身也。笙正月之音物生故謂之笙。引爾雅文古者隨作笙。郭註列管瓠中施簧管端大者十九簧。明堂位女媧氏之笙簧。白虎通義笙太簇之气象萬物之生也。巢鳥在木上曰巢在穴曰窠从木象形。孫炎云巢高大也。郭註十三簧者引鄉射記三笙一和而成聲。又應和於笙。釋文小者聲少音相和也。

啓蒙

大笙謂之巢。列管匏中施簧、管端大者十九簧。　釋文引孫炎云、巢高也案小爾雅巢高也、此孫注所本。説文巢、樔、轈并有高義、連言之曰嶕巢、嘷嘈、啣嘈、吺嘮。又與焦音近、説文焦、嶢、山高貌字又作嶕嶢。單言曰譙、莊子徐無鬼注麗譙、高樓也、譙即樔之叚借、趙充國傳為塹壘木樵、注樵、與譙同、此皆一義。　文選笙賦注引爾雅大笙謂之簧，與毛傳合，說文訓簧爲笙中簧，或即以目笙，故月令調竽笙篪簧，亦以簧與笙並言，則爾雅一本作謂之簧亦不誤。

黃侃音訓

大笙至之和〇釋曰 注疏本刪。

有十三簧 注疏本脫十。

其大者名巢 據釋文此下當有孫炎云三字。

〇注列管至九簧〇釋曰瓠匏也 注疏本刪上八字。

以匏爲底 注疏本底作庢。

〇注十三至成聲〇釋曰云十三簧者 注疏本刪上八字。

鄭司農注周禮亦云十三簧 注疏本同，此亦字係剜擠。

云鄉射記曰 元本同，閩本監本毛本云改注。

校勘記

施簧 十九簧 十行本並作黃。

三簧一和 雪牕本二和。

校勘記訂補

小者謂之和疏十三簧象鳳之身。今本十誤作有。

注疏本正誤

笙生也象物貫地而生 案，生也下釋名有竹之貫匏四字，此疑所引之脫也。

三簧一和而成聲 明監本同，永懷堂本毛本湘本簧作笙，是此誤。

注疏校勘札記

七行(注)列管匏中〇「匏」，《文選·笙賦》注引作「匏」。案「匏」「匏」義同。《廣雅·釋樂》云：「笙以匏爲之。」

宋監本校箋

巢，孫顧竝仕交 巢本音 牀母 莊交 讀近 照母 二翻。孫又徂交翻。 讀近 樵 從母 案巢字本音當依牀母讀。孫氏於東漢末造翻切，已分仕交徂交兩音，可知沈約吳音未始無本，況孫氏北人 青州樂安人 其音亦復如此，可知吳音亦有所本，不盡囿於方言也。

音略

大笙謂之巢。小者謂之和 禾去聲

孫品直音

笙列管瓠中，施簧管端，大者十九簧，小者十三簧。

大笙謂之巢，小者謂之和。

楊氏音訓

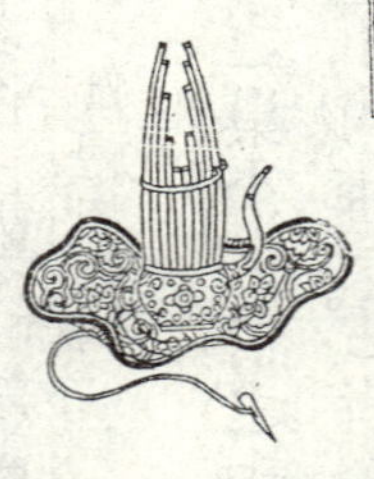

大笙謂之巢

小者謂之和

音圖·圖

大篪謂之沂

大篪謂之沂。篪以竹爲之，長尺四寸，圍三寸，一孔上出寸三分，名翹，橫吹之。小者尺二寸，廣雅云八孔。

郭注

大篪謂之沂 釋曰：李巡曰：大篪其聲非一也。孫炎曰：篪聲悲。沂，悲也。釋名曰：篪，啼也，聲如嬰兒啼。郭云篪以竹爲之，長尺四寸，圍三寸，一孔上出寸三分，名翹，橫吹之。小者尺二寸，廣雅云八孔。鄭司農注周禮云篪七空，蓋不數其上出者，故七也。

邢疏

大篪謂之沂

大篪其聲悲、沂、鏘然也。詩云仲氏吹篪也。御覽五百八十

犍爲注

大篪謂之沂

篪聲悲。沂、悲也。釋文引李孫云大篪其聲非一也。詩正義十二之三　邢疏　案非一卽悲字之誤。

李注

大篪謂之沂

篪聲悲。沂、悲也。詩正義十二之三　邢疏　釋文引作李孫云

孫音注

大篪謂之沂

沂、魚斤反、又魚靳反。釋文

郭音義

黃輯古義

大篪謂之沂

大篪其聲悲沂、鏘然也。詩云仲氏吹篪也。太平御覽卷五百八十

犍爲注

大篪謂之沂

大篪其聲非一也。邢疏　詩小雅何人斯正義　臧氏鏞曰、非一恐是悲字之誤。按釋文引李孫可証。篪聲悲。沂、悲也。詩正義引李孫　釋文引李孫　案邢疏引大篪其聲非一卽其聲悲之誤、以兩引互異、故並錄之。

李注

大篪謂之沂

篪聲悲。沂、悲也。邢疏　詩小雅何人斯正義　釋文引李孫

孫音注

大篪謂之沂、魚斤反、又魚靳反。

郭音義

玉函山房輯佚

大篪謂之沂

大篪其聲悲。沂、鏘然也。詩云仲氏吹篪也。舍人注　御覽五百八十

篪聲悲。沂、悲也。李注　釋文二十九

鈎沉

大篪謂之沂

舍人曰、大篪其聲悲。沂、鏘然也。詩云仲氏吹篪也。御覽五百八十

李曰、大篪其聲非一也。詩正義十二之三　段云非一恐卽悲字之誤。邢疏

孫曰、篪聲悲。沂、悲也。詩正義十二之三　邢疏　釋文引作李孫云

漢注

大篪謂之沂

舍人云、大篪其聲悲。沂、鏘然也。詩曰仲氏吹篪也。太平御覽五百八十卷

李巡云、大篪其聲非一也。詩正義十二之三卷　通鑑一百六十七卷音註

孫炎云、篪聲悲。沂、悲也。釋文二十九卷

郭璞云、篪以竹爲之、長尺四寸、圍三寸、一孔上出、一寸三分、一名翹、橫吹之。小者尺二寸。廣雅云八孔。一名翹、舊本俱脫去一字。詩正義通鑑音註引並脫去名翹字。茲依宋書樂志文增。

一切注音

大篪謂之沂　舍人云、大篪其聲悲。沂、鏘然也。詩何人斯正義　舍人云詩云仲氏吹篪也。御覽百八十　李孫云、篪聲悲。沂、悲也。郭音魚斤反、又魚新反。並釋文

古注斠

大篪謂之沂　李巡曰大篪其聲非一也。詩正義十二之三

按釋文引李孫云篪聲悲乃約文非一二字乃悲字之壞文。古注斠補

篪字又作鹹同。直知反。管有七孔。世本云蘇辛公所作、長一尺二寸。沂郭魚斤反、又魚靳反。李孫云篪聲悲、沂悲也。或作齗、又作筋音宜肌反。翹巨遙反。陸音義

篪字又作鹹、世本云蘇成公所作〇說文鹹爲正體、重文作篪。蘇成公作篪、暴辛公作壎。古史考以世本爲謬。高誘注淮南精神訓蘇謚信、暴謚桓又不同。音義攷證

大篪謂之沂

和人而已而有界、辨大者也。新義

大篪謂之沂郭云篪以竹爲之、長尺四寸、圍三寸、一孔上出、寸三分、名翹、橫吹之。小者尺二寸、廣雅云八孔。沂音銀。鄭樵注

大篪謂之沂沂、郭魚斤反。

舍人曰、大篪其聲悲。沂、鏘然也。詩云仲氏吹篪也。

李巡曰、大篪其聲非一也。此見邢疏及通鑑注、據釋文則李注與孫炎同也。

孫炎曰、篪聲悲。沂、悲也。

郭璞曰、篪以竹爲之、長尺四寸、圍三寸、一孔上出、寸三分、名翹、橫吹之。小者尺二寸、廣雅云八孔。

鄭樵曰、郭云篪以竹爲之、長尺四寸、圍三寸、一孔上出、寸三分、名翹、橫吹之。小者尺二寸、廣雅云八孔。沂音銀。古注合存

孫炎注釋樂一篇最爲穿鑿、至於從舍人訓沂爲悲說見御覽尤謬。補注

大篪謂之沂註篪以竹爲之長尺四寸圍三寸一孔上出寸三分一名翹橫吹之小者尺二寸廣雅云八孔

正義釋名云篪、啼也、聲從孔出如嬰兒啼聲也。太平御覽引舍人云、大篪其聲悲。沂、鏘然也。詩云仲氏吹篪也。通鑑註引李巡云、大篪其聲非一也。釋文引孫炎云、篪聲悲。沂、悲也。註篪以至三分。正義說文云鹹、管樂也。或作篪。史記索隱云七孔、一孔上出、今之橫笛是也。廣雅云、篪以竹爲之、長尺四寸、八孔、一孔上出、寸三分。郭註本廣雅。○一名翹、橫吹之。○諸本俱作名翹、橫吹之之義不可曉。通鑑註引郭註刪名翹二字。唯宋書樂志作沂一名翹、蓋諸本脫去一字也。通典作名曰翹、是翹爲沂之別名。○小者至八孔。○三禮圖引舊圖云、雅篪長尺四寸、頌篪長尺二寸。是小者頌篪也。鄭司農註笙師云、篪七空。賈疏據廣雅疑爲寫者之誤、然通典引蔡邕月令章句亦作七孔。顏師古漢書註云、篪七孔、蓋不數其上出者、則爲七孔、與廣雅義相通也。史記索隱作六空、禮圖以爲九孔、風俗通義又云十孔、長尺一寸、則別有所見爾。正義

大篪謂之沂注、一孔上出、寸三分。詩何人疏引此註作徑三分。校議

大篪謂之沂篪以竹爲之長尺四寸圍三寸一孔上出一寸三分名翹橫吹之小者尺二寸廣雅云八孔

篪者、說文作鹹、云管樂也、或从竹作篪。釋名云篪、嗁也、聲從孔出如嬰兒嗁聲也。大篪者、郭據廣雅長尺四寸、又云尺二寸者、三禮圖引舊圖云雅篪長尺四寸、頌篪長尺二寸。是大篪即雅篪也、小篪即頌篪也。郭又云名翹橫吹之者、通典引蔡邕月令章句云、篪六孔、有距、橫吹之。通典云今橫笛加觜者謂之義觜、篪之遺象也。御覽引世本注云、篪吹孔有觜如酸棗。然則或言觜或言距、或言翹、皆指吹孔之上出者而言也。至其孔數、廣雅云八孔、笙師注云七孔、月令章句作六孔、禮圖作九孔、風俗通又云十孔、不同者、或器有大小、亦或所傳之異也。謂之沂者、御覽五百八十引舍人曰、大篪其聲悲、沂、鏘然也。釋文引李孫云、篪聲悲、沂、悲也。是諸家竝以悲訓沂、知沂讀魚衣切、與篪疊韵、此古音也。釋文郭魚斤反、非矣。義疏

大篪謂之沂舍人注、大篪其聲悲。沂、鏘然也。李注、篪聲悲。沂、悲也。孫注同。郭注、篪以竹爲之、長尺四寸、圍三寸、一孔上出、一寸三分、名翹、横吹之。小者尺二寸、廣雅云八孔。 篪从虒。劉熙云、嗁也。上云祈、叫也。皆狀其聲。

集解

大篪謂之沂說文䶵、管樂也、从龠虒聲。或作篪。史記索隱七孔、一孔上出、今之横笛是也。廣雅、篪以竹爲之、長尺四寸、八孔、一孔上出寸三分。呂覽注、篪以竹、大二寸、長尺二寸、七孔、一孔上伏、横吹之。釋名、篪、啼也。聲從孔出、如嬰兒啼也。三禮圖、雅篪長尺四寸、頌篪長尺二寸。則大篪者、謂長尺四寸而有八孔之篪也。沂即祈、上經云、叫也、狀篪之聲。詩、伯氏吹壎、仲氏吹篪。則壎篪宜合作、而不宜獨奏。

義證

大篪謂之沂

[註]篪以竹爲之長尺四寸圍三寸一孔上出寸三分名翹横吹之小者尺二寸廣雅云八孔[補正]邢疏、李巡曰、大篪其聲非一也。孫炎曰、篪聲悲。沂、悲也。釋名曰、篪、啼也、聲如嬰兒啼。鄭司農註周禮云篪七孔、空盖不數其上出者、故七也。

郭注補正

大篪謂之沂

篪以竹爲之長尺四寸圍三寸一孔上出一寸三分一名翹横吹之小者尺二寸廣雅云八孔

文選笙賦注引郭璞注作䶵竹爲也。御覽樂部引作長一尺四寸、唐殘本玉篇龠部引同。笙賦注玉篇通典御覽俱引作寸三分、無一字。疑一字在今本尺四寸之上、誤移於此。郭此注全本廣雅。周官笙師疏引廣雅云、篪以竹爲之、長尺四寸、八孔一孔上出、寸三分。 邵晉涵云、諸本俱作名翹、義不可曉。通鑑注引郭刪名翹二字、唯宋書樂志作沂一名翹、蓋諸本脫去一字也。通典作名曰翹。今據補一字。

郭注佚存補訂

大篪節疏一孔上出寸三分名翹字。脫名

注疏正字

沂

釋文、孫云篪聲悲。沂、悲也。沂訓爲悲、于義無證。又云或作齗、又作䉨、皆非古字。子謂說文斲、悲聲也。沂乃誓之通叚字。

小箋

大篪謂之沂 釋文云篪字又作䶵。文選注十八引作䶵。案說文龠部䶵、管樂也。七孔。大徐本脫二字从龠虒聲。或从竹作篪。 又云沂、或作齗、又作䉨。文選注引作齗。案說文無齗䉨二字。 篪从虒。禮記从也。係別體。石經單疏本雪窗本皆从虎、譌體。

匡名

大篪謂之沂音銀 說文䶵、管樂也、或作篪。廣雅、長尺四寸、八孔、一孔上出寸三分。郭註、長尺四寸、圍三寸、一孔上出寸三分、一名翹、横吹之、小者尺二寸。小雅、伸氏吹篪。孫炎云、篪聲悲。沂、悲也。宋書樂志作沂一名翹。是翹爲沂別名。

啓蒙

大篪謂之沂、釋文引李孫云、篪聲悲。沂、悲也。太平御覽引舍人云、大篪其聲悲、沂、鏘然也。承珙案、沂當爲頎。禮記檀弓頎乎其至也。釋文頎音懇。惻隱之貌。又音畿。正義亦云頎惻隱貌也。惻隱與悲義亦相同。廣雅云惻悲也。

胡氏古義

大篪謂之沂 釋樂

樾謹按、沂誤字也。釋文引孫炎曰、篪聲悲。沂、悲也。太平御覽卷五百八十引舍人曰、大篪其聲悲。沂、鏘然也。夫沂與悲義了不相涉、若果是沂字、則古人必不作是解矣。沂當作𧫒。說文言部𧫒、悲聲也。舍人注云其聲悲𧫒、孫炎注云𧫒悲也、皆與字義合。今作沂者、疑別本或叚澌爲𧫒、其字闕壞、遂成沂矣。釋名釋樂器曰篪、啼也。聲從孔出、如嬰兒啼聲也。是篪之名義本取諸啼、故亦謂之𧫒。𧫒與啼義相近。下文大塤謂之嘂、詩何人斯篇正義引孫炎曰、音大如叫呼也。然則大篪謂之𧫒、大塤謂之嘂、皆象其聲而名之。釋名曰塤、喧也。聲濁喧喧然也。𧫒與啼同、嘂與喧同、爾雅與釋名其義通矣。

平議

大篪謂之沂

篪當爲𪛉、說文𪛉、管樂也。沂當爲齗、釋文或作齗、廣均大𪛉也。古玉篇引作大𪛉謂之齗。𪛉卽𪛉異體。以孫注舍人注悲沂釋之、則沂、說文水也。當依俞氏樾說作𧫒。說文𧫒、悲聲也。是已。古玉篇引注長尺作長一尺、無名翹二字、二寸下多也字、末無廣雅云八孔五字、餘同。

王仁俊日記

大篪謂之沂、舍人云大篪其聲悲沂鏘然也。李孫云、篪聲悲。沂、悲也。俞樾云、沂與悲義不涉、沂當作𧫒。說文𧫒、悲聲也。舍人注云其聲悲𧫒、孫炎注云𧫒悲也、皆與字義合。今作沂者、疑別本或叚澌爲𧫒、其字闕壞、遂成沂矣。楷案、舍人等解沂爲悲者、蓋讀沂爲欷耳。廣雅欷悲也。沂之讀爲欷、猶說文昕之讀若希。古文微二部之字每相通轉。鄭注記樂記訢讀爲熹。成十三年左傳公子欣時、公羊傳作熹時、說文艱籀文作囏、皆其理。釋名篪、啼也。聲從孔出如嬰兒啼聲也。是篪之名本取義於啼、啼與悲義近、故其大者名沂也。俞說失之。

稗疏

大篪謂之沂 唐石經單疏本雪牕本同。釋文注疏本篪作箎、注及疏準此。按篪是也。从竹虒聲。作箎非。

工出一寸三分 雪牕本同。單疏本注疏本無一字。

大篪謂之沂〇釋曰 注疏本刪。

大篪其聲非一也 按釋文引李孫云篪聲悲、沂悲也。此非一兩字卽悲之誤分。

名翹橫吹之 注疏本脫名。

校勘記

大篪謂之沂、注一名翹橫吹之。今本名上誤脫一字。按宋書樂志、爾雅曰、篪大者尺四寸、圍三寸曰沂。沂音銀。一名翹、小者尺二寸。據此則注有一字矣。疏作翹橫吹之、是所見亦誤本。又按志所引雜注、非爾雅正文。

注疏本正誤

上出一寸三分 明監本毛本湘本無一字。

注疏校勘札記

八行大篪謂之沂○「篪」，《釋文》作「箎」，是也。《釋文》云：「箎，字又作鷈，沂，或作齗。」原本《玉篇》龠部「齗」下引此文作「大鷈謂之齗」，與《釋文》所說別本同。

(注)篪以竹為之長尺四寸圍三寸一孔上出寸三分名翹橫吹之小者尺二寸○原本《玉篇》「齗」下引作「齗以竹為之，長一尺四寸，圍三寸，一孔上出，寸三分，橫吹之。小者尺二寸也。」「長」下有「一」字，無「名翹」二字。邵氏《正義》云：「諸本均作名翹，橫吹之，義不可曉。《通鑑註》引郭註刪名翹二字，唯《宋書．樂志》作：沂一名翹，蓋諸本脫去一字也。《通典》作：名曰翹，是翹為沂之別名。」案邵說非是。翹乃高出之義，謂上出之吹孔，非「沂一名翹」也。詳王氏《廣雅疏證》及郝氏《義疏》。王樹枏於「名翹」上補「一」字，亦為《宋書．樂志》所誤。

宋監本校箋

大篪音池謂之沂篪以竹為之、長尺四寸、圍三寸、一孔上出、一寸三分名翹。橫吹之。小者尺二寸。廣雅云八孔。沂音銀

音圖・音

沂、郭魚斤翻、音銀、又魚靳翻。憖音問韻又作竾、宜肌翻。沂音支韻陳氏樂書云、先儒言篪有六孔、史記索隱七孔、周禮注八孔、廣雅十孔、風俗通之說、豈其大小異制耶。

略音

大篪馳謂之沂銀。

孫侶直音

大篪池謂之沂銀篪以竹為之長尺四寸圍三寸一孔上出寸三分名翹橫吹之小者尺二寸。

楊氏音訓

篪馳沂銀

干氏音釋

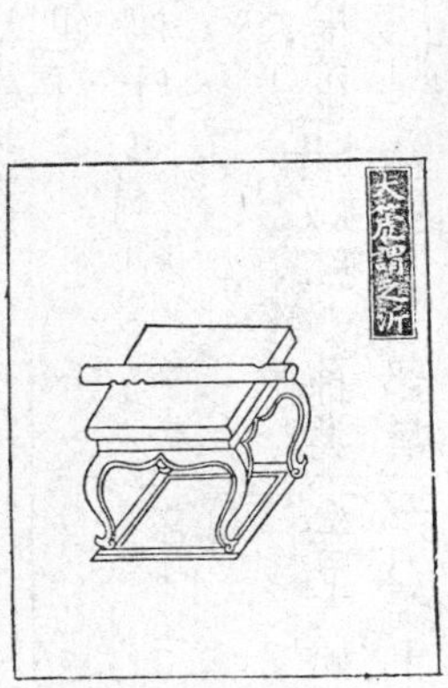

音圖・圖

大塤謂之嘂

大塤謂之嘂。塤、燒土爲之、大如鵝子、銳上平底、形如稱錘、六孔。小者如雞子。

郭注

大塤謂之嘂 釋曰、說文云、壎、樂器名、從土熏聲。塤壎古今字。釋名云、塤、喧也、聲濁喧喧然。大塤名嘂、孫炎曰、音大如叫呼聲。郭云、塤燒土爲之、大如鵝子、銳上平底、形如稱錘、六孔、小者如雞子。周禮小師注云、塤燒土爲之、大如鴈卵。鄭司農亦云六孔。是相傳爲然也。世本云、暴辛公作塤、蘇成公作篪。譙周古史云、古有塤篪、尚矣、周幽王時暴辛公善塤、蘇成公善篪、記者因以爲作、謬矣。世本之謬、信如周言。其云蘇公暴公所善、亦未知所出。蓋以詩小雅云伯氏吹壎、仲氏吹篪、蘇公刺暴公也、故致斯謬。

邢疏

大塤謂之嘂 釋文：嘂本或作叫字，同。居弔反。

叫，大壎也。釋文

李注

大塤謂之嘂 案釋文、詩正義引孫嘂作叫。

音大如叫呼也。詩正義十二之三 案邢疏也作聲。 韻會十三元

孫音注

大塤謂之嘂

大壎謂之嘂，即塤也。銳上平底，形象秤錘，大者如鵝子，聲合黃鍾大呂也。小者如雞子，聲合太簇夾鍾也。皆六孔，與篪聲諧，故曰塤篪相應。御覽五百八十一引爾雅 案大壎謂之嘂下脫郭璞曰三字，此與今本郭注不同，疑是音義之文。

郭音義

大塤謂之嘂

塤壎銳上平底，形象秤錘，大者如鵞子，聲合黃鍾大呂也。小者如雞子，聲合大簇夾鍾也。皆六孔，與篪聲相諧，故曰壎篪相應。御覽五百八十一

衆家注

黃輯古義

大塤謂之嘂

塤壎銳上平底，形象秤錘，大者如鵞子，聲合黃鐘大呂也。小者如雞子，聲合大簇夾鍾也。皆六孔，與篪聲相諧，故曰壎篪相應。太平御覽卷五百八十一 案御覽但引爾雅，曰不詳誰氏。臧氏鏞曰：今以其中謂之仲注考之，則此亦舍人義也。據補。

犍爲注

大壎謂之嘂 釋文：塤本或作壎，引李正作壎。

嘂，大壎也。釋文

李注

大塤謂之叫 釋文：嘂本或作叫。邢疏 詩正義引孫炎正義作叫。

音大如叫呼聲。邢疏 詩小雅何人斯正義聲作也。

孫音注

玉函山房輯佚

大塤謂之嘂 案釋文、詩正義引李孫嘂作叫。

注曰：塤壎銳上平底，形象秤錘，大者如鵞子，聲合黃鍾大呂也。小者如雞子，聲合大簇夾鍾也。皆六孔，與篪聲相諧，故曰壎篪相應。御覽五百八十一 案御覽但引爾雅，曰不詳誰氏。今以其中謂之仲注考之，則此亦舍人義也。

李曰：叫，大壎也。釋文

孫曰：音大如叫呼也。詩正義十二之三 案邢疏也作聲。

漢注

大塤謂之嘂

李巡云：嘂，大壎也。釋文二十九卷 孫炎云：音大如叫呼也。詩正義十二之三卷、通鑑一百六十七卷音註 郭璞云：塤，燒土爲之，大如鵝子，銳上平底，形如稱錘，六孔。小者如雞子。

一切注音

大壎謂之嘂　舍人云：壎大者如鵞子，聲合黃鐘。小者如雞子，聲合大簇夾鐘。御覽 李巡云：叫，大壎也。釋文 孫炎曰：音大如叫呼也。詩何人斯正義

蕙心案：李、孫注字皆作叫，嘂叫音義同。

古注斠

塤本或作壎字、同。許袁反。說文云壎、樂器名、從土熏聲。釋名云塤、喧也、聲濁喧喧然。案世本云暴辛公所作也、圍五寸半、長三寸半、六孔也。嘂本或作叫字、同。居弔反。李云大壎也。鵞如字。銳余祭反。似稱尺證反。鍾直危直僞二反。廣雅云鍾謂之權。

陸音義

似稱○邢本作如秤。秤字俗。

音義攷證

大塤謂之嘂

塤叩也。若簫雖言猶靜。王文公曰、口一則衆聽而靜、口不一則爲叩矣。若嘂、又不一。

新義

大塤謂之嘂 塤亦作壎、音喧。燒土爲之、大如鵝子、銳上平底、形如稱錘、六孔、小者如雞子。

鄭樵注

大塤謂之嘂 塤、諸本或作壎。嘂亦作叫。

舍人曰、塤大者如鵞子、聲合黃鍾。小者如雞子、聲合太蔟夾鍾。此見太平御覽。又唐類函引爾雅注云、塤銳上平底、形象鍾、大者如鵞子、聲合黃鍾大呂也。小者如雞子、聲合太蔟夾鍾也。皆六孔、與篪聲相諧、故曰塤篪相應。較此所引尤詳。

李巡曰、嘂、大壎也。

孫炎曰、音大如叫呼聲。

郭璞曰、塤燒土爲之、大如鵝子、銳上平底、形如稱錘、六孔、小者如雞子。

鄭樵曰、塤亦作壎、音喧。燒土爲之、大如鵞子、銳上平底、形如稱錘、六孔、小者如雞子。

古注合存

大塤謂之嚚 註 塤燒土爲之大如鵝子銳上平底形如稱錘六孔小者如雞子 正義 白虎通義云、壎在十一月、陽氣於黃泉之下熏烝而萌。唐書樂志云、壎、曛也、立秋之音、萬物將曛黃也。說文云壎、樂器也、以土爲之、六孔。釋名云塤、喧也、聲濁喧喧然也。塤之大者名器、說文引云器、高也。通鑑註引孫炎云、聲大如叫呼也。釋文引李巡云、器、大壎也。言其聲之大也。註塤燒至雞子。○正義 後鄭註小師云、塤燒土爲之、大如鴈卵。鄭司農云六孔。風俗通義云、詩云、天之誘民、如塤如篪。塤、燒土也。圍五寸半、長三寸半、有四孔、其二通、凡爲六孔。史記索隱云、壎以土爲之、大如鵝子、形似錘、吹之爲聲。太平御覽引舍人云、塤大者如鵞子、聲合黃鍾、小者如鷄子、聲合太蔟夾鍾。風俗通引世本、暴辛公作塤、蘇成公作篪。詩疏云、譙周古史考云、古有塤篪、尚矣、周幽王時暴辛公善塤、蘇成公善篪、記者因以爲作、謬矣。世本之謬、信如周言。其云蘇公暴公所善、亦未知所出、蓋以小雅云伯氏吹壎、仲氏吹篪、蘇公刺暴公也、故致此謬。荀子樂論云塤篪翁博、指塤篪之大者而言。

正義

大塤註塤燒土爲之　御覽卷五百八十引郭註云、卽壎也、燒土爲之、銳上平底、形象錘、平大者如鵞子、聲合黃鐘大呂也。小者如鷄子、聲合太蔟夾鐘也。皆六孔、與篪聲相諧、故曰壎篪相應。

校議

大塤謂之嘂 塤燒土爲之大如鵝子銳上平底形如稱錘六孔小者如雞子 塤者、說文作壎、云樂器也、以土爲之、六孔。周禮小師注、塤、燒土爲之、大如鴈卵。風俗通云、圍五寸半、長三寸半、有四孔、其二通、凡爲六孔。御覽五百八十一引爾雅注曰、塤、壎、銳上平底、形象稱錘、大者如鵝子、聲合黃鍾大呂也。小者如雞子、聲合大簇夾鍾也、皆六孔、與篪聲相諧、故曰壎篪相應。[illegible]鑰从[illegible]白虎通云、壎在十一月、壎之爲言薰也、陽氣於黃泉之下薰蒸而萌。釋名云塤、喧也、聲濁喧喧然也。謂之嘂者、嘂喧義同。喧、說文作吅、讀若讙、與壎曡韻。嘂與叫同。釋文、嘂本或作叫、引李巡云叫、大壎也。詩何人斯正義引孫炎曰、音大如叫呼也。

義疏

大塤謂之嘂 叫

李注

叫、大壎也。孫注、音大如叫呼也。郭注、塤燒土爲之、大如鵞子、銳上平底、形如稱錘、六孔、小者如雞子。塤、从員、與勛同意、軍中樂也。篪、今叫子。塤若今瑱納、以相應和倡勇敢。二者不獨奏。

集解

大塤謂之嘂 塤、說文作壎、樂器也、以土爲之、六孔。樂緯、艮主立春、樂用壎。白虎通、壎在十一月、壎之爲言熏也、陽氣於黃泉之下熏蒸而萌。廣雅、塤象稱錘、以土爲之、有六孔。世本注、塤圍五寸半、長三寸半、凡六孔。周禮小師掌教鼓鼗柷敔塤簫管弦歌、注、塤燒土爲之、大如鴈卵。鄭司農云塤六孔。郭璞謂大塤大如鵝子、形如枰錘者、此也。嘂、李本作叫、文選注引作嚻、均狀其音聲之大。楚語、而以金石匏竹之昌大囂庶爲樂。

義證

大塤謂之嘂 塤音喧。嘂音叫。

〔註〕塤燒土爲之大如鵝子銳上平底形如秤錘六孔小者如雞子〔補正〕邢疏、釋名云、塤、喧也、聲濁、喧喧然。孫炎云、音大如叫呼聲。臣鎣按、聶崇義云、塤大如雁卵者曰雅塤、如雞卵者曰頌塤。應劭云、壎圍五寸半、長三寸半。

郭注補正

大塤謂之嘂

塤燒土爲之大如鵞子銳上平底形似稱錘六孔小者如鷄子

各本鵞俱作鵝、似俱作如。文選笙賦注引爾雅郭璞注作大如鵞子、形似稱錘、與釋文合。明注疏本稱作秤、俗字。御覽五百八十一卷樂部引爾雅大壎謂之嘂、卽塤也、銳上平底、形象秤錘、大者如鵝子、聲合黃鍾大呂也。小者如雞子、聲合太簇夾鍾也。皆六孔、與篪聲相諧、故曰塤篪相應。樹枏案、凡御覽所引爾雅注多本郭璞、若舍人孫炎等皆直舉其名、此所引與今本詳畧不同、蓋經後人刪節者。

郭注佚存補訂

大篪謂之沂大塤謂之嘂

郭注云、篪以竹爲之、長尺四寸、圍三寸、一孔上出、一寸三分、詩疏作經三分名翹、橫吹之。小者尺二寸、廣雅云八孔。塤燒土爲之、大如鵝子、銳上平底、形如稱錘、六孔、小者如雞子。說文云、䶵管樂也、或從竹作篪。壎、樂器也、以土爲之、六孔。舍人云、大篪其聲悲、沂、鏘然也。壎、銳上平底、形象秤錘、大者如鵝卵、聲合黃鍾大呂也。小者如雞子、聲合太簇夾鍾也。皆六孔、與篪聲相諧、故曰壎篪相應。臧氏庸以此爲舍人注、郭注蓋本此也。李巡云、篪聲悲、沂、悲也。大篪其聲非一也。叫、大壎也。釋文云嘂本或作叫。孫炎云、音大如叫呼也。小雅何人斯伯氏吹壎、仲氏吹篪、毛傳云、土曰壎、竹曰篪。

正義云土曰壎漢書律歷志文也周禮小師職作塤古今字異耳注云塤燒土爲之大如雁卵鄭司農云塤六孔嘂音叫小師注鄭司農云篪七孔蓋不數其上出者故七也世本云暴辛公作塤蘇成公作篪譙周古史考云古有塤篪尙矣周幽王時暴辛公善塤蘇成公善篪記者因以爲作謬矣世本之謬信如周言其云蘇公暴公所善亦未知所出蘇暴並公卿不當自言於樂之小器以相親也大雅板如壎如篪傳云如壎如篪言相和也正義云壎篪俱是樂器其聲相和以喻民之應君鄕余在保定見吳潯源從肆中買一塤形狀皆如郭注所云惟出音者祇五孔前三孔後二孔連頂孔則六孔也吹之其聲清和並無喧嘂之音吳有壎譜言之最詳。

說詩

大塤節註形如秤錘 如秤，釋文作似稱。

注疏正字

大塤謂之嘂 釋文云塤本或作壎案說文土部無塤字當作壎。又云嘂本或作叫。臧氏鏞堂曰文選注十八引作囂。

匡名

大塤謂之嘂 音叫 說文壎樂器也以土爲之六孔从土熏聲。郭註大如鵝子銳上平底形如秤錘六孔小者如雞子。白虎通義壎在十一月陽气於黃泉之下熏烝而萌。風俗通義塤燒土也

圍五寸半長三寸半有四孔其二通凡爲六孔小雅伯氏吹壎名器者嘂高聲也孫炎云聲大如叫呼也。

啓蒙

塤 壎 釋文塤或作壎說文云壎樂器名从土熏聲案玉篇以壎爲塤之重文。

黃侃評本正名

大鼓謂之鼖 大篪謂之沂 大塤謂之嘂

周禮鼖作賁。夏官大司馬 說文篪作鹹、云管樂也。龠部 鹹或作篪。龠部篪 釋文篪字又作鹹。釋樂釋文 沂或作齗、又作䇔。釋樂釋文 文選注作大鹹謂之齗。笙賦注 釋文、塤本或作壎。釋樂釋文 說文作壎。土部壎 釋文、嘂本或作叫。釋樂釋文

證異

大如鵝子 單疏本雪牎本同。釋文鵝作鵞。

形如稱錘 單疏本雪牎本同。注疏本稱作秤、俗字。釋文似稱尺證反。按李善注文選笙賦引此作形似稱錘。似與如一義、然郭氏多言似作如者、後人所改。

大塤謂之嘂○釋曰 注疏本删。

銳上平底 注疏本底作底。

校勘記

大塤謂之嘂、注形似稱錘。今本似作如、稱作秤。釋文大字似稱注尺證反。當依釋文正之。

注疏本正誤

八下（七四）一行（注）形如稱錘○「如」，《釋文》作「似」，《文選·笙賦》注引亦作「似」。阮元《校勘記》云：「似與如一義，然郭氏多言似。」

宋監本校箋

則。

大塤謂之嘂 塤、燒土爲之、大如鵝子、銳上平底、形如秤錘、六孔、小者如雞子。嘂音

音圖·音

塤本又作壎字同。許袁翻音喧。孔袁翻同案周禮爾雅从員、詩禮記从熏、此字唐以前竝入元韻不入文韻至集韻始有熏音、則當入文韻乃後出之音也。

音略

大塤(喧)謂之嘂(叫)

孫侶直音

大塤壎謂之嘂叫 塤燒土爲之大如鵝子六孔。

楊氏音訓

塤喧 嘂古弔切

干氏音釋

音圖・圖

大鍾謂之鏞其中謂之剽小者謂之棧

大鍾謂之鏞、書曰笙鏞以閒。亦名鑮。音博。其中謂之剽、小者謂之棧。

郭注

大鍾至之棧 釋曰、此別鍾大小之名也。說文云鍾、樂器也。世本云垂作鍾。考工記鳧氏爲鍾。釋名曰鍾空也內空受氣多其大者名鏞。李巡曰大鍾音聲大、鏞大也。孫炎曰鏞深長之聲。又名鑮大射禮云樂人宿縣于阼階東笙磬西面其南笙鍾其南鑮。鄭云鑮如鍾而大是也。其不大不小者名剽。孫炎曰剽者聲輕疾也。李巡云其中微小故曰剽剽小也。其小者名棧李巡云棧淺也。東晉興元年、會稽剡縣人家井中得一鍾、長三寸、口徑四寸、上有銘古文云棧。鍾之小者既長三寸、自然淺也。注書曰笙鏞以閒 釋曰、尚書益稷篇文也。

邢疏

大鍾謂之鏞

大鍾音聲大。鏞大也。書正義五 詩正義十六之五 邢疏

其中謂之剽

其中微小故曰剽、剽小也。釋文 邢疏

小者謂之棧

棧淺也。邢疏

李注

大鍾謂之鏞

鏞深長之聲。書正義五 邢疏 韻會二冬

其中謂之剽

剽、匹妙反。剽者、聲輕疾也。釋文 下六字邢疏引

小者謂之棧

棧淺也。釋文 邢疏

孫音注

大鍾謂之鏞其中謂之剽小者謂之棧

剽音飄。棧側簡反。釋文

郭音義

黃輯古義

大鍾謂之鏞

大鍾音聲大。鏞大也。邢疏 書益稷正義 詩大雅靈臺正義

其中謂之剽

其中微小故曰剽、剽小也。釋文 邢疏

李注

大鍾謂之鏞

鏞、深長之聲。邢疏 書益稷正義

其中謂之剽

剽者、聲輕疾也。釋文 邢疏

小者謂之棧

棧、淺也。同上

其中謂之剽、匹妙反。釋文

孫音注

其中謂之剽、音瓢。

小者謂之棧、側簡反。

郭音義

玉函山房輯佚

大鍾謂之鏞

大鍾音聲大、鏞、大也。同

鏞、深長之聲。孫注 並書疏五

鈎沉

大鍾謂之鏞

李曰、大鍾音聲大、鏞、大也。書正義五 十六之五 詩正義 邢疏

孫曰、鏞、深長之聲。書正義五 邢疏

其中謂之剽

李曰、其中微小故曰剽、剽、小也。釋文 邢疏

孫曰、剽、匹妙反、剽者、聲輕疾也。釋文 邢疏

小者謂之棧

孫曰、棧、淺也。釋文 邢疏

漢注

大鍾謂之鏞

李巡云、大鍾音聲大、鏞、大也。書正義五卷 正義十六之五卷 詩 孫炎云、鏞、深長之聲。書正義五卷 郭璞云、書曰、笙鏞以間。亦名鑮。

其中謂之剽、小者謂之棧

李巡云、其中微小故曰剽、剽、小也。棧、淺也。 孫炎云、剽者、聲輕疾。並釋文二十九卷

一切注音

大鍾謂之鏞　李巡曰、大鍾音聲大、鏞、大也。 孫炎曰、鏞、深大之聲。書益稷正義

其中謂之剽　郭音瓢。孫匹妙反。釋云、剽者聲音疾。李云、其中微小故曰剽、剽、小也。釋文

小者謂之棧　李巡曰、棧、淺也。郭側簡反。釋文

古注斠

鍾 章容反。說文作鐘、云樂器也。字林同。世本云垂所作。以此鍾爲酒器。今經典通爲樂器。鏞 音容。以間 閒廁之間。鑮 音博。字林云匹各反。又音薄。字書云大鐘也。剽 郭音瓢。孫匹妙反。釋云、剽者聲輕疾。李云、其中微小故曰剽、剽、小也。棧 郭側簡反。李云淺也。東晉興元年會稽剡縣人家井中得一鐘、長三寸、口徑四寸、上有銘古文云棧。鐘之小者既長三寸、自然淺也。或助板反。

陸音義

鑮 音博○宋本鍾郎諸家本郭注元有音博二字、陸氏所見本或無之、不則當如下剽郭音瓢之例矣。

棧 李云淺也東晉太興元年會稽剡縣人家井中得一鐘長三寸口徑四寸○舊本太興脫太字、今補。案晉書郭璞傳云、鐘長七寸三分、口徑四寸半。似晉書得之。若長僅三寸、則較之口徑反少一寸、不成其爲鍾矣。

音義攷證

大鍾謂之鏞 案釋文从重。注云說文作鐘、樂器也。字林同。世本云垂所作。以此鍾爲酒器。今經典通爲樂器。

鼖言能作大事、鏞言能考大功。

其中謂之剽

剽言輕矣。

小者謂之棧

棧言淺矣。夏后氏以棧蓋鍾之淺者也。

新義

大鍾謂之鏞其中謂之剽

小者謂之棧鏞亦謂之鏄。東晉會稽剡縣人家井中得一鍾、長三寸、口徑四寸、上有銘古文云棧。

剽音飄。棧音盞。

鄭樵注

大鍾謂之鏞鍾、本亦作鐘。鄘本作鏞。李巡曰、大鍾音聲大。鏞、大也。孫炎曰、鏞、深長之聲。郭璞曰、書曰笙鏞以間。亦名鏄。鄭樵曰、鏞亦謂之鏄。

其中謂之剽小者謂之棧剽、孫氏妙反、郭音飄。棧、郭側簡反。李巡曰、其中微小、故曰剽。剽、小也。棧、淺也。孫炎曰、剽者、聲輕疾也。鄭樵曰、東晉會稽剡縣人家井中得一鍾、長三寸、口徑四寸、上有銘古文云棧。剽音飄。棧音盞。

古注合存

禮書云、韋昭釋國語、杜預釋左傳、皆以鏄爲小鐘。特康成曰、鏄如鐘而大。孫炎、許慎、沈約之徒亦以爲大鏄。然爾雅大鐘謂之鏞、不謂之鏄。又儀禮鏄從薄𢀛、越鏄之鏄同、則鏄爲小鐘於理或然。

剽音瓢、棧音盞。坊本脫。剽亦作𠟱。

補注

大鐘謂之鏞 註 書曰笙鏞以間、亦名鏄。其中謂之剽、小者謂之棧

正義 明堂位云、垂之和鐘。鄭註、垂、堯之共工也。世本曰、垂作鐘。孔疏云、垂所作調和之鐘。宋均曰、舜臣鑄大鐘。考工記云、鳧氏爲鐘、大鐘十分其鼓間、以其一爲之厚、小鐘十分其鉦間、以其一爲之厚。鐘大而短、則其聲疾而短聞。小而長、則其聲舒而遠聞。白虎通義云、鐘之爲言動也、陰氣用事、萬物動成。鐘爲氣、用金爲聲也。說文云、鐘、樂鐘也、秋分之音、物穜成。釋名云、鐘、空也、內空受氣多、故聲大也。周禮疏云、凡樂皆先奏鐘、以均諸樂。玉海引三禮義宗云、堂下之樂、以鐘爲重。○大鐘謂之鏞。○鐘之大者名鏞。書疏引李巡云、大鐘音聲大。鏞、大也。孫炎云、鏞、深長之聲。大雅靈臺云、賁鼓維鏞。毛傳、鏞、大鐘。鄭箋、西方之樂謂之鏞。鏞、功也。通作庸。商頌那云、庸鼓有斁。毛傳、大鐘曰庸。○其中謂之剽。○釋文引孫炎云、剽者、聲輕疾。李巡云、其中微小、故曰剽。剽、小也。○小者謂之棧。○釋文引李巡云、棧、淺也。東晉太興元年、會稽剡縣人家井中得一鐘、長三寸、口徑四寸、上有銘古文云棧。鐘之小者既長三寸、自然淺也。案晉書郭璞傳云、元帝即位、太興初、會稽剡縣人於井中得一鐘、長七寸二分、口徑四寸半、上有古文奇書十八字、云會稽徵命。璞曰、棧鐘告成於會稽。宋書符瑞志云、愍帝建興四年、會稽剡縣陳清於井中得棧鐘、長七寸二分、口徑四寸、其器雖小、形制甚古、上有古文書十八字、其四字可識、曰會稽徵命。是剡縣所得小鐘、當時但以爲棧鐘、即釋文所引也。古器沉淪、歲久復出、事所恒有。漢晉諸儒好言休咎、摭爲古磬、漢人紀其嘉祥、會稽棧鐘、晉代引爲符命、語多傅會、迹涉矯誣。郭氏雖以棧鐘徵合卜筮、而不取以證爾雅、誠以註經體宜詳慎也。陸德明引之、取其存古器之形製爾。第晉宋書俱云長七寸二分、而陸氏云長三寸、當屬傳聞之異。玉海云、劉敞得鐘十枚於驪山北、原無款識、制度似周器、以爲爾雅之棧鐘也。此於古無證、以意名之。註 書曰至名鏄 正義 笙鏞以間、益稷文。亦名鏄者、鄉射禮云、其南鏄。鄭註、鏄如鐘而大。通作鎛。春官鎛師註云、鎛如鐘而大、獨在一簴。白虎通義云、鎛者、時之氣聲也、節度之所生也、君臣有節度則萬物昌、無節度則萬物亡、亡與昌正相迫、故謂之鎛。說文云、鎛、大鐘錞于之屬、所以應鐘磬也、堵以

二金樂則鼓鎛應之。許氏以鎛鏞爲二器、與郭異。

正義

大鐘謂之鏞書曰笙鏞以間亦名鎛音博**其中謂之剽小者謂之棧**

鐘者、說文云樂器也、器辥雉僻皺翮、秋分之音物種成。古者垂作鐘。釋名云鐘空也、內空受氣多故聲大也。白虎通云、鐘之爲言動也、陰氣用事萬物動。淮南本經篇注鐘音之君也。鏞者、說文云大鐘謂之鏞。詩云庸鼓有斁。逸周書世俘篇云王奏庸、庸皆鏞之省借也。書益稷正義引李巡曰大鐘音聲大、鏞大也、孫炎曰鏞深大之聲。○剽者、釋文郭音瓢、孫匹妙反。釋云剽者聲輕疾、李云其中微小、故曰剽。剽小也。按李巡蓋以剽爲蔈、蔈訓末、末亦微小之言。○棧者、俴之段音也。說文俴淺也。釋文引李巡云棧淺也、又引東晉太興元年會稽剡縣人家井中得一鐘、長三寸、口徑四寸、上有銘。徵瞄措鞹、璞鏄詐鐪䩤訃、鄦旺𢊁、鉚云。今按當時以所得鐘爲棧鐘、故釋文援之。其言尺寸則晉書較詳、備然棧鐘亦無攷。

義疏

大鐘謂之鏞其中謂之剽小者謂之棧

李注、大鐘音聲大、鏞大也。其中微小、故曰剽。剽、小也。棧、淺也。孫注、鏞深長之聲。郭注、書曰笙鏞以間。亦名鎛。鏞禮作頌。凡縣東笙西鏞、因以名鐘。詩賁鼓維庸、大鐘配大鼓也。剽棧不類鐘名、所未詳。

集解

大鐘謂之鏞考工記鳧氏為鐘、大鐘十分其鼓間、以其一為之厚、小鐘十分其鉦間、以其一為之厚。白虎通、鐘之為言動也、陰氣用事、萬物動成、鐘為氣用、金為聲也。說文鐘、樂鐘也、秋分之音、物種盛。釋名鐘、空也、內空受氣多故聲大也。明堂位垂之和鐘、謂垂之笙與鐘耳。孔疏謂為調和之鐘、誤矣。鏞、儀禮作頌、凡縣東笙西庸、取生及成之義、大鐘因以為名。書笙鏞以間、以鐘配笙。詩賁鼓惟鏞、則以大鐘配大鼓也。又庸鼓有斁、周書世俘解王奏庸、均大鐘也、借庸為之。

其中謂之剽小者謂之

棧剽、砭刺也、从刀票聲。與票通用。票、火飛也。引申為輕疾之意。中鐘較大鐘之聲輕疾、所以名也。李注釋剽為小、借杪義耳。考工記鐘大而短則其聲疾而短聞、蓋剽鐘也。棧、棚也、横編之者。小鐘可編、因以棧為名。十二辰為零鐘、不編者也。若書傳左五鐘右五鐘是也。周禮磬師掌教擊編鐘、其即此經之棧與。或曰棧淺也、秋鐘之小、其說亦通。

義證

大鐘謂之鏞

註書曰笙鏞以間亦名鎛 補正 邢疏李巡曰、大鐘音聲大、鏞大也。孫炎曰鏞深長之聲。大射禮云其南鏞、鄭云鏞如鐘而大。臣鍫按、說文云鏞大鐘。詩鏞鼓有斁、傳云大鐘曰庸。

其中謂之剽小者謂之棧

補正 邢疏孫炎曰、剽者聲輕疾也。李巡云、其中微小、故曰剽。剽、小也。李巡云棧淺也。東晉興元年會稽剡縣人家井中得一鐘、長三寸、口徑四寸、上有銘古文云棧。鐘之小者既長三寸、自然淺也。

郭注補正

大鐘謂之鏞 注書曰笙鏞以間亦名鎛

譯曰、儀禮大射禮其南鎛、注鎛如鐘而大。言如鐘則非鐘矣、故說文云鎛大鐘、淳于之屬。鏞篆下云大鐘謂之鏞、皆不以鎛爲鏞、蓋鏞爲鐘之大者、別於編鐘而言。鎛乃所以節鐘鼓、許於鎛下云金樂則鼓鎛應之、而鄭注亦云以鼓鎛爲節也。注合而爲一、殊疏。

靜郭

大鐘謂之鏞

書曰笙鏞以間亦名鎛音博

御覽五百七十五卷樂部引爾雅大鐘曰鏞、郭璞

爾雅詁林 七 釋樂

曰鏞一曰鎛。後漢書禮儀志注引郭注亦作鎛。鎛鎛通字。　明注疏本刪音博二字。

郭注佚存補訂

大鐘謂之鏞其中謂之剽小者謂之棧

說文云鐘樂器也秋分之音物穜成古者垂作鐘。大鐘謂之鏞引詩云庸鼓有斁此商頌那文也。毛傳云大鐘曰庸庸爲鏞之古文。大雅靈臺賁鼓維鏞、傳云鏞大鐘也。李巡云大鐘音聲大、鏞大也。剽者、釋文云郭音剽孫匹妙反、釋云剽者聲輕疾。李云其中微小故曰剽、剽小也。　棧郭側簡反。李云淺也。東晉太興元年會稽剡縣人家井中得一鐘長三寸、口徑四寸、上有銘古文云棧。鐘之小者既長三寸、自然淺也。晉書郭璞傳作鐘長十寸三分、口徑四寸半、上有古文奇書、璞曰棧鐘。

說詩

其中謂之剽小者謂之棧、釋文云、郭剽音勡。棧側簡切。

疏說文云鐘器也說文作樂鐘也。內空受氣多下釋名有故聲大也四字。東晉中興中中興中誤中興元年。上有銘古文云棧、棧即鐘銘謂以古文書也。

注疏正字

大鐘謂之鏞其中謂之剽

注亦名鎛。尙書大傳、天子左五鐘右五鐘。天子將出則撞黃鐘、右五鐘皆應、入則撞蕤賓左五鐘皆應。亦如金奏、王出入奏王夏。此五鐘乃大鐘所謂鏞也。鐘師所掌之金奏非鏞也。鎛說文大鐘淳于之屬。所以應鐘也。此即大射禮樂縣其南鐘其南鎛之鎛。小於鏞大於編鐘即剽也。郭以大鐘爲鎛誤矣。

小者謂之棧

棧編鐘也。棧之轉聲爲淺、淺之轉爲靖、釋名淺靖也。靖說文一曰細貌。是棧淺靖皆可訓爲細小貌矣。

小箋

大鐘謂之鏞　釋文云、鐘說文作鐘。石經單疏本作鐘。尙書正義五詩正義十六之五。又二十之三。禮記正義十六。北堂書鈔一百八。引皆作鐘。案說文金部鐘樂鐘也从金童聲。鍾酒器也从金重聲。經典鐘鼓字通用鍾。　說文同。

其中謂之剽　類篇四下引作小恐誤。

匡名

大鐘謂之鏞其中謂之剽音瓢。小者謂之棧說文鏞樂鐘也。秋分之音物穜成、古者垂作鐘。明堂位垂之和鐘。孔疏、凡樂皆先奏鐘以均諸樂。玉海堂下之樂以鐘爲重。釋名鐘空也內空受气多故聲大者名鏞也。鏞義同爾雅。大雅賁鼓維鏞通作庸。商頌庸鼓有斁、毛傳大鐘曰庸。又釋文引孫炎云剽者聲輕疾也。李巡云、其中微小故曰剽、剽小也。李巡云棧淺也。晉宋時名爲棧鐘是也。

啓蒙

鍾　鐘　釋文。鍾說文作鐘。云。樂器也。字林同。世本云。垂所作。以此鍾爲酒器。今經典通爲樂器。

黃侃評本正名

大鐘謂之鏞。書曰、笙鏞以閒、亦名鎛音博。

鐘之言亦充也、荀子樂篇鐘充實、磬廉制。世本倕造鐘。倕、舜臣。廣雅倕氏鐘十六枚、明堂位倕之和鐘。說文鎛、大鐘涫于之屬、所以應鐘磬也。案大射儀其南笙鐘、其南鎛、蓋鎛乃亦鐘之屬、而非即鏞。郭云亦名鎛、未詳、江藩說、鎛即剽也。

黃侃音訓

大鐘謂之鏞 郭注書曰笙鏞以閒亦名鎛

案、說文金部鐘下云、樂鐘也、秋分之音物穜成、从金童聲。經傳多作鍾、段借字也。鏞下云、大鐘謂之鏞、从金庸聲。詩大雅靈臺書益稷皆作鏞、惟商頌那字作庸、段借字也。鎛下云、大鐘涫于之屬、所以應鐘磬也、堵以二金樂則鼓鎛應之、从金尃聲。周禮國語作鎛、段借字也。儀禮大射儀、笙磬西面、其南笙鍾、其南鑮。頌磬西面、其南鍾、其南鑮。是鐘磬編縣、鑮特縣。且鄭注周禮儀禮皆云如鍾而大、周語有鍾無鎛、韋昭注鎛小鐘也。蓋誤。既曰如鍾、則鎛之非鐘也明甚、故說文既云大鐘、而下又有所以應鐘磬云云、蓋大射儀所云其南鍾者、即頌鍾、鄭注鍾不言頌者、省文也。古讀頌爲庸。頌鍾、爾雅之鏞鐘也。下又云其南鑮、是鑮與鐘非一物也。又案鄭注周禮小胥凡縣鍾磬云、鍾磬編縣之、二八十六枚而在一虡謂之堵、鍾一堵磬一堵謂之肆、天子宮縣、諸侯軒縣、卿大夫判縣、士特縣。諸侯之卿大夫半天子之卿大夫西縣鍾東縣磬、士亦半天子之士縣磬而已。疏云、天子諸侯縣皆有鎛、今以諸侯之卿大夫半天子之卿大夫士言之、則卿大夫士直有鍾磬無鎛也。若鎛與鐘爲一物、則不得云有鐘磬無鎛也。郭注云亦名鎛、是誤合二物爲一矣。

楊賡元日記

大鐘謂之鏞。註、書曰笙鏞以閒。亦名鎛。按周禮眡瞭疏、儀禮大射疏、皆引尚書作庸、詩那庸鼓有斁、毛傳大鐘曰庸。

考異摘要

其中謂之剽、李云其中微小故曰剽、剽小也。孫云剽者、聲輕疾。楷案、李說是。莊子庚桑楚篇釋文剽、末也。物至末必小、故鐘之中而微小者名剽也。

稗疏

釋樂 小者謂之棧。

皀案。棧有編義。莊子馬蹏篇編之以阜棧。陸釋云。編木作靈似牀。曰棧。盧文弨攷證云。靈卽檽字。是木之編者爲棧。故鐘之編者亦名棧。小者謂之棧。卽編鐘是也。周禮鐘師職云。擊編鐘。鐘鏞通用。賈釋云。此鐘編之十六枚。在一簴。然則編鐘小鐘也。朱駿聲說文通訓云。大鐘曰庸。次曰鎛。小者曰編鐘。

校書

大鐘謂之鏞 唐石經單疏本同、雪牕本注疏本鐘作鍾。釋文、鍾、說文作鐘、云樂器也。字林同。以此鍾爲酒器、今經典通爲樂器。據此則唐石經亦當作鍾。

笙鏞以閒 單疏本雪牕本同。按鏞當作庸、周禮眡瞭疏、儀禮大射疏皆引尚書笙庸以閒。詩那庸鼓有斁、毛傳大鐘曰庸。書正義引李巡注云、大鐘音聲大、鏞、大也。當本作庸大也。

亦名鎛音博 雪牕本同。注疏本删下二字。

大鐘至之棧○釋曰 注疏本删。

鐘樂器也 注疏本脫樂。

東晉興元年 注疏本同。釋文亦作興元年。盧文弨曰據晉書太興元年、此脫太字。

○注書曰笙鏞以閒○釋曰 注疏本删釋曰。

校勘記

小者謂之棧、疏東晉泰興元年。今本誤落泰字、宜補。

文本誤同。

注疏本正誤

大射禮云 案禮當儀字之誤，儀禮有大射儀，無大射禮。

注疏校勘札記

二行(注)亦名鎛○「鎛」，《釋文》作「鎛」，宋刻小字本同。當據正。

宋監本校箋

大鍾謂之鏞 書曰笙鏞以閒，亦名鎛，音博。 其中謂之剽 音瓢。 小者謂之棧 音盞。

音圖・音

剽，郭音瓢，孫匹妙翻，音縹。案孫氏脣音出切多以輕重交互，此獨用本母出切。棧，郭側僩翻，音棧。照母。宋書樂志音醆同。或助板翻，孱上聲。仕版翻，同牀母。

音略

大鍾謂之鏞 容 其中謂之剽 小者謂之棧 戔

孫品直音

其中謂之剽 瓢又去聲

直音校正

大鍾謂之鏞 其中謂之剽 剽者聲輕疾也。瓢 小者謂之棧 棧淺也。盞

楊氏音訓

鏞容 剽瓢 棧阻限切

干氏音釋

大簫謂之言，小者謂之筊

音圖・圖

大簫謂之言 編二十三管，長尺四寸。 小者謂之筊 十六管，長尺二寸。簫一名籟。

郭注

大簫至之筊 釋曰：此別簫大小之名也。風俗通云：舜作簫，其形參差，以象鳳翼，十管，長二尺。博雅曰：簫大者二十三管，無底；小者十六管，有底。其大者名言。李巡曰：大簫聲大者言言也。郭云：編二十三管，長尺四寸。其小者名筊。李巡曰：小者聲揚而小，故言筊。筊，小也。郭云：十六管，長尺二寸。簫一名籟。又通卦驗云：簫長尺四寸。其言管數長短雖異，要是編小竹管爲之耳。

邢疏

大簫謂之言

大簫聲大者言言也。邢疏 詩正義十九之三

小者謂之筊

小者聲揚而小，故言筊。筊，小也。邢疏 詩正義十九之三

李注

大簫謂之言

大簫聲大者言言也。邢疏 詩周頌有瞽正義

小者謂之筊

黃輯古義

小聲聲揚而小故曰筊筊小也。 李注

玉函山房輯佚

大簫謂之言

李曰大簫聲大者言言也。詩正義十九之三 邢疏

小者謂之筊

李曰小者聲揚而小故曰筊筊小也。詩正義十九之三 邢疏

漢注

大簫謂之言

李巡云大簫聲大者言言也。詩正義十九之三卷 郭璞云簫大者編二十三管長尺四寸。簫大者三字依詩正義十九之三卷引增

小者謂之筊

李巡云小者聲揚而小故言筊筊小也。詩正義十九之三卷 郭璞云小者十六管長尺二寸簫一名籟。小者二字依詩正義十九之三卷引增

一切注音

大簫謂之言小者謂之筊 李巡曰大簫聲大者謂言也。小者聲揚而小故曰筊筊小也。詩有瞽正義

古注斠

言 如字本或作管音同 編 卑緜反又方千反或音步典反 筊 本或作䇲字戶交反。籟 音賴。

陸音義

大簫謂之言

記曰聲容靜。詩曰蕭蕭馬鳴。雝鳴而靜也。

小者謂之筊

能交物矣未能命物。

新義

大簫謂之言小者謂之筊 簫一名籟大者編二十三管長尺四寸無底。小者十六管長尺二寸有底。筊音爻。

鄭樵注

大簫謂之言

李巡曰大簫聲大者言言也。

郭璞曰編二十三管長尺四寸。

鄭樵曰簫一名籟大者編二十三管長尺四寸無底。

小者謂之筊

李巡曰小者聲揚而小故言筊筊小也。

郭璞曰十六管長尺二寸簫一名籟。

鄭樵曰小者十六管長尺二寸有底。筊音爻。

古注合存

李巡解大簫謂之言云大簫聲大者言言也。解小簫謂之筊云小者聲揚而小故言筊筊小也。二說俱穿鑿無理。

注補

大簫謂之言 註 編二十三管長尺四寸小者謂之筊 註 十六管長尺二寸簫一名籟 正義 白虎通義云簫者中呂之氣也萬物生於無聲見於無形勠也肅也故謂之簫。說文云簫參差管樂象鳳之翼。風俗通義云尚書舜作簫韶九成其形參差象鳳之翼。案荀子云鳳凰于飛其音若簫是不特形似其聲亦相似也。釋名云簫肅也其聲肅肅而清也。簫之大者名言其小者名筊。詩疏引李巡云大簫聲大者言言也小者聲揚而小故曰筊筊小也。急就篇補註引周禮註云有底而善應謂之管有底而交鳴謂之筊。言本或作管。註 編二至四寸。正義 通卦驗云簫長尺四寸註云簫管形象鳥翼鳥爲火火成數七生數二二七一十四簫之長由此。廣雅云簫大者二十四管。北堂書鈔引三禮圖云雅簫長尺四寸二十四彄。諸家皆云簫二十四管郭云二十三管別有所据也。○十六至名籟。正義 三禮圖云頌簫長尺二寸十六彄。廣雅云簫小者十六管。是筊即

頌簫也。風俗通義作十管、長尺二寸。隋書樂志、簫十六管、長二尺、舜所造。所言管尺不同、當以禮圖爲据也。簫一名籟者、淮南齊俗訓云若風之過簫、高誘註簫、籟也。廣雅云籟謂之簫。

正義

大簫謂之言 編二十三管長尺四寸 **小者謂之筊** 十六管長尺二寸簫亦名籟

簫者、說文云參差管樂、象鳳之翼。白虎通云簫者中呂之氣也。萬物生於無聲、見於無形、勠也、肅也。釋名云簫、肅也、其聲肅肅然清也。按荀子解蔽篇云鳳皇秋秋、其聲若簫。是簫形象鳳翼、音亦象鳳聲矣。詩有瞽箋簫、編小竹管、如今賣餳者所吹也。周禮小師注同。廣雅云簫大者二十四管、小者十六管、有底。類聚引三禮圖云、雅簫長尺四寸、二十四彄、頌簫長尺二寸、十六彄。䶵䶰是簫之管數。廣雅以禮圖爲據、郭不同者、通典引月令章句云簫編竹有底、大者二十三管。是郭所本也。風俗通又云十管、長二尺、所未詳也。

謂之言與筊者、有瞽正義引李巡曰、大簫聲大者言言也、小者聲揚而小、故言筊、筊、小也。急就篇補注引周禮注云、有底而善應謂之管、有底而交鳴謂之筊。譁、數、或諵、㦸𧩙。然則言訓應也、筊訓交也、因疑言或譍字之缺、筊亦筊字之壞、䉚、䉩、歡俳籔。筊言譍俱聲相轉、或音變形譌耳。

義疏

大簫謂之言小者謂之筊 李注、大簫聲大者言言也、小者聲揚而小、故言筊、筊、小也。郭注、大簫編二十三管、長尺四寸、小者十六管、長尺二寸、簫亦名籟。 言誾通用字。語、誾誾如也。詩、于時言言。又交交黃鳥、皆和悅之聲。

集解

大簫謂之言小者謂之筊 說文簫、參差管樂、象鳳之翼。釋名簫、肅也、其聲肅肅然清也。簫之大者名言、其小者名筊。廣雅、簫大者二十四管、小者十六管。三禮圖、雅簫長尺四寸、二十四彄、頌簫長尺四寸十六彄。然則簫之大小由長及管而別、均有底也。言筊皆狀聲。禮記玉藻二爵而言言、詩交交黃鳥、均和悅意。或曰詩崇墉言言、傳高大也。交交桑扈、傳小兒。簫名言筊、其各取大小義與。

義證

大簫謂之言

〔註〕編二十三管長尺四寸〔補正〕邢疏博雅曰簫大者二十三管無底、小者十六管有底。李巡曰、大簫聲大者言言也。臣鎣按郭氏引博雅謂二十三管、廣雅謂二十四管。聶崇義亦云雅簫長尺四寸二十四彄、頌簫長尺二寸十六彄、又云無底者謂之洞簫。未審其是。今所謂簫止一管六孔、馬貴與云名尺八、管尺八其長數也。一名豎篴。

小者謂之筊 筊音交。

〔註〕十六管長尺二寸簫一名籟〔補正〕邢疏、李巡曰小者聲揚而小故言筊、筊小也。又通卦驗云簫長尺四寸、其管數長短雖異、要是編小竹管爲之耳。

郭注補正

大簫謂之言 注編二十三管

正曰、埶文類聚四十四三禮圖云、雅簫二十四彄。廣雅釋樂、簫大者二十四管、與鄭氏舊圖同。通典一百四十四月令章句云、簫大者二十三管、與鄭氏舊圖異。郭注當先據鄭氏舊圖大者二十四管、再據蔡中郎月令章句二十三管以存或說、則得矣。

正郭

小者謂之筊

十六管長尺二寸簫一名籟

詩有瞽正義引無簫字。御覽引作簫一名籟也。希麟大乘理趣六波羅蜜多經一卷音義引同。郝氏義疏作簫亦名籟。

郭注佚存補訂

大簫謂之言小者謂之筊

說文云簫、參差管樂、象鳳之翼。周頌有瞽簫管備舉、鄭箋云簫、編小竹管、如今賣餳者所吹也。正義云李巡曰、大簫聲大者言言也、小者聲揚而小故言筊、筊亦小也。郭璞曰、簫大者編二十三(三疑四字之譌)管、長尺四寸、小者十六管、長尺二寸、一名籟。(今注作簫亦名籟。)易通卦驗云簫長尺四寸。風俗通云簫參差象鳳翼、十管、長二尺。其言管數長短不同、蓋有大小故也。要是編小竹管爲之耳。釋文云言本或作管、筊本或作筊。今案雅簫長尺四寸、二十四彄、頌簫長尺二寸、十六彄。彄卽管也。(見藝文類聚引三禮圖)蓋言卽雅簫、筊卽頌簫也。

說詩

大簫節疏大簫聲大者言言也(言言當名言之誤。)

小者謂之篎(篎從目、從耳者誤。釋文云郭音妙。)

疏小師註云管如笛形小(上當脫周禮二字。)

注疏正字

大簫謂之言　釋文云言本或作管。案說文竹部無管字。

小者謂之筊　釋文云筊本或作茭。案說文竹部有筊無茭。

匡名

大簫謂之言小者謂之筊(音爻)　說文簫參差管樂、象鳳之翼。郭註編二十三管長尺四寸、十六管長尺二寸。白虎通義簫者、中呂之气也。益稷簫韶九成。荀子鳳凰于飛、其音若簫。不特形似、其聲亦相似也。名言名筊者、孔疏有底而善應謂之管、有底而交鳴謂之筊。言言也。或作管。筊、小也。

啓蒙

大簫謂之言。小者謂之笅。十六管、長尺二寸、簫亦名籟。　大簫爲言、與大籥爲産聲相近而義同。周禮注以善應爲言者、易出其言善、則千里之外應之、聲高故應亦遠矣。　淮南齊俗注簫籟也。廣雅云、籟謂之簫。案樂器之籟、簫猶草之有籟蕭也。物雖異、命名同。從文聲者多有小義。人脛近足細於股曰骹、小瓜曰瓝、少狗曰狡、皆是也。故李巡注笅、小也。

黃侃音訓

大鍾謂之鏞　大簫謂之言　小者謂之筊

說文鍾作鐘、云樂鐘也、從金童聲。(金部鐘)字林作鐘。(釋樂釋文)釋文、言本或作管、(音同。釋樂釋文)通典作大簫謂之管。(樂四之)釋文筊本或作筊。(釋樂)

釋文

大鍾謂之鏞、說文鍾作鐘。金部鐘云樂鐘也、秋分之音物穜成、從金童聲。古者垂作鐘。又鍾云酒器也、從金重聲。按邢本及釋文皆從金重作鍾。釋文云、說文作鐘、樂器也。以此鍾爲酒器、今通典通爲樂器。

大簫謂之言、小者謂之筊。詩正義引李巡云、大簫聲大者

證異

言言也。小者聲揚而小故言筊。筊小也。承珙案大雅崇墉言言、毛傳云言言高大也。秦風交交黃鳥、小雅交交桑扈傳竝云小貌。此李訓所本也。筊當本作交。

胡氏古義

小者謂之筊 邢疏、李巡曰小者聲揚而小故名筊。筊、小也。

案小簫名筊、與小鼓名應、小笙名和無異。孫炎注小者謂之應曰、和應大鼓也。又注小者謂之和曰、應和於笙。並見邢疏引 筊从交亦正取交和大簫義。揚子法言吾子篇或問交五聲十二律也、李軌注交猶和也。是也。李注失之。

董瑞椿日記

大簫謂之言、小者謂之筊。李云大簫聲大言言也、小者聲揚而小故言筊。筊小也。楷案李說是。言者高大之稱也。詩皇矣崇墉言言、傳言言高大也。單言之即曰言。筊者細小之稱也。詩小宛交交桑扈、傳交交小貌。單言之即曰交。筊與交同。交之作筊、猶言之作管也。王應麟急就篇補注引周禮注、有底而善膺謂之管、有底而交鳴謂之筊。非其義。

稗疏

簫一名籟非也。單疏本雪牕本同。案詩有瞽正義引此注無簫字

大簫至之筊○釋曰 注疏本刪。

博雅曰簫大者二十三管 注疏本同。盧文弨曰、廣雅二十四管。初學記所引同。此誤。

無底小者十六管有底 注疏本底皆作底。

其言管數長短 注疏本脫言。

校勘記

大簫謂之言、疏、廣雅曰簫大者二十四管。今本四誤作三。

注疏本正誤

筊音交 明監本毛本湘本作音爻。

注疏校勘札記

小者謂之筊十六管、長尺二寸、簫一名籟。筊、音交。

音圖·音

言、本或作管、音言。筊本或作茭、戶交翻音爻。

音略

大簫謂之言小者謂之筊 爻

孫偘直音

大簫謂之言小者謂之筊 爻 大簫編二十三管長尺四寸小者十六管長尺二寸。

楊氏音訓

筊 爻

干氏音釋

大簫謂之言

小者謂之筊

音圖·圖

大管謂之簥其中謂之篞小者謂之篎

大管謂之簥、管長尺圍寸、併漆之。其中謂之篞、有底。賈氏以爲如篪六孔。小者謂之篎。

郭注

大管至之篎　釋曰、別管小大之名也。大管名簥、李巡云、聲高大故曰簥。簥、高也。郭云管長尺圍寸、併漆之、有底、賈氏以爲如篪六孔。小師注云、管如笛形小、併兩管而吹之。今天子樂官有之是也。其中不大不小者名篞、小者名篎。

邢疏

大管謂之簥其中謂之篞小者謂之篎

大管聲高大、故曰簥。簥者、高也。中者聲精密、故曰篞。篞、密也。小者聲音清妙也。御覽同上

犍爲注

大管謂之簥

聲高大故曰簥。簥、高也。詩正義十九之三　邢疏

李注

大管謂之簥小者謂之篎

篎、音妙。又亡小反。釋文

郭音義

大管謂之簥已下釋樂

賈氏以爲如篪、六孔。郭注

衆家注

黃輯古義

大管謂之簥其中謂之篞小者謂之篎

大管者聲高大、故曰簥。簥者、高也。中者聲精密、故曰篞。篞、密也。小者聲音清妙也。太平御覽卷五百八十

犍爲注

大管謂之簥

聲高大故曰簥、簥、高也。並同上

李注

小者謂之篎、音妙、又亡小反。

郭音義

玉函山房輯佚

大管謂之簥其中謂之篞小者謂之篎

大管聲高大、故曰簥。簥者高也。中者聲相密、故曰篞。篞、密也。小者聲音清妙也。舍人注　御覽五百八十

鉤沉

大管謂之簥其中謂之篞小者謂之篎

舍人曰、大管者聲高大、故曰簥。簥者、高也。中者聲精密、故曰篞、篞、密也。小者聲音清妙也。御覽五百八十　案簥字當重。

李曰、聲高大故曰簥、簥、高也。詩正義十九之三　邢疏

漢注

大管謂之簥

舍人云、大管聲高大故曰簥。簥者、高也。太平御覽五百八十卷

李巡云、聲高大故曰簥、簥、高也。詩正義十九之三卷　郭璞云、管長尺圍寸、併膝之、有底、賈氏以爲如篪、六孔。

其中謂之篞小者謂之篎

舍人云、中者聲精密故曰篞、篞、密也。小者聲音清妙也。太平御覽五百八十卷

一切注音

大管謂之簥其中謂之篞小者謂之篎　舍人曰、大管聲高大、故曰簥。簥者、高也。中者聲精密故曰篞、篞密

也。小者聲音清妙也。御覽五百八十 篎郭音妙 釋文

古注斠

大管謂之簥 李巡曰、聲高大故曰簥。簥、高也。詩正義十九之三

按與舍人說同、然古注多相合、宜並載。

古注斠補

簥九遙反。併步頂反、又并之去聲。漆音七。篞乃結反。篎郭音妙、又士小反。

陸音義

併又并之去聲○案與郭所音殊不似、必後人妄竄入。

音義攷證

大管謂之簥 孟子曰、人不知亦囂囂。

其中謂之篞 中材易緇、惟所涅焉。

小者謂之篎 眇、所見小也。

新義

大管謂之簥其中謂之篞小者謂之篎 管如笛、形小、併兩管而吹之、大者曰簥、音嬌。不大不小者曰篞、乃結反。小者曰篎、音眇。

鄭樵注

大管謂之簥

舍人曰、大管聲高大故曰簥。簥者、高也。此見太平御覽。磨鵺函引此注

李巡曰、聲高大故曰簥、簥高也。簥作簫誤。

郭璞曰、管長尺圍寸、併漆之有底、賈氏以為如篪、六孔。

鄭樵曰、管如笛、形小、併兩管而吹之、大者曰簥、音嬌。

其中謂之篞小者謂之篎音篎、郭音妙。

舍人曰、中者聲相密故曰篞、篞、密也。小者聲音清妙也。

鄭樵曰、不大不小者曰篞、乃結反。小者曰篎、音眇。

古注合存

大管謂之簥 **註** 管長尺圍寸、併漆之有底、賈氏以為如篪六孔。其中謂之篞小者謂之篎 **正義** 風俗通義引禮樂記云、管漆竹、長一尺、六孔。孟康漢書注引禮樂器記與風俗通義同、蓋即樂記樂器篇之文也。風俗通義又云、十二月之音也、物貫地而牙、故謂之管。尚書大傳、舜之時、西王母來獻其白玉琯。昔章帝時、零陵文學奚景於泠道舜祠下得生白玉管、知古以玉為管、後乃易之以竹耳。案漢書律歷志云、竹曰管、以竹為管由來久矣。管有大中小之異、此釋其名也。舊疏引李巡云、聲高大故曰簥、簥、高也。太平御覽引舍人云、大管聲高大故曰簥、簥者、高也。中者聲相密故曰篞、篞、密也。小者聲音清妙也。**註** 管長至六孔。**正義** 廣雅云、管象篪、長尺圍寸、是郭註所本也。廣雅又云、八孔無底、通典引月令章句亦云、有孔無底、郭氏以為有底者、所見異也。郭又引賈氏以為如篪六孔、賈逵左傳註也。鄭司農註小師亦云、管如篪六孔、與賈氏同。說文亦云如篪六孔、本於賈氏。廣雅作八孔、疑傳寫之誤。周頌鄭箋云、管如今賣餳者所吹。又鄭註小師云、管如篴而小、併兩而吹之、今大予樂官有焉。後鄭引漢明帝大予樂為證、與先鄭異。

正義

大管謂之簥管長尺圍寸、併漆之有底、賈氏以為如篪六孔 其中謂之篞小者謂之篎 管者、說文云、如篪、六孔、十二月之音、物開地牙、故謂之管。風俗通引樂記、管漆竹、長一尺、六孔。周禮小師注、管如篴而小、併兩而吹之、今大予樂宮有焉。宋書樂志引月令章句云、管者形長尺、圍寸、有六孔、無底。廣雅亦云無底、郭注作有底、誤也。又引賈逵以為如篪六孔、與小師鄭衆注同、說文所本也。謂之簥者、御覽五百八十引舍人曰、大管聲高大故曰簥、簥者、高也。中者聲精密故曰篞、篞、密也。小者聲音清妙也。按

爾雅詁林 七 釋樂

舍人讀篞如晲、訓篎爲妙。說文篎用爾雅。

義疏

大管謂之簥其中謂之篞小者謂之篎 舍人注、大管聲高大、故曰簥、簥者、高也。中者聲精密、故曰篞、篞、密也。小者聲音清妙也。郭注、管長尺圍寸、併漆之、有底、賈氏以爲如篪、六孔。管磬相應、故大者同名也。涅、閉其孔。眇、狀其聲。

集解

大管謂之簥 說文、管、如篪、六孔、十一月之音、物開地牙、故謂之管。廣雅、象篪長尺圍寸、六孔、無底。周禮小師簫管弦歌、注、管如篴而小、併兩而吹之。風俗通引樂記、管、漆竹、長一尺、六孔。是管固別爲一樂器矣。而廣雅謂笙十三管、宮管在左方、竽三十六管、宮管在中央、笙竽偁管、通名焉耳。尚書大傳西王母來獻其白玉琯。周禮大司樂孤竹之管於圜丘奏之、孫竹之管於方丘奏之、陰竹之管於宗廟奏之、則管以用竹爲正、又昭然矣。上云大磬謂之毊、此管名簥、以磬管之相應也。詩嘒嘒管聲、又依我磬聲。 其中謂之篞小者謂之篎 篞字本作涅、黑土在水中者也。管爲漆竹而色黑、中管因以爲名。舍人釋篞爲密、謂中者聲精密、其說誤矣。篎、从竹眇。眇、一目少也、狀聲之細。

義證

大管謂之簥 簥音嬌

註 管長尺圍寸併漆之有底賈氏以爲如篪六孔 補

正 邢疏李巡云、聲高大、故曰簥、簥、高也。小師註云、管如笛、形小、併兩管而吹之、今大常樂官有之是也。

其中謂之篞、小者謂之篎 篞乃結反、篎音眇。

補正 臣鋆按、太平御覽引犍爲舍人曰、中者聲相密、故曰篞、篞、密也。小者聲音清妙也。

郭注補正

大管謂之簥 補

滋然謹按、原本玉篇此眞顛黃門原帙、雖零本僅三卷半、注文之詳、校今現行之大廣益會本奚啻溢出十倍。此書已逸千三百年、光緒壬午遵義黎氏庶昌奉使日本、搜求得之、刊入古逸叢書、始流傳于中土。龠部龠 原本玉篇字多奇詭、省龠爲龠、此其一也。注引尔疋大龠管謂之龠、郭璞曰、管長尺圍寸、併漆之、有底、賈氏吕爲如篪、六孔。今本尔疋作大管謂之簥、無兩龠字。原本玉篇旣于龠字下引尔疋、則此兩龠字必非誤衍可知。又引周禮瓜龠師鄭注及毛詩瓜文王世子吕證之、塙爲舊本無疑。其於管上加龠字者、疑係舊注申明龠管之詞、顧氏渾合爲一句耳、此一義也。下文繼言大籥 籥者、龠之叚借。謂之產者、乃統釋龠之大小、此經言大龠管謂之龠者、乃專釋龠管之大小、此又一義也。今郭本作簥者、蓋涉於上文大磬謂之毊、孫炎注毊、喬也。喬、高也。太平御覽五百八十引舍人曰、大管聲高、故曰簥、簥者、高也。郭氏遵用二家之注、故改舊本之龠爲簥而竝刪上龠字耳。喬本訓高、毊簥均後起俗字。

舊注攷證

大管謂之簥 注管長尺圍寸併漆之有底

正曰、廣雅釋樂、管無底、宋書樂志、通典一百四十四、御覽五百八十引月令章句竝云無底、郭注有底疑誤。

正郭

大管謂之簥

管長尺圍寸併漆之有底賈氏以爲如篪六孔

文選閒居賦注引郭璞爾雅注作併吹之有底。阮氏云、此與周禮鄭注併兩管而吹之之義同、今作漆蓋誤。樹相案唐殘本玉篇通典御覽並引作漆、與釋文合宋書樂志引月令章句云管者形長尺圍寸有六孔無底廣雅亦云無底此作有底蓋傳寫誤也。

郭注佚存補訂

大管謂之簥其中謂之篞小者謂之篎

說文云管、如篪六孔十二月之音、物開地牙、故謂之管。小管謂之篎、郭注云管長尺圍寸、併漆之有底賈氏以爲如篪六孔。周頌有瞽簫管備舉鄭箋云管如篴、併而吹之。管與筦同。執競磬筦將將彼釋文云筦本亦作管。李巡云聲高大故曰簥簥者、高也中者聲精密故曰篞篞密也。小者聲音清妙也。

說詩

簥

通作喬。

篞

通作涅、管之簧也。今以竹葉箬葉爲之。

小箋

大管謂之簥　說文無簥字。　玉篇竹部兩引大筦曰簥其中曰篞。案筦義不同、經典相承借用。

其中謂之篞　說文無篞字。

小者謂之篎　說文同。　廣韻屑十六引以上三句謂之皆作曰。

匡名

大管謂之簥其中謂之篞音涅小者謂之篎音渺　說文管如篪、六孔、十二月之音物開地牙故謂之管。郭註管長尺圍寸併漆之有底賈氏以爲如篪六孔。益稷下管鼗鼓。李巡云聲高大故曰簥簥高也。舍人云中者聲相密故曰篞篞密也。小者聲音清妙也。䉵義同爾雅。

啓蒙

簥篞　喬涅　段氏說文篎字注云。許無簥篞者、許所據不从竹。案巢不从竹。上文言。釋文云。本或作簥。下文仲釋文云或作筗。釋文本均不从竹。則段說是也。舍人李巡義並讀簥爲喬舍人讀篞爲䵒故云篞密也。說文䵒、黏也。

黃侃評本正名

大管謂之簥。其中謂之篞。小者謂之篎。　管又謂之琯、說文古者琯以玉、舜之時、西王母來獻其白玉琯、前零陵文學奚景於泠道舜祠下得笙玉琯、案大戴禮少閒作琯、周頌執競作筦。俞蔭甫說、鷮簥並取義於喬、孫注簥、喬也、喬高也、李注簥、高也、然則簥亦喬也、後世以其言聲。故加殸、言管故加竹耳。　舍人讀篞爲䵒、故云篞密也、說文䵒、黏也。　篎之言紗也、眇也、廣雅紗、微也、說文眇、一目小也、管小謂之篎、猶木小謂之杪、禾芒謂之秒。字通作䎀、艸末謂之蔈、小鳥謂之鷦鷯、聲義皆近。參釋鳥桃蟲鷦其雌鴂條。

黃侃音訓

大管謂之簥

說文無簥字。孫注喬高也。知孫本止作喬。喬有高義、以本經句如羽喬、上句曰喬、小枝上繚曰喬是也。从喬者亦有高義、山銳而高喬是也。以說文證之、喬高而曲也。蹻、舉足行高也。橋、水梁也。僑、高也。驕、馬高六尺也。从喬聲者皆一意相承、後人不知而加竹、然則大管謂之簥猶大磬謂之毊矣。古玉篇引大籥管謂之簥、衍一籥字。引注無併字、其末多也字、餘同。

王仁俊日記

小者謂之篎 監本作之篎。今从經典釋文唐石經鄭樵注本至善堂九經本。

石經考文提要

管長尺圍寸併漆之 單疏本雪牕本同。釋文漆音七。按文選閒居賦管啾啾而並吹、李善引此注曰管長尺圍寸併吹之。與鄭注周禮併兩管而吹之義同。今作漆盇誤。

有底 注疏本同。單疏本底作底、雪牕本誤底。

其中謂之篞 單疏本雪牕本注疏本同。釋文唐石經篞作篞。

小者謂之篎 唐石經單疏本雪牕本元本同。釋文篎、郭音妙。石經考文提要引至善堂九經本亦作篎。閩本監本毛本篎誤篎。

大管至之篎○釋曰 注疏本刪。

今大予樂官有之是也 注疏本大予改太常、此本舊譌作大子、茲據下文所以鼓柷謂之止疏訂正。

校勘記

釋樂　管長尺圍寸併漆之　案文選閒居賦李善引此注曰、管長尺圍寸、併吹之。與鄭注周禮併兩管而吹之義同。今作漆蓋誤。

案、作漆不誤。風俗通義云、管漆竹。宋書樂志詩有瞽疏引皆作併漆之。

校勘記識語

篞小者名篎 十行本有此注、在小者謂之篎下。

校勘記訂補

小者謂之篎。篎从目、今本誤从耳。

小者謂之篎、疏今大予樂官有之。今本予誤作常。

注疏本正誤

別管大小之名也 明監本毛本湘本作小大、誤倒耳。

其中不大不小者名篎 明監本毛本湘本作其中不大不小者名篞小者名篎。此疑脫下四字、故以篞誤篎耳。

注疏校勘札記

四行大管謂之簥(注)管長尺圍寸併漆之有底賈氏以為如箎六孔○原本《玉篇》籥部「籥」下云：「《爾雅》：大籥管謂之籥」，疑字有誤。又引郭璞曰：「管長尺，圍寸，漆之，有底。賈氏以為如箎六孔也。」漆上無「併」字。郝氏《義疏》云：「《宋書·樂志》引《月令章句》云：管者形長尺，圍寸，有六孔，無底。」《廣雅》亦云「無底」。郭注作「有底」誤也。

宋監本校箋

大管謂之簥 管長尺、圍寸、併漆之、有底。賈氏以為如箎、六孔。

簥音驕。**其中謂之篞** 音聶 **小者謂之篎** 音妙

音圖・音

簥九遙翻音嬌。篞乃結翻音涅。篎、郭音妙、又亡小翻、徵明輕重交互出切、妙上聲。

音略

大管謂之簥嬌簥其中謂之篞涅小者謂之篎眇妙

孫偘直音

大管謂之簥嬌

直音校正

大管謂之簥大管長尺圍寸、如篪六孔。嬌其中謂之篞孽小者謂之篎眇

楊氏音訓

簥喬篞涅篎渺又音妙

于氏音釋

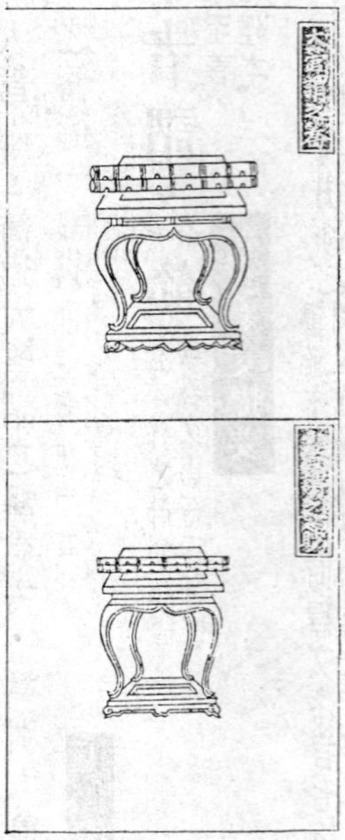

音圖・圖

大籥謂之產其中謂之仲小者謂之箹

大籥謂之產、籥如笛、三孔而短小。廣雅云七孔。其中謂之仲、小者謂之箹。

郭注

大籥至之箹　釋曰、籥樂器名。其大者名產、其中者名仲、小者名箹。郭云、籥如笛、三孔而短小、廣雅云七孔。周禮笙師掌敎吹籥、鄭注云、籥如篴、三空。詩邶風云左手執籥、毛傳云籥六孔。所見異也。

邢疏

大籥謂之產其中謂之仲小者謂之箹

仲、其聲適中仲呂也。小者形聲細小、故曰箹。御覽同上

犍爲注

黃輯古義

其中謂之仲小者謂之箹

仲、其聲適中仲呂也。小者形聲細小曰箹也。同上

犍爲注

玉函山房輯佚

其中謂之仲小者謂之箹

仲、其聲適中呂也。小者形聲細小曰箹也。同前同

鈎沉

其中謂之仲小者謂之箹

舍人曰、仲、其聲適中仲呂也。小者形聲細小曰箹也。御覽五百八十

漢注

大籥謂之產

郭璞云、籥如笛、三孔而短小、廣雅云七孔。

其中謂之仲小者謂之箹

舍人云、仲、其聲適中仲呂也。小者形聲細小曰箹也。太平御覽五百八十卷

一切注音

其中謂之仲小者謂之箹　舍人云、仲、其聲適中仲呂

也。小者形聲細小曰箹也。御覽五百八十

古注斠

籥羊灼反。管三孔也。本或作龠。簅音産、字又作産。笛徒歷反、字或作篴。仲或作䈺同。箹烏角反、又音約。

陸音義

籥本或作龠。○案說文龠爲樂之竹管、其作籥者乃書僮竹笘也、陸氏不能分辨。簅音産、字又作産。○說文籟、三孔籥也、大者謂之笙、其中謂之籟。李善注文選潘安仁笙賦引爾雅亦作大籥謂之笙。當由本各不同、然笙有專名、似非也。

音義攷證

大籥謂之産

産、禮樂者、據産萬物者、聖也。仁義接賓主有事俎豆有數曰聖。

其中謂之仲

大者産之、中者述之、小者學焉。仲之字進于學者也。

小者謂之箹

約之以禮、可以弗畔矣。

新義

大籥謂之産其中謂之仲小者謂之箹郭云籥如笛、三孔而短、廣雅云七孔。毛氏詩傳云六孔、是則其制有不同者耳。箹音渥。

鄭樵注

大籥謂之産
郭璞曰、籥如笛、三孔而短小、廣雅云七孔。
鄭樵曰、郭云籥如笛、三孔而短小、廣雅云七孔。毛氏詩傳云六孔、是則其制有不同者耳。
其中謂之仲小者謂之箹
舍人曰、仲、其聲適中呂也。小者聲音細小曰箹也。
鄭樵曰、箹音渥。

古注合存

大瑟謂之灑、大琴謂之離、大鼓謂之鼖、小者謂之應、大磬謂之毊
大笙謂之巢、小者謂之和、大篪謂之沂、大塤謂之嘂、大鐘謂之鏞
其中謂之剽、小者謂之棧、大簫謂之言、小者謂之筊、大管謂之簥
其中謂之篞、小者謂之篎、大籥謂之産、其中謂之仲、小者謂之箹、

鼖音墳、應平聲、毊音鴞、篪音池、沂音銀、塤壎同、嘂音叫、剽音瓢、棧音盞、筊音交、簥音嬌、篞音孽、篎音眇、箹音渥。○此釋八音之器之名也。疏曰、世本云、庖犧氏作瑟、五十絃、黃帝使素女鼓之而哀、乃破爲二十五絃。禮圖云、雅瑟長八尺一寸、廣尺八寸、二十三絃、常用者十九絃、餘四絃謂之番、番、贏也。頌瑟長七尺二寸、廣尺八寸、二十五絃、盡用之。熊氏云、瑟兩頭有孔、鄉飲酒禮云、二人皆左荷瑟、後首挎越、注云、越、瑟底孔也。樂記云、清廟之瑟、朱絃而疏越、鄭注云、朱絃、謂練朱絲也、練則絲熟而聲濁、疏、通也、兩頭孔相連而通、則聲遲也。孫叔然云、名灑者、音多變、布、如灑出也。琴操云、伏羲作琴、世本云、神農作琴、廣雅云、琴長三尺六寸六分、五絃、文王武王加二絃、五絃第一爲宮、次商角徵羽、文武二絃爲少宮少商。孫叔然云、名離者、音多變聲流離也。考工記云、韗人爲鼓、長八尺、鼓四尺、中圍加三之一、謂之鼖。周禮鼓人云、以鼖鼓鼓軍事。其小名應、言聲應於大鼓也。詩有瞽云、應朄縣鼓。磬、玉石爲之。世本云、無句作磬。磬言磬、聲磬磬然也。考工記云、磬氏爲磬、倨句一矩有半。大磬名毊。孫炎云、大磬聲清燥、故名毊也。笙、竹爲管、匏爲底、故八音笙爲匏。世本云、隨作笙。記云、有媧氏之笙簧。釋名云、笙、生也、象物貫地而生也。大者十九簧、名巢、巢、高也、小者十三簧、名和、言應和於笙也。鄉射記云、三笙一和而成聲。篪、釋名云、嗁也。孫炎云、篪聲悲。沂、悲也。郭云、竹爲之、長尺四寸、圍三寸、小者尺二寸。廣雅云八孔、一孔上出、先鄭注周禮云、七孔、蓋不數其上出者、故七也。塤、釋名云、喧也、聲濁喧喧然。大者名嘂、孫炎云、音大如叫呼聲也。郭云、燒土爲之、大如鵝子、銳上平底、六孔、小者如雞子。世本云、暴辛公作塤、蘇公作篪。譙周古史云、古有塤篪、世本以爲二公作、謬矣。詩巧言云、伯氏吹塤、仲氏吹篪、蘇公剌暴公也、故致此謬耳。鐘、釋文云、空也、內空受氣多也。世本云、垂作鐘。考工記云、鳧氏爲鐘。大者爲鏞。李巡云、鏞、大也。孫炎云、深長之聲也。大射禮云、其南笙鐘、其南鑮。鄭云、鑮如鐘而大、是也。中者名剽。孫炎云、聲輕疾也。李巡云、中、微小也。小名棧。李巡云、棧、淺也。東晉會稽剡縣井中得一鐘、長三寸、四徑四寸、上有古文銘曰棧、長三寸則淺也。風俗通云、舜

作簫其形參差以象鳳翼。博雅云、大者二十三管、無底、小者十六管、有底。郭云、大者長尺四寸、小者尺二寸。李巡云、名言者、聲言言而大也。筊、小也。郭云、管長尺、圍寸、并漆之、有底。賈氏云、如篪而六孔。小師註云、如笛小、併兩而吹、今太常樂官有之、是也。李巡云、聲高大、故云簥。簥註云、如笛三孔而短小。廣雅云、七孔。周禮笙師掌教吹籥、鄭註云、如篴三孔。詩邶風云、左手執籥、毛傳云、籥六孔、所見異也。愚按諸名自簫、應鏞以外、六藝多未詳。

注疏參義

沈約宋書樂志引爾雅比今文詳略小異、蓋以注稍加潤色者。如瑟二十七絃者曰灑、大琴曰離、二十絃、磬形似犁、以玉爲之、大曰馨、笙十九簧者曰巢、篪大者尺四寸圍三寸曰沂、塤大者曰嘂、大鐘曰鏞、中者曰剽、小者曰棧、懸鐘磬者曰筍簴、橫曰筍、縱曰簴、簫編二十三管尺四寸者曰言、十六管長二寸者曰筊、管長尺圍寸并漆之有底、大者曰簥、中者曰篞、小者曰篎、籥如笛三孔而短小、七孔、大者曰產、中者曰仲、小者曰箹。巢亦作篻、言亦作管、仲亦作䈺。舍人云、大笙聲眾而高也、小者音相和也。塤大者如鵝子、聲合黃鐘大呂。小者如雞子、聲合大簇夾鐘。大管聲高大、故曰簥。簥、高也。中者聲精密、故曰篞。篞、密也。小者聲音清妙也。中籥其聲適仲呂也。小者形細小、故曰箹也。按此乃李巡孫炎所從本而疏不采何也。

補注

大籥謂之產 **註** 籥如笛三孔而短小。廣雅云七孔。其中謂之仲、小者謂之箹 **正義** 明堂位云、葦籥、伊耆氏之樂也。孔疏云、葦籥、截葦爲籥。蓋籥三孔、主中聲、而上下之律呂於是乎生、命之曰籥、以黍籥之法在是也。風俗通義云、周禮籥師掌教國子歈籥。詩云、以籥不僭。籥、樂之器、竹管三孔、所以和眾聲也。釋名云、籥、躍也、氣躍出也。籥有大中小之異名、此釋之也。說文云、籟、三孔龠也。大者謂之產、其中謂之仲、小者謂之箹。疑今本仲字爲誤。据風俗通義引禮樂記云、籟三孔龠也、大者謂之產、其中謂之仲、小者謂之箹、與今本同。太平御覽引舍人云、仲、其聲適中呂也。小者聲音細小、曰箹也。是舍人本亦作其中謂之仲也。蓋籥一名籟、與簫之別名同。故淮南說山訓云、視籟與竽。高誘註籟、三孔籥也。以其管孔空處成音也。是籟爲籥之別名、不當屬之其中矣。說文又云、箹、小籟也。小籟猶云小籥也。**註** 籥如至七孔。**正義** 說文及笙師鄭註俱作三孔、郭註與許鄭同。邶風簡兮云、左手執籥、毛傳籥六孔。釋文云、以竹爲之、長三尺。廣雅又以爲七孔、所見異也。

正義

大籥謂之產其中謂之仲 王棻、說文繫傳、籟、三孔籥、大者謂之笙、其中謂之籟、小者謂之箹。依說文則產當作笙、仲當作籟。又文選潘岳笙賦註引爾雅大籥謂之笙、郭云如笛三孔而狹小。選註與說文合、產爲笙之譌字無疑。周禮笙師掌教吹籥、籥有笙名亦一証也。

校議

大籥謂之產 籥如笛三孔而短小。廣雅云七孔 **其中謂之仲小者謂之箹**

籥者、龠之叚借也。說文云龠、樂之竹管、三孔、以和眾聲也。通作籥。少儀注籥如笛三孔、笙師注同、皆郭所本也。又引廣雅云七孔、詩簡兮傳六孔、不同者、蓋籥施用有異、故孔數不同。其施於舞所執者則六孔、當如笛而短、其施於吹以和樂者則三孔、如笛而長。知者風俗通引樂記云、笛長一尺四寸、七孔。簡兮釋文云、籥長三尺、執之以舞。是舞籥長於笛有半、則知吹籥短於笛、其體當不過一尺也。笛與籥全相似、故廣雅云龠謂之笛、又云有七孔。以簡兮傳六孔推之、則知廣雅之七孔亦當指舞籥而言矣。舞籥有孔者雖施於舞、亦用以吹、故周禮序官籥師注云籥、舞者所吹、是其義也。然籥既如笛而有三孔、六孔、七孔不同者、說文云笛七孔、筩也。羌笛三孔。笙師注杜子春云篴、今時所吹五空竹篴。是笛之孔數亦未有定、然則吹籥短於笛而三孔、舞籥長於笛而六孔或七孔、始無可疑矣。產、仲、箹者、說文以龠爲籟、仲亦爲籟、故云籟三孔龠也、大者謂之笙、按讙龤作䶵字䶵之譌釋文䟤作龤。其中謂之籟、小者謂之箹。又云箹、小籟也。風俗通引樂記與說文同、唯其中謂之仲句爲異。御覽五百八十引舍人云、仲、其聲適中仲呂也、小者形聲細小曰箹也。是舍人本作仲與郭同。籟又簫之別名、故廣雅云籟謂之簫。淮南齊俗篇注簫、籟也。孟子注籥、簫也。是簫籟籥古皆通名、故說文以籥爲籟矣。

義疏

大籥謂之產其中謂之仲小者謂之箹　舍人注、仲、其聲適中仲呂也、小者形聲細小曰箹也。仲、許愼應劭引皆作籟、龠、三孔、下从冊、則如笙制、亦編竹爲之、與簫同也。舞者左執以吹、故爲異於諸器之擊捻耳。產、从彥、厂之文也、艸木之生、因爲生物之名。龠和眾聲、象生物。笙、象物生耳。約亦龠也、總束之詞。

集解

大籥謂之產　說文、龠、樂之竹管、三孔、以和眾聲也。詩毛傳謂籥六孔。廣雅、籥謂之笛、有七孔。今謂龠上从亼品、三孔之說是也。下从冊、編竹而為者、與簫類也。舞者左執而吹、異諸器之擊捻耳。產、生也、从生彥省聲。說文引作笙、因笙亦為生故也。漢書律歷志、籥、黃鐘之實也、躍微動氣而生物也。**其中謂之仲小者謂之箹**　仲、說文風俗通均引作籟、三孔龠也。其云仲者、以聲之中而和也。或者以仲竹為之與。釋艸仲無笎、謂無節而中作龠材耳。箹从竹約、謂束竹、亦狀箹形。

義證

大籥謂之產

〔註〕籥如笛三孔而短小。廣雅云七孔。〔補正〕邢疏、郭云三孔、廣雅云七孔、周禮笙師掌教吹籥註云籥如篴三孔。詩邶風左手執籥傳云籥六孔、所見異也。臣鎣按、風俗通亦云籥三孔、豈六孔之籥其大者與、三孔之籥其小者與。廣雅謂之七孔、或連上漏而言。

其中者謂之仲小者謂之箹

〔補正〕臣鎣按、御覽引舍人註云、仲、其聲適仲呂也、小者形聲細小曰箹也。

郭注補正

大籥謂之產其中謂之仲小者謂之箹、說文解字作大籥謂之笙、其中謂之籟、小者謂之箹。又云箹、小籟也。按籟應从許愼、不應作仲、產應从本書、不應作笙。笙者十三簧、不與三孔籥同制、大笙謂之巢、小笙謂之和、亦不得借名。笙產以字形而誤與。

錢氏古義

大籥謂之產　注籥如笛三孔而短小廣雅云七孔

正曰、籥篴、散文則通、對文則異。周禮春官笙師掌教龡籥篴、鄭注、籥如篴三空。說文龠部、龠樂之竹管、三孔。龠通作籥。凡此言籥者、皆三孔籥也。笙師鄭注、杜子春讀篴爲蕩滌之滌、今時所吹五空竹篴。篴面五孔也。詩邶簡兮左手執籥、毛傳籥六孔。篴夾倂籥面五孔合底一孔爲六孔也。廣雅釋樂、龠謂之笛、有七孔。笛卽篴字、面五孔、底一孔、合吹口一孔爲七孔也。凡此言籥者、皆五孔六孔七孔之蓫也。郭注混籥篴爲一物，其夾讀周禮未審邪。

正郭

大籥謂之簅

籥如笛三孔而短小。廣雅云七孔

釋文云，笛字或作篴。文選笙賦注引作三孔而狹小。長笛賦注引仍作短小，與今本同。二賦注俱引作廣雅曰，仿宋本脫廣雅云七孔五字。

郭注佚存補訂

大籥謂之簅，其中謂之仲，小者謂之箹

籥，說文作龠，云樂之竹管，三孔，以和眾聲也。此專言吹籥也。邶風簡兮左手執籥，毛傳云籥六孔。彼釋文云籥長三尺，執之以舞。小雅鼓鐘以籥不僭，箋云籥，舞文樂也。賓之初筵籥舞笙鼓，傳云秉籥而舞，與笙鼓相應。此皆舞籥也。簡兮正義云，郭璞曰籥如笛三孔而短小，廣雅云七孔。鄭於周禮笙師及少儀明堂位注云籥如笛，三孔。此傳云六孔，與鄭不同，蓋以無正文，故不復改。郝云，籥施用有異，故孔數不同。其施於吹以和樂者則三孔，如笛而短。其施於舞所執者則六孔，當如笛而長。廣雅云七孔，亦當指舞籥而言。籥有三孔、四孔、五孔、六孔、七孔之異，蓋未有定也。說文云籟三孔龠也，大者謂之笙，（笙爲簅字形之誤）其中謂之籟，小者謂之箹。箹，小籟也。仲亦籟也。舍人云，仲，其聲適中，仲呂也。小者形聲細小，曰箹也。釋文云，簅字又作産，仲或作筗。蓋郭本原作簅，故釋文以簅爲經字。

說詩

大籥謂之簅（釋文作簅。）

疏周禮笙師掌教吹籥（吹經作龡。）

注疏正字

大籥謂之簅　釋文云，籥本或作龠。盧學士曰，案說文龠爲樂之竹管，竹部籥訓爲書僮竹笘，陸氏不能分辨。又云簅字又作産。石經單疏本作産，詩正義二之三，北堂書鈔一百十一引作産。案說文無簅字。盧學士曰，說文籟三孔龠（今本誤籥）也，大者謂之笙，其中謂之籟，小者謂之箹。文選笙賦注引爾雅亦作大籥謂之笙，當由本各不同。

其中謂之仲　釋文云，仲或作筗。案說文無筗字。

小者謂之箹　北堂書鈔一百十一引作筠，係字誤。

匡名

大籥謂之簅，其中謂之仲，小者謂之箹（音約）　郭註，籥如笛三孔而短小。廣雅云七孔。明堂位葦籥，伊耆氏之樂也。孔疏，葦籥截葦爲籥。三孔主中聲，而上下之律呂於是乎生。命之曰籥，以黍籥之法在是也。衛風左手執籥，毛傳籥六孔。說文籥書僮竹笘也。龠樂之竹管、三孔、以和衆聲也、从品侖。侖、理也。籟、三孔籥也、大者謂之笙、其中謂之籟、小者謂之箹。箹、小籟也。風俗通義引樂記與今本同。舍人云、仲、其聲適中呂也。是舍人本亦从仲。段註管龠與龠別。籟作仲、誤。謂大者六孔、中者三孔。

啓蒙

籥　龠　釋文。籥、管三孔也。本或作龠。案說文。籥、書僮竹笘也。龠、樂之竹管三孔以和衆聲也。當作龠。經典多用籥叚借字。

簅　產　釋文簅音產。字又作產。盧氏文弨曰、說文。籟、三孔龠也。大者謂之笙、其中謂之籟。

李善注文選笙賦引爾雅亦作大籥謂之笙。當由本各不同。然笙有專名、似非也。笙同名異物、未爲不可、借笙名龠、亦不必別求本字。

黃侃評本正名

大籥謂之產。籥如笛、三孔而短小、廣雅云七孔。　龠笛異物、而廣雅云龠謂之笛者、通言不別也。其言七孔、則直以笛為龠也。　籥笛皆橫吹、羌笛長笛則今之洞簫也、直吹。杜子春所云遂亦羌笛、惟說文及樂記所言為古之笛、而與龠相似。

黃侃音訓

大籥謂之產

錦燧謹案、說文竹部籥下云、書僮竹笘也、从竹龠聲。纂文云、關西以書篇爲書籥。此用籥之本義。樂器之籥、說文作龠、部首云、龠、樂之竹管、三孔、以龢衆聲也、从品侖。侖、理也。故郝氏義疏謂籥者龠之假借也。蒙謂此籥字非假竹笘之籥爲之、蓋猶喬之加竹作簥、產之加竹作簅、乃後儒增益偏旁之俗字也。大龠謂之產者、說文竹部籟下云、三孔龠也、大者謂之笙、其中謂之籟、小者謂之箹。許君雖未明言爾雅、蒙疑許君所見爾雅別本當有作笙者。郝蘭皋謂笙當作簅字形之誤、其說非也。笙與產義近、作笙作產、自是各本之異文、安得强指爲誤字。以郭本作產推之、作笙者其殆樊孫本乎。笙从生得聲、即有生義、而產又从生得義、禮記禮器德產之致也精微、疏云產生也。又周禮大宗伯以天產作陰德、疏云產、生也。又左氏僖公三年傳請以屈產之乘、服注云產、生也。又孟子梁惠王上無恒產、趙注云產、生也。又國語晉語其產將害大、韋注云產、生也。又呂覽當賞皆爲得其處而安其產、高注云產、生也。此皆產訓爲生之明證。大龠名產而取義於生、猶笙之取義於生也。大龠又名笙、是與笙簧之笙異物而同名、猶大磬謂之喬而大管亦謂之喬也。

陸錦燧日記

大籥至之箹○釋曰　注疏本刪。

校勘記

廣雅云七孔　十行本雪牕本吳本並有、在籥如笛三孔而短小之下。南昌本闕。

校勘記訂補

五行大籥謂之產○「產」，《釋文》作「簅」，云：「字又作產。」

六行其中謂之仲○《說文》「籟」下云：「三孔龠也。大者謂之產，其中謂之籟，小者謂之箹。」《風俗通義》引《樂記》作「其中謂之仲」，與今本《爾雅》同。

宋監本校箋

大籥音藥謂之產

小者謂之箹音約

音圖・音

箹、烏角翻、音近郁、屋覺微別。又音約。

音略

孫侶直音

大籥(藥)謂之產。其中謂之仲。小者謂之箹。(約勒)

直音校正

小者謂之箹(約)

楊氏音訓

大籥謂之產其中謂之仲小者(籥如笛三孔而短小、廣雅云七孔。)謂之箹。(渥)

干氏音釋

箹(約)

音圖·圖

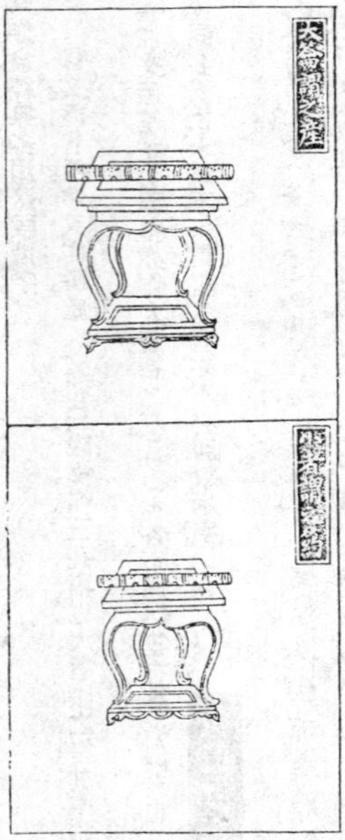

徒鼓瑟謂之步 徒吹謂之和 徒歌謂之謠 徒擊鼓謂之咢 徒鼓鐘謂之修 徒鼓磬謂之蹇

郭注

徒鼓瑟謂之步、(獨作之。)徒吹謂之和、徒歌謂之謠、(詩云我歌且謠。)徒擊鼓謂之咢、(詩曰或歌或咢。)徒鼓鐘謂之修、徒鼓磬謂之蹇。(未見義所出。)

邢疏

徒鼓瑟至之蹇 釋曰凡八音備作曰樂、一音獨作不得樂名、故此辨其異名也。徒空也。鄭注周禮小師云出音曰鼓、空作一器以出其音者謂之徒鼓、故郭云獨作之也。注詩云我歌且謠 釋曰此魏風園有桃篇文也。毛傳云曲合樂曰歌、徒歌曰謠。孫炎曰聲消搖也。注或歌或咢 釋曰、大雅行葦篇文也。毛傳云歌者比於琴瑟也、徒擊鼓曰咢。孫炎云聲驚咢也。

李注

徒擊磬謂之蹇

置擊枲聲蹇連也。釋文

徒歌謂之謠

聲消搖也。詩正義五之三

徒擊鼓謂之咢

聲驚咢也。詩正義十七之二 邢疏

孫音注

徒歌謂之謠

謂無絲竹之類、獨歌之。初學記十五

徒擊鼓謂之咢

行葦傳云、歌者比於琴瑟也、徒擊鼓曰咢。

初學記引爾雅有聲比於琴瑟曰歌一句、

以毛傳推之今本似有脫文。郝氏義疏

徒鼓磬謂之蹇

初學記引爾雅作徒擊磬謂之蹇。

眾家注

黃輯古義

徒鼓磬謂之寋

置擊眾聲寋連也。釋文

李注

徒歌謂之謠

聲消搖也。詩魏風園有桃正義

徒擊鼓謂之咢

聲驚咢也。邢疏 詩大雅行葦正義

孫音注

玉函山房輯佚

徒擊鼓謂之咢

聲驚咢也。孫注 詩疏十七之二

鈎沉

徒歌謂之謠

孫曰、聲消搖也。詩正義五之三

注曰、謂無絲竹之類獨歌之。初學記十五

徒擊鼓謂之咢

孫曰、聲驚咢也。詩正義十七之二 邢疏

徒鼓磬謂之寋

李曰、置擊眾聲寋連也。釋文

漢注

徒鼓瑟謂之步

郭璞云、獨作之。

徒吹謂之和徒歌謂之謠

孫炎云、聲消搖也。詩正義五之三卷 郭璞云詩曰我歌且謠。

徒擊鼓謂之咢

孫炎云、聲驚咢也。詩正義十七之二卷 郭璞云、詩曰或歌或咢。

徒鼓鐘謂之修徒鼓磬謂之寋

李巡云、置擊眾聲寋連也。釋文二十九卷 郭璞云、未見義所出。

一切注音

徒歌謂之謠 孫炎曰、聲消搖也。爾雅云謂無絲竹之類獨歌之。並詩園有桃正義 爾雅有聲比於琴瑟曰歌。初學記

蕙心案引爾雅云云皆舊注文。

徒擊鼓謂之咢 孫炎曰聲驚咢也。詩行葦正義

徒鼓磬謂之寋 李巡云、置擊眾生寋連也。郭云、皆五音別名其義未詳。並釋文

蕙心案、初學記引爾雅作徒擊磬謂之寋、以李注推之鼓當作擊。郭云者音義文也。

古注斠

徒吹本或作龡字同。昌睡反。咢五各反。字林或作噩。又本作鄂。修如字。本作脩字。寋李云置擊衆聲寋連也。本或作謇字同。紀

展反。或作寋字、非。郭云未見義所出、未知李何所據。上重敢紘迭翊、郭云皆五音別名、其義未詳。諸家或有音訓、亦可為義。上下皆類此。

陸音義

徒吹本或作歙字○周禮作歙、為籥之省文。說文吹、嘘也。義別。今經典通用吹。號字林或作罘○臧云林疑是衍文。罘即號之正體、安得云字林或字。修本作脩字○修當謂聲修長、作脩無義。

音義攷證

徒鼓瑟謂之步

杜有推移、然主在止。

徒吹謂之和

有吹焉則和、風其吹汝是也。謠或搖之。徒鼓瑟若今燕獨彈矣。徒吹若今燕獨吹笙矣。他放此。

徒歌謂之謠

有搖之者、王文公曰、物俞乃可搖、俞甚可也。

徒擊鼓謂之咢

無所聞而警、非咢也。詩曰或歌或咢、歌甚可咢、有不可焉。

徒鼓鍾謂之修

無所聞而戒、非修也。詩曰鼓鍾于宮、聲聞于外。

徒鼓磬謂之寋

石聲為乾、乾坎在前、故子擊磬荷蕢者以為言焉。

新義

徒鼓瑟謂之步徒吹謂之和徒歌謂之謠徒擊鼓謂之咢徒鼓鍾謂之修徒鼓磬謂之寋徒、獨也。和、胡臥反。寋音蹇。

鄭樵注

徒鼓瑟謂之步　郭璞曰、獨作之。

徒歌謂之謠　孫炎曰、聲消搖也。郭璞曰詩云我歌且謠。

徒擊鼓謂之咢　孫炎曰、聲驚咢也。郭璞曰、詩曰或歌或咢。

徒鼓磬謂之寋　李巡曰、堂擊衆聲寋連也。郭璞曰、未見義所出。總上句言之　鄭樵曰、徒、獨也。和、胡臥反。寋音蹇。自徒鼓瑟至此總釋之也。

古注合存

徒鼓瑟謂之步、徒吹謂之和、徒歌謂之謠、徒擊鼓謂之咢、徒鼓鐘謂之修、徒鼓磬謂之寋。吹和並去聲、咢音諤、寋音蹇。○凡八音並作曰樂、一音獨作不得樂名、此備釋徒鼓徒擊之屬之名也。註曰、徒者、獨作之也。詩園有桃云、我歌且謠、又行葦云、或歌或咢、餘義未見所出。疏曰、徒、猶空也。詩園有桃云、我歌且謠、毛傳云、曲合樂曰歌、徒歌曰謠、孫炎云、聲消搖也。詩行葦云、或歌或咢、毛傳云、歌者比於琴瑟也、徒擊鼓曰咢、孫炎云、聲驚咢也。愚按鼓琴之鼓、猶搏也、拊也。鼓鐘鼓磬之鼓、猶考也、擊也。

注疏參義

徒鼓瑟謂之步 **註** 獨作之 **正義** 後鄭註小師云、出聲曰鼓。說文云鼓、擊鼓也。作樂在八音克諧、其獨作之者、為別其名。徒鼓瑟謂之步、步之義未詳。

徒吹謂之和徒歌謂之謠 **註** 詩云我歌且謠 **正義** 釋名云、竹曰吹、吹、推也、以氣推發其聲也。人聲曰歌、歌、柯也、所歌之言是其質也、以聲咏吟有上下、如草木之有柯葉也、故兗冀言歌聲如柯也。案笙師掌教龡竽笙塤籥簫篪篴管舂牘應雅、詩亦云伯氏吹壎、是吹不專指竹之屬也。舜典云歌永言、詩疏引鄭註云、歌所以長言詩之意。又鄭註小師云歌依詠詩也。鞮鞻氏云則歙而歌之。是歌不專屬人聲也。此云徒吹徒歌則指吹竹與人聲而言。徒吹謂之和、其義未詳。徒歌謂之謠者、詩疏引孫炎云聲消搖也。說文云䚻徒歌从言肉。

註 詩云我歌且謠。○ **正義** 魏風園有桃文。毛傳曲合樂曰歌、徒歌曰謠。釋文引韓詩薛君章句云有章句曰歌、無章句曰謠。左傳疏云言無樂而空歌其聲逍遙然也。

徒擊鼓謂之咢 **註** 詩曰或歌或咢 **徒鼓鍾謂之脩徒鼓磬謂之寋** **註** 未見義所出 **正義** 鼓鍾磬皆合樂之器、此釋其獨作者之異名也。徒擊鼓謂之咢、詩疏引孫炎云聲驚咢也。徒鼓鍾謂之脩、其義未詳。徒鼓磬謂之寋、釋文引李巡云罝擊衆聲寋連也。本或作謇。**註** 詩曰或歌或咢○ **正義** 大雅行葦文。毛傳用爾雅。

正義

徒鼓瑟謂之步 獨作之 **徒吹謂之和徒歌謂之謠** 詩云我歌且謠 **徒擊鼓謂之咢** 詩曰或歌或咢 **徒鼓鍾謂之脩徒鼓磬謂之寋** 未見義所出

凡八音備舉曰樂、一音獨作不得樂名、此別其異稱也。鼓者、擊也、動也。周禮小師注出聲曰鼓。徒者、空也、但也、猶獨也。徒鼓瑟謂之步者、步猶行也。文選樂府詩注引歌錄有齊瑟行、行即步之意也。○吹者、釋文云本或作歙。說文作龡。釋名云竹曰吹、吹、推也、以氣推發其聲也。按吹有吹管、吹壎、要以竹爲主。樂記云竹聲濫、濫以立會、謂之和者、吹竹其聲繁會取相應和爲義也。○歌者、說文云詠也。釋名云人聲曰歌。按歌有弦歌、笙歌、要以人聲爲主。謠者、說文作䚻云徒歌从言肉。肉即人聲。石經作謠。詩園有桃傳、曲合樂曰歌、徒歌曰謠。初學記引韓詩章句、有章曲曰歌、無章曲曰謠。又引爾雅注云、謂無絲竹之類獨歌之詩。正義引孫炎曰聲消搖也。然則謠有消搖之義。檀弓云孔子消搖於門而歌、此歌即徒歌矣。○咢者、說文作㖾、云譁訟也。詩行葦正義引孫炎曰、聲驚咢也。驚咢即譁訟之意。樂記云鼓鼙之聲讙、讙即譁也。鼓聲使人警動、故謂之咢。行葦傳云、歌者比於琴瑟也、徒擊鼓曰咢。初學記引爾雅有聲比於琴瑟曰歌一句、以毛傳推之、今本似有脫文。○脩者長也、大也。樂記云鍾聲鏗、鏗者、聲宏大而遠聞、故謂之脩矣。○寋者、釋文引李巡云罝擊衆聲寋連也。本或作謇、或作蹇、非。按初學記引爾雅正作徒擊磬謂之蹇、即釋文所非者、但寋謇俱或體、寋爲正字。易云往蹇來連、馬融注連、劢善亦難也。是蹇連義同。李巡與馬融合、因知李本寋蓋作蹇、陸德明不知作蹇乃古本、反據今本作寋而非之、謬矣。樂記云石聲磬、磬與經古音近而義同。論語經於溝瀆、即禮記磬於甸人之義、磬經蹇俱聲相轉。

義疏

徒鼓瑟謂之步徒吹謂之和徒歌謂之謠　初學記引韓詩章句、有章曲曰歌、無章曲曰謠。又引爾雅注云謂無絲竹之類獨歌之。詩正義引孫炎曰聲消搖也。然則謠有消搖之義。檀弓云孔子消搖於門而歌、此歌即徒歌矣。念孫案、消搖於門、非徒歌之謂、下文乃言歌耳。

郝注刊誤

徒鼓瑟謂之步徒吹謂之和徒歌謂之謠 䚻 **徒擊鼓謂之咢** 孫注、謠、聲消搖也。咢、聲驚咢也。郭注、獨倡之。詩云我歌且謠、或歌或咢。**徒鼓鍾謂之脩徒鼓磬謂之寋** 蹇 詩、倡予和女。郭注、未見義所出。楚詞、令蹇修以爲理。

集解

徒鼓瑟謂之步 步、行也。弦彈分段而振動如步行然、今音學家說亦如是。**徒吹**

謂之和上經小笙謂之和、因爲徒吹之偁、益吹以竹爲主也。詩倡予和女。或者即共鳴謂與。徒歌謂之謠謠、字本作䚻、从言肉、謂人聲耳。釋名人聲曰謠者、此也。詩我歌且謠。徒擊鼓謂之咢咢、字本作咢、諱訟也。樂記鼓鼙之聲讙、讙即諱也。詩、或歌或咢。徒鼓鐘謂之脩脩、脯也、从肉攸聲。𢓊𨓊通用。𨓊、疾也、長也。狀鐘之聲。離騷、汝何博謇而好修兮。謂其徒鼓謦鐘耳。徒鼓磬謂之謇謇、字本作蹇、跛也。引申為難。易序卦蹇難也、是也。亦狀磬聲、離騷則以謇為之。

義證

徒鼓鐘謂之修徒鼓磬謂之謇。釋文曰、謇本或作蹇。

修謂餘音修長。蹇謂託意偃蹇。鐘音本修迭奏、則他音間之、惟徒鼓乃益覺其修也。磬所以罄達心曲、荷蕢者聞磬而知孔子有心。鐘期聞磬而知其人悲是也。徒鼓不成樂、寫其心之屯蹇而已。離騷、解佩纕以結言兮、吾令蹇修以爲理。蹇修二字並見、舊註或謂堯臣、或謂古官媒名、但望而解之、無實證也。騷蓋本爾雅此文、言欲託鐘磬以條達其離憂、若詩之言鼓樂之耳。

補郭

徒鼓瑟謂之步

註獨作之補正邢疏、徒、空也。鄭註周禮小師云、出音曰鼓。空作一器以出其音者謂之徒鼓。

徒吹謂之和徒歌謂之謠吹、昌睡反。和、去聲。

註詩云我歌且謠

徒擊鼓謂之咢咢、五各反。

註詩曰或歌或咢補正臣鍌按、疏引孫炎云聲驚咢也。未審。

徒鼓鍾謂之脩徒鼓磬謂之寋寋、紀展反。

註未見義所出

郭注補正

徒歌謂之謠

郭注詩云我歌且謠。按初學記引韓詩章句、有章曲曰歌、無章曲曰謠。又引尒疋注云謂無絲竹之類、獨歌之。詩校郭氏語意加詳、益舊注也。正義引孫炎曰聲消搖也。搖與謠通。禮檀弓云孔子消搖而歌、此歌即徒歌矣。

舊注攷證

徒吹謂之和徒歌謂之謠

詩云我歌且謠

上下注引詩皆作曰、此作云、傳寫之誤。

徒擊鼓謂之咢

詩曰或歌或咢

仿宋本誤作詩云、御覽引亦誤作云。

郭注佚存補訂

徒鼓瑟謂之步徒吹謂之和徒歌謂之謠

郭注云獨作之。邵云作樂在八音克諧、其獨作之者爲別其名。吹、說文作龠。釋文云本或作龡、龡爲籥之省文。歌者、說文云詠也。謠、說文作䛩、云徒歌。从言肉。肉、八聲也。衛風考槃獨寐寤歌、卽所謂徒歌也。魏風園有桃我歌且謠、毛傳云、曲合樂曰歌、徒歌曰謠。孫炎云聲消搖也。初學記引韓詩章句云、有章曲曰歌、無章曲曰謠。又引爾雅注云謂無絲竹之類獨歌之。此蓋舊注也。

徒擊鼓謂之咢徒鼓鍾謂之脩徒鼓磬謂之寋

釋文云咢、或作㖾。說文云㖾、譁訟也。郝云、樂記鼓鼙之聲讙、讙卽譁也。郭注引詩曰或歌或咢、此大雅行葦文也、毛傳云、歌者比於琴瑟也、徒擊鼓曰咢。正義引孫炎曰聲驚咢也。鼓聲使人震驚、故曰咢。 餘詳訂經。

說詩

徒鼓鐘謂之脩徒鼓磬謂之寋

郭注未詳。柏年案、楚辭吾令蹇脩以爲理、正用此訓。舊說都以蹇脩爲伏羲時臣掌媒者、不見所本、疑非。蓋屈原自放水濱、欲藉鐘磬以寫其憂、猶詩云鐘鼓樂之也。

補釋

徒吹謂之和（和、如字。音去聲、誤。當爲衍文。）

徒鼓鐘謂之脩（釋文作修。）

疏孫炎曰聲消搖也（孫、監本誤係。）

注疏正字

徒鼓瑟謂之步 鼓當从攴作鼓、二字義異。在說文鼓字自爲部、云郭也。此鐘鼓之鼓。其訓擊者在攴部、云擊鼓也、从攴壴聲讀若屬。（大徐本刪去此三字）玉篇攴部亦有鼓字、云之錄切、擊也。佩觿中（〇上聲去聲相對）云鼓鼓、上音古、鐘鼓。从㞢、㞢他刀翻。（據說文鼓从攴不从㞢、佩觿誤。）从攴从皮皆非也。下之錄工戶二翻、擊鼓也、从攴、攴普卜翻。二書皆與說文合。然釋文鼓鼓淆溷、已不申明。廣韻二字並收八十姥部、而三燭部不收鼓字、則此字之誤已久矣。

此篇唯徒擊鼓謂之咢當从攴、其鼓鐘鼓磬鼓柷鼓敔四鼓字皆當从攴。

徒吹謂之和 釋文云吹本或作歈。盧學士曰、說文（龠部）龢、龢音律管壎之樂也、从龠炊聲。周禮作歈、爲龠之省文。口部吹、噓也。義別。經典通用吹。 和當作龢。（見前）

徒歌謂之謠 說文（言部）䛩、徒歌、从言肉。隸變作謠。 一切經音義（五又十八）引徒歌曰謳、又（二十）引徒歌爲謠、周禮疏（廿三）引徒歌曰謠。 歌通哥、說文（可部）哥、聲也、从二可、古文以爲歌（今本誤謌）字。

徒擊鼓謂之咢 釋文云咢、字林或作㖾、又本作鄂。案說文（吅部）㖾、从吅屰聲。隸變从亏。 詩正義（十七之二）引謂之作曰。

徒鼓鍾謂之修 鍾、石經作鐘。（見上） 釋文云修、本作脩。盧學士曰、修謂其聲修長也、从月無義。

徒鼓磬謂之寋 釋文云寋、李云置擊㞕聲寋連也、本或作謇字同、紀展反、或作蹇字非。案蹇字不知所从、說文言部亦無謇字、則當从足爲正。陸於三文中獨擇其是者斥以爲非、殊不審矣。北堂書鈔一百八引作蹇。初學記十六引作徒擊磬。臧氏鏞堂曰、磬多言擊、寡言鼓、葢涉上文而譌。

匡名

徒鼓瑟謂之步徒吹謂之和徒歌謂之謠鄭註、出聲曰鼓。作樂八音克諧、此爲獨作之者別其名。釋、竹曰吹、吹、推也、以气推發其聲也。人聲曰歌、歌、柯也、所歌之言是其質也、以聲咏吟有上下、如草木之有柯葉也、故兗冀言歌聲如柯也。魏風我歌且謠。說文䍃、徒歌、从言肉。

徒擊鼓謂之咢徒鼓鐘謂之脩徒鼓磬謂之寋音蹇此亦爲獨作別其名。大雅、或歌或咢。說文作㖾、譁訟也、从吅屰聲。註引伸爲徒擊鼓曰咢。李巡云蹇連也。本或作謇。說文蹇跛也从足寋省聲。俗作謇、非。易曰蹇難也。郭註未見義所出。

啓蒙

寋 𡨄 釋文寋。李云。置骍衆聲寋連也。本或作謇。同字或作蹇。非。案易往蹇來連。據李巡寋連之訓。則字正當作蹇。非字或係衍文。說文無寋謇字。初學記引爾雅正作蹇

黃侃評本正名

徒鼓鐘謂之脩、徒鼓磬謂之寋。 脩、悠也、脩長之脩、以脩爲本字、猶昔引申訓古也。盧文弨謂作脩無義、大非。寋者蹇之異體、蓋从足變从尸耳。嚴元照曰、北堂書鈔一百八引作蹇、按初學記樂下亦引作蹇。 說文支部鼓、擊鼓也、从支、壴聲、與鐘鼓字从𡕒者異、此兩鼓字與上徒擊鼓鼓字異。或據李注與初學記樂下謂此文當作擊磬、說本阮元臧鏞堂、其實今本亦未必非也。

黃侃音訓

大籥謂之產 其中謂之仲 徒吹謂之和 徒歌謂之謠

釋文籥本或作龠。釋樂釋文 說文作龠、云竹管三孔。龠部 釋文產作㢆、云字又作產。釋樂釋文 仲本或作筗、同。釋樂釋文 風俗通引禮樂記、籟三孔龠也、大者謂之產、其中謂之仲、小者謂之箹。聲音篇 說文籟、三孔龠也、大者謂之笙、其中謂之籟、小者謂之箹。竹部 文選注作大籥謂之笙。潘安仁笙賦注 釋文徒吹本或作歈。釋樂釋文 周禮作歈。春官笙師 說文作龡、从龠炊聲。龠部 䍃、徒歌。从言肉。余招切。言部

大籥謂之產、其中謂之仲、注云、籥如笛、三孔而短小、廣雅云七孔。風俗通引禮樂記、籟、三孔龠也、大者謂之產、其中謂之仲。按籟爲三孔籥、籟即籥也。古樂記二十三篇、小戴採十一篇合爲一篇、今所傳樂記是。十二篇佚、應氏所引佚篇樂器篇文也、與爾雅正合。說文籟、三孔龠也、大者謂之笙、其中謂之籟。李善注文選笙賦引爾雅亦作大籥謂之笙、當由所本不同、或笙與產形近而誤也。又釋文、籥本或作龠。按說文作龠、云竹管三孔、龠乃書僮所笘也。應從本或作龠、經典承用皆假借作籥。

徒擊鼓謂之咢 徒鼓鐘謂之脩 徒鼓磬謂之寋

釋文、字林咢作㖾、釋樂釋文 又本作鄂。釋樂釋文 脩作修、如字、本作脩。釋樂釋文 寋本或作謇。釋樂釋文

證異

徒鼓鍾謂之脩

釋樂徒鼓鍾謂之脩、郭注未見義所出。頤煊案、考工記鳧氏、鍾大而短則其聲疾而短聞、鍾小而長則其聲舒而遠聞。脩亦取遠聞爲義。

讀爾雅録

徒歌謂之謠

說文今本無謠、古玉篇謠下引說文獨歌也。元應音義十五引同、則古本自有謠字。華嚴十忍品音義引劉熙曰、徒、獨也。故徒歌謂之獨歌。周禮大司樂疏、國語晉語童謠有之注、列子穆王篇西王母爲王謠注、漢書五行志中之上晉獻公時童謠曰注、敘傳上考遘愍以行謠注、穆天子傳三西王母爲天子謠注、皆曰徒歌曰謠。書大傳其歌聲比余謠注、左僖五年傳童謠云疏、皆用雅訓、而邵郝未之引。郝止引詩傳。

王仁俊日記

徒鼓瑟謂之步、郭云獨作之。毛奇齡經問云、人有步、徒步是也。馬有步、步馬是也。車亦有步、曲禮執策分轡驅之五步而立、少儀執轡然後步是也。步馬未駕車、步車未駕人、步者徒之別名。左傳步兵曰徒兵、論語步行曰徒行。爾雅徒鼓瑟謂之步、謂未操瑟者先作彈搊以和其器也。楷案、毛釋步義甚精、但謂未操瑟先作彈搊以和其器、則猶未是。蓋徒之言空也。徒鼓瑟謂不合詩歌也。禮樂鼓瑟必合詩歌、鄉飲酒禮、燕禮升歌有瑟、並云工歌鹿鳴、四牡、皇皇者華。又並云笙入樂南陔、白華、華黍。可證此蓋指燕居而言、非作樂之正禮。下文徒吹徒歌等皆同。邵晉涵引韓詩章句有章句曰歌、無章句曰謠、左傳疏言無樂而空歌、聲逍遙然也、以釋徒歌謂之謠、是徒歌非未作歌而諷詠以和其聲、卽不得謂徒鼓瑟爲未操瑟而彈搊以和其器矣。郭謂獨作亦失之。

稗疏

徒鼓瑟謂之步。徒吹謂之和。徒歌謂之謠。徒擊鼓謂之咢。徒鼓鐘謂之修。徒鼓磬謂之蹇。

邕案。徒、學徒也。孟子滕文公篇其徒數十人。趙岐章句云。其徒、學其業者也。呂氏春秋誣徒紀師不能令於徒。舊注云。徒、與役謂弟子也。見畢沅校云。疑非高氏之文。徒鼓瑟之類皆謂師教之。而其徒學之。徒之所學必一一從其師之所教。故鼓瑟則謂之步。吹則謂之和。鼓鐘則謂之修。觀步、和、修三字。卽可得其解矣。今詩家步韻和韻當本此。或謂經傳中修脩通用。脩循互誤。至不可計。此修字若作循。似於義爲順。邕竊謂楚辭離騷云。吾令蹇脩以爲理。蓋卽本此。徒鼓鐘謂之修。徒鼓磬謂之蹇。彼正謂令其徒以爲理也。則此修字義亦可合。不必改。說者謂離騷者以蹇脩爲伏羲臣。則難信。謠之爲言繇也。說文系部云。繇、隨從也。言部云。䚻、徒歌也。是說文謠作䚻。戴侗引唐本系部[illegible]從。咢之爲言泝也。水部云。泝、逆流而上曰泝洄。泝、向也。[illegible]蹇之爲言𧽘也。走部云。𧽘、走皃。皆自後進前之謂。學之義也。郭注乃云獨作之。以獨訓徒。則步和諸字皆不可通矣。且周禮樂師職言人舞。鄭注云。無所執。鄭言無所執。猶郭言獨作之。則人舞非徒舞與。而曰人舞。不曰徒舞。是獨作之者轉不定以徒名也。小師職云。掌教鼓鼗柷敔塤簫管弦歌。磬師職云。掌教擊磬擊編鐘。笙師職云。掌教龡竽笙塤籥簫篪篴管。然則徒鼓瑟、徒歌、徒擊鼓者。小師之徒與。又大師職云。教六詩。鼓人職云。掌教六鼓。小師之鼓鄭注以爲動義。邢爾雅義疏云。鼓亦樂器。與鼗爲類。徒吹者。小師及笙師之徒與。徒鼓鐘、徒鼓磬者。磬師之徒與。不編之鐘。必是鍾師所教。

又案。詩園有桃篇我歌且謠。毛傳云。曲合樂曰歌。徒歌曰謠。又行葦篇或歌或咢。傳云。歌者比於琴瑟也。徒擊鼓曰咢。此可見毛公解爾雅徒字不誤。初不以爲徒獨之義。不然。亦既曲合樂矣。何以又獨歌也。亦既比於琴瑟矣。何以又獨擊也。蓋正因歌者曲合樂。而其徒從而歌之。故曰徒歌曰謠。歌者比於琴瑟。卽曲合樂。而其徒從而擊之。故曰徒擊鼓曰咢。且行葦傳本作徒歌曰咢。彼孔義、陸釋皆言之。當屬毛公原本。而非毛所據爾雅有異也。毛意正因謂之徒。則必有先爲之者。而後其徒從而爲之。經言或歌或咢。不言或擊或咢。則咢者當是其徒歌。非其徒擊。以爲雅文比言則異。而散則從同。因改徒擊鼓爲徒歌。此未當以訾毛者也。特是歌者自歌而其徒自擊。論義實亦無害。故後人以雅文正毛傳。雖未通毛公之意。亦不爲謬也。

校書

詩云我歌且謠　單疏本、雪牕本同。按云當作曰、上下文注引詩皆作曰。

詩云或歌或咢　雪牕本注疏本作詩曰、此誤。

徒鼓鐘謂之修　唐石經同。釋文修、如字、本作脩。雪牕本注疏本作徒鼓鍾謂之脩。按華嚴經音義卷上云、廣雅修、長也。本作脩者、謂乾脯。又卷下云玉篇修飾、修長字皆從彡、今本玉篇、廣雅皆不然、此爲修長義、當從彡。釋文唐石經皆作修、係正字之僅存者。

徒鼓磬謂之蹇　唐石經雪牕本同。初學記卷十六引作徒擊磬謂之蹇。按磬多言擊、鼓字蓋涉上文誤。釋文引李巡云、罯擊衆聲蹇連也。蓋李本作擊磬。○按蹇字下从卩。

徒鼓瑟至之謇○釋曰 注疏本刪。

○注詩云我歌且謠○釋曰 注疏本刪釋曰。

孫炎曰 注疏本曰作云。

○注或歌或咢○釋曰 注疏本刪釋曰咢下增此。

校勘記

徒吹謂之和、上小者謂之和。釋文和、胡戈反下同。今本此句和去聲誤。

注疏本正誤

八行(注)詩云我歌且謠○「詩云」依注文例當作「詩曰」，下文亦稱「詩曰」。此作「詩云」當為傳寫所改。

九上(七五)一行徒鼓磬謂之謇○《初學記》卷十六引「鼓」作「擊」。阮元云：「磬多言擊，鼓字蓋涉上文誤。」

宋監本校箋

徒吹音炊謂之和音賀 徒擊鼓謂之咢詩云或歌或咢。咢音鄂。 徒鼓磬謂之謇未見義所出。謇音蹇。

音圖・音

謇、紀展翻、音蹇。本或作謇同。或作蹇非。五經文字紀偃翻同。

音略

徒鼓瑟謂之步。徒吹去聲謂之和。去聲徒歌謂之謠。徒擊鼓謂之咢。諤徒鼓鍾謂之脩。徒鼓磬謂之謇。蹇

孫侶直音

徒鼓瑟謂之步。徒吹去聲謂之和。去聲徒歌謂之謠。徒獨作之。徒擊鼓謂之咢。諤徒鼓鍾謂之脩。徒鼓磬謂之謇。蹇

楊氏音訓

吹尺僞切 謠遙 咢五各切 謇蹇

干氏音釋

所以鼓柷謂之止所以鼓敔謂之籈

所以鼓柷謂之止、柷如漆桶、方二尺四寸、深一尺八寸、中有椎柄、連底挏之、令左右擊。止者、其椎名。所以鼓敔謂之籈。敔如伏虎、背上有二十七鉏鋙、刻以木、長尺、櫟之、籈者其名。

郭注

所以鼓柷至之籈 釋曰、此別柷敔之名也。周禮小師、掌教鼓柷敔。柷敔皆以木爲之、故大師注云木柷敔也。禮記謂之椌楬。所以鼓動其柷以出其音者名止、所以鼓動其敔以出其音者名籈。郭云柷如漆桶方二尺四寸、深一尺八寸、中有椎柄、連底挏之、令左右擊。止者其椎名。敔如伏虎、背上有二十七鉏鋙、刻以木、長尺櫟之、籈者其名。皋陶謨云合止柷敔、鄭注云柷狀如漆桶、中有椎、合之者投椎於其中而撞之。敔狀如伏虎、背上刻之、所以鼓之以止樂。此等形狀蓋依漢之大予樂而知之。

邢疏

所以鼓柷謂之止所以鼓敔謂之籈

柷如漆桶、方二尺四寸、深一尺八寸、中有椎、柄、連底、挏之令左右擊。止者、其椎名也。敔如伏虎、背上有二十七鉏敔、刻以木、長一尺櫟之、籈者其名也。書正義五引郭注、又云馬融鄭玄李

巡、其說皆爲然也、惟郭璞爲詳。據此、則郭氏此注亦本李巡、但加詳耳。又書正義所引郭注、見今本爾雅。

李注

所以鼓敔謂之籈

籈、之仁反。又音戰。釋文

郭音義

所以鼓敔謂之籈 釋樂

籈、居延反。釋文

謝音

黃輯古義

所以鼓柷謂之止所以鼓敔謂之籈

柷如漆桶、方二尺四寸、深一尺八寸、中有椎、柄連底、挏之令左右擊。止者、其椎名也。敔如伏虎、背上有二十七鉏敔、刻以木、長一尺、櫟之。籈者、其名也。書益稷正義引郭注、云馬融鄭元李巡、其說皆爲然也。

李注

所以鼓敔謂之籈、之仁反。又音戰。並同上

郭音義

所以鼓敔謂之籈、居延反。釋文

謝音

玉函山房輯佚

所以鼓柷謂之止所以鼓敔謂之籈 書正義五引郭注、柷如漆桶、方二尺四寸、深一尺八寸、中有椎、柄連底、挏之令左右擊。止者、其椎名也。敔如伏虎、背上有二十七鉏敔、刻以木、長一尺、櫟之。籈者、其名也。馬融鄭元李巡其說皆爲然也、惟郭璞爲詳。據此則郭氏此注亦本李巡、但加詳耳。

漢注

所以鼓柷謂之止所以鼓敔謂之籈

李巡云、柷如漆桶、中有椎、鼓動而擊其旁也。敔狀如伏虎、背有刻、戛之以爲聲也。樂之初、擊柷以作之。樂之將末、戛敔以止之。書正義五卷約李巡等說

郭璞云、柷如漆桶、方二尺四寸、深一尺八寸、中有椎、柄連底、挏之令左右擊。止者、其椎名。敔如伏虎、背上有二十七鉏鋙、刻以木、長尺、櫟之。籈者、其名。

舊說云、止者、欲戒止於其早也。籈者、欲修潔於其後也。禮書

一切注音

所以鼓柷謂之止所以鼓敔謂之籈 李巡說擊柷之椎名爲止、戛敔之木名爲籈。樂之初、擊柷以作之。樂之將末、戛敔以止之。書益稷正義 舊注云、止者、欲戒止於其早也。籈者、欲修潔於其後也。禮書 籈、郭之仁反、又音戰。釋文

古注斠

柷昌熟反。桶音動、又音甬。甬即斛也。深尸鴆反、或如字。椎直追反、下同。柄兵命反。底丁禮反。挏大孔反。令左力呈反。敔魚呂反。鄭衆云木虎。籈郭之仁反、又音戰。謝居延反。郭云以木長尺櫟之、名籈。字林云以竹長尺也。鉏事呂反、又作鋤。鋙魚呂反。櫟力的反。廣雅云櫟擊也。漢書音義云櫟捎也。

陸音義

所以鼓柷謂之止

動作于靜、其名之止以此。莊子曰是唯無作止是也。

所以鼓敔謂之籈

齟齬弗合也而生于合。書曰合止柷敔、合止在上以此。

新義

所以鼓柷謂之止所以鼓敔謂之籈 釋樂合

用柷、止樂用敔。柷如漆桶、方二尺四寸、深尺八寸、中有椎柄、合樂之時投椎於桶中而撞之。止者、其椎之名也。敔如伏虎、背上有二十七鉏鋙。籈用箆櫟之遂止樂。音眞。

鄭樵注

所以鼓柷謂之止所以鼓敔謂之籈籈郭之仁反

郭璞曰、柷如漆桶方二尺四寸深一尺八寸、中有椎柄連底挏之令左右擊。止者、其椎名。敔如伏虎背上有二十七鉏鋙刻以木、長尺櫟之、籈者其名。按書益稷疏引郭氏此注下復云是言擊柷之椎名爲止、戛敔之木名爲籈。漢禮器制度及白虎通馬融鄭玄李巡其說皆然也。據此則李巡爾雅注當有擊柷之椎名爲止戛敔之木名爲籈二語。又禮書引舊說有云止者欲戒止於其早也、籈者欲修潔於其後也。

鄭樵曰、合樂用柷、止樂用敔。柷如漆桶方二尺四寸、深一尺八寸、中有椎柄、合樂之時投椎於桶中而撞之。止者、其椎之名也。敔如伏虎、背上有二十七鉏鋙刻以木、長尺、如箆狀、櫟之遂止樂。籈者其名。音眞。

古注合存

所以鼓柷謂之止所以鼓敔謂之籈柷音觸敔音語籈音眞。凡樂必有作止導節此以下約釋其器用之名也註曰柷如漆桶方二尺四寸深一尺八寸中有椎柄連底挏之令左右擊止者其椎名敔如伏虎背上有二十七鉏鋙刻以木長尺櫟之籈者其櫟木名也疏曰詩有鼗云鼗磬柷敔周禮小師云掌教鼓鼗柷敔塤簫管絃歌柷敔皆木爲之記謂之椌楬註所云形狀蓋依漢之太常樂知之也愚按其柄連底止於其處故名止

注疏參義

禮書云、止欲戒止於其早也、籈欲脩潔於其後也。

補注

所以鼓柷謂之止 註 柷如漆桶方二尺四寸深一尺八寸中有椎柄連底挏之令左右擊止者其椎名所以鼓敔謂之籈 註 敔如伏虎背上有二十七鉏鋙刻以木長一尺櫟之籈者其名 正義 益稷云合止柷敔。小師掌教柷敔。瞽矇亦掌之。白虎通義云、柷敔者、終始之聲、萬物之所生也。陰陽順而復、承順天地、序迎萬物、天下樂之、故樂用柷。柷始也。敔終也。顏師古漢書註云、柷與俶同、俶始也。樂將作先鼓之、故謂之柷。釋名云、敔衙也、衙止也。所以止樂也。書疏引李巡說、擊柷之椎名爲止、戛敔之木名爲籈。樂之初擊柷以作之、樂之將末戛敔以止之。禮書引舊說、止者欲戒止於其早也、籈者欲修潔於其後也。未聞其審。註 柷如至椎名○ 正義 風俗通義引禮樂記云、柷、漆桶、方畫木、方三尺五寸、高尺五寸、中有椎、上用柷止音爲節。詩疏引鄭康成書註云、合樂用柷。柷狀如漆筩、中有椎、合之者投椎於其中而撞之。鄭司農註小師云、柷如漆筩、中有椎。先儒說柷俱無異義。惟釋名云、柷、狀如伏虎、如物始見柷柷然也。故訓爲始、以作樂也。案狀如伏虎、則劉熙以敔爲柷矣。說文云、柷、樂木空也、所以止音爲節。是許氏以柷爲止樂之器、皆異說也。○敔如至其名○ 正義 說文云、敔、禁也。一曰樂器椌楬也、形如木虎。詩疏引鄭康成書註云、敔、狀如伏虎、背上刻之、所以鼓之以止樂。鄭司農註小師云、敔、木虎也。俱與郭註同。三禮圖引唐禮、用竹二尺四寸、破爲十莖、於敔背橫櫟之。是籈以竹爲之也。宋書樂志、敔狀如虎、背上有二十七鉏鋙、以竹長尺、名曰止、橫櫟之以節樂終也。是以止爲籈矣。案樂器惟柷敔多異名、周頌敔作圉、古字通用也。月令謂之椌楬、明堂位謂之揩擊、王制云、天子賜諸侯樂、以柷將之。始合之器、居諸器之先、自古樂散佚、異說紛岐、伏虎之狀、劉熙既互易其名、止樂之器、沈約復移置其號、疑皆未覯厥器、以意爲說也。唐六典、舉麾鼓柷而後樂作、偃麾戛敔而後止。後世制器、俱依郭註爲定。

正義

所以鼓柷謂之止。連底桐之。 案王伯厚漢書攷引此註作挏。挏、鄭註皋陶謨作撞。今作桐者誤。

校議

所以鼓柷謂之止柷如漆桶方二尺四寸深一尺八寸中有椎柄連底挏之令左右擊止者其椎名所以鼓敔謂之籈敔如伏虎背上有二十七鉏鋙刻以木長尺櫟之籈者其名說文云、柷、樂木空也、椌楬所以止音爲節。椌、柷樂也。敔、樂器椌楬也、形如木虎。詩有瞽傳、柷、木椌也。圉、楬

也。圉與敔同。明堂位注指擊謂柷敔、皆所以節樂者。投也。書合止柷敔、鄭注柷狀如漆筩、中有椎、合之者投椎於其中而撞之。敔狀如伏虎、背上刻之、所以鼓之以止樂。風俗通引樂記云、柷漆桶方畫木方三尺五寸、高尺五寸、中有椎、上用㩳[illegible]當柷、止音爲節。廣雅說尺寸與樂記同、郭云二尺四寸、未知出何書也。書益稷正義云、擊柷之椎名爲止、戛敔之木名爲籈。漢禮器制度及白虎通馬融鄭玄李巡其說皆爲然也。惟郭璞爲詳。據此則郭注亦本李巡、但其義加詳耳。白虎通云、柷敔者終始之聲、萬物之所生也。柷始也。敔終也。釋名云、柷以作樂、敔以止樂。按柷之言俶、始也。敔之言禦、禦止也。說文柷所以止音爲節、葢釋爾雅鼓柷謂止之義、非止樂之止也。舊說止者、欲戒止於其早也。籈者、欲修潔於其後也。

義疏

所以鼓柷謂之止所以鼓敔謂之籈 郭注、柷如漆桶、方二尺四寸、湥一尺八寸、中有椎柄、連底挏之、令左右擊。止者、其椎名。敔如伏虎、背上有二十七鉏鋙、刻以木、長尺、櫟之。籈者、其名。　柷者、樂句、今用拍版爲節。古者合樂、千唱萬和、故用木桶、非欲其左右兩響也。敔爲緐響、今直用小鼓急擊、歌舞促節、則用之。白虎通以爲柷始敔終、末盡其旨也。書合止柷敔、鄭注以止爲敔、亦非也。以止屬柷則合。郎甄、甄葢形如甄。

集解

所以鼓柷謂之止 說文柷、樂木空也、所以止音爲節。其形象桶、而止則椎名耳。今則易拍版矣。禮記王制天子賜諸侯樂、則以柷將之。因柷爲止音器故耳。**所以鼓敔謂之籈** 說文敔、樂器、椌楬也。椌即柷、楬即敔也。形如木虎。合樂時之所擊者。書合止柷敔。止鼓柷合、則鼓敔者、此所謂籈是也。籈字本作甄、豕首也。葢狀其椎之形。

義證

所以鼓柷謂之止（柷昌孰反。）

註 柷如漆桶方二尺四寸深一尺八寸中有椎柄連底桐之令左右擊止者其椎名

所以鼓敔謂之籈（籈音真。）

註 敔如伏虎背上有二十七鉏鋙刻以木長尺櫟之籈者其名

郭注補正

所以鼓柷謂之止

柷如漆桶方二尺四寸深一尺八寸中有椎柄連底挏之令左右擊止者其椎名也

御覽五百八十二卷音義引爾雅郭璞注作柷如漆筩。書棄稷正義引郭璞注作止者其椎名也。御覽引同。今據補也字。

所以鼓敔謂之籈

敔如伏虎背上有二十七鉏鋙刻以木長一尺櫟之籈者其名也

書棄稷正義引作長一尺櫟之。今據補一字。御覽書正義俱引作籈者其名也。今據補也字。

郭注佚存補訂

所以鼓柷謂之止所以鼓敔謂之籈

說文云柷、樂木空也、所以止音爲節。椌、柷樂也。敔、樂器椌楬也形如木虎周頌有瞽鞉磬柷圉毛傳云柷木椌也圉楬也正義云柷木椌圉楬者以樂記有椌楬之文與此柷圉爲一故辨之言木椌者明用木爲之言柷用木則圉亦用木可知太師注木柷敔也是二器皆用木也皋陶謨云合止柷敔注云柷狀如漆筩中有椎合之者投椎於其中而撞之敔狀如伏虎背上刻之所以止樂謂之止郭璞云柷如漆筩方二尺四寸深一尺八寸中有椎柄連底挏之令左右擊止者其椎名也敔如伏虎背上有二十七鉏鋙刻以木長尺櫟之籈者其名也此等形狀蓋依漢之大常樂而知之圉敔古今字耳書疏引李巡云擊柷之椎名爲止戛敔之木名爲籈樂之初擊柷以作之樂之將末戛敔以止之說文以柷爲止音與此異郭注柷之尺寸與廣雅亦異。

說詩

所以鼓柷節註連底挏之（挏、毛本誤桐。下同。）

所以鼓敔節註背上有二十七鉏鋙刻（句絕）以木長尺櫟之（櫟當作轢、輾也。案聶氏崇義云、唐禮用竹、長二尺四寸、破爲十莖、于敔背橫櫟之。）

疏蓋依漢之大予樂而知之（大予誤太常。）

注疏正字

籈 當作甄。

小箋

所以鼓敔謂之籈 說文竹部無籈。

匡名

所以鼓柷謂之止所以鼓敔謂之甄音眞 說文柷、樂木空也所以止音爲節从木祝省聲樂記柷漆桶方畫木方三尺五寸高尺五寸中有椎上用柷止音爲節郭註方二尺四寸深一尺八寸止者其椎名敔禁也一曰樂器椌楬也形如木虎从攴吾聲樂志敔狀如虎背上有二十七鉏鋙以竹長尺名曰止橫櫟之以節樂終也是以止爲籈矣龠稷合止柷敔白虎通義柷敔者終始之聲萬物之所生也陰陽順而復承順天地序迎萬物天下樂之故樂用柷敔柷始也敔終也李巡云擊柷之椎名爲止戛敔之木名爲籈樂之初擊柷以作之樂之將末戛敔以止之舊註止者欲戒止於其早也籈者欲修潔於其後也。

啓蒙

籈 鼭 以巢禽言仲例之。則籈亦可不从竹。

舊說以籈爲修潔、（引禮書）則與禋義同。禋、潔祀也。

黃侃評本正名

所以鼓敔謂之籈。 舊說以籈爲修潔、（禮書引）則與禋義同。禋、潔祀也。又籈止雙聲。

黃侃音訓

連底桐之 雪牕本注疏本同。釋文單疏本底桐作底挏、書皋陶正義引作挏。玉篇挏達孔切。呂氏春秋云、百官挏擾。挏、動也。廣韻挏、推引也。漢有挏馬官作酒。又音同。今本從木誤。

以木長尺櫟之 單疏本注疏本同。雪牕本櫟作擽。釋文擽、力的反。廣雅云擽、擊也。漢書音義云擽、捎也。按廣雅卷二釋詁、擽、擊也。字從手。玉篇手部擽、郎的切、捎也、舒也。廣韻十八藥擽字統云擊也。三十三錫擽、捎也。可訂釋文及今本之訛。

所以鼓柷至之籈○釋曰　注疏本刪。

投椎於其中而橦之　注疏本橦作撞俗。

莶依漢之大予樂　注疏本予改常。

校勘記

所以鼓柷謂之止、注中有椎、柄連底、挏之令左右擊。今本挏誤作桐。釋文挏大孔反。

注疏本止誤

三行(注)止者其椎名○《書・棄稷》《正義》引「名」下有「也」字・

[illegible]條(注)刻以木長尺櫟之籈者其名○「櫟」，《釋文》同，音力的反，引《廣雅》：「櫟，擊也」又引蕭該《漢書音義》云：「櫟，捎也」・案《廣雅・釋詁》櫟從手，不從木・《玉篇》手部「櫟，郎的切，捎也」・與《漢書音義》訓同・是《爾雅》此注「櫟」當作「擽」・《釋文》作「櫟」者，亦爲傳寫之誤・又《書・棄稷》《正義》引此注「尺」上有「一」字，「名」下有「也」字・

宋監本校交

所以鼓柷祝音謂之止所以鼓敔語音謂之籈

敔如伏虎、背上有二十七鉏鋙、刻以木、長尺、櫟之、籈者其名。籈音真。

音圖・音

柷、昌六叔音之六祝音二翻。廣雅云柷、曷桶、方三尺五寸、深尺八寸、四角有陛鼠。案陛鼠之制未詳、豈鏤鼠形向上爲四角之飾歟。籈、郭之仁翻、音真、又音戰。謝居延翻、音堅。

音略

所以鼓柷俶柷謂之止。所以鼓敔語

謂之鍼真戰

孫侶直音

所以鼓敔語謂之籈真

直音校正

所以鼓柷祝謂之止所以鼓敔語謂之籈真

楊氏音訓

柷祝敔語籈甄

干氏音釋

音圖・圖

大鼗謂之麻小者謂之料

大鼗謂之麻、小者謂之料。麻者音概而長也、料者聲清而不亂。

郭注

大鼗謂之麻小者謂之料　釋曰、詩頌云鼗磬柷敔。鄭注小師職云、鼗如鼓而小、持其柄搖之、旁耳還自擊。一名麻、其小者名料。麻者音概而長也、料者聲清而不亂。

邢疏

大鼗謂之麻小者謂之料

郭璞云麻者音槩而長也、料者聲清而不亂。槩釋文本作概

居器反。一切注音

鼗 徒刀反、本或作鞀、同。說文云鞀遼也、或作鞉、又作𪔛。籀文作磬、同。麻 如字。料 力彫反。𪎊 居器反。陸音義

大鼗謂之麻 麻鼗之大始也、據貲臬實。小者謂之料 兆在可以料之域小矣。新義

大鼗謂之麻小者謂之料 鼗如鼓而小、持其柄搖之、旁耳還自擊。料音聊。鄭樵注

大鼗謂之麻小者謂之料 郭璞曰、麻者音概而長也、料者聲清而不亂。鄭樵曰、鼗如鼓而小、持其柄搖之、旁耳還自擊。料音聊。古注合存

大鼗謂之麻小者謂之料 註 麻者音槩而長也料者聲清而不亂 正義 白虎通義云、鞀者震之器、上應昴星、以通王道、故謂之鞀也。釋名云、鞉、導也、所以導樂作也。益稷云、下管鼗鼓。周禮疏引鄭註云、舜廟堂下之樂。商頌那云、置我鞉鼓。毛傳、鞉鼓、樂之所成。夏后氏足鼓、殷人置鼓、周人縣鼓。鄭箋、置讀曰植、植鞉鼓者、爲楹貫而樹之。殷家之樂、鞉與鼓也。鞉雖不植、貫而搖之、亦植之類。春官小師掌教鼓鼗、瞽矇眡瞭掌播鼗。後鄭云、鼗如鼓而小、持其柄搖之、旁耳還自擊。宋書樂志云、小鼓有柄曰鞉、大鞀謂之鞞。月令仲夏修鞀鞞是也。案鼗之大者名麻、小者名料。鞞、其麻之別名與。麻料義見郭註。王制云、以鞉將之。鄭註、鞉所以節樂。是鼗爲節樂之器、故與和樂之節連類而及焉。鼗鞀鞉古字通用。正義

大鼗謂之麻小者謂之料 麻者音槩而長也料者聲清而不亂 鼗者、說文作鞀、云鞀遼也、或作鞉、又作𪔛、籀文作磬。釋名云鞉導也、所以導樂作也。周禮小師注、鼗如鼓而小、持其柄搖之、旁耳還自擊。賈疏云後鄭解鼗依漢法。而知賈知鄭依漢法者、據詩置我鞉鼓、鄭箋置讀曰植、植鞉鼓者爲楹貫而樹之。以彼貫而樹者爲古法、即知持而搖者爲漢法矣。謂之麻者、麻之言靡、緻密之意。故春秋說題辭云、麻之爲言微也、陰精寢密、女作纖微也。郭云槩居器者、即稠密之義。宋書樂志云、小鼓有柄曰鞀、大鞀謂之鞞、月令仲夏修鞀鞞是也。然則宋志蓋以鞞即麻矣。料者量也數也。說文料讀若遼、鞀訓鞀遼、蓋以其聲了了遠聞、故郭云聲清而不亂。義疏

大鼗 鞀 鞉 磬 謂之麻 麻 小者謂之料 遼 郭注、麻者音概而長也、料者聲清而不亂。鼗、堂下樂節、所以節管磬、堂上以節歌、故籀文从殸、與磬同也。麻當爲麻、其音清歷。料、遼寥也、寥寥遠聞。集解

大鼗謂之麻 鼗字一作鞀、籀文作磬、今旁有耳之小鼓也、所以節樂。詩鞉故與磬柷敔而同偁也。禮記月令、修鞀鞞。鞞亦小鼓也。麻、摩也、謂耳還自擊、同於厲摩。小者謂之料 料、遼也、謂聲遼遠。義證

大鼗謂之麻小者謂之料 鼗音桃。料音聊。註 麻者音概而長也料者聲清而不亂 補正 邢疏、鄭註小師職云、鼗如鼓而小、持其柄搖之、旁耳還自擊。一名麻、其小者名料。郭注補正

大鼗謂之麻小者謂之料

爾雅詁林 七 釋樂

麻者音穊而長也料者聲清而不亂

雪牕本明注疏本槪作概仿宋本單疏本俱作穊、與釋文同。

郭注佚存補訂

小者謂之料

郭注聲清而不亂。柏年案、廣雅料、理也。小鼗聲有條理、故謂之料。郝疏引說文讀若遼、以爲聲了了遠聞、義涉迂曲矣。

補釋

大鼗節註麻者音穊而長也 穊、居器切、稠也。誤概。下同。

疏周頌云鼗磬柷敔 周頌誤詩頌下當有有瞽二字。鼗敔詩作鞉圉。

注疏正字

鼗 當作鞀、或從兆。

小箋

大鼗謂之麻 釋文云鼗本或作鞀同。說文云鞀遼也。案今本說文衍一鞀字。或作鞉、又作鼗、籀文作磬。

匡名

大鼗謂之麻小者謂之料

音聊。益稷下管鼗鼓、通作鞉。商頌置我鞉鼓、傳鞉鼓、樂之所成。夏后氏足鼓、殷人置鼓、周人縣鼓。又鼗如鼓而小、持其柄搖之、旁耳還自擊。郭註麻者音槩而長也、料者聲清而不亂。

啓蒙

所以鼓敔謂之籈 大鼗謂之麻

周頌敔作圉。有瞽詩 釋文、鼗本或作鞀、同。釋樂釋文 說文作鞀遼也。革部鞀 釋文、或作鞉、又作鼗、釋樂釋文 籀文作磬、同。釋樂釋文

敔、周頌作圉。按敔圉古字通用。

證異

大鼗謂之麻

注曰麻者音槩而長也

樾謹按、麻與靡古字通。呂氏春秋任數篇西服壽靡、高注曰靡亦作麻、是也。大鼗謂之麻者、言其聲靡靡然也。詩黍離篇毛傳曰、靡靡猶遲遲也。故郭以爲聲穊而長也。說文禾部穊、稠也。釋言篇注曰、粥之稠者曰糜。然則聲稠謂之靡、猶粥稠謂之糜矣。

平議

釋樂 小者謂之料

孚吉按、料之言理也。大戴禮文王官人篇云、鬻之以卒而度料、謂鬻之以卒而度理也。廣雅釋詁料、理也。蓋鼗之小者聲有條理、故謂之料、郭注所謂聲清而不亂者也。

爾雅詁

大鼗謂之麻、郭云麻者音槩而長也。楷案、麻之言莽也。小爾雅莽、大也。釋畜摩牛、郭云出巴中、重千斤。方言㦑、梧也。其大者、齊右平原以東或謂之㦑。文選江賦鱝䲔鼅鼊、李善注、鼅鼊與䵷辟相似、形大如蘧。大牛謂之摩、大梧謂之㦑、大龜謂之䴈、大鼗謂之麻、其義一也。

小者謂之料、郭云料者聲清而不亂。楷案、料自有小義、潘岳射雉賦衷料戾以徹鑒、徐爰注料戾小而徹也是也。

稗疏

麻者音穊而長也 單疏本同。釋文穊、居器反。雪牕本注疏本穊作概、訛。按說文禾部穊、稠也。此言聲之稠密也。

大鼗謂之麻小者謂之料〇釋曰 注疏本刪。

校勘記

大鼗謂之麻、注麻者音穊而長也。今本穊誤作概。釋文穊、居器反。

注疏本正誤

大鼗 音挑 謂之麻小者謂之料 麻者音穊而長也、料者聲清而不亂。料音聊。

音圖・音

鼗音挑　案鼗、徒刀翻、音桃、定、今音挑、透、非。

音略

大鼗謂之麻小者謂之料。 桃　聊

孫侶直音

大鼗 桃 謂之麻小者謂之料。聊 鼗如鼓而小持其柄搖之麻者音概而長料者聲清不亂。

楊氏音訓

料 聊

干氏音釋

和樂謂之節

和樂謂之節。

郭注

釋 和樂謂之節 曰、八音克諧、無相奪倫、謂之和樂、樂和則應節。樂記云、治世之音安以樂、其政和是也。樂記又云、大樂與天地同和、大禮與天地同節、此對文爾。揔而言之、則禮樂相將、故此和樂亦謂之節。一云節、樂器名、謂相也。樂記云、治亂以相、鄭注云、相即拊也、亦以節樂。拊者以韋爲表、裝之以糠、糠一名相、因以名焉。言治理、奏樂之時擊拊以輔相於樂而爲節也。旣以柷作樂、以敔止樂、故以節爲和樂、義亦通也。

邢疏

和樂謂之節

子曰、知和而和、不以禮節之、亦不可行也。

新義

和樂謂之節 節、相也。樂記云治亂以相、注云相即拊也、亦以節樂。以韋爲囊而實以糠。

鄭樵注

和樂謂之節

鄭樵曰、節、相也。樂記云治亂以相、注云相即拊也、亦以節樂。以韋爲囊而實以糠。

古注合存

大鼗謂之麻小者謂之料和樂謂之節 料音聊〇註曰、麻者聲概而長也、料者聲清而不亂。疏曰、鄭註小師云、鼗如鼓而小、持其柄搖之、旁耳還自擊。麻料其大小之名也。八音克諧則和、和則應節。樂記云、大樂與天地同和、大禮與天地同節、此對文耳。總而言之、禮樂相將、故和樂亦謂之節也。或云節、樂器名、即相也。樂記云、治亂以相、鄭註云、相即拊也。言擊拊以輔相於樂而爲節也。愚按、二節起樂以柷、止以敔、導以鼗、乃所以和樂而爲之節也。或說亦近通、但此實非樂器之謂耳。麻料之屬、六藝亦未詳。

注疏參義

和樂謂之節 **正義** 節即虞書所謂搏拊也。白虎通引尚書大傳云、搏拊鼓、裝以糠。書疏引鄭註云、搏拊以韋爲之、裝之以糠、形如小鼓、所以節樂。春官小師令奏擊拊、後鄭云、拊形如鼓、以韋爲之、著之以糠。明堂位謂之拊搏、又謂之相。樂記云、治亂以相、鄭註云、相即拊也、亦以節樂。拊者以韋爲表、裝之以糠、糠一名相、因以名焉。通典云、節鼓狀如博局、中開圓孔、適容其鼓、以節樂也。宋書樂志云、節不知誰所造。傅元節賦、黃鍾唱哥、九韶興舞、口非節不詠、手非節不拊。則所從來亦遠矣。

正義

和樂謂之節

和者、說文作龢、云調也。節者、邢疏云樂器名、謂相也。樂器云治亂以相、鄭注相卽拊也、亦以節樂。拊者以韋爲表、裝之以糠、糠一名相、因以名焉。周禮大師云令奏擊拊、書益稷謂之搏拊、明堂位謂之拊搏、皆一物也。釋名云、搏拊以韋盛糠、形如鼓、以手拍拊之也。樂記云會守拊鼓、是拊乃鼓屬、用以節樂、因名節鼓。通典云、節鼓狀如博局、中開圓孔、適容其鼓、擊以節樂。所說形狀與劉熙及鄭又異。宋書樂志節在鼓類、則仍同舊說。又云節不知誰所造。傅玄節賦云黃鐘唱哥、九韶興舞、口非節不詠、手非節不拊。此則節所從來亦遠矣。

義疏

和樂謂之節 樂記所謂相也、又謂拊鼓。

義證

和樂謂之節

〔補正〕邢疏、節樂器名、謂相也。樂記云治亂以相、鄭註云相卽拊也、亦以節樂。拊者以韋爲表、裝之以糠、糠一名相、因以名焉。言治理、奏樂之時、擊拊以輔相於樂、而爲節也。旣以柷作樂、以梧止樂、故以節爲和樂、義亦通也。

郭注補正

大鼗謂之麻小者謂之料和樂謂之節

釋文云、鼗本或作鞀、同。或作鞉。說文云、鞀遼也。又作鼗、籀文作磬、同。周頌有瞽鞉磬柷圉、毛傳云、鞉、鞉鼓也。正義云、鞉者、春官小師注云鞉如鼓而小、持其柄搖之、傍耳還自擊是也。商頌那置我鞉鼓、傳云、鞉鼓、樂之所成也。鄭箋云、置讀曰植、植鞉鼓者、爲楹貫而樹之、鞉雖不植、貫而搖之、亦植之類。彼釋文云、鞉小鼓也。正義云、鞉鼓樂之所成者、禮記曰、鼓無當於五聲、五聲不得不和、是樂之所成在於鼓也。鞉則鼓之小者、故連言之。王制曰、天子賜諸侯樂、則以柷將之、賜伯子男樂、則以鞉將之。注云、柷鞉皆所以節樂、是樂成亦由鞉也。案小鼓有柄曰鞉、大鞀謂之鞞。見宋書樂志 此曰麻者、蓋一物而二名也。郭注云麻者音槩而長也、料者聲清而不亂、皆所以節樂者也。故下接云和樂謂之節。和、說文作龢、云調也。邢疏云、八音克諧、無相奪倫、謂之和樂、樂和則應節。一云、節樂器名、謂和也。樂記云治亂以相、鄭注云相卽拊也、亦以節樂。拊者以韋爲表、裝之以糠、糠一名相、旣以柷作樂、以敔止樂、故以節爲和樂、義所通也。

說詩

和樂謂之節 和當作龢。見前

匡名

和樂謂之節 益稷搏拊、卽所謂節也。鄭註、搏拊以韋爲之、裝之以糠、形如小鼓、所以節樂。明堂位謂之拊搏、又謂之相。樂記治亂以相、鄭註、相卽拊也、亦以節樂。

啓蒙

和樂謂之節○釋曰注疏本刪。

校勘記

義所通也明監本毛本湘本所作亦。案亦字當是。

注疏校勘札記

樂和則應節。
和樂謂之節

楊氏音訓

釋天第八

釋曰、河圖括地象云、易有太極、是生兩儀、兩儀未分、其氣混沌、清濁既分、伏者爲天、偃者爲地。釋名云、天、顯也、在上高顯。又云、天、坦也、坦然高遠。說文云、天、顛也、至高無上、從一大也。春秋說題辭云、天之言鎮也、居高理下、爲人經紀、故其字一大以鎮之。此天之名義也。天之爲體、中包乎地、日月星辰屬焉。然天地有高下之形、四時有升降之理、日月有運行之度、星辰有次舍之常、既曰釋天、不得不略言其趣、故其形狀之殊、凡有六等、一曰蓋天、文見周髀、如蓋在上。二曰渾天、形如彈丸、地在其中、天包其外、猶如雞卵白之繞黃、揚雄、桓譚、張衡、蔡邕、陸績、王肅、鄭玄之徒並所依用。三曰宣夜、舊說云殷代之制、其形體事義無所出、以言之。四曰昕天、昕讀爲軒、言天北高南下、若車之軒、是吳時姚信所說。五曰穹天、云穹隆在上、虞氏所說、不知其名也。六曰安天、是晉時虞喜所論。案鄭注考靈耀云、天者純陽、清明無形、聖人則之、制璿璣玉衡以度其象。如鄭此言、則天是大虛、本無形體、但指諸星運轉以爲天耳。但諸星之轉、從東而西、必三百六十五日四分日之一、星復舊處、星既左轉、日則右行、亦三百六十五日四分日之一至舊星之處、即以一日之行而爲一度、計二十八宿一周天、凡三百六十五度四分度之一、是天之一周之數也。天如彈丸、圍圜三百六十五度四分度之一。案考靈耀云、一度二千九百三十二里千四百六十一分里之三百四十八、周天百十萬一千里者、是天圓周之里數也。以圍三徑一言之、則直徑三十五萬七千里、此爲二十八宿周迴直徑之數也。然二十八宿之外、上下東西各有萬五千里、是爲四遊之極、謂之四表。據四表之內并星宿內惣有三十八萬七千里、然則天之中央上下正半之處、則一十九萬三千五百里。地在於中、是地去天之數也。鄭注考靈耀云、地蓋厚三萬里、春分之時、地正當中、自此地漸漸而下、至夏至之時、地下萬五千里、地之上畔與天中平。夏至之後、地漸漸向上、至秋分、地正當天之中央、自此地漸漸而上、至冬至上遊萬五千里、地之下畔與天中平、自冬至後、地漸漸而下、此是地之升降於三萬里之中。但渾天之體、雖繞於地、地則中央正平、天則北高南下、北極高於地三十六度、南極下於地三十六度、然則北極之下三十六度常見不沒、南極之上三十六度常沒不見、南極去北極一百二十一度、餘若逐曲計之、則一百八十一度餘。若以南北中半言之、謂之赤道、去南極九十一度餘、去北極亦九十一度餘、此是春秋分之日道。赤道之北二十四度、爲夏至之日道、去北極六十七度也。赤道之南二十四度、爲冬至之日道、去南極亦六十七度。地有升降、星辰有四遊。又鄭注考靈耀云、天旁日四表之中、冬南夏北、春西秋東、皆薄四表而止。地亦升降於天之中、冬至而下、夏至而上、二至上下蓋極地厚也。地與星辰俱有四遊升降、四遊者、自立春地與星辰西遊、春分西遊之極、地雖西極、升降正中、從此漸漸而東、至春末復正。自立夏之後北遊、夏至北遊之極、地則升降極下、至夏季復正。立秋之後東遊、秋分東遊之極、地則升降正中、至秋季復正。立冬之後南遊、冬至南遊之極、地則升降極上、冬季復正。此是地及星辰四遊之義也。星辰亦隨地升降、故鄭注考靈耀云、夏日道上與四表平、下去東井十二度、爲三萬里。則是夏至之日上極萬五千里、星辰下極萬五千里、故夏至之日下至東井三萬里也。日有九道、故考靈耀云、萬世不失九道謀。鄭注引河圖帝覽嬉云、黃道一、青道二、出黃道東。赤道二、出黃道南。白道二、出黃道西。黑道二、出黃道北。日春東從青道、夏南從赤道、秋西從白道、冬北從黑道。立春、星辰西遊、日則東遊。春分、星辰西遊之極、日東遊之極、日與星辰相去三萬里。夏則星辰北遊、日則南遊。夏至、星辰北遊之極、日南遊之極、日與星辰相去三萬里。以此推之、秋冬放此。可知計夏至之日、日在井星、當嵩高之上、以其南遊之極、故在嵩高之南萬五千里、所以夏至有尺五寸之景也。於時日又上極、星辰下極、故日下去東井三萬里也。然鄭四遊之說、元出周髀之文、但二十八宿從東而左行、日從西而右行、一度逆泝二十八宿。案漢書律歷志云、冬至之時、日在牽牛初度、春分之時、日在婁四度、夏至之時、日在東井三十一度、秋分之時、日在角十度。若日在東井、則極長八尺之表、尺五寸之景。若春分在婁、秋分在角、晝夜等、八尺之表七尺五寸之景。冬至日在斗、則晝極短、八尺之表一丈三尺之景、一丈三尺之中去其一尺五寸、則餘有一丈一尺五寸之景、是冬夏往來之景也。凡於地千里而差一寸、則夏至去冬至體漸南漸下、相去十一萬五千里。又考靈耀云、正月假上八萬里、假下一十萬四千里、所以有假上假下者、鄭注考靈耀之意、以天去地十九萬三千五百里、正月雨水之時、日在上假於天八萬里、下至地一十一萬三千五百里。夏至之時、日上極與天表平也。後日漸向下、故鄭注考靈耀云、夏至日與表平、冬至之時日下至於地八萬里、上至於天十一萬三千五百里也。委曲其考靈耀注、凡二十八宿及諸星皆循天左行、一日一夜一周天、一周天之外更行一度、計一年三百六十五周天四分度之一。日月五星則右行、日一日一度、月一日十三度十九分度之七、此相通之數也。今歷象之說、則月一日至於四日行最疾、日行十四度餘、自五日至八日行次疾、日行十三度餘、自九日至十九日行則遲、日行十二度餘、自二十日至二十三日又小疾、日行十三度餘、自二十四日至於晦行又最疾、日行一十四度餘、此是月行之大率也。二十七日月行一周天、至二十九日彊半、月及於日、與日相會、乃爲一月。故考靈耀云、九百四十分爲一日、二十九日與四百九十九分爲月。是一月二十九日之外至第三十日分、至四百九十九分、月及於日計九百四十分、則四百七十爲半今四百九十九分是過半二十九分也。但月是陰精、日爲陽精、故周髀云日猶火月猶水、火則外光、水則含景、故月光生於日所照、魄生於日所蔽、當日則光盈、就日則明盡。京房云月與星辰陰者也、有形無光、日照之乃有光。先師以爲日似彈丸、月似鏡體、或以爲月亦似彈丸、日照處則明、不照處則闇。案律歷志云二十八宿之度、角一十二度、亢九、氐十五、房五、心五、尾十八、箕十一、東方七十五度。斗二十六、牛八、女十二、虛十、危十七、營室十六、辟九、北方九十八度。奎十六、婁十二、胃十四、昴十一、畢十六、觜二、參九、西方八十度。井三十二、鬼四、柳十五、星七、張十八、翼十八、軫十七、南方一百一十二度。丑爲星紀、初斗十二度、終婺女七度。子爲玄枵、初婺女八度、終於危十五度。亥爲娵觜、初危十六度、終於奎四度。戌爲降婁、初奎五度、終於胃六度。酉爲大梁、初胃七度、終於畢十一度。申爲實沈、初畢十二度、終於井十五度。未爲鶉首、初井十六度、終於柳八度。午爲鶉火、初柳九度、終於張十七度。巳爲鶉尾、初張十八度、終於軫十一度。辰爲壽星、初軫十二度、終於氐四度。卯爲大火、初氐五度、終於尾九度。寅爲析木、初尾十度、終於斗十一度。五星者、東方歲星、南方熒惑、西方太白、北方辰星、中央鎮星、其行之遲速、俱在律歷志、不更煩說。元命包云、日之爲言實也。月、闕也。劉熙釋名云、日、實也、光明盛實。月、闕也、滿則缺也。說題辭云、星、陽精之榮也。陽精爲日、日分爲星、故其字日下生也。釋名云、星、散也、布散於天。又云、陰、蔭也、氣在內奧蔭也。陽、揚也、陽氣在外發揚。此等是陰陽日月之名也。祭法黃帝正名首物、其名蓋黃帝而有也、或後人更有增足、其天高地下、日盈月闕、觜星度少、井斗度多、日月右行、星辰左轉、四遊升降之差、二儀運動之法、非由人事所作、皆是造化自然。先儒因其自然、遂以人事爲義、或據理是實、或搆虛不經、既無正文、可憑、今皆略而不錄。

邢疏

釋天第八 土堅反。釋名云、天、豫司兗以舌腹言之、天、顯也、在上高顯也、青徐以舌頭言之、天、坦也、坦然高遠也。說文云天、巔也、至高無上、從一大。禮統云、天之爲言鎮也、神也、陳也、珍也、施生爲本、運轉精神、功效列陳、其道可珍重也。春秋說題辭云、天之言鎮也、居高理下、爲人經緯、故其字一大以鎮之也。

陸音義

釋天第八 豫司兗冀以舌腹言之。○舊引釋名脫冀字、今據本書補。又下天坦也、本書作垣也、誤。各書所引俱作坦。

音義攷證

釋天第八 疏曰說文云、天、顚也、至高無上、從一大也。天包乎日月星辰四時之屬、而此篇釋之也。愚按此篇題章計十有三、其前九章歷釋歲時日月星辰風雨災祥之屬、皆以釋天故名釋天、祭名以下三章之義、已見釋親篇、餘見各章題。

四時八之一 此章釋四時之天名也、章首二句總言天之本體、緣春爲蒼天同號、故即此以引之。

注疏參義

釋天第八 **正義** 堯典云、欽若昊天、歷象日月星辰、敬授人時。史記正義云、歷數之法、日之甲乙、月之大小、昏明遞中之星、日月所會之辰、定其天數、以爲一歲之歷。洪範云五紀、一曰歲、二曰月、三曰日、四曰星辰、五曰歷數。天日月星運於歲月日辰之間、歷數則總四者之不齊以齊之也。天道恒久而不已、天運健行而不息、以靜運動、故積微成著、自下測上、凡九重、一爲月所行白道、二爲辰星所行、三爲太白所行、四爲日所行黃道、五爲熒惑所行、六爲歲星所行、七爲填星所行、八爲二十八舍恒星所行、宗之高下止於八、其上則大氣包之而爲九、以去地之遠近爲天行之內外、屈原天問云圜則九重、呂氏春秋云天微以成是也。爾雅先釋四時者、堯典於仲春言日中、於仲夏言日永、於仲秋言宵中、於仲冬言日短。左氏昭十七年傳郯子述古少皞氏設官、有司分、司至、司啓、司閉。分者、春分秋分。至者冬至夏至。啓者、立春立夏。閉者、立秋立冬、所謂順天以授時也。天之有南北極、爲左旋之樞、以定南北。天之有赤道、爲左旋之中帶、以界南北。而黃極爲右旋之樞、距北極二十餘度。黃道爲右旋之中帶、斜交於赤道、半在赤道南、半在赤道北、最遠距赤道亦二十餘度、與黃極距北極相應。日行黃道與赤道斜交二分、日行交地平上下之度相等、故寒暑平而晝夜均、所謂日中宵中也。日自南斂北、春分後行赤道內、其下值中土、所居漸近、寒日退而暑日進、至夏至而極北、交地平上下之度上多下少、則晝長夜短、所謂日永也。日自北發南、秋分以後行赤道外、其下值中土所居漸遠、暑日退而寒日進、至冬至而極南、交地平上下之度上少下多、則晝短夜長、所謂日短也。寒暑相推而四時行焉。故釋天先及四時。堯典云平秩東作、平秩南爲、平秩西成、平在朔易。四時得其平則和氣育物而爲祥、不得其平則戾氣害物而爲災。授時以民食爲本、而雜占之休咎不與焉、故祥與災次之。堯典云期三百有六旬有六日、以閏月定四時成歲。堯典舉成數言之、後世所謂歲實也。續漢書律歷志云、在天成度、在歷成日。天本無度、因日所躔以起度、日循黃道一晝夜所過謂之一度、凡三百六十五日小餘不及四分日之一、後世所謂歲周也。三百六十五日四分日之一、後世所謂天周之度也。晉虞喜分天周爲三百六十五度二十六分乃四分之一而有餘、定歲周爲三百六十五日二十四分爲四分之一而不足。所謂天者指列星而言、所謂歲者指日躔而言、後世推測雖分餘稍有增損、要不遠乎堯典之成數。至月與日會而有合朔、日與天會而有分至、其中氣朔策之不齊、而氣盈朔虛之數以生、乃置閏以通之而成歲焉。爾雅所釋歲名、即春官馮相氏所掌十有二歲之位也。十二歲爲一終、合歲陽於歲名、終十二歲者、五積歲六十是謂一周。爾雅所謂月名即馮相氏所掌十有二月之位也。合月陽於月名亦六十而一周。至於自甲至癸、馮相氏所掌十日之位也。自寅至丑、馮相氏所掌十有二辰之位也。十日十二辰數窮六十、周則更始、六六相乘、準以敘歲。古者紀歲紀月各有定名、所以驗天行之轉也。故歲陽歲名月陽月名次之。洪範云月之從星則以風雨、漢書律歷志云月爲風雨。風雨者、歲功所由成、今海濱之人驗風雨者多於弦望、是風雨依於月也、故風雨次之。堯典言鳥火虛昴祇分四象、馮相氏言二十八星、左氏內外傳多言十二次、星次至周而始詳。爾雅於二十八星十二次以及五星不盡釋者、約舉以該其餘也。舊時推步家以二十八宿爲天體、則無以解於九重天之說、惟二十八宿與日月五星皆右旋、而南北推移加大氣左旋之天而爲九、所謂圜則九重也。二十八宿之天、旋轉甚微、所謂天微以成也、列宿因日躔而生歲差、分至之氣因地而生里差、古者紀歲不於節氣而取驗於星

中者、以星象舉目可見也。宋書祖沖之曰中星見伏記籍每以審時者、蓋以歷數難明、而天驗易顯、各據一代所合以爲簡易之政也。故星名次之。祭祀必舉於四時、講武必順乎四時、欽若授時之政所爲有事也。故祭名與講武次之、因講武而有旌旂、故旌旂附見於後。

正義

釋天第八 天者、說文云顚也、至高無上、从一大。釋名云、天、豫司兗冀以舌腹言之、天、顯也、在上高顯也。青徐以舌頭言之、天、坦也、坦然高而遠也。釋文引春秋說題辭云、天之言鎮也、居高理下、爲人經緯、故其字一大以鎮之也。又引禮統云、天之爲言鎮也、神也、陳也、珍也、施生爲本、運轉精神、功效列陳、其道可珍重也。此篇所釋四時祥災歲陽歲名月陽月名、風雨星名、皆天所運轉列陳而爲敬授庶徵之本、故以次詮釋、其祭名以下蓋附見焉。翟氏灝爾雅補郭云、祭名與講武旌旗三章俱非天類、謂當更有釋禮篇與釋樂篇相隨、此其殘文。孫氏志祖脞錄非之、今無取焉。

義疏

釋天第八 天者、地球四周空虛之謂也。無體無界、無上下東西南北之分。吾人謂上天下地有如平板、誤矣。慨自氣球發明、乘而上升、愈高則愈黑暗、俯視足下、先如白練、始悟世俗所謂青天黃天、即地面數十里內之蒙氣映象也。許慎釋天爲顛、僅取高義、据目所及見者言耳。

義證

釋天第八○疏天之言鎮也居高理下爲人經紀（鎮誤顚。紀、釋文作緯。）舊說云殷代之制（脫云字。舊誤昔。）即以一日之行而爲一度（即以誤即日。）此爲二十八宿周迴直徑之數也（周、監本誤所。）地在其中是地去天之數也（其誤於。）至夏至之時地下遊萬五千里（脫遊字。）地之下畔與天中平（脫平字。）南極之上三十六度（上、監

本誤土。南極去北極一百二十一度餘去誤至。去南
極九十一度餘脫餘字。此是春秋分之日道也脫也。
地亦升降於天之中脫之字。但月是陰精日
為陽精脫但是二字。上餘放此三字行。已上並從禮記疏校。井三十三下三
字誤二。星散也布散於天布散於天棠釋名作列位散布。陽揚也
陽氣在外發揚陽氣之陽衍字。

注疏正字

釋天第八說文𠀘顛也至高無上會意。堯典欽
若昊天歷象日月星辰。史記正義歷
數之法日之甲乙月之大小昏明遞中之星
日月所會之辰定其天數以為一歲之歷。天
左旋七政皆左旋。楚詞圜則九重九重一為
月所行白道二為辰星所行三為太白所行
四為日所行黃道五為熒惑所行六為歲星
所行七為鎮星所行八為恆星所行有象之
高下止於八。其上則大气包之而為九以去
地之遠近為天行之內外。先釋四時以迄講
武皆授時之政也。

啓蒙

釋文、釋名云天、顯也、在上高顯也。天、坦也、坦然高遠也。說文云天、顛也、至高無上、從一大。春秋說題辭云、天之言鎮也、居高理下、為人經緯、故其字一大以鎮之也。

證異

釋天第八○釋曰注疏本刪。
天之言鎮也注疏本鎮改顯非。按此猶說文云天顛也鎮
與顛皆真聲下言居高理下為人經紀並鎮
守之義。

三日宣夜舊說云注疏本舊誤昔脫云。
昕讀為軒注疏本為改曰。
但指諸星運轉閩本監本毛本星下有之元本星字複。
即以一日之行而為一度注疏本以誤日。
地下萬五千里浦鏜云萬下脫遊。
地之下畔與天中平注疏本脫平。
但渾天之體注疏本渾誤混。
南極去北極元本去誤星閩本監本毛本改至。
則一百八十一度餘注疏本同按八十一當作八十二。
去南極九十一度餘注疏本脫餘。
天旁日四表之中注疏本日改行非。
地亦升降於天之中注疏本脫之。
至春末復正元本同閩本剜改作春季監本毛本承之。
冬季復正元本同閩本冬上剜擠至字監本毛本排入。
萬世不失九道謀注疏本世改里非。
立春星辰西遊日則東遊春分星辰西遊之極日東遊之
極日與星辰相去三萬里立夏星辰北遊日則南遊夏至
星辰北遊之極日南遊之極日與星辰相去三萬里元本先立春次夏至春分立夏閩本監本毛本先立春次立夏春分夏至下文相去三萬里監本毛本同元本閩本三誤二按此舉春夏以該秋冬言四遊之極以明日與星辰相去之遠也立春春分立夏夏至以四時之叙言之注疏本倒錯不可讀。
秋冬放此可知注疏本放改倣。

冬至日在斗則晝極短元本斗誤升。閩本剜擠作日在牽牛、監本毛本作斗牛。又注疏本晝作日。

又於日與日相會　注疏本又作及。

但月是陰精元本但月誤餘此、閩本因剜擠爲餘倣此月陰精、監本毛本遂排入。

辟九注疏本辟改壁、非。

不更煩說注疏本不更倒。

既無正文可馮元本同。閩本監本毛本馮改憑。

校勘記

釋天　又於日與日相會　注疏本又作及、及是也。禮記月令疏不誤。

校勘記識語

釋天疏天之言鎮也、居高理下爲人經緯。又地之下畔與天中平。今本鎮誤作顯、緯誤作紀。中下落平字、宜補。

注疏本正誤

爲人經紀監本毛本同。郝義疏引說題辭紀作緯。

則直徑三十五萬七千里毛本湘本同。監本十誤千。

此爲二十八宿所迴直徑之數也監本同。毛本湘本所作周、是。

地蓋厚三萬里馬國翰輯考靈耀蓋厚二字互倒。

至夏至之時監本毛本同。湘本無之字、馬輯考靈耀本有。

自冬至後監本毛本同。湘本無自字、棨馬輯靈耀本有。

此是春秋分之日道監本毛本同。湘本脫是字。

夏至星辰北遊之極監本毛本湘本至下有則字。案有者衍也、馬輯考靈耀本無則字。

日行十三度餘毛本湘本同。監本三誤二。

則四百七十爲半監本毛本同。湘本十下有分字。

釋名云星散也布散於天監本毛本同。案釋名作列位布散。

陽揚也陽氣在外發揚監本毛本同。釋名氣上無陽字。畢沅疏證禮記月令正義太平御覽引皆有陽字。

先儒因自然監本毛本湘本因下有其字。

注疏校勘札記

穹蒼蒼天也夏爲昊天春爲蒼天秋爲旻天冬爲上天

穹蒼蒼天也。天形穹隆、其色蒼蒼、因名云。春爲蒼天萬物蒼蒼然生。夏爲昊天、言氣皓旰。秋爲旻天旻猶愍也、愍萬物彫落。冬爲上天。言時無事、在上臨下而已。

郭注

穹蒼至上天　釋曰、此釋四時之天名也。云穹蒼蒼天也者、詩大雅桑柔云、靡有旅力、以念穹蒼。故此釋之也。詩人因天形穹隆其色蒼蒼、故云穹蒼、其實則與下云春爲蒼天者是一、故云穹蒼蒼天也。郭云天形穹隆、其色蒼蒼、因名云也。云春爲蒼天者、詩王風黍離云悠悠蒼天、故此釋之也。郭云萬物蒼蒼然生者、言春時萬物蒼蒼然生、春時天名曰蒼天也。云夏爲昊天者、詩雨無正云浩浩昊天、故此釋之。昊者、元氣博大之貌。郭云言氣皓旰者、皓旰日光出之貌也。言晨日光明皓旰、因名云昊天也。云秋爲旻天者、詩大雅召旻云旻天疾威之類。旻、愍也。言秋氣肅殺、萬物可愍、故曰旻天。郭云旻猶愍也、愍萬物彫落者、旻愍詩序文。但彼愍作閔、音義同也。云冬爲上天者、詩小雅信南山云上天同雲之類、言冬時無事、唯在於上、故曰上天。郭云言時無事在上臨下而已者、言冬氣閉藏無他生殺之事、唯在於上監於下而已也。案詩傳云蒼天以體言之、尊而君之則稱皇天、元氣廣大則稱昊天、仁覆閔下則稱旻天、自上降監則稱上天、據遠視之蒼蒼然則稱蒼天。毛公此傳當有成文、不知出何書。李巡云、古詩人質仰視天形、穹隆而高、其色蒼蒼、故曰穹蒼。是蒼天以體言之也。皇、君也。故尊而君之則稱皇天。昊、大貌、故言其混元之氣昊昊廣大則稱昊天。旻、閔也。言其以仁慈之恩覆閔在下、則稱旻天。從上而下視萬物、則稱上天。據人遠而視之、其色蒼蒼然、則稱蒼天。又李巡注此云、春萬物始生、其色蒼蒼、故曰蒼天。夏萬物盛壯、其氣昊大、故曰昊天。秋萬物成熟、皆有文章、故曰旻天。冬陰氣在上、萬物伏藏、故曰上天。案此以四時異其天名、詩傳則各用所宜爲稱、似相乖異、而鄭玄則和合二說、故異義天號、今尚書歐陽說、春曰昊天、夏曰蒼天、秋曰旻天、冬曰上天。爾雅亦云。古尚書與毛詩同。謹案、尚書堯典羲和以昊天揔勑以四時、故知昊天不獨春也。左傳夏四月孔丘卒、稱曰旻天不弔、非秋也。玄之聞也、爾雅者孔子門人所作、以釋六藝之言、蓋不誤也。春氣博施、故以廣大言之。夏氣高明、故以遠人言之。秋氣或生或殺、故以閔下言之。冬氣閉藏而清察、故以監下言之。皇天者、至尊之號也。六藝之中諸稱天者、以情所求之耳、非必於其時稱之。浩浩昊天、求天之博施。蒼天蒼天、求天之高明。旻天不弔、求天之生殺當得其宜。上天同雲、求天之所爲當順其時也。此之求天猶人之說事、各從其主耳。若察於是、則堯命羲和欽若昊天、孔丘卒旻天不弔、無可怪耳。是鄭和合二說之事也。爾雅春爲蒼天、夏爲昊天、歐陽說春爲昊天、夏爲蒼天。鄭既言爾雅不誤、當從爾雅、而又從歐陽之說、以春昊夏蒼者、鄭讀爾雅與孫郭本異、故許慎既載今尚書說、即言爾雅亦云、明見爾雅與歐陽說同。雖蒼昊有春夏之殊、則未知孰是。要二說理相符合、故鄭和而釋之。

邢疏

穹蒼蒼天也 以下釋天

古詩人質仰視天形、穹隆而高、其色蒼蒼然、故曰穹蒼。詩正義四之一又十八之二 文選古辭傷歌行注 邢疏

春爲蒼天夏爲昊天秋爲旻天冬爲上天

春萬物始生、其色蒼蒼、故曰蒼天。夏萬物盛壯、其氣昊大、故曰昊天。秋萬物成熟、皆有文章、故曰旻天。冬陰氣在上、萬物伏藏、故曰上天。詩正義四之一 御覽二十四 邢疏引昊天作昊昊。

李注

冬爲上天 以下釋天

冬天藏物、物伏於下、天清於上。御覽二十六

穹蒼蒼天也 已下釋天

郭以穹及蒼蒼俱爲天稱。釋文

孫音注

春爲蒼天夏爲昊天秋爲旻天冬爲上天 已下釋天

爾雅、孔子門人所作、以釋六藝之言、蓋不誤也。春氣博施、故以廣大言之。夏氣高明、故以遠大言之。秋氣或生或殺、故以閔下言之。冬氣閉藏而清察、故以監下言之。鄭康成駁五經異義 書堯典正義引鄭讀爾雅云春爲昊天夏爲蒼天、與今本異。白虎通義引爾雅兼采兩說、是爾雅舊本有作春爲昊天夏爲蒼天者。

衆家注

黃輯古義

穹蒼蒼天也

古時人質仰視天形、穹隆而高、其色蒼蒼然、故曰

穹蒼。邢疏 詩王風黍離正義 又大雅桑柔正義

春爲蒼天夏爲昊天秋爲旻天冬爲上天

春萬物始生、其色蒼蒼、故曰蒼天。夏萬物盛壯、其氣昊大、故曰昊天。秋萬物成熟、皆有文章、故曰旻天。冬陰氣在上、萬物伏藏、故曰上天。邢疏 詩王風黍離正義 太平御覽卷二十四引秋萬物二句。

李注

冬爲上天

冬天藏物、物伏於下、天清於上。太平御覽卷二十六

孫音注

玉函山房輯佚

穹蒼蒼天也

古詩人質仰觀天形、穹隆而高、其色蒼蒼、故曰穹蒼。李注 詩疏四之一 文選注二十七

春爲蒼天

春萬物始生、其色蒼蒼、故曰蒼天。同

夏爲昊天

夏萬物盛壯、其氣昊大、故曰昊天。同

秋爲旻天

秋萬物成熟、皆有文章、故曰旻天。同

冬爲上天

冬陰氣在上、萬物伏藏、故曰上天。同 並詩疏四之一

冬天藏物、物伏於下、天清於上。孫注 御覽二十六

鉤沉

穹蒼蒼天也 釋文、郭以穹及蒼蒼俱爲天誤、毛詩傳則以蒼天釋穹蒼。按詩正義引李巡亦曰穹蒼、與毛詩同。

李曰、古時人質仰視天形、穹隆而高、其色蒼蒼然、故曰穹蒼。詩正義四之一又十八之二 文選二十七古辭傷歌行注宋本邢疏

春爲蒼天夏爲昊天秋爲旻天冬爲上天 案白虎通四時篇先云春曰蒼天夏曰昊天云云、又云爾雅曰一說春爲蒼天等是也。攷詩黍離正義異義天號、今尚書歐陽說春曰昊天夏曰蒼天、爾雅亦云。兮之間也、爾雅者孔子門人所作、以釋六藝之言、蓋不誤也。春氣博施、故以廣大言之。夏氣高明、故以遠大言之。又尚書堯典正義二、鄭兮讀爾雅云春爲昊天夏爲蒼天。詩正義、鄭讀爾雅與孫郭本異。說文云、春爲昦天、元氣昦昦。廣雅釋天、東方昦天。是古本爾雅原作春昊夏蒼、今李孫等本非古義也。

李曰、春萬物始生、其色蒼蒼、故曰蒼天。夏萬物盛壯、其氣昊大、故曰昊天。秋萬物成熟、皆有文章、故曰旻天。冬陰氣在上、萬物伏藏、故曰上天。詩正義四之一 御覽二十四

邢疏

孫曰、冬天藏物、物伏於下、天清於上。御覽二十六

四時 爾雅曰四時者、四方各一時、時、期也、物之生死各應節期而止也。又曰時、空也、司空主地各主一方物之生死。御覽十七 案此當亦爾雅注。

漢注

穹蒼蒼天也

李巡云、古時人質仰視天形、穹隆而高、其色蒼蒼然、故曰穹蒼。詩正義四之一卷 文選註二十七卷 郭璞云、天形穹隆、其色蒼蒼、因名云。

春爲蒼天

李巡云、春萬物始生、其色蒼蒼、故曰蒼天。詩正義四之一卷 郭璞云、萬物生蒼蒼然。舊本作蒼蒼然生、茲依一切經音義十一引乙正。

夏爲昊天
李巡云、夏萬物盛壯、其氣昊大、故曰昊天。詩正義四之一卷
郭璞云、言氣晧旰。
秋爲旻天
李巡云、秋萬物成熟、皆有文章、故曰旻天。詩正義四之一卷
郭璞云、旻猶愍也、愍萬物彫落。
冬爲上天
李巡云、冬陰氣在上、萬物伏藏、故曰上天。詩正義四之一卷
孫炎云、冬天藏物、物伏於下、天清於上。太平御覽二十六卷
郭璞云、言時無事、在上臨下而已。

一切注音

穹蒼蒼天也　李巡曰、古時人質、仰視天形、穹隆而高、其色蒼蒼、故曰穹蒼。詩桑柔正義
春爲蒼天　李巡曰、春萬物始生、其色蒼蒼、故曰蒼天。一切經音義
詩桑柔正義　舊注云、萬物生蒼蒼然也。
夏爲昊天　李巡曰、夏萬物盛壯、其氣昊大、故曰昊天。
詩桑柔正義
秋爲旻天　李巡曰、秋萬物成孰、皆有文章、故曰旻天。
詩桑柔正義
冬爲上天　李巡曰、冬陰氣在上、萬物伏藏、故曰上天。
詩桑柔正義　孫炎云、冬天藏物、物伏於下、天清於上。
御覽二十四

古注斠

穹蒼蒼天也

古時人質、仰視天形、穹隆而高、其色蒼蒼、故曰穹蒼。詩
苑林卅四

李注

冬爲上天
冬陰氣在上、萬物伏藏、故曰上天。文

孫音注

漢注輯佚

春爲昊天夏爲蒼天。
孔穎達尚書堯典疏引孫氏讀書脞錄續編據此謂鄭爾雅本作「春昊夏蒼」與今本作「春蒼夏昊」異。
森案、郝懿行爾雅註疏云「白虎通四時篇既言「春曰蒼天、夏曰昊天、」云云、又引爾雅一說與此不同、黍離正義引異義天號、今尚書歐陽說「春曰昊天、夏曰蒼天、」爾雅亦云、書堯典正義引鄭讀爾雅云「春爲昊天、夏爲蒼天、」說文云、春為昦天、元氣昦昦、从日夰、廣雅亦云、「東方昦天、」皆本尚書歐陽說也、然則許鄭及張揖所據爾雅「春昊夏蒼」、郭與李巡作「春蒼夏昊」、可知爾雅古有二本、即白虎通所言、是也。」

鄭玄注稽存

穹起宮反。蒼且剛反。蒼天也鄭以穹及蒼蒼俱爲天稱、毛詩傳則以蒼天釋穹蒼。隆呂穹反。夏胡駕反、下同。昊胡杲反。晧胡老反、本亦作昊、光明也、日出也。旰古案反、日光出也。旻亡巾反。愍亡忍反。彫都聊反。上時掌反。

陸音義

昊○說文夰部昦、春曰昦天、元氣昦昦。夰、古老切、以此得聲。隸變爲天夰、無有不作昊者矣。
晧○俗本多

從白
非

音義攷證

穹蒼蒼天也

詩曰、以念穹蒼。穹言高、蒼言遠。

春爲蒼天夏爲昊天秋爲旻天冬爲上天

蒼言其色、昊言其氣、旻言其情、上言其位。

新義

穹蒼蒼天也桑柔云、以念穹蒼。

春爲蒼天夏爲昊天秋爲旻天冬爲上天

鄭樵注

穹蒼蒼天也

李巡曰、古時人質、仰視天形、穹隆而高、其色蒼蒼、故曰穹蒼。

郭璞曰、天形穹隆、其色蒼蒼、因名云。

鄭樵曰、桑柔云、以念穹蒼。

春爲蒼天

李巡曰、春萬物始生、其色蒼蒼、故曰蒼天。

郭璞曰、萬物蒼蒼然生。

夏爲昊天

李巡曰、夏萬物盛壯、其氣昊大、故曰昊天。昊大、邢疏引作昊昊、此從詩王風疏。

郭璞曰、言氣晧旰。

秋爲旻天

李巡曰、秋萬物成熟、皆有文章、故曰旻天。

郭璞曰、旻猶愍也、愍萬物彫落。

冬爲上天

李巡曰、冬陰氣在上、萬物伏藏、故曰上天。

孫炎曰、冬天藏物、物伏於下、天清於上。

郭璞曰、言時無事在上而臨下而已。

古注合存

穹蒼蒼天也春爲蒼天夏爲昊天秋爲旻天冬爲上天註曰、天形穹隆、其色蒼蒼、故名蒼。春爲蒼者、物蒼蒼然生也。夏爲昊者、氣晧旰也。秋爲旻者、旻之言愍、愍物彫落也。冬爲上者、時無事、在上臨下而已。疏曰、詩桑柔云、以念穹蒼。黍離云、悠悠蒼天。雨無正云、浩浩昊天。召旻云、旻天疾威。信南山云、上天同雲。故此釋之也。然詩傳云、蒼天以體言也、尊而君之則稱皇天、元氣廣大則稱昊天、仁覆閔下則稱旻天、自上監下則稱上天。據詩傳、各用所宜爲稱、與此以四時異其天名者異。又堯典命掌四時、總勅以欽若昊天、則稱昊天不獨夏。左傳夏四月孔丘卒、稱旻天不弔、則稱旻天亦非秋也。鄭元云、諸六藝中稱天者、以情求之耳、非必於其時稱之。稱昊天者、求天之博施也、稱旻天、求其生殺得宜也。命羲和稱昊天、孔丘卒稱旻天、何怪耶。是鄭和合二說之義矣。愚按穹蒼天之本體、四時皆得稱。如黍離詩、行役在途、歷序所見之時物、自苗而穗而實、乃夏秋之時也、而詩三章皆稱蒼天、蓋可見矣。餘所引堯典昊天、左傳旻天之屬、以四時分配、皆未可通、則四時之名天、固約其大概之詞與。

注疏參義

周禮疏云、今歐陽尚書說曰、欽若昊天、夏曰蒼天、秋曰旻天、冬曰上天、總謂皇天、爾雅亦然。爾雅者、孔子門人作以釋六義之文、言蓋不悞矣。

農師云、於春言其色、於夏言其氣、於秋言其情、於冬言其位。穹言形、蒼言色也。

補注

穹蒼蒼天也 註 天形穹隆其色蒼蒼因名云 正義 大雅桑柔云、以念穹蒼、此釋其義、以穹蒼卽蒼天也。說文云、天、顚也、至高無上、从一大。釋名云、天、豫司兗冀以舌腹言之、天、顯也、在上高顯也。青徐以舌頭言之、天、坦也、坦然高而遠也。是穹者言其高也。 註 天形至名云。 正義 詩疏引李巡云、古時人質、仰視天形、穹隆而高、色蒼蒼然。釋文云、郭以穹及蒼蒼俱爲天稱、蓋郭氏本於李巡也。莊子云、天之蒼蒼、其正色邪、故李巡以蒼蒼二字爲重文。毛傳以蒼天釋穹蒼、義得兩讀。

春爲蒼天 註 萬物蒼蒼然生 正義 王風黍離云、悠悠蒼天、此釋之也。鄉飲酒義云、春之爲言蠢也、產萬物者聖也。釋名云、春、蠢也、動而生也。春曰蒼天、陽氣始發、色蒼蒼也。【註】萬物至然生。【正義】詩疏引李巡云、春萬物始生、其色蒼蒼、故曰蒼天。郭註本李巡爲義。衆經音義引爾雅註云萬物生蒼蒼然也。詩疏云、蒼天以體言之也。

夏爲昊天【註】言氣皓旰【正義】小雅雨無正云浩浩昊天。鄉飲酒義云、夏之爲言假也、養之長之假之仁也。釋名云夏假也、寬假萬物使生長也。夏曰昊天、其氣布散皓皓也。詩疏引李巡云、言萬物盛壯、其氣昊大、故曰昊天。【註】言氣皓旰。【正義】詩疏云昊大貌。故言其混元之氣昊昊廣大則稱昊天。

秋爲旻天【註】旻猶愍也愍萬物彫落【正義】大雅召旻云、旻天疾威。鄉飲酒義云、秋之爲言愁也、揫之以時察守義者也。釋名云秋、緧也、緧迫品物使時成也。秋曰旻天、旻、閔也、物就枯落可閔傷也。說文云旻、秋天也。虞書曰仁閔覆下則稱旻天。說文所引虞書蓋書傳之文也。詩疏引李巡云、秋萬物成熟、皆有文章、故曰旻天。孔疏云旻、閔也、言其以仁慈之恩覆閔在下、則稱旻天。按旻天之義、諸家不同、說文釋名俱以聲爲義、李巡緣字體生訓、郭氏所不取也。孔疏義本毛傳、與說文同。【註】旻猶至彫落。【正義】愍猶閔也、郭意與劉熙同。趙岐孟子註云、旻天、秋天、幽陰氣也。

冬爲上天【註】言時無事在上而臨下而已【正義】小雅信南山云、上天同雲。鄉飲酒義云、冬之爲言中也、中者藏也。釋名云、冬、終也、物終成也。冬曰上天、其氣上騰與地絕也。故月令曰天氣上騰地氣下降。詩疏引李巡云、冬陰氣在上、萬物伏藏、故曰上天。太平御覽引孫炎云、冬天藏物、物伏於下、天淸於上。【註】言時至而已。【正義】詩疏云、從上而下視萬物則稱上天。與郭義同。

【正義】

穹蒼蒼天也　郭以穹及蒼蒼爲天稱、見釋文。

【校議】

穹蒼蒼天也天形穹隆其色蒼蒼因名云　**春爲蒼天**萬物蒼蒼然生　**夏爲昊天**言氣皓旰　**秋爲旻天**旻猶愍也愍萬物彫落　**冬爲上天**言時無事在上臨下而已

穹蒼者、詩桑柔傳用爾雅、以詩言穹蒼、故以蒼天釋之。正義引李巡曰、古時人質仰視天形、穹隆而高、其色蒼蒼、故曰穹蒼。郭義與李同。○春夏秋冬天異名者、釋名云、春曰蒼天、陽氣始發、色蒼蒼也。夏曰昊天、其氣布散灝灝也。秋曰旻天、旻閔也、物就枯落可閔傷也。冬曰上天、其氣上騰與地絕也。詩黍離傳元氣廣大則稱昊天、仁覆閔下則稱旻天、自上降鑒則稱上天、據遠視之蒼蒼然則稱蒼天。正義引李巡曰、春萬物始生、其色蒼蒼、故曰蒼天。夏萬物盛壯、其氣昊大、故曰昊天。秋萬物成熟、皆有文章、故曰旻天。冬陰氣在上、萬物伏藏、故曰上天。御覽廿四引孫炎云、冬天藏物、物伏於下、天淸於上。其義與李巡同。白虎通四時篇旣言春曰蒼天、夏曰昊天云云、又引爾雅一說與此不同。黍離正義引異義天號、今尚書歐陽說春曰昊天、夏曰蒼天、爾雅亦云。書堯典正義引鄭讀爾雅云春爲昊天、夏爲蒼天。說文云、春爲昦天、元氣昦昦、从日夰。廣雅亦云東方昦天。皆本尚書歐陽說也。然則許鄭及張揖所據爾雅春昊夏蒼、郭與李巡作春蒼夏昊、可知爾雅古有二本、卽白虎通所言是也。然此皆循文訓義、未爲觀其會通、若通而論之、則堯命羲和而云欽若昊天、非必夏也。魯誄孔子而曰閔天不弔、非必秋也。上言彼黍離離、下言悠悠蒼天、其非春可知矣。方言有菀者柳、卽云上天甚神、覷覷楚其非冬亦明矣。爾雅略釋其義、讀者勿泥其詞、可也。

【義疏】

春爲蒼天夏爲昊天　經文

臧在東云、白虎通四時篇引爾雅春曰昊天夏曰蒼天、一說春爲蒼天夏爲昊天、今文尚書歐陽說、許叔重五經異義說文解字、鄭康成異義駁、張揖廣雅、竝同前一說。考詩正義引李巡注已作春蒼夏昊矣、不始於郭景純、然其義則非也。按爾雅漢注引鄭說云、春氣博施、故以廣大言之、夏氣高明故以遠大言之、此卽春昊夏蒼之古義也。自李孫以來互移其字、而古訓廢矣。

經注集證

穹蒼蒼天也李注、古時人質、仰視天形、穹隆而高、其色蒼蒼然、故曰穹蒼。郭注、天形穹隆、其色蒼蒼、因名云。詩以念穹蒼。穹从弓、象張弓中高橢圓之形。蒼从倉、本亦以屋形名之、後乃加艸爲淡青色耳。倉穀青黃、不象天與草木之色。**春爲蒼天夏爲昊天秋爲旻天冬爲上天**李注、春萬物始生、其色蒼蒼、故曰蒼天。夏萬物盛壯、其氣昊大、故曰昊天。秋萬物成熟、皆有文章、故曰旻天。冬、陰氣在下、萬物伏藏、故曰上天。孫注、冬天藏物、物伏於下、天清於上。郭注、蒼天、萬物蒼蒼然生。昊言氣皓旰。旻猶愍也。愍萬物彫落。上天言時無事、在上臨下而已。鄭本作春爲昦天夏爲蒼天。詩作倉。說文、春爲昦天、元氣昦昦。昦从日夰。旻从日文、秋天也。虞書曰、仁閔覆下則稱旻天。書多士、旻天大降喪、馬注、秋氣殺也。詩悠悠昊天、悠悠蒼天、上天同雲。許鄭本是也。李郭等習聞蒼生而改之。

集解

穹蒼蒼天也詩以念穹蒼、此釋之也。穹从穴弓、謂天如張弓而爲半圓之形。蒼从倉、亦以屋形名之。許慎釋蒼爲艸色、則青天矣。爲一時之象氣映象也、不足該天。**春爲蒼天夏爲昊天秋爲旻天冬爲上天**尚書歐陽說春曰昊天夏曰蒼天、鄭本爾雅作春爲昊天夏爲蒼天。說文作春爲昦天、元氣昦昦从日夰。旻从曰文、秋天也。虞書說元氣廣大則偁昦天、仁覆閔下則偁旻天。書多士旻天大降喪、馬注秋氣殺也。詩悠悠昊天悠悠蒼天、又旻天疾威、上天同雲。鄭本與尚書歐陽說同、蓋古本也。郭因承上穹蒼蒼天文而易之。

義證

冬爲上天

註言時無事在上臨下而已〔補正〕邢疏、詩傳云、蒼天以體言之、尊而君之、則稱皇天、元氣廣大則稱昊天、仁覆閔下則稱旻天、自下降監則稱上天、據遠視之蒼蒼然則稱蒼天。按此以四時異其天名、詩傳則各用所宜爲稱、似相乖異、而鄭元則和合二說、故異義同號。今尚書歐陽說春曰昊天、夏曰蒼天、秋曰旻天、冬曰上天、爾雅亦云。古尚書與毛詩同。謹按尚書堯典羲和以昊天總勅四時、故知昊天不獨春也。左傳夏四月孔丘卒稱曰昊天不弔、非秋也。元之聞也、爾雅者孔子門人所作以釋六藝之言、蓋不誤也。春氣博施、故以廣大言之、夏氣高明、故以遠大言之、秋氣或生或殺、故以閔下言之。冬氣閉藏而清察、故以監下言之。皇天者至尊之號也、六藝之中稱天者、以情所求之耳、非必於其時稱之。浩浩昊天、求天之博施。悠悠蒼天、求天之高明。昊天不弔、求天之生殺當得其宜。上天同雲、求天之所爲當順其時也。此之求天猶人之說事、各從其主耳。若察於是、則堯命羲和欽若昊天、孔丘卒昊天不弔、無可怪耳、是鄭和合二說之事也。

郭注補正

春爲蒼天夏爲昊天秋爲旻天冬爲上天。按釋名與此同、許慎說文解字昊天作昦、云春爲昦天、異義天號據爾雅亦云春昊天夏蒼天。白虎通德論云爾雅一說春爲蒼天、是古雅文有兩本、鄭康成用春昊天說。

春爲蒼天夏爲昊天 **錢氏古義**

按說文昦春爲昊天元气昦昦从日夰夰亦聲。尚書堯典正義云、鄭元讀尔疋云春爲昊天夏爲蒼天詩黍離正義引五經異義天號今尚書歐陽說春曰昊天夏曰蒼天尔疋亦云。又引鄭君駁曰、尔疋皆孔子門人所作、㠯釋六藝之言蓋不誤也。春气博施故㠯廣大言之夏气高明故㠯遠大言之。張楫廣疋亦云東方昊天是、許鄭張楫所據尔疋皆本尚書歐陽說、此卽春昊夏蒼之舊注本也。白虎通四時篇引尔疋春曰昊天夏曰蒼天、又引尔疋一說春爲蒼天夏爲昊天是、尔疋舊有二本、當㠯尚書歐陽說爲古注、故許鄭用之。李孫昜爲春蒼夏昊、爲郭氏所本。白虎通別爲一說、當㠯前說爲正。堯命義和而云欽若昊天、必非夏也。詩黍離上言彼黍離離下言悠悠蒼天必非春也。此經文之足徵者。

萅爲蒼天 注萬物蒼蒼然生 **舊注攷證**

夏爲昦天 注言氣皓旰

正曰、書堯典欽若昦天、正義、鄭讀爾雅云萅爲昦天夏爲蒼天、詩王黍離悠悠蒼天正義異義天號、今尚書歐陽說萅曰昦天夏曰蒼天、爾雅亦云。糸之閒也、爾雅者孔子門人所作、㠯釋六埶之言、蓋不誤也。鄭爾雅與孫郭本異、故許愼旣載今尚書說卽言爾雅亦云、明見爾雅與歐陽說同、然則許鄭所見爾雅本作萅爲昦天夏爲蒼天、不如孫郭本作萅爲蒼天夏爲昦天也。臧明經拜經日記云、黍離正義引李巡注、萅萬物始生、其色蒼蒼、故曰蒼天。夏萬物盛壯、其氣昦大、故曰昦天。又云鄭讀爾雅與孫郭本異、則漢儒李侍中孫叔然本皆作萅蒼夏昦、不獨晉之郭景純也。 **正郭**

穹蒼蒼天也

天形穹隆其色蒼蒼因以名云

御覽一卷天部引作因以名云。今據補以字。

春爲蒼天

萬物蒼蒼然生也

御覽一卷天部引作萬物蒼蒼生也。元應太子須大拏經音義引爾雅注曰、萬物生蒼蒼然也。今據補也字。初學記引梁元帝纂要云、蒼天、萬物蒼蒼而生。蓋亦用郭注。

夏爲昊天

言氣皓旰也

釋文云皓、本亦作昊。樹枏案、仿宋本明注疏本作皓、非。說文皓、日出皃。从日告聲。御覽引正作皓旰。初學記引梁元帝纂要云昊天言氣浩汗。蓋亦用郭注、而浩汗字異。希麟琳法師別卷上音義引爾雅夏爲昊天郭注云言氣皓旰也。今據補也字。

秋爲旻天

旻猶愍也愍萬物彫落也

御覽一卷天部引作旻猶愍也愍萬物凋落也。廿四卷時序部又引作旻愍也万物凋可愍。樹枏案、凋正字。彫借字。釋文所據本作彫。梁元帝纂要云旻天愍万物之彫零、亦用郭注、而彫字與釋文合。今據御覽補也字。

冬爲上天

言時無事在上臨下而已

明注疏本臨上衍而字。梁元帝纂要云、上天在上而臨下、與注疏本同。

郭注佚存補訂

穹蒼蒼天也

此釋大雅桑柔以念穹蒼也。毛傳云穹蒼、蒼天。李巡云古時人質仰視天形穹隆而高色蒼蒼然故曰穹蒼是也。郭注本李巡。

春爲蒼天

王風黍離悠悠蒼天、毛傳云蒼天以體言之尊而君之則稱皇天。元氣廣大則稱昊天、仁覆閔下則稱旻天自上降鑒則稱上天據遠視之蒼蒼然則稱蒼天。正義云、經傳言天其號不一、故因蒼天而摠釋之。當有成文不知出何書。李巡云春萬物始生其色蒼蒼故曰蒼天。郭注本李巡。秦風黃鳥彼蒼者天小雅巷伯蒼天蒼天、此皆不指春而言。

夏爲昊天

小雅節南山昊天不傭、雨無正浩浩昊天、巧言昊天已威大雅抑昊天孔昭、雲漢昊天上帝瞻卬瞻卬昊天周頌昊天有成命、諸詩皆不專指夏而言。黍離疏云昊天親故言其混元之氣昊昊廣大則稱昊天。李巡云夏萬物盛壯其氣昊大故曰昊天。郭注本李巡爲義也。

秋爲旻天

說文云旻秋天也。虞書曰仁覆閔下則稱旻天。小雅小旻大雅召旻皆云旻天疾威。黍離疏云旻閔也、言其以仁慈之恩覆閔在下、則稱旻天。李巡云、秋萬物成熟皆有文章故曰旻天。李以旻從文故以文章釋之。郭注云旻猶愍也愍萬物彫落則旻字之正義也。

冬爲上天

小雅信南山上天同雲毛傳云、豐年之冬必有積雪。正義云、言成王時在上天同起其雲、正於冬月雨下。此雪此正合冬爲上天之義。黍離疏云從上而下視萬物則稱上天。李巡云冬陰氣在上萬物伏藏故曰上天。孫炎云冬天藏物、物伏於下、天淸於上、義與李同。黍離疏又云爾雅釋天以四時異名、毛傳言天各用所宜爲稱、鄭君和合二說故異義天號。今尚書歐陽說春曰昊天夏曰蒼天秋曰旻天冬曰上天爾雅亦云。古尚書說與毛同。謹案、尚書堯典羲和以昊天揔勑以四時故知昊天不獨春也。左傳夏四月孔丘卒稱曰旻天不弔非秋也。玄之聞也、爾雅者孔子門人所作以釋六藝之言、蓋不誤也。春氣博施故以廣大言之、夏氣高明故以遠大言之、秋氣或生或殺故以閔下言之、冬氣閉藏而淸察故以監下言之。皇天者、至尊之號也。六藝之中諸稱天者、以情所求之耳非必於其時稱之。浩浩昊天求天之博施。悠悠蒼天、求天之高明。旻天不弔、求天之生殺當得其宜。上天同雲、求天之所爲當順其時也。此之求天、猶人之說事、各從其主耳。若察於是、則堯命羲和欽若昊天、孔丘卒旻天不弔、無可怪耳。是鄭君和合二事之說也。爾雅春爲蒼天夏爲昊天歐陽說春爲昊天夏爲蒼天。鄭既言爾雅不誤、當從爾雅、而又從歐陽之說以春昊夏蒼者、鄭爾雅與孫郭本異、故許愼既載今尚書說、卽言爾雅亦云、明見爾雅與歐陽說同、雖蒼昊有春夏之殊、則未知孰是、要之物理相符合、故鄭和而釋之。案說文云春爲昊天、元氣昊昊。書堯典正義引鄭讀爾雅云春爲昊天夏爲蒼天、皆從歐陽之說。白虎通四時篇引爾雅春曰昊天夏曰蒼天、又引爾雅一說春爲蒼天夏爲昊天、是爾雅舊有二本、尚書歐陽說爲舊注、故許鄭用之。李孫本爲春蒼夏昊、郭氏從之、遂爲定本。

說詩

夏爲昊天

爾雅詁林 八 釋天

郭注言氣晧旰。柏年案、晧昊字通。夏承碑、晧天不弔。魏孔羨碑、雖大晧遊龍以君世。郙閣頌、精通晧穹。後漢書郎顗傳則太晧和説。注、太晧、天也。皆是晧本从日。隸有从白者。

補釋

夏爲昊天註言氣晧旰（晧誤从白。旰毛本誤肝。下同。）

冬為上天註在上臨下而已（臨上衍而字。）

疏詩雨無正云浩浩昊天（詩下當有小雅二字。）李巡云古詩人質詩（毛本誤時。）昊大貌（大誤天。）其氣昊大故曰昊天（昊大誤昊昊。）故異義天號云云春曰昊天（天號誤同號。昊天誤昊文。）尚書説與毛詩同（脱説字。）稱曰旻天不弔時非秋也（脱時字。）以釋六藝之文言蓋不誤矣（脱文字。矣誤也。從周禮疏校。）六藝之中諸稱天者以己情所求言之耳（脱已言二字。六藝書疏作六籍。）蒼天蒼天求天之高明（上蒼天二字誤悠悠。）孔丘卒稱旻天不弔（脱稱字。）鄭既言爾雅不誤云云而又從歐陽之説（脱之字。既、監本誤即。）

注疏正字

夏爲昊天　説文、夰部、昦、春爲昦天、元气昦昦。从日夰、夰亦聲。隸變作昊。尙書正義二、一云、鄭元讀爾雅云春爲昊天夏爲蒼天。詩正義一四之一引異義天號、今尙書歐陽説春曰昊天夏曰蒼天秋曰旻天冬曰上天、爾雅亦云。又引鄭君駁曰、爾雅者孔子門人所作、以釋六藝之言、蓋不誤也。春氣博施故以廣大言之、夏氣高明故以遠大言之。是許鄭讀爾雅皆是春爲昊天夏爲蒼天、與郭本異、郭蓋從李巡本也。

秋爲旻天　秌、隸變移火於右。

匡名

穹蒼蒼天也春爲蒼天夏爲昊天秋爲旻天冬爲上天　説文、穹、窮也。穹、隆然上高也。蒼、艸色、又以爲凡青黑色之偁。言天形穹隆其色蒼蒼也。大雅、以念穹蒼。萅、推也。从日艸屯、屯亦聲。尙書大傳、春、出也。言萬物蒼蒼然生也。王風、悠悠蒼天。昦、春爲昦天、元气昦昦也。从日夰、夰亦聲。言气晧旰也。小雅、浩浩昊天。秌、禾穀孰也。旻、秋天也。旻猶愍也、愍萬物彫落也。大雅、旻天疾威。冬詳釋詁、上、高也。言時無事在上臨下而已。小雅、上天同雲。

啓蒙

鄭氏所見本異

鄭康成和同歐陽尙書與爾疋天分四時之説、而引春為昊天夏爲蒼天、與今爾疋異者、則所見本異也。

讀雅筆記

春爲蒼天　夏爲昊天

釋名、春曰蒼天、陽氣始發、色蒼蒼也。（爲作曰、下皆同。釋天第一）説文作春爲昦天。（夰部昦）夏爲昊天、説文作春爲昦天。按説文無昊。夰部昦云、春爲昦天、元氣昦昦、從日夰、夰亦聲。胡老切。昊從日下天、天非聲。昦從日下夰、夰訓放也、從大而八分也。古老切。聲義兼得。自篆變爲隸、經典皆作昊、學者幾不復知有昦矣。又説文夏作春。春當爲夏、傳寫之譌。

證異

秋爲□天

錦燧謹案景純注云□猶愍也愍萬物彫落其說本諸劉熙釋名云秋曰□天□閔也物就枯落可閔傷也是也正義引李巡曰秋萬物成熟皆有文章故曰□天與郭注異矣蒙謂李說良是說文云□秋天也从日文聲□从文聲卽有文義故李黄門以文章釋之堯典云平秋西成是秋爲百穀告成之時易云兑正秋也萬物之所說也此說字亦當讀爲說樂之說與萬物成熟之義俱相發明或讀說爲脱傎矣

陸錦燧日記

穹蒼蒼天也李云古時人質仰視天形穹隆而高其色蒼蒼故曰穹蒼郭云天形穹隆其色蒼蒼因名云楷案李郭異讀詩桑柔以念穹蒼傳穹蒼蒼天此李讀所本也郭說本李而不曰故曰穹蒼則不以穹蒼斷句故釋文云郭以穹及蒼蒼俱爲天稱毛詩傳則以蒼天釋穹蒼也然以義言之則郭讀是此篇釋天故先釋天名曰穹曰蒼蒼下復分別四時之名若云穹蒼則但以天也釋之已明何必復贅一蒼字且穹蒼爲蒼天下復云春曰蒼天則穹蒼豈卽春天乎殆不可通矣詩之穹蒼偶與此句首二字合毛傳遂以此文釋之其實爾雅不當如此讀也邵晉涵謂義得兩讀郝懿行謂郭與李同皆非

秋爲旻天李云秋萬物成熟皆有文章故曰旻天郭云旻愍也愍萬物彫落楷案郭義本詩黍離傳及五經異義尚書說說文然三時天名皆以氣言不當於秋獨以天心言此說殆非也李注剖析字體尤屬未是趙岐注孟子云旻天秋天幽陰氣也似爲近之

稗疏

言氣皓旰 注疏本同單疏本雪牕本作晧旰釋文晧本亦作昊光明也日出也按此經作昊注作晧爲經注異文之證注仍作昊非說文晧日出貌从日告聲暤晧旰也从日皋聲晧暤叅通今本從白訛

在上臨下而已 單疏本雪牕本同注疏本在上下衍而字

穹蒼至上天○釋曰 注疏本删

古詩人質 元本監本同閩本詩剜改時毛本承之

昊大貌 注疏本大誤天下其氣昊大同

故異義天號 注疏本天改同

蒼天蒼天 元本同閩本監本毛本改作悠悠蒼天

而又從歐陽之說 注疏本脱之

是四時天之名也 注疏本脱天

歲時者何 注疏本脱者

校勘記

穹蒼蒼天也注其形穹隆其色蒼蒼釋文郭以穹及蒼蒼俱爲天稱据此則依詩讀爲穹蒼者非郭義

夏爲昊天注言氣皓旰今本皓半从白誤當依釋文从日

注疏本正誤

愍萬物彫落監本永懷堂本毛本湘本物下有之字。

其氣昊大監本毛本湘本大作昊。案馬輯李注亦作昊大作昊昊者疑誤。

秋萬物成孰監本毛本孰作熟。

春曰昊天監本湘本同。毛本天誤文。案五經異義天號第六正作天。

以昊天揔勑以四時監本毛本湘本同。案五經異義勑下無以字。此及各本衍。

昊天不弔監本毛本湘本昊作旻。案作旻是。上文亦作旻天不弔、可證昊誤。下旻天不弔無可怪耳、監本旻誤昊、五經異義正作旻。

鄭既言爾雅不誤毛本湘本同。監本既誤卽。

謂春秋冬夏也白虎通作春夏秋冬。

注疏校勘記

七行（注）因名云○《御覽》卷一引作「因以名云」．

（注）萬物蒼蒼然生○《御覽》卷一引作「萬物蒼蒼生也」，「生」下有「也」字．

八行（注）言氣晧旰○「晧旰」，宋刻小字本作「皓旰」，誤．希麟《續音義》卷十引「旰」下有「也」字．

（注）愍萬物彫落○《御覽》卷一引作「愍萬物凋落也」．「凋」「彫」字通．

宋監本校箋

穹（芎窮）蒼、蒼天也。春爲蒼天、夏爲昊（皓）天、秋爲旻（民）天、冬爲上天。

孫侶直音

穹蒼、蒼天也。天形穹隆其色蒼蒼因名。春爲蒼天、萬物蒼蒼然生。夏爲昊天、昊言氣皓旰。秋爲旻天、旻猶愍也、愍萬物雕落。冬爲上天。言時無事在上而臨下而已。

楊氏音訓

穹去宮切　昊胡老切　旻武巾切

幹氏音釋

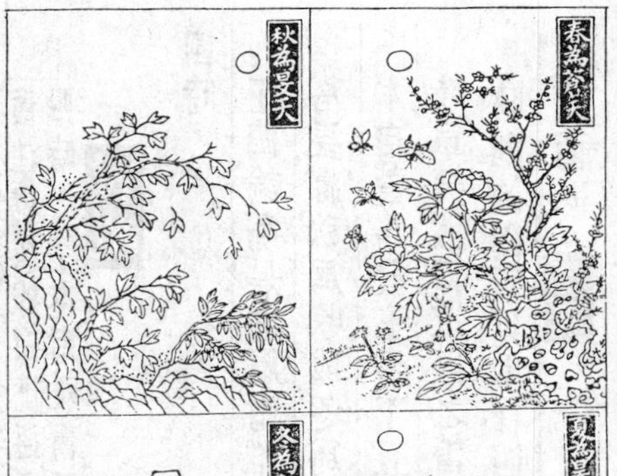

音圖·圖

四時

四時　釋曰、此題上事也。言上所陳是四時天之名也。題之在下者、若周公踐阼及詩篇章句皆篇末題之、故此亦爾。白虎通云、歲時者何、謂春秋冬夏也。時者期也、陰陽消息之期也。鄉飲酒義云、春之爲言蠢也、產萬物者聖也、夏之爲言假也、養之長之假之仁也、秋之爲言揫也、揫之以時察守義者也、冬之爲言中也、中者藏也。

邢疏

四時

釋名云、四時四方各一時、時、期也、物之生死各應節期而止也。御覽十七引釋名作爾雅又曰時、空也、司空主地名主一方物之生死。注也。郝氏義疏曰、據此所引、蓋爾雅舊注也。案鮑刻御覽與郝本所引異並無爾雅又日四字。

衆家注

黃輯古義

四時 爾雅曰、四時四方各一時、時期也、物之生死各應節期而止也。御覽十七

蕙心案、御覽引爾雅、必爾雅舊注、然與釋名文同、疑釋名之譌。

古注斠

四時 正義 題上事也。曾子天圓篇云、聖人愼守日月之數、以察星辰之行、以序四時之順逆。白虎通義云、歲時何、謂春夏秋冬也。時者期也、陰陽消息之期也。四時天異名何、天尊、各據其盛者爲名也。春秋物變盛、冬夏氣變盛。釋名云、四時四方各一時、時期也、物之生死各應節期而止也。詩疏引許叔重五經異義云、今尚書歐陽說春曰昊天、夏曰蒼天、秋曰旻天、冬曰上天、爾雅亦云。古尚書與毛詩同。謹按尚書堯典義和以昊天總勅以四時、故知昊天不獨春也。左傳夏四月孔丘卒稱曰旻天不弔、非秋也。又引鄭康成駁異義云、元之聞也、爾雅孔子門人所作、以釋六藝之言、蓋不誤也。春氣博施、故以廣大言之、夏氣高明、故以遠大言之、秋氣或生或殺、故以閔下言之、冬氣閉藏而清察、故以監下言之。皇天者、至尊之號也、六藝之中諸稱天者、以情所求之耳、非必於其時稱之。浩浩昊天、求天之博施。悠悠蒼天、求天之高明。旻天不弔、求天之生殺當得其宜。上天同雲、求天之所爲當順其時也。此之求天、猶人之說事、各從其主耳。若察於是、則堯命義和、欽若昊天、孔丘卒旻天不弔、無可怪耳。案鄭君據爾雅以駁正異義、其論篤矣。惟以春爲昊天、夏爲蒼天與今本異。說文云、春爲昦天、元氣昦昦、即許氏所据本也。白虎通義引爾雅、兼采兩說、是爾雅舊本有作春爲昊天夏爲蒼天者、與許鄭所見之本同也。郭氏定從李巡本、劉熙釋名與李巡同、蓋以蒼天之名因蒼蒼之色、春爲木德、厥色青蒼、則蒼天當就春時而言矣。毛傳云、蒼天以體言之、尊而君之則稱皇天、元氣廣大則稱昊天、仁覆閔下則稱旻天、自上降監則稱上天、據遠視之蒼蒼然則稱蒼天。毛公以詩人稱天、殊名而同德、無妨隨舉言之、至於四時之名、則當從爾雅、不可易也。呂氏春秋言天有九野、雖不可盡据、然其於東方曰蒼天、實符雅訓。高誘註云、東方二月建卯、木之中也、木色青、故曰蒼天。春爲蒼天、此亦其證、故郭氏定從李巡。

正義

四時 題上事也。白虎通云、時者期也、陰陽消息之期也。四時天異名何、天尊、各據其盛者爲名也。春秋物變盛、冬夏氣變盛。釋名云、四時四方各一時、時期也、物之生死各應節期而止也。按御覽十七引釋名作爾雅、又曰時空也、司空主地、各主一方物之生殺。據此所引、蓋爾雅舊注也。又據白虎通四時天異名云云、則知四時二字本爾雅舊題。祥災以下義亦同焉。

義疏

四時

正曰、論衡是應篇、爾雅釋四時章曰、春爲發生、夏爲長嬴、秋爲收成、冬爲安寧、四氣和爲景星。今郭本自春爲發生已下五句皆下列祥章、不復在四時章矣。然已誼言之、春爲發生已下五句既言四時、則論衡所見本在四時章者是也。未識郭據何本而誤。

正郭

四時○疏秋之爲言揫也 揫、禮記作愁、注愁讀爲揫、揫、斂也。

注疏正字

四時 案此天名、非時名也。此題當移置謂之景風之下。案論衡是應云、爾雅釋四時章曰春爲發生云云、知漢時本此題不在此也。

匡名

四時 說文、時、四時也。白虎通、歲時何、謂春夏秋冬也。時者期也、陰陽消息之期也。四時天異名、蒼天求天之高明、昊天求天之博施、旻天求天之生殺、得其宜、上天求天之所爲、順其時也。

啓蒙

四時、嚴元照爾雅匡名云、此天名非時名也、此題當移置謂之景風下、論衡云爾雅釋四時章春爲發生云云、知漢時本此題不在此。楷案玉燭景風與醴泉一條意同、故下并題之曰祥、不得割取之而題曰四時。王充以意爲說、非據題目言。釋地東方有比目魚一節、乃釋四方中國異氣、而其下題曰五方、亦與此題四時例同、嚴說非是。

稗疏

四時○釋曰 注疏本刪。

校勘記

春爲青陽、夏爲朱明、秋爲白藏、冬爲玄英。四氣和謂之玉燭。

春爲青陽、氣青而溫陽。夏爲朱明、氣赤而光明。秋爲白藏、氣白而收藏。冬爲玄英。氣黑而清英。四氣和謂之玉燭。道光照。

郭注

四時和謂之玉燭

人君德美如玉而明若燭。釋文 邢疏

李注

夏爲朱明

夏氣赤而光明。御覽二十一 郭同

孫音注

四時和謂之玉燭

唐石經作四氣和。

衆家注

黃輯古義

四時和謂之玉燭

人君德美如玉而明若燭。釋文 邢疏

李注

夏爲朱明

夏氣赤而光明。太平御覽卷二十一

孫音注

玉函山房輯佚

夏爲朱明

夏氣赤而光明。同 宋本御覽二十一

鉤沉

夏爲朱明

孫曰、夏氣赤而光明。御覽二十一 郭同

四氣和謂之玉燭

李曰、人君德美如玉而明若燭。釋文 邢疏

春爲青陽

漢注

郭璞云、氣清而溫陽。

夏爲朱明

孫炎云、夏氣赤而光明。太平御覽二十一卷 郭璞云、氣赤而光明。

秋爲白藏

郭璞云、氣白而收藏。

冬爲玄英

郭璞云、氣黑而清英。

四氣和謂之玉燭 氣、今本誤作時、依唐石經及宋本校改。

李巡云、人居德美如玉而明若燭。釋文二十九卷 孫炎云、四氣和、四時之化。史記索隱卷八 郭璞云、道光照。

一切注音

夏爲朱明 孫炎云、夏氣赤而光明。御覽二十一

四氣和謂之玉燭 李巡云、人君德美如玉而明若燭。釋文 孫炎曰、四氣和、四時之化。史記索隱

古注斠

藏 徂倉反。 英 於京反。 玉燭 李云、人君德美如玉而明若燭。

陸音義

春爲青陽夏爲朱明秋爲白藏冬爲玄英四氣和謂之玉燭 案氣、今注疏本作時、誤。唐石經宋本郭注皆作氣。錢氏大昕云、李善注文選引此文正作氣也。孫氏志祖云、四氣、陸氏所據猶北宋本。

此之謂玉燭、尸子曰其風春爲發生則玉燭道光照明潤、蓋言日月。

新義

春爲青陽

郭璞曰、氣青而溫陽。

夏爲朱明

孫炎曰、夏氣赤而光明。

郭璞曰、氣赤而光明。

秋爲白藏

郭璞曰、氣白而收藏。

冬爲玄英

郭璞曰、氣黑而清英。

四時和謂之玉燭

李巡曰、人君德美如玉而明若燭。

孫炎曰、四氣和、四時之化。此見史記索隱。按唐石經及宋本爾雅並作四氣和謂之玉燭。

郭璞曰、道光照。

古注合存

春爲青陽夏爲朱明秋爲白藏冬爲玄英四時和謂之玉燭 註曰氣青而溫陽氣赤而光明氣白而斂藏氣黑而清英玉燭道光照也疏曰玉燭言四時和氣溫潤明照也李巡云人君之德美如玉明如燭聘義云君子比德於玉德輝動於內和氣應於外即謂之玉燭也

注疏參義

玉燭、李巡云人君德美如玉而明如燭。郭云道光照。疏云道言也、言四時和氣溫潤明照、故曰玉燭。今俗以道字作道德字解、連用道光二字、大謬。

補注

春爲青陽 **註** 氣青而溫陽 夏爲朱明 **註** 氣赤而光明 秋爲白藏 **註** 氣白而收藏 冬爲玄英 **註** 氣黑而清英 四氣和謂之玉燭 **註** 道光照也。 **正義** 此釋四時嘉祥之氣。春盛德在木、木色青、故其氣爲青陽。夏盛德在火、火色赤、故其氣爲朱明。色淺曰赤、色深曰朱也。秋盛德在金、金色白、故其氣爲白藏。冬盛德在水、水色黑、故其氣爲元英、黑深而元

淺也。太平御覽引蔡邕月令章句云、迎春歌青陽、迎夏歌朱明、迎秋歌白藏、迎冬歌元英。是又爲四時樂章之名也。四氣和謂之玉燭者、樂記云、動四氣之和。史記索隱引孫炎云、四氣和四時之化。釋文引李巡云、人君德美如玉而明若燭。禮運云播五行於四時和而后月生也、孔疏、五行四時調和、道度不失而后月依時而生也。監本作四時和謂之玉燭、今從唐石經及宋本。註氣青至光照○正義太平御覽引孫炎云、夏氣赤而光明。是郭註多本孫炎。釋名云、青、生也象物生時色也。赤、赫也、太陽之色也。郭云道光照者義本尸子。

正義

春爲青陽氣清而溫陽 夏爲朱明氣赤而光明 秋爲白藏氣白而收藏 冬爲玄英氣黑而清英 四氣和謂之玉燭道光照

說文云、青東方色也。陽、高明也。釋名云、陽、揚也、氣在外發揚也。朱明者、御覽廿一引孫炎云、夏氣赤而光明。郭與孫同、即此一條可知郭注但本孫炎也。四氣和者、史記樂書索隱引孫炎云、四氣之和、四時之化。玉燭者、釋文引李巡云、人君德美如玉而明若燭。邢疏引尸子仁意篇述太平之事云、燭於玉燭、四時和正光照、此之謂玉燭。

義疏

春爲青陽夏爲朱明秋爲白藏冬爲玄英四氣和謂之玉燭李注、人君德美如玉而明若燭。孫注、夏氣赤而光明。郭注、氣青而溫陽、氣赤而光明、氣白而收藏、氣黑而精英、道光照。月令、孟春天子居青陽左介。餘皆無見。

集解

春爲青陽夏爲朱明秋爲白藏冬爲玄英四時和謂之玉燭禮運所謂播五行於四時和而後月生者此也。青、東方色也。陽、高明也。春盛德在木、木色青、故其氣爲青陽。淺赤曰朱、深黑曰玄。夏盛德在火、火之色赤。秋盛德在金、金之色白。冬盛德在水、水之色黑。朱明白藏玄英所由名也。藏、狀也。英、盛也。狀者狀金之用、盛者狀水之多、和而月生則明如玉、或燭矣。尸子謂燭於玉燭、四時和正光照是也。禮記月令、天子居青陽左个。餘經均無所見。

義證

四時和謂之玉燭

〔註〕道光照〔補正〕邢疏、道、言也。言四時和氣溫潤明照、故曰玉燭。李巡云人君德美如玉而明若燭。

郭注補正

四气和謂之玉燭、俗本气作時。開成石經作气、當从之。

錢氏古義

春爲青陽

氣青而温陽

仿宋本青作清。

郭注佚存補訂

秋爲白藏　藏當作臧。見釋詁

四氣和謂之玉燭　氣當作气。見釋言　後漢書八十八引作四時和、白帖七引作四時調。監本作四時、今從石經單疏本。案文選注三引十九又廿九又卅六皆作四氣。

匡名

春爲青陽夏爲朱明秋爲白藏冬爲玄英四時和謂之玉燭說文、青、東方色也。木生火、从生丹、丹青之信言必然。郭註气青而温陽。朱、赤心木、松柏屬。从木、一在其中。註朱、木名。引伸假借爲純赤之字。郭註气赤而光明。白、西方色也。侌用事、物色白、从入合二。二、会數也。郭註气白而收藏。乜、幽遠也、象幽而入覆之也。黑而有赤色者爲元。郭註气黑而清英。蔡邕月令章句、迎春歌青陽、迎夏歌朱明、迎秋歌白藏、迎冬歌糸英。又爲四時樂章之名。樂記、動四時之和。李巡云、人君德美如玉而明若燭。燭、庭燎大燭也。

啓蒙

四氣和謂之玉燭。氣、鄭樵注本、監本作時、後漢書西域傳注、御覽時序二、白帖七引同、白帖和作調。蓋自來有兩本、與下文四時一作四氣者同。據郭注、此文必作氣、下文必作時。文選東晳補亡詩注、王融策秀才文、曹子建朔風詩注引爾雅此文並作氣。

黃侃音訓

四時和謂之玉燭

唐石經作四氣和謂之玉燭。石經爾雅 尸子作四時和正光照此之謂玉燭。邢疏引尸子仁意篇

證異

釋天四時和謂之玉燭、邵氏正義云、史記索隱引孫炎云四氣和、四時之化。監本作四時、唐石經及宋本作四氣。承珙案、文選束晳補華黍篇玉燭陽明、王融永明九年策秀才文風雨玉燭、李善注引爾雅四時皆作四氣。邢昺疏亦作四氣。是所見本尚不誤。曹子建朔風詩云、四氣代謝。

胡氏古義

四時和謂之玉燭 釋天

樾謹按此及下文四時和爲通正、時字並氣字之誤、說見阮氏校勘記。此四氣卽上文春爲青陽夏爲朱明秋爲白藏冬爲元英也。郭注於青陽等四名並以氣言之、是其所據本固未誤。至下文春爲發生夏爲長嬴秋爲收成冬爲安甯、則不以氣言、而以爲四時之別號、蓋郭所據本已作四時和爲通正矣。唐石經於此文作四氣、下文作四時、卽依郭氏本也。今本皆作四時、又非郭氏之舊矣。惟經文兩言四氣和、其義不同、此文以光言、下文以風言。光也風也並由氣而生也、故此曰謂之玉燭、下曰謂之景風、燭猶光也。釋文引李巡云君德美如玉而明若燭、此說失之。蓋玉燭與景風醴泉一律、燭也風也泉也實指其事、玉也景也醴也爲之美名耳。古人之詞、凡所甚美者、則以玉言之、尙書之玉食、禮記之玉女、儀禮之玉錦皆是也。玉燭猶言玉光、謂光之至美者也。邢疏引尸子曰燭於玉燭、飲於醴泉、暢於永風。然則玉燭固不得分而爲二矣。

平議

四時和謂之玉燭

案四時當作四氣、下四時和爲通正、於此不當緟言四時和。疏述經文四氣和謂之玉燭、四時和爲通正、本甚明析、今作四時和謂之玉燭者、涉下而誤耳。唐石經單疏本雪牕本吳元恭本尚不譌。

王仁俊日記

四氣和謂之玉燭 郭注道光照

案雅此文無光字、注何以言光、据邢疏引尸子仁意

篇四氣和爲正光此之謂玉燭、疑此四氣和下元本爾雅尙有爲正光三字。郭所見本尙未奪、因以道光照注爲正光、與下文四時和爲通正謂之景風句法亦正一例。

董瑞椿日記

冬爲元英、郭云氣黑而淸英。楷案淸英郎孫注上天所謂天淸於上也。班固西都賦、鮮顥氣之淸英。

稗疏

四氣和謂之玉燭 監本作四時。案郭璞注上云氣青而温陽、氣赤而光明、氣白而收藏、氣黑而清英。邢昺疏亦列春夏秋冬之氣和。今从唐石經。

石經考文提要

四氣和謂之玉燭 唐石經單疏本雪牕本同。注疏本作四時、非。按邢疏引尸子云、四氣和爲正光、此之謂玉燭。此經無爲正光、故直言謂之玉燭。

春爲至醴泉〇釋曰 注疏本刪。

校勘記

氣淸而温陽 十行本雪牕本吳本並氣青。南昌本誤。

道光照 十行本下有也字。

校勘記訂補

四氣和謂之玉燭。今本氣誤作時。按注於下發生長嬴收成安寧方云四時之號、雖亦字是承上而言、而郭於上四句皆注爲氣、則依石經作氣爲是。況疏述經言正作四氣和、疏末亦云上據氣而言、是邢所据之本尙未誤也。

注疏本正誤

氣淸而温陽 監本永懷堂本同。毛本湘本淸作青、据下氣赤氣白氣黑、當作青。

注疏校勘札記

九下（七六）五行（注）道光照○《文選·補亡詩》注引作「道光照也」，「照」下有「也」字。

宋監本校箋

春爲青陽、夏爲朱明、秋爲白藏。冬爲玄昨平聲英。四時和、謂之五燭。

孫侶直音

秋爲白藏。平聲

直音校正

春爲青陽、夏爲朱明、秋爲白藏、冬爲玄英、四時和謂之玉燭。青陽氣青而温陽。朱明氣赤而光明。白藏氣白而收藏。元英氣黑而清英。玉燭言四時和氣温潤明照也。此亦四時之別號。

楊氏音訓

春爲發生夏爲長嬴秋爲收成冬爲安寧四時和爲通正謂之景風

春爲發生、夏爲長嬴、秋爲收成、冬爲安寧。此亦四時之別號。尸子皆以爲太平祥風。四時和爲通正、道平暢也。謂之景風。所以致景風。

郭注

春爲發生

萬物各發生長也。釋文

謂之景風

景風太平之風也。法苑珠林

李注

夏爲長贏釋天

長丁兩反。釋文

謝音

夏爲長贏釋天

長直良反。釋文

施音

四時和爲通正謂之景風

類聚一及文選新刻漏銘注竝引爾雅作四氣和爲通正。論衡是應篇云、爾雅釋四時章曰春爲發生、夏爲長贏、秋爲收成、冬爲安寧、四氣和爲景星。夫如爾雅之言、景星乃四時氣和之名也、恐非著天之大星。

黃輯古義

衆家注

夏爲長贏

萬物各發生長也。釋文

謂之景風

景風太平之風也。唐釋道世法苑珠林

李注

夏爲長贏。長丁兩反。釋文

謝音

夏爲長贏。長直良反。釋文

施音

玉函山房輯佚

夏爲長贏

萬物各發生長也。李注 釋文二十九

鈎沉

春爲發生

李曰萬物各發生長也。釋文

謂之景風

李曰景風太平之風也。法苑珠林

漢注

春爲發生夏爲長贏秋爲收成冬爲安甯

李巡云長贏萬物各發生長也釋文二十九卷　郭璞云此亦四時之別號尸子皆以爲太平祥風

四氣和爲通正氣、舊本並作時。文選五十六卷註引爾雅作四氣和爲通正、邢昺疏五卷引尸子仁意篇文同。茲據改正。又論衡是應篇云、爾雅釋四時章曰春爲發生云云、四氣和爲景星。夫如爾雅之言、景星乃四時氣和之名也、恐非著天之大星。爾雅之書、五經之訓、故儒者所共觀察也、而不信從、更謂大星爲景星、豈爾雅所言景星與儒者所說異哉。案論衡所引爾雅本與郭異、又以此章爲釋四時與衆家本並異、今無從詳考。

郭璞云、通平暢也。

謂之景風

郭璞云所以致景風。

一切注音

春爲發生　李巡曰萬物各發生長也釋文

四時和爲通正

蕙心案文選注引爾雅四氣和爲通正

古注斠

長謝丁兩反。李云萬物各發生長也。施直良反。嬴本或作嬴、以征反。大平音泰，或作太。

陸音義

嬴本或作嬴○官本作嬴乃正體。

音義攷證

春爲發生夏爲長嬴秋爲收成冬爲安寧四時和爲通正謂之景風

此之謂景風、太平日月永矣。故景風或謂之永風。所謂夏至景風至蓋以此。

新義

春爲青陽夏爲朱明秋爲白藏冬爲元英四時和謂之玉燭春爲發生夏爲長嬴秋爲收成冬爲安寧四時和爲通正此五者又其別號也。謂之景風據下文敵體、則此上容有二句亡焉。

鄭樵注

春爲發生
夏爲長嬴
李巡曰、萬物各發生長也。
秋爲收成
冬爲安寧
郭璞曰、此亦四時之別號。尸子皆以爲太平祥風。總釋四句
四時和爲通正
郭璞曰、通平暢也。
鄭樵曰、此五者又其別號也。總釋五句
謂之景風
郭璞曰、所以致景風。

鄭樵曰、據下云敵體、則此上容有二句亡焉。

古注合存

謂之景風、鄭云據下文敵體、則此上容有二句亡焉。

補注

春爲發生夏爲長嬴秋爲收成冬爲安寧 **註** 此亦四時之別號尸子皆以爲太平祥風四時和爲通正 **註** 通平暢也謂之景風 **註** 所以致景風 **正義** 此四時之氣、因以爲別號也。漢郊祀歌云、青陽開動、根荄以遂、膏潤并愛、跂行畢逮、是春爲發生也。朱明盛長、旉與萬物、桐生茂豫、靡有所詘、是夏爲長嬴也。西顥沆碭、秋氣肅殺、含秀垂穎、續舊不廢、是秋爲收成也。元冥陵陰、蟄蟲蓋藏、屮木零落、抵冬降霜、是冬爲安寧也。釋文引李巡云、長嬴、萬物各發生長也。文選註引爾雅作四氣和爲通正。論衡是應篇云、爾雅釋四時章曰春爲發生、夏爲長嬴、秋爲收成、冬爲安寧、四氣和爲景星。夫如爾雅之言、景星乃四時氣和之名也、恐非著天之大星。爾雅之書、五經之訓、故儒者所共觀察也、而不信從、更謂大星爲景星、豈爾雅所言景星與儒者所說異哉。案王充所引爾雅本與郭異。**註** 尸子至祥風○ **正義** 舊疏引尸子仁意篇述太平之事云、燭於玉燭、飲於醴泉、暢於永風。春爲青陽、夏爲朱明、秋爲白藏、冬爲元英。四時和、正光照、此之謂玉燭。甘雨時降、萬物以嘉、高者不少、下者不多、此之謂醴泉。其風春爲發生、夏爲長嬴、秋爲方盛、冬爲安靜、四氣和爲通正、此之謂永風。又君治篇云、舜南面而治天下、天下太平、燭於玉燭、息於永風、食於膏火、飲於醴泉。蓋尸子本爾雅而推廣言之爾。

正義

四時和爲通正謂之景風　王充論衡是應篇引此作四氣和爲景星、宋玉九辯註引此四時和爲通利、蓋所見本异也。

校議

春爲發生夏爲長贏秋爲收成冬爲安寧 此亦四時之別號尸子皆以爲太平祥風 四時和爲通正 道平暢也 謂之景風 所以致景風

發生長贏者、釋文引李巡云萬物各發生長也。贏本或作嬴。四時和爲通正者、類聚一及文選新刻漏銘注並引爾雅作四氣和爲通正。尸子論衡亦云然也。景風者、法苑珠林引李巡曰、景風、太平之風也。尸子作永風。仁意篇云、其風春爲發生夏爲長贏秋爲方盛冬爲安靜四氣和爲通正此之謂永風。按彌覽升愼䫉論衡作景星是應篇云、爾雅釋四時章曰春爲發生、夏爲長贏、秋爲收成、冬爲安寧、四氣和爲景星。夫如爾雅之言、景星乃四時氣和之名也、恐非著天之大星。然則論衡所據爾雅本作謂之景星而以爲非大星、推此則知景風之義亦當如論衡所說。

義疏

春爲發生夏爲長贏秋爲收成冬爲安寧四時和爲通正謂之景風 星李注、萬物各發生長也。景風、太平之風也。郭注此亦四時之別號、尸子皆以爲太平祥風。通、平暢也。所以致景風。景風、王充引作景星。景、大也。以爲太平似非。

集解

春爲發生夏爲長贏秋爲收成冬爲安寧 此亦四時別名也、尸子則以爲太平之祥風。文選三月三日曲水詩序、皇祇發生之始。 四時和爲通正謂之景風 景風、尸子作永風、論衡作景星、今謂景星之說是也。上玉燭爲月、此故復言星耳。史記天官書、天精而見景星。景星者、德星也。其狀無常、常出於有道之國。景、大也。通正謂均正。

義證

謂之景風

註所以致景風 補正邢疏、景風卽祥風也。謂發生等爲景風。

郭注補正

四時和爲通正謂之景風。藝文類聚引作四气和。案論衡是應篇論景星慶雲引雅文云四气和謂之景星。尸子、春爲發生夏爲長贏秋爲方盛冬爲安靜四气和爲通正謂之永風。二書皆以四時爲四气是古本作气也。古景永字通景風爲景星王充之誤今開成石經已作四時字之譌猶在唐以上與。

錢氏古義

四時和爲通正 注通平暢也

謂之景風 注所㠯致景風

正曰、論衡是應篇、爾雅釋四時章曰四氣和爲景星、夫如爾雅之言、景星乃四時氣和之名、恐非著天之大星。如論衡說則今本景星作景風者乃四時氣和之名、亦恐非著天之大風也。論衡所見本作景星者、說文晶部曐、萬物之精、上爲列星。星訓物精、則四時氣和得名景星、非眞有星之在於天也。今本景星作景風者、法苑珠林引李巡注景風太平之風。詩周南關雎序、風、風也、敎也。風訓風敎、則四時氣和得名景風卽太平之風、非眞有風之行於天也。郭注乃云所㠯致景風、則㠯景風爲祥瑞、不已誤爲著天之大風邪。

正郭

春爲發生夏爲長嬴秋爲收成冬爲安寍

此亦四時之別號尸子皆以爲大平祥風名

御覽廿六卷時序部引作四時之別名、尸子以爲大平祥風名。樹枏案今本脫名字、據補。釋文云、大平音泰、或作太今本皆作太御覽所引與陸合、雪牕本亦作大。

四時和爲通正

道平暢也

仿宋本道作通。案此與上注道光照也同例、通字涉經文而誤。

謂之景風

所以致景風也

御覽九卷天部引爾雅謂之景風所以致景風也。今據補也字。

郭注佚存補訂

春爲發生夏爲長嬴秋爲收成冬爲安寍

春說文作萅云推也從草從日草春時始生也。故曰發生李巡云萬物各發生長也。小雅信南山生我百穀正此時也。夏者說文云大也。至此之時物已長大故曰長嬴。李巡云長嬴萬物各發生長也。大雅生民實堅實好、實穎實栗正此時也。秋說文作秌云禾穀孰也故曰收成。豳風七月十月納禾稼、正此時也。冬說文云四時終也故曰安寧。周頌良耜百室盈止婦子寧止、正此時也。

說詩

夏爲長嬴 嬴亦作羸、漢書注云羸滿也。

疏言冬之氣和則黑而清英也 則下當脫色字。 四時和爲通正 時誤氣。

注疏正字

謂之景風

郭注本尸子。邢疏引尸子仁意篇云燭於玉燭、飲於醴泉暢於永風。永風卽景風通叚字也景風卽凱風。凱風詩疏引李巡云南風長養萬物喜樂故曰凱風。凱樂也。易通卦驗景風一名凱風此乃祥瑞之應、太平之所致也。

小箋

夏爲長嬴 釋文云嬴本或作贏案說文女部嬴少昊氏之姓从女嬴省聲又貝部贏有餘賈利也从貝嬴聲。以義推之从貝爲正。孝經疏三引嬴作毓。

秋爲收成 孝經疏引成作斂。案此八句皆諧韻此毓斂二字非是。

冬爲安寍 寍當作寧見釋詁。

四時和爲通正謂之景風 文選注五十六白帖一引作四氣。臧氏鏞堂曰論衡是應篇引爾雅曰四氣和爲景星無爲通正三字。邢疏引尸子則曰四氣和爲通正此之謂永風。是爲通正三字係出於尸子、非爾雅本文也。上四氣和爲玉燭、疏引尸子云、四氣和爲正光此之謂玉燭。爾雅無爲正光三字與此一例。徐養原曰、光與陽明藏英叶、正與生嬴成甯叶、此之謂玉燭此之謂永風、各爲五句之總結、景星卽永風之異文。又曰論衡引爾雅作景星、云儒者謂大星爲景星、尸子則曰永風、今作景風、參合二書爲之。

匡名

嬴 嬴 釋文。嬴本或作嬴。盧氏文弨曰、嬴乃正體。

黄侃評本正名

春爲發生。夏爲長嬴。秋爲收成。冬爲安寧。四時和爲通正。生嬴成、寧、正韻。秋之言成就也、又言酋也、廣雅熟也、熟與收聲同。

黄侃音訓

景風

釋天春爲青陽、夏爲朱明、秋爲白藏、冬爲元英、四時和謂之玉燭。春爲發生、夏爲長嬴、秋爲收成、冬爲安寧、注郭此亦四時之別號。尸子皆以爲太平祥風。四時和爲通正、謂之景風。註所以致景風。甘雨時降、萬物以嘉、謂之醴泉。註所以出醴泉。邢疏、按尸子仁意篇述太平之事云、燭於玉燭、飲於醴泉、暢於永風。春爲青陽、夏爲朱明、秋爲白藏、冬爲元英、四時和正光照、此之謂玉燭。甘雨時降、萬物以嘉、高者不少、下者不多、此之謂醴泉。其風春爲發生、夏爲長嬴、秋爲方盛、冬爲安靜、四氣和爲通正、此之謂永風。按此經所釋卽謂發生等爲景風時雨爲醴泉、而郭云致景風醴泉者、所以宏通其義也。又鄭樵爾雅注於景風下注云、据下文敵體則此上容有二句亡焉。芹案此段本無缺文、郭注以爲亦四時之別號不如尸子皆以爲太平祥風之直捷也。若鄭注則更泥矣。

札記

夏爲長嬴　秋爲收成　四時和爲通正　謂之景風

釋文嬴本或作嬴。釋天釋文 尸子作秋爲方盛。邢疏引仁意篇 四氣和爲通正、邢疏引仁意篇 論衡作四氣和爲景星。是應篇 尸子作此之謂永風。邢疏引仁意篇

證異

景風、論衡引爾雅作景星、其說云、夫如爾雅之言、景星乃四時氣和之名也、恐非著天下之大星、爾雅之書、五經之訓、固儒者所共觀察也、而不信從、更謂大星爲景星、豈爾雅所言景星與儒者所說異哉。按王充所見本與郭氏異。

讀爾雅録

釋天四時、頤煊案論衡是應篇、爾雅釋四時章曰春爲發生、夏爲長嬴、秋爲收成、冬爲安寧、四氣和爲景星。今本爾雅冬爲上天已上爲四時章、甘雨時降萬物以嘉謂之醴泉已上爲祥章、論衡所引五句在祥章中。

考異摘要

四時和爲通正謂之景風。論衡是應篇引爾雅景風作景星、尸子作永風、永景聲相近。

夏爲長嬴

監本作長嬴。今从武英殿本經典釋文。

石經考文提要

夏爲長嬴 唐石經單疏本雪牕本注疏本同。釋文嬴本或作嬴。盧文弨刊本作本或作嬴。石經考文提要作夏爲長嬴、云從釋文。

尸子皆以爲太平祥風 單疏本注疏本同。雪牕本太作大。釋文、大平音泰、或作太。

四時和爲通正謂之景風 唐石經單疏本雪牕本同。文選新刻漏銘注引作四氣和爲通正。按此猶上文四氣和謂之玉燭也。論衡是應篇引爾雅曰四氣和爲景星。景風作景星、無爲通正三字。邢疏引尸子則云四氣和爲通正。此之謂永風。又尸子論衡文選注白帖卷一皆作四氣、與上同。唐石經上作四氣、此作四時、益非。論衡引爾雅作景星、尸子作永風、永景聲相近。

云尸子皆以爲太平祥風者 元本同。閩本監本毛本云改注。

四氣和爲正光 元本作四氣和正光照。和下脱爲、照字係剜擠。閩本始排入。監本毛本作四時和正光照、更非。按尸子作正光、與上青陽朱明白藏元英韻、元板困學記聞所引與此同。

校勘記

通平暢也 雪牕本吳本並作道平暢也。

校勘記訂補

景風卽和風也 監本毛本湘本和作祥。案言卽祥風、明承上注祥風及題祥字言、疑祥是。

注疏校勘札記

六行(注)此亦四時之別號尸子皆以爲太平祥風○《御覽》卷二十六引作「四時之别名，尸子以爲太平祥風名。」

七行(注)所以致景風○《御覽》卷九引作「所以致景風也」，「風」下有「也」字。

長嬴之長 謝丁丈翻、端知隔標出切、張上聲。丁丈翻同 施直良翻、如字、澄字本母出切。 石經四氣和謂之玉燭、文選注兩引作氣、今本作時。又四時和爲景星、漢時本與今異。見王充論衡。

音略

春爲發生夏爲長嬴

長 謝音掌 施音場 嬴 盈

孫偘直音

春爲發生夏爲長上聲嬴盈秋爲收成冬爲安寧四時和爲通正謂之景風 通正、通暢平正也。景風卽祥風也。

楊氏音訓

嬴 盈

干氏音釋

甘雨時降萬物以嘉謂之醴泉

甘雨時降萬物以嘉、莫不善之。謂之醴泉。所以出醴泉。

郭注

春爲至醴泉 釋曰、此釋太平之時四氣和暢以致嘉祥之事也。云春爲靑陽者、言春之氣和則靑而溫陽也。云夏爲朱明者、言夏之氣和則赤而光明也。云秋爲白藏者、言秋之氣和則色白而收藏也。云冬爲玄英者、言冬之氣和則黑而清英也。云四氣和謂之玉燭、注云道光照者、道言也、言四時和氣溫潤明照、故曰玉燭。李巡云、人君德美如玉而明若燭。聘義云、君子比德於玉焉。是知人君若德輝動於內、則和氣應於外、統而言之謂之玉燭也。云春爲發生夏爲長嬴秋爲收成冬爲安寧者、此亦四時之別號也。云四時和爲通正者、言上四時之功和是爲通暢平正也。云謂之景風者、言所以致景風。景風卽祥風也。云甘雨時降萬物以嘉者、嘉善也、甘雨卽時雨也。不爲萬物所苦、故曰甘。若月令苦雨數來則非甘也。甘雨旣以時降、則萬物莫不嘉善之也。云謂之醴泉者、言四時平暢、亦所以使地出醴泉也。醴泉者、水泉味甘如醴也。云祥者、亦題上事也。祥、吉也善也、言此上皆太平之吉祥也。注此亦至祥風 釋曰、云此亦四時之別號者、言與上青陽等同爲四時別號、故云亦也。上據氣而言、此據功爲說。云尸子皆以爲太平祥風者、案尸子仁意篇述太平之事云、燭於玉燭、飲於醴泉、暢於永風。春爲青陽、夏爲朱明、秋爲白藏、冬爲玄英。四氣和爲正光、此之謂玉燭。其雨時降、萬物以嘉、高者不少、下者不多、此之謂醴泉。其風春爲發生、夏爲長嬴、秋爲方盛、冬爲安靜、四氣和爲通正、此之謂永風是也。注所以出醴泉 釋曰、案援神契云、德及於天、斗極明、日月光、甘露降、德至深泉、則黃龍見、醴泉湧。是言王者脩德以召和平、則致景風醴泉也。案此經所釋、即謂發生等爲景風、時雨爲醴泉、而郭云所以致景風醴泉者、所以弘通其義也。

邢疏

甘雨時降萬物以嘉謂之醴泉

論衡是應篇云、爾雅言甘露時降萬物以嘉謂之醴泉。醴泉乃謂甘露也。今儒者說之謂泉從地中出、其味甘若醴、故曰醴泉。二說相遠、實未可知。案爾雅釋水泉章一見一否曰濫。濫泉正出、正出涌出也。沃泉懸出、懸出下出也。是泉出之異、輒有異名。使太平之時、更有醴泉從地中出、當於此章中言之、何故反居釋四時章中言甘露爲醴泉乎。

黃輯古義

衆家注

甘雨時降萬物以嘉 雨、論衡是應篇引作露。

郭璞云、莫不善之。

謂之醴泉

郭璞云、所以出醴泉。

一切注音

謂之景風甘雨和降 李巡曰、景風、太平之風也。法苑珠林

蕙心案、論衡是應篇引爾雅景風作景星、甘雨作甘露。蓋漢代侈言符讖、恐風雨之應不足飾奇祥、故亦改爾雅之風雨爲星露。

古注斠

醴 本或作澧。字、音禮。

陸音義

甘雨時降萬物以嘉謂之醴泉

此之謂醴泉下有闕文。

新義

甘雨時降萬物以嘉謂之醴泉 言甘雨降萬物嘉、則地出醴泉、醴泉者、泉水味甘如醴。

鄭樵注

甘雨時降萬物以嘉

郭璞曰、莫不善之。

謂之醴泉

郭璞曰、所以出醴泉。

鄭樵曰、言甘雨降萬物嘉、則地出醴泉、醴泉者、泉水味甘如醴。總釋上二句

古注合存

春爲發生、夏爲長嬴、秋爲收成、冬爲安寧、四時和爲通正、謂之景風。甘雨時降、萬物以嘉、謂之醴泉。長上聲、嬴音盈。○詁曰、發生以下、亦四時之別號、尸子皆以爲太平祥風也。通、平暢也。嘉、善也。謂之景風出醴泉也。疏曰、和爲通正者、言四時之功和而通暢平正也。景風即祥風也。甘雨、即時雨也、不爲所苦、故曰甘、若月令苦雨數來則非甘也。醴泉、泉甘若醴也。青陽以下、據氣而言、發生以下、據功而言、故註云亦四時之別號。尸子仁意篇云、太平之世、燭於玉燭、飲於醴泉、暢於永風、四時和正光、昭此謂玉燭、四氣和而通正、此謂

永風甘雨降萬物嘉此謂醴泉據此則經即謂發生以下爲景風時雨降爲醴泉而註謂以致景風醴泉者所以弘其義也愚按尸子之義切以實郭註之義博以大而其本於德化則一也此乃禮運篇聖人體信達順之道其極至於五行不相沴四靈以爲畜者皆本諸此而中庸所謂致中和而天地位萬物育者亦此也不明此義或舍聖神功化之本而索之禎符纖緯之間則惑矣是非爾雅之義而郭註與尸子之所不取也學者愼之

注疏參義

甘雨時降萬物以嘉 **註** 莫不善之謂之醴泉 **註** 所以出醴泉

正義 孔子閒居云天降時雨書疏引鄭註洪範云春始施生故木氣爲雨陰陽和則時雨降萬物懋嘉故易曰說萬物者莫說乎澤甘澤時降即爲醴泉論衡是應篇云爾雅言甘露時降萬物以嘉謂之醴泉醴泉乃謂甘露也今儒者說之謂泉從地中出其味甘若醴故曰醴泉二說相遠實未可知案爾雅釋水泉章一見一否曰瀸檻泉正出正出涌出也沃泉懸出懸出下出也是泉出之異輒有異名使太平之時更有醴泉從地中出當於此章中言之何故反居釋四時章中言甘露爲醴泉乎若此儒者之言醴泉從地下出又言甘露其味甚甜未可然也儒曰道至大者日月精明星辰不失其行翔風起甘露降雨濟而陰一者謂之甘雨非謂雨水之味甘也推此以論甘露必謂其降下時適潤養萬物未必露味甘也亦有露甘味如飴蜜者俱太平之應非養萬物之甘露也何以明之案甘露如飴蜜者著於樹木不著五穀彼露味不甘者其下時土地滋潤流濕萬物洽霑濡溥由此言之爾雅且近得實緣爾雅之言驗之於物案味甘之露下著樹木察所著之樹不能茂於所不著之木然今之甘露殆異於爾雅之所謂甘露欲驗爾雅之甘露以萬物豐熟災害不生此則甘露降下之驗也甘露下是則醴泉矣 **註** 所以出醴泉

正義 禮運云天降膏露地出醴泉鄭註膏猶甘也郭以禮記甘露醴泉並舉故以醴泉爲甘雨之應上文云所以致景風其義亦同皆以廣異說也

正義

甘雨時降萬物以嘉莫不善之謂之醴泉所以出醴泉

甘雨時降者類聚二引尸子曰神農氏治天下欲雨則雨五日爲行雨旬爲穀雨旬五日爲時雨正四時之制萬物咸利故謂之神呂覽季春孟夏二紀竝云甘雨至三旬與尸子義合是葢自古以來相傳甘雨時降之期會也邢疏引尸子仁意篇云甘雨時降萬物以嘉高者不少下者不多此之謂醴泉君治篇云舜南面而治天下天下太平燭於玉燭息於永風食於膏火飲於醴泉是又本爾雅而推廣其義也論衡是應篇云爾雅言甘露時降萬物以嘉謂之醴泉醴泉乃謂甘露也今儒者說之謂泉從地中出其味甘若醴故曰醴泉又言甘露其味甚甜未可然也雨濟而陰一者謂之甘雨非謂雨水之味甘也推此以論甘露必謂其降下時適潤養萬物未必露味甘也王充此論足解陋儒之惑今按爾雅此章題之曰祥祥者善也夫天地順而四時當民有德而五穀昌此之謂大當祥莫祥於是矣自世儒喜談緯候侈言符命封禪名書符瑞箸志爾雅此篇將以杜絕謬妄玉燭景風甘雨醴泉雖依其名而無取其實葢以四時光照即爲玉燭四氣和正即爲景風甘澍應期即爲醴泉所以破讖緯之陋說標禎祥之本名將欲人君敬天勤民以致陰陽和而年穀豐也郭氏未達斯恉其注景風醴泉猶以致出爲言頗復近惑緯書遠乖雅訓宜據尸子王充之論訂正其失焉

義疏

甘雨時降萬物以嘉謂之醴泉 郭注莫不善之所以出醴泉。記地出醴泉。醴从豊蓋象栖酉糟中。从豆其薦也。言謂之者比於地所出。

集解

甘雨時降萬物以嘉謂之醴泉 禮記禮運地出醴泉。然則醴泉者地所出味甘而似酒者。以比甘雨故云謂之嘉上經云善也。

義證

甘雨時降萬物以嘉

註莫不善也 補正 邢疏嘉善也。甘雨卽時雨也、不爲萬物所苦故曰甘。月令苦雨數來卽非甘也。

謂之醴泉

註所以出醴泉 補正 邢疏言王者修德以召和平、則致景風醴泉也。

郭注補正

甘雨時降萬物㠯嘉　注莫不善之

謂之醴泉　注所㠯出醴泉

正曰、郝戶部義疏云、論衡是應篇爾雅言甘露時降萬物㠯嘉謂之醴泉、今儒者說之謂泉從地中出其味甘若醴、故曰醴泉、又言甘露其味甚甜、未可然也。雨濟而陰一者謂之甘雨、非謂雨水之味甘也。郭注景風醴泉言致言出、頗復近惑、宜據王充之論訂正其失焉。

正郭

甘雨時降萬物以嘉謂之醴泉　注所以出醴泉

諍曰、據全經謂字例之、則景風乃時和之謂、醴泉乃時雨之謂。注云所以致、所以出、不合經恉、蓋惑於符瑞之說、曲爲之解。郝氏據尸子及論衡訂其失、當矣。

諍郭

甘雨時降萬物以嘉謂之醴泉

邢疏云嘉善也。甘雨卽時雨也、甘雨旣以時降、則萬物莫不嘉善之也。小雅甫田以祈甘雨、正義云、甘雨者以長物則爲甘、害物則爲苦。昭四年左傳曰秋無苦雨、服虔曰害物之雨民所苦是也。案甘雨能養萬物、卽是醴泉、非別有所謂醴泉、猶上文言四氣和卽是玉燭、四時和卽是景風、非別有所謂玉燭景風也。以吉祥莫大於此、此蓋斥後世之妄言祥瑞者。論衡引爾雅甘雨作甘露。

說詩

甘雨時降萬物以嘉謂之醴泉　臧氏鏞堂曰、論衡云爾雅言甘露時降。釋文云醴本或作澧、案澧假借。

匡名

春爲發生夏爲長蠃秋爲收成冬爲安寧四時和爲通正謂之景風甘雨時降萬物以嘉謂之醴泉 發生俱詳見釋言。說文蠃有餘賈利也。李巡云、萬物各發生長也。尸子、春爲發生、夏爲長蠃、秋爲方盛、冬爲安靜、四時和爲通正、此之爲永風。甘雨時降萬物以嘉、高者不少、下者不多、此之謂醴泉。

啓蒙

甘雨時降　萬物以嘉　謂之醴泉

論衡作甘露時降。是應篇 尸子作萬物以嘉、高者不少、下者不多、邢疏引仁意篇 此之謂醴泉。邢疏引仁意篇 釋文、醴本或作澧。音禮。釋天釋文

證異

甘雨時降 唐石經雪牕本同。論衡是應篇曰爾雅言甘露時降、則今本作甘雨非。

水泉味甘如醴也 此本下接云祥者亦題上事也祥吉也善也言此上皆大平之吉祥也二十三字允按。○注此亦至祥風○釋曰云此亦四時之別號者云云、蓋先釋經文都畢然後釋注也。注疏本以上二十三

字移配題下、失其次矣。

其雨時降元本同。閩本監本毛本其作甘、此據爾雅改。尸子也。尸子此云其雨時降萬物以嘉、下云其風春爲發生夏爲長嬴。是其風其雨對文之證。

校勘記

○注所以出醴泉○釋曰案援神契云　注疏本删上八字。

甘雨時降。萬物以嘉。謂之醴禮

楊氏音訓

泉。

孫侶直音

甘雨時降萬物以嘉謂之醴泉　甘雨即時雨也。嘉、善也。醴泉水泉味甘如醴也。

祥

新義

祥　祥所示美矣春秋傳曰楚氛惡。

注疏參義

祥八之二　此章凡二節釋天時之禎祥也。

祥　**正義**　題上事也。釋詁云祥、善也。古者天地順而四時當民有德而五穀昌無水旱昆蟲之災無凶饑妖孽之疾所謂太平之祥也。白好異者援引上古後言符瑞所謂景星醴泉者多非其實。白虎通義云景星者大星也月或不見景星常見可以夜作有益於人民也。甘露者美露也降則物無不盛者也。醴泉者美泉也狀若醴酒可以養老。禮記疏引援神契云德及於天斗極明日月光甘露降德及於地嘉禾生蓂莢起秬鬯出德至八極則景星見、德至草木則朱草生、木連理。德至鳥獸則鳳凰來、鸞鳥舞、麒麟臻、白虎動、狐九尾、雉白首。德至山陵則景雲出、德至深泉則黃龍見、醴泉湧、河出龍圖洛出龜書。其它緯書所載不可勝記。爾雅正羣說之訛、景風醴泉近徵諸四時之和、萬物之茂、而無取乎奇祥異彩、故依於爾雅則不惑於讖緯之鄙別矣。

正義

啓蒙

祥　古者天地順而四時當民有德而五穀昌、無水旱昆蟲之災、無凶饑妖孽之疾、所謂太平之祥也。

穀不熟爲饑蔬不熟爲饉果不熟爲荒仍饑爲荐

郭注

穀不熟爲饑、五穀不成。蔬不熟爲饉、凡草菜可食者通名爲蔬。果不熟爲荒。果木子。仍饑爲荐。連歲不熟。左傳曰今又荐饑。

穀不至爲荐　釋曰此釋歲凶災荒之名也。穀謂五穀黍稷麻麥豆也。孰成也。五穀不成曰饑。郭云凡草菜可食者通名蔬。李巡曰可食之菜皆不熟爲饉。周禮天官大宰職云以九職任萬民八曰臣妾聚斂疏材。鄭玄云疏材百草根實可食者。詩小雅云降喪饑饉。襄十四年穀梁傳曰一穀不升謂之嗛、二穀不升謂之饑、三穀不升謂之饉、四穀不升謂之康、五穀不升謂之大饑、又謂之大侵。彼以五穀熟之多少立差等之名、其實五者皆是饑也。三穀不升、於民之困、蓋與蔬不熟同、故俱名爲饉也。果木子也。不成熟之歲名荒。仍因也、相因而饑謂連歲不熟也爲荐饑。僖十三年晉荐饑是也。云災者亦題上事也。下皆倣此。　注左傳曰今又荐饑　釋曰此晉語文也。左丘明既作傳以解春秋、又采簡牘以作國語、其文不主於經、故謂之外傳、俱是丘明所作、亦得云左傳曰。案彼云晉饑乞糴於秦丕豹曰晉君無禮於君莫不知往年有難今又荐饑已失人又失天其殃也多矣君其伐之勿與糴是其事也。

邢疏

穀不熟爲饑蔬不熟爲饉

五穀不成熟曰饑、可食之菜皆不熟爲饉。詩正義十二之三　春秋正義十三　一切經音義十四又十八　邢疏引可食之菜九字。

仍饑爲荐　釋文李本荐作薦字、音同。

薦、在見反。釋文

李注

連歲不熟曰荐。春秋正義十三

黃輯古義

穀不熟爲饑蔬不熟爲饉

李注

五穀不成詩正義無成字熟曰饑、可食之菜皆不熟爲饉。邢疏、一切經音義卷十四又卷十八詩小雅雨無正正義春秋僖十三年正義並引上句邢疏引下句

仍饑曰薦釋文荐李本作薦

薦、在見反。釋文

連歲不熟曰薦。春秋僖十三年正義　案春秋正義依郭本作荐、據釋文正。

李注

玉函山房輯佚

穀不熟爲饑

穀不成熟曰饑。同　宋本春秋疏十一

蔬不熟爲饉

可食之菜皆不熟爲饉。同　詩疏十二之二

仍饑爲荐

連歲不熟曰荐。同　宋本春秋疏十一

鈎沉

穀不熟爲饑蔬不熟爲饉　案毛本饑作飢、今從舊本。

李曰、五穀不成熟曰饑、可食之菜皆不熟爲饉。詩正義十二之三　春秋正義十三　一切經音義十四又十八　邢疏

仍饑爲荐　釋文荐、李本作薦、音同。在見反。

李曰、連歲不熟曰荐。春秋正義十三

漢注

郭璞云果木子。

仍饑爲荐　釋文二十九卷　荐、李巡本作薦。

李巡云、連歲不熟曰薦。左傳正義十一卷　郭璞云、連歲不熟。左傳曰今又荐饑。

穀不熟爲饑

李巡云、五穀不成熟曰饑。詩正義十二之二卷　左傳正義十一卷　郭璞云、五穀不成。

蔬不熟爲饉

李巡云、可食之菜皆不熟爲饉。詩正義十二之二卷　郭璞云、凡草菜可食者通名爲蔬。

果不熟爲荒

一切注音

穀不孰曰饑　李巡曰、五穀不孰曰饑。詩雨無正正義

蔬不孰曰饉　李巡曰、可食之菜皆不孰爲饉。詩雨無正正義

仍饑爲荐　李巡曰、連歲不孰曰荐。左僖十三年傳正義　李本作薦。釋文

蕙心案、荐與薦同。

古注斠

饑居疑反。本或作飢、又作古飥字。說文、字林皆云饑、穀不熟。飢、餓也。蔬音疏。饉巨靳反。荐李本作薦字、音同、在見反。

陸音義

穀不熟爲饑

雖饑猶有幾焉。然則去幾蓋大饑之政。

蔬不熟爲饉

僅可以食而已、詩曰鮮可以飽。三穀不升謂之饉、則蔬蓋半田之利。

果不熟爲荒

言果不熟則與有田而荒之一也。果之字从田、以此。故曰、木奴千、無凶年。

仍饑爲荐

其饑如此、則以有召饑之本存焉。湯曰女謁盛歟、苞苴行歟。

新義

穀不熟爲饑

李巡曰、五穀不熟曰饑。左僖十三年傳疏引此作穀不成熟曰饑、此從詩小雅疏。

郭璞曰、五穀不成。

蔬不熟爲饉

李巡曰、可食之菜皆不熟爲饉。

郭璞曰、凡草菜可食者通名爲蔬。

果不熟爲荒

郭璞曰、果、木子。

仍饑爲荐荐、李本作薦。

李巡曰、連歲不熟曰薦。僖十三年左傳疏引李注薦作荐、此據釋文改之。

郭璞曰、連歲不熟、左傳曰今又荐飢。

古注合存

穀不熟曰飢、蔬不熟曰饉、果不熟爲荒、仍飢爲荐。荐音賤。○註曰、穀、五穀也。草菜可食者、通爲蔬。果、木實也。仍、荐皆連也。左傳云、今又荐飢。疏曰、周禮大宰職以九職任萬民、八曰臣妾、聚斂疏材。鄭註云、疏材、百草根實可食者。故蔬爲草菜通名也。穀梁傳云、一穀不升曰歉、二穀不升曰飢、三穀不升曰饉、四穀不升曰荒、五穀不升曰大飢。升、猶登也。其文多與此異、大約不熟者多則災較深、義亦畧同也。

注疏參義

穀不孰爲饑 **註** 五穀不成 **正義** 說文云、穀、續也、百穀之總名。穀、不孰爲饑。左傳疏引李巡云、穀不成熟曰饑。穀梁襄二十四年傳、一穀不升謂之嗛、二穀不升謂之饑、三穀不升謂之饉、四穀不升謂之康、五穀不升謂之大饑、又謂之大侵。此以穀入多寡分五差等、兼取荒饉爲名、其實五者皆爲饑也。墨子七患篇、一穀不收謂之饉、二穀不收謂之旱、三穀不收謂之凶、四穀不收謂之饋、五穀不收謂之饑。墨子所道、不皆先王之法言、其以五穀不收爲饑、則合於雅訓矣。**註** 五穀不成。○ **正義** 穀善養人、前人多錯舉其數、有稱九穀者、天官太宰九職一曰三農生九穀。鄭司農云、九穀、黍稷秫稻麻大小豆大小麥。後鄭謂九穀無秫大麥而有粱苽。覈食醫及月令之文、當從後鄭。穀之種別有九也。有稱六穀者、膳夫云、食用六穀、鄭司農云、六穀、稌黍稷粱麥苽。亦據食醫會膳食之宜而言也。有稱百穀者、離彖傳云、百穀草木麗乎土。洪範云、百穀用成。周頌噫嘻云、播厥百穀。傳記多言百穀、皆舉其成數、見穀種之多也。其言五穀者、則色配五行。月令、春食麥、夏食菽、中央食稷、秋食麻、冬食黍。鄭註云、麥、秀有孚甲、屬木。菽實孚甲堅合、屬水。稷、五穀之長。麻、實有文理、屬金。黍、實舒散、屬火。寒時食之、亦以安性也。疾醫註云、五穀、麻黍稷麥豆、是據月令爲說。至職方五種註云、稻黍稷麥菽、不從月令、賈公彥謂諸州所宜、鄭以目驗者是也。素問金匱眞言論、東方青色、其穀麥、南方赤色、其穀黍、中央黃色、其穀稷、西方白色、其穀稻、北方黑色、其穀豆。與職方註同。今民食所重爲稻黍稷麥菽、是爲五穀定名。素問分言五穀之色、亦與五行相配。五行指而時敍和、五穀熟則民人育、年不順成則爲饑。

疏不孰爲饉【註】凡草菜可食者通名爲蔬【正義】詩疏引李巡云、可食之菜皆不熟爲饉。太宰九職八曰臣妾聚斂疏材、鄭註、疏材、百草根實可食者。可食之菜、或蓺於圃、或采於野、厥類孔多、通謂之百蔬。魯語云、能殖百穀百蔬。荀子富國篇云、葷菜百疏以澤量、楊倞註、疏與蔬同、以澤量言滿澤也。散文言之、木實亦得爲蔬。地官委人云、凡疏材、木材、鄭註、凡疏材、草木有實者也。月令云、山林藪澤有能取蔬食、鄭註、草木之實爲蔬食。皆兼材與食而言也。韋昭國語註云、蔬草菜之可食者、是爲蔬之定名。本或作蔬、周禮註引爾雅作疏。

果不孰爲荒【註】果木子【正義】荒、說文作⿰米荒、云、虛無食也。果木實也。在木曰果、在地曰蓏、說卦傳云、艮爲果蓏、釋文引馬融云、果、桃李之屬、蓏、瓜瓠之屬。太宰九職、二曰園圃毓草木、後鄭云、樹果蓏曰圃。漢書食貨志云、還廬樹桑、菜茹有畦、瓜瓠果蓏殖於疆易、應劭云、木實曰果、草實曰蓏。張晏曰、有核曰果、無核曰蓏。薛瓚云、木上曰果、地上曰蓏。義相通也。荀子富國篇瓜桃棗李一本數以盆鼓、楊倞註、一本一株也。鼓、量也。言除五穀之外、更有此果實、是果實之熟亦富國者所資矣。周禮疏引爾雅云、穀不熟爲饑、疏不熟爲饉、疏穀皆不熟則曰大荒。果不熟之歲必無穀疏、故爲大荒。

仍饑爲荐【註】連歲不熟左傳曰今又荐饑【正義】釋言云、荐、再也。大雅雲漢云、饑饉薦臻、毛傳、薦、重也。荐薦古通用。仍、卽重也。【註】連歲至荐饑。○【正義】左傳疏引李巡云、連歲不熟曰荐。郭註本李巡。左氏僖十三年傳云、晉荐饑、晉語云、今又荐饑。魯語云、饑饉荐降。國語爲左氏外傳、故亦稱左傳。

正義

穀不熟爲飢　飢並當作饑。註凡草菜可食者、菜、詩十月之交疏引作木。

校議

穀不熟爲饑五穀不成蔬不熟爲饉凡草菜可食者通名爲蔬果不熟爲荒果木子仍饑爲荐連歲不熟左傳曰今又荐饑

穀者、說文云、續也。百穀之總名。饑者、說文及詩傳用爾雅。雨無正正義引李巡曰、五穀不熟曰饑。穀梁襄廿四年傳云、一穀不升謂之嗛、二穀不升謂之饑、三穀不升謂之饉、四穀不升謂之荒、五穀不升謂之大饑。又謂之大侵。按此但據穀言之、荒饉亦在其內、則五者皆謂饑也。又五穀亦無定名、周禮疾醫注五穀麻黍稷麥豆、據月令爲說也。職方注五種稻黍稷麥菽、素問金匱眞言篇說五穀與職方注同。經典多從之。○蔬者、經典多作疏。大宰注云、疏材、草木根實可食者。引爾雅亦作疏。魯語云、能殖百穀百蔬。韋昭注草實曰蔬。按草菜通名、故李巡曰、可食之菜皆不熟爲饉。說文及毛傳用爾雅、依穀梁說三穀不升爲饉、是穀蔬通名、故曲禮云、稻曰嘉蔬、鄭注、稻、菰蔬之屬也。○果者、說文云、木實也。在木曰果、在地曰蓏。按蓏草菜之屬、卽蔬之類、與果異也。荒者、說文作⿰米荒、云、虛無食也。諡法云、凶年無穀曰穅、又云、穅、虛也。是穀與荒義同。穀梁四穀不升爲荒、與諡法並據穀言者、穀與果蔬實相表裏、凡穀不熟之年、果蔬亦多不蓄也。又周易言百果、魯語言百蔬、與詩書言百穀、皆舉大數而言、實亦通名。故初學記廿七引楊泉物理論云、梁稻菽三穀各二十種、爲六十、蔬果之實助穀各二十、凡爲百穀、是則穀爲大名、蔬果亦穀之類、故不熟同謂之災。○仍者、釋詁云、因也。荐者、釋言云、再也。左氏僖十三年正義引李巡云、連歲不熟曰荐。爾雅釋文、荐李本作薦、是薦荐通。詩饑饉薦臻、傳、薦、重也。又按爾雅此篇題之曰災、易鄭注害物曰災、春秋書火爲災、爾雅以饑爲災。左傳晉荐饑下云天災流行、是亦以饑爲災、與爾雅合。

義疏

穀不熟爲饑疏蔬不熟爲饉果不熟爲荒李注、五穀不熟曰饑、可食之菜皆不熟爲饉。郭注、饑、五穀不成。凡草菜可食者通名爲蔬。果、木子。詩饑饉薦臻。又我居圉卒荒。穀梁說一穀不升謂之嗛、二穀饑、三饉、四荒、五大饑、大侵。饑从食幾、言無幾也。饉、僅也。難也。荒、凶也。

熟，从丮𦎫。亯羊可持爲孰，因謂凡可食者爲熟。**仍饑爲荐**　薦。郭注：連歲不熟。左傳曰：今又荐饑。承上專以饑爲穀不熟，其實穀疏皆不熟亦仍饑也。

集解

穀不熟為饑蔬不熟為饉果不熟為荒　穀梁傳：一穀不升謂之嗛，二穀不升謂之饑，三穀不升謂之饉，四穀不升謂之荒，五穀不升謂之大饑，又謂之大侵。彼僅据穀言，此則据穀蔬果而分言耳。說文：穀，續也，百穀之總名。果，木實也，在木曰果，在地曰蓏。韋昭說：草實曰蓏。今則通以為菜名矣。熟字本作孰，食飪也。从丮𦎫，謂亯羊而丮以食，因為凡可食者之詞。饑从食幾，言其食微。饉，難也。荒，說文作㠩，虛無食也。或曰亾也。詩降喪饑饉，又我居圉卒荒，均謂不熟。**仍饑曰荐**　仍，因也。荐，再也。詩饑饉薦臻，以薦為之。

義證

穀不熟爲饑

五穀不成也

唐殘本玉篇食部饑下引爾雅穀不熟曰饑，郭璞曰五穀不熟也。希麟根本説一切有部毗奈耶藥事一卷音義引爾雅穀不熟爲饑，郭注云五穀不成也。今據補也字。

蔬不熟爲饉

凡草菜可食者通名爲蔬

元應阿毗曇毗婆沙論四十二卷音義引爾雅郭璞曰凡可食之菜通名曰蔬也。慧琳彌勒下生經音義引爾雅蔬不熟爲饉，郭注云凡草木可食者通名爲蔬。希麟根本説一切有部毗奈耶藥事一卷音義引爾雅注云凡艸菜可食故通名爲蔬。

郭注佚存補訂

穀不孰爲饑蔬不孰爲饉

小雅雨無正降喪饑饉，毛傳云穀不熟曰饑，蔬不熟曰饉。正義云李巡曰五穀不熟曰饑，可食之菜皆不熟爲饉。郭璞曰凡草木可食者通名爲蔬。二十四年穀梁傳曰一穀不升謂之嗛，二穀不升謂之饑，三穀不升謂之饉，四穀不升謂之康，五穀不升謂之大饑，又謂之大侵。彼以五穀熟之多少立差等之名，其實五者皆是饑也。三穀不升於民之困，蓋與蔬不熟同，故同名爲饉也。説文饑饉並用爾雅。楚茨序云饑饉降喪，鄭箋云饑饉倉庾不盈也。大雅召旻瘨我饑饉，箋云謂重賦斂也。此皆言政煩賦重致饑饉之由，不分穀與蔬也。

果不孰爲荒

説文云果木實也，在木曰果，在地曰蓏。周禮疏引爾雅云穀不熟爲饑，蔬不熟爲饉，蔬穀皆不熟則曰大荒。大荒則果之不熟在其內矣。大雅召旻瘨我饑饉、民卒流亡、我居圉卒荒、鄭箋云荒虛也。國中至邊竟以此故盡空虛。正義云某氏云周禮云野荒民散則削之、唯某氏之本有荒字、諸家爾雅則無之、要周禮野荒必是虛之義也。桑柔具贅卒荒、毛傳云荒虛也。上言降此蟊賊稼穡卒痒、傳謂五穀盡病、此其所以荒也。古者以百穀爲大名、蔬果亦穀之屬也。

仍饑爲荐

釋言云荐、再也。再卽仍也。大雅雲漢饑饉薦臻、毛傳云薦、重也。鄭箋云、饑饉之害復重至也。正義云、僖十三年左傳曰晉荐饑、此薦與荐字異義同、故爲重也。李巡云連歲不熟曰荐。郭注蓋本李巡云。

說詩

穀不熟為飢　飢、當依監本作饑、下並同。鋟案、說文云饑、穀不熟。飢、餓也。

疏小雅云降喪饑饉　小雅下當有雨無正三字。　襄二十四年穀梁傳曰一穀不升謂之歉　脫二字。歉、傳作嗛、注嗛、不足貌。　四穀不升謂之康　康誤荒。案註云虛也。　晉君無禮於君衆莫不知　脫衆字。

注疏正字

仍饑爲荐　荐、從艸存聲、與仍音近、故皆訓爲重也。

小箋

穀不熟爲饑　一切經音義十四又十八又廿四引作孰。案說文丮部、孰、食飪也。从丮𦎫聲。俗加灬。　釋文云、饑本或作飢、又作古𩚁字。說文字林皆云、饑、不熟。飢、餓也。　說文無𩚁字。

蔬不熟爲饉　蔬、說文艸部新附字、當作𩱵。說文𩰲部、𩱵、鼎實、惟葦及蒲、从𩰲速聲。或从食束聲作餗。釋器菜謂之蔌、卽餗字也。疏餗聲相近、故轉爲疏、俗又加艸。一切經音義十八引作疏。

果不熟爲荒

仍饑爲荐　釋文云荐、李本作薦。案說文艸部、荐、薦席也。一曰再也。四字今本脫、據類篇引補。从艸存聲。又廌部、薦、獸之所食艸、从廌从艸。荐、正文薦通借。

匡名

穀不熟爲饑蔬不熟爲饉果不熟爲荒仍饑爲荐　說文　穀、續也。百穀之總名。又有九穀八穀六穀五穀之稱。孰、食飪也。註飪、大孰也。可食之物大孰、則丮持食之。今分別孰爲生孰、孰爲誰孰矣。金縢、歲則大熟。饑、義同爾雅。蔬、菜也。饉、義同爾雅。廣韻、無穀曰饑、無菜曰饉。論語、因之以饑饉。果、木實也。从木、象果形在木之上。又在木曰果、在地曰蓏。又有核曰果、無核曰蓏。蓏、虛無食也。荒年字當作㠩、荒行而㠩廢矣。貫疏、穀蔬果俱不熟曰大荒。左僖十三年傳、晉荐饑。釋言、荐、再也。古通薦。大雅、饑饉薦臻。

蒙啓

蔬 䟽　惠氏棟曰。淮南主術篇。秋畜疏食。高注。菜蔬曰疏。穀食曰食。然則疏不从艸。案禮記。嘉疏。釋文。疏本又作蔬。

疏菜字正應作糈、糧也。莊子天道、鼠壤有餘蔬。司馬本正作糈。周禮太宰注、疏材、草木根實可食者。然則疏固糧之類也。

黃侃評本正名

蔬不熟爲饉。凡草菜可食者、通名爲蔬。　蔬正作糈、莊子天道鼠壤有餘蔬、司馬本作糈、云粒也、疏材艸木根實可食者、周禮太宰注。是糧之類。　饉與堇、漢書地理志應注堇、堇少也、廣雅堇少也。僅、才能也。廑、少劣之居也。慬、公羊定八慬然後得免。　勵、射義蓋勵有存者。覲、呂覽長見至於覲存、注覲裁也。並通。

黃侃音訓

穀不熟爲飢　蔬不熟爲饉　果不熟爲荒　仍飢爲荐

釋文飢作饑、云本或作飢、又作古餒字。釋天釋文　穀梁傳作二穀不升謂之饑。襄二十四年傳　墨子作五穀不收謂之饑。七患篇　周禮疏作疏不熟爲饉。天官太宰疏　穀梁作三穀不升謂之饉。襄二十四年傳　周禮疏作疏、穀皆不熟則曰大荒。天官太宰疏　穀梁作四穀不熟謂之康。襄二十四年傳　李巡本荐作薦。釋天釋文

荒、穀梁傳作康。荐、李巡本作薦。按荒與康、荐與薦古字並通用。

證異

果不熟爲荒

錦燧謹案詩中荒字、如蟋蟀好樂無荒、公劉豳居允荒、天作太王荒之、傳俱訓大。樛木葛藟荒之、閟宮遂荒大東、傳箋訓爲奄。奄亦大也。桑柔具贅卒荒、召旻我居圉卒荒、傳箋又訓爲虛、虛亦大也。此俱爲巟之假借字。說文川部云巟水廣也。此巟之本義。廣、大義近、引申之則巟爲凡大之偁。並無果不熟之義。然則爾雅釋詩何句乎。曰上文穀不熟爲饑、蔬不熟爲饉、下文仍饑爲荐、乃釋詩之降喪饑饉、饑饉薦臻句、而此則連類及之、猶九逵謂之逵釋詩施於中逵句、而因連類及一逵謂之道路諸句也。凡五穀不熟之年、即蔬菜果蓏亦多不熟、分析言之、則爲饑爲饉爲荒、有穀蔬果之異、渾言之則無別。蒙謂饑饉爲小荒之名、荒乃大饑之名。古者義寓於聲、據說文幾之本義爲散、故凡从幾聲之字皆有幾微義、如嘰之本義訓爲小食、蟣之本義訓爲蝨子、俱詳說文。以嘰蟣證饑、則饑爲小荒之名可知。又从堇聲之字亦有小義、如謹愼乃小心之謂、僅有僅見猶云少有少見、說文廑之說解又曰少劣之居。以謹僅廑證饉、則饉亦爲小荒之名可知。从巟聲之字則皆有大義、故經典中荒字大半訓大、是荒爲大饑之名又可知。穀梁襄公二十四年傳、一穀不升謂之嗛、二穀不升謂之饑、三穀不升謂之饉、四穀不升謂之荒、五穀不升謂之大饑。則饑饉荒之分等次有明證矣。說文艸部云荒、蕪也、一曰草掩地也。荒從艸得義、自當以艸掩地爲本訓、艸掩地則穀多不熟、是穀不熟乃引申義、又引申之則果不熟亦曰荒。許書禾部又有穈字、云虛無食也。此當爲荒之異部重文字、猶艸部莔、蠶薄也、曲部又云曲蠶薄也、彳部云彶迹也、行部云衙迹也、足部又云踐履也、足部云跛行不正也、允部又云尳蹇也之類、以音義求之、無不脗合、荒穈亦其例也。

仍饑爲荐

錦燧謹案、陸氏釋文云荐、李本作薦。此必詩雲漢篇饑饉薦臻三家異文有作荐者、雅訓釋三家詩之饑饉荐臻也。毛傳云薦、重。臻、至也。重與仍義相蒙。說文艸部云薦、獸所食艸也、从廌从艸會意。是薦之本訓無重仍義、而荐下云薦席也、薦席猶云重席。許君說解中每多通用之假字、使人易曉。如此以薦席釋荐、泥薦之本義、解之僨矣。故上文釋言云荐、再也。是訓重訓仍訓再者、乃荐之引申義、其本字當作荐、薦蓋假借字。毛詩爲古文家字多假借、齊魯韓爲今文家多用本字。春秋繁露引詩作荐與今本爾雅合。又案薦古音讀若存、薦臻乃疊韻字、猶今言頻仍也、二字並列而義同。毛以重至詁之、疑猶未碻。据說文水部云瀳、从水薦聲、讀若尊。易水洊至、釋文云洊、京作臻、干作荐。此古讀薦臻疊韻之證。臻之本義訓至、而蒙謂薦臻義同者、讀臻爲增也。溱洧之溱、許書水部引作潧、此臻增可通之證。上文釋詁云臻、仍也、仍乃古通用、訓臻爲乃、卽訓臻爲仍、亦讀臻爲增也。說文土部云增、益也。益與仍重義俱近。墨子尙同篇飄風苦雨荐臻而至。知古多以荐臻並舉、如訓臻爲至、猶云荐至而至矣、義可通乎。**陸錦燧日記**

穀不熟爲饑蔬不熟爲饉、郭云五穀不成、凡草菜可食者通名爲蔬。楷案、饑與荒同意、荒本作㡃、說文㡃、虛無食也。㡃从㠩、㠩爲虛、故曰虛無食。饑从幾、幾爲微、微爲無、故亦爲無食義。說文幾、小食也。與饑義近。饉與殣同音。昭三年

左傳道殣相望、杜注餓死爲殣、以饉釋殣。班彪王命論饑饉流隸、以饉爲殣、則饉之義亦可知。**稗疏**

穀不熟爲饑 唐石經單疏本雪牕本元本閩本監本同。毛本饑改飢。下仍饑爲荐注及疏同。釋文饑本或作飢。

穀不至爲荐〇釋曰　注疏本刪。

詩小雅云　注疏本脫詩。

襄十四年穀梁傳　浦鏜云二十四年。

一穀不升謂之嗛　注疏本嗛作歉、此與穀梁傳同。

四穀不升謂之康　注疏本康改荒、此與穀梁傳同。

相因而饑謂連歲不熟也　元本監本作饑飢也連歲不熟爲荐饑、閩本毛本作飢饑也連歲不熟爲荐饑、皆係臆改。

晉荐饑是也　此本下接云災者亦題上事也下皆倣此次接注左傳曰今又荐饑〇釋曰此晉語文也云云、注疏本移云災者十二字分配題下、失其次。**校勘記**

穀不熟爲饑。今本饑作飢、下仍饑爲荐注今又荐饑同。釋文、饑居疑反、本或作飢、又作古餼字。說文字林皆云、饑、穀不熟。飢、餓也。据此則或作之字不可依矣、當以釋文大字爲正。

仍饑爲荐。按荐在甸切、在霰韻、賤、才線切、在線韻。今本荐音賤、非。釋文李本作薦字、音同在見切。**注疏本正誤**

於民乏困 毛本湘本同。監本乏誤之。

晉君無禮於君莫不知 案國語莫上有衆字、語義較足、此疑脫。下其殃也其

下有有字、此亦脫。

注疏校勘札記

十上（七七）

二行（注）五穀不成〇原本《玉篇》殘卷食部「饑」下引「五穀不熟也，」希麟《續音義》卷四引作「五穀不成也」．

三行（注）果木子〇唐寫本《爾雅》殘卷（伯希和編號二六六一）作「果木子也」．唐本注文句尾每有「也」字，宋本多刊落

宋監本校箋

穀不熟爲飢、蔬不熟爲饉、果不熟爲荒 疏 僅 肓

仍飢爲荐。 賤

孫偘直音

穀不熟爲飢蔬不熟爲饉果不熟爲荒仍飢爲荐。賤

楊氏音訓

荐 才甸切

干氏音釋

災

災八之三 此章釋天時之凶灾也。

注疏參義

災 **正義** 題上事也。易釋文引子夏傳云傷害曰災。鄭氏云害物曰災。春秋繁露必仁且知篇、天地之物有不常之變謂之異、小者謂之災、災常先至而異乃隨之、災者天之譴也、異者天之威也。五行之沴皆爲災而民食爲重。故左氏莊十一年傳云天降之災、僖十三年傳云天災流行、皆指饑饉而言。白虎通義引禮曰、一穀不升、不備鶉鷃。二穀不升、不備鳧鴈。三穀不升、不備雉兔。四穀不升、不備囿獸。五穀不升、不備三牲。皆慎災之事也。

正義

烖 說文火部烖、天火曰烖。从火𢦏聲。或从宀作灾、古文从才作扗、籒文从巛作災。

匡名

災 春秋繁露、天地之物有不常之變謂之異、小者謂之災、災常先至而異乃隨之。災者、天之譴也。異者、天之威也。

啓蒙

災 𡿧 說文烖天火曰烖。籀文作災。又巛部。巛害也。巛正字。經典通用災叚借字也。

黄侃評本正名

太歲在甲曰閼逢在乙曰旃蒙在丙曰柔兆在丁曰強圉在戊曰著雍在己曰屠維在庚曰上章在辛曰重光在壬曰玄黓在癸曰昭陽

太歲在甲曰閼逢、在乙曰旃蒙、在丙曰柔兆、在丁曰強圉、在戊曰著雍、在己曰屠維、在庚曰上章、在辛曰重光、在壬曰玄黓、在癸曰昭陽。

郭注

太歲在甲曰閼逢

萬物鋒芒欲出、擁遏未通曰閼逢。一切經音義十七

在丙曰柔兆

言萬物皆垂枝布葉故曰柔兆也。一切經音義十
七
在丁曰强圉
萬物皆剛盛未通故曰强圉。一切經音義十七
太歲在丙曰柔兆
萬物柔婉有條兆也。一切經音義十七

李注

在丁曰强圉
萬物皮孚堅者也。一切經音義十七
在戊曰著雍
著直略反。釋文 猪畧反。御覽十七引孫炎音作

孫音注

太歲在戊曰著雍
著者或作祝黎。御覽十七引郭璞音義者疑是雍字
在壬曰玄黓
黓音翼。郭注御覽十七

郭音義

黃輯古義

太歲在甲曰閼逢
萬物鋒芒欲出擁遏未通曰閼逢。一切經音義卷十七
在丙曰柔兆
言萬物皆垂枝布葉故曰柔兆也。
在丁曰强圉
萬物皆剛盛未通故曰强圉。並同上
戊曰著雍。著直略反。釋文 豬略反。太平御覽卷十七

李注

在丙曰柔兆
萬物柔婉有條兆也。一切經音義卷十七
在丁曰强圉
萬物皮孚堅者也。同上

孫音注

玉函山房輯佚

太歲在甲曰閼逢
李曰萬物鋒芒欲出擁遏未通曰閼逢。一切經音義十七
在丙曰柔兆說文丙位南方、萬物皆成炳然。律書、丙者言陽道著明。漢志、明炳於丙。柔、史記作游。
李曰言萬物皆垂枝布葉故曰柔兆也。一切經音義十七
孫曰萬物柔婉有條兆也。一切經音義十七
在丁曰强圉
李曰萬物皆剛盛未通故曰强圉。一切經音義十七。釋詁强丁並訓爲當。是丁與彊義同。說文丁、夏時萬物皆丁實。律書、丁者言萬物之丁壯也。漢志、大盛於丁。圉園通。史記作梧。
孫曰萬物皮孚堅者也。一切經音義十七
在戊曰著雍
孫曰著直略反。釋文 御覽十七引孫炎音作猪畧反。

漢注

太歲在甲曰閼逢
李巡云萬物鋒芒欲出擁遏未通故曰閼逢。一切經音義十七
在乙曰旃蒙在丙曰柔兆
李巡云言萬物皆垂枝布葉故曰柔兆也。孫炎云
萬物柔婉有條兆也。並一切經音義十七

在丁曰强圉

李巡云、言萬物皆剛盛未通、故曰强圉。孫炎云、萬物皮孚堅者也。並一切經音義十七

在戊曰著雍在已曰屠維在庚曰上章在辛曰重光在壬曰玄黓在癸曰昭陽

一切注音

在甲曰閼逢　李巡曰、言萬物鋒芒欲出、擁遏未通、故曰閼逢。一切經音義十九

在丙曰柔兆　李巡曰、言萬物皆垂枝布葉、故曰柔兆。孫炎曰、萬物柔婉有條兆也。一切經音義

在丁曰强圉　李巡曰、言萬物皆剛盛未通、故曰强圉。孫炎曰、萬物皮孚堅者也。一切經音義

在戊曰雍著　孫直畧反。釋文

古注斠

太歲 音泰、下放此。本今作太。閼 烏割反、又於歇反、又於虔反。逢 符隆反。旃 之然反。蒙 莫東反。强 本或作彊字、音同。渠良反。圉 魚呂反。戊 音茂。著 施直魚反。孫直略反。又陟慮遲慮二反。本或作祝字、宜章六反。雝 字又作雍、同。於恭反、本或作黎字、宜力低反。己 音紀。重光 直龍反。黓 余職反。

陸音義

雝○邢本雝作雍。

音義攷證

太歲在甲曰閼逢

閼陰之逢己、太歲之事也。甲陰衰矣、或逢我焉。太歲在甲曰閼逢、在寅曰攝提格、夫如是、蓋未有失其柄者也。

在丁曰强圉

兆在丙見圉在此、夫柔何可長也。

在辛曰重光

庚續而已、辛或新之、重光也。

在壬曰玄黓

玄轉而爲黓、玄陰陽也、黓陰而已。

在癸曰昭陽

陽之昭自是也。莊子曰、胞有重閬。

新義

太歲在甲曰閼逢在乙曰旃蒙在丙曰柔兆在丁曰强圉在戊曰著雍在已曰屠維在庚曰上章在辛曰重光在壬曰元黓在癸曰昭陽　著直畧反。

鄭樵注

太歲在甲曰閼逢

李巡曰、萬物鋒芒欲出、擁遏未通、故曰閼逢。

在丙曰柔兆

李巡曰、言萬物皆垂枝布葉、故曰柔兆也。

孫炎曰、萬物柔婉有條兆也。

在丁曰强圉

李巡曰、言萬物皆剛盛未通、故曰强圉。

孫炎曰、萬物皮孚堅者也。

在戊曰著雍　著、孫直略反。

鄭樵曰、著、直畧反。

古注合存

太歲在甲曰閼逢、在乙曰旃蒙、在丙曰柔兆、在丁曰强圉、在戊曰著雍、在已曰屠維、在庚曰上章、在辛曰重光、在壬曰玄黓、在癸曰昭陽。閼音謁、著直畧反、重平聲、黓音亦。○註曰、義未詳。

注疏參義

鄭云、甲本戈甲。乙本魚腸、丙本魚尾、丁本蠆尾、戊本武也、己本几也。庚鬲也。辛被罪也。壬、懷妊也。癸草木實也。

補注

太歲在甲曰閼逢 正義 史記律書云、甲者言萬物剖符甲而出也。釋名云甲、孚也、萬物解孚甲而生也。太歲在甲曰閼逢、衆經音義引李巡云、萬物鋒芒欲出、擁遏未通、故曰閼逢。淮南天文訓寅在甲曰閼逢、高誘註、萬物鋒芒欲出擁遏未通。閼逢歷書作焉逢。

在乙曰旃蒙 正義 律書云、乙者言萬物生軋軋也。釋名云乙、軋也、自抽軋而出也。天文訓云卯在乙曰旃蒙、高誘註萬物遏蒙甲而出。歷書作端蒙。

在丙曰柔兆 正義 律書云、丙者言陽道著明、故曰丙。釋名云丙、炳也、物生炳然皆著見也。衆經音義引李巡云、萬物皆垂枝布葉、故曰柔兆也。孫炎云、萬物柔婉有條兆也。天文訓云辰在丙曰柔兆、高誘註、萬物皆生枝布葉。歷書作游兆。徐廣曰一作游桃。

在丁曰強圉 正義 律書云、丁者言萬物之丁壯也、故曰丁。釋名云丁、壯也、物體皆丁壯也。衆經音義引李巡云、言萬物皆剛盛未通故曰強圉。孫炎曰、萬物皮孚堅者也。天文訓云己在丁曰強圉、高誘註、萬物剛盛。歷書作彊梧。

在戊曰著雍 正義 白虎通義云、戊者、茂也。釋名云、戊、茂也、物皆茂盛也。天文訓云午在戊曰著雍、高誘註、位在中央、萬物繁養四方。歷書作徒維。

在己曰屠維 正義 白虎通義云、己者、屈伸起。釋名云己、紀也、皆有定形可紀識也。天文訓云未在己曰屠維、高誘註屠、別、維、離也。萬物各成其性。歷書作祝犁。

在庚曰上章 正義 律書云、庚者、言陰氣庚萬物、故曰庚。釋名云、庚、猶更也、庚堅強意也。天文訓云申在庚曰上章、高誘註陰氣上升、萬物畢生。歷書作商橫。

在辛曰重光 正義 律書云、辛者、言萬物之辛生、故曰辛。釋名云辛、新也、物初新者皆收成也。天文訓云酉在辛曰重光、高誘註萬物就成熟、其煌煌。歷書作昭陽。

在壬曰玄默 正義 律書云、壬之爲言任也、言陽氣任養萬物於下也。釋名云壬、妊也、陰陽交物懷妊也、至子而萌也。天文訓云戌在壬曰元黓、高誘註、歲終包任萬物。歷書作橫艾。

在癸曰昭陽 正義 律書云、癸之爲言揆也、言萬物可揆度、故曰癸。釋名云癸、揆也、揆度而生乃出之也。天文訓云亥在癸曰昭陽、高誘註、陽氣始萌、萬物合生。歷書作尚章。

正義

太歲在甲曰閼逢在乙曰旃蒙在丙曰柔兆在丁曰強圉在戊曰箸雍在己曰屠維在庚曰上章在辛曰重光在壬曰玄黓在癸曰昭陽

甲者、說文云位東方之孟陽气萌動、从木戴孚甲之象。釋名云甲、孚也、萬物解孚甲而生也。閼逢者、一切經音義十七引李巡曰、言萬物鋒芒欲出、擁遏未通、故曰閼逢。淮南天文篇云寅在甲曰閼逢、高注與李巡同。史記厤書作焉逢。○乙者、說文云象春艸木冤曲而出、陰气尚彊、其出乙乙也。釋名云乙、軋也、自抽軋而出也。旃蒙者、天文篇云卯在乙曰旃蒙、高注言萬物遏蒙甲而出、故曰旃蒙也。厤書作端蒙。○丙者、說文云位南方、萬物成炳然。釋名云丙、炳也、物生炳然、皆著見也。柔兆者、一切經音義引李巡曰、萬物皆垂枝布葉、故柔兆也。孫炎曰、萬物柔婉有條兆也。天文篇云辰在丙曰柔兆、高注與李巡同。厤書作游兆。徐廣曰、一作游桃。○丁者、說文云夏時萬物皆丁實。釋名云丁、壯也、物體皆丁壯也。強圉者、李巡曰、言萬物皆剛盛、未通、故曰強圉。孫炎曰、萬物皮孚堅者也。天文篇云已在丁曰強圉、高注言萬物剛盛。今按四月陽氣已盛、故曰剛盛、李云未通、非也。高注得之。厤書作彊梧。○戊者、說文云中宮也。釋名云戊、茂也、物皆茂盛也。天文篇云午在戊曰箸雝、高注言位在中央、萬物繁養四方、故曰箸雝也。釋文箸、孫直略反、又陟慮反。靡字又作雍、箸、靡本或作祝黎。按麻書戊作徒維、己作祝犂、與爾雅異、釋文蓋本此而誤。○己者、說文云中宮也、象萬物辟藏詘形也。釋名云己紀也、皆有定形可紀識也。屠維者、天文篇云未在己曰屠維、高注言萬物各成其性、故曰屠維、屠別維離也。麻書作祝犂。○庚者、說文云位西方、象秋時萬物庚庚有實也。釋名云庚更也、庚堅強貌也。上章者、天文篇云申在庚曰上章、高注言陰氣上升、萬物畢生、故曰上章也。麻書作商橫。○辛者、說文云秋時萬物成而孰、金剛味辛、辛痛卽泣出。釋名云辛新也、物初新者皆收成也。重光者、天文篇云酉在辛曰重光、高注言萬物就成熟、其光煌煌、故曰重光也。麻書作昭陽。○壬者、說文云位北方也、象人裹妊之形。釋名云壬妊也、陰陽交物懷妊也、至子而萌也。玄黓者、天文篇云戌在壬曰玄黓、高注言歲終包任萬物、故曰玄黓也。按玄黓言物終而幽翳也。麻書作橫艾。○癸者、說文云冬時水土平、可揆度也。釋名云癸揆也、揆度而生、乃出土也。昭陽者、天文篇云亥在癸曰昭陽、高注言陽氣始萌、萬物含生、故曰昭陽。麻書作尙章。

義疏

太歲在甲曰閼焉**逢、在乙曰旃**端**蒙、在丙曰柔**游**兆、在丁曰强**疆**圉**梧**、在戊曰祝犂**著雍 徒維 屠維**、在己曰屠維**祝犂**、在庚曰上章**商橫**、在辛曰重光**昭陽**、在壬曰玄黓**橫艾**、在癸曰昭陽**尙章

李注、萬物鋒芒欲出、擁遏未通、故曰閼逢。萬物皆垂枝布葉、故曰柔兆。萬物皆剛盛未通、故曰强圉。孫注柔兆、萬物柔婉有條兆也。强圉、萬物皮孚堅也。著雍屠維一名耳、著屠聲同、維雍形誤、此當从麻書一作祝犂、蓋著雍本作祝犂、寫者見麻書戊作徒維已作祝犂、疑而改之。此下辛癸之名亦與麻書互易、蓋舊圖橫列致錯互也。大歲歲星躔度也。鄭注保章云、歲星爲陽、以木星本體爲陽、太歲爲陰、以歲星所行之辰爲陰、此皆謂之大歲。又以年爲陽、以月爲陰、蓋歲以甲乙紀、月以寅卯紀、則此焉逢等名謂木星所行一次、攝提格等名謂每月所躔之宿、其名皆術家制之、未知其由。

集解

大歲在甲曰閼逢　大歲、歲星與日同次之月斗所建之辰也。鄭注保章云歲星爲陽、謂木星本體、大歲爲陰、謂歲星所行之辰、此經均謂之大歲。又以年爲陽、以月爲陰、蓋歲記以甲乙、月記以寅卯、則此閼逢等名乃木星歲行一次之偁、攝提格等名則每月所行之辰耳。說文歲木星也、越歷二十八宿宣徧陰陽十二月一次者此也。閼遏擁也、逢遇也、與遏鋒通用、遏鋒謂止鋒、春木之狀、月令所謂句芒是也。許慎說甲位東方之孟、陽气萌動、从木戴甲之象、歲星爲東方木之精、蒼帝之象、行在甲、歲因以閼逢爲名耳。麻書閼逢作焉逢、以於焉爲聲近故也。**在乙曰旃蒙**　旃、旗曲柄也、所以旃表士眾、蒙王女也、从艸冢聲。與嵩萌通用。嵩萌謂木初生而萌出、歲星木精又在乙、歲因以爲名。麻書作端蒙、以端旃亦聲近字也。許慎說乙象春艸木冤曲而出、陰气尚彊、其出乙乙也。**在丙曰柔兆**　柔木曲直也。兆字一作垗、灼龜坼也。歲星木精行在丙、歲是木而灼以火也、因以柔兆爲名。說文丙位南方、萬物成炳然。炳然則丙者火與。**在丁曰强圉**　强、蚚也、从虫彊省聲。圉、囹圄、所以拘辠人、與彊字通用、彊字謂光盛而垂、易所謂天垂象是也。說文丁夏時萬物皆丁實、歲星色明而內黃、行在丁、歲光尤明而實矣、因名强圉。麻書則作彊梧、或若取强大之義與。**在戊曰著雍**　戊、中宮也。中央屬土、歲星色黃土色也、因取土德以爲名。著字本作箸、飯攲也、與睹通用、睹旦明也。引申爲見。雍字本作雝、雝鰈也、卽和也。亦土德而言。麻書作徒維、因徒著聲近、雍維形近而誤。**在己曰屠維**　屠維與徒維一耳、麻書作祝犂是也。祝祭主贊詞者。犂字本作科、耕也。歲星農官主五穀、己爲中宮、亦生五穀者、因以祝犂爲名。**在庚曰上章**　說文庚位西方、象秋時萬物庚庚有實也。庚屬五行之金、其色明也。上章者、亦狀其光。史記歲星有青章閘明等號、上章是其類也。麻書則作商橫。**在辛曰重光**　說文辛、秋時萬物成而孰、

金則味辛、辛痛即泣。然則辛若金與。歲星色明、金亦色明、因名重光。厤書則作昭陽。又歲星一名重華、均與重光義近。在壬曰玄黓史記歲陰在子、星居卯、以十一月與氐房心晨出、曰天泉、玄色甚明。歲陰在丑、星居寅、以十二月與尾箕晨出、曰天皓、黫然黑色甚明。是歲星亦有色玄黑時也。玄黓即玄弋、黑色之甚者。壬位北方也、象人褢妊之形。壬為水方色亦玄黑者。厤書則作橫艾。在癸曰昭陽昭陽謂昭明、亦狀其光。癸冬時水土平可揆度也。歲星在癸而名昭陽、因其光之可度耳。厤書則作尚章。歲星十二歲而一周天、此以甲乙紀歲、僅十歲焉、蓋甲乙循環二次云。

義證

大歲在甲曰閼逢在乙曰旃蒙在丙曰柔兆在丁曰強圉在戊曰著雍在己曰屠維在庚曰上章在辛曰重光在壬曰玄黓在癸曰昭陽閼於虔反。

補正臣鏊按、史記歷書閼逢作焉逢、旃蒙作端蒙、柔兆作游兆、強圉作強梧、屠維作徒維謂戊也、著雍作祝犁謂己也、上章作商橫、重光作昭陽謂辛也、玄黓作橫艾、昭陽作尚章謂癸也。

郭注補正

太歲在甲曰閼逢在乙曰旃蒙在丙曰柔兆在丁曰強圉在戊曰著雍在己曰屠維在庚曰上章在辛曰重光

在壬曰玄黓

音翼

御覽十七卷時序部引爾雅在壬曰玄黓、郭璞音翼。樹柟案、御覽於在戊曰著雍下引郭璞音義、此所引及下歲陰中音當亦音義之文、然注亦閒有及音者、二書疑不能定、謹為補入。

郭注佚存補訂

在壬曰玄黓

柏年案、壬癸位北方、色黑、故曰玄黓。黓、廣雅黑也。說文無黓字、當為弋。漢書文帝紀贊身衣弋綈、如淳曰弋皁也。師古曰弋、黑色也。

補釋

在戊曰著雍雍、釋文作廱。

注疏正字

在戊曰箸雍

引之謹案、箸雍當為祝黎、說見後太歲攷。

述聞

大歲在甲曰閼逢　釋文云大、本今作太。石經作太、廣韻六帖類篇引皆作太。案太非古文。　錢少詹曰、古法太陰與太歲不同、淮南天文太陰在寅歲名曰攝提格云云、史記索隱歷書引爾雅云、歲在甲曰閼逢、寅曰攝提格。無太字、當是古本如此。東漢術家不求太陰、誤認太陰為太歲、故漢書天文志有太歲在寅曰攝提格之文、太史公書但云攝提格、左行在寅、初不云太歲也。今本爾雅太歲在甲曰閼逢、太歲在寅曰攝提格、此兩太字疑後人所增。　臧氏鏞堂曰、案天官書索隱引李巡注爾雅歲在寅曰攝提格、無太字。又漢書律歷志上復得閼逢攝提格之歲、孟康注歲在甲曰閼逢、在寅曰攝提格。然則天文志太歲字亦後人所增。　淮南天文作閼逢、史記歷書作焉逢、索隱引爾雅亦作焉逢。

在乙曰旃蒙　淮南同。史記作端蒙。

在丙曰柔兆　淮南同。史記作游兆、徐廣曰一作游桃。

在丁曰强圉　釋文云强、本或作彊。白帖四引作彊。　淮南同。史記作彊梧。

在戊曰著廱　釋文云著、本或作祝。廱字、又作雍。同、本或作黎。索隱白帖引作雍。　案著當从竹作箸、雍卽雝之隸變。皆見前　淮南同。史記作徒維、史記戊已互易、徒維卽屠維也。

在已曰屠維　淮南同。史記作祝犂、祝犂卽祝黎也。案說文屮部䅲、从屮黎聲、隸省作犂。

在庚曰上章　淮南同。史記作商橫、以癸爲尙章。

在辛曰重光　淮南同。史記作昭陽。

在壬曰元黓　淮南同。史記作橫艾。　說文黑部無黓字。

在癸曰昭陽、淮南同。史記作尙章。　說文十四下癸、冬時水土平可揆度也、象水從四方流入地中之形、籀文从癶从矢作癸。經典相承用籀文作癸。

匡名

太歲在甲曰閼逢在乙曰旃蒙在丙曰柔兆在丁曰强圉在戊音茂曰著雍在己曰屠維在庚曰上章在辛曰重光在壬曰玄黓音亦在癸曰昭陽說文甲、東方之孟、陽气萌動、从木戴孚甲之象。乙、象春艸木冤曲而出、侌气尙彊、其出乙乙也。丙、位南方、萬物成炳然、陰气初起、陽氣將虧、从一入冂。一者陽也。个、夏時萬物皆丁實、象形。戊、中宮也、象六甲五龍相拘絞也。己、中宮也、象萬物辟藏詘形也。庚、位西方、象秋時萬物庚庚有實也。辛、秋時萬物成而孰、金剛味辛、辛痛卽泣出、从一从辛。辛、辠也。壬、位北方也、陰極陽生、故易曰龍戰于野。戰者、接也。象人褢妊之形、承亥壬以子生之敘。癸、冬時水土平可揆度也、象水从四方流入地中之形。

啓蒙

著　箸　說文竹部。箸、飯攲也。段氏注云。叚借爲箸落。爲箸明。古無去入之別。字亦从艸也。段說未知本字。著落當作臬或擭。著明當作睹。著雍字當爲睹

黓　弋　漢書文帝紀贊。身衣弋綈。注。師古曰。弋。黑色也。廣雅釋器。黓。黑也。當作弋。當作酞酒色也

黃侃評本正名

太歲在甲曰閼逢。　淮南天文太歲在寅、歲名曰攝提格。開元占經歲星占篇引許慎注、太陰謂太歲也。天文又云、天神之貴者、莫貴於青龍、或曰天一、或曰太陰。御覽引尚書考靈燿青龍甲寅、攝提格孳、鄭注青龍、歲也。周禮保章氏十有二歲之相注歲謂太歲、歲星爲陽、右行於天、太歲爲陰、左行於地、十二歲而小周。占經又引甘氏云、攝提格之歲、攝提在寅、歲星在丑。漢書王莽傳歲在壽星、倉龍癸酉、服虔曰、倉龍、太歲。史記天官書攝提格歲、歲陰左行在寅、歲星右轉居丑。

在戊曰著雍。　說文竹部箸、飯攲也。段氏注云、叚借爲箸落、爲箸明、古無去入之別、字亦从艸也。案段說未知本字、著落當作臬或擭、著明當作睹、著雍字當作睹。

在壬曰玄黓。　玄黓連言、是黓亦黑、廣雅黓、黑也。字亦作弋、漢書文紀身衣弋綈、如淳曰、弋、皁也。正作酞、酒色也。

黃侃音訓

太歲在甲曰閼逢　在乙曰旃蒙

史記歲陽在甲曰焉逢。歷書第四　淮南子作閼蓬。天文訓　史記在乙

曰端蒙。歷書第四 淮南子作旃蒙。天文訓

在丙曰柔兆　在丁曰強圉

史記在丙曰游兆。歷書甲子篇 徐廣曰一作游桃。歷書集解 淮南子作柔兆。天文訓 釋文強本或作彊。釋天釋文 史記在丁曰彊梧。正義曰梧音語 淮南子作強圉。天文訓

在戊曰著雍　在已曰屠維

釋文著本或作祝。癰字又作雍、本或作黎。釋天釋文 史記在已曰祝犂。歷書甲子篇 淮南子作著雍。天文訓 史記在戊曰徒維。歷書甲子篇 淮南子作屠維。天文訓

按祝犁卽著雍、史記在已徒維卽屠維。史記在戊與爾雅異。

在庚曰上章　在辛曰重光

史記在庚曰商橫。歷書甲子篇 淮南子作上章。天文訓 史記在辛曰昭陽。歷書甲子篇 淮南子作重光。天文訓

在壬曰𢆡黓　在癸曰昭陽

史記在壬曰橫艾。歷書甲子篇 淮南子作元黓。天文訓 史記在癸曰尚章。歷書甲子篇 淮南子作昭陽。天文訓

按上章、爾雅在庚、史記在癸。昭陽、爾雅在癸、史記在辛。惟淮南子與爾雅同。

證異

大歲在戊曰著雍。釋文、著本或作祝。癰、又作雍、本或作黎。按史記麻書作祝黎。

考異摘要

太歲在甲曰閼逢

說文閼、遮攤也、从門於聲。逢、讀爲夆。夆、啎也、从夂丯聲、讀若縫。案丯象物剖孚甲而出、閼字从門象攤而未出、此皆形聲兼義字。說文遏、微止也。鏠、兵耑也。遏鏠亦閼逢音同叚字。元應音義十七引李注、萬物鋒芒欲出、擁遏未通。淮南天文訓高注萬物遏蒙甲而出是也。史記麻書閼作焉者、閼焉乃一聲之轉。

在乙曰旃蒙

旃當讀爲端、蒙當讀爲萌。端古省作耑、說文後敘其建首也、立一爲耑。耑、物初之題也。上象生形、下象根也。引申爲凡始之偁。萌、艸芽也。乙形本象春艸木冤曲而出、陰气尙彊、其出乙乙也。故太歲在乙曰端萌。史記旃正作端、端卽爲耑者。左傳文公十二年履端於始、段氏云借端爲耑卽其例。蒙萌雙聲字。

在丁曰强圉

說文彊、弓有力也。圉、守之也。此强圉之正字、與丁壯之義恰合。彊卽强字、老子强其骨、釋文亦作彊。圉卽圉字、淮南人閒訓馬圉、論衡逢遇作馬圉、漢書地理志上注圉讀與圉同可證。史記圉作梧、當是牾字之叚。說文牾、屰也。亦有强義。詩烝民篇蕩篇作彊禦、漢書王莽傳敘下作彊圉。

在壬曰玄黓

說文無黓、疑當作黱字、畫眉墨也、从黑朕聲。案黱卽黛字、釋文黛、代也。滅眉毛去之、以此畫代其處也。黛

者黑色、故字从黑。段氏黱下注云、變體爲黛、如螟蟘古亦作螟蟘。又云朕聲七部、六部合音轉入一部。然據此則與默从弋聲之同在一部、例可段借。王水方、其色黑、故曰玄黱、古本當如此、後世多作黛、楚辭大招粉白黛黑是也。黛、爾雅省作默耳、亦黛字之省。

王仁俊日記

太歲在甲曰閼逢

錦燧謹案、歲陽歲名月陽所釋俱不見於詩、惟月名所釋十月爲陽、乃釋歲亦陽止句。十二月爲涂、涂讀爲除、乃釋日月方除句。此從毛傳、鄭箋以四月爲余、當之非也。詳見下。是蓋釋詩之爲陽爲除而連類及他月名、復因月名而連類及歲陽歲名也。閼、索隱引作焉。逢、淮南子引作蓬。一切經音義十七引李巡曰、言萬物鋒芒欲出、擁遏未通。淮南高誘注同。說文門部云閼、遮擁也。是李高以擁遏解閼、閼乃本字矣。索隱閼作焉者、與下文在卯曰單閼、屈原賈生傳索隱引孫炎本作蟬焉同。以此推之、則作焉逢者、叔然本也。而蒙謂叔然本當作烏焉逢、蟬焉、兩焉字皆烏之形近而訛。何以證之、曰卽證諸爾雅之作閼、如下文旃蒙端蒙柔兆游桃彊圉彊梧之類、皆諧聲通假、而閼在古音虞韻、焉在古音仙韻、魚虞模韻與元寒桓刪山仙韻兩部古不通用、此閼不當作焉之證也。閼从於聲、古本或有卽作於逢者、如蓬从逢聲、桃从兆聲、而閼蓬可作閼逢、游桃可作柔兆之例。於乃烏之古文、說文部首云烏、孝鳥也、象形、古文於是也。閼既省假作於、或又從今文作烏、遂形誤爲焉耳。烏之本訓爲孝鳥、烏固閼之同聲假借也。又淮南子逢作蓬者、逢蓬古通用、孟子逢蒙射學於羿、莊子作蓬蒙是其證。李巡高誘以鋒芒釋之、是讀逢爲鏠也。說文金部云鏠、兵耑也。引申之則凡物之銳上者皆得曰鏠。山耑之峯、木杪之條、皆說文所不載、俱鏠之引申義也。其俗體作鋒、省文耳。至逢至本義爲遇、蓬之本義爲蒿、與李注高注說絕遠、泥本義以解之、胥失之矣。

在丁曰強圉

錦燧謹案、李巡曰、言萬物皆剛盛未通、故曰强圉。是以剛盛釋强、以未通釋圉也。孫炎曰、萬物皮孚堅者也。高誘注淮南子曰、言萬物剛盛。郝蘭臬義疏據此謂四月陽氣已盛、故曰剛盛、李云未通、非也。竊謂郝說未確。此節釋歲陽而云四月、其謬已顯然、且孫云皮孚堅、高云剛盛、僅僅釋一强字、與圉字無涉也。史記圉作梧、儀禮既夕梧受疏梧、卽逆也。漢書司馬遷傳贊或有抵梧、注相支柱不安也。史記項羽紀莫敢枝梧、集解邪柱爲梧。後漢方術徐登傳梧鼎而爨、注支也。俱與未通義相近、則未通二字正釋圉字、當據李說以補孫高之未備、郝反以李爲非、何耶。圉可以通梧者、圉聲吾聲古通假、段氏六書音韻表同入弟五部、故禮記樂記注謂柷圉也、釋文圉本作敔、周禮大司樂注合止柷敔、釋文敔本作梧。圉通敔、敔又通梧、此圉梧通用之證。又左氏定公四年經孔圉、公羊作圉。禮記月令飭鍾磬柷敔、釋文敔本作圉。明堂位謂柷敔、釋文敔本作圉。漢書地理志天水郡冀注、圄讀與圉同。淮南人閒訓馬圉、論衡逢遇作馬圄。此圄聲吾聲古通之旁證。圄爲囹圄、所以拘罪人。梧爲木名。與李云未通義不合、訓爲未通者、讀爲牾也。說文云牾、屰也。屰有未通義。

在戊曰著雍

錦燧謹案、釋文云、著本或作祝、雝字又作雍、同、本或作黎。是陸所据本作著雝、其所見本又有作祝黎者。史記戊作徒維、巳作祝犂、徒維卽下文之在巳曰屠維、祝犂卽陸所見別本之祝黎。以淮南證之、同於爾雅、則戊巳互易、誤在史記矣。其義則樊孫李郭舍人俱無聞、惟高誘注淮南子云、位在中央、萬物繁養四方。此漢儒舊說之可攷者。位在中央、以戊位居中、乃釋在戊二字、繁養乃釋著字、讀著爲貯也。四方乃釋雍字、讀雍爲邕也。史記貨殖傳廢著鬻財、集解引徐廣曰、著讀音如貯。此著貯通用之證。雍乃雝之俗體、雝卽从邕得聲、此雍可通邕之證。說文貝部云貯、積也。與繁養義近。又川部云邕、四方有水自邕成池者。引申之有四方義、高故云繁養四方也。

在巳曰屠維

錦燧謹案、史記作祝犂、祝犂卽著雝之音假、是史記與雅訓戊巳互易矣。以淮南子天文訓證之、與雅訓相合、則誤在史記可知。高誘淮南注云、言萬物各成其性、故曰屠維。屠、別。維、離也。史記作徒維、徒乃往之隸變。說文云、往、步行也。从彳土聲。往之本訓與別義遠、而从土聲字與从者聲字古多通假、故段氏六書音韻表同在弟五部。其證也。又小戴記檀弓云杜蕢自外來、鄭康成注云或作屠蒯。左襄公二十五年傳亦作屠蒯。左莊公十四年傳生堵敖、漢書古今人表作杜敖、此尢土聲者聲通用之證。說文尸部云屠、刳也。刳與別義近、是屠爲本字、往乃假借字、徒又往之隸變字。

陸錦燧日記

釋天　在壬曰玄黓

說文無黓字。以義求之、元黓蓋黑色之稱、黓从黑从弋。漢書文帝紀身衣弋綈、注弋、皁也。義與黓同、蓋壬屬水其色黑、故曰玄黓。此與九月爲玄同義、九月亦屬水之月也。

爾雅詁

在乙曰旃蒙

在乙曰旃蒙。高誘淮南天文訓注云、言萬物孚甲而出、故曰旃蒙也。楷案、歲陽歲陰之名、多係古語、諸家所釋未必盡得其恉、今就其可知者釋之。旃當讀爲端、史記正作端、端與耑同。據說文耑爲物初生之題、上象生形、下象其根、故引申之爲凡始之稱、鄭注記禮運云端始也是也。蒙者、易蒙卦鄭注蒙、蒙物初生形、是其未開著之名也。序卦傳物生必蒙、故受之以蒙、蒙者蒙也、物之穉也。鄭注蒙者、幼小之稱、齊人謂萌爲蒙也。是蒙與萌義同、而與耑義近、合言之曰耑蒙。法言序篇侗顓蒙、李軌注顓蒙、頑愚也。

顓蒙猶言耑蒙、頑愚亦未開著之名、語意正相同也。太歲在乙名之者、說文說乙字云、象春艸木冤曲而出、陰氣尚彊其出乙乙、卽其意也。

在丁曰強圉、李云言萬物皆剛盛未通、故曰強圉。孫云萬物皮孚堅者也。高誘淮南注云言萬物剛盛。楷案、四月陽氣已盛、萬物丁壯、孫云皮孚堅高云剛盛是也。李云未通、失之。強圉古語。楚辭離騷澆身被服強圉兮、王逸注強圉、多力也。通作強梧、史記作強梧。又通作彊圉、釋文云、強本或作彊。白帖引正作彊圉。又通作彊禦、漢書公孫劉車等傳贊王莽傳引詩不畏彊圉、今詩烝民作彊禦。又通作強衙、漢北海相景君碑強衙改節、並音同而字通。

在戊曰著雍在己曰屠維、釋文本著雍作著廱、云著本或作祝、廱本或作黎。楷案、著雍當依釋文或本作。史記戊作徒維、己作祝犁、徒維卽屠維之異文、但誤爲戊、故遂誤祝犁爲己耳、猶以赤奮若爲申、涒灘爲丑、與爾雅亦互易也。祝黎誤爲著雍者、卽涉下文屠維而誤、著與屠、雍與維、形皆近。周禮職方氏其浸盧維、鄭注當爲雷雍、誤與此類。據陸引或本、則當時所見之本猶有不誤者。郝懿行謂釋文本史記而誤、然攷陸氏於作噩下云漢書作詻於閹茂下云漢書作掩、皆明引其書、若誤本史記、亦當云史記作、何得云本或作乎、則郝說非也。王引之亦謂著雍當爲祝黎、葢祝黎與屠維爲韻、若作著雍則上下文俱有韻、此二句獨無韻矣。史記索隱云祝犁已也、爾雅作著雍、雖以史記之祝犁爲已、并誤以爾雅之著雍亦爲已、然以祝犁當著雍、正可證爾雅之著雍作祝黎也。祝黎亦古語、與株離一聲之轉、尚書大傳東岳陽伯之樂舞株離、鄭注株離、舞曲名、言象萬物生株離、此卽其義。屠維未詳、高注淮南訓屠爲別、維爲離、亦附會。

在辛曰重光、高誘淮南注云、言萬物就成熟、其光煌煌、故曰重光也。楷案、高說是。古人光明之盛通稱重光、書顧命昔君文王武王宣重光、馬融注重光、日月星也。漢書兒寬傳日宣重光、李奇注、太平之世、日褒重光、謂日有重日也。文選吳都賦常重光、劉逵注、日月爲常重光、謂日月晝於旂上也。又演連珠重光發藻、李善注重光、日也。引尚書五行傳云明王踐位則日儷其精、重光以見吉祥、皆其證。

在壬曰元黓、高注淮南云言歲終包任萬物、故曰元黓也。郝懿行云、言物終而幽翳也。徐孚吉爾雅詁云、元黓葢黑色之稱、漢書文帝紀注弋皁也、葢壬屬水、其色黑、故曰元默。楷案、默俗字。當作弋。元弋、星名也。古微書樂叶圖徵元弋招搖也。張衡西京賦建元弋、薛綜注、元弋、北斗第八星名。後漢書馬融傳棲招搖與元弋、李賢注、招搖元弋並星名也。蓋此星在北方、壬位亦在北、故取爲名、猶攝提星在東方、寅位在東、亦取爲名也。史記天官書晉灼注誤作元戈、辨詳文選通義。

在癸曰昭陽、高誘淮南注云言陽氣始萌、萬物含生、故曰昭陽。楷案、漢有昭陽殿、與此名同、蓋昭陽連文亦必成語、非徒字義云爾也。

稗疏

釋天　大歲在甲曰閼逢。在乙曰旃蒙。在丙曰柔兆。在丁曰强圉。在戊曰著雍。在己曰屠維。在庚曰上章。在辛曰重光。在壬曰玄默。在癸曰昭陽。

邕案。閼逢卽旃蒙。史記曆書閼逢作焉逢。焉於閼爲音轉。焉於旃爲疊韻矣。是閼逢、旃蒙一名也。著雍卽屠維。著屠皆者聲。雍卽維字之誤。王引之大歲考弟廿論已詳訂之。是著維、屠維一名也。上章卽重光。又卽昭陽。曆書重光作昭陽。昭陽作尚章。可證其通。是上章、重光、昭陽一名也。惟柔兆、强圉、玄默不可通爲一。然曆書玄默作橫艾。則可通於强圉矣。是强圉、玄默亦一名也。柔兆則獨爲名也。如此乃十名但有五名。疑大歲在十干之名。在古本止五名。蓋在甲乙則曰閼逢。亦曰旃蒙。在丙丁則曰柔兆。在戊己則曰著維。亦曰屠維。在庚辛則曰上章。亦曰重光。亦曰昭陽。在壬癸則曰玄默。亦曰强圉。是爲歲陽之號。乃古義也。後人以大歲在十二支。有十二名。則在十干必當有十名。乃取一名而異文者强相分配。昭陽本庚辛之名。漫移於癸。强圉實壬癸之號。乃在於丁。亦鹵莽已甚矣。殊不知十二支必十二名者。所以紀歲也。十干不必十名者。有十二支以定之也。如歲在甲寅。則爲閼逢攝提格之歲。於攝提格卽可定閼逢之爲甲而非乙也。有甲寅無乙寅也。歲在乙卯。則爲閼逢單閼之歲。於單閼卽可定閼逢之爲乙而非甲也。有乙卯無甲卯也。同一閼逢、在寅可以知其爲甲。在卯可以知其爲乙。劃然自不相溷。則何必甲爲閼逢乙爲旃蒙乎。此十干所以不須十而止須五也。爾雅於十干題曰歲陽。於十二支題曰歲名。夫十干誠十名。則同是歲名矣。乃不謂之名者。誠以十二支有十二名。無十干亦可以紀歲。十干止五名。無十二支則不可以紀歲。故不可與十二支同爲歲名。而謂之歲陽也。郝懿行本依臧唐爾雅漢注十二支後題歲陰二字。葉蕙心古注斠本亦題歲陰二字。誤甚。歲陽歲名與下月陽月名相儷。有歲陰不又當有月陰乎。然則此大歲在十干之文。爾雅原本當不若是。今之傳者必經漢人之手。但取其十干十二支各有別號。配合整齊而已。淮南子天文訓云。卯在乙曰旃蒙。高誘注云。萬物遏蒙甲而出。據彼上文閼蓬注云。萬物鋒芒欲出。擁遏未通。是高氏以遏解閼。乃又以遏解旃。似非義。疑高本淮南作卯在乙曰閼蒙。故仍以遏解之。然則乙曰閼蒙也。而唐書曆志引洪範傳曰。數記始於顓頊。上元太始閼蒙攝提格之歲。則甲亦曰閼蒙矣。此非甲乙同名閼蒙之說乎。陸釋云。著本或作祝。廱字又作雍。本或作黎。然則戊曰祝黎也。而曆書云祝犂協洽二年。司馬索隱云。祝犂、己也。祝犂卽祝黎。則己亦曰祝黎矣。此非戊己同名祝黎之說乎。而閼逢、旃蒙爲一。著維、屠維爲一。不又可知乎。若其外不可推乎。下文月陽。蓋亦當如此。壬曰終。癸曰極。亦可見壬癸之無別矣。

校書

大歲　監本作太歲。今从武英殿本經典釋文。

石經考文提要

太歲在甲曰閼逢　單疏本、雪牕本、注疏本同。唐石經太字一點後人增添。釋文大歲音泰、下放此。錢大昕云、古法太陰與太歲不同、淮南天文太陰在寅歲名曰攝提格云云、史記厤書索隱引爾雅云歲在甲曰焉逢、寅曰攝提格、無太字、當是古本。東漢術家不求太陰、誤仞太陰爲太歲、故漢書天文志有太歲在寅曰攝提格之文。太史公書但云攝提格歲陰左行在寅、初不云太歲也。按天官書索隱引李巡注爾雅歲在寅爲攝提格、無太字。又漢書律厤志上復得閼逢攝提格之歲、孟康注云、歲在甲曰閼逢、在寅曰攝提格。然則天文志太歲之太、當亦後人增加耳。

在戊曰著雍　唐石經、雪牕本同。單疏本亦作著、雍。釋文、著本或作祝、廱字又作雍、本或作黎。按史記厤書作祝犂。

在壬曰元默　唐石經、閩本、監本、毛本同。釋文亦作默。此本及雪牕本元本作默、誤、從戈、今訂正。

太歲在甲至赤奮若〇釋曰　注疏本刪。

校勘記

在壬曰廟諱默、釋文默、余職反。今本音亦非。廣韻默、與職切、在二十四職。亦羊益切、在二十二昔。二字不同音也。

注疏本正誤

大歲在甲曰閼逢　案閼逢、史記歷書作焉逢。下旃蒙、柔兆、强圉、上章、重光、玄默、昭陽、歷書作端蒙、游兆、彊梧、商橫、橫艾、尙章。在戊曰著雍在己曰屠維、作戊徒維已祝犂。

注疏校勘札記

太歲在甲曰閼（音剌）逢在戊曰著（音着）雍辛曰重（音崇）光在壬曰玄默（音亦）

音圖・音

閼音剌。案閼音曷、（匣）又音斡、（影）今音剌（來入聲）謬。

直音正誤

重音崇 案重平聲、鐙今音崇。𣏟說同。直音音從誤。釋山同。

孫偘直音

太歲扗甲曰閼〔過謁〕逢。扗乙曰旃〔占〕蒙、扗丙曰柔兆、扗丁曰強圉〔語〕、扗戊曰著〔茂讀式非〕雍〔除攦〕、扗己曰屠〔徒〕維、扗庚曰上章、扗辛曰重〔從〕光、扗壬曰玄黓〔亦〕、扗癸曰昭陽。

楊氏音訓

太歲在甲曰閼〔謁〕逢、在乙曰旃蒙、在丙曰柔兆、在丁曰強圉、在戊曰著〔直略切〕雍、在己曰屠維、在庚曰上章、在辛曰重〔平聲〕光、在壬曰玄黓〔亦〕、在癸曰昭陽。此別太歲在日在辰之名也。甲至癸爲十日、十日爲陽。

干氏音釋

閼遏 屠徒又音除 黓弋

歲陽

古注斠補

按歲陽歲陰之訓、占經引李巡爾雅注多與淮南高注同、且一字不異、或高承用李說也。今李氏注有缺遺、皆可據高注補之。

正義

歲陽 此別太歲在日之名也。史記索隱引爾雅釋天云、歲陽者甲乙丙丁戊己庚辛壬癸十干是也。歲陰者子丑寅卯辰巳午未申酉戌亥十二支是也。廣雅云甲乙爲幹、幹者日之神也。寅卯爲枝、枝者月之靈也。甲剛乙柔、丙剛丁柔、戊剛己柔、庚剛辛柔、壬剛癸柔。左傳昭七年傳云天有十日、杜注云甲至癸。是甲癸爲日名。爾雅以太歲所在言之。索隱以十干爲歲陽、非也。舊疏引漢書律歷志云復得閼逢攝提格之歲、歲在甲曰閼逢、注寅曰攝提格、此謂甲寅之歲也。然則乙卯之歲曰旃蒙單閼、丙辰之歲曰柔兆執徐、丁巳之歲曰強圉大荒落、戊午之歲曰著雍敦牂、己未之歲曰屠維協洽、庚申之歲曰上章涒灘、辛酉之歲曰重光作噩、壬戌之歲曰元黓閹茂、癸亥之歲曰昭陽大淵獻、甲子之歲曰閼逢困敦、乙丑之歲曰旃蒙赤奮若。以此推之周而復始。

歲陽 閼逢、漢書作焉逢、閼音遏、亦音焉。史記匈奴傳閼氏、讀如胭脂、閼胭焉音同。古詩奪我胭脂山婦女無顏色是已。凡歲陽如旃蒙、端蒙之類、非同音之通段、即雙聲之通段也。

小箋

歲陽 歲、木星也。越歷二十八宿、宣徧陰陽、十二月一次、从步戌聲。歲陽十干也、歲陰十二支也、月陽義同。廣雅甲乙爲幹、幹者日之神也、寅卯爲枝、枝者月之靈也。

啓蒙

太歲在寅曰攝提格在卯曰單閼在辰曰執徐在巳曰大荒落在午曰敦牂在未曰協洽在申曰涒灘在酉曰作噩在戌曰閹茂在亥曰大淵獻在子曰困敦在丑曰赤奮若

太歲在寅曰攝提格、在卯曰單閼、在辰曰執徐、在巳曰大荒落、在午曰敦牂、在未曰協洽、在申曰涒灘、在酉曰作噩、在戌曰閹茂、在亥曰大淵獻、在子曰困敦、在丑曰赤奮若。

郭注

太歲在甲至赤奮若　釋曰此別太歲在日在辰之名也。甲至癸爲十日、日爲陽。寅至丑爲十二辰、辰爲陰。案漢書律歷志文迺以前歷上元泰初四千六百二十七歲至於元封七年復得閼逢攝提格之歲中冬、孟康曰言復得者上元泰初時亦是閼逢之歲、歲在甲曰閼逢、在寅曰攝提格、此謂甲寅之歲也。然則乙卯之歲曰旃蒙單閼、丙辰之歲曰柔兆執徐、丁巳之歲曰強圉大荒落、戊午之歲曰著雍敦牂、己未之歲曰屠維協洽、庚申之歲曰上章涒灘、辛酉之歲曰重光作噩、壬戌之歲曰玄黓閹茂、癸亥之歲曰昭陽大淵獻、甲子之歲曰閼逢困敦、丁丑之歲曰旃蒙赤奮若。以此推之、周而復始可知。

邢疏

太歲在寅曰攝提格

言萬物承陽而起、故曰攝提格。格、起也。開元占經三十三　史記麻書正義　史記天官書索隱

在卯曰單閼

日在卯、言陽氣推萬物而起、故曰單閼。單、盡也。閼、起也。史記麻書正義又天官書索隱又屈賈列傳索隱　釋文引單、盡也。閼、土也。土字誤。史記索隱正義作止也亦誤、當竝是上字之誤、今從屈賈列傳索隱開元占經二十三。

在辰曰執徐

言蟄伏之物皆敷舒而出、故曰執徐。執、蟄也。徐、舒也。史記麻書正義又天官書索隱敷舒作敦舒。占經二十三　釋文末六字在言蟄物上。

在巳曰大荒落

言萬物皆熾茂而大出、霍然落落、故曰荒落。占經二十三

在午曰敦牂

言萬物皆茂壯、猗那其枝、故曰敦牂。敦、茂也。牂、壯也。占經二十三

在未曰協洽

協洽言陰陽化生、萬物和合、故曰協洽。協、和也。洽、合也。占經二十三　史記麻書正義又天官書索隱作陽氣欲化萬物故曰協和。洽合也。

在申曰涒灘

言萬物皆循脩其精氣、故曰涒灘。灘、單盡也。占經二十三　一切經音義十七　史記天官書索隱引李巡注、涒灘、萬物吐秀傾垂之貌也。案此與孫炎注同。

在酉曰作噩史記索隱正義引李巡爾雅竝作作鄂。

作鄂、萬物皆芒枝起之貌也。史記歷書正義又天官書索隱　在酉言萬物墜落、故曰作鄂。作、索也。鄂、

茂也。占經二十三

在戊曰閹茂

言萬物皆蔽冒，故曰閹茂。閹，蔽也。茂，冒也。史記歷書正義　天官書索隱作孫說。占經二十三

在亥曰大淵獻

言萬物落於亥，大小深藏屈近陽，故曰淵獻。淵，藏也。獻，近也。占經二十三

在子曰困敦

在子言陽氣皆混萬物芽孽，故曰困敦。占經二十三

在丑曰赤奮若

言陽氣奮迅，萬物而起，無不若其性，故曰赤奮若。陽色，奮迅也。若，順也。史記麻書正義又天官書索隱、言陽氣奮迅，若，順也。占經二十三　案陽色上疑脫赤字。

李注

太歲在寅曰攝提格

陽攝持攜萬物，使之至上。開元占經二十三

在卯曰單閼釋文單，音丹，又音蟬，或音善。閼，於葛反，又於虔反。案史記屈賈列傳索隱、孫炎本作蟬焉，占經脫焉字。

蟬猶伸也。閼，蹇之物，於此盡伸也。開元占經二十三　史記屈賈列傳索隱有首四字。

在辰曰執徐

句者必達，蟄伏之物盡敷舒也。開元占經二十三

在巳曰大荒落

物長大荒蕪落莫也。占經二十三

在午曰敦牂

敦，盛也。牂，壯也。言萬物盛壯也。占經二十三　史記麻書正義天官書索隱

在未曰協洽

物生和洽含英秀也。占經二十三

在申曰涒灘

涒灘，萬物吐秀傾垂之貌也。史記麻書正義　天官書索隱作李巡注，誤。　占經二十三　一切經音義十七

在酉曰作噩

噩音咢，御覽十七咢作愕　作鄂者，物落而枝起之貌。占經二十三

在戌曰閹茂

霜閹茂物，使俱落也。占經二十三　言萬物皆蔽冒，故曰閹茂。閹，蔽也。茂，冒也。史記麻書正義天官書索隱作孫說。案占經二十三作李巡說。

在亥曰大淵獻

淵、深也。大獻萬物於深、謂蓋藏之於外也。占經二十三　史記天官書索隱麻書正義作獻萬物於天深於蓋藏也。

在子曰困敦

困敦、混沌也。言萬物初萌、混沌於黃泉之下也。史記麻書正義及天官書索隱　占經二十三

在丑曰赤奮若

物萌色赤奮動、順其心而氣始芽也。占經二十三

孫音注

在午曰敦牂

牂、子郎反。郭注御覽十七

在申曰涒灘

灘、勑丹勑旦二反。釋文　涒音湯昆反、灘音湯干反。郭注御覽十七

在子曰困敦

敦音頓。郝懿行爾雅義疏

郭音義

太歲在甲曰閼逢在乙曰旃蒙在丙曰柔兆在丁曰强圉在戊曰著雍在己曰屠維在庚曰上章在辛曰重光在壬曰玄黓在癸曰昭陽太歲在寅曰攝提格在卯曰單閼在辰曰執徐在巳曰大荒落在午曰敦牂在未曰涒灘在酉曰作噩在戌曰閹茂在亥曰大淵獻

在子曰困敦在丑曰赤奮若

史記麻書索隱引爾雅釋天云、歲陽者、甲乙丙丁戊己庚辛壬癸十千是也。歲陰者、子丑寅卯辰巳午未申酉戌亥十二千是也。歲陽在甲云焉逢、謂歲干也。歲陰在寅云攝提格、謂歲支也。蓋約舉之辭。

衆家注

黃輯古義

太歲在寅曰攝提格

言萬物承陽而起、故曰攝提格。格、起也。瞿曇悉達唐開元占經卷二十三　史記歷書張守節正義　史記天官書索隱

在卯曰單閼

日在卯、言陽氣推萬物而起、故曰單閼也。單、盡也。閼、起也。開元占經卷二十三　史記屈賈列傳索隱　史記天官書索隱歷書正義並引作閼、止也。釋文引下二句作上也。

在辰曰執徐

言伏蟄之物釋文作蟄物皆振一作數舒、故曰執徐。執、蟄也。徐、舒也。開元占經卷二十三　史記天官書索隱　釋文史記歷書正義並無下二句

在巳曰大荒落

言萬物皆熾茂而大出、霍然落落、故曰荒落。開元占經卷二十三

在午曰敦牂

言萬物皆茂壯、猗那其枝、故曰敦牂。敦、茂也。牂、壯也。同上

在未曰協洽

協洽言陰陽化生、萬物和合、故曰協洽。協、和也。洽、合也。開元占經卷二十三　史記歷書正義史記天官書索隱作陽氣欲化萬物。

在申曰涒灘

言萬物皆循脩其精氣、故曰涒灘。灘、單盡也。開元占經卷二十三　一切經音義卷十七　涒灘、萬物吐秀傾垂之貌。史記天官書索隱。攷此注與歷書正義、占經、一切經音義引孫炎同、臧氏鏞曰天官書索隱作李巡注、誤。案當是巡載二說而孫炎取此說耳。據索隱錄之。

在酉曰作鄂　今注疏本作作噩、史記索隱正義引李巡爾雅並作作鄂。

作鄂、萬物皆芒枝起之貌也。史記歷書正義　天官書索隱作皆物芒枝起之貌。在酉言萬物墜落、故曰作鄂。作、索也。鄂、茂也。開元占經卷二十三

在戌曰閹茂

言萬物皆蔽冒、故曰閹茂。閹、蔽也。茂、冒也。開元占經卷二十三　史記正義索隱引孫炎說同。

在亥曰大淵獻

言萬物落於亥、大小深藏屈近陽、故曰淵獻。淵、藏也。獻、近也。開元占經卷二十三

在子曰困敦

在子言陽氣皆混、萬物芽孽、故曰困敦。同上

在丑曰赤奮若

言陽氣奮迅、萬物而起無不若其性、故曰赤奮若。陽色奮迅也。若、順也。同上　史記歷書正義　史記天官書索隱作言陽氣奮迅。若、順也。

李注

在酉曰作鄂。音咢。瞿曇悉達開元占經卷二十二　太平御覽卷十七咢作鄂。案占經引孫注爲作鄂、據用。

太歲在寅曰攝提格

陽攝持萬物使之至上。瞿曇悉達唐開元占經卷二十三

在卯曰殫焉　今注疏本作單閼、史記索隱引孫炎本作殫焉。占經無焉字。

殫猶伸也、閼蹇之物於此盡伸也。開元占經卷二十三　史記屈賈列傳索隱

在辰曰執徐

句者必達、蟄伏之物盡敷舒也。開元占經卷二十三

在巳曰大荒落

物長大荒蕪落莫也。同上

在午曰敦牂

敦盛也。牂、壯也。言萬物盛壯也。同上 史記歷書正義 史記天官書索隱

在未曰協洽

物生和洽含英秀也。開元占經卷二十三

在申曰涒灘

涒灘、萬物吐秀傾垂之貌也。同上 史記歷書正義 案史記天官書索隱引李巡同。

在酉曰作鄂 今注疏本作作噩、占經引孫炎作作鄂。

作鄂者、物落而枝起之貌。開元占經卷二十三

在戌曰閹茂

霜閹萬物使俱落也。同上

在亥曰大淵獻

淵、深也。大獻萬物於深、謂蓋藏之於外也。同上 史記天官書索隱 史記歷書正義作淵深也、獻萬物於天深於蓋藏也。

在子曰困敦

困敦、混沌也。言萬物初萌、混沌於黃泉之下也。開元占經卷二十三 史記歷書

正義 史記天官書索隱

在丑曰赤奮若

物萌色赤奮動、順其心而氣始芽也。開元占經卷二十三

玉函山房輯佚

〔郭音義〕

申曰涒灘。勑丹勑旦二反。釋文

〔孫音注〕

太歲在寅曰攝提格

言萬物乘陽起、故曰攝提格。格、起也。同

在卯曰單閼

陽氣推萬物而起、故曰單閼。單、盡也。閼、止也。同

在辰曰執徐

伏蟄之物皆振舒而出、故曰執徐。執、蟄。徐、舒也。同

在午曰敦牂

敦盛。牂、壯也。言萬物盛壯。孫注

在未曰協洽

陽氣欲化萬物、故曰協洽。協、和。洽、合也。李注

在申曰涒灘

涒灘、萬物吐秀傾垂之貌也。同

在酉曰作噩咢

作咢、皆物芒枝起之貌。同

在戌曰閹茂

萬物皆蔽冒、故曰閹茂。茂、冒也。孫注

在亥曰大淵獻

淵、深也。大獻萬物於深、謂蓋藏之於外耳。同

在子曰困敦

爾雅詁林 八 釋天

困敦、混沌也。言萬物初萌、混沌於黃泉之下也。同

在丑曰赤奮若

言陽氣奮迅。若、順也。李注並史記索隱

鉤沉

太歲在寅曰攝提格

李曰、言萬物承陽而起、故曰攝提格。格、起也。唐開元占經二十三張守節史記歷書正義司馬貞史記天官書索隱

孫曰、陽攝持攜萬物使之至上。唐開元占經二十三

在卯曰單閼釋文單音丹、又音蟬、或音善。閼於葛反、又於虔反。案史記屈賈列傳索隱孫炎本作彈焉。占經無焉字。

李曰、日在卯、言陽氣推萬物而起、故曰單閼。單、盡也。閼、起也。釋文史記歷書正義又天官書索隱又屈賈列傳索隱案起、釋文作士、史記索隱正義作止、當並是上字之訛。今從屈賈列傳索隱開元占經二十三。

孫曰、彈猶伸也。閼、壅之物於此盡伸也。開元占經二十三史記屈賈列傳索隱

在辰曰執徐

李曰、言伏蟄之物皆敷舒而出、故曰執徐。執、蟄也。徐、舒也。釋文史記歷書正義又天官書索隱案釋文同。史正義作敷舒、史索隱作振舒。占經二十三

孫炎曰、句者必達、蟄伏之物盡敷舒也。開元占經二十三

在巳曰大荒落

李曰、言萬物皆熾茂而大出、霍然落落、故曰荒落。占經二十三

孫曰、物長大荒蕪落莫也。占經二十三

在午曰敦牂

李曰、言萬物皆茂壯、猗那其枝、故曰敦牂。敦、茂也。牂、壯也。占經二十三

孫曰、敦、盛也。牂、壯也。言萬物盛壯也。占經二十三史記歷書正義天官書索隱

在未曰協洽

李曰、協洽、言陰陽化生、萬物和合、故曰協洽。協、和也。洽、合也。占經二十三史記歷書正義又天官書索隱

孫曰、物生和洽、含英秀也。占經二十三

在申曰涒灘涒吐也。說文涒、食已而復吐之、从水君聲。太歲在申曰涒灘。灘、音訓爲垂。

李曰、言萬物皆循循其精氣、故曰涒灘。涒灘、單盡也。占經二十三一切經音義十七

孫曰、涒灘、萬物吐秀傾垂之貌也。史記歷書正義又天官書索隱作李巡注、誤。占經二十三一切經音義十七

在酉曰作噩史記索隱正義引李巡爾雅並作作鄂。

李曰、作鄂、萬物皆芯枝起之貌也。史記歷書正義又天官書索隱

李曰、在酉、言萬物墜落、故曰作鄂。作、索也。鄂、茂也。占經二十三

孫曰、作鄂者、物落而枝起之貌。占經二十三

孫曰、噩音咢。占經二十三御覽十七咢作鄂。

在戌曰閹茂

李曰、言萬物皆蔽冒、故曰閹茂。閹、蔽也。茂、冒也。史記歷書正義天官書索隱作孫說占經二十三

孫曰、霜閹茂物使俱落也。占經二十三

在亥曰大淵獻

李曰、言萬物落於亥、大小深藏屈近陽、故曰淵獻。淵、藏也。獻、近也。占經二十三

孫曰、淵、深也。大獻萬物於深、謂蓋藏之於外也。史記歷書正義作獻萬物於天深於蓋藏也。又天官書索隱 占經二十三

在子曰困敦

李曰、在子言陽氣皆混萬物芽孽、故曰困敦。占經二十三

孫曰、困敦、混沌也。言萬物初萌、混沌於黃泉之下也。史記歷書正義又天官書索隱 占經二十三

在丑曰赤奮若

李曰、言陽氣奮迅、萬物而起無不若其性、故曰赤奮若。陽色奮迅也。若、順也。史記歷書正義又天官書索隱 占經二十三 案陽色上疑脫一赤字。

孫曰、物萌色赤奮動、順其心而氣始芽也。占經二十三

漢注

太歲在寅曰攝提格

李巡云、言萬物承陽而起、故曰攝提格。格、起也。史記索隱九卷

在卯曰單閼史記索隱九卷單閼、孫炎本作蟬焉。

李巡云、言陽氣推萬物而起、故曰單閼。單、盡也。閼、止也。史記索隱九卷 又二十卷引云單閼起也、陽氣推萬物而起、故曰單閼。又釋文二十九卷引云單、盡也。闕、上也。

孫炎云、蟬猶伸也。史記索隱二十卷

在辰曰執徐

李巡云、執、蟄也。徐、舒也。言伏蟄之物皆敷舒而出、故曰執徐也。釋文二十九卷 史記索隱九卷

在巳曰大荒落在午曰敦牂

孫炎云、敦、盛。牂、壯也。言萬物盛壯。史記索隱九卷

在未曰協洽

李巡云、言陽氣欲化萬物、故曰協洽。洽、合也。史記索隱九卷

在申曰涒灘

李巡云、言萬物皆循精氣、故曰涒灘。灘、單盡也。孫炎云、涒灘、萬物吐秀傾垂之貌。並一切經音義十七 史記索隱九卷以孫炎註爲李巡註。

在酉曰作噩

李巡云、作咢、皆物芒枝起之貌。史記索隱九卷

在戌曰閹茂

孫炎云、言萬物皆蔽冒、故曰閹茂。閹、蔽也。茂、冒也。史記索隱九卷

在亥曰大淵獻

孫炎云、淵、深也。大獻萬物於深、謂蓋藏之於外耳。史記索隱九卷

在子曰困敦

孫炎云、困敦、混沌也。言萬物初萌、混沌於黃泉之下也。史記索隱九卷

在丑曰赤奮若

李巡云言陽氣奮迅萬物而起無不若其性故曰赤奮若。若順也。史記索隱九卷

一切注音

在寅曰攝提格　李巡曰言萬物乘陽起故曰攝提格。格起也。史記天官書索隱

在卯曰單閼　李巡云陽氣推萬物而起故曰單閼。單、盡也。閼止也。天官書索隱　孫炎本作蟬焉。蟬猶伸也。屈原賈誼傳索隱　孫炎云蟬猶伸。閼壅之物於此盡伸也。占經二十三

蕙心案釋文引李注閼上也與推萬物而起義合。止疑上之譌。

在辰曰執徐　李巡曰執蟄也。徐舒也。言蟄物皆敷舒而出故曰執徐也。釋文　孫炎云勾者必達蟄伏之物皆敷舒而出。占經二十三

在巳曰大荒落　李巡云言萬物皆熾茂而大出霍然落落故曰荒落。占經二十三

在午曰敦牂　李巡云言萬物皆茂壯猗那其枝故曰敦牂。敦茂也。牂壯也。占經二十三　孫炎曰敦盛也。牂、壯也。言萬物盛壯也。史記天官書索隱

在未曰協洽　李巡云言陰陽化生萬物和合故曰協洽。協和也。洽合也。　孫炎云物生和洽各英秀也。占經

在申曰涒灘　李巡云言萬物皆循修其精氣故曰涒灘。灘單盡也。　孫炎曰涒灘萬物吐秀傾垂之皃也。一切經音義十七

在酉曰作噩　李巡云作鄂皆物茲枝起之皃。史記索隱　李巡云在酉言萬物墜落故曰作鄂。作索也。鄂茂也。　孫炎曰作鄂者物落而枝起之皃。占經

蕙心案李孫本噩字皆爲鄂李注鄂茂也。茂疑落之譌。天文志注鄂零落也。

在戌曰閹茂　李巡云言萬物皆蔽冒故曰閹茂。閹蔽也。茂冒也。　孫炎云霜閹茂物使俱落也。占經

蕙心案李注史記索隱引作孫炎疑譌。

在亥曰大淵獻　李巡曰言萬物落於亥大小深藏屈近陽故曰淵獻。淵藏也。獻近也。　孫炎云淵深也。大獻萬物於深謂葢藏之於外也。占經

在子曰困敦　李巡曰在子言陽氣皆混萬物芽蘖故曰困敦。占經　孫炎曰困敦混沌言萬物初萌混沌於黃泉之下也。史記索隱　郭音頓。釋文

在丑曰赤奮若　李巡曰陽氣奮迅萬物而起無不若其性故曰赤奮若。赤陽色。奮迅也。若順也。史記厤律正義　孫炎云物萌色赤奮動順其心而氣始芽也。占經

古注斠

提徒兮反。卯亡巧反。單音丹，李云盡也；又音蟬，或音善。閼於葛反，李云土也；又似虔反。執徐此二字依文讀。李云執，蟄也；徐，舒也。言蟄物皆敷舒而出，故曰執徐也。在巳音祀。敦如字。韋昭音頓。牂子郎反。協音叶。洽戶夾反。涒湯昆反。灘本或作攤。郭勑丹、勑旦二反。字林大安、他安二反。噩本或作咢，字同。五各反。漢書作諤。韋昭音折咢。[illegible]音五格反。戌先律反。閹於撿反。漢書作掩，同。困敦都鈍反。奮方問反。

陸音義

單又音蟬。閼李云上也。又於虔反。○案史記屈賈列傳索隱云孫炎本作蟬焉，此又一音，乃孫讀也。上也，舊本作土也，歷書、天官書注皆作止。屈賈傳索隱引李巡曰，言陽氣推萬物而起，故曰單閼。單，盡。閼，起也。然則上與起義相合，作土作止皆以形近致譌。今改正。噩本或作咢字。韋昭音圻咢。○廣韻十九鐸正引作咢。圻咢舊本皆譌從手，今依國語音改正。圻咢，郎垠咢。閹漢書作掩同。○同字舊闕，今據宋本補。

音義攷證

太歲在寅曰攝提格

太歲君也。君新用事，正始之時，若秦倒持太阿失是矣。

在卯曰單閼

單見閼，四陽生，陰畢矣。

在辰曰執徐

少進則亢，執徐焉可也。

在巳曰大荒落

諸物方盛，其兆已如此。揚子曰斗一南而萬物虛。敦未而進之。

在午曰敦牂

在亥曰大淵獻

亥，北方也。淵，聖之所宅。

在子曰困敦

易曰勞乎坎，困敦之時也。

在丑曰赤奮若

相彼纏夏發于立冬，若猶言北海若。禹十年九潦而水弗為加益，湯八年七旱而崖弗為加損，是之謂若。佛所謂如如此。

新義

太歲在寅曰攝提格

李巡曰：萬物承陽而起，故曰攝提格。格，起也。

在卯曰單閼

李巡曰：陽氣推萬物而起，故曰單閼。單，盡也。閼，止也。按釋文引李云：單，盡也；閼，止也。無上句。此從史記歷書索隱。又索隱引孫炎本作蟬焉，云蟬猶伸也。

在辰曰執徐

李巡曰：執，蟄也。徐，舒也。言蟄物皆敷舒而出，故曰執徐也。此見釋文。又史記索隱引李巡云伏蟄之物皆敷舒而出，故曰執徐。執，蟄。徐，舒也。與此小異。

在巳曰大荒落

在午曰敦牂

孫炎曰：敦，盛。牂，壯也。言萬物盛壯。

在未曰協洽

李巡曰：陽氣欲化萬物，故曰協洽。協，和。洽，合也。

在申曰涒灘灘，郭勑丹、勑旦二反。

李巡曰：言萬物皆循精氣，故曰涒灘。灘，單盡也。

孫炎曰：涒灘，萬物吐秀傾垂之貌。

鄭樵曰：涒，湯昆反。

在酉曰作噩
李巡曰、作噩皆物芒枝起之貌。
在戌曰閹茂
李巡曰、言萬物皆蔽冒、故曰閹茂。閹茂、蔽冒也。
鄭樵曰、閹音掩。
在亥曰大淵獻
孫炎曰、淵、深也。大獻萬物於深、言蓋藏之於外也。
在子曰困敦
孫炎曰、困敦、混沌也。言萬物初萌、混沌於黃泉之下也。
鄭樵曰、困敦音頓。
在丑曰赤奮若
李巡曰、陽氣奮迅、萬物而起、無不若其性、故曰赤奮若。若、順也。

古注合存

太歲在寅曰攝提格、在卯曰單閼、在辰曰執徐、在巳曰大荒落、在午曰敦牂、在未曰協洽、在申曰涒灘、在酉曰作噩、在戌曰閹茂、在亥曰大淵獻、在子曰困敦、在丑曰赤奮若。牂音藏、一音壯。洽音夾。涒音吞。閹音俺。敦音頓。

○註曰、義未詳。疏曰、漢書律歷志云、迺以前歷上元泰初至於元封七年、復得閼逢攝提格之歲。孟康云、言復得者、上元泰初亦是閼逢攝提格之歲。歲在甲曰閼逢、在寅曰攝提格、謂甲寅之歲也。然則乙卯之歲曰旃蒙單閼、丙辰曰柔兆執徐、若甲子之歲、則曰閼逢困敦、乙丑則曰旃蒙赤奮若。以此推之、周而復始可也。

注疏參義

鄭云、子、人之子也。丑、手之械也。寅、臏也。卯、牖也。辰未詳本義。巳、蛇屬。午未詳本義。未、木之滋也。申、特簡也。酉、卣也。戌與烕同意。亥、豕屬也。十日十二辰惟巳亥有義、餘並假借。

歲陽歲名、史記字有與爾雅不同者。焉逢　端蒙　游兆又作游桃　彊梧　徒維戊　祝犁己　商橫卽上章　橫艾壬　尚章癸　單閼丹善、遏焉兩音　亶安卽單閼　大芒落又作大荒駱　汁又作叶洽　芮漢卽涒灘　作咢又作鄂　淹茂　洪氏所云赤奮若、明係傳寫之誤。

史記注所載有邢疏所不采者。攝提格、李巡云、言萬物承陽而起、故曰攝提格。格、起也。單閼、李巡云、言陽氣推萬物而起、故曰單閼。單、盡也。閼、止也。執徐、李巡云、伏蟄之物皆敷舒而出、故曰執徐。敦牂、孫炎云、敦、盛也。牂、壯也。言萬物壯盛也。協洽、李巡云、陰陽化生、萬物和合、故曰協洽。協、和也。洽、合也。涒灘、孫炎云、萬物吐秀傾垂之貌。閹茂、李巡云、言萬物皆蔽冒、故曰閹茂。閹、蔽也。茂、冒也。大淵獻、孫炎云、淵、深也。大獻萬物於深、蓋謂藏之於外也。困敦、孫炎云、混沌也。言萬物初萌、混沌於黃泉之下也。韋昭云、敦音頓。赤奮若、李巡云、言陽氣奮迅萬物而起、無不若其性。奮、迅也。若、順也。作噩、李巡云、作噩皆物芒枝起之貌。司馬貞云、噩音鄂。案下文作作有芒、則巡解亦近。

史記注、姚察曰、大荒落言萬物皆熾盛而大出、霍然落之、故曰大荒落。孔文祥曰、以歲在寅正月出東方、爲衆星之紀、以攝提宿、故曰攝提。以其爲歲月之首、起於孟陬、故曰攝提格。格、正也。二家不注爾雅、蓋史記注也。

農師云、于文禾千爲秊、步戌爲歲、蓋年取禾之一熟、而歲騎兩稔、故步戌至戌謂之歲也。

注補

太歲在寅曰攝提格 正義 史記律書云、寅言萬物始生螾然也。故曰寅。釋名云、寅、演也。演生物也。史記索隱引李巡云、萬物承陽起、故曰攝提格。格、起也。淮南天文訓云、太陰在寅、歲名曰攝提格、高誘註、格、起。萬物承陽而起。易緯是類謀云、攝提招紀、鄭註云、攝提招紀、天元甲寅之歲。

在卯曰單閼 正義 律書云、卯之言茂也。言萬物茂也。釋名云、卯、冒也。載冒土而出也。於易爲震、二月之時雷始震也。索隱引李巡云、陽氣推萬物而起、故曰單閼。單、盡也。閼、止也。淮南云太陰在卯、歲名曰單遏、高誘註、單、盡。遏、止。陽氣推萬物而起、陰氣盡止。索隱又引孫炎本作蟬焉、云蟬、猶伸也。

在辰曰執徐 正義 律書云、辰者、言萬物之蜄也。釋名云、辰、伸也。物皆伸舒而出也。索隱引李巡云、伏蟄之物皆振舒而出、故曰執徐。執、蟄。徐、舒也。淮南云太陰在辰、歲名曰執徐、高誘註、執、蟄。徐、舒。伏蟄之物皆散舒而出。

在巳曰大荒落 正義 律書云、巳者、言陽氣之巳盡也。釋名曰巳、巳也。陽氣畢布巳也。於易爲巽、巽、散也。物皆生布散也。淮南云太陰在巳、曰大荒落、高誘註、荒、大也。方萬物熾盛而大出、霍然落落大布散。索隱引姚察之說與高誘同。大荒落、歷書作大芒落、天官書作大荒駱。堂邑令費鳳碑作歲咎于大荒者、省文。

在午曰敦牂 正義 律書云、午者、陰陽交、故曰午。釋名云、午、仵也。陰氣從下上與陽相仵逆也。於易爲離、離、麗也。物皆附麗陽氣以茂也。索隱引孫炎云、敦、盛。牂、壯也。言萬物盛壯。淮南云、太陰在午、歲名曰敦牂。高誘註與孫炎同。

在未曰協洽 正義 律書云、未者、言萬物皆成有滋味也。釋名云、未、昧也。日中則昃向幽昧也。索隱引李巡云、陽氣欲化萬物、故曰協洽。協、和。洽、合也。淮南云太陰在未、歲名曰協洽、高誘註、陰欲化萬物和合協洽。歷書作汁洽。童子逢盛碑作協給。

在申曰涒灘 正義 律書云、申者、言陰用事、申賊萬物。釋名云、申、身也。物皆成其身體使備盛也。衆經音義引李巡云、言萬物皆循精氣、故曰涒灘。灘、單盡也。孫炎云、涒灘、萬物吐秀傾垂之貌。淮南云太陰在申曰涒灘、高誘註、涒、大。灘、循。萬物皆循其精氣、呂氏春秋十二紀序意篇云、歲在涒灘。高誘註、涒、大也。灘、循也。萬物皆大循其情性也。涒灘、誘人短舌不能言爲涒灘也。說文云、涒、食已而復吐之。魯相韓勑造孔廟禮器碑作涒歎。

在酉曰作噩 正義 律書云、酉者、萬物之老也。釋名云、酉者、秀也。秀者、物皆成也。於易爲兌、兌、說也、物得備足、皆喜悅也。噩本或作咢、歷書作作鄂。索隱引李巡云、作鄂、皆物芒枝起之貌。淮南云、太陰在酉曰作鄂、高誘註、作鄂、零落也。萬物皆陊落。漢書天文志云、在酉曰作詻。

在戌曰閹茂 正義 律書云、戌者、言萬物盡滅、故曰戌。釋名云、戌、恤也。物當收斂矜恤之也。亦言脫也。落也。索隱引孫炎云、萬物皆蔽冒、故曰閹茂。茂、冒也。淮南云太陰在戌曰掩茂、高誘註、掩、蔽。茂、冒。萬物皆蔽冒。閹茂、歷書作淹茂。

在亥曰大淵獻 正義 律書云、亥者、該也。言陽氣藏於下故、該也。釋名云、亥、核也。收藏百物核取其好惡眞僞也。亦言物成皆堅核也。索隱引孫炎云、淵、深也。大獻萬物於深、言蓋藏之於外也。淮南云太陰在亥曰大淵獻、高誘註、淵、藏。獻、迎。萬物終在亥、大小深藏窟伏以迎陽。

在子曰困敦 正義 律書云、子者、滋也。言萬物滋於下也。釋名云、子、孳也。陽氣始萌孳生於下也。於易爲坎、坎、險也。索隱引孫炎云、困敦、混沌也。言萬物初萌混沌於黃泉之下也。淮南云太陰在子、歲名曰困敦、高誘註、困、混。敦、沌。陽氣皆混沌、萬物牙蘖。

在丑曰赤奮若 正義 律書云、丑、紐也。言陽氣在上未降、萬物厄紐未敢出。釋名云、丑、紐也。寒氣自屈紐也。於易爲艮、艮、限也。時未可聽物生、限止之、也。正義引李巡云、陽氣奮迅萬物而起、無不若其性、故曰赤奮若。若、順也。淮南云、太陰在丑、歲名曰赤奮若、高誘註、奮、起。若、順也。陽奮物而起、無不順其性。赤、陽色。歷書作汭漢。

正義

太歲在寅曰攝提格、在丣曰單閼、在辰曰執徐、在巳曰大荒落、在午曰敦牂、在未曰協洽、在申曰涒灘、在酉曰作噩、在戌曰閹茂、在亥曰大淵獻、在子曰困敦、在丑曰赤奮若

寅者、說文云、髕也、正月陽气動、去黃泉欲上出、陰尙彊、象宀不達、髕寅于下也。釋名云、寅、演也、演生物也。攝提格者、史記天官書索隱引李巡云、言萬物承陽起、故曰攝提格。格、起也。開元占經廿三引孫炎云、陽攝持攜萬物使之至上。按攝提星名、屬東方亢宿分指四時、從寅起也。故鄭注是類謀云、攝提招紀天元甲寅之歲、又離騷云、攝提貞于孟陬、不言格者省文。○丣者、說文云、冒也、二月萬物冒地而出。史記律書云、丣之爲言茂也、言萬物茂也。單閼者、天官書索隱引李巡云、陽氣推萬物而起、故曰單閼。單、盡也。閼、止也。[illegible]屈原賈生傳索隱引孫炎本作蟬焉、蟬猶伸也。占經引孫炎作嬋猶伸也、閼壅之物于此盡伸也。○辰者、說文云、震也、三月陽气動、靁電振民農時也。釋名云、辰、伸也、物皆伸舒而出也。執徐者、釋文引李巡云、執、蟄也。徐、舒也。言蟄物皆敷舒而出、故曰執徐也。占經引孫炎云、句者必達、蟄伏之物盡敷舒也。淮南天文篇注同李巡。○巳者、說文云、已也、四月陽气已出、陰气已藏、萬物見、成文章。釋名云、巳、已也、陽氣畢布已也。大荒落者、占經引李巡云、言萬物皆熾茂而大出、霍然落落、故曰荒落。孫炎云、物長大荒蕪落莫也。麻書作大芒落。天官書作大荒駱。堂邑令費鳳碑云、歲𢓜于大巟、不言落者省文。○午者、說文云、啎也、五月陰气午逆陽、冒地而出。律書云、午者、陰陽交、故曰午。敦牂者、占經引李巡云、言萬物皆茂壯、猗那其枝、故曰敦牂。敦、茂也。牂、壯也。史記索隱引孫炎云、敦、盛也。牂、壯也。言萬物盛壯也。天文篇注同李孫。○未者、說文云、味也、六月滋味也。釋名云、未、昧也、日中則昃、向幽昧也。協洽者、占經引李巡云、言陰陽化生、萬物和合、故曰協洽。協、和也。洽、合也。孫炎云、陰气物生和洽、含英秀也。○申者、說文云、神也、七月陰气成、體自申束。釋名云、申、身也、物皆成其身體、各申束之使備成也。涒者、說文云、食已而復吐之。引爾雅曰、太歲在申曰涒灘。一切經音義十七引李巡曰、言萬物皆循修其精氣、故曰涒灘。灘、單盡也。孫炎曰、涒灘、萬物吐秀傾垂之貌也。天文篇注、涒、大。灘、修也。言萬物皆修其精氣也。呂覽序意篇注義同。又云、涒灘、誇人短舌不能言爲涒灘也。按涒灘雙聲兼疊韵、諸家各以意說。釋文灘本或作攤。漢孔廟禮器碑作涒歎。○酉者、說文云、就也。釋名云、秀也、秀者物皆成也。作噩者、釋文云、噩本或作咢。史記索隱引李巡云、在酉、言萬物皆芒枝起之貌。占經引李巡云、作鄂墜落、故曰作鄂。作、索也。鄂、茂也。[illegible]孫炎云、作鄂者、物落而枝起之貌。然則李孫[illegible]𡑡以作爲起、鄂爲落。漢書天文志、鄂作詻。○戌者、說文云、滅也、九月陽气微、萬物畢成、陽下入地也。釋名云、戌、恤也、物當收斂矜恤之也、亦言脫也、落也。閹茂者、占經引李巡云、言萬物皆蔽冒、故曰閹茂。閹、蔽也。茂、茂冒也。[illegible]孫炎云、霜閹茂物使俱落也。是李孫𡑡以闇爲掩。漢書及淮南俱作掩。○亥者、說文云、荄也、十月微陽起、接盛陰。釋名云、亥、核也、收藏百物、核取其好惡眞僞也、亦言物成皆堅核也。大淵獻者、占經引李巡云、言萬物落於亥、大小深藏、屌近陽、故曰淵獻。淵、藏也。獻、近也。[illegible]雖[illegible]孫炎云、淵、深也。大獻萬物于深、謂蓋藏之于外也。○子者、說文云、十一月陽氣動、萬物滋。釋名云、子、孳也、陽氣始萌、孳生於下也。困敦者、占經引李巡云、在子、言陽氣皆混、萬物芽孳、故曰困敦。史記索隱引孫炎云、困敦、混沌也。言萬物初萌、混沌於黃泉之下也。按敦音頓、亦通作頓。說文敘云、困頓之年。○丑者、說文云、紐也、十二月萬物動用事。釋名云、丑、紐也、寒氣自屈紐也。赤奮若者、麻書正義引李巡云、陽氣奮迅、萬物而起、無不若其性、故曰赤奮若。赤、陽色。奮、迅也。若、順也。[illegible]字、占經引孫炎云、物萌色赤、奮動順其心、而氣始芽也。赤奮若、麻書作汭

漢。

義疏

太歲在寅曰攝提格在卯曰單蟬閼焉在辰曰執徐在巳曰大荒芒落駱在午曰敦牂在未曰協洽在申曰涒汭灘漢攤歎在酉曰作噩咢鄂詻在戌曰閹掩茂在亥曰大淵獻在子曰困敦頓在丑曰赤奮若李注、萬物承陽起、故曰攝提格。格、起也。陽氣推萬物而起、故曰單閼。單、盡也。閼、止也。執、蟄也。徐、舒也。言蟄物皆敷舒而出、故曰執徐也。萬物皆熾茂而大出霍然落落、故曰荒落。萬物皆茂壯猗那其枝、故曰敦牂。敦、茂也。牂、壯也。陰陽化生、萬物和合、故曰協洽。協、和也。洽、合也。萬物皆循修其精氣、故曰涒灘。灘、單盡也。萬物墜落、故曰作鄂。作、索也。鄂、茂也。萬物皆蔽冒、故曰閹茂。閹、蔽也。茂、冒也。萬物落於亥、大小深藏屈近陽、故曰淵獻。淵、藏也。獻、近也。陽氣皆混、萬物皆芎蘖、故曰困敦。陽氣奮迅、萬物而起、無不若其性、故曰赤奮若。陽色奮迅也。若、順也。孫注、陽攝持攜持萬物使之至上也。蟬猶伸也。閼、壅之物於此盡伸也。句者畢達、蟄伏之物盡敷舒也。物長大荒蕪落莫敦、盛也。牂、壯也。言萬物盛壯也。協洽物生和洽含英秀也。涒灘、萬物吐秀傾垂之皃也。作鄂者、物落而枝起之皃。掩茂、霜閹茂物使俱落也。淵、深也。大獻萬物於深、謂蓋藏之於外也。赤奮若物萌色赤、奮動順其心而氣始芎也。呂覽注以人短舌不能言爲涒灘、則此皆方言疊字、無可訓釋、以从寅始、知言斗指月辰。

集解

大歲在寅曰攝提格 此謂歲星每月所行之辰耳、故从寅始。說文寅、髕也。正月陽气動、去黃泉欲上出、陰尚彊、象宀不達、髕寅於下也。攝提、星名。在大角之旁、直斗杓所指、以建時節。正月辰在娵訾。此云攝提格、則大歲之別偁耳、非攝提星也。史記天官書歲星一曰攝提。攝、引持也。提、挈也。格、木長皃。律麻志引達於寅、因以攝提格為號。格、長亦引也。周禮硩蔟氏十有二歲之號、注從攝提格至赤奮若。易緯攝提格紀。

在卯曰單閼 說文卯、冒也。二月萬物冒地而出。單、大也。與殫通用。閼、止也。二月辰在降婁、閼止之物盡出、因別偁為單閼與。孫本作蟬焉、史記麻書集解作亶安、賈誼鵩鳥賦則作單遏。

在辰曰執徐 說文辰、震也、三月陽气動、靁電振民農時也。執、捕辠人也。徐、安行也。與蔇舒通用。蔇、草木生舒伸也。三月辰在大梁、屮木伸舒、因別偁為執徐。或者執與蟄同、謂蟄物皆敷舒而出與。

在巳曰大荒落 說文巳、巳也。四月陽气巳出、陰气巳藏、萬物見成彣彰。荒、蕪也、一曰屮淹地也。落、屮零也。與絡通用。四月辰在實沈、萬物彣彰、因以大荒落狀之。麻書作大芒落、天官書作大荒駱、因芒荒駱落為聲近字故也。

在午曰敦牂 說文午、啎也。五月陰气啎逆、湯冒地而出。敦、怒也、詆也。牂、牡羊也。與焞壯通用。五月辰在鶉首、萬物盛壯、因以敦牂偁之。或者敦即鶉之借字與。

在未曰協洽 說文未、味也。六月滋味也。協、和也。洽、合也。六月辰在鶉火、萬物和合滋味、以生協洽所由名也。孫炎說物生和洽含英秀。

在申曰涒灘 說文申、神也。七月陰气成體自申束。涒、食已而吐之也。灘字一作灘、水濡而乾也。與單通用、盡也。七月辰在鶉尾、物盡吐秀、因別偁涒灘與。史記作汭漢、孔廟禮碑則作涒歎。

在酉曰作噩 說文酉、就也。八月黍成、可為酎酒。作、起也、从人从乍。噩字一作咢、譁訟也。與落通用。八月辰在壽星、萬物落而枝起、故曰作噩。淮南與史記均作作鄂、漢書天文志則作作詻。

在戌曰閹茂 說文戌、威也。九月陽气微、萬物畢成、陽下入地也。閹、豎也。與倓通用。倓、安也、止也。茂、屮豐盛也。九月辰在天火、物息其茂、故曰閹茂。漢書淮南作掩茂。

在亥曰大淵獻 說文亥、荄也。十月微陽起接盛陰。淵、回水也。引申為藏。獻、宗廟犬名羹獻、犬肥者以獻之。與見通用。十月辰在析木、物之見者均蓋藏、大淵獻所由名也。史記則作困敦。

在子曰

困敦 說文子、十一月陽气動、萬物滋。困故廬也、从木在口中。敦怒也、詆也。與混沌通用。十一月辰在星紀、萬物萌芽混沌於黃泉之下、因名困敦。說文敘作困頓。在丑曰赤奮若 說文丑紐也、十二月萬物動用事。奮翬也、引申為動。若上經云順也。十二月辰在玄枵、陽气順性而動、因名赤奮若。赤陽色也。以上諸名均術家所製、其實一歲星而已。

義證

太歲在寅曰攝提格在卯曰單閼在辰曰執徐在巳曰大荒落在午曰敦牂在未曰協洽在申曰涒灘在酉曰作噩在戌曰閹茂在亥曰大淵獻在子曰困敦在丑曰赤奮若單音丹。閼於虔反。涒、湯昆反。灘、勑旦反。

補正 邢疏甲至癸為十日、日為陽。寅至丑為十二辰、辰為陰。臣鍌按攝提格亦作攝提、屈原賦云攝提貞於孟陬兮是也。大荒落史記歷書作大芒駱。協洽作計洽、作噩作作鄂、閹茂作淹茂、赤奮若作汭漢、大淵獻謂子。又漢書天文志作噩作作詻、史記天官書索隱引李巡註云言萬物承陽起故曰攝提格。格起也。陽氣推萬物而起故曰單閼。單盡也。閼止也。伏蟄之物皆敦舒而出、故曰執徐。執蟄、徐舒也。陽氣欲化萬物、故曰協和。洽合也。涒灘物吐秀傾垂之貌也。作咢、皆物芒枝起之貌。又註赤奮若云言陽氣奮迅若順也。又敦牂引孫炎註云敦盛、牂壯也、言萬物盛壯。閹茂註云萬物皆蔽冒、故曰閹蔽。茂冒也。大淵獻註云淵深也、大獻萬物於深、謂葢藏之於外耳。困敦註云困敦混沌也、言萬物初萌混沌於黃泉之下也。又大荒駱引姚氏云言萬物皆熾盛而大出霍然落落、故曰荒駱也。

郭注補正

太歲在寅曰攝提格在卯曰單閼在辰曰執徐在巳曰大荒落在午曰敦牂

音子郎反

御覽十七卷時序部引爾雅在午曰敦牂、郭璞音子郎反。釋文亦云牂、子郎反。謹據補。

在未曰協洽在申曰涒灘

涒音湯昆反。灘音湯干反。

御覽十七卷時序部引爾雅在申曰涒灘、郭璞曰涒音湯昆反、灘音湯干反。樹枏案涒湯昆反與釋文合、灘音與釋文殊。釋文云灘郭勑丹勑旦二反。今據御覽補。

郭注佚存補訂

在申曰涒灘

孫炎注涒灘、萬物吐秀傾垂之貌。柏年案、楊升庵引史記作芮漢、葢芮芮、說文草生貌、與吐秀傾垂義近。灘漢聲同。

補釋

在辰曰執徐 案釋文引李巡云、執、蟄也。徐、舒也。蟄物皆敷舒而出故曰執徐也。在申曰涒灘 釋文云灘、郭勑丹勑旦二切。音洽戶夾切 誤洽夾。

注疏正字

疏壬戌之歲 戌、監本誤戍字、後並同。

大歲在寅曰攝提格　淮南史記同。

在卯曰單閼　淮南史記同。徐廣曰一作亶安。盧學士曰、史記索隱屈賈列傳云孫炎本作蟬焉。

在辰曰執徐　淮南史記同。

在巳曰大荒落　淮南同。史記作大芒駱、又天官書作大荒駱、索隱引爾雅亦作駱。

在午曰敦牂　淮南史記同。

在未曰協洽　淮南同。史記作叶洽、索隱引爾雅亦作叶。案協叶字同。

在申曰涒灘　說文引。淮南同。史記作汭漢。釋文云、灘本或作攤。案說文水部灘、水濡而乾也、从水鷬聲。詩曰灘其乾矣。俗灘从隹作灘、經典承用皆从隹。又攷說文鳥部鷬、鳥也、从鳥堇聲、或从隹作難。又載古文三皆从隹。然則从隹者非俗書也、水部俗字恐誤。攤、說文手部新附字。索隱引爾雅作㵂。㵂譌字。　案爾雅以申為涒灘、史記以申為赤奮若、爾雅以丑為赤奮若、史記以丑為汭漢。集韻二十三魂云、涒灘、史作汭漢、據史記文而誤。又二十五寒云太歲在申曰汭史記以汭漢爲丑。二名互易、且字形相涉、汭漢為涒灘之異文無可疑者。而史記傳本唯歷書端蒙汭漢、大始元年尚存汭漢二字。後始元元年橫艾赤奮若改為橫艾涒灘、六年彊梧汭漢改為彊梧赤奮若、葢不察二書互異之故、據爾雅以改其名并改其字也。攷索隱本已如此、則其誤在唐以前矣。

在酉曰作噩　釋文云噩本或作咢、漢書作詻。案當作咢从吅屰聲。見釋樂。噩咢皆隸變體。淮南史記皆作鄂、索隱引爾雅亦作鄂。

在戌曰閹茂　釋文云、閹、漢書作掩同。案淮南作掩、史記作淹、皆奄聲也。

在亥曰大淵獻　淮南同。史記作困敦。

在子曰困敦　淮南同。史記作大淵獻。

在丑曰赤奮若　淮南同。史記作汭漢、即涒灘也。見前。石經此下即連接載歲也一段、並不提行。案史記索隱云爾雅釋天云歲陽者、甲乙丙丁戊己庚辛壬癸、十干是也。歲陰者、子丑寅卯辰巳午未申酉戌亥、十二支是也。是小司馬所據爾雅有小題歲陰二字、然一切經音義十七六帖四引此已題歲名。案淮南云太陰在寅歲名曰攝提格、太陰在卯歲名曰單閼、云云則歲名二字其來已久。又案秋官硩蔟氏十有二歲之號注云歲謂從攝提格至赤奮若、十二歲之名。

匡名

洽合　詩洽比左傳引作協比。書協和萬邦、史記作合和。是洽協合古字通。當作合。作給亦通、不煩破字。

噩咢　釋文噩本或作咢。咢同五各反。漢書作詻。韋昭音折愕。案聲類詻音五格反。茲从或本作咢。又案史記歷書集解噩一作鄂。正義李巡云、作鄂、萬物皆落枝起之謂也。是李本又作鄂。

依李巡以鄂為芒、字當作㓵、劍刃也。刃即刀芒。

黃侃評本正名

在申曰涒灘。　短言曰涒。長言曰涒灘。

在酉曰作噩。　依李巡以鄂為芒、噩當作㓵、劍刃也、刃即刀芒。

黃侃音訓

閼逢攝提格

釋天太歲在甲曰閼逢在乙曰旃蒙在丙曰柔兆在丁曰強圉在戊曰著雍在己曰屠維在庚曰上章在辛曰重光在壬曰元黓在癸曰昭陽（右歲陽）太歲在寅曰攝提格在卯曰單閼在辰曰執徐在巳曰大荒落在午曰敦牂在未曰協洽在申曰涒灘在酉曰作噩在戌曰閹茂在亥曰大淵獻在子曰困敦在丑曰赤奮若（右歲名）

邢疏、按漢書律歷志云、迺以前歷上元太初四千六百二十七歲至於元封七年復得閼逢攝提格之歲中冬、孟康曰、言復得者、上元大初時亦是閼逢之歲歲在甲曰閼逢在寅曰攝提格此謂甲寅之歲也。然則乙卯之歲曰旃蒙單閼、丙辰之歲曰柔兆執徐、丁巳之歲曰強圉大荒落、戊午之歲曰著雍敦牂、己未之歲曰屠維協洽、庚申之歲曰上章涒灘、辛酉之歲曰重光作噩、壬戌之歲曰元黓閹茂、癸亥之歲曰昭陽大淵獻、甲子之歲曰閼逢困敦、乙丑之歲曰旃蒙赤奮若。以此推之、周而復始可知。芹按淮南子天文訓、攝提格之歲、（格起。萬物承陽而起。）寅在甲曰閼逢。（萬物鋒芒欲出擁遏未通。）單閼之歲、（單、盡。閼、上。陽氣推萬物而起、陰氣盡止。）卯在乙曰旃蒙。（萬物遏蒙甲而出）執除之歲、（執、伏蟄。除、舒。伏蟄之物皆散舒而出。）辰在丙曰柔兆。（萬物皆生枝布葉。）大荒落之歲、（荒、大也。萬物熾盛而大出霍然落落大布散。）巳在丁曰強圉。（萬物剛盛。）敦牂之歲、（敦、盛、牂、壯也。萬物皆盛壯。）午在戊曰著雍。（位在中央、萬物繁養四方。）協洽之歲、（陰欲化萬物和合。）未在己曰屠維。（屠、別。維、離也。萬物各成其性。）涒灘之歲、（涒、大。灘、修。萬物皆修其精氣。）申在庚曰上章。（陰氣上升、萬物畢生。）作鄂之歲、（作鄂、零落也。萬物皆陊落。）酉在辛曰重光。（萬物就成熟其煌煌。）掩茂之歲、（掩、蔽。茂、冒。萬物皆蔽冒。）戌在壬曰元黓。（歲終包任萬物。黓音乙。）大淵獻之歲、（淵、藏。獻、迎。萬物終在亥、大小深藏窟伏以迎陽。）亥在癸曰昭陽。（陽氣始萌、萬物食生。）困敦之歲、（困、混。敦、沌。陽氣皆混沌萬物牙蘗。）子在甲曰閼逢。赤奮若之歲、（奮、起。若、順也。陽奮物而起無不順其性。赤、陽色。）當云丑在乙曰旃蒙。以上高氏注。姑備一說。芹按呂氏春秋維秦八年歲在涒灘、（高注、涒、大也。灘、循也。萬物皆大循其情性也。又云涒灘、誇人短舌不能言為涒灘也。殊不可解耳。）又賈長沙鵩鳥賦、單閼之歲兮四月孟夏。則歲名之由來久矣。

札記

太歲在寅曰攝提格　在夘曰單閼

史記歲陰在寅曰攝提格。（歷書甲子篇淮南子同）易緯作攝提招紀。（是類篇）在夘曰單閼。（歷書甲子篇）徐廣曰一作亶安。（史記集解）孫叏本作蟬焉。（云蟬猶伸也。引見史記屈賈列傳）淮南子作單遏。（天文訓）

單閼、徐廣云一作亶安。淮南作單遏。按單與安古字通。子賤為單父宰、一作亶父。閼與安古字通。左傳定十三年董安于、韓非子內儲說上作董閼于。韓閼又與遏通。舜典遏密八音、春秋繁露煖燠孰多篇作閼密八音。

在辰曰執徐　在巳曰大荒落

史記、在辰曰執徐。(歷書甲子篇) 淮南子作執除。(天文篇) 史記、在巳曰大芒落。(歷書甲子篇) 又作大荒駱。(天官書) 漢碑作大荒。(費鳳碑)

在午曰敦牂　在未曰協治

韋昭敦音頓、(釋天釋文) 史記、在午曰敦牂。(歷書甲子篇淮南同) 在未曰汁治。(歷書甲子篇) 淮南子作協治。(天文訓) 漢碑作協給。(童子逢盛碑)

在申曰涒灘　在酉曰作噩

釋文、灘本或作攤。(釋天釋文) 史記、在申曰涒灘。(歷書甲子篇淮南同) 釋文、噩本或作咢。(釋天釋文) 史記、在酉曰作噩。(歷書甲子篇) 淮南子作作鄂。(天文訓) 漢書作作詻。(天文志) 廣韻引作在酉曰作咢。(十九鐸)

在戌曰閹茂　在亥曰大淵獻

史記、在戌曰淹茂。(歷書甲子篇) 淮南子作掩茂。(天文訓漢書天文志同) 史記、在亥曰大淵獻。(歷書甲子篇淮南漢書並同)

在子曰困敦　在丑曰赤奮若

史記、在子曰困敦。(歷書甲子篇淮南漢書並同) 在丑曰赤奮若。(歷書甲子篇淮南漢書並同)

證異

在申曰涒灘、史記正義引孫炎曰涒灘、萬物吐秀傾垂之貌也。承珙案涒、訓爲吐者、說文涒、食已而復吐之。灘訓爲垂者、灘與難同。小雅隰桑其葉有難、傳云難然盛貌。正義曰、阿那是枝葉條垂之狀。一切經音義引李巡云灘、單盡也。釋水潬沙出潬、卽灘字、故李巡訓灘爲單。

胡氏古義

在酉曰作噩。○前漢天文志噩作詻、集韻擂文作䣞。

在戊曰閹戊。○釋文、閹音淹。史記作淹戊。

考異摘要

在辰曰執徐

執當作蟄省叚字。說文、蟄、臧也、从虫執聲。徐舒疊均義通。說文、舒、伸也。釋名釋州國、徐州、徐、舒也、土氣舒緩也。古微書引春秋元命苞、徐之爲言舒也。戰國策注、徐州或作舒州。是舒徐古通、故義亦相成。李巡注、伏蟄之物皆振舒而出、疑李巡本或作蟄徐。

在戌曰閹茂

閹當讀爲掩。說文、掩、斂也、小上曰掩、从手奄聲。史記律書、戌者、萬物盡滅。說文、戌、滅也、九月陽气微、萬物畢成、陽下入地、故曰掩茂、言物之茂者無不掩。李巡注、閹、蔽也。知李亦讀閹爲掩、漢書淮南子俱作掩。

王仁俊日記

太歲在寅曰攝提格

錦燧謹案、史記天官書索隱引李巡云、言萬物承陽起、故曰攝提格、格、起也。與高誘淮南子注云格起萬物承陽而起、其說相同。開元占經二十三引孫炎云陽攝持攜萬物使之至上、與李高之說亦無不合、是漢時諸儒俱就攝提格三字字義上推求寅所以命名之故。郝懿行義疏謂攝提格星名、屬東方亢宿、分指四時、從寅起也。故鄭注是類謀云攝提招紀、天元甲寅之歲。翟灝補郭亦謂春秋左氏傳稱歲所在甚多、俱以歲星次舍言之。今此二十二名中惟攝提爲星漢書天文志曰、大角兩旁各有三星鼎足勾之曰攝提、攝提者、直斗杓所指以建時節、故曰攝提格。格正也。此解傾確。蒙謂苟如郝翟云云、則星名多矣、何以攝提格之外其餘二十一名並不問以星名爲名乎。二十一名既皆以字義命名、何以攝提格一名獨見其不然乎。則郝翟說之不確彰彰也。竊謂寅以攝提格名、其取義當如李高說以直斗杓所指之星適從寅起因即以名歲陰者名星耳。郝翟反据星名爲說、傎矣。

陸錦燧日記

太歲在寅曰攝提格、李云言萬物承陽起故曰攝提格。格、起也。孫云陽攝持攜萬物使之至上。郝懿行云、攝提星名。屬東方亢宿、分指四時、從寅起也。楷案史記天官書、攝提三星若鼎足句之直斗杓所指以建時節故曰攝提格。厤書攝提無紀、集解引漢書音義云、攝提星名。隨斗杓所指建十二月。索隱引天官書爲說云、格至也。言攝提隨月建至、故云格也。正義引孔文祥云以歲在寅、正月出東方、爲衆星之紀以攝提寅故曰攝提。以其爲歲月之首、起於孟陬故云格正也。是以星說攝提前人久有此說、但訓格字各異耳。證以楚辭離騷攝提貞于孟陬兮、王逸注貞、正也。則以貞代格、當以訓正爲是。惜郝疏皆未引其說。

在卯曰單閼、李云陽氣推萬物而起故曰單閼。單、盡也。閼、止也。孫本作蟬焉、云蟬猶伸也。依史記賈誼傳索隱楷案釋文單音丹、又音蟬。閼於葛反、又於虔反。前一音即李注音也、後一音即孫注音也。史記索隱亦云丹遏二音、又音蟬焉。然以義求之字當從孫而其義則非。蓋蟬焉之言蟬嫣也。漢書楊雄傳有周氏之蟬嫣兮、應劭注蟬嫣、連也。又謂之嬋媛。文選南都賦垂條嬋媛、李善注嬋媛枝相牽引也。亦作撣援、廣雅撣援、牽引也。二字疊韻形容字、蓋象萬物茂盛枝葉牽引之貌也。

在巳曰大荒落、李云言萬物皆熾茂而大出霍然落落、故曰荒落。孫云物長大荒蕪落莫也。楷案荒當依史記作芒、落、史記作駱。落與駱皆假音字、其本字當爲角。方言鉤宋楚陳魏之間謂之鹿觡、郭彼注或呼鹿角、是則角聲各聲之字或相通轉。段氏古音表角聲在三部、各聲在五部、三部與五部合韻最爲相近。記喪大記實於綠中、鄭注綠當爲角聲之誤也。廣韻屋部祿盧谷切、鐸部落駱盧各切。覺部角古岳切。而屋部祿紐亦有角字、陳第毛詩古音攷謂角本音錄、故與綠字聲近而混。然則綠祿綠落駱角聲皆相近、故禮記以綠爲角、爾雅史記以落與駱爲角與。風俗通引劉歆鐘律書云、角、觸也、物觸地而出、戴芒角也。御覽引三禮義宗云、木正曰句芒者、物始生皆句曲而芒角、因用爲官名。此芒角之說也。大芒角謂萬物之芒角當春而生、至此而盛大也。

在酉曰作噩、李云言萬物墜落故曰作鄂、作、索也。鄂、落（原誤茂、依郝改）也。孫云作鄂者、物落而枝起之貌。楷案、釋文云噩、本或作咢。淮南史記作鄂、漢書作詻、字皆通作噩、疊韻連語不得分釋。說文丵、叢生艸也、象丵嶽相竝出也。丵嶽與作噩聲近義同。周禮薙人秋令塞阱獲、鄭注獲、柞咢也。賈疏作咢者、或以爲豎柞於中、向上咢咢然、所以載禽獸、使足不至地不得躍而出、謂之柞咢也。文選吳都賦雖有石林之岝崿、廣韻岝崿、山高名。意竝與此同。

在戌曰閹茂、李云言萬物皆蔽冒、故曰閹茂。閹、蔽也。茂、冒也。孫云霜閹茂物使俱落也。楷案、閹茂當讀爲幽昧。幽與閹、昧與茂皆一聲之轉也。漢書揚雄傳既𠑹鸞車之幽藹兮、顏師古注、幽藹猶晻藹也。卽幽可通閹之證。士冠禮釋文、茅、一音妹。成元年左氏春秋茅戎、公羊穀梁竝作貿戎。公羊釋文云、貿戎音茂、一音茅。左氏作茅戎。穀梁釋文云、貿音茂、左氏作茅戎。是未聲之字通乎矛聲、卽通乎戊聲矣。又昧可通茂之證。楚辭離騷、路幽昧以險隘兮。釋名、未、昧也、日中則昃向幽昧也。又幽州在北、幽昧之地也。孫綽遊天台山賦必契誠於幽昧、皆以幽昧爲言。王逸楚辭注幽昧、不明也。萬物至戌已伏藏、故有幽昧之象焉。

在子曰困敦、李云言陽氣皆混沌、萬物萌孽、故曰困敦。孫云、困敦、混沌也。言萬物初萌、混沌於黃泉之下也。楷案、困敦、陰陽未分明之象也。華嚴經音義引說文云、混沌、陰陽未分、其同一氣之貌。文選七啟注引春秋說題辭云、元淸氣以爲天、渾沌無形體。宋均云、言元氣之初如此也。渾沌、未分也。混沌渾沌竝與困敦同。文十八年左傳天下之人謂之渾敦、杜注渾敦、不開通之貌。一切經音義引通俗文云、大而無形曰倱伅、亦字異而義同。

稗疏

在未曰協洽（雪牕本元本閩本監本同。釋文、協音叶。唐石經單疏本毛本作恊洽。按字當從十。）

校勘記

太歲在寅曰攝提格、疏、至於元封七年復得閼逢攝提格之歲。今本歲誤作義。

在未曰協洽、釋文洽戶夾反。今本音夾、非。

注疏本正誤

在申曰涒灘（案涒灘、漢孔廟禮器作涒歎。下作噩閹茂赤奮若、漢書天文志作作詻掩茂內漢。）**在丑曰赤奮若**（案史記歷書焉逢攝提格太初元年下索隱注曰、爾雅釋天云、歲陽者、甲乙丙丁戊己庚辛壬癸十干是也。歲陰者、子丑寅卯辰巳午未申酉戌亥十二支是也。歲陽在甲云焉逢、謂歲干也。歲陰在寅云攝提格、謂歲支也。是古本赤奮若下當有歲陰二字。臧庸爾雅漢注郝氏義疏均標題歲陰二字、今各本均佚。）

復得閼逢攝提格之義（宋史記律歷志義作歲此義字誤。）

注疏校勘札記

在午曰敦牂（音藏）在未曰協洽（音峽）在申曰涒（音吞）灘在酉曰作噩（音鄂）在戌曰閹（音掩）茂在子曰困敦（音頓）

音圖・音

牂直音音張　案牂（精）張（知）大謬

直音正誤

閼烏割翻、音遏、又於葛（訛作歇。）翻、音幹、又於虔翻、音焉。（閼逢單閼同。漢碑單閼作蟬嫣。）　著施直魚翻、音除、孫直略翻、長人聲。但此字本張略翻、音近酌、（知照之別）不知何時讀如澄母、其誤久矣。又涉慮（音著）遲慮（音著）二翻、本或作祝字、章六翻、音粥。（太平御覽云著雍之著、孫炎音朱略翻、可爲不讀澄母之證。）　灘本或作攤、郭敕丹（音歎）敕旦（音炭）二翻、徹透隔標出切。（太平御覽云、涒、郭音湯存翻。灘、郭音湯于翻。）此以本字林、大安（音壇、定母。）他丹（即敕丹、本母。）二翻。高誘呂覽注云、涒灘、誇人舌短不能言爲涒灘。案涒灘雙聲、誇人舌短不能言卽所謂吃語也。　噩本或作咢字同。五各翻、音鄂。漢書作詻、韋昭音折挌。（疑折挌之訛。）案聲類、詻、五格翻、音額。（高誘淮南子注作噩之作音咢。噩擴文作鄂。）　閹、漢志作掩。口訓云、釋歲陽歲名者、史記、漢書、許氏說文、高氏淮南子注、小司馬史記索隱、（又史記有姚察孔文祥之說。）及鄭漁仲六書略之說爲詳。史記有與爾雅異者、閼逢作焉逢、旃蒙作端蒙、柔兆作游兆、亦作游桃、強圉作彊梧、上章作商橫。又戊爲徒維、己爲祝犁、辛爲昭陽、壬爲橫艾、癸爲尚章。又單閼作亶安、大荒落作大芒落、亦作大荒駱、協洽作汁洽、亦作叶洽、涒灘作芮漢。容齋四筆云、赤奮若乃爲赤奪若、此蓋年祀久遠傳寫錯誤、不必深辨。司馬公資治通鑒以歲陽歲名編年、鄭氏樵、洪氏邁、楊氏慎竝非之。近時朱竹垞曝書亭集詩編年亦倣通鑒。　又漢碑蟬嫣（山陽麟鳳碑）大荒（費鳳碑）汁洽（樊敏碑）協給（逢盛碑）涒歎（殽坑君神祠碑）奮若（高彪碑）旃蒙協洽重光大淵獻。（吳國山碑）

音略

太歲在寅曰攝提格。在卯曰單閼（丹善過謁）、在辰曰執（叙平聲）徐、在巳曰大荒（肓）落。在午曰敦（孥又音頓）牂（音張）、在未曰協（叶）洽（狹）、在申曰涒（吞均）灘（貪）。在酉曰作噩（萼）、在

戊（怞）曰閹（俺）茂。在亥曰大淵獻。在子曰困敦。（頓）

孫炎直音

寅至丑爲十二辰，辰爲陰。

太歲在寅曰攝提格。在卯曰單（蟬）閼。在辰曰執徐。在巳曰太荒落。在午曰敦牂（臧）。在未曰協洽（夾）。在申曰涒（吞）灘。在酉曰作噩。在戌曰閹（俺）茂。在亥曰大淵獻。在子曰困敦（頓）。

楊氏音訓

單（丹，又音蟬）　牂（臧）　涒（他昆切）　灘（他丹切）　噩（五各切）　閹（淹，又音渰）

干氏音釋

歲陰

歲陰　案今本多無此二字。史記歷書索隱曰、爾雅釋天云、歲陽者甲乙丙丁戊己庚辛壬癸十干是也。歲陰者、子丑寅卯辰巳午未申酉戌亥十二支是也。歲陽在甲云閼逢、謂歲干也。歲陰在寅云攝提格、謂歲支也。據此則本有此二字可知。今補。

漢注

歲陰　蕙心案、今本無此二字。史記厤書索隱引爾雅釋天歲陽歲陰並舉、是古本爾雅有歲陰二字也、據補。

古注斠

歲陰　今本無此二字。然十干既題歲陽、則十二支當題歲陰。故淮南天文篇云、太陰在寅、歲名曰攝提格。太陰在丣、歲名曰單閼云云。俱本爾雅爲說。史記厤書索隱引爾雅釋天云、歲陽者甲乙丙丁戊己庚辛壬癸十干是也。歲陰者子丑寅丣辰巳午未申酉戌亥十二支是也。歲陽在甲云焉逢、謂歲干也。歲陰在寅云攝提格、謂歲支也。據索隱所引、是古本有歲陰二字之證。今依臧氏爾雅漢注補。

義疏

歲陰　今爾雅脫歲陰二字。史記歷書索隱引爾雅釋天云、歲陽者甲乙丙丁戊己庚辛壬癸十干是也、歲陰者子丑寅卯辰己午未申酉戌亥十二支是也、歲陽在甲云焉逢、謂歲干也、歲陰在寅曰攝提格、謂歲支也。據此則古本爾雅有歲陰二字、今據補。

說詩

載歲也夏曰歲商曰祀周曰年唐虞曰載

載歲也。夏曰歲、取歲星行一次。商曰祀、取四時一終。周曰年、取禾一熟。唐虞曰載。取物終更始。

郭注

載歲也至曰載　釋曰、別年歲之名也。載即歲也。白虎通云、王者受命而改正朔者、明易姓示不相襲也。命受之於天、不受之於人、所以變易民心、革其耳目、以則化也。然則歲名變易、理亦同此。故夏曰歲、取歲星行一次。夏書曰每歲孟春遒人以木鐸徇于路是也。商曰祀、取四時一終、則以祀者嗣也、取其興來繼往之義。孫炎曰、取四時祭祀一訖。商書曰惟元祀十有二月乙丑伊尹祠于先王是也。周曰年、取禾一熟也。案說文云、年、穀熟也。從禾千聲。春秋曰大有年。然則年者禾熟之名、每歲一熟、故以爲歲名。左傳曰卜年七百是也。唐虞曰載、載始也。取物終更始。堯典曰朕在位七十載、舜典曰五載一巡守是也。注取歲星行一次 釋曰、案律歷志分二十八宿爲十二次、晉灼注天文志云、大歲在四仲、則歲行三宿、大歲在四孟四季、則歲行二宿、二八十六、三四十二、而行二十八宿、十二歲而周天、是歲星年行一次也。

邢疏

載歲也夏曰歲商曰祀周曰年唐虞曰載

載、一歲莫不覆載也。夏歲商祀周年唐虞載各自紀事、堯舜三代示不相襲也。書正義一之二 春秋正義四十四 史記五帝本紀正義

李注

載歲也夏曰歲商曰祀周曰年唐虞曰載

四時一終曰歲、取歲星行一次也。祀、取四時祭祀一訖也。年、取禾穀一熟也。載、始也、取萬物終而更始也。載者、年之別名、故以載爲年也。書正義二又二十一 詩正義十八之二 春秋正義二十一又四十四 史記五帝本紀正義 一切經音義引上二句不詳誰氏。邢疏引取四時祭祀一訖。

孫音注

載歲也夏曰歲

注云、一終名歲、又取歲星行一次也。一切經音義十四。案今本郭注無一終名歲四字。

郭音義

黃輯古義

載歲也夏曰歲商曰祀周曰年唐虞曰載

載、一歲莫不覆載也。春秋昭七年正義 各自紀事示史記正義無示字不相襲也。書堯典正義 史記五帝本紀正義

李注

載歲也夏曰歲商曰祀周曰年唐虞曰載

四時一終曰歲、取歲星行一次也。祀、取四時祭祀一訖也。年、取米穀一熟也。載、取萬物終而更始。載者、年之別名、故以載爲名也。書堯典正義 史記五帝本紀引並無首五字。詩大雅雲漢正義 春秋昭七年正義並引云、四時一終曰歲、取歲星行一次也、年取年穀一熟也。又宣三年正義引載取物一終更始、祀取祭祀一訖、年取年穀一熟三句。邢疏引取四時祭祀一訖句。一切經音義引首二句。不詳誰氏。

孫音注

玉函山房輯佚

載歲也

載、一歲莫不覆載也。同宋本春秋疏二十七 載始也。孫注 宋本春秋疏一 載取萬物終而更始。同書疏三

夏曰歲商曰祀周曰年唐虞曰載

各自紀事、堯舜三代示不相襲也。李注 宋本春秋疏一

四時一終曰歲、取歲星行一次也。孫注 宋本春秋疏二十七 祀取四時祭祀一訖也。同書疏三 年取禾穀一熟。同宋翌猗覺寮雜記三

鉤沉

載歲也夏曰歲商曰祀周曰年唐虞曰載

李曰、載、一歲莫不覆載也。夏歲商祀周年唐虞載、各自紀事、堯舜三代示不相襲也。書正義一之二 春秋正義四十四 史記五帝本紀正義

孫曰、四時一終曰歲、取歲星行一次也。祀、取四時祭祀一訖也。年、取季穀一熟也。載、始也、取萬物終而更始也。載者、年之別名、故以載爲年也。書正義二又二十一 詩正義十八之二 春秋正義二十一又四十四 史記五帝本紀正義 一切經音義十四引上二句不詳誰氏。邢疏

漢注

載歲也

李巡云、各自紀事、堯舜三代示不相襲也。其名不相襲而義則相通、故載卽歲也。左傳正義二十七卷

夏曰歲

孫炎云、四時一終曰歲、取歲星行一次也。左傳正義二十七卷

郭璞云取歲星行一次。

商曰祀

孫炎云祀、取四時祭祀一訖也。書正義二卷　郭璞云、取四時一終。

周曰年

孫炎云、年取禾穀一熟。詩補傳[redacted]朱翌猗覺寮雜記三卷　郭璞云取禾一熟。

唐虞曰載

李巡云、載一歲莫不覆載也。左傳正義二十七卷　孫炎云、載始也。左傳正義一卷　載取萬物終而復始。書正義二卷　郭璞云、取物終更始。

一切注音

載歲也　李巡曰、各自紀事、示不相襲也。堯典六正義　李巡曰、載一歲莫不覆載也。左昭七年傳正義　孫炎曰、四時一終曰歲、取歲星行一次也。同上

商曰祀　孫炎曰祀、取四時祭祀一訖也。書洪範正義

李巡曰、夏歲商祀周年唐虞載、各自紀事、堯舜三代示不相襲也。左傳杜序正義

周曰年　孫炎曰年、取年穀一孰也。書洛誥正義

唐虞曰載　孫炎曰載始也、取物終更始也。左傳杜序正義

古注斠

夏曰胡雅反。歲尙征云再歲孟春。祀太甲云惟元祀。年見春秋尚書。載堯典云朕在位七十載。

陸音義

載歲也夏曰歲殷曰祀周曰年唐虞曰載

歲言天事。祀人事。年地事。載年運而往人物乘焉。

新義

太歲在寅曰攝提格在卯曰單閼在辰曰執徐在巳曰大荒落在午曰敦牂在未曰協洽在申曰涒灘在酉曰作噩在戌曰閹茂在亥曰大淵獻在子曰困敦在丑曰赤奮若載歲也夏曰歲商曰祀周曰年唐虞曰載涒湯昆反　閹音掩　敦音頓

鄭樵注

載歲也

李巡曰、載一歲莫不覆載也。

孫炎曰、載始也。

夏曰歲

李巡曰、各自紀事、示不相襲也。此見書堯典疏、合下三句釋之。又春秋左傳序疏引李注各自紀事下有堯舜三代四字。

唐虞曰載

孫炎曰、四時一終曰歲、取歲星行一次也。

郭璞曰、取歲星行一次。

商曰祀

孫炎曰、取四時祭祀一訖也。

郭璞曰、取四時一終。

周曰年

孫炎曰、年取米穀一熟也。此見書堯典疏。米、詩補傳引作禾、左傳序疏引作年。

郭璞曰、取禾一熟。

孫炎曰、取萬物終而更始。

郭璞曰、取物終更始。

古注合存

載歲也夏曰歲商曰祀周曰年唐虞曰載。註曰名歲者取歲星行一次也。祀者取四時一終也。年者取禾一熟也。載者取物終更始也。疏曰載即歲也。孫炎云、祀取四時祭祀一訖。商書惟元祀是也。說文云年從禾千聲。春秋書大有年爲禾熟之名。禾每歲一熟故以爲歲名也。載取更始之義。堯典云、朕在位七十載。舜典云五載一巡守是也。

注疏參義

載歲也夏曰歲 註 取歲星行一次 商曰祀 註 取四時一終 周曰秊 註 取禾一熟 唐虞曰載 註 取物終更始

正義 此別年歲之名也。左傳疏引李巡云、各自紀事、唐虞三代示不相襲也、其名不相襲而義則相通、故載即歲也。左傳疏又引李巡云、載一歲莫不覆載也。夏曰歲者、釋名云、歲越也、越故限也。夏小正云初歲祭耒是也。商曰祀者、釋名云、祀巳也、新氣升故氣巳也。洪範云惟十有三祀、洪範爲箕子所自作、故經傳皆稱爲商書也。周曰年者、釋名云、年進也、進而前也。洛誥云公其以予億萬年是也。唐虞曰載者、釋名云、載生物也。堯典云九載績用弗成、舜典云三載考績是也。

註 取歲星行一次。○ 正義 左傳疏引孫炎云、四時一終曰歲、取歲星行一次也。郭註本孫炎。說文云、歲木星也、越歷二十八宿宣徧陰陽十二月一次。律歷書以五星爲五步。漢書天文志晉灼云、太歲在四仲、則歲行三宿、太歲在四孟四季、則歲行二宿、二八十六、三四十二、而行二十八宿、十二歲而周天。案五星有緯南緯北之分、黃道有斜交正交之勢、五星與天又從日、故有隨天之輪、又有逐日之輪、兩者相加、而後可以定高下之徑、遲速之差。素問云、凡五星高而遠則小、下而近則大、言由人目仰視之大小以測高卑也。二十八宿之度多寡不同、井宿三十度、觜宿不及一度。晉灼謂歲星仲行三宿、孟季行二宿、未聞其審。其謂十二歲而周天者、舉成數而言、實則周天不及十二歲、蓋十一年三百一十三日四十六刻有奇而一周天也、積八十四年超一辰。○取四時一終。○ 正義 書疏引孫炎云、祀取四時祭祀一訖也。○取禾一熟。○ 正義 說文云、秊穀熟也。春秋傳曰大有年。鄭注文王世子云、秊天氣也。疏云、秊稔也、稔孰爲歲穀一孰、是秊爲天氣也。詩補傳引孫炎云、秊取禾穀一熟。○取物終更始。○ 正義 左傳疏引孫炎云、載、始也。書疏引孫炎云、載、取萬物終而復始。

正義

載歲也夏曰歲 取歲星行一次 商曰祀 取四時一終 周曰年 取禾一熟 唐虞曰載 取物終更始

此釋年歲之名所以代必異名者。書堯典正義引李巡云、各自紀事、示不相襲也。載歲也者、左氏昭七年正義引李巡曰、載一歲莫不覆載也。孫炎曰、四時一終曰歲、取歲星行一次也。說文云、歲木星也、越歷二十八宿宣徧陰陽十二月一次。然則夏曰歲者、主于占星紀事、夏小正云初歲祭耒是也。○祀者、說文云、祭無已也。書正義引孫炎曰、祀取四時祭祀一訖也。然則商曰祀者、商人尚鬼、以祀爲重、書洪範惟十有三祀、蓋爲箕子作也。○年者、說文云、穀孰也。書正義引孫炎曰、年取年穀一熟也。然則周曰年者、周以稼穡興、年穀爲重、春秋書大有年是也。○載者、釋名云、載生物也。白虎通云、載之言成也、載成萬物終始言之也。邢疏引孫炎曰、載始也、取物終更始。郭注俱本孫炎。唐虞曰載者、以更始爲義。書云九載績用弗成、三載考績是也。按尚書大傳引書曰三歲考績、是唐虞亦曰歲。禹貢云作十有三載、是夏亦曰載。洪範五行傳云維王后元祀、鄭注王謂禹也、是夏亦曰祀。大傳又引書曰高宗梁闇三年不言、是商亦曰年。詩殷武云歲事來辟、是商亦曰歲。周禮哲蔟氏云十有二歲之號、大史云正歲年以序事、是周亦曰歲也。然則此類蓋亦通名矣。

義疏

載歲也(載、始也。書、三載。)夏曰歲商曰祀周曰年唐虞曰載(李注、各自紀事、示不相襲也。載、一歲莫不覆載也。孫注、四時一終曰歲、取歲星行一次也。祀取四時祭祀一訖也。年取年穀一熟也。載始也、取物終更始。郭注同孫。)

此改正朔因改歲名也。

集解

載歲也夏曰歲（改正朔因異歲名。歲木星也。歲行一次十二歲而周天。夏小正、初歲祭耒。）商曰祀（祀、祭無已也。四時一終、因為歲名。書洪範、惟十有三祀。箕子所作耳。）周曰年（年、穀孰也。歲穀一孰。周因以為歲名。書洛誥、公其以予億萬年。）唐虞曰載（載、事也。與蒔通用。蒔、更別種也。每歲一蒔。虞書、九載績用弗成。又、三載考績。）

義證

商曰祀

［註］取四時一終［補正］邢疏、祀者、嗣也、取其興來繼往之義。孫炎曰、取四時祭祀一訖。

郭注補正

載歲也夏曰歲

取歲星行一次也

希麟根本說一切有部毘奈耶破僧事十一卷音義引爾雅云夏曰歲郭注云歲取歲星行一次也。御覽十七卷時序部引爾雅夏曰歲、郭璞注曰歲取歲星行一次也。今據補也字。元應四分律十二卷音義引爾雅注云一終名歲、又取歲星行一次也。樹枏案、一終名歲、當亦郭注、而今本刪之。

商曰祀

取四時一終也

希麟佛母大孔雀明王經中卷音義引爾雅商曰祀、郭注取四時一終也。御覽引同。據補也字。

周曰年

取禾一熟也

御覽引爾雅周曰年、郭璞注曰年取禾一熟也。據補也字。

唐虞曰載

取物終更始也

御覽引爾雅唐虞曰載、郭璞注曰載取終歲更始也。與今本異。今據補也字。

郭注佚存補訂

載歲也夏曰歲商曰祀周曰年唐虞曰載

此記唐虞三代年歲之名。李巡云、各自紀事、示不相襲也。歲者、說文云、歲、木星也。越歷二十八宿、宣徧陰陽、十二月一次。孫炎云、四時一終曰歲、取歲星行一次。大雅生民以興嗣歲、鄭箋云、嗣歲、新歲也。后稷與禹同時、故追溯其先用夏歲名、至商周亦往往相沿稱歲。商頌殷武歲事來辟、是商稱歲也。豳風七月曰為改歲、小雅采薇歲亦莫止、小明歲聿云莫、甫田歲取十千、是周亦稱歲也。案商周雖改正朔、而記仍用夏時、豳風一詩即其證也。

祀者、說文云祭無已也。孫炎云、祀取四時祭祀一訖也。年者、說文云穀孰也。孫炎云、年取年穀一熟也。周以稼穡開基、故取名於年。小雅甫田自古有年、周頌桓屢豐年、卽此義也。大雅下武於萬斯年、既醉君子萬年、江漢天子萬年、皆周時之詩、今人皆沿周稱年、而年齡則曰歲。載者、孫炎云載始也、取萬物終而復始。唐虞取終始爲義。大雅大明文王初載、毛傳云載識也。以初載爲初識、不辭。案初載謂初年也。朱子詩傳釋載爲年、不從毛義、是也。是周之年亦可稱爲載也。

說詩

載歲也　案陸氏佃云、九月建戌、於文步戌爲歲。

疏革其耳目以助化也　助誤則。　伊尹祠于先王　祠誤嗣。　說文云年穀熟也從禾千聲　年、說文作秊、熟作孰。　卜年七百　卜誤十。

注疏正字

載歲也　文選注一引載、年也。

夏曰歲商曰祀周曰年唐虞曰載　左傳正義一廿一引唐虞句在夏商周上。

匡名

太歲在寅曰攝提格在卯曰單閼在辰曰執徐在巳曰大荒落在午曰敦牂在未曰協洽在申曰涒灘在酉曰作噩在戌曰閹茂在亥曰大淵獻在子曰困敦在丑曰赤奮若載歲也夏曰歲商曰祀周曰年唐虞曰載

說文寅、髕也、正月陽气動、去黃泉、欲上出、会尚彊、象宀不達、髕寅於下也。卯、冒也、二月萬物冒地而出、象開門之形、故二月爲天門。辰、震也、三月昜气動、雷電振、民農時也、物皆生、从乙匕、匕象芒達、厂聲。辰、房星、天時也、从二、二古文上字。巳、巳也、四月陽气已出、陰气已藏、萬物見、成彣彰、故巳爲蛇、象形。午、啎也、五月陰气午逆陽、冒地而出。未、味也、六月滋味也。五行木老於未、象木重枝葉也。申、神也、七月陰气成、體自申束、从臼自持也。吏以餔時聽事、申旦政也。酉、就也、八月黍成、可爲酎酒、象古文酉之形。戌、滅也、九月陽气微、萬物畢成、陽下入地也。五行土生於戊、盛於戌、从戊一、一亦聲。亥、荄也、十月微陽起、接盛陰、从二、二古文上字、一人男、一人女也、从乙、象裹子咳咳之形。春秋傳曰亥有二首六身。子、十一月昜气動、萬物滋、人以爲稱、象形。丑、紐也、十二月萬物動用事、象手之形。日加丑、亦舉手時也。胤征每歲孟春、歲取歲星行一次。伊訓惟元祀、祀取四時一終。年、穀孰也。金縢既克商二年、年取禾一熟。堯典朕在位七十載、載取物終更始。

啓蒙

周曰年。取禾一熟。　桓二年穀梁傳五穀皆熟爲有年、聲轉爲稔、說文稔、穀熟也、襄二十七左傳不及五稔、注稔、年也。

唐虞曰載。取物終更始。　載聲與哉通、釋詁哉、始也。又與在通、釋詁在終也、故注義兼包始終。載與茲通、呂覽今茲美禾、來茲美麥。

黃侃音訓

載歲也至曰載○釋曰 注疏本刪。

季穀熟也 正德本同。閩本監本毛本季作年、非。

卜年七百 閩本同。正德本監本毛本卜誤十。

○注取歲星行一次○釋曰案律厤志 注疏本刪上九字。厤作麻、下同。

校勘記

載歲也疏革其耳目以助化也。今本助誤作則。周曰年

疏卜年七百、今本卜誤作十。

注疏本正誤

以則化也 案白虎通卷三下則作助、此蓋形近之譌。

伊尹嗣于先王是也 案商書嗣作祠。

注疏校勘札記

十下（七八）

六行（注）取歲星行一次○，唐寫本同。《御覽》卷十七引作「歲取歲星行一次也」。

（注）取四時一終○，唐寫本作「取四時一終也」。希麟《續音義》卷六引同。

七行（注）取禾一熟○《御覽》卷十七引作「取禾一熟也」。

（注）取物終更始○《御覽》卷十七引作「取終歲更始也」。

宋監本校箋

載歲也。夏上聲曰歲、商曰祀。上聲

周曰季年。唐虞曰載。

孫侶直音

歲名

歲名八之五 章凡二節、先釋太歲在辰之名、而因釋歷代稱歲者之異也。上章稱歲陽、此章稱歲名者、甲至癸爲十日、日爲陽、寅至丑爲十二辰、辰爲陰。十二辰爲陰、不稱歲陰而稱歲名者、日辰干支合而後名爲歲、故稱歲名也。

注疏參義

歲名 正義 此別歲在十二辰之名也。秋官硩蔟氏云、十有二歲之號。鄭注、歲謂從攝提格至赤奮若、十二歲之名、所以別於十二辰也。賈誼鵩賦云、單閼之歲。郊祀樂歌云、天馬徠、執徐時。說文敘云、困頓之年。是漢人猶宗雅訓也。然漢人即有以日辰之名紀歲者、韓勑造孔廟禮器碑云、青龍在涒歎。後碑云、青龍建酉。西嶽華山亭碑云、歲在戊午。荊州刺史度尚碑云、歲在鶉尾、龍集丁未。金鄉長侯成碑云、歲在己酉、歲在甲辰。以甲子紀歲、趨從簡易、積習生常、非雅訓之舊矣。爾雅兼別年歲之名者、鄭注天官云、正月吉謂朔日。歲謂夏之正月、得四時之正、以出教令者審也。春官太史正歲年以敘事、周時三正並用、故豳風七月之詩月日並舉。左氏定四年傳述分土之制、於衛則啓以殷政、於晉則啓以夏政、各視其風土所宜、並更正朔以一天下之視聽、又從民俗所服習者以爲教令、此太宰小宰觀治象之法所由並行於正月之吉與正歲也。逸周書云、夏數得天、百王所同。乾鑿度云、三王之郊、一用夏正。堯典言成歲、是唐虞亦稱歲、故載爲歲也。商頌殷武云、歲事來辟、是商亦稱歲也。白虎通義云、或言歲、或言載、或言年何。言歲者以紀氣物、帝王共之、據日爲歲。年者仍也、年以紀事、據月言年。載之言成也、載成萬物、終始言之也。

正義

歲陽　歲名　淮南子天文訓見此二十二名、惟逢雍徐噩閹五字小別。高誘註曰、閼蓬、萬物鋒芒欲出、擁遏未通也。旃蒙、萬物透蒙甲而出也。柔兆、萬物皆生枝布葉也。强圉、萬物剛盛也。著雝、位在中央、萬物繁養四方也。屠維、屠、別。維、離也。萬物各成其性也。上章、陰氣上升、萬物畢生也。重光、萬物就成熟、其光煌煌也。玄黓、黓音乙、歲終包任萬物也。昭陽、陽氣始萌、萬物含生也。攝提格、格、起也。萬物承陽而起也。單閼、單、盡。閼、止也。陽氣推萬物起、陰氣盡止也。執除、執、蟄。徐、舒也。伏蟄之物皆振舒而出也。大荒落、荒、大也。方萬物熾盛而大出、霍然落落也。敦牂、敦、盛。牂、壯也。萬物皆盛壯也。協洽、陰欲化生、萬物和合也。涒灘、涒、大。灘、修也。萬物皆修其精氣也。作鄂、萬物陊落也。掩茂、掩、蔽。茂、冒也。萬物皆蔽冒也。大淵獻、淵、藏。獻、迎也。萬物終在亥、大小深藏窟伏以迎陽也。困敦、困、混。敦、沌也。陽氣混沌、萬物牙蘖也。赤奮若、赤、陽色。若、順也。陽奮萬物而起、無不順其性也。按淮南子執徐作執除、而註云徐、舒也。與正文不應、且其說與爾雅釋文引李註執徐者正同。史記天官書歷書註多引李巡說、與淮南註亦無殊、是知高誘所云大氐全取于李巡爾雅註也。史註又引孫炎說曰、涒灘、萬物吐秀傾垂之貌也。作鄂、物芒枝起之貌也。大淵獻、淵、深也。獻萬物于天、深于蓋藏也。困敦、萬物初萌、混沌于黃泉之下也。與淮南註則頗異、此當時李孫二家各自爲說之驗也。二家外猶間有成說、如呂氏春秋註涒、大也。灘、循也、萬物皆大循其性情也。涒灘、誇人短舌不能言爲涒灘也。大循語本李巡而小變、誇人云云不知何本、于名歲義渺無相關、尤不免于謬悠矣。春秋左氏傳稱歲所在甚多、俱以歲星次舍言之、今此二十二名中、惟攝提爲星。漢書天文志曰、大角兩旁各有三星、鼎足句之曰攝提。攝提者、直斗杓所指以建時節、故曰攝提格。格、正也。此解頗確。孔文祥嘗以之註史記歷書、而李孫二家不聞取用、徒斤斤于字義傅會、就字以論。史記與爾雅已多所不同、如屠維爲祝犂、玄黓爲横艾、單閼爲亶安、涒灘爲汭漢、皆兩文全別。大淵獻困敦更互、又以重光爲昭陽、昭陽爲上章、而上章謂之商横。其他一字別者、如焉逢端蒙游兆之屬不勝舉。此其年祀久遠、傳寫多訛、孰是孰非、莫質爲定、乃欲執其疑迷之文以求合于古哲命名之義、得乎。郭氏闕而不論、未爲過也。今二家書已亡佚、諸名義別無確徵、學者或有以不聞舊說爲恨者、因仍自他籍掇輯備攷論焉。　洪邁容齋隨筆曰、歲名惟太史公歷書用之。郎瑛七修類稿曰、先儒以爾雅隆于漢時、若歲陽歲名或卽始于鴻烈解所謂淮南亂言乖實是也。愚按、呂不韋十二紀末有序意一篇、篇首書維秦八年歲在涒灘、則先秦人固已用之。又賈誼在淮南王安前、其服鳥賦稱單閼之歲、洪郎二氏之言不足信。

補郭

歲名 夏用寅正、商用丑正、周用子正、秦用亥正。夏正得四時之正、以授人事。故論語曰行夏之時。周時三正並用、見於豳風。白虎通義或言歲言載言年、皆以紀气物也。

啓蒙

歲名。歲名與下月名文例正同、或改爲歲陰、又或於前在丑曰赤奮若下補歲陰二字、皆非也。

黃侃音訓

月在甲曰畢、在乙曰橘、在丙曰修、在丁曰圉、在戊曰厲、在己曰則、在庚曰窒、在辛曰塞、在壬曰終、在癸曰極

月在甲曰畢、在乙曰橘、在丙曰修、在丁曰圉、在戊曰厲、在己曰則、在庚曰窒、在辛曰塞、在壬曰終、在癸曰極。

郭注

橘 均筆反。修 本亦作脩。圉 音語。己 音紀。窒 知乙反。塞 先北反。

陸音義

月在甲曰畢在乙曰橘在丙曰修

甲畢之、乙迹而丙修之。

在丁曰圉

圉圉強也。強圉強見圉焉。

在庚曰室

在辛曰塞

變而通之君事也。月如是焉室矣。

庚非月事也、辛亦非月之事也。

在壬曰終在癸曰極

所謂化而裁之存乎變、推而行之存乎通、又非月之事也。

新義

月在甲曰畢在乙曰橘在丙曰修在丁曰圉在戊曰厲在己曰則在庚曰室在辛曰塞在壬曰終在癸曰極塞先北反。

鄭樵注

在辛曰塞

鄭樵曰塞、先代反。

古注合存

月在甲曰畢在乙曰橘在丙曰修在丁曰圉在戊曰厲在己曰則在庚曰窒在辛曰塞在壬曰終在癸曰極。註曰義未詳。

注疏參義

史記索隱云、畢聚、聚音陬、謂月值畢及娵訾也。畢、月雄也。聚、月雌也。按此蓋甲子也。正月爲陬、爾時沿周正之稱、故曰畢陬、並非以月在陬訾之故。若陬訾則十月矣、小司馬誤。古人聚陬娵三字通。

補注

月在甲曰畢在乙曰橘在丙曰修在丁曰圉在戊曰厲在巳曰則在庚曰室在辛曰塞在壬曰終在癸曰極

正義 史記歷書云、年名焉逢攝提格、月名畢聚、索隱云聚音陬是也。又引僖公云、月雄在畢、雌在訾、訾則娵訾之宿。洪邁以爲虞喜之說、字誤作僖公。案虞喜以陬爲訾陬之星、非也。唐書歷志引洪範傳云、歷紀始於顓頊上元太始閼蒙攝提格歲、畢陬之月、朔日己巳。是以畢陬爲月名、其來古矣。畢橘諸義未詳。

正義

月在甲曰畢　史記月名畢聚、又註云月雄在畢。

校議

月在甲曰畢在乙曰橘在丙曰修在丁曰圉在戊曰厲在己曰則在庚曰窒在辛曰塞在壬曰終在癸曰極

月陽猶歲陽也。史記麻書云月名畢聚、索隱曰聚音陬。是則正月得甲爲畢陬也。又云虞喜云月雄在畢雌在訾、訾則陬訾之宿。今按、月雄月雌即月陽月陰也。畢陬乃以月陽配月陰、十二月皆然也。橘本或作⿰月喬、廣韵云⿰月喬月在乙也。然則畢橘者、畢星象匕、橘之言喬、以錐穿物之名。月在甲乙、盛德在木、象萌芽穿地而出也。修圉者、猶柔兆強圉也。月在丙丁、盛德在火、象長大剛彊而壯也。厲則者、厲讀爲烈、則訓爲法、月在戊己、盛德在土、生養萬物、有功烈法則也。窒塞者、其義皆爲實也。月在庚辛、盛德在金、物成皆堅實王也。終極者、其義皆爲盡也。月在癸、盛德在水、物生皆究盡也。

義疏

月在甲曰畢在乙曰橘在丙曰修在丁曰圉在戊曰厲在己曰則在庚曰窒在辛曰塞在壬曰終在癸曰極

此皆非佳名。橘、从喬入也。修、蕭也。則、賊也。月令言日在、此言月在、蓋以合朔日豫戒焉、非配甲子月建。

集解

月在甲曰畢　月令言日在、此言月在、謂月之在某處耳。月繞地、又隨地繞日、區分軌道爲十二而以甲乙等字記之、每字約爲三日、合之凡三十日矣。玆之月在日地之中、謂之日與月會、月之光面對日、黑面對地、人不見月、是爲晦朔。初三四至初七八、月漸開與日地成一直角、地面之人始見月如娥眉、繼見月之半塊、是爲上絃。月與日相對而地在其中、月之光面對地、人見團圞之月、是爲望。月漸近日而與地平、光面漸與地相背、人見月日虧一日、是爲下絃。畢、盡也、謂不見月朔之狀也。二三兩日雖見月形、狀亦甚爲微小矣。

在乙曰橘　斥四五六日之月形言耳。橘、橘果也、與向通用。象月形之舒小。檀弓所謂其言吶吶然是。

在丙曰修　修、飾也、與筱通用、亦狀月形之長、斥七八九日而言。

在丁曰圉　圉、圉圉所以拘辠人、與弩通用。月形半魄如弩狀也、斥十日至十二日而言。

在戊曰厲　斥十三至十五日之月形言耳。厲、旱石也、精曰厎、粗曰厲。然則厲其狀月形之粗大與。

在己曰則　斥十六至十八日之月形言耳。則、側也、謂在地側、與月日地相對者別。

在庚曰窒　窒、塞也、謂其形虧、斥十九至二十一日之月形而言。

在辛曰塞　亦謂形虧、斥二十二至二十四之月而言。

在壬曰終　終、絿絲也、引申爲盡、謂形將盡。斥二十五至二十七之月而言。

在癸曰極　極、終也、盡也。所謂晦日。

義證

在乙曰橘　集韻六術云月在乙曰⿰月喬、通作橘。案說文無⿰月喬字。

在丙曰修　釋文云、修本亦作脩。單疏本作脩。

匡名

月在甲曰畢在乙曰橘在丙曰修在丁曰圉在戊曰厲在己曰則在庚曰窒在辛曰塞在壬曰終在癸曰極

史記歷書引僖公云、月雄在畢、雌在訾。

啓蒙

月在甲曰畢　在丙曰修

史記作畢聚。歷書　釋文修本亦作脩。釋天釋文

證異

在乙曰橘

郭氏無釋。邢疏曰二月得乙則曰橘、如、亦未釋橘義。邵正義於畢橘諸義未詳。郝義疏橘本或作⿰月喬、廣韻⿰月喬月在乙也。橘之言喬、以錐穿物之名。嚴氏匡名曰集韻月

在乙曰旛、通作橘。元慶按、橘爲果名、盡人知之、於月在乙義無涉、恐係譌字、然卽作旛亦非古字。無書月部無旛篆、必魏晉以後始有旛字也。月在乙曰橘、橘字塙當作矞、增其文斯爲旛、又爲橘矣。矞訓錐有所穿、實取義於鋭出、故其引伸之訓卽爲出。說文矞一曰滿有所出也。廣疋釋詁矞出也。是矞訓出自是塙詁。惟訓出故可爲月在乙之定名、以乙卽取象於艸木之出也。說文乙、象春艸木寃曲而出、陰氣尚彊、其出乙乙也。證此則矞屬乙言、義自可通。太元交矞矞皇皇、注矞矞物長春風之聲貌也。按矞訓物長爲春風聲貌、與月在乙義尤合、乙非明明屬春乎。所以月在丙卽曰修、蓋修卽長也。橘之當作矞、殆無可疑。

蔣元慶日記

在丙曰修。唐石經雪牕本注疏本同。釋文修本亦作脩。按單疏本云、三月得丙則日脩病。

校勘記

在辛曰塞。釋文塞先北反。今本北誤作比。

注疏本正誤

塞先北切。永懷堂本湘本釋文同。監本毛本北誤比。

注疏校勘札記

在庚曰窒。執音

音圖・音

扗乙曰橘、鈞聲 扗丁曰圉、語 扗戊曰厲、茂 扗庚曰窒、質 扗辛曰塞、賽又如字 扗壬曰終、扗癸曰極。

孫侶直音

窒 陟栗切

月陽

干氏音釋

月陽八之六。此章釋月在日之名、猶歲陽之義也。

注疏參義

月陽〔正義〕題上事也。虞喜所謂月雄月雌、猶云月陽月陰也。舊疏云、設若正月得甲則曰畢陬、二月得乙則曰橘如、三月得丙則曰修病、四月得丁則曰圉余、五月得戊則曰厲皐、六月得巳則曰且、七月得庚則曰窒相、八月得辛則曰塞壯、九月得壬則曰終元、十月得癸則曰極陽、十一月得甲則曰畢辜、十二月得乙則曰橘涂、周而復起。

正義

正月爲陬、二月爲如、三月爲寎、四月爲余、五月爲皐、六月爲且、七月爲相、八月爲壯、九月爲玄、十月爲陽、十一月爲辜、十二月爲涂。

正月爲陬、離騷云、攝提貞於孟陬。二月爲如、三月爲寎、四月爲余、五月爲皐、六月爲且、七月爲相、八月爲壯、九月爲玄、國語云、至於玄月是也。十月爲陽、純陰用事、嫌於無陽、故以名云。十一月爲辜、十二月爲涂。皆月之別名。自歲陽至此其事義皆所未詳通者，故闕而不論。

郭注

三月爲寎

寎，陂病反。釋文

四月爲余

四月萬物皆生枝葉，故曰余。余，舒也。詩正義十三之一 釋文

九月爲玄

九月萬物草盡，陰氣侵寒，其色皆黑。詩正義十五之三 案草字誤，疑作將。

李注

四月爲余 釋文余，孫作舒。

物之枝葉敷舒。詩正義十三之

九月爲玄

物衰而色玄也，詩云何草不玄。詩正義十五之三

十月爲陽

純陰用事，嫌於無陽，故名之爲陽。詩正義九之三 後漢書六十上李賢注 郭同

孫音注

三月爲寎

寎，孚柄反，又況病反，又匡詠反。釋文 寎，邱詠反。集韻八

郭音義

三月爲寎

廣韻三十八梗引爾雅寎作窉。

衆家注

黃輯古義

四月爲舒 釋文余，孫作舒。

物之枝葉敷舒。詩小雅小明正義

九月爲玄

物衰而色玄也，詩云何草不玄。詩小雅何草不黃正義

十月爲陽

純陰用事，嫌於無陽，故以名云。後漢書馬融傳注 詩小雅采薇正義引下二句云：故名之爲陽。

李注

三月爲寎 況病切。集韻去聲四十三映寎字注

三月爲寎

寎，陂病反。釋文

四月爲余

四月萬物皆生枝葉，故曰余。余，舒也。詩小雅小明正義 釋文引作余，舒也，萬物生枝葉，故曰舒也。

九月爲玄

九月萬物草盡，陰氣侵寒，其色皆黑。詩小雅何草不黃正義

孫音注

三月爲寎，孚柄反，又況病反，又匡詠反。釋文 丘詠切。集韻

去聲四十三 映寎字注

郭音義

三月爲寎

寎、況病切。孫音 丘詠切。郭音 並影宋本集韻八

四月爲余

四月萬物皆生枝葉故曰余。余、舒也。李注 物之枝葉敷舒。孫注 並詩疏十三之一

九月爲玄

九月萬物草盡陰氣侵寒其色皆黑。李注 物衰而色玄也。孫注 詩疏十五之三

十月爲陽

純陰用事嫌於無陽故以名之。同 葉延珪海錄碎事二

玉函山房輯佚

三月爲寎 釋文、寎、李陂病反。

四月爲余 釋文、余、孫作舒。

李曰、四月萬物皆生枝葉、故曰余。余、舒也。詩正義十三之一

釋文

孫曰、物之枝葉敷舒。詩正義十三之一

九月爲玄

李曰、九月萬物畢盡、陰氣浸寒、其色皆黑。詩正義十五之三

案畢字誤、或改作將。

孫曰、物衰而色玄也、詩云何草不玄。詩正義十五之三

十月爲陽

孫曰、純陰用事、嫌於無陽、故名之爲陽。詩正義九之三 後漢書六十上李賢注 郭同

鉤沉

正月爲陬

郭璞云、離騷云攝提貞於孟陬。

二月爲如三月爲寎

寎、孫炎音況病切。郭璞音丘詠切。集韻八卷

四月爲余 釋文二十九卷、余、孫炎本作舒。

李巡云、四月萬物皆生枝葉、故曰余。余、舒也。詩正義十三之一卷 釋文二十九卷 孫炎云、物之枝葉敷舒。詩正義十三之一卷

五月爲皐六月爲且七月爲相八月爲壯九月爲玄

李巡云、九月萬物草盡陰氣侵寒其色皆黑。孫炎云、物衰而色玄也。並詩正義十五之三卷 郭璞云、國語云至於玄月是也。

十月爲陽

孫炎云、純陰用事、嫌於無陽、故以名之。詩正義九之二卷 葉廷珪海錄碎事二卷 郭璞云、純陰用事、嫌於無陽、故以名云。

十一月爲辜十二月爲涂

郭璞云、皆月之別名。自歲陽至此、其事義皆所未詳通者、故闕而不論。

漢注

三月爲寎 李陂病反。釋文 孫音況病切。郭音丘詠切。並集韻

四月爲余 李巡曰、四月萬物皆生枝葉、故曰余。余、舒也。孫炎曰、物之枝葉敷舒。詩小明正義 孫作舒。釋文

蕙心案、詩小明鄭箋云四月爲除。

九月爲玄 李巡曰、九月萬物畢盡、陰氣浸寒、其色皆

一切注音

黑。孫炎曰、物衰而色乎也、詩曰何草不乎。詩何草不黃正義

十月爲陽　孫炎云、純陰用事、嫌於無陽、故以名之。海錄碎事

蕙心案詩采薇疏引作故名之爲陽。

古注斠

正音征。陬側留子侯二反、隅也。又子榆反。寎本或作窉字同。郭孚柄反、又況病反、又匡詠反。李陂病反。余餘舒二音。孫作舒。李云余、舒也、萬物生枝葉、故曰舒也。皋或作高同。且子余反。相息亮反。壯側亮反。陽本或作霷字同。詩云日月陽止是也。辜音姑。涂音徒。

陸音義

二月爲如三月爲寎

寎、臥驚病也。以中爲如、則過爲眯矣。莊子曰是非其眯耶。

四月爲余

陽除焉。

五月爲皋

陰始進、常情以爲緩、君子見微每致意焉。在易有之、坤之初六曰、履霜堅冰至。姤之初六曰、羸豕孚蹢躅。方是時未有冰與豕也、告之如此使人知亟焉。

六月爲且

暑徂矣。

八月爲壯

四陰生矣、小者壯也。

九月爲玄

言玄不言戰、爲尊者諱、敵不諱敗。

十月爲陽

易曰故稱龍焉、此之謂也。

新義

正月爲陬二月爲如三月爲寎四月爲余五月爲皋六月爲且七月爲相八月爲壯九月爲元十月爲陽十一月爲辜十二月爲涂　陬、側畱反。寎音柄。且、子余反。相、息亮反。

鄭樵注

正月爲陬

郭璞曰、離騷云攝提貞於孟陬。

鄭樵曰陬、側留反。

二月爲如

三月爲寎　寎、李陂病反。郭孚柄反。

鄭樵曰、寎音柄。

四月爲余　余、孫作舒。

李巡曰、四月萬物皆生枝葉、故曰余。余、舒也。

孫炎曰、物之枝葉敷舒。

五月爲皋

六月爲且

鄭樵曰且、子余反。

七月爲相

鄭樵曰相、息亮反。

八月爲壯

九月爲玄

李巡曰、九月萬物草盡、陰氣侵寒、其色皆黑。

孫炎曰、物衰而色乎也。

郭璞曰、國語云至於乎月是也。

十月爲陽

孫炎曰、純陰用事、嫌於無陽、故以名云。此見後漢書馬融傳注與郭注

正同、故詩小雅采薇疏云、孫炎注爾雅與郭璞皆云嫌於無陽、故名之爲陽是也。郭璞曰、純陰用事、嫌於無陽、故以名云。

十一月爲辜

十二月爲涂

郭璞曰、皆月之別名。自歲陽至此、其事義皆所未詳通者、故闕而不論。

古注合存

正月爲陬二月爲如三月爲寎四月爲余五月爲皋六月爲且七月爲相八月爲壯九月爲玄十月爲陽十一月爲辜十二月爲涂

陬音鄒、寎音丙、且音疽、相去聲、涂音徒。○註曰、名陬者、離騷云攝提貞於孟陬是也。名玄者、越國語云至於玄月是也。名陽者、純陰用事、嫌於無陽、故名也。餘義未詳。疏曰、正月得甲曰畢陬、二月得乙曰橘如、若十一月得甲則曰畢辜、十二月得乙則曰橘涂、周而復始、亦可知。自歲陽至此、註皆云事義未詳、而李巡孫炎各有其說、註蓋闕而不論也。愚按、名陬見離騷、名陽則采薇詩日月陽止是也。其引越國語以証九月爲玄則非。考越王將伐吳、范蠡諫之至於玄月、王召蠡而問焉、註云、魯哀公十六年九月也。據此周正九月、乃夏正七月建申之月、不得云九月爲玄矣。然則本經與越語必有一失、而未可盡信。與十干十二支之本名并各稱號、今見外紀天皇氏甚詳。

注疏參義

按廣韻、爾雅三月爲窉。今文作寎。

詩鄭箋四月爲除。正義云、今爾雅作余。李巡云、四月萬物皆生枝葉、故曰余。余、舒也。孫炎曰、物之枝葉敷舒。然則鄭引爾雅當同李巡等。除余字雖異、音實同也。

周禮釋文、爾雅十二月爲涂、音徒。今註作難荼二字、是假借耳、當依爾雅讀。

補注

正月爲陬 **註** 離騷云攝提貞於孟陬 **正義** 此以下釋十二月之別名也。春秋繁露云、凡歲之要、在正月也。漢書律歷志引周書武成篇、惟一月壬辰。志又云、成王元年正月己巳朔。一月即正月也。白虎通義云、日尊於月也、不言正日言正月、何也。積日成月、物隨月而變、故據物爲正也。**註** 離騷至孟陬 **正義** 離騷云、攝提貞於孟陬兮、惟庚寅吾以降。此並舉歲月日而言之也。王逸章句云、太歲在寅曰攝提。孟、始也。正月爲陬。大戴禮記用兵篇、攝提失方、鄒大失紀。盧辨註以爲陬聲誤爲鄒也。漢書劉向傳引作攝提失方、孟陬無紀。孟康云首時爲孟、正月爲陬。史記云閏餘乖次、孟陬殄滅、集解云正月爲孟陬。

二月爲如三月爲寎四月爲余 **正義** 如寎義未詳。釋文云寎本或作窉。余者、詩疏引李巡云、四月萬物皆生枝布葉、故曰余。余、舒也。孫炎云、物之枝葉發舒。釋文云孫本作舒。案小雅小明云日月方除、毛傳除除陳生新也。鄭箋四月爲除。是余本又作除。

五月爲皋六月爲且七月爲相八月爲壯九月爲玄 **註** 國語云至於玄月是也 **正義** 皋且相壯義俱未詳。元者、詩疏引李巡云、九月萬物草盡陰氣侵寒、其色皆黑。孫炎云、物衰而色元也。**註** 國語至是也○ **正義** 越語文。韋註引爾雅、謂魯哀十六年九月。

十月爲陽 **註** 純陰用事嫌於無陽故以名云 **正義** 小雅采薇云歲亦陽止、杕杜云日月陽止、毛傳陽、歷陽月也。鄭箋、十月爲陽、時坤用事、嫌於無陽、故以名此月爲陽。案董仲舒雨雹對云、十月陰雖用事而陰不孤立。是則分陰分陽互爲消息、故十月爲陽。**註** 純陰至名云○ **正義** 詩疏引孫炎云、嫌於無陽、故名之爲陽。孫郭俱本鄭箋。

十一月爲辜十二月爲涂 **註** 皆月之別名自歲陽至此其事義皆所未詳通者故闕而不論 **正義** 辜義未詳。秋官哲蔟氏以方書十有二月之號、鄭註、月謂從娵至荼。娵陬荼涂俱假借字。

正義

正月爲陬　漢書孟陬無紀、詩箋四月爲除、十月爲陽、及孔疏九月爲玄、並本雅訓。

校議

正月爲陬（離騷云攝提貞於孟陬）**二月爲如三月爲寎四月爲余五月爲皋六月爲且七月爲相八月爲壯九月爲玄**（國語云至于玄月是也）**十月爲陽**（純陰用事嫌于無陽故以名云）**十一月爲辜十二月爲涂**（皆月之別名自歲陽至此其事義皆所未詳通故闕而不論）

正月者、白虎通云、日尊於月、不言正日、言正月、何也、積日成月、物隨月而變、故據物爲正也。陬者、虞喜以爲陬訾是也。按陬訾、星名、即營室東壁。正月日在營室、日月會於陬訾、故以孟陬爲名。說文敍云孟陬之月。漢書劉向傳云、攝提失方、孟陬無紀。史記厤書、名畢聚。聚與陬同。○如者、隨從之義、萬物相隨而出如如然也。○寎者、釋文李陂病反、本或作窉、廣韵引爾雅作三月爲窉、云本亦作寎、是寎窉同。玉篇窉穴也、筆永切。然則寎者丙也。三月陽氣盛、物皆炳然也。○余者、釋文餘舒二音、孫作舒、詩小明正義引李巡曰、四月萬物皆生枝葉、故曰余。余、舒也。孫炎曰、物之枝葉敷舒。是李孫義同。孫本作舒、爲異。日月其除、鄭箋四月爲除、是鄭讀除爲余。○皋者、釋文或作高、同。今按皋高音義同、皋者皋韜在下也。（本釋名親屬篇）高者、上也。五月陰生、欲自下而上、又物皆結實、櫜韜下垂也。○且者、次且、行不進也。六月陰漸起、欲遂上、畏陽猶次且也。○相者、導也。三陰勢已成、遂導引而上也。○壯者、大也。八月陰大盛、易之大壯、言陽大盛也。○玄者、懸也。（本釋名）陰遂在上也。詩何草不黃、正義引李巡曰、九月萬物畢盡、陰氣侵寒、（侵與寖同）其色皆黑。孫炎曰、物衰而色玄也。引詩曰何草不玄。（按詩言春非秋、此正義已駁之）郭引越語云、至於玄月、韋昭注引爾雅謂魯哀十六年九月也。○陽者、詩歲亦陽止、毛傳陽、歷陽月也。鄭箋十月爲陽、時坤用事、嫌於無陽、故以名此月爲陽。孫郭義與鄭同、皆以十月無陽強名之耳。今按陰陽消息、迭運不窮、故董仲舒雨雹對云、十月陰雖用事而陰不孤立。詩采薇正義引詩緯曰、陽生酉仲、陰生戌仲、是十月中兼有陰陽。舊說非也。○辜者、故也。十一月陽生、欲革故取新也。至建子之月、而孳孳然生矣。○涂者、古本作荼、荼亦舒也。言陽雖微、氣漸舒也。舒荼古字通用。周禮哲蔟氏注月謂從娵至荼、是爾雅陬涂古作娵荼。馬瑞辰曰、廣韵涂與除同音、除謂歲將除也。小明詩日月方除、毛傳除、除陳生新也。蓋指十二月爲除言之。

義疏

正月爲陬（聚）**二月爲如三月爲寎**（窉）**四月爲余**（舒除）**五月爲皋**（高）**六月爲且**（徂）**七月爲相**（霜）**八月爲壯九月爲玄十月爲陽十一月爲辜十二月爲涂**　李注、四月萬物皆生枝葉、故曰余。余、舒也。九月萬物畢盡、陰氣侵寒、其色皆黑。孫注、舒、物之枝葉敷舒。九月物衰而色玄也。詩曰何草不玄。郭注、皆月之別名。離騷云、攝提貞於孟陬。國語云、至於玄月。十月純陰用事、嫌於無陽、故以名云。自歲陽至此、其事義皆所未詳、通者故闕而不論。詩、日月其余。六月且暑。歲亦陽止。日月方除。

集解

正月爲陬　陬、陬隅也。與聚通用。正月始其聚衆、故以陬名月。令所謂孟春毋聚大衆是也。楚辭、攝提貞於孟陬。**二月爲如**　如、往也。謂女子往而適人。周禮仲春會男女、二月所以名如與。夏小正二月綏多士女。傳、綏、安也。冠子取婦之時也。**三月爲寎**　寎字本作寎、臥驚病也。三月可出萌達、不可以內、以入臥而驚焉矣。或者萌之借字與。**四月爲余**　余、語气舒也。四月萬物伸舒、因以爲名。詩、日月其余。**五月爲皋**　皋、皋气皋白之進也。與高通用。月令、仲夏可以居高明。五月因以皋名之。**六月爲且**　且、薦也。與粗通用。粗、疏也、亦大也。謂暑之大。詩、六月且暑。**七月爲相**

相，省視也。月令孟秋命理瞻傷、察創視折，均相也。書相時憸民。**八月為壯**壯，大也。與戕通用。仲秋殺氣浸盛而戕物，易有大壯，馬注以為大傷。**九月為玄**玄，幽遠也。黑而有赤色者為玄，象幽而入覆之也。九月物衰而色玄，因以玄名月。詩何草不玄。越語，至於玄月。**十月為陽**陽，高明也。十月陰極陽將生，因名為陽。詩歲亦陽止。又曰月陽止。**十一月為辜**辜，皋也。與固通用。仲冬時當固閉，因以辜名月。與禮記以固而閉。**十二月為涂**涂，涂水，出益州牧靡南山，西北入澠。與除通用。十二月為冬之季，除舊更新，月令謂歲將更始者此也。俗以十二月三十日為除夕，義亦類此。今民國改用陽歷，以冬至後七日為正月，與茲大異。

義證

正月爲陬陬，側留反。

註 離騷云攝提貞於孟陬

二月爲如三月爲寎四月爲余寎，孚柄反。余音舒。

補正 釋文云李云余，舒也。萬物生枝葉，故日舒。

十一月爲辜十二月爲涂涂音徒。

郭注補正

四月爲余，郭氏未詳。按詩小明日月方除，箋四月爲除。是除卽余。以余爲聲，故兩字通。

十月爲陽，詩歲亦陽止卽是。

錢氏古義

十一月爲辜　補

滋然謹按，隋著作郎杜臺卿撰玉燭寶典十二卷，今佚弟九卷。其書用小戴記月令爲主，月爲一卷，博引經典，頗號洋洽。仲冬月引尔疋曰，十一月爲事，幷引李巡注，十一月万物虛無，須陽任養，故曰事任也。孫炎曰，物凼閉按，凼閉當係幽閉二字。黎氏所得原書係舊鈔卷子本，書多行艸，悉照原本用西法影照付刊，不敢更易一畫，慎之至也。蟄伏，如有罪事。今尔疋作十一月爲辜，郭氏無注。杜氏所引李孫二注亦不見於羣籍。近世歷城馬國翰按輯尔疋佚注頗爲詳贍，其輯李巡注三卷、孫炎注三卷，均無此二条。按釋詁云，辜，皋古罪字也。一切經音義二引尔疋舊注云，辜，乖義之罪也。用吕釋月名，義頗牽强，故郭注邢疏皆闕而不論。邵氏尔疋正義亦云辜義未詳。郝氏義疏吕辜爲故之叚借，云十一月陽生，欲革故取新，終屬望文生義。辜葢事之訛，文轉寫偶誤耳。玉燭寶典引稱十一月爲事，及李孫二注，的爲舊本舊注。特其書佚于北宋，吕前幾及千年。光緒初元，遵義黎氏庶昌奉使日本，按輯遺書二十六種，刊而行之，其書始入中國，故先世說經諸家無从據引。今爲引申而疏證之如此。

舊注攷證

十一月爲辜十二月爲涂

皆月之別名，自歲陽至此，其事義皆所未詳通者，故闕而不論

郭注佚存補訂

郝本脫者字。

正月爲陬，二月爲如，三月爲寎，四月爲余，五月爲皋，六月爲且，七月爲相，八月爲壯，九月爲玄，十月爲陽，十一月爲辜，十二月爲涂。

余當爲舒。小雅小明日月方除，毛傳云：除，除陳生新也。鄭箋云：四月爲除。是以除爲余也。正義云：今爾雅除作余。李巡曰：四月萬物皆生枝葉，故曰余。余，舒也。孫炎曰：物之枝葉敷舒。然則鄭引爾雅當同李巡等，除余字雖異而音實同也。案釋文云：孫作舒。舒從余得音，故相通假。蓋皆不以余爲除也。鄭誤引爾雅，與李巡不同。正義同之，非也。　且者，小雅四月六月徂暑，徂當即六月爲且之且。且爲徂之省文。　玄者，小雅何草不黃何草不玄，正義引孫炎云：物衰而色玄也。詩曰何草不玄。李巡云：九月萬物畢盡，陰氣侵寒，其氣皆黑。是陰而氣寒之黑，不由草色。孫炎之言謬矣。郭注引國語至於玄月。韋注引爾雅，謂魯哀公十六年九月也。　陽者，小雅采薇歲亦陽止，毛傳云：陽，歷陽月也。鄭箋云：十月爲陽。時坤用事，嫌於无陽，故以名此月爲陽。孫炎即是鄭玄之徒，其注爾雅與郭璞皆云：嫌於无陽，故名之爲陽。杕杜日月陽止，箋云：十月爲陽。正義云：至於此日月陽止，十月之時，爾室家婦人之心憂傷矣。　涂當爲除之假借。小明日月方除，當指十二月而言。鄭以四月爲余，當之非也。古今皆稱十二月末一日爲除日，遵雅訓也。**說詩**

五月爲皋

柏年案：皋有進義。說文皋，气皋白之進也。五月一陰始生，漸進，故曰皋。

六月爲且

柏年案：且與徂通。詩匪我思且，釋文：且音徂。箋云：猶非我思存也。蓋徂本有存往二訓，此當爲往，即所謂六月徂暑也。**補釋**

四月爲余　案：詩小明箋引作除。疏引李巡曰：四月萬物皆生枝葉，故曰余。余，舒也。孫炎云：物之枝葉敷舒。

九月爲玄　案：詩何草不玄疏引李巡云：九月萬物畢盡，陰氣侵寒，其色皆黑。

音孚柄切　柄誤栖。

疏其實陰陽恒有　恒有誤有常。　四月秀葽　秀誤莠。　詩小雅云日月陽止是也　小雅下當有杕杜二字。**注疏正字**

十一月爲辜

周禮大宗伯以疈辜祭四方百物，鄭司農云：罷辜披磔牲以祭、若今時磔狗祭以止風。辜以名月、或取此義。月令磔攘在十二月、此以爲十一月之名、豈三代異制有于十一月磔攘者與。

小箋

正月爲陬　硩蔟氏以方書十有二月之號、注云、月謂從娵至荼。是鄭讀爾雅作娵、係偏旁假借。說文女部無娵字。　硩蔟氏疏引正月爲泰。

三月爲寎　釋文云、寎本或作窉。廣韻三十八梗引作窉。案說文寢部寎、从寢省丙聲。窉乃譌字。

四月爲余　釋文云、余、孫作舒、李云、余、舒也。案說文入部余、語之舒也、从八舍省聲。二字古通用。又通除。詩小雅小明日月方除、箋云、四月爲除。正義曰、四月爲除、釋天文。今爾雅除作余。

五月爲皐　釋文云、皐或作高、同。

十月爲陽　釋文云、陽本或作霷。案霷俗字。

十二月爲涂　硩蔟氏注涂作荼。見上。

匡名

正月爲陬二月爲如三月爲寎四月爲余五月爲皐六月爲且七月爲相八月爲壯九月爲玄十月爲陽十一月爲辜十二月爲涂　離騷攝提貞於孟陬兮。　二、地之數也、从偶。　三、天地人之道也、从三數。　四、陰數也、象四分之形。小雅日月方除、鄭箋四月爲除。余又作除。　五、五行也。从二、陰陽在天地閒交午也。　六、易之數、陰變於六、正於八、从入从八。　七、陽之正也、从一、微陰从中衺出也。　八、別也、象分別相背之形。徐曰、數之八兩兩相背是別也。　九、陽之變也、象其屈曲究盡之形。越語、至於玄月。　十、數之具也。一爲東西、丨爲南北、則四方中央備矣。小雅、日月陽止。

啓蒙

寎　𥧔　釋文、寎本或作窉、字同。案說文無寎窉字。玉篇無寎有窉、云、窉、筆永切、穴也。說文、𥧔、北方謂地空因以爲土穴爲𥧔戶、从穴皿聲、讀若猛。廣雅、𥧔、窟也。窉𥧔音近義同、當作𥧔。

說文有寎字、訓臥驚病。此云無寎字、殆不省記也。但三月爲寎、以九月爲玄例之、字當作炳、明也、與玄正相對。

黃侃評本正名

三月爲寎。以九月爲玄例之、寎當作炳、明也、與玄正相對。

南風謂之凱風。凱蓋豈之後出字。

黃侃音訓

正月爲陬　三月爲寎　四月爲余

周禮注陬作娵。秋官硩蔟氏注　釋文、寎本或作窉。釋天釋文　孫炎本余作舒。釋天釋文　鄭氏詩箋作四月爲除。小雅小明詩箋

五月爲皐　十月爲陽　十二月爲涂

釋文皐或作高、同。釋天釋文　陽本或作霷、同。釋天釋文　周禮注涂作荼。秋官硩蔟氏注

秋官硩蔟氏以方書十有二月之號、鄭注、月謂從娵至荼。按、娵與陬、荼與涂、古字並通用。

證異

四月初余、余通作徐。釋名、徐、舒也。四月日行正緩、晝長時時也。

古義補

正月爲陬。史記月名畢聚索隱音娵、周

禮註作陬。

三月爲病。釋文、病本或作窉字同。按廣韻引爾雅三月爲窉。

考異摘要

十一月爲辜十二月爲涂

樾謹按、辜之言故也、涂之言除也、一歲至此將除去故舊而更新矣。是以十一月謂之故、十二月謂之除也。辜故涂除並聲近而義通。周官哲蔟氏注曰月謂從娵至荼、荼亦除之叚字耳。詩小明篇日月方除、毛傳以爲除陳生新、當卽此除字之義、故二月初吉、至于艽野也。鄭箋曰四月爲余、恐失之矣。四月爲余、乃舒之叚字。釋文曰孫作舒是也。詩正義引李巡曰、四月萬物皆生枝葉、故曰余、余舒也。其說亦與孫炎同。初非取除陳生新之義、不得混而一之。

平議

三月爲寎

玉燭寶典三引寎作柄、李巡曰三月陰氣在上、陽氣未壯、萬物微弱、故曰病、病微弱也。本作病。俊案、釋文義知此病字當作柄。孫炎曰、物已絕地有莖柄也。寶典引爾雅古注、元和胡君玉縉輯。今據之。俊案、當以作柄者爲正。說文柄、柯也。二月萬物已戴甲負莩、三月漸有柄莖、故三月爲柄、寶典引作柄是也。

六月爲且

且當是粗之省字。說文粗、疏也。玉燭寶典六引孫炎曰、且之言麤物、麄大。案麄者、麤之俗、說文作麤、今承作粗、繹孫注知孫亦以且爲粗之省矣。詩韓奕籩豆有且、箋多貌、亦假且爲粗也。寶典又引李巡曰、六月陰氣將盛、万物將衰、故曰且、時也。此別一說、不若孫注之确。故曰且、元書誤作故曰旦。

王仁俊日記

七月爲相

案相亦作霜。韓勑造孔廟禮器碑、青龍在涒歎、霜月之靈、皇極之日。錢氏大昕十駕齋養新錄曰、霜月者、相月也。歐陽修集古錄疑霜月是九月、失之。漢碑引爾雅釋天文爲多、又往往與今釋天文異、如張遷碑周憬功勳銘歲在攝提、封龍山碑歲辰執涂、費鳳碑歲佫于大亢、逢盛碑歲在協給、殺阬神祠碑作詻之歲。攝提卽攝提格、執涂卽執徐、大亢卽大荒落、協給卽協洽、作詻卽作噩、則霜月自卽相月無疑。涒歎亦卽涒灘。

十月爲陽　郭注、純陰用事、嫌於無陽、故以名云。邢疏李巡孫炎皆有其說。釋文、陽本或作霷。

案集韻下平十陽霷下云、十月爲霷、通作陽。是作霷一本、丁度輩猶及見之。詩小雅采薇篇歲亦陽止、鄭箋十月爲陽、此鄭引爾雅文時坤用事、嫌於無陽、故以名此月爲陽。此鄭注爾雅義孔疏、孫炎卽是鄭玄之徒、其注爾雅與郭璞皆云嫌於無陽、故名之爲陽。後漢書馬融傳至于陽月、章懷注亦引孫炎說。此孫炎有說之證。玉燭寶典十月孟冬第十引李巡曰、十月萬物深藏、伏而待陽也。此李巡有說之證也。郭同於孫、孫又同於鄭、鄭注爾雅必在箋詩以前、故箋詩自引之。孫郭則竊取其爾雅注義耳。易繫詞變通配四時、李氏鼎祚周易集解引虞翻注坤復臨配冬。又易坤天地之雜也、集解引荀爽注消息之卦坤位在亥。此十月坤用事之證也。坤卦純陰，故孫郭變時坤之文曰純陰。易說卦傳，乾，西北之卦也。西北極陰之地，十月純陰而爲陽月，正猶西北極陰而爲乾位，皆所以扶揚抑陰使陽爲陰主也。西京雜記五董仲舒對鮑敞問雨雹曰，建亥之月爲純陰，不容都無復陽也。薺麥之生由陽升也。然則李巡云萬物深藏者，藏於其純陰用事也。純陰用事嫌於無陽，非無陽也，陽之伏而不見也。故李又云伏而待陽，言伏而待其陽氣之升也。李巡之說雖與鄭孫郭異，其義亦無不同於鄭孫郭也。 **董瑞椿日記**

正月爲陬

錦燧謹案，周禮硩蔟氏以方書十有二月之號，鄭康成注云月謂從娵至荼，是鄭君所見爾雅異文有作娵者矣。疏又引作正月爲泰，是孔穎達所見本又有作泰者矣。史記□書云月名畢聚，是則司馬遷所見本更有作聚者矣。蒙謂陬从取聲，聚亦从取聲，當是音同通假字。娵雖亦从取聲，而說文所無，惟孔云作泰，則與陬字音義俱遠，未知何本。說文敘云孟陬之月，漢書劉向傳云攝提失方孟陬無紀，楚騷云攝提貞於孟陬，證諸古書多从阜旁作陬，自當以作陬者爲是。

四月爲余

錦燧謹案，此釋詩小明篇日月方除也。箋讀除爲四月爲余之余。鄭君先治三家詩，最後箋毛，往往以三家易毛，疑齊魯韓異文有作日月方余者，鄭君知雅訓之余蓋卽釋此，而毛本作除，因讀爲余以明之。惟說文阜部云除，殿陛也。八部云余，語之舒也。俱與四月所以命名之義絕不相涉。詩正義引李巡曰，四月萬物皆生枝葉，故曰余。余，舒也。是余固取義於舒。据釋文云孫作舒，知古本爾雅有卽作舒者。孫炎云物之枝葉敷舒，與李說同。說文予部云舒，伸也。据此知余除皆舒之假音。 **陸錦燧日記**

六月爲且

按四月爲余，釋詩日月其除也。詩日月其除，鄭箋引爾雅云四月爲余。六月爲且，釋詩六月徂暑也。且與徂通，詩匪我思且，釋文且音徂，音相近者義亦相通。徂，往也。徂暑，暑往也。六月雖盛夏之時，而火星昏中，其暑將往。左昭三年傳晉張趯曰辟如火焉，火中，寒暑乃退，此其極也，能無退乎。杜注火心星，以季夏昏中而暑退。案暑極而退，卽暑盛而往，則且字之義也。 **爾雅詁**

二月爲如。李云二月萬物戴甲負莩，其性自如也，故曰如。孫云萬物皆生，如其性也。郝懿行云，如者隨從之義，萬物相隨而出，如如然也。楷案，如者茹之省。易泰拔茅茹，以其彙征吉，鄭注茹，牽引也。如卽謂萬物牽引茂盛之象，與歲在卯曰單閼意同也。

三月爲寎。李本寎作病，云三月陰氣在上，陽氣未壯，萬物微弱、故曰病、病微弱也。孫本作柄、云物已絶地有莖柄也。釋文云、本或作窉。楷案、寎病柄窉皆聲借字、其本字當作炳。炳者、說文云明也。白虎通五行篇所謂其物炳明、釋名所謂物生炳然皆著見也。

四月爲余、李云四月萬物皆生枝葉、故曰余。余、舒也。孫本作舒、云物之枝葉敷舒。楷案、釋地三歲曰畬、孫注畬、和也、田舒緩也。畬从余、則余亦有和義、四月天氣清和、故曰余、謝靈運遊赤石進帆海詩首夏猶清和是也。孫本作舒、假借字。

五月爲皋、李云五月萬物盛壯、故曰皋、皋、大也。孫云皋、物長之貌。郝懿行云、釋文或作高、同。皋者、物皆結實、皋韜下垂也。高者、上也、陰自下上。楷案、皋者皡之省、皡昊音義同。月令太皡、釋文皡亦作昊、孟子子皡皡如也、音義引張云皡與昊同。說文皡、皓旰也。郭注上夏曰昊天、云言氣皓旰、皆其證。五月名皡、與夏天名昊意同、或本作高者、音近字。

稗疏

正月爲陬唐石經雪牎本同。釋文陬、側留子侯二反、隅也。又子瑜反。史記厤書月名畢聚、索隱音娵、周禮注作娵。釋文徐劉沈竝子須反。按陬娵聚皆取聲。

三月爲寎唐石經雪牎本同。單疏本亦作寎、元本疏中作窉。釋文寎本或作窉字同。按廣韻二十八梗窉、爾雅云三月爲窉、本亦作寎。四十三映寎、驚病。玉篇穴部窉、筆永切、穴也。宀部無寎字、是此經舊作窉也。

十二月爲涂唐石經雪牎本同。釋文涂音徒、周禮哲蔟氏注云月謂從娵至荼。按涂荼皆余聲。

○注離騷至孟陬之○釋曰離騷者注疏本刪上九字。之疑當作兮。

屈原之所作也注疏本脫之字。

仕懷王注疏本仕改事。

高陽之苗裔兮舊本同。閩本高陽上剜擠帝字、監本毛本排入。

言已生得陰陽之正中是舊本同。閩本監本毛本是改者。

引之以證正月爲陬之義注疏本證改証。

○注國語至是也○釋曰注疏本注改云、刪釋曰。正德本脫至字。按邢疏標經起止、注疏本例所不載、此其刪之未盡也。

○注純陰至名云○釋曰云純陰用事注疏本刪上八字

十月純坤用事閩本監本毛本坤改陰、舊本陰誤陽。

其實陰陽常有注疏本常有倒。

四月秀葽注疏本秀改莠。

○注皆月至不論○釋曰言正月爲陬以下皆月之別名云自歲陽至此者注疏本刪上二十字。閩本監本毛本云上增又。

校勘記

寎孚栢切雪牎本孚口反。案盧刻孚柄反。

純陽用事十行本雪牎本吳本竝純陰。南昌本誤。

校勘記訂補

三月爲寎、釋文寎、郭孚柄反。今本柄誤作栢。

注疏本正誤

𥷺乎柏切 案釋文作乎柄反。柏當爲形近之譌。

月名疏 毛本湘本疏譌注、監本不誤。

言已放逐離別心中愁思猶陳正道以諷諫君也 離騷心中作中心、猶陳正道作猶依道徑。

注疏校勘札記

十一上（七九）

五行（注）離騷云攝提貞於孟陬○唐寫本「於」作「于」。

八行（注）皆月之別名○唐寫本（伯希和編號五五二二，與二六六一爲一書，以下不另分別）作「皆月之別名也」。

十一下（八〇）

一行（注）其事義皆所未詳通者故闕而不論○唐寫本作「其事義皆所未能詳通者，故闕而不論也。」

宋監本校箋

三月爲寎音柄 六月爲且音覷 七月爲相音象

音圖・音

且音覷 案且子余翻音苴。今音覷、精清平去之別誤。

相音象 案相心象邪大謬。直音去聲不誤。

陬、側留音同、照母。子侯音諏、精母。二翻、又子瑜翻。音娵、精母。 寎、本或作窉字同。郭孚柄翻、敷滂輕重交互出切、音聘。卽五經文字丕命翻。又況病翻、音敻、馨去聲、卽五經文字火命翻。 又匡詠翻、音慶。李陂病翻、音柄。廣韻兵郢翻、音丙。或云郭璞音丙、鄭樵音柄、大謬。 余、餘舒二音。孫作舒。詩箋引四月爲除、直慮翻、一如字。 且、子余翻、精母字。此釋文音、或云邪母、音謬。 陽、本或作霷字同。 涂、周禮注作荼。劉沈音餘、李音舒、又音徒。楊升菴塗與泬同之說、穿鑿無理。 案釋天一篇多協韻、春爲青陽四句、陽明藏英協。春爲發生四句、生嬴成甯協。太歲在甲曰閼逢十句、逢蒙雍協、章光陽協。太歲在寅曰攝提格十二句、格閼協、落噩若協。月在甲曰畢十句、畢橘協、則窒塞極協。正月爲陬十二句、陬如余且協、相壯陽協、辜涂協。

音略

正征月爲陬鄒。二月爲如。三月爲寎柄丙。四月爲余孫音舒。五月爲皋。六月爲且疽。七月爲相去聲。八月爲壯。九月爲玄。十月爲陽。十一月爲辜沽。十二月爲涂徒。

孫偘直音

此皆月之別名。

正月爲陬鄒。二月爲如。三月爲寎丙。四月爲余。五月爲皋。六月爲且疽。七月爲相去聲。八月爲壯。九月爲玄。十月爲陽。十一月爲辜。十二月爲涂徒。

楊氏音訓

陬子侯切 寎柄 且疽 相息亮切 涂徒

干氏音釋

月名

月在甲至月名 釋曰、此辨以日配月之名也。設若正月得甲則曰畢陬、二月得乙則曰橘始、三月得丙則曰脩病、四月得丁則曰圉余、五月得戊則曰厲皋、六月得己則曰則且、七月得庚則曰窒相、八月得辛則曰塞壯、九月得壬則曰終玄、十月得癸則曰極陽、十一月得甲則曰畢辜、十二月得乙則曰橘涂。周而復始、亦可知也。若史記歷書云月名畢聚也。注離騷至孟陬之義。釋曰、離騷者屈原之所作也。屈原與楚同姓、仕懷王爲三閭大夫、爲大夫靳尚所譖毀見疏、乃作離騷經。離、別也。騷、愁也。言己放逐離別、心中愁思、猶陳正道以諷諫君也。其經曰、高陽之苗裔兮、朕皇考曰伯庸、攝提貞於孟陬兮、惟庚寅吾以降。彼注云、言巳生得陰陽之正中、是引之以證正月爲陬之義。注國語至是也　釋曰、此越語文也。案彼云、越王將伐吳、范蠡諫曰、王姑待之。至於玄月、王召范蠡而問焉。彼注云、魯哀公十六年九月也。至十七年三月越伐吳是也。引之以證九月爲玄也。　注純陰至名云　釋曰、云純陰用事嫌於無陽、故以名云者、以易言之、五月一陰生、十月純坤用事、故云純陰用事也。云嫌者、君子愛陽而惡陰、故以陽名之。無陽而得陽名者、以分陰分陽迭用柔剛、十二月之消息見其用事耳。其實陰陽常有、詩緯曰陽生酉仲、陰生戌仲、是十月中兼有陰陽也。四月秀葽、靡草死、豈無陰乎、明陰陽常兼有也。詩小雅云、日月陽止、是也。　注皆月至不論　釋曰、言正月爲陬已下皆月之別名、云自歲陽至此者、謂自閼逢以下也。云其事義皆所未詳通者、案李巡、孫炎雖各有其說、皆構虛不經、疑事無質、故闕而不論。

邢疏

月名

變陰言名、惡言陰也、且名陰也。王文公曰、夕者物成數定、有見可名之時。

新義

月名八之七　此章釋月在辰之名、猶歲名之義也。

注疏參義

月名 正義 題上事也。春秋繁露云、十者天之數也、十二者歲之度也、用歲之度條天之數、十二而天數畢。又云、天有四時、每一時有三月、三四十二、十二月相受而歲數終矣。爾雅不云月在寅爲陬、而云正月爲陬者、後漢書陳寵傳云、天以爲正、周以爲春。地以爲正、殷以爲春。人以爲正、夏以爲春。是三正皆以正月爲陬。郭氏釋陽月似據夏時而言、以夏時

爲民俗通用也。

正義

月陽　月名　月陽義悉無成說可攷、月名陬元陽三文、郭氏有說。又經典釋文引李氏四月爲余註、詩小雅何草不黃疏引李孫二氏九月爲元註、餘亦無考。明田藝蘅留青日札嘗統爲十二月名之說、大旨臆構不經、難以信後、今不詳述。小雅小明日月方除、鄭箋曰、四月爲除。此云四月爲余、音義讀余餘舒二音、而鄭讀除如字。周禮哲蔟氏以方書十有二月之號、鄭註曰、月謂從娵至荼。此言正月爲陬、十二月爲涂、而鄭作娵荼字、且音娵爲子須反、音荼爲餘、見當時畢陬以下諸字亦若歲陽歲名之傳文多別矣。史記歷書曰、太初元年、歲名焉逢攝提格、月名畢聚。聚亦傳文之別、古字陬鄹通用、轉以爲聚、又屬鄹省也。司馬貞史記索隱云聚音娵、娵乃娵訾之宿。是因周禮註所用別文以傳合于畢、若謂其皆經星之名、然自二名以外無復可與星名傳者。又周禮註以荼讀餘、似因四月爲余混誤、故釋文謂鄭氏娵荼字是假借、當從爾雅。司馬貞言更未足爲典要矣。月陽在甲曰畢、月名正月爲陬、若以夏正言之、畢陬月當爲甲寅、而史云畢聚卻屬冬至之月、葢爾雅周代之書、所用乃是周正、周之正月于夏爲十一月、畢陬乃甲子月也。郭引離騷攝提貞于孟陬爲陬月之證、攝提隨斗柄以指十二辰、每月各有所貞、不必定是寅月。國語

元月正謂周正九月、顧炎武日知錄已言之、若以純陰無陽說陽亦惟字義傳會、據葉廷珪海錄碎事乃本孫炎說耳。由畢陬遞推以定其餘、假如月在乙丑則當曰橘如、在丙寅則當曰修寎、在丁卯則當曰圉余而元則爲申、陽則爲酉。月陽月名之駢用、前籍者、僅史記一見。邢氏疏失參考、但云正月得甲則曰畢陬、二月得乙則曰橘如、不復表明其夏正周正之別。今世紀月者、遂率以夏正、正月爲陬。周嬰卮林曰、邢昺爾雅疏正月得甲則曰畢陬、若史記歷書云月名畢聚也。然則聚當爲陬、索隱曰漢始以建亥爲歲首、後改爲建子、蓋用周正、故稱畢陬、如用夏正、當曰畢辜也。若以畢爲濁星之畢及娵訾之口、失之遠矣。月令維紀日舍中星不及于月、蓋以月輪行疾、一月而周天、故不得以恒星定月所在。娵訾是亥次之號、非十一月日月交會之宿也、日月一歲十二會、其交娵訾之辰、蓋在孟夏之月、其會實沈之次、則在孟夏之中。律歷志曰冬、至日月在建星、孟康曰建星在牽牛間。司馬貞既云起牽牛之初、又以爲月値畢星及娵訾、殊自違伐、不如邢昺爲得。按右說與愚意頗合、惟云其爲濁星之畢過識也。索隱謂月値畢、畢、月雄也。其意亦以畢爲甲、未嘗以爲濁星、但以聚爲娵訾誤耳。

補郭

月名

題上事也。十二月皆據夏時而言。

說詩

月名春秋繁露、十者天之數也、十二者歲之度也、用歲之度條天之數十二而天數畢。天有四時、每一時有三月、三四十二、十二月相受而歲數終矣。

啓蒙

南風謂之凱風東風謂之谷風北風謂之涼風西風謂之泰風

南風謂之凱風、詩曰凱風自南。東風謂之谷風、詩云習習谷風。北風謂之涼風、詩云北風其涼。西風謂之泰風。詩曰泰風有隧。

郭注

南風至風雨　釋曰、此釋風雨之名也。易曰風以動之、雨以潤之。又曰潤之以風雨。洪範曰月之從星、則以風雨。然則風雨相將之物、故此類聚而釋之也。　南風謂之凱風者、李巡曰南風長養萬物、萬物喜樂、故曰凱風。凱、樂也。郭氏無說、義或當然。詩邶風云凱風自南是也。　東風謂之谷風者、孫炎曰、谷之言穀、穀生也。谷風者生長之風也。詩邶風云習習谷風是也。　北風謂之涼風者、北風一名涼風、言北方寒涼之風也。詩邶風云北風其涼是也。西風謂之泰風者、孫炎曰、西風成物、物豐泰也。詩大雅桑柔云泰風有隧是也。

邢疏

南風謂之凱風

南風長養萬物喜樂、故曰凱風。凱、樂也。詩正義二之二　邢疏

李注

東風謂之谷風

谷之言穀、穀生也。谷風者、生長之風也。詩正義二之二　邢疏

西風渭之泰風

西風成物、物豐泰也。詩正義十八之二　邢疏

孫音注

黃輯古義

南風謂之凱風

南風長養萬物萬物（邢疏無下萬物二字）喜樂故曰凱風凱樂也。（邢疏　詩邶風凱風正義）

李注

東風謂之谷風

谷之言穀穀生也谷風者生長之風也。（邢疏　詩邶風谷風正義）

西風謂之泰風

西風成物物豐泰也。（邢疏　詩大雅桑柔正義）

孫音注

玉函山房輯佚

南風謂之凱風

南風長養萬物萬物喜樂故曰凱風凱樂。（李注）

東風謂之谷風

谷之言穀穀生也谷風生長之風陰陽不和卽風雨無節故陰陽和乃谷風至。（孫注　並詩疏）

鈎沉

南風謂之凱風

李曰南風長養萬物喜樂故曰凱風凱樂也。（詩正義二之二）

疏　邢

東風謂之谷風

孫曰谷之言穀穀生也谷風者生長之風也。（詩正義二之二）

疏　邢

西風謂之泰風

孫曰西風成物物豐泰也。（詩正義十八之二　邢疏）

漢注

南風謂之凱風

李巡云南風長養萬物萬物嘉樂故曰凱風凱樂也。（詩正義二之二卷）　郭璞云詩曰凱風自南。

東風謂之谷風

孫炎云谷之言穀穀生也谷風者生長之風陰陽不和卽風雨無節故陰陽和乃谷風至。（詩正義二之二卷）　郭璞云詩云習習谷風。

北風謂之涼風

郭璞云詩云北風其涼。

西風謂之泰風

孫炎云西風成物物豐泰也。（詩正義十八之二卷）　郭璞云詩云大風有隧。

一切注音

南風謂之凱風　李巡曰南風長養萬物萬物喜樂故曰凱風凱樂也。（詩凱風正義）

蕙心案釋文凱作颽。

東風謂之谷風　孫炎曰谷之言穀穀生也谷風者生長之風陰陽不和卽風雨無節故陰陽和乃谷風。（詩谷風正義）

西風謂之泰風　孫炎曰西風成物物豐泰也。（詩桑柔正義）

蕙心案詩桑柔箋云西風謂之大風義本爾雅大與泰通。

古注斠

颽（口故反。又作凱。）涼（本或作古飆字同。力張反。）隧（音遂。）

陸音義

颽又作凱○邢本作凱。案說文無颽字。 涼本或作古颷字○案、作颷者與說文合、汗簡載古爾雅同。

音義攷證

南風謂之凱風

凡動爲風、風動而火生焉、雖勝而還可也。夏小正曰大風、南風也。上南風以此。

東風謂之谷風

谷風、生物之風也。動搖歸風、谷神死矣。

北風謂之涼風

凡雪寒而或霽、和則未出。暴而或霽、霏則未也。故詩風後其喈、雪後其霏。

西風謂之泰風

凱風言前此嘗怒矣、至是而爲凱。涼風言前此嘗厚矣、至是而爲涼。凱風言其情、涼風言其德、谷風言所出之虛、泰風言所交之會。

新義

南風謂之凱風東風謂之谷風北風謂之涼風西風謂之泰風 桑柔云泰風有隧。

鄭樵注

南風謂之凱風
李巡曰、南風長養萬物喜樂、故曰凱風。凱、樂也。
郭璞曰、詩曰凱風自南。
東風謂之谷風
孫炎曰、谷之言穀、穀、生也。谷風者生長之風也。
郭璞曰、詩云習習谷風。
北風謂之涼風
郭璞曰、詩云北風其涼。
西風謂之泰風
孫炎曰、西風成物、物豐泰也。
郭璞曰、詩曰泰風有隧。
鄭樵曰、桑柔云泰風有隧。

古注合存

南風謂之凱風、東風謂之谷風、北風謂之涼風、西風謂之泰風 註曰

詩邶風云、凱風自南、又云習習谷風、又云北風其涼、桑柔云泰風有隧。疏曰易云風以動之、雨以潤之、又云潤之以風雨、洪範云月之從星、則以風雨、故類釋之。李巡云南風長養萬物、故曰凱風、凱、樂也。孫炎云谷之言穀、穀、生也、生長之風也。涼風、北風、寒涼之風。西風成物、物豐泰也、故曰泰風。愚按月令孟秋涼風至、涼風本秋令、屬西、則此亦約詞、若四時天名之屬與。

注疏參義

農師云、凱風言其情、谷風言其自、涼風言其德、泰風言其交。景風者、天地中和之氣也。

補注

南風謂之凱風 註 詩曰凱風自南 東風謂之谷風 註 詩云習習谷風 北風謂之涼風 註 詩云北風其涼 西風謂之泰風 註 詩曰泰風有隧 正義 此據詩文以分釋。凱風者、詩疏引李巡云、南風長養萬物喜樂、故曰凱風、凱、樂也。夏小正謂之俊風。東風謂之谷風者、詩疏引孫炎云、谷之言穀、穀、生也、谷風者、生長之風。陰陽不和、卽風雨無節、故陰陽和乃谷風至。北風謂之涼風者、月令孟秋之月涼風至、謂寒涼之風也。說文涼作颷。西風謂之泰風者、詩疏引孫炎云、西風成物、物豐泰也。此四方之風應四時者也。通卦驗云、東北曰條風、東方曰明庶風、東南曰清明風、南方曰景風、西南曰涼風、西方曰閶闔風、西北曰不周風、北方曰廣莫風。條風一名融風、景風一名凱風、此又自四方而推言之耳。註 詩曰至有隧○ 正義 凱風自南、習習谷風、北風其涼、俱邶風文。泰風有隧、大雅桑柔文。

正義

南風謂之凱風詩曰凱風自南**東風謂之谷風**詩云習習谷風**北風謂之涼風**詩云北風其涼**西風謂之泰風**詩云泰風有隧

風者、釋名云、風、兗豫司冀橫口合脣言之。風、氾也、其氣博氾而動物也。青徐言風、踧口開脣推氣言之、風、放也、氣放散也。按風古字今反氾放俱語聲之轉也。凱風者、詩傳用爾雅而申之云、樂夏之長養。正義引李巡曰、南風長養萬物、喜樂、故曰凱風。凱、樂也。按凱又闓也、其風開明養育萬物。說文以南風為景風、夏小正謂為俊風、俊景皆明大之義也。○谷風者、詩傳用爾雅而云陰陽和而谷風至。正義引孫炎曰、谷之言穀、穀生也。谷風者、生長之風也。谷本通川之名、毛傳以陰陽和為言、是谷風宣通陰陽、谷即通也。說文以為明庶風、明亦通矣。○涼風者、說文云北風謂之䬆、从涼省聲。釋文涼本或作古䬆字。詩北風傳北風寒涼之風。說文以為廣莫風、廣莫亦荒寒之義也。○泰風者、泰即大也。詩桑柔箋西風謂之大風、本爾雅文。正義引孫炎曰、西風成物、物豐泰也。是孫炎亦以泰為大。說文以為閶闔風、按閶闔本天門之名、天門在西北、故以西風為大也。又按風有八方、爾雅止及四方、據詩文為釋也、故郭注亦俱引詩。

義疏

南風謂之凱風東風謂之谷風北風謂之涼風西風謂之泰風 李注、南風長養萬物、喜樂、故曰凱風。凱、樂也。孫注、谷之言穀、穀、生也。谷風者、生長之風。西風成物、物豐泰也。郭注、詩曰、凱風自南。習習谷風。北風其涼。泰風有隧。

集解

南風謂之凱風 南、艸木至南方有枝任也。風、八風也。風動蟲生、故蟲八日而化。今以气壓生不同之處、而大气欲求其平均、因起運動、气流而生風。則从虫者取蠕動義耳、非以生蟲也。凱字本作愷、樂也。中國地在北溫、南風从熱帶來、熱而長養萬物、喜樂、故名凱風。中國夏多南風、以夏日光正照北半球而生低壓、南半球大風頗冷、趨於北半球、是南高壓地向北低壓地流也。詩凱風自南、謂其來自南方。或者正字為塏與。塏、高燥也。**東風謂之谷風** 東、動也。从木、官溥說、从日在木中。谷、泉水通川為谷、與穀通用。漢書所謂穀風迅疾是也。中國東風由海而來、和軟而生長萬物、故名谷風。但陸地熱之吸收及放散皆速、與海上較、晝間覺低壓、夜間反生高壓、然則東風之起、蓋在日中時也。今地文學說、夜山腹冷於谿谷、谿谷中大气上升、山腹大气下流補之、是為山風。晝山腹正受日光、大气即熱漲而上升、谿谷之大气冷而趨向山腹、是為谷風、與此不類。詩習習谷風、謂東風也。**北風謂之涼風** 北、乖也。从二人相背。與背通用。漢書高帝紀項羽追北、注、北、古背字是也。涼、薄寒也。許慎作䬆。中國北風从北極來、風冷而寒、以因名涼風。冬日光正照南半球、北半球空气趨於南半球、冬時所以多北風。與詩北風其涼、禮記月令涼風至。**西風謂之泰風** 西、鳥在巢上、象形。一曰日在西方而鳥棲、因以為東西之西。泰、滑也、與榛通用。東晴西陰、西之天气趨於東而為西風、性殺蟲而傷花物、泰風所由名也。豫以為物豐泰、誤矣。今地文學家說兩極地方、赤道气流甚偏於東方、多正西方風、亦泰風也。又赤道無風帶之兩側、向赤道之气流即貿易風。但因地球自轉、北半球為東北風、南半球為東南風、同歸無風帶之外側、赤道气流與極地气流交互吹過、北半球感東北及西南風、南半球感東南又西北風。通卦驗云、東北曰條風、東方曰明庶風、東南曰清明風、南方曰景風、西南曰涼風、西方曰閶闔風、西北曰不周風、北方曰廣漠風。此舉四風而名偁又殊、蓋爾雅為古說也。詩泰風有隧、經典或徑作大。

義證

南風謂之凱風

[註]詩曰凱風自南。[補正]邢疏李巡曰、南風長養萬物喜樂、故曰凱風。凱、樂也。

東風謂之谷風

[註]詩云習習谷風。[補正]臣鑾按、詩疏引孫註云、谷之言穀、穀、生也。谷風、生長之風。陰陽不和即風雨無節、

故陰陽和乃谷風至。

西風謂之泰風

註詩曰泰風有隧補正邢疏、孫炎曰西風成物、物豐泰也。

郭注補正

南風謂之颽風

詩曰颽風自南

初學記一卷天部引爾雅南風曰凱風、詩云凱風自南。御覽九卷天部引作詩曰、下三引郭注皆作詩曰。釋文釋經颽字云、颽又作凱。不言注有異同、蓋經注皆作颽也。作颽者三家今文。今本則皆依毛詩改作凱矣。

東風謂之谷風

詩曰習習谷風

今本作詩云、據御覽引正。

北風謂之涼風

詩曰北風其涼

今本作詩云、據御覽引正。

西風謂之泰風

詩曰泰風有隧

、仿宋本作詩云、雪牕本明注疏本作詩曰、與御覽引同。

郭注佚存補訂

南風謂之颽風東風謂之谷風北風謂之涼風西風謂之泰風

颽風者、釋文云颽又作凱。說文無颽字。凱正字也。邶風凱風自南毛傳云南風謂之凱風。樂夏之長養者。李巡云南風長養萬物、物喜樂、故曰凱風。凱樂也。 谷風者、邶風習習谷風傳云東風謂之谷風陰陽和而谷風至。孫炎云谷之言穀、穀生也。谷風者生長之風。陰陽不和即風雨無節、故陰陽和乃谷風至。 涼風者、說文作飆、釋文云涼本或作古飆字。邶風北風其涼、傳云北風寒涼之風。鄭箋云寒涼之風病害萬物。 泰風者、泰與大同。大雅桑柔大風有隧、箋云西風謂之大風、大風之行有所從而來、必從大空谷之中。孫炎云西風成物、物豐泰也。

說詩

南風謂之凱風 釋文作颽。

北風謂之涼風 釋文及監本作涼。

西風節註泰風有隧 泰毛詩作大。

注疏正字

南風謂之颽風　釋文云颽又作凱。盧學士曰說文無颽字。元照案說文亦無凱字當作豈或作愷。

東風謂之谷風　谷通作穀。漢書王莽傳下穀風迅疾注穀風即谷風。

北風謂之涼風　釋文云涼本或作古飆字。案說文風部䬆北風謂之䬆風从風涼省聲。

西風謂之泰風　詩大雅桑柔大風有隧箋云西風謂之大風。正義曰釋天文彼大作泰。郭注引詩作泰。案說文水部泰滑也从廾从水大聲古文作夳隸省作太。經典與大通用。

匡名

南風謂之凱風東風謂之谷風北風謂之涼風西風謂之泰風　說文南艸木至南方有枝任也。邶風凱風自南。東動也从日在木中。邶風習習谷風。北菲也从二人相背。䬆北風謂之䬆从風涼省聲。邶風北風其涼。西鳥在巢上象形日在西方而鳥棲故因以爲東西之西。大雅泰風有隧。通卦驗東北曰條風東方曰庶明風東南曰清明風南方曰景風西南曰涼風西方曰閶闔風西北曰不周風北方曰廣莫風條風一名融風景風一名凱風。

啓蒙

颽　豈　釋文颽又作凱。段氏玉裁曰邶風傳曰凱風謂之南風樂夏之長養凱亦訓樂即愷字也。

今本作凱其字从豈几聲蓋豈之後出字。

涼　䬆　釋文涼本或作古颷字同。案說文北風謂之䬆常作颷。

黃侃評本正名

南風謂之凱風　北風謂之涼風　西風謂之泰風

釋文凱作颽云本又作凱。釋天釋文涼本或作古颷字。釋天釋文說文北風謂之颷。風部颷汗簡載古爾雅同大雅泰風作大風。桑柔詩引見郭注

證異

南風謂之凱風。釋文作颽。

考異摘要

東風謂之谷風

錦燧謹案詩谷風傳用雅訓爲說孫叔然以爲谷之言穀據書堯典宅西曰昧谷周禮縫人注引作度西曰柳穀是谷穀古通之證。本經釋言云穀生也是穀之訓生亦屬達詁孫說允有所本。說文部首云谷泉出通川爲谷從水半見出於口。谷之本訓與生義遠。又說文禾部云穀續也百穀之總名。穀之本訓亦與生義遠。穀訓生者乃穀之假借字。穀穀同从殻聲故得通用。左氏莊公三十年傳鬭穀於菟釋文引漢書敘傳作穀。荀子禮論臧穀猶且羞之注云穀或讀爲鬭穀於菟之穀其碻證也。廣雅釋詁云穀生也。說文子部云穀乳也。乳與生義亦相蒙則穀爲本字可知。

陸錦燧日記

南風謂之凱風李云南風長養萬物喜樂故曰凱風。凱樂也。郭云詩曰凱風自南。郝懿行云凱又闓也其風闓明養育萬物。楷案詩凱風傳用爾雅申之云樂夏之長養即李說所本然於義非也。凱者大也。廣雅凱大也。南風爲大風者夏小正時有俊風傳俊也者大也。大風南風也。何大於

南風也曰合冰必於南風解冰必於南風生必於南風殺必於南風故大之也是其義也。呂覽有始篇南風曰巨風。說文南風曰景風巨與景亦皆大也。李訓失之郝說更疏。西風謂之泰風孫云西風成物物豐泰也。郭云詩云泰風有隧。楷案郭引桑柔詩今作大。北風終風且暴釋文引韓詩終風西風也。疑韓所據爾雅本泰作終與孫郭異攷說文終字古文作夂與大字形正相近然則爾雅古本當作夂或誤作大說者讀爲太遂又改爲泰耳。鄭箋桑柔詩云西風謂之大風已據作大之本而郭注引詩并改彼爲泰以就之眞所謂說誤於前文變於後矣。然詩之大風當解爲大小之大與下句有空大谷相對。說詳王氏述聞詩之大風既非泰風則爾雅之泰風自當作終風甚明。周語純明則終韋昭注終成也西風成就萬物故曰終風猶東風生長萬物名曰谷風也自誤作泰而詩之大風亦誤解韓詩說亦無稽矣。

稗疏

南風謂之凱風 唐石經雪牕本同釋文颽又作凱。

南風至風雨○釋曰 注疏本刪。

○南風謂之凱風者 此本每節首空一字元本同舊本每節加○閩本監本毛本每節增「一」字下準此。

校勘記

南風長養萬物萬物喜樂 注疏本脫一萬物。

校勘記訂補

泰風有隧 十行本大風。

三行南風謂之颽風○「颽」，唐寫本作「颻」。案陸氏《釋文》字亦作「颻」，云：「又作凱」。

三行（注）詩云習習谷風○唐寫本作「《詩》曰：習習谷風也」。下注文「《詩》云：北風其涼」，「詩云」亦作「詩曰」。案郭注引《詩》、《書》、《左傳》、《公羊傳》、《禮記》等經書，例稱「曰」，不稱「云」。今本或作「詩曰」，或作「詩云」，體例頗不一致，當爲傳寫之失，唐本猶未紊亂。下文「西風謂之泰風」下注云：「《詩》曰：泰風有隧」，唐寫本同，宋刻小字本作「詩云」，與舊本不合。

四行北風謂之涼風○「涼」，唐寫本作「颻」。注文同。原本《玉篇》「涼」下引及《釋文》均作「涼」。《釋文》云：「本或作古颻字，同。」

宋監本校箋

南風謂之凱 音豈 風

音圖・音

愷

南風謂之凱風。東風謂之谷風。北風謂之涼風。西風謂之泰風

孫侶 直音

凱 愷

干氏音釋

焚輪謂之穨 扶搖謂之猋 風與火爲庉 迴風爲飄

焚輪謂之穨、暴風從上下。 扶搖謂之猋。暴風

從下上。

風與火爲庉。庉庉、熾盛之貌。迴風爲飄。旋風也。

郭注

焚輪謂之穨者、李巡曰、焚輪暴風從上來降謂之穨、穨下也。孫炎曰、迴風從上下曰穨。郭云暴風從上下、與李同也。詩小雅云習習谷風、維風及穨是也。扶搖謂之猋者、李巡曰、扶搖暴風從下升上、故曰猋。猋上也。孫炎曰、迴風從下上曰猋。郭云暴風從下上、亦用李說。莊子說鵬云搏扶搖而上者九萬里。月令孟春行秋令則猋風暴雨揔至是也。風與火爲庉者、郭云庉庉熾盛之貌。言風自火出、火因風熾、火而有大風者爲庉。迴風爲飄者、郭云旋風也。李巡曰、一曰飄風、別二名也。詩蓼莪云飄風發發是也。

邢疏

焚輪謂之穨

焚輪、暴風從上來降謂之穨。穨、下也。詩正義十三之一　邢疏

扶搖謂之猋

扶搖、暴風從下升上、故曰猋。猋、上也。詩正義十三之一　文選左太沖魏都賦劉淵林注　邢疏

迴風爲飄

迴風、旋風也、一曰飄風、別二名也。詩正義七之二　又十七之四　邢疏引一曰飄風八字

李注

焚輪謂之穨

迴風從上下曰穨。詩正義十三之一　邢疏

扶搖謂之猋

迴風從下上曰猋。詩正義十三之一

孫音注

扶搖謂之猋

扶搖、文選恨賦文賦注並引爾雅作颫䬙。

衆家注

黄輯古義

焚輪謂之穨

焚輪、暴風從上來降謂之穨。穨、下也。邢疏　詩小雅谷風正義

扶搖謂之猋

扶搖、暴風從下升上、故曰猋。猋、上也。邢疏　詩小雅谷風正義　文選左太沖魏都賦劉淵林注引作猋、上也、風從下升也。

迴風爲飄

迴風、旋風也。詩檜風匪風正義　一曰飄風。別二名也。邢疏　詩大雅卷阿正義

李注

焚輪謂之穨

迴風從上下曰穨。邢疏　詩小雅谷風正義

扶搖謂之猋

迴風從下上曰猋。同上

孫音注

玉函山房輯佚

焚輪謂之穨扶搖謂之猋

焚輪、暴風從上來降謂之穨。穨、下也。扶搖、暴風從下升上、故曰猋。猋、上也。李注　迴風從上下曰穨。迴風從下上曰猋。孫注　並詩疏十三之一

迴風爲飄

旋風也、一曰飄。别二名。李注 詩疏七之二

鈎沉

猋輪謂之頹

李曰、猋輪暴風從上來降謂之頹。頹、下也。詩正義十三之一 邢疏

孫曰、迴風從上下曰頹。詩正義十三之一 邢疏

扶摇謂之猋

李曰、扶摇暴風從下升上、故曰猋。猋、上也。詩正義十三之一 文選六左太沖魏都賦劉淵林注 邢疏

孫曰、迴風從下上曰猋。詩正義十三之一

迴風爲飄

李曰、迴風旋風也、一曰飄風。别二名也。詩正義七之二又十七之四 邢疏

漢注

猋輪謂之頽

李巡云、猋輪暴風從上來降謂之頽。頽、下也。孫炎云、迴風從上下曰頽。並詩正義十三之一卷 郭璞云、暴風從上下。

扶搖謂之猋

李巡云、扶搖暴風從下升上、故曰猋。猋、上也。孫炎云、迴風從下上曰猋。並詩正義十三之一卷 郭璞云、暴風從下上。

風與火爲庉

郭璞云、庉庉熾盛之貌。

迴風爲飄

李巡云、迴風旋風也一曰飄風。别二名。詩正義七之二卷

郭璞云、旋風也。

一切注音

猋輪謂之穨　李巡云、猋輪暴風從上來降謂之穨。穨、下也。孫炎曰、迴風從上下曰穨。並詩谷風正義

扶摇謂之焱　李巡曰、扶揺暴風從下升上、故曰焱。焱、上也。詩谷風正義　孫炎曰、迴風從下上曰焱。詩匪風正義

蕙心案、扶揺文選恨賦文賦注並引爾雅作颫飖、俗體也。

迴風爲飄　李巡曰、迴風旋風也、一曰飄風。别二名。詩匪風卷阿正義

古注斠

扶揺謂之飇

一切經音義卷五十一成唯識寶生論三「驚飇」下引、據海印寺本白蓮社本大正藏本頻伽藏本並同。

森案今本作猋、陸氏爾雅音義云「猋、必遥反、字林作飇、音同」、案説文「飇、扶揺風也」、是飇爲本字、猋即飇字省借、字林作飆者、嚴元照爾雅匡名云「猋即猋之譌」。

飇、風從下向上者。

一切經音義卷五十一成唯識寶生論三「驚飇」

下引據同前。

森案：郭璞此條註云「暴風從下上」。董氏讀爾雅補記云：「鄭謂飈風從下向上」，故其門人孫炎註此，亦曰「迴風從下上曰猋」。引見邢疏、又詩小雅谷風篇孔疏。郭註則又竊取鄭孫之義耳。

鄭玄注稽存

棼 符云反、本或作焚。頹 本或作穨、隤同。徒回反。扶 如字。字林作颫、同。搖 音遙。字林作䬙、同。猋 必遙反。字林作颷、同。音下上 時掌反。庉 徒袞、徒昆二反。本或作炖、字同。熾 尺志反。飄 音飄。

陸音義

棼 ○邢本作焚。頹 本或作穨、隤。○宋注疏本作穨、今本俱依釋文作頹、俗。猋 字林作颷○案說文本作飆。禮記月令作猋、蓋省文。字林從三火、乃三犬之誤。

音義攷證

焚輪謂之頹

生火如此墮矣。

扶搖謂之猋

猋、金也。木搖之金扶焉。

風與火爲庉

庉、樓牆戰地也。風與火相乘、蓋未有不戰者也。

迴風爲飄

火一而惡、以能有回故也。

新義

焚輪謂之頹扶搖謂之猋 皆暴風也。焚輪、自上而下。扶搖、自下而上。風與火爲庉 庉、熾盛貌。徒袞反。迴風爲飄 迴、旋也。

鄭樵注

焚輪謂之頹

李巡曰、焚輪、暴風從上來降謂之頹。頹、下也。

孫炎曰、迴風從上下曰頹。

郭璞曰、暴風從上下。

扶搖謂之猋

李巡曰、扶搖、暴風從下升上、故曰猋。猋、上也。

孫炎曰、迴風從下上曰猋。

郭璞曰、暴風從下上。

鄭樵曰、皆暴風也。焚輪、自上而下。扶搖、自下而上。總釋兩句

風與火爲庉

郭璞曰、庉庉、熾盛之貌。

鄭樵曰、庉、熾盛貌。徒袞反。

迴風爲飄

李巡曰、迴風、旋風也、一曰飄風、別二名。

郭璞曰、旋風也。

鄭樵曰、迴、旋也。

古注合存

文選註爾雅猋或爲此飈、又引風飄謂之飈、與今本不同。又云猋上也、風從下升也。不知誰氏之註。

補注

焚輪謂之頹 **註** 暴風從上下 扶搖謂之猋 **註** 暴風從下上 風與火爲庉 **註** 庉庉熾盛之貌 迴風爲飄 **註** 旋風也

正義 上言風之應乎時者、此言風之不時至者也。焚輪謂之頹者、小雅谷風云、維風及頹、此釋之也。詩疏引李巡曰、焚輪、暴風從上下降謂之頹。頹、下也。孫炎曰、迴風從上下曰頹。扶搖謂之猋者、月令篇云、猋風暴雨總至、此釋之也。說文作飆、扶搖風也。詩疏引李巡云、扶搖暴風從下升上、故曰猋。猋、上也。孫炎

云迴風從下上曰猋。莊子逍遙遊云：摶扶搖而上者九萬里。司馬彪注：上行風謂之扶搖。淮南原道訓云：扶搖抮羊角而上。高誘注：扶搖如羊角曲縈而上也。風與火爲庉者，易象傳云：風自火出。此釋其名爲庉也。孔疏云：火出之初，因風方熾，火既炎盛，復生風象。皆言實事，故爾雅釋之。舊說以爲假象，非也。迴風爲飄者，何人斯云：其爲飄風。此釋之也。說文云：飄，回風也。鄭注禮記云：迴風爲猋。孔疏謂風之迴轉也。鄭君所見爾雅本與郭異也。【注】暴風從上下。○【正義】毛傳：穨，風之焚輪者也。風薄相扶而上，與郭義異。○暴風從下上。○【正義】劉逵魏都賦注云：猋，上也。風從下升也。顏師古漢書注云：猋，疾風也。○旋風也。○【正義】詩疏引李巡云：旋風也。一曰飄風，別二名。郭注本李巡。離騷云：飄風屯其相離兮。

【正義】

焚輪謂之穨暴風從上下 **扶搖謂之猋**暴風從下上 **風與火爲庉**庉庉熾盛之貌 **迴風爲飄**旋風也

穨者，詩谷風傳：穨，風之焚輪者也。風薄相扶而上。正義引李巡曰：焚輪，暴風從上來降謂之穨。穨，下也。孫炎曰：迴風從上下曰穨。按李、孫釋穨字甚明，毛傳相扶而上，似與穨義相反，疑必有誤。焚輪，疊韵字也。釋文：棼本或作焚，穨本或作穨、隤。○猋者，說文作飆，云扶搖風也。詩正義引李巡曰：扶搖，暴風從下升上，故曰猋。猋，上也。孫炎曰：迴風從下上曰猋。按迴風是大名，穨、猋是其異號，故月令注回風爲猋，是孫炎所本也。扶搖者，莊子逍遙遊篇云：摶扶搖而上者九萬里。淮南原道篇云：扶搖抮抱羊角而上。高誘注：扶搖如羊角曲縈而上也。文選恨賦及文賦注竝引爾雅作飆，飈皆俗字也。○庉者，釋文云：本或作炖。玉篇：炖，風與火也。方言云：炖，（孫）赫也。郭注：火盛熾之貌。與此注同，是庉當作炖也。風與火者，火得風而熾，風因火而烈也。○迴者，說文作回。飄者，詩匪風、卷阿傳俱本爾雅。正義引李巡曰：迴風，旋風也。一曰飄風，別二名。按旋風回旋于地，不上不下，異于穨、猋，其行飄飄，故謂之飄；其容蛇蛇，故謂之颮。廣韵：颮，小旋風，咸陽有之，小颮于地也。然則此風咸陽尤多。咸陽，周之舊地。詩三言飄風，其二在周境，廣韵之說近有徵矣。

【義疏】

焚輪謂之穨，扶搖謂之猋飄 **風與火爲庉**炖 **迴風爲飄**李注：焚輪，暴風從上來降謂之穨。穨，下也。扶搖，暴風從下升上，故曰猋。猋，上也。迴風，旋風也。一曰飄風，別二名。孫注：迴風從上下曰穨，從下上曰猋。郭注：穨，暴風從上下；猋，暴風從下上。庉，庉熾盛之皃。飄，旋風也。詩：維風及穨。其爲飄風。飄風自南。炖、焞通用，禮有楚焞。

【集解】

焚輪謂之穨 今旋風也。焚字本作樊，燒田也，从火楙。輪，有輻曰輪，無輻曰輇。穨字本作穨，秃皃。旋風一旦起時，其中心不僅一處，次第移動，因其水蒸气之凝結爲雨而放潛熱，而旋風之前面常生低壓也。焚輪者，狀其熱而形圜，又以其逆向雨天气相摩故也。穨者，狀其拔艸木也。或若正字爲隤，而取隊物義與。又有所謂龍卷者，即旋風轉上海水之謂。詩：維風及穨。**扶搖謂之猋** 莊子在宥：將東遊，過扶搖之枝。然則扶搖即搏搖木名也。此以名風，則非木矣。扶，助也。搖，動也。風名扶搖，謂最猛烈之飇風耳。猋字本作飇，扶搖風也。从三犬者，狀其疾。莊子逍遙遊：摶扶搖而上。淮南覽冥：降扶風。禮記月令，則猋風暴雨總至。**風與火爲庉** 庉字本作焞，明也。旋風由相摩而生，且放潛熱，與火似矣。儀禮楚焞，謂用以灼龜者。易象傳：風自火出。然則風與火者，或謂火初由風熾，及火既炎盛，又復生風與。**迴風爲飄** 所謂旋風是也。大气自高壓地流於低壓地，則爲風。急生低壓，自其四近高壓部气流集中時，爲螺旋狀進行，則爲旋風。迴字本作回，轉也。旋亦轉也。飄，回風也。从票者，亦狀其疾。詩：匪風飄兮。又：飄風自南。

【義證】

焚輪謂之頹

註暴風從上下補正邢疏、李巡曰、焚輪、暴風從上來降謂之頹。頹、下也。孫炎曰、迴風從上下曰頹。詩小雅維風及頹是也。

扶搖謂之猋猋必遥反。

註暴風從下上補正邢疏、李巡曰、扶搖、暴風從下升上、故曰猋。猋、上也。臣鋆按、陸佃云、郭璞以爲頹、暴風從上下也。猋、暴風從下上也。按詩傳云、頹、風之焚輪者、風薄相扶而上也。則與璞之意異矣。葢風之銳而上者爲猋、風之旋而上者爲頹。莊子曰、搏扶搖羊角而上九萬里、扶搖卽猋是也。羊角卽頹是也。今羊角轉旋而上、如焰焚輪之象也。

郭注補正

風與火爲庉庉徒昆反。

註庉庉熾盛之貌

焚輪謂之頹、扶搖謂之猋。按莊子搏扶搖羊角而上者九萬里、司馬彪曰、風上行謂之扶搖、風曲上行若羊角、然謂之羊角。然則頹卽羊角矣。

錢氏古義

扶搖謂之猋補

滋然謹按、郭注云、暴風从下上。慧琳一切經音義五十一驚飈注引鄭注尒疋云、飈、風从下向上者。詩正義引李巡曰、扶搖从下升上、故曰猋。猋、上也。孫炎曰、迴風下上曰猋。通作飆。說文、飆、扶搖風也。月令注、回風爲猋。孫炎師事鄭元、故注尒疋用鄭義。郭氏云、風从下上、亦用鄭元舊注也。

舊注攷證

焚輪謂之頹　注暴風從上下

正曰、詩小雅谷風維風及頹、毛傳、頹、風之焚輪者、風薄相扶而上。正義、釋天、焚輪謂之頹。李巡曰、焚輪、暴風從上來降謂之頹。頹、下也。孫炎曰、迴風從上下曰頹。毛傳用爾雅文、李孫卽依毛傳以作注。推尋其誼、則焚輪之焚當讀如僨。左隱三季傳、鄭伯之車僨于濟、杜注、遇大風。正義、風吹墜濟水、僨車猶僨輪也。左襄二十四季傳釋文、服云、焚讀曰僨。是其例也。郭氏承用舊注、而未審音讀。

迴風爲飄　注旋風也

正曰、詩匪風匪風飄兮、毛傳、迴風爲飄。正義、釋天文、李巡曰、迴風、旋風也。一曰飄風、別二名。其云別二名者、楚辭悲回風之搖蕙兮、王注、回風謂之飄風。李注吕經傳迴風飄風並見、故云別二名也。郭注不別之爲二、疏矣。

正郭

棼輪謂之頹

暴風從上下也

文選長笛賦注引爾雅焚輪謂之頹、郭璞曰、暴風從上下也。御覽九卷天部引同。今據補也字。

扶搖謂之猋

暴風從下上也

文選射雉賦注引爾雅曰扶搖謂之猋、謂暴風從下上也。御覽引同今。據補也字。慧琳六波羅蜜多經九卷音義引郭注爾雅云暴風從下而上也。蘇婆呼童子請問經下卷音義引爾雅郭璞注云暴風從上向下曰飆。根本說一切有部毗奈耶攝頌四卷音義引郭注爾雅云暴風上下謂之颷也。文選曹子建贈徐幹注引爾雅扶搖謂之飆、郭璞曰暴風從上下者。所引上下字誤倒。

風與火爲庉

庉庉熾盛之貌

御覽九卷天部引爾雅風火爲庉。炖炖、熾盛之貌。樹枏案、釋文釋經庉字云本或作炖字同。方言炖、赫也。郭彼注云火熾盛之貌。與此注同。據此則郭注當作炖也。

迴風爲飄

旋風也

慧琳阿毗達磨顯宗論十二卷音義引郭注爾雅云、飄暴起之風也。詩云匪風飄兮。衆事分阿毗曇論三卷音義引郭注爾雅云、箕爲飄風也。所引與今本異。

郭注佚存補訂

焚輪謂之頹扶搖謂之猋風與火爲庉迴風爲飄

頹者、小雅谷風維風及頹毛傳云頹風之焚輪者也風薄相扶而上李巡云焚輪暴風從上來降謂之頹。頹、下也孫炎云、迴風從上下曰頹。與毛異義。案扶搖之風從下而上、焚輪之風從上而下、李孫說爲是。郭注同。詩疏曲爲之說。　猋者、說文作飆、云扶搖風也李巡云扶搖暴風從下升上故曰猋。猋上也孫炎云、迴風從下上曰猋。　庉者、釋文云本或作炖。所謂風自火出。　飄者、檜風匪風飄兮、毛傳云、迴風爲飄。發發飄風非有道之風。李巡云、迴風旋風也、一曰飄風別二名。大雅卷阿飄風自南傳云飄風迴風也彼釋文云票本亦作飄。票爲飄之省文。小雅何人斯其爲飄風傳云飄風暴起之風彼釋文云飄疾風也。

說詩

焚輪謂之頹

郭注暴風從上下、于義未盡。栢年案、焚者僨之假借、聞省作賁。賁焚古音同在十三部。左氏襄二十四年傳象有齒以焚其身、服虔曰焚讀曰僨、強也。強即仆也。大風足以僨車、故曰僨輪。如隱三年傳鄭伯之車僨于濟、杜注遇大風。正義風吹墜濟水是也。又釋文作棼、云本或作焚。棼亂與顛覆義近。

補釋

焚輪謂之頹（焚釋文作棼。）

注疏正字

風與火爲庉

郭曰、庉庉熾盛之貌。邵曰、易象傳云風自火出、此釋其名爲庉也。孔疏云火出之初、因風方熾、火既炎盛、還復生風、象皆言實事、故爾雅釋之。舊說以爲假象非也。引之謹案、此釋庉字之義、非釋易之風自火出。蓋誤證也。釋文庉本或作炖、字同。玉篇炖、風與火也。方言炖、㶮、煓赫也。郭彼注曰皆火盛熾之貌。然則炖者火得風而炖炖然盛、非謂風自火出也。古無炖字、故借庉爲之。

述聞

棼輪謂之頹　釋文云棼、本或作焚。石經作焚、詩傳（小雅谷風）及正義引亦作焚。案說文（火部）樊、燒田也、从火棥、棥亦聲。隸省从林。

又云頹本或作穨隤同。案說文（禿部）穨、禿皃、从禿貴聲。又（𨸏部）隤、下隊也、从𨸏貴聲。經典相承通用。俗又省穨从頁。石經雪窗作穨。

扶搖謂之猋　釋文云扶搖、字林作颫颻。案皆俗體。　又云猋、字林作飆。盧學士曰、說文（風部）飆、扶搖風也、从風猋聲。字林从焱乃从猋之譌。

風與火爲庉　釋文云庉本或作炖。案說文火部無炖字。

迴風爲飄　案說文（風部）飄、回風也。辵部無迴字。

匡名

焚輪謂之頹扶搖謂之猋風與火爲庉（音豚）迴風爲飄

小雅維風及頹、孔疏、暴風从上下降也。　說文飆、扶搖風也。月令猋風暴雨總至、孔疏、暴風从下升上也。　家人風自火出、孔疏、火出之初、因風方熾、火既炎盛、復生風象。　飄、迴風也。小雅、其爲飄風。

啓蒙

棼　焚　釋文。棼本或作焚。案詩谷風傳。頹。風之焚輪者也。當作焚。

今本作焚、焚輪疊韻字、猶言紛綸也。其正字當作紊鼓。焚又可作闠。

頹　穨　釋文。頹本或作穨隤同。案頹乃穨之俗字。

今本作穨。

猋　飆　釋文。猋字林作飆。音同。案說文。飆。扶搖風也。是正字。

焚輪謂之穨。暴風從上下。　焚輪猶紛綸、言紊亂耳。　焚輪合聲爲坋、又與豐隆音轉、其正字當作紊鼓。焚又可作闠。　頹與下風與火爲庉之庉、陰而風曰曀之曀爲對轉韻。

扶搖謂之猋。暴風從下上。　猋者扶搖之合聲、說文作飆、廣雅飆、風也、止觀二十二引爾雅從下上爲飆風、初學記天部上引爾雅從下上曰飆、亦曰扶搖、文選放歌行素帶曳長飆注云、爾雅或爲此猋、兩字古通。

黃侃評本正名

風與火爲庉。庉庉熾盛之皃。　說文庉樓牆也、或作炖、正作焞、玉篇焞、徒門切、又他雷切、焞焞盛皃、詩采芑嘽嘽焞焞、傳焞焞盛也。又通作燉、玉篇燉、火熾盛皃。嘽嘽焞焞、漢書韋玄成傳作嘽嘽推推、珠林日月篇地動部引作忳从心。

黃侃音訓

焚輪謂之頹 扶搖謂之猋 風與火爲庉

釋文焚作棼、云本或作焚。釋天釋文 頹、本或作積、或作隤。釋天釋文 扶搖、字林作作颫颻。釋天釋文 猋字林作飆。釋天釋文 說文飆、扶搖風也。風部飆 文選注作扶搖謂之飈。長楊賦注 又作颫颻謂之猋。文賦注 釋文庉、本或作炖、同。釋天釋文

扶搖謂之猋、注云暴風從下上。釋文猋、必遙切、字林作飆、音同。按猋當作飆、說文犬部猋云、犬走貌、從三犬、甫遙切。風部飆云、扶搖風也、從風猋聲、甫遙切。當依說文作飆•爾雅作猋、同聲假借字。文選注作飈、即飆之異文。

證異

焚輪謂之穨。莊子摶扶搖羊角而上者九萬里。羊角即穨。釋文引司馬彪云、風曲上行、若羊角然、謂之羊角、上行如焚、旋轉如輪也。

古義補

焚輪謂之穨。釋文作頹、云本或作穨、焚、釋文作棼、云本或作焚。

考異摘要

焚輪謂之積

樾謹按焚字釋文作棼、曰棼本或作焚。蓋焚棼古通用。文十一年左傳獲僑如之弟焚如、史記魯世家作棼如是也。棼輪與紛綸同、文選封禪文紛綸威蕤、張揖曰紛綸、亂貌。

平議

焚輪謂之頹

焚當讀如僨。說文僨、僵也。僵、仆也。風大足以覆車、故謂之頹。釋文頹、本或作積隤同。案僨輪名頹、其正字疑當作隤、說文隤、下隊也。義正相合。嚴氏引說文焚、燒田之訓、然風雖暴何至焚車乎。焚所以能讀如僨者、焚从火林、段本段注焚聲在十三部、與僨从賁聲同部、同部字例得通叚也。近趙氏寶甓齋札記、知焚郎春秋鄭伯僨車之僨、而未得碻證。俊案焚賁疊韻、焚釋文本作棼、焚之通賁、猶棼之通賁、左傳苗賁皇、晉語作苗棼皇、賁又僨之古省也。禮記大學一言賁事、釋文本又作僨。射義賁軍之將、注賁讀爲僨、猶覆敗也。左傳襄廿四年服注、焚讀曰僨、僨僵也。

王仁俊日記

焚輪謂之穨 郭注、暴風從上下。邢疏、李巡曰、暴風從下來降謂之頹。頹、下也。孫炎曰、迴風從上下曰頹。案詩小雅谷風篇維風及頹毛傳頹風之焚輪者也風薄相扶而上喻朋友相須而成知穨乃從下上之風、初非從上下者。下扶搖謂之猋、郭注暴風從下上。而莊子內篇逍遙遊釋文、文選曹植贈徐幹詩注皆引作暴風從上下、不同今本、是郭此注元作暴風從下上、後人見與李孫說不合、遂將二句互倒耳、不知說文禿部穨、禿皃、从禿貴聲。𨸏部隤、下隊也、从𨸏貴聲。李孫以穨爲風從上下、蓋叚穨爲隤、非用穨本義也。

風與火爲庉 郭注、庉庉熾盛之貌。邢疏、風自火出、火因風熾、火而有大風者爲庉。

案自焚輪以下皆釋不時至之風、若風且火、世所恆有、不應列此。竊謂與當訓如、廣雅釋言與、如也是也。漢書武帝紀建元四年夏有風赤如血。水經渭水篇

注引洪範五行傳、赤者火色也。火血既同赤色、則風如火猶言風赤如血矣。釋文出庉本或作炖字同。玉篇火部炖、風與火也。古無炖字、故段庉爲之。

董瑞春日記

鄭注尒雅云、颷風從下向上者。尸子云暴風頹颷是也。卷五十一成唯識寶生論三驚颷下引

案釋天扶搖謂之猋、釋文出猋、字林作飆、是爾雅此猋元有从猋一本。字林之作飆、葢正與鄭注作颷本同矣。郭注焚輪謂之穨曰暴風從上下、注此又曰暴風從下上、是頹颷俱爲暴風可知、故鄭引尸子書以證。尸子以蕭山汪氏繼培輯本爲善、而暴風頹颷四字猶未輯及、葢未見琳音也。鄭謂颷風從下向上、故其門人孫炎注此亦曰迴風從下上曰猋。引見邢疏。又詩小雅谷風篇孔疏。郭注則又竊取鄭孫之義耳。

董瑞春補記

焚輪謂之穨

錦燧謹案詩谷風篇維風及頽、毛傳云頽、風之焚輪者也、風薄相扶而上、喻朋友相須而成。李孫皆以穨風謂自上而下、而詩傳風薄相扶而上、是以穨爲自下而上之風、與孫李異義。陳啟源詩稽古編謂焱從下而上、穨從上而下、是李巡孫炎之說、而郭璞因之耳。據爾雅正文、未見其必然也。扶搖謂之猋、卽南華之扶搖、信從下而上矣。焚輪謂之穨、焚取象於火、火乃炎上之物、安得自上而下乎。竊謂陳說非也。陳以焚字從火、火有炎上之義、獨不思穨字有自上而下之義乎。說文隤从阜貴聲、下墜也。俗通作頹、假借作穨。隤本山阜下墜之名、引申之則爲風自上而下之稱、且焚輪乃疊韻形況字、何可泥焚字以釋之耶。李黼平詩紬義謂莊子逍遙遊釋文、文選曹子建贈徐幹詩李善注、引郭注釋扶搖皆作暴風從上下、與今本不同、則郭注焚輪必爲暴風從下上、正可引以釋傳。今本郭注有誤。竊謂李說亦非也。李何所据而謂莊子釋文文選李善注之必是、郭注之必誤乎、安見謬譌之不在釋文李善注乎。趙坦謂焚當讀爲鄭伯之車僨于濟之僨、左氏襄公二十四年傳象有齒以焚其身、釋文引服虔云焚讀曰僨、僨、僵也。風之大者足以翻車、故曰焚輪。竊謂趙說亦非也。焚輪猶云紛綸、言其亂皃。文選海賦渭濆淪而滀漯、注、濆淪、相糾貌。江賦神蜧蝹蜦以沈游、注、蝹蜦、行貌。又或混淪乎泥沙、注、渾淪、輪轉之貌。封禪文紛綸葳蕤、注引張揖云紛綸、亂貌。皆疊韻形況字、與焚輪正同、安得以翻車釋之乎。

陸錦燧日記

焚輪謂之穨。李云、焚輪、暴風從上來降謂之穨。穨、下也。孫云、迴風從上下曰穨。郭云、暴風從上下。楷案、穨通作遺。呂覽本味篇遺風之乘、高誘注、行迅謂之遺風。文選聖主得賢臣頌追奔電逐遺風、李善注、遺風、風之疾者。又通作隧。楚辭九歌衝風起兮橫波、王逸注、衝、隧也。遇隧風大波涌起、遺風隧風皆卽此所謂穨也。

稗疏

焚輪謂之穨、唐石經雪牕本同、單疏本注疏本穨作頹、釋文焚本或作焚。頹、本或作穨、隤同。○按頹俗字也。

詩云終風且暴。注疏本同。雪牕本云作曰。

火而有大風者爲庉 注疏本脫火。

亦用李說 注疏本用誤同。

校勘記

風與火爲庉 十行風與電。

校勘記訂補

焚輪謂之積 趙坦寶甓齋札記曰、此焚字當讀爲鄭伯之車僨於濟之僨。陸氏本作棼、今本作焚、皆假借字。左氏襄二十四年傳象有齒以焚其身、釋文引服虔云焚讀曰僨、僨、僵也。此其義也。蓋風之從上而下者足以翻車、故曰焚輪。

注疏校勘札記

焚輪謂之頹者 監本毛本同。湘本頹作穨。案頹俗字也、當依經作穨。

五行焚輪謂之積○「焚」，唐寫本作「棼」。案陸氏《釋文》字亦作「棼」，云：「本或作焚」。唐石經及宋刻本均作「焚」。「棼輪」爲象聲詞，「棼輪」叠韵，故「棼」或作「焚」。《詩·小雅·谷風》云：「習習谷風，維風及頹，」《毛傳》云：「頹風之焚輪者也。」字亦作「焚」。

(注)暴風從上下○唐寫本「從上下」作「從上下也」。

(注)暴風從下上○唐寫本「上」字下有「也」字。

六行風與火爲庉(注)庉庉熾盛之貌○注文唐寫本作「炖炖熾盛之皃也，」「庉庉」作「炖炖」。案：《方言》卷十三云：「炖，赫也，」郭注云：「火盛熾之貌，」則此注字作「炖」，即本《方言》也。

迴風爲飄」「迴」，唐寫本作「回」。

宋監本校箋

焚輪謂之積 暴風從上下積音頹 扶搖謂之猋 暴風從下上猋音摽 風與火爲庉 庉庉熾盛之貌庉音頓

音圖・音

凱作颽、見呂覽及文選幽通賦。涼作飆、見說文。扶搖作颻飆、見字林。猋必遙翻音標。幫母 庉或作炖、徒衮音圂徒昆

音屯二翻。飄又作票、鼻遙翻音瓢。並母 莊子釋文又符遙翻。奉並互切、卽音瓢、不必重出。李軌敷遙翻。敷滂互切音漂。

音略

焚輪謂之頹、魋 扶搖謂之猋。標 風與火爲庉。豚又上聲 迴風爲飄。瓢

孫侶直音

風與火爲庉。豚

直音校正

焚輪謂之頹、魋 暴風從上下爲頹、頹下也。 扶搖謂之猋、標 暴風從下上爲猋、猋上也。 風與火爲庉、豚 庉庉熾盛之貌。 迴風 迴風旋風 爲飄 瓢 也。

楊氏音訓

積徒回切 猋標 庉豚

干氏音釋

日出而風爲暴風而雨土爲霾陰而風爲曀

日出而風爲暴、詩曰終風且暴。風而雨土爲霾、詩曰終風且霾。陰而風爲曀。詩曰終風且曀。

郭注

日出而風爲暴者、孫炎曰陰雲不興而大風暴起、然則爲風之暴疾、故詩邶風云終風且暴、毛傳云暴疾也。風而雨土爲霾者、孫

炎曰大風揚塵土從上下也。詩邶風云終風且霾是也。陰而風爲曀者、孫炎曰雲風曀日光。詩邶風云終風且曀是也。

邢疏

日出而風爲暴

陰雲不興而大風暴起。詩正義二之一 邢疏

風而雨土爲霾

大風揚塵土從上下也。詩正義二之一 邢疏

陰而風爲曀

雲風曀日光。詩正義二之一 邢疏

孫音注

黃輯古義

日出而風曰暴

陰雲不興而大風暴起。邢疏 詩邶風終風正義

風而雨土爲霾

大風揚塵土從上下也。

陰而風爲曀

雲風曀日光。並同上

孫音注

玉函山房輯佚

日出而風爲暴

陰雲不興而大風暴起。孫注

風而雨土爲霾

大風揚塵從上下也。同

陰而風爲曀

雲風曀日光。同 並詩疏二之一

鉤沉

日出而風爲暴

孫曰、陰雲不興而大風暴起。詩正義二之一 邢疏

風而雨土爲霾

孫曰、大風揚塵土從上下也。詩正義二之一 邢疏

陰而風爲曀

孫曰、雲風曀日光。詩正義二之一 邢疏

漢注

日出而風爲暴

孫炎云、陰雲不興而大風暴起。詩正義二之一卷 郭璞云、詩曰終風且暴。

風而雨土爲霾

孫炎云大風揚塵土從上下也。詩正義二之一卷 郭璞云、詩曰終風且霾。

陰而風爲曀

孫炎云雲風曀日光。詩正義二之一卷 郭璞云、詩曰終風且曀。

一切注音

日出而風爲暴 孫炎曰、陰雲不興而大風暴起。詩終風正義

風而雨土爲霾 孫炎曰、大風揚塵土從上下也。詩終風正義

陰而風爲曀 孫炎曰、雲風曀日光。詩終風正義

古注斠

暴 蒲報反。 雨土 音芋。下雨霓注雨雪同。 霾 亡皆反。字林云亡戒反。本今作霾。 曀 於計反。

陸音義

霾本今作霾○霾乃正字見說文。

音義攷證

日出而風爲暴　日始出非風作之時、所謂平旦之氣是也。

風而雨土爲霾　風下土而埋焉。蜡氏掌除骴以此。記曰土反其宅有是哉。

陰而風爲曀　有動而已、而無光明之事。

新義

日出而風爲暴風而雨土爲霾陰而風爲曀　此竝釋終風辭也。

鄭樵注

日出而風爲暴　孫炎曰、陰雲不興而大風暴起。郭璞曰、詩云終風且暴。

風而雨土爲霾　孫炎曰、大風揚塵土從上下也。郭璞曰、詩曰終風且霾。

陰而風爲曀　孫炎曰、雲風曀日光。郭璞曰、詩曰終風且曀。鄭樵曰、此竝釋終風辭也。總上二句

古注合存

焚輪謂之頹扶搖謂之猋風與火爲庉迴風爲飄日出而風爲暴風而雨土爲霾陰而風爲曀　頹音隤。猋音標。庉音豚。飄音瓢。雨去聲。霾音埋。曀音縊。○註曰、暴風從上下曰頹、從下上曰猋。庉、熾盛貌。迴、旋也。詩暴風云、終風且暴、終風且霾、終風且曀。疏曰、詩谷風云、習習谷風、維風及頹。莊子云、摶扶

搖而上者九萬里。月令孟春行秋令、則猋風暴雨總至。詩蓼莪云、飄風發發。孫炎云、暴者、陰雲不興而大風暴起也。霾者、大風揚塵土從上下也。曀者、雲風曀日光也。

注疏參義

日出而風爲暴　**註**詩曰終風且暴。風而雨土爲霾　**註**詩曰終風且霾。陰而風爲曀　**註**詩曰終風且曀。**正義**此釋風之異者也。日出而風爲暴者、詩疏引孫炎云、陰雲不興而大風暴起。毛傳云、暴疾也。風而雨土爲霾者、書疏引鄭注云、風土氣也。凡氣非風不行、猶金木水火非土不處、故土氣爲風。風本屬土氣、其烈風卷塵埃而下則爲霾。詩疏引孫炎云、大風揚塵從上下也。釋名云、風而雨土曰霾、霾晦也。言如物塵晦之色也。陰而風爲曀者、詩疏引孫炎云、雲風曀日光。釋名云、陰而風曰曀、曀翳也、言掩翳日光使不明也。**註**詩曰至且曀。**正義**終風且暴、終風且霾、終風且曀、俱邶風文。

正義

日出而風爲暴　詩曰終風且暴　風而雨土爲霾　詩曰終風且霾　陰而風爲曀　詩曰終風且曀　暴者、說文作㬥、云疾有所趣也。詩終風傳暴疾也。霾曀者、說文及詩傳用爾雅。釋名云、霾晦也、言如物塵晦之色也。曀翳也、言掩翳日光使不明也。詩正義引孫炎曰、陰雲不興而大風暴起。又曰大風揚塵土從上下也。又曰雲風曀日光。

義疏

日出而風爲㬥風而雨土爲霾陰而風爲曀　孫注、㬥、陰雲不興、而大風㬥起。霾、大風揚塵土從上下也。曀、雲風曀日光。郭注、詩曰終風且㬥、終風且霾、終風且曀。

集解

日出而風爲暴　暴、晞也。日風之中可以晞物、因以名之。或改爲㬥、則取疾義、與日出而風

之義不合。詩終風且暴。

風而雨土爲霾風而雨土、謂捲塵或揚塵也。霾以貍若、因貍之善搏月。詩云、終風且霾。

陰而風爲曀陰、闇也。山之北、水之南也。與雺通用。雺、雲覆日也。今通以陰爲之。曀从壹者、謂陰气之凝聚也。詩、終風且曀。

義證

日出而風爲暴暴、薄報反。

註詩云終風且暴補正邢疏、孫炎曰、陰雲不興而大風暴起。然則爲風之暴疾。

風而雨土爲霾霾、亡戒反。

註詩云終風且霾補正邢疏、孫炎曰、大風揚塵從下上也。

陰而風爲曀曀、於計反。

註詩曰終風且曀補正邢疏、孫炎曰、雲風曀日光。

郭注補正

日出而風爲暴

詩曰終風且暴

仿宋本明注疏本作詩云、雪牕本作詩曰、御覽引同。下二曰字亦然。

風而雨土爲霾

詩曰終風且霾

釋文釋經云霾、亡皆反。舊校云本今作霾。據此則陸所據本經注皆作霾。各本作霾者、後人據今毛詩改之也。

郭注佚存補訂

日出而風爲暴風而雨土爲霾陰而風爲曀

此釋邶風終風文也。終風且暴、毛傳云、終日風爲終風。暴、疾也。韓詩云、終風、西風也。孫炎云、陰雲不興而大風暴起。終風且霾、傳云、霾、雨土也。孫炎云、大風揚塵土從上下也。終風且曀、傳云、陰而風曰曀。孫炎云、雲風曀日光。正義云、言且曀者、且陰往曀日其陰尚薄、不見日則曰曀也。復云曀則陰雲益甚、天氣彌闇。

說詩

風而雨土爲霾釋文作霾。音雨音芋芋誤預。

注疏正字

日出而風爲暴 說文水部瀑、疾雨也、一曰沫也、一曰瀑賁也、从水㬥聲。詩曰終風且瀑。又說文夲部㬥、疾有所趣也、从日出夲廾之。今案詩終風且暴傳箋皆訓疾、則作暴亦通。米部㬥、晞也、从日从出从廾从米。此即今之曝字。水部瀑字疑當从夲部之㬥、今从米部之㬥恐誤。

風而雨土爲霾 釋文云霾、本今作霾。石經作霾。案貍本从豸、俗書改从犬、因而改霾爲霾也。

陰而風爲曀 說文雲部雺、雲覆日也、从雲今聲、古文省作会。又𨸏部陰、闇也、水之南、山之北也、从𨸏会聲。經典相承統用陰。一切經音義一又四引爲作曰、詩傳亦作曰。

匡名

日出而風爲暴風而雨土爲霾陰而風爲曀

說文日、實也、太陽之精不虧。㬥晞也、从日出廾米。今作暴。邶風、終風且暴。霾、風雨土也。引詩終風且霾。曀、陰而風也。引詩終風且曀。

啓蒙

霾　霾　釋文。霾本今作霾。案說文。霾風雨土也。當作霾。今本作霾。

黃侃評本正名

日出而風爲暴

郭註引詩終風且暴。邢疏日出而風爲暴者、孫炎曰陰雨不興而大風暴起。詩邶風終風且暴、毛傳暴疾也。元慶按、詩終風且暴、終風且霾、終風且曀連言、而釋天郎分疏爲暴爲霾爲曀、是尒疋本以釋詩。毛公訓暴爲疾、嫥指風言。疋云日出而風、是止有風而不雨、可知孫叔然解頗洽、景純引詩亦不誤、說文則曰瀑疾雨也。詩曰終風且瀑、與尒疋不合。段氏玉裁陳氏奐皆謂鄦君所引出三家詩、蒙謂瀑訓疾雨、字从水、下文暴雨謂之涷、似當作此。禮月令孟春猋風暴雨總至、暴字亦當作瀑。至詩言終風且暴、準下文曰霾曰曀、疑猶未雨、謂暴當作瀑、訓疾雨、恐未塙。三家殆不及毛說之長也。說文㬥、疾有所趣也、从日出夲廾之。此暴風之正字。字从夲故有疾義。上从日出、則可審其體而知疋義之合。詩何人斯其爲飄風、毛傳飄風暴起之風。字亦當作㬥。蓋㬥之義爲疾、引伸之則風之疾亦曰㬥、而尒疋必曰日出者、則推造字之本意而得之也。古㬥暴二字異義、鄦書分屬兩部、一訓疾有所趣、一訓晞、截然不合。今人則溷合爲一字、統作暴、或於訓晞之暴又加日爲曝、而於暴風之暴翻誤傳古字作㬥、以致㬥字幾廢、此不得不辨者也。

蔣元慶日記

日出而風爲暴

郭引詩終風且暴。詩毛傳云暴疾也。孚吉按、暴字从日出、日出而風爲暴、蓋取乾燥之義、非疾也。說文暴、晞也。晞即乾也。又暴與戾義近、禮記風戾而食之、注風戾之使露氣燥。釋文戾力計反、燥也。正義曰戾乾也。然則暴謂之虐、又謂之燥、猶戾謂之虐、又謂之燥矣。

爾雅詁

日出而風爲暴。孫云陰雲不興而大風暴起。郭云詩曰終風且暴。楷案說文暴、晞也。晞、乾也。日能乾物、故日出謂之暴、乾物亦謂之暴。暴从日出、衹有日出義、兼言風者、因釋詩終風且暴而連及之耳。下二句釋霾釋曀同例。毛傳訓暴爲疾、誤以㬥字之義爲說、孫沿其說、失之。

稗疏

詩云泰風有隧　雪牕本注疏本云作曰、此非。

校勘記

詩云終風且霾　詩云終風且曀　十行本雪牕本吳本並作詩曰。

校勘記訂補

風而雨土爲霾、釋文、雨音芋、下雨霓注雨雪同。今本音預非是。廣韻、雨、王遇切、在十遇。預、羊洳切、在九御。二字不得同音。

注疏本正誤

風而雨音芋土爲霾詩曰終風且霾霾音埋陰而風爲曀詩曰終風且曀曀音意

音圖・音

日出而風爲暴、風而雨預土爲霾埋、陰而風爲曀翳、

孫侶直音

日出而風爲暴陰雲不興大風暴起爲暴暴疾也風而雨預土爲霾大風揚塵土從上下爲霾陰而風爲曀意

楊氏音訓

霾埋曀翳

干氏音釋

天氣下地不應曰雺地氣發天不應曰霧霧謂之晦

天氣下、地不應曰雺、言蒙昧。地氣發、天不應曰霧。霧謂之晦。言晦冥。

郭注

天氣下地不應曰雺者、郭云言蒙昧、洪範云曰雺、鄭注云雺聲近蒙、詩云零雨其濛、則雺是天氣下降、地氣不應而蒙闇也。地氣發天不應曰霧霧謂之晦者、郭云言晦冥。月令仲冬行夏令、氛霧冥冥、鄭云霜露之氣散相亂也。然則地氣發而上、天不應之則爲氛霧、霧又名晦。春秋僖十五年、己卯晦震夷伯之廟、公羊穀梁皆云晦冥也是矣。

邢疏

天氣下地不應曰雺

文選甘泉賦注引爾雅作天氣下地不應曰霧。

衆家注

黃輯古義

天氣下地不應曰雺

郭璞云、言蒙昧。

地氣發天不應曰霧霧謂之晦

郭璞云、言晦冥。

一切注音

地氣發天不應曰霧

蕙心案、文選甘泉賦注引爾雅作天氣下地不應曰霧。

古注斠

不應於證反、下同。雺或作霧、字同、亡公亡侯二反。霧亡弄反、又亡付反、字林作霿、音同、本亦作霿。晦音誨。冥亡定反。

陸音義

雺或作霚。○舊本霚作霧、譌。案説文云、霚、地气發、天不應、從雨敄聲、雺、籒文省。今據改正。霧字林作霿、本亦作霧。○霿乃霧之譌。説文作霧、字林省目爲日、遂致譌。

音義攷證

天氣下地不應曰雺地氣發天不應曰霧

雺、猶可說也。霧、不可說也。

霧謂之晦

如是未有不悔者也。氓之詩是。

新義

天氣下地不應曰雺地氣發天不應曰霧霧謂之晦（雺即蒙也、音蒙）

洪範曰、蒙常風若。雺謂蒙昧、晦謂晦冥。

鄭樵注

天氣下地不應曰雺

郭璞曰、言蒙昧。

鄭樵曰、雺即蒙也、音蒙。洪範曰、蒙常風若。雺謂蒙昧。

地氣發天不應曰霧霧謂之晦

郭璞曰、言晦冥。

鄭樵曰、晦謂晦冥。

古注合存

天氣下地不應曰雺地氣發天不應曰霧霧謂之晦（應平聲。雺音蒙。）○註曰、雺言蒙昧、晦言晦冥也。洪範云曰雺曰驛、鄭註云、雺聲近蒙。詩東山云、零雨其濛是也。月令仲冬行夏令、氛霧冥冥。鄭云、霜露之氣散相亂也。春秋僖十五年己卯晦、震夷伯之廟、公穀皆云晦冥也。

注疏參義

天氣下地不應曰雺 **註** 言蒙昧 地氣發天不應曰霧霧謂之晦 **註** 言晦冥 **正義** 此釋蒙霧之氣象也。雺者、洪範曰蒙、疏引鄭氏書註、蒙作雺、云、雺者、色澤鬱鬱冥冥也。雺聲近蒙、李善文選註云雺與蒙同。鄭註尚書大傳云、蒙冒也。釋名云、蒙日光不明、蒙蒙然也。是爲天氣下地不應也。霧者、月令云氛霧冥冥、鄭註霜露之氣散相亂也。史記宋世家引洪範蒙作霧、集解引鄭註云、氣不釋鬱冥冥也。釋名云、霧、冒也、氣蒙亂覆冒物也。是爲地氣發天不應也。雺霧氣應雖殊、其象相似、故說文作天氣下地不應曰霿。霿、晦也。史記索隱引爾雅天氣下地不應曰霧、言蒙昧不明之意也。雺霧二字古嘗通用矣。霧謂之晦者、春秋僖十五年九月己卯晦、公羊穀梁傳皆云晦、冥也。釋言云晦、冥也。

正義

天氣下地不應曰雺（言蒙昧）地氣發天不應曰霧霧謂之晦（言晦冥）

雺者、說文作霿、云天气下地不應曰霿。霿晦也。霧者、說文作霚、云地气發天不應。籀文省作雺。玉篇雺者霚同、云天氣下地不應也。霧與霿同、云地氣發天不應也。與說文互異。釋文、雺或作霚、霧亦作霿。與玉篇同、蓋俱傳寫之誤耳。雺者、書云蒙恆風若、正義引鄭注蒙作雺、云雺者邑澤鬱鬱冥冥也。是雺與蒙同。釋名正作蒙、云蒙日光不明、蒙蒙然也。霧者、釋名云霧冒也、氣蒙亂覆冒物也。按霧俗字也。務今音也。古讀霧如慕、慕蒙聲轉、故史記宋世家引洪範蒙作霧、文選甘泉賦注引爾雅作天氣下地不應曰霧。霧與蒙同。然則霧雺二字亦音轉字通矣。霧謂之晦者、釋言云晦冥也。說文云霧晦也。是霿霧字亦通、經典多淆、當以說文爲正。

義疏

天氣下地不應曰雺地氣發天不應曰霧（經文）

郝云、雺者說文作霿、云天氣下地不應曰霿。（莫弄切）霿、晦也。霧者、說文作霚、（亾遇切）云地氣發天不應、籀文省作雺。玉篇雺與霚同、云天氣下地不應也。霧與霿同、云地氣發天不應也、與說文互異。釋文、雺或作霚、霧亦作霿。與玉篇同、俱傳寫之誤、當以說文爲正。按、段玉裁說文解字注云、霿、開元占經作濛、引郗萌曰在天爲濛、在人爲霧、日月不見爲濛、前後人不相見爲霧。按霿與霧之別、以郗所言爲確。許以霿系天氣、以霚系地氣、亦分別井然。自陸氏爾雅釋文不能諟正譌舛、不可讀矣。

經注集證

天氣下地不應曰雺霿蒙地氣發天不應曰霧霚雺霿謂之晦郭注雺言蒙昧、晦言晦冥。雺當作蒙、書曰蒙恒風若。月令、昏霧冥冥。春秋、甲午晦。雺霧一字耳、从務从敄、皆或體也。上云茅明也、反則爲晦、故雨矛爲霧。晦从每、厚也。雲厚故晦

集解

天氣下地不應曰雺雺霧一字耳。下既言霧、此雺蓋蒙字之誤也。許慎別作霿字、義與此同、示正文耳。書洪範蒙恒風若、漢書五行志作霿恒風若。地氣發天不應曰霧大气之水蒸气冷卻時而凝爲細微之水分子、其集也在於地表爲霧、見於高處則爲雲。地气發天不應若、因地表發出熱水蒸气遇空中冷气則二气互相趨合、所含之熱、水气即凝縮爲有形之气體、位置於冷熱二气之界線間也。禮記、氛霧冥冥。後漢書皇后紀、身犯霜霧。雺謂之晦此雺亦當作蒙、所謂雲之層積者是也。平鋪地表與霧相似、日入則生、日出則漸消解。晦、月盡也。引申爲雲厚之偁、因每有厚義故耳。春秋、甲午晦。

義證

天氣下地不應曰雺雺、亡公反。

[注]言蒙昧[補正]邢疏洪範云曰雺、鄭註云雺聲近蒙、

詩零雨其蒙。

郭注補正

地氣發天不應曰霧霧謂之晦言晦冥也

文選顏延年北使洛詩注引爾雅霧謂之晦、郭璞曰言昏冥也。鮑叅軍戎行詩注引爾雅霧謂之晦、郭璞曰蒼蒼昏冥也。樹枏案、蒼蒼二字涉詩晦蒼蒼誤衍、昏冥二字與今本異。今據補也字。

郭注佚存補訂

天氣節音應音鷹鷹誤鷹。

注疏正字

天氣下地不應曰雺地氣發天不應曰霧

書洪範曰蒙、大傳厥咎雺、康成注雺、冐也。許氏說文、霚、地氣發天不應、从雨敄聲。雺、籀文省。霾字下霿字曰天氣下地不應曰霿。霿、晦也。从雨瞀聲。書正義引王肅曰雺、天氣下地不應、闇冥也。又曰鄭元以圛爲明、言色澤光明也。雺者、氣澤鬱鬱冥冥也。案霚與霿音義不同、後人比而同之、於是二字之義轇轕不明矣。蓋地氣發天不應、不爲雨而成雺、雺、霧也。天氣下地不應而成霿、霿、晦也。說文露字下繫以霜、霜字下繫以霚、從其類也。霿爲陰曀之象、故繫於霾字之下、分別甚明。霚、亡遇切、音近務。霿、莫弄切、音近霾。後人霚霿雺蒙通用而不求其故、安肆竄改、淆亂本文、訓

義到置皆陋人爲之也。說文所述是安國古文，與今文家不同，當從之。顔氏家訓云，許愼撿以六文，貫以部分，使不得誤，誤則覺之。此所以必以說文爲正也。

小箋

天氣下地不應曰雺　釋文云，雺或作霚。案說文雨部：霚，地气發，天不應，从雨敄聲。籒文省作雺。又霿，天气下地不應曰霿。霿，晦也，从雨瞀聲。與爾雅互異。元照案：霚霿二文音義皆相近，霚从敄聲，霿从瞀聲，瞀亦从敄聲。而俗書从雨从務，又與二文互溷。史記索隱天官書引天氣下地不應曰霧，文選注七引天氣下地氣不應曰霧，霧與蒙同，此二霧字皆誤。又四十七引天氣下地氣不應曰雺，此則不誤。其曰地氣，李善所據本如此。氣當作气，下同。見前

地氣發天不應曰霧　釋文云，霧，字林作霿，本亦作霿。案霿卽霚之譌也。餘見上。

霧謂之晦　據說文當作霿。見上

匡名

天氣下地不應曰雺地气發天不應曰霧霧謂之晦

說文：霿，天气下地不應曰霿。霿，晦也。霚，地气發天不應，从雨敄聲。徐鉉曰，今俗从務。籒文省从雺。晦，月盡也。雺通作蒙。豳風：零雨其濛。楚詞：霧雨淫淫。公羊、穀梁僖十五年傳皆云：晦，冥也。

蒙啓

雺　霚　霧　霿　釋文，雺或作霚，字同。霧，字林作霿，本亦作霿。案雺爲霚之籒文，則下霧字自當作霿。惟說文云，霚，地氣發天不應。霿，天氣下地不應曰霿。霿，晦也。與爾雅互異。段氏云，當以許書爲正。阮氏云，蓋今本說文互誤。校勘記引文選甘泉賦李注：爾雅曰，天氣下地不應曰霿，霿與蒙同。又引玉篇云，霚同雺，天氣下地不應也。霿，地氣發天不應也。則阮說爲有據，今从之。爾雅、說文傳本各異，宜各從其本。段、阮說皆非。

黃侃評本正名

天氣下地不應曰雺。言蒙昧。地氣發天不應曰霧。雺，說文作霿，霧，說文作霚。案爾雅、說文傳本互異，各從其本。類篇雺下引上句云，或作霚霿霧。集韻候韻雺霧蒙三形一字。書大傳厥咎雺，鄭注：雺，冒也。書王肅注：雺，天氣下地不應，闇冥也。

黃侃音訓

雺字誤

釋天，天氣下地不應曰雺。文選甘泉賦李善注引作天氣下地不應曰霧，所見本與今本異也。上句作霧，下句當作霿。玉篇，霿，地氣發天不應也。

讀雅筆記

天氣下地不應曰雺　地氣發天不應曰霧

釋文，雺或作霚。釋天釋文　說文，天氣下地不應曰霿，晦也。雨部霿　文選注作天氣下地不應曰霧。甘泉賦注、史記索隱同　釋文，霧，字林作霿，音同。釋天釋文　本亦作霿。釋天釋文　說文作地氣發天不應曰霚。徐鉉曰，霚，今俗從務。籒文作雺。雨部霚

天氣下地不應曰雺，注云，言蒙昧。地氣發天不應曰霧，霧謂之晦，注云，言晦冥。釋文，雺或作霚，字同。亡公、亡侯二反。霧，亡弄反，又亡付反。字林作霿，音同。本亦作霿。按說文，天氣下地不應曰霿。霿，晦也。地氣發天不應曰霚，籒文作雺。徐氏曰，霚，今俗從務。爾雅之雺，卽說文之霚；爾雅之霧，卽說文之霿，與說文正相錯。然李善文選注云，雺與蒙同。史

記宋世家引洪範蒙作霚。霿與蒙同、二字可通用矣。

證異

天氣下地不應曰雺。釋文、雺或作霚。按文選甘泉賦引爾雅此文曰霧、說文引爾雅此文曰霿、又本作霚、彼此異文。考玉篇云霚同雺、雺從矛聲、與蒙聲相近。洪範曰蒙、史記宋世家作霿、索隱音蒙。然則霧雺霿霚皆可通讀也。

地氣發天不應曰霿霧謂之晦。釋文、霧亡弄反、又亡付反。字林本亦作霿。玉篇云霿武付切、地氣發天、不應也。○按霧霿字俱有平去二音、須細會分別、大抵天氣下地不應者聲近蒙、地氣發天不應者聲近務。

考異摘要

天氣下地不應曰雺 唐石經單疏本雺𤸰本同。釋文雺或作霧蒙合分、李善注、爾雅曰天氣下地不應曰霧。霧字同、亡公亡侯二反。文選甘泉賦霧集而天氣下地不應曰霧霧晦也。霚地氣發天不應雺霧與蒙同。按說文文字云、霚雺霧三同、並莫侯反、上說文中籒文下經典相承隸變、並見爾雅、義與說文同、與爾雅正相反。孫同元云、葢今本說文互誤。玉篇云、霚同雺。天氣下地不應也。雺從矛聲、與蒙聲相近。洪範曰蒙。史記宋世家作曰霧。索隱曰霧音蒙。鄭注尚書云雺聲近蒙。釋名釋天云霧冒也。氣蒙亂覆冒物也。郭景純云言蒙昧。皆以蒙訓霧。指天氣下地不應言之。

地氣發天不應曰霿霧謂之晦 唐石經單疏本雪𤸰本同。釋文、霧亡弄反、又亡付反、字林作霿音同、本亦作霿。五經文字霧莫弄反。爾雅釋文並作霧。惠棟云二霧字皆當作霿。按釋文當正作霿。云本亦作霧。孫同元云、字林作霿、霿卽霿之省文。玉篇云霿武付切、地氣發天不應也。據文選注引上文作霧、則此必不作霧可知。

校勘記

地氣不應而蒙闇也 注疏本脫而。

○地氣發天不應曰霧 注疏本發下衍而。

注疏本正誤

天氣下地不應曰雺、釋文、應於證反、下同。今本音鷹、非。

宋監本校箋

十二上（八一）一行（注）言蒙昧○唐寫本作「言濛昧也」。「濛」字誤。霧謂之晦（注）言晦冥○注唐寫本作「言昬冥也」。案：《文選》顏延年《北使洛詩》注引《爾雅》郭注同。今本注作「晦冥」蓋因正文而誤。

音圖・音

天氣下地不應曰雺 言蒙昧。雺音蒙。

音略

雺或作霚、字同。武公蒙音亡侯矛音二翻、微明輕重交互出切。霧亡弄翻夢音亦交互出切。又亡付翻霧音微母本音出切。字林作霿、音同、本亦作露。說文露莫弄翻。五經文字霚雺霧三同莫侯翻。

孫侶直音

天氣下、地不應、鷹曰雺、蒙地氣發、天不應、曰霧、霧謂之晦。

直音校正

天氣下地不應鷹去聲曰雺蒙。

楊氏音訓

天氣下地不應膺曰雺蒙 雺蒙昧也。地氣發天不應曰霧霧謂之晦 晦言晦冥也。

干氏音釋

雺 蒙

郭注

螮蝀謂之雩螮蝀虹也蜺爲挈貳

螮蝀謂之雩。螮蝀虹也。俗名爲美人虹、江東呼雩。音芌。蜺爲挈貳。蜺雌虹也。見離騷。挈貳其別名、見尸子。

螮蝀謂之雩螮蝀虹也者，郭云俗名美人虹江東呼雩。然則螮蝀一名雩，一名虹。詩鄘風云，蝃蝀在東。月令季春之月虹始見。音義云，虹雙出色鮮盛者爲雄，雄曰虹。闇者爲雌，雌曰蜺。虹是陰陽交會之氣，純陰純陽則虹不見，若雲薄漏日，日照雨滴則虹生。螮與蝃音義同。蜺爲挈貳者，蜺雌虹也，一名挈貳。說文云，霓屈虹，青赤或白色陰氣也。郭云見離騷者，即天問云白蜺嬰茀胡爲此堂，及遠遊章云雌蜺嫚嬛以曾撓兮是也。挈貳其別名也，文見尸子。

邢疏

螮蝀謂之雩

雩音芌。郭注見郝本

螮蝀虹也

虹音講，俗亦呼爲青絳也。釋文

郭音義

螮蝀虹也蜺爲挈貳

虹陳國武古巷反。釋文 雲出天之正氣，霓出地之正氣，雄謂之虹，雌謂之霓，則雲陽物也，陰陽和而旣雨，則雲散而霓見矣。孟子舊疏引爾雅。邵氏正義云，舊疏所引，不知何人之說，而以爲出於爾雅，疑援引之誤也。

衆家注

黃輯古義

螮蝀虹也蜺爲挈貳。虹音講，俗亦呼爲青絳也。蜺作霓，音五擊反。釋文 虹雙也。鮮盛者爲雄，雄曰虹。闇者爲雌，雌曰蜺。邢疏 詩鄘風蝃蝀孔穎達正義釋文引雄曰虹雌曰霓二句。

郭音義

玉函山房輯佚

螮蝀謂之雩螮蝀虹也

郭璞云，俗名爲美人虹，江東呼雩。

蜺爲挈貳

郭璞云，蜺雌虹也，見離騷。挈貳其別名，見尸子。郭璞音義云，虹雙出，色鮮盛者爲雄，雄曰虹。闇者爲雌，雌曰霓。禮記正義十卷 舊說云，雲出天之正氣，霓出地之正氣，雄謂之虹，雌謂之霓，則雲陽物也，陰陽和而旣雨，則雲散而霓見矣。孟子正義卷二之下引爾雅云云，蓋是爾雅家舊說。

一切注音

螮蝀虹也　虹郭音講，俗亦呼爲青絳也。釋文

蜺爲挈貳　郭氏音義云，虹雙出，色鮮盛者爲雄，雄曰虹。闇者爲雌，雌曰霓。邢疏 蜺郭五擊反。釋文

古注斠

螮丁計反，本或作蝃斷同。蝀丁孔反。詩作東，音同。雩案字林越俱反，今又德紅反。雩借爲芌，音于付反。虹胡公反，字林云工弄反，陳國武古巷反。郭音講，俗亦呼爲青絳也。霓五兮反，如淳五結反，郭五擊反。音義云，雄曰虹，雌曰霓。說文曰，屈虹青赤也，一曰白色陰氣也。故孟子云若大旱之望雲霓也。本或作蜺，漢書同。挈本或作契，字同，苦結反。貳而至反。

陸音義

螮蝀謂之雩

雩，雨不雨未定也。詩曰莫之敢指，若崇朝其雨，指雨之詞。

蝃蝀詩作東○案詩不見有作東者。　霓本或作蜺○案說文作霓，注疏本同。

音義攷證

螮蝀虹也

擊而成虹，注氣也。一染謂之紅，又漢如絳以此。

蜺爲挈貳

雌而如此，未有不攜貳者。易曰求而往明也，霧謂之晦亦以此。

新義

螮蝀謂之雩螮蝀虹也虹、郭音講。郭璞曰、俗名爲美人虹。江東呼雩。蜺爲挈貳蜺、郭五擊反。音義云雄曰虹雌曰蜺。郭璞曰、蜺、雌虹也。見離騷。挈貳、其別名、見尸子。

古注合存

文選注引天氣下地氣不應曰雺。今本地下無氣字。農師云、霓爲挈貳、蓋言二。淮南子曰天二氣則成虹。庭霆通。

補注

螮蝀謂之雩螮蝀虹也 **註** 俗名爲美人虹江東呼雩蜺爲挈貳 **註** 蜺雌虹也見離騷挈貳其別名見尸子 **正義** 鄘風云、蝃蝀在東。月令云、虹始見、又云、虹藏不見。此釋之也。釋名云、虹攻也、純陽攻陰氣也。又曰蝃蝀。其見每於日在西而見於東、啜飲東方之水氣也。見於西方曰隮、朝日始升而出見也。文子尚德篇、天二氣即成虹。詩疏云、虹是陰陽交會之氣、純陰純陽則虹不見、若雲薄漏日、日照雨滴則虹生。螮與蝃音義同。虹又謂之蜺者、孟子云、若大旱之望雲霓也。趙岐註、霓、虹也。雨則虹見、故大旱而思見之。說文云霓屈虹、青赤或白色陰氣也。孟子舊疏引爾雅云、雲出天之正氣、霓出地之正氣、雄謂之虹、雌謂之霓、則雲陽物也、陰陽和而既雨、則雲散而霓見矣。舊疏所引不知何人之說、而以爲出於爾雅、疑援引之誤也。註俗名至呼雩。○ **正義** 釋名云、虹又曰美人、陰陽不和、婚姻錯亂、則此氣盛、故以盛時名之也。江東呼爲雩、郭以方俗語爲證也。○蜺雌至尸子。○ **正義** 月令正義引郭氏音義云、虹雙出、色鮮盛者爲雄、雄曰虹。闇者爲雌、雌曰霓。離騷云、率雲霓以來御、悲回風云、處雌蜺之標顛。天問云、白蜺嬰茀。遠遊云、雌蜺嫂嬛以曾撓。是雌虹爲蜺之證也。挈貳其別名。文選註引尸子云虹霓爲析翳。

正義

蜺爲挈貳　玉案、蜺、釋文作霓、白色陰氣、雨之徵也。據此解孟子雲霓最碻。

校議

螮蝀謂之雩螮蝀虹也俗名謂美人虹江東呼雩音芌蜺爲挈貳蜺雌虹也見離騷挈貳其別名見尸子

虹者、說文云、螮蝀也、狀似蟲。詩作蝃蝀、段借字也。釋名以蝃爲啜飲、鑿矣。古微書引春秋元命苞云、陰陽交爲虹霓。是虹乃陰陽襍氣。淮南說山篇云天二氣則成虹是也。謂之雩者、釋文云雩今俗爲芌、然則雩猶芌也。芌、驚吁也。螮蝀映日、倏然成質、光氣駭人、乍見驚吁也。虹从工聲、故釋名云虹、攻也。讀虹爲工、釋文引字林虹工弄反、皆古音也。又引陳國武古巷反。郭音講。俗亦呼爲青絳也。按今登萊人謂虹爲醬絳、亦爲醬、皆方音之轉耳。釋名虹又曰美人、此郭注所本。○蜺者霓之段。俗說文霓屈虹青赤也、一曰白色陰气也。𡭗縱纚按白色二句蓋別一義、非謂霓也。蜺䙫𨅬籥虹霓散文俱通、故邢疏引郭氏音義云虹雙出、色鮮盛者爲雄、雄曰虹、闇者爲雌、雌曰霓。楚辭悲回風篇云處雌蜺之標顛、遠遊篇云雌蜺嫂嬛以曾撓、皆郭義所本也。霓有齧音、故釋文引如淳五結反。嫹譆猷文選西都賦注引尸子曰虹霓爲析翳、郭作挈貳。

義疏

螮蝀謂之雩霓螮詩作蝃、帶、叕同意。帶於東見、五色、日映雲靆所成也。雩當作霓。兒、倪也。雨邊際成虹氣。許慎說蜺屈虹、青赤、一曰白色。白色是也。初皆名蝃蝀、後以有帶西者、因制虹蜺二名。月令虹始見。春時多朝虹、故謂之霓。因注中有雩字而誤作雩。

螮蝀虹也蜺爲挈貳郭注俗名爲美人虹江東呼雩。蜺雌虹也。見離騷。挈貳其別名、見尸子。此破上說、分虹蜺爲二。蜺字唯見孟子書、則孔子後乃有二名也。虹从虫工、工狀其形、虫之氣亦成虹、故並叕東而加虫。蜺字則从雨兒、雨後雲氣之際見焉。亦加虫則非矣。挈貳亦作析翳、詩所謂朝隮者與。

集解

螮蝀謂之雩 詩、蝃蝀在東。然則螮蝀者謂如帶之連綴而在東方耳。日光線照於雨滴之時、屈折而又反射映色成形、暮則見東、朝則見西。螮蝀者見於東也。雩當作霓、許慎説霓屈虹青赤或白色、陰气也。虹有主虹副虹、霓从兒者、副虹也。初皆名螮蝀或虹、後見有帶西者、遂以虹爲帶東、霓爲帶西之偁。月令、虹始見。春時多朝虹、色甚淡白、故謂之霓。因注中有雩字而誤作雩。今地文學謂日若去天頂未遠、日之光線从雨之上半射入、下半射出、即分七色而爲虹、故虹甚低。虹之紅色在上、紫色在下。若日體出入地平時、日光線从雨之下半射入、上半射出、則分七色而爲霓、故霓甚高。霓之紅色在下、紫色在上。是亦以虹霓爲一物、但因高低及色之順序而殊偁耳。

螮蝀虹也蜺爲挈貳 此承上而别帶東帶西之偁也。蜺字唯見於孟子、則孔子後乃與虹别也。虹从虫、象其形、从工者、肰其色之美麗如巧飾。然蜺、寒蟬也。與霓通用。本副虹名、以螮蝀不可統虹、遂以蜺爲帶西之專偁。挈貳亦作析翳、其即詩之朝隮與。

義證

螮蝀謂之雩螮蝀虹也 虹音講

註 俗名爲美人虹江東呼雩 補正 邢疏、月令季春月虹始見。音義云、虹雙出色鮮盛者爲雄、雄曰虹。闇者爲雌、雌曰蜺。虹是陰陽交會之氣、純陰純陽則虹不見、若雲薄漏日、日照雨滴則虹生。臣鍌按、陸佃云、淮南子曰天二氣則成虹是也。虹、淫氣也。詩曰螮蝀在東、莫之敢指。説者以爲夫婦過禮則虹氣盛、諱之莫之敢指、蓋地氣還矣、天氣不復、於是成虹。天之淫氣尚且惡之、而況於人乎。所以痛止夫奔也、故曰螮蝀止奔也。然虹雖天地淫氣、不暈於日不成也、故今雨氣成虹、朝陽射之則在西、夕陽射之則在東。月令、季春虹始見。蔡邕以爲虹常依陰雲而出於日衝、無雲不見、大陰亦不見。蜺則常依蒙濁、見於日旁、白而直者曰白虹、凡見日旁者、四時常有之、唯雄虹起是月、至孟冬乃藏。

蜺爲挈貳 挈苦結反。

註 蜺雌虹也見離騷挈貳其別名見尸子

郭注補正

蜺爲挈貳

郭注蜺、雌虹也。邵氏正義云、孟子舊疏引尒疋曰、雲出天之正气、雄謂之虹、雌謂之蜺。劉嶧齋云、此益注尒疋家舊説。攷漢書天文志注、雄曰虹、雌曰蜺。古微書引春秋元命苞陰陽交爲虹霓。皆與舊疏所引合、的是舊注、決非經文、劉説是也。

舊注攷證

螮蝀謂之雩螮蝀虹也

俗名爲美人虹江東呼雩音芌

仿宋本雩摠本有音芌二字、明注疏本刪。釋文云、雩今借爲芌、蓋本注文。

霓爲挈貳

霓雌虹也見離騷挈貳其別名也見尸子

釋文云、霓本或作蜺。慧琳甄正論中卷音義引郭注爾雅云、霓雌虹也。大乘密嚴經一卷音義引郭注爾雅云、霓曰雌虹也。霓字皆與釋文同今則皆從或本作蜺後漢書楊賜傳注引郭景純注爾雅曰、雙出色鮮盛者爲雄曰虹闇者爲雌曰蜺。馬融傳注引郭璞注爾雅云虹雙出色鮮盛者爲雄。禮記月令正義引郭氏云雄者曰虹、雌者曰蜺、雄謂明盛者、雌謂闇微者。樹枏案釋文及邢疏所引與李賢注畧同、而皆以爲音義之文。開元占經九十八卷引爾雅曰蜺爲挈貳、郭璞注曰、蜺雌虹也。挈貳蜺別名也。與今本微異今據補也字。

郭注佚存補訂

螮蝀謂之雩螮蝀虹也蜺爲挈貳

鄘風螮蝀在東毛傳云螮蝀、虹也。郭注云俗呼美人虹、江東呼雩。蜺雌虹也見離騷挈貳其別名見尸子音義云虹雙出色鮮盛者爲雄雄曰虹闇者爲雌雌曰蜺。蜺說文作霓云屈虹靑赤也一曰白色陰气也。螮蝀爲虹之合聲、挈貳爲蜺之合聲。

說詩

螮蝀謂之雩螮蝀虹也

柏年案虹者、螮蝀二字之合音也。今呼虹爲㖃。廣韻四絳虹、古巷切。虹㖃一聲之轉、猶㖃本烏后切、今讀爲項

矣。

補釋

螮蝀虹也釋文云虹、郭音工。音螮音帝帝誤啼。蜺爲挈貳蜺、釋文作霓。音挈苦結切苦誤若。

注疏正字

挈貳

轉聲爲雌蜺。

小箋

螮蝀謂之雩　釋文云、螮本或作蝃蜥同。案說文虫部無蝃字、蜥音義悉異。又云蝀詩作東。案今詩作蝀。釋文亦不言有作東者。

螮蝀虹也　說文同。月令虹始見、注螮蝀謂之虹。正義曰、螮蝀謂之虹、爾雅釋天文。

霓爲挈貳　釋文云、霓本或作蜺。漢書同。案霓、正文。蜺、通借。又云、挈本或作契。案說文手部無挈字、當作契。

匡名

螮蝀謂之雩螮蝀虹也蜺爲挈音怯貳說文螮蝀、螮蝀、虹也。虹、螮蝀也。郭註江東呼雩。鄘風、蝃蝀在東。月令、虹始見。孟子舊疏引爾雅、雄曰虹、雌曰蜺。屈虹靑赤或白气陰气也。楚詞、虙雌蜺之標顚。尸子虹霓爲析翳。

啓蒙

螮蝀謂之雩。　螮蝀猶言帶重云爾。謂之與爲同、實與上文回風爲飄同。

蜺爲挈貳。　蜺之緩聲爲挈貳、挈讀爲挈三神之歡之挈、缺也、貳與日聲同、然則蜺即白虹、說文所謂白色陰氣者也。

黃侃音訓

釋天、螮蝀謂之雩。螮蝀、虹也。郭注俗名爲美人虹、江東呼雩。蜺爲挈貳。郭注蜺雌虹也見離騷。挈貳雌別名見尸子。芹按、螮蝀二字乃虹字之切音、若以螮蝀切之卽爲虹；挈貳二字乃蜺字之切音、若以挈貳切之卽爲孽、此雌蜺之所以讀入聲也。楚詞處雌蜺之標顛、又曰雌蜺便娟以曾撓兮。考南史王筠傳、沈約製郊居賦、示筠草、筠讀至雌蜺連卷、約撫掌欣抃曰、僕常恐人呼爲霓。上蜺字五的反、下霓字五兮反。又增韻、范文忠公鎮試學士院詩用彩蜺字、學士以沈約郊居賦雌蜺讀霓爲入聲、謂鎮爲失韻。司馬文正公光曰、約賦但取聲律便美、非義不可讀爲平聲也。尸子虹蜺爲析翳、以析翳切之則爲倪、以翳析切之則爲逆、此亦切音也。

札記

螮蝀謂之雩螮蝀虹也　蜺爲挈貳

釋文、螮蝀本或作蝃蝀。同。釋天釋文 國風作蝃蝀。鄘風蝃蝀詩釋文 釋文、雩今借爲芌。于句反。釋天釋文 蜺作霓、云本或作蜺。漢書同。釋天釋文 說文、霓、屈虹、青赤或白色陰氣也。雨部霓 釋文、挈本或作契、同。釋天釋文 尸子、虹霓爲析翳。引見文選西都賦注。挈貳、尸子作析翳。按析與挈、翳與貳、聲並相近、析翳卽挈貳之異文。

證異

螮蝀謂之雩

郭注、俗名爲美人虹、江東呼雩。邢疏、螮蝀一名雩、一名虹。陸釋文、雩今借爲芌。元慶按、芌爲雩借、元朖明言之矣、知正字固不作芌也、然卽作雩亦可疑。說文雩、夏祭樂於赤帝以祈甘雨也。雩字見經典極多、凡言大雩言舞雩言雩祀言雩宗皆指祭名、無有訓爲螮蝀者也。邵正義於此條雩字指爲方俗語、而未深究其義。郝疏謂雩借爲芌、雩猶芌也、芌驚吁也。螮蝀光气駭人乍見驚吁也。是以說文芌字之訓解此雩字、究近望文生訓、不免於誣。竊謂螮蝀謂之雩、雩當作䨵、亏聲與禹聲近、故从于之字與从禹之字通、或并合爲一字。如宀部宇从亏聲、寓籀文宇从禹是也。說文䨵、雨皃、方語也。段注方上葢奪北字。集韻北方謂雨曰䨵。似䨵爲雨貌、未明指爲螮蝀也。然詩蝃蝀在東次章曰、朝隮于西、崇朝其雨。周禮眂祲九曰隮、鄭君注隮、虹也。詩曰朝隮于西、是螮蝀曰虹、固爲雨貌也。且螮蝀及虹字皆从虫、說文螮蝀、虹也。虹、螮蝀也、狀似蟲。而䨵字从禹、禹卽訓蟲、說文禹、蟲也。審是則雩當作䨵、似非無據。前人都未證及、匡名亦祇辨螮蝀字而未辨雩字、或遺漏也。

蔣元慶日記

螮蝀謂之雩。

邕案。此雩卽今人所謂鱟也。蓋雩古音當讀如呼。鱟音呼候反。是鱟雩雙聲矣。故雩轉爲鱟。而竟用鱟字。則非也。朱芹詩經札記引俗語云。對日鱟不過晝。鱟字見玉篇魚部。引山海經云。似蟹。則與螮蝀義無涉。當作此雩字。

校書

江東呼雩音芌 雪牎本同。注疏本刪下二字。按釋文云、雩今借爲芌、音于付反。本注云然也。

蜺爲挈貳 唐石經、單疏本、雪牎本同。釋文霓、五兮反、本或作蜺、漢書同。

螮蝀謂之雩、釋文螮、丁計反、本或作蝃蝀同。今本音啼、非。

校勘記

蜺爲挈貳、釋文挈本或作契字同、苦結反。今本苦誤作若。

注疏本正誤

二行　蜺爲挈貳○「蜺」、《釋文》作「霓」，云：「本或作蜺」。慧琳《音義》卷八十七引作「霓」。

三行(注)　挈貳其別名見尸子○唐寫本「尸子」下有「也」字。

宋監本校箋

蝃音帝蝀音董謂之雩蝃蝀虹也俗名為美人虹、江東呼雩、音芌。蜺爲挈音怯貳

音圖・音

虹、戶公翻、音紅。字林工弄翻、音貢。陳國武未詳其人、又見釋獸豻字下。陳國武音子虛賦。古巷翻、音絳。郭音講。　釋文、蝃本或作蝃蚸、同。蝃見詩。蚸未詳。　霓本或作蜺、五兮翻、音倪。如淳五結翻。音齧。郭五擊翻音鷁。與五結屑錫微別。本或作蜺、漢書同。　梁書王筠傳、沈約製郊居賦、構思積年猶未都畢、乃要筠示其草、筠讀至雌霓入連蜷、約撫掌欣抃曰、僕嘗恐人呼爲霓平。　案此謂字當讀入聲、恐人呼爲平聲也。約賦云、駕雌霓之連蜷、泛江天之悠永。霓字可以讀平可以讀入、兩讀皆通。約特以前切後浮爲諧合、蓋用霓字之仄以對天字之平、且以連蜷二字之疊韻對悠永二字之雙聲、最爲工妙。　朱子楚辭考證云、今定離騷雲霓爲平聲、九章遠遊爲入聲、蓋各從其聲之便也。　宋禮部韻略云、范忠文公鎭試學士院詩用彩霓字、學士以沈約郊居賦雌霓連蜷讀霓爲入聲、謂鎭爲失韻。司馬文正公光曰、約賦但取聲律便美、非霓字不可讀爲平聲也。唐韻正力辨霓字可讀平聲、殊失隱侯之意。　謝疊山中丞云、霓字錫屑兩韻並收。案錦繡萬花谷考證云、霓雖有兩音、然文士用倪音多而齧音少、若專用雌霓則當音齧、若泛用霓字則倪齧可通。此辨甚明。近日紀曉嵐注館課詩云雌霓未始不可讀平、竊謂既有沈約事在前、自以讀仄爲是。

音略

帝　東　芋　洪　倪　契入聲

蝃蝀謂之雩。蝃蝀、虹也。蜺爲挈貳。

孫偘直音

蝃帝蝀東涷謂之雩。芋

直音校正

蝃帝蝀涷謂之雩俗名爲美人虹、江東呼雩。于蝃蝀虹也。蜺霓爲挈苦結切貳蜺雌虹也、挈貳其別名、見尸子。

楊氏音訓

蝃帝　蝀東又董涷二音　雩于　虹洪　蜺倪　挈苦結切

干氏音釋

弇日爲蔽雲

弇日爲蔽雲。即暈氣五彩覆日也。

郭注

弇日爲蔽雲者、郭云即暈氣五彩覆日也。然則暈氣弇日名蔽雲。周禮春官眡祲掌十煇之法、鄭司農云煇謂日光炁是也。

邢疏

弇日爲蔽雲

郭璞云、即暈氣五彩覆日也。

弇音掩。暈音運。

陸音義

弇日爲蔽雲

雲弇佗物不得爲蔽，亦能弇日，雲之黨類厚矣。

螮蝀謂之雩，螮蝀虹也，蜺爲挈貳

新義

弇日爲蔽雲 雄曰虹，色鮮明。雌曰蜺，色黯黮。挈貳文見尸子。虹蜺朝見西，暮見東，日中則見天中，故暈氣弇日。

鄭樵注

弇日爲蔽雲 郭璞曰，即暈氣五彩覆日也。鄭樵曰，雄曰虹，色鮮明。雌曰蜺，色黯黮。挈貳文見尸子。虹蜺朝見西，暮見東，日中則見天中，故暈氣弇日。總釋上文

古注合存

螮蝀謂之雩，螮蝀虹也，蜺爲挈貳，弇日爲蔽雲 螮蝃蝀並同。音帝。蝀音凍。雩，于句切。蜺霓同，弇揜同。○註曰，螮蝀，俗呼爲美人虹，江東呼爲雩。蜺，雌虹也，見離騷。挈貳，其別名，見尸子。蔽雲，即暈氣五彩蔽日者也。疏曰，詩鄘風云，蝃蝀在東。月令云，季春虹始見。音義云，色鮮盛者爲雄，雄謂之虹；晦者爲雌，雌謂之蜺。說文云，蜺，屈虹也，色青赤或白色者，陰氣也。離騷天問云，白蜺嬰茀。遠遊章云，雌蜺嫂嫚是也。周禮眡祲掌十煇之法，鄭司農謂之日光炁，是弇日也。

注疏參義

弇日爲蔽雲 **註** 即暈氣五彩覆日也 **正義** 說文云，霒，雲覆日也。釋名云，雲猶云云，衆盛意也。又言運也，運行也。弇日謂之蔽雲，又謂之背譎。淮南覽冥訓背譎見于天，高誘註曰，旁五色氣在兩邊外出爲背，外向爲譎，內向爲珥，在上外出爲冠。**註** 即暈至日也。○**正義** 春官眡祲掌十煇之法，鄭司農云，煇謂日光氣。煇即暈字，俗體作暉。釋名云，暈，捲也，氣在外捲結之也，日月俱然。珥，氣在日兩旁之名也。珥，耳也，言似人耳之在兩旁也。

正義

弇日爲蔽雲 即暈氣五彩覆日也

弇者，說文云，蓋也。雲，山川气也。弇日爲蔽雲者，說文雩字解云，雲覆日也。淮南說林篇云，日月欲明而浮雲蓋之，皆即此意。郭云即暈也者，釋名云，暈，捲也，氣在外捲結之也，日月俱然。然則暈但映日而不弇日，此雲弇日又非暈也。暈，周禮作煇，覞眡說文作暉，云光也。郭既失之，鄭樵注以爲弇日者即虹也，尤非。

義疏

弇日爲蔽雲 郭注，即暈氣五彩覆日也。鄭樵說弇即虹也，謂之蔽雲，以其蔽日。

集解

弇日爲蔽雲 弇，蓋也。古文作穽，與弇通用，所謂雨雲是也，其色暗灰。云蔽雲者，以其蔽日。

義證

弇日爲蔽雲 弇音掩。

註 暈氣五彩覆日也

郭注補正

弇日爲蔽雲

即暈氣五彩覆日者也

開元占經八卷引爾雅曰，弇日爲蔽雲，郭璞曰，即暈氣五色覆日者也。今據補者字。

郭注佚存補訂

弇日為蔽雲。即暈氣五彩覆日也。 蔽雲者，能弇蔽之雲也。楚辭九辯注，雲霓之氣蔽其精也，案此以雲霓連言，尤霓可稱雲之證，又霓能弇日之證。 此文疑當與上連。漢書五行志引京房易傳曰，有蜺蒙霧，霧上下合也，蒙如塵雲，蜺，日旁氣也。古微書引河圖稽耀鉤云，霓者，氣也，起在日側，其色青赤白黃，又引尚書

璇璣鈐云、日旁青赤者爲霓、五行志曰、蜺四方日光不陽、細案郭此注、亦指霓而言。然則上蜺謂屈虹之霓、說文霓屈虹青赤也、一曰白色陰氣也。此蔽雲者謂陰氣之霓、說文亦作二解、正本爾雅矣。暈說文作暉、云光也、言光者、日光在外也、暈雲並對言有別、散言則通。鄭樵謂弇日者即虹、邢疏以爲非、案鄭不爲無見、未可非也。

黄侃音訓

弇日爲蔽雲　郭注即暈氣五彩覆日也

案郭注非是。廣雅釋天有淪陰二字在常氣中、王氏念孫疏證、日沒以後赤黄氣。疑此蔽雲即彼淪陰。淪有沒訓、見說文水部、而蔽有障隱二訓、見廣雅釋詁、障隱與沒義初無異。陰在說文𨸏部、闇也、水之南山之北也。雲部別有霒字、雲覆日也、从雲今聲。侌、古文霒省。覆日猶弇日、此經之雲當爲霒之叚、廣雅則叚陰爲侌、用霒古文也。日部新附㬇、雲布也、从日下雲、會意。㬇又霒之俗書。

董瑞椿日記

弇日爲蔽雲（注）即暈氣五彩覆日也○「彩」，唐寫本作「采」。又《開元占經》卷八引此注「日」下有「者」字。

宋監本校箋

弇音掩日爲蔽雲

音圖・音

掩
弇日爲蔽雲。

孫侶直音

弇掩日爲蔽雲　即暈氣五彩覆日也。

楊氏音訓

疾雷爲霆霓

疾雷爲霆霓。雷之急激者謂霹靂。

郭注

疾雷爲霆霓者、郭云雷之急擊者謂霹靂。案說文云、霆雷餘聲也、鈴鈴所以挺出萬物也。又云震劈歷振物者。然則疾雷一名霆霓、又名震。春秋震夷伯之廟、謂劈歷破之是也。霹靂俗字也。

邢疏

疾雷爲庭霓

霓五擊反。釋文　雄曰虹、雌曰霓、釋文音義引虹雙出、色鮮盛者爲雄、雄曰虹。闇者爲雌、雌曰蜺。邢疏　詩鄘風蝃蝀在東釋文　月令正義　一切經音義大集月藏分經第十卷引闇作暗。又佛本行集經第七卷、又阿毗達磨順正理論第二十三卷並引音義。

郭音義

疾雷爲庭霓

文選東都賦注、書鈔一百五十二、類聚二、初學記一、御覽十三並引作疾雷爲霆。爲字或作謂之二字。又一切經音義引作霆霓。

黄輯古義

疾雷謂之霆　舊本並作疾雷爲霆霓、蓋傳寫之誤。茲據北堂書抄一百五十二卷引改正。

郭璞云、雷之急擊者謂霹靂。左傳正義三卷引作雷之急激者。一切經音義十五引作雷之急迅者也。

衆家注

一切注音

疾雷爲霆霓

蕙心案、文選東都賦注、初學記一、御覽十三並引爾雅作疾雷爲霆、無霓字、爲字或作謂之。宋氏翔鳳曰、霓當爲電，形近而誤。郝氏義疏云非電之誤，霓字衍也。

古注斠

霆 徒丁反。字林同。又徒佞、徒頂二反。說文云雷餘聲鈴鈴，所以挺出萬物也。激 古歷反。霹 普覓反。靂 力狄反。揚雄羽獵賦云霹靂列缺，吐火施鞭。史記云霹靂者陽氣動也。

陸音義

霆 ○官本譌作庭，又下衍霓字。宋本及舊本皆衍。案陸氏於上霓字作音不云下同。又檢文選東都賦注、初學記一、白帖二、書鈔一百五十二、事類賦三，皆無霓字。

激 ○俗本譌作擊，宋本及諸舊本不誤。

音義攷證

疾雷爲霆霓

疾怒易竭，餘怒之倪也。

新義

疾雷爲霆 謂霹靂也。

鄭樵注

疾雷爲霆霓

郭璞曰，雷之急擊者謂霹靂。擊，釋文作激，左傳疏同。

鄭樵曰，謂霹靂也。

古注合存

農師云，震雷謂之劈歷，震言所以振物也。其緩者霆。說文曰雷之餘聲鈴鈴，所以挺出萬物也。先儒或以霆爲疾雷，蓋爾雅疾雷謂之霆霓，先儒豈讀此故誤歟。亦或謂之電者，霆亦非電也。蓋音庭則爲雷，音蜓則爲電。淮南子曰陰陽相薄感而爲雷，激而爲霆。又曰疾雷不及掩耳，疾霆不暇掩目。皆宜音電。

補注

疾雷謂之霆 **註** 雷之急激者謂霹靂 **正義** 易繫辭云，鼓之以雷霆。說文云，靁，陰陽薄動，雷雨生萬物者也。霆，雷餘聲鈴鈴，所以挺生萬物。釋名云，雷，硍也，如轉物有所硍雷之聲也。春秋隱九年云，大雨震電。穀梁傳云，震，雷也。電，霆也。淮南天文訓，陰陽相薄爲雷，激而爲霆。易釋文引京房云，霆者，雷之餘聲，挺生萬物也。監本作疾雷爲霆霓。今從初學記。**註** 雷之至霹靂 ○ **正義** 急激，監本作急擊，今從左傳疏、衆經音義引郭註作雷之急迅者也。說文云，震，劈歷振物者。釋名云，震，戰也，所擊輒破，若攻戰也。又曰辟歷，辟，折也，所歷皆破折也。霹靂，俗體字。文選註引倉頡篇云，霆，霹靂也。

正義

疾雷爲霆霓 雷之急激者謂霹靂

雷霆者，說文云，靁，陰陽薄動，靁雨生物者也。霆，靁餘聲也，鈴鈴所以挺出萬物。又云，震，劈歷振物者。一切經音義十五引蒼頡篇云，霆，礔礰也。是霆爲疾雷，霓字衍也。知者，文選東都賦注及書鈔一百五十二、類聚二、初學記一、御覽十三並引作疾雷爲霆，觭辭之或字無霓字，知今本衍也。宋翔鳳曰，霓當爲電，形近而誤。余按，穀梁隱九年傳云，震，雷也。電，霆也。是霆電通名。淮南兵略篇云，疾雷不及塞耳，疾霆不暇掩目。是亦以霆爲電，與穀梁合。二書所言，理固可通，但爾雅文不虛設，審若霆電并釋，言霆已明，加電反贅，霆電連文，又復不詞，故知非電之誤。

義疏

疾雷爲霆霓 郭注，雷之急擊者謂霹靂。霆電一字也。詩震電，又如霆如雷，皆以光聲竝言，此明其同，因分霆電爲二。爾雅家又旁注電於霆，因誤爲霓。郭本尚無霓字也。電文从申，象其光流，廷从王，則取義非古字。當作電。

集解

疾雷爲霆霓 霆霓不當連文，藝文類聚引作疾雷謂之霆是也。雷字一作靁，陰陽薄動雷雨生物者也。大气常帶電而雲爲雷气之導體，故大气中所有電气集於雲中、及其量大時、則對於他雲或地球而起感應、遂至於放電。電光者、即此時放電之火花。雷鳴者、即此時所發之音響也。又有所謂雷雨者、雷電隨驟雨而起、多見於盛夏日中高温之時、即疾雷也。霆雷餘聲也。雷鳴爲發於放電時之音響、則宜為一同急迫之音響、但電光長亘數里、雷鳴从電光之各部分而發、故至人耳之距離不相等、通例得長聞轟轟之餘音、此餘音中必含有从雲與山嶽等之反響。霆之从廷、以音之失於渙散也。易繫辭鼓之以雷霆、疏長生注霆疑為電。豈古者霆電一字與。

義證

疾雷爲霆

雷之急激者謂之霹靂

元應月燈三昧經三卷音義無量清淨平等覺經上卷音義大智度論三十卷音義五分律二十卷音義俱引爾雅疾雷爲霆霓、郭璞云雷之急激者也。慧琳甄正論中卷音義引爾雅疾雷爲霆、郭璞云雷之急激者也。慧琳引經無霓字、與北堂書鈔事類賦所引合。初學記一卷天部引爾雅疾雷謂之霆、郭璞注疾雷謂雷音急激者謂之霹靂。御覽十三卷天部引爾雅曰疾雷爲霆、郭璞注曰疾雷爲雷音急激者。樹枬案、諸書所引俱作急激、仿宋本誤作急擊、單疏本明注疏本又誤擊爲繫、釋文云激古歷反。是陸所據本作激不作擊也。今據初學記引補之字。

郭注佚存補訂

弇日爲蔽雲疾雷爲霆

弇日者、郭注云即暈氣五彩覆日也。案暈氣不覆日。小雅大田有渰萋萋、傳云渰、雲興貌、弇爲渰之省文、當即弇日之義。說文云霒、雲覆日也。今本霆下有霓、霓字衍文。藝文類聚初學記御覽諸書竝引爾雅作疾雷爲霆、無霓字。說文云靁、陰陽薄動、雷雨生萬物者也。霆、雷餘聲鈴鈴、所以挺生萬物。大雅雲漢、如霆如雷、常武如雷如霆、雷霆對言、則霆非雷之餘聲。郭注謂霹靂是也。

說詩

疾雷節註雷之急激者謂霹靂 激誤擊、疏內同。從釋文挍。音霓 釋文云郭五擊切。

注疏正字

疾雷爲霆霓

注文不釋霓字、諸書引此文亦無霓字、疑衍。

小箋

疾雷爲霆霓　臧氏琳曰、霆霓不當連文。初學記一藝文類聚二白帖二引作疾雷謂之霆、北堂書鈔一百五十二文選注一事類賦三引作疾雷爲霆、可證本無霓字。盧學士曰、案釋文於上霓爲挈貳霓字作音不云下同、是陸本亦無霓字也。元照案霓是衍字、然石經已有、在石經前者春秋正義四十二一切經音義四又八又九又十五引已有霓字、則誤衍久矣。

匡名

疾雷爲霆霓。霓字涉下霓而誤，臧鏞堂謂涉霄而誤，非。釋文上霓字下不云下同，亦此處無霓之碻證。【黃侃音訓】

疾雷爲霆霓，郭注雷之急擊者謂霹靂。頤煊案，霓非疾雷，霓當是電字之譌。說文，霆，雷餘聲也。電，陰陽激燿也。皆疾雷時所有。邵氏正義據初學記改作疾雷謂之霆。臧氏琳經義雜記據北堂書鈔、事類賦注，謂當作疾雷爲霆。余嘗見影宋本北堂書鈔、元刻初學記事類賦注引爾雅皆作疾雷爲霆霓，足證近刻皆俗人所改，不足爲據。【讀爾雅録】

疾雷爲霆霓。經義雜記曰，霆與霓二物不相併稱。郭註無霓字。文選註、北堂書鈔引作疾雷爲霆，可證霓字當衍。【考異摘要】

疾雷爲霆霓　郭注雷之急擊者謂霹靂。近黃氏以周解霹靂卽霆霓轉音，霆从廷而廷以壬得聲，與程戥从呈而呈以壬得聲同。霆轉爲霹，與程戥轉爲秩同。（史記引書平秩之秩作程，說文引詩秩秩大猷之秩作戥。）釋名例以同聲疊韻爲訓，釋天霓，齧也。南史王筠傳，筠讀雌霓連捲之霓五結切，沈約撫掌欣忭。增韻、范忠文公試學士院詩用彩霓字，學士据郊居賦謂鎮失韻，是霓古音固與靂近。（黃解載詁經精舍課藝四集。）案黃解碻不可易。明乎此，則經言霆霓，注言霹靂，初非判然二名、各不相謀矣。說文水部有湆，从水音聲，而儀禮士昏禮大羹湆在爨，鄭注今文湆皆作汁。霆从廷聲而轉爲霹，亦猶湆从音聲而今文作汁也。說文𨸏部隉讀若虹蜺之蜺，文選張衡西京賦直墆霓以高居，李善注霓五結切，又東京賦以霓韻列設鑯，皙亦靂音近霓之證也。【董瑞椿日記】

疾雷爲霆霓，郭云雷之急激者謂霹靂。楷案，文選東都賦注、初學記類聚書鈔御覽白帖事類賦引皆無霓字，故近儒皆以爲衍文。黃先生則云郭注謂霹靂三字卽釋經爲霆霓，霆霓霹靂實一聲之轉。霆从廷而廷以壬得聲，與程字戥字从呈而呈以壬得聲同。霆之轉音爲霹，與程戥之轉音爲秩同。霓从兒得聲，漢轉音讀若歷。釋名霓，齧也。廣韻霓五結反。南史王筠傳讀沈約郊居雌霓五結切，皆霓轉爲歷之證，非衍文。【稗疏】

疾雷爲霆霓唐石經單疏本雪牕本同。經義雜記曰，霆與霓二物不當併稱，郭注無霓字。考初學記一、白氏六帖二引作疾雷謂之霆，文選注一、北堂書鈔一百五十二、事類賦三引作疾雷爲霆，可證霆下本無霓字，葢因下句雨霓爲霄雪，霓與霓形相近，遂誤衍矣。

雷之急激者雪牕本元本同。釋文激，古厤反。單疏本監本毛本激誤擊，閩本激字空闕。【校勘記】

疾雷爲霆霓。按雷無名霓之義，霆霓二字亦不見他書，恐是因連下雨霓而誤。北堂書鈔引爾雅無霓字，上霓爲挈貳，釋文霓五分反，如淯五結反，郭五擊反，本或作蜺。而不云下同，則霓字宜衍矣。又今本於此霓字音宜，亦非。【注疏本正誤】

疾雷爲霆霓唐石經、永懷堂本同。監本霆誤庭。

所以挺出萬物也毛本湘本同。監本挺誤挻，說文霆下正作挺。

注疏校勘札記

四行疾雷爲霆霓○「霓」字蓋因上文「蜺」字衍。郝氏《爾雅義疏》云：「《文選·東都賦》注及《書鈔》一百五十二、《類聚》二、《初學記》一、《御覽》十三並引作疾雷爲霆，爲字或作謂之二字。無霓字。」案：慧琳《音義》卷八十七引亦作「疾雷爲霆」，與《北堂書鈔》、《藝文類聚》等書所引相同。《字鏡》卷九之部「霆」下云：「疾雷爲霆」。《字鏡》訓解多錄自梁顧野王《玉篇》，是顧氏所據《爾雅》舊本並無「霓」字。今所見唐寫本殘卷亦誤衍「霓」字。

(注)雷之急激者謂霹靂○「雷之急激者」，慧琳《音義》卷八十七引同，《初學記》卷一引郭注作「疾雷，謂雷音急激者。」《御覽》卷十三引作「疾雷，爲雷音急激者。」文字有異。唐寫本注文作「雷之急激者，謂之霹靂也。」今本「謂」字下脫「之」字。

宋監本校箋

疾雷爲霆音廷 **霓**雷之急激者謂霹靂　霓音倪

音圖·音

疾雷爲霆廷**霓**宜　雷之急擊者爲霹靂霆雷餘聲也。

楊氏音訓

雨霓爲霄雪

雨霓爲霄雪。詩曰、如彼雨雪、先集維霓。霓、水雪雜下者、故謂之消雪。

郭注

雨霓爲霄雪者、霓水雪雜下也、因名霄雪。霄即消也。詩小雅頍弁如彼雨雪、先集維霰。鄭箋云將大雨雪始必微温、雪自上下遇温氣而摶謂之霰。案大戴禮曾子云陽之專氣爲霰、陰之專氣爲雹。盛陽之氣在雨水則温暖、爲陰氣薄而脅之不相入則摶爲雹也。盛陰之氣在雨水則凝滯而爲雪、陽氣薄而脅之不相入則消散而下、因水而爲霰。是霰由陽氣所薄而爲之、故鄭言遇温氣而摶也。霓與霰音義同。

邢疏

雨霓爲霄雪

初學記二引爾雅雪與雨雜下曰霰。蓋連郭注成文。

衆家注

黃輯古義

雨霓爲霄雪

郭璞云、詩曰如彼雨雪、先集維霰。霰冰雪雜下者、故謂之消雪。消、今本作霄。從宋本校改。

一切注音

雨霓爲霄雪　爾雅雨與雪雜下曰霰。初學記

蕙心案、此舊注也。郭注霓冰雪雜下者故謂之消雪、義本此。

古注斠

霓本或作霰、霹同。悉練反。**霄**音消、本亦作消。說文曰雨霓爲霄、齊語也。

陸音義

霓本或作霰。霹○案說文霰、稷雪也、從雨散聲。霓、霰或從見。霹、小雨財零也、從雨鮮聲、讀若斯。則霰爲正字、霓爲或字。霹字義別、不當用。今惟毛注疏本作霰、宋本及舊本官校本皆作霓。**霄**本亦作消○宋本注中作消。案說文雨部本有霄字。

音義攷證

雨霓爲霄雪

音先、雪先見者、若見晛曰消、非消雪也。

新義

雨霓爲霄雪霓、亦作霰、霰、冰雪雜下、故謂之消雪

霄即消也

鄭樵注

雨霓爲霄雪

郭璞曰、詩曰如彼雨雪先集維霓。霓冰雪雜下者、謂之霄雪。霓、監本作霰。霄、宋本作消。

鄭樵曰、霓亦作霰、霰冰雪雜下、故謂之消雪。霄即消也。

一切注音

農師云爾雅雨霓爲霄雪霓从晛省。詩曰見晛曰消、蓋雪以微温搏之故散而成霓釋文曰霰稷雪也閩俗謂之米雪言其霰粒如米所謂稷雪義蓋如此按今俗呼石雪亦呼雪珠。補注

雨霓爲霄雪 註 詩曰如彼雨雪先集維霰霰冰雪雜下者故謂之消雪 正義 說文云霰、稷雪也、或从見。釋名云雪綏也、水下遇寒氣而凝綏綏然下也。霰、星也、水雪相搏如星而散也。雨霓爲霄齊語也。釋文云霓本或作霰霰霄本亦作消。漢書引五行傳云、雹者陰脅陽也。霰者陽薄陰也。詩疏云、盛陽之氣在雨水則温暖爲陰氣所薄而脅之不相入則搏爲雹也。盛陰之氣在雨水則凝滯而爲雪、陽氣薄而脅之不相入則消散而下、因水而爲霰。註 詩曰至消雪 正義 郭所引詩小雅頍弁文、鄭箋云將大雨雪始必微温雪自上下遇温氣而搏謂之霰。文選註引薛君韓詩章句云霰、霙也、故謂之消雪。監本作謂之霄雪。今從宋本。正義

雨霓爲霄雪　玉案、詩釋文云霰、消雪也、字亦作霄。據此霄當作消。

雨霓爲霄雪　玉案、宋世家古文尚書曰濟、孔安國今文尚書作曰霽。鄘載馳傳曰濟、止也。故雨爲霽亦爲濟。補注殘本

疏云一疾雷爲霆霓者。　玉案、初學記北堂書鈔及太平御覽并引爾雅疾雷爲霆、無霓字。校議

雨霓爲霄雪 詩曰如彼雨雪先集維霓霓水雪襍下者故謂之消雪

雪者、說文云凝雨、說物者。釋名云雪、綏也、水下遇寒氣而凝綏綏然也。霓者與霰同、說文云霰、稷雪也、或从見作霓。釋名云霰、星也、水雪相搏如星而散也。詩頍弁箋、將大雨雪、始必微温、雪自上下、遇温氣而搏、謂之霰。是霰之爲言猶搏也。雪遇温氣而搏、如粟粒襍下、故說文以爲稷雪、釋名以爲星散、皆得其形狀。文選雪賦注引韓詩薛君曰霰、霙也。宋書符瑞志引韓詩霙作英、而云花葉謂之英、又云霰爲花雪、草木花多五出、花雪獨六出、彼以花雪爲霰矣。援韓詩之霙、其說竝謬矣。霄雪者、雪字亦衍。說文雨霓爲霄、齊語也。無雪字。今本蓋緣郭注而衍也。水經洛水注云、長霄冒嶺、層霞冠峯。霄字之義蓋本於此。郭云霰、水雪襍下者、初學記二引爾雅云雪與雨襍下曰霰。其說亦失之。義疏

雨霓爲霄雪 郭注、詩曰如彼雨雪、先集維霓。霓、水雪襍下者、故謂之消雪。此釋詩見霓曰霄、非釋霰也。散見同意、故霰或作霓、謂雪至地而消。集解

雨霓爲霄雪　此釋詩見晛曰消也。霓字一作霰、稷雪也。與晛通用。霄即消也、謂日出而雪即消。霰爲空中之水蒸气急激凍結爲球形、或不規則之形而降者、其大者曰雹、不得名爲霄雪。義證

雨霓爲霄雪 詩曰如彼雨雪先集維霓霓水雪雜下者故謂之霄雪

毛本霓作霰、蓋據毛詩改。郭所引則齊魯詩也。

仿宋本單疏本雪牕本作水雪、明注疏本作冰雪。

阮氏據詩信南山正義引李巡注水雪俱下、禮記月令注水雪雜下、釋名水雪相摶謂作冰者非。樹枏案、開元占經一百一卷引作霰冰雪雜下、故爲消雪。御覽十二卷天部引同。今以爲詩鄭箋孔疏言霰之情狀最爲得之。水與冰形近致譌。　仿宋本雪𩃬本作故謂之消雪、明注疏本作謂之霄雪。樹枏案、釋文云霄、音消、本亦作消。不言經注異同、蓋經注皆作霄也。

郭注佚存補訂

雨霓爲霄雪

釋文云霓、本或作霰、霄本亦作消。說文云霰、稷雪也。或從見。又云、雨霓爲霄、齊語也。小雅頍弁相彼雨雪、先集爲霰、毛傳云霰暴雪也。鄭箋云將大雨雪、始必微溫、雪自上下、遇溫氣而摶謂之霰、久而寒勝則大雪矣。彼釋文云霰消雪也、字亦作霓。正義云、大戴禮曾子曰、陽之專氣爲霰、陰之專氣爲雹、今大戴禮作陽之專氣爲雹、陰之專氣爲霰。正義誤倒。盛陽之氣在雨水則溫煖、爲陰氣薄而脅之不相入則摶爲雹也。盛陰之氣在雨水則凝滯而爲雪、陽氣薄而脅之不相入則消散而下、因水而爲霰。是霰由陽氣所薄而爲之、故言遇溫氣而摶也。案霰如米粒、雪將成未成之時、許謂稷雪是也。毛以霰爲暴雪、失之。霰未成雪、隨落隨消、故謂之霄雪。霄與消同。小雅角弓雨雪瀌瀌、見晛曰消。卽霄雪也。

說詩

雨霓爲霄雪

說文作雨霓爲霄、無雪字、或遂疑此雪字爲衍。蓋郭所見本與許不同。柏年案、詩如彼雨雪、先集維霰、疏云盛陰之氣在雨水則凝滯而爲雪、陽氣迫而脅之、不相入則消散而下、因雨水而爲霰。釋文云霰消雪也。是霄消義通、霄雪猶言消雪。韻會、霄雪今人所謂溼雪。又案、今俗謂爛雪着地卽消、雖大不積。

補釋

雨霓爲霄雪　案陸氏佃云、霓從見省、霄從消省。詩曰見晛曰消。蓋雪以微溫摶之、故散而成霓。說文曰霰、稷雪也。今閩俗謂之米雪、言其霰粒如米、所謂稷雪義蓋如此。

註先集維霓　霓、毛本從詩作霰。

音霓悉練切　誤醉見切。

注疏正字

雨霓爲霄雪

或云雪字衍、然注云水雪雜下者謂之消雪、邵疏引韓詩章句云霰、霙也。謂霰爲霙、霙卽雪也。予謂疑郭本有雪字、許氏所見本無雪字、故曰雨霓爲霄。

小箋

雨霓爲霄雪　釋文云霓、本或作霰⿱雨鮮、同。臧氏鏞堂曰、開元占經一百一引作霰。盧學士曰、案說文霰、稷雪也、从雨散聲。或从見作霓。霹、小雨財零也、从雨鮮聲、讀若斯。則作霹非也。釋文云霄、本亦作消。說文曰、雨霓爲霄、齊語也。臧氏鏞堂曰、開元占經引作消。元照案、雨霓爲霄、說文卽引爾雅、但不明言耳。雪字疑衍文。臧氏鏞堂曰五經文字云、霄、雨霓爲霄、見爾雅。案霓爲雨雪雜下、不得偏舉雪也。古本殆無雪字。

匡名

弇日爲蔽雲疾雷爲霆霓雨霓音線爲霄雪

弇日、卽日暈日珥之類、月亦有之、各主災祥、當以形色察之。說文、霒、雲覆日也、从雲今聲。靁、陰陽薄動、靁雨生物者也。从雨畾、象回轉形。霆、雷餘聲也、鈴鈴、所以挺出萬物。鼙、鼓之以雷霆。郭注謂霹靂。霰、稷雪也、或从見。霄、雨霓爲霄。霙、凝雨說物者。小雅、先集維霰。

啓蒙

雨霓爲霄雪。霓水雪雜下者、故謂之消雪。霓與霰同、說文霰、稷雪也、霄與稷聲轉、霄之言小也、稷猶粟也。郭云霓水雪雜下者、初學記二引爾雅云、雪與雨雜下曰霰、葢皆誤雨爲風雨之雨、不讀爲雨僉之雨也、其義本於釋名。

黃侃音訓

疾雷爲霆霓 雨霓爲霄雪

文選注引作疾雷爲霆。東都賦注無霓字。北堂書鈔引作疾雷謂之霆。一百五十二卷 釋文霓本或作霰霹、同。釋天釋文 霄本亦作消。釋天釋文 郭注作消雪。宋本爾雅注 說文作雨霓爲霄、云齊語也。雨部霄

疾雷爲霆霓、按說文雨部霆云、雷餘聲、从雨廷聲。霓云、屈虹、青赤或白色、陰气也、从雨兒聲。霓字義別、不當與霆連文。又按文選注及北堂書鈔引爾雅皆無霓字、霓衍文無疑。

證異

雨霓爲霄雪。說文、雨霓爲霄、从雨肖声、齊語。五經文字云、雨霓爲霄、見爾雅。則古本爾雅無雪字。

考異摘要

雨霓爲霄雪 唐石經單疏本雪總本同。說文、霄、雨霓爲霄、从雨肖聲、齊語也。五經文字霄、雨霓爲霄見爾雅。按霓爲水雪雜下、是不得偏舉雪也、古本爾雅葢無雪字。

先集維霓 雪總本舊本閩本監本同。毛本霓作霰、葢據毛詩改。釋文霓本或作霰霹、同。詩釋文云霰字亦作霓。五經文字、霰霓二同、上見詩、下見爾雅。按說文霰、稷雪也、从雨散聲。霓、霰或从見。是霓霰同字。郭氏所據詩葢本作霓。

霓水雪雜下者 單疏本雪總本同。注疏本水作冰、非。按詩信南山正義引李巡注云、水雪俱下。禮記月令注云水雪雜下、劉熙釋名云水雪相摶。

故謂之消雪 雪總本同。邢疏云霄卽消也、注疏本作謂之霄雪、一脫一誤。按此經作霄、注作消、釋文霄音消、本亦作消。葢援注改經、未審經注異文之致、自陸氏作釋文時已然矣。

陰之專氣爲雹 元本閩本監本同。毛本爲誤謂。

盛陽之氣在雨水則溫暖 元本閩本監本同。毛本暖改暝。

因水而爲霰 注疏本霰誤雹。

校勘記

雨霓爲霄雪、疏將大雨雪、始必微溫。今本微誤作徵。

注疏本正誤

雨霓爲霄雪者 監本毛本湘本霓作霓、此霓字誤。

始必徵溫 監本毛本同。湘本徵作微。案詩疏正作微。

遇溫氣而摶謂之霰 案詩鄭箋摶作摶。

因水而爲霰 監本毛本同。湘本水誤冰。

注疏校勘札記

雨霓爲霄雪〇「霄」、唐寫本作「消」。案陸氏《釋文》云：「霄

音消，本亦作消。《説文》曰：「雨霓為霄，齊語也。」唐張參《五經文字》卷下雨部「霄」注云：「雨霓為霄，又近日赤氣，見《爾雅》。」所注與《説文》同。阮元《校勘記》云：「按霓為水雪雜下，是不得偏舉雪也。古本《爾雅》蓋無雪字。」

(注)詩曰如彼雨雪先集維霓〇「維」唐寫本作「唯」。

宋監本校箋

雨霓音線為霄雪

音圖・音

雨霓先霰為霄消雪。

孫侶直音

雨霓霰同為霄雪霰冰雪雜下者因名霄雪霄即消也。

楊氏音訓

霓先見切

干氏音釋

暴雨謂之涷小雨謂之霡霂久雨謂之淫淫謂之霖濟謂之霽

暴雨謂之涷今江東呼夏月暴雨為涷雨。離騷云令飄風兮先驅使涷雨兮灑塵是也。涷音東西之東。小雨謂之霡霂、詩曰益之以霡霂。久雨謂之淫、左傳曰天作淫雨。淫謂之霖。雨自三日已上為霖。濟謂之霽。今南陽人呼雨止為霽，霽音薺。

郭注

暴雨謂之涷者，暴雨謂驟雨也，一名涷。郭云今江東呼夏月暴雨為涷雨。離騷云令飄風兮先驅使涷雨兮灑塵是也者，此離騷九歌大司命文。案彼云廣開兮天門，紛吾乘兮玄雲，令飄風兮先驅，使涷雨兮灑塵是也。小雨謂之霡霂者，小雨一名霡霂。小雅信南山云益之以霡霂是也。李巡云水雪俱下。案此文上有暴雨，下云久雨，於中間無雪事，而云水雪俱下，妄矣。久雨謂之淫者，淫過也。久雨過多，害於五稼，故謂之淫。月令季春行秋令則天多沈陰，淫雨早降，謂久雨也。注云左傳曰天作淫雨者，莊十一年傳文也。淫謂之霖者，淫雨又名霖也。郭云雨自三日已上為霖者，隱九年左傳文也。濟謂之霽者，濟止也，雨止名霽。郭云今南陽人呼雨止為霽。書云曰霽，云風雨者，題上事也。

邢疏

小雨謂之霡霂

氷雪俱下。詩正義十三之二　邢疏

李注

暴雨謂之涷

涷音東。釋文　涷音東西之東。郭注見郝本

濟謂之霽

霽祖禮反，一音徂細反。釋文　霽音薺。郭注見郝本

郭音義

濟謂之霽

說文霎字解云霽謂之霎，或引爾雅古本之文，今脫去之。郝氏義疏

眾家注

黃輯古義

小雨謂之霡霂

氷雪俱下。邢疏詩小雅信南山正義

李注

暴雨謂之涷。音東。釋文

濟謂之霽、祖禮反。一音徂細反。

郭音義

玉函山房輯佚

小雨謂之霡霂

氷雪俱下。李注　詩疏十三之二

鈎沈

暴雨謂之涷
郭璞云今江東呼夏月暴雨爲涷雨離騷云令飄風兮先驅使涷雨兮灑塵是也。
小雨謂之霡霂
李巡云氷雪俱下。詩正義十三之二卷 郭璞云詩曰益之以霡霂。
久雨謂之淫
郭璞云左傳曰天作淫雨。
淫謂之霖
郭璞云雨自三日以上爲霖。
濟謂之霽
郭璞云今南陽人呼雨止爲霽。

一切注音

暴雨謂之涷 舊注云巴邑謂暴雨爲涷雨。文選思玄賦注 郭音東。釋文
小雨謂之霡霂 李巡曰水雪俱下。詩信南山正義
蕙心案此言小雨不及雪李注水雪俱下疑是雨霓爲霄雪注亦郭注所本。

古注斠

涷 都貢反。郭音東。令飄 力呈反。先驅 如字。下豈俱羌句二反。灑 所買所綺二反。霡 亡革反。字林作霢、音同。又亡狄反。霂 亡祿反。以上 時掌反。濟 祖細反。霽 字林子系反、云雨止也、郭祖禮反、一音徂細反。

陸音義

涷 郭音東○案宋本注末有涷音東西之東六字、葛本同。以上 ○注疏本作已上。霽 一音徂細反○舊亦作祖細反。今從宋本正。又宋刻郭注本有音薺二字、俗本多刪。

音義攷證

暴雨謂之涷
有東而已、徐乃能入土。
小雨謂之霡霂
霡、入其脈。霂、沐上焉。
久雨謂之淫
淫謂之霖
淫言無節、霖言有所蔽而不止。
濟謂之霽
水在火上、可以霽矣。霽或謂之姓、音情。則濟而止情宜如是。

新義

暴雨謂之涷小雨謂之霢霂久雨謂之淫淫謂之霖濟謂之霽 涷音東。郭云江東呼夏月暴雨爲涷雨。霖左傳云、雨自三日已往爲霖。霽雨止也。

鄭樵注

暴雨謂之涷 涷、郭音東。
郭璞曰、今江東呼夏月暴雨爲涷雨、離騷云令飄風兮先驅、使涷雨兮灑塵是也。
鄭樵曰、涷音東。郭云江東呼夏月暴雨爲涷雨。
小雨謂之霡霂
李巡曰、冰雪俱下。
郭璞曰、詩曰益之以霡霂。
久雨謂之淫
郭璞曰、左傳曰天作滛雨。
滛謂之霖
郭璞曰、雨自三日已上爲霖。
鄭樵曰、左傳云雨自三日已往爲霖。
濟謂之霽 霽、郭祖禮反。

郭璞曰、今南陽人呼雨止爲霽。
鄭樵曰、霽雨止也。

古注合存

疾雷爲霆霓雨霓爲霄雪暴雨謂之涷小雨謂之霢霂久雨謂之淫淫謂之霖濟謂之霽霆音廷霓霰同音線涷音東霢音脈霂音木。註曰、疾雷謂霹靂也。詩頍弁云、如彼雨雪、先集維霰。江東呼夏月暴雨爲涷雨。離騷云、使涷雨兮灑塵。詩信南山云、益之以霢霂。左傳云、天作淫雨。又云、雨三日以上爲霖。南陽呼雨止爲霽。疏曰、將大雨雪、必先微溫、雪自上下、遇溫氣而摶、謂之霰。久而寒勝、乃大雪也。霄即消也。淫過也。月令季春行秋令、則天多沈陰、淫雨早降。濟止也。愚按、註云冰雪雜下謂之霄雪。今考疏云、霄即消也。不得謂之冰雪雜下。又考大戴禮曾子云、盛陽之氣在雨水、則溫腰爲陰氣薄而脅之、不相入、則摶而爲雹。盛陰之氣在雨水、則凝結爲陽氣薄而脅之、不相入、則散而爲霰。然則霰之爲言散也。散即消也。消散二字、皆爲陽薄而破散細碎之義。故詩傳云、霰、雪之始凝也。久而寒勝、則大雪矣。舊註殆非。

注疏參義

鄭云、爾雅所釋、盡本詩書。見爾雅、自可見、不待言矣。離騷云、令飄風兮先驅、使涷雨兮灑塵。故釋風雨云、暴雨謂之涷。此句專爲離騷釋、知爾雅在離騷後、不在離騷前。

補注

暴雨謂之涷【註】今江東呼夏月暴雨爲涷雨。離騷云、令飄風兮先驅、使涷雨兮灑塵是也。小雨謂之霢霂【註】詩曰、益之以霢霂。久雨謂之淫【註】左傳曰、天作淫雨。淫謂之霖【註】雨自三日已上爲霖。【正義】此釋雨降之異名。上文言甘雨時降、涷雨霢霂皆應乎時者、淫雨其不時者也。暴雨謂之涷。淮南覽冥訓、降扶風、雜涷雨。高誘註、扶風、疾風。涷雨、暴雨。說文作瀑、疾雨也。又謂之陵雨。法言云、震風陵雨。李顒註、陵雨、暴雨也。小雨謂之霢霂。釋名云、霢霂、小雨也。言裁霢歴霑漬、如人沐頭、惟及其上枝而根不濡也。久雨謂之淫。月令云、季春行秋令、則天多沈陰、淫雨早降。謂雨之過多者也。月令又謂之苦雨。淫謂之霖。說文云、霖、雨三日已往。南陽謂霖雨曰䨙。【註】今江至是也。○【正義】張衡思元賦舊註云、巴郡謂暴雨爲涷雨。郭云江東呼夏月暴雨爲涷雨、各以時驗而言也。九歌大司命云、令飄風兮先驅、使涷雨兮灑塵。郭以爲離騷者、屈原所作二十五篇、漢志謂之屈原賦、王逸章句謂之楚詞、漢初統謂之離騷、故太史公云屈原放逐乃賦離騷、指二十五篇而總言之也。○詩曰至霢霂。○【正義】小雅信南山文。疏引李巡云、冰雪俱下。蓋承上文同雲雨雪而緣飾爲義、與爾雅小雨之訓相違、故郭氏不取。○左傳至淫雨。○【正義】莊十一年傳文。○雨自至爲霖。○【正義】春秋隱九年云、大雨霖以震。左傳云、雨自三日以往爲霖。郭引之也。濟謂之霽【註】今南陽人呼雨止爲霽。【正義】洪範云曰霽、史記集解引鄭註霽作濟。濟者、雨止之、雲氣在上也。說文云、霽、雨止也。霽謂之霎。

正義

暴雨謂之涷今江東呼夏月暴雨爲涷雨離騷云令飄風兮先驅使涷雨兮灑塵是也涷音東西之東小雨謂之霢霂詩曰益之以霢霂久雨謂之淫左傳曰天作淫雨淫謂之霖雨自三日以上爲霖濟謂之霽今南陽人呼雨止爲霽音薺

暴者、說文作瀑、云疾雨也。涷者、淮南覽冥篇云、降扶風襍涷雨、高誘注扶風疾風也、涷雨暴雨也。郭云江東呼暴雨爲涷雨、文選思玄賦舊注云、巴郡謂暴雨爲涷雨、各據方俗爲言也。亦曰淮雨、尚書大傳久矣天之無別風淮雨、鄭注淮、暴雨之名也。○霢霂者、說文及詩傳用爾雅、釋名云、霢霂、小雨也。言裁霢歴霑漬、如人沐頭、惟及其上枝而根不濡也。詩信南山正義引李巡曰、水雪俱下。按爾雅無雪字、詩雖言雪、不云一時俱下、李注非也。霢霂字之雙聲、轉爲溟濛、說文以濛濛爲微雨、以溟溟爲小雨、是溟濛、霢霂皆以雙聲爲義。釋名之說、似未免望文生訓矣。○淫者、說文云、久雨爲淫。晉語云、底著滯淫、是淫有久意、故韋昭注、淫、久也。淫又名霤、說文、霤、久雨也。○霖者、說文云、雨三日已往。本左氏隱九年傳文。晏子春秋諫上篇云、景公之時、霖雨十有七日。是三日已上通名霖也。霖猶𩅰也。說文𩅰、霖雨也。南陽謂霖𩅰。月令淫雨蚤降、鄭注淫霖也。今月令曰衆雨。按衆說文作𩅰、引明堂月令曰𩅰雨。然霢訓小雨、𩅰訓霖雨、依聲義當爲𩅰。○霽者、說文云雨止也。濟者、釋訓云止也、淮南時則篇云九月失政三月春風不濟、覽冥篇云風濟而波罷、竝以濟爲止也。濟與霽音義同、故書洪範曰霽、鄭注作濟、云濟者如雨止之雲氣在上也。漢書郊祀志如淳注三輔謂日出清濟爲晏、是濟霽通也。說文霋字解云、霽謂之霋、所引或爾雅古本之文、今脫去之。

義疏

暴雨謂之涷小雨謂之霢霂久雨謂之淫淫謂之霖𩅰衆 李注、霢霂水雪俱下。郭注、今江東呼夏月暴雨爲涷雨。離騷云令飄風兮先驅使涷雨兮灑塵是也。詩曰益之以霢霂。左傳曰天作淫雨。雨自三日已上爲霖。月令、雹涷傷穀、淫雨蚤降。漢月令、衆雨早降。說文引𩅰雨作霖者、誤也。霖从林、密雨也。無久義。脈沐溟沐冥漠皆狀其緻密之皃。**濟謂之霋**霽 郭注、今南陽人呼雨止爲霽。書曰霽本作曰濟。上云濟、止也。霋淒通用字。詩有渰淒淒、謂雲掩日似欲晴雨候也。

集解

暴雨謂之涷 造雲之水分子之量增加、相結合而點滴降下者曰雨。氣溫降於冰點、則成雲之水分子直涷結、結晶爲六方晶系米粒之冰片曰雪。此云暴雨驟雨或大雨也。許慎說暴疾有所趣也。與暴通用。涷水名。其以爲暴雨偁者、取東動義耳。禮記暴涷傷穀。淮南覽冥、雜涷雨。楚辭大司命、使涷雨兮灑塵。**小雨謂之霢霂** 霢霂卽溟濛狀雨之密、今俗呼爲毛雨。詩益之以霢霂。**久雨謂之淫淫謂之霖** 月令、淫雨蚤降。漢月令、衆雨早降。說文引𩅰雨作霖者、誤也。霖从林、有密義、可狀小雨。此淫謂之霖、當作淫謂之𩅰。𩅰从眾、多也、亦久也。地表蒸發甚足、或海面運送多濕空氣、適予以成雨之冷度、久雨所由來與。**濟謂之霽** 說文引作霽、霽謂之霋是也。書洪範鄭本曰濟、一作曰霽。霽、雨止也。上經亦云濟、止也。霋淒通用字。詩大田有渰淒淒、謂雲蔽日、似欲晴欲雨候也。

義證

久雨謂之淫、淫謂之霖。按說文解字有𩅰字、云𩅰雨、南陽謂之𩅰。𩅰卽淫字。月令淫雨早降、注今月令曰衆雨。古字人三爲乑、𩅰衆並从乑。然則衆雨亦卽𩅰雨矣、古聲淫衆同。

錢氏古義

久雨謂之淫淫謂之霖補

滋然謹按、日本狩谷氏箋注和名類聚抄霖下引尔疋注云、霖一名霪、久雨也。今本尔疋釋天久雨謂之淫、郭注引左傳曰、天作淫雨、雨自三日已上爲霖、均與和名類聚抄所引不同、狩谷氏謂爲尔疋舊注、其說是也。

舊注攷證

暴雨謂之涷

今江東人呼夏月暴雨爲涷雨離騷云令飄風兮先驅使涷雨兮灑塵是也涷音東西之東

今本經注皆作涷、釋文亦作涷、單疏本經作涷、注作凍。文選思元賦注引爾雅暴雨謂之凍雨、注曰今江東人呼夏月暴雨爲凍雨、楚辭曰使凍雨兮灑塵。字皆作凍。涷字說文所無、今據李善補人字。

明注疏本刪湅音東西之東六字作細字音切。希麟大乘本生心地觀經二卷音義引郭璞注作湅音東。

淫謂之霖

雨自三日已上爲霖

釋文作以上，蓋傳鈔之誤，觀釋詁注可知各本皆作已上。

濟謂之霽

今南陽人訶雨止爲霽音薺

後漢書王允傳注引郭璞曰南陽人呼雨止曰霽。慧琳大佛頂經四卷音義引郭璞云南陽人呼雨晴爲霽。文選高唐賦注引爾雅曰濟謂之霽，郭璞注曰今南陽人呼雨止爲霽，音濟。樹枏案音濟當爲音薺之譌，明注疏本刪音薺二字。**郭注佚存補訂**

暴雨謂之湅小雨謂之霢霂久雨謂之淫淫謂之霖濟謂之霽

霢霂者，小雅信南山盆之以霢霂，毛傳云小雨曰霢霂。正義云小雨霢霂，釋天文也。李巡曰水雪俱下。案彼文上有暴雨，下云久雨，於間無雪事，而李巡曰俱下，妄矣。餘詳訂經。**說詩**

小雨謂之霢霂

柏年案霢霂聲轉爲溟濛，又轉爲濛淞，今俗謂小雨爲濛淞雨。

補釋

淫謂之霖註雨自三日已上為霖已，釋文作以。

濟謂之霽音徂計切徂當祖字誤。釋文云，郭祖禮切。

疏南方長養萬物下脫萬物二字。洪範云曰霁尚書作蒙。一地氣發天不應曰霧發下衍而字。俗名為美人虹脫為字。白蜺嬰茀白誤曰。雌蜺婕嫘以曾橈兮婕嫘一作便娟同。陰之專氣為雹為毛本誤謂。則摶而為雹也脫而字。摶誤搏，下同。因水而為霰霰誤雹。淫雨早降早，禮記作蚤。**注疏正字**

涷

當作湅。

濟謂之霽

濟霽霋音同，通叚字也。**小箋**

暴雨謂之湅　暴通瀑，疾雨也。見上

小雨謂之霢霂　釋文云，霢字林作霢。案脈隸變作脉，非異文。

詩小雅信南山霢之以霢霂，傳云小雨曰霢霂。正義曰，小雨霢霂，釋天文。李巡曰水雪俱下。案彼文上有暴雨，下云久雨，於間無雪事，而云俱下，妄矣。此傳有云小雪者誤，據此則李巡本作小雪也。

久雨謂之淫　初學記二引作霪。案說文雨部無霪字。

淫謂之霖　藝文類聚二引作霪。見上

濟謂之霽　錢少詹曰、說文雨部有霎字、云霽謂之霎、卽此文也。許君引經典往往不顯書名、非止一處、此必古本爾雅之文、當據以訂郭本之誤。徐養原曰、鴻範曰霽、史記作濟、濟霽古通用、爾雅當曰濟謂之霎。

匡名

暴雨謂之涷小雨謂之霢霂久雨謂之淫淫謂之霖

濟謂之霽　說文、湅、仌也。楚詞、使涷雨灑塵。霢霂霢、霢霂、小雨也。小雅、益之以霢霂。左莊十一年傳、天作淫雨。又隱九年傳、三日以往爲霖。霽、雨止也。洪範曰霽、鄭註霽作濟。三日已往。

啓蒙

涷　湅　釋文。涷、都貢反。郭音東。阮氏校勘記。涷、唐石經雪窗本注疏本同。釋文作涷。文選思元賦注引經暴雨謂之涷雨。及注兩涷雨字皆作涷。考說文有涷無涷。今人呼夏月暴雨爲冷雨。涷雨猶冷雨也。當從釋文。案御覽十亦引作涷。

今案釋文亦作涷、依說文當爲霧之引申。說文引明堂月令曰霧雨、今月令作淫雨。冷雨之說無所徵信、望文生義、非也。

黃侃評本正名

暴雨謂之涷。　依說文當為霥之引申、說文引明堂月令曰霥雨。

小雨謂之霢霂。　霢霂猶緜蠻蝛蠓也、草木又有蘼蕪緜馬、皆有小意。

久雨謂之淫。　淫聲變為涔、說文涔、漬也、漬、久雨涔漬也。字又作霠、廣雅霠霖也。字又作潛、方言潛、涵沈也。淫聲又變為霒、久陰也。為沈、月令天多沈陰。類聚天部下、御覽天部十引此淫亦作霪。

濟謂之霽。　錢大昕說濟謂之霽為霽謂之霎之誤、說文霽謂之霎。案傳本不同、未必遂誤。郝說以為脫、亦無明證也。

黃侃音訓

濟謂之霽。錢大昕曰、洪範曰霽、史記宋世家作濟。說文霎字註云、霽謂之霎。此經霽字當爲霎字之誤。

考異摘要

暴雨謂之涷

樾謹按、說文水部涷、水出發鳩山入於河、從水東聲。是涷爲水名、其本義也。此經以爲暴雨之名、其別義也。廣韻一送涷、瀑雨、又水名。一本爾雅、一本說文。至涷爲冰凍、初無暴雨之說。唐石經本作涷、張參五經文字隸涷字於水部、云見爾雅、知此字自當從水。阮氏校勘記謂說文有凍無涷、誤甚矣。故特訂正之。

濟謂之霽

案說文水部濟、濟水、出常山房子贊皇山、東入泜。雨部霽、雨止也。此文既繫釋天風雨、自是雨止之霽、非濟水之濟。霽本字、濟叚字。爾雅本字叚字兼載、例本

平議

字在前、叚字在後、如椵假並大也、假即椵叚、而叚列假上。京景並大也、景即京叚、而京亦列景上。舉釋詁一條類推之、知此先濟後霽、與兼載本字叚字例不同、必非兼載本字叚字也。疑此下霽元本作霎、傳寫者因霎不經見、妄改作霽、又緟上霽、遂改上霽爲濟耳。說文雨部霎霽謂之霎、雖未偁爾雅、然許君引經自有不慓書名一例。王氏筠說文釋例一六書總說、許君直以經典說之、而無曰書曰詩之等者、皆本義也。 郝氏懿行義疏明知霽謂之霎係爾雅文、而不知即濟謂之霽之元本、乃曰今脫去之、何鹵莽也。

董瑞椿日記

濟謂之霽

按霽乃霎字之譌。說文霽字解云雨止也、不引爾雅。霎字解云霽謂之霎、知爾雅舊本必作霎。濟與霽古字同、洪範曰雨曰霽、鄭注作濟、云濟者如雨止之雲氣在上也。宋世家亦作濟、是霽濟本一字、何得云濟謂之霽。霽之與霎則聲近而意同、白虎通義云妻者齊也、與夫齊體也。然則濟謂之霎猶妻謂之齊也。

爾雅詁

暴雨謂之涷 唐石經雪牕本注疏本同。五經文字水部涷見爾雅、廣韻一送涷瀑雨、又水名。涷、冰涷、皆又音東。按釋文作凍、都貢反。單疏本惟經中字作涷、疏云暴雨一名涷、引郭注雨涷雨字及引九歌大司命涷雨字皆從冫。文選思元賦注引經暴雨謂之涷雨、及注雨涷雨字皆作凍。考說文有凍無涷、今人呼夏月暴雨爲冷雨、凍雨猶冷雨也、當從釋文。張參隸此字於水部、盖非。

今江東呼夏月暴雨爲涷雨 雪牕本注疏本同。單疏本涷作凍。文選思元賦注引作今江東人呼夏月暴雨爲凍雨。按人字當有、下注云今南陽人呼雨止爲霽可證。

使涷雨兮灑塵是也涷音東西之東 雪牕本同。注疏本刪下六字、作細字音切。釋文云涷郭音東本此。

雨自三日已上爲霖 單疏本注疏本同。釋文及雪牕本作以上。按左傳作以上。

濟謂之霽 唐石經單疏本雪牕本同。釋文濟霽皆有音。錢大昕云、洪範日雨曰霽、史記宋世家作濟、則濟霽本一字。說文霎字注云霽謂之霎、此經霽當爲霎字之誤。

今南陽人呼雨止爲霽音薺 雪牕本同。注疏本刪下二字。文選高唐賦注引作音濟、盖音霽爲濟也。

書云曰霽云風雨者題上事也 注疏本刪下云字、移風雨者七字於題下。

校勘記

暴雨謂之涷 唐石經雪牕本注疏本同。五經文字水部涷、見爾雅。案釋文作凍、都貢反。考說文有凍無涷、當從釋文。張參隸此字於水部、蓋非。

案說文水部涷下云、水出發鳩山入於河。是凍者正字、涷者假借字。

校勘記識語

詩云益之以霢霂 各本並詩曰。

校勘記訂補

小雨謂之霡霂。釋文霡、亡革反、字林作霢音同。又亡狄反。今本音墨、非。廣韻霢、莫獲切、在二十一麥。墨、莫北切、在二十五德。二字不同音也。

注疏本正誤

李巡云冰雪俱下 案馬輯李注冰作水、此冰字誤。

注疏校勘札記

五行 暴雨謂之涷○「涷」《釋文》作「涷」，音都貢反，云：「郭音東。」案：《五經文字》卷下水部有「涷」字，注云：「《見爾雅》。」是張參所據本作「涷」。

(注)今江東呼夏月暴雨為涷雨○《文選·思玄賦》注引「江東」下有「人」字。唐寫本同。又「暴雨」上唐寫本有「大」字。

六行(注)離騷云○唐寫本作「故離騷云」。

(注)涷音東西之東○唐寫本「東西之東」下有「也」字。

七行(注)詩曰益之以霡霂○唐寫本「霡霂」下有「也」字。

(注)左傳曰天作淫雨○唐寫本「淫雨」下有「也」字。

八行(注)雨自三日已上為霖○唐寫本作「雨自三日以上為霖也」。

(注)今南陽人呼雨止為霽音薺○「音薺」唐寫本作「音薺菜也」。

宋監本校箋

暴雨謂之涷 今江東呼夏月暴雨為涷雨。離騷云、令飄風兮先驅、使涷雨兮灑塵是也。涷音東西之東。 小雨謂之霡音麥霂 詩曰、益之以霡霂。霂音木。 淫謂之霖 雨自三日已上為霖。霖音霖。 濟謂之霽 今南陽人呼雨止為霽、音薺。

音圖·音

霽、字林子系翻、音祭。郭祖禮翻、音泲、又徂細翻、音去聲。

音略

暴雨謂之涷東。小雨謂之霡墨霂木。久雨謂之淫。淫謂之霖林。濟薺謂之霽擠。

孫偘直音

暴雨謂之涷東 暴雨、驟雨也。小雨謂之霡脈霂木。久雨謂之淫。淫過也。淫謂之霖。雨自三日已上爲霖。濟謂之霽。濟、止也。雨止名霽。

楊氏音訓

涷東又多貢切 霡麥 霂木 霽子計切

干氏音釋

風雨

風雨八之八 此章凡五節、釋風雨及霧雪虹霓雷霆之屬、名風雨者、統詞也。

注疏參義

風雨 **正義** 題上事也。易曰、潤之以風雨。王逸楚詞章句云、風為號令、雨為德惠、故風動而萬物搖、雨降而萬物植。釋名云、風、兗豫司冀橫口合脣言之、風、氾也、其氣博氾而動物也。青徐言風、踧口開脣推氣言之、風、放也、氣放散也。雨、羽也、如鳥羽動則散也。又雨水從雲下也。雨者、輔也、言輔時而生養。此篇廣風雨之異名、繫於釋天者、春秋繁露五行對云、地出雲為雨、起氣為風、風雨者地之所為、地不敢有其功名、必上之於天、命若從天氣者、故曰天風天雨也、莫曰地風地雨也。兼及於雲霧雷霆雪霰者、曾子天圓篇云、陰陽之氣、各從其所則靜矣、偏則風、俱則雷、交則電、亂則霧、和則雨、陽氣勝則散為雨露、陰氣勝則凝為霜雪、陽之專氣為雹、陰之專氣為霰、霰雹者一氣之化也。盧辯註云、偏則風而和則雨、此謂一時之氣也。至若春多雨則時所宜也。陽氣在，雨溫煖如湯，陰氣薄之，不相入，轉而爲雹。陰氣在，雨凝滯爲雪，陽氣薄之，不相入，散而爲霰。是皆風雨類也，併及於虹霓弇雲者，風雨所由占驗也。

正義

風雨 說文：凬，八風也。从虫，凡聲。雨，水从雲下也，一象天，冂象雲，水霝其間也。繫辭：潤之以風雨。風爲號令，雨爲德惠，故風動而萬物搖，雨降而萬物植。

啓蒙

壽星角亢也天根氐也

壽星角亢也 數起角亢列宿之長，故曰壽。 天根氐也 角亢下繫於氐若木之有根。

郭注

壽星至星名 釋曰：此別星名也。案周禮保章氏以星土辨九州之地所封，封域皆分星以觀妖祥。鄭玄注云：大界則曰九州，州中諸國之封域於星亦有分焉。其書亡矣。堪輿雖有郡國所入度，非古數也。今其存可言者十二次之分也。星紀，吳越也。玄枵，齊也。娵訾，衛也。降婁，魯也。大梁，趙也。實沈，晉也。鶉首，秦也。鶉火，周也。鶉尾，楚也。壽星，鄭也。大火，宋也。析木，燕也。又漢書律歷志、東方角亢氐房心尾箕，北方斗牛女虛危室壁，西方奎婁胃昴畢觜參，南方井鬼柳星張翼軫，宿凡二十八。此經所釋次惟有九，宿惟十七者，以爾雅之作釋六藝所載者，所不載者則闕焉。 壽星角亢也者，言壽星之次值角亢之宿也。郭云數起角亢列宿之長，故曰壽。天文志云：東宮倉龍左角理，右角將。大角者，天王帝坐廷，亢主宗廟是也。 天根氐也者，氐一名天根。郭云角亢下繫於氐若木之有根。國語曰：天根見而水涸是也。

邢疏

天根氐也 角亢下繫於氐若木之有根也。史記天官書索隱 一切經音義九 郭同

孫音注

天根氐也 氐音觝，丁禮反。釋文又云尋義應作丁計反。 天根爲天下萬物作根也。大智度論卷十引音義

郭音義

星 已下釋天

茫茫地理，燦爛天文。四靈垂象，萬類羣分。眇觀六沴，咎徵惟君。藝文一

圖贊

黃輯古義

天根氐也 角亢下繫於氐若木之有根也。史記天官書索隱 一切經音義卷九

孫音注

天根氐也。氐同觝，丁禮反。上並同

郭音義

玉函山房輯佚

天根氐也 角亢下繫於氐若木之有根。孫注 史記索隱九

鈎沉

天根氐也 孫曰：角亢下繫於氐若木之有根也。史記天官書索隱 一切經音義九 郭同

漢注

壽星角亢也 郭璞云：數起角亢，列宿之長，故曰壽。

天根氐也

爾雅詁林　八　釋天

孫炎云角亢下繫於氐若木之有根。史記索隱九卷　郭璞云角亢下繫於氐若木之有根。音義云天根爲天下萬物作根氐故曰天根。一切經音義十二

一切注音

壽星角亢天根氐也　孫炎曰角亢下繫於氐若木之有根也。史記天官書索隱　郭音義云天根爲天下萬物作根氐故曰天根。一切經音義　氐郭音觝丁禮反。

釋文

古注斠

亢音剛又口浪反、或戶剛反。數色主反。列宿夙又反下同。之長丁丈反。氐都黎反、郭音觝、丁禮反注云若木之有根。尋義應作丁計反。

陸音義

壽星角亢也

其壽也以有天根老子曰谷神不死是也。

天根氐也

荀之本曰蔕無見也。故天根見而水涸矣本見而草木節解矣。本即天根變言本者避叉曰天根則不詞。

新義

壽星角亢也二十八宿起於角亢亢音剛。天根氐也

鄭樵注

壽星角亢也

郭璞曰、數起角亢列宿之長、故曰壽。

鄭樵曰、二十八宿起於角亢、亢音剛。

天根氐也氐、郭音觝。

孫炎曰、角亢下繫於氐、若木之有根。

郭璞曰、角亢下繫於氐、若木之有根。

古注合存

壽星角亢也**註**數起角亢列宿之長故曰壽天根氐也**註**角亢下繫於氐若木之有根**正義**星名始於角亢起蒼龍之宿也。史記律書云、角者言萬物皆有枝格如角也。亢者言萬物亢見也。氐者言萬物皆至也。月令云仲秋之月日在角、仲夏之月旦亢中。季冬之月旦氐中。鄭註日月之行一歲十二會、聖王因其會而分之以爲大數焉。凡記昏明中星者、爲人君南面而聽天下視時候以授民事。夏小正云四月初昏南門正十月初昏南門見。南門者亢上下之星也。角兩星相對觸故天官書云左角李、右角將。亢四星曲而長故天官書云亢爲疏廟、其南北兩大星曰南門。小正以識亢星所在也。氐四星側向以承柢故天官書云氐爲天根、星度分十二次、角亢壽星之次也。晉語云歲在壽星又云復於壽星。韋昭註自軫十二度至氐四度爲壽星之次是氐亦壽星之次也。左氏桓五年傳云、龍見而雩。續漢志註引服虔云、龍角亢也。謂四月昏、龍星體一見。莊二十九年傳龍見而畢務、杜註謂今九月周十一月龍星角亢晨見東方。周語云辰角見而雨畢、天根見而水涸、本見而草木節解、韋註辰角大辰蒼龍之角。角者星名也。見者朝見東方、建戌之初寒露節也。天根亢氐之間也、謂寒露雨畢之後五日天根朝見。本氐也、謂寒露之後十日。是氐亦謂之本也。案國語言晨見之星、不指中星而言。**註**數起至曰壽○**正義**十二次以元枵爲首、爾雅先言壽星者、以角亢爲列宿之首也。開元占經分野略例云、於辰在辰爲壽星、三月之之時萬物始達於地、春氣布養萬物、各盡其天性、不羅天夭、故日壽星。此以月建之十二次釋天星之十二次也。○角亢至有根○**正義**史記索隱引孫炎云、角亢下繫於氐若木之有根。郭註本孫炎。衆經音義引爾雅音義云天根爲天下萬物作根氐、故曰天根。說文云柢、木根也、根、木株也。木下日本。

正義

壽星角亢也之數起角亢列宿長故曰壽天根氐也若角亢下繫於氐木之有根星者、說文云萬物之精上爲列星。釋名云星散也。列位布散也。宿宿也。星各止宿其處也。周禮馮相氏掌

爾雅詁林　八　釋天

二十有八星之位。若族氏、以方書二十有八星之號。鄭注、星謂從角至軫也。按十二次之枵爲首、爾雅先壽星者、以角亢爲列宿長也。角者、兩星相對、觸。天官書云、左角李、右角將。亢者、四星似彎弓。天官書云亢爲疏廟。氐者、四星側向以承柢、故天官書氐爲天根、索隱引孫炎以爲角亢下繫於氐、若木之有根也。律書云、氐者言萬物皆至也。亢者言萬物亢見也。角者、言萬物皆有枝格如角也。月令云、仲秋之月日在角、仲夏之月旦亢中、季冬之月旦氐中。周語云辰角見而雨畢、天根見而水涸、本見而草木節解。韋昭注辰角、大辰蒼龍之角、角星名也。見者朝見東方、建戌之初、寒露節也。天根氐亢之閒、謂寒露雨畢之後五日天根朝見。本氐也。謂寒露之後十日是則氐又名本也。壽星者、晉語云歲在壽星、又云復於壽星、韋昭注、自軫十二度至氐四度爲壽星之次。是角亢氐俱屬壽星也。開元占經分野略例云、於辰在辰爲壽星、三月之時、萬物始達於地、春氣布養、萬物各盡其天性、不羅天天、故曰壽星。漢書郊祀志、杜亳有壽星祠。史記索隱以爲南極老人星、誤。

義疏

壽星角亢也 郭注、數起角亢、列宿之長、故曰壽。周官馮相氏、掌二十八星之位。日躔所歷、因以界天、分野亦取焉。

天根氐也 孫注、角亢下繫於氐、若木之有根也。郭同。

集解

壽星角亢也 角、獸角也、在頭。亢、人頸也。星名角亢、均以在蒼龍首故也。史記天官書、左角李、右角將。又亢爲疏廟、主疾。均在東宮。又名壽星者、以其爲列宿之長。許慎說壽、久也。亦老也。

天根氐也 角亢下繫於氐、如木之有根然。氐、本也、亦根也。史記天官書、氐爲天根、主疫、亦在東宮。

義證

壽星角亢也

〔註〕數起角亢列宿之長故曰壽〔補正〕邢疏言壽星之次直角亢之宿也。

天根氐也

〔註〕角亢下繫於氐若木之有根〔補正〕邢疏氐一名天根。

郭注補正

天根氐也

角亢下繫於氐若木之有根也

希麟根本說一切有部毘奈耶藥事十三卷音義引爾雅天根氐也、郭注云角亢下繫於氐若木之有根也。今據補也字。

郭注佚存補訂

壽星角亢也天根氐也

二十八星從角至軫、角亢爲列宿長、故先壽星。孫炎云、角亢下繫於氐、若木之有根也。郭注本孫炎。

說詩

天根氐也 釋文云、都黎切。郭音觝、丁禮切。案說云若木之有根。尋義應作丁計切。

注疏正字

壽星角亢也 說文晶部 曐、萬物之精、上爲列曐。从晶生聲。或省作星。

匡名

壽星角亢也天根氐也 十二次以元枵爲首、二十八宿以角亢爲首。三月之時、萬物始達於地、春气布養、各盡其天性、不羅天札、故曰壽星。說文壽久也，从老省𠃬聲。氐，繫於角亢之下，爲天下萬物作根氐，故曰天根。東方蒼龍七宿角亢氐房心尾箕，角爲蒼龍之角，箕爲蒼龍之尾，故俱謂之龍。晉語歲在壽星，又復於壽星，韋昭註，自軫十二度至氐四度，爲壽星之次。月令仲秋之月日在角，仲夏之月昏亢中，季冬之月旦氐中。凡記中星者，人君視時候以授民事也。左桓五年傳龍見而雩，謂四月昏，龍星體見。又莊二十九年傳龍見而畢務，謂今九月，周十一月，角亢晨見東方。周語辰角見而雨畢，天根見而水涸，本見而草木節解，韋昭註本，氐也。

啓蒙

壽星至星名○釋曰注疏本刪。

九州諸國之封域浦鏜云諸國下脫中字。按今本周禮注有中字者，衍也。鏜從此所引。

釋六蓺所載者注疏本蓺作藝。

○壽星角亢也者此節注疏本誤連上文未分節。

校勘記

天根氐也，釋文氐都黎反，郭音觝丁禮反，注云若木之有根，尋義應作丁計反。据此則今本音低，非。

注疏本正誤

十二下（八二）

二行（注）故曰壽○唐寫本「壽」下有「也」字。

天根氐也（注）角亢下繫於氐若木之有根○唐寫本「繫」下無「於」字。

「根」下有「也」字。慧琳《音義》卷四十六引「《爾雅》：天根氐也。《音義》曰：天根爲天下萬物作根，故曰天根也。孫炎曰：角亢下繫於氐，若木之有根也。」郭注蓋本孫炎注。

宋監本校箋

壽星角亢（音剛）也天根氐（音低）也

音圖・音

亢音剛，又口浪翻，音抗，或戶剛翻，音杭。氐都黎翻，音低。郭音觝，丁禮翻。注云若木之有根，尋義應作丁計翻，音帝。

音略

壽星角亢（康去聲又音岡）也天根氐（低帝）也

孫愐直音

壽星角亢（康去聲）也（角亢列宿之長，故曰壽。）天根氐（低）也（角亢下繫於氐，若木之有根。）

楊氏音訓

亢苦浪切又音岡 氐典禮切又音帝

干氏音釋

音圖・圖

天駟房也大辰房心尾也大火謂之大辰

天駟，房也。龍爲天馬，故房四星謂之天駟。大辰，房心尾也。龍星明者以爲時候，故曰大辰。大火謂之大辰。大火，心也，在中最明，故時候主焉。

郭注

天駟房也者，房一名天駟也。郭云，龍爲天馬，故房四星謂之天駟。天文志曰，房爲天府，曰天駟。國語曰，月在天駟是也。大辰房心尾也者，大辰，房心尾之揔名也。辰，時也。郭云，龍星明者以為時候、故曰大辰。春秋昭十七年冬有星孛於大辰是也。大火謂之大辰者、大火大辰之次名也。李巡云、大火倉龍宿心以候四時。郭云、大火心也在中最明故時候主焉。左傳曰心為大火是也。 邢疏

大辰房心尾也大火謂之大辰

大辰、蒼龍宿之體、最為明、故曰房心尾也。

大火、蒼龍宿心、以候四時、故曰大辰。春秋正義四十八　公羊疏二十三　史記天官書索隱　邢疏引大火、蒼龍宿心以候四時。

李注

天駟房也

龍為天馬、故房四星謂之天駟。詩正義十之三　郭同

大辰房星尾也大火謂之大辰

同

龍心明者、以為時候、故曰大辰。大火、心也。在中最明、故時候主焉。春秋正義三十又四十八　公羊疏二十三　後漢書三十下注　郭同

孫音注

黃輯古義

大辰房心尾也大火謂之辰

大辰、蒼龍宿體、最明也。史記天官書索隱　大火、蒼龍宿之心、以候四時、故曰大辰。春秋公羊傳昭十七年疏　春秋左傳昭十七年正義

義宿下無之字。邢疏作倉龍宿心、無下句。

李注

天駟房也

龍為天馬、故房四星謂之天駟。詩小雅吉日正義

大辰房心尾也大火謂之辰

龍星明者以為時候、故曰大辰。大火心也。在中最明、故時候主焉。春秋左傳襄九年正義引無故曰句。公羊傳昭十七年疏有故曰大辰四字、下作大火也心在中。左傳昭十七年正義引大火三句。後漢書郎顗傳引首三句以為上有可字。

孫音注

玉函山房輯佚

天駟房也

龍為天馬、故房四星謂之天駟。詩疏十之三　同

大辰房心尾也

大辰、蒼龍宿之體、最為明、故曰房心尾也。李注　宋本春秋疏二十九

大火謂之大辰

大火、蒼龍宿之心、以候四時、故曰大辰。同　公羊疏二十三

龍星明者以為時候、故曰大辰。孫注　宋本春秋疏二十九

大火心也。在中最明、故時候主焉。同　公羊疏二十三

鉤沉

天駟房也

孫曰、龍為天馬、故房四星謂之天駟。詩正義十之三　郭同

大辰房心尾也大火謂之大辰

李曰、大辰、蒼龍宿之體、最為明、故曰房心尾也。大火、蒼龍宿星、以候四時、故曰大辰。春秋正義四十八　公羊疏二十三　天官書索隱　邢疏

孫曰、龍星明者以為時候、故曰大辰。大火心也。在中最明、故時候主焉。春秋正義三十又四十八　公羊疏二十三　後漢書三十下注　郭同

漢注

天駟房也

孫炎云：龍爲天馬，故房四星謂之天駟。詩正義十之三卷

郭璞云：龍爲天馬，故房四星謂之天駟。

大辰房心尾也

李巡云：大辰，蒼龍宿之體，最爲明，故曰房心尾也。左傳正義二十九卷 史記索隱九卷 孫炎云：龍星明者以爲時候，故曰大辰。左傳正義二十九卷 後漢書三十卷註 郭璞云：龍星明者以爲時候，故曰大辰。

大火謂之大辰

李巡云：大火，蒼龍宿之心，以候四時，故曰大辰。孫炎云：大火，心也。在中最明，故時候主焉。並公羊疏二十三卷

郭璞云：大火，心也。在中最明，故時候主焉。

一切注音

天駟房也　孫炎曰：龍爲天馬，故房四星謂之天駟。詩清人正義

大辰房星尾也　李巡曰：大辰，蒼龍宿之體，最爲明，故曰房心尾也。大火，蒼龍宿之心，以候四時，故曰辰。左昭十七年傳正義　孫炎曰：龍星明者以爲時候，故曰大辰。大火，心也。在中最明，故時候主焉。同上

古注斠

析木星歷反。

陸音義

天駟房也

馬龍也。房，龍第四星，亦房四星是之謂駟。

大辰房心尾也

龍也，明而在上，時候主焉。左傳曰：日月之會是謂辰。日月，君臣也。君臣際會，可謂辰矣。

大火謂之大辰

大火，次也，謂之大辰。春秋傳曰：宋，大辰之虛也。

新義

天駟房也房爲天馬，主車駕，故亦爲天駟。大辰房心尾也大火謂之大辰大火，心星。

鄭樵注

天駟房也

孫炎曰：龍爲天馬，故房四星謂之天駟。

郭璞曰：龍爲天馬，故房四星謂之天駟。

鄭樵曰：房爲天馬，主車駕，故亦爲天駟。

大辰房心尾也

李巡曰：大辰，蒼龍宿之體，最爲明，故曰房心尾也。

孫炎曰：龍星明者以爲時候，故曰大辰。

郭璞曰：龍星明者以爲時候，故曰大辰。

大火謂之大辰

李巡曰：大火，蒼龍宿之心，以候四時，故曰大辰。

孫炎曰：大火，心也，在中最明，故時候主焉。

郭璞曰：大火，心也，在中最明，故時候主焉。

鄭樵曰：大火，心星。

古注合存

李氏云：大辰，蒼龍宿之體，最爲明，故曰房心尾也。大火，蒼龍宿之心，以候四時，故曰大辰。見左傳正義及公羊傳疏。按：左傳正義引孫炎云：龍星明者以爲時候，故曰大辰。公羊傳疏引孫氏、郭氏云：大火，心也。在中最明，故時候主焉。

又引孫氏郭氏云、北極天之中、以正四時。觀此數條、則郭悉依孫說。

補注

天駟房也【註】龍爲天馬、故房四星謂之天駟。大辰房心尾也【註】龍星明者以爲時候、故曰大辰。大火謂之大辰【註】大火、心也、在中最明、故時候主焉。【正義】律書云、房者、言萬物門戶也、至於門則出矣。心言萬物始生有華、心也。尾言萬物始生如尾也。房四星下垂而長、故天官書云房爲府、曰天駟、其陰右驂。心三星色赤中最深、故天官書云心爲明堂。尾九星首岐尾上起、故天官書云尾爲九子。月令云、季秋之月日在房、季夏之月昏火中、孟春之月旦尾中、孟冬之月日在尾。房星爲天駟者、周語云、駟見而隕霜。又云月在天駟。又云自鶉及駟七列也。韋註、鶉火之分、張十三度。駟、天駟、房五度、歲月之所在。從張至房七列、合七宿、謂張翼軫角亢氐房之位。又謂之農祥、周語、農祥晨正。又云辰馬農祥也。說文云、房星爲民田時者。韋註、農祥、房星也。房星晨正而農事起、故謂之農祥也。大辰房心尾者、春秋昭十七年、有星孛于大辰。穀梁傳云、于大辰者、濫于大辰也。范甯註引劉向云、謂濫於蒼龍之體、不獨加大火。左傳杜註云、大辰、房心尾也。大火謂之大辰者、左氏襄九年傳云、古之火正、或食于心、是故心爲大火。公羊昭十七年傳云、大火爲大辰、伐爲大辰、北辰亦爲大辰。鄉飲酒義云、參之以三光。鄭註、三光、三大辰也。【註】龍爲至天駟。○【正義】詩疏引孫炎云、龍爲天馬、故房四星謂之天駟。郭註本孫炎。史記索隱引詩氾歷樞云、房爲天馬、主車駕。宋均云、房既近心爲明堂、又別爲天府及天駟也。鄭註周禮引孝經說曰、房爲龍馬。史記正義云、房星君之位、亦主左驂、亦主良馬、故爲駟。王者恒祠之、是馬祖也。○龍星至大辰○【正義】左傳疏引李巡云、大辰、蒼龍宿之體、最爲明、故曰房心尾也。後漢書註引孫炎云、龍星明者以爲時候、故曰大辰。郭註本孫炎。夏小正云、八月辰則伏。辰也者、房心也。伏也者、入而不見也。○大火至主焉。

○【正義】公羊疏引李巡云、大火、蒼龍宿之心、以候西時、故曰大辰。又引孫炎云、大火、心也、其中最明、故時候主焉。郭註本孫炎。堯典云、日中星火、以正仲夏。夏小正云、五月初昏大火中。左氏昭三年傳云、火中、寒暑乃退。杜註、心以季夏昏中而暑退、季冬旦中而寒退。豳風云、七月流火。毛傳、火、大火也。流、下也。鄭箋、大火者、寒暑之候也。火星中而寒暑退。唐虞夏皆五月昏火中、故堯典與夏小正合。周則六月昏火中、七月西流、故豳風左傳與月令合。後世歲差之法、權輿於此。火出在三月、故昭十七年傳云、火出於夏爲三月、於商爲四月、於周爲五月、是也。九月之昏火始入、十月之昏則伏、故周語云、火見而清風戒寒。哀十二年傳云、火伏而後蟄者畢、是也。夏官司爟云、季春出火、季秋內火。襄九年傳云、以出內火。古者火星之見伏、以行火政焉。莊二十九年傳云、火見而致用、昭四年傳云、火出而畢賦。周語云、火之初見、期於司里、是因火行而修庶政也。心星色明而易識、故詩屢言三星、鄭箋以爲心星也。大火爲大辰、亦謂之辰。昭元年傳云、遷閼伯于商丘、主辰、商人是因、故辰爲商星。十七年傳云、宋、大辰之虛也。晉語云、君之行、歲在大火、若以辰出而以參入、必獲諸侯。韋註、辰、大火也。月令章句云、自亢八度至尾四度、謂之大火之次。分野畧例云、於辰在卯、爲大火、東方爲木、心星在卯、火出木星、故曰大火。

【正義】

天駟房也 龍爲天馬、故房四星謂之天駟 大辰房心尾也 龍星明者以爲時候、故曰大辰 大火謂之大辰 大火、心也、在中最明、故時候主焉

房者、四星直下爲明堂。律書云、房者、言萬物門戶也、至於門則出矣。天駟者、天官書、房爲天府、曰天駟、索隱引詩氾歷樞云、房爲天馬、主車駕。宋均云、房既近心爲明堂、又別爲天府及天駟也。按駟卽馬祖也、房南星曰左驂、北星曰右驂、中二星曰左服右服、是則四星合爲天駟也。周語云、駟見而隕霜、又云月在天駟、又云辰馬農祥也。韋昭注、辰馬、謂房心星也。駟、馬也。故曰辰馬。房星晨正而農事起焉、故謂之農祥。又注、農祥、房星也。晨正、謂立春之日晨中於午也。○心者、三星中央色最明。尾者、九星如鉤首上歧。律書云、

尾言萬物始生如尾也。心言萬物始生有華心也。天官書心爲明堂尾爲九子。夏小正云五月大火中六月斗柄正在上用此見斗柄之不正當心也蓋當依依尾也。是尾一名依。依尾聲同語有輕重耳。辰者說文晨字解云辰時也。又辰云房房星天時也。農云房星爲民田時者。是辰訓時時主房房爲農祥以候田時。謂之大辰者言其星最明大也春秋昭十七年有星孛於大辰。穀梁傳于大辰者濫于大辰也范甯注引劉向曰謂濫于蒼龍之體不獨加大火左傳正義引李巡云大辰蒼龍宿之體最爲明故曰房心尾也大火蒼龍宿心以候四時故曰辰。孫炎曰龍星明者以爲時候故曰大辰。大火心也在中最明故時候主焉。夏小正云八月辰則伏辰也者謂心也然則小正單舉心說文單舉房其實房心尾三宿通有辰名也。○又言大火謂之大辰者大火謂心也左氏襄九年傳云古之火正或食於心是故心爲大火。公羊昭十七年傳云大火爲大辰伐爲大辰北辰亦爲大辰按此所謂三大辰也。唐虞夏皆五月昏火中故堯典以星火正仲夏夏小正五月初昏大火中是也。周秦則六月昏火中故左氏昭三年傳云火中寒暑乃退。杜注季夏昏中而暑退季冬旦中而寒退。月令云季夏之月昏火中是也。然則周秦上校虞夏星候差及一次此昏旦中星所以不同也。火至初秋則昏見於西詩云七月流火是也。火以三月始出九月之昏始入十月之昏則伏左氏哀十七年傳云火伏而後蟄者畢是也。旣言大辰房心尾又言心爲大辰者心三星最明大舉頭即見故詩屢言三星皆謂心也所以名大火者分野略例云於辰在卯爲大火東方爲木心星在卯火出木星故曰大火。

義疏

天駟房也 郭注龍爲天馬故房四星謂之天駟。**大辰房心尾也大火謂之大辰** 李注大辰蒼龍宿之體最爲明故曰房心尾也。大火蒼龍宿心以候四時故曰辰。孫注龍星明者以爲時候故曰大辰。大火心也在中最明故時候主焉。郭注同孫。大辰本連三星因以名一星。

集解

天駟房也 房室在旁者也从户方。房星爲四表之道日月五星所从出入亦循房之有户也因以名之。房主左驂亦主良馬王者恒祠之是馬祖也故又名天駟。史記天官書房爲府曰天駟。國語月在天駟。**大辰房心尾也** 上云天駟房也史記天官書心爲明堂尾爲九子曰君臣作絕不和。此又總名大辰者因蒼龍宿體最明以爲時候故也。許慎說房星爲民田時若國語謂之農祥其明證也。春秋有星孛于大辰穀梁傳于大辰者濫於大辰也。夏小正八月辰則伏辰也者房心也。伏也者入而不見也。**大火謂之大辰** 大火心也。其體最明大辰本連三星因心較明於房尾故專大辰之名。詩七月流火夏小正五月初昏大火中。

義證

大火謂之大辰

註大火心也在中最明故時候主焉補正邢疏大火大辰之次名也左傳曰心爲大火是也。

郭注補正

天駟房也大辰房心尾也大火謂之大辰

孫炎云龍爲天馬故房四星謂之天駟。龍星明者以爲時候故曰大辰。大火心也在中最明故時候主焉。李巡云大辰蒼龍宿之體最爲明故曰房心尾也。大火蒼龍宿之心以候四時故曰大辰。案郭注悉本孫炎。豳風七月流火毛傳云火大火也。鄭箋云大火者寒暑之候也。火星中而寒暑退故將言寒先著火所在。正義云昭三年左傳張趯曰火星中而寒暑退服虔云火大火心也。季冬十二月平旦正中在南方大寒退季夏六月黃昏火星中大暑退是火爲寒暑之候事也知此兩月昏旦火星中者月令季夏昏火星中六月既昏中以衡反之故十二月旦兩中也唐風綢繆三星在天箋云三星謂心星也正義云孝經援神契云心三星獨明是心亦三星也昭十七年左傳曰火出於夏爲三月於商爲四月於周爲五月小星箋云心在東方三月時則心星始見在三月矣夏官司爟云季春出火民咸從之季秋納火民亦如之鄭司農云三月昏時心星見於辰上使民出火九月黃昏心星伏於戌上使民納火召南小星三五在天傳云三心五噣箋云衆無名之星隨心噣在天心在東方三月時也正義云列宿之大房心參伐五非下章之昴則三亦非參三既非參而心亦三星故知三爲心也苕之華三星在罶皆爲心心實三星而傳不明說蓋從此爲心以其心稱三爲正故此稱三以對參也箋則三皆爲心心爲列宿之尊故元命苞曰心爲天王公羊又云心爲大辰故此及綢繆苕之華皆云心也

說詩

大辰房心尾也 案說文晶部曟房星爲民四時者从晶辰聲或省作晨則此不當作辰然案辰部云辰房星天時也又辱字下云辰者農之時也故房星爲辰田候也則作辰亦通

匡名

天駟房也大辰房心尾也大火謂之大辰 郭註龍爲天馬故房四星謂之天駟周語駟見而隕霜又自鶉及駟七列也韋昭註鶉火之分張十三度駟天駟房五度歲月之所在從張至房七列合七宿謂張翼軫角亢氐房之位國語農祥晨正說文曟房星爲民田時者从晶辰聲韋昭註農祥房星也房星晨正而農事起故又謂之農祥爾雅下以虛爲北陸昴爲西陸則房爲東陸矣郭註龍星明者以爲時候故曰大辰春秋昭十七年有星孛於大辰杜註大辰房心尾也左襄九年傳古之火正或食於心故心爲大火郭註大火在中最明故時候主焉堯典日中星火以正仲夏左昭三年傳火中寒暑乃退杜註心以季夏昏中而暑退季冬旦中而寒退月令季秋之月日在房季夏之月昏火中孟春之月旦尾中豳風七月流火毛傳流下也周語火見而清風戒寒左莊二十九年傳火見而致用又昭四年傳火出而畢賦月令章句自亢八度至尾四度謂之大火之次公羊昭十七年傳大火爲大辰左昭十七年傳宋大辰之虛也亦謂之辰左昭元年傳遷閼伯於商丘主辰商人是因故辰爲商星

啓蒙

天駟房也漢書郊祀志高祖制詔御史其令天下立靈星祠張晏曰龍星左角曰天田即農祥晨見而祭之風俗通

左中郎將賈逵說龍第三有天田星、靈者神也、故祀以報功、辰之神為靈星、故以壬辰日祀靈星於東南、金勝木為土相。

古義補

五行(注)故、時候主焉○「焉」唐寫本作「也」。

宋監本校箋

天駟房也大辰房心尾也大火謂之大辰

龍為天馬故房四星為天駟龍星明者以為時候故曰大辰、大火心也在中最明故時候主焉。

楊氏音訓

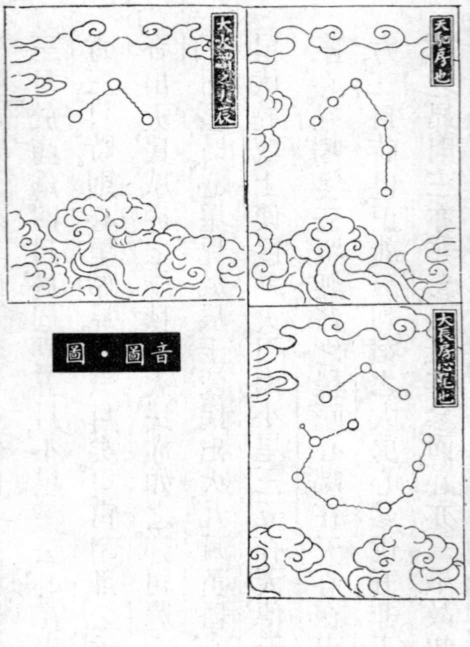

音圖・圖

析木謂之津箕斗之間漢津也

析木謂之津。即漢津也。箕斗之間漢津也。

箕、龍尾。斗、南斗。天漢之津梁。

郭注

析木謂之津箕斗之間漢津也者、析木之津者、箕斗之次名也。孫炎曰、析別水木以箕斗之間是天漢之津也。劉炫謂是天漢即天河也。天河在箕斗二星之間、箕在東方木位、斗在北方水位、分析水木以箕星為隔。隔河須津梁以渡、故謂此次為析木之津也。不言析水而言析木者、此次自南而盡此、故依此次而名析木也。郭云箕、龍尾。斗、南斗。天漢之津梁。以四方皆有七宿、各成一形、東方成龍形、西方成虎形、皆南首而北尾、南方成鳥形、北方成龜形、皆西首而東尾。箕在蒼龍之末、故云龍尾。斗至南方即見、故云南斗。昭八年左傳曰今在析木之津、國語曰日在析木之津、皆是也。案經典但有析木之津、無析木謂之津、今定本有謂字、因注云即漢津也誤矣。

邢疏

析木之津箕斗之間漢津也　舊本析木下有謂字、邢疏云左傳曰今在析木之津、國語曰日在析木之津、者是也。經典但有析木之津、無析木謂之津、今定本有謂字、因注云即漢津也誤矣。案春秋正義引孫炎爾雅無謂字。

析別水木以箕斗之間是天漢之津也。春秋正義四十四　邢疏

孫音注

析木謂之津箕斗之間漢津也

劉炫謂是天漢即天河也。邢疏　左傳昭七年疏引爾雅釋天云析木之津箕斗之間漢津也。是舊本無謂字。邵氏正義

衆家注

析木之津箕斗之間漢津也　今注疏本作析木謂之津。春秋正義引孫炎無謂字。

黃輯古義

析別水木以箕斗之間是天漢之津也。邢疏春秋昭八年正義

孫音注

析木謂之津箕斗之間漢津也

玉函山房輯佚

析別水木以箕斗之間、是天漢之津也。同（宋本春秋疏二十八）

鈎沉

析木之津箕斗之間漢津也（舊本析木下有謂字、邢疏國語曰日在析木之津者是也。經典但有析木之津、無析木謂之津、今定本有謂字、因注云即漢津也誤矣。案春秋正義引孫炎爾雅無謂字、今删之。）

孫曰、析別水木以箕斗之間、是天漢之津也。（春秋正義四十四　邢疏）

漢注

析木之津箕斗之間漢津也（舊本作析木謂之津、茲據左傳正義二十八卷引删謂字。）

孫炎云、析別水木以箕斗之間、是天漢之津也。（左傳正義二十八卷）

郭璞云、即漢津也。箕、龍尾。斗、南斗。天漢之津梁。

一切注音

析木之津箕斗之間漢津也　孫炎曰、析別水木以箕斗之間、是天漢之津也。（左昭十八年傳正義）

古注斠

箕斗之間漢津也。

箕言盛米寫斛中者也．

一切經音義卷五十攝大乘論本上「簸箕」下引、據海印寺本、白蓮社本及大正藏本、頻伽藏本竝同。

森案郭璞此條註云「箕龍尾」、董氏讀爾雅補記云「郭註蓋兼說東方七宿之形言之。李尤箕銘

「神農植穀以養烝民、箕主簸揚、糠粃及陳。」（引見太平御覽七百六十五器物部十箕帚）是箕之為物、主簸揚米者也。詩小雅大東篇「維南有箕、不可以簸揚。」是宿名之箕、正以形似簸米之箕而得名。高密專以簸米之箕釋箕宿名義、故曰「箕盛米寫斛中」。

鄭玄注稽存

析木（星歷反。）

陸音義

析木謂之津

所謂大火以有是木也。

箕斗之間漢津也

河貫箕斗之間、若今江河兩岸有步。荀子曰、江出岷山之口、可以濫觴。及其至江之津、不方舟不避風不可涉也。

新義

析木謂之津（即漢津。）箕斗之間漢津也（箕、龍尾。斗、南斗。天漢之津梁。）

鄭樵注

析木謂之津

郭璞曰、即漢津也。

鄭樵曰、即漢津。

箕斗之間漢津也

孫炎曰、析別水木以箕斗之間、是天漢之津也。（邈繹上句）

郭璞曰、箕、龍尾。斗、南斗。天漢之津梁。

鄭樵曰、箕、龍尾。斗、南斗。天漢之津梁。

古注合存

析木之津箕斗之間漢津也 **註** 箕龍尾斗南斗天漢之

津梁【正義】律書云、箕者、言萬物根棋、故曰箕。箕四星闓口形如箕、故天官書云、箕爲敖客、曰口舌。小雅巷伯云、哆兮侈兮、成是南箕。鄭箋、箕星哆然、踵狹而舌廣。孔疏云、箕四星、二爲踵、二爲舌、若使踵本太狹、舌雖小、寬不足以爲箕。由踵之二星已哆然、而大舌又益大、所以成爲箕也。大東云、維南有箕、不可以簸揚。又云、維南有箕、載翕其舌。鄭箋、翕猶引也。引舌者、言上星相近。洪範云、星有好風。大宗伯謂之飄師、卽箕星也。斗六星重列如北斗、故天官書云、南斗爲廟、其北建星。建星者、旗也。月令云、仲冬之月、日在斗。仲春之月、旦建星中。孟秋之月、昏建星中。以建星識南斗所在也。漢者、夏小正云、七月漢案戶。漢也者、天漢也。案戶也者、直戶也、言正南北也。大東云、維天有漢、監亦有光。鄭箋、漢、天河也、有光而無所明。大雅棫樸云、倬彼雲漢、爲章于天。雲漢云、倬彼雲漢、昭回于天。鄭箋、雲漢、天河也。倬然、天河水氣也、精光轉運於天。左氏昭十七年傳云、漢、水祥也。析木之津者、昭七年傳云、今在析木之津。杜註、箕斗之間有天漢、故謂之析木之津。周語云、日在析木之津。韋註、津、天漢也。析木、次名、從尾十度至斗十一度爲析木、其間爲漢津。分野畧例云、自尾十度至南斗十一度、於辰在寅、爲析木。尾、東方木宿之末、斗、北方水宿之初、次在其間、隔別水木、故曰析木。諸本俱作析木謂之津。郭註云、卽漢津也。案左傳疏引爾雅釋天云、析木之津、箕斗之間、漢津也。是舊本無謂字、郭註亦係後人所增、今刪正。【註】箕龍至津梁。【正義】箕龍尾者、東方蒼龍七宿、角亢氐房心尾箕、箕居其末也。斗南斗者、所以別於北斗也。天漢之津梁者、左傳疏引孫炎云、析別水木、以箕斗之間、是天漢之津也。劉炫謂是天漢、卽天河也。天河在箕斗二星之間、箕在東方木位、斗在北方水位、分析木水、以箕星爲隔、隔河須津梁以渡、故謂此次爲析木之津也。不言析水而言析木者、此次自南而盡北、故依此次而名析木也。周語云、及析木者、有建星及牽牛焉。建星在南斗北、與牽牛竝爲水宿、故爲析木之次所及也。【正義】

析木謂之津　國語若津水用女作舟。【校議】

析木之津箕斗之閒漢津也（箕、龍尾。斗、南斗。天漢之津梁。）箕者、四星狀如簸箕。律書云、箕者、言萬物根棋、（集解徐廣曰、棋一作柢。）故曰箕。天官書云、箕爲敖客、曰口舌。詩巷伯箋、箕星哆然、踵狹而舌廣。大東箋、翕猶引也、引舌者謂上星相近。按、箕有口舌之象、故詩以喻讒言、有簸揚之義。故書云、星好風也。斗者、六星狀如北斗。天官書云、南斗爲廟、其北建星、建星者旗也。月令云、仲冬之月日在斗、仲春之月旦建星中、孟秋之月昏建星中。按建星在斗魁上、形如簋、月令以建星識南斗、用此見昏旦之不正當斗也。漢津者、大東傳、漢、天河也。有光而無所明。雲漢箋、倬然天河水氣也、精光轉運於天。夏小正云、七月漢案戶。漢也者、河也。案戶也者、直戶也、言正南北也。今按、河漢分南北二道、北指危室、南橫箕斗、爾雅獨言箕斗者、以箕爲木宿、斗爲水宿、二宿相交於漢、有津梁之義、故曰漢津。然則不言析水、獨言析木者、天漢起自尾宿、於辰在寅、爲木、故主起處而名爲析木也。左氏昭八年正義引孫炎曰、析別水木以箕斗之閒、是天漢之津也。左傳及周語竝云析木之津、韋昭注、津、天漢也、析木、次名、從尾十度至南斗十一度爲析木、其閒爲漢津、是則經典俱作析木之津。今爾雅宋本析木下有謂字、郭注有卽漢津也四字、竝非。【義疏】

析木之津箕斗之閒漢津也　孫注、析別水木以箕斗之閒、是天漢之津也。郭注、箕、龍尾。斗、南斗。天漢之津梁。【集解】

析木之津箕斗之閒漢津也　箕、簸也、从竹、甘象形、下其丌也。斗、十升也、象形、有柄。箕四星闓口形如箕、南斗六星其狀如斗、因以箕斗名之。箕在東方木位、斗在北方水位、分析水木以箕爲隔、隔河須津梁以渡、故謂此次爲析木之津也。史記天官書箕爲敖客、曰口舌、狀其形也。南斗爲廟、其北建星、謂在北宮中而在斗南耳。漢、天河也。天河有兩歧、為星圍星气聚成、設以他星望之地球與大陽及諸恒星皆天河中之一星也。茲大虚中無數星辰層層迭積、人疑其距離甚近而為白气、以絶精遠鏡窺之、始知其為衆星所成也。鄭詩箋謂為水气、誤矣。

義證

析木謂之津

註 即漢津也 補正 邢疏、孫炎曰析別水木以箕斗之間、是天漢之津也。劉炫謂是天漢即天河也。天河在箕斗二星之間、箕在東方木位、斗在北方水位、分析水木以箕星為隔、二河須津梁以渡、故謂此次為析木之津也。不言析水而言析木者、此次自南而盡北、故依此次而名析木也。左傳曰今在析木之津、國語曰日在析木之津。按經典但有析木之津、無析木謂之津、今定本有謂字、因註云即漢津也誤矣。

郭注補正

箕斗之間漢津也 補

滋然謹按、郭注箕、龍尾。斗、南斗。慧琳一切經音義五十鈹箕注引鄭注尒疋言盛米寫斛中者也、不言星名。然尒疋通篇除此句外別無箕字、鄭蓋專釋箕之本義也。

舊注攷證

析木之津

各本此下有卽漢津也四字之注、郝氏邵氏謂後人所增。樹枏案、經言箕斗之間漢津也、則注言漢津於文為贅、御覽八卷天部引作津漢津也、蓋據誤本。

郭注佚存補訂

析木之津箕斗之間漢津也

小雅巷伯哆兮侈兮、成是南箕、毛傳云南箕、箕星也。鄭箋云箕星哆然、踵狹而舌廣。正義云箕四星、二為踵、二為舌、若使踵本太狹、舌雖小寬不足以為箕、由踵之二星已哆然而大、舌又益大、故所以成為箕也。大東維南有箕、載翕其舌、箋云翕猶引也、引舌者為上星相近。斗者、郭注云南斗、所以別於北斗也。漢者、大東維天有漢、傳云漢、天河也。正義云河圖括地象、河精上為天漢。楊泉物里論云、漢、水之精也。氣發而著、精華浮上、宛轉隨流、名曰天河、一曰雲漢。大雅棫樸倬彼雲漢、為章於天、傳云雲漢、天河也。蕩倬彼雲漢、昭回於天、箋云雲漢謂天河也。倬然天河水氣也、精光轉運於天。析木之津者、析木次名。從尾十度至南斗十一度為析木、其間為漢津。左傳疏引釋天云析木之津、箕斗之間漢津也。宋本析木下衍謂字。

說詩

析木謂之津箕斗之間漢津也　邢疏云、析木之津者箕斗之次名也。經典但有析木之津，無析木謂之津，今定本有謂字，因注云卽漢津也誤矣。邵疏云：案左傳疏四四十引爾雅釋天云，析木之津箕斗之閒漢津也。是舊本無謂字，郭注卽漢津也四字亦後人所增，今刪正。元照案：文選注二十二引爾雅曰析木謂之天津。 說文水部：津，水渡也，从水𦘔聲，隸省作津。

名匡

析木之津箕斗之閒漢津也 小雅：成是南箕。洪範：星有好風。星卽箕星也。郭註：斗爲南斗，所以別於北斗也。月令：仲冬之月日在斗，仲春之月旦建星中，孟秋之月昏建星中。建星，旗也，以之識南斗所在也。左昭七年傳：今在析木之津。杜註：箕斗之間有天漢，故謂之析木之津。大雅：倬彼雲漢，爲章於天。分野略例：自尾十度至南斗十一度，於辰在寅，尾，東方木宿之末，斗，北方水宿之初，次在其間，分析水木，故爲析木之津。韋昭註：津，天漢也。

啓蒙

析木之津，卽漢津也。箕斗之閒漢津也。箕、龍尾，斗、南斗，天漢之津梁。 郝疏云，郭注有卽漢津也四字，非。案此四字不可刪。

黃侃音訓

鄭注尒雅：箕言盛米爲斛中者也。卷五十攝大乘論本上簸箕下引案釋天：箕斗之閒漢津也，郭注：箕龍尾，茲兼就東方七宿之形言之。李尤箕銘：神農植穀，以養蒸民，箕主簸揚，糠粃及陳。引見太平御覽七百六十五器物部十箕帚是箕之爲物主簸揚米者也。詩小雅大東篇：維南有箕，不可以簸揚。是宿名之箕，正以形似簸米之箕而得名。高密專以簸米之箕釋箕宿名義，故曰箕盛米爲斛中。

董瑞椿補記

析木謂之津 唐石經單疏本雪牕本同。邢疏云：析木之津者，箕斗之次名也。經典但有析木之津，無析木謂之津，今定本有謂字，因注云卽漢津也誤矣。據此知邢疏本無謂字。今有者係後人據定本增加。按春秋昭八年正義引孫炎注爾雅云，析木之津箕斗之閒漢津也。無謂字。

析木之津者 注疏本脫者。

箕斗之次名也孫炎曰 閩本監本毛本孫炎曰上增一字，元本空一格，皆誤分節。

東方成龍形 元本同。閩本監本毛本方誤南。

尾箕在蒼龍之末 注疏本蒼改倉。

日在析木之津皆是也 注疏本皆誤者。

校勘記

析木之津箕斗之閒漢津也。疏：經典但有析木之津，無析木謂之津，今定本有謂字，因注云卽漢津也誤矣。據此則析木下謂字衍，邢氏亦以注爲僞託也，宜依疏刪之。

析木之津，釋文：析，星歷反。今本音昔，非。廣韻昔，思積切，在二十二昔。析，先擊切，在二十三錫。二字不同音。

注疏本正誤

析木謂之津（注）卽漢津也○唐寫本同。案：析木之津乃箕斗之次名，「析木」下不得有「謂」字。《左傳》昭公八年「今在析木之津，猶將復由」，《正義》曰：「《釋天》云：析木之津、箕斗之間漢津也。孫炎曰：析別水木以箕斗之間，是天漢之津也。」《正義》所據《爾雅》尚不誤。唐刻石經已衍「謂」字。宋邢昺《爾雅疏》云：「案經典但有析木之津，無析木謂之津，今定本有謂字，因注云卽漢津也，誤矣。」清邵氏《正義》、郝氏《義疏》並刪「謂」字。注「卽漢津也」四字，邵氏謂爲後人所增。

宋監本校箋

析昔音木謂之津

音圖·音

析(昔)木謂之津箕斗之閒漢津也 津即漢津箕龍尾斗南斗天漢之津梁。

楊氏音訓

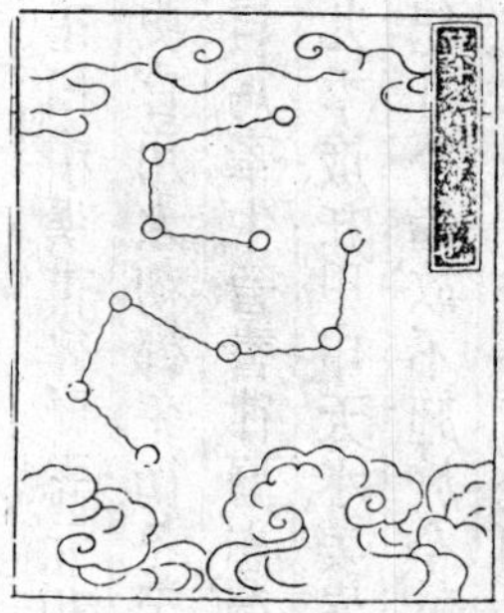

音圖・圖

星紀斗牽牛也

星紀斗、牽牛也。牽牛斗者日月五星之所終始、故謂之星紀。

郭注

星紀斗牽牛也者星紀斗牛之次也郭云牽牛斗者日月五星之所終始、故謂之星紀左傳曰歲在星紀是也。

邢疏

星紀斗牽牛也

孫炎云星紀、日月五星之所終始也、故謂之星紀。左傳正義二十四卷 郭璞云牽牛斗者、日月五星之所終始、故謂之星紀。

一切注音

星紀斗牽牛也 孫炎曰、星紀、日月五星之所終始也、故謂之星紀。左襄二十八年傳正義

古注斠

星紀斗牽牛也

牽牛力本應織女爾婺女婺近有不躬、是故謂之婺。經曰地氣發、天不應曰霧。

新義

星紀斗牽牛也 孫炎曰、星紀、日月五星之所終始也、故謂之星紀。郭璞曰、牽牛斗者、日月五星之所終始、故謂之星紀。

古注合存

星紀斗牽牛也註牽牛斗者日月五星之所終始故謂之星紀也。正義律書云、牽牛者、言陽氣牽引萬物出之也。牛者耕植種萬物也。牛者昌也、言地雖凍能昌而生也。牛六星、腹下騣廢角上岐。天官書云、牽牛為犧牲。月令云、季春之月、旦牽牛中。仲秋之月、昏牽牛中。星紀者、左氏襄二十八年傳云、歲在星紀、孔疏謂星紀為斗牛之次是也。分野畧例云、自南斗十二度至須女七度、於辰在丑為星紀。星紀者、言其統紀萬物、十二月之位、萬物之所終始、故曰星紀也。註牽牛至星紀。正義左傳疏引孫炎云、星紀日月五星之所終始也、故謂之星紀。郭註本孫炎。逸周書周月解云、日月俱起于牽牛之初、右回而行、月周天進一次而與日合宿、日行月一次而周天、歷舍于十有二辰、終而復始、是謂日月權輿。蓋周時冬至日在牽牛、為星紀之中、則斗值星紀之初、用是為十二次紀首、故曰星紀。然唐虞冬至日在虛、為元枵正中、不在斗牽牛也。十二次之名、蓋定自周人、故鄭註月令云、仲冬者、日月會於星紀。劉逵吳都賦註云、斗十者、日月五星之所經始、故謂之星紀。大宗伯疏引星備云、五星初起牽牛。困學紀聞引河圖括地象云、天左動始於牽牛。尸子云、天左舒而起牽牛。漢書律歷志云、斗綱之端指牽牛之初、以紀日月、故日星紀。五星起其初、日月起其中。此据周制而推言星紀之義也。自元以來、冬至日在箕、為析木之津正中。

正義

星紀斗牽牛也牽牛斗者日月五星之所終始故謂之星紀

牽牛者、律書云、言陽氣牽引萬物出之也。牛者、冒也、言地雖凍能冒而生也。牛者耕植種萬物也。按牽牛即何鼓、非牛星也。牛六星、角上歧、腹下騣廢、其星微小。爾雅以牽牛為星紀、不以牛宿為星紀也。舊說多誤、詳見下文。星紀者、分野略例云、自南斗十二度至須女七度、於辰在丑為星紀。星紀者、言其統紀萬物、

十二月之位、萬物之所終始、故曰星紀也。郭義本孫炎。（襄卄八年左傳正義引）月令注、仲冬者、日月會於星紀。大宗伯疏引星備云、五星初起牽牛。逸周書周月篇云、日月俱起于牽牛之初、右回而行、月周天進一次、而與日合宿、日行月一次、而周天歷舍于十有二辰、終則復始、是謂日月權輿。按逸書及爾雅皆據周而言也、上溯虞夏、冬至日在虛、爲玄枵正中、殷在婺女、周在牽牛、則斗值星紀之初、爲十二次紀首、故曰星紀。至漢冬至日在斗、元明在箕、則爲析木之津正中。

義疏

星紀斗牽牛也 孫注、牽牛斗者、日月五星之所終始、故謂之星紀。郭注同。

集解

星紀斗牽牛也 史記天官書南斗爲廟、牽牛爲犧牲、均在北宮。此云星紀、爲其爲日月五星之所終始也。逸周書周月解、日月俱起于牽牛之初、右回而行、月周天進一次而與日合宿、日行月一次、而周天歷會于十二辰、終而復始、是爲日月權輿。蓋周時冬至日在牽牛、爲星紀之中、則斗值星紀之初、十二次之紀首也。唐虞冬至日在虛、爲玄枵正中、不在斗牽牛、與此大異。

義證

星紀斗牽牛也　注牽牛斗者日月五星之所終始故謂之星紀

正曰、續漢書律厤志、元和二季二月甲寅制書曰、史官用太初鄧平術、冬至日在斗二十一度、而術已爲牽牛。晉書律厤志、後秦姚興時、當孝武太元九季、歲在甲申、天水姜岌造三紀甲子元術、曰殷紀斗分麤、故不施於今、乾象斗分細、故不得通於古。景初斗分雖在麤細之中、而日之所在乃差四度。今治新法、日在斗十七度、天正之首。後秦姜岌去景純時不遠、北方學者已漸解歲差之故、而景純習囿南學、置厤算於不問、猶承用舊注斗牽牛爲日月五星所終始、則攷之不審矣。

正郭

星紀斗牽牛也

孫炎云、星紀、日月五行之所終始也、故謂之星紀。郭注本之。小雅大東睆彼牽牛、毛傳云河鼓謂之牽牛。正義謂李巡孫炎以河鼓牽牛爲一星。郝云、牽牛卽河鼓、非牛星也。牛六星角上岐、腹下䖘廢、其星微小、爾雅以牽牛爲星紀、不以牛宿爲星紀也、舊說多誤。

說詩

星紀斗牽牛也 尸子、天左舒而起牽牛。月令、季春之月、旦牽牛中、仲秋之月、昏牽牛中。鄭註、仲冬日月會於星紀。郭註日月五星之所終始、故謂之星紀。左襄二十八年傳、歲在星紀。分野畧例、自南斗十二度至須女七度、於辰在丑、故星紀爲斗牛之次。然唐虞冬至日在虛、自元以來冬至日在箕、冬至日在牽牛者、周時也。

啓蒙

牽牛斗者 單疏本、雪牕本同。按依經當作斗牽牛者、否則作牛斗者。邢疏云星紀、斗牛之次也。

校勘記

七行（注）故謂之星紀 ○ 唐寫本「星紀」下有「也」字。

宋監本校箋

星紀斗牽牛也 牽牛斗者日月五星之所終始謂之星紀。

楊氏音訓

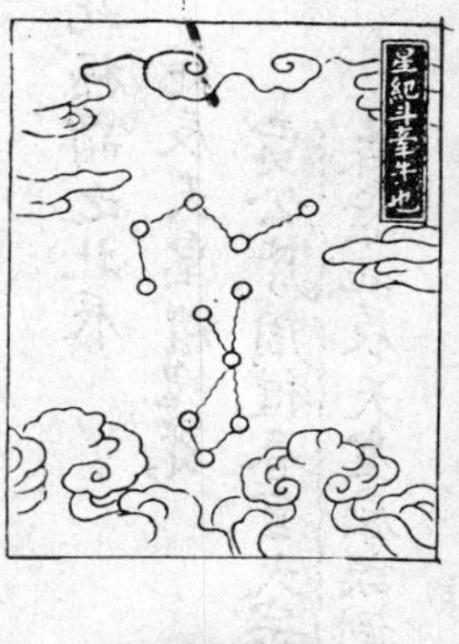

音圖 · 圖

玄枵虛也顓頊之虛虛也北陸虛也

玄枵、虛也。虛在正北北方色黑。枵之言耗耗亦虛意。顓頊之虛、虛也。顓頊水德位在北方。北陸虛也。虛星之名凡四。

郭注

玄枵虛也者玄枵虛之次名也郭云虛在正北北方色黑枵之言耗耗亦虛意然則以其色黑而虛耗故名其次曰玄枵案襄二十八年左傳云春無冰梓愼曰今玆宋鄭其饑乎歲在星紀而淫於玄枵以有時菑陰不堪陽蛇乘龍龍宋鄭之星也宋鄭必饑玄枵虛中也枵耗名也土虛而民耗不饑何爲顓頊之虛虛也者虛星又謂之顓頊之虛也郭云顓頊水德位在北方然則以北方三次以玄枵爲中玄枵次有三宿又虛在其中以水位在北顓頊居之故謂玄枵虛星爲顓頊之虛也昭十年左傳云鄭稗竈言於子產曰今玆歲在顓頊之虛是也。　北陸虛也者虛星又謂之北陸也孫炎曰陸中也北方之宿虛爲中也昭四年左傳云古者日在北陸而藏冰杜注云陸道也陸之爲中爲道皆無正訓各以意耳要以虛爲北方中星宿是日行之道故謂之北陸郭云虛星之名凡四者謂玄枵也虛也顓頊之虛也北陸也。

邢疏

星紀斗牽牛也玄枵虛也

星紀日月五星之所終始也故謂之星紀。虛在正北、北方色玄、故曰玄枵。枵之言耗、耗虛之意也。春秋正義三十八　案左太冲吳都賦劉注引終作經、句首有吳分野三字、但劉氏注爾雅多不詳誰氏、經文與注亦無別。

北陸虛也

陸、中也、北方之宿虛爲中也。詩正義八之一　春秋正義四十二　邢疏　史記天官書索隱無虛爲二字。

孫音注

北陸虛也以下釋天　史記索隱、解者以陸爲道。

衆家注

黃輯古義

星紀斗牽牛也玄枵虛也

星紀、日月五星之所終始也、故謂之星紀。虛在北方、北方色玄、故曰玄枵。枵之言耗、耗、虛之意也。春秋襄二十八年正義

北陸謂之虛

陸、中也、北方之宿虛爲中也。邢疏　詩豳風七月正義　春秋昭四年正義　史記天官書索隱無虛爲二字。

孫音注

玉函山房輯佚

北陸

陸、中也、北方之宿中也。史記索隱九

鉤沉

星紀斗牽牛也玄枵虛也

孫曰、星紀、日月五星之所終始也、故謂之星紀。虛在正北、北方色玄、故曰玄枵。枵之言耗、耗、虛之意也。春秋正義三十八　案左太冲吳都賦劉注引終始作經始、又句首有吳分野三字、但劉注引爾雅多不詳誰氏、經文與注亦無別。

北陸虛也史記索隱解者以陸爲道。

孫曰陸中也北方之宿虛爲中也。詩正義八之一 春秋正義四十二 史記天官書索隱 邢疏

漢注

玄枵虛也

孫炎云虛在正北北方色玄故曰玄枵。枵之言耗、耗、虛之意也。左傳正義二十四卷 郭璞云虛在正北北方黑色。枵之言耗耗亦虛意。

顓頊之虛虛也

郭璞云顓頊水德位在北方。

北陸虛也

孫炎云陸中也北方之宿虛爲中也。左傳正義二十七卷 史記索隱九卷

郭璞云虛星之名凡四。

一切注音

玄枵虛也 孫炎曰虛在北方色玄。玄枵虛中也枵之言耗、耗、虛之意也。左襄二十八年傳正義

北陸虛也 孫炎云陸中也北方之宿虛爲中也。左昭四年傳正義

古注斠

北陸虛也 舊注北陸虛星。占經六十一

古注斠補

北極謂之北辰

北辰天皇耀魄寶，

賈公彥周禮春官大宗伯疏引。

森案北辰天皇原誤倒。胡元玉雅學考云「文耀鉤無天皇之語爾雅僅有北辰之文此註北辰二字似當在天皇之上方合豈涉下文月令註而誤倒耶」今據乙又案郭璞此條註云「北極天之中以正四時」與鄭異。

鄭玄注稽存

枵 許嬌反。左傳云枵、耗名也。

耗 呼報反。顓 音專。頊 許玉反。顓頊帝高陽氏。之虛 此一字音墟、下如字。

陸音義

耗 〇秏爲正字、俗作耗。

音義攷證

玄枵虛也

玄枵眞空非有也亦非無也。

顓頊之虛虛也

北陸虛也

津日所涉之津陸日所行之陸。

新義

元枵虛也顓頊之虛虛也北陸虛也虛星在辰爲元枵居躔度爲北陸在地爲顓頊之虛。

鄭樵注

玄枵虛也

孫炎曰虛在正北北方色玄故曰玄枵枵之言耗耗虛之意也。

郭璞曰虛在正北北方黑色。枵之言耗耗亦虛意。

顓頊之虛虛也

郭璞曰顓頊水德位在北方。

北陸虛也

孫炎曰陸中也北方之宿虛爲中也。

郭璞曰、虛星之名凡四。合上言之 鄭樵曰、虛星在辰爲𢆯枵、居躔度爲北陸、在地爲顓頊之虛。總釋三句

古注合存

文選海賦北灑天墟注引爾雅云、北陸天墟也。按爾雅北陸虛也、卽指北方虛宿此云天墟。

補注

𢆯枵虛也 **註** 虛在正北北方色黑枵之言秏秏亦虛意

顓頊之虛虛也 **註** 顓頊水德位在北方北陸虛也 **註**

虛星之名凡四 **正義** 律書云、虛者能實能虛、言陽氣冬則宛藏於虛、日冬至則一陰下藏、一陽上舒、故曰虛。虛二星上下如連珠。天官書虛爲哭泣之事。堯典云、宵中星虛。月令云、季秋之月昏虛中。唐虞仲秋昏虛中、周秦之際虛中在季秋、後世所謂歲差也。元枵爲虛者、左氏襄二十八年傳云、淫於元枵。元枵、虛中也。枵、秏名也。分野畧例云、自須女八度至危十五度、於辰在子爲元枵也。元者黑、北方之色。枵者秏也。十一月之時、陽氣在下、陰氣在上、萬物幽死、未有生者、天地空虛、故曰元枵也。顓頊之虛爲虛者、昭十年傳云、今茲歲在顓頊之虛。杜註、顓頊之虛謂元枵是也。北陸爲虛者、昭四年傳云、古者日在北陸而藏冰。杜註、陸道也。謂夏十二月日在虛危。疏引孫炎云、陸中也、北方之宿虛爲中也。**註**虛在至虛意。○**正義**左傳疏引孫炎云、虛在正北、北方色元、故曰元枵。枵之言秏、秏虛之意也。郭註本孫炎說。文引春秋傳云、歲在元枵、元枵虛也。蓋增損襄二十八年傳文兼取爾雅之訓。○顓頊至北方。○**正義**左傳疏云、北方之次以元枵爲中、元枵次有三宿、又虛在其中、以水位在北、顓頊居之、故謂元枵虛星爲顓頊之虛也。○虛星之名凡四。○**正義**郭意以元枵顓頊之虛、北陸、爲虛星之名、故連虛星而爲名凡四、其實元枵顓頊之虛皆次名也、亦謂之天黿。周語云、日在天黿。又云、出自天黿。韋註、天黿次名、一曰元枵是也。北陸者、四陸之一也。古以星紀日月之行、分爲四象、亦謂之四陸。曲禮云、前朱鳥而後元武、左靑龍而右白虎。淮南兵畧訓所謂天數者、左青龍右白虎、前朱雀後元武、是爲列宿之四象。合諸左傳日在北陸及西陸、朝覿之文、是四陸卽四象也。角亢氐房心尾箕爲東方青龍之宿、奎婁胃昴畢觜觿參爲西方白虎之宿、皆南首而北尾。井鬼柳星張翼軫爲南方朱鳥之宿、斗牛女虛危營室東壁爲北方元武之宿、皆西首而東尾。爾雅舉北陸西陸、以槩東南、又於七宿之中各舉一星爲識、虛爲北方之宿、故云北陸虛也。昴爲西方之宿、故下文云西陸昴也。

正義

顓頊之虛虛也　昭十年左傳歲在顓頊之虛、引爾雅郭註云、虛在正北、顓頊承德位在北方、當以北方三次以玄枵爲中、玄枵次有三宿、又虛在其中、以水德在北、顓頊居之、故謂玄枵、虛星爲顓頊之虛也。

校議

玄枵虛也 虛在正北北方黑色枵之言秏秏亦虛意 **顓頊之虛虛也** 顓頊水德位在北方 **北陸虛也** 虛星之名凡四

虛者二星上下如連珠。律書云、虛者能實能虛、言陽氣冬則宛藏於虛、日冬至則一陰下藏、一陽上舒、故日虛。天官書虛爲哭泣之事。堯典宵中星虛、月令季秋之月昏虛中。是虞夏以仲秋昏虛中、周秦則在季秋、此所謂歲差也。玄枵者、說文引春秋傳歲在玄枵、玄枵虛也。左氏襄廿八年傳淫於玄枵、玄枵虛中也。枵秏名也。正義引孫炎曰、虛在北方、北方色玄、故曰玄枵。枵之言秏、秏虛之意也。分野略例云、自須女八度至危十五度、於辰在子、爲玄枵也。玄者黑、北方之色、枵者秏也。十一月之時、陽氣在下、陰氣在上、萬物幽死、未有生者、天地空虛、故日玄枵也。按亦日天黿。周語云、星在天黿。韋昭注、天黿次名、一日玄枵也。○顓頊之虛者、左氏昭十年傳、今茲歲在顓頊之虛、正義日、北方之次以玄枵爲中、玄枵次有三宿、又虛在其中、以水位在北、顓頊居之、故謂玄枵虛星爲顓頊之虛也。按北方三宿婺女虛危、爾雅不言女危、以虛

在中，舉中足以包之也。北陸者，左氏昭四年傳古者日在北陸而藏冰，杜預注陸，道也，謂夏十二月日在虛危。正義引孫炎云陸中也，北方之宿虛爲中也。按郭云虛星凡四者，連虛爲數，其實虛星有此三名也。

義疏

玄枵虛也顓頊之虛虛也北陸虛也

郭注虛在正北方，色黑，枵之言耗，耗亦虛意。顓頊水德，位在北方。虛星之名凡四。孫注陸，中也，北方之宿，虛爲中也。

集解

玄枵虛也 史記天官書，北宮玄武虛危。玄枵云者，北方黑帝水方也。黑甚爲玄，亦水色也。枵，木根也。與虛通用。虛枵一聲之轉。書，宵中星虛。月令季秋之月昏虛中，唐虞仲秋昏虛中，周秦之際虛中在季秋，後今世所謂歲差者。**顓頊之虛虛也** 顓頊，古帝名，以水德王者，位在北方。月令孟冬其帝顓頊，仲冬季冬均然。**北陸虛也** 陸，高平地，引申爲中。虛爲北宿之在中者，故名。左傳曰，在北陸而藏冰。

義證

玄枵虛也 枵許嬌反。

註 虛在正北之方，黑色，枵之言耗，耗亦虛意

北陸虛也

註 虛星之名凡四 補正 邢疏，孫炎曰，陸，中也，北方之宿，虛爲中也。左傳古者日在北陸而藏冰，杜註云，陸，道也。陸之爲中、爲道，皆無正訓，要以虛爲北方中星宿，是日行之道，故謂之北陸。

郭注補正

玄枵虛也

虛在正北北方色黑枵之言耗耗亦虛意 也

仿宋本明注疏本作色黑，慧琳廣弘明集二十卷音義亦引作色黑，雪牕本單疏本誤作黑色。廣弘明集音義引作耗亦虛意也，今據補也字。單疏本耗作秏。

郭注佚存補訂

玄枵節註北方黑色 本亦作色黑。

注疏正字

玄枵虛也顓頊之虛虛也北陸虛也 元枵即顓頊之虛，皆次名也。元，北方之色。枵，耗也。十一月之時，陽氣在下，陰氣在上，萬物不生，天地空虛，故曰元枵。左襄二十八年傳，淫於玄枵。又昭十年傳，今茲歲在顓頊之虛。又昭四年傳，古者日在北陸而藏冰。亦謂之天黿。周語，日在天黿。北陸，四陸之一也。元武七宿，斗牛女虛危室壁。分野畧例，自須女八度至危十五度，於辰在子，爲元枵也。元枵之次有女虛危三星。月令，季冬之月日在婺女，孟夏之月旦婺女中，季炑之月昏虛中，仲夏之月旦危中，孟冬之月昏危中，以虛爲中。堯典，宵中星虛。爾雅舉虛星而女危可識矣。

啓蒙

元枵虛也。漢書志虛危爲齊分，星曰元枵。尚書考靈曜秋虛星昏中，以收斂。注，虛，元枵也。昭四年左傳古者日在北陸而藏冰。杜云，謂夏十二月，日在虛危。

古義補

北方色黑枵之言秏 單疏本秏作秏。雪牕本注疏本色黑作黑色、非。秏誤秏、釋文亦作秏。按廣韻秏、減也。亦稻屬。俗作秏。

北方色黑枵之言秏秏亦虛意 注疏本色黑倒、脫一秏字。秏作秏、非。

顓頊之虛虛也者虛星又謂之顓頊之虛也 注疏本刪上十二字。

各以意耳 浦鏜云意下脫言。

謂元枵也虛也 注疏本脫謂。

校勘記

顓頊之虛虛也疏、一顓頊之虛也者。今本落一字者字、宜依疏他句之例補之。

顓頊之虛虛也、釋文之虛此一字音墟、下如字。今本收音墟於北陸虛也之下、誤矣。

注疏本正誤

北方色黑 毛本湘本同。監本永懷堂本色黑字倒。

注疏校勘札記

（注）虛在正北北方色黑〇「色黑」下唐寫本有「星」字。「色黑」，郝氏《義疏》作「黑色」，蓋因明刻注疏本而誤。

（注）枵之言秏秏亦虛意〇「秏」，宋刻小字本作「秏」，「秏」爲「秏」字或體。唐寫本注文作「枵之言秏也，秏亦虛意也。」

宋監本校箋

玄枵音囂虛也顓音專頊音旭之虛音墟虛也

音圖・音

囂

玄枵虛也、顓專項旭之虛虛也、北陸虛也、

音墟下如字

孫侶直音

玄枵囂虛也 虛在正北北方黑色枵之言秏秏亦虛意顓頊水德位在北方 顓專頊旭之虛墟同虛也北陸虛墟也 虛星又謂之北陸也

楊氏音訓

營室謂之定娵觜之口營室東壁也

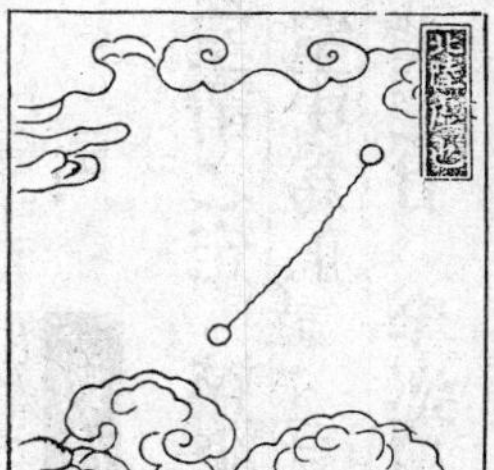

音圖・圖

營室謂之定。定、正也。作宮室皆以營室中爲正。娵觜之口、營室東壁也。營室東壁星四方似口、因名云。

郭注

營室謂之定者、營室一名定。郭云定、正也。作宮室皆以營室中爲正。詩鄘風云定之方中、作于楚宮。鄭箋云定星昏中而正、於是可以營制宮室、故謂之營室。娵訾之口營室東辟也者、娵訾、室辟之次也。辟居南則在室東。孫炎曰娵訾之歎則口開方、營室東辟四方似口、故因名也。郭云營室東辟星四方似口、因名云。由其營室與東辟相成、故得正四方。襄三十年左傳云歲在娵訾之口是也。

邢疏

娵觜之口營室東壁也

娵觜、玄武宿也。營室東壁、北方宿名。春秋正義四十

李注

營室謂之定

定、正也。天下作宮室者皆以營室中爲正。春秋正義十　詩正義三之一　毛詩音義上

娵觜之口營室東壁也

娵訾之次則口開方、營室東壁四星方似口、因以爲名也。詩正義三之一 春秋正義四十 一切經音義九 邢疏 案詩正義作娵觜之口、鄭則春秋正義一切經音義作歎、則俱誤、今從邢疏。

孫音注

黄輯古義

娵訾之口營室東壁也

娵訾玄武宿也。營室東壁、北方宿名。春秋襄三十年正義

李注

營室謂之定

定、正也。天下作宮室者皆以營室中爲正。詩鄘風定之方中正義 詩釋文引首句。

娵訾之口營室東壁也

娵訾之次、詩正義作娵訾之口、鄭春秋正義一切經音義並作之歎。則口開方、營室東壁、四方似口、故因名也。邢疏 詩鄘風定之方中正義 春秋襄三十年正義 一切經音義卷九

孫音注

玉函山房輯佚

營室謂之定

定、正也。同經典釋文五 天下作宮室者皆以營室中爲正。同詩疏三之一

娵觜之口營室東壁也

娵觜、玄武宿也。營室東壁、北方宿名。李注 娵觜之歎則口開方、營室東壁四方似口、故因名云。孫注

鈎沉

營室謂之定

孫曰定、正也。天下作宮室者皆以營室中爲正。春秋正義十一 詩正義三之一 毛詩音義上

娵觜之口營室東壁也

李曰、娵觜、玄武宿也。營室東壁、北方宿名。春秋正義四十

孫曰、娵訾之次則口開方、營室東壁四星方似口、因以爲名也。詩正義三之一 春秋正義四十 一切經音義九 邢疏 案詩正義作娵觜之口、鄭則春秋正義一切經音義作歎、則俱誤。今始從邢疏。

漢注

營室謂之定

孫炎云定、正也。天下作宮室者皆以營室中爲正。釋文五卷 詩正義三之一卷 郭璞云定、正也。作宮室皆以營室中爲正。

娵觜之口營室東壁也

李巡云、娵觜、玄武宿也。營室東壁、北方宿名。孫炎云、娵訾之歎則口開方、營室東壁四方似口、故因名云。左傳正義二十五卷 郭璞云、營室東壁星四方似口、因名云。

一切注音

營室謂之定　孫炎曰定、正也。天下作宮室者皆以營室中爲正。詩定之方中正義

娵觜之口　李巡曰、娵觜、元武宿。營室東壁、北方宿名。

孫炎曰娵觜之歎則口開方營室東壁四方似口故因名焉。左襄三十年傳正義

蕙心案娵觜當作陬觜月令注又作諏訾邢疏引孫炎注歎作次。

古注斠

頵本或作定同多佞反。娵子瑜反。觜咨移反又子髓反。辟本又作壁布覓反。今案此星有人居之角象宜爲辟。

陸音義

頵本或作定○作字舊譌非今改正。邢本作定。辟本又作壁○邢本作壁。

音義攷證

營室謂之定 定定使正焉。詩曰定之方中若揆猶有所度。

娵觜之口 口水所出春秋傳曰衛顓頊之虛也。其星爲大水所謂大水以有本故。

新義

營室謂之定 定多佞反正也。室星昏正見南方則興土功營宮室之時故曰營室也。

娵觜之口營室東壁也

鄭樵注

營室謂之定
孫炎曰定正也。天下作宮室者皆以營室中爲正。
郭璞曰定正也。作宮室皆以營室之中爲正。
鄭樵曰定多佞反正也。室星昏正見南方則興土功營宮室之時故曰營室也。
娵觜之口營室東壁也
李巡曰娵訾玄武宿也。營室東壁北方宿名。營宜作觜但揩綫訛引李孫注並作訾仍之。

孫炎曰娵訾之次則口開方營室東壁四方似口故因名云。
郭璞曰營室東壁星四方似口因名云。

古注合存

營室謂之定註定正也作宮室皆以營室之中爲正娵觜之口營室東辟也註營室東辟星四方似口因名云。正義律書云營室者主營胎陽氣而產之。室二星相對出離宮六星三向列。天官書云營室爲清廟曰離宮閣道。東壁二星上下相掣曳。月令云孟春之月日在營室仲冬之月昏東辟中。營室謂之定者鄘風云定之方中毛傳定營室也方中昏正四方。鄭箋云定星昏中而正於是可以營制宮室故謂之營室定昏中而正謂小雪時其體與東壁連正四方周語云營室之中土功其始韋註建亥小雪之中定星昏正於午土功可以始也。又謂之天廟周語云日月底于天廟韋註天廟營室也。孟春之月日月皆在營室案國語謂孟春日在營室與月令同然月令於孟冬言昏危中仲冬言昏東辟中不言昏營室中者營室在危東壁之間孔穎達謂室十六度日行一度是十月半而室中十一月初而壁中也娵訾之口爲營室東壁者左氏襄三十年傳云歲在陬訾之口疏引李巡云娵訾元武宿也營室東壁北方宿名鄭註輈人云營室元武宿與東壁連體而四星賈疏云營室是北方七宿室在東壁在西西壁而言東壁者據十月在南方壁在東故云東壁也陬訾亦謂之豕韋昭十一年傳云歲在豕韋是也分野畧例云自危十六度至奎四度於辰在亥爲諏訾諏訾歎息也十月之時陰氣始盛陽氣伏藏萬物失養育之氣故哀愁而歎悲嫌於無陽故曰諏訾釋文定作頵註定正至爲正○正義詩疏引孫炎云定正也天下作宮室者皆以營室中爲正郭註本孫炎左氏莊二十九年傳云水昏正而栽杜註謂今十月定星昏而中於是樹板榦而興作孔疏五行北方水故北方之宿爲水星○註口至名云○正義左傳疏引孫炎云娵訾之歎則口開方營室東壁四方似口故因名云郭註本孫炎釋文云辟本又作壁此星有人居之角象宜爲壁。

正義

營室謂之定定正也作宮室皆以營室中爲正**娵觜之口營室東壁也**營東壁星四方室似口因名云

營室者、二星相對出旁綴離宮六星兩兩而居。律書云、營室者、主營胎徐儀鉊陽氣而產之。天官書云、營室爲清廟、曰離宮閣道。東壁者、㸒儛蟄。雒作儺紜、林。二星上下相掣臾、與營室連體而正方。月令云孟春之月日在營室、仲冬之月昏東壁中。按壁曰東者、據昏中視之壁在營室東也。二宿皆值北方水位、故又謂之水。左氏莊廿九年傳水昏正而栽是也。又謂之天廟、周語云日月底于天廟、韋昭注天廟營室是也。定者、詩定之方中傳定營室也。方中、昏正四方。箋云定星昏中而正、於是可以營制宮室、故謂之營室。定昏中而正謂小雪時其體與東壁連正四方。正義引孫炎曰定正也。天下作宮室者皆以營室中爲正。按周語云營宮之中土功其始、是鄭孫義所本也。定本斫斸之名、覬釋營宮室者所資、星名定者營室形似鉏欘、離宮施其上、有鉏刃之象。凡諸星名起於古之田父、多取物象爲名、營室名定義蓋本此。孫郭訓定爲正、非本義也。娵觜者當作陬訾。月令注作諏訾、爾雅作娵觜皆叚借也。左襄卅年傳云歲在娵訾之口、正義引李巡曰、娵觜玄武宿也。營室東壁北方宿名。孫炎曰、娵觜之歎、則口開方。營室東壁四方似口、故因名也。分野略例云自危十六度至奎四度於辰在亥爲諏訾。諏訾、歎息也。十月之時陰氣始盛、陽氣伏藏、萬物失養育之氣、故哀愁而歎息。嫌於無陽、故曰諏訾。是諏訾以歎息爲義。孫炎作娵觜之歎、是也。邢疏引歎作次注。

義疏

營室謂之定娵觜諏訾陬訾**之口營室東壁也**孫注、定、正也。天下作宮室者皆以營室中爲正。娵觜之歎則口開方、營室東壁四方似口、故因名也。李注、娵觜玄武宿也。營室東壁北方宿名。郭注同孫。

集解

營室謂之定史記天官書營室爲清廟、曰離宮閣道。營室云者、以營室中則可治宮室。周語營室之中土功其始是也。定、安也。與正通用。書堯典以閏月定四時。史記作正。治宮以營室之中爲正、因以名之。詩、定之方中。**娵觜之口營室東辟也**娵、字本作取、捕取也。與陬通用。觜、鴟舊頭上角觜也。謂星之聚、經典以陬訾或諏訾爲之。辟、法也。與壁通用。壁、垣也。壁二星居南則在室東、因以東辟名之、與營室相對、狀四方而似口云。

義證

營室謂之定

註定正也作宮室皆以營室之中爲正〔補正〕邢疏、詩定之方中、作於楚宮。箋云定星昏中而正、於是可以營制宮室。臣鍌按營室謂之豕韋、廣雅云。

郭注補正

營室謂之頲

頲正也天下作宮室皆以營室中爲正也

今本經注皆作定、釋文云頲本或作定。不言經注異同、蓋所據郭本皆作頲也。史記天官書索隱引爾雅云營室謂之定、郭璞曰定、正也、天下作宮室皆以營室中爲正也。樹枏案、詩定之方中正義引孫炎曰、定正也。天下作宮室者皆以營室中爲正。郭注蓋本孫炎。今據補天下也三字。明注疏本營室下衍之字。

娵觜之口營室東辟也

營室東辟星四方似口因名云

釋文云、辟本又作壁、布覓反。今案此星有人居之、角象宜爲壁。據此、則陸所據本作辟不作壁、今則皆改作壁、而石經單疏本又誤作壁、非郭氏之舊矣。慧琳寶星經四卷音義引爾雅、娵觜之口、營室東壁也、郭璞曰營室與東壁四星似口、因以爲名也。樹枏案、襄三十年左氏傳正義引孫炎曰、娵觜之歎則口開方、營室東壁四方似口、故因名也。郭蓋本孫炎。

郭注佚存補訂

營室謂之顓娵觜之口營室東辟也

顓、釋文云本或作定同。案定爲古文。鄘風定之方中毛傳云、定、營室也、方中昏正四方。鄭箋云、定星昏中而正、於是乎可以營制宮室、故謂之營室。定昏中而正、謂小雪時、其體與東壁連正四方。孫炎云、定、正也、天下作宮室者、皆以營室中爲正。此言定星昏中而正四方、於是可以營制宮室、故謂之營室。娵觜之口者、孫炎云、娵觜之歎則口開方、營室東壁四方似口、故因名云。李巡云、娵觜、玄武宿也。營室東壁、北方宿名。釋文云、辟本又作壁。此星有人居之、角象宜爲壁。案辟爲壁之古文省。

說詩

營室謂之定釋文作顓。

註皆以營室之中爲正之衍字。

娵觜之口營室東壁也壁、釋文作辟、云案此星有人居之角象宜爲壁。左傳疏引李巡云、娵觜、玄武宿也。營室東壁、北方宿名。

注疏正字

營室謂之顓　釋文云、顓本或作定。單疏本作定、毛詩正義三之一、左傳正義十一、史記索隱九引皆作定。案說文頁部無顓字。

娵觜之口營室東辟也　說文女部無娵字、鄭注月令作陬。臧氏鏞堂曰單疏本作訾。案左襄卅年傳作娵訾之口、十二辰之次字作訾、與二十八宿之觜不同。元照案、月令注作訾、文選注十一引作觜娵之星、恐誤。　釋文云、辟本又作壁。今案此星有人居之、角象宜爲壁。元照案、石經、單疏本作壁、詩正義三之一、左傳正義四十、廣韻五支、一切經音義九、文選注十一、集韻十虞、類篇十二中引皆作壁。

匡名

營室謂之定娵觜之口營室東辟也　月令、孟春之月日在營室、仲冬之月昏東辟中。鄘風定之方中、鄭箋、定星昏中而正、可以營制宮室、故謂之營室。周語、營室之中、土功其始。天官書、營室爲清廟、曰離宮閣道。又謂之天廟、周語、日月底於天廟。左襄三十年傳、歲在陬訾之口。亦謂之豕韋、又昭十一年傳歲在豕韋是也。分野畧例、自危十六度至奎四度、於辰在亥爲陬訾。陬訾四星室壁居中、故曰營室東辟。賈疏、室在東、辟在西、西辟而言東辟者、十月在南、壁在東故曰東壁也。

啓蒙

娵觜 陬訾 禮記月令鄭注釋文作陬訾。依孫炎義爲娵訾之歎字正作諏呰。

黃侃評本正名

營室謂之定。娵觜之口。營室、東壁也。 左昭十一年傳云、歲在豕韋、廣雅營室謂之豕韋、案營室東壁爲娵訾之次、娵訾、衛也、古豕韋氏國、春秋時衛也、故營室謂之豕韋、猶之實沈之虛、晉人是居、晉語因謂參爲實沈矣。 左襄三十年正義引孫炎曰、娵訾之歎則口開方、營室東壁四星方似口、故因名也。案依孫義、娵訾字當作諏呰、諏訓謀而引申訓歎、猶咨訓謀而引申訓歎也。訾咨亦聲轉。

黃侃音訓

析木謂之津 顓頊之虛 營室謂之定 娵觜之口營室東壁也

左傳正義作析木之津。昭七年正義 文選注作析木謂之天津。海賦注 釋文虛音墟。釋天釋文 定作頞、云本或作定。釋天釋文 壁作辟、云本又作壁。釋天釋文

證異

娵觜之口。釋文作娵訾、左傳襄三十年作娵訾之口。唐石經作觜蓋用假借字。

考異摘要

作宮室皆以營室中爲正 單疏本雪牕本同。注疏本營室下衍之。

娵觜之口 唐石經雪牕本注疏本同。釋文亦作娵訾。單疏本及元本疏引經作娵訾之口。按左傳襄三十年作娵訾之口、十二辰之次字作訾與二十八宿之觜不同。釋文及唐石經作觜蓋用假借字。

營室東壁也 閩本監本毛本同。唐石經單疏本壁作辟。釋文辟本又作辟。雪牕本元本誤壁。

娵訾之歎則口開方 監本同。元本閩本毛本歎誤炊。詩定之方中正義誤鄭。許宗彥云、室壁四星相連、其方如口、故曰娵訾之口。娵訾與嗟咨聲相近、故娵訾之歎則口開方也。

案襄三十年左傳曰 注疏本曰作云。

校勘記

營室 十行本宮室誤。謂之定句。

校勘記訂補

娵觜之口、疏一娵觜之口營室東壁也者。今本落一字、宜補。

娵觜之口、釋文觜咨移反、又子髓反。今本音咨、非是。

注疏本正誤

觜咨 各本同。監本咨誤各。

注疏校勘札記

十三上(八三) 二行(注)因名云○唐寫本作「因以名云」。

宋監本校箋

娵音瘂觜音咨之口

音圖・音

娵子俞翻、音諏。觜咨移翻、音貲、又子髓翻、音嶉上聲。左傳作娵訾。襄三十年

音略

營室謂之定訂娵諏觜咨又醉平聲之口、營室東壁也。

孫侶直音

營室謂之定 定正也、作宮室皆以營室之中爲正。 訂娵瘂觜咨之口 營室東壁星四方似口、因名。 營室東壁也

楊氏音訓

娵子于切 觜遵爲切

干氏音釋

音圖·圖

降婁奎婁也

降婁奎婁也。奎爲溝瀆，故名降。

郭注

降婁奎婁也者，降婁奎婁之次名也。孫炎曰：降下也。奎爲溝瀆，故稱降也。郭云奎爲溝瀆，故名降者，漢書天文志云奎曰封豨，爲溝瀆是也。案襄三十年左傳曰：鄭公孫揮與裨竈晨過伯有氏，其門上生莠。子羽曰：其莠猶在乎？於是歲在降婁，降婁中而旦。裨竈指之曰：猶可以終歲，歲不及此次也已。及其亡也，歲在娵訾之口，其明年乃及降婁是也。

邢疏

降婁奎婁也

降婁白虎宿也。一切經音義二又九

李注

降婁奎婁也

降下也。奎爲溝瀆，故稱降也。春秋正義四十 邢疏

孫音注

黃輯古義

降婁奎婁也

降婁白虎宿也。一切經音義卷六又卷九

李注

降婁奎婁也

降下也。奎爲溝瀆，故稱降也。春秋襄三十年正義 邢疏

孫音注

玉函山房輯佚

降婁奎婁也

降下也。奎爲溝瀆，故稱降也。同，並宋本春秋疏二十五

鉤沉

降婁奎婁也

李曰：降婁白虎宿也。一切經音義六又九

孫曰：降下也。奎爲溝瀆，故稱降也。春秋正義四十 邢疏

漢注

降婁奎婁也

李巡云：降婁白虎宿也。一切經音義九又十一 孫炎云：降，下也。奎爲溝瀆，故稱降也。左傳正義二十五卷 郭璞云：奎爲溝瀆，故名降。

一切注音

降婁奎婁也 孫炎曰：降，下也。奎爲溝瀆，故稱下焉。左襄三十年傳正義 李巡曰：降婁白虎宿也。一切經音義

古注斠

降胡江反，又江巷反，注同。婁郎侯反。奎口圭反。

陸音義

降婁奎婁也

奎爲溝瀆，有降而已，若山川出雲升也。覆盆一名奎，爲其水之覆歛。

新義

降婁奎婁也

李巡曰：降婁，白虎宿也。

爾雅詁林　八　釋天

孫炎曰、降、下也。奎爲溝瀆、故稱降也。
郭璞曰、奎爲溝瀆、故名降。

古注合存

降婁奎婁也 **註** 奎爲溝瀆故名降 **正義** 律書云、奎者、主毒螫殺萬物也。奎而藏之。婁者、呼萬物且內之也。奎十六星旁殺而下垂。天官書云、奎曰封豕、爲溝瀆。婁三星下勢連而上體舒。天官書云、婁爲聚衆。月令云、仲春之月日在奎、季夏之月旦奎中、季秋之月昏婁中。降婁爲奎婁者、左氏襄三十年傳云、歲在降婁、降婁中而旦。杜註、降婁、奎婁也。周七月、今五月、降婁中而天明。衆經音義引李巡云、降婁白虎宿也。分野畧例云、自奎五度至胃六度、於辰在戌、爲降婁。降、下也。婁、曲也。陰生於午、與陽俱行、至八月陽遂下、九月剝卦用事、陽將剝盡、萬物枯落卷縮而死、故曰降婁。**註** 奎爲溝瀆至名降。**正義** 左傳疏引孫炎云、降、下也。奎爲溝瀆、故稱降也。孫郭俱本天官書爲義。

正義

降婁奎婁也 奎爲溝瀆故名降

奎者、十六星旁殺而下垂、象兩髀。說文、奎、兩髀之間、是也。律書云、奎者主毒螫殺萬物也。奎而藏之。天官書云、奎曰封豕、爲溝瀆。婁者、三星下勢連而上體舒。律書、婁者、呼萬物且內之也。天官書、婁爲聚衆。[illegible]。月令云、仲春之月日在奎、季夏之月旦奎中、季冬之月昏婁中。降婁者、左襄卅年傳云、歲在降婁、降婁中而旦。杜預注本爾雅。正義引孫炎曰、降、下也。奎爲溝瀆、故稱降也。一切經音義六引李巡曰、降婁白虎宿也。分野略例云、自奎五度至胃六度、於辰在戌、爲降婁。降、下也。婁、曲也。陰生於午、與陽俱行、至八月陽遂下、九月剝卦用事、陽將剝盡、萬物枯落卷縮而死、故曰降婁。

義疏

降婁奎婁也 李注、降婁白虎宿也。郭注、奎爲溝瀆、故名降。

集解

降婁奎婁也 史記天官書奎曰封

豕、爲溝瀆。婁爲聚衆。奎、兩髀之間。降、下也。奎十六星東北一星稍明大、橫視有兩髀形、因名奎也。以爲溝瀆、故又名降。婁、空也。與摟通用。摟、曳聚也。星名婁者、蓋以其聚衆故耳。

義證

降婁奎婁也 降、胡江反。
註 奎爲溝瀆故名降

郭注補正

降婁奎婁也 左襄三十年傳、歲在降婁。分野畧例、自奎五度至胃六度、於辰在戌、爲降婁。天官書、奎曰封豕、爲溝瀆。婁爲聚衆。月令、仲春之月日在奎、季夏之月旦奎中、季冬之月昏婁中。

啓蒙

降婁、奎婁也。奎爲溝瀆、故名降。 律書婁者、呼萬物且內之也。案婁訓爲內、其義最古、讀若定爾婁豬之婁、夫人不僂之僂。 奎、兩股間也、故爲溝瀆、爲降。

黃侃音訓

(注)故名降○唐寫本「降」下有「也」字。

宋監本校箋

降音夅婁奎婁也

音圖・音

降直音缸。 案降胡江平匣江巷去見兩翻、今音缸平見非。

直音正誤

降、戶江翻、音近陽韻之杭。又江巷翻、如字。

音略

降缸婁樓奎睽婁也

孫侶直音

降婁奎聲婁樓婁睽也。

直音校正

奎爲溝瀆故名降。

降平聲婁奎婁也

楊氏音訓

奎苦圭切婁樓

干氏音釋

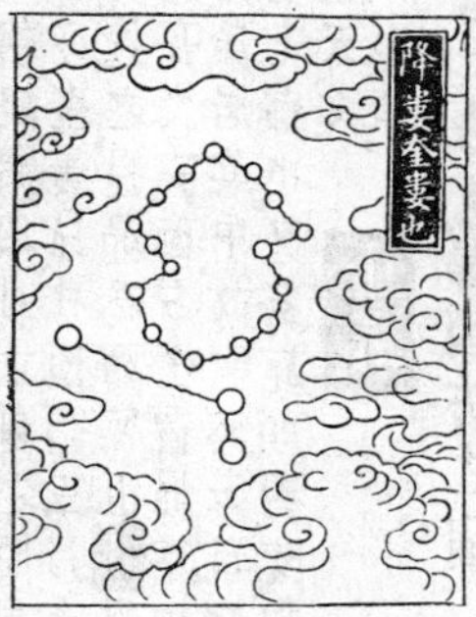

音圖·圖

大梁昴也西陸昴也

大梁昴也。西陸昴也。昴西方之宿，別名旄頭。

郭注

大梁昴也西陸昴也者，大梁之次名也。昴西方之宿名也。昴又謂之西陸。昭四年左傳云，古者日在北陸而藏冰，西陸朝覿而出之。又十一年傳云，歲及大梁，蔡復楚凶。是昴星之名凡三。郭云昴西方之宿別名旄頭者，天文志云昴曰旄頭，胡星也。是矣。

邢疏

大梁昴也

畢昴之間，日月五星出入要道，若津梁。史記天官書索隱

西陸昴也

西方之宿，昴爲中也。詩正義八之一　春秋正義四十

孫音注

黃輯古義

大梁昴也

畢昴之間，日月五星出入要道，若津梁。史記天官書索隱

西陸昴也

西方之宿，昴爲中也。詩豳風七月正義　春秋昭四年正義

孫音注

玉函山房輯佚

大梁昴也

昴畢之間，日月五星出入要道，若津梁也。同史記索隱

九

鈎沉

大梁昴也

孫曰畢昴之間，日月五星出入要道，若津梁。史記天官書索隱

西陸昴也

孫曰西方之宿，昴爲中也。詩正義八之一　春秋正義四十

漢注

大梁昴也西陸昴也

鄭康成云，四月昴則見之。詩正義八之一卷　孫炎云，畢昴之間，日月五星出入要道，若津梁也。史記索隱九卷　西方之宿，昴爲中。詩正義八之一卷　左傳正義二十七卷　郭璞云，昴西方之宿，別名旄頭。

一切注音

大梁昴也

孫炎曰，昴畢之間，日月五星出入要道，若津梁。則是大梁橋梁爲義也。天官書索隱　孫炎曰，西方之宿，昴爲中也。詩七月正義

古注斠

昴音卯，本或作昴，同。旄音毛。

陸音義

昴 本或作昴〇舊本昴譌鼎、今改正。 **音義攷證**

西陸昴也
昴在東之名、四星易位乃如此。 **新義**

孫炎云、畢昴之間、日月五星出入要道若津梁。 **補注**

大梁昴也西陸昴也 【註】昴西方之宿別名旄頭、【正義】律書云、留者、言陽氣之稽留也、故曰留。小星毛傳云昴、留也。疏引春秋元命包云、昴之爲言留也、言物成就繫留也。昴七星攢聚鉅繫小。天官書云、昴爲髦頭。召南云維參與昴、鄭箋亦以昴爲留也。大梁爲昴者、左氏昭十一年傳云、歲及大梁。天官書云、昴畢之間爲天街。索隱引孫炎云、畢昴之間、日月五星出入要道、若津梁。分野畧例云、自胃七度至畢十一度、於辰在酉、爲大梁。昴爲大梁之次之中星也。西陸爲昴者、左氏昭四年傳云、西陸朝覿而出之。說文云昴、白虎宿星。詩疏引鄭康成云、四月昴則見。左傳疏引鄭志答孫皓問云、西陸朝覿、謂四月立夏之時、周禮夏頒冰是也。服虔謂春分奎晨見、杜預謂三月奎朝見、劉光伯云、三說鄭爲近之、是昴爲西陸也。【註】昴西至旄頭。○【正義】詩疏引孫炎云、西方之宿昴爲中。是郭註所本也。西方七宿、昴居其中、故堯典云日短星昴、舉昴星以該西官之七宿也。又名旄頭者、史記作髦頭、漢書天文志、晉書天文志俱作旄頭。 **正義**

大梁畱也西陸畱也 畱西方之宿別名旄頭
畱者、七星攢聚、大小相繫。說文云畱、白虎宿星。堯典云、日短星畱。夏小正云、四月畱則見。詩小星傳畱、畱也。正義引元命苞云、畱六星、畱之爲言畱也、言物成就繫畱也。律書畱正作畱、云畱者言陽氣之稽畱也、故曰畱。郭云旄頭者、天官書畱曰髦頭、漢晉天文志竝作旄頭也。大梁者、左昭十一年傳云歲及大梁。天官書畱畢閒爲天街。索隱引孫炎云、畱畢之間、日月五星出入要道、若津梁。是則大梁取橋梁之義也。分野略例云、自胃七度至畢十一度、於辰在酉、爲大梁。畱爲大梁之次之中星也。詩七月正義引孫炎曰、西方之宿、畱爲中也。按大梁三宿胃畱畢、爾雅獨言畱者、亦舉中以包之。○西陸者、左昭四年傳云、西陸朝覿而出之。正義引鄭志答孫皓問云、西陸朝覿、謂四月立夏之時。按四月畱則見、是鄭以西陸朝覿爲畱星朝見也。二十八宿分列四方、當有四陸、左傳爾雅獨言北陸西陸、又於二陸之中各舉一星爲識、故云北陸虛也、西陸畱也。是皆舉一以包之耳。 **義疏**

大梁昴也西陸昴也 孫注、西方之宿、昴爲中也。昴畢之間、日月五星出入要道若津梁。郭注、昴、西方之宿、別名旄頭。昴从古文西、讀爲畱、柳或誤讀爲卯、釋爲旄。 **集解**

大梁昴也西陸昴也 昴、白虎宿星。从日丣。丣、古酉字。與揂通用、聚也。昴六星之形狀促聚、因以名之。史記天官書昴曰髦頭、胡星也、爲白衣會。又昴畢閒爲天街。西陸大梁之名者此也。陸、中也。謂居西方宿之中。昴畢之間爲日月五星出入要道、若天街又若津梁然。 **義疏**

大梁昴也西陸昴也
昴西方之宿別名旄頭
慧琳十輪經十卷音義引爾雅郭注云、昴、西方宿名也。 **郭注佚存補訂**

大梁昴也西陸昴也

說文云，昴白虎宿星。召南小星維參與昴，毛傳云昴，留也。彼釋文云，昴音卯，徐又音茅，一名留，二星皆西方宿星也。正義引元命苞云，昴亦星，昴之為言留，言物成就繫留，是也。孫炎云，西方之宿，昴為中，畢、昴之間，日月五星出入要道，若津梁。邢疏云昴又謂之西陸。昭四年左傳云，古者日在北陸而藏，西陸朝覿而出之。

說詩

大梁昴也　釋文云，昴本或作昴。見釋訓

匡名

大梁昴也西陸昴也　左昭十年傳，歲在大梁。又昭四年傳，西陸朝覿而出之。西方白虎七宿，奎婁胃昴畢觜參。分野畧例，自胃七度至畢十一度，於辰在酉，為大梁。月令，孟春之月日在胃。堯典，宵中星昴。昴居大梁之中，故舉昴以該之也。說文，昴白虎宿星。西陸為昴者，猶以虛為北陸也。召南維參與昴，鄭箋，昴，留也。留，小星。昴七星攢聚鉅鱗小故也。郭註昴別名旄頭，史記作髦頭，天文志俱作旄頭。

啓蒙

大梁昴也。西陸，昴也。昴，西方之宿，別名旄頭。　律書昴作留，索隱曰，留即昴字，月令疏酉，留也，太玄玄數，酉取畢成，可留聚也，據此，是昴有留音。顧炎武謂讀力求反，而从丣者非，謂从丣非，是也，謂讀力求反非，非也。　旄即昴音變，旄頭之合聲為昴，昴蓋有兩音。

黃侃音訓

大梁，昴也。西陸，昴也。昭十二年左傳，歲及大梁。四年傳，西陸朝覿而出之。正義，鄭云，西陸朝覿，謂四月立夏時。天文錄，昴者，天之耳也，主西方，故曰西陸，昴也。春秋元命苞，昴六星，昴言留，言物成就繫留也。尚書考靈曜，虛為秋候，昴為冬期，陰氣相佐，德乃不邪，子助母收，母合子符。注，虛，北方宿。昴，西方宿。陰指母也。

古義補

三行（注）別名旄頭〇唐寫本「頭」下有「也」字。

宋監本校箋

大梁昴也，西陸昴也。卯

孫偘直音

大梁昴也西陸昴也　昴，西方之宿，別名旄頭。

楊氏音訓

昴　卯

干氏音釋

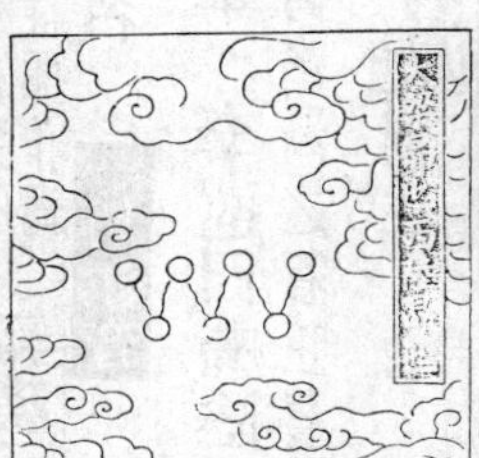

音圖・圖

濁謂之畢

濁謂之畢。掩兔之畢，或呼為濁，因星形以名。

郭注

濁謂之畢　者，畢，西方之宿名，一名濁。郭云，掩兔之畢或呼為濁，因星形以名。詩小雅云有捄天畢、毛傳云捄畢貌。畢所以掩兔也。特牲饋食禮曰宗人執畢、鄭注云畢狀如叉、蓋爲其似畢星取名焉。然則掩兔祭器之畢、俱象畢星爲之、但掩兔之畢施網爲異爾。

邢疏

濁謂之畢　詩正義引李濁作噣。

噣、陰氣獨起、陽氣必止、故曰畢。畢、止也。詩正義五之二

李注

濁謂之畢　詩正義引李孫濁皆作噣

掩兔之畢、或謂之噣、因以名星。詩正義五之二　史記天官書索隱　郭同　案郭注作因星形以名、此亦當作因星以名。

孫音注

黃輯古義

噣謂之畢　今注疏本作濁、詩正義引李孫並作噣。

噣、陰氣獨起、陽氣必止、故曰畢。畢、止也。詩齊風盧令正義

李注

噣謂之畢　今注疏本作濁、詩正義引李孫並作噣。

掩兎之畢、或謂之噣、因以名星也。詩齊風盧令正義引作因名星。史記天官書索隱引作或呼爲噣。

孫音注

玉函山房輯佚

濁噣謂之畢

噣、陰氣濁起、陽氣必止、故曰畢。畢、止也。李注　詩疏三之二

掩兎之畢、或呼爲濁、因名星。孫注

鈎沉

濁謂之畢　詩正義引李孫濁皆作噣。

李曰、噣、陰氣獨起、陽氣必止、故曰畢。畢、止也。詩正義五之二

孫曰、掩兔之畢、或謂之噣、因以名星。詩正義五之二　天官書索隱

郭同　按郭注作因星形以名、此亦當作因星以名。

漢注

濁謂之畢　濁、釋文六卷詩正義五之二卷並引作噣。

李巡云、噣、陰氣獨起、陽氣必止、故曰畢。畢、止也。孫炎云、掩兔之畢、或呼爲噣、因名星云。並詩正義五之二卷、史記索隱九卷引孫炎註噣作濁。郭璞云、掩兔之畢、或呼爲濁、因星形以名。

一切注音

濁謂之畢　李巡曰、噣、陰氣獨起、陽氣必止、故曰畢。畢、止也。詩漸漸之石正義　孫炎曰、掩兔之畢、或謂之噣、因以名星。同上

蕙心案、邵氏正義云、孫炎之意以制器先有定稱、星名由於後起。然古人觀象以制器、未聞因器以名象也。郭氏謂因星形以名、較孫義爲長。

古注斠

兔　佗故反。

陸音義

濁謂之畢

以有所掩、故稱濁焉、若淸有察而已。

新義

濁謂之畢　畢星一名濁、實沈所次、故有沈濁之名焉。

鄭樵注

濁謂之畢

李巡曰、濁、陰氣獨起、陽氣必止、故曰畢。畢、止也。

孫炎曰、掩兔之畢、或謂之濁、因名星云。

郭璞曰、掩兔之畢、或呼爲濁、因星形以名。

鄭樵曰、畢星一名濁、實沈所次、故有沈濁之名焉。

古注合存

詩正義引李巡云、噣、陰氣獨起、陽氣必止、故曰畢。畢、止也。孫炎謂以網名畢、郭謂以畢名網、郭說是也。【補注】

濁謂之畢【注】掩兔之畢或呼爲濁因星形以名。【正義】律書云、濁者、觸也、言萬物皆觸死也。畢八星、纍貫兩叉出、故天官書云、畢曰罕車、爲邊兵、主弋獵。詩疏引李巡云、噣、陰氣濁起、陽氣必止。畢、止也。李本濁作噣、其義與律書畧同。月令云、孟夏之月日在畢、孟秋之月旦畢中。畢星大宗伯謂之雨師、洪範云星有好雨、謂畢星也。故小雅漸漸之石云、月離于畢、俾滂沱矣。毛傳、畢、噣也。是濁本或作噣。【注】掩兔至以名。○【正義】小雅大東云、有捄天畢。毛傳、畢所以掩兔者。鄭箋、祭器有畢、所以助載鼎實。孔疏云、捄、長貌。此言畢之長也。鴛鴦曰畢之羅之、月令禁羅網畢翳無出國門、是田器有畢也。特牲饋食禮云、宗人執畢、是祭器有畢也。彼註云畢狀如叉、蓋爲其似畢星取名焉。掩兔祭器之畢俱象畢星爲之。孫毓云、祭器之畢、狀如畢星、名象所出也。畢弋之畢、又取名焉。而因施網于其上、義得兩通。案史記索隱引孫炎云、掩兔之畢、或呼爲濁、因名星。孫炎之意以制器先有定稱、星名由於後起。然古人觀象以制器、未聞因器以名象也。郭氏謂因星形以名、較孫義爲長。【正義】

濁謂之畢 掩兔之畢或呼爲濁因星形以名

畢者、八星纍貫兩叉出、說文云、畢、田罔也、从華象畢形微也。天官書云、畢曰罕車、爲邊兵、主弋獵。詩大東傳、畢所以掩兔也。箋云、祭器有畢者、所以助載鼎實。按畢有二義、詩云畢之羅之、是田網名畢也。特牲饋食禮云、宗人執畢、是祭器名畢也。鄭注畢狀如叉、蓋爲其似畢星取名焉。然則田網祭器皆象畢星、義得兩通。毛傳爲長、故郭義所本也。月令孟夏之月日在畢、孟秋之月旦畢中。月離于畢、畢星好雨。詩書說之詳矣。濁者、叚借字也。律書云、濁者、觸也、言萬物皆觸死也。故曰濁。是濁以觸爲義、亦象星形。濁或作噣、又作躅、皆象形兼取聲也。詩漸漸之石傳、畢、躅也。盧令箋、畢、噣也。正義引李巡云、噣、陰氣獨起、陽氣必止、故

曰畢。畢、止也。孫炎曰、掩兔之畢、或謂之噣、因以名星。（按、圉字誤、當作因星以名、郭注可證。）【義疏】

濁（噣）**謂之畢** 李注、濁、陰氣獨起、陽氣必止、故曰畢。畢、止也。孫注、掩兔之畢、或謂之噣、因以名星。郭注、掩兔之畢、或呼爲濁、因星形以名。噣咮一字也、說文噣爲喙、咮爲鳥口、蓋以噣爲人獸蟲之口。【集解】

濁謂之畢 史記天官書、畢曰罕車、爲邊兵、主弋獵。畢、田网也、从田从華象形。西方畢八星了叉、如畢網狀、故名畢也。濁、水名。與噣通用。噣、喙也。畢開張處如口、亦喙形也。詩月離於畢、毛傳畢、躅也。以躅爲之。【義證】

濁謂之畢

【註】掩兔之畢或呼爲濁因星形以名 臣鏊按、詩疏引李註云、噣、陰氣濁起、陽氣必止、故曰畢。畢、止也。【郭注補正】

噣謂之畢

掩兔之畢或訶爲噣因星形以名之

今本經注皆作濁。樹枏案、釋文前後皆云噣本亦作濁、則此文當亦爲噣。詩盧令正義引釋天云噣謂之畢、郭璞曰掩兔之畢或呼爲噣、因星形以名之。今據補正。【郭注佚存補訂】

濁謂之畢

說文云畢、田網也。小雅大東有捄天畢、毛傳云畢、所以掩兔也。鄭箋云、祭器有畢者、所以助載鼎實、今天畢則施於行列而已。疏云、又有捄然而長者、在天之畢也、徒則施之於二十八宿之行列而已、亦何曾見其掩兔載肉之用乎。掩兔祭器之畢、俱象畢星爲之。漸漸之石月離於畢、傳云畢、噣也。正義云以畢爲月所離而雨、是陰雨之星、故謂之陰星。齊風盧令序襄公好田獵畢弋、鄭云畢、噣也。孫炎云、掩兔之畢、或謂之噣、因名星云。李巡云、噣、陰氣獨起、陽氣必止、故曰畢。畢、止也。郭注本孫炎。濁噣同音字。 **說詩**

濁謂之畢 案、詩盧令疏引作蜀。李巡云、噣、陰氣獨起、陽氣必止、故曰畢。畢、止也。 **注疏正字**

濁謂之畢 詩盧令小序箋畢、噣也。釋文云本亦作濁。正義引爾雅亦作噣。又詩小雅漸漸之石月離于畢、傳畢、噣也。釋文云本又作濁。今監本注疏作蠲、恐誤。疏亦不引爾雅。集韻一屋云噣、畢星別名。文選注十六引作蜀。 **匡名**

濁謂之畢 李巡云、噣、陰氣濁起、陽氣必止。畢、止也。李本濁作噣、或作蠲、義同。大宗伯謂之雨師。小雅月離于畢、俾滂沱矣。洪範星有好雨、謂畢星也。分野晷例、自畢十二度至東井五度、於辰在申、爲實沈。月令、孟夏之月日在畢、孟秋之月旦畢中、仲秋之月旦觜觿中、孟春之月昏參中。左昭元年傳、參爲晉星。實沈、參神也。是畢亦爲實沈之次。 **啓蒙**

濁謂之畢。李巡孫炎本濁作噣、則與下文咮本亦作噣者同字異文。畢从𠦒。𠦒、箕屬。箕星曰口舌、畢兩義亦似口、故噣謂之畢。 **黃侃音訓**

濁謂之畢 郭注、掩兔之畢、或呼爲濁、因星形以名。邢疏引詩小雅云有捄天畢、毛傳云捄、畢貌。畢所以掩兔也。特牲饋食禮曰宗人執畢、鄭注云畢狀如叉、蓋爲其似畢星取名焉。然則掩兔祭器之畢、俱象畢星爲之。

案此僅證田網祭器狀與畢似、而未釋爾雅濁謂之畢之義。詩小雅漸漸之石篇月離于畢、毛傳畢、噣也。詩序盧令箋畢、噣也。正義曰釋天云噣謂之畢、又引李巡孫炎郭璞注皆作噣、釋文前後皆云噣本亦作濁、是噣爲濁之本字。說文口部噣下云、喙也、从口蜀聲。蓋畢八星纍貫、後有柄、前有叉、兩叉歧出如喙之張、故爾雅以噣爲畢也。作濁者、假借字也。 **楊賡元日記**

濁謂之畢。詩漸漸之石傳畢、噣也。詩序盧令註畢、噣也。正義曰、釋天云噣謂之畢。釋文前後皆云噣、又云本亦作濁、則此當從口爲正也。 **考異摘要**

濁謂之畢 唐石經單疏本雪牕本同。詩漸漸之石毛傳畢、噣也。詩序盧令注畢、噣也。正義曰、釋天云噣謂之畢。引李巡孫炎郭氏注皆作噣。釋文前後皆云噣本亦作濁、則此經舊從口爲正也。

或呼爲濁因星形以名 單疏本雪牕本同。詩盧令正義引作或呼爲噣因星形以名之。按之字當有。

畢所以掩兎也。注疏本脫也。

校勘記

濁謂之畢者 毛本同。湘本據阮校濁改噣。下同。

注疏校勘札記

濁謂之畢（注）掩兔之畢或呼爲濁因星形以名○「濁謂之畢」，孔穎達《毛詩正義》引「濁」作「噣」。《毛詩·齊風盧令序》云：「襄公好田獵畢弋，而不脩民事。」《鄭箋》云：「畢，噣也。弋，繳射也。」《正義》曰：「《釋天》云：噣謂之畢。孫炎曰：掩兔之畢或謂之噣，因名星云。郭璞曰：掩兔之畢或呼爲噣，因星形以名之。《月令》注云：網小而柄長謂之畢。然則此器形似畢星，孫謂以網名畢，郭謂以畢名網，郭說是也。」《毛詩釋文》云：「噣，直角反，本亦作濁。畢，星名。」是《爾雅》舊本字亦作「噣」。郭注「因星形以名」，唐寫本作「因星形似名之」，「名」下有「之」字，與《毛詩正義》所據本同。今宋刻脫「之」字，當據補。案：畢爲西方之宿名，八星成叉形，如掩兔之畢，故以畢名星，箕斗之名亦如是，孫炎之說是也。郝氏《義疏》以今本郭注證《正義》引孫炎注文有誤，非也。今本郭注傳寫可能有誤。又「掩兔」之「兔」，唐寫本作「菟」。

宋監本校箋

濁謂之畢 掩兎之畢或呼爲濁

楊氏音訓

音圖·圖

咮謂之柳柳鶉火也

咮謂之柳。咮，朱鳥之口。柳，鶉火也。鶉，鳥名。火，屬南方。

郭注

咮謂之柳柳鶉火也者，柳，南方之宿名。南方七宿共爲朱鳥之形，柳爲朱鳥之口，故名咮。咮即朱鳥之口也。鶉火，柳之次名也。鶉即朱鳥也，火屬南方行也，因名其次爲鶉火。襄九年左傳曰：晉侯問於士弱曰：吾聞之，宋災於是乎知有天道，何故？對曰：古之火正，或食於心，或食於咮，以出內火，是故咮爲鶉火，心爲大火，是也。

邢疏

咮謂之柳 史記索隱引孫炎爾雅作鳥喙謂之柳。

喙，朱鳥之口。柳，其星聚也。史記天書索隱

孫音注

咮謂之柳

咮，張救反。詩小星箋釋文救反上有郭字。案盧刻本張

郭音義

咮謂之柳

詩小星釋文引爾雅咮作噣。

衆家注

黃輯古義

鳥喙謂之柳 今注疏本作咮謂之柳。史記索隱引孫炎作鳥喙。

喙，朱鳥之口。柳，其星聚也。史記天官書索隱

孫音注

咮謂之柳。咮，張救反。詩釋文

郭音義

玉函山房輯佚

喙謂之柳

喙，朱鳥之口。柳，其星聚也。同上。並史記索隱九

鈎沉

咮謂之柳 史記索隱引孫炎爾雅作鳥喙謂之柳。

孫曰、喙朱鳥之口。柳、其星聚也。史記天官書索隱鄭注尚書大傳柳穀云柳、聚也。

漢注

咮謂之柳史記索隱九卷引作鳥喙謂之柳。孫炎云、喙、朱鳥之口。柳、其星聚也。史記索隱九卷 郭璞云、咮、朱鳥之口。□今本誤作名、茲依宋本挍改。

柳鶉火也 郭璞云鶉、鳥名、火屬南方。

一切注音

咮謂之柳 孫炎曰、喙、朱鳥之口。柳、其星聚也。天官書索隱

蕙心案、史記天官書索隱引爾雅鳥喙謂之柳。釋文引爾雅喝謂之柳。

古注斠

咮謂之柳 注、柳爲鶉火、一曰注。音相近也。古經六十三

古注斠補

咮猪究反、本或作喙、許穢反。說文云喙、口也。昌銳反。柳力九反。鶉音純。

陸音義

咮說文云喙口也○案注云朱鳥之口。俗本口多譌爲名。

音義攷證

咮謂之柳 柳、聚也。五蟲唯鳥爲能噣其類、故曰刎謂之柳、咮謂之柳。

新義

咮謂之柳咮、朱鳥之口。

鄭樵注

咮謂之柳 孫炎曰、咮、朱鳥之口。柳、其星聚也。郭璞曰、咮、朱鳥之口。□監本作名、據此從宋本。

鄭樵曰、咮、朱鳥之口。

柳鶉火也 郭璞曰、鶉鳥名。火屬南方。

古注合存

壽星角亢也天根氐也天駟房也大辰房心尾也大火謂之大辰析木謂之津箕斗之間漢津也星紀斗牽牛也玄枵虛也顓頊之虛虛也北陸虛也營室謂之定娵觜之口營室東壁也降婁奎婁也大梁昴也西陸昴也濁謂之畢咮謂之柳柳鶉火也亢康去聲析音昔枵音囂虛墟同定音訂娵音疽觜音咨降音羊咮音晝鶉音純○壽星大火之屬次舍之名角亢房心尾之屬星宿之名也註曰數起角亢爲列宿之長故其次曰壽星角亢下繫於氐若木之有根故名根龍爲天馬故房謂之天駟龍宿明者以爲時侯故房心尾名爲大辰而心爲大火最明故其次曰大火也津卽漢津也箕爲龍尾斗乃南斗實爲天漢之津梁而其次曰析木斗牛乃日月五星之所終始故其次曰星紀枵之言耗也虛也虛星在北方色黑顓頊水德位在北方故其次曰玄枵而又爲顓頊之虛與爲北陸也定正也作室以室星之中爲正故名定而室壁二宿形方似口故其次曰娵觜之口奎爲溝瀆之象故奎婁之次曰降婁昴名旄頭西方之宿故爲西陸掩兔之畢或呼爲濁故名濁咮者南方朱鳥之口鶉朱鳥名火屬南方故柳之次曰鶉火而名咮疏曰周禮保章氏以星土辨九州之地以觀妖祥其次舍之分曰星紀曰玄枵曰娵觜曰降婁曰大梁曰實沈曰鶉首曰鶉火曰鶉尾曰壽星曰大火曰析木凡十有二又漢書律曆志云東方角亢氐房心尾箕北方斗牛女虛危室壁西方奎婁胃昴畢參觜南方井鬼柳星張翼軫凡列宿二十有八今經所釋惟九次十七宿據六藝所載約釋之也壽星角亢也者言壽星之次值角亢之宿也後皆放此天文志云東宮爲蒼龍左角理爲右角將爲大角亢主宗廟國語云天根見而水涸天文志云房爲天府謂之天駟國語云月在天駟辰時也左傳云心爲大火劉炫云天漢卽天河也天河在箕斗之間箕在東方木位斗在北方水位以河水析木故曰析木也四方皆有七宿各成一形東成龍形西成虎形皆南首北尾南成鳥形北成龜形皆北首南尾箕在蒼龍之末故名龍尾降下也奎爲溝瀆故稱降昴爲西方之宿左傳云日在北陸而藏冰在西陸而出冰是也

注疏參義

咮謂之柳 註 咮朱鳥之口柳鶉火也 註 鶉鳥名火屬南方

正義 律書云、注者、言萬物之始衰、陽氣下注、故曰注。索隱云注、咮也。柳八星垂似柳。天官書云柳爲

鳥注主木草。索隱云、漢書天文志注作咮、爾雅云鳥咮謂之柳。孫炎云咮朱鳥之名。柳其星聚也。以注爲柳星、故主草木也。月令云、季夏之月日在柳、季秋之月旦柳中。咮謂之柳者、召南小星云三五在東、毛傳以爲三心五噣。疏引元命包云柳五星。咮本作噣或作喙。柳爲鶉火者、左氏僖五年傳云鶉之賁賁、天策焞焞、火中成軍、杜註鶉鶉火星也。言丙子平旦鶉火中。襄九年傳云古之火正或食於咮是故咮爲鶉火、杜註、火正之官、配食於火星、建辰之月、鶉火星昏在南方。昭八年傳云、歲在鶉火、分野畧例云、自東井中六度至柳八度於辰在未爲鶉首。南方七宿其形象鳥、以井爲冠、以柳爲口。鶉鳥也。首頭也。故曰鶉首。自柳九度至張十七度於辰在午爲鶉火、南方爲火、言五月之時陽氣始隆、火星昏中在朱鳥之處、故曰鶉火。【註】咮朱鳥之口。【正義】說文云、咮鳥口也。左傳疏引春秋緯文耀鉤云、咮爲鳥陽、七星爲頸、宋均註云、陽猶首也。柳謂之咮、咮鳥首也。七星爲朱鳥頸也、咮與頸共在於午者、鳥之止宿口屈在頸、七星與咮體相接連故也。是朱鳥之口象其止宿之形也。監本訛作朱鳥之名、今從宋本改正。○鶉鳥至南方。○【正義】考工記輈人云、鳥旟七斿以象鶉火也。鶉火朱鳥宿之柳其屬有星。星七星。郭云鶉鳥名者、以南陸三次曰鶉首曰鶉火曰鶉尾、皆取象於鳥形也。火屬南方者、以鶉火居南陸三次之中、柳星居鶉火之首、故七星爲柳之屬、爾雅舉鶉火以該南陸之三次、舉柳星以該南官之七星也。

【正義】

咮謂之柳

玉案、詩釋文引爾雅云噣謂之柳、噣與咮通。小星箋云、噣在東方、正月時也。夏小正云、鞠則見、鞠者何也、星名也。鞠則見者歲再見云爾。鞠卽咮字。

【補注殘本】

咮謂之柳 註咮朱鳥之口 鄭樵註本作朱鳥之口。

案咮又作注、作喙、作噣、作鞠、並同。

【校議】

咮謂之柳咮朱鳥之口 **柳鶉火也**鶉鳥名火屬南方

栁者、八星曲頭垂似栁。月令云、季夏之月日在栁、季秋之月旦栁中。栁之言摟也。摟訓聚也。咮者、說文云鳥口也。天官書云、栁爲鳥注、律書云注者、言萬物之始衰、陽氣下注、故曰注。索隱曰注、咮也。考工記輈人注、輈之揉者形如注星、是皆以注爲咮也。咮又作喙、索隱引漢書天文志注作喙。爾雅鳥喙謂之栁、孫炎云喙朱鳥之口。栁其星聚也。咮又作噣、詩小星傳三心五噣。正義引元命苞云栁五星。釋文引爾雅作噣謂之栁。鄭箋噣在東方、正月時也。夏小正云、正月鞠則見。戴氏震曰鞠當爲噣、爾雅噣謂之栁、虞夏正月日躔奎婁、奎婁西沒則栁東升。是戴氏以鞠卽噣也。噣鞠聲近、咮噣聲同、與注又聲相轉、故皆叚借通用。○鶉火者、輈人云、鳥旟七斿以象鶉火也。鄭注鶉火朱鳥宿之栁。左襄九年傳云、古之火正或食於咮、是故咮爲鶉火、杜預注建辰之月、鶉火星昏在南方。分野略例云、自東井中六度至栁八度、於辰在未爲鶉首。南方七宿其形象鳥、以井爲冠、以栁爲口。鶉鳥也。首頭也。故曰鶉首。自栁九度至張十七度、於辰在午、爲鶉火、南方爲火、言五月之時陽氣始隆、火星昏中、在朱鳥之處、故曰鶉火。按埤雅八引師曠禽經曰赤鳳謂之鶉、然則鶉爲朱鳥、謂此矣。南方三次曰鶉首、鶉火、鶉尾、鶉尾亦曰鳥帑。[illegible]爾雅獨言鶉火、亦舉中以包之。栁居鶉火之首、故舉以爲識。

【義疏】

咮噣喙**謂之柳柳鶉火也**孫注、喙、朱鳥之口。柳、

其星聚也。郭注、鶉、鳥名。火屬南方。鶉、今雕字。周書、火復于王屋流爲雕。詩、匪鷲匪鳶。雜之奔奔。此十二次廿八星唯記十七星。十字从隹。一次當有實沈參一條、遺落耳。略舉四維足眀之矣。其名唯見左傳國語、周未占家言也。唯定見於詩、亦在左傳之初時。國語歲在壽星、又天根見而水涸、又駟見隕霜、歲又析木之津、左傳歲在星紀淫於玄枵、又歲在顓頊之虛、日在北陸而藏冰、歲在娵訾之口、歲在降婁、歲及大梁。又咮爲雜火、皆具於此矣。司馬遷律書二十八舍從東壁起、營室

危虛女牛建箕尾心房氐亢角軫翼七張注弧狼罰參畢昴胃婁奎自南而西。月令中昏旦唯有二十六名，有斗無箕，有觜觿無昴，有東井無狼罰，後又以鬼易建焉。

集解

咮謂之柳

史記天官書、柳爲鳥注、王印本。漢書注作咮。柳小揚也。與揂通用、聚也。星名柳者、以其星聚。咮鳥口也。柳八星值咮鳥之口、故又名咮。左傳咮爲鶉火。

柳鶉火也

鶉、字本作雜、雒類。南爲火方、七星、如鳥伸項、因以鶉火名柳與。或曰鶉即雕字、鷻也。周書火復於王屋流爲雕、謂二星也。詩、匪鶉匪鳶。周禮馮相氏掌二十有八星之位、哲蔟氏以方書二十有八星之號、鄭注謂從角至軫也。二十八星號宜一定、然古說每多互異。月令所紀二十六星、蓋以建弧而無箕昴鬼張、史記歷書備二十八星之號、有建罰狼弧而無斗觜井鬼。淮南天文訓二十八宿、中央其星角亢氐、東方其星房心尾、東北其星箕斗牽牛、北方其星須女虛危營室、西北其星東壁奎婁、西方其星胃柳畢、西南方其星觜巂參東井、南方其星與鬼柳七星、東南方其星張翼軫。漢書歷志星名與淮南同。蓋天文家相傳之說、後世人故多從之、鄭注所謂從角至軫也。此經於二十八星僅述十七、其所未舉者、北方則須女危也、西方則胃觜參也、南方則東井與鬼七星張翼軫也、文有未備耳。十有二次僅言其九、而名均見於國語左傳、蓋周末占家言也。國語歲在壽星、歲在大火、日在析木之津。左傳歲在星紀淫於玄枵、又今茲在顓頊之虛、今在析木之津、歲在娵訾之口、歲在降婁、歲在大梁、歲在鶉火、均備於此矣。其未舉者、則實沈也、鶉首也、鶉尾也、亦文有未備也。保章氏以星土辨九州之地、所封封域皆有分星、以觀妖祥。先鄭說星土以春秋傳曰參爲晉星、商主大火、國語曰歲之所在則我有周之分野之屬是也。後鄭謂大界則曰九州、州中諸國中之分野、於星亦有分焉。其書亡矣、堪輿雖有郡國所入度、非古數也。今其存可言者、十二次之分也。星紀吳越也。玄枵齊也。娵訾衛也。降婁魯也。大梁趙也。實沈晉也。鶉首秦也。鶉火周也。鶉尾楚也。壽星鄭也。大火宋也。析木燕也。此分野之妖祥、主用客星彗孛之气爲象。史記天官書、角亢氐兗州。房心豫州。尾箕幽州。斗江湖。牽牛婺女揚州。虛危青州。營室至東壁、幷州。奎婁胃、徐州。昴畢冀州。觜觿參、益州。東井輿鬼、雍州。柳七星張、三河。翼軫荊州。則又以星而分野矣。漢書天文地理志亦然。

義證

咮謂之柳

咮朱鳥之口 音晝

明注疏本口作名。樹枏案史記天官書索隱引孫炎云咮朱鳥之口。郭蓋本孫注作名字誤也。文選笙賦注引郭璞爾雅注曰咮鳥口也音晝。今本脫音據補。

郭注佚存補訂

咮謂之柳柳鶉火也

邢疏云柳南方之宿名。南方七宿共爲朱鳥之形、柳爲朱鳥之口故名咮咮即朱鳥之口也鶉火柳之次名也鶉即朱鳥也火屬南方行也因名其次爲鶉火。襄九年左傳云古之火正或食於咮以出內火是故咮爲鶉火心爲大火是也。釋文云咮本或作喙。孫炎云喙朱鳥之口。柳其星聚也。王氏念孫云喙爲啄字之譌啄即咮之異文說文咮鳥口也。曹風候人維鵜在梁不濡其咮傳云咮喙也字或作噣玉篇引詩作不濡其噣。召南小星三五在東傳云三心五噣四時更見是也。正義引元命苞云、柳、五星。彼釋文引爾雅作噣謂之柳。噣咮注啄古同聲通用。史記天官書柳爲鳥啄。喙則聲遠而不可通矣。

說詩

咮謂之柳注咮朱鳥之口口誤名。音猪究切猪誤諸。

注疏正字

咮謂之柳

咮謂之柳、柳、鶉火也。郭曰咮朱鳥之口。釋文咮、豬究反、本或作喙、許穢反。說文云喙、口也。昌銳反。家大人曰、本或作喙者、啄字之譌。啄卽咮之異文、陸音許穢反、非也。說文咮、鳥口也。曹風候人篇維鵜在梁、不濡其咮、毛傳曰咮、喙也。襄九年左傳咮爲鶉火、卽此所云咮謂之柳也。字或作噣、說文噣、喙也。玉篇引詩作不濡其噣。召南小星傳三心五噣、四時更見是也。或作注、考工記梓人以注鳴者、釋文注陟又反。史記天官書柳爲鳥注是也。或作啄、漢書東方朔傳尻益高者鶴俛啄也、顏注曰啄、鳥觜也、音竹救反。又天文志曰柳爲鳥啄是也。咮噣注啄古同聲而通用、喙則聲遠而不可通。且毛傳以喙釋咮、則咮喙之非一字甚明、而漢書天文志柳爲鳥啄、韓詩外傳鳥窮則啄、淮南氾論篇顏啄聚、今本啄字並譌作喙。爾雅釋文咮本或作喙、許穢反。文選洞簫賦垂喙蛩轉、李善注喙許穢切、或爲咮、都遘切。此啄之誤讀爲喙者也。說卦傳爲黔喙之屬、釋文喙況廢反、徐丁遘反。曹風候人傳咮、喙也。釋文喙虛穢反、又尺稅反、又陟角反。此又喙之誤讀爲啄者也。蓋啄喙皆訓爲口、而字形又相似、學者亂之久矣。

述聞

咮謂之柳　釋文云、咮本或作喙。史記索隱九引作鳥喙謂之柳。

匡名

咮謂之柳柳鶉火也南方朱雀七宿、井鬼柳星張翼軫。月令、仲夏之月日在東井、季夏之月日在柳、季秌之月旦柳中。分野畧例、自東井六度至柳八度、於辰在未、爲鶉首。首、頭也。以井爲冠、以柳爲口。說文咮、鳥口也。本作噣、或作喙。晉天文志、天河起於析木之津、而至於井鬼之分。是井鬼之間亦有天河也。小雅、維天有漢、監亦有光。天河之精光轉運於天、橫攔於艮坤之位、所以通天地之脉絡也。爾雅詳於析木之津、舉此以該彼耳。左昭八年傳、歲在鶉火。其屬有星、星、七星。仲春之月、昏七星中。孟冬之月、旦七星中。分野畧例、自柳九度至張十七度、於辰在午、爲鶉火。柳又在鶉火之次、卽南陸也。又自張十八度至軫十一度、於辰在巳、爲鶉尾。孟夏之月昏翼中、孟秌之月日在翼、仲冬之月旦軫中。爾雅舉柳星以該朱雀之七宿、舉鶉火以該南陸之三次也。

啓蒙

咮謂之柳。說文蜀、喙也。喙、口也。蜀與咮通、又通作注、考工記以注鳴者。字又作喙、東方朔傳尻益高者、鶴俛啄也、注啄、鳥觜也、音竹救反。玉篇以咮爲噣之重文、廣韻以噣爲咮之重文、與說文不合、然二字聲義固通也。

黃侃音訓

大梁昴也　濁謂之畢　咮謂之柳

釋文昴本或作昴、同。釋天釋文史記作留。索隱、留卽昴也。毛傳亦以留爲昴。律書

李巡本濁作噣、云噣、陰氣噣起、陽氣必止。畢、止也。引見詩正義史記作濁、云濁者、觸也。律書

釋文咮本或作喙。說文云喙、口也。釋天釋文史記作注。索隱注、咮也。律書柳爲鳥咮。天官書

昴、史記作留。咮、史記作注。按昴與留、聲之轉。注與咮、咮與喙、聲相近。

證異

咮朱鳥之口。單疏本雪牕本同。注疏本口誤名。

吾聞之宋災注疏本災改灾。

校勘記

朱鳥之口十行本口作名。

校勘記訂補

咮謂之柳。注咮朱鳥之口。今本口誤作名。

柳鶉火也。疏心爲大火是也。今本大誤作人。

咮謂之柳。釋文咮豬究反。今本豬誤作賭。

注疏本正誤

四行(注)咮朱鳥之口○唐寫本「口」下有「也」字。

(注)火屬南方○唐寫本「南方」下有「也」字。

宋監本校箋

咮音呪謂之柳

音圖·音

咮謂之柳。柳鶉火也。晝通作注 純

孫侶直音

咮謂之柳。柳鶉火也。晝通作注 純

直音校正

咮晝謂之柳。柳鶉火也。因星形以名。咮朱鳥之名。鶉鳥名。火屬南方。

楊氏音訓

音圖·圖

北極謂之北辰

北極謂之北辰。北極天之中，以正四時。

郭注

北極謂之北辰者，極中也，辰時也，居天之中，人望之在北，因名北極，斗杓所建以正四時，故云北辰。論語云為政以德，辟如北辰是也。

邢疏

北極謂之北辰

北極天心也。居北方，正四時，謂之北辰。公羊疏二十三 後漢書三十下注

李注

北極謂之北辰

北極天之中，以正四時，謂之北辰。公羊疏二十三

郭同

孫音注

北極謂之北辰

周禮大宗伯疏引爾雅北極謂之北辰，鄭注云天皇北辰耀魄寶是天皇上帝之號也。

衆家注

黃輯古義

北極謂之北辰

北極，天心也，居北方，正四時，謂之北辰。春秋公羊傳昭十七年疏 後漢書郎顗傳注

李注

北極謂之北辰

北極、天之中、以正四時、謂之北辰。春秋公羊傳昭十七年疏

玉函山房輯佚

北極謂之北辰

北極、天心。居北方、正四時、謂之北辰。李注 公羊疏二十三 天皇北辰耀魄寶。鄭注 周禮疏十八 北極、天之中、以正四時、謂之北辰。孫注 公羊疏二十三

孫音注

鈎沉

北極謂之北辰

李曰、北極、天心也。居北方、正四時、謂之北辰。公羊疏二十三 後漢書三十下注

孫曰、北極、天之中、以正四時、謂之北辰。公羊疏二十三 釋文

郭同

漢注

北極謂之北辰

李巡云、北極、天心也。居北方、正四時、謂之北辰。公羊疏二十三卷 鄭康成云、天皇北辰耀魄寶。周禮疏十八卷 孫炎云、北極、天之中、以正四時、謂之北辰。公羊疏二十三卷 郭璞云、北極、天之中、以正四時。

一切注音

北極謂之北辰　鄭注云、天皇北辰耀魄寶。周禮大宗伯正義 李巡曰、北極、天心也。居北方、正四時、謂之北辰。孫炎云、北極、天之中、以正四時、謂之北辰。並公羊昭十七年傳疏

蕙心案、鄭氏無爾雅注、余氏鉤沈邵氏正義皆引之、似誤。

古注斠

北極謂之北辰　鄭注云、天皇北辰曜魄寶。葉夫人引

按、余氏蕭客邵氏二雲龔氏定盦皆謂鄭氏有爾雅注、蓋承周禮大宗伯疏之誤。周禮疏引鄭注、乃緯書中說與爾雅一條連類引之、後儒不察、遂謂鄭氏有爾雅注、其實非也。葉夫人此條宜刪去。

古注斠補

北極謂之北辰

北辰天皇耀魄寶、賈公彥周禮春官大宗伯疏引。

森案北辰天皇原誤倒。胡元玉雅學考云、「文耀鉤無天皇之語、爾雅僅有北辰之文、此註北辰二字、似當在天皇之上方合、豈涉下文月令註而誤倒耶。」今據乙。又案郭璞此條註云「北極、天之中以正四時」、與鄭異。

鄭玄注稽存

北極謂之北辰

大中至正、物皆北面焉。

新義

北極謂之北辰

李巡曰、北極、天心。居北方、正四時、謂之北辰。孫炎曰、北極、天之中、以正四時、謂之北辰。郭璞曰、北極、天之中、以正四時。

古注合存

北極謂之北辰〔註〕北極天之中以正四時〔正義〕論語云、譬如北辰、居其所而衆星共之。北辰、北極也。諸儒釋北辰者多異說。繫辭傳云易有太極、釋文引馬融云北辰也。易言太極、是生兩儀、不得謂北辰能生兩儀、則馬說非也。周禮疏引爾雅北極謂之北辰、鄭註云天皇北辰耀

魄寶。是天皇上帝之號也。康成引緯書六天帝之號、後儒多所不從。爾雅載北極於星名、則不得以爲天帝之號也。天官書云、中宮天極星、其一明者、太極常居也。索隱引爾雅爲證、此以紫微星爲北辰也。公羊昭十六年傳云、北辰亦爲大辰。何休註、迷惑不知東西者、須視北辰以別心伐。疏引春秋說云、北者高也。極者、藏也。言太一之星高居深藏、故名北極也。此本天官書而小變其說。後儒謂北極不可見識小星以爲辨本於公羊疏也。北辰有其所、若歸諸元氣、指爲帝號則無其所、北辰居其所若以爲星象、星隨時而旋轉則無定居。屈原天問云、斡維焉繫、天極焉加、戴氏註云、天極論語所謂北辰、周髀所謂正北極、步算家所謂不動處、亦曰赤道極、是左旋之極。日月五步各有一極、曰黄道極、周髀所謂北極璿璣日環繞正北極者也。月與五步之極、又環繞璿璣者也。是皆爲右旋之極。爾雅約舉二十二舍十二次而繼以北辰者、以其爲衆星所拱也。**註**北極至四時。**正義**公羊疏引李巡云、北極天心、居北方、正四時、謂之北辰。孫炎云、北極、天之中、以正四時、謂之北辰。郭註本孫炎。

正義

北極謂之北辰北極天之中以正四時

北辰者、論語以爲居其所、說者謂北極五星弟五爲天樞、最小、是不動處、然實不動處猶在樞星之下。今按、樞星非不動、但其動也微、人所不見、故以爲居其所耳。北極者、天官書云、中宮天極星、索隱引春秋合誠圖云、北辰其星五、在紫微中。楊泉物理論云、北極、天之中。然則極者中也、辰者時也。故公羊昭十七年疏引李巡云、北極天心也、居北方、正四時、謂之北辰、孫炎云、北極天之中、以正四時、謂之北辰。是郭所本也。然公羊以北辰與心伐同爲三大辰、何休注迷惑不知東西者須視北辰以別心伐所在、（北辰大端指心小端指參。）爾雅不言參伐、以北辰居中爲衆星所拱向也。故文選長楊賦注引天官星占曰、北辰一名天關、關者樞機之地、總要之名也。天官書謂之太一、（其一明者太一常居。）馬融謂之太極、（易繫辭疏文引）文耀鉤謂之中宮大帝、（天官書索隱引）鄭氏謂之天皇大帝燿魄寶、（大宗伯疏引鄭注）是皆北辰之異名也。雖語出緯書、理難徵信、要以星精爲帝、帝位應星、爾雅言星以該帝、緯書名帝以著星、其義相通、其實不異。或以帝號星名二文并舛、以此致疑、則陋矣。

義疏

北極謂之北辰李注、北極、天心也。孫注、北天之中以正四時、謂之北辰。郭注同孫。春秋傳、北辰亦爲大辰。語、譬如北辰。北極、地球北端、中國所仰、故於方北祀之、謂之天皇燿魄寶。

集解

北極謂之北辰春秋傳、北辰亦爲大辰。論語、譬如北辰居其所。北極星居地球正北、爲地軸北極所指、終歲一定、決無移動。蓋北極之點無星、取一近極勾陳星定之。然勾陳距極約一度又二十分、故取北斗第一星之天極尤近極點、易於辨識。地極指此、儼成一大指北針、永不改易。磁針未發明以前、航海者咸藉以定方向、今雖改用羅盤、然所指不若此星之確。周時於方丘祀北極、謂之天皇燿寶魄、其即史記天官書之大一與。

義證

北極謂之北辰

郭注、北極天之中、吕正四時。周礼大宗伯疏尔疋、北極謂之北辰、鄭注云、天皇北辰燿魄寶、又云昊天上帝又名大一常居、（阮本閣監毛本常居作帝君）是天皇上帝之號。史記天官書云、中宮天極星、其一明者、大一常居也。索隱引尔疋爲證、此吕紫微星爲北辰也。戴震尔疋文字攷序云、是書舊注之散見者六家、犍爲文學、劉歆、樊光、李巡、鄭康成、孫炎、皆闕佚、難吕輯綴。是鄭氏之有尔疋注、古籍則有史記索隱近徵則有東原大儒自阮氏周禮校勘記云此鄭注文耀鉤也上引文耀鉤可證因文承尔疋之下而或云鄭有尔疋注誤讀此疏矣南康謝啟琨編小學攷竟謂鄭氏無尔疋注孫周禮大宗伯疏誤引殊近武斷益一則篤信阮氏校勘記一則吕郭景純尔疋序獨標犍爲文學劉歆樊光李巡孫炎而獨遺鄭氏隋書經籍志唐經典釋文均無標列鄭注之文遂專據阮說直斥賈疏爲誤引不知郭序原云注者十餘猶未詳備所標五家蓋就其已成卷帙者而言其餘散文碎義多闕而不論前漢終軍始辯豹鼠之疑郭曾言及并不著錄豈獨一鄭康成耶（孫炎師事鄭元其注尔疋多用鄭說）鄭氏箋詩注禮語多通用若泥阮氏之說已注尔疋之言遂不得吕注文耀鉤似非通論康成東京大儒羣經皆有解說況詩箋禮注采用尔疋實多豈得於此經豪無訓釋卽無賈疏一引亦不得斷其無尔疋注也

滋然謹按初讀先君子尔疋舊注攷至此条竊吕康成緯書六天帝之說後儒多所不从尔疋載北極于星名似不得指爲天帝之號又吕公彥周禮疏東原經訓阮氏校勘謝氏小學說經均極詳愼何吕語相徑庭疑莫能明及供差日下得釋慧琳一切經音義一百卷讀之終篇其明引鄭注尔疋者都十有四事始服先君子之言信而有徵愚昧懷疑實屬淺見使琳書早入中國阮氏謝氏讀之必不至有此誤也

舊注攷證

北極謂之北辰　注北極天之中吕正四時

正曰公羊昭十七年傳北辰亦爲大辰疏釋天北極謂之北辰李氏曰北極天心居北方正四時謂之北辰孫氏曰北極天之中吕正四時謂之北辰李孫注所偁北辰是星名卽考工記之極星亦卽周髀之北極大星也周禮考工記匠人夜考諸極星吕正朝夕周髀冬至日加酉之時立八尺之表繩繫表顛希望北極中大星引繩致地而識之又到旦明日加卯之時復引繩希望之首及繩致地而識其兩端其兩端相去正東西中折之吕指表正南北據說苑辨物北辰句陳樞星豈知極星北極大星實卽句陳星句陳星最大人目易見故古者偁爲北辰取其可吕正四時也郭氏承用李孫舊注而刪去謂之北辰一句則北極乃無星之處人目所不得見又何吕知其爲天之中又果用何術吕正四時也郭注厤算之疏於此益信　正郭

注與朱注異

爾疋注解北辰與論語朱注不同朱注以為天樞郭注

邢疏竝以辰為時，云居天之中，人望之在北，斗杓所建以正四時。是誤以北斗為北辰也。然北截斗極為空桐疏又云，斗，北斗也。極，中宮天極星其一明者，太一之常居也。北斗拱極，故云斗極。是又區斗極為二也。

讀雅筆記

北辰

釋天北極謂之北辰，郭注北極，天之中，以正四時。邢疏極，中也。辰，時也。居天之中，人望之在北，因名北極。斗杓所建以正四時，故云北辰。芹按，左昭十七年，有星孛於大辰。公羊傳曰，大火為大辰，伐為大辰，北辰亦為大辰。何註北辰，北極天之中也。常居其所，迷惑不知東西者，須視北辰以別心伐所在。又考工記匠人建國，夜考之極星，以正朝夕，鄭註極星謂北辰，則皆以斗極言之也。至宋儒始以南北極言之矣。又春秋說云北者高也，極者藏也。言太乙之星高居深藏，故名北極，即天官書所云中宮天極星其一最明，太乙常居是也。宋儒之說本此，而義益加精矣。詳見論語札記。

札記

五行(注)以正四時○唐寫本「四時」下有「也」字。

河鼓謂之牽牛○「河鼓」唐寫本宋刻小字本及邢昺疏均作「何鼓」，與《釋文》合。

宋監本校箋

音圖・圖

河鼓謂之牽牛

河鼓謂之牽牛。今荊楚人呼牽牛星為檐鼓。檐者荷也。

郭注

何鼓謂之牽牛者，李巡云，何鼓牽牛皆二十八宿名也。孫炎曰，何鼓之旗十二星在牽牛北也。或名為何鼓，亦名牽牛。如此文則牽牛何鼓一星也。如李巡孫炎之意，則二星今不知其同異也。案漢書天文志，牽牛為犧牲，其北河鼓，河鼓大星上將，左右左右將，亦以牽牛河鼓為二星。郭云今荊楚人呼牽牛星為擔鼓，擔者荷也。順經為說，以時驗而言也。

邢疏

何鼓謂之牽牛

何鼓牽牛皆二十八宿名也。詩正義十三之一　邢疏

何鼓謂之牽牛

何鼓謂之牽牛 史記索隱引孫炎爾雅作河鼓。

何，胡可反，又胡多反。釋文

李注

河鼓之旗十二星在牽牛之北，故或名河鼓為牽牛也。詩正義十三之一、史記天官書索隱、邢疏。案詩正義作或名為河鼓亦名為牽牛，今從史記索隱所引。

孫音注

黃輯古義

何鼓謂之牽牛

何鼓牽牛皆二十八宿名也。邢疏 詩小雅大東正義

李注

河鼓謂之牽牛

河鼓之旗十二星，在牽牛之北也，或名爲何鼓，亦名爲牽牛。邢疏 詩小雅大東正義 史記天官書索隱作河鼓之旗十二星在牽牛北故或名河鼓爲牽牛也。

孫音注

何鼓謂之牽牛。何，胡可反，又胡多反。釋文

郭音義

玉函山房輯佚

何鼓謂之牽牛

何鼓之旗十二星，在牽牛北，或名爲河鼓，亦名爲牽牛也。詩疏十三之一 同

鈎沉

何鼓謂之牽牛 史索隱引孫炎爾雅作河鼓。唐石經同。

李曰：河鼓牽牛皆二十八宿名也。詩正義十三之一 邢疏宿誤作内。

孫曰：河鼓之旗十二星，在牽牛之北，故或名河鼓爲牽牛也。詩正義十三之一 史記天官書索隱 邢疏 案詩正義作或名爲河鼓亦名爲牽牛。今從史索隱所引。

漢注

何鼓謂之牽牛 史記索隱九卷引爾雅及孫炎註何作河。

李巡云：何鼓牽牛皆二十八宿名也。詩正義十三之一 史記索隱九卷 孫炎云：河鼓之旗十二星，在牽牛之北也，或名爲河鼓，亦名爲牽牛。詩正義十三之一 史記索隱九卷 郭璞云：今荆楚人呼牽牛星爲擔鼓，擔者荷也。

一切注音

何鼓謂之牽牛 李巡曰：何鼓牽牛皆二十八宿名也。孫炎曰：何鼓之旗十二星在牽牛北，故或名何鼓爲牽牛。詩大東正義 何，郭胡可反，又胡多反。釋文 蕙心案：初學記四引爾雅作河鼓，天官書天文志皆作河，河何古字通，如菏水一作荷水。何，正字也。郭注今荆楚人呼牽牛星爲擔鼓，擔者荷也，是其義。

古注斠

何 郭胡可反，又胡多反，注同。小爾雅云任也。説文云擔也。注作荷字，音同。 擔 丁甘反，字林負也。

陸音義

何 説文 云儋也〇案説文本作儋，今多作擔，而書内又往往從木。説文檐乃簷之正體。

音義攷證

何鼓謂之牽牛

何鼓逸樂在後之名。

新義

何鼓謂之牽牛 何，郭胡可反。

李巡曰：何鼓牽牛皆二十八宿名也。

孫炎曰：何鼓之旗十二星，在牽牛之北，或名爲何鼓，亦名爲牽牛。

郭璞曰：今荆楚人呼牽牛星爲檐鼓，檐者荷也。

古注合存

厚齋云：古詩黄姑織女時相見之句，此所云黄姑即河鼓也，吳音誤而然。

補注

何鼓謂之牽牛 註 今荆楚人呼牽牛星爲檐鼓，檐者荷

也。正義此釋何鼓亦名牽牛、所以別於星紀之牽牛也。天官書云、牽牛、其北河鼓、河鼓大星、上將、左右、左右將。正義謂河鼓三星在牽牛北是也。小雅大東云、睆彼牽牛、不以服箱。毛傳用爾雅此文。註今荊至荷也。正義郭引時諺爲證、今南方農家暑月占驗猶呼此星爲扁擔、因星形以爲名也。擔訓爲荷者、漢碑負擔俱作儋、說文云儋、何也。何通作荷、詩疏引孫炎云何鼓之旗十二星在牽牛之北、或名爲何鼓、亦名爲牽牛。案天官書云東北曲十二星曰旗、正義云兩旗者左旗九星在河鼓左也、右旗九星在河鼓右也。孫氏知何鼓亦名牽牛、非星紀之牽牛、但以河鼓左右之旗、誤指爲何鼓、殊不考何鼓之祇三星中豐而兩頭銳下、故其象爲荷檐、若兩旗則十二星今測得二十八星、非何鼓也。詩疏又引李巡云何鼓牽牛皆二十八宿名也。李氏誤以何鼓牽牛爲二星、既傳合於星紀、又以何鼓爲二十八宿名。前人說二十八宿者雖有異名、未聞有何鼓也。上考天官書、下參農諺、惟郭氏之註能覈其實。

正義

何鼓謂之牽牛今荊楚人呼牽牛星爲擔鼓擔者荷也

此申說牽牛之名、以附列宿之後、明星紀之牽牛郎何鼓也。恐人不識、故復明之、舊說以爲別於星紀之牽牛、誤矣。今驗牽牛三星、牛六星、天官書誤以牛星爲牽牛、故以何鼓牽牛爲二星矣。牟廷相曰、牛宿其狀如牛、何鼓直牛頭上、則是牽牛人也。詩云睆彼牽牛、睆明星貌也。何鼓中星最明、舉頭郎見、而牛宿差不甚顯、詩人觸景攄情、不宜舍極明之何鼓而取難見之牛宿、睆彼之詠、謂何鼓、不謂牛宿明矣。毛傳取爾雅爲釋、精當不移。月令季春旦牽牛中、仲秋昏牽牛中、皆何鼓也。凡舉中星、不必皆正指其宿、有仲春弧建之側、夏小正之織女、南門、亦其比也。攷諸經典無名牛宿曰牽牛者、天官書云牽牛爲犧牲、其北何鼓。蓋星家失傳、自此始。今按牟氏此說、足訂史記之誤。何鼓亦名黃姑、聲相轉耳。郭云擔鼓、擔者荷也。擔荷、說文作擔何、今南方農語猶呼此星爲扁擔、蓋因何鼓三星中豐而兩頭銳下、有儋何之象、故因名焉。自史記誤以何鼓牽牛爲二星、釋爾雅者因之而誤、故詩大東正義引李巡曰、何鼓牽牛皆二十八宿名也。孫炎曰、何鼓之旗十二星、在牽牛北、故或名何鼓爲牽牛也。譌詿謬獻爾雅以何鼓牽牛爲一星、如李孫之義則二星、孫炎又以何鼓左右之旗強名爲何鼓、斯皆失矣。文選長楊賦注引星經曰、牽牛神一名天關。然則星紀之名蓋以此。

義疏

擔鼓注文

阮云、釋文檐、丁甘反、字林云負也。舊作木旁、今從手、非。按說文儋、何也。段玉裁云儋、古書或假檐爲之。疑又擔之誤耳。

經注集證

何鼓謂之牽牛　釋詩

睆彼牽牛語也。詩人唯知何鼓、故別釋之。牛宿狀如牛、何鼓值牛頭上、則是牽牛人也。史記天官書牽牛爲犧牲、其北河鼓、誤以牛星爲牽牛、故以何鼓牽牛爲二星矣。何、荷也、謂擔荷。何鼓三星中豐而兩頭銳下、有擔荷之象、因以名之。史記、大星、上將。左右、左右將。其此之謂與。

義證

何鼓謂之牽牛

今荊楚人謣牽牛星爲檐鼓檐者荷也

檐字諸本皆從手旁、單疏本從木旁。釋文云檐、丁甘反、字林負也。據此、則陸所據本從木。文選思元賦注亦引作檐者荷也。荷字閩本監本作何、非。釋文云注作荷字。

郭注佚存補訂

何鼓謂之牽牛

小雅大東傳用爾雅、此即星紀之牽牛也。孫炎云、何鼓之旗十二星、在牽牛之北、或名爲何鼓、亦名爲牽牛。李巡云、何鼓牽牛皆二十八宿名也。案孫知何鼓牽牛爲一、而不知何鼓祇三星、俗呼爲扁擔星、非十二星也。李巡以何鼓牽牛爲二、尤誤。

說詩

何鼓節註檐者何也　何、當依毛本作荷。

注疏正字

何鼓謂之牽牛　石經作何、後磨改从水旁。史記索隱、九白帖四引皆作河。據郭注以檐荷爲義、則決非江河之河、然今本史漢皆作河、豈傳譌邪、抑衆家本有不與郭同者邪。

匡名

何鼓謂之牽牛。今荊楚人呼牽牛星爲檐鼓、檐者、荷也。　或說此鼓乃釜鼓、盆鼓之鼓、廣雅斛謂之鼓、案思玄賦伐河鼓之磅硠、舊注磅硠、鼓聲也、則河鼓取名於鐘鼓之鼓、或說非也。　詩大東疏何作河、从氵。　下引李巡、孫炎、是李孫本作河也、作何者郭本也。初學記歲時下、思玄賦注、史記索隱、九白帖四並引作河。

黃侃音訓

釋天何鼓謂之牽牛、郭註、今荊楚人呼牽牛星爲檐鼓、檐者荷也。邢疏、李巡云何鼓牽牛皆二十八宿名也。孫炎曰何鼓之旗十二星、在牽牛北也、或名爲何鼓、亦名牽牛。如此文則牽牛何鼓一星也。芹按、牽牛之星有二、其一經星、卽甘石星經所云牽牛六星主關梁者是也。其一河鼓、卽星經所云河鼓三星、中大星爲大將軍、左星爲左將軍、右星爲右將軍。左右旗各九星、並在牛北枕河、主軍鼓者是也。爾雅此條指大東之詩而言、言乎睆彼牽牛對跂彼織女而言者、非主關梁之牽牛、而主軍鼓之牽牛也、故曰何鼓謂之牽牛。李巡孫炎二說皆誤。邢疏引天文志但知何鼓牽牛爲二星、而未達爾雅釋詩之旨、故辨之、詳見毛詩札記。

札記

何鼓謂之牽牛。註荊楚人呼牽牛星爲擔鼓、擔者荷也。唐石經元刻作何、後刮磨作河。釋文何、胡可反。李巡孫炎皆云何鼓、迨邢氏作疏引漢書天文志始名河鼓。

考異摘要

何鼓謂之牽牛　坊本作河鼓、案郭璞注今荊楚人呼牽牛星爲擔鼓、擔者荷也。今从武英殿本經典釋文鄭樵注本至善堂九經本監本。

石經考文提要

何鼓謂之牽牛　單疏本、雪牕本注疏本同。石經考文提要引至善堂九經本亦作何。惠棟云何、石經補字改作河。按唐石經元刻作何、後刮磨作河。釋文何、郭胡可反。小爾雅云任也。說文云檐也。注以何爲荷、訓作檐、是郭本不作河。考史記漢書作河鼓、詩正義引李巡孫炎注同。蓋爾雅本作河、郭氏私定爲何、唐石經用郭注本改爲河則非。

檐者荷也　單疏本、雪牕本、毛本同。釋文云何、注作荷字、音同。此經注異文之明證。元本閩本監本荷仍作何、非。思元賦注引作檐者荷也。又單疏本檐字上從木、此從手、非。釋文檐、丁甘反。字林云負也。字從木。詩元鳥箋云謂當檐負天之多福。葉鈔釋文擔作檐、是舊作木旁字。今訂正。

左右左右將　元本同。閩本剜擠作左左星右右將。監本毛本作左左星右右將。蓋依漢書改。

今荊楚人呼牽牛星爲檐鼓　元本同。閩本監本毛本荊楚倒。

校勘記

何鼓謂之牽牛、疏、何鼓大星上將。左右星左右將。今本上右字誤作左下左字誤作右。

注疏本正誤

何胡可切 各本何作荷。案釋文作何，疑何字是。
何鼓謂之牽牛者 監本毛本同。湘本何改河，與經文異。下同。

注疏校勘札記

六行(注)今荊楚人呼牽牛星爲檐鼓檐者荷也○唐寫本「檐」並從「手」，「荷」字作「何」。案：檐乃屋梠，非擔荷字，今本《釋文》字作「擔」亦誤。注「擔荷」，《釋文》云：「注作荷字。」是陸氏所據本作「荷」，不作「何」。

宋監本校箋

賀上聲
何鼓謂之牽牛。

孫侶直音

荊楚呼牽牛爲檐鼓檐者荷也。
何鼓謂之牽牛。

楊氏音訓

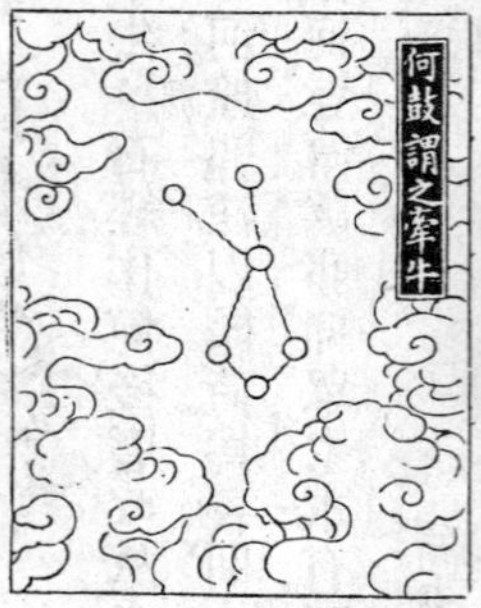

音圖・圖

明星謂之启明

明星謂之启明。太白星也。晨見東方爲启明，昏見西方爲太白。

郭注

明星謂之启明者，孫炎曰：明星，太白也。出東方高三舍，今曰明星；昏出西方高三舍，今曰太白。郭云：太白星也，晨見東方爲启明，昏見西方爲太白。然則启明是太白矣。詩小雅云：東有啓明，西有長庚。長庚不知是何星也，或以星出在東西而異名，或二者别星，未能審也。

邢疏

明星謂之啟明

明星，太白也。晨出東方，高三舍，命曰啟明。昏出西方，高三舍，命曰太白。史記天官書索隱、詩正義十三之一　邢疏引兩命字俱作今。

孫音注

黃輯古義

明星謂之启明

明星，太白也。晨晨字據史記索隱補出東方，高三舍，命邢疏詩正義並作今，下同。曰明星。昏出西方，高三史記索隱作二舍，命曰太白。邢疏、詩小雅大東正義、史記天官書索隱引晨出以下。

孫音注

玉函山房輯佚

明星謂之啓明

晨出東方，高三大，命曰明星。昏見西方，高三舍，命曰太白。同史記索隱九

鉤沉

明星謂之啟明

孫曰：明星，太白也。晨出東方，高三舍，命曰啟明。昏出西方，高三舍，命曰太白。史記天官書索隱、詩正義十三之一　邢疏

漢注

明星謂之启明

孫炎云：明星，太白也。晨出東方，高三舍，命曰启明。昏出西方，高三舍，命曰太白。詩正義十三之一卷　史記索隱九卷　郭璞云：太白星也，晨見東方爲启明，昏見西方爲太白。

一切注音

明星謂之启明　孫炎云、明星太白也。晨出東方高三舍、命曰启明。昏出西方高三舍、命曰太白。詩大東正義

蕙心案、詩大東毛傳云、日旦出謂明星爲啟明、旣入謂明星爲長庚。孫注謂晨出東方、又云昏出西方、不知启明由晨及昏乃由東至西、昏不得言出。天官書索隱引韓詩云、太白晨出東方爲啟明、昏見西方爲長庚。作見字是也。

古注斠

启口禮反。晨見賢遍反、下同。

陸音義

明星謂之启明

启曰之明于前、庚曰之明于後。放齊曰、胤子朱启明。將使續堯也。堯曰、吁、嚚訟可乎。言之疑爻子之詞。

新義

明星謂之启明　启音啟。明星太白也、晨見東方。

鄭樵注

明星謂之启明

孫炎曰、明星太白也。出東方高三舍、命曰明星。昏出西方高三舍、命曰太白。按許疏及邢疏命本作今、此據史記天官書索隱所引改之。又索隱出東方上有晨字、昏出作昏見。

鄭環曰、太白星也、晨見東方爲启明、昏見西方爲太白。

鄭樵曰、启音啟。明星、太白也、晨見東方。

古注合存

明星謂之启明　**註**　太白星也、晨見東方爲启明、昏見西方爲太白。**正義**　此釋五緯之金星也。小雅大東云、東有啓明、西有長庚。鄭風女曰雞鳴云明星有爛、明星卽啓明、謂金星也。史記索隱引韓詩云、太白星晨見東方爲啓明、昏見西方爲長庚。廣雅云、太白謂之長庚、或謂之太囂。**註**太白至太白。○**正義**毛傳日旦出謂明星爲啓明、日旣入謂明星爲長庚。疏引孫炎云、明星太白也。出東方、高三舍、命曰明星。昏出西方、高三舍、命曰太白。是郭註所本也。孔穎達不知長庚是何星、後儒臆說有以水星爲長庚者、當從韓詩廣雅長庚卽太白也。

正義

明星謂之启明　太白星也、晨見東方爲启明、昏見西方爲太白

启者、說文云、闢也、通作啟。詩大東傳、日且出謂明星爲啟明、日旣入謂明星爲長庚。正義引孫炎曰、明星、太白也。晨出東方、高三舍、命曰啟明。昏出西方、高三舍、命曰太白。天官書索隱引韓詩云、太白晨出東方爲啟明、昏見西方爲長庚。是皆孫郭義所本也。太白一名大嚻。覞歆其謂之明星者、詩明星有爛、明星煌煌是也。启明又曰開明、大戴禮四代篇云、東有開明、避漢諱改也。此釋五星之異名、餘四星不言者、略之、廣雅則詳矣。

義疏

何鼓謂之牽牛明星謂之启明　李注、何鼓牽牛皆二十八宿名也。孫注、何鼓二旗十二星、在牽牛北、故或名何鼓爲牽牛也。明星太白也。晨出東方高三舍命曰啟明、昏出西方高三舍命曰太白。郭注、今荆楚人呼牽牛星爲擔鼓、擔者荷也。太白星也、晨見東方爲啟明、昏見西方爲太白。釋詩睆彼牽牛、東有啟明也。時人唯知何鼓、明星故別釋之。織女長庚無異名、故不釋。天官書、歲星以五月與胃昴畢晨出曰開明、不利治兵。又曰太白其庳近日曰明星。此云明星卽啟明、用太白說也。

集解

之启明史記天官書，歲星以五月與胃畢昴晨出曰開明。不利治兵。又曰太白始出東方，行遲，其庳近日曰明星。此云明星即启明，太白之變稱也。詩東有啟明，亦太白也。五星之中太白唯居其一，尚有歲星、熒惑、填星、辰星四者，因無異名，故畧而未及之。

義證

明星謂之启明启，口禮反。

注太白星也晨見東方為启明昏見西方為太白

明星謂之启明，許慎曰，甘氏星經曰太白上公，妻曰女嬇。女嬇居南斗，食厲，天下祭之曰明星。是明星即太白也。早出為启明，夜出為長庚。明星其旦出之明與。

郭注補正

明星謂之启明

大白星也晨見東方為启明昏見西方為大白

各本皆作太白。樹枏案釋文凡太字俱作大。

錢氏古義

明星謂之啟明

小雅大東東有啟明，西有長庚，毛傳云日旦出謂明星為啟明，日既入謂明星為長庚。鄭箋云啟明長庚皆有助日之名，而無實光也。孫炎云，明星太白也。晨出東方，高三舍，命曰明星。昏出西方，高三舍，命曰太白。鄭風女曰雞鳴明星有爛，明星即啟明也。韓詩云，太白星晨見東方為啟明，昏見西方為長庚。詩疏不知長庚是何星，是一是二不能定，實則即太白金星也。

郭注佚存補訂

說詩

明星謂之启明 徐氏養原曰，詩疏十三之一引釋天云明星謂之啓明。說文口部启開也，攴部啟教也，二字不同。經典通用啟字。

匡名

北極謂之北辰何鼓謂之牽牛明星謂之启明 論語譬如北辰。公羊昭十六年傳，北辰亦為大辰。李巡云，北極天心，居北方，正四時，謂之北辰。 何鼓亦名牽牛，所以別於星紀之牽牛也。郭註荆楚呼牽牛為檐鼓，檐通作儋。說文儋何也，何通作荷。孫炎云，何鼓之旗十二星在牽牛之北，或名為何鼓，亦名為牽牛也。 小雅東有启明，西有長庚。鄭風明星有爛，毛傳旦出謂明星為启明，日既入謂明星為長庚。廣雅云太白謂之長庚，或謂之太囂，即金星也。

啓蒙

釋天明星謂之啟明，郭註太白星也，晨見東方為啟明，昏見西方為太白。邢疏孫炎曰，明星太白也。晨出東方，高三舍，今曰明星。昏出西方，高三舍，今曰太白。然則啟明是太白矣。芹考史記索隱引韓詩云，太白晨出東方為啟明，昏見西方為長庚。則亦以啟明為大白。又天官書云，敦牂歲，歲陰在午，歲星居酉，以五月與胃昴畢晨出曰開明。天文志作啟明。則歲星亦一名啟明也。詳見毛詩札記。

札記

明星謂之启明　郭注太白星也

案廣雅釋天太白謂之長庚、是長庚亦太白星矣。詩小雅大東篇東有啟明西有長庚、其上文女牛下文箕斗、然二星名、則启明與長庚必亦二星。郭謂启明即太白、非也。史記天官書敦牂歲、歲陰在午、星居酉、以五月與胃昴畢晨出曰開明。疑此經启明即史記開明、開明之名蓋從晨出取義。說文口部启、開也。漢書天文志正作啟明、大戴禮四代篇引詩東有開明、亦启明即開明之一證。　董瑞椿日記

今曰明星注疏本同。盧文弨曰、天官書索隱引孫炎注作命曰明星命曰太白。今字誤。下同。

東有啟明元本閩本同。監本毛本啟改启。

西有長庚長庚不知是何星也或以星出在東西而異名

注疏本脫一長庚及星出二字。　校勘記

或以星出在東西而異名　案詩小雅大東孔疏解啟明長庚與此同、或作一星、出在東西而異名。　注疏校勘札記

明星謂之启明、疏命曰明星、命曰太白。今本命皆誤作令。　注疏本正誤

明星謂之启啓音明　音圖・音

明星謂之启明、啟　孫偘直音

明星太白也、晨見東爲启明、暮見西爲太白。

明星謂之启啓同明　楊氏音訓

音圖・圖

彗星爲欃槍

彗星爲欃槍。亦謂之孛、言其形孛孛似埽彗。　郭注

彗星爲欃槍者、彗星一名欃槍。漢書天文志云、歲星贏而東南、石氏見彗星、甘氏不出三月迺生彗、本類星、末類彗、長二丈。贏東北、石氏見覺星、甘氏不出三月迺生天棓、本類星、末銳、長四尺。縮西南、石氏見欃雲如牛。甘氏不出三月迺生天欃、左右銳、長數丈。縮西北、石氏見槍雲如馬。甘氏不出三月迺生天欃、本類星、末銳、長數丈。石氏欃槍棓彗異狀、其殃一也。郭云亦謂之孛、言其形孛孛似埽彗。春秋左氏傳昭十七年、冬有星孛于大辰西及漢。申須曰、彗所以除舊布新也。公羊傳曰、孛者何、彗星也。彗謂帚也、言其狀似埽帚、光芒孛孛然。妖變之星、非常所有、故言孛又言彗也。　邢疏

彗星爲欃槍

欃槍、妖星別名也。占經十五占經八妖星也、四曰彗。　黃輯古義

一切經音義二　孫音注

彗星爲欃槍

妖星別名也。四曰彗。一切經音義卷二　欃槍、妖星別名也。開元占經卷十五　孫音注　玉函山房輯佚

彗星爲欃槍

孫曰、欃槍、妖星別名也。占經八十五

孫曰、妖星也、四曰彗。一切經音義二 案曰字疑作而

鈎沉

彗星爲欃槍

孫炎云、妖星也、四曰彗。一切經音義二

郭璞云、亦謂之孛、言其形孛孛似埽彗。

漢注

彗星爲欃槍 孫炎曰、欃槍、妖星別名也。占經八十五

孫炎曰、妖星也、四曰彗。一切經音義

蕙心案、史記漢書俱以彗星欃槍爲一星、與爾雅異。

孫炎注四曰彗本漢志。

古注斠

彗 似銳反、又音遂。

陸音義

似銳二反。本今作彗。欃 初銜仕彡二反。槍 初庚七羊二反。孛 蒲忽反、或音佩。埽 素報反。篲 似遂反、又似醉反。

篲 又似醉反本今作彗○醉

舊譌酢、今改正。邪本作彗。

音義攷證

彗星爲欃槍 亦謂之孛、乃妖變之星也。欃、初銜反。

鄭樵注

彗星爲欃槍

孫炎曰、妖星也、四曰彗。

郭璞曰、亦謂之孛、言其形孛孛似掃彗。

鄭樵曰、亦謂之孛、乃妖變之星也。欃、初銜反。

古注合存

欃槍、他書从手。

補注

彗星爲欃槍 **註** 亦謂之孛、言其形孛孛似掃彗 **正義** 此釋星之異也。春秋彗星三見、文十四年有星孛入于北斗、公羊傳云、孛者何、彗星也。穀梁傳云、孛之爲言猶茀也。昭十七年有星孛于大辰、左傳云、彗所以除舊布新也。哀十三年有星孛于東方、公羊傳云、其言于東方何、見于旦也。彗星爲欃槍者、天官書云、天棓長四尺、末兌。彗星長二丈、類彗。天欃長四丈、末兌。天槍長數丈、兩頭兌。正義云、天彗者、一名掃星、本類星、末類彗、小者數寸、長或竟天、而體無光、假日之光、故夕見則東指、晨見則西指、若日南北、皆隨日光而指。**註** 亦謂至掃彗○ **正義** 釋名云、彗星光梢似彗也。孛星旁氣孛孛然也。義與郭同。衆經音義引孫炎云、妖星也、四曰彗。孫意以欃槍棓彗四者皆爲妖星也。漢書天文志云、欃槍棓彗雖異、其殃一也。

正義

彗星爲欃槍 玉案、文十四年傳疏引欃槍註云、妖星也。今脫此三字。

校議

彗星爲欃槍 亦謂之孛、言其形孛孛似埽彗 彗者、說文云、埽竹也。或从竹作篲。釋名云、彗星光稍似彗也。孛星、星旁氣孛孛然也。天官書正義云、天彗者、一名埽星、本類星、末類彗、小者數寸、長或竟天、而體無光、假日之光、故夕見則東指、晨見則西指、若日南北、皆隨日光而指。一切經音義二引孫炎曰、妖星也、四曰彗。按彗、春秋作孛、凡三見、文十四年有星孛入于北斗、公羊傳、孛者何、彗星也。穀梁傳、孛之爲言猶茀也。昭十七年有星孛于大辰、西及漢、左傳、彗所以除舊布新也。哀十三年有星孛于東方、公羊傳、其言于東方何、見于旦也。欃槍者、開元占經八十五引孫炎云、欃槍、妖星別名也。天官書云、歲星之精生天棓、彗星、天欃、天槍。天文志云、欃槍棓彗雖異、其殃一也。是史記漢書俱以彗星欃槍爲非一星、與爾雅異。孫炎注四曰彗本漢志。

義疏

彗星爲欃槍孫注、妖星也、四曰彗。欃槍、妖星別名也。郭注、亦謂之孛、言其形孛孛似埽彗。凡言謂之者、一物異名。言爲者、一名異物。欃槍从木、本狀木椿、星兩頭銳、似之、故以名焉。天官書以欃槍爲二、欃似鑱也。

集解

彗星爲欃槍　史記天官書、天棓長四尺、末銳。彗星長二丈、類彗。天欃長四丈、末兌。天槍長數丈、兩頭兌。則彗與欃槍爲三星。此以欃槍名彗星者、一名而異物也、故不曰謂之而曰爲。彗、掃也。春秋作孛。謂星旁气孛孛然也。文十四有星孛入于北斗、昭十七有星孛于大辰西、哀十三有星孛于東方、均彗也。彗體爲稀薄瓦斯、能透光亮、體輕而多疏散、其類百餘種、其軌道爲長楕圓形、或成拋物線、向日球而繞其外、橫穿各行星軌道、其來則尾背日、其去則尾向日、愈遠光愈小、有至後不復至者、有按期復至者。恩克彗五年一至、好里彗七十四年一至、又有一彗天文家查究每五百七十五年一至。中國以彗為妖星、因專制而欲借以示警耳。槍、距也。蒼頡篇謂木兩頭銳者也。欃形似之、故名欃、即欃亦銳也。淮南俶真欃搶衡杓之气、注、欃搶、彗孛也。

義證

彗星爲欃槍（彗、恤遂反。欃、初銜反。槍、七羊反。）

〔註〕亦謂之孛言其形孛孛似掃彗

郭注補正

篲星爲欃槍

亦謂之孛（星）言其形孛孛（然）似埽彗也

希麟仁王護國般若波羅蜜多經下卷音義引爾雅彗星爲欃槍、郭璞注云、亦謂之孛星言其形孛似掃彗。慧琳金光明經五卷音義引爾雅云彗星謂之欃槍、郭注謂之孛彗、言其光芒孛孛然似掃彗也。今據補。釋文云埽、素報反。雪牕本明注疏本作掃、俗字。

郭注佚存補訂

彗星爲欃槍（彗、釋文作篲。）

註言其形孛孛似掃彗（掃、釋文作埽、後並同。）

注疏正字

彗星爲欃槍

引之謹案開元占經妖星占篇引孫注曰、欃槍妖星別名也。又引尸子曰彗星爲欃槍。（尸子之文多有與爾雅同者、見爾雅注疏及太平御覽。）彗星占篇引荆州占曰歲星逆行過度宿者則生彗星一曰天棓二曰天槍三曰天欃四曰茀星此四者皆爲彗。是欃槍皆彗星之別名、故爾雅尸子並云彗星爲欃槍也。然管子輕重丁篇曰國有槍星其君必辱國有彗星必有流血浮邱之戰、呂氏春秋明理篇曰、其星有彗星有天棓有天欃有天槍。則已分彗與欃槍爲三、而甘石二氏說彗與天棓天欃天槍形狀不同、長短亦異、自是以後各史志遂相承用之矣。

述聞

篲星爲欃槍　釋文云、篲本今作彗。石經單疏本作彗。集韻二十庚又二十八銜引亦作彗。案說文又部彗又作篲字。　說文木部無欃字。

匡名

欃　鑱　說文。鑱銳也。鈕氏樹玉曰。博雅作攙銳。正與說文鑱訓合。蓋鑱或作欃。俗又譌从手耳。金木二部往往相通。如槾或作鏝。枱或作鈶。槈或作鎒也。

黃侃評本正名

何鼓謂之牽牛　明星謂之启明　彗星爲欃槍

郭注何作荷、云欃者荷也。詩正義引作明星謂之啟明。小雅大東詩正義 釋文彗作篲、云本今作彗。釋天釋文

證異

彗星爲欃槍雪牕本注疏本同。唐石經闕。五經文字云欃槍見爾雅。單疏本作欃。釋文篲本今作彗。按說文篲彗或从竹。

言其形孛孛似埽彗單疏本同。釋文亦作埽雪牕本注疏本作掃俗字。按釋文音經篲㫝遂反、又似醉似銳二反。音注彗似銳反、又音遂。蓋經用古字作篲、注用今字作彗。

甘氏不出三月迺生天欃元本閩本同。監本毛本及漢書作天槍。蓋誤。

甘氏不出三月迺生天欃監本毛本及漢書同。元本閩本作天槍。蓋此誤。

公羊傳曰注疏本脫曰

校勘記

甘氏不出三月迺生天欃毛本湘本同。漢書天文志同。監本甘誤石。

注疏校勘札記

（注）亦謂之孛○唐寫本同。希麟《續音義》卷五引作「亦謂之孛星」。

宋監本校箋

彗星爲欃音讒槍謂之孛言其形孛似埽彗槍音鏘

音圖・音

欃音讒　案欃有初銜音攙、穿。士杉音近攙、牀。兩音、今音讒乃第二音。直音插、平聲合。

直音正誤

篲本今作彗、邮遂翻。音崇寘韻心母。又似醉音近吳音之鑿、藥韻邪母。似銳音近吳音之罪、霽韻邪母。二翻。釋詁釋文息遂即邮遂、徂歲音近隊韻之在、霽韻從母。二翻。釋草釋文息遂同上。囚銳霽韻邪母。二翻。又祥歲霽韻邪母。徐醉音遂、寘韻牀母。二翻、似銳囚銳徐醉三翻同。羣經音義彗、蘇遂翻、即邮遂息遂二翻。字林囚芮翻。即似銳囚銳祥歲三翻。欃初五經文字作乂銜音攙、穿母。士杉音讒、牀母。二翻。槍初五經文字作乂庚音鎗、穿母。七羊音蹌、清母。二翻。

音略

篲遂

彗星爲欃槍、插平聲崢鏘

孫偘直音

篲遂

彗星爲欃槍、欃崢鏘

直音校正

彗遂星爲欃初銜切槍崢爲太白彗即孛也形似帚

楊氏音訓

欃讒槍鏘

干氏音釋

音圖・圖

奔星爲彴約

奔星爲彴約。流星。

郭注

奔星爲彴約者、奔星即流星也、一名彴約。

邢疏

奔星爲彴約

流星大而疾曰奔。彴、便窕切。占經七十一

黃輯古義

衆家注

奔星爲彴約

注曰、流星大而疾曰奔。彴、便窕切。占經七十一

漢注

奔星爲彴約

郭璞云流星。

一切注音

奔星爲彴約、舊注流星大而疾曰奔。占經七十一 舊注彴、便窕反。占經

蕙心案說文彴、約也。彴約猶言綽約、奔星之形光綽約無定也。舊注作彴、正字也。

古注斠

奔星為彴約 郭曰、彴約、流星别名也。占經七十一

古注斠補

彴 蒲博步角皮約三反。約 如字。又於詔反。又音握。

陸音義

奔星爲彴約 奔星、流星也。彴、蒲渥反。此篇大槩釋十二辰所次、據壽星、大辰、析木、星紀、元枵、諏訾、降婁、大梁、實沈、鶉首、鶉火、鶉尾、此當備載、不應遺郝實沈鶉首鶉尾、恐是簡編之失。

鄭樵注

奔星爲彴約

郭璞曰流星。

鄭樵曰、奔星、流星也。彴、蒲渥反。此篇大槩釋十二辰所次、據壽星大辰析木星紀乎枵娵訾降婁大梁實沈鶉首鶉火鶉尾此當備載、不應遺卻實沈鶉首鶉尾、恐是簡編之失。就釋本句復總論之也

古注合存

北極謂之北辰何鼓謂之牽牛、明星謂之启明、彗星爲欃槍奔星爲彴約。何荷同去聲、启啟同、彗音遂、欃初銜反、槍音崢、彴音薄、約音藥。○註曰、北極、天之樞也、以正四時、故曰北辰、荆楚呼牽牛爲檐鼓、檐者荷也、故曰荷鼓、明星、太白也、晨見東爲启明、暮見西爲太白、彗、卽孛也、形孛孛似帚、故彗星爲欃槍、奔星、流星也、疏曰、極、中也、辰、時也、居天之中、人望之在北、語云、北辰居其所是也、註解河鼓牽牛、乃一宿、李巡云、河鼓牽牛、皆宿名、孫炎云、河鼓之旗十二星在牽牛北、或亦名爲牽牛、考漢書天文志、牽牛爲犧牲、其北河鼓爲將星、實二宿也、欃槍梧彗、四星異狀、其殃一也、愚按牽牛北之星名河鼓、牽牛在其南、若負荷之者然、故名何鼓、初非謂河鼓爲牽牛也、諸辨似贅

注疏參義

鄭云、此篇大槩釋十二辰所次、據壽星、大辰、析木、星紀、元枵、娵訾、降婁、大梁、實沈、鶉首、鶉火、鶉尾、釋星當備載、不應遺郤實沈鶉首鶉尾、恐是簡編之失。

補注

奔星爲彴約 **註** 流星 **正義** 星之奔流者爲彴約、言其星光似彴約然也。釋名云、流星、星轉行如流水也。漢書註引應劭云、欃槍、奔星也。以流星爲欃槍、非雅義也。

正義

奔星爲彴約 流星

奔星者、天文志云彗孛飛流、張晏注、飛流謂飛星流星也。孟康注飛、絶迹而去也、流、光迹相連也。然則飛流有異、郭以奔星卽流星者、流奔雖有遲速大小之異、其類則同。故占經七十一引爾雅舊注云流星大而疾曰奔是也。彴者、說文約也。占經引舊注云彴便窕切。𪏆𪏭嫷、姂𡜢、媉嫶、𡡝𡡖、䃣𨚗、韻𠠎。按彴約猶爆爍、竝字之疊韻、蓋言奔星急疾之狀耳。

義疏

奔星爲彴約 星。舊注、流星大而疾曰奔。郭注、流星。彴約橫木渡水。奔星亦曰過度。

集解

奔星爲彴約 奔星、流星也。彴約卽彴約。獨梁渡水、奔星故亦曰過度。奔星駛行甚速、軌道與彗星同。地球以橢圓之軌道介居奔星軌道之

閒，每值冬夏，地球在橢圓之兩端，適與奔星軌道近，故冬夏見奔星獨多。又有所謂隕石、隕鐵者，亦奔星之小體也。凡星被彗星所觸，至於炸裂，突出本星吸力界之外，另被一星吸引，即成此光。若偶入地球吸力界線內，即被地球吸引而下，與空氣摩擦，生高熱度而發光，如花瓣亂飛，此種墜下之石，絕無養氣性質，因其曾生熱發光故也。春秋傳隕石於宋五，隕星也。史記天官書星墜至地則石也。河濟之閒時有墜星，均此所謂奔星者。

義證

奔星爲彴約（彴，步角反）

【註】流星

郭注補正

奔星爲彴約

開元占經七十一引尔疋舊注云：流星大而疾曰奔是也。說文無彴字，人部：仢，約也。占經引尔疋舊注云：仢，便窕切。郭注流星，即省舊注呂立言。

舊注攷證

奔星爲彴約

彴約，流星別名也

開元占經七十一卷引爾雅曰：奔星爲彴約。郭璞曰：彴約，流星別星也。今據補。段氏玉裁云：彴，釋文誤從彳，宜依玉篇、佩觿正之。廣韵十八藥亦作彴約流星。

郭注佚存補訂

奔星節音彴蒲握切約音握（上握字誤從木，音握誤音藥。案釋文彴，蒲博、步角、皮約三切。約，如字，又於略切，又音握。）

疏州中諸國中之封域（脫州中及中三字。）大火蒼龍之星（脫之字。）東方成龍形（東方誤東南。）今茲宋鄭其饑乎（饑，毛本誤飢，下同。）一顓頊之虛虛也者（脫一、虛、者三字。）各以意言耳（脫言字。）一營室謂之定者（定下衍室字。）娵訾之口（訾，正文作觜。）孫炎曰娵訾之次（次，監本誤歎。）鄭公孫揮與裨竈晨過伯有氏（裨，監本誤從示，後並同。）詩小雅云有捄天畢（小雅下當有大東二字，下小雅云東有启明同。）左右星左右將（星，監本誤將。）晨出東方高三舍（脫晨字。）東有启明西有長庚（下脫長庚二字。启，毛詩作啟。）或一星出在東西而異名（一星出三字誤以一，從詩疏挍。）彗星爲欃槍者（脫一字。）甘氏不出三月云云（甘，監本誤石。）

注疏正字

彴約

當作彴。廣韻彴，彴流星。彴彴即彴約，二字音同，方俗語有分別耳。

小箋

奔星爲彴約

說文彳部無彴字，臧氏鏞堂曰當作仢。說文人部：仢，約也，从人勺聲。玉篇人部：仢，扶握切，爾雅曰奔星爲仢約，即流星也。廣韻（妁紐）十八藥：仢，仢約，流星。開元占經七十一引此注曰：仢約，流星別名也。字皆从人。元照案：集韻四覺云：彴，彴，爾雅奔星爲彴，或作仢。（無約字）

匡名

彗（音遂）星爲欃槍，奔星爲彴（音勺）約

春秋文十四年有星孛於北斗，公羊傳：孛者何？彗星也。穀梁傳：孛之爲言猶茀也。左傳：彗所以除舊布新也。彗，一名掃星。漢書天文志：欃槍棓彗，其殃一也。郭註流星，言星之奔流者，光似彴約。說文作仢約也。佩觿辨正證字从人不从彳。

啓蒙

彴 𠊲 阮氏校勘記。廣韻十八藥。彴。彴約。流星。開元占經卷七十一引此注曰。彴約。流星別名也。字皆从人。

黃侃評本正名

奔星爲彴約。 說文無彴字、彴當作仢、或謂彴約也三字爲句、非也。單言曰彴、重言曰彴約、故即以約釋彴。

黃侃音訓

奔星爲彴約

彴當作仢、說文仢、約也。開元占經七十一流星占引爾雅奔星爲仢約、足證唐本尚不誤。臧氏鏞堂於開元占經亦未全引。

王仁俊日記

奔星爲彴約單疏本雪牕本注疏本同。唐石經闕。段玉裁云、彴仢、仢約流星。開元占經卷七十一引此注曰仢約、流星別名也。字皆從亻。釋文誤从彳、今依玉篇佩觽正之。按廣韻十八藥

○奔星爲彴約者節。元本同、閩本監本毛本誤連上文不分

一名彴約星名題上事也注疏本移下六字配題下。

校勘記

奔星爲彴約。釋文彴、蒲博步角皮約三反。今本博誤作握。按廣韻十八藥彴、之若切、橫木渡水。彴、市若切、彴約、流星。玉篇人部第二十三仢、扶握切、爾雅曰奔星爲仢約、即流星也。彳部第一百十九彴、之約切、倚渡也。說文無彴字。仢約也从人勺聲、徒歷切。据此則字當从人、今本作彴誤也。然釋文本从彳、遽改之恐駭聞見、姑附正於此。

注疏本正誤

奔星爲彴約〇「彴約」唐寫本作「仢約」。《開元占經》卷七十一引同。《玉篇》人部「仢」，扶握切，引「爾雅曰：奔星爲仢約。」字亦作「仢」。案《說文》：「仢，約也」。「仢約」當連讀。朱駿聲《說文通訓定聲》云：「仢約疊韻連語，急疾皃。」

八行(注)流星〇唐寫本作「流星也。」《開元占經》卷七十一引此注作「仢約，流星別名也。」

宋監本校箋

奔星爲彴勺音約

音圖・音

彴、蒲博音薄藥韻步角音雹覺韻皮約與蒲博音同不必重出。

三翻。約、如字。又於詔翻、音要。又音握。玉篇彴亦作仢同。說文音迪。

音略

奔星爲彴約。

雹 藥

孫侶直音

奔星爲彴薄約。藥奔星流星也

楊氏音訓

彴勺

干氏音釋

圖・圖音

星名

史記索隱引爾雅須女謂之婺女熒惑謂

之執法。邵氏正義云、今爾雅無此文、蓋索隱引星經傳寫誤作爾雅。

衆家注

黃輯古義

星圖讚

茫茫地理、粲爛天文、四靈垂象、萬類羣分、眇觀六沴、咎徵惟君。藝文類聚卷一

圖贊

玉函山房輯佚

星圖

贊曰、茫茫地理、粲爛天文、四靈垂象、萬類羣分、眇觀六沴、咎徵惟君。並類聚

王輯圖贊

星

茫茫地理、粲粲天文、四靈垂象、萬類羣分、眇觀六沴、咎徵惟君。藝文類聚一

嚴輯圖贊

星圖

茫茫地理、燦爛天文、四靈垂象、萬類羣分、渺觀六沴、咎徵惟君。藝文一

錢輯圖贊

星名八之九 此章凡二節、首節皆釋經星之名、而下兼釋餘星也、

注疏參義

星名

正義 題上事也。說文云、曐萬物之精、上爲列星、或省作星。釋名云、星散也、列位布散也。宿宿也、星各止宿其處也。春官馮相氏掌二十有八星之位、秋官哲蔟氏以方書二十有八星之號、鄭註星謂從角至軫也。二十八星在周宜有定名、然舊說多互異、月令所載二十六星、益以建弧而無箕昴鬼張。史記歷書備二十八星之號、有建罰狼弧而無斗觜井鬼。淮南天文訓云、二十八宿、中央其星角亢氐、東方其星房心尾、東北其星箕斗牽牛、北方其星須女虛危營室、西北其星東壁奎婁、西方其星胃昴畢、西南方其星觜巂參東井、南方其星輿鬼柳七星、東南方其星張翼軫。漢書歷志星名與淮南同、蓋天文家相傳之說、故後人多從之、鄭註所謂從角至軫也。爾雅於二十八星祗述十七星、其未舉者、北方之宿則須女也危也、西方之宿則胃也觜也參也、南方之宿則東井也輿鬼也七星也張也翼也軫也。十有二次祗言其九、其未舉者實沈也鶉首也鶉尾也。五星祗言其一、所未舉者、歲星曰東方木、熒惑曰南方火、塡星曰中央土、辰星曰北方水。爾雅以釋六蕤之文、文有不備、可以類推。春官保章氏掌天星、以志星辰日月之變動、以觀天下之遷、辨其吉凶、以星土辨九州之地、所封封域、皆有分星、以觀妖祥。先鄭說星土、以春秋傳曰、參爲晉星、商主大火、國語曰、歲之所在、則我有周之分野之屬是也。後鄭謂大界則日九州、州中諸國中之分域、於星亦有分焉、其書亡矣、堪輿雖有郡國所入度、非古數也、今其存可言者、十二次之分也。星紀吳越也。元枵齊也。娵訾衛也。降婁魯也。大梁趙也。實沈晉也。鶉首秦也。鶉火周也。鶉尾楚也。壽星鄭也。大火宋也。析木燕也。此分野之妖祥、主用客星彗孛之氣爲象。爾雅兼及於彗星奔星者、垂象所以見吉凶、辨其名以驗其行、俾知宿離不貸、毋失經紀也。然天道遠、人事邇、觀人事可以知天道、辨星名者尤重於授民時。淮南主術訓云、昏張中則務種穀、大火中則種黍菽、虛中則種宿麥、昴中則收斂畜積、伐薪木。高誘註、三月昏張星中於南方、張南方朱鳥之宿也。大火東方蒼龍之宿、四月建巳中在南方。虛北方元武之宿、八月建酉中於南方也。昴星西方白虎之宿也、季秋之月收斂畜積也。此据堯典而言、今時農家作息多取驗於星、但因象命名、詞不雅馴耳。火流而戒寒、昴中而趨歛、古今無異義也。史記索隱引爾雅

須女謂之婺女，熒惑謂之執法。今爾雅無此文，蓋索隱引星經、傳寫誤作爾雅。　**正義**

星名按經星二十有八，爾雅止記十七，其未及者，北方則須女也、危也，西方則胃也、觜觿也、參也，南方則東井也、輿鬼也、七星也、張也、翼也、軫也。十有二次止言其九，其未及者，則實沈也、鶉首也、鶉尾也。五星止言其一，其未及者，則歲星也、熒惑也、填星也、辰星也。蓋爾雅釋六藝之文，文有不備，可類推也。又如月令所載二十六星，益以建弧而無箕昴鬼張。史記麻書備二十八星之號，有建罰狼弧而無斗觜井鬼，是則爾雅之不備，非缺脫也。鄭樵疑爲簡編之失，非矣。獨淮南天文及漢書麻志所載二十八宿與今世無異，蓋舊有此名也。至於分野之說，亦星家所傳，不知所自起。周禮保章氏以星土辨九州之地所封，封域皆有分星，以觀妖祥。鄭衆說星土以春秋傳曰參爲晉星、商主大火，國語曰歲之所在，則我有周之分野之屬是也。鄭注云大界則曰九州，州中諸國中之分域，於星亦有分焉，其書亾矣。堪輿雖有郡國所入度，非古數也。今其存可言者，十二次之分也。星紀，吳越也。玄枵，齊也。娵訾，衛也。降婁，魯也。大梁，趙也。實沈，晉也。鶉首，秦也。鶉火，周也。鶉尾，楚也。壽星，鄭也。大火，宋也。析木，燕也。此分野之妖祥，主用客星彗孛之氣爲象。按爾雅兼及彗星、奔星，意亦如此。　**義疏**

邵云、經星二十有八，爾雅止記十七，十有二次止言其九，五星止言其一。爾雅釋六藝之文，文有不備，可類推也。　**說詩**

星名說文曐，萬物之精，上爲列星，省作星。釋名：星，散也，列位布散也。宿，宿也，星各止宿其處也。　**啓蒙**

簡編之失

十二辰、壽星、大辰、析木、星紀、元枵、娵訾、降婁、大梁、實沈、鶉首、鶉火、鶉尾也。釋天遺實沈、鶉首、鶉尾，是簡編之失。

爾疋釋六藝所載

漢書、東方角亢氐房心尾箕，北方斗牛女虛危室壁，西方奎婁胃昴畢觜參，南方井鬼柳星張翼軫。宿凡二十八，而釋天惟列十七者。爾疋釋六藝所載，其不載者、闕也。　**讀雅筆記**

春祭曰祠，夏祭曰礿，秋祭曰嘗，冬祭曰蒸。

春祭曰祠，祠之言食。**夏祭曰礿，**新菜可汋。**秋祭曰嘗，**嘗新穀。**冬祭曰蒸。**進品物也。　**郭注**

春祭至祭名　釋曰：此別四時及三代諸祭名也。春祭曰祠，夏祭曰礿，秋祭曰嘗，冬祭曰蒸者，此四時之祭名也。郭云祠之言食，礿，新菜可汋，嘗，嘗新穀，蒸，進品物也。此皆周禮也。自殷以上則礿禘蒸嘗，王制文是也。至周公則去夏禘之名，以春礿當之，更名春曰祠。故禘祫志云：王制記先王之法度，宗廟之祭，春曰礿，夏曰禘，秋曰嘗，冬曰蒸。祫爲大祭，於夏於秋於冬。周公制禮，乃改夏爲礿，禘又爲大祭。祭義注云：周以禘爲殷祭，更名春曰祠。是祠礿嘗蒸之名，周公制禮之所改也。然詩小雅云礿祠蒸嘗，于公先王，此文王之詩，所以已得有制禮所改之名者，然王者因革與世而遷，事雖制禮大定，要亦所改有漸。易曰不如西鄰之礿祭，鄭注爲夏祭之名，則文王時巳改，言周公者，據制禮大定言之耳。　**邢疏**

春祭曰祠夏祭曰礿秋祭曰嘗冬祭曰蒸 釋文礿或作禴。案御覽引孫炎注、知孫本作禴。

薦上帝魚禴薄也。夏時百穀未登、可薦者薄也。御覽二十一 祠之言食。礿、新菜可汋。嘗、嘗新穀。蒸、進也、品物也。詩正義九之三 禮記正義十二 一切經音義三、祠食也。 案初學記十三引此注不詳誰氏。

孫音注

春祭曰祠夏祭曰礿秋祭曰嘗冬、祭曰蒸

祠之言食。礿、新菜可汋。嘗、嘗新穀。蒸、進也、進品物也。初學記十三

夏祭曰礿

御覽二十一引爾雅夏祭曰薦、又引注云、薦上帝魚初薄也。夏時百穀未登、可薦者薄也。案此條御覽所引疑有誤。

衆家注

黃輯古義

春祭曰祠

祠之言食。詩小雅天保正義 一切經音義卷三

夏祭曰禴 釋文汋本或作禴案御覽引孫炎注正作禴

禴、新菜可汋。詩小雅天保正義 禮記王制正義 一切經音義卷三 薦上帝魚瀹薄也。夏時百穀未登、可薦者薄也。太平御覽卷二十一

秋祭曰嘗

嘗、嘗新穀。詩小雅天保正義 一切經音義卷三

冬祭曰蒸

蒸、進也、進品物也。同上 禮記王制正義

孫音注

玉函山房輯佚

春祭曰祠夏祭曰礿秋祭曰嘗冬祭曰蒸

祠之言食。礿、新菜可汋。嘗、嘗新穀。蒸、進品物也。同 詩疏九之三

鈎沉

春祭曰祠夏祭曰礿秋祭曰嘗冬、祭曰蒸 釋文礿本或作禴。案御覽引孫炎注、知孫本作禴。

孫曰、薦上帝魚禴薄也。夏時百穀未登、可薦者薄也。御覽二十一

孫曰、祠之言食。礿、新菜可汋。嘗、嘗新穀。蒸、進也、進品物也。詩正義九之三 禮記正義十二 一切經音義三 郭同 案初學記十三引此注不詳誰氏。

漢注

春祭曰祠

孫炎云、祠之言食。詩正義九之三卷 一切經音義三 郭璞云、祠之言食。

夏祭曰礿

孫炎云、礿者、新菜可汋。詩正義九之三卷 禮記正義十七卷 郭璞云、新菜可汋。

秋祭曰嘗

孫炎云、嘗、嘗新穀。詩正義九之三卷 郭璞云、嘗新穀。

冬祭曰烝

孫炎云、烝、進也、進品物也。詩正義九之三卷 禮記正義十七卷 郭璞云、進品物也。

一切注音

春祭曰祠夏祭曰礿秋祭曰嘗冬祭曰烝　孫炎云。祠之言食。礿新菜可汋。嘗嘗新穀。烝進品物也。詩天保正義　孫炎云。祠食也。衆經音義　孫炎云。烝進也。禮王制正義

古注斠

夏祭曰礿

礿謂新菜可灼也、

一切經音義卷九十七廣弘明集七「礿祭」下引。據海印寺本。白蓮社本及大正藏本頻伽藏本竝同。

森案。郭璞此條註同。惟灼作汋。董氏讀爾雅補記云「郭註蓋本孫炎。詩小雅天保篇孔疏引孫炎曰「礿新菜可汋」。其切證也。孫炎此註必又本高誘。孫作汋菜。而鄭作灼菜者。說文水部「汋。激水聲也」。火部「灼。炙也」。知灼為本字。汋為假字。」

鄭玄注稽存

祠 如字。或音祀。 食 音嗣。 礿 本或作禴字同。餘弱反。 汋 余弱反。爚菜也。 烝 之升反。

陸音義

春祭曰祠

孫炎曰。祠之言食。此見詩小雅疏。又衆經音義引孫炎云。祠食也。

郭璞曰。祠之言食。

夏祭曰礿

孫炎曰。礿新菜可汋。

郭璞曰。新菜可汋。

秋祭曰嘗

孫炎曰。嘗嘗新穀。

郭璞曰。嘗新穀。

冬祭曰蒸 蒸郭本作烝。

孫炎曰。蒸進也。進品物也。詩疏無進也二字。此從禮記疏。

郭璞曰。進品物也。

古注合存

春祭曰祠。夏祭曰礿。秋祭曰嘗。冬祭曰烝。礿禴同音藥。○此釋四時祭宗廟之名也。註曰。祠之言食也。礿者新菜可汋也。嘗者嘗新穀也。烝者進品物也。疏曰。此周禮也。祫禘志云。王制記先代宗廟之制。春禴夏禘秋嘗冬烝。至周公制禮。乃更爲春祠夏禴。而以禘爲大祭也。

注疏參義

春祭曰祠 **註** 祠之言食 夏祭曰礿 **註** 新菜可汋 秋祭曰嘗 **註** 嘗新穀 冬祭曰蒸 **註** 進品物也

正義 此釋四時之祭也。春官大宗伯曰。以祠春享先王。以禴夏享先王。以嘗秋享先王。以烝冬享先王。春秋繁露四祭篇云。古者歲四祭。四祭者。因四時所生孰而祭其先祖父母也。故春曰祠。夏曰礿。秋曰嘗。冬曰蒸。此言不失其時以奉祭先祖也。過時不祭。則失爲天子之道也。祠者以正月始食韭也。礿者以四月食麥也。嘗者以七月嘗黍稷也。蒸者以十月進初稻也。此天之經也。地之義也。祭義篇云。春上豆實。夏上尊實。秋上机實。冬上敦實。豆實韭也。春之所始生也。尊實麷也。夏之所受初也。机實黍也。秋之所先成也。敦實稻也。冬之所畢孰也。始生故曰祠。善其司也。夏約故曰礿。貴所受約也。先成故曰嘗。嘗言甘也。畢孰故曰蒸。蒸言衆也。奉四時所受於天者而上之。爲上祭。貴天賜且尊宗廟也。王制云。天子諸侯之祭。春曰礿。夏曰禘。秋曰嘗。冬曰蒸。鄭註云。此蓋夏殷之祭名。周則改之。春曰祠。夏曰礿。以禘爲殷祭。詩小雅曰。礿祀蒸嘗。于公先王。此周四時祭宗廟之名。詩疏云。周公去夏禘之名。以春禴當之。更名春曰祠。故禘祫志云。王制記先王之法度。宗廟之祭。春曰禴。夏曰禘。秋曰嘗。冬曰蒸。祫爲大祭。於夏於秋於冬。周以禘爲殷祭。更名春曰祠。是祠禴蒸嘗之名。周公制禮乃改夏爲禴。禘又爲大祭。祭義註云。周禮所改也。易曰。不如西鄰之禴祭。鄭註爲夏祭之名。則文王之時已改。言周公者。據制禮大定言之耳。**註** 祠之言食。**正義** 詩疏引孫炎云。祠之言食。衆經音義引孫炎云。祠食也。是郭註所本也。說文云。春祭

曰祠、品物少、多文詞也。仲春之月、祠不用犧牲、用圭璧及皮幣。太平御覽引白虎通云、物微故祠名之。何休公羊傳註云、春薦尚韭卵、祠猶食也、猶繼嗣也。春物始生、孝子思親、繼嗣而食之也、故曰祠、因以别死生。○新菜可汋。○【正義】禮記疏引孫炎云、礿者、新菜可汋。郭註本孫炎。說文云、礿、夏祭也。太平御覽引白虎通云、夏曰禴者、麥熟進之。何休云、夏薦尚麥魚。始熟可汋、故曰礿。釋文云、汋、𤎩菜也。○嘗新穀。○【正義】詩疏引孫炎云、嘗、嘗新穀。郭註本孫炎。禮記疏引白虎通云、嘗者、新穀熟而嘗之。何休云、秋薦尚黍豚。嘗者先辭也。秋穀成者非一、黍先熟可得薦、故曰嘗。○進品物也。○【正義】禮記疏引孫炎云、烝、進也、進品物也。是郭註所本也。太平御覽引白虎通云、烝之爲言衆也、冬之物成者衆。何休云、冬薦尚稻鴈。蒸、衆也、氣盛貌。冬萬物畢成、所薦衆多、芬芳備具、故曰蒸。

【正義】

春祭曰祠祠之言食**夏祭曰礿**新菜可汋**秋祭曰嘗**嘗新穀**冬祭曰烝**進品物也

祠烝嘗禴、祭也。已見釋詁、此以爲四時祭名也。禮王制云、天子諸侯宗廟之祭、春曰礿、夏曰禘、秋曰嘗、冬曰烝。鄭注此葢夏殷之祭名、周則改之、春曰祠、夏曰礿、以禘爲殷祭。詩禴祠烝嘗、于公先王。大宗伯以祠春、禴夏、嘗秋、烝冬享先王。然則四時祭名、葢周公所定也。說文云、春祭曰祠、品物少、多文詞也。礿、夏祭也。王制正義引皇氏云、礿、薄也、春物未成、其祭品鮮薄也。春秋繁露云、祠者、以正月始食韭也。礿者、以四月食麥也。嘗者、以七月嘗黍稷也。蒸者、以十月進初稻也。又云、始生故曰祠、善其司也。夏約故曰礿、貴所初約也。先成故曰嘗、嘗言甘也。畢熟故曰蒸、蒸言衆也。此皆釋其名與其義也。詩正義引孫炎云、祠之言食。禴礿、新菜可汋。嘗、嘗新穀。烝、進品物也。郭注俱本孫炎。

【義疏】

春祭曰祠夏祭曰礿禴汋**秋祭曰嘗冬祭曰蒸**

烝　孫注、祠之言食。礿、新菜可汋。嘗、嘗新穀。

烝、進品物也。郭注同。此周時祭名、改殷礿爲祠、改殷禘爲汋也。周官大司馬夏礿冬烝皆在仲月。春秋三見烝嘗、兩在仲月、唯桓八年正月烝、非常例。知文質家皆用仲月。四時祭四親、具說於王制箋。

【集解】

春祭曰祠此周時祭之名。周禮大宗伯以祠春、禴夏、嘗秋、烝冬享先王、是其證也。王制云春礿夏禘、葢改制也。許慎說春祭曰祠、品物少、多文詞也。今謂祠从司、司、主也。春爲四時之主、故春祭名之曰祠。**夏祭曰礿**礿禴一字耳。礿、鬻也、謂煮菜而祭。夏時百穀未登、唯有菜可以祭耳。**秋祭曰嘗**謂嘗甘旨**冬祭曰蒸**蒸、進也、謂進初稻。周禮大司馬夏礿冬蒸、皆在仲月。月令仲春祠不用犧牲、許慎引作祠、亦仲月也。春秋書烝嘗凡三、兩在仲月、唯桓八年正月烝、非常例也。用以祭四親者、若大祖二祧之祭別曰享嘗。春秋季月行之、月令所謂大饗帝嘗是。

【義證】

夏祭曰礿礿、餘弱反。

冬祭曰蒸

【注】進品物也。【補正】邢疏、此皆周禮也。殷以上則礿禘烝嘗、王制文是也。至周公則去夏禘之名、以春禴當之、更名春曰祠。故禘祫志云、王制記先王之法度、宗廟之祭、春曰禴、夏曰禘、秋曰嘗、冬曰蒸。祫爲大祭於夏、於秋、於冬。周公制禮、乃改夏爲禴、禘又爲大祭。祭義注云、周以禘爲殷祭、更名春曰祠。是祠禴嘗蒸之名、周公制禮之所改也。臣鋆按、春秋傳曰始殺而嘗、註建酉之月也。閉蟄而蒸、註建亥之月也。與爾雅同、皆周禮也。若小雅之詩礿祠蒸嘗、于公先王、此文王之詩、何尙沿殷禮、葢周禮至周公而大定、故周官大

宗伯曰、以祠春享先王、以禴夏享先王以嘗秋享先王以烝冬享先王是也。孔穎達云自殷而上、禴禘嘗烝至周公去夏禘之名、以春禴當之更名春曰祠。 **郭注補正**

春祭曰祠

祠之言食 也音餕飤

希麟根本說一切有部毘奈耶破僧事七卷音義引爾雅云春祭曰祠、郭注云祠、猶食也。音飤。毘奈耶藥事十四卷音義引郭璞注爾雅云、祠之言食也、音餕飤。今據補也字及音。佛母大孔雀明王經中卷音義大乘瑜伽千鉢文殊大教王經十卷音義、大方廣佛華嚴經十二卷音義又引作祠之言飤也。樹枏案釋文作食。

夏祭曰礿

新菜可汋也

御覽五百二十五卷禮儀部引作新菜可汋也。今據補也字。

秋祭曰嘗

嘗新穀也

御覽引作嘗新穀也。今據補也字。

冬祭曰烝

烝進也 進品物也

初學記十三卷禮部引爾雅冬祭曰烝。烝進也、進品物。樹枏案春祭曰祠、夏祭曰礿、秋祭曰嘗、冬祭曰烝四句、郭注全與孫炎同。孫注有烝進也三字、郭亦當如之。知者初學記引爾雅自春祭曰祠至既伯既禱馬祭也、皆用郭注故也。 **郭注佚存補訂**

春祭曰祠夏祭曰礿秋祭曰嘗冬祭曰烝

此四時之祭名也、與釋詁泛言祭者不同。小雅天保禴祠烝嘗于公先生、毛傳云春曰祠夏曰禴秋曰嘗冬曰烝。正義云孫炎曰、祠之言食。礿、新菜可汋。嘗、嘗新穀。烝、進品物也。此皆周禮文。自殷以上、則禴禘嘗烝王制文也。至周公則去夏禘之名、以春禴當之、更名春曰祠。故禘祫志云王制記先王之法度宗廟之祭春曰禴夏曰禘秋曰嘗冬曰烝。祫爲大祭於夏於秋於冬。周公制禮乃改夏爲禴、禘又爲大祭。祭義注云周以禘爲殷祭、更名春曰祠。是祠禴嘗烝之名、周公制禮之所改也。 **說詩**

夏祭曰礿 釋文云礿本或作禴。案說文示部礿、夏祭也从示勺聲。無禴字。

秋祭曰嘗 說文旨部嘗口味之也、从旨尙聲。隸變或从甘。

冬祭曰蒸 初學記十三引作烝。

匡名

春祭曰祠夏祭曰礿秋祭曰嘗冬祭曰蒸 此釋四時祭之名也。

說文祭詳釋詁。祠、春祭曰祠、品物少、多文詞也。仲春之月、祠不用犧牲、用圭璧及皮幣。礿、夏祭也。王制春礿夏禘秋嘗冬蒸。小雅、礿祀蒸嘗。葢周公制禮、改夏爲禴、以禘爲大祭也。

啓蒙

春祭曰祠 夏祭曰礿冬祭曰蒸

釋文祠或音祀。釋天釋文說文春祭曰祠。品物少、多文詞。示部祠釋文礿本或作禴、同。釋天釋文周禮礿作禴。春官大宗伯蒸作烝。春官大宗伯

證異

冬祭曰蒸。釋文亦作蒸。五經文字卄部云蒸、爾雅以爲烝名。其他經典以烝名祭、多以蒸爲薪蒸。

考異摘要

夏祭曰礿 郭注新菜可汋

案小戴禮王制正義引孫炎云、礿者、新菜可汋。郭注所本也。今攷彼言夏殷之祭、以礿爲春祭名、王制春薦韭。韭、說文部首、菜名、則孫炎說是。至此經就周制言礿爲夏祭、夏薦尙麥、麥無菜名、以此礿爲汋菜實未得也。然則此經礿義當何從、曰公羊桓八年傳夏曰礿、何休解詁、薦尙麥、麥始熟可汋、故曰礿。猶是以礿爲汋、而以汋爲汋麥非汋菜、斯與夏祭意合。

董瑞椿日記

尒疋云夏祭曰礿、鄭注云謂新菜可灼也。卷九十七廣弘明集七礿祭下引

案此釋天文、郭注新菜可汋、葢本孫炎。詩小雅天保篇孔疏引孫炎曰、礿、新菜可汋。禮王制孔疏引孫炎曰礿者、新菜可礿。下礿不从水旁、葢誤文。其切證也。孫炎此注必又本高密。孫作汋菜而鄭作灼菜者、說文水部汋、激水聲也。火部灼、炙也。知灼爲本字、汋爲叚字。

董瑞椿補記

冬祭曰蒸唐石經單疏本雪䆫本同。釋文亦作烝。五經文字卄部云蒸、爾雅以爲祭名。其經典祭烝多去草、以此爲薪蒸。

春祭至祭名○釋曰 注疏本刪。

自殷以上 注疏本脫自。

若然詩小雅云 注疏本同。此本若誤者。今訂正。

不如西鄰之禴祭 元本閩本監本同。毛本鄰改隣。

校勘記

以事類祭之在南方就南郊祭之 案歐陽尙書章句在南方上有天位二字。

注疏校勘札記

十三下（八四）

二行(注)祠之言食○唐寫本「食」下有「也」字。

(注)新菜可汋○唐寫本「汋」下有「也」字。《御覽》卷五百二十五引同。

(注)嘗新穀○唐寫本「穀」下有「也」字。《御覽》卷五百二十五引同。

三行冬祭曰蒸(注)進品物也○唐寫本同。《初學記》卷十三引《爾雅》同。

「蒸」作「烝」，注「進品物」上有「烝進也」三字。案：《釋文》亦從「艸」作「蒸」。《五經文字》艸部「蒸」下云：「《爾雅》以為祭名，其經典祭烝多去草，以此為薪蒸。」是張參所據《爾雅》亦作「蒸」。

宋監本校箋

春祭曰祠如字又音祀夏祭曰礿藥秋祭曰嘗冬祭曰蒸

孫侶直音

春祭曰祠夏祭曰礿藥秋祭曰嘗冬祭曰烝

楊氏音訓

祠詞　礿藥

王氏音釋

祭天曰燔柴祭地曰瘞薶

祭天曰燔柴既祭、積薪燒之。祭地曰瘞薶。既祭、埋藏之。

郭注

祭天燔柴者、祭天名燔柴。祭法云、燔柴於泰壇、祭天也。郭云、既祭積薪燒之。大宗伯云、以禋祀祀昊天上帝、以實柴祀日月星辰、以槱燎祀司中司命飌師雨師。鄭注云、禋之言煙、周人尚臭、煙氣之臭聞者。槱、積也。詩曰、芃芃棫樸、薪之槱之。三祀皆積柴實牲體焉、或有玉帛燔燎而升煙、所以報陽也。然則祭天之禮、積柴以實牲體玉帛而燔之、使煙氣之臭上達於天、因名祭天曰燔柴也。　祭地曰瘞薶者、祭地名瘞薶。祭法云、瘞埋於泰折、祭地也。然則祭神州地祇於北郊、瘞繒埋牲、因名祭地曰瘞薶。李巡曰、祭地以玉埋地中曰瘞埋。孫炎曰、瘞者翳也、既祭翳藏地中。

邢疏

祭地曰瘞薶

祭地以玉埋地中曰瘞埋。詩正義十七之二　公羊疏十二　邢疏

李注

祭地曰瘞薶

瘞者、翳也、既祭翳藏地中。詩正義十七之三　邢疏

孫音注

祭天曰燔柴祭地曰瘞薶

祭地肆瘞、郊天致禋、氣升太一、精淪九泉、至敬不文、明德惟鮮。藝文一

圖贊

黃輯古義

祭地曰瘞埋

祭地以玉埋地中曰瘞埋。邢疏　詩大雅鳧鷖正義　春秋公羊傳僖三十一年疏

李注

祭地曰瘞薶

瘞者、翳也、既祭、翳藏地中。邢疏　詩大雅鳧鷖正義

孫音注

玉函山房輯佚

祭地曰瘞薶

祭地以玉埋地中、瘞亦埋也。李注　公羊疏十二　瘞者、翳也、既祭翳藏地中。孫注　詩疏十七之二

鈎沉

祭天曰燔柴初學記作燎柴。案釋文燔音煩、則郭必作燔。作燎疑亦孫炎本。公羊僖公三十一年何休學亦作燎。

祭地曰瘞薶

李曰、祭地以玉埋地中曰瘞埋。詩正義十七之二　公羊疏十二　邢疏

孫曰、瘞者、翳也。既祭翳藏地中。詩正義十七之二　邢疏

漢注

祭天曰燔柴

郭璞云既祭、積薪燒之。

祭地曰瘞薶

李巡云祭地以玉埋地中曰瘞薶。詩正義十七之二卷　公羊疏十二卷

孫炎云瘞者翳也既祭翳藏地中。並詩正義十七之二卷

郭璞云既祭、埋藏之。

一切注音

祭地曰瘞埋　李巡曰、祭地以玉埋地中曰瘞埋。孫炎曰、瘞者、翳也。既祭翳藏地中。並詩鳧鷖正義

古注斠

祭天曰燔柴

桉初學記引作燎柴、當是孫李本。郭作燔、故釋文引燔音煩是也。

古注斠補

燔音煩。猶焚。瘞於例、於計二反。薶音埋。柴仕皆反。說文作祡、云燒柴燎祭天也。

陸音義

祭天曰燔柴

記曰、氣如白虹天也。然則祀天求神、雖曰自煙始、蓋有象魂氣之升焉。

祭地曰瘞薶

所謂陰爲野土、蓋如此。

新義

祭天曰燔柴　祭天之禮、積柴以實牲體玉帛而燔之、使氣臭上達於天。祭地曰瘞埋　祭地之禮、既祭埋牲玉。

鄭樵注

祭天曰燔柴

郭璞曰、既祭、積薪燒之。

鄭樵曰、祭天之禮、積柴以實牲體玉帛而燔之、使氣臭上達於天。

祭地曰瘞薶

李巡曰、祭地以玉埋地中曰瘞埋。一曰瘞埋。公羊僖三十一年傳疏引作瘞本

孫炎曰、瘞者、翳也、既祭翳藏地中。埋也。此依詩疏。

郭璞曰、既祭、埋藏之。

鄭樵曰、祭地之禮、既祭埋牲玉。

古注合存

祭天曰燔柴。柴下亦从示作祡。

補注

祭天曰燔柴 註 既祭積薪燒之 祭地曰瘞薶 註 既祭埋藏之 正義 覲禮云、祭天燔柴、祭地瘞。祭法云、燔柴於泰壇、祭天也。瘞埋於泰折、祭地也。祭天曰燔柴者、說文柴作祡、云燒祡焚燎以祭天神。春官大宗伯云、以禋祀祀昊天上帝、以實柴祀日月星辰、以槱燎祀司中司命飌師雨師。鄭註禋之言煙、周人尚臭、煙氣之臭聞者。槱積也。詩曰芃芃棫樸、薪之槱之。三祀皆積柴實牲體焉、或有玉帛、燔燎而升煙、所以報陽也。鄭司農云、實柴、實牛柴上也。太祝辨九祭之名、謂之炮祭。鄭司農云、炮祭、燔柴也。祭地曰瘞薶者、釋言云、瘞、幽也。薶、塞也。春官司巫云、凡祭祀守瘞。鄭註瘞謂若祭地祇有埋牲玉者也。守之者、以祭禮未畢若有事然。祭禮畢則去之。註 既祭至燒之。正義 書釋文引馬融云、祭時積柴加牲其上而燔之。後漢書註云、天高不可達、故燔柴以祭之、庶高煙上達也。是祭時即行燔柴之禮。郭云既祭積薪燒之、統前後而言也。○既祭埋藏之。○正義 詩疏引李巡云、祭地以玉

埋地中曰瘞埋。孫炎云、瘞者、翳也、既祭翳藏地中也。鄭註禮運云埋牲曰瘞。是祭畢埋藏牲玉覆之以土。故孫炎又云祭畢埋之。顏師古漢書註云、埋其物者示歸於地也。

正義

祭天曰燎柴祭地曰瘞薶　初學記引爾雅云圜丘泰壇、祭天也。方澤泰折、祭地也。

校議

祭天曰燔柴既祭積薪燒之**祭地曰瘞薶**既祭埋藏之

燔柴者、說文作禜柴、云燒柴禜燎以祭天神。按燔也柴也、二事也。大宗伯注、三祀皆積柴實牲體焉、或有玉幣燔燎而升煙。是則燔以玉幣、柴以牲體。鄭衆注實柴實牛柴上是也。亦謂之炮祭。大祝辨九祭三曰炮祭、鄭衆注炮祭、燔柴也。祭法云燔柴於泰壇祭天也。大宗伯以禋祀祀昊天上帝、以實柴祀日月星辰、以槱燎祀司中司命飌師雨師、皆天神之屬也。瘞埋者亦兼牲玉而言、詩鳧鷖正義引李巡曰、祭地以玉埋地中曰瘞埋。孫炎曰瘞者、翳也、既祭翳藏地中。禮運注云、埋牲曰瘞。李巡舉玉、康成舉牲、實則瘞薶之中兼包二義、故鄭於司巫注云瘞謂若祭地祇有埋牲玉者也。祭法云瘞埋於泰折、祭地也。大宗伯注、祭山林曰埋。又云不言祭地、此皆地祇祭地可知也。

義疏

祭天曰燔柴郭注、既祭積薪燒之。**祭地曰瘞薶**李注、祭地以玉埋地中曰瘞薶。孫注、瘞者、翳也、既祭翳藏地中。郭注、既祭埋藏之。瘞从土、以土上下夾薶之。薶从貍、艸、貍善藏物也。說文以瘞从土㾐、疏矣。

集解

祭天曰燔柴燔、爇也、與焚畧同。柴、小木散材也。燔柴者、謂既祭而積柴燒之。禮記祭法、燔柴於泰壇、祭天也。周禮謂之禋祀、又謂之炮祭。**祭地曰瘞薶**瘞、从土疾、謂以土上下夾薶之。薶从艸貍、貍善於藏物者也。禮記祭法、瘞埋於泰折、祭地也。周禮冬至祭天於圜丘、夏至祭地於方丘、亦仲月也。

義證

祭天曰燔柴燔音煩。

註既祭、積、薪燒之

祭地曰瘞薶

註既祭埋藏之補正邢疏、李巡曰祭地以玉埋地中曰瘞埋。

郭注補正

祭天曰燔柴　注既祭積薪燒之

祭地曰瘞薶　注既祭埋藏之

諍曰、祭法、燔柴於泰壇祭天也。瘞埋於泰折、祭地也。實以燔柴瘞埋時爲祭。書釋文引馬融云祭時積柴加牲其上而燔之、故即以柴爲名、祭地當亦如之。注皆爲既祭後之事、何得據以爲名、殆失其義。

静郭

祭天曰燔柴

既祭積薪燒之也

初學記引爾雅祭天曰、燎柴、既祭、積薪焚之也。今據補也字。

祭地曰瘞薶

既祭薶藏之

各本經作薶、注作埋、初學記引經注皆作埋。樹枏案、釋文作薶、不言注有異同。釋言瘞、幽也。彼注云幽亦薶也。字正作薶。

郭注佚存補訂

祭天曰燔柴祭地曰瘞薶

燔柴、說文作㶻祡、云燒祡㶻燎以祭天神。大雅棫樸薪之槱之、鄭箋云、白桵相樸屬而生者、枝條芃芃然、豫斫以爲薪、至祭皇天上帝及三辰、則聚積以燎之。正義云、知此爲祭天者、以下云奉璋峨峨、是祭時之事、則此亦祭事槱之、與大宗伯槱燎文同、故知爲祭天也。大宗伯以禋祀祀昊天上帝、以實柴祀日月星辰、以槱燎祀司中司命風師雨師。彼槱燎之文、唯施用於司中司命、此祭皇天上帝亦言槱之者、彼云禋祀實柴槱燎三者、皆祭天神之禮、俱是燎柴升煙、但神有尊卑、異其文耳。故注云禋之言煙、周人尚臭、煙氣之臭聞者也。三祀皆積柴實牲體焉、或有玉帛燔燎而升煙所以報陽也。是其禮皆同、故得爲槱之也。 祭地曰瘞薶者、大雅鳧鷖在潀、公尸來燕來宗、箋云、潀水外之高者也、有瘞埋之象、謂祭社稷山川之尸。正義云、李巡曰、祭地以玉埋地中曰瘞埋。孫炎曰、瘞者翳也、既祭翳藏地中。然則瘞埋牲者其上以土覆之、微高於平地。祭法云、瘞埋於泰折、祭地也。春官司巫凡祭事掌守瘞、注云、瘞謂若祭地祇有埋牲玉者守之。然則瘞埋者、唯謂祭地耳。大宗伯社稷山川皆在地神之條、則其祭亦埋、與祭地同也。李巡以埋爲埋玉、而禮運云瘞繒帛、注云埋牲曰瘞。則牲玉幣帛皆埋之也。

說詩

祭天曰燔柴 釋文云、柴說文作祡。案說文示部祡、燒柴㶻燎以祭天神、从示此聲。虞書曰、至于岱宗、祡。 臧氏鏞堂曰、初學記十三引作燎柴、引注與郭微異。詩禮正義引作孫炎、則孫本殆作燎。元照案、說文火部尞、柴祭天也、从火从昚。昚古文慎字。祭天所以慎也。又燎、放火也、从火尞聲。則燎當作尞。 周禮注引春官大祝。

祭地曰瘞薶 周禮秋官犬人注鄭司農引此以下三句。 薶、儀禮覲禮疏、後漢書注四十下又八十上引作埋。案埋俗字。

匡名

柴 祡 釋文。說文作祡。燒柴燎祭天也。案經典通用柴。祡正字。柴借字。

黃侃評本正名

祭天曰燔柴、郭云、既祭積薪燒之。楷案、以薪詁柴、先後鄭注周禮、馬融注尚書、許慎著說文、皆無異說、然竊謂此說未是。瘞埋浮沈布磔、皆舉祭事名、不舉祭物名、則此燔與柴亦皆爲祭事可知。且以柴爲薪、則書之至於岱宗柴、記郊特牲之天子適四方先柴、皆文不成義矣。竊意柴者、陳牲之稱。說文祡燒柴燎祭天也，引虞書曰至於岱宗祡。然則柴本假借字，其本字作祡。許知祭天之名爲祡，而猶以燒柴釋之者，則惑於兩漢相沿之師說也。然其下載古文云禬古文祡从隋省。則其義可從此求矣。肉部隋，裂肉也。凡形聲之字多含會意，隋爲裂肉，則从隋省之禬字亦有裂肉意，可知鄭注周禮所謂實牲體者是也。王筠說文句讀云，春官大祝隋釁注謂薦血也，蓋祭天無爓熟，故从隋說亦近是。小篆从此者，此蓋骴之省，骨部骴或作胔，月令釋文引蔡邕云，有肉曰胔。詩車攻助我舉柴，張衡西京賦作收禽舉胔。燔祡之作燔柴，猶舉胔之作舉柴耳。否則以柴爲薪，又何爲更有祡字乎。

稗疏

既祭埋藏之 雪牕本注疏本同。按此經作薶，注作埋。

○祭天曰燔柴者 注疏本誤連上文不分節，此本脫曰字，今補。

鄭注云禋之言煙 注疏本脫注。

瘞埋於泰折 元本同，閩本監本毛本折改圻。

因名祭地曰瘞薶 注疏本薶改埋。

以貍沈祭山林川澤 元本同，閩本監本毛本貍改薶，下及鄭注同。

校勘記

瘞薶 石經作瘞薶，嚴氏校文云作瘞不體。

校勘記訂補

祭地曰瘞薶，今本瘞內誤从夾。祭川曰浮沈，今本沈半誤从冖下几。

注疏本正誤

四行(注)既祭埋藏之○ 唐寫本「之」下有「也」字。

宋監本校勘

祭天曰燔煩柴祭地曰瘞意薶埋

楊氏音訓

燔煩 瘞壹計切 薶埋

干氏音釋

祭山曰庪縣 或庪或縣，置之於山。山海經曰縣以吉玉是也。祭川曰浮沈 投祭水中，或浮或沈。

郭注

祭山曰庪縣者，庪縣祭山之名也。庪謂埋藏之。大宗伯云以貍沈祭山林川澤，鄭注云祭山林曰貍是也。縣謂縣其牲幣於山林中，因名祭山曰庪縣。郭云或庪或縣置之於山是也。又云山海經曰縣以吉玉是也者，案中山經云歷兒冢也，其祠祀毛太牢之具，縣以吉玉，彼注云縣祭山之名是也。祭川曰浮沈者，浮沈祭川之名也。郭云投祭水中或浮或沈。大宗伯云以貍沈祭山林川澤，鄭注云祭川澤曰沈，順其性之含藏是也。

邢疏

祭山曰庪縣

祭山以黃玉及璧，以庪置几上，遙遙而眂之若縣，故曰庪縣。公羊疏十二

李注

祭山曰庪縣

庪縣，埋於山足曰庪，埋於山上曰縣。公羊疏十二

祭川曰浮沈

置祭於水中，或浮或沈，故曰浮沈。公羊疏十二

孫音注

黃輯古義

祭山曰庪縣

祭山以黃玉及璧以展置几上遙遙而眂之若縣、故曰庪縣。春秋公羊傳僖三十一年疏 李注

祭山曰庪縣

庪縣埋於山足曰庪埋於山上曰縣。春秋公羊傳僖三十一年疏

祭川曰浮沈

置祭於水中或浮或沈故曰浮沈。同上 孫音注

玉函山房輯佚

祭山曰庪縣

祭山以黃玉及璧以庪置几上遥遥而眡之若縣、故曰庪縣。李注

埋於山足曰庪、埋於山上曰縣。孫注

祭川曰浮沉

置祭於水中或浮或沉故曰浮沉。同 鈎沉

祭山曰庪縣

李曰祭山以黃玉及璧以庪置几上遙遙而眂之若縣故曰庪縣。公羊疏十二

孫曰庪縣、埋於山足曰庪埋於山上曰縣。公羊疏十二

祭川曰浮沈

孫曰置祭於水中或浮或沈故曰浮沈。公羊疏十二

祭山曰庪縣

李巡云祭山以黃玉及璧以庪置几上遙遙而眂之 漢注

若縣故曰庪縣。孫炎云庪縣埋於山足曰庪埋於山上曰縣。並公羊疏十二卷 郭璞云或庪或縣置之於山。山海經曰縣以吉玉是也。

祭川曰浮沈

孫炎云置祭於水中或浮或沈故曰浮沈。公羊疏十二卷

郭璞云投祭水中或浮或沈。 一切注音

祭山曰庪縣 李巡曰祭山以黃玉及璧以庪置几上、遙遙而眂之若縣故曰庪縣。孫炎曰庪縣埋於山足曰庪埋於山上曰縣。公羊僖三十一年傳疏

祭川曰浮沈 孫炎曰祭於水中或浮或沉故曰浮沉。公羊僖三十一年傳疏 古注斠

庪本或作庋、又作攱同、居委居僞二反。縣音玄、注同。沈直今反。 陸音義

祭山曰庪縣祭川曰浮沈

縣以有系也庪以有著也。浮者沉揚沈者淪溺是亦死生之說故曰知其說者之于天下也其如示諸掌。 新義

祭山曰庪縣 庪居委反埋也、或以牲幣埋於山或縣於林中。祭川曰浮沈 投祭水中或浮或沈 鄭樵注

祭山曰庪縣 註 或庪或縣置之於山山海經曰縣以吉玉是也祭川曰浮沉 註 投祭水中或浮或沉 正義 覲禮云祭

山丌陵升，祭川沉。賈疏：升即庪縣也。言沉不言浮者，亦文畧也。大宗伯以貍沉祭山林川澤。鄭注：祭山林曰埋，祭川澤曰沉。祭山曰庪縣者，公羊疏引李巡云：祭山以黃玉以璧，以庪置几上，遥遥而眂之若縣，故曰庪縣。孫炎云：埋於山足曰庪，埋於山上曰縣。如孫氏所說，覲禮所謂升者，謂其縣也；大宗伯所謂貍者，謂其庪也。爾雅合而言之，故曰庪縣。祭川曰浮沉者，尚書大傳云：沉四海。鄭注：沉，祭名。左氏襄十八年傳云：沉玉以濟。昭二十四年傳云：王子朝以成周之寶圭湛於河。顏師古云：以祭川也。湛讀曰沉。定三年傳云：執玉而沉。是祭川用玉也。夏官小子云：凡沉辜侯禳飾其牲。鄭司農云：沉謂祭川。是祭川有牲也。祭川並用牲玉，故或沉或浮。【注】或庪至是也。○【正義】郭意互用李孫之說，亦當以庪縣為埋也。詩疏引鄭志云：張逸問曰：以血祭祭五嶽，以貍沉祭山川，不審五嶽亦當埋否？答曰：五嶽尊，祭之從血腥始，何嫌不埋？又釋天云：祭山曰庪縣，不言埋。張逸亦引以問，鄭答云：爾雅之文雜，非一家之注，不可盡據以難周禮。是鄭知祭五嶽有埋，而於爾雅所謂庪縣未遽定為埋也。案史記正義引孔文詳云：宋末會稽修禹廟，於廟庭山土中得五等圭璧百餘枚，形與周禮同，皆短小。此即禹會諸侯於會稽，執以禮山神而埋之。其璧今猶存在也。如孔文詳所言，則祭山埋玉確有證驗，則爾雅所謂庪縣，即周禮所謂貍，可無疑其文雜而相難矣。山海經曰：縣以吉玉者，中山經文。郭氏彼注云：縣，祭山之名。○投祭至或沉。○【正義】公羊疏引孫炎云：置祭於水中，或浮或沉，故曰浮沉。是郭注所本也。史記河渠書云：搴長茭兮湛美玉。封禪書云：河湫漢水加玉各二。是漢時祭川用玉也。

【正義】

祭山曰庪縣或庪或縣，置之於山。山海經曰：縣以吉玉。是也。**祭川曰浮沉**投祭水中，或浮或沉。

庪縣者，覲禮云：祭山丌陵升。賈疏引爾雅而申之云：升即庪縣也。公羊僖卅一年疏引李巡曰：祭山以黃玉及璧，以庪置几上，遥遥而眂之若縣，故曰庪縣。孫炎曰：庪縣，埋於山足曰庪，埋於山上曰縣。按大宗伯

注：祭山林曰埋。如孫炎說，則庪縣即是埋；如李巡說，則庪為庋置。李說是也。爾雅與周禮不同，鄭志荅張逸問已言之矣。[illegible]弡釋文：庪本或作庋，又作攱。今按亦俗作祈。考工記玉人注：祈沉以馬。釋文引小爾雅曰：祭山川曰祈沉。祈，九委反，與庪同音，則祈即庪也。鄭注本用爾雅，今小爾雅亦無此文，恐誤引耳。浮沉者，覲禮云：祭川沉。賈疏云：不言浮，亦文略也。公羊疏引孫炎云：置祭於水中，或浮或沉，故曰浮沉。邵氏正義以為祭川並用牲玉，故或沉或浮。金鶚求古錄駮之云：據周官小子凡沉辜侯禳飾其牲，鄭司農注沉謂祭川，是沉以牲不以玉也。左傳之沉玉非祭禮，垷釀辻三入鞀，史記河渠書所言非周制也。

【義疏】

祭山曰庪縣李注：祭山以黃玉及璧，以庪置几上，遥遥而眂之若縣，故曰庪縣。孫注：埋於山足曰庪，埋於山上曰縣。郭注：或庪或縣，置之於山。山海經曰：縣以吉玉。是也。庪，鄭玉人注引作祈字，一作庋，一作跂，皆增加支字為之。蓋以竹木植而縣之，非丌置也。庋閣亦植竿，加广非。**祭川曰浮沉**孫注：置祭於水中，或浮或沉，故曰浮沉。郭注同。

【集解】

祭山曰庪縣庪，字本作庪，㕢也。與趚通用。趚，緣大木也。縣，繫也，从系持県。庪縣者，謂植竹木繫之。覲禮謂祭山丘陵升，山海經縣以吉玉者，此也。周禮犬人凡幾珥沈辜，肆師及其祈珥，幾祈均庪借字。或者謂為庋閣，誤矣。**祭川曰浮沈**浮，氾也。沈，淩上滈水也。與湛通用，沒也。置祭水中，或浮或沒，故曰浮沈。周禮大宗伯以貍沈祭山陵川澤，小子凡沈辜侯禳飾其牲，覲禮祭川沈，書大傳沈四海，均謂祭川，但畧而未言浮耳。

【義證】

祭山曰庪縣庪，居委反。

註或庪或縣置之於山山海經曰縣以吉玉是也補正邢疏屐謂埋藏之。大宗伯云以貍沉祭山林川澤、鄭註云、祭山林曰埋是也。縣謂縣其牲幣於山林中、因名。臣鑾按公羊疏引李巡註云、祭山以黃玉及璧、以屐置几上、遙遙而眡之若縣、故曰屐縣。又引孫炎註云、埋於山足曰屐、埋於山上曰縣。義必有本、存以備參。

祭川曰浮沉

註投祭水中或浮或沉補正邢疏大宗伯註云祭川澤曰沉順其性之含藏是也。 郭注補正

祭山曰屐縣。按古無屐字、卽阿字也。士昏禮有當阿、注今文阿爲屐。是阿古字。屐別字。阿者、四阿重屋。縣者、縣吉玉。蓋古祭山之制。 錢氏古義

祭山曰庪縣　注或庪或縣置之於山山海經曰縣以吉玉是也

正曰、公羊僖三十一年傳何注山縣。疏爾雅祭山曰庪縣。李氏曰、祭山以黃玉及璧、以庪置几上、遙遙而眡之若縣、故曰庪縣。孫氏曰、埋於山足曰庪、埋於山上曰縣。詩大雅鳧鷖正義鄭志張逸問曰、以血祭祭五嶽、以埋沈祭山川、不審五嶽亦當埋否。荅曰、五嶽尊、祭之從血腥始、何嫌不埋。如鄭此言、祭五嶽有埋。釋天祭山曰庪縣、不言埋、張逸亦引以問、而鄭荅曰、爾雅之文襍、非一家之注、不可盡據以難周禮。鄭所見爾雅注本、如李注庪置几上、遙眡若縣、皆不言埋、與周禮不合。及至孫注、恪守師說、乃改訓爲埋、與周禮合。然則祭山曰庪縣、當從孫注庪埋山足、縣埋山上矣。郭注此經云或庪或縣、而注中山經又云縣祭山之名。揩語空汎、不審彼意之埋與不埋也。 正郭

祭山曰庪縣

或庪或縣置之於山山海經曰縣以吉玉是也

初學記藝文類聚御覽引經注俱作懸懸俗字

祭川曰浮沈

投祭水中或浮或沈也

初學記引作或浮或沈、置之於水。樹枏案、或浮或沈、置之於水、正與上注偶文。初學記祭祀條中所引爾雅、惟此與冬祭曰蒸注文稍殊。唐殘本玉篇水部沈下引爾雅郭璞曰、投祭水中、或浮或沈也。亦與今本同。僖三十一年公羊疏引孫炎云、置祭於水中、或浮或沈。郭蓋用孫注。今據顧野王補也字。 郭注佚存補訂

祭山曰庪縣祭川曰浮沈

庪縣者、李巡云、祭山以黃玉及璧、以庪置几上、遥遥而眡之若縣、故曰庪縣。孫炎云、庪縣、埋於山足

曰庪、埋於山上曰縣。邢疏云、鄭注大宗伯云祭山林曰埋、縣謂縣其牲幣於山林中、因名祭山曰庪縣。郭云或庪或縣、置之於山是也。皃鷖正義引鄭志、張逸問曰、以血祭祭五嶽、以埋沈祭山川、不審五嶽亦當埋否、答曰、五嶽尊、祭之從血腥始、何嫌不埋。釋天祭山不言埋、張逸亦引以爲問、而鄭答曰、爾雅之文雜、非一家之注、不可盡據以難周禮。是雖不可盡據、而於校人玉人之注有庪沈之言、是鄭意亦以祭山有庪縣之法。鄭雖不解庪縣之義要、庪縣似非埋也。祭山得庪縣而復埋、明祭川亦得沈而復埋、故毛以社稷山川皆言埋也。　浮沈者、孫炎云、置祭於水中、或沈或浮、故曰浮沈。郭注本之。邢疏云、大宗伯云以貍沈祭山林川澤、鄭注云祭川澤曰沈、順其性之含藏是也。說詩

祭山曰庪縣 案、公羊傳僖三十一年疏引李氏曰、祭山以黃玉及璧、以庪置几上、遥遥而視之若縣、故曰庪縣。孫氏曰、埋于山足曰庪、埋于山上曰縣。

祭川曰浮沈 沉、釋文作沈、本字。注疏正字

祭山曰庪縣　釋文云庪本或作庋、又作攱。石經作庪。通典十四六引作庋懸、後漢書注下四十引作庋縣、白帖五引作庋懸、詩正義之二十七儀禮疏覲禮引作庪懸。案庪庪庋庋攱五字皆不見於說文、而从攴者尤非。懸俗字。　錢少詹曰、周禮犬人職云凡幾珥沈辜、鄭司農讀幾爲祴、引爾雅祭山曰庪釋文作祴縣爲證、是先鄭以庪當幾字。說文無庪字、許君之意當與鄭同。又肆師職云及其祈珥、注云故書祈爲幾、杜子春讀幾爲祈。則幾祈同音亦同義。管子、山高而不崩、則祈羊至矣。謂庪縣之羊也。元照案犬人注中引爾雅作祴縣、釋文尚不誤。今監本作庪、乃淺人據爾雅改之耳。又案說文示部無祴字、祴即祈字。攷工記玉人注曰其祈沈以馬。所謂祈即祈縣也、所謂沈即浮沈也。

祭川曰浮沈　周禮注引夏官小子。　說文水部湛、漫也、从水甚聲。又沈、陵上滈水也、从水冘聲。一曰濁黕也。湛、正文。通借沈字。匡名

庪　庪　鈕氏樹玉曰。玉篇庋居毀切。閣也。重文作庪。注云同上。亦祭山曰庪縣。案郭注或庪或縣。置之於山。釋文庪本或作庋。又作攱。同居委居僞二反。據御覽卷第三十八作祭山曰屐懸。注云出爾雅。是古本爾雅有作屐者。陸氏失采也。釋名。几屐也。所以屐物也。與庋閣義正合。則庪庋並屐之俗字矣。

當作檥、猶枝柱亦檥柱之叚借。作屐亦檥之借。釋名屐、檥也。黃侃評本正名

祭山曰庪縣。　庪正作檥、猶枝柱即檥柱也。御覽卷三十八作祭山曰屐懸、注云出爾雅、是古本爾雅有作屐者、作屐亦檥之借。黃侃音訓

祭天曰燔柴　祭地曰瘞薶　祭山曰庪縣

說文柴作祡、云燒柴焚燎以祭天神。示部祡　周禮注作祭地曰瘞埋。秋官犬人

注文選班固典引注同釋文、庪本或作庋、又作攱同。釋天釋文周禮釋文作祭山曰祓縣。秋官犬人釋文文選注作祭山曰庪懸。班固典引注

證異

祭山曰庪縣。唐石經單疏本注疏本同。釋文、縣音元。注同。五經文字云庪縣見爾雅。藝文類聚引此經縣字皆作懸。案縣懸正俗字。

其祠祀毛太牢之具、元本同。閩本祀改禮、監本毛本承之。

順其性之含藏是也。元本閩本監本同。毛本含改舍。

校勘記

庪縣 十行本雪牕本作庪.

校勘記訂補

五行(注)投祭水中或浮或沈○唐寫本同．原本《玉篇》殘卷水部「沈」下引注文末有「也」字．

宋監本校箋

祭山曰庪音機縣或機或縣、置之於山、山海經曰縣以吉玉是也。縣音玄。

音圖・音

庪音機 案庪居委音軌居僞音媿兩翻。今音機、母同韻非。

直音正誤

庪本或作庋、又作攱同。居委音軌居僞音媿二翻。藝文類聚音軌。初學記角毀翻同。 周禮犬人注、幾讀爲庪。考工記釋文、祈音九委翻。今讀宜依爾雅。案此幾祈竝與庪通。

音略

祭山曰庪詭縣懸祭川曰浮沈。

孫偘直音

祭山曰庪癸縣懸庪謂埋藏之、縣謂縣其牲幣于山林中。祭川曰浮沈投祭水中或浮或沈。

楊氏音訓

庪詭縣懸

干氏音釋

祭星曰布祭風曰磔

祭星曰布、布散祭於地。祭風曰磔。今俗當大道中磔狗、云以止風、此其象。

郭注

祭星曰布者、李巡曰、祭星者以祭布露地、故曰布。孫炎曰、既祭布散於地、似星布列也。郭云布散祭於地。祭風曰磔者、磔謂披磔牲體、象風之散物、因名云。郭云、今俗當大道中磔狗、云以止風、此其象。

邢疏

祭星曰布

祭星者以祭布露地、故曰布。釋文 邢疏

祭風曰磔

祭風以牲頭蹄及皮破之以祭、故曰磔。公羊疏十二

李注

祭星曰布

既祭、布散於地、似星辰布列也。公羊疏十二 釋文 邢疏

祭風曰磔

既祭、披磔其牲以風散之也。公羊疏十二 一切經音義九 韻會十一陌下句作以散風也。

孫音注

祭星曰布

史記封禪書諸布，索隱引爾雅或云諸布是祭星之處。眾家注

黃輯古義

祭星曰布

祭星者以祭布露地，故曰布。釋文 邢疏

祭風曰磔

祭風以牲頭蹄及皮破之以祭，故曰磔。春秋公羊傳僖三十一年疏

李注

祭星曰布

既祭布散於地，位似星辰布列也。釋文 邢疏 春秋公羊傳僖三十一年疏引多位字辰字。

祭風曰磔

既祭披磔其牲以風散之也。春秋公羊傳僖三十一年疏 一切經音義卷九

孫音注

玉函山房輯佚

祭星曰布

既祭布散於地，位似星辰布列。同

祭風曰磔

祭風以牲頭蹄及皮破之以祭，故曰磔。李注 既祭披磔其牲以風散之。孫注 並公羊疏十二

鈎沉

祭星曰布

李曰：祭星者以祭布露地，故曰布。釋文 邢疏

孫曰：既祭布散於地，似星辰布列也。公羊疏十二 釋文 邢疏

祭風曰磔

李曰：祭風以牲頭蹄及皮破之以祭，故曰磔。公羊疏十二

孫曰：既祭披磔其牲以風散之也。公羊疏十二 一切經音義九

漢注

祭星曰布

李巡云：祭星者以祭布露地，故曰布。釋文二十九卷 孫炎云：既祭布散於地，似星辰布列也。釋文二十九卷 公羊疏十二卷

祭風曰磔

郭璞云：布散祭於地。

李巡云：祭風以牲頭蹄及皮破之以祭，故曰磔。孫炎云：既祭披磔其牲以風散之。並公羊疏十二卷 郭璞云：今俗當大道中磔狗，云以止風，此其象。

一切注音

祭星曰布　李巡曰：祭星者以祭布露地，故曰布。孫炎曰：既祭布散於地，似星布列也。釋文 爾雅或云諸布是祭星之處。史記封禪書索隱

蕙心案：索隱引舊注文。公羊疏引孫注，星下有辰字。

祭風曰磔　李巡曰：祭風以牲頭蹄及皮破之以祭，故曰磔。孫炎云：既祭披磔其牲以風散之。並公羊僖三十一年傳疏

古注斠

祭星曰布　李曰：祭星者以祭布露地，故曰布。孫曰：既祭布散於地，似星布列也。郭云：布散祭於地也。指謂敷列羅布也。　磔　張格反。　狗　音苟。

陸音義

祭星曰布
光耀布見在上、傳說乘東維、亦是也。

祭風曰磔
風刀解體、有如此者、疈辜以祭四方百物、此之謂也。

新義

祭星曰布以祭布露於地。祭風曰磔披磔牲醴而祭之。郭云今俗當大道中磔狗、云以止風、此其象也。

鄭樵注

祭星曰布
李巡曰、祭星者以祭布露地、故曰布。
孫炎曰、既祭、布散於地、似星布列也。
郭璞曰、布散祭於地。
鄭樵曰、以祭布露於地。
祭風曰磔
李巡曰、祭風以牲頭蹄及皮破之以祭、故曰磔。
孫炎曰、既祭、披磔其牲以風散之。
郭璞曰、今俗當大道中磔狗、云以止風、此其象。
鄭樵曰、披磔牲體而祭之。郭云今俗當大道中磔狗、云以止風、此其象也。

古注合存

祭天曰燔柴、祭地曰瘞薶、祭山曰庪縣、祭川曰浮沈、祭星曰布、祭風曰磔。燔音煩。瘞音意。薶埋同。庪音癸。縣音玄。磔音責。○此釋祭祀上下神示之名也。註曰燔柴既祭積薪燒之也。瘞薶既祭埋藏之也。庪縣或庪或縣於山。山海經云縣以吉玉是也。浮沈投祭於水、或浮或沈也。布者布散祭於地也。磔者今俗道中磔狗、云以止風是也。疏曰祭法云燔柴於泰壇、祭天也。瘞埋於泰圻、祭地也。愚按周禮大宗伯云以禋祀祀昊天上帝、以實柴祀日月星辰、以槱燎祀飌師雨師、以埋沈祭山林川澤、以疈辜祭四方百物、與此不符、豈亦殷以上之禮與。周禮賈疏云禋之言煙也、禋祀實柴槱燎三祀互相備、皆先積柴、次實牲、次燔燎事、列於臬、義全於尊、此禮文之意也。

注疏參義

李巡云、祭地以玉埋地中、祭山以黃玉及璧以庪置几上、遙遙而眡之若縣、故曰庪縣。祭風以牲頭蹄及皮破之以祭、故曰磔。

祭星曰布、史記封禪書諸布、索隱以爲祭星之屬。

小爾雅祭山川曰祈沈、祈與庪同、周禮釋文音九委反、依爾雅讀。

補注

祭星曰布 **註** 布散祭於地 祭風曰磔 **註** 今俗當大道中磔狗、云以止風、此其象 **正義** 祭星曰布者、釋文引李巡云、祭星者以祭布露地、故曰布。埤雅引釋名云、祭星日布、布取其象之布也。今本釋名無此文。祭法云、幽宗、祭星也、鄭註、宗當爲禜、字之誤也、幽禜亦謂星壇也、星以昏始見、禜之言營也。祭風曰磔者、說文云、磔、禳祀除厲殃也。公羊疏引李巡云、祭風以牲頭蹄及皮破之以祭、故曰磔。孫炎云、既祭、披磔其牲、以風散之。鄭司農註夏官小子云、辜謂磔牲以祭也。月令日九門磔禳以畢春氣。**註** 布散祭於地。○ **正義** 公羊疏引孫炎云、既祭、布散於地、似星布列也。釋文云、指謂數列羅布也。○今俗至其象。○ **正義** 鄭司農註大宗伯云、罷辜披磔牲以祭、若今時磔狗祭以止風。賈疏云、此舉漢法以況疈辜爲磔之義、必磔狗止風者、狗屬西方金、制東方木之風、故用狗止風也。封禪書云、秦德公作伏祠、磔狗邑四門、以禦蠱菑。案於文皿蟲爲蠱、蠱生於風、秦制是祭風之遺制也。郭引時俗爲證、則晉世猶存古制。

正義

祭星曰布　周禮春官家宗人、凡以神仕者、掌三辰之法、以猶鬼神示之居、辨其名物。註、猶、圖也。居謂坐也。天者羣神之精、日月星辰其著位。以此圖天神人鬼也、祇之坐者、謂布祭衆寡與其居句。疏云、布祭于神、有眾寡多少、或居方爲之、或句曲爲之也。

校議

祭星曰布 布散於地。祭 **祭風曰磔** 今俗當大道中磔狗云以止風此其象

祭星者、蓋爲壇祭之。祭法云、幽宗、祭星也。鄭注、宗當爲禜字之誤也、幽禜亦謂星壇也。星以昏始見、禜之言營也。布者、釋文引李巡曰、祭星者以祭布露地、故曰布。孫炎曰、既祭、布散於地、似星辰布列也。[illegible]字[illegible]埤雅廿引釋名云、祭星曰布、布取其象之布也。[illegible][illegible]按封禪書有諸布諸嚴諸逑之屬、索隱引爾雅或云諸布是祭星之處。淮南氾論篇云、羿除天下之害而死爲宗布、高誘注、羿、堯時諸侯、有功於天下、故死託於宗布、或曰司命傍布也。按司命是星名、祭星之布義或本此。羿死而爲宗布、蓋猶傳說騎箕尾爲列星矣。○磔者、說文云辜也。按辜即疈辜也。祭風者、左氏昭元年傳、雪霜風雨之不時、於是乎禜之。是古有祭風之禮也。大宗伯以槱燎祭飌師、蓋磔牲體而燔燎之。公羊僖卅一年疏引李巡曰、祭風以牲頭蹏及皮破之、以祭、故曰磔。孫炎云、既祭、披磔其牲、以風散之。郭云磔狗以止風者、大宗伯注鄭衆云、罷辜披磔牲以祭、若今時磔狗祭以止風。封禪書云、磔狗邑四門以禦蠱菑、索隱引風俗通云、殺犬磔禳也。按淮南萬畢術云、黑犬皮毛燒灰揚之、止天風。然則磔狗祭風蓋古遺法。秦風磔狗禦蠱、當亦祭風之意、易蠱象云山下有風蠱也。

義疏

祭星曰布祭風曰磔

淮南氾論篇云羿除天下之害而死為宗布、高誘注、羿、堯時諸侯、有功於天下、故死託於宗布、或曰司命傍布也。案司命是星名、祭星之布義或本此。羿死而為宗布、蓋猶傳說騎箕尾為列星矣。

念孫案、羿死為宗布與祭星之義無涉、高注司命傍布也五字當有脫誤、即以布為星名、亦非祭星之謂。

秦人磔狗禦蠱、當亦祭風之意、易蠱象云山下有風蠱也。

念孫案、山下有風蠱非禦蠱之謂。

郝注刊誤

祭星曰布 李注、祭星者以祭布露地、故曰布。孫注、既祭、布散於地、似星布列也。郭注同孫。司巫、共道布。**祭風曰磔** 李注、祭風以牲頭蹄及皮破之以祭、故曰磔。孫注、既祭、披磔其牲以風散之。郭注、今俗當大道中磔狗、云以止風、此其象。磔从桀、桀、磔也、古今字。或加石、或从舛木、以四體分析挂木上。月令、九門磔攘。

集解

祭星曰布 布、枲織也。與敷通用。敷、㪘也。既祭、布散於地、似星之敷列也。禮記祭法、幽宗、祭星也。周禮大宗伯、以實柴祀日月星辰。司巫、共道布。**祭風曰磔** 磔即桀、从舛在木上、謂分析牲體而縣於木上也。周禮大宗伯、以槱燎祭飌師、謂磔牲體而燔燎之。禮記月令、九門磔攘。

義證

祭星曰布

[註]布散祭於地[補正]邢疏、李巡曰、祭星者以祭布露地、故曰布。孫炎曰、既祭、布散於地、似星布列也。

祭風曰磔 磔、張格反。

[註]今俗當大道中磔狗、云以止風、此其象。[補正]邢疏、磔謂披磔牲體、象風之散物、因名云。臣鍫按、公羊疏引李註云、祭風以牲頭蹄及皮破之、以祭、故曰磔。

郭注補正

祭星曰布 布散祭於地也

初學記一卷天部引爾雅祭星曰布布散食於地上。御覽五卷天部引同。樹枏案釋文引郭云布散祭於地也。陸所據與今本同。御覽五百廿五卷禮儀部引亦作布散祭於地也。今據補也字。

祭風曰磔

今俗當大道中磔狗云以止風此其遺象也

初學記十二卷禮部引爾雅曰祭風曰磔今俗當大道磔狗此其遺像。御覽引作今俗當大道中磔狗云止風此其象也。今據補遺字也字。希麟大乘理趣六波羅蜜多經三卷音義引郭璞注爾雅云今俗磔狗當大道中云止風也。

郭注佚存補訂

祭星曰布祭風曰磔

李巡云祭星者以祭布露地故曰布。孫炎云既祭布散於地似星辰布列也。磔者李巡云祭風以牲頭蹄及皮破之以祭故曰磔。孫炎云既祭披磔其牲以風散之。郭云磔狗以止風蓋秦漢之遺俗。

說詩

祭風曰磔 案公羊疏引孫氏云既祭披磔其牲以風散之。李氏曰祭風以牲頭蹄及皮破之以祭曰磔。○又何休註有雨升二字。

注疏正字

祭天曰燔柴祭地曰瘞薶祭山曰庪縣祭川曰浮沈

祭星曰布祭風曰磔 音責 說文燔爇也。祡燒柴尞祭天也。引虞書至于岱宗祡。又尞、柴祭天也从火从昚。昚古文愼字。祭天所以愼也。瘞幽薶也。薶詳釋言。祭法燔柴於泰壇祭天也。瘞埋於泰折祭地也。覲禮祭山丘陵升、祭川沈。庪祭山曰庪縣。孫炎云埋於山足曰庪、埋於山上曰縣。郭註投祭水中或浮或沈。左襄十八年傳沈玉以濟。又昭二十四年傳王子朝以成周之寶圭湛於河。湛讀曰沈。孫炎云既祭布散於地似星布列也。說文磔禳祀除厲殃也。月令九門磔禳以畢春气。李巡云祭風以牲頭蹄及皮破之故曰磔。

啓蒙

祭風曰磔。 磔之爲言坼也廣雅坼磔俱訓開。

黄侃音訓

祭星曰布 郭注布散祭於地

案祭星有布名不見經傳、禮祭法幽宗祭星也、疑此布乃幽之叚字。說文丝部幽隱也、从山中丝、丝亦聲。巾部布枲織也、从巾父聲。徐鉉引孫愐唐韻幽於虯切。布博故切。古音凡平聲虞模幽尤侯、上聲麌姥有厚黝、去聲遇暮宥候幼、皆得通爲一韻、如膴謀詩大雅緜三章雨母詩鄘風蝃蝀二章奏侮詩大雅緜九章驅侯詩鄘風載馳一章臭孚詩大雅文王七章謀虎詩小雅巷伯六章之類不勝枚舉。易說卦傳以布韻母、文選東都賦以幽韻無、尤布幽音近之碻徵、音近斯得相叚。祭星以幽名者、鄭注星以昬始見也。郭注穿鑿言之、由不知布爲幽叚故。

董瑞椿日記

郭云布散祭於地注疏本脱祭。

校勘記

此其象十行本下有也字。

校勘記訂補

祭風曰磔。釋文磔、張格反。今本音責、非是。廣韻磔、陟格切、在二十陌。責、側革切、在二十一麥。二字不同音也。

注疏本正誤

(注)布散祭於地〇「地」下唐寫本有「也」字。《釋文》引同。

六行(注)今俗當火道中磔狗云止風此其象〇「火道」唐寫本、宋刻小字本及邢昺疏均作「大道」，當據正。又「此其象」唐本作「此其像也」。《御覽》卷五引作「此其象也」。「象」下亦有「也」字。《初學記》卷十二引《爾雅》注作「此其遺象」。

宋監本校箋

祭風曰磔今俗當大道中磔狗、云以止風、此其象。磔音責。

音圖・音

祭星曰布、祭風曰磔。責

孫侶直音

祭星曰布、祭風曰磔責以祭布露地故曰布。磔謂披磔牲體象風之散物因名。

楊氏音訓

磔陟格切

干氏音釋

是禷是禡師祭也

是禷是禡、師祭也。師出征伐、類於上帝、禡於所征之地。

郭注

是禷是禡師祭也者、是禷是禡、詩大雅皇矣篇文也。師祭也、作者所以解詩也。言用師出征之祭名也。

郭云師出征伐類於上帝禡於所征之地者、王制云天子將出征、類乎上帝、禡於所征之地是也。言類乎上帝、則類祭、祭天也。祭天而謂之類者、尚書夏侯歐陽說以事類祭之。在南方就南郊祭之。春官肆師注云、類禮依郊祀而爲之。是用尚書說爲義也。禡之所祭、其神不明。肆師云凡四時之大田獵祭表貉則爲禡。注云貉、師祭也。於立表處爲師祭、祭造軍法者、禱氣勢之增倍也。其神蓋蚩尤、或曰黃帝。又甸祝掌四時之田表貉之祝號、杜子春云貉兵祭也。田以講武治兵、故有兵祭。習兵之禮故貉祭、禱氣勢之十百而多獲。由此二注言之、則禡祭造兵爲軍法者、爲表以祭之。禡周禮作貉、貉又或爲貊字、古今之異也。貉之言百、祭祀此神、求獲百倍。

邢疏

是禷是禡師祭也

郭璞云、師出征伐類、於上帝、禡於所征之地。

一切注音

禷音類、經典作類。禡云駕反。

陸音義

禷音類。經典作類。〇禷字與說文合。

音義攷證

是類是禡師祭也

以我爲類而類焉、以彼爲可罵而後罵之。

新義

是禷是禡師祭也師出征伐、必禷于上帝、謂祭天也。禡於所征之地謂兵祭也。

鄭樵注

是禷是禡師祭也

郭璞曰、師出征伐、類於上帝、禡於所征之地。

鄭樵曰、師出征伐、必類于上帝、謂祭天也。禡於所征之地、謂兵祭也。

古注合存

周禮註云、鄭司農讀貉爲禡、杜子春讀貉爲百爾所思之百、亦或爲禡。疏云、書亦爲禡者、毛詩爾雅皆爲此字。疏又云、爾雅云是類是禡、故知貉爲師祭也。鄭云其神黃帝者、王制云天子將出類乎上帝。注云帝謂五德之帝，是黃帝以德配類。按此則禷卽類，類與禡，禡與貊同一祭也。禮記正義云舜之攝位亦類乎上帝，並非師祭，皆稱類者。蓋爾雅所釋多爲釋詩，以皇矣云是類是禡，止釋皇矣。類禡爲師祭，不謂餘文類皆爲師祭，但類者以事類告天，若以攝位事類告天，亦謂之爲類；若以巡守事類告天，亦謂之爲類，故異義。

禷玉篇亦作䫉。德輝按，原抄作䫉，硃筆校改作䫉。又眉批云䫉䫉俱無考。當是盧抱經校。

補注

是禷是禡師祭也 【注】師出征伐類於上帝禡於所征之地 【正義】此引大雅皇矣之文而釋之也。說文云：禷，以事類祭天神。禡，師行所止，恐有慢其神，下而祀之，曰禡。今本毛詩作是類，毛傳云：於內曰類，於野曰禡。類者，祭天神之名。虞書云：肆類于上帝。詩疏引夏侯歐陽說以事類祭之，在南方就南郊祭之。肆師云：類造上帝。後鄭云：爲兆以類禮，卽祭上帝也。類禮依郊祀而爲之者，是祭上帝也。小宗伯云：四類亦如之。後鄭云：四類，日月星辰，運行無常，以氣類爲之位。是祭日月星辰亦爲類也。小宗伯又云：凡天地之大戠，類社稷宗廟，則爲位。後鄭云：禱祈禮輕，類者依其正禮而爲之。是祭社稷宗廟亦爲類也。說文所謂以事類祭也。出師亦祭上帝，故太祝掌六祈以同鬼神元，一曰類。先鄭引爾雅師祭爲釋。司馬法曰：將用師，乃告于皇天上帝。是祭上帝於郊，尚未至所征之地，故毛傳謂在內曰類也。禡者，鄭注王制云：禡，師祭也，爲兵禱，其禮亦亡。肆師云：祭表貉則爲位。後鄭云：貉，師祭也。貉讀爲千百之百，於所立表之處爲師祭，造軍灋者，禱氣勢之增倍也。其神蓋蚩尤，或曰黃帝。又甸祝掌四時之田表貉之祝號。杜子春讀貉爲百爾所思之百。書亦或爲禡。兵祭也。甸以講武治兵，故有兵祭。後鄭云：田者習兵之禮，故亦禡祭，禱氣勢之十百而多獲。周禮以禡爲貉，聲之轉也。應劭漢書注云：至所征伐之地，表而祭之，謂之禡。禡者，馬也。馬者兵之首，故祭其先神也。案應氏以禡爲祭馬神，以禡字從馬而爲義耳。然下文既伯既禱，方是馬祭，禡爲師祭，不當專屬於馬。韋昭辯釋名云：馬武也。詩序云：桓，講武類禡也。桓武志也。因講武而類禡，則禡爲祭造軍法者是也。【注】師出至之地。○【正義】王制云：天子將出征，類乎上帝，禡於所征之地。郭氏約舉其文也。孔疏：類者，以事類告天。若以攝位事類告天，亦謂之爲類；若以巡守事類告天，亦謂之爲類，故異義。古尚書說：非時祭天謂之類。許愼謹案：周禮郊天無言類者，知類非常祭，從古尚書說。鄭氏無駮，與許同也。

正義

是禷是禡師祭也 師出征伐類於上帝禡於所征之地

禷者，說文云：以事類祭天神。書云：肆類于上帝。詩皇矣正義引尚書夏侯歐陽說：以事類祭之，天位在南方，就南郊祭之。周禮肆師注：類禮依郊祀而爲之。引大傳曰：柴于上帝。然則類者以類於郊祀而名也。然小宗伯云：四類亦如之。鄭衆注：四類，三皇五帝九皇六十四民咸祀之。鄭注：四類，日月星辰。小宗伯又云：凡天地之大烖，類社稷宗廟，則爲位。鄭注：類者依其正禮而爲之。是凡祭皆有類，惟類於上帝爲尊耳。類爲師祭者，王制云：天子將出征，類乎上帝是也。禡者，說文云：師行所止，恐有慢其神，下而祀之曰禡。引周禮曰：禡於所征之地。詩序云：桓，講武類禡也。皇矣傳於內曰類，於野曰禡。王制注：禡，師祭也，爲兵禱，其禮亦亾。按公羊莊八年傳：出曰祠兵。何休注：將出兵必祠於近郊。是祠兵卽禡祭，古禮猶未亾也。禡俗作貉。肆師云：祭表貉則爲位。鄭注：貉，師祭也。貉讀爲十百之百。於所立表之處爲師祭，造軍灋者，禱氣勢之增倍也。其神蓋蚩蚘，或曰黃帝。又甸祝云：掌表貉之祝號。杜子春讀貉爲百爾所思之百。書亦或爲禡。貉兵祭也。甸以講武治兵，故有兵祭。引詩及爾雅，然則禡本兵祭，因田獵習兵，故亦依倣爲之，實則禡宜於所征之地也。

義疏

是禷是禡貉**師祭也** 郭注：師出征伐，類於上帝、禡於所征之地。類卽迷也、米相似故爲象類人相似加首犬相似又加犬途相似則迷於行矣。禡从馬、軍祭也、祭黃帝蚩尤。

集解

是禷是禡師祭也 許愼說禷以事類祭天神也。此云師祭、蓋因欲識途而祭耳。禷从類、類頪也、卽迷也。米相似而難曉爲頪、因之犬相似加犬爲類。途相似而難識、祭之欲識途則爲禷矣。禮記、天子將出征、類乎上帝。以類爲之。禡、兵祭也。周禮作貉。肆師祭表貉則爲位。甸師、掌四時之田表貉之祝、均謂禡也。其神蚩尤、或黃帝。

義證

是禷是禡師祭也 禷音類、禡、亡駕反。

註師出征伐類于上帝禡于所征之地 補正 邢疏言類乎上帝、則類祭、祭天也。祭天而謂之類者、尙書夏侯歐陽說以事類祭之。春官肆師云、凡四時之田獵祭表貉、則爲位。註云貉、師祭也。於立表處爲師祭、祭造軍法者。又甸祝掌四時田表貉之祝號、杜子春云貉、兵祭也。臣鍫按、郊祀爲祭天之常、類則因災或出征祭天之名。禮王制、天子將出征、類乎上帝。周官小宗伯、凡天地大災、類社稷宗廟、則爲位。春官肆師類造上帝、註云類其禮依郊祀爲之是也。禡與貉同。

郭注補正

是禷是禡師祭也

師出征伐類於上帝禡於所征之地

明注疏本於改于。初學記引作類於上帝、禡於出征之地。

郭注佚存補訂

是禷是禡師祭也

禷者、說文云以事類祭天神。禡者、說文云師行所止恐有慢其神下而祀之曰禡。周禮曰、禡於所征之地。大雅皇矣是類是禡、毛傳云於内曰類、於野曰禡。鄭箋云類也、禡也、師祭也。正義云王制天子將出、類乎上帝、禡於所征之地。言類乎上帝則類祭祭天也。祭天而謂之類者、尙書夏侯歐陽說以事類祭之、天位在南方、就南郊祭之。春官肆師注云類禮依郊祀而爲之、是用尙書說爲義也。禡之所祭、其神不明。肆師注云禡、師祭也、祭造軍法、其神蓋蚩尤、或曰黃帝。鄭說類師在郊、此傳言於内曰類者、以禡於所征之地、則是國境之外、類之雖在郊、猶言境内、以二祭對文、故云於内曰類、於外曰禡。謂境之外内、内非城内也。周頌桓序云講武類禡也。鄭云類也、禡也、皆師祭也。正義云肆師類造上帝、注云造猶卽也、爲兆以類禮卽祭上帝也、類禮依郊祀而爲之、是用歐陽事類之說。言爲兆以祭上帝、則是隨兵所嚮就而祭之、不必祭於南郊、但所祭者是南郊所祭之天耳。正以言造故知就其所往、爲其兆位而祭之、不要在南郊、此言小異於歐陽也。禡之所祭、其神不明。肆師云凡四時之大田獵祭表貉、則爲位、注云、貉、師祭也。於立表處爲師祭造軍法者、禱氣勢之增倍也。又甸師掌四時之田表貉之祝號、杜子春云貉兵祭也。田以講武治兵、故有兵祭習兵之禮。由此二注言之、則禡祭造兵爲軍法者、爲表以祭之。禡、周禮作貉、貉又或爲貊字、古今之異也。

說詩

是禷是禡師祭也　釋文云禷、經典作類。案類省文。周禮注兩引春官大祝甸祝皆作類、詩正義十九之四周禮疏十九引亦作類。

匡名

是禷是禡、師祭也。既伯既禱、馬祭也。伯祭馬祖也、將用馬力、必先祭其先。禡伯聲通義異、亦可謂同字並見。方言隔、益也。隔與禡聲義益通。禱、說文作禂、云禱牲馬祭也、引詩既禡既禂、是伯亦通作禡也、與是類是禡名同義異、或出三家詩、與毛及爾雅義不同。爾雅與毛傳亦異義、爾雅以伯禱皆為禱馬、毛則以禱為禱牲、究之禱兼二義始備、爾雅與毛各舉一偏耳。段玉裁、郝懿行謂當云伯、馬祭也、臧鏞堂駁段以為非、是臧說是也。

黃侃音訓

是禷是禡　唐石經單疏本雪牕本同。釋文禷音類、經典作類。五經文字云、禷師祭名。五經及釋文皆作類、唯爾雅從示。按說文禷以事類祭天神、从示類聲。與此經字同。

類於上帝　單疏本雪牕本元本同。閩本監本毛本於改于。按此經作禷、注作類、爲異文之證。

是禷是禡師祭也者是禷是禡　注疏本禷改類。

類於上帝禡於所征之地者　元本同。毛本於改于、閩本監本上于下於。

凡四時之大田獵　注疏本脫大。

故有兵祭　浦鏜云下脫鄭曰二字。

校勘記

類於上帝　十行本禷於。

校勘記訂補

七行（注）類於上帝禡於所征之地○唐寫本「類」作「禷」，「地」下有「也」字。

宋監本校箋

是禷音類是禡音罵師祭也

音圖・音

是禷類是禡罵師祭也

孫愐直音

是禷同類是禡罵師祭也

楊氏音訓

禷類　禡罵

干氏音釋

既伯既禱馬祭也

既伯既禱、馬祭也。伯、祭馬祖也。將用馬力、必先祭其先。

郭注

既伯既禱馬祭也者、既伯既禱、詩小雅吉日篇文也。馬祭也、作者所以釋詩也。毛傳云伯、馬祖也。重物慎微、將用馬力、必先爲之禱其祖。禱、禱獲也。郭云伯祭馬祖也。將用馬力、必先祭其先。知伯是祭馬祖者、爲馬而祭、故知馬祖謂之伯者。伯、長也。馬祖始是長也。鄭注周禮云、馬祖、天駟也。上文云天駟、房也。彼注云、龍爲天馬、故房四星謂之天駟。馬、國之大用、王者重之、故夏官校人春祭馬祖、夏祭先牧、秋祭馬社、冬祭馬步。注云馬祖天駟、先牧始養馬者、馬社始乘馬者、馬步、神爲災害馬者。既四時各有所爲祭之馬祖祭之在春其常也。而將用馬力則又用彼禮以禱之。

邢疏

既伯既禱馬祭也

郭璞云伯祭馬祖也。將用馬力，必先祭其先。

一切注音

禱 丁老反，說文亦作禂，同。

陸音義

禱 說文亦作禂同○案說文禱告事求福也從示壽聲又禂禱牲馬祭也從示周聲詩曰既禡既禂則禱與禂不同此處當用禂字爲是。

音義攷證

既伯既禱馬祭也

既伯，若魯僖公是也。是類，若文王是也。既伯在我，既禱，禱彼；是類在我，是禡，禡彼。伯者，以我能主之類者，以爲不忝焉。

新義

既伯既禱馬祭也 伯，馬祖也。既伯既禱，言禱于馬祖，爲釋吉日之辭，故依本文重言既焉。

鄭樵注

既伯既禱馬祭也

郭璞曰：伯，祭馬祖也。將用馬力，必先祭其先。

鄭樵曰：伯，馬祖也。既伯既禱，言禱于馬祖，爲釋吉日之辭，故依本文重言既焉。

古注合存

是禷是禡師祭也既伯既禱馬祭也 禷類同。禡音[illegible]。此釋軍旅田獵之祭名也。註曰：王制云將出征，類于上帝，禡于所征之地。伯者，祭馬祖也。將用馬力，必祭禱其先也。疏曰：是類是禡，詩皇矣篇文。禡之所祭，或云蚩尤，或云黃帝。既伯既禱，吉日篇文。伯，長也。周禮夏官校人云春祭馬祖，鄭註云馬祖，天駟房星也。龍爲天馬，故蒼龍之次房四星謂之天駟。

注疏參義

既伯既禱馬祭也 註 伯祭馬祖也將用馬力必先祭其先。

正義 此引小雅吉日之文而釋之也。毛傳云：伯，馬祖也。重物愼微，將用馬力，必先爲之禱其祖。禱，禱獲也。夏官校人云：春祭馬祖，夏祭先牧，秋祭馬社，冬祭馬步。鄭註：馬祖，天駟也。孝經說曰：房爲龍馬。先牧，始養馬者。馬社，始乘馬者。馬步，神爲災害馬者。詩疏云：四時各有所爲祭之，馬祖祭之在春，其常也，而將用馬力，則又用彼禮以禱之。知伯是馬祖者，爲馬而祭，故知馬祖謂之伯。伯者，長也。馬祖始是長也。釋星名云：天駟，房也。天駟爲馬祖，詳見上文。說文引詩作既禡既禂。禂，禱牲馬祭也。

正義

既伯既禱馬祭也 伯祭馬祖也將用馬力必先祭其先。

伯者，詩吉日傳：伯，馬祖也。重物愼微，將用馬力，必先爲之禱其祖。禱，禱獲也。按：禱，說文作禂，云禱牲馬祭也。甸祝云：禂牲禂馬。杜子春云：禂，禱也。爲馬禱無疾，爲田禱多獲禽牲。引詩及爾雅爲釋。然則詩之既伯，是爲馬祭，即甸祝禂馬是也；詩之既禱，乃爲獲禽，即甸祝禂牲是也。爾雅主爲釋詩，當云伯馬祭也、禱禽祭也。今壹不言，直云馬祭也者，以馬爲重，故特釋之，不言禱禽，略可知也。此與釋訓徒御不驚輦者也文義正同，彼以輦者釋徒，不釋御，亦略之。

義疏

既伯禡既禱禂馬祭也

郭注伯祭馬祖也。將用馬力，必先祭其先。禱，周官作禂，蓋祈年者从壽，祈物者从周也。伯祭即禡祭耳，非祭馬祖也。耕不聞祭牛祖，馬何貴乎？此嫌禡之祀馬，故明禡即伯耳。

集解

既伯既禱馬祭也 伯，長也。與禡通用。伯云馬祭，即禡祭也，非斥祭馬祖言也。嫌禡爲祭馬，故明禡即伯耳。禱，告事求福也。周禮作禂，蓋人求福从壽，師求福則从周也。許愼說禂，禱牲馬祭也。因不識此經馬祭為禡祭而誤。周禮校人春祭馬祖，則馬祭矣。義與此異。

義證

既伯既禱馬祭也

【註】伯祭馬祖也將用馬力必先祭其先【補正】邢疏、毛傳云伯、馬祖也。重物慎微，將用馬力、必先為之禱其祖。禱，禱獲也。鄭註周禮云馬祖、天駟、房也。馬、國之大用、王者重之、故夏官校人春祭馬祖、夏祭先牧、秋祭馬社、冬祭馬步。

郭注補正

既伯既禱馬祭也。依字伯應作禡、禱應作禂。禱為求福字，非也。周禮甸祝表貉、杜子春讀為百爾所思之百、書或為禡、是禡即貉之讀為百與。百通伯、伯之為禡審矣。詩雅並用假借字。

錢氏古義

既伯既禱馬祭也

伯祭馬祖也將用馬力必先祭其先祖也

初學記作必先祭其祖。御覽引作必先祭其先祖也。今據補祖也二字。

郭注佚存補訂

既伯既禱馬祭也

禱，說文作禂、云禱牲馬祭也。引詩曰既禡既禂。或從馬壽省聲作𩧢。禱禂聲相近。周禮甸祝禂牲禂馬、杜子春云禂、禱也。案小雅吉日作既伯既禱。爾雅釋詩亦作伯，然則許所引既禡、當為既伯之誤。毛傳云伯、馬祖也。重物慎微將用馬力、必先為之禱其祖。禱、禱獲也。正義云、馬、國之大用、王者重之、故夏官校人春祭馬祖、夏祭先牧、秋祭馬社、冬祭馬步。注云馬、祖天駟。先牧始養馬者。馬社、始乘馬者。馬步、神為災害馬者。既四時各有所為祭之、馬祖祭之在春、其常也。而將用馬力、則又用彼禮以禱之。馬祖謂之伯、伯者長也、馬祖始是長也。

說詩

既伯既禱馬祭也　釋文云禱、說文亦作禂。案說文示部禱、告事求福也。从示𠷎聲。又禂、禱牲馬祭也。从示周聲。詩曰既禡既禂。或作𩧢、从馬𠷎省聲。今詩作禱者、以音近借用耳。　周禮注引甸祝。

匡名

是禷是禡師祭也既伯既禱馬祭也　此釋大雅皇矣小雅吉日之文也。說文禷、以事類祭天神。禡、師行所止、恐有慢其神、下而祀之曰禡。王制天子將出征、類於上帝、禡於所征之地。郭註、伯祭馬祖也。鄭云、馬祖、天駟也。禱、告事求福也。又禂、禱牲馬祭也。引詩既禡既禂。

啓蒙

禱　禂　釋文。禱說文亦作禂。同。案說文。禂禱牲馬祭也。是正字。禱告事求福也。是借字。

黃侃評本正名

是禷是禡師祭也　既伯既禱馬祭也

大雅作是類是禡。皇矣詩 杜子春讀貉爲百爾所思之百、書亦或爲禡、兵祭也。周禮甸祝表貉之祝號注 鄭司農云貉讀爲禡、謂師祭也。大司馬有司表貉注 小雅作既伯既禱。吉日詩 說文作既禡既禂。云禱牲馬祭也。示部 禂或從馬、壽省作騳。騳示部

既伯既禱、說文作既禡既禂。按說文示部禱云、告事求福也、從示壽聲、都浩切。又禂云、禱牲馬祭也、從示周聲、詩曰既禡既禱。都皓切。禱禂二字義殊。說文又云、禂或從馬、壽省聲作騳。則詩之禱或不省聲作驕爲得。

證異

〇既伯既禱馬祭也者　注疏本誤連上節。

重物愼微　元本脫微、閩本剜補、監本毛本掽入。

馬祖天駟上文云天駟　注疏本脫下五字。

校勘記

馬祖天駟房也　監本毛本同。湘本駟下衍上文云天駟五字。

注疏校勘札記

禱、說文作禂、玉篇作𩥎、音同。

音略

禘大祭也

禘、大祭也。五年一大祭。

郭注

禘大祭也者、經傳之文稱禘非一、其義各殊。論語云禘自旣灌、及春秋禘于太廟、謂宗廟之祭也。喪服小記云王者禘其所自出也、及大傳云禮不王不禘、謂祭感生之帝於南郊也。祭法云周人禘嚳而郊稷、謂祭昊天於圜丘也。以此比餘、𢧵爲大祭、揔得稱禘。宗廟謂之禘者、禘、諦也。言使昭穆之次審諦而不亂也。祭天謂之禘者、亦言使典禮審諦也。郭云五年一大祭者、出禮緯文、知非祭天之禘者、以此文下云繹又祭也、爲宗廟之祭、知此亦宗廟之祭也。

邢疏

禘大祭也

禘、五年一大祭也。禮記正義十二 公羊疏十二 郭同

孫音注

黃輯古義

禘大祭也

禘、五年一大祭也。禮記王制正義、春秋公羊傳僖三十一年疏

孫音注

玉函山房輯佚

禘大祭也

禘、五年大祭也。同公羊疏十三

鈎沉

禘大祭也

孫曰、禘、五年一大祭也。禮記正義十二 公羊疏十二 郭同

禘大祭也

孫炎云、禘、五年大祭也。公羊疏十三卷 郭璞云、五年一大祭。

漢注

一切注音

禘大祭也　孫炎云、禘、五年大祭也。王制正義

古注斠

禘　大計反。

陸音義

禘大祭也

禘在郊上、以此郊郊稷、禘則禘嚳焉。

新義

禘大祭也。禘，列序昭穆之祭。

鄭樵注

禘大祭也
孫炎曰、禘五年一大祭。
郭璞曰、五年一大祭。
鄭樵曰、禘列序昭穆之祭。

古注合存

禘大祭也。此釋大祭之名也。註曰、五年一大祭也。疏曰、喪服小記云、王者禘其所自出。大傳云、禮不王不禘。祭法云、周人禘嚳而郊稷。

注疏參義

按孫炎等註爾雅皆以禘爲五年一大祭。若左氏說及杜元凱皆以爲三年一大祭。三年之禘，卽大祫也，從左傳爲是。五年之禘，乃大禘也，從爾雅爲是。

補注

禘大祭也。註 五年一大祭。正義 說文云、禘、諦祭也。續漢志引張純云、禘之言諦也、是審諦之義。以夏四月陽氣在上、陰氣在下、故正尊卑之義。是禘祭所由命名也。禘禮昉自上古、魯語云、有虞氏禘黃帝而祖顓頊、與郊並重、故爲大祭。夏殷四時之祭、夏祭亦稱禘、故王制云、夏曰禘。至五年一祭、則謂之大禘。商頌序云、長發、大禘也。所以別於夏禘也。周改夏時祭曰礿、以禘爲大祭。周頌序云、雝、禘太祖也。鄭箋、禘、大祭也。鄭註禮記謂之殷祭、殷者、大也。喪服小記云、王者禘其祖之所自出、以其祖配之。大傳云、禮、不王不禘、王者禘其祖之所自出、以其祖配之。通典引禘祫志云、太王王季以上遷主、祭於后稷之廟、其坐位與祫祭同。文武以下遷主、若穆之遷主、祭於文王之廟、文王居室之奧、東面。文王孫成王居文王之東而北面、以下穆之王、直至親盡之祖、以次繼而東、皆北面、無昭主。若昭之遷主、祭於武王之廟、武王亦居室之奧、東面、而其昭孫康王亦居武王之東而南面、亦以次繼而東、直至親盡之祖、無穆主。其尸、后稷廟中、后稷尸一、昭穆尸名一。文王廟中尸一、穆尸共一。武王廟中武王尸一、昭尸共一。逸禮記、禘於太廟、禮云、毀廟之主、皆升合食而立二尸。韓詩內傳云、禘取毀廟之主、皆升食於太廟、是也。先儒釋大祭之義者、王肅引論語、孔子曰、禘自既灌而往者、吾不欲觀之矣。所以特禘者、以禘大祭、故欲觀其成禮也。袁準引國語曰、禘郊不過繭栗、烝不過把握、明禘最大、與郊同也。鄭箋以爲禘大於四時而小於祫也。杜佑云、聖人制禮、合諸天道、使不數不怠、故有四時之祭焉。而又設殷祭者、因天道之成、以申孝敬之心、用盡事終之禮。禘祫二禮、俱是大祭。又鄭註禮記、郊祭亦名禘。爾雅所記大祭、則專主宗廟之祭。下文云、繹又祭也、是爲祭於祖廟、不指郊天而言。註 五年一大祭。○正義 公羊疏引孫炎云、禘五年大祭也。是郭註所本也。說文引周禮曰、五年一禘。蓋禮緯文。公羊文二年傳云、五年而再殷祭。何休註殷、盛也、謂三年祫、五年禘。禘所以異於祫者、功臣皆祭也。祫猶合也。禘猶諦也、審諦無所遺失。周制、三年喪畢、禫祭之後、乃祫於太祖、亦謂之吉禘、春秋閔二年吉禘于莊公。禮記疏引賈逵云、禘者、遞也、審諦昭穆、遷主遞位、孫居王父之處也。祫之明年春、禘於羣廟、爾後五年再殷祭、一禘一祫、因以法五年再閏、天道大成也。禮記疏又引禘祫志云、春秋僖公三十三年十二月、薨、文公二年八月丁卯、大享於太廟。公羊傳云、大享者何、祫也。是三年喪畢、新君二年當祫、明年春禘於羣廟。僖公宣公八年皆有禘、則後禘去前禘五年、以此定之、則新君二年當祫、三年禘、自爾之後、五年而再殷祭、則六年當祫、八年當禘。又昭公十年齊歸薨、至十三年喪畢、當祫、爲平丘之會、冬、公如齊、至十四年祫、十五年禘。傳云、有事武宮是也。至十八年祫、二十年禘、二十三年祫、二十五年禘、昭公二十五年有事於襄宮是也。五年之禘、其時以夏。詩疏引崔靈恩云、禘以夏者、以審諦昭穆、序列尊卑、夏時陽在上、陰在下、尊卑有序、故太次第而祭之。故禘者諦也、第也。

正義

禘大祭也。五年一大祭

禘者、說文云、諦祭也。引周禮曰、五歲一禘。本禮緯文也。公羊文二年傳、五年而再殷祭。何休注以爲五年禘也。按禘之名、古多異說。有時祭之禘、則王制云、春曰礿、夏曰諦。祭義云、春禘秋嘗。鄭注竝以爲夏殷禮也。有殷祭之禘、則詩序云雝、禘大祖也。鄭箋禘、大祭也、大於四方而小於祫。又有郊祭之禘、亦詩序云長發、大禘也。鄭箋大禘、郊祭天也。祭法云有虞氏禘黃帝而郊嚳、鄭注此禘謂祭昊天於圜丘也。魯語韋昭注同金鶚禘祭考云禘祭有七、圜丘之祭爲最大、爾雅所謂大祭、蓋主圜丘之禘故在釋天篇中。孫炎郭璞皆以禘爲五年一大祭非也。孫注見邢正義按王制正義引鄭禘祫志云閔公之喪僖三年禘、禧六年祫、僖八年禘。凡三年喪畢、新君二年爲祫、新君三年爲禘。閔公二年五月吉禘于莊公、則祫當在吉禘之前、是鄭據禮緯三年祫五年禘之文以正魯禮之非、故王制注魯禮三年喪畢而祫於太祖、明年春禘於羣廟、自爾之後五年而再殷祭、一祫一禘、此鄭據魯禮云然耳、非通義也。實則魯禘非禮、春秋書之皆以示譏。杜預不知此意、見經所書便以爲禮、故僖八年禘于太廟注云禘、三年大祭之名。此妄說也。王制正義曲㫬杜說、以爲祫即禘也、尤謬。

義疏

禘大祭也郭注、五年一大祭。記、不王不禘。新主已徧祫四廟、至五年祭時、以新主及羣主皆合祭於太祖、故大之也、非新王無禘、舊說皆誤。

集解

禘大祭也禮、不王不禘。新主已徧祫四廟、至五年祭時、以新主及羣主均合食於大祖、故云大祭。說文引周禮云五年一禘、公羊傳五年而再殷祭、均謂此也。王制夏禘則時祭耳。

義證

禘大祭也

註五年一大祭補正邢疏經傳之文稱禘非一、其義各殊。論語云禘自既灌、及春秋禘於太廟、謂太廟之祭也。喪服小記云王者禘其所自出也、及大傳云禮不王不禘、謂祭感生之帝於南郊也。祭法云周人禘嚳而郊稷、謂祭昊天於圜丘也。以此比餘處爲大祭、總得謂禘。宗廟謂之禘者、禘、諦也。言使昭穆之次審諦而不亂也。祭天謂之禘者、亦言使典禮諦也。郭云五年一大祭者、以此下文繹又祭也、此亦宗廟之祭也。

郭注補正

禘大祭也

五年一大祭也

御覽引作五年一祭也。今據補也字。

郭注佚存補訂

禘大祭也

說文云禘、諦祭也。引周禮曰五歲一禘。諦爲夏殷四時之夏祭、周易夏禘爲礿而以禘爲大祭、與祫並重。周頌雝序云禘、大祖也。鄭云禘、大祭也、大於四時而小於祫。大祖謂文王也。正義云禮記祭法禘嚳而郊稷、禘謂祭天圜丘也。大傳曰王者禘其祖之所自出、禘謂祭感生之帝於南郊也。然則圜丘與郊亦爲禘祭、知釋天所云非祭天者、以爾雅之文既云繹又祭、是宗廟之祭、故知禘亦宗廟之禘也。宗廟尚爲大祭、則郊丘大祭可知、故鄭志云禘、大祭、天人共之是也。禘既大祭而得小於祫者、以四時之外特爲此祭、大於四時、故云大祭。但此大祭五年再爲、一則合聚祭之、一則各就其廟、故以合祭爲祫、就廟爲禘。禘尚大祭、祫大可知、故鄭每云五年再殷祭。殷大也、謂祫禘二者俱爲大祭也。禮緯言三年一祫五年一禘、每於五年之内爲此二禮。據其年端數之故言三年五年耳。其實禘祫自相距各五年、非祫多而禘少也。商頌長發序云大禘也、鄭云大禘、郊祭天也。禮記曰、王者禘其祖之所自出、以其祖配之、是之謂也。正義云、禘者祭天之名、謂殷王高宗之時、以正歲之正月祭其所感之帝於南郊。王肅以大禘爲殷祭、謂禘祭宗廟非祭天也。周頌昊天有成命序云郊祀天地也、正義云、於南郊祀所感之天神、與長發同義。此經所釋乃五年大禘就廟而祭、義各有在、故孫炎郭璞皆云五年大祭也。　**說詩**

○禘大祭也者　注疏本誤連上節。

及春秋禘于太廟謂宗廟之祭也　元本同、毛本于改於、宗廟改太廟、閩本監本作于。

謂祭昊天於圜丘也　元本同、閩本監本毛本圜改圓。

摠得稱禘　元本稱誤稷、閩本監本毛本改謂。

亦言使典禮審諦也　注疏本脫審。

出禮緯文　注疏本緯誤記。　**校勘記**

喪服小記云王者禘其所自出也　案禮記云、禘其祖之所自出、此脫祖之二字。

知此亦宗廟之祭也　毛本湘本同。監本也誤者。　**注疏校勘札記**

八行(注)五年一大祭○唐寫本「祭」下有「也」字。　**宋監本校箋**

第　禘、大祭也、　**孫侶直音**

繹又祭也周曰繹商曰肜夏曰復胙

繹又祭也。祭之明日、尋繹復祭。周曰繹、春秋經曰壬午猶繹。商曰肜、書曰高宗肜日。夏曰復胙。未見義所出。　**郭注**

繹又祭也者、又復也。繹、復祭之名也。郭云、祭之明日、尋繹復祭。公羊傳云、繹者何、祭之明日也。穀梁傳云、繹者祭之旦日之享賓也。天子諸侯謂之爲繹。少牢饋食大夫之禮也、謂之賓尸、與祭同日。若然、是亦與賓尸事不同矣。而詩頌絲衣序云繹賓尸者、繹祭之禮主爲賓事此尸、但天子諸侯禮大、異日爲之、別爲立名謂之爲繹、言其尋繹昨日。卿大夫禮小、同日爲之、不別立名、直指其事、謂之賓尸耳。此序言繹者、是此祭之名、賓尸是此祭之事、故特詳其文也。然又祭之名、三代各異、周名繹、商名肜、夏名復胙。郭云春秋經曰壬午猶繹者、宣八年經文也。又云書曰高宗肜日、周書篇也。孫炎云、肜者、相尋不絕之意。夏曰復胙者、郭云未見義所出、以夏之典訓無言復胙名者、是未見義所出也。詩傳及詩箋亦無此一句。說者云、胙是祭肉也、以祭之旦日復陳其祭肉以賓尸也。未知然不。祭名者、以題上事也。　**邢疏**

繹又祭也

明日復祭曰又祭。詩正義十九之一　**李注**

繹又祭

爾雅詁林 八 釋天

祭之明日、尋繹復祭也。（書正義十 春秋正義二十二 公羊疏十五）

周曰繹、商曰肜、夏曰復胙（註見韻會十一陌。）

肜者相尋不絕之意。（詩正義十九之四 書正義十 邢疏）

孫音注

夏曰復胙

公羊徐彥疏云、諸家爾雅悉無此言。

衆家注

黃輯古義

繹又祭也

明日復祭曰又祭。（詩周頌絲衣正義）

李注

繹又祭也

祭之明日、尋繹復祭也。（書高宗肜日正義 春秋左傳宣八年正義 春秋公羊傳宣八年疏）

周曰繹商曰肜夏曰復胙

肜者、相尋不絕之意。（邢疏 書高宗肜日正義 詩周頌絲衣正義）

孫音注

玉函山房輯佚

繹又祭也

明日復祭。李注（詩疏十九之四） 祭之明日、尋繹復祭。孫注（公羊疏十五）

鉤沉

繹又祭也

李曰、明日復祭曰又祭。（詩正義十九之一）

孫曰、祭之明日、尋繹復祭也。（書正義十 春秋正義二十二 公羊疏十五）

周曰繹商曰肜夏曰復胙

孫曰、肜者、相尋不絕之意。（詩正義十九之四 書正義十 邢疏）

漢注

繹又祭也

李巡云、繹、明日復祭曰又祭。（詩正義十九之四卷） 孫炎云、祭之明日尋繹復祭。（公羊疏十五卷 書正義十卷） 郭璞云、祭之明日、尋繹復祭。

周曰繹

郭璞云、春秋經曰壬午猶繹。

商曰肜

孫炎云、肜者亦相尋不絕之意。（書正義十卷 詩正義十九之四卷）

郭璞云、書曰高宗肜日。

夏曰復祚（案書高宗肜日傳詩絲衣箋公羊宣八年解詁引爾雅俱無此句。公羊疏十五卷云、諸家爾雅悉無此言、郭本有之。）

郭璞云、未見義所出。

一切注音

繹又祭也 李巡云、繹、明日復祭曰又祭。（詩絲衣正義） 孫炎云、祭之明日、尋繹復祭也。（公羊宣八年傳正義）

商曰肜 孫炎曰、肜者亦相尋不絕之意。（詩絲衣正義）

夏曰復胙

蕙心案、徐彥公羊疏云、諸家爾雅悉無此句、郭本有之。釋文胙作昨。

古注斠

繹（以石反。五經及爾雅皆作此字、本或作釋。字書爲繹繹二字同。下同。） 復祭（扶又反。下注不復同。） 肜（余終反。） 夏曰（戶雅反。） 復（音服。） 昨（才各反。本又作祚、亦作胙、同。才故反。祚、福也。胙、祭肉也。於義並同。）

陸音義

繹

字書爲鐸鐸二字。○案鐸字疑譌、毛詩絲衣音義云繹、字書作釋。**復昨** 本又作祚、亦作胙。祚、福也。胙、祭肉也。於義竝同。○案所言二義皆曲、賈公彥云、復昨者、復昨日之胙祭。楊士勛云、謂之復昨者、復前日之禮也。當從二家作本字讀。今注疏本作胙。改刪釋文、非。

音義攷證

繹又祭也周曰繹商曰肜夏曰復胙

復胙、復昨日之胙。肜、飾其物。繹、尋其義。戴芟、良耜言祭社稷、則絲衣固靈星之祠也。社稷言祈、言報、靈星言繹、亦互相挾。亦、原本作立、恐誤。从孫氏志祖改。

新義

繹又祭也 祭之明日、尋繹復祭。周曰繹商曰肜夏曰復胙 宣八年壬午猶繹。商書高宗肜日。復胙未見所出。

鄭樵注

繹又祭也

李巡曰、繹、明日復祭曰又祭。

孫炎曰、祭之明日、尋繹復祭也。

郭璞曰、祭之明日、尋繹復祭。

鄭樵曰、祭之明日、尋繹復祭。

周曰繹

郭璞曰、春秋經曰壬午猶繹。

鄭樵曰、宣八年壬午猶繹。

商曰肜

孫炎曰、肜者相尋不絕之意。

郭璞曰、書曰高宗肜日。

鄭樵曰、商書高宗肜日。

夏曰復胙

郭璞曰、未見義所出。

鄭樵曰、復胙未見所出。

古注合存

繹又祭也周曰繹商曰肜夏曰復胙 肜音容、復扶又反。○此釋再祭之名也。注曰、祭之明日尋繹復祭也。春秋、壬午猶繹。商書云、高宗肜日。復胙未詳。疏曰、詩絲衣序云、繹祭之禮、主爲賓尸。但天子諸侯別立名爲繹、言其尋繹此祭也。大夫不別立名、直言其賓尸耳。復胙未明其義。或曰、胙、祭肉也。以祭之旦日復陳祭肉以賓尸也。

注疏參義

公羊傳注、殷曰肜、周曰繹。疏云、釋天文。案郭氏爾雅其下文仍有夏曰復胙之文、而何氏不言之者、正以諸家爾雅悉無此言、故不引之。

補注

繹又祭也【註】祭之明日尋繹復祭　周曰繹【註】春秋經曰壬午猶繹　商曰肜【註】書曰高宗肜日　夏曰復胙【註】未見義所出

【正義】此釋繹爲復祭、因以別三代之異名。祊之名、有虞三代同之。繹祭則三代各自爲名也。○繹又祭也。○祭之來日、又祭謂之繹、又謂之賓尸、又謂之祊。周頌序云、絲衣、繹賓尸也。鄭箋、繹、又祭也。天子諸侯曰繹、以祭之明日。卿大夫曰賓尸、與祭同日。何休公羊註云、禮、繹祭、昨日事、但不灌地降神爾。天子諸侯曰繹、大夫曰賓尸、士曰宴尸、去事之殺也。必繹者、尸屬昨日、配先祖食、不忍輒忘、故因以復祭。禮則無有誤、敬慎之至。詩疏云、今少牢饋食禮者、卿大夫之祭禮也。其下篇有司徹云、若不賓尸、註云、不賓尸謂下大夫也。以言若不賓尸、是對有賓尸者。有司徹所行即賓尸之禮、是即大夫曰賓尸。按其禮非異日之事、故知與祭同日。然則天子諸侯謂之繹、卿大夫謂之賓尸、是繹與賓尸事不同矣。而序云繹賓尸者、繹祭之事主爲賓事、此尸但天子諸侯禮大異日爲之、別爲立名謂之爲繹、言其尋繹昨日。卿大夫禮小、同日爲之、不別立名、直指其事、謂之賓尸耳。序言繹者、是此祭之名、賓尸是此祭之事、故特詳其文也。是繹即賓尸也。禮器云、爲祊乎外。鄭註祊祭、明日之繹祭也。謂之祊者、以於廟門之傍、因名焉。釋文繹、本或作禪。○周曰繹。○何休公羊註云、周曰繹、繹者、据今日道昨日、不敢斥尊言之文意也。楊士勛穀梁疏云、謂之繹者、繹陳昨日禮也。○商曰肜。○詩疏引孫炎云、肜者亦相尋不絕之意。何休云、般曰肜、肜者、肜肜不絕、据昨日道今日、斥尊言之質意也。賈公彥儀禮疏云、肜者取肜肜祭不絕。楊士勛云、謂之肜者、肜是不絕之意也。○夏曰復胙。○詩鄭箋及何休公羊註引爾雅俱無此句、徐彥疏云、諸家爾雅悉無此言、郭本有之。賈公彥云復胙者復昨日之胙祭。楊士勛云謂之復胙者、復前日之禮也。○釋文云昨本又作祚、亦作胙、福也。胙祭肉也。義竝同。註祭之至復祭。○**正義** 詩疏引李巡云、明日復祭。公羊疏引孫炎云、祭之明日尋繹復祭。郭註本孫炎。○春秋至猶繹。○**正義** 宣八年經文。公羊傳云、繹者何、祭之明日也。穀梁傳云、繹者、祭之旦日之享賓也。杜預左傳註云先日辛巳有事於太廟是也。○書曰至肜日。○**正義** 商書篇名。案肜與融同、融者、明也。故祭之明日爲肜日。

正義

繹又祭也

玉案、祭義云、詩曰明發不寐、有懷二人、文王之詩也。祭之明日、明發不寐、饗而致之。孝子之心、當正祭之後思慕無已、故於祭之明日、尋繹復祭、此繹祭所由起也。禮徵明發、識繹祭之義矣。明發當作繹之晨、鄭注以爲繹之夜、似覺未妥、姑附識於此。

補注殘本

繹又祭也　玉案祭義曰、詩云明發不寐、有懷二人、文王之詩也。祭之明日、明發不寐、饗而致之、又從而思之云云。孝子之心、思慕無已、故于正祭之明日、尋繹復祭、謂之爲繹。禮徵明發、識繹祭之義矣。

校議

繹又祭也祭之明日尋繹復祭**周曰繹**春秋經曰壬午猶繹**商曰肜**書曰高宗肜日**夏曰復胙**未見義所出

禘之名、四代所同、繹則三代異名。繹者、繹詁云陳也、方言云長也、白虎通封禪篇云繹、繹者無窮之意也。是繹、繹取尋繹不絕、故曰又祭。詩絲衣序繹賓尸也、鄭箋繹又祭也、天子諸侯曰繹、以祭之明日、卿大夫曰賓尸、與祭同日。知繹以明日者、春秋宣八年經云辛巳、有事于大廟、仲遂卒于垂、壬午猶繹、然則辛巳壬午正得二日、故公羊傳繹者何、祭之明日也。詩正義引李巡曰、繹明日復祭曰又祭。左傳正義引孫炎曰、祭之明日尋繹復祭也。何休注、禮繹祭昨日事、但不灌地降神爾。禮器云爲祊乎外、鄭注祊祭明日之繹祭也。謂之祊者於廟門之旁、因名焉。有司徹注天子諸侯明日祭於祊而繹。是皆繹之禮與其地也。釋文、繹或作襗字、書爲䭞鐸二字。竝俗作。○知周曰繹者、絲衣言繹、列於周頌、春秋書繹、猶秉周禮。郊特牲云繹之於庫門內、孔子曰失之矣、莛亦譏時人也。○肜者融之叚音也。書云高宗肜日、絲衣箋商謂之肜、是釋文肜作融、是也。釋詁融長也、方言融與繹俱訓長、融繹義同。詩正義引孫炎曰肜者亦相尋不絕之意。公羊注肜者、肜肜不絕、是皆以肜爲融、故左氏隱元年傳其樂也融融、文選思玄賦作肜肜、李善注融與肜古字通也。○夏曰復胙者、絲衣箋及公羊注引爾雅竝無此句、徐彥疏云諸家爾雅悉無此言、故不引之、然則此句獨郭本有之也。釋文胙本作昨、又音祚。

義疏

繹又祭也周曰繹商曰肜夏曰復昨胙　李注、繹、明日復祭曰又祭。孫注、祭之明日、尋繹復祭也。肜者亦相尋不絕之意。郭注、春秋經曰壬午猶繹。書曰高宗肜日。復昨未見義所出。徐彥說諸家爾雅悉無夏曰復昨。說文以疊日爲昨、由此也。加肉爲胙、阼、階名、亦由此。肜从彡舟、更進之意。睪與尋同意。

集解

祭也。繹抽絲也。與尋同意。論語繹之爲貴、馬注訓尋。祭名繹者、謂明日尋繹復祭也。詩絲衣序、繹賓尸也。公羊宣八傳繹者祭之明日也是也。

周曰繹商曰肜肜、从舟彡、船行也、有前進之義。與繹意同。或謂爲融之或體誤矣。書高宗肜日、謂商之又祭。

夏曰復胙徐彥說諸家爾雅悉無夏曰復胙、然則此句惟郭本有之也。胙祭福肉也。復胙者則有重胙意、而爲又祭矣。說文曡日爲昨義、亦類是。

義證

夏曰復胙　釋文本胙作昨。春秋經宣公八年猶繹、公羊傳曰、繹者何、祭之明日也。溯後爲明日、溯前乃爲昨日、故何休註曰尋繹昨日、因以復祭。周曰繹者、据今日道昨日。殷曰肜者、肜不絕、据昨日道今日也。殷周名俱取復繼昨日爲義、而夏直据事立名耳。公羊疏及書高宗肜日疏皆謂諸家爾雅無此一句、惟郭本中有。祭名與講武旌旂三章俱非天類而繫于釋天、邢氏强爲之說、義殊不了。愚謂古爾雅當更有釋禮一篇與釋樂篇相隨、此三章乃釋禮文之殘缺失次者耳。漢志爾雅二十篇、今惟十九、所少或卽此篇。

補郭

繹又祭也

註祭之明日尋繹復祭〔補正〕邢疏、公羊傳云、繹者何、祭之明日也。穀梁傳云、繹者祭之旦日之享賓也。天子諸侯謂之爲繹。少牢饋食大夫之禮也、謂之賓尸、與祭同日、若然是亦與賓尸事不同矣。而詩頌絲衣序云繹賓尸者、繹祭之禮主爲賓事此尸、但天子諸侯禮大、異日爲之、別爲立名謂之爲繹、言其尋繹昨日。卿大夫禮小、同日爲之、不別立名、直指其事、謂之賓尸耳。此序言繹者是此祭之名、賓尸是此祭之事。

商曰肜

註書曰高宗肜日〔補正〕邢疏、孫炎曰、肜者相尋不絕之意。

夏曰復胙

註未見義所出〔補正〕邢疏、說者云胙是祭肉也、以祭之旦日、復陳其祭肉以賓尸也。未知然否。

郭注補正

繹又祭也

祭之明日尋繹復祭之也

唐殘本玉篇食部饆下引爾雅、饆又祭也、郭璞曰祭之明日、尋饆又祭之也。樹枏案、釋文云、繹、字書爲饆。字書當卽指玉篇。今據補之也二字。

周曰繹

春秋經曰壬午猶繹

唐殘本玉篇引作春秋壬午猶饆是也。

商曰肜

音蝙　書曰高宗肜日

御覽引爾雅曰、商曰肜、音蝙。書曰高宗肜日。樹枏案、御覽引爾雅自春祭曰祠至夏曰復昨注皆與郭同、此注多音蝙二字、蓋亦郭注而今本刪之、據補。

郭注佚存補訂

繹又祭也周曰繹商曰肜夏曰復胙

繹者，周頌絲衣序云繹賓尸也。鄭云繹，又祭也。天子諸侯曰繹，以祭之明日，卿大夫曰賓尸，與祭同日。周曰繹，商謂之肜。正義云李巡曰繹，明日復祭曰又祭。知天子諸侯同名曰繹，以祭之明日者，宣八年六月辛巳，有事於太廟，仲遂卒於垂，壬午猶繹。有事，謂祭事也。以辛巳日祭，壬午而繹，是魯爲諸侯用祭之明日。此則天子之禮同名曰繹，故公羊傳曰繹者何？祭之明日也。知卿大夫曰賓尸者，今少牢饋食禮，卿大夫之祭禮也，其下篇有司徹云若不賓尸，注云不賓尸謂下大夫也。以言若不賓尸，是對有賓尸者。有司徹所行，卽賓尸之禮，是卿大夫曰賓尸。案其禮，并異日之事，故知與祭同日。天子諸侯禮大，異日爲之，別爲立名，謂之爲繹，言其尋繹昨日。卿大夫禮小，同日爲之，不別立名，直指其事，謂之賓尸耳。周曰繹，商謂之肜者，因繹又祭，遂取繹天以明異代之禮別也。孫炎曰，肜者亦相尋不絕之意。尚書有高宗肜日，是其事也。夏曰復胙，絲衣箋及公羊注引爾雅皆無此句，徐彥疏云諸家爾雅悉無此言，故不引之，郭本有之。釋文云胙本作昨。邢疏云說者曰胙，祭肉也，以祭之旦日復陳其祭肉以賓尸也，未知然不。

說詩

夏曰復胙（胙，釋文作昨。案有司徹疏云，復胙者，復昨日之胙祭。）

疏殷以上則礿禘嘗蒸（嘗蒸字誤倒。）春曰禴冬曰蒸（禴，禮記作礿。蒸作烝，下詩禴祠蒸嘗同。）周以禘爲殷祭更名春祭曰祠（脫下祭字。）瘞埋於泰折（折誤圻。）以薶沉祭山林川澤（薶，周禮作貍。）按中山經云（下案經有凡薄山之首自甘棗之山至于鼓鐙之山凡十五山、六千六百七十里云云。）順其性之含藏（含，毛本誤舍。）既祭布散祭於地（脫下祭字。）一是類是禡師祭也者（類，當作纇。）以事類祭之云位在南方（脫云位二字。）凡四時之大田獵（脫大字。田，經作句，注句讀曰田。）其神蓋蚩尤（尤，周禮注作蚘。）鄭曰習兵之禮故貉祭（脫鄭曰二字。貉，注作禡。）伯者長也馬祖始是長也（伯者二字誤倒。）鄭註周禮云馬祖天駟（四下脫上文云天駟五字，從續通解校。）孫炎云龍爲天馬（孫炎誤彼註。）王者禘其祖之所自出（下也字衍，脫祖之二字。）以此比餘處爲大（下當脫故爲大祭祭宗廟祭天九字。）祭總得謂禘（祭，衍字。謂，續通解作稱。）亦言使典禮審諦也（脫審字。）郭云五年一大祭者出禮緯文（緯誤記。從儀禮經傳通解校。）爲宗廟之祭（上當脫繹字。）

注疏正字

肜　詩絲衣箋曰、商謂之肜。詩釋文云、融餘戎反。尚書作肜、據此是鄭君所見爾雅本肜作融矣。肜融同部通借字。或從肉俗字也。玉篇以肜爲肜、謬矣。

小箋

繹又祭也　釋文云、繹、五經及爾雅皆作此字、本或作襗、字書爲鐸鐸二字同。案从亓从食者皆俗字、从金者義異、當从系旁作。　儀禮注引有司徹。

商曰肜　錢少詹曰、肜字見於尚書爾雅、而說文肉部無之。舟部有肜字、云船行也从舟彡聲。即高宗肜日之肜。玉篇舟部肜訓祭又訓舟行、足徵肜繹字从舟不从肉。六朝人尚識古文、此必顧野王元本、非唐以後人所能附益。元照案、玉篇類篇肉部尚無肜字、而石經於肉旁作月、於舟旁作月、秩然不淆。今肜字偏旁作月、其爲从舟灼然無疑、五經文字肜字亦在舟部。　肜通融。周頌絲衣箋云、周曰繹、商謂之融。正義作肜、今據釋文。則鄭讀爾雅作融。思元賦展洩洩以肜肜、此用左傳、今左傳作融融、此通用之徵。

夏曰復胙　釋文云、昨本又作祚、亦作胙。石經單疏本作胙、儀禮疏有司徹引作胙。案說文肉部、胙祭福肉也、从肉乍聲。臣鉉等曰、今俗別作祚、非是。　尚書高宗肜日傳云、殷曰肜、周曰繹。正義曰、釋天又云夏曰復胙、或無此一句、孔傳不言於義非所須、或本無此事也。公羊解詁宣八年云殷曰肜周曰繹、疏曰郭氏爾雅下文有夏曰復胙之文、何氏不言者、正以諸家爾雅恐無此言。元照案、據此兩疏、則舊本無此一句、郭注亦云未見義所出、是此句元不當有也。然釋文於郭本之與衆家本異者、皆申明之、此獨略而不言、何歟。

匡名

禘大祭也繹又祭也周曰繹商曰肜夏曰復昨　說文禘、大祭也。引周禮五年一禘。魯語、有虞氏禘黃帝而祖顓頊。與郊並重、故爲大祭。夏殷四時之祭、夏祭亦稱禘、五年一祭則謂之大禘。商頌序、長發大禘也。所以別於夏禘也。郭註祭之明日尋繹復祭。周頌序絲衣、繹賓尸也。箋繹、又祭也。商書高宗肜日、揚士勛云、肜是不絕之意也。賈疏、復昨者、復昨日之胙祭。釋文昨本又作祚、亦作胙、祀福也。徐鉉曰、凡祭必受胙、胙即福也。

啓蒙

肜　肜　阮氏校勘記。釋文肜余終反。五經文字舟部肜音融。案說文舟部肜、船行也。从舟。彡聲。丑林切。玉篇肜、余弓切。爾雅云。祭也。又丑林切。舟行也。書正義引孫炎注云、肜者相尋不絕之意。即尋不絕。與船行義合。古人詁訓每取聲相近者。肜與尋同在二十一侵。彡聲自以丑林切爲正。余終反乃其轉音。古冬韻與侵聲最相近也。肜乃肜之變形、蟲古同聲、蟲聲有融、則肜亦可讀肜也、但義當爲融、炊气上出。引申爲相尋不絕。

黃侃評本正名

繹又祭也。祭之明日、尋繹復祭。　說文繹、抽絲也。釋山屬者嶧、嶧與繹聲義俱近。

商曰肜　肜乃肜之變、猶融从蟲聲。字正當作融、炊气上出、引申爲相尋不絕之義。錢大昕說、玉篇舟部肜引爾雅云祭也、余弓切、又舟行也、丑林切、則以爲肜字之變。案肜肜並从彡聲、故孫炎以尋釋肜。彡聲在覃部、讀入東部。猶風从凡聲而讀入東韻也。然則肜繹猶言尋繹矣。臧鏞堂云、相尋不絕、與船行義合。

黃侃音訓

夏曰復胙

釋天祭名夏曰復胙、郭註未見義所出。愚按、穀梁楊疏曰、復胙者、復前日之禮也。有司徹賈疏云、復胙者、復昨日之胙祭。

義疑

繹又祭也　夏曰復胙

釋文、繹本或作襗。釋天釋文 字書爲䭞鐸二字、同。釋天釋文 釋文作夏曰復昨。才各反。釋天釋文 儀禮疏作夏曰復昨、云復昨日之胙。有司徹疏 釋文本又作祚、福也 亦作胙。祭肉也。釋天釋文 穀梁疏作夏曰復胙。從肉、云復前日之禮。宣八年疏

夏曰復胙、鄭氏緇衣詩箋、何休公羊宣八年傳注、引爾雅俱無此句。徐彥疏云、諸家爾雅悉無此言、郭本有之。

證異

商曰肜、孫炎曰肜者相尋不絕之意。案肜與融同。隱元年左傳、其樂也融融。文選思元賦展洩洩以肜肜、注云肜與融古字通。方言、融長也、宋衛荆吳之間曰融。白虎通義號篇云、融者續也。五行篇云、祝融者屬續也。續者相尋不絕之意、與繹取尋繹義同。何休公羊注云、肜者肜不絕。此孫炎所本。緇衣序箋商謂之肜、陸德明釋文作融、云尙書作肜。

胡氏古義

商曰肜　雪牕本注疏本同。釋文肜、余終反。唐石經肜作彤。五經文字舟部肜音融。按說文舟部彤、船行也、从舟彡聲。丑林切。玉篇彤、余弓切、爾雅云祭也。又丑林切、舟行也。詩書正義引孫炎注云、彤者相尋不絕之意。相尋不絕與船行義合。古人詁訓每取聲相近者、彤與尋同在二十一侵、彡聲以丑林切爲正、余終反乃其轉音。古冬韻字與侵韻最相近也。或以此祭名字當從肉音融者、誤。

夏曰復胙　唐石經雪牕本注疏本同。釋文昨、才各反、本又作祚、亦作胙同。才故反、祚福也、胙祭肉也。於義並同。按此說非也。復昨者、復昨日之祭也。上文繹又祭也、孫郭注並云祭之明日尋繹復祭、可證周曰繹、商曰肜、皆又祭之義。此與肜字從肉之謬說正同、當從陸本訂正。

未知然不祭名者以題上事也　注疏本脫下八字。不字元本同、閩本監本毛本改否。

校勘記

賓尸是其祭之事　毛本湘本其作此。據上句繹者是其祭之名、作此是。

肜日相尋不絕之意也　監本毛本湘本肜日作肜者也、作夏屬下句。

注疏校勘札記

繹又祭也〇唐寫本「繹」作「襗」。《釋文》字作「繹」，注云：「《五經》及《爾雅》皆作此字，本或作襗。字書爲䭞、襗二字同。」原本《玉篇》殘卷食部「䭞」下引「《爾雅》：䭞又祭也。」字作「䭞」。

（注）祭之明日尋繹復祭〇唐寫本「祭」下有「之」字。原本《玉篇》殘卷食部「䭞」下引作「祭之明日尋䭞又祭之也。」

十四上（八五）

一行周曰繹（注）春秋經曰壬午猶繹〇「繹」唐寫本作「襗」，注同。原本《玉篇》殘卷食部「䭞」下引「《爾雅》：周曰䭞」，引注文作「春秋壬午猶䭞是也」。

商曰肜〇唐寫本同。原本《玉篇》「䭞」下引「肜」字作「融」。

夏曰復胙〇「胙」，《釋文》作「昨」，云：「本又作祚，亦作胙。」

阮元《爾雅校勘記》云：「復昨者，復昨日之祭也。」郝氏《義疏》云：「《緇衣》箋及《公羊》注引《爾雅》並無此句，徐彥疏云：諸家《爾雅》悉無此言，故不引之。然則此句獨郭本有之也。」案原本《玉篇》「䭞」下引亦無此句。

二行(注)未見義所出○唐寫本「出」下有「也」字。

宋監本校箋

商曰肜 書曰高宗肜日肜音容 夏曰復胙 未見義所出胙音胙

音圖・音

繹又祭也。亦 周曰繹，商曰肜，佟同 夏曰復胙。祚

孫侶直音

繹又祭也周曰繹商曰肜夏曰復胙 祚

楊氏音訓

肜 融

干氏音釋

祭名

釋天地圖

贊曰：祭地肆瘞，郊天致禋，氣升太一，精淪九泉，至敬不文，明德惟鮮。

王輯圖贊

祭天地

祭地肆瘞，郊天致禋，氣升太一，精淪九泉，至敬不文，明德惟鮮。藝文類聚一 初學記一

嚴輯圖贊

天地圖

祭地肆瘞，郊天致烟，氣升太一，精淪九泉，至敬不文，明德惟鮮。○初學記一

錢輯圖贊

祭名 郭氏讚曰：祭地肆瘞，郊天致禋，氣升太一，精淪九泉，至敬不文，明德惟鮮。藝文類聚

古注斠

祭名八之十章 凡二節類釋祭祀之名義也。愚按：此以下三章，皆非釋天。疏謂祭天而燔柴，講武而類帝旂，旅而日月爲常，他篇不可附，故附之釋天也。其說固不免牽合矣。或欲别爲篇題，則於釋天第八、釋地第九之次，又不可通。竊謂祭名乃上釋親及釋天地、山川各篇享人鬼、祀天神、祭地示之禮，講武乃後釋鳥、釋獸各篇春蒐、夏苗、秋獮、冬狩之政，而旌旂則又凡行祀講武時之所用也。蓋作者約次諸書，徒以國之大事在祀與戎，故撮之如此。而後人妄合於釋天，初非有意義如疏者之臆說也。學者詳之。

注疏參義

祭名 正義 釋詁云：禋、祀、祠、蒸、嘗、禴，祭也。此又分釋其名也。通典云：先王制禮，依四時而祭者，時移節變，孝子感而思親，故奉薦味以申孝敬之心，慎終追遠之意。祭義云：霜露既降，君子履之，必有悽愴之心，非其寒之謂也。春雨露既濡，君子履之，必有怵惕之心，如將見之。是四時之祭，祭之本也。以次及於諸大祭，終於禘繹者，取象於歲閏之相成，日迭之相繼也，故附見釋天。

正義

祭名 祭必有時，故列於釋天篇中。

義證

祭名 下脫「祭名者以題上事也」八字，從續通解挍。

注疏正字

祭名 通典：先王制禮，依四時而祭者，時移節變，孝子感而思親，故奉薦味以申孝敬之心，慎終追遠之意。祭以四時爲本，次及諸大祭，終於繹者，取象於歲閏之相成，故附釋天。

啓蒙

祭名。 祭名中有祭天、祭星、祭風，故連類以及諸祭。廣雅釋天亦

釋礼處。

春獵爲蒐夏獵爲苗秋獵爲獮冬獵爲狩

黃侃音訓

春獵爲蒐、搜索取不任者。夏獵爲苗、爲苗稼除害。秋獵爲獮、順殺氣也。冬獵爲狩。得獸取之無所擇。

郭注

春獵至講武　釋曰、此說田獵習武之事也。云春獵爲蒐、夏獵爲苗、秋獵爲獮、冬獵爲狩者、比四時田獵之名也。郭云蒐、搜索取不任者。苗爲苗稼除害。獮、順殺氣也。狩得獸取之無所擇。隱五年左傳文與此同。杜注云蒐、索擇取不孕者。苗爲苗除害也。獮、殺也。以殺爲名、順秋氣也。狩、圍守也。冬物畢成、獲則取之無所擇也。周禮大司馬職中春教振旅、遂以蒐田。中夏教茇舍、遂以苗田。中秋教治兵、遂以獮田。中冬教大閱、遂以狩田。其名亦與此同。鄭玄解苗田與此小異、言擇取不孕任者、若治苗去不秀實者。孫炎亦然。桓四年公羊傳曰、春曰苗、秋曰蒐、冬曰狩。三名既與禮異、又復夏時不田。穀梁傳曰、四時之田皆爲宗廟之事也。春曰田、夏曰苗、秋曰蒐、冬曰狩。皆與禮異者、良由微言既絕、曲辨妄生。左丘明親受聖師、爾雅者或云子夏所作、故二者與禮合。漢代古學不行、明帝集諸學士作白虎通義、因穀梁之文爲之、其說曰、王者諸侯所以田獵何、爲苗除害、上以共宗廟、下以簡集士衆也。春謂之田何、春歲之本、舉本名而言之也。夏謂之苗何、擇其懷任者也。秋謂之蒐何、蒐索肥者也。冬謂之狩何、守地而取之也。四時之田揔名爲田何、爲田除害也。案苗非懷任之名、何云擇其懷任。秋獸盡皆不瘦、何云蒐索取肥。雖名通義、義不通也。故先儒皆依周禮左傳爾雅之文而爲之說、其名亦有意焉。雖復春獵獲則取之、不能擇取不孕。夏獵所取無多、不能爲苗除害。爲因時異而變文耳。謂之獵者、蔡邕月令章句云、獵者、捷取之名也。

邢疏

冬獵爲狩

冬圍狩而取禽無所擇也。詩正義四之二又五之三

李注

夏獵爲苗

擇取不孕任者、若治苗去不秀實者。春秋正義三約孫義　邢疏　案、春秋正義本鄭玄解苗田言擇取云云。又曰孫炎亦然。今從正義說錄爲孫義。

孫音注

春獵爲蒐夏獵爲苗秋獵爲獮冬獵爲狩

蒐、索擇取不孕者。苗、爲苗除害也。獮、殺也。以殺爲名順秋氣也。狩、圍守也。冬物畢成、獲則取之無所擇也。左氏隱四年杜注正義曰、爾雅釋天四時之獵名與此同。說者皆如此注、故杜依用之。据此知杜本爾雅舊說。又御覽二十八載冬獵爲狩注云狩、守也。冬、物畢成、圍守取之無簡擇。

夏獵爲苗

鄭注夏官云、夏田爲苗、擇取不孕任者、若治苗去不秀實者。

秋獵爲獮

獮、殺也。順秋氣。御覽二十四　鄭注夏官云秋田主用罔、中殺者多也、皆殺而後止。

冬獵爲狩

鄭注夏官云、言守取之無所擇也。

衆家注

黃輯古義

冬獵爲狩

冬、圍守而取禽無所擇也。詩鄭風叔于田正義引無冬字、禽作之。魏風伐

檀正義引無下句。 李注

夏獵爲苗

擇取不孕任者若治苗去不秀實者。春秋隱五年正義引鄭玄解云云。孫炎亦然。邢疏同 孫音注

玉函山房輯佚

冬獵爲狩

冬圍狩而取禽。李注 詩疏五之三 鈎沉

春獵爲蒐夏獵爲苗秋獵爲獮冬獵爲狩

注曰蒐索擇取不孕者苗爲苗除害也。獮殺也以殺爲名順秋氣也。狩圍守也冬物畢成獲則取之無所擇也。左氏隱四年杜注。正義曰爾雅釋天四時之獵名與此同說者皆如此注故杜依用之。據此知杜本爾雅舊經。又御覽二十八載冬獵爲狩注云狩守也冬物畢成圍守取之無簡擇。

孫曰擇取不孕任者若治苗去不秀實者。春秋正義三約孫義

邢疏案春秋正義本鄭玄解苗田言擇取云云。又曰孫炎亦然。今從正義說錄爲孫義。

李曰冬圍守而取禽無所擇也。詩正義四之二又五之三 漢注

春獵爲蒐

郭璞云搜索取不任者。

夏獵爲苗

孫炎云言擇取不孕任者若治苗去不秀實者。左傳正義三卷

郭璞云爲苗稼除害。

秋獵爲獮

郭璞云順殺氣也。

冬獵爲狩

李巡云圍守取之無所擇也。詩正義四之二卷五之三卷引作冬圍守而取禽。

郭璞云得獸取之無所擇。 一切注音

夏獵爲苗　舊注云爲苗除害。左隱五年傳正義

冬獵爲狩　李巡云冬圍守而取禽無所擇也。詩伐檀正義

火田爲狩　李巡孫炎竝曰放火燒草守其下風。左昭七年傳正義 古注斠

春獵爲蒐夏獵爲苗秋獵爲獮冬獵爲狩　舊注蒐索擇取不孕者。苗爲苗除害。獮殺也以殺爲名順秋氣也。狩圍守也冬物畢成獲則取之無所擇也。春秋正義

按春秋正義曰爾雅釋天四時之獵名與此同說者皆如此注故杜注依用之。知此當是爾雅舊注也自應備載。 古注斠補

獵力涉反。蒐色留反。搜音同上。索色白反。

任而鴆反。爲苗于僞反。獮息淺反。說文從繭或作禰從示。狩手又反。 陸音義

獮　說文從繭或作禰從示○臧氏琳云玉篇作𤢂然說文有繭無𤢂則從繭爲正。據釋文此語及玉篇則知今本說文作𤢂者非是。其禰字小徐於犬部移入示部改爲禰然尚不易秋田之訓。大徐改云親廟也以爲祖禰字又以爲新附則益失矣。 音義攷證

春獵爲蒐夏獵爲苗

蒐而殺之仁矣。蒐爲祀事不得已也。苗爲田事亦不得已也。

秋獵爲獮

獮，殺也。秋殺之時音鮮，則雖殺鮮矣，故曰戰不出頃，田不出防，不逐奔走，古之道也。

冬獵爲狩

狩，守而殺之，且殺亦以守也。大王去邠避是焉。

新義

春獵爲蒐

郭璞曰、搜索取不任者。

夏獵爲苗

孫炎曰、擇取不孕任者，若治苗去不秀實者。

郭璞曰、爲苗稼除害。

秋獵爲獮

郭璞曰、順殺氣也。

冬獵爲狩

李巡曰、圍守取之無所擇也。

郭璞曰、得獸取之無所擇。

古注合存

春獵爲蒐，夏獵爲苗，秋獵爲獮，冬獵爲狩。蒐音搜，獮先上聲。○此釋四時之獵名也。註曰：蒐者，索取其不孕者也。苗者，爲苗稼除害也。獮者，殺也，順殺氣也。狩者，圍守也，獲即取之，無所擇也。疏曰：隱五年左傳云：春蒐夏苗秋獮冬狩。周禮大司馬：仲春教振旅，遂以蒐田；仲夏教茇舍，遂以苗田；仲秋教治兵，遂以獮田；仲冬教大閱，遂以狩田。其名並與此同。而桓四年公羊傳云：春曰苗，秋曰蒐，冬曰狩。三名既異，夏又不田。穀梁傳云：春曰田，夏曰苗，秋曰蒐，冬曰狩。皆與禮異者，良由微言既絕，曲辯妄生。左氏親受聖師，爾雅或云子夏所作，故皆與禮合也。明帝集諸儒作白虎通，亦因穀梁爲之說，雖名通義，不通也。

注疏參義

春獵爲蒐 **註** 搜索取不任者。夏獵爲苗 **註** 爲苗稼除害。秋獵爲獮 **註** 順殺氣也。冬獵爲狩 **註** 得獸取之無所擇也。**正義** 此釋四時之獵名也。說文云：獵，放獵也，逐禽也。左傳疏引蔡邕月令章句云：獵者，捷取之名也。

夏官大司馬云：中秋教振旅，遂以蒐田；中夏教茇舍，遂以苗田；中秋教治兵，遂以獮田；中冬教大閱，遂以狩田。蒐、苗、獮、狩之名同於爾雅。夏小正云：十有一月王狩。王狩者，言王之時田，冬獵曰狩。是四時之田，三代所同也。公羊桓四年傳云：春曰苗，秋曰蒐，冬曰狩。何休註：苗，毛也，明當見物取未懷任者。蒐，簡擇，幼稺取其大者。狩，猶獸也，冬時禽獸長大，遭獸可取，不以夏田者，春秋制也，以爲飛鳥未去於巢，走獸未離於穴，恐傷害於幼擇，故於苑囿中取之。穀梁傳云：四時之田皆爲宗廟之事也。春曰田，夏曰苗，秋曰蒐，冬曰狩。左氏隱五年傳云：春蒐夏苗秋獮冬狩，皆於農隙以講事也。三傳惟左氏與爾雅同。孔疏云：公羊傳三名既與禮異，又復夏時不田，穀梁傳與禮異者，良由微言既絕，曲辨妄生，丘明親受聖經，故獨與禮合。漢代古學不行，明帝集諸學士作白虎通義，因穀梁之文爲之生說，曰：王者諸侯所以田獵何？爲苗除害，上以共宗廟，下以簡集士衆也。春謂之田何？春，歲之本，舉本名而言之也。夏謂之苗何？擇其懷任者也。秋謂之蒐何？蒐索肥者也。冬謂之狩何？守地而取之也。四時之田總名爲田何？爲田除害也。案苗非懷任之名，何云擇去懷任？秋獸盡皆不瘦，何云蒐索取肥？雖通義義不通也。故先儒皆依周禮、左傳、爾雅之文爲之說，其名亦有意焉。雖復春獵獲則取之，不能擇取不孕；夏獵所取無多，不能爲苗除害，因時而變文耳。今案左傳疏所引白虎通義，今本無之，蓋闕文也。禮記疏引何休云：運斗樞曰：夏不田，穀梁有夏田，於義爲短。鄭君云：四時皆田，夏殷之禮，詩云之子于苗，選徒嚻嚻，夏田明矣。如鄭所言，夏殷皆以四時田獵，周因二代之制也。管子小匡篇春以田曰蒐，蒐通作搜。周語云：搜于農隙。韋昭註：春田曰搜。**註** 搜索至任者。○**正義** 杜預左傳註云：蒐，索擇取不孕者。○韋昭國語註云：搜，擇也，禽獸懷妊未著，搜擇而取之。○爲苗稼除害。○**正義** 鄭註夏官云：夏田爲苗，擇取不孕任者，若治苗去不秀實者。左傳疏云：孫炎亦然，是孫炎同鄭註也。郭不從者，以鳥獸孚乳多在春時，則夏獵當以爲苗除害，故謂之苗。月令孟夏之月，驅獸毋害五穀，毋大田獵，是夏苗之事也。杜預云：苗爲苗除害也，與郭義同。○順殺氣也。○**正義** 釋詁云：獮，殺也。

說文云、獮、秋田也。或作禰、宗廟之田也。鄭註夏官云、秋田主用罔、中殺者多也。皆殺而後止。杜預云、以殺爲名、順秋氣也。○得獸至所擇。○正義 詩疏引李巡云、圍守取之無所擇也。郭註本李巡爲義。說文云、狩、犬田也。冬日草枯、故田犬便於逐利也。鄭註夏官云、言守取之無所擇也。周語云狩于畢時、韋昭註冬田日狩、狩圍守而取之。畢時、時務畢也。杜預云、冬物畢成、獲則取之、無所擇也。杜義與郭同。

正義

春獵爲蒐搜索取不任者**夏獵爲苗**爲苗稼除害**秋獵爲獮**順殺氣也**冬獵爲狩**得獸取之無所擇

四時之田通謂之獵。何、獵者、捷也。蔡邕月令章句云、獵者、捷取之名也。說文、獵、畋獵也。逐禽也。釋言云、獵、虐也。蒐者、當作搜。穀梁桓四年釋文云、蒐、麋氏本又作搜、是也。搜訓求、故以爲搜索取禽之名。或作獀、祭義獀狩、鄭注春獵爲獀。獀卽搜之叚借矣。○苗者、左氏隱五年正義引大司馬注、鄭解苗田言擇取不孕任者、若治苗去不秀實者。孫炎亦然。是鄭孫義同。爾雅舊注以爲爲苗除害、其義疏矣。○獮者、釋詁云、殺也。說文作獮云、秋田也。左傳釋文引亦同爾雅、釋文又引作從繭、或作禰從示、竝非也。說文獮从璽聲、古讀若徙、轉爲息淺反、非古音矣。因息淺之音、遂改說文从繭以就其讀。玉篇又出獮字、亦作禰、今按作禰是也。說文徐鍇本示部云、禰、秋畋也。从示、爾聲。與犬部從璽聲者音近義同。獮或作禰、从豕、與璽聲亦近、可知从繭者非。○狩者、說文云、犬田也。按冬寒雪下、獸肥草枯、功狗在躧、便於馳逐。詩言從公于狩、又云載獫歇驕、是冬田用犬也。段注犬田改爲火田、恐未然也。周語云狩于畢時、夏小正云十一月王狩、是狩以仲冬也。謂之狩者、詩叔于田及伐檀正義引李巡曰、冬圍守而取禽無所擇也。左氏隱五年傳春蒐夏苗秋獮冬狩、杜預注、蒐索擇取不孕者。苗爲苗除害也。獮殺也、以殺爲名、順秋氣也。狩、圍守也、冬物畢成、獲則取之無所擇也。正義引爾雅四時獵名與此同、說者皆如此注。故杜依用之。據此、知杜依爾雅舊注、郭亦然也。經典言此四獵多有異文、周語云蒐於農隙、獮於旣烝、狩於畢時。旣闕苗名。公羊桓四年傳春日苗、秋日蒐、冬日狩、又闕夏田。穀梁傳春日田、夏日苗、秋日蒐、冬日狩。雖具諸名、文復參差。獨周禮大司馬及隱五年左傳與爾雅合。又詩車攻云、駕言行狩、復云之子于苗、苗狩互見。春秋屢書蒐狩、不言苗獮、偏闕二文。禮玉藻云、惟君有黼裘以誓省、鄭注、省當爲獮。獮、秋田也。經典所言、略備於此矣。

義疏

春獵爲蒐搜**夏獵爲苗秋獵爲獮**禰**冬獵爲狩**

李注、冬圍守而取禽無所擇也。孫注、苗田擇取不孕妊、若治苗去不秀實者。郭注、蒐搜索取不任者。苗爲苗稼除害。獮、順殺氣也。狩、得獸取之無所擇。

獵从囟毗。毗、鼠足尾。囟、象气急囟動。上云虐也。巤與竄同意、犬以逐之。一名田者、獵必萊野也。四時田以講武撰車徒、般則三田皆用仲月。蒐、茅蒐、以染祭服、故从鬼。兵服亦韋弁、故又假爲田名。記作獀狩、字亦作搜。搜从叜、叜从又、亦扶掖老人之名、無索義也。周官作廋、亦从獀田、增成之、皆後世字、故正經皆作蒐。夏宿田中、故其文直从艸田。獮當从禰、取田豕以祭也。爾、靡麗昵近之詞、舊皆讀獮爲選。上云獮殺也、說文因作獵字、專取聲轉失之矣。此名皆見周官。

集解

春獵爲蒐獵、放獵逐禽也。上經云虐也。蒐、茅蒐、以染祭服。與搜通用。搜求也、亦聚也。春田以之爲名者、爲求未孕者而取之故也。**夏獵爲苗**苗、艸生於田者、从艸田。夏獵於艸或田中、因直名之曰苗。或者正字爲鈔、與詩之子于苗。**秋獵爲獮**獮、字本作獵、或作禰。獮、選也。因聲爲義耳。作禰之說較是矣。禰从示豕、謂取田豕以祭秋田、因以爲名。上經獮、殺也。蓋亦取選義者也。**冬獵爲狩**狩、犬田也。獵亦以犬逐者。周禮蒐苗獮狩、講武兼祭、皆在仲月。夏小正、十有一月、王狩。亦仲月也。公羊三田則殷之制。王制云、三田者、無事而田耳。非講武也。

義證

春獵爲蒐 蒐音搜。

註搜索取不任者

冬獵爲狩

註得獸取之無所擇補正邢疏左傳蒐苗獮狩、註云、蒐索擇取不孕者。苗爲苗除害也。獮殺也、以殺爲名順秋氣也。狩、圍守也。冬物畢成獲則取之無所擇也。周禮大司馬職、中春教振旅、遂以蒐田。中夏教茇舍遂以苗田。中秋教治兵、遂以獮田。中冬教大閱、遂以狩田。其名亦與此同。公羊穀梁皆與禮異、白虎通因穀梁之文爲之說、義不通也。故先儒皆依周禮左傳爾雅之文、謂之獵者、蔡邕月令章句云、獵者捷取之名也。

郭注補正

春獵爲蒐

搜索取不任者也

慧琳弘明集三卷音義引爾雅、春獵爲蒐、郭云、蒐、索取不任者也。樹枏案、郭以蒐爲搜之假字、故經作蒐、注作搜。桓四年穀梁釋文云、蒐、麋氏本又作搜。祭義鄭注云、春獵爲獀。二字古蓋通用也。陸所據郭本作搜。慧琳則依經仍改爲蒐、非郭注之舊矣。今據補也字。

夏獵爲苗

爲苗稼除害也

御覽八百三十一卷資產部引爾雅云、夏獵爲苗、爲苗稼除害也。今據補也字。

秋獵爲獮

順殺氣也

御覽引作鮮少者、從殺氣也。今注無上三字。慧琳廣弘明集四卷音義引爾雅、秋獵爲𤢿、郭注云、順煞氣也。殺又作煞。

冬獵爲狩

得獸取之無所擇

慧琳甄正論下卷音義引郭注爾雅云、春獵曰蒐、冬獵曰狩、二時之獵名也。今本無此文。

郭注佚存補訂

春獵爲蒐夏獵爲苗秋獵爲獮冬獵爲狩

邢疏云、此四時田獵之名也。隱五年左傳文與此同、周禮大司馬職亦與此同。鄭玄解苗田與郭小異、言擇取不孕任者、若治苗去不秀實者。孫炎亦然。桓四年公羊傳曰、春曰苗、秋曰蒐、冬曰狩。三名既與禮異、又復夏時不田。穀梁傳曰、四時之田皆爲宗廟之事也、春曰田、夏曰苗、秋曰蒐、冬曰狩。皆與禮異者、良由微言既絕、曲辨妄生。左丘明親受聖師、爾雅者或云子夏所作、故二者與禮合。漢代古學不行、明帝集諸學士作白虎通義、因梁穀之文爲之說、雖名通義、不通也。故先儒皆依周禮左傳爾雅之文。蒐與搜同、故郭注以搜索釋蒐。韋注周語作春田曰搜、鄭注祭義作春獵爲獀、獀與搜同。小雅車攻之子于苗、毛傳云夏獵曰苗。而上文又云駕言行狩、蓋狩爲獵之通名、散言則通、對言則異也。正義云、周禮仲夏教茇舍、鄭云茇舍、草止也、軍有草止之法。此苗田即草止、明茇草止其中焉。獮詳訂經。狩者說文云犬田也。鄭風叔於狩、秦風駟驖從公於狩、魏風伐檀不狩不獵傳並云冬獵曰狩。李巡云冬圍狩而取禽。說詩

春獵爲蒐 祭義弟達於廋狩、釋文云廋、本又作獀。注云春獵爲獀、冬獵爲狩。正義曰、云春獵爲獀冬獵爲狩、爾雅釋天文。案獀廋二字皆不見於說文、據春獵以搜索爲義、則字當作搜、通借爲蒐耳。

冬獮爲狩音手又切 手誤羊。注疏正字

秋獵爲獮 釋文云、獮、說文從繭、或作禰从元。臧氏琳曰、玉篇作璽、然說文有繭無璽、則從繭爲正。據釋文及玉篇、則知今本說文作璽者非是。其禰字小徐於犬部移入示部、改作禰、然尚不改秋田之訓、大徐改云親廟也、以爲祖禰字、又以爲新附則謚失矣。元照案釋詁有獮字、釋文曰說文或作璽、又與今本合。

冬獵爲狩 詩正義五之三引狩爲獸。又六之三引仍作狩 匡名

春獵爲蒐夏獵爲苗秋獵爲獮冬獵爲狩 此釋四時之獵名也。說文獵、放獵逐禽也。獮、秋田也。狩、犬田也。引易明夷于南狩。公羊傳、春苗秋蒐冬狩。謂夏不田。穀梁傳、春田夏苗秋蒐冬狩。左傳、春蒐夏苗秋獮冬狩。三傳惟左氏與爾雅同。鄭云夏殷之禮、四時皆田、周因二代之制。四時獵名、左傳與爾雅爲正。啓蒙

春獵爲蒐 夏獵爲苗 秋獵爲獮 冬獵爲狩

韋昭國語注作春田曰搜。周語上 穀梁傳作春曰田。桓四年傳 公羊傳作春曰苗。桓四年傳 穀梁傳作夏曰苗。桓四年傳 釋文說文獮從爾、或作禰從示。釋天釋文 穀梁傳作秋曰蒐、桓四年傳公羊同 冬曰狩。桓四年傳公羊同

秋獵爲獮、釋文獮、息淺反。說文從爾、或作禰從示。按玉篇作璽、說文有爾無璽、則從爾爲正。今文說文犬部無獮有璽、訓秋田也、從犬璽聲。此繫宋人妄改、已非復隋唐舊本矣。證異

夏獵爲苗

注曰爲苗稼除害。　疏曰、周禮大司馬職鄭元解苗田與此小異、言擇取不孕任者若治苗去不秀實者、孫炎亦然。明帝集諸學士作白虎通義其說曰夏謂之苗何、擇去其懷任者也。秋謂之蒐何、蒐索肥者也。按苗非懷任之名、何云擇去懷任。秋獸盡皆不瘦、何云蒐索取肥。雖名通義、不通也。

樾謹按、鄭孫郭三說皆從苗稼生義、於義難通、當以白虎通義爲正。邢氏以苗非懷任之名譏之、殆未喻其意也。彼以擇訓苗、非以懷任訓苗、猶以索訓蒐、非以肥訓蒐也、安得以此爲譏乎。今按苗讀爲芼、詩關雎篇左右芼之、毛傳曰芼、擇也。夏田爲芼、葢以擇取爲義、故班固以爲擇去其懷任者、乃古義也。鄭孫擇取之說猶存古義、而以經字作苗、遂以治苗附會之、則失之迂矣。郭知其不可通、別爲之說、而擇取之義遂不復存、此失之愈遠者也。苗與芼皆叚字、其本字當作覒。說文見部、覒、擇也、從見毛聲、讀若苗。凡說文讀若之字、每卽經典通用之字、如勼讀若鳩而經典卽通作鳩、䈞讀若篤而經典卽通作篤、亼讀若集而經典卽通作集、[illegible]讀若頒而經典卽通作頒、竝其例也。覒讀若苗、故卽以苗爲之。不明乎此、而望文生訓、難以論古矣。　**平議**

春獵爲蒐

郭曰、搜索取不任者。邢疏謂左傳隱五年文周禮大司馬文與尒疋合、公穀皆作秋曰蒐。白虎通因之、曰秋謂之蒐何、蒐索肥者也。實則於義不可通。邵正義引左傳疋亦辨公穀秋曰蒐之不合。郝疋蒐通作搜、或作獀、祭義獀狩獀卽搜之叚借。　元慶按、春獵爲蒐見經典者甚詳、周禮大司馬遂以蒐田、鄭君注春田爲蒐。禮記王制鄭注春曰蒐。國語周語蒐於農隙、韋昭注春田曰蒐。詩騶虞序蒐田以時、陸釋文春獵爲蒐。漢書主父偃傳春蒐秋獮、字皆作蒐。實則蒐爲茅蒐乃艸名。蒐狩之蒐塙係搜之通借。左昭廿九年傳釋文、搜本又作蒐。文選辨亡論注、蒐與搜古字通。故不僅郝疋所引穀梁釋文蒐麋氏本又作搜也。禮祭義而弟達乎獀狩矣、鄭君注春獵爲獀、用尒疋文。獀卽搜異文、固可作搜不作蒐矣。郭景純謂搜索取不任者、與杜元凱左傳注蒐索擇取不孕者正合、必係古說相承、卽月令孟春毋殺孩蟲胎夭飛鳥毋麛毋卵之意。公羊穀梁作秋曰蒐、白虎通因其異說而彊解之、舛矣。非疋訓奚以正之。　**蔣元慶日記**

春獵至講武〇釋曰　注疏本刪。

文與此同杜注云　元本與此誤、蒐于、閩本剜改、與此同、杜四字作蒐苗獮狩、監本毛本承之。

曲辨妄生　閩本剜改辨爲辯、監本毛本承之。元本作曲說妄言、當由臆改。

漢代古學不行明帝集諸學士　監本毛本同。元本漢作歷、脫明。閩本剜補。

雖名通義義不通也　元本同。閩本監本毛本脫一義。　**校勘記**

擇去懷任者也　湘本同。監本毛本去誤其。案白虎通已佚此節文、盧文弨校本收入闕文。左氏傳隱五年正義太平御覽八百二十二引白虎通此句去下有其字。

注疏校勘札記

四行(注)搜索取不任者○唐寫本作「搜索取不任也」,「任」下脫「者」字。案:任通作妊。妊,孕也。(注)爲苗稼除害○唐寫本「害」下有「也」字。《御覽》卷八百三十一引同。

五行(注)得獸取之無所擇○唐寫本「擇」下有「之」字。

宋監本校箋

春獵爲蒐搜索取不任者。蒐音搜。秋獵爲獮順殺氣也。獮音剪。冬獵爲狩得獸取之無所得。狩音受。

音圖・音

春獵爲蒐。搜 夏獵爲苗。秋獵爲獮。先上聲 冬獵爲狩。獸

孫偘直音

春獵爲蒐搜夏獵爲苗秋獵爲獮先上聲冬獵爲狩獸

楊氏音訓

講武

宵田爲獠火田爲狩

音圖・圖

宵田爲獠、管子曰:獠獵畢弋。今江東亦呼獵爲獠。音遼。或曰即今夜獵載鑪照也。火田爲狩。放火燒草獵亦爲狩。

郭注

宵田爲獠者,宵,夜也。夜獵名獠。郭云管子曰獠獵畢弋者,案管子四稱篇管仲對桓公曰:昔者無道之君,誅其良臣,敖其婦女,獠獵畢弋,暴遇諸父者是也。又云今江東亦呼獵爲獠者,以時驗而言也。或曰即今夜獵載鑪照也者,亦得爲一義,故復引之。火田爲狩者,郭云放火燒草獵,故爲狩,言與冬獵同名,故云亦也。李巡、孫炎皆云放火燒草守其下風。周禮羅氏蜡則作羅襦,鄭云:襦細密之羅,此時蟄者畢矣,可以羅罔圍取禽也。今俗放火張羅,其遺教。禮記王制云昆蟲未蟄,不以火田,則是已蟄得火田也。

邢疏

火田爲狩 放火燒草守其下風。春秋正義七作李巡孫炎皆云。

李注

火田爲狩 註見韻會二十六宥

放火燒草守其下風詩正義五之三　邢疏　春秋正義七

孫音注

宵田爲獠

獠音遼、夜獵也。又力召力弔二反。或作燎、宵田也。釋文　獠猶燎也。詩伐檀正義引郭注　獠音遼。郭注

見郝本

郭音義

宵田爲獠

或曰今夜獵載鑪照也。郭注

衆家注

黃輯古義

火田爲狩

放火燒草、守其下風。邢疏春秋桓七年正義並引李巡孫炎

李注

火田爲狩

放火燒草、守其下風。詩魏風伐檀正義　春秋桓七年正義　邢疏並引李巡孫炎

孫音注

宵田爲燎音遼、夜獵也。又力名力弔二反。同上

郭音義

玉函山房輯佚

火田爲狩

放火燒草、守其下風。李注　孫注　並宋本春秋疏七

鈎沉

火田爲狩

孫曰、放火燒草守其下風。詩正義五之三　春秋正義七　邢疏　案春秋正義作李巡孫炎皆云、當是孫之同李者。

漢注

宵田爲獠

郭璞云、獠猶燎也、今之夜獵載鑪照者也。江東亦呼獵爲獠、管子云獠獵畢弋。舊本郭註云管子曰獠獵畢弋、今江東亦呼獵爲獠、或曰卽今夜獵載鑪照也。無獠猶燎也四字、茲從詩正義五之三卷引增刪乙正。

火田爲狩

李巡孫炎云放火燒草、守其下風。詩正義五之三卷　左傳正義七卷

郭璞云放火燒草獵、亦爲狩。

一切注音

宵音消、夜也。字從宀。若雲霄之字、卽從雨。　獠郭音遼、夜獵也。又力召力弔二反。或作燎、宵田也。　罼音畢。本又作畢。　載鑪力吳反。字或作壚。

陸音義

獠郭音遼○案郭注亦呼獵爲獠、下宋本及舊單注本皆有音遼二字、注疏本多刪。陸氏又云或作燎、攷說文火部尞爲柴祭天也、義別。犬部云獠、獵也。則正當用從犬字。又詩伐檀正義引郭注云獠猶燎也、知作燎者爲非矣。　罼本又作畢○案說文𠦒部畢、田罔也、從𠦒象畢形微也。則加网者非是。邢本作畢。

音義攷證

宵田爲獠

卽而照之、愧于守矣。

火田爲狩

昆蟲未蟄、不以火田。火田冬、事也。

新義

宵田爲獠宵田、夜獵也。獠音遼。管子曰獵獠畢弋。　火田爲狩縱火而獵也。

鄭樵注

宵田爲獠獠、卽音遼。

郭璞曰、管子曰獠獵畢弋。今江東亦呼獵爲獠。或曰卽

今夜獵載鑪照也。
鄭樵曰、宵田、夜獵也。獠音遼、管子曰、撩獵畢弋。
火田爲狩
李巡曰、放火燒草、守其下風。（孫注同）
郭璞曰、放火燒草獵亦爲狩。
鄭樵曰、縱火而獵也。

古注合存

宵田爲獠。火田爲狩。獠音遼。○此特釋獠狩之名也。註曰、管子云、獠獵畢弋、今江東亦呼獵爲獠。或云、即今夜獵載鑪照也。放火燒獵亦爲狩。疏曰、管子四稱篇文也。火田亦爲狩、對冬獵爲狩而言。

注疏參義

宵田爲獠 **註** 管子曰、獠獵畢弋。今江東亦呼獵爲獠。或曰、即今夜獵載鑪照也。火田爲狩 **註** 放火燒草獵亦爲狩。 **正義** 此別宵田火田之名也。說文云、獠、獵也。詩鄭箋云、宵田曰獵。是獠與獵義同、火田亦名狩、與冬獵名同也。宵田者、鄭風大叔于田云、火烈具舉、孔疏云、此爲宵田、故持火照之。或曰、管子小匡篇、夜戰其聲相聞、足以無亂。宵田所以習夜戰也。火田者、夏官羅氏云、蜡則作羅襦。後鄭註、今俗放火張羅、其遺教。王制云、昆蟲未蟄、不以火田。孔疏云、從十月以後至仲春、皆得火田。案火田當在十月。春秋桓二年二月焚咸丘、杜註、火田也。譏盡物、故書。是火田當在昆蟲盡蟄之時。既行春令、猶爲火田、故春秋書以示譏。孔穎達謂仲春得行火田、非也。左氏定四年傳云、田於大陸、焚焉。杜註、火田并見燒也。火田之制、當如賈疏所云、漢之俗、在上放火、於下張羅、承之以取禽獸。若馳騁射獵、如大陸之田、非所宜也。 **註** 管子至照也。○ **正義** 獠獵畢弋、管子四稱篇文。詩疏引郭註云、獠猶燎也、今之夜獵載爐照者也。江東亦呼獵爲獠。管子云、獠獵畢弋。與今本字句微異。○放火至爲狩。○ **正義** 左傳疏引李巡孫炎云、放火燒草、守其下風。是郭註所本也。

正義

宵田爲獠 管子曰、獠獵畢弋。今江東亦呼獵爲 獠音遼。或曰、即今夜獵載鑪照也。 火田爲

狩 放火燒草獵亦爲狩

此釋非時之田也。獠者、說文云、獵也。不云宵田。詩伐檀箋、宵田曰獵。不言爲獠。許、鄭二君以互見爲文也。詩火烈具舉、正義曰、此爲宵田、故持火炤之。伐檀正義引郭注云、獠猶燎也、今之夜獵載鑪照者也。江東亦呼獵爲獠。管子曰、獠獵畢弋。較今本郭注文義爲長。所引管子四稱篇文也。爾雅釋文獠或作燎。獠、獵聲轉義同、故鄭引獠即作獵矣。○狩者、與冬獵同名、故郭云亦也。火田者、王制云、昆蟲未蟄、不以火田。周禮羅氏蜡則作羅襦、鄭注、今俗放火張羅、其遺敎。賈疏云、漢之俗、閒在上放火、於下張羅、承之以取禽獸。春秋桓七年二月焚咸丘、杜預注、焚、火田也。譏盡物。正義引李巡孫炎皆云、放火燒草、守其下風。今按火田非古也。夏官春蒐已言火弊、王制畢蟄乃以火田、因知爾雅此語蓋亦後人所增。何以明之、昆蟲雖蟄、幺麿之屬、半匿草根淺土、休息隨陽。今烈焰焚燒、聚族殲旃、仁人用心、當不若是。詩言火烈具阜、春秋書焚咸丘、左傳定四田於大陸焚焉、三者皆譏淫獵。孔子垂敎、不弋宿鳥、周公作法、乃容火田。禮經漢儒所傳、恐有增飾、康成注經、以放火張羅爲漢俗、可知斯事不起於古矣。

義疏

宵田爲獵獠 火田爲獠狩 李注、火田爲狩、放火燒草、守其下風。郭注、管子曰、獠獵畢弋。今江東亦呼獵爲獠、音遼。或曰、即今夜獵載鑪照也。放火燒艸獵、亦爲狩。獠即尞也、火田之名、後改爲宵田、因改下獠爲狩、狩爲火田。周官有明文、即上冬獵、不假更釋也。詩鄭箋引宵田爲獵。

集解

宵田爲獠 宵、夜也、从宀、宀下冥也。獠、獵也、與燎通用、謂獵而放火耳、所謂燒田是也。詩鄭箋引宵田曰獵、以訓詁代本字也。

火田爲狩 明狩非爲火田、乃火田耳。周禮明言火田爲狩、此故釋之。禮記王制、昆蟲未蟄、不以火田。周禮羅氏蜡則作羅襦、鄭注、今俗放火張羅、其遺教。春秋桓七焚咸丘、杜注、焚、火田也。譏盡物。

義證

火田爲狩

註放火燒草，獵亦爲狩。補正邢疏：李巡、孫炎皆云放火燒草，守其下風。

郭注補正

宵田爲獠

管子曰：獠獵罼弋。今江東亦評獵爲獠，音遼。或曰：獠猎獠也。卽今之夜獵載鑪照者也。

釋文云，罼音畢，本又作畢。今各本皆作畢。單疏本明注疏本無音遼二字。釋文云，獠，郭音遼。史記司馬相如傳索隱引此注云，又音遼也。與宋本合。詩伐檀正義引釋天云：宵田爲獠。郭璞曰：獠，猎獠也。今之夜獵載鑪照者也。江東亦呼獵爲獠。管子曰：獠獵畢弋。樹相案：詩疏所引與今本次第不同，據釋文先畢後載鑪，則陸所據與今本同，御覽所引亦與今本同。今據詩疏補其脫文六字。釋文云，鑪字或作爐。

郭注佚存補訂

宵田爲獠火田爲狩

獠者，說文云獵也。獠、獵一聲之轉。魏風伐檀：不狩不獵。鄭箋云：宵田曰獵。郭注云：江東亦呼獵爲獠。正義云：獠爲獵之別名。火田爲狩者，孫炎云：放火燒草，守其下風。郭注本之。鄭風大叔於田：火烈具舉。箋云：列人持火具舉，言衆同心。正義云：此爲宵田，故持火照之。

說詩

宵田爲獠 棠案：魏風伐檀疏引郭註云：獠，猶燎也。

註獠獵畢弋 畢，釋文作罼。今管子作畢。

注疏正字

宵田爲獠 釋文云：獠或作燎。史記索隱子虛引田作獵，爲作曰。

匡名

宵田爲獠火田爲狩 說文：宵，夜也。从宀，宀下冥也；肖聲。獠，獵也。鄭風火烈具舉，宵田也。春秋桓七年二月，焚咸丘。註：火田也。郭註：放火燒草，獵亦爲狩。

啓蒙

宵田爲獠。管子曰：獠獵畢弋。今江東亦呼獵爲獠，音遼。或曰：即今夜獵載鑪照也。如郭注或義，則獠與燎通。

黃侃音訓

火田爲狩

說文：狩，火田也。卽用雅詁，不明引爾雅者，如玉部珣下云：醫無閭之珣玗琪，卽釋地文，而亦不言。許書自有此例。今各本譌火爲犬，循幸均會所引，見許書之眞。漢書刑法志：大閱以狩火田是也。學者當據爾雅以訂說文，不當引誤本說文以釋爾雅也。此條下各家未引說文。上文冬獵爲狩，邵氏引誤本說文。

王仁俊日記

管子曰：獠獵畢弋。今江東亦呼獵爲獠，音遼。或曰：卽今夜獵載鑪照也。雪牕本同。單疏本注疏本無音遼二字。釋文、獠、郭音遼、或作燎。單本又作畢。史記司馬相如傳索隱引此注云又音遼也。詩伐檀正義引此注云、獠猶燎也、今之夜獵載鑪照者也、江東亦呼獵爲獠、管子曰獠獵畢弋。按當如詩正義所引、今本失其次。注先以獠爲燎、故郎申言之曰今之夜獵載鑪照者也。者字當有。釋文云獠或作燎、本注爲說。次引江東所呼及管子證之。今本首引管子、反以宵田爲餘義、非。

敹其婦女　注疏本敹改淫。按管子作敹。

可以羅罔圍取禽也　閩本監本毛本罔改網、元本實闕。

校勘記

亦爲狩　毛本湘本同。監本亦誤故。

注疏校勘札記

六行(注)管子曰獠獵畢弋今江東亦呼獵爲獠音遼或曰即今夜獵載鑪照也○唐寫本「畢弋」作「罼雉」。案：《釋文》所據本「畢」亦作「罼」，云：「本又作畢。」又《詩·伐檀》《正義》引此注作「獠猶燎也，今之夜獵載鑪照者也，江東亦呼獵爲獠。《管子》曰：獠獵畢弋。」文句次第與今本不同。今本「照」下脱「者」字，當據補。

(注)放火燒草獵亦爲狩○唐寫本「放」作「以」，「狩」下有「也」字。

宋監本校箋

宵田爲獠、遼　火田爲狩。

孫侶直音

宵田爲獠遼　宵夜也夜獵名獠。　火田爲狩　放火燒草爲狩。

楊氏音訓

獠聊

干氏音釋

乃立冢土戎醜攸行起大事動大衆必先有事乎社而後出謂之宜

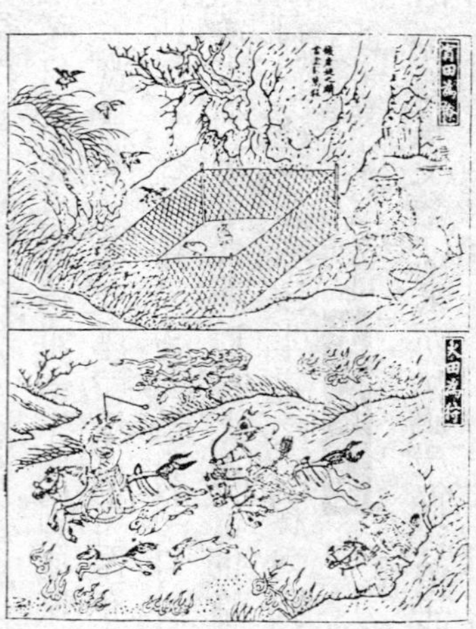

音圖・圖

乃立冢土戎醜攸行。冢土大社。戎醜大衆。起大事、動大衆、必先有事乎社而後出、謂之宜。有事、祭也。周官所謂宜乎社。

郭注

乃立冢土戎醜攸行者、此詩大雅緜篇文也。郭云、冢土大社、戎醜大衆。郊特牲云、社所以冢地之道也。禮運云、命降於社之謂殺地。是社爲土之神也。冢詁爲大、土爲社主、故知冢土大社也。釋詁云、戎大也。醜衆也。故云戎醜大衆也。起大事動大衆必先有事乎社而後出謂之宜者、此作者既引詩文於上、然後爲此辭以釋之也。孫炎曰、大事兵也。有事祭也。宜求見使祐也。此文本解戎醜攸行之意、言國家起發軍旅之大事、以興動其大衆、必先有祭事於此社而後出行、其祭之名謂之爲宜、以師行必須宜祭以告社、故言戎醜攸行也。成十三年左傳曰、國之大事在祀與戎、故兵爲大事也。春秋昭十五年有事於武宮、雜記云有事於上帝、皆是祭事、故謂祭爲有事。以兵凶戰危、慮有負敗、祭之以求其福宜、故謂之宜。王制云天子將出宜乎社是也。郭云周官所謂宜乎社者、春官大祝職云、大師宜于社、造

于祖是也。邢疏

起大事動大衆必先有事乎社而後出謂之宜

大事、兵也。有事、祭也。宜、求見使祐也。書正義十六 詩正義十六之二 禮記正義作求便宜也。春秋正義二十七 邢疏

孫音注

黃輯古義

起大事動大衆必先有事乎社而後出謂之宜

大事、兵也。有事、祭也。宜、求見使祐也。邢疏 詩大雅緜正義 春秋成十三年正義引有事二句。書泰誓上正義引末句作福佑。禮記王制正義引末句作求便宜也。

孫音注

玉函山房輯佚

起大事

大事、兵也。孫注 詩疏十六之二

必先有事乎社而後出謂之宜

有事、祭也。宜、求見祐也。孫注 朱本春秋疏十九

鉤沉

起大事動大衆必先有事乎社而後出謂之宜

孫曰、大事、兵也。有事、祭也。宜、求見使祐也。書正義十六 詩正義十六之二 禮記正義十二作求便宜也。春秋正義二十七 邢疏

漢注

乃立冢土戎醜攸行

郭璞云、冢土、大社。戎醜、大衆。

起大事動大衆必先有事乎社而後出謂之宜

孫炎云、大事、兵也。有事、祭也。宜、求見福祐也。書正義十六卷 詩正義十六之二卷 左傳正義十九卷

郭璞云、有事祭也。周官所謂宜乎社。

一切注音

起大事動大衆必先有事乎社而後出謂之宜

孫炎曰、大事、兵也。有事、祭也。詩緜正義

古注斠

冢竹勇反。攸音由。大社音泰、下大常同。

陸音義

乃立冢土

冢土大社也。詩美大王之社、遂爲大社、則以文王之興本由大王也。

戎醜攸行

行以宜而已、故曰義路也。春行羔豚、行或作宜、如此。

起大事動大衆必先有事乎社而後出謂之宜

伐國仁不與焉、于社告爲宜。

新義

乃立冢土戎醜攸行

冢土、大社。戎醜、大衆。

起大事動大衆必先有事乎社而後出謂之宜

周官大祝云、大師宜於社。

鄭樵注

乃立冢土戎醜攸行

郭璞曰、冢土、大社。戎醜、大衆。

鄭樵曰、冢土、大社。戎醜、大衆。

起大事動大衆必先有事乎社而後出謂之宜

孫炎曰、大事、兵也。有事、祭也。宜、求見使祐也。據邢疏使祐、詩疏作

佼、佑、書疏作福祐。左傳成十三年疏無佼字。禮記疏又引孫炎注云、求便宜也。

郭璞曰、有事、祭也。周官所謂宜乎社。

鄭樵曰、周官大祝云、大師宜於社。

古注合存

乃立冢土戎醜攸行起大事動大衆必先有事乎社而後出謂之宜。此申釋師祭之名義也。註曰、冢土大社也、戎醜大衆也、宜周官大祝所謂宜乎社也。疏曰乃立冢土二句、詩緜篇文。禮運云、命降於社之謂殽地。社、土神也。冢、大也。

注疏參義

乃立冢土戎醜攸行 註 冢土大社 戎醜大衆 起大事動大衆必先有事乎社而後出謂之宜 註 有事祭也周官所謂宜乎社 正義 此引大雅緜之文而釋之也。鄭箋云、大社者出大衆、將所告而行也。白虎通義云、封土立社、示有土也。又云、不謂之土何。封土爲社、故變名謂之社、別於衆土也。案、社亦謂之土、但謂之冢土、以別於衆土爾。毛傳云、美太王之社、遂爲大社也。疏云、傳以大社者天子社名、太王時實諸侯、而云乃立冢土、以天子之名言之者、言太王立此社、文王後取其制、以爲天子之社、故詩以冢土言之。毛所以爲此說者、蓋以祭法云、王爲羣姓立社曰大社、郊特牲云、天子大社必受霜露風雨之氣也。以爲大社之名、唯施於天子、其諸侯不得名大社故也。起大事動大衆必先有事乎社而後出謂之宜者、詩疏引孫炎云、大事、兵也。有事、祭也。書疏引孫炎云、宜求見福祐也。禮記疏云、宜者令誅伐得宜、亦隨其宜而言也。社主於地、又爲陰、而誅伐亦陰、故於社也。詩疏云、成十三年左傳曰、國之大事在祀與戎、故兵爲大事也。春秋昭十五年有事于武宮、雜記云、有事於上帝、皆是祭事、故謂祭爲有事。以兵凶戰危、慮有負敗、祭之以求其福宜。王制云、天子將出、宜乎社。是也。註 冢土至大衆。○正義 冢土大社、毛傳文。釋詁云、戎、大也。醜、衆也。毛傳亦本釋詁。○周官至乎社。○正義 春官大祝云、大師宜于社。又云、設軍社。鄭司農說設軍社、以春秋傳曰所謂君以師行、祓社釁鼓、祝奉以從者也。賈疏云、軍將出宜祭於社、卽將社主行。續漢志云、古者師行載社主、是也。司馬法謂大社爲冢社。

正義

乃立冢土戎醜攸行冢土大社戎醜大衆起大事動大衆必先有事乎社而後出謂之宐有事祭也周官所謂宐乎社

冢、戎、釋詁竝云、大也。醜、衆也。此釋詩緜篇文。冢土大社、毛傳文也。天子之社謂之大社、祭法云、王爲羣姓立社曰大社是也。起大事動大衆必先有事乎社而後出者、緜正義引孫炎曰、大事、兵也。有事、祭也。知兵爲大事者、左氏成十三年傳云、國之大事在祀與戎是也。春秋書有事于大廟、[illegible]入、有事于武宮、瑠針皆謂祭事、故知祭爲有事也。謂之宐者、緜正義曰、兵凶戰危、慮有負敗、祭之以求其福宐、故謂之宐。孫炎曰、宐求見使祐也。讀証譏義引佛棘覲宐嚇也。周禮大祝云、大師宐乎社。又云、設軍社。鄭衆引春秋傳曰、君以師行、祓社釁鼓、祝奉以從。賈疏云、宐祭於社、卽將社主行、是也。

義疏

乃立冢土戎醜攸行起大事動大眾必先有事乎社而後出謂之宜

孫注、大事、兵也。有事、祭也。宜、求見使祐也。郭注、冢土、大社。戎醜、大眾。有事、祭也。周官所謂宜乎社。上二云宜、肴也。因事以義類祭之非常。

集解

乃立冢土戎醜攸行冢土、大社。戎醜、大衆也。起大事動大衆必先有事乎社而後出謂之宜大事、兵也。有事、祭也。左傳、國之大事、在祀與戎。又春秋書有事於大廟、有事於武宮、均謂祭事。上經云宜事也、謂因事而祭、非常典也。周禮大祝云、大師宜乎社。

義證

乃立冢土戎醜攸行起大事動大衆必先有事乎社而後出謂之宜

此釋大雅緜文也。乃立冢土、戎醜攸行、毛傳云冢、大。戎、大。醜、衆也。冢土、大社也。起大事、動大衆必先有事乎社而後出謂之宜。大王之社遂爲大社也。鄭箋云大社者、出大衆將所告而行也。正義云、郊特牲云社所以神地之道也。禮運云命降於社之謂殽地。是社爲土之神也。冢既爲大、土爲社主、故知冢土大社也。孫炎曰、大事兵也。有事、祭也。宜求見使祐也。國家起發軍旅之大事、以興動其大衆、必先有祭事於此社而後出行、其祭之名謂之爲宜、以行必須宜祭以告社、故言戎醜攸行也。成十三年左傳曰、國之大事在祀與戎、故兵爲大事也。春秋昭十五年有事於武宮、雜記云有事於上帝、皆祭事、故謂祭爲有事。以兵凶戰危、慮有負敗、祭之以求其福宜、故謂之宜。王制云天子將出宜乎社是也。傳以大社者、天子社名、言大王立此社、文王復取其制、以爲天子之社、故以冢土言之。諸侯不得名大社也。

說詩

必先有事乎社而後出謂之宜 案王制疏引孫炎云求便宜也。 疏淫其婦女 淫、管子作數。 宜求見福祐也 福誤使、從尚書疏挍。 必先有祭事於此社而後出行 脫後字。 大師宜于社 大誤出。

注疏正字

乃立冢土戎醜攸行起大事動大衆必先有事乎社而後出謂之宜 周禮注引。春官大祝 後漢書注七十一引起作舉、乎作於、而作然。

匡名

乃立冢土戎醜攸行起大事動大衆必先有事乎社而後出謂之宜 左成十三年傳、國之大事在祀與戎。祭法、王爲衆姓立社曰大社。王制、天子將出、宜乎社。說文、社、地主也。

啓蒙

宵田爲獠 起大事 必先有事乎社而後出

釋文獠或作燎、宵田也。釋天釋文 鄭氏箋作宵田爲獵。魏詩伐檀詩箋 後漢書注作舉大事 皇甫嵩傳論注 必先有事於社然後出。皇甫嵩傳論注

證異

周官所謂宜乎社 單疏本雪牕本注疏本同。案官或作禮。

作者既引詩文於上 監本毛本同。元本閩本引作列。

而後出行 元本脫行。閩本監本毛本脫後。

校勘記

必先有祭祀於此社 監本毛本湘本祀誤事。

春官大祝職云出師宜于社造于祖是也 案周禮春官出師作大師、此及各本誤。

注疏校勘札記

七行(注)戎醜大衆○唐寫本「衆」下有「也」字。

十四下(八六)

一行(注)周官所謂宜乎社○唐寫本「社」下有「也」字。

宋監本校箋

振旅闐闐出爲治兵尚威武也入爲振旅反尊卑也

振旅闐闐、振旅整衆。闐闐羣行聲。出爲治兵、尚威武也。幼賤在前、貴勇力。入爲振旅反尊卑也。尊老在前復常儀也。

郭注

振旅闐闐者此詩小雅采芑篇文也鄭箋云至戰止將歸、又振旅伐鼓闐闐然。振猶止也、旅衆也。郭云、振旅、整衆。闐闐、羣行聲也。出爲治兵尚威武也入爲振旅反尊卑也者、此亦作者釋上詩文也。古者春教振旅、秋教治兵、以戎是大事、又三年一教。隱五年左傳曰三年而治兵、入而振旅是也。征伐之時、出軍至對陳用治兵禮、戰止至還歸用振旅法、名異而禮同也。以此、出當用之、故以脩治兵事爲名。入則休息、故以整衆爲名。其治兵振旅之名、周禮左傳穀梁與此皆同、唯公羊以治兵爲祠兵。其禮治兵則幼賤在前、振旅則尊老在前。郭云、幼賤在前、貴勇力。尊老在前、復常儀也

邢疏

出爲治兵尙威武也入爲振旅反尊卑也

出則幼賤在前貴勇力也入則尊老在前、復常法也。詩正義十之二　春秋正義三

孫音注

黃輯古義

出爲治兵尚威武也入爲振旅反尊卑也

出則幼賤在前、貴勇力也。入則尊老在前、復常法也。詩小雅采芑正義　春秋隱五年正義

孫音注

玉函山房輯佚

出爲治兵尚威武也入爲振旅反尊卑也

出則幼賤在前、貴勇力也。入則尊老在前復常法也。同宋本春秋疏三十

鉤沉

出爲治兵尙威武也入爲振旅反尊卑也

孫炎曰出則幼賤在前貴勇力也入則尊老在前、復常法也。詩正義十之二　春秋正義三

漢注

振旅闐闐

郭璞云振旅、整衆。闐闐、羣行聲。

出爲治兵尙威武也入爲振旅反尊卑也

孫炎云出則幼賤在前、貴勇力也。入則尊老在前、復常法也。詩正義十之二卷　左傳正義三卷

郭璞云幼賤在前、貴勇力。尊老在前復常儀也。

一切注音

出爲治兵、尙威武也入爲振旅反尊卑也　孫炎云出則幼賤在前、貴勇力也。入則尊老在前、復常法也。詩吉日正義

古注斠

闐闐徒天反。整之領反。治音持。

陸音義

振旅闐闐

師役曰罷、蓋未有不耗者。振旅闐闐于是爲美。

出爲治兵尚威武也

大閲孤卿建旜大夫士建物治兵師都載旜鄉遂載物百官則載旟而已尚威武也。

入爲振旅反尊卑也

人而旅尚振則以不惰歸故也。

新義

振旅闐闐（振旅整衆也闐闐鼓聲）出爲治兵尚威武也（幼賤在前貴勇力）入爲振旅反尊卑也（尊老在前復常儀）

鄭樵注

振旅闐闐

郭璞曰、振旅、整衆。闐闐、羣行聲。

鄭樵曰、振旅、整衆也。闐闐、鼓聲。

出爲治兵尚威武也

孫炎曰、出則幼賤在前、貴勇力也。

郭璞曰、幼賤在前、貴勇力。

鄭樵曰、幼賤在前、貴勇力。

入爲振旅反尊卑也

孫炎曰、入則尊老在前、復常法也。

郭璞曰、尊老在前、復常儀也。

鄭樵曰、尊老在前、復常儀。

古注合存

振旅闐闐出爲治兵尚威武也入爲振旅反卑尊也（闐音田。此釋行師出入之名義也註曰闐闐羣行聲出則幼賤在前貴勇力入則尊老在前復常儀也疏曰振旅闐闐詩采芑篇文振猶止也旅衆也出入二語又釋上之詞）

注疏參義

公羊傳出曰祠兵。疏云郎爾雅出爲治兵之文也。今書祠兵郎是出竟之義。

補注

振旅闐闐【註】振旅整衆闐闐羣行聲出爲治兵尚威武也【註】幼賤在前貴勇力入爲振旅反尊卑也【註】尊老在前復常儀也【正義】此引小雅采芑之文而釋之也。夏官大司馬中春教振旅、中秋教治兵、賈疏春以入兵爲名、尚農事。秋以出兵爲名、秋嚴尚威。是二時習戰之名也。左氏隱五年傳云三年而治兵、入而振旅、杜註雖四時講武、猶復三年而大習。出曰治兵、始治其事。入曰振旅、治兵禮畢、振衆而還。是三年習戰之名也。詩所謂振旅闐闐、指宣王南征之師戰止而歸、是治兵振旅爲師出師旋之名也。所指之事雖異、其爲習戰則同、故穀梁莊八年傳云出曰治兵、習戰也。入曰振旅、習戰也。公羊莊八年傳作出曰祠兵、何休註禮兵不徒使、故將出兵必祠於近郊、陳兵習戰、殺牲饗士卒。賈公彥以爲祠五兵矛戟鈎盾弓鼓及蚩尤之造兵者、與爾雅異。按鄭箋引春秋傳曰出曰治兵、入曰振旅、其禮也。据公羊傳文也。是鄭君所見公羊傳本作治兵。爾雅釋祭名已云是禷是禡、師祭也。是祭始造兵者、統謂之師祭。此言治兵、指講武而言也。何休定作祠兵、於義爲狹。【註】振旅至行聲。【正義】鄭箋云振猶正也。杜預云振整也。釋詁云旅衆也。是振旅爲整衆也。闐闐者鄭箋云伐鼓闐闐然、則以爲鼓聲。案廣雅云闐闐盛也、則是衆盛之意、故郭氏以爲羣行聲。幼賤至儀也。【正義】詩疏引孫炎云出則幼賤在前、貴勇力也。入則尊老在前、復常法也。郭註本孫炎。毛傳云入曰振旅、復長幼也。長幼猶言尊卑也。何休云祠兵、壯者在前、難在前。振旅、壯者在後、復長幼且衛後也。

正義

出爲治兵尚威武也

周禮凡四時之大甸獵、疏公羊說曰出曰治兵、入曰振旅。祠者、祠五兵矛戟劍楯弓鼓及祠蚩尤之造兵者。又中春教振旅、疏云案莊公八年正月師次于郎、甲午祠兵。公羊傳曰、祠兵者何、出曰祠兵。注云、禮兵不徒使、故將出兵、必祠於近郊、陳兵習戰，饗士卒耳。又曰，左氏說治兵于廟，禮也。注云，三年而治兵，與秋同名，兵革將出，故曰治兵。穀梁傳亦云出曰治兵，習戰也。玉案，祠治同聲，故治又爲祠。

補注殘本

出爲治兵尚威武也　春秋莊八年甲午祠兵，公羊傳曰，祠兵者何，出曰祠兵。玉案，祠治同聲，故祠又爲治。

校議

振旅闐闐振旅整衆闐闐羣行聲**出爲治兵尚威武也**幼賤在前貴勇力**入爲振旅反尊卑也**尊老在前復常儀也

旅者，釋詁云衆也。振者，整齊之意。詩采芑箋，振猶正也。闐者，說文云盛皃。闐闐，蓋師旅整嚴之象。出爲治兵，入爲振旅者，春秋莊八年公穀傳文。但公羊治兵作祠兵。祠卽治也，故采芑箋引傳仍作治兵矣。湖讞禂之祭云尚威武反尊卑也者，詩正義引孫炎曰，出則幼賤在前，貴勇力也。入則尊老在前，復常法也。是郭所本。又按大司馬云，中春教振旅，中秋教治兵，蓋春主農事，故以入言。秋尚威武，故以出言。是爲二時習戰之名也。左氏隱五年傳，三年而治兵，入而振旅。又爲三年習戰之名也。穀梁傳以治兵振旅爲習戰，公羊亦云其禮一也，皆習戰也。公穀之義與爾雅合。

義疏

振旅闐闐出爲治兵孫注，出則幼賤在前，貴勈**尚威武也入爲振旅反尊卑也**力也。入則尊老在前，復常儀也。郭注，振旅整衆闐闐羣行聲。釋詩，振旅爲國中治兵之禮。不言治兵者，兵，凶器，不可入國，以尊君也。出國則可尚武，故皆授兵。出入謂出入王城也。孫以前後序尊卑，而不知軍有部伍。

集解

振旅闐闐

出爲治兵尚威武也入爲振旅反尊卑也釋詩。振旅爲國内治兵之禮，國内不言治兵，懼内亂也。國外則必尚武，故皆執兵。此出入謂出入國門耳。出尚威武，純乎勇矣。入整軍隊，則能以禮爲衛矣。曲禮所謂禮以定尊卑是也。周禮仲春教振旅，仲秋教治兵。左傳，三年而治兵，入而振旅。又爲三年習戰之名也。穀梁以治兵振旅爲習戰，公羊亦云其禮一也，皆習戰也。但用意微有不同焉。闐，盛皃。說文引詩闐闐作嗔嗔，則謂盛气。魏都賦作輷輷，即轃字。說文轃，車轃鈏也。鍇本車轃鈏聲也。

義證

振旅闐闐

振旅整衆闐闐羣行聲也

文選籍田賦注引郭璞爾雅注曰，闐闐，羣行聲也。

今據補也字。

郭注佚存補訂

振旅闐闐出爲治兵尚威武也入爲振旅反尊卑也

此釋小雅采芑文也。振旅闐闐，毛傳云，入曰振旅，復長幼也。鄭箋云，振猶正也。旅，衆也。春秋傳曰，出曰治兵，入曰振旅，其禮一也。正義云，古者春教振旅，秋教治兵，以戎是大事，又三年一教。隱五年左傳曰，三年而治兵，入而振旅是也。征伐之時，出兵及對陣用治兵禮，戰止至還歸用振旅法。治兵振旅之名，周禮、左傳、穀梁皆同，唯公羊以治兵爲祠兵。其禮治兵則幼賤在前、振旅則尊老在前。孫炎曰、出則幼賤在前、貴勇力也。入則尊老在前、復常法也。傳云復長幼是反爲尊卑也。

說詩

至戰止將歸又振旅。振。旅誤

注疏正字

振旅闐闐出爲治兵尚威武也入爲振旅反尊卑也　公羊傳莊八年出曰祠兵、疏云郎爾雅出曰治兵之文也。元照案、古台司偏旁字多通用、堯典舜讓于德弗嗣、徐廣曰今文作不怡。秦誓俾君子易嗣、今本作辭、此依說文。公羊傳文十二年作易怠。詩鄭風子衿子甯不嗣音、韓詩作詒音。此其例也。

匡名

振旅闐闐出爲治兵尚威武也入爲振旅反尊卑也

此釋小雅采芑之文。說文闐、盛皃。㞢、進也。象艸木益滋上出達也。𠦒、械也。从廾持斤、并力之皃。古文兵从人廾干。入、內也。象从上俱下也。反、覆也。从又厂反形。尊、古作尊、酒器也。徐鉉曰、俗以尊作尊卑之尊、尊別作罇。𤰞、賤也。執事也。从𠂇甲。徐鍇曰、右重而左卑、故在甲下。左隱五年傳、三年而治兵、入而振旅。孫炎云、出則幼賤在前、貴勇力也。入則尊老在前、復常法也。

啓蒙

振旅闐闐。　闐說文盛皃。又嗔、盛气也。引詩振旅嗔嗔。左思魏都賦振旅軥軥、問表云、殷殷田田、九歎雷塡塡兮雨冥冥、禮樂志郊祀歌泛泛滇滇從高斿、字並通。江賦汗汗沺沺、與闐聲同者多有盛義。

黃侃音訓

至戰止將歸又振旅元本閩本監本同、毛本旅誤振。

羣行聲也注疏本無也按也當作〇。下分節。

貴勇力注疏本下衍也。按注本無

復常儀也講武者下。注疏本以講武者以下十六字分配題下。

校勘記

振旅闐闐、疏又振旅伐鼓闐闐然。今本旅誤重作振。

注疏本正誤

（注）振旅整衆闐闐羣行聲〇唐寫本作「振旅整衆也，闐闐羣行聲也」。

二行（注）幼賤在前貴勇力〇唐寫本「力」下有「也」字。案：《詩·小雅·采芑》《正義》引《爾雅》孫炎注曰：「出則幼賤在前，貴勇力也；入則尊老在前，復常法也。」即郭注所本。文辭上下相對應，是「勇力」下當有「也」字。

三行（注）復常儀也〇「儀」，唐寫本作「宜」。

宋監本校箋

振旅闐音田闐

音圖・音

振旅闐田闐。出爲治持兵尚威武也、入爲振旅、反尊卑也。

孫侶直音

振旅闐田闐。

楊氏音訓

闐田

干氏音釋

音圖・圖

講武

講武者、題上事也、言皆所以講習武事也。

邢疏

講武八之十一　章凡四節、類釋講武之名義也。

注疏參義

講武　天。正義題上事也。講武必順四時、故附見釋天。公羊桓四年傳云、諸侯曷爲必田狩、一日乾豆、二日賓客、三日充君之庖。何休註云、已有三牲必田狩者、孝子之意以爲己之所養不如天地自然之牲逸豫肥美、禽獸多則傷五穀、因習兵事、又不空設、故因以捕禽獸、所以共承宗廟、示不忘武備、又因以爲田除害也。是四時之田所以共四時之祭、因以習武事也。宵田火田所以廣其義、動衆宜乎社、則出師之祭也。振旅闐闐、因釋詩文而類敘之、兼以辨師出入之異名焉。

正義

講武　公羊桓四年傳、諸侯田狩、一日乾豆、二日賓客、三日充君之庖。何休註、孝子之意以爲己之所養不如天地自然之牲逸豫肥美。田狩所以共承宗廟、修武備、又因以爲田除害也。釋狩而兼及師出入之異名、詳武備也。講武必順四時、故附釋天。

啓蒙

講武疏　毛本、湘本疏誤注、監本不誤。

注疏校勘札記

素錦綢杠纁帛縿素陞龍于縿練旒九飾以組維以縷

素錦綢杠、以白地錦韜旗之竿。纁帛縿、纁帛絳也。縿、衆旒所著。素陞龍于縿、畫白龍於縿、令上向。練旒九、練、絳練也。飾以組、用綦組飾旒之邊。維以縷。用朱縷維連持之、不欲令曳地。周禮曰六人維王之太常是也。

郭注

素錦至旒　釋曰、別旌旂之異名也。素錦綢杠者、自此至維以縷、說旂之制也。綢、韜也。杠、竿也。先以白地錦韜旂之竿、禮記所謂綢練設旐、夏也。則以纁帛著於素錦、名縿、縿即衆旒所著者。陞、上也。又畫白龍於縿、令上向。又練絳帛爲旒九、以著於縿、飾旒之邊、用綦組維持其旒、使不曳地、以朱縷。詩鄘風云、素絲紕之、鄭箋云、素絲者以爲縷、以縫紕旌旗之旒縿、或以維持之是也。郭云周禮曰六八維王之大常者、夏官節服氏職文。後鄭注云、維之以縷，王旌十二旒，兩兩以縷綴連旁，三人持之。禮天子旌曳地。鄭司農云：維持之是也。廣雅云：天子杠高九仞，諸侯七仞，大夫五仞。天子十二斿至地，諸侯九斿至軫，卿大夫七斿至軹，士三斿至肩。

邢疏

纁帛縿

爲旒於縿是也。詩正義三之二

維以縷

維持以縷，不欲其曳也。詩正義三之二

孫音注

纁帛縿

周禮巾車注：正幅爲縿，斿則屬焉。賈疏：正幅爲縿。爾雅文。又覲禮疏：爾雅說旌旗云：正幅爲縿。郝氏義疏云：據此二文可知爾雅今本脫去四字也。

衆家注

黄輯古義

纁帛縿

爲旒於縿是也。

維以縷

維持以縷，不欲其曳也。

孫音注

玉函山房輯佚

維以縷

維持以縷，不欲其曳地。同詩疏三之二

纁帛縿

孫曰：爲旒於縿是也。詩正義三之二

鈎沉

維以縷

孫曰：維持以縷，不欲其曳也。詩正義三之二

漢注

素錦綢杠

郭璞云：以白地錦韜旗之竿。

纁帛縿

郭璞云：纁，帛絳也。縿，衆旒所著。

素陞龍于縿

郭璞云：畫白龍於縿，令上向。

練旒九

郭璞云：練，絳練也。

飾以組

郭璞云：用綦組飾旒之邊。

維以縷

孫炎云：維持以縷，不欲其曳地。詩正義三之二卷　郭璞云：用朱縷維連持之，不欲令曳地。周禮曰：六人維王之太常是也。

一切注音

纁帛縿

孫炎曰：爲旒爲縿。詩干旄正義

蕙心案：周禮巾車賈疏云：正幅爲縿。爾雅文。又覲禮疏：爾雅說旌旂云：正幅爲縿。今本爾雅佚此四字。

維以縷

孫炎云：維持以縷，不欲其曳地也。詩山有樞正義

綢他刀反。杠音江。廣雅云：天子之杠高九仞，諸侯七仞，卿大夫五仞，士三仞。韜他刀反。纁許云反。縿本或作䊨，又作襂，誤。

古注斠

衫字同。所衘反，下同。**旒**力周反，經典亦作流。廣雅云，天子十二旒至地，諸侯九旒至軫，卿大夫七旒至轂，士三旒至肩。**所著**直略反。**陞**音升。**令上**力呈反。**綦**音其，本亦作纂，祖管反。**飾**音式。

陸音義

縿本或作纖，又作縿、䋩、衫字。○案說文糸部云，縿，旌旗之游也，從糸參聲。則作縿者是，餘皆非。

音義攷證

素錦綢杠纁帛縿

據此凡杠皆綢杠，以建立綢拂而藏之。龍旂青以素錦綢杠，纁帛縿，則凡旗以剋之色綢之，以其生之色參焉。

素陞龍于縿

龍有升降，升白龍于縿，則青龍降可知。

練旒九

練矣雖流可也，故孔子縱心在六十之後。

飾以組

流而阻飾之節矣。

維以縷

維之道不一而足。

新義

素錦綢杠纁帛縿素陞龍于縿練旒九飾以組維以縷

綢，韜也，音叨。杠，音江，旗竿也。纁，絳色。縿，音衫，衆旒所著者。練，絳練也。組，綦組也。縷，朱縷也。先以白地錦韜旗竿，則以絳帛爲縿，著於素錦，又畫白龍於縿，令上向，則以絳練爲九旒，著於縿，則以綦組飾旒之邊，則以朱縷維持其旒，令不曳地。此並一旗之制也。

鄭樵注

素錦綢杠

郭璞曰，以白地錦韜旗之竿。

纁帛縿

孫炎曰，爲旒于縿。

郭璞曰，纁，帛絳也。縿，衆旒所著。

素陞龍于縿

郭璞曰，畫白龍於縿，令上向。

練旒九

郭璞曰，練，絳練也。

飾以組

郭璞曰，用綦組飾旒之邊。

維以縷

孫炎曰，維持以縷，不欲其曳地。

郭璞曰，用朱縷維連持之，不欲令曳地，周禮曰六人維王之太常是也。

鄭樵曰，綢，韜也，音叨。杠，音江，旗竿也。纁，絳色。縿，音衫，衆旒所著者。練，絳練也。組，綦組也。縷，朱縷也。先以白地錦韜旗竿，則以絳帛爲縿，著於素錦，又畫白龍於縿，令上向，則以絳練爲九旒，著於縿，則以綦組飾旒之邊，則以朱縷維持其旒，令不曳地。此並一旗之制也。纂釋上文

古注合存

素錦綢杠綢音叨，杠音江。纁帛縿縿音衫。素陞龍於縿練旒九飾以組維以縷

此首釋旂之制也，不言旂者，省文也。註曰，縿，衆旒所著也。以白地錦韜旂之干，用纁帛爲縿，畫白龍於縿，令上向也。練，絳練。組，綦組。縷，朱縷也。以絳練爲九旒，用綦組飾旒之邊，又用朱縷維聯其旒，不令曳地，周禮節服氏維王之太常是也。疏曰，綢，韜也。杠，竿也。陞，上也。記云，綢練設旐。廣雅云，天子杠高九仞，十二斿至地，諸侯七仞九斿至軫，卿大夫五仞七斿至軹，士三斿至肩。

注疏參義

周禮疏云，九旗之帛皆用絳，以周尚赤，故爾雅云纁帛縿也。其旐之下旆似不用絳，故爾雅云緇廣充幅長尋曰旐，繼旐曰旆。詩白旆央央。左傳少帛綪茷旆旌，是旌旆色異

也。爾雅別云、素錦綢杠、素陞龍練旒九、彼施於喪葬之期也。

補注

素錦綢杠 註 以白地錦韜旗之竿 纁帛縿 註 纁帛絳也縿衆旒所著 素陞龍于縿 註 畫白龍於縿令上向 練旒九 註 練絳練也 飾以組 註 用綦組飾旒之邊 維以縷 註 用朱縷維連持之不欲令曳地周禮曰六人維王之太常是也

正義 此釋龍旂之制也。素錦綢杠者、加巧飾也。又物不加飾皆自謂之素、此色然也。錦、金也、作之用功重於其價如金、故其制字帛與金也。說文云綢、繆也。鄉射禮記云、杠長三仞、士之制也。廣雅云、天子杠高九仞、諸侯七仞、大夫五仞。此言以素地之錦纏旗之杠也。纁帛縿者、釋器云、三染謂之纁。說文云、帛、繒也。縿、旌旗之游也。言縿所以著旒以絳色之繒爲之也。素陞龍于縿者、儀禮疏載白虎通義逸禮記曰、天子乘龍載大旂、象日月升龍、傳曰天子升龍、諸侯降龍、言以素色畫上向之龍於縿也。春官司常所謂交龍爲旂也。練旒九者、說文云、練、湅繒也。游、旌旗之旒也。旇、旌旗之旒也。長發鄭箋云、旒者旗之垂者也。言以絳絲爲下垂之旒有九也。考工記輈人所謂龍旂九斿也。飾以組者、說文云、組、綬屬。鄘風干旄云、素絲組之、鄭箋云、以素絲縷縫組於旌旗以爲之飾。此言以組文爲旒之旁飾也。維以縷者、說文云、縷、綫也。言以縷綫相維持也。賈公彥以素錦素陞龍爲喪葬之旗也。註 以白至之竿○ 正義 說文云、錦、襄色織文也。其素色則謂之白地錦。說文又云、竿、竹挺也。旂杠爲植木、後世多呼旂杠爲旂竿、象其形之植立也。綢釋爲韜、言纏繞之。○纁帛至所著○ 正義 鄭註司常云、九旗之帛皆用絳。賈公彥以爲周尚赤故也。下文練爲絳練、縷爲朱縷、皆以其尚赤也。衆旒相著、言相繫屬也。鄘風鄭箋云、屬著也。○畫白至上向○ 正義 鄭註司常云、諸侯畫交龍、一象其升朝、一象其下復也。賈疏、象升朝天子、象下復還國也。天子旌旗有日月星辰、故直有升龍、諸侯旌旗無日月星、故龍有升降也。此文但言陞龍、故知其上向也。○練絳練也○ 正義 釋名云、練、爛也、煮使委爛也。此言以練絲爲旒。天子之旒十二、而此云九旒、考工記所建之旗、併有七斿六斿四斿者、賈公彥以爲上得兼下也。○用綦至之邊○ 正義 綦亦作綥、說文云、綥、似組而赤。是綦組色相似也。○用朱至是也○ 正義 詩疏引孫炎云、維持以縷不欲其曳地、是郭註所本也。郭引周禮夏官節服氏之文也。鄭註云、維維之以縷、王旌十二旒、兩兩以縷綴連旁、三人持之、禮天子旌曳地。鄭司農云、維持之。賈疏云天子旌曳地者、禮緯文。引之者若不遺維持之、則旒曳地故也。

正義

素錦綢杠

玉案、周禮司常疏以素錦至練旒云云爲施於喪葬之旂。嶽雲

案、鶡冠子蓋無錦杠惡動者、陸佃注引爾雅作素錦韜杠。

補注殘本

練旒九　旒說文繫傳引作斿。

校議

素錦綢杠 以白地錦韜旗之竿 纁帛縿 纁帛絳也縿衆旒所箸 素陞龍于縿 畫白龍於縿令上向 練旒九 練絳練也 飾以組 用綦組飾旒之邊 維以縷 用朱縷維連持之不欲令曳地周禮曰六人維王之大常是也

此釋龍旂之制也。錦者、說文云、襄邑織文。綢者、檀弓云、綢練、鄭注以練綢旌之杠、即引此文。但彼喪葬所用、故綢以練、此吉事所用、故綢以錦也。綢皆讀若韜、謂纏縣之也。杠者、釋文引廣雅云、天子之杠高九仞、諸侯七仞、卿大夫五仞、士三仞。纁者、絳也。帛者、繒也。大宗伯注、帛如今璧色繒也。明堂位注引此文帛作白、纁白縿者、言以絳色及白繒爲縿也。縿者、說文以爲旌旗之斿、蓋旒所箸處、故詩干旄正義引孫炎曰、爲旒於縿。按巾車注正幅爲縿、斿則屬焉。賈疏、正幅爲縿、爾雅文。又覲禮疏、爾雅說旌旗云、正幅爲縿。據

此二文可知爾雅今本蓋脫去四字也云素陞龍于縿者明堂位注引陞作升覲禮侯氏裨冕疏引白虎通云禮記曰天子乘龍載大旗象日月升龍傳曰天子升龍諸侯降龍按司常云交龍為旂鄭注諸侯畫交龍一象其升朝一象其下復也據此則升龍者畫一龍降龍者畫二龍也爾雅綢杠升龍皆用素蓋旂從殷制商頌所言龍旂十乘必是白色賈公彥司常疏引此以為施於喪葬之期非無見也練者說文云湅繒也經典說練皆純素郭注綼練非也郭意蓋以周人尚赤據司常注九旗之帛皆用絳因以此練為絳練耳然司常是周制爾雅練旒白明是殷制何可同也旒者當作流說文游旒竝云旌旗之流也爾雅釋文旒經典亦作流是也又引廣雅天子十二旒至地諸侯九旒至軫卿大夫七旒至轂士三旒至肩然則練旒九者必是殷制與周不同周制天子十二旒亦不容九旒矣組者說文綴屬詩素絲組之箋以素絲縷縫組於旌旗以為之飾蓋本此為說也是組用素郭云纂組亦非據釋文纂本亦作纂說文纂似組而赤以此注上下推之知郭本纂必作纂矣維者持之也縷者綫也周禮節服氏六人維王之大常鄭注維維之以縷王旌十二旒兩兩以縷綴連旁三人持之禮天子旌曳地詩正義引孫炎曰維持以縷不欲其曳地然則組飾其上縷持其旁以詩素組準之知縷亦當用素箋云素絲為縷是矣郭云朱縷非也。

義疏

素錦綢杠纁帛縿素 句 **陞龍于縿練旒**游流**九** **飾以組維以縷** 下當有曰旂不則上有旂字孫注為旒於縿維持以縷不欲其曳地郭注以白地錦韜旗之竿纁帛絳也縿眾旒所著畫白龍於縿令上向練絳練也用纂組飾旒之邊用朱縷維連持之不欲令曳地周禮曰六人維王之太常是也錦以金絲交蠶絲織之故文从金帛禮之束錦玉錦則織文也今之錦五色成文云玉則未聞綢韜杠竿古今字賈公彥引爾雅正幅為縿縿从糸參參三也襍也不得為正

幅蓋旃則通帛旗則三幅正幅赤旁各一幅白故曰縿素也升龍者繡而升之於縿則旁各一龍龍即馬也覲禮天子乘龍下云升龍降龍有升有降者天子制也諸侯唯升耳鄭注司常以為一升一降白虎通以為天子升諸侯降此言旂九旒諸侯朝旂也而云升龍則交不必降蓋以二龍夾幅為交耳練熟帛為旒取其滑也旁緣之使不卷也游从㫃汓流从沝㐬旒从㫃㐬皆同義說文以游為正字未若旒矣縷綫也文从婁蓋襞積之線為婁縷粗於綫維九旒仍令若一。

集解

素錦綢杠 錦襄邑織文从帛金謂以金絲與蠶絲織之詩之貝錦禮之玉錦均織文也綢縿也與韜通用韜劍衣也亦藏也檀弓綢練設旐謂韜練也杠牀前橫木也與竿通用鄉射禮記杠長三仞謂士之制廣雅說天子杠高九仞諸侯七仞大夫五仞均謂旗竿。**纁帛縿素** 纁絳也帛繒也謂旗正幅縿旌旗之游也从糸參參三也襍也蓋旂通帛而旗三幅正幅為纁旁各一幅為素故云縿素賈公彥引爾雅正幅為縿名義不符說殊誤矣。**陞龍于縿** 周禮馬八尺以上為龍然則龍者馬也升龍者繡而升之于縿則旁各一龍矣覲禮天子乘龍載大旗象日月升龍降龍有升有降者天子制也諸侯唯升耳司常交龍為旂鄭注謂其一象升朝一象其下復白虎通以為天子升龍諸侯降龍郊特牲旂十有二旒龍章而設日月正謂天子。**練旒九** 練湅繒也其色白而滑取其動也旒字本作游旌旗之流也大常十二游旂九游旟七游旗六游旐四游此云九旒據旂言耳諸侯之制也考工輈人龍旂九游。**飾以組** 組綬屬詩素絲組之亦色白也飾旒邊者防其久而卷也周禮典絲掌組禮記織紝組紃。**維以縷** 謂以縷維九旒而仍令合一耳縷綫也从縷者蓋以綫縫而毋使空隙維謂連綴之周禮六人維王之大常鄭注維維之以縷王旌十二旒兩兩以縷綴連。

義證

素錦綢杠杠音江。

註以白地錦韜旗之竿。補正邢疏綢、韜也。杠、竿也。禮記所謂綢練設旐是也。

纁帛縿縿所御反。

註纁帛、絳也。縿、衆旒所著。補正邢疏、卽以纁帛著於素錦、名縿。

練旒九

註練、絳練也。補正邢疏、又練絳帛爲旒九、以著於縿。

維以縷

註用朱縷維連持之、不欲令曳地。周禮曰、六人維王之太常是也。補正臣鑒按、鄭樵註云、此竝一旗之制也。

郭注補正

練旒九

練絳練也

仿宋本脫也字。

飾以組

用綦組飾旒之邊

釋文云、綦音其、本亦作纂、祖管反。郝氏懿行云、組者、說文綬屬。詩素絲組之、箋云、以素絲縷縫組於旌旗以爲之飾。蓋本此爲說也。是組用素、郭云綦組、非。據釋文綦本作纂、說文纂似組而赤、以此注上下推之、知郭本綦必作纂矣。

郭注佚存補訂

素錦綢杠、纁帛縿、素陞龍於縿、練旒九、飾以組、維以縷

此龍旗之制也。杠者、釋文引廣雅云、天子之杠高九仞、諸侯七仞、卿大夫五仞、士三仞。邢疏云、綢、韜也。杠、竿也。先以白地錦韜旗之竿、禮記所謂綢練設旐夏是也。縿者、說文謂旌旗之斿旒所著處。孫炎云、爲旒於縿。鄘風干旄正義云、縿謂繫於旌旗之體、旒則縿末之垂者。巾車注云、正幅爲縿、旒則屬焉。賈疏云、正幅爲縿、爾雅云。覲禮疏亦云、爾雅說旌旗正幅爲縿。今本爾雅無此文、蓋脫去也。纁帛者、釋器云、三染謂之纁。說文云、帛、繒也。謂縿以絳色之帛爲之、又畫白龍於縿、令上向。商頌玄鳥所謂龍旗十乘、箋云、交龍爲旗。蓋天子諸侯皆龍旗、特陞降有別耳。練旒者、郭注云、練、絳練也。干旄疏云、凡九旗之帛皆用絳、則通帛大赤也、雜帛以白爲飾、絳之側也。旒者、長發箋云、旒者、旗之垂者也。釋文云、經典亦作流。說文作流。天子十二旒、諸侯九旒。今以天子之旗曰九旒、豈殷周之制不同歟。飾以組、維以縷者、干旄素絲組之傳云、總以素

絲而成組也。箋云、素絲者以爲縷、以縫紕旌旗之旒縿、或以維持之。正義云、或以維持者、謂旒之垂數非一、故以縷相綴連之。服氏云、六人維王之太常。注云、維之以縷、王旌十二旒、兩兩以縷綴連之、傍三人持之。禮、天子旌曳地、諸侯旗九旒。孫炎曰、維持以縷、不欲其曳地。然則諸侯以下、旒數少而且短、維之以否、未可知也。

說詩

素錦綢杠音江 音誤爲。

注疏正字

素錦綢杠 檀弓上注引 明堂位注引此四句。 說文韋部韜、劒衣也。从韋舀聲。此其本字。今作綢者、經師增益之字。周聲與舀聲同也。與說文糸部綢繆字雖同而實不相涉。邵氏正義引說文云綢、繆也。失之不審。

纁帛縿 明堂位注引作熏白、彼釋文云、熏字又作纁。 釋文云、縿本或作襳、又作穇祴衫字。盧學士曰、說文糸部縿、旌旗之游也。从糸㕘聲。則當作縿。餘皆非。元照案、說文衣部無此四字、皆以音近妄造耳。

素陞龍于縿 明堂位注引陞作升、于作於。案陞、俗字。見釋詁

周禮疏七廿引無于縿二字

練旒九 釋文云、旒、經典亦作流。案說文㫃部無旒字、當作流。㫃部旒游二文下皆云旌旗之流也。汲古閣本誤改作旒。段氏玉裁據宋本訂正。

匡名

素錦綢音韜杠纁帛縿音三素陞龍於縿 說文、素、白緻繒也。从糸𠂹、取其澤也。錦、襄邑織文。綢、繆也。杠、旗竿也。廣雅、天子九仞、諸侯七仞、大夫五仞、士三仞。此言以素地之錦綢纏旗之杠也。纁、淺絳也。帛、繒也。縿、旌旗之游也。龍、鱗蟲之長。从肉飛之形、童省聲。傳、天子升龍、諸侯降龍。此言以素色畫上向之龍於縿也。

練旒九飾以組維以縷 說文、練、湅繒也。旒、旗之垂者。言以絳絲爲下垂之旒有九也。考工記、龍旂九斿。 以組文爲旒之旁飾。鄘風、素絲組之。 孫炎云、維持以縷、不欲其曳地。以上釋龍旂之制。

啓蒙

陞 豋 陞乃升之俗字。升降之升皆當作豋

旒 㳅 釋文。旒、經典亦作流。案樂記、龍旂九流。釋文、流本又作旒。旒、說文、㫃、旌旗之流也。游、旌旗之流也、皆作流。

當作瑬、本訓垂玉、引申爲旌旗之流。

黃侃評本正名

素錦綢杠。以白地錦韜旗之竿。 纁帛縿。素陞龍于縿。練旒九、飾以組、維以縷。 綢訓綢繆、與韜義亦近。廣雅綢縚也。鄉射禮以鴻脰韜上、字作韜。 旒當作瑬、本訓垂玉、引申爲旌旗之流。 上文說五旗中之旂、除纁帛之帛陞龍九旒外、其餘四旗亦通。

黃侃音訓

纁帛縿 說文縿、旌旗之游所屬也。今本脫所屬二字、而作縿旌旗之游也、遂至縿與游掍。邵郝及嚴氏元照皆據

譌，今依段本訂之。

王仁俊日記

以白地錦韜旗之竿 雪牕本注疏本同。邢疏云，先以白地錦韜旗之竿。下題旌旂，釋文云本又作旗。是旂旗字互見。按此經作綢，注作韜，釋文綢韜字兩列，皆音他刀反。爲經注異文之明證。

練綷練 雪牕本注疏本下有也。

六人維王之太常是也 雪牕本注疏本同。單疏本太作大。

素錦至旌旂○釋曰 注疏本刪。

此別旌旂之異名也 注疏本旂改旗。

維持其旒使不曳地以朱縷 注疏本移以朱縷三字於維持其旒上。按此倒句法，本注

素絲紕之 注疏本紕誤組。

以縫紕旌旗之旒縿 注疏本旗改旂。按爾雅言旌旂，詩箋言旌旗，淺人互易之。

十三旒至肩○也 閩本監本毛本○改云。正德本空一字，是也。

校勘記

素錦綢杠。釋文杠音江，今本音誤作爲。緇廣充幅長尋曰旐。釋文廣，古曠反，今本古誤作上。

注疏本正誤

禮記所謂綢練設旐夏也 監本同。毛本湘本夏作是。案作是誤。禮記檀弓篇正作夏。

廣雅云天子杠高九仞諸侯七仞大夫五仞 案王念孫廣雅疏證曰，此禮緯稽命徵文也，見周官儀禮疏。各本脫去卿字，又脫去士三仞三字。爾雅疏所引已與今本同。今考爾雅釋文引廣雅大夫上有卿字，與下卿大夫七旒至軹文同一例。又爾雅釋文北堂書鈔初學記太平御覽引廣雅並有士三仞三字。

諸侯九旒 毛本湘本同。監本九誤五。

注疏校勘札記

五行（注）以白地錦韜旗之竿○唐寫本「竿」下有「也」字。

纁帛縿○禮記明堂位注引「帛」作「白」。

（注）纁帛絳也縿衆旒所著○原本《玉篇》糸部「縿」下引郭注「衆旒所著也」，「著」下有「也」字。

素陞龍于縿○《禮記·明堂位》鄭注引「陞」作「升」。原本《玉篇》糸部「縿」下亦作「升」。《釋文》則作「陞」。

六行（注）用綦組飾旒之邊○「綦」，《釋文》云：「音其。本亦作纂，祖管反。」唐寫本字亦作「綦」。又「邊」下唐寫本有「也」字。

七行（注）用朱縷維連持之不欲令曳地○原本《玉篇》糸部「縷」下引注文作「用朱縷連持旒，令不曳地也」。

宋監本校箋

素錦綢音叨杠以白地錦韜旗之竿。杠音江。纁音勳帛縿纁帛絳也。縿衆旒所著。縿音杉。

音圖·音

綢，吐刀翻，音韜。徐直留翻，音紬。縿或作襂，又作䄏，衫字同。所銜翻，音芟，審母字。禮記釋文同。

音略

韜　岡　勳　杉　劉

素錦綢杠。纁帛縿。素陞龍于縿。練旒九。

縷樓上聲，又音呂

飾以組。維以縷。

孫侶直音

素錦綢叨杠江以白地錦韜旗之竿。纁勳帛縿杉纁帛絳也。縿衆旒所著。素陞龍于縿畫白龍于縿令上向。練旒九練絳練也。飾以組用綦組飾旒之邊。維以縷用朱縷維持之不令曳地。

楊氏音訓

綢儔　纁熏　縿衫　旒劉

干氏音釋

緇廣充幅長尋曰旐繼旐曰旆

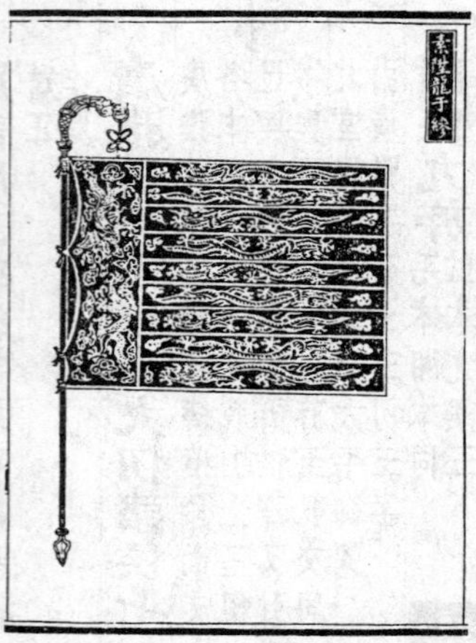

音圖·圖

充幅長尋曰旐，帛全幅長八尺。繼旐曰旆。帛續旐末爲燕尾者，義見詩

郭注

「緇廣」緇廣充幅長尋曰旐者，緇，黑色也，以黑色之帛廣全幅長八尺屬於杠名旐。又以帛繼續旐末爲燕尾者名旆。郭云義見詩者，小雅六月云白旆央央是也。

邢疏

緇廣充幅長尋曰旐繼旐曰旆

緇，黑繒也。帛續旐末亦長尋。詩云帛旆英英是也。公羊疏十六

孫音注

黃輯古義

緇廣充幅長尋曰旐繼旐曰旆

緇，黑繒也。帛續旐末亦長尋。詩云帛旆英英是也。

春秋公羊傳宣十二年疏

孫音注

玉函山房輯佚

緇 黑繒也。同

繼旐曰旆 帛續旐末亦長尋。詩云帛旆英英是也。同 竝公羊疏十六

鈎沉

緇廣充幅長尋曰旐繼旐曰旆

孫曰，緇，黑繒也。帛續旐末亦長尋。詩云帛旆英英是也。公羊疏十六

漢注

緇廣充幅長尋曰旐

孫炎云，緇，黑繒也。公羊疏十六卷 郭璞云帛全幅長八尺。

繼旐曰旆

孫炎云，帛續旐末亦長尋。詩曰帛旆英英是也。公羊疏十六卷 郭璞云帛續旐末爲燕尾者，義見詩。

一切注音

緇廣充幅 孫炎云，緇，黑繒也。公羊宣十一年傳疏

繼旐曰旆 孫炎云，帛續旐末亦長尋。詩云帛旆英英是也。公羊宣十一年傳疏

古注斠

緇側基反。廣古曠反。充方言云幅廣曰充。幅音福。長尋直亮反，注同。旐持小反。旆蒲蓋反。

陸音義

緇廣充幅長尋曰旐

旐有正而無縿，旗身尙短，斿尙少故也。自熊旗以上以縿參之。鄭氏謂九旗之帛皆用絳，據此旐用黑。旐、

北方也。用黑則旂青旟赤旗白可知。

繼旐曰旆

凡兵事旐兆爲旆繼之。旆北也。詩曰胡不旆旆。問不旆也。問不旆則士有死志矣。**新義**

緇廣充幅長尋曰旐繼旐曰旆緇、黑色帛也。廣古曠反。全幅長八尺屬於杠曰旐。又以帛續旐末爲燕尾者曰旆。**鄭樵注**

緇廣充幅長尋曰旐　孫炎曰、緇黑繒也。郭璞曰、帛全幅長八尺。鄭樵曰、緇黑色帛也。廣古曠反。全幅長八尺屬於杠曰旐。

繼旐曰旆　孫炎曰、帛續旐末亦長尋、詩云帛旆英英是也。郭璞曰、帛續旐末爲燕尾者、義見詩。鄭樵曰、又以帛續旐末爲燕尾者曰旆。**古注合存**

左傳正義云、旐是旂身、旆是旂尾。**補注**

緇廣充幅長尋曰旐**註**帛全幅長八尺繼旐曰旆**註**帛續旐末爲燕尾者義見詩**正義**此釋旐之制也。小雅出車云、設此旐矣。司常云、龜蛇爲旐。又云、縣鄙建旐。輈人云、龜蛇四斿、以象營室也。釋名云、旐兆也。龜知氣兆之吉凶、建之於後察度事宜之形兆也。緇者、詩疏引孫炎云、緇黑繒也。釋名云、緇滓也、泥之黑者曰滓、此色然也。充幅長尋者、方言云、周官之法度廣爲尋、幅廣爲充。言黑繒之廣充竟幅而長及尋者謂之旐。說文以爲游、游而長者是也。繼旐曰旆者、說文云、旆、繼旐之旗也、沛然而垂。釋名云、白旆以帛繼旐末也。公羊疏引孫炎云、帛續

旐末亦長尋、詩云帛旐英英是也。孫所引詩小雅六月文、今本作白旆央央。**註**帛全幅長八尺。○**正義**布帛俱有幅、以其滿幅謂之全幅。小爾雅云、四尺曰仞、倍仞曰尋。○帛續至見詩。○**正義**釋名云、雜帛爲旆、以雜色綴其邊如鷰尾也、將帥所建象物雜也。何休云、如燕尾曰旆。郭云爲燕尾、蓋用劉熙何休之說。見詩者、毛傳白旆繼旐者也。詩釋文云、繼旐曰茷、左傳云蒨茷是也。一曰旆與茷古今字殊。是旆本又作茷。

緇廣充幅長尋曰旐帛全幅長八尺繼旐曰旆帛續旐末爲燕尾者義見詩**正義**

旐者、說文云、龜旐四斿、以象營室、游游而長。引周禮曰、縣鄙建旐。本司常及輈人文也。釋名云、旐兆也。龜知氣兆之吉凶、建之於後察度事宜之形兆也。緇者、帛黑色也。公羊宣十二年疏引孫炎云、緇黑繒也。云廣充幅長尋者、充終也。布幅廣二尺二寸、帛幅廣二尺四寸。然則旐之制以緇帛廣二尺四寸長八尺爲之也。公羊注緇作繒、云繒廣充幅長尋曰旐、恐誤也。旐畫龜蛇、屬北方宿、是當以黑爲主。檀弓云、設旐夏也。然則旐從夏制、知色尚黑矣。鄭注用爾雅而云旌之旐緇布廣充幅長尋曰旐、於緇上增旌之旐三字、緇下增布字、蓋以設旐與設披設崇其字同類、故釋旐爲旌之旐、非爾雅之義。○旆者、說文云、繼旐之旗也、沛然而垂。釋名云、白旆殷旌也、以帛繼旐末也。公羊疏引孫炎云、帛續旐末亦長尋、詩云帛旆英英是也。郭云、帛續旐末爲燕尾者。公羊注、繼旐如燕尾曰旆、不言用帛。釋名云、雜帛爲旆、以雜色綴其邊爲燕尾也、將帥所建象物雜也。然則旆亦雜色爲之、不專用白矣。郭云義見詩者、六月傳白旆繼旐者也。按白與帛古字通、故知帛續旐末矣。詩正義及釋文旆俱作茷、釋文茷本又作旆、蒲貝反、繼旐曰茷。左傳云、蒨茷是也。按茷段借字。**義疏**

緇廣充幅長尋曰旐繼旐曰旆

孫注、緇黑繒也。帛續旐末亦長尋、詩云帛旆英英是也。郭注、帛全幅長八尺。旆續旐

末爲燕尾者、義見詩。緇黑帛名也。帛幅廣二尺四寸而長八尺、此若酒帘船旗、今猶以爲標識、又繼之示有事也。以畫龜故名兆。縣鄙師長所建士之旗物也、所以徵徒帥衆。

集解

緇廣充幅長尋曰旐 緇黑繒也。充幅、廣二尺四寸、長八尺也。檀弓、設旐、夏也。旐从夏制、則色尚黑矣。旐从兆、兆灼龜坼也。上畫龜故名旐。周禮、龜蛇爲旐。又龜蛇四斿、以象營室。旐畫龜也、縣鄙所建士之旗物也、以其得將衆卒。繼旐曰旆 詩、白旆央央。然則旆即周禮所謂即戎之大白也。以繼旐者、示其有事而不可閒也。旆从巿、謂沛然而垂。或曰、詩白旆、公羊疏引作帛旐、則旐有雜色者、未必皆白。

義證

緇廣充幅長尋曰旐

註帛全幅長八尺〔補正〕邢疏、緇黑色也、以黑色之帛廣全幅長八尺屬於杠名旐。

郭注補正

緇廣充幅長尋曰旐

帛全幅長八尺 者也

御覽三百四十卷兵部引郭璞注爾雅、帛全幅長八尺者也。今據補者也二字。

繼旐曰旆

帛續旐末爲燕尾者 義見詩

御覽引作帛續旐末爲燕尾也。

郭注佚存補訂

緇廣充幅長尋曰旐繼旐曰旆

說文云旐龜旐四游以象營室游游而長。引周禮曰縣鄙建旐。小雅采芑旂旐央央、出車設此旐矣、毛傳竝云龜蛇曰旐。孫炎云緇黑繒也。郭注云帛全幅長八尺。繼旐曰旆者、說文云旆繼旐之旗也、沛然而垂。孫炎云帛續旐末亦長尋。詩云帛旆央央是也。今小雅六月作白旆央央、傳云白旆繼旐者也。郭云帛續旐末爲燕尾者。詩釋文云白茷本又作旆。繼旐曰茷。左傳云蒨茷是也。一曰旆與茷古今字殊。白與帛亦同字。

說詩

緇廣充幅音古曠切上。古誤

繼旐曰旆 旆誤旆。下並同。

註帛續旐末爲燕尾者義見詩 案詩與爾雅不合、詳左傳正字昭十三年。

注疏正字

緇廣充幅長尋曰旐 公羊解詁宣十二年云、緇今本誤緇廣充幅長尋曰旐、繼旐如燕尾曰旆、加文章曰旗、錯革鳥曰旟、注旄首曰旌。疏云此注皆爾雅釋天文、其閒少有不同者、蓋所見異、或何氏潤色之。

匡名

緇廣充幅長尋曰旐繼旐曰旆 此釋旐之制。說文緇、帛黑色也。廣、殿之大屋也、又爲凡大之稱。幅、布帛廣也。㝷、繹理也、从工从口从又从寸、工口亂也、又寸分理之、彡聲。度人之兩臂爲尋、八尺也。旐、龜蛇四斿、以象營室、悠悠而長也。司常謂龜蛇爲旐、言旐以黑緇之廣充幅而長及八尺者也。旆、繼旐之旗、沛然而垂也。引爾雅文。小雅、白旆央央。何休云如燕尾曰旆。

啓蒙

緇廣充幅長尋曰旐。　此說五旗中之旐、除緇外、其餘四旗皆通。　緇以爲縿。

繼旐曰旆。　其實五旗皆有、即周禮雜帛爲勿。

黃侃音訓

纁帛縿　練旒九　緇廣充幅長尋曰旐　繼旐曰旆

釋文縿、本或作繖、又作襂䙖衫字同。所銜反。釋天釋文 旒、經典亦作流。

公羊傳注作繒廣充幅長尋曰旐。宣十二年傳注 繼旐如燕尾曰旆。宣十二年傳注 釋天釋文

詩釋文作繼旐曰茷。小雅六月詩釋文

纁帛縿、釋文縿、本或作繖、又作襂䙖衫字同。按說文糸部縿云、旌旗之游也、從糸參聲。則縿爲正體字、餘同聲假借字。繼旐曰旆、詩釋文旆作茷、云旆與茷古今字殊。按左傳定四年綪茷旃旌、正義、茷即旆也。

證異

繼旐曰旆　雪䆫本注疏本同。釋文唐石經單疏本旆作斾。五經文字云、斾从市、市音普末反。或从巾者訛。

白旆央央是也　注疏本同。按此當如公羊疏引孫炎注作帛旆英英。

夏翟羽色　正德本閩本同。監本毛本色改名。

校勘記

八行(注)帛全幅長八尺〇《御覽》卷三百四十引郭注作「帛全幅長八尺者也」。

(注)帛續旐末爲燕尾者〇唐寫本「帛」作「白」，「者」作「也」。《御覽》卷三百四十引「者」亦作「也」。案：《釋名》云：「雜帛爲旆，以雜色綴其邊爲燕尾也。」

(注)義見詩〇唐寫本「詩」下有「也」字。

宋監本校箋

緇廣音曠充幅長尋曰旐帛全幅長八尺。旐音兆。繼旐曰旆帛續旐末爲燕尾者、義見詩。旆音佩。

音圖・音

廣音曠　案廣古曠翻、光去聲。今音曠誤。

直音正誤

緇廣光去聲充幅福長仗尋曰旐兆繼旐曰旆沛

孫侶直音

緇廣去聲充幅長去聲尋曰旐帛全幅長八尺。繼旐兆曰旆帛續旐末爲燕尾者。

楊氏音訓

旐治小切　旆沛

干氏音釋

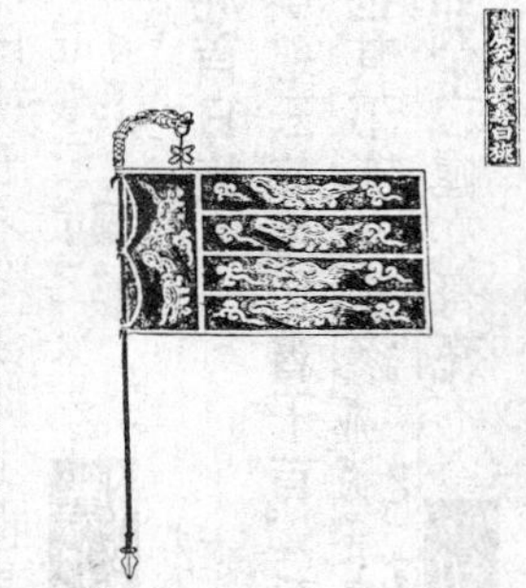

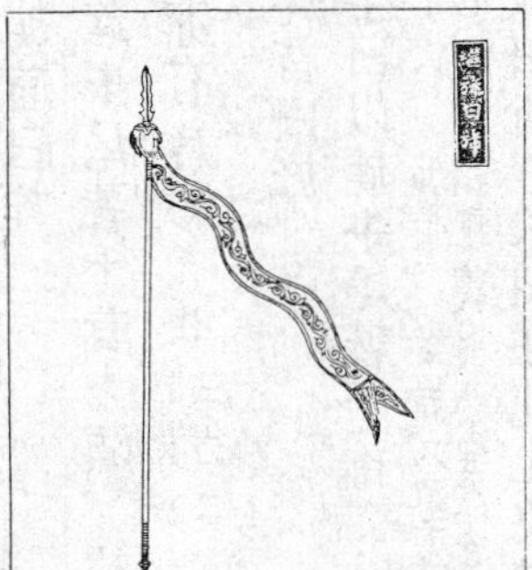

音圖・圖

注旄首曰旌

注旄首曰旌。載旄於竿頭、如今之幢、亦有旒。

郭注

注旄首曰旌者、李巡曰旄牛尾著竿首。孫炎曰析五采羽注旄上也、其下亦有旒縿。郭云載旄於竿頭如今之幢亦有旒。如是則竿之首有旄有羽也。故周禮序官夏采注云夏采夏翟羽色、禹貢徐州貢夏翟之羽、有虞氏以爲緌、後世或無故染鳥羽象而用之、謂之夏采。其職注云緌以旄牛尾爲之綴於幢上、所謂注旄於竿首者也。

邢疏

注旄首曰旌

以旄牛尾箸干首。詩正義三之二 春秋正義三十二又五十四 公羊疏十六 邢疏 案旄、公羊疏作氂。干首、春秋正義與公羊疏皆作旄首。

李注

注旄首曰旌

析五采羽注旄上也、其下亦有旒縿。詩正義三之二 春秋正義三十二又五十四 邢疏

孫音注

黃輯古義

注旄首曰旌

以旄牛尾著干首。詩鄘風干旄正義 邢疏無以字、干作竿。春秋襄十四年正義又定四年正義並引作旌首。春秋公羊傳宣十二年疏引作以氂牛尾旌首者。

李注

注旄首曰旌

析五采羽注旄上也、其上亦有旒縿。邢疏 詩鄘風干旄正義 春秋襄十四年正義又定四年正義

孫音注

玉函山房輯佚

注旄首曰旌

旄牛尾著干首。李注 析五采羽注旄上也、其下亦有旒縿。孫注 並詩疏三之二

鉤沉

注旄首曰旌

李曰、以旄牛尾著干首。詩正義三之二 春秋正義三十二又五十四 公羊疏十六 邢疏 案旄、公羊疏作氂。干首、春秋正義與公羊疏皆作旄首。

孫曰、析五采羽注旄上也、其下亦有旒縿。詩正義三之二 春秋正義三十二又五十四 邢疏

漢注

注旄首曰旌

李巡云旄牛尾著干首。孫炎云析五采羽注旄上也、其下亦有旒縿。並詩正義三之二卷 郭璞云載旄於竿頭、如今之幢亦有旒。

一切注音

注旄首曰旌 李巡曰、旄牛尾著干首。孫炎云、析五采羽注旄上也、其下亦有旒縿。詩干旄正義

古注斠

注之樹反。旄亡褒反。旌音精、本又作旍。幢直江反。竿音干。

陸音義

旌本又作旍○案說文有旌無旍。

音義攷證

注旄首曰旌

首物者知愛尾焉、尚矣。

新義

注旄首曰旌注、繫也、繫旄牛尾於竿首曰旌、其下亦有旒、郭云如今之幢。

鄭樵注

注旄首曰旌

李巡曰、旄牛尾著竿首。詩疏竿作干。左傳襄十四年及定四年疏引此並云以旄牛尾著旗首者也。公羊宣十二年傳疏引此旄作旌竿亦作旌。此仍邢疏。孫炎曰、析五采羽注旄上也、其下亦有旒縿。左傳襄十四年及定四年疏引此旄字並誤作旌、此仍邢疏詩疏同。郭璞曰、載旄於竿頭、如今之幢、亦有旒。鄭樵曰、注、纛也、纛旄牛尾於竿首曰旌、其下亦有旒、郭云如今之幢。

古注合存

公羊傳註、緇廣充幅長尋曰旐、繼旐如燕尾曰旆、加文章曰旗、錯鳥革曰旟、注旄首曰旌。疏云、此注皆爾雅釋天文、其間稍有不同者、蓋所見異、或何氏潤色之。

補注

注旄首曰旌 註 載旄於竿頭如今之幢亦有旒 正義 此釋旌之制也。鄘風云、孑孑干旌。司常云、析羽爲旌。又云、斿車載旌。輈人云、弧旌枉矢、以象弧也。說文云、析羽注旄首、所以精進士卒。釋名云、旌、精也、有精光也。緌有虞氏之旌也、注旄竿首、其形橤橤然也。詩疏引孫炎云、析五采羽注旄上也、其下亦有旒縿。考工記鍾氏染羽以朱湛丹秫三月而熾之、淳而漬之、染羽所以飾旌旗也。旌注於旄而旄又注於干、故曰干旌。鄭箋云、周禮孤卿建旃、大夫建物、首皆注旄焉。又鄭註夏采云、緌以旄牛尾爲之、綴於橦上、是太常以下首皆有旄羽也。爾雅舉旌以爲例也。註載旄至有旒。正義 詩疏引李巡云、旄牛尾著干首。鄭註明堂位云、緌爲注旄牛尾於杠首、所謂大麾。書云、武王左杖黃鉞、右秉白旄以麾。周禮大麾以田也。旌所以精進士卒、故公羊宣十二年傳云、莊王親自手旌、左氏成十六年傳云、楚人謂夫旌、子重之麾也。如今之幢者、郭註釋言云、今之羽葆幢是也。亦有旒者、曲禮云、武車綏旌、疏引何允云、垂放旌旗之旒、以見於美也。又云、德車結旌、孔疏云、德美在內、不尚赫奕、故結纏其旒著於竿也。是旌亦有旒也。

正義

注旄首曰旌、注載旄于竿頭。載、御覽引作戴。

校議

注旄首曰旌 載旄於竿頭如今之幢亦有旒 旌者、說文云、游車載旌、姛常析羽注旄首、所以精進士卒。釋名云、析羽爲旌、赧姛旌、精也、有精光也。又云、緌有虞氏之旌也、注旄竿首、其形橤橤然也。以緌爲有虞氏旌、本明堂位文。鄭注、注旄牛尾於杠首、所謂大麾。詩干旄正義引李巡曰、旄牛尾著干首、孫炎曰、析五采羽注旄上也、其下亦有旒縿、然則旌者其上有旄、其下有旒、有羽。爾雅不言羽者、疑有虞氏惟竿首注旄、其形緌緌、因謂之緌、至周加文、析采羽爲飾、故周禮夏采注、緌以旄牛尾爲之、綴於幢上、所謂注旄於干首者是。鄭亦以注旄首爲即有虞氏之緌、且爾雅旂用殷制、旐用夏制、則旌宜用有虞之制也。許君說旌云析羽注旄首、蓋以周制兼虞制言、爾雅不言析羽、無妨專言有虞之制也。夏采序官注謂有虞氏已以夏翟羽爲緌、恐未然也。郭云、載旄於竿頭、如今之幢者、釋言注、今之羽葆幢是矣。

義疏

注旄首曰旌 李注、旄牛尾著竿首。孫注、析五采羽注旄上也、其下亦有旒縿。郭注、載旄於竿頭、如今之幢、亦有旒。旄、大將所建、即大麾也。旄、牛之毛、故文从靡手、若後世節旄也。其首要以析羽飾之、則象文德、故謂之旌。旌、生也、甡也。甡、進也。所以進賢人、必注於旄、示君親進之。

集解

注旄首曰旌

書、右秉白旄以麾。然則旄即大麾、大將所用也。旄、牛尾也。麾即摩、旌旗所以指麾。文選思玄賦舉麾、舊注謂爲執旄是矣。更注析羽五色、象文德也。旌、生也、進也、所以進賢。注旄首者、令人目見、若人君親進之然。禮招大夫以旌。

義證

注旄首曰旌

注載旄於竿頭如今之幢亦有旒補正邢疏李巡曰旄牛尾著竿首。孫炎曰析五采羽注旄上也、其下亦有旒縿。是則竿之首有旄有羽也。臣鏊按鄭樵註云注繫也。

郭注補正

注旄首曰旌

載旄於竿頭如今之幢亦有旒也周禮云析羽爲旌

御覽引爾雅注旄首曰旌、郭璞注曰、戴旄於竿頭、如今之幢亦有旒也。今據補也字。元應佛本行集經二十八卷音義引爾雅注旄首曰旌、郭璞曰、戴旄於竿頭也。周禮云析羽爲旌。樹柎案下文因章爲旃注引周禮云、通帛爲旃。則此所引周禮當亦郭注原文、而今本脱之。據補。菩薩見實三昧經一卷音義引郭璞注云、載旄於竿頭者、旌旌表也、謂取其幖幟。案旌表也八字、當是元應之文。

郭注佚存補訂

注旄首曰旌

說文云旌、游車載旌、析羽注旄首、所以精進士卒。鄘風干旄孑孑干旄毛傳云、注旄於干首、大夫之旃也。孑孑干旌傳云、析羽爲旌。李巡云旄牛尾著干首。孫炎云析五采羽注旄上也其下亦有旒縿。郭璞云載旄於干頭、如今之幢亦有旄也。正義云、周禮序官夏采注云夏采夏翟羽色。禹貢徐州貢夏翟之羽、有虞氏以爲綏後世無、故染鳥羽象而用之謂之夏采。其職注云綏以旄牛尾爲之、綴於幢上、所謂注旄於干首者也。

說詩

注旄首曰旌 釋文云旌本又作旍。盧學士曰說文有旌無旍。

匡名

注旄首曰旌。載旄於竿頭、如今之幢亦有旒。 旌本以旄牛尾爲之、亦以夏翟羽爲之、故或言注旄、或言析羽、實一制也。左襄十四年范宣子假羽旄於齊、注析羽爲旌、王者游車之所建、齊私有之、因謂之羽旄、據此是羽與旄皆可爲旌明矣。 案此文所云、五旗並有、亦即周禮析羽爲旌、此不言全羽爲旌者、文不備也。

黄侃音訓

十五上（八七）

一行（注）載旄於竿頭如今之幢亦有旒○唐寫本「載」作「戴」、「旒」下有「也」字。《御覽》卷三百四十引與唐寫本同。又玄應《音義》卷十九引此注作「戴旄於竿頭也。《周禮》云：析羽爲旌。」王樹柎云：「案下文因章爲旃注引《周禮》云通帛爲旃，則此所引《周禮》當亦郭注原文。」

宋監本校箋

毛 精

注旄首曰旌

孫侶直音

注旄首曰旌 載旄干竿頭如今之幢亦有旒

楊氏音訓

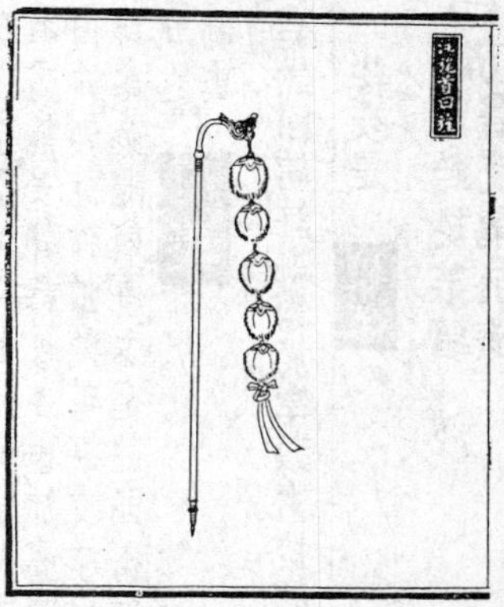

音圖・圖

有鈴曰旂

有鈴曰旂。縣鈴於竿頭，畫交龍於旂。

郭注

有鈴曰旂者，郭云縣鈴於竿頭，畫交龍於旂。司常云：交龍爲旂。又曰：諸侯建旂。然則旂者畫二龍於上，一升一降相交，又縣鈴於竿，是諸侯之所建也。詩小雅云旂旐央央是也。

邢疏

有鈴曰旂

有鈴，以鈴著旐端。詩正義十九之三　春秋正義五　公羊疏十六

李注

有鈴曰旂

鈴在旂上，旂者畫龍。公羊疏十六

孫音注

黃輯古義

有鈴曰旂

有鈴，以鈴著旐。詩正義作旐端。詩周頌載見正義　春秋桓二年正義　春秋

公羊傳宣十二年

李注

有鈴曰旂

鈴在旂上，旂者畫龍。春秋公羊傳宣十二年疏

孫音注

玉函山房輯佚

有鈴曰旂

有鈴，以鈴著旐端。李注　鈴在旂上，旂者畫龍。孫注

鉤沉

有鈴曰旂

李曰：有鈴，以鈴著旐端。詩正義十九之三　春秋正義五　公羊疏十六

孫曰：鈴在旂上，旂者畫龍。公羊疏十六

漢注

有鈴曰旂

李巡云：有鈴，以鈴著旐端。孫炎云：鈴在旂上，旂者畫龍。並公羊疏十六卷

郭璞云：縣鈴於竿頭，畫蛟龍於旂。案蛟當作交。周禮交龍爲旂

一切注音

有鈴曰旂　孫炎云：鈴在旂上，旂者畫龍。公羊宣十二年傳疏　李巡曰：有鈴，以鈴著旐端。同上

古注斠

鈴郎丁反。旂音祈。縣音玄。

陸音義

旂　龍爲旂。○案：交龍爲旂，注譌作蛟龍，宋本及諸本皆然，惟詩正義、公羊疏引郭注皆不誤。

音義攷證

有鈴曰旂

鈴以令物，詩曰和鈴央央。央央，中也，所謂和鸞雝雝、雝雝有和而已。

新義

有鈴曰旂 縣鈴於竿首，畫二龍相交。

鄭樵注

有鈴曰旂

李巡曰，以鈴著旐端。左傳桓二年疏引作置旐端。公羊宣十二年疏作著旐端。此從詩周頌疏。

孫炎曰，鈴在旂上，旂者畫龍。

郭璞曰，縣鈴於竿頭，畫蛟龍於旐。

鄭樵曰，縣鈴於竿首，畫二龍相交。

古注合存

李巡云有鈴曰旂，以鈴置旐端。

補注

有鈴曰旂 註 縣鈴於竿頭，畫蛟龍於旐。正義 上文釋龍旂之制，此又釋旂之有鈴也。小雅庭燎云，言觀其旂。司常云，交龍爲旂。又云，諸侯建旂。輈人云，龍旂九斿，以象大火也。說文云，旂，旗有衆鈴，以令衆也。釋名云，旂，倚也，畫作兩龍相依倚也。通以赤色爲之，無文采，諸侯所建也。說文云，鈴，令丁也。左氏桓二年傳云，鍚鸞和鈴，昭其聲也。杜註，鈴在旂，動有鳴聲。註 縣鈴至於旐。正義 公羊疏引李巡云，有鈴以鈴著旐端。孫炎云，鈴在旂上，旂者畫龍。是郭註所本也。旂畫交龍，故何休云加文章曰旂。郭註作蛟龍，蛟疑交字之訛。阮氏、梁正等圖旂首爲金龍頭，唐志金龍頭銜結綬及鈴，是縣鈴於竿頭之遺制與。

正義

有鈴曰旂，註縣鈴於竿頭，畫蛟龍於旐。蛟，載見疏引作交，是。

校議

有鈴曰旂 縣鈴於竿頭畫交龍於旐

此覆說旂事也。鈴者，說文云，令丁也。旂有鈴者，說文，旗有衆鈴，以令衆也。其鈴所在之處，則詩載見傳，鈴在旂上。公羊宣十二年疏引孫炎曰，鈴在旂上，旂者畫龍。詩正義引李巡曰，以鈴著旐端。郭注以爲縣鈴竿頭，似失之也。又此上文說旂之制，不言有鈴，知鈴乃周制，且此下旜旟亦皆周制也。必知鈴周制者，詩言龍旂陽陽，和鈴央央，周頌文也。

義疏

有鈴曰旂 李注，以鈴著旐端。孫注，鈴在旂上，旂者畫龍。郭注，縣鈴於竿頭，畫交龍於旐。此當承上維以縷，今乃承上旌，則非龍旂也。旂从斤，近也。引而近之以鈴，按之鈴在旐是也。

集解

有鈴曰旂 承上明旌有鈴者之偁，非畫龍旂也。旂，近也，附也，謂鈴附於旂。今時猶有此制。詩龍旂陽陽，和鈴央央，則龍旂亦有鈴矣。蓋周之制，旌所以招大夫，鈴旌所以招士。禮招士以旂，謂鈴旌耳。

義證

有鈴曰旂 注縣鈴於竿頭畫蛟龍於旐

諍曰，阮氏校勘記云，單疏本蛟作交。按邢疏亦謂畫二龍於上，一升一降相交，今作蛟，乃傳寫之誤。惟上文明云纁帛縿，素陞龍於縿，練旒九，則縿爲正幅，而畫龍於上，注乃謂畫於旐，誤矣。

諍郭

有鈴曰旂

縣鈴於竿頭，畫交龍於旐上也。周禮交龍爲旂是也。

仿宋本、明注疏本作蛟龍，單疏本作交龍，詩載見正義、宣十二年公羊正義、御覽三百四十卷兵部俱引作交龍，據以訂正。元應佛本行集經廿八卷音義引爾雅有鈴曰旂、郭璞曰懸鈴於竿頭、畫蛟龍於旐上也。周禮蛟龍爲旂是也。樹枏案、此所引周禮亦郭注原文、而今本脱之、據補。

郭注佚存補訂

有鈴曰旂

說文云、旂旗有衆鈴以令衆也。李巡云有鈴、以鈴著旐端。孫炎云、鈴在旂上、旂者畫龍。周頌載見龍旂陽陽、和鈴央央、毛傳云、鈴在旂上。正義云和亦鈴也。

說詩

有鈴曰旂。此旂之獨異。

黄侃音訓

注旐首曰旌　有鈴曰旂

周禮作析羽爲旌。春官司常職　公羊注作註旐首曰旌。宣十二年傳注　釋文、旌本又作旍。釋天釋文　周禮作交龍爲旂。春官司常職

證異

畫蛟龍於旐注疏本同、誤也。單疏本蛟作交、詩載見正義、公羊宣十二年疏皆引作交龍、當據以訂正。雪牕本作如畫交龍於旐、如、衍字。或云當作加。

畫交龍於旐注疏本交誤蛟。

校勘記

(注)縣鈴於竿頭畫交龍於旐○唐寫本「竿」下無「頭」字，「交龍」，唐寫本同，宋刻小字本作「蛟龍」非。案：《周禮・司常》云：「交龍爲旂。」《釋名》云：「旂倚也，畫作兩龍相依倚也。」《詩・載見》《正義》及《御覽》卷三百四十均引作「交龍」，足證作「蛟龍」非是。宋邢昺單疏不誤。又玄應《音義》卷十九引此注作「懸鈴於竿頭，畫蛟龍於旐上也。《周禮》云：蛟龍爲旂是也。」與今本不同。

宋監本校箋

有鈴曰旂　析

孫侶直音

有鈴日旂　旂

直音校正

有鈴曰旂。鈴者、縣鈴予竿頭。

楊氏音訓

鈴　靈

干氏音釋

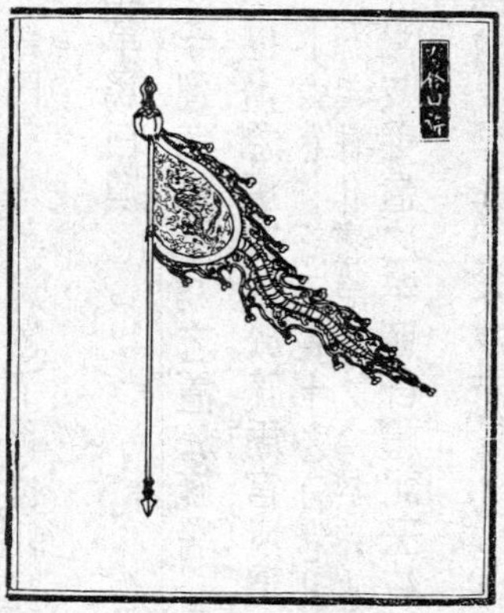

音圖・圖

錯革鳥曰旟

錯革鳥曰旟。此謂合剥鳥皮毛置之竿頭、即禮記云載鴻及鳴鳶。

郭注

錯革鳥曰旟者、孫炎云、錯、置也。革、急也。畫急疾之鳥於縿也。鄭志荅張逸亦云畫急疾之鳥隼、以司常云鳥隼爲旟、詩小雅云織文鳥章也。郭云此謂合剥鳥皮毛置之竿頭者、意與孫鄭少異。云即禮記云載鴻及鳴鳶者、案曲禮云前

有水則載靑旌、前有塵埃則載鳴鳶、前有車騎則載飛鴻、前有士師則載虎皮、前有摯獸則載貔貅。鄭注云、載謂舉於旌首以警衆也、禮君行師從、卿行旅從、前驅舉此、則士衆知所有、所舉各以其類象。靑、靑雀、水鳥。鳶鳴則將風。鴻取飛有行列也。士師謂兵衆、虎取其有威勇也。貔貅亦摯獸也。

邢疏

錯革鳥曰旟

以革爲之、置於旐端。公羊疏十六

李注

錯革鳥曰旟

錯、置也。革、急也。言畫急疾之鳥於旐上也、周官所謂鳥準爲旟者矣。詩正義十之二　公羊疏廿六　邢疏引無周官句。旐上作縿。隋書十　御覽三百四十

孫音注

錯革鳥曰旟

刻爲革鳥置竿首也。隋書十引舊說　御覽三百四十

衆家注

黃輯古義

錯革鳥曰旟

以革爲之、置於旐端。春秋公羊傳宣十二年疏

李注

錯革鳥曰旟

錯、置也。革、急也。言畫急疾之鳥於旐上也、周官所謂鳥隼爲旟者矣。同上　詩小雅六月正義引上三句作於縿也。隋書輿服志　太平御覽卷三百四十

孫音注

玉函山房輯佚

錯革鳥曰旟

以革爲之、置於旐端。李注　錯、置也。革、急也。言畫急疾之鳥于旐、周官所謂鳥隼爲旟者矣。孫注並公羊疏十六　畫急疾之鳥於縿。同詩疏十之二

鈎沉

錯革鳥曰旟

李曰、以革爲之、置於旐端。公羊疏十六

孫曰、錯、置也。革、急也。言畫急疾之鳥於旐上也、周官所謂鳥準爲旟者矣。詩正義十之二　公羊疏十六　隋書十　御覽三百四十

注曰、刻爲革鳥置竿首也。隋書十引舊說　御覽三百四十

漢注

錯革鳥曰旟

李巡云、以革爲之、置於旐端。孫炎云、錯、置也。革、急也。畫急疾之鳥於旐、周官所謂鳥隼爲旟者矣。並公羊疏十六卷　詩正義十之二卷引孫炎註作畫急疾之鳥於縿也。郭璞云、此謂合剝鳥皮毛置之竿頭、即禮記云載鴻及鳴鳶。

一切注音

錯革鳥曰旟　孫炎曰、錯、置也。革、急也。畫急疾之鳥於縿也。詩六月正義　孫炎曰、畫急疾之鳥於旐、周官所謂鳥隼爲旟者矣。李巡云、以革爲之、置於旐端。並公羊宣十二年傳疏　舊注、刻爲革鳥置竿首也。御覽三百四十

古注斠

錯　七各反、又七故反。　旟　羊諸反。　剝　北角反。　鳶　以專反、鴟也。

陸音義

錯革鳥曰旟

錯若今言錯。旗旃因章鳥、仁也。隼革以義焉。詩曰旂旐央央、央央中也。旟旐有翩、偏矣。

新義

錯革鳥曰旟錯、雜以五采也。革、急也。畫急疾之鳥於繆、蓋鷹隼之屬。

鄭樵注

錯革鳥曰旟

李巡曰、以革爲之、置於旐端。

孫炎曰、錯、置也。革、急也。言畫急疾之鳥于旐、周官所謂鳥隼爲旟者矣。邢疏作繆、與周官句。此從宣十二年公羊傳疏。

郭璞曰、此謂合剝鳥皮毛置之竿頭、即禮記云載鴻及鳴鳶。

鄭樵曰、錯、雜以五采也。革、急也。畫急疾之鳥於繆、蓋鷹隼之屬。

古注合存

錯鳥革曰旟、李巡云、以革爲之、置於旐端。郭云、此謂合剝鳥皮毛置之竿頭、即禮記云載鴻及鳴鳶。鄭云、錯、雜以五采也。革、急也。畫急疾之鳥於繆、蓋鷹隼之屬。鄭說本孫炎。陳氏邦道云、太常而下五旗皆畫、則旟畫鳥隼、信矣。郭璞所釋即禮記載鴻及鳴鳶、其說非也。文選注作錯鳥隼爲旟、又引爾雅熊虎爲旐、當是注中語。

補注

錯革鳥曰旟**註**此謂合剝鳥皮毛置之竿頭、即禮記云載鴻及鳴鳶。**正義**此釋旟之制也。小雅無羊云、旐惟旟矣。司常云、鳥隼爲旟。又云、州里建旟。說文云、錯革畫鳥於上、所以進士衆。旟旟、衆也。釋名云、旟、譽也。軍吏所建、急疾趨事則有稱譽也。公羊疏引孫炎云、錯、置也。革、急也。言畫急疾之鳥於旐、周官所謂鳥隼爲旟者矣。按六月云、織文鳥章。毛傳、鳥章、錯革鳥爲章也。鄭箋、鳥章、鳥隼之文章。孔疏引鄭志答張逸云、畫急疾之鳥隼、是孫氏以爲急疾之鳥畫於繆旐、本鄭義也。**註**此謂至鳴鳶。**正義**公羊疏引李巡云、以革爲之、置於旐端、是李巡以革爲皮也。曲禮云、前有水則載青旌、前有塵埃則載鳴鳶、前有車騎則載飛鴻、前有士師則載虎皮、前有摯獸則載貔貅。鄭註、載謂舉於旌首以警衆也。孔疏以青旌鳴鳶飛鴻爲畫於旌首、虎皮爲舉虎皮於竿首、至貔貅則云不知爲載其皮爲畫其形。又引舊說通有二家、一云與虎皮並畫作皮於旌也、一云並載其皮。孔疏引二家之說、則載其皮者亦舊說也。虎貔貅既載其皮、則鴻及鳴鳶亦當載其皮毛、故郭氏本李巡爲說、與孫炎異。

正義

錯革鳥曰旟、註此謂合剝鳥皮毛。　御覽卷三百四十引郭註云、此謂全剝鳥皮毛置之竿頭也。舊說、刻革鳥置竿首也。孫叔然云、革、急也。畫急疾之鳥於旒也、周禮鳥隼爲旟也。按禮記載鴻及鳴鳶、鄭君云載之旌首以示衆、即此類。書云鳥獸希革、詩云如鳥斯革者、自是鳥之皮明矣。按、此當出郭氏音義。今註全剝作合剝、當據改。

校議

鏴革鳥曰旟此謂合剝鳥皮毛置之竿頭、即禮記云載鴻及鳴鳶

旟者、說文云、鏴革畫鳥其上、所以進士衆。旟旟、衆也。引周禮曰州里建旟。司常文也。輈人云、鳥旟七斿、以象鶉火也。詩六月傳、鳥章、鏴革鳥爲章也。箋云、鳥隼之文章。正義引孫炎曰、鏴、置也。革、急也。畫急疾之鳥於繆也。鄭志荅張逸亦云、畫急疾之鳥隼。是則孫義本於鄭也。公羊宣十二年疏引李巡云、以革爲之、置於旐端。其說又異。李巡之意、蓋以司常但云鳥隼爲旟、爾雅亦止云鏴革、皆不言畫、故云以革爲之、置於旐端。此即郭義所本、但旐端與竿頭異耳。郭注合字未安、汪氏中校定本據隨書禮儀五作全字、是矣。御覽三百四十引爾雅舊注云、刻爲革鳥置竿首也、與郭注剝鳥皮毛、又復不同。參考諸家之說、當以孫炎爲長、郭義爲短。郭又引曲禮云載鴻及鳴鳶者、其意亦謂載當載其皮毛。

義疏

鎝革鳥曰旟舊注、刻爲革鳥置竿首也。李注、以革爲之、置於旐端。孫注、錯、置也。革、急也。畫急疾之鳥於縿也。郭注、此謂合剝鳥皮毛置之竿頭、即禮記云載鴻及鳴鳶。鎝、塗金也。革、鞹翮通用字。翮、鳥健羽能高飛者。鳥、隼也。鳥、鶉也、即雕也。隼、雖也。天子州長以下至里長建旟、諸侯州里之長亦建旟、以鳥隼爲異耳。

集解

錯革鳥曰旟錯、金塗也、今所謂鍍金。革、翮也、奮翮而疾飛者。鳥、隼也。鳥、長尾禽也。隼、鶚鵰鷂屬也。錯之者、象其捷勇。禮、州里建旟。旟、聚也、所以聚士衆。

義證

錯革鳥曰旟

註此謂合剝鳥皮毛置之竿頭、即禮記云載鴻及鳴鳶。補正邢疏、孫炎云、錯、置也。革、急也。畫急疾之鳥於縿也。鄭志答張逸亦云畫急疾之鳥隼。以司常云鳥隼爲旟、郭意與孫鄭少異。

郭注補正

錯革鳥曰旟

郭注謂合剝鳥皮毛置之竿頭。太平御覽三百四十引尒疋舊注云、刻爲革鳥置竿首也。與郭注剝鳥皮毛不同。詩正義引孫炎曰、錯、置也。革、急也。畫急疾之鳥於縿也。公羊宣十二年疏引李巡云、以革爲之、置於旐端。其說又異。此爲郭義所本。參攷衆說、當以孫炎爲長、舊注次之、郭義爲短。

舊注攷證

鎝革鳥曰旟　注此謂合剝鳥皮毛置之竿頭、即禮記云載鴻及鳴鳶。

正曰、詩小雅六月織文鳥章、毛傳、鳥章、鎝革鳥爲章。鄭箋、鳥章、鳥隼之文章。正義、釋天鎝革鳥曰旟、孫炎曰、鎝、置也。革、急也。畫急疾之鳥於縿也。鄭志荅張逸亦云畫急疾之鳥隼。是孫注依鄭誼、革訓急疾、隼即急疾之鳥也。公羊宣十二季傳疏、釋天鎝革鳥曰旟、李氏云、以革爲之、置於旐端。說文㫃部、旟、鎝革畫鳥其上。許李畢毛、畫鳥於革上、不訓革爲急疾、與鄭孫異誼、郭注合剝鳥皮毛、則又與毛許李鄭孫異誼。合剝鳥皮毛、於古無徵。

正郭

鎝革鳥曰旟

此謂全剝鳥皮毛置之竿頭　也。舊說刻革鳥置竿首也。孫叔然云、革、急也。言畫急疾之鳥於旒也、周官鳥隼爲旟是也。按禮記云載鴻及鳴鳶。鄭元云、載之以示衆、即此類也。書云鳥獸希革、詩云如鳥斯革、旌首鳥者、自是鳥之皮毛明矣。

今本作此謂合剝鳥皮毛置之竿頭、即禮記云載鴻及鳴鳶。文選思元賦注引爾雅曰、錯鳥隼爲旟、此謂合剝鳥皮毛置之竿頭、即禮記所謂載鴻及鳴鳶也。所引與今本同、蓋同是刪節之本。御覽三百四十卷兵部引爾雅曰錯革鳥曰旟、郭璞注曰此謂全剝鳥皮毛置之竿頭也。舊說刻革鳥置竿首也。孫叔然云革、急也。言畫急疾之鳥於旒也、周官鳥隼爲旟是也。按禮記載鳴鳶、鄭元云載之以示眾、即此類也。書云鳥獸希革、詩云如鳥斯革、旌首鳥者、自是鳥之皮毛明矣。樹枏案、御覽所引全是郭注原文、不知何時刪節。知者郭謂革爲鳥之皮毛、引禮記鄭注以駁孫叔然之說、今本尚存禮記載鴻及鳴鳶一句可見也。御覽載鳴鳶當亦如今注作載鴻及鳴鳶、蓋傳鈔時偶脫鴻及二字。郝氏謂郭注合字未安、汪氏中校定本據隋書禮儀五作全字。今案御覽正引作全、據正。慧琳續高僧傳十四卷音義引郭注爾雅云、剝鳥皮毛置之竿頭、言其勇也。與今本異。

郭注佚存補訂

錯革鳥曰旟

說文云、旟、錯革畫鳥其上、所以進士眾。旟旟、眾也。

引周禮曰州里建旟。大雅江漢既設我旟、毛傳云、鳥隼曰旟。小雅六月織文鳥章、傳云鳥章、錯革鳥爲章也。鄭箋云、織、徽織也。鳥章、鳥隼之文章。孫炎云、錯、置也。革、急也。畫急疾之鳥於繆也。正義引鄭志答張逸亦云畫急疾之鳥隼是也。故箋云鳥隼之文章。知者以司章云鳥隼爲旟。言徽織者、以其在軍爲徽號之幟。史記漢書謂之旗幟、幟與織字雖異音實同也。李巡云以革爲之、置於旐端。郭注本李巡、與孫炎異。御覽三百四十引爾雅舊注云、刻爲革鳥置竿首也。義又不同。

說詩

錯革鳥曰旟（釋文錯、七各反、又七故反。）

李曰、以革爲之置於旐端。孫曰、錯（七故反）置也。革（紀力反）急也。畫急疾之鳥于繆、周官所謂鳥隼爲旟者矣。（並見公羊傳宣十二年疏）郭曰、此謂全剝鳥皮毛（全、今本譌作合。茲從隋書禮儀志及太平御覽兵部七十一所引。）置之竿頭、即禮記云載鴻及鳴鳶。太平御覽兵部七十一引郭氏音義云、按禮記載鳴鳶、鄭元云載之旌首以示眾、即此類也。書云鳥獸希革、詩云如鳥斯革、革鳥者、自是鳥之皮毛明矣。引之謹案李郭之說皆非也。李解革鳥云以革爲之、偏考古人旗章、如交龍熊虎龜蛇之屬、無以革爲之者、非確詁也。郭云全剝鳥皮毛置之竿頭、即禮記云載鴻及鳴鳶、其說本於鄭志。鄭荅王贊問曲禮載青旌以下云、皆舉皮置於旌首不畫也。案彼文前有水則載青旌（鄭注、青青雀、水鳥。）前有塵埃則載鳴鳶、前有車騎則載鴻（俗本鴻上衍飛字、辯見禮記。）皆謂畫鳥於旌而植之車上。至前有士師則載虎皮、前有摯獸則載貔貅、始謂以其皮飾旌而植之耳。（說見禮記）鄭志誤以曲禮之畫鳥爲舉皮、郭氏因之、遂以革鳥爲鳥之皮毛。如其說則爾雅當云錯鳥革曰旟、文義始順、不得顛倒其文而稱革鳥也。曲禮之載虎皮、若改爲載皮虎、其可乎。周官司常云交龍爲旂、龜蛇爲旐。不聞剝龍蛇之皮置於竿頭也。且鳶鴻二旌、必前有塵埃車騎始載之耳、若以旟上之鳥爲鳶鴻、則司常之州里建旟、大司馬之百官載旟、豈皆見塵埃車騎而爲之備乎、此真所謂重惟貤繆者矣。司常云鳥隼爲旟、（鳥隼者、鳥中之隼也。隼謂之鳥隼、猶爲謂之鳥爲、犢謂之禽犢、蝗謂之蟲蝗、非謂隼之外別有他鳥也。）隼爲急疾之鳥、故謂之革鳥。小雅六月篇織文鳥章、傳云鳥章錯革鳥爲章也。箋云鳥章鳥隼之文章。鄭志荅張逸云畫急疾之鳥隼、是錯革鳥爲畫鳥隼、畫有文故謂之章。考工記所謂畫繢之事鳥獸蛇也。（鄭宗顏曰、鳥卽鳥隼爲旟之類。）下文因章曰旂、爲因其文章不復畫之、則錯革鳥曰旟、爲畫之明矣。自當以孫說爲長。然訓錯爲置則非也。錯者、畫文之名。以采色涂於繒帛之上、使文理交錯、因謂之錯。（七各反）若說文金涂謂之錯矣。小雅采芑篇約軝錯衡、傳云錯衡、文衡也。晉語曰、金玉其車、文錯其服。（文錯猶文繡、韋注訓錯爲鏤、失之。）周文王子有錯叔繡、（漢書地理志注引世本云、錯叔繡文王子。）名繡字錯、亦取文理交錯之義。然則錯革鳥者、交錯其文爲鳥隼之狀、故毛傳曰錯革鳥爲章矣。鄭樵曰錯、雜以五采也。近之。

述聞

錯革鳥曰旟。由此推之、則日月爲常、交龍爲旂、熊虎爲旗、龜蛇爲旐、但言旟者、舉一旗以明四旗皆有畫也。

黃侃音訓

錯革鳥曰旟

注曰此謂全剝鳥皮毛、置之竿頭、卽禮記云載鴻及鳴鳶。

樾謹按、如郭義則當云錯鳥革、不當云錯革鳥、殆非經旨也。詩六月篇正義引孫炎曰、錯、置也。革、急也。畫急疾之鳥於縿也。鄭志荅張逸亦云畫急疾之鳥隼。是孫義本於鄭、然急疾之鳥謂之革鳥、於古無徵、雖本鄭義、未爲可據。說文㫃部曰旟、錯革畫鳥其上。然則許君讀此經以錯革二字逗之、錯革鳥曰旟、謂置皮而畫鳥於皮上、是謂旟也。文選西京賦薛綜注引爾雅曰、熊虎爲旗。今無此文、疑古本爾雅作錯革鳥曰旟、熊虎曰旗。錯革二字總冒下事、蓋置皮而畫鳥爲旟、畫熊虎爲旗也。今本蓋有闕文、故其義晦矣。六月篇毛傳曰、鳥章、錯革鳥爲章也。亦當以錯革連文、謂錯革而以鳥爲章也。鄭誤以革鳥連文、非雅義亦非傳義。

平議

錯革鳥曰旟

說文旟、錯革畫鳥其上。據此革當爲皮革解、不當如孫注訓爲急。且爾雅與說文錯革二字皆當爲句、爾雅鳥下有奪文。文選注十五引錯鳥隼爲旟、李注奪革字、今本蓋奪隼字。必知爲奪隼者、周禮謂鳥隼爲旟也。文選西京賦薛注引熊虎曰旗、今無此句。案鳥隼曰旟、熊虎曰旗、句法一例、當在此下。說文旗下熊旗五游。（依旐下龜蛇四游、則旗下當云熊虎五游。旗當作虎、涉上而譌、不知前人論及否。）釋名釋兵熊虎爲旗、鳥隼爲旟、龜蛇爲旐連釋。并疑古爾雅當有龜蛇曰旐句。前之見周禮司常、後之見說文、其確證也。

王仁俊日記

錯革鳥曰旟。

㠯案。革蓋謂飛鳥。鳥蓋謂止鳥。說文鳥部云。鳥象形。鳥正象其止形。革部。革、古文作革。蓋象鳥飛之形。（許解爲从三十臼聲。義殊迂曲。）詩斯干篇云。各鳥斯革。如翬斯飛。革與飛對。則革卽飛義。然則錯革鳥者。謂畫一鳥飛、一鳥止。又一鳥飛。又一鳥止。是爲錯革鳥也。錯者閒雜之義。漢書谷永傳顏注云。錯、閒雜也。郭解此爲全剝鳥皮毛。置之竿頭。（今本全作合。）是誤以錯爲置義。革爲皮革之革。邢釋引孫炎云。革、急也。畫急疾之鳥於縿也。是又串解革鳥二字。均非其旨。周禮司常職云。鳥隼爲旟。鳥隼卽革鳥。明鳥與隼二字平列。故可倒言。鳥隼平列。則革鳥亦平列。可知矣。文選西京賦薛綜注引爾雅曰。熊虎爲旗。今爾雅無之。俞蔭甫太史平議疑古本爾雅作錯革鳥曰旟。熊虎曰旗。果爾。則錯字領下二句。革鳥與熊虎爲對。熊虎平列。則革鳥亦平列。又可知矣。俞議以錯革二字連讀。非。詩六月篇毛傳云。鳥章錯革。鳥爲章也。亦謂閒雜畫革與鳥爲章也。說文㫃部云。旟、錯革畫鳥其上。彼革畫二字蓋倒。

校書

錯革鳥曰旟、注、此謂合剝鳥皮。按隋書第五卷禮儀志引郭璞曰此謂全剝鳥皮。然彼書於孫炎之字、誤以然爲敖、未敢便据隋志以訂此注、姑附載之。

注疏本正誤

錯革鳥曰旟注此謂合剝鳥皮毛置之竿頭隋書禮儀志太平御覽兵部引注合作全、是此及各本誤。王引之曰、周禮司常鳥隼爲旟、隼爲急疾之鳥、故爲革鳥。小雅六月篇織文鳥章、傳云錯革鳥爲章也。箋云鳥章、鳥隼之文章。然則錯者、畫文之名、以采色涂於繒帛之上使文理交錯、因謂之錯、若說文金塗謂之錯矣。周文王子有錯叔繡、字錯亦取文理交錯之義。郭注謂全剝鳥皮置竿頭、甚非。

注疏校勘札記

二行(注)此謂合剝鳥皮置之竿頭即禮記云載鴻及鳴鳶○唐寫本此注作「此謂合剝鳥皮毛置之竿頭也。即《禮記》所云戴鴻及戴鳴鳶也。」今本「竿頭」下脫「也」字，「禮記」下脫「所」字。「所云」，《文選·思玄賦》注引作「所謂」。又「合剝鳥皮毛」，《御覽》卷三百四十引作「全剝鳥皮毛」。《御覽》引郭璞注云：「此謂全剝鳥皮毛，置之竿頭也。」舊說刻革鳥置竿首也。孫叔然云：革急也，言畫急疾之鳥於旒也。《周官》鳥隼爲旟是也。按《禮記》載鳴鳶，鄭玄云：載之以示衆，即此類也。《書》云：鳥獸希革，《詩云》：如鳥斯革，旌首鳥者，自是鳥之皮毛明矣。」文與今本詳略不同，疑《御覽》所引或出於郭璞《爾雅音義》。

宋監本校箋

錯革鳥曰旟此謂合剝鳥皮毛置之竿頭、即禮記云載鴻及鳴鳶。旟音余。

音圖・音

措　錯革鳥曰旟　餘

孫侶直音

錯革鳥曰旟餘　錯置也。革急也。畫急疾之鳥於縿也。

楊氏音訓

旟俞

干氏音釋

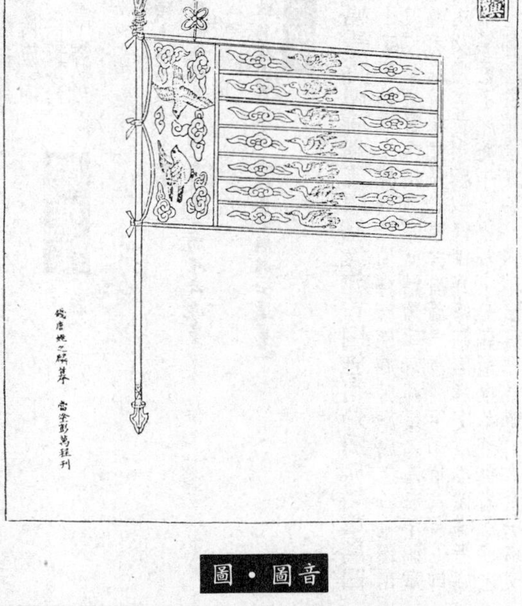

圖・音圖

因章曰旃

因章曰旃。以帛練爲旒、因其文章、不復畫之。周禮云通帛爲旃。

郭注

因章曰旃者、孫炎曰、因其繒色以爲旗章、不畫之是也。司常云通帛爲旜、鄭注云、通帛謂大赤、從周正色、無飾。郭云以帛練爲旒、因其文章不復畫之、周禮云通帛爲旃者、以因其文章與周禮通用絳帛、隨義立名、其實一也、故引爲證。

邢疏

因章曰旃
因其繪色以爲旗章、不畫之。六 春秋正義十 邢疏

孫音注

因章曰旃
文選西京賦薛綜注引爾雅曰、熊虎爲旗。

黃輯古義

今爾雅無之。郝氏義疏

衆家注

因章曰旃
因其繪色以爲旗章、不畫之。邢疏 春秋僖二十八年正義

孫音注

玉函山房輯佚

因章曰旃
因其繒色以爲旗章、不畫之。同宋本春秋疏十三

鉤沉

因章曰旃
孫曰、因其繒色以爲旗章、不畫之。六 春秋正義十 邢疏
旌旂

漢注

因章曰旃
孫炎云因其繒色以爲旗章、不畫之。十三卷 左傳正義 郭璞云以帛練爲旐、因其文章、不復畫之、周禮云通帛爲旃。

一切注音

因章曰旃 孫炎曰、因其繪色以爲旗章、不畫之。左僖
蕙心案文選西京賦薛綜注引爾雅曰熊虎爲旗。今

爾雅無此文。

古注斠

旃 之然反、世本云黃帝作旃。

陸音義

因章曰旃
旃至信無文、物雜而撰德焉。

新義

因章曰旃以白練爲旐、因其文章、不復畫之。周禮云通帛爲旃。

鄭樵注

因章曰旃
孫炎曰、因其繪色以爲旗章、不畫之。
郭璞曰、以帛練爲旐、因其文章、不復畫之、周禮云通帛爲旃。
鄭樵曰、以白練爲旐、因其文章、不復畫之。周禮云通帛爲旃。

古注合存

縿廣充幅長尋曰旐、繼旐曰旆、注旄首曰旌、有鈴曰旂、錯革鳥曰旟、因章曰旃。廣長並去聲。○此備釋旐旆旌旂旟旃之名也。縿帛全幅長八尺者、爲旐。續旐末如燕尾者、爲旆。竿頭載旄、如今幢者、爲旌。竿頭懸鈴畫龍於旒者、即旂。竿頭置鳥皮毛、即記云載鴻及鳴鳶者、爲旟。以絳練爲縿旒、因其文章不復畫者、爲旃。疏曰、縿黑色也、旄牛尾也。孫炎云、錯置也、革急也、畫急疾之鳥於縿也。鄭志答張逸亦如之。司常云、鳥隼爲旟。詩六月云、織文鳥章是也。郭註謂合剝鳥皮毛置於竿、與諸說頗異。司常云、通帛爲旃。鄭註謂通帛爲大赤、從周正色也。愚按本章不皆正釋之文。凡旂皆綢杠、但有不用錦耳。旒皆組維、惟諸侯乃用九旒、皆舉上以該下也。旌自注羽、旄自注旌、乃云注旄首曰旌者、通詞也。詩六月云白旆央央、乃承縿旐之文、云繼旐曰旆而不言白者、省文也。

注疏參義

因章曰旃 **註** 以帛練爲旐、因其文章不復畫之、周禮云通帛爲旃。

正義 此釋旃之制也。司常云、通帛爲旃。又云、孤卿建旃。說文云、旃旗曲柄也、所以旃

表士衆。釋名云旃、戰也、戰戰恭已而已也、三孤所建、象無事也。鄭註司常云、通帛謂大赤、從周正色、無飾。孤卿不畫、言奉王之政教而已。【註】以帛至畫之。○【正】郭氏本孫炎爲義、以帛練爲旒、亦言以絳練爲之也。【義】左傳疏引孫炎云、因其縉色以爲旗章、不畫之。

正義

因章曰旃以帛練爲旒因其文章不復畫之周禮云通帛爲旃

旃者、說文云旗曲柄也、所以旃表士衆。引周禮曰通帛爲旃、或从亶作旜。司常云、孤卿建旜。釋名云旃、戰也、戰戰恭已而已也。通以赤色爲之、無文采、三孤所建、象無事也。司常注云、通帛謂大赤、從周正色、無飾。又云孤卿不畫、言奉王之政教而已。按因章者謂因帛之色以爲章、不加文飾、故司常謂之通帛、爾雅謂之因章。左氏僖廿八年正義引孫炎曰、因其縉色以爲旗章、不畫之是也。又按爾雅釋文引世本云黃帝作旃、是旃起於黃帝。其時蓋用黃色、至周尚赤、始用絳帛。以此推之知因章鎗革二條俱從周制也。又文選西京賦薛綜注引爾雅曰熊虎爲旗、今爾雅無之。

義疏

因章曰旃旜　孫注、因其縉色以爲旗章、不畫之。郭注、以帛練爲旒、因其文章、不復畫之。周禮云通帛爲旃。周官司常、孤卿建旜。大司馬曰、軍吏載旃。聘禮張旜。旃、大夫之章也。許愼說旃爲曲柄旗、則今幢蓋、大小官臨民俱張之。五品以上重檐、七品以下青紬、以上絳黃、天子明黃、古制之存者。

集解

因章曰旃　周禮司常、孤卿建旜。大司馬、師都載旃。聘禮使者載旜。大夫制也。旃字一作旜、旗曲柄也。周禮謂之通帛。旃从丹赤也。通帛無飾而色赤、謂大赤也。因、仍也。仍章著亦謂無飾。鄉射記、於竟則虎中、龍旜。謂畫龍如旃、非此旜也。

義證

因章曰旃

【註】以帛練爲旒因其文章不復畫之周禮云通帛爲旃【補正】邢疏、孫炎曰因其繪色以爲旃章、不畫之是也。

郭注補正

因章曰旃　注以帛練爲旒因其文章不復畫之周禮云通帛爲旃

評曰、此亦因上注謂畫龍於旒、遂申明旒之不畫也。其實旒贅於縿、亦當易旒爲縿方合。

靜郭

因章曰旃

以帛練爲旒因其文章不復畫之也　周禮云通帛爲旃

廣韻一先引爾雅曰因章爲旃、郭璞云以帛練爲旒、因其文章、不復畫之也。今據補也字。御覽引爾雅、因章曰旃、郭璞曰以白絹爲之、不畫也與。今本不同。

郭注佚存補訂

因章曰旃

說文云、旃、旗曲柄也、所以旃表士衆。引周禮曰通帛爲旃。或從亶作旜。孫炎云、因其縉色以爲旗章、不畫之。郭注本孫炎爲義。鄘風干旄傳云、孤卿建旃。彼釋文云、通帛爲旃。釋名謂通以赤色爲之、無文采、三孤所建也。

說詩

疏禮記所謂綢練設旐夏也（夏當依毛本作是。）則以纁帛著於素錦名緣（則當別字誤。）詩鄘風云素絲紕之（鄘風下當有干旄二字。紕誤組。）維維之以縷（脫維字。）一李巡曰以旄牛尾著竿首（脫以字。）析五采羽注旄上也（旌誤旄。）夏采夏翟羽色（色誤名。）有虞氏以為綏（綏、周禮作緌。下綏以旄牛尾為之同。）綴於橦上（橦、誤從巾旁作。）詩小雅云旂旐央央（小雅下當有出車二字。）詩小雅云織文鳥章（小雅下當有六月二字。）司常云通帛為旃（旃、周禮作旜。）通帛謂大赤從周正色無飾（無誤而。）

注疏正字

注旌首曰旌有鈴曰旂錯革鳥曰旟因章曰旃（說文旃、旜）也。旌、游車載旌、析羽注旄首也、所以精進士卒也。鄘風孑孑干旄、孑孑干旌。司常謂析羽為旌。蓋旌注於旄而旄又注於干、故曰干旌。鈴、令丁也。从金从令、令亦聲。旂、有鈴曰旂、以令衆。周頌龍旂陽陽、和鈴央央。旟、錯革畫鳥於其上、所以進士衆、旟旟衆也。小雅織文鳥章、又旐維旟矣。旃、旗曲柄也、所以旃表士衆。郭註以帛練為旐、因其文章不復畫之。周禮通帛為旃。

啓蒙

錯革鳥曰旟　因章曰旃

周禮作鳥隼為旟。（春官司常職）毛詩傳、鳥章、錯革鳥為章也。（小雅六月）

詩傳

周禮作通帛為旜。（春官司常職）

旃、周禮作旜。按說文㫃部旃云、旗曲柄也、所以旃表士衆、從㫃丹聲、旃或從亶作旜。

證異

邢疏祭名講武旌旂俱非天類而亦在此者以皆王者大事祭名則天曰燔柴講武則類于上帝旌旂則日月為常他篇不可攝故繫之釋天也。又釋畜與釋獸異篇者以畜是畜養之名獸是毛蟲總號故後篇唯論馬牛羊彘犬雞前篇則通釋百獸之名所以異也。

心畬

以為旗章　正德本閩本同。監本毛本旗改旃。

通帛為旜　注疏本旜改旃。

謂大赤從周正色無飾　注疏本無改而。

校勘記

三行（注）以帛練為旐因其文章不復畫之○「帛練」唐寫本作「白練」。又「畫之」下《廣韻》仙韻「旃」下引有「也」字。

（注）周禮云通帛為旃○唐寫本作「《周禮》云通白為旃是。」案：今《周禮·司常》作「通帛為旜」。「旜」「旃」字通。

宋監本校箋

因章曰旃。占

孫佀直音

因章曰旃。因章以帛練為旐因其文章不復畫之。

旌旂

楊氏音訓

旌旂者九旗之名雖異旗旂為之揔稱故以此題之。案祭名講武旌旂俱非天類而亦在此者以皆王者大事。又祭名則天曰燔柴講武則類於上帝旌旂則日月為常他篇不可攝故繫之釋天也。

邢疏

旌旂 本又作旗。凡旌旗之字皆從㫃、㫃音偃。說文云、旌旗得風靡也。或示旁乎旁者、非也。

陸音義

旌旗 案經文無旗字。宋本郭注作旂、然經典釋文云本又作旗、則旗字之來亦古矣。

新義

旌旗 監本旗作旂。

古注合存

旌旂 八之十二章凡二節、皆釋旌旂之屬之名也。按周禮司常、常掌九旗之物名以待國事。日月爲常、交龍爲旂、通帛爲旃、雜帛爲物、熊虎爲旗、鳥隼爲旟、龜蛇爲旐、全羽爲旞、析羽爲旌。旌旂九旂之二而已。釋諸旂而止稱旌旂者、統詞也。

注疏參義

旌旂 正義 題上事也。此因上文講武而連類及之也。鄭注鄉射禮云、旌總名也。釋文云、旂本又作旗。說文云、旗、士卒以爲期。釋名云、旗、期也、軍將所建、象其猛如熊虎、與衆期其下也。司常掌九旗之物名、此不盡釋者、舉以例其餘也。月令云以爲旗章、以別貴賤等級之度、故九旗之名上得兼下、下不得從上稱也。

正義

旌旂 旌旂 列於釋天者、以旂用於講武、亦必有時。

義證

旌旂 邢疏云、按祭名講武旌旂俱非天類而亦在此者、以皆王者大事。又祭名則天曰燔柴、謂武則類于上帝。旌旂則日月爲常、他篇不可攝、故繫之釋天也。

郭注補正

旌旂 釋文云旂本又作旗。案禮記注檀弓上、明堂位 左傳正義五 引皆作旗。

匡名

旌旂 此因講武而連及之。說文㫋、士卒以爲期。九旗之制、以別貴賤等給之度。其名上得兼下、下不得從上稱也。

啓蒙

旌旂因講武連類而及、廣雅釋天謂之旗幟。 釋文云、旂本作旗、焯案唐寫本爾雅作旗。

黃侃音訓

故引爲證○旌旂者 注疏本移旌旂者一節分配題下。

九旗之名雖異 元本同。閩本監本毛本九誤凡。

旌旂爲之揔稱 注疏本同。此旂誤旗、今訂正。

校勘記

四行旌旂○「旂」，唐寫本作「旗」。《釋文》作「旂」，云：「本又作旗。」

宋監本校箋

釋地第九

釋曰、案說文云、元氣初分、輕清陽爲天、重濁陰爲地、萬物所陳列也。白虎通云、地者易也、言養萬物懷任交易變化含吐應節也。釋名云地底也、其體在底下、載萬物也。禮統云地施也、諦也、應變施化審諦不誤也。此篇釋地之所載四方、中國州府陵藪之異、故曰釋地。

邢疏

釋天地圖讚

祭地肆瘞、郊天致煙、氣升太一、精淪九泉、至敬不文、明德惟鮮。藝文類聚卷一　初學記卷一

圖贊

玉函山房輯佚

釋地第九　徒利反、一音徒細反。釋名云地、底也、其體在底下、載萬物也。張顯古今訓云、土乙力曰地。許慎注淮南子云地、麗也、物理論云地、底也、著也、陰體下著。禮統云地、施也、諦也、應變施化審諦不誤。

陸音義

釋地第九　疏曰、說文云地元氣初分、輕清陽爲天、重濁陰爲地、萬物所陳列也、從土也聲。此篇釋地之所載四方、中國州府陵藪之異、故云釋地也。愚按篇凡七章、正釋地者四章、釋地之所生者三章、而末章則亦正釋地、而因及地之所生之意也。

注疏參義

釋地第九　正義　禮運云、地秉陰、竅於山川。郊特牲云、地載萬物。呂氏春秋云地塞以形、高誘註地陰也、實而能受、故塞以成形兆也。白虎通義云地者元氣之所生、萬物之祖也。地之言施也、諦也、應施變化、審諦不設、敬始重終、故謂之地也。說文云地元气初分、輕清陽爲天、重濁陰爲地、萬物所陳列也。釋名云地者底也、其體底下載萬物也。亦言諦也、五土所生、莫不審諦也。此篇所釋自九州及於四極者、周官大司徒、以天下土地之圖周知九州之地域廣輪之數、辨其山林川澤丘陵墳衍原隰之名物、故爾雅辨於田野之高下、山澤所鍾聚、分晰言之、疆域之界、荒遠之服、三代之制不同、書闕有間、可互證也。兼及於八陵者、遂師掌四方之地名、因十藪九府而類敘之也。兼及於五方之異氣者、土訓掌導地慝、以辨地物、後鄭謂地慝若瘴蠱、故釋物之稟異氣者、使民不疑於耳目也。下篇遞及於丘與山川者、大戴禮記易本命云、凡地東西爲緯、南北爲經、山爲積德、川爲積刑、高者爲生、下者爲死、丘陵爲牡、谿谷爲牝。是丘與山川俱統於地、故釋丘、釋山釋水以次分釋焉。

正義

張顯古今訓曰、土乙力爲地。

校議

釋地第九　地者、說文云元气初分、輕清陽爲天、重濁陰爲地、萬物所陳列也。釋名云地者底也、其體底下、載萬物也。亦言諦也、五土所生、莫不審諦也。白虎通云地者易也、言養萬物懷任交易變化也。釋文引張顯古今訓云土乙力爲地。許慎注淮南子云地麗也。物理論云地底也、著也、陰體下著。禮統云地施也、諦也、應變施化審諦不誤。按大司徒云、以天下土地之圖周知九州之地域廣輪之數、辨其山林川澤丘陵墳衍原隰之名物。此篇所釋自九州以訖四極、其間陵藪異名、原野異勢、五方異氣、莫不備載。下篇釋丘、釋山、釋水、皆地之事、故總曰釋地。

義疏

釋地第九　地爲橢圓形、八大行星之第三星也。地初爲太陽擲散之大液體、火之外皮冷結而成硬殼。水氣侵蝕、遂化沙土、地心大力外漲、空中冷氣內逼、故地表凸凹不齊、凸者爲陵陸、凹者爲湖海。地心大力因火山排泄不已、多成真空、四圍空氣壓之、始顯向心力以附麗萬物。今地理學家分爲東西兩半球、或分爲南北兩球、東西以經線爲定、南北以緯線爲標、便分度也。地、从土也、也女陰也。謂天陽而地陰。地之圓周九萬里、厚二萬八千六百三十六里有奇。中國所居之地面在東北一小隅而已。

義證

釋地第九　說文、地元气初分、輕清陽爲天、重濁陰爲地、萬物所陳列也。禮運、地秉陰竅於山川。白虎通、地者易也、言養萬物懷任交易變化也。大戴禮記、凡地東西爲緯、南北

爲經。此篇自九州及於四極者、廣輪之數、疆域之界、物產之異、俱可考證也。

啓蒙

邢疏、此篇釋地之所載、四方中國州府陵藪之異、故曰釋地。

證異

釋地第九○釋曰 注疏本刪。

佼易變化 注疏本佼改交、白虎通同。按古交易字多作佼、說文佼交也。易大壯喪羊于易、釋文易、鄭音亦謂佼易也。詩天作箋云、以岐邦之君有佼易之道。公羊傳莊十三年何以不日易也、何休注、易猶佼易也、相親信無後患之辭。

校勘記

釋地第九 唐寫本無「第」字。

宋監本校箋

兩河間曰冀州

兩河間曰冀州。自東河至西河。

郭注

兩河至九州 釋曰、此釋九州之名及其界域也。兩河間曰冀州注自東河至西河 釋曰、周禮職方氏云、河內曰冀州、禹貢不說境界、孔安國云、此州帝都、不說境分、以餘州所至、即可知、以其禹貢兗州云濟河、自東河以東也。豫州云荆河、自南河以南也。雍州云西河、自西河以西也。明東河之西、西河之東、南河之北、是冀州之境也。言東河西河南河者、皆據帝都冀州而言也。案禹貢導河自積石、龍門南流謂之西河。至于華陰、折而東經底柱孟津、過洛汭、皆東流、謂之南河。至于大伾、折而北流、過洚水、至于大陸、又北播爲九河、同爲逆河、入于海、謂之東河。此惟云兩河者、從可知。李巡曰、兩河間其氣清、厥性相近、故曰冀。冀、近也。

邢疏

兩河間曰冀州 以下釋地

兩河間其氣清、厥性相近、故曰冀。冀、近也。

釋文 書正義六 公羊疏七 荀子修身篇注 邢疏

李注

黃輯古義

兩河間曰冀州

兩河間其氣清、厥性相近、故曰冀。冀、近也。釋文 邢疏

書禹貢正義 春秋公羊傳莊十年疏無厥性二字、曰冀下有州字。荀子脩身篇楊倞注

李注

玉函山房輯佚

兩河間曰冀州

兩河間其性氣相近、故曰冀州。冀、近也。李注

鉤沉

兩河間曰冀州

李曰、兩河間其氣清、厥性相近、故曰冀。冀、近也。釋文 書正義六 公羊疏 荀子修身篇注 邢疏

漢注

兩河間曰冀州

李巡云、兩河間其氣清、厥性相近、故曰冀。冀、近也。釋文 二十九卷 書正義 六卷 公羊疏七卷 郭璞云、自東河至西河。

一切注音

兩河間曰冀州 李巡云、兩河間其氣清、厥性相近、故曰冀。冀、近也。釋文

兩河間曰冀州至齊曰營州 李巡曰、殷制。釋文

古注斠

古注斠補

兩河間曰冀州 郭云、自東河至西河。周禮云、河內曰冀州。韋昭注漢書云、東西南北皆有河、故曰河內。馬融曰、在東河之西、西河之東、南河之北。李巡云、兩河間其氣清、厥性相近、故曰冀。冀、近也。

陸音義

兩河間曰冀州河、大河也。東河之西、西河之東是其境。

鄭樵注

古注合存

兩河間曰冀州

李巡曰、兩河間其氣清、厥性相近、故曰冀。冀、近也。

郭璞曰、自東河至西河。

鄭樵曰河、大河也。東河之西、西河之東是其境。

兩河間曰冀州【註】自東河至西河【正義】此以下釋殷九州之疆域也。禹貢首冀州。冀州者、尊帝都也。殷邦畿在冀州域內、故亦首冀州。書疏引李巡云、兩河間其氣清、厥性相近、故曰冀、冀、近也。釋名云、冀州取地以爲名也。其地有險有易、帝王所都、亂則冀治、弱則冀彊、荒則冀豐也。禹貢云冀州既載。公羊疏引鄭注云、兩河間曰冀州、不書其界者、時帝都之、使若廣大然。周官職方云河內曰冀州。案舜肇十有二州、鄭注謂舜於舊九州外分青州爲營州、冀州爲幷州、幽州。至夏仍合爲九。禹貢無幽幷二州、則幽幷之地併入於冀。爾雅有幽州無幷州、則幽州兼有幷州之地。周分置幽幷二州、俱在禹貢冀州域內、是殷周冀州視夏制差小。【註】自東河至西河。○【正義】河自積石龍門南流爲西河、至華陰東經底柱、孟津、過洛汭爲南河。至大伾北流、過洚水大陸、又北播爲九河、同爲逆河、入于海、爲東河。釋文引馬融云、在東河之西、西河之東、南河之北。郭祗言東河西河、不及南河者、以下文河南爲豫州、則冀州在南河之北、從可知也。史記正義古帝王之都多在河東河西、故河北稱河內、河南稱河外。

正義

兩河間曰冀州等句　周禮爾雅皆無梁州、則雍兼有梁州之地。禹貢云華陽黑水惟梁州、孔傳云、東據華山之南、西距黑水。韋昭云、今益州也。太康地記云、梁州者、言西方金剛之氣彊梁、故因以爲名。漢時改雍州爲梁州、改梁州爲益州也。

校議

兩河間曰冀州自東河至西河

冀者、說文云北方州也。釋名云、冀州取地以爲名也、其地有險有易、帝王所都、亂則冀治、弱則冀強、荒則冀豐也。釋文引李巡云、兩河閒其氣清、厥性相近、故曰冀。冀、近也。按職方云河內曰冀州、此云兩河閒者、卽兩河之內也。言東河西河不言南河者、以豫州見之。又古以冀爲中州之通名、穀梁傳云、鄭同姓之國也、在乎冀州。淮南覽冥篇注、冀、九州中、謂今四海之內。大荒北經注、冀州中土也。並與爾雅義異。

義疏

兩河閒曰冀州李注、兩河閒其氣清、厥性相近、故曰冀。冀、近也。郭注自東河至西河。九州之名定於禹貢、以賦貢宜有統屬、故依水分界、亦爲阻固也。周公宅中更爲九畿、而仍分九州以立州伯、職方備矣。其作爾雅則載殷制、亦依水以分界、則殷仍重九牧、同於夏異於周也。州名由禹定之、而冀豫諸名蓋在堯前、或曰黃帝分州則制其號。與冀、从畀丌、說文以爲从収、畀謂分畀之、从畀丌則尊異之也。地勢北上、故又加北。天子所在曰冀州。穀梁傳鄭在冀州、冀卽畿也。殷都河北、兩河謂南河西河。

集解

兩河閒曰冀州九州之名定於禹貢、以成賦宜以土爲則、故依水分界、亦爲示險固也。周公之作周禮、施行政職、朝會諸侯、區爲九畿、又曰九服、而仍分九州、爲立州伯計也。爾雅之記九州、存殷之制、亦依水以分界同於夏矣。兼標齊燕、則方伯亦爲所重、示天下有集權處也。州名定於禹、而冀豫諸名之原始則在堯前、蓋黃帝或顓頊與。冀从北異、冀州在於北方、帝畿所在、分異於他州也。畿冀字亦雙聲也。殷都河北、兩河謂南河西河。南河今河東道永濟縣界、西河在壺口北、其名循均見於王制。

義證

兩河閒曰冀州

河行陝西山西兩省閒、至潼關以下始折而東、過孟津、又東北入海州、以東西兩河爲界、故曰兩河閒。冀之言異、北方州、故字從北。

釋地四篇注

兩河間曰冀州

註自東河至西河補正臣鍌按、馬融云在東河之西、西河之東、南河之北。盧毓云東河以上、西河以東南河以北、易水以南。易祓周禮總義曰舜時十有二州、有幽有并有冀、水土既平之後、以冀爲帝都、省幽并入焉、以餘州準之。則知禹貢冀州東西南三面距河、而北境則越乎常山、今之燕雲營平諸州皆其地也。殷人以冀州北境復舜之幽州、而東西南皆禹跡之舊、蓋東河之西、西河之東、南河之北也、故曰兩河間。周人又分冀而復舜之并州、故曰河內而已。

郭注補正

兩河間曰冀州

說文云冀北方州也。李巡云兩河間其氣清厥性相近、故曰冀。冀近也。冀州兼詩邶鄘衛之地、鄭譜云邶鄘衛者商紂畿內方千里之地、其封域在禹貢冀州太行之東。正義云禹貢太行屬冀州、地理志云太行在河內山陽縣西北、以詩言楚丘桑中淇水漕浚皆在山東、故云在太行之東。大行屬河內、河內即紂都也。唐譜云唐古帝堯舊居之地、今曰太原晉陽。是堯始居此後、乃遷河東平陽、其封域在禹貢冀州太行恒山太原太岳之野。正義云、地理志云太行在河內山陽縣西北、恒山在故縣上曲陽西北、故云之西。太岳在河東彘縣東名霍太山、河東太原皆晉境所及。案二譜以太行分東西之地皆屬於冀也。魏亦在冀州之域、魏譜云魏者禹舜夏禹所都之地、在禹貢冀州雷首之北析城之西。正義云禹貢壺口雷首至於太岳底柱析城至於王室。地理志云雷首在蒲坂南、析城在濩澤西南、皆在河東界內、是其屬冀州也。地理志又云魏國姬姓在晉之南河曲、故其詩曰彼汾一曲、寘諸河之干兮、是南枕河曲也。汾沮洳曰彼汾沮洳、明其境逾汾矣。譜云當周平桓之世、魏之變風始作。

說詩

兩河閒曰冀州　兩當作㒳。見釋親

匡名

兩河間曰冀州　說文㒳、再也。引易曰㒳地。今作兩。冀、北方州也。禹貢冀州既載、職方河內曰冀州。舜分冀州爲并州幽州、至夏并幽之地、仍幷入於冀。爾雅有幽州無幷州、則幽州兼有并州之地。周分置幽并二州、俱在禹貢冀州域內。是殷周冀州視夏制差小。兩河東河西河也。郭註自東河至西河。自積石龍門、南流爲西河。至華陰東經底柱孟津、過洛汭爲南河。至大伾北流過洚水大陸、又北播爲九河、同爲逆河、入於海爲東河。冀州在東河之西、西河之東、南河之北。史記正義古帝王之都多在河東河西、故河北稱河内、河南稱河外。

啓蒙

兩河間曰冀州注疏本同。葉鈔釋文唐石經單疏本雪牕本冀州作冀。按五經文字冀冀爾雅云上說文下隷省。知今本作冀係據說文改也。

兩河至九州〇釋曰注疏本刪。

〇兩河間曰冀州注自東河至西河〇釋曰注疏本不分節。河下增者、刪釋曰。

校勘記

河南曰豫州

河南曰豫州。自南河至漢。

郭注

河南曰豫州注自南河至漢

釋曰、職方與此同。禹貢云荆河惟豫州、孔安國云西南至荆山、北距河水。以其荆山在荆州、漢水所經、故文不同、其實一也。李巡云河南其氣著密、厥性安舒、故曰豫。豫、舒也。

邢疏

河南曰豫州

河南其氣著密、厥性安舒、故曰豫。豫、舒也。

釋文　書正義六　公羊疏七　邢疏

言稟中和之義、性理安舒。寰宇記三

其氣安舒、厥性寬豫。傳寅禹貢集解一

李注

河南曰豫州以下釋地

自東河至西河之南曰豫州。公羊疏七

郭氏皆云。郭實異此、疑疏有誤。案、疏作孫氏

孫音注

河南曰豫州已下釋地

自東河至西河之南曰豫州。公羊莊十年疏

郭音義

河南曰豫州已下釋地

禹貢豫州以荆山之北爲界、爾雅豫州以漢水之北爲界、是夏殷之殊制也。公羊疏引禹貢

鄭注

衆家注

黄輯古義

河南曰豫州

河南其氣著密、厥性安舒、故曰豫。豫、舒也。釋文　邢疏

書禹貢正義　春秋公羊傳莊十年疏　傳寅禹貢集解卷一引作其氣安舒厥性寬豫。

言稟中和之氣、性理安舒。樂史太平寰宇記卷三

李注

河南曰豫州

自東河至西河之南曰豫州。春秋公羊傳莊十年疏引孫氏郭氏

玉函山房輯佚

孫音注

河南曰豫州

河南其氣著密、厥性安舒、故曰豫。豫、舒也。同並公羊疏七

言稟中和之氣、性理安舒。同寰宇記三

其氣安舒、厥性寬豫。同傳寅禹貢集解一

自東河至西河之南曰豫州。孫注

鈎沉

河南曰豫州

李曰、河南其氣著密、厥性安舒、故曰豫。豫、舒也。釋文 書正義六 公羊疏七 邢疏

孫曰、自東河至西河之南曰豫州。公羊疏七 案、疏作孫氏郭氏皆云。郭寶異此、疑疏有誤。

漢注

河南曰豫州

李巡云、河南其氣著密、厥性安舒、故曰豫。豫、舒也。釋文二十九卷 書正義六卷 公羊疏七卷 傅寅禹貢集解一卷引云其氣安舒厥性寬豫樂賁。太平寰宇記三卷引云言稟中和之氣性理安舒。

孫炎云、自東河至西河之南曰豫州。公羊疏七卷 案徐彥引此以爲孫氏郭氏皆云云。今郭註與徐彥所見本異。

郭璞云、自南河至漢。

一切注音

河南曰豫州　李巡云、河南其氣著密、厥性安舒、故曰豫。豫、舒也。釋文 李巡云、言稟中和之氣、性理安舒。寰宇記 李巡云、其氣安舒、厥性寬舒。禹貢集解 孫炎曰、自東河至西河之南曰豫州。公羊莊十年疏 蕙心案、公羊疏引郭注與孫注同、今本郭注云自河南至漢、與孫氏注異。

古注斠

河南曰豫州 郭云、自南河至漢也。周禮亦云河南曰豫州。尚書云荆河惟豫州、孔傳曰、西南至荆山北距河水。李巡云、河南其氣著密、厥性安舒、故曰豫。豫、舒也。春秋元命包云、豫之言序也、言陽氣分布各得其處、故其氣平靜多序也。

陸音義

河南曰豫州 自河南至江漢。

鄭樵注

河南曰豫州

李巡曰、河南其氣著密、厥性安舒、故曰豫。豫、舒也。

孫炎曰、自東河至西河之南曰豫州。

郭璞曰、自南河至漢。

鄭樵曰、自河南至江漢。

古注合存

河南曰豫州、郭云自河南至漢。鄭於漢上增一江字、當是舊本傳寫脫落而鄭增也。

補注

河南曰豫州 註 自南河至漢 正義 書疏引李巡云、河南其氣著寄、厥性安舒、故曰豫。豫、舒也。釋名云、豫州地在九州之中、京師東都所在、常安豫也。釋文引春秋元命包云、豫之言序也、言陽氣分布、各得其處、故其氣平靜多序也。禹貢云、荆河惟豫州。公羊疏引鄭註云、豫州界自荆山而北至于河。禹貢豫州以荆山之北爲界。爾雅豫州以漢水之北爲界、是夏殷之疎制也。職方云、河南曰豫州、又云正南曰荆州、則周時荆州兼有漢北之地、與殷制異。註自南河至漢。正義公羊疏引孫氏郭氏皆云自東河至西河之南曰豫州。今本郭註與孫炎異。郭知自南河至漢者、以豫州居冀荆之間、其界爲南河之南、漢水之北也。周禮疏云、周之雍豫兼梁州之地、爾雅無梁州、則殷之豫州亦兼梁地。

正義

河南曰豫州 自南河至漢

豫者、釋詁云、安也。釋名云、豫州地在九州之中、京師東都所在、常安豫也。釋文引春秋元命苞云、豫之言序也、言陽氣分布各得其處、故其氣平靜多序也。又引李巡云、河南其氣著密、厥性安舒、故曰豫。豫、舒也。按、禹貢豫州以荆河爲界、爾雅豫州以漢水爲界、知者以下文漢南曰荆州、荆州在漢南、明豫在漢北矣。郭云自南河至漢、公羊莊十年疏引孫氏郭氏皆云自東河至西河之南曰豫州、與今本郭注異。

義疏

河南曰

豫州李注、河南其氣著密、厥性安舒、故曰豫。豫、舒也。孫注、自東河至西河之南。郭注自南河至漢。易豫傳曰順動。詩曰戲豫。孟子書引一游一豫。豫、从予象。象、所乘也。河南、中土、巡游朝會之地。南河自華陰至洛汭。

集解

河南曰豫州上經云豫、樂也。河南爲有夏所居、在天下之中、平易無險、舊蹟昭著、中邦之樂土也。周營洛邑以朝諸侯、謂之天室、豫名仍未改也。殷時豫州之界自南河至漢北、周則荊州兼漢北地矣。

義證

河南曰豫州

自華以東居河之南。豫之言舒、河至是行平舒也。

釋地四篇注

河南曰豫州

〔註〕自南河至漢〔補正〕易祓曰、禹貢荊河豫州、其封在大河之南、南條荊山之北、故曰荊河。殷之豫州則南境距漢、北境接河、故曰河南。周人於豫州亦曰河南、而南境則仍禹貢之舊。

郭注補正

河南曰豫州

自南河至漢也

莊十年公羊傳疏引爾雅河南曰豫州、孫氏郭氏云自東河至西河之南曰豫州。樹枏案今本郭注與孫炎異。釋文引郭云自南河至漢也。御覽一百五十七卷州郡部引同。今據補也字。

郭注佚存補訂

河南曰豫州

李巡云、河南其氣著密、厥性安舒、故曰豫。豫、舒也。

孫炎云、自東河至西河之南曰豫。公羊莊十年疏引郭注與孫同、與今本異。

陳譜云、陳者、大皞虙羲氏之墟。帝舜之胄、有虞閼父者、爲周武王陶正、武王封其子嬀滿於陳、都於宛丘之側。其封域在禹貢豫州之東、其地廣平、無名山大澤、西望外方、東不及明猪。正義云、禹貢豫州云導菏澤、被盟猪。又云熊耳外方、至於陪尾。注云屬豫州、然則外方明猪皆豫州之地。案地理志、外方卽嵩高山、明猪在梁國睢陽縣東北。按鄭居檜地、在外方屬鄭、宋都睢陽、在明猪西南屬宋、故檜譜云在豫州外方之北、商譜稱宋西及豫州明猪之野、是陳境不及外方明猪、故無名山大澤。明猪猶屬豫州、陳在明猪之西、則是豫州境內。明諸卽尙書盟猪、爾雅云宋有孟諸是也。譜云、幽公當厲王時政衰、大夫荒淫無度、國人傷而刺之、陳之變風作矣。檜譜云、檜者、古高辛氏火正祝融之墟。在禹貢豫州外方之北、滎波之南、居溱洧之間。正義云、禹貢云熊耳外方、注云屬豫州、檜即鄭地、外方在鄭之南界、故檜居其北也。譜云周夷王厲王之時、檜公不務政事而好絜衣服、大夫去之、於是檜之變風始作。案豫州兼有詩陳風、檜風之地。王城譜云周東都王城畿內方六百里之地、其封域在禹貢豫州太華外方之間。正義云禹貢荆河惟豫州、注云州界自荆山而至於河。王城在河南洛北、是屬豫州也。鄭亦豫州之國。鄭譜云初宣王封母弟友於宗周畿內咸林之地、是爲鄭桓公、今京兆鄭縣是其都也。正義云不先言鄭國所在者、以鄭因虢鄶之地而國之、而鄶亦有詩、既譜鄶事、然後譜鄭。案鄭語濟洛河潁之間、子男之國虢鄶爲大。正義謂濟西洛東河南潁北四水之間、子男之國有十、果取虢鄶、則鄢蔽補丹依疇歷華、皆爲鄭土。故服虔云、鄭、東鄭、古鄶國之地、蓋皆在豫州之域也。譜云武公作卿士、國人宜之、鄭之變風又作。

説詩

河南曰豫州 案釋文引春秋元命包云、豫之言序也、言陽氣分布各得其處、故其氣平靜多序也。

注疏正字

河南曰豫州 禹貢荆河惟豫州、自荆山而北至於河。郭註自南河至於漢、以豫州居冀荆之間、其界爲南河之南、漢水之北也。職方、河南曰豫州。又正南曰荆州、是周時漢北地不屬豫州矣。

啓蒙

○河南曰豫州注自南河至漢○釋曰 注疏本漢下增者、删釋曰。元本河南上空一格、閩本監本每節首增一一字。毛本○以間之。下準此。

校勘記

六行（注）自南河至漢○《釋文》引「漢」下有「也」字。唐寫本「南河」作「河南」，蓋因正文而誤。邵晉涵《爾雅正義》云：「河自積石龍門南流爲西河，至華陰，東經底柱、孟津，過洛汭爲南河。」《公羊傳》莊公十年疏謂孫炎、郭璞皆云「自東河至西河之南曰豫州」，與今本不同。

宋監本校箋

河西曰雝州

河西曰雝州。自西河至黑水。

郭注

河西曰雝州注自西河至黑水 釋曰、周禮正西曰雍州。禹貢云黑水西河惟雍州。孔安國云、西距黑水、東據河。案酈元水經、黑水出張掖雞山、南流至燉煌、過三危山、南流入于南海。然則雍州之境、東據龍門河、西距此黑水也。李巡云、河西其氣蔽壅、厥性急凶、故曰雍。雍、壅也。兼得梁州之地、西北之位、陽所不及、陰壅也。

邢疏

河西曰雝州

河西其氣蔽塞、厥性急凶、故曰雝。雝、壅也。

釋文　書正義六　公羊疏七　御覽一百六十四　邢疏雍壅也下有兼得梁州

之地西北之位陽所不及陰壅也十七字。案公羊疏釋文邢疏塞俱作壅。

李注

黃輯古義

河西曰雝州

河西其氣蔽塞、厥性急凶、故曰雍、壅也。釋文 邢疏 書禹貢正義 春秋公羊傳莊十年疏 太平御覽卷一百六十四 李注

玉函山房輯佚

河西曰雝州

其氣蔽壅、受性急凶、故曰雝。雝、壅塞也。李注 公羊疏七

鈎沉

河西曰雝州

李曰、河西其氣蔽塞、厥性急凶、故曰雍。雍、壅也。釋文 書正義六 公羊疏七 邢疏 御覽一百六十四

漢注

河西曰雝州

李巡云河西其氣蔽壅、厥性急凶、故曰雍。雍、壅也。釋文二十九卷 書正義六卷 公羊疏七卷

郭璞云、自西河至黑水。

一切注音

兩河曰雝州　李巡云河西其氣蔽壅、厥性急凶、故曰雍。雍、壅也。釋文

蕙心案李本雝作雍、雍、雍隸變也。

古注斠

河西曰雝州 於用反。郭云自西河至黑水。尚書云黑水西河惟雍州。孔傳云西距黑水東據河。周禮云正西曰雍州。雍者、擁也。東崤西漢、南商於、北居庸四山之內擁翳也。李巡云、河西其氣蔽壅、厥性急凶、故曰雍。雍、壅也。太康地記云、雍州兼得梁州

之地、西北之位、陽所不及、陰氣壅閼、故取名焉。案周禮及爾雅皆無梁州、則雍州兼有梁州之地也。禹貢云華陽黑水惟梁州、孔傳云東據華山之南、西距黑水。韋昭云今益州也。太康地記云、梁州者、言西方金剛之氣彊梁、故因以爲名。漢時改雍州爲梁州、改梁州爲益州也。

陸音義

河西曰雝州 雝、於用反。東距西河、西距黑水。

鄭樵注

河西曰雝州

李巡曰、河西其氣蔽壅、厥性急凶、故曰雍。雍、壅也。

郭璞曰、自西河至黑水。

鄭樵曰、雝、於用反。東距西河、西距黑水。

古注合存

雝州、鄭云東距西河、西距黑水。兗州、鄭云東南距濟、西北距河。

補注

河西曰雝州 **註** 自西河至黑水 **正義** 書疏引李巡云、河西其氣蔽壅、受性急凶、故云雍。雍、壅也。釋名云、雍州在四山之內、雍、翳也。釋文引太康地記云、雍州兼得梁州之地、西北之位、陽所不及、陰氣壅閼、故取名焉。釋文又云、雍者擁也、東崤西漢、南商於、北居庸四山之內擁翳也。禹貢云、黑水西河惟雍州。公羊疏引鄭註云、雍州界自黑水而東至于西河也。職方云、正西曰雍州。殷周雍州俱兼梁州之地、與禹貢異。**註** 自西河至黑水。**正義** 郭本禹貢爲義。書疏引水經云、黑水出張掖雞山、至敦煌、過三危山、南流入於南海。今水經註闕此文。山海經云、灌湘之山、又東五百里曰雞山、黑水出焉、而南流注于海。郭氏無註。屈原天問云、黑水元趾、三危安在。是黑水在周末已不可考矣。

正義

河西曰雝州 自西河至黑水

雝者、邕之叚借。說文作邕、隸作雍。釋名云、雍州在四山之內、雍、翳也。釋文云、雍者擁也、東崤西漢、南商於、北居庸四山之內擁翳也。李巡云、河西其氣蔽壅、厥性急凶、故曰雍。雍、壅也。又引太康地記云、雍州兼得梁州之地、西北之位、陽所不及、陰氣壅閼、故取名焉。按周禮及爾雅皆無梁州、則雍州兼有梁州之地也。

禹貢雍梁皆西界黑水、故郭據以爲言。至漢改雍梁爲益州、今其地則四川也。

義疏

河西曰雝州　李注、河西其氣蔽壅、厥性急凶、故曰雍。雍、壅也。郭注、自西河至黑水。邕从邑巛。雍州字皆加隹爲雝和字。其地山阻非巛擁、蓋以沃土得和名也。舊說云殷雍梁爲一州、西不盡流沙。其時江路未通。

集解

河西曰雝州　雝、从邕隹。邕、四方有水、自邕成池者、从川从邑。加隹爲雝鶵字。引申爲和、謂雝聲之和也。雝州東崤西漢、南商於、北居庸、四山之地、不得謂爲川擁、因土沃而以雝和名也。禹貢雝土黃壤、田上上、則是沃矣。殷制雝梁爲一州、自西河而至黑水、王制所謂西不盡流沙、此也。周禮亦然。

義證

河西曰邕州　在河華以西、四山之中、故曰邕。邕之言翳、四方積高、應劭所言。

釋地四篇注

河西曰雝州

〔注〕自西河至黑水〔補正〕臣鋆按、禹貢黑水西河惟雍州、傳云西距黑水、東距河。陸德明云周禮爾雅皆無梁州、則雍州兼有梁州之地。易祓曰、禹貢有雍有梁、故梁爲正西而雍爲西北、殷周皆有梁入雍、故雍州爲正西。

郭注補正

河西曰雝州

自西河至黑水

御覽引作自河西至黑水。河西二字誤倒。釋文正作自西河至黑水。

郭注佚存補訂

西河曰雝州

雝、說文云作邕、隸作雍。李巡云河西其氣蔽壅、厥性急凶、故曰雍。雍、壅也。蓋李本作雍。雍州兼有詩周南召南秦風豳風之地。鄭譜云、周召者、禹貢雍州岐山之陽地名。正義云、禹貢雍州云荆岐既旅、是岐屬雍州也。緜之篇說太王遷於周原、閟宫言太王居岐之陽、是周地在岐山之陽也。皇矣篇云文王既伐密崇、徙於鮮原、從鮮原徙豐、豐在岐山東南三百餘里。文王既遷於豐、而岐邦地空、故分賜周召二公以爲采邑也。總之周之歷代所居、皆在雍州之地、當時禹貢九州雍梁荆豫徐揚皆歸文王、紂之所有僅冀青兗三州而已。故鄭云於時三分天下有其二也。秦譜云、秦者、隴西谷名、近雍州鳥鼠之山。周孝王使非子養馬汧渭之間、封爲附庸、邑之於秦谷。至秦仲、宣王命作大夫、國人美之翳之變風始作。秦仲之孫襄公、平王之初、興兵討西戎以救周。平王東遷王城、乃以岐豐之地賜之始列爲諸侯、遂横有周西都宗周畿内八百里之地。至玄孫德公又徙於雍云。豳風譜云、豳者、公劉自邰而北所徙戎狄之地名、今屬右扶風栒邑、其封域在禹貢雍州岐山之北原隰之野。正義云、禹貢雍州云荆岐既旅、原隰底績。是岐山原隰屬雍州也。

說詩

河西曰雝州　案陸氏德明云、雍者、擁也、東崤西漢南商於北居庸四山之内擁翳也。案周禮及爾雅皆無梁州、則雍州兼有梁州之地也。禹貢云華陽黑水惟梁州、孔傳云東據華山之南、西距黑水。韋昭云今益州也。太康地記云梁州者言西方金剛之氣彊、故因以爲名。漢時改雍州爲梁州、改梁州爲益州也。

注疏正字

河西曰雝州　禹貢、黑水西河惟雍州。自黑水而東至於西河也。郭註自西河至黑水。職方、正西曰雍州。爾雅職方無梁州、豫雍兼之也。

啓蒙

兩河間曰冀州　河南曰豫州　河西曰雝州

夏書首冀州。禹貢篇　周禮河内曰冀州。職方氏　夏書荆河惟豫州。禹貢篇　周禮河南曰豫州。職方氏　夏書黑水西河惟雍州。禹貢篇　周禮正西曰雍州。夏官職方氏

證異

河西曰雝州。尚書周禮職方作雍、此經註疏亦改作雍。

考異摘要

○河西曰雝州注疏本雝改雍。

兼得梁州之地浦鏜云、據釋文此上脫太康地記云雍州七字。

校勘記

河西曰雝州。疏故曰雍、雍、壅也。兼得梁州之地。按釋文兼得以下十七字是太康地記、今本揚州疏厥性輕揚下所引亦別爲太康地記、不應此州與李巡注無分、恐是今本之誤。正南曰揚州、疏履正含文明。今本文下落明字、宜補。濟河間曰兗州、疏上○誤作一。又厥性信謙、釋文及公羊疏均引作謹、惟書疏與此作謙。

注疏本正誤

七行河西曰雝州○「雝」唐寫本作「灉」，誤．灉，水名．

（注）自西河至黑水○《釋文》同．唐寫本「西河」作「河西」．《御覽》卷一百五十七引與唐寫本同．案：《尚書．禹貢》云：「黑水西河惟雍州．」《公羊傳》莊公十年疏引鄭注云：「雍州界自黑水，而東至于西河也．」是當作「西河」．唐寫本作「河西」者，蓋因正文而誤．

宋監本校箋

河西曰雝州。雍音

孫侶直音

漢南曰荆州

漢南曰荆州。自漢南至衡山之陽。

郭注

漢南曰荆州注自漢南至衡山之陽　釋曰、周禮正南曰荆州。禹貢荆及衡陽惟荆州、孔安國云、北據荆山、南及衡山之陽。言北據荆山則至漢水也。李巡曰、漢南其氣燥剛、稟性彊梁、故曰荆。荆、彊也。釋名以爲取荆山之名、荆、警也。南蠻數爲寇逆、常警備也。

邢疏

漢南曰荆州

漢南其氣燥剛、稟性強梁、故曰荆。荆、強也。書正義六、邢疏。公羊疏引此脱李巡曰三字、燥誤作慘。

李注

黄輯古義

漢南曰荆州

漢南其氣燥剛、稟性強梁、故曰荆。荆、強也。邢疏書禹貢正義春秋公羊傳莊十年疏脱李巡曰。燥作慘。

李注

玉函山房輯佚

漢南曰荆州

荆州其氣燥剛、稟性彊梁、故曰荆。荆、彊也。同書疏六

鈎沉

漢南曰荆州

李曰、漢南其氣燥剛、稟性强梁、故曰荆。荆、强也。書正義六公羊疏七、邢疏案公羊疏引此脱李巡曰字。燥訛作慘。今從邢疏校正。

漢注

漢南曰荆州

李巡云、漢南其氣燥剛、稟性彊梁、故曰荆。荆、彊也。書正義六卷郭璞云、自漢南至衡山之陽。

一切注音

漢南曰荆州　李巡云、荆州其氣剛燥、稟性彊梁、故曰荆。荆、彊也。書禹貢正義

古注斠

漢南曰荆州　郭云、自漢南至衡山之陽。尚書云、荆及衡陽惟荆州。孔傳云、北據荆山、南及衡山之陽。周禮云、正南曰荆州。釋名云、荆州者取荆山之名。荆、警也。南蠻數爲寇逆、常警備故也。

陸音義

漢南曰荆州○案陸氏九州皆引李巡説、荆州徐州營州皆缺、今補之。書禹貢正義公羊疏七及邢疏皆引李云漢南其氣燥剛稟性強梁、故曰荆。荆、強也。

音義攷證

漢南曰荆州　自漢水南至衡山之陽。

鄭樵注

漢南曰荆州

李巡曰、漢南其氣燥剛、稟性强梁、故曰荆。荆、强也。此從邢疏。又公羊傳莊十年疏燥作慘。下注同。

郭璞曰、自漢南至衡山之陽。

鄭樵曰、自漢水南至衡山之陽。

古注合存

漢南曰荆州　**註**　自漢南至衡山之陽　**正義**　書疏引李巡云、荆州其氣燥剛、稟性彊梁、故曰荆。荆、彊也。釋名云、荆州取名於荆山也。必取荆爲名者、荆、警也。南蠻數爲寇逆、其民有道後服、無道先彊、常警備之也。禹貢云、荆及衡陽惟荆州。公羊疏引鄭註云、荆州界自荆山南至衡山之南。職方云、正南曰荆州。案殷時荆州以漢水爲界、則自大别以東、江南之地屬於揚州。大别以西漢東之地屬於豫州。視夏制差小。**註**　自漢至之陽。○**正義**　水經云、漾水出隴西氐道縣嶓冢山、東至武都沮縣爲漢水。凡在漢水以南皆屬荆州、其南界則越過衡山之陽也。

正義

漢南曰荆州　自漢南至衡山之陽　説文云、荆、楚木也。釋名云、荆州取名於荆山也。必取荆爲名者、荆、警也。南蠻數爲寇逆、其民有道後服、無道先彊、常警備之也。邢疏引李巡云、漢南其氣燥剛、稟性強梁、故曰荆。荆、強也。按禹貢荆州言荆及衡陽、爾雅言漢南者、衡陽舉其南界、漢南舉其北界也。漢北卽豫州界。

義疏

漢南曰荆州　李注、漢南其氣燥剛、秉性强梁、故曰荊州。荊、强也。郭注、自漢南至衡山之陽。荊州以荊山得名、黄帝鑄鼎處也。與雍界漢南、不盡衡山九疑。

集解

漢南曰荆州荆因荆山而得名、武丁所奮伐地也。今湖北襄陽道南漳縣西北有荆山、殷時荆界自漢南至衡山之陽。王制、南不盡衡山。衡山、横山脈也。今之五嶺均是。

義證

漢南曰荆州

在江漢二水之南、漢水入江之地、郎荆揚之界、荆亦取名于山矣。

釋地四篇注

漢南曰荆州

註自漢南至衡山之陽補正易祓曰、禹貢荆及衡陽惟荆州、殷之荆州其北境曰漢南、以地理志考之、荆山在南郡臨沮縣、漢水又在北、正屬襄陽、言漢南則跨荆山之北、至周復以荆門之北其屬豫州、復禹封域。

郭注補正

漢南曰荆州

說文云、荆、楚木也、李巡云、漢南其氣燥剛、稟性强梁、故曰荆。荆、强也。商頌殷武奮伐荆楚、毛傳云、荆楚、荆州之楚國也。維女荆楚、居國南鄉、鄭箋云、維女楚國、近在荆州之域、居中國之南方。魯頌荆舒是懲、箋云、南艾荆及羣舒。正義云、僖四年經書公會齊侯等侵蔡、蔡潰、遂伐楚、楚一名荆、羣舒又是楚之與國、盡皆在荆州域中。小雅采芑蠢爾蠻荆、傳云、蠻荆、荆州之蠻也。

說詩

漢南曰荆州禹貢、荆及衡陽惟荆州。郭註自漢南至衡山之陽。職方、正南曰荆州、周時荆州兼有漢北地。爾雅荆州以漢水爲界、大別以東屬揚州、大別以西屬豫州。

啓蒙

○漢南曰荊州注疏本荊作荆、此本亦荊荆錯出。

稟性彊梁注疏本彊改强、下同。

荆警也監本毛本同、元本閩本太警作驚、下同。

校勘記

江南曰揚州

江南曰揚州。自江南至海。

郭注

江南曰揚州注自江南至海。

釋曰、周禮東南曰揚州、禹貢淮海惟揚州、孔安國云、北據淮南、距海、然則揚州之境跨江北至淮、此云江南者、舉遠大而言也。李巡曰、江南其氣燥勁、厥性輕揚、太康地記云、以揚州漸太陽位、天氣奮揚、履正含文、故取名焉。

邢疏

江南曰揚州

江南其氣燥勁、厥性輕揚、故曰揚。揚、輕也。釋文　書正義六　公羊疏七　廣韻二引其氣燥勁。邢疏　案釋文邢疏躁俱作燥、無揚輕也三字。韻會七陽故曰揚州下云、一曰州界多水、水波揚也。

李注

江南曰楊州

自江至南海也。公羊疏七

孫音注

江南曰揚州

自江至南海也。公羊疏引郭氏。案與今本郭注異、蓋至南二字誤倒。

黄輯古義

郭音義

江南曰揚州

江南其氣躁勁、厥性輕揚、故曰揚。揚、輕也。書禹貢正義

春秋公羊傳莊十年引作其氣慘勁故曰揚州也。釋文邢疏引並無故曰已下。○廣韻平聲卷二引作其氣燥勁。

李注

江南曰揚州

自江至南海也。同上

孫音注

玉函山房輯佚

江南曰揚州

江南其氣慘勁、厥性輕揚、故曰揚州。同公羊疏七　其氣燥勁。同廣韻二　自江南至海也。孫注

鉤沉

江南曰揚州

李曰、江南其氣躁勁、厥性輕揚、故曰揚。揚、輕也。釋文　書正義六　公羊疏七　廣韻二　邢疏

孫曰、自江至南海也。公羊疏七　今郭作自江南至海。郭同　按

漢注

江南曰揚州

李巡云、江南其氣慘勁、厥性輕揚、故曰揚州。揚、輕也。釋文二十九卷　公羊疏七卷　書正義六卷　廣韻二卷　孫炎云、自江至南海也。公羊疏七卷　郭璞云、自江南至海。

一切注音

江南曰揚州　李巡云、江南其氣燥勁、厥性輕揚、故曰揚。揚、輕也。書禹貢正義　孫炎曰、自江至南海也。公羊莊十年疏

蕙心案、郭注本於孫炎、云自江南至海是也。公羊疏引孫注自江至南海也、恐誤。

古注斠

江南曰揚州　郭云、自江南至海。尚書云、淮海惟揚州、孔傳云、北據淮、南距海。周禮云、東南曰揚州。李巡云、江南其氣燥勁、厥性輕揚。太康地記云、以揚州漸太陽位、天氣奮揚、履正含文明、故取名焉。

陸音義

江南曰揚州　江、大江也。自江以南是其境。

鄭樵注

江南曰揚州

李巡曰、江南其氣燥勁、厥性輕揚、故曰揚。揚、輕也。

孫炎曰、自江至南海也。

郭璞曰、自江南至海。

鄭樵曰、江、大江也。自江以南是其境。

古注合存

江南曰揚州　**註**　自江南至海　**正義**　公羊疏引李巡云、江南其氣慘勁、厥性輕揚、故曰揚州。釋名云、揚州州界多水、水波揚也。釋文引太康地記云、以揚州漸太陽位、天氣奮揚、履正含文明、故取名焉。禹貢云、淮海惟揚州。公羊疏引鄭註云、揚州界自淮而南至海以東也。職方云、東南曰揚州、其藪澤川浸與禹貢同。殷制割淮南江北之地以屬徐州、故揚州以江爲界、兼有大別以東之地。**註**　自江南至海。**正義**　公羊疏引孫氏郭氏曰、自江至南海也。是郭註本孫炎。今本作南至海、而公羊疏引作至南海、疑傳寫之誤。然史記尉佗傳云、秦以并天下、畧定揚越。張晏註揚州之南越也。顏師古漢書註本揚州之分、故曰揚粵。置桂林南海象郡。晉書地理志以交州廣州爲禹貢揚州之域、是五嶺以南至海本禹貢揚州之地、殷制與禹貢同、則公羊疏引註作南海不爲無據。

正義

江南曰楊州　自江南至海

楊者、釋名云、楊州之界多水、水波揚也。釋文引太康地記云、以楊州漸太陽位、天氣奮揚、履正含文明、故取名焉。禹貢正義引李巡云、江南其氣燥勁、厥性輕揚、故曰揚。揚、輕也。案禹貢言淮海惟楊州、公羊疏引

鄭注揚州界自淮而南至海以東也。爾雅言江者明揚徐二州以江爲界江南爲揚州即知江北爲徐州矣。郭云自江南至海公羊疏引孫氏郭氏曰自江至南海也蓋至南二字誤倒當以今本爲是。

義疏

江南曰揚州李注、江南其氣躁勁、厥性輕揚、故曰揚。揚、輕也。孫注、自江至南海也。郭注、自江南至海。揚、易也。正在冀南故以南名之。水北爲陽、亦在海北也。江、北江。

集解

江南曰揚州　揚、陽也。穀梁傳、山南爲陽、水北爲陽。揚州在冀之南、又在海北、山陽亦水陽也。江謂北江。

義證

江南曰揚州

在江之南、東倚大海、州界多水故曰揚。

釋地四篇注

江南曰揚州

注自江南至海補正易祓曰、禹貢揚州之域東距海、北距淮、故曰淮海爲揚州。殷人以淮入徐故揚州只謂之江南。周人復以入揚、循禹之舊。

郭注補正

江南曰揚州　注自江南至海

正曰、公羊莊十年傳疏、爾雅釋地江南曰揚州、孫氏郭氏曰自江至南海。今郭本至南作南至、猶公羊昭十七年傳疏、釋天北極謂之北辰、孫氏郭氏曰北極天之中、以正四時、謂之北辰。今郭本無謂之北辰一句、皆徐疏校引不審所致也。孫注自江至南海、所云南海者、即指續漢書郡國志交州南海郡地也。郭改孫注乃云自江南至海、則單偁海者無所統屬矣。

正郭

江南曰揚州

自江南至海也

莊十年公羊傳疏引爾雅、江南曰揚州、孫氏郭氏云自江至南海也。御覽引同。當是傳寫之誤。釋文正引作自江南至海。今據補也字。

郭注佚存補訂

江南曰揚州

李巡云、江南其氣躁勁、厥性輕揚、故曰揚。揚、輕也。

孫炎云、自江至南海也。公羊疏引郭同。至南二字誤倒。義詳訂經。

說詩

江南曰揚州

李巡釋九州之名皆釋字義、如冀、近也。豫、舒也。雍、壅也。荊、彊也。沇、信也。徐、舒也。幽、要也。營、平也。以此推之、則經文當作楊州、巡注當云江南其氣燥勁、厥性輕揚、故曰楊。楊、揚也。後人因五經字有州名取輕揚之義、俗從木譌之說、遂改楊從手矣。唐風揚之水、隸釋載石經作楊、此楊揚通叚字、不可援以爲證。許嵩建康實錄引春秋元命苞云、地多赤楊、因取名焉。可知古作楊、所以李巡有輕揚之說也。

小箋

江南曰揚州　揚、雪囱本作楊、臧氏鏞堂曰古通用。廣雅釋言楊、揚也。

匡名

江南曰揚州　禹貢淮海惟揚州、自淮而南至於海。職方、東南曰揚州。郭註自江南至海。爾雅以淮南江北之地屬徐州、故揚州以江為界、兼有大別以東之地。

啓蒙

江南曰楊州。按唐風楊之水、石經魯詩殘碑作楊。建康實録引春秋元命苞云、地名赤楊、因取名焉。則楊木楊州實一字也。陸德明張參以從木為非、故經典定從手旁、其實非也。

考異摘要

江南曰楊州　雪牕本元本閩本同。釋文唐石經單疏本監本毛本作揚州。五經文字云、楊木名。揚舉也。州名取輕揚之義、亦合作此字、俗從木訛。詩王風揚之水、釋文云揚、如字、激揚也。或作楊木之字、非。唐風揚之水、石經魯詩殘碑作楊。按廣雅釋言云楊、揚也。據此知尚書周禮爾雅楊州字、詩王風唐風楊之水字、本皆從木、其義為輕楊激揚。陸德明張參輩以從木為非、故經典定從手旁、其實非也。唐許嵩建康實錄引春秋元命苞云、地多赤楊、因取名焉。則楊木楊州實一字也。

○江南曰揚州　監本毛本同。閩本毛本楊州字凡四見皆從木、惟輕揚奮揚從手。

校勘記

八行注）自江南至海○《釋文》引同．唐寫本作「自江至南海」．《公羊傳》莊公十年疏及《御覽》卷一百五十七引與唐寫本同．案：《尚書．禹貢》云：「淮海惟揚州．」《公羊》疏引鄭注云：「揚州界自淮而南，至海以東也．」《爾雅》郭注言江，不言淮，是以江為界，由江而南至海為揚州也．文例與下言徐州自濟東至海相同．唐寫本及《公羊》疏引作「至南海」蓋傳寫之誤．

宋監本校箋

濟河間曰兖州

濟河間曰兖州。自河東至濟。

郭注

濟河間曰兖州注自河東至濟　釋曰、周禮河東曰兖州。禹貢濟河惟兖州孔安國云、東南據濟、西北距河。孔傳凡云據者、謂跨之也。距、至也。濟河之間相去路近。兖州之境跨濟而過、東南越濟水、西北至東河也。李巡云濟河間其氣專質、厥性信謙、故曰兖。兖、信也。釋名以為取兖水之義。

邢疏

濟河間曰兖州

濟河間其氣專質、厥性信謹、故曰兖。兖、信也。釋文　書正義六　公羊疏七　邢疏

李注

黃輯古義

濟河間曰兖州

濟河間其氣專質、厥性信謹、書正義無厥字、謹作謙。邢疏亦作信謙。故曰兖。兖、信也。釋文　邢疏　書禹貢正義　春秋公羊傳莊十年疏

李注

玉函山房輯佚

濟河間曰兗州

濟河間其氣專質、厥性信謹、故曰兗州。兗、信也。李注盖公羊疏七

鉤沉

濟河間曰兖州

李曰、濟河間其氣專質、厥性信謙、故曰兖。兖、信也。釋文　書正義六　公羊疏七　邢疏

漢注

濟河間曰兗州

李巡云、濟河間其氣專質、厥性信謹、故曰兗州。兗、信也。釋文二十九卷　書正義六卷　公羊疏七卷

郭璞云、自河東至濟。

一切注音

濟河間曰兗州。李巡云、濟河間其氣專直、厥性信謹、故曰兗。兗、信也。釋文 書禹貢正義

惠心案、禹貢正義及邢疏引信謹作信謙。

【古注斠】

濟本又作泲、子禮反、下同。河閒曰兗州 悦轉反。郭云、自河東至濟。尚書云、濟河惟兗州。孔傳云、東南據濟、西北距河。周禮云、河東曰兗州。李巡云、濟河閒其氣專質、厥性信謹、故曰兗。兗、信也。釋名以為取兗水之義。

【陸音義】

濟本又作泲。○案說文、泲、沇也。東入於海、從水𠂔聲。濟、水出常山房子贊皇山、東入泜、從水齊聲。則濟泲字義別、今經典皆通作濟。

【音義攷證】

濟河閒曰兗州

背水所出為兗。書曰、道沇水、東流為濟。濟、泉源為沇、流去為濟。濟坎在上、背源遠矣。

【新義】

濟河間曰兗州 東南距濟、西北距河。

【鄭樵注】

濟河間曰兗州

李巡曰、濟河間其氣專質、厥性信謹、故曰兗。兗、信也。

郭璞曰、自河東至濟。

鄭樵曰、東南距濟、西北距河。

【古注合存】

濟河閒曰兗州【註】自河東至濟。【正義】濟當作泲、兗當作沇。公羊疏引李巡云、濟河閒其氣專質、厥性信謹、故曰兗。兗、信也。釋名云、兗州取兗水以為名也。晉書地理志引春秋元命包云、兗、端也、信也。禹貢云、濟河惟兗州。公羊疏引鄭註云、言兗州之界在此兩水之間。殷制與夏同。職方云、河東曰兗州。賈疏、周之兗州、於禹貢侵青徐之地。【註】自河至濟。【正義】沇州之域、河東與冀分界、泲自滎至菏、西南與豫分界、自菏至會汶、南與徐分界、自會汶後東北行、東與營分界。說苑作濟南曰兗州。

【正義】

濟河閒曰兗州 自河東至濟

濟兗、說文作泲沇。云、泲、沇也。東入于海。沇、水出河東東垣王屋山、東為泲。釋名云、兗州取兗水以為名也。類聚六引春秋元命苞曰、兗之言端也。按兗州界東南據濟、西北據河、是在濟河閒也。釋文及公羊疏引李巡云、濟河閒其氣專質、厥性信謹、[illegible]故曰兗。兗、信也。

【義疏】

濟河閒曰兗沇台州 李注、濟河閒其氣專質、厥性信謹、故曰兗。兗、信也。郭注、自河東至濟。說文、台、山閒陷泥地。沇、九州之渥地也。沇、水名。古文作沿。兗即沇字、从水允。台州當从八口、水患最大、故以水退見口為名、因以為允字、非允信之允也。彼文从㠯即以字耳。沇州取濟厥河、故以州名名水。濟上云渡、清水貫河徑度也。說文作泲、𠂔从𣎵一盛孛而一止之象、其厥黃而名。

【集解】

濟河閒曰兗州 說文、台、山閒陷泥地。从口八、象水敗皃。讀若沇水之沇。沇、九州之渥地也。沇从水允、水名。古文作沿。兗即沇字。台象水敗、為害甚烈、以水退見口為喜、因倒書為允、與允信之允迥別。彼从㠯、此从口耳。沇水取濟厥河、故以州名水。濟上云渡濟、源出於河北、渡河而南來也。說文作泲、从水𣎵、謂能止盛水、据濟為河下流而言。

【義證】

泲河閒曰沇州

在河水之南、泲水之北。泲即沇、故取水以為名。許慎言九州之渥地矣。

【釋地四篇注】

濟河間曰兗州

註自河東至濟 補正 易祓曰、夏殷皆言濟河惟兗州、謂東河之東、濟水之北也。周人以青兼徐而兗州又越濟之東南、故徐之岱山、職方以爲兗之鎮山。徐之大野、職方以爲兗之澤藪、故曰河東。

郭注補正

濟河間曰兗州

自河東至濟也

御覽引作自河東至濟也。今據補也字。

郭注佚存補訂

濟河間曰兗州

釋文云、濟本又作泲。說文作泲。李巡云、濟河間其氣專質、厥性信謹、故曰兗。兗、信也。邢疏作信謙。書正義引同。曹譜云、曹者、禹貢兗州陶丘之北地名、其封域在雷夏荷澤之野。正義云、禹貢濟河惟兗州、王肅云、東南據濟、西北距河、不言距濟而云據者、則州境東南踰濟水也。禹貢兗州云、雷夏既澤。又云、導荷澤被孟豬。案地理志雷夏澤在濟陰成陽縣西北、荷澤在濟陰定陶縣東、二澤同屬濟陰。濟陰、曹都所在、是曹之封域在二澤。譜又云、十一世當周惠王時、政衰、昭公好奢而任小人、曹之變風始作。

說詩

濟河閒曰兗州　釋文云、濟本又作泲。案、亝隸變作齊。　王氏鳴盛曰、濟當作泲、二字音同義異。漢志泲水出王屋至武德入河、濟水出贊皇至廮陶入泜、明列爲二。出贊皇者、不得爲四瀆之水也。元照案、說文水部泲作𠂔、𠂔隸變沇也。東入于海、从水𠂔聲。又沇水出河東東垣王屋山、東爲泲、从水允聲、古文作沿。又濟水出常山房山贊皇山、東入泜。从水亝聲。今經典中泲字皆誤爲濟。　王氏又曰、兗當作沇、此州本以沇水得名也。兗字不知所从、蓋水篆作巛、橫書之成三、加於允上、又遂譌爲六耳。

匡名

濟河間曰兗州 禹貢濟河惟兗州、與爾雅同。郭註自河東至濟。職方、河東曰兗州。是兼徐州并侵青州地也。

啓蒙

濟 泲 濟。漢書地理志作泲。師古曰、泲本濟水之字。从水、𠂔聲。

兗 沇 兗。史記夏本紀作沇。錢氏大昕曰、沇州本以沇水得名。尚書作兖州。由隸變直水爲橫水在上。又誤三爲六耳。

黃侃評本正名

漢南曰荊州　江南曰揚州　濟河間曰兗州

夏書、荊及衡陽惟荊州。禹貢篇 周禮、正南曰荊州。職方氏 夏書、淮海惟揚州。禹貢篇 周禮、東南曰揚州。職方氏 釋文、濟本又作泲。釋地釋文 夏書、濟河惟兗州。禹貢篇 周禮、河東曰兗州。職方氏

證異

孔傳凡云據者 注疏本脫凡。

校勘記

注自河至濟 按此節標起止皆全舉經注文此獨刪去東字恐誤脫。

注疏校勘札記

濟音擠 河間曰兗州

音圖・音

秭 濟河閒曰兗州。

孫侶直音

上聲 濟河閒曰兖州

直音校正

兖 以淺切

干氏音釋

濟東曰徐州

濟東曰徐州。自濟東至海。

郭注

濟東曰徐州注自濟東至海。 釋曰禹貢海岱及淮惟徐州孔傳云東至海北至岱南及淮此云自濟東則是西至濟也李巡曰淮海閒其氣寬舒稟性安徐故曰徐徐舒也周合其地於青州。

邢疏

濟東曰徐州

濟東至海其氣寬舒、稟性安徐故曰徐。徐、舒也。書正義六 公羊疏七 邢疏濟東至海作淮海閒。

李注

濟東曰徐州

濟東至海也。公羊疏七

孫音注

黃輯古義

濟東曰徐州

淮海閒公羊疏作濟東至海其氣寬舒、稟性安徐故曰徐。徐、舒也。邢疏 春秋公羊傳莊十年疏 書禹貢正義

李注

濟東曰徐州

自濟東至海也。

孫音注

玉函山房輯佚

濟東曰徐州

濟東至海其氣寬舒、稟性安徐。徐舒也。同公羊疏七

鉤沉

濟東曰徐州

李曰濟東至海其氣寬舒、稟性安徐故曰徐。徐、舒也。書正義六 公羊疏七 邢疏

孫曰自濟東至海也。公羊疏七 按自字從郭注補。郭同。

漢注

濟東曰徐州

李巡云淮海閒其氣寬舒、稟性安徐、故曰徐。徐、舒也。書正義六卷 公羊疏七卷 淮海閒公羊疏作濟東至海。

郭璞云自濟東至海。 孫炎云濟東至海也。公羊疏七卷

一切注音

濟東曰徐州 李巡云濟東至海其氣寬舒、稟性安徐、故曰徐。徐、舒也。公羊莊十年疏 孫炎云自濟東至海。公羊莊十年疏

蕙心案李注濟東至海四字禹貢正義引作淮海閒三字。

古注斠

濟東曰徐州 鄭云、自濟東至海。尚書云海岱及淮惟徐州、孔傳云、東至海、北至岱、南及淮。釋名云徐、舒也、土氣舒緩。太康地記以爲取徐丘爲名。云周合其地於青州。案周禮無營州而有青州。 陸音義

濟東曰徐州〇 書禹貢正義公羊疏七邪疏皆引李巡曰、濟東至海、其氣寬舒、稟性安徐、故曰徐。徐、舒也。 音義攷證

濟東曰徐州 濟東而南也。 鄭樵注

濟東曰徐州
李巡曰、淮海間其氣寬舒、稟性安徐、故曰徐。徐、舒也。淮海間公羊傳疏作濟東至海。此從書疏及邢疏。
孫炎曰、濟東至海也。
郭璞曰、自濟東至海。
鄭樵曰、濟東而南也。 古注合存

濟東曰徐州 註 自濟東至海 正義 書疏引李巡云、淮海間其氣寬舒、稟性安徐、故曰徐。徐、舒也。釋名云、徐州、徐、舒也、土氣舒緩也。釋文引太康地記以爲取徐丘爲名、云周合其地於青州。禹貢曰、海岱及淮惟徐州。公羊疏引鄭註、徐州界又南至淮水、殷仍夏制。職方云正東曰青州、其山川皆禹貢徐州之域、周無徐州、蓋以徐爲青也。註 自濟東至海。正義 徐與沇以泲爲界、自泲而東兼有淮南江北之地、與揚州分界。周之青州于禹貢侵豫州地、故其澤藪曰望諸、殷爲徐州、則望諸亦當在境內。 正義

濟東曰徐州 自濟東至海 徐州者、釋文引太康地記以爲取徐丘爲名。釋名云、徐、舒也、土氣舒緩也。公羊疏引李巡曰、濟東至海、書正義引作淮海間三字其氣寬舒、稟性安徐、徐、舒也。又引孫炎與郭注同。按禹貢徐州界東至海、北至岱、南至淮。爾雅

畢濟東爲言者、殷仍夏制。徐兗二州以濟爲界、濟西爲兗、東爲徐也。至周幷徐於青、與夏殷異、太康地記周合其地於青州是矣。 義疏

濟東曰徐州 李注、濟東至海、其氣寬舒、稟性安徐、徐、舒也。孫注、自濟東至海。郭注同孫。徐、舍也。蓋以近沇可舍。 集解

濟東曰徐州 徐、安行也。河水至濟而稍緩、人可安居。 義證

泲東曰徐州 自泲岱以東南、漸于海、周禮青州之地也。 釋地四篇注

濟東曰徐州 註 自濟東至海 補正 臣鍌按、職方無徐州、而曰正東曰青州。易祓曰、禹貢有青有兗有徐、殷幷青於徐而徐兼揚之淮、故江南曰揚州。周復以淮歸揚而幷徐於青、正在畿東、故曰正東。 郭注補正

濟東曰徐州 自濟東至海也 御覽引作自濟東至海也。今據補也字。 郭注佚存補訂

濟東曰徐州 李巡云、濟東至海、其氣寬舒、稟性安徐、徐、舒也。此據公羊疏所引。書正義引作淮海間。孫炎云、自濟東至海。郭注同。大

雅常武省此徐土、鄭箋云使循彼淮浦之旁、省視徐國之土地。正義云此經云徐土、下云徐方、徐國、其義一也。此徐當謂徐州之地、未必即是春秋之世徐子之國。

說詩

濟東曰徐州 濟亦當作泲。 周禮疏夏官職方氏引此句在雝州前、公羊疏七引此句在末。

匡名

濟東曰徐州。禹貢海岱及淮惟徐州。職方正東曰青州。郭註自濟東至海。其山川皆禹貢徐州之域、周時無徐州青州兼之也。

啓蒙

濟東曰徐州

直音校正

十五下（八八）

一行(注)自濟東至海○唐寫本「海」下有「也」字。

二燕曰幽州○「燕」，唐寫本作「鄹」。下文燕有昭余祁，「燕」亦作「鄹」。案：《說文》「鄹，地名」。

宋監本校箋

燕曰幽州

燕曰幽州。自易水至北狄。

郭注

燕曰幽州注自易水至北狄 釋曰、周禮東北曰幽州。李巡曰、燕其氣深要、厥性剽疾、故曰幽。幽、要也。禹貢其地合於冀州。地理志云、涿郡故安縣閻鄉、易水所出、東至范入濡也。從此易水至於北狄、幽州之境也。

邢疏

燕曰幽州

燕其氣深要、厥性剽疾、故曰幽。幽、要也。釋文 書正義六 公羊疏七 邢疏 案公羊疏訓幽爲惡、誤。

李注

燕曰幽州

自易水至北狄也。公羊疏七 郭同

孫音注

黃輯古義

燕曰幽州

燕其氣深要、厥性剽疾、故曰幽。幽、要公羊疏作惡。也。釋文 邢疏 春秋公羊傳莊十年疏

李注

燕曰幽州

自易水至北狄也。

孫音注

玉函山房輯佚

燕曰幽州

燕其氣深要、厥性剽疾、故曰幽。幽、要也。釋文二十九 同

鉤沉

燕曰幽州

李曰、燕其氣深要、厥性剽疾、故曰幽。幽、要也。釋文 書正義六 公羊疏七 邢疏 按公羊疏訓幽爲惡誤

孫曰、自易水至北狄也。公羊疏七 郭同

漢注

燕曰幽州

李巡云燕其氣深要、厥性剽疾、故曰幽。幽、要也。釋文二十九卷 公羊疏七卷引作燕其意氣惡、厥性慓疾、故曰幽。幽、惡也。 孫炎云自易水至北狄也。公羊疏七卷 郭璞云自易水至北狄。

一切注音

燕曰幽州 李巡云、燕其氣深要、厥性剽疾、故曰幽。幽要也。釋文 孫炎云、自易水至北狄也。公羊莊十年疏

古注斠

曰幽州 郭云、自易州至北狄。周禮云東北曰幽州。李巡云、燕其氣深要、厥性剽疾、故曰幽。幽要也。太康地記以爲因於幽都爲名、或云北方太陰、故以幽冥爲號。二者相依也。周禮云、正北曰并州。春秋元命包云、并之言併也、陽合交并、其氣勇壯抱誠信也。太康地記云并州不以衛水爲號、又不以恒山爲稱而言并者、蓋以其在兩谷之間也。

燕 烏賢反。

陸音義

燕曰幽州 今燕薊是其地、郭解云自易水至北狄。

鄭樵注

燕曰幽州

李巡曰、燕其氣深要、厥性剽疾、故曰幽。幽要也。此從釋文。又公羊傳疏引此作其意氣感幽感也。剽作僄微異。

孫炎曰、自易水至北狄也。

郭璞曰、自易水至北狄。

鄭樵曰、今燕薊是其地、郭解云自易水至北狄。

古注合存

燕曰幽州 註 自易水至北狄 正義 釋文引李巡云、燕其氣深要、厥性剽疾、故曰幽。幽要也。釋名云幽州在北、幽昧之地也。釋文又引太康地記、以爲因於幽都爲名、或云北方太陰、故以幽冥爲號、二者相依也。禹貢以幽州之地合於冀州、職方云、東北曰幽州、正北曰并州。爾雅無并州、幽州兼有并州之地、故下文云燕有昭余祁、周禮爲并州之澤藪也。殷以昭余祁屬燕、是爲并合於幽之證。陸氏釋文亦以并州合於幽州。註 自易水至北狄 ○正義 職方并州其浸淶易、殷制合并於幽、故易水在幽州境內。水經云易水出涿郡故安縣閻鄉西山、周時幽州偏於東北、其正北則爲并州、殷以東北之地割屬營州、則幽州之境縮於東北而贏於正北。公羊疏引孫炎云、自易水至北狄。郭註本孫炎。

正義

燕曰幽州 自易水至北狄

燕、說文作䣍、云地名。釋名云燕宛也。北方沙漠平廣、此地在涿鹿山南、宛宛然以爲國都也。幽州在北、幽昧之地也。釋文引李巡云、燕其氣渙要、厥性剽疾、故曰幽。幽要也。又引太康地記、以爲因於幽都爲名、或云北方太陰、故以幽冥爲號、二者相依也。按職方云、東北曰幽州、正北曰并州。禹貢合幽於冀、爾雅合并於幽、公羊疏引孫郭竝云自易水至北狄也。據職方淶易并州川浸、昭余祁并州澤藪、爾雅十藪燕有昭余祁、此注易水屬燕、是皆并合於幽之證。

義疏

燕曰幽州 李注、郭注、自易水至北狄。燕之文蓋从北與冀相近而爲上游、故曰燕安。許慎以爲象乙頭尾兩翅、殆非也。幽都和叔所治、殷蓋立國號燕、又置一州以遏夷狄。北不盡恒山則恒山北爲燕國。其氣渙要、厥性剽疾、故曰幽。幽要也。

集解

燕曰幽州 燕文蓋从北、又從董省。燕在極北、人可安居、但土黏難田耳、因爲燕安之燕。說文以爲象乙頭尾兩翅、殆誤矣。幽都爲堯時和叔所宅、殷則改國而號燕、又立爲州兼有并地、以禦夷狄。王制北不盡恒山、其北蓋爲燕國。

義證

燕曰幽州

居冀州之東、營州之北、南有郭海、幽州以此名。

釋地四篇注

燕曰幽州

註 自易水至北狄 補正 臣鑒 按、孔安國云舜分冀州

爲幽州。馬融云舜以燕齊遼遠、分燕置幽州。金履祥云分冀州醫無閭之地爲幽。鄭樵云今燕薊是其地。其地蓋在冀之北境、魏盧雅冀州論所謂易水以南、則易水以北爲幽州矣。易祓曰、舜十二州本有幽州、水土既平、因冀爲帝都、省幽入冀。殷人南都河南之南、復舜幽州之名。周人又以幽州兼殷之營州、實禹貢青州隔海東北之境、故曰東北。

郭注補正

燕曰幽州

說文燕作郾、云地名。李巡云、燕其氣深要、厥性剽疾、故曰幽。幽、要也。孫炎云、自易水至北狄也。郭注同。大雅韓奕燕師所完、彼釋文云、王肅孫毓並烏賢反、云北燕國。蓋幽州之域也。

說詩

燕曰幽州 案陸氏德明云、太康地記以爲因於幽都爲名、或云北方太陰、故以幽冥爲號、二者相依也。

疏經底柱孟津 底駮本誤厎、毛本誤底。下並同。酈元水經黑水出張掖雞山 水經下當脫注云二字。兼得梁州之地 上脫太康地記云雍州七字。從釋文挍。陰氣壅閼故名雍也 脫氣壅閼故名五字、雍誤壅。常警備之也 脫之字。厥性輕揚 下脫故曰揚揚輕也六字。從禹貢疏挍。履正含文明 脫明字。一濟河間曰兗州 一當作○。註自河東至濟者 脫東字。正義云據者謂跨之也 正義誤孔傳。厥性信謙 謙當依釋文作謹、此誤。東至范陽入濡也 脫陽字。

注疏正字

燕曰幽州　周禮疏引在兗州前。

匡名

燕曰幽州 郭註自易至北狄。禹貢以幽州之地合於冀州。職方、東北曰幽州、正北曰并州。爾雅無并州、幽州兼之也。

啓蒙

禹貢其地合於冀州 注疏本下衍也。

東至范入濡也 浦鏜云范下脫陽。

云此蓋殷制者 注疏本脫云。

禹貢海岱惟青州 注疏本貢下衍云。

下與周禮又異 元本同。閩本監本毛本又誤文。

有青幽并 注疏本幽并倒。

疑是殷制 注疏本下衍也。

故云蓋也此上釋九州之名 注疏本移此上云云一十三字分配題下。

校勘記

燕 煙

干氏音釋

齊曰營州

齊曰營州。自岱東至海。此蓋殷制。

郭注

齊曰營州注自岱東至海此蓋殷制　釋曰、周禮正東曰青州。禹貢海岱惟青州、孔傳云、東北據海、西南距岱。然則此營州則青州之地也。博物志云、營與青同。海東有青丘、齊有營丘、豈是名乎。太康地記云、東方少陽、其色青、其氣清、歲之首、事之始、故以青爲名焉。云此蓋殷制者、以此文上與禹貢不同、下與周禮又異。禹別九州有青徐梁而無幽并營、是夏制也。周禮周公所作、有青幽并而無徐梁營、是周制也。此有徐幽營而無青梁并、疑是殷制、以無正文、故云蓋也。此上釋九州之名、故題云九州也。

邢疏

齊曰營州

齊、其氣清舒、受性平均、故曰營。營、平也。今爲青州。公羊疏七

李注

齊曰營州

自岱東至海。公羊疏七 郭同

孫音注

黃輯古義

齊曰營州

齊、其氣清舒、受性平均、故曰營。營、平也。今爲青州。春秋公羊傳莊十年疏

李注

齊曰營州

自岱東至海。並同上

孫音注

玉函山房輯佚

齊曰營州

齊、其氣清舒、受性平均、故曰營。營、平也。今爲青州。同

自岱東至海。孫注 並公羊疏七

鉤沉

齊曰營州

李曰、齊其氣清舒、受性平均、故曰營。營、平也。今爲青州。公羊疏七

孫曰、自岱東至海。公羊疏七 郭同

漢注

齊曰營州

李巡云齊、其氣清舒、受性平均、故曰營。營、平也。今爲青州。公羊疏七卷 殷制釋文二十九卷

孫炎云、自岱東至海、公羊疏七卷 此蓋殷制。詩正義一之一卷

郭璞云、自岱東至海。此蓋殷制。

一切注音

齊曰營州 李巡曰、齊其氣清舒、受性平均、故曰營。營、平也。公羊莊十年疏 孫炎云、自岱東至海。同上 孫炎云此蓋殷制。詩周南召南譜正義

古注斠

齊曰營州 郭云、自岱東至海。尚書云海岱惟青州、孔傳云、東北據海、西南距岱。則爾雅營州爲禹貢之青州矣。營者、蓋取營丘以爲號。周禮云正東曰青州。博物志云、營與青同。海東有青丘、齊有營丘、豈是名乎。太康地記云、東方少陽、其色青、其氣清、歲之首、事之始、故以青爲名焉。

陸音義

齊曰營州 ○案公羊疏七引李巡曰、齊其氣清舒、受性平均、故曰營。營、平也。今爲青州。

音義攷證

齊曰營州

齊州者中州也。其東爲營州。今齊曰營州、則亦以敺遠近也。

新義

齊曰營州 今營邱也。郭云、自岱東至海。此蓋殷制。

鄭樵注

齊曰營州

李巡曰、齊其氣清舒、受性平均、故曰營。營、平也。今爲青州。

孫炎曰、自岱東至海、此蓋殷制。按、書舜典疏謂孫炎以爾雅之文與職方爲貢

並皆不同、疑是殷制。而陸氏釋文謂爾雅所言、李郭以爲殷制、則李巡亦以爲殷制矣。殷制總九州言。

郭璞曰、自岱東至海、此蓋殷制。

鄭樵曰、今營邱也。郭云自岱東至海此蓋殷制。

古注合存

兩河間曰冀州。河南曰豫州。河西曰雝州。漢南曰荆州。江南曰揚州。濟河間曰兗州。濟東曰徐州。燕曰幽州。齊曰營州。雝去聲。燕平聲。○此釋九州之名也。註曰、自東河至西河爲冀。自南河至漢爲豫。自西河至黑水爲雝。自漢南至衡陽爲荆。自江南至海爲揚。自河東至濟爲兗。自濟東至海爲徐。自易水至北狄爲幽。自岱東至海爲營。此蓋殷制也。疏曰、周禮職方云、河內曰冀州。禹貢冀州不言界。孔安國云、此帝都、故不言界。以餘州所至、即可知。兗云濟河、爲東河之東。豫云荆河、爲南河之南。雍云西河、爲西河之西。則東河之西、西河之東、南河之北、爲冀州界也。李巡云、名冀者、近也。氣清性相近也。職方云、河南曰豫州。禹貢云、荆河惟豫州。豫者、舒也。性安舒也。職方云、正西曰雍州。禹貢云、黑水西河惟雍州。雍、壅也。氣閉塞也。職方云、正南曰荆州。禹貢云、荆及衡陽惟荆州。荆、强也。氣燥剛也。職方云、東南曰揚州。禹貢云、淮海惟揚州。性輕揚也。禹貢云、海岱及淮惟徐州。周分其地於青。徐、舒也。性寬徐也。職方云、東北曰幽州。禹貢合其地於冀州。幽、要也。氣深要也。職方云、正東曰青州。禹貢云、海岱惟青州。青即營也。博物志云、營與青同。海東有青丘、齊有營丘。太康地記云、東方近青、其氣清也。禹貢有青梁而無幽營、周禮職方有青幷而無徐營、故註疑此爲殷制。

注疏參義

齊曰營州 註 自岱東至海此蓋殷制 正義 公羊疏引李巡云、齊其氣清舒、受性平均、故曰營。營、平也。今爲青州。釋名云、古有營州、齊衞之地、於天文屬營室、取其名也。禹貢云、海岱惟青州。公羊疏引鄭註云、今青州界東自海、西至岱。東嶽曰岱山。職方云、正東曰青州。夏周俱無營州。釋文云、爾雅營州爲禹貢之青州矣。營者葢取營丘以爲號、博物志云、營與青同、海東有青丘、齊有營丘、豈是名乎。說苑作齊曰青州、是青即營也。註 自岱東至海。正義 公羊疏引孫氏云、自岱東至海、郭註本孫炎。書疏云、青州之境、非至海畔而已、堯時青州當越海而有遼東也。舜爲十二州、分青州爲營州、營州即遼東也。爾雅營州之境、與禹貢青州同。○此蓋殷制。○正義 詩疏引孫炎云、此蓋殷制、釋文引李巡以爲殷制、是郭註所本也。詩疏云、爾雅九州之名、禹貢有梁青無幽營、周禮有幽并無徐營、孫炎以爾雅之文與禹貢不同、於周禮又異、故疑爲殷制耳。案以爾雅九州爲殷制、漢以後諸儒俱無異說、惟賈公彥云、禹貢所云堯舜法、爾雅所云似夏法、詩譜所云似殷法。今知不然者、鄭氏詩譜首言禹貢雍州、故下文即以禹貢九州之名見天下三分之數耳。賈氏不審發端禹貢二字、遂疑爲殷法、雖述鄭譜實乖鄭義。至以禹貢爲唐虞法、爾雅爲夏法、更無所依據矣。此篇所釋十藪四極之名、多與周禮不同、疑亦爲殷制。

正義

齊曰營州 自岱東至海此蓋殷制

齊者、以天齊淵水而得名。史記封禪書云、齊所以爲齊、以天齊也。集解蘇林曰、當天中中齊。[illegible][illegible]訠[illegible][illegible][illegible][illegible][illegible]訞[illegible][illegible][illegible][illegible][illegible][illegible]。釋名云、齊、齊也。地在勃海之南勃齊之中也。營州者、釋名云、古有營州、齊衞之地、於天文屬營室、取其名也。公羊疏引李巡曰、齊其氣清舒、受性平均、故曰營。營、平也。今爲青州。又引孫郭竝云、自岱東至海、本禹貢青州界而言也。釋文、營者、蓋取營丘以爲號、引博物志云、營與青同、海東有青丘、齊有營丘、豈是名乎。按說苑辨物篇本爾雅作齊曰青州、是營即青矣。禹貢正義引漢末公孫度據遼東、自號青州刺史、以爲堯時青州當越海而有遼東也。舜爲十二州、分青州爲營州、營州即遼東、其說是矣。郭云此蓋殷制者、釋文引李郭同。詩周南召南譜正義引孫炎曰、此蓋殷制、禹貢有梁青無幽營、周禮有幽并無徐營。是孫炎以爾雅之文與禹貢周禮異、故疑爲殷制。今按十藪多異職方、疑亦殷制。

義疏

齊曰營州 李注、其氣清舒、受性平均、故曰營。營、平也。今爲青州。孫注、此蓋殷制。禹貢有梁青無幽營、周禮有幽并無徐營。郭注、自岱東至海。亦舉國則亦方州也。周以召公居燕、太公居齊、爲二伯、蓋仍殷制、以二伯所治與王都爲三、若漢三輔。齊亦濟也、平也、成也。營、帀居也。

集解

齊曰營州 標齊者亦方州也。周封召公於燕、大公於齊、爲二伯、蓋仍殷制、與王都鼎而爲三、若漢代之三輔然。齊从二象地、从亣者中爲高地禾、左右爲下地禾、亦齊燕冀並峙意也。營、帀居也。與青爲叠韵字、故營州又曰青州。

義證

齊曰營州

自岱山以東北泲水以南周禮青州之東北境也。

釋地四篇注

齊曰營州

【註】自岱東至海此葢殷制【補正】臣鑒按、孔安國云舜分青州爲營州。馬融云分齊置營州。金履祥云碣石以東接青州之北爲營州。陸德明曰郭云自岱東至海。尚書云海岱惟青州、孔傳云東北據海、西南距岱。則爾雅營州爲禹貢之青州矣。營者葢取營丘以爲號。周禮云、正東曰青州。博物志云、營與青同、海東有青丘、齊有營丘、豈是名乎。邢昺曰、禹別九州、有青徐梁而無幽幷營、是夏制也。周禮周公所作、有青幷幽而無徐梁營、是周制也。此有徐幽營而無青梁幷、疑是殷制也。

郭注補正

齊曰營州。說苑辨物篇叙九州與此同、惟營州作青州。說者謂周禮有青無營、爾雅有營無青、爲殷周之異制。準之釋名、古者營州之說正合齊有營邱、州因之名與。

錢氏古義

齊曰營州

李巡云齊其氣清舒、受性平均、故曰營。營、平也。今爲青州。孫炎云、自岱東至海。郭注同。蓋禹貢青州之界也。郭云此蓋殷制。釋文引李郭同。齊譜云、周武王伐紂、封太師呂望於齊、謂齊太公、地方百里、都營丘。正義云水所繞曰營丘、釋丘云水出其左營丘、孫炎云今齊之營丘、淄水過其東及南是也。以丘臨水謂之臨淄、與營丘一地也。故漢書地理志云齊郡臨淄、師尚父所封也。臣瓚云臨淄卽營丘、今齊之城內有丘卽營丘也。應劭言獻公自營丘徙臨淄、謬也。譜云哀公政衰、荒淫怠慢、紀侯譖之於周懿王、使烹焉、齊人變風始作。

說詩

齊曰營州 禹貢海岱惟青州。職方、正東曰青州。郭註自岱東至海此葢殷制、營卽青也。

啓蒙

濟東曰徐州　燕曰幽州　齊曰營州

夏書海岱及淮惟徐州。禹貢篇 周禮無徐、職方氏 夏書無幽。禹貢篇

周禮東北曰幽州。職方篇 夏書周禮並無營州。禹貢 職方氏

釋文、舜置十二州、夏家依禹貢九州。爾雅所言、李郭以爲殷制。周禮職方氏之叙列是周制也。禹貢無幽幷營、爾雅有徐幽營而無青梁幷、職方有青幽幷而無徐梁營、三代分域不同故也。

證異

兩河間曰冀州、河南曰豫州、河西曰雝州、漢南曰荆州、江南曰揚州、濟河間曰兖州、濟東曰徐州、燕曰幽州、齊曰營州。李云此蓋殷制。孫郭同。楷案此與書禹貢及周禮職方所紀異、故李孫郭皆云然。孫星衍云昔魯哀公欲學小辨以觀于政、孔子告之爾雅、其意在是。是周公之著爾雅爲在周禮前、周禮之名物必以爾雅辨之、證以此文、孫說良是。蓋周禮未作、故仍用殷制、然則張揖上廣雅表謂周公著爾雅在制禮後者、其說非矣。稗疏

厥性信謙 明監本毛本同。湘本謙作謹、釋文亦作謹。

注疏校勘札記

兩河閒曰冀州、河南曰豫州、河西曰雝去聲州、漢南曰荆州、江南曰揚州、濟上聲河閒曰兖州、濟東曰徐州、燕平聲曰幽州、齊曰營州、此釋九州之名也

楊氏音訓

九州

九州 釋文李郭以爲殷制 李注

此蓋殷制、禹貢有梁青無幽營、周禮有幽幷無徐營。書正義三　詩正義一之一 孫音注

黃輯古義

殷制 釋文引李郭。 李注

此蓋殷制、禹貢有梁青無幽營、周禮有幽幷無徐營。詩周南名南譜正義 爾雅之文與職方禹貢並皆不同、疑是殷制。書舜典正義 孫音注

玉函山房輯佚

此蓋殷制。同詩疏一之一 鉤沉

李曰殷制。釋文郭同

孫曰、此蓋殷制、禹貢有梁青無幽營、周禮有幽幷無徐營。書正義三　詩正義一之一

漢注

九州 案禹平水土、畫爲九州、禹貢所言是也。其後舜分置十二州、鄭玄云舜以青州越海而分齊爲營州、冀州南北太遠、分衛爲幷州、燕以北爲幽州、新置三州幷舊爲十二州也。夏家依禹貢九州。爾雅所言、李郭以爲殷制、周禮職方氏之敘則是周制也。禹貢無幽幷營、爾雅有徐幽營而無青梁幷、職方有青幽幷而無徐梁營、三代不同之故也。

陸音義

九州九之一 此九州及下十藪八陵章皆釋正地也。州猶後世所稱道路省之屬、而其名有九也。

注疏參義

李巡解九州之名、似亦近鑿、卻微有理。禹別九州、有青徐梁而無幽幷營、是夏制也。周禮周公所作、有青幷幽而無徐梁營、是周制也。此有徐幽營而無青梁幷、是殷制也。觀疏數語較公羊傳疏最爲簡捷、自是專門之學。

補注

九州 正義 題上事也。說文云、州疇也、各疇其土而生之。水經註引春秋說題辭云、州之言殊也。周公職錄云、黃帝受命、風后受圖、割地布九州。通典云、黃帝方制天下、立爲萬國、顓

項之所建、帝嚳所受、創制九州。是九州之設由來舊矣。文選註引韓詩商頌云方命厥后奄有九域、薛夫子章句九域九州也、長發云帝命式于九圍、毛傳九圍九州也、殷設九州是其證。呂氏春秋有始覽云河漢之間爲豫州周也。兩河之間爲冀州晉也。河濟之間爲兗州衞也。東方爲青州齊也。泗上爲徐州魯也。東南爲揚州越也。南方爲荆州楚也。西方爲雍州秦也。北方爲幽州燕也。所說疆域大率据爾雅而言也。

正義

九州　九州之制、或云起於黃帝顓頊、尚書獨載堯以來。說文云、水中可居曰州、周遶其旁、从重川。昔堯遭洪水、民居水中高土、故曰九州。詩曰在河之州。一曰州疇也、各疇其土而生之。是則九州之名蓋起於堯矣。釋名云州注也、郡國所注仰也。禹貢序釋文引春秋說題辭云、州之言殊也。王制注云、州猶聚也。爾雅所釋則殷九州之疆域也。逸周書大匡篇云、三州之侯咸率。程典篇云、文王合六州之侯、奉勤于商。商頌云奄有九有、毛傳九有九州也。又云帝命式于九圍、毛傳九圍九州也。殷有九州皆其證。

義疏

九州

李巡曰殷制。

釋地四篇注

九州

周南召南譜正義云、禹貢九州、夏時之制。於周則夏官職方氏辨九州之域、有揚荆豫青兗雍幽冀并。校之於禹貢、無徐梁有幽并、故地理志云周監二代而損益之、改禹貢徐梁二州合之於雍青、分冀州之地以爲幽并、是其事也。爾雅釋地九州之名有冀豫雍荆揚兗徐幽營、孫炎曰此蓋殷制。禹貢有梁青無幽營、周禮有幽并無徐營、然則此說不同、不言殷周九州而遠指禹世者、孫炎以爾雅之文與禹貢不同、於周禮又異、故疑爲殷制耳、亦無明文言殷改夏也。商頌玄鳥奄有九有、傳云九有九州也。長發帝命式於九圍、傳亦云九圍九州也。

說詩

九州　案陸氏德明云、禹平水土、畫爲九州、禹貢所言是也。其後舜分置十二州、鄭玄云舜以青州越海而分齊爲營州、冀州南北太遠、分衛爲并州、燕以北爲幽州、新置三州并舊爲十二州也。夏家依禹貢九州、爾雅所言李郭以爲殷制、周禮職方氏之叙列是周制也。禹貢無幽并營、爾雅有徐幽營而無青梁并、職方有幽并而無徐梁營、三代不同之故也。

注疏正字

九州　通典、黃帝方制天下立爲萬國、顓頊之所建、帝嚳所受、創制九州。是九州之設由來舊矣。惟三代沿革不無稍異耳。

啓蒙

九州

邢疏郭璞注爾雅九州云此蓋殷制。禹別九州。有青徐梁而無幽并營。是夏制也。周禮周公所作。有青并幽而無徐梁營。是周制也。此有徐幽營而無青梁并。疑是殷制也。

心畬

魯有大野

魯有大野。今高平鉅野縣東北大澤是也。

郭注

魯有大野　釋曰、此下至周有焦護、釋十藪之名也。禹貢徐州云、大野既豬。地理志云、大野澤在山陽鉅野縣北、鉅即大也、由其旁有大澤、故縣以鉅野爲名。哀十四年左傳云、西狩於大野、以其澤在曲阜西、故云西狩也。郭云今高平鉅野縣者、東晉時鉅野屬高平郡、故與志不同。凡注言今者皆謂東晉時也。

邢疏

魯有大野

郭璞云、今高平鉅野縣東北大澤是也。

一切注音

鉅音巨。

陸音義

魯有大野舊云、在魯西高平鉅野縣東北大澤。按鉅野今濟州治。

鄭樵注

魯有大野

郭璞曰、今高平鉅野縣東北大澤是也。鄭樵曰、舊云在魯西高平鉅野縣東北大澤。按鉅野今濟州治。

古注合存

大野、鄭云在鉅野縣東北、鉅野今濟州治。東晉在高平郡、今山東曹州府鉅野縣。大陸、鄭云今懷州修武縣吳澤是。東晉在汲郡、今河南懷慶府修武縣。

補注

魯有大野 註 今高平鉅野縣東北大澤是也 正義 此以下釋藪澤所在之地也。大野爲爾雅沇州之藪、夏屬徐州、故禹貢徐州云大野既豬。周屬沇州、故職方兗州云其澤藪曰大野。與爾雅同。左氏哀十四年傳云西狩於大野、杜註在高平鉅野縣東北大澤是也。水經註引何承天云、鉅野湖澤廣大、南通洙泗、北連清濟、舊縣故城正在澤中。元和郡縣志云、大野澤在鉅野縣東五里、南北三百里、東西百餘里。鉅野縣自唐以後屢遭河決、川原易形、藪澤畔岸今莫可考。註 今高至是也。正義 漢書地理志山陽郡鉅壄縣、大壄澤在北、兗州藪。晉書地理志、高平國鉅野縣、魯獲麟所、今爲曹州府鉅野縣。西有鉅野故城。

正義

魯有大野今高平鉅野縣東北大澤是也

釋名云、魯鈍也。國多山水、民性樸魯也。按爾雅魯兼徐兗二州之地。故禹貢大野屬徐州、職方屬兗州、爾雅實兼二文也。左氏哀十四年傳西狩於大野、杜預注與郭同。晉地理志鉅野屬高平國、漢志屬山陽郡。史記夏紀集解引書鄭注、大野在山陽鉅野北、名鉅野澤。今按鉅亦大也。元和郡縣志云、大野澤一名鉅野、在縣東五里、南北三百里、東西百餘里。水經濟水注引何承天云、鉅野湖澤廣大、南通洙泗、北連清濟、舊縣故城正在澤中。然則鉅野古縣因藪澤爲名也。

義疏

魯有大野也。郭注、今高平鉅野縣東北大澤是也。此周時不封之大澤。至周衰、記者追記九藪之名而數其存者。職方兗州浸、而禹貢徐州之澤、魯人故以魯始也。

集解

魯有大野　此周不封之大澤、有不宜有也。衰周之世、列國据王澤爲已有、記者故分述而各冠以國也。大野今鉅野、鉅亦大也。禹貢徐州澤、職方兗州藪、始魯而終周者、與春秋王魯而衰周爲列國意同。

義證

魯有大野

泲水所匯也、在今曹州府鉅野縣東。漢時亦謂之廣野、高帝封酈食其爲廣野君、韋昭以爲此縣也。何承天曰、鉅野南通

洙泗北接清沛元未河水衝決澤遂枯涸。釋地四篇注

魯有大野

大野者兗州之藪也郭注云今高平鉅野縣東北大澤是也邢疏云禹貢徐州大野既豬地理志云大野澤在山陽鉅鹿縣北鉅即大也由其旁有大澤故以鉅野爲名郭云今高平鉅野縣者東晉時鉅野屬高平郡故與志不同案魯頌駉在駉之野疑野即大野水草肥澤宜於牧也。說詩

魯有大野。野與下陸諸區偶韻。黃侃音訓

魯有大野〇釋曰注疏本删。校勘記

晉有大陸

晉有大陸。今鉅鹿北廣河澤是也。郭注

晉有大陸注今鉅鹿此廣河澤是也 釋曰孫炎曰廣河猶大陸以地名言之近爲是也禹貢冀州云大陸既作是也案定元年左傳晉魏獻子田於大陸焚焉還卒於甯杜預注嫌鉅鹿絕遠疑此田在汲郡吳澤甯今脩武縣近吳澤計此二澤相去甚遠亦得言大陸者以其廣平曰陸但廣而平者則名大陸故異所而同名也澤雖卑下旁帶廣平之地故統名焉。邢疏

晉有大陸

廣河猶大陸。春秋正義五十四 邢疏 案春秋正義六孫炎等皆云今鉅鹿北廣河澤是也與今郭正同。孫音注

黃輯古義

晉有大陸

廣河猶大陸。邢疏 春秋定元年正義 今鉅鹿北廣河澤是也。書禹貢正義引孫炎等 孫音注

玉函山房輯佚

晉有大陸

今鉅鹿縣北廣河澤也。同六 書疏 鉤沉

晉有大陸

孫曰廣河猶大陸。春秋正義五十四 邢疏 案春秋正義六孫炎等皆云今鉅鹿北廣河澤是也。與今郭正同。漢注

晉有大陸

孫炎云今鉅鹿縣北廣河澤也。書正義六卷 郭璞云今鉅鹿北廣河澤是也。廣河猶大陸。廣河猶大陸五字從書正義六卷引增。邢昺疏以爲孫炎詁無考。一切注音

晉有大陸 孫炎云今鉅鹿縣北廣河澤也。書禹貢正義 孫炎云廣河猶大陸。同上 古注斠

晉有大陸今懷州修武縣吳澤是。鄭樵注

晉有大陸

孫炎曰今鉅鹿縣北廣河澤也。廣河猶大陸。河當作阿、邢疏及書

禹貢疏並作河、定元年左傳疏作阿、蘇氏禹貢集傳亦作阿。
郭璞曰、今鉅鹿北廣河澤是也。
鄭樵曰、今懷州脩武縣吳澤是。

【古注合存】

晉有大陸【註】今鉅鹿北廣河澤是也【正義】此釋冀州之藪也。禹貢云大陸既作、詩疏引鄭註云、大陸澤名、在鉅鹿北。爾雅釋地十藪晉有大陸、是鄭以禹貢之大陸卽爾雅之大陸矣。元和郡縣志云、大陸澤一名鉅鹿、在鉅鹿西北五里。禹貢曰、恒衞既從、大陸既作。澤東南二十里南北二十里、葭蘆茭蓮魚蟹之類充仭其中、澤畔又有鹹泉、煑而成鹽、百姓資之。又云廣阿澤在昭慶縣東二十五里。爾雅曰晉有大陸、李吉甫於鉅鹿昭慶二縣分引禹貢爾雅、似以大陸廣阿爲二澤、然唐之鉅鹿昭慶縣壤地相接、鉅鹿西北之大陸、卽昭慶東之廣阿、不得分而爲二、故吉甫亦云廣阿卽大陸。淮南曰、鉅鹿大陸廣阿咸一澤也。志又載深州鹿城縣陸澤縣並有大陸澤、則後世移置之名、不可以釋經。訓通典既載昭慶有大陸澤、復以陸澤縣爲禹貢大陸澤、殆考之不審也。呂氏春秋有始覽、淮南地形訓所述九藪、以晉之大陸趙之鉅鹿分爲二藪、高誘註以大陸爲魏獻子所游焚焉而死者、鉅鹿爲廣阿澤。左氏定元年傳、魏獻子田於大陸、焚焉、還卒於寧。杜註疑此田在汲郡吳澤荒蕪之地。寧今修武縣、近吳澤。卽高註所引也。高氏以呂覽淮南分列二藪、故析言其地、其實魏獻子所田之陸、祇就荒蕪之地無當於九州之藪。呂覽淮南多述周末漢初之制、與爾雅乖異、於禹貢尤爲無涉。孔穎達書疏既知大陸爲廣阿、又及左傳之大陸、蔓引支詞、轉生疑義。【註】今鉅至是也。○【正義】書疏引孫炎等云、今鉅鹿縣北廣河澤也。是郭註所本。疏又引孫云、廣河猶大陸、與郭氏音義同。河當作阿。大陸廣阿、鉅鹿雖有三名、音義實相通也。晉書地理志、鉅鹿國鉅鹿縣、卽漢之鉅鹿縣也、今爲順德府鉅鹿縣。

【正義】

晉有大陸注今鉅鹿北廣河澤是也。禹貢大陸既作、疏引郭注云廣河猶大陸。玉案後漢書郡國志云鉅鹿故大鹿有大鹿澤註云廣河澤。呂氏春秋九藪趙之鉅鹿、高誘註曰廣阿澤。史記紂盈鉅橋之粟、許慎云鉅鹿之大橋。淮南曰、鉅鹿大陸廣阿、咸一澤也。元和郡縣志云、大陸澤一名鉅鹿。是并可爲郭氏廣阿猶大陸之証、郭氏此語蓋出音義、今註則本孫炎說。河字當作阿。

【校議】

晉有大陸今鉅鹿北廣河澤是也

釋名云、晉、進也。又取晉水以爲名、其水迅進也。大陸者、呂氏春秋有始覽及淮南墬形篇並云晉之大陸。高誘注、大陸、魏獻子所游焚焉而死者是也。水經清水注云、脩武故甯也。魏獻子田大陸、還卒於甯。大陸卽吳澤矣。魏土地記曰、脩武城西北二十里有吳澤水陂、南北二十許里、東西三十里。左氏定元年傳杜預注云、大陸疑卽吳澤陂、近甯。是酈注本杜預、以吳澤陂爲大陸。其地在河內脩武、今之獲嘉縣西北、春秋時晉之境內。左傳晉始啟南陽謂此地也。呂覽淮南又云趙之鉅鹿。高注以鉅鹿廣阿澤當之、其地在今順德府鉅鹿任縣之閒、乃趙之境內、故別爲趙藪。緣鉅鹿亦有大陸之名、故郭注本孫炎、遂以此爲晉藪、藪誤矣。水經濁漳水注又云、自甯迄於鉅鹿出於東北、皆爲大陸。張聰咸曰、脩武距鉅鹿南北千里、酈元欲聯爲一地、乃以淇口當禹貢北過絳水之文、故強爲牽合。胡氏渭云、淇口在黎陽西南、距脩武二百餘里、信如酈言、則河之所經當先大陸而後降水、斥其無定見云云、是矣。孫炎郭璞所云廣阿澤者、孫、鄭注阿、見左傳正義、作河誤。阿卽漢志尙書鄭注所指禹貢之大陸、呂覽淮南所云趙之鉅鹿矣、並與此違。

【義疏】

晉有大陸郭注、今鉅鹿北廣阿澤是也。次晉尊伯國也。時趙氏已彊、故得有漳瀕之地。禹貢大陸既作、今鉅鹿地也。冀州澤職方之陽紆。

【集解】

晉有大陸

次晉者、示二伯也。大陸、廣阿澤也。呂覽淮南均謂之鉅鹿、今直隸大名道縣治。時趙氏彊盛、因奄有漳濱大陸地。禹貢大陸既作、冀州澤藪方循為陽紆。左傳、晉始啟南陽。紆亦大也。

義證

晉有大陸

漳水所匯也、在今順德府鉅鹿縣北。鄭康成謂之廣河澤、高誘亦曰廣阿也。司馬彪曰故大鹿、隨圖經又曰大阿。依史記義、堯納舜於大麓、亦卽此。

釋地四篇注

晉有大陸

【註】今鉅鹿北廣河澤是也【補正】邢疏、孫炎曰廣河猶大陸、以地名言之近爲是也。按定元年左傳、晉魏獻子田於大陸、焚焉。還卒於寗。杜預註嫌鉅鹿絕遠、疑此田在汲郡吳澤。寗、今修武縣、近吳澤。計此二澤相去甚遠、亦得言大陸者、以其廣平曰陸、但廣而平者則名大陸、故異所而同名也。澤雖卑下、旁帶廣平之地、故統名焉。臣崟按、孔穎達云大陸、澤名、廣河以旁近大陸故也。

郭注補正

晉有大陸

今鉅鹿北廣河澤是也

定元年左氏傳正義引釋地十藪云晉有大陸、郭璞曰今鉅鹿北廣、河澤。孫炎曰廣河猶大陸。而書禹貢正義又引晉有大陸、孫炎等皆云今鉅鹿縣北廣河澤也。郭璞云廣河猶大陸。盍書疏所引人名誤倒。邵氏晉涵以廣河猶大陸爲郭氏音義之文、盍未攷左傳疏。

郭注佚存補訂

晉有大陸疏孫炎曰廣河猶大陸以地名言之近為是也 案禹貢疏云、孫炎等皆曰今鉅鹿縣北廣河澤也。郭璞云廣河猶大陸、以地名言之近為是也。是廣河云云係郭氏申孫義。

注疏正字

晉有大陸注今鉅鹿北廣河澤是也○釋曰 注疏本删。

校勘記

晉有大陸、注今鉅鹿北廣河澤是也。按、河當作阿。下釋野云、高平曰陸、大陸曰阜、大阜曰陵、大陵曰阿。則陸之於阿不過層累言之、義猶相近、於河則不類也。故孫炎曰廣阿猶大陸。元和郡國志亦云、廣阿澤在昭慶縣東二十五里。爾雅云晉有大陸、是今本之誤審矣、宜正之。

注疏本正誤

秦有楊陓

秦有楊陓 今在扶風汧縣西

郭注

秦有楊陓注今在扶風汧縣西 釋曰周禮冀州云其澤藪曰陽陓、鄭注云所在未聞。又雍州云其澤藪曰弦蒲、鄭注云在汧。案地理志汧吳山在西、古文以爲汧山、北有蒲谷鄉弦中谷雍州藪。今注亦云在汧、然則周禮弦蒲卽此楊陓也。

邢疏

秦有楊陓 陓、於于反。釋文

孫音注

秦有楊陓 陓、烏花反。釋文

郭音義

黃輯古義

秦有陽陓 於于反。釋文

孫音注

秦有陽陓 烏花反。釋文

郭音義

玉函山房輯佚

秦有楊陓 孫曰、陓於于反。釋文

漢注

秦有楊陓 郭璞云、今在扶風汧縣西。

一切注音

陓 孫於于反。郭烏花反。釋文

古注斠

陓 孫於于反、郭烏侯反。本或作紆字、非也。汧 苦堅反。字林、水出隴右扶風也。

陸音義

陓 孫於于反、郭烏花反。本或作紆字、非也。○臧氏琳云、周禮職方氏、冀州其澤藪曰楊紆。淮南子墬形訓、秦之陽紆。又修務訓、禹之爲水、以身解於陽盱之河。風俗通義山澤、續漢志郡國、皆引爾雅秦有陽紆。是舊本皆爲紆字、孫炎於于反、則其本亦作紆而不作陓也。惟呂氏春秋有始覽九藪、秦之陽華、華與陓音相近、而不見有作陓者、陸氏據郭以舊本爲非、失之不攷。

音義攷證

秦有楊陓 楊、蒲也。陓、蒲所生。蒲可爲矢、故或謂之弦蒲。

新義

秦有楊陓 郭云在扶風汧縣西。按汧、今隴州汧源。陓、於于反。

鄭樵注

秦有楊陓 陓、孫於于反、郭烏花反。郭璞曰、今在扶風汧縣西。易氏祓鄭周禮職方云、李巡以爲在扶風、然則郭注當本之李巡也。鄭樵曰、郭云在扶風汧縣西。按汧、今隴州汧源。陓、於于反。

古注合存

楊陓、鄭云今隴西汧源。東晉在扶風郡、今陝西鳳翔府汧陽縣。楊陓之陓、漢書地理志作紆、以爲冀州、與此異。後漢書注引爾雅亦作紆。海隅之隅、廣韻作澞。

補注

秦有楊陓 註今在扶風汧縣西 正義 此釋雍州之藪也。職方冀州云、其澤藪曰楊紆、鄭註所在未聞。呂氏春秋云、秦之陽華、高誘註、陽華在鳳翔、或曰在華陰西。淮南云、秦之陽紆、高註、在馮翊池陽、一名具圃。又修務訓云、禹之爲水、以身解於陽盱之河、高註、陽盱河蓋在秦也。楊陓所在、高氏亦無定說。劉昭續漢志註於宏農郡華陰縣引呂氏春秋及高註、於右扶風汧縣引爾雅及郭註、以陽華、楊紆分爲二地。然陽楊同音、華陓古音之轉、不當分爲二地也。周禮冀州之藪、而爾雅屬於秦、則楊陓當在冀雍之間、作在華陰者爲近之。註今在至縣西。○正義 漢書地理志、汧縣北有蒲谷鄉弦中谷、雍州藪。風俗通義、弦蒲在汧縣北蒲谷亭。水經註、汧水出汧縣之蒲谷鄉、決爲弦蒲藪。皆言職方之弦蒲也。郭意以職方之弦蒲、即爾雅之楊紆矣。然雍冀二州同一澤藪、而異其名、竊所未詳。晉書地理志扶風郡汧縣、今爲隴州。

正義

秦有楊陓 今在扶風汧縣西 說文云、秦伯益之後所封國、地宜禾。釋名云、秦、津也、其地沃衍有津潤也。楊陓者、職方冀州藪曰楊紆、注云所在未聞。雍州藪曰弦蒲、注云在汧。漢地理志右扶風汧北有蒲谷鄉弦中谷、雍州弦蒲藪。然則漢志所說與職方同、鄭注甚明、郭欲以職方之弦蒲當爾雅之陽陓、參差不合、其說非矣。淮南墬形篇云秦之陽紆、高誘注陽紆蓋在馮翊池陽、一名具圃、按左氏僖卅三年傳秦有具囿、杜預不注其地、如高誘說以具圃卽具囿。錢氏坫說文斠詮云今池陽爲西安府涇陽縣地、並無高原大澤。然則高注亦非矣。淮南脩務篇云、禹之爲水、以身解於陽盱之河、穆天子傳云、至于陽紆之山、河伯無夷之所都居。然則陽紆陽盱聲雖相近、而於爾雅之楊陓都亦無會。邵氏正義說以有始覽云秦之陽華、高注陽華在鳳翔、或曰在華陰西、以爲近之。今按爾雅釋文陓郭烏花反、則與華音相近、似楊陓卽陽華、然鳳翔之名非高所得聞、錢氏所謂後人附入者、不足依據。高引或說以爲在華陰西、亦無的指、難以取證。後漢郡國志注於弘農郡華陰下引呂覽及高注、於右扶風汧下引爾雅及郭注、亦不以爲一地、則邵氏亦失之。釋文陓孫於于反、本或作紆字非。然則陽紆楊陓非一地明矣。攷之諸書旣多差舛、按之職方又相抵互、竊謂爾雅此義當如鄭君之闕疑、不當如郭氏之誤注。

義疏

陓 經文

臧云、釋文陓、孫於于反、郭烏花反、本或作紆字非也。攷周禮職方淮南隆形說文風俗通等書、皆作楊紆、知舊本並是紆字。陸從郭本作陓、轉以紆爲非、不知孫叔然於于反亦作紆、不作陓也。按紆陓古音同部、陓從夸聲、夸從亏聲、紆亦從亏聲、此卽古音無麻韻之證。紆陓二字蓋聲近通用、卽依孫爲於于反、未始不可作陓字也。

經注集證

秦有陽陓 郭注、今在扶風汧縣西。 蓋禹貢原隰之地、今邠州三水。職方弦蒲藪雍州澤在汧縣。

集解

秦有楊陓 禹貢原隰之地、今邠縣栒邑。職方弦蒲藪雍州澤、鄭以爲在汧。或曰楊陓卽豬野、豬陓疊韵、陓蒲亦疊韵也。

義證

秦有楊陓

河水所匯也、在今同州府華陰縣南。依字應作陽華、呂不韋書秦有陽華是也。書字或以陽爲揚、以華爲紆、又爲汙。其爲盱者、非也。山海經從極之淵、維馮夷恆都焉。揚汙之山、河出其中。凌門之山、河出其中。坫案馮夷實縣之潼鄉人、故孫君欲以凌門爲龍門。揚汙山爲卽陽華、不必遠求之域外矣。郭璞曰、在扶風汧縣西。坫又案在汧縣西者爲弦蒲藪、周禮澤藪邕州曰弦蒲、冀州曰揚紆、非此也。

釋地四篇注

秦有楊陓 陓烏花反。釋文云、本或作紆、非也。

註 今在扶風汧縣西 補正 邢疏、周禮冀州云其澤藪曰楊陓、鄭註云所在未聞。又雍州云其澤藪曰弦蒲、鄭註云在汧。按地理志、汧英山在西、古文以爲汧山、北有蒲谷鄉弦中谷、雍州藪。今註亦云在汧。然則周禮弦蒲在此楊陓也。臣鑒按、汧在今陝西鳳翔府隴州、蓋雍州之境、周官楊陓在冀、郭氏邢氏說恐俱未審。

郭注補正

秦有楊陓 注今在扶風汧縣西

正曰、淮南墬形九藪秦之陽紆、高注陽紆蓋在馮翊池陽。又修務陽盱之河、高注陽盱河蓋在秦地。呂覽有始九藪秦之陽華、高注陽華在鳳翔、或曰在華陰西。自古傳注未見有陽陓在扶風汧縣西者。周禮夏官職方雍州澤藪曰弦蒲、鄭注弦蒲在汧。冀州澤藪曰楊紆、鄭注陽紆所在未聞。梁孝廉瞀記云郭注陽陓在扶風汧縣西、乃是㠯雍州之弦蒲當冀州之陽紆、斯不然矣。俞樾平議云竊嘗合呂覽淮南高注論之、當㠯呂覽高注在華陰西爲是、卽經字注當从呂覽作陽華。周禮之陽紆、爾雅之陽陓、並陽華之借字。陽華與華陰皆从華山得名、主乎山而言之、則在華山之陰、故縣名華陰。主乎地而言之、則華山當其陽、故藪名陽華。

正郭

秦有楊陓　注今在扶風汧縣西

誶曰、郝氏據職方冀州藪曰楊紆注云所在未聞、雍州藪曰弦蒲注云在汧、謂郭以職方弦蒲當爾雅楊陓、其說非也。俞氏平議據呂氏春秋注陽華在華陰西、謂楊陓當作陽華、藪在華山之陰、則華山當其陽、殊較有據。注以秦爲雍州地、卽以弦蒲爲楊陓、洵臆說也。

靜郭

秦有楊陓

今在扶風汧縣西也

御覽七十二卷地部引爾雅曰秦有楊紆、音謳。今在扶風汧縣西也。今本脫也字、據補。音謳二字當亦郭注。

郭注佚存補訂

秦有楊陓

郭注在今扶風汧縣西。柏年案汧、卽今隴縣。弦蒲藪所在、郭誤以爲楊陓也。淮南子秦之陽紆注、葢在今馮翊池陽、亦名具圃。然具圃卽具囿。池陽卽涇陽、並無高原大澤、則注亦誤也。呂氏春秋秦之陽華注、在華陰西。華陰、今陝西縣、雖無確證、庶爲近之。總之、弦蒲與楊陓爲二、而楊陓陽紆陽華爲一澤、不得妄分也。

補釋

秦有楊陓　陓、釋文云郭烏花切。

疏周禮冀州云其澤藪曰楊陓　周禮下當有職方氏三字。陓、經作紆。釋文云或作紆非也。

注疏正字

陽陓

當從周禮職方氏作陽紆。

小箋

秦有楊陓　釋文云陓本或作紆字非也。臧氏琳曰周禮職方氏冀州其澤藪曰楊紆。釋文紆於于反淮南墬形訓秦之陽紆。又脩務訓禹之爲水以身解於陽盱之河。說文艸部藪下冀州楊紆。風俗通義山澤引爾雅秦有陽紆。劉昭續漢書注郡國志引爾雅秦有楊紆。是舊本皆作紆、孫叔然音於于反、則孫本亦作紆也。攷呂覽有始覽九藪秦之陽華、華陓音相近。郭氏作陓、音烏花反、或有所本。然陸氏不當斥紆爲非也。元照案周禮疏地官序官澤虞引作楊紆。漢書注地理志八上引作楊紆、說文𨸏部無陓字。呂覽作陽華、華从亏聲、（華本作雩，于本作亏）紆亦从亏聲、音非不合、且陓从夸聲、夸亦从亏聲、與紆相同、何必作陓始爲相近乎。

匡名

陓紆 釋文。陓。孫於于反。郭烏花反。本或作紆字。非也。臧氏琳曰。案周禮職方氏。冀州。其澤藪曰陽紆。淮南子墬形。九藪。秦之陽紆。說文。九州之藪。冀有陽紆。風俗通山澤引爾雅。秦有陽紆。劉昭注續漢郡國志引爾雅秦有陽紆。則舊本皆作紆字。郭改爲陓。陸氏據之。反以作紆爲非。不知孫叔然於于反。亦作紆也。案御覽七十二亦引作紆。

釋文未嘗言孫作紆、此說繆。所以云紆非者、陸意以爲楊陓楊紆非一地、邵說以有始覽秦之陽華是也。

黄侃評本正名

魯有大野　晉有大陸　秦有楊陓

水經注作鉅野。（卷八濟水條）漢書作大壄。（地理志）風俗通作魯有泰野。（山澤篇）淮南子作趙之鉅鹿。（墬形訓）風俗通作晉有泰陸。（山澤篇）釋文、陓本或作紆、非。（釋地釋文）周禮作楊紆。（職方氏）呂氏春秋作陽華。（有始覽）淮南子作陽紆、（墬形訓）又作陽盱。（脩務訓）風俗通作秦有陽紆。（山澤篇）續漢書郡國志引同。

證異

秦有楊陓、注云今在扶風汧縣西。釋文陓、孫於于反、郭烏花反、本或作紆字非也。按陓、孫炎音於于反、則爾雅舊本陓作紆矣。周禮職方氏冀州其澤藪曰楊紆、是周之藪澤、名楊紆不名楊陓。又淮南子墬形訓九藪秦之楊紆、高注葢在馮翊池陽、一名具圃。又風俗通山澤篇引爾雅秦有陽紆、是兩漢爾雅本作楊紆不作楊陓。劉昭注續漢郡國志引爾雅秦有陽紆、是六朝爾雅本作楊紆不作楊陓。惟郭本作楊陓、音烏花反。說文有紆無陓、陸氏依郭本作陓、反以作紆爲非、謬矣。臧氏曰、考呂氏春秋有始覽九藪秦之陽華、高注陽華在鳳翔、或曰在華陰西。華陓音相近、葢郭氏或有所本、然周禮作紆、終當依舊本矣。

考異摘要

秦有楊陓。○陓釋文、孫於于反、郭烏花反、本或作紆、非也。經義雜記曰、周禮澤藪曰楊紆、說文云冀有楊紆、淮南子風俗通續郡國志註引爾雅俱作楊紆、則釋地舊本皆是紆字、郭本定爲陓耳。未可以紆爲非。

秦有楊陓 釋地

注曰今在扶風汧縣西。　疏曰、周禮冀州云其澤藪曰陽陓、鄭注云所在未聞。又雍州云其澤藪曰弦蒲、鄭注曰在汧。按地理志汧、吳山在西、古文以爲汧山、北有蒲谷鄉弦中谷、雍州藪。今注亦云在汧。然則周禮弦蒲卽此楊陓也。

樾謹按郭以周禮之弦蒲說此經之陽陓、殊苦無據。淮南子墬形篇秦之陽紆、高誘注曰、陽紆葢在馮翊池陽、一名具圃。據下文周有焦護注曰今扶風池陽縣瓠中是也。然則高氏之說殆卽以焦護當陽紆、而又牽合左傳之具圃、亦非塙詁。至呂氏春秋有始覽秦之陽華、高注曰陽華在鳳翔、或曰在華陰西。則又與注淮南不同。竊嘗合諸說論之、當以在華陰爲是、卽經字亦當從呂氏作陽華。周禮之楊紆、爾雅之楊陓、並陽華之叚字。釋文曰陓郭烏花反、則陓與華音固相近矣。陽華與華陰其實一地、皆從華山得名、主乎山而言之、則爲華山之陰、故縣名華陰。主乎地而言之、則華山當其陽、故藪名陽華。漢書地理志大原郡陽曲、應劭曰、河千里一曲、當其陽、故曰陽曲也。陽華之名正與陽曲一律矣。是故陽華在華陰、焦、護在池陽、弦蒲在汧、三者異地異名。至職方氏稱楊紆爲冀州藪、恐是誤文、亦猶以潁湛爲荆州浸、波溠爲豫州浸、同屬傳寫之誤。學者當據爾雅以正周禮、未可執周禮以疑爾雅、以致重惟而貤繆也。

平議

秦有楊陓唐石經雪牕本同。釋文陓、孫於于反、郭烏花反、本或作紆字、非也。經義雜記曰、周禮職方氏其澤藪曰楊紆、說文云九州之藪、冀有楊紆、淮南墬形秦之楊紆、風俗通山澤引爾雅秦有楊紆、劉昭注續漢郡國志引爾雅秦有楊紆、則釋地舊本皆是紆字。郭本定爲陓、陸反以紆爲非、不知孫叔然於于反亦作紆也。

秦有楊陓注今在扶風汧縣西○釋曰 注疏本刪。

周禮冀州云、其澤藪曰陽陓元本同。閩本監本毛本陽作楊。按陓當作紆、今周禮作楊紆、余仁仲本注中作陽紆。

校勘記

秦有楊陓、釋文陓、孫於于反、郭烏花反、本或作紆字、非也。今本於于反是收孫音而遺郭矣。

注疏本正誤

五行秦有楊陓○「陓」，《釋文》同，云：「本或作紆字，非也。」阮元《校勘記》云：「《淮南·墬形》：秦之楊紆，《風俗通·山澤》引《爾雅》秦有陽紆，劉昭注《續漢書郡國志》引《爾雅》秦有楊紆，則《釋地》舊本皆是紆字。」案：《御覽》卷七十二引亦作「紆，音謳」。「音嘔」蓋亦郭注原文。唐寫本「陓」字旁注「烏侯」，即郭璞《音義》之音，「烏侯反」與「音謳」正合。《釋文》云：「郭烏花反」，與唐本所注音不同。

(注)今在扶風汧縣西○唐寫本「西」下有「也」字。

宋監本校箋

秦有楊陓今在扶風汧縣西。陓音烏。

音圖·音

秦有楊陓、紆誇

孫侶 直音

秦有楊陓紆

直音校正

陓紆又音烏。

干氏音釋

宋有孟諸

宋有孟諸。今在梁國睢陽縣東北。

郭注

宋有孟諸注今在梁國睢陽縣東北　釋曰、周禮青州其澤藪曰望諸、鄭注云、望諸、明都也。在睢陽。禹貢豫州云導菏澤被孟豬、左傳亦作孟豬、文不同者、聲轉字異、正是一地也。

邢疏

宋有孟諸

郭璞云今在梁國睢陽縣東北

一切注音

諸如字。左傳同。尚書作豬、丁魚反。濉蘇維反、水名也。本今作睢。

陸音義

濉○邢本作睢。

音義攷證

宋有孟諸

於諸爲孟、一名望諸、豬之望也。

新義

宋有孟諸在南京虞城西北十里。

鄭樵注

宋有孟諸
郭璞曰、今在梁國睢陽縣東北。
鄭樵曰、在南京虞城西北十里。

古注合存

南京虞城縣西北十里。東晉在梁國睢陽縣東北、今河南歸德府虞城縣。孟諸、鄭云在

補注

宋有孟諸 註 今在梁國睢陽縣東北 正義 此釋徐州之藪也。殷之徐州於周爲青州、故職方青州曰其澤藪曰望諸。青州侵夏豫州之地、故禹貢豫州曰被孟豬、史記夏本紀作明都。鄭註職方云、望諸、明都也。詩譜作明豬、左傳作孟諸、與爾雅同。元和郡縣志、孟諸澤在宋州虞城縣西十里、周回五十里、俗號盟諸澤。孟望明盟諸豬皆聲之轉。註 今在至東北。正義 高誘淮南註孟諸在梁國睢陽東北、澤與郭註同。呂氏春秋註作在梁國睢陽之東南、疑傳寫之誤。晉書地理志梁國睢陽縣、春秋時宋都、今爲歸德府商邱縣。自元以後、歸德屢被河決、藪之涯涘不可復辨。

正義

宋有孟諸今在梁國睢陽縣東北

釋名云、宋、送也。地接淮泗而東南傾、以爲殷後、若云滓穢所在、送使隨流東入海也。孟諸者、禹貢作孟豬、史記作明都、漢志作盟諸、職方作望諸。鄭注、望諸、明都也。左傳作孟諸、與爾雅同。諸豬聲同、孟望明盟古聲近也。元和郡縣志云、宋州虞城縣孟諸澤在縣西北十里、周迴五十里、俗號盟諸澤。晉地理志梁國睢陽、春秋時宋都。漢志、故宋國、微子所封。禹貢盟諸澤在東北、是郭所本也。睢陽、今之歸德府商邱縣也。自宋末以來、屢遭河決、藪澤厓岸不可復識。

義疏

宋有孟諸 望諸孟豬明都盟諸。郭注、今在梁國睢陽縣東北。職方青州藪、禹貢豫州澤、睢水入泗、謂之明水、在睢陽、今商丘。

集解

宋有孟諸 禹貢之孟豬、豫州澤也。職方以爲青州藪、稱爲望諸、今河南商丘縣地也。

義證

宋有孟諸

菏澤水所被也、在今歸德府虞城縣西北。禹貢作孟豬、周禮作望諸、史記作明都、漢書作盟諸。澤周回五十里、元時河水衝決、遂廢。

釋地四篇注

宋有孟諸

註 今在梁國睢陽縣東北 補正 邢疏、周禮青州其澤藪曰望諸、鄭註云望諸明都也、在睢陽。禹貢豫州云導菏澤被孟豬。左傳亦作孟諸、文不同者、聲轉字異、正是一地也。臣鑾按、史記謂之明都、漢書謂之盟都、在今河南歸德府境。

郭注補正

宋有孟諸

今在梁國濉陽縣東北也

釋文云、濉、蘇維反。舊校云本今作睢。樹枏案、各本皆作睢。文選謝元暉和王著作八公山詩注引爾雅宋有孟諸、郭璞曰今在梁國濉陽縣東北。引正作濉、與陸本同。御覽引作今在梁國睢陽縣東北也。據補也字。

郭注佚存補訂

宋有孟諸註今在梁國睢陽縣東北 睢、釋文從水作。

疏周禮青州其澤藪曰望諸 青州下當有云字。

注疏正字

宋有孟諸 釋文云、諸左傳同。尚書作豬。

匡名

宋有孟諸注今在梁國睢陽縣東北○釋曰 注疏本刪。

校勘記

宋有孟諸、注今在梁國睢陽縣東北。今本睢誤从且作關雎字。釋文濉、蘇維反、水名也。本今作睢。

注疏本正誤

導荷澤 監本毛本湘本荷作菏。按禹貢亦作菏、史記夏本紀漢書地理志作荷、假借字也。

注疏校勘札記

(注)今在梁國睢陽縣東北○「睢」，宋刻小字本作「雎」，此從「且」，誤。唐寫本作「濉」，與《釋文》同。《釋文》云：「濉，蘇維反，水名也，本今作睢。」案：《淮南子·墬形篇》高誘注云：「孟諸在梁國睢陽東北澤。」《晉書·地理志》云：「梁國睢陽，春秋時宋都。」字並作「睢」。

宋監本校箋

諸、如字左傳同。尚書作豬、丁魚翻、端知隔標出切音近陊、孫於于翻、音烏郭烏花翻。音哇本或作紆字、漢書地理志作紆非。諸、諸照豬知株虞諸魚與長幼之長丁丈翻同、此隔標出切。左傳正義云孟諸左傳爾雅同孟豬禹貢望諸周禮、皆是一物而字改易耳。又周禮注望諸、明都也。案孟望明母近、豬諸都韻近、故可相通。顧氏唐韻正必讀明爲彌郎翻、謬。案爾雅十藪、酈道元水經注有楊紆、具區、昭餘祁、圃田、焦穫、李吉甫元和郡縣志有大野、大陸、雲夢、昭餘祁、焦穫、樂史太平寰宇記有焦穫、鄭氏注以宋時地名、釋之最詳。

音略

楚有雲夢

楚有雲夢。今南郡華容縣東南巴丘湖是也。

郭注

楚有雲夢注今南郡華容縣東南巴丘湖是也 釋曰、周禮荊州云其澤藪曰雲瞢、鄭注云雲瞢在華容。禹貢云雲土夢作乂。昭三年左傳楚子與鄭伯田于江南之夢。又定四年楚子涉睢濟江入于雲中、杜預云南郡枝江縣西有雲夢城、江夏安陸縣東南亦有夢城。或曰南郡華容縣東南有巴丘湖、江南之夢也。雲夢一澤而每處有名者、司馬相如子虛賦云雲夢者方九百里、則此澤跨江南北、亦得單稱雲、單稱夢。瞢即夢也。

邢疏

楚有雲夢 郭璞云今南郡華容縣東南巴丘湖是也。

一切注音

夢本或作蒙、亡貢亡工二反。

陸音義

楚有雲夢 書曰、雲土夢作乂。則雲夢一澤也、江北爲雲、江南爲夢。

新義

楚有雲夢 江北爲雲、江南爲夢。雲今之玉沙、監利、景陵等縣是。夢今之公安、石首、建寧等縣是。

鄭樵注

楚有雲夢 郭璞曰、今南郡華容縣東南巴丘湖是也。鄭樵曰、江北爲雲、江南爲夢。雲今之玉沙監利景陵等縣是、夢今之公安石首建寧等縣是。

古注合存

楚有雲夢、鄭云江北爲雲、江南爲夢。雲今之玉沙監利景陵等縣是。夢、今之公安石首建寧等縣是。東晉南郡華容縣東南巴邱湖是。又南郡枝江縣西有雲夢城、江夏安陸縣東南亦有夢城、蓋此澤方九百里、故跨江南北也。今湖北武昌府荊州府湖南岳州府等處。

補注

楚有雲夢 **註** 今南郡華容縣東南巴丘湖是也 **正義** 此釋荊州之藪也。禹貢荊州云、雲夢土作乂。職方荊州云、其澤藪曰雲瞢。雲夢本一藪也。左氏昭三年傳云、王以田江南之夢。定四年傳、楚子涉雎濟江、入於雲中。雲夢二字分舉、後儒遂謂夢在江南、雲在江北。唐人改禹貢爲雲土夢作乂、以爲從古本尚書、於是雲與夢分爲二地、轉有致疑於職方爾雅者矣。然史記夏本紀述禹貢云雲夢土爲治、漢書地理志引禹貢云雲夢土作乂、俱連舉雲夢、則唐人所云尚書古本未足据也。左傳雲夢分舉、不過偶從省文耳。傳文謂之江南之夢、則江北有夢地可知、故杜註云、楚之雲夢跨江南北。後儒謂夢在江南者非也。吳師五戰及郢、昭王自郢西走、涉沮水、渡江而南、東行入雲中、故杜註云、入雲夢澤中、所謂江南之夢。是雲中即江南之夢、後儒謂雲在江北者非也。雲夢跨江南北、統爲一藪、故呂覽淮南竝連稱雲夢、與爾雅同。**註** 今南至是也。**正義** 漢書地理志南郡華容縣雲夢澤在南、荊州藪。鄭康成職方註、應劭風俗通義、高誘呂覽淮南註、韋昭國語註、俱本漢志之文。晉書地理志南郡華容縣因於漢制、無所改革、故郭註亦作在華容。今爲荊州府監利石首二縣、監利在江北、石首在江南。郭又云在縣東南巴丘湖者、舉江南以該江北也。或以漢志編縣有雲夢官、江夏郡西陵縣有雲夢宮、疑郭註爲疎漏。案春秋以來、楚地日闢、益廣苑囿。戰國策楚王游於雲夢、結駟千乘、宋玉高唐賦云襄王與宋玉遊於雲夢之臺、是當日離宮別苑俱稱雲夢。水經註引雲夢城、則宮囿所在必增置城隍。司馬相如子虛賦云雲夢者方九百里、雖賦家夸大之辭、亦可見後世遊觀之後、非復殷周藪澤之舊、故班志於華容曰雲夢澤、荊州藪、謂之澤藪者、所以釋爾雅職方之藪澤也。於編、西陵俱曰雲夢宮、謂之宮者、所以存楚宮之故蹟也。先王辨九州之藪、物土之宜、使民貫利、後世遊觀之蹟、無當於經義、故先儒釋之

經俱從班志作華容。

正義

楚有雲夢　史記索隱相如傳註、郭璞曰江夏安陸有雲夢城、南郡枝江亦有雲夢城、華容縣又有巴邱湖、俗云古雲夢也。

校議

楚有雲夢 今南郡華容縣東南巴丘湖是也

雲夢者、職方云荊州其澤藪曰雲瞢、鄭注雲瞢在華容。漢志華容雲夢澤在南、荊州藪。司馬相如子虛賦云楚有七澤、一曰雲夢、雲夢者方九百里。是雲夢實一藪也。經傳或分言者、省文從便耳。左氏昭三年傳王以田江南之夢、杜預注楚之雲夢跨江南北。是則夢亦雲也。定四年傳楚子涉雎濟江入于雲中、杜注入雲夢澤中。是則雲亦夢也。楚辭招魂篇云與王趨夢兮課後先、王逸注夢、澤中也、楚人名澤爲夢中。然則夢中猶雲中矣。淮南墬形篇云南方曰大夢、高誘注夢、雲夢也。地理志江夏郡有雲杜、卽禹貢之雲土、杜古字通、然則雲土亦夢土矣。雲土夢作乂、史記夏紀及漢志竝變作雲夢土、皆得禹貢之意、各順文從便耳。漢晉華容縣今爲荊州府監利石首二縣地。郭云巴丘湖者、太平寰宇記引宋永初山川古今記、雲夢澤一名巴丘湖是也。

義疏

楚有雲夢瞢 郭注今南郡華容縣東南巴北湖是也。禹貢職方竝在荊州、今德安南荊州東地。

集解

楚有雲夢 禹貢職方 均在荊州、今埋為新陸。湖北以為縣治、屬江漢道。

義證

楚有雲夢

江水所溢也。漢書地理志南郡華容縣有雲夢澤。編縣江夏郡西陵縣並有雲夢官。華容今荆州府石首監利二縣也。編、今安陸府荆門州也。西陵、今黄州府黄岡蘄水二縣及蘄州之境也。又有雲杜縣、今安陸府京山縣也。國語曰楚有澤藪、雲連徒州。徒即杜矣。郭璞曰今巴邱湖、今蘄水縣有巴湖鎭、巡檢司即其地。司馬相如曰澤方八九百里。

釋地四篇注

楚有雲夢

註今南郡華容縣東南巴丘湖是也。補正邢疏雲夢、一澤而每處有名者、司馬相如子虛賦云雲夢者方九百里、則此澤跨江南北、亦得單稱雲、單稱夢。

郭注補正

楚有雲夢 釋文云夢本或作蒙。

楚有雲夢注今南郡華容縣東南巴丘湖是也 注疏本删。

匡名

校勘記

夢 蒙弄切 又音蒙

干氏音釋

吳越之閒有具區

吳越之閒有具區。今吳縣南太湖即震澤是也。

郭注

吳越之閒有具區注今吳縣南太湖即震澤是也 釋曰、周禮揚州云其澤藪曰具區、鄭注云在吳南。地理志云、會稽吳縣、故周泰伯所封國也。具區在西古文以爲震澤。禹貢揚州云、三江既入、震澤底定是也。

邢疏

吳越之閒有具區

郭璞云、今吳縣南太湖即震澤是也。

一切注音

大湖 音泰、本今作太。

陸音義

大湖○邢本作太。

音義攷證

吳越之閒有具區

區唯此爲具、故曰吾非至于子之門則殆矣。

新義

吳越之閒有具區 今平江吳縣南太湖是。禹貢曰震澤。

鄭樵注

吳越之閒有具區 郭璞曰、今吳縣南太湖即震澤是也。鄭樵曰、今平江吳縣南太湖是。禹貢曰震澤。

古注合存

具區鄭云今平江吳縣南太湖。今江南蘇州府震澤縣。

補注

吳越之閒有具區註今吳縣南太湖即震澤是也正義此釋揚州之藪也。禹貢揚州云、震澤底定。職方揚州云其澤藪曰具區。漢書地理志、會稽郡吳縣、具區澤在西、揚州藪、古文以爲震澤。呂氏春秋云吳之具區、淮南云越之具區、高註以爲在吳越之間、是也。註今吳至是也。正義晉書地理志、吳郡吳縣具區在西、晉分漢之會稽郡爲吳郡、以具區爲在吳西者、仍漢志之文。鄭註職方云具區五湖在吳南、郭從鄭註作南、是也。越絕書云、太湖周三萬六千頃。太平寰宇記引虞翻川瀆記云、太湖東通松江、南通霅溪、西通荆溪、北通滆湖、東連韭溪、凡五道、謂之五湖。郭以震澤具區五湖太湖爲一水也。然職方揚州云其浸五湖、與具區並列、不應一水而互見其名、況藪與浸異、不得混合爲一、後儒恒致疑焉。吳越水鄉、濤湖汎決、觸地成川交渠、故瀆難以取悉、舍大湖而別求具區所在、測望地形、迄無實驗、知舊說未可廢矣。今太湖在蘇州府西南四十五里。

正義

吳越之間有具區 今吳縣南太湖卽震澤是也

吳越者、釋名云、吳、虞也。太伯讓位而不就、歸封之於此、虞其志也。越、夷蠻之國、度越禮義無所拘也。具區者、禹貢云震澤厎定。職方云揚州其澤藪曰具區。漢地理志、會稽郡吳、具區澤在西、揚州藪、古文以爲震澤。是具區卽震澤、其地在吳。謂之吳越者、有始覽云吳之具區、墬形篇吳作越、高誘注、具區在吳越之間是矣。郭以太湖卽震澤者、水經沔水注引虞翻曰、是湖有五道、故曰五湖。韋昭曰、五湖今太湖也。尚書謂之震澤、爾雅以爲具區、方圓五百里。郭氏本之、而以太湖震澤爲一、非也。邵氏正義雖致疑難、終泥舊說、以爲吳越水鄉、濤湖汎決、川瀆難悉、此亦依違郭氏之失也。按避暑錄話云、孔氏以太湖爲震澤、非是。傳震澤吳南太湖名周官九州有澤藪、有川、有浸、揚州既以具區爲澤藪、則震澤卽具區也。太湖乃五湖之總名耳。職方云其浸五湖凡言藪者、皆人資以爲利、而浸則但水之所鍾也。今平望八尺震澤之間、水瀰漫而極淺、與太湖相接而非太湖、積潦暴至、無以洩之、則溢而害田、所以謂之震。他州之澤、無水暴至之患、則爲一名而已。而具區與三江通塞爲利害、故二名以別之。據葉夢得言、則知震澤與太湖相接而爲二、太湖有隄漊之限、震澤水極漫淺、或溢而害田、亦或隄而爲田、與太湖純水者形勢自別。葉氏生於宋代、所見如此、今烏程有震澤上下二鄉、自上林、亁村至南潯鎮皆是、地濱太湖、與葉氏所見無異、頗疑邵氏吳越之人、乃不能舍太湖而別指具區何歟。至於湖澤增減、古今異形、顏眞卿石柱記稱太湖周四萬八千頃、視越絕書已廣一萬二千頃矣。越絕太湖周三萬六千頃韋昭云方圓五百里、今康熙間周八百餘里矣。康熙卌八年太灘扈駕恭紀蓋積年衡緘、隄岸變遷、然震澤之非太湖、東南人要可目驗而知也。

義疏

吳越之間有具區 郭注、今吳越南太湖卽震澤是也。禹貢揚州震澤厎定。職方揚州藪具區、浸五湖。郝說太湖卽五湖、具區在烏程。

集解

吳越之間有具區 職方以爲揚州藪、禹貢謂之震澤、郝說在烏程。今自莫釐武山以東至平望八赤之間、松江左右笠澤之地皆是、舊謂爲卽大湖。大湖、周禮之五湖、揚州浸也。與此不得混而爲一。

義證

吳越之間有具區

漢書、具區、古文以爲震澤。跨今常州、蘇州、湖州、嘉興四府之境、卽太湖也。周禮揚州澤藪曰具區、浸曰五湖。枝分有五湖、合爲一湖也。越紐曰、湖周三萬六千頃。

釋地四篇注

吳越之間有具區

〔注〕今吳縣南太湖卽震澤是也。〔補正〕邢疏、地理志云、會稽吳縣、故周泰伯所封國也。具區在西、古文以爲震澤。

郭注補正

吳越之間有具區

今吳縣南大湖也中有包山山下有洞庭穴道潛行

水底去無所不通號爲地脉即震澤是也

後漢書郡國志注引爾雅吳越之間有具區、郭璞曰縣南太湖也、中有包山、山下有洞庭穴道潛行水底去無所不通號爲地脉。樹枏案、劉昭所引蓋郭注原文而今本脫之、據補。釋文云、大湖音泰、舊校云本今作太。

郭注佚存補訂

吳越節疏震澤厎定厎誤底。

注疏正字

吳越之間有具區。今吳縣南太湖即震澤是也。淮南地形東南方曰具區、曰元澤。初學記御覽引作沅澤、元者沅之譌、說文沅大澤也、此亦具區爲大澤之證。夏本紀索隱左傳稱笠澤、謂震澤也、水經注松江上承太湖、更逕笠澤、是震澤與太湖別、然湖藪瀰漫、介畫亦難分晰、職方以其爲水所鍾、則曰其浸五湖、以其水有希處、則曰其澤藪曰具區、要之通稱互目、未爲不可。胡渭信葉夢得之說、而謂漢後諸儒求震澤而不得、遂合五湖而一之。夫言地形者、執今日之地形以識古人之失尚不可、況於今日亦並無其形、漫然執一二空文而識古人之實測哉。

黃侃音訓

宋有孟諸　楚有雲夢　吳越之間有具區

夏書作孟豬。禹貢篇 周禮作望諸。職方氏 史記作明都。夏本紀 詩譜作明豬。鄭詩譜 釋文、夢本或作蒙。釋地釋文 周禮作雲瞢。職方氏 呂氏春秋作吳之具區。有始覽 淮南子作越之具區。墬形訓

證異

吳越之間有具區注今吳縣南太湖即震澤是也○釋曰

注疏本删。

震澤底定是也 注疏本厎作底、非。書釋文葉鈔本作厎。

今吳縣南太湖 單疏本雪牕本注疏本同。釋文、大湖音泰、舊校云本今作太。

校勘記

齊有海隅

齊有海隅。海濱廣斥。

郭注

齊有海隅注海濱廣斥 釋曰此營州藪也。云海濱廣斥、禹貢文也。孔傳云濱涯也。言復其斥鹵。案說文云鹵鹹地也。東方謂之斥、西方謂之鹵。海畔迴闊地皆斥鹵故云廣斥也。

邢疏

齊有海隅

廣韻十虞引爾雅隅作湡。

衆家注

黃輯古義

齊有海隅

郭璞云、海濱廣斥。

一切注音

隅本或作嵎同。仰于反。斥音赤。

陸音義

齊有海隅 齊地東濱海。此營州藪也。

鄭樵注

齊有海隅

郭璞曰、海濱廣斥。

鄭樵曰、齊地東濱海。此營州藪也。

古注合存

海隅、鄭云齊地東濱海。今山東登州府萊州府等處。 補注

齊有海隅 註 海濱廣斥 正義 此釋營州之藪也。呂氏春秋淮南並云齊之海隅高註隅猶崖。蓋海濱不言所在。淮南又云申池在海隅高註云海隅藪。史記集解引左思齊都賦註云申池海濱齊藪也。是以申池爲海隅矣。左氏文十八年傳齊懿公游于申池杜註齊南城西門名申門。齊城無池唯此門左右有池疑此則是杜氏於申池所在亦無實證。劉昭續漢志註於齊國臨菑下引爾雅齊有海隅祇槪舉齊地言之耳。子虛賦云齊王田於海濱與楚之雲夢對舉是則海濱魚鹽之地有草木禽獸之藪、不專屬一地而言。註 海濱廣斥。正義 禹貢文。釋文引鄭註云斥謂地鹹鹵。 正義

齊有海隅 海濱廣斥

此釋營州之藪。海隅者、有始覽及墬形篇竝云齊之海隅、高注隅猶崖也。蓋近海濱。墬形篇又云申池在海隅、高注海隅藪也。史記齊世家集解引左思齊都賦注曰申池在海隅齊藪也。是皆本爾雅爲說。但海隅是大名申池是其閒小地名。緜絡川原佳饒竹樹、故左氏襄十八年傳焚申池之林木文十八年傳公游于申池蓋地饒林木足可娛遊。杜預不據申池在海隅之文乃依京相璠說以齊南城西門名申門左右有池疑此爲是。水經淄水注反是杜而駁齊都賦注之非斯皆失矣。今自登萊之黃縣掖縣以西歷青州之壽光樂安以東及武定之海豐利津以北延袤千餘里閒皆海隅之地。管子所謂渠展之鹽、左傳所云澤之萑蒲、藪之薪蒸蓋胥於是在焉。或疑十藪皆舉地名齊藪獨汎指海隅以斯致疑、此又非也。子虛賦言齊王畋於海濱與楚之雲夢對舉海濱卽海隅。且雲夢一藪猶方八九百里跨江南北、況齊洋洋大風海隅之藪跨越數郡包絡千餘里何足異也。子虛所稱列卒滿澤、罘網彌山、鶩於鹽浦、平原廣澤遊獵之地皆非虛語。然則郭注以海濱廣斥爲言斯爲當矣。張聰咸據胡氏渭禹貢錐指以管子渠展卽爾雅海隅、今以其說未備、因復推廣之耳。 義疏

齊有海隅 郭注、海濱廣斥。禹貢萊夷作牧。職方幽州藪貕養。漢書地志長廣有萊山、貕養澤在西、今萊陽地。 集解

齊有海隅 禹貢萊夷作牧。職方幽州藪貕養。漢書地理志長廣有萊山、奚養澤在西、今萊陽地。 義證

齊有海隅

齊地在郭海之南、凡濱于海者皆曰海隅。一曰淮南王書申池在海隅者是也。 釋地四篇注

齊有海隅

註 海濱廣斥 補正 邢疏此營州藪也。海畔迴潤、地皆斥鹵、故云廣斥。 郭注補正

齊有海隅

海隅者、營州之藪也。齊譜、齊受上公之地、更方五百里、其封域東至於海。其所謂海隅者、蓋東海廣斥荒蕪之地、不能指定所在也。 說詩

齊有海隅疏東方謂之斥 斥說文作㡿。 海畔迴闊 迴誤迴。 注疏正字

齊有海隅 釋文云隅本或作嵎。廣韻十虞引作湡。 匡名

齊有海隅注海濱廣斥○釋曰 注疏本刪。

海畔迴潤 閩本作廻潤、舊本作廻闊、監本毛本作迴瀾。 校勘記

七行(注)海濱廣斥○「斥」，唐寫本作「庍」．案：《說文》字作「㡿」，「斥」即「㡿」字．

宋監本校箋

燕有昭余祁

燕有昭余祁。今太原鄔陵縣北九澤是也。

郭注

燕有昭余祁注今太原鄔陵縣北九澤是也　釋曰周禮幷州其澤藪曰昭餘祁、鄭注云在鄔。地理志云鄔九澤在北是爲昭餘祁、幷州藪是也。

邢疏

燕有昭余祈釋文祈、孫本作底。底音之視反。釋文

孫音注

黃輯古義

燕有昭余底。音之視反。釋文祁、孫本作底云云。

孫音注

燕有昭余底釋文祈、孫本作底。

孫音注

玉函山房輯佚

燕有昭余祈釋文祈、孫本作底。孫曰底音之視反。釋文

漢注

燕有昭余祁
郭璞云、今太原鄔陵縣北九澤是也。

一切注音

祁　孫本作底、音之視反。釋文

古注斠

余羊如反。祁巨伊反、又止尸反。孫本作底音之視反。鄔於虛反、字林云太原縣也。又乙祛反。

陸音義

燕有昭余祁郭云太原鄔陵縣北九澤是。

鄭樵注

燕有昭余祁祁、孫本作底。郭璞曰、今太原鄔陵縣北九澤是也。鄭樵曰、郭云太原鄔陵縣北九澤是。

古注合存

昭餘祁、鄭云太原鄔陵縣北九澤是。按此仍郭注、而郭仍周禮注也。燕藪不應在晉地、注誤、不可考矣。

補注

燕有昭余祁**註**今太原鄔陵縣北九澤是也**正義**此釋幽州之藪也。殷之幽州兼周之幷州、故職方幷州云其澤藪曰昭餘祁。呂氏春秋作燕之大昭、淮南作燕之昭余。漢書地理志太原郡鄔縣、九澤在北、是爲昭餘祁、幷州藪。鄭康成高誘應劭鄭道元以及後來地理之書俱本漢志、迄無異說。近時始有疑太原不當爲燕地、因欲於戰國燕地所屬別求一澤以當昭余祁者、殊不知殷周異制、爾雅之幽州兼職方之幷州、則兼有幷州之澤藪、本無可疑。如以爲太原之地不當稱爲燕、則請以汾水證之。汾水之出太原、古今無異說也。淮南地形訓云汾出燕京、高註燕京山在太原汾陽。太平御覽引十三州記亦云汾水出武邑之燕京山。唯太原嘗屬於燕、故山有燕京之名、知太原汾水之出燕京、則可知太原之屬於燕。知燕之得有太原、則無疑於燕之有昭餘祁矣。**註**今太至是也。**正義**晉書地理志太原國鄔縣註衍陵字。水經註汾水於大陵縣左迆爲鄔澤、其陂東西四里、南北十餘里、陂南接鄔、俗謂之鄔城泊。太谷水出谷西北流逕祁縣故城南、自縣連延、西接鄔澤、是爲祁藪也、卽爾雅所謂昭餘祁矣。今在太原府祁縣東七里。

正義

燕有昭余祁今太原鄔陵縣北九澤是也

此釋幽州之藪。殷之幽州兼周之幷州、故職方幷州其澤藪曰昭余祁、鄭注昭余祁在鄔。漢志太原郡鄔、九澤在北、是爲昭余祁、幷州藪。郭注本此。鄔陵字衍也。有始覽作燕之大昭、墜形篇作燕之昭余、無祁字者省文耳。今其地在太原府祁縣東七里、水經汾水注鄔澤、祁藪是也。然則祁縣因藪爲名。釋文祁、孫本作底、音之視反。葢叚借字、作祁爲正。

義疏

燕有昭余祁郭注、今太原鄔陵縣北九澤是也。禹貢冀州太原、職方幷州藪、今祁縣地。水經注

汾水於大陵左迤爲鄔澤。呂氏謂之大陸、又名漚洟。大谷水西接鄔澤、是爲祁藪。祁、孫本作厎。

集解

燕有昭余

祁禹貢冀州太原。職方幷州藪。漢志太原郡鄔、九澤在北、是爲昭余祁、今祁縣地。呂覽作燕之大昭、又作燕之昭余省文也。

義證

燕有昭餘祁

汾水所匯也。在今太原府文水縣東北今有猷水或以爲是矣。漢書、鄔縣九澤在北。酈道元曰、汾水于鄔縣左迤爲鄔澤、其陂東西四里南北十餘里。呂氏春秋謂之大昭、又名之爲漚夷之澤。俟甲水發原祁縣逕太谷、謂之太谷水。自縣連延、西接鄔澤、是謂祁藪。據之是鄔澤曰昭祁澤曰祁連昭及祁曰昭餘祁矣。漚夷川之名非此。

釋地四篇注

燕有昭余祁

註今太原鄔陵縣北九澤是也補正邢疏、地理志云鄔、九澤在北、是爲昭余祁、弃州藪是也。

郭注補正

燕有昭余祁

今大原鄔縣北九澤是也

今本作鄔陵縣。郝氏懿行云、職方并州其澤藪曰昭余祁、鄭注昭余祁在鄔。漢志太原郡鄔、九澤在北、是爲昭余祁、并州藪。郭注本此、鄔陵陵字衍也。邵氏晉涵亦云、晉書地理志太原郡鄔縣注衍陵字。今據刪。

郭注佚存補訂

燕有昭余祁　余、周禮職方氏漢書地理志說文艸部皆作餘。釋文云祁、孫本作底。白帖引作祈。

匡名

燕有昭余祁注今太原鄔陵縣北九澤是也○釋曰注疏本刪。其澤藪曰昭餘祁舊本同。閩本監本毛本餘改余。下引地理志同。

校勘記

燕有昭余祁、注今太原鄔陵縣北九澤是也。按漢晉兩地理志俱作鄔縣、則今本陵字衍文。

注疏本正誤

八行（注）今太原鄔陵縣北九澤是也○「鄔」，唐寫本作「鄥」，誤。《釋文》作「鄔」。案：《漢書·地理志》云：「太原郡鄔縣九澤在北，是爲昭餘祁，并州藪。」《晉書·地理志》「太原國有鄔縣」。邵氏、郝氏均謂此注「陵」字爲衍文。

宋監本校箋

鄭有圃田

鄭有圃田。今滎陽中牟縣西圃田澤是也。

郭注

鄭有圃田注今滎陽中牟縣西圃田澤是也　釋曰、周禮豫州云其澤藪曰圃田、鄭注云在中牟。地理志云、中牟圃田澤在西、豫州藪。僖三十三年左傳云、鄭之有原圃、猶秦之有具囿也。又詩車攻云東有甫草、鄭玄以爲甫田之草、皆謂此也。

邢疏

鄭有圃田

郭璞云、今滎陽中牟縣西圃田澤是也。**一切注音**

圃本或作囿字、同。布古反。又音布。滎乎銘反。**陸音義**

滎○郝本從亦作滎。**音義攷證**

鄭有圃田

詩曰、東有甫草。不以圃言之、大天子也。**新義**

鄭有圃田

圃田一名原圃。在開封中牟縣西北七里、鄭州管城縣東三里。其澤東西五十里、南北二十六里、西限長城、東極官渡、上承鄭州管城縣界曹家陂、又益西北流爲二十四小陂、小鵠大鵠小斬大斬之類。**鄭樵注**

鄭有圃田

郭璞曰、今滎陽中牟縣西圃田澤是也。鄭樵曰、圃田一名原圃、在開封中牟縣西北七里、鄭州管城縣東三里。其澤東西五十里、南北二十六里、西限長城、東極官渡、上承鄭州管城縣界曹家陂、又益西北流爲二十四小陂、小鵠大鵠小斬大斬之類。**古注合存**

圃田、鄭云一名原圃、在開封中牟縣西北七里、鄭州管城縣東三里。今屬河南開封府。**補注**

鄭有圃田**註**今滎陽中牟縣西圃田澤是也**正義**此釋豫州之藪也。職方豫州云其澤藪曰圃田。西周時圃田在東都畿內、故小雅車攻云東有甫草、鄭箋以爲圃田之草也。東遷後屬於鄭、故左氏僖三十三年傳云鄭之有原圃、杜註以爲圃田澤是也。當云周有圃田、今云鄭有圃田者、爾雅不成於一人、或七十子之徒据東周疆域改周作鄭與。下文周有焦護、又後來傳爾雅者

增益其文、廣九州之藪爲十藪、與古籍舛譌、無它書可證、當從闕疑。元和郡縣志、圃田一名原圃、東西五十里、南北二十六里、西限長城、東極官渡、上承鄭州管城縣曹家陂、又溢而北流爲二十四陂。**註**今滎至是也。○**正義**漢書地理志、河南郡中牟縣、圃田澤在西、豫州藪。晉分河南、立滎陽、故晉志作滎陽郡中牟縣。今爲開封府中牟縣。**正義**

鄭有圃田今滎陽中牟縣西圃田澤是也

釋名云、鄭町也。其地多平、町町然也。圃田者、職方豫州藪。於西周時在東都畿內、故詩東有甫草、鄭箋以爲圃田之草也。[illegible]。東遷以後屬於鄭、故左氏僖卅三年傳鄭之有原圃、杜預注以爲圃田澤是也。元和郡縣志云圃田澤一名原圃、中牟縣西北七里。其澤東西五十里、南北二十六里、西限長城、東極官渡、上承鄭州管城縣界曹家陂、又溢而北流爲二十四陂。按中牟今屬開封府、漢屬河南郡、晉屬滎陽郡。**義疏**

滎陽注文

阮云、釋文作熒、單疏本同、當據以訂正。凡古書熒陽字皆從火。有從水者淺人所改。按熒、說文謂絕小水也。段玉裁曰熒澤字從火者、以沸之顯伏不測、如火之熒熒不定也。**經注集證**

鄭有圃田郭注、今滎陽中牟縣西圃田澤是也。禹貢滎播今滎澤地。職方豫州藪。**集解**

鄭有圃田禹貢熒播即左氏所謂熒澤、職方以爲豫州藪、在今中牟縣地。詩東有甫草、鄭箋謂爲圃田草。**義證**

鄭有圃田　在今開封府中牟縣西北、詩曰甫艸。**釋地四篇注**

鄭有圃田

注今榮陽中牟縣西圃田澤是也補正王應麟困學紀聞云、車攻東有甫草、鄭箋云鄭有圃田。愚謂宣王封弟友于鄭、在畿內、咸林圃田澤、左氏謂之原圃。宣王時非鄭地、小雅安得繫於鄭乎、爾雅鄭有圃田、蓋指東遷後之鄭言之。

郭注補正

鄭有圃田。詩車攻東有甫草、康成以爲圃田之艸。按章懷太子注廣成頌引詩正作圃艸、是與鄭合、疑古本作圃。

錢氏古義

鄭有圃田

今滎陽中牟縣西圃田澤是也

釋文云滎、乎銘反。單疏本同。仿宋本雪牕本監本作滎、阮氏云凡古書滎陽字從火、有從水者、淺人所改。閩本毛本作榮更誤。御覽引作今滎陽中牟縣西阜田澤。

郭注佚存補訂

鄭有圃田

圃田者、豫州之藪也。郭注云、今滎陽中牟縣西圃田澤是也。小雅車攻東有甫草、鄭箋云、甫草者、甫田之草也。鄭有甫田。正義云、甫草亦是地名、不宜爲大、毛傳云甫大也。故易之爲圃田之草、且東都之地自有圃田、故引爾雅以證之。職方曰河南曰豫州、其澤藪爲圃田、宣王之時未有鄭國、圃田在東都畿內、故宣王得往田焉。桒東遷後始屬於鄭。鄭風大叔於田、叔在藪、火烈具舉、毛傳云藪澤、禽獸之府也。韓詩云禽獸居之曰藪。桒藪即圃田之藪也。

說詩

鄭有圃田註今滎陽中牟縣西圃田澤是也滎誤從木。釋文作滎。疏又詩車攻云詩當作小雅二字、下疏詩六月同。

注疏正字

鄭有圃田　釋文云、圃本或作圃、案圃俗體。

匡名

今滎陽中牟縣西圃田澤是也雪牕本舊本監本同單疏本滎作榮、釋文同。當據以訂正。閩本毛本作榮更誤。凡古書滎陽字皆從火、有從水者、淺人所改。

鄭有圃田注今滎陽中牟縣西圃田澤是也〇釋曰注疏本刪。

校勘記

鄭有圃田、注今滎陽。今本滎誤作榮。釋文滎、乎銘反。

注疏本正誤

鄭有圃田。補布

孫侶直音

周有焦護

周有焦護。今扶風池陽縣瓠中是也。

郭注

周有焦護注今扶風池陽縣瓠中是也　釋曰、孫炎云周岐周也。詩六月云玁狁匪茹、整居焦護是也。時人謂之瓠中也。

邢疏

周有

周有焦護

周、岐周也。詩正義十之二 邢疏

孫音注

黃輯古義

周有焦護

周、岐周也。邢疏 詩小雅釆芑正義

孫音注

玉函山房輯佚

周有焦護

孫曰周、岐周也。詩正義十之二 邢疏

漢注

周有焦穫

孫炎云周、岐周也。詩正義十之二卷

郭璞云今扶風池陽縣瓠中是也。

一切注音

周有焦護 孫炎曰周、岐周也。詩正義十之二

古注斠補

穫胡故反、又作護同。瓠胡故反。

陸音義

穫○邢本作護。

音義攷證

周有焦護

戎狄鳥竄獸伏、或能自全。焦護、大澤也。而整居之、可謂不度矣。

新義

周有焦護 郭云今扶風池陽縣瓠中是。按此今在隴州汧陽縣北。

鄭樵注

周有焦護

孫炎曰周、岐周也。

郭璞曰、今扶風池陽縣瓠中是也。

鄭樵曰、郭云今扶風池陽縣瓠中是。按此今在隴州汧陽縣北。

古注合存

魯有大野、晉有大陸、秦有楊陓、宋有孟諸、楚有雲夢、吳越之間有具區、齊有海隅、燕有昭余祁、鄭有圃田、周有焦穫。陓音迂。○此釋十藪之名也。註曰大野、今高平鉅野縣東北大澤是。大陸、今鉅野北廣河澤。楊陓、今在扶風汧縣西。孟諸、今在梁國睢陽縣東北。雲夢、今南郡華容縣東南巴丘湖。具區、今吳縣南太湖、一名震澤。海隅、今海濱廣斥皆是也。昭余祁、今太原鄔陵縣北九澤。圃田、今滎陽中牟縣西圃田澤。焦穫、今扶風池陽縣瓠中。疏曰、禹貢徐州云、大野既豬、哀十四年左傳云、西狩於大野。禹貢冀州云、大陸既作、定元年左傳亦云、晉魏獻田於大陸。周禮冀州云、其澤藪曰楊陓、鄭註云、所在未聞。雍州云、其澤藪曰弦蒲、鄭註在汧、則楊陓即弦蒲、而文誤也。周禮青州云、其澤藪曰望諸、禹貢豫州云、被孟諸、左傳亦作孟諸。周禮荊州云、其澤藪曰雲夢、禹貢云、雲土夢作乂、子虛賦云、雲夢者方九百里、此澤跨江南北、一澤而異名也。周禮揚州云、其澤藪曰具區、禹貢揚州云、震澤底定。禹貢青州云、海濱廣斥、說文云、鹹地也、東方謂之斥、西方謂之鹵。周禮并州云、其澤藪曰昭余祁。周禮豫州云、其澤藪曰圃田、僖三十三年左傳云、鄭有原圃。詩六月云、整居焦穫、時人謂之瓠中。

注疏參義

焦瓠、鄭云、郭注今扶風池陽縣瓠中是今在隴州汧陽縣北。今陝西鳳翔府汧陽縣。按此與楊陓相距不遠。

補注

周有焦穫 註 今扶風池陽縣瓠中是也 正義 焦穫在雍州、是雍州有二藪也。小雅六月云、整居焦穫。疏引孫炎云周、岐周也。水經註、沮水東注鄭渠、渠首上承涇水於中山、西邸瓠口、所謂瓠口也、爾雅以爲周焦穫矣。元和郡縣志、焦穫藪亦名瓠口、即所謂鄭白二渠是也。註 今扶至是也。正義 晉書地理志扶風郡池陽縣、今爲西安府三原縣。焦穫澤在涇陽縣界。

正義

周有焦護 今扶風池陽縣瓠中是也

釋名云、周地在岐山之南、其山四周也。詩六月正義引孫炎曰周、岐周也。焦護者、詩作焦穫、爾雅釋文穫又作護。水經沮水注云、沮水東注鄭渠、渠首上承涇水於中山、西邸瓠口、所謂瓠中也、爾雅以爲周

焦穫矣。元和郡縣志云焦穫藪亦名瓠口、即鄭白二渠也。晉之扶風郡池陽縣今爲西安府三原縣也。

義疏

周有焦護郭注今扶風池陽縣瓠中是也。以周在後者、時列國俱未得此地、又非禹貢職方之藪。記漢北舊地以釋詩。

集解

周有焦護禹貢職方均不見、別記周之藪、明主權尚未盡失也。焦護、詩作焦穫水經注以爲瓠中、又偁瓠口。今涇陽三原縣界。

義證

周有焦護

涇水所溢也。在今西安府涇陽縣西北。舊有瓠中、俗稱之洪口。

釋地四篇注

周有焦穫

註今扶風池陽縣瓠中是也補正邢疏、孫炎云周岐周也。詩六月云玁狁匪茹、整居焦穫是也。時人謂之瓠中。臣鑒按、班彪北征賦夕宿瓠口之元宮、註以爲焦穫。溝洫志、鑿涇水自中山西抵瓠口爲渠。寰宇記、焦穫在京北府涇陽縣北十數里、亦名瓠口。涇陽、漢安定郡、今平涼府平涼縣。郭氏謂池陽者、非也。

郭注補正

周有焦穫

音護今扶風池陽縣瓠中是也

御覽引爾雅曰周有焦穫音乎、今扶風池陽縣瓠中是也。樹枏案文選北征賦注引爾雅周有焦穫、郭璞曰音護。今據補訂。

郭注佚存補訂

周有焦穫

焦穫者、亦雝州之藪也。郭注云今扶風池陽縣瓠中是也。小雅六月整居焦穫、毛傳云焦穫、周地接玁狁。疏引孫炎曰周、岐周也。以焦穫繼岐周言之、則於鎬京爲西北矣。以北狄言之、故爲北方耳。

說詩

周有焦護護、釋文從禾作。疏引詩焦護同。

註今扶風池陽縣瓠中是也案漢志扶風當作馮翊。

注疏正字

周有焦穫　釋文云穫又作護。石經單疏本作護、周禮疏廣韻四十五厚白帖五引皆作護。案文選注九引爾雅曰周有焦穫、郭璞曰音護。則郭本从禾不从言。說文火部爂、火所傷也、从火雥聲、或省作焦。

匡名

魯有大野、晉有大陸、秦有楊陓、宋有孟諸、楚有雲夢、吳越之間有具區、齊有海隅、燕有昭余祁、鄭有圃田、周有焦穫禹貢大野既豬、屬徐州。周屬兗州。左哀十四年傳、西狩於大野。郭註高平鉅野東北大澤。今曹州府鉅野縣、即獲麟所。禹貢、大陸既作。左定元年傳、魏獻子田於大陸。郭註鉅鹿北廣河澤、今順德府鉅鹿縣。職方冀州其澤藪曰楊紆。呂氏春秋秦之陽華、淮南子秦之陽紆、皆無定說、未知孰是。郭註今在扶風汧縣西。禹貢豫州被孟豬。郭註在梁國睢陽縣東北、今歸德府商邱縣。禹貢、雲夢土作乂。郭註南郡華容縣東南巴丘湖、今荆州府監利石首二縣。說文吴、姓也、亦郡也。禹貢震澤厎定。職方揚州其澤藪曰具區。郭註吳縣南太湖卽震澤、今屬江蘇蘇州常州浙江湖州。說文䧞、陬也。呂氏春秋淮南子竝云齊之海隅。淮南又云申池在海隅。左文十八年傳、齊懿公游於申池。申池所在亦未詳。郭註海濱廣斥。職方并州其澤藪曰昭餘祁。呂氏春秋燕之大昭、淮南燕之昭余、水經祁藪卽昭余祁也。郭註太原鄔陵縣北大澤、今太原府祁縣。說文鄦京兆縣、周厲王子友所封。圃、種菜曰圃。職方豫州其澤藪曰圃田。左僖三十三年傳鄭之有原圃。郭註滎陽中牟縣西圃田澤、今開封府中牟縣。詩小雅、整居焦穫。郭註扶風池陽縣瓠中、今西安府三原縣。

啓蒙

齊有海隅　燕有昭余祁　鄭有圃田　周有焦護

釋文隅本或作嵎。（釋地釋文）孫炎本祁作底。（釋地釋文）周禮作昭餘祁。（職方氏）呂氏春秋作大昭。（有始覽）淮南子作燕之昭余。（墬形訓）風俗通作燕有昭餘祁。（山澤篇）鄭詩箋作甫田。（小雅車攻詩箋）釋文圃本或作圃同。（釋地釋文）釋文護作穫、云又作護同。（釋地釋文）風俗通作周有焦濩。（山澤篇）

按、隅與嵎、余與餘、圃與甫、穫與護、古字竝通用。

證異

周有焦護。釋文穫、胡故反、又作護。校勘記曰、作護非也、當依陸本作穫。續郡國志註、文選北征賦註、皆引爾雅作焦穫。

考異摘要

周有焦護　唐石經單疏本雪牕本同。釋文穫、胡故反、又作護同。按作護非也、當從陸本作穫。劉昭注續漢書郡國志、李善注文選北征賦、皆引爾雅周有焦穫。郭注曰音護、是護乃穫之音、不得以護易穫也。詩六月整居焦穫、釋文焦穫音護。爾雅十藪周有焦穫、不言詩之穫字有異。引爾雅穫字、則後人改從言旁矣。正義引釋地云周有焦穫、尚作禾旁、此類皆當訂正。

周有焦護注今扶風池陽縣瓠中是也○釋曰　注疏本刪。

校勘記

一行周有焦護○唐寫本同。《釋文》字作「穫」，云：「又作護同。」《御覽》卷七十二及《詩·六月》《正義》引字均作「穫」，從「禾」。阮元《校勘記》云「劉昭注《續漢書郡國志》，李善注《文選·北征賦》皆引《爾雅》：周有焦穫，郭注曰：音護，是護乃穫之音，不得以護易穫也。」案阮說是也。今本郭注疑亦脱「音護」二字。

宋監本校箋

周有焦護、瓠

孫侶直音

魯有大野、晉有大陸、秦有楊陓、迂　宋有孟諸、楚有雲夢、吳越之閒有具區、齊有海隅、燕有昭余祁、鄭有圃田、周有焦護（此釋十藪之名也）

楊氏音訓

十藪

十藪 釋曰：此題上事也。說文云：大澤也。風俗通云：藪，厚也。有草木魚鼈，所以厚養人也。

邢疏

藪，澤之別名也。春秋正義三十六

李注

鄭注澤虞云爾雅有八藪。賈疏以爲周秦同在雍州，秦有楊紆，周有焦護，一州有二，故言十。爾雅除畿內一州而言，故云八。

衆家注

黃輯古義

藪，澤之別名也。春秋襄二十五年正義

李注

玉函山房輯佚

藪，澤之別名也。李注 宋本春秋疏二十二

鈎沉

李曰：藪，澤之別名也。春秋正義三十六

漢注

李巡云：藪，澤之別名也。左傳正義二十三卷

一切注音

十藪 李巡云：藪，澤之別名也。左氏正義

古注斠

十藪 素口反。說文云：大澤也。風俗通云：藪，厚也。有草木魚鼈所以厚養人也。

陸音義

藪，其大足數也。

新義

十藪 大澤曰藪。

鄭樵注

十藪 李巡曰：藪，澤之別名也。鄭樵曰：大澤曰藪。

古注合存

十藪九之二 藪，猶澤也。其名有十也。

注疏參義

十藪 **正義** 題上事也。左傳疏引李巡云：藪，澤之別名也。說文云：藪，大澤也。九州之藪：揚州具區，荆州雲夢，豫州圃田，青州孟諸，沇州大野，雍州弦蒲，幽州奚養，冀州楊紆，并州昭餘祁。說文据職方而言也。案藪與澤異。周禮云：藪以財得民。左氏昭二十年傳云：藪之薪蒸，虞候守之。周語云：藪，物之歸也。詩釋文引韓詩章句云：禽獸居之曰藪。鄭氏冢宰註云：澤無水曰藪。澤虞註：水鍾曰澤，水希曰藪。蓋澤爲大壑，衆流所歸；藪則卑墊之地，廣大之墟，潦盡水涸，草木禽獸叢集其間。至於水潦既降，彌望皆成巨浸，則藪與澤無別矣。故風俗通義云：藪者，澤也。藪之言厚也，草木魚鼈所以厚養人君與百姓也。呂覽、淮南所載九藪，無大野、焦穫，而以趙之鉅鹿、晉之大陸分爲二藪。風俗通義所述十藪，据爾雅爲說。鄭註澤虞又云爾雅有八藪，賈疏以爲周秦同在雍州，除畿內一州而言也。

正義

十藪 說文云：藪，大澤也。左氏襄廿五年正義引李巡曰：藪，澤之別名也。周禮冢宰注云：澤無水曰藪。澤虞注云：覩庰水希曰藪。是藪澤名同而實異，故冢宰云藪牧養蕃鳥獸。左氏昭廿年傳：藪之薪蒸，虞候守之。然則藪者湊也，薪蒸鳥獸之所湊。風俗通云：藪，厚也。有草木魚鼈所以厚養人也。犤文其藪之名數，則淮南本於呂覽，無大野、焦護，而以趙之鉅鹿與晉之大陸並稱。說文本於職方，其言九藪全襲彼文，而青州孟諸、雝州弦蒲、幽州奚養、冀州楊紆，與爾雅非違，豈此之藪名爲從殷制，而周有焦護，非可預言。疑殷有九州，亦當九藪，焦護一藪或後人所增。今風俗通十藪之名雖與此同，而非應劭舊本，不足依據。鄭注澤虞又云爾雅有八藪，益復可疑。賈疏曲爲之說，以爲周秦同在雍州，秦有楊紆，周有焦護，一州有二，故言十。爾雅除畿內一州而言，故云八。其說亦未可信。且八藪之名未聞其審，今亦無以言焉，闕之可也。

義疏

十藪 李注 藪、澤之別名也。

職方九藪加焦穫故十。鄭注周官云爾雅有八藪、以其無奚養。

集解

十藪 職方九藪外增焦護則十藪矣。鄭注周禮謂爾雅有八藪、以不知海隅即貕養故。

義證

周禮有九藪、此云十者、蓋後人所益。陽華屬秦、非春秋之事矣。

釋地四篇注

十藪

李巡云藪、澤之別名也。九藪爲九州之藪、而增焦穫一藪與楊陓同屬雝州、當是後人所增益也。說文云澤、大澤也。陳風澤陂彼澤之陂、毛傳云水草交厝名之爲澤。澤藪分言之則異、合言之則同。

說詩

十藪　周禮注（地官序官澤虞）云爾雅有八藪。疏云、案爾雅釋有十者、以其周秦同在雍州、秦有楊紆、周有焦護、一州有二、故十。

匡名

十藪　說文藪、大澤也。周語藪物之歸也。

啓蒙

十藪　十藪名當從闕疑、如上九州下八陵、九府五方、四極之例。周禮地官序官澤虞注云、爾雅有八藪、賈疏九州州各一藪、周秦同在雍州、又除畿內不數、故八。案此曲說、不可從、八藪之名、今亦未知其審。　郝疏云、說文云、藪大澤也、左氏襄二十五年正義引李巡曰、藪澤之別名也、周禮冢宰注云、澤無水曰藪、澤虞注云、水希曰藪、是藪澤名同而實異。案藪與山亦聲轉、冢宰云、藪牧養蕃鳥獸、左氏昭二十年傳藪之薪蒸、虞候守之、是則藪之生財與山同、藪與山聲通、猶數與算聲通矣。山藪亦連言、春秋傳曰、山藪藏疾。周語澤、水之鍾也、藪、物之歸也、是澤藪有別之證。詩大叔于田傳藪澤也、禽之府也、如無水水希之義、則藪之爲言燥也、燥者、說文云乾也、又言縮也、鄭大夫注周官甸師云、縮浚也、浚者、廣雅云、盪也。藪又通棷、禮運鳳皇麒麟皆在郊棷、注聚草也。

黃侃音訓

十藪○按勘記、周禮澤虞註爾雅有八藪、賈疏九州各一、周秦同在雍州、又除畿內不數故八、今本作十、後人依數增加。

考異摘要

十藪釋文唐石經單疏本雪牕本同。周禮澤虞注云、爾雅有八藪。賈公彥說九州州各一藪、周秦同在雍州、又除畿內不數故八。按今本作十、係淺人依數增加。

十藪○釋曰此題上事也（注疏本刪上五字。）

校勘記

十藪 叟

直音校正

藪叟

干氏音釋

東陵阠、南陵息慎、西陵威夷、中陵朱滕、北陵西隃鴈門是也東陵阠、南陵息慎、西陵威夷、中陵朱滕。北陵西隃、鴈門是也。即鴈門山也。

郭注

東陵至是也　釋曰、此五方之陵名也。其義及所在未詳。云鴈門是也者、此指解北陵也、即鴈門山是也。

邢疏

東陵阠

阠、尸慎反。釋文

郭音義

東陵阠

阠、所陳切。御覽五十三

北陵西隃

隃音戍。御覽五十三

衆家注

黃輯古義

東陵阠、尸慎反。

郭音義

玉函山房輯佚

東陵阠南陵息慎西陵威夷中陵朱滕北陵西隃雁門是也

郭璞云、即雁門山也。

一切注音

阠音信。郭尸慎反。字林所人反、又所慎反。滕徒登反、又作縢同。隃戍、輸二音。

陸音義

滕○邢本作縢。

音義攷證

北陵西隃鴈門是也

鴈門、鴈往來門焉。西隃嫌不了、故曰鴈門是也。

新義

東陵阠南陵息慎西陵威夷中陵朱滕北陵西隃鴈門是也　阠音信。隃音戍。西隃即鴈門也。鴈門山在今代州。餘未詳。

鄭樵注

東陵阠南陵息愼西陵威夷中陵朱滕北陵西隃雁門是也　阠、郭尸愼反。滕、郭作縢。郭璞曰、即雁門山也。釋北陵句　鄭樵曰、阠音信、隃音戍、西隃即鴈門也、鴈門山在今代州。餘未詳。

古注合存

東陵阠南陵息慎西陵威夷中陵朱滕北陵西隃雁門是也　阠音信、隃音娛。○此釋八陵之名也。註曰、西隃即雁門山也。疏曰、此五方之陵名、其所在未聞。愚按、八陵疏未詳所在。字書云、隃、商居切、音紓。北陵名。又云、西隃、雁門地名。則西隃乃雁門山旁之陵、非即雁門山也。云八陵者、東阠、北隃各為一陵、而南息慎、西威夷、中朱滕、蓋各為兩陵而八。與舊乃以五方為五陵、而并下節陵、梁、墳為三陵以足之、則惑矣。

注疏參義

雁門山、鄭云、今代州。今山西代州。

補注

東陵阠南陵息慎西陵威夷中陵朱滕北陵西隃雁門是也　**註**　即雁門山也。　**正義**　此釋五方之陵名也。威夷、郁夷、漢書地理志引詩周道郁夷、顏師古註、韓詩作郁夷、言使臣乘馬行於此道。文選註引薛夫子章句云、威夷、險也。則韓詩本作威夷、漢郁夷故城在今隴州、隴阪在焉。故玉篇云、威夷、險阻也。西隃者、穆天子傳云、乃絶隃之關隥。郭氏彼註以為即北陵西隃也。史記趙世家云、反巠分先俞於趙、集解引徐廣云、爾雅曰西俞雁門是也。正義云、西先聲相近、蓋陘山西隃二山之地、並在代州雁門縣、皆趙地也。阠息慎朱滕於經傳無考。禹貢云至于東陵、水經以為地在廬江金蘭縣西北、史記正義謂岳州有巴陵、蓋是東陵、然以威夷西隃例之、則東陵不應在南。莊子釋文引司馬彪註云、東陵、陵名、今屬濟南也。元和郡縣志云、東陵在章邱縣南二十八里、莊子所云東陵、雖在東方、然不聞其名。漢有南陵縣、水經註有南陵、究俱不聞其名。息阠猶息慎也。史記五帝

爾雅詁林　九　釋地

本紀云北山戎發息愼集解引鄭氏云息愼或謂之肅愼此東北之國不可以當南陵先儒傳爾雅者惟以雁門釋西隃是則阠息愼朱滕久莫可考矣。**註**卽雁門山也。**正義**海內西經雁門山雁出其門在高柳北。郭氏彼註云雁門山卽北陵雁之所出因以名云。山今在代州西北三十五里。

正義

東陵阠南陵息愼西陵威夷中陵朱滕北陵西隃鴈門是也卽鴈門山也

陵者說文云大自也。東陵者禹貢有其名漢志廬江郡金蘭西北有東陵鄉。又元和郡縣志東陵山在章丘縣南二十八里引莊子駢拇篇云盜跖死利於東陵之上。是又一東陵也。但東陵雖有二處阠字遂不見所出至於息愼朱滕亦猶是焉。威夷者文選西征賦云登崤坂之威夷李善注引韓詩曰周道威夷薛君曰威夷險也。按威夷漢志作郁夷屬右扶風雖地可言西然未必便是西陵潘賦以威夷連崤坂爲言與地志又復乖異李善注所引亦非也。西隃者史記作先俞趙世家云反巠分先俞於趙集解徐廣曰爾雅西隃鴈門是也。正義曰西先聲相近蓋陘山西隃二山之地並在代州鴈門縣皆趙地也。又謂之隃穆天子傳云乃絕隃之關隥郭注謂北陵西隃鴈門山也。北山經注鴈門山卽北陵西隃鴈門之所出因以名云。郭氏二注竝與此合。鴈門山在今代州東北。

義疏

東陵阠南陵息愼西陵威夷中陵朱滕北陵西隃鴈門是也 郭注卽鴈門山也。禹貢至于東陵水經在廬江又浸水出東陵淮上地也。威夷隴阪詩周道威夷。西隃趙世家作先俞鴈門漢郡在今代州。陵从光夊登陸行難也。息愼蓋五嶺。朱滕嵩北與。

集解

東陵阠 陵大阜也从阜夌聲夌越也。禹貢至于東陵水經以爲在廬江又決水出東陵則淮上地。阠字本作迅疾也狀行之難。或曰阠卽抵從上抱也讀若葦。莊子釋文以東陵屬濟南阠卽左傳師從齊師于葦之葦亦濟南地與。又未聞其名息愼史記北山戎發息愼鄭氏以爲肅愼則東北國耳不可當南陵。此經所云其九嶷與。南陵息愼 漢書南陵屬京兆尹 西陵威夷 詩周道威夷漢書地理志引作郁夷右扶風縣治今隴縣龍阪史記西娶於西陵之女正義則以爲國名。中陵朱滕 上經云滕虛此云朱滕卽朱虛漢書地理志琅邪郡有朱虛或曰卽嵩丘。北陵西隃鴈門是也 西隃史記作先俞鴈門山在代縣西北今以爲道名。

義證

東陵阠

禹貢導江過九江至于東陵。漢志廬江郡金蘭西北有東陵鄉。

南陵息愼

西陵威夷

漢之右扶風郁夷縣也。史記黃帝居軒轅之邱而娶西陵之女。今軒轅邱在秦州淸水縣東。郁夷則在鳳翔府隴州之西。薛君韓詩章句曰郁夷險也。據之則亦隴坂之稱。威讀如郁。

中陵朱滕

北陵西隃鴈門是也

穆天子傳天子絕隃之關隥。又史記趙世家有先俞徐廣以爲卽西隃。先讀爲西古聲也。或曰西隃句注山今山在代州之西鴈門山在代州東北。

釋地四篇注

東陵阠南陵息愼西陵威夷中陵朱滕北陵西隃雁門

是也

〔註〕卽雁門山也〔補正〕邢疏、此五方之陵名也、其義及所在未詳。 **郭注補正**

西陵威夷、疑卽扶風郡之郁夷。 **錢氏古義**

東陵阠南陵息慎西陵威夷中陵朱滕北陵西隃雁門是也

西隃卽雁門山也

史記趙世家正義引爾雅郭注云、西隃卽雁門山也。御覽一百六十三卷州郡部引爾雅郭璞注曰、西踰雁門山也。今據補西隃二字。 **郭注佚存補訂**

東陵阠南陵息慎西陵威夷中陵朱滕北陵西隃雁門是也

威夷者、漢書地理志云、詩周道郁夷、顏師古注引韓詩作郁夷。文選注引薛夫子章句云威夷險也。是韓詩本作威夷。今小雅四牡作周道倭遲、毛傳云倭遲、歷遠之貌。彼釋文云韓詩作倭夷、蓋郁夷倭夷威夷倭遲皆同音相假也。傳謂周道爲岐周之道、則西陵威夷當是所必經者。中陵者、小雅沔水率彼中陵、傳箋皆無文、是否此之中陵朱滕、疑莫定也。 **說詩**

中陵朱滕 滕、釋文作縢。 音阠音信 釋文云、郭尸慎切。

疏云雁門是也者、此指解北陵也。卽雁門山是也 上是字當山字誤。北陵下也字當衍文。 **注疏正字**

東陵阠 阠、說文𠂤部新附字。錢少詹曰、說文手部扟、抯也。讀若莘。是莘與扟通矣。莊子駢拇篇盜跖死利于東陵、釋文云東陵陵名。今名東平陵、屬濟南郡。案左成二年傳師從齊師于莘、杜注但云齊地、今據下文華不注華泉皆在濟南府、莘與華不注華泉相去不遠、亦當在濟南、則爾雅之阠疑卽左傳之莘也。古本當从手旁、後人改从𠂤耳。

中陵朱滕 釋文云、縢又作滕。案舟旁字隸變作月。

北陵西隃鴈門是也 說文同。鴈字從石經寫。史記趙世家反巠分先俞於趙、徐廣引爾雅作西俞、正義曰西先聲相近。 **匡名**

東陵阠南陵息慎西陵威夷中陵朱滕北陵西隃雁門是也 說文阠、陵名。隃、北陵西隃雁門是也。 **啓蒙**

阠 扟 錢氏大昕曰、阠卽扟字借爲莘。左成二年傳之莘當在山東濟南。案御覽五十二引阠。所陳反。則錢說是也。此亦無以明其必然。 **黃侃評本正名**

東陵、阠。南陵、息慎。說文無阠字、惟有漘字、云水阜也。義與漘近、下云夷上洒下不漘是也。阠讀信、則息慎之合音也。釋文阠、郭尸慎反、案讀尸慎反、正與漘音近。

北陵西隃。雁門是也。即雁門山也。　隃之言堬也。方言冢或謂之堬。漢名天子冢曰陵。是隃與堬聲義通。隃之言亦豆也、登从豆、象上車形。隃與登聲轉。說文登、仰也。廣雅阪也。　雁門山雁門水皆見北山經、或以此文雁門是也爲漢人語、非也。說文𨸏部隃下云、北陵西隃雁門是也、正用爾雅文、明爾雅非附益。

黃侃音訓

釋地南陵息慎、先儒皆不詳其地、承珙謂息慎卽息壤、慎疑塡字之譌。山海經海內經、洪水滔天、鯀竊帝之息壤以堙洪水。郭注息壤者、言土自長息無限、故可塞洪水。開筮曰、滔滔洪水無所止極、伯鯀乃以息石息壤以塡洪水。淮南墜形訓云禹乃以息土塡洪水以爲名山、高誘注云、息土不耗減、掘之愈多、故以塡洪水。江陵圖經引別錄云、子城南門地隆起、如伏牛馬、去之、一夕輒復如故、在昔傳爲息壤。案酈道元云、江陵城、楚船官地也。秦昭襄王使白起拔鄢郢、以漢南地而置南郡焉、漢景帝二年改爲江陵縣。荊州志云、近州無高山、所有皆陵阜、故名江陵。然則息壤在江陵者、似足當南陵之目。史記甘茂傳、王迎甘茂於息壤。此自秦地、與南陵無涉。吳越春秋州靡息慎之說不可用。

胡氏古義

東陵阠

說文無阠字、新坿據爾雅補之。按許所見本必不作阠、故𨸏部無之。錢氏𢻱新錄謂當作扒、扒、挹也。讀若莘。引莊子東陵、春秋成二年之莘爲據、疑阠卽左傳之莘、錢說是也。說文言讀若者皆文字叚借之例、不特傚其音、并可通其字、此類不可枚舉、卽以爾雅言之、玉部璹讀若淑、卽釋器璋大八寸謂之琡、當作淑。珣讀若宣、卽璧大六寸謂之宣。則手部之扒卽東陵阠之阠無疑。爾雅多俗字、陸德明云豈必飛禽卽須安鳥、水族便應著魚、蟲屬要作虫旁、草類皆從兩屮。知則阠之从𨸏亦陋人所爲矣。

王仁俊日記

東陵阠。楷案說文無阠字、錢大昕養新錄謂卽扒字是也。扒與莘通。莘者、長大之義、詩魚藻有莘其尾傳、莘、長貌。說文扒讀若莘。

稗疏

中陵朱滕　雪牕本注疏本同。唐石經滕作滕、釋文、滕又作滕同。

東陵至是也○釋曰　注疏本刪。

校勘記

北陵西踰鴈門是也　唐石經監本同。永懷堂本毛本湘本鴈作雁。徐鉉曰从人从鳥義無所取、當从雁。

注疏校勘札記

三行中陵朱滕○「滕」，原本《玉篇》阜部「陵」下引作「滕」。四行(注)即鴈門山也○原本《玉篇》阜部「隃」下引同。唐寫本作「即鴈門山是也」。

宋監本校箋

東陵阠音信南陵息慎西陵威夷中陵朱滕北陵西隃音殊鴈門是也

音圖・音

阠音信。郭尸慎翻。音舜。字林所人翻、音申。又所慎翻。與尸慎同、不必重出。隃戍翻。傷遇翻。羊朱翻。輸翻。二音。西隃、史記趙世家作先俞。西先音近、隃俞字通。

音略

爾雅詁林 九 釋地

東陵阠信、南陵息慎、西陵威夷、中陵朱滕、北陵西隃戍輸、鴈門是也。

孫偘直音

東陵阠信南陵息慎西陵威夷中陵朱滕北陵西隃娛雁北指門是也 此五方之陵名也其義及所在未詳。北陵、

楊氏音訓

阠信 隃戍又音輸

干氏音釋

陵莫大於加陵

陵莫大於加陵今所在未聞。

郭注

陵莫大於加陵 釋曰、莫、無也。陵、大阜也。言陵無大於加陵者、謂加陵最大也。

今所在未聞。

邢疏

陵莫大於加陵

郭璞云、今所在未聞。

一切注音

陵莫大於加陵未詳所在。

鄭樵注

陵莫大於加陵

郭璞曰、今所在未聞。

鄭樵曰、未詳所在。

古注合存

陵莫大於加陵 註 今所在未聞 正義 風俗通義云、國語周單子會晉厲公於加陵。爾雅曰陵莫大於加陵、言其獨高厲也、陵有天性自然者。案今國語無此文。淮南人間訓亦云晉厲公之合諸侯於嘉陵。加柯聲相近、加陵即柯陵也。春秋成十七年同盟於柯陵、杜註柯陵、鄭西地。周語云柯陵之會、韋註柯陵、鄭西地名。

正義

陵莫大於加陵 應劭風俗通義山澤卷引國語單子會厲公於加陵、下引爾雅。今國語無會加陵事、惟周語柯陵之會、宋庠補音曰柯古何反、本或作加。是柯即加也。

校議

陵莫大於加陵今所在未聞

加陵者、風俗通云國語周單子會晉厲公於加陵、引爾雅曰陵莫大於加陵、言其獨高厲也。淮南人間篇云晉厲公合諸侯於嘉陵。按周語云柯陵之會、韋昭注柯陵、鄭西地名也。盟於柯陵、在魯成十七年。然則柯陵即加陵、加嘉古聲同、嘉柯聲借也。韋注柯陵在鄭西、今未聞其審。

義疏

陵莫大於加柯嘉陵郭注

今所在未聞。韋昭說柯陵在鄭西、此五陵外之大陵也。釋春秋柯陵。

集解

陵莫大於加陵春秋同盟於柯陵、此釋之也。韋昭國語注柯陵、鄭西地名。淮南作嘉陵。柯加嘉均疊韻字而通用也。

義證

陵莫大於加陵

應邵風俗通曰、國語單子會晉厲公于加陵。玷案、春秋傳作柯陵。加柯聲之同。

釋地四篇注

陵莫大于加陵　應劭風俗通義山澤卷引國語周單子會晉厲公于加陵、下又引爾雅此文。今國語無會加陵事、惟周語柯陵之會。宋庠補音曰、柯古何反、今本或作加陵。內傳及二傳皆是柯、又無別音、設作加字亦當音柯。然則宋初所行國語、固猶有以柯陵爲加陵者。單襄公與晉厲公會、正是柯陵、而淮南子人間訓亦云晉厲公合諸侯于嘉陵、嘉與加同音通借。漢人所引既各如是、不得謂加僅時本字、而必亦柯音矣。韋昭杜預俱云、柯陵、鄭西地。左傳莊公十四年鄭厲公自櫟侵鄭及大陵、大陵亦鄭地、疑卽此陵也。蓋此陵于諸陵中爲獨大、故當時又號之曰大陵。補郭

西陵威夷　中陵朱滕　北陵西隃　陵莫大於加陵

玉篇威夷作陜陵、險阻。阜部陜釋文滕作縢、云又作滕。釋地釋文史記西隃作先俞。反巠分先俞於趙。趙世家左傳加陵作柯陵。成十七年傳淮南子作嘉陵。人間訓

西隃、史記趙世家作先俞。按集解引徐廣云爾雅西俞雁門是也。正義云西先聲相近。陵莫大於加陵、郭注加陵今所在未詳。邵氏晉涵曰、風俗通義云、國語周單子會晉厲公於加陵、爾雅曰陵莫大於加陵。按今國語無此文。春秋成十七年經同盟於柯陵、杜注、柯陵、鄭西地。加陵卽柯陵也。加柯聲相近。證異

陵莫大於加陵

加當讀爲阿。說文陵、大阜也。阿、大陵也。下文大陵曰阿。文選子虛賦順阿而下。郭注阿、大陵也。加所以得讀爲阿者、加阿同部字、如漢書揚雄傳之茇茄卽茇荷之例。王仁俊日記

陵莫大於加陵、郭云今所在未聞。邵晉涵云、風俗通義云國語周單子會晉厲公於加陵、爾雅曰陵莫大於加陵、言其獨高厲也、陵有天性自然者。案今國語無此文。淮南人閒訓亦云晉厲公之合諸侯於嘉陵。加訶聲相近、加陵卽柯陵也。春秋成十七年同盟於柯陵、杜注柯陵、鄭西地。楷案、應劭說非也。加柯聲相近、彼加陵卽柯陵、非卽爾雅之加陵也。攷莊十四年左傳及大陵、水經注引京相璠云、潁州臨潁縣東北二十五里有故巨陵亭、卽古大陵、疑加陵卽大陵、巨者大也。加亦大也。內則鄭注加猶高也、高大義同。梁履繩左通補釋云、加陵於諸陵中爲獨大、疑卽大陵。此說得之。稗疏

陵莫大於加陵　釋曰　注疏本刪。

謂加陵最大也　注疏本也誤者。校勘記

陵莫大於加陵、疏謂加陵最大也。今本也誤作者。注疏本正誤

五行（注）今所在未聞○唐寫本「聞」下有「也」字．宋監本校箋

梁莫大於湨梁

梁莫大於湨梁。湨、水名。梁、隄也。郭注

梁莫大於溴梁注溴水名梁隄也　釋曰、釋宮云隄謂之梁、詩傳云石絕水曰梁、然則以土石爲隄障絕水者名梁。雖所在皆有、而無大於溴水之旁者。杜預云溴水出河內軹縣東南、至温入河。春秋襄十六年公會晉侯以下于溴梁是也。

邢疏

梁莫大於溴梁

梁、水橋也。公羊疏二十上

孫音注

梁莫大於溴梁

溴水出河內軹縣東南、至温入河。公羊疏二十引音義　梁卽橋也。或曰、梁、石橋也。御覽七十三引郭注　案此注見今本釋宮隄謂之梁下。

郭音義

黃輯古義

梁莫大於溴梁

梁、水橋也。春秋公羊傳襄十六疏

孫音注

梁莫大於溴梁

溴水出河內軹縣東南、至温入河。春秋公羊傳襄十六年徐彥疏

郭音義

玉函山房輯佚

梁莫大於溴梁

溴水出河內軹縣東南、至溫入河。音義　梁小橋也。孫注　並公羊疏二十

鉤沉

梁莫大於溴梁

孫曰、梁、水橋也。公羊疏十二

漢注

梁莫大於溴梁

孫炎云梁、水橋也。公羊疏二十卷　郭璞云溴、水名。梁、隄也。

爾雅音義云溴、水出河南軹縣東南、至溫入河。公羊疏二十卷

一切注音

梁莫大於溴梁　孫炎曰梁、小橋也。公羊襄十六年疏

音義云溴水出河南軹縣東南、至温入河。公羊疏

古注斠

溴古闃反。隄丁兮反。

陸音義

梁莫大於溴梁　溴、古壁反。梁、隄也、溴水之隄也。舊云溴水出河內軹縣東南、至温入河。按軹、唐省入濟源、今隸河陽。

鄭樵注

梁莫大於溴梁

孫炎曰梁、水橋也。

郭璞曰溴水名。梁、隄也。

鄭樵曰溴、古壁反。梁、隄也、溴水之隄也。舊云溴水出河內軹縣東南、至温入河。按軹、唐省入濟源、今隸河陽。

古注合存

溴梁、鄭云溴水出河內軹縣東南至温。按軹、唐省入濟源、今隸河陽。今河南懷慶府濟源縣。

補注

梁莫大於溴梁 **註** 溴水名梁隄也 **正義** 水隄之高大者有類於陵、故舉其最大者言之。春秋襄十六年、會于溴梁。溴梁、溴水之旁有大隄梁、故可爲諸侯盟會之所。公羊疏引孫炎云梁、小橋也。梁雖訓橋、然不可以釋八陵矣。**註** 溴水至隄也 **正義** 公羊疏引爾雅音義云溴水出河南軹縣東南、至温入河。與左傳杜註同。郭訓梁爲隄者、以釋宮云隄謂之梁也。水經註云、溴水出原城西北原山勳掌谷、南逕原城西。春秋會于溴梁。謂是水之墳梁也。梁、水隄也。

梁莫大於溴梁 溴水名梁隄也

正義

淏梁者，淏是水名，梁其隄也。左氏襄十六年會于淏梁，杜預注：淏水出河內軹縣東南至溫入河。水經濟水注：淏水出原城西北原山勳掌谷，俗謂之爲白澗水。引爾雅而云梁，水隄也。淏水又南注於河。公羊襄十六年疏引孫炎曰：梁，水橋也。郭云隄者，釋宮云隄謂之梁，梁陵同類，故列於八陵。【義疏】

梁莫大於淏梁 孫注：梁，水橋也。郭注：淏，水名，梁，隄也。釋春秋淏梁也。在孟縣。禹貢沇水、水經湛水。【集解】

梁莫大於淏梁 釋春秋淏梁，禹貢之沇水也。在今河南河北道孟縣地。【義證】

梁莫大於昊梁

酈道元曰：昊水出原城西北原山，東注於河。今懷慶府濟原縣是其地。【釋地四篇注】

梁莫大於溴梁 溴，古璧反。

【註】溴水名，梁隄也。【補正】邢疏、杜註云：溴出河內軹縣東南至溫入河。春秋襄十六年公會晉侯以下于溴梁是也。【郭注補正】

梁莫大於淏梁

淏水名梁隄也

初學記七卷地部兩引爾雅梁莫大於淏梁，郭注云梁卽橋也。御覽七十三卷地部引爾雅曰梁莫大於淏梁，郭璞注：梁卽橋也，或曰梁，石橋也。樹枏

案，釋宮隄謂之梁，注云卽橋也，或曰石絕水者爲梁。蓋初學記、御覽以彼注之文移於此。【郭注佚存補訂】

梁莫大於淏梁 淏，監本誤從臭。下同。【注疏正字】

梁莫大於淏梁 說文水部無淏字。案春秋公羊經襄十六年作昊梁，當從之。【匡名】

淏 昊 左襄十六年傳會于淏梁。公羊作昊梁。釋文昊本又作淏，古闃反。說文無淏，蓋古不从水。【黃侃評本正名】

梁莫大於淏梁 監本作溴梁，說見左傳。今从經典釋文、唐石經、鄭樵注本。【石經考文提要】

梁莫大於溴梁 單疏本、雪牕本、注疏本同。唐石經溴作淏，單疏本引春秋經注亦作淏。按从昊是也。

梁莫大於淏梁注淏水名梁隄也○釋曰 注疏本刪。

杜預云淏水出河內 注疏本預改注，脫水。【校勘記】

梁莫大於淏梁 今本淏誤从臭。【注疏本正誤】

梁莫大於淏梁○「淏」，唐寫本作「湨」，注文同。案：作「湨」是也。《左傳》襄公十六年「會于湨梁」，杜預注云：「湨水出河內軹縣東南，至溫入河。」原本《玉篇》「陵」下引《爾雅》作「昊梁」，與《春秋》襄公十六年公羊經合。【宋監本校箋】

梁莫大於淏音菊梁【音圖・音】

淏音菊 案淏、古璧翻、音昊。錫今音菊、屋韻非。直音音昊大謬。【直音正誤】

溴古壁壁訛作鶪、音臭。酈道元水經注溴水引爾雅溴梁

音略

梁莫大於溴梁。覡

孫侶直音

梁莫大於溴梁。臭

直音校正

梁莫大於溴臭梁。溴水名梁隄也。

楊氏音訓

溴古闃切

干氏音釋

墳莫大於河墳

墳莫大於河墳。墳大防。

郭注

墳莫大於河墳、釋曰墳大防亦謂隄雖水所皆有而河墳最大也。

邢疏

墳莫大於河墳

郭璞云墳大防。

一切注音

墳扶云反。防音房。

陸音義

墳莫大於河墳

郭璞曰、墳大防。

鄭樵曰、墳大防。

古注合存

陵莫大於加陵梁莫大於溴梁墳莫大於河墳溴音臭。此因陵而并釋梁墳也註曰加陵今所在未聞溴水名梁隄也墳大防也疏曰土石障水曰梁春秋襄十六年公會諸侯于溴梁愚按陵莫大於加陵故特言其名而不在八陵之數溴梁與河墳則亦以莫大而類言之也舊以加陵附於八陵中而至謂梁墳亦爲陵也何與

注疏參義

墳莫大於河墳**註**墳大防**正義**河隄謂之陵猶溴梁也。禹貢錐指云漢河隄謂之金隄。賈讓所云東薄金隄者、在今濬縣界。李垂導河書言曹公所開運渠東北有伯禹古隄、蓋鯀所作也、而禹修之、世遂目之曰禹隄、讓所謂東薄金隄即此也。案祭法云鯀障鴻水、是河有隄防、其來舊矣。**註**墳大防**正義**釋正文。方言云、青幽之間凡上而高且大者謂之墳。郭氏彼註云郎大陵也。

正義

墳莫大於河墳墳大防

釋厓岸云、墳、大防。方言云墳、地大也。郭注即大陵也。鮑照蕪城賦稱三墳、此言河墳、詩言汝墳及言淮墳、三墳之中河墳爲大、故獨在八陵。胡氏禹貢錐指以漢河隄謂爲金隄者當之。金隄在今濬縣、但本是人所爲、恐非也。錢氏坫釋地注今蒲州府滎河縣是其地、漢之汾陰脽也、引水經注曰長阜背汾帶河、長四五里、廣二里餘、高十丈。然則爾雅河墳必謂此矣。

義疏

墳莫大於河墳郭注墳、大防。詩河滸、涘、漘、麋皆言號。蓋號地境。

集解

墳莫大於河墳水經注所謂長阜是也。在今滎河縣。或者即漢書地理志之大陵與。

義證

墳莫大於河濆

今蒲州府滎河縣是其地。漢之汾陰脽也。有后土祠。注水經曰、長阜背汾帶河、長四五里、廣二里餘、高十丈。

釋地四篇注

陵莫大於加陵梁莫大於溴梁墳莫大於河墳

墳者、周南汝墳遵彼汝墳、毛傳墳、大防也。大雅常武鋪敦淮墳、傳云墳、涯。鄭箋云陳屯其兵於淮水大防之上。案鮑照蕪城賦稱三墳、蓋此河墳汝墳淮墳、三墳之中河爲大也。餘詳詁經。

說詩

墳莫大於河墳　墳當作坋。見下

匡名

陵莫大於加陵、梁莫大於溴梁、墳莫大於河墳　周單子會晉厲公於加陵、風俗通義所引今國語無此文。春秌成十七年同盟於柯陵、或謂柯即加陵、鄭西地。春秋襄十六年、會於溴梁。郭註溴、水名。梁、隄也。水經註、溴水出原城西北原山勳掌谷、南逕原城西。此言水旁有大隄梁也。郭註墳、大防。直隸濬縣有伯禹古隄、世目之曰禹隄。禹貢錐指、漢河隄謂之金隄。墳即高大之隄也。

啓蒙

墳　坋　說文。墳。墓也。坋。大防也。經典通用墳。坋正字。墳借字。

黃侃評本正名

墳莫大於河墳〇釋曰　注疏本刪、亦謂隄注疏本亦誤也。

校勘記

墳大防　南昌本闕。墳莫大於河墳注十行本雪牕吳本並有、

校勘記訂補

墳莫大於河濆　監本毛本湘本濆作墳。據釋地文、此作濆誤。

注疏校勘札記

六行（注）墳大防〇唐寫本「防」下有「也」字。

宋監本校箋

汾

墳莫大於河墳。

孫侶直音

八陵

八陵　釋曰、此亦隄上事也。大阜曰陵。溴梁河墳雖非大阜、以其絕大若陵、故通謂之八陵也。

邢疏

八陵　大阜曰陵。

陸音義

八陵九之三　大阜曰陵、其名有九也。章凡二節、首節釋陵、而下節并及梁墳也

注疏參義

八陵　正義　題上事也。下文云大阜曰陵。詳見下。

正義

八陵　所自。未聞

集解

八陵　楊泉物理論曰、地者鎮之以五岳、積之以八陵。

釋地四篇注

八陵　釋名陵、崇也、體崇高也。下文大阜曰陵是也。

啓蒙

八陵。　以東陵等已下、故曰八陵、非謂梁墳亦陵也。

黃侃音訓

八陵〇釋曰注疏本刪。

校勘記

東方之美者有醫無閭之珣玗琪焉

東方之美者有醫無閭之珣玗琪焉。醫無閭、山名、今在遼東。珣玗琪、玉屬。

郭注

東方至生焉　釋曰、此釋八方中國名山所產之物也。注醫無至玉屬　釋曰、案地理志遼東郡無慮縣、應劭曰慮音閭。顏師古曰即所謂醫巫閭。是縣因山爲名、故云山名。今在遼東。周禮幽州鎮也。云珣玗琪、玉屬者、說文云珣、周書所謂夷玉也。玗、石之似玉者。琪、玉也。皆玉之類也。故云玉屬。

邢疏

東方之美者有醫無閭之珣玗琪焉　釋文、醫、李本作

鑒、音同。

李注

東方之美者有鑒無閭之珣玗琪焉

鑒、於其反。釋文醫、於其反。李本作鑒、音同。

黃輯古義

李注

東方之美者有醫無閭之珣玗琪焉釋文醫、於其反。李本作醫、音同。

玉函山房輯佚

漢注

東方之美者有醫無閭之珣玗琪焉

郭璞云醫無閭、山名、今在遼東。珣玗琪、玉屬。

一切注音

醫於其反。李本作鑒、音同。珣胥均反、又音峻。說文云周書所謂夷玉。讀若宣。玗于音 琪巨疑反。

陸音義

醫李本作鑒。○案說文巫部無鑒、酉部有醫、注云古者巫彭初作醫。李本從巫、豈以此歟。古者巫醫同稱。

珣說文云周書所謂夷玉、讀若宣。○案顧命夷玉、馬融王肅皆云東夷之美玉。鄭康成云夷玉、東北之珣玗琪也。與許氏合。孔傳訓夷爲常、非也。夷玉舊譌爲美玉、今據本書改正。

音義攷證

東方之美者有醫無閭之珣玗琪焉醫無閭、山名。地理志云在遼東無慮縣。珣、夷玉也。玗、石似玉者。琪、玉之可爲琪瑱者。

鄭樵注

東方之美者有醫無閭之珣玗琪焉醫、李本作鑒、玗音于、鄭本作玗、石經同。郭璞曰、醫無閭、山名、今在遼東。珣玗琪、玉屬。鄭樵曰、醫無閭、山名、地理志云在遼東無慮縣。珣、夷玉也。玗、石似玉者。琪、玉之可爲琪瑱者。

古注合存

醫無閭、鄭云在遼東。今奉天錦州府廣寧縣。

補注

東方之美者有醫無閭之珣玗琪焉註醫無閭山名今在遼東珣玗琪玉屬

正義 此釋八方中土之利也。職方幽州、其山鎮曰醫無閭。楚詞遠遊云、夕始臨乎於微閭。漢書地理志作無慮、皆聲之轉也。說文云、醫無閭之珣玗琪、周書所謂夷玉也。

案顧命云夷玉在東序、疏引鄭註云、夷玉、東方之珣玗琪也。珣玗琪三字連文。淮南地形訓無作毋。註醫無至玉屬。○正義 漢遼東郡、晉爲遼東國。醫無閭山在今錦州府廣寧縣西十里。高誘淮南註珣玗琪玉名、郭以爲玉屬。今大凌河有錦川石、美者瑩潤如玉、大者可作几、是玉之屬也。

正義

東方之美者 說文曰醫無閭之珣玗璂、周書所謂夷玉也。珣从玉旬聲、一曰玉器、讀若宣。徐鍇曰說尙書者、夷玉東夷所貢之玉。醫無閭則山川之鎮。鄭元曰

在遼東。

校議

東方之美者有醫無閭之珣玗琪焉醫無閭、山名、今在遼東。珣玗琪、玉屬。

職方幽州、其山鎮曰醫無閭。鄭注醫無閭在遼東。賈疏云目驗知之。漢光武十三年以遼東屬青州、二十四年還屬幽州。漢地理志遼東郡無慮、應劭曰慮音閭、是無慮卽無閭。楚辭遠遊篇云夕始臨乎於微閭、王逸注、東方之玉山也。引爾雅爲釋。醫無閭作於微閭、語聲之轉也。墜形篇作醫毋閭。釋文醫李本作鑒、並聲借字也。珣玗琪者、說文云周書所謂夷玉也。書顧命釋文、夷玉、馬云東夷之美玉。正義引鄭云、夷玉、東北之珣玗琪也。是馬鄭許並依爾雅爲言。邵氏正義云、今大凌河有錦川石、美者瑩潤如玉、大者可作几。醫無閭山在今錦州府廣寧縣西十里。

義疏

東方之美者有醫無閭之珣玕琪焉郭注、醫無閭、山名、今在遼東。珣玕琪、玉屬。醫無閭、樂史說在柳城。今廣甯大凌河錦石是也。珣卽瑄也。上云璧大六寸謂之宣。琪、璂也。周禮飾弁有玉璂。玕當作玗。玉如竿者、珊瑚也。生山者爲琅玕。琅、良也。瑄、大琪、小玕長、三種美石以充用。

集解

東方之美者有醫無閭之珣玗琪焉醫無閭者、

周禮以爲幽州山鎮、今奉天遼瀋道治之北鎮縣地也。珣即宣璧大六寸者。琪字本作瑧、弁飾往往冒玉也。周禮皮弁玉瑧。玗、石之似玉者其形長。海内西經所謂玗琪樹是也。珣大琪小玗長、均可充用。今大陵河有錦川石、美者瑩潤如玉、大者可作几、是其類也。書偁爲夷玉、以其出自東夷耳。

義證

東方之美者有醫無閭之珣玗琪焉

漢書遼東郡有無慮縣、屈原賦謂之微閭、在今錦州府廣甯縣之北。珣玗琪、玉名。許慎曰周書所謂夷玉也。珣讀若宣。秦刻石曰吉玉宣璧。

釋地四篇注

東方之美者有醫無閭之珣玗琪焉

醫無閭山名今在遼東珣玗琪玉屬也

慧琳弘明集三卷音義引爾雅東方之美者有毉無閭之珣玗琪焉、郭云玉屬也。今據補也字。

郭注佚存補訂

東方之美者有醫無閭之珣玗琪焉

說文云、醫無閭之珣玗琪、周書所謂夷玉也。案說文無琪字、類篇引作瑧字、徐鍇本同。說文云瑧弁飾往往冒玉也。瑧或從基、據此則琪爲瑧璂之省。曹風鳲鳩其弁伊騏、鄭箋云騏當作瑧、以玉爲之。釋文云騏、說文作瑧、璂弁飾也。衛風淇奧會弁如星、箋云會謂弁之縫中、飾之以玉皪皪而處狀似星也。鄭注周禮弁師王之皮弁會五采玉璂云、會、縫中也。皮弁之縫中、每貫結五采玉十二以爲飾、謂之璂。

說詩

有醫無閭之珣玗琪焉玗誤玕。下並同。音珣荀荀誤筍。玗于于誤干。

注疏正字

東方之美者有醫無閭之珣玗琪焉 釋文云醫、李本作毉。案毉俗體从巫。 說文王部無琪字、當作瑧。說文瑧从王綦聲、或从基作璂。 方當作匚。見釋宮

匡名

東方之美者有醫無閭之珣玗琪焉職方幽州、山鎮曰醫無閭。郭註

醫無閭、山名、今在遼東。珣玗琪、玉屬。顧命、夷玉在東序。夷玉即珣玗琪也。說文珣、醫無閭之珣玗璂。註璂琪同。合三字爲玉名。單言之、玗、石之似玉者。珣、玉器也。璂、弁飾也。

啓蒙

琪 璂 琪說文作瑧。重文作璂。

黃侃評本正名

東方之美者、有醫無閭之珣玗琪焉。 書顧命正義引鄭云夷玉、東北之珣玗琪也、據鄭所見、是東方作東北、然淮南墬形訓文與爾雅同、是作東方亦久矣。 說文有瑧璂無琪、汲古閣小字本作璂、是也。

黃侃音訓

有醫無閭之珣玗琪焉

監本作珣玕。宋下别有崑崙墟之球琳琅玕。康熙字典玗字下引此經。今从經典釋文唐石經鄭樵注本至善堂九經本。

石經考文提要

有醫無閭之珣玗琪焉唐石經雪牕本同。釋文單疏本亦作珣玗琪。石經考文提要引至善堂九經本同。注疏本玗誤玕。

東方至生焉○釋曰注疏本删。

○注醫無至玉屬○釋曰案地理志注疏本删上八字。顏師古曰即所謂醫巫閭注疏本曰改云、脫所。周書所謂夷玉也注疏本夷誤美。

校勘記

有醫無閭之珣玗琪焉。釋文珣、胥均反、又音峻。今本音筍、非。廣韻平聲十八諄、珣、相倫切、上聲十七準、筍、思尹切、去聲二十二稕、峻、私閏切。三字不同音。筍當爲荀。玗音于、今本誤作玕。

注疏本正誤

十六下（九〇）一行(注)珣玗琪玉屬○唐寫本「玉屬」下有「也」字。

宋監本校箋

東方之美者有醫無閭之珣音荀玗音于琪焉

音圖・音

珣、胥均翻、音荀、又音峻。私閏翻 說文讀若宣。疏以珣玗琪爲三物、山海經以玗琪爲一物。

音略

東方之美者有醫無閭之珣玗琪焉 荀荀于其

孫偘直音

東方之美者有醫無閭之 荀荀于其 珣玗琪焉

直音校正

東方之美者有醫無閭之珣旬玗于琪焉 醫無閭山名。珣玗琪玉屬。

楊氏音訓

珣荀玗于琪其

干氏音釋

東南之美者有會稽之竹箭焉

東南之美者有會稽之竹箭焉。會稽、山名、今在山陰縣南。竹箭、篠也。

郭注

注會稽至縣也 釋曰周禮揚州云其山鎮曰會稽、鄭注云在山陰。地理志會稽郡山陰縣云會稽在南上有禹冢禹井、故云山名、今在山陰縣南也。云竹箭篠也者、禹貢揚州云篠簜既敷。釋草云篠竹箭也。郭云別二名、則竹箭一名篠、是竹之小者、可以爲箭幹者也。

邢疏

東南之美者有會稽之竹箭焉

郭璞云、會稽、山名、今在山陰縣南。竹箭、篠也。

一切注音

會古外反。稽古兮反。箭子賤反。篠悉了反。

陸音義

東南之美者有會稽之竹箭焉會稽山在今越州、出箭竹。

鄭樵注

東南之美者有會稽之竹箭焉 郭璞曰、會稽、山名、今在山陰縣南。竹箭、篠也。鄭樵曰、會稽山在今越州、出箭竹。

古注合存

會稽山、鄭云在今越州。今浙江紹興府會稽縣。

補注

東南之美者有會稽之竹箭焉**註**會稽山名今在山陰縣南竹箭篠也**正義**職方揚州其山鎮曰會稽、其利金錫竹箭。史記夏本紀、禹會諸侯于江南計功、而崩、因葬焉、名曰會稽。會稽者、會計也。吳越春秋云、禹巡行天下、會計修國之道、因以會稽名山、仍爲地號。禹貢揚州云、篠簜既敷。無極山碑云、揚粵之篠簜、財用於是乎出。案東南多竹箭、至今猶然。

註 會稽至篠也。○ **正義** 晋書地理志、會稽郡山陰縣會稽山在南、上有禹冢。會稽山今在紹興府會稽縣南二十里。郭以竹箭爲篠者、下文釋草云簜竹、又云篠箭、据此爲說也。詳見下文。

正義

東南之美者有會稽之竹箭焉 會稽山名今在山陰縣南竹箭篠也

職方揚州其山鎭曰會稽、鄭注會稽在山陰。漢晋二志並云山陰會稽山在南。今山在紹興府會稽縣南二十里矣。史記夏紀云禹會諸侯江南計功而崩因葬焉、命曰會稽。會稽者會計也。竹箭者、釋草云篠箭。禹貢篠簜既敷、夏紀作竹箭既布。說文引書曰竹箭如揩。按職方注故書箭爲晉、晉揩音同、疑說文所引有脫誤也。竹箭堅實以無節爲異。墜形篇注、今會稽郡出好竹箭也。戴凱之竹譜云、箭竹高者不過一丈、節間三尺、堅勁中矢。江南諸山皆有之、會稽所生最精好。

義疏

東南之美者有會稽之竹箭焉 郭注、會稽、山名、今在山陰縣南。竹箭、篠也。大竹小箭、竹之用廣、箭者人人所用。禹貢貢篠簜。

集解

東南之美者有會稽之竹箭焉 會稽在今會稽縣南二十里。周禮以爲揚州山鎭。箭亦竹也、大曰竹、小曰箭。禹貢篠簜既敷、謂簜竹而篠箭。

義證

東南之美者有會稽之竹箭焉

山在今紹興府會稽縣東南、本苗山、禹名之曰會稽也。禹貢揚州貢竹箭。

釋地四篇注

東南之美者有會稽之竹箭焉　注竹箭篠也

評曰、禹貢揚州篠簜既敷、史記作竹箭既布。釋草亦以篠爲箭、簜爲竹。是竹爲簜而箭爲篠。注以篠總釋之、非是。

評郭

東南之美者有會稽之竹箭焉 會稽山名今在山陰縣南竹箭篠也 以篠而小可以爲矢因名矢爲箭

慧琳大寶積經四十五卷音義引爾雅箭竹名也。郭璞曰、以篠而小、可以爲矢、因名矢爲箭。樹柟案、爾雅無箭竹名也之文、當是此經郭注經後人刪去者、謹補於此。釋草有篠箭之文。

郭注佚存補訂

東南之美者有會稽之竹箭焉

說文云箭矢也。竹可以爲矢、故曰竹箭。衛風淇奧綠竹猗猗、淇上多竹。任昉述異記云、衛有淇園、出竹、在淇水之上。寇恂爲河內伐竹淇川、治矢百餘萬以益軍實。據此則竹箭不止出於會稽、特會稽爲最美耳。

說詩

東南之美者有會稽之竹箭焉 職方揚州、山鎭曰會稽、其利金錫竹箭。郭註會稽、山名、今在山陰南。竹箭、篠也。說文箭、矢竹也。禹貢篠簜既敷、註篠箭竹也。

東南之美者有會稽之竹箭。周禮弓人爲弓、矢人爲矢。

啓蒙

古言弓矢不謂矢為箭淮南子齊威公征伐甲兵不足令	訟而不中者出一束箭乃矯箭為矢此始以箭為矢也字	統箭者竹之别形竹大身小葉箭小身大葉周禮職方氏	揚州其利金錫竹箭。

古義補

注會稽至縣也○釋曰周禮揚州云注疏本删上八字。

校勘記

故爲山名監本毛本湘本爲作云。

注會稽至縣也按此係標上注文起止也。縣當爲篠字之誤。

注疏校勘札記

東南之美者有會稽音巷之竹箭焉

音圖・音

東南之美者、有會稽之竹箭焉。 儈 雞 餞

孫偘直音

東南之美者有會古外切稽古今切之竹箭焉 會稽山名。竹箭篠也。

楊氏音訓

會古外切

干氏音釋

南方之美者有梁山之犀象焉

南方之美者有梁山之犀象焉。犀牛皮角、象牙骨。

郭注

南方之美者有梁山之犀象焉 釋曰、郭氏不注梁山所在。犀象二獸皮角牙骨材之美者也。

邢疏

有梁山之犀象焉

象實魁梧、體巨貌詭、肉兼十牛、目不踰豕、

望頭如尾、動若邱徙。藝文九十五

圖贊

南方之美者有梁山之犀象焉

郭璞云犀牛皮角、象牙骨。

黃輯古義

犀音西。

陸音義

一切注音

南方之美者有梁山之犀象焉梁山在今汝州梁縣。

鄭樵注

南方之美者有梁山之犀象焉 郭璞曰犀牛皮角象牙骨。鄭樵曰梁山在今汝州梁縣。

古注合存

梁山鄭云在汝州梁縣。今河南汝州。

補注

南方之美者有梁山之犀象焉註犀牛皮角象牙骨正義職方荆州其山鎮曰衡山、其利丹銀齒革。爾雅作梁山者。淮南主術訓橋直植立而不動高誘註橋、桔槔上衡也。太平御覽引符子云、今衡官橋而量之、折十橋。衡謂之橋、橋亦謂之梁、是衡與梁義相通也。衡與横通、强梁語轉作强横、是衡與梁聲相近也。鄭康成周禮註云衡山在湘南、高誘淮南註云梁山在會稽長沙湘南、會稽二字承上文而衍。云在長沙湘南、是梁山即衡山之明證矣。衡山所在詳見下文釋山。犀牛皮可爲甲、詳見下文釋獸。象者、說文云象長鼻牙、南越大獸、三年一乳。左傳疏引異物志云、象身倍數牛、而目則如豕、其鼻長七八尺、其所食物皆鼻取之。郭氏山海經註云、象獸之最大者、長鼻、大者牙長一丈、性妒、不畜淫子。象牙骨可爲器用、故左氏襄二十四年傳象有齒以焚其身。鹽鐵論云荆揚之皮革骨象、言其利於用也。又左傳定四年楚人執燧象以奔吳師、是楚地固有象矣。今象在南徼外。

正義

南方之美者有梁山之犀象焉犀牛皮角象牙骨

職方荆州、其山鎮曰衡山。鄭注衡山在湘南。本漢志文。墜形篇本爾雅作梁山。高誘注梁山在會稽長沙湘南。是高據職方以梁山即衡山。會稽二字衍也。或疑衡無梁山之名，非也。會稽古防山亦曰茅山，又曰棟山，見水經注，乃有四名。衡山二名何足異也。犀象者，職方注齒象齒也，革犀兕革也。按二物珍貴，爲世要用，故載之。禹貢例於爾雅焉。

義疏

南方之美者有梁山之犀象焉

郭注、犀牛皮角、象牙骨。高誘說梁山在會稽長沙、謂五嶺也、起閩海至九疑。秦陸梁郡名取於此。交阯南海多犀象也。

集解

南方之美者有梁山之犀象焉 高誘淮南注、梁山在會稽長沙湘南、今五嶺也、起閩海而至九疑。許慎說犀、南徼外牛、一角在鼻、一角在頂、似豕。象、長鼻牙、南越大獸、三年乳。今出交阯。

義證

南方之美者有梁山之犀象焉

梁州之山也。今犀象出交廣滇南諸徼、彼人捕得爭食其肉、云肥堪作炙。

釋地四篇注

南方之美者有梁山之犀象焉

註犀牛皮角象牙骨 補正 臣鋆按梁山郭不註所在、鄭樵謂在汝州梁縣、未審是否。

郭注補正

南方之美者有梁山之犀象焉。太平寰宇記以爲即漢中府南鄭縣之梁州山、然亦難合。

錢氏古義

南方之美者有梁山之犀象焉

犀牛皮角象牙骨 象大獸也長鼻大耳三歲一乳

希麟大乘本生心地觀經三卷音義引爾雅南方之美者有梁山之犀象焉、郭注云象大獸也長鼻大耳三歲一乳。樹柟案今注無此文、據補。

郭注佚存補訂

南方之美者有梁山之犀象焉

犀之美在皮、象之美在齒。魯頌泮水元龜象齒。小雅采薇象弭魚服、毛傳云象弭弓反末也。鄭箋云弭弓反末彆、以象骨爲之、以助御者解轡紛宜滑也。蓋象之爲用最廣、孔子佩象環亦其一也。

說詩

南方之美者有梁山之犀象焉 職方荆州、山鎮曰衡山、其利丹銀齒革。爾雅作梁山。淮南註、梁山在會稽長沙湘南。會稽二字承上文而衍。云在長沙湘南、是梁山即衡山也。郭註犀牛皮角象牙骨。鹽鐵論荆揚皮角骨象、謂犀牛皮、象牙骨也。犀詳釋獸。說文象、長鼻牙、南越大獸、三年一乳。象耳牙四足之形。其牙角可爲器用。

啓蒙

○南方之美者有梁山之犀象焉 ○釋曰 注疏本分節與上同。焉下增者、刪釋曰。

校勘記

三行(注)犀牛皮角象牙骨○唐寫本「骨」下有「也」字.

宋監本校箋

南方之美者有梁山之犀象焉犀牛皮角象牙角

楊氏音訓

西南之美者有華山之金石焉

西南之美者有華山之金石焉。黃金礝石之屬。

郭注

注黃金礝石之屬　釋曰、經惟言金、知黃金者、以三品之中黃金爲上、此言美者、故知黃金。礝石、石之次玉者。玉藻云士佩瓀玟而縕組綬是也。其類非一、故云之屬。

邢疏

西南之美者有華山之金石焉

郭璞云黃金碝石之屬。

一切注音

華花乎反、又戸化反。礝本或作碝、同。如兗反。應劭注子虛賦云、礝石出鴈門、白者若冰、半有赤色。

陸音義

東方之美者有醫無閭之珣玗琪焉東南之美者有會稽之竹箭焉南方之美者有梁山之犀象焉西南之美者有華山之金石焉

竹箭以美見伐犀象以美見殺金石珠玉以美見掇、故曰、天下皆知美之爲美斯惡矣。

新義

西南之美者有華山之金石焉華山在今華陰。

鄭樵注

西南之美者有華山之金石焉

郭璞曰、黃金礝石之屬。鄭樵曰、華山在今華陰。

古注合存

華山、鄭云在今華陰。今陝西華州華陰縣。

補注

西南之美者有華山之金石焉

註

黃金碝石之屬

正義

職方豫州、其山鎮曰華山。高誘淮南註、金、美金。石、含玉之石也。華山、今宏農華陰南山是也。高誘以石爲含玉之石者、漢書地理志、京兆藍田縣山出美玉。西都賦云、陸海珍藏、藍田美玉。註引范子計然曰、玉英出藍田。水經註云、麗戎之山、一名藍田、其陰多金、其陽多玉。是古者以金玉爲西南之美也。華山所在、詳見釋山。

註

黃金碝石之屬○

正義

說文、碝、石次玉者。玉藻云、士佩瓀玟而縕組綬。瓀當作碝。子虛賦云、碝石碱砆、張揖註云、碝石白者如冰、半有赤色。郭以金石之類不可枚舉、故言黃金之屬、以該三品。言碝石之屬、則含玉之石亦在其中。

西南之美者有華山之金石焉黃金礝石之屬。

職方豫州其山鎮曰華山、鄭注華山在華陰。晉地理志弘農郡華陰、華山在縣南。金石者、墜形篇注金、美金也。石、含玉之石也。郭云礝石之屬者、礝當作碝、說文碝、石次玉者。玉藻云士佩瓀玟。張揖子虛賦注、碝石白者如冰、半有赤色。

義疏

西南之美者有華山之金石焉

郭注、黃金礝石之屬。華山、蓋華陽之山也。華山金石今無聞、唯蜀滇多金卝美石、或皆聚至於西嶽耳。

集解

西南之美者有華山之金石焉

華山金石今無聞、此華山蓋謂華陽耳。蜀滇在華山陽、多金卝美石、是其證也。漢書地理志、京兆藍田縣山出美玉。水經注、麗戎之山、一名藍田、其陰多金、其

陽多玉。坊華山陽之山也。華山、職方以為豫州山、今在陝西華陰縣南。一

義證

西南之美者有華山之金石焉

山在今同州府華陰縣南。山海經曰、少華山其陰多磬石、其陽多㻬琈之玉。又陶宏景曰華山生陵石。俱不言出金。山海經又曰、英山其陽多赤金。今英山在華州西南、少華山在華州南、與華山皆連麓。

釋地四篇注

西南之美者有華山之金石焉

註黃金礝石之屬補正鄭樵注云華山在今華陰。臣鍌按、華陰在西北、經明言西南、恐非華陰、別有華山。

郭注補正

西南之美者有華山之金石焉

黃金礝石之屬

邵氏正義改礝爲碝、郝氏亦云礝當作碝、說文碝、石次玉者。樹枏案、釋文云、礝本或作碝同、如兗反。

郭注佚存補訂

西南之美者有華山之金石焉　華當作崋。說文山部崋山在宏農崋陰。从山䔢省聲。案說文䔢从艸从𠌶、又𠌶从𠂹亏聲、本屬二文、隸變作華、溷𠌶䔢而一之、幷崋山之崋亦爲華矣。

匡名

西南之美者有華山之金石焉職方豫州山鎮曰華山。水經註、麗戎山一名藍田、其陰多金、其陽多玉。郭註黃金碝石之屬。金、詳釋器。說文、厂、山石、象形。石含玉者、世所珍焉。

啓蒙。

華　𠌶　華說文作𠌶。經典通用華。

黃侃評本正名

○注黃金礝石之屬○釋曰　注疏本删注釋曰、屬下增者。

校勘記

西南之美者有華山之金石焉○唐寫本「西南」下有「方」字。案：上言「東南之美者」，下言「西北之美者」，均無「方」字，此蓋爲衍文。「華山」唐寫本作「崋」。案：「華山」字作「崋」，本《說文》。《字林》亦作「崋」，見《釋山》「河南華」下《釋文》。

四行(注)黃金礝石之屬○唐寫本作「黃金碝石之屬也」。《釋文》字作「礝」，云：「本或作碝，同。如兗反。」案：《說文》云：「碝，石次玉者。」「礝」即「碝」字別體。邵氏《正義》據《說文》改「礝」爲「碝」，與唐寫本合。

宋監本校箋

西方之美者有霍山之多珠玉焉

郭注

西方之美者有霍山之多珠玉焉。霍山今在平陽永安縣東北。珠如今雜珠而精好。

注霍山至精好　釋曰、周禮冀州其山鎮曰霍山、鄭云在彘。案地理志河東郡彘縣云、霍大山在東、冀州山、周厲王所奔。應劭曰順帝改曰永安。然則東晉時屬平陽郡而縣名永安、故云今在平陽永安縣也。云珠如今雜珠而精好者、郭氏時驗爲然也。

邢疏

西方之美者有霍山之多珠玉焉

郭璞云、霍山今在平陽永安縣東北。珠如今雜珠而精好。 **一切注音**

霍呼郭反。 **陸音義**

西方之美者有霍山之多珠玉焉 珠玉雖多、其散霍如也、雖山猶如此。 **新義**

西方之美者有霍山之多珠玉焉 在晉州霍邑。 **鄭樵注**

西方之美者有霍山之多珠玉焉 郭璞曰、霍山今在平陽永安縣東北。珠如今雜珠而精好。鄭樵曰、在晉州霍邑。 **古注合存**

霍山、鄭云在晉州霍邑。今山西平陽府霍州。 **補注**

西方之美者有霍山之多珠玉焉 **註** 霍山今在平陽永安縣東北。珠如今雜珠而精好 **正義** 禹貢云、至于岳陽。又云至于太岳。職方冀州、其山鎮曰霍山。晉語云景霍以爲城、即霍太山也。高誘淮南註、出夜光之珠、五色之玉也。太史公云、山西饒材竹穀纑旄玉石。應劭註子虛賦云、碝石出雁門、是玉之屬也。今山西有玉、色黑美者可以鑑、里人謂之玟玉。**註** 霍山至精好。**正義** 漢書地理志河東郡彘縣霍太山在東。後漢陽嘉三年改彘縣爲永安。劉昭註續漢志引爾雅云西南之美者有霍山之多珠玉焉。西方作西南、傳寫之譌也。晉書地理志平陽郡永安縣、縣名仍後漢之舊。霍山今在平陽府霍州東三十里。說文云珠、蚌之陰精。郭云如雜珠而精好、據時驗云然也。今未聞。 **正義**

西方之美者有霍山之多珠玉焉 霍山今在平陽永安縣東北。珠如今雜珠而精好 職方冀州其山鎮曰霍山、鄭注霍山在彘、據漢志後漢改彘爲永安、故墜形篇注今河東永安縣也。至晉又改河東爲平陽、故晉志平陽郡永安故霍伯國。霍山在東。郭注與晉志同。山在今平陽府霍州東三十里也。墜形篇珠玉上無多字、高誘注出夜光之珠五色之玉也。史記貨殖傳、山西饒材竹穀纑旄玉石。邵氏正義曰、今山西有玉、色黑美者可以鑑、里人謂之玟玉。郭云珠如今雜珠而精好、據目驗也。然則珠玉以美好爲珍、非以多爲異也。多字蓋衍。 **義疏**

西方之美者有霍山之多珠玉焉 郭注、霍山今在平陽永安縣東北。珠如今雜珠而精好。珠以綴旒佩、字从朱、蓋貴赤也、以玉爲之後、乃取蚌珠耳。多珠玉、自生圓小之玉石。 **集解**

西方之美者有霍山之多珠玉焉 霍山、大岳也。禹貢職方均以爲冀州山、今霍縣東地也。珠、蚌之陰精、一曰水精也。尸子、水方折者有玉、員折者有珠。此云山多珠玉、謂自生圓小之玉耳、非以珠玉爲二名也。今山西有玉、色黑美者可以鑑、里人謂之玟玉、亦珠玉類也。高誘淮南注出夜光之珠五色之玉、則以珠玉爲二、其說誤矣。 **義證**

西方之美者有霍山之多珠玉焉 山在今霍州東南、禹貢之太岳也。高誘曰、出夜光之珠、五色之玉。 **釋地四篇注**

西方之美者有霍山之多珠玉焉 說文隹部有靃字、即山名也。山部嶽字下東岱南靃是也。隸省作霍。正義云、劉昭續漢郡國志注引作西南、傳寫之誤。

匡名

西方之美者有霍山之多珠玉焉 職方冀州、山鎮曰霍山。郭註霍山今在平陽永安縣東北。珠如雜珠而精好。史記、山西饒材竹穀纑旄玉石。說文珠、蚌之陰精。引國語珠以禦火災。

玉詳釋器。

啓蒙

西方之美者有霍山之多珠玉焉。霍山今在平陽永安縣東北。珠如今雜珠而精好。郭云雜珠、以別於蚌珠也。珠从玉、故亦為美石之通稱。廣雅自水晶、琉璃、珊瑚之屬九名皆目曰珠、是知珠之所包多矣、故曰多珠玉。

黃侃音訓

西方之美者有霍山之多珠玉焉

案白六帖引西方之美者有文蔚之皮焉。疑為逸文。否則涉下東北之美者有斥山之文皮而誤。疑事毋質、不敢竟入逸文。

王仁俊日記

○注霍山至精好○釋曰 注疏本好下增者、刪釋曰。

云珠如今雜珠而精好者 注疏本脫者。

校勘記

有霍山之多珠玉焉 淮南子墬形篇珠玉上無多字。按注云珠如今雜珠而精好、則是珠以好為珍、非以多為異也。

注疏校勘札記

五行(注)珠如今雜珠而精好○唐寫本「好」下有「也」字。

宋監本校箋

西方之美者、有霍山之多珠玉焉。 霍 花入聲

孫偘直音

霍 忽郭切

干氏音釋

西北之美者有崐崘虛之璆琳琅玕焉

西北之美者、有崐崘虛之璆琳琅玕焉。璆琳、美玉名。琅玕狀似珠也。山海經曰、崐崘山有琅玕樹。

郭注

注璆琳至玕樹 釋曰、璆與球同。說文云璆、玉磬也。琳、美玉名。書云戛擊鳴球。美玉可以為磬、故皆云美玉也。云山海經曰者、案海內西經云、帝之下都崐崘之虛、方八百里、高萬仞、其上有三頭人琅玕樹。注云琅玕子似珠是也。

邢疏

西北之美者有崑崙虛之璆琳琅玕焉

璆琳、美玉。禮記正義三十

李注

西北之美者有崑崙虛之璆琳琅玕焉

璆琳、美玉。禮記正義三十

孫音注

西北之美者有崑崙虛之璆琳琅玕焉 以下釋地

璆琳、美玉名。琅玕、石而似珠者。書正義引釋文。又云說者皆云、球琳、美玉名。琅玕、石而似珠者。

衆家注

西北之美者有崑崙之璆琳琅玕焉

璆琳、美玉名。琅玕、石而似珠者。書禹貢正義引釋地文。又云說者皆

黃輯古義

云禮記玉藻正義引李巡孫炎郭璞等並云、璆琳美玉。

李注

西北之美者有崑崙之璆琳琅玕焉

璆琳美玉名琅玕石而似珠者書禹貢正義引釋地文又云說者皆云禮記玉藻正義引李巡孫炎郭璞等並云、璆琳美玉。

孫音注

玉函山房輯佚

有崑崙虛之璆琳琅玕焉

璆琳、美玉。李注 孫注 並朱校宋本禮記疏四十

鈎沉

西北之美者有崑崙虛之璆琳琅玕焉

李曰璆琳、美玉名。琅玕、石而似珠者。書正義亦引釋地文。又云說者皆云球、琳、美玉名。琅玕、石而似珠者。禮記正義三十作李巡孫炎郭璞等竝云璆琳美玉。

漢注

西北之美者有崑崙虛之璆琳琅玕焉

李巡孫炎云璆琳、美玉。禮記正義四十卷

郭璞云璆琳、美玉名。琅玕狀如珠也。山海經曰崑崙山有琅玕樹。

一切注音

璆琳　李巡孫炎郭璞等竝云璆琳、美玉。玉藻正義

古注斠

璆琳琅玕　舊注、璆琳美玉名。琅玕、石而似珠者。書正義

桉書正義引釋地文。又云說者皆如此說、知為爾雅舊注。

古注斠補

崐音昆。崘路昆反。虛羌魚反。璆其樛反、又音求。琳音林。瑯音郎、又作琅同。玕音干。

陸音義

崐崘○俗閒注疏本山皆在上、宋本單注本在旁、下釋水亦同。　瑯○邢本作琅、是。宋本鄭樵本作瑯、俗。

音義攷證

西北之美者有崑崙虛之璆琳琅玕焉山海經云、崑崙之虛方八百里、高萬仞。按其山在中國之外西境。璆琳、美玉。琅玕、珠樹。

鄭樵注

西北之美者有崑崙虛之璆琳琅玕焉琅、鄭本作瑯。

李巡曰璆琳、美玉。孫注同。

郭璞曰、璆琳、美玉名。琅玕狀如珠也。山海經曰崑崙山有琅玕樹。

鄭樵曰、山海經云崑崙之虛方八百里、高萬仞。按崑崙在中國之外西境。璆琳、美玉。琅玕、珠樹也。

古注合存

西北之美者有崑崙虛之璆琳琅玕焉 **註** 璆琳美玉名琅玕狀如珠也山海經曰崑崙山有琅玕樹 **正義** 禹貢、雍州厥貢惟球琳琅玕。職方、雍州其利玉石。管子輕重甲篇、崑崙之虛不朝、請以璆琳琅玕爲幣乎。崑崙虛之球琳、即後世于闐之玉也。**註** 璆琳至珠也。○ **正義** 釋器云、璆琳、玉也。郭註同、詳見上。詩疏引鄭康成書註云、琅玕、珠也。高誘淮南註云、璆琳琅玕皆美玉也。郭氏以爲琅玕色如珠者、琅玕爲石之精液凝結而成、其色似珠、不得與璆琳竝以爲玉、亦不得遂以爲珠也。說文云、琅玕似珠者、與郭註同。○山海至玕樹。○ **正義** 海內西經文也。郭氏彼註云、琅玕子似珠也。淮南地形訓、增城九重、琅玕在其東。倣真訓云、鍾山之玉、高誘註鍾山、崑崙也。

正義

西北之美者有崐崘虛之璆琳琅玕焉璆琳美玉名琅玕狀似珠也山海經曰崐崘山有琅玕樹

崐崘、古文作昆侖。史記夏紀索隱引鄭以爲昆侖析支渠搜三山皆在西戎。漢志、金城郡臨羌有昆侖山祠。敦煌郡廣至有昆侖障。璆琳琅玕者、禹貢雝州所貢。昆侖產也。管子輕重甲篇云、崐崘之虛不朝、請以璆琳琅玕爲幣乎。墜形篇崐崘下無虛字、高誘注璆琳琅玕皆美玉也。按高注非。詩韓奕釋文引鄭注尚書云璆美玉、琳美石。琅玕、珠也。說文亦云琅玕似珠者。故禹貢正義引釋地說者皆云璆琳美玉名、琅玕石而似珠者。玉藻正義引李巡孫炎郭璞等竝云璆琳美玉。是郭義同李孫、皆據釋器璆琳玉也爲說。鄭必以璆美玉、琳美石分爲二者、蓋據子虛賦琳珸竝稱、上林賦碧琳與玫瑰連文、知琳爲美石。實則玉石同類、古皆通名耳。郭引山海經琅玕樹者、海內西經文。墜形篇云、崐崘虛中有增城九重、琅玕在其東。俶眞篇云、鍾山之玉、高注鍾山崐崘也。皆與爾雅合。姚元之曰、和闐之西南曰密爾岱者、其山緜亘不知其終。其山產玉、鑿之不竭、是曰玉山。山恆雪、回民挾大釘、亘繩以上、鑿得玉、繫以亘繩縋下、其玉色青、今密爾岱即古崐崘虛矣。余按此玉青色即璆琳也、已詳釋器璆琳玉下。

義疏

西北之美者有崐崘虛之璆琳琅玕焉　李注、璆琳美玉。郭注、琅玕狀似珠也。山海經曰、崐崘山有琅玕樹。

璆球一字、玉磬聲翏然、因以名玉。琳从林、舊竝以爲碧色、天球亦云色如天、則球琳碧玉磬也。琅玕、鄭許竝以爲珠。霍山已爲珠府。今河源無美珠、唯有綠松石、長可二三丈。琅者、朗也。玕、干也。所謂玉樹。

集解

西北之美者有崑崘虛之璆琳琅玕焉　璆、玉磬也。上經以爲玉名、字亦作球。琳亦玉也。其色似林、青色或碧色也。琅玕、良玉而形似珠、山海經所謂琅玕樹是也。今河源有綠松石、長可二三丈、是其類也。鄭許均以琅玕爲珠、則大概之詞矣。崑崘、河源所出、今青海地也。

義證

西北之美者有昆侖虛之璆琳琅玕焉

王肅曰、昆侖在臨羌西。禹貢、雍州貢璆琳琅玕。李巡曰、璆琳、美玉。許愼曰、琅玕似珠者。周書有天璆。鄭康成謂玉色如天者之稱。神農本艸經云、靑琅玕一曰石珠。蜀都賦謂靑珠黄環亦是也。

釋地四篇注

西北之美者有崐崘虛之璆琳瑯玕焉

璆琳美玉名。瑯玕狀似珠也。山海經曰崐崘山有琅玕樹。

明注疏本作琅玕狀如珠也。

郭注佚存補訂

有崑崘虛之璆琳琅玕焉　琅、釋文作瑯。

註琅玕狀如珠也　如、本亦作似。

注疏正字

西北之美者有崐崘虛之璆琳瑯玕焉　海內西經注引西北之美者有昆侖之琅玗焉。案說文山部新附有崑崘二字、大徐云、漢書揚雄文通用昆侖。虛、白帖五引作墟。案墟俗字。釋文云、瑯又作琅。石經作琅、尙書正義禹貢、禮記正義十三、白帖五引作琅。案从郎者俗體。

匡名

西北之美者有崑崘虛之璆琳琅玕焉　職方、雍州其利玉石。禹貢、雍州厥貢惟球琳琅玕。球琳詳釋器。說文、琅玕似珠者。註、出於蚌者爲珠、出於地者爲似珠。山海經、崑崘山有琅玕樹。

啓蒙

崐崘　昆侖　崐崘。史記漢書均作昆侖。
瑯　琅　釋文：瑯。又作琅，同。盧氏文弨云：作琅是。
今本作琅。

黃侃評本正名

有醫無閭之珣玗琪焉　有霍山之多珠玉焉　有崑崙虛之璆琳琅玕焉

李巡本醫作毉，同。釋地釋文　淮南子作醫毋閭之珣玗琪焉。墬形訓

楚辭作於微閭。遠遊篇　漢書作無慮。地理志　淮南子作有霍山之珠玉焉。墬形訓　釋文琅作瑯，云又作琅，同。釋地釋文　淮南子作有昆侖虛之球琳琅玕焉。墬形訓

璆、淮南子作球。琅、釋文作瑯。按說文玉部球云玉磬也，從玉求聲。球或從翏作璆，則璆乃球或體字也。又琅云琅玕似珠者，從玉良聲。無瑯字。

證異

有崐崘虛之璆琳琅玕焉　唐石經、雪牕本、正德本同。釋文、單疏本亦作崐崘，閩本、監本、毛本作崑崙、移山於上，失其舊。釋文：瑯，音郎，又作琅，同。

琅玕狀似珠也　雪牕本同。注疏本作如珠，非。邢疏引山海經注亦云琅玕子似珠。

○注璆琳至玕樹○釋曰璆與球同　注疏本刪上八字。

云山海經曰者　注疏本脫云。

琅玕子似珠是也　注疏本脫是。

校勘記

崐崘虛○「崐崘」唐寫本作「崑崙」，同。原本《玉篇》山部字作「崐崘」。「崐」下引《爾雅》「虛」作「墟」。

六行(注)山海經曰崐崘山有琅玕樹○「琅玗」當作「琅玕」。唐寫本此注作「《山海經》云崐崘山上有琅玕樹焉。」

宋監本校箋

西北之美者，有崑崙虛之璆琳琅玕焉。　昆　論　祈　求、林　郎　干

孫佁音直

西北之美者有崑昆崙論虛墟之璆求琳林琅郎玕干焉。

直音校正

西北之美者有崐崘虛墟之璆琳琅玕焉。璆琳，美玉名。琅玕狀如珠。崐崘山有琅玕樹。

楊氏音訓

璆求　琳林　琅郎、玕干

干氏音釋

北方之美者有幽都之筋角焉

北方之美者有幽都之筋角焉。幽都，山名。謂多野牛筋角。

郭注

注幽都至筋角　釋曰：山海經云北海之內有山名曰幽都之山是也。

邢疏

北方之美者有幽都之筋角焉

郭璞云：幽都，山名。謂多野牛筋角。

一切注音

筋　音斤。本或作䈥字，非。

陸音義

北方之美者有幽都之筋角焉　幽都即幽州，在今燕。筋角，牛筋角也。

鄭樵注

北方之美者有幽都之筋角焉

郭璞曰、幽都、山名。謂多野牛筋角。監本作觔。鄭樵曰、幽都卽幽州、今燕地。筋角、牛筋角也。

古注合存

北方之美者有幽都之筋角焉 **註** 幽都山名謂多野牛筋骨 **正義** 考工記云、燕之角。史記貨殖傳云、龍門碣石北、多馬牛羊、旃裘筋角。高誘淮南註云、古之幽都在雁門以北、其畜宜牛羊馬、出好筋角、可以爲弓弩。魏都賦云、燕弧盈庫而委勁。是北方筋角之利也。**註** 幽都至筋骨。**正義** 海內經云、北海之內有山名曰幽都之山。通典云、幽州因幽都山以爲名也。山海經有幽都山、今列北荒矣。筋角不盡出於野牛、郭云多野牛筋角、舉類以曉人也。

正義

北方之美者有幽都之筋角焉 幽都山名謂多野牛筋角 幽都者、一統志云、山在昌平縣西北、古之幽州、蓋因山爲名也。海內經云、北海之內有山名曰幽都之山。筋角者、考工記云、燕之角。貨殖傳云、龍門碣石北、多馬牛羊、旃裘筋角。墜形篇注、古之幽都在鴈門以北、其畜宜牛羊馬、出好筋角、可以爲弓弩。魏都賦云、燕弧盈庫而委勁。是北方筋角之利、舊有名矣。

義疏

北方之美者有幽都之筋角焉 郭注、幽都、山名。謂多野牛筋角。筋、肉之力也。玉篇說角、獸頭上骨出者。攷工記相筋欲獸之剽。則筋貴鹿。

集解

北方之美者有幽都之筋角焉 幽都、今昌平縣西北山。筋、肉之力也。角、獸角也、在頭上者。攷工記、相筋欲獸之剽、則筋以鹿為貴。

義證

北方之美者有幽都之筋角焉

高誘曰、古之幽都在鴈門以北、其地宜牛羊馬、出好筋角、可以爲弓弩。

釋地四篇注

北方之美者有幽都之筋角焉 幽都山名謂多野牛筋角 毛本角誤骨。

郭注佚存補訂

北方節註謂多野牛筋角 角、毛本誤骨。 疏珣周書所謂夷玉也 夷誤美。 黃金碣石之屬者 碣、監本誤儒。 士佩碣玟而縕組綬是也 碣、禮記作瑞。佩字監本誤。 璆玉磬也 璆、說文作球。 其上有三頭人伺琅玕樹 脫伺字。

注疏正字

北方之美者有幽都之筋角焉 釋文云、筋本或作筋字、非。

匡名

北方之美者有幽都之筋角焉 郭註、幽都、山名。謂多野牛筋骨。史記貨殖傳、龍門碣石北、多馬牛羊、旃裘筋角。淮南註、幽都在雁門以北、其畜宜牛羊馬、出好筋角、可以爲弓。是北方筋角之利也。

啓蒙

釋地篇幽都之筋角、幽都、地名、卽燕都也。郭邢以為山名、誤矣。

讀雅筆記

○注幽都至筋角○釋曰 注疏本但作幽都者三字。 謂多野牛筋角 雪牕本正德本閩本監本同。單疏本標起止云注幽都至筋角。毛本角誤骨。

校勘記

有幽都之筋角焉、注謂多野牛筋角。今本角誤作骨。

注疏本正誤

七行(注)謂多野牛筋角○唐寫本脱「多」字,「筋角」下有「也」字。

宋監本校箋

北方之美者有幽都之筋角焉 斤

孫偘直音

北方之美者有幽都之筋角焉 幽都山名 野牛筋骨

楊氏音訓

東北之美者有斥山之文皮焉

東北之美者有斥山之文皮焉。虎豹之屬皮有縟綵者。

郭注

東北至皮焉 釋曰、斥山名也。文皮、虎豹之屬、其皮毛有文采細縟、故謂之文皮焉。

邢疏

東北之美者有斥山之文皮焉

郭璞云虎豹之屬皮有縟綵者。

一切注音

斥山 昌亦反、又昌夜反。 縟 音辱。

陸音義

斥山○注疏本多作斥山、宋本同。近人本遂改作斥、以爲卽周禮沂山、省非。

音義攷證

東北之美者有斥山之文皮焉 斥山未詳。文皮、虎豹皮。

鄭樵注

東北之美者有斥山之文皮焉

郭璞曰、虎豹之屬皮有縟綵者。

鄭樵曰、斥山未詳。文皮、虎豹皮。

古注合存

東北之美者有斥山之文皮焉 註 虎豹之屬皮有縟綵者 正義 此釋營州之利也。隋書地理志、東萊郡文登縣有斥山。太平寰宇記以爲卽爾雅之斥山矣。斥山在今登州府榮成縣南一百二十里。管子揆度篇、發朝鮮之文皮、又輕重甲篇、發朝鮮不朝請文皮毤服而以爲幣乎。斥山在營州域內、營州越海有遼東地、故能聚東北之美。註 虎豹至綵者。正義 淮南道應訓、散宜生得元豹黃羆青豻白虎文皮千合以獻于紂。是文皮爲虎豹之屬也。鹽鐵論云、燕齊之魚鹽旃裘。高誘淮南註云、文皮、虎豹之皮也。傳云無終子使孟樂因魏莊子納虎豹之皮以請和諸戎也。

正義

有斥山之文皮焉 斥、石經作斥。

校議

東北之美者有庍山之文皮焉 虎豹之屬皮有縟綵者

庍山、瀕海之山。隋地理志、東萊郡文登縣有庍山。寰宇記云卽爾雅之庍山。齊乘云文登東南六十里、蓋以海濱廣庍得名。按山在今登州府榮城縣南一百二十里矣。文皮者、墬形篇注虎豹之皮也。郭注因之。管子揆度篇云、發朝鮮之文皮。蛓發。亦輕重甲篇云、發朝鮮不朝、請文皮毤服而以爲幣乎。然則朝鮮亦出文皮、其地與庍山唯限一海、皆古營州之地、因知營州蓋越海而有朝鮮矣。

義疏

東北之美者有斥山之文皮焉 郭注、虎豹之屬皮有縟綵者。隋地志、文登縣有斥山。管子書、朝鮮之文皮。蓋以登州爲海市。

集解

東北之美者有斥山之文皮焉 隋書

地理志、東萊郡文登縣有斥山。今榮成縣南也。管子揆度發朝鮮之文皮。蓋登州爲其通商口。

義證

東北之美者有斥山之文皮焉

高誘曰、文皮、虎豹之皮。傳曰無終子使孟樂因魏莊子納虎豹之皮請和諸戎是也。斥鹵之地、亦取以名山矣。

釋地四篇注

東北之美者有斥山之文皮焉

註虎豹之屬皮有縟綵者 補正 臣鍫按、斥、石經及釋文俱作厈、云昌亦反叉昌夜反。

郭注補正

東北之美者有厈山之文皮焉 廣韻四十禡引作東方。說文九下广籀文从干作厈、音呼旱切。而釋文一音昌亦反、又昌夜反、則是㡿字㡿之隸變作斥、與厈相溷、此字究未知何字。廣韻引作庠、亦未詳。淮南墬形訓與爾雅文同、高誘注斥讀厈邛之厈、厈邛亦未詳也。

匡名

東北之美者有斥山之文皮焉 地理志、東萊郡文登縣有厈山。太平寰宇記以爲卽爾雅之斥山。管子、發朝鮮之文皮。淮南註文皮、虎豹之皮也。郭註虎豹之屬皮有縟綵者。說文文、錯畫也。象交文。皮、剝取獸革者謂之皮、从又爲省聲。

啓蒙

東北之美者、有㡿山之文皮焉。廣韻禡韻斥、山名。爾雅曰、東方之美者有斥山之文皮焉、是東北作東方、與鄭書注謂夷玉爲東北之珣玗琪者相合。然淮南墬形訓文與今本爾雅同、是自來有二本也。㡿山之說、㡿見太平寰宇記。寰宇記以東萊文登縣之㡿山卽爾雅之㡿山。爾雅舊注即不明指所在、自無妨更在醫無閭之北、未可據樂史片言、遽疑今本譌謬也、且東方居八方之末、亦於文不次。

黃侃音訓

有斥山之文皮焉 雪牕本注疏本同。釋文、唐石經作厈山。邢疏云厈山山名也。廣韻四十禡斥、丑格切、引爾雅又音尺。

校勘記

○東北至皮焉○釋曰斥山山名也 注疏本刪上七字。

八行東北之美者有厈山之文皮焉○「厈」，唐石經同。宋刻小字本作「斥」。唐寫本則作「厈」。案：《釋文》「厈音昌亦反，又昌夜反」，是即《說文》之「㡿」字。「㡿」隸省作「厈」，或「斥」。「斥」見《五經文字》卷中广部「㡿」下。然則作「厈」、作「斥」，音義並同。嚴元照《爾雅匡名》竟不知「厈」爲何字，失考。

宋監本校箋

東北之美者有厈音尺山之文皮焉

音圖·音

厈、昌亦翻、音尺。又昌夜翻、音車。麻韻去聲。

于欽齊乘云、斥山在文登東六十里。本太平寰宇記

音略

東北之美者、有斥尺山之文皮焉。

孫偘直音

東北之美者有厈尺山之文皮焉虎豹之屬。

楊氏音訓

厈尺

干氏音釋

中有岱岳與其五穀魚鹽生焉

郭注

中有岱岳與其五穀魚鹽生焉。言泰山有魚鹽之饒。

邢疏

中有至生焉　釋曰、岱岳、泰山也。此言中國也。五穀、黍稷麻麥豆也。泰山東近海。禹貢、海岱惟青州、厥貢鹽絺、海物惟錯。言其饒多、非一釋、故注云言泰山有魚鹽之饒也。

一切注音

中有岱岳與其五穀魚鹽生焉

郭璞云、言泰山有魚鹽之饒。

陸音義

饒而遙反。

新義

此言中有岱岳、又有五穀魚鹽生焉。郭氏謂泰山有魚鹽之饒、誤矣。

鄭樵注

中有岱岳與其五穀魚鹽生焉　岱岳、泰山也。今中國惟有竹箭金石筋角文皮五穀魚鹽之利。如犀象與珠則生南海、玉出于闐、中國竝無。往往昔日有之、後人採竭矣。

古注合存

中有岱岳與其五穀魚鹽生焉岳、鄭本作嶽。

郭璞曰、言泰山有魚鹽之饒。

鄭樵曰、岱嶽、泰山也。今中國惟有竹箭金石筋角文皮五穀魚鹽之利。如犀象與珠則生南海、玉出于闐、中國竝無。往往昔日有之、後人採竭矣。此釋本句、後幾偽之。

東方之美者有醫無閭之珣玗琪焉。東南之美者有會稽之竹箭焉。南方之美者有梁山之犀象焉。西南之美者有華山之金石焉。西方之美者有霍山之多珠玉焉。西北之美者有崑崙虛之璆琳琅玕焉。北方之美者有幽都之筋角焉。東北之美者有斥山之文皮焉。中有岱嶽與其五穀魚鹽焉。珣音筍。○此釋九府所生之名物也。注曰、醫無閭、山名、今在遼東。珣玕琪、玉屬。會稽、山名、今在山陰縣。竹箭、篠也。犀牛、謂其皮角。象、謂其牙骨。金石、黃金礝石之屬。霍山今在平陽永安縣。珠、如今雜珠而好。璆琳、美玉名。琅玕、狀如珠。山海經云、崑崙山有琅玕樹。幽都、山名、多野牛、筋、骨。文皮、謂虎豹之屬皮之有文者。疏曰、周禮幽州山鎮曰醫無閭。揚州山鎮曰會稽。冀州山鎮曰霍山。山海經云、北海之內、有幽都之山。斥山亦山名。愚按此節與周禮職方各山鎮多不符、而以梁山爲南、霍山爲西、岱嶽爲中之屬、多不正言其方、尤不可解。序謂此書乃叔孫通梁文所附、今以此節考之、蓋叔孫氏爲齊菑川人、因妄以其國泰岱爲中、而并易其四方之位、如此則其妄亦不辯而明矣

注疏參義

中有岱岳與其五穀魚鹽生焉　**註**　言泰山有魚鹽之饒

正義　禹貢云、海岱惟青州、厥貢鹽絺、海物惟錯。史記集解引鄭註云、海物、海魚也、魚種類尤雜。職方兗州、其山鎮曰岱山、其利蒲魚、其穀宜四種。鄭註四種、黍稷稻麥。職方又云、豫州其穀宜五種。鄭註云五種、黍稷菽麥稻。岱岳以南爲中土、故五穀竝殖焉。岱岳所在、詳見釋山。**註**　言泰至之饒。○**正義**　左氏昭二十年傳云、海之鹽蜃、祈望守之。管子地員篇、齊有渠展之鹽。又云、煮泲水爲鹽。史記貨殖傳、太公望封於營丘、地潟鹵、通魚鹽、則人物歸之。是海岱之間有魚鹽之饒也。

正義

中有岱岳與其五穀魚鹽生焉言泰山有魚鹽之饒

岱岳所在、詳見釋山。五穀魚鹽者、職方兗州其山鎮曰岱山、其利蒲魚、其穀宜四種。鄭注四種、黍稷稻麥。豫州、并州、其穀宜五種、鄭注五種、黍稷菽麥稻。幽州其利魚鹽。禹貢青州厥貢鹽絺、海物惟錯。鄭注海物、海魚也、魚種類尤雜。左氏昭廿年傳、海之鹽蜃、祈望守之。管子輕重甲篇云、齊有渠展之鹽。貨殖傳云、太公望封於營丘、地潟鹵、人民寡、於是太公通魚鹽、則人物歸之。墜形篇中作中央之美者五字、五穀魚鹽之閒有桑麻二字、疑據爾雅古本、今脫去之。然五穀魚鹽之饒、非必泰山所有、爾雅言中有岱岳、實概

舉中土而言耳。

義疏

中有岱岳與其箕**五穀魚鹽生焉**

郭注言泰山有魚鹽之饒。岱岳近汶泗以通荊揚秔稻。其箕古文箕縣漢箕侯國屬琅邪郡今莒州。箕山在北蓋轉鹽於登萊因致魚鱐也。此皆貨市之利。

集解

中有岱岳與其五穀魚鹽生焉 岱岳近汶泗可通荊揚秔稻其即箕山名孟子所謂箕山之陰是也。漢箕侯屬琅琊今莒縣箕山在北蓋轉鹽於登萊因致魚鱐也。此皆貨市之利。

義證

中有岱岳與其五穀魚鹽生焉

今泰安府北泰山是也。齊有魚鹽之利。

釋地四篇注

中有岱岳與其五穀魚鹽生焉 說文山部嶽从山獄聲。古文作凶象高形。隸變作岳似从丘从山非矣。

匡名

中有岱岳與其五穀魚鹽生焉

與及也。謂五穀及魚鹽也。自東方以下無兼產惟岱則宜五穀兼有魚鹽之利故變文不言有而言與其也。

小箋

中有岱岳與其五穀魚鹽生焉 職方兗州其山鎮曰岱山其利蒲魚其穀宜四種。鄭註黍稷稻麥。又豫州其穀宜五種鄭註黍稷菽麥稻。禹貢青州厥貢鹽絺海物維錯。說文鹽鹹也。从鹵監聲。又天生曰鹵人生曰鹽。

啓蒙

有斥山之文皮焉 中有岱岳與其五穀魚鹽生焉。

淮南子作徒格山之文皮焉。太平御覽引隆形訓中央之美者有岱嶽以生五穀桑麻魚鹽出焉。隆形訓

有斥山之文皮焉。太平御覽引淮南隆形訓斥作徒格。按徒格合聲爲斥。

證異

○中有至生焉○釋曰岱岳泰山也 注疏本删上七字。

財物之所聚也 注疏本也誤故聚作藏元本同。

校勘記

中有岱岳與其魚鹽生焉注言泰山有魚鹽之饒。今本泰誤作秦。

注疏本正誤

中有岱岳與其五穀魚鹽生焉 按中有岱岳句與上東方之美者諸句不類。淮南子墬形篇作中央之美者有岱岳與其五穀桑麻魚鹽生焉。今本脫央之美者四字及桑麻二字。

注疏校勘札記

十七上（九一）一行中有岱岳與其五穀魚鹽生焉○郝氏《義疏》云：「《淮南子·墬形篇》中作中央之美者五字，五穀魚鹽之間有桑麻二字，疑據《爾雅》古本，今脫去之。」

（注）言泰山有魚鹽之饒○唐寫本「饒」下有「焉」字。

宋監本校箋

中有岱岳與其五穀魚鹽生焉 言泰山有魚鹽之饒。

楊氏音訓

九府

九府 釋曰此亦題上事也。府聚也財物之所藏也。言此八方及中皆美物之所聚藏故題云九府也。

邢疏

九府 府猶庫藏也。

陸音義

九府九之四 此九府及下五方章皆釋地之所生也府之言聚美物所聚故謂之府九方故有九府也

注疏參義

九府 正義 題上事也。高誘戰國策註府、聚也。賈公彥云、凡物所聚皆曰府、官人所聚曰官。府在人身、飲食所聚謂之六府。月令云、季春之月、命工師令百工審五庫之量、金鐵皮革筋角齒羽箭幹脂膠丹漆毋或不良。是九府之美、大率利用所資也。禮運云、聖王所以順山者、不使居川、不使渚者居中原、而弗敝也。鄭註、山者利其禽獸、渚者利其魚鹽、中原利其五穀、使各居其所安、不易其利、勞敝之也。爾雅言九州之利、各繫以地、不强所無土物之宜、卽順民之情也。管子輕重篇桓公以皮幹筋角羽毛齒革不足爲虞、故通遠方之貨。是則彊國之謀、非復先王九府之制矣。淮南墬形訓引爾雅之文有霍山之多珠玉焉、無多字。有崑崙虛之球琳琅玕焉、無虛字。末云中央之美者有岱嶽以生五穀桑麻魚鹽出焉、餘俱同。太平御覽引淮南子作徒格山之文皮焉、徒格合聲卽爲斥。

正義

九府 府者、釋文云猶庫藏也。春官序官天府注、府、物所藏。論語鄭注、藏財貨曰府。曲禮注、府謂寶藏貨賄之處也。小爾雅云府、叢也。廣韵引風俗通云府、聚也。公卿牧守道德之所聚也。然則人物所聚、通謂之府。故一切經音義九引三蒼云府、文書財物藏也。茲篇所釋皆九州寶藏之屬、故題曰九府。

義疏

九府 府、文書藏也。引申爲聚。周禮春官疏凡物所聚曰府。

義證

九府 說文府、文書藏也。賈疏、凡物所聚皆曰府、官人所聚曰官。府在人身、飲食所聚謂之六府。先王九府之制、所以利用也。

啓蒙

爾疋九府與周禮不同、言各有當也。漢書食貨志太公立九府圜法、自是周禮之九府、故顏注引之。王伯厚以爾疋九府當之、非是。

讀雅筆記

九府

困學紀聞漢食貨志太公爲周立九府圜法。顏師古注周官太府。玉府。內府。外府。泉府。天府。職內。職金。職幣皆掌財幣之官。故曰九府。愚按爾雅醫無閭之珣玗琪。會稽之竹箭。梁山之犀象。華山之金石。霍山之珠玉。崑崙之璆琳琅玕。幽都之筋角。斥山之文皮。岱岳之五穀魚鹽。是謂九府。胡五峰皇王大紀所述。與爾雅同。而繼之曰尚父立圜法輕重以銖。通九府之貨。又按史記列傳吾讀管氏輕重九府。索隱謂其書論鑄錢之輕重。鹽鐵論文學曰管仲設九府。徼山海。通典亦云太公立九府之貨。然則九府太公立之。管仲設之。其名列於爾雅大紀之說得之。顏注恐非。曲禮天子之六府。亦與大禹謨之六府異。

心畬

九府 ○釋曰此亦題上事也 注疏本删上四字。

校勘記

東方有比目魚焉不比不行其名謂之鰈

東方有比目魚焉、不比不行、其名謂之鰈。 狀似牛脾、鱗細、紫黑色、一眼、兩片相合乃得行。今水中所在有之、江東又呼爲王餘魚。

郭注

東方至氣也 釋曰此釋五方異氣而產非常之物也云東方有比目魚焉者言東方水中有魚其形狀似牛脾鱗細紫黑色一眼兩片相合兩目相比乃得行故曰比目魚云不比不行者比合也言一片不能行須兩片相合乃行故云不比不行也云其名謂之鰈者言鰈爲此魚之名也一名比目魚一名鰈郭云江東又呼爲王餘魚。

邢疏

東方有比目魚焉已下釋地

比目之鱗別號王餘雖有二片其實一魚。協不能密離不爲疏。藝文九十九

圖贊

黃輯古義

比目魚讚

比目之鱗別號王餘雖則二片其實一魚。協不能密離不爲疏。藝文類聚卷九十九

圖贊

玉函山房輯佚

比目釋地東方有比目魚焉不比不行其名謂之鰈

贊曰比目之鱗別號王餘雖有二片其實一魚。協不能密離不爲疏。

王輯圖贊

比目魚

比目之鱗別號王餘雖有二片其實一魚。協不能密離不爲疏。藝文類聚九十九

嚴輯圖贊

比目魚

比目之鱗別號王餘雖有二片其實一魚。協不能密離不爲疎。○藝文九十九

錢輯圖贊

東方有比目魚焉不比不行其名謂之鰈

郭璞云狀如牛脾鱗細紫黑色一眼兩片相合乃得行。今水中所在有之江東又呼爲王餘魚。亦曰版魚。

亦曰版魚四字據史記索隱註九卷引增。

圖讚云比目之鱗別號王餘雖有兩片其實一魚協不能密離不爲疏。藝文類聚九十九卷

一切注音

東方有比目魚焉 郭氏讚曰比目之鱗別號王餘雖有二片其實一魚。協不能密離不爲疏。藝文類聚

古注斠

鰈本或作鰨同音牒。又勅臘他盍二反。牛脾婢支反。

陸音義

鰈本或作鰨○案說文魚部有鰨鰈爲新附字非也。

音義攷證

東方有比目魚焉不比不行其名謂之鰈音牒。與鰨鰧相類一眼兩魚相合乃得行。今所在海中皆有郭云江南呼王餘魚。

鄭樵注

東方有比目魚焉不比不行其名謂之鰈

郭璞曰狀似牛脾鱗細紫黑色一眼兩片相合乃得行。今水中所在有之江東又呼爲王餘魚。

鄭樵曰音牒。與鰨鰧相類一眼兩魚相合乃得行。今所在海中皆有郭云江東呼爲王餘魚。

古注合存

東方有比目魚焉不比不行其名謂之鰈**註**狀似牛脾鱗細紫黑色一眼兩片相合乃得行今水中所在有之江東又呼爲王餘魚亦曰版魚**正義**韓詩外傳云東海之魚名曰鰈

比目而行、不相得不能達。是比目魚本名鰈、隸體變轉今作鰈。史記封禪書云東海致比目之魚、集解引韋昭云各有一目、不比不行、其名曰鰈。吳都賦云罩兩魪劉逵註、魪左右魪一目所謂比目魚也。云須兩魚竝合乃能遊、若單行落魄著物爲人所得故曰兩魪。丹陽吳會有之。鄭康成尚書中候註謂之東鰈。**註**狀似至版魚。**正義**比目魚上林賦謂之魼、郭氏彼註云魼比目魚也。狀似牛脾、細鱗紫色、兩相合迺得行。與此註同也。云江東呼爲王餘魚者吳都賦云雙則比目片則王餘、劉逵註比目東海所出王餘魚其身半也。云亦曰版魚者初學記引臨海異物志云、比目魚似左右分魚南越謂之板魚。監本脫亦曰版魚四字今從史記索隱所引郭註增補。郭氏比目魚贊云、比目之鱗別號王餘、雖有二片其實一魚協不能密、離不爲疏。

正義

其名謂之鰈　史記封禪書索隱曰、鰈音荅。郭云、如牛脾、身薄細鱗。末云亦曰版魚。漢書相如傳禺禺魼鰨、註郭曰魼比目魚也。

校議

東方有比目魚焉不比不行其名謂之鰈狀似牛脾鱗細紫黑色一眼兩片相合乃得行今水中所在有之江東又呼爲王餘魚

鰈者說文狧字解云讀若比目魚鰈之鰈。封禪書云東海致比目之魚集解韋昭曰各有一目不比不行、其名曰鰈。文選吳都賦云罩兩魪劉逵注魪左右各一目所謂比目魚也。云須兩魚竝合乃能遊若單行、落魄著物爲人所得故曰兩魪丹陽吳會有之。上林賦云禺禺魼鰨郭氏注魼比目魚狀似牛脾細鱗紫、色兩相得乃行。與此注同。爾雅釋文鰈本或作鰨同、音牒。按上林賦注以魼鰨爲二則鰈作鰨者非。北戶錄謂之鰜廣韵亦以鰜爲北目魚矣。郭云王餘魚者、吳都賦云雙則比目片則王餘劉逵注比目東海所出、王餘魚其身半也。俗云越王鱠魚未盡因以殘半棄水中爲魚遂無其一面故曰王餘也。然則王餘比目非一魚、賦及注甚明。王餘今登萊人謂之偏口魚、與比目相似而有異、其魚單行、非兩兩相合。郭以比目即王餘誤矣。初學記引臨海異物志云、比目魚似左右分魚、蓋分魚即王餘也。又云南越志謂之版魚。封禪書索隱引郭注王餘下有亦曰版魚四字、牛脾下有身薄二字、今本俱缺脫而衍今水中所在有之七字、當據索隱刪去之。比目海魚今出日照、故封禪書謂出東海、非水中所在皆有也。

義疏

東方有比目魚焉不比不行其名謂之鰈

韓詩外傳東海之魚名曰鰥比目而行、不相得不能達。史記封禪書致比目之魚集解各有一目不比不行其名曰鰈。外傳以爲鰥、史記集解以爲鰈各有一目說均誤矣。鰈字本作鰨从魚扇扇翕也。謂其目合一面。因聲近而變名鰈耳。其形扁平而濶頭、小口尖細鱗、常平貼水底、分作二面、下面白色平滑無鱗、上面作泥沙色。有右側平臥者、有左側平臥者、其兩目俱比連於右側。比目所由名也。今博物學以兩目比右側者爲鰈、兩目比左側者爲板魚、晰言之也。吳都賦雙則比目、片則王餘。王餘今偏口魚、與比目別爲一類。

義證

東方有比目魚焉不比不行其名謂之鰈

依字應作鰨、上林賦所謂虛鰨是也。又韓詩曰、東海之魚名曰鰥、比目而行、不相得不能達。鰥者魚目恒不閉、故老無妻者之目鰥鰥然。又爲一目之稱。然則鰨鰥同物歟。

釋地四篇注

東方有比目魚焉不比不行其名謂之鰈鰈音牒。

(註)狀似牛脾鱗細紫黑色一眼兩片相合乃得行今水中所在有之江東又呼爲王餘魚

東方有比目魚焉不比不行其名謂之鰈

郭注補正

狀似牛脾身薄鱗細紫黑色一眼兩片相合乃得行今水中所在有之江東又評爲王餘亦曰版魚

史記封禪書索隱引郭璞云、如牛脾、身薄、單行本無身薄二字細鱗、紫黑色、單行本此下有只字一眼、兩片合乃得行、今江東呼爲王餘、單行本此下有今字亦曰版魚。樹枏案、今本脫身薄及亦曰版五字、據補。御覽九百三十六卷鱗介部引作狀如牛脾、與索隱同。

郭注佚存補訂

鰈 新附字。通作魼。

小箋

其名謂之鰈

邵曰、韓詩外傳云東海之魚名曰⿰魚罙、比目而行、不相得不能達。是比目魚本名⿰魚罙、隸體變轉、今作鰈。家大人曰、邵說非也。邵以說文無鰈字、新附字有之又以韓詩外傳作⿰魚罙、遂謂鰈爲⿰魚罙之譌。今考說文狧字解云犬食也、從犬舌聲、今本作从犬从舌乃徐鉉不知古音而妄改之。茲據繫傳本訂正。讀若比目魚鰈之鰈。玉篇廣韻狧鰈二字並與榻同音。則是說文原有鰈字而寫者脫之也。⿰魚罙爲其魚魴⿰魚罙之⿰魚罙、與比目魚鰈之鰈聲義縣殊、不得以⿰魚罙爲鰈。遍考書傳亦無謂⿰魚罙爲比目魚者。竊謂⿰魚罙乃鰨之譌。釋文曰、鰈本或作鰨。玉篇鰈、比目魚。鰨、同上。列子說符篇射者射明張中反兩槍而笑張湛注曰射五白得之反兩魚獲勝故大笑殷敬順釋文曰槍大博經作鰈比目魚也案槍即鰨之借字。是鰨爲鰈之別體。故爾雅作鰈、韓詩外傳作鰨。鰨與⿰魚罙相似、傳寫者遂誤爲⿰魚罙耳。當據爾雅或本之鰨以正外傳⿰魚罙字之譌、豈可反據外傳之誤字以改爾雅之正文乎。

述聞

東方有比目魚焉不比不行其名謂之鰈 釋文云鰈本或作鰨。盧學士曰、說文魚部有鰨字、鰈乃新附、非也。

匡名

東方有比目魚焉不比不行其名謂之鰈說文鰈比目魚。郭註狀似牛脾、鱗細、紫黑色。韓詩外傳謂之⿰魚罙。上林賦謂之魼。吳都賦、雙則比目、片則王餘。亦曰版魚。

啓蒙

鰈 鰨 釋文、鰈本或作鰨。同音牒。又勑臘他盍二反。玉篇、鰈、他臘切。比目魚。重文作⿰魚羽。鈕氏樹玉云、案玉篇別無⿰魚羽。知⿰魚羽即鰨之殘字。王氏經義述聞云、列子說符篇殷敬順釋文、槍大博經作鰈比目魚也。案槍即鰨之借字。說文鰨、虛鰨也。虛鰨即鰈鰨魼鰨。司馬相如上林賦禺禺魼鰨、郭注以魼爲比目、鰨爲鯢魚。漢書作魼鰨、則當以二字爲比目魚名。而師古引郭注魼鰨之文以注魼鰨、乃云鰨鯢魚也、繆矣。

黃侃評本正名

東方有比目魚焉、不比不行、其名謂之鰈。 釋文鰈、本或作鰨、同。說文鰨、虛鰨也。虛鰨上林賦作魼鰨。

黃侃音訓

吳都賦、雙則比目、片則王餘。郭注訓比目爲王餘、混爲一物、亦誤也。

讀雅筆記

其名謂之鰈。楷案、一切經音義二引釋名云、堞、取其重疊之義也。李賢後漢書王符傳注、牒即今疊布也。堞牒竝與鰈音義同。廣韻鰜、比目魚。是鰈又名鰜。鰜與鶼竝从兼、兼亦重疊義也。

稗疏

江東又呼爲王餘魚 雪牕本注疏本同。單疏本又字剜改、蓋本作人字。史記封禪書索隱引此注云、江東人呼爲王餘、亦曰版魚、可證。按版、片也。兩片相合乃行、故曰版。今本注脫亦曰版三字。

東方至氣也○釋曰 注疏本刪。

言鰈爲此魚之名也。注疏本此魚誤比目。

校勘記

四行(注)狀似牛脾鱗細紫黑色一眼兩片相合乃得行今水中所在有之江東又呼爲王餘魚○唐寫本「魚」下有「也」字。《史記·封禪書》《索隱》引此注作「如牛脾，身薄細鱗，紫黑色，一眼，兩片合乃得行。今江東呼爲王餘，亦曰版魚。」今本脫「身薄」「亦曰版」五字。郝氏《義疏》云：「今水中所在有之七字當據《索隱》刪去之。比目魚今出日照，故《封禪書》謂出東海，非水中所在皆有也。」案：《史記·封禪書》云：「東海致比目之魚。」

宋監本校箋

東方有比目魚焉不比不行其名謂之鰈 狀似牛脾、鱗細、紫黑色、一眼、兩片相合乃得行、今水中所在有之、江東又呼爲王餘魚。鰈音蝶。

音圖·音

鰈本或作鰨，同，音牒。又敕臘 徹透隔標 出切，音榻；他盍 透母本音 出切，音同上。二翻。史記索隱音荅。文選注他荅翻。漢書注土盍翻。並與他盍翻同。

音略

東方有比目魚焉不比不行其名謂之鰈、 蝶鰨

孫偘·直音

東方有比 毗下同 目魚焉不比不行其名謂之鰈 蝶 狀似牛脾、鱗細、紫黑色、一眼、兩片相合乃得行、又呼爲王餘魚。

楊氏音訓

鰈 榻又音牒

干氏音釋

音圖·圖

南方有比翼鳥焉不比不飛其名謂之鶼鶼

南方有比翼鳥焉不比不飛其名謂之鶼鶼。似鳧、青赤色、一目一翼、相得乃飛。

郭注

注似鳧至乃飛 釋曰：案山海經云：崇吾山有鳥狀如鳧、一翼一目相得乃飛名曰蠻蠻。郭云比翼鳥也、色青赤、不比不能飛、爾雅作鶼鶼者、正謂此也。

邢疏

南方有比翼鳥焉

鳥有鶼鶼似鳧青赤、雖云一質氣同體隔、延頸離鳴、翻能全翮。藝文九十九

圖贊

黄輯古義

比翼鳥讚

鳥有鶼鶼、似鳧青赤、雖云一質、氣同體隔、延頸離鳴、翻能合翮。

圖贊

玉函山房輯佚

比翼 南方有比翼鳥焉不比不翼其名謂之鶼鶼。

贊曰：鳥有鶼鶼，似鳧青赤。雖云一質，氣同體隔。延頸離鳴，翻能合翮。

王輯圖贊

比翼鳥

鳥有鶼鶼似鳧青赤雖云一質形同體隔延頸離鳴飜能

合翮。同上

嚴輯圖贊

比翼鳥

鳥有鶼鶼，似鳧青赤，雖云一質，氣同體隔，延頸離鳴，翻能合翮。○藝文九十九

錢輯圖贊

南方有比翼鳥焉，不比不飛，其名謂之鶼鶼。郭璞云：似鳧，青赤色，一目一翼，相得乃飛。圖讚云：鳥有鶼鶼，似鳧青赤，雖云一質，氣同體隔，延頸離鳴，翻能合隔。藝文類聚九十九卷

一切注音

南方有比翼鳥焉　舊說云：雙雙之鳥，一身二首，尾有雌雄，隨便而偶，常不離散。公羊定五年疏　郭氏讚曰：鳥有鶼鶼，似鳧青赤，雖云一質，形同體隔，延頸離鳴，翻能合翮。藝文類聚

古注斠

翼 本或作翌，又作翼，又作戢字同。羊式反。　鶼鶼 古恬反。　鳧 音扶。

陸音義

翼 又作䢞。○舊本作又作翼，譌。今案當爲䢞，乃翼本字。　鶼鶼 ○說文鳥部無鶼字。釋鳥篇李巡及衆家作兼，則此亦當作兼。

音義攷證

南方有比翼鳥焉，不比不飛，其名謂之鶼鶼。山海經云：崇吾山有鳥狀如鳧，一翼一目，相得乃飛。鶼音兼。

鄭樵注

南方有比翼鳥焉，不比不飛，其名謂之鶼鶼。郭璞曰：似鳧，青赤色，一目一翼，相得乃飛。鄭樵曰：山海經云：崇吾山有鳥狀如鳧，一翼一目，相得乃飛。鶼音兼。

古注合存

南方有比翼鳥焉，不比不飛，其名謂之鶼鶼。註 似鳧青赤色，一目一翼，相得乃飛。正義 逸周書王會篇：巴人以比翼鳥。註云：巴人在南者。韓詩外傳云：南方有鳥名曰鶼，比翼而飛，不相得不能舉。封禪書云：西海致比翼之鳥。韋昭云：各有一翼，不比不飛，其名曰鶼鶼。註 似鳧至乃飛。正義 西山經云：崇吾之山有鳥焉，其狀如鳧而一翼一目，相得乃飛，名曰蠻蠻。郭氏彼註云：比翼鳥也，色青赤，不比不能飛，爾雅作鶼鶼是也。鶼鶼當作蠻蠻。海外南經云：比翼鳥在其東，其爲鳥青赤，兩鳥比翼。博物志云：比翼鳥一青一赤。郭氏比翼鳥贊云：鳥有鶼鶼，似鳧青赤，雖云一質，氣同體隔，延頸離鳴，翻能合翮。

正義

南方有比翼鳥焉，不比不飛，其名謂之鶼鶼。似鳧，青赤色，一目一翼，相得乃飛。鶼鶼者，西次三經：崇吾之山有鳥焉，其狀如鳧而一翼一目，相得乃飛，名曰蠻蠻。郭注：比翼鳥也，色青赤，不比不能飛，爾雅作鶼鶼鳥也。海外南經：比翼鳥在其東，其爲鳥青赤，兩鳥比翼。博物志云：比翼鳥一青一赤。逸周書王會篇云：巴人以比翼鳥。是鳥出西南方也。公羊宣五年疏引舊說云：雙雙之鳥，一身二首，尾有雌雄，隨便而偶，常不離散。郎此類也。

義疏

南方有比翼鳥焉，不比不飛，其名謂之鶼鶼。逸周書王會篇：巴人以比翼鳥。韓詩外傳：南方有鳥名曰鶼，比翼而飛，不相得不能舉。封禪書：西方致比翼之鳥。西山經：崇吾之山有鳥焉，其狀如鳧而一翼一目，相得乃飛，名曰蠻蠻。注：比翼鳥也。海外南經：比翼鳥在其東，其爲鳥青赤，兩鳥比翼。然則比翼鳥者，狀如鳧而色青赤，產於南地，因兩鳥比翼乃飛而得名也。鶼字本作兼，幷也。因其爲鳥名而加

鳥作鶼。許書魚部有鰜也、廣韵以爲比目魚。蓋因此而附會者。

義證

南方有比翼鳥焉不比不飛其名謂之鶼鶼　王會曰巴人以比翼鳥。

釋地四篇注

南方有比翼鳥焉周書王會曰巴人以比翼鳥。巴南方之國也。卽指此與。

錢氏古義

鶼鶼　郭氏山海經注云鶼鶼當作蠻蠻說文無鶼字。一鳥兼兩體故名兼從鳥後人所加。

小篆

南方有比翼鳥焉不比不飛其名謂之鶼鶼　釋文云翼、本或作翌、又作䴏、又作狨。案說文飛部䴏、翄也、从飛異聲。篆文从羽作翼。又羽部翊、飛皃、从羽立聲。非此義也。音同通借耳。說文無狨字。　盧學士曰、說文無鶼字。釋鳥鶼鶼比翼、釋文云眾家本作兼兼。則此亦當作兼。

匡名

南方有比翼鳥焉不比不飛其名謂之鶼鶼　博物志、比翼鳥一青一赤。郭註似鳧青赤色、西山經、崇吾山有鳥狀如鳧、一翼一目、相得乃飛、名曰蠻蠻。蠻蠻卽鶼鶼也。說文飛、鳥翥也、象形。

啓蒙

鶼　鶼　釋鳥釋文。鶼鶼。衆家作兼兼。李云。鳥有一目一翅。相得乃飛。故曰兼兼也。

黃侃評本正名

東方有比目魚焉不比不行其名謂之鰈　南方有比翼鳥焉不比不飛其名謂之鶼鶼　韓詩外傳、東海之魚、比目而行、名曰鰈。外傳五　釋文、鰈、本或作鰨、同、音牒。釋地釋文　山海經、崇吾之山有鳥焉、其狀如鳧而一翼一目、相得乃飛、名曰蠻蠻。西山經　釋文、翼、本或作翌、又作䴏、又作狨、同。釋地釋文

證異

其名謂之鰈、釋文鰈本或作鰨、同、音牒。又勑獵他盍二反。按說文無鰈、有鰨、魚部鰨云、虛鰨也、從魚扇聲。漢書司馬相如上林賦禺禺鱋鰨、注鰨、鯢魚也。似鮎、有四足、聲如嬰兒。又集韻鰨達協切、音沓、東方比目魚名也。是比目魚名鰈、又名鰨、一魚兼二名矣。徐氏新附又別出鰈字、似贅。

校勘記

○注似鳧至乃飛○釋曰案山海經云　注疏本刪上八字。

崇五山有鳥　正德本同。閩本剜改五爲吾、監本毛本承之。

不比不能飛　注疏本能作得。

宋監本校箋

五行(注)似鳧青赤色一目一翼相得乃飛○唐寫本「飛」下有「《山海經》云」四字，當據補。案：《山海經·西山經》云：「崇吾之山有鳥焉，其狀如鳧，而一翼一目，相得乃飛，名曰蠻蠻。」郭璞注云：「比翼鳥也。色青赤，不比不能飛。《爾雅》作鶼鶼是也。」

音圖·音

南方有比翼鳥焉不比不飛其名謂之鶼音兼鶼

鶼、古恬翻、音兼。

音略

口訓云、比翼之鳥、古以爲瑞、而蠻蠻見則天下大水、可知鶼鶼蠻蠻非一鳥矣。郭以山經爾雅爲一、非也。

南方有比翼逸鳥焉。不比不飛，其名謂之鶼兼鶼。

孫偘直音

似鳧，青赤色，一目一翼，相得乃飛。

南方有比翼鳥焉，不比不飛，其名謂之鶼兼鶼

楊氏音訓

鶼兼

干氏音釋

音圖·圖

西方有比肩獸焉，與邛邛岠虛比，爲邛邛岠虛齧甘草，即有難，邛邛岠虛負而走，其名謂之蟨

西方有比肩獸焉，與邛邛岠虛比，爲邛邛岠虛齧甘草。即有難，邛邛岠虛負而走，其名謂之蟨。呂氏春秋曰，北方有獸，其名爲蟨，鼠前而兔後，趨則頓，走則顛。然則邛邛岠虛亦宜鼠後而兔前，前高不得取甘草，故須蟨食之。今鴈門廣武縣夏屋山中有獸，形如兔而大，相負共行，土俗名之爲蟨鼠。音厥。

郭注

西方至之蟨　釋曰：云西方有比肩獸焉者，此謂蟨也，與卬卬岠虛相比。蟨則肩卑不能走，而能取甘草，卬卬岠虛則肩高，不得取甘草而善走。穆天子傳曰卬卬岠虛走百里是也。故各以其能而濟所不能，蟨常爲卬卬岠虛齧取甘美之草，仰而食之，即有急難，卬卬岠虛則背負而走者，其名謂之蟨也。注呂氏至音厥　釋曰：云呂氏春秋者，案漢書藝文志云，呂氏春秋二十六篇，秦相呂不韋輯智略士作也。云曰北方有獸至則顛者，大愼覽順說篇之文也。引之以證卬卬岠虛之形也。然則以下，郭氏注云今鴈門廣武縣云云者，自驗知之也。

邢疏

西方有比肩獸焉，與邛邛岠虛比，爲邛邛岠虛齧甘草，即有難，邛邛岠虛負而走，其名謂之蟨

邛邛岠虛能走，蟨知美草，即若驚難者，邛邛岠虛便負蟨而走，故曰比肩獸。釋文

李注

西方有比肩獸焉，與卭卭岠虛比，爲卭卭岠虛齧甘草，即有難，卭卭岠虛負而走，其名謂之蟨

蟨，居衛反。卭卭岠虛，狀如馬，前足鹿，後足兔，前高不得食而善走。蟨，前足鼠，後足兔，善求食，走則倒，故齧甘草則仰食卭卭岠虛，卭卭岠虛負以走。釋文

孫音注

其名謂之蟨

蟨音厥。釋文

郭音義

西方有比肩獸焉與邛邛岠虛比其名謂之蟨

蟨與岠虛乍兔乍鼠、長短相濟、彼我俱舉、有若自然、同心共膂。藝文九十九

圖贊

西方有比肩獸焉與邛邛岠虛比爲邛邛岠虛齧甘草釋地

噬音逝。釋文齧本或作噬

謝音

黃輯古義

西方有比肩獸焉與邛邛岠虛比爲邛邛岠虛齧甘草卽有難邛邛岠虛負而走其名謂之蟨

邛邛岠虛能走蟨知美草、卽若驚難者、邛邛岠虛便負蟨而走故曰比肩獸。釋文

李注

西方有比肩獸焉與邛邛岠虛比爲邛邛岠虛齧甘草卽有難邛邛岠虛負而走其名謂之蟨

邛邛岠虛狀如馬、前足鹿後足兔前高不得食而善走。蟨前足鼠後足兔、善求食走則倒故齧甘草則仰食邛邛岠虛負以走。釋文

孫音注

其名謂之蟨居衞反。釋文

其名謂之蟨音厥。釋文

郭音義

比肩獸讚

蟨與岠虛乍兔乍鼠長短相濟彼我俱舉有若自然、同心共膂。並同上

比肩 西方有比肩獸焉與邛邛岠虛比。其名謂之蟨。

圖贊

贊曰蟨與岠虛乍兔作鼠長短相濟、彼我俱舉、有若自然同兀共膂。

王輯圖贊

玉函山房輯佚

比肩獸

蟨與岠虛乍兔乍鼠長短相濟、彼我俱聚、有若自然同兀共膂。同上

比肩獸

嚴輯圖贊

蟨與岠虛乍兔乍鼠長短相濟彼我俱舉、有若自然同心共膂。藝文九十九

錢輯圖贊

西方有比肩獸焉與邛邛岠虛比爲邛邛岠虛齧甘草卽有難邛邛岠虛負而走其名謂之蟨

邛邛岠虛能走蟨、知美草、卽若驚難者、邛邛岠虛便負蟨而走、故曰比肩獸。李注

邛邛岠虛狀如馬前足鹿後足兔前高不得食而善走蟨前足鼠後足兔善求食走則倒故齧甘草則仰食邛邛岠虛負以走。孫注

鉤沉

西方有比肩獸焉與邛邛岠虛比爲邛邛岠虛齧甘草卽有難邛邛岠虛負而走其名謂之蟨

李曰、邛邛岠虛能走蟨知美草、卽若驚難者、邛邛岠虛便負蟨而走、故曰比肩獸。釋文

孫曰、邛邛岠虛狀如馬、前足鹿後足兔前高不得食而善走。蟨前足鼠後足兔善求食走則倒故齧甘草則仰食邛邛岠虛負以走。蟨居衞反。釋文

漢注

西方有比肩獸焉與邛邛岠虛比爲邛邛岠虛齧甘草卽有難邛邛岠虛負而走其名謂之蟨

李巡云、邛邛岠虛能走蟨知美草卽若驚難者、邛邛岠虛便負蟨而走故曰比肩獸。孫炎云邛邛岠虛狀如馬前足鹿後足兔前高不得食而善走。蟨前足鼠後足兔善求食走則倒故齧甘草則仰食邛邛岠虛邛邛岠虛負以走。竝釋文二十九卷 郭璞云呂氏春秋曰北方有獸其名爲蟨鼠前而兔後趨則頓走則顛。然則邛邛岠虛亦宜鼠後而兔前前高不得取甘草、故須蟨食之。今鴈門廣武縣夏屋山中有獸形如兔而大相負共行土俗名之爲蟨鼠。

一切注音

邛邛岠虛負而走其名謂之蟨 李巡曰、邛邛岠虛能走蟨知美草卽若驚難者、邛邛岠虛便負蟨而走故曰比肩獸。釋文 孫炎云邛邛岠虛狀如馬前足鹿後足兔前高不得食而善走。蟨後足鼠前足兔善求食走則倒故齧草則仰食邛邛岠虛邛邛岠虛負以走。同上 郭氏讚曰蟨與岠虛乍兔乍鼠長短相濟彼我俱聚有若自然同几共胥。藝文類聚

古注斠

肩音堅。邛邛本或作蛩蛩巨凶反。

駏音巨、本或作岠、又作狟、音同。驉本或作虛、又作𧇊同。許伯反。爲于僞反。齧五結反。或作嚙。謝音逝。難奴旦反。蟨郭音厥、孫居衞反。李云、邛邛岠虛能走、蟨知美草、卽若驚難者、邛邛岠虛便負蟨而走故曰比肩獸。孫云、邛邛岠虛狀如馬、前足鹿後足兔、前高不得食而善走、蟨前足鼠後足兔、善求食走則倒、故齧甘草則仰食邛邛岠虛、邛邛岠虛負以走。郭云今鴈門夏屋山中有獸、形如兔而大、相負共行、土俗名之爲蟨鼠。穆天子傳云、邛邛岠虛走百里之類也。司馬相如子虛賦云、蹵邛邛、轔岠虛。又、爲二獸也。趨七俞反。又作趍、非。食之音嗣。夏屋戶雅反。

陸音義

邛邛○舊從卩、今據宋本改。驉本或作虛又作𧇊同許俱反○邢本作虛、許俱舊作許伯、譌。今改正。蟨郭音厥○案注中名之爲蟨鼠下宋本及舊本單注本皆有音厥二字。文選注廿三引郭亦有、俗本多刪去。

音義攷證

西方有比肩獸焉與邛邛岠虛比爲邛邛岠虛齧甘艸卽有難邛邛岠虛負而走其名謂之蟨郭云今鴈門黃武縣夏屋山中有獸形如兔而大相負共行俗呼爲蟨鼠音厥。

鄭樵注

西方有比肩獸焉與邛邛岠虛比爲邛邛岠虛齧甘草卽有難邛邛岠虛負而走其名謂之蟨廣、孫居衞反、郭音厥。李巡曰、邛邛岠虛能走蟨知美草、卽若驚難者、邛邛岠虛便負蟨而走、故曰比肩獸。孫炎曰、邛邛岠虛狀如馬、前足鹿後足兔前高不得食而善走。蟨前足鼠後足兔、善求食走則倒、故齧甘草則仰食邛邛岠虛、邛邛岠虛負以走。郭璞曰、呂氏春秋曰、北方有獸其名爲蟨、鼠前而兔後、趨則頓、走則顛。然則邛邛岠虛亦宜鼠後而兔前、前高不得取甘草、故須蟨食之。今鴈門廣武縣夏屋山中有獸、形如兔而大、相負共行、土俗名之爲蟨鼠。鄭樵曰、郭云今鴈門廣武縣夏屋山中有獸、形如兔而大、相負共行、俗呼爲蟨鼠。音厥。

古注合存

蛩蛩距虛見人將來、必負蟨以走、然則負蟨者、或蛩蛩或距虛、二物不相須也。郭氏又以蟨鼠前兔後、蛩蛩距虛當鼠後而兔前、前高不得取甘草、故須蟨食之。按蛩蛩距虛、相如賦以爲狡獸。昔之言駿馬類距虛、以其前軒而後輕也、豈宜後足若鼠耶。且蟨惟前短而後長、故不能走而有待於物、然猶獸之長理、若前長而後短、豈直不能負物而已哉、便無是理也。又狽亦負狽、狽前足短而狽後足長、自如邛邛距虛、不當短其後也。周書王會、獨鹿國獻邛邛距虛、孤竹獻距虛、釋者以爲邛邛似鼠、距虛負而走。距虛者、野獸驢贏之屬、則是以邛邛爲蟨也、與爾雅說苑及詞人之說異、今不取。郭璞曰距虛卽邛邛、變文互言耳。補注

西方有比肩獸焉、與邛邛岠虛比、爲邛邛岠虛齧甘草、卽有難、邛邛岠虛負而走、其名謂之蟨。註 呂氏春秋曰、北方有獸、其名爲蟨、鼠前而兔後、趨則頓、走則顚、然則邛邛岠虛亦宜鼠後而兔前、前高不得取甘草、故須蟨食之。今雁門廣武縣夏屋山中有獸、形如兔而大、相負共行、土俗名之爲蟨鼠。正義 釋文引李巡云、邛邛岠虛能走、蟨知美草、卽若驚難者、邛邛岠虛便負蟨而走、故曰比肩獸。孫炎云、邛邛岠虛狀如馬、前足鹿、後足兔、前高不得食而善走。蟨前足鼠、後足兔、善求食、走則倒、故齧甘草則仰食邛邛岠虛、邛邛岠虛負以走。王會篇云、獨鹿邛邛距虛善走也、註云、獨鹿西方之戎也。穆天子傳云、邛邛岠虛日走五百里。韓詩外傳云、西方有獸名曰蟨、前足鼠後足兔、得甘草必銜以遺蛩蛩。說文云、蛩蛩、獸也。西方有獸前足短、與蛩蛩巨虛比、其名謂之蟨。邛邛當作蛩蛩。註 呂氏至則顚。○正義 愼大覽不廣篇云、北方有獸名曰蹶、鼠前而兔後、趨則跲、走則顚、常爲蛩蛩距虛取甘草以與之。蹶有患害、蛩蛩距虛必負而走、此以其所能託其所不能。與郭註所引字句微異。淮南道應訓用呂覽之文、蹶作蟨、趨則跲作趨則頓、與郭註同。○然則至食之。○正義 郭以呂覽說蟨鼠前而兔後、蛩蛩巨虛與之相比、則宜爲鼠後而兔前也、與孫炎異。高誘淮南註云、鼠前足短、兔後足長、故謂之蟨。蛩蛩駏驉前足長後足短、故能乘虛而走、不能上也。高誘所釋與郭氏意同。說苑云、蛩蛩距虛見人將來、必負蟨以走、二獸者、非必性愛蟨也、爲得甘草而貴之故也。漢書註引張揖云、蛩蛩青獸、狀如馬、距虛似驘而小。案蛩蛩巨虛本一獸、而劉向張揖以爲二獸者、因子虛賦有蹩蛩蛩轔距虛之文而誤解也。郭氏彼註云、距虛卽蛩蛩、賦家變文互言耳。顏師古從之、是則蛩蛩巨虛實爲一獸。○今雁至蟨鼠。○正義 晉書地理志雁門郡廣武縣卽漢之太原郡廣武縣也、夏屋山扗北、今爲代州、夏屋山扗東。羅願云、遼北境慶州之地大漠中有蟨鼠。

正義

西方有比肩獸焉、與邛邛岠虛比、爲邛邛岠虛齧甘草、卽有難、邛邛岠虛負而走、其名謂之蟨。呂氏春秋曰、北方有獸、其名爲蟨、鼠前而兔後、趨則頓、走則顚、然則邛邛岠虛亦宜鼠後而兔前、前高不得取甘草、故須蟨食之。今鴈門廣武縣夏屋山中有獸、形如兔而大、相負共行、土俗名之爲蟨鼠。音厥

邛當作蛩。說文云、蛩蛩、獸也。蟨、鼠也。一曰西方有獸、前足短、與蛩蛩巨虛比、其名謂之蟨。韓詩外傳蟨作蹷、聲俗字耳。釋文引李巡云、邛邛岠虛能走、蟨知美草、卽若驚難者、邛邛岠虛便負蟨而走、故曰比肩獸。孫炎云、邛邛岠虛狀如馬、前足鹿、後足兔、前高不得食而善走。蟨前足鼠、後足兔、善求食、走則倒、故齧甘草則仰食邛邛岠虛、邛邛岠虛負以走。是皆以邛邛岠虛爲一獸。司馬相如子虛賦云、蹩蛩蛩轔距虛、又爲二獸。郭氏注以距虛卽蛩蛩、變文互言、非也。邛岠本二獸、故王會篇云、獨鹿邛邛善走也、孔晁注、邛邛

獸似距虛負蟨而走也。又云孤竹距虛野獸驢騾之屬。穆天子傳云邛邛距虛走百里郭注亦馬屬。又引尸子曰距虛不擇地而走則皆以爲二獸。子虛賦張揖注曰蛩蛩青獸狀如馬距虛似臝而小。其說是矣。郭引呂氏春秋愼大覽不廣篇文也。晉地理志鴈門郡廣武漢志太原郡廣武賈屋山在北賈屋卽夏屋今代州東夏屋山也。羅願爾雅翼云遼北境慶州之地大漠中有蟨鼠。

義疏

蟨經文

郝云、韓詩外傳蟨作蹷、聲借字耳。按宋本正作蹷。

經注集證

西方有比肩獸焉與邛邛岠虛比爲邛邛岠虛齧甘草卽有難邛邛岠虛負而走其名謂之蟩李注、邛邛岠虛能走、蟨知美草、卽若驚難者、邛邛岠虛便負蟨而走、故曰比肩獸。孫注、邛邛岠虛狀如馬、前足鹿、後足兔、前高不得食而善走、蟨前足鼠、後足兔、善求食、走則倒、故齧甘草則仰飮邛邛岠虛、負以走。郭注、呂氏春秋曰、北方有獸、其名爲蟨、鼠前而兔後、趨則頓、走則顚、然則邛邛岠虛亦宜鼠後而兔前、前高不得取甘草、故須蟨食之、今鴈門廣武縣夏屋山中有獸、形如兔而大、相負共行、土俗名之爲蟨鼠。音厥。

集解

西方有比肩獸焉與邛邛岠虛比爲邛邛岠虛齧甘草卽有難邛邛岠虛負而走其名謂之蟨韓詩外傳、西方有獸

名曰蟨、前足鼠後足兔、得甘草必銜以遺蛩蛩。王會篇、獨鹿邛邛距虛善走也。呂覽北方有獸、名曰蹶、鼠前而兔後、趨則跲、走則顚、常爲蛩蛩距虛取甘草以與之、蹶有患害、蛩蛩距虛必負而走、此以其所能託其所不能。然則邛邛卽蛩蛩、與岠虛爲二獸名。尸子、距虛不擇地而走。王會篇、孤竹距虛。范子曰千里馬必有距虛。呂氏春秋、距虛風後而兔前。距虛非邛邛可以見矣。今之狼狽是其類也。羅願說遼北境慶州之地大漠中有蟨鼠。上京道轄地也。

義證

西方有比肩獸焉與邛邛岠虛比爲邛邛岠虛齧甘艸卽有難邛邛岠虛負而走其名謂之蟨

邛、依字當爲蛩。呂不韋及說苑竝云北方獸、唯韓詩外傳與此同。王會有獨鹿邛邛、孤竹岠虛。服虔曰、獨鹿、山名。在涿郡遒縣北、今爲保定府淶水縣也。今永平府遷安縣卽孤竹地。

釋地四篇注

西方有比肩獸焉與邛邛駏驉比爲邛邛駏驉齧甘草卽有難邛邛駏驉負而走其名謂之蟨邛、釋文云本或作蛩巨凶反。駏、本或作岠、音巨。驉、本或作虛、許伯反。難、奴旦反。蟨音厥。

(註)呂氏春秋曰北方有獸其名爲蟨鼠前而兔後趨則頓走則顚然則邛邛岠虛亦宜鼠後而兔前前高不得取甘草故須蟨食之今雁門廣武縣夏屋山中有獸形如兔而大相負共行土俗名之爲蟨鼠(補正)邢疏蟨則肩卑不能走而能取甘草邛邛岠虛則前高不得取甘草而善走穆天子傳曰邛邛岠虛走百里是也。故各以其能而濟所不能。

郭注補正

西方有比肩獸焉。說苑呂氏春秋並云是北方、山海經亦載在海外北經、惟此言西方、未知何自。王會云獨鹿邛邛巨虛亦指所產之地。

錢氏古義

西方有比肩獸焉與邛邛駏驉比爲邛邛駏驉齧甘草卽有難邛邛駏驉負而走其名謂之蟨

呂氏春秋曰北方有獸其名爲蟨鼠蔛而兔後趨則頓走則顚然則邛邛駏驉亦宜鼠後而兔蔛蔛高不得取甘草故須蟨食之今雁門廣武縣夏屋山中有獸形如兔而大相負共行土俗名之爲蟨鼠音厥

慧琳弘明集九卷音義引作呂氏春秋云。 呂氏春秋愼大覽不廣篇蟨作蹶。鼠前而兔後弘明集音義引作前足似兔。 愼大覽不廣篇頓作跲。淮南道應篇作趨則頓、與郭注同。釋文云、趨或作趍、非。 釋文云駏、本或作岠、又作⿰犭巨。驉、本或作虛、又作⿰犭虛。不言經注異同、則注蓋亦作駏驉也、今本皆作岠虛。 仿宋本雪牕 本有音厥二字、明注疏本刪。文選阮嗣宗詠懷詩 注引郭璞曰蟨音厥。釋文亦云蟨、郭音厥。

郭注佚存補訂

西方有比肩獸焉與邛邛岠虛比 岠虛、釋文作駏驉。孫云、邛邛岠虛狀如馬、

前足鹿後足兔、前高不得食而善走。蟨前足鼠後足兔、善求食走則倒、故齧甘草則仰食邛邛岠虛、邛邛岠虛負以走。陸云、司馬相如子虛賦云、蛩蛩、轔岠虛。又爲二獸也。

注疏正字

註北方有獸其名爲蟨 蟨、呂氏春秋作蹶。 趨則頓 頓、呂氏春秋作路。

西方有比肩獸焉與邛邛駏驉比爲邛邛駏驉齧甘草卽有難邛邛駏驉負而走其名謂之蟨

釋文云邛邛本或作蛩蛩。案邛从邑工聲、非此義、當作蛩。說文虫部蛩蛩、獸也、从虫巩聲。蛩、俗字。 又云、駏、本或作岠。驉、本或作虛、又作⿰犭虛。石經及文選注廿三引作岠虛、據說文當作巨虛。虫部蟨下 其有偏旁者皆俗作也。 又云齧本或作噬。 草當作艸。見下釋艸

匡名

西方有比肩獸焉與邛邛岠虛比爲邛邛岠虛齧甘草卽有難邛邛岠虛負而走其名謂之蟨 說文蛩、蛩蛩、獸也。齧、噬也。蟨、鼠也、一曰西方有獸、前足短、與蛩蛩巨虛比、其名謂之蟨。其說不一、與說文爾雅俱有異同。

啓蒙

邛邛 蛩蛩 駏驉 巨虛 說文。蛩蛩。獸也。一曰。秦謂蟬蛻曰蛩。从虫。巩聲。渠容切。蟨。鼠也。一曰。西方有獸。前足短。與蛩蛩巨虛比。其名謂之蟨。案釋文。邛。巨凶反。當作邛。从邑。說文。邛。渠容切。與蛩音同。蛩正字。邛借字。駏驉則俗字也。阮氏校勘記云。邛。葉鈔釋文作邛。

黃侃評本正名

其名謂之蟨。 蟨之為言蹷也、蟨短也、以前足短得名、故字亦作蹶、見淮南道應。

黃侃音訓

西方有比肩獸焉與邛邛岠虛比　爲邛邛岠虛齧甘草　即有難邛邛岠虛負而走　其名謂之蟨

呂氏春秋作北方有獸。慎大覽不廣 釋文、邛邛本或作蛩蛩。岠虛作駏驉、云本或作岠虛、又作狟狫。釋地釋文 周書作邛邛距虛。王會 韓詩外傳作蛩蛩距虛。解距作 外傳五 呂氏春秋不廣篇同 淮南子作駏驉。道應 說苑作巨虛。復恩篇 釋文、齧本或作噬。釋地釋文 呂氏春秋作常爲蛩蛩距虛取甘草以與之。不廣篇 有患害蛩蛩距虛必負而走。不廣篇 名曰蹷。不廣篇 淮南子作蟨。道應訓 說苑作蟨。復恩篇

邛邛岠虛、釋文作駏驉、又作狟狫。按邛邛岠虛實一獸。子虛賦云蛩蛩驒騱距虛、郭氏彼注云、距虛即蛩蛩、賦家變文互言耳。而張揖因以爲二獸、非也。駏驉、蛩蛩、狟狫、即邛邛岠虛之異文。

證異

釋地　西方有比肩獸焉。

邑案。比肩者蓋非比肩髆之謂。書盤庚篇傳云。肩、任也。即此肩字之義。下文云。與邛邛岠虛比。爲邛邛岠虛齧甘草。即有難。邛邛岠虛負而走。其名謂之蟨。是二獸互相爲任。故曰比肩。且云邛邛岠虛負而走。則此獸之比乃前後比。非如上文比目魚比翼鳥之左右爲比也。則其肩髆不比。明矣。邢不解比肩之義。邢釋謂蟨則肩痺不能走。是以肩爲肩髆。然蟨之肩髆痺。邛邛岠虛之肩髆則不痺也。何比之有。呂氏春秋不廣覽云。北方有獸名曰蹷。此言北方。鼠前而兔後。趨則跲。走則顛。常爲蛩蛩距虛取甘草以與之。蹷有患害也。蛩蛩距虛必負而走。此以其所能託其所不能。以其所能託其所不能。即是比肩之義矣。周書王會篇云。獨鹿邛邛。孤竹距虛。分邛邛距虛爲二物名。蓋如鳳之與皇。鸞之與孔鳥。熊之與羆。彼亦並分貢。又案。甘草疑即釋草之蔌、蔜蘬、邛鉅二種。彼草名蔌、名邛鉅。儻以此與。下文北方有比肩民焉。迭食而迭望。郭注云。此即半體之人。各有一目一鼻孔。今本孔上衍一字。一臂一脚。則此之比肩。乃比肩髆矣。然云迭食而迭望。似仍是互相爲任之義。且如注則所比亦不止肩髆。何不竟云比體。而僅謂比肩邪。韓詩子夏問傳云。北方有獸名曰婁。此云獸。不云民。可見山海經中所載一臂奇肱之等。皆人而獸類者。其族類之滅蓋久矣。執今地球而譏山海經之誕。猶恐未然。更食而更視。不相得不能飽。此即本於爾雅。然誠使一臂一脚不相得則不能行。何言不能飽邪。山海海外西經云。一臂國。一臂、一目、一鼻孔。即郭注所本。而無迭食迭望之說。似爾雅所謂比肩民別有所指。非即一臂國也。

校書

與邛邛岠虛比　監本作卭卭。案康熙字典卩部卭字下注、邛字之譌。引韻會邛从工从邑。今从經典釋文唐石經至善堂九經本。

其名謂之蟨　監本譌之蹷。今从諸本。

石經考文提要

與邛邛岠虛比　唐石經雪牕本舊本同。石經考文提要引至善堂九經本亦作邛邛。葉鈔釋文、邛邛、巨凶反。單疏本閩本監本毛本作卭卭、誤。下同。釋文駏本或作岠、又作狟。驉本或作虛、又作狫。

土俗名之爲蟨鼠音厥　雪牕本同。注疏本刪下二字。釋文云、蟨、郭音厥。單疏本標起止云呂氏至音厥。

正謂此也○西方至之蟨○釋曰　注疏本謂下衍相。此誤此、刪下七字。

蟨則肩卑不能走　閩本監本毛本作肩庳、正德本改鼠前。

則肩高不得取甘草　注疏本改肩誤前。

○注呂氏至音厥○釋曰云呂氏春秋者案漢書藝文志云呂氏春秋二十六篇　注疏本刪上二十字。

大慎覽順說篇之文也　盧文弨曰、呂氏春秋作慎大覽、又順說當作不廣。呂氏篇題在後、讀者誤以前篇之目當之。

校勘記

其名謂之蟨　十行本雪牕本吳本蟨。注同。

校勘記訂補

與邛邛岠虛比　今本邛誤从卩。

與邛邛岠虛比、釋文驉本或作虛、又作狫同、許伯反。按伯當爲魚之誤、附正於此。

注疏本正誤

與邛邛岠虛比　呂氏春秋邛作蛩、岠作距。山海經穆天子傳亦作距。按此獸能走百里、則偏旁似宜从足。是邛邛亦當仍依釋文作蛩蛩、謂馬屬也。

其名謂之蟨　監本永懷堂本同。唐石經毛本湘本蟨作蹷、釋文亦作蹷。下注文蟨字各本均作蟨。按呂氏春秋作蹷、與蟨同。此引呂覽文當作蹷。

趨則頓　按呂氏春秋頓作跲。

注疏校勘札記

六行邛邛岠虛○「岠虛」，唐寫本同。《釋文》作「駏驉」，謂本或作「岠虛」。
八行(注)吕氏春秋曰○「曰」，唐寫本作「云」。
(注)鼠前而兔後○「兔」，唐寫本作「菟」，下同。
十七下（九二）
一行(注)故須蟨食之○「食」，《釋文》音嗣。唐寫本字作「飤」。
二行(注)相負共行○唐寫本作「相負而共行」。
(注)音厥○唐寫本「厥」下有「也」字。

宋監本校箋

西方有比肩獸焉與邛音穹邛岠音巨虛比爲邛邛岠虛齧音孽甘草即有難邛邛岠虛負而走其名謂之蟨吕氏春秋曰、北方有獸、其名爲蟨、鼠前而兔後、趨則頓、走則顛、然則邛邛岠虛亦宜鼠後而兔前、前高不得取甘草、故須蟨食之。今鴈門廣武縣夏屋山中有獸、形如兔而大、相負共行、土俗名之爲蟨鼠。蟨音厥。

音圖・音

邛本或作駏、巨凶翻、音蛬。駏本或作岠、又作狟、音同。驉本或作虛、又作𧇊、同許俱翻、音虛。蟨、郭音厥、孫居衞翻、音蹶。山海經注引穆天子傳、又羅氏爾雅翼引沈括夢溪筆談以蟨爲跳兔。

音略

西方有比肩獸焉。與邛窮邛邛巨岠虛比、爲邛邛岠虛齧臬似甘草、即有難、去聲邛邛岠虛負而走、其名謂之蟨、厥

孫品直音

爲邛邛岠虛齧臬甘草

直音校正

西方有比肩獸焉、與邛窮邛岠巨虛比爲邛邛岠虛齧孽甘草即有難、去聲邛邛岠虛負而走其名謂之蟨厥蟨肩庳不能走而能取甘草、邛邛岠虛則前高不得取甘草而善走。

楊氏音訓

邛渠容切岠巨齧臬難乃旦切蟨厥

干氏音釋

音圖・圖

北方有比肩民焉迭食而迭望

北方有比肩民焉、迭食而迭望。此即半體之人、各有一目一鼻一孔一臂一脚、亦猶魚鳥之相合。更望備驚急。

郭注

北方至迭望　釋曰、此即半體人也。兩半相比乃得爲人、作動及禦非常。以肩在上而顯、故謂之比肩民焉。迭、更也、謂一體取食則一體瞻望、所以備驚急也、故云迭食而迭望。

邢疏

北方有比肩民焉迭食而迭望

郭璞云此卽半體之人各有一目一鼻一孔一臂一腳亦猶魚鳥之相合更望備驚急。

一切注音

迭食徒結反。更望音庚。

陸音義

北方有比肩民焉迭食而迭望此卽半體人也亦猶魚鳥之相合迭望備警急也。

鄭樵注

北方有比肩民焉迭食而迭望 郭璞曰此卽半體之人各有一目一鼻一孔一臂一腳亦猶魚鳥之相合更望備警急。鄭樵曰此卽半體人也亦猶魚鳥之相合迭望備警急也。

古注合存

北方有比肩民焉迭食而迭望 注 此卽半體之人各有一目一鼻一孔一臂一腳亦猶魚鳥之相合更望備警急。

正義 韓詩外傳云北方有獸名曰婁更食而更視不相得不能飽卽比肩之民也雖具人形而僅得半體故亦謂之獸。

正義

北方有比肩民焉迭食而迭望 此卽半體之人各有一目一鼻一孔一臂一腳亦猶魚鳥之相合更望備驚急

義疏

比肩民者名婁韓詩外傳五云北方有獸名曰婁更食而更視不相得不能飽然則此亦獸屬爾雅謂之爲民。郭云卽半體之人者海外西經一臂國一目一鼻孔卽此注所本唯鼻孔中間衍一字文選三月三日曲水詩序注引郭注作一目一鼻孔是也但魚鳥作魚鼠爲異。

北方有比肩民焉迭食而迭望 韓詩外傳北方有獸名曰婁更食而更視不相得不能飽此謂之民以得半體而具人形耳。海外西經一臂國一目一鼻孔比肩民卽其類也。

義證

北方有比肩民焉迭食而迭望 山海經之一臂民也。

釋地四篇注

北方有比肩民焉迭食而迭望 此卽半體之人人各有一目一鼻孔一臂一腳亦猶魚鳥之相合爾更望備驚急

仿宋本脫一目二字諸本皆作一鼻一孔。文選王元長曲水詩序注引爾雅郭璞曰此卽半體之人人各有一目一鼻孔一臂一腳亦猶魚鼠之相合爾。今據刪一字補人字爾字。御覽三百六十九卷人事部引猶作由。

郭注佚存補訂

北方有比肩民節 註此卽半體之人 之衍字。

注疏正字

北方有比肩民焉迭食而迭望 文選注六四十引民作人係避諱改。

匡名

北方有比肩民焉迭食而迭望 郭註謂半體之人、目一鼻一孔一臂一腳。韓詩外傳北方有獸名曰婁更食而更視不相得不能飽卽比肩之民也。雖名曰民實獸類也。

啓蒙

各有一目一鼻一孔一臂一脚雪牕本注疏本同。正德本脚作足。此本舊無一目二字。今依諸本補。李善注文選三月三日曲水詩序引一鼻一孔作一鼻孔。其義爲是。今本下一字係誤衍。

更望備驚急也。雪牕本正德本閩本同。單疏本云所以備驚急也。毛本驚改警。

○北方至迭望○釋曰分節。注疏本刪釋曰。監本毛本相連不

所以備驚急也正德本閩本監本同。毛本驚改警。

校勘記

此卽半體之人各有一目十行本無之字有字。

校勘記訂補

三行（注）此卽半體之人各有一目一鼻一孔一臂一脚亦猶魚鳥之相合○「各有一鼻一孔」唐寫本作「各有一目、一鼻孔」。《文選》王元長《曲水詩序》注引作「人各有一目、一鼻孔」。案：《山海經·海外西經》云：「一臂國，一臂，一目，一鼻孔」，即此注所本。今本「鼻」下衍「一」字，當據唐寫本改正。「亦猶魚鳥之相合」，唐寫本作「亦猶魚鼠之相合耳」。《文選》注引郭注同，惟「耳」作「爾」。案：「魚鳥」即指上文比目魚、比翼鳥而言，《文選》注及今所見唐寫本作「魚鼠」誤。

宋監本校箋

北方有比肩民焉迭音牒食而迭望

音圖·音

北方有比肩民焉、迭食而迭望。經

孫偘直音

北方有比肩民焉。迭姪食而迭望。此卽半體之人各有一目一鼻一孔一臂一脚亦猶魚鳥之相合。迭望備警急也。

楊氏音訓

音圖·圖

中有枳首蛇焉

中有枳首蛇焉。岐頭蛇也。或曰今江東呼兩頭蛇爲越王約髮亦名弩弦。

郭注

中有枳首蛇焉 釋曰枳岐也此即兩頭蛇也江東呼越王約髮言是越王約髮所變也亦名弩弦即以形相似而名之也。

邢疏

中有軹首蛇焉

軹音支。蛇有枝首者名曰率然。釋文

孫音注

中有軹首蛇焉

軹巨宜反。釋文

郭音義

中有軹首蛇焉

夔稱一足、蛇則二首、少不知無、多不覺有、雖資天然、無異駢拇。藝文九十六

圖贊

中有軹首蛇焉釋地軹本或作[枝/貝]

軹居是諸是二反。釋文

顧音

中有軹首蛇焉釋地

軹音指。釋文

施音

中有軹首蛇焉

或曰今江東呼兩頭蛇爲越王約髮亦名弩弦。郭注

眾家注

黃輯古義

中有軹首蛇焉軹音支。

中有枳首蛇焉

蛇有枳首者名曰率然。同上

孫音注

中有枳首蛇焉軹巨宜反。

郭音義

軹首蛇讚

夔稱一足、蛇則二首、少不知無、多不覺有、雖資天然、無異騈拇。藝文類聚卷九十六

圖贊

中有軹首蛇焉。軹音居是諸是二反。釋文

顧音

玉函山房輯佚

軹首。中有軹首蛇焉上並釋地

贊曰、夔稱一足、蛇則二首、少不知無、多不覺有、雖資天然、無異騈拇。

王輯圖贊

枳首蛇

夔稱一足、蛇則二首、少不知無、多不覺有、雖資天然、無異騈拇。藝文類聚九十六

嚴輯圖贊

枳首蛇

夔稱一足、蛇則二首、少不知無、多不覺有、雖資天然、無異騈拇。藝文九十六

錢輯圖贊

中有枳首蛇焉

蛇有枝首者名曰率然。同

鈎沉

中有枳首蛇焉案毛本枳作軹、今從舊本、釋文同。

孫曰、枳音支、蛇有枝首者名曰率然。釋文

漢注

中有枳首蛇焉枳、今本作軹、從釋文改正本。

孫炎云、蛇有枝首者名曰率然。釋文二十九卷 郭璞云、岐頭蛇也。或曰今江東呼兩頭蛇爲越王約髮、亦名弩弦。圖讚云、夔稱一足、蛇則兩首、少不知無、多不覺有、雖資天然無異騈拇。藝文類聚九十六卷

一切注音

中有枳首蛇焉 孫炎云、音支、云蛇有枝首者名曰率然。釋文郭氏讚曰、夔稱一足、蛇則二首、少不知無、多不覺有、雖資天然、無異騈拇。藝文類聚

古注斠

居是諸是二反。郭巨宜反。孫音支、云蛇有枝首者名曰率然。施音指。案枳首謂蛇有兩頭。首舒酉反。 枳本或作贅。顧音

陸音義

枳○邢本作軹、譌。

音義攷證

中有枳首蛇焉。枳从木、與釋文合、或从車非。

枳讀如枝、今一種如蚓、一首鱗逆、非此枝首蛇也。

新義

中有軹首蛇焉 卽岐頭蛇也。所在或有之。

鄭樵注

中有軹首蛇焉軹本作枳。孫音支，郭巨宜反。
孫炎曰、蛇有枝首者名曰率然。
郭璞曰、岐頭蛇也。或曰今江東呼兩頭蛇爲越王約髮、
亦名弩弦。
鄭樵曰、即岐頭蛇也、所在或有之。

古注合存

鄂州云、枳首蛇者、歧頭、一頭無目無口、俱能行。爾雅以爲中央之異氣。東南多有者、不獨在中央也。

補注

中有枳首蛇焉 注 岐頭蛇也或曰今江東呼兩頭蛇爲越王約髮亦名弩弦 正義 釋文引孫炎云、蛇有枝首者名曰率然。王逸楚詞章句云、中央之土有歧首之蛇、爭共食牧草之實、自相啄嚙。楚相孫叔敖碑、少見技首蛇。洪适云、蛇有兩首謂之枳首。枳讀如枝。亦曰歧首、碑云技首、蓋借用。釋文云、枳首謂蛇有兩頭。監本枳作軹、今從陸本改正。注 今江至弩弦。正義 此爲兩頭蛇廣異名也。郭氏枳首蛇贊云、夔稱一足、蛇則二首、少不知無、多不覺有、雖資天然、無異駢拇。

正義

中有軹首蛇焉

顏氏家訓云、莊子螝二首。韓非子曰、蟲有螝者、一身兩口、爭食相齕、遂相殺也。案爾雅蠶蛹名螅、又非二首。後見古今字譜云、此亦古之虺字。玉案顏氏之說即軹首蛇也。

補注殘本

中有軹首蛇焉 顏氏家訓曰、莊子螝二首。韓非子曰、蟲有螝者、一身兩口、爭食相齕、遂相殺也。案爾雅蠶蛹名螝、又非二首。後見古今字增云、此亦古之虺字。玉案虺無二首之說、豈別有一種虺耶。

校議

中有枳首蛇焉 岐頭蛇也或曰今江東呼兩頭蛇爲越王約髮亦名弩弦

枳者、宋雪窻本作軹、叚借字也。釋文云、本或作賛、郭巨宜反、孫音支、云蛇有枝首者名曰率然。然則孫讀爲枝、郭讀爲岐。岐枝枳音皆近。廣雅云、枳、枝也。楚辭天問篇注、中央之州有岐首之蛇、爭共倉牧草之實、自相啄嚙。顏氏家訓勉學篇云、蟲有螝者、一身兩口、爭倉相齕、遂相殺也。螝古之虺字、即此枳首蛇也。俗以兩頭蛇見者必死、故孫叔敖殺而埋之。而劉恂嶺表錄異云、嶺外極多、長尺餘、大如小指、背有錦文、腹下鮮紅、人視爲常、不以爲異也。陳藏器本草拾遺云、兩頭蛇大如指、一頭無口目、兩頭俱能行。此說非也。若一頭無口目、何以能爭倉而相齕也。孫炎以此蛇名率然、亦非。孫子九地篇云、率然者、常山之蛇、擊其首則尾至、非兩頭也。郭云越王約髮、以其錦文長尺餘似之、亦似弩弦也。類聚九十六引郭氏贊云、夔稱一足、蛇則二首、少不知無、多不覺有、雖資天然、無異駢拇。

義疏

中有枳首蛇焉 孫注、蛇有枝首者名曰率然。郭注、歧頭蛇也。或曰今江東呼兩頭蛇爲越王約髮、亦名弩弦。枳、一作軹、一作樍、樍、枝也。非積。

集解

中有枳首蛇焉 所謂歧首蛇是也。枳一作軹、一作樍、枝也。謂首分枝。

義證

中有枳首蛇焉

孫炎枳作枝、云蛇有枝首者名曰率然。孫子曰、一身而兩頭、擊其一頭則一頭至、擊其中則兩頭俱至。

釋地四篇注

中有軹首蛇焉 軹、釋文云本或作秓只、巨宜反。

註 岐頭蛇也或曰今江東呼兩頭蛇爲越王約髮亦名弩弦 補正 邢疏、孫炎云蛇有枝首者名率然。

郭注補正

中有枳首蛇焉

歧頭蛇也或曰今江東評兩頭蛇爲越王約髮亦名弩弦

仿宋本弦作紘、俗字。

郭注佚存補訂

軹首蛇 釋文云軹、郭巨宜切。

疏不比不能飛 能誤得。 愼大覽順說篇之文也 愼大字誤倒。 所以備譬急也 譬監本誤驚。

注疏正字

中有枳首蛇焉　釋文云、枳本或作㮛。案說文禾部㮛、从禾从支只聲。木部無枳字。盧學士曰、本或作軹譌。說文十三下：它、虫也、从虫而長象冤曲垂尾形、或从虫作蛇。

匡名

中有枳首蛇焉　說文它、虫也、从虫而長象冤曲垂尾形。上古艸居患它、故相問無它乎。託何切。它或从虫。徐鉉曰、今俗作食遮切。郭註歧頭蛇。楚詞、中央之土有歧首之蛇。洪适云、蛇有兩首謂之枳首、亦曰歧首。

啓蒙

北方有比肩民焉迭食而迭望　中有軹首蛇焉

韓詩外傳作北方有獸名曰婁更食而更視。外傳五　釋文軹首作枳首、釋地釋文 本或作㮛。釋地釋文 孫炎云、蛇有枝首者名曰率然。釋地釋文 王逸云、中央之土有歧首之蛇。楚辭章句 漢碑作技首蛇。孫叔敖碑 軹首蛇、注云、歧頭蛇也、或曰今江東呼兩頭蛇爲越王約髮、亦名弩弦。釋文、軹本或作㮛、顧音居是諸是二反、郭巨宜反、孫音支、云蛇有枝首者名曰率然。施音指。按軹首謂蛇有兩頭。說文軹訓車輪小穿也、從車只聲。枳訓木似橘、從木只聲。於兩頭義無所取、疑軹當爲胑。說文肉部胑云、體四胑也、從肉只聲、章移切、胑或從支作肢。蓋蛇有兩頭、如人之胑體然、故名胑首。胑皆從只得聲、胑重文爲肢、肢㮛皆從支得聲。孫叔然軹首作枝首、特音支、云蛇有枝首者、得之。邢本作軹、同聲假字。

證異

中有枳首蛇焉

監本作軹首。案枳軹雖通用、然經典釋文枳本或作㮛、無作軹者。今从唐石經至善堂九經本。

石經考文提要

中有枳首蛇焉　唐石經單疏本同。釋文枳本或作㮛。石經考文提要引至善堂九經本亦作枳。雪牕本注疏本作軹。○案枳之正字當作岐、作枝、凡作枳作軹作㮛並同音假借字也。

亦名弩紘　陳本同。單疏本雪牕本注疏本紘作弦、此從糸旁者俗字、當訂正。五經文字云琴瑟弦亦用此弦字、作紘者非。○

○中有枳首蛇焉○釋曰　注疏本枳改軹、刪釋曰。閩本監本毛本節首增云字。

江東呼越王約髮　監本毛本江東上有今字、閩本今字剜改、正德本實闕。

校勘記

中有枳首蛇焉、枳顧音居是諸是二反、郭巨宜反、孫音支、施音指。今本居是切是收顧前一音。

中有枳首蛇焉。今本枳誤作軹。釋文枳本或作㮛。

中有枳首蛇焉注歧頭蛇也。今本歧半从山亦誤。

注疏本正誤

四行(注)亦名弩弦○唐寫本作「亦名弩弦者是」「弦」，宋刻小字本作「紘」、「弦」「紘」字通。

宋監本校箋

中有枳音止首蛇焉

音圖・音

枳、本或作𧴭、顧音居是、音几、諸是音指。

二翻、郭巨宜翻、音岐、孫音支、施音指。玉篇今作枳。漢孫叔敖碑作枝。

音略

中有軹首蛇焉、

掑支　茶移

孫偘直音

中有軹掑支首蛇焉

直音校正

中有軹居是切首蛇焉岐頭蛇也。

楊氏音訓

軹紙

干氏音釋

圖・圖音

此四方中國之異氣也

此四方中國之異氣也。

此四方中國之異氣也四方中國廣大、生妖異無足怪者。

郭注

鄭樵注

此四方中國之異氣也鄭樵曰、四方中國廣大、生妖異無足怪者。

古注合存

東方有比目魚焉、不比不行、其名謂之鰈。南方有比翼鳥焉、不比不飛、其名謂之鶼鶼。西方有比肩獸焉、與邛邛岠虛比、爲邛邛岠

虛齧甘草、卽有難、邛邛岠虛負而走、其名謂之蟨。北方有比肩民焉、迭食而迭望。中有軹首蛇焉。此四方中國之異氣也。鰈音牒。鶼音兼。邛音窮。岠音巨。齧音孽。難去聲。蟨音厥。迭音姪。○此釋五方所生之名物也。註曰、鰈狀如牛脾、鱗細、紫黑色、一眼、兩片相合乃得行。江東呼爲王餘魚。鶼鶼似鳧、靑赤色、一目一翼、亦相合乃飛。蟨鼠前而兔後、趨則頓、走則顚、故須邛邛岠虛負之而走。邛邛岠虛鼠後而兔前、前高不得取甘草、故須蟨以食。今夏屋山中有之、俗名爲蟨鼠。比肩民卽半體人、各有一目一鼻孔、一臂一脚、更食更望、以備警急。軹首蛇、卽岐頭蛇也。今江東呼爲越王約髮、亦名弩弦。疏曰、此合也。鶼鶼、山海經云、崇吾山有之、名曰蠻蠻。邛邛岠虛善走、穆天子傳云、邛邛岠虛走百里。軹、岐也。呼越王約髮者、言是越王約髮所變也。弩弦者、以形相似名之。愚按、鶼爲蠻音之誤也。推此合之義、當以爾雅爲正。軹不得爲岐、蓋車軹有兩頭、故名與。

注疏參義

此四方中國之異氣也。正義陰陽舒慘、風土燠寒、精氣流形、遊魂觸象。尸子曰、沒深水而得怪魚、入深山而得怪獸、是知山海之奧、異氣所鍾、神奇殊彙。爾雅所釋、昭示典常、不矜假儻、耳目所及、時或遇之、故爲著其形生、別其性類、庶拘墟者不至見布而疑、廣見䍐而駭氂爾。

正義

此四方中國之異氣也

夫四方中國、廣谷大川、牝牡異制、陰陽生肖、細縕異形、夏鼎鑄姦、俾民不逢、不若爾雅紀異、令人多見多聞者也。

義疏

此四方中國之異氣也句言土有異則物形異也。東南、生方也。奐、水蟲。鳥、木蟲。東、木。南、火之母氣也。西北、殺方也。獸、火蟲。民、土蟲。克西金北水、亦其妃也。蛇兼五行之象、故在中而二首。

集解

此四方中國之異氣也

東爲木氣、南爲火氣。魚者水蟲、鳥者木蟲、生於東南、氣異而相生也。西金而有火蟲之獸、北水而有土蟲之民、則氣異而相克、異物所由生也。蛇兼五行之氣、故在中而兩其頭。

義證

此四方中國之異氣也　氣當作气。

匡名

此四方中國之異气也　尸子、没深水而得怪魚、入深山而得怪獸。山海之奥、凡異气所鍾者、自有奇怪之物。

啓蒙

五方

五方　釋曰、亦題上事也。言是五方風氣殊異而生此怪物也。

邢疏

五方九之五　上章言九方之九府者、四方四隅并中央而九也。此不及四隅、故止言五方、而諸所生之怪異亦非珍美比、故不言府也。

注疏參義

五方　正義　題上事也、不言異氣者省文。

正義

五方　主五方之神。

集解

五方　方、併船也。謂兩相比、所謂比目魚、比翼鳥、比肩獸、比肩民、枳首蛇是也。非斥四方中而言、若以爲四方中、則當云五方之異氣、不得獨標五方而已。

義證

五方　方當作匚。見釋宮。

匡名

五方　此釋五方之異气也。夫聖人語常而不語怪、而爾雅兼及之者、追猶如大禹鑄鼎象物、百物而爲之備、使民知神姦之意乎。

啓蒙

五方○釋曰亦題上事也　注疏本删上四字、亦上衍此。

校勘記

邑外謂之郊、郊外謂之牧、牧外謂之野、野外謂之林、林外謂之坰

邑外謂之郊、郊外謂之牧、牧外謂之野、野外謂之林、林外謂之坰。邑國都也。假令百里之國五十里之界、界各十里也。

郭注

邑外至曰坰　釋曰、此釋郊野之地遠近高下不同之名也。云邑外謂之郊者、邑國都也。謂國都城之外名郊也。云郊外謂之牧者、言可放牧也。書牧誓云王朝至于商郊牧野乃誓是也。云牧外謂之野者、言牧外之地名野。詩傳云郊外曰野者、以細別言之、則郊外之地名牧、牧外之地名野。若大判而言、則野者郊外通名。故周禮六遂在遠郊之外。遂人職云凡治野田、是其郊外之地總稱野也。云野外謂之林者、言野外之地名林、以其去都邑遠、薪采者少、其地可長木林、因名云也。云林外謂之坰者、言林外之地最爲遠野名坰。魯頌云駉駉牡馬、在坰之野、毛傳云坰、遠野是也。注邑國至里也　釋曰、云邑國都也者、案周禮四縣爲都、四井爲邑。春秋莊二十八年左氏傳曰凡邑有宗廟先君之主曰都、無曰邑。然則邑與都異、此爲一者、彼對文之例耳。但都者聚居之處、故詩小雅云彼都人士。說文云邑、國也。是天子諸侯所居國城或謂之邑、或謂之都、故以國都解邑也。云假令百里之國五十里之界、界各十里也者、以其百里之國國都在中、去境五十里、每十里而異其名、則坰爲邊畔、去國最遠、故毛傳以爲遠野也。此假令者、據小國

言之郊爲遠郊牧野林坰自郊外爲差耳然則郊之遠近計國境之廣狹以爲差也聘禮云賓及郊注云郊遠郊周制天子畿内千里遠郊百里以此差之遠郊上公五十里侯四十里伯三十里子二十里男十里也近郊各半之是鄭之所約也是以司馬法云王國百里爲遠郊又此經從邑之外止有五名明當每皆百里故知遠郊百里也知近郊半之者書序云周公既没命君陳分正東郊成周於時周都王城而謂成周爲東郊則成周在其郊也於漢王城爲河南成周爲洛陽相去不容百里則所言郊者謂近郊故鄭注云天子近郊五十里今河南洛陽相去則然是鄭以河南洛陽約近郊之里數也周禮杜子春注云五十里爲近郊白虎通亦云近郊五十里遠郊百里是儒者相傳爲然也

邢疏

郊外謂之牧 釋文牧李本作田字

田敶也謂敶列種穀之處 釋文

李注

邑外謂之郊

邑國都也設百里之國五者之界界各十里 詩正義二十之一

孫音注

邑外謂之郊郊外謂之牧牧外謂之野野外謂之林林外謂之坰

文選西京賦注引邑外曰郊郊外曰野御覽五十五引作邑外謂之牧牧外謂之野王砅素問注引作郊外爲甸甸外爲牧牧外爲林林外爲坰坰外爲野說文繫傳引爾雅注百里之國十里爲郊王畿千里郊當百里衆經音義二十二引爾雅邑外謂之郊郊外謂之野野外謂之牧牧外謂之林皆各七里林外謂之坰無里數設百里之國邑王者之都也案當是舊注

衆家注

黃輯古義

郊外謂之田 釋文牧李作田字

田敶也謂敶列種穀之處 釋文

李注

玉函山房輯佚

郊外謂之牧 田

田敶也謂敶列種穀之處 李注並釋文二十九

鈎沉

邑外謂之郊

孫曰邑國都也設百里之國五者之界界各十里 詩正義二十之一

郊外謂之牧 釋文牧李本作田字

李曰田敶也謂敶列種穀之處 釋文

漢注

邑外謂之郊郊外謂之牧牧外謂之野野外謂之林林外謂之坰 釋文二十九卷牧李巡本作田

李巡云田敶也謂敶列種穀之處 釋文二十九卷 舊註云邑外謂之郊郊外謂之野野外謂之牧牧外謂之林皆各七里林外謂之坰無里數設百里之國邑王者之都也 一切經音義四 孫炎云邑國都也設百里之國五十里之界界各十里百里之國十里爲郊王畿千里郊當百里 詩正義二十之一卷 郭璞云邑國都也假令百里之國五十里之界界各十里也

一切注音

邑外謂之郊 孫炎曰邑、國都也。設百里之國、五者之界、界各十里。詩駉正義

郊外謂之牧 李本牧作田字。釋云田、畯也、謂畯列種穀之處。畯音陳。釋文

古注斠

牧 七卜反。養也。此謂牧養之地。說文從牛、或作目。李本牧作田字、釋云田、敒也、謂敒列種穀之處。敒音陳。野 本或作埜、古字。羊者反。坰 古埜反。假令 力呈反。

陸音義

牧 田畯也 ○舊本畯字多譌作敒。案說文畯、列也。今據改正、下竝同。

音義攷證

邑外謂之郊郊外謂之牧牧外謂之野野外謂之林林外謂之坰

邑口而冂之。郊、交邑焉。野、所予田里而已。牧、於此放牧。林、於此樵、採、亦樹固焉。坰、橫一木大爲之防。駉駉、在坰之馬也。即編之以阜棧、其死者十二三矣。

新義

邑外謂之郊郊外謂之牧牧外謂之野野外謂之林林外謂之坰 郭云邑、國都也。假令百里之國、五十里之界、界各十里。此則以意揣之、然理當如此。

鄭樵注

邑外謂之郊郊外謂之牧牧外謂之野野外謂之林林外謂之坰 牧李本作田

李巡曰田、畯也、謂畯列種穀之處。

孫炎曰邑、國都也。設百里之國、五十里之界、界各十里。

見詩疏、郭注本此。又案經音義引爾雅舊注云、邑外謂之郊、郊外謂之野、野外謂之牧、牧外謂之林、皆各七里。林外謂之坰、無里數。設百里之國、邑、王者之都也。所引經文及里數俱與此異。

郭璞曰邑、國都也。假令百里之國五十里之界、界各十里也。

鄭樵曰、郭云邑、國都也、假令百里之國五十里之界、界各十里。此則以意揣之、然理當如此。

古注合存

邑外謂之郊、郊外謂之牧、牧外謂之野、野外謂之林、林外謂之坰。

坰音扃。此釋其遠近之名也。註曰、邑、國都也。郊、牧、野、林、坰五者、遞爲之界。假令國方百里、都以外四面各五十里、則五者之界、界各十里也。疏曰、野者、郊外通名。周禮遂人職云凡治野、是郊外總名野也。細分之則爲五。牧者、言可牧放也。書王朝至於商郊牧野、是也。野者、詩傳云郊外曰野是也。林者、言去都遠、可長平林也。坰爲最遠。詩駉篇云在坰之野是也。五十里之界、據小國言之。若國千里、則界各百里。聘禮云賓及郊、註爲遠郊。周制王畿千里、則遠郊百里也。書序云周公既沒、命君陳分正東郊成周。於時周都王城、爲漢之河南。成周爲洛陽。相去不容百里、謂近郊也。杜子春云、五十里爲近郊。白虎通亦云、近郊五十里、遠郊百里。此其差也。

注疏參義

邑外謂之郊郊外謂之牧牧外謂之野野外謂之林林外謂之坰 **註** 邑國都也。假令百里之國、五十里之界、界各十里也。 **正義** 魯頌毛傳云、邑外曰郊、郊外曰野、野外曰林、林外曰坰。說文云、邑外謂之郊、郊外謂之野、野外謂之林、林外謂之冂。冂或作坰。俱据爾雅爲說、無郊外爲牧之文。然詩疏及爾雅釋文引李巡孫炎舊註俱有此文、毛許所引葢異本也。詩孔疏云、郊牧野林坰自邑而出遠近之異名。○邑外謂之郊。○說文云、距國百里爲郊。据天子邦畿千里而言、設百里之國、則十里爲郊矣。畿內千里以百里爲遠郊、以五十里爲近郊。聘禮云及郊、又云賓至于近郊是也。小雅云我出我車于彼郊矣、郊謂遠郊也。○郊外至之野。○小雅出車云于彼牧矣、毛傳出車就馬於牧地。邶風靜女云自牧歸荑、鄭箋自牧田歸荑。鄭註天官云牧牧田在遠郊皆畜牧之地、是鄭以遠郊即牧田也。鄭風叔于田云叔適野、鄭箋郊外曰野。鄭註遂人亦云郊外曰野。說文云野郊外也。與鄭註同、皆以郊外即爲野也。據郭言百里之制則郊

外十里爲牧牧外十里爲野。釋文引李巡本牧作田、釋云田𤱩也。謂𤱩列種穀之處。田陳以聲近爲義也。野又爲邑外之總名、詳見下。野外謂之林。說文云平地有叢木曰林。逸周書大聚解陂溝道路藂苴邱墟不可以樹穀者樹以材木。左氏宣十二年傳云趙旃弃車而走林、謂野外之林也。林外謂之坰。魯頌云駉駉牧馬在坰之野。毛傳坰遠野也。說文云冂象遠界也。邑外之地以坰爲最遠也。註邑國至里云也。正義 詩疏引孫炎云邑國都也。設百里之國五者之界界各十里、是郭註所本也。鄭註聘禮云周制天子畿內千里、遠郊百里。以此差之、遠郊上公五十里、侯伯三十里、子男十里也。近郊各半之。案鄭据千里之畿以百里爲郊、孫郭据百里之國以十里爲郊、皆以都邑居中五之一爲郊、其義同也。詩疏云孫炎言百里之國十里爲郊、則郊之遠近計境之廣狹以爲差也。司馬法云王國百里爲遠郊、王畿千里其都去境五百里。爾雅從邑之外止有五、明當每皆百里、故知遠郊百里也。知近郊半之者、書序云周公旣沒、命君陳分正東郊成周。於時周都王城、而謂成周爲東郊、則成周在其郊也。於漢王城爲河南、成周爲洛陽、相去則不容百里、則所言郊者謂近郊。故鄭註云天子近郊五十里、今河南洛陽相去則然、是鄭以河南洛陽約近郊之里數也。周禮杜子春註云五十里爲近郊。白虎通云近郊五十里、遠郊百里、是儒者相傳以爲然。昭二十二年叔弓如晉、左傳曰晉侯使郊勞、服虔云近郊三十里。或當別有依、終與鄭異也。書傳云百里之國二十里之郊、七十里之國九里之郊、三十里之國三里之郊。言其百里七十里、是夏殷諸侯之國、其郊與周異也。按孔疏以書傳所述爲夏殷之制。然爾雅多言殷制、據郭註則與周制同。衆經音義引爾雅舊註云邑外謂之郊、郊外謂之野、野外謂之牧、牧外謂之林、皆各七里。林外謂之坰、無里數。設百里之國、邑王者之都也。所引經文及里數俱與郭異。說文繫傳引爾雅註百里之國十里爲郊、王畿千里郊當百里。本郭義也。

正義

邑外謂之郊郊外謂之牧牧外謂之野野外謂之林林外謂之坰邑國都也。假令百里之國、五十里之界、界各十里也。

邑者、說文云國也。左氏莊廿八年傳凡邑有宗廟先君之主曰都、無曰邑。釋名云邑猶俋也、邑人聚會之稱也。是邑國通名、此邑即國都矣。郊者、說文云距國百里爲郊。此據王畿千里而言。設百里之國、則十里爲郊矣。郊有遠近、以國爲差。聘禮云賓及郊、鄭注遠郊也。周制天子畿內千里、遠郊百里。以此差之、遠郊上公五十里、矦四十里、伯三十里、子二十里、男十里也、鏦詅騑蹏歎骍、觸近郊各半之。如鄭此言、是天子近郊五十里。大戴禮盛德篇近郊三十里、非周制也。詩云在浚之郊、則雖都邑亦有郊矣。牧者放牧之地。詩出車傳出車就馬於牧地。靜女箋自牧歸荑。載師云以牧田任遠郊之地。遠郊在郊外、牧田在遠郊、是郊外謂之牧矣。小司徒云井牧其田野。左氏襄廿五年傳牧隰皋井衍沃、是井牧皆田地之名。爾雅釋文引李本牧作田字、釋云田𤱩也、謂𤱩列種穀之處。然則李巡本作郊外謂之田、田正與載師牧田任遠郊之義合。野林坰者、說文云野郊外也。平土有叢木曰林。坰作冂、象遠界也。詩駉傳坰遠野也。邑外曰郊、郊外曰野、野外曰林、林外曰坰。說文亦云邑外謂之郊、郊外謂之野、野外謂之林、林外謂之冂、俱本爾雅、而無郊外謂之牧句。詩叔于田箋及遂人注亦云郊外曰野。文選西都賦注引亦作邑外曰郊、郊外曰野。是李善所見本與毛鄭許同。御覽五十五引作邑外謂之牧、牧外謂之野。素問六節藏象及三部九候篇王砯注又引作郊外爲甸、甸外爲牧、牧外爲林、林外爲坰、坰外爲野。以校今本、多有參差、蓋爾雅別本也。李巡孫炎又復不同。詩駉正義引孫炎曰邑國都也。設百里之國、五者之界、界各十里。孫意蓋以郊牧野林坰五者之界各十里而異名也。郭本孫炎。五者二字誤衍作五十里三字。

義疏

邑外謂之郊郊外謂之牧田甸**牧外謂之野野外謂之林林外謂之坰**李本牧作田、注田、陳也、謂𤱩列種穀之處。

孫注邑、國都也。設百里之國、五者之界、界各十里。郭注同。邑从卩口、城之有君長者。書、天邑商。又至于商郊牧野。詩、商邑翼翼。又、于彼郊矣。于彼牧矣。胡爲乎株林。在坰之野。郊、人所交會。牧、牧馬牛之地、一作坶。坶畝也。與甸同意。故李本作甸。野、从予里、以與大夫士爲采地。里、居也。林則樹植之地。近阻固矣。境外爲冂、以示限、加口加土一字耳。以象遠界。上云迥遠也。鄭詩箋禮注及說文竝云郊外曰野、從便言之。御覽引邑外謂之牧、省郊耳。

集解

邑外謂之郊 邑从卪口、城而有握符節者、即邦中也。郊、交也、謂人相交會。書西邑夏、天邑商、大邑周。又至於商郊牧野。詩、商邑翼翼。又于彼郊矣。周禮邑有井邑里邑、郊有近郊遠郊。**郊外謂之牧** 周禮所謂邦甸是也。牧、畜牧之地、字借作坶、坶畮也。與甸同意。李本故又作田。周禮以牧田任遠郊之地。詩、于彼牧矣。**牧外謂之野** 周禮所謂家削是也。野从予里、謂予大夫爲采地里居也。詩、在坰之野。周禮、體國經野。**野外謂之林** 平地有叢木曰林。野外以爲名者、因植木以示阻故也。其即周禮邦縣與。詩胡爲乎株林、斥陳野外而言。**林外謂之坰** 坰、字本作冂、象遠界也、因爲都。而加口作冋、又加土作坰、即周禮所謂邦都去國五百里者。詩、在坰之野。說文郊外謂之野、無所謂牧。御覽則引邑外謂之牧、均省文也。

義證

邑外謂之郊郊外謂之牧牧外謂之野野外謂之林林外謂之坰

詩毛傳說文解字竝云、邑外謂之郊、郊外謂之野、野外謂之林、林外謂之坰。無謂之牧句。距國百里曰郊、牧即坶、七十里地、不應更在郊外。毛許說是。李巡本作郊外謂之田、云田、敕也、謂敕列種穀之處。王砅素問注、按爾雅邑外謂之郊、郊外謂之甸、甸外謂之牧、牧外謂之林、林外謂之坰、坰外謂之野。甸即田字、是與李本或同。

釋地四篇注

邑外謂之郊郊外謂之牧牧外謂之野野外謂之林林外謂之坰 坰、古熒反。

〔註〕邑國都也假令百里之國五十里之界界各十里也

郭注補正

邑外謂之郊郊外謂之牧牧外謂之野野外謂之林林外謂之坰詩野有死麕、干旄傳、叔于田、蔓艸箋、並言郊外謂之野、與此兩異。按、是也。疑古爾雅本然。又于彼牧矣、鄭云牧地在遠郊、是牧即郊。周禮載師亦云。又王砅素問注引本書作邑外謂之郊、郊外謂之甸、甸外謂之牧、牧外謂之林、林外謂之坰、坰外謂之野。說頗異、不足从。坰說文解字作駉、許愼亦以野爲郊外。

錢氏古義

邑外謂之郊郊外謂之牧牧外謂之野野外謂之林林外謂之坰

郭注、邑、國都也。叚令百里之國、五十里之界、界各十里也。按詩駉傳、邑外曰郊、郊外曰野、野外曰林、林外曰坰。說文、邑外謂之郊、郊外謂之野、野外謂之林、林外謂之冂。俱本尒疋、而無郊外謂之牧句。

詩干旄傳云郊外曰野、（正義云爾雅之文略）又叔于田箋及遂人注亦云郊外曰野、士師注郊外謂之野、疑云、郊外謂之野、尔疋文。又縣士注郊外曰野、疑云尔疋云郊外曰野、士相見禮疏、詩甫田正義後漢書班彪傳注皆引郊外曰野、高注呂氏春秋季春紀、淮南時則訓竝云廣平曰原、郊外曰野。韋注晉語亦云郊外曰野。皆用尔疋文、周語國有郊牧韋注云國外曰郊、牧放牧之地。而不云牧在郊外、邵氏正義云衆經音義引尔疋舊注云、邑外謂之郊、郊外謂之野、野外謂之牧、牧外謂之林、皆各七里、林外謂之坰、無里數、所引經文里數均與郭異。文選西都賦注亦作邑外曰郊、郊外曰野。是李善所見本與毛許鄭同、皆舊注也。

舊注攷證

邑外謂之郊郊外謂之牧牧外謂之野野外謂之林林外謂之坰　注邑國都也叚令百里之國五十里之界界各十里也

正曰、邵編修正義云詩魯頌駉在坰之野、毛傳坰、遠野也。邑外曰郊、郊外曰野、野外曰林、林外曰坰。說文冂部、冂邑外謂之郊、郊外謂之野、野外謂之林、林外謂之冂。冋古文冂从口、坰冋或从土。毛許皆用爾雅文而無郊外謂之牧一句。爾雅釋文李本牧作田、云田敶也、謂敶削種穀之處、則有此一句自李本始也。謹按、周禮地官稍人鄭注甸讀與維禹敶之之敶同。疏此據韓詩而言、今毛詩本小雅信南山作維禹甸之。李注田謂敶削種穀、與周禮地官小司徒井牧田野之誼同。孫注用李本又變田爲牧。詩魯頌駉正義釋地邑外謂之郊、郊外謂之牧、牧外謂之野、野外謂之林、林外謂之坰、孫炎曰邑國都也、設百里之國、五者之界、界各十里。依儀禮聘禮注周制遠郊男十里推之、則郊外謂之牧、牧在遠郊十里以外、與周禮地官載師牧田任遠郊之地不合、不及李注讀田爲敶之允也。郭依孫注又改五者爲五十里、尤於誼未允。

正郭

邑外謂之郊郊外謂之牧牧外謂之野野外謂之林林外謂之坰

邑國都也假令百里之國五者之界界各十里也

今本作五十里之界。詩駉正義引孫炎曰、邑國都也。設百里之國、五者之界、界各十里。孫意蓋以郊牧野林坰五者之界各十里而異名也。郭本孫炎、五者二字誤衍作五十里三字。今據改正。

郭注佚存補訂

邑外謂之郊郊外謂之牧牧外謂之野野外謂之林林外謂之坰

魯頌駉在駉之野，毛傳云邑外曰郊，郊外曰野，野外曰林，林外曰坰，無郊外謂之牧句。說文同。正義云此傳出釋地文，而不言郊外曰牧。注云郊外曰野者，自郊以外野爲通稱，因即據野爲說，不言牧馬，若言郊外曰牧，嫌與牧馬相涉，故畧之也。郊牧野林坰自邑而出遠近之異名。孫炎曰邑國都也，設百里之國，五者之界，界各十里。然則百里之國，國都在中，去境五十，每十里而異其名。彼據小國言之，郊爲遠郊，牧野林坰自郊外爲差。又云孫炎言百里之國十里爲郊，則郊之遠近計地之廣狹以爲差也。聘禮云賓及郊，注云郊，遠郊。周制天子畿內千里，遠郊百里，以此差之，遠郊公五十里，侯四十里，伯三十里，子二十里，男十里也。近郊各半之。是鄭之所約也。司馬法云王國百里爲遠郊，且王畿千里，其都去境五百里，爾雅從邑之外止有五名，明當每皆百里，故知遠郊百里也。知近郊半之者，書序云周公既歿，命君陳分正東郊成周，於時周都王城，而謂成周爲東郊，則成周在其郊也。於漢王城爲河南，成周爲洛陽，相去不容百里，則所言郊者謂近郊，故注云天子近郊五十里，今河南洛陽相去則然。是鄭以河南洛陽約近郊之里數也。周禮杜子春注云五十里爲近郊，白虎通亦云近郊五十里，遠郊百里，是儒者相傳云然。昭二年叔弓如晉，左傳晉侯使郊勞，服虔云近郊三十里，或當別有依據，與鄭異也。書傳云百里之國，二十里之郊，七十里之國，九里之郊，五十里之國，三里之郊。言其百里七十里是夏殷之國，其郊與周異也。

邑外謂之郊者，說文云距國百里爲郊，此天子千里之制也。小雅出車于彼郊矣，箋云牧地在遠郊。

郊外謂之牧者，出車于彼牧矣，傳云出車就馬於牧地。邶風靜女自牧歸荑，箋云自牧田歸荑。案牧田在遠郊。見鄭注天官

牧外謂之野者，鄘風干旄在浚之野，邶風燕燕遠送于野，鄭風叔于田叔適野，傳箋並云郊外曰野。野有蔓草傳云野，四郊之外。說文亦云野，郊外也。皆不言郊外謂之牧。釋文云李本牧作田字，釋文云敶也，謂陳列種穀之處。是李巡本有郊外謂之牧句，與郭本同也。

野外謂之林者，說文云平土有叢木曰林。周南

兔罝施于中林、小雅正月瞻彼中林、皆謂樹木叢生之地。邶風擊鼓于林之下、傳云山木曰林。林外謂之坰者、說文作冂、象外遠畍也。駉傳云、坰、遠野也。

說詩

邑外謂之郊郊外謂之牧牧外謂之野野外謂之林林外謂之坰

邵曰、魯頌毛傳云邑外曰郊、郊外曰野、野外曰林、林外曰坰。說文云邑外謂之郊、郊外謂之野、野外謂之林、林外謂之冋、或作坰。俱据爾雅爲說、無郊外爲牧之文。然詩疏及爾雅釋文引李巡孫炎舊注俱有此文。毛許所引蓋異本也。引之謹案、無郊外爲牧者、蓋舊本也。毛於召南之野有死麕、邶風之燕燕、鄘風之干旄、並傳云郊外曰野。又鄭風野有蔓草傳云野、四郊之外。說文云野、郊外也。皆不云牧外曰野。鄭注牧誓及鄭風之叔于田、周官之甸師、遂人、士師、縣士、並云郊外曰野。高注呂氏春秋季春紀、淮南時則篇、並云廣平曰原、郊外曰野。（二語皆出爾雅）韋注晉語亦云郊外曰野、皆用爾雅之文、而不云在牧外。小雅出車首章于彼牧矣、毛但云出車就馬於牧地、而不云在郊外。次章于彼郊矣、鄭云乘馬牧地在遠郊。據周官載師以牧田任遠郊之地而言、而不云郊外謂之牧。周語國有郊牧、韋注云國外曰郊、牧、放牧之地、而不云牧在郊外。是毛許鄭高韋所見爾雅本皆無郊外謂之牧也。孫本郊下有牧、李本牧作田、皆非爾雅之舊、蓋當時學者所增也。

述聞

邑外謂之郊、郊外謂之牧、牧外謂之野、野外謂之林、林外謂之坰 正義云、魯頌毛傳云邑外曰郊、郊外曰野、野外曰林、林外曰坰。說文云邑外謂之郊、郊外謂之野、野外謂之林、林外謂之冂。（或作坰）俱據爾雅爲說、無郊外爲牧之文。然釋文及詩正義引李孫舊注俱有此文。毛許所據蓋異本也。元照案、文選注（十一）引郊外曰牧、又（十二）引郊外謂之牧、與今本同。而西都賦注引邑外曰郊、郊外曰野、則與毛許同矣。是李善所據者亦非一本。今攷之於詩干旄傳云郊外曰野、正義云（略）又鄭風叔于田叔適野箋云郊外曰野、（正義云、釋地云郊外謂之牧、牧外謂之野、是野在郊外也。）周禮秋官（士師）注郊外謂之野、疏云郊外謂之野、爾雅文。又（縣士）注郊外曰野、疏云爾雅云郊外曰野。儀禮疏（士相見禮）詩正義（小雅甫田）後漢書注（班彪傳上）皆引郊外曰野。以二本校之、則從毛許鄭爲長。釋文云牧、說文從牛、或作目。（此七字恐有譌脫）李本牧作田。案王砯素問（二三）又兩引爾雅曰邑外爲郊、郊外爲甸、甸外爲牧、牧外爲林、林外爲坰、坰外爲野。（新校正云案今爾雅云云與王氏所引有異。）元照疑李本作田、乃甸之誤、王砯所引葢據李本也。又云野本或作埜、古字。案與古文小異。（徐養原云釋文引李釋云田敹也、謂敹列種穀之處、敹音陳。案敹乃敶字之譌。古者甸敶同字、信南山詩維禹甸之、韓詩作敶。）說文（五下）冂象遠畍也、古文从口作冋、或从土作坰。

匡名

邑外謂之郊郊外謂之牧牧外謂之野野外謂之林林外謂之坰 說文邑、國也、从口、先王之制、尊卑有大小、从卩。武城、用附我大邑周。郊、距國百里爲郊。小雅于彼郊矣。牧誓王朝至于商郊牧野、孔傳紂近郊三十里地名牧。小雅于彼牧矣。野、郊外也。鄭風、叔適野。林、平地有叢木曰林。左宣十二年傳、趙旃棄車而走林。冂、邑外謂之郊、郊外謂之野、野外謂之林林外謂之冂、象遠界也。古文冂从囗象國邑、或从土。唘頌、在坰之野。

啓蒙

郊外謂之牧

釋地、郊外謂之牧。釋文、李本牧作田、釋云田、𤱶也、謂陳列種穀之處。頤煊案田卽周禮四𠀤爲甸之甸、周禮稍人鄭注甸讀與維禹𤱶之之𤱶同。今詩作維禹甸之。甸祝鄭注、甸之爲言田也。小宗伯鄭注、甸讀爲田。田卽甸字之省。

讀爾雅録

邑外至曰畬○釋曰 注疏本刪。

遂人職云凡治田野 浦鏜云田字衍。

○注邑國至里也○釋曰云邑國都也者 注疏本刪上八字。

左氏傳曰 注疏本脫氏。

是鄭之所約也 注疏本是下衍也。

校勘記

左氏傳曰 監本毛本湘本無氏字。

注疏校勘札記

八行(注)假令百里之國五十里之界界各十里也○「假令」唐寫本及宋刻小字本均作「假令」，當據正。「五十里之界」唐寫本作「五百里之界，」誤。郝氏《義疏》云：「《詩·駉》《正義》引孫炎曰：邑，國都也。設百里之國，五者之界，界各十里。孫意蓋以郊、牧、野、林、坰、五者之界各十里而異名也。郭本孫炎，五者二字誤衍作五十里三字。」

宋監本校箋

邑外謂之郊郊外謂之牧牧外謂之野野外謂之𣏟林外謂之坰 邑國都也。假令百里之國五十里之界、界各十里也。坰音扃。

音圖·音

邑外謂之郊。郊外謂之牧。牧外謂之野。野外謂之林。林外謂之坰 扃

孫侶直音

邑國都也。假令百里之國五十里之界、界各十里也。

邑外謂之郊。郊外謂之牧。牧外謂之野。野外謂之林。林外謂之坰。扃

楊氏音訓

坰 扃

干氏音釋

下溼曰隰大野曰平廣平曰原高平曰陸大陸曰阜大阜曰陵大陵曰阿

下溼曰隰。大野曰平、廣平曰原、高平曰陸。大陸曰阜、大阜曰陵、大陵曰阿。

郭注

下溼曰隰者、謂地形庳下而水溼者。李巡曰、下溼謂土地窊下常沮洳名爲隰也。云大野曰平者、大野之澤一名平、魯有大野是也。云廣平曰原者、謂澤之廣平者亦名原。漢以平原爲郡名、屬青州。云高平曰陸大陸曰阜大阜曰陵大陵曰阿者、李巡曰、高平謂土地豐正名爲陸土地高大名曰阜、最大名爲陵、陵之大者名阿。詩大雅皇矣云無矢我陵、我陵我阿是也。此上七者或萊沛沮洳或險陗磽确、雖不可種穀給食、亦得其名也。

邢疏

廣平曰原 已下釋地

廣平謂土廣而平。御覽五十七

犍爲注

下溼曰隰

下溼謂土地窊下常沮洳名爲隰也。詩正義六之三又十七之三　春秋正義三十六　公羊疏二十二　邢疏

廣平曰原

謂土地寬博而平正者名之曰原。詩正義十七之三　春秋正義五又三十六　公羊疏二十二　韻會十三元

高平曰陸大陸曰阜大阜曰陵大陵曰阿

高平謂土地豐正名爲陸大陸謂土地高大名曰阜。最高大名爲陵陵之大者名阿。詩正義九之三又十六之四　春秋正義十六又三十五又三十六　邢疏

李注

下溼曰隰

隰溼墊也。一切經音義四　墊音都念反。

黄輯古義

衆家注

廣平曰原

廣平謂土寬而平。太平御覽卷五十七

犍爲注

下溼曰隰

下溼謂土地窊下常沮洳名爲隰也。邢疏　詩秦風車鄰正義　春秋左傳襄二十五年正義引無常沮洳三字、春秋公羊傳昭二年疏亦無此三字、作但當名爲隰。

廣平曰原

廣平謂土地廣博而平正名、之曰原。詩大雅公劉正義引無末句、正下有也字。春秋左傳桓元年正義又襄二十五年正義引並無廣平二字。春秋公羊傳昭二年疏正下有者字無之曰二字。

高平曰陸大陸曰阜大阜曰陵大陵曰阿

高平謂土地豐正名爲陸。土地獨詩正義引有獨字高大名曰阜、最大名爲陵陵之大者名阿。邢疏　詩小雅天保正義引上三句、又大雅皇矣正義引土地獨高二句。春秋襄二十四年正義又襄二十五年正義引大陸謂土地高大至爲陵。

玉函山房輯佚

李注

下溼曰隰

下溼謂土地窊下但當名爲隰。同公羊疏二十二

常沮洳名爲隰也。同詩疏六之三

廣平曰原

謂土地寬博而平正名之曰原。同宋本春秋疏五

高平曰陸大陸曰阜大阜曰陵

高平謂土地豐正名爲陸、土地獨高大名曰阜最大名爲陵。同詩疏七之三

鈎沉

下溼曰隰

李曰、下溼謂土地窊下常沮洳名爲隰也。詩正義六之三又十七之三　春秋正義三十六　公羊疏二十二　邢疏

注曰隰濕墊也。一切經音義四　墊音都念反。

廣平曰原

舍人曰、廣平謂土寬而平。御覽五十七

李曰、謂土地寬博而平正者名之曰原。詩正義十七之三 春秋正義五又三十六 公羊疏二十二

高平曰陸大陸曰阜大阜曰陵大陵曰阿

李曰高平謂土地豐正名爲陸。大陸謂土地高大名曰阜、最高大名爲陵。陵之大者名阿。詩正義九之三又十六之四 春秋正義十六又三十五又三十六

漢注

下溼曰隰

李巡云、下溼謂土地窊下常沮洳名爲隰也。詩正義六之三卷 公羊疏三十二卷

大野曰平廣平曰原

李巡云、謂土地寬博而平正名之曰原。左傳正義五卷 公羊疏二十二卷

高平曰陸

李巡云高平謂土地豐正名爲陸。詩正義九之三卷

大陸曰阜大阜曰陵大陵曰阿

李巡云土地獨高大名阜。阜最大爲陵。詩正義九之三卷

一切注音

下濕曰隰、舊注云隰、濕蟄也。一切經音義 李巡曰、下濕謂土地窊下常沮洳名爲隰也。詩車鄰正義

廣平曰原 李巡曰、廣平謂土地寬博而平正也。詩公

劉正義 舍人曰、廣土謂土廣而平。御覽

高平曰陸。李巡云高平謂土地豐正名曰陸大陸謂土地高大名曰阜、阜最大名爲陵陵之大者爲阿。左定四年傳正義

蕙心案左定四年傳杜注引爾雅作廣平曰陸蓋涉上廣平曰原而譌。

古注斠

溼俗作濕、申入反。隰本或作隰、音習。

陸音義

高平曰陸

陸無𪚥焉、得六而已。𪚥、𪚥也、得九矣。隴、龍也、有起伏焉。起伏謂隴有起伏之勢似龍也。或作龍狀、非。

大阜曰陵

安極而陵。

大陵曰阿

不患陵矣、患或阿之、阿見可而已。

新義

下溼曰隰

李巡曰、下溼謂土地窊下常沮洳名爲隰也。

大野曰平

廣平曰原

李巡曰、廣平謂土地寬博而平正者名原。

高平曰陸

李巡曰、高平謂土地豐正名爲陸。

大陸曰阜　李巡曰、土地獨高大名阜。
大阜曰陵　李巡曰、阜最大爲陵。
大陵曰阿

古注合存

下濕曰隰、大野曰平、廣平曰原、高平曰陸、大陸曰阜、大阜曰陵、大陵曰阿。此又釋其高下大小之名也。

注疏參義

公羊傳上平曰原下平曰隰、疏云、釋地廣平曰原、李氏曰、謂土地寬博而平正者名原。然則此言上平、蓋欲對隰言之、故謂之上平、其實與爾雅廣平不異。

補注

下溼曰隰大野曰平廣平曰原高平曰陸大陸曰阜大阜曰陵大陵曰阿

正義 夏官邍師辨其丘陵墳衍邍隰之名、此釋之也。○下溼曰隰大野曰平。○詩疏引李巡云、下溼謂土地窊下常沮洳名爲隰也。說文云、隰阪下溼也。溼、幽溼也、从水一、所以覆也。覆而有土、故溼也。釋名云、下濕曰隰、隰、蟄也。蟄溼意也。平、說文作坪、云地平也。後世謂之平野。○廣平曰原、高平曰陸。○左傳疏引李巡云、謂土地寬博而平正、名之曰原。詩疏引李巡云、高平謂土地豐正名爲陸。說文云、邍、廣平之野、人所登。陸、高平地。釋名云、廣平曰原、原、元也、如元氣廣大也。高平曰陸、陸、漉也。水流漉而去也。大司徒鄭註作高平曰原、左氏定四年傳杜註引爾雅作廣平曰陸、水經註引春秋說題辭云、高平曰太原、原、端也、平而有度。又引尚書大傳云、大而高平者謂之大原。是則原陸皆高而廣平者。故諸家引述互見其文。○大陸至曰阿。○小雅天保云、如山如阜、如岡如陵。大雅皇矣云、我陵我阿。疏引李巡云、土地獨高大名阜、阜最大爲陵。說文云、𨸏、大陸山無石者。陵、大𨸏也。阿、大陵也。風俗通義云、阜者、茂也。言平地隆踊、不屬於山陵也。今曲阜在魯城中、委曲長七八里。雒北芒坂、卽爲阜也。釋名云、土山曰阜、阜、厚也、言高厚也。大阜曰陵、陵、隆也。體高隆也。詩釋文引薛君韓詩章句云、四平曰陵。

正義

高平曰陸　玉案、一切經音義引爾雅云高厚廣平曰陸。又毛傳亦曰高厚廣平曰陸。今本蓋脱去厚廣二字。

校議

下溼曰隰大野曰平廣平曰原高平曰陸大陸曰阜大阜曰陵大陵曰阿

隰者、說文云阪下溼也。釋名云、下溼曰隰、隰、蟄也。蟄溼意也。一切經音義四引爾雅舊注云隰、溼墊也。詩車鄰正義引李巡曰下溼謂土地窊下常沮洳名爲隰也。毛用爾雅。○平者、釋名云下平曰衍、言漫衍也。按大野地勢平因謂之平。平與坪音義同。說文坪地平也。○原者說文作邍云高平之野人所登。釋名云廣平曰原、原元也。如元氣廣大也。水經汾水注引春秋說題辭云高平曰太原、原端也。平而有度。按說文及說題辭俱作高平、釋名及爾雅諸家俱作廣平、御覽五十七引舍人曰廣平謂土廣而平、詩公劉正義引李巡曰廣平謂土地寬博而平正也。鄭箋亦作廣平曰原、大司徒注又作高平曰原不同者、高廣義近、廣散文可通。文選西都賦注引亦作高平曰原。○陸阜陵阿者、說文俱本爾雅。釋名云高平曰陸、陸、漉也。水流漉而去也。左氏定元年杜預注引作廣平曰陸、漢書郊祀志注同。亦散文通也。阜、說文作𨸏云大陸山無石者。釋名云土山曰阜、阜、原也、言高厚也。陵、隆也體高隆也。文選長楊賦注引韓詩章句云四平曰陵也。按四平謂中央高四邊下、故廣雅云四隤曰陵也。阿有二義、詩菁菁者莪傳用爾雅、考槃傳又云曲陵曰阿、不同者蓋四邊高而中央卷曲低下。故一切經音義一引韓詩傳云曲京曰阿、京亦高大之名、義與此同也。陸、阜、陵、阿皆土山也。以高大而異名。故詩天保及左傳正義引李巡曰、高平謂土地豐正名爲陸、大陸謂土地高大名曰阜、阜最大名爲陵、陵之大者名阿。

義疏

下溼曰濕大野曰平廣平曰原高平曰陸大陸曰阜大阜曰陵大陵曰阿

阿有二義、詩菁菁者莪傳用爾雅、考槃傳又云曲陵曰

爾雅詁林　九　釋地

阿、不同者蓋四邊高而中央卷曲低下、故一切經音義一引韓詩傳云曲京曰阿、京亦高大之名也。念孫案、曲陵曰阿、謂陵之曲者耳、非四邊高而中央卷曲低下之謂。上既以中央高四邊低下者為陵、則不得又云四邊高中央下矣。釋名云陵體高隆者、亦謂其中央高、非謂其四邊高也。

郝注刊誤

下溼曰隰 李注、下溼謂土地窊下常沮洳名為隰也。舊注隰、溼墊也。溼从水絲、日㬎之。說文以濕專為水名、更造溼字。經典皆用濕。近乃改作溼、非也。若瀎濕作溼、則下隰當作隰、不成字矣。周官原隰宜贏物叢物。**大野曰平** 般 坪 苹 **廣平曰原高平曰陸** 舍人注、廣平謂土廣而平。李注、謂土地寬博而平正也、土地豐正名為陸。平采一字也、平土乃可采蹏迹。後分二義、更造平字从兮一、專謂人平气耳。地物無取兮也。易、鴻漸于般、攷工記、平地既節、廣从黃、謂平田也。加广、屋廣耳。原从厂下灥。周官原野作邍、說文闕其義、蓋行田耕之彖彖然、文从夂辵、非古字也。厂下多泉、亦有廣平之義。詩、逝彼白泉、瞻彼溥原、陸古文作𨺅、坴亦从圥土、蓋象艸木叢生、許慎以圥為地蕈、高地雖有菌、陸不以菌為用也。易、莧陸夬夬、書有大陸。**大陸曰阜大阜曰陵大陵曰阿** 李注、大陸謂土地高大名曰阜、阜最大者名為陵、陵之大者名阿。詩、升彼大阜。我陵我阿。

集解

下溼曰隰 溼、从水一、所以覆也。覆土而有水、故溼也。隰从阜㬎、絲而日㬎之、是溼絲也。加阜則為阪下溼。經典溼多用濕、因濕从水絲而日㬎、說文專以濕為水名、而溼濕遂分用矣。詩隰有苓、隰有栗。周禮原隰宜贏物叢物。管子書平原之隰。**大野曰平** 平、語平舒也、从兮从二、一者其氣平也。字一作釆、平地而蹏跡可釆、與取兮義。蓋地平字當作釆、氣平字乃作平耳。說文分平釆為二部、而平下仍存釆文、又別製坪以為地平專字、意以平釆雙聲、雖可通用、究不若加土作坪之為易曉也。攷工記平地既節、易鴻漸于般、謂平也。以般為之。**廣平曰原** 廣从黃、謂平田也。加广則為大屋。原、水原本也、从灥出厂下。與邍通用。邍、高平之野也。此云廣平、取田及水義耳。邍从辵从夆从兀、謂高平可升降。从田、从水者、則謂廣平之可田者。周禮邍師注、地之廣平者。詩、周原膴膴。又瞻彼溥原。今西伯利亞為世界第一大平原、亦以廣平故也。**高平曰陸** 陸从阜坴。坴、土塊坴坴也。象艸生狀、加阜則為高平而生艸木者。易、鴻漸于陸。書、大陸既作。**大陸曰阜** 阜从𠂆、象山無石之狀。大陸可為澤藪、亦無石也。詩、如山如阜。**大阜曰陵** 陵从阜夌。夌、越也、从圥从夊、又謂登陸而行其高、難。大阜之越、亦行難也。詩、升彼大阜。易、升其高陵。**大陵曰阿** 阿从阜可。可、肎也。加阜為大陵名者、取加義耳。詩、我陵我阿。又考槃在阿。

義證

下溼曰隰

京相璠曰懷縣西南有隰城、今懷慶府武陟縣地。

大野曰平

亦鉅野也。

廣平曰原

依字當為邍。禹貢有東原太原。東原、今泰安府東平州也。太原亦為府。

高平曰陸

魏哀王改向曰高平。北山經有陸山在高是山北三百里。

大陸曰阜

亦鉅鹿也。說文解字曰阜山無石者。春秋傳文公十六年、吳

爾雅詁林　九　釋地

伐楚至于阜山。在今鄖陽府房縣南五十里。

大阜曰陵

薛君韓詩章句曰四平曰陵、秦名天子冢曰山、漢改曰陵。春秋傳曰崤有二陵。

大陵曰阿

春秋傳、鄭厲公獲傅瑕于大陵。史記趙肅侯遊于大陵。說文解字阿、一曰曲阜。案皇甫謐以曲阜爲偃地是偃之言阿。

釋地四篇注

下溼曰隰

郭無注。郝蘭皋謂一切經音義四引尒疋舊注云隰溼墊也。釋名云下溼曰隰隰蟄也。詩車鄰正義引李巡曰下溼謂土地窊下常沮洳名爲隰也。

舊注攷證

下溼曰隰

說文云隰阪下溼。秦風車鄰隰有栗、毛傳云下溼曰隰。正義引李巡云、下溼謂土地窊下常沮洳名爲隰也。又云下者謂下溼之地、隰溼也。鄭風山有扶蘇隰有荷華、正義云荷華水草宜於下隰。邶風簡兮隰有苓、小雅皇皇者華于彼原隰、傳竝云下濕曰隰。隰桑隰桑有阿、正義引夏書傳曰下濕曰隰。常棣原隰裒矣、黍苗原隰旣平皆原隰對言。隰桑正義云詩中單言隰者多矣、若隰有萇楚、不必反以對原唯義所在。一切經音義四引爾雅舊注云隰濕墊也。

大野曰平廣平曰原高平曰陸大陸曰阜大阜曰陵大陵曰阿

平、說文作坪、云地平也。黍苗原隰旣平、毛傳云土治曰平。平則成大野矣故曰平野。原者、說文作邍、云高平之野、人所登。大雅緜周原膴膴、公劉于胥斯原、鄭箋竝云廣平曰原。小雅黃華于彼原隰、傳云高平曰原。常棣脊令在原、箋云雝渠水鳥、而今在原。正義謂在高原之上。六月薄伐玁狁至于太原。今案陝西長武以北皆高原之地。水經汾水注引春秋題辭云高平曰太原。文選西都賦注引作高平曰原。高廣義得相通也。舍人云、廣平謂土廣而平。李巡云、廣平謂土地寬博而平正也。大雅皇矣度其鮮原、箋云、乃始謀居善原廣平之地。公劉瞻彼溥原、箋云視其廣原可居之處。蓋皆謂廣平爲原也。故正義釋復降在原云廣平曰原。陸者、說文云高平地。李巡云、高平謂土地豐正名爲陸。定元年左氏傳注引作廣平曰陸。漢書郊祀志注引亦同。與上廣平曰原作高平者蓋互易也。阜者說文云阜大陸山無石者。小雅天保如山如阜傳云大陸曰阜。吉日升彼大阜疏云升彼大陵阜之上。李巡云土地獨高大名阜。陵者說文云大阜也。天保如岡如陵傳云大阜曰陵。沔水率彼中陵箋云飛循陵阜。菁菁者莪在彼中陵傳云中陵陵之中也。大雅皇矣無矢我陵正義引釋地曰大阜曰陵李巡云阜最大爲陵。韓詩云四平曰陵。阿者說文云大陵也。皇矣我陵我阿箋云大陵曰阿。菁菁者莪在彼中阿傳云中阿阿中也。大陵曰阿李巡云陵之大者名阿。魏風考槃在阿傳云曲陵曰阿。

說詩

下溼曰隰 隰釋文作隰。

廣平曰原 案左傳疏引李巡謂土地寬博而平正。

謂澤之廣平者亦名原 亦疑衍字。 土地獨高大名曰阜 脫獨字。

阜最高大名爲陵 脫阜高二字。 或險峭磽确 險監本誤崄。

注疏正字

下溼曰隰 釋文云溼俗作濕。尙書正義禹貢 公羊疏廿二 後漢書注上四十 一切經音義四 白帖六 引皆作濕。案說文水部溼幽溼也从水一所以覆也。覆而有土故溼也。㬎省聲。隷省作溼 又濕水出東郡東武陽入海从水㬎聲。隷省作濕 今濕水字譌爲漯而以濕代溼。又云隰本或作隰。石經以後各本及諸書所引無作隰者。案說文𨸏部隰阪下溼也从𨸏㬎聲。漢隸書从㬎之字多譌爲累如濕之爲漯顯之爲顆是也。顯字見漢綏民校尉熊君碑

大野曰平

廣平曰原 正義云周禮大司徒注作高平曰原。元照案詩小雅皇皇者華于彼原隰傳云高平曰原。又文選注一 後漢書注班彪傳上 引皆作高平。說文云邍高平之野人所登。高字較長。說文辵部 邍高平之野人所登从辵备彔闕。又泉部 灥水泉本也从灥出厂下篆文从泉作原。經典相承以原代邍唯周禮尙有邍字。

高平曰陸 正義云左定九年傳注引爾雅廣平曰陸。元照案左傳正義曰爾雅高平曰陸杜言廣平者以吳澤之地地下寬平故以廣平言之非是不見爾雅劉君以爾雅高平曰陸而規杜氏非據此則劉孔所據本皆作高平與今本同。說文亦云陸高平地也。禹貢正義兩引一作高一作廣。華嚴經音義十地品 引爾雅高厚廣平曰陸。又引毛詩傳高厚廣平曰陸。

大陸曰阜 說文十四下 𨸏大陸山無石者。象形。隷變作阜。

大阜曰陵 白帖六 引大阜曰邱。

匡名

下溼曰隰大野曰平廣平曰原高平曰陸大陸曰阜大阜曰陵大陵曰阿 說文溼幽溼也从水一所以覆也覆而有土故溼也。隰阪下溼

爾雅詁林 九 釋地

也。小雅、于彼原隰。平、說文作坪、地平也。小雅、原隰既平。原、說文作𨓏高平之野、人所登。从辵备彔闕。大雅、于胥斯原。陸、高平地。漸卦、鴻漸于陸。𨸏、大陸山無石者、象形。小雅、如山如阜。陵、大阜也。小雅、如岡如陵。阿、大陵也、一曰曲阜也。大雅、我陵我阿。

啓蒙

隰　㬎　釋文。隰本或作隰。音習。今本作隰

原　𨓏　說文。𨓏高平之野人所登也。厵水泉本也。原爲厵之篆文。此無決詞當云當作𨓏。

黄侃評本正名

高平曰陸。　陸有厚義、故李巡云、土地豐正、廣雅陸、厚也、釋魚魁陸注員而厚、說文𡍲、九達道也、似龜背、故謂之𡍲、𡍲高也、或作逵、从坴、坴、土塊坴坴也、一曰坴梁、此亦有厚義。从坴聲者有睦、坊記注睦、厚也。亦與陸義同、漢碑和睦字多作陸。

大陸曰阜。大阜曰陵。大陵曰阿。　丘阜陵京通言不別、故定之方中傳京、高丘也、皇矣傳京、大阜也、考槃傳曲陵曰阿、說文阿、曲阜也。

黄侃音訓

郊外謂之牧　林外謂之坰　下溼曰隰　大野曰平

說文作郊外謂之野。冂部首 毛詩傳作郊外曰野。魯頌駉詩傳 說文作林外謂之冂。冂部首 古文冂從口作同、冂部同 同或從土作坰。冂部坰 釋文隰作隰。釋地釋文 說文平作坪、云地平也。土部坪 李巡本牧作田。云田、𤱶也、謂𤱶列種穀之處。釋地釋文

郊外謂之牧、牧外謂之野、說文作郊外謂之野、毛傳作郊外曰野。按毛傳及說文皆據爾雅爲說、無郊外爲牧之文然詩疏及爾雅釋文載李巡孫炎舊注俱有此句、毛許所引蓋異本也。

證異

廣平曰原高平曰陸

案廣高二字乃後人誤倒、元本爾雅當作高平曰原廣平曰陸。詩小雅皇皇者華篇毛傳、周禮地官大司徒職鄭注、文選西都賦李注、後漢書班彪傳、水經汾水篇注逑春秋說題辭俱引此上句作高平曰原。說文辵部𨓏下亦曰高平之野、人所登。此廣爲高誤之碻證也。左定九年傳杜注史記孝武紀張守節正義述顏注俱引此下句作廣平曰陸。書禹貢正義兩引之亦一作廣平。慧苑華嚴經音義三十五引爾雅暨毛詩傳曰高厚廣平曰陸。雖多高厚二字、要亦廣平連文、非高平連文也、則高爲廣誤、抑又何疑。

董瑞椿日記

高平曰陸、李云高平謂土地豐正名爲陸。楷案、陸爲土地之豐正、故引申之爲厚義。廣雅陸、厚也是也。華嚴經音義引作高厚廣平曰陸、雖增字引經、亦可證陸有厚義。釋名、高平曰陸、陸、漉也、水流漉而去也。附會。

大陵曰阿、郝懿行云詩菁菁者莪傳用爾雅、考槃傳又云曲陵曰阿、一切經音義一引韓詩傳云曲京曰阿、義與此同也。楷案、郝說非也。阿本有二義、一爲曲陵、釋丘偏高阿丘、毛傳所謂曲陵、韓傳所謂曲京是也。一爲大陵、此文所云是也。方言、南楚江湘凡船大者謂之舸。說文訶、大言而怒也。又云、閜、大開也。大杯亦爲閜。原本玉篇引廣倉、歌、大笑也。慧琳音義七十二引埤蒼、齣、大齧也。皆與阿音義同。說文大陵曰阿、一曰曲阜也、語意最分明。

稗疏

下溼曰隰。唐石經單疏本雪牕本同。釋文、溼俗作濕、隰本或作隰、音習。五經文字云、經典皆以濕爲溼、唯爾雅用之。〇下溼曰隰者 此本及注疏本以下皆不分節、此節首剜改、當有云字。

校勘記

下溼音濕曰隰

音圖・音

釋文、溼俗作濕、申入翻。五經文字云、經典皆以濕爲溼、唯爾雅用之。釋文隰本或作隰、音習。羣經音義云、隰又作隮、詞立翻。下下者曰溼同。

音略

下溼曰隰。習 習 大野曰平、廣平曰原。高平曰陸。大陸曰阜。大阜曰陵。大陵曰阿。

孫侶 直音

下溼曰隰 什 習

直音校正

下溼曰隰習大野曰平廣平曰原高平曰陸大陸曰阜大阜曰陵大陵曰阿

楊氏音訓

溼失入切 隰習

干氏音釋

可食者曰原陂者曰阪下者曰溼

可食者曰原。可種穀給食。陂者曰阪。陂陀不平。下者曰溼。公羊傳曰下平曰隰。

郭注

云可食曰原陂者曰阪下者曰隰此三者釋地形、雖有高下不平、皆可種穀給食。高而可食者名原、詩大雅云篤公劉于胥斯原是也。陂陀不平而可食者名阪、詩小雅正月云瞻彼阪田有菀其特是也。下平而可食者名隰本作溼誤。注公羊傳曰下平曰隰 釋曰此昭元年傳文也。案彼云晉荀吳帥師敗狄于大原、此大鹵也、曷爲謂之大原、地物從中國、邑人名從主人。原者何、上平曰原、下平曰隰。何休云、分別之者、地勢各有所生、原宜粟、隰宜麥、當敎民所宜、因以制貢賦是也。

邢疏

陂者曰阪下者曰隰 隰本作溼。詩正詩引李作隰。案邢疏云隰本作溼誤。今改正。

陂者謂高峯山陂。下者謂下溼之地。隰、溼也。詩正義六之三又十七之二

李注

可食者曰原

可食謂有井田也。陵、阿、山田可種穀者亦曰原也。春秋正義三十六 舊本陵誤作陸

孫音注

陂者曰阪

陂、普何反。釋文

郭音義

黃輯古義

陂者曰陂下者曰隰 今注疏本作溼、詩正義引李氏作隰。

陂者謂高峯山陂。下者謂下溼之地。隰、溼也。詩秦風車鄰正義 胡三省通鑑音注卷六十五引上句

李注

可食者曰原

可食謂有井田也。陵、阿、山田可種穀者亦曰原也。春秋襄二十五年正義

孫音注

陂者曰阪。陂，普何反，上並同 [郭音義] [玉函山房輯佚]

可食者曰原

可食者謂有井田也，陸、阿、山田可種穀者亦曰原。孫注 宋本春秋疏二十三

陂者曰阪

陂者謂高峯山陂。李注 通鑑音注六十五 [鈎沉]

可食者曰原

孫曰：可食謂有井田也。陵阿山田可種穀者亦曰原也。春秋正義三十六 舊本陵誤作陸

陂者曰阪下者曰隰。案隰舊作溼，詩正義引李氏作隰。邢疏云隰本作溼，誤。今從寫正。

李曰：陂者謂高峯山陂。下者謂下溼之地。隰，溼也。詩正義六之三，又十七之二 [漢注]

可食者曰原

孫炎云：可食謂有井田也。陵阿山田可種穀者亦曰原。左傳正義二十三卷 郭璞云：可種穀給食。

陂者曰阪

李巡云：陂者謂高峯山陂。通鑑六十五卷音注 詩正義六之三卷 郭璞云：陂陀不平。

下者曰隰 邢昺疏六卷 隰本作濕，誤。

李巡云：下者謂下濕之地。隰，濕也。詩正義六之三卷 郭璞云：公羊傳曰：下平曰隰。[一切注音]

可食者曰原 孫炎曰：可食謂有井田也。陸阿山田可種穀者亦曰原也。左襄二十五年傳正義

陂者曰阪 李巡曰：陂者謂高峯山陂。詩車鄰正義

下者曰濕 李巡曰：下者謂下濕之地。隰，濕也。詩車舝正義 [古注斠]

陂者 彼宜反。字林或彼義反。又作坡，郭皆普何反。 阪 甫晚反。字林父板反。 陀 大何反。 種 之用反。[陸音義]

陂者又作坡，郭皆普何反。○ 皆舊作音，今從宋本正。

蓋兼陂、坡，故云皆。[音義攷證]

可食者曰原 可食，可種穀粟也。 陂者曰阪 郭云阪陀不平。 下者曰溼 [鄭樵注]

可食者曰原

孫炎曰：可食謂有井田也。陵阿山田可種穀者亦曰原也。

郭璞曰：可種穀給食。

鄭樵曰：可食，可種穀粟也。

陂者曰阪 陂，郭普何反。

李巡曰：陂者謂高峰山陂。

郭璞曰：陂陀不平。

鄭樵曰：郭云陂陀不平。

下者曰溼

李巡曰：下者謂下溼之地。隰，溼也。

郭璞曰：公羊傳曰下平曰隰。[古注合存]

可食者曰原，陂者曰坂，下者曰隰。陂音披，坂音反，隰或作濕，非。○此又釋其美惡之名也。註曰：可食者謂可種穀。陂者，陂陀不平也。公羊傳云：下平曰隰。愚按：此三句，即上七者而約申之也。首句，申平原也。次句，申陸阜陵阿也。末句，申隰也。平原可食，餘不皆可食，故申之。舊乃謂上七者皆不可食，此三者皆可食，非。[注疏參義]

孫炎云可食謂有井田也、陸阿山田可種穀者亦曰原也。謂彼陵阿之間可食之地、非廣平也。

補注

可食者曰原 註 可種穀給食 陂者曰阪 註 陂陀不平 下者曰隰 註 公羊傳曰下平曰隰

正義 此別種穀之野、使三農各盡其力也。大司徒以土會之灋辨五地之物生其五曰原隰。小雅信南山云畇畇原隰曾孫田之。月令孟春之月善相丘陵阪險原隰土地所宜。周語云原隰衍沃衣食於是乎生。地形有高下平三者之殊、西北地多廣平、東南地多下溼、故經傳每連舉原隰則高阪之田在其中。左傳疏引孫炎云可食謂有井田也陸阿山田可種穀者亦曰原、孫意以井田正界必當在廣平之原、而後世於山田種穀者亦稱爲原、故通言之、然穀諸雅訓、廣平之野可種穀者謂之原、山田則謂之阪、不得相溷。大雅公劉云于胥斯原、左氏僖二十八年傳云原田每每、皆謂廣平之原可種穀者也。阪者、詩疏引李巡云、陂者謂高峯山陂。說文云陂阪也。小雅正月云瞻彼阪田、淮南齊俗訓陵阪耕田、皆言山田。襄二十五年傳云町原防、杜註隄防之間不得方正如井田、別爲小頃町。是陂阪之田不盡爲井田也。隰者、詩疏引李巡云、下者謂下溼之地、隰溼也。禹貢所謂厥土惟塗泥也。古者中原平土分井授田、盡力溝洫、俾民足食。荆州田多頃町、揚州田多塗泥、任土物地、田不盡井而地無棄利。自溝洫湮廢、平原膏土寖成焦壤、鹵不生穀、惰農自安、粒食所須、取之阪隰、於是禹貢所謂厥田中下、厥田下下者、華實之毛、轉爲九州之上腴矣。太宰九職一曰三農生九穀、先鄭云、三農平地山澤也。平地之農耕可食之原、山農耕於阪、澤農耕於隰、三農各修其職、斯九穀之利溥、故爾雅分晰其地形焉。註 公羊至曰隰。正義 昭元年傳云上平曰原、下平曰隰。何休註、分別之者、地勢各有所生、原宜粟、隰宜麥、當教民所宜、因以制貢賦。

正義

可食者曰原 可種穀給食 陂者曰阪 陂陀不平 下者曰溼 公羊傳曰下平

曰隰 此別可耕種之野、所謂穀土者也。大宰注鄭衆云、三農平地山澤也。鄭注三農原隰及平地。然則穀別有九而土別惟三、即此原阪隰之各異其名也。穀土而曰可倉者、古謂可耕之土爲倉土。檀弓云擇不倉之地而葬我焉、鄭注不倉謂不墾耕。左氏昭七年傳倉土之毛、鄭語云倉溱洧、皆其證也。左氏襄廿五年正義引孫炎曰、可倉謂有井田也、陸隨作阿山田可種穀者亦曰原也。孫意蓋以上云廣平曰原、是原之本名、此云可倉曰原、是原之通名、山田下隰凡可耕種通謂之原、欲明陂者下者皆以可倉總之。詩周原膴膴、傳云原田每每、非必廣平之地獨擅原名矣。陂者、說文云阪也、阪字解云坡者曰阪、又云陂阪也、是陂阪音義同、故得兩通。釋文陂又作坡、郭皆普何反、此音得之、古讀皮爲坡也。釋名云山旁曰陂、言陂陁也。玉篇云陂陀靡迆也。然則坡之言頗也、阪之言反也、謂山田頗側之處可耕種者。故詩車鄰正義引李巡曰、陂者謂高峰山陂。正月箋云、阪田崎嶇墝埆之處。淮南齊俗篇云、陵阪耕田。易說卦云、其於稼也爲反生、虞翻本反作阪、云陵阪也、是阪反通。溼者當作隰、字之誤也。車鄰正義引李巡曰、下者謂下溼之地、隰溼也。說文云、隰阪下溼也、增一阪字者、許意蓋以下溼曰隰、其訓已明、又言下者曰隰、明此義對阪而言、田之陂陀不平者名爲阪、其下而平者即爲隰、不必沮洳漸溼之處始名隰也。且此三句俱言可耕之田、故說苑復恩篇說祠田云、下田洿邪、得穀百車、蟹堁者宜禾。尊賢篇云、蟹堁者宜禾、洿邪者百車。洿邪即隰、蟹堁即阪。詩車鄰亦阪隰對言、毛傳用爾雅。月令孟春之月善相丘陵阪險原隰土地所宜、五穀所殖、皆與此義合。郭引公羊昭元年傳下平曰隰、平亦對陂而言。

義疏

可食者曰原 孫注、可食謂有井田也、陸阿山田可種穀者亦曰原也。郭注、可種穀給食。此後所造邍字專義。陂者曰阪 李注、陂者謂高峯山陂。郭注、坡陀不平。陂坡古今字、說文俱云阪也、蓋漢時已分二用。易、無平不陂。詩、瞻彼阪田。陂从皮、土面已治可田者。反从又厂、亦治山土。下者曰隰李注、謂下濕之地、隰濕也。郭注、公羊傳曰下平曰隰。隰今本作濕是也。以漧濕爲阪濕。

集解

可食者曰原釋周禮遼字本義以明水泉本之原乃遼借字。陂者曰阪陂从阜、皮謂地面已治可田者。說文陂坂分二文、均釋為坂實一字也。阪从反、反从又厂謂治山土。易无平不陂。詩、瞻彼阪田。下者曰隰承上而明隰之為阪下隰隰字之本義也。上云 下溼曰隰則通詞耳。公羊傳、上平曰原、下平曰隰。

義證

坡者曰阪

隴阪在今鳳翔府隴州西、詩秦風阪有漆是也。其阪九回、不知高幾許、欲上者七日乃得越。

釋地四篇注

下溼曰隰、大野曰平、廣平曰原、高平曰陸、大陸曰阜、大阜曰陵、大陵曰阿。可食曰原隰、釋文云本或作隰、音習。

註可種穀給食

郭注補正

下溼曰隰大野曰平廣平曰原高平曰陸大陸曰阜大阜曰陵大陵曰阿可食者曰原

可食謂種穀給食也

御覽五十七卷地部引爾雅可食者曰原、郭璞曰可食謂種穀給食也。希麟新大方廣佛華嚴經十二卷音義引爾雅郭注云、可種穀給食也。今本可下脫食謂二字、句末脫也字、據補。

陂者曰阪

陂陀不平也

御覽五十三卷地部引爾雅陂者曰阪、郭璞注曰陂陀不平也。今據補也字。樹枏案、希麟新大方廣佛華嚴經十五卷音義、根本說一切有部毘奈耶藥事四卷音義、俱引爾雅陂者曰阪、郭注云地不平也。與今本不同。或原注陂陀下落地字。

郭注佚存補訂

可食者曰原

小雅信南山畇畇原隰、正義云、此詩之意以原隰主生百穀、原隰之功於人尤大、此即所謂可食者。孫炎、可食謂有井田也、陸阿山田可種穀者亦曰原也。謂凡可耕種者通謂之原也。小雅小宛中原有菽、庶民采之、此即原之可食者。陳氏啟源云、原隰阪皆可食、而原隰尤利人、先王疆理所獨詳也。故周禮夏官之屬設原師以辨其名、而詩人詠之尤多、然爾雅有兩原隰、其一可食其一不可食、竝見於詩、異實而同名、不可不辨也。詩有兼言原隰者、曰于彼原隰、曰原隰裒矣、曰畇畇原隰、曰原隰既平、曰度其隰原。有獨言原者、曰脊令在原、曰至于太原、曰瞻彼中原、曰中原有菽、曰周原膴膴、曰度其鮮原、曰于胥斯原、曰復降在原、曰瞻彼溥原。今以爾雅兩原隰合而論之、曾孫之所田、召伯之所平、公劉之所度、其爲可食之田無疑。

陂者曰阪下者曰隰

陂者、說文云阪也。秦風車鄰阪有漆、毛傳云陂者曰阪。李巡云、陂者謂高峯山陂。鄭風東門之墠茹藘在阪、正義云阪是高阜。小雅正月瞻彼阪田、箋云阪田、崎嶇墝埆之地。隰者、鄭風山有扶蘇隰有荷華、疏云下隰喻下位。小雅常棣原隰裒矣、箋云原也隰也、以相與聚居之故、故能定高下之名。是下爲隰也。

說詩

陂者曰阪下者曰隰 隰作溼誤出。疏、陂、郭普何切。案詩車鄰疏引李巡云、陂者謂高峯山陂、下者謂下溼之地、隰溼也。

疏遂人職云凡治野田 田衍字。 侯四十里伯三十里子二十里男十里 案儀禮註作侯伯三十里、子男十里。 是鄭之所約也 是下衍也字。

有菀其特是也 菀、盬本誤。 曷爲謂之大原 爲謂二字誤倒。

注疏正字

可食者曰原 原當作邍見上。

陂者曰阪 釋文云、陂又作坡。後漢書注十九、北堂書鈔一百五十七引作坡。案說文𨸏部陂、阪也、从𨸏㞋聲。㞋隸變作皮 阪、陂者曰阪、从𨸏反聲。土部無坡字。

下者曰溼 釋文無音、今依石經寫。邢疏本作隰、疏云、隰本作溼、誤。元照案、詩正義六之三引作隰、郭注引公羊傳下平曰隰、是郭本元作隰也。說文土部𡑞、下入也、从土㬎聲。疑卽此文。

匡名

可食者曰原陂者曰阪下者曰溼 左僖二十八年傳原田每每、言廣平之原、可以種穀。郭註可種穀給食。陂、阪也、一曰澤障、一曰山脅也。小雅瞻彼阪田。公羊昭元年傳、上平曰原、下平曰隰。邢疏以爲作溼誤。李巡云、下者、下溼之地。卽禹貢所謂厥土惟塗泥也。

啓蒙

陂者曰阪。陂陀不平。 陂阪聲轉、阪之言反側也、廣雅陂陀、衺也、漢書司馬相如傳罷池陂陀、郭注言旁頹也。

黃侃音訓

下者曰溼 唐石經、雪牕本注疏本同。單疏本作下者曰隰、云本作溼誤。案詩車鄰正義引下者曰隰、李巡曰隰溼也。

是李本作隰字。據注引公羊傳作隰，知郭本同，今本沿唐石經之誤也。

○注公羊傳曰下平曰隰○釋曰　注疏本删注釋曰。

案彼云　元本同。閩本監本毛本云改曰。

曷爲謂之大原　元本同。閩本監本毛本爲謂倒。

校勘記

下者曰溼疏、下平而可食者曰隰，本作溼，誤。然釋文不言，蓋唐以後始誤也。

注疏本正誤

十八上（九三）

三行陂者曰阪（注）陂陀不平○注宋刻小字本作「阪陀不平」，唐寫本作「阪地不平」。《御覽》卷五十三引郭注作「陂陀不平也」。

下者曰溼○溼，唐石經同，唐寫本及邢昺《爾雅疏》均作隰，是也。當據正。原本《玉篇》阜部「隰」下引亦作「隰」。《詩・車鄰》《正義》引李巡曰：「下者謂下溼之地。隰，溼也。」

宋監本校箋

陂音披者曰阪陂阪不平。阪音反。

音圖・音

陂音披　案陂有彼宜音卑彼義音賁兩翻、幫又普何音坡翻。

滂今音披非。

直音正誤

陂彼宜翻音碑字林或彼義翻音祕又作坡。郭音普何翻音頗平聲。

音略

可食者曰原、陂者曰阪、反下者曰溼

孫侶直音

可食者曰原可種穀給食。陂卑者曰阪陂陀不平。反下者曰溼公羊傳曰下平曰隰。一作隰

陂坡又碑反皮二音阪反

楊氏音訓

田一歲曰菑二歲曰新田三歲曰畬

干氏音釋

田一歲曰菑、今江東呼初耕地反草爲菑。二歲曰新田、詩曰于彼新田。三歲曰畬。易曰不菑畬。

郭注

田一歲曰菑二歲曰新田三歲曰畬　釋曰，此釋耕田年歲遠近名義不同之事也。菑者，災也。畬，和柔之意也。孫炎云：菑，始災殺其草木也。新田，新成柔田也。畬，和也，田舒緩也。郭云，今江東呼初耕地反草爲菑。　注詩曰于彼新田　釋曰，此小雅采芑篇文也。案彼云薄言采芑，于彼新田，于此菑畝。毛傳取此文爲說，故引爲證也。　注易曰不菑畬　釋曰，此无妄六二爻辭也。鄭注亦取此文，故引以爲證也。

邢疏

田一歲曰菑二歲曰新田三歲曰畬

菑音災。釋文　始災殺其草木也。新田、新成柔田也。畬、和也、田舒緩也。詩正義十之二　禮記正義五十一　邢疏　韻會四支

孫音注

田一歲曰菑音災並上同

黃輯古義

田一歲曰菑二歲曰新田三歲曰畬

菑、始災殺其草木也。新田、新成柔田也。畬、和也、田

舒緩也。邢疏 詩小雅采芑正義 禮記坊記 正義上二句並無也字、下句作畬舒緩。

玉函山房輯佚

孫音注

田一歲曰菑二歲曰新田三歲曰畬

菑始殺草也。孫注 尚書全解二十九　菑始菑殺其草木。

新田、新成柔田也。畬舒緩。同 朱校宋本禮記疏五十九

鉤沉

田一歲曰菑二歲曰新田三歲曰畬

孫曰、菑音災、始災殺其草木也。新田、新成柔田也。畬、和也、田舒緩也。釋文 詩正義十之二 禮記正義五十一 邢疏

漢注

田一歲曰菑

孫炎云菑、始災殺其草木也。詩正義十之二卷 禮記正義五十九卷 林之奇尚書全解二十九卷　郭璞云今江東呼初耕地反草爲菑。

二歲曰新田三歲曰畬

孫炎云新田、新成柔田也。畬、和也、田舒緩也。詩正義十之二卷 禮記正義五十九卷　郭璞云詩曰于彼新田。易曰不菑畬。

一切注音

田一歲曰菑　孫炎曰、菑、始災殺其草木也。詩采芑正義

菑、孫音災。釋文

二歲曰新田　孫炎曰新田、新成柔田也。詩采芑正義

三歲曰畬　孫炎曰畬、和也、田舒緩也。詩采芑正義

古注斠

菑 本或作甾同。側基反。孫音災。　畬 本或作畭同。羊如反。字林弋恕反。

陸音義

田一歲曰菑二歲曰新田三歲曰畬

詩曰、于彼新田、于此菑畝。菑言畝新然後言田。菑不言田、不及田之詞。畬不言田、過田之詞。

新義

田一歲曰菑 郭云今江東呼初耕地反艸爲菑。二歲曰新田三歲曰畬

鄭樵注

田一歲曰菑 菑、孫音災。

孫炎曰、菑、始災殺其草木也。

郭璞曰、今江東呼初耕地反草爲菑。

鄭樵曰、郭云今江東呼初耕地反艸爲菑。

二歲曰新田

孫炎曰、新田、新成柔田也。

郭璞曰、詩曰于彼新田。

三歲曰畬

孫炎曰畬、和也、田舒緩也。

郭璞曰、易曰不菑畬。

古注合存

田一歲曰菑二歲曰新田三歲曰畬 菑音緇。畬音余。○此又釋其新舊之名也。註曰、今江東呼初耕地反草爲菑。詩采芑云、于彼新田、于此菑畝。易无妄云、不菑畬。

注疏參義

田一歲曰菑 **註** 今江東呼初耕地反草爲菑。二歲曰新田三歲曰畬 **註** 易曰不菑畬。 **正義** 禮記疏引蔡邕月令章句云、穀田曰田。此釋其耕田年歲遠近之異名也。詩疏引孫炎云、菑、始災殺其草木也。新田、新成柔田也。畬、和也、田舒緩也。禮記註引孫炎註作畬、舒緩。大司徒云、不易之地、家百畮。一易之地、家二百畮。再易之地、家三百畮。先鄭云、不易之地、歲種之美、故家百畮。一易之地、休一歲乃復種、地薄、故家二百畮。再易之地、休二歲乃復種、故家三百畮。說文云、菑、不耕田也。一易再易之田、久不墾治、草萊蕪塞、必以利耜熾菑發所耕之地也。詩云俶載南畝、鄭箋讀俶載爲熾菑是也。耕二歲則土之彊檃者漸成柔田、耕三歲則地肥土緩。說文云、畬、三歲治田也。所謂不易之田也。 **註** 今江至爲菑。○ **正義** 易釋文引董遇云、菑、反草也。呂氏春秋辨土篇、凡耕之道必始於壚。謂彊壚剛土也。今農家首春墾草謂之翻田。○詩

曰至新田。【正義】小雅采芑云、于彼新田、于此菑畝、毛傳用爾雅。○易曰不菑畬。○【正義】无妄六二爻詞、董遇云悉耨曰畬。馬鄭註俱本爾雅。鄭註坊記云二歲曰畬、三歲曰新田。傳寫誤也。【正義】

田一歲曰菑 今江東呼初耕地反草爲菑 **二歲曰新田** 詩曰于彼新田 **三歲曰畬** 易曰不菑畬

說文云、田、陳也、樹穀曰田。釋名云、已耕者曰田。田、填也、五稼填滿其中也。蔡邕月令章句云、穀田曰田。此文皆言田之異名、故以田統之也。菑者、說文云反耕田也。（反本作不、段注改）引易曰不菑畬。詩采芑正義云、菑者、災也。引孫炎曰、菑、始災殺其草木也。易无妄釋文引董遇云、菑、反草也。蓋田久蕪萊、必須利耜熾菑、發其冒櫪拔彼陳根、故云反草。詩俶載南畝、箋讀俶載爲熾菑、是其義也。江南以首春墾草爲翻田、江北以初冬耕田爲厫草、皆與菑義合。釋文、菑、孫音災。○新田者、耕之二歲、彊壚剛土漸成柔壤。采芑正義引孫炎曰、新田、新成柔田也。毛傳用爾雅。○畬者、田和柔也。孫炎曰、畬、和也、田舒緩也。蓋治田三歲、則陳根悉拔、土脈膏肥、畬之言舒。易釋文引董遇云、悉耨曰畬、是也。馬鄭俱本爾雅、詩臣工傳同。唯禮坊記注二歲曰畬、三歲曰新田、易釋文引說文亦云、畬、二歲治田也。並與爾雅毛傳不合、蓋異說也。【義疏】

田一歲曰菑二歲曰新田三歲曰畬

孫注、菑、始災殺其草木也。新田、新成柔田也。畬、和也、田舒緩也。郭注、今江東呼初耕地反草爲菑。詩曰于彼新田。易曰不菑畬。許慎釋由、反草器也。菑从艸由、由已入由之艸。許慎釋爲不耕田、謂不可耕之田、當先甾也。寫者誤从巛田、而諸家又讀爲巛。巛田部無甾字、曾不悟也。由之爲灾、假借義耳。此皆記開墾之宜、新土非三歲不熟。【集解】

田一歲曰菑 菑从艸甾。由、反艸器也。田初耕必先反艸於器、非从田也。从巛若象艸形。許慎以菑爲不耕田、而田部又不列甾字、則謂不耕田之當先甾也。諸家讀巛爲巛、因由爲灾借字而誤耳。書厥父菑、詩于此菑畝、又俶載南畝、鄭箋讀爲熾菑。以載爲之。**二歲曰新田** 謂已耕二年之田。新、取木也。與熟通用。詩于彼新田。又如何新畬。**三歲曰畬** 畬、从余田。余、語之舒也。謂田舒緩。易不菑畬。【義證】

田一歲曰菑二歲曰新田三歲曰畬

鄭康成注坊記作二歲曰畬、三歲曰新田。虞翻說易同鄭。李巡曰、新成柔田也。柔讀如鄭地睬之睬。【釋地四篇注】

田一歲曰菑（菑側基反。）

【註】今江東呼初耕地反草爲菑

三歲曰畬（畬音予。）

【註】易曰不菑畬【補正】邢疏、孫炎云、菑、始災殺其草木也。新田、新成柔田也。畬、和也、田舒緩也。【郭注補正】

田一歲曰菑二歲曰新田三歲曰畬。按詩采芑傳同此。坊記注則作二歲曰畬三歲曰新田。易不菑畬、虞翻注則作一歲曰菑二歲曰畬。並本雅文。有此殊異、說者謂鄭虞是異。【錢氏古義】

田一歲曰菑 注今江東呼初耕地反草爲菑

正曰、詩小雅采芑毛傳、田一歲曰菑。正義、釋地文。

孫炎曰、菑、始災殺其艸木也。說文艸部、菑、不耕田也。田既不耕、則災殺艸木以糞田、說文與孫注同誼。郭云初耕反草爲葘、於誼未允。

正郭

田一歲曰葘二歲曰新田三歲曰畬

葘者、說文云反耕田也、引易曰不葘畬。小雅采芑于此葘畝、毛傳云、田一歲曰葘。正義云葘者、災也。故孫炎云葘始、災殺其草木也。郭璞曰今江東呼初耕地反草爲葘是也。葘殺草之名、雖二歲之後耕而殺草亦名爲葘也。鄭謂熾葘南畝爲耕田、是柔田之耕亦爲葘也。周頌載芟俶載南畝、箋云俶載當作熾葘。農夫既耘除草木根株、乃更以利耜熾葘之而後種。良耜箋亦同。　新田者、采芑于彼新田、傳云二歲曰新田。孫炎云新田新成柔田也。坊記注云二歲曰畬三歲曰新田、正義云當是轉寫誤也。　畬者、說文云二歲治田也。二當爲三字之誤。采芑傳云三歲曰畬。孫炎云畬、和也、田舒緩也。周頌臣工如何新畬、傳云二歲曰新田、三歲曰畬。

說詩

田一歲曰葘　釋文云葘或作甾。案說文艸部葘、不耕田也、从艸甾。易曰不葘畬。或省作甾。徐鍇曰當言从艸从甾从田。田不耕則艸塞之、故从巛、巛音災。若从甾則與甾缶字相亂。

三歲曰畬　釋文云畬本或作畭。案說文作畬。　正義云、周易馬鄭注俱本爾雅、鄭注坊記二歲曰畬三歲曰新田、傳寫誤也。

匡名

田一歲曰葘二歲曰新田三歲曰畬　說文田、陳也、樹穀曰田。象四口十阡陌之制也。葘、不耕田也、从艸甾。引易不葘畬。徐鍇曰當言从艸从巛从田。田不耕則艸塞之、故从巛、巛音災。孫炎云葘始、災殺其草木也。郭註初耕地反草爲葘。釋文葘、反草也。今農家墾草謂之翻田。小雅、于此葘畝。新、取木也。註引申爲凡始基之偁、引采芑傳二歲曰新田。小雅、于彼新田。畬、三歲治田也。引易不葘畬。

啓蒙

田一歲曰葘。今江東呼初耕地反草爲葘。　葘含二義、讀爲災、則孫炎注所云災殺其草木及此注所云反草是也、古書災字多借爲葘、廣雅災、葘也。讀爲哉、則孫注所云始災殺其草木及此注所云初耕地是也。廣雅云葘、業也。業亦始也。又考工記輪人鄭司農注泰山平原所樹立物爲葘、漢書溝洫志隤林竹兮揵石葘、注石葘謂臿石立之、則葘與植與事與栽義又近、葘即栽植之本字也。

黃侃音訓

廣平曰原　陂者曰阪　下者曰溼　二歲曰新田　三歲曰畬

公羊傳作上平曰原。昭元年傳　說文、邍、高平之野、人所登。從辵备逯闕。辵部遾坡者曰阪。阜部阪公羊傳作下平曰隰。昭元年傳禮記注作二歲曰畬、坊記注三歲曰新田。坊記注孔疏以鄭注爲誤。釋文畬本或作畭。釋地釋文陂者曰阪、說文作坡者曰阪。後漢書耿弇傳注引同。按說文土部坡云、阪也、從土皮聲。阜部陂云、阪也、從阜皮聲。陂坡二字音義同。

證異

○田一歲曰菑二歲曰新田三歲曰畬○釋曰注疏本田一歲上增云字、刪釋曰。元本田上增一字。

○注詩曰于彼新田○釋曰注疏本刪釋曰。元本注改一。

故引爲證也注疏本脫爲。

○注易曰不菑畬○釋曰注疏本刪釋曰、閩本注字剜改作云、監本毛本承之。

校勘記

田一歲曰菑今江東呼初耕地反草為菑。菑音緇。三歲曰畬易曰、不菑畬。畬音余。

音圖・音

菑、本或作甾、同。側其翻。音淄孫音災。周禮釋文側冀翻。音菑沈子冀翻。音恣劉音廁翻。初吏此字有平去兩音、精照穿三母也。畬、本亦作畭、同。羊如翻。音餘字林弋恕翻。音豫又楊大年談苑云、白樂天子規歌畬音羊遮翻、音耶。案此竝讀喻母、杜詩燒畬之畬音奢、讀審母。

音略

田一歲曰菑、淄孫音災二歲田新田。三歲曰畬。餘

孫侶直音

田一歲曰菑、二歲曰新田、三歲曰畬。於

楊氏音訓

菑緇畬余

干氏音釋

野

野釋曰、此亦題上事也。上自邑外謂之郊以下、雖遠近高下其名不同、野爲揔稱、故題云野。

邢疏

野九之六野謂田野之屬、章凡四節、亦正釋地也。田野無定地、故不言數。

注疏參義

野**正義**題上事也。地官鄉師以歲時巡國及野。遂人掌邦之野。鄭註此野爲甸稍縣鄙、是國門之外通謂之野。大司徒頒職事十有二于邦國都鄙、使以登萬民、一曰稼穡。鄭司農云稼穡謂三農生九穀也。遂師經牧其田野、辨其可食者、周知其數而任之。是治野莫重於稼穡、故於原隰阪田菑畬新田悉爲別其形體。

正義

野野對邑言、如左傳云謀於野則獲、謀於邑則否。周禮鄉師以歲時巡國及野、遂人掌邦之野、是國門以外通謂之野。若別而言之、郊牧林坰皆野之異名、原隰陸阜陵阿菑畬新田皆野之細目、故總題曰野也。

義疏

題上事也。邢疏云、上自邑外謂之郊以下、雖遠近高下其名不同、野爲揔稱、故題曰野。

說詩

野地官遂人掌邦之野、遂師經收其田野、辨其可食者、周知其數而任之。是治野莫重於稼穡、故於原隰阪田菑畬新田悉爲分別也。

啓蒙

野○釋曰此亦題上事也注疏本刪上三字。

故題云野注疏本作故云二字。

校勘記

東至於泰遠西至於邠國南至於濮鈆北至於祝栗謂之四極

東至於泰遠西至於邠國南至於濮鈆北至於祝栗謂之四極。皆四方極遠之國。

郭注

東至至人武 釋曰此釋九州之外四方極遠之國名及其人性稟氣不同也泰遠邠國濮鈆祝栗此四方極遠之國名也。

邢疏

西至於邠國

說文引爾雅曰西至汃國謂四極。文選上林賦注引爾雅曰至於豳國爲西極。

衆家注

黃輯古義

東至於泰遠西至於邠國南至於濮鈆北至於祝栗謂之四極

郭璞云皆四方極遠之國。

一切注音

西至于邠國

蕙心案說文引爾雅作西至于汃國。文選上林賦注文頴引爾雅曰至於豳國爲西極。

古注斠

邠彼貧反。說文作汾字音同。濮音卜。鈆音悅全反。祝章六反，又昌六反。泰音太。邠本或作豳字同。

陸音義

邠說文作汃○舊汃譌作汾，今據本書改正。

音義攷證

西至於邠國

自其同者視之，雖西極是亦邠國爾。革曰問邠之西，復猶邠也。

新義

東至於泰遠西至於邠國南至於濮鈆北至於祝栗謂之四極皆四方極遠之國。邠國非大王去邠之地。

鄭樵注

東至於泰遠西至於邠國南至於濮鈆北至於祝栗謂之四極

郭璞曰、皆四方極遠之國。

鄭樵曰、皆四方極遠之國。邠國非大王去邠之地。

古注合存

東至於泰遠西至於邠國南至於濮鈆北至於祝栗謂之四極。濮音卜。鈆音終。○註曰此首言四方極遠之國也

注疏參義

厚齋云、西至於邠國、朱文公曰邠國近在秦隴、非絕遠之地。愚按、說文引爾雅曰西至汃國謂四極。汃西極之水也、府申切。

鄭云邠國非太王去邠之地。

補注

東至於泰遠西至於邠國南至於濮鈆北至於祝栗謂之四極 註 皆四方極遠之國 正義 釋詁云、極、至也。四方所至、故謂之四極。大戴禮記千乘篇、東辟之民、至于大遠、有不火食者矣。是泰遠者、因其爲遠國而名之也。又云、南辟之民至于大遠、西辟之民至于大遠、北辟之民至于大遠、以其同爲遠國、故沿東方之稱也。西至於邠國、說文引爾雅作西至汃國、釋云汃、西極之水也。南至於濮鈆者、逸周書王會篇、伊尹爲四方令曰、正南百濮、左氏

文十六年傳云、百濮離居。劉伯莊史記地名云濮在楚西南是也。北至於祝栗者、祝栗卽涿鹿之轉聲、太史公黃帝本紀所謂邑於涿鹿之阿也。

正義

東至於泰遠西至於邠國南至於濮鉛北至於祝栗謂之四極 皆四方極遠之國

義疏

釋詁云極、至也。四方所至、故謂之四極。泰遠者、大戴禮千乘篇四辟之民皆云至於大遠、此之泰遠則東極地名也。邠者、釋文云本或作豳。說文作汃、云西極之水也。引爾雅曰西至汃國謂四極。文選上林賦注引爾雅曰至于豳國爲西極。濮鉛者、廣韻濮字注云、濮鉛、南極之夷、尾長數寸、巢居山林、出山海經。經按黔逸周書王會篇伊尹四方令曰正南百濮。蓋濮鉛亦可單言濮也。祝栗者、史記周紀封黃帝之後於祝、樂記作封帝堯之後於祝、蓋祝薊俱近燕、皆北極地名、疑祝卽祝栗也。邵氏正義以祝栗卽涿鹿之轉聲、史記黃帝紀邑於涿鹿之阿也。

東至於泰遠西至於邠國南至於濮鉛北至於祝栗謂之四極

祝栗者、史記周紀封黃帝之後於祝、樂記作封帝堯之後於祝、蓋祝薊俱近燕、皆北極地名、疑祝卽祝栗也。念孫案、祝卽祝栗於古無據、又闌入薊字、更風馬牛不相及。

郝注刊誤

東至於泰遠西至於邠汃邠**國南至於濮**獛**鉛北至於祝栗謂之四極** 郭注、皆四方極遠之國。說文汃西極之水也。廣韻獛鉛、南極之夷、尾長數寸、巢居山林。

集解

東至於泰遠 大戴禮東辟之民至於大遠、有不火食者矣。泰遠者、因其為遠國而名也。又云、南辟之民至於大遠、西辟之民至於大遠、北辟之民至於大遠、以其同為遠國、故沿東方之偁。今之遼東其是與。遼亦遠也。**西至於邠國** 邠、說文作汃、西極之水也。字又作豳。蓋今之羅布泊、漢書謂之蒲昌海、括地志謂之輔日海。**南至於濮鉛** 逸周書、伊尹四方令曰正南百濮。廣韻濮鉛、南極之夷、尾長數寸、巢居山林。今之緬甸其是與。緬甸有擺庫部、蓋卽濮鉛之轉音。或曰濮鉛卽蒲蠻種族名、相傳為百濮之裔、元時內附、雲南有之。**北至於祝栗** 今之西伯利亞是也。祝栗與伯利為聲轉字。邵氏以為涿鹿則大近矣。**謂之四極** 上經云極、至也。

義證

西至於邠國

許慎曰、汃國、汃、西極之水也。夏革曰、朕西行至邠、人民猶是。以是知四極之不異、蓋亦謂此。金史地理志新平縣有潘水、古聲潘汃同、疑卽汃水矣。今人云三水縣有河、原出石門山、逕邠州西南入涇。

南至於濮鉛

王會伊尹曰正南百濮、又卜人以丹砂。濮卽卜、云鉛者以丹砂與。

北至於祝栗

卽涿鹿、同也、古聲相近。

謂之四極

極、中也。

釋地四篇注

東至於泰遠、西至於邠國、南至於濮鉛、北至於祝栗、謂之四極 邠、彼貧反。鉛、悅全反。

註皆四方極遠之國（補正）困學紀聞云、爾雅西至於邠國謂之四極、朱文公曰邠國近在秦隴、非絶遠之地。愚按說文引爾雅曰西至於汃國謂之四極。汃、西極之水也。府巾切。

郭注補正

西至於邠國、說文解字作汃、云西極之水名。

南至於濮鉛濮卽卜也。王會云卜人以丹砂、此濮鉛之來名與。

錢氏古義

東至於泰遠西至於邠國南至於濮鉛北至於祝栗謂之四極

皆四方極遠之國

慧琳大般若波羅蜜多經七十六卷音義引郭璞注爾雅云、極遠也。

郭注佚存補訂

西至於邠國 邠、說文作汃、云西極之水也。

注疏正字

東至於泰遠 文選注五引作太又廿八引作泰 六帖一引四於字作于

西至於邠國 釋文云、邠本或作豳。文穎注上林賦白帖引作豳。案說文邑部、邠周太王國、在右扶風美陽、从邑分聲。又豳美陽亭、卽豳也。民俗以夜市有豳山、从山从豩闕。經典相承邠豳同用、然此字當作汃。說文水部、汃西極之水也、从水八聲。爾雅曰西至汃國謂四極。案汃从八聲、分亦从八聲、聲相近、故汃譌爲邠。邠地近在扶風、何極之可言。

南至於濮鉛 白帖引濮作卜。

匡名

東至於泰遠西至於邠國南至於濮鉛北至於祝栗謂之四極 泰遠卽大戴禮大遠、極遠之名。說文邠、周太王國、在右扶風美陽。汃、西極之水也。引爾雅西至汃國謂四極。濮水出東郡濮陽、南入鉅野。左文十六年傳、百濮離居。史記黃帝本紀邑於涿鹿之阿。祝栗卽涿鹿之轉聲。郭註皆四方極遠之國。

啓蒙

邠 汃 說文。汃。西極之水也。从水。八聲。爾雅曰。西至汃國。謂四極。府巾切。釋文邠說文作汾字。音同。汾乃汃之譌。

黃侃評本正名

邠非太王去邠之邠

西至于邠國、或疑邠國近在秦隴、非絶遠之地、爾疋不足信。不知此邠非太王去邠之地。說文引爾疋曰西至汃國謂四極、汃、西極之水。是邠與汃通、爾疋不誤也。

讀雅筆記

東至於泰遠 西至於邠國 謂之四極

大戴禮記作東辟之民至於大遠。千乘篇 說文引作西至汃國。云、汃、西極之水也。水部汃 文選注作至于豳國爲西極。上林賦注

證異

西至於邠國、邠、說文作汃。列子湯問篇、西行至豳、人民猶是也。注引此文。漢書司馬相如傳右西極、郭璞云、西極國也。文穎曰、爾雅西至於豳國爲西極、在長安西、故言右。離騷朝發軔於天津兮夕予至於西極。

古義補

西至于邠國。說文引作汃國。

困學紀聞爾雅西至於邠國謂之四極。朱文公曰邠國近在秦隴。非絕遠之地。愚按說文引爾雅曰西至汃音邠國謂四極。汃西極之水也。

考異摘要

爾雅東至於泰遠。西至於汃國。南至於濮鈆音沿。北至於祝栗謂之四極。皆四方極遠之國

太平之人仁。丹穴之人智。大蒙之人信。空桐之人武。地氣使之然也。

心盦

東至於泰遠。

弢案。泰遠者極遠之稱。蓋非國名。此條言四極。謂極於最遠之處也。下條言四荒。則在四極之內。下條言四海。則在四荒之內。以夷狄戎蠻爲四海。則非今所謂四海。故總題但曰四極。舉四極、則四荒四海足以包之。是四極爲最遠。明矣。下文云。西至於邠國。邵晉涵正義云。說文引爾雅作西至汃國。釋云。汃、西極之水也。南至於濮鈆。北至於祝栗。皆實指之。而東則但言泰遠者。蓋中國所居。其西南北三面皆有地。惟東則大海而已。極海而東。無實之可指也。以今日地球言之。則極美利堅矣。故曰東至於泰遠。郭注云。皆四方極遠之國。是以泰遠亦爲國名。非矣。大戴千乘紀云。東辟之民曰夷。精以僥。至于大遠。有不火食者矣。南辟之民曰蠻。信以朴。至于大遠。有不火食者矣。西辟之民曰戎。勁以剛。至于大遠。有不火食者矣。北辟之民曰狄。肥以戾。至于大遠。有不火食者矣。大遠即泰遠。其西南北亦稱泰達。則泰達爲極遠之稱。而非國名。尤可見也。邵正義及郝義疏並引戴記。而仍以泰遠爲東極國名。殆由不悟東方之無地與。

校書

東至至人武○釋曰注疏本刪。

四方極遠之國名注疏本下衍也。

校勘記

西至於邠國、釋文邠本或作豳字同、彼貧反、說文作汾字、音同。按汾當爲汃字之誤、說文汃、西極之水也、从水八聲、爾雅曰西至汃國謂四極。府巾切。

注疏本正誤

西至於邠國文選上林賦注引此邠作豳。說文作汃、西極之水也。按爾雅以四極四荒四海爲序、皆先近後遠、先中後外。釋詁極、至也。則四極當爲四方極至之國、猶詩言四方之極、書言建極、非謂極爲極遠也。釋地一篇多明殷制、邠自爲古公邠國、如濮見牧誓、祝載樂記、皆當殷之末世。困學紀聞入引朱文公曰邠自在秦隴、非絕遠之地、均其明證。蓋豳爲山名、邠爲國名、說文均收入邑部。汃當爲邠形似譌字、西極之水一說從無單文孤證載在他書、張衡南都賦砏汃輣軋、李注汃音八、引埤蒼云大聲也。可知汃非國名水名。許氏誤爾雅四極爲極遠、收汃水部、謂爲西極之水、郭注因之云皆四方極遠之國。段氏說文注、邵氏正義、郝氏義疏均未能確證其非。爾雅四極之解不明、泰遠邠國濮鉛祝栗遂不能確指所在矣。

注疏校勘札記

七行南至於濮鈆○「鈆」，《釋文》及唐寫本同。《釋文》「音悅全反」。唐釋湛然《輔行記》一之三引作「盆」。劉師培《左盦集》卷三《爾雅誤字考》謂作「盆」爲是。未詳。

八行(注)皆四方極遠之國○唐寫本「國」下有「也」字。

宋監本校箋

西至於邠音彬國南至於濮音卜鈆

音圖・音

邠豳字同。說文作汃、府巾翻。非。幫輕重交互出切、與彼貧翻彬音同也。徐氏說文繫傳朱翺翻切改府巾翻爲匹人翻、以幫爲滂、非。

音略

東至於泰遠西至於邠彬國。南至於濮僕鉛沿

北至於祝栗、謂之四極

孫偘直音

東至於泰遠西至於邠彬國南至於濮卜鈆沿同鉛。北至於祝栗謂之四極皆四方極遠之國。

楊氏音訓

觚竹北戶西王母日下謂之四荒

觚竹、北戶、西王母、日下、謂之四荒。觚竹在北、北戶在南、西王母在西、日下在東、皆四方昬荒之國、次四極者。

郭注

觚竹者、漢書地理志遼西令支有孤竹城是也。北戶者即日南郡是也。顏師古曰、言其在日之南、所謂北戶以向日者。西王母者、山海西荒經云西海之中、流沙之濱、赤水之後、黑水之前有大山名崐崘之丘有人戴勝、虎齒有尾穴處名曰西王母。又穆天子傳曰、天子賓于西王母、乃紀其迹于弇山名曰西王母之山是也。日下者、謂日所出處其下之國也。山海東荒經云、大荒之中有山名曰大言日月所出、有波谷山者、有大人之國。又云大荒之中、有山名曰合虛日月所出有中容之國、如此之類是也。云謂之四荒者言聲教不及無禮義文章是四方昏荒之國也、在上四極之內。

邢疏

觚竹北戶西王母日下謂之四荒

郭璞云、觚竹在北、北戶在南、西王母在西、日下在東、皆四方昏荒之國、次四極者。

一切注音

觚 姜胡反、本又作孤、同。

西王母 是西方昬荒國名。又曰、西王母、神名狀如人、虎齒豹尾蓬頭。戴勝善嘯穴宿。周穆王巡狩至崐崘山見之。西王母亦來賓昭宮。見出竹書及穆天子傳。

陸音義

觚竹北戶西王母日下謂之四荒 觚竹在北、北戶在南、西王母在西、日下在東皆四遠荒眛之國。疑日下即今日本。

鄭樵注

觚竹北戶西王母日下謂之四荒

郭璞曰、觚竹在北、北戶在南、西王母在西、日下在東、皆四方昏荒之國、次四極者。

鄭樵曰、觚竹在北、北戶在南、西王母在西、日下在東、皆四遠荒昧之國。疑日下即今日本。

古注合存

觚竹、北戶、西王母、日下、謂之四荒。註曰、北之觚竹、南之北戶、西之西王母、東之日下、皆四方昏荒之國、次四極者也。疏曰、觚竹、漢書地理志云、遼西令支有觚竹城是也。北戶、即日南郡。顏師古云、言其在日之南、所謂北戶以向日也。西王母、山海西荒經云、西海南有大山名崑崙丘、有人名西王母。穆天子傳云、弇山西王母之山是也。日下、山海東荒經云、大荒中有山曰大言、又山曰波谷、曰合虛、皆日月所出、中有大人國、中容國之類是也。四者聲教不及、是四方昏荒之國、在上四極之內也。

注疏參義

鄭云、日下疑即日本。

補注

觚竹北戶西王母日下謂之四荒 註 觚竹在北北戶在南西王母在西日下在東皆四方昏荒之國次四極者 正義 荒者、書疏引馬融禹貢註云、荒、政教荒忽、因具故俗而治之。觚竹者、齊語云北伐山戎刜令支斬孤竹、韋昭註二國山戎之與也。漢書地理志遼西郡令支縣有孤竹城、是觚竹在北也。北戶者、史記虞舜紀云南撫交阯北發、索隱云北發當云北戶、南方有地名北戶。高誘淮南註云、日在其北、故北戶。吳都賦云開北戶以向日。顏師古漢書註、日南郡在日之南、所謂開北戶以向日者。西王母者、大戴禮記少間篇西王母獻其玉琯、盧辨註、漢明帝時於舜廟下得玉琯一枝。是西王母之國、舜時嘗通中國矣。淮南地形訓云西王母在流沙之瀕。漢地理志金城縣臨羌縣西北至塞外有西王母石室、故註云西王母在西。山海經穆天子傳所載西王母事、郭註所不取也。日下者、堯典云宅嵎夷曰暘谷。史記正義云青州嵎夷之地、日所出處名曰陽明之谷。故云日下在東。

正義

觚竹北戶西王母日下謂之四荒 觚竹在北北戶在南西王母在西日下在東皆四方昏荒之國次四極者

荒者、書禹貢荒服正義引馬融注、荒政教荒忽、因其故俗而治之。然此猶在五服內者、若爾雅之四荒則政教所不加、故次於四極也。觚竹卽孤竹、齊語云北伐山戎、刜令支斬孤竹。漢地理志遼西郡令支有孤竹城。按其地在今永平府也。北戶者、史記舜紀云南撫交阯北發、索隱以北發當云北戶、南方有地名北戶、淮南墬形篇作反戶、高誘注在日之南皆爲北鄉戶、故反其戶也。漢志日南郡屬交州、吳都賦云開北戶以向日。按北戶亦地名、特言郡在極南、實則日南非眞在日之南、北戶亦非向北看日也。西王母亦國名也。竹書帝舜九年西王母來朝、大戴禮少閒篇云、西王母來獻其白琯。淮南墬形篇云西王母在流沙之瀕。漢志金城郡臨羌西北至塞外有西王母石室、西域傳云安息長老傳聞條支有弱水西王母亦未嘗見也。又云條支臨西海。是西王母乃西海遠荒之國、從未有人至其地者也。日下者、鄭樵以爲卽今日本國也。邵氏正義以爲嵎夷但嵎夷雖在東表、然是賓日之地而無日下之名。

義疏

觚竹北戶西王母日下謂之四荒

郭注、觚竹在北、北戶在南、西王母在西、日下在東、皆四方昏荒之國、次四極者。孤竹、今永平、太近、非此觚竹。西王母舊以爲佛國、又太遠。此在四海外、般服同唐堯在五千里之內。中國方三千里爲五服。

集解

觚竹北戶西王母日下

齊語北伐山戎、刜令支斬孤竹。漢地理志遼西郡令支有孤竹城、地在今直隸津海道治清屬永平府、蓋非此所謂觚竹。觚與古爲聲轉字、今蒙古也。蒙古地宜畜牧、以角爲酒器而當竹者、或者卽俄羅斯與。俄羅斯古循烏洛侯、觚竹之聲轉也。史記南撫交阯北發、索隱以北發當云北戶、南方有地名北戶。淮南墬形作反戶、高注在日之南皆為北鄉戶、故反其戶也。漢志日南屬交州。吳都賦開北戶以向日。今越南地也。氣候純屬熱帶、風由中國吹去、雖北不涼、因喜北戶、與中國塞向

瑾戶別也。西王母者、今西藏也。竹書帝舜九年西王母來朝、大戴禮西王母來獻其白琯。淮南墬形、西王母在流沙之瀕。漢志金城郡、臨羌西北至塞外有西王母石室、僊海鹽池、北則湟水所出、東至允吾入河、西有須抵池、有弱水昆侖山祠。西藏北與青海接、鹽池甚多、卽志所謂僊海鹽池是也。或以西王母卽印度。印度古循身毒、身為西之轉聲、毒卽王母之合聲也。日下卽日本、因日東出而命名。古循為倭。雲級七籤、倭有神獸、黃帝来之。山海經南倭北倭屬於燕境。論衡周平天下、倭貢鬯草。史記封禪書、齊威宣王、燕昭王皆使人入海至三神山、渤海東渡、遂不絕。是日本與中國交通最早之明證也。書則謂之為暘谷。

謂之四荒

禹貢荒服、馬注荒政教荒忽、因其故俗而治之。然斥五服內而言者。此之四荒則政教所不加、故次四極。荒、蕪也。與巟通用。巟水廣也、亦遠也。

義證

觚竹

觚與孤同。今遷安縣卽漢令支縣也、有孤竹城。

北戶

司馬遷說秦始皇地南至北向戶、北卽日南郡也。吳都賦曰開北戶以向日。

西王母

韓詩曰、禹學于西王母國。漢書金城臨羌有西王母石室、僊海、鹽池。在今肅州西南。

日下

日出于東方、故東字從木從日。木、桒木也。淮南王書東方曰桒野、東極之山曰開明之門亦是也。

謂之四荒

荒、廣也。

釋地四篇注

觚竹北戶西王母日下謂之四荒

註觚竹在北北戶在南西王母在西日下在東皆四方昏荒之國次四極者補正邢疏漢書地理志遼西令支有觚竹城是也。北戶者卽日南郡是也。顏師古曰言其在日之南所謂北戶以向日者。四荒者言聲教不及無禮義文章也。

郭注補正

觚竹北戶西王母日下謂之四荒

觚竹在北北戶在南西王母在西日下在東皆四方昏荒之國次四極者

御覽三十六卷地部引爾雅謂之四荒郭璞注云皆四方昏荒之地。樹枏案釋文云西王母是西方昏荒國名。陸蕓據郭注作國不作地。

郭注佚存補訂

觚竹北戶西王母日下謂之四荒 釋文云觚本又作孤。史記索隱孝文本紀漢書注文帝紀文選注五引皆作孤。說文艸部荒蕪也。非此義。當作巟。說文巛部巟水廣也从巛亡聲易曰包巟用馮河。經典相承从艸。

匡名

觚竹北戶西王母日下謂之四荒 齊語北伐山戎刜令支斬孤竹。淮南註日在其北故曰北戶。吳都賦開北戶以向日。淮南子西王母在流沙之瀕。史記正義青州嵎夷之地日所出處名曰陽明之谷故云日下在東。郭註皆四方昏荒之國次四極者。

啓蒙

爾疋以西王母為西荒之名而山海經竹書穆天子傳所載則人名非地名。其說可以竝存。

讀雅筆記

西王母

客曰西王母爲山名其地與名之時可考乎曰西王母梯几戴勝青鳥取食虎齒豹尾穴處西山經海內北經大荒西經各一見竹書紀年舜九年穆王十七年亦各一見惟穆天子傳云天子觴西王母于瑤池之上又云天子遂驅升于奄山乃紀迹于奄山之石而樹之槐眉曰西王母之山郭氏璞云奄山卽崦嵫山也今按鳥鼠同穴山西南三百六十里爲崦嵫山其卽西王母山乎然穆天子在周公後西王母見書傳始於舜九年獻白環玉玦歷夏殷至周初千餘年以人名山其在虞夏殷之間乎。

客難

觚竹。北户。西王母。日下。謂之四荒。

邕案。觚竹當是東荒。北户當是北荒。西王母爲西荒。日下當是南荒。北户冠以北字。則明在北。猶西王母冠以西字。明在西也。郭注誤以觚竹在北。以北户在南。然雅文明言北。而注强使南。不可也。邢釋謂北户卽日南郡。引顏師古說言其在日之南。所謂北户以向日。殊附會。日南郡豈真在日之南。安能北户以向日乎。上文濮鉛則當在日之南。彼言四極在此四荒之外。則濮鉛必又在日下之南也。既以北户在南。則不得不以日下在東。然東方爲日出。非日下也。國語齊語云。北伐山戎、刜令、支斬、孤竹。孤竹卽觚竹。陸釋云。觚本又作孤。郭豈據彼言故以觚竹爲在北與。不知彼據齊國而言。故言北斬。爾雅此篇首言冀州。自據古來帝都而論。必非據齊國言之。漢書地理志遼西郡令支縣有孤竹城。今當在直隸之永平府。則以冀州帝都而論。觚竹固在其東而不在其北。雖或東而兼北。然東多北少。言東則無害。言北則偏矣。觚竹在東。日下不得復在東。自當在南。蓋當南方赤道正在日之下。故曰日下。不得以東方日出涸日下也。西王母之在西。固無殊議。而北户之在北。雅文亦既明著。正無須辨說。史記五帝紀南撫交阯北發。司馬索隱云。北發當云北户。南方有地名北户。又云。漢書北發是北方國名。今以北發爲南方之國。誤也。此雖指北發言。然北發既卽北户。是亦北户爲北方國之說矣。今案。史北發實當作大發。說苑修文苑可證。惟始皇紀言南至北嚮户。又云南盡北户。則在秦時南方有北户之名。郭、顏之說有自來矣。當再考。下文云。九夷、八狄、七戎、六蠻謂之四極。郭注云。九夷在東。八狄在北。七戎在西。六蠻在南。則亦自東而北而西而南。與此觚竹、北户、西王母、日下之自東而北而西而南二文相比。正同一例。且上文自九州而外。十藪則首及魯有大野。八陵則首及東陵阠。九府則首及東方之美。五方則首及東方有比目魚。四極則首及東至於泰遠。無不各以東始。何獨此四荒不以東始。而乃以北始與。詩文王有聲篇云。自西自東。自南自北。無思不服。彼說者以爲周家王業興自西。西方先服。故首西。然亦以東字與彼上句鎬京辟廱廱字叶韻耳。而韓詩封作傳引詩作自東自西。大抵經傳諸言四方。率多首東。

校書

遼西令支有孤竹城是乎 正德本亦作乎。閩本監本毛本孤作觚，乎改也。按漢書作觚，此邢氏不敢質言之，觚作也，非。

西海之中 正德本同。閩本監本毛本中改南。

校勘記

謂之四荒，注次四極者。疏在上四極之內。今本上誤作土。

注疏本正誤

有人戴勝虎齒有尾穴處 案山海經尾上有豹字。

于夷 毛本湘本同。監本于誤一。

注疏校勘札記

觚 音孤 竹

音圖・音

孤

觚竹北戶西王母日下謂之四荒

孫侶直音

觚孤竹北戶在北 在南 西王母在西 日下在東 謂之四荒次四極者

楊氏音訓

九夷八狄七戎六蠻謂之四海

九夷八狄七戎六蠻謂之四海。九夷在東，八狄在北，七戎在西，六蠻在南，次四荒者。

郭注

云九夷八狄七戎六蠻謂之四海者，孫炎云：海之言晦，晦闇於禮義也。注九夷至荒者。釋曰：知在東西南北者，以曲禮云其在東夷北狄西戎南蠻，雖大曰子故也。案風俗通云：東方人好生，萬物牴觸地而出。夷者，觝也。其類有九。依東夷傳，夷有九種，曰畎夷、于夷、方夷、黃夷、白夷、赤夷、玄夷、風夷、陽夷。又一曰玄菟，二曰樂浪，三曰高驪，四曰蒲飾，五曰鳧㬰，六曰索家，七曰東屠，八曰倭人，九曰天鄙。蠻者，風俗通云：君臣同川而浴，極爲簡慢。蠻者，慢也。其類有八。李巡云：一曰天竺，二曰咳首，三曰僬僥，四曰跂踵，五曰穿胷，六曰儋耳，七曰狗軹，八曰旁春。戎者，風俗通云：斬伐殺生，不得其中。戎者，兇也。其類有六。李巡云：一曰僥夷，二曰戎夬，三曰老白，四曰耆羌，五曰鼻息，六曰天剛。狄者，風俗通云：父子嫂叔同穴無別。狄者，辟也。其行邪辟。其類有五。李巡云：一曰月支，二曰穢貊，三曰匈奴，四曰單于，五曰白屋。案李巡所注爾雅本謂之四海下更三句云：八蠻在南方，六戎在西方，五狄在北方，故得此解。孫炎、郭氏諸本皆無此三句。案明堂位稱九夷、八蠻、六戎、五狄，周禮職方氏掌四夷、八蠻、七閩、九貉、五戎、六狄之人，鄭注云：四八七九五六，周之所服國數也。徧檢經傳，四夷之數參差不同，先儒舊解此爾雅上文殷制，明堂位及職方并爾雅下文皆爲周制，義或當然。此在四荒之內，九州之外，於王者世一見。周禮曰九州之外謂之蕃國，世一見是也。故云次四荒者。

邢疏

九夷八狄七戎六蠻謂之四海

晦冥無識，不可教誨，故曰四海。御覽三十六

犍爲注

九夷八狄七戎六蠻謂之四海 詩正義十之一云：職方氏及布憲注引爾雅云九夷八蠻六戎五狄謂之四海，數不同而俱云爾雅，則爾雅本有兩文。今李巡所注謂之四海下更三句云八蠻在南方，六戎在西方，五狄在北方，此三句唯李巡有之，孫炎、郭璞本皆無也。李巡與鄭同時，鄭讀爾雅蓋與巡同。又書正義二引釋地八蠻在南方，六戎在西方，五狄在北方。文選注爾雅曰：九夷八蠻六戎五狄謂之四海。詩正義十五之一爾雅八蠻在南，當俱本李巡也。

八蠻一曰天竺，二曰咳首，三曰焦僥，四曰跂踵，五曰穿胷，六曰儋耳，七曰狗軹，八曰旁脊。六戎一曰僥夷，二曰戎夷，三曰老白，四曰耆羌，五曰鼻息，六曰天剛。五狄一曰月支，二曰穢貊，三曰匈奴，四曰單于，五曰白屋。四海遠於四荒，晦冥無形，不可教誨，故曰四海也。海者，晦也，言其晦昧無知。禮記正義五又十二、邢疏。案：旁脊舊多作旁春，今從皇侃論語疏。又詩正義十之

二引九夷在東方八狄在北方七戎在西方六蠻在南方，誤以孫注爲李巡。

李注

九夷八狄七戎六蠻謂之四海

九夷在東方，八狄在北方，七戎在西方，六蠻在南方。海之言晦，暗於禮義也。詩正義十之二

邢疏：案詩正義引九夷等四句，誤爲李巡。李本既有八蠻六戎五狄之文，則必非李注矣。郭亦有此攷，郭多與孫同。詩正義言孫炎、郭璞皆無八蠻云云，則此實孫注也。

孫音注

九夷八狄七戎六蠻謂之四海

詩蓼蕭箋云：九夷八狄七戎六蠻謂之四海，與爾雅合。正義曰：職方氏及布憲注亦引爾雅云：九夷八蠻六戎五狄謂之四海。數既不同，而俱云爾雅，則爾雅本有兩文。

衆家注

黃輯古義

九夷八狄七戎六蠻謂之四海

晦冥無識，不可教誨，故曰四海。太平御覽卷三十六

犍爲注

九夷八狄七戎六蠻謂之四海

九夷在東方，八狄在北方，七戎在西方，六蠻在南方。詩小雅蓼蕭正義 四海遠於四荒，晦冥無形，不可教誨，故云四海也。海者，晦也，言其晦暗無知。禮記曲禮下正義 八蠻在南方，六戎在西方，五狄在北方。邢疏、詩小雅蕭蓼正義

並云李巡所注謂之四海之下更三句云云。

八蠻一曰天竺，二曰咳首，三曰焦僥，禮記正義作僬僥 四曰跂踵，五曰穿胸，六曰儋耳，七曰狗軹，八曰旁脊。六戎一曰僥夷，二曰戎夷，三曰老白，四曰耆羌，五曰鼻息，六曰天剛。五狄一曰月支，二曰穢貊，三曰匈奴，四曰單于，五曰白屋。邢疏、禮記王制正義

李注

九夷八狄七戎六蠻謂之四海

海之言晦，晦闇於禮義也。邢疏、詩小雅蓼蕭正義

衆家注

玉函山房輯佚

九夷八狄七戎六蠻謂之四海詩正義十之一云：職方氏及布憲注引爾雅云：

九夷八蠻六戎五狄謂之四海。數不同而俱云爾雅，則爾雅本有兩文。今李巡所注謂之四海之下更三句云：八蠻在南方，六戎在西方，五狄在北方。此三句唯李巡有之，孫炎、郭璞諸本皆無也。李巡與鄭同，詩、鄭讀爾雅蓋與巡同。又書正義二引釋地八蠻在南方，六戎在西方，五狄在北方。文選注爾雅曰：九夷八蠻六戎五狄謂之四海。詩正義十五之一爾雅八蠻在南，當俱本李巡也。

舍人曰：晦冥無識，不可教誨，故曰四海。御覽三十六

李曰：八蠻一曰天竺，二曰咳首，三曰焦僥，四曰跂踵，五曰穿胷，六曰儋耳，七曰狗軹，八曰旁脊。六戎一曰僥夷，二曰戎夷，三曰老白，四曰耆羌，五曰鼻息，六曰天剛。五狄一曰月支，二曰穢貊，三曰匈奴，四曰單于，五曰白屋。四海遠於四荒，晦冥無形，不可教誨，故曰四海也。海者，晦也，言其晦暗無知。禮記正義五又十二，邢疏。案旁脊舊多作旁春，今從皇侃論語疏。

孫曰、九夷在東方、八狄在北方、七戎在西方、六蠻在南方。海之言晦、暗於禮義也。詩正義十之二　邢疏案詩正義引九夷等四句誤爲李巡、李本既有八蠻六戎五狄之文、則必非李注矣。郭亦有此攷、郭多與孫同。詩正義言孫炎郭璞皆無八蠻云云、則此實孫注也。

漢注

九夷八狄七戎六蠻謂之四海

李巡云、四海遠於四荒。孫炎云、海之言晦、晦闇於禮義也。並禮記正義十二卷　郭璞云、九夷在東、八狄在北、七戎在西、六蠻在南、次四荒者。

八蠻在南方、六戎在西方、五狄在北方。邢昺疏六卷、李巡所注爾雅本謂之四海下更三句云云。茲既采取李注、姑據邢疏增補正文十五字。

李巡云、八蠻一曰天竺、二曰咳首、三曰僥僥、四曰跂踵、五曰穿胷、六曰儋耳、七曰狗軹、八曰旁春。六戎一曰僥夷、二曰戎夷、三曰老白、四曰耆羌、五曰鼻息、六曰天剛。五狄一曰月支、二曰穢貊、三曰匈奴、四曰單于、五曰白屋。禮記正義十二卷　單于當作箄于。

一切注音

謂之四海　舍人云、晦冥無識、不可教誨、故曰四海。御覽三十六　李巡曰、四海遠於四荒。曲禮正義　孫炎曰、海之言晦、晦闇於禮義也。詩蓼蕭正義

古注斠

九夷八狄七戎六蠻謂之四海　李巡曰、八蠻一曰天竺、二曰咳首、三曰焦僥、四曰跂踵、五曰穿胸、六曰儋耳、七曰狗軹、八曰旁脊。六戎一曰僥夷、二曰戎夷、三曰老白、四曰耆羌、五曰鼻息、六曰天剛。五狄一曰月支、二曰穢貊、三曰匈奴、四曰單于、五曰白屋。四海遠於四荒、晦冥無形、不可教誨、故曰四海也。海者、晦也、言其晦暗無知。禮正義五又十二　桉詩正義云、職方氏及布憲注引爾雅云九夷八蠻六戎五狄謂之四海、數不合而俱云本於爾雅、則爾雅似有兩文、今李注正與鄭說合。

古注斠補

謂之四海　一曰天竺、二咳首、三僬僥、四跂踵、五穿胷、六儋耳、七狗軹、八旁春。輔教篇

李注

漢注輯佚

九夷八狄七戎六蠻謂之四海

職方氏四夷八蠻七閩九貉五戎六狄。蓋四夷、四方之夷。蠻在夷外。禹貢要服、三百里夷、荒服、三百里蠻是已。七閩在蠻之外、五服門焉。九貉又在其外、與中國如陌。詩曰因時百蠻、其追其貉。追去或追焉、貉有靜而已。五戎又在其外、有不可靜也。狄遠矣、又五戎之外。

新義

九夷八狄七戎六蠻謂之四海　此四夷皆際海、故謂之四海。九夷在東、風俗通云、一曰元菟、二曰樂浪、三曰高驪、四曰滿飾、五曰鳧更、六曰索家、七曰東屠、八曰倭人、九曰天鄙。八狄在北、風俗通云、一曰天竺、二曰咳首、三曰焦僥、四曰跂踵、五曰穿胷、六曰儋耳、七曰狗軹、八曰旁春。七戎在西、風俗通云、六戎一曰僥夷、二曰戎英、三曰老白、四曰耆羌、五曰鼻息、六曰天剛。六蠻在南、風俗通云、五蠻一曰月支、二曰穢貊、三曰匈奴、四曰單于、五曰白屋。據風俗通雖如此、謂然觀今諸國所在、或異於此、如天竺月支在西、儋耳在南、匈奴單于在北、風俗通所記不必皆實、聊備之耳。

鄭樵注

九夷八狄七戎六蠻謂之四海（李巡本四海下更三句云八蠻在南方六戎在西方五狄在北方。）

李巡曰、四海遠於四荒、晦冥無形、不可教誨、故云四海也。海者晦也、言其晦暗無知。八蠻一曰天竺、二曰咳首、三曰焦僥、四曰跂踵、五曰穿胸、六曰儋耳、七曰狗軹、八曰旁脊。六戎一曰僥夷、二曰戎夷、三曰老白、四曰耆羌、五曰鼻息、六曰天剛。五狄一曰月支、二曰穢貊、三曰匈奴、四曰單于、五曰白屋。（此據邢疏及禮記疏合錄之。）

孫炎曰、海之言晦、晦闇於禮義也。（按邢氏孝經疏引孫炎曰海者晦暗無知也、語與李巡注同。此從本經疏中所引錄之。）

郭璞曰、九夷在東、八狄在北、七戎在西、六蠻在南、次四荒者。

鄭樵曰、此四夷皆際海、故謂之四海。九夷在東、風俗通云一曰玄菟、二曰樂浪、三曰高驪、四曰滿飾、五曰鳧臾、六曰索家、七曰東屠、八曰倭人、九曰天鄙。八狄在北、風俗通云一曰天竺、二曰咳首、三曰焦僥、四曰跂踵、五曰穿胸、六曰儋耳、七曰狗軹、八曰旁脊。七戎在西、風俗通云六戎一曰僥夷、二曰戎夷、三曰老白、四曰耆羌、五曰鼻息、六曰天剛。六蠻在南、風俗通云五蠻一曰月支、二曰穢貊、三曰匈奴、四曰單于、五曰白屋。據風俗通雖如此謂、然觀今諸國所在、或異於此、如天竺月支在西、儋耳在南、匈奴單于在北、風俗通所記不必皆實、聊備之耳。（按此注所引多錯、蓋誤看邢疏也。）

古注合存

九夷八狄七戎六蠻謂之四海。註曰、東夷北狄西戎南蠻、又其次四荒者也。疏曰、夷者柢也、蠻者慢也、戎者凶也、狄者辟也。九夷謂夷有九種、餘並放此。明堂位稱九夷八蠻六戎五狄、職方稱四夷八蠻七閩九貊五戎六狄、經傳多參差不同、如此舊解爾雅爲殷制、明堂位及職方皆周制也。此在四荒之內、九州之外、周禮九州之外謂之蕃國、世一見、故註云次四荒也。

注疏參義

九夷八狄七戎六蠻謂之四海 註 九夷在東八狄在北七戎在西六蠻在南次四荒者 正義 禮記疏引李巡。云四海遠於四荒。盖稷云、外薄四海。禹貢云東漸于海、西被于流沙、朔南暨聲教訖于四海。孔疏云聞天子威聲文教時來朝見。此言唐虞夏后氏所服四海也。商頌元鳥云肇域彼四海、四海來假。鄭箋假至也。天下既蒙王之政令、皆得其所而來朝覲貢獻。此言商所服四海也。蓼蕭詩序云澤及四海也。孔疏謂時王者恩澤被及四海之國、使四海無侵伐之憂、得風雨之節。立政云至于海表、罔有不服。孔疏云四海之表、無有不服王之化者。此言周所服四海也。夏官職方及明堂位所言國數與爾雅互有不同。鄭註明堂位以爲周之所服國數也。案爾雅釋地多述殷制、首言九州以釋商頌之奄有九有。此言四海亦當指殷之肇域而言、固不盡同於周制矣。盧辨大戴禮註以職方爲周所服四海之數、明堂位爲朝明堂時來者之國數、爾雅所言爲夏之所服殷之服國、東方十、南方六、西方九、北方十有三。自來註爾雅者俱不言釋地兼述夏制、惟賈公彥周禮疏及盧辨註疑爲夏制、此以意度、非有確證也。盧辨所述殷所服之國數分列東南西北、蓋本於逸周書王會篇末載伊尹朝獻商書、然尚書大傳所說夏時四海亦未能悉合於爾雅也。李巡本較郭本增益字句、分註國名多係漢時屬國、以漢制釋雅訓、易涉傳會之詞、以單于爲單于、復因傳寫而誤、事無實證、當從闕疑、故郭氏不取。李巡及孫炎註、俱見王制疏。

九夷八狄七戎六蠻謂之四海 九夷在東八狄在北七戎在西六蠻在南次四荒者

正義

四海者、御覽卅六引舍人云、晦冥無識、不可教誨、故曰四海。曲禮正義引李巡注、四海遠於四荒、餘同舍人。詩蓼蕭正義引孫炎曰、海之言晦、晦闇於禮義也。初學記謂之四海下言皆近於海也、似引爾雅舊注之文、與諸家義異也。夷狄戎蠻者、蓼蕭箋云、九夷八狄七戎六蠻謂之四海、與爾雅合。正義曰、職方氏及布憲注亦引爾雅云九夷八蠻六戎五狄謂之四海。數既不同而俱云爾雅、則爾雅本有兩文。今李巡所注謂之四海之下更三句云八蠻在南方、六戎在西方、五狄在北方、此三句唯李巡有之、孫炎郭璞諸本

爾雅詁林　九　釋地

爾雅詁林 九 釋地

皆無也。李巡與鄭同時、鄭讀爾雅葢與巡同。又引鄭志荅趙商云、戎狄之數、或五或六、兩文異、云云、鄭疑兩文必有一誤、故不敢定之耳。據孔此義、則知鄭於箋注所引互異、葢疑未敢定也。但爾雅及職方明堂位其數俱不合、邵氏正義以爾雅釋地多述殷制、此言四海亦當指殷之肇域而言。盧辯大戴禮用兵篇注又以此爲夏之所服、而云殷之夷國東方十、南方六、西方九、北方十有三。此言復不知出何書也。賈公彥職方疏以爲夏制、與盧辯同。今按夏制殷制皆無可攷、此等皆臆度耳。王制正義引李巡注八蠻六戎五狄、並指其名、今不錄。

義疏

九夷八蠻狄**六**七**戎五狄**六蠻**謂之四海**注八蠻以下從李本、旁注郭本。舍人注、晦冥無識、不可教誨、故曰四海。李注、八蠻在南方、一曰天竺、二曰咳首、三曰僬僥、四曰跛踵、五曰穿胸、六曰儋耳、七曰狗軹、八曰旁春。六戎在西方、一曰僥夷、二曰戎夷、三曰老白、四曰耆羌、五曰鼻息、六曰天剛。五狄在北方、一曰月支、二曰穢貊、三曰匈奴、四曰單于、五曰白屋。四海遠於四荒。孫注、海之言晦、晦闇於禮義也。郭注、九夷在東、八狄在北、七戎在西、六蠻在南、次四荒者。此四夷之數、李巡同明堂位是也。鄭注周官亦同、殷制也。盧辯說殷夷國東十、南六、西九、北十三、謂封國也。郭本九八七六之數、用鄭詩箋、周制也。

集解

九夷八狄乚戎六蠻此四夷之數、李巡作九夷八蠻六戎五狄是也。李本同於明堂位。鄭職方及布憲注均云然、殷之制也。盧辯說殷之夷國東方十、南方六、西方九、北方十三、謂封國也。郭本九八七六之數、用鄭詩箋、周制也。

謂之四海此謂東西南北四海也。中國自長江口以南至福建、與日本之臺灣澎湖琉球間統偁東海。禹貢青州海濱廣斥、入北江入於海、中江入於海均是也。自福建以南至馬來半島以東、則統偁為南海。禹貢導黑水至於三危、入於南海是也。三危今衛藏、黑水今喀喇烏蘇河也。蒙古語謂黑為喀喇、水為烏蘇、黑水所以名喀喇烏蘇也。西海即青海、史記張儀傳利盡西海、索隱西海謂蜀川也。又大荒西經、西海之南、流沙之濱、有大山名曰崑崙之丘。海內西經、河水出東北隅以行其北、西南又入渤海、又出海外、即西而北入禹所導積石。是山海經有西海即古鮮水、而渤海即蒲昌海。漢王莽時置西海郡、為風卑禾羌之所獻、在西寧邊外五百餘里、即所謂青海者也。由今攷之、青海之為西海猶為大近。今土耳其斯坦地平低於海面者九十餘尺、據地質學家言古時為海、北連北冰洋之鄂畢灣、西通黑海、其後烏拉山脈次第隆起、遂與北冰洋隔、漸乾涸成大陸窪地、今鹹海裏海為古代海底最深處、即中國古時之西海也。坤鑿度注引萬形經云、坎北方、無海、謂其地但有瀚海也。而中國古時多以渤海為北海、左傳君處北海是也。今謂渤海為黃海灣入之內海、在於東方、非正北也。北海云者、今貝加爾湖是也。在西北利亞、漢書謂為私渠北鞮海、土人謂之聖海、又為柏海、漢蘇武牧羊海上即此。許慎說海、天池也、以納百川者。周禮鄭注以為四方。

義證

九夷八狄七戎六蠻

周禮四夷六狄五夷八蠻、明堂位九夷五狄六戎八蠻、並異也。

謂之四海

海、晦也。

釋地四篇注

九夷八狄七戎六蠻謂之四海

[註]九夷在東、八狄在北、七戎在西、六蠻在南、次四荒者。[補正]臣鑒按、說苑辨物篇云八荒之內有四海、四海之內有九州、葢不專以海水爲言、是以胡朏明云爾雅此條繫釋地、不繫釋水也。

郭注補正

九夷八狄七戎六蠻謂之四海

郭注九夷在東八狄在北七戎在西六蠻在南次四荒者。太平御覽三十六引舍人云晦冥無識不可教誨故曰四海詩蓼蕭正義引孫炎曰海之言晦晦闇於禮義也曲禮正義引李巡注四海遠於四荒餘同舍人。初學記謂之四海下言皆近於海也邢氏義疏謂似引爾雅舊注之文與諸家異義也夷狄戎蠻之數亦各不同惟蓼蕭箋九夷八狄七戎六蠻謂之四海與爾雅合。職方氏及布憲注亦引爾雅云九夷八蠻六戎五狄謂之四海。嘉定錢氏坫爾雅釋地四篇注云周禮四夷六狄五戎八蠻明堂位九夷五狄六戎八蠻數既不同而俱系爾雅則師說相傳必非一本矣。**舊注攷證**

九夷八狄七戎六蠻謂之四海

正曰詩小雅蓼蕭鄭箋九夷八狄七戎六蠻謂之四海。正義釋地文職方氏及布憲注亦引爾雅云九夷八蠻六戎五狄謂之四海則爾雅本有兩文。今李巡所注謂之四海下更三句云八蠻在南方六戎在西方五狄在北方孫炎郭璞本皆無也。鄭志荅趙商云戎狄之數或五或六兩文異耳爾雅雖有與周皆兩數耳無別國之名不甚明故不定之也。然鄭所見爾雅本謂之四海又有八蠻在南方六戎在西方五狄在北方三句與李注本合郭蓋依孫本而誤挩。**正郭**

九夷八狄七戎六蠻謂之四海

郭注云九夷在東八狄在北七戎在西六蠻在南。今案大雅緜混夷駾矣鄭箋云混夷夷狄也。采薇云西有混夷之患是西亦稱夷也。韓奕因時百蠻正義云四夷之名南蠻北狄散則可以相通故北狄亦稱蠻也。魯頌閟宮戎狄是膺箋云北當戎與狄是北亦稱戎淮夷蠻貊及彼南夷傳云南夷荆楚也是南亦稱夷也。小雅蓼蕭序云澤及四海也。鄭云九夷八狄七戎六蠻謂之四海國在九州之外雖有大者爵不過子。虞書曰州十有二師外薄四海咸建五長。正義云此釋地文李巡曰九夷在東方八狄在北方七戎在西方六蠻在南方。職方氏及布憲注亦引爾雅云九夷八蠻六戎五狄謂之四海。數既不同而俱云爾雅則爾雅本有兩文。今李巡所注謂之四海下更三句云八蠻在南方六戎在西方五狄在北方此三句唯李巡有之孫炎郭璞本皆無也。李巡與鄭同時鄭讀爾雅蓋與巡同。或取上文、或取下文也。爾雅本有二文者、由王所服國數不同、故異文耳。鄭志答趙商云戎狄之數或五或六、兩文異耳、爾雅雖有、與周書兩數耳、無別國之名不甚明、故不能定之也。是鄭疑兩文必有一誤、但無國數可明、故不必定之耳。書正義引釋地八蠻在南方、六戎在西方、五狄在北方。文選注引爾雅九夷八蠻六戎五狄謂之四海、蓋皆本李巡。舍人云晦冥無識、不可教晦、故曰四海。李巡云四海遠於四荒、餘與舍人同。孫炎云、海之言晦、晦闇於禮義也。詩釋文云、四海海者、晦也。地險、言其去中國險遠、禀政教昬昧也。

說詩

謂之四海　案禮記疏引李巡云、四海遠于四荒、晦冥無形、不可教誨、故曰四海也。海者、晦也、言其晦暗無知。

注疏正字

九夷八狄七戎六蠻謂之四海　周禮注夏官職方氏、又秋官布憲兩引爾雅皆作九夷八蠻六戎五狄謂之四海。疏曰、案詩序蓼蕭澤及四海、注云九夷八狄七戎六蠻謂之四海、與爾雅不同者、蓼蕭或後人傳寫者誤、當以爾雅爲正。今案蓼蕭正義云九夷八狄七戎六蠻謂之四海。釋地文李巡曰九夷在東方、八狄在北方、七戎在西方、六蠻在南方。此郎郭注、非李注也。職方氏及布憲注亦引爾雅詩箋未嘗引爾雅、周禮注乃引爾雅耳、何云亦引乎。云九夷八蠻六戎五狄謂之四海。數既不同、而俱云爾雅、詩箋不云爾雅則爾雅本有兩文。今李巡所注謂之四海之下更三句云八蠻在南方六戎在西方五狄在北方、此三句唯李巡有之、孫炎郭璞諸本皆無也。李巡與鄭同時、鄭讀爾雅蓋與李巡同。故或取上文、或取下文也。又尚書正義旅獒云、釋地云九夷八狄七戎六蠻謂之四海、又云八蠻在南方、六戎在西方、五狄在北方。上下二文三方數目不同。元照案、鄭所引者郎李本也。李本下三句既云八蠻六戎五狄、則上句亦必作八蠻六戎五狄、與鄭同矣。上下文異、恐無是理。至蓼蕭正義所引九夷在東方四句乃郭注、非李注、李注見禮記王制正義引。　文選注兩引、一又十四一作九夷八蠻六戎五狄、與鄭本同、一與今本同、唯六蠻作四蠻乃字誤耳。

匡名

九夷八狄七戎六蠻謂之四海　說文夷、東方之人也。狄、北狄也。蠻、南蠻、蛇種。旅獒、遂通道于九夷八蠻。禹貢、聲教訖于四海。郭註次四荒者。

啓蒙

九夷八狄七戎六蠻謂之四海。　東都賦注引九夷八蠻六戎五狄、大戴小辨注及赭白馬賦注引與今本同。職方疏謂詩箋與爾雅及禮皆不同詩箋與今本爾雅同。　蓼蕭或後人轉寫者誤、當以爾雅與禮爲正、據此賈氏所見爾雅不同今本也。

黄侃音訓

九夷八狄七戎六蠻謂之四海唐石經單疏本雪牕本同。書旅獒正義、詩蓼蕭正義皆言謂之四海下有八蠻在南方六戎在西方五狄在北方三句。詩正義謂此三句唯李巡所注有之、孫炎郭氏諸本皆無。按周禮職方九夷八狄七戎六蠻謂之四海。

（在東。在北。在西。在南。次四荒者。山海西荒經云、西海之南、流沙之濱、赤水之後、黑水之前、有大山名崐崘之邱、有人戴勝虎齒有尾穴處、名曰西王母。又穆天子傳曰、天子賓于西王母、乃紀其迹于弇山、名曰西王母。）

楊氏音訓

岠齊州以南戴日爲丹穴北戴斗極爲空桐東至日所出爲太平西至日所入爲大蒙

岠齊州以南戴日爲丹穴。岠、去也。齊、中也。北戴斗極爲空桐。戴、值。東至日所出爲太平西至日所入爲大蒙。卽蒙汜也。

郭注

岠齊州以南戴日爲丹穴　釋曰、此明四海之中別有下四種之名也。岠、去也。齊、中也。中州猶言中國也。戴、值也。言去中國以南北戶以北、值日之下、其處名丹穴。天老說鳳云、濯羽弱水、莫宿丹穴。又山海經云禱過山東五百里曰丹穴山是乎。云北戴斗極爲空桐者、斗、北斗也。極者中宮天極星、其一明者、泰一之常居也。以其居天之中、故謂之極。極、中也。北斗拱極、故云斗極。值此斗極之下、其處名空桐。　注卽蒙汜也　釋曰、卽者、卽淮南子云日出扶桑入於蒙汜是也。

邢疏

岠齊州以南戴日爲丹穴　自中州以南、日光所照、故曰丹穴。御覽同上

犍爲注

黃輯古義

岠齊州以南戴日爲丹穴

及布憲注皆引爾雅曰九夷八蠻六戎五狄謂之四海、與李本合。

○注九夷至荒者○釋曰知在東西南北者　注疏本删上八字。知上有云。

三曰高驪　小學紺珠引此同閩本監本毛本驪改儷。按後漢書作高驪。

一曰天竺　正德本同閩本監本毛本竺作竺。

三曰僬僥　正德本同。與小學紺珠所引合。閩本監本毛本僬改焦。

四曰跛踵　小學紺珠引此同。注疏本作跂踵。按宋本禮記王制正義作跂踵。

七曰狗軹　注疏本軹作軹。

二曰戎夫　元本作戎央、閩本監本毛本作戎夷、此本舊誤戎夾、茲據小學紺珠所引訂正。

其行邪辟　元本閩本同監本毛本辟作僻。

故云次四荒者　元本同。閩本監本毛本脫者。

○注卽濛汜也○釋曰卽者　注疏本删上七字。

校勘記

九夷疏、四曰滿飾。禮記疏滿作蒲。論語疏飾作節。五曰鳧更。禮記論語疏更皆作臾。七曰東屠。禮記疏屠作室。與今本各有不同。

注疏本正誤

十八下（九四）

二行　九夷八狄七戎六蠻謂之四海○《詩·蓼蕭》《鄭箋》同。孔氏《正義》曰：「《職方氏》及《布憲》注亦引《爾雅》云：九夷、八蠻、六戎、五狄，謂之四海，數既不同，而俱云《爾雅》，則《爾雅》本有兩文。今李巡所注謂之四海之下更三句云：八蠻在南方，六戎在西方，五狄在北方，此三句唯李巡有之，孫炎郭璞諸本皆無也。」據《正義》所說，是《爾雅》在東漢時傳本文字已有不同。

宋監本校箋

爾雅詁林 九 釋地

自中州以南、日光所照、故曰丹穴。同上

犍爲注

玉函山房輯佚

岠齊州以南戴日爲丹穴

自中州以南、日光所照、故曰丹穴。舍人注 御覽三十六

鈎沉

岠齊州以南戴日爲丹穴

舍人曰、自中州以南、日光所照、故曰丹穴。御覽三十六

漢注

岠齊州以南戴日爲丹穴

舍人云、自中州以南、日光所照、故曰丹穴。太平御覽三十六卷

郭璞云、岠、去也。齊、中也。

北戴斗極爲空桐

郭璞云戴、値。

東至日所出爲太平西至日所入爲大蒙

郭璞云卽蒙汜也。

一切注音

岠齊州以南戴日爲丹穴

所照、故曰丹穴。御覽三十六

舍人云、自中州以南、日光

古注斠

汜 音祀、一音似。或云祀似同音。後放此。 岠 音巨。 大平 音泰、下同。 濛 音蒙、本今作蒙。

陸音義

大平○邢本作太、今本改。釋文爲太音泰、不亦贅乎。 濛○邢本作蒙。

音義攷證

距齊州以南戴日爲丹穴北戴斗極爲空桐

空桐、空同山是歟。太平、藐姑射山是歟。大蒙、華胥氏之國是歟。四時常若、風雨常均、人無夭惡、物無疵癘、是之謂太平。其國無師長、自然而已。其民無嗜慾、自然而已。不知親己、不知疏物、是之謂大蒙。且言治國、道家主空同華胥、儒家主邠國觚竹。邠、仁義之國。觚竹、禮讓之國。先王亦以是歐遠近內外、著四海四荒四極之同也。

東至日所出爲太平

所謂太平、羣陰伏而已。卽日中雖曰光明盛大、陰旣乘之矣。詩曰昭明有融、高朗令終。此太平之盛象也。

新義

岠齊州以南戴日爲丹穴 也。岠、去、齊、中也。

北戴斗極爲空桐 戴、當也。斗極、極星也、謂之天樞。空桐、北極山名。

東至日所出爲太平西至日所入爲大蒙 淮南子曰、入於蒙汜。

鄭樵注

岠齊州以南戴日爲丹穴

舍人曰、自中州以南、日光所照、故曰丹穴。

郭璞曰岠、去也。齊、中也。

鄭樵曰岠、去也。齊、中也。

北戴斗極爲空桐

郭璞曰戴、値。

鄭樵曰戴、當也。斗極、極星也、謂之天樞。空桐、北極山名。

東至日所出爲太平

西至日所入爲大蒙 大鄭本同上作本

郭璞曰、卽蒙汜也。

鄭樵曰、淮南子曰入於蒙汜。

古注合存

岠齊州以南戴日爲丹穴北戴斗極爲空峒東至日所出爲太平西至日所入爲大蒙 註曰岠去齊中戴値也大蒙卽淮南子云日出扶桑入于蒙汜也疏曰此覆言四海中別

爾雅詁林　九　釋地

有四種之名也齊州猶中國言去中國以南北戶以北值日之下其地名丹穴也餘放此

注疏參義

岠齊州以南戴日爲丹穴【註】岠去也齊中也北戴斗極爲空桐【註】戴值東至日所出爲太平西至日所入爲大蒙【註】卽蒙汜也【正義】上文由四極之國外薄四海、此又由中國以推言四方所至也。

太平御覽引舍人云、自中州以南、日光所照、故曰丹穴。莊子讓王篇、逃乎丹穴。高誘淮南註云、丹穴、南方當日下之地。空桐、戴斗極下之地。太蒙、西方日所入處也。韓非子十過篇、堯有天下、南至交趾、北至幽都、東西至日月之所出入者、莫不賓服。太平、大蒙、日月所出入之地也。【註】卽蒙汜也。【正義】屈原天問云、出自湯谷、次于蒙汜。淮南覽冥訓云、邅回蒙汜之渚、高誘註、蒙汜、日所入之地。淮南又云、入于蒙汜。

正義

岠齊州以南　列子引爾雅無州字。

校議

岠齊州以南戴日爲丹穴岠去也齊中也北戴斗極爲空桐戴值東至日所出爲太平西至日所入爲太蒙卽蒙汜也

岠者、當作歫、通作距。書、予決九川、距四海。漢書食貨志注、歫、至也。此注歫去也、去至義相成也。齊中也者、本釋言文。列子湯問篇云、不知距齊州幾千萬里。御覽卅六引舍人云、自中州以南、日光所照、故曰丹穴。莊子讓王篇云、逃乎丹穴。淮南汜論篇注、丹穴、南方當日下之地。戴訓值者、考工記弓人鄭衆注、牛戴牛、角直一牛也。直與值古字通。禮投壺云、馬各直其算、史記項羽紀云、直夜潰圍、此皆以直爲值、值當也。斗極者、北斗中也。空桐、汜論篇作空同、史記黃帝紀集解、韋昭曰、在隴右。正義引括地志、笄頭山一名崆峒山。然此自西方山、非爾雅所指也。錢氏釋地注以今順天府薊州東北空桐山當之、恐亦未然。莊子在宥篇釋文引司馬云、空同、當北斗下山也。一曰在梁國虞城東三十里。今亦疑未敢定也。太平者、大荒東經云、東海之外、大荒之中、有山名曰大言、日月所出。蓋此卽太平也。太平大言、古讀音近。太蒙者、楚辭天問篇云、出自湯谷、次于蒙汜。淮南覽冥篇云、邅回蒙汜之渚、高注、蒙汜、日所入之地。

義疏

岠齊州以南戴日爲丹穴北戴斗極爲空桐東至日所出爲太平西至日所入爲太蒙

太平者、大荒東經云、東海之外、大荒之中、有山名曰大言、日月所出。蓋此卽太平也。太平大言、古讀音近。

（念孫案、平與言、古今音皆不相近。

郝注刊誤

卽蒙汜也　注文

阮云、釋文濛音蒙、本今作蒙。按此蓋經作大蒙、注云濛汜、陸氏爲注作音。按、楚辭天問淮南覽冥篇俱用蒙汜字、不作濛。

經注集證

岠齊州以南戴日爲丹穴北戴斗極爲空桐東至日所出爲太平西至日所入爲太蒙　舍人注、自中州以南、日光所照、故曰丹穴。郭注岠、去也。齊、中也。戴、值。大蒙卽蒙汜也。此不以京邑爲中、更以土中爲中、故曰齊州、更在四極以外、聲教所訖也。

集解

距齊州以南戴日為丹穴　齊州、中州也、斥河南言。戴日猶言值日、熱帶地也。今之南洋羣島其是與。莊子、逃乎丹穴。高誘淮南注、丹穴、南方當日下之地。北戴斗極為空桐　今西伯利亞地也。名空桐者、狀其不生喬木、則北冰洋之沿岸矣。或以為卽薊州之崆峒山、則不得云戴斗極。東至日所出爲太平今太平洋地也。實在日本之右岸。西至日所入爲太蒙今印度也。印度地有孟買、蒙之聲轉字也。其北以喜馬拉雅山帕米爾高原界西藏。日至其地、望之如日入然。中國日入實在西球、非真夜無日也。或曰大蒙、水名。今阿母河源出葱嶺、西流入鹹海。阿、發語詞也、音與大近。母蒙聲轉。楚辭天問次於蒙汜、汜即錫爾河、音變而爲汜也。

義證

岠齊州以南戴日爲丹穴

南山經有丹穴之山。

北戴斗極爲空桐

今順天府薊州東北有空桐山。

東至日所出爲太平西至日所入爲太蒙

天問說日出自湯谷、次于蒙汜。湯谷即虞書之暘谷。蒙汜、王逸以爲蒙水之汜、亦曰昧谷矣。

釋地四篇注

岠齊州以南戴日爲丹穴

[註]岠去也齊中也[補正]臣鑾按、太平御覽引舍人註云、自中州以南、日光所照、故曰丹穴。

郭注補正

岠齊州以南戴日爲丹穴

岠去也齊中也戴值也

御覽三十六卷地部引爾雅距齊州以南、郭璞注云距、去也。藝文類聚二十一卷人部引經亦作距。

樹枏案、釋言注引此經釋文云、距又作岠。距岠二字葢誤倒。此經釋文祇云岠音巨、不言有異同、葢郭本作岠不作距也。諸本戴值二字在北戴斗極爲空桐句下、今從孔繼汾刻本。

北戴斗極爲空桐東至日所出爲大平西至日所入爲大濛

即濛汜也

今本經注皆作蒙、釋文云濛音蒙。舊校云本今作蒙。樹枏案、唐殘本玉篇水部濛下引爾雅至于太濛、郭璞曰即濛汜也。野王案、濛汜、日所入也。據此則顧所據本與釋文同。慧琳大唐三藏元奘法師本傳十卷音義亦引爾雅西至日所入爲太濛、郭注云即濛汜也。

郭注佚存補訂

岠齊州以南戴日爲丹穴案、日之所中、在其首上、故曰戴。其地亦曰日下。

西至日所入爲大蒙大本亦作太。下同。

註即蒙汜也蒙、釋文作濛。

疏此釋九州之外四方極遠之國名也及其人性稟氣不同也上也字當衍文。遼西令支有觚竹城是也觚、漢志作孤。所謂開北戶以向日者脫開字。有人戴勝虎齒有豹尾脫豹字。乃紀其迹于弇山名曰西王母之山穆天子傳作乃紀丌跡于弇山之石而樹

爾雅詁林　九　釋地

之梶眉曰云云。無禮儀文章（儀誤義、下晦閣于禮儀同。）在上四極之內（上誤土。）眣夷于夷（于、監本誤一。）三曰高儷（後漢書作高驪。）五曰鳧史（史誤吏。）三曰僬僥四曰跂踵（僬誤焦。跂踵王應麟詩地里考引作跛踵、俟考。）八曰旁脊（脊誤春。）戎者風俗通云云（戎、監本誤戒。）云即蒙汜也者即淮南子云云（脫蒙汜也三字。）

注疏正字

岠齊州以南戴日爲丹穴北戴斗極爲空桐　藝文類聚卅一引岠作距。釋言篇注引距齊州以南釋文云距又作岠同。案說文山部無岠字。足部距、雞距也。非此義。當作歫。說文、止部歫、止也、从止巨聲。止足偏旁彳彳通用。太平御覽七百七十九引戴作載。

東至日所出爲大平西至日所入爲大蒙　釋文大音泰。石經皆作太。瞿氏中溶云、石經太皆作大、獨此大平大蒙字各兩見、四小點係後人所加。

匡名

岠齊州以南戴日爲丹穴北戴斗極爲空桐東至日所出爲太平西至日所入爲大蒙　郭註岠、去也。齊、中也。莊子、逃乎丹穴。淮南註丹穴南方當日下之地。楚詞出自暘谷、註日所出之地。淮南子入于蒙汜、註日所入之地。郭註大蒙即蒙汜也。

啓蒙

岠　岠　阮氏校勘記案藝文類聚卷二十一引爾雅作距。段氏玉裁云。說文止部。歫通作距。亦作拒。其作岠者。乃變止爲山也。

黃侃評本正名

觚竹　九夷八狄七戎六蠻謂之四海　西至日所入爲大蒙

國語觚竹作孤竹。（齊語斬孤竹。）周禮注作九夷八蠻六戎五狄謂之四海。（夏官職方氏注引爾雅。）釋文蒙作濛。（云本今作蒙。釋地釋文。）

九夷八狄七戎六蠻謂之四海。李巡曰、九夷在東方、八狄在北方、七戎爲西方、六蠻在南方。鄭氏蓼蕭詩箋所引與此正同。周禮職方氏及布憲引爾雅又作九夷八蠻六戎五狄謂之四海。按蓼蕭詩正義云、鄭氏詩禮兩引、數既不同、而俱云爾雅、則爾雅本有兩文。今李巡所注謂之四海之下、更三句云八蠻在南方、六戎在西方、五狄在北方、此三句惟李巡有之、郭璞諸本皆無。李與鄭同時、鄭讀爾雅蓋與巡同、故或取上文、或取下文也。

證異

日所入爲大蒙　說文蒙、王女也。即釋草文。疑大蒙之蒙當讀爲濛。說文濛、微雨也。引申之爲蒙昧不明。（蒙昧之蒙古當作濛。）與日所入義合。文選蜀都賦譬若濛汜之涌波、注濛汜、日所入也。是其證。古玉篇引正作濛、注濛汜也之蒙亦作濛。大之言頒也、大蒙猶言頒濛、故淮南精神訓頒濛與鴻洞連文。

王仁俊日記

郭曰即蒙汜也。元慶按、大蒙即蒙汜。郝疏證楚詞天問次于蒙汜、淮南覽冥遭回蒙汜之渚、訓爲日入之地、義無可疑。大蒙義取乎日入、疑即劉熙釋名釋天所謂蒙、日光不明、蒙蒙然也。蒙與莫爲雙聲字、大蒙亦猶言大莫也。然莫字从茻从日、爲日入艸中、自是會意字。蒙字之从艸、於日入義果何所取乎。下文釋艸、蒙、王女。又曰、唐蒙、女蘿。說文艸部蒙、王女也。是蒙爲艸名與日入之義不相合。凡經典蒙字多係冢之叚借、自蒙字行而冢字廢。此如上文四荒之荒爲巟之叚借、自荒字行而巟

爾雅詁林 九 釋地

字廢，其字之㫋艸加艸一也，而此言日所入爲大蒙，蒙字并非作冡，以冡傕訓覆也、冒也，不得强解爲日暮。竊謂大蒙之蒙當作夢，說文夢，不明也，从夕瞢省聲。字从夕，則有日入之義，从瞢省聲，卽就瞢取義。瞢，鄦君曰目不明也。周禮眡祲六曰瞢，鄭司農云瞢日月瞢瞢無光也。詩小疋視天夢夢，夢夢訓亂，亦言天之無光而不明也。夫日既入則必無光，故日入處曰大夢也。自夢字叚爲㝱寐之㝱，而㝱字廢，人幾不䀨夢之本義矣。今據說文以釋尒疋，或非肊說。至若蒙，陸釋文作濛，文選蜀都賦沛若濛汜之涌波，字正作濛。今按詩零雨其濛，毛傳濛，雨皃。說文濛，微雨皃。廣韵空濛，小雨。訓皆一律。竊思日入時不必有雨，可知从水之濛亦係通借字，非尒疋正字，當作濛也。

蔣元慶日記

東至日所出爲大平

案大平者，嵎夷也。書堯典，分命羲仲，宅嵎夷，曰暘谷，寅賓出日，平秩東作，是嵎夷爲日所出地，碻有明徵。爾雅從釋地已下至九河，皆禹所名也。堯之嵎夷，禹則以大平爲名矣。說文大部，夷，平也，從大從弓，東方之人也。許君以平解夷，而又以東方之人申釋之，是許君正知大平之平，卽嵎夷之夷矣。下句西至日所入爲大蒙，郭注卽蒙汜也。以嵎夷爲大平，正與以蒙汜爲大蒙文法一例。後漢書東夷列傳，夷有九種，故孔子欲居九夷也。昔堯命羲仲宅嵎夷，曰暘谷，蓋日之所出也。贊曰，宅是嵎夷，曰乃陽谷，巢山潛海，厥區九族。然則嵎夷者，九夷之總名。書釋文嵎音隅，言嵎爲隅之音叚字也。九夷皆在一隅，故曰嵎夷，嵎夷而有九種，其大可知，故爲大平耳。

董瑞椿日記

東至日所出爲大平西至日所入爲大蒙

監本作太平。案經典釋文大、音泰，下同。是兩皆作大。今从唐石經。

石經考文提要

岠齊州以南 唐石經單疏本雪牕本同。按藝文類聚卷二十一引爾雅岠作距。釋言注引此經，釋文距，又作岠，同。今本作岠、非。段玉裁云、說文止部岠从止、通作距、亦作拒。其作岠者、乃變止爲山也。

北戴斗極爲空桐 唐石經單疏本雪牕本同。太平御覽七百九十九引戴作載。

東至日所出爲太平 雪牕本注疏本同。釋文大、平音泰、下同。瞿中溶云唐石經太皆作大、獨此太平太蒙字各兩見。四小點後人所加。

西至日所入爲大蒙 唐石經雪牕本注疏本同。釋文濛、音蒙、本今作蒙。按此蓋經作太蒙、注云濛汜、陸氏爲注作音。

岠齊州以南戴日爲丹穴○釋曰 注疏本删釋曰。閩本監本毛本岠上增云、穴下增者、脫州字。元本與此同。

禱過山東五百里曰丹穴山是乎 元本乎誤呼。閩本監本毛本改也。

值此斗極之下 注疏本此誤北

校勘記

三行岠齊州以南○「岠」，唐寫本作「歫」，注「歫去也」亦同。當據正。「歫」見《說文》，今通作「距」。

四行(注)戴值○唐寫本作「戴頂也」。案：「頂」蓋「值」字之誤。值者，當也。《淮南子．氾論篇》高誘注云：「丹穴南方，當日下之地，空洞戴斗極下之地。」郭璞訓「戴」為「值」，是也。

五行西至日所入為太蒙(注)即蒙汜也○「蒙」，唐寫本同。原本《玉篇》

水部「濛」下引《爾雅》「太蒙」作「太濛」，注「蒙汜」作「濛汜」。

宋監本校箋

巨

岠齊州以南戴日爲丹穴。

孫偘直音

岠（岠去也，齊中也。）齊州以南戴（戴值也。）日爲丹穴，北戴斗極爲空桐，東至日所出爲大（泰，下同。）平，西至日所入爲大蒙（即蒙汜也。）。

楊氏音訓

太平之人仁，丹穴之人智，太蒙之人信，空桐之人武

太平之人仁，丹穴之人智、太蒙之人信、空桐之人武。地氣使之然也。

郭注

注地氣使之然也　釋曰：言是土地之氣剛柔不同，使之仁智信武耳。若考工記云鄭之刀、宋之斤、魯之削、吳越之劒，遷乎其地而弗能爲良，地氣然也。

邢疏

太平之人仁丹穴之人智大蒙之人信、空桐之人武　郭璞云地氣使之然也。

一切注音

大蒙之人信

顓蒙善信，蓋未有敗之者也。列子曰、眞見先人之廬冢、悲心更微。

空桐之人武

南方文明而交，北方武昧而辨，其物謂之立武，亦以此。

新義

太平之人仁丹穴之人智大蒙之人信空桐之人武　郭璞曰地氣使之然也。

古注合存

太平之人仁，丹穴之人知，大蒙之人信，空桐之人武。知去聲。○註曰：地氣使之然也。疏曰：言由地氣剛柔不同，使之仁知信武耳。考工云宋之斤、魯之削，遷其地而弗能良，地氣然也。

注疏參義

太平之人仁，丹穴之人智，大蒙之人信，空桐之人武　註　地氣使之然也　正義　淮南地形訓：東方有君子之國。高誘註：東方木德仁，故有君子之國。所謂太平之人仁也。仁智信武，言其稟氣也。大司徒云：山林其民毛而方，川澤其民黑而津，丘陵其民專而長，墳衍其民皙而瘠，原隰其民豐肉而庳。大戴禮記易本命云：堅土之人肥，虛土之人大，沙土之人細，息土之人美，耗土之人醜。此言其形體也。形體雖殊，而各有仁智信武之德。淮南汜論訓謂丹穴、大蒙、反踵、空同、大夏、北戶、奇肱、修股之民，是非各異、習俗相反者，非也。

正義

太平之人仁，丹穴之人智，大蒙之人信，空桐之人武　地氣使之然也　王制云，五方之民皆有性也，不可推移。鄭注：地氣使之然，與此注同。淮南汜論篇云，丹穴、大蒙、反踵、空同、大夏、北戶、奇肱、修股之民，是非各異，習俗相反。隆形篇注，東方木德仁，故有君子之國。此即太平之人仁也。推是而言，南方火德明，故其人智，西方金德實，故其人信，北方水德恕，故其人武，中國土德和平，故其人五性具備也。

義疏

爾雅詁林 九 釋地

太平之人仁丹穴之人智太蒙之人信空桐之人武郭注、地氣使之然也。

各稟偏性、無五行秀氣、然亦有善可用。

集解

太平之人仁丹穴之人智大蒙之人信空桐之人武各稟偏性、非得五行秀氣、然亦有善可取。

義證

太平之人仁丹穴之人智大蒙之人信空桐之人武

說文八、天地之性最貴者也。仁義禮智固有之良、故孟子以爲無之卽非人也。此言四方人之稟气、郭註地气使之然也。然气稟雖偏而四端自各具也。

啓蒙

○注地氣使之然也○釋曰注疏本注改云、也下增者删釋曰。

校勘記

大蒙各本太石經亦太記言作大誤。太平同。

校勘記訂補

大蒙注卽蒙汜釋文云汜音祀、一音似、或云祀似同音、後倣此案似祀邪毋任侯馮毋惟吳音能辨之。陸氏以或云祀似音同、則疑其不同音矣、非也。汜汜之別詳見下文。

音略

地氣使然也。

太平之人仁丹穴之人智大蒙之人信空桐之人武

楊氏音訓

四極

列子曰物有不足女媧氏斷鼇之足以立四極、鼇所放也。人之極所以不立以不斷此故也。雖然作見如此是媧也非如也。

新義

四極九之七章凡五節前四節亦正釋地、而末節因及生人之氣稟也。

注疏參義

四極**正義**題上事也。逸周書王子晉解云、善至于四海曰天子、達于四荒曰天王。列子湯問篇以是知四海四荒四極之不異是也。呂氏春秋有始覽言四極四海之里數、淮南地形訓山海經詩含神霧俱言四極相去之里、經緯贏縮彼此互異、覈諸雅訓、語或搆虛、今不備述。

正義

四極題上事也。上文復有四荒四海不言者、舉一足以包之。逸周書王子晉篇云、善至于四海曰天子、達於四荒曰天王。列子湯問篇云以是知四海四荒四極之不異也。並與此義合。

義疏

圖·圖音

爾雅詁林　九　釋地

釋丘第十

釋曰、案廣雅云小陵曰丘。說文解字曰、土之高也、非人所爲也、從北從一。一、地也。人居在丘南、故從北。中邦之居、在崐崘東南。一曰四方高中央下爲丘、象形。此下云非人爲之丘。然則土有自然而高小於陵者名丘也。其體雖一、其名則多、或近道途、或因水澤所如則陵敵各異、其重則再三不同、通見詩書。此篇具釋、故名釋丘。

邢疏

釋丘第十　羌牛反、本又作丠、古字。非人所爲曰丘。廣雅云小陵曰丘。

陸音義

釋丘第十　土之高也而非因人。

鄭樵注

鄭樵曰、土之高也而非因人。

古注合存

釋丘第十　疏曰說文云、土之高也、非人所爲也、從北從一。一、地也。人居在丘南。中國之居在崑崙東南。故從北也。丘之體雖一、其名則多、或近道途、或因水澤。此篇俱釋之故名釋丘也。愚按篇分丘與厓岸、凡二章、厓岸之於水、其高下畧猶丘之於地也、故以丘槪之。

丘十之一　章凡九節、皆正釋諸丘也。

注疏參義

周禮疏云、爾雅山邱別釋、則邱無石者也。

補注

釋丠第十

正義

風俗通義云、尚書民乃降丠度土、堯遭洪水、萬民皆山棲巢居、以避其害、禹決江疏河、民乃下丠、營度爽塏之場、而邑落之、故丠之字、二人立一上、一者地也、四方高中央下、象形也。說文云、丠、土之高也、非人所爲也、从北从一。一、地也。人居在北南、故从北。中邦之居在崐崘東南。一曰四方高中央下爲丠、象形。案丠字从北、應劭以爲二人立一上、非也。鄭註周禮王逸楚詞章句俱云、土高曰丠。故說文又云丠古文从土。今隸變作丠。下篇釋水云、從釋地已下至九河、皆禹所名也。是則應劭所云禹決江疏河、民乃下丠者是也。廣雅云小陵曰丠、

是丠小於陵也。虞翻易註云半山稱丠、丠下稱陵則陵又下於丠矣。經典多連言丠陵、散文言之凡土高者總稱爲丠、亦不計其大小高下也。丠有自然而高者、亦有人力所爲者、古者盡溝洫之利、浚深疏滯、積土成丠、後遂以爲設險之用。易坎卦云、地險山川丠陵也。春秋左氏傳所載丠名甚夥、朽壤陁落、周道陵遲、積漸使然、非一朝夕、故古之名丠、後世多湮。此篇所釋、俱因丠之形狀以定其名、不專繫一地。陳有宛丠以下、始據地望言之、而厓岸從附見焉。

釋丠第十　說文云丠、土之高也、非人所爲也、从北从一。一、地也。人居在丠南、故从北。中邦之居在崐崘東南。一曰四方高中央下爲丠、象形。古文从土作坣。風俗通云、尚書民乃降丠度土、堯遭洪水萬民皆山棲巢居、以避其害、禹決江疏河、民乃下丠、營度爽塏之場、而邑落之、故丠之字、二人立一上、一者地也。四方高中央下、象形也。大司徒注、土高曰丠。易象上傳虞翻注、半山稱丠。廣雅又云、小陵曰丠、是丠之名無定。經典丠陵連言、凡土之高者、舉可稱丠也。茲篇所釋、俱因形以定名。宛丠以下、始兼地望而以厓岸附焉。

正義

義疏

說文云丠、土之高也、非人所爲也、從北從一。一、地也。人居在丠南、故從北。中邦之居、在崐崘東南。一曰四方高中央下爲丠、象形。古文從土作坣。王風丘中有麻、毛傳云、丘中墝埆之處。正義云、釋丘、非人力爲之丘。丘是地之高者、在丘之中、故云墝埆之處。墝埆謂地之積薄者也。

說詩

釋丘第十。疏人居在丘南故從北　丘、說文作坣。

注疏正字

爾雅詁林　十　釋丘

釋邱第十　釋文云、邱本又作北古字。

匡名

釋丠第十　說文丠、土之高非人所爲也。凡土高者俱稱爲丠、不計其大小高下也。

啓蒙

釋文、丘本又作北古字。非人所爲曰丘。廣雅云小陵曰丘。按張參五經文字一部云、北丘、上說文從北下一。下石經。據此則篆文作北、今經典皆從漢石經作丘。

證異

釋丘第十〇釋曰注疏本删。

校勘記

丘一成爲敦丘再成爲陶丘再成銳上爲融丘三成爲崐崘丘

丘一成爲敦丘、成猶重也。周禮曰爲壇三成。今江東呼地高堆者爲敦。再成爲陶丘、今濟陰定陶城中有陶丘。再成銳上爲融丘、鐵頂者。三成爲崐崘丘。崐崘山三重、故以名云。

郭注

丘一成爲敦丘釋曰成、重也、言丘上更有一丘相重累者名敦丘。詩衛風氓篇云送子涉淇至于頓丘是也。注成猶至爲敦　釋曰孫炎云形如覆敦敦器似盂。今案下文別云如覆敦者敦丘則此自是丘之一重者故郭氏云成猶重也與孫氏意異。云周禮曰爲壇三成者此秋官司儀職文也。鄭司農云三成三重也。引之證成爲重也。再成爲陶丘　釋曰丘形上有兩丘相重累者名陶丘。李巡曰再成其形再重也。禹貢曰濟水東出于陶丘北是也。注今濟至陶丘　釋曰濟陰郡名定陶縣名地理志云定陶縣西南有陶丘亭是也。再成銳上爲融丘　釋曰丘形再重而頂鐵者名融丘也。三成爲崐崘丘　釋曰丘形三重者名爲崐崘丘。注崐崘山三重故以名云　釋曰崐崘山記云崐崘山一名崐丘、三重、高萬一千里是也。凡丘之形三重者因取此名云耳。

邢疏

再成爲陶邱以下釋邱

再成其形再重也。書正義六　邢疏

李注

邱一成爲敦邱以下釋邱

形如覆敦、敦器似盂。詩正義三之三　邢疏

再成爲陶邱

形如累兩盂也。釋文　後漢書二注

孫音注

邱一成爲敦邱已下釋邱

敦音頓、或丁回反。釋文　敦舊音頓。郭注御覽五十三

三成爲崑崙邱

崑崙山三重、形如累三盂。郭注御覽五十三　案、今本郭注無下五字。

郭音義

三成爲崑崙邱釋邱

崑崙月精、水之靈府、惟帝下都、西羌之宇、嶢然中峙、號曰天柱。藝文七

圖贊

邱一成爲敦邱以下釋邱

敦如字讀。釋文

謝音

黃輯古義

再成爲陶丘

再成其形再成也。邢疏書禹貢正義

李注

丘一成爲敦丘

形如覆敦敦器似盂。邢疏詩衞風氓正義

再成爲陶丘

形如累兩盂也。釋文後漢書明帝紀章懷太子注形作殺。

孫音注

丘一成爲敦丘。敦音頓。釋文

郭音義

崑崘丘讚

崑崘月精水之靈府、惟帝下都、西羌之宇、嵥然中峙、號曰天柱。藝文類聚卷七六潘自牧記纂淵海卷七引作崑崘三層號曰天柱實維河源水之靈府。陸德明釋文初學記卷引爾雅圖讚並

圖讚

玉函山房輯佚

崑崘釋丘三成爲崑崘丘。

贊曰崑崘月精水之靈府、惟帝下都、西羌之宇、嵥然中峙、號曰天柱。並類聚

王輯圖贊

丘

一成之形象也。孫注

一成爲敦丘

形如覆敦敦器似盂。同並詩疏三之一

再成爲陶丘

再成其形再重也。李注書疏六 形如累兩盂。孫注

鈎沉

邱一成爲敦邱

孫曰、形如覆敦、敦器似盂。詩正義三之三 邢疏

再成爲陶邱

李曰、再成其形再重也。書正義六 邢疏

孫曰、形如累兩盂也。釋文後漢書二注

漢注

丘一成爲敦丘

孫炎云、形如覆敦、敦器如盂。詩正義三之三卷 郭璞云、成猶重也。周禮曰爲壇三成。今江東呼地高堆者爲敦。

再成爲陶丘

李巡云、再成其形再重也。書正義六卷 孫炎云、形如累兩盂也。釋文二十九卷後漢書二卷注 郭璞云、今濟陰定陶城中有陶丘。

再成銳上爲融丘

郭璞云、纖頂者。

三成爲崑崘丘

郭璞云、崑崘山三重、故以名云。

一切注音

邱一成爲敦邱 孫炎云、形如覆敦敦器如盂。詩氓正義郭音頓。釋文

再成爲陶邱 李巡曰、再成其形再重也。書禹貢正義

孫炎云形如累兩盂。後漢書明帝紀注

三成爲崑崙邱

周禮注引爾雅崑崙作昆侖、二字不从山是也。

古注斠

敦丘郭云音頓、或丁回反。謝直龍反。如字讀。注宜如彖二音。重也下同。壇大千反。堆丁回反。陶徒刀反。孫云形如累兩盂。濟子禮反。銳唯歲反。鐵子廉反。

陸音義

鐵○宋單注本同、卽今之所謂尖也。邢本作鐵、非。

音義攷證

邱一成爲敦邱

以敦易頓、敦乃能有頓、莊子曰使離朱索之而不得。

敦又音對、以爲道而一、以爲器而二、敦一也敦二也。

又讀如團、敦頓也、又讀如追、敦漸也。□□□據詩有

敦瓜苦、敦琢其旅。

再成爲陶邱

陶冶而成、至有漸次也。

再成銳上爲融邱

銳無頓也、或能融之同黜聰明爲是焉、列子曰骨肉

都融。

三成爲崑崙邱

合而混淪之崑崙地也、若山三襲陟矣。

新義

丘一成爲敦丘再成爲陶丘再成銳上爲融丘三成爲

崑崙丘成猶層也。敦頓也。氓云至于頓丘。陶丘、今廣濟軍定陶城中有陶丘。崑崙記云崑崙山一名崑丘、三重、高一萬一千里。

鄭樵注

丘一成爲敦丘音頓。敦、郭

孫炎曰、形如覆敦、敦器似盂。

郭璞曰、成猶重也。周禮曰爲壇三成。今江東呼地高堆者爲敦。

鄭樵曰、成猶層也。敦、頓也。氓云至于頓丘。

再成爲陶丘

李巡曰、再成、其形再重也。

孫炎曰、形如累兩盂。

郭璞曰、今濟陰定陶城中有陶丘。

鄭樵曰、陶丘、今廣濟軍定陶城中有陶丘。

再成銳上爲融丘

郭璞曰、鐵頂者。

三成爲崑崙丘

郭璞曰、崑崙山三重、故以名云。

鄭樵曰、崑崙記云、崑崙山一名崑丘、三重、高一萬一千里。

古注合存

丘一成爲敦丘再成爲陶丘再成銳上爲融丘三成爲崑崙丘敦音頓銳音惠。○此釋丘之重數之名也。註曰成猶重也。周禮爲壇三成是也。今江東呼地高堆者爲敦。濟陰定陶城中有陶丘。銳上謂鐵頂也。崑崙山三重。故因名。疏曰詩氓篇云至于頓丘。禹貢云濟水東出於陶丘北。崑崙山記云崑崙山一名崑丘三重高萬一千里。凡丘形三重因名云。愚按疏引氓篇頓敦音義同。孫炎云形如覆敦。卽後如覆敦者敦丘是也。舊以後敦丘別爲一丘者非。

注疏參義

成猶層也。山海經多用此字。又周禮註鄭司農引爾雅釋爲壇三成云三成三重也。

補注

丘一成爲敦丘註成猶重也周禮曰爲壇三成今江東

呼地高堆者爲敦。再成爲陶丘【註】今濟陰定陶城中有陶丘。再成銳上爲融丘【註】纖頂者。三成爲崑崙丘【註】崑崙山三重、故以名云。【正義】鄭註覲禮云、成猶重也。楚詞天問云、璜臺十成。山海經云、成山四方而三壇。郭氏彼註云、形如人築壇相累也。成亦重耳。爾雅因丘有層累之殊、各命以名。凡一重者俱謂之敦丘、再重者俱謂之陶丘、再重而銳上者俱謂之融丘、三重者俱謂之崑崙丘。釋名云、丘一成曰頓丘、一頓而成、丘無高下大小之殺也。再成曰陶丘、於高山一重作之、如陶竈然也。銳上曰融丘、融、明也、明、陽也。凡上銳皆高而近陽者也。三成曰崑崙丘、如崑崙之高而積重也。詩疏引爾雅云、丘一成爲敦丘。孫炎云、形如覆敦、敦器似盂。又引此篇下文云、如覆敦者敦丘。孫炎云、丘一成之形象也。孫炎以此篇兩見敦丘、於一成重言以曉人、故互見其訓、明其爲一丘也。郭氏於一成之敦丘音頓、於如覆敦之敦丘音丁回反、與孫炎異也。書疏引李巡云、再成其形再重也。後漢書註引孫炎云、形如累兩盂也。【註】周禮至爲敦丘。【正義】秋官司儀云、將合諸侯則令爲壇三成、鄭司農云、三成三重也。郭氏引之以證成爲重也。衛風氓云、送子涉淇、至於頓丘。尚書大傳云、舜販于頓丘。漢書地理志、東郡頓丘縣。顏師古云、以丘名縣也。丘一成爲頓丘、謂一頓而成也。或曰成重也、一重之丘也。水經注引闞駰十三州記云、頓丘在淇水南。漢頓丘縣今爲大名府清豐縣。郭云呼地高堆者爲敦、今俗語猶然。○今濟至陶丘。○【正義】禹貢云、東出於陶丘北。漢書地理志、濟陰郡定陶縣。禹貢陶丘在西南陶丘亭。說文云、陶、再成丘也、在濟陰。水經註引墨子以爲釜丘。竹書紀年、魏襄王十九年、薛侯來會王於釜丘者也。郭云濟陰定陶城中有陶丘、据目驗而云然也。晉書地理志作濟陽郡定陶、蓋傳刻之訛。陶丘今在曹州府定陶縣西南七里。○崑崙至名云。○【正義】郭以崑崙山有三重、以譬況三重之丘亦得稱爲崑崙也。水經註引崑崙說云、崑崙之山三級、下曰樊桐、一名板桐。二曰元圃、一名閬風。上曰層城、一名天庭。劉總云、崑崙懸圃、非經義所載、今不備述。水經註又云、横谿水出三累山、其山層密三成、故俗以三累名山。案爾雅山三成爲崑崙丘、斯山豈亦崑崙丘乎、以此推之、凡丘山之三重者俱名爲崑崙也。周禮註引爾雅此文、昆侖二字俱不从山、當從之。【正義】

邱一成爲敦邱　水經洪水註、爾雅邱一成爲頓邱。

郭註崑崙山三重故以名云。御覽卷五十三引爾雅註云、昆侖山、三重、形如累三盂。玉案、後漢書引孫註云、陶邱、形如累兩盂。此蓋用孫註、易兩爲三。今本脫去。【校議】

丘一成爲敦丘 成猶重也。周禮曰、爲壇三成。今江東呼地高堆者爲敦。 **再成爲陶丘** 今濟陰定陶城中有陶丘。 **再成銳上爲融丘** 纖頂者。 **三成爲崐崘丘** 崐崘山三重、故以爲名。

覲禮注、成猶重也。司儀云、爲壇三成、皆郭所本。敦之爲言堆也。敦訓爲厚、厚重義近、故一重之丘因以爲名。下文如覆敦者敦丘、彼舉其形、此言其義、其實一耳。敦與頓通、故詩氓傳作頓丘。正義引孫炎曰、形如覆敦、敦器似盂。下文注曰、丘一成之形象也。是敦頓字異音義同。釋名云、丘一成曰頓丘、一頓而成、無上下大小之殺也。蓋望文生訓耳。漢志頓丘屬東郡、今爲大名府清豐縣。○陶者、說文云、再成丘也、引書東至于陶丘。禹貢正義引李巡曰、再成其形再重也。按陶从匋、匋是瓦器、丘形重累似之、故後漢書明帝紀注引孫炎云、形如累兩盂也。釋名亦云、陶丘於高山上一重作之、如陶竈然也。是皆以匋爲義、但丘非人所爲、釋名假言作之、其實自然生成也。漢志濟陰郡定陶。禹貢陶丘在西南陶丘亭。今在曹州府定陶縣南七里。水經濟水注引墨子以爲釜丘、蓋丘象陶竈、亦兼得釜名矣。○銳者、釋山銳而高、注言纖峻是也。融丘者、釋名云、銳上曰融丘、融、明也、明、陽也、凡上銳皆高而近陽者也。按融、炊气上出也。亦兼高長二義、長與高卽鋭上之意、張氏照攷證云、陸璣白雲賦與曜曾泉升迹融丘。○崐崘者、水經河水注引崑崙說云、崑崙之山三級、下曰樊桐、一名板桐、二曰玄圃、一名閬風、上曰層城、一名天庭。邢疏引崑崙山記云、崑崙山一名崑丘、三重、高萬一千里。是崑崙亦名崑丘、又名崑崙丘。西山經云崑崙之丘、實惟帝之下都、是也。但爾雅特偕崑崙以定三重丘名、非指崑崙山也。故釋名云三成曰崑崙丘、如崑崙之高而積重也。其說是矣。

義疏

鐵 注文

盧云卽今之所謂尖也。邢本作纖、非。　按盧校釋文作鐵亦省俗字。

經注集證

丘一成爲敦 頓 丘再成爲陶丘再成鋭上爲融丘三成爲崐崘丘 李注、再成、其形再重也。孫注、敦丘形如覆敦。陶丘形如累兩盂也。郭注、成猶重也。周禮曰爲壇三成。今江東呼地高堆者爲敦。濟陰定陶城中有陶丘。鋭上鐵頂者。崐崘山三重、故以爲名。詩、至于頓丘。書、東至于陶丘。又昆侖析支。

集解

丘一成為敦丘 戎、就也。與重緟通用。周禮、為壇三成。敦、怒也。詆也。與惇通用。惇、厚也、亦重也。戎者自之借字。與詩至于頓丘、以頓為之。頓敦堆均雙聲字。 再成為陶丘 陶、从阜匋。匋、瓦器竈也。丘於高山上一重作之如陶竈然、故名。書東至于陶丘。今在濟寧道定陶縣地。 再成銳上為融丘 融、炊气上出也、引申為銳上之偁。左昭五傳明而未融、服注高也。 三成為崐崘丘 水經河水注、崑崙之山三級、下曰樊桐、一名板桐、二曰玄圃、一名閬風、上曰層城一名天庭。是為大帝之居。山海經西山經、崑崙之邱、河水、赤水、洋水、黑水出焉。郭注、洋或作清。海內西經、海內崑崙之墟、赤水出東南隅、河水出東北隅、黑水出西北隅。大荒西經、西海之南、流沙之濱、赤水之後、黑水之前、有大山名曰崑崙之邱。穆天子傳、天子宿于崑崙之阿、赤水之陽。今金沙江上源三、曰那木齊圖烏蘭木倫河、托克托乃烏蘭木倫河、喀齊烏蘭木倫河。蒙古謂赤色為烏蘭、蓋即赤水。怒江上源有池曰喀喇池、東流曰喀喇烏蘇河。蒙古謂黑色為喀喇、蓋即黑水。其西流即今青海、亦曰西海、蒙古曰庫可諾爾。庫可者譯言青、蓋即青水。流沙即今戈壁、當安西州南、青海之西、是青海西南北濱戈壁。黃河金沙江怒江三源之間山名崑崙、而遙東山脊為崑崙之證。惟經敘四水所出之方隅前後互異、則傳寫之誤也。海內東經、西胡白玉山在流沙西、崑崙墟東。今岡底斯山北支為蔥嶺、戈壁當其東。穆天子傳亦先升崑崙之邱、後西征至西王母之邦、是遙西山脊皆為崑崙之證。蓋中國諸山脈均起自西藏阿里部落東北岡底斯山、即梵書之阿耨達山、綿亘東北數千里、至青海之玉樹土司境為巴顏哈喇山、河源出焉。河源左右之山統名枯爾坤、即崑崙之轉音。然則自岡底斯東皆崑崙之脊。古所偁崑崙墟即在此。書崑崙析支、馬注謂在臨羌西、則今甘肅西寧道地也。

義證

邱一成爲頓邱

今大名府清豐縣是其地、闞駰曰在淇水南。

再成爲陶邱

今曹州府定陶縣是其地。堯居之、故曰陶唐氏。墨子以爲釜邱也。

三成爲昆侖邱

許慎曰、昆侖虛謂之昆侖邱。

釋地四篇注

丘一成爲敦丘

〔註〕成猶重也周禮曰爲壇三成今江東呼地高堆者

爲敦丘[補正]邢疏、言丘上更有一丘相重累者名敦丘。詩衛風送子涉淇、至于頓丘是也。

再成爲陶丘

[註]今濟陰定陶城中有陶丘[補正]邢疏、丘形上有兩丘相重累者名陶丘、李巡曰再成其形再重也。

再成銳上爲融丘

[註]纖頂者 銳唯歲反。

郭注補正

邱一成爲敦邱、詩氓作頓邱。釋名一成曰頓邱、一頓而成、無上下大小之殺。是應作頓。按下本有如覆敦之名、不宜相涸、疑本不然。

錢氏古義

丘一成爲敦丘

成猶重也周禮曰爲壇三成今江東評地高堆者爲敦 音頓

御覽五十三卷地部引爾雅曰、丘一成爲敦丘、今江東呼地高堆者爲敦、舊音頓。樹枏案今本脫音頓二字。詩氓正義引郭璞曰、敦盂也音頓。疏蓋以音頓二字統音經丘一成爲敦丘及如覆敦者敦丘二句、其實此二字乃此經之音、非覆敦之注也。知者釋文音此經敦云、郭音頓。釋覆敦云丁回反。蓋下敦丘之敦不音頓也。御覽所引正與陸合。據補。

再成銳上爲融丘

鑯頂者

明注疏本鑯改纖。

三成爲崐丘

崐崘山三重 形如累三盂故以名云

水經注河水篇引爾雅、山三成爲崐丘。慧琳辯正論六卷音義引爾雅云丘三成爲崑也、郭注云三成、三重也。所引經俱無崘字今本有者蓋後人因注誤增。 御覽引爾雅云、三成爲崑崙丘崑崙山三重形如累三盂。樹枏案御覽引釋丘一篇注皆與郭同、則此形如累三盂五字當亦郭注原文而今本脫之、據補。

郭注佚存補訂

丘一成爲敦丘

敦丘者、衛風氓至於頓丘、毛傳云、丘一成爲頓丘。正義引郭璞曰敦盂也音頓。與此字異音同。孫炎云、形如覆敦、敦器似盂。

再成爲陶丘再成銳上爲融丘三成爲崐崘丘

詩曹譜云、曹者禹貢兗州陶丘之北地名。正義云、漢書地理志云濟陰定陶縣故曹國、周武王弟叔振鐸所封。禹貢陶丘在西南陶丘亭是也。言丘在曹之西南、則曹在丘之東北。止言北者、舉其大望耳。說詳訂經。

說詩

丘一成爲敦丘 釋文云、敦、郭音頓。再成節註鐵頂者 鐵子廉切、從糸作誤。疏同。從釋文挍。

注疏正字

三成爲昆侖丘 惠徵君曰、水經注引此文作昆丘。

小箋

邱一成爲敦邱 周禮注引司儀。秋官 詩衛風氓 至于頓邱、傳云、邱一成爲頓邱。正義云、字異音同。案釋名亦作頓。

再成爲陶邱 司儀注引。釋名同。

再成銳上爲融邱

三成爲崐崘邱 司儀注引作昆侖山、海經注海外南經引作昆侖。見釋地 釋名同。惠氏棟曰、水經注四河水篇云、水出三累山、其山層密三成、故俗以三累名山。爾雅山三成爲崐邱、斯山豈亦崐邱乎。臧氏鏞堂曰、邢疏引崐崘山記云、崐崘山一名崐邱、三重。疑經文崘字、後人因郭注所加。

匡名

丠一成爲敦丠再成爲陶丠再成銳上爲融丠三成爲崑崙丠 此釋丠層累之名、凡重數合此者俱可以此名之。周禮、爲壇三成。成猶重也。今江東呼土高者爲敦。衛風至於頓丠。說文匋、再成丠也、在濟陰。引書東至於陶丠。陶丠有堯城、帝堯所居、即今定陶縣。融、明也、明、陽也。言丠高近陽也。崑崙、山名。漢書楊雄文通用昆侖。郭註崑崙山三重、故以名云。

啓蒙

丘一成爲敦丘。成猶重也、周禮曰、爲壇三成、今江東呼地高堆者爲敦。敦之言𠂤也、說文、𠂤、小阜也。再成爲陶丘。陶丘與丘上有丘爲宛丘小異、此上下兩丘同形、彼上小於下。

黄侃音訓

丘一成爲敦丘 三成爲崑崙丘

郭音義、敦音頓。釋丘釋文 釋名作丘一成曰頓丘。釋丘釋文 漢書注作丘一成爲頓丘。地理志東郡注 周禮注作三成爲昆侖丘。秋官司儀注 說文、虛、大丘也。崐崘丘謂之崐崘虛。丘部虛

證異

一成爲敦丘。疏引衛風至于頓丘。

考異摘要

丘一成爲敦丘 敦當讀爲頓。水經淇水注、淇水又東屈而西轉、逕頓丘北。故闞駰云、頓丘在淇水南、又屈逕頓丘西。引爾雅山一成謂之頓丘。又引釋名謂一頓而成丘、無高下大小之殺也。詩所謂送子涉淇至於頓丘者也。據酈所言、知敦丘即頓丘。引丘作山者、析言則別、渾言則通耳。郭音敦爲頓、得之。

王仁俊日記

丘一成爲敦丘 郭注、成猶重也、周禮曰爲壇三成。今

江東呼地高堆者爲敦。案成、重語雖通轉、然如下文丘上有丘方得謂重、此段一成再成三成、乃釋丘之廣長、初非釋其一重再重三重也。周禮考工記匠人方十里爲成、左哀元年傳有田一成、是成元十里託名幖識字。一成者、爲方十里之丘耳。再成、二十里。三成則三十里。郭注失之。說文攴部斁、怒也詆也。一曰誰、何也。十里之丘何故以此命名、据詩衞風氓篇至于頓丘毛傳丘一成爲頓丘、知字當作頓、釋名釋丘、丘一成曰頓丘、一頓而成、無上下大小之殺也。詮頓丘命名最爲的碻、葢人所聚曰屯、見漢書陳勝傳注。斯土所聚亦可曰屯、而頓者屯叚字、敦者又頓叚字。一頓而成、謂一頓之地方十里也。無上下大小一語、尤堪證成非取重義矣。或問下文如覆敦者敦丘、與此敦丘是一是二、曰釋文出敦丘、郭云音頓、或丁回反。出敦者丁回反、丁回係𠂤正音。說文部首𠂤、小阜也。則此敦丘爲頓丘、如覆敦之敦丘爲𠂤丘、兩丘不得强合爲一也。郝氏懿行義疏彼舉其形、此言其義、且以敦厚厚重附會名敦、意豈未見釋文乎、不可從。

再成鋭上爲融丘 郭注鐵頂者。邢本鐵作纖、盧氏文弨釋文考證据釋文非之、今從訂正。釋名釋丘、融、明也。明、陽也。凡上鋭皆高而近陽者也。案劉說穿鑿。疑融乃鉵叚字。說文金部鉵、枱屬也、枱、大徐本作梠、今從段注訂正。从金蟲省聲。不省則爲⿰金蟲。廣雅釋器、鉿鐯謂之⿰金蟲。許書金部鈐下云、鈐鐯、大犂也。一曰類枱。枱、本亦作梠、今從段注訂正。鈐鐯卽鉿鐯矣。鋭、芒也。芒、艸耑也。艸耑爲鋭、而枱爲耒耑、俱見說文、故鋭上名鉵丘、言丘耑之鋭、一如耒耑、象形以命名耳。郭注鐵頂者、說文金部鐵、鐵器也、一曰鐫也。鐫、破木鐫也、一曰琢石也。是鐵元鋭利器。廣雅釋詁鐵、鋭也。說文竹部籤、一曰鋭也。鐵从金、爲金器鋭、籤从竹、爲竹器鋭、鉵丘之鉵亦从金、故郭詁鉵以鐵、不以籤、此郭注之精也。郝氏懿行義疏謂融宜兼高長二義、高長有鋭上意、抑知高長者未必皆鋭上、融之不得不爲鉵叚有斷然者。董瑞椿日記

再成鋭上爲融丘、郭云鐵頂者。楷案、呂覽有始篇東北曰炎風、高誘注一曰融風。是融炎一聲之轉、疑融爲剡之假音、說文剡、鋭利也。釋名以明釋之、存參。稗疏

丘一成爲敦丘○釋曰 注疏本刪。

○注成猶重爲敦○釋曰孫炎云 注疏本刪上八字、增一字。云周禮曰 元本同。閩本監本毛本云改注。

此秋官司儀職文也 注疏本職下衍所載二字。

再成爲陶丘○釋曰 注疏本刪。

○注今濟至陶丘○釋曰 注疏本改作濟陰定陶者。

定陶縣名 注疏本下增也。

鐵頂者 雪牕本同。釋文單疏本皆作鐵、注疏本改纖。

再成銳上爲融丘○釋曰注疏本刪。

三成爲崐崘丘唐石經單疏本雪牕本同。惠棟云、酈元引爾雅篇云、水出三累山、其山層密三成、故俗以三累名山。爾雅山三成爲崐丘、斯山豈亦崐丘乎。又邢疏引崐崘山記云、崐崘山一名崐丘、三重。葢經文本無崘字、後人因郭注增加。

三成爲崐崘丘○釋曰注疏本刪。

名爲崐崘丘○注崐崘山三重故以名山○釋曰注疏本脫爲刪下十二字。

校勘記

丘一成爲敦丘。釋文敦、郭音頓、或丁回反。謝如字讀。注竝如後二音。今本敦都昆是用謝音非郭義。

再成銳上爲融丘釋文銳、唯歲反。今本銳音惠、非。廣韻惠胡桂切在十二霽、銳以芮切在十三祭。二字不同音也。

注疏本正誤

再成銳上爲融案此舉經文融下疑脫丘字。

注疏校勘札記

二行(注)今江東呼地高堆者爲敦○唐寫本作「今江東呼地高堆者爲敦丘也」。

三行(注)今濟陰定陶城中有陶丘○「今」原本《玉篇》「陶」下引作「在」。

三成爲崐崘丘○唐寫本同。《水經注．河水篇》引《爾雅》「三成爲崐丘」，「崐」下無「崘」字。案：依郭注當有「崘」字。原本《玉篇》山部「崐」下引《爾雅》作「三成爲崐崘丘」。

四行(注)崐崘山三重故以名云○「故以名云」原本《玉篇》「崐」下引作「故以爲名也」。

宋監本校箋

丘一成爲敦音墩丘

音圖・音

敦郭音頓、或丁回翻音堆。謝如字讀。此邱一成之敦也與頓通。或音鈍者、非。後如覆敦者敦邱、釋文止音丁回翻。案此當依槃敦之敦音對。周禮釋文槃敦之敦亦有平音。故文選注引郭璞曰敦盂也、都回翻。郎丁同。葢邱一成之敦本與頓通、或音堆者非。如覆敦之敦可音對、亦可音堆。兩字不相同也。

音略

頓　惠

丘一成爲敦丘再成爲陶丘再成銳上爲融丘

孫偘直音

丘一成爲敦頓丘成猶重也。再成爲陶丘再成銳惠上爲融丘纖頂者。三成爲崐崘丘崐崘山三重故名。

楊氏音訓

敦頓

干氏音釋

如椉者椉丘如陼者陼丘

如椉者、椉丘。形似車椉

如陼者、陼丘。水中小洲爲陼。

也。或云椉謂稻田塍埒。

郭注

如椉者椉丘　釋曰郭氏兩解、一云形似車椉也。繩證切二或云椉謂稻田塍埒。椉市陵切。許叔重云塍埒、稻田畦隄埒畔也。案地理志云泰山有椉丘、春秋莊十年公敗宋師于乘丘、是因丘以爲名乎。　如陼者陼丘　釋曰陼、水中可居之小者。丘形似之名爲陼丘也。

邢疏

如㮤者㮤邱

形如車乘。釋文李郭皆云 李注

如㮤者㮤邱

㮤、市陵反。釋文 郭音義

如㮤者㮤邱

或云㮤者謂稻田塍埒。郭注 衆家注

黃輯古義

如㮤者㮤丘

形如車㮤。釋文引李郭 李注

如㮤者㮤丘。㮤繩證反、又市陵反。郭音義

玉函山房輯佚

如乘者

形如車乘。李注 並釋文二十九 鉤沉

如㮤者㮤邱

李曰、形如車乘。釋文郭同 漢注

如㮤者㮤丠

李巡云、形如車㮤。釋文二十九卷 郭璞云、形如車㮤也。或云㮤者謂稻田塍埒。

如陼者陼丠

郭璞云水中小洲爲陼。 一切注音

如乘者乘邱 李郭皆云形如車乘。釋文 古注斠

如乘 本又作㮤、繩證反。注車乘同。李郭皆云形如車乘。又市陵反。或云如稻田塍埒。下文並放此。 塍 市陵反。許叔重云稻田畦畛。 埒 音劣。 陼 音章汝反。下同。 陸音義

如乘○邢本作㮤。 音義攷證

如乘者乘邱

可乘焉乘邱也。據時善乘領。

如陼者陼邱

可居焉陼邱也。 新義

如㮤者㮤丘 兗州㮤氏有㮤丘城。郭云如㮤者、形如車㮤也。又云或謂㮤乃稻田塍埒。亦存二說。如陼者陼丘 陼音渚。郭云水中小洲爲陼。 鄭樵注

如㮤者㮤丠

李巡曰、形如車㮤。

郭璞曰、形似車㮤也、或云㮤者謂稻田塍埒。

鄭樵曰、兗州㮤氏有㮤丠城。郭云如㮤者形如車㮤也。

又云或謂㮤乃稻田塍埒。亦存二說。

如陼者陼丠

郭璞曰、水中小洲爲陼。

鄭樵曰、陼音渚。郭云水中小洲爲陼。 古注合存

如㮤者㮤丘、如陼者陼丘、水潦所止泥丘、方丘、胡丘、㮤乘同、去聲。陼渚同。潦音老。○此雜釋諸丘之名也。註曰、㮤丘形如車乘、或云、乘者、謂稻田塍埒也。陼謂水中小洲。泥謂頂上汙下。方者、形四方也。疏曰、塍、市陵切。塍埒、稻田畦是也。愚按胡大也。形四方而大頸形方大曰胡、故名丘也。 注疏參義

如㮤者㮤丠 註 形似車㮤也或云㮤者謂稻田塍埒如

陼者陼丠【註】水中小洲爲陼【正義】釋名云、如乘曰乘丠、四馬曰乘、一基在後似車、四列在前似駕馬車之形也。如陼者曰陼丠、形似水中之高地、隆高而廣也。如陼之陼、當作渚。說文云、如渚者陼丠、水中高者也。文選註引聲類云陼或作渚。【註】形似至塍埒。【正義】釋文引李巡云、形如車乘。郭註本李巡。又引或云、椉者謂稻田塍埒。說文云塍、稻田畦也。謂丠形似稻田之界畔也。後世地名有乘丠、俱依爾雅爲名。春秋莊十年公敗宋師于乘丠、杜註乘丠、魯地。魯乘丠、漢屬太山郡。括地志云、乘丠在瑕丘縣西北三十里。今兖州府西北三十里有瑕丘故城。又戰國策、張儀謂魏王曰、齊伐趙取乘丠。史記周本紀安王三年、三晉伐楚至乘丠而還。卽應劭所謂濟陰之乘丠也。趙乘丠、漢爲乘氏縣、今鉅野縣西南有乘氏故城。○水中至爲陼。○【正義】小洲爲渚、釋水文。

正義

如椉者椉丠形如車椉也或云椉謂稻田塍埒**如陼者陼丠**水中小洲爲陼

釋名云、如椉曰乘丠。四馬曰椉、一基在後似車四列在前似駕馬車之形也。釋文引李郭皆云形如車椉。郭又以椉謂稻田塍埒者、說文云塍、稻田畦也。郭蓋俗塍爲椉、當從前說。春秋莊十年公敗宋師於椉丠、杜預注謂魯地。漢志屬泰山郡。括地志云椉丠在瑕丠縣西北三十里。按瑕丠今屬兗州府也。又漢志濟陰郡椉氏、應劭以爲卽春秋椉丠、非也。濟陰之椉氏與泰山之椉丠非一地、應氏誤合之耳。○如陼之陼、說文作渚、云如渚者陼丠、水中高者也。釋名云、如陼者陼丠、形似水中之高地、隆高而廣也。文選注引聲類云陼或作渚。是渚陼通。郭云小洲爲陼、本釋水文。

義疏

如椉者椉邱 經文

阮云、釋文如乘本又作椉、繩證反、注車乘同。按經當作椉、注當作乘。按、椉乘古今字。後竝放此。

經注集證

如乘者乘丠如陼渚**者陼丠**李注、乘丠、形如車乘。

郭注、或云椉謂稻田塍埒。水中小洲爲陼。春秋敗宋師于乘丠。漢縣屬泰山。應劭說卽乘氏在濟陰。

集解

如乘者乘丠狀似車乘。春秋、公敗宋師于乘丠。漢志屬泰山郡。括地志、乘丠在瑕丠縣西北三十里、今濟寧道滋陽縣也。應劭說卽乘氏、在濟陰。**如陼者陼丠**陼、水中小洲也。从阜者、者別也。詩江有渚、以渚爲之。

義證

如乘者乘邱

今曹州府。春秋傳所云敗宋師于乘邱者是也。漢爲乘氏縣。

徐廣曰乘一作滕。

如陼者陼邱

許愼曰水中高者也。今陳州府西華縣有豬邱、卽宋華氏邑。

釋地四篇注

如椉者椉丠 椉、繩證反。

【註】形似車椉也。或云椉者謂稱田塍埒。【補正】邢疏、地理志、泰山有椉丠。春秋莊十五年、公敗宋師于椉丠。

臣鑒按、釋名云四馬曰椉、一基在後似車、四列在前似駕馬車之形也。

如陼者陼丠 陼、章汝反。

【註】水中小洲爲陼

郭注補正

如椉者椉丘

形如車椉也。或云椉謂稻田塍埒

釋文云如乘本又作椉而釋獸釋文又云椉本或作乘此皆傳寫之誤謹據彼文訂正之御覽引作形似車乘邢疏亦作似釋文引郭云形如車乘。明注疏本作乘者謂稻田塍埒。

郭注佚存補訂

如椉者椉丘如陼者陼丘

如陼說文作渚云如渚者陼丘水中高者也召南江有渚毛傳云渚小洲也水岐成渚也豳風九罭鴻飛遵渚爲水中小洲陼形似之陼渚古通字。

說詩

如椉者椉丘 椉釋文作乘。

註或云椉者謂稻田塍埒 者衍字從釋文校。

疏塍埒稻田畦隄埒畔也 案說文作塍稻田畦也埒垣也。春秋莊十年公敗宋師于椉丘 十年誤十五年。

如陼節註水中小洲爲陼 洲監本誤舟。

注疏正字

椉

當作乘形如車乘也。

小箋

如乘者乘邱 釋名同。釋文云乘本又作椉石經單疏本作椉案椉正文乘隸變。

如陼者陼邱 釋名同。

匡名

如椉者椉丠如陼者陼丠 說文𥺝覆也從入桀桀黠也軍法曰乘郭註形似車椉也。春秋莊十年公敗宋師於乘丠。說文𨸏丠水中高者也

啓蒙

乘 𠓗 釋文乘本又作椉。案篆文𠓗隸變作乘。

黃侃評本正名

如椉者椉丘。形如車椉也或云椉謂稻田塍埒。 說文塍稻田畦也字或作塖淮南齊俗狟狢得塖防弗去而緣注塖小埒也是塍可通乘之明證故郭亦疑而不定所稱或曰亦必舊說非郭自創。

如陼者陼丘。 陼與澤中有丘都丘之都聲通義近所異者此泛指水中彼專屬澤中也。

黃侃音訓

釋邱如乘者乘邱郭注形似車乘也或云乘者謂稻田塍埒。承珙案史記宋世家戰於乘邱徐廣曰乘一作媵。此媵字當爲塍之誤乘邱一作媵邱故或說以爲塍埒。一切經音義云塍古文䲢塍二形。今作塖同。

胡氏古義

如乘者乘邱 釋邱

注曰形似車乘也或云乘者謂稻田塍埒

樾謹按此當以或說爲長。玉篇土部塍視陵切隄也埒也畔也。又曰塖水埒亦同上。然則乘邱之乘卽塖字之省耳。知非車乘者以下句云如陼者陼邱注曰水中小洲爲陼。是則如乘如堵皆取象於地猶下文如畝畝邱如陵陵邱亦皆取象於地也。若云形似車乘則當與下文如覆敦者敦邱相次不得次於此矣。

平議

如乘者乘丘郭云形如車乘也或云乘謂稻田塍埒。楷案

或說是也而未盡。乘者埰之省。淮南齊俗訓狟狢得埰防、高誘注埰、水埒也。通作塍。廣雅塍、隄也。玉篇𦩻、隄也。埒也畔也。又云埰、水埒。亦同上。𦩻即塍字。是塍埰雖同字而水埒與田埒義別。此丘如水埒。故下文類厠云如陼者陼丘。乘丘象水邊之埒。陼丘象水中之洲也。

如陼者、陼丘。楷案此與上句及下文如覆敦者敦丘、如畝畝丘、如陵陵丘同例。皆以所比之物爲名也。陼當作渚。說文水部渚下引爾雅云小洲曰渚。今爾雅誤作陼。是渚者小洲之名。丘形似之故名渚丘。若作陼、則陼爲何物乎。說文有陼字、云如渚者陼丘、水中高者也。不可解、疑後人竄入。

稗疏

如椉者椉丘 唐石經單疏本雪牕本同。釋文、如乘、本又作椉、繩證反。注車乘同。按經當作椉。注當作乘。

椉謂稻田塍埒 單疏本雪牕本同。注疏本椉下衍者字。

如椉者椉丘○釋曰 注疏本刪。

形似車椉也 繩證切 二或云椉謂稻田塍埒椉 市陵切 許叔重云塍埒稻田畦隄 注疏本繩證切移後、證誤正。椉、市陵切。說文土部云塍、稻田畦也。此衍埒字、隄當爲也。此行剜擠、故有衍文。

春秋莊十年公敗宋師于乘丘 注疏本十下衍五。毛本乘改椉。

如陼者陼丘○釋曰 注疏本刪。

校勘記

或云椉者 十行本雪牕本吳本竝無者字。

校勘記訂補

二或云椉謂稻田塍埒 監本毛本湘本二作一。

水中小洲爲陼 各本同。永懷堂本洲誤舟。

注疏校勘札記

（注）形似車椉也○「似」，《釋文》引作「如」。

五行（注）或云椉謂稻田塍埒○唐寫本「埒」下有「也」字。

（注）水中小洲爲陼○唐寫本「陼」下有「也」字。

宋監本校箋

如椉 音乘 者椉丘 如陼 音渚 者陼丘

音圖・音

陼章汝翻、音渚。說文當古翻、音覩。

音略

如椉 去聲 者椉 去聲 丘、如陼 渚 者陼丘。

孫侶直音

如椉 即乘字 者椉 乘 丘。

直音校正

如椉 乘同 者椉丘 形似車乘也。 如陼 渚 者陼丘 水中小洲爲渚。

楊氏音訓

椉 繩 陼 煮

干氏音釋

水潦所止泥丘

水潦所止、泥丘。頂上污下者。

郭注

水潦所止泥丘 釋曰水潦、雨水也。丘形頂上污下、雨水停止而成泥溋者名泥丘。

邢疏

水潦所止泥邱 已下釋邱

衆家注

廣韻十二齊引爾雅泥作坭。

黃輯古義

水潦所止泥丠

郭璞云、頂上污下者。污、今本作汙。從宋本校改。

一切注音

潦力道反。泥乃兮反。依字作尼、又作坭。污音烏、又烏花反、本或作洿。

陸音義

泥依字作尼、又作坭。○坭似泥之譌。案說文丠部云、屔反頂受水丠、從丠泥省聲。當用此爲正。泥尼義別。說文無坭字。污音烏、又烏花反。○案此當與窪同。史記滑稽傳之所謂污邪也。則烏花反爲正音。若音烏、說文訓爲薉者、是與注意不合。注疏本污作汙。

音義攷證

水潦所止泥邱

所謂泥九宫蓋取諸此。卽若沙邱水往矣。故曰迤邐沙邱。

新義

水潦所止泥丠

郭璞曰、頂上污下者。污、監本作汙、此從宋本。釋文云污本或作洿。

古注合存

水潦所止泥丠 註頂上污下者

正義 潦、雨水大貌。丠頂下停積水者名泥丠。釋名云、水潦所止曰泥丠、其上污水留不去成泥也。泥當作屔。說文云、反頂受水丠也。从丠从泥省、泥亦聲。繫傳云、反頂謂凡地及頂當高、今反下、故曰反頂。史記世家謂之圩頂、索隱云圩頂言頂上窊也。正義引括地志云、尼丠山在兗州鄒城闕里。蓋依爾雅爲名。凡丠頂之停止水潦者俱名泥丠矣。淮南又謂之寅丠、說林訓云寅丠無壑、高誘註汙小潦水名寅、寅之丠無大壑。泥寅聲相近。註頂上污下者。○正義 污、監本作汙、今從宋本改正。釋文云、本或作洿。

正義

水潦所止泥丠 頂上污下者

泥者、廣韵引作屔。說文云、屔、反頂受水丠、从泥省聲。繫傳以爲頂當高、今反下、故曰反頂。按反頂卽汙頂。

史記孔子世家說夫子圩頂、索隱曰圩頂言頂上窊是也。正義引輿地志、闕里有尼丠山、今在兗州鄒城闕里。然則夫子之字曰仲尼、蓋本此。釋名云水潦所止曰泥丠、其上汙水畱不去成泥也。此亦望文生義。

義疏

水潦所止泥屔尼北

郭注、頂上污下者。史記、生孔子首上圩頂。孔穎達說首象尼北。

集解

水潦所止泥北

泥、許慎作屔、反頂受水北。繫傳以爲頂當高、今反下、故曰反頂。史記、孔子首上圩頂。孔穎達說首象尼北。輿地志、闕里有尼北山。今在鄒縣地也。

義證

水潦所止泥邱

依字當作屔。說文解字反頂受水邱也。今在兗州府曲阜縣東南。

釋地四篇注

水潦所止泥丘

頂上污下者

釋文、污本或作洿。御覽正引作洿。明注疏本作汙。

郭注佚存補訂

水潦節註頂上汙下者 汙、釋文作污。

注疏正字

水潦所止泥邱　釋名同

釋文云泥字作尼、又作坭。盧學士曰、案說文邱部屔、反頂受水邱、从邱泥省聲。當用此爲正。泥尼義異、土部無坭字。元照案、玉篇邱部、廣韻十二齊引皆作屔、與說文合。

匡名

泥 [illegible] 釋文。泥。依字作尼。又作埿。盧氏文弨曰。埿似屔之譌。案說文丘部屔云。反頂受水丘。从丘。泥省聲。當用此爲正。泥尼義別。說文無埿字。

黃侃評本正名

水潦所止泥丘。頂上污下者。　此與孫炎說宛丘謂中央汙也名異義同。

黃侃音訓

水潦所止泥丠　郭注頂上污下者。邢疏。丠形頂上污下、潦水停止而成泥濘者名泥丠。案泥爲屔之叚字、非泥濘之謂。說文屔、反頂受水丠也。从丠从泥省、泥亦聲。繫傳云反頂、謂凡地及頂當高、今反下、故曰反頂。史記謂之圩頂。孔子世家索隱云圩頂言頂上窊是也。屔丠之頂、窊下受水、郭曰頂上污下、蓋亦謂窊下受水、弗以泥濘也。故曰水潦所止泥丠。不知泥爲屔之段、而云亦潦停止而成泥濘、失諸迂曲矣。釋名、水潦所止曰泥丠、其上汙水留不去成泥也。望文生義、失與邢疏同。屔亦叚尼爲之。史記正義引輿地志闕里有尼丠山、尼丠蓋卽屔丠。孔子世家、禱於尼段屔之丠、得孔子、生而首上圩頂、故因名曰敬避字仲尼。屔之叚取圩頂義、故字尼名口。白虎通孔子反宇是謂尼丠、蓋以類命爲象。漢碑仲尼有作仲泥者、猶合古義。此尤泥丠爲反頂受水丠之碻證。說文屔下段氏注云、屔是正字、泥是古通用字、尼是叚字。

包錫咸日記

泥丘。釋文、依字作尼、又作埿。按玉篇引爾雅作埿。

考異摘要

水潦所止泥丘、郭云頂上污下者。釋文云泥、依字作尼。楷案陸氏訂泥爲尼、是也。尼丘但取水潦所止之止義、釋詁尼、止也是也。後人因丘名遂制埿字、故說文有埿字、玉篇廣韻引此皆作埿。易姤繫于金柅、馬融注、柅者、在車之下所以止輪令不動者也。埿之从尼、與柅之从尼意同、許君乃云从泥省、泥亦聲。而釋名遂謂泥丘其上汙水留不去成泥也、皆鑿。

稗疏

水潦所止泥丘　唐石經單疏本雪牕本同。釋文泥、依字作尼、又作埿。按當爲又作埿。玉篇引爾雅泥作埿、廣韻同。經義雜記曰、說文丘部埿反頂受水丘、从丘泥省聲。郭云頂上污下者、當用說文丘部字。

頂上污下者　雪牕本元本同。釋文單疏本皆作污、閩本監本毛本作汙、疏中準此。

水潦所止泥丘〇釋曰　注疏本刪。

校勘記

潦水停止　監本毛本湘本潦作雨。

注疏校勘札記

水潦所止泥丘（注）頂上污下者〇「泥」，唐寫本作「屔」。《玉篇》丘部及《廣韻》齊韻「屔」下引並作「屔」。「屔」字見《說文》。《說文》云：「屔，反頂受水丘。」郭注云「頂上污下者」與《說文》義同。又唐寫本注文無「者」字。

宋監本校箋

水潦音老所止泥丘

音圖・音

泥邱、依字作尼。案孔子禱於尼邱而生、故字仲尼。邱氏兼明書謂仲尼之尼當作𡰥、古夷字、與尼音不同、則此尼邱字當從邱氏作𡰥。

音略

水潦所止泥丘　老

孫侶直音

水潦老所止泥丘　頂上汙下者。

楊氏音訓

潦老 干氏音釋

方丘胡丘

方丘、胡丘。形四方。 郭注

方丘胡丘 釋曰、丘形四方者名胡丘。 邢疏

方丘胡丘

郭璞云、形四方。 一切注音

方邱胡邱

無崩道壽矣。 新義

方丘胡丘 郭璞曰形四方。 古注合存

方丘胡丘 註 形四方 正義 丘形自然方者名胡丘。釋名云、圜丘方丘、就其方圜名之也。禮器云爲高必因丘陵。然則古之方丘圜丘亦因乎高土也。淮南地形訓有和丘、高誘註四方而高者曰丘。

胡和聲之轉。 正義

方丘胡丘形四方

釋名云、圜丘方丘、就其方圜名之也。漢志山陽郡有瑕丘。表記鄭注、瑕之言胡也。是瑕丘卽胡丘。胡瑕古音相近、邵氏正義以淮南墬形篇和丘當之。和胡聲轉也。 義疏

方北胡瑕北 郭注形四方。漢瑕北屬山陽。 集解

方北胡北 胡、牛頷垂也。與壺通用。經典或以瑕和爲之。漢志瑕丘屬山陽。淮南墬形有和北。 義證

方丘胡丘

〔註〕形四方〔補正〕邢疏、丘形四方者名胡丘。 郭注補正

方邱胡邱

引之謹案、水經汝水注曰、汝水又東南逕壺邱城北故陳地。春秋左傳文公九年楚侵陳克壺邱是也。壺邱蓋卽胡邱、此亦地以邱名、若桀邱咸邱之類。 述聞

水潦所止泥丘方丘胡丘 說文、潦、雨水也。釋名、其上污水留不去成泥也。泥、說文作屔、从丘从泥省泥亦聲、反頂受水丘。胡爲丘形方者之名。淮南子有和丘、胡和聲之轉。 啓蒙

方邱胡邱

注曰形四方

樾謹按、邵氏正義說以淮南墬形篇之和邱、郝氏義疏說以漢志山陽郡之瑕邱、皆足備一說、然未若王氏引之以壺邱說之爲尤塙也。文九年左傳楚侵陳克壺邱、壺邱蓋卽以邱名邑。昭二十五年公羊傳注曰壺、禮器。腹方口圓曰壺、反之曰方壺。是壺之制固有方者、故方邱謂之壺邱矣。列子湯問篇有圓嶠方壺之名、雖屬寓言、而所謂方壺者或卽從方邱之爲壺邱取義歟。經作胡邱者、胡壺聲同、呂氏春秋有壺邱子林、而漢書古今人表又作狐邱。狐胡亦聲同。 平議

方邱胡邱

邵氏正義曰、邱形自然方者名胡邱。字吉按、方非方圓之方、方胡皆大也、蓋一邱而別二名也。韋昭晉語注、方、大也。方與旁通、廣雅、旁、廣也。又云、旁、大也。逸周書謚法解云、胡、大也。廣雅亦云、胡、大也。邱之大者

謂之胡、猶陂之大者謂之湖也。說文湖、大陂也。通作瑕邱。郝氏義疏云、漢志稱山陽郡有瑕邱、表記鄭注瑕之言胡也、是瑕邱與胡邱一也。又通作壺邱。王氏述聞云、春秋左傳文公九年楚侵陳克壺邱、壺邱蓋即胡邱、此亦地以邱名、若乘邱咸邱之類。瑕壺胡並聲近而義同、瑕與嘏假同音、釋詁嘏假並云大也、是瑕邱亦大邱也。大棗爲壺棗、大蜂爲壺蜂、是壺邱亦大邱也。 爾雅詁

校勘記

方丘胡丘○釋曰 注疏本刪。

宋監本校箋

六行（注）形四方○唐寫本「方」下有「也」字。

方丘胡丘。形四方者名胡邱。

楊氏音訓

絕高爲之京 非人爲之丘

絕高爲之京。人力所作。非人爲之丘。地自然生。

郭注

絕高爲之京 釋曰、言阜絕高大如丘而人力爲作之者名京。案春秋宣十二年左氏傳、楚敗晉師於邲、潘黨曰、君盍築武軍而收晉尸以爲京觀。楚子曰云云、今罪無所而民皆盡忠以死君命、又可以爲京乎、是其類也。非人爲之丘 釋曰、李巡云謂非人力所爲自然生者。孫炎曰、地性自然也。故郭云地自然生。

邢疏

絕高爲之京

邱之高大者爲京也。詩正義十六之四又十七之三 春秋正義三十六

非人爲之邱

謂非人力所爲、自然生爲邱也。詩正義十五之二

邢疏末句作自然生者

李注

絕高爲之京

爲之人力所作也。詩正義十七之三 春秋正義三十六

非人爲之邱

地性自然也。書正義六 邢疏

孫音注

絕高爲之京非人爲之邱

風俗通義云、爾雅邱之絕高大者爲京、謂非人力所能成、乃天地性自然者也。邵氏正義云、案應劭所釋、乖於雅訓。

衆家注

黃輯古義

絕高謂之京

丘之高大者爲京也。詩大雅皇矣正義又公劉正義 春秋襄二十五年正義

非人爲之丘

謂非人力所爲自然生爲丘也。邢疏 詩小雅緜蠻正義

李注

絕高爲之京

爲之人力所作也。春秋襄二十五年正義 詩大雅公劉正義引孫炎郭璞云人力所作

非人爲之丘

地性自然也。邢疏 書禹貢正義

孫音注

玉函山房輯佚

絕高謂之京

丘之高大者曰京。同詩疏十五之三 爲之人力所作也。孫注 朱本春秋疏二十三

非人爲之丘

謂非人力所爲、自然生爲丘。李注 詩疏十五之三 地性自然也。孫注 詩疏六

鈎沉

絕高爲之京

李曰、邱之高大者爲京也。詩正義十六之四 又十七之三 春秋正義三十六

孫曰、爲之人力所作也。詩正義十七之三 春秋正義三十六

非人爲之邱

李曰、謂非人力所爲、自然生爲邱也。詩正義十五之三 邢疏

孫曰、地性自然也。書正義六 邢疏

漢注

絕高爲之京

李巡云丘高大者爲京。詩正義十六之四卷 孫炎云爲之人力所作也。左傳正義二十三卷 郭璞云人力所作。

非人爲之丘

李巡云謂非人力所爲、自然生者爲丘也。詩正義十五之三卷 孫炎云地性自然也。書正義六卷 郭璞云地自然生。

一切注音

絕高爲之京 孫郭並云人力所作。詩楚邱正義 李巡曰、邱之高大者曰京。詩皇矣正義

非人爲之邱 李巡曰、謂非人力所爲、自然生爲邱也。詩緜蠻正義 孫炎云、地性自然也。同上

古注斠

所作 子各反。

陸音義

絕高爲之京

所謂京周、周以積累爲之而大也。

非人爲之邱

加人功焉則高大矣。記曰爲高必因邱陵、所謂封泰山以告成功故也。堯稱巍巍如此、卽主自然因圓邱焉。

新義

絕高爲之京 爲當作謂、因音訛文。非人爲之丘 當曰非人爲之謂之丘、失謂之二文。

鄭樵注

絕高爲之京

李巡曰、丘高大者爲京。

孫炎曰、人力所作。

郭璞曰、人力所作。

鄭樵曰、爲當作謂、因音訛文。

非人爲之丘

李巡曰、謂非人力所爲、自然生爲丘也。

孫炎曰、地性自然也。

郭璞曰、地自然生。

鄭樵曰、當曰非人爲之謂之丘、失謂之二文。

古注合存

絕高爲之京、非人爲之丘、此釋丘之所以名也。註曰、京者、人力所作。丘者、地自然生。

注疏參義

鄭云、當曰非人爲之謂之邱、失謂之二文。

補注

絕高爲之京 註 人力所作 非人爲之丘 註 地自然生

正義

此釋京與丘之異也。說文云、京、人力所爲絕高者也。大雅皇矣云依其在京、毛傳、京、大阜也。疏引李巡云、丘之高大者曰京。公劉云乃覯于京、鄭箋用爾雅。左氏宣十二年傳云、以爲京觀。襄二十五年傳云、辨京陵。呂氏春秋禁塞篇爲京丘、若山陵、高誘註、合土築之以爲京觀、故謂之京丘。淮南覽冥訓云、築重京、皆人力所爲者也。丘爲地性自然而高、所由與京異也。風俗通義云、爾雅丘之絕高大者爲京、謂非人力所能成、乃天地性自然者也。春秋左氏傳莫之與京、國語趙文子與叔向游于九京。今京兆京師其義取於此。案應劭所釋乖於雅訓、古者京與丘各有其義、後世或連舉其文、若呂氏春秋之稱京丘是也。應劭涵京與丘爲一、則沿於後世之稱而昧於古義矣。元和郡縣志云、京者人力所爲絕高丘也。亦云非人力所爲者。人力所爲者若公孫瓚所築易京是也。非人力所爲者、若滎陽京索是也。此皆後世相沿之稱與雅訓異。【註】人力所作。○【正義】左傳疏引孫炎云、爲之人力所作也。郭註本孫炎。○地自然生。○【正義】詩疏引李巡云、謂非人力所爲、自然生爲丘。孫炎云、地性自然也。郭註兼取李孫之義。

【正義】

郭註地自然生　白帖引此註云、大阜曰邱、非人力爲之自然也。

【校議】

絕高爲之京人力所作**非人爲之丠**地自然也

此以京丘對言、故說文云、京、人所爲絕高丘也。又云丘之高也、非人所爲也。左氏襄廿五年傳、辨京陵、呂覽禁塞篇云爲京丘、若山陵、高誘注、合土築之以爲京觀、故謂之京丘。淮南覽冥篇云、築重京、是皆人力所爲、故曰絕高爲之。詩正義引孫郭竝云、人力所作是也。丘則地性自然而高、不𠍒人爲、此篇釋丘所載諸丘是也。然京丘古亦通名、故詩序云、文公徙居楚丘、而詩乃言景山與京。毛傳、京、高丘也。皇矣傳京、大阜也。是京與丘通名、故呂覽以京丘爲言。詩正義引李巡亦曰丘高大者爲京也、是皆京丘通稱之證。

【義疏】

絕高爲謂**之京非人爲**謂**之丠**李注、丠、高大者爲京也。郭注、京、人力所作。丠、地自然也。詩、依其在京、止于丠阿。

【集解】

絕高爲之京　京从高省、丨象高形。此京與非人爲對文、則京爲人爲而絕高者耳。左襄二十五傳辨京陵、淮南覽冥築重京、呂覽禁塞爲京邱若山陵、注合土築之以爲京觀、均言人所爲也。詩皇矣依其在京、傳大阜也。定之方中景山與京、傳高邱也。廣雅四起曰京、則體自然而通偁京者矣。

非人爲之丠　此謂體自然者耳。丠从北从一、一、地也。中邦之居在崐崘東南、則崑崘邱在人居之北、字故从北。易坎卦、地險山川丘陵也。詩、止于丘阿。或曰、丠从人相背在一上、可居人者。

【義證】

絕高爲之京

九原亦曰九京也。北山經有京山、在孟門山東南五百二十里。

非人爲之邱

許慎曰、從北從一、一、地也。人居在邱南、故從北。中邦之居、在昆侖東南。

【釋地四篇注】

絕高爲之京

【註】人力所作【補正】臣鋆按、鄭樵云爲當作謂、因音訛文。廣雅云、四起曰京。

非人爲之丘

【註】地自然生【補正】臣鋆按、上文人力所作謂之京、此則自然而生謂之丘、鄭樵云當曰非人爲之謂之丘、

失謂之二文。

郭注補正

絕高爲之京非人爲之丘

京者、說文云人力所爲絕高丘也。大雅公劉迺覯于京、鄭箋云絕高爲之京。正義云孫炎郭璞皆云人力所作。此詩說公劉依京築宮王肅云可以禦亂、則是大丘非人爲也。李巡曰丘之高大者曰京、是京有二等若戰勝取尸築爲京觀者、則人爲之。此言京者則是丘之高大非人爲也。于京斯依箋云公劉之居於此京、依而築宮室。皇矣依其在京、毛傳云京大阜也。鄘風定之方中景山與京、小雅甫田如坻如京、傳竝云京、高丘也。 丘者、李巡云謂非人力所爲自然生爲丘。孫炎云地性自然也。

說詩

絕高節疏又何以為京觀乎 脫觀字。何監本誤可。

注疏正字

絕高爲之京非人爲之丘

絕古文作𢇍說文日象不連體絕二絲。不連體故訓爲斷也。蓋人力所爲之丘、不因丘陵突然而起無所繹屬、所丘命之爲絕。釋獸麋其跡躔絕有力狄、謂其齒有力、齧物若刀之斷物然。凡言跡者、指獸之足而言。凡言絕者、指獸之齒而言也。通作截。詩商頌海外有截、傳曰整齊也。書秦誓截截善諞言、釋文引馬融注、辭語截削省要也。海外有截者、如刀斷物整齊不連屬也。截截諞言、如刀削物、削其繁而扼其要、娓娓動聽不知其言之奸也。此皆斷之之義、至於斷然截然斷斷然截截然則又爲辭語矣。二爲字讀如字、爲之絕句。

小箋

絕高爲之京 南齊書州郡志引無之字。

非人爲之邱 一切經音義廿二引非人所爲爲邱。廣韻十八尤引之下有曰字。

匡名

絕高爲之京非人爲之丠 說文京人所爲絕高丠也。

傳京大阜也。左宣十二年傳、以爲京觀。人力所爲故謂之京。 非人力者、地性自然而生、與京異也。

啓蒙

絕高爲之京。非人爲之丘。 二為字皆讀如謂。

黃侃音訓

如桒者桒丠 如陼者陼丠 水潦所止泥丠 絕高爲之京

釋文作如乘、云本又作桒。釋丠釋文 說文作如渚者陼丠。云水中高者。皁部陼

釋文泥依字作尼又作埿。釋丘釋文 說文作㴰反頂受水丠、从北泥省聲。𧆍北部

後漢書注作絕高謂之京。獻帝紀注

如陼、說文作如渚。按文選注引聲類云、陼或作渚。泥丠、釋文云又作埿。按埿應從說文作㴰。說文無埿字、省作尼。史記世家、孔子生而首上圩頂、故因名曰丠字仲尼。索隱曰、圩頂、頂上窳也。故孔子頂如反宇。反宇者、若屋宇之反中低而四傍高也。索隱與爾雅訓說文皆合。泥、同聲假借字。埿、俗字也。

證異

絕高爲之京○釋曰 注疏本刪。
而人力爲作之者 正德本亦作爲作、閩本監本毛本改所作、又並脫之。
又可以爲京乎 正德本閩本同、監本毛本可改何、浦鏜依今左傳改作又何以爲京觀乎。考唐石經左傳本作可以爲京乎、觀字係旁增小字、與此合。
非人爲之丘○釋曰 注疏本刪。

校勘記

七行(注)人力所作○唐寫本「作」下有「也」字。
(注)地自然生○唐寫本「生」下有「也」字。

宋監本校箋

絕高爲之京 人力所作。 非人爲之丘 地自然生。

楊氏音訓

水潦所還埒丘

水潦所還埒丘 謂丘邊有界埒、水繞環之。

郭注

水潦所還埒丘 釋曰、還環繞也、埒小隄也、壝土爲之。言此丘邊有其界埒外則爲水潦環繞者名埒丘。

邢疏

水潦所還曰埒邱

還音環。御覽五十三

衆家注

黃輯古義

水潦所還埒丘 還音旋。釋文

施音

玉函山房輯佚

水潦所還埒丘

郭璞云、謂丘邊有界埒、水繞環之。

一切注音

所還 戶關反、又音患、下同。施音旋。 繞 音遶。

陸音義

水潦所還埒邱

所謂神瀵注於山下、經營一國如此。

新義

水潦所還埒丘 埒、畔也。謂丘邊有界埒、水繞環之。

鄭樵注

水潦所還埒丘
郭璞曰、謂丘邊有界埒、水繞環之。
鄭樵曰、埒、畔也。謂丘邊有界埒、水繞環之。

古注合存

水潦所還埒丘 註 謂丘邊有界埒水繞環之 正義 埒者、說文云、埒、卑垣也。玉篇云、淮南道有形埒。亦封道曰埒。廣韻云、隄、隅也。案淮南本經訓云、聚埒畝、是則耕壠之界亦名爲埒、此丘爲水潦所環繞有界以限之、故名埒丘。註 謂丘至環之。 正義 郭註方言云、有界埒、似耕壠。是言界埒之狀也。

正義

水潦所還埒丘 謂丘邊有界埒、水繞環之。 埒者、玉篇云、淮南道有形埒。說文云、埒、庳垣也。邢疏、埒、小隄也、壝土爲之。然則埒有人爲者、亦有自然者。淮南本經篇云、聚埒畝、方言注有界埒似耕壠、是耕壠界限亦謂之埒。水潦所還者、還猶環也。言此丘中有界埒、外則水潦所環、形似稻田塍埒、因名埒丘矣。

義疏

水潦所還埒北 郭注、謂北邊有界埒、水繞環之。埒从土寽、五指持也。說文以埒爲庳垣、言水環似埒、埒似溝也。

集解

水潦所還埒北 埒、卑垣也、从土寽。寽、五指持也。謂水環似埒、而埒則似溝耳。列子湯問、分爲四埒。

義證

水潦所還埒邱

許愼曰埒、庳垣也。故水潦還之。 **釋地四篇注**

水潦所還埒丘 還音旋。埒音劣。

註謂丘邊有界埒水繞環之 **郭注補正**

水潦所還埒丘

還音環 謂丘邊有界埒水繞環之

御覽引作還音環，謂丘邊有界埒，水繞還之。今本脫音，據補。慧琳阿毗達磨大毗婆沙論六十六卷音義引郭注爾雅有界埒似耕壠，因以爲名也。與今本不同。案方言十三卷或謂之壠，注云有界埒似耕壠，以名之。則慧琳所引當是方言注而誤以爲爾雅也。 **郭注佚存補訂**

水繞環之 雪牕本、閩本、監本、毛本同。正德本繞作遶。按疏云還環繞也，又云外則爲水潦環繞者名埒丘，葢邢本作水環繞之。

水潦所還埒丘○釋曰 注疏本删。

還環繞也 注疏本繞作遶。

外則爲水潦環繞者 注疏本環繞倒。 **校勘記**

水潦所還 十行本所環。 **校勘記訂補**

水潦所還埒丘○唐寫本「埒」下脱「丘」字。下「章丘」、「都丘」亦脱「丘」字。

八行(注)水繞環之○「環」，唐寫本作「還」。 **宋監本校箋**

水潦所還埒丘 旋環 劣 **孫侣直音**

水潦所還旋埒劣丘 謂邱邊有界埒水繞環之。 **楊氏音訓**

埒劣 **干氏音釋**

上正章丘

上正章丘。 頂平。 **郭注**

上正章丘 釋曰、丘頂上平正者名章丘。章亦平也。 **邢疏**

上正章丘 郭璞云、頂平。 **一切注音**

上正章邱 偏生暗、故上正、章也。書曰平章百姓。 **新義**

上正章丘 頂平。 **鄭樵注**

上正章丘 郭璞曰頂平。鄭樵曰頂平。 **古注合存**

上正章丘 註 頂平 正義 丘頂之平正者名章丘。後世有章丘山、葢依此名。隋書地理志、齊郡有章丘縣。元和郡縣志、章丘縣本漢陽丘縣、隋改爲章丘、取縣南章丘山爲名也。 **正義**

上正章𠀉平頂

章之言正也、謂𠀉形平正。唐書地理志、齊州濟南郡章𠀉。元和郡縣志、章𠀉縣本漢陽𠀉、隋改章𠀉、取縣南章𠀉山爲名。

義疏

上正章丠 郭注頂平。隨縣、屬濟南。下云、上正章。攷工記山以章

集解

上正章丠 章、樂竟爲一章、从音从十會意。與橦通用。橦帳柱也。引申爲方木之偁、所謂木材方三尺五寸爲一橦是也。丠而上正因以爲名。史記貨殖傳山居千章之材、服虔注方也。今縣有商郎、宋之故都、殆即此經之章丠與。

義證

上正章𠀉

註頂平補正 邢疏、𠀉頂上平正者名章𠀉、章亦平也。

郭注補正

上正章丘○釋曰 注疏本删。

校勘記

上正章丘(注)頂平○「章丘」原本《玉篇》阜部「障」下引作「障」。又注唐寫本作「頂平也」。原本《玉篇》引作「平頂者也」。

宋監本校箋

上正章丘 頂平。

楊氏音訓

澤中有丘都丘

澤中有丘都丘 在池澤中。

郭注

澤中有丘都丘 釋曰、都、水所聚也。言在池澤中者、因名都丘。

邢疏

澤中有𠀉都𠀉

郭璞云、在池澤中。

一切注音

澤中有邱都邱

可以建都焉。記曰、因吉土以饗帝于郊。

新義

澤中有𠀉都𠀉 郭璞曰、在池澤中。

古注合存

水潦所還埒丘。上正章丘。澤中有丘都丘。還旋同埒音劣。○此亦丘謂丘邊有界埒而水環之也。上正頂平也。都丘在池澤中。雜釋丘之名也。註曰埒在池澤中。疏曰還繞也。章亦平也。都者水所聚也

注疏參義

澤中有𠀉都𠀉 註在池澤中

正義 𠀉在澤中者名都𠀉。風俗通義云、水澤所聚謂之都、亦曰潴。鄭康成禮記註云、南方謂都爲潴。釋名云、澤中有𠀉曰都𠀉、言蟲鳥所都聚也。

正義

澤中有𠀉都𠀉 在池澤中

都之言潴也。禹貢被孟諸、史記作被明都。風俗通云水澤所聚謂之都、亦曰潴、省作豬。檀弓注豬、都也。南方謂都爲豬。釋名云、澤中有𠀉曰都𠀉、言蟲鳥往所都聚也。韓詩外傳云、禽獸厭𡺾山而下於都澤。

義疏

澤中有丠都丠 郭注、在地澤中。即上陼丠。

集解

澤中有丠都丠 即上所謂陼丘。

義證

澤中有邱都邱

義與陼邱同、恐是附益之言矣。

釋地四篇注

澤中有丠都丠

註 在池澤中 補正 邢疏、都水所聚也。

郭注補正

澤中有丘都丘

在池澤中

御覽引作在水澤內。

郭注佚存補訂

澤中有邱都邱 釋名同。

匡名

澤中有丘都丘○釋曰注疏本刪。

校勘記

(注)在池澤中○唐寫本「中」下有「也」字。

宋監本校箋

澤中有丘都丘 在池澤中。

楊氏音訓

當途梧丘

當途梧丘 途、道。

郭注

當途梧丘 釋曰、途道也。梧遇也。當道有丘名梧丘。言若相遇於道路然也。

邢疏

堂途梧邱

堂、石經作當。御覽五十三引作當。

衆家注

黃輯古義

當途梧丠 當、今本誤作堂。茲從唐石經及邢疏改正。

郭璞云、途道。

一切注音

涂 字又作途、音圖。梧 五故反、又音吾。

陸音義

涂 ○宋本作當涂、邢本作堂途。

音義攷證

當途梧邱

梧迕其前、即桐無所於迕。莊子曰、無所於迕、虛之至也。

新義

堂途梧丠 堂、郭本依石經作當。郭璞曰、途道。

古注合存

當途梧丠 **註** 途道 **正義** 當道有丠名梧丠、釋名云當途曰梧丠。梧忤也、與人相當忤也。後世有梧丠、蓋依此名。說苑辨物篇、齊景公畋於梧丠。戰國策云、下壘梧丠、亦名五丈夫之丠。當途、監本作堂途、今從石經改正。

正義

堂途梧邱 玉案、途、釋文作涂。考工記匠人堂涂、註云、分其督旁之脩以一分為峻。疏云、蓋甃甎中央稍高起也。據此、堂涂為中央高兩邊下。邱形似之、故取以為名。玉曰、梧者特取魁梧傑大之義。爾戰國策云下壘梧邱、亦名五丈夫之邱。邱有丈夫之名、其形魁梧可知矣。

校議

當途梧丠 途道

梧者讀如寤、段借字也。釋詁云、遌逢也。說文云、啎逆也。竝與此合。故釋名云、當途曰梧丠。梧忤也、與人相當忤也。晏子春秋雜下篇云、景公畋於梧丠、蓋本此以為名。

義疏

當途 經文

釋文、涂字又作途。按涂途古今字。

經注集證

當途梧丘 郭注：途，道。

晏子書齊地。

集解

北而當途，則與人爭而觸矣。晏子春秋雜下篇景公畋於梧北，則為齊地。

義證

當途梧丘 梧，梧桐木，从木吾聲。一名櫬。與牾通用。牾，逆也。

當涂梧邱

說苑齊景公田于梧邱，亦曰五丈夫之邱也。在今青州府益都縣。

釋地四篇注

當途梧丘 當，註疏本誤作堂。涂本或作途。

註 途道 補正 邢疏：途，道也。梧，遇也。當道有丘名梧丘，言若相遇於道路然也。臣鑒按，釋名云：梧，忤也。與人相當忤也。

郭注補正

當涂梧邱，梧之言牾也，故當涂者取名。俗本或作堂涂，非。按宋本作當。

錢氏古義

當涂梧丘

涂道

各本皆作途。釋文云，涂字又作途。不言經注異同。

御覽引經注皆作塗。

郭注佚存補訂

堂途梧丘 途，釋文作涂。梧，五故切。

注疏正字

當途梧丘

梧，當作牾，從午吾聲。午者，橫直交互之謂。儀禮度而午，注云一縱一橫曰午。牾丘者，當縱橫之途作丘以眺遠。戰國策之梧丘，牾字之譌。釋名，當途曰梧丘，梧，忤也，與人相當忤。梧亦牾字之譌。或曰牾梧枯同音通叚字。

小箋

當涂梧邱 正義云，監本當作堂，誤。釋文云涂字又作途。石經單疏本皆作塗。案塗俗字。見釋宮。 釋名同。

匡名

水潦所還埒丘上正章丘澤中有丘都丘當途梧丘

玉篇，淮南道有形埒，亦封道曰埒。郭註謂丘邊有界埒，水繞環之。 丘頂之平正者名章丘。山東有章丘縣。 風俗通義，水澤所聚謂之都，亦曰潴。 謂蟲鳥所都聚也。 說苑，齊景公畋於梧丘。

啓蒙

當途梧丘。 梧與牾午通，儀禮注一縱一橫曰午。

黃侃音訓

水潦所還埒丘　澤有丘都丘　堂途梧丘

郭注還作環。釋丘注 施乾本音旋。釋丘釋文 風俗通，水澤所聚謂之都。山澤篇 尚書作瀦。禹貢篇 釋文途作涂，云字又作途。釋丘釋文 唐石經作當途梧丘。石經爾雅 釋名作當途曰梧丘。梧，忤也，與人相當忤也。釋丘

證異

當途梧丘

梧，當讀為牾。說文牾，逆也。當途之丘，故名牾丘，若牾逆然。梧牾同聲通段，猶釋天強圉史記作強梧，亦通

作悟。郭訓梧爲遇、固非。郝說亦略。**王仁俊日記**

當途梧丘 監本作堂、途案 武英殿本考證云、邢昺疏當道有丘、然則堂係傳寫之譌也。今从唐石經鄭樵注本至善堂九經本。**石經考文提要**

當途梧丘 唐石經單疏本雪牕本同。石經考文提要引至善堂九經本亦作當。注疏本當誤堂。釋文涂字又作途。

當途梧丘 注疏本刪。**校勘記**

當途梧丘。今本當誤作堂。疏、當道有丘名梧丘。石經正作當。**注疏本正誤**

當道有名梧丘 監本毛本湘本名上有丘字。**宋監本校箋**

十九下（一九六）一行（注）途道○唐寫本「道」下有「也」字。**注疏校勘札記**

堂鄭本作當

堂途梧丘 **孫偘直音**

堂途梧丘 當道有邱名梧邱梧晤也。**楊氏音訓**

途出其右而還之畫丘途出 其前戴丘
途出其後昌丘

途出其右而還之畫丘。言爲道所規畫。途出其前戴丘。道出丘南。途出其後昌丘。道出丘北。**郭注**

途出其右而還之畫丘 釋曰、右謂西也。還、繞也。畫、規畫也。言道出丘西而復環繞之者名畫丘。若爲道所規畫然也。途出其前戴丘 釋曰謂道過丘南若爲道負戴、故名戴丘。途出其後昌丘 釋曰謂道過丘北者名昌丘。**邢疏**

途出其右而還之畫邱 畫音獲。釋文 **郭音義**

途出其右而還之畫邱 畫胡卦反。釋文 **謝音** **黃輯古義**

畫丘 畫音獲 **郭音義**

途出其右而還之、畫丘。畫、胡卦反。**施音** **玉函山房輯佚**

途出其右而還之畫丠 郭璞云、言爲道所規畫。
途出其前戴丠 郭璞云、道出丠南。
途出其後昌丠 郭璞云、道出丠北。**一切注音**

畫 郭音獲。謝胡卦反。**陸音義**

途出其右而還之畫邱 自右還、順也。今磨旋蛛蝥布綱草木延蔓皆如此故文艸右爲若。

途出其前戴邱

戴邱、吾所首也。據中邦之居、在崑崙東南。【新義】

途出其右而還之畫丘　途出其前戴丘　途出其後昌丘　前謂南、後謂北。【鄭樵注】

途出其右而還之畫丘　畫、郭音獲。
郭璞曰、言爲道所規畫。
途出其前戴丘
郭璞曰、道出丘南。
鄭樵曰、前謂南。
途出其後昌丘
郭璞曰、道出丘北。
鄭樵曰、後謂北。【古注合存】

當途梧丘、途出其右而還之畫丘、途出其前戴丘、途出其後昌丘　還旋同。○此釋途畔諸丘之名也。註曰、前謂丘南、後謂丘北。疏曰、途道也。梧遇也。言若相遇於道路也。畫規畫也。言道出丘西而復繞其東、若爲道所規畫然也。戴負戴也。愚按昌猶大也、明也。言道在後而其前昌大而明也。【注疏參義】

途出其右而還之畫丘【註】言爲道所規畫。途出其前戴丘【註】道出丘南。途出其後昌丘【註】道出丘北。【正義】丘、有不在當途而途從右旋者、名畫丘。途從其前出者、名戴丘。從其後出者、名昌丘。釋名云、道出其右曰畫丘、人尚右、凡有指畫皆用右也。道出其前曰載丘、在前故載也。道出其後曰昌丘。案釋名省而還之三字。人有所規畫多從右而旋、然則此三字不當省也。戴丘釋名作載丘。古者戴載二字通用、左氏隱十年伐戴、公羊作載。周頌載弁俅俅、郭氏釋言註引作戴弁俅俅是也。昌丘亦名梁丘、昌梁雙聲字。左氏莊三年傳遇於梁丘、杜註梁丘在昌邑南。蓋邑因丘以爲名矣。【註】道出丘南、道出丘北。【正義】召南毛傳、山南曰陽。孔疏、陰是山北。左謂東、右謂西也。丘與山同。【正義】

途出其右而還之畫丘　言爲道所規畫　途出其前戴丘　道出丘南　途出其後昌丘　道出丘北
釋名云、道出其右曰畫丘、人尚右、凡有指畫皆用右也。道出其前曰載丘、在前故載也。道出其後曰昌丘。此句無釋、蓋有缺脫。載戴古字通用、而還之三字不見、蓋文省耳。戴即戴日戴斗極之戴、戴值也、謂途與丘相值。昌當也。見釋詁。謂途與丘相當。是昌戴其義同也。【義疏】

途出其右而還之畫丠　畫界也。从田乚、象田四界。聿所以畫之。人尚右、凡有指畫皆用右也。又取環繞而似畫界之意。詩信南山疆埸翼翼、傳畔也。以場爲之。
途出其前戴丠　分物得增益曰戴。从異𢦏聲。引申爲值。謂途與丠相值。禮記喪大記皆戴綏、注戴之言值。
途出其後昌丠　上經昌當也。謂丠與途相當。詩子之昌兮、謂往昌丠。左莊二傳遇於梁丠、杜注梁丠在昌邑。以梁爲之。【義證】

涂出其右而還之畫邱
畫中在臨淄城東十八里。孟子去齊所宿之地。又有畫邑人王濁。
涂出其前戴邱
劉熙戴爲載、故戴國、今歸德府考城縣是。
涂出其後昌邱
春秋傳有昌衍、卽昌平也。在今曲阜縣東南八十里。李奇曰、山阪曰衍。【釋地四篇注】

途出其右而還之畫丠畫音獲。

註言爲道所規畫。補正邢疏還、繞也。臣鋆按、釋名云、人尙右、凡有指畫皆尙右也。

途出其前戴丠戴、釋名作載。

註道出丠南。補正邢疏謂道過丠南、若爲道負戴、故爲戴丠。

郭注補正

涂出其前、戴邱。釋名作載邱。按、左傳伐戴、二氏作載、是古戴載通。

錢氏古義

涂出其右而還之畫𠀉

言爲道所規畫也

慧琳集異門足論三卷音義引郭注爾雅云、畫、規畫也。今據補也字。

郭注佚存補訂

途出其右而還之釋文云、還、户關切、又音患。

注疏正字

當途梧邱咸途出其前戴邱途出其後昌邱

家大人曰、梧邱、戴邱、昌邱皆取相當值之義。梧圉禦三字古通用、故強禦或作強圉、見楚辭離騷及漢書王莽傳敘傳。或作強梧、釋天太歲在丁曰強圉、史記曆書作強梧。梧之言禦也。秦風黃鳥傳及齊語注並云禦、當也。故邱之當途者謂之梧邱。釋名曰、當途曰梧邱、梧、忤也、與人相當忤也。邵有義亦同矣。戴之言值也、值亦當也。釋地曰、岠齊州以南戴日爲丹穴、北戴斗極爲空桐、郭彼注曰戴值。喪大記君纁戴六、鄭注曰戴之言值也、所以連繫棺束與柳材使相值。是戴爲當也。故邱之前當途者謂之戴邱。釋詁曰昌、當也。故邱之後當途者謂之昌邱。當途梧邱之途、縱言之也。途出其前後之途、橫言之也。而梧邱戴邱昌邱皆以其與途相當值名之。

述聞

涂出其右而還之畫邱 釋名無而還之三字。

涂出其前戴邱 釋名作載邱。

涂出其後昌邱 釋名同。

匡名

途出其右而還之畫丠途出其前戴丠途出其後昌丠

此以途在丠之右前後名之也。戴、釋名作載。古戴載通用。左隱十年伐戴、公羊穀梁作伐載。昌丠亦名梁丠、昌梁雙聲字。左莊二年傳、遇於梁丠。

啓蒙

途出其右而還之畫𠀉 途出其前戴𠀉 途出其後昌𠀉

釋名作道出其右曰畫𠀉。人尙右、凡有指畫皆用右。釋𠀉五 道出其前曰載丠。在前故載也。釋𠀉第五 道出其後曰昌𠀉。釋𠀉第五

戴丠、釋名作載丘。按載戴古通用。荀子解蔽篇遂載子、楊倞注、載讀爲戴。

證異

途出其前、戴邱。案戴邱、釋名作載邱、古載戴字通。小雅傲載南畝、箋云載讀爲菑栗之菑。漢書地理志、梁國甾、故載國、又楚國有甾邱。

胡氏古義

途出其右而還之畫𠀉〇釋曰注疏本刪。

而復環繞之者注疏本環誤還。

途出其前戴𠀉〇釋曰注疏本刪。

爾雅詁林 十 釋丘

故名戴丘注疏本名誤爲。

途出其後昌丘〇釋曰注疏本刪。

校勘記

昌丘十行本曷丘。

校勘記訂補

途出其右而還之畫丘。上水潦所還、釋文還、戶關反、又音患、下同、謝音旋。今本於畫丘句音旋、是獨用謝音矣。

注疏本正誤

二行(注)道出丘南〇唐寫本「南」下有「也」字。下注文「道出丘北」末亦有「也」字。

宋監本校箋

途出其右而還環旋之畫丘。

孫偘直音

途出其右而還環旋之畫丘。

直音校正

途出其右而還旋之畫丘言爲道所規畫。途出其前戴丘道出邱南。途出其後昌丘道出其北。

楊氏音訓

水出其前渻丘水出其後沮丘水出其右正丘水出其左營丘

水出其前渻丘。水出其後沮丘。水出其右正丘。

水出其左營丘。今齊之營丘、淄水過其南及東。

郭注

水出至營丘　釋曰此釋丘之前後左右有水過之者名也。左右猶東西也。注今齊至及東　釋曰地理志云齊郡臨淄城中有丘即營丘也。志又云泰山萊蕪縣淄水所出東至博昌入泲。然則淄水出萊蕪經臨淄過營丘南折而北至博昌入泲也。言此以證水出其左名營丘也。

邢疏

水出其後沮邱

沮辭與慈呂二反。釋文

水出其左營邱

今齊之營邱、淄水過其南及東是也。詩正義五之二　郭同

孫音注

水出其後沮邱

沮辭與慈呂二反。釋文

郭音義

水出其後沮邱

沮子預反。釋文

謝音

水出其後沮邱以下釋邱

沮子余反。釋文

施音

水出其左營邱

禮記檀弓疏引釋邱云、水出其前而左曰營邱。史記集解及水經淄水注並引爾雅云水出其前左曰營邱。元和郡縣志引爾

雅亦有前字。

衆家注

黃輯古義

水出其後沮丘。沮，餘與慈呂二反。釋文引孫郭

水出其左營丘

今齊之營丘，淄水過其南及東是也。詩齊譜正義

孫音注

水出其後沮丘。沮，子預反。釋文

謝音

水出其後沮丘。沮，子余反。釋文

施音

玉函山房輯佚

水出其左營丘

今齊有營丘，淄水過其南及東。孫注 詩疏五之一

鈎沉

水出其後沮邱

孫曰沮，餘與慈呂二反。釋文

水出其左營邱

孫曰今齊之營邱，淄水過其南及東是也。詩正義五之一 郭同

漢注

水出其前湆丘水出其後沮丘水出其右正丘水出其前左營丘 禮記正義六卷檀弓篇引釋丘云，水出其前而左曰營丘。史記四卷周本紀集解引爾雅云水出其前左曰營丘。今本誤脫前字。詩正義五之一卷引同。今本非也。茲據增前字。

孫炎云，今齊之營丘，淄水過其南及東。詩正義五之一卷

郭璞云，今齊之營丘，淄水過其南及東。及史記集解四引作乃。

一切注音

水出其左營邱 孫炎曰，今齊之營邱，淄水過其南及

東。詩齊譜正義

蕙心案，水經淄水注引爾雅曰水出其前左爲營邱。元和郡縣志引爾雅有前字，禮記正義引爾雅亦有前字，詩正義引爾雅無前字，是唐初爾雅本已有脫去前字者，然作前左者，舊本也，當從之。

古注斠

水出其後沮邱 孫炎，沮，餘與慈呂二反。釋文

古注斠補

湆 本或作涫字。所景反。沮 孫郭同辭與慈呂二反。謝子預反。施子余反。淄 側其反。過 古卧反。

陸音義

水出其前湆邱

恃源而往，雖不頓虧，然既湆矣。說文曰湆，少減也。紀湆子曰，未也，方虛驕而恃氣。未也，猶應影響。

水出其右正邱

水以東歸爲正。

水出其左營邱

淄營之潍，潍爲非直達者也。淄潍其道則其道者衆矣。

新義

水出其前湆丘

水出其後沮丘水出其右正丘水出其左營丘 湆，所景反。沮，辭與反。郭云今齊之營丘，淄水過其南及東。

鄭樵注

水出其前湆丘 鄭樵曰湆，所景反。

水出其後沮丘 沮，孫郭同辭與慈呂二反。

爾雅詁林 十 釋丘

爾雅詁林十 釋丘

鄭樵曰：沮，辭與反。
孫炎曰：今齊之營丘，淄水過其南及東。
郭璞曰：今齊之營丘，淄水過其南及東。
鄭樵曰：郭云今齊之營丘，淄水過其南及東。

古注合存

水出其前渻丘，出其後沮丘，水出其右正丘，水出其左營丘。渻音省，沮音咀。○此釋水畔諸丘之名也。註曰：今齊之營丘，淄水過其南及東。疏曰：地理志云齊郡臨淄城中有丘，卽營丘也。淄水出泰山萊蕪縣，經臨淄過營丘南，折而北至博昌入泲。

注疏參義

水經注以淄水出營邱前，又云與爾雅符，疑誤。

補注

水出其前渻丘，水出其後沮丘，水出其右正丘，水出其左營丘。**註** 今齊之營丘，淄水過其南及東。**正義** 丘之前後左右有水過之者，此別其名也。釋名云：水出其前曰阯丘，阯，基阯也，言所出然。水出其後曰阻丘，阻，背水以爲險也。水出其右曰沚丘，沚，止也，西方義氣有所制止也。水出其左曰營丘。案：渻丘，釋名作阯丘，說文云：水出丘前謂之渻丘者是也。沮丘作阻丘，音義同。正丘作沚丘，所見本異也。說文云隤丘作名，疑卽正文之異文。禮記疏引釋丘云：水出其前而左曰營丘。史記集解、水經註並引爾雅云：水出其前左曰營丘。王念孫曰：作前左者是也。薛瓚漢書註云：臨淄卽營丘也。故晏子曰：先君太公築營之丘。今齊城中有丘，卽營丘也。應劭以爲營丘卽營陵，陵卽丘也。酈道元云：營陵城南無水，惟城北有一水，世謂之白狼水，西出丹山，俗謂凡山也，東北流，由爾雅出前左之文，不得以爲營丘矣。今臨淄城中有丘，在小城內，周遭三百步，高九丈，北降丈五，淄水出其前，故有營丘之名，與爾雅相符。元和郡縣志：營丘在臨淄縣北百步外城中。爾雅曰：水出其前經其左曰營丘。今臨淄城中有丘，淄水出其前經其左，故曰營丘。諸家引爾雅之文詳畧不同，以水所營繞而言，其當有前字明甚。**註** 今齊至及東。○**正義** 詩疏引孫炎云：今齊之營丘，淄水過其南及東。郭註本孫炎。水經註引郭註過作逕。郭云水過其南者，水出其前也；云及東者，水自前而左也。故孔穎達云：水所營繞，故曰營丘，亦言其自前而左也。蓋郭氏註爾雅時本作前左，唐初爾雅本卽有脫去前字者，故孔氏於禮記疏引爾雅有前字，於詩疏引爾雅無前字，然其訓釋營字，俱從水之營繞取義。孔氏亦知作前左者爲舊本也。今見行爾雅本俱無前字，姑仍其舊。

正義

水出其左營邱　高郵王懷祖云：據水經註，水出其前左爲營邱，今本脫一前字。玉案：水經淄水註引郭云：言齊之營邱，淄水逕其南及東也。今本過字當逕字之訛。

校議

水出其前渻丘，水出其後沮丘，水出其右正丘，水出其左營丘。今齊之營丘，淄水過其南及東。說文云：水出丘前謂之渻丘。釋名作阯丘，云：水出其前曰阯丘。阯，基阯也，言所出然。沮丘作阻丘，云：水出其後曰阻丘。阻，背水以爲險也。正丘作沚丘，云：水出其右曰沚丘。沚，止也，西方義氣有所制止也。竝與今本異。○營丘者，詩正義以爲水所營繞，故曰營丘。引孫炎曰：今齊之營丘，淄水過其南及東，是也。與郭注同。水經淄水注引爾雅曰：水出其前左爲營丘。史記集解及檀弓正義引亦同。然則云淄水過其南者，南卽前也；云及東者，東卽左也。據酈、裴所引及孫、郭注，可知左上當有前字，故王氏念孫曰：作前左者是也。元和郡縣志引爾雅亦有前字，又申釋之云：今臨淄城中有丘，淄水出其前經其左，故曰營丘也。參攷諸家之義，自以本有前左爲長，但釋名及詩正義仍引作水出其左曰營丘，竝無前字，葢據今本刪去之也。漢志臨淄屬齊郡，營陵屬北海郡，應劭以營陵卽營丘，誤矣。營陵，春秋謂之緣陵。

義疏

水出其前渻丠，水出其後沮楚丠，水出其右正丠，水出其左營還丠。孫注：今齊之營丠，淄水過其南及東。郭注同。春秋、城楚丘。詩亦作楚。又子之還兮。還韓作營。

集解

水出其前渻邱

劉熙渻爲阯。說文解字渻少減也。一曰水門。

水出其後沮邱

劉熙沮爲阻。京相璠曰濮陽縣西南十五里有沮邱城。今爲曹州府濮州地。

水出其右正邱

劉熙正爲沚。

水出其左營邱

今青州府臨淄縣是其地。齊太公受封于此。班固一說在營陵。

釋地四篇注

水出其前渻丘 渻水門也。水出丘前有如門然。釋名作阯丘、誤矣。 水出其後沮丘 沮水名。出漢中房陵東入江。與阻通用。阻、險也。謂背水以爲險。春秋僖二年城楚丘、即沮丘也。以楚爲之。 水出其右正丘 正是也。从止一。以止與窡通用。窡、正視也。从穴中正見也。釋水濫泉正出。正出、涌出也。丘右而水出、因以名之。說文又作阯丘。 水出其左營丘 營市居也。从宮熒省聲。齊地丘也。在今臨淄城中。詩子之還兮、韓詩本作營。

義證

水出其前渻丘水出其後沮丘水出其右正丘水出其左營丘 渻、所景反。沮、辭與反。

注 今齊之營丘淄水過其南及東

郭注補正

水出其前、渻邱。釋名作阯邱、云阯基址也、言所出然與此異。水出其右、正邱。釋名作止邱、云沚止也、西方義气有所制止也。此似應从釋名。

錢氏古義

水出其前渻丘水出其後沮丘水出其右正丘水出其左營丘

今齊之營丘淄水過其南及東

水經注二十六卷淄水篇引爾雅曰水出其前左爲營丘。郭景純言齊之營丘淄水逕其南及東也。史記周本紀集解御覽引俱同今本。

郭注佚存補訂

水潦所還埒丘上正章丘澤中有丘都丘當涂梧丘涂出其右而還之畫丘涂出其前戴丘涂出其後昌丘水出其前渻丘水出其後沮丘水出其右正丘水出其左營丘

都丘者、韓詩外傳云禽獸厭深山而下於都澤。即此義也。餘詳訂經。

說詩

水出其前節疏泰山萊蕪縣原山淄水所出 脫原山二字。淄、漢志作甾。

注疏正字

水出其左營邱

爾雅注疏校勘記曰水出其左營邱、唐石經及各本並同。史記周本紀集解、禮記檀弓正義皆引作水出其前而左曰營邱。水經淄水注引作水出其前左爲營邱。又云營陵城南無水、惟城北有一水、世謂之白狼水、西出丹山、東北流。由爾雅出前左之文、不得以爲營邱矣。今臨淄城中有邱、淄水出其前、（家大人曰、前下脫左字。）故有營邱之名、與爾雅相符。邵氏正義據此謂舊本爾雅經有前字、注云淄水過其南及東、南東二字正釋前左二字。然考詩齊譜正義引孫炎注爾雅云水出其左營邱、無前字。經文水出其前後左右、四字相對、與下左高咸邱、右高臨邱、前高旄邱、後高陵邱文法整對。劉熙釋名本爾雅、亦言水出其左曰營邱、蓋史記水經注等蒙上水出其前消邱之文引之、王氏穀膝云、凡古人祇言左右者、皆據前言之、猶言東西亦據前言之、若對文則並舉、如釋畜言馬有前右後右前左後左矣。此言水出其左、謂水出其前左也。引者加前字、須人易曉耳。家大人曰、此說非也。此文本作水出其前而左營邱。營者環也、水環其前與左也。若但言水出其左、則營字之義不見、孫炎郭璞何以皆言水過其南及東乎。古人屬文、不必字字相對、若但齊其文而不顧其義、則以小害大矣。上文途出其右而還之畫邱、途出其前戴邱、途出其後昌邱、首句亦多而還之三字、然去此三字則畫字之義不見、（郭注言爲道所規畫）亦猶水出其前而左營邱、去前而二字則營字之義不見也。據王說云凡古人祇言左右者、皆據前言之、水出其左謂水出其前左也。然則水出其右亦謂水出其前右乎。消邱沮邱正邱皆一面有水、唯營邱兩面有水、故言水出其前而左、豈得謂凡言左右者皆據前言之乎。左高咸邱、右高臨邱、左澤定邱、右陵泰邱、皆非謂前左前右也。而謂水出其左卽水出其前左、豈其然乎。若謂引爾雅者加前字須人易曉、則尤爲曲說。史記集解及水經注、禮記正義所引皆有前字、（集解、正義所引前下皆有而字、是也。齊之營邱、淄水先過其前而後過其左、故曰水出其前而左、與途出其右而還之文同一例。水經注無而字者、省文耳。然而字可省、前字則斷不可省也。）豈皆欲人易曉而加之乎。水經注又曰營陵唯城北有一水、由爾雅出前左之文、不得以爲營邱矣。云爾雅出前左之文、則是爾雅原有前字、非善長欲人易曉而加之也。若爾雅但言水出其左、則諸君又何以知其爲前左而加前字以曉人乎。元和郡縣志亦曰、爾雅曰水出其前經其左曰營邱。自開成石經始脫前而二字、而各本皆沿其誤、若詩正義無此二字、卽後人依誤本爾雅刪之、不得援以爲據。（案、詩正義曰水所營繞故曰營邱、釋邱云水出其左營邱、孫炎曰、今齊之營邱、淄水過其南及東是也。南東二字正釋前左二字、則孫本有前而二字可知。正義上言水所營繞、下引孫注過其南及東、則所引經文亦有前而二字可知。後人刪此二字則上下文皆不可通矣。禮記正義曰、釋邱云水出其前而左曰營邱、以水營遶故曰營邱、說與詩正義同、故知詩正義亦有前而二字而後人刪之也。若釋名無此二字、則不足爲據。上文途出其右而還之畫邱、釋名無而還之三字、豈得謂爾雅亦無此三字乎。）

述聞

水出其前消邱　釋名作阯邱。　釋文云、消本或作清。案說文（水部）渻、少減也、一曰水門。又水出邱前謂之渻邱、从水眚聲。古省眚字通用、故又从眚。說文無清字。

水出其後沮邱　釋名作阻邱。

水出其右正邱　釋名作沚邱。

水出其左營邱　釋名同。　正義云、檀弓疏引釋邱云水出其前而左曰營邱。史記集解（周本紀）水經注（淄水）竝引爾雅云水出其前左曰營邱。元和郡縣志引水出其前經其左曰營邱。葢郭注爾雅本作前左、而唐初本卽有脫去前字者、故禮記疏引有前字、毛詩疏引又無。諸家所引詳略不同、以水所營繞而言、其當有前字明甚。

匡名

水出其前消丠水出其後沮丠水出其右正丠水出其左營丠　此以水在丠之前後左右名之也。說文（渻）少減也、一曰水門。又引爾雅文。釋名作阯丠。音義同。（沮）水出漢中房陵東入江。沮丠或作阻丠。正丠或作沚丠。顛、丠名。或疑卽正丠。

晏子、先君太公築營之丘。卽齊之營丘。

啓蒙

右左 ナ又 段氏玉裁曰。俗以左右爲ナ又字。乃以佐佑爲左右字。

水出其右、正丘。　臧鏞堂說、正爲止之誤、故釋名作沚丘、案傳本不同、無明文不可輒改、且正沚亦雙聲。

黄侃評本正名

黄侃音訓

水出其前渻丘　水出其後沮丘

釋文、渻本或作湆、所景反。釋丘釋文　釋名、水出其前曰阯丘。阯、基阯也、言所出然。釋丘篇　水出其後曰阻丘。背水以爲險也。釋丘篇

水出其右正丘　水出其左營丘

釋名、水出其右曰沚丘。沚、止也。釋丘　禮記正義引作水出其前而左曰營丘。檀弓上正義 水經注同

水出其左營丘、檀弓正義引作水出其前而左曰營丘。史記集解水經注引爾雅皆然。知古本原有前字。

水出其左營丘

此句疑有脫文。郝氏云、古本左上有前字。案、水經淄水注引水出其前左爲營丘、與郝所據禮檀弓正義史記集解元和郡縣志引同、可證酈氏所見尚有前字。營當是環之叚。韓非子自環謂之私、說文引作自營。詩齊風子之還兮、漢書地理志引作營、說之云營、齊地名、臨淄名營丘。顏注齊詩作營。俊案、韓詩又作璇、蓋丘峙其中、水出前左、非明明水之環丘乎、故曰營丘。奪一前字、而營丘命名之義幾霾矣。營環所以得叚。又得叚爲還。璇者、還與環並从睘聲、璇古音亦與還近也。淄水注又云、營丘者山名也、詩所謂子之營矣、遭我乎道之閒矣。知營丘卽詩之營無疑。

證異

又案、漢書地里志齊郡臨淄縣、應曰、齊獻公自營邱徙此。又北海郡營陵縣分注或曰營丘、應曰陵亦丘也。俊謂營丘非卽營陵、水經淄水注營陵城南無水、唯城北有一水、世謂之白狼水、西出丹山、俗謂凡山也、東北流。由爾雅出前左之文、不得以爲營丘矣。又云作者多以丘陵號同、緣陵又去萊差近、咸言太公所封、考之春秋經書諸侯城緣陵、是酈亦以營丘爲非營陵矣。臣瓚曰、營丘卽臨淄也。營陵春秋謂之緣陵、致爲淸析、顏注臨淄營陵皆舊營邱地、其意亦謂營丘與營陵近而語似已混。

王仁俊日記

水出其前渻丘。楷案、釋名渻作阯、蓋古字音近通用、猶說文楷讀若驪、玉篇楷與杜同字之例也。說文渻、水門也。又水出丘前謂之渻丘。是渻爲正字。成國以基阯爲說過矣。

偏高阿丘。李云、謂丘邊高。邵晉涵云、丘隅偏高而不在左右前後者名阿丘。楷案、偏之言半也。杜注閔二年左傳云偏、半也。是也。其高當一丘之半、而高之中有曲、故以阿爲名。詩考槃傳所謂曲陵曰阿也。不與前後左右高相混者、以其曲故也。詩卷阿有卷者阿、傳卷、曲也。可以得此丘之形狀矣。

稗疏

水出其右正丘唐石經、雪牕本注疏本同。釋名曰、水出其右曰沚丘、沚、止也、西方義氣有所制止也。今爾雅作正、蓋止之訛。此制止與下營迴義取相反。

水出其左營丘唐石經、雪牕本注疏本同。史記周本紀集解、禮記檀弓正義皆引作水出其前而左曰營丘。水經淄水注引作水出其前左爲營丘。又云、營陵城南無水、惟城北有一水、世謂之白狼水、西出丹山、東北流。由爾雅出前左之文、不得以爲營丘矣。今臨淄城中有丘、淄水出其前、故有營丘之名、與爾雅相符。邵晉涵正義據此謂舊本爾雅經有前字、注云淄水過其南及東、東南二字正釋前左二字。然考詩齊譜正義引孫炎注爾雅云、水出其左營丘、無前字、經文水出其前後左右四字相對、與下左高咸丘、右高臨丘、前高旄丘、後高陵丘文法整對。劉熙釋名本爾雅、亦言水出其左曰營丘、蓋史記水經注等蒙上水出其前消丘之文引之。王宗炎云、凡古人祇言左右者、皆據前言之、猶言東西亦據前言之、若對文則並舉、如釋畜言馬有前右後右前左後左矣。此言水出其左、謂水出其前左也。引者加前字、須人易曉耳。

水出至營丘○釋曰注疏本刪。

左右猶東西也○注今齊至及東○釋曰注疏本猶下增言。刪下八字。

至溥昌入泲也注疏本脫也。

言此以證水出其左名營丘也注疏本左下增者、丘下脫也。

校勘記

水出其前消丘水出其後沮丘水出其右正丘水出其左營丘○「水出其前曰消丘」，《說文》同。《釋名·釋丘》云：「水出其前曰阯丘」，與《說文》《爾雅》不同。下「沮丘」《釋名》作「阻丘」，「正丘」作「沚丘」，字亦有異。「水出其左曰營丘」，《釋名》同。《禮記·檀弓》《正義》引《爾雅》此文作「水出其前而左曰營丘」，《水經注·淄水注》引作「水出其前左爲營丘」，亦有「前」字。蓋傳寫有異。依文例前後左右對舉，疑原文本無「前」字。

宋監本校箋

水出其前消音省丘水出其後沮音蛆

音圖·音

消、本或作湑、所景翻、審母字。沮、孫郭同辭與、音叙邪母慈呂音咀從母二翻。謝子預翻。音苴去聲精母施子余翻。音苴精母水經注營邱一條誤與上文水出其前四字相混、似以水出其前爲主、而分左右以異其稱也。元和郡縣志亦沿其誤。

音略

水出其前消省丘水出其後

沮咀丘

孫偘直音

水出其前消省丘

水出其後沮阻丘水出其右正丘水出其左營丘

楊氏音訓

消省沮咀

干氏音釋

如覆敦者敦丘

如覆敦者、敦丘。敦盂也。

郭注

如覆敦者敦丘注敦盂　釋曰、案周禮九嬪職云、凡祭祀贊玉齍、注云玉齍、玉敦也。受黍稷器。又少牢禮曰、主婦執壹金敦黍、有蓋。凡設四敦皆南首。注云敦有首者、尊者器飾也。飾象龜形。孝經緯說敦與簠簋容受雖同、上下內外皆圓爲異。郭氏言敦盂、舉其類而言之也。丘形如覆敦者名敦丘也。

邢疏

如覆敦者敦邱

邱一成之象形也。詩正義三之三 孫音注

黃輯古義

如覆敦者敦丘

丘一成之象形也。詩衛風氓正義 孫音注

玉函山房輯佚

如覆敦者敦丘。敦如字。謝音

如覆敦者敦邱

孫曰邱一成之象形也。詩正義三之三

漢注

如覆敦者敦丠

孫炎云丠一成之形象也。詩正義三之三卷 郭璞云敦盂也。

一切注音

如覆敦者敦邱 孫炎云邱一成之形象也。詩氓正義

郭音丁回反。釋文

蕙心案孫炎以此篇敦邱兩見主於重言郭於邱一成者音頓於如覆敦者音丁回反讀與孫異也。

古注斠

覆孚服反。敦者丁回反、下及注同。

陸音義

如覆敦者敦邱

艮如覆敦一成在上卽三成象乾焉據乾爲首西北方之卦也。

新義

如覆敦者敦丘 敦音堆。祭祀受黍稷之器。形似簠簋。

覆敦如反敦也。

鄭樵注

如覆敦者敦丠

孫炎曰丠一成之形象也。

郭璞曰敦盂也。

鄭樵曰敦音堆祭祀受黍稷之器其形似簠簋覆敦者形如反敦也。

古注合存

敦邱、服虔云音頓頓邱也。

補注

如覆敦者敦丠 註 敦盂也 正義 丠形如覆敦者名敦丠、後世有敦丠、蓋依此名。太平寰宇記敦丠在觀城縣南二十里。註 敦盂也。○正義 孫炎云敦器似盂、郭氏取其義也。少牢饋食禮云敦皆南首、鄭註、敦有首者尊者器飾也。明堂位云有虞氏之兩敦、鄭註黍稷器。又鄭註周禮云、玉敦受黍稷器。儀禮疏引孝經鉤命決云、敦規首上下圓相連、是敦之形狀也。盂體亦圓、故郭氏舉類以曉人、敦丠之狀似之也。

正義

如覆敦者敦丠也 敦盂

卽上敦丠、此又申釋其狀、故孫炎云丠一成之形象也。明二者是一。敦讀爲堆。郭注上文江東呼地高堆爲敦。孫云、形如覆敦、敦器似盂。蓋盂體圓、上下相連、敦形似之。鄭注周禮禮記並以爲黍稷器。寰宇記、敦丠在觀城縣南二十里。

義疏

如覆敦者敦丠 孫注丠一成之形象也。郭注敦盂也。

集解

如覆敦者敦丠 謂似覆盂之形、卽上所謂一成者。

義證

如覆敦者敦邱

敦亦讀爲燾。燾、覆也。

釋地四篇注

如覆敦者敦丘

敦盂也都回反

雪牕本也誤丘。單疏本脫也字。　詩氓正義引爾雅郭注曰敦、盂也、音頓。此音乃丘一成爲敦丘之注。釋文云、敦者丁回反。文選班孟堅答賓戲注引郭璞爾雅注曰敦、盂也、都回切、與釋文合。據補。

郭注佚存補訂

如覆敦者敦丘

孫炎云、丘一成之形象也。此葢申釋之。

說詩

敦盂也閩本監本毛本同。單疏本作敦盂、無也字。雪牕本正德本作敦盂丘、誤。詩氓正義引郭注曰、敦、盂也、音頓。又釋文於丘一成爲敦丘下引郭云音頓、今本前後注中無音頓字。

如覆敦者敦丘注敦盂○釋曰注疏本刪。

主婦執壹金敦閩本監本毛本壹改一、元本此字實闕。

丘形如覆敦者名敦丘也注疏本脫也。

校勘記

堆

如覆敦者敦丘。

孫侶直音

如覆敦敦盂。堆下同。者敦丘

楊氏音訓

敦堆

干氏音釋

邐迆沙丘

邐迆沙丘。旁行連延。

郭注

釋曰、說文云邐行也。迆邪行也。故注云旁行連延也。連延謂連接延長。丘形邪行連接而長者名沙丘。地理志云、鉅鹿有紂所作沙丘臺、在東北七十里。

邐迆沙丘注旁行連延

邢疏

邐迤沙丠史記集解三卷引作迤邐沙丠也。

郭璞云、旁行連延。

一切注音

邐迆沙邱

蕙心案、史記集解引爾雅作迆邐。

古注斠

邐呂紙反、說文云邐行也。迆一字或作迤、余紙余支二反、說文云迆、邪行也。

陸音義

迆字或作迤。說文云迤邪行也○案說文迆、衺行也。作迆不作迤。衺、邪同。邢本作迤。

音義攷證

邐迤沙丘邐迤謂連接委曲也。地理志鉅鹿有紂所作沙丘臺、在東北七十里。

鄭樵注

邐迤沙丠

郭璞曰、旁行連延。

鄭樵曰、邐迤謂連接委曲也。地理志鉅鹿有紂所作沙丠臺、在東北七十里。

古注合存

邐迤一作峛崺。

補注

邐迆沙丘【註】旁行連延【正義】說文云邐、行邐邐也。迆、衺行也。繫傳云邐、漸迂衺也。凡丘之迂衺相連者俱名沙丘。史記殷本紀、益廣沙丘苑臺。漢書地理志、鉅鹿郡鉅鹿縣、紂所作沙丘臺在東北七十里。淮南道應訓拄於沙丘、困學紀聞引莊子逸篇云孔子舍於沙丘、皆依爾雅爲名也。史記集解引爾雅作迆邐沙丘也。

【正義】

邐迆沙丘旁行連延　說文云邐、行邐邐也。迆、衺行也。沙丘者、漢志鉅鹿郡鉅鹿紂所作沙丘臺在東北七十里。史記殷紀、益廣沙丘苑臺、正義於秦紀沙丘臺、趙世家沙丘宮竝引括地志云在邢州平鄉東北三十里。徐廣以爲趙沙丘在鉅鹿、則是皆一地也。但沙丘所在多有其形、皆邐迆連延、不獨鉅鹿爲然也。廣韵云峛崺沙丘狀。峛音邐、是峛崺卽邐迆之異文。

【義疏】

邐迤峛崺沙丠郭注、旁行連延。漢地志鉅鹿紂沙丠臺在東北。

【集解】

邐迤沙丠邐行邐邐也。縈紆之皃。迤衺行也。沙丠中高邊低或此端高而彼端低、因以邐迤狀之。史記殷本紀、益廣沙丠苑臺。漢書地理志、鉅鹿郡鉅鹿縣、紂所作沙丠臺在東北七十里。淮南道應訓在於沙丠。

【義證】

邐迤沙邱　在今順德府鉅鹿縣東北紂所作沙邱臺在此。【釋地四篇注】

邐迤沙丘迤、釋文作迆。疏邐行也迤斜行也說文斜作衺、行也作行邐邐也。

【注疏正字】

邐迆沙邱　釋文云迆字或作迤。說文云迤邪行也。元照案也上加𠂉、俗體之尤者。陸氏既引說文、不爲之辨別、疏甚。正義云史記集解引作迆邐。

【匡名】

如覆敦者敦丘邐迤沙丘形如覆敦者名敦丘。太平寰宇記、敦丘在觀城縣。說文邐、行邐邐也。迤、衺行也。引書東迤北會于匯。凡丘之迂衺相連者名沙丘。莊子、孔子舍於沙丘。

【啓蒙】

邐迤沙丘。旁行連延。史記秦始皇本紀引作迆邐沙丘、邐迤與靡迤見玉藻注。倚移、見考工記鄭司農注。陁靡見子虛賦。同。甘泉賦登降峛崺、李善注峛崺邪道也。郭注連延卽邐迆聲轉。

【黃侃音訓】

邐迆沙丘單疏本雪牕本正德本同。閩本監本毛本迆作迤、疏中同。釋文迆字或作迤。唐石經闕。

邐迆沙丘注旁行連延○釋曰注疏本刪。

丘形邪行連接而長者正德本同。閩本監本毛本邪改斜。又此本及正德本閩本形字係剜擠、監本毛本始排入。

【校勘記】

邐迤沙丘。釋文邐呂紙反、迤字或作迤余紙余支二反。今本紙誤作𥿄。說文𥿄都兮切、與紙不同。

【注疏本正誤】

五行　邐迆沙丘（注）旁行連延○「邐迆」《史記·殷本紀》《集解》引作《迆邐」。注「連延」下唐寫本有「者」字，當據補。

【宋監本校箋】

邐音里迤音以沙丘

【音圖·音】

里　以迻

邐迤沙丘。

【孫偘直音】

邐里迤以沙丘旁行連延。

楊氏音訓

邐里迤以又音移

干氏音釋

左高咸丘右高臨丘前高旄丘後高陵丘偏高阿丘

左高咸丘。右高臨丘。前高旄丘詩云旄丘之葛兮。後高陵丘。偏高阿丘。詩云陟彼阿丘。

郭注

左高至陵丘 釋曰此四者釋丘形左右前後高而名不同者也。注詩云旄丘之葛兮 釋曰邶風旄丘篇文也。偏高阿丘注詩云陟彼阿丘 釋曰謂丘形四隅有一高而不正在左右前後者名阿丘也。詩云者鄘風載馳篇文也。

邢疏

前高旄邱 謂前高後卑下。詩正義二之二

偏高阿邱 謂邱邊高。詩正義三之二

李注

前高旄邱 旄音毛。釋文

謝音

前高旄邱 文選荅賓戲注應劭引爾雅作前高堥邱。

黃輯古義

前高旄丘 謂前高後卑下。詩邶風旄丘正義

偏高阿丘 謂丘邊高。詩鄘風載馳正義

李注

前高旄丘 旄音毛。並同上

謝音

玉函山房輯佚

前高旄丠 謂前高後卑下。李注 詩疏二之二

偏高阿丠 謂丠邊高。同 詩疏三之二

鉤沉

前高旄邱 李曰謂前高後卑下。詩正義二之二

偏高阿邱 李曰謂邱邊高。詩正義三之二

漢注

左高咸丠右高臨丠前高旄丠 李巡云謂前高後卑下。詩正義二之一卷 郭璞云詩云旄丠之葛兮。

後高陵丠偏高阿丠 李巡云謂丠邊高。詩正義三之二卷 郭璞云詩云陟彼阿丠。

一切注音

前高旄邱　李巡云、謂前高後卑下。詩旄邱正義

蕙心案、文選荅賓戲注、應劭引爾雅作前高嵏邱。案嵏、正字。旄、假借字。

偏高阿邱　李巡曰、謂邱邊高。詩載馳正義

古注斠

旄 謝音毛。字林作嵍、又作嵏、俱亡付反。偏 音篇。

陸音義

左高咸邱右高臨邱

咸邱、左高下下也。臨邱、右高臨下也。

前高旄邱

有前無後、示使愛尾焉。詩曰、瑣兮尾兮、流離之子。流離失國、旅雖瑣、尚完其尾、衛乃爾可勝責耶。

後高陵邱

前下有陵之者矣。

偏高阿邱

阿邱偏然反義、雖不與通、其仁也。且偏未有不阿者也。

新義

前高旄丘　旄丘在臨河縣東四十步。

鄭樵注

前高旄丘
李巡曰、謂前高後卑下。
郭璞曰詩云旄丘之葛兮。
鄭樵曰、旄丘在臨河縣東四十步。
偏高阿丘
李巡曰、謂丘邊高。
郭璞曰、詩云陟彼阿丘。

古注合存

文選注、應劭云前高嵏邱、嵏音旄。王氏貫曰、邱之多草木者曰旄。

補注

左高咸丘右高臨丘前高旄丘 **註** 詩云旄丘之葛兮 後高陵丘偏高阿丘 **註** 詩云陟彼阿丘 **正義** 丘之高有在左右前後者、有偏在一隅者、此別其名也。左高而右卑者名咸丘、後世有咸丘、蓋依此名。春秋桓七年焚咸丘、杜註咸丘、魯地、高平國鉅野縣有咸亭。公羊傳云咸丘者何、邾婁之邑也。右高而左卑者名臨丘、前高而後卑者、名旄丘。詩疏引李巡云、謂前高後卑下。旄本或作髦、釋名云、前高曰髦丘、如馬舉頭垂髦也。釋文引字林作嵏、云嵏丘也。太平寰宇記、旄丘在澶州臨河縣東、今在大名府開州。丘之後高而前卑者名陵丘、丘隅偏高而不在左右前後者名阿丘、詩疏引李巡云謂丘邊高。釋名云、偏高曰阿丘、阿、荷也、如人擔荷物一邊偏高也。**註** 詩云至葛兮。 **正義** 邶風旄丘文、毛傳前高後下曰旄丘。○詩云至阿丘。○ **正義** 鄘風載馳文。毛傳用爾雅。

正義

前高旄邱　班固答賓戲曰、欲從嵏敦而度高乎泰山、註、應劭爾雅前高嵏邱。是旄本作嵏也。玉又案、旄邱、傳曰前高後下曰旄邱、疏引李巡註曰謂前高後卑下、似經文本有後下二字。

校議

左高咸丘右高臨丘前高旄丘 詩云旄丘之葛兮 **後高陵丘偏高阿丘** 詩云陟彼阿丘

左高而右卑者名咸丘、春秋桓七年焚咸丘、杜預注、魯地、高平國鉅野縣有咸亭。公羊以爲邾婁之邑也。右高而左卑者名臨丘、地道尊右、於易地澤爲臨、此丘義亦同也。旄丘者、詩傳云、前高後下曰旄丘、釋文引字林作嵏、云嵏丘也、亾周反、又音毛、又亾付反。爾雅釋文引字林作嵍、又作嵏、俱亾付反。玉篇云嵍丘也、或作嵏。前高後平丘名。顏氏家訓書證篇云、柏人

城東北有一孤山，世俗或呼為宣務山。余讀碑銘，知此嶐嵍山也。嵍字依諸字書即旄丠之旄也。是呂忱、顧野王、顏之推並以旄丠為堥丠。文選荅賓戲注應劭引爾雅正作前高堥丠。又內則注牟讀曰堥，即此堥字。鄭、應同時，葢必所見爾雅本旄丠作堥丠，故一讀一引，字俱作堥，可知今本作旄，叚借字耳。釋名作髦、因云前高曰髦丠，如馬舉頭垂髦也。始望文生訓矣。寰宇記云旄丠在澶州臨河縣東，今在大名府開州也。○丠之後高而前卑者名陵丠。此陵葢夌之叚借。說文云夌，越也。一曰夌徲也。玉篇云夌，古陵字。然則夌徲即陵遲，古字通用。陵丠謂後邊高前稍陵遲低平，與下文陵丠異也。丠之一隅偏高而不正當左右前後者曰阿丠。詩載馳傳用爾雅。正義引李巡曰謂丠邊高。釋名云偏高曰阿丠。阿，何也，如人儋何物，一邊偏高也。

義疏

左高咸丠，右高臨丠。春秋焚咸丠。易、咸臨貞吉。前高旄丠（嵍 茂）後高陵丠。郭注，詩云旄丠之葛兮。詩、子之茂兮。偏高阿丠。李注，謂丠邊高。郭注，詩云陟彼阿丠。

集解

左高咸丠 咸，皆也。悉也。與鹹通用。鹹，目陷也。左高而右則陷矣。春秋桓七年焚咸丠，公羊傳以為邾婁邑。

右高臨丠 臨，監視也。从臥品聲。地道尊右，丠右高者因以臨名。或若正字為隆，與詩皇矣與爾臨衝，韓詩作隆，是臨隆雙聲而可通用之證也。易澤上有地臨。又云咸臨貞吉。

前高旄丠 旄，幢也。从㫃从毛，會意。與髦通用。髦，犛牛尾也。丠而前高則後低矣，與犛牛尾前端大而漸小之形同。說文作嵍，則後起字。詩旄丠之葛兮。又子之茂兮，即此旄丠也。

後高陵丠 陵，大阜也。因以為後高丠之偁。易同人，升其高陵。

偏高阿丠 阿，大陵也，一曰曲阜也。丠而偏高，其形曲而不平矣。詩載馳，陟彼阿丠。

義證

左高咸邱

在今鉅野縣西，即春秋之故地矣。

右高臨邱

晉邑有臨，見春秋傳。

前高旄邱

應劭作堥，劉熙作髦，衞地。

後高陵邱

史記、魯哀公遊于陵阪。

偏高阿邱

春秋之阿澤，即詩所謂阿邱也。在今泰安府東阿縣。

釋地四篇注

左高咸丠右高臨丠前高旄丠

【註】詩云旄丠之葛兮【補正】邢疏，李巡曰謂前高後卑下。臣鋆按，九域志云開德府有旄丠。

偏高阿丠

【註】詩云陟彼阿丠【補正】臣鋆按，釋名云，阿，荷也，如人擔荷一邊高也。

郭注補正

前高旄丘 補

滋然謹按，郭注引詩旄丘之葛兮。原本玉篇嵍注云，說文嵍，丘也。野王按，尒疋前高後下曰嵍丘。詩旄丘傳，前高後下曰旄丘。釋文引字林作嵍，尒疋釋文亦引字林作嵍，又作堥。文選荅賓

爾雅詁林 十 釋丘

戲注應劭引尒疋正作前高堥丘。又內則注牟讀曰堥，即此堥字。郝氏義疏謂鄭應同時，蓋必所見尒疋本作堥丘，故一讀一引，字俱作堥，可知郭本作旄，叚借字耳。後下二字本於毛傳，非顧氏妄增。堥嵍旄三字同聲，釋文俱音亡付反。當从鄭應義爲長。

舊注攷證

左高咸丘右高臨丘前高旄丘

詩云旄丘之葛兮 云當作曰，下注同。

郭注佚存補訂

邐迤沙丘左高咸丘右高臨丘前高旄丘後高陵丘偏高阿丘

旄丘者，釋文云：字林作嵍，又作堥。邶風旄丘，旄丘之葛兮，毛傳云：前高後下曰旄丘。彼釋文云：旄丘，音毛。丘，字林作堥，云堥丘也，亡周反。山部又有嵍字，亦云嵍丘，亡付反，又音旄。文選答賓戲注應劭引爾雅亦作前高堥丘。二字古蓋通用。李巡云：謂前高後卑下。阿丘者，鄘風載馳陟彼阿丘，傳云：偏高曰阿丘。餘詳訂經。

說詩

前高旄邱 釋文云：旄，字林作嵍，又作堥。案應劭荅賓戲注引作堥。此據文選注。漢書注仍作旄。堥嵍二字皆不見於說文。古从敄从毛之字多通用，說見後釋木篇旄冬桃。 釋名作髦邱。

偏高阿邱 釋名同。

匡名

左高咸丠右高臨丠前高旄丠後高陵丠偏高阿丠

春秋桓七年，焚咸丠。 邶風旄丠之葛兮。 鄘風陟彼阿丠。

啓蒙

前高，旄丘。 釋文旄，字林作嵍，又作堥。案堥蓋鍪之後出字，嵍則俗字耳。鍪，鍑也，丘蓋象其形。

偏高，阿丘。 阿讀為奇衺之奇，又倚也，長發箋阿，倚也，又曲也，考槃傳曲陵曰阿，皆有衺義。

黃侃音訓

前高旄丘

漢書敘傳應注引高下有曰字。殿本引蕭該曰：爾雅前高後下曰旄丘。今案古本有後下二字，蕭所見本猶未奪去。毛公作傳，多用爾雅，而旄丘傳前高後下曰旄丘，此其確證。至文選答賓戲欲從堥敦而度高乎泰山，注引應引爾雅前高堥丘，疑後人誤，今本刪去二字。說文旄，幢也。此叚字。旄丘正字當作嵍。說文嵍，山名。當即爾雅之旄丘。又叚爲㲠字，㲠，牛尾也。朱氏駿聲曰：前高後下，亦㲠尾，轉注，與澤柳即垂絲柳同。俊案嵍、異文作堥，文選注所引是也。玉篇嵍，丘也，或作堥。前高後平丘名。後平猶曰後下耳。釋文引字林作堥，云堥丘也。要之旄嵍堥皆雙聲字。旄从毛，嵍堥从敄，敄从矛，从毛矛二聲字本通，如書牧誓庸蜀羌髳，詩角弓箋髳作髦之例。

王仁俊日記

爾雅詁林 十 釋丘

偏高阿丘 釋名釋丘、阿、何也、如人擔荷物一邊偏高也。

案說文𨸏部阿、大陵也。與偏高義不涉。劉熙叚阿爲荷、亦非達詁。疑阿乃倚叚字。說文人部倚、依也。有所依則偏、禮中庸夫焉有所倚、孔疏謂偏有所近、是也。經典阿私離騷經皇天無私阿兮。阿黨禮月令是察阿黨。咸叚倚義、而詩商頌長發篇實維阿衡、鄭箋阿、倚也。尤阿爲倚叚之碻證。陸佃新義偏未有不阿者也。蓋亦以倚說阿也。

董瑞椿日記

左高至陵丘○釋曰 注疏本删。

而名不同者也○注詩云旄丘之葛兮○釋曰 注疏本者在兮下、删釋曰。

偏高阿丘注詩云陟彼阿丘○釋曰 注疏本删。

詩云者 注疏本云下增陟彼阿丘四字。

校勘記

六行前高旄丘○《釋文》「旄」下云：「《字林》作嵍，又作堥，俱亡付反。」案：原本《玉篇》山部「嵍」音亡刀反，引《爾雅》云：「前高浚下曰嵍丘。」「旄」字即作「嵍」。

(注)詩云旄丘之葛兮○「詩云」唐寫本作「詩曰」，下注「詩云陟彼阿丘」，亦作「詩曰」。

宋監本校箋

前高旄丘、毛

孫佀直音

旄謝音毛、字林作嵍、又作堥、見班固答賓戲。亡付翻、微明輕重交互出切音務。詩釋文云、字林堥文州翻、交互出切音矛。山部又有嵍字、亡付翻。

音略

宛中宛丘

宛中、宛丘。宛謂中央隆高。

郭注

宛中宛丘注宛謂中央隆高 釋曰、案詩陳風云宛丘之上兮、毛傳云、四方高中央下曰宛丘。李巡、孫炎亦皆云中央下、而郭氏以爲中央高者、以其四方高中央下即是上文水潦所止泥丘也。又下云丘上有丘爲宛丘、作者嫌人不曉、故重辨之、既言丘上有丘、非中央隆高而何、此郭氏所以不從先儒也。

邢疏

宛中宛邱 中央下。詩正義七之一 邢疏

李注

宛中宛邱 謂中央汙也。釋文

孫音注

宛中宛邱 宛於粉反、謂蘊聚隆高也。釋文 宛邱謂中央隆峻狀如一邱矣。詩陳風宛邱疏引郭注與今本異。

郭音義

宛中宛邱 宛於阮反。釋文

施音

宛中宛邱

元和郡縣志引爾雅舊注、四方高中央下曰宛。

衆家注

黃輯古義

宛中宛丘
中央下。邢疏詩陳風宛丘正義並引李巡孫炎

李注

宛中宛丘
謂中央汙也。釋文。邢疏詩陳風宛丘正義引李巡孫炎作中央下。

孫音注

宛中宛丘。宛於粉反。

郭音義

宛中宛丘。宛、於苑反。並同上

施音

玉函山房輯佚

宛中宛丠
中央下。李注 孫注並詩疏七之一

鈎沉

宛中宛邱
李曰、中央下。詩正義七之一邢疏
孫曰、謂中央汙也。釋文

漢注

宛中宛丠
李巡孫炎云、中央下。詩正義七之一卷
舊註云、四方高中央下曰宛。元和郡縣志
郭璞云、宛丠謂中央隆峻、狀如一丠矣。爲丠之宛中、中央高峻。今郭註本云宛謂中央隆高僅六字。茲依詩正義七之一卷引增。

一切注音

宛中宛邱 舊注云、四方高中央下曰宛。元和郡縣志

李巡孫炎皆云中央下。詩宛邱正義 孫云、謂中央汙也。郭於粉反、謂蘊聚隆高也。釋文
蕙心案郭注謂中央隆高、與釋文異。釋文所引葢郭氏音義也。於粉反則宛讀如蘊矣。

古注斠

宛旋於阮反。孫云謂中央汙也。郭於粉反、謂蘊聚隆高也。下同。隆力躬反。

陸音義

宛中宛邱
中宛則四方高中央下。詩曰、子之湯兮、邱則有轉公蕩而無反、何哉。

新義

宛中宛丠宛、郭於粉反。
李巡曰、中央下。
孫炎曰、謂中央汙也。此見釋文。又元和郡縣志引爾雅舊注云、四方高中央下曰宛。與陳風毛傳同。
郭璞曰、宛謂中央隆高。

古注合存

宛邱 黃氏震曰、旁高中下、則登眺未便。今陳國於此聚遊。郭說爲是。鄭云今爲縣陳州治。今河南陳州府淮寧縣。

補注

宛中宛邱 詩宛邱疏引註云、宛邱謂中央隆峻狀如一邱矣。釋文云、宛於粉反、謂蘊聚隆高也。

校議

宛中宛丠 宛謂中央隆高
宛丠者、釋名云、中央下曰宛丠、有丠宛宛如偃器也。詩宛丠傳、四方高中央下曰宛丠。正義引李巡孫炎皆云中央下、郭獨以爲中央隆峻、與諸家異。故正義駮之云、爾雅上文備說丠形有左高右高前高後高、若此宛丠中央隆峻言中央高矣、何以變言宛中。此駮是也。今按釋山有宛中隆、郭蓋本此爲說、詳見下篇。

義疏

宛

中宛北一 李注、四方高中、央下曰宛北一。孫同。郭注、宛謂中央隆高。此承上偏高、李孫从毛詩詁是也。郭据釋山、則與下宛同。**集解**

宛中宛北一 宛、屈艸自覆也。與苑通用。北而宛中、則四方高而中央下矣、如苑囿然。承上經偏高而言耳。**義證**

宛中宛邱

韓詩曰、韞邱、今陳州府是其地。王隱曰、漸欲平。酈道元曰今不知所在矣。**釋地四篇注**

宛中宛丘

〔註〕宛謂中央隆高〔補正〕邢疏、詩宛丘之上兮、毛傳云、四方高中央下曰宛丘。李廵孫炎亦皆云中央下、而郭以爲中央高者、以其四方高中央下、卽是上文水潦所止泥丘也。又下云丘上有丘爲宛丘、作者嫌人不曉、故重辯之。既言丘上有丘、非中央隆高而何、此郭氏所以不從先儒也。**郭注補正**

宛中宛邱。詩宛邱毛傳云、四方高中央下。釋名、中央下曰宛邱、有邱宛宛如偃器也。邱上有一泉水亦是也。按李巡孫炎本此兩義並云然。然則郭氏謂中央隆高者、非矣。**錢氏古義**

宛中宛丘

郭注中央隆高。元和郡縣志引尔疋舊注云、四方高中央下曰宛丘。正義引李巡孫炎皆云中央下、郭獨㠯爲中央隆峻、與諸家異。正義駁之云、尔疋上文備說丘形有左高右高前高後高、若此宛丘中央隆高、是中央高矣、何㠯變言宛中。其駁是也。釋山宛中隆、亦謂中央下而四邊高、因其高處名之爲隆。釋丘據中言故曰宛、釋山據外言故曰隆。郭注山中央高、誤與此同。**舊注攷證**

宛中宛丘　注宛謂中央隆高

正曰、詩陳宛丘宛丘之上兮、毛傳、四方高中央下曰宛丘。正義、釋丘宛中宛丘、郭璞曰中央隆峻、狀如負一丘、與此傳正反。爾雅上文備說丘形有左高右高前高後高、若此言宛丘中央高矣、何㠯變言宛中、明毛傳是也。故李巡孫炎皆云中央下、取此傳爲說。爾雅釋文、宛、孫云謂中央汙也。汙夾下也。釋名釋丘、中央下曰宛丘、有丘宛宛如偃器也。李孫劉竝依毛傳謂中央汙下、獨郭注謂中央隆高、與毛傳違異、正義駁之是矣。**正郭**

宛中宛邛　注宛謂中央隆高

諍曰、郝氏據詩宛邛傳四方高中央下曰宛邛、正義引李巡孫炎皆云中央下、郭獨以爲中央隆峻、謂據釋山宛中隆而言、蓋誤讀中隆二字相連、故解爲中央隆高。不知釋山本以上正爲章、宛中爲隆、對文謂中央下四邊隆起也。注不知宛中二字前後同義、致因彼誤此矣。**諍郭**

宛中宛丘

陳風宛丘、宛丘之上兮、毛傳云、四方高中央下曰宛丘。正義云、釋丘宛中宛丘、言其中央宛宛然、是爲四方高中央下也。郭璞曰、宛丘謂中央隆高、狀如一丘矣、爲丘之宛中中央高峻、與此傳正反。案爾雅上文備說丘形、有左高右高前高後高、若此宛丘中央隆峻、言中央高矣、何以變言宛中、明毛傳是也、故李巡孫炎皆云中央下、取此傳爲說。今案、下文云丘上有丘爲宛丘、是中央高矣。又釋山云宛中隆、亦謂中央隆峻。孔疏强申毛義、蓋作疏之體宜然、實則毛傳誤也。故郭注不從孫李之說。

說詩

宛中宛丘 釋文云、宛、郭於粉切、謂蘊聚隆高也、下同。

注疏正字

宛中、宛丘。宛謂中央隆高。 釋名云、中央下曰宛丘、詩宛丘傳四方高中央下曰宛丘、正義引李巡孫炎皆云中央下。釋文引孫云、謂中央汙也。如毛傳釋名及李孫說、則與上泥丘同義、與下文宛丘不同、如郭義則此及負丘與下宛丘及釋山宛中隆四名同一實。此宛丘與宛中隆當讀如宛屈之宛、下宛丘讀如蘊積之蘊、字同義異。宛又聲轉為窊汙。

黃侃音訓

邐迆沙丘 前高旄丘 宛中宛丘

釋文、迆字或作迤。釋丘釋文 史記集解引作迤邐沙丘。始皇紀集解 釋

文、旄字林作嵍、釋丘釋文 又作堥。釋丘釋文 釋名作前高曰髦丘、如馬舉頭垂髦也。釋丘第五 中央下曰宛丘、有丘宛宛如偃器也。釋丘第五

宛中宛丘、注云宛謂中央隆高。釋文宛、施於阮反、孫云謂中央汙也、郭於粉反、謂蘊聚隆高也、下同。詩宛丘傳云、四方高中央下曰宛丘。正義曰、釋丘云宛中宛丘、言其中央宛宛然、是爲四方高中央下也。郭璞云、宛丘謂中央隆峻、狀如一丘矣。謂丘之宛中中央高峻、與此傳正反、爾雅上文備說丘形、有左高右高前高後高、若此宛丘中央高峻、言中央高矣、何以變言宛中。臧氏曰、孔疏所云明毛傳是也。故李巡孫炎皆云中央下、取毛傳爲說。施於阮反、讀爲宛、義與李孫合。郭於粉反、讀爲菀、音蘊、與毛傳李孫皆乖異矣。邢疏云、郭以爲中央高者、以其四方高中央下卽是上文水潦所止泥丘也。又下云丘上有丘爲宛丘、作者嫌人不曉、故重辯之。既言丘上有丘、非中央隆高而何、此郭氏所以不從先儒也。按、水潦所止之丘、謂頂上汙下受水也。丘上有丘爲宛丘、謂有上下兩丘、上一丘中央宛下、非中央高也。釋名云、中央下曰宛丘、有丘宛宛上如偃器也。涇上有一泉水亦是也。亦用舊說。

證異

宛中宛邱

郭注宛謂中央隆峻。釋名、中央下曰宛邱、有邱宛宛如偃器也。詩宛邱傳、四方高中央下曰宛邱。正義引李巡孫炎皆云中央下。

宇吉按、水經渠水注云、宛邱在陳城南道東、王隱云漸欲平、今不知所在矣。則是宛邱於酈氏時已失其處、其中央之高下均不可知。但土之高者曰邱、中央隆峻、凡邱皆然、何須別其名曰宛邱。且上文云左高咸邱、右高臨邱、前高旄邱、後高陵邱、偏高阿邱、宛邱而中央隆峻也、何不云中高宛邱乎。宛亦無隆峻之義。說文宛、屈草自覆也。宛與菀音義同、宛之爲屈、猶菀之爲屈。凡从宛聲字均有屈曲之義、馬屈足爲踠、貌委曲爲婉、目深

爲睆、履之庳者爲鞔、削物爲剜、小孔貌爲窊、皆取義於屈曲。則宛邱爲中央下可知。郭氏見下文有邱上有邱爲宛邱、又釋山有宛中隆、遂以爲中央隆峻、不知釋山宛中隆亦非謂中央隆峻也。中央隆峻當改爲四邊隆峻。凡中央下者四邊必高、邱宛中爲宛邱、就中央名之、山宛中爲隆、就四邊言之、故名宛名隆、其名不同、其爲中央下、一也。釋名、弓、穹也、張之穹隆然也。簫弝之間曰淵淵、宛也、言宛屈也。弓之形高下屈曲、故曰穹隆曰宛曲。司馬相如大人賦說赤螭青蛇之狀曰宛蜒、低卬、又曰屈曲隆窮。宛中之名宛名隆、可得其會通矣。

爾雅詁

宛中、宛丘。李云中央下。孫同。郭云宛謂中央隆高。楷案、下文丘背有丘爲負丘。郭云、此解宛丘中央隆峻、狀如負一丘於背上。又丘上有丘爲宛丘、郭云、嫌人不了、故重曉之。郭依丘上有丘以說宛字甚合、但混負丘爲一則非耳。宛爲圜起之義、故圭之圓起者謂之琬圭。考工記玉人之事云琬圭、鄭注琬猶圜也、是也。田之圓起者謂之琬田、楊輝算法載畹田圖亦中央圓起是也。毛傳說宛丘爲四方高中央下、與泥丘混。李孫沿其說、非也。

稗疏

宛中宛丘注宛謂中央隆高○釋曰注疏本删。而郭氏以爲中央高者注疏本脱氏。

校勘記

中央隆峻十行本隆高。

校勘記訂補

七行(注)宛謂中央隆高○唐寫本「高」下有「也」字・

丘背有丘爲負丘○唐寫本作「丘背負丘」・

宋監本校箋

宛中宛丘宛謂中央隆高。

丘背有丘爲負丘

楊氏音訓

丘背有丘爲負丘。此解宛丘中央隆峻狀如負一丘於背上。

郭注

丘背有丘爲負丘 釋曰、此解宛丘之狀也。言中央隆峻、若丘背之上更有一丘而負戴之者名宛丘、又名負丘也。

邢疏

丠背有丠爲負丠 郭璞云、此解宛丠中央隆峻、狀如負一丠於背上。

一切注音

解古買反。背如字。

陸音義

邱背有邱爲負邱 此非宛邱。宛邱、邱上有邱。負邱、邱後有邱。負邱言力、宛邱言德。

新義

丠背有丠爲負丠 郭璞曰、此解宛丠中央隆峻、狀如負一丠於背上。

古注合存

宛中宛丠 註 宛謂中央隆高 丠背有丠爲負丠 註 此解宛丠中央隆峻狀如負一丠於背上 正義 陳風宛丠之上兮、毛傳、四方高中央下曰宛丠。疏引李巡孫炎皆云中央下。元和郡縣志引爾雅舊註云、四方高中央下曰宛。釋宛丠者、舊無異說、郭氏獨以爲中央隆高者、以下文釋山云宛中隆、山之宛中者名隆。隆是高峻之貌、是丠之宛中者與山之宛中同義。此篇下云丠上有丠爲宛丠、可證其爲中央隆高矣。釋名云、中央高曰宛丠、有丠宛宛如偃器也。與郭氏義同。丠背有丠曰負丠、說文云賦丠名。武負聲相近、賦丠即負丠也。【註】宛謂至隆高。【正義】詩疏引郭註云、宛丠謂中央隆峻狀如一丠矣。與今本異。此解至背上。【正義】丠背有丠、疑於後高陵丠。郭以丠背即丠上也、故定爲重釋宛丠之義。【正義】

丠背有丠爲負丠　此解宛丠中央隆峻狀如負一丠於背上

丠背有丠者、背猶北也。言丠之北復有一丠、若背負然、因名負丠。古讀負若陪、二字義相通借。陪訓貳也、重也、皆與丠背有丠義合。此自別爲一丠、郭意欲爲宛丠作解、蓋失之矣。且此明言丠背有丠、亦非中央隆高之義。【義疏】

丠背有丠爲負丕伾丠郭注、此解宛丠中央隆峻、狀如負一丠於背上。

負丕陪通用字。書、至于大伾、至于陪尾、皆負丠。【集解】

丠背有丠為負丠　負、恃也。从人守貝、有所恃也。與背通用。背、脊也。丠背有丠與以脊背任物同。書、至于大伾、又至于陪尾、均謂負丠。【義證】

邱背有邱爲負邱　國策有負親之邱、一說負讀曰邳、邱背有邱亦再成者矣。【釋地四篇注】

丠背有丠爲負丠　注此解宛丠中央隆峻狀如負一丠於背上

正曰、王尙書經義述聞云、丠背有丠者、謂丠之後又有一丠、如背有所負、故曰負。夬負夬背也。謹按、如郭說則非背上負丠、竟似頭上戴丠矣、負戴名詭、郭蓋未審。【正郭】

邱背有邱爲負邱　注此解宛邱中央隆峻狀如負一邱於背上

諍曰、此因誤解上文宛邱爲中高義正相似、遂解爲釋宛邱之文、不知下云邱上有邱爲宛邱、乃申言其形、言四面隆起似邱上又有邱。然此言邱背有邱、蓋兩邱相連、如背負然、本不得爲中央隆高、況上宛中爲釋宛邱義、此邱背有邱爲釋負邱義、顯判爲二、安得混而一之。【諍郭】

丘背有丘爲負丘

此解宛丘中央隆峻狀如負一丘於背上

詩宛丘正義引釋丘宛中宛丘、郭璞曰宛丘謂中央隆峻狀如一丘矣。所引有脫奪。【郭注佚存補訂】

邱背有邱爲負邱

郭曰、此解宛邱中央隆峻狀如負一邱於背上。家大人曰、郭說非也。邱背有邱者、謂邱之後又有一邱、如背有所負然、故曰負邱。負亦背也。廣雅曰、背、負、後也。釋名曰、負、背也、置項背也。曲禮負劒、鄭注曰、負謂置之於背。明堂位天子負斧依、注曰、負之言背也。秦策齊東負海北倚河、高注曰、負、背也。負與背古同聲而字亦相通。又通作倍。史記魯世家南面倍依以朝諸侯、倍依即負依。主父偃傳南面負扆、漢書負作背。漢書高紀項羽背約、史記背作負。邱背有邱爲負邱、宛中爲宛邱、二者迥不相涉、郭不解負字之義、而以爲宛邱中央隆峻狀如負一邱於背上、遂與上文之宛中宛邱、下文之邱上有邱爲宛邱、混爲一義、其失甚矣。

邵曰、邱背有邱疑於後高陵邱、郭以邱背卽邱上、故定爲重釋宛邱之義。此曲爲之說也。後高陵邱謂邱形後高而前卑耳、非邱背有邱之謂也、且上言邱背有邱、下言邱上有邱、則邱背之非邱上明矣。邵又曰、說文云陚邱名。武負聲相近、陚邱卽負邱也。尤爲皮傅之說。負古讀若倍聲、與陚不相近、且說文但云邱名、何以知其爲邱背有邱之負邱乎。

述聞

丘背有丘謂負丘

註此解宛丘中央隆高、狀如負一丘於背上。按、此解宛丘八字當移置丘上有丘爲宛丘之下、若負丘則丘形前後重疊、非中央隆高也。

義疑

宛中宛丘丘背有丘爲負丘

宛當讀爲亞。說文亞、醜也。象人局背之形。郭注宛謂中央隆高、與許言局背形合、故下文又釋中央隆峻之形曰丘背有丘曰負丘。丘背有丘、非人局背之形乎。宛古音在十四部、亞古音在十五部、音最相近、故卻宛字子惡、惡卽亞字。書大傳鐘鼓惡、注惡當爲亞。易繫辭言天下至賾而不可惡也、荀作亞。古人名與字義本相通也。下文丘上有丘爲宛丘、陳有宛丘、輾轉相釋、皆亞字之叚。

王仁俊日記

丘背有丘爲負丘〇釋曰 注疏本刪。

校勘記

八行(注)狀如負一丘於背上〇唐寫本「上」下有「也」字。

宋監本校箋

丘背有丘爲負丘 此解宛邱中央隆峻狀如負一邱于背上。

楊氏音訓

左澤定丘右陵泰丘

左澤、定丘。右陵、泰丘。宋有太丘社亡。見史記。

郭注

左澤定丘 釋曰、謂丘之東有水澤者名定丘。

右陵泰丘 釋曰、謂丘之西有大阜者名泰丘。注宋有大丘社曰見史記 釋曰、案六國年表周顯王三十三年、秦惠文王二年、宋大丘社亡是也。宋依丘作社、在宋國、於時亡去、故云大丘社亡、亦咎徵也。

邢疏

右陵泰邱

宋有太邱社、以社名此地也。史記索隱引郭注與今本異。

郭音義

黃輯古義

左澤定丘右陵泰丘 泰丘、史記集解二十八卷引作太丘。

郭璞云、宋有泰丘社亡。見史記。

一切注音

右陵泰邱

蕙心案、史記封禪書集解引爾雅作右陵太邱。

古注斠

定 丁佞反。

陸音義

左澤定邱右陵泰邱

左澤、則在右定邱也。右陵、則在左泰邱也。易曰、天地定位、山澤通氣。所謂泰山爲東岳亦如此。據左水澤。

新義

右陵泰丘 泰丘、宋地。

鄭樵注

右陵泰丘 郭璞曰、宋有泰丘社亡。見史記。鄭樵曰、泰丘、宋地。

古注合存

左澤定丘右陵泰丘【註】宋有泰丘社亡見史記【正義】之東有丘澤者名定丘。說文云阠、丘名。卽定丘也。丘之西有大阜者名泰丘、後世有太丘、蓋依此名。【註】宋有至史記

【正義】史記集解引爾雅泰丘作太丘。索隱引郭註云宋有太丘社、以社名此地也。與今本異。六國表周顯王三十二年、秦惠文王二年、宋太丘社亡。封禪書亦云宋太丘社亡、索隱曰、應劭云亡淪入地、非也。亡謂社主亡也。【正義】

左澤定丘右陵泰丘 宋有太丘社亾見史記

定丘者、漢志齊郡有鉅定、又爲澤名、蓋本古縣依澤以爲名也。疑此爲近之、但陵谷變遷、丘形亦不可復識矣。其地在今青州府樂安縣也。泰丘者史記封禪書集解引爾雅作右陵太丘、索隱引郭注云宋有太丘社、以社名此地也。所引與今本異。太丘社亾、六國表在顯王三十一年。【義疏】

左澤定奠停丠右陵泰太丠郭注、宋有太丠社亾、見史記。【集解】

左澤定丠定安也、从宀从正、會意。與阠通用。阠从𨸏丁、丁、當也、謂其當澤。漢志鉅定其即此之定丠與。右陵泰丠泰、滑也、从廾水、會意。大聲。與大通用。丠右有陵則丠右高而大矣。史記宋太丠社亡。【義證】

左澤定邱

定讀如星定。說文解字有阠邱、疑卽是。

右陵泰邱

宋有泰邱社。【釋地四篇注】

左澤定丘

〔補正〕邢疏、謂之東有澤者名定丘。

右陵泰丘

〔註〕宋有泰丘社亡見史記〔補正〕邢疏、謂丘之西有大阜者名泰丘。【郭注補正】

左澤定丘右陵泰丘

宋有大丘社亡以社名此地也見史記

單疏本作大丘、各本皆作太。明注疏本作泰、依經改之也。亡字、單疏本作曰、仿宋本作云、非也。史記六國表、宋大丘社亡、在秦惠文王二年。封禪書亦云。索隱引爾雅右陵太丘、郭璞曰宋有大丘社、以社名此地也。今本刪末句。據補。御覽引作宋有泰丘見史記。【郭注佚存補訂】

左澤節音定丁佞切下。丁誤【注疏正字】

右陵泰邱 封禪書注引左陵太邱。【匡名】

左澤、定丘。 定丘、說文云、阠、丘名、阠、丘名、讀若丁、阠阠丞與定音同。【黄侃音訓】

左澤、定丘。楷案此與水出其右名正丘同意。定亦正也。孫注釋天營室謂之定云、定、正也。正爲直、謂水直其右、水直其左也。【稗疏】

左澤定丘〇釋曰注疏本刪。

謂丘之東有水澤者注疏本脫水。

宋有太丘社亡雪牕本同。單疏本太作大、注疏本作泰、依經所改。亡字單疏本誤曰、此本誤云、今據雪牕

本注疏本訂正。

右陵泰丘○釋曰 注疏本删。

有大阜者名泰丘 注疏本泰改太。

○注宋有大丘社亡見史記○釋曰 注疏本删釋曰。

宋依丘作社 注疏本宋作蓋。

校勘記

(注)宋有太丘社亡見史記○「亡」，唐寫本、宋刻小字本作「云」。邢昺疏作「回」。案：《史記·六國年表》周顯王三十三年秦惠文王二年「宋大丘社亡」。是作「亡」為是。

宋監本校箋

訂

左澤定丘。

孫侶直音

左澤定 訂 丘右陵泰丘 謂邱西有大阜者。

楊氏音訓

如畝畝丘 如陵陵丘

如畝畝丘。丘有壟界如田畝。如陵陵丘。陵大阜也。

郭注

如畝畝丘 釋曰、李巡曰、謂丘如田畝曰畝丘。孫炎曰方百步。郭以為畝田之壟也。丘形有界埒似之因名云。詩小雅巷伯云楊園之道猗於畝丘是也。如陵陵丘注陵大阜也 釋曰、丘形如大阜者名陵丘。云陵大阜者釋地文也。

邢疏

如畝畝邱

謂邱如田畝曰畝邱也。詩正義十二之三 邢疏

如畝畝邱

李注

方百步也。詩正義十二之三 邢疏

孫音注

如畝畝邱

郭以為田畝之壟也。邱形有界埒似之、因名云。邢疏 案此與本注微異。

郭音義

黃輯古義

如畝畝丘

謂丘如田畝曰畝丘也。邢疏 詩小雅巷伯正義

李注

如畝畝丘

方百步也。邢疏 詩小雅巷伯正義

孫音注

玉函山房輯佚

如畝畝丠

謂丠如田畝曰畝丠也。李注 方百步也。孫注 並詩疏十二之三

鉤沉

如畮畮邱

李曰、謂邱如田畮曰畮邱也。詩正義十二之三 邢疏

孫曰、方百步也。詩正義十二之三 邢疏

漢注

如畝畝丠

李巡云、謂丠如田畝曰畝丠也。孫炎云、方百步也。並詩正義十二之三卷 郭璞云、丠有隴界如田畝。

如陵陵丠

郭璞云、陵、大阜也。

一切注音

如畝畝邱 李巡云、謂邱如田畝田畝邱也。孫炎云

爾雅詁林 十 釋丘

方百步也。並詩巷伯正義

古注𣂪

畝本或作畝。龍界力勇反、本又作壟。

陸音義

隴界本又作壟○案說文有壠無隴。

畝本或作畒○邢本作畝。案說文本作畮、或作田十久作畒。畝乃俗字。

音義攷證

如畒畝丘丘如田畒。巷伯云猗于畒丘。如陵陵丘陵、大阜。

鄭樵注

如畝畝丠

李巡曰、謂丠如田畝曰畝丠也。

孫炎曰、方百步也。

郭璞曰、丠有隴界如田畝。

鄭樵曰、丠如田畝、巷伯云猗于畝丠。

如陵陵丠

郭璞曰陵、大阜也。

鄭樵曰陵、大阜。

古注合存

如畝畝丠註丠有隴界如田畝如陵陵丠註陵大阜也

正義小雅巷伯云猗于畝丠、疏引李巡云、謂丠如田畝曰畝丠也。孫炎云方百步也。釋名云、畝丠、丠體滿一畝之地也。郭註本李巡為義。丠之如陵者名陵丠、與後高之陵丠同名。註陵大阜也。正義釋地文。

正義

如畒畒丠丠有壟界如田畒如陵陵丠陵大阜也

畒丠者、詩巷伯正義引李巡曰、謂丠如田畒曰畒丠也。孫炎曰、方百步也。釋名云、畒丠、丠體滿一畒之地也。與孫義同。郭注本李巡。丠之如陵者名陵丠、陵、大阜也。體隆而勢平、與後高之陵丠名同義異。

義疏

如畝畝丠 李注、謂丠如田畝曰畝丠也。孫注、方百步。郭注、丠有壟界如田畝。

此釋詩猗于畝丠、無取丠形也。如而通用字。畝丠、丠可田者。畝當作畮、毎生也。毎中者、其地肥美。

如陵陵丠 郭注陵、大阜也。如陵卽陵丠矣、不必更為丠。丠从人相背在一上。可居人者。陵、迤下。上所云後高人不得相背居者。此如陵亦如如畝、言以丠為陵、荒丠也。

集解

如畝畝丠 亦丠可田者言耳。畝字一作畮、六尺為步、步百為畮、从田毎。毎、艸盛上出也。艸盛則地必肥美、可以步而為田也。詩猗于畝丠、亦謂丠之可田、非以形似。

如陵陵丠 謂荒丠也、不可居人、以迆下故耳。與丠之可居者別。

義證

如畝畝邱

詩巷伯有畝邱、盍當時有之。

釋地四篇注

如畝畝丠

註丠有隴界如田畝。補正邢疏、詩小雅云猗於畝丠是也。

郭注補正

如畝畝丠 注丠有隴界如田畝。

正曰、詩小雅巷伯猗于畝丠、毛傳畝丠、丠名。正義、釋丠如畝畝丠、李巡曰謂丠如田畝曰畝丠也。孫炎曰方百步也。釋名釋丠、畝丠、丠體滿一畝之地也。李孫劉𢧐依司馬法步百為畝為說、郭獨與違異、而云丠有隴界如田畝、豈知田畝有隴界、丠亦安有隴界乎。

正郭

如畝畝丘

丘有壠界如田畝

釋文云、隴本又作壟。仿宋本作壟、御覽引同。雪牕本明注疏本作隴、文選高唐賦注亦引作隴。

郭注佚存補訂

丘背有丘爲負丘左澤定丘右陵泰丘、如畝畝丘如陵陵丘、

畝丘者、小雅巷伯猗于畝丘、毛傳云畝丘、丘名。李巡云謂丘如田畝曰畝丘也。孫炎云方百步也。餘詳訂經。

說詩

如畝節疏謂丘如田畝曰畝丘 謂誤諸。

注疏正字

如畝畝邱　釋文云、畝本或作畞。盧學士曰、案說文本作晦、或作畞、畝乃俗體。

匡名

宛中宛丘丘背有丘爲負丘左澤定丘右陵泰丘如畝畝丘如陵陵丘　說文㓂、屈草自覆也。註、引伸爲宛曲宛轉、言宛然也。陳風宛丘之上兮、傳四方高中央下曰宛丘。郭註宛爲中央隆高。

䧢丘名。武負聲相近也。

阞丘名。卽定丘也。

史記周顯王三十二年、宋太丘社亡。畂、徐鉉曰十四方也。釋名、丘體滿一畝之地。小雅、猗于畝丘。陵丘與後高之丘同名。

啓蒙

丘背有丘爲負丘　左澤定丘　右陵泰丘　如畝畝丘

下文作丘上有丘爲宛丘。負丘卽宛丘。說文作阝丁丘。阜部阝丁史記集解引作右陵大丘。封禪書集解釋文畝作畝、云本或作畝。釋文李巡注、丘如田畝曰畝丘。小雅巷伯詩正義

證異

如畝畝丘。李云謂丘如田畝曰畝丘也。孫云方百步也。郭云丘有壟界如田畝楷案、郭本李說是也。上文如乘如陼如覆敦、下文如陵皆擬其形名之、此亦同例也。若方百步、則爲形四方之方丘、當名胡丘矣、而與如字之義已不合。又或丘體滿百步、其形或如上下文所言、亦將謂之畝丘乎、抑不謂之畝丘乎、孫說誤。

稗疏

丘有壟界如田畝　雪牕本注疏本壟作隴。疏云郭以爲田畝之壟也。則邢本作壟。釋文、隴界本又作壟。文選高唐賦注引作隴。

如畝畝丘〇釋曰　注疏本删。

謂丘如田畝曰畝丘孫炎曰　注疏本謂誤諸。下日字正德本同、閩本監本毛本作云。

如陵陵丘注陵大阜也〇釋曰　注疏本删。

校勘記

如畝畝丘　十行本畞、吳本畝。

校勘記訂補

爾雅詁林 十 釋丘

如畝畝丘 監本毛本湘本畝作畞。盧考證云、說文作晦、或作田十久畞、畝乃俗字。

注疏校勘記

如畝畝丘。如陵陵丘。 丘有隴界如田畝。 陵大阜也。

楊氏音訓

丘上有丘爲宛丘

丘上有丘爲宛丘。 嫌人不了、故重曉之。

郭注

丘上有丘爲宛丘

郭璞云、嫌人不了、故重曉之。

一切注音

不了 或作憭。 故重 直用反。

陸音義

邱上有邱爲宛邱

以邱戴邱、非死不能也。

新義

丘上有丘爲宛丘 此釋上宛中宛丘也。

鄭樵注

丘上有丘爲宛丘 郭璞曰、嫌人不了、故重曉之。鄭樵曰、此釋上宛中宛丘也。

古注合存

如覆敦者敦丘、邐迤沙丘、左高延丘、右高臨丘、前高旄丘、後高陵丘、偏高阿丘、宛中宛丘、丘背有丘爲負丘、左澤定丘、右陵泰丘、如畝畝丘、如陵陵丘、丘上有丘爲宛丘。 覆敦之敦音堆、下音頓。邐音里。迤音駝。定音訂。○此歷釋丘中與四旁高下之屬之名也。註曰、敦盂也。邐迤謂旁行連延。宛謂中央隆高也。負謂宛丘中高狀如負一丘於背上也。畝丘有隴界如田畝也。詩旄丘云、旄丘之葛兮。載馳云、陟彼阿丘。史記云、宋泰丘社亡。疏曰、少牢禮云、主婦執一金敦黍。有蓋。註云、敦受黍稷器也。說文云、邐行也。迤斜行也。地理志云、鉅鹿有紂所作沙丘

臺詩宛丘云、宛丘之上兮、詩傳云、四方高中央下曰宛丘。李巡孫炎皆云然。而郭註謂宛丘爲中央高者、以中央下卽泥丘、而下云丘上有丘爲宛丘、是中央高也。丘形有界埒、因名畝丘。詩巷伯云、楊園之道、猗于畝丘。愚按郭註以中央高爲宛丘、而以下文丘背有丘之負丘、丘上有丘之宛丘、皆爲中鮮宛丘之狀。今以下釋山篇宛中隆推之、其謂宛丘爲中隆高者、蓋得之。但丘背乃丘之背後與丘上不同、故其名爲負丘、而乃混負丘宛丘而爲一、則亦誤矣。或曰宛之言椀也、曰宛中者形如椀中央下也。丘上有丘者、象覆椀之形、猶前如覆敦也、故亦爲宛丘。釋山云、上正章、宛中隆。謂山之上正者名章、宛中者名隆、如武侯居隆中之隆、亦謂四方隆也。按此則以郭義駁詩傳者、亦非。

注疏參義

丘上有丘爲宛丘 註 嫌人不了故重曉之 正義 此重釋宛丘之義。輿地廣記云、爾雅丘上有丘曰宛丘、今其地形則然。

正義

丘上有丘爲宛丘 嫌人不了故重曉之

丘上有丘爲宛丘者、卽上宛丘、但其中閒窊處復起一小部婁、是謂丘上有丘、從其本名仍曰宛丘。臧氏經義雜記廿八云、謂有上下兩丘、上一丘中央宛下、亦非言中央高也。又云、宛、施博士於阮反、讀爲宛。郭於粉反、讀爲菀。與毛傳李孫皆兼異矣。今按宛、郭音蘊、謂蘊聚隆高也。說見釋文、蓋出郭氏音義。

義疏

邱上有邱爲宛邱。陳有宛邱。郭氏注上宛中合此爲義、故與孫李異。然此是增益爾雅者所加、恐不能與正文相亂也。水經注曰宛邱在陳城南道東、王隱云漸欲平。今不知所在矣。

丘上有丘爲宛丘 注嫌人不了故重曉之

正曰、上條宛中宛丘是毛詩說、此條丘上有丘爲宛丘乃是韓詩說。叔孫通梁文等兩存毛韓師說耳。韓詩外傳陳之富人觴于蘊丘之上、宛讀爲蘊、與釋文引郭音謂蘊聚隆高之誼合、但與上條宛

錢氏古義

中宛丘牽合爲一則誤甚矣。**正郭**

丘上有丘爲宛丘

嫌人不了故重曉之

釋文云了或作憭。**郭注佚存補訂**

丘上有丘爲宛丘

宛者釋文云郭於粉反謂蘊聚隆高也此申上文之義。**說詩**

二十上（九七）二行（注）嫌人不了○「了」，唐寫本作「憭」，義同。**宋監本校箋**

陳有宛丘晉有潛丘淮南有州黎丘

陳有宛丘今在陳郡陳縣晉有潛丘今在太原晉陽縣淮南有州黎丘今在壽春縣。**郭注**

陳有宛丘

郭璞云今在陳郡陳縣。

晉有潛丘

郭璞云今在太原府晉陽縣。

淮南有州黎丘

郭璞云今在壽春縣。**一切注音**

潛昨鹽反黎力兮反 **陸音義**

陳有宛丘今爲縣陳州治晉有潛丘郭云今在太原晉陽縣淮南有州黎丘郭云今在壽春縣。**鄭樵注**

陳有宛丘

郭璞曰、今在陳郡陳縣。

鄭樵曰、今爲縣陳州治。

晉有潛丘

郭璞曰、今在太原晉陽縣。

鄭樵曰、郭云今在太原晉陽縣。

淮南有州黎丘

郭璞曰、今在壽春縣。

鄭樵曰、郭云今在壽春縣。**古注合存**

陳有宛丘晉有潛丘淮南有州黎丘此下二節釋諸丘所在之地也註曰宛丘今在陳郡陳縣潛丘今在太原晉陽縣州黎丘今在壽春縣 **注疏參義**

潛邱鄭云郭注今在太原晉陽縣。今山西太原府陽曲縣。州黎邱鄭云今在壽春縣。今江南鳳陽府壽州。**補注**

陳有宛丘**註**今在陳郡陳縣晉有潛丘**註**今在太原晉陽縣淮南有州黎丘**註**今在壽春縣所在也。**正義**

此釋丘之所在也。陳有宛丘者、鄭氏詩譜、陳都於宛丘之側。水經註、宛丘在陳城南道東、王隱云漸欲平、今不知所在矣。元和郡縣志、宛丘在陳州宛丘縣南三里。太平寰宇記、在宛丘縣南三里、高二丈。案宛丘在元魏時酈道元已云不知所在、而李吉甫能按其道里、樂史且計其崇卑、疑後人別指一丘以當之、非王隱所云漸欲平者矣。晉有潛丘者、元和郡縣志在太原縣南三里、爾雅云晉有潛丘、隋開皇二年於其上置大興國觀。案舊圖經、在城東八里、宋修惠明寺、陶土作瓦、是丘遂湮。淮南有州黎丘者、州黎即州來、古者來黎音同。劉台拱云、鹽鐵論孔子能方不能圓、故飢於黎丘。哀公二年蔡遷於州來、四年孔子自陳適蔡。三歲、吳伐陳、楚救陳、軍於城父，使人聘孔子，於是絕糧陳蔡之間。鹽鐵論所謂黎丘，蓋即州黎之丘也。【註】陳郡陳縣。【正義】晉書地理志：梁國陳縣。案晉初以陳郡屬梁國，晉書据初制也。惠帝復置陳郡，渡江後因之。郭氏据當時之郡縣也。今爲陳州府淮寧縣。○太原晉陽縣。【正義】晉書地理志：太原國晉陽縣。今爲太原府太原縣。○壽春縣。【正義】晉書地理志：淮南郡壽春縣，今爲鳳陽府壽州。

【正義】

陳有宛丘今在陳郡陳縣 **晉有潛丘**今在太原晉陽縣 **淮南有州黎丘**今在壽春縣

陳有宛丘者，韓詩外傳：陳之富人觴於韞丘之上，韞丘當即宛丘，聲近叚借字也。詩譜云：陳都於宛丘之側。水經渠水注云：宛丘在陳城南道東。王隱云：漸欲平，今不知所在矣。按此則王隱尚及見之，酈氏已不知所在。而元和郡縣志云在宛丘縣南三里，寰宇記又云高二丈，殊未可信。陳郡陳縣，今爲陳州府淮寧縣。○潛丘者，元和志及寰宇記俱云在太原縣南三里。隋開皇二年，於其上置大興國觀。按舊圖經，宋修惠明寺，陶土作瓦，是丘遂湮。然則亦僅存其名矣。晉陽縣今爲太原縣。○州黎丘者，劉氏台拱經傳小記云：鹽鐵論論儒：孔子能方不能圓，故飢于黎丘。哀公二年，蔡遷於州來。四年，孔子自陳適蔡，絕糧。鹽鐵論所謂黎丘，蓋即州黎之丘也。今按古讀來如黎，是州黎即州來。劉說是矣。呂氏春秋：梁北有黎丘，非此。晉志淮南郡壽春縣，今爲鳳陽府壽州。

【義疏】

丘上有丘爲宛丘陳有宛丘郭注：嫌人不了，故重曉之。今在陳郡陳縣。　上宛丘不可居，此宛丘在城中，登眺之所，故詩人刺湯子也。韓詩作韞丘。**晉有潛丘**郭注：今在太原晉陽縣。**淮南有州黎丘**郭注：今在壽春縣。春秋蔡遷于州來，時已入楚，故以水地。

【集解】

丘上有丘爲宛

丘陳有宛丘上宛中之宛丘不可居人，此宛丘在城中，詩人詠以刺蕩子，則登望所耳。韓詩外傳作韞丘。**晉有潛丘**郭以爲在大原晉陽縣，則今大原縣也。宋修惠明寺，陶土作瓦，而潛丘遂湮。**淮南有州黎丘**今壽縣北也。春秋謂之州來，鹽鐵論則謂爲黎丘。

【義證】

邱上有邱爲宛邱陳有宛邱晉有潛邱
今在太原府太原縣。
淮南有州犂邱
今鳳陽府壽州，古州來國。犂讀曰來，古聲也。

【釋地四篇注】

丘上有丘爲宛丘陳有宛丘晉有潛丘淮南有州黎丘　說文：陳，舜後所封。徐鉉曰：陳者，太昊之虛，在陳州宛丘縣南三里。　潛丘在太原縣南三里。宋修惠明寺，陶土作瓦，是丘遂湮。　州黎即州來，鹽鐵論：孔子能方不能圓，故饑於黎丘。黎丘即州來也。

【啓蒙】

三行（注）今在壽春縣○「縣」下唐寫本有「也」字。

【宋監本校箋】

天下有名丘五其三在河南其二在河北

天下有名丘五其三在河南其二在河北。說者多以州黎宛營爲河南，潛敦爲河北者。案此方稱天下之名丘，恐此諸丘碌碌未足用當之，殆自別更有魁梧桀大者五，但未詳其名號，今者所在耳。

【郭注】

注說者至在耳　釋曰、此郭氏破先儒說天下名丘未當也。磥、小石也。磥磥、多貌。恐此州黎等五丘磥磥然小耳。史記毛遂入楚、謂平原君諸舍人曰、公等碌碌、所謂因人成事者也。意相類也。殆、近也。近自更有魁梧然桀大者五、但名號所在今所未詳知也。此已上釋衆丘之名義、故題曰丘也。

邢疏

天下有名邱五其三在河南其二在河北　釋邱　州黎宛營爲河南、潛敦爲河北者。郭注引說者

黃輯古義

衆家注

天下有名邱五其三在河南其二在河北　注曰、州黎宛營爲河南、潛敦爲河北者。郭注引說者

漢注

天下有名丘五其三在河南其二在河北　郭璞云、說者多以州黎宛營爲河南、潛敦爲河北者、案此方稱天下之名丘、恐此諸丘碌碌未足用當之、殆自別更有魁梧桀大者五、但未詳其名號、今所在耳。

一切注音

天下有名邱五其三在河南其二在河北　郭注云、說者多以州黎宛營爲河南、潛敦爲河北者。

蕙心案、郭此注引爾雅舊說也。

古注斠

敦丁回反。碌音祿。更古孟反。魁口回反。梧五故、五胡二反。傑渠列反。本今作桀。

陸音義

傑本今作桀。○邢本作桀、宋單注本作傑。

音義攷證

天下有名邱五其三在河南其二在河北　其三在河南、所謂河南曰豫州、其山鎮曰華山。河東曰兗州、其山鎮曰岱山。正西曰雍州、其山鎮曰嶽山。是歟。其二在河北、所謂河內曰冀州、其山鎮曰霍山。正北曰幷州、其山鎮曰恆山。是歟。此所謂魁梧傑大者也。此嶽而謂之邱、又釋在邱後、言其所由爲嶽充此而已。

新義

天下有名丘五其三在河南其二在河北　五丘未詳名號、不知所在。

鄭樵注

天下有名丘五其三在河南其二在河北　郭璞曰、說者多以州黎宛營爲河南、潛敦爲河北者、案此方稱天下之名丘、恐此諸丘碌碌未足用當之、殆自別更有魁梧桀大者五、但未詳其名號、不知所在。鄭樵曰、五丘未詳名號、不知所在。

古注合存

天下有名丘五其三在河南其二在河北　註曰世多以州黎宛營爲河南之三丘、潛敦爲河北之二丘。恐此稱天下之名丘、諸丘未足當之、但未詳其名與其所在耳。

注疏參義

天下有名丘五其三在河南其二在河北　**註**說者多以州黎宛營爲河南、潛敦爲河北者、案此方稱天下之名丘、恐此諸丘碌碌未足用當之、殆自別更有魁梧桀大者五、但未詳其名號、今所在耳　**正義**風俗通義引爾雅曰、天下有名丘五、其三在河南、二在河北。應劭不言所在、今無可考。**註**說者至在耳。**正義**以州黎宛營爲河南、潛敦爲河北、蓋漢以來之舊說。郭不從者、以爾雅於陳有宛丘以下始据地望言之。營丘、敦丘、爾雅祗釋

其形狀、未可專指一處、又据當時目驗諸丘形狀不足以當魁梧桀大之稱、故從闕疑。丘【正義】題丘上事。

天下有名丘五其三在河南其二在河北 說者多以州黎宛營爲河南潛敦爲河北者按此方稱天下之名丘恐此諸丘碌碌未足用當之始自別更有魁梧桀大者五但未詳其名號今者所在耳【正義】

郭引說者以州黎宛營爲河南、潛敦爲河北、蓋本爾雅舊注之文。翟氏灝爾雅補郭云、今以郭意求之、惟西域有崐崘軒轅二丘、海外西北有平丘、東南有嵯丘、東有青丘、依山海經所言、此五丘爲天下最魁梧桀大、而名稱於上古。軒轅平丘在河以北、嵯青在河以南、河出崐崘西北、則崐崘亦屬河南云云。按此說亦無以知其必然、姑存之。【義疏】

天下有名丘五其三在河南其二在河北

翟氏灝爾雅補郭云、今以郭意求之、惟西域有崑崙軒轅二丘、海外西北有平丘、東南有嵯丘、東有青丘、依山海經所言、此五丘爲天下最魁梧桀大、而名稱於上古。軒轅平丘在河以北、嵯青在河以南、河出崑崙西北、則崑崙亦河南云云。案此說亦無以知其必然、姑存之。念孫案、爾雅所謂河南河北皆指中國言之、翟說荒唐不可用。【郝注刊誤】

天下有名丠五其三在河南其二在河北 郭注、說者多以州黎宛營爲河南、潛敦爲河北者、案此方稱天下之名丠、恐此諸丠、碌碌未足用當之、殆自更有魁梧桀大者五、但未詳其名號今者所在耳。此周公記宅京之地、郭注似亦知之而不肯顯言。以今度之、則河南三者、長安、洛陽、南陽。河北二者、眞定鄴與。故以丠配京。【集解】

天下有名北五其三在河南其二在河北 此記周宅京之地。河南三者、說者以長安洛陽南陽當之。河北二者、則眞定與鄴。故以北配京。【義證】

天下有名丘五其三在河南其二在河北

郭注、說者多㠯州黎宛營爲河南、潛敦爲河北。邵氏正義亦云㠯州黎宛營爲河南、潛敦爲河北者。蓋漢㠯來之舊說。郝氏義疏直㠯郭注說者㠯下二句、蓋本尒疋舊注之文。【舊注攷證】

天下有名邱五 舊說以州黎宛營潛敦五邱當之、郭氏謂更有魁梧桀大者五、非若此諸邱之碌碌。今以郭意求之、則惟西域有崑崙軒轅二邱、海外西北有平邱、東南有嵯邱、東有青邱、依山海經所言此五邱爲天下最魁梧桀大、而名稱于上古。軒轅平邱在河以北、嵯青在河以南、河出崑崙西北、則崑崙亦屬河南、于下文自合。郭氏嘗爲山海經注、或其意有主于此而究不實指之、蓋復恐荒遠之難信也、舍是不取、則仍當舊說是從矣。州黎等雖不甚大、而其名得著在經傳、謂之名邱、又何愧焉。【補郭】

天下有名丘五其三在河南其二在河北

說者多以州黎宛營爲河南者潛敦爲河北者按此

方稱天下之名丘恐此諸丘碌碌未足用當之殆自別更有魁梧傑大者五但未詳其名號今者所在耳

御覽引河南下有者字、今本脫、據補。 御覽引用作以。 御覽引無更字。釋文云、更古孟反。陸所據本蓋有。釋文傑、渠列反。舊校云本今作桀。各本皆作桀、惟仿宋本作傑、與釋文同。 御覽引無今者二字、明注疏本脫者字。

郭注佚存補訂

陳有宛丘、晉有潛丘、淮南有州黎丘、天下有名丘五、其三在河南、其二在河北

陳譜云、陳都於宛丘之側。韓詩外傳云、陳之富人觴於蘊丘之上。蘊丘卽宛丘、蘊宛聲轉字。餘詳訂經。

說詩

天下有名丘節註殆自別更有魁梧桀大者五 桀、釋文作傑。

注疏正字

天下有名丘五、其三在河南、其二在河北。說者多以州黎宛營爲河南潛敦爲河北者。按此方稱天下之名丘、恐此諸丘碌碌未足用當之、殆自別更有魁梧桀大者五、但未詳其名號今者所在耳。 名者爲衆所習知、非必魁梧桀大、說者未必非也。

黃侃音訓

殆自別更有魁梧傑大者五 單疏本雪牕本注疏本傑作桀。釋文傑、渠列反、本今作桀。此蓋據釋文改。又按、別更義同、當衍其一。釋文更字有音。邢疏云、殆、近也。近是更有魁梧然。桀大者五。亦作更字、蓋陸邢本作更、經注本作別、淺人合弁之、隨復沓不可讀。

今者所在耳 雪牕本同、注疏本脫者。

○注說者至在耳○釋曰 注疏本删。

今所未詳知也此已上釋衆丘之名義 注疏本移此已上云云十四字分配題下。

校勘記

三在河南 唐石經永懷堂本毛本湘本三上有其字、此脫。

注疏校勘札記

四行其二在河北○「其」字唐寫本無，與《風俗通義》引合。

(注)說者多以州黎宛營爲河南潛敦爲河北者○《御覽》卷五十三引「河南」下有「者」字。

五行(注)恐此諸丘碌碌未足用當之○「之」下唐寫本有「也」字。

(注)殆自別更有魁梧桀大者五○《御覽》卷五十三引「別」下無「更」字。案：《釋文》爲「更」字作音，陸所據本有無「別」字不可知。又唐寫本「桀」作「傑」，與《釋文》合。

宋監本校箋

望厓洒而高岸

望厓洒而高岸。厓、水邊。洒、謂深也。視厓峻而水深者曰岸。

郭注

望厓洒而高岸 釋曰、望、視也。厓、水邊也。洒、水深也。言視水邊之厓、其下水深、其厓高峻者名岸。詩衛風云、淇則有岸。

邢疏

望厓洒而高岸

郭璞云、厓、水邊。洒、謂深也。視厓峻而水深者曰岸。

一切注音

望厓 字又作涯、魚佳反。 洒 蘇典反、又西禮反、下同。

陸音義

望厓洒而高岸

崇深如此、可謂望厓也。詩曰、民具爾瞻。

新義

望厓洒而高岸

郭璞曰、厓、水邊。洒、謂深也。視厓峻而水深者曰岸。

鄭樵曰、洒、先典反、深也、謂其下水深也。

古注合存

望厓洒而高岸夷上洒下不漘。洒先上聲漘音脣。此釋厓高深之名也。註曰厓水邊也。洒謂深也。言視水邊之厓下深而上峻者名岸。上平而下深者名漘。不發聲也。疏曰詩氓篇云淇則有岸。葛藟云在河之漘。孫炎云夷上平下曰漘。不衍字。

注疏參義

望厓洒而高岸 **註** 厓水邊洒謂深也視厓峻而水深者曰岸 **正義** 說文云岸、水厓而高者。衛風氓云淇則有岸、此釋之也。凡水邊之地、望之下深而上峻者名岸。王篇云洒、深也。與郭義同。邶風云新臺有洒、毛傳洒高峻也。與郭註義相成也。

正義

望厓洒而高岸

厓水邊洒謂㴱也視厓峻而水㴱者曰岸

此釋厓岸之名也。說文云岸、水厓而高者。又云厓、山邊也。巖、岸也。是山邊亦名厓。此則指水邊而言也。洒者、詩新臺傳洒高峻也。郭謂㴱也。高則必㴱、義雖相成、但洒峻雙聲、訓㴱未聞。

義疏

望厓洒而高岸

郭注、厓水邊。洒謂㴱也。視厓峻而水㴱者曰岸。望厓對厓也。厓从厂、卽岸也。岸厂古今字。山厓人可居者曰崖。相對中有川流曰岸。岸从干。詩河之干。易鴻漸于干。以涉水爲干也。洒洗古今字。峭削爲洗。岸異于厓者、不必傍山、但峭削而高則爲岸。兩山相對則爲厓。詩誕先登于岸。高岸爲谷。

集解

望厓洒而高岸

厓山邊也。从厂圭聲。厂、山石之厓巖人可居。則厓乃以居人及産玉而名耳。岸、水厓而高者、从屵干聲。屵、岸高也。干、犯也。謂涉水。詩在河之干、易鴻漸于干均是也。望厓對厓也。洒、滌也。从水西聲。與浚通用。陖、陗高也。而厓陗高中有河流、斯名岸矣。詩、淇則有岸。又高岸爲谷。

義證

望厓洒而高岸

洒、高峻也。詩、新臺有洒。韓岸門在潁川長社縣、魏王泰曰今名西武亭。

釋地四篇注

望厓洒而高岸 洒、蘇典反。

註 厓水邊洒謂深也視厓峻而水深者曰岸

郭注補正

望厓洒而高岸　注洒謂㴱也

正曰詩邶新臺、新臺有洒、毛傳洒、高峻也。散文則洒訓高峻、洒與高對文、則洒當訓峻。國語晉語高山峻原、韋注峻、峭也。下條夷上洒下、李孫注並訓洒下爲陗下、是其證也。郭注訓洒爲㴱、與毛傳違異。

正郭

望厓洒而高岸

厓水邊洒謂深也視厓峻而水深者曰岸也

慧琳集異門足論六卷音義引郭注爾雅云、視涯峻而水深者爲岸也。希麟續開元釋教錄中卷音義引郭注爾雅云、水邊曰涯峻而水深者曰岸也。引與今本微有異同、今據補也字。

郭注佚存補訂

望厓洒而高岓

說文云岸、水厓而高者。衛風氓淇則有岓、鄭箋云、言淇與隰皆有厓岓以自拱持。小雅十月之交高

爾雅詁林　十　釋丘

岍爲谷、疏云高大之岍陷於深谷。大雅皇矣誕先登於岸毛傳云岸高位也。洒者、邶風新台有洒傳云洒高峻也。**說詩**

望厓洒而高岸疏洒水深也 洒、監本誤酒。 詩衛風云淇則有岸 衛風下當有氓篇二字。 **注疏正字**

一 望厓洒而高岸

郭曰洒謂深也視厓峻而水深者曰岸家大人曰郭說非也洒者峭也語之轉耳。邶風新臺篇新臺有洒毛傳曰洒高峻也峻亦峭也。水厓之形有直立而卑者是峭而不高者也有高而陵夷者是高而不峭者也若既峭而又高者則謂之岸曰望厓洒而高則洒字自指厓言之而郭乃以爲水深望厓水深而高則文不成義矣且厓峭而高即謂之岸何必水深而後謂之岸乎郭蓋以洒字從水故訓爲水深此未達六書假借之義也洒濯之洒借爲洒峻之洒新臺有洒之洒豈亦得訓爲水深乎邵曰洒字從水西聲西與申聲相近又轉爲深是從聲取義。此則曲說之不可通者也。**述聞**

望厓洒而高岸 釋文云厓字又作涯案涯說文水部新附字。**匡名**

望厓洒而高岸

案爾雅釋丘之洒字乃陖字之叚借說文𨸏部陖下云陗高也陗下云陖也義相轉注蓋斗立不可上者、故曰陗也詩邶風新臺篇新臺有洒毛傳云洒、高峻也峻卽陖之同音通用字傳意謂經之洒卽陖之叚借故以高峻釋洒字。西聲、夋聲古音相同例得叚借。且爾雅夷上洒下不漘句、李巡云夷上平上洒下陗下孫炎亦曰平上陗下。是李孫亦皆釋洒爲陗。此句洒字亦當訓陗、而郭注獨云洒謂深也視厓峻而水深者曰岸。水之深淺何與於厓、如景純說爾雅不應云望厓矣。**楊賡元日記**

望厓洒而高岸〇釋曰 注疏本删。**校勘記**

望厓洒而高岸。釋文厓字又作涯魚佳反今本音牙、非是廣韻厓涯竝五佳切在上平十三佳牙、五加切在下平九麻厓不可以牙音也。**注疏本正誤**

八行望厓洒而高岸〇「厓」，原本《玉篇》屵部「岸」下及水部「洒」下均引作「涯」。

(注)視厓峻而水深者曰岸〇唐寫本「岸」下有「也」字。原本《玉篇》「岸」下引「厓」作「涯」，「曰」作「爲」。**宋監本校箋**

望厓音牙洒而高岸 **音圖・音**

望厓洒而高岸。牙 先上聲 案 **孫侶直音**

望厓牙洒先上聲而高岸。視厓峻而水深者曰岸。厓水邊洒謂深也。**楊氏音訓**

洒蘇典切 **干氏音釋**

夷上洒下不漘

夷上洒下、不漘。厓上平坦而下水深者爲漘。不發聲。**郭注**

夷上洒下不漘 釋曰李巡云夷上平上洒下陗下。故名漘。孫炎曰平上陗下故名曰漘。不者蓋衍字。郭云、厓上平坦而下水深者爲漘。不發聲也。詩王風葛藟云在河之漘是也。

邢疏

夷上洒下不漘

夷上平、上洒下、陗下。故名漘。一詩正義四之一邢疏

李注

夷上洒下不漘

平上陗下故名漘。不者蓋衍字。詩正義四之一邢疏

孫音注

黄輯古義

夷上灑下不滑

夷上、平上。灑下陗下。故名滑。邢疏詩正風葛藟正義

李注

夷上灑下不漘

平上陗下故名漘。不者蓋衍字。邢疏詩王風葛藟正義

孫音注

玉函山房輯佚

夷上洒下不漘

李曰、夷上平上。洒下、陗下。故名漘。一詩正義四之一邢疏

孫曰、平上陗下故名漘。不者蓋衍字。一詩正義四之一邢疏

漢注

夷上洒下不滑

李巡云、夷上平上。洒下、陗下。故名滑。　孫炎云、平上陗下故名滑。不者蓋衍字。並詩正義卷四之一　郭璞云、厓上平坦而下水深者爲滑。不、發聲。

一切注音

夷上洒下不漘　李巡曰、夷上平上。洒下、陗下。故名曰漘。詩伐檀正義　孫炎曰、平上陗下故名曰漘。不者蓋衍字也。釋文

古注斠

漘音脣。坦土但反。

陸音義

夷上洒下不漘

不、甚言之之詞。詩曰有周不顯、即言顯適可而已。

新義

望厓洒而高岸夷上洒下不漘　洒、先典反、深也。謂其下水深也。夷、平也。不者衍字。

鄭樵注

夷上洒下不滑

李巡曰、夷上、平上。洒下、陗下。故名滑。

孫炎曰、平上陗下、故名曰滑。不者蓋衍字。

郭璞曰、厓上平坦而下水深者爲滑。不、發聲。

鄭樵曰、夷、平也。不者衍字。

古注合存

不漘、郭云不、發辭。鄭云不者衍字。鄭從孫炎說。

補注

夷上洒下不漘　註　厓上平坦而下水深者爲漘不發聲

正義　王風葛藟云在河之漘、毛傳漘水隒也。魏風伐檀云寘之河之漘兮、毛傳漘、厓也。說文云漘、水厓也。詩曰寘河之漘。案說文節取詩句以證漘爲水厓、不備引其全文也。註厓上至發聲。正義　詩疏引李巡云、夷上、平上。洒下、陗下。故名漘。孫炎云、平上陗下故名曰漘。不者蓋衍字。李孫俱訓洒爲陗、郭不從者、洒字从水西聲、西與申聲相近、又轉爲深、是從聲取義、不當訓爲陗也。孫又以不爲衍字、郭知不然者、下文釋魚云左倪不類、右倪不若、不字皆發聲詞、不得以爲衍文也。

正義

爾雅詁林　十　釋丘

夷上洒下不漘厓上平坦而下水漘者爲漘不發聲

說文漘、水厓也。詩葛藟傳漘、水隒也。伐檀傳漘、厓也。正義引李巡曰、夷上、平上。洒下、陗下。故名曰漘。不者蓋衍字。李孫訓洒爲陗義本毛傳。孫以不爲衍字、郭不從者、以釋魚云左倪不類右倪不若、不皆發聲。 **義疏**

夷上洒下不漘

李注、夷上、平上。洒下、陗下。故名漘。孫注同、云不者蓋衍字。郭注厓上平坦而下水漘者爲漘。不、發聲。詩在河之漘。 **集解**

夷上洒下不漘不、郭以為發聲、孫以為衍文、今謂不當讀如丕、丕大也、對上高字而言。平上陗下而形大、乃專漘名、亦猶岸必望厓洒而且高也。漘、水厓也。有大之意。漘以辰、辰、有身也。有身則大矣。詩在河之漘、又寘之河之漘兮。 **義證**

夷上洒下不漘

漘、水隒也。 **釋地四篇注**

夷上洒下不漘。漘音脣。

注岸上平坦而下水深者爲漘不發聲 補正 邢疏、李巡云、夷上、平上。洒下、陗下。故名漘。孫炎曰、平上陗下故名漘。不者蓋衍字。 **郭注補正**

夷上洒下不漘　注厓上平坦而下水漘者爲漘不發聲

正曰、詩王葛藟正義、釋丘夷上洒下、不漘。李巡曰、夷上、平上。洒下、陗下。故名漘。孫炎曰、平上陗下、故名曰漘。不者蓋衍字。李孫注洒下訓陗下、與新臺毛傳洒訓高峻合。郭注改訓爲漩、失其誼矣。 **正郭**

夷上洒下不漘　注厓上平坦而下水深者爲漘不發聲

評曰、詩疏引李巡云、夷上、平上。洒下、陗下。故名曰漘。孫炎云、平上陗下、故名曰漘。注蓋疑陗與高同義、故以洒爲水深、不知岸之高不係於水之深、直指無水處言之。詩新臺有洒、毛傳洒、高峻也。峻从山之高得義、必指自上斜下、言臺之上小下大亦然、而岸之形似之、直謂望厓斜而高也。夷上洒下者、又謂上半直下半斜、似人之脣、故漘从脣。注未得其義也。 **諍郭**

夷上洒下不漘

厓上平坦而下水深者爲漘不發聲也

單疏本作不發聲也。各本脫也字。詩葛藟正義引釋丘夷上洒下、不漘、郭璞曰、不發聲也。彼釋文引亦同。慧琳續高僧傳十一卷音義亦引作不發聲也。 **郭注佚存補訂**

夷上洒下不漘

說文云漘、水厓也。王風葛藟在河之漘、毛傳云漘、水隒也。魏風伐檀寘之河之漘兮、傳云漘、厓也。說文引詩無兮字。李巡云、夷上、平上。洒下、陗下。故名曰漘。孫炎云、平上陗下、故名曰漘。不者蓋衍字。案不漘猶詩不顯、不甯之類、郭以爲發聲是也。 **說詩**

夷上節疏平上陗下故名曰漘脫曰字。 **注疏正字**

夷上洒下不漘

李曰、夷上、平上。洒下、陗下。故名漘。孫曰、平上陗下故名曰漘。不者蓋衍字。郭曰、厓上平坦而下水深者爲漘。不、發聲。家大人曰、郭以不爲發聲是也。以洒下爲厓下水深則非。漘爲水厓之名、不必水深而後謂之漘也。夷上洒下皆指厓而言、與水之深淺無涉。夷者、陵夷也。陵夷者、陂陀也。見家語始誅篇注 洒者、峭也。言上陂陀而下峻峭也。魏風伐檀釋文曰、漘本亦作脣。漘之言脣也。上陂陀而下峻峭、狀如人之脣、故謂之漘。是以李孫並云平上陗下故名漘也。若以洒爲水深則非其指矣。

述聞

夷上洒下不漘　孫炎注云不者蓋衍字。

匡名

望厓洒而高岸夷上洒下不漘 說文、厓、山邊也。岸、水涯而高者。邶風新臺有洒。衞風淇則有岸。漘、水厓也。引詩在河之漘。郭註厓上平坦而下水深者爲漘。不、發聲。

啓蒙

夷上洒下、不漘。厓上平坦而下水深者爲漘、不發聲。 洒即陖、峻之借、洒之訓深、猶浚之訓深也。洒之言浚也、浚者、深也。 說文、陙、小阜也、與漘義亦近。伐檀釋文漘、本亦作脣、案漘之言脣也、口邊謂之脣、水邊謂之漘、屋宇謂之宸、皆同義。 不與不蜩、不過、不類、不若之不同。

黄侃音訓

望厓洒而高岸。郭注洒謂深也。夷上洒下、不漘。詩正義引李巡云、夷上、平上。洒下、陗下。故名漘。孫炎曰、平上陗下、故名曰漘。是李孫皆訓洒爲陗、郭氏始改訓深。承珙案陗與削同。漢書司馬相如傳注引蘇林曰、削音陗峻之陗。釋名、刀其室曰削。削、陗也。其形陗殺、裹刀體也。史記貨殖傳洒削薄技也。集解引漢書音義曰、治刀劍名也。如淳曰、作刀劍削者治刀劍謂之洒。削蓋取刻陗之義、洒削與卹削同。史記集解引漢書音義曰、卹削、裁制貌也。索隱引張揖曰、卹削、刻除貌也。亦可見洒有陗義。邶風新臺有洒傳云洒、高峻也。李孫蓋皆本毛義、郭氏不從誤。邵氏正義云洒从水西聲、西與申聲相近、又轉爲深是從聲取義、不當訓陗。案說文汛、灑也。集韻洒或作汛、汛與峻聲亦相近、毛訓峻、李孫訓陗、未始不可從聲取義也。

胡氏古義

不發聲 雪牕本注疏本同。單疏本聲下有也。按詩葛藟釋文正義皆引此注云不發聲也。

夷上洒下不漘○釋曰 注疏本刪。

故名曰漘 注疏本脫曰。

校勘記

二十下（一九八）

一行（注）不發聲○唐寫本「發聲」下有「也」字。邢昺疏同。《詩·葛藟》《正義》引亦有「也」字。當據補。

宋監本校箋

夷上洒下不漘 厓上平坦而下水深者爲漘。不、發聲。漘音脣。

音圖·音

夷上洒下不漘、 脣

孫侶直音

厓上平坦而下水深者爲漘、不、發聲。

夷上洒下不 孫炎曰、不不衍字 漘 脣

楊氏音訓

漘 脣

干氏音釋

隩隈

隩隈。今江東呼爲浦隩。淮南子曰、漁者不爭隈。 **郭注**

隩隈 釋曰、隩一名隈也。孫炎云隈水曲中也。詩衞風云瞻彼淇隩、故此釋之也。 注淮南子曰漁者不爭隈 釋曰、案淮南子原道篇云、昔舜耕於歷山朞年而田者爭處境埆、以封畔肥饒相讓。釣於河濱朞年而漁者爭處湍瀨、以曲隈深潭相予、是不爭隈之事也。引之以證隈即厓内深隩之處也。 **邢疏**

隩隈 隩於六反。釋文 郭音義 **黃輯古義**

隩隈 隈水曲中也。邢疏 毛詩釋文 詩衞風淇奧正義 孫音注 **玉函山房輯佚**

隈 水曲中也。孫注 經典釋文五。 **鉤沉**

隩隈 孫曰、隈、水中也。詩正義三之二 毛詩音義上 邢疏 **漢注**

隩隈 孫炎云隈水曲中也。釋文五卷 郭璞云、今江東呼爲浦隩。淮南子曰、漁者不爭隈。 **一切注音**

隩隈 孫炎曰、隈、水曲中也。詩淇奧正義 隩、郭於六反。釋文 **古注斠**

隩 字林烏到反、郭於六反、注及下同。本或作澳。 隈 本或作澴同。烏回反。字林一由反。 漁 音魚。 **陸音義**

隈 字林一由反。○出舊譌由、今改正。 **音義攷證**

隩隈 隩、郭於六反。 孫炎曰、隈、水曲中也。 郭璞曰、今江東呼爲浦隩。淮南子曰、漁者不爭隈。 **古注合存**

隈依疏當音覼。李巡說。 **補注**

隩隈 註今江東呼爲浦隩。淮南子曰、漁者不爭隈 正義 隩、毛詩作奧。衞風云瞻彼淇奧、毛傳奧、隈也。說文云隩、水隈崖也。隈、水曲澳也。詩釋文引孫炎云水曲中也。詩疏引陸璣云、淇澳、二水名。劉昭郡國志註引博物志云、奧水流入淇水。水經註云肥泉、博物志謂之澳水。毛言澳、隈也。鄭亦不以爲津源、而張司空專以爲水流入於淇、非所究也。然斯水即詩所謂泉源之水也。案劉昭鄘道元所引博物志與陸璣說同、然肥泉流入於淇、即泉源之水、俱見衞風、不得以爲奧水。爾雅以隈釋隩、毛傳因之、是淇澳非二水名也。 註今江至爭隈。 正義 玉篇云、水源枝注江海邊曰浦。郭引方俗語爲證也。淮南覽冥訓云、田者不倍畔、漁者不爭隈、高誘註隈曲深處魚所聚也。是郭註所引也。又原道訓云以曲隈深潭相子、高誘註曲隈、崖岸委曲。 **正義**

隩隈 說文、隩、隈岸也、其内曰隩、其外曰隈。鍇案、淮南子漁者以其隈隩曲崖相讓、隩謂岸内曲、隈外曲也。 詩、汭鞫之即。 **校議**

隩隈 今江東呼爲浦隩。淮南子曰、漁者不爭隈 隩、澳同。說文竝云隈厓也。隈、水曲隩也。許讀厓文上屬、與李郭異。郭讀與李巡同也。隩俗作奧。詩淇奧傳奥隈也。正義引孫炎曰、隈水曲中也。郭云今江東呼爲浦隩、隩當作隈。文選詩注引作今江東人呼浦爲隈、是也。郭又引淮南覽冥篇云漁者不爭隈、高誘注隈曲深處魚所聚也。是隈有深曲之義。隩猶奥也、亦深隱之義也。詩正義引陸璣以淇澳爲二水名、劉昭郡國志注引博物志奥水流入淇水、水經注引肥泉謂之澳水、並與爾雅不合、今無取焉。

義疏

隩隈

厓

許慎說隩水隈厓也。澳隈厓也。則以隩隈絕句者誤也。隩从奥、宛也。室之西南隅、則室內矣。隈从畏、亦親也、內也。詩不可隈也、謂不可親。禮記大學瞻彼淇澳、注隈厓也。以澳爲之。

義證

隩隈 隩於六反。隈烏回反。

註今江東呼爲浦隩。淮南子曰漁者不爭隈。補正邢疏、孫炎曰、隈水曲中也。

郭注補正

隩隈

今江東評爲浦隩淮南子曰漁者不爭隈

文選謝宣遠王撫軍庾西陽集別詩注引爾雅、隩隈也、郭璞曰今江東人呼浦爲隈。樹枏案、此引偶誤。釋文云、隩、郭於六反、注及下同。據此則注有隩字也。文選江賦謝靈運從斤竹澗越嶺溪行詩注並引與今本同。

郭注佚存補訂

隩隈

說文隩澳並云隈厓也、讀下厓字上屬。又云隈、水曲隩也。釋文云隩本或作澳。衛風瞻彼淇奥、毛傳云奥、隈也。禮記大學作澳。彼釋文云澳本亦作奥。隩澳皆從奥、蓋取深曲之義、孫炎云隈、水曲中也。

說詩

隩隈 釋文云、隩、郭於六切。

疏瞻彼淇隩 詩作奥。 以封壤肥饒相讓 壤誤畔。

注疏正字

隩隈 釋文云本或作澳隈。文選注兩引廿七又卅作澳隈也。案說文𨸏部隩、水隈厓也、从𨸏奥聲。隈、水曲隩也、从𨸏畏聲。又水部澳、隈厓也、其內曰澳、其外曰隈、从水奥聲。則隩澳字同、唯湨字訓湨義異。 詩衛風淇奥瞻彼淇奥、傳奥、隈也。

匡名

鞫 歸 盧氏文弨曰、注疏本作隈。案詩公劉正義引爾雅作鞫、與釋文本同。邵云、說文澳、隈崖也。其內曰澳。其外曰隈。左傳疏引爾雅亦作隈。唐石經及宋本俱作鞫。茲从邵說。此有二本、未可輒定。其作鞫者、當以汭爲正字。郭注於鞫字無釋、其本宜作隈耳。

今江東呼爲浦隩 雪聰案注疏本同。文選謝宣遠王撫軍庾西陽集別詩注引此云今江東人呼浦爲隈。此脫人字、作呼爲浦隩亦非。

黃侃評本正名

隩隈○釋曰 注疏本刪。

○注淮南子曰漁者不爭隈○釋曰案淮南子 注疏本刪上十二字。

是不爭隈之事也 注疏本脫也。

校勘記

隩隈。釋文、隩字林烏到反、郭於六反、注及下同、本或作澳今本音奥、是用呂音、非郭義。

注疏本正誤

（注）淮南子曰漁者不爭隈○唐寫本「隈」下有「也」字，原本《玉篇》阜部「隩」下引作「是也」。

宋監本校箋

隩音奥　隈今江東呼為浦隩。淮南子曰、魚者不爭隈。隈音煨。

音圖・音

澳　煨

隩、隈、

孫侶直音

隩隩一名隈。隩奥　隈烏回切

楊氏音訓

隩奥又音郁　隈烏魁切

干氏音釋

厓内為隩外為隈

厓内為隩外為隈。別厓表裏之名。

郭注

厓内為隩外為隈　釋曰、別厓表裏之名也。孫炎云、内曲裏也、外曲表也。李巡曰、厓内近水為隩、其外為鞫。此句覆釋上文隩隈之處也。云外為隈者、隈當作鞫、傳寫誤也。詩大雅公劉云芮鞫之即、毛傳云水之外曰鞫。然則厓在水曲、其内名隩、又名隈、其外名鞫、又作垠、音義同。今以隩隈一事分為外内之名、故知誤也。

邢疏

厓内為隩外為隈也。邢疏云、隈當作鞫、傳寫誤

厓内近水為隩、其外為鞫。詩正義三之二又十七之三

邢疏

李注

厓内為隩外為隈

内曲裏也、外曲表也。詩正義十七之三、春秋正義十一又二十九　邢疏

孫音注

厓内為隩外為隈　隈唐石經作鞫。

衆家注

黄輯古義

厓内為隩外為鞫　今本作外為隈。邢疏云、隈當作鞫、傳寫誤也。引李巡作鞫。

厓内近水為隩、其外為鞫。邢疏　詩大雅公劉正義　春秋襄三年正義引作外為隈。詩衛風淇奥正義春秋閔二年正義並引上句。

李注

厓内為隩外為隈

内曲裏也、外曲表也。邢疏　詩大雅公劉正義　春秋襄三年正義又閔二年正義引内隈曲裏也句。

孫音注

隩隈。隩於六反。注及下同。本或作澳。並同上

郭音義

玉函山房輯佚

厓内為隩外為隈

内曲裏也、外曲表也。同

厓内近水為隩。李注　並宋本春秋疏二十

鈎沉

厓内為隩外為隈　案隈、釋文作鞫、詩正義十七之一引爾雅同。邢疏云、隈當作鞫、傳寫誤也。

李曰、厓内近水為隩、其外為鞫。詩正義十七之三、又三之二　邢疏

孫曰、内曲裏也、外曲表也。詩正義十七之三、春秋正義十一又二十九　邢疏

漢注

厓内為隩外為鞫　鞫今本作隈、釋文本及宋本並作鞫。詩正義十七之三卷引同、茲據改正。

李巡云、厓内近水為隩、其外為鞫。　孫炎云、内曲裏也、外曲表也。並詩正義十七之三卷　左傳正義二十卷　郭璞云、別厓

表裏之名。

一切注音

厓內爲隩外爲隈　李巡曰、厓內近水爲隩、其外爲鞫。孫炎曰、內曲裏也、外曲表也。詩公劉正義

蕙心案、隈、唐石經作鞫、釋文同。詩公劉正義左襄三年傳正義竝引爾雅厓內爲隩外爲鞫是也。今作隈依俗本改。

古注斠

鞫 如字。字林作垠、云隈、厓外也。九六反。別 彼列反。裏 音里。

陸音義

鞫 ○注疏本作隈、刪釋文。案詩公劉正義引爾雅作鞫、與釋文本同。邵云、說文、澳、隈崖也、其內曰澳、其外曰隈。左傳疏引爾雅亦作隈。唐石經及宋本俱作鞫。

音義攷證

厓內爲隩　以圭絜故有厓岸、水北曰陽、其爲奧陽也、據溫河北地。詩曰、瞻彼淇奧、綠竹猗猗。

外爲隈　大隱奐以陰故也。

新義

隩隈厓內爲隩外爲隈　下二句釋隩隈也。

鄭樵注

厓內爲隩外爲隈 隈諸家本作鞫釋文及唐石經宋本並同
李巡曰、厓內近水爲隩、其外爲鞫。
孫炎曰、內曲裏也、外曲表也。
郭璞曰、別厓表裏之名。
鄭樵曰、下二句釋隩隈也。

古注合存

隩、隈、厓內爲隩、外爲隈。隩澳與同、爲隈之隈、李巡作鞫。○此釋厓表裏之名也。註曰、今江東呼爲浦隩。淮南子云、舜漁於河濱、漁者不爭隈。疏曰、隩、一名隈。詩衞風云、瞻彼淇澳、是也。孫炎云、隈、水曲也。內謂曲裏、外謂曲表。李巡云、厓內爲隩、其外爲鞫、外爲隈之隈當作鞫。詩公劉云、芮鞫之即。毛傳云、水外爲鞫。然則水曲之內爲隩、又名隈、其外名鞫。今隩即爲隈、而又分爲內外、故知誤也。愚按、李解至爲明析、然玩本文、則水內名隩、水外名隈、一名鞫、而首句釋隩爲隈、乃以外曲釋內曲、爲經傳借文互釋之通例、如旌旂篇借旌釋旌、宮室篇借宮釋室、借室釋宮之屬、皆是也。此義例不明、而聚訟乃滋矣。學者詳之。

注疏參義

厓內爲隩外爲鞫 註 別厓表裏之名 正義 此別水厓內外之名也。大雅公劉云、芮鞫之即。鄭箋、水之內曰隩、水之外曰鞫。疏引李巡云、厓內近水爲隩、其外爲鞫。孫炎云、內曲裏也、外曲表也。周官職方氏註引詩作芮阸之即。漢書地理志、芮阸、雍州水也。顏師古云、阸與鞫同。韓詩作芮阸、言公劉止其軍旅、欲使安靜、乃就汭水之阸耳。詩疏引爾雅作鞫、陸氏爾雅釋文亦作鞫、今本作隈。說文云、澳、隈崖也、其內曰澳、其外曰隈。是爾雅舊本亦作隈。釋文引字林作垠、云隈厓外也。左傳疏引爾雅亦作隈。唐石經及宋本俱作鞫、與陸氏釋文同。今定從陸本。

正義

厓內爲隩外爲隈　按釋文唐石經及宋本俱作鞫、今據改。

校議

厓內爲隩外爲隈 別厓表裏之名 此有二文、隈作鞫者、詩芮鞫之即、周禮職方注引作汭坭之即、鞫鞣鞁鞫婷絑娣、坭是汭坭即芮鞫、古字通。俗、廣韵作阮、玉篇作泦、漢志右扶風汧下誤作芮阸、顏師古曰阸讀與鞫同、詩芮鞫、韓詩作芮阸、然則阸荔阸字形譌、韓作阸、毛作鞫、芮亦汭字叚借、故詩公劉箋芮之言內也、水之內曰隩、水之外曰鞫。𩍐𩊮、鞬也。正義引李巡曰、厓內近水爲隩、其外曰鞫。孫炎曰、內曲裏也、外曲表也。此皆作鞫之本。今作隈者、以上方云隩隈、下即云厓內爲隩外爲隈、文義相承、故說文澳字解云、澳、隈厓也、其內曰澳、其外曰隈。義本爾雅。釋文本作鞫、而云今作本隈。左氏閔二年正義引爾雅亦作隈、是唐初二本竝行、故陸孔兩存

其舊、後寫石經作鞫、然作隈之本仍存不廢、故南宋雪牕本及明吳元恭本竝仍作隈。邢疏亦是作隈之本、而云隈當作鞫、蓋作鞫者古本也。然鞫字不見於郭注、知郭本已作隈矣。

義疏

厓內爲隩外爲隈 經文

邢疏云、李巡曰、厓內近水爲隩、其外爲鞫。此句覆釋上文隩隈之處也。云外爲隈者、隈當作鞫、傳寫誤也。詩大雅公劉云芮鞫之卽、毛傳云水之外曰鞫。按作鄭箋語、邢氏誤。然則厓在水曲、其內名隩、又名隈、其外名鞫。今以隩隈一事分爲內外之名、故知誤也。　按、釋文於漁下出鞫字、九六反。阮校勘記引詩公劉正義引爾雅亦作厓內爲隩外爲鞫、是鄭孔所據爾雅與李巡同、與釋文亦合。邵云、說文澳隈厓也、其內曰澳、其外曰隈。左傳疏引爾雅亦作隈。段玉裁曰、俗本爾雅改鞫爲隈、因或取以改說文耳。此說是也。然則左傳疏亦後人所改。

經注集證

隩隈厓 句 內爲隩 澳 外爲隈 垠鞫

李注、厓內近水爲隩、其外曰鞫。孫注、隈、水曲中也、內曲裏也、外曲表也。郭注、今江東呼浦爲隩。淮南子曰、漁者不爭隈。別厓表裏之名。澳若室之奧。隈从畏、亦親也。詩不可隈也。既以隈釋隩、則不得分內外。說文澳隈厓也。隈、隩也。是也。下隈本作垠、鄭周官注詩箋竝引汭垠。垠从土凥、是水外土。郭不引詩釋鞫、是据誤本作隈也。詩瞻彼淇奧、芮鞫之卽。

集解

內爲隩外爲隈 上既云隩隈厓。則澳隈均爲內、此以隈爲外、則誤文耳。隈字本作垠鞫、詩所謂芮鞫之卽是也。鄭周禮注詩箋竝引作芮垠。垠从土凥、謂水外土。鞫究也。對內則外爲究矣。李巡說厓內近水爲隩其外爲鞫、則李本隈亦作鞫。

義證

隩隈厓內爲隩外爲隈

隩、淇隩。隈、芮隈。詩所云淇澳芮鞫也。鞫、漢書又作阸。泉原水東南入淇謂之淇隩、芮水東南入涇謂之芮隈。

釋地四篇注

厓內爲隩外爲隈 隈當作鞫。

註 別厓表裏之名 補正 邢疏、內曲裏也、外曲表也。李巡曰、厓內近水爲隩、其外爲鞫。此句覆釋上文隩隈之處也。外爲隈、隈當作鞫、傳寫誤也。詩公劉云芮鞫之卽、毛傳云水之外曰鞫。然則厓在水曲、其內名隩、又名隈、其外名鞫。又作垠、音義同。臣鑒按、釋文本作鞫、註云字林作垠、云隈厓外也。九六反。

郭注補正

隩隈。厓內爲隩、外爲隈。隩、說文解字作澳。詩公劉芮鞫之卽、毛傳芮、水涯也。鞫、窮也。鄭箋芮之言內也。水之內曰隩、外曰鞫。按毛知芮爲水涯、不知鞫亦爲水涯也。鄭箋知鞫卽隈字、不知芮亦卽隩字也。古聲芮澳相同、鞫隈相轉、合毛鄭斯得之矣。韓詩作汭阸、見漢書地理志扶風汧下、水南曰內、水北曰外。

錢氏古義

厓內爲隩外爲鞫

釋文云、鞫、字林作垠、云隈厓外也。與上隈字連。毛傳云芮、水厓也。鞫、究也。正義云此鞫是水厓之名、言其曲水窮盡之處也、故傳解其名鞫之意。鄭箋云、水之內曰隩、水之外曰鞫。周禮職方氏注引詩作芮阸之即、漢書地理志顏師古注云阸與鞫同、韓詩作阸、阸即坭也。李巡云、厓內近水爲隩、其外爲鞫。孫炎云、內曲裏也、外曲表也。案公劉疏引釋丘作厓內爲隩、外爲鞫、鄭康成李巡皆作鞫、與陸氏所據郭本合。今唐石經單疏本宋本皆作外爲隈、說文云隩、隈厓也。其內曰澳、其外曰隈、當是又一本作隈、或後人誤改、故所據不同也。左傳疏引爾雅亦作隈。

說詩

厓內為隩外為隈 隈當作鞫、出疏。今釋文作鞫。疏其外為鞫 鞫誤鞫、下同。鄭箋云水之外曰鞫 鄭箋誤毛傳。其外名鞫又作坭 坭誤坑、從釋文校。

注疏正字

厓內爲隩外爲隈

隩隈。厓內爲隩外爲隈。邢曰、云外爲隈者、隈當作鞫、傳寫誤也。詩大雅公劉云芮鞫之即、毛傳云水之外曰鞫。案此誤以箋爲傳。然則厓在水曲、其內名隩、又名隈、其外名鞫、又作坭、音義同。今以隩隈一事分爲外內之名、故知誤也。邵依邢改隈爲鞫、云詩疏引爾雅作鞫、陸氏爾雅釋文亦作鞫、今本作隈。說文云澳隈厓也、其內曰澳、其外曰隈。是爾雅舊本亦作隈。釋文引字林作坭、云隈厓外也。左傳疏引爾雅亦作隈、唐石經及宋本俱作鞫、與陸氏釋文同。今定從陸本。家大人曰、邢邵說是也。今檢唐石經及宋本皆作外爲隈、蓋唐石經始作隈、隈字即涉上文隩隈而誤。而各本皆從之、故邢疏特辯其誤。邵謂唐石經宋本俱作鞫、蓋偶未檢耳。然恐後人轉據石經宋本及今本說文左傳疏以相難、故明辯之。案孫炎曰、隈水曲中也。淮南覽冥篇漁者不爭隈、高注曰、隈曲深處魚所聚也。列子黃帝篇河曲之淫隈、殷敬順曰、隈水曲也。此皆謂厓內爲隈、非謂厓外爲隈也。又案大射儀大射正執弓以袂順左右隈、鄭注曰、隈弓淵也。僖二十五年左傳秦人過析隈、杜注曰、隈隱蔽之處。莊子徐無鬼篇奎蹄曲隈、向秀曰、曲隈股閒也。是凡言隈者、皆在內之名、非在外之名。厓外而謂之隈、必無是理也。且上文云隩隈、是隈即隩也、乃又云厓內爲隩外爲隈、不自相違戾乎。今本說文作其外曰隈、左傳疏引爾雅作外爲隈、皆後人以俗本爾雅改之、考古者固貴有定識也。說文隩、水隈厓也。隈、水曲也。則明以厓內爲隈矣。隈卽隩也、故曰其內曰澳、其外曰鞫。今改爲其外曰隈、則與隩隈二字之注皆不合。閔二年左傳注水之隈曲曰汭。正義曰、釋邱云隩隈、厓內爲隩、外爲鞫。彼雖不言汭、汭卽隩也。而汭字以內爲聲、明是水之隈曲之內也。據孔云水之隈曲之內、則厓內爲隈甚明、故引爾雅以釋杜注水之隈曲曰汭也。今改外爲鞫曰外爲隈、則既與疏意不合、又與注意相反矣。襄三年正義引爾雅厓內爲隩、外爲鞫、李巡曰、厓內近水爲隩、外爲鞫。今本兩鞫字皆作隈、亦是後人所改。而爾雅釋文則曰、鞫、字林作坭、云隈厓外也、九六反。公劉箋則曰、水之內曰隩、水之外曰鞫。正義則引爾雅曰、厓內爲隩、外爲鞫、又引李巡曰、厓內近水爲隩、其外爲鞫。皆足正後人校改之謬。

述聞

厓內爲隩外爲鞫 釋文云鞫、字林作坭。案鞫坭二字皆不見於說文。鞫、石經作隈、邢疏曰、云外爲隈者、隈當作鞫、傳寫誤也。元照案、詩正義十七之三引作鞫、左傳正義十一廿九引作隈、則唐初本已有作隈者、非石經之誤。據說文內澳外隈之義、則隈字較長。邵氏正義從釋文作鞫、云唐石經及宋本俱作鞫、與釋文同。宋本姑勿論、石經固不作鞫也。徐養原曰、毛公劉傳訓鞫爲究、說文卒部有籟字、窮理罪人也、鞫蓋籟字之譌。經典通用鞫、故顏氏注地理志引詩作鞫。又地理志芮阸、顏氏以爲韓詩、竊意阸與隈音相近、古蓋通用。然則鞫爲毛義、隈乃韓說也。

匡名

隩隈厓內爲隩外爲鞫 說文隩、水隈崖也。隈、水曲隩也。衞風瞻彼淇奧。淮南子、漁者不爭隈。　李巡云、厓內近水爲隩、其外爲鞫。大雅芮鞫之即。又作㶏。隈厓也、其內曰澳、其外曰隈。爾雅舊本作隈、左傳疏引爾雅亦作隈。今爾雅作鞫、唐石經及宋本俱作鞫。

啓蒙

厓內爲隩、外爲隈。　隩、說文作澳、澳之言奥也、堯典鄭注奥內也。　隈、釋文作鞫、鞫、字林作垙、鞫者𥷚之別字、經傳通用鞫、作鞫者、氿之叚借、水厓枯也。案隈鞫殊文、其實則一、故廣雅云、垙、隈也、隈鞫亦古雙聲、錢坫謂鞫隈相轉合、其說是也。釋文所據郭注本往往與邢疏所據本不同、故經字頗多歧異、如邢本此條作外爲隈、釋文則作鞫（满究）。故於出隈字後復出鞫字爲之作音、即邢疏亦云、隈當爲鞫、傳寫誤也。近儒或因郭注不解鞫字、謂釋文所據非郭本、不知郭之爲注、不舉經字者甚多、不得以爲郭不作鞫之證。又云、釋文所舉注文、亦與邢所據不同。釋詁篇病也條下出經字癠字、後又出瘼字、而云今經注無此字、釋訓篇剌素食也條下出經字琄字、後又出注字鞙贊二字、而云今無此二字、是知郭注至宋時已有挩落。又釋文中有後人校語、亦可於此明白剖出矣。漢志右扶風汧下引詩芮阸、顏注阸讀與鞫同、大雅公劉芮鞫之即、韓詩作芮阸、皆當作阸。徐養原說阸與隈音相近、古蓋通用、然阸無緣讀與鞫同、今本漢書及徐說並非也。

黄侃音訓

望厓洒而高岸　隩隈　厓內爲隩外爲隈

釋文、望厓字又作涯。（釋丘釋文）說文岸、水厓而高者。（从屵干聲。屵部岸）釋文隩隈本或作澳濻。（釋丘釋文）毛詩傳奥、隈也。（衛風淇奥傳）鄭詩箋、水之內曰隩、水之外曰鞫。（大雅公劉箋）字林、鞫作垙。（釋丘釋文）周禮注引詩作阸。（職方氏注）說文澳、隈厓也、其內曰澳、其外曰隈。（水部澳）唐石

經作外爲鞫。（石經爾雅）

外爲隈、釋文隈作鞫。邢疏云、隈當作鞫、傳寫誤也。說文云、澳、隈崖也、其內曰澳、其外曰隈。是舊本爾雅亦有作隈者。唐石經及宋本俱作鞫、與釋文同。邵本從之。

證異

外爲隈。疏、隈當作鞫、詩公劉芮鞫之即。

考異摘要

外爲鞫　監本作爲隈。案邢昺疏、李巡曰、厓內近水爲隩、其外爲鞫。隈當作鞫、傳寫誤也。詩芮鞫之即、毛傳云、水之外爲鞫。然則厓在水曲、其內名隩、又名隈、其外名鞫。今以隩隈一事分爲內外之名、故知誤也。今从經典釋文。

石經考文提要

外爲隈　唐石經單疏本雪牕本同。釋文隈作鞫、云如字、字林作垙、云厓外也、九六反。邢疏云、隈當作鞫、傳寫誤也。詩公劉芮鞫之即、正義曰、釋丘隩隈也、厓內爲隩、外爲鞫、李巡曰、厓內近水爲隩、其外爲鞫、是孔穎達所據李巡本作鞫、與釋文正合。其誤始於開成石經也。公劉箋云、芮之言內也、水之內曰隩、水之外曰鞫、則鄭讀爾雅與李巡同。

厓內爲隩外爲隈○釋曰　注疏本删。

其外爲鞫　注疏本鞫誤鞠、下同。

毛傳云水之外曰鞫　浦鏜云、鄭箋誤毛傳。

又作垙　注疏本垙誤坑。

校勘記

外爲鞫。今本鞫作隈。疏云當作鞫。釋文、鞫、如字。字林作垙云隈、厓外也、九六反。唐石經亦作鞫。此蓋唐以後人不善會字林之意而誤改者。

外爲鞫。釋文鞫、如字。字林作垙。疏垙今本誤作坑。

注疏本正誤

二行外爲隈○「隈」，唐石經同。唐寫本作「垙」。字旁音「弓入」，即「弓」之入聲。《釋文》字作「鞫」，云：「《字林》作垙，云：

隈厓外也。九六反。○是《爾雅》舊本不作「隈」。

（注）別厓表裏之名。○原本《玉篇》「隩」下引「名」下有「也」字。

隩，郭於六翻，音郁。字林烏到翻，音奧。本或作澳。隈，本或作渨，同。烏回翻，音偎。字林一凷〔凷訛作由〕翻，音穢，與畏音近，烏繢翻同。鞠，如字。字林作坭，九六翻。案本文無鞠字，釋文有之，則此外為隈之隈當作鞠之證也。疏引李巡說且以隩隈一事，不應分外內之名，最為得之。水之內曰隩，水之外曰鞠，此鄭箋也。

宋監本校箋

疏引之作毛傳，非。

音略

厓內為隩，外為隈。別厓表裏之名。

楊氏音訓

畢堂牆

畢堂牆。今終南山道名畢，其邊若堂之牆。

郭注

畢堂牆　釋曰：李巡云：堂牆名。厓似堂牆曰畢。郭以畢終南山之道名也，其邊之厓如堂室之牆，言平正也。詩秦風云：終南何有，有紀有堂，是也。

邢疏

畢堂牆　堂牆名。厓似堂牆曰畢。詩正義六之四　邢疏

李注　黃輯古義

畢堂牆

堂牆名。厓似堂牆曰畢。邢疏　詩秦風終南正義

李注　玉函山房輯佚

畢堂牆　堂牆名。厓似堂牆曰畢。同　詩疏六之四

鈎沉

畢堂牆　李曰：堂牆名。厓似堂牆曰畢。詩正義六之四　邢疏

漢注

畢堂牆　李巡云：堂牆名。厓似堂牆曰畢。詩正義六之四卷　郭璞云：今終南山道名畢，其邊若堂室之牆。

切注音

畢堂牆　李巡曰：堂牆名。崖似堂牆曰畢。詩終南正義

古注斠

畢　本又作嶧，卑吉反。

陸音義

畢堂牆　堂至立牆而畢。書曰：厥父基，厥子乃弗肯堂，矧肯構。構尚未畢也。

新義

畢堂牆　終南山道名畢，其邊若堂之牆。今長安縣西有畢陌。

鄭樵注

畢堂牆

李巡曰：堂牆名。厓似堂牆曰畢。郭璞曰：今終南山道名畢，其邊若堂室之牆。鄭樵曰：終南山道名畢，其邊若堂之牆。今長安縣西有畢陌。

古注合存

畢堂牆。鄭云今長安縣有畢陌。**補注**

畢堂牆**註**今終南山道名畢其邊若堂室之牆**正義**秦風終南云有紀有堂、毛傳、堂、畢道平如堂也。鄭箋、畢也、堂也、亦高大之山所宜有也。畢、終南山之道名、邊如堂之牆然。疏引李巡云、堂牆名。崖似堂牆曰畢。韓非子云、董遏于行馬邑山中、深澗峭如廧、深百仞。是山徑之邊如牆也。**註**今終至之牆○**正義**註本鄭箋詩疏引郭註無室字。**正義**

畢堂牆、鄭樵云今長安西有畢陌。**校議**

畢堂牆今終南山道名畢其邊若堂之牆

畢堂者、詩有紀有堂、毛傳、堂、畢道平如堂也。鄭箋、畢也、堂也、亦高大之山所宜有也。畢、終南山之道名、邊如堂之牆然。正義引李巡曰、堂牆名。崖似堂牆曰畢。是李以堂卽爲牆名、與毛鄭異。李說爲長。逸周書作雒篇云、隄唐山廧。唐卽堂也。古字通借。此葢李說所本。韓子所謂行馬邑山中、深澗峭如牆、深百仞。是其形狀也。**義疏**

畢堂牆李注、堂牆名。崖似堂牆曰畢。郭注、今終南山道名畢、其邊若堂之牆。此似專釋毛詩詁、而毛以畢爲堂、此以畢爲牆、牆不得爲平也。畢堂二名、義皆爲牆、象其方峻、故詩有紀有堂、毛依此釋之而誤言平。**集解**

畢堂牆詩有紀有堂、毛以堂為畢、此畢為牆、非平義也。畢包堂牆二訓、均取方陖之形。毛以為平如堂、誤矣。畢、田网也。與密通用。密、山如堂者、亦謂其方。**義證**

畢堂牆

今西安府咸陽縣有畢陌、古程邑也、孟子所云畢郢。**釋地四篇注**

畢堂牆

註今終南山道名畢其邊若堂室之牆**補正**邢疏、李巡云、堂牆名。厓似堂牆曰畢。臣鎣按、鄭樵註云今長安縣西有畢陌。**郭注補正**

畢堂牆

今終南山道名畢其邊若堂之牆

明注疏本堂下衍室字、詩終南正義正引作其邊若堂之牆。**郭注佚存補訂**

畢堂牆

畢者、秦風終南有紀有堂、毛傳云堂、畢道平如堂也。鄭箋云畢也堂也、亦高大之山所應有也。畢、終南之道名、邊如堂之牆然。正義引李巡曰、堂牆名。崖似堂牆曰畢。郭璞曰今終南山道名畢、其邊若堂之牆。以終南之山見有此堂、知是畢道之側其岍如牆也。案李以畢爲崖、與毛鄭之以畢爲道者異義、郭同毛鄭。**說詩**

畢堂牆註其邊若堂室之牆 本或無室字。**注疏正字**

畢堂牆

李曰、崖似堂牆曰畢。郭曰、今終南山道名畢、其邊若堂之牆。引之謹案、自望厓洒而高岸至谷者澂、皆釋水邊厓岸之名、不得雜以山閒之道。且畢爲道名、以在上者言之、牆爲堂邊、以在旁者言之、又不得謂在上之畢爲在旁之牆也。郭蓋以詩終南有紀有堂、毛傳云堂畢道平如堂也。箋云畢終南山之道名、邊如堂之牆然、故本之而爲此注。案紀堂乃杞棠之借字、不得如毛鄭所釋。說見前有紀有堂下。且尋繹毛義、畢道平如堂、蓋本釋山山如堂者密之文、密畢聲相近、毛所見本密蓋作畢也、故言堂而不言牆、其非用畢堂牆爲說明矣。自鄭申毛義、始誤以畢堂牆說之、而謂如堂之牆耳。今案畢堂牆之堂當讀爲陂唐之唐。史記魏世家倉唐、古今人表作倉堂、後漢書延篤傳唐溪典注以爲堂谿氏。唐、隄也。牆謂隄內一面障水者、以其在水之旁、故謂之牆。又謂之畢。牆之言將也、大雅皇矣篇在渭之將、傳曰將、側也。釋名曰、輿棺之車其旁曰牆、似屋牆也。是牆爲在旁之名也。畢之言蔽、障蔽水使不外出也。說文曰牆、垣蔽也。唐牆蔽水、故謂之畢矣。郊特牲謂之水庸、庸亦牆也。墉庸古字通。畢爲水厓、故與諸水厓之名連類而舉矣。**述聞**

畢堂牆 釋文云畢本又作嶧。案說文山部無嶧字。**匡名**

畢、堂牆。畢之言蔽也、蔽膝謂之韠、藩落謂之篳、聲義並通。逸周書作雒篇云、隄唐、山廧、唐與堂通、隄唐亦障蔽義也。**黃侃音訓**

畢堂牆

釋丘畢堂牆、郭注今終南山道名畢、其邊若堂室之牆。詩終南正義引此注云其邊若堂之牆。頤煊案、邢疏其邊之厓如堂室之牆、言平正也。釋山山如堂者密、郭注形如堂室者。堂下皆有室字。**讀爾雅録**

畢堂牆

注曰今終南山道名畢其邊若堂室之牆。樾謹按、如注義則堂牆乃譬況之辭、當云如堂牆者畢、於文方明、不得但云畢堂牆也。堂者、山中道名。詩終南篇有紀有堂、毛傳曰堂、畢道平如堂也。蓋以其如堂而名之曰堂、亦猶如畝畝邱如陵陵邱之例。山海經大荒東經有大人之堂、注曰大人之堂亦山名、形狀如堂室耳。是山固有以如堂得名者。禮記檀弓篇注堂形四方而高、然則所謂如堂者、以其四方而高、非堂室之謂也。凡山形四方而高者曰堂、堂之兩邊復有厓岸曰牆、亦謂之畢、故曰畢堂牆也。爾雅與毛傳義可互明、主乎畢而言之則爲堂之牆、主乎堂而言之則爲畢之道矣。鄭箋申之曰、畢也、堂也、亦高大之山所宜有也。畢、終南山之道名、邊如堂之牆然。此義爲郭所本、而實有誤。堂是道名、畢是道旁厓岸之名、非道名也。若云堂、終南山之道名、畢其邊牆、則簡而明矣。**平議**

其邊若堂之牆 雪牕本同。閩本堂下剜擠室字、監本毛本排入。按疏云其邊之厓如堂室之牆、蓋因疏語誤衍矣。詩終南正義引此注云其邊若堂之牆。

畢堂牆〇釋曰 注疏本刪。**校勘記**

畢堂牆〇「畢」，唐寫本作「嶧」，注同。案：原本《玉篇》山部「嶧」下引《爾雅》及郭注亦作「嶧」，《釋文》字作「畢」，云：「本又作嶧」。是《玉篇》與《釋文》所據本不同。

三行(注)其邊若堂之牆○原本《玉篇》「墠」下引「牆」下有「也」字。

宋監本校箋

畢堂牆 厓似堂牆曰畢。

楊氏音訓

重厓岸岸上滸

重厓岸。兩厓累者爲岸。岸上滸。岸上地。

郭注

重岸厓 釋曰言兩厓相重累者亦名岸也。岸上滸 釋曰、岸上平地去水稍遠者名滸。詩大雅緜篇云率西水滸之類是也。

邢疏

重厓岸

郭璞云兩厓累者爲岸。

岸上滸

郭璞云岸上地。

一切注音

重厓 直龍反 滸 呼五反

陸音義

岸上滸

有扞也亦宜有許也。

新義

重厓岸 兩厓相累也。岸上滸 緜云率西水滸。

鄭樵注

重厓岸

郭璞曰兩厓累者爲岸。

鄭樵曰兩厓相累也。

岸上滸

郭璞曰岸上地。

鄭樵曰緜云率西水滸。

古注合存

畢堂牆重厓岸岸上滸 重平聲。○此下二節釋厓平陂深淺遠近大小之名也。註曰今終南山道名畢其邊厓若堂室之牆矣兩厓累者亦爲岸岸上地爲滸。疏曰李巡云厓似堂牆曰畢。註則以畢爲終南山之道名而其邊厓若堂室之牆也。詩秦風云終南何有有紀有堂。岸上平地去水稍遠者名滸。詩緜篇云率西水滸。

注疏參義

重厓岸 註 兩厓累者爲岸 岸上滸 註 岸上地 正義 兩厓重累者曰岸。此覆釋上文望厓洒而高岸之義也。岸上之地曰滸。說文云汻水厓也。从水午聲。徐鉉云今作滸。非是。王風葛藟云在河之滸。下文釋水云滸水厓。與此互相證明也。

正義

重厓岸 兩厓累者爲岸 岸上滸 岸上地

重厓者、言其高非必累兩厓也。此即上文望厓洒而高岸之義。蓋厓已高其岸尤高故云重厓。錢坫據說文屵岸高也。重厓岸應作此字。洪頤煊據說文屵岸上見也。岸上見岸即是重厓。說皆可通。姑兩存之。滸者說文作汻云汻水厓也。據釋水云滸水厓。此云岸上滸是厓岸通名故二文互見。滸猶許也。許與所通。所謂處所。故郭以爲岸上地矣。

義疏

重厓岸岸上滸 郭注、兩厓累者爲岸。滸、岸上地。重厓即望厓以相望爲重。非相系疊也。滸說文作汻。午相値之名。午亦處也。詩江漢之滸。

集解

重厓岸 即上所謂望厓非重累也。岸上滸 滸說文作汻水厓也。从午者以其相觸。詩江漢之滸。

義證

岸上滸

依字當爲汻。

釋地四篇注

岸上滸 滸、許五反。

注 岸上地

郭注補正

重厓岸

兩厓累者爲岸也

慧琳大乘大集地藏十輪經一卷音義引爾雅重崖岸、郭注云兩崖累者爲岸也。今據補也字。

岸上滸

岸上地也

文選洛神賦注引爾雅岸上曰滸、郭璞曰厓上地也。今據補也字。

郭注佚存補訂

重厓㟁 㟁上滸

此重申上文㟁字之義。大雅皇矣誕先登于㟁、毛傳云㟁、高位也。重厓言其高。滸者、說文作汻云水厓也。王風葛藟在河之滸、傳云水厓曰滸。本釋水文。此互釋之也。

說詩

重厓岸 周禮疏地官大司徒引厓作崖。

岸上滸 說文水部汻、水厓也、从水午聲。臣鉉等曰、今作滸非是。

匡名

滸 許 說文。汻。水厓也。从水。午聲。臣鉉等曰。今俗作滸。非是。

黃侃評本正名

重厓岸。 釋山重甗隒、說文隒、崖也、彼孫炎注隒山基有重岸也、是岸與甗聲通義近、小異者、此屬水厓、彼屬山厓耳。

黃侃音訓

重厓岸

重厓岸。郭注、兩厓累者爲岸。頤煊案上文已釋望厓洒而高岸、此不必復釋岸、岸當作屵。說文屵、岸上見也、从厂从之省、讀若躍。岸上見岸卽是重厓、屵作岸字形相近、并涉下文岸上滸字相連而譌。

讀爾雅録

重厓岸郭云兩厓累者爲岸。楷案岸無重厓義、疑涉上文望厓洒而高岸而誤也。以義求之當作隒。釋山重甗隒、孫注、山基有重岸也。重岸卽重厓。山之重厓謂之隒、水之重厓謂之隒、其義一也。釋文不載各本異同、則其誤已久、故莫由是正矣。

稗疏

釋丘 重厓岸。岸上滸。

邕案。滸卽俗謂浜滸之滸。讀亨鹹反。聲之轉也。俗謂岸下近水之處爲浜滸。此上字疑下字之誤。古上下作丄、丅。兩字易溷。既云重厓岸。則岸在重厓之上。若滸又在岸之上。則滸不當有厓之訓矣。乃釋水云。滸、水厓。說文作汻。水部云。汻、水厓也。是滸卽厓岸。在重厓之上。則厓在岸下可知。厓在岸下。卽滸在岸下。亦可知矣。且凡傳注訓滸者亦無單曰厓。而必訓水厓。明其近於水也。故字亦从水。詩緜篇云。率西水滸。毛傳云。率、循也。滸、水厓也。玩率字之義。亦可見滸之當爲岸下。不當爲岸上矣。郭注云。岸上地。其所據已誤本。古注此條不見於諸書徵引。是可惜也。

校書

重厓岸○釋曰注疏本刪。

岸上滸○釋曰注疏本刪。

率西水滸之類是也注疏本脫是。

校勘記

爾雅詁林 十 釋丘

（注）兩厓累者為岸〇唐寫本「岸」下有「也」字。
（注）岸上地〇唐寫本作「山上地也」。「山」字誤。

宋監本校箋

重崇音 厓岸岸上滸 岸上地 滸音虎

音圖・音

岸直音音案※案岸疑案影音案犬謬。

直音正誤

從 重厓崖岸上滸 虎

孫侶直音

平聲 重厓岸。岸上滸。虎

直音校正

重平聲 厓岸岸上滸虎 兩厓累者為岸。岸上地。

楊氏音訓

滸 虎

干氏音釋

墳大防

墳大防。謂隄。

郭注

墳大防 釋曰、李巡曰、墳謂厓岸狀如墳墓名大防也。詩周南云、遵彼汝墳。又釋地云墳莫大於河墳是也。

邢疏

墳大防

墳謂厓岸狀如墳墓名大防也。詩正義一之三又十八之五 邢疏

李注

墳大防

謂隄也。春秋正義二十六 郭同

孫音注

黃輯古義

墳大防

墳謂厓岸狀如墳墓名大防也。邢疏 詩周南汝墳正義 又大雅常武正義引云濆謂涯岸狀如墳墓。

李注

墳大防

謂隄也。春秋襄二十五年正義引孫炎郭璞

孫音注

玉函山房輯佚

墳大防

墳謂厓岸狀如墳墓名大防也。同詩疏一之三 謂隄也。孫注 宋本春秋疏二十三

鈎沉

墳大防

李曰、墳謂厓岸狀如墳墓名大防也。詩正義一之三又十八之五

邢疏 孫曰、謂隄也。春秋正義三十六 郭同

漢注

墳大防

李巡云墳謂厓岸狀如墳墓名大防也。詩正義之三卷一 孫炎云防謂隄也。左傳正義二十三卷 郭璞云謂隄。

一切注音

墳大防 李巡曰、墳謂厓岸狀如墳墓名大防也。詩汝墳正義 孫炎曰、防謂隄也。左襄二十五年傳正義

古注斠

墳 符紛反。防 音房。隄 丁兮反。 陸音義

墳大防 詩曰、遵彼汝墳。大爲之防也。若宋共姬逮火而死、雖有防、小矣。君子曰共姬女而不婦。 新義

墳大防 防、隄。 鄭樵注

墳大防 李巡曰、墳謂厓岸狀如墳墓名大防也。孫炎曰、謂隄也。郭璞曰謂隄。鄭樵曰防、隄。 古注合存

易正義云、獖豕之牙。褚氏曰獖、除也。獖之爲除、爾雅无訓。考爾雅云、獖、大防。則獖是隄防之義。此獖其牙謂防止其牙。按今本獖作墳、孔氏或所見本異、否則不引猜獖而引大防、殊附會穿鑿矣。 補注

墳大防 註謂隄 正義 詩疏引李巡云、墳謂厓岸狀如墳墓名大防也。說文云濆水厓。詩曰敦彼淮濆。案大雅常武篇作鋪敦淮濆、毛傳濆厓也。鄭箋、屯其兵於淮水大防之上。又鄭註大司徒云水厓曰墳。稻人云以防止水、鄭註防、瀦旁隄也。月令云、修利隄防。註謂隄。正義 左傳疏引孫炎云、防謂隄也。郭註本孫炎。淮南修務訓言禹修彭蠡之防、高誘註防、隄也。說文又云坋、大防。是墳本或作坋。 正義

墳大防 謂隄 墳當作坋。說文云坋、大防也。墳、墓也。方言云、冢、秦晉之間謂之墳。郭注取名於大防也。是墳坋通。詩汝墳傳用爾雅。正義引李巡曰、墳謂厓岸狀如墳墓名大防也。常武鋪敦淮濆傳云濆厓也。箋云、屯其兵於淮水大防之上。是濆墳又通。稻人云、以防止水。月令云、修利隄防。左氏襄廿五年傳町原防、正義引孫炎曰、謂隄也。郭注同。 義疏

墳 坋 濆 大防 坊 李注、墳謂厓岸狀如墳墓名大防也。孫注、謂隄也。郭同。詩、遵彼汝墳。又鋪敦淮濆。上云墳大是也。防陸記皆作坊、旁也。 集解

墳大防 墳、上經云大也。防隄也。字一作坊、作堕、蓋取當義。詩遵彼汝濆、又鋪敦淮濆。 義證

墳大防

依字當爲坋、讀如蘇林音馬坋叱之坋。坋竝也。齊長城名防門、今泰安府平陰縣是其地。趙長城名汾門、今保定府新城縣是其地。 釋地四篇注

墳大防。說文解字墳作坋。 錢氏古義

墳大防

墳、說文作坋、云坋、大防也。今經典皆借用墳。周南汝墳、遵彼汝墳、毛傳云墳、大防也。大雅常武敦彼淮濆、傳云濆厓也。鄭箋云、屯其兵於淮水大防之上。孫炎云防、謂隄也。案墳與濆同。 說詩

墳大防 說文土部坋、塵也、从土分聲。一曰大防也。以音同借用墳字。詩正義十八之五引作濆。 匡名

墳 詳釋地。

黄侃評本正名

墳大防。謂隄為墳。 郭不引汝墳釋此，是與毛詩義異，互見釋水汝

黄侃音訓

疏與毛傳同義

讀雅筆記

釋邱墳大防，疏引遵彼汝墳，从墳不从濆，與毛同義者，言各有當也。

校勘記

墳大防○釋曰注疏本删。

校勘記訂補

墳大防 十行本墳作墳。

注疏校勘札記

墳莫大於河濱 監本毛本湘本濆作墳，據釋地文此作濆誤。

宋監本校箋

四行(注)謂隄○唐寫本作「謂隄也」。

孫侶直音

墳大防 汾 房

楊氏音訓

墳大防 謂隄。

郭注

涘為厓

涘為厓 謂水邊。

邢疏

涘為厓 釋曰：李巡曰：涘一名厓，厓謂水邊也。詩秦風云所謂伊人在水之涘是也。

涘為厓

李注

涘一名厓，謂水邊也。詩正義四之一 邢疏

黄輯古義

涘為厓

涘一名厓，謂水邊也。邢疏 詩王風葛藟正義引上句 李注

玉函山房輯佚

涘為厓

涘一名厓。同 之 詩疏四

鈎沉

涘為厓

李曰：涘一名厓，謂水邊也。詩正義四之一 邢疏

漢注

涘為厓

李巡云：涘一名厓，謂水邊也。詩正義四之一卷 郭璞云：謂水邊。

一切注音

涘為厓 李巡曰：涘一名厓，謂水邊也。詩葛藟正義

古注斠

涘 舊音仕。

陸音義

涘為厓

非以貽之也，以俟之也。據俟我於城隅，其變孌也姝，有殊而已。

新義

涘為厓 謂水邊。

鄭樵注

涘爲厓
李巡曰、涘一名厓。
郭璞曰、謂水邊。
鄭樵曰、謂水邊。

古注合存

墳大防涘爲厓涘音士。○註曰、防謂堤也、涘謂水邊也、疏曰、李巡云墳謂厓岸狀如墳墓故云大防也詩周南云遵彼汝墳釋陵云、防莫大於河墳詩蒹葭云、在水之涘、

注疏參義

涘爲厓【註】謂水邊【正義】王風葛藟云在河之涘、疏引李巡云涘、一名厓、謂水邊也。說文云涘、水厓也。周書曰王出涘。案說文引書今文太誓之詞也。詩疏引鄭註云涘、涯也。王出於岸上。公羊僖元年傳云自南涘、何休註、涘、水涯邊行垂厓也。

正義

涘爲厓 謂水邊
說文涘水厓也。引周書曰王出涘。此今文大誓之辭。詩葛藟正義引李巡曰、涘一名厓、謂水邊也。岭眛刿爲郭按涘之言厠也、史記張釋之傳、居霸陵北臨厠。厠爲岸邊近水之名、與涘義近、聲亦相轉。

義疏

涘爲厓 李注涘一名厓、謂水邊也。郭同。此厓郎岸也。詩在河之涘。涘从矣。矣已發而俟也。郎汜。

集解

涘爲厓 此厓郎水厓、上所謂岸是也。涘从矣、矣已也。謂其止水。矢發必止而俟。詩在渭之涘、在水之涘、在河之涘、均謂水厓也。

義證

涘爲厓 涘音仕。

【註】謂水邊

郭注補正

涘爲厓
謂水邊也
慧琳廣弘明集二十九卷音義引爾雅涘爲厓、郭注云謂水邊也。三劫三千佛名上卷音義引郭注爾雅云、厓謂水邊也。今據補也字。

郭注佚存補訂

涘爲厓
說文云涘、水厓也。秦風蒹葭在水之涘、大雅大明在渭之涘、毛傳竝云涘、厓也。王風葛藟在河之涘、毛傳云涘、涯也。涯亦當爲厓、李巡云涘、一名厓。

說詩

涘爲厓疏詩秦風云所謂伊人在水之涘是也 脫是字。也、毛本誤矣。秦風下當有蒹葭二字。詩字衍。

注疏正字

涘爲厓。謂水邊。 顧命夾兩階戺、傳曰、堂廉曰戺、案堂廉曰濂、亦曰戺、水厓曰濂、亦曰涘、聲義並通。 郭云水邊、是闔會下水草交爲湄說也。今案二名實同。

黃侃音訓

涘爲厓○釋曰 注疏本刪。
涘一名厓厓謂水邊也 注疏本脫一厓。
在水之涘是也 閩本脫是。正德本作在水之邊也。監本毛本作在水之涘矣。

校勘記

（注）謂水邊○唐寫本「邊」下有「也」字。原本《玉篇》厂部「厓」

下引同。

宋監本校箋

涘音士為厓

音圖・音

士

涘為厓

孫侶直音

涘士為厓謂水邊。

楊氏音訓

涘俟

干氏音釋

窮瀆汜谷者溦

窮瀆、汜水無所通者。谷者、溦。通於谷。

郭注

窮瀆汜　釋曰、謂窮困不過之水瀆名汜也。亦得名谿、即釋山云山豄無所通谿。郭注云所謂窮瀆者、雖無所通、與水注川同名是也。谷者溦　釋曰、謂窮瀆汜若能通於谷者、則別名溦也。此以上釋厓岸之名也、故題厓岸。

邢疏

谷者微

微、水邊通谷也。水經溵水注引郭景純

郭音義

黃輯古義

窮豄汜

郭璞云水、無所通者。

谷者溦

郭璞云、通於谷。

一切注音

谷者微　爾雅曰谷者微、郭景純曰、微、水邊通谷也。水

經溵水注

蕙心案、溦微古通、所引蓋郭氏音義。

古注斠

瀆音獨。汜音似。溦本又作湄、亡悲反、又音微。

陸音義

窮瀆汜

水者龍也、至巳而窮焉、易曰亢龍有悔、窮之災也。

谷者溦

立牝之門是也。可謂微矣。艮鼻也。兌口也。兌少女、少女為妙如此。

新義

窮瀆汜汜音似、水無所通。谷者溦謂汜通於谷則曰溦。音眉。

鄭樵注

窮瀆汜

郭璞曰、水無所通者。

鄭樵曰、汜音似、水無所通。

谷者溦

郭璞曰、通於谷。

鄭樵曰、謂汜通於谷則曰溦。音眉。

古注合存

窮瀆汜、谷者溦汜音祀、溦音眉。○此釋水瀆通塞之名也。註曰、水無所通者為汜、通於谷者為溦。疏曰、釋山云、山豄無所通谿則不通之水瀆名汜、亦得名谿也。

注疏參義

窮豄汜**註**水無所通者谷者溦**註**通於谷**正義**窮豄之厓名汜、其通谷者名溦。說文云、豄、通溝也。古文从谷。豄本通溝、其窮竭無所通者名汜。說文云、汜、窮豄也。水經註引爾

爾雅詁林　十　釋丘

雅云通谷者微、郭景純曰、微、水邊通谷也。與今本異。說文云、泉出通川曰谷。【正義】

谷者微　玉案、水經濟水註引爾雅云逼谷者微。今本蓋脫逼字。【校議】

窮瀆汜水無所通者**谷者溦**通於谷

說文、汜、窮瀆。瀆、古文䢱字。䢱、通溝也。瀆、溝也。是瀆當作䢱。䢱訓通溝、其窮竭無所通者名汜、汜之言澌也、窮盡意也。谷者、說文云、泉出通川曰谷。水經瀤水注引爾雅曰谷者微、郭景純曰微水邊通谷也。據注谷上當脫通字。微溦同、疑作微是也。釋文溦、本又作湄。【義疏】

窮瀆汜郭注、水無所通者。　汜从巳、說文云、水別復入水也。一曰窮瀆。漢時有分巳巳爲二、以巳爲用、以巳爲巳、非也。江有汜、字本作洍、臣、旁也、廣也、包容也。窮瀆乃爲洍、洍汜一字。巳、止也。**谷者溦**湄微　郭注通於谷。麋　詩、居河之湄。【集解】

窮瀆汜汜、水別復入水也。與涘通用。涘、水厓也。取止之義。窮瀆則水止而無所通。前漢書張良傳下邳汜上、應劭曰窮瀆也。谷者溦溦、小雨也。與湄通用。湄、水艸交之處也。汜通於谷、則水與艸交矣。詩、在水之湄。又居河之麋。以麋爲之。或者水平如眉形與。【義證】

窮瀆汜

汜讀如巳、水在定陶。

谷者溦

酈道元注水經作通谷者微。微溦同字。山海經、松梁之山、灌水出焉、北流注于渭。今東北注于河謂之潼水、亦名通谷水也、涇潼關城中。【釋地四篇注】

窮瀆汜瀆音獨。汜音似。

【註】水無所通者

谷者溦溦、釋文云、本又作湄、亡悲反。

【註】通於谷【補正】邢疏、謂窮瀆汜若能通於谷者則別名溦也。【郭注補正】

谷者溦。水經注引作通谷者溦。合之郭注、或是近本脫一字耳。又古字作溦。【錢氏古義】

窮瀆汜

水無所通者

文選閒居賦注引爾雅窮瀆曰汜、郭璞曰水無所通也。

谷者溦

水通於谷者也

唐殘本玉篇水部溦下引爾雅谷者溦、郭璞曰水逼於谷者也。樹枏案、上注水無所逼者、此注應如玉篇所引作水逼於谷者、今據補。水經注瀤水篇引爾雅云逼谷者微、郭景純曰微、水邊逼谷也。廣韻五支溦下引爾雅谷者溦、郭璞云逼於谷也。【郭注佚存補訂】

爾雅詁林　十　釋丘

窮䜳氾谷者微

說文云氾窮瀆也。隫通溝也古文從谷。䜳爲通溝，窮則不通矣。召南江有氾毛傳云水決復入爲氾。水決而無所通故復入氾從巳。巳止也。謂有厓岸以止之也。谷者說文云泉出通川曰谷。周南葛覃施于中谷、小雅白駒在彼空谷、十月之交高岸爲谷、卽釋水所謂水注谿曰谷也。水經濡水注引爾雅作谷者微、同音字也。釋文云溦本又作湄。小雅巧言居河之麋、彼釋文云麋本又作湄。傳云水草交謂之麋。用釋水文。

說詩

涘爲厓窮䜳氾谷者微

家大人曰此篇自望厓洒而高岸以下皆釋厓岸之名、故篇末題曰厓岸。此云涘爲厓窮䜳氾谷者微者、言水厓謂之涘、其窮䜳之厓則謂之氾、通谷者之厓則謂之微、氾微皆厓岸之名、非溝瀆之名也。對文則氾與微異、散文則通、故廣雅曰湄氾厓也。湄與微同。見下淮南道應篇公孫龍至於河上而航在一氾、高注曰氾水厓也。班固幽通賦芔彊大於南氾、曹大家注與高誘同、是氾爲厓也。顧命夾兩階戺、某氏傳堂廉曰戺。堂邊謂之戺亦謂之廉、水厓謂之隒、亦謂之氾、其義一也。釋文曰微本又作湄、亡悲反、釋水篇水草交爲湄、釋文曰湄本或作微、亡悲反、則湄微是一字。釋名曰湄眉也、臨水如眉臨目也。秦風蒹葭篇在水之湄、毛傳曰湄水隒也。說文曰隒厓也。是微爲厓也。氾與微皆厓岸之名、故廣雅湄氾同訓爲厓、義本於爾雅也。而郭釋窮䜳氾曰水無所通者、釋谷者微曰通於谷者。水經濟水注引正文作通谷者微、引注文作水邊通谷。則是以窮䜳爲氾、通谷者爲微、說文亦曰氾窮瀆也。若然、則氾微當與谿谷溝瀆同列於釋水、胡爲與滑隩墳涘同列於釋邱、而總之以厓岸之名乎、斯不然矣。

述聞

窮瀆氾

說文𨸏部隫通溝也、从𨸏賣聲、讀若瀆。古文从谷作䜳。以音同通借作瀆。文選注十六引窮瀆曰氾。

谷者微

釋文云溦本又作湄。案古微眉通用。春秋經莊廿九年築郿、公穀作築微。少牢饋食禮眉壽萬年、注云古文眉爲微。釋水水草交爲湄、釋文云本或作微。正義曰水經注濟水引通谷者微。白帖六引水通谷曰壑。

匡名

畢堂牆重厓岸岸上滸墳大防涘爲厓窮䜳氾谷者微

說文𤰔、田罔也、从芈象𤰔形微也。郭註終南山道名畢、其邊若堂室之牆、秦風有紀有堂。兩厓重累曰岸。汻、水厓也。徐鉉曰今作滸非是。濆、水厓。引詩鋪敦淮濆。防、隄也。涘、水厓也。王風在河之涘。隫、通溝也、古文从谷。其無所通者名氾、一曰窮瀆也。谷、泉出通川爲谷。溦、小雨也、今作微。

啓蒙

窮瀆、氾。谷者溦通於谷。下云水決復入爲氾、又云、水草交爲湄、與此名同而義近、溦與湄蓋皆就岸言、此溦義本於微、作湄段借爾。水經濡水注引谷者溦注云、水邊通谷也、邊之一字、是闡合釋水而說。王念孫謂氾爲窮瀆之岸、溦爲谷之岸、與說文異、不可從。其傳注亦有釋氾爲水厓淮南道應注幽通賦曹大家注者、乃涘之段借爾。說文又有洍、與氾同音、但同其水別復入一義。廣韻六脂引此溦作溦亦从微。白帖六引水通谷曰壑。此溦即湄之借、春秋莊二十八年築郿、公穀作築微公穀釋文並云左氏作康。少牢饋食禮眉壽萬年注、古文眉爲微。

黃侃音訓

畢堂牆　墳大防　窮瀆汜　谷者溦

釋文畢本又作嶧。釋丘釋文說文瀆、水厓。水部瀆又作坋大防。土部坋隫通溝也。古文作䆋。阜部隫汜、窮瀆。水部汜釋文溦本又作湄。釋丘釋文水經注引作通谷者微。引郭注、微、水邊通谷也。卷八濟水

谷者溦、釋文溦、本又作湄。水經注作微。按微眉古字通用。少牢饋食禮眉壽萬年、注云古文眉爲微。公羊傳莊二十八年冬築微、左作築郿。

證異

谷者溦、釋文云溦本又作湄亾悲反、又音微。案水經濟水注云、濟水東北與湄溝合、水上承湄湖北流注濟。爾雅曰水草交曰湄、通谷者微。郭景純曰微、水邊通谷也。今爾雅谷上脫通字、郭注亦異。春秋莊公二十有八年冬築郿、公羊郿作微。水經注、東平壽張縣西北三十里有故微鄉、魯邑也。杜預曰有微子冢。又湘水注云、湘水左則沅水注之、謂之橫房口、東對微湖、世或謂之麋湖口也。右屬微水、即經所謂微水經下雋者也。西流注于江、謂之麋湖口也。

胡氏古義

窮瀆汜○釋曰注疏本刪。

谷者溦○釋曰注疏本刪。

則別名溦也此已上釋厓岸之名也注疏本移此已上云云十三字分配題下。

釋曰謂窮困不通水瀆名汜也監本毛本湘本通下有之字。

校勘記

谷者溦案谷上當脫通字。上言窮瀆爲汜、此通谷自爲溦。廣雅釋文並云溦與湄同。釋水水草交曰湄。詩蒹葭篇在水之湄、毛傳湄水隒也。谷與水通、故水草之交得爲隒厓。水經濟水注引正文作通谷者溦是其證。

此巳上釋厓岸之名也故題厓岸毛本湘本脫下厓岸二字。

（注）水無所通者○唐寫本無「者」字。《文選·閒居賦》注引「者」作「也」。

（注）通於谷○唐寫本「谷」下有「也」字。《廣韻》支韻「溦」下引同。案原本《玉篇》水部「溦」下引注文作「水通於谷者也」，與工文注「水無所通者」相應，《玉篇》所引蓋爲郭本之舊。

注疏校勘札記

汜音似从巳。窮瀆汜決復入爲汜同。案左傳之汜、釋文音凡、地名也。漢書之汜、顏注音敷劍翻、讀如氾水名也。竝从巳、與此汜字从巳不同。陸清獻公云、案韻會舉要成皋之汜水音似从巳、河南汜水縣、今土人讀作巳。襄城縣之汜音凡从㔾、漢高即位之汜亦从㔾而音泛。即敷劍翻字書从㔾从巳偏傍相亂也。

宋監本校箋

溦本又作湄、亡悲翻、微明輕重交互出切、音眉、又音微。

釋水湄釋文本或作[氵睂]湄溦濂四字同、亡悲翻。水經注合引水草交曰湄、通谷者溦。

音略

窮瀆汜水無所通者。汜音似。谷者溦溦通於谷。溦音湄。

音圖·音

爾雅詁林 十 釋丘

窮瀆（獨）氾。（似）谷者溦（眉微）

孫侶直音

窮瀆氾（似）谷者溦（眉） 水無所通者曰氾若能通于谷者則別名溦也

楊氏音訓

氾（似） 溦（微又音眉）

干氏音釋

厓岸

厓岸十之二 章凡五節釋厓岸爲丘之屬也。

厓岸 正義 題上事也。水邊高者名厓岸。說文云厓，山邊也。巖，岸也。是山邊高者亦名厓岸。故附見釋丘。

注疏參義

厓岸 題上事也。水邊山邊之高峻名厓岸、故附于釋丘之後。

正義

厓岸 水邊高者名厓岸、山邊高者亦名厓岸、故附釋丘。

說詩

啓蒙

釋山第十一

釋曰、案釋名云、山産也、言産生萬物。説文云、山宣也、宣氣散生萬物、有石而高、象形也。此篇釋諸山之名、故云釋山。

邢疏

釋山第十一 所閑反、或所旃反。廣雅云、土高有石曰山、山産也、能産萬物也。説文云、山、宣也、宣氣散、生萬物也。凡天下名山五千二百七十、出銅之山四百六十七、出鐵之山三千六百有九。

陸音義

釋山第十一 疏曰、説文云、山宣也、宣氣散生萬物、有石而高、象形也、此篇釋諸山之名、故云釋山。

注疏參義

釋山第十一 正義 周語云、山、土之聚也。鄭注周禮云、積石曰山。春秋繁露云、積土成山、無損也、成其大無虧也、小其上泰其下、久長安後世、無有去就、儼然獨處、惟山之意。説文云、山、宣也、宣气散、生萬物、有石而高、象形。釋名云、山、産也、産生物也。山體曰石、石、硌也、堅捍硌也。廣雅云、土高有石曰山。是山者土積而成、以石爲體。故水經注引春秋説題辭云、陰含陽、故石凝爲山。王廙易注云、山之爲體、層峯峻嶺、嶠峭險參差也。此篇所釋、首言五山、禹貢所謂奠高山也。山三襲陟以下、俱釋山之形體、不釋山名、故禹貢所導諸山、若太行、王屋、嶓冢、岷山、俱不著于爾雅。後世所命諸山、依爾雅以爲名、若外方謂之嵩山、天柱謂之霍山、其最著矣。泰山爲東嶽以下、疑爲漢初傳爾雅者所附益也。

正義

釋山第十一 釋名云、山、産也、産生物也。説文云、山、宣也、宣气散、生萬物也、有石而高、象形。大字注云、積石曰山。周語云、山、土之聚也。是山包土石爲名。文選琴賦注引春秋運斗樞云、山者地之基。然則地之高者爲山、由地凝結而成、故次於釋地。首言五山、舉其大而名者。以下俱釋山之形體、篇終以五嶽及繫地望者附焉。

義疏

釋山第十一 地球内部本熱、遇冷收縮、使外殼皺襞不平。其高出地平以上者、統謂之山。説文、山、宣也、宣氣散、生萬物、有石而高也。周語、山土之聚也。則山可生物、而質又有石有土矣。地文學區分山爲四種、有火山、褶曲山、斷層山、水蝕山等、則因其成因之異而名。

義證

釋山第十一 案、釋文引廣雅云、凡天下名山五千二百七十、出銅之山四百六十有七、出鐵之山三千六百有九。

注疏正字

釋山第十一 説文、山、宣也、宣氣散、生萬物、有石而高也。禹貢、奠高山大川。各州俱有山鎮、修其秩祀、著爲常典。此篇所以首釋五嶽、而終於望也。

啓蒙

邢疏、此篇釋諸山之名、故曰釋山。

證異

釋山第十一○釋曰 注疏本删。

校勘記

河南華河西嶽河東岱河北恒江南衡

河南華、華陰山。河西嶽、吳嶽。河東岱、岱宗、泰山。河北恒、北嶽恒山。江南衡。衡山、南嶽。

郭注

河南華至江南衡　釋曰、篇首載此五山者、以爲中國之名山也。案周禮職方氏、河南曰豫州、其山鎮曰華山。正西曰雍州、其山鎮曰嶽。正東曰兗州、其山鎮曰岱山。正北曰并州、其山鎮曰恒山。正南曰荆州、其山鎮曰衡山。鄭注云、鎮、名山、安地德者也。又爲五嶽。知者、案鄭注大司樂云、五嶽、岱在兖州、衡在荆州、華在豫州、嶽在雍州、恒在并州。是也。案、下文及經典羣書言五嶽者、皆數嵩高、不數嶽。而鄭云然者、蓋鄭有所案據、更見異意也。其、正名五嶽、必取嵩高爲定解。下文别釋。云河南華注華陰山者、案禹貢導河積石、至于龍門、南至于華陰、東至于底柱、孔安國云河自龍門南流、至華山北而東行。然則此山在河之南、故曰河南華。下皆放此。在華陰縣界、故曰華陰山也。云河西嶽注吴嶽者、在西河之西、一名吴嶽、鄭玄云在汧。云河東岱注岱宗泰山者、在東河之東、一名岱宗、一名泰山、鄭玄云在博。云河北恒注北嶽恒山者、下文恒山爲北嶽是也。鄭玄云、在上曲陽。云江南衡注衡山南嶽者、禹貢云、岷山導江、又曰岷山之陽、至于衡山、孔江云衡山江所經。然則江水經此山之北、東入于海、故曰江南衡也。鄭注大宗伯云、五嶽、南曰衡山。是也。

邢疏

河南華河西嶽河東岱河北恒江南衡以下釋山

華、西嶽華山也。岱、東嶽泰山也。恒、北嶽恒山也。衡、南嶽衡山也。書正義三　春秋正義四十二　李注

河西嶽以下釋山

雍州鎮有吴嶽山也。御覽四十四　寰宇記三十二　孫音注

黄輯古義

河南華河西嶽河東岱河北恒江南衡

華、西嶽華山也。岱、東嶽泰山也。恒、北嶽恒山也。衡、南嶽衡山也。書舜典正義　春秋昭四年正義　李注

河西嶽

雍州鎮有吴嶽山也。太平御覽卷四十四　太平寰宇記卷三十二　孫音注

玉函山房輯佚

河南華河西嶽河東岱河北恒江南衡

華、西岳華山也。岱、東岳泰山也。恒、北岳恒山也。衡、南岳衡山也。李注書疏三

嶽、雍州鎮有吴嶽山。孫注宋本御覽四十四　寰宇記三十二

鈎沉

河南華河西嶽河東岱河北恒江南衡

李曰、華、西嶽華山也。岱、東嶽泰山也。恒、北嶽恒山也。衡、南嶽衡山也。書正義三　春秋正義四十二

孫曰、雍州鎮有吴嶽山也。御覽四十四

漢注

河南華

李巡云、華、西岳華山也。書正義三卷　郭璞云、華陰山。

河西嶽

孫炎云、嶽、雍州鎮有吴嶽山。太平御覽四十四卷　太平寰宇記三十二卷　郭璞云、吴嶽

河東岱

李巡云、岱、東岳泰山也。書正義三卷　郭璞云、岱宗、泰山。

河北恒

李巡云、恒、北岳恒山也。書正義三卷　郭璞云、北嶽恒山、恒山一名常山、避漢文帝諱。恒山一名下十一字據書正義三卷引增。

江南衡

李巡云、衡、南嶽衡山也。書正義三卷　郭璞云、衡山、南嶽。

一切注音

河南華　李巡曰、華、西嶽華山也。岱、東嶽泰山也。恒、北嶽恒山也。衡、南嶽衡山也。左昭四年傳正義

河西嶽　孫炎曰、嶽、雍州鎮有吳嶽山也。御覽四十四

河北恒　郭音義云、恒山一名常山、避漢文帝諱。書禹貢正義

古注斠

華戶花戶化二反。字林作華、同。吳嶽音吾。周禮職方氏正西曰雍州、其山鎮曰嶽、後鄭云嶽、吳嶽也。與郭同。

陸音義

華字林作𡹔○案、說文作𡸣、從山華省聲。

音義攷證

河西嶽

可以陪四嶽故謂之嶽。會稽等鎮不在此數以此。

新義

河南華河西嶽河東岱河北恒江南衡　華山在華陰。岳即吳岳在隴州。岱、泰山在兗州。恒、常山在定州曲陽。衡山本屬衡州、近屬潭州。此五山者以爲中國之名山也。

鄭樵注

河南華

李巡曰、華、西嶽華山也。

郭璞曰、華陰山。

河西嶽

孫炎曰、嶽、雍州鎮有吳嶽山。

郭璞曰、吳嶽。

河東岱

李巡曰、岱、東嶽泰山也。

郭璞曰、岱宗、泰山。

河北恒

李巡曰、恒、北嶽恒山也。

郭璞曰、北嶽恒山。

江南衡

李巡曰、衡、南嶽衡山也。

郭璞曰、衡山、南嶽。

鄭樵曰、華山在華陰。岳、即吳岳、在隴州。岱、泰山、在兗州。恒、常山、在定州曲陽。衡山本屬衡州、近屬潭州。此五山者、以爲中國之名山也。總釋五句。

古注合存

河南華河西嶽河東岱河北恒江南衡　華去聲。○此首釋嶽鎮之名山也。註曰、嶽、吳嶽山也。疏曰、周禮職方氏豫州山鎮曰華山、雍州山鎮曰嶽山、兗州山鎮曰岱山、并州山鎮曰恒山、荆州山鎮曰衡山。鄭註云、鎮、安地德者也。鄭註大司樂以此爲五嶽、然據下文及凡經傳五嶽皆數嵩、不數嶽也。吳嶽一名無嶽。

注疏參義

周禮疏云、爾雅江河淮濟爲四瀆、爲定。五嶽不定者、周國在雍州、時爲西嶽、故權立吳山以爲西嶽、非常法、爾雅不載。以東都爲定、故爾雅載之也。

補注

河南華 **註** 華陰山　河西嶽 **註** 吳嶽　河東岱 **註** 岱宗泰山

河北恒 **註** 北嶽恒山　江南衡 **註** 衡山南嶽

正義 此釋五嶽之名也。虞夏書言四嶽、周禮大宗伯大司樂始有五嶽之文。鄭註大司樂云、五嶽、岱在兗州、衡在荆州、華在豫州、岳在雍州、恒在并州、据爾雅此文爲釋也。周營成周、宅於土中、四方所和會。華山在成周境內、故首舉之。吳嶽在岐周境內、故次及之。中庸云、載華嶽而不重。舉華嶽可以該五岳。邦畿喬嶽、四方所仰止、東岱、北恒、南衡、所爲三面環拱也。釋地云、河南曰豫州。華在豫州、故曰河南華。河西曰雝州。嶽在雝州、故曰河西嶽。濟河間曰兗州。郭註自河東至濟。岱在兗州、故曰河東岱。兩河間曰冀州。在豫州南、河之北。恒在冀州、故曰河北恒。漢南曰荆州。爲江漢朝宗之地、衡在荆州、故曰江南衡。爾雅於五嶽各繫以地、所以使望秩者無迷其方也。周末望秩禮廢、經訓衰微、戶說流傳、寖生異議。漢初傳爾雅者遂增益其文於此

篇之末曰、嵩高爲中嶽。太史公封禪書首述其言、班固白虎通義、應劭風俗通義俱沿襲其說。鄭註大宗伯亦云、五嶽、東曰岱宗、南曰衡山、西曰華山、北曰恒山、中曰嵩高山。鄭君以爾雅所言五嶽前後異文、互見於註、迺未定之論。孔穎達求其說而不得、遂以鄭註爲更見異意。大司樂註主災異而言、其五岳、正名必取嵩高爲定解。賈公彥謂周國在雍州、權立吳嶽爲西嶽、非常法。爾此惑於漢儒增益之文轉致疑於五岳之正名也。王制云、五嶽視三公。修其秩祀、國有典常。如謂可權立其名、則秩祀亦無定所、成周制禮必不其然。大宗伯所言五嶽主祭祀、大司樂所言五嶽主災異、則是中嶽之祀、在嵩高、而吳嶽不與焉。五嶽間有災異、在吳嶽而嵩高不與焉。以吳嶽爲五嶽慮其或有震裂、而存去樂之文。以嵩高爲五嶽、郎可信其終古無震裂乎。不正其名、遷就其詞、又何能得其定解矣。爾雅者、正名之書也。職方氏掌天下之圖、以掌天下之地。九州之山鎮、曰會稽、曰衡山、曰華山、曰沂山、曰岱山、曰嶽山、曰醫無閭、曰霍山、曰恒山、而無嵩高。以會稽沂山醫無閭霍山爲四鎮、則華嶽岱恒衡爲五嶽、而不指嵩高、其明証矣。何休公羊註引尚書巡狩四嶽之文、而益其下云、還至嵩如初禮。白虎通義引尚書大傳云、五嶽謂岱山霍山華山恒山嵩山也。或以此爲唐虞五嶽有嵩高之證、殊不知何休尚讖緯、大傳多附益、皆據漢事言之。三代以前、書闕有間。虞夏書四岳而外、惟霍太山有太岳之稱、是爲唐虞之五嶽。左氏昭四年傳、司馬侯云四岳三塗、陽城、太室。太室郎嵩高山。別太室於四岳之外、明乎太室之不稱岳也。知周以前不稱嵩高爲岳、則無疑於吳嶽之爲岳、當從爾雅。此文及大司樂註爲成周五岳之定名也。詩疏引鄭志雜問云、周都豐鎬、故以吳岳爲西岳、周家定以岳山爲西岳、不數嵩高。鄭君釋五嶽、此爲定論矣。**註**華陰山。○**正義**書疏引李巡云、華、西岳華山也。此沿於舊說也。郭意以下文河西嶽例之、周以嶽山爲西岳、則華當爲中岳、故不從李註、但以爲華陰山。○吳嶽。○**正義**太平御覽引孫炎云、嶽、雍州鎮有吳嶽山。孫氏但以爲雍州鎮、蓋未能折衷於鄭志定吳嶽爲西岳也。禹貢云、導岍及岐。職方、雝州其山鎮曰嶽山。漢書地理志扶風汧縣、吳山在西古文以爲汧山。水經註云、汧水又東、會一水發南山西側、國語所謂虞矣。禹貢本名岍山、爾雅職方因其爲西嶽、故稱爲嶽山。俗謂之吳山、又合稱吳嶽。吳或作虞、以其聲近字同也。史記封禪書誤分吳山吳嶽爲二。吳嶽今在隴州。○岱宗至南嶽。○**正義**書疏引李巡云、岱、東岳泰山也、恒、北岳恒山也、衡、南岳衡山也。郭註本李巡、詳見下文。書疏又引郭氏音義云、恒山一名常山、避漢文帝諱。

正義

河西嶽注吳嶽　玉案後漢書郡國志有吳嶽山。註、郭云別名吳山、周禮所謂嶽山者。又御覽卷四十四引云、吳嶽別名吳山。與今本異。

校議

河南華華陰山 **河西嶽**吳嶽 **河東岱**岱宗泰山 **河北恆**北嶽恆山 **江南衡**衡山南嶽

此釋五山之名。職方氏山鎮有九、此特舉五者以槩之。其四因河爲界、其一以江爲界也。華者、叚俗字也。說文作崋。嶽者、職方注以爲吳嶽、中庸云、載華嶽郎此嶽也。禹貢名岍、漢志右扶風汧、吳山在西、古文以爲汧山。水經渭水注以吳山郎國語所謂虞、蓋虞吳聲近字通也。史記封禪書以吳嶽爲二山、漢書郊祀志注、吳山在今隴州吳山縣。嶽山未詳所在。徐廣云岳山在武功。地理志亦無之。故注爾雅者多依職方注、以爲一山。御覽四十四引孫炎云、雍州鎮有吳嶽山也。郭義同孫。其餘四山所在、具詳下文。書舜典及左昭四年正義引李巡曰、華、西嶽華山也、岱、東嶽泰山也、恆、北嶽恆山也、衡、南嶽衡山也。蓋此四山郎四嶽、故李云爾。其吳嶽不在此列、故李亦不數之。乃鄭注大宗伯之五嶽、旣以嵩高爲說、其大司樂注又以吳嶽爲言、二文不同。詩崧高正義引鄭志雜問有云、周都豐鎬、故以吳岳爲西岳、不數崧高。此說非是。故正義駁之云、若必據已所都以定五岳、則五岳之名無代不改。此駁是也。而猶未盡。何以明之。蓋鄭見爾雅前後異文、故於宗伯司樂二注、兩存其說。實則爾雅首列五山、不言五嶽、其五嶽定名乃在下文。鄭以五山即五嶽、故於雜問創爲異說。邵氏正義欲據此爲定論、則非矣。今詳爾雅此文、但舉山名、不加嶽號、蓋表五山以爲鎮、非眞五嶽而稱尊也。古者封山、濬川、翕河、喬嶽、作鎮一方、所以安地德、崇望秩、而重觀瞻也。唐虞封十二山則十二鎮、職方辨九州則九鎮、爾雅定五方則五鎮。河南華者、豫州鎮也。河西嶽者、雍州鎮也。河東岱者、兗州鎮、包青州、故不數沂山也。河北恆者、幷州鎮、包冀州、幽州、故不數霍山、醫無閭也。江南衡者、荊州鎮、包揚州、故不數會稽也。爾雅之恉與職方同。必舉江河爲界者、北方以河爲大、南方以江爲殷、特表五山之名以槩九州之巨鎮也。至泰山爲東嶽、以下方標五嶽以繫地望、故郭此注不言五嶽。於河西嶽但云吳嶽、不加西嶽之名、得其解矣。若依鄭志及周禮注、則是周家當有兩五嶽矣、恐不然也。義疏

河南崋河西嶽河東岱河北恆江南衡 李注、崋、西嶽崋山也。岱、東嶽泰山也。恆、北嶽恆山也。衡、南嶽衡山也。孫注、雍州鎮有吳嶽山也。郭注同。四岳唐虞時名、周官乃有五嶽四鎮。此特以吳山爲嶽、是始立五嶽、以京圻爲中、而四岳亦不依舊方、但表山名耳。嶽即汧山、又曰虞山。詩、崇高維嶽。嶽當从古文㠧、象高山之形。崋从𠌶、今花字、經典竝作華、則榮華字从艸、又不若从山也。岱、世也、易代升中之山。又曰泰山、泰即大也。恆、亙也。衡、横也。恆衡皆岡領接連、恆自飛狐入曲陽、亙蟠燕晉、體絕大行而別起。衡則自閩至桂、五嶺連數千里、故獨得横名也。先數崋嶽者、先王圻也。中庸曰、載崋嶽。易曰、王用享于西山、謂河西嶽山。集解

河南華 虞夏書言四嶽、周禮始有五嶽四鎮之文。此以吳山爲嶽、蓋周初所定、以都豐鎬爲中、而四嶽亦不依舊方、但舉山名耳。華、榮也、崋華通用字、从𠌶者、以狀似華。先數華者、爲其爲先王之圻。其山在今陝西華陰縣。周禮職方以爲豫州鎮。禮記中庸載華嶽而不重、謂華山與嶽山。

河西嶽 嶽、禹貢名岍。漢志右扶風汧吳山在西、古文以爲岍山。水經渭水注以吳山即國語所謂虞、蓋虞吳聲近而通用也。史記封禪書以吳嶽爲二山、誤矣。許慎說、嶽、東岱、南霍、西華、北恆、中大室、王者之所以巡狩所至。此云河西、則以嶽爲吳山專名矣。在今陝西關中道隴縣。古文嶽作㠧、象高形、詩崧高維嶽是也。職方以爲雍州鎮。易王用享于西山、謂河西嶽山。

河東岱 岱、大山也。以代者、爲其爲易代升中之山。在今山東泰安縣。又名泰山。泰即大也、謂爲五嶽之長。書、海岱惟青州。周禮職方則以爲兗州之鎮。

河北恆 恆、常也。此名山者、以从亙故也。恆自飛狐入曲陽、亙蟠燕晉、體絕大行而別起、因名以恆。周禮職方以爲幷州鎮、鄭注謂在上曲陽。今直隸曲陽縣山也。

江南衡 衡、横也。衡自閩至桂、五嶺連數千里、脈皆横斷、因以衡名。今以爲在衡山縣、就主峯言耳。職方以爲荊州鎮、鄭注謂在湘南。義證

河南華

依字當爲崋。周禮豫州山也。

河西嶽

今在鳳翔府隴州。漢書吳山、古文以爲汧山。

河東岱

今在泰安府北。

河北恆

今在定州曲陽縣。

江南衡

今在衡州府衡陽縣北。

河南華 華、戶花反。

釋地四篇注

註華陰山補正臣鑾按職方豫州鎮曰華山地理志太華山在京兆華陰縣南。

河西嶽

註吳嶽補正臣鑾按職方雍州鎮曰嶽山鄭註云嶽吳嶽也地理志扶風汧縣西吳山古文以爲汧山。

河東岱

註岱宗泰山補正臣鑾按職方兗州鎮曰岱山岱卽泰山地理志在泰山郡博縣西北。

河北恒

註北嶽恒山補正臣鑾按風俗通云恒常也亦謂之常山職方并州鎮曰恒山註云在上曲陽地理志恒山卽上曲陽縣恒山北谷在西北并州山管子云其山北臨代南附趙東接河海之間。

江南衡

註衡山南嶽補正臣鑾按職方荆州鎮曰衡山註云衡山在湘南地理志在長沙國湘南縣。

郭注補正

河南華　注華陰山

河西嶽　注吳嶽

河東岱　注岱宗泰山

河北恆　注北嶽恆山

江南衡　注衡山南嶽

正曰周禮春官大宗伯五嶽鄭注東曰岱宗南曰衡山西曰華山北曰恆山中曰嵩高山。大司樂五嶽鄭注岱在兗州衡在荆州華在豫州嶽在雍州恆在并州。疏周處鎬京在五嶽外故鄭注康誥云岐鎬處五嶽之外周公爲其於正不均故東行洛邑合諸侯謀作天子之居是西都無西嶽權立吳嶽爲西嶽㠯嵩與華俱屬豫州雍州無嶽名故注據西都吳嶽爲西嶽而說耳。詩大雅崧高正義樸問志云周都豐鎬故㠯吳岳爲西嶽。如鄭樸問志言則㠯虞夏殷都冀州有恆山北嶽周武王都鎬京在雍州獨無西嶽因權立吳嶽爲西嶽而㠯華山爲中嶽恆山爲北嶽泰岱爲東嶽衡山爲南嶽。及至周公建都洛邑在豫州嵩與華皆在豫州則仍依虞夏殷舊制東嶽岱宗南嶽衡山西嶽華山北岳恆山中嶽嵩高山。故鄭注大宗伯大司樂兩存其說。俾爾雅釋山五嶽有二夾得兩通其誼也。否則下文既㠯泰山爲東嶽華山爲西嶽霍山爲南嶽恆山爲北嶽嵩高爲中嶽何㠯於此又云河南華河西嶽河東岱河北恆江南衡之五嶽也。郭注於河北恆江南衡既云北嶽南嶽於河南華河西嶽河東岱又不言中嶽西嶽東嶽殆所見之不定與。

正郭

河西嶽

吳嶽別名吳山周禮所謂嶽山者

後漢書郡國志吳嶽山下引郭璞曰、別名吳山、周禮所謂嶽山者。案所引當爲此下之注、據補。

河北恆

北嶽恆山 一名常山辟漢文帝諱耳

昭四年左氏傳正義引釋山云河北恆、郭璞注恆山名常山、辟漢文帝諱耳。書堯典正義引爾雅河北恆、郭璞云恆山一名常山、辟漢文帝諱。今本脫一名常山以下十字、據補。

河南衡

衡山南嶽 別名峋嶁

後漢書郡國志衡山下引郭璞曰、山別名峋嶁。當是此下注文、據補。山海經注作衡山、南嶽也、俗謂之峋嶁山。

郭注佚存補訂

河南華河西嶽河東岱河北恒江南衡

或疑此與下文名稱互異、不出一人之手、非也。此表鎮山之名、下文始言五嶽。鎮山之中有四嶽在其內、故但舉其山、不加嶽號、蓋不以此爲五嶽也。孫炎云、雍州鎮有吳嶽山也。孫但謂此爲鎮、不以爲嶽、得之矣。李巡云、華、西嶽華山也、岱、東嶽泰山也、恒、北嶽恒山也、衡、南嶽衡山也。此四嶽卽爲四鎮、而不數吳嶽、其不以此爲嶽山、與孫叔然同。

說詩

河南華節疏河東曰兖州（河東誤正東。）東至于厎柱（厎誤底。）在西河之西一名吳嶽（吳誤無。）

注疏正字

河南華河西嶽河東岱河北恆江南衡

虞夏書毛詩序傳言巡狩之典、舉四岳而不言五岳。惟周禮王制尚書大傳史記白虎通風俗通始言五岳之名、東曰岱宗、南曰衡山、西曰華山、北曰恆山、中曰嵩高山。釋山之五嶽無嵩高山而有吳嶽、與諸家異。虞夏書但言四嶽之方位而不言四嶽之所在、據僞孔注亦无吳岳。予謂四岳、四方岳伯主之祭、禮視三公。中岳則天子主之、其禮則視天子矣。所以秩望之祭、但記四岳、不言中岳也。王制五岳視三公、疑是漢儒之言、非古義矣。春官大司樂、五岳四鎮崩令去樂。凡遇災異、雖天子之尊、亦必減膳徹樂、況災異之大者乎。此乃凶禮、故徧舉五岳、非巡狩之制也。爾雅之五岳、竊以爲周初之制。武王克殷易代、不襲禮、乃以吳岳爲五岳之一、亦取西土發祥之意爾。至周公營成周、以洛邑爲天下之中、於是去吳岳、而以嵩高山爲中岳。以嵩高爲中岳、亦虞夏殷之舊制耳。尚書大傳云五岳之事、何休公羊傳注引尚書有還至嵩如初句。或今文尚書有此文、今本脫去、抑或大傳有此文、俱未可知也。書正義云不巡中岳者、蓋近京師、有事必聞、不慮枉滯、且諸侯分配四方、無屬中岳、故不須巡之也。此謂虞都冀州、以霍山爲中岳耳。

河南華　釋文云、華字林作崋。案說文作䔢、崋卽䔢之隸變、與从艸之䔢字異。見釋地。

小箋

河西嶽　詩正義十八之三引作岳、通典四十六引作曰岳。

匡名

河南華河西嶽河東岱河北恒江南衡　此釋周禮五嶽之名。說文、䔢、山在弘農華陰。岱、大山也。舜典、至于岱宗。恒山一名常山、避漢文帝諱也。禹貢、荊及衡陽、惟荊州。衡、衡山也。又郭註、嶽、吳嶽。周禮五嶽之祀、吳嶽不與焉。或稱爲嶽山、俗謂吳山、又合稱吳嶽山。

啓蒙

華　詳釋地。

黃侃評本正名

河南華。華陰山。河西嶽。吳嶽。河東岱。岱宗泰山。河北恒。北嶽恒山。江南衡。衡山南嶽。江藩說、此五岳爲周初之制、武王克殷、易代不襲禮、乃以吳岳爲五岳之一、至周公營成周、以洛邑爲天下之中、於是去吳岳而以嵩高山爲中岳、亦虞夏殷之舊制耳。尚書大傳云、五岳之事、何休公羊傳注引尚書有還至嵩如初句、或今文尚書有此文、今本脫去、或大傳有此文、俱未可知也。書正義云、不巡中岳者、蓋近京師、有事必聞、不慮枉滯、且諸侯分配四方、無屬中岳、故不須巡之也、此謂虞都冀州、以霍山爲中岳耳。此說不可從。案江說甚是、惟周初當以吳爲西岳、華爲中岳、故此文亦首華次吳、鄭志吳爲西岳、已有明說。又案中岳所在、必近京師、孔說以嵩高爲中岳。得之、蓋亦由鄭說推繹耳。又案周初當以華山爲中岳、故此文首華、江藩說去吳嶽以嵩高爲中岳、似周以吳爲中岳矣、與鄭說違。

黃侃音訓

河南華至江南衡〇釋曰　注疏本刪。

以爲中國之名山也　注疏本脫之。

正東曰兗州　元本監本毛本同、誤也。閩本剜改作河東。

一名吳嶽　元本閩本同。監本毛本吳誤無

南曰衡也是也　注疏本脫上也。

校勘記

河西嶽疏、一名吳嶽。今本吳誤作無。

校勘記訂補

七行　河南華（注）華陰山〇「華」，唐寫本作「崋」，從《說文》也。注「山」下唐寫本有「也」字。

河西嶽（注）吳嶽〇「嶽」，唐寫本均作「岳」，下注文「嶽」字並同。《說文》：「嶽古文作岳」。注唐寫本作「吳岳也」。

河北恒（注）北嶽恒山〇「恒」即「恒」字，宋人避諱缺末筆。又注文末唐寫本有「也」字。

八行　（注）衡山南嶽〇唐寫本句末有「也」字。

宋監本校箋

詁

河南華、河西嶽、河東岱、河北恒、江南衡、

孫偘直音

爾雅詁林 十一 釋山

河南華（華陰山、）去聲 河西嶽（吳嶽、）河東岱（泰山、）河北恆（北嶽恆山。）江南衡（衡山南嶽。）

楊氏音訓

華話

干氏音釋

山三襲陟再成英一成坯

山三襲陟。（襲亦重。）再成英。（兩山相重。）一成坯。（書曰、至于大伾。）

郭注

山三襲陟注襲亦重 釋曰、山之形若三山重累者名陟。重衣謂之襲、故以襲爲重也。上篇注已云成猶重也、故此云亦也。 再成英注兩山相重 釋曰、成重也。山形兩重者名英。今南郡英山縣蓋取此名也。 一成坯注書曰至于大伾 釋曰、案此文則山上更有一山重累者名坯。書曰者、禹貢文也。孔安國云、山再成曰伾、與此不同者、蓋所見異也。鄭玄云、大伾在脩武武德之界。張揖云、成皐縣山也。漢書音義臣瓚以爲皆非、今黎陽縣山臨河、豈不是大岯乎。瓚意當然。

邢疏

再成英一成坯

山再重曰英、一重曰坯。（書正義六 史記夏本紀正義作邳）

李注

山三襲陟 已下釋山

列子湯問篇周以喬陟、殷敬順釋文引郭注云、重隴也。

郭音義

一成坯 釋山

坯、五窟反。釋文

沈集注

一成坯 已下釋山

坏、韋昭音䫌。釋文 水經河水注引爾雅云、山一成謂之伾。

衆家注

黃輯古義

再成英一成坯

山再重曰英、一重曰坯。（書禹貢正義 史記夏本紀張守節正義引作邳。）

李注

一成坯、撫梅反。（書釋文）

郭音義

一成坯

坯、五窟反。（釋文）五忽切。（集韻入聲十一沒坏字注）

沈集注

玉函山房輯佚

再成英一成岯

山再重曰英、一重曰岯。（李注 書疏六）

鈎沉

再成英一成坯

李曰、山再重曰英、一重曰坯。（書正義六 史記夏本紀正義作邳）

山三襲陟

郭璞云、襲亦重。（殷敬順列子釋文引郭註云、重隴也。）

漢注

再成英

李巡云、山再重曰英。（書正義十六卷）

一成坯

郭璞云、兩山相重。

爾雅詁林 十一 釋山

李巡云、一重曰坯。書正義六卷 郭璞云書曰至於大坯。

一切注音

再成英一成坯 李巡曰、山再重曰英、一重曰坯。書禹貢正義

古注斠

襲音習。亦重直龍反。下皆同。坯或作伾。備悲反、又備美反。沈五窊反、韋昭音軏。說文作坏。

陸音義

山三襲陟 不言成、無虧成也。亦襲襲而一之。

再成英 英有殂落、若陟、光耀在上矣。孔子曰、泰山其頹乎。以告子貢、子貢見此而已。

一成坯 頓至如其積累而至。中庸曰、及其成功一也。

新義

山三襲陟 襲、重也。重亦層也。再成英一成伾 大伾山在黎陽南七里。

鄭樵注

山三襲陟 郭璞曰、襲亦重。鄭樵曰、襲、重也。重亦層也。

再成英 李巡曰、再重曰英。郭璞曰、兩山相重。

一成坯 坯、鄭本作伾。

李巡曰、一重曰坯。郭璞曰、書曰至于大伾。鄭樵曰、大伾山在黎陽南七里。

古注合存

山三襲陟再成英一成坯 坯音丕。此釋山之重數之名也。註曰 襲亦重也。疏曰、山之形若三山重累者名陟、兩山重累者名英、一山重累者名坯。今南郡有英山縣。書禹貢云至于大坯。

注疏參義

坯、一音丕、又音培。字亦作坏。

補注

山三襲陟 註 襲亦重。再成英 註 兩山相重。一成坯 註 書曰至于大坯。 正義 此釋山形重襲之異名也。成猶重也。已見釋丘。山之三重者名陟。列子湯問篇周以喬陟、張湛註、山之重壟也。殷敬順釋文引郭註云、重隴也。水經註稱爲三累山。書疏引李巡云、再重曰英。西山經有英山、水經註云禺水出英山。太平寰宇記鄭縣有英山、其取再成之義以爲名與。書疏又引李巡云、一重曰坯。水經註引爾雅云、山一成謂之伾。許愼呂忱等竝以爲丘一成也。案今本說文云、坯丘再成也。與酈註所引許愼說異。蓋酈註爲得其實矣。 註 書曰至于大坯。 正義 禹貢文。水經註、河水東逕成皐大伾山下、鄭康成曰地喉也、沇出伾際矣。在河內修武武德之界、濟沇之水與滎播澤出入自此。然則大伾卽是山矣。又云、成皐縣之故城在伾上、縈帶伾阜。是酈註本鄭說、以成皐縣山爲大伾也。書孔疏引薛瓚漢書音義、以爲黎陽縣山臨河、豈不是大伾乎。後世學者多從薛說。隋書地理志黎陽縣有大伾山。山在今衛輝府濬縣東南二里。

正義

山三襲陟註襲亦重 玉案、列子殷敬順釋文引此註云、重隴也。

校議

山三襲陟襲亦重 再成英兩山相重 一成坯書曰至于大坯

襲本重衣之名。故郭云、襲亦重。陟者、升也、登也。故三重之山、以登陟為名。列子湯問篇云、四方悉平、周以喬陟。張湛注以為山之重壟。般敬順釋文引此郭注云、重隴也。隴、壟並襲字之誤。○成猶重也、已見釋丘。英本華萼之名。華萼相銜、與跗連接、重累而高、故再重之山取此為名。書禹貢正義引李巡曰、山再重曰英。○坯者、當作坏。說文云、丘再成也。再蓋一字之誤。水經河水注引許愼呂忱並以為丘一成、可證。禹貢正義引鄭注云、大坯在修武武德之界。張揖云、成皋縣山也。又引漢書音義臣瓚以為修武武德無此山、成皋縣山又不一成、今黎陽縣山臨河、豈不是大岯乎。瓚言當然。[illegible]據孔此說、可知水經注於成皋大伾山引爾雅、亦非矣。元和郡縣志、大伾山在黎陽縣正南、去縣七里、即黎山也。隋地理志亦言黎陽有大伾山。並依瓚說。山在今衛輝府濬縣東南二里。周語云、檮杌次於丕山。韋昭注、大邳山在河東。是邳丕同。史記夏紀正義引作邳。禹貢釋文伾本或作岯、字或作邳。按、惟作坏為正、餘皆段借。

義疏

山三襲陟再成英一成坯坏 李注、山再重曰英。郭注、襲亦重也、再成、兩山相重。書曰、至于大坯。襲沓也。入一重又一重、如襲衣然。詩、陟彼崔嵬。又陟其高山。成、登也。登一山又有一山、故有一成、一成者、兩山相乘。再成、三山相乘也。今有英山縣。

集解

山三襲

陟 襲、左衽袍也。與褺通用。褺、重衣也。山入一重又一重、如襲衣然。陟、登也、升也、狀山之遠。詩、陟彼崔嵬。又陟其高山。

再成英

謂三山之相乘也。成、登也。言登一山又有一山、再登則三山矣。英、艸榮而不實者。山而再成則形高而猶艸木之榮盛也。西山經有英山。水經注、禺水出英山。今為縣名。

一成坏 坏、从土不。不、鳥飛上翔不下來也。加土、則可狀山之高。書至于大伾。以伾為之。

義證

再成英

西山經有英山、在太華山西二百二十里、即華州西南山也。

一成坏

大坏山在今衛輝府濬縣東。國語曰、主芣騩。騩、大騩、即密山也。芣通于坏。

釋地四篇注

山三襲陟

註襲亦重。補正 邢疏、山之形若三山重累者名陟、重衣謂之襲、故以襲為重也。

再成英

註兩山相重。補正 邢疏、今南郡英山縣、蓋取此名也。

一成坯 坯、或作伾、備悲反。

註書曰至于大坯

郭注補正

一成坯。說文解字作坏、云邱再成者也。按水經注引本書曰、山一成謂之伾、許愼呂忱等並以為邱一成、孔安國以為再成曰伾。據此則再成、孔氏之說也。今本解字誤一為再、與道元所引不合。坏、正字。坯伾並別字。

錢氏古義

山三襲陟

襲亦重也

慧琳廣弘明集十三卷音義引爾雅山三襲陟、郭注云襲亦重也。今據補也字。慧琳大唐三藏元奘法師本傳二卷音義文選七命注俱引爾雅郭注

爾雅詁林 十一 釋山

作龔猶重也。樹枏案、釋文作亦重。

郭注佚存補訂

一成坯註至于大坯坯、尚書作伾。

疏瓚言當然言誤意。

注疏正字

再成英　山海經注西山引有曰字。

一成坯　釋文云、坯或作伾。說文作坏。禹貢正義引作伾。臧氏琳曰、水經注五河水引作伾、尚書釋文云字或作岯、水經注四十斤江水史記集解索隱夏本紀引作邳、皆非正字。　臧氏又曰、尚書孔傳山再重曰伾、元照案、類篇九中山部引爾雅山再成曰岯、亦緣孔傳誤。非也、今本說文土部坏、邱再成者、从土不聲、乃後人所改、水經注五云許愼呂忱等竝以爲邱一成也、當據以訂今本之誤。　集韻十六哈云、⿰韋丕、爾雅曰山一成曰⿰韋丕、韋昭讀、類篇五下韋部同。　或作坯伾。

匡名

山三襲陟再成英一成坯　此釋山形重襲之異名。山三重者名陟。說文、陟、登也。列子、周以喬陟。　太平寰宇記、鄭縣有英山。　禹貢、至于大坯。坏、丕、一成也。

啓蒙

坯　坏　釋文。坯說文作坏。

黃侃評本正名

山三襲陟。　廣雅襲重也、釋文襲音習、字亦與習通、易曰、習坎、重險也、廣雅襲成並訓成、然則襲亦成也、此經互見之耳、釋丘則自一成以至三成皆言成。

黃侃音訓

河南華　再成英　一成坯

字林華作崋。山同。釋文釋李巡云、再重曰英。禹貢正義釋文坯或作伾。

說文作坏。釋山釋文李巡云、一重曰坏。禹貢正義水經注引作山一成謂之伾。卷五河水東逕成皋大伾山下注說文坏、丘再成者。土部坏孔氏書傳作再重曰伾。禹貢傳

河南華、字林華作崋。按說文山部崋云、在弘農華陰、從山華省聲。華當從山作崋。一成坯、書傳作再重曰伾。按水經注卷五河水云、山一成謂之伾、許愼呂忱等並以爲丘一成也。今本說文土部云、坏、丘再成者也。據酈元引許呂並以爲一成。孔安國以爲再成者、非是。可知今本說文作再成者、乃俗人依孔傳妄改。當據酈注校正。

證異

一成坯○釋文、坯、或作伾。按、水經註卷五引作伾。

考異摘要

山三襲陟注襲亦重○釋曰注疏本删。

故此云亦也注疏本故上衍是。

再成英注兩山相重○釋曰注疏本删。

一成坯唐石經單疏本雪牕本同。釋文、坯、或作伾。單疏本注作伾。水經注卷五引爾雅作伾。

一成坯注書曰至於大伾○釋曰注疏本删。

山再成曰伾注疏本伾作坏、依經所改、下同。

校勘記

至于大伾十行本大作太。雪牕本吳本伾作坯。

校勘記訂補

(注)襲亦重○唐寫本「重」下有「也」字。原本《玉篇》阜部「陟」下引此注作「襲，重也」。

爾雅詁林　十一　釋山

一行(注)書曰至於大伾○「伾」，唐寫本作「坯」，字從「土」，與《釋文》同。《釋文》云：「或作伾」。「大」宋刻小字本作「太」，非。

宋監本校箋

一成坯書曰至于大坯、坯音丕。

音圖・音

坯或作伾，備悲翻，後漢書注平眉翻，同。音皮，又備美翻，音嬶。沈五窩翻，音兀。韋昭音鼫。說文作坯。玉篇坯普梅翻，音胚。書釋文伾，本或作岯，音丕，又皮鄙翻。卽備美翻，徐扶美翻，音婢，又敷眉翻。郭撫梅翻，音胚，敷滂輕重交互出切，此字以滂母爲正音。

音略

山三襲陟、再成英、一成坯、習丕

孫偘直音

山三襲陟，再成英，一成坯丕襲亦重也。兩山相重。

楊氏音訓

襲習坯丕

干氏音釋

山大而高崧

山大而高崧。今中嶽嵩高山，蓋依此名。

郭注

山大而高崧注今中嶽高山蓋依此名　釋曰：詩大雅云崧高維嶽，毛傳云崧高貌。釋名云崧，竦也，亦高稱也。李巡曰高大曰崧。此則山高大者自名崧，本不指中嶽。今之中嶽名嵩高，或取此文以立名乎。無正文，故云蓋以疑之。

邢疏

山大而高崧

高大曰崧。詩正義十八之三　邢疏

李注

黄輯古義

山大而高崧

高大曰崧。邢疏　詩大雅崧高正義

李注

玉函山房輯佚

山大而高崧

高大曰崧。詩疏十八之三同

鉤沉

山大而高崧

李曰：高大曰崧。詩正義十八之三　邢疏

漢注

山大而高崧

李巡云：高大曰崧。詩正義十八之三卷　郭璞云：今中嶽嵩高，山蓋依此名。

一切注音

山大而高崧　李巡曰：高大曰崧。詩崧高正義

古注斠

崧思忠反。又作嵩。崧即嵩也。俱是高大之貌。

陸音義

崧又作嵩。案：說文二字皆無。韋昭國語注云：古通用崇字。

音義攷證

山大而高崧

山大而高，則宜壽矣。詩曰：無不爾或承。人所願頌如此。

新義

山大而高崧崧，中岳，在河南登封。

鄭樵注

爾雅詁林　十一　釋山

山大而高崧
李巡曰、高大曰崧。
郭璞曰、今中嶽嵩高山、蓋依此名。
鄭樵曰、山高大者皆名崧。

古注合存

山大而高崧**註**今中嶽嵩高山蓋依此名**正義**大雅云嵩高維嶽、此釋之也。毛傳、崧、高貌。疏引李巡云、高大曰崧。釋名云、山大而高曰嵩。嵩、竦也、亦高稱也。嵩爲崇字之或體、字亦作崧、已見釋詁。**註**今中至此名。**正義**郭意以外方爲崧高、出於禹名山川之後、知其依爾雅以爲名也。後世山名有依於爾雅者、舉以示例也。以詩嵩高維嶽爲專指中嶽而言、其誤始於應劭風俗通義。

正義

山大而高崧今中嶽嵩高山蓋依此名

釋文、崧又作嵩。釋名云、山大而高曰嵩。嵩、竦也、亦高稱也。嵩與崇古字通、故崇山即嵩山、見周語注。然嵩崇竝見釋詁、或說古無嵩字、非也。詩崧高傳以崧爲高貌、正義引李巡曰、高大曰崧、是皆不以爲中嶽之名。應劭以崧高爲中嶽、誤。

義疏

山大而高崧上經崧兼高充二義。充則大矣。詩崧高維嶽、或作崇高。崧、崧也、木之高大者。

義證

山大而高崧
依字當爲崇、或作嵩者、亦非也。在今河南府登封縣北。

釋地四篇注

山大而高崧
註今中嶽嵩高山盍依此名**補正**邢疏、詩傳云、崧、高貌。李巡曰、高大曰崧。則山高大者自名崧。今之中嶽名嵩高、或取此文立名乎。

郭注補正

山大而高崧
今中嶽嵩高山蓋依此名
詩崧高正義引郭璞曰、今中岳崧高山、蓋依此名。是也。樹枏案、諸本皆作嵩。詩疏引作崧者、蓋順經以改注也。初學記五卷御覽三十六卷地部皆云、山大而高曰嵩、今中嶽嵩山蓋依此。單疏本又作今中嶽高山。

郭注佚存補訂

山大而高崧
此釋大雅崧高維嶽之文也。毛傳云、崧、高貌。釋文云、崧字又作嵩。李巡云、高大曰崧。郭注謂中嶽嵩高山蓋依此名、非即以此爲嵩山也。說詳訂經。

說詩

山大而高崧疏崧竦也　崧、釋名作嵩、同。

注疏正字

山大而高崧　釋文云、崧又作嵩。盧學士曰、崧嵩二字說文所無、韋昭國語注云、古通用崇字。後漢書注上六十一切經音義三引山大而高曰嵩。詩正義十八之三引作曰崧。釋名同。

匡名

崧　詳釋詁嵩崇下。

黃侃評本正名

山大而高崧。今中嶽嵩高山蓋依此名。 詩崧高。之嶽、泛指四嶽、故嵩高不得為山名、然嵩高之山固不妨取義以名之也。 詩崧高傳以崧為高貌、又曰、山大而高曰崧、言高貌者、本於釋詁、下文本此、是此崧即釋詁之嵩。

黃侃音訓

今中嶽嵩高山 雪牕本注疏本同單疏本作今中嶽高山。按、高當即嵩之誤。此經作崧注作嵩、爲經注異文之明證。經之作崧有釋文、唐石經今本爲據。詩崧高維嶽毛傳崧、高貌、山大而高曰崧。正義引釋名亦曰山大而高曰崧。皆經字作崧之證。若嵩高爲中嶽之嵩、則絕無作崧者。釋文音經云崧、又作嵩、此依注改經也。詩正義引郭氏曰今中岳崧高山、此順經改注也。

校勘記

(注)今中嶽嵩高山蓋依此名○「嵩」，唐寫本作「崧」。原本《玉篇》山部「崧」下引亦作「崧」。案：《爾雅》下文云「嵩高為中嶽」，字作「嵩」。此作「崧」者因正文而誤改。又「名」下原本《玉篇》引有「也」字。

宋監本校箋

山大而高崧今中嶽嵩高山、蓋依此名。崧、音嵩。

音圖・音

山大而高崧 嵩

孫偘直音

山大而高崧 嵩

楊氏音訓

崧 松

干氏音釋

山小而高岑銳而高嶠卑而大扈小而衆巋

山小而高岑。言岑崟。銳而高嶠。言鐵峻。卑而大、扈。扈廣貌。小而衆巋。小山叢羅。

郭注

山小而高岑注言岑崟 釋曰、言山形雖小而高嶔崟者名岑也。 銳而高嶠注言鐵峻 釋曰、銳則鐵也、言山形鐵峻而高者名嶠。列子曰、渤海之東有壑、其中山曰員嶠。蓋同此也。 卑而大扈注扈廣貌 釋曰、言山形卑下而廣大者名扈。禮記檀弓云南宫縚之妻之姑之喪、夫子誨之髽曰爾毋扈扈爾、鄭注云扈扈謂大廣。蓋取此義也。 小而衆巋注小山叢羅 釋曰、言山小而衆叢萃羅列者名巋。

邢疏

銳而高嶠

嶠音驕。釋文

郭音義

銳而高嶠

史記黃帝本紀正義引爾雅、山銳而高曰橋也。

衆家注

黃輯古義

銳而高嶠、渠驕反、又音驕。釋文

郭音義

玉函山房輯佚

山小而高岑

郭璞云、言岑崟。

銳而高嶠 史記黃帝紀正義引作山銳而高曰橋也。

郭璞云、言鐵峻。

卑而大扈

郭璞云、扈、廣也。

小而衆巋

郭璞云、小山叢羅。

一切注音

岑 吉金反。字林才心反。崟 魚金反。字

又作崘。嶠渠驕反、郭又音驕。字林作嶠、云山銳而長也、巨照反。鑯子廉反。卑如字。又音婢。嶏音戶。或作扈。巋丘軌反。巋然高峻貌。字林丘追反、小山而衆也。叢才公反。

陸音義

嶠字林作嶠○案、說文無嶠字、新附有之。史記五帝本紀葬橋山、張守節引爾雅山銳而高曰橋。知本借橋字。

嶏或作扈○案、說文無嶏字。邢本作扈、是。

音義攷證

山小而高岑

不能繼前、又無以貽後也。

銳而高嶠

銳而高嶠、激者如之。所謂員嶠、剉其銳也。

卑而大扈

卑而大、宜有所扈。所謂跋扈、有跋亦有扈。

小而衆巋

不歸孰宗焉。所謂小水入大水曰潀如此。

新義

山小而高岑

郭璞曰、言岑崟。

銳而高嶠嶠、郭音驕。

郭璞曰、言鑯峻。

卑而大扈

郭璞曰、扈廣也。

小而衆巋

郭璞曰、小山叢羅。

鄭樵曰、巋、丘鬼反。

古注合存

山大而高崧、山小而高岑、銳而高嶠、卑而大扈、小而衆巋。嶠音喬、巋音奎。

○此釋山之大小高卑衆寡之名也。註曰、崧、如中嶽嵩高是也。岑、言岑崟也。嶠、言纖峻也。扈、言廣也。巋、言叢羅也。疏曰、詩崧高云、崧高維嶽。毛傳云、崧、高貌。列子云、浡海之東有壑、其中曰員嶠。

注疏參義

扈亦音嶏。

補注

山小而高岑 **註** 言岑崟。銳而高嶠 **註** 言鑯峻。卑而大扈 **註** 扈廣也。小而衆巋 **註** 小山叢羅。

正義 此分別山有卑高小大之異名也。○小而高岑○釋名云、山、小而高曰岑。岑、嶄也、嶄嶄然也。後漢書註、嶠山一名嶔岑。山蓋依此名。○銳而高嶠○釋名云、上銳而長曰嶠。形似橋也。嶠本作喬。淮南泰族訓引詩及河嶠岳、今詩作喬、本或作橋。史記黃帝本紀葬橋山、正義引爾雅云、山銳而高曰橋也。釋文引字林作嵩、云山銳而長也。玉篇云、嵩、峻也、形似橋、與釋名同義。列子湯問篇所云海中山有員嶠、非雅義也。○卑而大扈○山之卑而大者曰扈。說文云、鄠有扈谷、甘亭扈谷之名、蓋取義於卑而大矣。古文扈作屺。玉篇作嶏、山廣貌。釋文亦作嶏、俗體字也。○小而衆巋○釋文云、巋然、高峻貌。字林云、小山而衆也。莊子天下篇巋然而有餘、釋文云、字或作魏。高誘淮南註云、嵬嵬然、故曰魏。**註** 言岑崟。○**正義** 方言云、岑、高也。郭氏彼註云、岑崟、峻貌也。說文云、崟、山之岑崟也。釋文云、字又作唫。公羊僖三十三年傳殽之嶔巖、穀梁傳作必於殽之巖唫之下。○扈廣也。**正義** 鄭註檀弓云、扈扈謂大廣。郭註本鄭義。

正義

山小而高岑言岑崟　銳而高嶠言鑯峻　卑而大扈扈廣也　小而衆巋小山叢羅

岑者、說文云、山小而高。釋名云、岑、嶄也。嶄嶄然也。趙岐孟子注、岑樓、山之銳嶺者。是岑樓即山。義本爾雅。郭注方言、岑、岑崟、峻貌。公羊僖卅三年傳殽之嶔巖、即崟巖也。穀梁作巖唫、聲俗字也。岑崟疊韵、崟巖雙聲。○釋名云、山銳而高曰嶠、形似橋也。釋文引字林作嵩、云山銳而長也。通作喬。詩及河喬嶽、淮南泰族篇引喬作嶠、又通作橋。史記本紀黃帝葬橋山、正義引爾雅嶠作橋。○扈者、說文云、鄠有扈谷。古文作屺、从山弓。玉篇作嶏、云山廣貌。王照圓曰、檀弓記孔子誨南宮縚之妻髽曰、爾毋從從爾、爾毋扈扈爾。從從猶崇崇也、謂其太高、卽山大而高曰崧矣。扈扈猶俁俁也、謂其太廣、卽山卑而大曰扈矣。○巋者、釋文引字林云、丘追反、小山而衆也。按、釋文巋然、高峻貌。文選靈光殿賦云巋崒穹崇、李善注高大貌。莊子天下篇釋文、巋字或作巍。竝與爾雅義異。方言云凡物盛多謂之寇、郭注今江東有小鳧其多無數俗謂之寇鳧。然則寇與巋義近、而聲亦相轉。

義疏

山大而高崧山小而高岑 郭注、今中嶽嵩高山、蓋依此名。岑、言岑崟。崧崇古今字。又作嵩。上云、高也、充也。岑當作岕、入山之深也。春秋傳殽之嶔巖、嶔卽嶔字、非此岑也。**銳而高嶠卑而大扈小而衆巋** 嶠亦作嶠橋。郭注、嶠言鑯峻。扈廣也。巋、小山叢羅。歸从𠂤、今堆字。

集解

山小而高岑 岑从山今。今从亼ㄱ、合也。山小而高由於合土而成、孟子所謂岑樓是也。公羊傳必於殽之嶔巖、嶔卽崟字、與此岑異。**銳而高嶠** 嶠高而曲也。字本作喬。山之銳上者形必曲。詩、及河喬嶽。史記本紀黃帝葬橋山以橋為之。**卑而大扈** 扈夏后同姓所封、與啟戰于甘者。在鄠有扈谷甘亭。與憮甫通用。上經、甫、大也。禮記檀弓爾毋扈扈爾、注謂大廣也。古文作岵。或者正字為俁與。**小而衆巋** 巋字本作巍、高也。此云小而衆、蓋取敚義。古今人表魯魏公、律厤志作微。北山經、大行之山、其首曰歸山。

義證

銳而長橋

黃帝所葬之山、在今慶陽府合水縣西。或以為在鄜州者、非。

今書或作銳而高嶠、劉熙不然也。

卑而大扈

今西安府鄠縣有扈谷、夏同姓侯國也。王逸以為澆國名。

小而衆歸

山海經、太行之首曰歸山。今書或作巋者誤。

釋地四篇注

山小而高岑

〔註〕言岑崟〔補正〕臣鑑按、小而高岑亦峻銳貌、故曰岑崟。說文於崟字下註云、山之岑崟也、凡地高險者曰崟。張平子南都賦云幽谷嶜岑、註云嶜岑、峻極貌。

銳而高嶠

〔註〕言鑯峻〔補正〕臣鑑按、釋文引字林云、山銳而長也。

卑而大扈 扈音戶。或作扈。

〔註〕扈廣也〔補正〕邢疏、禮檀弓南宮縚之妻之姑之喪、夫子誨之髽曰爾毋扈扈爾、鄭註云扈扈謂大廣、蓋取此義也。

小而衆巋 巋丘追反。

〔註〕小而叢羅〔補正〕邢疏、言小山而衆叢萃羅列者名巋。臣鑑按、釋文引字林亦云、小山而衆也。

郭注補正

銳而高嶠釋名作銳而長

錢氏古義

山小而高岑

言岑崟也

釋文云、崟字又作崯。樹枏案、方言、岑、高也。郭氏彼注云：岑崟，峻貌也。字正作岑崟。後漢書張衡傳注引爾雅郭璞曰：言岑崟也。今據補也字。

銳而高嶠

言鐵峻也

慧琳廣弘明集十六卷音義引爾雅云：山銳而高曰嶠，郭注云：謂鐵峻也。今據補也字。

卑而大⿰山扈

⿰山扈廣貌

今本經注作扈。釋文云：⿰山扈，或作扈。蓋陸所據郭本作⿰山扈也。明注疏本貌作也。

郭注佚存補訂

山小而高岑銳而高嶠卑而大⿰山扈小而衆巋

嶠與喬通。周頌時邁及河喬嶽，淮南泰族訓引喬作嶠。毛傳云：喬，高也。般墮山喬嶽，鄭箋亦云：喬，高。彼釋文云：喬，音橋，亦作橋。史記黃帝葬橋山，正義引爾雅嶠作橋。餘詳訂經。

說詩

銳而高嶠 釋文云、郭又音驕。

卑而大⿰山扈 釋文作⿰山卮。

註⿰山扈廣貌也。貌誤

注疏正字

山小而高岑

家大人曰，管子宙合篇曰：山陵岑巖，淵泉閎流。孟子告子篇：可使高於岑樓。趙注曰：岑樓，山之銳領者。

述聞

山小而高岑　說文、釋名同。後漢書注五十九，文選注五又十一又十二又十八又廿二又廿八又卅四引皆有曰字。

銳而高嶠　釋名同。釋文云：嶠，字林作嶠。盧學士曰：嶠，係說文新附字。史記五帝本紀黃帝葬橋山，張守節引爾雅山銳而高曰橋，知本借橋字。正義云：嶠，本作喬。淮南泰族訓引詩及河嶠岳，今詩作喬。文選注十二又廿二又廿六又卅一，集韻四宵引山銳而高曰嶠。

卑而大⿰山扈　釋文云：⿰山扈，或作扈。石經單疏本作扈，禮記正義六引亦作扈。案：說文山部無⿰山扈字。

小而衆巋　說文山部無巋字。案：莊子天下篇巋然而有餘，釋文云：巋，本或作魏，則巋即魏字。魏本从鬼作巍，隸變从鬼。畢氏沅曰：北山經大行之山，其首曰歸山，即此義，俗加山耳。類篇中九引有曰字。

匡名

嶠　橋　史記正義引作橋。正作喬

⿰山扈　扈　釋文。⿰山扈或作扈。盧氏文弨曰。作扈是。古文作屺从山弓案弓者函下云舌體弓弓是卑廣之狀

巋　⿰山歸　莊子天下篇釋文。巋字或作巍。

小而衆曰巋讀如魁陵之魁正當作𠂤對轉作峷疊韻則曰磈磊不平之意字即嵬之變釋木注釋魁瘣以爲樹叢生根枝節目盤結磈磊貴也

黃侃評本正名

山小而高岑言岑崟。　岑兼小高二義、則岑者猶言纖也、字與嶢嶅嶄嶜並通、合言曰岑崟、嶅礹嶢巖嶄巖嶔岑、嶜崟岑巖嶜岑、岑嵓、此皆聲類至近者、其轉在他部者、尤不可悉數。　岑又與讒通、呂覽審己齊攻魯、求岑鼎、韓非說林作讒、此即鼒鼎、圜上而小口者。

銳而高嶠。言鐵峻。　嶠正作喬。　鐵、廣雅銳也、集韻引廣雅作鋟、今俗作尖。

卑而大扈。　扈古文作㟪、从山弓、案弓者、函下云、舌體弓弓、是早廣之狀。

小而衆巋。　巋字本从𠂤得聲、𠂤變為𨺅、又為山歸聲、如去本从凵、凵變為笑、又从去也。　莊子天下篇釋文巋本或作魏、巖元照謂巋即巍字、案巋不當作巍、讀如魁陵糞土之魁、字當作嵬、高不平也、引申為磈磊之意、釋木注魁瘣、謂樹木叢生、根枝節目盤結磈磊、語皆由𠂤出、對轉作峊危高也。俞樾說疑即𠂤之或體　說文𠂤、小阜也、與小而衆義合。　山海經北山經太行之首有歸山、蓋依此名、又山海經大騩之山郭亦音歸。

黃侃音訓

山大而高崧　銳而高嶠　卑而大扈

釋文、崧又作嵩、釋山釋文字林嶠作嶠、山銳而長也。釋山釋文釋名、山銳而高曰嶠。形似橋也。釋山篇史記正義引作山銳而高曰橋。五帝紀正義釋文、扈、作嶇。云、本或作扈。釋山釋文玉篇嶇山廣貌山部嶇

山大而高崧、釋文崧、又作嵩。按說文山部無崧嵩二字。韋昭國語注云、古通用崇字。卑而大扈、釋文扈作嶇。按、說文無嶇字。邑部扈云、鄠有扈谷、從邑戶聲。古文扈從山弓作㟪。

證異

釋山、山小而高岑。古涔灊字通。史記沱涔已道、漢書作沱灊。說文、灊、讀若岑。漢書楊雄傳注引張揖字詁云、嶜、古文岑字。酈道元注水經云、灊者、山水名也、開山圖灊山圍繞大山為霍山、郭景純曰灊水出焉、縣即其稱矣。承珙案、漢書武帝紀登灊天柱山、應劭曰灊音若潛、文穎曰灊、音岑。徐靈期南岳記云、衡山者、五岳之南岳也、至軒轅乃以灊霍之山為副焉、漢武南巡、乃徙南岳之祭于灊山、亦承軒轅副義。是灊本山名、依字當作岑。下文大山宮小山霍、小山、蓋即此所謂岑也。

胡氏古義

山小而高岑、郭云言岑崟。楷案、淮南俶眞訓牛蹏之涔無尺之鯉、涔謂小水也。玉篇、小魚為鮗、字皆从岑。方言、岑、高也。是岑兼小與高二義。

小而衆巋、郭云小山叢羅。楷案、巋者、𠂤字之假音也。說文𠂤、小阜也。玉篇𠂤小塊也。小阜為𠂤、因之山之小者亦名𠂤。此又假巋字為之。又通作魁、周語高山蕩而為魁陵糞土、韋昭注小阜曰魁是也。又廣雅、𡋯細土也、𡋯即𠂤、俗增山字也。

稗疏

山大而高崧注今中嶽嵩高山蓋依此名○釋曰注疏本刪。

山小而高岑注言岑崟○釋曰注疏本刪。

銳而高嶠注言鐵峻○釋曰注疏本刪。

其中山曰員嶠注疏本脫山。

爾雅詁林　十一　釋山

卑而大扈唐石經單疏本雪牕本同。釋文、嶇音戸、或作扈。

扈廣貌單疏本雪牕本同。注疏本貌誤也。

卑而大扈注扈廣貌○釋曰注疏本删。

小而衆巋注小山叢羅○釋曰注疏本删。

言山小而衆注疏本山小倒。

校勘記

岑雪牕本岑、注同。

言鐵峻十行本雪牕本鐵。

校勘記訂補

小而衆巋、釋文巋丘軌反、字林丘追反。今本軌作鬼、非是。廣韻軌巋同在五旨、故軌得為巋字切音。若鬼、居偉切、自在七尾、既不同韻、不能相切也。

注疏本正誤

二行山小而高岑○唐寫本「小」上無「山」字。案此處及下文「銳而高嶠」、「卑而大扈」、「小而衆巋」等皆與上文「山大而高崧」相連比處不煩重出「山」字也。邵氏《正義》及郝氏《義疏》不以此與上文「山大而高崧」相屬，非是。

(注)言岑崟○唐寫本「崟」下有「也」字。原本《玉篇》山部「岑」下引此注作「言岑岑然也」。「岑岑然」蓋為「岑崟然」之誤。《方言》：「岑，高也」，郭注云：「岑崟，峻皃也」。

(注)言鐵峻○唐寫本「峻」下有「也」字。原本《玉篇》「嶠」下引同。

卑而大扈(注)扈廣貌○「扈」，唐寫本作「嶇」，《釋文》同。《釋文》云：「或作扈」。案：原本《玉篇》「嶇」字下引《爾雅》亦作「嶇」。「嶇」蓋為後起字。又注「廣貌」下唐寫本有「也」字，原本《玉篇》引同。

三行(注)小山叢羅○「羅」下唐寫本有「也」字。原本《玉篇》山部「巋」下引「羅」下有「者也」二字。

宋監本校箋

銳而高嶠言纖峻。嶠音喬。小而衆巋小山叢羅。巋音魁。

音圖·音

岑直音音尋　案岑有吉金音今、才心音近脣牀。兩音。今音尋、邪非。

直音正誤

岑、吉欽訛作金。翻、音今。字林才心翻、音近脣。從母。但侵韻無從母字。廣韻鋤針翻、音涔。牀母　嶠渠驕翻、音喬。郭又音驕。字林作嶠巨照翻、喬去聲。巋邱軌翻、窺上聲。字林邱追翻、音窺。張自烈音奎、非。

音略

山小而高岑尋　銳而高嶠喬驕　卑而大扈戸　小而衆巋奎

孫侃直音

山小而高岑。尋　銳而高、嶠。喬　卑而大、扈。戸　小而衆、巋。奎

直音校正

山小而高岑、言纖峻。銳而高嶠、喬　卑而大扈、扈廣也。小而衆巋、小山叢羅。奎

楊氏音訓

岑鋤針切　嶠音喬又轎　扈祜　巋區韋切

干氏音釋

小山岌大山峘

小山岌大山、峘。岌、謂高過。

郭注

小山岌大山垣注岌謂高過 釋曰、言小山與大山相竝而小山高過於大山者名峘、非謂小山名岌大山名峘也。

邢疏

小山岌大山垣

說文駁、馬行相及也、讀若爾雅小山駁大山垣。

衆家注 黃輯古義

小山岌大山峘

郭璞云、岌謂高過。

一切注音

小山岌

蕙心案、說文馬部駁字云、讀若爾雅小山駁。蓋古本爾雅岌有作駁者。駁、假借字。

古注斠

岌魚泣反、又五合反。 過古臥反。 高峘胡官反、一音袁。埤蒼云、峘大山也。又音恒。

陸音義

小山岌大山峘

以小及大危矣、宜有回焉、腹大山也。則所謂桓者此歟。然則公執桓圭、蓋以峘爲瑑飾。

新義

小山岌大山峘

郭璞曰、岌謂高過。

鄭樵曰、岌魚泣反、峘音桓。

古注合存

小山岌大山峘 註 岌謂高過 正義 兩山相竝、而小山高過於大山者曰峘。說文云、駁、馬行相及也、讀若爾雅小山駁大山峘。玉篇云、岌、山高貌。

正義

小山岌大山峘 岌謂高過

峘者、釋文引埤蒼云、峘、大山、岌、魚泣反、高也。按、岌與及義近。說文云、駁、馬行相及也、讀若爾雅小山駁大山峘。此言駁讀若岌、則非爾雅本作駁矣。疑駁字誤。

義疏

小山岋駁大山峘亘峘 郭注、岌謂高過。 釋恆山所由名。岋卽及也、岡領相連及。峘、从亘、則垣字耳。下所謂宮與岋不類、故知爲再亘加山。

集解

小山岌大山峘 岌卽及也。峘从亘、則垣字。卽下所謂宮、與岌不類。蓋此乃从再亘而加山之字也。小大之山連及緜亘之狀耳。釋上恒山所由名。晉書地道記、恒山北行四百五十里得恒山岌、號飛狐口。說文駁、馬行相及也、亦取及義。

義證

小山岌大山恒

今書恒爲峘、非也。依字岌應爲駁。晉書地道記、恒山北行四百五十里得恒山岌、號飛狐口。在今保定府廣昌縣北。如湻誤以爲是上黨壺關矣。

釋地四篇注

小山岌大山峘 岌漁泣反 峘胡官反

註 岌謂高過 補正 邢疏言小山與大山相竝、而小山高過於大山者名峘、非謂小山名岌、大山名峘也。

小山岌大山峘 注岌謂高過

正曰、錢詹事潛研堂集云、峘、釋文有峘袁恆三音。如用恆音、則字當作恆、說文山部無峘字、峘卽恆

郭注補正

之譌。晉書地道記，恆山北行四百五十里得恆山岌，號飛狐口。大山宮小山，卽南嶽之霍山，則小山岌大山爲北嶽之恆山，審矣。郭訓岌爲高過，失，非也。說文馬部，駁，馬行相及也，讀若爾雅小山岌大山峘。山相及有緜亙之象，故曰亙得名也。

正郭

小山岌大山峘

岌，說文山部新附字。案，馬部駁字注曰讀若小山駁大山峘，則岌當作駁。然山部又無峘字。釋文云，峘，胡官反，一音袁，又音恒。廣韻二十六桓、十七登兩部亦兩引此文。案，讀胡官反則當从亘聲，讀如恒則从亙聲。陸氏竝載兩音，而不辨所从之異，是其疏也。錢少詹曰，予族子坫嘗引晉書地道記，恆山北行四百五十里得恆山岌，號飛狐口，證峘卽恆之譌，此證甚當。大山宮小山，卽南嶽之霍，則小山岌大山，卽北嶽之恆，審矣。岌，說文作駁。駁，馬行相及也，山相及有緜亙之象，故以恆爲名。俗人妄易山旁，又亘亙隸變易溷，故誤讀胡官反耳。

匡名

山大而高崧，山小而高岑，銳而高嶠，卑而大扈，小而衆歸小山岌大山峘。

此釋山卑高小大之名。說文，嵩，中岳嵩高山也，从山从高，亦从松。大雅，嵩高維嶽。岑，義同爾雅。南都賦，幽谷砦岑。嶠，山銳而高也。淮南子引詩及河嶠岳，今作喬或作橋。扈，夏后同姓所封，戰于甘者，在鄠有扈谷甘亭。靈光殿賦，歸崒穹崇。岌，山高皃。

啓蒙

岌 駁 說文。駁，馬行相及也。讀若爾雅小山駁大山峘。

說文言讀若者，不作馬行相及解，正當作爾。

峘 亙 阮氏校勘記。錢氏坫云，晉書地道記，恆山北行四百五十里得恆山岌，名飛狐口。可證峘卽恆之譌。錢氏大昕云，大山宮小山霍，卽南嶽霍山。則小山岌大山峘爲北嶽恆山審矣。

釋文，峘，又音恆。是字當作峘，爲亙之後出字。亙，竟也，引申訓長，未必卽是北岳耳。

黃侃評本正名

小山岌大山峘。岌謂高過。岌，正當作及，與圪聲轉。說文，圪，牆高貌也。詩曰，崇墉圪圪。今大雅皇矣作仡仡。岌亦重言岌岌。離騷高余冠之岌岌兮是也。岌岌又與巖巖聲近。說文無峘字。峘之爲言垣也。垣，牆也。又言寏也。寏，周垣也。又言奞也。奞，奞奢，奞也。廣韻二十六桓有峘字，十七登亦有峘字，注皆引爾雅，讀胡登切，則爲亙之後出字。亙，竟也，引申訓長，惟未必即是北岳耳。玉篇無从亙之峘字。

黃侃音訓

小山岌大山峘。○經義雜記曰，說文駁，馬行相及也，从馬从及，讀若爾雅小山駁大山峘。按今本爾雅經註皆作岌。

考異摘要

小山岌大山峘 釋山

樾謹按，說文馬部，駁，馬行相及也，讀若爾雅小山駁大山峘。然則古本爾雅作駁，不作岌也。說文讀若之字，亦有卽舉本字者，如走部趀，讀若春秋傳輔趀之類。陳氏壽祺左海經辨所舉凡十五事，駁讀若駁，卽其一也。小山駁大山峘，與下文大山宮小山霍，小山別大山鮮，句法一律。郭解大山宮小山曰宮，謂圍繞之、禮記曰君爲廬宮之是也。然則小山馺大山、取馬行相及之義、亦猶大山宮小山取爲廬宮之之義、謂山之相及猶馬之相及、山之相圍繞猶宮之相圍繞也。若如今本作岌於文爲不辭矣。玉篇山部、峘、大山也。蓋由誤讀爾雅、分小山馺大山峘爲二句、與酈道元水經注於廬江水下引爾雅大山曰宮其誤正同。然岌下但曰山高貌、而不曰小山也、是其所見爾雅猶作馺也。不然以峘爲大山、必以岌爲小山矣。是可知變馺爲岌、乃唐以後傳寫之誤。當據說文訂正。

平議

小山岌大山峘、郭云岌謂高過。臧琳云、峘、恆也、以小山而高及大山、其恆長可知。錢大昕云、郭訓岌爲高過、未然。說文岌作馺、馬行相及也。山相及有緜亙之象、故以恆得名。楷案、說文無峘字。釋文云、峘、胡官反、一音袁、又音恆。據前二音當作峘、據後一音當作峘。臧氏及錢氏皆依後一音解。錢坫釋地四篇注引晉書地道記恆山岌爲證、說亦同。然此說未安。上文大山宮小山霍、霍之名指大山、則小山岌大山峘、峘之名卽指小山矣。以小山而高及大山、何恆長之有。錢氏知不可通、於是又改訓岌爲相及。然釋文謂岌高也、玉篇岌、山高貌、廣韻岌、高貌、說文新附岌、山高貌、王逸楚辭離騷注岌岌、高貌、廣雅岌岌、高也、其義相傳自古、安得遽易。說文引作馺者、乃說古時字少、假借之例、不得誤會其意。蓋岌義郭注自確、峘音則當從釋文前一音爲是。峘之言桓也。說文桓、郵亭表也。周禮大宗伯公執桓圭、鄭注雙植謂之桓。記檀弓三家視桓楹、鄭注四植謂之桓。蓋郵表謂之桓、而雙植四植之柱亦皆謂之桓。此小山高出大山、其形似之、故以爲名也。玉篇無峘字、有峘字、云戶官切、大山也。句雖誤讀、釋文引埤蒼、峘、大山同。誤。然可證當時尙無恆音。至廣韻則二十六桓桓紐、十七登恆紐、竝列峘字、竝引爾雅此文。則此字恆音之誤、蓋在顧野王以後矣。

稗疏

小山岌大山峘 唐石經單疏本雪牕本同。釋文、峘胡官反、又音恆。經義雜記曰、說文馺、馬行相及也、从馬从及、讀若爾雅小山馺大山峘、郭注謂高過、與馬行相及訓亦合、岌及也。峘恆也、以小山而高及大山爲恆長可知。釋文胡官反音袁非。錢坫云、晉書地道記恆山北行四百五十里得恆山岌、號飛狐口、可證峘卽恆之訛。錢大昕云、大山宮小山霍、卽南嶽霍山、則小山岌大山峘爲北嶽恆山、審矣。

校勘記

小山岌大山峘注岌謂高過○釋曰 注疏本刪。

岌謂高過 雪牕本高遠、誤。

校勘記訂補

(注)岌謂高過○唐寫本此注作「岌謂高過之也」。原本《玉篇》山部「岌」下引作「謂過高也」，「高」「過」二字互倒。

宋監本校箋

小山岌音及 大山峘 岌謂高過、峘音桓。

音圖·音

爾雅詁林 十一 釋山

岌音兀峘音極　案岌魚泣翻音近業緝葉之別與兀微別。今音兀非及亦非。直音音峘音桓今音極誤。直音不誤。

直音正誤

岌魚泣翻音近業。說文駁蘇答翻讀如爾雅岌與此不同。峘胡官翻音桓。一音袁又音恒。詩釋文同。　案小山岌大山句峘。句大山宮小山句霍。句小山別大山句鮮。句依注當如此讀。水經注解宮亭廬山神廟名。乃引爾雅大山曰宮不深考之過。黃山谷詩中誤用明人因之蓋沿酈氏之誤。張自烈專詆正韻非。酈水經注又引大山宮小山以解霍山為南嶽。本山海經郭注所以句讀不誤此槩說山形不必專指南嶽也。宋晁補之沿誤作二句對解。全氏祖望兩存其說者非。

音略

小山岌大山峘。桓袁

孫侶直音

小山岌及大山峘。桓

直音校正

小山岌及大山峘。桓岌謂高過也。

楊氏音訓

岌忌立切峘桓又音恆

干氏音釋

屬者嶧獨者蜀

屬者嶧。言駱驛相連屬。獨者蜀。蜀亦孤獨。

郭注

屬者嶧注言駱驛相連屬釋曰言山形相連屬駱驛然不絕者名嶧。駱驛連屬不絕之辭。禹貢云嶧陽孤桐。地理志云東海下邳縣西有葛嶧山取此名也。獨者蜀注蜀亦孤獨釋曰言山之孤獨者名蜀。案說文云蜀蟲名詩云蜎蜎者蜀。釋蟲云蚅烏蠋郭云大蟲如指似蠶。此蟲更無羣匹故云蜀亦孤獨。既蟲之孤獨者名蜀是以山之孤獨者亦名蜀也。

邢疏

屬者嶧

劉昭續漢志注引郭璞云繹山純石積構連屬。初學記引舊說云今魯國有嶧山純石相積構連屬成山蓋謂此也。邵氏正義云疑為郭氏音義之文。

郭音義

屬者嶧以下釋山

言絡繹相連。今魯國鄒縣有嶧山純石相積構連屬而成山蓋謂此也。御覽四十二

衆家注

黃輯古義

屬者嶧

注曰言絡繹相連。今魯國鄒縣有嶧山純石相積構連屬而成山蓋謂此也。御覽四十二

屬者嶧

郭璞云言駱驛相連屬。今魯國有嶧山純石相積構連屬成山蓋謂此也。今魯國下十九字據劉昭續漢志註二十卷初學記五卷引增。

漢注

獨者蜀

郭璞云蜀亦孤獨。

一切注音

屬山嶧　舊注言絡繹相連。今魯國鄒縣有嶧山純石相積構連屬而成山。御覽四十二郭云嶧山純石積構、

連屬而成山。後漢郡國志注

蕙心案郭氏音義多本舊注。【古注斠】

半石反。說文葛嶧山在東海下邳。尚書云嶧陽孤桐。駱音洛。驛音亦。屬章玉時欲二反。謂相連屬。嶧【陸音義】

獨者蜀

詩以蠋言獨宿，爲是焉。亦在車下，獨而屬者也。【新義】

山小而高岑，銳而高嶠，卑而大扈，小而衆巋，巋邱鬼反。岌魚泣反。峘音桓。屬

小山岌大山峘，屬者嶧，謂相連屬。嶧山在兗州鄒縣，斷續二十里。獨者蜀蜀山在濟州。【鄭樵注】

屬者嶧

郭璞曰，言駱驛相連屬。

鄭樵曰，屬謂相連屬。嶧山在兗州鄒縣，斷續二十里。

獨者蜀

郭璞曰，蜀亦孤獨。

鄭樵曰，蜀山在濟州。【古注合存】

小山岌大山峘屬者嶧獨者蜀。岌音及，峘音桓，屬音燭，嶧音亦。○此釋山之分合之名也。註曰，岌謂高過也。嶧言絡繹也。蜀亦孤獨也。疏曰，小山與大山並而小山高過於大山者名峘，非謂小山名岌，大山名峘也。山之孤獨者名蜀。說文云，蜀，虫名。詩東山云，蜎蜎者蜀。釋虫云，蚅，烏蠋。郭註云，此虫更無羣匹，虫之獨者，故山之獨者亦名之。【注疏參義】

蜀鄭云，蜀山今濟州。按我邑有蜀山，亦以離羣山而獨立得名。見隋書地理志。又湖州有別鮮山，義亦本此。【補注】

屬者嶧【註】言駱驛相連屬。獨者蜀【註】蜀亦孤獨【正義】郭註子虛賦云，屬，連也。山之連屬者曰嶧，孤獨者曰蜀。禹貢云，嶧陽孤桐。漢書地理志東海郡下邳縣有葛嶧山，古文以爲嶧陽。後世有蜀山，又首山一名獨山，皆依爾雅以爲名。【註】言駱至連屬。○【正義】劉昭續漢志註引郭璞云，嶧山純石積構連屬。初學記引舊說云，今魯國有嶧山，純石相積構，連屬成山，蓋謂此也。疑爲郭氏音義之文。○蜀亦孤獨。○【正義】蜀本蟲名，獨行無羣匹，見下文釋蟲。假借以爲孤獨之山名。【正義】

屬者峰注言駱驛相連屬　初學記及御覽卷卅八、四十二并引郭註云，言駱驛相連。今魯國鄒縣有嶧山，諸石相積構，連屬而成山，蓋謂此也。

獨者蜀　玉案，方言一蜀也，南楚謂之獨。轉相訓，故獨亦爲蜀。管子形勢篇抱蜀不言而廟堂克脩，當本此爲訓。【校議】

屬者嶧言駱驛相連屬獨者蜀蜀亦孤獨

嶧者，蓋繹之叚借。詩保有鳧繹是也。後漢郡國志注引郭云，繹山，純石積構連屬。蓋郭音義之文。御覽四十二引舊注云，言絡繹相連。今魯國鄒縣有嶧山，純石相積構，連屬而成山，蓋謂此也。按，此郭義所本。初學記引亦同。○蜀者，方言云，一，蜀也。南楚謂之蜀。郭注，蜀猶獨耳。按，蜀本桑蟲，其性孤特，故詩言蜎蜎者蜀，以興噞敦彼獨宿。是蜀有獨意。蜀形類蠶。今棲霞縣北三十里有蠶山，孤峰獨秀，旁絕倚連，舊名爲蠶，合於爾雅矣。【義疏】

屬者嶧獨者蜀

蜀有獨義。蜀形類蠶。棲霞縣北三十里有蠶山，孤峯獨秀，旁絕倚連，舊名爲蠶，合於爾雅矣。

念孫案，蜀有獨義，而蠶無獨義。因蜀形類蠶，而即謂蠶山，以獨得名可乎。【郝注刊誤】

屬者嶧獨者蜀舊注，嶧，言絡繹相連。郭注，言駱驛相連屬。

蜀亦孤獨。屬、从尾蜀。蜀蟲唯一繭，故爲獨。行則相連，故又爲屬。睪捕人必相連及，故爲駱驛。詩、保有鳧繹。書、嶧陽孤桐。春秋、盟于蜀。

屬者嶧，獨者蜀 蜀、葵中蠶也。从虫、上目象蜀頭形，中象其身。蜀唯一繭，故為獨山之偁。加尾為屬，則有連及之意，因蜀喜連行故也。嶧、从睪，目視也。从横目从㚔會意。令吏將目捕罪人也。捕罪人者多連及，因為絡繹。書、嶧陽孤桐。詩、保有鳧繹。史記、鄒繹山。春秋、盟于蜀。楚語、懼之以蜀之役。 **集解**

義證

屬者嶧

秦刻石作繹，在今兗州府嶧縣。

獨者蜀

今兗州府汶上縣西南四十里有蜀山，春秋之蜀亭也。下有蜀山湖，與南旺湖相屬。 **釋地四篇注**

屬者嶧 屬章玉反 嶧羊石反

註 言駱驛相連屬 補正 鄭樵註云、嶧山在兗州鄒縣，斷續二十里。 **郭注補正**

屬者嶧

言駱驛相連屬 今魯國有嶧山純石相積構連屬成山盖謂此也

初學記五卷地部云、山屬曰嶧，言駱驛相連，今魯國有嶧山純石相積構，連屬成山，蓋謂此也。御覽三十八卷地部引同。四十二卷嶧山下亦引此文、刪首尾二句。樹枏案後漢書郡國志注引郭璞云、繹山，純石積構連屬。據此則初學記御覽所引爲郭注原文，劉昭節引之，今本則概從刪削矣。謹據補訂。 **郭注佚存補訂**

屬者嶧獨者蜀

嶧與繹通，取絡繹之義。魯頌閟宮保有鳧繹，毛傳云繹山也。正義云、禹貢徐州嶧陽孤桐，謂嶧山之陽有桐木也。後漢郡國志注引郭云、繹山，純石積構連屬。與今注不同。御覽引舊注云言絡繹相連，今魯國鄒縣有嶧山，純石相積構，連屬而成山，蓋謂此也。初學記引同。 蜀者，郭注云、蜀亦孤獨。邢疏云、說文蜀，蟲名，詩曰蜎蜎者蜀，釋蟲云蚅，烏蠋，郭云大蟲如指，似蠶，此蟲無群配，故云蜀，亦孤獨，蟲之孤獨者名蜀，是以山之孤獨者亦名蜀也。案、今豳風東山作蜎蜎者蠋，蜀本從蟲而又加虫，俗體也。 **說詩**

獨者蜀疏蜀蟲名 案、說文作蜀、葵中蠶也。 **注疏正字**

屬者嶧。言駱驛相連屬。 獨者蜀。蜀亦孤獨。 釋蟲注蠋、大蟲如指、似蠶。又釋畜雞大者蜀。 **黃侃音訓**

屬者嶧　郝曰、嶧蓋繹之叚、詩保有鳧繹是也、後漢郡國志注引郭云、繹山純石積構連屬、蓋郭音義之文、御覽四十二引舊注云、言絡繹相連、今魯國鄒縣有嶧山、純石相積構、連屬而成山、蓋謂此也。案、郝以嶧爲繹之叚、誤。說文山部、嶧、葛嶧山、在東海下邳、夏書曰嶧陽孤桐。此東海郡下邳縣之嶧山也。（漢書地理志、東海郡下邳縣有葛嶧山、古文以爲嶧陽。）魯頌閟宮篇保有鳧也（山）繹。陳氏奐毛傳疏云、繹山、在今山東兗州府鄒縣東南、（又云繹俗作嶧、與禹貢嶧陽爲葛嶧山者不同。）此魯國鄒縣之繹山也。爾雅屬者嶧、明釋禹貢之嶧陽、（邵引嶧陽孤桐是。）非釋魯頌之鳧繹也。郝以爲叚借、何以詩直作繹、而爾雅必叚嶧以釋之乎。如或禹貢無嶧陽之文、葛嶧山又並無其地、則爾雅所釋乃可謂魯頌鳧繹之叚借。否則葛嶧山別有其地。嶧陽明有其文、安得碻指嶧爲繹之叚乎。且求諸名、嶧繹並从睪聲。說文糸部繹、抽絲也、段注云擂（段作擂絲）者引也、引申爲凡駱驛温尋之稱。尾部屬、連也。屬誼與繹固近、然雅以屬釋嶧者、嶧之从睪、聲實兼義。睪、从橫目从㚔。（說文㚔部、睪、目視也、从橫目从㚔。）說文云、一曰俗語、以盜不止爲㚔。（說文、㚔、所以驚人也、一曰大聲也、一曰俗語、以盜不止爲㚔。）不止猶不絕、睪从㚔、亦宜有不絕義。故駱驛尋繹字並从睪、嶧之从睪、蓋亦此誼。故山之連屬者名嶧、繹山之名誼亦取此。（此則郝所引繹山、純石積構連屬者是。）弟爾雅則釋嶧陽之嶧、非釋鳧繹之繹耳。

屬者嶧注言駱驛相連屬○釋曰　注疏本删。

包錫咸日記

取此名也　注疏本取上有蓋。

獨者蜀注蜀亦孤獨○釋曰　注疏本删。

是以山之孤獨者亦名蜀也　注疏本名下衍曰。

校勘記

蠶之孤獨者蜀　毛本湘本者下有名字、此脫。

注疏校勘札記

四行（注）言駱驛相連屬○唐寫本作「言驛駱相連也」。原本《玉篇》「嶧」下引此注作「言若駱驛相屬也」。《初學記》卷五及《御覽》卷三十八又有「今魯國有嶧山，純石相積構，連屬成山，蓋謂此也」數語。劉昭《後漢書·郡國志注》節引此文，題稱「郭璞云」，王樹枏以為此當為郭注原有，今本概從删削。案：原本《玉篇》引郭注不及此數語，而引《音義》曰：「今魯國郡縣有嶧山、東海、下邳，《夏書》曰嶧陽孤桐是也。」《音義》即郭璞《爾雅音義》。《初學記》《御覽》所記或出於《音義》。

（注）蜀亦孤獨○唐寫本「獨」下有「也」字。

宋監本校箋

屬（音燭）者嶧（言絡驛相連屬。嶧音亦。）

音圖・音

屬章玉（音燭）時欲（如字）二翻。案、我州海上有蜀山、見隋書地理志。鄭云、蜀山今濟州。張氏訒云、今汶上有蜀山、揚州有蜀岡、皆此義。

音略

屬（燭）者嶧（亦）、獨者蜀、

孫侃直音

屬（燭）者嶧（亦）（言絡繹相連屬。）獨者蜀（山之孤獨者名蜀。）

楊氏音訓

嶧　亦

干氏音釋

上正章宛中隆

上正章。山上平。宛中隆。山中央高。 郭注

上正章注山土平 釋曰、正猶平也、言山形土平者名章。宛中隆注山中央高 釋曰、言山形中央蘊聚而高者名隆。 邢疏

上正章 文選詩注兩引、一作山正鄣、一作山正曰 郭。郝氏義疏 衆家注 黃輯古義

上正章 郭璞云、山上平。

宛中隆 郭璞云、山中央高。 一切注音

宛於粉反。 陸音義

上正章 考工記所謂山以章者畫此焉。山銳而畫章、火銳而畫圓。老子曰劌其銳、此之謂也。

宛中隆 其宛也、乃其所以爲隆也。即邱如此爲宛而已。故書、堯稱克讓。 新義

上正章 郭璞曰、山上平。鄭樵曰、正、平也。

宛中隆 郭璞曰、山中央高。

鄭樵曰、宛、高也。

上正章、宛中隆、出脊、岡。此釋山平正隆長之名也。註曰、上正、謂上平。宛中、謂中高也。山脊、謂山長脊。疏曰、言山上平者名章、中蘊聚而高者名隆、長脊者名岡也。 注疏參義 古注合存

文選注上正章、章作障。 補注

上正章 註 山上平 宛中隆 註 山中央高 正義 釋丘云、上正章丘、宛中宛丘、此又釋山形相似者之名也。漢書地理志江夏郡竟陵縣、章山在東北、古文以爲內方。史記正義引括地志云、方城山頂上平、四面險峻。是凡山之上平者、俱名章也。玉篇云、隆、中央高也。左氏成二年傳、齊侯圍龍。史記晉世家云、齊伐魯、取隆。索隱引劉氏曰、隆即龍也。魯北有隆山。管子中匡篇、反胙於隆嶽。淮南俶眞訓、終隆之山。後世所謂隆中、隆慮、蓋取宛中之義。 正義

上正章山上平 宛中隆山中央高 釋丘云、上正章丘、宛中宛丘、此又以爲山名也。文選詩注兩引、一作山正鄣、一作山正曰障。障與鄣同、皆段借字。山與上、字形之誤也。宛中隆者、謂中央下而四邊高、因其高處名之爲隆。此與釋丘之宛中義同而名異者、彼據中言、故曰宛、此據外言、故曰隆矣。郭以中央高爲義、誤與釋丘同。 義疏

上正章障嶂 郭注、山上平。攷工記、山以章。宛中隆龒隴 郭注、山中央高。宛、今灣字。隆、礲也。 集解

上正章 謂上方正。攷工記、山以章。

宛中隆 山中央低、隆豐大也。與礲通用。礲、大長谷也。宛中似谷、因以名之。漢志有隆慮山。 義證

爾雅詁林 十一 釋山

上正章
禹貢内方亦曰章山，在今安陸府鍾祥縣西。
宛中隆
春秋傳成公二年齊圍龍，史記作隆。劉德曰，魯北有隆山，在今泰安府城西南。
釋地四篇注

宛中隆　注山中央高
正曰，宛讀爲韞，詳釋丠。丠上有丠爲宛丠，下。郭不審音讀，疏矣。
正郭

宛中隆　注山中央高
諍曰，上文上正章注以山上平釋上正二字，此以中央高釋中隆二字，是誤讀中隆爲相連，與上文不一律，遂失其解。說見前。
諍郭

宛中隆
山中央高也
慧琳高僧傳四卷音義引郭注爾雅云，隆，中央高也。據補也字。
郭注佚存補訂

上正章宛中隆
此與釋丘同名同義。
說詩

上正章　文選注二十引上正嶂。又廿二引山正鄣。又廿七引山正曰障。案，釋邱上正章邱，此與之同，山字誤也。說文山部無嶂字。鄣，紀邑也，邑部障，隔也，𨸏部皆非此義。
匡名

屬者嶧獨者蜀上正章宛中隆　說文，嶧，葛嶧山，在東海下邳。引書嶧陽孤桐。又通作繹。魯頌，保有鳧繹。地理志，首山一名獨山。又有蜀山。地理志，江夏郡有章山。左成二年傳齊侯圍龍，史記作齊伐魯取隆。說文，䧄，豐大也，從生降聲。徐鍇曰，生而不已，益高大也。
啓蒙

宛中隆。山中央高。　隆當讀如降，又隆洿相對爲言，洿即宛也，隆則相反爲義。
黄侃音訓

上正章注山上平○釋曰　注疏本删。
宛中隆注山中央高○釋曰　注疏本删。
校勘記

宛中隆釋文，宛，於粉反。今本無音，宜補。否必誤讀如字矣。
注疏本正誤

上正章（注）山上平○「章」，原本《玉篇》引作「障」，見「障」字下。又注文「平」下唐寫本有「也」字。《玉篇》引同。
五行（注）山中央高○原本《玉篇》「隆」下引作「中央高也」。
宋監本校箋

文選邱遲詩鳴鞞響沓障注引爾雅，上正曰障。案，此章障通。
音略

上正章，宛中隆。
琬
孫偘直音

上正章。山上平。宛中隆。山中央高。
楊氏音訓

爾雅詁林　十一　釋山

山脊岡未及上翠微

山脊岡。謂山長脊。未及上翠微。近上旁陂。

郭注

山脊岡注 謂山長脊 釋曰、孫炎云長山之脊也。言高山之長脊名岡。詩云陟彼高岡是也。 未及上翠微注近上旁陂 釋曰、謂未及頂上、在旁陂陀之處名翠微。一說山氣青縹色、故曰翠微也。

邢疏

山脊岡

長山之脊也。書正義七 邢疏 詩正義一之二

孫音注

未及上翠微

一說山氣青縹色曰翠微。初學記五 邢疏

衆家注

黃輯古義

山脊岡

長山之脊也。邢疏 書允征正義 詩周南卷耳正義

孫音注

玉函山房輯佚

山脊岡

岡、長山之脊也。孫注七 書疏

鉤沉

山脊岡

孫曰、長山之脊也。書正義七 詩正義一之二 邢疏

未及上翠微

注曰、一說山氣青縹色曰翠微。初學記五 邢疏

漢注

山脊岡

孫炎云、長山之脊也。詩正義一之二卷 書正義七卷 郭璞云、謂山長脊。

未及上翠微

郭璞云、近上旁陂。舊註云、一說山氣青縹色日翠微。初學記五卷

一切注音

山脊岡 孫炎曰、長山之脊也。詩卷耳公劉正義

未及上翠微 舊注云、一說山氣青縹色曰翠微。初學記

古注斠

脊 音積。 岡 又作罡、皆古郎反。

翠 七遂反。 微 亡非反。 近上 附近之近。 陂 普河反、又彼義反。

陸音義

岡 又作罡○罡、譌字。

音義攷證

山脊岡

若網之有綱。

未及上翠微

谷之事微矣、翠亦微。

新義

上正章宛中隆山脊岡未及上翠微 正、平也。宛、高也。未及上者、謂未及頂上、在旁陂陀之處也。一說山氣青縹色曰翠微、義與此異。

鄭樵注

山脊岡

孫炎曰、長山之脊也。

郭璞曰、謂山長脊。

未及上翠微

郭璞曰、近上旁陂。按、初學記引舊注有云、一說山氣青縹色曰翠微。

古注合存

鄭樵曰、未及上者、謂未及頂上在旁陂陀之處也。一說山氣青縹色曰翠微、義與此異。

補注

翠微、後說爲長、謂山氣青縹也。

山脊岡 註 謂山長脊 未及上翠微 註 近上旁陂 正義 釋名云、山脊曰岡、岡、亢也、在上之言也。山旁曰陂、言陂陀也。大雅公劉云、迺陟南岡。疏引孫炎云、長山之脊也。其未及上者名翠微、謂旁陂也。初學記引舊註云一說山氣青縹色曰翠微、劉逵蜀都賦註翠微、山氣之輕縹也、與爾雅義殊。

正義

山脊岡 謂山長脊 未及上翠微 近上旁陂

說文云、岡、山脊也。釋名云、山脊曰岡、岡、亢也、在上之言也。詩卷耳及公劉傳用爾雅。正義引孫炎曰、長山之脊也。必言長者、膂脊骨長。○翠微者、初學記引舊注云、一說山氣青縹色曰翠微。劉逵蜀都賦注翠微、山氣之輕縹也。義本爾雅。蓋未及山頂、孱顏之間、蔥鬱葐蒀、望之谸谸、青翠氣如微也。舊注似較郭義爲長。

義疏

山脊岡 孫注、長山之脊也。郭注、謂山長脊。岡从网、相連延袤。未及上翠微 舊注、一說山氣青縹色曰翠微。郭注近上旁陂。未及上、不詞、似承上岡言之。而今詞家競用翠微以爲山頂。

集解

山脊岡 岡从网、謂相連延袤。詩陟彼高岡。又迺陟南岡。未及上翠微 未及上者、狀山之高、難以步升、謂最高陵山也。翠微崔嵬一聲之轉、亦謂高也。或曰、山之高者、植物不生、則翠色甚微少矣。文選蜀都賦鬱葐蒀以翠微、劉逵以為山氣之輕縹。

義證

山脊岡

山海經、剛山洛水出。又春秋傳、楚用蔡隱太子于岡山。

未及上翠微

翠、讀如崔。微、讀如巍。亦言其高也。

釋地四篇注

未及上翠微

註 近上旁陂 補正 邢疏言、未及頂上、在旁陂陀之處、名翠微。

郭注補正

未及上翠微 注近上旁陂

正曰、邵編修正義云、初學記引舊注一說山氣青縹色曰翠微、文選左太沖蜀都賦劉注翠微、山氣之輕縹也。謹按、山氣欲上未及上名曰翠微、就其氣色言之也。初學記引舊注、疑卽劉歆注也。郭注近上旁陂、侶於翠微二字未合。

正郭

山脊岡

謂山長脊也

慧琳心明經音義引爾雅山脊曰罡、郭注云謂長山脊也。今據補也字。

郭注佚存補訂

山脊岡未及上翠微

此釋周南卷耳陟彼高岡、陟彼崔嵬二文也。岡者、

爾雅詁林　十一　釋山

毛傳云、山脊曰岡。大雅公劉迺陟南岡、鄭箋亦云山脊曰岡。孫炎云、長山之脊也。翠微者、崔嵬之假音。傳云、崔嵬土山之戴石者。案說文云、崔、大所加高也。嵬、高不平也。山勢崔嵬高而不平也。故云未及上。說文又云、兀、高而上平者。爲石山戴土。則知崔嵬之高而不平者、爲土山戴石。平者可上、不平者不可上也。

說詩

山脊岡未及上翠微

郭注以翠微爲近上旁陂。郝疏、未及山頂孱顏之間蔥鬱葐蒀、望之谸谸青翠氣如微也。並非。柏年案翠微當讀爲崔嵬、一聲之轉。與上句當連讀。言山脊爲岡、人所難上。故云崔嵬。文法與山頂冢崒者厜㕒同。

補釋

山脊岡　說文釋名同。　釋文云、岡、又作㟠。案岡从山网聲。隸變网爲皿、故岡爲皿下山。又誤離皿而中斷之、乃俗體中之譌體也。　一切經音義五又二十引作崗。案崗俗字。　尚書正義七　詩正義十七之三　文選注二又廿二　北堂書鈔一百五　一切經音義五引有曰字。

匡名

未及上翠微、楊用脩謂崔嵬卽翠微、此臆說。崔嵬自是高貌、翠微則近上旁陂、烏得以聲之相近混爲一乎。

升菴臆說

讀雅筆記

釋山　未及上翠微。

巉案。翠微二字疊韻。此當以聲求而不當以義求。翠微蓋卽崔嵬。崔嵬、翠微皆疊韻字。下文云。石戴土謂之崔嵬。石戴土者石戴於土也。說見朱駿聲說文通訓。彼似本詩卷耳篇毛傳崔嵬土山之戴石者而云然。毛詩家有爾雅出於毛傳之說。雖不可執言。然毛公之前。爾雅必不及今日之備。則謂采毛傳入之者。蓋有之矣。其實崔嵬不必定是石戴於土之義。上文云。山脊岡。下文云。山頂冢。則崔嵬當在山脊之上、山頂之下。文選西都賦云。爾乃正殿崔嵬層構。此用崔嵬二字最得其義。蓋崔嵬者層累而高之象也。石戴於土亦卽層累而高之義。但不可泥於其說。故曰未及上翠微。未及上翠微。猶云未及上曰崔嵬也。未及上則正是層累而高之象矣。郭注云。近上旁陂。其不於翠微二字生義。所見頗卓。邢釋稱一說山氣青縹色。故曰翠微。則誤以字義求之。夫山氣有青縹色。何獨在未及上之際乎。獨怪郝懿行義疏又臆爲增成其說。云未及山頂孱顏之間。葱鬱葢蒀。望之谸谸。青翠氣如微也。并謂較郭義爲長。洵千慮之一失。我故復爲此說正之。

校書

山脊岡注謂山長脊○釋曰　注疏本删。

未及上翠微注近上旁陂○釋曰　注疏本删。

校勘記

(注)謂山長脊○唐寫本作「謂長山脊也」．慧琳《音義》卷四十四引同．原本《玉篇》山部「岡」下引作「謂長山背也」．「背」當爲「脊」字之誤．今本「長山」二字誤倒．《詩·大雅·公劉》《正義》引孫炎云：「長山之脊也．」郭注卽本於孫炎．惟玄應書卷五引作「謂山長脊也．」

(注)近上旁陂○「陂」《釋文》同．唐寫本作「近上旁坡者也」．

宋監本校箋

積

山脊岡、未及上翠微。

音直品孫

山脊岡、未及上翠微。謂山長脊。未及頂上、在旁陂陀之處、名翠微。

楊氏音訓

山頂冢、崒者厜㕒

山頂冢。山巔。崒者厜㕒。謂山峯頭巉巖。

山頂冢崒者厜㕒　釋曰、此二句釋小雅十月

郭注

云山冢崒崩之文也。毛傳云、山頂曰冢。鄭箋云、崒者、崔嵬。雖音字小異、義實同也。是取此文爲說。彼云冢者、謂山頂也。釋言云、顛頂也。故此郭云山巔。彼云崒者、謂山巔之末、其峯巉巖、厜㕒然者也。

邢疏

山頂冢崒者厜㕒

謂山巔也。厜子規反。㕒、語規反。詩正義十二之二

郭同。

孫音注

崒者厜㕒

厜、才規反。㕒、語規反。釋文

郭音義

厜、視規反。㕒、魚奇反。釋文

顧音

黃輯古義

崒者厜㕒以下釋山

山頂冢崒者厜㕒。厜子規反。㕒語規反。詩小雅十月之交正義

山頂冢崒者厜㕒

謂山巔也。詩小雅十月之交正義

孫音注

崒者厜㕒。厜、才規反。㕒、語規反。

郭音義

崒者厜㕒。厜、視規反、本或作㕒。㕒、魚奇反、本或作㕒。釋文

顧音

玉函山房輯佚

冢

謂山巔也。同 詩疏十一之二

鈎沉

山頂冢崒者厜㕒

孫曰、謂山巔也。厜子規反。㕒、語規反。詩正義十二之二 郭同。

漢注

山頂冢

孫炎云、冢謂山巔也。詩正義十二之二卷 郭璞云、山巔。

崒者厜㕒

郭璞云、謂峯頭巉巖。

一切注音

山頂冢 孫炎云、謂山巔也。詩十月之交正義

崒者厜㕒

蕙心案、厜㕒乃崔嵬之異文。詩十月之交鄭箋云、崒者崔嵬。正用爾雅文。蓋鄭君所見爾雅本如此。

古注斠

崒 子恤、才戌二反。字林才没、子出二反。厜 姊規反。郭才規反、字林同。顧視規反。本或作㕒、又作嵳、皆才何反。㕒 郭語規反。字林音危。顧魚奇反。本或作㕒、又作峩、皆五何反。巉 士杉反、又士咸反。嵒 五咸反。本又作巖字。林云、巉巖、山貌也。

陸音義

崒 子恤、才戌二反

厜 本或作㕒、又作差 㕒

○案、詩釋文云、崒、舊子恤反。宜依爾雅音徂恤反。今此乃作卒、音殊不契勘。本或作㕒、又作峩○

嵒 ○邢本作巖。

案、說文只有厜㕒字。

音義攷證

山頂冢

造形上極、亦亠宅也。自又亠離形焉。

新義

山頂

冢崒者厜㕒 頂、巔也。崒、山巔之末。此釋十月山冢崒崩之文。厜㕒、猶崔嵬也、與詩崔嵬同音。

鄭樵注

山頂冢 孫炎曰、謂山巔也。

郭璞曰、山巔。

崒者厜㕒（厜、郭才規反。㕒、郭語規反。）

郭璞曰、謂峰頭巉巖。

鄭樵曰、頂、巔也。崒、山巔之末。此釋十月山冢崒崩之文。厜㕒、猶崔嵬也、與詩崔嵬同音。總釋上句。

古注合存

未及上翠微。山頂冢崒者厜㕒（崒子恤反。厜音追。㕒音危。）○此釋山之腰頂之名也。註曰、未及上、謂近上之陂也。頂、巔也。厜㕒、謂峯頭巉巖也。疏曰、未及頂上在旁陂陀之處名翠微。一說、謂其間山氣青縹色、故云翠微也。詩十月云、山冢崒崩、毛傳云、山頂曰冢。鄭箋云、崒者崔嵬。雖音字小異、義實同。

注疏參義

詩正義云、厜㕒、意或作嵳峩、箋作崔嵬。雖字與爾雅小異、義實同也。

補注

山頂冢 註 山巔。崒者厜㕒 註 謂峰頭巉巖。正義 小雅十月云、山冢崒崩、毛傳、山頂曰冢。鄭箋、崒者、崔嵬。漸漸之石云、惟其卒矣、鄭箋亦云、卒者、崔嵬、謂山巔之石也。葢鄭君所見爾雅本作卒者崔嵬。說文云、崒、危高也。厜㕒、山顚也。釋名云、山頂曰冢、冢、腫也、言腫起也。史記封禪書云、四大冢鴻岐吳岳、索隱云、謂四山爲大冢、爾雅曰、山頂曰冢、亦因鴻冢而爲號也。註 山巔。○ 正義 釋言云、顚、頂也。詩疏引孫炎云、冢謂山巔也。郭註本孫炎。○峰頭巉巖。○ 正義 玉篇云、巉巖、高危。後漢書註云、巉巖、山石高峻之貌。釋文引字林云、巉巖、山貌也。

正義

崒者厜㕒 漸漸之石疏云、釋山崒者厜㕒、箋云崔嵬、謂山巔之末、雖云小异、是取爾雅爲說也。玉案、厜㕒、崔巍一音之轉。

校議

山頂冢（山巔）崒者厜㕒（謂山峰頭巉巖） 詩言山冢崒崩、毛傳山頂曰冢。正義引孫炎曰、謂山巔也。巔、頂、本釋言文。○說文云、崒、危高也。厜㕒、山顚也。通作崔嵬。鄭箋十月之交云、崒者、崔嵬、漸漸之石云、卒者、崔嵬、謂山巔之末也、俱本爾雅。卒崒字通。崔嵬、厜㕒字異義同。正義引孫炎云、厜、子規反、㕒、語規反。是皆疊韵之字。爾雅釋文本或作厓展、又作嵳峩、亦音轉字通也。郭注謂山峰頭巉巖、邢疏及監本脫山字、詩正義引及宋本竝有之、今據補。

義疏

山頂冢崒者厜㕒（嵯峨）孫注、謂山顚也。郭注、謂山峯頭巉巖。詩、山冢崒崩。又、維其崒矣。

集解

山頂冢（冢、高墳也。上經云大也。詩、山冢崒崩。西山經、華山冢也。）崒者厜㕒（崒、危高也。从山卒聲。厜㕒、嵯峨一聲之轉、謂狀其高。詩維其卒矣、以卒爲之。）

義證

山頂冢

蟠冢山以此名之。山海經、凡大山皆曰冢。

崒者厜㕒

詩、漸漸之石、維其卒矣。鄭康成以爲卒者、崔嵬、謂山顚之末。是古崒卒及厜㕒崔嵬字皆通。今西安府曲陽縣北有慈峨山、漢書以爲巀嶭山是矣。

釋地四篇注

崒者厜㕒（崒、子恤反。厜、方規反。㕒、語規反。）註 謂峯頭巉巖 補正 臣鑾按、說文云、厜㕒、山巔、葢承上山冢爲文、言山頂謂之冢、其冢巔崔嵬而危岌者、又謂之厜㕒。說文云、崒、危高也。詩山冢崒崩、毛傳云、崒、崔嵬也。鄭樵註亦云、厜㕒、猶崔嵬也。

郭注補正

爾雅詁林 十一 釋山

崒者厜㕒。詩漸漸之石維其卒矣。鄭箋云卒者、崔嵬、謂山頂之末。按古無厜㕒字、厜㕒卽崔嵬也。卒與崒通。十月山冢崒崩、箋又云崒者、崔嵬。是崒卒通之證矣、

錢氏古義

崒者厜㕒　注謂峰頭巉巖

正曰、錢教授古義云、詩小雅十月之交山冢崒崩、鄭箋崒者、崔嵬。漸漸之石維其卒矣、鄭箋卒者、崔嵬、謂山頂之末也。卒與崒通。古無厜㕒字、厜㕒卽崔嵬也。謹按、下文石戴土謂之崔嵬。卽崒之訛也。詩十月之交正義、郭璞謂山峯頭巉巖者。意或作巉㠑。爾雅釋文、厜本或作𡸣、又作𡾊。㕒本或作㠑、又作㠑。郭注已㠑㠑訛崒、與鄭誼違異。

正郭

崒者厜㕒

謂山峰頭巉嵒 然也

釋文云、嵒、又作巖。各本皆作巖。明注疏本脫山字。文選高唐賦注引爾雅曰崒者、厜㕒。注謂山峰頭巉嵒然。慧琳僧伽羅刹集下卷音義引郭注云、山峯頭巉嵒也。今據補訂。

郭注佚存補訂

山頂冢崒者厜㕒

此釋小雅十月之交山冢崒崩也。冢者、毛傳云、山頂曰冢。孫炎云、謂山巓也。崒者、鄭箋云、崒者、崔嵬。蓋讀厜㕒如崔嵬也。正義云、郭璞謂山峯頭巉岩者。或作嵯峨。彼釋文云、本作㕒㕒、又作嵳㠌。厜㕒、嵳㠌、崔嵬、厜㕒皆音轉字。漸漸之石維其卒矣、箋亦云卒者、崔嵬、謂山巓之石也。卒爲崒之省文。

說詩

崒者厜㕒註謂山峰頭巉巖 脫山字。巖、釋文作嵒。音 釋文云、厜、郭才規切。

疏巔頂也 巔、釋言作顛。 謂山巔之末云云 末、監本誤未。

注疏正字

山頂冢 釋名同。 徐爰射雉賦注史記索隱 封禪書 引有曰字。

崒者厜㕒 釋文云、厜㕒本或作㕒㕒、又作嵳㠌。案說文、厂部厜、厜㕒、山顛也。从厂垂聲。㕒、厜㕒也。从厂義聲。又 山部 㠑、山皃。从山㳾聲。峨、嵯峨也。从山我聲。厜㕒嵯峨音義相同。厂部無㕒㕒兩字。 厜㕒又通崔嵬。詩 小雅十月之交 山冢崒崩、箋云崒者、崔嵬。正義曰雖字與爾雅小異、義實同也。又 漸漸之石 維其卒矣、箋云卒者、崔嵬。釋文云嵬本作峞、案峞、俗字。正義曰雖音字小異、是取爾雅爲說也。

匡名

山脊岡未及上翠微山頂冢崒者厜㕒 說文、岡、山脊也。周南、陟彼高岡。 郭註、近上旁陂、旁陂之處名翠微。一說山氣靑縹色、故曰翠微。 小雅山冢崒崩、傳山頂曰冢。 𡴀、峞高也。厜㕒、山顛也。小雅漸漸之石惟其卒矣、崒亦作卒。

啓蒙

爾雅詁林　十一　釋山

崒者厜㕒。厜㕒與下崔嵬聲轉變易，又嵯峨、嵳峩義並同，崒厜聲又相轉，轉入他部之字則不可悉數。

黃侃音訓

小山岌大山峘　山脊岡　崒者厜㕒

說文引作小山馺大山峘云、馺、馬行相及也。馬部馺 釋文岡、又作岊。釋山釋文

鄭詩箋作崒者崔嵬、小雅十月箋 又作卒者崔嵬。漸漸之石箋 釋文厜㕒、本或作㞄㞋、釋山釋文 又作嵳峩。釋山釋文

小山岌大山峘、說文岌作馺。按注云、岌謂高過。釋文、峘、胡官反、一音袁、埤蒼云峘、大山、又音恒。按說文馬部馺云、馬行相及也、從馬從及、讀若爾雅小山馺大山峘。則許讀爾雅以六字爲句、注謂高過、與許氏馬行相及訓亦合。埤蒼云、峘、大山。則張氏讀爾雅以小山岌爲句、大山垣爲句、與郭義違。

證異

崒者厜㕒

郭注謂山峯頭巉巖、邢疏引詩鄭箋崒者崔嵬爲證。陸釋文厜、或作㞄、又作嵳、㕒字林音危、或作㞋、又作峩音五何反。錢氏坫尒疋古義謂鄭箋作崒者崔嵬、古無厜㕒字、厜㕒卽崔嵬也。元慶按、錢說誤矣。厜㕒自是古字、作崔嵬者、係音近而得通借、實則崔嵬別爲一義。崔字并不及厜字之古也。鄭君引作崔嵬、其所據尒疋本如是、蓋與今本異矣。說文厂部厜㕒連文、鄦君曰厜㕒、山顚也、與尒疋訓相表裏、安得謂古無厜㕒字乎。惟釋文或作㞄㞋、斯爲俗字耳。尒疋曰崒者厜㕒、下文云石戴土謂之崔嵬、則厜㕒與崔嵬自別爲一義。鄦書崔字附山部末、小徐繫傳亦終列崔字、可見崔字不及厜㕒字之古也。詩卷耳陟彼崔嵬、毛傳崔嵬土山之戴石者。此自據尒疋爲說、而適與疋訓相反。孔沖遠邢叔明皆斷爲傳寫之譌。崔嵬爲石戴土、則與厜㕒微有別矣。陸元朗謂厜㕒亦作嵯峨、此似可據。蓋厜㕒轉音卽爲嵯峨。古音我聲與義聲同、禮學記蛾子時術之蛾同蟻是也。鄦書厂部有厜㕒字、山部有嵯峨字、一訓山皃、一訓山顚、雖非同字、義可通也。

蔣元慶日記

山頂冢。崒案。此冢字卽後人所謂峯也。峯冢疊韻。古無峯字。說文山部。峯、山耑也。係徐鉉修入。非許書原有。然則古但作此冢字。詩十月之交篇云。山冢崒崩。亦謂山峯崒崩。周禮春官序鄭注云。冢、封土爲丘。隴象冢爲之。謂丘隴。象山峯而爲之也。

校書

謂山峯頭巉巖雪窻本同。注疏本無山。監本毛本峯作峰。釋文五經文字巉作巉下從兔。釋文嵒本又作巖。

山頂冢崒者厜㕒○釋曰 注疏本刪。

巔頂也 舊本閩本監本同毛本顚誤巔。

謂山顚之末其峯巉巖 監本末誤未、峯作峰。元本閩本毛本顚誤巓。

校勘記

六行山頂冢（注）山巔○原本《玉篇》厂部「厧」字下引「頂」作「厧」，注作「謂山顛也」。「厧」音都田反，顧野王謂此亦「顛」字也。唐寫本注文作「山之巔也」。

（注）謂山峯頭巉巖○唐寫本作「謂山峯頭巉嵒也」。原本《玉篇》厂部「厜」下引此注作「謂山峯頭巉嵒者也」。案：巉巖爲高貌。「巉巖」、「巉嵒」音義同。《釋文》「巖」亦作「嵒」，云「又作巖」。

宋監本校箋

崒音卒者厜音垂㕒謂山峯頭巉巖。㕒、音危。

音圖·音

厜音垂　案、厜有姊規音近錐精、才規音近隨從、視規音垂、禪。三音。

今音垂是第三音。

直音正誤

崒子卹音卒、精母質韻。才戌音疾、從母質韻。徂卹翻同。二翻。字林才沒音近疾、從母月韻。子出卹。二翻。詩釋文徐子綏翻、音嶉、精母支韻。厜姊規翻。音觜、精母。子規翻同。郭才規翻、音近隨、從母。字林同。顧視規翻。音垂、禪母。本或作㕒、又作差、同、才何翻。音痤、從母。㕒郭語規翻。音宜、疑母。五規翻同。字林音危。顧魚奇翻。與語規同。本或作㕒、又作峩、同、五何翻。音俄、疑母。

詩釋文崔嵬、爾雅作厜㕒。

音略

山頂冢。崒者厜㕒。 詩 垂 危

孫偘直音

卒 垂 危

崒者厜㕒。

直音校正

山頂冢山巔也。崒子恤切者厜追㕒危謂崒頭巉巖。

楊氏音訓

崒昨律切 厜津垂切又音垂 㕒危

干氏音釋

山如堂者密、如防者盛

山如堂者密。形似堂室者。尸子曰、松柏之鼠不知堂密之有美樅。如防者盛。防、隄。

郭注

山如堂者密 釋曰、言山形如堂室者名密。注尸子至美樅 釋曰、此尸子綽子篇文。引之證山有名密者。如防者盛注防隄 釋曰、此盛讀如粢盛之盛。隄防之形、隨而高峻、若黍稷之在器、故其山形如隄防者、亦名盛也。

邢疏

山如堂者密

郭璞云、形如堂室者。尸子曰、松柏之鼠不知堂密之有美樅。

如防者盛

郭璞云、防、隄。

一切注音

㟭又作密。 美樅七容反。木名。 盛時征反、又市政反。謂山形如黍稷之在器。

陸音義

盛謂山形如黍稷之在器。○案、此語頗曲、郭未云、然先儒亦闕。未詳所本、疑出後人。

音義攷證

山如堂者密

齊議伐莒密矣、然下猶有知之者。

如防者盛

盛矣、不可以不戒。

新義

山如堂者密形似堂室。尸子曰、松栢之鼠不知堂密之有密樅。如防者盛也。防、隄

鄭樵注

山如堂者密

郭璞曰、形如堂室者。尸子曰、松栢之鼠不知堂密之有美樅。

鄭樵曰、形似堂室。尸子曰、松栢之鼠不知堂密之有美樅。

如防者盛

郭璞曰、防、隄。

鄭樵曰、防、隄也。

古注合存

密、說文云、山脊也。

補注

山如堂者密**註**形如堂室者尸子曰松柏之鼠不知堂密之有美樅如防者盛**註**防隄**正義**說文云、密、山形如堂者。後漢書鍾皓傳、歸隱密山。元和郡縣志云、河南府密縣、故密國。春秋諸侯伐鄭、圍新密。爾雅山如堂者曰密、因以爲名。盛者、釋文云、山形如黍稷之在器。案、盛、通作成。楊倞荀子註、盛讀爲成。史記封禪書云成山斗入海。漢書郊祀志作盛山。海濱以山爲限、若隄防之止水矣。**註**形如至美樅。○**正義**鄭註檀弓云、堂形四方而高。山形如堂、當似之也。郭引尸子舊疏以爲緯子篇文。○**正義**說文云、防、隄也。鄭註檀弓云、坊形旁殺、平上而長。孔穎達云、上平而兩旁殺、其南北長也。如防之山、其形當猶此矣。

正義

山如堂者密形如堂室者尸子曰松柏之鼠不知堂密之有美樅**如防者盛**防隄

說文云、密、山如堂者。檀弓注、堂形四方而高。漢志河南郡密。元和志引爾雅此文以爲縣、因山爲名也。按、今密縣三面皆山、唯東面缺、形似堂室。郭引尸子、邢疏以爲緯子篇文。○盛者、釋文謂山形如黍稷之在器。此望文生訓也。盛與成同。封禪書云成山斗入海、郊祀志作盛山。在今登州府榮成縣、海濱半入海、其山漫長橫亙數里、望之如隄防矣。檀弓注、防形旁殺、平上而長、可想見是山形狀也。

義疏

山如堂者密如防者盛

郭注、形如堂室者、尸子曰松柏之鼠不知堂密之有美樅。防、隄。

集解

山如堂者密密从宓、宓、安也。謂山可居。春秋圍新密。尸子、松柏之鼠不知堂密之有美樅。**如防者盛**盛、黍稷在器中以祀者也。山而如防、若黍稷之在器然。漢郊祀志盛山半入海、史記封禪書作成山斗入海。

義證

山如堂者密

中山經有密山、即大騩山也、在今禹州密縣。又南山經有堂庭之山、即所謂如堂者歟。

如防者盛

郊祀志有盛山、在今登州府文登縣南。盛山斗入海、故曰如防。史記作成。

釋地四篇注

如防者盛盛時征反

註防隄 補正 邢疏、此盛讀如粢盛之盛、隄防之形、構而高峻、若黍稷之在器、故其山形如隄防者、亦名盛也。

郭注補正

山如堂者密

形似堂室者尸子曰松柏之鼠不知堂密之有美樅

明注疏本作形如堂室者、倣宋本雪牕本作似。

郭注佚存補訂

山如堂者密如防者盛

說文云、密、山如堂者。元和郡縣志密縣下引爾雅、云山如堂者密、因以爲名。秦風終南有紀有堂、此即釋丘畢堂牆之堂。李巡云、堂牆名、崖似堂牆曰畢。蓋似堂之牆名畢、此則似堂名密也。 盛應讀爲城。水經注引風俗通云、城、盛也。釋名云、城、盛也。成、受國都也。望之如隄防者、有似城墉、水經汝水注云方城、山名也。蓋依雅訓。故名城。釋文云謂山形如黍稷之在器、未免附會。義竝詳訂經。

說詩

山如堂者密註形如堂室者如、本或作似。

注疏正字

山如堂者密　釋文云密又作峃。案密从山宓聲。俗省宀、非也。

說文同。

匡名

形似堂室者雪牕本舊本同。閩本監本毛本似改如。按注以似釋經之如。

山如堂者密○釋曰注疏本刪。

言山形如堂室者名密○注尸子至美樅○釋曰注疏本脫名刪下八字。

如防者盛注防隄○釋曰注疏本刪。

校勘記

防隄盛音成十行本雪牕本吳本俱無下三字。案、盧刻時征反、則非。釋文誤連。然雪牕本○下有音成二字。十行本卷末音釋盛下注成字。或其所祖本如此、失隔別耳。

校勘記訂補

釋曰言山形如堂室者名密毛本脫名字。

注疏校勘札記

七行(注)形似堂室者尸子曰松柏之鼠不如堂密之有美樅○「形似堂室者」唐寫本「者」下有「也」字。原本《玉篇》山部「密」下引作「形似堂也」，句尾均有「也」字，今本脫。又「美樅」下唐寫本有「是」字，《玉篇》引有「者是也」三字。

(注)防隄○唐寫本「隄」下有「也」字。

宋監本校箋

如防者盛防、隄。盛、音成。

音圖·音

山如堂者密、如防者盛。城

孫偘直音

山如堂者密山形如堂室者密。如防者盛如防隄者盛。成

楊氏音訓

巒山隋

巒山隋。謂山形長狹者。荊州謂之巒。詩曰隋山喬嶽。

郭注

巒山隋　釋曰凡物狹而長者謂之隋。則此言山隋者、謂山形狹長者一名巒也。注詩曰隋山喬嶽　釋曰、周頌般篇文也。

邢疏

巒山隋

隋、同果反。詩周頌般釋文

郭音義

黃輯古義

巒山墮

郭璞云、謂山形長狹者、荊州謂之巒。詩曰墮山喬嶽。

一切注音

巒力官反。埤蒼云、山小而銳。隋湯果反。狹而長也。山字林云、山之施隋者、大果反。狹乎夾反。喬巨苗反。

陸音義

巒山墮

苟有巒焉、雖山猶墮。所謂藏其隋、以或有巒故也。一

爾雅詁林　十一　釋山

名綴、祭綴者、有系而安。 新義

巒山隓 隓、山形狹長。周頌云、隓山喬岳。 鄭樵注

巒山隓
郭璞曰、謂山形長狹者。荆州謂之巒。詩曰、隓山喬嶽。
鄭樵曰、隓、山形狹長。周頌云、隓山喬嶽。 古注合存

巒山隓 註 謂山形長狹者荆州謂之巒詩曰隓山喬嶽○ 正義 說文云、巒、山小而銳。隓、山之隓隓者。劉逵蜀都賦註云、巒、山長而狹也。一曰小而銳也。釋文引埤蒼云、山小而銳。字林云、山之施隓者。註 謂山至喬嶽○ 正義 郭知山形狹長者、鄭註儀禮云、隋方曰篋、釋文云、隋、狹而長。隋隓聲相近、是巒雖有銳小之訓、當以狹長爲正訓也。荆州謂之巒者、楚詞九諫云、登巒山以四望兮、好桂樹之冬榮。是楚人語也。隓山喬嶽、周頌般文。毛傳、隓山、山之隓隓小者也。 正義

巒山墮 謂山形長狹者荆州謂之巒詩曰墮山喬嶽
墮者、隓之叚借。說文云、巒、山小而銳。隓、山之隓隓者。本詩般傳隓山、山之隓隓小者而爲說也。但詩言隓不言巒、說文巒不名隓、所未能詳。劉逵蜀都賦注巒、山長而狹也、一曰小而銳也。是巒隓俱兼二義。釋文引埤蒼云、巒、山小而銳。字林云、隓山之施隓者、是呂忱以隓爲延施、即狹長也。士冠禮注隋方曰篋、釋文隋謂狹而長。隋與橢同、與隓聲借、並郭所本也。云荆州謂之巒者、楚辭七諫云、登巒山而遠望兮。此正楚人語也。 義疏

謂山形長狹者 注文
阮云、釋文狹、乎夾反、當本作陜、乎夾反、釋魚釋蟲篇此字三見、皆作陜、乎夾反。按、陜隘本从阝、从夾、中从二人。其作狹者、俗字。今承用之、又誤以陝爲分陝之陝。陝从夾、中从二入、與陜字別。盧校釋文攷證中辨之詳矣。後凡用狹字者並同。 經注集證

巒山墮 隓 郭注、謂山形長狹者、荆州謂之巒。詩曰、墮山喬嶽。
此秦漢人誤釋詩也。巒即岋岡也、與橢長不類。橢山高嶽、又何足詠。 集解

巒山隓 巒、山小而銳者。隓、从隋、裂肉也。肉裂則小矣。詩隓山喬嶽是也。 義證

巒山隓
許慎曰、巒、山小而銳。隓、山之隓隓者。又曰、巴蜀山名。岸脅之旁箸欲落隓者曰氏。然則隓即是歟。 釋地四篇注

巒山隓 隓湯果反
註 謂山形長狹者荆州謂之巒詩曰隓山喬嶽 補正
臣鑾按、圜長曰橢。隓橢聲義通。 郭注補正

巒山隓
謂山形陜而長者荆州人謂之巒詩曰隓山喬嶽
今本作謂山形長狹者。阮氏云、釋文形狹而長也、詩般釋文引郭云山狹而長也、邢疏云凡物狹而長者謂之隓、則此言山隓者、謂山形狹長者、一名巒也。據此知長狹本作狹長也。樹枏案、劉逵蜀都賦

注云、巒長而狹也。初學記御覽俱作謂山形長狹者、與今本同。今從詩釋文訂正。狹字郭注俱作陜。今釋文作狹者、蓋傳寫之誤。文選七命注引爾雅郭璞曰、山墮長者、荆州謂之巒。御覽引作荆州人謂之巒。初學記作荆州又謂之巒。又蓋人字之譌。據補。初學記御覽俱引作詩云嶞山喬嶽。雪牕本嶞作墮。

郭注佚存補訂

巒山墮

釋文云、嶞、狹而長也、字林云山之施嶞者。周頌般嶞山喬嶽、毛傳云嶞山、山之嶞嶞小者也。案、御覽引爾雅、山狹而高曰巒、小曰嶞。說文云、巒、山小而銳、嶞、山之嶞嶞者。韓詩外傳云、山銳則不高。皆以巒與嶞爲二山。竊擬嶞爲巒頭之迤而下垂欲墮者。

說詩

巒山嶞　雪窗本作墮。文選注四引五又十一又廿八又卅五皆作墮。案、說文、山部、嶞、山皃、从山隓聲。又𨸏部、隓、敗城𨸏曰隓、从𨸏𡋯聲。篆文作墮。

匡名

巒山墮○今本爾雅經作墮、註疏皆作嶞、引詩嶞山喬嶽。

考異摘要

巒山嶞

此條疑有脫文。當云山狹而高曰巒、小曰嶞。故說文巒、山小而銳、嶞、山之嶞嶞者兩釋之。太平御覽四十二引正作山狹而高曰巒、小曰嶞。

王仁俊日記

巒山墮　雪牕本同。釋文唐石經單疏本注疏本墮作嶞。

謂山形長狹者　雪牕本注疏本同。釋文、嶞、狹而長也。詩般釋文引郭云、山狹而長也。邢疏云、凡物狹而長者謂之嶞。則此言山嶞者、謂山形狹長者。據此知長狹本作狹長也。釋魚注云、橢、謂狹而長、亦可證。釋文狹乎夾反、當本作陜、乎夾反。釋魚釋蟲篇此字三見、皆作陜、乎夾反。

嶞山喬嶽　單疏本注疏本同。雪牕本嶞作墮。詩釋文云、嶞字又作墮。按、說文、嶞、山之墮墮者、从山从𡐦省聲。讀若相推落之墮。則作墮非。

巒山嶞○釋曰　注疏本刪。

凡物狹而長者謂之嶞　注疏本脫者。按、墮當作隋。平準書復小橢之、索隱橢作隋、引爾雅注、隋者狹長也。

○注詩曰嶞山喬嶽○釋曰　注疏本嶽下增乃、刪釋曰。閩本監本毛本有注無詩、舊本有詩無注。

校勘記

巒山嶞（注）謂山形長狹者荆州謂之巒○原本《玉篇》山部「巒」下引「巒山」上有「如」字．注「謂山形長狹者」，引作「山隋長者」，《文選》《七命》注引郭注與《玉篇》同，「隋」作「墮」．詩般《釋文》引郭云「山狹而長也」．唐寫本與今本同．

八行（注）詩曰嶞山喬嶽○唐寫本「嶽」作「岳」，「岳」下有「也」字．

宋監本校箋

嶞、湯果翻、音妥。字林、大果翻、音墮。

音略

爾雅詁林　十一　釋山

巒山隨、惰妥

孫侶直音

巒山墮。惰安

直音校正

巒山隨。謂山形長狹者。湯果切惰

楊氏音訓

巒盧官切 隨惰

干氏音釋

重甗隒

重甗隒。謂山形如累兩甗。甗、甑。山狀似之因以名云。

郭注

重甗隒注謂山至名云 釋曰孫炎云、山基有重岸也。郭云甗甑者鄭衆注考工記云、甗無底甑。方言云甑自關而東謂之甗。故知甗甑也。

邢疏

重甗隒

隒防也。毛詩音義上

李注

山基有重岸也。詩正義四之一 邢疏

孫音注

甗音言、又音彥。隒魚檢反。釋文

郭音義

形似累兩重甑上大下小。詩葛藟釋文 案今本兩重甑作兩甗無下四字。

補遺・郭音義

隒力儉力儼二反 釋文

顧音

玉篇引作重巘隒文選晚出射堂詩引亦作巘。

衆家注

黃輯古義

重甗隒

隒、防也。詩釋文

李注

山基有重岸也。邢疏 詩王風葛藟正義

孫音注

重甗隒。甗音言、又音彥。隒魚檢反。

郭音義

重甗隒、力儉力儼二反。同上

顧音

玉函山房輯佚

重甗隒

隒、阪也。李注 經典釋文五

山基有重岸也。孫注 詩疏四之一

鈎沉

重甗隒

李曰、隒防也。毛詩音義上

孫曰、山基有重岸也。詩正義四之一 邢疏

漢注

重甗隒

李巡云、隒、阪也。釋文五卷 孫炎云、山基有重岸也。詩正義四之一卷 郭璞云、謂山形如累兩甗。甗、甑也。山形狀似之、因以名云。

一切注音

重甗隒 李巡曰、隒、阪也。詩釋文 孫炎曰、山基有重岸也。詩葛藟正義 邢疏

古注斠

重直龍反。甗魚蹇反。郭音言、又音彥。字林牛建反。

隒本或作嵰字同。郭魚檢反。字林云、山形似重甑。居儉反。顔力儉力儼二反。甑子孕反。

陸音義

爾雅詁林 十一 釋山

童巘隒

兼、山艮是也。艮爲山天、上大下小。

新義

重甗隒 甗、言遠反、甑也。山形如累甑。隒、音儼。

鄭樵注

重甗隒 甗、郭音言。隒、郭魚檢反。

李巡曰、隒、阪也。

孫炎曰、山基有重岸也。

郭樸曰、謂山形如累兩甗。甗、甑也。山形狀似之、因以名云。

鄭樵曰、甗、言遠反、甑也。山形如累甑。隒、音儼。

古注合存

文選注重甗隒、甗作巘。毛傳以小山別於大山爲巘。孔氏曰上大下小爲巘、與皇矣山曰鮮義別。隒、李巡云阪也。詩正義云、山岸曰隒。

補注

重甗隒 註 謂山形如累兩甗。甗、甑也。山形狀似之、因以名云 正義 詩疏引李巡云隒、阪也。孫炎云山基有重岸也。說文云、隒、崖也。下文釋畜云善陞甗。釋名云、小山別大山曰甗。甗、甑也。甑一孔者、甗形孤出處似之也。是甗本山名、重甗則爲隒也。註謂山至名云。正義 郭氏舉類以曉人也。方言云、甑自關而東謂之甗。鄭註考工記云、甗無底甑。說文云、甗、甑也、一穿曰甗。釋文引字林云隒山形似重甑、與郭義同。

正義

重甗隒 詩葛藟疏引郭註形似累兩重甑、上大下小。公劉疏引云、謂山形如累兩甗之甑、山狀似之、上大下小、因以爲名。西京賦曰陵重巘是也。

校議

重甗隒 謂山形如累兩甗甗甑也 山形狀似之因以名云

說文云、隒、崖也。甗者、釋畜云、善升甗。疑甗皆巘之叚借。玉篇引作重巘隒。文選晚出射堂詩注引亦作巘。詩葛藟釋文引李巡云、隒、阪也。正義引孫炎曰、隒、山基有重岸也。以此推之、巘亦崖岸高大之名。故釋畜釋文引舍人一云、甗者、阪也。顧云、山嶺曰甗。皆與隒訓崖岸義合。詩公劉亦作巘。是皆古本作巘之證。孫郭本作甗、因而望文生訓、始有甗甑之說。與隒義遠、恐非也。

義疏

重巘鬳隒 舍人注、一云巘者、阪也。孫注、隒、山基有重岸也。李注、隒、阪也。郭注、謂山形如累兩甗、甗甑。山形狀似之、因以名云。鬳从虍、鬲之有文者。獻从犬、則鬳小鬲可持行。詩陟則在巘。亦小山也。隒嗛通用字。嗛、銜也、非重絫。

集解

重甗隒 甗、甑也、一穿、从瓦、鬳聲。山而再重、其形似甗、上大而下小也。隒、字本作兼、并也、狀其重累。詩、陟則在巘。或者隒本作謙、與易、地中有山謙。重甗者、謂山在地中、猶甑之在釜中也。謙與嗛通用、口有所銜也、謂山銜於地。

義證

重獻隒 獻音言隒吕檢反本或作嵰

註 謂山形如累兩甗甗甑也山形狀似之因以名云

補正 邢疏、孫炎云、崖有重岸也。臣鋆按、釋文引字林云、隒、山形似重甑、與郭義同。

郭注補正

重甗隒 注謂山形如累兩甗甗甑也山形狀佀之因吕名云

正曰、詩王葛藟在河之漘、毛傳、漘、水㴩。釋文、㴩作隒。爾雅重甗隒、李巡云、隒、阪也。正義、釋丘夷上洒

爾雅詁林 十一 釋山

下不湑、李巡曰夷上平上、洒下、陗下、故名湑、孫炎曰平上陗下、故名曰湑、釋山重甗隒、孫炎曰山基有重岸也、隒是山岸、湑是水岸、故云水隒。依李注訓隒爲阪、孫注又訓爲山基有重岸、則讀甗如岸。重岸之隒、與平上洒下之湑同蒞、無所謂山形如累兩甗也。爾雅釋文、隒字林云山形佀重甑。郭注蓋沿字林而誤。 正郭

重甗隒　注謂山形如累兩甗甗甑也山形狀似之因以名云

諍曰、王氏據釋邛云如覆敦者敦邛、甗累爲甑、亦當云如重甗者隒、以注爲非。案文選晚出射堂詩注引作巘、是甗爲巘之叚。邢疏引孫炎云、山基有重岸也。說文云、隒、崖也。蓋猶釋邛言重崖岸也。以爲形如重甑、失之。 諍郭

重甗隒

謂山形如累兩甗甗甑也山形狀似之上大下小因以名云

詩公劉正義引釋山云重甗隒、郭璞曰謂山形如累甗甗、甑、山狀似之、上大下小、因以爲名。詩葛藟釋文引爾雅云重甗隒、郭云形似累重甑、上大下小。據此則今本脫上大下小四字。仿宋本雪牕本甑下俱脫也。明注疏本作甗甑也。均據補訂。慧苑大方廣佛華嚴經下卷音義引郭璞注爾雅曰、巘謂山形如累重甑也。慧琳三寶感通傳下卷音義引郭璞注爾雅云、隒謂山形如鬵甑也。文選長笛賦注引爾雅重巘隒、郭璞曰謂山形如累巘、巘曰甑、山狀似之、因以名也。引皆與今本異。 郭注佚存補訂

重甗隒

甗與巘通。大雅公劉陟則在巘、彼釋文云甗本又作巘、是毛詩本作甗、故陸云爾。毛傳云、巘、小山別於大山也。正義云、小山別於大山者、釋山云重甗隒、郭璞曰謂山形如累兩甗、甗、甑、山狀似之、上大下小、因以爲名、西京賦陵重甗是也、與皇矣小山曰鮮義別、彼謂大山之旁別有小山也。案、毛以下文小山別大山鮮之鮮爲甗、其所見本異也、非別有所謂小山別大山者。疏强爲之解、以申傳義、非也。鮮巘音同、故致誤。釋名本毛傳、其誤同也。玉篇及文選注並引甗作巘。李巡云、隒、阪也。孫炎云、隒、山基有重岸也。王風葛藟傳云、湑、水隒。正義云、隒是山岸、湑是水隒。重岸似重甗、故以爲名。 說詩

重甗隒、註甗甑也山形狀似之本或無也狀二字。音甗釋文云、郭音言。疏甗自關而東謂之甗故知甗也知甗之甗、當甑字誤。 注疏正字

重甗魚蹇反隒魚檢反

李曰、隒阪也。見王風葛藟釋文。孫曰、山基有重岸也。郭曰、謂山形如累兩甗、甗甑、上大下小、各本脫下四字。今據葛藟釋文及公劉正義引補。山狀似之、因以名云。引之謹案、孫說是也。下文左右有岸厒、與此句相連、皆謂山之厓岸也。說文云隒厓也。釋邱云重厓岸、此云重甗隒、文義相合、皆厓岸之名也。甗者、厓之高而峻者也。故釋畜云、甗蹄趼、善陞甗。司馬相如上林賦云、巖陁甗錡、摧崣崛崎。甗亦巖也。陁與錡皆邪也。陁之言迤、錡之言敧也。巖陁與甗錡對文、巖甗雙聲也。陁錡疊韻也。摧崣疊韻也、崛崎雙聲也。解者多失之。但不重者謂之甗、重者謂之隒耳。甗當讀爲屵。說文屵、岸高也。從山厂、呼旱切厂亦聲。玉篇牛桀牛割二切。廣韻又語偃切。語偃之音與甗同。屵、正字也。甗、借字也。郭未達借字之義、而以爲山形如累兩甑。案釋邱云、如覆敦者敦邱。又云、如椉者椉邱、如陼者陼邱。此篇亦云山如堂者密、如防者盛。此重甗之甗、若果爲甑、則當云如重甗者隒、文義乃明。何得逕省其文而云重甗隒乎。釋名云、山上大下小曰甗。是也。而云甗甑也、甑一孔者、甗形孤出處似之也、則已誤以爲山形如甑矣。字林亦云、隒山形似重甑。郭注之誤、蓋本於二書也。

述聞

重甗隒　玉篇山部文選注十八又廿二又廿五引甗作巚。案說文山部無巚字。釋文云、隒本或作嵰字同。案說文山部無嵰字。

名匡

重甗、隒。甗與岸同聲、故上文曰重厓岸、與此甗同狀、彼屬水厓言水、此屬山厓言山耳。隒爲崖、故山崖謂之隒、水崖亦謂之隒、詩葛藟傳漘、水隒也。堂崖亦謂之隒、西京賦刊層平堂、設切厓隒是也。亦通作廉、鄉飲酒禮設席于堂廉、注側邊曰廉。

黃侃音訓

山如堂者密　重甗隒

釋文、密、又作崈。釋山釋文隒、本或作嵰。同。釋山釋文　文選注作重巚隒。長笛賦注

證異

甗甑也。雪牕本同。注疏本甑下有也。按、詩公劉正義引此注無也。

山狀似之　雪牕本注疏本作山形狀似之、形字衍。詩正義亦引作山狀似之。又詩正義此下有上大下小四字、下因以名云作因以爲名。葛藟釋文引此注云、形似累兩重甑、上大下小。然則今本無上大下小四字者、脫也。

重甗隒注謂山至名云○釋曰　注疏本刪。

故知甗甑也　監本毛本脫甑。舊本閩本作故云甑也。

校勘記

釋山　山狀似之　詩正義此下有上大下小四字。葛藟釋文引此注云、形似累兩重甑、上大下小。然則今本無上大下小四字者、脫也。

案、上大下小、蓋兼釋畜善陞甗注引之、非此注脫字。

校勘記識語

重甗隒釋文、甗、魚蹇反、郭音言、又音彥、字林牛建反。今本魚誤作言。隒本或作嵰、字同、郭魚檢反、字林居儉反、顧力儉力儼二反。今本音儼、非。

注疏本正誤

重甗隒案、玉篇引作重巚隒、文選晩出射堂詩注引亦作巚。郝義疏曰、甗、疑巚之叚借。詩葛藟釋文引李巡云、隒、阪也。釋畜釋文引舍人曰、甗者、阪也。郭注訓甗爲甗甑、與隒意遠、恐非。

注疏校勘札記

重甗隒○唐寫本同。原本《玉篇》山部「巚」下引「甗」作「巚」，《文選》《長笛賦》注引同。《釋文》字不從「山」，是傳本有異。依郭注義，郭所據《爾雅》舊本蓋無「山」字邊。

(注)謂山形如累兩甗甗甑山狀似之因以名云○「甗甑」下唐寫本有「也」字。當據補。《詩·葛藟》《釋文》引注作「形似累重甑，上大

爾雅詁林　十一　釋山

下小」。《詩·公劉》《正義》引「山狀似之」下亦有「上大下小」四字。原本《玉篇》引但作「山形如累兩甑也」。

宋監本校箋

重甗音言隒謂山形如累兩甑。甗、甑。山狀似之、因以名云。隒音儼。

音圖·音

甗魚蹇翻、言上聲。郭音言、又音彥。霰韻。字林牛建翻、言去聲。願韻。隒本或作嵰、字同。郭魚檢翻。說文音儼。字林居檢翻。音檢。顧力儉音斂、力儼訛作儼音、斂去聲。二翻。詩釋文詩本又作水旁兼者。字書呂恬理染二翻。廣韻云溓、清也、與此義異。毛傳云巘、小山別於大山也、與爾雅義別。正義不從釋名、與毛傳合而稍異。

音略

從巘言上聲嵰音儼

孫偘直音

重甗隒、謂山形如累兩甗。甗無底甑。

重平聲甗演隒于儼切

楊氏音訓

甗語蹇切隒魚檢切

干氏音釋

左右有岸厒

左右有岸厒。夾山有岸。

郭注

左右有岸

厒注夾山有岸　釋曰、謂山兩邊有水、山與水為岸此山名厒。

邢疏

左右有岸厒

郭璞云、夾山有岸。

一切注音

厒口閤反。

陸音義

左右有岸厒

厒、象缶。缶、坎也。其中一山也。離亦為缶、離為缶虛、據不鼓缶而歌則大耋之嗟凶。

新義

左右有岸厒兩旁有水岸也。厒、口閤反。

鄭樵注

左右有岸厒

郭璞曰、夾山有岸。

鄭樵曰、兩旁有水岸也。厒、口閤反。

古注合存

山如堂者密、如防者盛、巒山墮、重甗隒、左右有岸厒盛音成、重平聲、甗音演、隒音儼、厒音溘。○此雖釋山形之名也、如堂形如堂室也、尸子云松栢之鼠不知堂密之有美樅、防隄也、荊州謂山形長狹者為巒郎詩周頌云墮山喬嶽也、重甗者形如累兩甑、左右有岸者夾山有岸也、疏曰引尸子証山有名密者盛讀如粢盛之盛防形高峻者黍稷之盛於器也、孫炎云隒者山基有重岸也、考工記云甗無底甑、厒者謂山兩邊有水而山又為之岸也。

注疏參義

左右有岸厒 **註** 夾山有岸 **正義** 說文云、巖岸也、左右有高峻之岸為厒。楚詞九章悲回風云上高巖之峭岸兮、謂山岸也。玉篇云、厒、口合切、山夾有岸。又有壓字、口合切。廣韻云、㕒、口答切、山左右有岸。錢詹事云當作居。說文云、居、閉也。

正義

左右有岸厒夾山有岸

厒、廣韵作㕒、卯荅云山左右有岸。龍龕手鑑二以厒為㕒之或體字。孫氏星衍云當作㕒。說文、㕒石地也。

義疏

左

右有岸厒𡋯厒 郭注，夾山有岸。厒，从缶，誤。當作𡋯，卽崟嶔異文。說文𡋯，石地，謂石阪也。春秋傳殽之嶔巖。廣韻讀若溘，則以爲㞓。

集解

左右有岸厒 厒字本作缶，瓦器，所以盛酒漿。夾山有岸，與缶之盛酒漿同。錢少詹以爲㞓字之譌。㞓，閉也，从户劫省聲，謂左右似户閉。墨子備穴牛茭橐皮及𡊄，𡊄卽此厒也。

義證

左右有岸𡋯

今書作厒，非是。孫君曰，𡋯之誤爲厒也。見廣韻。𡋯讀如欽。古肴坂亦曰岑崟，在今河南府永甯縣北。

釋地四篇注

左有有岸厒 厒口閤反

註夾山有岸 補正 邢疏，謂山兩邊有水，山與水爲岸。

郭注補正

左右有岸厒

厒古无此字，亦不知當從何聲。釋文音口閤切。集韻有㞓㕒二字，音渴合切，引說文閉也，或作㕒。又有厒㕒二字，云山左右有岸曰厒，或從𠪚。集韻之說卽爾雅文也。則此字與㞓㕒二字同音渴合切。厒非㞓字。又或從𠪚，𠪚乃匼字之譌，卽合帀之合。厒㕒匼𠪚皆合之別體。

小箋

左右有岸厒

釋文，厒，口閤反。今本閤誤作閣，據明葉林宗影鈔宋本釋文改。錢曰，厒蓋㞓字之譌。說文㞓，閉也。山左右有岸似户之閉，故以得名。俗師不通六書，誤作厒，或作𡋯。見廣韻皆非也。段曰，厒當作𠪚。文選江賦鼓𠪚窟以漰渤，李善注𠪚苦合切，是也。家大人曰，二說皆未安。說文㞓，閉也。左右有岸，非閉之義。江賦鼓𠪚窟以漰渤，李善注𠪚亦窟之類也。集韻𠪚，壓也，或作𠪚。皆非左右有岸之義。今案厒本作㕅，從厂去聲，非從缶聲。廣韻㕅，去劫切，㕅㕅。集韻㕅，匧也，或作厒。去劫與口閤聲相近，訓㕅爲匧，正合左右有岸之義。且集韻云㕅或作厒，則厒爲㕅之誤明矣。㕅之言胠也。廣韻㕅胠並去劫切。人左右脅謂之胠。說文胠，掖下也，去劫切。廣雅胠，脅也。山左右有岸謂之㕅，義相近也。篆書去字作厺，缶字作缶，二形相似，隸書去字作去，缶字作缶，亦相似，故從去從缶之字，傳寫多誤。管子輕重甲篇三月解匋，匋字作匋，漢冀州從事張表碑復攸陶父，陶字作陶，此從缶之字而誤從去者也。亦有從去之字而誤從缶者，說文鼛，鼓鼙聲，從鼓缶聲，土盍切。鼛乃鼛字之誤。玉篇亦誤作鼛。後人又加鼛字，音七盍切，而不知鼛卽鼛之誤也。此亦如集韻之㕅厒兼收。廣韻有鼛無鼛，是其證矣。又墨子備蛾傅篇以爲法程，今本作𣶒程，此皆從去之字而誤從缶者也。怯狂胠從去聲而音去劫切，劫鉣從去聲而音居怯切，鼛從去聲而音土盍切，㕅㞓從去聲而音口荅切，其義同也。㕅之爲厒，鼛之爲鼛，法之爲𣶒，其誤亦同也。

述聞

左右有岸厒

說文無厒字。釋文音口閤反，亦非缶聲。廣韻二十七合有𡋯字，口荅切，山左右有岸。集韻二十七合、類篇九中广部云厒或从合作㕒。案𡋯㕒亦皆俗字。錢少詹曰，盍㞓之譌。說文㞓，閉也，从户劫省聲。山左右有岸似户之閉，故以得名。元照案，五經文字户部㞓，苦荅反，閉也，又音盍。㞓字不見於他經，其取諸於此何疑。集韻二十七合云，居从吉譌體，㕒从广小異，从渴合切，說文閉也，或作𢊍。明乎厒卽㞓字矣。

匡名

爾雅詁林 十一 釋山

山如堂者密如防者盛巒山嶞重甗音言隒音簡左右有岸厒

說文嶞、引爾雅文。後漢書鐘皓傳、歸隱密山。漢書郊祀志、海濱有盛山。通作成。史記、成山斗入海。巒、山小而銳。楚詞、登石巒以四望兮。嶞、山之嶞者、引詩嶞山喬嶽。孫炎云、山基有重岸也。甗、甑也、一曰穿也、從反瓦虜聲。隒、崖也。楚詞、上高巖之峭岸兮。

啓蒙

厒　㞕　錢氏大昕云、厒蓋㞕字之譌。說文、㞕閉也、山左右有岸似戶之閉、故以得名。俗師不通六書、誤作厒、或作𠩤、皆非也。錢說諦甚、㞕口盍切、與厒音正同。

黃侃評本正名

左右有岸厒。口闔反。集韻有㞕厒二字、渴合切、說文閉也、或作厒。又有厒㕈二字、云山左右有岸曰厒、或从㕣。案厒厒皆㞕之訛、㕈又𡌁之訛也。或曰、厒乃匧之訛字。

黃侃音訓

左右有岸厒

說文無厒字。厒疑厓字之譌。說文、厓、山邊也、从厂圭聲。崖、高邊也、从屵圭聲。案、厓岸二字本連屬。釋丘、望厓洒而高岸。又、重厓岸。夫左右有岸、其高在邊。可知郭彼注兩厓累者爲岸、即可釋此兩岸爲厓矣。左右有岸、正兩岸也。厓、从厂圭聲。圭缶形最近、遂譌爲厒、猶王或作玉之類。觀郭不釋厒字、知所見本已譌。而音口閤切、亦非矣。集均出左右有岸曰厒、即據譌本爾雅爲訓。

又案、錢氏大昕據說文㞕、閉也、以厒爲㞕之譌。嚴氏元照取之。然㞕於左右有岸、究非碻詁。段氏玉裁據文選江賦有㕣、以爲厒當作㕣、阮氏校勘記取之。然㕣字不見說文、且於經典無徵。邵氏郝氏皆據廣均以爲𠩤字。然𠩤爲口荅切、不合六書。孫氏星衍以爲𠩤字、王氏念孫以爲㞕字、皆未見許書、不敢从。

王仁俊日記

左右有岸厒 唐石經單疏本雪牕本同。釋文、厒、口閤反。五經文字缶部、厒、口合反、見爾雅。段玉裁云、厒當作㕣、文選江賦鼓㕣窟以漰渤、李善注、㕣、苦合切、是也。玉篇厒、口合切、山夾有岸。廣韻二十七合、𠩤、口荅切、山左右有岸。字皆誤。

左右有岸厒注夾山有岸〇釋曰 注疏本刪。

校勘記

二十一下（一〇）

一行左右有岸厒（注）夾山有岸〇「厒」《釋文》同。「口閤反」。原本《玉篇》厂部亦作「厒，音口荅反」。《廣韻》合部字作「𠩤」，即「厒」字之譌。阮元《校勘記》謂段玉裁云：「厒當作㕣。《文選·江賦》：鼓㕣窟以漰渤，李善注：㕣，苦合切，是也。」又注「夾山有岸」下原本《玉篇》「厒」下引有「也」字。

宋監本校箋

左右有岸厒 夾山有岸。

厒、音渴。

音・圖音

厒、五經文字缶部、口合翻、音磕。

音略

左右有岸厒、。溘

孫偘直音

左右有岸厒 溘 夾山有岸。

楊氏音訓

厒 渴合切

干氏音釋

爾雅詁林　十一　釋山

大山宮小山霍小山別大山鮮

大山宮小山霍。宮謂圍繞之。禮記曰君爲廬宮之是也。小山別大山鮮。不相連。

郭注

大山宮小山霍 釋曰宮猶圍繞也。謂小山在中、大山在外圍繞之。山形若此者名霍。非謂大山名宮、小山名霍也。注宮謂至是也 釋曰云禮記曰者、喪大記文也。鄭注云宮謂圍障之也。引之者證宮爲圍繞之義也。小山別大山鮮注不相連 釋曰謂小山與大山分別、不相連屬者名鮮。李巡云大山少、故曰鮮。

邢疏

小山別大山鮮

大山少、故曰鮮。釋文 邢疏

李注

小山別大山鮮

別、不相連也。詩正義十六之四

孫音注

大山宮小山霍

水經注廬江水下引爾雅云、大山曰宮。宮亭之名、蓋起於此。邵氏正義云失其句讀。

小山別大山鮮

文選吳都賦及長笛賦竝引爾雅、小山別大山嶰。案鮮解義本相通。又古碑文魚旁與角旁多混、後人因有嶰谷、故作嶰字耳。

衆家注

黃輯古義

小山別大山鮮

大山少、故曰鮮。釋文 邢疏

李注

小山別大山鮮

別、不相連也。詩大雅皇矣正義

孫音注

玉函山房輯佚

小山別大山鮮

別、不相連也。孫注 詩疏十六之四

鉤沉

小山別大山鮮

李曰大山少、故曰鮮。釋文 邢疏

孫曰別、不相連也。詩正義十六之四

大山宮小山霍

郭璞云宮謂圍繞之、禮記曰君爲廬宮之是也。

漢注

小山別大山鮮

李巡云大山少、故曰鮮。釋文二十九卷 孫炎云別、不相連也。詩正義十六之四卷 郭璞云不相連。

一切注音

小山別大山鮮 孫炎曰別、不相連也。詩皇矣正義 李云、大山少、故曰鮮。釋文

蕙心案文選吳都賦長笛賦竝引爾雅小山別大山嶰。鮮嶰或形近而譌。皇矣詩度其鮮原。公劉詩陟則在巘、復降在原。公劉之巘原、即皇矣之鮮原。毛傳巘、小山別大山也。毛以鮮巘爲一字、且讀小山別大山爲句、雖不言爾雅、必爾雅古義也。

古注斠

霍許郭反。別大彼列反。下注同。鮮息淺反。李云、大山少故曰鮮。或作嶰字、又音仙。

陸音義

大山宮小山霍

爾雅詁林 十一 釋山

以山宮山、可謂固矣。然猶如此。王文公曰、雨雺也、隹集也、霍如也。

小山別大山鮮

小而衆、宜有歸焉。小而鮮、雖別可也。詩曰、度其鮮原。文王舍宮取別、而民從之、可謂至德也已。

新義

大山宮小山霍小山別大山鮮 宮、繞也。謂

大山圍繞小山曰霍、小山別於大山、不相連屬者曰鮮。

鄭樵注

大山宮小山霍

郭璞曰、宮謂圍繞之、禮記曰君爲廬宮之是也。

鄭樵曰、宮、繞也。謂大山圍繞小山曰霍。

小山別大山鮮

李巡曰、大山少、故曰鮮。

孫炎曰、別、不相連也。

郭璞曰、不相連。

鄭樵曰、小山別於大山、不相連屬者曰鮮。

古注合存

小山及大山 句 峘 句 大山宮小山 句 霍 句 小山別大山 句 鮮。句 依注當如此讀。酈道元解宮亭、乃引爾雅大山曰宮。殆不深考之過。明人詩中亦有誤用者、蓋仍酈氏。文選長笛賦嶰壑澮峴注引爾雅、小山別大山曰嶰。又按毛傳、小山別大山曰鮮。說文音息淺反、又音仙、當是所見異本。鄭箋不從毛、以鮮原爲善原、廣平之地、故注不引。

補注

大山宮小山霍 **註** 宮謂圍繞之禮記曰君爲廬宮之是也小山別大山鮮 **註** 不相連 **正義** 此辨大山小山相繞相別之異名也。大山圍繞小山者名霍。郭氏註中山經云、案爾雅大山繞小山爲霍、今平陽永安縣、廬江灊縣、晉安羅江縣、河南鞏縣皆有霍山。明山以霍名者非一矣。郭氏引爾雅易宮爲繞、俾人易曉也。酈道元水經註於霍山下引爾雅曰、大山宮小山曰霍、是也。廬江水下引爾雅云、大山曰宮。謂宮亭之名蓋起於此、失其句讀矣。小山別於大山者名鮮。釋文引李巡云、大山少、故曰鮮。大雅皇矣云、度其鮮原。毛傳用爾雅。逸周書和寤解王乃出圖商至于鮮原。卽詩所云鮮原矣。公劉云陟則在巘、毛傳巘、小山別於大山也。是毛以鮮巘爲一字也。釋名鮮作巘、所見本異。**註** 禮記至宮之。**正義** 喪大記文。鄭註、宮謂圍障之也。郭引以證宮有圍繞之義也。喪大記又云、君大夫士皆宮之。○不相連。**正義** 詩疏引孫炎云、別、不相連也。郭註本孫炎。○

正義

大山宮小山霍

水經廬江水注、有神廟、號曰宮亭廟、故彭湖亦有宮亭之稱焉。案爾雅大山曰宮、宮之爲名、蓋起於此。玉案、宮亭之稱亦取圍繞之義耳。嶽雲案、淮南子覽冥訓宮天地、懷萬物、當本此爲訓。

補注殘本

小山別大山鮮 玉案、文選李善註兩引爾雅、小山別大山嶰、漢書孟康註嶰、解脫也、與不相連屬意較合。

寀孫案、鮮解義通。禮月令則穀實鮮落、呂覽作解落。列子湯問篇其長子生則鮮而食之、墨子節葬篇作解而食之。可爲鮮解義通之証。

校議

大山宮小山霍 宮謂圍繞之禮記曰君爲廬宮之是也 小山別大山鮮 不相連

郭注中山經云、今平陽永安縣、廬江灊縣、晉安羅江縣、河南鞏縣、皆有霍山。引此文云、大山繞小山爲霍。是郭以宮爲繞、明山以霍名者非一、皆本此爲義也。今灊縣之天柱山、中峰小而四圍有大山以繞之、與此合矣。宮有容受包含之義，故訓圍繞。郭引喪大記文、鄭注宮謂圍障之也。○鮮者，釋文引李巡曰、大山少，故曰鮮。詩皇矣正義引孫炎曰、別，不相連也。金鶚云、鮮斯聲近而通，鮮亦斯字之俗。釋言云、斯，離也。別與離義同。阮雲臺師說亦云爾。余按、文選吳都賦及長笛賦注竝引爾雅、小山別大山、嶰。玉篇云、嶰，山不相連也。宋翔鳳說、以律麻志嶰谷注云一說昆侖之北谷名，此正是小山別大山之嶰也。張聰咸說、見經史質疑錄。古本鮮當作解、後人加山，鮮解古得通借。鮮古音在紙部，解古音在寘部，解讀若巇，鮮讀若斯。孫炎注不相連，此正釋解字之義。李巡不寤，而曰大山少，此何言與。今按，皇矣詩傳小山別大山曰鮮，公劉傳巘，小山別於大山也，是毛意以鮮巘爲一。周禮獻羔開冰、掘覽月令作鮮羔開冰，即其例也。孔穎達以鮮巘義別爲疑，蓋失之矣。此義又見臧氏經義雜記四。

義疏

大山宮小山霍小山別大山鮮

張聰咸說、見經史質疑錄。古本鮮當作解、後人加山、鮮解古得通借、鮮古音在紙部、解古音在寘部、解讀若巇、鮮讀若斯。

念孫案、鮮與解字形相似而誤、非古字通借也。解字古音在紙部、巇字古音在歌部、亦不得言解讀若巇。張說非。

郝注刊誤

大山宮小山霍 **小山別大山鮮** 李注、大山少，故曰鮮。孫注、別、不相連也。郭注、宮謂圍繞之、禮記曰君爲廬宮之是。霍从雔雨，飛聲也。此霍當作雈，隹在冂內，不得出，若小山在宮內也。職方、冀州山鎮曰霍山，禹貢所謂岳陽、堯都、後爲霍國，今霍州太岳也，㲋水入汾之地。鮮、李善引作解。詩度其鮮原。公劉毛詩詁又以鮮巘同字。

集解

大山宮小山霍 霍字本作靃。雨飛聲也，从雨从雔。雔在雨中，毛濕難以飛出，亦猶小山之在宮中也。周禮職方冀州山鎮曰霍山，即禹貢岳陽，亦名霍太山。在今山西岳陽縣。霍縣命名亦以此。**小山別大山鮮** 鮮文選注引作嶰，即解也。詩毛傳巘，小山別於大山也，則以鮮巘爲一。今謂鮮本魚名，與斯通用。上經云斯、離也，亦別也。詩度其鮮原。

義證

小山別大山鮮

劉熙鮮爲甗，云甗，甑也。是毛詩陟則在巘、復降在原作巘，度其鮮原作鮮。鮮借字，巘別字。今西安府咸陽縣東有鮮原。又齊地有甗，即宋敗齊師之處。

釋地四篇注

大山宮小山霍

(註)宮謂圍繞之。禮記曰君爲廬宮之是也。(補正)邢疏、謂小山在中，大山在外圍繞之。山形若此者名霍，非謂大山名宮、小山名霍也。

小山別大山鮮

(註)不相連。(補正)邢疏、謂小山與大山不相連屬者名鮮、李巡云大山少，故曰鮮。臣鎣按、註疏說皆非。劉熙釋名又訛以甗字傅會。按詩大雅公劉云陟則在巘，毛傳巘，小山別于大山也。劉熙釋名，小山別大山曰甗。巘謂山勢崖嶬、小大相間、連岡參差不齊。張衡南都賦所謂坂坻嶭巀而成巘是也。巘甗音同、鮮巘語

之轉。禮月令鮮羔開氷、鄭註云鮮當爲獻聲之誤也。

郭注補正

大山宮小山霍。宮者言如宮之繞障小山。道元說廬山宮亭廟、誤讀雅文謂大山曰宮小山曰霍、何其謬與。

小山別大山鮮。釋名鮮作甗。按公劉陟則在巘復降在原、毛傳巘小山別於大山也。皇矣度其鮮原、毛傳小山別大山曰鮮。度其鮮原者、卽陟則在巘復降在原之謂。依釋名則甗其正字矣。

錢氏古義

小山別大山鮮　注不相連

正曰、詩大雅皇矣度其鮮原、毛傳小山別大山曰鮮。正義、釋山小山別大山鮮、孫炎曰別、不相連也。又公劉陟則在巘、毛傳巘小山別於大山也、釋文甗本又作巘、正義釋山重甗隒。侶釋文正義所見毛詩本巘皆作甗。釋名釋山、小山別大山曰甗、甗甑一孔者、甗形孤出處侶之也。釋名申毛破鮮爲甗。山形如累、小甗大甗相別、不相連、而大甗孤出、或與爾雅孫注同誼。郭注承用孫注而刪去別字、則不相連三字、釋別釋鮮無所統屬矣。

正郭

大山宮小山霍

宮謂圍繞之禮記曰君爲廬宮之是也

御覽三十九卷地部引爾雅大山宮小山霍、郭璞注曰宮謂圍繞也、禮記曰君爲廬宮是也。

郭注佚存補訂

小山別大山鮮

鮮者、大雅皇矣度其鮮原、毛傳云小山別大山曰鮮。此與公劉傳所引互異。邵謂鮮巘一字、亦强爲附會也。孫炎云鮮、別、不相連也。鮮斯音義皆同。釋言云斯、離也。陳風墓門斧以斯之、傳云斯、析也。析卽離也。小雅瓠葉有兔斯首、箋云今俗語斯白之字作鮮、齊魯之間聲近斯。鮮斯古蓋同物也。吳都賦及長笛賦注並引爾雅、小山別大山嶰。嶰從解、卽別不相連之義。李巡云、大山少、故曰鮮、失其義矣。

說詩

大山宮小山節註君爲廬宮之（廬監本誤盧。）

小山別大山鮮（案、李善長笛賦註引此文鮮作解。案、郭註云不連、似於解義尤合。但釋文亦作鮮字、相沿已久、不敢決也。）

注疏正字

小山別大山鮮

鮮、別體作嶰。誤作嶰。毛傳作巘。釋名作甗、通借字也。

小箋

大山宮小山霍　山海經中山經霍山注引大山繞小山爲霍。霍當作靃。見釋地

小山別大山鮮　釋文云、鮮或作嶰。臧氏琳曰、詩陟則在巘、傳云巘小山別於大山也。文選注五又十八兩引小山別大山曰嶰。元照案、嶰巘嶰三字皆不見於說文。詩正義十六之四引亦有曰字。

匡名

大山宮小山霍。小山別大山鮮。　霍之爲言護也。詩公劉傳巘、小山別於大山也。鮮巘聲近、毛蓋讀巘爲鮮、故與皇矣傳無異訓。　水經廬江水注引爾雅大山曰宮、蓋讀此二句爲四句、釋文引李巡曰、大山少、故曰鮮、蓋古自有讀此二句爲四句者、亦未可輕誚也。郝疏以李巡注爲非。

黃侃音訓

大山宮小山

爾疋大山宮小山五字連讀、水經注第三十九卷引大山曰宮、誤分句讀、不獨鼂補之詩讀作兩句也。

讀雅筆記

大山宮小山霍　小山別大山鮮

水經注作大山曰宮。廬江水注　山海經注引作大山繞小山爲霍。郭氏中山經注　釋文鮮或作嶰。釋山釋文　毛詩傳、巘小山別於大山也。大雅公劉詩傳　釋名作小山別大山曰巘。釋山篇　文選注作小山別大山嶰。吳都賦注

大山宮小山霍、水經注作大山曰宮。按、郭云宮謂圍繞之、禮記曰君爲廬宮之是也。水經注廬江水曰、巖上有宮殿故基者三、以次而上、最上者極於山峯、山下又有神廟、號曰宮亭廟、胡彭湖亦有宮亭之稱焉、余按、爾雅云大山曰宮、宮之爲名蓋起於此、不必一由三宮也。是酈氏讀爾雅以大山宮爲句、小山霍爲句、與郭義違。鮮、毛傳鮮作巘、是以鮮巘爲一字也。釋名作巘、文選注又作嶰、則所據本異。又按、呂氏春秋及周禮注獻羔開冰、禮記月令作鮮羔開冰。鄭康成以爲聲之誤、則獻鮮古字通也。

證異

小山別大山鮮。詩皇矣度其鮮原、公劉陟則在巘、毛傳竝以小山別大山釋之。劉熙釋名又作小山別大山曰巘。承珙案、鮮原、鄭箋訓鮮爲善。陟則在巘正義以爾雅重巘隒當之。釋名之巘、太平御覽引作上大下小曰巘、與小山別大山義無涉。文選吳都賦嶰澗闃、長笛賦嶰壑澮㟏、李善注竝引爾雅小山別大山曰嶰。此必古本有作嶰者、於義爲長。玉篇云、嶰、山不相連也。說文無嶰字。依字只當作解。解、判也。字从解得聲者、多取判別之義。說文𨸏部云、𨹎、水衡官谷也、一曰小谿。水部云、澥、㴔澥海之別名也、一曰澥卽澥谷也。蓋小谿別於大谿者曰𨹎、小海別於大海者曰澥、與小山別於大山其義一耳。呂氏春秋古樂篇伶倫自大夏之西、乃之阮隃之陰、取竹於嶰谿之谷、漢志作解谷、是也。諸書解字多訛爲鮮者。列子湯問篇越之東有輒沐之國、其長子生則鮮而食之、墨子節葬篇作解而食之。禮記月令季夏行春令則穀實鮮落、呂氏春秋作解落。列子及禮記二鮮字皆解字之訛、非解鮮通用。釋文引李巡注已訓鮮爲少、則字誤已久。案、李巡云、大山少故曰鮮。據上

爾雅詁林　十一　釋山

文大山宮小山霍、宮義主乎大山、則霍之名當屬大山。古以霍山爲南嶽、其爲大山可知。若別義主乎小山、鮮之名當屬小山。李以大山少故名鮮、非也。

胡氏古義

釋山小山別大山鮮釋文、鮮、息淺反、李云大山少、故曰鮮。頤煊案、文選吳都賦長笛賦李善注俱引爾雅曰、小山別大山曰嶰。嶰、古買切。呂氏春秋古樂篇伶倫取竹於嶰谿之谷、嶰當作解、與鮮字形相近。

讀爾雅録

問、釋山小山別大山鮮、詩公劉陟則在巘、毛傳巘小山別大山也。是毛作巘不作鮮、豈尒疋有誤耶。曰、鮮巘古音通。月令天子鮮羔開冰、鄭注鮮當爲獻。是也。是巘卽鮮。尒疋定有作巘者、而不可考矣。釋名鮮作甗、長笛賦注作嶰、形相近也、亦同音假字。

詁答問

小山別大山鮮。釋文、鮮、或作嶰。詩度其鮮原、毛傳引爾雅釋鮮。公劉陟則在巘、毛傳又引爾雅釋巘。蓋鮮與巘聲相近、故毛傳爾雅無異訓。

考異摘要

小山別大山鮮

鮮當讀爲解。說文、解、判也、从刀判牛角會意。此本誼也。引申之、凡分者皆曰解。小山別大山則不相連、故曰解。疑樊孫相傳舊本作解、後人因其屬山名、故加山作嶰。郝氏云吳都賦長笛賦注引作嶰、是古本作解、此其證。玉篇山部嶰、山不相連也、正與別義合。漢書律秝志黃帝使泠（字。郎伶）倫自昆侖之陰取竹之嶰谷、注云一說昆侖之北谷名、卽嶰地。錢氏坫謂今西安府咸陽縣東有鮮原、恐不足以當此。

王仁俊日記

大山宮小山霍○釋曰　注疏本刪。

小山別大山鮮　唐石經單疏本雪牕本同。釋文、鮮、或作嶰。詩皇矣度其鮮原、毛傳小山別大山曰鮮。正義引此經及孫炎注曰、別、不相連也。公劉陟則在巘、毛傳巘、小山別於大山也。釋文巘本又作甗。毛傳與爾雅異。正義本亦作甗、引釋山重甗隒郭注及西京賦陵重甗釋之、且云與皇矣小山曰鮮義別。按釋名、小山別大山曰甗。甗、甑也、甑一孔者、甗形孤出處似之也。葢公劉詩本作甗、故釋文正義皆作甗。釋名正本毛詩傳也。鮮甗聲相近、毛葢讀甗爲鮮、故與皇矣傳無異訓。陸孔皆執守此經、鮮與甗別、故一則曰與爾雅異、再則曰與皇矣別也。

小山別大山鮮注不相連○釋曰　注疏本刪。

謂小山與大山分別不相連屬者　注疏本脫分別。

校勘記

(注)宮謂圍繞之禮記曰君爲廬宮之是也○唐寫本「圍繞之」下有「也」字。「是也」只作「是」。

一行(注)不相連○唐寫本「連」下有「也」字。

宋監本校箋

小山別大山鮮（不相連。鮮、音尠。）

音圖・音

大山宮小山霍、白虎通山海經注宮竝作繞。宮繞也。鮮、息淺翻、上聲。或作嶰、又音仙。文選長笛賦吳都賦注竝引爾雅小山別大山曰嶰、古買翻、音解、與爾雅異。

音略

大山宮、小山霍（癨）、小山別、大山鮮（上聲）。

孫偘直音

大山宮小山（宮謂圍繞之。）霍。小山別（彼列切）大山（別不相連也。）鮮。

楊氏音訓

山絶陘

山絶陘。連山中斷絶。

郭注

山絶陘注連山中斷絶 釋曰、謂山形連延、中忽斷絶者名陘。

邢疏

山絶陘、胡經古定二反。釋文

郭音義

黃輯古義

山絶陘、胡經古定二反。上並同

郭音義

玉函山房輯佚

山絶陘

郭璞云、連山中斷絶。

一切注音

陘郭胡經古定二反。

陸音義

山絶陘

中絶才容徑、無委蛇也、所謂夷道一曲一直。故曰有澹臺滅明者、行不由徑。非公事、未嘗至於偃之室。詩云委蛇委蛇、退食自公、此之謂也。

新義

山絶陘也。中斷

鄭樵注

山絶陘。郭胡經古定二反。郭璞曰、連山中斷絶。鄭樵曰、中斷也。

古注合存

大山宮小山霍、小山別大山鮮、山絶陘。別音鼈、鮮上聲、陘音形。此亦釋山之分合之名也。註曰、宮謂圍繞之也。記曰、君爲廬宮之、別者不相連、絶者連山中斷絶也。疏曰、謂小山在中大山在外繞之者名霍、非謂大山名宮

小山名霍也。愚按大山圍小山、其中霍然、故曰霍。鮮、少也。小山隔大山、其象單微、故曰鮮。

注疏參義

山絶陘 註 連山中斷絶 正義 說文云、陘、山絶坎也。左氏僖四年傳云、齊侯伐楚、次于陘。史記楚世家作兵侵楚至陘山。戰國策云、楚地有分陘之塞。又云、韓南有陘山。皆指今新鄭縣西南之陘山也。淮南地形訓以井陘爲九塞之一。趙世家云與之陘。徐廣云陘者山絶之名、常山有井陘、中山有苦陘。元和郡縣志引述征記云、太行山首始於河內、自河內北至幽州、凡有八陘。第一曰軹關陘、第二太行陘、第三白陘、第四滏口陘、第五井陘、第六飛狐陘、第七蒲陰陘、第八軍都陘。凡兩山中斷以成隘道者、胥稱陘焉。

正義

山絶陘 文選謝靈運從斤竹澗越嶺溪行詩註引此註云、連山中斷曰陘。初學記亦引云山中絶曰陘。今本註中蓋脫曰陘二字。

校議

山絶陘連山中斷絶

說文、陘、山絶坎也。史記趙世家云、與之陘。集解徐廣曰、陘者、山絶之名。常山有井陘、中山有苦陘。元和郡縣志、懷州河內縣太行陘在西北三十里、連山中斷曰陘。引述征記曰、太行山首始于河內、北至幽州、凡有八陘。是山凡中斷皆曰陘。通作⿰山巠。說文云、⿰山巠、谷也。法言吾子篇云、山⿰山巠之蹊、吳祕注山中絶也。

義疏

山絶陘郭注、連山中斷絶。

詩鳬鷖在涇。

集解

山絶陘 陘、山絶坎也。从阜巠聲。謂連山中斷絶而有陷耳。詩鳬鷖在涇、以涇爲之。

義證

山絶陘

穆天子傳作鈃山。漢書曰郇井陘山也。今眞定府井陘縣是

爾雅詁林 十一 釋山

其地。

釋地四篇注

山絶陘

註連山中斷絶。補正邢疏，謂山勢連延，中忽斷絶。

郭注補正

山絶陘

連山中斷絶也

御覽五十三卷地部引爾雅山絶曰陘，郭璞注曰連山中斷者也。文選長笛賦注引爾雅山絶陘，郭璞曰連山中斷也。文選謝靈運從斤竹澗越嶺溪行詩注引爾雅郭璞曰，連山中斷曰陘。俱無絶字。疑絶字衍。今據補也字。

郭注佚存補訂

山絶陘 釋文云，郭胡經、古定二切。

注疏正字

山絶陘 文選廿六謝靈運入華子岡詩險逕無測度注引爾雅曰，山絶險。元照案，險逕之逕疑本作陘，故引此文，後傳寫誤耳。他卷引仍作陘。又廿二引有曰字。

匡名

大山宮小山霍小山別大山鮮音尠山絶陘 職方，山鎮有霍山。此言大山圍繞小山之名。大雅，度其鮮原。又通巘。大雅，陟則在巘，傳，巘，小山別於大山也。說文，陘，絶坎也。左僖四年傳，齊伐楚，次于陘。戰國策，楚地有分陘之塞。又，韓南有陘山。淮南子以井陘爲九塞之一。徐廣云，中山有苦陘，常山有井陘。述征記，太行山首始於河內，自河內北至幽州，有八陘，一曰軹關陘，二曰太行陘，三曰白陘，四曰滏口陘，五曰井陘，六曰飛狐陘，七曰蒲陰陘，八曰軍都陘。

啓蒙

山絶，陘。 廣雅，岡嶺，陘阪也，與此義微異，然陘亦通作徑，孟子山徑之蹊閒介然，注，山徑，山之領，然則陘雖高下有異，而為徑絶則同矣。 廣雅，陘，隔也，史記續滑稽傳十二渠經絶馳道，經亦徑絶之意也。

黃侃音訓

山絶陘

說文，陘，山坎也。此正字，段借爲陘。廣雅，陘，隔也。案，即隔絶不相連之稱也。凡兩山中斷以成隘道者皆可名陘。邵郝所引述征記可證。孟子盡心山徑之蹊閒介然，趙注，山徑，山之領，徑與陘通。法言吾子篇作山𡾰之蹊，𡾰亦同音字。

王仁俊日記

山絶陘注連山中斷絶○釋曰注疏本刪。

校勘記

連中斷絶 十行本、雪牕本、吳本連下有山字。南昌本誤。

校勘記訂補

連中斷絶 監本、永懷堂本、毛本、湘本連下有山字。

注疏校勘札記

(注)連山中斷絶○唐寫本「絶」下有「也」字。原本《玉篇》阜部「陘」下引此注作「連山中斷者」。《御覽》卷五十三引作「連山中斷者也」。《文選·長笛賦》注引作「連山中斷也」。並無「絶」字。

宋監本校箋

山絕陘　連山中斷絕。陘、音形。

音圖·音

山絕陘。形徑

孫偘直音

連山中斷絕。山絕陘。形

楊氏音訓

陘　形又音徑

干氏音釋

多小石磝多大石礐

多小石、磝。多礓礫。多大石、礐。多盤石。

郭注

多小石磝注多礓礫　多大石礐注多

釋曰、礓礫即小石也。山多此小石者名磝。釋名曰、小石曰礫。

盤石　釋曰、盤大石也。山多此盤石者名礐。

邢疏

多小石磝

磝、五交五角二反。釋文

多大石礐

礐、苦角反、又戶角反。釋文

郭音義

黃輯古義

多小石磝多大石礐。磝、五交五角二反。礐、苦角反。釋文

郭音義

玉函山房輯佚

多小石磝

郭璞云、多礓礫。

多大石礐

郭璞云、多磐石。

一切注音

磝　郭五角五交二反。釋文

礐　郭若角反。釋文

古注斠

磝　字或作磽、同。字林口交反、郭五交五角二反。礓　居羊反。字林云、礫也。礫　力的反。說文云、小石也。礐　字或作确、又作嶨、又作埆。郭苦角反、又戶角反。磐石　步丸反。今作盤同。

陸音義

磝　字或作磽○案、說文、磽、礊石也。無磝字。礐　字或作确、又作嶨、又作埆○案、說文、礐、石聲。确、礊石也。則作确爲是、餘皆非。磐　今作盤同○邢本作盤。

音義攷證

多小石磝多大石礐

磝、博塞以遊。礐、挾册讀書。其爲礙一也、特有大小爾。

新義

多小石磝多大石礐　磝、苦交反。礐、音角。

鄭樵注

多小石磝　磝、郭五交五角二反。

郭璞曰、多礓礫。

鄭樵曰、磝、苦交反。

多大石礐　礐、郭苦角反。

郭璞曰、多盤石。

鄭樵曰、礐、音角。

古注合存

多小石磝 **註** 多礓礫多大石礐 **註** 多磐石 **正義** 說文云、嶅、山多小石也。嶨、山多大石也。釋名云、山多小石曰磝。磝、堯也、每石堯堯獨處而出見也。山多大石曰嶨。嶨、學也、大石之形學學然也。磝、省作敖。小雅車攻云、搏獸于敖。左氏宣十二年傳、晉師在敖鄗之間。杜註、敖、鄗、二山名。

水經注引逃征記作磝碻，南北史俱作磝碻。【註】多礓礫。【正義】說文云：礫，小石也。釋名云：小石曰礫。礫，小石相支柱，其間析析然出內氣也。衆經音義引通俗文云：地多小石謂之礓礫。多磐石。【正義】玉篇云：磐，大石也。磐本亦作盤。楊倞荀子註：盤石，盤薄大石也。

【正義】

多小石磝 多礓礫 **多大石礐** 多磐石

磝礐當作嶅嶨。說文：嶅，山多小石也。嶨，山多大石也。釋名云：磝，墝也，每石墝墝獨處而出見也。礐，學也，大石之形學學然也。釋文：磝或作磽，礐或作确。按：今人皆用磽确字，不復知本於爾雅矣。磝从敖聲，郭五交反。礐从學省聲，郭戶角反。二讀是也。釋文又引字林：磝，口交反；礐，郭苦角反。錢氏坫說以左傳晉師在敖鄗之間，敖即嶅，鄗即嶨也。

【義疏】

多小石磝多大石礐

錢氏坫說，以左傳晉師在敖鄗之間，敖即嶅，鄗即嶨也」。念孫案：經傳言之間者，皆國名、水名、地名，若陳鄭之間、齊魯之間、洙泗之間、河濟之間、嬴博之間、脾上津之間，是也。若山多小石磝、多大石礐，即可謂之磝礐之間，則亦可稱崧岑之間、嶧蜀之間、霍鮮之間、岵峐之間、崔嵬之間矣。而經傳皆無之，則不得謂敖鄗即磝礐也。且鄗於古音屬宵部，礐於古音屬幽部，礐字亦不得與鄗通。錢說非也。

【郝注刊誤】

多小石磝 磽 嶅山 **多大石礐** 确嶨山 郭注：磝，多礓礫。礐，多磐石。

【集解】

多小石磝 磝字本作嶅。敖，出游也，加山則謂石之散出。釋名：山多小石曰磽，以磽為之。**多大石礐** 礐，石聲也，从石，學省聲，與嶨通用。釋名：礐，學也，大石之形學學然也。蓋取碩義。

【義證】

多小石磝

依字當爲嶅。書作嚻，毛詩作敖，史記作隞。敖省字。隞別字。嚻、借字。滎陽敖倉在今開封府河陰縣西。

多大石礐

依字當爲嶨。嶨讀曰鄗，春秋傳晉師在敖鄗之間是也。

【釋地四篇注】

多小石磝 磝，五交反。釋文云：字或作磽。

【註】多礓礫。【補正】邢疏：釋名曰：小石曰礫。

多大石礐 礐，苦角反。釋文云：或作确埆墽。

【註】多盤石

【郭注補正】

多大石礐

多磐石

釋文云：磐，今作盤，同。案：各本皆作盤。

【郭注佚存補訂】

多小石磝 釋文云：郭五交、五角二切。

多大石礐註多盤石 盤，釋文作磐。

【注疏正字】

礐

當作嶨。說文：山多大石也。

【小箋】

多小石磝

釋名同。釋文云：磝字或作磽，同。五經文字云：磽，五交反，見爾雅。盧學士曰：說文無磝字，磽、礊石也。畢氏沅曰：說文山部：嶅，山多小石也，从山，敖聲，从石旁作非。元照案：文選注十二引山多小石曰嶅，是得其眞。

多大石礐　釋名同。釋文云礐字或作确、又作嶨、又作埆。盧學士曰案說文礐、石聲、确、磬石也、則作确爲是、餘皆非。畢氏沅曰、礐當从山作嶨、說文嶨、山多大石也、从山學省聲。元照案、廣韻四覺引爾雅作嶨、與說文合。

匡名

磝礐　嶅嶨　說文嶅、山多小石也。嶨、山多大石也。說文無磝有礐。礐訓石聲。義別。蓋許所據作嶅嶨。釋文、磝字或作磽、同。礐字或作确、同。案說文磽、磐石也。确、磬石也。與多小石多大石義不合。

黃侃評本正名

多小石磝、多大石礐、郭云、磝、多礓礫、礐、多磐石。楷案、大小二字互譌、當云多大石磝、多小石礐。猶下文釋岵峐、先言多草木、後言無草木也。磝之言敖也。莊子德充符、警乎大哉。書旅獒枚傳、獒大犬也。楚辭天問王逸注、鼇、大龜也。廣雅、驁、大也。廣韻、璈、長大貌、贅、蟹大脚也。是凡从敖之字皆有大義也。磝字音義同。礐之言學也、言小石之形學學然也。莊子逍遙遊篇釋文引司馬彪注、學鳩、小鳩也。本又作鷽、義與此同也。說文磝作嶅、云山多小石也。礐作嶨、云山多大石也。所見爾雅已誤。

稗疏

多小石磝　唐石經單疏本雪牕本同。釋文、磝字或作磽、同。五經文字云、磽、五交反、見爾雅。是張參所據本作磽也。釋名山多小石曰磽、磽、堯也、每石磽磽獨處而出見也。是劉熙所據爾雅亦作磽。今釋名作磝、依俗本爾雅改也。說文、磽、磐石也。無磝字。

多小石磝注多礓礫○釋曰　注疏本刪。

多盤石　單疏本雪牕本同。釋文、磐、步丸反、今作盤同。

多大石礐注多盤石○釋曰　注疏本刪。

山多此盤石者名礐　注疏本名下衍曰。

校勘記

三行多小石磝○「磝」，原本《玉篇》引作「嶅」，見山部「嶅」下，云：「或爲磝字」。

(注)多礓礫○原本《玉篇》「嶅」下引「礓」下有「也」字．唐寫本作「多礓礫者也」。

多大石礐○原本《玉篇》引「礐」作「嶨」，見山部「嶨」下，云：「或爲礐字」。

(注)多盤石○唐寫本作「多磐石也」．原本《玉篇》「嶨」下引作「山多磐石也」．「盤」並作「磐」．

宋監本校箋

多小石磝多礓礫。磝、音堯。多大石礐多盤石。礐、音殼。

音圖・音

磝字或作磽、同。字林口交翻、音敲。郭五交音堯、五角音嶽、二翻。礐字或作确、又作嶨。郭苦角翻、音確、又戶角翻、音學、竝覺韻字。五經文字五篤翻、音近嶽、讀入沃韻。

音略

多小石、磝敲、多大石、礐確學

孫偘直音

多小石、磝多礓礫。多大石、礐多盤石。殼

楊氏音訓

磝五交切　礐確

干氏音釋

多草木岵無草木峐

爾雅詁林　十一　釋山

多草木岵。無草木峐。皆見詩。【郭注】

多草木岵無草木峐注皆見詩釋曰、峐當作屺、音起。案、詩魏風云、陟彼岵兮、瞻望父兮。又曰、陟彼屺兮、瞻望母兮。毛傳云、山無草木曰岵、山有草木曰屺。與此不同者、當是傳寫誤也。王肅解依爾雅。【邢疏】

多草木岵無草木峐、郭璞云、皆見詩。【一切注音】

岵音戶。峐三蒼字林聲類並云、猶屺字。阮孝緒字略音古開反。【陸音義】

多草木岵 詩曰、陟彼岵兮、瞻望父兮。怙、父事也。母無是也、斯已而已矣。【新義】

多艸木岵無艸木峐 峐即屺也。屺岵並釋陟岵文。【鄭樵注】

多草木岵無草木峐 郭璞曰、皆見詩。鄭樵曰、峐、即屺也。屺岵並釋陟岵文。【古注合存】

多草木岵無草木峐【註】皆見詩【正義】說文云、岵、山有草木也。屺、無草木也。釋名云、山有草木曰岵、岵、怙也、人所怙取以爲事用也。山無草木曰屺、屺、圯也、無所出生也。釋文引三蒼字林聲類並云、峐、猶屺字。【註】皆見詩。○【正義】魏風陟岵云、陟彼岵兮。又云、陟彼屺兮。毛傳山無草木曰岵、山有草木曰屺、與爾雅正相反。孔疏以毛傳爲傳寫誤也。詩釋文云、王肅依爾雅。【正義】

多草木岵無草木峐皆見詩 說文、岵、山有草木也。屺、山無草木也。釋名云、山有草木曰岵、岵、怙也、人所怙取以爲事用也。無草木曰屺、屺、圮也、無所出生也。釋文引三蒼字林聲類並云、峐、猶屺字。詩陟岵傳山無草木曰岵、山有草木曰屺、與爾雅相反。正義以傳爲傳寫誤、是也。王照圓詩小記云、爾雅以岵爲多草木、即知屺爲少草木、非全無草木也、毛傳有無二字不必湀泥。【義疏】

多草木岵無草木峐屺見詩。郭注、皆毛詩詁、以多爲無、無爲有、誤以此無爲有無也。無蒙通用字。書庶草蕃無、又作廡蕪。岵、古也。古山老林、故多草木。峐、荄也。屺、廣也。荄滋廣覆、故蒙草木。詩陟彼岵兮、以岵喻父、陟彼屺兮、以屺喻母。不可以有改多、又不可以有無分慈嚴。說文亦作有無、非。【集解】

多草木岵無草木峐詩陟岵傳、山無艸木曰岵、有艸木曰屺。與此相反、並誤以無爲有無之無也。無、豐也。書庶艸繁無、今本作廡。釋詁、蕪、豐也、則又作蕪。岵、古也。林古則艸木叢生、與童山異。峐字本作屺、起也、謂其勃起。或者即荄與。詩陟彼岵兮以喻父、陟彼屺兮以配母。不可以多改無、又不可以有無分父母。說文岵、山有艸木也。屺、山無艸也。其說亦非。【義證】

多艸木岵無艸木峐

峐當爲屺。毛詩說文解字並云、有艸木屺、無艸木岵。王肅劉熙與今書同。雅異本與。徐堅案、詩終南何有、有屺有堂。堂山之如堂者、屺即此。【釋地四篇注】

多草木岵無草木峐 岵音戶。峐、釋文云、三蒼字林聲類並云猶屺字、音起、阮孝緒字略音古開反。

【註】皆見詩【補正】邢疏、峐當作屺、詩毛傳山無草木曰

岵有草木曰屺當是傳寫誤也王肅解依爾雅。臣鑒按說許慎劉熙亦與爾雅同。

郭注補正

多艸木岵無艸木峐詩毛傳作無艸木岵有艸木屺按峐應作屺說文解字釋名並同爾雅惟毛傳別之。

錢氏古義

多草木岵無草木峐

釋文云峐三蒼字林聲類竝云猶屺字音起是峐即詩之屺字也說文云岵山有草木也屺山無草木也義本爾雅魏風陟岵陟彼岵兮陟彼屺兮毛傳云山無草木曰岵山有草木曰屺與爾雅正相反正義云當是傳寫誤也詩釋文云王肅依爾雅當是王肅所見毛傳不誤非依爾雅改傳也。

說詩

多艸木岵無艸木峐

說文無峐字釋文三蒼字林聲類並云猶屺字屺改皆從已得聲則屺可讀古開反改之轉聲爲亥是屺可通作峐矣詩陟岵傳山無草木曰岵山有草木曰屺與爾雅異文孔疏以爲傳寫之誤段丈懋堂欲據此以改經然說文釋名諸書釋岵屺皆與爾雅同豈諸書盡誤耶孔氏云傳寫之誤無疑義矣段丈又曰岵之言瓠落也有陽道故以言父屺之言荄滋也有陰道故言母。近于鑿矣。

小箋

無草木峐 峐當作屺出疏。又釋文云三蒼字林聲類竝云峐猶屺字音起。

注疏正字

多草木岵無草木峐 釋文云峐三蒼字林聲類竝云猶屺字。案毛詩說文釋名皆作屺詩正義三五之白帖五引亦作屺說文無峐字。 劉逵吳都賦注引多草木曰岵白帖五引多作有。說文釋名同。 毛詩傳山無草木曰岵山有草木曰屺。正義曰與爾雅正反當是傳寫誤也。 草當作艸。

匡名

多小石磝多大石礐音確 多草木岵無草木峐說文作岵屺、義皆同爾雅。韓昌黎文山磝磝而相軋、省作敖。左宣十二年傳、晉師在敖鄗之間。韓昌黎詩、吟巴山犖礐。岵、山有草木也、引詩陟彼岵兮。屺、山無草木也、引詩陟彼屺兮。毛傳山無草木曰、岵有草木曰屺、孔疏以爲傳誤寫也。

啓蒙

峐 屺 釋文。峐。三蒼字林聲類並云。猶屺字。音起。邢疏。峐當作屺。昔起。案說文。屺。山無艸木也。無峐字。

黃侃評本正名

多小石磝 多大山礐 多草木岵 無草木峐

釋文、磝字或作磽。同。釋山釋文 說文、磝、山多小石也。山部磝 釋文、礐、字或作确、又作嶨、又作埆。釋山釋文 說文、礐、山多大石也。山部礐 毛詩傳、山無草木曰岵。魏風陟岵傳 釋名、山有草木曰岵。釋山篇 毛詩傳、山有草木曰屺。陟岵傳 釋名、山無草木曰屺。釋山篇 三蒼字林聲類並云、峐猶屺字。釋山釋文

多草木岵、無草木峐、毛傳作無草木曰岵、有草木曰屺。按、毛傳釋岵屺與爾雅正相反、孔氏正義以爲傳寫之誤。

檢說文山部岵云山有草木也，屺云山無草木也，與爾雅釋山文合。孔氏以詩傳爲誤，信矣。

證異

問，釋山多草木岵無草木峐，說文釋名玉篇廣韻竝同。魏風陟岵傳山無草木曰岵，山有草木曰屺，及周南之崔嵬砠，竝與尒疋相反，何也。曰，此類甚多。如釋水歸異出同流肥，水經注引犍爲舍人云水異出流行合同曰肥。繇膝以上爲涉，繇帶以上爲厲，鄭注論語作由膝以上爲厲，說文又作砅云履石渡水也，砅或作濿。釋木下句曰朻，樛木傳作下曲曰樛。苙，死㽞蔽者翳，韓詩傳菑，反草木殪，因也，因高填下也。此皆稱說之異，非有誤也。

詁答問

多草木岵無草木峐。釋文云，峐，字林猶屺字。詩陟岵毛傳，山無草本岵，山有草木屺。正義曰，與爾雅正相反，傳寫誤也。

考異摘要

多草木岵無草木峐

疏曰，毛傳云山無草木曰岵，有草木曰屺，與此不同者，當是傳寫誤也。

樾謹按，毛傳與爾雅異，而說文曰，岵，山有草木也，屺，山無草木也。釋名曰，山有草木曰岵，無草木曰屺，則皆與爾雅同。其孰是孰非，固未易論。然卽多草木與有草木論之，則爾雅之義精矣。蓋天下之山，大抵皆有草木者也。其無草木者謂之峐，其多草木者謂之岵，皆因其有異於常，故特異其名。若如諸書以有無對舉，則天下之山非岵卽峐矣，豈古人命名之意乎。然則卽此一字，而雅訓之精具見，恐未可以毛傳疑爾雅也。

平議

邢疏，爾雅釋山多草木岵。無草木峐。峐當作屺。毛傳山無草木曰岵。有草木曰屺。與此異者當是傳寫之譌。王肅解依爾雅。○

心畬

多草木岵無草木峐 唐石經單疏本雪牕本同。釋文云，峐，三蒼字林聲類竝云猶屺字。詩陟岵毛傳，山無草木曰岵，山有草木曰屺。正義曰，與爾雅正反，當是傳寫誤也。定本亦然。釋文云，王肅依爾雅。按毛詩傳，則此經當作無草木岵多草木峐。毛詩傳不誤，爾雅誤也。王肅解依爾雅，蓋以鄭箋本爲誤耳。釋名云，山有草木曰岵，山無草本曰屺，蓋所據爾雅本亦誤。段玉裁云，岵之言瓠落也，有陽道，故以言父，屺之言荄滋也，有陰道，故以言母。

多草木岵無草木峐注皆見詩○釋曰 注疏本刪。

峐當作屺音起 注疏本無音起。按二字當作小注。

山有草木曰屺 注疏本脫山。

校勘記

多草木岵音戶 無草木峐 皆見詩。峐，音起。

音圖・音

峐，三蒼字林聲類竝云，猶屺字，音起。阮孝緒字略音古開翻。音垓 岵峐與下文崔嵬砠毛傳正相反，說文屺岵亦然，恐非傳寫之誤，各有師承也。王肅解仍依爾雅。

音略

多草木、岵戶、無草木、峐。起阮叢

孫侶直音

多草木、岵戶、無草木、峐。同屺

直音校正

多草木岵無草木峐屺

楊氏音訓

岵後五切 峐口已切

干氏音釋

山上有水埒

山上有水埒。有停泉。

郭注

山上有水埒注有停泉 釋曰、謂山巔之上有停泉者名埒。

邢疏

山上有水埒

郭璞云、有停泉。

一切注音

埒音劣。字或作浖。渟音亭。亦作停。同。

陸音義

渟亦作停○邢本作停。

音義攷證

山上有水埒

列子所謂一源分為四埒。埒邱言下、山言上、善言山。

新義

山上有水埒

郭璞曰、有停泉。

古注合存

山上有水埒**註**有渟泉**正義**釋名云、山上有水曰埒、埒、脫也、脫而下流也。釋丘云、水潦所還、埒丘。郭註以為有界埒水。則此山上有水、亦當有界以限之也。淮南齊俗訓云狟狢得埵防、高誘註埵、水埒也。

正義

山上有水埒有停泉

釋名云、山上有水曰埒、埒、脫也、脫而下流也。釋丘云水潦所還埒丘、郭注丘邊有界、埒水環繞之、謂水繞其下也。此云有停泉、言山上有界、埒水得停聚也。雖俱名埒、其義自別。

義疏

山上有水埒郭注、有停泉。 環北一下為界曰埒北界山閒亦如埒、今瀑布。

集解

山上有水埒水還止曰埒此水在山上亦如之、今所謂瀑布是也。

義證

山上有水埒埒音劣或作浖

註有停泉補正邢疏、謂山巔之上有停泉名埒。臣鍌按埒、博雅作浖、云、山上有水曰浖。釋文亦云、字亦作浖。釋名作埒、傳寫之訛耳。列子湯問篇終北之山名壺領、頂口有水涌出、名神瀵、一源分為四埒是也。

郭注補正

山上有水埒 注有渟泉

正曰、王尚書經義述聞云、列子湯問壺領山頂有水涌出、一源分為四埒、注於山下、張湛注山上水流曰埒。疑是爾雅舊注誼也。郭注有渟泉、未允。

正郭

山上有水埒

有渟泉

各本皆作停。釋文云、渟亦作停、同。

郭注佚存補訂

爾雅詁林 十一 釋山

山上有水埒註有停泉停、釋文從水旁作。

注疏正字

山上有水埒

引之謹案：列子湯問篇壺領山頂有水涌出，一源分爲四埒，注於山下。張湛曰：山上水流曰埒是也。郭曰有渟泉，於義未允。

述聞

山上有水埒 釋名同。釋文云：埒字或作浖。案說文水部無浖字。

匡名

山上有水埒

注曰有渟泉

樾謹按：王氏引之經義述聞據列子湯問篇注山上水流曰埒，謂郭注未允，其說是也。山上有水，即所謂瀑布。文選天台山賦瀑布飛流以界道，李注曰：界道，謂爲道疆界也。是即名埒之義矣。

平議

山上有水埒

此即釋丘水潦所還埒丘之埒。水繞丘爲埒，山上有水亦名埒。說文埒，卑垣也。葢地必以垣爲界，猶水環丘，山有水不能即流，似有埒之者。朱氏駿聲云：埒，有人爲之者，有地自然者。俊案：埒丘人爲之也，山水名埒，地自然者也。王氏引之據列子湯問壺領山頂有水涌出，一源分爲四埒，注於山下。張湛曰：山上水流曰埒。俞太史樾謂即瀑布，引天台山瀑布飛流以界道，李注界道，謂爲道疆界也，即名埒之義，其說碻已。

俊又案：淮南俶眞訓形埒垠堮，此埒亦作界解。齊俗訓狟狢得嵊防，高注嵊，水埒也。周禮大司徒謂其社稷之壝，注壝壇與埒也。是皆以埒爲界也。又通作浖。埒浖皆同聲字，故廣雅釋室埒，隄也。釋丘埒，厓也。釋地浖，厓也。

王仁俊日記

有停泉 單疏本雪牕本同，釋文渟亦作停同。

山上有水埒注有停泉○釋曰 注疏本刪。

有停泉者名埒 注疏本脫者。

校勘記

山上有水埒注有停泉 王引之曰：列子湯問篇壺領山頂有水涌出，一源分爲四埒，注於山下。張湛曰：山上水流曰埒是也。郭曰有停泉，於義未允。

注疏校勘札記

四行(注)有停泉○唐寫本作「有渟泉也」。案：《釋文》「停」亦作「渟」。

宋監本校箋

山上有水埒。劣

孫侶音直

山上有水埒有停泉。劣

楊氏音訓

埒 劣

干氏音釋

宋監本校箋

夏有水冬無水㶁

夏有水冬無水、㶁。有停潦。

郭注

夏有水冬無水㶁注有停潦 釋曰：潦，雨水也。言山上污下，夏有停潦，至冬竭涸者名㶁。

邢疏

夏有水冬無水㶁

㶁字林火篤反、郭同。又徂學反。釋文

郭音義

黃輯古義

夏有水冬無水㶁火篤反 釋文引字林、云郭同。又徂學反。釋文

郭音義

玉函山房輯佚

夏有水冬無水㶁

郭璞云、有停潦。

一切注音

㶁 郭火篤反、又徂學反。釋文

古注斠

㶁字林火篤反、郭同。又徂學反。潦音老。

陸音義

山上有水埒夏有水冬無水㶁 㶁、音學。有水、停水也。

鄭樵注

夏有水冬無水㶁㶁、郭火篤反。

郭璞曰、有停潦。

鄭樵曰、㶁、音學、有水停水也。兼釋上句。

古注合存

夏有水冬無水㶁**註**有渟潦**正義**說文云、夏有水、冬無水曰㶁、㶁或作澩。元和郡縣志、兖州泗水縣有漏澤、漏穴有五、皆方丈餘、深二丈以上、其澤每夏積水、秋冬漏竭、將漏之時、居人知之、不過三日、漏水都盡。是其類也。**註**有渟潦〇**正義**郭以潦水易盈易涸、猶釋丘以水潦所止爲昵丘也。

正義

夏有水冬無水㶁有渟潦

說文、夏有水冬無水曰㶁、㶁或作澩。水經泗水注云、桃墟有漏澤、方十五里、淥水澄渟三丈、如減澤西際阜、阜側有三石穴、廣圓三四尺、穴有通否、水有盈漏、漏則數夕之中傾陂竭澤矣。酈注但言穴有通否、水有盈漏、而無說冬夏者。元和郡縣志始詳之、云泗水縣漏澤、漏穴有五、其澤每夏積水、秋冬漏竭。然則澤卽㶁矣。郭云停潦、潦是雨水、未必恆有。其義疑也。廣雅以水自渭出爲㶁、與此異。

義疏

夏有水冬無水㶁 郭注、有停潦。承上埒、言瀑布無源者也。巫山三峽泉多如此。

集解

夏有水冬無水㶁 承上埒、言瀑布無源者也。巫山三峽泉多如此。地文學又有所謂間歇泉者、自地中湧出、時噴時止、有一定之時期、但不可區分夏冬耳。㶁、覺也、謂如人之覺寤然。

義證

夏有水冬無水㶁

中山經、視山其上有天井、夏有水、冬無水。孫君曰、㶁、讀爲鎬、卽鎬池也。廣雅曰、水自渭出爲㶁。坫案、酈道元曰、渭水自長安縣北分爲二水、今長安故城北、渭無別出之流、鎬水上承鎬池北、注渭水。渭出之說或張揖、非矣。

釋地四篇注

夏有水冬無水㶁㶁火篤反

(註)有停潦(補正)邢疏、潦、雨水也、言山上汙下、夏有停泉至冬竭涸者、名㶁。

郭注補正

夏有水節音㶁音學 案、釋文云、郭火篤切、又徂學切。

注疏正字

夏有水冬無水㶁 說文同。

匡名

爾雅詁林 十一 釋山

夏有水冬無水澩注有停潦○釋曰注疏本删。
下夏有停潦注疏本潦作泉。

校勘記

五行（注）有停潦○唐寫本作「有渟潦也」。

宋監本校箋

夏有水冬無水澩有停潦。澩音學。

音圖・音

澩字林火篤翻音熇郭同。五經文字火谷翻讀入屋韻。又徂學翻從牀隔標出切音浞。

音略

夏有水冬無水澩。學

孫侶直音

夏有水冬無水澩學有停潦。

楊氏音訓

澩學

干氏音釋

山豄無所通谿

山豄無所通谿。所謂窮瀆者。雖無所通與水注川同名。

郭注

山豄無所通谿 釋曰豄即溝瀆也。山有豄而無通流者名谿。

注所謂至同名 釋曰云所謂者所謂釋丘云窮瀆汜者也。云與水注川同名者即釋水云水注川曰谿是也。

邢疏

山豄無所通谿

山中瀆雖無所通與水注川同名。春秋正義三

李注

黃輯古義

山豄無所通谿

山中豄雖無所通與水注川同名。春秋隱三年正義

李注

玉函山房輯佚

山豄無所通谿

李曰山中瀆雖無所通與水注川同名。春秋正義三

漢注

山豄無所通谿

李巡云山中水瀆雖無所通與水注川同名。左傳正義二卷

郭璞云所謂窮豄者豄無所通與水注川同名。

一切注音

豄說文云古文隫字徒木反。谿苦奚反。

陸音義

山豄無所通谿

其爲豄以無所通之谿故也。據注谿曰谷澩尙爲學學若無所通是徒能讀爾。

新義

山豄無所通谿豄即瀆也。

鄭樵注

山豄無所通谿

李巡曰山中水瀆雖無所通與水注川同名。

郭璞曰所謂窮瀆者豄無所通與水注川同名。

鄭樵曰豄即瀆也。

古注合存

山豄無所通谿**註**所謂窮豄者豄無所通與水注川同名

正義 說文云谿山瀆無所通者是本於雅訓也。杜預左傳註云谿亦澗也與此義殊。**註**所謂至同名

○**正義** 釋丘云窮豄汜。釋水云水注川曰谿。左傳疏引李巡云山中水瀆雖無所通與水注川同名。郭註

本李巡、兼引釋丘之文相證明也。

正義

山𥕛無所通谿 所謂窮瀆者雖無所通與水注川同名

說文云、谿、山瀆無所通者。釋丘云、窮瀆、汜。是汜即谿也。釋水云、水注川曰谿。彼有所通、與此同名無嫌、故郭援之。左氏隱三年正義引李巡曰、山中水瀆、雖無所通、與水注川同名。此郭所本。郭注雖、監本作𥕛、亦非。

義疏

山𥕛 無所通谿 溪 李注、山中水瀆、雖無所通、與水注川同名。郭注、所謂窮瀆者。𥕛瀆通用、瀆通聲轉。山𥕛、謂水潛通山下、不通川也。今謂之竇、泉水伏流。

集解

山𥕛無所通谿 𥕛字一作隫、通溝也。水行通於山下、不通於川。今謂之竇、泉水伏流。藝文類聚引作瀆、亦溝也。

義證

山𥕛無所通谿 𥕛、古文瀆字。徒本反。

註所謂窮瀆者𥕛無所通與水注川同名 補正 邢疏、即溝瀆也。山有𥕛而無通流者谿。

郭注補正

山𥕛無所通谿

所謂窮瀆者雖無所通與水注川同名

明注疏本作窮𥕛、雖字亦誤𥕛。樹枏案、釋丘窮瀆字作瀆、作𥕛者、後人依經改之也。

郭注佚存補訂

山𥕛無所通谿 說文同。釋文云、𥕛、說文云古文隫字。藝文類聚九引作瀆。

匡名

山上有水埒夏有水冬無水𣶒山𥕛無所通谿 說文埒、卑垣也。淮南子狟狢得埵防、註埵、水埒也。列子、一源分爲四埒。闕義仝爾雅。𣶒、水涸也。凡池沼渟水之處皆然。谿、義仝爾雅。左隱三年傳、澗谿沼沚之毛。荀子、不臨深谿、不知地之厚也。

啓蒙

山上有水埒 夏有水冬無水𣶒 山𥕛無所通谿

釋文、埒、字或作浖。釋山釋文 說文、夏有水冬無水曰𣶒、或作澩。水部 𣶒𥕛作隫、古文從谷作𥕛。隫阜部

證異

山𥕛無所通谿 郭注、所謂窮瀆者、雖無所通、與水注川同名。左隱三年傳正義引李巡曰、山中水瀆、雖無所通、與水注川同名。鄭氏珍巢經巢經說、此釋山文、自主山言、山𥕛無所通、謂深山古澗、非通達道路之經由者、是名曰谿。郭說誤本李巡。案、說文谷部、谿、山隫無所通者、从谷奚聲。𨸏部、隫、通溝以防水者也、从𨸏賣聲、讀若洞。古文隫从谷。段氏玉裁注、隫不同瀆、瀆从水、主謂水、故解曰溝也、隫从𨸏、主謂地、故曰通溝以防水、防水猶禦水也。然則𥕛谿之專就山言、許君已然、郭注誠誤矣。呂氏春秋先識覽察微若高山之與深谿、高誘注無水曰谿、尤谿非有水明徵。自李巡輩牽合釋丘之窮瀆汜、玉篇谷

部遂謂䪼與瀆同，殊失二字本詁。至釋水水注川曰谿，視此適相背。初不嫌同名者，古書元有斯例，如毒可訓厚（見說文屮部），僞可訓端（見廣雅釋言），香䅢氣皆名臭（見書盤庚毋起䅢以自臭疏）是也。

董瑞椿日記

山䪼無所通谿○釋曰　注疏本刪。

所謂窮瀆者雖無所通　雪牕本同。注疏本雖誤䪼。釋文䪼，說文云古文隫字。蓋經作䪼，注作瀆。依說文瀆隫分部，窮瀆字義當作隫，今作水旁者，隸書通借也。

○注所謂至同名○釋曰云所謂者　注疏本刪上九字。

云與水注川同名者　注疏本脫水。

校勘記

(注)所謂窮瀆者○「者」，唐寫本作「也」。

(注)與水注川同名○唐寫本「名」下有「也」字。

宋監本校箋

山䪼音讀無所通谿

音圖・音

瀆

山䪼無所通谿。溪

孫侶直音

山䪼瀆無所通谿。䪼即溝瀆也，山有䪼而無通流者名谿。

楊氏音訓

䪼瀆

干氏音釋

石戴土謂之崔嵬，土戴石爲砠

石戴土謂之崔嵬，石山上有土者。土戴石爲砠。

土山上有石者。

郭注

石戴至爲砠　釋曰：詩周南卷耳云陟彼崔嵬。又云陟彼砠矣。毛傳云崔嵬土山之戴石者，石山戴土曰砠。與此正反者，或傳寫誤也。

邢疏

石戴土謂之崔嵬

石山上有土者。詩正義一之二　郭同

土戴石爲砠

土山上有石者。詩正義一之二　郭同

孫音注

黃輯古義

石戴土謂之崔嵬

石山上有土者。詩周南卷耳正義

土戴石爲砠

土山上有石者。上同

孫音注

玉函山房輯佚

石戴土謂之崔嵬

石山上有土者。同

土戴石爲砠

土山上有石者。孫注並詩疏一之一

鈎沉

石戴土謂之崔嵬

孫曰：石山上有土者。詩正義一之二　郭同。

土戴石爲砠

孫曰：土山上有石者。詩正義一之二　郭同。

漢注

爾雅詁林　十一　釋山

石戴土謂之崔嵬
孫炎云、石山上有土者。詩正義一之二卷　郭璞云、石山上有土者。
土戴石爲砠
孫炎云、土山上有石者。詩正義一之二卷　郭璞云、土山上有石者。

一切注音

石戴土謂之崔嵬　孫炎曰、石山上有土者。詩卷耳正義
土戴石爲砠　孫炎曰、土山上有石者。詩卷耳正義

古注斠

戴土 本或作載字、同。丁代反、下同。崔 徂回反。嵬 五回反。砠 說文亦作岨、七余反。

陸音義

石戴土謂之崔嵬土戴石爲砠
土戴石有隕道故曰土戴石爲砠。石戴土不必隕也、其爲崔嵬謂之云爾。詩先崔嵬後言砠矣、亦以此。

鄭樵注

石戴土謂之崔嵬土戴石爲砠 此釋卷耳文。

新義

石戴土謂之崔嵬
孫炎曰、石山上有土者。
郭璞曰、石山上有土者。
土戴石爲砠
孫炎曰、土山上有石者。
郭璞曰、土山上有石者。
鄭樵曰、此釋卷耳文。並指兩句。

古注合存

許白雲曰、毛氏爾雅二說正相反、恐以爾雅爲是、蓋崔嵬字上從山、砠字旁從石、有在上在外之意。多草木岵無草木峐、石戴土謂之崔嵬土戴石爲砠。毛傳引之互相反、非傳寫之誤、卽各有師承也。王肅解依爾雅。

補注

石戴土謂之崔嵬 **註** 石山上有土者 土戴石爲砠 **註** 土山上有石者

正義 周南卷耳云、陟彼崔嵬。又云、陟彼砠矣、此釋之也。疏引孫炎云、石山上有土者。又云、土山上有石者。是郭註所本也。毛傳、崔嵬土山之戴石者、石山戴土曰砠。與爾雅正反、孔疏以爲傳寫之誤。然說文云、岨、石戴土也。釋名云、石戴土曰岨、岨臚然也。土戴石曰崔嵬、因形名之也。俱本毛傳。疑所見本異也。說文又云、阢、石山戴土也、亦所以廣異名。

正義

石戴土謂之崔嵬 石山上有土者 土戴石爲砠 土山上有石者
釋文、戴、本或作載。說文云、嵬、高不平也。上文、崒者厜㕒、鄭箋引作崔嵬。文選南都賦注、嶏嵬、山石崔嵬、高而不平也。甘泉賦注、嶵隗、高貌。是皆崔嵬通轉之字也。徐鍇說文本無崔字、遂以崔爲俗字、云从崖省、非也。說文漼摧俱从崔、何得云無崔字也。陳壽祺欲以崖爲崔、亦非。○砠者、說文作岨、云石戴土也。詩卷耳傳、崔嵬、土山之戴石者、石山戴土曰砠。釋名亦同。並與爾雅相反、正義以爲傳寫誤。馬瑞辰曰、此爾雅誤、宜從毛傳。又曰、說文兀、高而上平也。阢、石山戴土也、是高而上平者爲石山戴土、則知高而不平者爲土山戴石矣。此說是也。今按、毛許劉所見爾雅古本俱不誤、唯孫郭所注始據誤本。知者、詩正義引孫炎注與郭同可證。

義疏

石戴土謂之崔嵬 厜㕒 嶏隗 土戴石爲砠 岨 孫注、石山上有土者、土山

上有石者。郭注同。毛詩詁說文與此互異，彼皆誤也。崔嵬，石在土上之狀。戴，謂土戴。字亦作載。毛許誤以戴爲承。其實可兩通也。集解

石戴土謂之崔嵬土戴石爲砠

毛詩傳，崔嵬，土山之戴石者，石山戴土曰砠。說文，岨，石戴土也。釋名亦與詩同。與此經均異，彼說誤也。石戴土者，謂石戴於土上，如冠戴然。毛許以戴爲載，與承義同。其實上戴乃可謂爲戴也。義證

石戴土謂之崔嵬土戴石爲砠 依字當爲岨。毛詩釋名竝云土戴石曰崔嵬，石戴土曰砠，亦雅異本。釋地四篇注

土戴石爲砠 砠七余反

注土山上有石者 補正 臣鑒按，毛詩傳，崔嵬，土山之戴石者，石山戴土曰砠。釋名云，石戴土曰岨，岨，臚然也。土戴石曰崔嵬，因形名之也。說文，岨，石戴土也。諸家說皆與爾雅異者，傳寫之誤也。葢崔嵬，高大貌，其字從山，石下而土上，是以謂之崔嵬。砠，字從石，以石上見也。戴載古字通。陸德明云，本或作載。鄭樵本直作載。載讀如厚德載物之載。詩人言陟崔嵬則山高馬退，不能升之、病。陟砠則山多礐，而僕夫不能進之、病。皆行邁之勞苦也。郭注補正

石戴土謂之崔嵬，土戴石爲砠。詩毛傳同。惟釋名石戴土砠，土戴石崔嵬，與此異。說文解字以石戴土爲阢，阢即崔嵬與。錢氏古義

石戴土謂之崔嵬 注石山上有土者

土戴石爲砠 注土山上有石者

正曰，郝戶部義疏云，詩周南卷耳陟彼崔嵬，毛傳，崔嵬，土山之戴石者。陟彼砠矣，毛傳，石山戴土曰砠。說文山部，岨，石戴土也。釋名釋山，石戴土曰岨，土戴石曰崔嵬。毛許劉所見爾雅古本俱不誤，惟孫郭所注始據誤本也。謹按劉與孫同時，陳忠太一偁傳鄭學。劉所見本不誤，不應孫本獨誤。疑發自正義引孫注與郭注同，孫炎二字當是郭璞之譌。則此二句誤反者殆自郭注本始與。正郭

石戴土謂之崔鬼 注石山上有土者

土戴石爲砠 注土山上有石者

諍曰，釋文，戴本或作載。戴葢从載義。詩卷耳傳，崔嵬，土山之戴石者，謂石載於土山也。又云，石山戴土曰砠，謂土載於石山也。與雅訓合。注解爲石山載土爲崔嵬，土山載石爲砠，義亦可通。與傳相反者，說本孫炎，見於詩疏。乃師讀之不同。邢疏謂傳寫誤也，非是。諍郭

石戴土謂之崔嵬土戴石謂之砠

此釋周南卷耳陟彼崔嵬，陟彼砠矣二文。毛傳云，崔嵬，土山之戴石者，石山戴土曰砠，與爾雅正相反。案，毛傳尊從爾雅爲釋，此不應獨異。劉熙釋名

亦本爾雅、而此亦相反、與毛傳合。說文云、岨、石山戴土也。岨與砠同、知砠之爲石山戴土、即知崔嵬之爲土山戴石矣。此爲爾雅之誤。小雅谷風維山崔嵬、傳云崔嵬山巔也。齊風南山南山崔嵬、傳云崔嵬、高大也。說文崒下云崒、危高也。崔嵬、崒危同音同義。郭注從誤本爾雅、與孫炎同。

說詩

土戴石節疏石山戴土曰砠　砠、毛本誤岨。

注疏正字

石戴土謂之崔嵬土戴石爲岨

詩卷耳傳、崔巍土之戴石者、石山戴土曰岨。孔疏、與爾雅正反者、或傳寫誤。段丈云、石戴土者、以石戴於土上、土戴石者、以土戴於石上、有辭異而義同者、此是也。

小箋

石戴土謂之崔嵬　釋文云、戴本或作載、下同。　說文繫傳無崔字、大徐本有之。案說文屵部有崖字、訓高、音義與崔同。

土戴石爲砠　釋文云、砠、說文亦作岨。案、說文石部無砠字。毛詩傳、崔嵬土山之戴石者、石山戴土曰砠。正義曰、與爾雅正反者、或傳寫誤也。元照案、說文岨、石戴土也。釋名亦與詩傳同、恐是爾雅誤耳。

匡名

砠　岨　釋文。砠。說文亦作岨。案說文。岨。石戴土也。土戴石石戴土辭異義同。詳段氏說文解字注。

段說繆。傳本不同、不煩牽合。

黄侃評本正名

爾疋文與毛傳相反　釋山篇多草木岵、無草木峐、石戴土謂之崔嵬、土戴石為砠四語、與毛傳互相反、當依爾疋。

讀雅筆記

石戴土謂之崔嵬　土戴石爲砠

釋文、戴土本或作載。同。釋山釋文　毛詩傳崔嵬土山之戴石者。周南卷耳傳　釋名、土戴石曰崔嵬。釋山篇　釋文、砠說文亦作岨。釋山釋文　毛詩傳、石山戴土曰砠。卷耳傳　說文、岨、石戴土也。山部岨　釋名、石戴土曰岨。釋山篇

石戴土謂之崔嵬、土戴石爲砠、毛傳云、崔嵬土山之戴石者、石山戴土曰砠。按、毛傳釋崔嵬及砠與爾雅正相反、孔氏正義以爲傳寫之誤。然考說文及釋名所訓、俱與毛傳合。則所據本異也。

證異

石戴土謂之崔嵬土戴石爲砠、此及上文多草木岵無草木峐、與毛詩傳相反。孔氏正義竝謂毛傳爲傳寫之誤。承珙案、有草木岵無草木屺、說文釋名皆與爾雅同、與毛傳異。毛傳自係傳寫者誤倒。施士丏詩說亦云、山無草木曰岵、所以言陟彼岵兮、無可岵也、以其無草木、故以譬之、見韓文注二十四。此說與毛傳合。峐當从說文作屺、詩正義引爾雅本亦作屺。至石戴土二語、說文亦云、岨、石戴土也。釋名、石戴土曰岨、岨、臚然也、土戴石曰崔嵬、因形名之也。又皆與毛傳合、與爾雅違。後人又以寫爾雅者爲誤。承珙謂

爾雅詁林　十一　釋山

戴亦有覆義。小爾雅，戴，覆也。班固西都賦，上反宇以蓋戴。方言，𧶘，覆也。又云，𧶘，戴也。說文，崔，大高也，嵬，高不平也。上文崒者厜㕒，厜㕒即崔嵬，聲之轉。小雅漸漸之石惟其卒矣，鄭箋云，卒者，崔嵬，謂山顚之石也。是崔嵬爲土山戴石之名，當以毛傳爲正。爾雅蓋以戴爲覆，石戴土猶云石覆土也。下文土戴石，義亦當然。

胡氏古義

石戴土謂之崔嵬，土戴石爲砠。○毛詩卷耳傳，崔巍，土山之戴石者，石山戴土曰砠。正義曰，與爾雅正相反，或傳寫誤。

考異摘要

石戴土謂之崔嵬，土戴石爲岨 唐石經雪牕本同。毛詩卷耳傳，崔巍，土山之戴石者，石山戴土曰砠。正義曰，與爾雅正反者，或傳寫誤。按說文山部云，岨，石戴土也。釋名，石戴土曰岨，岨，臚然也。土戴石曰崔巍，因形名之也。皆與毛傳同。嵬巍、砠岨，音義同。段玉裁云，石戴土者，以石戴於土上，土戴石者，以土戴於石上，有辭異而義同者，此是也。

石戴至爲砠 ○釋曰 注疏本删。

校勘記

毛傳云崔嵬至誤也 馬瑞辰曰，此爾雅誤，宜从毛傳。說文，兀，高而上平也。阮，石山戴土也。是高而上平者，爲石山戴土，則知高而不平者，爲土山戴石矣。案，此說是也。說文砠作岨，亦云，石戴土也。是許毛所見爾雅古本俱不誤，孫郭所注之本誤也。

注疏校勘札記

六行（注）石山上有土者○唐寫本「者」下有「也」字。

七行（注）土山上有石者○原本《玉篇》「砠」下引「者」下有「也」字。

宋監本校箋

石戴土謂之崔音推嵬石山上有土者。嵬，音委。土戴石爲砠土山上有石者。砠，音蛆。

音圖・音

石戴土謂之崔推嵬，土戴石爲砠疽。

孫侶直音

石戴土，謂之崔嵬。摧嵬

直音校正

石戴土謂之崔徂回切嵬五回切石山上有土者。土戴石爲砠疽土山上有石者。

楊氏音訓

砠七餘切

干氏音釋

山夾水澗，陵夾水澞。

山夾水澗，陵夾水澞。別山陵間有水者之名。

郭注

山夾水澗陵夾水澞 釋曰，謂山間有水者名澗。詩云考槃在澗是也。其陵間有水者名澞。

邢疏

山夾水澗

山澗有水。春秋正義三

李注

黃輯古義

山夾水澗

山間有水。同上

李注

玉函山房輯佚

山夾水澗

山間有水。李注 宋本春秋疏三

鈎沉

山夾水澗

李曰、山間有水。春秋正義三

漢注

山夾水澗陵夾水瀵　李巡云、山間有水曰澗。左傳正義二卷　郭璞云、別山陵間有水之名。

一切注音

山夾水澗　李巡曰、山間有水。左隱三年傳正義

古注斠

夾古洽反。瀵魚俱反。本又作虞。

陸音義

陵夾水瀵

瀵猶虞、或溢梟鷩於亹、乃言無有後艱。

新義

陵夾水瀵山有穴爲岫山西曰夕陽山東曰朝陽瀵、音虞。陽、日也。日出沒皆於山隱見焉。

鄭樵注

山夾水澗　李巡曰、山間有水。

陵夾水瀵　郭璞曰、別山陵間有水者之名。總釋二句。　鄭樵曰、瀵音虞。

古注合存

澗一作礀又作磵又作𡻙

補注

山夾水澗陵夾水瀵註別山陵間有水者之名正義左傳疏引李巡云、山間有水者名澗。釋名云、山夾水曰澗、澗、間也、言在兩山之間也。廣雅云、澗、間也。衛風云、考槃在澗。釋文引韓詩澗作干、云墝埆之處也。詩序亦以爲賢者退而窮處、蓋兩山夾水、沙土墝埆、境宇迫隘、惟碩人處之迺覺其寬閑爾。左氏隱二年傳云澗谿沼沚之毛、杜注谿亦澗也。孫子云凡地有絕澗、注云水深大者爲絕澗。杜氏以谿爲澗、是深大之澗也。陵間夾水者名瀵。釋文云、本又作虞。案虞又通作湡。

正義

山夾水澗陵夾水瀵別山陵間有水者之名

釋名云、山夾水曰澗、澗、間也、言在兩山之間也。左氏隱三年正義引李巡亦曰、山間有水。杜預注以爲谿亦澗也。是谿澗通名。○瀵者、釋文云、本又作虞。蓋古本作虞、後人加水作瀵耳。或說虞通湡、非。

義疏

山夾水澗陵夾水虞瀵

李注、山間有水。郭注、別山陵間有水者之名。

詩、夾其皇澗。周官有山虞、澤虞。

集解

山夾水澗澗从水間。山夾水者、則水間於山矣。詩、夾其皇澗。又考槃在澗。陵夾水瀵瀵字本作虞。騶虞也。其以爲陵夾水偁者、由虞爲司獸之義而引申耳。周禮山虞、澤虞、均謂獸官。

義證

山夾水澗

宏農澗水、在今河南府西。

釋地四篇注

山夾水澗陵夾水瀵瀵魚其反。釋文云、本又作虞。

註別山陵間有水者之名

郭注補正

山夾水澗　說文釋名同。　文選注五又十二白帖六引有曰字。

陵夾水瀵　釋文云、瀵本又作虞。案說文水部無瀵字。

名匡

瀵　虞　釋文。瀵本又作虞。

瀵亦汻之變字、水厓也。變文言之則云陵夾水耳。

黃侃評本正名

爾雅詁林　十一　釋山

黄侃音訓

陵夾水澞。 澞亦汻之變字，水厓也，變文言之，則曰陵夾水耳。

王仁俊日記

陵夾水澞

說文無澞字。釋文：澞本又作虞。然虞本義爲騶虞，與陵夾水義無與。疑澞乃㙹字之譌。說文：㙹，圻也，从土虖聲。或从𨸏作𨻶。圻，裂也。案：陵中夾水，正取義於裂。陵夾水名㙹，與山夾水名澗同誼。故類列之。㙹或从𨸏於陵義尤合。又叚作罅。說文：裂也。鬼谷子抵巇注：罅者，㵎也。罅即㙹之叚，㵎即澗同聲字。澗、㙹同類，故即取證。所謂析言之則別，渾言之則通也。澞从虞，㙹从虖，形最相近。郭音義：澞音虞，釋文本作虞，是所見本已譌。

校勘記

山夾水澗陵夾水澞○釋曰 注疏本删。

校勘記訂補

別山陵間有水者之名字。十行本無間字。吳本無有

宋監本校箋

（注）別山陵間有水者之名○「有」字宋刻小字本脫。「名」下唐寫本有「也」字。

音圖·音

山夾水澗陵夾水澞 別山陵間有水者之名。澞音虞。

孫偘直音

山夾水澗。陵夾水澞。 虞

楊氏音訓

山夾水澗陵夾水澞虞 別山陵間有水者之名。

干氏音釋

澞虞

郭注

山有穴爲岫 謂巖穴。

邢疏

山有穴爲岫 釋曰：謂山有巖穴者爲岫也。

黄輯古義

山有穴爲岫

岫音胄，又音由。釋文

郭音義

玉函山房輯佚

山有穴爲岫，音胄，又音由。同上

郭音義

一切注音

山有穴爲岫

郭璞云，謂巖穴。

古注斠

山有穴曰岫 郭音胄，又音由。釋文

陸音義

岫 徐究反。郭音胄，又音由。字林弋又反。

新義

山有穴爲岫

無穴其孰從由之。

古注合存

山有穴爲岫 岫，郭音胄。

郭璞曰謂岩穴。

多小石，磝；多大石，礐；多草木，岵；無草木，峐；山上有水，埒；夏有水冬無水，澩；山續無所通，谿；石戴土謂之崔嵬；土戴石爲砠；山夾水，澗；陵夾水，澞；山有穴爲岫 磝音敖，礐音却，岵音戶，峐、屺同，埒音劣，澩音學，續音瀆，砠音疽，澞音虞。○此釋山上

土石草木水谷之名也。註曰、小石、礓礫也。大石、盤石也。有水、有停泉也。夏有水、有停潦也。無所通、釋丘所謂窮瀆也。與釋水「水注川曰谿」同名。疏曰、詩陟岵云、陟彼岵兮。又云、陟彼屺兮。毛傳云、山無草木曰岵、有草木曰屺。與此異者、傳寫誤也。王肅解依爾雅。詩卷耳云、陟彼崔嵬。又云、陟彼砠矣。毛傳云、土山戴石曰崔嵬、石山戴土曰砠。與此亦正相反。山間有水名澗、詩考槃云、考槃在澗。陵間有水名瀵。山有巖穴名岫。

注疏參義

山有穴爲岫 **註** 謂巖穴 **正義** 說文云、岫、山穴也。籀文作窗。繫傳云、詩古公亶父避狄于岐下、陶復陶穴、謂於地旁巖築下爲室、若陶竈然也。需卦爻辭云、出自穴、王弼註穴者、陰之路也。孔子閒居云、山川出雲。山雲出於岫也。

正義

山有穴爲岫 謂巖穴

說文云、岫、山穴也。籀文作窗。葢因訓穴、故从穴矣。禮運云、竅於山川。竅卽穴也。今山巖往往有之。水經河水注云、懸巖之中、多石室焉。蜀都賦云、嘉魚出於丙穴。東京賦云、王鮪岫居。葢山濔澈激、水齧石穿、遊鱗澹瀉潛泳其中矣。

義疏

山有穴爲岫宙 謂巖穴。郭注、

集解

山有穴為岫 岫、从山由。由、象獸蹏形、謂圓穴。籀文作窗。地文學所謂巨人釜、是其類也。

義證

山有穴爲岫

籀文岫字從穴作窗。

釋地四篇注

山有穴爲岫 岫、戈又反。

註 謂岩穴

郭注補正

山有穴爲岫

謂巖穴也

希麟新大方廣佛華嚴經十四卷音義引爾雅山有穴爲岫、郭璞云謂巖穴也。今據補也字。明注疏本巖作岩。

郭注佚存補訂

山夾水澗陵夾水瀵山有穴爲岫

澗者、李巡云、山間有水者名澗。召南采蘋于澗之中、衛風攷槃攷槃在澗、毛傳並云山夾水曰澗。大雅公劉夾其皇澗、遡其過澗、傳云皇過澗名也。鄭箋云皆布居澗水之旁。正義云、夾者在其兩旁。

岫者、山穴也。籀文作窗。繫傳云、詩古公亶父避地于岐下、陶復陶穴、謂於地旁巖下爲室、若陶竈然也。今時陝西人多依山爲穴、猶是古制。

說詩

山有穴為岫 釋文云、岫、郭音胄、又音由。

注疏正字

山有穴爲岫 說文同。

匡名

石戴土謂之崔嵬土戴石謂砠山夾水澗陵夾水瀵

山有穴爲岫 崔嵬。說文、崔、大高也。嵬、高不平也。周南、陟彼 岨、石戴土也。引詩陟彼岨兮。今詩作砠。澗、義仝爾雅。衛風考槃在澗。瀵或作虞、通作湡。冂、土室也。岫、山穴也。大雅、陶復陶穴。

魏都賦、窮岫泄雲。

啓蒙

山夾水澗　陵夾水濞　山有穴爲岫

釋名、山夾水曰澗。釋水篇 釋文、濞、本又作虞。釋山釋文 說文、岫、山穴也。籀文作窗。山部岫

證異

山有穴爲岫 ○釋曰 注疏本删。

謂山有巖穴者 注疏本巖作岩。

校勘記

八行(注)謂巖穴○「穴」下唐寫本有「也」字。

宋監本校箋

岫、徐究翻。音袖、邪母。郭音胄、澄母。又音由。喻母。字林弋又翻、音柚、喻母。董逌廣川書跋引黃山谷論徐季海詩用孤岫爲非而辨之、葉大慶考古質疑又引王歸叟詩話論季海承元暉之誤而辨之、其實以山爲岫、詩人習用其來已久、不勝枚舉。山谷之論頗拘。故黃氏日抄謂山谷詩用晴岫字、幾自背其說矣。

音略

山有穴爲岫。袖由

孫偘直音

山有穴爲岫 謂若穴。

楊氏音訓

宂而隴切 岫由袖 山又

干氏音釋

山西曰夕陽山東曰朝陽

山西曰夕陽、暮乃見日。山東曰朝陽。旦即見日。

郭注

山 西曰夕陽注暮乃見日 釋曰、日即陽也、夕始得陽故名夕陽、詩大雅公劉云度其夕陽、豳居允荒是也。山東曰朝陽注旦即見日 釋曰、謂山頂之東、皆早朝見日、但是山東之岡脊、總曰朝陽、詩大雅卷阿曰梧桐生矣于彼朝陽是也。

邢疏

山西曰夕陽

山西暮見日故曰夕陽。書正義十一

山東曰朝陽

山東朝乃見日、故云朝陽。書正義十一

李注

山西曰夕陽

夕乃見日。詩正義十七之三

山東曰朝陽

朝先見日也。詩正義十七之四

孫音注

山西曰夕陽山東曰朝陽

周禮柞氏疏引爾雅云、山南曰陽、山北曰陰。邵氏正義云、蓋釋爾雅者之舊說。

衆家注

山西曰夕陽

山西暮乃見日、故曰夕陽。書武成正義

山東曰朝陽

黃輯古義

山東朝乃見日、故云朝陽。同上

李注

山西曰夕陽

夕乃見日。詩大雅公劉正義

山東曰朝陽

朝先見日也。詩大雅卷阿正義

孫音注

玉函山房輯佚

山西曰夕陽山東曰朝陽

山西暮乃見日、故曰夕陽。山東朝乃見日、故曰朝陽。李注書疏十一

鈎沉

山西曰夕陽

李曰、山西暮見日、故曰夕陽。書正義十一

孫曰、夕乃見日。詩正義十七之三

山東曰朝陽

李曰、山東朝乃見日、故曰朝陽。書正義十一

孫曰、朝先見日也。詩正義十七之四

漢注

山西日夕陽

李巡云、山西暮乃見日、故曰夕陽。書正義十一卷　孫炎云、夕乃見日。詩正義十七之三卷　郭璞云、暮乃見日。

山東日朝陽

李巡云、山東朝乃見日、故日朝陽。書正義十一卷　孫炎云、朝先見日也。詩正義十七之四卷　郭璞云、旦卽見日。

一切注音

山西曰夕陽山東曰朝陽　爾雅云、山南曰陽、山北曰陰。周禮柞氏疏　李巡曰、山西暮乃見日、故曰夕陽。山東朝乃見日、故曰朝陽。書武成正義　孫炎曰、夕乃見日、朝先見日也。詩公劉正義

蕙心案、周禮疏引爾雅、蓋爾雅舊注也。

古注斠

山西曰夕陽

君子以小知大、以近知遠。若山東曰朝陽、山西曰夕陽、則所謂崑崙日月相避隱爲光明、信矣。若水中可居者曰洲、小洲曰渚、則所謂中國外九州有大瀛海環其外、信矣。

山東曰朝陽

山西見日、山東之景過矣。世之較量遲速何哉。

新義

山西曰夕陽

李巡曰、山西暮乃見日、故曰夕陽。

孫炎曰、夕乃見日。

郭璞曰、暮乃見日。

山東曰朝陽

李巡曰、山東朝乃見日、故曰朝陽。

孫炎曰、朝先見日。

郭璞曰、旦卽見日。

鄭樵曰、陽、日也。日出沒皆於山隱見焉。總釋二句。

古注合存

山西曰夕陽山東曰朝陽　此釋山東西之名也。註曰、山西夕乃見日、山東蚤卽見日。疏曰、日、卽陽也。詩公劉云、度其夕陽。卷阿云、于彼朝陽。

注疏參義

山西曰夕陽【註】暮乃見日山東曰朝陽【註】旦卽見日【正義】大雅公劉云度其夕陽卷阿云于彼朝陽此釋之也。書疏引李巡云山西暮乃見日故曰夕陽山東朝乃見日故曰朝陽。詩疏引孫炎云夕乃見日朝先見日。釋名云山東曰朝陽山西曰夕陽隨日所照而名之也。秋官柞人疏引爾雅云山南曰陽山北曰陰蓋釋爾雅者之舊說。穀梁僖二十八年傳云水北爲陽山南爲陽由雅訓而推廣之也。

正義

山西曰夕陽暮乃見日山東曰朝陽旦卽見日

詩云度其夕陽又云于彼朝陽故此釋之。書武成正義引李巡曰山西暮乃見日故曰夕陽山東朝乃見日故云朝陽。詩公劉及卷阿正義引孫炎曰夕乃見日朝先見日也。釋名云隨日所照而名之也。按書傳云山南曰陽。周禮柞氏疏引爾雅云山南曰陽山北曰陰蓋爾雅之舊說故孔傳賈疏俱援以釋經今亦以古義存之。

義疏

山西曰夕陽山東曰朝陽

舊注山南曰陽山北曰陰。李注山西暮乃見日故曰夕陽山東朝乃見日故云朝陽。孫郭同。

山西山在東蔽朝日也。

詩度其夕陽又于彼朝陽。

集解

山西曰夕陽山西則山在東蔽朝日矣。日之生於東。

山東曰朝陽謂當朝日。詩度其夕陽又于彼朝陽。

義證

山西曰夕陽山東曰朝陽

詩度其夕陽于彼朝陽皆山名也後世失之。又山海經有朝陽之谷。

釋地四篇注

山西曰夕陽

【註】暮乃見日【補正】邢疏詩度其夕陽。

山東曰朝陽

【註】旦卽見日【補正】邢疏詩于彼朝陽。臣鋆按釋名云隨日所照而名之也。

郭注補正

山西曰夕陽山東曰朝陽

夕陽者大雅公劉度其夕陽毛傳云山西曰夕陽。朝陽者卷阿于彼朝陽傳云山東曰朝陽。孫炎云夕乃見日朝先見日也。李巡云山西暮乃見日故曰夕陽山東朝乃見日故曰朝陽。

說詩

山西曰夕陽山東曰朝陽　說文日部暘日出也从日昜聲商書曰暘谷。又𨸏部陽高明也从𨸏昜聲。夕陽朝陽以見日爲義則當作暘也。

匡名

山西曰夕陽山東曰朝陽大雅度其夕陽又于彼朝陽。又邢疏山南曰陽山北曰陰。

啓蒙

山西曰夕陽注暮乃見日〇釋曰注疏本刪。

山東曰朝陽注旦卽見日〇釋曰注疏本刪。

校勘記

山西曰夕陽暮乃見日山東曰朝陽旦卽見日

楊氏音訓

泰山爲東嶽華山爲西嶽霍山爲南嶽
恒山爲北嶽嵩高爲中嶽

泰山爲東嶽、華山爲西嶽、霍山爲南嶽、即天柱山、潛水所出。恒山爲北嶽、常山。嵩高爲中嶽。大室山也。

郭注

泰山至中嶽　釋曰、案周禮大宗伯云、以血祭祭社稷五祀五嶽、故此釋之也。白虎通云、嶽者何謂、嶽之爲言捔、捔功德也。東方爲岱者、言萬物皆相代於東方也。南方爲霍、霍之爲言護也、言太陽用事護養萬物也。西方爲華、華之爲言獲也、言萬物成熟可得獲也。北方爲恒、恒者常也、萬物伏藏於北方、其常也。中央爲嵩、嵩言其峻大也。風俗通云、嶽、捔考功德黜陟也。然則以四方方有一山、天子巡守至其下、捔考諸侯功德而黜陟之、故謂之嶽也。案詩傳言四嶽之名、東嶽岱、南嶽衡、此及諸經傳多云泰山爲東嶽、霍山爲南嶽者、皆山有二名也。風俗通云、泰山山之尊、一曰岱宗、岱始也、宗長也、萬物之始、陰陽交代、故爲五嶽長、王者受命恒封禪之。衡山一名霍、言萬物霍然大也。華、變也、萬物成變由於西方也。恒、常也、萬物伏北方有常也。嵩、高也、言高大也。是解衡之與霍、泰之與岱、皆一山而有二名也。若此、上云江南衡、地理志云衡山在長沙湘南縣。張揖廣雅云、天柱謂之霍山。地理志云天柱在廬江潛縣、則在江北矣。而云衡霍一山二名者、本衡山一名霍山。漢武帝移嶽神於天柱、又名天柱、亦爲霍。故漢已來衡霍別耳。郭云霍山今在廬江潛縣西南、別名天柱山、漢武帝以衡山遼曠、移其神於此、今其土俗人皆呼之爲南嶽、南嶽本自以兩山爲名、非從近也、而學者多以霍山不得爲南嶽、又言從漢武帝始乃名之、如此言、爲武帝在爾雅前乎、斯不然矣。竊以璞言爲然。何則孫炎以霍山爲誤、當作衡山。案書傳虞夏傳及白虎通風俗通廣雅並云霍山爲南嶽。豈諸文皆誤。明是衡山一名霍也。　注即天柱山潛水所出　釋曰、此據作注時霍山爲言也。此山本名天柱、漢武帝移江南霍山之祀於此、故又名霍山。其經之霍山即江南衡是也。故上注云衡山南嶽也。　注大室山也　釋曰、案山海經云、半石山東五十里曰少室山、又東三十里曰泰室山。郭注云、即中嶽嵩高山也、今在陽城縣西。戴延之西征記云、其山東謂之太室、西謂之少室、相去十七里、嵩其總名也、以其下各有室焉、故謂之室。是也。

邢疏

霍山爲南嶽
霍山爲誤、當作衡山。詩正義十八之三 邢疏

孫音注

霍山爲南嶽
霍山、今在廬江灊縣、灊水出焉、別名天柱山。漢武帝以衡山遼曠、故移其神於此、今其土俗人皆呼之爲南嶽。南嶽本自以兩山爲名、非從近來也。而學者多以霍山不得爲南嶽、又言從漢武帝始乃名之、如此言、爲武帝在爾雅之前乎。斯不然矣。左昭四年引郭注　郝氏義疏云、此所引蓋郭音義之文。謝氏啟昆小學考翟灝爾雅補郭下述王光祿鳴盛語曰、凡一百有七字、書詩周官正義並引之、詳畧不同耳。而今本但云即天柱山、潛水所出也、餘悉刪去。案所引郭注遼曠下有因讖緯三字。

郭音義

霍山爲南嶽
文選遊天台山賦注引爾雅、衡山爲南嶽。

衆家注

黄輯古義

霍山爲南嶽
霍山爲誤、當作衡山。邢疏 詩大雅崧高正義

孫音注

玉函山房輯佚

爾雅詁林　十一　釋山

太室山

嵩爲嶽宗、華岱恆衡。氣通天漢、神洞幽明。嵬然中立、衆山之英。蓺文類聚七。案道藏本山海經以此爲中山經。驗文與尒疋上下文合、今迻正于此。

嚴輯圖贊

霍山爲南嶽

孫曰霍山爲誤、當作衡山。詩正義十八之三 邢疏

漢注

泰山爲東嶽

郭璞云、在奉高縣西北。今郭註本誤脫。據禮記正義十一卷引增。

華山爲西嶽

郭璞云、在宏農華陰縣西南。據禮記正義十一卷引增。

霍山爲南嶽

郭璞云、霍山在衡陽湘南縣南、今在廬江灊縣西、灊水出焉、別名天柱山。漢武帝以衡山遼曠、因讖緯皆以霍山爲南嶽、故移其神於此。今其土俗人皆呼之爲南嶽。南嶽本自以兩山得名、非從近來也。而學者多以霍山不得爲南嶽、又言從漢武帝始乃名之。卽如此言爲漢武帝在爾雅前乎。斯不然矣。今郭註本殘闕、據詩正義十八之三卷、禮記正義十一卷、左傳正義二十七卷、邢疏七卷引增。 孫炎云、霍山誤、當作衡山。詩正義十八之三卷

恆山爲北嶽

郭璞云、恆山在常山上曲陽縣西北。據禮記正義十一卷引增。

嵩高爲中嶽

郭璞云、大室山也。

一切注音

霍山爲南嶽 孫炎云、霍山當作衡山、字之誤也。詩崧

高正義 郭注云、霍山今在廬江灊縣、潛水出焉、別名天柱山、漢武帝以衡山遼遠、故移其神於此、今其土俗人多以霍山不得爲南嶽、又言從漢武帝始乃名之、如此言、爲武帝在爾雅之前乎、斯不然矣。左昭四年傳正義

蕙心案、正義引郭注乃音義文也。

古注斠

泰山 一名岱宗、在兗州界。漢在泰山博縣。又云在奉高縣。華山 在豫州界。漢在弘農華陰縣。霍山 一名衡山、在荊州界。漢在長沙湘南縣。又云在廬江潛縣。恒山 在井州界。漢在常山上曲陽縣。以犯漢文帝諱改爲常山。嵩高 在豫州界。漢在河南。

陸音義

泰山○此下邵本據詩禮記正義補郭注甚多、今附見於此。泰山爲東嶽下云、在奉高縣西北。華山爲西嶽下云、在弘農華陰縣西南。霍山爲南嶽下云、在衡陽湘南縣南、今在廬江灊縣西、卽天柱山、灊水所出也、漢武帝以衡山遼曠、因讖緯皆以霍山爲南嶽、故移其神於此、今其土俗人皆呼之爲南嶽、南嶽本自以兩山得名、非從近來也、而學者多以霍山不得爲南嶽、又言從漢武帝來乃名之、卽如此言、謂漢武在爾雅前乎、斯不然矣。恆山爲北嶽下云、恆山在常山上曲陽縣西北。嵩高爲中嶽下云、大室山也、別名外方、今在河南陽城縣。別名以下十一字文弨從春秋左傳正義所引補。但灊遼讖大等字、釋文何以無音、將無陸所見本亦缺邪。

音義攷證

霍山爲南嶽恆山爲北嶽

萬物相見、霍然而已。卽欲恆、北方是已。

嵩高爲中嶽

高乃道中焉、可也。

新義

爾雅詁林 十一 釋山

泰山爲東嶽華山爲西嶽霍山爲南嶽恒山爲北嶽嵩高爲中嶽霍山卽天柱山。漢武帝以衡山遼曠、移其神於此、號爲南岳。在今壽州霍山。土人亦呼爲南岳也。

鄭樵注

霍山爲南嶽

孫炎曰霍山誤當作衡山

郭璞曰卽天柱山潛水所出也

鄭樵曰、霍山卽天柱山。漢武帝以衡山遼曠移其神於此、號爲南岳。在今壽州霍山。土人亦呼爲南岳也。

恒山爲北嶽

郭璞曰、常山。

嵩高爲中嶽

郭璞曰、大室山也。

古注合存

泰山爲東嶽華山爲西嶽霍山爲南嶽恒山爲北嶽嵩高爲中嶽、

此正釋五嶽之名也、註曰、霍山卽天柱山、恒山一名常山、嵩高太室山也、疏曰、風俗通云、泰山一名岱、衡山一名霍、山有二名也、然上云、江南衡、地理志云、衡山在長沙湘南縣南、是爲江南、廣雅云、天柱謂之霍山、地理志云、天柱在廬江灊縣、則在江北矣、乃云衡霍一山二名者、蓋衡山本亦名霍山、漢武帝以衡山遼曠、故移嶽神於天柱、因又名天柱爲霍山、故漢以來衡霍別矣、註云、霍山卽天柱山者、據作註時霍山而言、若經文之霍山卽江南衡是也、嵩高山在陽城縣西、西征記云、其山東謂之太室、西謂之少室、相去十七里、嵩其總名也、以其下各有室焉、故謂之室、

注疏參義

泰山爲東嶽 **註** 在奉高縣西北 華山爲西嶽 **註** 在宏農華陰縣西南 霍山爲南嶽 **註** 在衡陽湘南縣南今在廬江灊縣西卽天柱山灊水所出也漢武帝以衡山遼曠因讖緯皆以霍山爲南嶽故移其神於此今其土俗人皆呼之爲南岳南岳本自以兩山得名非從近也而學者多以霍山不得爲南岳又言從漢武帝始乃名之如此言爲漢武在爾雅前乎斯不然矣恒山爲北嶽 **註** 恒山在常山上曲陽縣西北嵩高爲中嶽 **註** 大室山也 **正義** 此後世所稱之五嶽也。史記封禪書引尚書而釋之曰、歲二月東巡狩、至于岱宗、岱宗、泰山也。五月巡狩至南岳、南岳、衡山也。八月巡狩至西岳、西岳、華山也。十一月巡狩至北岳、北岳、恒山也。又增益其文曰、中岳、嵩高也。是漢初諸儒以嵩高配五岳之數、後世仍之、至今不改。詩疏引孫炎說霍山當作衡山、字之誤也、郭氏則以爲一山而二名。白虎通義云、嶽者何謂也、嶽之言捔也、捔功德也。東方爲岱宗者何、言萬物更相代於東方也。南方爲霍山者何、霍之爲言護也、言太陽用事護養萬物也。西方爲華山者何、華之爲言獲也、言萬物成熟可得獲也。北方爲恒山者何、恒者常也、萬物伏藏於北方有常也。中央爲嵩高者何、嵩言其高大也。說文云、嶽、東岱、南霍、西華、北恒、中泰室、王者之所以巡狩所至。此言漢制也。風俗通義云、東方泰山、詩云、泰山巖巖、魯邦所瞻、尊曰岱宗、岱者長也、萬物之始、陰陽交代、雲觸石而出、膚寸而合、不崇朝而徧雨天下、其惟泰山乎、故爲五嶽之長。南方衡山、一名霍、霍者萬物盛長、垂枝布葉、霍然而大。西方崋山、崋者華也、萬物滋然變華於西方也。北方恒山、恒者常也、萬物伏藏於北方有常也。中央曰嵩高、嵩者高也、詩云、嵩高惟嶽、峻極于天。嶽者捔、功考德、黜陟幽明也。此以漢制傳合雅訓、故以衡霍爲一山也。孔穎達定從嵩高爲中嶽、而以西嶽岳山爲非、且爲之說曰、若必據己所都以定方岳、則五岳之名無代不改、何則、軒居上谷、處恒山之西、舜居蒲坂、在華陰之北、豈當據己所在改岳祀乎。今案、孔說非也。古者五岳之祀、豈以後言封禪刻石檢玉、引爲受命之符乎。夫固將因望秩之文、修肆覲之禮、行慶讓黜陟於天下也。唐虞三代、衆建諸侯、日覲班瑞、羣后述職、天子迺舉五載一巡守之典、以考禮正刑一德。巡狩所至、必於名山、穹隆之望、爽塏之虛、聚一方所觀瞻。致其明禋、修其

爾雅詁林 十一 釋山

典禮、犅功考德、慶讓遂行。唐虞以霍太山爲岳、是爲中岳。名見禹貢、而不著於帝典者、霍太山在冀州帝都之內、非巡狩所至、故畧而不言。周營成周、華山在王畿之內、故爲中嶽。西方諸侯必當有朝覲之所、故吳嶽爲西嶽。周室旣衰、典章淪墜。春秋之始、鄭伯以泰山之祊易許田、而巡狩之禮廢。春秋之末、季氏旅於泰山、而望祀之禮亦廢。吳嶽屬於秦、衡山屬於楚、儒者局於所聞、毀所不見、說五嶽者紛然殽亂。因國語崇山之文而增益爲嵩高、因嵩高之名而傳會於詩之崧高維嶽、遂以崧高爲中岳之名。豈知詩所謂崧高惟嶽者、固指四嶽而言哉。或謂五嶽所在、唐虞周漢屢易其方。然則後世亦可別指一山以爲嶽乎。斯又有所不可也。夫周立西嶽、異於唐虞、非好爲更易也、因封建之制也。封建旣廢、則嶽祀當視其方位。王者大一統而昭無外、五方喬嶽、能興雲雨而有功德者、以時秩祀、豈必舍往訓而別定其方嶽哉。此東岱、西華、南衡、北恒、中嵩高所由相沿不改、爲五嶽之定名也。

【注】在奉高縣西北。○【正義】漢書地理志、泰山郡奉高縣、有明堂。博縣、有泰山廟。岱山在西北。晉仍漢制。泰山今在泰安府泰安縣北。○在宏至西南。○【正義】漢書地理志、京兆華陰縣、太華山在南、有祠、豫州山。晉書地理志、宏農郡華陰縣、華山在縣南。今華山在同州府華陰縣南十里。○在衡至近也。○【正義】郭云在衡陽湘南縣南者、漢書地理志、長沙國湘南縣、禹貢衡山在東南、荊州山。晉書地理志、衡陽郡湘南縣、縣名仍漢舊。衡陽郡爲長沙郡所分置也。衡山在縣南、古今所謂南岳也。今衡山在衡州府衡山縣西。郭云今在廬江灊縣西者、漢書地理志、廬江郡灊縣、天柱山在南、有祠。晉仍漢制。今灊山在安慶府潛山縣西北。郭云卽天柱山、灊水所出者、廣雅云、霍山謂之天柱、今謂之皖公山、皖水出焉、別流曰灊水、合流入於江。郭云漢武帝移其神於此者、史記封禪書云、上巡南郡、至江陵而東、登禮灊之天柱山、號曰南嶽。太史公意以天柱山本非南嶽、武帝强號曰南嶽爾。太平御覽引徐靈期南岳記云、衡山者、五嶽之南嶽也、其來尚矣。至于軒轅乃以灊霍之山爲副焉、故爾雅曰、霍山爲南嶽、葢因其副焉。至漢武南巡、又以衡山遼遠、道隔江漢、於是乃徙南嶽之祭於廬江灊山、亦承軒轅副義也。案、軒轅以灊霍爲副、於古籍無徵。此海上怪迂之士妄引黃帝、不足爲信。漢武所据讖緯、大率類此矣。郭云南岳本自以兩山爲名、非從近者、郭意以衡霍爲一山也。尚書大傳有中祀霍山及奠南方霍山之文、大傳爲後人裒集、不盡可据。應劭謂衡一名霍、傳會漢制、實則衡之與霍自爲兩山。通典引三禮義宗云、唐虞以衡山爲南岳、周氏以霍山爲南嶽。此見爾雅前後異文、求其故而不得、强爲之詞、然未嘗不以衡山霍山爲二山也。水經釋禹貢山水澤地云、霍山爲南岳、在廬江灊縣西南、衡山在長沙湘南縣南。是亦以霍山衡山爲二山也。以爾雅前後驗之、釋地所云梁山卽爲衡山、此由於聲之轉也。釋山上云江南衡、下云霍山爲南嶽、卽使衡山別名霍山、不得一篇之中互舉其名。況夫霍之爲義、由於大山宮小山也。今天柱山中峯小、而四圍有大山以宮繞之、衡州之衡山則中峯獨高、而前後左右諸山皆在其下。揆諸雅訓、則天柱可名之曰霍、衡山不得名之曰霍、此可以目驗而知也。然則爾雅此文何以云霍山爲南嶽。葢漢武以後、諸儒所竄易也。漢初儒者增益五嶽之名於釋山篇末、與封禪書同。武帝以後復改衡爲霍、以附合時制。郭氏不悟其爲竄別、遂遷就而爲之詞、曰學者以霍山爲嶽始於漢武、將漢武在爾雅前乎。夫爾雅固在漢武以前、但郭氏所据之本、果卽漢武以前相傳之爾雅乎。斯不得過信今本、轉疑古訓也。合經傳而總核之、冀州之霍山與泰衡華恒、唐虞之五嶽也。華嶽泰恒衡、周之五嶽也。泰衡華恒嵩高、漢初相傳之五嶽也。泰華霍恒嵩高、武帝所定之五岳也。知漢以前五嶽無定名、則不惑於羣說之膠轕矣。或謂世所傳本定爲漢儒增易、得毋勇於疑經乎。斯又不然。禮記或素或青、雜以秦譌、左傳其處者爲劉氏、明爲漢儒竄入、則知漢儒增益經文、正不必爲之掩護。信古善述者、斷不以一端之失而疑及全經。爾雅○恒山至西北。○【正義】漢書地理志、常山郡上曲陽縣、恒山北谷在西北、有祠、并州山。晉仍漢制。今恒山在定州曲陽縣西北、郭註自在奉高縣西北至此、舊本多闕。今据禮記疏及詩疏補入。○太室山也。○【正義】漢書地理志、潁川郡嵩高縣、武帝置、以奉太室山、是爲中岳、有太室少室山廟、古文

以崇高爲外方山也。水經註云、合而言之爲崧高、分而名之爲二室、西南有少室、東北有太室。詩疏引孝經鉤命決云中岳崧高、是漢儒之說也。今嵩山在河南府登封縣西。

正義

霍山爲南嶽註卽天柱山潛水所出也　昭四年左氏傳疏周禮地官并引郭註云、霍山在衡陽縣南、今在廬江灊縣西、灊水出焉、別名天柱山、漢武帝以衡山遼遠、因讖緯皆以霍山爲南嶽、故移其神於此、今其土俗皆呼之爲南嶽、嶽本自以兩山爲名、非從近來也、而學者多以霍山不得爲南嶽、又云從漢武帝始有名、卽如此言、爲武帝在爾雅之前、斯不然矣。

恒山爲北嶽　昭四年左傳疏引郭云、恒山名常山、辟文帝諱耳。

校議

泰山爲東嶽華山爲西嶽霍山爲南嶽卽天柱山潛水所出**恒山爲北嶽**常山**嵩高爲中嶽**大室山也

嶽者、說文云、東岱、南靃、西華、北恒、中大室、王者之所以巡狩所至。白虎通云、嶽者何、嶽之爲言确也、确功德也。東方爲岱者、言萬物更相代於東方也。南方爲霍、霍之爲言護也、言太陽用事護養萬物也。西嶽爲華、華之爲言穫也、言萬物成熟可得穫也。北方爲恒、恒者常也、萬物伏藏於北方有常也。中央爲嵩、嵩言其高大也。嵷嵯嶟𡶂巇。風俗通云、泰山、山之尊者、一曰岱宗、岱始也、宗長也、萬物之始、陰陽交代、故爲五嶽之長、王者受命、恒封禪之。衡山一名霍、霍山言萬物霍然大也。嵷𦢊弫是應劭以衡霍、泰岱、皆一山而二名、其說是也。詩崧高正義引孫炎以霍山爲誤、當作衡山。二說雖不同、要其大意、皆以南嶽爲指衡山。郭氏不從、而以霍山爲指天柱。詩及左昭四年正義引郭注云、霍山、今在廬江灊縣、潛水出焉、別名天柱山、漢武帝以衡山遼曠、故移其神於此、今其土俗人皆呼之爲南嶽、南嶽本自以兩山爲名、非從近來也、而學者多以霍山不得爲南嶽、又言從漢武帝始乃名之、如此言、爲武帝在爾雅之前乎、斯不然也。此所引蓋郭音義之文、雖本爾雅以天柱爲霍山、但爾雅之霍山本謂衡山、不謂天柱、自漢武移嶽祠於天柱、而後彼土俗人皆呼之爲南嶽、此說甚明。可知天柱無妨亦名霍山、而不得冒南嶽之名。郭爲誤據、乃孔穎達不主應劭而駁孫炎、反以郭說爲然、謬矣。審如其說、以霍山卽天柱、亦止得爲漢武之南嶽、而不得爲爾雅之南嶽矣。故洪頤煊著霍山爲南嶽解、淡明此義。今依以爲說也。洪又以文選遊天台山賦注引爾雅衡山爲南嶽、當卽據孫炎所改之本。余謂孫炎惟云字誤、未嘗改霍爲衡。李善所引、或別本、或誤書耳。至於五嶽所在、泰山在博、漢晉志屬泰山郡、或在奉高、今在泰安府泰安縣北。華山在華陰、漢屬京兆、晉改屬弘農郡、今在同州府華陰縣南。衡山在湘南、漢屬長沙、晉改屬衡陽郡、今在衡州府衡山縣西。天柱山在灊、屬廬江郡、漢晉志同、旣無霍山之名、亦無南嶽之號、當得其實、今在安慶府潛山縣西北。恒山在上曲陽、屬常山郡、漢晉志同、今在定州曲陽縣西北。嵩高、漢志、潁川郡崈高、武帝置、以奉大室山、是爲中岳、古文以爲外方山也。今在河南府登封縣西。此五嶽之名、蓋周所定。知者、唐虞惟言四岳、周禮大宗伯及司樂乃有五嶽之名。史記封禪書引尚書、於北嶽恒山下有中嶽嵩高也五字、此自以意連言、非經文有缺脫。何休公羊注引尚書遂云還至嵩如初禮。蓋本緯書之說。惠氏九經古義信之、而云書有脫文、非也。邵氏正義又謂唐虞以霍太山爲中岳、此無明文。但據禹貢太岳爲證、恐山以岳名者多、難可依據。至謂成周以華山爲中岳、此卽本鄭志以吳岳爲西岳之說。如孔穎達所駁云、五岳之山每代一改。又云、軒居上谷、處恒山之西、舜居蒲坂、在華陰之北、豈當據已所在改岳祀乎。詩正義言弗可易矣。

義疏

卽天柱山潛水所出注文

邢疏引郭云、霍山今在廬江潛縣西南、別名天柱山、漢武帝以衡山遼曠，移其神於此，今其土俗人皆呼之爲南岳。南岳本自以兩山爲名，非從近也。而學者多以霍山不得爲南岳，又言從漢武帝始乃名之。如此言，爲武帝在爾雅前乎，斯不然矣。竊以璞言爲然。此據作注時霍山爲言，此山本名天柱，漢武帝移江南霍山之祀於此，故又名霍山，其經之霍山即江南衡是也。故上注云，衡山，南嶽也。郝云，疏所引蓋郭音義之文，雖本廣雅以天柱爲霍山，但爾雅之霍山本謂衡山，不謂天柱，自漢武移嶽祠於天柱，而後彼土俗人皆呼之爲南嶽，可知天柱無妨亦名霍山，而不得冒南嶽之名，郭爲誤據。

按，風俗通云，衡山一名霍山，言萬物霍然大也。詩崧高正義引孫炎亦以霍山爲誤，當作衡山。乃孔穎達不主應劭而駮孫炎，反以郭說爲然，謬矣。　按，段玉裁經韻樓集云，孫氏信爾雅前說而不信後說，故謂霍當作衡，郭謂霍與衡皆是南嶽，漢武專祀霍山，此兼信爾雅前後二說，其截然別衡霍爲二山，則孫郭一也。風俗通不得其義而牽合之，孔沖遠詩崧高書舜典左傳昭四年正義融其說，謂衡山亦名霍山，漢武移其名於天柱，合二山而爲一，正與景純說相背，而誤會南嶽以兩山爲名之句，傅合而一之，以爲衡山亦名霍山，是謂以兩山爲名疏矣。段此說殊了了。今以目驗言之，衡山自衡陽至長沙之岳麓，中間七八百里，勢衡而長。霍山眾峰攢簇，惟天柱一峰巋然獨出，正合大山宮小山之義。故知二山劃然一名，不相假借。南嶽斷以衡山爲正。爾雅所謂南嶽霍之霍，乃後人習於漢武故事，依改經文，應劭又從而附會之。孫炎之辨，其識卓矣。又按，全謝山經史問答云，霍山本一名衡山，吳芮王於江夏，而國曰衡山，蓋江夏本九江之所分，故以天柱爲望而名其國，則霍山之一名衡山，其來舊矣。蓋漢家南嶽，其在元封五年以前，似原在天柱，不在長沙，何以知之，志曰元鼎三年，濟北王獻泰山，而常山爲郡，然後五嶽皆在天子之邦，惟南嶽是九江之衡山，故可云在天子之邦，若在長沙，尚屬王國，不得云天子之邦也。今按，謝山此說亦未深考。據吳芮傳，芮從項羽時立爲衡山王，都邾，高祖五年徙爲長沙王，都臨湘，四傳至靖王差，孝文後七年薨，無子，國除。逮武帝元鼎時，衡山正爲天子之地，不入侯國，與史文合。若芮都江夏而稱衡山王者，蓋以芮主衡山之祀，故從其所望以名國，後遂沿而不改耳。不得據此爲霍山一名衡山之證。

經注集證

泰山爲東嶽，華山爲西嶽，霍山爲南嶽，恒山爲北嶽，嵩高爲中嶽。郭注，霍山即天柱山，潛水所出。恒山，常山。嵩高，大室山也。　此漢代五嶽。漢人說皆依此。霍山今衡山，五峯七十二峯者也。漢武又移於天柱。嵩高本北，以在東都嶽之。

集解

泰山

爾雅詁林　十一　釋山

為東嶽華山為西嶽霍山為南嶽恆山為北嶽嵩高為中嶽建嶽以王都所在為中。周初都豐鎬、華為中嶽。此五嶽以嵩為中、則東遷後所定名也。漢人說五嶽均依此。霍山、今衡山、七十餘峯而宮祝融峯者也。上有轄神祠。蓋霍之聲轉也。漢武移其神於天柱、因亦冒霍山之名、實則霍山本今衡山名也。文選注故引此霍山為衡山。嵩、字本作松、山大而高者。嵩高在今河南登封縣、因周東都而中嶽之。

義證

泰山爲東嶽華山爲西嶽霍山爲南嶽

註即天柱山灊水所出補正邢疏、衡之與霍、泰之與岱、皆一山而有二名也。上云江南衡、地理志云衡山在長沙湘南縣南、張揖廣雅云天柱謂之霍山、地理志云天柱在盧江灊縣、則在江北矣、而云衡霍一山二名、本衡山一名霍山、漢武帝移嶽神於天柱、又名天柱亦爲霍、故漢武以來衡霍別矣、郭云霍山在盧江灊縣西南、別名天柱山、漢武帝以衡山遼曠、移其神於此、今其土俗人皆呼之爲南嶽、按自郭云以下初學記引此稍異、謂是郭璞爾雅注。今本不同。豈郭氏爾雅音義及圖贊說云。本自以兩山爲名、非從近也、而學者多以霍山不得爲南嶽、又言從漢武帝始乃名之、如此言爲武帝在爾雅前乎、斯不然矣、竊以璞言爲然、何則孫炎云以霍山爲誤當作衡山、案書虞夏傳及白虎通風俗通廣雅並云霍山爲南嶽、豈諸書皆誤、明是衡山一名霍也、註即天柱山、灊水所出、此據作註時霍山爲言也、此山本名天柱、漢武帝移江南霍山之祀於此、故又名霍山、其經之霍

山、則江南衡是也。臣鑒按、初學記引徐靈期南岳記盛宏之荆州記干寶搜神記俱云衡山、五岳之南岳也。其來遠矣。至軒轅乃以灊霍之山爲其副焉。故爾雅云霍山爲南岳。蓋因其副焉。至漢武南巡、又以衡山南遠、道隔江漢、於是乃徙南岳之祭于盧江灊山。此亦軒轅副義也。

郭注補正

泰山爲東嶽華山爲西嶽霍山爲南嶽恆山爲北嶽嵩高爲中嶽。按、說苑說五嶽同此。

錢氏古義

霍山爲南嶽 注、漢武帝㠯衡山遼曠、因讖緯皆㠯霍山爲南嶽、故移其神於此、今其土俗人皆呼之爲南嶽、南嶽本自㠯㒳山得名、非從近也、而學者多㠯霍山不得爲南嶽、又言從漢武帝始乃名之、如此言、爲漢武帝在爾雅前乎、斯不然矣。正曰、史記封禪書、上巡南郡、至江陵而東、登禮灊之天柱山、號曰南岳。天柱山即霍山。史公固㠯霍山爲南嶽、從漢武帝始乃命之也。今爾雅本亦作霍山者、亦因漢武改名、㠯後傳寫而誤也。詩大雅崧高正義、孫炎㠯霍山爲誤、當作衡山、與史公同誼、即鄭注周禮五嶽改爾雅霍山作衡山、亦與史公同誼也。而諸先儒乃㠯伏生大傳有霍山爲疑、詎知伏傳所言霍山、乃唐虞舊制之四嶽、與爾雅言周禮五嶽者不相干涉。蓋伏傳止言唐虞舊制、

爾雅詁林 十一 釋山

四嶽有霍山、㕛未言周禮五嶽亦有霍山也。則爾雅霍山爲南嶽、當依孫注改作衡山爲南嶽。而郭注之誤、不得援伏傳以彌隙矣。**正郭**

霍山爲南嶽　注卽天柱山灊水所出也

詩曰、郝氏據洪頤煊說、謂霍山卽衡山、漢武帝以衡山遼曠、故移其神於天柱山、土人皆呼爲南嶽、是天柱山爲漢武帝時之南嶽、謂卽爾雅之南嶽不合。按、風俗通云衡山一名霍山、言萬物霍然大也、猶泰山一曰岱宗。詩崧高正義引孫炎以霍山爲誤、當作衡山。不知一山而二名、其說亦非。**詩郭**

泰山爲東嶽

在奉高縣西北

禮記王制正義引釋山云泰山爲東嶽、郭景純注云在奉高縣西北。今本脫、據補。

華山爲西嶽

在弘農華陰縣西南

王制正義引釋山云華山爲西嶽、郭注云在弘農華陰縣西南。今本脫、據補。

霍山爲南嶽

霍山在衡陽湘南縣今在廬江潛縣西南　潛水出焉別名天柱山　漢武帝以衡山遼曠因讖緯皆以霍山爲南嶽故移其神於此今其土俗人皆謼之爲南嶽南嶽本自以兩山爲名非從近來也而學者多以霍山不得爲南嶽又言從漢武帝始乃名之卽如此言爲武帝在爾雅前乎斯不然矣

王制正義引釋山云霍山爲南嶽、郭注云在衡陽湘南縣南。郭又云、今在廬江灊縣西、漢武帝以說衡山遼曠、因讖緯皆以霍山爲南嶽、故移其神於此、其土俗人皆呼爲南嶽、南嶽本自兩山爲名、非從近也。周禮大司樂正義引爾雅郭璞注云、霍山今在廬江潛縣西南、潛水出焉、別名天柱山、武帝以衡山遼遠、因讖緯皆以霍山爲南嶽、故移其神於此、今其土俗人皆謂之南嶽、南嶽本自以兩山爲名、非從近來。昭四年左氏傳正義引郭璞注爾雅云、霍山今廬江灊縣、灊水出焉、別名天柱山、漢武帝以衡山遼曠、故移其神於此、今其土俗人皆呼之爲南嶽、南嶽本自以兩山爲名、非從近來也、而學者多以霍山不得爲南嶽、又云從漢武帝來始有名、卽如此言、爲武帝在爾雅之前乎、斯不然也。書堯典正義引郭璞爾雅注云、霍山今在灊縣、潛水出焉、別名天柱山、漢武帝以衡山遼曠、故移其神於此、今其彼土俗人皆呼之爲南岳、南岳本自以兩山爲名、非從近來也、而學者多以霍山不得爲南岳、又云漢武帝來始乃名之、卽如此言、謂武帝在爾雅前乎、斯不然矣。詩嵩高正義引郭璞爾雅注云、霍山今在廬江灊縣西南、別名天柱山、漢武帝以衡山遼曠、移其神於此、今其土俗人皆呼之爲南岳、南岳本自以兩山爲名、非從近也、而學者多以霍山不得爲南岳、又言從漢武帝始乃名之、如此言、爲武帝在爾雅前乎、斯不然矣。初學記五卷地部引郭璞爾雅注云、霍山在廬江郡灊縣、別名天柱山、漢武帝以衡山遼遠、讖緯以霍山爲岳、故祭之。御覽三十九卷地部引同。邢疏亦引郭云、霍山今在廬江灊縣西南、別名天柱山、漢武帝以衡山遼曠、移其神於此、今其土俗人皆呼之爲南嶽、南嶽本自以兩山爲名、非從近也、而學者多以霍山不得爲南嶽、又言從漢武帝始乃名之、如此言爲武帝在爾雅前乎、斯不然矣。樹枏案諸書所引係郭注原文。今本乃刪改爲卽天柱山灊水所出八字、邢作疏時亦祇引舊文、蓋散佚久矣。今據諸書補訂。

恆山爲北嶽 在常山上曲陽縣西北

王制正義引釋山云、恆山爲北嶽、郭注云、在常山上曲陽縣西北。今本脫、據補。

嵩高爲中嶽

大室山也 別名外方今在河南陽城縣西北

昭四年左氏傳正義引釋山云、嵩高爲中岳、郭璞云、大室山也、別名外方、今在河南陽城縣西北。今本脫、據補。

郭注佚存補訂

泰山爲東嶽華山爲西嶽霍山爲南嶽恆山爲北嶽嵩高爲中嶽

嶽者、說文云、東岱、南靃、西華、北恆、中泰室、王者之所以巡狩所至。大雅嵩高崧高維嶽、毛傳云、崧高貌、山大而高曰崧、嶽四嶽也、東嶽岱、南嶽衡、西嶽華、北嶽恆、堯之時、姜氏爲四伯、掌四嶽之祀、述諸侯之職。案毛不以崧高爲中嶽、而以爲四嶽之總名。正義謂孝經鉤命決、王肅之注尚書、服虔之注左傳、皆謂五岳、東岱、南衡、西華、北恆、中崧高。鄭注大宗伯皆然。然春官大司樂則云、五岳、岱在兗州、

爾雅詁林　十一　釋山

衡在荆州，華在豫州，岳在雍州，恆在并州，不數嵩高，以傅會爾雅河南華，河西嶽，河東岱，河北恆，江南衡，以爲九州鎮山之名，非謂五岳定名取岳山也。其正名五岳，必取嵩高，宗伯之注是定解也。或以爲雜問志有云周都豐鎬，故以吳岳爲西岳，周家定以爲岳山爲西岳，不數嵩高。知不然者，以宗伯亦是周禮，而以華爲西岳，安得至于司樂，即云華非西岳也。傳以嵩高非中岳，而以嵩爲高貌，廣舉四岳者，此詩之意言山岳降神祐助姜氏，姜氏不主嵩高，故知嵩高維岳謂四岳也。傳言四岳之名，東岳岱，南岳衡，爾雅及諸經傳多云泰山爲東岳，霍爲南岳者，皆山有二名也。風俗通云：泰山一曰岱宗，岱始也，宗長也，萬物之始，爲五岳長也。衡山一名霍，言萬物霍然大也。是解衡之與霍，泰之與岱，皆一山而有二名也。若然，上云江南衡，地理志云衡山在長沙湘南縣。張揖廣雅云天柱謂之霍山，地理志云天柱在廬江灊縣，則在江北矣，而云衡霍一名二山者，本衡山一名霍山，漢武帝移嶽神於天柱，又名天柱亦爲霍，故漢以來衡霍別

爾雅詁林　十一　釋山

耳。郭云：霍山今在廬江灊縣西南，別名天柱山，漢武帝以衡山遼曠，移其神於此，今其土俗皆呼之爲南嶽。南嶽本自以兩山爲名，非從近也，而學者多以霍山不得爲南嶽，又云從漢武帝始乃名之。如此言爲武帝在爾雅前乎？斯不然矣。竊以璞言爲然。何則？孫炎以霍山爲誤，當作衡山。案書傳虞夏傳及白虎通、風俗通、廣雅並云霍山爲南嶽，豈諸文皆誤？明是衡山一名霍山也。今案孔氏以衡山有霍山之名是矣，但不得以漢時所移之天柱爲爾雅之霍山也。泰山者，魯頌閟宮泰山巖巖，周頌時邁及河喬嶽，傳云喬高也，高岳，岱宗也。霍山者，即上文大山宮小山霍，文選遊天台賦注引爾雅衡山爲南嶽，從孫炎之說，但孫炎以爲誤，未嘗改也。豈李善所據有別本與？恆山者，即上文小山岌大山峘，郭注云常山，蓋避漢文帝諱改。嵩高者，大雅嵩高維嶽，後即取此爲中嶽之名。漢武帝祠中嶽，改嵩高爲崇高，靈帝建寧五年復崇高山名爲嵩高山。嵩高有太室、少室之山，山有石室，故名。

說詩

泰山爲東嶽釋文云、泰山一名岱宗、在兗州界、漢在泰山博縣、又云在奉高縣。

華山爲西嶽釋文云、華山在豫州界、漢在弘農華陰縣。

霍山爲南嶽釋文云、霍山一名衡山、在荆州界、漢在長沙湘南縣、又云廬江灊縣。

恒山爲北嶽釋文云、恒山在并州界、漢在常山上曲陽縣、以犯漢文帝諱改爲常山。

嵩高爲中嶽釋文云、嵩高在豫州界、漢在河南。

註即天柱山潛水所出下也字衍。潛、漢志作沘、晉灼曰音潛。

疏嶽者何謂也脫也字。西方爲華西方誤西嶽。嶽者捔考功德黜陟也脫者字。毛本黜陟下衍捔字。案、風俗通作捔功考德、黜陟幽明也。泰山山之尊者脫者字。萬物伏藏於北方有常也脫藏於二字。天柱在廬江潛縣潛、漢志作沘、音潛。本江南衡山一名霍山脫江南二字、從左傳疏校。故漢已來衡霍別耳耳誤矣。郭云霍山今在廬江潛縣西南脫今字。今其土俗人皆呼之爲南嶽南嶽本自以兩山爲名非從近來也脫南嶽二字及來字。又言從漢武帝來始乃名之如此言謂武帝在爾雅前乎脫來字、謂誤爲。故上註云衡山南嶽也註大室山也上也字當比字誤。

注疏正字

霍山爲南嶽

霍山有三、皆漢儒之說也。一在山西、漢書地理志、河東郡彘縣、霍太山在東。一在安徽、地理志、廬江郡灊縣、天柱南、有祠。一在湖南、地理志、長沙國湘南縣、禹貢衡山在東南。風俗通云、衡、一名霍。是衡山漢時又名霍山矣。凡名山升中于天者、古人皆謂之太山。太山、大山也。堯都冀州、霍山在畿內、即以爲中岳、故又名霍太山。漢武以灊之霍山爲南嶽、於是湘南之衡亦蒙霍之名矣。郭注脫落不全。全文見毛詩尚書正義。注云、在衡陽縣南、今在廬江灊縣西、即天柱山、灊水所出也。注意謂衡山本爲南嶽、今則以霍山爲南嶽矣。南岳記云、軒轅乃以灊霍之山爲副。蓋封禪之典有副山、如封泰山則禪亭云、亭云、副山也。以此推之、則當時方士之說、必以灊之霍山爲衡山之副矣。孝武憚江湖險阻、乃移神于灊之霍山、並行封禪之禮焉。所以注云、南岳本自以兩山得名、非從近也。近指孝武而言。若曰古則軒轅時即以霍山爲南岳之副矣。是景純明言兩山、而邵疏云郭以衡霍爲一山、誤甚。子謂衡山爲南岳、其來久矣。豈得以方士荒遠無稽之說、以爲始于軒轅哉。即以霍爲南岳之副、兩山相去二千餘里、燔柴瘞玉分爲二所、恐不然矣。詩疏引孫炎說以霍山爲誤、當作衡山、於義爲長。

嵩高爲中嶽

史記封禪書、歲二月東巡狩至于岱宗、岱宗泰山也、五月巡狩至南岳、南岳衡山也、八月巡狩至西岳、西岳華山也、十一月巡狩至北岳、北岳恒山也。又曰、中岳嵩高也。司馬子長親從孔安國問古文尚書、此爲古文家說無疑。伏生大傳云五岳之事、何休公羊注引堯典有還至嵩如初句、則今文尚書亦有中岳矣。

爾雅詁林 十一 釋山

漢書地理志潁川郡嵩高縣，武帝置以奉太室山，是爲中岳。古文以嵩高爲外方山。古文云云疑是尙書古文家說，郎還至嵩如初句之傳注也。據以上諸儒之說，則今古文皆有此一句矣。豈可云帝舜時亦如堯制，以霍山爲中岳乎。予謂釋山首列之五岳爲周初之制，篇末五岳之名爲成周之制耳。未可遽謂漢武以後諸儒所竄易也。

小箋

泰山爲東嶽　詩正義十八之三引皆作岳。舜典正義兩引，一作嶽，一作岳。

華山爲西嶽　華，當作嶨。見前。　文選注一引華山在霍山下，又十一引與此同。

霍山爲南嶽　霍，當作靃。見前。文選注十一引作衡。

恆山爲北嶽　文選注十一引作常山。白帖五云，爾雅恆山謂之常山。言爾雅恆作常也。

嵩高爲中嶽　詩正義引作崧。見前。　高，文選注兩引，一、又十一引皆作山。

匡名

泰山爲東嶽華山爲西嶽霍山爲南嶽恒山爲北嶽嵩高爲中嶽　此後世所稱之五嶽也。說文，嶽，東岱，南靃，西華，北恒，中泰室，王者巡狩所至。白虎通，東方爲岱宗者，言萬物更相代於東方也。南方爲霍山者，霍之爲言護也，言太陽用事護養萬物也。西方爲華山者，華之爲言穫也，言萬物成熟可得穫也。北方爲恆山者，恆者常也，萬物伏藏於北方有常也。中央爲嵩高者，言其高大也。風俗通義，衡山一名霍，是以衡霍爲一山。郭註，漢武帝以衡山遼遠，移其神於霍山，是以霍爲副之義也。五嶽之名，羣說膠轕，轉疑古訓，由於不合經傳，而總核之也。

啓蒙

泰山爲東嶽。華山爲西嶽。霍山爲南嶽。即天柱山，潛水所出。恒山爲北嶽。常山。嵩高爲中嶽。大室山也。　御覽引徐靈期南嶽記云，衡山者，五嶽之南嶽也，至於軒轅，乃以灊霍之山副焉，故爾雅曰霍山爲南嶽，蓋因其副焉。至漢武南巡，又以衡山遼遠，道隔江漢，於是乃徙南嶽之祭於廬江灊山，亦承軒轅遺意也。　本草赤芝生霍山，陶注南嶽本是衡山，漢武帝始以小霍山代之，非正也，此則應生衡山也。案如陶說，則是霍山爲衡山別名，而天柱乃小霍山也，蓋天柱本無霍山之名，自漢武號爲南嶽，遂以衡山之一名霍山者追被於天柱，廣雅乃云，天柱謂之霍山，岣嶁謂之衡山，衡霍自此分而爲二，後人遂不知衡一名霍矣。爾雅釋文霍山一名衡湯山，周禮疏謂霍山一名衡山，是亦湘南之霍也。　漢志廬江郡灊天柱山在南，有祠，長沙國湘南禹貢衡山在東南，不云有祠，此漢武移南嶽於天柱之證。史記封禪書登禮灊之天柱山，號曰南岳，與漢志同。　左昭四年傳司馬侯云，四嶽、三塗、陽城、太室，別太室於四嶽，此自便文，非謂太室不得名嶽也。或謂中岳只名太室，不名嵩高，引史記漢志爲證，不知嵩高置縣始自武帝，嵩高名山，非始自武帝也，融降崇山，豈亦自武帝名之乎。蓋古時中嶽兼崇高太室之名，漢人稱山則曰太室，稱縣則曰崇高，始有此分別耳。」

黃侃音訓

霍山爲南嶽

霍山爲南嶽、郭注、在衡陽湘南縣南、今在廬江灊縣西、卽天柱山、灊水所出也。頤煊案、風俗通祀典篇、衡山一名霍山。左氏襄三年傳、楚子重伐吳克鳩茲、至于衡山。卽廬江灊縣之霍山。杜預注衡山在吳興烏程縣南、失之。餘詳見筠軒文鈔第四卷。

讀爾雅録

釋山

泰山為東嶽、華山為西嶽、霍山為南嶽、恆山為北嶽、嵩高為中嶽。此世所增益、武帝前無此說。廣雅、天柱謂之霍山。史記封禪書、上巡南郡、至江陵而東、登禮灊之天柱山、號曰南嶽。史遷意以天柱本非南嶽、武帝强號之耳。徐靈期南嶽記、衡山、五嶽之南嶽、漢武南巡、以道陽江漢、於是徙南嶽之祭於廬江灊山。郭云、南嶽本以兩山為名、非從近者、是以衡霍為一山。尚書大傳言中祀霍山、奠南方霍山、出後人裒集、不可據。今以本書前後覈之、上云江南衡、下云霍山為南嶽、不應一篇中互舉其名。且霍之義、由大山宮小山。衡山中峯高、前後左右諸山出其下、與天柱中峯小而大山繞四圍者不同、其不得名霍審矣。

古義補

卽天柱山潛水所出 單疏本雪牕本同。注疏本下衍也字。詩崧高正義引郭氏爾雅注云、霍山今在廬江潛縣西南、別名天柱山。漢武帝以衡山遼曠、移其神於此、今其土俗人皆呼之爲南岳。南岳本自以兩山爲名、非從近也。而學者多以霍山不得爲南岳、又言從漢武帝始乃名之、如此言爲武帝在爾雅前乎、斯不然矣。尚書舜典春秋昭四年正義周禮大司樂疏皆引之、並爲郭注、未詳何時脫落。邢氏作疏時已逸、但采諸詩正義耳。

大室山也 單疏本雪牕本同。春秋正義引此注下有別名外方今在河南陽城縣西北十三字。

泰山至中嶽○釋曰 注疏本删。

言萬物皆相代於東方也 舊本同。閩本監本毛本皆作更。

西方爲華 注疏本方誤嶽。

華之爲言獲也 舊本同。閩本監本毛本獲誤穫、下同。

嵩言其峻大也 舊本峻誤多、閩本剜改作高、監本毛本承之。

嶽捔考功德黜陟也 舊本同。閩本捔誤掐。監本毛本陟下衍埆。

天子巡守至其下 舊本同。閩本監本毛本守改狩。

衡山在長沙湘南縣 注疏本縣下有南。

故漢巳來衡霍別耳郭云霍山今在廬江 注疏本耳改矣、脫今。

皆呼之爲南嶽南嶽本自以兩山爲名 注疏本脫一南嶽。

孫炎以霍山爲誤 注疏本炎下衍云。

○注卽天柱山潛水所出○釋曰 注疏本不分節、刪釋曰。

○注大室山也○釋曰 注疏本删釋曰。

校勘記

泰山爲東嶽注、在泰高縣西北。華山爲西嶽注、在宏農華陰縣西南。以上二注今本無。禮記疏引之。霍山爲南嶽注、在衡陽湘南縣南禮記疏引。今在廬江灊縣左傳尚書疏禮記疏引西有西字。引南、毛詩周禮疏引並作西南。卽天柱山、毛詩疏引作別名天柱山、無下一句。灊水所出也、左傳尚書周禮疏引並作灊水出焉、別名天柱山。唯禮記疏引自廬江灊縣西郎接漢武帝云云、無中二句。漢周禮疏引無此字。武帝以禮記疏引以下多說字。衡山遼曠、周禮疏引作遠。因讖緯皆以霍山爲南嶽、尚書

爾雅詁林　十一　釋山

左氏兩疏引及邢疏均無此句。故移其神於此、今禮
毛詩疏引並無下故字、邢疏同。疏
引無其書疏引其周禮疏禮疏引
今字。其下有彼字。土俗人皆呼引作謂之無之字。爲
周禮疏引南嶽、南左傳疏引邢疏並本自以禮疏
無爲字。無此南字。嶽無嶽字。引無
以兩山爲名、非從近來詩禮疏引及邢也、周禮疏引
字。疏俱無來字。無也字。禮
記周禮兩疏而學者多以霍山不得爲南嶽、又言書
引並止此。疏
引作云。又云從漢武帝尚書左傳兩疏始乃引左傳
下無從字。帝下有來字。引作有。疏
名之、左傳疏引如此言、尚書左傳兩疏謂毛詩左傳
無之字。如上多即字。兩疏引及
邢疏俱武帝在爾雅前乎、斯不然矣。以上唯即天柱
作爲。
山二句、見今本注。餘各經正義所引雖微有不同、然足以證郭注之不僅九字矣。疏中所引郭云、亦是用毛詩疏。葢宋以前、此注久闕、唯唐人尚及見之耳。恒山爲北嶽注、在常山上曲陽縣西北。此注今本無、亦禮疏所引。

注疏本正誤

岱始也宗長也萬物之始陰陽交代監本毛本湘本同。今本風俗通作岱者、長也、萬物之始、陰陽之交。長當有脫誤。

注疏校勘札記

一十二上（一〇一）
一行華山爲西嶽〇「華」，唐寫本作「崋」。
二行(注)即天柱山〇「山」下唐寫本有「也」字。
(注)常山〇唐寫本「山」下有「也」字。
(注)大室山也〇「大」，唐寫本作「太」。

宋監本校箋

泰山爲東嶽華山爲西嶽霍山爲南嶽即天柱山、潛水所出也。恒山爲北嶽常山也。嵩高爲太室山也。

中嶽

楊氏音訓

梁山晉望也

梁山晉望也晉國所望祭者。今在馮翊夏陽縣西北臨河上。

郭注

釋曰、梁山晉望也注晉國至河上
言梁山在晉國境內、晉以歲時望祭之、故云晉望也。注晉國所望祭者、案春秋僖三十一年經云、夏四月、四卜郊、不從、乃免牲、猶三望。公羊傳云、三望者何、望祭也。鄭君以爲望者祭山川之名也、諸侯之祭山川在其地者、非其地則不祭。賈逵服虔杜預皆以爲三望分野之星、國中山川。楚語云、天子徧祀羣神品物、諸侯二王後祀天地三辰及其土地之山川。注國語者皆云諸侯二王後祀天地、三辰日月星也、非二王後祀分野星辰山川也。以此言之、則分野之星國內山川、其義是也。今案、昭元年左傳云、辰爲商星、參爲晉星。又禮記禮器云、晉人將有事於河、必先有事於呼池。及此云梁山晉望也。然則晉國三望謂參也、梁山也、河也。故云晉國所望祭者。云今在馮翊夏陽縣西北者、地理志文也。知臨河上者、成五年公羊傳曰、梁山者何、河上之山也。故知臨河上。

邢疏

梁山晉望也

晉國所望祭也。詩正義十八之四　郭同

孫音注

黃輯古義

梁山晉望也

晉國所望祭也。詩大雅韓奕正義

孫音注

玉函山房輯佚

梁山晉望也

晉國所望祭也。孫注　詩疏十八之四

鉤沉

梁山晉望也

孫曰、晉國所望祭也。詩正義十八之四 郭同 **漢注**

梁山晉望也

孫炎云、晉國所望祭也。詩正義十八之四卷 郭璞云、晉國所望祭者、今在馮翊夏陽縣西北臨河上。 **一切注音**

梁山晉望也 孫炎曰、晉國所望祭也。詩韓奕正義 **古注斠**

馮翊音翼。夏陽戶雅反。臨河或河、作魚依反。 **陸音義**

臨河 河或作魚依反○或作下疑有缺文。以魚依之音攷之、或是崎字。 **音義攷證**

梁山晉望也 晉國所望祭之山、在同州夏陽西北。 **鄭樵注**

梁山晉望也

孫炎曰、晉國所望祭也。

郭璞曰、晉國所望祭者。今在馮翊夏陽縣西北臨河上。

鄭樵曰、晉國所望祭之山、在同州夏陽西北。 **古注合存**

梁山晉望也 此特釋山望之名也。註曰、晉國所望祭者今在馮翊夏陽縣。 **注疏參義**

梁山、鄭云、在同州夏陽縣北。今陝西同州府韓城縣。 **補注**

梁山晉望也 **註** 晉國所望祭者今在馮翊夏陽縣西北臨河上 **正義** 詩疏引孫炎云、晉國所望祭也。春秋成五年、梁山崩。公羊傳云、梁山者何、河上之山也。穀梁傳云、梁山崩、壅遏河三日不流、范甯集解云、梁山晉之望也。楊士勛疏云、詩云奕奕梁山、是韓國之鎮、霍陽、韓魏、晉之地、故云晉之望也。集解又引鄭君曰、望者祭山川之名也。謂之晉望者、猶左氏哀六年傳云江漢雎漳楚之望也。 **註** 今在至西北○ **正義** 漢書地理志、左馮翊夏陽縣、禹貢梁山在西北。晉書地理志、馮翊郡夏陽縣、梁山在西北。今梁山在同州府郃陽韓城二縣境。 **正義**

梁山晉望也 晉國所望祭者今在馮翊夏陽縣西北臨河上

梁山本韓國之山、晉滅韓屬晉、故爲晉望。望者、書云、望于山川。周禮有四望。詩韓奕正義引孫炎曰、晉國所望祭也。漢志、左馮翊夏陽、梁山在西北。晉改馮翊爲郡、餘同漢志。今山在同州府郃陽韓城二縣界。公羊成五年傳、梁山者何、河上之山也。穀梁傳、梁山崩、壅遏河三日不流。皆郭所本也。 **義疏**

梁山晉望也 孫注、晉國所望祭也。郭注、晉國所望祭者、今在馮翊夏陽縣西北臨河上。此釋春秋梁山非有犀象之梁山也。禹貢治梁及岐。 **集解**

梁山晉望也

此釋春秋梁山。與有犀象之梁山別。書、治梁及岐。公羊成五傳、梁山者何、河上之山也。 **義證**

梁山晉望也

在同州府韓城縣西北。 **釋地四篇注**

梁山晉望也

大雅韓奕奕奕梁山、鄭云梁山於韓國之山最高大、爲國之鎮、所望祀焉、故美大其貌奕奕然、謂之

爾雅詁林　十一　釋山

韓奕也。梁山今左馮翊夏陽西北。正義云：禮諸侯之於山川，在其地祭以祈福，山必望而祀之，故云祈望祀焉。孫炎云：晉國所望祭也。案韓後爲晉所滅，此蓋晉之鎭山也。

說詩

梁山節疏必先有事於汙池　汙池、禮記作惡池。註惡當爲呼聲之誤也、呼池嘔夷并州川。此作汙池、又惡池之誤。

注疏正字

梁山晉望也　春秋成五年、梁山崩。郭註晉國所望祭者，猶左哀六年傳江漢睢漳楚之望也。

啓蒙

梁山、晉望也。此句釋春秋梁山崩也。或以爲後人坿益，非是。

黃侃音訓

梁山晉望也注晉國至河上○釋曰　注疏本删。

云晉國所望祭者　注疏本脱者。

鄭君以爲望者　元本同。閩本監本毛本君改元。

以此言之　元本脱此。閩本剜擠作以此知三望。監本毛本承之。

必先有事於呼池　注疏本改汙池，非。按禮記注云：惡當爲呼。此依注作呼耳。

公羊傳曰　注疏本曰作云。

校勘記

三行（注）晉國所望祭者○「者」下唐寫本有「也」字。

（注）今在馮翊夏陽縣西北臨河上○「臨河上」唐寫本作「臨汧上也詩」，「詩」乃衍文。「臨河」二字《釋文》同，云：「河或作魚依反」，「魚依反」正爲「汧」字之音，《釋文》或作「下」，蓋脱「汧」字。案：《公羊傳》成公五年云：「梁山者何？河上之山也。」此即郭注所本。

宋監本校箋

釋水第十二

釋曰：說文解字云：水，準也。北方之行，象衆水並流，中有微陽之氣也。白虎通云：水之爲言准也。是平均法則之稱。此篇釋諸水之名，故曰釋水。 **邢疏**

川瀆綺錯，渙瀾流帶。潛潤旁通，經營華外。殊出同歸，混混東會。初學記六 **黃輯古義** **圖贊**

川瀆綺錯，渙瀾流帶。潛潤旁通，經管作營。初學記 華外。殊出同歸，混之東會。藝文類聚卷八 初學記卷六 **圖贊** **玉函山房輯佚**

贊曰：川瀆綺錯，渙瀾流帶。潛潤旁通，經縈華外。殊出同歸，混之東會。初學記 **王輯圖贊**

川瀆綺錯，渙瀾流帶。潛潤旁通，經管作營。初學記 華外。殊出同歸，混之東會。藝文類聚八 初學記六 **嚴輯圖贊**

川瀆綺錯，渙瀾流帶。潛潤旁通，經營華外。殊出同歸，混之東會。○此與海內東經贊大同。然初學記六、藝文八並引作釋水贊，則當屬爾雅矣。今兩存之。 **錢輯圖贊**

川瀆綺錯，渙瀾流帶。潛潤旁通，經營華外。殊出同歸，混之東會。郭璞贊 初學記六 **鈎沉**

水泉 郭氏讚云：川瀆綺錯，渙瀾流帶。潛潤旁通，經營華外。殊出同歸，混之東會。初學記 **古注斠**

釋水第十二 尸癸反。尚書洪範：五行一曰水，水曰潤下。說文云：水，北方之行，象衆泉並流，著微陽之氣也。白虎通云：水，準也。言水之平均而可準法也。 **陸音義**

釋水第十二 疏曰：說文云：象衆水並流也。此篇釋諸水之名，故曰釋水。愚按篇中舊題水泉、水中、河曲、九河，凡四章。今考水泉章計十五節，其釋泉之盈涸上下正旁同異者三節，釋水之出入分合行止往還大小曲直者八節，而其四節釋近水之地與凡徒涉舟涉者之名，初非釋水泉也，則章名乃後人所率題信矣。 **注疏參義**

釋水第十二 **正義** 洪範：五行一曰水，水曰潤下。白虎通義五行篇：水位在北方，北方者陰氣在黃泉之下，任養萬物，水之言準也，養物平均有準則也。說文云：水，準也。北方之行，象衆水並流，中有微陽之气也。釋名云：水，準也，準平物也。此篇所釋，始於原泉，皃水之有本也。泉之所出，或正或仄，或從上下，審測地勢，俱可得泉，故管子云：水者，地之血氣，如筋脈之通流者也。文選註引春秋元命包云：水者，五行始焉，元氣之湊液也。泉之所會爲川，周語云：川，氣之導也。澤，水之鍾也。天地成而聚于高，歸物于下，疏爲川谷，以導其氣，故谿谷溝澮，轉相灌注也。通川回川，或決而復入，或歸異出同。孫子云：水因地而制形。又云：水無常行。故因其形而別其名也。涉水則爲揭爲厲，乘舟則溯洄溯游，言濟水之用也。水之大者爲四瀆，故乾鑿度云：四瀆通情，優游信潔。後漢書註引河圖云：天有四表，以布精魄；地有四瀆，以出圖書也。四瀆之大者莫若河，故於河曲九河釋之較詳。 **正義**

釋水第十二 說文云：水，準也。北方之行，象衆水並流，中有微陽之气也。釋名云：水，準也，準平物也。管子水地篇云：水者，地之血氣，如筋脈之流通者也。白虎通云：水，盛氣也。左氏昭十七年傳云：水，火之牡也。茲篇所釋，自泉原川流及谿谷溝澮，經通灌注，靡不詳賅，乃至津涉舟航，游洄宛在。水以四瀆爲大，故著於篇。禮表先河，書甄會海，故九河終焉。 **義疏**

爾雅詁林 十二 釋水

釋水第十二

水、準也。北方之行。今化學家以水爲輕氣養氣化合之液體、則言其質。

義證

釋水第十二 說文、巛準也。北方之行、象衆水竝流、中有微陽之氣也。洪範五行一曰水。又、水曰潤下。管子、水者地之血氣、如筋脉之通流者也。孫子、水因地而制形。水無常行。故因其形而別其名也。

啓蒙

邢疏、此篇釋諸水之名、故曰釋水。

證異

釋水第十二釋曰 注疏本删。

水之爲言准也 注疏本准改準。按、白虎通舊本作准、從按刊者始改作準、說詳孫志祖讀書脞錄。

是平均法則之稱 元本同。閩本監本毛本法改灋、下準此。

校勘記

釋水疏、北方之行。今本北誤作此。

注疏本正誤

泉一見一否爲瀸

泉一見一否爲瀸。瀸纔有貌。

郭注

泉一見一否爲瀸 釋曰、說文云、泉水原也。言此泉其水有時出見有時不出而竭涸者名瀸、謂瀸微也。故注云纔有貌。

邢疏

泉一見一否爲瀸

郭璞云、瀸纔有貌。

一切注音

水一見一否爲瀸

惠心案、說文泉字注引爾雅、泉一見一否爲瀸。

古注斠

一見 賢遍反。一否 方有、甲美二反。廣雅云、否、不也。瀸 息廉反、又子廉反。纔 音才。

陸音義

泉一見一否爲瀸

以源不養故也。瀸固如此、洪亦不可。凡水欲升、既濟是已。卽逆有降而已。孟子曰、洚水者洪水也。水逆行謂之洚水。洪、紅也。洚、絳也。火克金之色。水不升、故金受克。

新義

泉一見一否爲瀸

郭璞曰、瀸纔有貌。

古注合存

泉一見一否爲瀸 **註** 瀸纔有貌 **正義** 說文云、泉、水原也。瀸、漬也。原泉時出而不舍。其有時出有時涸者謂之瀸、言其泏涖纔有水也。論衡是應篇引爾雅作一見一否曰瀸、今本作爲瀸、所見本異也。說文引爾雅與今本同。

正義

泉一見一否爲瀸 說文云、瀸漬也。

校議

泉一見一否爲瀸 瀸纔有貌

說文云、泉、水原也。象水流出成川形。瀸、漬也。引此文否作不、古今字耳。蓋泉有時出見、有時涸竭、水脈常含津潤、故以瀸漬爲言。此古說也。郭義則以瀸爲纖。纖、小意也。

義疏

泉一見一否爲瀸

說文云、瀸、漬也。引此文否作不、古今字耳。蓋泉有時出見、有時涸竭、水脈常含津潤、故以瀸漬爲言。此古說也。郭意則以瀸爲纖。纖、小意也。

念孫案、泉之或見或否者、其泉必不旺、故郭以瀸爲瀸小。若以瀸爲瀸漬、則天下無不瀸漬之泉、何必或見或否而後謂之瀸乎。

郝注刊誤

泉一見一否為瀸　一猶時也、言時見而時否、今所謂閒歇泉是也。水經涯水注斟水導源穴口若井、一日之中十溢十竭信若潮流而注涯水、即此類也。瀸漬也。春秋齊人瀸於遂、公羊傳瀸者何積也、蓋以水致敗者。

義證

泉一見一否爲瀸。見、賢遍反。瀸、息廉反。

〔註〕瀸纔有貌〔補正〕邢疏、說文云泉水源也、言此泉水有時出見、有時不出而竭涸者名瀸、謂瀸微也。臣鋆按、鄭樵註云、一猶時也。

郭注補正

泉一見一否爲瀸　注瀸纔有貌

正曰、說文水部瀸漬也、爾雅曰泉一見一否爲瀸。廣雅釋詁二瀸漬也、一切經音義十二引字林瀸漬也、皆與說文釋爾雅誼合。郭注纔有貌、於古無徵。

正郭

泉一見一否為瀸　釋文云、否、方有、甲美二切。

注疏正字

泉一見一否爲瀸　說文引。正義云論衡是應篇引爲作曰。

匡名

泉一見一否爲瀸也。說文、㲾、水原也、象水流出成川形。瀸、漬也。引爾雅文。邢疏言泉水有時出見有時不出而乾涸也。

啓蒙

泉一見一否爲瀸、郭云瀸纔有貌。郝懿行云、說文瀸漬也、引此文。郭則以瀸爲纖、纖小意。楷案、瀸从韱、韱从𢦔。說文、霰、微雨也。孅、微盡也。孅、銳細也。纖、細也。攕字下引詩攕攕女手、毛詩作摻摻、傳云猶纖纖也。釋名、韱、纖也。廣雅、鑯、銳也。是凡从韱字、皆爲小義。許云漬、郭云纔有、皆與小義近。郝說泥。

稗疏

泉一見一否爲瀸〇釋曰　注疏本刪。

泉水原也　元本同。閩本監本毛本原改源。

故注云纔有貌　注疏本注誤此。

校勘記

五行泉一見一否為瀸〇《說文》水部「瀸」下引「否」作「不」。不否古今字也。

(注)瀸纔有貌〇唐寫本作「瀸瀸纔有貌」，是也。瀸瀸為疊音詞。唐本寫為「瀸ニ」，傳寫日久，脱去「ニ」字，乃不易覺察矣。

宋監本校箋

泉一見音現一否爲瀸　瀸音纖。注瀸瀸纔有貌。

音圖・音

瀸息廉纖子廉音尖二翻。

音略

泉一見一否爲瀸　現　任瘖　纖

音直品孫

泉一見現一否爲瀸尖　瀸纔有貌。

楊氏音訓

瀸尖

干氏音釋

井一有水一無水爲瀱汋

井一有水一無水爲瀱汋。山海經曰天井、夏有水冬無水、卽此類也。

郭注

井一有水一無水爲瀱汋　釋曰、說文云井鑿地取水也。釋名云井、清也、泉之清絜者也。世本云伯益作、亦云黃帝始穿。此言井或一時有水一時無水者名瀱汋也。　注山海至類也　釋曰、案中山經云帝囷山東南五十里曰視山、其上多韭、有井焉、名天井、夏有水冬竭者是也。孫子兵法云地陷曰天井。然則非人爲之者曰天井。云卽此類也者、以此經但言井、山海經言天井、非正相當、故云類也。

邢疏

井一有水一無水爲瀱汋以下釋水

瀱、居廢反。釋文

孫音注

黃輯古義

井一有水一無水爲瀱汋。瀱、許廢反。釋文

孫音注

玉函山房輯佚

井一有水一無水爲瀱汋

孫曰、瀱、居廢反。釋文

漢注

井一有水一無水爲瀱汋

郭璞云、山海經云天井、夏有水、冬無水、卽此類也。

一切注音

井一有水一無水爲瀱汋

孫炎瀱居廢反。釋文

古注斠

瀱居例反。孫詐廢反。汋仕捉反、又上若反。

陸音義

井一有水一無水爲瀱汋

瀱汋、有漏之名。卽漏如此、不能出有無矣。

新義

泉一見一否爲瀸井一有水一無水爲瀱汋　瀸、音纖。瀱、音計。汋、什捉反。一猶時也。

鄭樵注

井一有水一無水爲瀱汋瀱孫許廢反。

郭璞曰、山海經云天井、夏有水冬無水、卽此類也。

鄭樵曰、瀸音纖。瀱音計。汋、什捉反。一猶時也。總釋二句。

古注合存

泉一見一否爲瀸井一有水一無水爲瀱汋　見音現、瀸音尖、瀱音計、汋音浞。○此以下首釋泉之盈涸之名也。註曰、山海經云天井夏有水冬無水、正此類也。疏曰、說文云泉水源也。井鑿地取水也。釋名云井清也、泉之清者也。言泉有時出見有時涸竭者名瀸、謂瀸微也。井一時有水一時無水者名瀱汋也

注疏參義

一見一否一有水一無水。鄭云、一猶時也。

補注

井一有水一無水爲瀱汋　註山海經云天井夏有水冬無水卽此類也。正義雜卦傳云、井、通也。易釋文引周書云、黃帝穿井。世本云化益作井、宋衷云化益、伯益也。說文云、井八家一井、象構韓形・、罋之象也。汋、激水聲也。釋名云、井、清也、泉之清潔者也。井一有水一無水曰瀱汋、瀱、竭也。汋、有水聲汋也。井以養人而不窮、其時見時否者、別釋其名焉。爲瀱汋、說文作謂之瀱汋。註山海至類也。○正義中山經云、視山其上多韭、有井焉、名曰天井、夏有水、冬竭。是郭所据也。釋山云、夏有水冬無水、泉。此指停潦而言。瀱汋之井、亦復時有時無。郭氏舉類以曉人也。孫子云地多陷曲名曰天井、此言行軍險地、與郭氏所引山海經義殊

正義

爲瀱汋　說文曰、汋激水聲。

校議

井一有水一無水爲瀱汋　山海經曰天井夏有水冬無水即此類也

易井釋文引雜卦云、井、通也。周書云、黃帝穿井。世本云化益作井、宋衷云化益、伯益也。釋名云、井、清也、泉之清潔者也、井一有水一無水曰瀱汋、瀱、渴也、汋、有水聲汋汋也。說文云汋、激水聲也、與釋名合。其瀱汋下竝引此文。郭引中山經文、彼云、視山有井、名曰天井、夏有水、冬竭。又、超山亦有井、冬有水而夏竭、與前相反。尤有異者、水經泿水注云、斟水導源、穴口若井、一日之中十溢十竭、信若潮流而注泿水。由茲以談造化神奇、誠難理喻、井瀱蠡測、難語通方者也。

義疏

泉一見一否爲瀸井一有水一無水爲瀱汋

郭注、瀸纔有兒、山海經曰天井、夏有水冬無水、即此類也。　一猶時也。時見時隱、蓋記屯軍之備。春秋說瀆泉記戰處、蓋有說。齊人瀸于遂、亦爲水敗者。

集解

井一有水一無水爲瀱汋　瀱从水罽。罽魚网也。狀水之小、汋激水聲也、斥一有水而言。中山經、視山有井名曰天井、夏有水、冬竭。又、超山有井、冬有水、夏竭。是其類也。

義證

井一有水一無水爲瀱汋

今歸德府甯陵縣南二十五里有汋陵城、春秋時爲宋邑。

釋地四篇注

井一有水一無水爲瀱汋　瀱居例反。汋仕捉反。

註山海經云天井夏有水冬無水即此類也　補正　臣鍌按、元中記貴州有漏汋、一日百盈百竭、應漏刻。蓋亦此類也。

郭注補正

井一有水一無水爲瀱汋　注山溝經曰天井夏有水冬無水即此類也

正曰、說文水部汋、激水聲也、井一有水一無水謂之瀱汋。瀱、井一有水一無水謂之瀱汋。釋名釋宮室、井一有水一無水曰瀱汋、瀱、竭也、汋有水聲汋汋也。劉釋爾雅、瀱訓無水、汋訓有水、與許同誼。郭注引中山經於誼無著。

正郭

井一有水一無水爲瀱汋

山海經曰天井夏有水冬無水即此類也

仿宋本雪牕本作曰、明注疏本作云。　慧琳辯正論二卷音義引爾雅郭注云、井水或有或無曰汋。

郭注佚存補訂

井一有水節疏說文云井鑿地取水也　案、說文無文。　有井焉名曰天井　脫曰字。　以此經但言井　此毛本誤也。

注疏正字

井一有水一無水爲瀱汋　說文同。

匡名

井一有水一無水爲瀱汋　音計卓。說文、井、八家一井、象構韓形、●、罋象也、古者伯益初作井。說文瀱汋引爾雅文。元中記、貴州有漏汋、一日百盈百竭、應漏刻。今貴州城外有之。

啓蒙

泉一見一否爲瀸　井一有水一無水爲瀱汋

爾雅詁林　十二　釋水

論衡引作泉一見一否曰瀸。是篇應說文作井一有水一無水謂之汧瀏。水部汧瀏兩引。

證異

山海經曰　雩臨本同。注疏本曰作云。

泉一有水一無水爲瀏汋○釋曰　注疏本删。

或一時有水一時無水者　注疏本有水下衍者。

○注山海至類也○釋曰　注疏本作注山海經云者。

校勘記

井一有水一無水爲瀏汋、釋文瀏、居例反、孫許廢反。今本音計、非。廣韻計、古詣切、在十二霽。瀏、切與釋文同、在十三祭。二字不同音。汋、仕捉反、又上若反。今本仕誤作仁。

注疏本正誤

汋仁捉切　永懷堂本仁作仕、釋文亦同。

世本云伯益作亦云黃帝始穿　監本毛本同。湘本亦作井。案、郝義疏引世本云化益作井、宋衷云化益、伯益也。又引周書云黃帝穿井。此亦字疑井字之訛。云上當脫周書二字。

注疏校勘札記

瀏居例翻、音罽。孫計廢翻、音喙。

汋仕捉翻、音浞。又上若翻、音芍。廣韻市若翻同。

音略

瀏音計井一有水一無水爲汋　山海經曰天井、夏有水冬無水、即此類也。汋音卓。

音圖・音

井、一有水一無水、爲瀏計汋浞杓。

孫偘直音

井一有水一無水爲瀏計汋浞

楊氏音訓

瀏居例切　汋促又是若切

干氏音釋

濫泉正出正出涌出也沃泉縣出縣出下出也氿泉穴出穴出仄出也

濫泉正出、正出涌出也。公羊傳曰直出、直猶正也。沃泉縣出、縣出下出也。從上溜下。氿泉穴出、穴出仄出也。從旁出也。

郭注

濫泉正出正出涌出也　釋曰、詩大雅瞻卬云、觱沸檻泉。故此釋之也。詩言檻泉者、正直上出之泉也。其水涌出、故更云正出涌出也。李巡曰、水泉從下上出曰涌泉。濫檻音義同。　注公羊至正也　釋曰、案昭五年傳云、叔弓帥師敗莒師于濆泉。濆泉者何、直泉也。直泉者、涌泉也。是其事也。郭云直出者、蓋以義言之。彼言直、此言正、其意一也。故云直猶正也。　沃泉縣出下出也注從上溜下　釋曰、李巡亦云、水泉從上溜下。然則相傳爲然也。曹風云、冽彼下泉、則此沃泉也。　氿泉穴出穴出仄出也注從旁出也　釋曰、李巡曰、水泉從旁出名曰氿、氿仄出。是側出曰氿泉也。大東云、有冽氿泉、是也。

邢疏

濫泉正出涌出也　以下釋水

水泉從下上出曰涌泉。詩正義十五之一、又十八之五　邢疏

沃泉縣出下出也

水泉從上溜下出。詩正義七之三　無從出二字　邢疏

氿泉穴出仄出也

水泉從旁出名曰氿、氿、側出。詩正義十三之一 邢疏

側作仄。李注

黃輯古義

濫泉正出正出涌出也

水泉從下上出曰涌泉。邢疏 詩小雅采菽正義 又大雅瞻卬正義

沃泉縣出縣出下出也

水泉從上溜下出。詩曹風下泉正義

氿泉穴出穴出反出也

水泉從旁出名曰氿、氿、側出。邢疏 詩小雅大東正義

李注

玉函山房輯佚

氿泉穴出仄出也

水泉從旁出名曰氿、氿、側出。李注 詩疏十三之一

鈎沉

濫泉正出正出涌出也

李曰、水泉從下上出曰涌泉。詩正義十五之一 又十八之五 邢疏

沃泉縣出縣出下出也

李曰、水泉從上溜下出。詩正義七之三

氿泉穴出穴出仄出也

李曰水泉從旁出名曰氿、氿、側出。詩正義十三之一 邢疏

漢注

濫泉正出正出涌出也

李巡云、水泉從下上出曰涌泉。詩正義十八之四卷 郭璞云

公羊傳曰直出直猶正也。

沃泉縣出下出也

李巡云水泉從上溜下出。詩正義七之三卷 郭璞云、從上溜下。

氿泉穴出穴出仄出也

李巡云水泉從旁出名曰氿、氿、側出。詩正義十三之一卷 郭璞云、從旁出也。

一切注音

濫泉正出正出涌出也　李巡曰水泉從下上出曰涌泉。詩采菽正義

沃泉縣出縣出下出也　李巡曰水泉從上溜下出。是下泉即沃泉。詩下泉正義

氿泉穴出穴出仄出也　李巡曰水泉從旁出名曰氿泉、氿泉、側出。詩大東正義

古注斠

薫心案、李本仄作側。

陸音義

濫胡覽反。涌音勇。沃烏毒反。縣音玄。霤本又作溜。力又反。氿音軌。詩云、有洌氿泉。仄莊棘反。本亦作側汃同。

音義攷證

霤○邢本作溜。　仄本亦作側汃○汃、舊譌汄、今校正。

濫泉正出正出涌出也

詩曰、觱沸檻泉、維其深矣。濫泉涌出、無深理。淪而爲深、非一日也。

沃泉縣出縣出下出也

爾雅詁林 十二 釋水

若今詹溜縣出、所謂沃盥如此。

沇泉穴出穴出仄出也

窮而爲沇。大東言沇、下困則上窮。

新義

濫泉正出正出涌出也沃泉縣出縣出下出也

瞻卬云觱沸檻泉、卽濫也。縣出、從上溜也。沇泉穴出穴出仄出也大東云、有冽沇泉。

鄭樵注

濫泉正出正出涌出也

李巡曰、水泉從下上出曰涌泉。

郭璞曰、公羊傳曰直出、直猶正也。

鄭樵曰、瞻卬云觱沸檻泉、卽濫也。

沃泉縣出縣出下出也

李巡曰、水泉從上溜下出。

郭璞曰、從上溜下。

鄭樵曰、縣出、從上溜下。

沇泉穴出穴出仄出也

李巡曰、水泉從旁出名曰沇、沇、仄出。

郭璞曰、從旁出也。

鄭樵曰、大東云、有冽沇泉。

古注合存

濫泉正出正出涌出也沃泉縣出縣出下出也沇泉穴出穴出仄出也濫咸上聲。詩作檻。涌湧同。縣懸同。沇音軌。○此釋泉之上下正旁雜出之名也。註曰、正出、卽公羊云濆泉直泉也。直猶正也。縣出、從上溜下也。穴出、從旁出也。疏曰、詩瞻卬云、觱沸檻泉言檻泉者、正直湧出之象。濫檻音義同。詩下泉云、冽彼下泉、卽沃泉也。大東云、有冽沇泉。

注疏參義

濫泉正出正出涌出也**註**公羊傳曰直出直猶正也沃泉縣出縣出下出也**註**從上霤下沇泉穴出穴出仄出也**註**從旁出也**正義**論衡云、泉出之異、輒有異名。此分釋之也。○濫泉至涌出也。○說文云、濫、濡上及下也。詩曰、畢沸濫泉。今大雅桑柔篇作觱沸檻泉。毛傳、涌泉之源、所由者深、言泉之直出者、其勢超涌。故說文云、涌、滕也。滕、水超涌也。釋名云、水正出曰濫泉。濫、銜也。如人口有所銜、口閭則見也。詩疏引李巡云、水泉從下上出曰涌泉。呂氏春秋本味篇、高原之山、其上有涌泉焉。隋書地理志、襄陵郡梁縣有濫泉。蓋後人依爾雅以爲名。○沃泉至下出也。○曹風云、冽彼下泉。毛傳、泉下流也。疏引李巡云、水泉從上溜下出。釋名云、懸出曰沃泉。水從上下、有所灌沃也。案、說文云、渼、漑、灌也。高懸下溜之泉、如相灌漑、故謂之沃泉。○沇泉至仄出也。○小雅大東云、有冽沇泉。毛傳、側出曰沇泉。疏引李巡云、水泉從傍出名曰沇、沇、側出。釋名云、側出曰沇泉。沇、軌也。流狹而長、如車軌也。說文作厬、仄出泉也。又云、沇、水從孔穴疾出也。厬、側出泉也。是側出之泉又名厬也。**註**公羊至正也。○**正義**昭五年傳云、濆泉者何、直泉也。直泉者何、涌泉也。徐彥疏謂此泉直上而出。郭意以直訓爲正、直上之濆泉、卽濫泉也。釋名亦云、水上出曰涌泉、濆泉。並是也。

正義

沃泉縣出

玉案、管子地員篇云、山之上命之曰縣泉。

補注殘本

濫泉　濫詩釋文引作檻。

沃泉縣出　管子地員篇山之上命之曰縣泉。

沇泉　王伯厚詩地理考、沇音軌。釋名、流狹而長如車軌。

校議

濫泉正出正出涌出也公羊傳曰直出直猶正也沃泉縣出縣出下出也從上溜下沇泉穴出穴出仄出也從旁出也

說文云、濫、濡上及下也、引詩畢沸濫泉。今詩采菽瞻卬俱俗作監、傳箋竝用爾雅。正義引李巡曰、水泉從下上出曰涌泉。涌者，說文云：滕也。滕，水超涌也。然則涌有濆溢之意。水本卑下，今直上出，同於氾濫，故被斯名矣。公羊昭五年傳：濆泉者何？直泉也。直泉者何？涌泉也。是傳訓直爲正，故郭援之。釋名云：濫泉，濫，銜也。人口有所銜，口閭則見也。既未顯涌出之義，又與正出無會。公羊於義爲長。○說文云：沃，溉灌也。縣，繫也。釋名云：縣出曰沃泉，水從上下，有所灌沃也。詩下泉傳：下泉，泉下流也。正義引李巡曰：水泉從上溜下出。是下泉即沃泉，沃與下義相成。郭注溜，釋文作霤，霤是俗字也。○氿，說文作厬，云：仄出泉也。俗作氿。釋名云：側出曰氿泉。氿，軌也，流狹而長，如車軌也。詩大東傳用爾雅。正義引李巡曰：水泉從旁出名曰氿。氿，側出。然則李劉俱未顯穴出之義。穴，說文作泬，云：水从孔穴疾出也。又云：漀，側出泉也。是側出之泉又名漀。漀从殸聲，殸，籀文磬字。蓋漀之言傾，傾即側意。此泉旁側，不從正出，又異縣流，故被斯名矣。仄與側、穴與泬，俱古字通。列子黃帝篇云：濫水之潘鰼爲淵，沃水之潘爲淵，氿水之潘爲淵，俱本此爲說也。

義疏

濫（檻）**泉正出。正出，涌出也。** 李注：水泉從下上出曰涌泉。郭注：公羊傳曰：直出。直猶正也。詩：觱沸檻泉。監，從上臨下之詞。**沃泉縣出。縣出，下出也。** 李注：水泉從上溜下出。郭同。沃，盥也。詩：洌彼下泉。**氿**（厬）**泉穴出。穴出，仄出也。** 李注：水泉從旁出名曰氿。氿，側出。郭注：從旁出也。氿，从九，究也。窮巖得泉，見其穴。詩：有洌氿泉。

集解

濫泉正出。正出，涌出也。 濫，从水監。監，視也。从上臨下之詞。正出猶言直出。詩：觱沸檻泉。公羊傳：濆泉者何？直泉也。直泉者何？涌泉也。今之沸泉其是與。**沃泉縣出。縣出，下出也。** 沃，字本作浂，溉灌也。縣，繫也。謂縣斷崖而落下，今之瀑布是其類也。詩：洌彼下泉。所沃泉言侵蝕地面之、

力極甚。**氿泉穴出。穴出，仄出也。** 氿，水厓枯也。與厬通用。厬，从厂晷。晷，日景也。水出穴中，遠望有如景狀，所謂水柱是也。穴，說文作泬，云：水从孔穴疾出也。詩：有洌氿泉。文選班孟堅答賓戲：懷氿濫而測深乎重淵。或者穴義爲辟與？韓詩謀猶回穴，毛作回遹，傳亦曰：回，邪。遹，辟。與上正出相反。

義證

濫泉正出正出涌出也

西山經有濫水出鳥鼠同穴山西，今謂之溫水。涌水，自夏口南通于江。春秋傳閻敖游涌而逸者也。在荊州府監利縣西，今曰涌口。又北山經：跂踵之山有水，廣員四十里，皆涌。毛詩：濫爲檻。

沃泉縣出縣出下出也

毛詩下泉，泉下流也。漢書五原有臨沃縣，酈道元所謂中陵水東北流謂之沃水者也。

氿泉穴出穴出仄出也

許慎作厬，云：讀若軌。南方人謂瀨水爲究，究即厬矣。

釋地四篇注

濫泉正出正出涌出也 濫，胡覽反。

註 公羊傳曰：直出。直猶正也。補正 邢疏：觱沸檻泉。正直上出之泉也。李巡云：水泉從下上出曰涌泉。

沃泉縣出縣出下出也 沃，烏鹿反。

註 從上溜下。補正 臣鑾按：釋名云：縣出，沃泉，水從上下有所灌沃也。

氿泉穴出穴出仄出也 氿，音軌。

註 從旁出也

郭注補正

沃泉縣出縣出下出也

從上霤下

釋文云、霤本又作溜。今各本皆作溜。

郭注佚存補訂

濫泉正出正出涌出也沃泉縣出縣出下出也氿泉穴出穴出仄出也

濫泉者、說文云、濫、濡上及下也。引詩觱沸濫泉、今小雅采菽作觱沸檻泉。毛傳云、觱沸、泉出貌。檻泉、正出也。大雅瞻卬觱沸檻泉、鄭箋云檻泉正出、涌出也。檻爲濫之假借。李巡云、水泉從下上出曰涌泉。　沃泉者、曹風冽彼下泉傳云下泉、泉下流也。正義云、釋水沃泉縣出、縣出、下出也、李巡曰水泉從上溜下出、此言下泉謂泉下流、是爾雅之沃泉也。　氿、說文作厬、云仄出泉也。小雅大東有冽氿泉、傳云側出曰氿泉。側與仄同字。李巡云、水泉從旁出名曰氿、氿、側出。是側出曰氿泉也。　穴者、王氏引之讀如韓詩小旻謀猶回穴之穴。文選通幽賦李善注引曹大家注曰、回、邪也、穴、僻也。僻者、偏也、偏出卽仄出也。穴與仄皆不正之名、與上文濫泉正出相對。

說詩

沃泉節註從上溜下　溜、釋文作霤。

疏水泉從上溜下出　脫從出二字。

氿泉節疏水泉從旁出名曰氿　脫泉字。　大東云有冽氿泉是也　大東上當有小雅二字。

注疏正字

氿泉穴出穴出仄出也

李曰、水泉從旁出名曰氿、氿、側出。側與仄同。案、正文已云穴出仄出也、則注不須更言側出、側出、疑側也之譌。　引之謹案、泉皆自穴中出、而氿泉獨言穴出者、穴非孔穴之穴、乃回穴之穴也。文選幽通賦叛回穴其若玆兮。李善引曹大家注曰、回、邪也。穴、僻也。又引韓詩曰謀猶回穴。毛詩作回遹。傳亦曰回、邪。遹、辟。釋文曰、遹、韓詩作歔、義同。宋玉風賦曰、回穴錯迕。後漢書盧植傳曰、今之禮記特多回穴。義並與此同。然則邪謂之回、僻謂之穴。僻者、偏也。氿泉從旁出、故曰穴出、又曰仄出。案、車軸兩端自轂中出者謂之軌、亦是從旁出也。故釋名曰、側出曰氿泉、氿、軌也、流狹而長如車軌也。　穴與仄皆不正之名、與上文濫泉正出相對、非謂其從孔穴中出也。邵引說文泬、水從孔穴疾出也、段注泬字引爾雅氿泉穴出、皆失之。說文泬字之訓、別爲一義、非氿泉穴出之穴。氿泉穴出謂旁出也。不然、泉皆出自穴中、豈獨氿泉乎。氿、說文作厬、云仄出泉也。云從不孔穴出。

述聞

濫泉正出正出涌出也　詩大雅桑柔釋文正義引濫作檻。惠氏棟曰、論衡是應引作檻。案、說文水部引詩曰觱沸濫泉、今詩作檻泉。檻字義別、以音近通借耳。　涌、文選注二十又四十五兩引皆作湧。案、湧、俗字。

沃泉縣出縣出下出也　說文、水部湀、溉灌也、从水芺聲。經典相承省艸作沃。　縣、石經作懸。案懸、俗字。

氿泉穴出穴出仄出也　畢氏沅曰、案說文厂部厬、仄出泉也、从厂㬎聲、讀若軌。水部氿字則引爾雅曰、水醮曰氿。今本爾雅互易之。　後漢書黃憲傳奉高之器、譬諸汎濫、章懷注云爾雅曰側出汎泉、正出濫泉、汎音範、濫音檻。元照案、以氿爲汎而音爲範、若非傳寫之譌、則章懷所據者誤本也。　穴通作泬。說文、水部泬、水從孔穴疾出也、从水从穴、穴亦聲。　釋文云、仄本亦作側、汃同。案、仄側本通用、汃乃仄之譌、蓋以其屬於水也、故以水易厂耳。盧本改汃爲汃、汃亦俗字。

匡名

濫泉正出正出湧出也沃泉縣出縣出下出也氿泉穴出穴出仄出也

說文、濫、氾也、一曰濡上及下也。引詩觱沸濫泉。今大雅作觱沸檻泉。涌、滕也、一曰涌水、在楚國。　沃、說文作𣳚、溉灌也。自上澆下曰沃。曹風冽彼下泉、傳泉下流也。縣、繫也。徐鉉曰、此本是縣挂之縣、借爲州縣之縣、今俗加心別作懸、義無所取。此言高縣下溜之泉、如相灌溉、故謂之沃泉。　小雅、有冽氿泉。仄、側傾也、從人在厂下。氿作厬、仄出泉也。

啓蒙

濫泉正出、正出涌出也。公羊傳曰直出、直猶正也。　濫之言臨也、以說文之訓知之。　據公羊是濫泉與濆泉同、詩畢沸濫泉、沸濆一聲之轉。下文云、瀵、大出尾下、瀵與濆聲同、義亦相近。

黃侃音訓

釋水、濫泉正出、正出、涌出也。逸雅亦云、水正出曰濫泉、濫、銜也、如谷口有所銜出也。朱子釋詩觱沸檻泉亦云、正出字異釋同。識之以備參考。

義疑

濫泉正出　正出涌出也　氿泉穴出　穴出仄出也

公羊傳、濆泉者何、直泉也。昭五年傳　郭注、公羊傳曰直出、直猶正也。釋水注　公羊傳、直泉者何、涌泉也。昭五年傳　釋名、側出曰氿泉。氿、軌也。流狹而長如車軌也。釋水篇　釋文、仄、本亦作側、汃。同。釋水　釋文、後漢書注作穴出、側出也。馬融傳注　說文作厬、仄出泉也。讀若軌、居洧切。广部厬　又作㲄、側出泉也。㲄、籀文磬字。水部㲄

氿泉宄出。釋名、氿、軌也。說文作厬。按、氿軌厬三字音義同。

證異

氿泉穴出。案、氿泉本是氿泉。下文水醮曰厬、又氿字所改。

古義補

濫泉。釋文、濫、胡覽反。按、詩采菽瞻卬二篇俱作檻泉、論衡是應篇引爾雅亦作檻泉。段玉裁云、濫、正字、檻、假借字。文選答賓戲註引爾雅濫泉正出、韋昭曰濫音檻。是字雖作濫、仍爲檻音也。

考異摘要

氿泉穴出穴出仄出也

漢書敘傳應注引側出曰氿泉、此亦約其意而引之。側仄同聲通叚。案、氿泉所以穴出者、氿與尻同九聲、說文尻、脾也、廣雅釋親尻臀也、尻爲人身之穴、故泉之穴出者名之、此本義也。尻、正字。氿、叚字。泉之穴出取義於尻、猶土高之取名於脽也。漢書武紀元鼎四年十一月甲子、立后土祠于汾陰脽上、顏注、脽者、㠯其形高起如人尻脽、故㠯名云。此其證。脽爲脾省叚字。

王仁俊日記

沃泉縣出縣出下出也。李云、水泉從上溜下出。郭云、從上

爾雅詁林　十二　釋水

溜下。楷案、希麟音義七引聲類云、沃、以水淋下也。沃義爲以水淋下、故下出之泉名沃也。記檀弓、縣棺而封。李賢後漢書周磐傳注、縣封、謂直下棺不爲埏道也。是縣爲下也。

稗疏

濫泉正出正出涌出也 唐石經單疏本雪牕本同。釋文、濫、胡覽反。按、濫一作檻。詩采菽觱沸檻泉、毛傳檻泉、正出也。瞻卬觱沸檻泉、毛傳檻泉正出涌出也。正義於采菽曰、釋水云檻泉正出、正出涌出也。於瞻卬曰檻泉正出、涌出、釋水文。是陸孔所據本有作檻者。論衡是應篇曰爾雅釋水章檻泉正出正出涌出也、尤爲作檻之證。段玉裁云、濫泉、正字也、檻泉、假借字也。文選荅賓戲注引爾雅、濫泉正出、正出湧出也、韋昭曰濫音檻。後漢書黃憲傳注引爾雅、正出濫泉、濫音檻。是作濫仍爲檻音也。

濫泉正出正出涌出也〇釋曰 注疏本删。

李巡曰 注疏本日作云。

〇注公羊至正也〇釋曰 注疏本作注公羊傳云者。

濆泉者何直泉也 注疏本脫者何。

故云直猶正也 注疏本脫直。

沃泉縣出縣出下出也 單疏本雪牕本注疏本同。釋文、縣音元。唐石經縣皆作懸。論衡引此云沃泉懸出懸出下出也。釋名云、懸出曰沃泉、水從上下有所灌沃也。據此、知縣字舊本作懸。唐石經是也。

從上溜下 單疏本雪牕本同。釋文、霤本又作溜。

沃泉縣出下出也注從上溜下〇釋曰 注疏本删。

水泉從上溜下 注疏本脫從。

洌彼下泉 元本監本毛本洌改冽、今毛詩同、誤也。按、詩釋文作洌、正義曰字從水。唐石經三章皆作洌彼下泉、與此合。

氿泉宂出宂出仄出也注從旁出也〇釋曰 注疏本删。

水泉從旁出 注疏本脫泉。

校勘記

七行(注)公羊傳曰〇「曰」唐寫本作「云」。

沃泉縣出縣出下出也〇唐寫本同。唐石經「縣」並作「懸」。縣、懸古今字。《釋文》字作「縣」，是舊本不從「心」。

(注)從上溜下〇唐寫本作「從上霤下也」。《釋文》「溜」亦作「霤」，云：「本又作溜。」

宋監本校箋

沃泉縣音玄出氿音軌泉宂出宂出仄音側出也

音圖・音

濫戶覽翻。詩釋文、爾雅檻泉、檻與濫同。銜覽翻、同、咸上聲。感韻

讀謙韻 此字本曾瞰翻、藍去聲、說文盧瞰翻 又有平上兩音。天台齊宗伯云、涌泉、左氏作蚡泉、公羊作濆泉、穀梁作賁泉、注疏皆不引爾雅濫泉涌出。氿音軌。詩釋文、氿字又作厬。說文云、厬、仄出泉。又云、氿、水厓枯土也。爾雅水醮曰氿、案說文與爾雅字正相反。下文水醮曰厬、醮字或作潐、同。厬、字作瀩、音軌。二字相通。佩觿誤辨。

音略

濫咸上聲泉正出。正出涌勇出也、沃泉縣懸出。縣出下出也、氿軌泉穴出、穴出、仄側出也。

孫偘直音

濫咸上聲泉正出正出涌湧出也沃泉縣懸出縣出下出也氿 正直上出之泉也。從上溜下

軌泉穴出穴出仄側出也 從旁出也。

楊氏音訓

涌勇氿軌

干氏音釋

爾雅詁林　十二　釋水

湀闢流川過辨回川

郭注

湀闢流川。通流。過辨回川。旋流。

邢疏

湀闢流川注通流　釋曰說文解字云川貫穿通流水也虞書曰濬畎澮距川言深畎澮之水會爲川也釋名云川穿也穿地而流也。然則湀闢者則通流大川之別名也。過辨回川注旋流　釋曰回旋也言川水之中有回旋而流者名過辨。

黃輯古義

孫音注

湀闢沅川

湀、苦穴反。釋文

郭音義

湀闢流引己下釋水

湀、巨癸反。釋文

孫音注

湀闢流川、湀苦穴反。釋文　十六屑湀字注　集韻入聲

玉函山房輯佚

郭音義

湀闢流川湀、巨癸反。釋文

漢注

湀闢流川

孫曰、湀苦穴反。釋文

一切注音

湀闢流川

郭璞云、通流。

過辨回川

郭璞云旋流。

古注斠

湀闢流川　湀、郭巨癸反、孫苦穴反。釋文

陸音義

湀郭巨癸反、孫苦穴反。字林音圭。闢婢亦反一音匹亦反。過本或作濄同古禾反。辨普見反。回又作洄。戶恢反。

新義

湀闢流川

揆而闢之雖流可也。

過辨回川

過而後辨回之事也據還味捻棗。

鄭樵注

湀闢流川過辨回川　湀音揆。回旋也。

古注合存

湀闢流川　郭巨癸反、孫苦穴反、

郭璞曰通流。

鄭樵曰湀音揆。

過辨回川

郭璞曰旋流。

鄭樵曰回旋也。

注疏參義

湀闢流川過辨回川。湀音揆過平聲辨音片。○此釋水之往還之名也。註曰流川通流回川旋流也。疏曰說文云川者貫穿通流之水也。釋名云川穿也穿地而流也通流之大川名湀闢而其回旋而流者名過辨也

正義

湀闢流川**註**通流過辨回川**註**旋流**正義**考工記云、兩山之閒必有川焉。管子度地篇、水之出於他水、溝流于大水及海者、命曰川水。說文云、川貫穿通流水也、虞書曰濬〈巜距川、言深〈巜之水會爲川也。釋名云、川穿也、穿地而流也。湀闢、說文作湀辟、深水處也。玉篇作湀闢、通泉。川之回淀者名過辨。說文云、淀回泉也。

校議

流川註通流　說文繫傳引注作通川。

過辨回川　過本作渦。回、又作洄。見釋文。

湀闢流川通流**過辨回川**旋流

義疏

釋名云、川、穿也、穿地而流也。說文云、川、貫穿通流水也。引虞書曰濬く巜距川、言深く巜之水會爲川也。考工記兩山之閒必有川焉、此釋川之形狀也。湀闢、說文作湀辟、云流水處也。玉篇云、湀闢、通泉。○過辨者、旋水之名。釋文、過本或作渦、回、又作洄。竝叚借字。說文云、淀、回泉也。蓋回淀猶回旋、淀水善休入、故別其名、過辨、湀闢聲又相轉。

集解

湀闢流川過辨回川旋流。郭注、流、通流。回、旋流。言川有二性、一流一回也。湀、从癸、象四出之形。辟、開也。渦从咼、今歪字。辨、平也。盤渦平流必成旋、水急流下亦成渦也。

義證

湀闢流川 此言川水之性、有回亦有流也。湀、从水癸、象四出形。闢、開也。水流而四出則開通矣。說文湀、闢深水處也、蓋讀辟爲㢿、讀流爲深、與此異義。過辨回川 過度也、與咼通用。咼、口戾不正也、即今歪字。辨、別也。與平通用。盤咼平流狀成旋、水急流處亦然。回、轉也、从口、中象回轉形。過之命名蓋以此。

釋地四篇注

過辨回川

水經有洞過水、出沾縣北山。魏書地形志曰、同過以五水異出同歸爲名。然則辨讀如別、在今平定州西南。又詩過澗、在今邠州。

郭注補正

湀闢流川湀、巨癸反。闢音匹。

〔註〕通流〔補正〕邢疏、釋名云、川旁也、旁地而流也。然則湀闢者、通流大川之別名也。臣鑒按、說文作湀辟、云深處也。

過辨回川過、釋文云、本或作渦、古禾反。辨、普見反。

〔註〕旋流〔補正〕邢疏、回、旋也、言川水之中有回旋而流者名過辨也。臣鑒按、過與渦同。

郭注佚存補訂

過辨回川

旋流者也

後漢書王景傳注引爾雅曰、逆流而上曰洄、郭璞注云旋流也。慧琳大乘理趣六波羅蜜多經一卷音義引爾雅逆流而上曰泝洄、郭璞曰旋流者也。

樹枏案、李賢慧琳所引當是此下之注、誤移於彼。

據補者也二字。

說詩

湀闢流川過辨回川

湀闢、詳訂經。回川者說文㕼、從又在回下。回古文囘。囘、淵水也。又云、淵、回水也。過辨者、回水之名。今人呼回水爲漩。渦即過字也。大雅公劉遡其過澗、過當取回水之名。一切經音義九引三蒼曰、逆流行水曰㴋。㴋、回也。秦風蒹葭溯洄從之、毛傳云逆流而上曰溯洄。過取回水之名、故曰遡。遡、溯、㴋、皆同字也。

湀闢節疏虞書曰濬畎澮（畎澮、說文引作巜巛。）言深濬畎澮之水（濬、衍字。）

注疏正字

湀闢流川　說文闢作辟。

過辨回川　釋文云、過本或作渦。案說文水部無渦字。又云、回又作洄。

匡名

湀闢流川過辨（音片）回川　說文、𣿅、闢深水處也。闢、開也。巜、水行也。巛、貫穿通流水也。玉篇、旋者、名過辨。𣶒、回泉也。

啓蒙

湀闢流川。通流。　湀之言闋也、與直波為徑之徑聲轉。　過辨回川。　釋文過、本或作渦、同、回又作洄。案過、渦以蝸為本字。說文又有𡺵字、云不正也、不正即回衺之義。今旋渦作水旁渦字、案景福殿賦騧徙增錯、李善注云、騧或為蝸、言合衆板、上為井欄、而形文錯、若蝸之徙、案蝸徙今言螺旋、蝸贏形旋、故以此狀旋。

黃侃音訓

湀闢流川　過辨回川

說文作湀辟深水處也（水部湀）釋文過本或作渦（同釋水釋文）回又作洄（釋水釋文）玉篇作湀闢通泉（水部湀）

證異

湀闢流川、郭云通流。楷案說文、湀、辟深水處也。玉篇湀闢、通泉。皆以湀闢為逗、流川為句、然非也。當以湀為逗、闢流川為句。闢、開也。開、通也。闢流川、通流川也。湀與睽音同。張衡西京賦朕臺之洞達云睽罛摩豁、通流川之名、湀亦其意。廣韻湀、泉水通川。單舉湀字似得之。

過辨回川、郭云旋流。楷案此亦當以過為逗、辨回川為句。過者、濄之省、亦作渦。釋文云、過本或作渦。廣韻渦、亦作過。是也。廣韻又云、濄、水回。文選江賦盤渦谷轉、李善注渦、水旋流也。是回旋之水名過、字或通渦、皆不云過辨也。過與濄渦同。辨回、猶盤桓、即旋轉之義。

稗疏

湀闢流川注通流○釋曰（注疏本刪）。

言深畎澮之水（注疏本深下衍濬）。

過辨回川注旋流○釋曰（注疏本刪）。

名過辨（注疏本辨下有也）。

校勘記

二十二下（一〇二）

一行（注）通流○唐寫本「流」下有「也」字・

（注）旋流○唐寫本「流」下有「也」字・

宋監本校箋

湀（音揆）闢流川　過辨（音片）回川

音圖・音

湀、郭臣癸翻、音揆。孫苦穴翻、音缺。字林音圭。

音略

湀（揆圭）闢流川。過（戈）辨回川。

孫偘直音

湀（揆圭）闢流川。過辨回川。

直音校正

爾雅詁林　十二　釋水

〔湀闢、逼流大川之別名也。川水回旋而流者名過辨也。〕

湀揆闢。流川。過平聲辨。片回川。 楊氏音訓

湀 揆又苦圭切 干氏音釋

灉反入

灉反入。即河水決出復還入者。河之有灉，猶江之有沱。 郭注

灉反入 釋曰：反，復也。謂河水決出而復入河者名灉，即下云水自河出爲灉是也。 邢疏

灉反入 已下釋水

水經河水注引爾雅曰：灉反入，言河決復入者也。河之有灉，若漢之有潛也。元和郡縣志引爾雅云：河水決出還復入者爲澭。

案所引俱連郭注成文。 衆家注 黃輯古義

灉反入

郭璞云：即河水決出而復入者，河之有灉，猶江之有汜。 一切注音

灉反入 爾雅：河水決出復入者爲灉。元和郡縣志

蕙心案：此下文河爲灉舊注也。元和郡縣志灉湖在巴陵縣南。引爾雅河水決出復入者爲澭。巴陵今屬湖南，非河水所經，元和志特借證，澭灉音義通耳。 古注斠

灉於用反，又於恭反。復還扶又反，下及注並同。沱徒河反，或作汜，音似。 陸音義

復還○今注疏本多作河水決出而復入，無還字。宋本作河水決出復還入，與釋文合。沱或作汜，音似○注疏本多作汜。宋本及郎鍾單注本皆作沱，與釋文合。 音義攷證

灉反入

變復言反。河一決，雖反有不復矣。莊子曰：反無非傷也。 新義

灉反入 河水決出復還入也。 鄭樵注

灉反入

郭璞曰：即河水決出而復入者，河之有灉，猶江之有汜。

鄭樵曰：河水決出復還入也。 古注合存

灉，水經注引之作澭，史記索隱作雍。 補注

灉反入 註 即河水決出而復入者，河之有灉，猶江之有汜。 正義 水之反入者名灉。水經註云：反入，謂河決復入者也。河之有澭，猶漢之有潛也。元和郡縣志云：澭湖在巴陵縣南一十里。爾雅曰：河水決出復入者爲澭。左傳定公四年，吳人敗楚於雍澨，五戰人郢，即此是也。是反入之水俱爲灉也。 註 即河至有汜。○ 正義 下文云：決復入爲汜。郭以江之有汜證河之有灉，明反入即爲復入也。釋名云：水從河出曰雍沛，言在河岸限內，時見壅出則沛然也。 正義

灉反入 即河水決出又還入者。河之有灉，猶江之有沱。

水反入者名灉，說見下。釋名云：水從河出曰雍沛，言在河岸限內，時見雍出則沛然也。水經河水注引爾

雅曰，灉反入，言河決復入者也。河之有灉，若漢之有潛也。元和郡縣志，澴湖在巴陵縣南。引爾雅云，河水決出還復入者爲澴。蓋因澴灉聲同，故相傦證。實則澴湖一名翁湖，非爾雅所指也。元和志引左定四年傳吳敗楚於雍澨即此。

義疏

灉反入者，郭注，卽河水決出復還入者，河之有灉，猶江之有沱。此泛言水性。河灉所由名，非以復入名也。水邕則必反入，決之不能出也。

集解

灉反入 此亦泛言水性也。灉从水雝。水邕則反入，不復出散於四方。與湀闢異。河灉之命名實以此。

義證

灉反入

上承河水，復注於河之稱。

釋地四篇注

灉反入

卽河水決出復還入者，河之有灉，猶江之有沱。明注疏本作卽河水決出而復入者。樹枏案，釋文作復還。蓋陸所據本如此。明注疏本沱作汜，音似。阮氏云，下經決復入爲汜，詩江有汜，毛傳云決復入爲汜，江有沱，毛傳云沱，江之別名。是汜與沱不同。此經云反入，卽復入，注當言江之有汜矣。作沱非。樹枏案，河之有灉，猶江之有沱，據下文江有沱河有灉言也。

郭注佚存補訂

灉反入注卽河水決出復還入者 復還入，誤而復入，從釋文校。 猶江之有汜 汜音似，釋文作沱，徒河切。

注疏正字

灉反入 郭注云，卽河水決出而復還者，河之有灉，猶江之有沱。案說文水部，灉，河灉水，在宋，从水雝聲。又𢀠部，𢀠，害也，从一雝巛。春秋傳曰，川雝爲澤，凶。此反入之灉，疑當作𢀠。

匡名

灉，反入。卽河水決出又還入者，河之有灉，猶江之有沱。下文決復入爲汜，與此義同。此專言，彼泛言耳。

黃侃音訓

灉反入，郭云，卽河水決出又還入者，河之有灉，猶江之有沱。楷案，表兄吳聘珍云，反者，汳之省。說文，汳，水也，受陳留浚儀陰溝，至蒙爲雝水。雝卽河灉之灉，說文河灉水在宋。蒙卽宋地也。下文水自河出爲灉，以河水言之也。此云灉汳入，以汳水言之也。如郭說，則反入字義無著矣。若謂凡水之反入者皆名灉，則又不當以河灉爲說，且與水決復入之汜相混矣。

稗疏

卽河水決出復還入者 雪牕本同。注疏本作卽河水決出而復入者。釋文，復還，扶又反。此本復還入三字剜改。蓋本作決出而復入者。疏云，謂河水決出而復入河者可證。是陸本作復還入，邢本作而復入。按，經云決復入爲汜，則今本作而復入是也。

河之有灉猶江之有沱 雪牕本元本同。閩本監本毛本沱作汜。釋文，沱，徒河反，或作汜，音似。按，下經決復入爲汜。詩江有汜，毛傳曰決復入爲汜。江有沱，毛傳曰沱，江之別者。是汜與沱不同。此經云反入，卽復入，注當言

爾雅詁林 十二 釋水

江之有汜矣。作沱非。

灉反八○釋曰注疏本刪。

卽下云注疏本云誤之。

校勘記

灉反入注卽河水決出而復還入者。今本復下無還字。

釋文扶又反上大字作復還。

注疏本正誤

(注)卽河水決出復還入者河之有灉猶江之有沱○唐寫本「者」下有「也」字．又「猶江之有沱」，唐寫本作「猶江之有汜也」．阮元《校勘記》云：「閩本、監本、毛本沱作汜．《釋文》：沱，徒河反，或作汜，音似．按下經決復入爲汜．《詩．江有汜》《毛傳》曰：決復入爲汜；江有沱，《毛傳》曰：沱，江之別者．是汜與沱不同．此經云反入，卽復入，注當言江之有汜矣．作沱非．」案阮說是也，唐寫本正作「汜」．

宋監本校箋

灉去聲下同

灉反入。

孫品直音

灉，雍反入。卽河水決出而復入者。

楊氏音訓

灉邕

干氏音釋

潬沙出

潬、沙出。今江東呼水中沙堆爲潬、音但。

郭注

潬沙出　釋曰、言潬者、是沙堆出於水中之名也。故云沙出。

邢疏

潬沙出

郭璞云、今河中呼水中沙堆爲潬。

一切注音

潬徒坦反。堆字或作雁、又作塠字、同。都回反。

陸音義

潬沙出

水止則沙出。然則鯢旋之潘回是也。潬、止水。流、流水。雍、灉水。汧、汧水。肥、肥水。沃、沃水。濫、檻水。氿、氿水。

新義

潬沙出郭云、今河中呼水中沙堆爲潬、音但。按今錢塘亦有此語。

鄭樵注

潬沙出

郭璞曰、今河中呼水中沙堆爲潬。

鄭樵曰、郭云今河中呼水中沙堆爲潬、音但。按今錢塘亦有此語。

古注合存

潬古灘字。見李冰官堰碑。鄭云、今錢塘亦有此語。

補注

潬沙出**註**今河中呼水中沙堆爲潬**正義**水中有積沙上出者曰潬。說文云、沙、水散石也、从水从少、水少沙見。燕肅云、潬、海中沙也、商賈或泛海取捷、謂之登潬。**註**今河至爲潬○**正義**元和郡縣志、河南府河陽縣中潬城、東魏孝靜帝元象元年築。玉篇云、江南人呼水中沙堆爲潬。類篇云、江東呼水中沙堆爲潬、今河陽縣南有潬城。

正義

潬沙出　案、李冰官堰碑深淘潬淺包隱注潬古灘字。

校議

潬沙出今江東呼水中沙堆爲潬音但

水中有積沙上出者爲潬。說文云、沙、水散石也、从水从少、水少沙見。玉篇云江南人呼水中沙堆爲潬。廣韵云、今河陽縣南有中潬城。按、城東魏所築、見元和志。命名之義、葢不可知。或說潬海中沙也、商賈泛海取捷謂之登潬、見邵氏正義。可備一解。郭注江東、監本作河中、誤、又脫音但二字。今據宋本改補。

義疏

潬沙出郭注今河中呼水中沙堆爲潬音但。釋汶瀾所由名也。沙、从水少。水退成淤蕩則成沙。潬與戰同義。礙流成灘者、以水冄沙出。故河陽有中潬城。潬灘通用。

集解

潬沙出釋汶瀾所由名。潬即瀾開也。與灘通用。灘因沙土而成、水濡而乾則爲灘。沙、水中散石也、从水少。水少則沙出而灘見矣。廣韻今河陽縣有中潬城、亦取沙出之義。

義證

潬沙出

古之灘字也。

釋地四篇注

潬沙出潬徒但反

註今河中呼水中沙堆爲潬

補正臣鍳按、潬灘古今字。

郭注補正

潬沙出

今江東評水中沙堆爲潬音但洛陽北河中有中潬城是也

元應寶髻菩薩經論音義引爾雅潬沙出、郭璞曰今江東呼水內沙堆爲潬、洛陽北河中有中潬城是也。樹枏案明注疏本江東作河中、又刪音但二字。竊疑河中二字、涉河中有中潬城句而誤、此刪節之有迹可尋者。廣韻二十三旱潬下云、水中沙爲潬、今河陽縣南有中潬城、葢本郭注。元應正法念經十卷音義佛本行集經四十二卷音義俱引爾雅潬沙出、郭璞曰今江東呼水中沙堆爲潬、謂水中央地也。案此末句當爲元應之文。

郭注佚存補訂

潬沙出註今江東呼水中沙堆爲潬江東誤河中。

注疏正字

潬沙出　說文水部無潬字。

匡名

潬沙出。今江東呼水中沙堆爲潬、音但。　潬與沠對轉、與洲、渚、沚亦雙聲、小異者、此專斥沙言耳。俞氏樾說、即說文灘字重文、俗體作灘、即今人所謂沙灘。　潬下一切經音義十引有洛陽北河中有潬池是也云云、又十九引作謂水中央地也。

黃侃音訓

潬沙出釋水

注曰今河中呼水中沙堆爲潬

樾謹按、說文無潬字、疑卽灘字也。據說文灘爲灘重文、其說解曰水濡而乾也、竝無水中沙堆之說。葢是別義、許所不收耳。玉篇水部、𤅩、水𤅩也、灘、同上。此卽爾雅潬沙出之潬。釋天篇在申曰涒灘、李巡注曰、灘單、盡也。是灘單聲近、故灘或爲潬矣。釋名釋言語曰、難、憚也。灘之與潬、猶難之與憚也。今人習用沙灘字、不知其本於爾雅矣。

平議

潬沙出

說文無潬字。俞太史謂卽說文𤅩字、俗本作灘、今人所謂沙灘。俞說是也。說文、𤅩、水濡而乾也。俗从或體、難聲。水濡而乾卽沙出矣。許又引詩中谷有蓷、𤅩其乾矣、毛詩𤅩作暵、傳、暵、菸貌。菸卽淤字、與沙出義亦近。釋天太歲在申曰涒灘、李注、灘單、盡也。案禮祭義歲既單矣、注單、盡也。據此灘音義並通。單聲鷬聲並在段氏十四部。

又案、注疏本注、今河中呼水中沙堆爲潬。案、河中二字、當依蜀大字宋本作江東。吳元泰本同。校勘記云、一切經音義卷十卷十一卷十九引皆作江東。俊案、郭此經注多以江東爲說。類篇江東呼水中沙灘爲潬、正用郭注。又蜀本潬下有音但二字、亦與吳本雪囱本合。

王仁俊日記

潬沙出、郭云今江東呼水中沙堆爲潬。俞樾云、說文無潬字、疑卽灘字也、說文灘訓水濡而乾、無水中沙堆說、今人習用沙灘字、不知本爾雅。楷案、俞說是也。楊慎集六引聲

類云、水衍沙出曰潬。衍者、蔓也。薛綜西京賦注 謂水邊之沙蔓衍而出謂之潬也。今江邊海邊凡沙土漲出岸外者皆是。陶澍海運圖疏言、黃河口對出之洋面稍南有沙埂五條、船行遇東風則慮淺擱、宜避之。又云、江境雲梯關外迤東有大沙一道、自西向東、接漲甚遠、暗伏海中、此沙徑東北積爲沙埂、舟人呼爲沙頭山。此皆爾雅之所謂潬也。

稗疏

釋水　潬沙出。

邕案。潬者汶出之水也。此句與上文灉反入相對爲文。灉爲河出之水、潬爲汶出之水。下文云。水自河出爲灉。汶爲灛。灛卽潬字。此其明證。惟沙出二字不易解。釋丘云。邐迤沙丘。沙邐迤疊韻。故丘之邐迤者名沙。此沙字疑亦爲邐迤之義。非沙石之謂也。如此方與上文反入爲對。上文郭注云。卽河水決出復還入者。是河之灉既決出而復還入。故曰反入。汶之潬則邐迤而去不復還入。故曰沙出。或云沙有細散之義。讀爲婆娑之娑。蓋如噴出。然亦一說。若以沙爲沙石之沙。則與反入句法不類矣。且潬既出於汶。何又出於沙乎。郭注云。今江東呼水中沙堆爲潬。此不但誤以沙爲沙石之沙。并誤以潬爲沙名而非水名矣。則何不與下文洲渚等爲次乎。洲渚等題水中。此題水泉。必有別。春秋哀八年經齊人取讙及闡。杜解云。闡在東平剛縣北。則正在汶水之旁。水經汶水篇云。又西南過剛縣北。酈道元注云。地理志剛。故闡也。應劭曰。春秋經書齊人取讙及闡。今闡亭是也。闡卽灛省水旁。亦卽潬字。說文潬灛二字並不載。則古或但作闡。亦未可知。闡亭之稱。豈非因潬水而得名與。水經洙水篇注引呂忱曰。洸水出東平陽。上承汶水于剛縣西闡亭東。爾雅曰。汶別爲闡。其猶洛之有波矣。邵晉涵正義、郝懿行義疏並謂洸水卽闡水。

校書

今江東呼水中沙堆爲潬音但　雪牕本同。注疏本江東改河中、又删下二字。按一切經音義卷十卷十一卷十九三引此注皆作江東。

潬沙出〇釋曰　注疏本删。

校勘記

今江東呼水中沙堆　十行本江東作河中。

校勘記訂補

二行今江東呼水中沙堆爲潬音但〇唐寫本同。玄應《音義》卷十引「《爾雅》：潬，沙出。郭璞曰：今江東呼水內沙堆爲潬。洛陽北河中有中潬池是也。」「洛陽」以下當爲玄應文。王樹枬以此爲郭注原文，非是。

宋監本校箋

潬沙出。今江東呼水中沙堆為潬，音但。

音圖音

潬，徒坦翻，音但。羣經音義徒亶翻同。

音略

但

潬、沙出、

孫侶直音

潬但沙出。水中沙堆。

楊氏音訓

潬但

干氏音釋

汧出不流

汧、出不流。水泉潛出，便自停成汙池。

郭注

汧出不流 釋曰：謂水泉潛出停成汙池者名汧。地理志云：扶風汧縣，雍州弦蒲藪，汧出西北入渭。以其初出不流，停成弦蒲澤藪，故曰汧出不流也。其終則入渭也。

邢疏

汧出不流 郭璞云：水泉潛出，便自停成污池。

一切注音

汧 口千口見二反。

陸音義

汧出不流 水盈科而後進，平則弗流也。易曰：坎不盈，中未大也。

新義

汧出不流 郭璞曰：水泉潛出，便自停成污池。

古注合存

灘反入，潬沙出，汧出不流。灘音雍，潬音但，汧音牽。○此釋水若泉之出入行止之名也。註曰：水決出復入為灘，水中結成沙堆為潬，水泉潛出停成汙池為汧。疏曰：反復也，出而復入名灘，即下文水自河出為灘也。

注疏參義

汧出不流 註 水泉潛出便自停成汚池。正義 水出泉而不達於通川者為汧，與水決之澤入於渭者同名而異實。列子黃帝篇：汧水之潘為淵。管子度地篇：水出地而不流者命曰淵水。書釋文引馬融云：泉出而不流者謂之瀆，即其類也。註 水泉至污池。○正義 郭以汙池之水俱有泉原，而不達於通川，故舉類以曉人也。說文云：小池為汙。楊倞荀子註：汙，停水之處。

正義

汧出不流 水泉潛出便自停成汙池 水出於地便自停蓄而不通流，猶人慳吝不肯施散，厥名曰汧。汧之為言慳也。列子黃帝篇云：汧水之潘為淵。然則淵水停而不流，與此義合。邢疏引地理志、扶風汧縣，汧出西北入渭，以其初出不流，停成弦蒲澤藪，其終則入渭也。

義疏

汧出不流 釋禹 郭注，水泉潛出，便自停成汙池。禹貢導汧也。幵，平也。水出處地平，故不流。

集解

汧出不流 釋禹貢適 汧也。汧，从水幵，平也。象二幵干對構上平也。出不流者，以地平坦故。

義證

汧出不流 今鳳翔府西南汧山，汧水出焉，積為弦蒲藪。

釋地四篇注

汧出不流 汧，口千反。

爾雅詁林 十二 釋水

注 水泉潛出便自停成汚池 補正 邢疏地理志扶風汧縣雍州弦蒲藪汧出西北入渭以其初出不流停成弦蒲澤藪故曰汧出不流也其終則入渭也。

郭注補正

汧出不流

水泉潛出便自渟成汚池

渟字各本皆作停據釋山山上有水埒注則此停字亦宜作渟也據正仿宋本單疏本雪牕本汚作汙。

郭注佚存補訂

灘反入灉沙出汧出不流

沙者大雅鳧鷖在沙毛傳云沙水旁也正義引說文云沙水中散石也水少則沙見故字從水少案此沙卽所謂灉也餘詳訂經。

說詩

灘反入灉沙出汧出不流 凡水反入者俱名爲灘。郭註今河中呼水中沙堆爲灉燕肅云灉海中沙也商賈或泛海取捷謂之登灉說文沙水散石从水从少水少沙見楚東有沙水。 水泉停成池沼爲汧又 汧爲水名。

啓蒙

汧出不流水泉潛出便自停成汙池 洪頤煊據注中汙字說經文本作汙出不流案汙雖有不流之訓說文作洿而汧亦可有不流之義旣無明證不當輒改且經云水出不流謂初出不流非終不流也不必太泥。

黃侃音訓

汧出不流

釋水汧出不流郭注水泉潛出便自停成汚池頤煊案汧當是汙字之譌左氏隱三年傳潢汙行潦之水服虔注水不流謂之汙說文洿濁水不流也一切經音義卷八引三蒼停水曰洿字皆通用。

讀爾雅錄

汧出不流。

邕案。不流謂決出也。下文云。水決之澤爲汧。此爲明證。郭注不謂決出而云潛出。意以此汧與下文之汧當有別。否則複疊耳。不知釋水篇中自有複釋之例。卽如上文云灘反入。是既釋灘矣。而下文又云水自河出爲灘。又云河有灘。是灘且三釋也。灉沙出。是既釋灉矣。而下文又云汶爲瀾。見上條。是瀾再釋也。下文云江爲沱。是既釋沱矣。而又云江有沱。是沱亦再釋也。此云汧出不流。是既釋汧矣。而下文又云水決之澤爲汧。是汧亦再釋也。前後相證。斯無疑義。歧而二之。則支說生矣。玄應大般涅經音義引說文。決、下流也。段玉裁注本從之。恐彼下字卽不形近之誤。今本說文水部訓行流。尤誤。

校書

汧出不流○釋曰 注疏本删。

便自停成汙池 單疏本雪牕本元本同閩本監本毛本汙作汚疏中同。

校勘記

水流潛出 十行本雪牕本吳本並水泉。

校勘記訂補

汧音牽 出不流

音圖·音

牽

鄭樵本無流字

汧出不流歸異出同流肥。

孫偘直音

汧牽 出不流 水泉潛出便自停成汚池。

楊氏音訓

汧牽

干氏音釋

歸異出同流肥

歸異出同流肥。毛詩傳曰、所出同所歸異爲肥。

郭注

歸異出同流肥　釋曰、謂小水支分歸入大水則異、其泉源初出則同流者名肥。即詩邶風泉水云我思肥泉、茲之永歎。毛傳云、所出同、所歸異爲肥泉。是也。

邢疏

歸異出同流肥已下釋水

水異出、流行合同曰肥。水經淇水注

犍爲注

黃輯古義

歸異出同流肥

水異出、流行合同曰肥。酈道元水經注卷十三

犍爲注

玉函山房輯佚

歸異出同流肥

舍人曰、水異出、流行合同曰肥。酈道元水經十三㶟水注

漢注

歸異出同流肥

犍爲舍人云、水異出、流行合同曰肥。水經註十三卷　郭璞云、毛詩傳曰所出同、所歸異爲肥。

一切注音

水經淇水注

歸異出同流肥　犍爲舍人云水異出流行合同曰肥。

蕙心案、水經注淇水引爾雅、歸異出同曰肥。無流字。

古注斠

歸異出同流肥

所趣本異、聊與同流、肥矣哉。

新義

歸異出同肥　泉水云、我思肥泉。

鄭樵注

歸異出同流肥鄭本無流字。

舍人曰、水異出、流行合同曰肥。此見水經淇水注引爾雅文。無流字。據此注、則舍人本亦有流字也。

郭璞曰、毛詩傳曰所出同所歸異爲肥。

鄭樵曰、泉水云我思肥泉。

古注合存

歸異出同流肥**註**毛詩傳曰所出同所歸異爲肥**正義**水經註引犍爲舍人云、水異出流行合同曰肥。案、水經註、馬溝水出朝歌城北、東流南屈、逕其城東、又東流與美溝合、美溝水出朝歌西北大嶺下、東流逕駱駝谷、東逕朝歌城北、又東南流注馬溝水、又東南注淇水、爲肥泉也。酈道元以所出異所歸同爲肥、義本舍人、與郭氏殊。釋名云、所出同所歸異曰肥泉、本同出時所浸潤、少所歸、各枝散而多似肥者也。與郭意同。**註**毛詩至爲肥。○**正義**邶風泉水云我思肥泉、毛傳所出同所歸異爲肥泉。郭引毛傳省泉字。水經註引爾雅作歸異出同曰肥。

正義

歸異出同流肥　玉案、釋名云、所出同、所歸异曰肥。水經註、呂忱曰爾雅异出同流曰瀵。藝文類聚引爾雅曰、水源曰泉、所出同所歸异曰肥、異出同流曰瀵。據此今本蓋誤合爲一句。

校議

歸異出同流肥毛詩傳曰所出同所歸異爲肥

詩泉水傳用爾雅。釋名云、所出同所歸異曰肥、泉本同出、時所浸潤、少所歸、各枝散而多似肥者也。與毛傳義同。水經淇水注云、美溝水東南流注馬溝水、又東南注淇水、爲肥泉。引詩肥泉、又引舍人曰、水異出、

流行合同曰肥。今是水異出同歸矣。是鄘本舍人與毛傳異。又以斯水卽詩泉源之水也。列子肥水之潘爲淵，殷敬順釋文亦云水所出異爲肥，俱本舍人爲說。呂忱又以爾雅異出同流爲瀵，瀵肥聲亦相轉。然則諸家爾雅本其不同如此。

義疏

歸異出同流肥　經文

○按此條水經注引作歸異出同曰肥。釋名謂所出同所歸異曰肥泉，與爾雅毛傳正同。水經注又引犍爲舍人說水異出流行合同曰肥，殷敬順列子釋文謂水所出異爲肥，水經注又引呂忱字林爾雅異出同流爲瀵水，據此則各家爾雅本不同。水經注淇水下肥泉旣引毛注，又引爾雅釋名廣異聞也。最後折以舍人之說，復申之曰今是水異出同歸矣，是水者肥泉也。據鄘書肥泉卽泉源之水，水有二源，一水出朝歌城西北，東南流逕朝歌城南，又東與左水合，謂之馬溝水。水出朝歌城北，東流南屈逕其城東，又東流與美溝合，水出朝歌西北大嶺下，東逕朝歌城北，又東南流注馬溝水，又東南注淇水爲肥泉。然則肥泉固合衆源而爲一，所謂異出同流者也。鄘氏實主舍人之說，疑爾雅原文當作水異出同流肥，舍人所見本蓋如是，諸家傳寫訛誤，故所述亦因之。若字林謂異出同流爲瀵水，蓋涉下文而誤，然益可證本文之爲異出同流矣。

經注集證

歸異出同流肥　詩我思肥泉，毛傳所出同、所歸異爲肥。水經淇水注，美溝水東南流注馬溝水，又東南注淇水爲肥泉。引詩肥泉，又引舍人曰水異出流行合同曰肥，今是水異出同歸矣。是鄘不舍人與毛傳異。今謂鄘說是也。歸與肥爲聲近字。歸卽肥水之異名也。異出同流，所以釋歸，與上文例同。復出肥者，明歸卽肥耳。蓋當時人多知肥而不知歸者。歸，女嫁也。肥，多肉也。均以水之同流而命名。詩以爲詠，明衛女與衛大夫不同母而生，異出也，許衛敵國，則同流也。毛不孜肥形之分合，又不知歸卽肥，毋怪其說之謬誤也。

義證

歸異出同流肥

肥水在衞鄘。道元曰，馬溝水東南注淇水，爲肥泉也。博物志謂之澳水，亦詩所謂泉原之水矣。水有二原，一出朝歌城西北，東南流與左水合，左水謂之馬溝水，出朝歌城北。異出同流之謂也。在今衞煇府淇縣。

釋地四篇注

歸異出同流肥

註毛詩傳曰所出同所歸異爲肥　補正　臣鍌按，釋名云，所出同所歸異曰淝泉，本同出時所浸潤少，所歸各枝散而多似淝者也。唐盧潘合肥辨云，肥水出雞鳴山，北流二十里分而爲二，其一東南流經合肥縣南，又東南入巢湖，其一西北流出壽春，西投于淮。原實同而流實異也。

郭注補正

歸異出同流肥。舍人曰，水異出流水合同曰肥。按詩我思肥泉，毛傳以爲所出同所歸異，釋名亦云本同出時所浸潤少，所歸各枝散而多似肥，與舍人異。水經注則謂實異出而同歸，舍人之說或不盡非矣。

錢氏古義

歸異出同流肥

肥者，邶風泉水我思肥泉，毛傳云所出同所歸異。舍人云水異出流行合同曰肥，與毛義相反。水經注則以衛之肥泉實有二源，皆出朝歌東北，右水南流東屈，左水東流南屈，合爲馬溝水，又東與美溝水合，（疑美溝即馬溝聲轉。）又東南注於淇水，爲肥泉，是異出同歸也，與舍人說合也。又注陰溝水云，過水又東合左右肥水，肥水出山桑縣西北澤藪，東南流，左右翼佩數源，異出同歸，亦用舍人之說。而注肥水則引字林，謂肥水出良餘山，北流分爲二水，是又與毛傳出同歸異之說合矣。馬氏瑞辰云，肥泉，爾雅古有二讀，一作歸異出同，一作異出同流。爾雅郭注引毛傳所出同所歸異爲肥泉，釋名同，皆不釋流字之義，是毛郭劉熙所見爾雅本同，下並無流字也。水經注引犍爲舍人云水異出流行合同曰肥，列子殷敬順釋文云水所出異爲肥也，皆不釋歸字，則舍人本蓋作異出同流也。今兩存其說，未能定也。

說詩

歸異出同流肥 正義云，水經注引流作曰。徐養原曰按水經淇水注引爾雅曰，歸異出同曰肥。案此與毛義合。郭注直引毛詩傳，別無所說，則郭本亦無流字。酈注又引舍人曰水異出流行合同曰肥，則舍人本作異出同流，無歸字。歸即流也。歸異出同與異出同流，其義正相反。今本兼而存之，遂不成文。又云，詩疏引此句歸上又有泉字。

匡名

歸異出同流肥。水經十三淇水注引此經歸異出同曰肥，無流字，江藩說舍人本無歸字，徐養原說同。又云，歸即流也，歸異出同與異出同流正相反，今本兼而存之，遂不成文。呂忱又以爾雅異出同流爲瀵，如呂說，疑爾雅別有一本云歸異出同肥，異出同流瀵。

黃侃音訓

釋水 歸異出同流肥

按水經淇水注引爾雅，歸異出同曰肥。河水注又引李忱云，爾雅異出同流爲瀵水。竊疑爾雅舊本當作歸異出同肥，異出同流瀵。後人轉寫譌誤，遂闌流字入歸異出同下，而奪異出同流瀵句耳。肥與飛通。易肥遯，淮南九師訓作飛遯。飛又與非通。非子，文選盧子諒詩作飛子。肥之言非也。廣雅，非，違也。違者，歸異之謂，則無流字是也。但犍爲舍人注已云水異出流行合同曰肥，則其誤在漢以前矣。惟邶風泉水四章傳云所出同歸異爲肥泉，劉熙釋名曰所出同歸異曰肥泉，並與水經注引爾雅之義合。郭注引毛傳，而流字不爲作解，則郭本或本無流字，校者據舍人本增。不知歸異出同下增流字，則不辭之甚也。

爾雅詁

歸異出同流肥 唐石經單疏本雪牎本同。惠棟云，水經注引作歸異出同曰肥，犍爲舍人曰水異出流行合同

爾雅詁林 十二 釋水

曰肥。又引呂忱字林曰，爾雅異出同流爲瀵水。

歸異同出流肥○釋曰注疏本删。

歸入大水注疏本水誤海。

校勘記

歸異出同流肥十行本流作日。

校勘記訂補

三行(注)毛詩傳曰所出同所歸異爲肥○唐寫本「肥」下有「也」字。

宋監本校箋

歸異出同流肥所歸異所出同爲肥。

楊氏音訓

瀵大出尾下

瀵大出尾下。

今河東汾陰縣有水口，如車輪許，濆沸涌出，其深無限，名之爲瀵。馮翊郃陽縣復有瀵，亦如之，相去數里而夾河。河中陼上又有一瀵，瀵源皆潛相通。在汾陰者人壅其流以爲陂，種稻，呼其本所出處爲瀵魁，此是也。尾，猶底也。

郭注

瀵大出尾下 釋曰尾猶底也。言源深大出於底下者名瀵。瀵猶灑散也。注今河至底也 釋曰河東馮翊者皆郡名也。云河中陼上者，皆謂水中可居之小者。云人壅其流以爲陂種稻者，澤障曰陂，謂人壅畜此水以爲陂澤而溉稻田也。云瀵魁者，魁師也，首也，以其水源故謂之魁也。

邢疏

歸異出同流肥瀵大出尾下

水經河水注引呂忱曰，爾雅異出同流爲瀵。案所引與今本異，疑涉下句而誤。

黃輯古義

衆家注

瀵大出尾下

郭璞云，今河東汾陰縣有水口，如車輪許，濆沸涌出，其深無限，名之爲瀵。馮翊郃陽縣復有瀵，亦如之，相去數里而夾河。河中陼上又有一瀵，瀵原皆潛相通。在汾陰者人壅其流以爲陂，種稻，呼其本所出處爲瀵魁，此是也。尾，猶底也。名之爲瀵，今本爲作曰。本所出處，今本無所字。茲依宋本改增。

一切注音

瀵敷問反，義或方問反。水本同而出異。尾字或作浘、屍，同。亡鬼反。汾又云反。車昌蛇反。濆扶粉反。翊音弋。郃戶荅反。數里色主反。夾古洽反。壅於勇反。陂彼爲反。出處昌慮反，下同。魁口回反。

陸音義

尾字或作浘、屍同。○案、屍疑當作尾。

音義攷證

瀵大出尾下

大而出尾下，故曰瀵。郎若神瀵出上。

新義

瀵大出尾下 尾猶底也。言其源深大出於底下者名瀵。郭云，今河東汾陰縣有水口，如車輪許，濆沸涌出，其深無限，名之爲瀵。馮翊郃陽縣復有瀵，亦如之，相去數里而夾河。河中陼上又有一瀵，瀵源皆潛相通。出汾陰者人壅其流以爲陂，種稻，呼其本所出處爲瀵魁。

鄭樵注

瀵大出尾下

郭璞曰、今河東汾陰縣有水口、如車輪許。濆沸涌出、其深無限、名之曰瀵。馮翊郃陽縣復有瀵、亦如之、相去數里而夾河、河中陼上又有一瀵、瀵原皆潛相通。在汾陰者、人壅其流以爲陂、種稻、呼其本出處爲瀵魁、此是也。宋本曰作爲其本下有所字。尾、猶底也。

鄭樵曰、尾、猶底也、言其源深大出於底下者名瀵。郭云、今河東汾陰縣有水口、如車輪許、濆沸涌出、其深無限、名之爲瀵。馮翊郃陽縣復有瀵、亦如之、相去數里而夾河、河中陼上又有一瀵、瀵源皆潛相通、出汾陰者、人壅其流以爲陂、種稻、呼其本所出處爲瀵魁。

古注合存

補注　呂忱字林謂異出同流爲瀵水。見水經注、蓋誤合上下文。

瀵大出尾下　註　今河東汾陰縣有水口如車輪許濆沸涌出其深無限名之爲瀵馮翊郃陽縣復有瀵亦如之相去數里而夾河河中陼上又有一瀵瀵原皆潛相通在汾陰者人壅其流以爲陂種稻呼其本所出處爲瀵魁此是也尾猶底也　正義　說文云、瀵、水浸也。列子湯問篇、壺領之山、有水湧出、名曰神瀵、一源分爲四。張湛註、山頂之泉曰瀵。是水之出流盛大而底原深下者謂之瀵。註　今河至是也。○正義　水經註云、瀵水出汾陰縣南四十里、西去河三里、平地開源、濆泉上涌、大幾如輪、深則不測、俗呼爲瀵魁。古人壅其流以爲陂、水種稻、東西二百步、南北百餘步、與郃陽瀵水夾河、河中渚上又有一瀵水、皆相潛通、故呂忱曰、爾雅異出同流爲瀵水。其水西北流、歷蒲阪西、西流注於河。又云、郃陽城北有瀵水、南去二水各數里、其水東逕其城內、東入於河。又於城內側中有瀵水、東南出城、注於河、城南又有瀵水、東流注於河。元和郡縣志云、中瀵水、蒲池瀵水、與南瀵水、並在舊河西縣南五里、今郃陽界內。

太平寰宇記云、蒲州臨晉縣、瀵水出縣西三十八里。案、呂忱所引爾雅與今本殊。水之出同歸異者爲肥、異出同流者爲瀵。蓋古義也。漢河東郡汾陰縣、劉昭注補續漢志引郭註爲證。晉因漢制。監本晉書地理志作河東郡汾陽縣。疑傳寫之誤。今爲蒲州府榮河縣。漢左馮翊郃陽縣、晉爲馮翊郡郃陽縣、今爲同州府郃陽縣。監本作名之曰瀵、呼其本所出處、無所字。今從宋本。

正義

瀵大出尾下　今河東汾陰縣有水口如車輪許濆沸涌出其深無限名之爲瀵馮翊郃陽縣復有瀵亦如之相去數里而夾河河中渚上又有一瀵瀵源皆潛相通在汾陰者人壅其流以爲陂種稻呼其本所出處爲瀵魁此是也尾猶底也　說文云、瀵、水浸也。引此文。水經河水注引呂忱曰、爾雅異出同流爲瀵水。然則今本疑有脫文。釋文亦云、瀵水本同而出異、與呂忱合也。列子湯問篇云、壺領山項有口、狀若員環、有水涌出、名曰神瀵、一源分爲四。然則瀵水噴流甚大、底源潛通、故曰出尾下也。水經注云、瀵水出汾陰縣南四十里、去河三里、平地開源、濆泉上涌、大幾如輪、溪則不測、俗呼之爲瀵魁。古人壅其流以爲陂、水種稻、東西二百步、南北百餘步、與郃陽瀵水夾河、河中渚上又有一瀵水、皆相潛通、故呂忱曰、異出同流爲瀵、其水歷蒲阪西、西流注於河。又云、郃陽城北有瀵水、東逕其城內、東入於河、又於城內側中有瀵水、東南出城、注於河、城南又有瀵水、東流注於河。酈注所言與郭義同而加詳。漢晉汾陰竝屬河東郡、今爲蒲州府榮河縣。馮翊郃陽、今爲同州府郃陽縣矣。又曾鞏齊州二堂記云、歷城之西有泉涌出、高或至數尺、齊人名曰趵突之泉、嘗有棄糠於黑水之灣者、而見之於此、蓋泉自渴馬之崖、潛流地中、而至此復出也。今按、趵突即瀵之類。凡瀵必數處潛通。歷城趵突、濟水之所溢出也。汾陰郃陽諸瀵、河水之所溢出也。

義疏

異出同流肥　瀵大出尾下　舍人注、水異出流行合同曰肥。郭注、

歸

毛詩傳曰、所出同、所歸異曰肥。今河東汾陰縣有水口、如車輪許、濆沸涌出、其淡無限、名之爲瀵。馮翊郃陽縣復有瀵、亦如之、相去數里而夾河、河中渚上又有一瀵、皆潛相通。在汾陰者、人壅其流以爲陂、種稻、呼其本所出處爲瀵魁、此是也。尾、猶底也。詩我思肥泉、本作歸泉、異出同流、若衛女與衛夫人不同姓而同體國也。讀者旁注肥字於下、毛詩詁乃以爲歸異出同、若衛女歸許、齊女歸衛、亦同於衛、理自可通、唯與肥泉不合。又歸異之水多有、亦不勝其指數、不若同流之水、必究所歸也。名歸有義、名肥迂矣。故呂忱又以肥爲瀵。糞所以爲肥、肥瀆字又通用、而瀵與本水初不必同流、且瀵既大出、不以流爲異。今故兩存其讀、明肥可兩讀、分別其義、使歸瀵不相混、以通諸家。

集解

瀵大出尾下

釋瀵水所由名也。水經注、瀵水出汾陰縣南四十里、去河三里、平地開源、濆泉上涌、大幾如輪、深則不測、俗呼之為瀵魁。古人壅其流以為陂、水種稻、東西二百步、南北百餘步、與郃陽瀵水夾河、河中渚上又有一瀵、水皆相潛通。故呂忱曰、異出同流為瀵。其水歷蒲阪西南流注於河。又曰、郃陽城北有瀵水、東逕其城內、東入於河。又於城內側中、有瀵水東南出城、注於河。城南又有瀵水、東流注於河。均大出而尾下也。瀵、水浸也、又與濆為通用字。因其溉田而名瀵、水經注所謂壅流為陂水是也。因其濆泉上湧而名濆、春秋傳所謂濆泉直泉是也。尾與大對文、則尾、微也。瀵蓋同源、而濆出之流甚多、同注於河、水因以微。詩在河之州、則郃陽河中之渚。以為詠者、亦以渚有瀵水、借大出喻后妃、尾下喻嬙媵、非泛言也。

義證

瀵大出尾下

酈道元曰、郃陽城北有瀵水。又城南有瀵水。又汾陰縣有瀵水、出縣南四十里、西去河三里、平地開原、濆泉上涌、大幾如輪、深則不測、俗呼之爲瀵魁。古人壅其流以爲陂、水種稻、東西二百步、南北百餘步、與郃陽瀵水夾河、河中渚上有一瀵水、皆潛相通。此皆在今郃陽縣境。又史記有汾門、魏王泰曰、徐水出廣昌領、流至北平縣東南、歷石門中、俗謂之龍門。道元又曰、易水又東、逕新城縣北、俗謂之武隧津、津北對長城門、謂之汾門。史記趙世家與燕易土、以汾門與燕、即此也、又謂之梁門矣。此在今保定府新城縣境。古糞與分通。孟子百畝之糞、禮記作分、故瀵亦謂之汾矣。又春秋傳叔弓敗莒師于蚡泉、公羊氏作濆泉、云濆泉直出、亦瀵水也。道元又云、河水南合孔谿口、水出孔山、山之上有穴如車輪三所、東西相當、相去各二丈許、南北直通山、在蒲城西南三十餘里、亦瀵水也。

釋地四篇注

瀵大出尾下　瀵、敷問反

[註]今河東汾陰縣有水口如車輪許、濆沸涌出、其深無限、名之曰瀵。馮翊郡郃陽縣復有瀵、亦如之、相去數里而夾河、河中陼上又有一瀵、瀵原皆潛相通。在汾陰者、人壅其流以爲陂、種稻、呼其本出處爲瀵魁、此是也。尾猶底也。[補正]邢疏、尾、猶底也、言其源深出於底下者名瀵。瀵、猶灑散也。臣鑒按、瀵、猶噴也。公羊傳所謂濆泉者、蓋此類歟。彼云、濆泉者何、直泉也。直泉者何、涌泉也。或曰水本同而出異、瀵。

郭注補正

瀵大出尾下。水經注曰、郃陽城北有瀵水、城南又有瀵水、又汾陰縣南四十里有瀵水，西去河三里，平地開源，濆泉上涌，大幾如輪，深則不測，俗呼之爲瀵魁，土人壅其流以爲陂水，種稻，與郃陽瀵水夾河，河中渚上又有一瀵水，皆潛相通，故呂忱曰，爾雅異出同流爲瀵水。按道元之言，卽出郭氏異出同流爲瀵，讀爾雅之誤也，引之者竟不之加攷與。

錢氏古義

瀵大出尾下　注尾猶底也

正曰，凡泉莫不有底，何獨於瀵言之。郭說非也。瀵大出者，承上文出同流而廣言之，濆湧上出，其勢甚大也。上文檻泉正出，沃泉縣出，氿泉穴出，此云瀵大出，文誼正相合矣。尾下者，承上歸異而廣言之，尾者，下游也。左昭十二季傳楚子狩于州來，次于潁尾，杜注潁水之尾，在下蔡。水經潁水注引晉秋次于潁尾而釋之，云蓋潁水之會淮也。是水之下游謂之尾也。俞編修平議云，水經瀔水注諺曰，高梁無上源，清泉無下尾，是尾對源而言，瀵大出尾下，言其出甚大，而其尾則歸於下也。列子湯問壺領之山有水湧出名曰神瀵，張湛注山頂之泉曰瀵泉，在山頂則下注，可知爾雅蓋以尾之在下見源之在上也。是故壺領神瀵，正爾雅大出尾下之瀵，若水經注所偁，瀵水出汾陰縣南四十里，平地開源，濆泉上湧，則是平地之水，但可謂之大出，而不可謂之尾下，雖沿瀵名，實與雅誼微別。

正郭

瀵大出尾下

今河東汾陰縣有水口如車輪許，濆沸涌出，其深無限，名之爲瀵。馮翊郃陽縣復有瀵，亦如之，相去數里而夾河，河中陼上又有一瀵，瀵源皆潛相通。在汾陰者，人壅其流以爲陂種稻，呼其本所出處爲瀵魁，此是也。尾猶底也

明注疏本作名之曰瀵，源改原，脫所字。唐殘本玉篇引無本字。

郭注佚存補訂

瀵大出節註名之爲瀵爲誤曰。瀵原皆潛相通原、亦作源。呼其本所出處爲瀵魁脫所字。

注疏正字

歸異出同流肥　瀵大出尾下

瀵當作瀿。說文水浸也，從水糞聲。俗作米田，誤。說文似米而非米者，矢字。華，箕屬。注、毛詩傳曰所出同所歸異爲肥。惠徵君曰，水經注引犍爲舍人曰水異出流行合同曰肥，又引字林曰爾雅異出同流爲瀿水。藩謂，舍人呂忱所引爾雅與毛傳鄭注不同。陸德明音義不釋肥字。瀵字下云敷問反，義此字不知何字之誤。或方問反，水本同而出異。釋文一書爲北宋人改竄之本，非陸氏之舊。如瀵下云云，必錯改之誤也。意者舍人本無歸字，作異出同流曰肥，與毛公所見本異，故其說亦異矣。水經注引爾雅作歸異出同曰肥者，乃後

爾雅詁林　十二　釋水

八不達旨趣、反據今本爾雅改之耳。呂伯雍引爾雅異出同流爲瀵水者、疑是舊注、非經文也。陸元朗曰水本同而出異、卽異出同流之義、蓋引舊注以釋瀵水、或卽字林之文。不可考矣。

小箋

瀵大出尾下

郭曰、尾猶底也。引之謹案、凡泉莫不有底、水皆自下而上、何獨於瀵而言出尾下乎。且尾者、後也、末也。泉之有底、水所自出、乃其始也、本也、不得謂之曰尾。遍考書傳、無謂水所自出爲尾者、況上出與下出不同。莊子秋水篇、天下之水、莫大於海、尾閭泄之、（列子湯問篇所謂無底之谷。）不知何時已而不虛。蓋海水自穴中下出、有若腹中之物泄於尾閭者然、故謂之尾。若瀵水濆涌上出、則與尾閭之下泄者異矣、何得謂之尾乎。郭說非也。今案瀵大出當絕句、尾下當自爲一義、不與上相屬。瀵大出者、承上出同流而廣言之。謂之大出者、濆涌上出、其勢甚大也。上文云檻泉正出、沃泉縣出、氿泉穴出、此云瀵大出、文義正相合矣。尾下者、承上歸異而廣言之。歸於他水者、水之尾也。尾者、下游也。故舉尾之名而釋之曰下。昭十二年左傳楚子狩于州來、次于潁尾、杜注曰潁水之尾、在下蔡西。水經、潁水至愼縣東南入于淮。注引春秋次于潁尾而釋之曰、蓋潁水之會淮也。是水之下游謂之尾也。瀵水注引諺曰、高梁無上源、清泉無下尾。是下游曰尾。後世方俗語猶然。解者乃以大出尾下連讀、失其義矣。

述聞

瀵大出尾下　說文引。　釋文云、尾字或作浘、屍、同。案、說文水部無浘字。屍、譌體。

匡名

瀵、大出尾下。（尾猶底也。）　瀵與濆聲同、義與濫泉濆泉亦近。錢坫說、瀵汾字通、引史記之汾門春秋之濆泉以爲釋、是瀵不止汾陰郃陽二處。　尾下之名與郯丘在脽上者義同、瀵之言糞也。

黃侃音訓

瀵大出尾下

注曰、尾猶底也。　疏曰、言其源深出底下者名瀵。

樾謹按、凡泉莫不有底、何獨於瀵言之。且泉之有底、乃其源也、非尾也。郭注義不可通。尾者水之下流也。水經瀵水篇注引諺曰、高梁無上源、清泉無下尾。是尾對源而言。瀵大出尾下、言其出甚大、而其尾則歸於下也。列子湯問篇壺領之山有水湧出、名曰神瀵、張湛注曰、山頂之泉曰瀵泉。在山頂、則其下注可知。爾雅蓋以尾之在下見源之在上也。是故壺領之神瀵、正爾雅大出尾下之瀵。若水經注所稱瀵水出汾陰縣南四十里、平地開源、濆泉上湧、則是平地之水、但可謂之大出、而不可謂之尾下。雖沿瀵名、實與雅義微別。相習既久、但以濆湧者謂之瀵水、而不知其爲山頂之泉、則尾下之義不可解矣。

平議

瀵大出尾下

說文、瀵、水浸也。从水糞聲。爾雅曰瀵大出尾下。（小徐本有讀若粉三字。爾雅爲錯所引。俊案、當从鉉本。）　案、大出尾下、義不可解。王氏引之（述聞）、張氏文虎（舒藝室隨筆）疑大出爲句、尾下爲句、例以濫泉正出、沃泉縣出、氿泉穴出句法、其說是已。但尾下爲句、似較鶻突。竊疑此大字當是水字之譌。（大水隸書形近易譌。左傳昭十八年將有大祥、釋文大、本或作火。火之譌大、猶水之譌大。）集均去聲

爾雅詁林　十二　釋水

二十三問方問切下、灘、水名、爾雅灘、水出尾下。案、集均義訓多本說文、則丁度等所見說文引爾雅作水不作大。張云水當作大、恐非。下文在河東云云、則釆郭注語。又芳問切下、灘、張云宋本如此、說文水浸也、本作浸。棟亭本作灘。又云、棟亭本作浸、疑非。引尾下。一說泉涌出也、蒲同二州夾河皆有灘泉、雖別分灘爲一字、似爲無見。然據云灘泉亦可爲爾雅作灘、水之旁證。廣均去聲二十三問匹問切、灘、水浸也、與說文同、可證爾雅之灘即說文之瀵。玉篇灘下既用郭注、而以瀵爲重文、不著水浸之義。此必孫強等竄改、非顧氏舊矣。然則灘也瀵也灘也灘也、實即一字、要以瀵爲正字。注云、今河南汾陽縣有水口、如車輪許、濆沸涌出、其深無限、名之曰灘。案、即今陝西蒲州府榮河縣也。注又云、馮翊郃陽縣復有灘。按、即今陝西同州府是也。朱氏駿聲云、山東濟南府歷城縣有趵突泉、亦灘也。此當是據目驗者。竊疑古人命名、自有精義、灘、水之出、必自下流、正象人尾下、故名灘。灘从糞、說文作糞、下引官溥說似米而非米者、矢字。又菌下、糞也。案菌亦糞同意字。然則糞出尾下、水出尾下似之、因名从糞之瀵字耳。自穴出爲氿泉、氿即尻字、水名取象於身、即其例。

又案、此條注古玉篇引之、異同尤多。名之曰灘、曰作爲。馮翊郃陽縣復有灘、郃作洽、無灘字。河中陼上又有一灘、陼作渚、無一字。灘原皆潛相通、原作源。無末尾猶底也四字。餘全引皆同。阮刊注疏本案、雪囪本日本作爲原。本作源解雖不合、尚可見孫強輩未刪前之古本也。

又案、段氏改說文瀵、水漫也、云依集均訂。鈕氏僅以集均漫爲傳刻之譌訂之。傒案、宋本集均明作浸、曹棟亭本始譌爲漫耳。未可據以改說文。況廣均灘、水浸也、即本許書、尤可見陸法言所據說文不作漫矣。古玉篇引說文、灘、水浸也。是顧見本亦不作浸。

王仁俊日記

瀵大出尾下、郭云尾猶底也。王引之云、瀵大出當絕句、尾下當自爲一義、尾者、下游也、故舉尾之名而釋之曰下。郝懿行云、瀵水、噴流甚大、底源潛通、故曰出尾下也。俞樾云、言其出甚大、而其尾則歸於下也。楷案、諸說皆非也。尾下與大出相對、猶上句歸異與出同相對也。尾者、微字之假音。古尾微二字通用。大出、謂奮湧而出之處甚大、尾下、謂流注於下之時甚微也。語意甚明、不必鑿爲之說。

稗疏

名之爲瀵　雪牕本同。注疏本爲改曰。

瀵源皆潛相通　雪牕本元本同。閩本監本毛本源作原、改從古字也。

呼其本所出處爲瀵魁　雪牕本同。注疏本脫所。

瀵大出尾下　○釋曰　注疏本刪。

言源深大　注疏本作言其源深。

○注今河至底也　○釋曰　注疏本刪釋曰。

皆謂水中可居之小者　注疏本皆作陼、水作河、此誤。

爾雅詁林　十二　釋水

謂人壅畜此水、注疏本壅畜倒。

而溉稻田也注疏本田誤苗。

校勘記

漢大出尾下注尾猶底也 案、漢大出當絕句。上云檻泉正出、沃泉懸出、於此漢大出句同。尾下者、末在下游也。王引之曰、尾者後也、末也、泉之有底、水所自出、乃其始也本也、不得謂之曰尾、郭說非也。

注疏校勘札記

四行（注）馮翊郃陽縣○「郃」，唐寫本作「哈」。

五行（注）人壅其流以為陂○唐寫本「壅」作「雍」，誤。原本《玉篇》水部「漢」下引與今本同，《釋文》亦作「壅」。

（注）尾猶底也○「也」唐寫本作「耳」。

宋監本校箋

漢音糞大出尾下

音圖・音

漢敷問翻敷滂輕重交互出切、音噴。去聲廣韻又音溢郿此音也。匹問翻或方問翻、音糞、此以非母本母出切也。 尾字或作浘屍同。 水經注引呂忱云、爾雅異出同流為漢水。與今爾雅異。又言漢水支流不一、明指異出同流之證。豈字林所見本不同耶。否則以上文釋肥者釋漢、不至如是之疏也。

音略

糞

漢大出尾下。

孫偘直音

漢糞、大出尾下。漢猶灑散也、言其源深出于底下者名漢。尾猶底也。

楊氏音訓

漢糞

干氏音釋

水醮曰厬

水醮曰厬。謂水醮盡。

郭注

水醮曰厬 釋曰、醮盡也。凡水之盡皆曰厬。厬則竭涸之一名也。

邢疏

水醮日厬

郭璞云、謂水醮盡。

一切注音

水醮曰厬

慧心案、說文水部引爾雅、水醮曰氿。厬字、說文云、仄出泉也。

古注斠

醮子召反。盡也。字或作潐、同。厬字又作漸、音軌。

陸音義

厬字又作漸○案、說文、氿水厓枯土也。引爾雅曰、水醮曰氿。

音義攷證

水醮曰厬

厬在厂下、盡也。水無盡也、其盡也如晷、今日雖盡、明日復出。

新義

水醮曰厬醮、盡也。厬、音軌。

鄭樵注

水醮曰厬
郭璞曰、謂水醮盡。
鄭樵曰、醮盡也。厬、音軌。

古注合存

歸異出同曰肥。瀵大出尾下。水醮曰厬。瀵音糞。厬音軌。○此釋泉之同異盈涸之名也。註曰、詩泉水云、我思肥泉。毛傳云、所出同所歸異爲肥。今河東汾陰縣有水口如車輪許、濆沸湧出、名之曰瀵。馮翊郃陽縣瀵亦如之。河中陼上復有一瀵、瀵原皆潛相通。尾猶底也。醮謂水醮盡也。疏曰、尾猶底也。言其源深出於底下也。瀵猶灑散也。醮盡也。凡水盡謂之厬。厬者涸竭之名也

注疏參義

厬、一作漸。

補注

水醮曰厬 註 謂水醮盡 正義 說文云、醮、盡也。氿、水厓枯土也。爾雅曰水醮曰氿。厬、仄出泉也。案、說文所引氿厬二字、與今本爾雅彼此互易。玉篇云、厬、水盡也。仄出曰氿泉、與今本同。

正義

水醮曰厬 說文小醮曰氿、水厓枯土也。从水九聲。爾雅水醮曰氿。

校議

水醮曰厬 謂水醮盡 醮當作潐。說文、潐、盡也。厬作氿、水厓枯土也。引此文云、水醮曰氿。其厬字訓仄出泉也、讀若軌。然則厬氿二字、爾雅說文互易、古字叚借通用。玉篇與今本同。

義疏

水醮曰厬 郭注、謂水醮盡。說文引作氿、而氿泉字反作厬。厬非古字、不必分別。此厬卽氿也。仄出故水醮。醮、澌也、非盡也。水盡土枯、卽乾溝阬、何足制名。仄出、亦有瀑流飛藟者、同名氿耳。

集解

水醮曰厬 厬、說文作氿、水崖枯也。蓋由九有窮究義而引申耳。醮、娶禮祭與潐通用。潐、盡也。今珊瑚礁、往有岸礁、堡礁、環礁等、均珊瑚遺骸沈澱凝固而成、水不浸入、亦厬類也。

義證

水醮曰厬 許慎作氿。

釋地四篇注

水醮曰厬 厬、釋文云、字又作漸、音軌。 註 謂水醮盡 補正 邢疏、醮、盡也。凡水之盡皆謂之厬。厬則竭涸之一名也。

郭注補正

水醮曰厬。說文解字引厬作氿、云水厓枯土也。按、上有氿泉、反出、釋名云、氿、軌也。流狹而長如車軌。以義、氿泉之氿應作厬、此應从解字作氿。古聲同字通之、故互用。俗作厬、加厂、更非矣。

錢氏古義

水醮曰厬 說文引厬作氿。見上類篇十一中水部 引亦作氿。 釋文云、醮、或作潐、同。案說文、水部潐、盡也。从水焦聲。郭注云、謂水醮盡。說文云、氿、水厓枯土也。正文當作潐、今作醮者、偏旁通借耳。 又云、厬字又作漸。案、氿軌皆从九聲、舊本必有作軌者、俗又增水旁耳。

匡名

歸異出同流肥。瀵大出尾下。水醮曰厬。音軌 說文、畀、分也、从廾

爾雅詁林 十二 釋水

从畀。畀，予也。同，會合也。邶風我思肥泉傳謂出同歸異。又地理志合肥屬九江郡，夏水至此與淮合，故曰合肥。灉，水漫也。引爾雅文。又水源出於底下名灉。水經注，灉水出汾陰縣南。列子，終北國壺領山有水湧出，名曰神灉。醮，說文作潐，盡也，與爾雅互易。玉篇，厬，水盡也。仄出曰氿。與今本同。

啓蒙

水醮曰厬。（謂水醮盡。）醮本有盡義，說文釂，飲酒盡也，又樵，盡酒也。昏義疏醮直盡爵而已，卷耳正義引五經異義韓詩說一升曰爵，爵者，盡也。此皆字異而義同。

黄侃音訓

氿泉穴出。穴出，仄出也　水醮曰厬

案，說文水部氿下云，水厓枯土也。从水九聲。厂部厬下云，仄出泉。从厂晷聲。讀若軌。爾雅釋水云，氿泉穴出。穴出，仄出也。水醮曰厬。是許書與雅訓正互相反者。說文釋其本字，爾雅从其借字也。如說文雨部霰下云，地氣發天不應。籀文省作雺。霿下云，天氣下，地不應曰霿。霿，晦也。爾雅釋天云，天氣下，地不應曰雺，地氣發天不應曰霧。霧謂之晦。亦許釋本字，經从借字之相反者。至說文水部氿下引爾雅云水醮曰氿，則許所據爾雅與今本異矣。

楊賡元日記

歸異出同流肥　灉大出尾下　水醮曰厬

毛詩傳，所出同所歸異爲肥泉。（邶風泉水傳）水經注作歸異出同曰肥。（卷九淇水條）舍人云，水異出流行合同曰肥。（淇水經注引淇水條）釋名，所出同所歸異曰肥泉。（釋水篇）呂忱引作異出同流爲灉水。（水經注四河水條引）釋文，尾字或作浘。（釋水釋文）醮字或作潐，同。（釋水釋文）厬字又作⿰氵軌。音軌。（釋水釋文）說文引作水醮曰氿。（水部氿）

歸異出同流肥　灉大出尾下。呂忱引作異出同流爲灉水，與今本殊。邵氏曰，水之出同歸異者爲肥，異出同流者爲灉。蓋古義也。按，毛傳所出同所歸異爲肥泉，與雅訓合。舍人云，水異出流行合同曰肥，截去歸字，又別爲一義。按，爾雅水醮曰厬，說文厬作氿。爾雅氿仄出也，說文作晷。二字彼此互易。玉篇云，厬，水盡也，仄出曰氿泉。則與今本爾雅同。

證異

水醮曰厬

醮，當依錢氏大昕說作潐。說文，潐，盡也。疑此經本或作潐。水部氿下引水醮曰氿。醮氿皆叚字。許君引經亦有叚借之例。古玉篇引水淮曰厬。淮厬乃潐厬之脫譌。然正藉以見據本作潐矣。大廣益本潐，盡也。亦卽潐之省。潐又通爵。爵，盡也。潐爵雙聲字。其名厬者，叚爲氿。說文水厓枯土之訓，正與潐義相成。厬从咎聲，氿从九聲，本同部古通字。凡从九聲字，如究，亦氿之義同字。究亦訓盡。水經温水下注，九德浦内徑越裳究，九德究，南陵究。酈氏引竺枝扶南記，山谿瀨中謂之究。彼之究殆指水潐處與。洪氏亮吉曉讀書齋初錄，吾鄉宜興城外有東氿、西氿，春夏卽漲，秋冬卽枯。義與古說同。如洪說，則陽湖有此水名矣。（洪，陽湖人。）

王仁俊日記

水醮曰厬

郭注謂水醮盡。說文作潐，云盡也。孚吉按，醮盡一聲之轉。鄭注

爾雅詁林 十二 釋水

爾雅詁林　十二　釋水

旨義曰酌而無酬酢曰醮、正義曰直盡爵而已、故稱醮也。詩北山篇或盡瘁事國、左昭七年傳引之作憔悴。憔與醮通、盡爵謂之醮、盡力謂之憔、水盡亦謂之醮、其義一也。厬、說文作氿、云水厓枯土也。引此文云水醮曰氿。按、氿與究聲近而義通。釋言、究、窮也。詩芮鞫之卽、毛傳芮、水涯也、鞫、究也。究卽氿也。

爾雅詁

水醮曰厬、郭云謂水醮盡。楷案、玉篇厬、水盡也、與郭說同、皆以醮爲潐之假音字。說文潐、盡也是也。然厬字說文本作氿、云水厓枯土也、卽引此文爲證。云水厓枯土、則非全無水可知矣。然則水醮云者、當是水淺小之義。攷从焦字、糕爲小穀、說文、樵、一曰小。段注謂穀之小者也。鷦爲小鳥、詩小毖傳、鷦、鳥之始小終大者。醮爲小面、說文、醮、面焦枯小也。爒爲小火、莊子逍遙遊篇釋文、爒火謂小火也。噍爲小聲、記三年問注、啁噍小鳥聲也。皆與醮音義近。則醮之義亦可推矣。似不當如郭注所說。

稗疏

水醮曰厬〇釋曰　注疏本刪。

凡水之盡皆曰厬　元本閩本監本同。毛本曰作謂之。

六行水醮曰厬〇《說文》水部「氿」下引作「氿」。案原本《玉篇》厂部「厬」下引《爾雅》，字與今本同。「醮」，《釋文》云：「字或作潐，同。」原本《玉篇》引作「潐」，「潐」即「潐」字之誤。

(注)謂水醮盡〇唐寫本「盡」下有「也」字。原本《玉篇》「厬」下引同。

校勘記

(注)書曰灉沮會同〇「同」下唐寫本有「也」字。

宋監本校箋

水醮曰厬謂水醮盡。厬、音軌。

音圖・音

水醮雋曰厬軌。

孫品直音

水醮子肖切曰厬軌　醮盡也。凡水之盡皆謂之厬。

楊氏音訓

醮子肖切厬軌

干氏音釋

水自河出爲灉　濟爲濋　汶爲瀾　洛爲波　漢爲潛　淮爲滸　江爲沱　過爲洵　潁爲沙　汝爲濆

水自河出爲灉、書曰灉沮會同。濟爲濋、汶爲瀾、洛爲波、漢爲潛、書曰沱潛既道。淮爲滸、江爲沱、書曰岷山導江、東別爲沱。過爲洵、潁爲沙、汝爲濆。詩曰遵彼汝濆。皆大水溢出別爲小水之名。

郭注

水自至汝爲濆　釋曰此十者皆大水分出別爲小水之名也。注書曰灉沮會同　釋曰禹貢兗州云雷夏既澤、灉沮會同、孔安國云雷夏澤名、灉沮二水會同此澤。引之證水自河出別名爲灉也。注書曰沱潛既道　釋曰禹貢梁州云岷嶓既藝、沱潛既道、孔安國云岷山嶓冢皆山名、沱潛發源此州、入荆州。案地理志云、蜀郡有湔道、岷山在西徼外、江水所出也。隴西郡西縣、嶓冢山西、漢水所出。是二者皆山名也。沱出于江、潛出于漢、二水發源此州而入荆州、故荆州亦云、沱潛既道。案、郭氏音義云、沱水自蜀郡都水縣揃山與江別而更流。又云、有水從漢中沔陽南流、至梓潼漢壽入大穴中、通峒山下、西南潛出、一名沔水、舊俗云即禹貢潛也。郭氏此言並解梁州沱潛也。然則此注言書曰者、亦指梁州者也。所以荆州亦有沱潛者、蓋以水從江漢出者皆曰沱潛、所以荆梁二州皆有也。注書曰岷山導江東別爲沱　釋曰、亦禹貢文也。孔安國云、江東南流、沱東行。引之證江水溢出名沱也。注詩曰遵彼汝墳　釋曰、此周南汝墳篇文也。毛傳云、汝、水名也。墳、大防也。毛意以爲伐薪宜於厓岸之上、故以大防解之。郭意以爲汝濆所分之處有美地、因謂之濆。且毛詩墳從土、此濆從水、所以異也。邢疏

汝爲濆

濆、溢也。釋文

漢爲潛

漢水溢流爲潛。荀子大畧篇注

江爲沱

江溢出流爲沱。寰宇記七十二　李注

漢爲潛

有水從漢中沔陽縣南流、至梓潼漢壽入大穴中、通岡山下、西南潛出、一名沔水、舊俗云即禹貢潛也。書疏引郭氏音義　又見邢疏

潬沙出

今江東呼水内沙堆爲潬、洛陽北河中有潬池是也。一切經音義十引郭璞曰。又十一十九引今江東呼水中沙堆爲潬、謂水中央地也。案、下六字是元應約郭注語義。今本郭注止今河中呼水中沙堆爲潬九字。潬音但。郭注見郝本。

江爲沱

沱水自蜀郡都水縣湔山與江別而更流。書疏引郭音義　又見邢疏　寰宇記七十二更作東。郭音義

川瀆綺錯、渙瀾流帶、潛潤旁通、經營華外、殊出同歸、混混東會。初學記六　圖贊

過爲洵　釋水

過、古禾反、又烏禾反。釋文　謝音

洛爲波

水經注云、洛水又東門水出焉、爾雅所謂洛別爲波也。郝氏義疏云、是鄺以門水即波水。

淮爲滸

水經注云、淮水於縣枝分北爲游水。引爾雅曰、淮別爲滸。游水亦枝稱者也。郝氏義疏云、是游即滸矣。

潁爲沙

潁、呂伯雍云、水出陽城乾山。釋文　水經注云、臨潁縣、潁水自縣西流注、小㶏水出焉、爾

雅曰潁別爲沙亦猶江別爲沱也。郝氏義疏云、是小濦水卽沙水矣。

汝爲濆

濆、衆爾雅本作涓。釋文水經注云、汝水東南、逕奇頟城西北、濆水出焉、世亦謂之大濦水、爾雅曰河有灉、汝有濆、然則濆者汝別也、是或濆濦之聲相近矣。

衆家注

黃輯古義

汝爲瀾

瀾、溢也。釋文

漢爲潛

漢水溢流爲潛。荀子大略篇楊倞注

江爲沱

江溢出流爲沱。太平寰宇記卷七十二

李注

漢爲潛。有水從漢中沔陽南流、至梓潼漢壽入太穴、中通峒山下、西南潛出、一名沔水、舊俗云卽禹貢潛也。邢疏

江爲沱

沱水自蜀郡都水縣湔山與江別而更流。邢疏樂史太平寰宇記卷七十二

郭音義

過爲洵。過、古禾反、又烏禾反。釋文

衆家注

玉函山房輯佚

汝爲瀾

瀾、溢也。李注釋文二十九

江爲沱

江盜出流爲沱。同

沱水自蜀郡都水縣湔山與江別而更流。郭音義並寰宇記七十二

鈎沉

汝爲瀾

李曰、瀾、溢也。釋文

漢爲潛

李曰、漢水溢流爲潛。荀子大略篇注

江爲沱

李曰江溢出流爲沱寰宇記七十二

汝爲濆釋文、濆字林作涓、衆爾雅本亦作涓。案說文引爾雅同作涓。

漢注

水自河出爲灉

郭璞云、書曰灉沮會同。

濟爲濋汝爲瀾

李巡云、瀾、溢也。釋文二十九卷

洛爲波漢爲潛

李巡云漢水溢流爲潛。楊倞荀子十九卷註　郭璞云、書曰沱潛既道。郭璞音義云、有水從漢中沔陽縣南流、至

爾雅詁林　十二　釋水

梓潼漢壽入大穴中、通峒山下、西南潛出、一名沔水、舊俗云卽禹貢潛也。書正義六卷

淮爲滸江爲沱

李巡云、江溢出流爲沱。太平寰宇記七十二卷　郭璞云、書曰岷山導江、東別爲沱。郭璞音義云、沱水自蜀郡都水縣湔山與江別而更流。書正義六卷　太平寰宇記七十二卷

過爲洵潁爲沙汝爲濆

郭璞云、詩曰遵彼汝濆、皆大水溢出別爲小水之名。

一切注音

汝爲瀾　李巡曰、瀾、溢也。釋文

漢爲潛　李巡曰、漢水溢流爲潛。荀子大畧篇注　郭音義云、有水從漢中沔陽縣南流、至梓橦漢壽入大穴中、通岡山下、西南潛出、一名沔水、舊俗云卽禹貢潛也。書禹貢正義

江爲沱　李巡云、江溢出流爲沱。寰宇記　郭音義云、沱水自蜀郡都安縣揃山與江別更流。書禹貢正義

汝爲濆　濆、衆爾雅亦作涓。釋文

蕙心案、說文引爾雅作汝爲涓、涓、細流。然則水自河出爲灉十句、皆言各水由大水別出爲枝流者也。如水經濟水注引爾雅曰濟別爲濋、汶別爲瀾、洛別爲波、淮別爲滸、潁別爲沙之類、酈氏皆于爾雅原文增一別字、與禹貢導江言東別爲沱一例、皆以見大水

溢出別爲小水也。

古注斠

爲灉　於用反、或於凶反。字又作澭、注及下同。沮　七余反。濟　子禮反。本又作泲。濋　初呂反。汶　音問。瀾　字或作㵎、同。呂善反。李云溢也。沱潛　徒河反。下文及注並同。字亦作沲。滸　字五反。岷　亡巾反。道江　徒報反。本或作導。過　又作渦。謝古禾反、又烏禾反。本或作過。洵　私旬反。潁　餘頃反。水名、在汝南。呂伯雍云、水出陽成乾山。濆　符云反。下同。字林作涓、工玄反。衆爾雅本亦作涓。

陸音義

滸　呼五反○舊譌爲字五反。今校正。道江○邢本作導。過　又作渦本或作過○案、說文水部、渦水受淮陽扶溝浪湯渠、東入淮、從水過聲。則作過是。洵○說文云、洵、過中水也。從水旬聲。潁　水出陽成陽乾山○案、陽成、漢志作陽城。古成城通。又陽乾山、舊無陽字、今據漢志補。濆　字林作涓衆爾雅本亦作涓○案、說文引爾雅曰、汝爲涓。

音義攷證

水自河出爲灉

灉猶人之有癰。沮猶疽也。癰、陽壅。疽、陰沮。書曰灉沮會同。灉沮會同、會同該矣。

濟爲濋

濟之流爲濋。所謂聞伯夷之風、貪夫廉是也。

汶爲瀾

門以限礙、闢使單焉、亂矣。文姜初卽襄公、紊也。已而豈弟、已而翺翔、闖矣。

洛爲波

波陂也。中之失也。洛、天地之中也。故詩言維洛泱泱。

漢爲潛

荀子曰，雨小，漢故潛。雨雖小，其潛故在漢，以能難物爲義。汝以能從物爲義，則汝女子也，漢男子之稱。汝爲墳，女子以能自防爲善。漢則高明，汝則卑晦。雲漢之漢與此同號，以此。汝又訓女，亦以此。

淮爲滸

許懷之，若女有拒而已。

江爲沱

江之名以貢於海爲義，別而爲沱，爲有它焉。孟子曰，瀹濟漯而注諸海，決汝漢，排淮泗而注之江。淮泗入海，排使入江，則以分其勢也。濟漯言諸，諸之于也。之于者，緩詞也。

過爲洵

過過我易，爲謂之洵，慢之也。

潁爲沙

疏而無温，以清故也。清氣所鍾，其人潁，故謂之潁。

汝爲墳 墳，別本皆从水。郭注引詩，遵彼汝濆。案，毛詩作墳，从土。三家詩作濆，从水。郭所引乃三家詩也。邢疏云，毛傳文从土，此文从水，分別甚明。則作墳者乃後人轉寫之誤，非爾雅古文也。

職方氏，其浸潁湛。潁之清性也，湛湛而後清。波，陂矣。涯差也，非水之正。水行地中，以洛爲正。沂起沂，鄂作也。沭沭之而已。時時而浸，菑不時而浸，汾以事言，大潞以道言，大洓以浸，菜易浸易也。洓易言地，菑時言天。今水雖有不可考，其可知者如此，則九州所浸，非此也。以此該之，所謂虖池、漚夷亦如此。虖，歎詞，嘔詠歌之詞。虖池一名惡池，惡亦歎詞也。

新義

水自河出爲灉，濟爲濋，汶爲瀾，洛爲波，漢爲潛，淮爲滸，江爲沱，過爲洵，潁爲沙，汝爲濆。皆大水別出爲小水之名。灉，禹貢灉沮會同。潛、沱並見禹貢。汝濆見周南。餘未詳。過，烏禾反。

鄭樵注

水自河出爲灉

郭璞曰，書曰，灉沮會同。

汶爲瀾

李巡曰，瀾，溢也。

漢爲潛

李巡曰，漢水溢流爲潛。

郭璞曰，書曰，沱潛既道。

江爲沱

李巡曰，江水溢出爲沱。

郭璞曰，書曰，岷山導江，東別爲沱。

汝爲濆

郭璞曰，詩曰，遵彼汝濆。皆大水溢出別爲小水之名。既證本句，復總釋之。

鄭樵曰，皆大水別出爲小水之名。灉，禹貢灉沮會同。潛、沱並見禹貢。汝濆見周南。餘未詳。過，烏禾反。自水自河出至此，總釋之也。

古注合存

水自河出爲灉，濟爲濋，汶爲瀾，洛爲波，漢爲潛，淮爲滸，江爲沱，過爲洵，潁爲沙，汝爲濆。濋音楚，瀾音闌，沱音陀，過音歌，濆墳同。○此釋大水分爲小水之名也。註曰，禹貢兗州云，灉沮會同。梁州、荊州皆云，沱潛既道。又云，岷山導江，東別爲沱。詩汝墳云，遵彼汝墳。皆大水溢出別爲小水之名。疏曰，禹貢梁州云岷嶓既藝、沱潛既道。地理志云、岷山、江水所出。嶓冢山、漢水所出。沱出于江、潛出于漢、二水發源梁州而入荆州、故荆州亦云沱潛既道也。詩汝墳云、遵彼汝墳、伐其條枚。毛傳云、汝、水名。墳、大防也。蓋以伐薪宜於厓岸、故以大防解之。且毛傳墳從土、此從水也。

注疏參義

水自河出爲灉【註】書曰、灉沮會同。**濟爲濋、汶爲瀾、洛爲波、漢爲潛**【註】書曰、沱潛既道。**淮爲滸、江爲沱**【註】書曰、岷山導江、東別爲沱。**過爲洵、潁爲沙、汝爲濆**【註】詩曰、遵彼汝濆。**皆大水溢出別爲小水之名**【正義】此釋大水溢出別爲小水之名也。河濟淮江、詳見下文四瀆。汶入於泲、洛入於河、漢入於江、過潁汝入於淮、皆發原注四瀆者也。其洪出者、又別爲小水。○水自河出爲灉。○上文云灉反入、此又言水之自河溢出者亦名灉也。水經註、河水北與枝津合、水受大河、東北逕富平城、所在分裂、以溉田圃、北流入河。河之有灉、若漢之有潛也。漢書鄒陽傳申徒狄蹈雍之河、顏師古註、雍者、河水溢出爲小流也。是水之自河別者、倶得名灉矣。說文云、河灉水在宋。又云、汳水受陳留浚儀陰溝、至蒙爲灉水、東入于泗。案、說文所云汳水、至蒙爲灉水者、水經所謂獲水也。蒙爲宋地、故云在宋。水經又云、東過滎陽縣北、蒗蕩渠出焉。註云、河水又東、逕卷縣北、晉楚之戰、晉軍爭濟、舟中之指可掬、楚莊祀河告成而還、即是處也。淮南人間訓、楚莊王勝晉於河雍之間。是蒗蕩渠初出、即稱爲灉也。水經又云、瓠子河出東郡濮陽縣北河。註云、縣北十里即瓠河口也。爾雅曰、水自河出爲灉。是酈道元以瓠子河爲灉也。洪河之下注、因勢曲蟠、溢爲小水、所在多有、後人沿爾雅之文、凡自河出之水多名灉焉。○濟爲濋。○水經註云、汜水西分濟瀆、東北逕濟陰郡南。爾雅曰、濟別爲濋、呂忱曰、水決復入爲汜。廣異名也。是酈氏以汜水爲濋水也。○汶爲瀾。○釋文引李巡云、瀾、溢也。漢書地理志、泰山郡萊蕪縣、禹貢汶水出西南入泲。水經與漢志同。酈道元云、洙水又南、洸水注之、呂忱曰、洸水出東平陽、上承汶水於剛縣西闡亭東。爾雅曰、汶別爲闡、其猶洛之有波矣。是洸水即闡水也。註又引應劭曰、春秋經書齊人取讙及闡、今闡亭是也。杜預春秋釋地曰、闡在剛縣北。闡、當作闡。○洛爲波。○漢書地理志、宏農郡上雒縣、禹貢雒水出冢領山、東北流至鞏入河。水經云、洛水出京兆上洛縣讙舉山。註云、洛水又東、門水出焉、爾雅所謂洛別爲波也。又云、門水即洛水之枝流者也。洛水自上洛縣東北、於拒陽城之西北、分爲二水、枝渠東北出爲門水也。是門水即波水也。○漢爲潛。○荀子註引李巡云、漢水溢流爲潛。禹貢云、嶓冢導瀁、東流爲漢。漢書地理志、隴西郡氐道縣、禹貢瀁水所出、至武都爲漢。又云、武都郡武都縣東漢水受氐道水、一名沔、過江夏謂之夏水、入江。書疏引郭氏音義云、有水從漢中沔陽縣南流、至梓橦漢壽入大穴中、通岡山下、西南潛出、一名沔水、舊俗云即禹貢潛也。史記正義引括地志云、潛水一名復水、今名龍門水、源出利州綿谷縣東龍門山大石穴下。元和郡縣志、緜谷縣潛水出縣東北龍門山、書曰沱潛既道是也。龍門山在縣東北八十二里。太平寰宇記引梁州記、蔥嶺山有石穴、高數十丈、其狀如門、號爲龍門。今四川保寧府廣元縣北龍門山、潛水自此入穴、通山伏流、重出屈曲、流至巴縣入大江、即郭氏音義所云潛水也。漢書地理志、巴郡宕渠縣、潛水西南入江。水經與漢志同。酈道元云、潛水蓋漢水枝分潛出、故受其稱爾。此別一潛水、與郭氏義殊。○淮爲滸。○漢書地理志、臨淮郡淮浦縣、游水北入海。水經註云、淮水於縣枝分北爲游水。爾雅曰、淮別爲滸、游水亦枝稱者也。○江爲沱。○太平寰宇記引李巡云、江水溢出爲沱。書疏引郭氏音義云、沱水自蜀郡都安縣揃山與江別、更流。漢書地理志、蜀郡郫縣、禹貢江沱在西、東入大江。即郭氏所云沱水也。後人謂之郫江、今成都府灌縣東有都安故城。○過爲洵。○說文云、過水受淮陽扶溝浪湯渠、東入淮。又云、洵、過水中也。水經註云、陰溝始亂蒗蕩、終別於沙、而過水出焉。過水受沙水於扶溝縣。爾雅曰、過爲洵。郭景純曰、大水洪爲小水也。呂忱曰、洵、過水也。水經註又云、過水東南逕城父縣故城北、沙水枝分注之、水上承沙水於思善縣、世謂之章水。又云、新溝東北注渠、即沙水也。音蔡、許慎正作沙音、楚東有沙水、謂此水也。沙水東南逕城父縣西南、枝津出焉、俗謂之章水。是酈道元以章水爲洵水矣。過漢地理志作渦。○潁爲沙○漢書地理志、潁川郡陽城縣、潁水所出、東至下蔡入淮。水經註、臨潁縣潁水自縣西流注、小濦水出焉、爾雅曰潁別爲沙、郭景純曰皆大水溢出別爲小水之名也、亦猶江別爲沱也。是小濦水卽沙水矣。今謂之小㵐水、會合潁水於今臨潁縣小商橋下。○汝爲濆○淮南地形訓、汝出猛山。水經云汝水出河南梁縣勉鄉西天息山。註云、汝水東南逕奇雒城西北、濆水出焉、亦謂之大濦水、爾雅曰河有灉汝有濆、然則濆者汝别也、故其下夾水之邑、猶流汝陽之名、是或濆濦之聲相近矣、亦或下合濦潁、兼統厥稱爾。史記正義引括地志云、汝水源出汝州魯山縣西伏牛山、亦名猛山、汝水至豫州郾城縣一名濆水、爾雅曰河有灉汝有濆、亦汝之別名。案今郾城縣有大㵐水、郎大濦水也、流合於汝、卽酈道元所謂濆水矣。括地志以濆爲汝之別名、未聞其審。說文引爾雅作汝爲涓。涓、小流也。**註**書曰灉沮會同○**正義**禹貢兗州雷夏旣澤、雍沮會同。史記集解引鄭康成云、雍水沮水相觸而合入此澤中。地理志云雷澤在濟陰城陽縣西北。張守節正義引括地志云、雷夏澤在濮州雷澤縣郭外西北。雍沮二水在雷澤西北平地也。元和郡縣志云、雷澤縣本漢郕陽縣。灉水沮水二源俱出縣西北平地、去縣十四里。是禹貢沇州之灉水不自河出、而郭氏引以證河出之灉、未知何据。司馬貞索隱引爾雅水自河出爲雍、以證禹貢灉沮、與郭氏同。○沱潛旣道○**正義**禹貢荊州云沱潛旣道、史記引作沱涔。集解引鄭康成云、水出江爲沱、漢爲涔。索隱云涔亦作潛、潛出漢中安陽縣西北入漢。梁州云沱潛旣道。水經註引鄭康成云漢別爲潛、其穴本小、水積成澤、流與漢合、大禹自導漢疏通、卽爲西漢水也。案漢書地理志、安陽縣、鬵谷水出西南、北入漢。索隱据以爲說。然鬵谷水尾入漢耳、非自漢出也。鄭氏以西漢水爲潛、與郭氏音義同。水經註引劉澄之云有水從阿陽縣南至梓潼漢壽入大穴、暗通岡山、亦同郭義、皆專指梁州之潛而言也。○岷山至爲沱○**正義**禹貢導水之文也。水經云、岷山在蜀郡氐道縣、大江所出。漢書地理志云、蜀郡江原縣、鄗水首受江、南至武陽入江。鄭氏以爲沱之類、與郭氏所指今爲郫江者義姝。水經又云、江水東至華容縣西、夏水出焉。書疏引鄭註云、今南郡枝江縣有沱、其尾入江、首不於江出也、華容有夏水、首受江、尾入沔、蓋此所謂沱也。是鄭以夏水爲荊州之沱也。○詩曰至汝濆○**正義**周南文。毛傳濆作墳。

正義

濟爲濋等句　玉案、他書徵引諸水俱有水自出三字、今本蓋爲後人刪去。又水經註諸水爲上俱有別字、所見本異也。

汝爲濆　玉案、說文云、涓、水流也、从水肙聲、爾雅汝爲涓。徐鍇曰、按周廟銘曰、涓涓不壅。是今本濆字本作涓。

郭註詩曰遵彼汝濆。　玉案、漢廣詩疏云江有沱河有灉汝有墳、李巡曰江河汝旁有肥美之地名、郭璞云詩云遵彼汝濆、則郭意以此汝濆爲濆汝所分之處有美地、因爲之濆云云。據此則郭註引詩書在後汝有墳之下。

疏案、郭氏音義云、沱水自蜀郡都水縣湔山。又云、有水從漢中沔陽南流。　禹貢沱潛既道疏引郭氏音義水作安、湔作揃、陽下有縣字。

校議

水自河出爲灉書曰灉沮會同**濟爲濋汶爲瀾洛爲波漢爲潛**書曰沱潛既道**淮爲滸江爲沱**書曰岷山導江東別爲沱**過爲洵潁爲沙汝爲濆**詩曰遵彼汝濆皆大水溢出別爲小水之名

出者、溢也。此皆謂水所溢、故以自出總之。說文、派、別水也。蓋大水枝派別出爲細流也。灉者、說文云河灉水、在宋。又云、汳水受陳留浚儀陰溝、至蒙爲雝水。魬辦。水經注云陰溝即蒗蕩渠。首受大河於卷縣、晉楚之戰、晉軍爭濟、舟中之指可掬、卽是處也。淮南人閒篇云、楚莊王勝晉於河雍之閒。是雍卽灉矣。水經河水注又云、一水分大河、故瀆北出爲屯氏河、然則枝津分裂、川原綺錯、雖皆仰挹河流、而不得濫膺灉目、至於灉水擅名、許君特言河灉在宋、厥義昭矣。又按上言灉反入者、彼言入、此言出也、實一水耳。水經瓠子河注引作水自河出爲灉、釋名作水從河出曰雍沛、雍雝古今字、皆叚借也。○濟爲澭者、水經濟水注沮水西分濟瀆、東北逕濟陰郡南、爾雅曰濟別爲澭、呂忱曰水決復入爲汜、廣異名也。是酈以汜爲澭、但下文云、決復入爲汜、說文汜从巳聲、音似、與濟水分出之汜水音范者異。呂忱不誤、酈注蓋失引矣。錢氏坫釋地注以澭字誤、應爲滎、恐是。○汶者、漢志有二汶、泰山郡萊蕪原山、禹貢汶水所出、西南入泲、此一汶也。禹貢爾雅皆指此汶。琅邪郡朱虛東泰山、汶水所出、東至安丘入維、又一汶也。水經注所謂東汶。淮南墬形篇云、汶出弗其、西流合濟。弗其卽不其。琅邪縣名。此乃漢志入維之汶、非入濟之汶也。淮南誤。顏師古以二汶爲疑、不知齊有三汶、見於齊乘。又述征記、泰山郡水皆名汶、何止二汶也。○汶爲瀾者、釋文引李巡云、瀾、溢也。水經洙水注引呂忱曰、洸水出東平陽、上承汶水於剛縣西闡亭東、爾雅曰汶別爲瀾、其猶洛之有波矣。是洸水卽闡水、春秋經齊人取闡卽此。旁加水非。○洛水亦有二、漢志、左馮翊褱德洛水東南入渭、雍州寖。詩所謂瞻彼洛矣者也。弘農郡上雒、禹貢雒水出冢領山、東北至鞏入河、豫州川。書所謂伊洛瀍澗者也。水經注云、洛水又東門水出焉、爾雅所謂洛別爲波也。是酈以門水卽波水。職方鄭注波讀爲播。按禹貢滎波、正義引馬鄭皆作滎播、是播波古字通。○漢爲潛者、說文同。荀子大略篇注引李巡曰、漢水溢流爲潛。禹貢荊梁二州竝有沱潛、旣道、正義引郭音義云、有水從漢中沔陽縣南流、至梓潼漢壽入大穴中、通岡山下、西南潛出、一名沔水、舊俗云卽禹貢潛也。水經潛水注云、蓋漢水枝分潛出、故受其稱、餘同郭義。又引鄭曰、漢別爲潛、其穴本小、水積成澤、流與漢合、大禹自導漢疏通、卽爲西漢水也。是鄭義與郭異。又此二說竝指梁州之潛、而言不及荊州也。○淮爲滸者、漢志臨淮郡淮浦、游水北入海。水經注云、淮水於縣枝分、北爲游水。引爾雅曰淮別爲滸、游水亦枝稱者也。是游卽滸矣。○江爲沱者、漢志、蜀郡郫、禹貢江沱在西、東入大江。說文云、沱、江別流也、出嶓山東、別爲沱。寰宇記引李巡云、江溢出流爲沱。禹貢正義引郭音義云、沱水自蜀郡都安縣揃山與江別而更流。又引鄭注云、今南郡枝江縣有沱水、其尾入江耳、首不於江出也。華容有夏水、首出江、尾入沔、蓋此所謂沱也。是鄭以夏水爲荊州之沱、郭以郫江爲梁州之沱。二說不同、兼之乃備。○過爲洵者、說文云、過水受淮陽扶溝浪湯渠、東入淮。水經注云、陰溝始亂蒗蕩終別於沙、而過水出焉。引爾雅曰過爲洵、呂忱曰洵、過水也。按說文洵、過水中也。過當爲過、中當爲出。釋文過、本或作過、漢志作渦、竝爲叚借。○潁爲沙者、漢志、潁川郡陽城、陽乾山潁水所出、東至下蔡入淮。水經注、臨潁縣、潁水自縣西流注、小㶏水出焉、爾雅曰潁別爲沙、亦猶江別爲沱也。是小㶏水卽沙水矣。○汝爲濆者、說文云、汝水出弘農盧氏、還歸山東入淮。水經注云、汝水東南逕奇頟城西北、濆水出焉、世亦謂之大㶏水、爾雅曰河有灉汝有濆、然則濆者汝別也、故其下夾水之邑、猶流汝陽之名、是或濆㶏之聲相近矣。按㶏今變作溵、大溵水在今郾城縣、卽汝水別流也。說文引爾雅作汝爲涓、釋文引字林同、云衆爾雅本亦作涓、是濆古作涓、唯郭本作濆耳。

義疏

岷山導江　注文

阮云、釋文道江、徒報反、本或作導。按引導開導字古皆作道。今禹貢作岷山導江、非。當從此釋文作道。　按、古道路道德皆如字讀、而教道之道作徒報反、故釋文於此具音。後人以道字專屬道路道德、故作導以別於道、此古今字體之分。

經注集證

水

自河出爲灉濟爲濋沮汶爲瀾潬洛爲波播漢爲潛淮爲滸浦江爲沱他過爲洵荷潁爲沙汝爲濆墳涓

李注、瀾、溢也、漢水溢流爲潛、江溢出流爲沱。郭注書曰灉沮會同、沱潛既道、岷山導江、東別爲沱。詩曰遵彼汝濆、皆大水溢出別爲小水之名。此皆禹治水分流之迹。河至豫流平地漫流、所在鉤通、灉濋其大者耳。瓠子爲灉、濮水爲濋、會於今濮州、入雷夏澤。汶入泗、通淮、引菏合濟、流分則淸淺、故爲瀾。滎播菏澤、上下分灑、濟善伏、故又使波通洛。禹貢曰、伊洛瀍澗既入于河、滎播既豬。言得洛爲波、滎乃可豬也。過卽菏澤河之所過、故或从河、或从過。洵當爲旬。眩、轉也。百川交會、令水旋轉、上所云回川是也。淮滸當作淮浦、所謂游水亦減淮流者也。潛卽漾也、初出同源相混、引潛西流成岷峨江、至巴縣入江。漢乃東流至夏口入江。非自漢出、復入漢也。江有沱、有池。沱則金沙江、水經謂之洛水、各他一義也。分江者爲池涔、亦或直謂之池、今洞庭所謂五渚也。潁者、入淮小水、引之入沙以通菏、所謂被明都者、故特記焉。潁亦作濦溵、沙謂之小濦、汝之濆謂之大濦。禹貢無汝、潁、統於明都也。說文字林並云、汝爲涓。涓當作濆。上云沄沇也、濆墳一字也。墳、大防、非水別也。周官荊州浸潁湛。春秋盟于衡雍、齊人取讙及闡、盟于沙澤。詩作于濋宮、率彼淮浦。

集解

水自河出爲灉此記禹治水分流之法。河至豫兗地勢漸平、所在貫通。灉特其巨者耳。灉、今瓠子河。與沮會同、而入雷夏澤、河水之勢殺矣。下記九河、亦所以殺河之勢也。許慎說、河灉水在宋。今濮縣南地也。春秋盟于衡雍。濟爲濋濟說文作泲、沇也。山海經謂爲聯水。濋卽沮、濮水也。因遝沮卽而循沮。與灉會而入雷夏澤。書禹貢雷夏既澤、灉沮會同。鄭康成曰、雍水沮水相觸而入此澤中。在今濮縣。汶爲瀾汶入泗、通淮、引菏合濟。流分水淺、故爲瀾。上云瀾沙出、狀其淺也。地理志以闡爲剛、在汶、承受洸水之處。洸水、入泗者也。春秋齊人取讙及闡、闡卽瀾也。洛爲波波讀爲播、播分洛流處也。書禹貢、伊洛瀍澗既入於河。又云、滎波既豬。滎爲濟溢、波爲洛委、合二名以爲一澤名也。史記波作播者、取分散義耳。水經注以門水當波、則水而非澤名也。漢爲潛潛卽漾也。初出同源相混、引潛西流成岷峨江、至巴縣入江。地理志所謂潛、蓋漢西出嶓冢東南者也。漢則東流至夏口入江、地理志漾水出隴西氐道、至武都爲漢、至江夏謂之夏水是也。說者以潛自漢出而復入漢、其說誤。淮爲滸漢地理志、臨淮郡淮浦、游水北入海。水經注、淮水於縣枝分、北爲游水。引爾雅淮別爲滸、游水亦枝偭者也。然則游卽滸、所以減淮勢也。詩率彼淮浦、卽淮滸也。江爲沱江有沱、有池。沱今金沙江、地理學所謂江之南源也。水經注謂之洛水。他有分別義、各亦有分別義也。池涔所以分江、或單謂之池。禹貢所謂九江孔殷、沱潛既道是也。沱潛卽池涔。今洞庭所謂五渚也。詩江有沱、謂金沙江。江有渚、其謂洞庭與。過爲洵過、菏澤也。河水所過。故字从河或从過。今爲山東縣治。說文、過水受淮南扶溝浪湯渠、東入淮。則今河南扶溝縣地潁水之分派也。洵、過水出也。與循通用。百川交會、水成旋狀、卽上所謂回川也。過、漢志作渦、亦旋流也。潁爲沙潁者、入淮小水、引之入沙以通菏、所謂被孟豬者。故特記之。潁字一作濦、溵沙則小濦也、濆則爲大濦水矣。春秋盟于沙澤。周禮荊州浸潁湛。汝爲濆濆、大濦水也。濆與濦聲近、今又變作溵。大溵水在今郾城縣、汝之別流也。水經注、汝水東南逕奇額城西北、濆水出焉、世亦謂大濦水。說文字林均引汝爲涓。涓蓋濆之誤字。涓濆亦聲近者也。

義證

水自河出爲灉

禹貢之灉水在今曹州府菏澤縣。魏王泰曰、在雷澤西北平

爾雅詁林 十二 釋水

地許愼河灉水在宋者。注水經云、昔大禹塞其淫水、而于祭陽下引河東南以通淮泗。河渠書所謂通宋鄭陳蔡曹衞、與泲汝淮泗合、卽鴻溝是也。此自河出之水矣。

泲爲濋

古無濋字。攷泲出亦無濋水、字之誤也。應爲滎。禹貢滎播、鄭康成注沇水溢出所爲澤也。沇溢爲滎、卽泲爲滎矣。是于字滎形近楚、又加水旁而誤耳。而酈道元不察、以定陶之氾水當之矣。播、說文解字爲潘。

汶爲瀾

依字當爲闡、出泰山萊蕪縣原山之汶水也。京相璠曰、剛縣西四十里有闡亭。呂忱曰、洸水上承汶水于剛縣西闡亭東。然則闡卽洸水矣。洸水注于洙、在今兖州府甯陽縣東北三十五里。

洛爲波

出宏農上洛縣冢領山之洛水也。酈道元謂門水爲波、波入于河。中山經、陽華之山、門水出焉、而東北流注于河、門水出于河、七百九十里入洛水。與酈說正相反。今商州及雒南縣無洛別之流、疑此已湮。

漢爲潛

史記爲涔、古聲同字通也。漢書、巴郡宕渠縣有潛水、西南入江。酈道元曰、潛蓋漢水枝分潛出、故受其稱耳。宕渠、今保甯府蒼溪縣。鄭康成曰、漢別爲潛、未聞象類、亦有所不照矣。

淮爲滸

古字亦爲汻、游水也。淮水于淮浦縣故分、北爲游水、東北入海。今海州及贛榆縣是其地。

江爲沱

漢書、蜀郡郫縣、江沱在西、東入大江、汶江縣、江沱在西南、東入江、南郡枝江縣、江沱出西、東入江。鄭康成曰、南郡枝江沱水、其尾入江耳、首不于江出也、華容有夏水、首受江、尾入沔。此所謂沱也。又曰、蜀郡郫縣、江沱亦尾入江、江原有鄗江首受江南至犍爲武陽入江。豈沱之類與。今郫縣江沱亦名郫江、在成都府郫縣北。枝江江沱在荆州府枝江縣西。汶江江沱在成都府新繁縣西北。禹貢汶山導江、東別爲沱、說者以爲此水也。夏水在今荆州府監利縣東南、所謂䣕江卽夏水矣。鄗江在今城都府灌縣境。

過爲洵

攷注水經過水唯于苦縣西南分爲二水、枝流東北注于賴城入谷、謂之死過、恐非此洵也。班固許愼並云、過水首受淮陽扶溝浪湯渠、東入淮。過爲洵者、其渠爲過與。

潁爲沙

注水經曰、潁水自㶏强縣西注小㶏水出焉。以是爲沙水也。案、許愼曰楚東有沙水、應卽是、而莫知其處矣。今㶏水在陳州府商水縣。

汝爲濆

注水經曰、汝水自定陵縣北、濆水出焉、世謂之大㶏水。濆㶏聲相近。晉地道記、女陰縣有陶邱鄉、詩所謂汝濆矣。說文解字引此作汝爲涓。

釋地四篇注

濟爲濋汶爲灛洛爲波漢爲潛　潛、初呂反。灛、釋文云、字或作㶣、昌善反。

註書曰沱潛旣道

過爲洵潁爲沙汝爲濆　過、釋文云又作渦、古禾反、本或作過。濆、符云反、字林作涓、衆爾雅本亦作涓。

註詩曰遵彼汝濆皆大水溢出別爲小水之名

補注

汶爲灛。按灛卽闡。漢書地理志泰山郡剛縣故闡、應劭以爲春秋取讙及闡之闡。又呂忱曰、洸水出東平陽、上承汶水於剛縣西闡亭東。然則闡卽洸水與。

洛爲波。酈道元以爲波卽門水。

潁爲沙。沙、水名。許慎曰、楚東有沙水。按、沙水卽渠水。渠水過義成縣西南入於淮。其入淮之所謂之沙汭、左傳昭二十七年楚令尹子文常以舟師及沙汭而還卽其地。京相璠之說與許氏合。

錢氏古義

漢爲潛　注書曰沱潛旣道

正曰、書禹貢、荊州沱潛旣道、梁州沱潛旣道。正義、郭璞爾雅音義云、沱水自蜀郡都水縣揃山與江別而更流。又云、有水從漢中沔陽縣南流、至梓潼漢壽入大穴中、通岡山下、西南潛出、一名沔水、舊俗云卽禹貢潛也。然地理志及鄭皆以荊梁二州各有沱潛、郭氏所解惟據梁州、不言荊州、而孔梁州注云、沱潛發源此州、入荊州、以二州沱潛爲一。然則爾雅郭注及音義亦誤合二州沱潛爲一也。郭音義所解沱潛全與班鄭違異、乃臆造以依附。僞孔肅古所未有也。

汝爲濆　注詩曰遵彼汝濆

正曰、詩周南汝墳、遵彼汝墳、毛傳墳大防、鄭箋汝水之側。正義、墳大防、釋丘文、李巡曰墳謂厓岸狀如墳墓名大防也、故常武傳曰墳厓、大司徒注云水厓曰墳、則此墳謂汝水之側厓岸大防也。郭注破墳爲濆、與毛鄭違異。如郭言、豈水中亦可遵行乎。

正郭

汝爲濆　注詩曰遵彼汝濆皆大水溢出別爲小水之名

靜曰、釋文云、字林作涓、衆爾雅亦作涓。說文涓篆下亦引爾雅、汝爲涓。段注云、郭本作濆、蓋非、濆、水厓也。蓋據下文汝有濆而改從之。因讀詩汝墳爲汝濆以爲證。不知毛傳訓墳爲大防、非汝之別流。當據以糾正之。

靜郭

濟爲濋汶爲灛洛爲波漢爲潛

書曰沱潛旣道

釋文云、沱、徒河反、下文及注並同、字亦作沲。

淮爲滸江爲沱

書曰岷山道江東別爲沱

釋文云、道江本或作導今各本皆作導。

過爲洵潁爲沙汝爲濆

詩曰遵彼汝墳皆大水溢出別爲小水之名

仿宋本明注疏本作汝濆詩汝墳正義引釋水云、汝爲濆郭璞曰詩云遵彼汝墳郭意以此汝墳爲濆汝所分之處有美地因謂之濆。據此則唐人所見郭注作墳不作濆作濆者後人依經以改注也。郭注佚存補訂

洛爲波

說文云、洛水出左馮翊歸德北夷界中、東南入渭。

桂氏馥云、周禮職方氏雍州其浸渭洛鄭注、洛出懷德冀州其浸汾潞鄭注潞出歸德是歸德所出乃潞水、非洛水。漢志歸德之洛、潞之譌也。說文當云水出左馮翊褱德東南入渭、雝州浸。徐鍇本有雝州浸三字。漢書音義晉灼說是也。小雅瞻彼洛矣毛傳云洛、宗周溉浸水也。正義云、職方氏河西曰雍州、其浸渭洛。是洛爲宗周之浸水也。禹貢曰漆沮既從、孔安國曰漆沮一名洛水、與東都伊洛別矣。水經注云、洛水又東門水出焉、爾雅所謂洛別爲波也。是酈以門水爲波也。

漢爲潛

大雅江漢浮浮正義云禹貢嶓冢導漾水東流爲漢又東爲滄浪之水、過三澨至于大別、南入于江、是至大別之南漢與江合而東流也。漢書地理志隴西郡氐道縣禹貢漾所出至武都爲漢、一名沔、過江夏謂之夏水入江。說文云、漢、漾也東爲滄浪水。李巡云、漢水溢流爲潛。郭注引書曰沱潛既道。案荊梁二州並有沱潛既道。正義云、禹貢梁州云岷嶓既藝沱潛既道沱潛發源此州入荊州、故荊州亦云沱潛既道。郭氏音義云、沱水自蜀郡都水縣揃山與江別而更流。又云、有水從漢中沔陽南至梓潼漢壽入大穴中、通峒山下、西南潛出、一名沔水、舊俗云即禹貢潛也。郭氏此言並解梁州沱潛也。

淮爲滸

淮者大雅常武率彼淮浦。後因以淮浦爲縣、屬臨淮郡。水經注云、淮水於縣枝分、北爲游水、爾雅曰淮別爲滸。是酈以游爲滸也。江漢序云命召公平

淮夷江漢之滸、毛傳云滸、水涯也。今案滸當爲淮别爲滸之滸。滸與江漢皆在淮浦之間、蓋依江漢之滸水也。

江爲沱

說文云、沱、江别流也、出嶓山東、别爲沱。案、荆州之沱在漢南郡枝江縣、江沱在西北。梁州之沱在蜀郡郫縣、江沱在西北。江始出而别流者則在梁州。召南江有沱、則荆州之沱也。鄭康成以夏水爲入沔之沱。案大江右瀆自枝江入、至漏洲爲外江、其沱內江、所謂枝分枝江以此名。外江緣松滋界入苦草洲、澌洋洲、折北。內江自滄茫溪口入、合其支津、董市河、又東逕枝江故城北、左得迴龍菴水、右逕上百里洲、又東南至流店壩、復與外江合。內江昔時一葦可杭、道光以後內江强外江始微矣。

潁爲沙

說文云、潁水出潁川陽城乾山、東入淮、豫州浸。案乾上脫陽字。水經注云、潁水自臨潁縣西流注、小㶏水出焉、爾雅曰潁别爲沙。是酈以小㶏水爲沙水也。說文云、㶏水出潁川陽城少室山、東入潁。案酈注㶏水於樂嘉縣入潁。大雅鳧鷖在沙、毛傳云沙、水旁也。潁爲沙猶淮爲滸、汝爲濆、蓋兼取水旁之義。

汝爲濆

說文云、汝水出宏農盧氏還歸山、東入淮。水經注云汝水東南逕奇頟城西北、濆水出焉、世謂之大㶏水。爾雅曰汝有濆。是酈以大㶏水爲濆也。周南汝墳、遵彼汝墳、郭注引之、其意以此汝墳爲濆汝所分之處。竊謂大雅江漢鋪敦淮濆、濆即汝爲濆之濆、傳以濆涯、箋以大防釋之、非也。

說詩

江爲沱註岷山導江 導、釋文作道。

汝爲濆註遵彼汝濆 濆、毛詩作墳。

疏蜀郡有湔道 案、漢志作湔氐道。 有水從漢中沔陽縣南流至梓潼郭意以爲汝濆所分之處有美地 濆誤墳。

注疏正字

汝爲濆

說文、涓、小流也、爾雅曰汝爲涓。詩汝墳傳曰、墳、大防也。墳濆雖音同可以通叚、然墳爲厓岸以防水溢、濆爲水涯、音同而訓不同也。經文自灉以下、皆釋支流小水之名。厓岸水涯仍土地之名、豈可以爲水名乎。當以說文爲正。

小箋

水自河出爲灉　釋文云、灉字又作澭。案、雝隸變爲雍。文選注卌九史記索隱夏本紀引作雍。

濟爲濋　釋文云、濟本或作泲。案、胏隸省作𣲵、又變爲齊。說文無濋字。

汶爲瀾　釋文云、瀾字或作𨻐。水經注卅五沂水引作闌。案、瀾𨻐二字皆不見於說文。

淮爲滸　滸當作汻。見釋邱

過爲洵　釋文云、過、又作渦、本或作過。盧學士曰、說文過、水受淮陽扶溝浪湯渠、東入淮、从水過聲、則過字是。元照案、渦過皆過之省文。說文無渦字。

汝爲濆　釋文云、濆、字林作涓、衆爾雅本亦作涓。盧學士曰、說文引爾雅作涓。詩正義一之三引作墳、尤誤。

匡名

水自河出爲灉、濟爲濋、汶音問爲瀾、洛爲波、漢爲潛、淮爲滸、江爲沱、過爲洵、潁爲沙、汝爲濆　郭註、皆大水溢出別爲小水之名。

說文、河、水出敦煌塞外昆侖山、發源注海。漢西域傳、河有兩源、一出蔥嶺、一出于闐。于闐河於南山下北流、與蔥嶺河合、東注蒲昌海、潛行地下、南出於積石、爲中國河云。灉、河灉水、在宋。禹貢、灉沮會同。顏師古注、雍者、河水溢出爲小流也。是水之自河別者、俱名爲灉矣。濟、水出常山房子贊皇山、東入泜。水經注、泜水西分濟瀆、東北逕濟陰郡南。是以泜爲濋也。汶、水出琅邪朱虛東泰山、東入濰。引桑欽說、汶水出泰山萊蕪、西南入泲。禹貢、浮于汶。李巡云、瀾、溢也。春秋釋地註、闡在剛縣北。瀾當作闡。洛、水出左馮翊歸德北夷界中、東南入渭、从水各聲。小雅、瞻彼洛矣、傳、洛、宗周浸水也。是洛水在雍州、雒水在豫州、確有分別也。水經誌、洛水又東、門水出焉。是門水即波水也。漢、漾也、東爲滄浪水。地理志、隴西郡氐道縣、漾水所出、至武都爲漢。禹貢、東流爲漢。史記正義、潛水一名復水、今名龍門水。酈道元云、潛水、漢枝分潛出、故名。禹貢、沱潛既道。淮、水出南陽平氏桐柏大復山、東南入海。禹貢、道淮自桐柏。水經註、淮水於縣枝分、北爲滸水。是滸與游水同也。江、水出蜀湔氐徼外崏山、入海。沱、江別流也、出崏山東、別爲沱。渦、水受淮陽扶溝浪湯渠、東入淮。洵、過水出也。字林、洵、過水也。潁、水出潁川陽城乾山、東入淮。水經註、潁水自臨潁縣西流注、小濦水出焉。是小濦水即沙水矣。沙水又詳上文。汝、水出弘農盧氏還歸山、東入淮。水經註、汝水東南、逕奇雒城西北、濆水出焉、亦謂之大濦水。周南、遵彼汝濆。說文引爾雅、汝爲涓。涓、小流也。

啓蒙

濋　濋　錢氏坫云、濋應爲滎。未詳。

瀾　闌　水經洙水注引爾雅、汶別爲闌、不从水。即春秋經取讙及闡之闡。李巡注、瀾、溢也、則瀾之言澶漫、正當作繵緩也。

滸　汻　詳釋丘。

濆　涓　釋文、濆、字林作涓、衆爾雅本亦作涓。阮氏校勘記曰、說文、涓、小流也。从水肙聲。爾雅曰、汝爲涓。注云、皆大水溢出別爲小水之名、則從涓義長。此有二本、各如其舊說之可也。

黃侃評本　正名

水自河出爲灉。濟爲濋。汶爲瀾。淮爲滸。江爲沱。汝爲濆。詩曰、遵彼汝濆、皆大水溢出別爲小水之名。　灉滸沱濆下文再見、如李巡說則爲名同實異、其實義亦相因也。　濟正當作泲、借入泒之濟爲之。　灛即春秋經取讙及闡之闡、李巡注灛、溢也、灛之言澶漫、正當作嬗緩也。　郭說汝濆、既異毛鄭、又殊於李巡、殆本於魯詩歟。又注云皆大水溢出別爲小水之名、則當依說文所引作汝爲涓、涓小流也、正與郭注所云別爲小水義合。

黃侃音訓

注與毛傳異義

爾疋注多引毛傳。其引詩與毛異義者、如釋水篇引遵彼汝濆、毛傳以爲大防、郭以証汝水分出處也。

沙讀爲蔡

潁爲沙、沙讀爲蔡。乃莨蕩渠之一支、即鴻溝也。見說文、而水經注引之。左傳所謂沙汭即此。

讀雅筆記

水自河出爲灉　濟爲濋　汶爲灛　過爲洵　汝爲濆

釋文、灉字又作澭。（釋水釋文）漢書注作水自河出爲雍。（鄒陽傳注）釋名作水從河出曰雍。（釋名釋水篇）釋文、濟本又作泲。（釋水釋文）灛、字或作𨻫、（釋水釋文）過又作渦本或作過。（釋水釋文）漢書過作渦。（地理志）釋文、濆字林作涓、衆家爾雅本亦作涓。（釋水釋文）說文引作汝爲涓。（水部涓）

證異

汝爲濆。說文引作涓、小流也。作濆非。

古義補

汝爲濆。按、說文、涓、小流也。引爾雅曰、汝爲涓。註、大水溢出別爲小水之名。今本

爾雅作濆、而郭註又引詩遵彼汝墳、亦經註異字之証。

考異摘要

汶爲灛

說文無灛字。汶下、汶水出琅邪朱虛東泰山、東入濰。又引桑欽說、汶水出泰山萊蕪、西南入泲。案、後一說即禹貢汶水、此經之汶是也。水自汶出則爲灛。古止省作闡。左氏春秋齊人取讙及闡、即此地。故杜注在東平剛縣北。漢志、剛縣、故闡城。今兗州府寧陽縣、夫齊闡邑地、故剛城在縣東北三十五里。山東通志、闡邑在兗州府寧陽縣東北境。然則因汶出爲闡、遂名其地耳。又或作僤𨻫。公羊傳闡作僤。釋文、僤、字林作𨻫。案、玉篇、魯邑名。廣韵同。闡僤𨻫皆从單聲、故可通。

洛爲波

洛者、雍州之水。若豫州之水、當爲雒。波者、水涌流也。滎波之波、當爲潘、周禮職方豫州其川滎雒是也。（段氏辨洛雒最析。）蓋水自洛出爲潘。說文、潘、一曰水名、在河南滎陽。字林、播水在滎陽。段氏謂字林正字作潘、與說文合。然則波爲潘之叚、猶周禮其浸波溠、波亦當作潘矣。說文、灡、潘也、以潘爲波與、此正可反證。

王仁俊日記

岷山導江　單疏本、雪牕本、注疏本同。釋文、道江、徒報反、本或作導。按、引導開導字古皆作道。今禹貢作岷山導江、非。當從此釋文作道。

汝爲濆　唐石經、單疏本、雪牕本同。釋文、濆、符云反、下同。字林作涓、工元反。衆爾雅本亦作涓。按、說文、涓、小流也、从水肙聲。爾雅曰、汝爲涓。注云、皆大水溢出別爲小水之名、則作涓義長。郭本作濆、注引汝墳詩可證。

遵彼汝濆注疏本同。單疏本雪牕本濆作墳。按詩遵彼汝墳，則郭意以此汝墳爲濆汝所分之處有美地，因謂之濆。然則此注本以墳爲濆，亦經注異字之證。注疏本依經改濆，非也。

水自至汝爲濆〇釋曰注疏本删。

〇注書曰灉沮會同〇釋曰注疏本同下增者，删釋曰。元本無注字。

雷夏澤名元本脱名。閩本剜擠。監本毛本排入。

〇注書曰沱潛既道〇釋曰注疏本注改云，删釋曰。

而入荆州注疏本脱州。

沱水自蜀郡都水縣揃山元本同。閩本揃誤𢯱。監本毛本改湔，因上引地理志蜀郡有湔道故也。按書禹貢正義引郭氏爾雅音義本作揃山，字從手。

卽禹貢潛也注疏本貢下衍云。

〇注書曰岷山導江東別爲沱〇釋曰注疏本注改云，删釋曰。元本無注字。

〇注詩曰遵彼汝墳〇釋曰注疏本注改云，删釋曰。元本無注字。

郭意以爲汝濆所分之處注疏本濆改墳。

校勘記

遵彼汝墳十行本吳本汝濆。案十行本凡書句皆改從今本，此獨作濆，可知舊本如是，則校勘記謂墳是者非也。

校勘記訂補

漢爲潛疏，通峒山下。按，峒當作岡。今本字之誤也。水經注叚有大穴，潛水入焉，通岡山下，西南潛出，謂之伏水，或以爲古之潛水，與此疏所引音義之文相似。今書疏亦誤作峒，蓋卽邢之所本。

注疏本正誤

濟爲濋案諸書無濟爲濋之說。禹貢沇東流爲濟，入河溢爲滎。錢坫曰，濋當滎字之譌。

注疏校勘札記

七行汶爲瀾〇「瀾」，唐寫本同，宋刊小字本誤作「灡」。原本《玉篇》阜部「𨼲」下引作「𨼲」。

洛爲波〇原本《玉篇》阜部「陂」下引《爾雅》「水自洛出爲陂」，今本作「波」蓋誤。

八行汝爲濆〇《說文》引《爾雅》「濆」作「涓」，見「涓」字下。《釋文》云：「濆，符云反，《字林》作涓，工玄反。衆《爾雅》本亦作涓。」據此可知《爾雅》傳本不同，各家《爾雅》均作「涓」，惟郭注本作「濆」也。

宋監本校箋

河出爲灉音曰灉沮會同。灉音用。濟爲濋音楚淮爲滸江爲沱書曰岷山導江，東別爲沱。沱音陀。過爲洵過音過潁爲沙潁音影汝爲濆詩曰遵彼汝濆。皆大水溢出別爲小水之名。濆音墳。

本自

音圖・音

過又作渦，謝古禾翻，音過；又烏禾翻，音窩。洵私旬翻，音荀。說文相倫翻，同。繫傳改作續倫翻，音旬，非。全氏祖望云：沙之讀蔡，見許氏說文，而水經注引之，卽鴻溝也，左傳所謂沙汭也。北魏書有蔡水，卽沙水。郭注偶失之耳。

音略

水自河出爲灉、濟姊爲濋楚、汶問爲瀾闌、洛爲波、漢爲潛、淮爲滸虎、江爲沱陀、過戈爲洵荀、潁郢爲沙、汝爲濆墳。

孫偘直音

爾雅詁林　十二　釋水

皆大水溢出別爲小水之名。

水自河出爲灉濟爲濋楚汶問爲

灛闡洛爲波漢爲潛淮爲滸虎江爲沱陀過歌爲洵潁爲

沙汝爲濆

楊氏音訓

濋楚　灛闡　過戈　潁余頃切　濆汾

干氏音釋

水決之澤爲汧決復入爲氾

水決之澤爲汧。水決入澤中者亦名爲汧。決復入爲氾。水出去復還。

郭注

水決之澤爲汧　釋曰凡水爲人所決陂障爲澤者亦與上出不流者同名汧也。決復入爲氾　釋曰凡水決之歧流復還本水者名氾、詩召南云江有氾是也。

邢疏

水決之澤爲汧

郭璞云、水決入澤中者亦名爲汧。

決復入爲氾

郭璞云、水出去復還。

一切注音

汧苦見苦堅二反。氾音似。

陸音義

水決之澤爲汧

澤水所鍾、雖出不流。

決復入爲氾

氾、已也。可以窮、亦可以復。

新義

水決之澤爲汧水決入澤中也。故前言汧出不流。決復入爲氾召南云江有氾。

鄭樵注

水決之澤爲汧

郭璞曰、水決入澤中者亦名爲汧。

鄭樵曰、水決入澤中也。故前言汧出不流。

決復入爲氾

郭璞曰水出去復還。

鄭樵曰、召南云江有氾。

古注合存

水決之澤爲汧決復入爲氾。復扶又反。○此釋水出入之名也。註曰、水決入澤中者亦名爲汧。水出去復還爲氾。疏曰、凡水決復還本水者名氾、詩召南云、江有氾。愚按泉潛出、停成汙池爲汧。此則水決之澤、非泉潛出成汙池也。然出而不流則一、故亦爲汧。

注疏參義

水決之澤爲汧註水決入澤中者亦名爲汧決復入爲氾註水出去復還正義此釋水決之名也。說文云、決、行流也。水之決入者俱名爲汧、決出而反入者俱名爲氾。後世有汧水氾水、蓋依此名。○水決至爲汧○水經註云、渭水東逕郁夷縣故城南、汧水入焉、水出汧縣之蒲谷鄉弦中谷、決爲弦蒲藪。爾雅曰水決之澤爲汧、汧之爲名、實兼斯舉。又云渭水東南出石門、度小隴山、逕南田縣南、東與楚水合、楚水又南流注於渭、闞駰以是水爲汧水焉。按、諸地志、汧水出汧縣西北、蓋以其津流逕通、而更攝其通稱矣。○決復入爲氾○召南云江有氾、毛傳用爾雅。說文云、氾、水別復入水也。釋名云、水決復入爲氾、氾、已也、如出有所爲、畢已而還入也。淮南道應訓至於河上、而航在一氾。正義是氾之名不專指江水而言矣。註水決至爲汧○正義郭云亦名爲汧、所以別於上文之汧出而不流者也。古汧水今謂之汧陽河。

正義

水洓之澤爲洐水洓入澤中者亦名爲洐洓復入爲氾水出去復還

洐已見上。此申釋之。說文云，洓，行流也。水經注云，渭水東逕郁夷縣故城南，洐水入焉。水出洐縣之蒲谷鄉弦中谷，洓爲弦蒲藪。爾雅曰水洓之澤爲洐。洐之爲名，實兼斯擧。郭云亦名洐者，亦亦上文。錢氏坫曰，澤亦弦蒲澤也，弦洐聲同。是矣。闞駰以楚水爲洐水，非也。○說文云，氾，水別復入水也。釋名云，水洓復入爲氾，氾，已也，如出有所爲，畢已而還入也。詩江有氾傳用爾雅。淮南道應篇云至於河上，而航在一氾，高誘注氾，水涯也，蓋借氾爲涘，非此。

義疏

水決之澤爲洐洓復入爲氾郭注、水洓入澤中者亦名爲洐、氾水出去復還。朙洐氾無定地也。之、往也。導之使成澤不更流矣。

集解

水決之澤爲洐上云洐出不流，此復擧者，明洐無定地也。決，行流也。之，往也。決而成澤則不流矣。錢坫以澤爲弦蒲澤，因弦與洐聲近故。決復入爲氾水經注以澨水爲氾，古昔之廣異名耳。此故特明之。詩江有氾則水別而復入水者。

義證

水決之澤爲洐

亦弦蒲澤也。弦洐聲同。

決復入爲氾

詩江有氾注。水經云，江水又東，逕氾谿口。蓋江氾決入也。說文解字引此作洍。今開封府有氾水縣，水在縣西，即中山經所謂出浮戲之山，北流注于河者，非此也。

釋地四篇注

決復入爲氾氾音似

註水出復還補正邢疏、詩江有氾。

郭注補正

決復入爲氾。按、說文解字有二氾字，一作洍，一作氾，並引詩江有氾解之。今詩正作氾不作洍。疑洍非也。氾之音祀，水經注載呂忱曰水決復入爲氾，則又音凡。故道元取張晏氾愛宏大之說足之。按、漢書高帝本紀四年大司馬咎怒渡兵氾水，小顏曰此水舊漢音凡，今彼鄉人呼之爲祀。是古原有音凡之說，晏等習其說耳。

錢氏古義

水決之澤爲洐決復入爲氾

洐詳訂經。氾者、說文云氾水別復入水也、引詩曰江有氾。案、召南、江有氾。毛傳云水決復入爲氾、用爾雅。

說詩

水決之澤爲洐決復入爲氾說文、洓、行流也。凡水決入者名洐。氾、水別復入也。凡水決出反入者名氾。引詩江有氾。

啓蒙

決復入爲氾。水出去復還。氾之言似也、嗣也、續也、與祀義近、祭祀無已也。

黃侃音訓

水決之澤爲洐、郭云水決入澤中者亦名爲洐。楷案、此與洐出不流別。彼謂水之出而不流、此謂水之入而不流也。出不流入不流、必皆成停淵、故列子黃帝篇謂洐水之潘

爾雅詁林　十二　釋水

爾雅詁林　十二　釋水

爲淵也。不流，故皆得汧名。郝懿行解上文汧出不流云、汧之爲言慳也、水出於地便自停蓄而不通流、猶人慳吝不肯施散是也。但與此混爲一則非是。之者、往也。水決之澤、謂水決往澤中也。水經渭水篇注汧水出汧縣之蒲谷鄉弦中谷、決爲弦蒲藪、郎引此文爲說。是水決往澤中之證也。

稗疏

水決之澤爲汧○釋曰　注疏本删。

亦與上出不流者同名汧也　注疏本同名汧也作亦名爲汧。

決復入爲氾○釋曰　注疏本删。

校勘記

二十三上（一〇三）

一行（注）亦名爲汧○「汧」下唐寫本有「也」字。

二行（注）水出去復還○「還」下唐寫本有「也」字。

宋監本校箋

水決之澤爲汧、牽　決復入爲氾。似

孫偘直音

水決之澤爲汧。水決入澤中者亦名爲汧。牽　決復入爲氾。水出去復還。

楊氏音訓

氾　似

干氏音釋

河水清且灡漪大波爲瀾小波爲淪直波爲徑

河水清且灡漪、大波爲瀾、言渙瀾。小波爲淪、言蘊淪。直波爲徑。言徑涏。

郭注

河水至爲徑　釋曰、案詩魏風伐檀篇云、河水清且漣猗。又曰河水清且直猗。又曰河水清且淪猗。故此釋之。毛傳云、風行水成文曰漣。直、直波也。小風水成文轉如輪也。李巡云、分別水大小曲直之名。郭氏云、瀾言渙瀾、淪言蘊淪、徑言徑涏。然則瀾直淪論水波之異、漪皆辭也。案詩漣淪皆言波名、直波不言徑而言直、又在淪漪前者、取韻故也。瀾漣雖異而義同。瀾漪先舉詩文然後釋之。直淪不舉者省文、從可知也。

邢疏

河水清且瀾漪大波爲瀾小波爲淪直波爲徑　釋文、瀾、李依詩作漣音連。

分別水大小曲直之名。詩正義五之三　邢疏

李注

河水清且瀾漪大波爲瀾

瀾力旦反又力安反　釋文

郭音義

黃輯古義

河水清且漣漪大波爲漣小波爲淪直波爲徑　釋文、瀾、李依詩作漣。

漣音連。釋文　分別水大小曲直之名。邢疏　詩魏風伐檀正義

李注

河水清且灡漪。灡、力旦反又力安反、下及注同。今注疏本作瀾。釋文　作灡、引郭。

郭音義

玉函山房輯佚

大波爲瀾小波爲淪直波爲徑

分别水大小曲直之名。李注 詩疏五之三

鈎沉

河水清且瀾漪大波爲瀾小波爲淪直波爲徑 釋文瀾、李依詩作漣、音連。○疑樊本作瀾。郭從樊不從李。

李曰、分别水大小曲直之名。詩正義五之三 邢疏

漢注

河水清且瀾漪大波爲瀾

郭璞云、言渙瀾。

小波爲淪

郭璞云、言蘊淪。

直波爲徑

李巡云、分别水大小曲直之名。詩正義五之三卷　郭璞云、言徑侹。宋本作徑涏。茲依釋文本。

一切注音

河水清且瀾漪 釋文 李依詩作漣。郭力照反、又力安反。

大波爲瀾小波爲淪直波爲徑 李巡曰、分别水大小曲直之名。詩伐檀正義

古注斠

瀾 郭力旦反、又力安反、下及注同。李依詩作漣、音連。漪 本又作猗、於宜反。渙 呼貫反。淪 音輪。蕴 紆云紆粉二反。徑 古定反。字或作侹、注同。侹 徒頂反。字又作涏、他定反、又徒頂反。徑侹、直也。

陸音義

瀾○邢本作瀾。　徑○邢本作徑。

音義攷證

河水清且瀾漪 案、瀾經典釋文宋本郭注同。邢本無草頭。王伯厚詩考引爾雅文亦作瀾。

字从蘭、作善言河也。養生經曰、流水不腐、據大波爲瀾。

大波爲瀾 以瀾易漣、闌生於無閒。子夏曰、朋友數斯疏矣。

小波爲淪直波爲徑 河淪則波小、直則波徑。

新義

河水清且瀾漪大波爲瀾

小波爲淪直波爲徑 此並釋伐檀文。

鄭樵注

河水清且瀾漪大波爲瀾 瀾李本依詩作漣。郭力旦反。

郭璞曰、言渙瀾。

小波爲淪

郭璞曰、言蘊淪。

直波爲徑

李巡曰、分别水大小曲直之名。總釋三句。

郭璞曰、言徑侹。監本作徑涏、釋文作徑侹、云字或作侹。此從乾隆四年刊本。

鄭樵曰、此並釋伐檀文。總解三句

古注合存

河水清且瀾猗、大波爲瀾、小波爲淪、直波爲徑。此釋水波大小曲直之名也。註曰、瀾言渙瀾、淪言蘊淪、徑言徑涏也。疏曰、詩伐檀云河水清且漣兮、又云河水清且直兮、又云河水清且淪兮。毛傳云、風水成文曰漣、直、直波也、淪、小風成文轉如輪也。李巡云、別水大小曲直之名。註則論水波之異名也。

注疏參義

河水清且瀾漪大波爲瀾 註 言渙瀾 小波爲淪 註 言蘊淪直波爲徑 註 言徑涏 正義 魏風伐檀云、河水清且漣猗。又云、河水清且直猗。又云、河水清且淪猗。此釋之也。疏引李巡云、分别水大小曲直之名。大波爲瀾者、說文云、瀾、或从連。是漣即

瀾之或體字也。徐鉉云、今俗音力延切。毛傳、風行水成文曰漣。釋名云、風吹水波成文曰瀾。瀾、連也。波體轉流相及連也。小波爲淪者、釋文引韓詩云、順流而風曰淪。毛傳、小風水成文、轉如輪也。釋名云、水小波曰淪。淪、倫也。水文相次有倫理也。直波爲徑者、毛傳、直直波也。釋名云、水直波曰涇。涇、徑也、言如道徑也。說文云、波、水涌流也。此引詩而釋之。不盡引者省文。**註**言徑涏○**正義**宋本作徑涏。

正義

河水清且瀾猗至潛行爲泳　御覽卷五十八引爾雅曰、水別流曰派、風吹水涌曰波、小波曰淪、平波曰瀾、直波曰徑、水朝夕而至曰潮、風行水成文曰漣、水波如錦文曰漪、水行曰涉、逆流而上曰泝洄、順流亦曰沿流而下曰溯游、絶流而渡曰亂、以衣涉水曰厲、由膝以下爲揭、由膝以上爲涉、渡水處曰津、潛行水下爲泳。玉篆、初學記所引與此正同、而以爲出爾雅釋名說文三書。今攷自水別流以下至水行曰涉、皆釋名說文所無。餘則今本爾雅所自具者。然則並爲爾雅本文無疑。

校議

河水清且瀾猗大波爲瀾言渙瀾小波爲淪言蘊淪直波爲徑言徑涏

詩、河水清且漣猗。河水清且直猗。河水清且淪猗。此釋之也。不竝引者、文省也。正義引李巡云、分別水大小曲直之名。說文云、波、水涌流也。大波爲瀾、瀾或作漣。詩伐檀傳、風行水成文曰漣。釋名云、風行水波成文曰瀾。瀾、連也。波體轉流相及連也。水小波曰淪。淪、倫也。小文相次有倫理也。水直波曰涇。涇、徑也。言如道徑也。詩釋文引韓詩云、順流而風曰淪。淪、文貌。毛傳、小風水成文、轉如輪也。直、直波也。按、直又訓徒也、徒波、無風自波。對淪漣皆因風成文、此自生波、故曰直波。直有徑遂之義、故曰徑也。徑、釋文作俓、云字或作徑。今從宋本。瀾、釋文作灡。

義疏

灡經文

臧云、詩伐檀作漣、爾雅作瀾。按、說文大波爲灡、從水灡聲。漣、灡或從連。據此則瀾漣本一字。徐鍇說文漣下有小波之注、不以爲重文、非是。鼎臣於漣下云今俗音刀延反、亦以二字同音、不當區別故也。陸德明於灡字云力安反、於漣字云音連、不知二字音同、識反出徐氏下矣。又釋文瀾作灡、是假借字。說文灡、潘也。從水蘭聲。陸所采者也、與瀾義別。阮云、釋文於此云下及注同、則下經注皆當作灡、今諸本作瀾非。按、陸既通借灡字、則此處不當歧出。阮說是也。

經注集證

河水清且瀾漣猗猗大波爲瀾小波爲淪直波爲俓、徑注、李注、分別水大小曲直之名。郭注、瀾言渙瀾、淪言蘊淪、俓言俓侹。詩俓作直、由不知俓有亟音。

集解

河水清且瀾猗　上言治水之方、此則引詩言而明治水之效。河本黃色。清者、以有灘以分流、故神禹功高、萬世有賴哉。大波爲瀾　波因大氣之動搖而起之水之運動也。故有暴風則激浪常伴之而起。瀾从水闌、門遮也。大波之起如有物遮而激之然。詩作漣者、狀其水分子振動傳播而不已耳。小波爲淪　淪、輪也、所謂波之週期是也。小波往還甚速、故專淪名。直波

爲徑　徑，步道也。波如步行，不關風，向所謂帶狀波是也。海岸磯波多類此。

義證

河水清且瀾漪大波爲瀾小波爲淪直波爲徑

徑，釋名作涇。今出平凉府西北。瀾，卽漣，漣水出長沙府。北山經有倫山，倫水出，倫與淪通。

釋地四篇注

河水清且灡漪大波爲灡

言渙灡也

釋文云：灡，郭力但反，又力安反，下及注同。今諸本皆改爲瀾。元應過去現在因果經三卷音義引爾雅云：大波爲瀾，言渙瀾也。今據補也字。

直波爲徑

言侄侹

釋文云：侄字或作徑，注同，侹字又作挺，侄，侹，直也。

今本作徑涏誤。

郭注佚存補訂

河水清且瀾漪大波爲瀾小波爲淪直波爲徑

此釋魏風伐檀文。河水清且漣猗，毛傳云：風行水成文曰漣猗。彼釋文云：猗本亦作漪，同。說文云：大波爲瀾。瀾，或從連作漣，瀾漣蓋同字也。陳風澤陂箋云：蕑，當爲蓮。御覽引韓詩章句云：蕑，蘭也。蓮之爲蘭，亦猶漣之爲瀾也。河水清且淪猗，傳云小風水成文，轉如輪也。風小則波小，故曰小波如淪。彼釋文引韓詩云：順流而風曰淪，淪，文貌。順流則波小也。說文引詩亦作淪漪。河水清且直猗，傳云：直，直波也。直有徑遂之義，直則不必風而自波也。正義云：漣淪舉波名，直波不言徑而言直者，取韻故也。李巡云：分別水大小曲直之名。

說詩

河水清且瀾漪　瀾，釋文作灡，云郭力旦切，又力安切。

直波爲徑　註言徑涏　釋文作侄侹，上古定切，下他定切。

注疏正字

河水清且瀾漪　釋文云：灡，李依詩作漣。單疏本作漣，詩正義五之三、集韻四、支類篇十一上引作瀾。案說文：灡，潘也，从水蘭聲，非此義。當作瀾。說文：瀾，大波爲瀾，从水闌聲，或从連作漣。是漣卽瀾字。後人歧而二之，非也。又云：漪本又作猗。案詩作猗，正義曰：猗，辭也，引爾雅亦作猗。說文水部無漪字。

大波爲瀾　詩正義、文選注五又十八、一切經音義八又十三引作瀾。

直波爲徑　釋文云：侄字或作徑。石經、單疏本作徑，詩正義引亦作徑。案說文人部無侄字。　臧氏鏞堂曰：釋名水直波曰涇，涇，侄也。爾雅當亦从水。

匡名

河水清且瀾漪大波爲瀾小波爲淪直波爲徑　說文：巠，水涌流也。灛義同爾雅。或作漣。淪義亦同爾雅。魏風河水淸且漣猗。河水淸且直猗。河水淸且淪猗。徑、郭註。徑涏。釋名。直波曰涇。涇、徑也。言如道徑也。宋本作徑涏。

啓蒙

灡　灡　臧氏琳曰。說文。瀾。大波爲瀾。灡。潘也。潘。淅米汁也。義別。釋文作灡。是聲借字。

今本作瀾。

漪　猗　釋文。漪。本又作猗。案詩作猗。

猗爲語詞。字正作乁。

徑　涇　阮氏校勘記。釋文。徑字或作侄。案字或作徑。徑當爲涇。釋名云。水直波曰涇。涇。徑也。言如道徑也。經大波爲瀾。小波爲淪。字皆从水。此當作直波爲涇。

此說謬。釋名作涇乃叚借耳。

黃侃評本正名

直波為徑。言徑侹。　或云、釋名云水直波曰涇、此徑當作涇、案此說謬。釋名作涇乃段借耳。　徑與湀闢之湀聲轉。

黃侃音訓

河水淸且瀾漪　大波爲瀾　小波爲淪　直波爲徑

國風作河水淸且漣猗。魏風伐檀詩 釋文作瀾漪。云、本又作猗。釋水釋文 李巡本依詩作漣。釋水釋文 毛詩傳風行水成文曰漣、伐檀詩傳 小風水成文轉如輪曰淪。伐檀詩傳 釋文徑作侄。云、字或作徑。釋水釋文 釋名作水直波曰涇。云涇、徑也。釋水篇

瀾、漪、釋文作灡漪、魏風作漣漪。按、說文水部瀾云、大波爲瀾、从水闌聲。瀾或从連作漣。是漣卽瀾之或體字。又灡云、潘也、从水蘭聲。潘、淅米汁也。徐音灡、洛干切、義與瀾異。釋文作灡同聲假借字。

證異

河水淸且灡漪

灡漪當爲灡猗。下大波爲瀾、釋文引說文大波爲灡可證。蜀大字本瀾漪作灡漪、吳元恭本同。說文無漪。詩伐檀作漣猗。釋文、漪本又作猗。是也。漣、卽瀾舌音轉字。今說文瀾下云大波爲瀾、漣下云瀾或从連、是瀾漣一字。或疑瀾如爲灡、則說文訓潘也、與瀾也無涉。不知潘卽波字、此說文叚潘爲波、猶此經洛爲波、借波爲潘耳。

大波爲瀾小波爲淪直波爲徑

御覽五十八引此經、水別流曰派、風吹水涌曰波、大波曰濤、小波曰淪、平波曰瀾、直波曰涇、朝夕而至曰潮、風行水成文曰漣、水波如錦文曰漪。案、御覽本乎初學記。今惟小波直波二句、此經今本有之、而爲作曰、徑作涇、與釋名同。疑唐人所見本爾雅校今爲完備、而邵氏卷首序注、嚴氏卷末述逸文皆未之及。抑御覽所引者不盡可據乎。然古書逸句、寍過而存之。今坿錄於後而證之。

王仁俊日記

大波爲瀾小波爲淪直波爲徑。郭云、言渙瀾、言蘊淪、言徑侹。楷案、瀾者逆風之波也。淪者、順風之波也。徑者、橫風之波也。逆風波大、故以渙瀾言之。淪之言倫也。記禮器鄭注、倫之言順也。廣雅、倫、順也。詩伐檀釋文引韓詩順流而風曰淪、是也。又云淪、文貌。則非矣。毛傳淪小風水成文轉如輪也、釋名、淪、倫也、水文相次有倫理也、皆未是。徑者、直之稱也。李善文選上書諫吳王注、徑、直也。風自橫來、故其波直。郭注下文正絕流曰亂、云直橫波也、亦其例。絲之直者

謂之經，骨之直者謂之脛，釋名脛莖也，直而長似物莖也。波之直者謂之徑，其義一也。郭云言徑侹者，廣韻作俓侹，云直也。此說得之。釋名徑作涇，云涇，徑也，言如道徑也，誤。郝懿行云直，徒也，徒波，無風自波，則更非矣。莊子秋水篇涇流之大，釋文引崔本作徑，云直渡曰徑，名義與此同。

稗疏

河水清且灡漪雪牕本同。注疏本灡作瀾，唐石經闕，單疏本無。經疏中作瀾。按，釋文灡，郭力但反，又力安反，下及注同。則下文大波爲瀾，注言渙瀾，皆作灡。今諸本作瀾，非。經義雜記曰，說文瀾，大波爲瀾，灡，潘也，潘，淅米汁也，義別。釋文作灡，是聲借字。

直波爲徑唐石經雪牕本同。單疏本標起止云河水至爲徑。釋文，徑字或作徑，注同。按，字或作徑，當爲涇。釋名云，水直波曰涇。涇，徑也，言如道徑也。經大波爲瀾，小波爲淪，字皆從水，此當作直波爲涇。注云言徑侹，則作徑爲經注異文之證。徑徑同。

言徑㢟單疏本雪牕本注疏本同。釋文，侹字又作挺，俓，侹，直也。按，此當從陸本作俓侹。通俗文，平直曰侹。草書水旁與人旁相近，遂誤㢟。

河水至爲徑○釋曰注疏本删。

毛傳云風行水成文曰漣注疏本脫云，水下衍上。

校勘記

言徑㢟吳本言作有。

河水清且灡漪。今本灡作瀾。釋文灡，郭力旦反，又力安反，下及注同，李依詩作漣，音連。

直波爲徑，注言徑侹。今本作侹，誤从氵。釋文，侹字又作挺。

校勘記訂補

河水清且灡漪，釋文漪本又作猗，於宜反。今本音衣，非是。廣韻漪，於離反，在五支。衣，於希切，在八微。二字不同音也。

注疏本正誤

詩魏風伐檀篇云河水清且漣漪毛本漪作猗，下同。案，漪猗古通。

詩疏引詩言則作猗，是。

注疏校勘札記

河水清且灡漪大波爲瀾○《釋文》云：「灡，郭力但反，又力安反，下及注同。」是《釋文》所據本「瀾」均作「灡」。唐寫本「大波爲瀾」字亦作「灡」。《說文》則作瀾。

三行(注)(注)言渙瀾○「瀾」下唐寫本有「也」字。

(注)言蘊淪○「淪」下唐寫本有「也」字。

直波爲徑(注)言徑㢟○「徑」，《釋文》作「俓」，云：「古定反。字或作徑，注同。」唐寫本「徑」從水作「涇」。案《釋名》云：「水直波曰涇，俓也，言如道俓也。」是字當作涇。注「言徑㢟」，唐寫本作「有涇㢟也」。案《釋文》「㢟」作「侹」，云：「字又作挺，他定反，又徒頂反。俓侹，直也。」此注當作「言俓侹也」，正釋直波爲涇之義。「言」字作「有」，誤。宋刻小字本「言」亦誤作「有」。

宋監本校箋

河水清且灡音爛漪音衣

音圖·音

瀾力旦音爛力安音瀾二翻。詩作漣音連。五經文字來安來但二翻同。

口訓云瀾漣音近，來故漣一作瀾。

音略

河水清且瀾蘭漪衣，大波爲瀾，小波爲淪輪。

直波爲徑，

孫偘直音

河水清且瀾漪衣 大波爲瀾小波爲淪直波爲徑

楊氏音訓

漪於宜切

干氏音釋

江有沱河有灉汝有濆

江有沱河有灉汝有濆。此故上水別出耳所作者重見。

郭注

江有沱河有灉汝有墳

江河汝旁有肥美之地名。**李注** 詩正義一之三

黄輯古義

江有沱河有灉汝有濆

江河汝旁出有肥美之地名。**李注** 詩周南汝墳正義

玉函山房輯佚

江有沱河有灉汝有濆

李曰江河汝旁有肥美之地名。詩正義一之三

漢注

江有沱河有灉汝有濆

李巡云江河汝旁有肥美之地名。詩正義一之三卷 郭璞云此故上水別出耳所作者重見。

一切注音

江有沱河有灉汝有濆　李巡云江河汝旁有肥美地名。詩汝墳正義

蕙心案李以爲地名。郭以爲重見。李說是也。

古注斠

所作子各反。重直用反。見賢遍反。

陸音義

江有沱河有灉汝有墳

河水清且漣漪不可俟也。若江有時而爲沱河有時而爲灉汝有時而爲墳故敘言之。

新義

江有沱河有灉汝有濆則此前義未審重言之意。

鄭樵注

江有沱河有灉汝有濆

李巡曰江河汝旁有肥美之地名。郭璞曰此故上水別出耳所作者重見。鄭樵曰此則前義未審重言之意。

古注合存

江有沱河有灉汝有濆此與前江爲沱河爲灉等文異義同蓋重出也

注疏參義

江有沱河有灉汝有濆**註**此故上水別出耳所作者重見**正義**詩疏引李巡云江河汝旁有肥美之地是李巡以此爲地名與上文大水溢出別爲小水者異也劉昭續漢志註引地道記汝南郡汝陰縣有陶丘鄉詩所謂汝墳墳爲地名是其證郭以爲重見不從李義。

正義

江有沱河有灉汝有濆此故上水別出耳所作者重見

水名已具上文此重見者詩汝濆正義引李巡曰江河汝旁有肥美之地名然則此以地言彼以水言名同義異李說是也今以其意求之梁州之沱其地在蜀郫土江鄉膏腴沃壤至於荊州之沱江夏雲杜郝墟相望皆其地矣河之有灉左傳所云礁䂬至於衡雍杜注以爲鄭地在滎陽卷縣是其地濱河岸密邇王宮雍即灉矣若乃詩之汝濆樵採所遵枚條蘇茂其爲地號更不待言孔氏正義猶以彼墳從土此濆

從水爲疑，非矣。郭以爲水名重見，尤非。

義疏

江有沱河有灉汝有濆　李注：江河汝㫄有肥美之地名。郭注：此故上水別出耳，所作者重見。上記治水方略，此蓋記當時地名，故改爲爲有。

集解

江有沱河有灉汝有濆

河有灉而水清。江汝之不爲患，亦因有沱濆故。

義證

江有沱河有灉汝有濆　注此故上水別出耳所作者重見

正曰：詩周南汝墳正義、釋水：水自河出爲灉，江爲沱，別爲小水之名。又云：江有沱，河有灉，汝有濆。李巡曰：江河汝㫄有肥美之地名。郝戶部義疏云：今㠯李注地名求之，梁州之沱，其地在蜀郫土江鄉，膏腴沃壤，至於荊州之沱，江夏雲杜、鄖墟相望，皆其地矣。河之有灉，左僖二十八季傳至於衡雍，杜注㠯爲鄭地，在滎陽卷縣，是其地濱河岸，密邇王宮，雍即灉矣。若乃詩之汝墳，樵采所遵，枚條緐茂，其爲地號，叓不待言。孔正義猶㠯彼墳从土，此文从水爲疑，非矣。郭改李注，乃云水名重見，則尤非矣。

正郭

江有沱河有灉汝有濆　注此故上水別出耳所作者重見

諍曰：郝氏據詩汝墳正義引李巡曰江河汝旁有肥美之地，謂此以地言。案詩常武箋以濆爲大防，蓋濆爲墳之叚字。汝墳爲伐條枚者所遵，自是地名。由是推之，見李說之足據，不得爲水之重見也。

諍郭

江有沱河有灉汝有濆

此釋水旁土地之名，非重見也。詩正義引李巡曰：江河汝旁有肥美之地名。是也。予謂江有沱，沱當作汜。禹貢：岷山導江，東別爲沱。說文：沱，江別流也。召南：江有汜。又曰：江有沱。分晰甚明。汜，說文：水別復入水也。一曰汜，窮瀆也。凡水決而復入者爲汜，水決入去而不復入者爲窮瀆。窮瀆之地必肥美，宜種植，而河決之地尤肥美。窮瀆水之窮，非謂地之窮也。是沱爲水名，不得蒙土地之名矣。灉當作雍，俗書從土。或作雝。漢書鄒陽傳申徒狄蹈雍之河，顏籀注：雍河水溢出爲小流也。說文：河灉水在宋。此自河出之灉也。凡河水下流爲土所壅，反決出者是矣。反流決出不復入者亦名雍。其地膏腴，所謂一石之水五斗之泥，壅田盛黍稷，亦如江之有汜也。濆當作墳。詩汝墳正義曰：濆汝所分之處有美地，因謂之濆。當作墳。箋傳不然者，以濆從水，此墳從土，且伐薪宜於厓岸大防之上，不宜在濆汝之間也。可見毛鄭亦同李巡之說矣。孔氏不知濆水當作涓水，故曰濆汝之間耳。陋人妄改汜爲沱，是因篆體有作汜者，汜形與沱相似，以爲池字之譌。又不知雍雝灉、墳濆爲通借字，以意改之耳。郭注重見，非是。李巡說於義爲長。

小箋

江有沱河有灉唐石經雪牕本同。按、上注云河之有灉、猶江之有汜。然則此經當作江有汜、與上文江爲沱不同、猶上云汝爲涓、此作汝有濆、皆上下異文之證。

汝有濆唐石經注疏本同。上汝爲濆、釋文云濆、符云反、下同。雪牕本濆作墳、非。詩遵彼汝墳正義引釋水汝有濆、而曰彼濆從水、此墳從土、分析最清。俗本猶寫亂之。

校勘記

江有沱河有灉汝有濆重見

楊氏音訓

滸水厓

滸水厓水邊地。

郭注

滸水厓注水邊地　釋曰謂水邊厓岸之地別名滸。李巡曰、滸、水邊地名厓也。詩大雅江漢云江漢之滸是也。

邢疏

滸水厓

滸、水邊地名厓也。詩正義四之一　邢疏

李注

滸水厓

厓、水邊也。詩正義十三之一又十八之五

孫音注

黃輯古義

滸水厓

滸、水邊地名厓也。詩王風葛藟正義

李注

滸水涯今注疏本作厓、詩正義引孫炎作涯。

涯、水邊也。詩小雅北山正義又大雅常武正義

孫音注

玉函山房輯佚

滸水厓

李曰、滸水邊地名、厓也。詩正義四之一

孫曰、厓、水邊也。詩正義十三之一又十八之五

漢注

滸水厓

李巡云、滸、水邊地名、厓也。詩正義四之一卷　郭璞云、水邊地。

一切注音

滸水厓　李巡曰、滸水邊地名、厓也。詩葛藟正義　孫炎曰、厓、水邊也。詩北山正義

古注斠

厓五街反。

陸音義

滸水厓

滸所以爲同、厓所以爲異。

新義

滸水厓

李巡曰、滸、水邊地名、厓也。

孫炎曰、厓、水邊。

郭璞曰、水邊地。

鄭樵曰、江漢云江漢之滸。

古注合存

滸水厓**註**水邊地**正義**釋丘云、岸上滸。又云、涘爲厓。與此相證明也。說文濆涘漘瀕四字俱云水厓也、所以廣異名。

正義

滸水厓水邊地

此亦水邊地名、與沱灉濆同、故竝釋之。上文云、淮爲滸。彼以水言、此以地言也。詩葛藟正義引李巡曰、滸、水邊地名厓也。北山正義引孫炎曰、厓、水邊也。釋丘岸上滸、涘爲厓、與此義互相足。

義疏

爾雅詁林　十二　釋水

滸水厓李注、滸水邊地名厓也。孫注、厓水邊也。郭注、水邊地。

明水滸借山厓、地名。今字作涯也。許所通用字。詩江漢之滸、在河之滸、皆非高岸。

集解

滸水厓明滸浦之同義也。詩率彼淮浦、謂水瀕。上云淮滸、即水厓。浦瀕亦崖也。

義證

滸水厓

字亦應爲汻也。

釋地四篇注

滸水厓

水邊地

慧琳阿難陁目佉尼呵離陁經音義引郭注爾雅云、厓謂之水邊也。樹枬案地當爲也字之誤。

郭注佚存補訂

江有沱河有灉汝有濆滸水厓

已見上文。此重釋者、上言沱灉濆滸爲江河汝淮所分之水、此則謂水邊涯岸。郭注謂所作者重見、非也。李巡云、江河汝旁有肥美之地名。蓋不以爲水名。上言灉反入、郭注云河之有灉、猶江之有沱。釋名云、水從河出曰雍、沛言在河岸限内、灉與壅通。壅、曲限也。見史記司馬相如傳批巖衝擁司馬彪注。又周頌振鷺于彼西雝、毛傳云雝、澤也。皆灉之義也。 沱者、召南江有沱、與江有渚同義。傳云江爲沱、釋之非也。渚旣泛言、則沱亦泛言。今人謂依水岸上村居者曰某沱、即此字。 濆者、說文云、水厓也。周南汝墳遵彼汝墳、傳云墳、大防也。大雅常武鋪敦淮濆、傳謂濆涯。箋謂大防、應以之釋此文。 滸者、說文作汻、云水厓也。釋丘云、岸上滸。王風葛藟在河之滸、傳云水厓曰滸。大雅緜率西水滸、傳云滸水厓也。皆本此文爲訓。

說詩

滸水厓 滸、當作汻。見前。詩正義四之一又十三之一又四引其三作涯。唯十六之二又十八之四二作厓。案涯、說文水部新附字。

匡名

滸水厓。 序、東西牆也、與滸聲義近。伐木詩許許或作滸滸、或作所所、知滸有序音。汻與嚴亦聲轉。

黃侃音訓

滸水厓注水邊地○釋曰注疏本刪。

注詩曰居河之湄○釋曰注疏本刪。

五行(注)水邊地○「地」下唐寫本有「也」字。

校勘記

宋監本校箋

滸、水厓。牙

孫偘直音

滸水厓 水邊地

楊氏音訓

水草交爲湄

水草交爲湄。詩曰居河之湄。

郭注

注詩曰居河之湄 釋曰此小雅巧言之篇文也以詩有此言故釋之云水草交爲湄李巡曰水中有草水交會曰湄今詩作麋音義同。

邢疏

水草交爲湄

水中有草木交合也。水經濟水注

犍爲注

水草交爲湄

水中有草木交會曰湄。春秋正義十六 邢疏

李注

黃輯古義

水草交爲湄

水草交合也。水經注卷八

犍爲注

水草交爲湄

水中有草本交會曰湄。邢疏 春秋僖二十八年正義

李注

玉函山房輯佚

水草交爲湄

水草木交會也。舍人注 水經注八

鈎沉

水草交爲湄

舍人曰水草木交合也。酈道元水經濟水注。

李曰水中有草木交會曰湄。春秋正義十六 邢疏

漢注

水草交爲湄

犍爲舍人云水草木交合也。水經註八卷 李巡云水中有草木交會曰湄。詩正義六之四卷 郭璞云詩曰居河之湄。

一切注音

水草交曰湄 李巡曰水中有草木交會曰湄。左僖三十八年傳正義 犍爲舍人云水中有草木交合也。水經濟水注

古注斠

湄 本或作㵟湄溦瀿四字同。亡悲反。

陸音義

水草交爲湄

如此乃成爲眉上水泰是也。詩曰居河之麋、變湄言麋麋四目所見亂矣。古稱倉頡四目有是哉。

新義

水草交爲湄 江漢云江漢之滸。巧言云居河之麋。麋卽湄。

鄭樵注

水草交爲湄

舍人曰、水草木交合也。

李巡曰、水中有草木交會曰湄。

郭璞曰、詩曰居河之湄。

鄭樵曰、巧言云居河之麋。麋卽湄也。

古注合存

滸水厓水草交爲湄 此釋水邊之名也疏曰詩江漢云江漢之滸巧言云居河之湄今詩作麋音義同思按滸

爾雅詁林 十二 釋水

已見釋丘篇之厓岸章．在釋丘篇言岸上爲滸而在此篇言水厓爲滸．餘見篇題下．濟有汜汜逆流諸節放此

注疏參義

水草交爲湄 註 詩曰居河之湄 正義 秦風毛傳、湄、水嗛也。疏引李巡云、水中有草木交會曰湄。水經註引犍爲舍人云、水草木交會也。釋名云水草交曰湄。湄眉也。臨水如眉臨目也。水經、川歸之處也。註 詩曰至之湄○ 正義 小雅巧言文。今本湄作麋。古字通。左氏僖二十八年傳云、余賜女孟諸之麋。太平寰宇記云、虞城孟諸澤、俗呼爲湄臺。

正義

水草交爲湄 詩曰居河之湄 湄者、說文用爾雅。釋名云、湄、眉也、臨水如眉臨目也。水經、川歸之處也。左氏僖廿八年正義引李巡曰、水中有草木交會曰湄。水經濟水注引舍人云、水中有草木交合也。郭引詩巧言文、湄詩作麋。左傳余賜女孟諸之麋、並古字通。

義疏

水草交爲湄 麋 舍人注水中有草木交合也。李注同。郭注詩曰居河之湄。湖浦汀瀲、漲則爲水、涸則生草。水草橫平望之如眉也。

集解

水草交爲湄 承上滸而言耳。滸爲涯岸、漲則爲水、涸則草生均橫平也。望之有似人之眉然。

義證

水艸交爲湄

注水經曰、沛水東北與湄溝合、水上承湄湖、北流注沛。應在今濟南府長清縣南。

釋地四篇注

水草交爲湄

說文云、水草交爲湄。秦風蒹葭在水之湄、毛傳云、湄、水隒也。又作麋。小雅巧言居河之麋、傳云水草交謂之麋。郭注引作湄。彼釋文云麋、本又作湄。李巡云、水中有草木交會曰湄。舍人云、水中有草木交合也。

說詩

水草交爲湄 說文釋名同。草當作艸。湄通麋。詩小雅巧言居河之麋、傳云水草交謂之麋。正義曰、釋水文。釋文曰麋、本又作湄。釋文云、湄本或作𣿅、湄、溦、濂四字同。案皆俗書之尤者、唯从微者尚可通。見釋地。

匡名

江有沱河有灉汝有濆滸水厓水草交爲湄 沱灉濆、李巡以爲江河汝旁肥美之地。滸詳釋丘。與濆涘漘瀕俱云水厓。湄、義同。爾雅秦風在水之湄。通作麋。小雅居河之麋。

啓蒙

水草交爲湄。詩蒹葭傳湄、水隒也、說文隒、崖也、然則此與釋丘厓岸之澂義近。厓相謂之楣、釋名楣、眉也、近前若面之有眉也、與湄義同。

黃侃音訓

水草交爲湄 詩曰、居河之湄。湄、音眉。

音圖・音

水草交爲湄 眉

孫偘直音

直音校正

水草交爲湄。湄

楊氏音訓

水草交爲湄。眉

干氏音釋

湄眉

濟有深涉深則厲淺則揭揭者揭衣也以衣涉水爲厲繇膝以下爲揭繇膝以上爲涉繇帶以上爲厲

郭注

濟有深涉、謂濟渡之處。深則厲、淺則揭。揭者、揭衣也。謂褰裳也。以衣涉水爲厲。衣謂褌。繇膝以下爲揭、繇膝以上爲涉、繇帶以上爲厲。繇自也。

邢疏

濟有至爲厲　釋曰、案詩邶風匏有苦葉篇云、匏有苦葉、濟有深涉、深則厲、淺則揭。故此先引詩文、然後釋之云、揭者、揭衣也。謂渡處水淺、惟褰裳可涉者名揭。注云謂褰裳也者、對文言之則在上曰衣、在下曰裳、散而言之則通。是以此經言揭衣、注言褰裳。曲禮云、兩手摳衣去齊尺。衣亦謂裳也。云以衣涉水爲厲者、此衣謂褌也、言水深至於褌以上者而涉渡者名厲。云繇膝以下爲揭者、此更釋揭涉及厲之名。繇與由同。繇由也、言水淺自膝以下爲揭、水差深自膝以上者爲涉、水若深至衣帶以上者爲厲。注云、繇自也。釋詁文。

濟有深涉深則厲淺則揭揭者揭衣也以衣涉水爲厲

李注

濟、渡水也。水深則厲、水淺則揭衣渡也。不解衣而渡水曰厲。春秋正義三十二

濟有深涉深則厲淺則揭揭者揭衣也以衣涉水爲厲

孫音注

揭、褰衣裳也、以衣涉水濡褌也。詩正義二之二　春秋正義三十二

黃輯古義

濟有深涉深則厲淺則揭揭者揭衣也以衣涉水爲厲

李注

濟、度也。水深則厲、水淺則揭衣渡也。不解衣而爲水曰厲。春秋襄十四年正義

濟有深涉深則厲淺則揭揭者揭衣也以衣涉水爲。

孫音注

揭、褰衣裳也、以衣涉水濡褌也。春秋襄十四年正義　詩邶風匏有苦葉正義引作衣涉濡褌也

玉函山房輯佚

濟有深涉

濟渡也李注

揭者揭衣也以衣涉水爲厲

水深則厲、水淺則揭衣渡也。不解衣而渡水曰厲。

揭、褰衣裳也、以衣涉水濡褌也。孫注　並宋本春秋疏二十二同

鈎沉

濟有深涉深則厲淺則揭揭者揭衣也、以衣涉水爲厲

李曰、濟、渡水也。水深則厲、水淺則揭衣渡也。不解衣而渡水曰厲。春秋正義三十二

孫曰、揭、褰衣裳也、以衣涉水濡褌也。詩正義二之二　春秋正義三十二

漢注

濟有深涉

李巡云濟、渡也。左傳正義二十二卷　文選十一卷登樓賦註引此以爲爾雅文。

郭璞云、謂濟渡之處。

深則厲淺則揭揭者揭衣也

李巡云、水深則厲、水淺則揭衣渡也。不解衣而渡水曰厲。左傳正義二十二卷　孫炎云、揭衣、褰裳也。詩正義二之二卷　左傳正義二十二卷　郭璞云、謂褰裳也。

以衣涉水爲厲

孫炎云、以衣涉水濡褌也。詩正義二之二卷　左傳正義二十二卷　郭璞云、衣謂褌。

繇膝以下爲揭繇膝以上爲涉繇帶以上爲厲

郭璞云、繇、自也。

一切注音

濟有深涉深則厲淺則揭　李巡曰、濟、渡水。深則厲、淺則揭衣渡也。不解衣而渡水曰厲。左襄十四年傳正義　孫炎曰、揭、褰衣裳也、以衣涉水濡褌也。同上

繇郄以下爲揭

蕙心案、經義述聞王氏云、此六字蓋唐以前學者所增、非爾雅原文。案、匏有苦葉毛傳揭、褰衣也、卽爾雅揭、揭衣也。皇侃論語義疏云、由郄以下爲揭。爾注皆本雅訓、或省上句、或省下句、何得謂爾雅本無繇郄以下爲揭之文。

由帶以上爲厲

蕙心案、劉向九歎櫂舟杭以橫濿兮、王逸注云濿、渡也、由帶以上爲濿。正用爾雅文。厲字作濿、正體也。

古注斠

濟子細反。則厲如字。本或作濿。說文云、濿或作砅、履石渡水也。俱力曳反。則揭起例反。褰衣渡水也。下揭者爲揭同。揭衣起例反、或丘竭反。說文云、高舉也。褰去焉反。褌音昆。繇古由字、下同。膝字又作厀。辛七反。以上時掌反、下同。

陸音義

深則厲淺則揭揭者揭衣也

詩以有厲言小揭、以有危言小安。揭、愒也。

以衣涉水爲厲

至以衣涉、不可揭矣。

繇膝以下爲揭

繇膝以上爲涉

謂之涉、涉難矣。

繇帶以上爲厲

帶在上體之下、故稱厲。

新義

濟有深涉
李巡曰、濟、渡也。
郭璞曰、謂濟渡之處。
深則厲淺則揭揭者揭衣也
李巡曰、水深則厲、水淺則揭衣渡也。
孫炎曰、揭衣、褰衣也。
郭璞曰、謂褰裳也。
以衣涉水爲厲
李巡曰、不解衣而渡水曰厲。
孫炎曰、衣涉濡褌也。
郭璞曰、衣謂褌。
繇膝以下爲揭繇膝以上爲涉繇帶以上爲厲（鄭本脫此三句。）
郭璞曰、繇、自也。

古注合存

厲亦作濿、說文作砅。
李巡云、濟、度也。水深則厲、水淺則揭衣而渡也。不解衣而渡水曰厲。孫炎云、揭、搴衣裳也、以衣涉水濡褌也。

補注

濟有深涉 **註** 謂濟渡之處深則厲淺則揭揭者揭衣也 **註** 謂褰裳也以衣涉水爲厲 **註** 衣謂褌繇膝以下爲揭繇膝以上爲涉繇帶以上爲厲 **註** 繇自也 **正義** 此引邶風匏有苦葉之詩而釋之也。左傳疏引李巡云、濟、渡也、水深則厲、水淺則揭衣渡也、不解衣而渡水曰厲。孫炎云、揭、褰衣裳也、以衣涉水濡褌也。毛傳由膝以上爲涉、以衣涉水爲厲、謂由帶以上也、揭、褰衣也。孔疏云、傳不引爾雅由膝以下爲揭者、畧耳。爾雅以深淺無限、故引詩以由帶以上、由膝以下釋之、明過此不可厲也。揭者褰衣止得由膝以下、若以上則褰衣不得渡、當須以衣涉爲厲也。見水不沒人可以衣渡、故言由帶以上。其實以由膝以上亦爲厲。因文有三等、故言由膝以上爲涉。鄭註論語及服註左傳皆云由膝以上爲厲者、以揭衣褰衣止由膝以下、明膝以上至由帶以上總名厲也。案、厲揭之義自來釋詩者無異說、惟說文引詩作深則砅、解云履石渡水也、砅或作濿。毛鄭詩考正引水經註河水篇云、段國沙洲記吐谷渾於河上作橋、謂之河厲。此可證橋有厲之名。詩之意以淺水可褰衣而過、若水深則必依橋梁乃可過、喻禮義之大防不可犯。衛詩淇梁淇厲竝稱、固梁之屬也。伸說文以匡爾雅、其說辨矣。然古字假借義相貫通、不得專主一解。衛風言淇厲無妨有厲名。至於深則厲之文、當從雅訓、不可易也。何則漢世司馬相如、劉向竝是小學名家、相如上林賦云越壑厲水、大人賦云橫厲飛泉以正東、劉向九歎云權舟杭以橫濿兮、又云橫汨羅以下濿、王逸云濿渡也、由帶以上爲濿。是相如劉向俱宗雅訓、不以厲爲履石渡水也。列子說符篇懸水三十仞、圜流九十里、有一丈夫方將厲之。是厲爲以衣涉水也。釋文引韓詩云、至心曰厲。謂之至心、卽所云由帶以上。是不獨毛傳本爾雅、韓詩亦與爾雅同義也。許氏撰五經異義、主於各推所長、合其要歸、故說文引經文閒存異義、要皆折衷於爾雅。其解涉字云、徒行厲水也。是許氏未嘗不以厲爲以衣涉水矣。詩之意以涉水尙當度其淺深、矧居室可踰越於禮義乎。反喻見意、不必因履石渡水之解、而傳合於橋梁也。**註** 衣謂褌。**正義** 釋名云、褌、貫也、貫兩脚上繫要中也。郭氏以褌爲衣、義本孫炎。○繇自也○ **正義** 釋詁文。

正義

揭者揭衣也　詩匏有苦葉疏引揭衣作褰衣。

校議

濟有㴱涉（謂濟渡之處）㴱則厲淺則揭揭者揭衣也（謂褰裳也）以衣涉水爲厲（衣謂褌）繇厀以下爲揭繇厀以上爲涉繇帶以上爲厲（繇自也）

詩匏有苦葉文。此釋之也。左氏襄十四年正義引李巡曰、濟、渡也。水深則厲、水淺則揭衣渡也、不解衣而渡水曰厲。孫炎曰、揭、褰衣裳也、以衣涉水濡褌也。毛傳俱本爾雅、唯不引繇厀以下爲揭一句、文省耳。釋文引韓詩云、至心曰厲。至心卽是繇帶以上、雖變其文、實用其意也。必以繇厀繇帶言者、蓋爲空言淺深、恐無準限。故特舉此爲言、明過此以往則不可渡也。然亦略舉大槩而言、實則繇帶以下亦通名厲。故論語鄭注及左傳服虔注竝云由厀以上爲厲、明繇厀以上卽繇帶以下、故約略其文耳。衣是大名、裳與褌皆衣類。以言揭故知爲褰裳、以衣涉故知衣謂褌也。釋名云、褌、貫也、貫兩腳上繫要中也。厲有淩厲之義、因爲涉水之名。故說文涉字解云、徒行厲水也。是厲涉通名。列子說符篇云、懸水三十仞、圜流九十里、有一丈夫方將厲之。上林賦云、越壑厲水。皆以厲爲涉也。說文厲作砅、引詩深則砅、或作濿、云履石渡水也。按詩在彼淇厲、蓋以厲爲橋梁。此皆別解、義與爾雅異也。繇與由同。由、自也。本釋詁文。

義疏

濟有深涉深則厲淺則揭揭者揭衣也以衣涉水爲厲　李注、濟、渡也、水深則厲、水淺則揭衣渡也、不解衣而渡水曰厲。孫注、揭、褰衣裳也、以衣涉水濡褌也。郭注、謂濟渡之處、揭衣、攝裳也、衣謂褌。凡涉水皆農民役夫耳。深衣無裳也。古又無褌、雖貴人、攝裳見股矣。故詩曰赤市在股。厲、鞶也。詩垂帶而厲、紳結相齊、太公齎尺、高下之節也。水深尺、渡之則濡。及二尺、故不可衣、宜解衣持之於手。濟乃更晞足著衣履。孫郭全不知洗。

繇厀以下爲揭繇厀以上爲涉繇帶以上爲厲　郭注、繇、自也。此以厲卽帶則厲深四尺以上。韓詩所謂至心曰厲、不可涉矣。厲不若游汙、亦持衣也。

集解

濟有深涉深則厲淺則揭揭者揭衣也以衣涉水爲厲　此記庶民之濟法、異於貴人之造舟維舟等也。蓋古者民皆習水以爲水戰之豫備。揭衣、褰衣也。衣上曰衣、下曰裳。庶民深衣無裳、故言揭衣而不言揭裳也。以衣猶言持、謂解衣而持於手也。厲、旱石也。與砅通用、履石渡水也。引申爲凡渡之詞。或若正字爲裂、與詩垂帶而厲。方言、厲謂之帶。厲卽裂帶也。下所以云由帶以上曰厲也。郭注謂衣爲褌、則古所無。

繇膝以下爲揭繇膝以上爲涉繇帶以上爲厲　此言厲卽帶、謂束腰處也。腰以上亦通言之。韓詩至心曰厲、卽此繇帶以上。

義證

濟有深涉深則厲淺則揭揭者揭衣也

說文解字有砅、云履石渡水也。段國沙州記、吐谷渾于河上作橋、謂之河厲、長百五十步。余謂砅古厲字。砅之言梁、深則成梁、淺則徒涉、義自可通。故衛詩有狐綏綏、在彼淇梁、其次章卽云在彼淇厲。許君說韓詩、諒韓義爲砅、雖文卽毛義矣。

釋地四篇注

深則厲淺則揭揭者揭衣也

注　謂褰裳也。補正　臣鑒按、春秋疏引孫註云、水深則厲、水淺則揭衣渡也。

以衣涉水爲厲

衣謂褌也

郭注補正

唐殘本玉篇水部砅下引爾雅郭璞曰、衣謂褌也。今據補也字。郭注佚存補訂

濟有深涉深則厲淺則揭揭者揭衣也以衣涉水爲厲繇郄以下爲揭繇郄以上爲涉繇帶以上爲厲

此釋邶風匏有苦葉文也。濟有深涉、毛傳云濟、渡也由膝以上爲涉、深則厲、淺則揭。傳云、以衣涉水爲厲、謂由帶以上也、揭褰衣也、如遇水深則厲、淺則揭矣。孫炎云、揭衣、褰裳也、以衣涉水濡褌也。李巡云、濟、渡也、水深則厲、水淺則揭衣渡也、不解衣而渡水曰厲。正義云、傳不引爾雅由膝以下爲揭者、略耳、涉者渡水之名、非深淺之限、深淺者各有所對、谷風云就其淺矣泳之游之、言泳則深於厲矣、但對方之舟之則爲淺耳、厲言深者對揭之淺耳、爾雅以深淺無限、故引詩以由帶以上由膝以下釋之、明過此不可厲也、揭者、褰裳止得由膝以下、若以上則褰裳不得渡、當須以衣涉爲厲也、見水不没人、可以衣渡、故言由帶以上、其實由膝以上亦爲厲、鄭注論語及服注左傳皆云由膝以上爲厲者、以揭衣褰裳止由膝以下、明膝以上至由帶以上總名厲也。案、揭者、揭衣也。正義引作揭者褰裳也、涉孫注而誤。郄作膝、繇作由、皆同字。彼釋文云、韓詩云至心曰厲。說文作砅、云履石渡水也。戴氏震據此以厲爲橋梁、蓋别是一解、非爾雅之本義也。說詩

以衣涉水爲厲註衣謂褌褌、監本誤禪。

疏案邶風匏有苦葉篇云苦、監本誤皆。兩手摳衣摳、監本誤樞。言水深至於褌以上者而涉渡者名厲上者之者疑衍字。注疏正字

以衣涉水爲厲

引之謹案、厲謂陵水而渡也。或以厲爲橋者、非、說見深則厲下。

繇膝以下爲揭

引之謹案此六字蓋唐以前學者所增、非爾雅原文也。爾雅曰繇膝以上爲涉、謂濟水之時、水濡至膝、又過膝而上也。又曰繇帶以上爲厲、謂水濡至帶、又過帶而上也。蓋涉水者由淺入深、故水之濡體由下而上、斷無先濡上而後濡下之理。可云繇膝以上、繇帶以上、不可云繇膝以下也。後世學者見涉與厲分言淺深之度、而揭獨不言、以爲闕略、乃依繇膝以上爲涉之文而增繇膝以下爲揭、而不知其義不可通也。詩匏有苦葉傳曰、由膝以上爲涉。又曰、以衣涉水爲厲、謂由帶以上也。又曰、揭、褰衣也。即揭衣。皆用爾雅之文、而獨不及由膝以下爲揭、則所據爾雅本無此一句可知。正義曰、傳不引爾雅由膝以下爲揭者、略耳。案、古本爾雅無此句、故傳不引、非略也。皇侃論語憲問篇疏引爾雅云、繇膝以下爲揭、則此句之增已久、不始於陸氏釋文矣。釋文、揭、起列反、下爲揭同。述聞

濟有深涉　說文、林部𣸈、从𣸈从步。篆文从水作涉。

深則厲　釋文云厲本或作濿。說文云濿、或作砅。案說文、水部砅、履石渡水也。从水从石。詩曰深則砅。或从厲作濿。是砅爲正文、濿爲或體、厲爲省文。

揭者揭衣也　毛詩傳、揭、揭衣也。釋文曰一本作揭、褰衣。正義作褰衣、其引爾雅亦作褰衣。案說文、衣部褰、袴也。从衣寒省聲。春秋傳曰徵褰與襦。非此義。當作攐。說文、手部攐、摳衣也。从手褰聲。經典相承省手。

繇膝以下爲揭　釋文云繇、古由字。詩正義二之二後漢書注四十七又五十九引作由。又云膝字又作䣛。案說文、卪部䣛、脛頭卪也。从卪桼聲。臣鉉等曰今俗作膝、非是。

繇膝以上爲涉　詩正義引作由。

繇帶以上爲厲　詩正義後漢書注一切經音義十三引作由。皇侃論語義疏七引繇膝以上爲厲。案詩正義曰、鄭注論語及服注左傳皆云由膝以上爲厲者、以揭衣褰衣止由膝以下、明膝以上至由帶以上總名厲也。

匡名

濟　詳釋地。

黃侃評本正名

水草交爲湄　深則厲　繇膝以下爲揭　繇帶以上爲厲　釋文、湄本或作瑂、溍、𤃩、𤄷四字。同。釋水釋文毛詩作麋。小雅巧言詩居河之麋說文作深則砅、履石渡水也。水部砅砅或從厲作濿。水部濿釋文、繇、古由字。膝字又作䣛。釋水釋文楚辭章句作由帶以上爲濿。劉向九歎章句

證異

以衣涉水爲厲。水經注、段國沙州記吐谷渾於河上作橋。謂之河厲。此橋有厲名也。衛詩淇梁、淇厲並舉、則厲固梁厲。說文謂履石渡水是。

古義補

濟有深涉深則厲淺則揭揭者揭衣也以衣涉水爲厲繇膝以下爲揭繇膝以上爲涉繇帶以上爲厲

樾謹按、涉者、厲揭之總名。詩云濟有深涉、涉字之中卽包深厲淺揭二義。爾雅引詩而釋之曰、揭者、揭衣也、以衣涉水爲厲、則已分釋厲揭二字。其下三句則又明涉義之兼乎揭厲。所謂深則厲淺則揭也、均是揭也。繇膝以下謂之揭、繇膝以上謂之涉、是揭淺於涉也。以此推之、均是厲也。繇帶以上謂之厲、繇帶以下謂之涉矣、是厲深於涉也。詩人所謂深則厲淺則揭者、義正如此。爾雅不言繇帶以下爲涉者、帶以下卽膝以上、繇膝以上爲涉、此一句固兼揭厲言之矣。毛傳曰、由膝以上爲涉、以衣涉水爲厲、謂由帶以上也。揭、褰衣也。不引由膝以下之文、則於深則厲淺則揭之旨不明。毛公之說詩、固不逮爾雅矣。說文引詩作深則砅、其解云、履石渡水也。此是許君聊廣異聞、旣違雅訓、且乖詩義。戴氏震作毛鄭詩考正從之、謬矣。王氏引之經義述聞謂繇膝以下爲揭六字、唐以前學者所增、抑何言之鹵莽歟。

平議

深則厲唐石經單疏本雪牕本同。釋文、則厲如字、本或作濿。五經文字、濿音厲、爾雅或以爲深則厲之厲、詩風及論語皆作厲。

濟有至爲厲〇釋曰 注疏本删。

衣亦謂裳也 注疏本譌下衍之。

繇與由同繇由也 注疏本作繇自也。按當作由自也。

校勘記

衣謂褌 雪牕本吳本衣謂褌。十行本衣謂褌衣。南昌本誤。

校勘記訂補

案詩邶風匏有苦葉 監本毛本湘本此下有篇云匏有苦葉六字。

注疏校勘札記

（注）謂濟渡之處〇「處」下唐寫本有「也」字。

六行深則厲〇「厲」，唐寫本作「濿」。下「厲」字同。案《說文》：「砅，履石渡水也。或作濿。」唐寫本作「濿」者，從《說文》也。今《詩·匏有苦葉》字作「厲」。

七行（注）衣謂褌〇「褌」下唐寫本有「也」字。原本《玉篇》水部「砅」下引同。

八行繇帶以上爲厲〇「厲」，原本《玉篇》水部「砅」下引作「砅」。（注）繇自也〇唐寫本作「繇猶自也」。

宋監本校箋

濟音祭有深涉 深則厲淺則揭音竭 揭者揭衣也繇音由膝以下爲揭

音·圖音

厲本或作濿。說文或作砅。俱力曳翻。音例。

音略

聲 濟有深涉、深則厲、淺則

憩 憩 揭。揭者揭衣也。以衣涉水爲厲。繇由膝以下爲揭。憩 繇膝以上爲涉。繇帶以上爲厲。

孫偘直音

憩 揭者揭 揭 衣也。

直音校正

濟有深涉、深則厲、淺則揭。契 揭契 濟渡處。

者揭挈衣也。以衣涉水爲厲。繇由膝以下爲揭。繇膝以上 謂褰裳也。衣謂褌。繇自也。

爲涉。繇帶以上爲厲。

楊氏音訓

揭去例切

干氏音釋

潛行爲泳

潛行爲泳水底行也。晏子春秋曰、潛行逆流百步、順流七里。

郭注

潛行爲泳 釋曰謂人潛隱水底而行者名爲泳。詩周南漢廣云、漢之廣矣、不可泳思、是矣。注晏子至七里 釋曰晏子者、名嬰、謚平仲、相齊景公、孔子稱善與人交者也。著書謂之晏子春秋、云景公畜勇士公孫接、田開彊、古冶子、事景公以勇力搏虎、問晏子而趨、三子者不起。晏子見公請去之。公乃使人餽之二桃、令三子計功而食。公孫接曰、接一搏特豣、再搏乳虎、若接之功、可以食桃、而毋與人同

爾雅詁林 十二 釋水

矣。援桃而起。田開彊曰、吾杖兵卻三軍者再。若開彊之功、可以食桃、而毋與人同矣。援桃而起。古冶子曰、吾嘗從君濟於河、黿銜左驂以入砥柱之下流。當是時也、冶少不能游、潛行逆流百步、順流九里、得黿而殺之、左操馬尾、右挈黿頭、鶴躍而出、津人皆曰河伯也。冶之視之則大黿之首也。若冶之功、可以食桃而毋與人同矣。二子恥功不逮而自殺、古冶子亦自殺。是其所引之文也。以證潛行爲泳之事也。但彼作九里、此作七里、蓋傳寫誤、或所見本異也。

邢疏

潛行爲泳

郭璞云、水底行也。晏子春秋曰、潛行逆流百步、順流七里。

一切注音

泳于柄反。底丁禮反。

陸音義

潛行爲泳 泳、沒行水底。

鄭樵注

潛行爲泳

郭璞曰、水底行也。晏子春秋曰、潛行逆流百步、順流七里。

鄭樵曰、泳、沒行水底。

古注合存

濟有深涉、深則厲、淺則揭。揭者揭衣也。以衣涉水爲厲、繇膝以下爲揭、繇膝以上爲涉、繇帶以上爲厲。潛行爲泳。揭衣之揭音挈、餘俱音契。繇由同。上上聲。○此釋凡徒涉者之名也。註曰、深涉、謂濟渡處也。揭衣、謂褰裳。繇、自也。泳、水底行也。疏曰、首二句、邶風匏有苦葉篇文。註謂揭衣爲褰裳者、對文則上曰衣、下曰裳、散文則通。曲禮兩手摳衣去齊尺、亦謂裳也。詩漢廣云、漢之廣矣、不可泳思。

注疏參義

潛行爲泳 **註** 水底行也。晏子春秋曰、潛行逆流百步、順流七里。**正義** 釋言云、泳、游也。此復申釋其義也。周南漢廣云、不可泳思。毛傳用爾雅。說文云、泳、潛行水中也。潛、涉水也、一曰藏也。列子黃帝篇商丘開復從而泳之、張湛註、水底潛行曰泳。**註** 晏子至七里 ○**正義** 晏子春秋所載古冶子之詞也。今本晏子春秋作順流九里。註引作七里、蓋所見本異也。詩疏引郭註亦作七里。

正義

潛行爲泳 水底行也。晏子春秋曰、潛行逆流百步、順流七里。

說文、泳、潛行水中也。潛、涉水也。詩云、泳之游之。蓋游與泳對文則別、散文亦通、故釋言云、泳、游也。是其義同。詩云、不可泳思。列子黃帝篇云、彼中有寶珠、泳可得也。毛傳及張湛注俱用爾雅。郭引晏子春秋古冶子詞也。

義疏

潛行爲泳 郭注、水底行也。晏子春秋曰、潛行逆流百步、順流七里。

詩泳之游之、永已从水、加水非也。永象水波形、潛行水上必波。

集解

潛行爲泳 詩泳之游之。泳从永、象水波形。潛行水中、上必波。

義證

潛行爲泳

依字當爲永。永又同羕。韓詩曰、江之羕矣。一說卽漾水、漾水東流爲漢、故漢爲潛。

釋地四篇注

潛行爲泳

水底行也。晏子春秋曰、潛行逆流百步、順流七里

今本晏子春秋作順流九里。詩漢廣正義引郭注亦作七里。

郭注佚存補訂

潛行爲泳

說文云、泳、潛行水中也。周南漢廣不可泳思、邶風谷風泳之游之傳箋竝云潛行爲泳。

說詩

潛行爲泳疏以勇力搏虎聞（搏下衍於字。聞誤闘。）晏子過而趨（過而二字誤晨。）接一搏特猏而再搏乳虎（脫而字。）可以食桃而毋與人同矣（毋當從原文作無、下同。）吾伏兵而却三軍者再（脫而字。仗誤杖。）左操馬尾（馬、晏子作驂。）冶之視之則大黿之首（下也字衍。視之誤視人。）亦可以食桃而毋與人同矣（脫亦字。）

注疏正字

濟有深涉深則厲淺則揭揭者揭衣也以衣涉水爲厲繇膝以下爲揭繇膝以上爲涉繇帶以上爲厲潛行爲泳（此釋邶風匏有苦葉之文。說文、深、水名。以罙爲淺深之深。涉、徒行厲水也。砅、履石渡水也。引詩深則砅、或作濿、今作厲。淺、不深也。揭、高舉也。帶、紳也。潛、涉水也、一曰漢爲潛。泳、潛行水中也。周南、不可泳思。晏子、潛行逆流百步、順流七里。）

啓蒙

潛行爲泳○釋曰（注疏本删）不可泳思是矣○注晏子至七里○釋曰（注疏本矣改也、下八字作晏子春秋曰者。）晏子者名嬰謚平仲（注疏本脫者謚、誤字。）田開彊（注疏本彊作疆、下同。元本開誤問。按開疆猶辟疆也。作彊葢誤。）

事景公以勇力搏於虎問（注疏本問作闘、係臆改。按、問當作聞。晏子春秋作聞。浦鏜云於字衍。）晏子而趨（注疏本作晏子晨趨。浦鏜云、晏子下脫過。）接一搏特猏（注疏本猏作狷。）可以食桃而毋與人同矣（晏子毋作無古字通。）吾杖兵卻三軍者再（閩本監本毛本卻作却。元本闕此文。）冶之視人（元本冶誤治。）

校勘記

冶之視之（湘本同。監本毛本下之字譌入。案、晏子春秋正作之。上之字當作子。）

注疏校勘札記

二十三下（一〇四）一行（注）春秋曰潛行逆流百步順流七里○「曰」，唐寫本作「云」，「里」下唐寫本有「也」字。

宋監本校箋

潛行爲泳（水底行也。）

楊氏音訓

泳（詠）

干氏音釋

汎汎楊舟紼縭維之紼繂也縭緌也

汎汎楊舟、紼縭維之。紼、繂也。（繂、索。）縭、緌也。（緌、繫。）

郭注

汎汎至緌也　釋曰、汎汎楊舟紼縭維之、此詩小雅采菽篇文也。云紼、繂也、縭、緌也、此釋詩

爾雅詁林　十二　釋水

紼縭之義也。李巡云繂、竹爲索所以維持舟者。郭云緌、繫。孫炎云舟止、繫之於樹木、戾竹爲大索。然則紼訓爲繂、繂是大緪。縭訓爲緌、緌又爲繫、正謂舟之止息、以緪繫而維持之也。 邢疏

紼繂也

繂、竹爲索、所以維持舟者。詩正義十五之一 邢疏 李注

紼繂也

繂、大索也。舟止、繫之於樹木。戾竹爲大索。詩正義十五之一 邢疏 郭音義 黃輯古義

紼繂也

繂、竹爲索、所以維持舟者。邢疏 詩小雅采菽正義 李注

紼繂也

繂、大索也。舟止、繫之於樹木。戾竹爲大索。邢疏 詩小雅采菽正義 郭音義 玉函山房輯佚

紼繂 繂 也

繂、竹爲索所以維持舟者。李注 繂、大索也。孫注

縭緌也

舟止、繫之於樹木。戾竹爲大索。同 並詩正義十五之[illegible] 鈎沉

紼繂也

李曰繂、竹爲索、所以維持舟者。詩正義十五之一 邢疏

孫曰繂、大索也。舟止、繫之於樹木。戾竹爲大索。詩正義十五之一 邢疏 漢注

汎汎楊舟紼縭維之紼繂也縭緌也

李巡云繂、竹爲索、所以維持舟者。孫炎云繂、大索也。舟止、繫之於樹木。戾竹爲大索。並詩正義十五之一卷 郭璞云繂、索。緌、繫。 一切注音

紼繂也 李巡曰繂、竹爲索、所以維持舟者。詩采菽正義 孫炎曰繂、大索也。舟止、繫之於樹木。戾竹爲大索。同上 古注斠

汎汎孚劒反。紼本或作綍、又作紱、同。甫勿反。縭力知反、下同。繂本或作䋿、字同。音律。索悉各反。緌如誰反。 陸音義

汎汎楊舟紼縭維之紼繂也縭緌也

紼、有繂焉。緌、委而已。 新義

汎汎楊舟紼縭維之紼繂也縭緌也 繂、音律、維舟大索。緌、繫也。 鄭樵注

汎汎楊舟紼縭維之紼繂也

李巡曰繂、竹爲索所以維持舟者。

孫炎曰繂、大索也。

郭璞曰繂、索。

鄭樵曰繂、音律。維舟大索。

縭緌也

孫炎曰舟止、繫之於樹木。戾竹爲大索。

郭璞曰緌、繫。

鄭樵曰緌、繫也。 古注合存

䋿繂同。 補注

汎汎楊舟紼縭維之紼繂也【註】繂索縭緌也【註】緌繫【正義】

此引小雅采菽之文而釋之也。毛傳紼、繂也、纚、緌也、是据爾雅爲義。繂與繂同、纚與縭同。說文云、紼、亂系也、繂、絫屬。詩疏引孫炎云、繂、大索也。李巡云、繂、竹爲索、所以維持舟者。又引孫炎云、舟止、繫之於樹木、戾竹爲大索。是紼繂本絲索之屬、戾竹爲大索亦爲紼也。詩釋文引韓詩云、纚、筰也。釋名云、引舟者曰筰、筰、作也、作、起也、起舟使動行也。筰與緌義同、可以起舟使動行、亦可繫舟而維持之矣。劉向九歎云、泛楊舟於會稽兮。楊木之舟輕而易浮、必竹筰維繫以制其行。孔疏云、紼訓爲繂、繂是大緪、縭訓爲緌、緌又爲繫、正謂舟之止息、以緪繫而維持之。

【正義】

汎汎楊舟紼縭維之紼繂也 繂索 縭緌也 緌繫

詩采菽文。毛傳、紼、繂也、纚、緌也。正義引李巡曰、繂、竹爲索、所以維持舟者。孫炎曰、繂、大索也、舟止、繫之於樹木、戾竹爲大索。正義云、紼訓爲繂、繂是大緪、纚訓爲緌、緌又爲繫、正謂舟之止息、以緪繫而維持之。詩釋文引韓詩云、纚、筰也。釋名云、引舟者曰筰。然則筰可引舟、亦可繫舟。筰與緌義相成也。繂、說文作繂、詩作繂。縭作纚。竝字異音義同。

【義疏】

汎汎楊舟紼縭維之紼繂也縭 纚 緌也

李注、繂、竹爲索、所以維持舟者。孫注、繂、大索也、舟止、繫之於樹木、戾竹爲大索。紼、又作綍。弗孛者、牢持之、以用爲名。离麗通用。離者、欲其附麗、亦必繫之、以纚韜髮因作縭字、以凡繫爲縭。上云縭紒也。又縭、緌也。直牽索岸上曰紼率之、又曰率。加索、加素、加糸、皆俗字也。以大索繞舟、如冠纓曰委。委、委、隨也、垂也。

【集解】

汎汎楊舟紼縭維之紼繂也縭緌也 紼、亂

系也。字亦作綍、可緝爲索。繂、說文作繂、素屬、亦系類也。經典或以率爲之。禮記玉藻、士練帶率縭以絲介履也。與纚通用。纚、冠織也。引申爲索之偁。緌、系冠纓也。上云繼也、蓋紼有堅義、謂直牽大索於岸上。縭有附義、則謂以索繞舟、如冠纓然。今楚俗於龍舟競渡時多用此。

【義證】

汎汎楊舟紼縭維之紼繂也縭緌也

孫炎以繂爲大索。縭、毛詩作纚。

【釋地四篇注】

汎汎楊舟紼縭維之紼繂也 繂音律

【註】繂索【補正】邢疏、李巡云繂竹爲索、所以維持舟者。

縭緌也

【註】緌繫【補正】邢疏、孫炎云舟止、繫之於樹木、戾竹爲大索。

【郭注補正】

紼繂也　注繂索

正曰、詩小雅采菽紼纚維之、毛傳紼、繂也。正義、釋水紼繂也、孫炎曰繂、大索也、李巡曰繂、竹爲索所以維持舟者、孫炎曰舟止、繫之於樹木、戾竹爲大索。郭注刪除舊注、而單訓繂爲索、於誼未完。

【正郭】

汎汎楊舟紼縭維之紼繂也

繂 謂索也

唐殘本玉篇糸部紼下引爾雅、紼、繂也、郭璞曰謂索也。今據補謂也二字。

【郭注佚存補訂】

爾雅詁林　十二　釋水

汎汎楊舟紼縭維之紼繂也縭緌也

此釋小雅采菽文也。毛傳云、紼、綷也、纚、緌也。案毛作綷、彼釋文及正義引爾雅均作綷。孫炎云、綷、大索也。是孫亦作綷。縭、詩作纚。繂綷縭纚音義皆同。李巡云、繂、竹為索、所以維持舟者。孫炎云、舟止、繫之於樹木、戾竹為大索。韓詩云、纚、筰也。正義云、紼訓為綷、綷是大絙、縭訓為緌、緌又為繫、正謂舟之止息、以絙繫而維持之。案引棺索謂之紼、亦謂之綷、見檀弓注疏。維舟索謂之綷、亦謂之紼、蓋一義也。

說詩

汎汎楊舟節疏此釋詩紼縭之義也（下脫孫炎曰繂大索也七字、從詩疏挍。）然則紼訓為繂、繂是大絙字。（脫大）

注疏正字

紼繂也

釋文紼本或作綍、繂本或作綷。家大人曰、紼繂聲之變轉也。繂之為紼、猶吳謂筆為不律、（不律、律也。不、發聲。說見前不律謂之筆下。）而燕謂之弗也。引棺索謂之紼、亦謂之繂、（鄭注檀弓曰、於碑閒為鹿盧、下棺以繂繞。正義曰、繂即紼也。喪大記君葬用輴四綍二碑注曰、綍或為率、率與繂同。釋名曰、從前引之曰紼、縣下壙曰繂。）維舟索謂之繂、亦謂之紼、其義一也。邵引說文紼亂系也、繂索屬、皆失之。（二者皆非繩索。）

述聞

汎汎楊舟紼縭維之　釋文云、紼本或作綍、又作紱。案、綍紱二字不見於說文、以音同為之。縭、詩作纚。案、說文糸部無纚字。

紼繂也　釋文云、繂本或作綷。詩釋文正義引皆作綷。案、說文素部有繂字、从素率聲、即此繂字也。素索形近易溷、故轉而从索。說文糸部無綷字。

匡名

汎汎楊舟紼縭維之紼繂（音律）也縭緌也　此釋小雅采菽之文。說文、汎、浮皃。紼、亂系也。縭、緌、詳釋器。緌、又為繫。止謂舟之止息、以絙繫而維持之。

啓蒙

汎汎楊舟。紼縭維之。紼、繂也。繂、索。縭、緌也。緌、繫。　紼與巿聲同、故訓大索。緇衣王言如絲、其出如綸。王言如綸、其出如綍。注言言出彌大。

黃侃音訓

紼縭維之　紼繂也　縭緌也

釋文、紼本或作綍、（釋水釋文）又作紱同。（釋水釋文）毛詩作紼纚維之。（小雅采菽）

詩采菽釋文、繂本或作繂、同。（釋水釋文）說文作繂。（素部繂、素屬。）毛詩傳作紼、繂也、（小雅采菽詩傳）纚、緌也。（小雅采菽詩傳）

證異

汎汎至緌也〇釋曰注疏本刪

繂是絙注疏本同。絙即大索。此本絙上剜擠大字、今刪正。詩采菽正義亦衍大字。〇按、絙从亙、亙从二从舟。

校勘記

紼繂也（注）繂索〇「繂」、《釋文》同。唐寫本及原本《玉篇》素部「繂」下、糸部「紼」下引並作「繂」。案《詩·采菽》《毛傳》作「綷」。綷、繂、繂字通。《說文》從素作「繂」。注原本《玉篇》引作「謂索也」。唐寫本此注作「繂索也」、在下文「縭緌也」注文「緌繫也」之上。《釋文》所據本與今本同。

二行（注）緌繫〇唐寫本「繫」下有「也」字。原本《玉篇》「緌」下引同。「縭」下引此注作「謂繫之也」。

宋監本校箋

汎汎揚舟紼(音弗)縭(音离)維之紼繂(音律)也縭緌(音韋)也

音圖·音

繂本或作繂，字同，音律。詩釋文紼纚之纚力馳翻。纚與縭同。

音略

汎汎楊舟。紼(音弗)縭(音離)維之。紼，繂(音律)也。縭，緌(音蕤)也。

孫侶直音

汎汎楊舟紼(弗)縭(離)維之紼繂(律)(繂索也。)也縭緌(綏)(緌繫也。)也

楊氏音訓

紼(弗)縭(離)繂(律)

干氏音釋

天子造舟諸侯維舟大夫方舟士特舟庶人乘泭

天子造舟、(比船為橋。)諸侯維舟、(維連四船。)大夫方舟、(併兩船。)士特舟、(單船。)庶人乘泭。(併木以渡。)

郭注

天子至乘泭　釋曰：此釋尊卑橋船之異制也。云天子造舟者，詩大雅大明云造舟為梁是也。言造舟者，比船於水，加版於上，即今之浮橋。故杜預云造舟為梁，則河橋之謂也。維舟以下，則水上浮而行，但船有多少，為等差耳。云庶人乘泭者，詩漢廣云江之永矣，不可方思，毛傳云方，泭也。釋言云舫，泭。郭注云水中簰筏。論語曰乘桴浮於海，注云桴，編竹木，大曰栰，小曰桴，是也。桴、泭音義同。

邢疏

天子造舟諸侯維舟大夫方舟士特舟庶人乘泭

比其舟而渡曰造舟。中夾左右相維持曰維舟。併兩船曰方舟。一舟曰特舟。乘泭，併木以渡。別尊卑。(詩正義十六之二、春秋正義四十一、公羊疏十六、左氏音義四作比其船而度也。程大昌續衍繁露五引比其船而渡。乘泭注郭同。)

李注

天子造舟諸侯維舟

造舟，比舟為梁也。維舟，維連四船，維持使不動搖也。(詩正義十六之二、春秋正義四十一、公羊疏十六。郭同。公羊疏引維持使不動搖句作音義曰。案，釋文、孫炎爾雅音一卷。)

孫音注

諸侯維舟

維持使不動搖也。(公羊疏引爾雅音義)

郭音義

天子造舟諸侯維舟大夫方舟士特舟

天子並七舟、諸侯四、大夫二、士一。(釋文引郭圖)

圖贊

天子造舟(以下釋水)

以舟為橋，詣其上而行，故曰造舟。(公羊疏十六引舊說)

衆家注

黃輯古義

爾雅詁林　十二　釋水

天子造舟諸侯維舟大夫方舟士特舟庶人乘泭

比其舟而渡曰造舟。中夾左右相維持曰維舟。併兩船曰方舟。一舟曰特舟。詩大雅大明正義春昭左傳昭元年正義引首句。春秋左氏釋文程大昌續演繁露卷五並引首句、作比其舩而度也。春秋公羊傳宣十二年疏引併兩船二句。乘泭併木以渡別尊卑春秋公羊傳宣十二年疏

李注

天子造舟諸侯維舟

造舟、比舟爲梁也。維舟、連四舟也。詩大雅大明正義春秋公羊傳宣十二年疏上句無也字、下句作維連四舩。春秋左傳昭元年正義引上句。案公羊疏引維連四舩下有音義曰、維持使不動搖也句。臧氏以爲孫炎音。按、晉書郭璞傳及唐志並云、郭璞爾雅音義、公羊疏此下亦並言孫郭所注、則是郭非孫明矣。

孫音注

諸侯維舟、維持使不動搖也。春秋公羊傳宣十二年疏

郭音義

舟圖

天子並七船、諸侯四、大夫二、士一。釋文

圖贊

玉函山房輯佚

天子造舟

比其船而渡。李注經典釋文十九程大昌續演繁露五　比舟爲梁。孫注宋本春秋疏二十六　天子並七船。郭璞圖釋文二十九

諸侯維舟

中央左右相維持曰維舟。李注詩疏十六之二　維連四舟。孫注　維持使不動搖也。爾雅音義並公羊疏十六

諸侯四。郭圖釋文二十九

大夫方舟

併兩舩曰方舟。李注

士特舟

一舟。同

庶人乘泭

併木以渡、別尊卑。同並公羊疏十六

鉤沉

天子造舟諸侯維舟大夫方舟士特舟庶人乘泭

李曰、比其舟而渡曰造舟。中夾左右相維持曰維舟。併兩船曰方舟。一舟曰特舟。乘泭、併木以渡、別尊卑。詩正義十六之二、春秋正義四十一、公羊疏十六、左氏音義四作比其舩而度也。案、乘泭注郭同。

孫曰、造舟、比舟爲梁也。維舟、維連四舩、維持使不動搖也。詩正義十六之二、春秋正義四十一、公羊疏十六。郭同。公羊疏引維持使不動搖句作音義曰。案、釋文孫炎爾雅音一卷。

注曰、以舟爲橋、詣其上而行過、故曰造舟。公羊疏十六引舊說

漢注

天子造舟

李巡云、比其船而渡曰造舟。詩正義十六之二卷程大昌演繁露五卷

孫炎云、造舟、比舟爲梁也。詩正義十六之二卷左傳正義二十六卷公羊疏十六卷

舊說云、以舟爲橋、詣其上而行過、故曰造舟也。言以舟爲梁、故謂之造。造、成也。公羊疏十六卷　郭

爾雅詁林　十二　釋水

璞云、比船爲橋。

諸侯維舟

李巡云、中央左右相維持曰維舟。詩正義十六之二卷　孫炎云、維舟、維連四船也。詩正義十六之二卷 公羊疏十六卷　郭璞云維連四船。　音義云、維持使不同搖也。公羊疏十六卷

大夫方舟

李巡云、併兩船曰方舟。詩正義十六之二卷 公羊疏十六卷　郭璞云、併兩船。

士特舟

李巡云、一舟曰特舟。詩正義十六之二卷 公羊疏十六卷　郭璞云、單船。　郭璞圖云、天子並七船、諸侯四、大夫二、士一。釋文二十九卷

庶人乘泭

李巡云、併木以渡、別尊卑也。公羊疏十六卷　郭璞云、併木以渡。

一切注音

天子造舟　李巡曰、比其舟而渡曰造舟。　孫炎曰、造舟比舟爲梁也。詩大明正義　舊說云、以舟爲橋、詣其上而行過、故曰造舟。公羊宣十二年疏　郭圖云、天子竝七船、諸侯四、大夫二、士一。釋文

諸侯維舟　李巡曰、中央前後相維持曰維舟。　孫炎曰維舟、連四舟也。竝詩大明正義　音義曰維持使不動搖也。公羊宣十二年疏

大夫方舟　李巡云、併兩船曰方舟。詩谷風正義

士特舟庶人乘泭　李巡云、一舟曰特舟。庶人乘泭、併木以渡、別尊卑。公羊宣十二年疏

古注斠

造 草報反。廣雅作艁、音同。又造舟爲浮梁、謂比舟船造作橋梁。或音阜。案、說文艁古文造也。郭圖云、天子並七船、諸侯四、大夫二、士一。方 音舫。或作舫、又音方。併 步丁反。特 大得反、本或作犆、同。泭 音桴。併木以渡。

陸音義

天子造舟

少則造之以梁成爲度。詩曰造舟爲梁、美文王之舟遂爲造舟也、然則所謂親迎蓋亦天子之禮。

新義

天子造舟諸侯維舟大夫方舟士特舟庶人乘泭

此言橋渡有尊卑之制。造七到反。造舟比船也。大明云造舟爲梁。維連四船。方併兩船。泭與桴同、即木筏也。據此亦書生牽於禮制之過。夫梁航本爲渡水設也。不過隨其闊狹淺深之施。不然士特舟、過廣渡則不敢往。諸侯維舟、遇尋尺之水則不復行、寧有此理乎。

鄭樵注

天子造舟

李巡曰、比其舟而渡曰造舟。

孫炎曰、造舟比舟爲梁也。

郭璞曰、比船爲橋。

諸侯維舟

李巡曰、中央左右相維持者曰維舟。

孫炎曰、維舟、連四舟也。宣十二年公羊傳疏引孫氏云、維連四船。此從詩大雅大明疏。

郭璞曰、維連四船。

大夫方舟
李巡曰、併兩船曰方舟。
郭璞曰、併兩船。
士特舟
李巡曰、一舟曰特舟。
郭璞曰、單船。
庶人乘泭
李巡曰、併木以渡、別尊卑。
郭璞曰、併木以渡。
鄭樵曰、此言橋渡有尊卑之制。造七到反。造舟比船也。大雅云、造舟爲梁。維連四船、方併兩船。泭與桴同、卽木筏也。據此亦書生牽於禮制之過。夫梁航本爲渡水設也、不過隨其濶狹淺深之施。不然士特舟過廣渡則不敢往、諸侯維舟遇尋丈之水則不復行、寧有此理乎。總釋五句。

古注合存

汎汎楊舟、紼纚維之。紼、𦆽也。纚、綏也。天子造舟、諸侯維舟、大夫方舟、士特舟、庶人乘泭。紼音弗、纚音離、𦆽音律、綏音誰、造七到反、泭桴音義同。○此釋凡舟涉者之名也。註曰、𦆽、索也。綏、繫也。比衆船爲橋曰造舟。連四船曰維舟。并兩船爲方舟。單船爲特舟。并木以渡爲乘泭。疏曰、首二句、詩采菽篇文。李巡云、𦆽、竹爲大索也。舟之止息、以𦆽繫而維之也。詩大明云、造舟爲梁。言比船而加版於上、卽今之浮橋也。維舟以下、皆水上浮而行、但船有多少爲差耳。詩漢廣云、江之永矣、不可方思。毛傳云、方、桴也。釋言云、船泭。語云、乘桴浮於海。註云、桴、編竹木爲之、大曰栰、小曰筏是也。

注疏參義

天子造舟 註 比船爲橋 諸侯維舟 註 維連四船 大夫方舟 註 併兩船 士特舟 註 單船 庶人乘泭 註 併木以渡

正義 說文云、舟、船也、古者共鼓貨狄、刳木爲舟、剡木爲楫、以濟不通。釋名云、舟言周流也。自天子至於庶人、舟各有制。鄭箋云、天子造舟、周制也、殷時未有等制。疏引王基云、自殷以前質畧、未有造維方特之差、周公制禮、因文王敬太姒、重初昏行造舟、遂卽制之、以爲天子禮、著尊卑之差、以爲後世法。○天子造舟○大雅大明云、造舟爲梁。毛傳用爾雅。方言云、船舟謂之浮梁。郭氏彼註云、卽今浮橋。公羊疏引舊說云、以舟爲橋、詣其上而行過、故曰造舟。言以舟爲梁、故謂之造。造、成也。詩疏云、造舟者、比船於水、加板其上、卽今之浮橋。故杜預云、造舟爲梁、則河橋之謂也。周制唯天子得用造舟。左傳載秦公子鍼造舟於河、周禮之末失也。○諸侯維舟○詩疏引李巡云、中央前後相維持曰維舟。公羊疏引爾雅音義云、維持使不動搖也。○大夫方舟○釋言云、舫、舟也。此又釋其制也。方言云、方舟謂之瀨。郭氏彼註云、揚州人呼渡津舫爲瀨、荆州人呼杭、音橫。管子小匡篇、遂至於西河、方舟設附。○士特舟○淮南氾論訓、窬木方版以爲舟航。高註、窬、空也。方、竝也。空其中、連其版、後世所謂扁舟也。○庶人乘泭○釋言云、舫、泭也。此又釋其制也、詳見上文。註比舩至以渡○正義 造舟者、孫炎云、比舟爲梁。維舟者、孫炎云、維連四船。方舟者、李巡云、併兩船曰方舟。特舟者、李巡云、一舟曰特舟。泭者、李巡云、編木以渡、別尊卑也。俱見公羊疏。是郭註所本也。詩疏又引李巡云、比其舟而渡曰造舟。釋文引郭圖云、天子竝七船、諸侯四、大夫二、士一。

正義

天子造舟註比船爲橋　玉案、宣十一年公羊傳云、天子造舟。疏引郭氏曰、比船爲橋、舊說以舟爲橋、詣其上而行過、故曰造。舊說云云、亦郭氏註也。又左氏音義引郭註比船作併舟。

校議

庶人乘泭註并木以渡　藝文類聚引乘泭郭註云、泭、維木以爲渡也。

天子造舟比船爲橋 諸侯維舟維連四船 大夫方舟併兩船 士特舟單船 庶人乘泭併木以渡

說文云、舟、船也、古者共鼓貨狄、刳木爲舟、剡木爲楫以濟不通。釋名云、舟言周流也。造舟者、詩大明傳用爾雅。正義引李巡曰比其舟而渡曰造舟、孫炎曰造舟、比舟爲梁也。公羊宣十二年疏引舊說云、以舟爲橋、詣其上而行過、故曰造舟也。按此雖爾雅舊說、但以造爲詣、不及李孫訓造爲比。蓋比竝其船加板於上、孔穎達謂卽今浮橋是也。方言云艁鉆。造舟謂之浮梁、閒居賦云浮梁黝以徑度、皆其義也。至其竝船之數、釋文引郭圖云、天子竝七船。按禮自上以下降殺以兩、若以諸矦四大夫二士一推之、則天子當竝六船也。又說文引此四句作禮、蓋出古禮經之文。○維舟者、詩正義引李巡曰、中央左右相維持曰維舟。公羊疏引孫炎云、維連四船。音義曰、維持使不動搖也。按維非竝也、但連繫之使不散。孔穎達謂維舟以下、則水上浮而行之、但船有多少爲等差耳。其說是矣。○方舟者、詩正義引李巡曰、併兩船曰方舟。說文方、併船也、象兩舟省總頭形。方或从水作汸。方言云、方舟謂之濷、郭注楊州人呼渡津舫爲濷、荆州人呼杭。音横。說文、杭、方舟也。航斻、鄉。詩俗爲杭、一葦杭之、是也。方古讀如旁、亦讀如傍。傍、併聲轉。今俗爲併、爲傍此古音也。金鶚云、併船是方本義、通而言之、凡相併皆曰方。鄉射禮云不方足、鄭注方猶併也。詩維鳩方之、亦謂竝處於一巢也。○特舟者、公羊疏引李巡云、一舟曰特。又云庶人乘泭者、併木以渡、別尊卑也。然則併亦方也。釋言云、舫、泭也。舫卽方字。又俗爲枋。史記張儀傳云、枋船載卒。枋與舫同、枋船卽舫泭也。論語乘桴、桴亦泭也。泭舟同類、故齊語云、方舟設泭。蓋兼士庶言之。

義疏

天子造舟諸侯維舟大夫方舟士特舟庶人乘泭

金鶚云、併船是方本義、通而言之、凡相並皆曰方。鄉射禮云不方足、鄭注方猶併也。詩維鳩方之、亦謂并處於一巢也。

念孫案、居之、方之、盈之、三之字皆指巢而言。若云鳩與鵲并處、則二章之字、獨指鵲而言、與上下章不類矣。

郝注刊誤

天子造舟諸侯維舟大夫方舟士特舟庶人乘泭

李注、比其舟而渡曰造舟、中央左右相維持曰維舟、併兩船曰方舟、一舟曰特、庶人乘泭者、併木以渡、別尊卑也。孫注、造舟、比舟爲梁也、維連四船、郭注、造舟、比船爲橋、維連四船、方、併兩船、特、單船、泭、併木以渡。此官置津渡、以尊卑分等差也。庶人府史以下、凡在官者有公事、則津吏爲備泭。其從天子巡守、亦備此五等。但造舟則皆可從渡、亦謂從者人衆故也。詩、造舟爲梁。紼纚維之。方之舟之。語、乘桴浮於海。

集解

天子造舟

諸侯維舟大夫方舟士特舟庶人乘泭

此官置津渡、以尊卑而分等差也。庶人謂在官者因有公事、故津吏爲備泭。造舟謂比船爲橋、取其安渡、亦以從者甚衆而便畢渡也。維舟謂維連四船。方舟謂併兩船。特舟則單船而已。泭、編木以渡、不爲舟也、字或以桴爲之。詩、造舟爲梁。紼縭維之。方之舟之。論語、乘桴浮於海。今茲藝學進步、發明輪舟、較昔舟固大不同矣。

義證

天子造舟

許愼曰古文造作艁。

庶人乘泭

論語作桴。鄭康成曰、編竹木、大曰栰、小曰泭。

釋地四篇注

天子造舟 造單報反

註 比舩爲橋 補正 臣鑒按造、說文作艁。方言云艁首

爾雅詁林　十二　釋水

謂之浮梁、註即今浮橋。又釋文引郭圖云、天子並七船。

諸侯維舟

註維連四船補正臣鑒按、詩疏引李註云、中央左右相維持曰維舟。

庶人乘泭 泭、音浮。

註併木以渡補正臣鑒按、說文云、泭、編木以渡也、一曰小木栰也。釋言云、舫、泭也。方言云泭謂之簰、註小筏曰泭。後漢岑彭傳、乘枋箄下江關。鄭樵註云、據此亦書生牽於禮制之過、夫梁航本爲渡水設、不過隨其濶狹淺深之施而可、不然士特舟、過廣渡則不敢往、諸侯維舟、遇尋尺之水則不復行、寧有此理乎。

郭注補正

大夫方舟

併兩船也

文選曹子建雜詩王子宣七哀詩注俱引爾雅大夫方舟、郭璞曰併兩船也。今據補也字。

郭注佚存補訂

天子造舟諸侯維舟大夫方舟士特舟庶人乘泭

造舟者、大雅大明造舟爲梁、毛傳云天子造舟。李巡云、比其舟而渡曰造舟。孫炎云、造舟者、比舟爲梁也。正義云、造舟者、比船於水、加板於上、即今之浮橋。故杜預云造舟爲梁、則河橋之謂也。鄭箋云、天子造舟、周制也、殷時未有等制。正義云、周公制禮、因文王敬太姒、重初昏、行造舟、遂即制之以爲天子禮、著尊卑之差、記以爲後世法是也。　維舟者、李巡云、中央左右相維持曰維舟。孫炎云、維舟、連四舟也。郭氏音義云、維持使不動搖也。正義云、維舟以下、則水上浮而行、但船有多少爲等差耳。

方舟者、說文云、方、併船也、象兩舟省總頭形。方或從水作汸。周南漢廣不可方思、邶風谷風方之舟之、傳箋竝云方、泭也、非也。說文云、方、併船也。李巡云、併兩船曰方舟。凡物相併皆曰方。莊子方舟而濟於河、司馬注云方、並也。齊語方舟設泭、韋注云方、併也。召南鵲巢維鳩方之、方之亦謂併之、謂併處一巢也。　特舟者、李巡云、一舟曰特舟。　泭者、說文云、泭、併木以渡。李巡云、併木以渡、别尊卑也。毛鄭讀方爲舫、故用釋言文、曰舫、泭也。

說詩

天子造舟諸侯維舟 造、廣雅作艁、音同。案、詩大明疏引李巡曰、比其舟而渡曰造舟、中央

爾雅詁林　十二　釋水

左右相維持曰維舟。釋文引郭圖云、天子並七船、諸侯四、大夫二、士一。音（桒、毛詩音義、造、又七道切、又才早切。）

疏言造舟者比船於水（比、監本誤北。）釋言云舫泭（誤船泭。）

注疏正字

天子造舟　釋文云、造、或作皁。案說文、艁古文造也。說文、（艸部）草、草斗、櫟實也、一曰象斗子、从艸早聲。臣鉉等曰、今俗以此爲艸木之艸、別作皁字、爲黑色之皁。今俗書皁、或从白从十、或从白从七、皆無意義、無以下筆。

大夫方舟　釋文云、方、或作舫。案說文、（八下）方、併船也、象兩舟省總頭形。或从水作汸。又、（舟部）舫、船師也、明堂月令曰舫人習水者、从舟方聲。此當作方。

士特舟　釋文云、特、本或作犆、同。案犆係經師增益之字、說文所無。

庶人桒泭　藝文類聚（七十一）引泭作柎。案柎、偏旁通借。

匡名

天子造舟諸侯維舟大夫方舟士特舟庶人乘泭　音敷

古者自天子至於庶人舟各有制、此釋其名也。　郭註、維連四船。　說文、方、併船也。又作斻、方舟、從方亢聲。引禮大夫杭舟。管子、方舟設附。　特舟卽扁舟也。赤壁賦、駕一葉之扁舟。　泭、詳見釋言。郭註、併木以渡。方言、泭謂之篺、註小筏曰泭。又與桴通。論語、乘桴浮於海。

啓蒙

天子造舟。比船爲橋。　說文艁、古文造、蓋卽造舟之本字。又說文漕、一曰、人之所乘及船也、此亦當爲造之本字。淮南氾論又加轅軸其上以爲造、是造之名不獨施於舟、其語皆原於曹。造次聲亦相轉、故東京賦薛注云、造舟、以舟相比次爲橋也。造亦與遳義近、小爾雅遳、倅也、左昭十一年注遳、副倅也、西京賦注遳、副也。又造亦言湊也。（釋文訓造爲作、與舊解皆異。）　詩大明正義引李巡曰、比其舟而渡曰造舟、孫炎曰、造舟、比舟爲梁也、李孫郭注中比字皆以釋造、造之言曹也、曹說文云、獄之兩曹、小爾雅云、偶也、詩公劉傳羣也、孔冲遠左傳疏（昭元。）乃云、李孫郭皆不解造義、蓋造爲至、冲遠此說本於公羊疏所引舊說、然謂李孫郭皆不解、非矣。

庶人乘泭、（併木以渡。）　泭之爲言浮也、聲轉爲栰、猶罰聲轉爲浮矣。

黃侃音訓

天子造舟　大夫方舟　士特舟　庶人乘泭

說文、艁、古文造。（辵部造）廣雅作船。（釋水篇）釋文、造、或作皁、（釋水釋文）方、或作舫、（釋水釋文）特、或作犆、（釋水釋文）泭、音桴。（釋水釋文）廣雅作䑺。（釋水釋文）論語作桴。（公冶長）

庶人乘泭、或作柎、又作桴。廣雅作𣚘、音義並同。

證異

問金石文字每以艁爲造、說文造古文作艁、則艁爲造作之造矣。曰、詩大雅造舟爲梁、說文及方言竝作艁、毛傳用尒疋天子造舟爲說。案郭注比船爲橋、詩疏造舟者比船於水、加板其上、卽今之浮橋。釋文引郭圖云、天子竝七船、諸侯四、大夫二。則造卽比竝之義。正義謂諸家不解造義、以造爲至、公羊疏引舊說以造爲成、不若訓竝之善。若爲艁作字、當爲引申

爾雅詁林　十二　釋水

之義也。王氏引之謂造爲次，造次一聲之轉。

詁答問

庶人乘泭 唐石經單疏本雪牕本同。釋文於此無音，於釋丘云：如乘，本又作椉，下文並放此。則此亦當一作椉。石經乘皆作椉，獨釋水乘泭、釋畜宜乘不作古字。

天子至乘泭○釋曰 注疏本刪。

加版於上 元本同。閩本監本毛本版改板。

釋言云舫泭 注疏本舫誤舩。

校勘記

(注)比舩爲橋○「橋」下唐寫本有「也」字。

三行(注)併兩舩○《文選》曹子建《雜詩》及王仲宣《七哀詩》注引「舩」下有「也」字。

(注)單舩○「舩」下唐寫本有「也」字。

庶人乘泭(注)併水以渡○正文及注唐寫本並脱。

宋監本校箋

庶人乘泭 併木以渡 泭音捊

音圖·音

釋文造，草報翻，音操。七報七道翻同。一音才早翻，音皁。廣雅作艁，音同。說文艁，古文造也。郭圖圖讚二卷云：天子並七船、諸侯四、大夫二、士一。

音略

天子造舟（皁）、諸侯維舟、大夫方舟（芳）、士特舟、庶人乘泭（桴）。

孫侶直音

天子造七到切舟 比船爲橋。諸侯維舟 維連四船。大夫方舟 併兩船。士特舟 單船。庶人乘泭 桴 併木以渡。

楊氏音訓

泭 敷

干氏音釋

水注川曰谿，注谿曰谷，注谷曰溝，注溝曰澮，注澮曰瀆

水注川曰谿，注谿曰谷，注谷曰溝，注溝曰澮，注澮曰瀆。此皆道水轉相灌注所入之處名。

郭注

水注至曰瀆 注此皆道水轉相灌注所入之處名也

釋曰：郭云轉相灌注者，蓋以川瀆皆水之大者也。虞書云：濬畎澮距川。下云江河淮濟爲四瀆是也。今若言水注川曰谿，謂水之注入川者名谿，則注入溝者名澮，溝小如澮，豈能容乎？若言注溝曰澮，謂注溝水入之者名澮，則注川水入之者名谿，杜預云谿亦澗也，豈能容受川水乎？然則水注川曰谿，是澗谿之水注入於川也。故李巡云：水出於山入於川曰谿。注谿曰谷，謂山谷中水注入澗谿也。山谷曰溝，此以下與上不類，謂山谷中水無澗谿者，注入平地之溝，溝廣深四尺。注溝曰澮，廣二尋，深二仞。曰澮，謂注溝水入之者名澮，注澮水入之者名瀆。故注云轉相灌注也。

邢疏

水注川曰谿注谿曰谷

水出於山、入於川曰谿。水相屬曰谷。書正義十 春秋正義三 公羊疏十 一切經音義九 邢疏無末五字。

李注

水注川曰谿注谿曰谷注谷曰溝注溝曰澮注澮曰瀆

詩疏引舊注云：皆以小注大，大小異名。

注澮曰瀆

水流不絕曰瀆。御覽七十五 李注

黃輯古義

水注川曰谿注谿曰谷

水出於山入於川曰谿。水相會曰谷。春秋公羊傳僖三年疏

一切經音義卷九 邢疏、書說命上正義、春秋左傳隱三年正義並引首句。李注

玉函山房輯佚

水注川曰谿注谿曰谷

水出於山入於川曰谿。同書疏十 水相屬曰谷。同

公羊疏十

鉤沈

水注川曰谿注谿曰谷

李曰、水出於山入於川曰谿。水相屬曰谷。書正義十 春秋正義三 公羊疏十 一切經音義九 邢疏

注澮曰瀆

注曰、水流不絕曰瀆。御覽七十五

漢注

水注川曰谿注谿曰谷注谷曰溝注溝曰澮注澮曰瀆

李巡云、水出於山入於川曰谿。水相屬曰谷。書正義十卷 左傳正義三卷 公羊疏十卷

舊注云、水流不絕曰瀆。太平御覽七十五卷

舊注云、皆以小注大、大小異名。文選卷八上林賦注 郭璞

云、此皆道水轉相灌注所入之處名。

一切注音

水注川曰谿 舊注云、此皆小注大、大小異名。文選上林賦注 李巡曰、水出於山入於川爲谿也。左隱三年傳正義

注谿曰谷 李巡云、水相屬曰谷。公羊僖三年疏

注澮曰瀆 舊注云、水流不絕曰瀆。御覽七十五

古注斠

水注之樹反、下同。谿苦兮反。澮古外反。灌古亂反。處昌預反。

陸音義

水注川曰谿注谿曰谷注谷曰溝注溝曰澮注澮曰瀆

自瀆注澮、澮注溝、溝注谷、谷注谿、谿注川。川其最大者也。

新義

水注川曰谿注谿曰谷注谷曰溝注溝曰澮注澮曰瀆 此言諸小水之所注入、漸大則名異。而非谿注谷、谷注溝也。

鄭樵注

水注川曰谿

李巡曰、水出於山入於川曰谿。

注谿曰谷

李巡曰、水相屬曰谷。

注谷曰溝

注溝曰澮

注澮曰瀆

郭璞曰、此皆道水轉相灌注所入之處名。總釋五句。○按周禮地官大司徒職疏引舊注有云、皆以小注大、大小異名。未詳雜氏之注。又太平御覽引舊注云、水流不絕曰瀆。名氏未聞。

鄭樵曰、此言諸小水之所注入、漸大則名異。而非谿注谷、谷注溝也。總釋五句。

古注合存

水注川曰谿注谿曰谷注谷曰溝注溝曰澮注澮曰瀆 此及末節釋水所注

入之名也註曰此皆道水轉相灌注所入之名疏曰云轉相灌注者蓋以川與瀆皆水之大者虞書濬畎澮距川下云江淮河濟爲四瀆是也谿澗也注川曰谿是谿水注入川也注谿曰谷是谷水注入谿也注谷曰溝以下與上不類謂谷中之水無澗可注而注入之者名溝注溝水入之者又名澮注澮水入之者又名瀆也故云轉相灌注也愚按上注川注谿順文也言水之注於川者名谿注於谿者名谷也下注谷注溝注澮者逆文也言水之爲谷注者名溝爲溝注者名澮爲澮注者名瀆也溝廣深四尺可受谷澮廣深二尋可受溝而四瀆又可受澮海又受瀆也 注疏參義

周禮疏云注瀆曰川者爾雅無此言鄭以義增之耳公羊疏引李巡云水出於山入於川爲谿水相屬曰谷按下句與今疏所引不同。補注

水注川曰谿注谿曰谷注谷曰溝注溝曰澮注澮曰瀆

註 此皆道水轉相灌注所入之處名 正義 此辨水所注入之異名也。水之大者爲川瀆各爲小水所灌注也。○水注至曰谷。○左傳疏引李巡云水出於山入於川曰谿。公羊疏引李巡云水相屬曰谷。谿澗出於山故孟子云固國不以山谿之險。谿水能自達於大川故曰注川。管子度地篇山之溝一有水一毋水者命曰谷水。是谷水又小於谿故公羊傳云無障谷欲其能注谿也。○注谷至曰瀆。○山谷水有不盡注於谿者則注於溝自溝注於澮自澮注於瀆。釋名云水注谷曰溝田間之水亦曰溝溝搆也從横相交搆也。注溝曰澮澮會也小溝之所聚會也。太平御覽引舊註云水流不絶曰瀆。考工記匠人云廣四尺深四尺謂之溝廣二尋深二仞謂之澮。澮水注於瀆與川相貫通也。註 此皆至處名。○ 正義 詩疏引舊註云皆以小注大大小異名。郭氏上林賦註云自谿及瀆皆水相通注也。言其水相貫通也。正義

水注川曰谿注谿曰谷注谷曰溝注溝曰澮注澮曰瀆

此皆道水轉相灌注所入之處名

此別水所注入之名。舊注云皆以小注大大小異名。郭注上林賦云自谿及瀆皆水相通注也。谿者釋山云山瀆無所通谿。彼謂窮瀆此則通川之谿也。蓋謂谿澗之水能自達於通川故左氏隱三年正義引李巡曰水出於山入於川爲谿也。谷者說文云泉出通川爲谷从水半見出於口。公羊僖三年傳無障谷。蓋谷口出水無障斷之使通於谿故疏引李巡云水相屬曰谷。然則谷者屬也水流相屬灌輸也。溝澮者釋名云水注谷曰溝田閒之水亦曰溝溝搆也從横相交搆也。注溝曰澮澮會也小溝之所聚會也。瀆者御覽七十五引舊注云水流不絶曰瀆。然則瀆之爲言猶續也相續不絶之意。說文云瀆溝也。是溝瀆通名。釋山又以谿瀆並稱可知此皆山閒瀉水非有巨浸洪流。且瀆無妨四瀆同名。溝澮亦非匠人舊制豈便有四尺二尋之規乎。匠人溝廣四尺深四尺、澮廣二尋深二仞。邢疏泥考工之文失爾雅之義乃謂自溝以下與上不類謬矣。彼是田閒水道此乃谿谷細流何可同也。今試倒轉其文則爲瀆注於澮澮注於溝溝注於谷谷注於谿谿注於川上下文義俱順矣。此自言水轉相灌注之異名耳云何不類。義疏

水注川曰谿注谿曰谷注谷曰溝注溝曰澮注澮曰瀆 舊注皆以小注大大小異名。水流不絶曰瀆。李注水出於山入於川爲谿也水相屬曰谷。郭注此皆道水轉相灌注所入之處名。匠人溝狹於澮丈二尺。此殷制。故澮注於溝。溝引水象冓横直之形。瀆饋皆从賣。賣古睦字。光从中故有通義。賣貨亦欲通行因以水通爲瀆。四瀆於海猶小瀆於川故取此瀆以名江河等。集解

水注川曰谿 谿山瀆無所通也。此云通川取奚爲大腹義耳。水經沅水注武陵有五溪以溪爲之。注谿曰谷 說文泉通川爲谷从水半見出於口。此云注谿一間接一直接耳。公羊僖四傳無障谷。注谷曰

溝 溝，从水冓。冓，象交積材橫直之形。匠人，溝狹於澮，丈二尺。此澮注溝。彼言田間水道，此言谿谷細流耳。注溝曰澮 澮、澮

水出河西霍山，西南入汾。與巜通用。巜，水流澮澮也。虞書濬畎澮距川。鄭注澮所以通水于川也，亦間接言之。注澮曰瀆 瀆、从

水賣。賣，古睦字。共从中，因有通義。賣代貫，貫乎通行，水通所以為瀆也。四瀆於海猶小瀆於川，故以此瀆名江河等。說文別出隫、𥼸，亦通義也。易說卦坎為溝瀆。史記屈原傳彼尋常之汙瀆兮。

義證

水注川曰谿

春秋傳周地有谿泉，在今河南府鞏縣。

注谿曰谷

武始澤即谷水，在今涼州府南。

注谷曰溝

論語有溝瀆，史記以為魯地笙瀆也。

注溝曰澮

水出霍山，西南入汾。今在平陽府。

注澮曰瀆

逆流而上曰溯洄，順流而下曰溯游，正絕流曰亂。

釋地四篇注

水注川曰谿注谿曰谷注谷曰溝注溝曰澮注澮曰瀆

〔註〕此皆道水轉相灌注所入之處名〔補正〕邢疏，杜預云，谿亦澗也，水注川曰谿，是澗谿之水注入川也，故李巡云水出於山入於川曰谿，注谿曰谷，謂山谷中水注入澗谿也。臣鑒按，何休註公羊傳亦云，水注川曰谿，注谿曰谷。說文，泉出通川為谷。是川受谿水，谿受谷水，而邢昺謂溝小於澮，豈能容受。蓋川谿谷皆天然而生，溝澮瀆乃人力所作，可大可小。按，賈誼賦云，彼尋常之汙瀆兮，豈能容吞舟之魚。此瀆之小者也。郭璞江賦云商搉涓澮，說者謂涓澮為小流。考工記稍溝三十里而廣倍，鄭司農云謂水醬溝也，故三十里而廣倍。然則溝澮同為灌注之名，而不必致泥於溝洫之小。蓋川受谿水，谿受谷水，谷受溝水，溝受澮水，澮受瀆水。鄭漁仲云此言諸小水之所注入，漸大則名異，而非谿注谷，谷注溝也。

郭注補正

水注川曰谿注谿曰谷注谷曰溝注溝曰澮注澮曰瀆

郭注，此皆水道轉相灌注所入之處名。邵氏正義云，太平御覽七十五引舊注云水流不絕曰瀆。校郭氏加詳。

舊注攷證

水注川曰谿注谿曰谷注谷曰溝注溝曰澮注澮曰瀆

此皆道水轉相灌注所入之處名也

各本脫也字。從單疏本。

郭注佚存補訂

水注川節疏註云澮廣二尋云云（上當脫益稷二字。）

注疏正字

注溝曰澮　說文，水部澮，水出霍山，西南入汾，从水會聲。又，十一下

巜水流澮澮也方百里爲巜廣二尋深二仞。溝澮之澮本作巜經典相承以澮代之。

匡名

水注川曰谿注谿曰谷注谷曰溝注溝曰澮注澮曰瀆說文、注、灌也。水出於山注於川注於谿。孟子、固國不以山谿之險。谷、詳釋丘。公羊傳、無障谷。水出於山有不盡注於川谿者、則注於溝於澮於瀆。溝、水瀆。澮、水名。又會也。小溝之所聚會也。瀆、溝也。太平御覽、水流不絕曰瀆。周禮、十夫有溝。又千夫有澮。賈誼弔屈原賦、彼尋常之汙瀆兮、豈能容吞舟之魚。

啓蒙

注澮曰瀆。瀆與四瀆同名、義亦相因、物之大小同名者多矣。

黃侃音訓

水注川曰谿。注谿曰谷。注谷曰溝。注溝曰澮。注澮曰瀆。

邕案。此釋水注川之異名也。省注谿以下四注字讀之。則文義自明。云水注川曰谿。谿曰谷。谷曰溝。溝曰澮。澮曰瀆。猶之釋宮云植謂之傳。傳謂之突。爾雅之常例也。乃不省四注字立文。遂致後人誤解。郭注謂轉相灌注。邢釋又爲注谷曰溝以下與上不類之說。郝懿行義疏既知同是谿谷細流。瀆非四瀆之瀆。溝澮非考工記匠人之溝澮。而仍主郭氏轉相灌注之說。皆不曉爾雅之文法也。爾雅之文大都過於簡省。然亦正有當省而不省者。如釋器革中絶謂之辨。革中辨謂之㯄。其下句不省革中二字。見前。正與此不省四注字同例。蓋古人文法與後世自有不同。即使省此四注字。則如植謂之傳、傳謂之突之例。然令今人爲之。亦必云植謂之傳、亦謂之突。而不必複舉傳字也。此文若令今人爲之。亦必云水注川曰谿。亦曰谷。亦曰溝。亦曰澮。亦曰瀆。而不必複舉谿字、谷字、溝字、澮字也。於谿谷溝澮之複舉不爲異。則於注字之複舉復何異乎。不知此不可以讀爾雅也。

校書

此皆道水轉相灌注所入之處名雪牕本注疏本同。單疏本名下有也。水注至曰瀆注此皆道水轉相灌注所入之處名也○釋曰注疏本刪。

豈能容受川水乎注疏本脫水。

注入於川也注疏本脫於。

注溝曰澮閩本監本毛本日改云、脫溝。元本溝字實闕。

注澮水入之者名瀆、注疏本注上衍一。

轉相灌注也注疏本下衍灌貫二字、是音切誤入疏中者。

校勘記

五行(注)所入之處名○唐寫本「名」下有「也」字。邢昺疏同。

宋監本校箋

注溝曰澮音貴

音圖・音

水注川曰谿。溪注谿曰谷。注谷曰溝。注溝曰澮。儈注澮曰瀆。

孫偘直音

水注川曰谿注谿曰谷注谷曰溝注溝曰澮注澮曰瀆此言道水轉相灌注所入之處名。

楊氏音訓

逆流而上曰泝洄順流而下曰泝游

逆流而上曰泝洄順流而下曰泝游。皆見詩。

郭注

逆流至泝游注皆見詩　釋曰案詩秦風蒹葭云遡洄從之道阻且長、遡游從之宛在水中央是也。孫炎曰逆渡者逆流也順渡者順泝也。然則逆流順流皆謂渡水有逆順也。

邢疏

逆流而上曰泝洄順流而下曰泝游

逆渡者逆流也。順渡者順流也。詩正義六之四 邢疏

孫音注

黃輯古義

逆流而上曰泝洄順流而下曰泝游

逆渡者逆流也。順渡者順流也。邢疏 詩秦風蒹葭正義

孫音注

玉函山房輯佚

逆流而上曰泝洄順流而下曰泝游

逆渡者逆流也。順渡者順流也。孫注 詩疏六

鈎沉

逆流而上曰泝洄順流而下曰泝游

孫曰、逆渡者逆流也。順渡者順流也。詩正義六之四 邢疏

漢注

逆流而上曰泝洄順流而下曰泝游

孫炎云逆渡者逆流也順渡者順流也。詩正義六之四卷

郭璞云、皆見詩。

一切注音

泝蘇故反。詩作遡。洄户恢反。游音由。

陸音義

逆流而上曰泝洄順流而下曰泝游 孫炎曰、逆渡者逆流也。順渡者順流也。詩蒹葭正義

古注斠

逆流而上曰泝洄

其同也、以其逆也。

順流而下曰泝游

遊或忘反以順故也。

新義

逆流而上曰泝洄順流而下曰泝游 並釋蒹葭文。

鄭樵注

逆流而上曰泝洄順流而下曰泝游

孫炎曰、逆渡者逆流也。順渡者順流也。

郭璞曰、皆見詩。

鄭樵曰、並釋蒹葭文。

古注合存

逆流而上曰泝洄順流而下曰泝游 註皆見詩 正義 說文云、逆流而上曰㴑洄、㴑向也、水欲下、違之而上也、泝或作遡。又云、汓、浮行水上也。文選註引三倉云、洄、水轉也。詩疏引孫炎云、逆渡者逆流也、順渡者順流也。左氏文十年傳云沿漢泝江、杜註泝、逆流也。莊十八年傳云閻敖游涌而逸、杜註游涌水而走。詩疏云、逆順流皆謂渡水有順逆也。註皆見詩。○ 正義 秦風蒹葭云、遡洄從之。毛傳用爾雅。又云遡游從之、毛傳順流而涉曰遡游。

正義

逆流而上曰泝洄順流而下曰泝游 皆見詩

泝、說文作㴑、云逆流而上曰㴑洄。㴑、向也。水欲下、違之而上也。㴑或作遡。洄、㴑洄也。游作汓、云浮行水上也、或作泅。詩遡洄、傳用爾雅。遡游傳云、順流而涉曰遡游。正義引孫炎曰、逆渡者逆流也、順渡者順流也。按、洄猶回也。華嚴經音義下引三蒼云、水轉曰洄。蓋逆流則向水回轉、順流則但浮游直行而已。左氏哀四年傳吳將泝江入郢、杜預注逆流曰泝。莊十八年傳閻敖游涌而逸、杜注游涌水而走也。

義疏

逆流而上曰泝遡㴑洄回順流而下曰泝游遊汓 孫注、逆渡

者逆流也。順渡者順流也。郭注皆見詩。泝屰聲轉字異。順亦曰屰者、更疾於水、若逆水也。回、水轉之形。後以爲从兩口、故加水會意。

集解

逆流而上曰泝洄（泝、說文作㴑、謂逆行也。洄、从水回、回轉也。加水則爲）順流而下曰泝游（泝爲逆上之詞。）溯洄行水之專詞也。故三蒼水轉曰洄。詩蒹葭溯洄從之、謂其逆上。順下亦云泝者、因順流亦有水力故。

義證

逆流而上曰泝洄順流而下曰泝游

【註】皆見詩【補正】臣鑒按、春秋傳楚子西沿漢泝江、註云沿、順流、泝、逆流。

郭注補正

逆流而上曰泝洄順流而下曰泝游

皆見詩

後漢書王景傳注引爾雅逆流而上曰洄、郭璞注云旋流也。慧琳大乘理趣六波羅蜜多經一卷音義引爾雅逆流而上曰泝洄、郭注云旋流者也。樹枏案、此注蓋過辨回川下之文。

郭注佚存補訂

逆流而上曰泝洄順流而下曰泝游

此釋秦風蒹葭文也。遡洄從之、毛傳云逆流而上曰遡洄。遡游從之、傳云順流而涉曰遡游。說文云、㴑向也、逆流而上曰㴑洄、水欲下、違之而上也、游或作遡。洄、㴑洄也。孫炎云、逆渡者逆流也、順渡者順流也。

說詩

逆流而上曰泝洄　釋文云、泝、詩作遡。詩正義（六之四）文選注（廿六）引作遡。案、說文、（水部）㴑、逆流而上曰㴑洄、㴑向也。水欲下、違之而上也。从水㡿聲。或从辵朔作遡。㡿、隸省作斥。文選注（廿三）引作溯流。案、皆傳刻之譌。

順流而下曰泝游　詩正義引作遡。

匡名

逆流而上曰泝洄　順而下曰泝游

毛詩作遡洄。（秦風蒹葭詩）說文作逆流而上曰㴑洄。（水部㴑云、㴑、向也。）毛詩傳作順流而涉曰遡游。（秦風蒹葭詩傳）

證異

逆流至泝游注皆見詩○釋曰（注疏本删。）

遡游從之（注疏本游改遊。）

然則逆流順流（元本脫順流。閩本剜擠順字。監本毛本脫上流。）

校勘記

逆流而上曰泝○「泝」，唐寫本作「㴑」，下同。㴑、泝皆爲篆文「㴑」字之省，今通作「泝」。

宋監本校箋

逆流而上曰泝（音素）

音・圖音

逆流而上曰泝洄，順流而下曰泝游。素

孫侶直音

逆流而上曰泝素 逆渡者逆流也。 洄，順流而下曰泝游。順渡者順流也。

楊氏音訓

泝 溯

干氏音釋

正絶流曰亂

正絶流曰亂。直横渡也。書曰：亂于河。

郭注

正絶流曰亂 釋曰：正，直也。謂横絶其流而直渡名曰亂。注書曰亂于河 釋曰：案禹貢梁州云：入于渭，亂于河。孔安國云：越沔而北入渭，浮東渡河而還帝都，曰所治，以帝都在河之東，故直横渡河，陸行而還帝都也。彼孔氏引此文，故以爲證也。

邢疏

正絶流曰亂

直横渡也。書正義六 詩正義十七之三

孫音注

黄輯古義

正絶流曰亂

直横渡也。書禹貢正義 詩大雅公劉正義

孫音注

玉函山房輯佚

正絶流曰亂

横渡也。孫注 書疏 大

鈎沉

正絶流曰亂

孫曰：直横渡也。書正義六 詩正義十七之三

漢注

正絶流曰亂

孫炎云：直横渡也。書正義六卷 詩正義十七之三卷 郭璞云：直横渡也。書曰：亂於河。

一切注音

正絶流曰亂 孫炎曰：直横渡也。詩公劉正義

古注斠

正絶流曰亂

未有直絶之而不亂者也，故或問屑曰愚。

新義

正絶流曰亂 禹貢：亂于河。

鄭樵注

正絶流曰亂 孫炎曰：直横渡也。郭璞曰：直横流也。書曰：亂于河。鄭樵曰：禹貢：亂于河。

古注合存

逆流而上曰泝洄，順流而下曰泝游，正絶流曰亂。泝溯同。○此釋從流上下之屬之名，兼徒涉舟涉者而言也。疏曰：詩蒹葭云：溯洄從之，道阻且長；溯游從之，宛在水中央。孫炎云：逆渡者逆流也，順渡者順流也。横絶其流而直渡者，名亂。禹貢梁州云：入于渭，亂于河。

注疏參義

正絶流曰亂 **註** 直横流也。書曰：亂于河。 **正義** 大雅公劉云：涉渭爲亂。疏引孫炎云：直横渡也。孔穎達云：水以流爲順，横度則絶其流，故爲亂。 **註** 直横至于河。 **正義** 直者，正也。郭所引書禹貢梁州之文。

正義

正絶流曰亂註直横流也 張衡思元賦註引郭註云：直横渡也。玉案：詩公劉疏、書禹貢疏并引孫炎註云：直横渡也。郭氏蓋用此。今本誤作流。

校議

正絶流曰亂 直横渡也。書曰：亂于河

爾雅詁林 十二 釋水

詩、涉渭爲亂。傳用爾雅。正義引孫炎曰、直橫渡也。是正訓直、絕猶截也。截流橫渡不順曰亂。郭引書禹貢梁州文。

義疏

正絕流曰亂孫注、直橫渡也。

郭注、書曰、亂于河。詩、涉渭爲亂。亂今堰也。人力絫木石爲之、故文从厶乏。

集解

正絕流曰亂詩涉渭爲亂。然則亂今浮橋也。以人力造木爲之、故字从厶乏。孫所謂直橫渡是也。或者即堰與。

義證

正絕流曰亂

註直橫流也。書曰亂于河補正邢疏、正、直也、謂橫絕其流而直渡名曰亂。

郭注補正

正絕流曰亂

直橫渡也書曰亂于河

明注疏本渡誤流。

郭注佚存補訂

正絕流爲亂

此釋大雅公劉涉渭爲亂文也。毛傳云、正絕流爲亂。孫炎云直橫渡也。疏云、水以流爲順、橫渡則絕其流、故爲亂。

說詩

正絕流節注直橫渡也渡誤流。

疏浮東渡河而還帝都白所治都下誤衍有字。白誤曰。

注疏正字

逆流而上曰泝洄順流而下曰泝游正絕流曰亂說文、

泝洄、逆流而上也。秦風泝洄從之。又泝游從之。大雅涉渭爲亂。孔疏橫度則絕其流、故爲亂。

啓蒙

正絕流曰亂　郭注直橫渡也

案水就下爲順流、挽上爲逆流、中水而渡爲正絕流。說文乙部、亂、治也。中水而渡、豈得曰治。漢書楊王孫傳其穿下、不亂泉、顏注亂、絕也。此經亂字亦當訓絕、始與正絕流合。然亂無絕義。据說文斤部、斷、截也、从斤从㡭。㡭、古文絕。疑此亂乃斷之音叚字。書禹貢亂于河詩大雅公劉篇涉渭爲亂、後漢書張衡傳亂弱水之潺湲兮、同此正絕流之亂、卽同爲斷字之音叚。亦有徑用斷本字者、如晉書苻堅載記以吾之衆旅投鞭於江、足斷其流是也。

董瑞椿日記

直橫渡也雪牕本元本同。閩本監本毛本渡誤流。詩公劉正義引孫炎注曰直橫渡也。注本此。

正絕流曰亂○釋曰注疏本删。

○注書曰亂于河○釋曰注疏本删釋曰。

曰所治監本毛本曰上衍有。浦鏜云、白誤曰。元本閩本自有曰所治起共脫二十字。

陸行而還帝都也監本毛本脫陸行。

校勘記

直橫渡也十行本作絕河而渡也。

校勘記訂補

正絕流曰亂疏白所治。今本白誤作曰、上衍有字。

注疏本正誤

爾雅詁林　十二　釋水

正絕流曰亂 正、直也。橫絕其流而直渡名曰亂。

楊氏音訓

江河淮濟爲四瀆四瀆者發源注海者也

郭注

江河淮濟爲四瀆。四瀆者、發源注海者也。

邢疏

江河至者也 釋曰、案白虎通云、瀆者何、謂瀆、中國悟濁發源而注海、其功著大、稱瀆也。案禹貢云、導河積石、至于龍門、南至于華陰、東至于底柱、又東至于孟津、東過洛汭、至于大伾、北過降水、至于大陸、又北播爲九河、同爲逆河、入于海。岷山導江、東別爲沱、又東至于澧、過九江、至于東陵、東迆北會于匯、東爲中江、入于海。導沇水、東流爲濟、入于河、溢爲滎、東出于陶丘北、又東至于菏、又東北會于汶、又北東入于海。導淮自桐柏、東會于泗沂、東入于海。是發源注海者也。

陸音義

江 出蜀郡岷山。河 出崐崘山、或云出積石。淮 出南陽平氏縣胎簪山、亦云出桐柏山。濟 子禮反。出河東垣縣王屋山、或云出河内温西北平地。四瀆 徒木反。廣雅云、江、貢也。河、何也。淮、均也。濟、濟也。

新義

江河淮濟爲四瀆四瀆者發源注海者也

凡瀆皆納汙、以瀆所赴。老子曰、受國之垢、是謂社稷主、受國不祥、是謂天下王。故曰海者、晦也。

鄭樵注

江河淮濟爲四瀆四瀆者發源注海者也 中原之地、諸水所流、皆歸此四瀆。惟此四瀆得專達海、故爲瀆祠焉。

江河淮濟爲四瀆四瀆者發源注海者也

鄭樵曰、中原之地、諸水所流、皆歸此四瀆。惟此四瀆得專達海、故爲瀆祠焉。

古注合存

江河淮濟爲四瀆四瀆者發源注海者也 疏曰、按禹貢、導河至南而東、而北入于海。導江至東而北、又東入于海。導沇水東流爲濟、又北東入于海。導淮東入于海。是發源注海者也

注疏參義

江河淮濟爲四瀆四瀆者發源注海者也

正義 史記引古文湯誥云、古禹皋陶久勞于外、東爲江、北爲濟、西爲河、南爲淮、四瀆已修、萬民乃有居。是禹奠大川、四瀆已有定名。覲禮云、禮月與四瀆于北門外。王制云、四瀆視諸侯。大宗伯言祀五岳不言四瀆、鄭註以爲省文、是也。白虎通義云、瀆者、濁也、中國垢濁、發源東注海、其功著大、故稱瀆也。風俗通義云、尚書大傳禮三正記、江河淮濟爲四瀆。瀆者、通也、所以通中國垢濁、民陵居殖五穀也。江者、貢也、珍物可貢獻也。河者、播也、播爲九流出龍圖也。淮者、均也、均其務也。濟者、齊也、齊其度量也。釋名云、江、公也、小水流入其中所公共也。淮、圍也、圍繞揚州北界、東至海也。河、下也、隨地下處而通流也。濟、濟也、源出河北、濟河而南也。海、晦也、主承垢濁、其水黑如海也。廣雅云、河、何也。餘所釋名、義與風俗通義同。四瀆發源注海者、禹貢云、導河積石。岷山導江。導沇水、東流爲濟。導淮自桐柏。此言其施功所在也。河出昆侖虛、詳見下文。漢書地理志、蜀郡湔氐道、禹貢岷山在西徼外、江水所出、東至江都入海。南陽郡平氏縣、禹貢桐柏大復山在東南、淮水所出、東南至淮陵入海。河東郡垣縣、禹貢王屋山在東北、沇水所出、東南至武德入河、軼出滎陽北地中、又東至琅槐入海。江河淮濟力能挾衆小水、以獨注於海、故稱瀆焉。管子度地篇、水之出於山而流入於海者、命曰經水、水別於他水、入於大水及海者、命曰枝水。是四瀆皆經水也。諸小水之入於瀆者、皆枝水也。經枝既辨、廣有所渟瀦、旁有所疏瀹、順其潤下之性、由地中行、故民得居安土。自周末水官失職、列國多設隄防、控高扼下、中塞旁溢、水失其性、妄行傷人、常至危殆、遷移潰決、史不絕書。枝水時見時竭、經水亦失其故

瀆矣。今江源出四川松潘衛邊徼外西番地之岷山，至江南通州入海。淮源出河南南陽府桐柏縣西南桐柏山，至江南清河縣與河合流，至安東縣入海。濟源出河南懷慶府濟源縣之王屋山，至武陟縣入於河。說文源作原，云水泉本也。徐鉉云今別作源，非是。

正義

江河淮濟爲四瀆四瀆者發原注海者也

釋名云：天下大水四，謂之四瀆，江、河、淮、濟是也。瀆，獨也，各獨出其所而入海也。江，公也，諸水流入其中，所公共也。淮，圍也，圍繞揚州北界，東至海也。河，下也，隨地下處而通流也。濟，濟也，言源出河北，濟河而南也。海，晦也，主承穢濁，其色黑而晦也。白虎通云：瀆者，濁也，中國垢濁，發源東注海，其功著大，故稱瀆也。風俗通云：尚書大傳、禮三正記：江、河、淮、濟爲四瀆。瀆者，通也，所以通中國垢濁，民陵居殖五穀也。江者，貢也，珍物可貢獻也。河者，播也，播爲九流，出龍圖也。淮者，均，均其務也。濟者，齊，齊其度量也。四瀆發原注海。禹貢具詳其文。河說見下。漢志蜀郡湔氐道，禹貢崏山在西徼外，江水所出，東南至江都入海。今江出四川松潘衛邊徼外西番地之岷山，至江南通州入海。漢志南陽郡平氏，禹貢桐柏大復山在東南，淮水所出，東南至淮陵入海。今淮出河南南陽府桐柏縣之桐柏山，至江南清河縣與河合流，至安東縣入海。漢志河東郡垣，禹貢王屋山在東北，沇水所出，東南至武德入河，軼出滎陽北地中，又東至琅槐入海。今濟出河南懷慶府濟源縣之王屋山，至武陟縣入於河。管子度地篇云：水之出於山而流入於海者，命曰經水，水別於他水入於大水及海者，命曰枝水。然則四瀆者，經流也，挾衆枝流而注於海者也。說文：海，天池也，以納百川者也。注，灌也。原，水泉本也。原今作源。

義疏

江河中國淮濟爲四瀆四瀆者發原注海者也入海口

唯此四川也。

集解

江河淮濟為四瀆四瀆者發原注海者也中國入海者惟此四水，故擅四瀆之偁。

義證

江淮河沛爲四瀆四瀆者發原注海者也

江淮河㳅皆四瀆之別名也。

釋地四篇注

江河淮濟爲四瀆四瀆者發源注海者也

〔補正〕鄭樵註云：中原之地諸水所流，皆歸此四瀆。惟此四瀆得專達海，故爲瀆祠焉。

郭注補正

江河淮濟爲四瀆四瀆者發原入海者也

說文云：海，天池也，以納百川者。江，水出蜀湔氐徼外崏山，入海。河，水出焞煌塞外昆侖山，發原注海。淮，水出南陽平氏桐栢大復山，東南入海。濟，水出常山房子贊皇山，東入泜。此皆經水也，謂之四瀆。至於枝水，前已言之。㳅、濟同物。詩泉水出宿于㳅，㳅即濟也。

說詩

江河節疏瀆者何謂瀆者濁也脫瀆者也三字。濁，監本誤瀆。其功著大故稱瀆也脫故字。東至于底柱氐誤底。東迤北會于匯于，毛本誤為匯，監本誤淮。又北東入于海北東二字監本誤倒。

注疏正字

江淮河濟

淮，從水佳聲，不當讀戶乖切。佳聲近準，故釋名曰：淮，準也。四瀆之濟當作泲。說文、沇、水出河東垣東王屋山東爲泲。泲、沇也、東入于海、從水𠂔聲。又曰、濟、水出常山房子贊皇山、東入泜、從水齊聲。應劭風俗通以濟爲四瀆之泲、於是經傳之文皆作濟矣。漢碑四瀆之泲書作濟或作涻、在應劭之前已誤、不始於劭也。

小篆

江河淮濟爲四瀆　濟當作泲。見釋地。

四瀆者發源注海者也　說文、泉部、𠩘、水泉本也、从灥出厂下。篆文从泉作原。臣鉉等曰、今別作源、非是。

匡名

江河淮濟爲四瀆四瀆者發源注海者也　禹貢、導河積石。又、岷山導江。又、導沇水東流爲泲。說文、𣵻、沇也、東入于海。註、禹時泲水獨行達海、故謂之瀆。漢碑皆作濟、泲字之不行久矣。又導淮自桐柏。此四大水力能挾衆小水以獨注於海、故稱四瀆焉。說文、原、篆文從泉。徐鉉曰、今別作源、非是。𣵻、天池、以納百川者也。

啓蒙

江河淮濟

江河淮濟為四瀆。河與汝通、鴻溝是也、自徐偃王始。淮與漢通、自楚人始、左傳師于漢淮之間是其証也。河與淮通、商魯之溝是也。江與淮通、邗溝是也、皆自吳人始。

讀雅筆記

江淮河濟為四瀆。四瀆者、發源注海者也。淮南說山訓、江出岷山、河出崑崙、濟出王屋、潁出少室、漢出嶓冢、分流舛馳、注於東海、所行則異、所歸者一。管子、水有大小、有遠近、水出山而流入山者為經水、引他水歸於大水入海者為枝水。

古義補

發源注海者也　唐石經雪牕本注疏本同。此本源改原、非、今訂正。

江河至者也〇釋曰　注疏本刪。

瀆中國恬濁發源而注海　元本同。毛本瀆作濁。閩本監本毛本恬作垢、而誤東。

北過降水　元本閩本同。監本毛本降誤洚。

會于匯　元本同。毛本于誤爲。閩本監本匯誤滙。

校勘記

又東北入於海　毛本湘本作北東、是。

校勘記訂補

七行發源注海者也〇「源」、唐寫本同・宋刻小字本誤作「原」。

宋監本校箋

江河淮濟爲四瀆、四瀆者、發源注海者也。

孫侶直音

江河淮濟（上聲）爲四瀆、四瀆者發源注海者也。

正校音直

水泉

水泉　釋曰、題上事也。下皆倣此。

邢疏

水泉 **正義** 題上事也。易云、山下出泉。孟子云、原泉混混、不舍晝夜。管子地員篇五七三十五尺而至於泉、呼聲中角、其水倉。四七二十八尺而至於泉、呼音中商、其水白而甘。三七二十一尺而至於泉、呼音中宮、其泉黃而糗。二七十四尺而至於泉、呼音中羽、其泉鹹。七尺而至於泉、呼音中徵、其水黑而苦。是泉出之殊也。水地篇云、水者何也、萬物之本原也。水之本原在乎泉、故總題水泉。初學記引郭氏讚云、川瀆綺錯、渙瀾流帶、潛潤旁通、經營華外、殊出同歸、混之東會。

正義

水泉 題上事也。管子水地篇云、水者何也、萬物之本原也。水之原在乎泉、故釋水之篇先泉後水、又總題曰水泉也。初學記引郭氏讚云類聚作釋水讚・川瀆綺錯、渙瀾流帶、潛潤旁通、經營華外、殊出同歸、混之東會。

義疏

水泉 易蒙卦、山下出泉。孟子、原泉混混、不舍晝夜。泉者、水之本原也。

啓蒙

水泉○釋曰題上事也 注疏本刪上四字。

校勘記

水中可居者曰洲小洲曰陼小陼曰沚小沚曰坻人所爲爲潏

水中可居者曰洲、小洲曰陼、小陼曰沚、小沚曰坻、人所爲爲潏。人力所作。

郭注

水中至爲潏　釋曰此一段釋水中之地名也。故下題云水中。案李巡云四方皆有水中央獨可居、但大小異其名耳。若人所作者則名潏。周南云在河之洲、召南云江有渚、宋繁云于沼于沚、秦風蒹葭云宛在水中坻。是其所出之文也。

邢疏

人所爲爲潏

人力以水爲居止。御覽七十一

犍爲注

水中可居者曰洲小洲曰陼小陼曰沚小沚曰坻人所爲爲潏

四方皆有水、中央獨高可處、但小大異其名耳。詩正義一之二　書正義三　邢疏　一切經音義十四十七十八

李注

水中可居者曰洲小洲曰陼小陼曰沚小沚曰坻人所爲爲潏

水有平地可居者也。一切經音義十七

孫音注

人所爲爲潏

潏、述決二音。釋文

郭音義

水中可居者曰洲小洲曰陼小渚曰沚小沚曰坻人所爲爲潏

水中自然可居者爲洲、人亦於水中作洲、而小不可止住者名潏。水中地也。釋文引郭圖

圖贊

小洲曰渚
言四方有水、中央獨高可居者曰渚。一切經音義二十二 案此疑是舊注。

衆家注

黃輯古義

人所爲爲潏
潏人力水爲居止。太平御覽卷七十一 一切經音義

犍爲注

水中可居者曰洲小洲曰陼小沚曰沚小沚曰坻人所爲爲潏
四方皆有水、中央獨高書正義引有高字可處、故曰洲。書正義有故曰洲三字。但大小異、其名耳。邢疏 書舜典正義引至故曰洲。詩周南關雎正義引至可處、無高字。

李注

水中可居者曰洲
水中平地可居者也。一切經音義卷十七

孫音注

洲潏圖
水中自然可居者爲洲、人亦於水中作洲、而小不可止住者名潏、水中地也。同上

圖贊

玉函山房輯佚

水中可居者曰洲
四方皆有水、中央獨可居。李注 詩疏一之一
人所爲爲潏

鉤沉

人力水爲居止。舍人注 宋本御覽七十一
水中可居者曰洲小洲曰陼小陼曰沚小沚曰坻人所爲爲潏
孫曰、水有平地可居者也。一切經音義十七
李曰、四方皆有水、中央獨高可處、故曰。但大小異其名耳。書正義三 詩正義一之二 邢疏
舍人曰、潏、人力水爲居止。一切經音義 御覽七十一 案當作人力所爲可居止。

漢注

水中可居者曰洲
李巡云、四方皆有水、中央獨可居。詩正義一之二卷 孫炎云、水中有平地可居者也。一切經音義十七 郭璞圖云、水中自然可居者爲洲。釋文二十九卷
小洲曰陼小陼曰沚小沚曰坻人所爲爲潏
舍人云、人力水爲居止。太平御覽七十一卷 郭璞云、人力所作。郭璞圖云、人亦於水中作洲、而小不可止住者名潏、水中地也。釋文二十九卷

一切注音

水中可居者曰洲　李巡曰、四方皆有水、中央獨可居。詩關雎正義 孫炎曰水有平地可居者也。一切經音義十七
小陼曰沚　李巡云、但大小異其名。邢疏
小沚曰泜
蕙心案、史記正義引爾雅、水沚曰泜。水者小之譌。詩匏有苦葉釋文竇字以水反今譌作以小反可證。

爾雅詁林　十二　釋水

人所爲曰潏 舍人云、潏、人力水爲居止。御覽七十一

潏、郭述決二音。郭圖云、水中自然可居者爲洲、人亦於水中作洲、而小不可止居者名潏、水中地也。釋文

古注斠

洲 音州。小洲曰陼 字又作渚、章湏反。本或直云小洲曰沚。沚 音止。本或作洔、音同。又音市。坻 本或作墀、同。直基反。本又作泜、音同。潏 郭述決二音。吕伯雍音同。案、郭圖水中自然可居者爲洲、人亦於水中作洲而小不可止住者名潏水中地也。

陸音義

洲 音州 小洲曰陼 字又作渚或直云小洲曰渚○上文水中可居者曰洲、似洲字本屬上。然觀或直云小洲曰陼之語、又似本有連下句者。陼、初學記六引作渚。

音義攷證

水中可居者曰洲
州、周也、川周其外。洲、可州處也。

小陼曰沚
僅可以止爾。

小沚曰坻
以低爲氏。詩於道阻且躋、言坻爲如坻如京、絶高如京、低猶如坻。

人所爲爲潏
京、通上下爲之。潏、通前後爲之。記曰、蛾子時述之。且通前後爲之、雖爲實於水可也、爲夷於山亦可也、愚公是已。

新義

水中可居者曰洲小洲曰陼小陼曰沚小沚曰坻人所爲爲潏 人力所爲也。

鄭樵注

水中可居者曰洲
李巡曰、四方有水、中央高獨可居、故曰洲。
孫炎曰、水有平地可居者也。

人所爲爲潏 潏、郭述決二音。
舍人曰、人力水爲居止。
郭璞曰、人力所作。
鄭樵曰、人力所爲也。

古注合存

水中可居者曰洲小洲曰陼小陼曰沚小沚曰坻人所爲爲潏 陼渚同。坻音遲。潏音述。○此釋水中之地之名也。疏曰、李巡云、皆四方有水中央可居、但大小異名耳。詩關雎云在河之洲、江有汜云江有渚、采蘩云于沼于沚、蒹葭云宛在水中坻、若人所作者則名潏也

注疏參義

水中可居者曰洲 正義 說文云、水中可居曰州、周遶其旁、从重川。昔堯遭洪水、民居水中高土、故曰九州、詩曰在河之州。徐鉉曰、今别作洲、非是。釋名云、水中可居者曰洲、洲、聚也、人及鳥獸所聚息之處也。詩疏引李巡云、四方皆有水、中央獨可居。經音義引孫炎云、水有平地可居者也。釋文引郭圖云、水中自然可居爲洲。方言云、水中可居爲洲、三輔謂之淤、蜀漢謂之㶖。郭氏彼註云、上林賦曰行乎洲淤之浦也。又上林賦註云、淤亦州名、蜀人云。

小洲曰陼 正義 召南云、江有渚。毛傳、渚、小洲也、水岐成渚。釋文引韓詩云、一溢一否曰渚。釋名云、小洲曰渚、渚、遮也、體高能遮水、使從旁迴也。高誘淮南註云、水中可居者曰渚。是渚又爲水中可居之通名。故禮運云、不使渚者居中原。釋文云、陼字又作渚。

小陼曰沚 正義 召南采蘩云、于沼于沚。釋名云、小渚曰沚、沚、止也、小可以止息其上也。文選註引韓詩、宛在水中沚。薛君章句、大渚曰沚、大字疑傳寫之訛。

小沚曰坻 **正義** 秦風蒹葭云、宛在水中泜、鄭箋、坻、水中之高地也。釋名云、小沚曰泜、泜、遲也、能小遏水使流遲也。史記正義云、坻、水中沙微起出水者也。引爾雅作水沚曰坻。

人所爲爲潏 **註** 人力所作 **正義** 太平御覽引舍人云、人力、水爲居止。釋文引郭圖云、人亦於水中作洲、而小不可止住者名潏、水中地也。釋名云、人力所爲之曰潏、潏、術也、堰使水鬱術也、魚梁水碓之謂也。案左氏襄二十四年傳云、規偃豬。偃俗體作堰。

正義

水中可居者曰洲小洲曰陼小陼曰沚小沚曰坻人所爲爲潏 人力所作

此釋水中之地名。洲者、說文作州、引詩在河之州。釋名云、水中可居者曰洲、洲、聚也、人及鳥物所聚息之處也。詩關雎正義引李巡曰、四方皆有水、中央獨可居。一切經音義十七引孫炎曰、水中有平地可居者也。方言云、水中可居爲洲、三輔謂之淤、蜀漢謂之𦨋。郭注引上林賦曰、行乎洲淤之浦。○陼當爲渚、說文引作小州曰渚。釋名云、渚、遮也、體高能遮水使從旁回也。詩江有渚傳、渚、小洲也、水岐成渚。釋文引韓詩云、一溢一否曰渚、渚、小洲也。按、廣雅云、渚、處也。是渚亦可居處。故韋昭齊語注、水中可居者曰渚。爾雅不言者、文省耳。又以上句例之、不言可知。○沚者、詩采蘩傳、沚、渚也。不言小者、亦文省也。說文用爾雅。釋名云、沚、止也、小可以止息其上也。然則沚小於渚、不可居處、但容止息而已。○坻者、釋名云、小沚曰坻、坻、遲也、能遏水使流遲也。說文本詩蒹葭傳云、坻、小渚也。變沚言渚者、渚沚雖大小異名、其實一耳。正義云、以渚易知、故繫渚言之。邢疏引李巡云、但大小異其名、是也。○潏者、說文云、水中坻、人所爲爲潏。是潏亦坻也、但以人所爲爲異耳。釋名云、潏、術也、偃水使鬱術也、魚梁水碓之謂也。魚梁者、周禮𢽟人掌以時𢽟爲梁、鄭衆注、梁、水偃也、偃水爲關空、以笱承其空。是也。水碓者、於急流水中偃水爲之、設轉輪於下、用水衝激、速於賃舂。魚梁水碓皆人所爲、故舉以譬況焉。釋文引郭圖云、水中自然可居者爲洲、人亦於水中

作洲而小不可止住者名潏、水中地也。御覽七十一引舍人云、潏、人力水爲居止。脫譌。按、釋文潏郭述浚二音。是也。

義疏

水中可居者曰洲 州 小洲曰陼 渚 豬 小陼曰沚

小沚曰坻 汝 人所爲爲潏 決 舍人注、潏、人力、決水爲居止。李注、四方皆有水、中央獨可居、但大小異其名。孫注、水中可居、水有平地可居者也。郭注、人所爲人力所作。州、象二川交流、中有地。既以九州大名、更於小者加水。詩在河之洲、說文引作州、則此字漢後加也。陼卽都也、書禮皆作猪、亦作豬。詩江有渚、作渚者、象分別與州同意。氏、抵提通用字。氏有平止二義。詩宛在水中坻、宛在水中沚、說文坻一作汝、水中夂、息地也。潏从矞、穿入也、穿地引水入、故劉熙以爲魚梁水碓。今謂潏術通用。月令審端徑術、謂積土水中令可行、湖池中亦或俟水涸居之。今池涔中多有此地。

集解

水中可居者曰洲 洲字本作州、象二川交流、中有地形。詩在河之州、今本作洲。蓋既以州爲九州名、因於小者加水、所以示別。

小洲曰渚 渚、渚水出常山中邱逢山、東入湡。與陼通用。陼、如渚者、水中高者也。陼渚均从者、謂別也。詩江有渚。

小渚曰沚 沚、从水止。水流而止、以有渚故。詩于沼于沚。又宛在水中沚。穆天子傳一飲于枝洔之中。西京賦黑水元阯、以洔阯爲之。

小沚曰坻 坻、从土氏、謂土至而止也。字一作坆。詩宛在水中坻、又如坻如梁是也。

人所爲爲潏 潏、从矞、穿也。穿地引水出、故劉熙以爲魚梁水碓、所謂闢穿是也。月令審端經術、術卽潏也、謂積土水中、令可行。湖池中亦或俟水涸居之。今池涔中多此地。

義證

水中可居曰州

詩鼓鐘淮有三州毛傳曰淮上地。

小州曰渚

今書作陼非也渚水出常山。

小沚曰坻

坻釋名作泜泜水出常山今在順德府唐山縣西。

人所爲爲潏

中山經有潏水今在平陽府浮山縣龍角山北流注于汾又西安府城南有潏水。

釋地四篇注

水中可居者曰洲小洲曰陼小陼曰沚小沚曰坻人所爲爲潏

註人力所作補正邢疏李巡曰四方皆有水中央獨可居但大小異其名耳。臣鑾按釋文云水中自然可居者爲洲人亦於水中作洲而小不可止住者名潏。

郭注補正

小洲曰陼說文解字引作渚詩江有渚毛傳渚小洲也韓詩曰一溢一否曰渚是應从解字。

錢氏古義

水中可居者曰洲小洲曰陼小陼曰沚小沚曰坻人所爲爲潏

洲者周南關雎在河之洲毛傳云水中可居者曰洲說文云州水周繞其旁引作在河之州州洲古今字也小雅鼓鐘淮有三洲疏亦云水中可居曰洲李巡云四方皆有水中央獨可居孫炎云洲水有平地可居者也陼者渚之假借說文引作小州曰渚召南江有渚傳云渚小洲也韓詩云一溢一否曰渚渚小洲也沚者說文云小渚曰沚召南采蘩于沼于沚傳云渚沚也邶風谷風湜湜其沚秦風蒹葭宛在水中沚傳云小渚曰沚坻者說文云坻小渚也蒹葭宛在水中坻傳亦云坻小渚也正義云坻是小沚言小渚者渚沚皆水中之地小大異也以渚易知故繫渚言之李巡云但大小異其名是也小雅南田如坻如梁鄭箋云水中之高地也史記正義云坻水中沙微起出水者也引爾雅作水沚曰坻潏者釋文引郭圖水中自然可居者爲洲人亦於水中作洲而小不可止住者名潏水中地也舍人云潏人力水爲居止。

說詩

小洲曰陼 陼、監本作渚。

人所爲爲潏 釋文云、郭述決二音。圖云、水中自然可居者爲洲、人亦於水中作洲而小不可止住者名潏。

爾雅詁林　十二　釋水

疏四方皆有水中央高獨可居皆、衍文。高字脫。

注疏正字

水中可居者曰洲　居當作凥。見釋訓。　廣韻十八尤　一切經音義十七又廿一又廿三又廿四引無者字，以說文證之，是也。　一切經音義十七引作州。案說文巛部，州，水中可居曰州，从重巛。詩曰在河之州。臣鉉等曰今別作洲，非是。

小洲曰陼　洲，一切經音義十四引作州。　釋文云陼，字又作渚。詩正義一之一又六之二左傳正義上十九　初學記六　華嚴經音義下入法界品　一切經音義十四又十七又十八又廿二又廿三又廿四　引皆作渚。案說文水部，渚水在常山中邱逢山東入湡，从水者聲。爾雅曰小州曰渚。說文𨸏部，陼，如渚者陼邱，水中高者也，从𨸏者聲。　又云，本或直云小洲曰渚。元照案此語未詳。　文選注四十六　引小洲曰沚，疑傳寫之譌。

小陼曰沚　詩正義一之一又六之二左傳正義三　初學記六　華嚴經音義入法界品　引陼皆作渚。文選注九十　引水中渚曰沚，云水中者，蒙上文也。　釋文云沚，本或作持。案說文水部，沚，小渚曰沚，从水止聲。又持，水暫益且止，未減也，从水寺聲。則作持非也。

小沚曰坻　釋文云坻，本或作墀，本又作泜。文選注卅　引作泜。案說文土部，坻，小渚也。詩曰宛在水中坻，从土氐聲。或从水从久作汥，或从水从耆作渚。墀，涂地也。泜，水名，通借用耳。　案說文坻小渚也。詩箋秦風蒹葭亦云，坻，小渚也。彼正義曰坻是小沚，言小渚者，渚沚皆水中之地，小大異也。以渚易知，故繫渚言之。

人所爲爲潏　說文水部，潏，涌出也。一曰水中坻，人所爲爲潏。元照案，據此則此文當承上小沚曰坻爲義。　華嚴經音義入法界品　引人所居之疑爲誤者曰潏。

匡名

水中可居者曰洲小洲曰陼小陼曰沚小沚曰坻人所爲爲潏　說文，州，水中可居者曰州。引詩在河之洲。渚，引詩江有渚。沚，小渚。引詩于沼于沚。坻，小渚。引詩宛在水中坻。潏，涌出也。一曰水中坻。引爾雅文。釋文，水中地，魚梁水碓之謂也。

啓蒙

洲　州　說文。州，水中可居曰州。周繞其旁。从重川。詩曰。在河之州。臣鉉等曰。今別作洲。非是。

陼　渚　釋文。陼字又作渚。本或直云小洲曰渚。案說文渚字注引爾雅曰小州曰渚。下沚字注小渚曰沚。蓋亦引爾雅。

黃侃評本正名

小沚曰泜。　坻與上潬沙出之潬對轉，小異者，彼專斥沙出言耳。

黃侃音訓

水中可居者曰洲　小洲曰陼　小陼曰沚

說文作水中可居曰州。川部州　釋文，陼，字又作渚。釋水釋文　說文作小州曰渚。水部渚　釋名作小洲曰渚。釋水篇云，渚，遮也。　初學記作小洲曰渚。卷六地部　釋文，沚，本亦作持。釋水釋文　釋名作小渚曰沚。釋水篇云，沚，止也。

水中可居者曰洲，說文無洲字。川部州云，水中可居曰州，周繞其旁，從重川，昔堯遭洪水，民居水中高土，故曰九州，詩曰在河之州。毛詩古文只作州。從水，俗字，後人所加也。徐鼎臣曰，今別作洲，非是。　小洲曰陼，說文陼作渚。按、說部渚云、水在常山中邱逢山、東入湡、從水者聲、爾雅曰小州曰渚。又阜部陼云、如渚者陼、邱水中高者也、從阜者聲。據此則渚當從水。爾雅從阜、通借字。小陼曰沚、釋文沚、音止、本亦作持、音同、又音市。按、沚持古通用。玉篇水部、沚之以切、小渚也。亦作持、詩、上同。又穆天子傳卷一以飲於枝持之中、郭注、持、小渚也、音止。又文選潘安仁和陽縣作歸鴈映蘭畤、五臣本作持、李善注引薛君韓詩章句曰大渚曰沚。沚持音義同。小渚、文選注作大渚傳寫之譌。

小沚曰坻　人所爲爲潏

釋文坻、本或作墀、釋水釋文本又作泜。音同。釋水釋文釋名作小沚曰泜、泜、遲也。釋水篇人所爲之曰潏。云、潏、術也。釋水篇

小沚曰坻、釋文坻、本或作墀。按、說文土部坻云、小渚也、詩曰宛在水中坻、從土氐聲。又墀云、涂地也、從土犀聲、禮天子赤墀。坻墀二字訓別、當從注疏本作坻。

證異

人所爲爲潏

說文、潏、涌出也、一曰水中坻、人所爲爲潏。案、許書之例、後一說多爲叚義、此潏當爲矞字之叚。矞以錐有所穿也。廣雅釋詁三、矞、穿也。竊疑人所爲爲潏、正字當作矞。以錐穿地正今掘地出水之類、故曰人所爲。釋名、潏、述也、偃水使鬱術也、魚梁水碓之謂也、恐非。

王仁俊日記

人所爲爲潏、郭云人力所作。楷案、潏从矞。說文、矞以錐有所穿也。潏爲人所爲、則必穿地起土而爲之、故曰潏。說文又云、矞滿有所出也。潏从矞、則亦有出義。故說文又云、潏、涌出也。水中作洲有涌出之象、故名之也。廣韻、⿰矞出、⿰矞出出也。與潏音義同。又書禹貢枚傳、小曰橘。玉篇、鱊、小魚也。廣韻⿰矞毛與⿰酉毛同字、云鳥細毛也。並與潏音義近。是潏又有小義。釋文引郭圖云、人亦於水中作洲、而小不可止住者名潏。然則以其小故、又以潏爲名也。潏蓋兼此三義。釋名潏、術也、偃水使鬱術也、失之遠矣。

稗疏

水中至爲潏○釋曰　注疏本刪。

校勘記

陼小陼　十行本渚。

校勘記訂補

小沚曰坻、釋文坻、本或作墀、同、直基反、本又作泜、音同。今本音池、非。廣韻池、直離切、在五支。坻墀泜、直尼切、在六脂。二音不得同也。

注疏本正誤

二十四上（一〇五）

三行（注）人力所作　○「作」下唐寫本有「也」字．

宋監本校箋

小洲曰陼音渚　小沚曰坻音池　人所爲爲潏人力所作。潏音述。

音圖・音

潏、郭述決二音。呂伯雍音同。

音略

水中可居者曰洲州、小洲曰陼渚。小渚曰沚芾。

小沚曰坻池、人所爲爲潏述決、

孫偘直音

小渚曰沚止。

直音校正

釋水中之地名也。

水中可居者曰洲。小洲曰陼。渚 小陼曰沚。小沚曰坻。池 人所爲爲潏。述 人力所作。

楊氏音訓

陼煮 沚止 坻陳知切 潏古穴切又音術

干氏音釋

水中

說文云、洵、過水中也。按洵、水泉也、卽非水中。

新義

水中十二之二 以章首水中二字題章也

注疏參義

水中 正義 題上事也。詩疏云、江有渚傳云小洲也。蒹葭傳谷風箋並云小渚曰沚、並依爾雅爲說也。采蘩傳曰沚、渚、鳧鷖傳曰渚、沚、互言以曉人也。蒹葭傳云、坻、小渚也。不言沚者、沚渚大小異名耳。坻亦小於渚、故舉渚以言之。是則洲渚沚坻、皆水中高地、雖大小異名、可以互用。故說文云、坻、小渚也、或作渚。

正義

水中 題上事也。洲渚沚坻潏、皆水中高地。故題曰水中也。

義疏

題上事也。李巡云、但大小異其名耳。

說詩

水中 此皆水中高地、不過大小異名耳。

啓蒙

河出崐崘虛、色白。所渠并千七百一川、色黃。百里一小曲、千里一曲一直。

河出崐崘虛、色白。山海經曰、河出崐崘西北隅。虛、山下基也。所渠并千七百一川、色黃。潛流地中、汩漱沙壤、所受渠多、衆水溷淆、宜其濁黃。百里一小曲、千里一曲一直。公羊傳曰、河曲流、河千里一曲一直。

郭注

河出至一直 釋曰、此一段釋河源所自及遠近曲直之勢也。故下題云河曲。云河出崐崘虛色白者、崐崘、山名。虛、山下基也。言河源出於崐崘山下之基、其初纖微、源高激湊、故水色白也。云所渠并千七百者、謂所受之渠并計凡有一千七百也。云一川色黃者、以其所受渠多、沙壤溷淆、故爲一川而水色黃也。云百里一小曲千里一曲一直者、此河自然之勢也。故謂之河曲。注山海至北隅 釋曰、案海內西經云、帝之下都崐崘之虛、方八百里、高萬仞、河水出東北隅、以行其北、西南又入渤海、又出海外、卽西北而北、入禹所謂石山。又北山經云、敦夢山、敦夢水出焉、西注泑澤、出乎崐崘東北隅、實惟河源。郭注云、卽河出崐崘虛也。今注云西北者、蓋所見本異、或傳寫誤。注潛流至濁黃 釋曰、云潛流地中者、案漢書西域傳云、河有兩源、一出葱嶺、一出于闐。于闐在南山下、其河北流、與葱嶺河合、東注蒲昌海。蒲昌海一名鹽澤者、去玉門陽關三百餘里、廣袤三四百里、其水停居、冬夏不增減、皆以爲潛行地下、南出于積石、爲中國河。又山海經云、不周山東望泑澤、河水之所潛也、其源渾渾泡泡。郭注云、河出崐崘、潛行地下、至葱嶺山于闐國、復分流岐出、合而東流、注泑澤、又復潛行、南出于積石、而爲中國河。泑澤一名蒲昌海、潛行渾渾泡泡、水濆涌之貌、是潛流地中也。說文云、汩、水流也。溷、濁也。淆、雜亂也。言水流漱其沙壤、所受之渠又多、衆水溷濁雜亂、所以宜其水濁且黃也。注公羊至一直 釋曰、此文十二年傳文也。案彼經云、晉人秦人戰于河曲。傳云、曷爲以水地、河曲疏矣、河千里而一曲也。言其河曲之地疏闊、故可戰也。引之證河必千里一曲一直之義。然此注以疏爲流、又加一直字、誤也。

邢疏

河出崑崙虛色白

崑崙、山名。虛、山下地也。色白、河水始出、其色白也。書正義六 釋文引河水八字

所渠并千七百一川色黃

水流而分、交錯相穿、故曰川也。釋文

百里一小曲千里一曲一直
水勢小曲乃大直也故曰小曲。水陰節每一曲一直通無極也。故曰千里一曲一直。釋文 李注

河出崑崙虛色白
崑崙山名也。墟者、山下之地。白者、西方之色也。釋文

所渠并千七百一川色黃
所受渠多、轉流涸濁故色黃。釋文 孫音注

河出崑崙虛
禹本紀及山海經皆云、河出崑崙山。漢書曰、張騫使西域窮河源、其山多玉石而不見崑崙也、世人皆以此疑河不出崑崙。案、山海經曰東望泑澤、河水之所潛也其源渾渾泡泡。又云敦薨之水注於泑澤出乎崑崙之西北隅、實惟河源也。西域傳又云、河有兩源、一出葱嶺山、一出于闐、于闐在南山下、其河北流與葱嶺之河合、東注鹽澤、鹽澤一名蒲昌海去玉門陽關三百餘里、輪廣三四百里、其水停、冬夏不增減皆以爲潛行地下、而南出於積石山而爲中國河云。然則河出崑崙便潛行地下、至葱嶺及于闐又分流岐出也。張騫所見蓋謂此矣其去崑崙里數遠近、所未得而詳也。釋文引郭音義 郭音義

崑崙三層、號曰天柱實爲河源水之靈府。釋文 初學記六 潘自牧記纂淵海 圖贊

黃輯古義

河出崑崙虛色白
崑崙山名。虛山下地也。書禹貢正義 色白、河水始出其色白也。釋文

所渠并千七百一川色黃
水流而分、交錯相穿、故曰川也。釋文

百里一小曲千里一曲一直
水勢小曲乃大直也故曰小曲。水陰節每一曲一直通無極也、故曰千里一曲一直。同上 李注

河出崑崙虛色白
崑崙、山名也。墟者、山下之地。白者、西方之色也。釋文

所渠并千七百一川色黃
所受渠多、轉流涸濁、故色黃。同上 孫音注

河出崑崙虛色白。禹本紀及山海經皆云、河出崑崙

山。漢書曰、張騫使西域窮河源、其山多玉而不見崑崙也、世人皆以此疑河不出崑崙也。案、山海經曰東望泑澤、河水之所潛也、其源渾渾泡泡。又云、敦薨之水、注于泑澤、出乎崐崙之西北隅、實惟河源也。西域傳又云、河有兩源、一出葱嶺山、一出于闐、于闐在南山下、其河北流與葱嶺之河合、東注鹽澤、鹽澤一名蒲昌海、去玉門陽關三百餘里、輪廣三四百里、其水俱冬夏不增減、皆以爲潛行地下、而南出於積石山而爲中國河云。然則河出崐崙便潛行地下、至葱嶺及于闐復分流歧出也。張騫所見蓋謂此矣。其去崑崙里數遠近所未得而詳也。泑澤卽鹽澤也。泑音於糾反。闐徒偏反。釋文

郭音義

玉函山房輯佚

河源 釋水河出崑崙虛色白

贊曰、崑崙三層、號曰天柱、實惟河源、水之靈府。釋文

王輯圖贊

崑侖虛

崑侖三層、號曰天柱、實惟河源、水之靈府。○初學記六 爾雅釋水釋文

錢輯圖贊

河出崑崙虛

崑崙、山名。虛、山下地也。李注 書疏六 崑崙三層、號曰天柱、實惟河源、水之靈府。郭璞圖讚 釋文二十九 濟自

色白 牧記纂淵海七

河水始出、其色白也。李注 白者、西方之色也。孫注

所渠并千七百一川色黄

水流而分、交錯相穿、故曰川也。李注 所受渠多、轉流溷濁、故色黄。孫注

百里一小曲千里一曲一直

水勢小曲乃大直也、故曰小曲。水陰節每一曲一直、通無極也。故曰千里一曲一直。李注 並釋文二十九

沉鈎

河出崑崙虛色白

李曰、崑崙、山名。虛、山下地也。色白、河水始出其色白也。書正義六 釋文

孫曰、崑山名也。墟者、山下之地。白者、西方之色也。釋文

所渠并千七百一川色黄

李曰、水流而分、交錯相穿、故曰川也。釋文

孫曰、所受渠多、轉流溷濁、故色黄。釋文

百里一小曲千里一曲一直

李曰、水勢小曲乃大直也、故曰小曲。水陰節每一曲一直、通無極也。故曰千里一曲一直。釋文

漢注

河出崑崙虛色白

李巡云、崑崙、山名。虛、山下地也。河水始出、其色白也。釋文二十九卷 書正義六卷 孫炎云、崑崙、山名也。墟者、山下之地。白者、西方之色也。釋文二十九卷 郭璞云、山海經曰、河

出崑崙西北隅。虛者，山下基也。發源處高潔，峻湊，故水色白也。者字、發源下十二字據釋文引增。 郭璞音義云：禹本紀及山海經皆云河出崑崙山。漢書曰：張騫使西域，窮河源，其山多玉石而不見崑崙也。世人皆以此疑河不出崑崙。案山海經曰：東望泑澤，河水之所潛也。其源渾渾泡泡。又云：敦薨之水注于泑澤，出于崑崙之西北隅，實惟河源也。西域傳又云：河有兩源，一出蔥嶺山，一出于闐。于闐在南山下，其河北流，與蔥嶺之河合，東注鹽澤。鹽澤一名蒲昌海，去玉門陽關三百餘里，輪廣三四百里，其水俱冬夏不增減，皆以為潛行地下，而南出於積石山而為中國河云。然則河出崑崙，便潛行地下，至蔥嶺及于闐，復分流歧出也。張騫所見，蓋謂此矣。其去崑崙里數遠近，所未得而詳也。泑澤即鹽澤也。 圖讚云：崑崙三層，號曰天柱，實惟河源，水之靈府。並釋文二十九卷

所渠并千七百一川色黃

李巡云：水流而分，交錯相穿，故曰川也。 孫炎云：所受渠多，轉流溷濁，故色黃。並釋文二十九卷 郭璞云：潛流地中，汩漱沙壤，所受渠多，眾水溷淆，宜其濁黃。

百里一小曲千里一曲一直

李巡云：水勢小曲乃大直也，故曰小曲。水陰節，每一曲一直，通無極也。故曰千里一曲一直。釋文二十九卷 郭璞云：公羊傳曰：河曲流，河千里一曲一直。一切注音

河出崐崘虛色白 李巡云：河水始出，其色白也。 孫炎云：崐崘，山名也。墟者，山下之地。白者，西方之色也。

郭音義云：禹本紀及山海經皆云河出崐崘山。

郭氏讚云：崑崙月精，水之靈府，惟帝下都，西羌之宇。

所渠幷千七百為一川色黃 李巡云：水流而分，交錯相穿，故曰川也。 孫炎云：所受渠多，轉流溷濁，故色黃。釋文

百里一小曲千里一曲一直 李巡云：水勢小曲乃大直也，故曰小曲。水陰節，每一曲一直，通無極也，故曰千里一曲一直。釋文

嶸然中峙，號曰天柱。藝文類聚

蕙心案：釋文引郭讚云：崐崘三層，號曰天柱，實惟河源，水之靈府。與藝文異，疑當在釋邱。

古注斠

河出崐古門反。崘力門反。虛去魚反。本亦作墟。色白 李云：河水始出其色白也。孫云：崐崘，山名也。墟者，山下之地。白者，西方之色也。郭云：山海經曰：河出崐崘西北隅。墟者，山下基也。發源處高激峻湊，故水色白也。郭音義云：禹本紀及山海經皆云河出崐崘山。漢書曰：張騫使西域，窮河源，其山多玉石而不見崐崘也。世人皆以此疑河不出崐崘。案山海經曰：東望泑澤，河水之所潛也。其源渾渾泡泡。又云：敦薨之水注于泑澤，出乎崐崘之西北隅，實惟河源也。西域傳又云：河有兩源，一出蔥嶺山，一出于闐。于闐在南山下，其河北流，與蔥嶺之河合，東注鹽澤。鹽澤一名蒲昌海，去玉門陽關三百餘里，輪廣三四百里，其水停，冬夏不增減，皆以為潛行地下，而南出於積石山而為中國河云。然則河出崐崘，便潛行地下，至蔥嶺及于闐，復分流歧出也。張騫所見，蓋謂此矣。其去崐崘里數遠近，所未得而詳也。泑澤即鹽澤也。泑音於糾反。闐徒徧反。圖讚云：崐崘三層，號曰天柱，實惟河源，水之靈府。是也。水隅音魚。又作嵎、堣，同。所渠并千七百一川色黃 李云：水流而分，交錯相穿，故曰川也。孫云：所受渠多，轉流溷濁，故色黃。郭云：潛流地中，汩漱沙壤，所受渠多，眾水溷淆，宜其濁黃。汩于筆反。流水也。方言云：遙疾行也。字林云：水聲急也。漱色救反。溷戶本反，又戶困反。謂雜亂。字或作渾，同。淆戶交反。本亦作濁。百里一小曲千里一曲一直 李云：水勢小曲乃大直也，故曰小曲。水陰節，每一曲一直，通無極也，故曰千里一曲一直。郭云：公羊

傳云、河曲流河千里一曲一直也。

陸音義

河出崐崘虛色白〇敦薨之水、舊作敦夢。今據北山經改。其水停、西域傳作亭居。汩流水也〇舊譌作流冰、今校正。瀫〇字從水從穀。舊從穀者譌、今改正。

河出崑崙虛色白

河出崑崙、江出岷山之口。崑崙多璆琳琅玕、岷山多岷玉、則君子所養可知也。禹貢曰、導河積石、不言自積石。河之自自崑崙、據導淮自桐柏、導渭自鳥鼠同穴、導洛自熊耳。然則嶓冢導漾是嶓冢導漾、岷山導江是岷山導江、非導漾自嶓冢、導江自岷山也。禹貢凡言導某水、不言山、上無山也。言某山導某水、山自導之。禹因之云爾。言導某水自某山、直禹導之。

所渠并千七百一川色黃

河言所渠、進於溝矣。故渠、大也、又勤也。司馬相如賦曰、越五河。五河、五色之河、一紫、二碧、三絳、四青、五黃。仙經云、然則河之事妙矣、非虛言也。按藥有紫河車、此外胎也。然猶如此。周官曰、將合諸侯則令爲壇三成。三成蓋象崑崙、且與物搆所受衆多、其濁黃宜也。

百里一小曲千里一曲一直

所謂一曲一直、亦以此涉世、未有一可以直至者也。

水中可居者曰洲。大言之、九州是也。河出崑崙虛色白、所渠并千七百一川色黃。內言之、修養是也。外言之、封建是也。千七百、諸侯而一爲之君。河并千七百一川、以及崑崙所謂朝元者、此歟。河精上通天漢、苟之以往來。道家所謂河車法、令汞與江同字、其異者工在上爾。然則鉛沿而下、汞貢而上、是書所言妙處大略如此、名之曰爾正、豈不信哉。

新義

河出崑崙虛色白崑崙、西極之山。山海經云、河出崑崙西北隅、虛、山下基也。所渠并千七百一川色黃謂河初出水色清白、至并千七百渠而爲一川、則衆流所會、沙壤溷淆、遂爲黃河。百里一小曲千里一曲一直河自河陽以下經沙壤、曲直無定流。此謂河陽以上也。

鄭樵注

河出崑崙虛色白虛、孫本作墟。

李巡曰、崑崙、山名。虛、山下地也。河水始出、其色白也。此據釋文及書禹貢疏合錄之。

孫炎曰、崑崙、山名也。墟者、山下之地。白者、西方之色也。

郭璞曰、山海經曰、河出崑崙西北隅。虛、山下基也。按釋文引此注末仍有發源處高激峻湊故水色白也十二字。以下注較之、則此注亦當補也。又書疏引郭注亦有發源高處激湊故水色白句、與釋文微異。

鄭樵曰、崑崙、西極之山。山海經云、河出崑崙西北隅、虛、山下基也。

所渠并千七百一川色黃

李巡曰、水流而分、交錯相穿、故曰川也。

孫炎曰、所受渠多、轉流溷濁、故色黃。

郭璞曰、潛流地中、汩漱沙壤、所受渠多、衆水溷淆、宜其濁黃。

鄭樵曰、謂河初出水色清白、至并千七百渠而爲一川、

爾雅詁林　十二　釋水

則衆流所會、沙壤涸清、遂爲黃河。

百里一小曲千里一曲一直

李巡曰、水勢小曲乃大直也、故曰小曲。水陰節每一曲一直、通無極也、故曰千里一曲一直。

郭璞曰、公羊傳曰河曲流河千里一曲一直。

鄭樵曰、河自河陽以下經沙壤、曲直無定流。此謂河陽以上也。

古注合存

河出崑崙虛色白所渠并千七百一川色黃 虛、墟同。○此先釋其始終黃白之色也。註曰、虛、山下基也。山海經云、河出崑崙西北隅。疏曰、河源出於崑崙山下、其初纖微、源高激湊、故其色白。所受之渠并一千七百爲一川、多沙壤混淆、故其色黃也。

百里一小曲、千里一曲一直 此正釋其遠近曲直之形也。註曰、公羊傳云、河曲流、千里一曲一直。疏曰、此河自然之勢也。

注疏參義

河出崑崙虛色白 **註** 山海經曰、河出崑崙西北隅。虛、山下基也。發源處高潔峻湊、故水色白也。

正義 釋丘云、三成爲崑崙丘。崑崙山以三重得名。爾雅言河水所出、不曰崑崙之山而曰崑崙之虛、言其地也。書疏引李巡云、崑崙、山名。虛、山下地也。釋文引李巡云、河水始出、其色白也。孫炎說與李巡同。又云、白者、西方之色也。離騷云、朝吾將濟于白水兮、登閬風而緤馬。白水謂河源之色白也。河源所出之山、唐人謂之紫山。新唐書吐蕃傳、劉元鼎使吐蕃還、記其經見曰、由洪濟梁西南行二千里、水益狹、春可涉、秋夏乃勝舟。其南三百里三山、中高而四下、曰紫山、直大羊同國、古所謂崑崙者也。東距長安五千里、河源其間、流澄緩、東北直莫賀延磧尾、殆五百里、廣五十里、北自沙州西南入吐谷渾、寖狹、故號磧尾。隱測其地、蓋劍南之西。今西寧府界西南千四百餘里有大山、厥色紫黑、是產金銀、唐人所謂紫山、稱斯名矣。自紫山以西、又南迤西、連諸山、綿亘二千里、其即古崑崙之虛與。**註** 山海經至白也

○ **正義** 釋文引郭氏音義云、禹本紀及山海經皆云、河出崐崘山。漢書曰、張騫使西域、窮河源、其山多玉石、而不見崐崘也、世人皆以此疑河不出崐崘。案山海經曰、東望泑澤、河水之所潛也、其源渾渾泡泡。又云、敦薨之水注于泑澤、出于崐崘之西北隅、實惟河源也。西域傳又云、河有兩源、一出葱嶺山、一出于闐。于闐在南山下、其河北流、與葱嶺之河合、東注鹽澤。鹽澤一名蒲昌海、去玉門陽關三百餘里、輪廣三四百里、其水亭居、冬夏不增減、皆以爲潛行地下、而南出於積石山而爲中國河云。然則河出崐崘、便潛行地下、至葱嶺及于闐、復分流歧出也。張騫所見、蓋謂此矣。其去崐崘里數遠近、所未得而詳也。泑澤即鹽澤也。案今本山海經作出於崑崙之東北隅、水經註引山海經與今本同。郭氏引作西北隅、疑傳寫之訛。蒲昌海去玉門陽關三百餘里、水經註作千三百里。漢書脫千字、郭氏音義亦仍其脫文也。河源自紫山延緜而西北、抵葱嶺、山海經所云西海之南、流沙之瀕、赤水之後、黑水之前、有大山名崐崘之丘、蓋不誣矣。紫山直今河州積石關外千四百餘里、行程二千七百餘里。監本脫發源以下十四字、今据釋文增入。書疏引郭註云、發源高處激湊、故水色白、與釋文所引字句微異。釋文又引郭氏圖讚云、崐崘三層、號曰天柱、實惟河源、水之靈府。

所渠并千七百一川色黃 **註** 潛流地中、汨漱沙壤、所受渠多、衆水溷淆、宜其濁黃。

正義 說文云、渠、水所居。釋文引李巡云、水流而分、交錯相穿、故曰川也。廣韻引蔡邕月令章句云、衆流注海曰川。水經註引楊泉物理論云、河色黃者、衆川之流蓋濁之也。史記大宛傳、張騫使西域還、爲天子言、于窴之西、水皆西流、注西海。其東則東流注鹽澤。鹽澤潛行地下、其南則河源出焉。騫所言蓋有見於所謂星宿海也。河源自出紫山、東南流、屢折而東至星宿海、約三百里。星宿海遶以衆山、平地有泉千百泓並涌、望若列星、山海經所謂渾渾泡泡也。自星宿海東南流、匯爲二巨澤、又轉而東北五十餘里、又折而東南百餘里、至大嶺下、又南百五十里、地皆沙磧紆泉鉅澤、分合不常、衆流汨漱、水漸變綠而黃。又東南流、屈曲七百餘里、遶大雪山之南、大雪山即禹貢之

爾雅詁林 十二 釋水

積石矣。又東北入河州歸德堡邊、始名黃河。又東北逕小積石山南、唐宋以來所名之積石也。水經註謂之唐述山、塞外水無定名、其流入於河者、不可枚舉。自入中國、則渭、洛、汾、漳諸大水各合小水以達於河。川渠交併、混混同流。故水經註引考異郵云、河者水之氣、四瀆之精也。**註** 潛流至濁黃。○ **正義** 書疏引郭註云、潛流地中、受渠衆多、渾濁、故水色黃。與今本字句微異。今鹽澤南磧地數百里、往往有小水上出成澤、是潛行地中之證也。釋文引字林云、汨、水聲急也。

百里一小曲千里一曲一直 **註** 公羊傳曰河曲流河千里一曲一直 **正義** 釋文引李巡云、水勢小曲乃大直也、故曰小曲。水陰節每一曲一直、通無極也、故曰千里一曲一直。河源自紫山至歸德堡邊、凡三大折、流二千三百餘里。又東流四百里、逕小積石山、又東北流千四百里、至寧夏府出塞。又自東而南八百餘里、至平魯縣入塞。又南流二千五百餘里、至於華陰、折而東流、出三門、過底柱、又東南逕孟津。自孟津以下、水道移徙、非復禹蹟之舊矣。河隨地爲曲折、千里百里約言之也。**註** 公羊至一直。○ **正義** 文十二年傳云、河曲疏矣、河千里而一曲也。何休註云河曲流。郭氏兼采傳註以證河流千里一曲也。一直二字疑衍文。

正義

河出崑崙虛色白註虛山下基也　案基也下禹貢疏引云、發源高處激湊、故水色白。釋文引云發源處高潔峻湊、故水色白也。

校議

河出崐崘虛色白 山海經曰河出崐崘西北隅虛山下基也發源處高激峻湊故水色白也

所渠幷千七百一川色黃 潛流地中汨漱沙壤所受渠多衆水濁淆宜其濁黃

百里一小曲千里一曲一直 公羊傳曰河曲流河千里一曲一直

水經注引春秋說題辭云、河之爲言荷也、荷精分布、懷陰引度也。考異郵云、河者水之氣、四瀆之精也。初

學記引孝經援神契云、河者、水之伯、上應天漢。又引穆天子傳、河與江、淮、濟三水爲四瀆、河曰河宗、四瀆之所宗也。按爾雅既言四瀆、而以九河終焉、其意蓋在此也。說文云、河水出焞煌塞外昆侖山、發原注海。釋文引郭音義云、禹本紀及山海經皆云河出崐崘山。漢書曰、張騫使西域、窮河源、其山多玉石、而不見崐崘也。世人皆以此疑河不出崐崘。按山海經曰、東望泑澤、河水之所潛也、其源渾渾泡泡。又云、敦薨之水、注于泑澤、出乎崐崘之西北隅、實惟河源也。西域傳又云、河有兩源、一出葱嶺山、一出于闐、于闐在南山下、其河北流、與葱嶺之河合、東注鹽澤。鹽澤一名蒲昌海、去玉門陽關三百餘里、[illegible]輪廣三四百里、其水停、冬夏不增減、皆以爲潛行地下、而南出於積石山而爲中國河云。然則河出崐崘便潛行地下、至葱嶺及于闐、復分流歧出也。張騫所見、蓋謂此矣。其去崐崘里數遠近、所未得而詳也。泑澤即鹽澤也。又引郭圖讚云、崐崘三層、號曰天柱、實惟河源、水之靈府。按此以上釋文所引、皆是古來相傳舊說。然於河出崐崘、里數遠近、靡得而詳。新唐書吐蕃傳載劉元鼎所經紫山、直大羊同國、虜曰悶摩黎山、即古所謂崐崘、距長安五千里。而元史地理志稱河源出吐蕃朵甘思西鄙、名火敦腦兒、譯言星宿海也。又言朵甘思東北有大雪山、即崐崘、不知此乃積石山也。康熙乾隆年閒兩遣侍衞尋河源、後乃得之阿勒坦郭勒之西、遠出星宿海之上三百餘里、其崐崘在今之回部、所以知河出崐崘虛者。一統志言西藏有岡底斯山、在阿里之達克喇城東北三百十里、直陝西西寧府西南五千五百九十餘里、乃西域記、水經注所謂阿耨達山、今名岡底斯山、即崐崘也。河源紀略圖說詳矣。近人徐松能言西域地形、今採其說曰、岡底斯山分爲四幹、向西北者爲僧格喀巴布山、譯言獅子口也、繞阿里而北、二千五百餘里入西域、爲和闐南山及葱嶺、葱嶺在今葉爾羌喀什噶爾境、和闐南山在今和闐境、和闐即古于闐。漢書西域傳言、河有兩源、一出葱嶺、一出于闐、其實出葱嶺者、尙有南河北河之分、與于闐河而三也。今以新疆地形驗之、和闐河二源、皆出南山、東源曰玉隴哈什河、西源曰哈喇哈什河。二水分流、經和闐城東西、又

爾雅詁林　十二　釋水

北流二百餘里而合爲和闐河、是爲河源之一。葱嶺南河者、卽今葉爾羌河、二源東源曰聽雜布河、西源曰澤普勒善河、二水分東北流、至葉爾羌城東南而合爲葉爾羌河、是爲河源之二。葱嶺北河者、卽今喀什噶爾河、二源、南源曰雅璘雅爾河、北源曰烏蘭烏蘇河、分東流、至喀什噶爾城南而合爲喀什噶爾河、是爲河源之三。三源一分東流、至噶巴克阿克集而合爲塔里木河、又東流一千四百餘里、瀦爲羅布淖爾、卽古鹽澤、亦謂之蒲昌海也。諸河水皆澄清無滓、惟喀什噶爾河之北源烏蘭烏蘇色赤而濁、而東至葉爾羌東北衛阿喇克之地、亦清流見底、故統謂之色白也。又曰郭注引山海經作崐崘西北隅、邵氏正義據今本作東北隅、以郭爲譌、非也。按南山葱嶺皆發脈於僧格喀巴布、而僧格喀巴布實分幹於岡底斯山之西北隅、故山海經謂之崐崘西北隅灼然明顯。且後漢書張衡傳注及廣韵引此文皆作西北、邵氏之說未可依據。又曰崐崘虛者、僧格喀巴布山西北趨千六百餘里爲葱嶺、葱嶺環千八百餘里包西域之西、以周其北外、如半規、中謂虛地、故謂之虛。余按、徐以虛讀如字、實則虛卽墟字。故郭云山下基、明其菊迆緜亙諸山、皆得崐崘之目、故言河出崐崘虛也。

釋文引李巡云、河水始出、其色白也。孫炎云、崐崘、山名也。墟者、山下之地。白者、西方之色也。又引郭注有發源處高激峻湊、故水色白也。十二字、爲宋本所無。今據補。離騷云、朝吾將濟於白水兮、登閬風而緤馬。後漢書注引河圖云、崐山出五色流水、其白水東南流入中國、名爲河。然則白水卽河水。故晉文投璧于河而曰有如白水、晉語卽作有如河水、是其證也。○渠者、說文云、水所居。川者、釋文引李巡云、水流而分、交錯相穿、故曰川也。色黃者、孫炎云、所受渠多、轉流溷濁、故色黃。水經注引物理論曰、河色黃者、衆川之流、蓋濁之也。河源錄云、自發源至漢地、南北澗溪細流旁貫、莫知紀極。然則渠川之水、其數難詳、千七百者、特舉大槩而言耳。徐松曰、河入鹽澤、水皆清澈、伏流一千五百餘里、東南至巴顏哈喇山麓、伏流自崖壁上涌出、釃爲百道、皆作黃金色、東南流爲阿勒坦郭勒、譯言黃金河也。○河隨山勢爲曲折、千里百里、亦大槩言之耳。釋文引李巡云、水勢小曲乃大直也、故曰小曲。水陰節每一曲一直、通無極也、故曰千里一曲一直。郭引公羊文。十二年傳云、河曲疏矣、河千里而一曲也、何休注、河曲流。郭蓋兼引傳注、又傳不言一直、郭據爾雅加之也。漢志太原郡陽曲應劭注云、河千里一曲、當其陽、故曰陽曲也。然則陽曲亦河曲之地名。故傳云河曲疏矣。河源錄云、世言河九折、彼地有二折。朱思本云、河源東北流、歷西番至蘭州、凡四千五百餘里、始入中國、又東北流、過達達地、凡二千五百餘里、始入河東境內、又南流至河中、卿。蒲凡一千八百餘里、通計九千餘里。

義疏

虛山下基也 注文

阮云、釋文引郭云墟者、山下基也、發源處高激峻湊、故水色白也。按虛當作墟、下十二字當補。按、釋文此下又接引郭音義之文、則此審爲郭注無疑。

經注集證

河出崐崘虛色白所渠幷千七百一川色黃百里一小曲千里一曲一直

李注、河水始出、其色白也。水流而分、交錯相穿、故曰川也。水勢小曲乃大直也、故曰小曲。水陰陽每一曲一直、通無極也、故曰千里一曲一直。孫注、崐崘、山名也。墟者、山下之地。白者、西方之色也。所受渠多、轉流溷濁、故色黃。郭注山海經曰、河出崐崘西北隅。虛、山下基也。發源處高激峻湊、故水色白。潛流地中、汨漱沙壤、所受渠多、衆水溷淆、宜其濁黃。公羊傳曰、河曲流、河千里一曲。釋黃河所由名。黃河名蓋始周末。渠、拒也。引河爲渠、水盛則泥下也。因渠亦通川耳。

集解

河出崐崘虛色白

山海經曰、河出崐崘西北隅。今青海巴顏喀刺山也。河源左右之山均名枯爾坤、即崑崙之轉音也。發源處高激峻湊、故水色白、與赤水黑水青水異。離騷朝吾將濟于白水兮、登閬風而緤馬。閬風崑崙山二級之名。白水則謂河源之色白。左傳有如白水。晉語作如河水。

所渠幷千七百一川色黃、渠、居也。引河爲渠、水盛則泥下而色黃。渠亦與川通也。黃河之命名以此、其始蓋在周代之末。百里一小曲千里一曲一直公羊文十二傳、河曲疏矣、河千里而一曲者也。今則約分三大折云。

義證

河出昆侖虛色白

孫君曰、屈原賦、朝吾將濟。夫白水謂河也。春秋傳、有如白水。

所渠并千七百一川色黃

水所居曰渠。

百里一小曲千里一曲一直

河自析支之地屈而東北流、故析支羌謂之河曲羌。千里至今蘭州府、折而北行、又千里至高闕塞。折而東行、自高闕東至陰山三百里。東南行、又七百里爲榆林塞。折而南行、又千里至潼關東行。春秋傳秦晉戰于河曲、此地也。又千里至宿胥口、魏詩曰河水淸且直猗、此地也。又東北行千里入于海、此大略矣。百里則無以計之。

釋地四篇注

河出崑崙虛色白

註 山海經曰、河出崑崙西北隅虛山下基也。補正 臣鍌按、虛、丘虛也、又猶次也。國語、實沈之虛、晉人是居。臣鍌族兄臣震水地記云、爾雅河出崑崙虛、亦不曰山、察其地勢、山脉自紫山西連犂石山、又南迆、西連接恆水所出山。今番語呼岡底斯者、譯言山水根也。値西寧府西南五千五百餘里。綿亘二千里、皆古崑崙之虛也。又按、困學紀聞引河圖曰、崑山出五色流水、其白水入中國名爲河、故晉文公投璧于河曰有如白水。

所渠幷千七百一川色黃

註 潛流地中汨漱沙壤、所受渠多衆水溷淆、宜其濁黃。

百里一小曲千里一曲一直

註 公羊傳曰、河曲流河千里一曲一直。補正 臣鍌按、河源自昔禹本紀、山海經、史記、漢書、水經、淮南子、元史俱未得考其實證、惟唐吐番會盟使劉元鼎傳記最詳、與近今侍郎通智所叙河源頗合、曰、由洪濟梁西南行二千里、水益狹、春可涉、秋夏乃勝舟、其南三百里三山、中高而四下、曰紫山、直大羊同國、古所謂崑崙也、番曰悶摩黎山、東距長安五千里、河源其間、流澄緩、東北直莫賀延磧尾殆五百、北自沙州西南入吐谷渾、隱測其地、葢劒南之西。唐會要大羊同國東接吐番、西接小羊同。北直于闐、東西千里、儀鳳未屬於吐番、此所言紫山與今巴顏哈喇符合。長白通智黃河源叙曰、巴彥喀喇山在西甯邊外西南、一千四百五十六里、抵山根、雖係平等大山、但自索羅模兩湖匯二巨澤、名阿剌腦兒也。又名査靈厄靈湖。元史所謂之間、向上行三百

爾雅詁林　十二　釋水

餘里、始至山根、實係地之脊脈、勢處極高、六月冰雹、冬、夏積雪、黃河發源於此山之陽、名阿爾坦河、向東北流三百餘里、會合南北查哈蘇泰等河、復收厄屯他拉萬餘泉水、蒙古稱星爲厄屯、稱灘爲他拉。登高眺望、猶如列宿、即書記所稱星宿海也。歸入前索羅模大湖內、因水黃溜急、名爲阿爾坦河、蒙古稱金爲阿爾坦乃黃河之祖源也。索羅模大湖周圍二百餘里、阿爾坦厄屯他拉泉水自西流入、由南而出、流五十餘里入後索羅模大湖、亦周圍三百餘里、水由東北而出、爲哈屯郭爾河、向西北流五十餘里、由蒙古拖洛海岡之陽、折東南百餘里、繞巴彥圖渾嶺之陰、向南百餘里、復偏東流七百餘里、抵烏蘭莽乃山之麓、抑而西北環那林通布等雪山三百餘里、歷巴彥山之南、向西遠朝阿木泥瑪禪大雪山、流有二百里許、折而東北、沿烏達圖托蘐等灘三百餘里、進歸德堡温泉口、始爲黃河、在西海地方已經三曲、始進積石、總計有二千五百餘里。書傳所載河源萬里始達中國者、似覺太過、且稱入地伏流千里者亦無其事。

郭注補正

河出崐崘虛色白

山海經曰河出崐崘西北隅虛者山下基也發源處高激峻湊故水色白也

釋文云、隅、本又作嵎堣。樹枏案、今本山海經作東北隅。水經注引山海經亦作東北。此作西北、疑傳寫之誤。　釋文引郭云、墟者、山下基也、發源處高激峻湊、故水色白也。樹枏案、釋文釋經虛云本亦作墟、不言注有異同、蓋注亦作虛字。其引注作墟者、傳寫誤也。文選宋玉對楚王問注引爾雅郭璞曰墟山下基也、字亦作墟。今各本皆作虛、虛下者字脫、發源以下十二字亦脫、據補。書禹貢正義引郭璞云發源高處激湊故水色白、所引字句有譌奪。

所渠幷千七百一川色黃

潛流地中汨潄沙壤所受渠多衆水溷淆宜其濁黃

書禹貢正義引郭璞云、潛流地中、受渠衆多渾濁、故水色黃。樹枏案、此所引係刪節注文、釋文所引與今本正同。釋文云、溷字或作渾、淆、本亦作濁。今書疏所引正作渾濁也。

百里一小曲千里一曲一直

公羊傳曰河曲流河千里一曲一直也

公羊文十二年傳云河曲疏矣、河千里而一曲也、何休注云河曲流。邢疏謂一直字誤。樹枏案、郭所引公羊傳祇河曲流三字。河千里一曲一直則郭據經爲說也。釋文引郭云公羊傳云河曲流，河千里一曲一直也。今據補也字。

郭注佚存補訂

河出崐崘虛色白所渠并千七百一川色黃百里一小曲千里一曲一直

河源之說惟徐氏松西域水道記言之最詳，郝氏義疏已引之。謂河有三源，其實黃河細源歸入此三源者，尚不止一處。古之所謂泑澤鹽澤，即今之羅布淖爾。河流至此滙爲大海，所謂星宿海也。自此潛地逾山而出，郭氏音義謂河出崐崘便潛行地下，至葱嶺及于闐復分流歧出也。其說前後倒置，殊失其實。釋文云虛本亦作墟，郭注云虛山下基也。蓋讀虛如墟，虛爲省文。李巡云：昆侖，山名，虛，山下地也。河水始出，其色白也。白者，西方之色也。所渠并千七百一川色黃者，李巡云：水流而分，交錯相穿，故曰川也。孫炎云：所受渠多，轉流溷濁，故色黃。郭注云：潛流地中，汨漱沙壤，所受渠多，衆水溷淆，宜其濁黃。百里一小曲，千里一曲一直者，李巡云：水勢小曲，乃大直也，故曰小曲。水陷節，每一曲一直，通無極也，故曰千里一曲一直。郭注云：公羊傳云：河曲流，河千里一曲一直也。

說詩

河出崑崙虛色白 釋文作崐崘。

註虛山下基也 下脫發源處高激峻湊故水色白也一十二字，從釋文及禹貢疏校。

疏謂所受之渠并計凡有一千七百也 計，毛本誤記。 即西而北入禹貢所導積石山 即西下誤衍北字。 或云河有兩源一出葱嶺山 脫山字。源，漢書作原。 蒲昌海一名鹽澤者也 脫也字。 廣袤三百里其水停居 袤三，監本誤三四。停，毛本從後漢書作亭。 至葱嶺山于闐國山 山，山海經註作出，是也。 渾渾泡泡水濆涌之貌 貌，原註作聲。

注疏正字

河出崐崘虛色白 崐崘，史記索隱夏本紀引作昆侖。 釋文云虛本亦作墟，索隱引作墟。案，墟，俗字。 索隱引色上有其字。

匡名

河出崑崙虛色白所渠并千七百一川色黃百里一小曲千里一曲一直 說文：色，顏色也。渠，水所居也。千，十百也。百，十十也。黃，地之色也。从田从炗，炗亦聲。炗，古文光。曲，象器曲受物之形，或說曲，蠶薄也。河千里一曲，一直二字疑衍。

啓蒙

崐崘 詳釋地。

黃侃評本正名

爾雅詁林 十二 釋水

河出崑崙虛 千里一曲一直

釋文、崑崙虛本亦作墟。釋水釋文 郭注公羊傳曰河曲流河千里一曲一直、釋水注 公羊傳作河曲疏矣、河千里而一曲也。文十二年傳

證異

河出崑崙虛。河圖括地象、崑崙之虛有五城十二樓、河水出四維、多玉。河圖始開圖、黃帝問風后曰、予欲知河之始開、風后曰、河凡有五、皆始開乎崑崙之虛。

古義補

虛山下基也 雪牕本注疏本同。釋文引郭云、墟者山下基也、發源處高激峻湊、故水色白也。按虛當作墟。下十二字亦郭注、釋文引孫炎云墟者、山下之地、白者、西方之色也可證。又按釋文音經虛去魚反、本亦作墟、非。此經作虛、注作墟、孫叔然注已如此。釋天顓頊之虛、釋文云此一字音墟、下如字、是經不作墟也。釋詁釋文音經虛許居反、音注墟去魚反、是因經之虛字本爲空虛、故經注字不相混。

河出至一直〇釋曰 注疏本刪。

此一段釋河源所自及遠近曲直之勢也 注疏本脫一段也三字。

云所渠并千七百者 注疏本脫者。

并計凡有一千七百也 元本閩本監本同。毛本計誤記。

〇注山海至北隅〇釋曰案海內西經云 注疏本刪上八字。

入禹所謂石山 元本作入禹所積、石山、閩本剜擠作入禹所導積石山、監本毛本排勻。

〇注潛流至濁黃〇釋曰 注疏本刪釋曰。

廣袤三四百里其水停居 元本同。閩本監本脫袤、毛本脫四、停改亭。

南出于積石爲中國河 注疏本脫于。

是潛流地中也 注疏本流誤行。

〇注公羊至一直〇釋曰 閩本監本毛本作注云公羊傳曰者、元本無注字。

校勘記

河出崐崘虛色白注山海經曰河出崐崘西北隅、虛山下基也、發源處高激峻湊、書疏作發源高處激湊。故水色白也。

以上唯山海經曰十六字見今本注以下、尚書疏引多十一字、釋文引多十二字。今据補之。

河出崐崘虛色白、疏又出海外、即西而北入禹所導積石山。今本西下衍北字、宜刪。敦薨山敦薨水出焉、今本薨皆誤作夢。東去玉門陽關三百餘里、今本東誤作者、三百餘里當依水經注作千三百里。至蔥嶺出于闐國、今本出誤作山。

注疏本正誤

虛山下基 釋文引郭注此下有發源處高激峻湊故水色白也十二字、郝義疏補入。

敦夢山敦夢水出焉 案、夢、薨字之脫畫、山海經正作薨。

出乎崐崘東北隅實爲河源 各本爲作惟、山海經亦作惟。

廣袤三四百里 監本毛本永懷堂本同。漢西域傳廣袤作輪廣。

注疏校勘札記

五行 河出崐崘虛色白〇「崐崘虛」唐寫本作「崑崙墟」。《釋文》云：「虛本亦作墟」。

(注) 山海經曰河出崐崘西北隅虛山下基也〇「西北」今《山海經·北山經》作「東北」。《後漢書·張衡傳》注引此文作「西北」。「隅」字唐寫本作「嵎」，「虛」字作「墟」。「虛，山下基也」，《釋文》引作「墟者，山下基也。發源處高激峻湊，故水色白也。」唐寫本及今本無「發源」以下十二字。

爾雅詁林 十二 釋水

七行(注)公羊傳曰河曲流河千里一曲一直。○「河曲流」爲《公羊傳》文公十二年何休注語。「一直」下唐寫本有「也」字。《釋文》引同。

宋監本校箋

河出崐崘虛音墟色白

音圖·音

河出崑崙虛色白。祛

孫偘直音

河出崑崘虛墟色白。

直音校正

河出崐崘虛色白所渠并千七百一川色黃百里一小曲虛山下基也。潛流地中汩漱沙壤所受渠多衆水混淆宜其濁黃。千里一曲一直

楊氏音訓

河曲

如上衆義可謂至矣，然作見如是，猶爲一曲。列子曰：河曲智叟聞而笑之。藥大曰：臣之師曰黃金可成，而河決可塞，不死之藥可得，仙人可致也。如是而言，河決可塞，然後爲類，然則黃金不成，以其河之泄也。

新義

河曲十二之三章凡二節，而以次節之義名章也

河曲 **正義** 題上事也。水經註引春秋說題辭云：河之爲言荷也，荷精分布，懷陰引度也。孝經援神契云：河者水之伯，上應天漢。新論云：四瀆之源，河最高而長，從高注下，水流激峻，

注疏參義

故其流急。禹貢言導河始於積石，淮南地形訓遂云河出積石，是以施功所在爲河源矣。言河源者，山海經多傳聞異詞，惟爾雅爲最古。太史公引禹本紀言河出崑崘，是爾雅所本也。後世窮河源者屢易其名，然譯音多與崑崘相近，則知爾雅之義不可易矣。塞外沙磧水流無定形，水名無定稱，故渠并之水其數終不可得而詳。河勢善曲，凡沿河而行，俱謂之河曲。

正義

河曲 此釋河耳。謂之曲者，河勢善曲，其地疏闊，隨處委折，咸被斯名，故題曰河曲也。

義疏

河曲 下云皆禹所名，則此條專釋河曲，故題以表之。

集解

題上事也。河流善曲，故曰河曲。江河淮濟四瀆，而專言河者，河曰河宗，四瀆之所宗也。

說詩

河曲 言河源者多異辭，惟爾雅爲最古，其義終不可易。因河勢善曲，凡沿河而行，俱謂之河曲。

啓蒙

徒駭太史馬頰覆鬴胡蘇簡絜鉤盤鬲津

徒駭今在成平縣。義所未聞。太史今所在未詳。馬頰河勢上廣下狹，狀如馬頰。覆鬴水中可居，往往而有，狀如覆釜。胡蘇東莞縣今有胡蘇亭。其義未詳。簡水道

簡易。**絜**，水多約絜。**鉤盤**，水曲如鉤，流盤桓也。**鬲津**。水多阨狹，可隔以爲津而橫渡。

郭注

徒駭至鬲津　釋曰：案禹貢云九河既導，故此釋其名。下即題云九河也。李巡曰：徒駭者，禹疏九河，以徒衆起，故曰徒駭。太史，禹大使徒衆通其水道，故曰太史。馬頰，河勢上廣下狹，狀如馬頰也。覆釜，水中多渚，往往而處，形如覆釜。胡蘇，其水下流，故曰胡蘇。胡，下也。蘇，流也。簡，大也。河水深而大也。絜，言河水多山石，治之苦絜。絜，苦也。鉤盤，言河水曲如鉤，屈折如盤也。鬲津，河水狹小，可鬲以爲津也。孫炎曰：徒駭，禹疏九河，用功雖廣，衆懼不成，故曰徒駭。胡蘇，水流多散，胡蘇然。其餘同李巡。郭云：徒駭今在成平，東光縣今有胡蘇亭，馬頰、覆鬴、鬲津之名同李巡。簡云水多約絜，鉤盤水曲如鉤，流盤桓也。餘名皆云其義未詳。計禹成九河，云復其故道，則名應先有，不宜徒駭、太史因禹立名，此郭氏所以未詳也。或九河雖舊有名，至禹治水更別立名，此即所云是也。漢書溝洫志，成帝時河隄都尉許商上書曰：古記九河之名，有徒駭、胡蘇、鬲津，今見在成平、東光、鬲縣界中。自鬲津以北至徒駭，其間相去二百餘里。是知九河所在，徒駭最北，鬲津最南。蓋徒駭是河之本道，東出分爲八枝也。許商上言三河，下言三縣，則徒駭在成平，胡蘇在東光，鬲津在鬲縣，其餘不復知也。此九河之次，從北而南，既知三河之處，則其餘六者，太史、馬頰、覆釜在東光之北，成平之南，簡、絜、鉤盤在東光之南，鬲縣之北也。其河塡塞，時有故道。鄭玄云：周時齊桓公塞之，同爲一河。今河間弓高以東至平原鬲津，往往有其遺處。春秋緯寶乾圖云：移河爲界，在齊呂，塡閼八流以自廣。鄭玄蓋據此文爲齊桓公塞之也。言閼八流拓境，則塞其東流八枝，并使歸於徒駭也。此九河之名義也。案胡蘇在東光，定本注作東莞，當作光字之誤也。一

邢疏

徒駭

禹疏九河，以徒衆起，故云徒駭。書禹貢正義　詩周頌般正義　釋文　邢疏

太史

禹大使徒衆通其水道，故曰太史。書正義仝上。詩正義仝上。釋文通其水道作於此通水。邢疏

馬頰

河勢上廣下狹，狀如馬頰也。書正義同上。詩正義同上。邢疏

覆釜

水中多渚，往往而處，形如覆釜。書正義同上。詩正義作水多渚，其渚往往而處，狀如覆釜。邢疏

胡蘇

其水下流，故曰胡蘇。胡，下也。蘇，流也。書正義同上。詩正義同上。釋文　邢疏

簡

大也。河水深而大也。書正義同上。詩正義河水深而簡大也。釋文同詩正義。邢疏

絜

言河水多山石，治之苦絜。絜，苦也。書正義同上。詩正義作河水多山石之苦，故絜。絜，苦也。釋文同詩正義，故下有曰字。邢疏

鉤盤

言河水曲如鉤，屈折如盤也。書正義同上。詩正義作河水曲如鉤，屈折如盤，故曰鉤盤。釋文盤，李本作股，云水曲如鉤，折如人股，故曰鉤股。邢疏

鬲津

河水狹小、可鬲以爲津也。書正義同上。詩正義作河水狹小、可隔曰津、故曰鬲津。釋文可鬲作可隔。邢疏

李注

徒駭

禹疏九河、用功雖廣、衆懼不成、故曰徒駭。書禹貢正義　詩周頌般正義用功雖廣作功難。廣韻十三駭無用雖廣三字。邢疏同書正義。

太史

禹大使徒衆於此通水、故曰太史。釋文　詩正義作大使徒衆、故依名云。案、書正義及邢疏引孫炎徒駭胡蘇二條外、並云其餘同李巡。

馬頰覆鬴　孫說同李巡、已載李巡爾雅注

胡蘇

水流多散、胡蘇然。書正義同上。詩正義同上。釋文　邢疏

簡潔　釋文李孫並云河水深而簡大也。

簡者、水通易也。詩正義同上。案、臧庸堂本通易也下有絜者水多約絜六字。閱詩書正義及爾雅釋文邢疏俱無、惟郭注有水多約絜四字、故不錄。

鉤盤

水曲如鉤、盤桓不前也。詩正義同上。

鬲津

水多阨狹、可隔以爲津而橫渡也。詩正義同上。

孫音注

覆鬴

鬴、古釜字。釋文

郭音義

太史

太音泰。釋文

謝音

太史

或云、太史者、史官記事之處。釋文

衆家注

黃輯古義

徒駭

徒駭者、禹疏九河、以徒衆起、故曰徒駭。釋文　邢疏　詩周頌般正義

今在成平東光縣。書禹貢正義引李巡郭璞

大史

大史者、禹大使徒衆通其水道、故曰大史。邢疏　詩周頌般正義引無其字。釋文引李孫作於此通水。

馬頰

馬頰者、河勢上廣下狹、狀如馬頰。邢疏　詩周頌般正義　釋文引李孫郭並云

覆鬴

覆鬴者、水中多渚、往往而有可居之處、狀如覆釜

之形。釋文引李孫郭。邢疏詩周頌般正義並引作往往而處無末句。

胡蘇

胡蘇者、其水下流、故曰胡蘇。胡、下也、蘇、流也。釋文邢疏詩周頌般正義今有胡蘇亭。書禹貢正義

簡

簡、大也、河水深而簡大也。邢疏首句。釋文引李孫無詩周頌般正義引云簡者水流而簡大也。

絜

絜者、言河水多山石之苦、故曰絜。絜、苦也。釋文邢疏詩周頌般正義

鉤股 釋文、般、李本作股。

鉤股者、言水曲如鉤、折如人之股、故曰鉤股。釋文詩周頌般正義依今本作盤、云鉤盤者、河水曲如鉤、屈折如盤、故曰鉤盤。邢疏亦作盤。

鬲津

鬲津者、河水狹小、可隔以爲津、故曰鬲津。釋文詩周頌般正義邢疏引無末句。李注

徒駭

禹疏九河、用功最廣、釋文作此河功難、詩正義作功難。衆懼不成、故曰徒駭。邢疏釋文詩周頌般正義

大史 釋文大、孫如字、今本作太。

禹大使徒衆於此通水、故曰大史。釋文引李孫詩周頌般正義引云大史者、大使徒衆、故依名云。

馬頰

河勢上廣下狹、狀如馬頰也。釋文引李孫

覆鬴

水中多渚、往往而有可居之處、狀如覆釜之形。釋文引李孫郭

胡蘇

胡蘇者、水流多散、胡蘇然也。邢疏釋文詩周頌般正義

簡

簡者、水通易也。詩周頌般正義河水深而簡大也。釋文引李孫

絜

絜者、水多約絜。釋文引孫郭

鉤盤

鉤盤者、水曲如鉤、流盤桓不直前也。釋文引孫郭詩周頌般正義作不前也。

鬲津

鬲津者、水多阨狹、可隔以爲津而橫渡也。釋文詩周頌

般正義

大史。大如字、今本作太。釋文

絜苦八反。釋文引孫郭

孫音注

覆鬴。古釜字。

絜、苦八反。釋文引孫郭

郭音義

大史。大音泰。上同

謝音

鬲津。鬲力的反。釋文

施音

玉函山房輯佚

徒駭

禹疏九河、以徒衆起、故云徒駭。同書疏六　禹疏九河、此河功難、衆懼不成、故曰徒駭。孫注釋文二十九

大史

禹大使徒衆通其水道、故曰大史。李注

馬頰

河勢上狹下廣、狀如馬頰也。同

覆鬴胡蘇

覆釜水中多渚、往往而處、形如覆釜。胡蘇、其水下流、故曰胡蘇。同　胡蘇、水流多散、胡蘇然。孫注

簡

大也、河水深而大也。李注

絜

言河水多山石、治之苦絜。絜苦也。同並書疏六　水多約絜。孫注釋文二十九

鉤盤股

言河水曲如鉤、屈折如盤也。李注書疏六　水曲如鉤、折如人股、故曰鉤股。同　水曲如鉤流盤桓不直前也。孫注並釋文二十九

鬲津

河水狹小、可隔以爲津也。李注書疏六　水多阨狹可隔以爲津而横渡。孫注釋文二十九

鉤沉

徒駭太史馬頰覆鬴胡蘇簡絜鉤盤鬲津釋文、大、孫如字、今本作太般、李本作股。

李曰、徒駭者、禹疏九河、以徒衆起、故曰徒駭。今在成平東光縣。大史者、禹大使徒衆通其水道、故曰大史。馬頰者、河勢上廣下狹、狀如馬頰。覆釜者、水中多渚、往往而有可居之處、狀如覆釜之形。胡蘇者、其水下流、故曰胡蘇。胡下也、蘇流也、今有胡蘇亭。簡、大也、河水深而簡大也。絜、言河水多山石之苦、故曰絜。絜、苦也。鉤股者、言河水曲如鉤、折如人股、故曰鉤股。鬲津者、河水狹小、可隔以爲津、故曰鬲津。書正義六詩正義十九之四

邢疏釋文

孫曰、徒駭者、禹疏九河、此河功難、衆懼不成、故曰徒駭。胡蘇者、水流多散、胡蘇然也。簡者、水通易也。絜者、水多約絜。鉤盤者、水曲如鉤、流盤桓不直前也。鬲津者、水多阨狹、可隔以爲津而横渡也。釋文六書正義詩正義十

九之四　廣韻三　邢疏　案、馬頰覆鬴
注、李同。自簡以下、郭同。　絜字音若入反。

漢注

徒駭

李巡云、徒駭者、禹疏九河、以徒衆起、故曰徒駭。釋文二十九卷　書正義六卷　詩正義十九之四卷　孫炎云、徒駭者、禹疏九河、此河功難、衆懼不成、故曰徒駭。同上　郭璞云、今在成平縣、義所未聞。

太史

李巡云、太史者、禹大使徒衆通其水道、故曰太史。釋文二十九卷　書正義六卷　詩正義十九之四卷　孫炎云、大史、大使徒衆、故依名云。詩正義十九之四卷　郭璞云、今所在未詳。

馬頰

李巡云、馬頰者、河勢上廣下狹、狀如馬頰也。釋文二十九卷　書正義六卷　詩正義十九之四卷　孫炎云、河勢上廣下狹、如馬頰也。釋文二十九卷　郭璞云、河勢上廣下狹、狀如馬頰。

覆鬴

李巡云、覆釜者、水多渚、其渚往往而處、狀如覆釜。釋文二十九卷　書正義六卷　詩正義十九之四卷　孫炎云、水中多渚、往往而有可居之處、狀如覆釜之形。釋文二十九卷　郭璞云、鬴、古釜字。水中可居、往往而有、狀如覆釜。鬴古釜字據釋文二十九卷引增。往往字今本誤作往字、從宋本改。

胡蘇

李巡云、胡蘇者、其水下流、故曰胡蘇。胡、下也。蘇、流也。　孫炎云、胡蘇者、水流多散、胡蘇然也。並釋文二十九卷　書正義六卷　詩正義十九之四卷　郭璞云、東光縣今有胡蘇亭、其義未詳。東光今作東莞、本或作東莞、誤。茲從宋本及書詩正義引改。

簡

李巡云、簡、大也、河水深而大也。釋文二十九卷　書正義六卷　詩正義十九之四卷　孫炎云、簡者、水通易也。詩正義十九之四卷　郭璞云、水道簡易。

絜

李巡云、絜者、言河水多山石、治之苦絜。絜、苦也。釋文二十九卷　書正義六卷　詩正義十九之四卷　孫炎云、水多約絜。釋文二十九卷　郭璞云、水多約絜。

鉤般　釋文二十九卷、般、李巡本作股。

李巡云、鉤盤者、言河水曲如鉤、屈折如盤、故曰鉤盤。書正義六卷　詩正義十九之四卷　釋文二十九卷引作水曲如鉤、折如人股、故曰鉤股。　孫炎云、鉤盤者、水曲如鉤、流盤桓不直前也。釋文二十九卷　詩正義十九之四卷　郭璞云、水曲如鉤、流盤桓也。

鬲津

李巡云、鬲津者、河水狹小、可隔以爲津、故曰鬲津。釋文二十九卷　書正義六卷　詩正義十九之四卷　孫炎云、鬲津者、水多阨狹、可隔以爲津而橫渡也。釋文二十九卷　詩正義十九之四卷　郭璞云、水多阨狹、可隔以爲津而橫渡。

一切注音

徒駭　李巡曰、禹疏九河、以徒衆起、故曰徒駭。　孫炎曰、禹疏九河、此河功難、衆懼不成、故曰徒駭。釋文

蕙心案、孫注此河功難、禹貢正義引作用功雖廣。

大史　李巡曰、禹大使徒衆通水道、故曰大史。　孫炎

曰大使徒衆、故依名云。詩般正義大、孫如字。或云大史者、史官記事之處。釋文

蕙心案、釋文引或云、當是舊注。

馬頰　李巡孫炎云、河勢上高下狹、狀如馬頰也。釋文

覆鬴　李孫郭竝云、水中多渚、往往有可居之處、狀如覆鬴之形。　郭云、鬴古釜字。釋文

胡蘇　李巡曰、其水下流、故曰胡蘇。胡、下也。蘇、流也。孫炎曰、水流多散胡蘇然也。詩般正義

簡　李巡曰、簡大也、河水深而大也。書禹貢正義　孫炎、簡、水通易也。詩般正義

絜　李巡云、河水多山石之苦、故曰絜。絜苦也。禹貢正義　孫郭竝云、水多約絜。釋文

鉤盤　李巡云、言河水曲如鉤、屈折如盤也。書禹貢正義　李本作股、云水曲如鉤、折如人股、故曰鉤股。孫郭同云、水曲如鉤、流盤桓不直前也。釋文

蕙心案、盤、釋文作般、從李本。盤桓字、通作般、形似股。釋文云、李本作股、據譌本也。禹貢正義引作盤可證。

鬲津　李巡云、河水狹小、可隔以爲津、故曰鬲津。　孫郭同云、水多阨狹、可隔以爲津而橫渡。釋文

古注斠

徒駭　李云、禹疏九河、以徒衆起、故曰徒駭。孫云、禹疏九河、此河功難、衆懼不成、故曰徒駭。　大　謝音泰。孫如字。本今作太。　史　李孫云、禹大使徒衆於此通水、故曰大史。或云大史者、史官記事之處。　馬頰　李孫郭竝云、河勢上廣下狹、狀如馬頰也。　狹　胡夾反。　覆　孚腹反。　鬴　郭云、古釜字。李孫郭竝云、水中多渚、往往而有可居之處、狀如覆釜之形。　胡蘇　李云、其水下流、故曰胡蘇。胡、下也。蘇、流也。孫云、水流多散、胡蘇然也。　簡　古限反。李孫竝云、河水深而簡大也。郭云、水道簡易。　易　以豉反。　絜　戶結反。孫郭竝云、水多約絜。又苦八反。李云、河水多山石之苦、故曰絜。絜、苦也。或音呼節反。又音結。　鉤　古侯反。　般　步干反。本又作盤。李本作股、云水曲如鉤、屈折如人股、故曰鉤股。孫郭同云、水曲如鉤、流盤桓不直前也。　鬲　音革。施力的反、與今注不同。　津　李云、河水狹小、可隔以爲津、故曰鬲津。孫郭同云、水多阨狹、可隔以爲津而橫渡。　阨　於懈反。　隔　音革。

陸音義

大　孫如字○邢本作太。案李巡孫炎竝如字。則作太非。　般○邢本作盤。

音義攷證

徒駭
其徒駭之。

太史
太史與知焉。

馬頰
下流狹則水湍急。

覆鬴
中有激之者則河流湍怒。

胡蘇
功施中國其蘇在胡。

簡
因任之則簡。

絜
汨而湮之無潔也。

鉤盤

凡行眞水、磬折以參五。說者曰直行三、折行五、以引水者疾焉。蓋河之分流、緩者必塞、禹之治河、多方以導之、馬頰覆鬴鉤盤鬲津是也。

鬲津

雖鬲、通矣。

新義

徒駭太史馬頰覆鬴胡蘇簡絜鉤盤鬲津（溝洫志、漢成帝時、河隄都）尉許商上言、古記九河之名有徒駭胡蘇鬲津、今見在成平東光鬲縣界中、自鬲津以北至徒駭、其間相去二百里。是九河所在徒駭最北、鬲津最南。徒駭在成平、胡蘇在東光、鬲津在鬲縣。又知其餘六河、以次推之、曰太史、曰馬頰、曰覆釜、在東光之北、成平之南、曰簡、曰絜、曰鉤盤、在東光之南鬲縣之北。今按、圖志瀛州有成平故城、又有徒駭河、永靜軍有東光縣、東連滄州、有胡蘇亭蓋因河命名。而滄州復有鬲津、鉤盤、太史河之名。鬲縣故城在德州、與滄比境、庶可攷焉。

鄭樵注

徒駭

李巡曰、禹疏九河、以徒衆起、故曰徒駭。

孫炎曰、禹疏九河、用功雖廣、衆懼不成、故曰徒駭。

郭璞曰、今在成平縣、義所未聞。

太史（太、孫本作大。）

李巡曰、禹大使徒衆通其水道、故曰太史。

孫炎曰、禹大使徒衆於此通水、故曰大史。

郭璞曰、今所在未詳。

馬頰

李巡曰、河勢上廣下狹、狀如馬頰也。（孫注同。）

郭璞曰、河勢上廣下狹、狀如馬頰。

覆鬴（鬴、郭云、古釜字。）

李巡曰、水中多渚、往往而處、形如覆釜。

孫炎曰、水中多渚、往往而有可居之處、狀如覆釜之形。

郭璞曰、水中可居住、而有狀如覆釜。（宋本住作往往。）

胡蘇

李巡曰、其水下流、故曰胡蘇。胡、下也。蘇、流也。

孫炎曰、水流多散、胡蘇然也。

郭璞曰、東莞縣今有胡蘇亭。其義未詳。（莞、宋本作光。）

簡

李巡曰、簡、大也、河水深而大也。

孫炎曰、水道易也。

郭璞曰、水道簡易。

絜

李巡曰、河水多山石之苦、故曰絜。絜、苦也。

孫炎曰、水多約絜。

郭璞曰、水多約絜。

鉤盤（盤、亦作般。李本作股。）

李巡曰、河水曲如鉤、折如人股、故曰鉤股。（書疏引李巡云、鉤盤、言河水曲如鉤、屈折如盤也、與此異。今從釋文。）

孫炎曰、水曲如鉤、流盤桓不直前也。

郭璞曰、水曲如鉤、流盤桓也。

鬲津

李巡曰、河水狹小、可隔以爲津、故曰鬲津。

孫炎曰、水多阨狹、可隔以爲津而橫渡也。

郭璞曰、水多阨狹、可隔以爲津而橫渡。

鄭樵曰、溝洫志、漢成帝時河隄都尉許商上言、古記九河之名有徒駭胡蘇鬲津、今見在成平東光鬲縣界中、自鬲津以北至徒駭、其間相去二百里。是九河所在、徒駭最北、鬲津最南。徒駭在成平、胡蘇在東光、鬲津在鬲縣。又知其餘六河、以次推之曰太史、曰馬頰、曰覆鬴、在東光之北、成平之南、曰簡、曰絜、曰鉤盤、在東光之南、鬲縣之北。今按、圖志瀛州有成平故城、又有徒駭河。永靜軍有東光縣、東連滄州、有胡蘇亭、蓋因河命名。而滄州復有鬲津、鉤盤、太史河之名。鬲縣故城在德州、與滄比境庶可考焉。鬲音隔。總釋九河。

古注合存

徒駭、太史、馬頰、覆鬴、胡蘇、簡、絜、鉤盤、鬲津，覆音福。○此歷釋九河之名也。註曰：徒駭今在成平縣，義未聞。太史未詳所在。馬頰河勢上廣下狹，如馬頰也。覆鬴狀亦如覆釜。胡蘇今東光縣有胡蘇亭。簡者水道簡易。絜者水多約絜。鉤盤水曲如鉤也。鬲津水多阨狹，可爲津渡。疏曰：禹貢云九河既道，此釋之也。徒駭、太史註云未詳。孫炎云：禹疏九河，衆懼不成，故云徒駭；大使徒衆，故云太史。然禹疏九河，皆復其故道，不應徒駭、太史因禹得名，豈至禹治水更別立名與？漢書溝洫志成帝時河隄都尉許商上書曰：古記九河之名有徒駭、胡蘇、鬲津，今見在成平、東光、鬲縣界中，自鬲津以北至徒駭，其間相去二百餘里。許商上言三河，下言三縣，則徒駭在成平，最北；胡蘇在東光，居中；鬲津在鬲縣，最南。九河之次，自北而南，既知三河之處，則餘六者太史、馬頰、覆鬴在成平之南、東光之北，簡、絜、鉤盤在東光之南、鬲縣之北也。

注疏參義

徒駭 **註** 今在成平縣，義所未聞。**正義** 書疏引李巡云：徒駭者，禹疏九河，以徒衆起，故曰徒駭。孫炎云：徒駭，禹疏九河，用功雖廣，衆懼不成，故曰徒駭。**註** 今在至未聞。○**正義** 晉書地理志博陵國安平縣。郭氏言徒駭所在，據漢書許商之言也。今河間府交河縣東有漢成平故城。書疏云：禹陳九河，云復其故道，則名應先有，不宜徒駭、太史因禹立名，此郭氏所以未詳也。或九河雖舊有名，至禹治水更別立名，即爾雅所云是也。

太史 **註** 今所在未詳。**正義** 書疏引李巡云：太史，禹大使徒衆通其水道，故曰太史。詩疏引孫炎云：太史者，大使徒衆，故依名云。釋文引或云：太史者，史官記事之處。導河書云：太史在德州安德縣東南，經滄州臨津縣西。未之詳也。

馬頰 **註** 河勢上廣下狹，狀如馬頰。**正義** 通典云：馬頰在平原郡界。元和郡縣志云：德州安德縣馬頰河在縣南五十里，平昌縣馬頰河在縣南十里。**註** 河勢至馬頰。○**正義** 釋文引李巡、孫炎云：河勢上高下狹，狀如馬頰也。是郭註所本也。

覆鬴 **註** 水中可居，往往而有，狀如覆釜。**正義** 通典云：覆釜在平原郡界。導河書云：覆釜在永靜軍阜城縣東，經東光縣西北。**註** 水中至覆釜。○**正義** 詩疏引李巡云：覆釜者，水多渚，其渚往往而處，狀如覆釜。釋文引孫炎云：水中多渚，往往而有，可居之處，狀如覆釜之形。郭氏音云：鬴，古釜字。監本郭註作水中可居、而有狀如覆釜。今從宋本。禹貢指南引郭註與宋本同。

胡蘇 **註** 東光縣今有胡蘇亭，其義未詳。**正義** 詩疏引李巡云：胡蘇者，其水下流，故曰胡蘇。胡，下也；蘇，流也。孫炎云：胡蘇者，水流多散，胡蘇然。顏師古漢書註云：胡蘇，下流急疾之貌也。**註** 東光至蘇亭。○**正義** 郭氏據許商之言，以亭名爲證也。漢書地理志渤海郡東光縣有胡蘇亭，晉仍漢制。今河間府東光縣有漢東光故城。監本光作茪，書疏引郭註作光，宋本亦作光。本或作茪，誤。

簡 **註** 水道簡易。**正義** 書疏引李巡云：簡，大也，河水深而大也。詩疏引孫炎云：簡者，水道易也。史記正義云：簡在貝州歷亭縣界。

絜 **註** 水多約絜。**正義** 書疏引李巡云：絜，言河水多山石，治之苦絜。絜，苦也。釋文引孫炎云：水多約絜。輿地廣記云：簡絜在臨津。金史地理志南皮縣有潔河。

鉤般 **註** 水曲如鉤，流般桓也。**正義** 書疏引李巡云：鉤盤，言河水曲如鉤，屈折如盤也。釋文云：李本作股，云水曲如鉤，折如人股，故曰鉤股。陸氏所見李巡本與書疏異。詩疏引孫炎云：水曲如鉤，般桓不前也。釋文引郭氏音義云：鬲、般今皆爲縣，屬平原郡。案漢書地理志平原郡般縣，顏師古註引爾雅郭註爲證。通典云：鉤盤在景城郡。元和郡縣志：棣州陽信縣，鉤盤河經縣北四十里。太平寰宇記：滄州樂陵縣鉤盤河在縣東南五十里。

鬲津 **註** 水多阨狹，可隔以爲津而橫渡。**正義** 漢書地理志平原郡鬲縣，平當以爲鬲津。詩疏云：徒駭是九河之最北者，鬲津是九河之最南者，爾雅之文從北而說也。太史、馬頰、鉤盤文在胡蘇之上，則三者在成平之南、東光之北也。簡、絜、覆釜文在胡蘇之下，則三者在東光之南、鬲

爾雅詁林　十二　釋水

縣之北也。按，九河次第，詩疏以鈎盤列第四，覆釜列第八。陸氏釋文以覆鬴列第四，鈎盤列第八，所見本異也。鬲縣故城在今德州北。【註】水多至橫渡。○【正義】詩疏引李巡云，鬲津者，河水狹小，可隔曰津，故曰鬲津。孫炎云，鬲津者，水多阨狹，可隔以爲津而橫渡也。是郭註所本也。

【正義】

覆鬴註水中可居往往而有　據宋本增。

胡蘇註東莞縣　莞，宋本作光。

【校議】

徒駭今在成平縣，義所未聞。太史今所在未詳。馬頰河勢上廣下狹，狀如馬頰。覆鬴水中可居，往往而有，狀如覆釜。胡蘇東光縣今有胡蘇亭，其義未聞。簡水道簡易。絜水多約絜。鈎盤水曲如鈎，流盤桓也。鬲津水多阨狹，可隔以爲津而橫渡。

此釋九河之名。徒駭者，釋文及禹貢正義引李巡曰，禹疏九河，以徒衆起，故云徒駭。孫炎曰，禹疏九河，此河功難，書正義作用，[illegible]。衆懼不成，故曰徒駭。郭云，今在成平縣者，晉志成平屬河間國，漢志屬勃海郡。今河間府交河縣東有漢成平故城。按，漢志成平虖池、呼沱河民曰徒駭河，是虖池即徒駭，疑語倒，竝聲之轉。○太史者，釋文作大，云，謝音泰，孫如字，本今作太。然則古本作大，是也。詩正義引李巡曰，禹大使徒衆通水道，故曰太史。孫炎曰，大使徒衆，故依名云。爾雅釋文引或云，太史者，史官記事之處，按此蓋因大本作太，望文生訓耳。李孫於義爲長。導河書云，太史在德州安德縣東南，經滄州臨津縣西，明一統志在南皮縣北。○馬頰者，釋文引李孫郭竝云，河勢上廣下狹，狀如馬頰也。元和郡縣志德州安德縣馬頰河在縣南五十里。平昌縣、今德平縣。馬頰河在縣南十里。按，漢志平原郡平原有篤馬河，通典云，馬頰在平原郡。然則篤馬豈即馬頰之異稱，今所未詳。○覆鬴者，釋文引郭云，鬴古釜字。李孫郭竝云，水中多渚，往往而有可居之處，狀如覆釜之形。通典云，覆釜在平原郡界。導河書云，覆鬴在永靜軍阜成縣東，經東光縣西北。按，漢志阜成屬勃海郡。○胡蘇者，詩正義引李巡曰，其水下流，故曰胡蘇。胡，下也。蘇，流也。孫炎曰，水流多散胡蘇然也。漢志勃海郡東光有胡蘇亭，今河間府東光縣有漢東光故城。光，釋文及宋本竝誤作莞，今據詩書正義改正。○簡者，書正義引李巡曰，簡，大也，河水深而大也。詩正義引孫炎曰，簡者，水通易也。弜釋教此縣異駉。與史記正義云，簡在貝州歷亭縣界。○絜者，釋文，戶結反。引孫郭竝云，水多約絜。又苦八反，李云，河水多山石之苦，故曰絜。絜，苦也。書正義石下作之苦絜、絜苦也。洽輿地廣記，簡絜在臨津。金史地理志，南皮縣有潔河。按，漢志勃海郡南皮，莽曰迎河亭。齊乘云，滄州之南有大連、澱、雞、距、齡、鄞。大殷南至西無棣縣百餘里，間有曰大河、曰沙河，皆瀕古隄。縣、城南杭無棣溝，茲非簡絜等河歟。○鈎盤者，釋文盤作般，云，本又作盤，李本作股，云，水曲如鈎折如人股，詩正義引倚踦蟻盤。故曰鈎股。孫郭同云，水曲如鈎，流盤桓不直前也。今郭注脫直前三字。詩不[illegible]漢志平原郡般，水經注，河水故渠川脈東入般縣爲般河。元和志，棣州陽信縣、鈎般河經縣北四十里。後漢書公孫瓚傳，遂出軍屯槃河。袁紹傳、還屯槃河。章懷注，槃即爾雅九河鈎槃之河也，其枯河在今滄州樂陵縣東南。又云，故河道在今德州平昌縣界，入滄州樂陵縣，今名枯槃河。○鬲津者，釋文引李云，河水狹小，可隔以爲津，故曰鬲津。孫郭同云，水多阨狹，可隔以爲津而橫渡。漢志平原郡鬲平當以爲鬲津。元和志德州安德縣、鬲津枯河在縣南七十里。平昌縣、鬲津枯河南去縣二十里。按，鬲縣故城在今德州北也。

【義疏】

簡絜注文

武億經讀考異云，蔡氏書集傳絜誤潔，連讀簡絜爲一。曾氏以爲其一，則河之經流也。僖四年左氏正義引爾雅九河云五簡六絜，是分簡絜爲二，則簡爲一讀，絜爲一讀。　按以舊讀爲是。

【經注集證】

徒駭李注，禹疏九河，以徒衆起，故云徒駭。孫曰，禹疏九河，此河功難，衆懼不成，故曰徒駭。郭注、今在成平縣、義所未聞。**大史**李注、禹大使徒眾通水道、故曰大史。孫同。郭注、今所在未詳。**馬頰**李注、河勢上廣下狹、狀如馬頰也。孫郭同。杜佑說在平原。**覆鬴**釜李注、水中多渚、往往而有可居之處、狀如覆釜之形。郭同。**胡蘇**李注、其水下流、故曰胡蘇。胡、下也。蘇、流也。孫注、水流多散、胡蘇然也。郭注、東光縣今有胡蘇亭、其義未聞。**簡**李注、簡、大也、河水深而大也。郭同。孫注、簡者、水通易也。郭同孫。**絜**李注、河水多山石之苦、故曰絜。絜、苦也。孫注、水多約絜。郭同孫。**鉤股**般盤李注、水曲如鉤、折如人股、故曰鉤股。孫注、水曲如鉤、流盤桓不直前也。郭同孫。**鬲津**李注、河水狹小、可隔以爲津。孫注、水多阨狹、可隔以爲津而橫渡。郭同孫。

集解

徒駭書道河自積石、繼之曰又北播為九河。則兗州古有九河、禹特因而道之、以殺河水之勢而已。自河道屢徙及隋開永濟渠運河、而河正流始與禹河絶。故九河與河始分之地、今不可攷。而九河故道則至今尚存、皆首於運河焉。駭、驚也。徒駭者、謂其下行之疾。其河今起山東東臨道聊成縣西南、亂運河而東、北經博平高唐禹城商河至濱縣東北、分三支入海。郭璞謂徒駭在成平縣。寰宇記謂在滄州清池縣、則在今直隸獻縣東南。蓋援詩疏有徒駭是九河最北之語故也。**大史**史从又持中。水勢泛濫、治之而使流於一定之道、以下注。大史即大中也。今偁支河起直隸津海道靜海縣東入於海。元子欽齊乘云、大史在東光之北、成平之南。又云、當在清滄二州之間。明一統志、大史河在南皮縣北、曰馬頰、所未詳也。**馬頰**馬、大也。頰、夾也。謂夾大水而下流、非取上廣下狹形義也。其河今起直隸大名道濮陽縣、與黃河故道通。經南樂縣北、因為運河堤所塞、西北由冠縣入於衛河。下流自運河東出、經清平高唐平原陵德平、至無棣縣東南入海。元和郡縣志、德州安德縣、馬頰河在縣南五十里。又云、平昌縣馬頰河在縣南十里。則以為在山東。蓋据下流言耳。**覆鬴**水流甚急、如覆鬴狀、亦下注也。通典、覆鬴在平原郡界。齊乘以為在東光北、今所謂宣惠河是也。由津海道東光縣東北、經鹽山南入於鬲津。**胡蘇**今石牌河是也。起東光縣境、經南皮東、受大連澱水、又東北與簡絜二河滙為歧口澤、以入於海。胡、下也。蘇、流也。狀水之行。地理志、渤海東光、有胡蘇亭、因河以為亭名耳。**簡**今音變為減。起直隸津海道滄縣東、入於歧口澤。簡、簡易也。水泛濫而治之、使下流水由繁而簡易矣。史記正義則以為在貝州歷亭縣界。**絜**今亦曰減河、或曰毋豬河。起直隸津海道青縣、東會歧口入海。金史地理志則以為滄州南皮有潔河、蓋取水下注而明絜之誼。**鉤盤**今在東臨道德縣北、水曲如鉤、折東北流至直隸津海道吳橋縣北、與鬲津河會。後漢書袁紹傳、公孫瓚還屯槃河、斥此言耳。盤、旋也、亦曲也。**鬲津**在德縣南、東北流至吳橋縣境、與鉤盤河合、又東北流經無棣縣之西、分支通馬頰河、曰亭午河。正流又東北與覆鬴河合、入於海。此河為漢時黃河之正流、今曰老黃河。鬲象服交文、言水交通而可津渡耳。地理志平原郡鬲平、當以為鬲津。元和郡縣志、德州安德縣、本漢舊縣、鬲津枯河在縣南七十里。今德縣有鬲縣故城。

義證

徒駭

漢書曰、勃海成平有虖池河、民曰徒駭河。許商亦云、在今天津府滄州之西、河間府交河縣之東北六十里。

太史

宋人作禹貢指南云、太史在德州安德縣東南、經滄州臨津縣西。明一統志、太史河在南皮縣北。

馬頰

今濟南府平原縣北有篤馬河、東北經陵德平二縣、武定府商河樂陵二縣界、即馬頰河也。明史地理志曰、俗名土河。

覆鬴

爾雅詁林　十二　釋水

今濟南府德州有覆鬴河、東北至武定府海豐縣入海、

胡蘇

河閒府東光縣胡蘇亭在焉。東至海豐縣入海。太平寰宇記謂之赤河。

簡

今天津府南皮縣城簡絜二河在焉、相去最近。

絜

金史地里志南皮縣有絜河。

鉤盤

今武定府樂陵縣東南有鉤盤河、自濟南府平原德平二縣界來、至海豐縣入海。漢書平原有般縣注水經河水故渠川派東入般縣為般河、亦九河之一也。

鬲津

漢書平原鬲縣、平當以為鬲津、卽有窮后羿之國也。魏都賦有蓋節淵、所謂鬲津歟在今德州西南爾。皆後人依故道鑿以通水者也。

釋地四篇注

鬲津

註水多阨狹可隔以為津而橫渡補正 臣鎣按九河故道、漢去古差近、尚不能案實、後儒紛紛多求於影似之間。今錄諸家說之稍可考者焉。孔穎達曰、漢書溝洫志成帝時河隄都尉許商上書曰、古記九河之名有徒駭胡蘇鬲津、今見在成平東光鬲縣界中、自鬲津以北至徒駭、其閒相去三百餘里、是知九河所在、徒駭最北、鬲津最南、蓋徒駭是河之本道、東出分為八枝也。許商上言三河、下言三縣、則徒駭在成平、胡蘇在東光、鬲津在鬲縣、其餘不復知也。爾雅九河之次、從北而南、既知三河之處、則其餘六者、太史馬頰覆釜在東光之北、成平之南、簡絜鉤盤在東光之南、鬲縣之北也。其河塡塞、時有故道。鄭元云、周時齊桓公塞之、同為一河。今河閒弓高以東至平原鬲津、往往有其遺處。春秋緯寶乾圖云、積河為界、在齊呂、塡閼八流以自廣。鄭蓋據此文也。蔡沈曰、案徒駭河、地志云滹沱河、寰宇記云在滄州靑池南、許商云在成平。馬頰河、元和志在德州安德平原南東、寰宇記云在棣州滴河、輿地記云卽篤馬河也。覆鬴河、通典云在德州安德。胡蘇河、寰宇記云在滄州之饒安無棣臨津三縣、許商云在東光。簡絜河、輿地記在臨津。鉤盤河、寰宇記云在樂陵東南、從德州平昌來、輿地記云在樂陵。鬲津河、寰宇記云在樂陵東、西北流入饒安、許商云在鬲縣、輿地記云在無棣。太史河、不知所在。程大昌曰、夫河患惟漢最甚、其講求禹跡亦最詳、又與三代耳目畧接、其所得壓知三河、而亦不能眞確、如所謂徒駭者、班固明著以為得之民言、而其河乃滹沱也。夫滹沱發源代之鹵城、至渤海文安入

爾雅詁林 十二 釋水

海自與大河不同源委、又如平原篤馬河、漢志第名篤馬、本不與九河參預、漢以後乃因其名與馬頰相近、遂又變爲馬頰、閻百詩曰、九河之名見爾雅、曰簡曰絜、集註偶譌作潔、書蔡傳遂認爲簡潔、且信王橫一家之言、謂九河苞淪於海、不知今河間府界禹迹固可尋也。

郭注補正

徒駭

義所未聞

今本作今在成平縣義所未聞。樹枏案、今在成平縣五字乃九河下注文。刪節者移於此下。

馬頰

河勢上廣下陜狀如馬頰也

今本脫也字、據釋文引補。

覆鬴

鬴古釜字　水中多渚往往而有可居之處狀如覆釜之形

仿宋本作水中可居往者、而有狀如覆釜。明注疏本無者字。雪牕本作水中可居往往而有、狀如覆釜。樹枏案、釋文引郭云、鬴、古釜字、李孫郭並云水中多渚、往往而有可居之處、狀如覆釜之形。此係足本今據補訂。

胡蘇

其義未詳

今本作東莞縣今有胡蘇亭其義未詳。樹枏案、東莞縣今有胡蘇亭八字、亦九河下注文、今爲移訂。

鉤般

水曲如鉤流般桓不直前也

今本脫不直前三字、據釋文引補。

郭注佚存補訂

徒駭音駭諧稭切（四字當爲衍文。）

太史（太、釋文作大、云謝音泰、孫如字。）

覆鬴音孚腹切（孚腹誤扶服。鬴、郭云古釜字。）

註水中可居住（下本或有者字。）

鉤盤（盤、釋文作般、云、李本作股、云水曲如鉤、折如人股、故曰鉤股。）

鬲津（案釋文引郭云。鬲津、今皆爲縣、屬平原郡。周時齊桓公塞九河并爲一、自鬲津以北至徒駭二百餘里、渤海東莞成平平原河間弓高以東、往往有其處焉。周頌般篇疏所引亦同。）

疏大史禹大使徒衆通其水道（通其水道、釋文作于此通水。）往往而處形如覆釜（釋文作往往而有可居之處、狀如覆釜之形。）絜言河水多山石之苦故曰絜（脫故曰二字。石下行治字。）㞃折如盤也（折誤折。）河水狹小可鬲以爲津也（鬲、釋文作隔。）此河功難衆懼不成（此河功難誤用功雖）

廣、從釋文校。郭云徒駭在今平成郭誤簡。絜云水多約絜上絜字誤
簡。則名應先有脫則字或九河雖舊有名脫名字。從書疏校。古說
九河之名云云說誤記。自鬲津以北至徒駭津、衍字。至平原
鬲盤盤誤津。漢書作般。

注疏正字

大史　釋文云大、謝音泰、孫如字、本今作太、石經作太。廣韻七歌引作太。案李、孫之注皆以爲大使徒衆、故曰大史。盧學士曰、古史使通用、故史有使義。則作太者、非也。

鍑鬴　釋文云、郭云鬴古釜字。詩正義十九之四、廣韻七歌引作釜。案、說文、鬲部鬴、鍑屬、从鬲甫聲。或从金父聲作釜。

絜　後漢書注六十下引作潔。案、潔說文水部新附字。

鉤股　釋文云、般本又作盤。石經單疏本作盤。廣韻引亦作盤。後漢書注七十三又七十四上引作槃。案、說文、木部槃、承槃也。从木般聲。古文从金作鎜。籒文从皿作盤。　又云李本作股、云水曲如鉤折如人股、故曰鉤股。案、禹貢正義引李巡云、鉤盤言河水曲如鉤、屈折如盤也。陸孔所引李注語勢相似、而股盤字異。元照案、盤無屈折之形、不得云屈折如盤也。錢少詹曰、當以股爲正。胡蘇疊韻、鉤股雙聲也。書疏或後人竄易。

鬲津　說文、水部𣶒、水渡也。从水𦘔聲。隸省作津。

匡名

徒駭太史馬頰覆鬴胡蘇簡絜鉤盤鬲津　孫炎云、禹疏九河、衆懼不成、故曰徒駭。郭註在城平縣、即今河間府交河縣東有漢故城是也。　孫炎云、太史者、大史徒衆、故名。或曰、在德州安德縣東南、經滄州臨律縣西。　孫炎云、河勢上高下狹、狀如馬頰也。通典、在平原郡界。　孫炎云、水中多渚、狀如覆釜之形。鬴、古釜字。通典、在平原郡界。　李巡云、胡蘇者、其水下流蓋胡、下也。蘇、流也。郭註東光縣有胡蘇亭、即今東光縣有漢故城是也。　孫炎云、簡者、水易通也。史記正義、在貝州歷亭縣界。郭註、水多約絜。金史地理志、南皮縣有潔河。　郭註、水曲如鉤、流般桓。太平寰宇記、滄州樂陵縣東南五十里有鉤盤河。　郭註、水多阨狹、可隔以爲津而橫渡。漢書地理志在平原郡鬲縣。　詩疏、徒駭是九河之最北者、鬲津是九河之最南者。

啓蒙

鉤盤。水曲如鉤、流盤桓也。　邢疏鉤盤言河水曲如鉤、屈折如盤也、案盤不可云屈折、當依釋文引李巡說李本作股云水曲如鉤折如人股。爲正。般股形近易溷、易明夷夷于左股、馬王作左般、亦斯類也。錢大昕云、胡蘇疊韻、鉤股雙聲、李巡在孫郭之前、當以李爲正。漢隸舟旁作月、與肉旁溷。

黃侃音訓

釋水簡絜

億案、此凡兩讀。蔡氏集傳絜誤潔、連讀簡絜爲一。曾氏以簡絜爲一、其一則河之經流也。困學紀聞原注先儒不知河之經流、遂分簡絜爲二、是簡絜連文爲一讀。僖四年左氏正義引爾雅九河云五簡六絜、是分簡絜爲二、則簡爲一讀、絜爲一讀。

考異

覆鬴　絜　鉤盤

郭音義、鬴、古釜字。釋水釋文 注作覆釜。釋水注 李巡云、河水多山石、治之苦絜。絜、苦也。尚書禹貢正義 孫炎云、水多約絜。釋水釋文 釋文盤作般。云、本又作盤。釋水釋文 李巡本作鉤股。云、水曲如鉤、折如人股、故曰鉤股。釋水釋文

證異

釋水鉤般釋文云般、李本作股、云水曲如鉤、折如人股、故曰鉤股。詩書正義引李巡俱云、河水曲如鉤、屈折如盤。與陸所見本異。詩小雅元戎十乘、傳云元、大也。夏后氏曰鉤車先正也。箋云鉤鞶行曲直有正也。釋文有股音古三字。蓋陸本鄭箋鉤鞶亦作鉤股。案九章筭術有鉤股、橫闊爲鉤、直長爲股、其形磬折、卽工人之矩、河形曲折似之、故名鉤股。此李義也。

胡氏古義

太史 唐石經單疏本雪牕本同。釋文犬謝音泰、孫如字。本今作太。

河勢上廣下狹 雪牕本注疏本同。釋文狹、胡夾反、當本作陜、胡夾反。釋蟲釋魚釋文可證。

水中可居住者而有狀如覆釜 注疏本無者字。雪牕本作水中可居、往往而有狀如覆釜。按、釋文曰、李孫郭並云水中多渚、往往而有可居之處、狀如覆釜之形。疏引李巡曰、水中多渚、往往而可居處、形如覆釜。則此注當從雪牕本矣。此本住者二字、剜改、蓋原刻本作往往。

東莞縣今有胡蘇亭 注疏本同。雪牕本作東莞縣。疏云、胡蘇在東光。定本注作東莞。莞當作光、字之誤也。

鉤盤 唐石經單疏本雪牕本同。釋文、盤、步于反、本又作盤、李本作股、云水曲如鉤、折如人股、孫郭同云水曲如鉤流盤桓不直前也。漢書地理志平原郡有般縣、莽曰分明、是讀般爲班也。師古曰、爾雅說九河云鉤般、郭氏以爲水曲如鉤、流般桓也。按、盤當作般。錢大昕云、漢隸從舟之字作月、般與股二文相涉、李巡在孫郭之前、當以股爲正。鉤股雙聲、與胡蘇疊韻、正相類也。

徒駭至鬲津○釋曰 注疏本刪。

覆釜水中多渚往往而處形如覆釜 監本毛本同。元本作覆釜、水中可居多者、往往而處、形如覆釜。閩本者作渚。按、依釋文當作水中多渚往往而有可居處、形如覆釜。

可隔以爲津也 注疏本隔改鬲。

用功雖廣 浦鏜云、釋文作此河功難、此誤。按詩正義作用功難。

郭云徒駭 元本閩本同。監本毛本郭誤俏。

計禹陳九河 注疏本陳改疏。

則名應先有 注疏本脫則。

或九河雖舊有名 注疏本脫名。

至平原鬲津 浦鏜云、漢書作鬲般。此誤。

定本注作東莞 注疏本筦誤莞、下同。

校勘記

釋水　覆釜水中多渚往往而處形如覆釜

元本作覆釜、水中可居多者、往往而處、形如覆釜。案、依釋文當作水中多渚、往往而有可居處、形如覆釜。

元本誤。案語亦未是。邢引李注本書正義、不應據釋文改之。

用功雖廣　浦鏜云、釋文作此河功難、此誤。

案、詩正義作用功難。

案、此不誤。邢引本書正義。

校勘記識語

爾雅詁林　十二　釋水

水多約絜　十行本約潔。

覆鬴注、水中可居往往而有狀如覆釜。今本往往誤作住。釋文李孫郭並云往往而有。据此則非住字審矣。毛晃禹貢指南引郭注正作往往、是宋南渡後猶未誤也。

校勘記訂補

徒駭疏、其餘同李巡、郭云。今本郭誤作簡。簡云水下。今本當落道簡易絜云水六字、宜補之。

徒駭釋文駭字無音、今本諧楷切。諧當爲侯之誤。

注疏本正誤

二十四下（一〇六）

一行（注）義所未聞○「聞」，唐寫本作「詳」．

（注）河勢上廣下狹狀如馬頰○「頰」下唐寫本有「也」字．《釋文》引同．

二行（注）水中可居往往而有狀如覆釜○唐寫本「釜」下有「也」字．《釋文》「鬴」下注云：「郭云：古釜字．李、孫、郭並云：水中多渚，往往而有可居之處，狀如覆釜之形．」據《釋文》所引，今本郭注脫字甚多．當據《釋文》補正．

（注）東莞縣今有胡蘇亭其義未詳○《漢書·地理志》渤海郡東光縣有胡蘇亭，此作東莞，「莞」當作「光」．《詩·般》《正義》引郭注不誤．「其義未詳」，唐寫本作「義所未詳」．

（注）水道簡易○《釋文》引同．唐寫本作「水道簡易者也．」

三行（注）水多約絜○《釋文》引同．唐寫本「絜」下有「也」字．

鉤盤（注）水曲如鉤流盤桓也○「盤」，唐寫本作「般」，注文同．《釋文》字亦作「般」，注云：「本又作盤．李本作股，云：水曲如鉤，折如人股，故曰鉤股．孫、郭同云：水曲如鉤，流盤桓不直前也．」據是，可知李巡本與孫炎、郭璞本不同．今本郭注無「不直前」三字，《漢書·地理志》平原縣有般縣，顏師古注引郭璞此注亦無「不直前」三字．

（注）水多阸狹可隔以爲津而橫渡○.《釋文》引同．唐寫本「狹」作「陜」，「渡」下有「也」字．

宋監本校箋

馬頰河勢上廣下狹、狀如馬頰。音劫。覆鬴水中可居、往往而有、狀如覆釜。鬴、音父。鬲音革津

音・圖音

般、步干翻、音盤。又作盤、李本作股。漢書注、如淳云般音如面般、韋昭云音逋桓翻、音搬。

音略

徒駭、大史、馬頰、覆鬴、胡蘇、簡、絜、鉤盤、鬲津、

蟹　泰　叉如字　筴　釜　革

孫侶直音

徒駭太史馬頰覆福鬴父胡蘇簡絜鉤盤鬲革津

楊氏音訓

駭蟹　頰古協切

干氏音釋

九河

徒駭、今在成平縣。胡蘇、在東莞縣。鬲津、今皆爲縣、屬平原郡。周時齊桓公塞九河并爲一、自鬲津以北至徒駭二百餘里渤海東莞成平平原河間弓高以東、往往有其

爾雅詁林　十二　釋水

處焉。釋文 案、郭氏本鄭康成書注爲說也。

黃輯古義

郭音義

郭璞云、徒駭、今在成平縣、胡蘇、在東光縣、鬲般、今皆爲縣、屬平原郡。周時齊桓公塞九河并爲一、自鬲津以北至徒駭二百餘里、渤海東光成平平原河間弓高以東、往往有其遺處焉。

一切注音

處焉。釋文二十九卷 正義十九之四卷 詩

九河 案、禹貢在兗州界。郭云、徒駭、今在成平縣、胡蘇、在東莞縣、鬲津、今皆爲縣、屬平原郡、周時齊桓公塞九河并爲一、自鬲津以北至徒駭二百餘里、渤海東莞成平平原河間弓高以東往往有其處焉。

音義攷證

九河 胡蘇在東莞縣 ○ 邢疏本作東光。云、定本東莞、莞字誤。

注疏參義

九河十二之四 此章題直冠於九名之上、與他章不同、若他章雖無章題亦自成文也

按九河之名見於爾雅。李巡孫炎所注及許商之說詳矣。徒駭胡蘇鬲津俱在千乘郡、漢時已得其三。唐元和志又得其三馬頰太史鉤盤也。宋歐陽忞輿地記又得其一、簡潔也。一河或被以兩名、新河或蒙以故號、故後人所得反多於前。寧無穿鑿之弊耶。

補注

九河 正義 題上事也。禹貢云、九河既道。又云、北播爲九河、同爲逆河入於海。墨子兼愛篇、灑爲九澮。淮南要略云禹之時、天下大水、禹身執虆垂、以爲民先、剔河而道九岐、高誘註剔、洩去也、九岐、河水播岐而爲九、以入海也。莊子釋文云、河從乾位來、乾陽數九也。漢書溝洫志、許商以爲古說九河之名、有徒駭胡蘇鬲津、今見在成平東光鬲界中、自鬲以北至徒駭間、相去二百餘里。今河雖數移徙、不離此域。後世言九河者、唯許商之說爲可徵信。故郭氏以爲據也。釋文引郭氏音義云、周時齊桓公塞九河并爲一、自鬲津以北至徒駭二百餘里、渤海東莞成平平原河間弓高以東、往往有其處焉。案、郭氏音義本鄭康成書注爲說也。書疏引春秋緯寶乾圖云、移河爲界在齊呂、填遏八流以自廣。公羊疏引鄭郭書中候云、齊桓之霸、遏八流以自廣。是鄭郭所本也。八流既塞、則河流併歸徒駭、合九爲一、旁無所洩、中不能容、至周定王五年河徙、可患始此矣。鄭云、今河間弓高以東、至平原鬲盤、往往有其遺處焉。郭氏復述其言。是漢晉之間、九河遺處尚未盡湮、但陵谷遷移、難求實證。故酈道元謂沙丘堰以北、館陶廮陶貝丘鬲般廣川信都東光河間樂成以東城地並存、川瀆多亡。又云、九河既播、八枝代絕、遺跡故稱、往往時存、故鬲盤列於東北、徒駭瀆連漳絳、同逆之狀、靡分、陂障之會、猶存。酈氏祇疏明泽水、於九河遺跡、不盡述其故稱、務蓋其慎也。唐宋以後推尋地望、九河所在、求備徵或取證單辭、或併無左驗、學者疑焉。今聊述舊聞、不加別擇、唐人所述差爲近之。緬懷禹蹟、八枝雖邈、經流故道宜若可求云。

正義

九河 禹貢兗州已云九河既道、至于大陸、又云播爲九河者、詩般正義引鄭志荅趙商問曰河流分兗州界、文自明矣。然九河從兗州而分、大陸以北、明是再分、故特言播、鄭義似未了也。禹貢正義引漢書溝洫志成帝時河隄都尉許商上書曰、古記九河之名、有徒駭胡蘇鬲津、今見在成平東光鬲縣界中、自鬲津以北至徒駭、其間相去二百餘里、是知九河所在、徒駭最北、鬲津最南、蓋徒駭是河之本道、東出分爲八枝也、許商上言三河、下言三縣、則徒駭在成平、胡蘇在東光、鬲津在鬲縣、其餘不復知也。爾雅九河之次、從北而南、既知三河之處、則其餘六者太史馬頰覆釜在東光之北、成平之南、簡絜鉤盤在東光之南、鬲縣之北也。其河填塞時有

故道、鄭禹貢注云、周時齊桓公塞之同爲一河、今河閒弓高以東、至平原鬲津、往往有其遺處、春秋寶乾圖云移河爲界在齊呂塡閼八流以自廣、鄭蓋據此文爲說也、言閼八流拓境則塞其東流八枝、并使歸於徒駭也。按、詩正義大意亦與此同、而此爲賅備。爾雅釋文引郭音義亦本鄭注、而義稍略、故舍彼引此也。然則八流雖塞、遺處猶存。今驗青滄景德之閒、古隄沙阜、舊迹宛然。故溝洫志載韓牧以爲可略於禹貢九河處穿之、縱不能爲九、但爲四五亦有益。而王横言河入勃海、勃海地高於韓牧所欲穿處、又言九河之地已爲海所漸、此妄說也。古河隄處今猶可見、安得爲海所漸。但自周定五年河徙以來、歷漢至今、轉徙而南、土淺沙浮、潰決難制、禹河故道日就沈湮、更數百年殆將不可復識矣。

義疏

九河

九河九江皆一水所分、不必制名。下云皆禹所名、則既道後乃名之。蓋記其疏導之迹、使後知宣洩乃得合爲一流、除水害也。九江無名者、江清易合。又東南多山陵、難久汎濫、不必治也。九道不可更尋、凡欲考故道、更令分九者、皆妄也。河工唯在引清敵沙、開湖容水。故禹記滎播明都、荷澤、三澤、近者西洋夷國水工來勘河工、亦請倣三澤。大學士李鴻章等不知其出禹貢、以費鉅辭焉。然後知神禹之聖、照於萬世。

集解

鄭康成曰、周時齊桓公塞之同爲一河。按、春秋寶乾圖云、移河爲界在齊呂塡閼八流以自廣、鄭本之爲說也。酈道元曰、今自沙邱堰以北、館陶慶陶貝邱鬲般廣川信都東光河閒樂成以東、城池竝存、川瀆多亡。漢世河決金隄、南北離其害。議者常欲求九河故迹而穿之、未知其所。是以班固云、自茲距漢、北亡八枝者也。

釋地四篇注

徒駭今在成平縣、胡蘇在東光縣、今有胡蘇亭、鬲般今皆爲縣、屬平原郡。周時齊桓公塞九河、幷爲一。自鬲津以北至徒駭二百餘里、渤海東光成平平原河閒弓高以東往往有其遺處焉

釋文引郭云、徒駭今在成平縣、胡蘇在東莞縣、鬲津今皆爲縣、屬平原郡、周時齊桓公塞九河、幷爲一、自鬲津以北至徒駭二百餘里、渤海東莞成平平原河閒弓高以東、往往有其處焉。詩般正義引郭璞云、徒駭今在成平縣、東光有胡蘇亭、鬲盤今皆爲縣、屬平原渤海東光成平河閒弓高以東、往往有其遺處焉。樹枏案、釋文引此注於九河之下、蓋原本有之、妄人乃移於各條之下而刪節之。唐時原本猶有存者、故孔陸俱得而引之也。今據二書補訂。東光、釋文作東莞。案、書禹貢正義引作東光、與詩疏同。邢疏云定本注作東莞、莞當作光、字之誤。漢志勃海郡東光有胡蘇亭、則作光字是也。雪牕本正作光。鬲般今皆爲縣。釋文亦誤引作鬲

津。詩疏云璞言盤今爲縣、以爲盤縣、其餘亦不審也。今據詩疏改正。若作鬲津、則不得言皆爲縣矣。

郭注佚存補訂

題上事也。詩疏云、徒駭是九河之最北者、鬲津是九河之最南者、爾雅之文從北而說也、太史馬頰鉤盤、文在胡蘇之上、則三者在成平之南東光之北也、簡絜覆釜文在胡蘇之下、則三者在東光之南鬲縣之北也。九河次第、詩疏以、鉤盤列第四、覆釜列第八。釋文以覆鬴列第四、鉤盤列第八。當以爾雅爲正。竊疑九河之名、皆雙聲疊韻字、無關意義、諸家皆望文生訓也。

說詩

九河　詩正義曰、爾雅之文從北而說、大史馬頰鉤盤文在胡蘇之上、簡絜覆釜文在胡蘇之下。邵氏正義以爲所見本異也。元照以山井鼎攷文校之、乃知宋本鉤盤覆釜互異、仍與今本同也。

匡名

九河　禹貢、九河既道。又、北播爲九河、同爲逆河、入於海。莊子、河從乾位來、乾陽數九、禹播爲九、相地形、卽順地道也。公羊疏、齊桓遏八流以自廣、自八流塞、河流併歸徒駭、合九爲一、中不能容、是以有河患、鄭云今河閒弓高以東至平原鬲盤、往往有其遺處焉、緬懷禹蹟、明德遠矣。

啓蒙

問、九河太史、郭注未詳、釋文引或云太史者、史官記事之處、此無乃望文生義乎。曰、書疏引李巡云、太史、禹大使徒衆通其水道。詩引孫炎云、太史者、大使徒衆。似史宜作使。古使史字通。東魏有敬史君碑、卽使君也。

詁答問

往往而處　監本毛本同、湘本作有可居處。釋文作往往而有可居之處。

鄭玄蓋據此文爲桓公塞之也　監本毛本湘本爲下有齊字。

注疏校勘札記

四行九河○《釋文》「九河」下引郭云：「徒駭，今在成平縣，胡蘇在東莞縣，鬲盤今皆為縣（「盤」原誤作「津」，《詩·般》《正義》引作「盤」），屬平原郡。周時齊桓公塞九河，並為一。自鬲津以北至徒駭二百餘里，渤海、東莞、成平、平原、河間、弓高以東，往往有其處焉。」邵氏《正義》以《釋文》所引為郭璞《音義》語。王樹枏以為《釋文》引此注於「九河」之下，蓋原本有之，妄人乃移於各條之下而刪節之。案唐寫本「徒駭」等九河下已有注，此處「九河」標目下無注，與今本相同。《爾雅》各篇小題下郭璞一律不注，此「九河」下當亦如此。王說不可信。

宋監本校箋

從釋地巳下至九河皆禹所名也

從釋地巳下至九河皆禹所名也。

郭注

從釋地已下至九河皆禹所名也　釋曰、謂釋地已下凡四篇、其中五嶽四瀆及諸山川丘陵之名、皆禹所制也。然山川等名、其來尚矣。治水之後、更復改新、言此名是禹所制、非禹始爲名也。

邢疏

爾雅詁林　十二　釋水

從釋地以下至九河皆禹所名也

郭璞圖讚云、川瀆綺錯、渙瀾流帶、潛潤旁通、經營華外、殊出同歸、混之東會。初學記六卷

一切注音

從釋地以下至九河皆禹所名也

據此、釋天已下非禹所名。記曰、黃帝正名百物、以明民共財。所從來久矣。若太古塗民耳目、民至老死不相往來、雖有財、無所共之。

新義

自釋地巳下至九河皆禹所命也 言山川自有舊名、禹治水後更命焉。

鄭樵注

從釋地已下至九河皆禹所名也 鄭本從作自、已作以、名作命。

鄭樵曰、言山川自有舊名、禹治水後更命焉。

古注合存

從釋地以下至九河皆禹所名也 此通釋自釋地以下四篇地名之所以名也。疏曰、謂四篇中凡五嶽四瀆及諸山川丘陵之名、皆禹所制也。然山川等名、其來尚矣、豈皆禹始爲之哉。

注疏參義

從釋地巳下至九河皆禹所名也 **正義** 此釋地以下四篇之總題也。呂刑云、禹平水土、主名山川。大戴記記五帝德云、使禹敷土、主名山川、以利于民。是禹奠山川、因爲各命以名也。尹文子云、形以定名、名以定事、事以檢名。魯語云、黃帝能成命百物、以明民共財、顓頊能修之。自黃帝顓項百物已有定名矣。惟地丘山水爲禹所名。故武梁祠堂畫像云、夏禹長於地理。釋丘釋山釋水統於釋地者、禮記註引孝經說云、地體卑順謙虛、開張含泉、任萌滋物、歸中、故以次類敘焉。

正義

從釋地已下至九河皆禹所名也

爾雅詁林 十二 釋水

自釋地已下凡四篇、此其總題也。書呂刑云、禹平水土、主名山川。蓋禹敷土釃渠、因而各制以名。禹貢一篇略可槩見。或疑祭法黃帝正名百物、以明民共財、物有定名、其來舊矣。然水經注言廬山有大禹刻石、無妨舊已有名、禹更新定爾。

義疏

從釋地已下至九河皆禹所名也 記此者、亦爲水備。且逆知俗儒有爾梁山爾沱潛之謬、明經文無異說。

集解

從釋地以下至九河皆禹所名也 禹治水而主名山川、記地理也。然則釋地以下多夏制、與周不同。

義證

從釋地已下至九河皆禹所名也 禹著山經時名之、周公釋之也。

釋地四篇注

從釋地已下至九河皆禹所名也 呂刑、禹平水土、主名山川。是禹奠山川、因爲各命以名也。

說詩

從釋地以下至九河、皆禹所名也。 此郭注九河下文、邵郝皆以爲爾雅原文、未知其說。石經及陸佃新義已以爲經文、惟吳元恭本及阮刻注疏本以爲九河下注。 又案此文非經、非郭注。不知何時以爲郭注、又不知何時以爲經。

黃侃音訓

禹所命名 釋地至九河皆禹所命名、呂刑所謂禹平水土主名山川也。

從釋地已下至九河皆禹所名也○釋曰 注疏本删。

謂釋地已下凡四篇 元本同。閩本監本毛本已改以。

校勘記

從釋地已下至九河皆禹所名也 十行本雪牕本吳本並作經大字提行。南目本作九河下注小字雙行。

校勘記訂補

從釋地以下至九河皆禹所名也 監本永懷堂本毛本湘本此十三字皆大字另行。

注疏校勘札記

非禹始爲名也 監本毛本湘本名下有之字。

宋監本校箋

五行從釋地已下至九河○「已」，唐寫本作「以」。

楊氏音訓

從釋地已下至九河皆禹所名也 謂釋地以下凡四篇其中五嶽四瀆及諸山川邱陵之名皆禹所制也。